U0888352

中国人口普查
CHINA POPULATION CENSUS

2020

广东省人口普查年鉴

（第3册）

GUANGDONG POPULATION CENSUS YEARBOOK 2020

（BOOK 3）

广　东　省　统　计　局
广东省第七次全国人口普查领导小组办公室　编

Compiled by
Guangdong Provincial Bureau of Statistics
Office of the Leading Group of Guangdong Province for the Seventh National Population Census

中国统计出版社
China Statistics Press

© 中国统计出版社有限公司 2022
版权所有。未经许可，本书的任何部分不得以任何方式在世界任何地区以任何文字翻印、拷贝、仿制或转载。

© 2022 China Statistics Press Co.,Ltd.
All rights reserved. No part of the publication may be reproduced or transmitted in any form or by any means, electronic or mechanical, including photocopying, recording, or any information storage and retrieval system, without written permission from the publisher.

图书在版编目（CIP）数据

广东省人口普查年鉴. 2020. 第 3 册 / 广东省统计局, 广东省第七次全国人口普查领导小组办公室编. -- 北京 : 中国统计出版社, 2022.9
ISBN 978-7-5037-9948-8

Ⅰ. ①广… Ⅱ. ①广… ②广… Ⅲ. ①人口统计－广东－2020－年鉴 Ⅳ. ①C924.256.5-54

中国版本图书馆 CIP 数据核字(2022)第 157083 号

广东省人口普查年鉴-2020（第 3 册）
Guangdong Population Census Yearbook 2020 (Book 3)

作　　者/国务院第七次全国人口普查领导小组办公室
责任编辑/郭　栋　佘竞雄
执行编辑/张　怡
封面设计/李雪燕
出版发行/中国统计出版社有限公司
通信地址/北京市丰台区西三环南路甲 6 号　邮政编码/100073
发行电话/邮购（010）63376909　书店（010）68783171
网　　址/http://www.zgtjcbs.com/
印　　刷/河北鑫兆源印刷有限公司
经　　销/新华书店
开　　本/880mm×1230mm　1/16
字　　数/1720 千字
印　　张/71.5
版　　别/2022 年 9 月第 1 版
版　　次/2022 年 9 月第 1 次印刷
定　　价/1680.00 元（全六册附光盘）

版权所有，侵权必究。
如有印装差错，请与发行部联系退换。本书附 CD-ROM 一张，如有差异，以图书内容为准。

目　录

第 3 册

第二部分　长表数据资料

第一卷　概要

1-1　各地区户数、人口数和性别比 …… 1774
1-1a　各地区户数、人口数和性别比(城市) …… 1780
1-1b　各地区户数、人口数和性别比(镇) …… 1786
1-1c　各地区户数、人口数和性别比(乡村) …… 1792
1-2　各地区分性别、户口登记状况的人口 …… 1798
1-2a　各地区分性别、户口登记状况的人口(城市) …… 1804
1-2b　各地区分性别、户口登记状况的人口(镇) …… 1810
1-2c　各地区分性别、户口登记状况的人口(乡村) …… 1816
1-3　各地区分年龄、性别的人口 …… 1822
1-3a　各地区分年龄、性别的人口(城市) …… 1843
1-3b　各地区分年龄、性别的人口(镇) …… 1864
1-3c　各地区分年龄、性别的人口(乡村) …… 1885
1-4　全省分年龄、性别的人口 …… 1906
1-4a　全省分年龄、性别的人口(城市) …… 1908
1-4b　全省分年龄、性别的人口(镇) …… 1910
1-4c　全省分年龄、性别的人口(乡村) …… 1912

第二卷　民族

2-1　全省各民族分性别、行业的人口 …… 1917
2-2　全省各民族分性别、职业的人口 …… 1924
2-3　全省各民族分性别、主要生活来源的 15 岁及以上人口 …… 1927
2-4　全省各民族分性别、婚姻状况的 15 岁及以上人口 …… 1930
2-5　全省各民族分性别、初婚年龄的人口 …… 1932
2-6　全省按民族、生育孩次分的育龄妇女人数(2019.11.1-2020.10.31) …… 1942
2-7　全省各民族 15-64 岁妇女平均活产子女数和平均存活子女数 …… 1944

第三卷 教育

3-1 全省分学业完成情况、性别、受教育程度的 3 岁及以上人口 ……1947
3-1a 全省分学业完成情况、性别、受教育程度的 3 岁及以上人口(城市) ……1948
3-1b 全省分学业完成情况、性别、受教育程度的 3 岁及以上人口(镇) ……1949
3-1c 全省分学业完成情况、性别、受教育程度的 3 岁及以上人口(乡村) ……1950
3-2 全省分年龄、性别、学业完成情况的 3 岁及以上各种受教育程度人口 ……1951
3-2a 全省分年龄、性别、学业完成情况的 3 岁及以上各种受教育程度人口(城市) ……1967
3-2b 全省分年龄、性别、学业完成情况的 3 岁及以上各种受教育程度人口(镇) ……1983
3-2c 全省分年龄、性别、学业完成情况的 3 岁及以上各种受教育程度人口(乡村) ……1999

第四卷 就业

4-1 各地区分性别、年龄的就业人口 ……2017
4-1a 各地区分性别、年龄的就业人口(城市) ……2033
4-1b 各地区分性别、年龄的就业人口(镇) ……2049
4-1c 各地区分性别、年龄的就业人口(乡村) ……2065
4-2 各地区分性别、受教育程度的就业人口 ……2081
4-2a 各地区分性别、受教育程度的就业人口(城市) ……2089
4-2b 各地区分性别、受教育程度的就业人口(镇) ……2097
4-2c 各地区分性别、受教育程度的就业人口(乡村) ……2105
4-3 全省分年龄、性别、受教育程度的就业人口 ……2113
4-3a 全省分年龄、性别、受教育程度的就业人口(城市) ……2114
4-3b 全省分年龄、性别、受教育程度的就业人口(镇) ……2115
4-3c 全省分年龄、性别、受教育程度的就业人口(乡村) ……2116
4-4 各地区分性别、行业大类的就业人口 ……2117
4-4a 各地区分性别、行业大类的就业人口(城市) ……2221
4-4b 各地区分性别、行业大类的就业人口(镇) ……2325
4-4c 各地区分性别、行业大类的就业人口(乡村) ……2429
4-5 全省分年龄、性别、行业大类的就业人口 ……2533
4-5a 全省分年龄、性别、行业大类的就业人口(城市) ……2546
4-5b 全省分年龄、性别、行业大类的就业人口(镇) ……2559
4-5c 全省分年龄、性别、行业大类的就业人口(乡村) ……2572
4-6 各地区分性别、职业中类的就业人口 ……2585
4-6a 各地区分性别、职业中类的就业人口(城市) ……2657
4-6b 各地区分性别、职业中类的就业人口(镇) ……2729
4-6c 各地区分性别、职业中类的就业人口(乡村) ……2801
4-7 全省分年龄、性别、职业中类的就业人口 ……2873

4-7a　全省分年龄、性别、职业中类的就业人口(城市) ……………………………………………………2882
4-7b　全省分年龄、性别、职业中类的就业人口(镇) ……………………………………………………2891
4-7c　全省分年龄、性别、职业中类的就业人口(乡村) ……………………………………………………2900

第二部分 长表数据资料

第一卷 概要

1-1 各地区户数、

地区	户数				合计		
	合计	家庭户	集体户	合计	男	女	性别比(女=100)
广东	**4260722**	**3978511**	**282211**	**11946820**	**6345132**	**5601688**	**113.27**
广州市	**730269**	**683339**	**46930**	**1733907**	**915821**	**818086**	**111.95**
荔湾区	39629	38810	819	93831	47021	46810	100.45
越秀区	36662	35584	1078	98149	47927	50222	95.43
海珠区	77284	74089	3195	175680	88955	86725	102.57
天河区	99587	88324	11263	216226	114005	102221	111.53
白云区	158548	148710	9838	352421	188877	163544	115.49
黄埔区	50378	46358	4020	122042	68015	54027	125.89
番禺区	113496	105222	8274	249871	132556	117315	112.99
花都区	59825	56659	3166	156873	84018	72855	115.32
南沙区	32213	29765	2448	81479	45670	35809	127.54
从化区	17049	16620	429	56761	29521	27240	108.37
增城区	45598	43198	2400	130574	69256	61318	112.95
韶关市	**88685**	**86403**	**2282**	**261764**	**132008**	**129756**	**101.74**
武江区	12051	11603	448	34465	17213	17252	99.77
浈江区	11535	10855	680	33715	16968	16747	101.32
曲江区	9098	8822	276	27138	13989	13149	106.39
始兴县	6307	6192	115	17799	8753	9046	96.76
仁化县	6048	5950	98	17129	8683	8446	102.81
翁源县	9332	9140	192	28586	14449	14137	102.21
乳源瑶族自治县	5365	5278	87	17067	8712	8355	104.27
新丰县	5296	5211	85	16171	8345	7826	106.63
乐昌市	11817	11668	149	33541	16762	16779	99.90
南雄市	11836	11684	152	36153	18134	18019	100.64
深圳市	**743248**	**654829**	**88419**	**1833301**	**1013087**	**820214**	**123.51**
罗湖区	39850	36559	3291	114707	58152	56555	102.82
福田区	55587	49765	5822	156329	80913	75416	107.29
南山区	64466	53619	10847	183839	98305	85534	114.93
宝安区	206416	180683	25733	474336	268553	205783	130.50
龙岗区	174775	156574	18201	435339	237885	197454	120.48
盐田区	6995	5958	1037	21847	11898	9949	119.59
龙华区	117106	103420	13686	272160	154916	117244	132.13
坪山区	24639	21722	2917	58164	33700	24464	137.75
光明区	53414	46529	6885	116580	68765	47815	143.81
珠海市	**88124**	**79550**	**8574**	**235234**	**126581**	**108653**	**116.50**
香洲区	51842	46800	5042	134840	71643	63197	113.36
斗门区	20740	19823	917	57537	31097	26440	117.61
金湾区	15542	12927	2615	42857	23841	19016	125.37
汕头市	**127717**	**125707**	**2010**	**527330**	**264318**	**263012**	**100.50**
龙湖区	17166	16829	337	58723	29502	29221	100.96
金平区	22563	22323	240	72234	35250	36984	95.31
濠江区	5671	5429	242	25868	13107	12761	102.71
潮阳区	34072	33917	155	155877	78057	77820	100.30
潮南区	26399	26028	371	128905	65259	63646	102.53
澄海区	20072	19416	656	80155	40342	39813	101.33
南澳县	1774	1765	9	5568	2801	2767	101.23
佛山市	**355579**	**324938**	**30641**	**925502**	**504615**	**420887**	**119.89**
禅城区	51784	48662	3122	128727	68032	60695	112.09
南海区	137791	122777	15014	364007	199547	164460	121.33
顺德区	122047	113469	8578	316297	172993	143304	120.72
三水区	28194	25145	3049	75975	41809	34166	122.37
高明区	15763	14885	878	40496	22234	18262	121.75

人口数和性别比

单位：户、人

人口数								平均家庭户规模（人/户）
家庭户				集体户				
小计	男	女	性别比（女=100）	小计	男	女	性别比（女=100）	
10847205	**5645700**	**5201505**	**108.54**	**1099615**	**699432**	**400183**	**174.78**	**2.73**
1562061	**814608**	**747453**	**108.98**	**171846**	**101213**	**70633**	**143.29**	**2.29**
90502	45124	45378	99.44	3329	1897	1432	132.47	2.33
93809	45582	48227	94.52	4340	2345	1995	117.54	2.64
164492	83157	81335	102.24	11188	5798	5390	107.57	2.22
181264	94764	86500	109.55	34962	19241	15721	122.39	2.05
314224	166820	147404	113.17	38197	22057	16140	136.66	2.11
106349	57262	49087	116.65	15693	10753	4940	217.67	2.29
223675	117714	105961	111.09	26196	14842	11354	130.72	2.13
142136	75517	66619	113.36	14737	8501	6236	136.32	2.51
72435	38688	33747	114.64	9044	6982	2062	338.60	2.43
53793	27712	26081	106.25	2968	1809	1159	156.08	3.24
119382	62268	57114	109.02	11192	6988	4204	166.22	2.76
249870	**125216**	**124654**	**100.45**	**11894**	**6792**	**5102**	**133.12**	**2.89**
32282	16008	16274	98.37	2183	1205	978	123.21	2.78
30352	15203	15149	100.36	3363	1765	1598	110.45	2.80
25677	13064	12613	103.58	1461	925	536	172.57	2.91
17223	8452	8771	96.36	576	301	275	109.45	2.78
16591	8310	8281	100.35	538	373	165	226.06	2.79
27759	13962	13797	101.20	827	487	340	143.24	3.04
16509	8369	8140	102.81	558	343	215	159.53	3.13
15686	8034	7652	104.99	485	311	174	178.74	3.01
32591	16171	16420	98.48	950	591	359	164.62	2.79
35200	17643	17557	100.49	953	491	462	106.28	3.01
1531869	**806795**	**725074**	**111.27**	**301432**	**206292**	**95140**	**216.83**	**2.34**
100401	48917	51484	95.01	14306	9235	5071	182.11	2.75
132652	65177	67475	96.59	23677	15736	7941	198.16	2.67
142790	71456	71334	100.17	41049	26849	14200	189.08	2.66
390901	211389	179512	117.76	83435	57164	26271	217.59	2.16
376268	198133	178135	111.23	59071	39752	19319	205.77	2.40
17366	8826	8540	103.35	4481	3072	1409	218.03	2.91
227720	123192	104528	117.86	44440	31724	12716	249.48	2.20
48247	26413	21834	120.97	9917	7287	2630	277.07	2.22
95524	53292	42232	126.19	21056	15473	5583	277.14	2.05
203867	**106469**	**97398**	**109.31**	**31367**	**20112**	**11255**	**178.69**	**2.56**
116425	59859	56566	105.82	18415	11784	6631	177.71	2.49
54147	28657	25490	112.42	3390	2440	950	256.84	2.73
33295	17953	15342	117.02	9562	5888	3674	160.26	2.58
510715	**254544**	**256171**	**99.36**	**16615**	**9774**	**6841**	**142.87**	**4.06**
56305	28036	28269	99.18	2418	1466	952	153.99	3.35
70938	34551	36387	94.95	1296	699	597	117.09	3.18
24094	11930	12164	98.08	1774	1177	597	197.15	4.44
154240	77163	77077	100.11	1637	894	743	120.32	4.55
125240	63108	62132	101.57	3665	2151	1514	142.07	4.81
74384	36998	37386	98.96	5771	3344	2427	137.78	3.83
5514	2758	2756	100.07	54	43	11	390.91	3.12
806025	**426402**	**379623**	**112.32**	**119477**	**78213**	**41264**	**189.54**	**2.48**
116437	60560	55877	108.38	12290	7472	4818	155.09	2.39
303437	160180	143257	111.81	60570	39367	21203	185.67	2.47
284149	151657	132492	114.47	32148	21336	10812	197.34	2.50
64579	33980	30599	111.05	11396	7829	3567	219.48	2.57
37423	20025	17398	115.10	3073	2209	864	255.67	2.51

1-1 续表 1

地区	户数						
				合计			
	合计	家庭户	集体户	合计	男	女	性别比(女=100)
江门市	**140488**	**136562**	**3926**	**421617**	**217695**	**203922**	**106.75**
蓬江区	26492	25239	1253	76789	39135	37654	103.93
江海区	11477	10765	712	33832	17734	16098	110.16
新会区	26345	25895	450	78606	40527	38079	106.43
台山市	26072	25580	492	80577	41437	39140	105.87
开平市	20708	20387	321	63507	32283	31224	103.39
鹤山市	17221	16749	472	47960	25329	22631	111.92
恩平市	12173	11947	226	40346	21250	19096	111.28
湛江市	**175938**	**172453**	**3485**	**603455**	**312764**	**290691**	**107.59**
赤坎区	11570	11089	481	35505	17578	17927	98.05
霞山区	19774	19361	413	59746	30281	29465	102.77
坡头区	9106	9046	60	32362	17052	15310	111.38
麻章区	12504	11015	1489	47398	25022	22376	111.83
遂溪县	20740	20585	155	71545	37246	34299	108.59
徐闻县	15975	15833	142	55727	28868	26859	107.48
廉江市	31985	31656	329	111604	58714	52890	111.01
雷州市	31751	31548	203	109439	57048	52391	108.89
吴川市	22533	22320	213	80129	40955	39174	104.55
茂名市	**157554**	**154878**	**2676**	**557985**	**289912**	**268073**	**108.15**
茂南区	28740	27829	911	98767	51604	47163	109.42
电白区	35085	34567	518	132619	69613	63006	110.49
高州市	35590	34904	686	122363	63133	59230	106.59
化州市	31820	31535	285	114776	59914	54862	109.21
信宜市	26319	26043	276	89460	45648	43812	104.19
肇庆市	**119095**	**115418**	**3677**	**366915**	**190438**	**176477**	**107.91**
端州区	18315	17778	537	51657	26279	25378	103.55
鼎湖区	4949	4525	424	17916	9459	8457	111.85
高要区	19988	19229	759	65669	34687	30982	111.96
广宁县	11805	11694	111	33784	17291	16493	104.84
怀集县	22243	22132	111	71860	36220	35640	101.63
封开县	11054	10959	95	34314	17582	16732	105.08
德庆县	10610	10551	59	34169	17572	16597	105.87
四会市	20131	18550	1581	57546	31348	26198	119.66
惠州市	**188593**	**174132**	**14461**	**576125**	**311242**	**264883**	**117.50**
惠城区	66640	61183	5457	196063	103895	92168	112.72
惠阳区	53131	48020	5111	139212	79169	60043	131.85
博罗县	34591	31796	2795	112455	60494	51961	116.42
惠东县	25833	24932	901	100744	53518	47226	113.32
龙门县	8398	8201	197	27651	14166	13485	105.05
梅州市	**102465**	**100906**	**1559**	**335392**	**166917**	**168475**	**99.08**
梅江区	11563	10858	705	38726	19077	19649	97.09
梅县区	15783	15645	138	50557	25096	25461	98.57
大埔县	9849	9763	86	29099	14665	14434	101.60
丰顺县	11658	11486	172	39822	20376	19446	104.78
五华县	21119	20855	264	77687	38406	39281	97.77
平远县	5953	5884	69	18028	8887	9141	97.22
蕉岭县	5923	5872	51	17749	8896	8853	100.49
兴宁市	20617	20543	74	63724	31514	32210	97.84

单位：户、人

人口数								平均家庭户规模（人/户）
家庭户				集体户				
小计	男	女	性别比（女=100）	小计	男	女	性别比（女=100）	
398830	**203439**	**195391**	**104.12**	**22787**	**14256**	**8531**	**167.11**	**2.92**
71406	35942	35464	101.35	5383	3193	2190	145.80	2.83
30560	15811	14749	107.20	3272	1923	1349	142.55	2.84
75250	38284	36966	103.57	3356	2243	1113	201.53	2.91
76640	38949	37691	103.34	3937	2488	1449	171.70	3.00
61480	31059	30421	102.10	2027	1224	803	152.43	3.02
44607	23106	21501	107.46	3353	2223	1130	196.73	2.66
38887	20288	18599	109.08	1459	962	497	193.56	3.25
584294	**303120**	**281174**	**107.81**	**19161**	**9644**	**9517**	**101.33**	**3.39**
32887	16626	16261	102.24	2618	952	1666	57.14	2.97
57781	29244	28537	102.48	1965	1037	928	111.75	2.98
31937	16798	15139	110.96	425	254	171	148.54	3.53
40549	21304	19245	110.70	6849	3718	3131	118.75	3.68
70469	36836	33633	109.52	1076	410	666	61.56	3.42
54852	28391	26461	107.29	875	477	398	119.85	3.46
109305	57616	51689	111.47	2299	1098	1201	91.42	3.45
107990	56280	51710	108.84	1449	768	681	112.78	3.42
78524	40025	38499	103.96	1605	930	675	137.78	3.52
535464	**277045**	**258419**	**107.21**	**22521**	**12867**	**9654**	**133.28**	**3.46**
93287	48382	44905	107.74	5480	3222	2258	142.69	3.35
128066	66919	61147	109.44	4553	2694	1859	144.92	3.70
115774	59572	56202	106.00	6589	3561	3028	117.60	3.32
111671	58070	53601	108.34	3105	1844	1261	146.23	3.54
86666	44102	42564	103.61	2794	1546	1248	123.88	3.33
346500	**177284**	**169216**	**104.77**	**20415**	**13154**	**7261**	**181.16**	**3.00**
48031	24165	23866	101.25	3626	2114	1512	139.81	2.70
14855	7445	7410	100.47	3061	2014	1047	192.36	3.28
61455	32137	29318	109.62	4214	2550	1664	153.25	3.20
32942	16736	16206	103.27	842	555	287	193.38	2.82
70541	35529	35012	101.48	1319	691	628	110.03	3.19
33650	17169	16481	104.17	664	413	251	164.54	3.07
33940	17427	16513	105.54	229	145	84	172.62	3.22
51086	26676	24410	109.28	6460	4672	1788	261.30	2.75
504284	**263930**	**240354**	**109.81**	**71841**	**47312**	**24529**	**192.88**	**2.90**
173272	89295	83977	106.33	22791	14600	8191	178.24	2.83
114665	62244	52421	118.74	24547	16925	7622	222.05	2.39
95947	49858	46089	108.18	16508	10636	5872	181.13	3.02
93715	48999	44716	109.58	7029	4519	2510	180.04	3.76
26685	13534	13151	102.91	966	632	334	189.22	3.25
324025	**160776**	**163249**	**98.49**	**11367**	**6141**	**5226**	**117.51**	**3.21**
34862	17113	17749	96.42	3864	1964	1900	103.37	3.21
49451	24544	24907	98.54	1106	552	554	99.64	3.16
28088	14095	13993	100.73	1011	570	441	129.25	2.88
38610	19673	18937	103.89	1212	703	509	138.11	3.36
75210	37024	38186	96.96	2477	1382	1095	126.21	3.61
17551	8629	8922	96.72	477	258	219	117.81	2.98
17293	8587	8706	98.63	456	309	147	210.20	2.94
62960	31111	31849	97.68	764	403	361	111.63	3.06

1-1 续表 2

地区	户数			合计			
	合计	家庭户	集体户	合计	男	女	性别比(女=100)
汕尾市	**62138**	**61206**	**932**	**239493**	**123773**	**115720**	**106.96**
城　区	10640	10268	372	38286	19788	18498	106.97
海丰县	19303	18936	367	71546	37596	33950	110.74
陆河县	5226	5138	88	22094	11252	10842	103.78
陆丰市	26969	26864	105	107567	55137	52430	105.16
河源市	**78426**	**75991**	**2435**	**253924**	**128752**	**125172**	**102.86**
源城区	19361	18246	1115	65160	33304	31856	104.55
紫金县	14186	13848	338	50564	25673	24891	103.14
龙川县	17513	17146	367	52997	26545	26452	100.35
连平县	7707	7614	93	24850	12454	12396	100.47
和平县	10264	10165	99	30587	15238	15349	99.28
东源县	9395	8972	423	29766	15538	14228	109.21
阳江市	**66658**	**65690**	**968**	**221917**	**116279**	**105638**	**110.07**
江城区	20607	20202	405	70613	36639	33974	107.84
阳东区	11768	11588	180	40505	21806	18699	116.62
阳西县	11093	10955	138	37257	19929	17328	115.01
阳春市	23190	22945	245	73542	37905	35637	106.36
清远市	**107269**	**103868**	**3401**	**351716**	**181229**	**170487**	**106.30**
清城区	30716	28702	2014	106291	55388	50903	108.81
清新区	16747	16481	266	54476	28291	26185	108.04
佛冈县	9062	8799	263	29266	15197	14069	108.02
阳山县	9478	9407	71	29421	14951	14470	103.32
连山壮族瑶族自治县	2720	2685	35	8693	4420	4273	103.44
连南瑶族自治县	3793	3778	15	12464	6234	6230	100.06
英德市	24317	23676	641	79916	41121	38795	106.00
连州市	10436	10340	96	31189	15627	15562	100.42
东莞市	**503685**	**449436**	**54249**	**1084676**	**615126**	**469550**	**131.00**
市辖区	503685	449436	54249	1084676	615126	469550	131.00
中山市	**166123**	**157783**	**8340**	**410228**	**221157**	**189071**	**116.97**
市辖区	166123	157783	8340	410228	221157	189071	116.97
潮州市	**65106**	**64092**	**1014**	**239141**	**120868**	**118273**	**102.19**
湘桥区	15863	15362	501	51692	25650	26042	98.49
潮安区	27494	27130	364	109091	55567	53524	103.82
饶平县	21749	21600	149	78358	39651	38707	102.44
揭阳市	**131440**	**130441**	**999**	**562643**	**287228**	**275415**	**104.29**
榕城区	21956	21751	205	93527	47695	45832	104.06
揭东区	22831	22636	195	96978	49668	47310	104.98
揭西县	15993	15977	16	61272	31135	30137	103.31
惠来县	21722	21681	41	98438	49573	48865	101.45
普宁市	48938	48396	542	212428	109157	103271	105.70
云浮市	**62122**	**60889**	**1233**	**204555**	**105322**	**99233**	**106.14**
云城区	10709	10411	298	37088	19432	17656	110.06
云安区	5926	5705	221	19955	10373	9582	108.26
新兴县	12029	11727	302	39496	20207	19289	104.76
郁南县	9769	9673	96	30416	15679	14737	106.39
罗定市	23689	23373	316	77600	39631	37969	104.38

单位：户、人

人口数								平均家庭户规模（人/户）
家庭户				集体户				
小计	男	女	性别比（女=100）	小计	男	女	性别比（女=100）	
233106	**119897**	**113209**	**105.91**	**6387**	**3876**	**2511**	**154.36**	**3.81**
36440	18731	17709	105.77	1846	1057	789	133.97	3.55
69109	36023	33086	108.88	2437	1573	864	182.06	3.65
21101	10642	10459	101.75	993	610	383	159.27	4.11
106456	54501	51955	104.90	1111	636	475	133.89	3.96
241012	**121302**	**119710**	**101.33**	**12912**	**7450**	**5462**	**136.40**	**3.17**
61007	30968	30039	103.09	4153	2336	1817	128.56	3.34
48593	24463	24130	101.38	1971	1210	761	159.00	3.51
50733	25208	25525	98.76	2264	1337	927	144.23	2.96
23917	11856	12061	98.30	933	598	335	178.51	3.14
29597	14706	14891	98.76	990	532	458	116.16	2.91
27165	14101	13064	107.94	2601	1437	1164	123.45	3.03
213413	**111154**	**102259**	**108.70**	**8504**	**5125**	**3379**	**151.67**	**3.25**
67166	34659	32507	106.62	3447	1980	1467	134.97	3.32
38379	20447	17932	114.03	2126	1359	767	177.18	3.31
36099	19182	16917	113.39	1158	747	411	181.75	3.30
71769	36866	34903	105.62	1773	1039	734	141.55	3.13
333633	**169801**	**163832**	**103.64**	**18083**	**11428**	**6655**	**171.72**	**3.21**
96027	48756	47271	103.14	10264	6632	3632	182.60	3.35
52709	27202	25507	106.65	1767	1089	678	160.62	3.20
28039	14387	13652	105.38	1227	810	417	194.24	3.19
28944	14680	14264	102.92	477	271	206	131.55	3.08
8484	4300	4184	102.77	209	120	89	134.83	3.16
12286	6153	6133	100.33	178	81	97	83.51	3.25
76647	39063	37584	103.94	3269	2058	1211	169.94	3.24
30497	15260	15237	100.15	692	367	325	112.92	2.95
907369	**501888**	**405481**	**123.78**	**177307**	**113238**	**64069**	**176.74**	**2.02**
907369	501888	405481	123.78	177307	113238	64069	176.74	2.02
378333	**201601**	**176732**	**114.07**	**31895**	**19556**	**12339**	**158.49**	**2.40**
378333	201601	176732	114.07	31895	19556	12339	158.49	2.40
232395	**117431**	**114964**	**102.15**	**6746**	**3437**	**3309**	**103.87**	**3.63**
48962	24492	24470	100.09	2730	1158	1572	73.66	3.19
106504	54051	52453	103.05	2587	1516	1071	141.55	3.93
76929	38888	38041	102.23	1429	763	666	114.56	3.56
554742	**282972**	**271770**	**104.12**	**7901**	**4256**	**3645**	**116.76**	**4.25**
92050	46835	45215	103.58	1477	860	617	139.38	4.23
95558	48894	46664	104.78	1420	774	646	119.81	4.22
61169	31068	30101	103.21	103	67	36	186.11	3.83
98224	49438	48786	101.34	214	135	79	170.89	4.53
207741	106737	101004	105.68	4687	2420	2267	106.75	4.29
195398	**100026**	**95372**	**104.88**	**9157**	**5296**	**3861**	**137.17**	**3.21**
35106	18174	16932	107.34	1982	1258	724	173.76	3.37
18987	9776	9211	106.13	968	597	371	160.92	3.33
37044	18798	18246	103.03	2452	1409	1043	135.09	3.16
29629	15253	14376	106.10	787	426	361	118.01	3.06
74632	38025	36607	103.87	2968	1606	1362	117.91	3.19

1-1a 各地区户数、

地区	户数			合计			
	合计	家庭户	集体户	合计	男	女	性别比(女=100)
广 东	**2895920**	**2660494**	**235426**	**7438590**	**3984956**	**3453634**	**115.38**
广州市	**603129**	**565268**	**37861**	**1381493**	**724553**	**656940**	**110.29**
荔湾区	39629	38810	819	93831	47021	46810	100.45
越秀区	36662	35584	1078	98149	47927	50222	95.43
海珠区	77284	74089	3195	175680	88955	86725	102.57
天河区	99587	88324	11263	216226	114005	102221	111.53
白云区	124884	118827	6057	262630	140034	122596	114.22
黄埔区	46365	42484	3881	108926	60971	47955	127.14
番禺区	98234	91049	7185	215384	113175	102209	110.73
花都区	40673	39235	1438	99194	52603	46591	112.90
南沙区	18092	16591	1501	44004	24984	19020	131.36
从化区	5750	5651	99	17788	8855	8933	99.13
增城区	15969	14624	1345	49681	26023	23658	110.00
韶关市	**30713**	**29447**	**1266**	**89127**	**44047**	**45080**	**97.71**
武江区	10332	9912	420	29076	14376	14700	97.80
浈江区	9077	8497	580	26198	13005	13193	98.58
曲江区	4733	4642	91	14124	7022	7102	98.87
始兴县							
仁化县							
翁源县							
乳源瑶族自治县							
新丰县							
乐昌市	3171	3088	83	9216	4473	4743	94.31
南雄市	3400	3308	92	10513	5171	5342	96.80
深圳市	**740684**	**652806**	**87878**	**1826991**	**1009068**	**817923**	**123.37**
罗湖区	39850	36559	3291	114707	58152	56555	102.82
福田区	55587	49765	5822	156329	80913	75416	107.29
南山区	64322	53587	10735	183335	97850	85485	114.46
宝安区	206416	180683	25733	474336	268553	205783	130.50
龙岗区	172430	154658	17772	429765	234431	195334	120.02
盐田区	6995	5958	1037	21847	11898	9949	119.59
龙华区	117106	103420	13686	272160	154916	117244	132.13
坪山区	24564	21647	2917	57932	33590	24342	137.99
光明区	53414	46529	6885	116580	68765	47815	143.81
珠海市	**69049**	**62485**	**6564**	**182157**	**95752**	**86405**	**110.82**
香洲区	49664	45440	4224	129126	67453	61673	109.37
斗门区	8713	8506	207	22841	12131	10710	113.27
金湾区	10672	8539	2133	30190	16168	14022	115.30
汕头市	**63870**	**62654**	**1216**	**233939**	**116318**	**117621**	**98.89**
龙湖区	15157	14831	326	49537	24894	24643	101.02
金平区	22235	22012	223	70777	34524	36253	95.23
濠江区	4021	3933	88	17942	8914	9028	98.74
潮阳区	7314	7296	18	28519	14010	14509	96.56
潮南区	8805	8633	172	43370	21966	21404	102.63
澄海区	6338	5949	389	23794	12010	11784	101.92
南澳县							
佛山市	**319694**	**293200**	**26494**	**833681**	**451804**	**381877**	**118.31**
禅城区	43841	41504	2337	107209	55981	51228	109.28
南海区	130275	116035	14240	344604	188405	156199	120.62
顺德区	120191	111763	8428	311661	170291	141370	120.46
三水区	12040	11279	761	35310	18105	17205	105.23
高明区	13347	12619	728	34897	19022	15875	119.82

人口数和性别比(城市)

单位：户、人

人口数								平均家庭户规模(人/户)
家庭户				集体户				
小计	男	女	性别比(女=100)	小计	男	女	性别比(女=100)	
6568386	**3432818**	**3135568**	**109.48**	**870204**	**552138**	**318066**	**173.59**	**2.47**
1250963	**648812**	**602151**	**107.75**	**130530**	**75741**	**54789**	**138.24**	**2.21**
90502	45124	45378	99.44	3329	1897	1432	132.47	2.33
93809	45582	48227	94.52	4340	2345	1995	117.54	2.64
164492	83157	81335	102.24	11188	5798	5390	107.57	2.22
181264	94764	86500	109.55	34962	19241	15721	122.39	2.05
242012	127899	114113	112.08	20618	12135	8483	143.05	2.04
94093	50893	43200	117.81	14833	10078	4755	211.95	2.21
192948	100793	92155	109.37	22436	12382	10054	123.15	2.12
92805	49136	43669	112.52	6389	3467	2922	118.65	2.37
38823	20980	17843	117.58	5181	4004	1177	340.19	2.34
16720	8303	8417	98.65	1068	552	516	106.98	2.96
43495	22181	21314	104.07	6186	3842	2344	163.91	2.97
82876	**40856**	**42020**	**97.23**	**6251**	**3191**	**3060**	**104.28**	**2.81**
27071	13291	13780	96.45	2005	1085	920	117.93	2.73
23507	11723	11784	99.48	2691	1282	1409	90.99	2.77
13618	6755	6863	98.43	506	267	239	111.72	2.93
8629	4118	4511	91.29	587	355	232	153.02	2.79
10051	4969	5082	97.78	462	202	260	77.69	3.04
1527498	**804315**	**723183**	**111.22**	**299493**	**204753**	**94740**	**216.12**	**2.34**
100401	48917	51484	95.01	14306	9235	5071	182.11	2.75
132652	65177	67475	96.59	23677	15736	7941	198.16	2.67
142743	71426	71317	100.15	40592	26424	14168	186.50	2.66
390901	211389	179512	117.76	83435	57164	26271	217.59	2.16
372176	195793	176383	111.00	57589	38638	18951	203.88	2.41
17366	8826	8540	103.35	4481	3072	1409	218.03	2.91
227720	123192	104528	117.86	44440	31724	12716	249.48	2.20
48015	26303	21712	121.14	9917	7287	2630	277.07	2.22
95524	53292	42232	126.19	21056	15473	5583	277.14	2.05
158539	**81746**	**76793**	**106.45**	**23618**	**14006**	**9612**	**145.71**	**2.54**
113896	58315	55581	104.92	15230	9138	6092	150.00	2.51
21945	11489	10456	109.88	896	642	254	252.76	2.58
22698	11942	10756	111.03	7492	4226	3266	129.39	2.66
224641	**110981**	**113660**	**97.64**	**9298**	**5337**	**3961**	**134.74**	**3.59**
47208	23482	23726	98.97	2329	1412	917	153.98	3.18
69507	33833	35674	94.84	1270	691	579	119.34	3.16
17202	8490	8712	97.45	740	424	316	134.18	4.37
28403	13951	14452	96.53	116	59	57	103.51	3.89
41702	20989	20713	101.33	1668	977	691	141.39	4.83
20619	10236	10383	98.58	3175	1774	1401	126.62	3.47
729174	**384157**	**345017**	**111.34**	**104507**	**67647**	**36860**	**183.52**	**2.49**
97797	50420	47377	106.42	9412	5561	3851	144.40	2.36
287415	151466	135949	111.41	57189	36939	20250	182.41	2.48
279913	149244	130669	114.22	31748	21047	10701	196.68	2.50
31827	15904	15923	99.88	3483	2201	1282	171.68	2.82
32222	17123	15099	113.40	2675	1899	776	244.72	2.55

1-1a 续表 1

地区	户数			合计			
	合计	家庭户	集体户	合计	男	女	性别比(女=100)
江门市	**84506**	**81625**	**2881**	**254358**	**129774**	**124584**	**104.17**
蓬江区	25788	24549	1239	74225	37843	36382	104.02
江海区	11477	10765	712	33832	17734	16098	110.16
新会区	14045	13825	220	42870	21650	21220	102.03
台山市	10765	10422	343	33041	16852	16189	104.10
开平市	9140	9025	115	28962	14357	14605	98.30
鹤山市	8366	8201	165	23710	12138	11572	104.89
恩平市	4925	4838	87	17718	9200	8518	108.01
湛江市	**54423**	**52786**	**1637**	**180329**	**92188**	**88141**	**104.59**
赤坎区	11361	10880	481	34715	17176	17539	97.93
霞山区	18902	18491	411	56291	28454	27837	102.22
坡头区	2071	2037	34	6761	3491	3270	106.76
麻章区	2698	2386	312	10611	5821	4790	121.52
遂溪县	596	592	4	1909	992	917	108.18
徐闻县							
廉江市	6359	6193	166	23742	12173	11569	105.22
雷州市	6409	6293	116	22649	11811	10838	108.98
吴川市	6027	5914	113	23651	12270	11381	107.81
茂名市	**47242**	**45625**	**1617**	**170206**	**87976**	**82230**	**106.99**
茂南区	19139	18525	614	62948	32604	30344	107.45
电白区	5794	5614	180	21616	11154	10462	106.61
高州市	7986	7508	478	30159	15454	14705	105.09
化州市	6830	6689	141	26359	13854	12505	110.79
信宜市	7493	7289	204	29124	14910	14214	104.90
肇庆市	**37273**	**34835**	**2438**	**110149**	**57572**	**52577**	**109.50**
端州区	18315	17778	537	51657	26279	25378	103.55
鼎湖区	2642	2303	339	9818	5161	4657	110.82
高要区	2965	2656	309	9754	5090	4664	109.13
广宁县							
怀集县							
封开县							
德庆县							
四会市	13351	12098	1253	38920	21042	17878	117.70
惠州市	**92792**	**85241**	**7551**	**256099**	**138920**	**117179**	**118.55**
惠城区	52459	48635	3824	151948	79630	72318	110.11
惠阳区	39365	35718	3647	101898	58017	43881	132.21
博罗县	968	888	80	2253	1273	980	129.90
惠东县							
龙门县							
梅州市	**24687**	**23858**	**829**	**84482**	**41304**	**43178**	**95.66**
梅江区	10429	9733	696	35032	17216	17816	96.63
梅县区	6844	6748	96	23884	11650	12234	95.23
大埔县							
丰顺县							
五华县	365	364	1	1302	644	658	97.87
平远县							
蕉岭县							
兴宁市	7049	7013	36	24264	11794	12470	94.58

单位：户、人

人口数								平均家庭户规模（人/户）
家庭户				集体户				
小计	男	女	性别比（女=100）	小计	男	女	性别比（女=100）	
238148	**120269**	**117879**	**102.03**	**16210**	**9505**	**6705**	**141.76**	**2.92**
68886	34676	34210	101.36	5339	3167	2172	145.81	2.81
30560	15811	14749	107.20	3272	1923	1349	142.55	2.84
40970	20482	20488	99.97	1900	1168	732	159.56	2.96
30265	15163	15102	100.40	2776	1689	1087	155.38	2.90
27869	13856	14013	98.88	1093	501	592	84.63	3.09
22475	11411	11064	103.14	1235	727	508	143.11	2.74
17123	8870	8253	107.48	595	330	265	124.53	3.54
170286	**87253**	**83033**	**105.08**	**10043**	**4935**	**5108**	**96.61**	**3.23**
32097	16224	15873	102.21	2618	952	1666	57.14	2.95
54339	27428	26911	101.92	1952	1026	926	110.80	2.94
6594	3406	3188	106.84	167	85	82	103.66	3.24
8685	4522	4163	108.62	1926	1299	627	207.18	3.64
1893	985	908	108.48	16	7	9	77.78	3.20
22130	11456	10674	107.33	1612	717	895	80.11	3.57
21836	11451	10385	110.26	813	360	453	79.47	3.47
22712	11781	10931	107.78	939	489	450	108.67	3.84
156033	**79931**	**76102**	**105.03**	**14173**	**8045**	**6128**	**131.28**	**3.42**
58858	30096	28762	104.64	4090	2508	1582	158.53	3.18
19831	10142	9689	104.68	1785	1012	773	130.92	3.53
25617	13129	12488	105.13	4542	2325	2217	104.87	3.41
24813	12893	11920	108.16	1546	961	585	164.27	3.71
26914	13671	13243	103.23	2210	1239	971	127.60	3.69
98256	**49996**	**48260**	**103.60**	**11893**	**7576**	**4317**	**175.49**	**2.82**
48031	24165	23866	101.25	3626	2114	1512	139.81	2.70
7959	3975	3984	99.77	1859	1186	673	176.23	3.46
8034	4146	3888	106.64	1720	944	776	121.65	3.02
34232	17710	16522	107.19	4688	3332	1356	245.72	2.83
221656	**116171**	**105485**	**110.13**	**34443**	**22749**	**11694**	**194.54**	**2.60**
136336	69807	66529	104.93	15612	9823	5789	169.68	2.80
83331	45254	38077	118.85	18567	12763	5804	219.90	2.33
1989	1110	879	126.28	264	163	101	161.39	2.24
79615	**38932**	**40683**	**95.70**	**4867**	**2372**	**2495**	**95.07**	**3.34**
31250	15321	15929	96.18	3782	1895	1887	100.42	3.21
23226	11383	11843	96.12	658	267	391	68.29	3.44
1300	642	658	97.57	2	2			3.57
23839	11586	12253	94.56	425	208	217	95.85	3.40

1-1a 续表 2

地区	户数			合计			
	合计	家庭户	集体户	合计	男	女	性别比(女=100)
汕尾市	**12130**	**11876**	**254**	**45475**	**23661**	**21814**	**108.47**
城 区	7009	6787	222	25228	12995	12233	106.23
海丰县							
陆河县							
陆丰市	5121	5089	32	20247	10666	9581	111.32
河源市	**16685**	**16012**	**673**	**57946**	**29426**	**28520**	**103.18**
源城区	16685	16012	673	57946	29426	28520	103.18
紫金县							
龙川县							
连平县							
和平县							
东源县							
阳江市	**26030**	**25642**	**388**	**90658**	**46332**	**44326**	**104.53**
江城区	14311	14140	171	50341	25719	24622	104.46
阳东区	4886	4835	51	17206	9041	8165	110.73
阳西县							
阳春市	6833	6667	166	23111	11572	11539	100.29
清远市	**33861**	**32863**	**998**	**116926**	**58253**	**58673**	**99.28**
清城区	17962	17316	646	62520	31302	31218	100.27
清新区	6746	6634	112	23450	11857	11593	102.28
佛冈县							
阳山县							
连山壮族瑶族自治县							
连南瑶族自治县							
英德市	5394	5211	183	18089	8915	9174	97.18
连州市	3759	3702	57	12867	6179	6688	92.39
东莞市	**460576**	**412022**	**48554**	**990343**	**559370**	**430973**	**129.79**
市辖区	460576	412022	48554	990343	559370	430973	129.79
中山市	**103727**	**99046**	**4681**	**253712**	**135708**	**118004**	**115.00**
市辖区	103727	99046	4681	253712	135708	118004	115.00
潮州市	**24880**	**24458**	**422**	**84787**	**42757**	**42030**	**101.73**
湘桥区	12322	12099	223	37845	18828	19017	99.01
潮安区	12558	12359	199	46942	23929	23013	103.98
饶平县							
揭阳市	**35713**	**35060**	**653**	**143779**	**73433**	**70346**	**104.39**
榕城区	15274	15117	157	63630	32371	31259	103.56
揭东区	7177	7049	128	31014	15813	15201	104.03
揭西县							
惠来县							
普宁市	13262	12894	368	49135	25249	23886	105.71
云浮市	**14256**	**13685**	**571**	**51953**	**26740**	**25213**	**106.06**
云城区	8088	7810	278	28833	15038	13795	109.01
云安区	481	452	29	1768	925	843	109.73
新兴县							
郁南县							
罗定市	5687	5423	264	21352	10777	10575	101.91

单位：户、人

人口数								平均家庭户规模（人/户）
家庭户				集体户				
小计	男	女	性别比（女=100）	小计	男	女	性别比（女=100）	
43962	**22879**	**21083**	**108.52**	**1513**	**782**	**731**	**106.98**	**3.70**
24077	12425	11652	106.63	1151	570	581	98.11	3.55
19885	10454	9431	110.85	362	212	150	141.33	3.91
55052	**27795**	**27257**	**101.97**	**2894**	**1631**	**1263**	**129.14**	**3.44**
55052	27795	27257	101.97	2894	1631	1263	129.14	3.44
86777	**44433**	**42344**	**104.93**	**3881**	**1899**	**1982**	**95.81**	**3.38**
48241	24739	23502	105.26	2100	980	1120	87.50	3.41
16437	8630	7807	110.54	769	411	358	114.80	3.40
22099	11064	11035	100.26	1012	508	504	100.79	3.31
111010	**55068**	**55942**	**98.44**	**5916**	**3185**	**2731**	**116.62**	**3.38**
58678	29125	29553	98.55	3842	2177	1665	130.75	3.39
22778	11518	11260	102.29	672	339	333	101.80	3.43
17097	8414	8683	96.90	992	501	491	102.04	3.28
12457	6011	6446	93.25	410	168	242	69.42	3.36
830566	**458380**	**372186**	**123.16**	**159777**	**100990**	**58787**	**171.79**	**2.02**
830566	458380	372186	123.16	159777	100990	58787	171.79	2.02
234759	**124307**	**110452**	**112.54**	**18953**	**11401**	**7552**	**150.97**	**2.37**
234759	124307	110452	112.54	18953	11401	7552	150.97	2.37
82133	**41381**	**40752**	**101.54**	**2654**	**1376**	**1278**	**107.67**	**3.36**
36405	18146	18259	99.38	1440	682	758	89.97	3.01
45728	23235	22493	103.30	1214	694	520	133.46	3.70
138866	**70904**	**67962**	**104.33**	**4913**	**2529**	**2384**	**106.08**	**3.96**
62786	31940	30846	103.55	844	431	413	104.36	4.15
30002	15286	14716	103.87	1012	527	485	108.66	4.26
46078	23678	22400	105.71	3057	1571	1486	105.72	3.57
47576	**24252**	**23324**	**103.98**	**4377**	**2488**	**1889**	**131.71**	**3.48**
26982	13884	13098	106.00	1851	1154	697	165.57	3.45
1553	818	735	111.29	215	107	108	99.07	3.44
19041	9550	9491	100.62	2311	1227	1084	113.19	3.51

1-1b 各地区户数、

地区	户数				合计		
	合计	家庭户	集体户	合计	男	女	性别比(女=100)
广东	**485194**	**462657**	**22537**	**1601437**	**833079**	**768358**	**108.42**
广州市	**42926**	**38816**	**4110**	**113239**	**60540**	**52699**	**114.88**
荔湾区							
越秀区							
海珠区							
天河区							
白云区	9194	7498	1696	24765	13044	11721	111.29
黄埔区	1229	1215	14	3922	1935	1987	97.38
番禺区	3105	2782	323	6862	3832	3030	126.47
花都区	3394	2827	567	9995	5290	4705	112.43
南沙区	6058	5594	464	15651	8733	6918	126.24
从化区	2207	1996	211	6369	3465	2904	119.32
增城区	17739	16904	835	45675	24241	21434	113.10
韶关市	**21078**	**20638**	**440**	**63409**	**31315**	**32094**	**97.57**
武江区	96	96		248	115	133	86.47
浈江区	1013	959	54	2790	1470	1320	111.36
曲江区	1009	980	29	2709	1399	1310	106.79
始兴县	2564	2487	77	7578	3658	3920	93.32
仁化县	2636	2581	55	7493	3722	3771	98.70
翁源县	3481	3431	50	10759	5225	5534	94.42
乳源瑶族自治县	2575	2505	70	8264	4098	4166	98.37
新丰县	2596	2545	51	8625	4297	4328	99.28
乐昌市	3182	3157	25	8927	4356	4571	95.30
南雄市	1926	1897	29	6016	2975	3041	97.83
深圳市	**219**	**107**	**112**	**736**	**565**	**171**	**330.41**
罗湖区							
福田区							
南山区	144	32	112	504	455	49	928.57
宝安区							
龙岗区							
盐田区							
龙华区							
坪山区	75	75		232	110	122	90.16
光明区							
珠海市	**11647**	**9870**	**1777**	**30832**	**18747**	**12085**	**155.13**
香洲区	2122	1332	790	5587	4094	1493	274.21
斗门区	5243	4716	527	14290	7946	6344	125.25
金湾区	4282	3822	460	10955	6707	4248	157.89
汕头市	**28318**	**28015**	**303**	**127343**	**64147**	**63196**	**101.50**
龙湖区							
金平区							
濠江区	138	137	1	480	243	237	102.53
潮阳区	11312	11251	61	55208	27854	27354	101.83
潮南区	6939	6832	107	33609	16929	16680	101.49
澄海区	8506	8378	128	33666	16918	16748	101.02
南澳县	1423	1417	6	4380	2203	2177	101.19
佛山市	**19802**	**17538**	**2264**	**49854**	**28668**	**21186**	**135.32**
禅城区	7943	7158	785	21518	12051	9467	127.29
南海区	2351	2154	197	5432	3127	2305	135.66
顺德区							
三水区	8481	7321	1160	20597	12130	8467	143.26
高明区	1027	905	122	2307	1360	947	143.61

人口数和性别比(镇)

单位：户、人

人口数								平均家庭户规模（人/户）
家庭户				集体户				
小计	男	女	性别比（女=100）	小计	男	女	性别比（女=100）	
1488795	**764260**	**724535**	**105.48**	**112642**	**68819**	**43823**	**157.04**	**3.22**
95576	**50288**	**45288**	**111.04**	**17663**	**10252**	**7411**	**138.33**	**2.46**
17195	9141	8054	113.50	7570	3903	3667	106.44	2.29
3873	1901	1972	96.40	49	34	15	226.67	3.19
5868	3227	2641	122.19	994	605	389	155.53	2.11
7786	4110	3676	111.81	2209	1180	1029	114.67	2.75
13773	7225	6548	110.34	1878	1508	370	407.57	2.46
5092	2665	2427	109.81	1277	800	477	167.71	2.55
41989	22019	19970	110.26	3686	2222	1464	151.78	2.48
60891	**29864**	**31027**	**96.25**	**2518**	**1451**	**1067**	**135.99**	**2.95**
248	115	133	86.47					2.58
2338	1146	1192	96.14	452	324	128	253.13	2.44
2623	1349	1274	105.89	86	50	36	138.89	2.68
7183	3456	3727	92.73	395	202	193	104.66	2.89
7181	3534	3647	96.90	312	188	124	151.61	2.78
10575	5117	5458	93.75	184	108	76	142.11	3.08
7854	3879	3975	97.58	410	219	191	114.66	3.14
8339	4146	4193	98.88	286	151	135	111.85	3.28
8722	4251	4471	95.08	205	105	100	105.00	2.76
5828	2871	2957	97.09	188	104	84	123.81	3.07
279	**140**	**139**	**100.72**	**457**	**425**	**32**	**1328.13**	**2.61**
47	30	17	176.47	457	425	32	1328.13	1.47
232	110	122	90.16					3.09
23969	**13276**	**10693**	**124.16**	**6863**	**5471**	**1392**	**393.03**	**2.43**
2481	1508	973	154.98	3106	2586	520	497.31	1.86
12519	6654	5865	113.45	1771	1292	479	269.73	2.65
8969	5114	3855	132.66	1986	1593	393	405.34	2.35
124620	**62623**	**61997**	**101.01**	**2723**	**1524**	**1199**	**127.11**	**4.45**
474	238	236	100.85	6	5	1	500.00	3.46
54586	27529	27057	101.74	622	325	297	109.43	4.85
32653	16412	16241	101.05	956	517	439	117.77	4.78
32551	16256	16295	99.76	1115	662	453	146.14	3.89
4356	2188	2168	100.92	24	15	9	166.67	3.07
42130	**23181**	**18949**	**122.33**	**7724**	**5487**	**2237**	**245.28**	**2.40**
18640	10140	8500	119.29	2878	1911	967	197.62	2.60
4573	2548	2025	125.83	859	579	280	206.79	2.12
16934	9383	7551	124.26	3663	2747	916	299.89	2.31
1983	1110	873	127.15	324	250	74	337.84	2.19

1-1b 续表 1

地区	户数			合计			
	合计	家庭户	集体户	合计	男	女	性别比(女=100)
江门市	**13141**	**12800**	**341**	**37189**	**19918**	**17271**	**115.33**
蓬江区							
江海区							
新会区	3489	3432	57	10325	5409	4916	110.03
台山市	2389	2351	38	7129	3735	3394	110.05
开平市	2824	2738	86	8352	4499	3853	116.77
鹤山市	2998	2887	111	6642	3747	2895	129.43
恩平市	1441	1392	49	4741	2528	2213	114.23
湛江市	**29877**	**28392**	**1485**	**105232**	**54191**	**51041**	**106.17**
赤坎区							
霞山区	113	112	1	424	237	187	126.74
坡头区	1934	1918	16	7472	3825	3647	104.88
麻章区	2732	1703	1029	9705	4957	4748	104.40
遂溪县	6762	6640	122	23911	12232	11679	104.73
徐闻县	6062	5956	106	21267	10902	10365	105.18
廉江市	4731	4586	145	16142	8484	7658	110.79
雷州市	4232	4211	21	14738	7744	6994	110.72
吴川市	3311	3266	45	11573	5810	5763	100.82
茂名市	**22119**	**21737**	**382**	**79906**	**41259**	**38647**	**106.76**
茂南区	1050	1047	3	3950	2075	1875	110.67
电白区	8821	8684	137	32716	16982	15734	107.93
高州市	4727	4609	118	16456	8567	7889	108.59
化州市	4884	4806	78	17657	9115	8542	106.71
信宜市	2637	2591	46	9127	4520	4607	98.11
肇庆市	**25976**	**25158**	**818**	**80853**	**42435**	**38418**	**110.46**
端州区							
鼎湖区	824	756	68	3578	2001	1577	126.89
高要区	4934	4590	344	14846	8109	6737	120.37
广宁县	4721	4656	65	14565	7334	7231	101.42
怀集县	6542	6445	97	21540	11209	10331	108.50
封开县	4026	3966	60	12396	6385	6011	106.22
德庆县	3809	3766	43	10705	5493	5212	105.39
四会市	1120	979	141	3223	1904	1319	144.35
惠州市	**49406**	**45981**	**3425**	**162865**	**86489**	**76376**	**113.24**
惠城区	4123	3604	519	12169	6598	5571	118.43
惠阳区	4404	3890	514	12068	6719	5349	125.61
博罗县	20602	18863	1739	64710	34759	29951	116.05
惠东县	16652	16097	555	61702	32330	29372	110.07
龙门县	3625	3527	98	12216	6083	6133	99.18
梅州市	**27130**	**26615**	**515**	**96518**	**48073**	**48445**	**99.23**
梅江区	184	183	1	573	285	288	98.96
梅县区	1178	1168	10	3815	1908	1907	100.05
大埔县	4455	4394	61	14781	7211	7570	95.26
丰顺县	6123	6011	112	22601	11516	11085	103.89
五华县	7363	7126	237	29388	14717	14671	100.31
平远县	2834	2777	57	9289	4501	4788	94.01
蕉岭县	2986	2968	18	9742	4743	4999	94.88
兴宁市	2007	1988	19	6329	3192	3137	101.75

单位：户、人

人口数								平均家庭户规模（人/户）
家庭户				集体户				
小计	男	女	性别比（女=100）	小计	男	女	性别比（女=100）	
35179	**18462**	**16717**	**110.44**	**2010**	**1456**	**554**	**262.82**	**2.75**
9913	5109	4804	106.35	412	300	112	267.86	2.89
6824	3523	3301	106.73	305	212	93	227.96	2.90
7963	4181	3782	110.55	389	318	71	447.89	2.91
6028	3330	2698	123.42	614	417	197	211.68	2.09
4451	2319	2132	108.77	290	209	81	258.02	3.20
98610	**50950**	**47660**	**106.90**	**6622**	**3241**	**3381**	**95.86**	**3.47**
421	234	187	125.13	3	3			3.76
7275	3706	3569	103.84	197	119	78	152.56	3.79
5657	3002	2655	113.07	4048	1955	2093	93.41	3.32
22960	11883	11077	107.28	951	349	602	57.97	3.46
20814	10674	10140	105.27	453	228	225	101.33	3.49
15555	8156	7399	110.23	587	328	259	126.64	3.39
14636	7675	6961	110.26	102	69	33	209.09	3.48
11292	5620	5672	99.08	281	190	91	208.79	3.46
76120	**39167**	**36953**	**105.99**	**3786**	**2092**	**1694**	**123.49**	**3.50**
3919	2065	1854	111.38	31	10	21	47.62	3.74
31432	16303	15129	107.76	1284	679	605	112.23	3.62
15287	7899	7388	106.92	1169	668	501	133.33	3.32
16785	8616	8169	105.47	872	499	373	133.78	3.49
8697	4284	4413	97.08	430	236	194	121.65	3.36
74916	**38692**	**36224**	**106.81**	**5937**	**3743**	**2194**	**170.60**	**2.98**
2530	1276	1254	101.75	1048	725	323	224.46	3.35
13029	6946	6083	114.19	1817	1163	654	177.83	2.84
14058	7015	7043	99.60	507	319	188	169.68	3.02
20329	10594	9735	108.82	1211	615	596	103.19	3.15
11969	6140	5829	105.34	427	245	182	134.62	3.02
10529	5386	5143	104.72	176	107	69	155.07	2.80
2472	1335	1137	117.41	751	569	182	312.64	2.53
143202	**74150**	**69052**	**107.38**	**19663**	**12339**	**7324**	**168.47**	**3.11**
9798	5105	4693	108.78	2371	1493	878	170.05	2.72
10118	5431	4687	115.87	1950	1288	662	194.56	2.60
54209	28017	26192	106.97	10501	6742	3759	179.36	2.87
57435	29853	27582	108.23	4267	2477	1790	138.38	3.57
11642	5744	5898	97.39	574	339	235	144.26	3.30
91870	**45536**	**46334**	**98.28**	**4648**	**2537**	**2111**	**120.18**	**3.45**
572	285	287	99.30	1		1		3.13
3733	1853	1880	98.56	82	55	27	203.70	3.20
14000	6833	7167	95.34	781	378	403	93.80	3.19
21746	11011	10735	102.57	855	505	350	144.29	3.62
27192	13536	13656	99.12	2196	1181	1015	116.35	3.82
8903	4322	4581	94.35	386	179	207	86.47	3.21
9558	4617	4941	93.44	184	126	58	217.24	3.22
6166	3079	3087	99.74	163	113	50	226.00	3.10

1-1b 续表 2

地区	户数						
				合计			
	合计	家庭户	集体户	合计	男	女	性别比(女=100)
汕尾市	**24530**	**24214**	**316**	**94338**	**48520**	**45818**	**105.90**
城　区	1126	1107	19	4032	2049	1983	103.33
海丰县	13493	13319	174	50285	26166	24119	108.49
陆河县	2757	2683	74	12149	6169	5980	103.16
陆丰市	7154	7105	49	27872	14136	13736	102.91
河源市	**21158**	**20141**	**1017**	**72107**	**35733**	**36374**	**98.24**
源城区	1377	976	401	3134	1659	1475	112.47
紫金县	5280	5041	239	20097	10085	10012	100.73
龙川县	5853	5695	158	19279	9307	9972	93.33
连平县	2848	2817	31	9900	4934	4966	99.36
和平县	3191	3114	77	10937	5266	5671	92.86
东源县	2609	2498	111	8760	4482	4278	104.77
阳江市	**10537**	**10391**	**146**	**36345**	**18817**	**17528**	**107.35**
江城区	1438	1417	21	4554	2346	2208	106.25
阳东区	1519	1497	22	5514	2948	2566	114.89
阳西县	4948	4858	90	17616	9135	8481	107.71
阳春市	2632	2619	13	8661	4388	4273	102.69
清远市	**26240**	**25252**	**988**	**87594**	**45029**	**42565**	**105.79**
清城区	8006	7375	631	26545	14425	12120	119.02
清新区	1191	1181	10	3961	2091	1870	111.82
佛冈县	3990	3903	87	13294	6732	6562	102.59
阳山县	3952	3905	47	13344	6573	6771	97.08
连山壮族瑶族自治县	1150	1120	30	3674	1814	1860	97.53
连南瑶族自治县	1710	1697	13	5600	2714	2886	94.04
英德市	5256	5095	161	18243	9214	9029	102.05
连州市	985	976	9	2933	1466	1467	99.93
东莞市	**4283**	**3662**	**621**	**8945**	**4985**	**3960**	**125.88**
市辖区	4283	3662	621	8945	4985	3960	125.88
中山市	**43172**	**40824**	**2348**	**102967**	**56365**	**46602**	**120.95**
市辖区	43172	40824	2348	102967	56365	46602	120.95
潮州市	**17548**	**17130**	**418**	**68227**	**34230**	**33997**	**100.69**
湘桥区	1816	1583	233	7482	3592	3890	92.34
潮安区	5270	5197	73	22393	11346	11047	102.71
饶平县	10462	10350	112	38352	19292	19060	101.22
揭阳市	**32989**	**32718**	**271**	**139289**	**70908**	**68381**	**103.70**
榕城区	2040	2009	31	9120	4724	4396	107.46
揭东区	5015	4960	55	21104	10778	10326	104.38
揭西县	5019	5011	8	18897	9616	9281	103.61
惠来县	9897	9857	40	41753	21033	20720	101.51
普宁市	11018	10881	137	48415	24757	23658	104.65
云浮市	**13098**	**12658**	**440**	**43649**	**22145**	**21504**	**102.98**
云城区							
云安区	1258	1143	115	4463	2299	2164	106.24
新兴县	5426	5204	222	17824	9095	8729	104.19
郁南县	4386	4309	77	14370	7246	7124	101.71
罗定市	2028	2002	26	6992	3505	3487	100.52

单位：户、人

人口数								平均家庭户规模（人/户）
家庭户				集体户				
小计	男	女	性别比（女=100）	小计	男	女	性别比（女=100）	
91729	**47013**	**44716**	**105.14**	**2609**	**1507**	**1102**	**136.75**	**3.79**
3959	2010	1949	103.13	73	39	34	114.71	3.58
49199	25516	23683	107.74	1086	650	436	149.08	3.69
11241	5630	5611	100.34	908	539	369	146.07	4.19
27330	13857	13473	102.85	542	279	263	106.08	3.85
66969	**32974**	**33995**	**97.00**	**5138**	**2759**	**2379**	**115.97**	**3.33**
2009	1075	934	115.10	1125	584	541	107.95	2.06
18774	9342	9432	99.05	1323	743	580	128.10	3.72
18343	8818	9525	92.58	936	489	447	109.40	3.22
9546	4702	4844	97.07	354	232	122	190.16	3.39
10151	4893	5258	93.06	786	373	413	90.31	3.26
8146	4144	4002	103.55	614	338	276	122.46	3.26
35049	**18008**	**17041**	**105.67**	**1296**	**809**	**487**	**166.12**	**3.37**
4441	2275	2166	105.03	113	71	42	169.05	3.13
5301	2803	2498	112.21	213	145	68	213.24	3.54
16724	8595	8129	105.73	892	540	352	153.41	3.44
8583	4335	4248	102.05	78	53	25	212.00	3.28
83002	**42062**	**40940**	**102.74**	**4592**	**2967**	**1625**	**182.58**	**3.29**
24128	12674	11454	110.65	2417	1751	666	262.91	3.27
3845	1998	1847	108.18	116	93	23	404.35	3.26
12912	6521	6391	102.03	382	211	171	123.39	3.31
13026	6432	6594	97.54	318	141	177	79.66	3.34
3509	1728	1781	97.02	165	86	79	108.86	3.13
5429	2640	2789	94.66	171	74	97	76.29	3.20
17304	8652	8652	100.00	939	562	377	149.07	3.40
2849	1417	1432	98.95	84	49	35	140.00	2.92
7100	**3844**	**3256**	**118.06**	**1845**	**1141**	**704**	**162.07**	**1.94**
7100	3844	3256	118.06	1845	1141	704	162.07	1.94
94431	**50975**	**43456**	**117.30**	**8536**	**5390**	**3146**	**171.33**	**2.31**
94431	50975	43456	117.30	8536	5390	3146	171.33	2.31
65576	**32956**	**32620**	**101.03**	**2651**	**1274**	**1377**	**92.52**	**3.83**
6430	3197	3233	98.89	1052	395	657	60.12	4.06
21860	11022	10838	101.70	533	324	209	155.02	4.21
37286	18737	18549	101.01	1066	555	511	108.61	3.60
136978	**69610**	**67368**	**103.33**	**2311**	**1298**	**1013**	**128.13**	**4.19**
8678	4422	4256	103.90	442	302	140	215.71	4.32
20771	10589	10182	104.00	333	189	144	131.25	4.19
18865	9598	9267	103.57	32	18	14	128.57	3.76
41541	20900	20641	101.25	212	133	79	168.35	4.21
47123	24101	23022	104.69	1292	656	636	103.14	4.33
40599	**20489**	**20110**	**101.88**	**3050**	**1656**	**1394**	**118.79**	**3.21**
3982	2007	1975	101.62	481	292	189	154.50	3.48
16189	8203	7986	102.72	1635	892	743	120.05	3.11
13733	6938	6795	102.10	637	308	329	93.62	3.19
6695	3341	3354	99.61	297	164	133	123.31	3.34

1-1c 各地区户数、

地区	户数			合计			
	合计	家庭户	集体户	合计	男	女	性别比（女=100）
广东	**879608**	**855360**	**24248**	**2906793**	**1527097**	**1379696**	**110.68**
广州市	**84214**	**79255**	**4959**	**239175**	**130728**	**108447**	**120.55**
荔湾区							
越秀区							
海珠区							
天河区							
白云区	24470	22385	2085	65026	35799	29227	122.49
黄埔区	2784	2659	125	9194	5109	4085	125.07
番禺区	12157	11391	766	27625	15549	12076	128.76
花都区	15758	14597	1161	47684	26125	21559	121.18
南沙区	8063	7580	483	21824	11953	9871	121.09
从化区	9092	8973	119	32604	17201	15403	111.67
增城区	11890	11670	220	35218	18992	16226	117.05
韶关市	**36894**	**36318**	**576**	**109228**	**56646**	**52582**	**107.73**
武江区	1623	1595	28	5141	2722	2419	112.53
浈江区	1445	1399	46	4727	2493	2234	111.59
曲江区	3356	3200	156	10305	5568	4737	117.54
始兴县	3743	3705	38	10221	5095	5126	99.40
仁化县	3412	3369	43	9636	4961	4675	106.12
翁源县	5851	5709	142	17827	9224	8603	107.22
乳源瑶族自治县	2790	2773	17	8803	4614	4189	110.15
新丰县	2700	2666	34	7546	4048	3498	115.72
乐昌市	5464	5423	41	15398	7933	7465	106.27
南雄市	6510	6479	31	19624	9988	9636	103.65
深圳市	**2345**	**1916**	**429**	**5574**	**3454**	**2120**	**162.92**
罗湖区							
福田区							
南山区							
宝安区							
龙岗区	2345	1916	429	5574	3454	2120	162.92
盐田区							
龙华区							
坪山区							
光明区							
珠海市	**7428**	**7195**	**233**	**22245**	**12082**	**10163**	**118.88**
香洲区	56	28	28	127	96	31	309.68
斗门区	6784	6601	183	20406	11020	9386	117.41
金湾区	588	566	22	1712	966	746	129.49
汕头市	**35529**	**35038**	**491**	**166048**	**83853**	**82195**	**102.02**
龙湖区	2009	1998	11	9186	4608	4578	100.66
金平区	328	311	17	1457	726	731	99.32
濠江区	1512	1359	153	7446	3950	3496	112.99
潮阳区	15446	15370	76	72150	36193	35957	100.66
潮南区	10655	10563	92	51926	26364	25562	103.14
澄海区	5228	5089	139	22695	11414	11281	101.18
南澳县	351	348	3	1188	598	590	101.36
佛山市	**16083**	**14200**	**1883**	**41967**	**24143**	**17824**	**135.45**
禅城区							
南海区	5165	4588	577	13971	8015	5956	134.57
顺德区	1856	1706	150	4636	2702	1934	139.71
三水区	7673	6545	1128	20068	11574	8494	136.26
高明区	1389	1361	28	3292	1852	1440	128.61

人口数和性别比(乡村)

单位：户、人

人口数								平均家庭户规模（人/户）
家庭户				集体户				
小计	男	女	性别比（女=100）	小计	男	女	性别比（女=100）	
2790024	**1448622**	**1341402**	**107.99**	**116769**	**78475**	**38294**	**204.93**	**3.26**
215522	**115508**	**100014**	**115.49**	**23653**	**15220**	**8433**	**180.48**	**2.72**
55017	29780	25237	118.00	10009	6019	3990	150.85	2.46
8383	4468	3915	114.13	811	641	170	377.06	3.15
24859	13694	11165	122.65	2766	1855	911	203.62	2.18
41545	22271	19274	115.55	6139	3854	2285	168.67	2.85
19839	10483	9356	112.05	1985	1470	515	285.44	2.62
31981	16744	15237	109.89	623	457	166	275.30	3.56
33898	18068	15830	114.14	1320	924	396	233.33	2.90
106103	**54496**	**51607**	**105.60**	**3125**	**2150**	**975**	**220.51**	**2.92**
4963	2602	2361	110.21	178	120	58	206.90	3.11
4507	2334	2173	107.41	220	159	61	260.66	3.22
9436	4960	4476	110.81	869	608	261	232.95	2.95
10040	4996	5044	99.05	181	99	82	120.73	2.71
9410	4776	4634	103.06	226	185	41	451.22	2.79
17184	8845	8339	106.07	643	379	264	143.56	3.01
8655	4490	4165	107.80	148	124	24	516.67	3.12
7347	3888	3459	112.40	199	160	39	410.26	2.76
15240	7802	7438	104.89	158	131	27	485.19	2.81
19321	9803	9518	102.99	303	185	118	156.78	2.98
4092	**2340**	**1752**	**133.56**	**1482**	**1114**	**368**	**302.72**	**2.14**
4092	2340	1752	133.56	1482	1114	368	302.72	2.14
21359	**11447**	**9912**	**115.49**	**886**	**635**	**251**	**252.99**	**2.97**
48	36	12	300.00	79	60	19	315.79	1.71
19683	10514	9169	114.67	723	506	217	233.18	2.98
1628	897	731	122.71	84	69	15	460.00	2.88
161454	**80940**	**80514**	**100.53**	**4594**	**2913**	**1681**	**173.29**	**4.61**
9097	4554	4543	100.24	89	54	35	154.29	4.55
1431	718	713	100.70	26	8	18	44.44	4.60
6418	3202	3216	99.56	1028	748	280	267.14	4.72
71251	35683	35568	100.32	899	510	389	131.11	4.64
50885	25707	25178	102.10	1041	657	384	171.09	4.82
21214	10506	10708	98.11	1481	908	573	158.46	4.17
1158	570	588	96.94	30	28	2	1400.00	3.33
34721	**19064**	**15657**	**121.76**	**7246**	**5079**	**2167**	**234.38**	**2.45**
11449	6166	5283	116.71	2522	1849	673	274.74	2.50
4236	2413	1823	132.36	400	289	111	260.36	2.48
15818	8693	7125	122.01	4250	2881	1369	210.45	2.42
3218	1792	1426	125.67	74	60	14	428.57	2.36

1－1c 续表 1

地 区	户数			合计			
	合计	家庭户	集体户	合计	男	女	性别比(女=100)
江门市	**42841**	**42137**	**704**	**130070**	**68003**	**62067**	**109.56**
蓬江区	704	690	14	2564	1292	1272	101.57
江海区							
新会区	8811	8638	173	25411	13468	11943	112.77
台山市	12918	12807	111	40407	20850	19557	106.61
开平市	8744	8624	120	26193	13427	12766	105.18
鹤山市	5857	5661	196	17608	9444	8164	115.68
恩平市	5807	5717	90	17887	9522	8365	113.83
湛江市	**91638**	**91275**	**363**	**317894**	**166385**	**151509**	**109.82**
赤坎区	209	209		790	402	388	103.61
霞山区	759	758	1	3031	1590	1441	110.34
坡头区	5101	5091	10	18129	9736	8393	116.00
麻章区	7074	6926	148	27082	14244	12838	110.95
遂溪县	13382	13353	29	45725	24022	21703	110.69
徐闻县	9913	9877	36	34460	17966	16494	108.92
廉江市	20895	20877	18	71720	38057	33663	113.05
雷州市	21110	21044	66	72052	37493	34559	108.49
吴川市	13195	13140	55	44905	22875	22030	103.84
茂名市	**88193**	**87516**	**677**	**307873**	**160677**	**147196**	**109.16**
茂南区	8551	8257	294	31869	16925	14944	113.26
电白区	20470	20269	201	78287	41477	36810	112.68
高州市	22877	22787	90	75748	39112	36636	106.76
化州市	20106	20040	66	70760	36945	33815	109.26
信宜市	16189	16163	26	51209	26218	24991	104.91
肇庆市	**55846**	**55425**	**421**	**175913**	**90431**	**85482**	**105.79**
端州区							
鼎湖区	1483	1466	17	4520	2297	2223	103.33
高要区	12089	11983	106	41069	21488	19581	109.74
广宁县	7084	7038	46	19219	9957	9262	107.50
怀集县	15701	15687	14	50320	25011	25309	98.82
封开县	7028	6993	35	21918	11197	10721	104.44
德庆县	6801	6785	16	23464	12079	11385	106.10
四会市	5660	5473	187	15403	8402	7001	120.01
惠州市	**46395**	**42910**	**3485**	**157161**	**85833**	**71328**	**120.34**
惠城区	10058	8944	1114	31946	17667	14279	123.73
惠阳区	9362	8412	950	25246	14433	10813	133.48
博罗县	13021	12045	976	45492	24462	21030	116.32
惠东县	9181	8835	346	39042	21188	17854	118.67
龙门县	4773	4674	99	15435	8083	7352	109.94
梅州市	**50648**	**50433**	**215**	**154392**	**77540**	**76852**	**100.90**
梅江区	950	942	8	3121	1576	1545	102.01
梅县区	7761	7729	32	22858	11538	11320	101.93
大埔县	5394	5369	25	14318	7454	6864	108.60
丰顺县	5535	5475	60	17221	8860	8361	105.97
五华县	13391	13365	26	46997	23045	23952	96.21
平远县	3119	3107	12	8739	4386	4353	100.76
蕉岭县	2937	2904	33	8007	4153	3854	107.76
兴宁市	11561	11542	19	33131	16528	16603	99.55

单位：户、人

人口数								平均家庭户规模（人/户）
家庭户				集体户				
小计	男	女	性别比（女=100）	小计	男	女	性别比（女=100）	
125503	**64708**	**60795**	**106.44**	**4567**	**3295**	**1272**	**259.04**	**2.98**
2520	1266	1254	100.96	44	26	18	144.44	3.65
24367	12693	11674	108.73	1044	775	269	288.10	2.82
39551	20263	19288	105.05	856	587	269	218.22	3.09
25648	13022	12626	103.14	545	405	140	289.29	2.97
16104	8365	7739	108.09	1504	1079	425	253.88	2.84
17313	9099	8214	110.77	574	423	151	280.13	3.03
315398	**164917**	**150481**	**109.59**	**2496**	**1468**	**1028**	**142.80**	**3.46**
790	402	388	103.61					3.78
3021	1582	1439	109.94	10	8	2	400.00	3.99
18068	9686	8382	115.56	61	50	11	454.55	3.55
26207	13780	12427	110.89	875	464	411	112.90	3.78
45616	23968	21648	110.72	109	54	55	98.18	3.42
34038	17717	16321	108.55	422	249	173	143.93	3.45
71620	38004	33616	113.05	100	53	47	112.77	3.43
71518	37154	34364	108.12	534	339	195	173.85	3.40
44520	22624	21896	103.32	385	251	134	187.31	3.39
303311	**157947**	**145364**	**108.66**	**4562**	**2730**	**1832**	**149.02**	**3.47**
30510	16221	14289	113.52	1359	704	655	107.48	3.70
76803	40474	36329	111.41	1484	1003	481	208.52	3.79
74870	38544	36326	106.11	878	568	310	183.23	3.29
70073	36561	33512	109.10	687	384	303	126.73	3.50
51055	26147	24908	104.97	154	71	83	85.54	3.16
173328	**88596**	**84732**	**104.56**	**2585**	**1835**	**750**	**244.67**	**3.13**
4366	2194	2172	101.01	154	103	51	201.96	2.98
40392	21045	19347	108.78	677	443	234	189.32	3.37
18884	9721	9163	106.09	335	236	99	238.38	2.68
50212	24935	25277	98.65	108	76	32	237.50	3.20
21681	11029	10652	103.54	237	168	69	243.48	3.10
23411	12041	11370	105.90	53	38	15	253.33	3.45
14382	7631	6751	113.04	1021	771	250	308.40	2.63
139426	**73609**	**65817**	**111.84**	**17735**	**12224**	**5511**	**221.81**	**3.25**
27138	14383	12755	112.76	4808	3284	1524	215.49	3.03
21216	11559	9657	119.70	4030	2874	1156	248.62	2.52
39749	20731	19018	109.01	5743	3731	2012	185.44	3.30
36280	19146	17134	111.74	2762	2042	720	283.61	4.11
15043	7790	7253	107.40	392	293	99	295.96	3.22
152540	**76308**	**76232**	**100.10**	**1852**	**1232**	**620**	**198.71**	**3.02**
3040	1507	1533	98.30	81	69	12	575.00	3.23
22492	11308	11184	101.11	366	230	136	169.12	2.91
14088	7262	6826	106.39	230	192	38	505.26	2.62
16864	8662	8202	105.61	357	198	159	124.53	3.08
46718	22846	23872	95.70	279	199	80	248.75	3.50
8648	4307	4341	99.22	91	79	12	658.33	2.78
7735	3970	3765	105.44	272	183	89	205.62	2.66
32955	16446	16509	99.62	176	82	94	87.23	2.86

1-1c 续表 2

地　区	户数			合计			
	合计	家庭户	集体户	合计	男	女	性别比(女=100)
汕尾市	**25478**	**25116**	**362**	**99680**	**51592**	**48088**	**107.29**
城　区	2505	2374	131	9026	4744	4282	110.79
海丰县	5810	5617	193	21261	11430	9831	116.26
陆河县	2469	2455	14	9945	5083	4862	104.55
陆丰市	14694	14670	24	59448	30335	29113	104.20
河源市	**40583**	**39838**	**745**	**123871**	**63593**	**60278**	**105.50**
源城区	1299	1258	41	4080	2219	1861	119.24
紫金县	8906	8807	99	30467	15588	14879	104.77
龙川县	11660	11451	209	33718	17238	16480	104.60
连平县	4859	4797	62	14950	7520	7430	101.21
和平县	7073	7051	22	19650	9972	9678	103.04
东源县	6786	6474	312	21006	11056	9950	111.12
阳江市	**30091**	**29657**	**434**	**94914**	**51130**	**43784**	**116.78**
江城区	4858	4645	213	15718	8574	7144	120.02
阳东区	5363	5256	107	17785	9817	7968	123.21
阳西县	6145	6097	48	19641	10794	8847	122.01
阳春市	13725	13659	66	41770	21945	19825	110.69
清远市	**47168**	**45753**	**1415**	**147196**	**77947**	**69249**	**112.56**
清城区	4748	4011	737	17226	9661	7565	127.71
清新区	8810	8666	144	27065	14343	12722	112.74
佛冈县	5072	4896	176	15972	8465	7507	112.76
阳山县	5526	5502	24	16077	8378	7699	108.82
连山壮族瑶族自治县	1570	1565	5	5019	2606	2413	108.00
连南瑶族自治县	2083	2081	2	6864	3520	3344	105.26
英德市	13667	13370	297	43584	22992	20592	111.66
连州市	5692	5662	30	15389	7982	7407	107.76
东莞市	**38826**	**33752**	**5074**	**85388**	**50771**	**34617**	**146.66**
市辖区	38826	33752	5074	85388	50771	34617	146.66
中山市	**19224**	**17913**	**1311**	**53549**	**29084**	**24465**	**118.88**
市辖区	19224	17913	1311	53549	29084	24465	118.88
潮州市	**22678**	**22504**	**174**	**86127**	**43881**	**42246**	**103.87**
湘桥区	1725	1680	45	6365	3230	3135	103.03
潮安区	9666	9574	92	39756	20292	19464	104.25
饶平县	11287	11250	37	40006	20359	19647	103.62
揭阳市	**62738**	**62663**	**75**	**279575**	**142887**	**136688**	**104.54**
榕城区	4642	4625	17	20777	10600	10177	104.16
揭东区	10639	10627	12	44860	23077	21783	105.94
揭西县	10974	10966	8	42375	21519	20856	103.18
惠来县	11825	11824	1	56685	28540	28145	101.40
普宁市	24658	24621	37	114878	59151	55727	106.14
云浮市	**34768**	**34546**	**222**	**108953**	**56437**	**52516**	**107.47**
云城区	2621	2601	20	8255	4394	3861	113.80
云安区	4187	4110	77	13724	7149	6575	108.73
新兴县	6603	6523	80	21672	11112	10560	105.23
郁南县	5383	5364	19	16046	8433	7613	110.77
罗定市	15974	15948	26	49256	25349	23907	106.03

单位：户、人

人口数								平均家庭户规模（人/户）
家庭户				集体户				
小计	男	女	性别比（女=100）	小计	男	女	性别比（女=100）	
97415	**50005**	**47410**	**105.47**	**2265**	**1587**	**678**	**234.07**	**3.88**
8404	4296	4108	104.58	622	448	174	257.47	3.54
19910	10507	9403	111.74	1351	923	428	215.65	3.54
9860	5012	4848	103.38	85	71	14	507.14	4.02
59241	30190	29051	103.92	207	145	62	233.87	4.04
118991	**60533**	**58458**	**103.55**	**4880**	**3060**	**1820**	**168.13**	**2.99**
3946	2098	1848	113.53	134	121	13	930.77	3.14
29819	15121	14698	102.88	648	467	181	258.01	3.39
32390	16390	16000	102.44	1328	848	480	176.67	2.83
14371	7154	7217	99.13	579	366	213	171.83	3.00
19446	9813	9633	101.87	204	159	45	353.33	2.76
19019	9957	9062	109.88	1987	1099	888	123.76	2.94
91587	**48713**	**42874**	**113.62**	**3327**	**2417**	**910**	**265.60**	**3.09**
14484	7645	6839	111.79	1234	929	305	304.59	3.12
16641	9014	7627	118.19	1144	803	341	235.48	3.17
19375	10587	8788	120.47	266	207	59	350.85	3.18
41087	21467	19620	109.41	683	478	205	233.17	3.01
139621	**72671**	**66950**	**108.55**	**7575**	**5276**	**2299**	**229.49**	**3.05**
13221	6957	6264	111.06	4005	2704	1301	207.84	3.30
26086	13686	12400	110.37	979	657	322	204.04	3.01
15127	7866	7261	108.33	845	599	246	243.50	3.09
15918	8248	7670	107.54	159	130	29	448.28	2.89
4975	2572	2403	107.03	44	34	10	340.00	3.18
6857	3513	3344	105.05	7	7			3.30
42246	21997	20249	108.63	1338	995	343	290.09	3.16
15191	7832	7359	106.43	198	150	48	312.50	2.68
69703	**39664**	**30039**	**132.04**	**15685**	**11107**	**4578**	**242.62**	**2.07**
69703	39664	30039	132.04	15685	11107	4578	242.62	2.07
49143	**26319**	**22824**	**115.31**	**4406**	**2765**	**1641**	**168.49**	**2.74**
49143	26319	22824	115.31	4406	2765	1641	168.49	2.74
84686	**43094**	**41592**	**103.61**	**1441**	**787**	**654**	**120.34**	**3.76**
6127	3149	2978	105.74	238	81	157	51.59	3.65
38916	19794	19122	103.51	840	498	342	145.61	4.06
39643	20151	19492	103.38	363	208	155	134.19	3.52
278898	**142458**	**136440**	**104.41**	**677**	**429**	**248**	**172.98**	**4.45**
20586	10473	10113	103.56	191	127	64	198.44	4.45
44785	23019	21766	105.76	75	58	17	341.18	4.21
42304	21470	20834	103.05	71	49	22	222.73	3.86
56683	28538	28145	101.40	2	2			4.79
114540	58958	55582	106.07	338	193	145	133.10	4.65
107223	**55285**	**51938**	**106.44**	**1730**	**1152**	**578**	**199.31**	**3.10**
8124	4290	3834	111.89	131	104	27	385.19	3.12
13452	6951	6501	106.92	272	198	74	267.57	3.27
20855	10595	10260	103.27	817	517	300	172.33	3.20
15896	8315	7581	109.68	150	118	32	368.75	2.96
48896	25134	23762	105.77	360	215	145	148.28	3.07

1-2 各地区分性别、

地　区	人口数			居住本乡、镇、街道，户口在本乡、镇、街道		
	合计	男	女	小计	男	女
广　东	**11946820**	**6345132**	**5601688**	**6097247**	**3083555**	**3013692**
广州市	**1733907**	**915821**	**818086**	**670667**	**334250**	**336417**
荔湾区	93831	47021	46810	46620	22633	23987
越秀区	98149	47927	50222	60602	29138	31464
海珠区	175680	88955	86725	72972	35441	37531
天河区	216226	114005	102221	63247	31221	32026
白云区	352421	188877	163544	87952	43901	44051
黄埔区	122042	68015	54027	40761	20695	20066
番禺区	249871	132556	117315	80545	40019	40526
花都区	156873	84018	72855	63724	32255	31469
南沙区	81479	45670	35809	36894	18654	18240
从化区	56761	29521	27240	45198	23365	21833
增城区	130574	69256	61318	72152	36928	35224
韶关市	**261764**	**132008**	**129756**	**179287**	**90419**	**88868**
武江区	34465	17213	17252	18031	8999	9032
浈江区	33715	16968	16747	18441	9255	9186
曲江区	27138	13989	13149	18158	9242	8916
始兴县	17799	8753	9046	13350	6558	6792
仁化县	17129	8683	8446	12803	6433	6370
翁源县	28586	14449	14137	22675	11519	11156
乳源瑶族自治县	17067	8712	8355	11841	6065	5776
新丰县	16171	8345	7826	11919	6156	5763
乐昌市	33541	16762	16779	24064	12078	11986
南雄市	36153	18134	18019	28005	14114	13891
深圳市	**1833301**	**1013087**	**820214**	**324382**	**160879**	**163503**
罗湖区	114707	58152	56555	33975	16587	17388
福田区	156329	80913	75416	50603	24696	25907
南山区	183839	98305	85534	59119	29321	29798
宝安区	474336	268553	205783	53321	26603	26718
龙岗区	435339	237885	197454	72946	36401	36545
盐田区	21847	11898	9949	5632	2760	2872
龙华区	272160	154916	117244	33012	16524	16488
坪山区	58164	33700	24464	7778	3970	3808
光明区	116580	68765	47815	7996	4017	3979
珠海市	**235234**	**126581**	**108653**	**93375**	**46385**	**46990**
香洲区	134840	71643	63197	50690	24757	25933
斗门区	57537	31097	26440	28359	14418	13941
金湾区	42857	23841	19016	14326	7210	7116
汕头市	**527330**	**264318**	**263012**	**460017**	**228648**	**231369**
龙湖区	58723	29502	29221	41887	20435	21452
金平区	72234	35250	36984	53764	26034	27730
濠江区	25868	13107	12761	23141	11446	11695
潮阳区	155877	78057	77820	148804	74427	74377
潮南区	128905	65259	63646	123089	61926	61163
澄海区	80155	40342	39813	64265	31839	32426
南澳县	5568	2801	2767	5067	2541	2526
佛山市	**925502**	**504615**	**420887**	**385227**	**188705**	**196522**
禅城区	128727	68032	60695	56938	27720	29218
南海区	364007	199547	164460	142289	68996	73293
顺德区	316297	172993	143304	132449	65152	67297
三水区	75975	41809	34166	33549	16595	16954
高明区	40496	22234	18262	20002	10242	9760

户口登记状况的人口

单位：人

居住本乡、镇、街道，户口在外乡、镇、街道，离开户口登记地半年以上			居住本乡、镇、街道，户口待定			原住本乡、镇、街道，现在港澳台或国外工作学习		
小计	男	女	小计	男	女	小计	男	女
5779822	**3226283**	**2553539**	**52569**	**26695**	**25874**	**17182**	**8599**	**8583**
1053485	**576665**	**476820**	**5459**	**2926**	**2533**	**4296**	**1980**	**2316**
46617	24099	22518	201	114	87	393	175	218
36203	18156	18047	195	111	84	1149	522	627
101681	53049	48632	383	191	192	644	274	370
151841	82203	69638	644	353	291	494	228	266
261947	143652	118295	1756	966	790	766	358	408
80730	47039	33691	463	235	228	88	46	42
168538	92124	76414	644	351	293	144	62	82
92090	51205	40885	588	311	277	471	247	224
44381	26918	17463	167	81	86	37	17	20
11406	6084	5322	107	47	60	50	25	25
58051	32136	25915	311	166	145	60	26	34
81417	**41043**	**40374**	**861**	**434**	**427**	**199**	**112**	**87**
16248	8112	8136	142	83	59	44	19	25
15173	7654	7519	72	41	31	29	18	11
8885	4692	4193	74	42	32	21	13	8
4382	2157	2225	58	30	28	9	8	1
4243	2217	2026	65	27	38	18	6	12
5803	2875	2928	94	43	51	14	12	2
5143	2609	2534	69	32	37	14	6	8
4186	2155	2031	57	31	26	9	3	6
9284	4596	4688	166	73	93	27	15	12
8070	3976	4094	64	32	32	14	12	2
1499803	**847522**	**652281**	**7711**	**4036**	**3675**	**1405**	**650**	**755**
80079	41269	38810	474	229	245	179	67	112
104683	55663	49020	583	339	244	460	215	245
123824	68549	55275	616	302	314	280	133	147
418882	240801	178081	1997	1079	918	136	70	66
360166	200328	159838	2037	1061	976	190	95	95
16079	9067	7012	90	52	38	46	19	27
237936	137769	100167	1128	583	545	84	40	44
50134	29598	20536	245	128	117	7	4	3
108020	64478	43542	541	263	278	23	7	16
140271	**79413**	**60858**	**1103**	**564**	**539**	**485**	**219**	**266**
83195	46414	36781	699	358	341	256	114	142
28792	16493	12299	203	105	98	183	81	102
28284	16506	11778	201	101	100	46	24	22
64765	**34351**	**30414**	**2220**	**1141**	**1079**	**328**	**178**	**150**
16656	8977	7679	127	66	61	53	24	29
18175	9072	9103	218	101	117	77	43	34
2622	1614	1008	93	42	51	12	5	7
6029	3075	2954	1028	550	478	16	5	11
5073	2945	2128	621	313	308	122	75	47
15726	8416	7310	118	63	55	46	24	22
484	252	232	15	6	9	2	2	
536833	**314177**	**222656**	**2647**	**1392**	**1255**	**795**	**341**	**454**
71174	40020	31154	394	206	188	221	86	135
220413	129890	90523	1086	569	517	219	92	127
182805	107320	75485	757	390	367	286	131	155
42164	25079	17085	213	114	99	49	21	28
20277	11868	8409	197	113	84	20	11	9

1-2 续表 1

地区	人口数			居住本乡、镇、街道，户口在本乡、镇、街道		
	合计	男	女	小计	男	女
江门市	**421617**	**217695**	**203922**	**258612**	**129876**	**128736**
蓬江区	76789	39135	37654	41175	20220	20955
江海区	33832	17734	16098	14216	6942	7274
新会区	78606	40527	38079	49995	25022	24973
台山市	80577	41437	39140	57710	29450	28260
开平市	63507	32283	31224	38931	19585	19346
鹤山市	47960	25329	22631	27690	13701	13989
恩平市	40346	21250	19096	28895	14956	13939
湛江市	**603455**	**312764**	**290691**	**472064**	**246729**	**225335**
赤坎区	35505	17578	17927	17027	8603	8424
霞山区	59746	30281	29465	26787	13624	13163
坡头区	32362	17052	15310	28748	15201	13547
麻章区	47398	25022	22376	36665	19263	17402
遂溪县	71545	37246	34299	64316	33745	30571
徐闻县	55727	28868	26859	46193	24052	22141
廉江市	111604	58714	52890	91005	48671	42334
雷州市	109439	57048	52391	92754	48375	44379
吴川市	80129	40955	39174	68569	35195	33374
茂名市	**557985**	**289912**	**268073**	**470759**	**245485**	**225274**
茂南区	98767	51604	47163	75640	39623	36017
电白区	132619	69613	63006	116745	61533	55212
高州市	122363	63133	59230	104534	54085	50449
化州市	114776	59914	54862	96734	50743	45991
信宜市	89460	45648	43812	77106	39501	37605
肇庆市	**366915**	**190438**	**176477**	**284036**	**144499**	**139537**
端州区	51657	26279	25378	33626	16617	17009
鼎湖区	17916	9459	8457	10516	5244	5272
高要区	65669	34687	30982	55963	29101	26862
广宁县	33784	17291	16493	29857	15256	14601
怀集县	71860	36220	35640	65917	33183	32734
封开县	34314	17582	16732	31026	15887	15139
德庆县	34169	17572	16597	30572	15782	14790
四会市	57546	31348	26198	26559	13429	13130
惠州市	**576125**	**311242**	**264883**	**261702**	**131791**	**129911**
惠城区	196063	103895	92168	83069	40913	42156
惠阳区	139212	79169	60043	37043	18354	18689
博罗县	112455	60494	51961	64092	32429	31663
惠东县	100744	53518	47226	55034	28601	26433
龙门县	27651	14166	13485	22464	11494	10970
梅州市	**335392**	**166917**	**168475**	**245651**	**122912**	**122739**
梅江区	38726	19077	19649	17639	8732	8907
梅县区	50557	25096	25461	29732	14827	14905
大埔县	29099	14665	14434	21521	10973	10548
丰顺县	39822	20376	19446	34306	17589	16717
五华县	77687	38406	39281	70440	34766	35674
平远县	18028	8887	9141	13974	6918	7056
蕉岭县	17749	8896	8853	11750	5965	5785
兴宁市	63724	31514	32210	46289	23142	23147

单位：人

居住本乡、镇、街道，户口在外乡、镇、街道，离开户口登记地半年以上			居住本乡、镇、街道，户口待定			原住本乡、镇、街道，现在港澳台或国外工作学习		
小计	男	女	小计	男	女	小计	男	女
156018	**84190**	**71828**	**1116**	**622**	**494**	**5871**	**3007**	**2864**
35034	18621	16413	266	153	113	314	141	173
19434	10687	8747	128	83	45	54	22	32
28097	15234	12863	151	94	57	363	177	186
19388	10247	9141	217	117	100	3262	1623	1639
23878	12328	11550	120	61	59	578	309	269
19864	11426	8438	87	41	46	319	161	158
10323	5647	4676	147	73	74	981	574	407
125872	**63311**	**62561**	**4884**	**2338**	**2546**	**635**	**386**	**249**
18295	8889	9406	142	66	76	41	20	21
32499	16420	16079	362	203	159	98	34	64
3354	1712	1642	214	105	109	46	34	12
10432	5588	4844	269	151	118	32	20	12
6662	3222	3440	495	227	268	72	52	20
9001	4542	4459	487	246	241	46	28	18
19579	9575	10004	903	399	504	117	69	48
15532	8093	7439	1083	537	546	70	43	27
10518	5270	5248	929	404	525	113	86	27
80341	**41073**	**39268**	**6360**	**3008**	**3352**	**525**	**346**	**179**
22579	11735	10844	484	214	270	64	32	32
14495	7378	7117	1199	575	624	180	127	53
16053	8179	7874	1699	822	877	77	47	30
16109	8247	7862	1825	858	967	108	66	42
11105	5534	5571	1153	539	614	96	74	22
80989	**44958**	**36031**	**1577**	**803**	**774**	**313**	**178**	**135**
17750	9515	8235	198	108	90	83	39	44
7351	4185	3166	39	23	16	10	7	3
9509	5490	4019	121	58	63	76	38	38
3788	1952	1836	100	54	46	39	29	10
5417	2782	2635	490	231	259	36	24	12
3089	1592	1497	181	91	90	18	12	6
3260	1616	1644	322	164	158	15	10	5
30825	17826	12999	126	74	52	36	19	17
311297	**177806**	**133491**	**2924**	**1555**	**1369**	**202**	**90**	**112**
111657	62281	49376	1271	670	601	66	31	35
101457	60420	41037	681	384	297	31	11	20
47944	27848	20096	371	191	180	48	26	22
45153	24633	20520	513	270	243	44	14	30
5086	2624	2462	88	40	48	13	8	5
88568	**43392**	**45176**	**902**	**476**	**426**	**271**	**137**	**134**
20999	10302	10697	61	36	25	27	7	20
20725	10217	10508	60	35	25	40	17	23
7502	3658	3844	47	23	24	29	11	18
5345	2688	2657	103	56	47	68	43	25
6904	3465	3439	300	147	153	43	28	15
3989	1938	2051	58	29	29	7	2	5
5947	2905	3042	43	20	23	9	6	3
17157	8219	8938	230	130	100	48	23	25

1-2 续表 2

地　　区	人口数			居住本乡、镇、街道，户口在本乡、镇、街道		
	合计	男	女	小计	男	女
汕尾市	**239493**	**123773**	**115720**	**174166**	**89366**	**84800**
城　区	38286	19788	18498	23156	11844	11312
海丰县	71546	37596	33950	38272	19976	18296
陆河县	22094	11252	10842	17249	8745	8504
陆丰市	107567	55137	52430	95489	48801	46688
河源市	**253924**	**128752**	**125172**	**162608**	**82244**	**80364**
源城区	65160	33304	31856	22061	11113	10948
紫金县	50564	25673	24891	42196	21325	20871
龙川县	52997	26545	26452	35711	18045	17666
连平县	24850	12454	12396	19982	9927	10055
和平县	30587	15238	15349	23127	11623	11504
东源县	29766	15538	14228	19531	10211	9320
阳江市	**221917**	**116279**	**105638**	**150413**	**78932**	**71481**
江城区	70613	36639	33974	38553	19861	18692
阳东区	40505	21806	18699	23693	12803	10890
阳西县	37257	19929	17328	28430	15270	13160
阳春市	73542	37905	35637	59737	30998	28739
清远市	**351716**	**181229**	**170487**	**233424**	**119615**	**113809**
清城区	106291	55388	50903	54162	27353	26809
清新区	54476	28291	26185	29448	15383	14065
佛冈县	29266	15197	14069	22104	11417	10687
阳山县	29421	14951	14470	23511	12060	11451
连山壮族瑶族自治县	8693	4420	4273	7351	3774	3577
连南瑶族自治县	12464	6234	6230	10811	5469	5342
英德市	79916	41121	38795	60690	31343	29347
连州市	31189	15627	15562	25347	12816	12531
东莞市	**1084676**	**615126**	**469550**	**203927**	**101610**	**102317**
市辖区	1084676	615126	469550	203927	101610	102317
中山市	**410228**	**221157**	**189071**	**152402**	**75547**	**76855**
市辖区	410228	221157	189071	152402	75547	76855
潮州市	**239141**	**120868**	**118273**	**202125**	**101743**	**100382**
湘桥区	51692	25650	26042	32805	16314	16491
潮安区	109091	55567	53524	94416	47533	46883
饶平县	78358	39651	38707	74904	37896	37008
揭阳市	**562643**	**287228**	**275415**	**547807**	**279413**	**268394**
榕城区	93527	47695	45832	91617	46674	44943
揭东区	96978	49668	47310	93599	47760	45839
揭西县	61272	31135	30137	59987	30502	29485
惠来县	98438	49573	48865	96826	48722	48104
普宁市	212428	109157	103271	205778	105755	100023
云浮市	**204555**	**105322**	**99233**	**164596**	**84507**	**80089**
云城区	37088	19432	17656	23590	12197	11393
云安区	19955	10373	9582	18183	9348	8835
新兴县	39496	20207	19289	29307	14813	14494
郁南县	30416	15679	14737	26930	13972	12958
罗定市	77600	39631	37969	66586	34177	32409

单位：人

居住本乡、镇、街道，户口在外乡、镇、街道，离开户口登记地半年以上			居住本乡、镇、街道，户口待定			原住本乡、镇、街道，现在港澳台或国外工作学习		
小计	男	女	小计	男	女	小计	男	女
63781	33670	30111	1440	689	751	106	48	58
14973	7862	7111	137	74	63	20	8	12
33044	17514	15530	195	95	100	35	11	24
4726	2441	2285	108	58	50	11	8	3
11038	5853	5185	1000	462	538	40	21	19
89902	45798	44104	1252	630	622	162	80	82
42633	21941	20692	444	244	200	22	6	16
8147	4248	3899	180	79	101	41	21	20
17111	8421	8690	144	65	79	31	14	17
4744	2451	2293	98	57	41	26	19	7
7264	3523	3741	177	81	96	19	11	8
10003	5214	4789	209	104	105	23	9	14
70519	36864	33655	803	357	446	182	126	56
31841	16667	15174	194	92	102	25	19	6
16699	8939	7760	99	57	42	14	7	7
8613	4541	4072	148	62	86	66	56	10
13366	6717	6649	362	146	216	77	44	33
116162	60567	55595	1864	907	957	266	140	126
51614	27768	23846	450	236	214	65	31	34
24733	12746	11987	250	133	117	45	29	16
6961	3688	3273	186	87	99	15	5	10
5721	2800	2921	162	70	92	27	21	6
1286	615	671	48	27	21	8	4	4
1565	721	844	83	42	41	5	2	3
18567	9489	9078	579	252	327	80	37	43
5715	2740	2975	106	60	46	21	11	10
876604	511327	365277	3995	2112	1883	150	77	73
876604	511327	365277	3995	2112	1883	150	77	73
255550	144458	111092	1833	971	862	443	181	262
255550	144458	111092	1833	971	862	443	181	262
36235	18728	17507	626	302	324	155	95	60
18723	9244	9479	81	36	45	83	56	27
14254	7833	6421	383	179	204	38	22	16
3258	1651	1607	162	87	75	34	17	17
12622	6675	5947	2040	1043	997	174	97	77
1698	916	782	201	99	102	11	6	5
2973	1695	1278	380	199	181	26	14	12
874	431	443	370	182	188	41	20	21
1024	527	497	549	296	253	39	28	11
6053	3106	2947	540	267	273	57	29	28
38788	20295	18493	952	389	563	219	131	88
13361	7167	6194	112	55	57	25	13	12
1648	966	682	112	51	61	12	8	4
10021	5318	4703	124	52	72	44	24	20
3305	1623	1682	137	61	76	44	23	21
10453	5221	5232	467	170	297	94	63	31

1-2a 各地区分性别、

地　区	人口数			居住本乡、镇、街道，户口在本乡、镇、街道		
	合计	男	女	小计	男	女
广　东	**7438590**	**3984956**	**3453634**	**2556445**	**1268707**	**1287738**
广州市	**1381493**	**724553**	**656940**	**474831**	**234159**	**240672**
荔湾区	93831	47021	46810	46620	22633	23987
越秀区	98149	47927	50222	60602	29138	31464
海珠区	175680	88955	86725	72972	35441	37531
天河区	216226	114005	102221	63247	31221	32026
白云区	262630	140034	122596	49193	24446	24747
黄埔区	108926	60971	47955	32681	16627	16054
番禺区	215384	113175	102209	67045	33228	33817
花都区	99194	52603	46591	32382	16275	16107
南沙区	44004	24984	19020	15811	8042	7769
从化区	17788	8855	8933	11505	5633	5872
增城区	49681	26023	23658	22773	11475	11298
韶关市	**89127**	**44047**	**45080**	**43408**	**21418**	**21990**
武江区	29076	14376	14700	13588	6682	6906
浈江区	26198	13005	13193	12914	6430	6484
曲江区	14124	7022	7102	7819	3870	3949
始兴县						
仁化县						
翁源县						
乳源瑶族自治县						
新丰县						
乐昌市	9216	4473	4743	4555	2190	2365
南雄市	10513	5171	5342	4532	2246	2286
深圳市	**1826991**	**1009068**	**817923**	**323602**	**160483**	**163119**
罗湖区	114707	58152	56555	33975	16587	17388
福田区	156329	80913	75416	50603	24696	25907
南山区	183335	97850	85485	59115	29317	29798
宝安区	474336	268553	205783	53321	26603	26718
龙岗区	429765	234431	195334	72253	36052	36201
盐田区	21847	11898	9949	5632	2760	2872
龙华区	272160	154916	117244	33012	16524	16488
坪山区	57932	33590	24342	7695	3927	3768
光明区	116580	68765	47815	7996	4017	3979
珠海市	**182157**	**95752**	**86405**	**69945**	**34387**	**35558**
香洲区	129126	67453	61673	50023	24395	25628
斗门区	22841	12131	10710	9997	5042	4955
金湾区	30190	16168	14022	9925	4950	4975
汕头市	**233939**	**116318**	**117621**	**179922**	**88249**	**91673**
龙湖区	49537	24894	24643	33088	16044	17044
金平区	70777	34524	36253	52350	25329	27021
濠江区	17942	8914	9028	16414	8117	8297
潮阳区	28519	14010	14509	23806	11684	12122
潮南区	43370	21966	21404	40637	20400	20237
澄海区	23794	12010	11784	13627	6675	6952
南澳县						
佛山市	**833681**	**451804**	**381877**	**343636**	**167603**	**176033**
禅城区	107209	55981	51228	47054	22744	24310
南海区	344604	188405	156199	132855	64303	68552
顺德区	311661	170291	141370	130325	64080	66245
三水区	35310	18105	17205	17304	8358	8946
高明区	34897	19022	15875	16098	8118	7980

户口登记状况的人口(城市)

单位：人

居住本乡、镇、街道，户口在外乡、镇、街道，离开户口登记地半年以上			居住本乡、镇、街道，户口待定			原住本乡、镇、街道，现在港澳台或国外工作学习		
小计	男	女	小计	男	女	小计	男	女
4843976	**2696686**	**2147290**	**29547**	**15602**	**13945**	**8622**	**3961**	**4661**
898829	**486465**	**412364**	**4570**	**2455**	**2115**	**3263**	**1474**	**1789**
46617	24099	22518	201	114	87	393	175	218
36203	18156	18047	195	111	84	1149	522	627
101681	53049	48632	383	191	192	644	274	370
151841	82203	69638	644	353	291	494	228	266
211738	114685	97053	1477	807	670	222	96	126
75756	44090	31666	415	213	202	74	41	33
147639	79579	68060	570	310	260	130	58	72
66299	36060	30239	409	212	197	104	56	48
28059	16876	11183	117	59	58	17	7	10
6225	3194	3031	37	17	20	21	11	10
26771	14474	12297	122	68	54	15	6	9
45393	**22450**	**22943**	**249**	**142**	**107**	**77**	**37**	**40**
15336	7608	7728	113	71	42	39	15	24
13212	6536	6676	48	26	22	24	13	11
6268	3130	3138	31	17	14	6	5	1
4616	2262	2354	39	18	21	6	3	3
5961	2914	3047	18	10	8	2	1	1
1494307	**843916**	**650391**	**7689**	**4025**	**3664**	**1393**	**644**	**749**
80079	41269	38810	474	229	245	179	67	112
104683	55663	49020	583	339	244	460	215	245
123324	68098	55226	616	302	314	280	133	147
418882	240801	178081	1997	1079	918	136	70	66
355318	197240	158078	2016	1050	966	178	89	89
16079	9067	7012	90	52	38	46	19	27
237936	137769	100167	1128	583	545	84	40	44
49986	29531	20455	244	128	116	7	4	3
108020	64478	43542	541	263	278	23	7	16
110964	**60751**	**50213**	**939**	**477**	**462**	**309**	**137**	**172**
78167	42603	35564	681	342	339	255	113	142
12713	7018	5695	94	52	42	37	19	18
20084	11130	8954	164	83	81	17	5	12
53039	**27591**	**25448**	**804**	**389**	**415**	**174**	**89**	**85**
16291	8771	7520	116	60	56	42	19	23
18132	9051	9081	218	101	117	77	43	34
1458	768	690	66	28	38	4	1	3
4569	2254	2315	141	72	69	3		3
2487	1447	1040	202	93	109	44	26	18
10102	5300	4802	61	35	26	4		4
486867	**282593**	**204274**	**2441**	**1290**	**1151**	**737**	**318**	**419**
59594	32971	26623	349	184	165	212	82	130
210481	123460	87021	1063	557	506	205	85	120
180308	105696	74612	748	385	363	280	130	150
17877	9674	8203	104	61	43	25	12	13
18607	10792	7815	177	103	74	15	9	6

1-2a 续表 1

地区	人口数			居住本乡、镇、街道，户口在本乡、镇、街道		
	合计	男	女	小计	男	女
江门市	**254358**	**129774**	**124584**	**128950**	**63799**	**65151**
蓬江区	74225	37843	36382	38777	19022	19755
江海区	33832	17734	16098	14216	6942	7274
新会区	42870	21650	21220	22892	11257	11635
台山市	33041	16852	16189	16490	8300	8190
开平市	28962	14357	14605	13295	6699	6596
鹤山市	23710	12138	11572	11766	5613	6153
恩平市	17718	9200	8518	11514	5966	5548
湛江市	**180329**	**92188**	**88141**	**89159**	**45990**	**43169**
赤坎区	34715	17176	17539	16291	8228	8063
霞山区	56291	28454	27837	23693	12002	11691
坡头区	6761	3491	3270	4733	2462	2271
麻章区	10611	5821	4790	6253	3236	3017
遂溪县	1909	992	917	1613	838	775
徐闻县						
廉江市	23742	12173	11569	9610	5095	4515
雷州市	22649	11811	10838	11316	5921	5395
吴川市	23651	12270	11381	15650	8208	7442
茂名市	**170206**	**87976**	**82230**	**109022**	**56271**	**52751**
茂南区	62948	32604	30344	42618	21936	20682
电白区	21616	11154	10462	15007	7762	7245
高州市	30159	15454	14705	16917	8702	8215
化州市	26359	13854	12505	14612	7705	6907
信宜市	29124	14910	14214	19868	10166	9702
肇庆市	**110149**	**57572**	**52577**	**57811**	**28697**	**29114**
端州区	51657	26279	25378	33626	16617	17009
鼎湖区	9818	5161	4657	4343	2137	2206
高要区	9754	5090	4664	5919	3058	2861
广宁县						
怀集县						
封开县						
德庆县						
四会市	38920	21042	17878	13923	6885	7038
惠州市	**256099**	**138920**	**117179**	**81878**	**39879**	**41999**
惠城区	151948	79630	72318	58681	28543	30138
惠阳区	101898	58017	43881	22878	11185	11693
博罗县	2253	1273	980	319	151	168
惠东县						
龙门县						
梅州市	**84482**	**41304**	**43178**	**29817**	**14719**	**15098**
梅江区	35032	17216	17816	14485	7170	7315
梅县区	23884	11650	12234	5144	2485	2659
大埔县						
丰顺县						
五华县	1302	644	658	1241	605	636
平远县						
蕉岭县						
兴宁市	24264	11794	12470	8947	4459	4488

单位：人

居住本乡、镇、街道，户口在外乡、镇、街道，离开户口登记地半年以上			居住本乡、镇、街道，户口待定			原住本乡、镇、街道，现在港澳台或国外工作学习		
小计	男	女	小计	男	女	小计	男	女
123046	**64781**	**58265**	**739**	**423**	**316**	**1623**	**771**	**852**
34891	18538	16353	265	152	113	292	131	161
19434	10687	8747	128	83	45	54	22	32
19743	10272	9471	104	66	38	131	55	76
15667	8107	7560	99	54	45	785	391	394
15400	7526	7874	48	25	23	219	107	112
11833	6479	5354	54	22	32	57	24	33
6078	3172	2906	41	21	20	85	41	44
90053	**45622**	**44431**	**952**	**503**	**449**	**165**	**73**	**92**
18248	8864	9384	137	65	72	39	19	20
32162	16231	15931	342	190	152	94	31	63
1976	1001	975	44	23	21	8	5	3
4317	2564	1753	39	20	19	2	1	1
286	149	137	8	4	4	2	1	1
14026	7026	7000	104	51	53	2	1	1
11231	5832	5399	98	56	42	4	2	2
7807	3955	3852	180	94	86	14	13	1
59751	**30949**	**28802**	**1330**	**694**	**636**	**103**	**62**	**41**
20013	10513	9500	277	138	139	40	17	23
6446	3303	3143	125	60	65	38	29	9
12977	6600	6377	262	151	111	3	1	2
11373	5961	5412	360	180	180	14	8	6
8942	4572	4370	306	165	141	8	7	1
51893	**28626**	**23267**	**337**	**195**	**142**	**108**	**54**	**54**
17750	9515	8235	198	108	90	83	39	44
5440	3003	2437	29	17	12	6	4	2
3806	2014	1792	28	17	11	1	1	
24897	14094	10803	82	53	29	18	10	8
172459	**98086**	**74373**	**1699**	**925**	**774**	**63**	**30**	**33**
92099	50467	41632	1121	598	523	47	22	25
78434	46502	31932	570	322	248	16	8	8
1926	1117	809	8	5	3			
54484	**26485**	**27999**	**150**	**91**	**59**	**31**	**9**	**22**
20469	10006	10463	55	33	22	23	7	16
18701	9141	9560	36	24	12	3		3
55	38	17	6	1	5			
15259	7300	7959	53	33	20	5	2	3

1-2a 续表 2

地 区	人口数			居住本乡、镇、街道，户口在本乡、镇、街道		
	合计	男	女	小计	男	女
汕尾市	**45475**	**23661**	**21814**	**26382**	**13778**	**12604**
城 区	25228	12995	12233	12571	6522	6049
海丰县						
陆河县						
陆丰市	20247	10666	9581	13811	7256	6555
河源市	**57946**	**29426**	**28520**	**19529**	**9816**	**9713**
源城区	57946	29426	28520	19529	9816	9713
紫金县						
龙川县						
连平县						
和平县						
东源县						
阳江市	**90658**	**46332**	**44326**	**40554**	**20804**	**19750**
江城区	50341	25719	24622	21593	10990	10603
阳东区	17206	9041	8165	5478	2976	2502
阳西县						
阳春市	23111	11572	11539	13483	6838	6645
清远市	**116926**	**58253**	**58673**	**46124**	**22811**	**23313**
清城区	62520	31302	31218	26422	13044	13378
清新区	23450	11857	11593	3936	1992	1944
佛冈县						
阳山县						
连山壮族瑶族自治县						
连南瑶族自治县						
英德市	18089	8915	9174	8032	4008	4024
连州市	12867	6179	6688	7734	3767	3967
东莞市	**990343**	**559370**	**430973**	**178290**	**88547**	**89743**
市辖区	990343	559370	430973	178290	88547	89743
中山市	**253712**	**135708**	**118004**	**92869**	**45513**	**47356**
市辖区	253712	135708	118004	92869	45513	47356
潮州市	**84787**	**42757**	**42030**	**55789**	**27712**	**28077**
湘桥区	37845	18828	19017	20369	10039	10330
潮安区	46942	23929	23013	35420	17673	17747
饶平县						
揭阳市	**143779**	**73433**	**70346**	**135220**	**68946**	**66274**
榕城区	63630	32371	31259	61998	31537	30461
揭东区	31014	15813	15201	28517	14450	14067
揭西县						
惠来县						
普宁市	49135	25249	23886	44705	22959	21746
云浮市	**51953**	**26740**	**25213**	**29707**	**15126**	**14581**
云城区	28833	15038	13795	15680	8010	7670
云安区	1768	925	843	1467	767	700
新兴县						
郁南县						
罗定市	21352	10777	10575	12560	6349	6211

单位：人

居住本乡、镇、街道，户口在外乡、镇、街道，离开户口登记地半年以上			居住本乡、镇、街道，户口待定			原住本乡、镇、街道，现在港澳台或国外工作学习		
小计	男	女	小计	男	女	小计	男	女
18555	**9626**	**8929**	**531**	**255**	**276**	**7**	**2**	**5**
12554	6423	6131	97	49	48	6	1	5
6001	3203	2798	434	206	228	1	1	
38012	**19391**	**18621**	**389**	**214**	**175**	**16**	**5**	**11**
38012	19391	18621	389	214	175	16	5	11
49807	**25387**	**24420**	**287**	**137**	**150**	**10**	**4**	**6**
28601	14660	13941	143	67	76	4	2	2
11682	6040	5642	46	25	21			
9524	4687	4837	98	45	53	6	2	4
70188	**35114**	**35074**	**590**	**321**	**269**	**24**	**7**	**17**
35783	18089	17694	297	163	134	18	6	12
19389	9791	9598	124	74	50	1		1
9940	4855	5085	116	52	64	1		1
5076	2379	2697	53	32	21	4	1	3
808139	**468758**	**339381**	**3776**	**1995**	**1781**	**138**	**70**	**68**
808139	468758	339381	3776	1995	1781	138	70	68
159291	**89382**	**69909**	**1261**	**687**	**574**	**291**	**126**	**165**
159291	89382	69909	1261	687	574	291	126	165
28631	**14862**	**13769**	**316**	**154**	**162**	**51**	**29**	**22**
17379	8736	8643	60	31	29	37	22	15
11252	6126	5126	256	123	133	14	7	7
8194	**4327**	**3867**	**354**	**155**	**199**	**11**	**5**	**6**
1445	741	704	181	90	91	6	3	3
2396	1321	1075	101	42	59			
4353	2265	2088	72	23	49	5	2	3
22074	**11524**	**10550**	**144**	**75**	**69**	**28**	**15**	**13**
13042	6969	6073	93	50	43	18	9	9
297	156	141	4	2	2			
8735	4399	4336	47	23	24	10	6	4

1—2b 各地区分性别、

地区	人口数			居住本乡、镇、街道，户口在本乡、镇、街道		
	合计	男	女	小计	男	女
广东	**1601437**	**833079**	**768358**	**1041384**	**528218**	**513166**
广州市	**113239**	**60540**	**52699**	**45808**	**23080**	**22728**
荔湾区						
越秀区						
海珠区						
天河区						
白云区	24765	13044	11721	7164	3489	3675
黄埔区	3922	1935	1987	2297	1168	1129
番禺区	6862	3832	3030	1748	886	862
花都区	9995	5290	4705	3536	1815	1721
南沙区	15651	8733	6918	7783	3901	3882
从化区	6369	3465	2904	3078	1559	1519
增城区	45675	24241	21434	20202	10262	9940
韶关市	**63409**	**31315**	**32094**	**39513**	**19512**	**20001**
武江区	248	115	133	211	93	118
浈江区	2790	1470	1320	1721	839	882
曲江区	2709	1399	1310	1925	980	945
始兴县	7578	3658	3920	3915	1886	2029
仁化县	7493	3722	3771	4216	2083	2133
翁源县	10759	5225	5534	6823	3351	3472
乳源瑶族自治县	8264	4098	4166	4246	2106	2140
新丰县	8625	4297	4328	5211	2629	2582
乐昌市	8927	4356	4571	5984	2930	3054
南雄市	6016	2975	3041	5261	2615	2646
深圳市	**736**	**565**	**171**	**87**	**47**	**40**
罗湖区						
福田区						
南山区	504	455	49	4	4	
宝安区						
龙岗区						
盐田区						
龙华区						
坪山区	232	110	122	83	43	40
光明区						
珠海市	**30832**	**18747**	**12085**	**9035**	**4648**	**4387**
香洲区	5587	4094	1493	657	356	301
斗门区	14290	7946	6344	5027	2555	2472
金湾区	10955	6707	4248	3351	1737	1614
汕头市	**127343**	**64147**	**63196**	**119997**	**60221**	**59776**
龙湖区						
金平区						
濠江区	480	243	237	466	235	231
潮阳区	55208	27854	27354	53774	27079	26695
潮南区	33609	16929	16680	32119	16112	16007
澄海区	33666	16918	16748	29699	14813	14886
南澳县	4380	2203	2177	3939	1982	1957
佛山市	**49854**	**28668**	**21186**	**19121**	**9573**	**9548**
禅城区	21518	12051	9467	9884	4976	4908
南海区	5432	3127	2305	1901	923	978
顺德区						
三水区	20597	12130	8467	6349	3148	3201
高明区	2307	1360	947	987	526	461

户口登记状况的人口(镇)

单位：人

居住本乡、镇、街道，户口在外乡、镇、街道，离开户口登记地半年以上			居住本乡、镇、街道，户口待定			原住本乡、镇、街道，现在港澳台或国外工作学习		
小计	男	女	小计	男	女	小计	男	女
552266	**300970**	**251296**	**6559**	**3251**	**3308**	**1228**	**640**	**588**
66990	**37243**	**29747**	**376**	**187**	**189**	**65**	**30**	**35**
17500	9513	7987	68	27	41	33	15	18
1600	757	843	22	9	13	3	1	2
5079	2924	2155	33	21	12	2	1	1
6387	3441	2946	72	34	38			
7838	4816	3022	21	12	9	9	4	5
3282	1901	1381	8	5	3	1		1
25304	13891	11413	152	79	73	17	9	8
23699	**11712**	**11987**	**177**	**81**	**96**	**20**	**10**	**10**
36	21	15	1	1				
1062	627	435	7	4	3			
771	414	357	13	5	8			
3645	1764	1881	18	8	10			
3250	1630	1620	22	7	15	5	2	3
3907	1861	2046	25	10	15	4	3	1
3990	1978	2012	23	12	11	5	2	3
3387	1655	1732	25	13	12	2		2
2914	1414	1500	28	12	16	1		1
737	348	389	15	9	6	3	3	
648	**518**	**130**	**1**		**1**			
500	451	49						
148	67	81	1		1			
21634	**14007**	**7627**	**117**	**66**	**51**	**46**	**26**	**20**
4911	3721	1190	18	16	2	1	1	
9169	5346	3823	67	34	33	27	11	16
7554	4940	2614	32	16	16	18	14	4
6610	**3538**	**3072**	**688**	**364**	**324**	**48**	**24**	**24**
11	7	4	2	1	1	1		1
937	511	426	492	263	229	5	1	4
1325	730	595	152	80	72	13	7	6
3906	2072	1834	32	17	15	29	16	13
431	218	213	10	3	7			
30552	**19007**	**11545**	**150**	**72**	**78**	**31**	**16**	**15**
11580	7049	4531	45	22	23	9	4	5
3513	2193	1320	9	5	4	9	6	3
14152	8936	5216	83	40	43	13	6	7
1307	829	478	13	5	8			

1－2b 续表 1

地　区	人口数			居住本乡、镇、街道，户口在本乡、镇、街道		
	合计	男	女	小计	男	女
江门市	**37189**	**19918**	**17271**	**22397**	**11483**	**10914**
蓬江区						
江海区						
新会区	10325	5409	4916	7537	3827	3710
台山市	7129	3735	3394	5913	3059	2854
开平市	8352	4499	3853	3822	1957	1865
鹤山市	6642	3747	2895	2391	1204	1187
恩平市	4741	2528	2213	2734	1436	1298
湛江市	**105232**	**54191**	**51041**	**80488**	**41831**	**38657**
赤坎区						
霞山区	424	237	187	302	170	132
坡头区	7472	3825	3647	6404	3270	3134
麻章区	9705	4957	4748	5033	2661	2372
遂溪县	23911	12232	11679	18232	9459	8773
徐闻县	21267	10902	10365	13938	7222	6716
廉江市	16142	8484	7658	13388	7111	6277
雷州市	14738	7744	6994	12838	6751	6087
吴川市	11573	5810	5763	10353	5187	5166
茂名市	**79906**	**41259**	**38647**	**69527**	**36017**	**33510**
茂南区	3950	2075	1875	3636	1926	1710
电白区	32716	16982	15734	27972	14574	13398
高州市	16456	8567	7889	14681	7665	7016
化州市	17657	9115	8542	15096	7815	7281
信宜市	9127	4520	4607	8142	4037	4105
肇庆市	**80853**	**42435**	**38418**	**58745**	**30467**	**28278**
端州区						
鼎湖区	3578	2001	1577	1884	964	920
高要区	14846	8109	6737	10533	5522	5011
广宁县	14565	7334	7231	11328	5718	5610
怀集县	21540	11209	10331	16353	8554	7799
封开县	12396	6385	6011	9918	5155	4763
德庆县	10705	5493	5212	7662	3989	3673
四会市	3223	1904	1319	1067	565	502
惠州市	**162865**	**86489**	**76376**	**70030**	**35232**	**34798**
惠城区	12169	6598	5571	4298	2145	2153
惠阳区	12068	6719	5349	3353	1669	1684
博罗县	64710	34759	29951	29496	14637	14859
惠东县	61702	32330	29372	24459	12551	11908
龙门县	12216	6083	6133	8424	4230	4194
梅州市	**96518**	**48073**	**48445**	**69460**	**34862**	**34598**
梅江区	573	285	288	520	260	260
梅县区	3815	1908	1907	3063	1520	1543
大埔县	14781	7211	7570	8077	4027	4050
丰顺县	22601	11516	11085	17816	9110	8706
五华县	29388	14717	14671	23657	11865	11792
平远县	9289	4501	4788	5935	2909	3026
蕉岭县	9742	4743	4999	4708	2331	2377
兴宁市	6329	3192	3137	5684	2840	2844

单位：人

居住本乡、镇、街道，户口在外乡、镇、街道，离开户口登记地半年以上			居住本乡、镇、街道，户口待定			原住本乡、镇、街道，现在港澳台或国外工作学习		
小计	男	女	小计	男	女	小计	男	女
14208	**8120**	**6088**	**97**	**59**	**38**	**487**	**256**	**231**
2716	1546	1170	26	15	11	46	21	25
860	487	373	25	18	7	331	171	160
4481	2513	1968	23	13	10	26	16	10
4215	2522	1693	6	3	3	30	18	12
1936	1052	884	17	10	7	54	30	24
24026	**12013**	**12013**	**647**	**308**	**339**	**71**	**39**	**32**
118	64	54	3	2	1	1	1	
1018	528	490	43	22	21	7	5	2
4632	2272	2360	37	23	14	3	1	2
5556	2713	2843	114	54	60	9	6	3
7173	3610	3563	147	64	83	9	6	3
2649	1321	1328	86	42	44	19	10	9
1800	942	858	94	50	44	6	1	5
1080	563	517	123	51	72	17	9	8
9635	**4868**	**4767**	**684**	**330**	**354**	**60**	**44**	**16**
288	137	151	25	11	14	1	1	
4517	2288	2229	195	98	97	32	22	10
1565	794	771	200	100	100	10	8	2
2380	1210	1170	173	85	88	8	5	3
885	439	446	91	36	55	9	8	1
21813	**11802**	**10011**	**270**	**152**	**118**	**25**	**14**	**11**
1687	1034	653	7	3	4			
4289	2574	1715	20	12	8	4	1	3
3188	1584	1604	39	26	13	10	6	4
5094	2605	2489	88	47	41	5	3	2
2429	1202	1227	45	25	20	4	3	1
2977	1468	1509	64	35	29	2	1	1
2149	1335	814	7	4	3			
92082	**50888**	**41194**	**726**	**358**	**368**	**27**	**11**	**16**
7807	4427	3380	61	26	35	3		3
8682	5031	3651	32	19	13	1		1
34962	20001	14961	242	115	127	10	6	4
36882	19595	17287	352	181	171	9	3	6
3749	1834	1915	39	17	22	4	2	2
26786	**13078**	**13708**	**198**	**94**	**104**	**74**	**39**	**35**
51	24	27	2	1	1			
749	386	363	3	2	1			
6675	3170	3505	26	14	12	3		3
4693	2357	2336	39	19	20	53	30	23
5658	2821	2837	64	27	37	9	4	5
3330	1582	1748	22	10	12	2		2
5005	2397	2608	25	12	13	4	3	1
625	341	284	17	9	8	3	2	1

1-2b 续表 2

地　区	人口数			居住本乡、镇、街道，户口在本乡、镇、街道		
	合计	男	女	小计	男	女
汕尾市	**94338**	**48520**	**45818**	**56306**	**28676**	**27630**
城　区	4032	2049	1983	2869	1400	1469
海丰县	50285	26166	24119	21248	11001	10247
陆河县	12149	6169	5980	7992	4031	3961
陆丰市	27872	14136	13736	24197	12244	11953
河源市	**72107**	**35733**	**36374**	**35818**	**17839**	**17979**
源城区	3134	1659	1475	176	80	96
紫金县	20097	10085	10012	13568	6776	6792
龙川县	19279	9307	9972	7647	3797	3850
连平县	9900	4934	4966	6443	3185	3258
和平县	10937	5266	5671	4894	2411	2483
东源县	8760	4482	4278	3090	1590	1500
阳江市	**36345**	**18817**	**17528**	**25180**	**13047**	**12133**
江城区	4554	2346	2208	3762	1927	1835
阳东区	5514	2948	2566	3975	2122	1853
阳西县	17616	9135	8481	10152	5278	4874
阳春市	8661	4388	4273	7291	3720	3571
清远市	**87594**	**45029**	**42565**	**59073**	**29806**	**29267**
清城区	26545	14425	12120	16077	8236	7841
清新区	3961	2091	1870	3155	1630	1525
佛冈县	13294	6732	6562	7978	4048	3930
阳山县	13344	6573	6771	8133	4060	4073
连山壮族瑶族自治县	3674	1814	1860	2560	1291	1269
连南瑶族自治县	5600	2714	2886	4102	2024	2078
英德市	18243	9214	9029	14361	7171	7190
连州市	2933	1466	1467	2707	1346	1361
东莞市	**8945**	**4985**	**3960**	**1684**	**820**	**864**
市辖区	8945	4985	3960	1684	820	864
中山市	**102967**	**56365**	**46602**	**29216**	**14569**	**14647**
市辖区	102967	56365	46602	29216	14569	14647
潮州市	**68227**	**34230**	**33997**	**63319**	**31834**	**31485**
湘桥区	7482	3592	3890	6414	3190	3224
潮安区	22393	11346	11047	21285	10716	10569
饶平县	38352	19292	19060	35620	17928	17692
揭阳市	**139289**	**70908**	**68381**	**135903**	**69144**	**66759**
榕城区	9120	4724	4396	9059	4685	4374
揭东区	21104	10778	10326	20714	10514	10200
揭西县	18897	9616	9281	18218	9299	8919
惠来县	41753	21033	20720	40608	20417	20191
普宁市	48415	24757	23658	47304	24229	23075
云浮市	**43649**	**22145**	**21504**	**30677**	**15510**	**15167**
云城区						
云安区	4463	2299	2164	3598	1800	1798
新兴县	17824	9095	8729	9027	4530	4497
郁南县	14370	7246	7124	11589	5915	5674
罗定市	6992	3505	3487	6463	3265	3198

单位：人

居住本乡、镇、街道，户口在外乡、镇、街道，离开户口登记地半年以上			居住本乡、镇、街道，户口待定			原住本乡、镇、街道，现在港澳台或国外工作学习		
小计	男	女	小计	男	女	小计	男	女
37699	**19685**	**18014**	**315**	**155**	**160**	**18**	**4**	**14**
1144	638	506	17	11	6	2		2
28916	15103	13813	110	60	50	11	2	9
4099	2103	1996	58	35	23			
3540	1841	1699	130	49	81	5	2	3
35992	**17753**	**18239**	**278**	**128**	**150**	**19**	**13**	**6**
2921	1559	1362	37	20	17			
6468	3281	3187	58	25	33	3	3	
11568	5481	6087	62	28	34	2	1	1
3415	1723	1692	34	19	15	8	7	1
6001	2838	3163	42	17	25			
5619	2871	2748	45	19	26	6	2	4
10995	**5683**	**5312**	**149**	**74**	**75**	**21**	**13**	**8**
781	414	367	7	3	4	4	2	2
1519	811	708	19	15	4	1		1
7374	3815	3559	85	37	48	5	5	
1321	643	678	38	19	19	11	6	5
28012	**14973**	**13039**	**455**	**224**	**231**	**54**	**26**	**28**
10322	6115	4207	115	56	59	31	18	13
789	450	339	14	9	5	3	2	1
5236	2643	2593	78	41	37	2		2
5137	2478	2659	72	34	38	2	1	1
1092	512	580	17	9	8	5	2	3
1470	678	792	26	11	15	2	1	1
3751	1985	1766	123	56	67	8	2	6
215	112	103	10	8	2	1		1
7240	**4158**	**3082**	**21**	**7**	**14**			
7240	4158	3082	21	7	14			
73237	**41547**	**31690**	**458**	**231**	**227**	**56**	**18**	**38**
73237	41547	31690	458	231	227	56	18	38
4773	**2331**	**2442**	**112**	**52**	**60**	**23**	**13**	**10**
1049	394	655	12	4	8	7	4	3
1065	611	454	37	16	21	6	3	3
2659	1326	1333	63	32	31	10	6	4
2839	**1483**	**1356**	**487**	**248**	**239**	**60**	**33**	**27**
57	38	19	4	1	3			
321	224	97	63	38	25	6	2	4
586	275	311	69	29	40	24	13	11
906	489	417	222	115	107	17	12	5
969	457	512	129	65	64	13	6	7
12796	**6563**	**6233**	**153**	**61**	**92**	**23**	**11**	**12**
846	493	353	17	5	12	2	1	1
8735	4536	4199	58	28	30	4	1	3
2727	1309	1418	42	16	26	12	6	6
488	225	263	36	12	24	5	3	2

1—2c 各地区分性别、

地区	人口数			居住本乡、镇、街道，户口在本乡、镇、街道		
	合计	男	女	小计	男	女
广东	**2906793**	**1527097**	**1379696**	**2499418**	**1286630**	**1212788**
广州市	**239175**	**130728**	**108447**	**150028**	**77011**	**73017**
荔湾区						
越秀区						
海珠区						
天河区						
白云区	65026	35799	29227	31595	15966	15629
黄埔区	9194	5109	4085	5783	2900	2883
番禺区	27625	15549	12076	11752	5905	5847
花都区	47684	26125	21559	27806	14165	13641
南沙区	21824	11953	9871	13300	6711	6589
从化区	32604	17201	15403	30615	16173	14442
增城区	35218	18992	16226	29177	15191	13986
韶关市	**109228**	**56646**	**52582**	**96366**	**49489**	**46877**
武江区	5141	2722	2419	4232	2224	2008
浈江区	4727	2493	2234	3806	1986	1820
曲江区	10305	5568	4737	8414	4392	4022
始兴县	10221	5095	5126	9435	4672	4763
仁化县	9636	4961	4675	8587	4350	4237
翁源县	17827	9224	8603	15852	8168	7684
乳源瑶族自治县	8803	4614	4189	7595	3959	3636
新丰县	7546	4048	3498	6708	3527	3181
乐昌市	15398	7933	7465	13525	6958	6567
南雄市	19624	9988	9636	18212	9253	8959
深圳市	**5574**	**3454**	**2120**	**693**	**349**	**344**
罗湖区						
福田区						
南山区						
宝安区						
龙岗区	5574	3454	2120	693	349	344
盐田区						
龙华区						
坪山区						
光明区						
珠海市	**22245**	**12082**	**10163**	**14395**	**7350**	**7045**
香洲区	127	96	31	10	6	4
斗门区	20406	11020	9386	13335	6821	6514
金湾区	1712	966	746	1050	523	527
汕头市	**166048**	**83853**	**82195**	**160098**	**80178**	**79920**
龙湖区	9186	4608	4578	8799	4391	4408
金平区	1457	726	731	1414	705	709
濠江区	7446	3950	3496	6261	3094	3167
潮阳区	72150	36193	35957	71224	35664	35560
潮南区	51926	26364	25562	50333	25414	24919
澄海区	22695	11414	11281	20939	10351	10588
南澳县	1188	598	590	1128	559	569
佛山市	**41967**	**24143**	**17824**	**22470**	**11529**	**10941**
禅城区						
南海区	13971	8015	5956	7533	3770	3763
顺德区	4636	2702	1934	2124	1072	1052
三水区	20068	11574	8494	9896	5089	4807
高明区	3292	1852	1440	2917	1598	1319

户口登记状况的人口(乡村)

单位：人

居住本乡、镇、街道，户口在外乡、镇、街道，离开户口登记地半年以上			居住本乡、镇、街道，户口待定			原住本乡、镇、街道，现在港澳台或国外工作学习		
小计	男	女	小计	男	女	小计	男	女
383580	**228627**	**154953**	**16463**	**7842**	**8621**	**7332**	**3998**	**3334**
87666	**52957**	**34709**	**513**	**284**	**229**	**968**	**476**	**492**
32709	19454	13255	211	132	79	511	247	264
3374	2192	1182	26	13	13	11	4	7
15820	9621	6199	41	20	21	12	3	9
19404	11704	7700	107	65	42	367	191	176
8484	5226	3258	29	10	19	11	6	5
1899	989	910	62	25	37	28	14	14
5976	3771	2205	37	19	18	28	11	17
12325	**6881**	**5444**	**435**	**211**	**224**	**102**	**65**	**37**
876	483	393	28	11	17	5	4	1
899	491	408	17	11	6	5	5	
1846	1148	698	30	20	10	15	8	7
737	393	344	40	22	18	9	8	1
993	587	406	43	20	23	13	4	9
1896	1014	882	69	33	36	10	9	1
1153	631	522	46	20	26	9	4	5
799	500	299	32	18	14	7	3	4
1754	920	834	99	43	56	20	12	8
1372	714	658	31	13	18	9	8	1
4848	**3088**	**1760**	**21**	**11**	**10**	**12**	**6**	**6**
4848	3088	1760	21	11	10	12	6	6
7673	**4655**	**3018**	**47**	**21**	**26**	**130**	**56**	**74**
117	90	27						
6910	4129	2781	42	19	23	119	51	68
646	436	210	5	2	3	11	5	6
5116	**3222**	**1894**	**728**	**388**	**340**	**106**	**65**	**41**
365	206	159	11	6	5	11	5	6
43	21	22						
1153	839	314	25	13	12	7	4	3
523	310	213	395	215	180	8	4	4
1261	768	493	267	140	127	65	42	23
1718	1044	674	25	11	14	13	8	5
53	34	19	5	3	2	2	2	
19414	**12577**	**6837**	**56**	**30**	**26**	**27**	**7**	**20**
6419	4237	2182	14	7	7	5	1	4
2497	1624	873	9	5	4	6	1	5
10135	6469	3666	26	13	13	11	3	8
363	247	116	7	5	2	5	2	3

1－2c 续表 1

地区	人口数			居住本乡、镇、街道，户口在本乡、镇、街道		
	合计	男	女	小计	男	女
江门市	**130070**	**68003**	**62067**	**107265**	**54594**	**52671**
蓬江区	2564	1292	1272	2398	1198	1200
江海区						
新会区	25411	13468	11943	19566	9938	9628
台山市	40407	20850	19557	35307	18091	17216
开平市	26193	13427	12766	21814	10929	10885
鹤山市	17608	9444	8164	13533	6884	6649
恩平市	17887	9522	8365	14647	7554	7093
湛江市	**317894**	**166385**	**151509**	**302417**	**158908**	**143509**
赤坎区	790	402	388	736	375	361
霞山区	3031	1590	1441	2792	1452	1340
坡头区	18129	9736	8393	17611	9469	8142
麻章区	27082	14244	12838	25379	13366	12013
遂溪县	45725	24022	21703	44471	23448	21023
徐闻县	34460	17966	16494	32255	16830	15425
廉江市	71720	38057	33663	68007	36465	31542
雷州市	72052	37493	34559	68600	35703	32897
吴川市	44905	22875	22030	42566	21800	20766
茂名市	**307873**	**160677**	**147196**	**292210**	**153197**	**139013**
茂南区	31869	16925	14944	29386	15761	13625
电白区	78287	41477	36810	73766	39197	34569
高州市	75748	39112	36636	72936	37718	35218
化州市	70760	36945	33815	67026	35223	31803
信宜市	51209	26218	24991	49096	25298	23798
肇庆市	**175913**	**90431**	**85482**	**167480**	**85335**	**82145**
端州区						
鼎湖区	4520	2297	2223	4289	2143	2146
高要区	41069	21488	19581	39511	20521	18990
广宁县	19219	9957	9262	18529	9538	8991
怀集县	50320	25011	25309	49564	24629	24935
封开县	21918	11197	10721	21108	10732	10376
德庆县	23464	12079	11385	22910	11793	11117
四会市	15403	8402	7001	11569	5979	5590
惠州市	**157161**	**85833**	**71328**	**109794**	**56680**	**53114**
惠城区	31946	17667	14279	20090	10225	9865
惠阳区	25246	14433	10813	10812	5500	5312
博罗县	45492	24462	21030	34277	17641	16636
惠东县	39042	21188	17854	30575	16050	14525
龙门县	15435	8083	7352	14040	7264	6776
梅州市	**154392**	**77540**	**76852**	**146374**	**73331**	**73043**
梅江区	3121	1576	1545	2634	1302	1332
梅县区	22858	11538	11320	21525	10822	10703
大埔县	14318	7454	6864	13444	6946	6498
丰顺县	17221	8860	8361	16490	8479	8011
五华县	46997	23045	23952	45542	22296	23246
平远县	8739	4386	4353	8039	4009	4030
蕉岭县	8007	4153	3854	7042	3634	3408
兴宁市	33131	16528	16603	31658	15843	15815

单位：人

居住本乡、镇、街道，户口在外乡、镇、街道，离开户口登记地半年以上			居住本乡、镇、街道，户口待定			原住本乡、镇、街道，现在港澳台或国外工作学习		
小计	男	女	小计	男	女	小计	男	女
18764	**11289**	**7475**	**280**	**140**	**140**	**3761**	**1980**	**1781**
143	83	60	1	1		22	10	12
5638	3416	2222	21	13	8	186	101	85
2861	1653	1208	93	45	48	2146	1061	1085
3997	2289	1708	49	23	26	333	186	147
3816	2425	1391	27	16	11	232	119	113
2309	1423	886	89	42	47	842	503	339
11793	**5676**	**6117**	**3285**	**1527**	**1758**	**399**	**274**	**125**
47	25	22	5	1	4	2	1	1
219	125	94	17	11	6	3	2	1
360	183	177	127	60	67	31	24	7
1483	752	731	193	108	85	27	18	9
820	360	460	373	169	204	61	45	16
1828	932	896	340	182	158	37	22	15
2904	1228	1676	713	306	407	96	58	38
2501	1319	1182	891	431	460	60	40	20
1631	752	879	626	259	367	82	64	18
10955	**5256**	**5699**	**4346**	**1984**	**2362**	**362**	**240**	**122**
2278	1085	1193	182	65	117	23	14	9
3532	1787	1745	879	417	462	110	76	34
1511	785	726	1237	571	666	64	38	26
2356	1076	1280	1292	593	699	86	53	33
1278	523	755	756	338	418	79	59	20
7283	**4530**	**2753**	**970**	**456**	**514**	**180**	**110**	**70**
224	148	76	3	3		4	3	1
1414	902	512	73	29	44	71	36	35
600	368	232	61	28	33	29	23	6
323	177	146	402	184	218	31	21	10
660	390	270	136	66	70	14	9	5
283	148	135	258	129	129	13	9	4
3779	2397	1382	37	17	20	18	9	9
46756	**28832**	**17924**	**499**	**272**	**227**	**112**	**49**	**63**
11751	7387	4364	89	46	43	16	9	7
14341	8887	5454	79	43	36	14	3	11
11056	6730	4326	121	71	50	38	20	18
8271	5038	3233	161	89	72	35	11	24
1337	790	547	49	23	26	9	6	3
7298	**3829**	**3469**	**554**	**291**	**263**	**166**	**89**	**77**
479	272	207	4	2	2	4		4
1275	690	585	21	9	12	37	17	20
827	488	339	21	9	12	26	11	15
652	331	321	64	37	27	15	13	2
1191	606	585	230	119	111	34	24	10
659	356	303	36	19	17	5	2	3
942	508	434	18	8	10	5	3	2
1273	578	695	160	88	72	40	19	21

1–2c 续表 2

地　　区	人口数			居住本乡、镇、街道，户口在本乡、镇、街道		
	合计	男	女	小计	男	女
汕尾市	**99680**	**51592**	**48088**	**91478**	**46912**	**44566**
城　区	9026	4744	4282	7716	3922	3794
海丰县	21261	11430	9831	17024	8975	8049
陆河县	9945	5083	4862	9257	4714	4543
陆丰市	59448	30335	29113	57481	29301	28180
河源市	**123871**	**63593**	**60278**	**107261**	**54589**	**52672**
源城区	4080	2219	1861	2356	1217	1139
紫金县	30467	15588	14879	28628	14549	14079
龙川县	33718	17238	16480	28064	14248	13816
连平县	14950	7520	7430	13539	6742	6797
和平县	19650	9972	9678	18233	9212	9021
东源县	21006	11056	9950	16441	8621	7820
阳江市	**94914**	**51130**	**43784**	**84679**	**45081**	**39598**
江城区	15718	8574	7144	13198	6944	6254
阳东区	17785	9817	7968	14240	7705	6535
阳西县	19641	10794	8847	18278	9992	8286
阳春市	41770	21945	19825	38963	20440	18523
清远市	**147196**	**77947**	**69249**	**128227**	**66998**	**61229**
清城区	17226	9661	7565	11663	6073	5590
清新区	27065	14343	12722	22357	11761	10596
佛冈县	15972	8465	7507	14126	7369	6757
阳山县	16077	8378	7699	15378	8000	7378
连山壮族瑶族自治县	5019	2606	2413	4791	2483	2308
连南瑶族自治县	6864	3520	3344	6709	3445	3264
英德市	43584	22992	20592	38297	20164	18133
连州市	15389	7982	7407	14906	7703	7203
东莞市	**85388**	**50771**	**34617**	**23953**	**12243**	**11710**
市辖区	85388	50771	34617	23953	12243	11710
中山市	**53549**	**29084**	**24465**	**30317**	**15465**	**14852**
市辖区	53549	29084	24465	30317	15465	14852
潮州市	**86127**	**43881**	**42246**	**83017**	**42197**	**40820**
湘桥区	6365	3230	3135	6022	3085	2937
潮安区	39756	20292	19464	37711	19144	18567
饶平县	40006	20359	19647	39284	19968	19316
揭阳市	**279575**	**142887**	**136688**	**276684**	**141323**	**135361**
榕城区	20777	10600	10177	20560	10452	10108
揭东区	44860	23077	21783	44368	22796	21572
揭西县	42375	21519	20856	41769	21203	20566
惠来县	56685	28540	28145	56218	28305	27913
普宁市	114878	59151	55727	113769	58567	55202
云浮市	**108953**	**56437**	**52516**	**104212**	**53871**	**50341**
云城区	8255	4394	3861	7910	4187	3723
云安区	13724	7149	6575	13118	6781	6337
新兴县	21672	11112	10560	20280	10283	9997
郁南县	16046	8433	7613	15341	8057	7284
罗定市	49256	25349	23907	47563	24563	23000

单位：人

居住本乡、镇、街道，户口在外乡、镇、街道，离开户口登记地半年以上			居住本乡、镇、街道，户口待定			原住本乡、镇、街道，现在港澳台或国外工作学习		
小计	男	女	小计	男	女	小计	男	女
7527	**4359**	**3168**	**594**	**279**	**315**	**81**	**42**	**39**
1275	801	474	23	14	9	12	7	5
4128	2411	1717	85	35	50	24	9	15
627	338	289	50	23	27	11	8	3
1497	809	688	436	207	229	34	18	16
15898	**8654**	**7244**	**585**	**288**	**297**	**127**	**62**	**65**
1700	991	709	18	10	8	6	1	5
1679	967	712	122	54	68	38	18	20
5543	2940	2603	82	37	45	29	13	16
1329	728	601	64	38	26	18	12	6
1263	685	578	135	64	71	19	11	8
4384	2343	2041	164	85	79	17	7	10
9717	**5794**	**3923**	**367**	**146**	**221**	**151**	**109**	**42**
2459	1593	866	44	22	22	17	15	2
3498	2088	1410	34	17	17	13	7	6
1239	726	513	63	25	38	61	51	10
2521	1387	1134	226	82	144	60	36	24
17962	**10480**	**7482**	**819**	**362**	**457**	**188**	**107**	**81**
5509	3564	1945	38	17	21	16	7	9
4555	2505	2050	112	50	62	41	27	14
1725	1045	680	108	46	62	13	5	8
584	322	262	90	36	54	25	20	5
194	103	91	31	18	13	3	2	1
95	43	52	57	31	26	3	1	2
4876	2649	2227	340	144	196	71	35	36
424	249	175	43	20	23	16	10	6
61225	**38411**	**22814**	**198**	**110**	**88**	**12**	**7**	**5**
61225	38411	22814	198	110	88	12	7	5
23022	**13529**	**9493**	**114**	**53**	**61**	**96**	**37**	**59**
23022	13529	9493	114	53	61	96	37	59
2831	**1535**	**1296**	**198**	**96**	**102**	**81**	**53**	**28**
295	114	181	9	1	8	39	30	9
1937	1096	841	90	40	50	18	12	6
599	325	274	99	55	44	24	11	13
1589	**865**	**724**	**1199**	**640**	**559**	**103**	**59**	**44**
196	137	59	16	8	8	5	3	2
256	150	106	216	119	97	20	12	8
288	156	132	301	153	148	17	7	10
118	38	80	327	181	146	22	16	6
731	384	347	339	179	160	39	21	18
3918	**2208**	**1710**	**655**	**253**	**402**	**168**	**105**	**63**
319	198	121	19	5	14	7	4	3
505	317	188	91	44	47	10	7	3
1286	782	504	66	24	42	40	23	17
578	314	264	95	45	50	32	17	15
1230	597	633	384	135	249	79	54	25

1-3 各地区分年龄、性别的人口

单位：人

地 区	合计			0岁			1-4岁		
	合计	男	女	小计	男	女	小计	男	女
广 东	**11946820**	**6345132**	**5601688**	**104910**	**56042**	**48868**	**595049**	**318342**	**276707**
广州市	**1733907**	**915821**	**818086**	**11903**	**6308**	**5595**	**72687**	**38932**	**33755**
荔湾区	93831	47021	46810	617	323	294	3446	1871	1575
越秀区	98149	47927	50222	653	326	327	3661	1982	1679
海珠区	175680	88955	86725	879	477	402	5256	2788	2468
天河区	216226	114005	102221	1043	554	489	6796	3658	3138
白云区	352421	188877	163544	2106	1103	1003	13004	6859	6145
黄埔区	122042	68015	54027	1100	573	527	6493	3518	2975
番禺区	249871	132556	117315	1512	826	686	9611	5105	4506
花都区	156873	84018	72855	1189	623	566	8059	4366	3693
南沙区	81479	45670	35809	720	380	340	4176	2213	1963
从化区	56761	29521	27240	653	343	310	3865	2078	1787
增城区	130574	69256	61318	1431	780	651	8320	4494	3826
韶关市	**261764**	**132008**	**129756**	**2785**	**1478**	**1307**	**15190**	**8132**	**7058**
武江区	34465	17213	17252	308	165	143	1821	978	843
浈江区	33715	16968	16747	231	121	110	1554	851	703
曲江区	27138	13989	13149	241	127	114	1446	783	663
始兴县	17799	8753	9046	211	114	97	1095	593	502
仁化县	17129	8683	8446	211	103	108	997	508	489
翁源县	28586	14449	14137	410	212	198	2031	1083	948
乳源瑶族自治县	17067	8712	8355	216	133	83	1144	590	554
新丰县	16171	8345	7826	191	103	88	936	522	414
乐昌市	33541	16762	16779	398	195	203	2089	1126	963
南雄市	36153	18134	18019	368	205	163	2077	1098	979
深圳市	**1833301**	**1013087**	**820214**	**12597**	**6741**	**5856**	**80569**	**42773**	**37796**
罗湖区	114707	58152	56555	873	460	413	5172	2794	2378
福田区	156329	80913	75416	1088	604	484	6896	3660	3236
南山区	183839	98305	85534	1262	654	608	7398	3939	3459
宝安区	474336	268553	205783	3081	1675	1406	19215	10133	9082
龙岗区	435339	237885	197454	3150	1680	1470	21305	11391	9914
盐田区	21847	11898	9949	169	84	85	922	500	422
龙华区	272160	154916	117244	1912	1009	903	12432	6594	5838
坪山区	58164	33700	24464	368	212	156	2636	1386	1250
光明区	116580	68765	47815	694	363	331	4593	2376	2217
珠海市	**235234**	**126581**	**108653**	**1840**	**971**	**869**	**10933**	**5828**	**5105**
香洲区	134840	71643	63197	930	488	442	5735	3045	2690
斗门区	57537	31097	26440	571	310	261	3223	1673	1550
金湾区	42857	23841	19016	339	173	166	1975	1110	865
汕头市	**527330**	**264318**	**263012**	**5331**	**2803**	**2528**	**28640**	**15074**	**13566**
龙湖区	58723	29502	29221	410	228	182	2751	1452	1299
金平区	72234	35250	36984	608	297	311	2961	1501	1460
濠江区	25868	13107	12761	239	129	110	1328	678	650
潮阳区	155877	78057	77820	1916	1039	877	9872	5203	4669
潮南区	128905	65259	63646	1535	791	744	7829	4180	3649
澄海区	80155	40342	39813	567	294	273	3640	1917	1723
南澳县	5568	2801	2767	56	25	31	259	143	116
佛山市	**925502**	**504615**	**420887**	**6526**	**3460**	**3066**	**40475**	**21718**	**18757**
禅城区	128727	68032	60695	954	519	435	5344	2893	2451
南海区	364007	199547	164460	2588	1335	1253	16205	8711	7494
顺德区	316297	172993	143304	1978	1045	933	13216	6942	6274
三水区	75975	41809	34166	636	350	286	3539	1934	1605
高明区	40496	22234	18262	370	211	159	2171	1238	933

1-3　续表 1　　　　单位：人

地　区	合计			0岁			1-4岁		
	合计	男	女	小计	男	女	小计	男	女
江门市	**421617**	**217695**	**203922**	**3220**	**1708**	**1512**	**19353**	**10100**	**9253**
蓬江区	76789	39135	37654	598	308	290	3857	1992	1865
江海区	33832	17734	16098	249	148	101	1637	857	780
新会区	78606	40527	38079	575	294	281	3658	1938	1720
台山市	80577	41437	39140	606	329	277	3461	1820	1641
开平市	63507	32283	31224	464	230	234	2798	1453	1345
鹤山市	47960	25329	22631	340	181	159	2139	1104	1035
恩平市	40346	21250	19096	388	218	170	1803	936	867
湛江市	**603455**	**312764**	**290691**	**8622**	**4631**	**3991**	**42439**	**22647**	**19792**
赤坎区	35505	17578	17927	298	163	135	2051	1133	918
霞山区	59746	30281	29465	556	298	258	3484	1864	1620
坡头区	32362	17052	15310	478	260	218	2430	1275	1155
麻章区	47398	25022	22376	611	333	278	3011	1621	1390
遂溪县	71545	37246	34299	1151	615	536	5088	2652	2436
徐闻县	55727	28868	26859	821	442	379	4000	2157	1843
廉江市	111604	58714	52890	1883	1006	877	8392	4511	3881
雷州市	109439	57048	52391	1561	842	719	8168	4364	3804
吴川市	80129	40955	39174	1263	672	591	5815	3070	2745
茂名市	**557985**	**289912**	**268073**	**7840**	**4220**	**3620**	**37782**	**20642**	**17140**
茂南区	98767	51604	47163	1041	564	477	5957	3288	2669
电白区	132619	69613	63006	1957	1092	865	9455	5123	4332
高州市	122363	63133	59230	1648	891	757	7734	4261	3473
化州市	114776	59914	54862	1881	972	909	8110	4414	3696
信宜市	89460	45648	43812	1313	701	612	6526	3556	2970
肇庆市	**366915**	**190438**	**176477**	**4017**	**2219**	**1798**	**20005**	**11049**	**8956**
端州区	51657	26279	25378	509	264	245	2717	1488	1229
鼎湖区	17916	9459	8457	227	126	101	1048	594	454
高要区	65669	34687	30982	665	369	296	3333	1826	1507
广宁县	33784	17291	16493	385	218	167	1723	967	756
怀集县	71860	36220	35640	1030	573	457	4999	2788	2211
封开县	34314	17582	16732	381	203	178	2009	1086	923
德庆县	34169	17572	16597	369	207	162	1688	909	779
四会市	57546	31348	26198	451	259	192	2488	1391	1097
惠州市	**576125**	**311242**	**264883**	**5067**	**2751**	**2316**	**29724**	**15824**	**13900**
惠城区	196063	103895	92168	1796	988	808	10699	5659	5040
惠阳区	139212	79169	60043	1040	577	463	6204	3296	2908
博罗县	112455	60494	51961	929	511	418	5556	3036	2520
惠东县	100744	53518	47226	975	506	469	5566	2947	2619
龙门县	27651	14166	13485	327	169	158	1699	886	813
梅州市	**335392**	**166917**	**168475**	**3865**	**2093**	**1772**	**19908**	**10539**	**9369**
梅江区	38726	19077	19649	326	167	159	1941	1048	893
梅县区	50557	25096	25461	420	214	206	2828	1541	1287
大埔县	29099	14665	14434	295	158	137	1529	794	735
丰顺县	39822	20376	19446	472	266	206	2242	1197	1045
五华县	77687	38406	39281	1294	706	588	5879	3112	2767
平远县	18028	8887	9141	169	90	79	933	480	453
蕉岭县	17749	8896	8853	180	92	88	902	487	415
兴宁市	63724	31514	32210	709	400	309	3654	1880	1774

1-3 续表 2

单位：人

地区	合计			0岁			1-4岁		
	合计	男	女	小计	男	女	小计	男	女
汕尾市	**239493**	**123773**	**115720**	**2673**	**1448**	**1225**	**14549**	**7745**	**6804**
城　区	38286	19788	18498	346	178	168	1992	1066	926
海丰县	71546	37596	33950	653	343	310	4121	2160	1961
陆河县	22094	11252	10842	314	184	130	1520	817	703
陆丰市	107567	55137	52430	1360	743	617	6916	3702	3214
河源市	**253924**	**128752**	**125172**	**2753**	**1461**	**1292**	**14728**	**7916**	**6812**
源城区	65160	33304	31856	597	320	277	3788	2128	1660
紫金县	50564	25673	24891	596	287	309	3164	1677	1487
龙川县	52997	26545	26452	576	326	250	3010	1612	1398
连平县	24850	12454	12396	295	159	136	1488	803	685
和平县	30587	15238	15349	352	189	163	1839	969	870
东源县	29766	15538	14228	337	180	157	1439	727	712
阳江市	**221917**	**116279**	**105638**	**2226**	**1166**	**1060**	**12627**	**6734**	**5893**
江城区	70613	36639	33974	566	294	272	3669	1936	1733
阳东区	40505	21806	18699	346	174	172	2089	1115	974
阳西县	37257	19929	17328	375	196	179	2196	1203	993
阳春市	73542	37905	35637	939	502	437	4673	2480	2193
清远市	**351716**	**181229**	**170487**	**4236**	**2248**	**1988**	**22387**	**12065**	**10322**
清城区	106291	55388	50903	1048	583	465	6349	3483	2866
清新区	54476	28291	26185	642	338	304	3290	1856	1434
佛冈县	29266	15197	14069	338	185	153	1737	909	828
阳山县	29421	14951	14470	439	215	224	2314	1260	1054
连山壮族瑶族自治县	8693	4420	4273	139	68	71	614	315	299
连南瑶族自治县	12464	6234	6230	161	78	83	814	394	420
英德市	79916	41121	38795	1109	580	529	5437	2900	2537
连州市	31189	15627	15562	360	201	159	1832	948	884
东莞市	**1084676**	**615126**	**469550**	**4335**	**2299**	**2036**	**34726**	**18877**	**15849**
市辖区	1084676	615126	469550	4335	2299	2036	34726	18877	15849
中山市	**410228**	**221157**	**189071**	**2890**	**1534**	**1356**	**18578**	**9921**	**8657**
市辖区	410228	221157	189071	2890	1534	1356	18578	9921	8657
潮州市	**239141**	**120868**	**118273**	**2228**	**1194**	**1034**	**11488**	**6064**	**5424**
湘桥区	51692	25650	26042	417	212	205	2309	1214	1095
潮安区	109091	55567	53524	1082	575	507	5444	2856	2588
饶平县	78358	39651	38707	729	407	322	3735	1994	1741
揭阳市	**562643**	**287228**	**275415**	**7412**	**3928**	**3484**	**35572**	**18840**	**16732**
榕城区	93527	47695	45832	943	510	433	5434	2888	2546
揭东区	96978	49668	47310	1315	679	636	5388	2826	2562
揭西县	61272	31135	30137	1140	597	543	3518	1834	1684
惠来县	98438	49573	48865	1302	692	610	7140	3850	3290
普宁市	212428	109157	103271	2712	1450	1262	14092	7442	6650
云浮市	**204555**	**105322**	**99233**	**2544**	**1381**	**1163**	**12689**	**6922**	**5767**
云城区	37088	19432	17656	401	212	189	2355	1339	1016
云安区	19955	10373	9582	267	138	129	1270	678	592
新兴县	39496	20207	19289	454	245	209	2120	1185	935
郁南县	30416	15679	14737	382	200	182	1863	985	878
罗定市	77600	39631	37969	1040	586	454	5081	2735	2346

1-3　续表 3

单位：人

地　区	5-9岁			10-14岁			15-19岁		
	小计	男	女	小计	男	女	小计	男	女
广　东	**777365**	**416878**	**360487**	**642896**	**346339**	**296557**	**642437**	**356855**	**285582**
广州市	**78109**	**42244**	**35865**	**58246**	**31693**	**26553**	**88402**	**48567**	**39835**
荔湾区	3764	2001	1763	2987	1583	1404	4220	2236	1984
越秀区	4655	2451	2204	4014	2170	1844	3813	2059	1754
海珠区	6218	3353	2865	5101	2731	2370	6806	3462	3344
天河区	8068	4324	3744	6454	3385	3069	13427	7255	6172
白云区	13468	7385	6083	10084	5649	4435	20760	11610	9150
黄埔区	6088	3277	2811	3851	2113	1738	4850	2752	2098
番禺区	10238	5434	4804	7657	4119	3538	12865	6989	5876
花都区	8978	4927	4051	6468	3570	2898	8851	4973	3878
南沙区	3847	2132	1715	2653	1414	1239	3193	1858	1335
从化区	4586	2503	2083	3095	1698	1397	2498	1354	1144
增城区	8199	4457	3742	5882	3261	2621	7119	4019	3100
韶关市	**20810**	**11202**	**9608**	**17377**	**9324**	**8053**	**14295**	**7592**	**6703**
武江区	2488	1333	1155	2020	1058	962	2105	1105	1000
浈江区	2041	1078	963	1783	970	813	2736	1516	1220
曲江区	1844	990	854	1846	954	892	1493	795	698
始兴县	1470	808	662	1183	653	530	820	410	410
仁化县	1488	764	724	1217	657	560	651	370	281
翁源县	2664	1462	1202	1897	1013	884	1151	601	550
乳源瑶族自治县	1509	829	680	1167	622	545	886	449	437
新丰县	1407	742	665	1178	661	517	720	369	351
乐昌市	3080	1613	1467	2622	1418	1204	1685	928	757
南雄市	2819	1583	1236	2464	1318	1146	2048	1049	999
深圳市	**95511**	**51737**	**43774**	**69393**	**38385**	**31008**	**71116**	**41781**	**29335**
罗湖区	7005	3775	3230	5717	3115	2602	4673	2568	2105
福田区	8798	4719	4079	6963	3674	3289	6489	3788	2701
南山区	9464	5070	4394	7318	4044	3274	7810	4277	3533
宝安区	21991	11916	10075	16103	8940	7163	17672	10723	6949
龙岗区	24795	13450	11345	17655	9844	7811	16635	9710	6925
盐田区	1268	688	580	1040	576	464	1189	638	551
龙华区	13600	7424	6176	8559	4767	3792	9116	5407	3709
坪山区	3331	1786	1545	2446	1376	1070	2793	1758	1035
光明区	5259	2909	2350	3592	2049	1543	4739	2912	1827
珠海市	**12597**	**6762**	**5835**	**10187**	**5548**	**4639**	**13341**	**7311**	**6030**
香洲区	7012	3738	3274	5766	3105	2661	7636	4126	3510
斗门区	3420	1834	1586	2743	1543	1200	2465	1422	1043
金湾区	2165	1190	975	1678	900	778	3240	1763	1477
汕头市	**42089**	**21754**	**20335**	**37074**	**19246**	**17828**	**32574**	**16771**	**15803**
龙湖区	3907	2002	1905	3361	1767	1594	3343	1688	1655
金平区	3997	2063	1934	3904	2024	1880	3430	1704	1726
濠江区	2053	1065	988	1822	937	885	2347	1320	1027
潮阳区	14483	7557	6926	12164	6369	5795	10574	5389	5185
潮南区	12261	6297	5964	10674	5500	5174	9374	4834	4540
澄海区	5043	2600	2443	4901	2532	2369	3350	1752	1598
南澳县	345	170	175	248	117	131	156	84	72
佛山市	**46438**	**25226**	**21212**	**36072**	**19673**	**16399**	**43737**	**25470**	**18267**
禅城区	5957	3211	2746	4446	2372	2074	5307	2950	2357
南海区	18183	9947	8236	13555	7377	6178	16859	9833	7026
顺德区	16084	8571	7513	12914	7087	5827	16055	9518	6537
三水区	3980	2216	1764	3162	1703	1459	3761	2147	1614
高明区	2234	1281	953	1995	1134	861	1755	1022	733

1-3 续表 4

单位：人

地 区	5-9岁			10-14岁			15-19岁		
	小计	男	女	小计	男	女	小计	男	女
江门市	**23198**	**12376**	**10822**	**20788**	**10996**	**9792**	**22553**	**12163**	**10390**
蓬江区	4367	2358	2009	3835	2073	1762	4741	2688	2053
江海区	1944	1011	933	1582	844	738	2162	1040	1122
新会区	4333	2263	2070	3758	1988	1770	3965	2138	1827
台山市	4026	2122	1904	3746	1903	1843	4002	2113	1889
开平市	3511	1887	1624	3373	1759	1614	3468	1835	1633
鹤山市	2687	1475	1212	2504	1372	1132	2269	1227	1042
恩平市	2330	1260	1070	1990	1057	933	1946	1122	824
湛江市	**57895**	**30922**	**26973**	**45153**	**24590**	**20563**	**32850**	**18526**	**14324**
赤坎区	2715	1431	1284	2161	1228	933	2188	1079	1109
霞山区	4889	2641	2248	3911	2155	1756	3634	2075	1559
坡头区	3275	1760	1515	2059	1155	904	1161	660	501
麻章区	4054	2158	1896	2834	1525	1309	4483	2493	1990
遂溪县	6664	3480	3184	5261	2842	2419	3479	1901	1578
徐闻县	5571	2987	2584	4476	2393	2083	2240	1272	968
廉江市	12121	6530	5591	9363	5169	4194	5712	3249	2463
雷州市	10647	5731	4916	8881	4801	4080	5933	3377	2556
吴川市	7959	4204	3755	6207	3322	2885	4020	2420	1600
茂名市	**55703**	**30101**	**25602**	**47503**	**25903**	**21600**	**40858**	**23391**	**17467**
茂南区	8093	4432	3661	6934	3808	3126	7388	4365	3023
电白区	13372	7299	6073	10751	5867	4884	8808	4959	3849
高州市	11802	6348	5454	10016	5396	4620	10061	5711	4350
化州市	12713	6811	5902	11246	6136	5110	8183	4725	3458
信宜市	9723	5211	4512	8556	4696	3860	6418	3631	2787
肇庆市	**29509**	**16242**	**13267**	**27188**	**14804**	**12384**	**23505**	**12944**	**10561**
端州区	3555	2008	1547	2861	1567	1294	4474	2627	1847
鼎湖区	1373	746	627	963	498	465	1149	624	525
高要区	5020	2895	2125	4612	2588	2024	3837	2214	1623
广宁县	2788	1498	1290	2854	1554	1300	1675	939	736
怀集县	7291	4024	3267	6663	3697	2966	5339	2712	2627
封开县	2994	1554	1440	2845	1488	1357	2143	1133	1010
德庆县	2802	1483	1319	3044	1562	1482	1930	1007	923
四会市	3686	2034	1652	3346	1850	1496	2958	1688	1270
惠州市	**41706**	**22264**	**19442**	**35705**	**19069**	**16636**	**36366**	**20753**	**15613**
惠城区	14165	7526	6639	11813	6273	5540	14640	8389	6251
惠阳区	8116	4313	3803	6610	3577	3033	7329	4280	3049
博罗县	8215	4419	3796	7656	4151	3505	7323	4203	3120
惠东县	8780	4761	4019	7474	3974	3500	5843	3261	2582
龙门县	2430	1245	1185	2152	1094	1058	1231	620	611
梅州市	**28567**	**14866**	**13701**	**26059**	**13606**	**12453**	**19163**	**9791**	**9372**
梅江区	2479	1297	1182	2107	1097	1010	2938	1455	1483
梅县区	3781	1896	1885	3152	1623	1529	2236	1104	1132
大埔县	2313	1211	1102	2402	1254	1148	1729	835	894
丰顺县	3513	1795	1718	3278	1704	1574	2255	1142	1113
五华县	8393	4418	3975	7623	3992	3631	5646	2982	2664
平远县	1258	608	650	1200	645	555	822	411	411
蕉岭县	1247	658	589	1059	533	526	636	311	325
兴宁市	5583	2983	2600	5238	2758	2480	2901	1551	1350

1-3　续表 5　　单位：人

地　　区	5-9岁			10-14岁			15-19岁		
	小计	男	女	小计	男	女	小计	男	女
汕尾市	**21934**	**11478**	**10456**	**19328**	**10087**	**9241**	**15332**	**8041**	**7291**
城　区	2912	1480	1432	2384	1206	1178	2547	1281	1266
海丰县	6256	3343	2913	5305	2834	2471	4151	2295	1856
陆河县	1979	1027	952	1808	942	866	1651	853	798
陆丰市	10787	5628	5159	9831	5105	4726	6983	3612	3371
河源市	**22907**	**12112**	**10795**	**23148**	**12127**	**11021**	**15827**	**8274**	**7553**
源城区	5603	3034	2569	5158	2785	2373	3642	1949	1693
紫金县	4933	2577	2356	5113	2675	2438	3385	1775	1610
龙川县	4885	2592	2293	5180	2640	2540	3321	1783	1538
连平县	2250	1188	1062	2200	1116	1084	1375	729	646
和平县	2877	1517	1360	3082	1606	1476	1767	868	899
东源县	2359	1204	1155	2415	1305	1110	2337	1170	1167
阳江市	**18154**	**9853**	**8301**	**16247**	**8686**	**7561**	**12045**	**6718**	**5327**
江城区	5058	2787	2271	4248	2262	1986	4278	2333	1945
阳东区	3077	1668	1409	2796	1512	1284	2293	1251	1042
阳西县	2967	1570	1397	2683	1482	1201	1909	1136	773
阳春市	7052	3828	3224	6520	3430	3090	3565	1998	1567
清远市	**31196**	**16909**	**14287**	**24638**	**13356**	**11282**	**18035**	**9600**	**8435**
清城区	8395	4616	3779	6536	3643	2893	6737	3680	3057
清新区	4595	2589	2006	4066	2209	1857	2879	1634	1245
佛冈县	2575	1371	1204	2371	1281	1090	1469	770	699
阳山县	2863	1527	1336	2072	1128	944	1134	545	589
连山壮族瑶族自治县	799	420	379	583	328	255	345	166	179
连南瑶族自治县	1310	739	571	1032	585	447	707	373	334
英德市	7831	4151	3680	5744	3053	2691	3291	1733	1558
连州市	2828	1496	1332	2234	1129	1105	1473	699	774
东莞市	**46368**	**25585**	**20783**	**36803**	**20680**	**16123**	**56295**	**33367**	**22928**
市辖区	46368	25585	20783	36803	20680	16123	56295	33367	22928
中山市	**21555**	**11575**	**9980**	**17162**	**9430**	**7732**	**20863**	**11737**	**9126**
市辖区	21555	11575	9980	17162	9430	7732	20863	11737	9126
潮州市	**15619**	**8156**	**7463**	**14882**	**7743**	**7139**	**13150**	**6713**	**6437**
湘桥区	2807	1474	1333	2812	1459	1353	3022	1508	1514
潮安区	7318	3835	3483	6593	3451	3142	5481	2835	2646
饶平县	5494	2847	2647	5477	2833	2644	4647	2370	2277
揭阳市	**48480**	**25384**	**23096**	**43016**	**22373**	**20643**	**39532**	**20474**	**19058**
榕城区	6560	3498	3062	5601	2934	2667	4808	2548	2260
揭东区	7231	3728	3503	6726	3541	3185	5854	3080	2774
揭西县	4904	2503	2401	4525	2373	2152	3864	1997	1867
惠来县	10806	5592	5214	9815	4973	4842	7806	3945	3861
普宁市	18979	10063	8916	16349	8552	7797	17200	8904	8296
云浮市	**19020**	**10130**	**8890**	**16927**	**9020**	**7907**	**12598**	**6871**	**5727**
云城区	3260	1730	1530	2511	1376	1135	1829	1024	805
云安区	1949	1013	936	1488	782	706	1172	643	529
新兴县	2977	1612	1365	2798	1492	1306	2417	1296	1121
郁南县	2953	1555	1398	2462	1330	1132	1440	736	704
罗定市	7881	4220	3661	7668	4040	3628	5740	3172	2568

1-3 续表 6

单位：人

地 区	20-24岁			25-29岁			30-34岁		
	小计	男	女	小计	男	女	小计	男	女
广 东	**904315**	**499028**	**405287**	**1144614**	**624836**	**519778**	**1293437**	**702174**	**591263**
广州市	**175713**	**92611**	**83102**	**194204**	**104458**	**89746**	**211130**	**114556**	**96574**
荔湾区	6218	3264	2954	8193	4165	4028	9123	4674	4449
越秀区	6252	3193	3059	7217	3619	3598	7935	3804	4131
海珠区	13564	6754	6810	17060	8785	8275	20754	10806	9948
天河区	34871	18304	16567	32792	17798	14994	25477	14001	11476
白云区	42885	21767	21118	44406	23668	20738	45939	25496	20443
黄埔区	11509	6640	4869	15536	8782	6754	18594	10672	7922
番禺区	29304	15236	14068	30099	16332	13767	32964	18017	14947
花都区	12135	6539	5596	14715	8007	6708	20282	10908	9374
南沙区	5706	3526	2180	8370	4963	3407	10835	6178	4657
从化区	3568	1936	1632	4221	2267	1954	4867	2507	2360
增城区	9701	5452	4249	11595	6072	5523	14360	7493	6867
韶关市	**9978**	**5279**	**4699**	**12699**	**6322**	**6377**	**16787**	**8140**	**8647**
武江区	1442	719	723	1982	967	1015	2840	1410	1430
浈江区	2396	1170	1226	1735	867	868	2315	1165	1150
曲江区	1313	794	519	1322	698	624	1673	888	785
始兴县	449	228	221	717	354	363	991	458	533
仁化县	406	240	166	705	348	357	1076	492	584
翁源县	773	426	347	1653	791	862	1807	846	961
乳源瑶族自治县	559	283	276	895	449	446	1162	566	596
新丰县	521	294	227	756	410	346	1044	516	528
乐昌市	816	466	350	1162	553	609	1696	735	961
南雄市	1303	659	644	1772	885	887	2183	1064	1119
深圳市	**175075**	**97930**	**77145**	**259397**	**144720**	**114677**	**284223**	**161188**	**123035**
罗湖区	9022	4381	4641	12988	6328	6660	13193	6542	6651
福田区	14060	7655	6405	20398	10602	9796	18640	9700	8940
南山区	18178	9962	8216	24345	13229	11116	22895	12395	10500
宝安区	48522	27832	20690	72972	41903	31069	82238	47636	34602
龙岗区	38658	20951	17707	57454	31177	26277	65023	35968	29055
盐田区	1592	937	655	1974	1074	900	2468	1323	1145
龙华区	29850	16983	12867	45924	26435	19489	49489	29622	19867
坪山区	4587	2822	1765	6992	4167	2825	9339	5398	3941
光明区	10606	6407	4199	16350	9805	6545	20938	12604	8334
珠海市	**21828**	**11827**	**10001**	**22160**	**12465**	**9695**	**27293**	**14993**	**12300**
香洲区	13018	7052	5966	12984	7158	5826	15290	8240	7050
斗门区	3399	1983	1416	5495	3151	2344	6956	3818	3138
金湾区	5411	2792	2619	3681	2156	1525	5047	2935	2112
汕头市	**43688**	**22362**	**21326**	**49016**	**24719**	**24297**	**44068**	**22490**	**21578**
龙湖区	3743	1935	1808	5071	2523	2548	5259	2657	2602
金平区	4060	2043	2017	5485	2699	2786	5807	2891	2916
濠江区	2320	1246	1074	2215	1090	1125	2054	1035	1019
潮阳区	15941	8118	7823	15993	8089	7904	12188	6204	5984
潮南区	12930	6566	6364	13432	6876	6556	10591	5502	5089
澄海区	4521	2366	2155	6464	3251	3213	7720	3975	3745
南澳县	173	88	85	356	191	165	449	226	223
佛山市	**67945**	**39778**	**28167**	**89562**	**50824**	**38738**	**113540**	**62832**	**50708**
禅城区	9519	5156	4363	13207	7180	6027	15860	8503	7357
南海区	27863	16412	11451	36772	20696	16076	47027	25844	21183
顺德区	23046	13799	9247	30281	17593	12688	38709	21826	16883
三水区	5622	3242	2380	6227	3616	2611	7978	4454	3524
高明区	1895	1169	726	3075	1739	1336	3966	2205	1761

1-3　续表 7

单位：人

地　区	20-24岁			25-29岁			30-34岁		
	小计	男	女	小计	男	女	小计	男	女
江门市	**21877**	**12159**	**9718**	**29462**	**15826**	**13636**	**38221**	**19963**	**18258**
蓬江区	5398	2945	2453	5313	2743	2570	7034	3515	3519
江海区	2172	1253	919	2825	1593	1232	3767	2008	1759
新会区	3684	2042	1642	5514	2964	2550	6869	3604	3265
台山市	3375	1826	1549	5332	2867	2465	6810	3576	3234
开平市	3011	1627	1384	4216	2253	1963	5565	2869	2696
鹤山市	2214	1292	922	3309	1789	1520	4631	2478	2153
恩平市	2023	1174	849	2953	1617	1336	3545	1913	1632
湛江市	**34958**	**18947**	**16011**	**40948**	**21543**	**19405**	**46007**	**23422**	**22585**
赤坎区	2861	1188	1673	2405	1180	1225	3264	1587	1677
霞山区	3253	1755	1498	4127	1998	2129	5344	2546	2798
坡头区	1684	987	697	2644	1392	1252	3222	1750	1472
麻章区	5479	2836	2643	3649	2043	1606	3786	2018	1768
遂溪县	3870	2165	1705	4768	2550	2218	4990	2644	2346
徐闻县	2250	1273	977	3497	1875	1622	3911	1989	1922
廉江市	5440	3063	2377	6542	3598	2944	7606	3890	3716
雷州市	5822	3201	2621	7210	3762	3448	7527	3914	3613
吴川市	4299	2479	1820	6106	3145	2961	6357	3084	3273
茂名市	**28881**	**16507**	**12374**	**36928**	**19548**	**17380**	**38996**	**19482**	**19514**
茂南区	6955	3914	3041	7705	4110	3595	8182	4131	4051
电白区	6957	4118	2839	9325	4981	4344	10074	5124	4950
高州市	5528	3137	2391	7700	4040	3660	7684	3798	3886
化州市	5655	3280	2375	7348	3980	3368	7800	3936	3864
信宜市	3786	2058	1728	4850	2437	2413	5256	2493	2763
肇庆市	**19456**	**10771**	**8685**	**23102**	**12117**	**10985**	**27161**	**13885**	**13276**
端州区	2521	1343	1178	3207	1622	1585	4326	2049	2277
鼎湖区	1156	641	515	1431	749	682	1711	901	810
高要区	4294	2465	1829	4654	2487	2167	5042	2675	2367
广宁县	1115	674	441	1407	746	661	1990	930	1060
怀集县	3867	1955	1912	4192	2049	2143	4329	2112	2217
封开县	1539	818	721	1742	912	830	1856	960	896
德庆县	1828	981	847	1943	996	947	2160	1069	1091
四会市	3136	1894	1242	4526	2556	1970	5747	3189	2558
惠州市	**40092**	**23510**	**16582**	**53608**	**29746**	**23862**	**61696**	**33452**	**28244**
惠城区	14820	8437	6383	17777	9563	8214	21056	11022	10034
惠阳区	11425	7271	4154	16283	9734	6549	18914	10948	7966
博罗县	6684	3904	2780	8541	4692	3849	10268	5413	4855
惠东县	6182	3384	2798	9437	4960	4477	9403	5048	4355
龙门县	981	514	467	1570	797	773	2055	1021	1034
梅州市	**12331**	**6188**	**6143**	**17053**	**8279**	**8774**	**20439**	**9830**	**10609**
梅江区	2466	1146	1320	2341	1154	1187	3131	1540	1591
梅县区	1874	905	969	2905	1456	1449	3908	1916	1992
大埔县	768	401	367	1211	586	625	1560	797	763
丰顺县	1642	845	797	1997	1004	993	2323	1184	1139
五华县	3081	1534	1547	4295	1965	2330	4155	1905	2250
平远县	441	234	207	729	353	376	860	380	480
蕉岭县	463	247	216	811	398	413	1094	524	570
兴宁市	1596	876	720	2764	1363	1401	3408	1584	1824

1-3 续表 8

单位：人

地区	20-24岁			25-29岁			30-34岁		
	小计	男	女	小计	男	女	小计	男	女
汕尾市	**16260**	**8727**	**7533**	**20244**	**10513**	**9731**	**18346**	**9521**	**8825**
城　区	2769	1440	1329	3446	1839	1607	3217	1716	1501
海丰县	4176	2380	1796	6302	3294	3008	6378	3292	3086
陆河县	1362	706	656	1622	785	837	1486	758	728
陆丰市	7953	4201	3752	8874	4595	4279	7265	3755	3510
河源市	**9628**	**5059**	**4569**	**13871**	**6976**	**6895**	**16585**	**7933**	**8652**
源城区	3483	1866	1617	5015	2539	2476	6085	2947	3138
紫金县	1973	1076	897	2549	1309	1240	2806	1336	1470
龙川县	1568	803	765	2380	1199	1181	2950	1367	1583
连平县	748	370	378	1014	465	549	1382	651	731
和平县	691	360	331	1201	557	644	1592	724	868
东源县	1165	584	581	1712	907	805	1770	908	862
阳江市	**9395**	**5425**	**3970**	**14359**	**7820**	**6539**	**16295**	**8502**	**7793**
江城区	3790	2173	1617	5302	2825	2477	6023	3151	2872
阳东区	1907	1117	790	3012	1741	1271	3337	1824	1513
阳西县	1730	1056	674	2705	1535	1170	2692	1441	1251
阳春市	1968	1079	889	3340	1719	1621	4243	2086	2157
清远市	**14845**	**8116**	**6729**	**21187**	**10952**	**10235**	**27373**	**13604**	**13769**
清城区	6284	3536	2748	7741	3985	3756	10282	5168	5114
清新区	2259	1280	979	3505	1841	1664	4398	2232	2166
佛冈县	1200	656	544	1932	1083	849	2339	1179	1160
阳山县	946	503	443	1355	707	648	1769	842	927
连山壮族瑶族自治县	309	155	154	455	220	235	569	274	295
连南瑶族自治县	476	233	243	632	301	331	709	330	379
英德市	2740	1416	1324	4438	2258	2180	5486	2730	2756
连州市	631	337	294	1129	557	572	1821	849	972
东莞市	**98321**	**58064**	**40257**	**122132**	**71786**	**50346**	**160554**	**92149**	**68405**
市辖区	98321	58064	40257	122132	71786	50346	160554	92149	68405
中山市	**29813**	**16984**	**12829**	**38336**	**21346**	**16990**	**51480**	**28168**	**23312**
市辖区	29813	16984	12829	38336	21346	16990	51480	28168	23312
潮州市	**14596**	**7329**	**7267**	**17907**	**9366**	**8541**	**17656**	**9175**	**8481**
湘桥区	3238	1449	1789	3594	1840	1754	3834	1920	1914
潮安区	6986	3624	3362	9332	4910	4422	8849	4653	4196
饶平县	4372	2256	2116	4981	2616	2365	4973	2602	2371
揭阳市	**51217**	**26678**	**24539**	**56182**	**29108**	**27074**	**41941**	**22015**	**19926**
榕城区	7467	4032	3435	10184	5240	4944	7745	4065	3680
揭东区	7860	4220	3640	9525	4939	4586	7768	4062	3706
揭西县	4868	2513	2355	5004	2607	2397	3787	1954	1833
惠来县	8975	4488	4487	8231	4291	3940	6206	3164	3042
普宁市	22047	11425	10622	23238	12031	11207	16435	8770	7665
云浮市	**8418**	**4777**	**3641**	**12257**	**6402**	**5855**	**13646**	**6874**	**6772**
云城区	1588	926	662	2845	1493	1352	3275	1687	1588
云安区	1020	584	436	1310	701	609	1215	650	565
新兴县	1770	996	774	2620	1348	1272	2761	1345	1416
郁南县	941	532	409	1515	770	745	1859	986	873
罗定市	3099	1739	1360	3967	2090	1877	4536	2206	2330

1–3　续表 9

单位：人

地　　区	35–39岁			40–44岁			45–49岁		
	小计	男	女	小计	男	女	小计	男	女
广　东	**1080545**	**584322**	**496223**	**869403**	**466728**	**402675**	**937933**	**492908**	**445025**
广州市	**168483**	**90815**	**77668**	**132272**	**70649**	**61623**	**140019**	**74575**	**65444**
荔湾区	8062	4081	3981	6390	3158	3232	6900	3408	3492
越秀区	8227	3782	4445	7498	3471	4027	8061	3949	4112
海珠区	16880	8694	8186	14202	7137	7065	14929	7647	7282
天河区	18063	9565	8498	14354	7413	6941	14990	7806	7184
白云区	34666	19377	15289	27085	14872	12213	29337	15783	13554
黄埔区	13190	7599	5591	8928	5145	3783	9281	5264	4017
番禺区	26424	14382	12042	20439	11090	9349	21140	11428	9712
花都区	17698	9606	8092	12983	7141	5842	12692	6948	5744
南沙区	8159	4680	3479	6582	3859	2723	7844	4497	3347
从化区	4665	2402	2263	4144	2149	1995	4447	2297	2150
增城区	12449	6647	5802	9667	5214	4453	10398	5548	4850
韶关市	**16902**	**8156**	**8746**	**17164**	**8552**	**8612**	**21751**	**10806**	**10945**
武江区	2715	1271	1444	2661	1304	1357	3098	1504	1594
浈江区	2267	1084	1183	2246	1138	1108	2675	1348	1327
曲江区	1807	883	924	1903	961	942	2481	1264	1217
始兴县	1101	518	583	1094	525	569	1561	711	850
仁化县	1040	517	523	1072	545	527	1474	770	704
翁源县	1654	812	842	1509	734	775	2264	1077	1187
乳源瑶族自治县	1241	603	638	1259	657	602	1304	698	606
新丰县	1136	580	556	1038	520	518	1134	583	551
乐昌市	1838	863	975	2118	1033	1085	2685	1332	1353
南雄市	2103	1025	1078	2264	1135	1129	3075	1519	1556
深圳市	**212484**	**120380**	**92104**	**150299**	**84714**	**65585**	**141262**	**78327**	**62935**
罗湖区	11898	5855	6043	9782	5049	4733	9787	5089	4698
福田区	15433	7704	7729	12525	6392	6133	12649	6501	6148
南山区	19351	10347	9004	15404	8256	7148	15097	8353	6744
宝安区	58138	33948	24190	39561	22819	16742	35398	19925	15473
龙岗区	50949	28645	22304	36488	20674	15814	35189	19390	15799
盐田区	2313	1280	1033	2003	1107	896	2150	1184	966
龙华区	32464	19396	13068	19334	11335	7999	16510	9353	7157
坪山区	7218	4199	3019	5072	3000	2072	4937	2889	2048
光明区	14720	9006	5714	10130	6082	4048	9545	5643	3902
珠海市	**22984**	**12393**	**10591**	**18088**	**9782**	**8306**	**20443**	**10988**	**9455**
香洲区	12978	6771	6207	10776	5644	5132	12308	6522	5786
斗门区	5839	3224	2615	4213	2341	1872	4662	2451	2211
金湾区	4167	2398	1769	3099	1797	1302	3473	2015	1458
汕头市	**37089**	**18625**	**18464**	**29274**	**14338**	**14936**	**34805**	**16881**	**17924**
龙湖区	4828	2401	2427	4185	2025	2160	5127	2525	2602
金平区	5141	2502	2639	4671	2169	2502	5699	2741	2958
濠江区	1831	923	908	1404	713	691	1611	776	835
潮阳区	9597	4734	4863	7106	3373	3733	8864	4134	4730
潮南区	8589	4446	4143	6122	3075	3047	7050	3478	3572
澄海区	6745	3429	3316	5449	2814	2635	6014	3017	2997
南澳县	358	190	168	337	169	168	440	210	230
佛山市	**98251**	**53879**	**44372**	**80691**	**44479**	**36212**	**88394**	**48486**	**39908**
禅城区	13202	7070	6132	10429	5543	4886	11838	6359	5479
南海区	39869	21898	17971	31677	17627	14050	34543	19049	15494
顺德区	34002	18750	15252	28465	15710	12755	30417	16634	13783
三水区	7138	4000	3138	6337	3579	2758	7684	4286	3398
高明区	4040	2161	1879	3783	2020	1763	3912	2158	1754

1-3 续表 10

单位：人

地 区	35-39岁			40-44岁			45-49岁		
	小计	男	女	小计	男	女	小计	男	女
江门市	**34151**	**17741**	**16410**	**31183**	**16259**	**14924**	**36207**	**18424**	**17783**
蓬江区	6697	3276	3421	6206	3185	3021	6645	3396	3249
江海区	3309	1784	1525	2736	1462	1274	3019	1589	1430
新会区	6325	3348	2977	5477	2893	2584	7083	3597	3486
台山市	5679	2960	2719	5513	2833	2680	6646	3247	3399
开平市	4782	2427	2355	4248	2167	2081	5237	2656	2581
鹤山市	4555	2404	2151	4319	2296	2023	4457	2370	2087
恩平市	2804	1542	1262	2684	1423	1261	3120	1569	1551
湛江市	**39077**	**20162**	**18915**	**33779**	**17306**	**16473**	**37247**	**18404**	**18843**
赤坎区	2917	1389	1528	2490	1196	1294	2701	1336	1365
霞山区	4864	2323	2541	4595	2195	2400	4834	2392	2442
坡头区	2503	1345	1158	1755	960	795	1697	830	867
麻章区	3052	1673	1379	2426	1297	1129	2365	1206	1159
遂溪县	4305	2280	2025	3771	1965	1806	4282	2150	2132
徐闻县	3666	1863	1803	3197	1659	1538	3835	1926	1909
廉江市	6251	3343	2908	5539	2928	2611	5925	2873	3052
雷州市	6537	3455	3082	5811	2941	2870	6934	3468	3466
吴川市	4982	2491	2491	4195	2165	2030	4674	2223	2451
茂名市	**32520**	**16484**	**16036**	**28647**	**14258**	**14389**	**33652**	**15968**	**17684**
茂南区	6700	3423	3277	6147	3056	3091	7095	3513	3582
电白区	8813	4688	4125	7314	3785	3529	7578	3637	3941
高州市	6177	3045	3132	5370	2565	2805	7379	3372	4007
化州市	6413	3248	3165	5489	2791	2698	6317	3030	3287
信宜市	4417	2080	2337	4327	2061	2266	5283	2416	2867
肇庆市	**26142**	**13612**	**12530**	**22517**	**11574**	**10943**	**27911**	**14282**	**13629**
端州区	4313	2060	2253	3862	1863	1999	4696	2289	2407
鼎湖区	1369	753	616	1076	603	473	1274	703	571
高要区	4714	2541	2173	3693	1929	1764	4904	2579	2325
广宁县	2308	1189	1119	1843	914	929	2432	1201	1231
怀集县	4174	2139	2035	3726	1852	1874	4737	2280	2457
封开县	1752	898	854	1729	867	862	2383	1245	1138
德庆县	2208	1113	1095	2043	1027	1016	2511	1280	1231
四会市	5304	2919	2385	4545	2519	2026	4974	2705	2269
惠州市	**54568**	**29467**	**25101**	**43893**	**24056**	**19837**	**46220**	**24818**	**21402**
惠城区	18752	9825	8927	14797	7863	6934	15231	8012	7219
惠阳区	14873	8440	6433	11617	6670	4947	11799	6634	5165
博罗县	10198	5439	4759	9231	5032	4199	9598	5140	4458
惠东县	8507	4630	3877	6539	3586	2953	7582	3960	3622
龙门县	2238	1133	1105	1709	905	804	2010	1072	938
梅州市	**20416**	**9803**	**10613**	**17853**	**8403**	**9450**	**24224**	**11539**	**12685**
梅江区	2795	1329	1466	2454	1192	1262	3070	1473	1597
梅县区	3436	1735	1701	2868	1344	1524	3724	1735	1989
大埔县	1514	766	748	1666	813	853	1880	920	960
丰顺县	2666	1351	1315	2160	1055	1105	2715	1378	1337
五华县	4082	1891	2191	3260	1518	1742	4723	2211	2512
平远县	1014	472	542	1034	475	559	1664	802	862
蕉岭县	1120	540	580	1112	508	604	1564	729	835
兴宁市	3789	1719	2070	3299	1498	1801	4884	2291	2593

1-3 续表 11

单位：人

地区	35-39岁			40-44岁			45-49岁		
	小计	男	女	小计	男	女	小计	男	女
汕尾市	**16710**	**8704**	**8006**	**12472**	**6366**	**6106**	**15855**	**7658**	**8197**
城　区	3045	1646	1399	2136	1123	1013	2752	1374	1378
海丰县	5880	3150	2730	4027	2115	1912	5271	2626	2645
陆河县	1328	642	686	1038	491	547	1491	683	808
陆丰市	6457	3266	3191	5271	2637	2634	6341	2975	3366
河源市	**18565**	**9003**	**9562**	**16436**	**8238**	**8198**	**18612**	**9252**	**9360**
源城区	6261	3089	3172	5080	2528	2552	5309	2679	2630
紫金县	3213	1554	1659	2897	1498	1399	3488	1733	1755
龙川县	3517	1672	1845	3279	1580	1699	3521	1676	1845
连平县	1645	806	839	1565	780	785	1737	846	891
和平县	1883	839	1044	1807	911	896	2129	1063	1066
东源县	2046	1043	1003	1808	941	867	2428	1255	1173
阳江市	**15236**	**7982**	**7254**	**15138**	**7729**	**7409**	**17137**	**8553**	**8584**
江城区	5295	2773	2522	5179	2596	2583	5756	2886	2870
阳东区	3097	1714	1383	3085	1663	1422	3215	1646	1569
阳西县	2570	1392	1178	2466	1283	1183	2724	1343	1381
阳春市	4274	2103	2171	4408	2187	2221	5442	2678	2764
清远市	**26265**	**13401**	**12864**	**22492**	**11523**	**10969**	**25419**	**13216**	**12203**
清城区	9148	4761	4387	7496	3950	3546	7922	4209	3713
清新区	4173	2038	2135	3777	1929	1848	4056	2123	1933
佛冈县	2353	1210	1143	1693	892	801	2053	1050	1003
阳山县	1778	918	860	1528	736	792	1876	957	919
连山壮族瑶族自治县	559	297	262	450	219	231	609	339	270
连南瑶族自治县	836	390	446	831	427	404	840	415	425
英德市	5560	2879	2681	4835	2444	2391	5996	3074	2922
连州市	1858	908	950	1882	926	956	2067	1049	1018
东莞市	**134623**	**77497**	**57126**	**108548**	**61957**	**46591**	**106224**	**58890**	**47334**
市辖区	134623	77497	57126	108548	61957	46591	106224	58890	47334
中山市	**44518**	**24258**	**20260**	**37478**	**20544**	**16934**	**39536**	**21083**	**18453**
市辖区	44518	24258	20260	37478	20544	16934	39536	21083	18453
潮州市	**16062**	**8197**	**7865**	**14601**	**7353**	**7248**	**18490**	**9248**	**9242**
湘桥区	3646	1780	1866	3513	1732	1781	4119	2065	2054
潮安区	7418	3877	3541	6596	3346	3250	8587	4239	4348
饶平县	4998	2540	2458	4492	2275	2217	5784	2944	2840
揭阳市	**32952**	**17291**	**15661**	**25252**	**12788**	**12464**	**31348**	**14973**	**16375**
榕城区	5376	2860	2516	4558	2293	2265	6016	2885	3131
揭东区	5769	3067	2702	4712	2403	2309	5744	2746	2998
揭西县	3514	1885	1629	2642	1316	1326	3425	1570	1855
惠来县	5650	2833	2817	4176	2069	2107	4784	2258	2526
普宁市	12643	6646	5997	9164	4707	4457	11379	5514	5865
云浮市	**12547**	**6472**	**6075**	**11326**	**5860**	**5466**	**13177**	**6537**	**6640**
云城区	2790	1476	1314	2595	1372	1223	2793	1473	1320
云安区	1091	596	495	900	479	421	1247	625	622
新兴县	2803	1452	1351	2495	1274	1221	2957	1484	1473
郁南县	1735	920	815	1489	778	711	1720	850	870
罗定市	4128	2028	2100	3847	1957	1890	4460	2105	2355

1－3　续表 12

单位：人

地　区	50－54岁			55－59岁			60－64岁		
	小计	男	女	小计	男	女	小计	男	女
广　东	**849404**	**444853**	**404551**	**661011**	**341889**	**319122**	**449631**	**225896**	**223735**
广州市	**117927**	**62055**	**55872**	**91797**	**47803**	**43994**	**62037**	**30549**	**31488**
荔湾区	6920	3319	3601	7295	3665	3630	6458	3211	3247
越秀区	7196	3497	3699	7281	3676	3605	6307	2985	3322
海珠区	13054	6622	6432	11769	5957	5812	9186	4549	4637
天河区	12461	6476	5985	9348	4880	4468	5912	2856	3056
白云区	23836	12658	11178	16511	8962	7549	9628	4966	4662
黄埔区	7403	4199	3204	5504	2924	2580	3345	1641	1704
番禺区	16451	8753	7698	11077	5685	5392	6725	3176	3549
花都区	10662	5725	4937	7470	3894	3576	4542	2227	2315
南沙区	6511	3685	2826	4470	2433	2037	2671	1314	1357
从化区	4358	2276	2082	3679	1923	1756	2338	1156	1182
增城区	9075	4845	4230	7393	3804	3589	4925	2468	2457
韶关市	**24568**	**12482**	**12086**	**22138**	**11342**	**10796**	**14285**	**7279**	**7006**
武江区	2928	1502	1426	2599	1342	1257	1699	811	888
浈江区	2841	1378	1463	2618	1344	1274	1751	870	881
曲江区	2611	1407	1204	2176	1146	1030	1365	704	661
始兴县	1838	913	925	1791	881	910	892	451	441
仁化县	1856	987	869	1615	841	774	887	462	425
翁源县	2863	1413	1450	2489	1302	1187	1637	915	722
乳源瑶族自治县	1401	756	645	1268	644	624	949	480	469
新丰县	1451	712	739	1348	698	650	1048	549	499
乐昌市	3203	1615	1588	2971	1513	1458	2099	1042	1057
南雄市	3576	1799	1777	3263	1631	1632	1958	995	963
深圳市	**110506**	**60724**	**49782**	**72290**	**37589**	**34701**	**40111**	**19023**	**21088**
罗湖区	8246	4300	3946	6064	3093	2971	3704	1783	1921
福田区	11025	5634	5391	7949	3995	3954	4753	2293	2460
南山区	12542	6812	5730	8486	4379	4107	5058	2292	2766
宝安区	25907	14513	11394	15744	8318	7426	7805	3723	4082
龙岗区	27212	15030	12182	17529	9089	8440	10064	4748	5316
盐田区	1828	1028	800	1227	689	538	647	328	319
龙华区	12862	6985	5877	8917	4408	4509	5152	2386	2766
坪山区	3674	2202	1472	2209	1269	940	1147	556	591
光明区	7210	4220	2990	4165	2349	1816	1781	914	867
珠海市	**17514**	**9563**	**7951**	**13153**	**6974**	**6179**	**7725**	**3969**	**3756**
香洲区	10460	5746	4714	7633	4096	3537	4197	2136	2061
斗门区	4179	2123	2056	3420	1757	1663	2197	1148	1049
金湾区	2875	1694	1181	2100	1121	979	1331	685	646
汕头市	**34314**	**16933**	**17381**	**30130**	**15077**	**15053**	**25262**	**12650**	**12612**
龙湖区	4610	2333	2277	3727	1916	1811	2836	1457	1379
金平区	5801	2726	3075	5875	2902	2973	4970	2467	2503
濠江区	1533	771	762	1267	632	635	1262	634	628
潮阳区	9185	4436	4749	7294	3577	3717	6484	3241	3243
潮南区	6976	3495	3481	5709	2838	2871	4731	2407	2324
澄海区	5691	2898	2793	5681	2913	2768	4545	2237	2308
南澳县	518	274	244	577	299	278	434	207	227
佛山市	**71020**	**39423**	**31597**	**48190**	**25917**	**22273**	**29129**	**14307**	**14822**
禅城区	9894	5332	4562	7149	3733	3416	4606	2227	2379
南海区	27109	15195	11914	17840	9816	8024	10480	5256	5224
顺德区	24414	13353	11061	16071	8529	7542	9547	4597	4950
三水区	6288	3660	2628	4481	2404	2077	2781	1356	1425
高明区	3315	1883	1432	2649	1435	1214	1715	871	844

1-3 续表 13

单位：人

地　区	50-54岁			55-59岁			60-64岁		
	小计	男	女	小计	男	女	小计	男	女
江门市	**34224**	**16877**	**17347**	**30163**	**15293**	**14870**	**22451**	**11433**	**11018**
蓬江区	5660	2817	2843	4816	2443	2373	3420	1671	1749
江海区	2487	1299	1188	1828	959	869	1252	582	670
新会区	6516	3260	3256	5880	3076	2804	4308	2153	2155
台山市	7255	3441	3814	6477	3232	3245	5108	2760	2348
开平市	5287	2559	2728	4829	2358	2471	3694	1820	1874
鹤山市	3697	1903	1794	3126	1663	1463	2220	1174	1046
恩平市	3322	1598	1724	3207	1562	1645	2449	1273	1176
湛江市	**40743**	**20126**	**20617**	**37535**	**18756**	**18779**	**31243**	**15738**	**15505**
赤坎区	2339	1168	1171	2107	1045	1062	1686	852	834
霞山区	4297	2165	2132	3562	1785	1777	2754	1395	1359
坡头区	2044	970	1074	1848	895	953	1642	809	833
麻章区	2616	1350	1266	2426	1273	1153	1997	1012	985
遂溪县	5030	2478	2552	4639	2350	2289	3938	2067	1871
徐闻县	4309	2198	2111	3840	2005	1835	3039	1571	1468
廉江市	7207	3529	3678	7355	3584	3771	6339	3074	3265
雷州市	7888	3960	3928	7042	3670	3372	5912	3096	2816
吴川市	5013	2308	2705	4716	2149	2567	3936	1862	2074
茂名市	**38397**	**18092**	**20305**	**34523**	**16682**	**17841**	**27172**	**14079**	**13093**
茂南区	6933	3361	3572	5519	2717	2802	3914	1946	1968
电白区	8422	4040	4382	7664	3711	3953	6369	3294	3075
高州市	9359	4348	5011	8750	4187	4563	6496	3465	3031
化州市	7029	3314	3715	6598	3120	3478	5564	2800	2764
信宜市	6654	3029	3625	5992	2947	3045	4829	2574	2255
肇庆市	**29561**	**15322**	**14239**	**25013**	**12989**	**12024**	**17478**	**8750**	**8728**
端州区	4000	2000	2000	3184	1551	1633	2226	1091	1135
鼎湖区	1419	759	660	1134	598	536	748	372	376
高要区	5195	2717	2478	4267	2216	2051	2843	1439	1404
广宁县	2779	1404	1375	2693	1396	1297	2234	1088	1146
怀集县	5426	2677	2749	4610	2297	2313	3284	1576	1708
封开县	2994	1603	1391	2872	1527	1345	1948	1013	935
德庆县	2869	1507	1362	2587	1401	1186	1835	969	866
四会市	4879	2655	2224	3666	2003	1663	2360	1202	1158
惠州市	**41536**	**22343**	**19193**	**30548**	**16536**	**14012**	**18265**	**9397**	**8868**
惠城区	13454	7104	6350	9640	5014	4626	5782	2884	2898
惠阳区	9704	5440	4264	6348	3604	2744	3205	1700	1505
博罗县	8586	4668	3918	6516	3597	2919	4266	2181	2085
惠东县	7431	3872	3559	5813	3159	2654	3597	1879	1718
龙门县	2361	1259	1102	2231	1162	1069	1415	753	662
梅州市	**27361**	**13496**	**13865**	**26510**	**13251**	**13259**	**20366**	**10546**	**9820**
梅江区	2972	1476	1496	2834	1385	1449	2050	1005	1045
梅县区	4180	2072	2108	4371	2162	2209	3309	1725	1584
大埔县	2305	1172	1133	2499	1269	1230	2234	1182	1052
丰顺县	2854	1547	1307	2850	1491	1359	2610	1361	1249
五华县	5820	2750	3070	5199	2472	2727	3931	2022	1909
平远县	1962	1003	959	1790	944	846	1065	556	509
蕉岭县	1750	889	861	1665	898	767	1181	640	541
兴宁市	5518	2587	2931	5302	2630	2672	3986	2055	1931

1-3 续表 14

单位：人

地区	50-54岁			55-59岁			60-64岁		
	小计	男	女	小计	男	女	小计	男	女
汕尾市	**16846**	**8418**	**8428**	**13580**	**6912**	**6668**	**10600**	**5421**	**5179**
城　区	3039	1524	1515	2287	1174	1113	1748	884	864
海丰县	5165	2596	2569	4140	2075	2065	2869	1471	1398
陆河县	1593	769	824	1312	669	643	1051	552	499
陆丰市	7049	3529	3520	5841	2994	2847	4932	2514	2418
河源市	**19991**	**10303**	**9688**	**17549**	**9297**	**8252**	**12690**	**6622**	**6068**
源城区	4656	2380	2276	3503	1718	1785	2413	1205	1208
紫金县	3731	1950	1781	3683	1968	1715	2539	1307	1232
龙川县	4274	2119	2155	3845	2048	1797	2919	1520	1399
连平县	2217	1141	1076	1943	1018	925	1574	853	721
和平县	2582	1331	1251	2399	1279	1120	1742	899	843
东源县	2531	1382	1149	2176	1266	910	1503	838	665
阳江市	**18286**	**9192**	**9094**	**15862**	**8159**	**7703**	**10551**	**5541**	**5010**
江城区	5667	2818	2849	4786	2374	2412	3166	1602	1564
阳东区	3101	1576	1525	2581	1360	1221	1790	939	851
阳西县	2968	1456	1512	2556	1308	1248	1802	978	824
阳春市	6550	3342	3208	5939	3117	2822	3793	2022	1771
清远市	**28433**	**14801**	**13632**	**25776**	**13184**	**12592**	**17263**	**8709**	**8554**
清城区	7638	4006	3632	6648	3284	3364	4137	1984	2153
清新区	4289	2147	2142	3720	1865	1855	2462	1191	1271
佛冈县	2466	1294	1172	2106	1046	1060	1327	670	657
阳山县	2579	1331	1248	2457	1265	1192	1814	917	897
连山壮族瑶族自治县	783	406	377	771	393	378	489	251	238
连南瑶族自治县	1078	562	516	942	475	467	604	302	302
英德市	6845	3585	3260	6367	3399	2968	4378	2336	2042
连州市	2755	1470	1285	2765	1457	1308	2052	1058	994
东莞市	**76754**	**43273**	**33481**	**42899**	**23905**	**18994**	**20371**	**10347**	**10024**
市辖区	76754	43273	33481	42899	23905	18994	20371	10347	10024
中山市	**31767**	**17056**	**14711**	**20269**	**10711**	**9558**	**11857**	**5830**	**6027**
市辖区	31767	17056	14711	20269	10711	9558	11857	5830	6027
潮州市	**19331**	**9908**	**9423**	**17669**	**9052**	**8617**	**13944**	**7012**	**6932**
湘桥区	4053	2081	1972	3973	2020	1953	3140	1543	1597
潮安区	8695	4394	4301	7672	3964	3708	5928	3033	2895
饶平县	6583	3433	3150	6024	3068	2956	4876	2436	2440
揭阳市	**34244**	**16653**	**17591**	**30222**	**14985**	**15237**	**26236**	**13367**	**12869**
榕城区	6867	3250	3617	6205	2980	3225	5039	2510	2529
揭东区	6438	3131	3307	5849	2956	2893	5163	2691	2472
揭西县	3961	1952	2009	3742	1867	1875	3651	1833	1818
惠来县	5227	2597	2630	4475	2310	2165	4193	2118	2075
普宁市	11751	5723	6028	9951	4872	5079	8190	4215	3975
云浮市	**16081**	**7813**	**8268**	**15195**	**7475**	**7720**	**10595**	**5327**	**5268**
云城区	2994	1489	1505	2524	1273	1251	1503	706	797
云安区	1624	785	839	1533	783	750	1055	550	505
新兴县	3119	1546	1573	2789	1396	1393	1819	910	909
郁南县	2656	1318	1338	2679	1339	1340	1904	953	951
罗定市	5688	2675	3013	5670	2684	2986	4314	2208	2106

1-3 续表 15 单位：人

地 区	65—69岁			70—74岁			75—79岁		
	小计	男	女	小计	男	女	小计	男	女
广 东	**391285**	**191244**	**200041**	**246356**	**121626**	**124730**	**153705**	**73066**	**80639**
广州市	**53044**	**25186**	**27858**	**32597**	**15494**	**17103**	**18941**	**8593**	**10348**
荔湾区	5193	2551	2642	3117	1537	1580	1696	768	928
越秀区	5683	2688	2995	3498	1650	1848	2122	946	1176
海珠区	7693	3619	4074	4895	2377	2518	2828	1268	1560
天河区	4905	2332	2573	2989	1427	1562	1873	834	1039
白云区	7869	3847	4022	5013	2405	2608	2630	1214	1416
黄埔区	2650	1258	1392	1630	752	878	915	393	522
番禺区	5780	2665	3115	3421	1548	1873	2020	912	1108
花都区	4348	1984	2364	2693	1233	1460	1488	694	794
南沙区	2469	1189	1280	1391	608	783	950	425	525
从化区	2284	1068	1216	1414	698	716	885	415	470
增城区	4170	1985	2185	2536	1259	1277	1534	724	810
韶关市	**13036**	**6427**	**6609**	**8434**	**3993**	**4441**	**5948**	**2645**	**3303**
武江区	1484	741	743	906	420	486	594	266	328
浈江区	1581	750	831	1131	528	603	793	339	454
曲江区	1260	614	646	905	432	473	621	269	352
始兴县	974	468	506	630	310	320	398	178	220
仁化县	846	401	445	597	289	308	420	176	244
翁源县	1364	742	622	863	416	447	705	319	386
乳源瑶族自治县	782	374	408	466	227	239	377	169	208
新丰县	812	451	361	476	232	244	404	188	216
乐昌市	1957	934	1023	1278	600	678	874	408	466
南雄市	1976	952	1024	1182	539	643	762	333	429
深圳市	**29846**	**13924**	**15922**	**14146**	**6820**	**7326**	**6926**	**3122**	**3804**
罗湖区	3106	1427	1679	1587	755	832	841	376	465
福田区	3916	1776	2140	2136	1005	1131	1248	536	712
南山区	4313	1985	2328	2395	1138	1257	1214	570	644
宝安区	5381	2527	2854	2369	1146	1223	1072	436	636
龙岗区	7166	3339	3827	3197	1578	1619	1421	664	757
盐田区	496	219	277	259	118	141	147	63	84
龙华区	3451	1615	1836	1377	675	702	600	290	310
坪山区	769	387	382	326	163	163	147	72	75
光明区	1248	649	599	500	242	258	236	115	121
珠海市	**6539**	**3161**	**3378**	**3824**	**1865**	**1959**	**2195**	**1049**	**1146**
香洲区	3393	1603	1790	2063	960	1103	1247	575	672
斗门区	2079	1016	1063	1227	646	581	643	311	332
金湾区	1067	542	525	534	259	275	305	163	142
汕头市	**22271**	**10689**	**11582**	**13587**	**6407**	**7180**	**7479**	**3381**	**4098**
龙湖区	2297	1131	1166	1429	640	789	833	407	426
金平区	4058	1988	2070	2546	1238	1308	1300	566	734
濠江区	1109	537	572	716	324	392	314	139	175
潮阳区	5839	2775	3064	3632	1765	1867	1952	935	1017
潮南区	4444	2096	2348	2705	1234	1471	1525	678	847
澄海区	4151	1977	2174	2351	1094	1257	1416	598	818
南澳县	373	185	188	208	112	96	139	58	81
佛山市	**26878**	**12474**	**14404**	**17901**	**8156**	**9745**	**9801**	**4273**	**5528**
禅城区	4160	1970	2190	2957	1353	1604	1799	834	965
南海区	9734	4483	5251	6552	3028	3524	3544	1567	1977
顺德区	9117	4136	4981	5779	2520	3259	2800	1146	1654
三水区	2445	1166	1279	1686	807	879	1022	433	589
高明区	1422	719	703	927	448	479	636	293	343

1-3 续表 16

单位：人

地 区	65-69岁			70-74岁			75-79岁		
	小计	男	女	小计	男	女	小计	男	女
江门市	**21692**	**10989**	**10703**	**15035**	**7559**	**7476**	**7680**	**3635**	**4045**
蓬江区	3265	1543	1722	2280	1085	1195	1175	494	681
江海区	1251	590	661	768	364	404	376	162	214
新会区	4244	2079	2165	2977	1449	1528	1476	652	824
台山市	4884	2625	2259	3465	1865	1600	1677	873	804
开平市	3678	1888	1790	2515	1233	1282	1261	612	649
鹤山市	2098	1042	1056	1507	739	768	847	399	448
恩平市	2272	1222	1050	1523	824	699	868	443	425
湛江市	**25204**	**12762**	**12442**	**17801**	**9397**	**8404**	**13153**	**6575**	**6578**
赤坎区	1224	569	655	826	426	400	534	277	257
霞山区	2036	963	1073	1437	718	719	1008	484	524
坡头区	1433	702	731	854	505	349	664	341	323
麻章区	1593	780	813	1097	567	530	831	398	433
遂溪县	3221	1698	1523	2312	1224	1088	1858	897	961
徐闻县	2322	1159	1163	1638	809	829	1205	536	669
廉江市	5334	2825	2509	3875	2189	1686	2889	1541	1348
雷州市	4323	2245	2078	3168	1578	1590	2307	1112	1195
吴川市	3718	1821	1897	2594	1381	1213	1857	989	868
茂名市	**23342**	**11880**	**11462**	**16503**	**8865**	**7638**	**12590**	**6382**	**6208**
茂南区	3505	1659	1846	2594	1345	1249	1811	860	951
电白区	5286	2651	2635	3770	1994	1776	2801	1428	1373
高州市	5793	3087	2706	3873	2123	1750	3125	1633	1492
化州市	4787	2378	2409	3573	1945	1628	2582	1379	1203
信宜市	3971	2105	1866	2693	1458	1235	2271	1082	1189
肇庆市	**16429**	**8029**	**8400**	**11166**	**5141**	**6025**	**7664**	**3439**	**4225**
端州区	1825	872	953	1432	683	749	920	441	479
鼎湖区	778	367	411	431	191	240	293	130	163
高要区	3257	1508	1749	2262	1003	1259	1503	681	822
广宁县	2156	1106	1050	1361	627	734	920	419	501
怀集县	2961	1410	1551	1990	887	1103	1428	587	841
封开县	1756	885	871	1256	580	676	962	420	542
德庆县	1618	845	773	984	488	496	735	347	388
四会市	2078	1036	1042	1450	682	768	903	414	489
惠州市	**14582**	**7031**	**7551**	**8887**	**4376**	**4511**	**5591**	**2685**	**2906**
惠城区	4798	2264	2534	2806	1329	1477	1744	806	938
惠阳区	2421	1194	1227	1466	741	725	737	349	388
博罗县	3440	1629	1811	2139	1050	1089	1378	667	711
惠东县	2733	1349	1384	1775	912	863	1136	572	564
龙门县	1190	595	595	701	344	357	596	291	305
梅州市	**19177**	**9819**	**9358**	**12132**	**6246**	**5886**	**8133**	**4058**	**4075**
梅江区	1886	926	960	1172	563	609	706	373	333
梅县区	2953	1524	1429	1803	966	837	1129	576	553
大埔县	2047	1109	938	1234	634	600	659	329	330
丰顺县	2309	1161	1148	1373	712	661	1001	515	486
五华县	3683	1895	1788	2389	1241	1148	1784	837	947
平远县	1103	543	560	738	381	357	492	229	263
蕉岭县	1062	540	522	698	352	346	481	242	239
兴宁市	4134	2121	2013	2725	1397	1328	1881	957	924

1-3 续表 17

单位：人

地区	65-69岁			70-74岁			75-79岁		
	小计	男	女	小计	男	女	小计	男	女
汕尾市	**9413**	**4723**	**4690**	**6289**	**3544**	**2745**	**3691**	**2069**	**1622**
城　区	1511	751	760	918	517	401	522	288	234
海丰县	2573	1278	1295	1744	1038	706	977	585	392
陆河县	897	490	407	581	349	232	404	227	177
陆丰市	4432	2204	2228	3046	1640	1406	1788	969	819
河源市	**10419**	**5296**	**5123**	**6975**	**3379**	**3596**	**5842**	**2743**	**3099**
源城区	1792	874	918	1071	521	550	761	361	400
紫金县	2085	1041	1044	1428	660	768	1270	603	667
龙川县	2568	1324	1244	1690	835	855	1538	718	820
连平县	1168	597	571	811	376	435	652	298	354
和平县	1604	798	806	1088	533	555	934	431	503
东源县	1202	662	540	887	454	433	687	332	355
阳江市	**9939**	**5109**	**4830**	**6911**	**3758**	**3153**	**4921**	**2528**	**2393**
江城区	2711	1362	1349	2035	1083	952	1270	649	621
阳东区	1779	941	838	1173	674	499	760	411	349
阳西县	1687	864	823	1156	682	474	856	458	398
阳春市	3762	1942	1820	2547	1319	1228	2035	1010	1025
清远市	**16047**	**8044**	**8003**	**9934**	**4874**	**5060**	**7203**	**3286**	**3917**
清城区	4059	1942	2117	2523	1171	1352	1493	678	815
清新区	2518	1291	1227	1591	794	797	1020	504	516
佛冈县	1318	689	629	718	377	341	568	264	304
阳山县	1568	812	756	964	509	455	881	372	509
连山壮族瑶族自治县	443	210	233	282	146	136	220	109	111
连南瑶族自治县	594	275	319	348	144	204	245	96	149
英德市	3507	1818	1689	2165	1067	1098	1787	801	986
连州市	2040	1007	1033	1343	666	677	989	462	527
东莞市	**16160**	**7852**	**8308**	**9163**	**4239**	**4924**	**4731**	**2097**	**2634**
市辖区	16160	7852	8308	9163	4239	4924	4731	2097	2634
中山市	**10438**	**5005**	**5433**	**6434**	**2975**	**3459**	**3289**	**1495**	**1794**
市辖区	10438	5005	5433	6434	2975	3459	3289	1495	1794
潮州市	**13091**	**6165**	**6926**	**8139**	**3932**	**4207**	**4344**	**2069**	**2275**
湘桥区	3074	1454	1620	1921	975	946	928	447	481
潮安区	5567	2622	2945	3449	1616	1833	1705	808	897
饶平县	4450	2089	2361	2769	1341	1428	1711	814	897
揭阳市	**23616**	**11580**	**12036**	**14068**	**7223**	**6845**	**8579**	**4406**	**4173**
榕城区	4564	2213	2351	2683	1393	1290	1539	793	746
揭东区	4874	2367	2507	2752	1435	1317	1661	882	779
揭西县	3339	1652	1687	2017	1139	878	1284	706	578
惠来县	3604	1764	1840	2361	1097	1264	1444	684	760
普宁市	7235	3584	3651	4255	2159	2096	2651	1341	1310
云浮市	**10122**	**5099**	**5023**	**6430**	**3383**	**3047**	**5004**	**2536**	**2468**
云城区	1437	704	733	947	514	433	629	310	319
云安区	986	498	488	629	346	283	507	253	254
新兴县	1945	991	954	1343	679	664	1034	486	548
郁南县	1747	909	838	1084	580	504	896	481	415
罗定市	4007	1997	2010	2427	1264	1163	1938	1006	932

1-3 续表 18

单位：人

地区	80-84岁			85-89岁			90岁及以上		
	小计	男	女	小计	男	女	小计	男	女
广东	**109944**	**48836**	**61108**	**63675**	**24269**	**39406**	**28905**	**9001**	**19904**
广州市	**14417**	**6305**	**8112**	**8525**	**3263**	**5262**	**3454**	**1165**	**2289**
荔湾区	1585	635	950	1118	397	721	529	174	355
越秀区	2085	883	1202	1424	567	857	567	229	338
海珠区	2475	1092	1383	1576	629	947	555	208	347
天河区	1525	720	805	679	331	348	199	86	113
白云区	1694	767	927	1033	341	692	467	148	319
黄埔区	703	320	383	353	151	202	119	42	77
番禺区	1281	552	729	586	223	363	277	84	193
花都区	914	431	483	499	172	327	207	50	157
南沙区	533	197	336	280	92	188	119	27	92
从化区	618	259	359	409	140	269	167	52	115
增城区	1004	449	555	568	220	348	248	65	183
韶关市	**4374**	**1782**	**2592**	**2352**	**845**	**1507**	**891**	**230**	**661**
武江区	484	210	274	212	80	132	79	27	52
浈江区	619	288	331	314	136	178	88	27	61
曲江区	462	161	301	260	91	169	109	28	81
始兴县	307	110	197	201	54	147	76	16	60
仁化县	321	134	187	173	61	112	77	18	59
翁源县	467	183	284	273	82	191	112	20	92
乳源瑶族自治县	270	109	161	153	60	93	59	14	45
新丰县	305	113	192	194	80	114	72	22	50
乐昌市	578	249	329	273	110	163	119	29	90
南雄市	561	225	336	299	91	208	100	29	71
深圳市	**4538**	**2007**	**2531**	**2182**	**928**	**1254**	**830**	**274**	**556**
罗湖区	664	291	373	294	140	154	91	31	60
福田区	881	441	440	360	183	177	122	51	71
南山区	839	384	455	369	173	196	101	46	55
宝安区	654	269	385	358	124	234	155	47	108
龙岗区	823	348	475	431	166	265	195	43	152
盐田区	88	32	56	45	22	23	22	8	14
龙华区	345	138	207	188	69	119	78	25	53
坪山区	83	33	50	63	19	44	27	6	21
光明区	161	71	90	74	32	42	39	17	22
珠海市	**1521**	**692**	**829**	**760**	**328**	**432**	**309**	**112**	**197**
香洲区	906	399	507	378	183	195	130	56	74
斗门区	406	203	203	275	103	172	125	40	85
金湾区	209	90	119	107	42	65	54	16	38
汕头市	**5566**	**2387**	**3179**	**3411**	**1236**	**2175**	**1662**	**495**	**1167**
龙湖区	586	253	333	305	119	186	115	43	72
金平区	1001	401	600	664	236	428	256	92	164
濠江区	235	90	145	136	50	86	72	18	54
潮阳区	1462	643	819	889	336	553	442	140	302
潮南区	1219	567	652	754	285	469	455	114	341
澄海区	980	394	586	624	201	423	302	83	219
南澳县	83	39	44	39	9	30	20	5	15
佛山市	**6330**	**2703**	**3627**	**3128**	**1079**	**2049**	**1494**	**458**	**1036**
禅城区	1186	510	676	632	219	413	281	98	183
南海区	2090	944	1146	1015	367	648	502	162	340
顺德区	2040	812	1228	955	312	643	407	113	294
三水区	660	286	374	347	112	235	201	58	143
高明区	354	151	203	179	69	110	103	27	76

1-3　续表 19　　　　　　　　　　　　　　　　　　　　　　　　　　　　　　单位：人

地　区	80-84岁			85-89岁			90岁及以上		
	小计	男	女	小计	男	女	小计	男	女
江门市	**5457**	**2566**	**2891**	**3193**	**1193**	**2000**	**1509**	**435**	**1074**
蓬江区	894	383	511	444	167	277	144	53	91
江海区	251	121	130	146	45	101	71	23	48
新会区	1028	466	562	649	238	411	287	85	202
台山市	1313	637	676	786	283	503	416	125	291
开平市	828	412	416	478	180	298	264	58	206
鹤山市	540	239	301	328	138	190	173	44	129
恩平市	603	308	295	362	142	220	154	47	107
湛江市	**9843**	**4677**	**5166**	**5891**	**2545**	**3346**	**3067**	**1088**	**1979**
赤坎区	410	181	229	225	100	125	103	50	53
霞山区	687	312	375	348	170	178	126	47	79
坡头区	497	260	237	318	145	173	154	51	103
麻章区	550	254	296	332	124	208	206	61	145
遂溪县	1461	687	774	934	418	516	523	183	340
徐闻县	932	389	543	658	262	396	320	103	217
廉江市	2029	1040	989	1190	536	654	612	236	376
雷州市	1969	874	1095	1156	444	712	643	213	430
吴川市	1308	680	628	730	346	384	380	144	236
茂名市	**8689**	**4279**	**4410**	**5098**	**2246**	**2852**	**2361**	**903**	**1458**
茂南区	1310	682	628	703	316	387	281	114	167
电白区	2055	1031	1024	1217	528	689	631	263	368
高州市	2054	989	1065	1240	527	713	574	210	364
化州市	1864	925	939	1102	531	571	522	199	323
信宜市	1406	652	754	836	344	492	353	117	236
肇庆市	**5132**	**2039**	**3093**	**2833**	**948**	**1885**	**1126**	**282**	**844**
端州区	632	293	339	306	134	172	91	34	57
鼎湖区	181	60	121	108	35	73	47	9	38
高要区	864	357	507	498	144	354	212	54	158
广宁县	609	253	356	363	128	235	149	40	109
怀集县	1045	385	660	550	178	372	219	42	177
封开县	670	256	414	361	116	245	122	18	104
德庆县	591	232	359	298	110	188	126	39	87
四会市	540	203	337	349	103	246	160	46	114
惠州市	**4304**	**1881**	**2423**	**2565**	**960**	**1605**	**1202**	**323**	**879**
惠城区	1264	570	694	701	273	428	328	94	234
惠阳区	561	219	342	381	139	242	179	43	136
博罗县	1029	461	568	641	223	418	261	78	183
惠东县	1041	451	590	613	227	386	317	80	237
龙门县	409	180	229	229	98	131	117	28	89
梅州市	**6097**	**2746**	**3351**	**3947**	**1351**	**2596**	**1791**	**467**	**1324**
梅江区	579	273	306	338	141	197	141	37	104
梅县区	820	358	462	594	181	413	266	63	203
大埔县	601	247	354	427	136	291	226	52	174
丰顺县	791	376	415	564	225	339	207	67	140
五华县	1310	593	717	774	261	513	366	101	265
平远县	394	171	223	256	81	175	104	29	75
蕉岭县	411	207	204	228	81	147	85	20	65
兴宁市	1191	521	670	766	245	521	396	98	298

1-3 续表 20

单位：人

地 区	80-84岁			85-89岁			90岁及以上		
	小计	男	女	小计	男	女	小计	男	女
汕尾市	**2891**	**1393**	**1498**	**1672**	**710**	**962**	**808**	**295**	**513**
城 区	368	170	198	235	86	149	112	45	67
海丰县	871	426	445	468	211	257	219	84	135
陆河县	371	184	187	196	89	107	90	35	55
陆丰市	1281	613	668	773	324	449	387	131	256
河源市	**4025**	**1691**	**2334**	**2411**	**841**	**1570**	**962**	**229**	**733**
源城区	526	237	289	311	114	197	106	30	76
紫金县	932	402	530	543	194	349	236	51	185
龙川县	1042	436	606	638	213	425	296	82	214
连平县	443	163	280	249	75	174	94	20	74
和平县	585	230	355	324	115	209	109	19	90
东源县	497	223	274	346	130	216	121	27	94
阳江市	**3445**	**1622**	**1823**	**2132**	**852**	**1280**	**1011**	**350**	**661**
江城区	941	425	516	579	213	366	294	97	197
阳东区	535	270	265	343	143	200	189	67	122
阳西县	605	302	303	423	181	242	187	63	124
阳春市	1364	625	739	787	315	472	341	123	218
清远市	**4875**	**2015**	**2860**	**2805**	**986**	**1819**	**1307**	**340**	**967**
清城区	1010	429	581	594	216	378	251	64	187
清新区	615	258	357	424	128	296	197	44	153
佛冈县	370	164	206	222	81	141	111	26	85
阳山县	614	263	351	329	105	224	141	39	102
连山壮族瑶族自治县	156	56	100	82	32	50	36	16	20
连南瑶族自治县	184	80	104	90	27	63	31	8	23
英德市	1292	522	770	733	269	464	375	106	269
连州市	634	243	391	331	128	203	165	37	128
东莞市	**3037**	**1330**	**1707**	**1783**	**695**	**1088**	**849**	**237**	**612**
市辖区	3037	1330	1707	1783	695	1088	849	237	612
中山市	**2183**	**890**	**1293**	**1239**	**437**	**802**	**543**	**178**	**365**
市辖区	2183	890	1293	1239	437	802	543	178	365
潮州市	**3174**	**1292**	**1882**	**1884**	**631**	**1253**	**886**	**269**	**617**
湘桥区	697	274	423	414	130	284	181	73	108
潮安区	1284	542	742	778	294	484	327	93	234
饶平县	1193	476	717	692	207	485	378	103	275
揭阳市	**6646**	**3005**	**3641**	**4014**	**1485**	**2529**	**2114**	**672**	**1442**
榕城区	1114	490	624	586	238	348	238	75	163
揭东区	1209	533	676	738	264	474	402	118	284
揭西县	1018	456	562	676	245	431	393	136	257
惠来县	1077	470	607	725	246	479	441	132	309
普宁市	2228	1056	1172	1289	492	797	640	211	429
云浮市	**3400**	**1534**	**1866**	**1850**	**710**	**1140**	**729**	**199**	**530**
云城区	443	204	239	262	98	164	107	26	81
云安区	395	164	231	217	79	138	80	26	54
新兴县	715	308	407	401	126	275	159	36	123
郁南县	623	267	356	344	144	200	124	46	78
罗定市	1224	591	633	626	263	363	259	65	194

1−3a 各地区分年龄、性别的人口(城市)

单位：人

地区	合计			0岁			1−4岁		
	合计	男	女	小计	男	女	小计	男	女
广东	**7438590**	**3984956**	**3453634**	**51065**	**27218**	**23847**	**330997**	**177581**	**153416**
广州市	**1381493**	**724553**	**656940**	**8646**	**4579**	**4067**	**54595**	**29238**	**25357**
荔湾区	93831	47021	46810	617	323	294	3446	1871	1575
越秀区	98149	47927	50222	653	326	327	3661	1982	1679
海珠区	175680	88955	86725	879	477	402	5256	2788	2468
天河区	216226	114005	102221	1043	554	489	6796	3658	3138
白云区	262630	140034	122596	1482	773	709	9251	4849	4402
黄埔区	108926	60971	47955	911	485	426	5517	3018	2499
番禺区	215384	113175	102209	1282	700	582	8424	4480	3944
花都区	99194	52603	46591	683	358	325	5122	2801	2321
南沙区	44004	24984	19020	408	214	194	2416	1269	1147
从化区	17788	8855	8933	146	77	69	1253	666	587
增城区	49681	26023	23658	542	292	250	3453	1856	1597
韶关市	**89127**	**44047**	**45080**	**639**	**336**	**303**	**4491**	**2421**	**2070**
武江区	29076	14376	14700	228	123	105	1491	782	709
浈江区	26198	13005	13193	171	92	79	1167	646	521
曲江区	14124	7022	7102	103	50	53	742	402	340
始兴县									
仁化县									
翁源县									
乳源瑶族自治县									
新丰县									
乐昌市	9216	4473	4743	67	29	38	521	286	235
南雄市	10513	5171	5342	70	42	28	570	305	265
深圳市	**1826991**	**1009068**	**817923**	**12564**	**6722**	**5842**	**80360**	**42662**	**37698**
罗湖区	114707	58152	56555	873	460	413	5172	2794	2378
福田区	156329	80913	75416	1088	604	484	6896	3660	3236
南山区	183335	97850	85485	1262	654	608	7398	3939	3459
宝安区	474336	268553	205783	3081	1675	1406	19215	10133	9082
龙岗区	429765	234431	195334	3121	1665	1456	21118	11289	9829
盐田区	21847	11898	9949	169	84	85	922	500	422
龙华区	272160	154916	117244	1912	1009	903	12432	6594	5838
坪山区	57932	33590	24342	364	208	156	2614	1377	1237
光明区	116580	68765	47815	694	363	331	4593	2376	2217
珠海市	**182157**	**95752**	**86405**	**1353**	**712**	**641**	**8347**	**4455**	**3892**
香洲区	129126	67453	61673	910	475	435	5642	2995	2647
斗门区	22841	12131	10710	206	112	94	1286	667	619
金湾区	30190	16168	14022	237	125	112	1419	793	626
汕头市	**233939**	**116318**	**117621**	**2000**	**1023**	**977**	**11327**	**5910**	**5417**
龙湖区	49537	24894	24643	323	171	152	2308	1213	1095
金平区	70777	34524	36253	593	291	302	2871	1458	1413
濠江区	17942	8914	9028	167	90	77	964	485	479
潮阳区	28519	14010	14509	275	145	130	1485	771	714
潮南区	43370	21966	21404	499	256	243	2696	1461	1235
澄海区	23794	12010	11784	143	70	73	1003	522	481
南澳县									
佛山市	**833681**	**451804**	**381877**	**5749**	**3045**	**2704**	**36746**	**19689**	**17057**
禅城区	107209	55981	51228	768	418	350	4310	2336	1974
南海区	344604	188405	156199	2420	1248	1172	15388	8278	7110
顺德区	311661	170291	141370	1954	1031	923	13048	6853	6195
三水区	35310	18105	17205	317	185	132	2044	1112	932
高明区	34897	19022	15875	290	163	127	1956	1110	846

1-3a 续表 1

单位：人

地区	合计 合计	合计 男	合计 女	0岁 小计	0岁 男	0岁 女	1-4岁 小计	1-4岁 男	1-4岁 女
江门市	**254358**	**129774**	**124584**	**1898**	**1013**	**885**	**12551**	**6556**	**5995**
蓬江区	74225	37843	36382	572	297	275	3712	1918	1794
江海区	33832	17734	16098	249	148	101	1637	857	780
新会区	42870	21650	21220	283	141	142	2120	1137	983
台山市	33041	16852	16189	260	137	123	1643	867	776
开平市	28962	14357	14605	181	94	87	1409	707	702
鹤山市	23710	12138	11572	187	104	83	1192	634	558
恩平市	17718	9200	8518	166	92	74	838	436	402
湛江市	**180329**	**92188**	**88141**	**1685**	**904**	**781**	**10982**	**5947**	**5035**
赤坎区	34715	17176	17539	290	158	132	1993	1104	889
霞山区	56291	28454	27837	493	262	231	3186	1698	1488
坡头区	6761	3491	3270	81	44	37	530	288	242
麻章区	10611	5821	4790	106	46	60	619	327	292
遂溪县	1909	992	917	22	8	14	107	56	51
徐闻县									
廉江市	23742	12173	11569	242	136	106	1582	855	727
雷州市	22649	11811	10838	189	102	87	1452	814	638
吴川市	23651	12270	11381	262	148	114	1513	805	708
茂名市	**170206**	**87976**	**82230**	**1822**	**977**	**845**	**10169**	**5680**	**4489**
茂南区	62948	32604	30344	579	310	269	3577	1982	1595
电白区	21616	11154	10462	204	117	87	1350	753	597
高州市	30159	15454	14705	245	133	112	1513	862	651
化州市	26359	13854	12505	454	225	229	1701	950	751
信宜市	29124	14910	14214	340	192	148	2028	1133	895
肇庆市	**110149**	**57572**	**52577**	**947**	**517**	**430**	**5596**	**3099**	**2497**
端州区	51657	26279	25378	509	264	245	2717	1488	1229
鼎湖区	9818	5161	4657	106	65	41	608	344	264
高要区	9754	5090	4664	84	42	42	515	285	230
广宁县									
怀集县									
封开县									
德庆县									
四会市	38920	21042	17878	248	146	102	1756	982	774
惠州市	**256099**	**138920**	**117179**	**2095**	**1177**	**918**	**13133**	**6991**	**6142**
惠城区	151948	79630	72318	1356	760	596	8518	4498	4020
惠阳区	101898	58017	43881	727	411	316	4517	2438	2079
博罗县	2253	1273	980	12	6	6	98	55	43
惠东县									
龙门县									
梅州市	**84482**	**41304**	**43178**	**599**	**311**	**288**	**4729**	**2565**	**2164**
梅江区	35032	17216	17816	276	141	135	1756	966	790
梅县区	23884	11650	12234	152	73	79	1470	814	656
大埔县									
丰顺县									
五华县	1302	644	658	16	8	8	97	57	40
平远县									
蕉岭县									
兴宁市	24264	11794	12470	155	89	66	1406	728	678

1–3a 续表 2

单位：人

地区	合计			0岁			1–4岁		
	合计	男	女	小计	男	女	小计	男	女
汕尾市	**45475**	**23661**	**21814**	**304**	**161**	**143**	**2323**	**1283**	**1040**
城　区	25228	12995	12233	176	90	86	1281	704	577
海丰县									
陆河县									
陆丰市	20247	10666	9581	128	71	57	1042	579	463
河源市	**57946**	**29426**	**28520**	**554**	**295**	**259**	**3494**	**1962**	**1532**
源城区	57946	29426	28520	554	295	259	3494	1962	1532
紫金县									
龙川县									
连平县									
和平县									
东源县									
阳江市	**90658**	**46332**	**44326**	**705**	**377**	**328**	**5210**	**2817**	**2393**
江城区	50341	25719	24622	364	201	163	2805	1481	1324
阳东区	17206	9041	8165	122	62	60	958	539	419
阳西县									
阳春市	23111	11572	11539	219	114	105	1447	797	650
清远市	**116926**	**58253**	**58673**	**1085**	**592**	**493**	**7703**	**4210**	**3493**
清城区	62520	31302	31218	606	336	270	4121	2260	1861
清新区	23450	11857	11593	222	125	97	1602	920	682
佛冈县									
阳山县									
连山壮族瑶族自治县									
连南瑶族自治县									
英德市	18089	8915	9174	168	84	84	1198	627	571
连州市	12867	6179	6688	89	47	42	782	403	379
东莞市	**990343**	**559370**	**430973**	**3853**	**2046**	**1807**	**31802**	**17324**	**14478**
市辖区	990343	559370	430973	3853	2046	1807	31802	17324	14478
中山市	**253712**	**135708**	**118004**	**1762**	**947**	**815**	**11496**	**6164**	**5332**
市辖区	253712	135708	118004	1762	947	815	11496	6164	5332
潮州市	**84787**	**42757**	**42030**	**678**	**362**	**316**	**4138**	**2177**	**1961**
湘桥区	37845	18828	19017	277	146	131	1720	912	808
潮安区	46942	23929	23013	401	216	185	2418	1265	1153
饶平县									
揭阳市	**143779**	**73433**	**70346**	**1610**	**834**	**776**	**8541**	**4591**	**3950**
榕城区	63630	32371	31259	611	334	277	3734	2003	1731
揭东区	31014	15813	15201	411	191	220	1885	991	894
揭西县									
惠来县									
普宁市	49135	25249	23886	588	309	279	2922	1597	1325
云浮市	**51953**	**26740**	**25213**	**517**	**288**	**229**	**3264**	**1840**	**1424**
云城区	28833	15038	13795	299	156	143	1922	1103	819
云安区	1768	925	843	25	13	12	92	47	45
新兴县									
郁南县									
罗定市	21352	10777	10575	193	119	74	1250	690	560

1-3a 续表 3 单位：人

地区	5-9岁			10-14岁			15-19岁		
	小计	男	女	小计	男	女	小计	男	女
广东	**408245**	**220475**	**187770**	**323545**	**176575**	**146970**	**395978**	**222284**	**173694**
广州市	**59167**	**31888**	**27279**	**44396**	**24157**	**20239**	**69132**	**37661**	**31471**
荔湾区	3764	2001	1763	2987	1583	1404	4220	2236	1984
越秀区	4655	2451	2204	4014	2170	1844	3813	2059	1754
海珠区	6218	3353	2865	5101	2731	2370	6806	3462	3344
天河区	8068	4324	3744	6454	3385	3069	13427	7255	6172
白云区	9719	5328	4391	7244	4061	3183	12883	7235	5648
黄埔区	5113	2743	2370	3262	1783	1479	4539	2565	1974
番禺区	9088	4810	4278	6691	3617	3074	11311	6125	5186
花都区	5671	3100	2571	4071	2264	1807	5240	2898	2342
南沙区	2233	1240	993	1373	746	627	1677	977	700
从化区	1352	736	616	958	538	420	1297	674	623
增城区	3286	1802	1484	2241	1279	962	3919	2175	1744
韶关市	**5910**	**3208**	**2702**	**5336**	**2835**	**2501**	**6607**	**3435**	**3172**
武江区	1981	1070	911	1606	835	771	1951	1024	927
浈江区	1522	803	719	1367	735	632	2086	1089	997
曲江区	918	499	419	1032	526	506	944	499	445
始兴县									
仁化县									
翁源县									
乳源瑶族自治县									
新丰县									
乐昌市	770	405	365	660	369	291	755	417	338
南雄市	719	431	288	671	370	301	871	406	465
深圳市	**95315**	**51614**	**43701**	**69215**	**38290**	**30925**	**70676**	**41537**	**29139**
罗湖区	7005	3775	3230	5717	3115	2602	4673	2568	2105
福田区	8798	4719	4079	6963	3674	3289	6489	3788	2701
南山区	9464	5070	4394	7318	4044	3274	7807	4274	3533
宝安区	21991	11916	10075	16103	8940	7163	17672	10723	6949
龙岗区	24611	13333	11278	17493	9758	7735	16203	9471	6732
盐田区	1268	688	580	1040	576	464	1189	638	551
龙华区	13600	7424	6176	8559	4767	3792	9116	5407	3709
坪山区	3319	1780	1539	2430	1367	1063	2788	1756	1032
光明区	5259	2909	2350	3592	2049	1543	4739	2912	1827
珠海市	**9844**	**5262**	**4582**	**8031**	**4395**	**3636**	**11242**	**6079**	**5163**
香洲区	6893	3676	3217	5692	3067	2625	7533	4055	3478
斗门区	1380	722	658	1107	660	447	767	424	343
金湾区	1571	864	707	1232	668	564	2942	1600	1342
汕头市	**16341**	**8402**	**7939**	**14789**	**7719**	**7070**	**13465**	**6830**	**6635**
龙湖区	3255	1678	1577	2780	1470	1310	2963	1473	1490
金平区	3894	2010	1884	3829	1984	1845	3329	1656	1673
濠江区	1451	761	690	1353	692	661	1415	702	713
潮阳区	2322	1210	1112	2035	1070	965	1688	894	794
潮南区	4015	2017	1998	3428	1767	1661	2950	1547	1403
澄海区	1404	726	678	1364	736	628	1120	558	562
南澳县									
佛山市	**42335**	**22939**	**19396**	**32927**	**17969**	**14958**	**39933**	**23124**	**16809**
禅城区	4831	2590	2241	3748	2000	1748	4389	2419	1970
南海区	17394	9502	7892	12976	7070	5906	15959	9249	6710
顺德区	15910	8479	7431	12770	7006	5764	15933	9441	6492
三水区	2218	1225	993	1670	875	795	2026	1062	964
高明区	1982	1143	839	1763	1018	745	1626	953	673

1-3a　续表 4　　　　　　　　　　　　　　　　　　　　　　　　单位：人

地　区	5-9岁			10-14岁			15-19岁		
	小计	男	女	小计	男	女	小计	男	女
江门市	**14519**	**7814**	**6705**	**12761**	**6788**	**5973**	**16788**	**8938**	**7850**
蓬江区	4233	2292	1941	3725	2009	1716	4630	2625	2005
江海区	1944	1011	933	1582	844	738	2162	1040	1122
新会区	2477	1333	1144	2185	1160	1025	2719	1436	1283
台山市	1839	972	867	1594	810	784	2539	1324	1215
开平市	1545	846	699	1484	742	742	2088	1064	1024
鹤山市	1464	809	655	1337	762	575	1421	733	688
恩平市	1017	551	466	854	461	393	1229	716	513
湛江市	**15601**	**8436**	**7165**	**12405**	**6970**	**5435**	**13298**	**7381**	**5917**
赤坎区	2630	1393	1237	2119	1206	913	2156	1060	1096
霞山区	4513	2438	2075	3668	2032	1636	3524	2021	1503
坡头区	673	376	297	395	223	172	288	154	134
麻章区	886	488	398	628	348	280	1501	940	561
遂溪县	161	85	76	121	65	56	75	45	30
徐闻县									
廉江市	2445	1351	1094	1902	1108	794	2239	1207	1032
雷州市	2105	1130	975	1805	1018	787	1925	1038	887
吴川市	2188	1175	1013	1767	970	797	1590	916	674
茂名市	**14705**	**8009**	**6696**	**12821**	**7184**	**5637**	**17953**	**10286**	**7667**
茂南区	4935	2703	2232	4443	2493	1950	5147	3126	2021
电白区	1907	1061	846	1482	805	677	2148	1146	1002
高州市	2353	1265	1088	2109	1180	929	4808	2604	2204
化州市	2548	1375	1173	2241	1249	992	2594	1554	1040
信宜市	2962	1605	1357	2546	1457	1089	3256	1856	1400
肇庆市	**7865**	**4366**	**3499**	**6642**	**3668**	**2974**	**9047**	**5177**	**3870**
端州区	3555	2008	1547	2861	1567	1294	4474	2627	1847
鼎湖区	817	429	388	560	277	283	892	477	415
高要区	896	520	376	895	552	343	1259	689	570
广宁县									
怀集县									
封开县									
德庆县									
四会市	2597	1409	1188	2326	1272	1054	2422	1384	1038
惠州市	**17219**	**9146**	**8073**	**14138**	**7596**	**6542**	**16586**	**9500**	**7086**
惠城区	11142	5919	5223	9278	4937	4341	10627	6081	4546
惠阳区	5927	3144	2783	4712	2570	2142	5790	3336	2454
博罗县	150	83	67	148	89	59	169	83	86
惠东县									
龙门县									
梅州市	**6573**	**3457**	**3116**	**5965**	**3130**	**2835**	**5643**	**2833**	**2810**
梅江区	2247	1178	1069	1926	1021	905	2830	1394	1436
梅县区	1979	1024	955	1646	837	809	1324	647	677
大埔县									
丰顺县									
五华县	142	79	63	107	64	43	90	43	47
平远县									
蕉岭县									
兴宁市	2205	1176	1029	2286	1208	1078	1399	749	650

1-3a 续表 5

单位：人

地区	5-9岁			10-14岁			15-19岁		
	小计	男	女	小计	男	女	小计	男	女
汕尾市	**3570**	**1917**	**1653**	**3065**	**1593**	**1472**	**2889**	**1500**	**1389**
城　区	1913	993	920	1580	788	792	1770	896	874
海丰县									
陆河县									
陆丰市	1657	924	733	1485	805	680	1119	604	515
河源市	**5081**	**2760**	**2321**	**4676**	**2538**	**2138**	**3371**	**1777**	**1594**
源城区	5081	2760	2321	4676	2538	2138	3371	1777	1594
紫金县									
龙川县									
连平县									
和平县									
东源县									
阳江市	**7173**	**3951**	**3222**	**6164**	**3249**	**2915**	**6125**	**3251**	**2874**
江城区	3714	2063	1651	3073	1625	1448	3208	1662	1546
阳东区	1406	766	640	1281	673	608	1376	771	605
阳西县									
阳春市	2053	1122	931	1810	951	859	1541	818	723
清远市	**10336**	**5682**	**4654**	**7944**	**4274**	**3670**	**7444**	**3879**	**3565**
清城区	5228	2856	2372	3887	2126	1761	3915	2111	1804
清新区	2305	1316	989	1898	1019	879	1409	764	645
佛冈县									
阳山县									
连山壮族瑶族自治县									
连南瑶族自治县									
英德市	1666	912	754	1207	650	557	1249	597	652
连州市	1137	598	539	952	479	473	871	407	464
东莞市	**42838**	**23564**	**19274**	**34002**	**19075**	**14927**	**52761**	**31251**	**21510**
市辖区	42838	23564	19274	34002	19075	14927	52761	31251	21510
中山市	**13600**	**7287**	**6313**	**10698**	**5828**	**4870**	**13857**	**7759**	**6098**
市辖区	13600	7287	6313	10698	5828	4870	13857	7759	6098
潮州市	**5225**	**2752**	**2473**	**4818**	**2524**	**2294**	**4415**	**2263**	**2152**
湘桥区	2049	1064	985	2032	1046	986	2141	1093	1048
潮安区	3176	1688	1488	2786	1478	1308	2274	1170	1104
饶平县									
揭阳市	**10482**	**5586**	**4896**	**8989**	**4769**	**4220**	**10276**	**5391**	**4885**
榕城区	4371	2349	2022	3740	1978	1762	3395	1774	1621
揭东区	2372	1214	1158	1974	1018	956	2035	1029	1006
揭西县									
惠来县									
普宁市	3739	2023	1716	3275	1773	1502	4846	2588	2258
云浮市	**4546**	**2435**	**2111**	**3763**	**2024**	**1739**	**4470**	**2432**	**2038**
云城区	2555	1355	1200	1913	1041	872	1532	850	682
云安区	140	77	63	91	50	41	236	112	124
新兴县									
郁南县									
罗定市	1851	1003	848	1759	933	826	2702	1470	1232

1-3a　续表 6　　　　单位：人

地　区	20-24岁			25-29岁			30-34岁		
	小计	男	女	小计	男	女	小计	男	女
广　东	**631869**	**349312**	**282557**	**809675**	**444537**	**365138**	**938313**	**513195**	**425118**
广州市	**144788**	**75732**	**69056**	**161197**	**86010**	**75187**	**171253**	**92496**	**78757**
荔湾区	6218	3264	2954	8193	4165	4028	9123	4674	4449
越秀区	6252	3193	3059	7217	3619	3598	7935	3804	4131
海珠区	13564	6754	6810	17060	8785	8275	20754	10806	9948
天河区	34871	18304	16567	32792	17798	14994	25477	14001	11476
白云区	31093	15694	15399	35390	18641	16749	35824	19767	16057
黄埔区	10811	6238	4573	14287	8115	6172	16851	9768	7083
番禺区	25832	13236	12596	26011	13906	12105	28504	15356	13148
花都区	7396	3908	3488	9758	5193	4565	13605	7284	6321
南沙区	3423	2156	1267	5116	3061	2055	6560	3771	2789
从化区	1206	660	546	1188	575	613	1444	666	778
增城区	4122	2325	1797	4185	2152	2033	5176	2599	2577
韶关市	**4533**	**2269**	**2264**	**4664**	**2247**	**2417**	**6480**	**3137**	**3343**
武江区	1240	614	626	1711	829	882	2454	1202	1252
浈江区	2159	1036	1123	1354	658	696	1831	912	919
曲江区	481	270	211	683	336	347	927	462	465
始兴县									
仁化县									
翁源县									
乳源瑶族自治县									
新丰县									
乐昌市	268	154	114	381	172	209	553	238	315
南雄市	385	195	190	535	252	283	715	323	392
深圳市	**174581**	**97581**	**77000**	**258724**	**144287**	**114437**	**283374**	**160637**	**122737**
罗湖区	9022	4381	4641	12988	6328	6660	13193	6542	6651
福田区	14060	7655	6405	20398	10602	9796	18640	9700	8940
南山区	18147	9931	8216	24300	13187	11113	22828	12333	10495
宝安区	48522	27832	20690	72972	41903	31069	82238	47636	34602
龙岗区	38204	20638	17566	56831	30788	26043	64269	35494	28775
盐田区	1592	937	655	1974	1074	900	2468	1323	1145
龙华区	29850	16983	12867	45924	26435	19489	49489	29622	19867
坪山区	4578	2817	1761	6987	4165	2822	9311	5383	3928
光明区	10606	6407	4199	16350	9805	6545	20938	12604	8334
珠海市	**18302**	**9657**	**8645**	**16886**	**9200**	**7686**	**20732**	**10986**	**9746**
香洲区	12391	6622	5769	12210	6574	5636	14484	7614	6870
斗门区	1436	833	603	2286	1289	997	2880	1514	1366
金湾区	4475	2202	2273	2390	1337	1053	3368	1858	1510
汕头市	**16375**	**8365**	**8010**	**20404**	**10193**	**10211**	**20365**	**10261**	**10104**
龙湖区	3082	1592	1490	4136	2060	2076	4563	2297	2266
金平区	3974	1994	1980	5346	2633	2713	5668	2816	2852
濠江区	1350	694	656	1514	736	778	1433	710	723
潮阳区	2196	1147	1049	2672	1288	1384	2293	1101	1192
潮南区	4293	2142	2151	4708	2478	2230	3855	2021	1834
澄海区	1480	796	684	2028	998	1030	2553	1316	1237
南澳县									
佛山市	**61083**	**35609**	**25474**	**81041**	**45653**	**35388**	**102481**	**56313**	**46168**
禅城区	8059	4303	3756	10863	5809	5054	12875	6825	6050
南海区	26595	15618	10977	34879	19574	15305	44472	24319	20153
顺德区	22714	13582	9132	29809	17300	12509	38049	21446	16603
三水区	1993	1047	946	2704	1421	1283	3557	1783	1774
高明区	1722	1059	663	2786	1549	1237	3528	1940	1588

1-3a 续表 7 单位：人

地 区	20-24岁			25-29岁			30-34岁		
	小计	男	女	小计	男	女	小计	男	女
江门市	**14367**	**7906**	**6461**	**18061**	**9419**	**8642**	**24117**	**12104**	**12013**
蓬江区	5251	2868	2383	5144	2646	2498	6806	3396	3410
江海区	2172	1253	919	2825	1593	1232	3767	2008	1759
新会区	1956	1057	899	2918	1503	1415	3804	1873	1931
台山市	1452	787	665	2261	1139	1122	3200	1561	1639
开平市	1489	790	699	1971	1003	968	2572	1271	1301
鹤山市	1068	599	469	1641	831	810	2362	1143	1219
恩平市	979	552	427	1301	704	597	1606	852	754
湛江市	**11194**	**5828**	**5366**	**12762**	**6390**	**6372**	**15892**	**7653**	**8239**
赤坎区	2818	1159	1659	2337	1149	1188	3177	1531	1646
霞山区	3095	1660	1435	3845	1854	1991	4979	2351	2628
坡头区	265	147	118	496	249	247	731	344	387
麻章区	922	605	317	830	460	370	918	452	466
遂溪县	85	50	35	98	50	48	119	64	55
徐闻县									
廉江市	1313	675	638	1573	794	779	1987	917	1070
雷州市	1375	752	623	1761	903	858	1962	1020	942
吴川市	1321	780	541	1822	931	891	2019	974	1045
茂名市	**9512**	**5383**	**4129**	**11455**	**5938**	**5517**	**13608**	**6561**	**7047**
茂南区	4386	2477	1909	4419	2264	2155	5157	2465	2692
电白区	1030	586	444	1419	726	693	1773	882	891
高州市	1537	818	719	1897	1016	881	2304	1095	1209
化州市	1256	743	513	1943	1051	892	2276	1149	1127
信宜市	1303	759	544	1777	881	896	2098	970	1128
肇庆市	**6659**	**3706**	**2953**	**7829**	**4111**	**3718**	**10356**	**5238**	**5118**
端州区	2521	1343	1178	3207	1622	1585	4326	2049	2277
鼎湖区	804	435	369	810	421	389	953	496	457
高要区	984	519	465	528	257	271	759	338	421
广宁县									
怀集县									
封开县									
德庆县									
四会市	2350	1409	941	3284	1811	1473	4318	2355	1963
惠州市	**20421**	**12216**	**8205**	**26726**	**15054**	**11672**	**31917**	**17345**	**14572**
惠城区	11164	6281	4883	13871	7318	6553	16854	8662	8192
惠阳区	9130	5865	3265	12666	7627	5039	14810	8547	6263
博罗县	127	70	57	189	109	80	253	136	117
惠东县									
龙门县									
梅州市	**4224**	**2002**	**2222**	**5125**	**2482**	**2643**	**6743**	**3181**	**3562**
梅江区	2351	1087	1264	2124	1042	1082	2868	1403	1465
梅县区	1142	517	625	1763	863	900	2246	1051	1195
大埔县									
丰顺县									
五华县	57	29	28	81	37	44	83	43	40
平远县									
蕉岭县									
兴宁市	674	369	305	1157	540	617	1546	684	862

1-3a　续表 8

单位：人

地　区	20-24岁			25-29岁			30-34岁		
	小计	男	女	小计	男	女	小计	男	女
汕尾市	**3804**	**1992**	**1812**	**4437**	**2332**	**2105**	**3939**	**2098**	**1841**
城　区	2033	1039	994	2306	1209	1097	2117	1135	982
海丰县									
陆河县									
陆丰市	1771	953	818	2131	1123	1008	1822	963	859
河源市	**3013**	**1577**	**1436**	**4317**	**2143**	**2174**	**5186**	**2436**	**2750**
源城区	3013	1577	1436	4317	2143	2174	5186	2436	2750
紫金县									
龙川县									
连平县									
和平县									
东源县									
阳江市	**4420**	**2457**	**1963**	**6284**	**3231**	**3053**	**7909**	**3955**	**3954**
江城区	2822	1557	1265	3768	1942	1826	4562	2303	2259
阳东区	849	494	355	1309	701	608	1534	770	764
阳西县									
阳春市	749	406	343	1207	588	619	1813	882	931
清远市	**5591**	**2932**	**2659**	**8078**	**3906**	**4172**	**11118**	**5207**	**5911**
清城区	3530	1834	1696	4665	2230	2435	6292	2986	3306
清新区	1015	569	446	1658	815	843	2253	1059	1194
佛冈县									
阳山县									
连山壮族瑶族自治县									
连南瑶族自治县									
英德市	715	343	372	1218	602	616	1629	761	868
连州市	331	186	145	537	259	278	944	401	543
东莞市	**91031**	**53413**	**37618**	**112242**	**65720**	**46522**	**147431**	**84265**	**63166**
市辖区	91031	53413	37618	112242	65720	46522	147431	84265	63166
中山市	**18474**	**10336**	**8138**	**23219**	**12752**	**10467**	**31751**	**17153**	**14598**
市辖区	18474	10336	8138	23219	12752	10467	31751	17153	14598
潮州市	**4397**	**2182**	**2215**	**6684**	**3448**	**3236**	**7209**	**3681**	**3528**
湘桥区	1690	816	874	2643	1347	1296	2925	1462	1463
潮安区	2707	1366	1341	4041	2101	1940	4284	2219	2065
饶平县									
揭阳市	**12698**	**6741**	**5957**	**15880**	**8145**	**7735**	**11986**	**6278**	**5708**
榕城区	5257	2829	2428	6888	3535	3353	5309	2769	2540
揭东区	2423	1331	1092	3350	1718	1632	2702	1402	1300
揭西县									
惠来县									
普宁市	5018	2581	2437	5642	2892	2750	3975	2107	1868
云浮市	**2402**	**1428**	**974**	**3660**	**1876**	**1784**	**4466**	**2210**	**2256**
云城区	1250	744	506	2344	1214	1130	2796	1417	1379
云安区	88	54	34	137	71	66	117	66	51
新兴县									
郁南县									
罗定市	1064	630	434	1179	591	588	1553	727	826

1-3a 续表 9 单位：人

地　　区	35-39岁			40-44岁			45-49岁		
	小计	男	女	小计	男	女	小计	男	女
广　东	**765171**	**415595**	**349576**	**606015**	**327208**	**278807**	**620246**	**330677**	**289569**
广州市	**135245**	**72177**	**63068**	**106165**	**55959**	**50206**	**110590**	**58393**	**52197**
荔湾区	8062	4081	3981	6390	3158	3232	6900	3408	3492
越秀区	8227	3782	4445	7498	3471	4027	8061	3949	4112
海珠区	16880	8694	8186	14202	7137	7065	14929	7647	7282
天河区	18063	9565	8498	14354	7413	6941	14990	7806	7184
白云区	26613	14781	11832	20705	11368	9337	22188	11822	10366
黄埔区	11758	6823	4935	7984	4600	3384	8316	4731	3585
番禺区	23000	12349	10651	17744	9527	8217	17859	9546	8313
花都区	11611	6202	5409	8612	4585	4027	8380	4538	3842
南沙区	4784	2751	2033	3573	2114	1459	3767	2227	1540
从化区	1523	711	812	1488	704	784	1501	754	747
增城区	4724	2438	2286	3615	1882	1733	3699	1965	1734
韶关市	**6460**	**2956**	**3504**	**6737**	**3217**	**3520**	**8033**	**3899**	**4134**
武江区	2347	1075	1272	2309	1102	1207	2696	1291	1405
浈江区	1805	851	954	1835	891	944	2124	1050	1074
曲江区	1040	478	562	1135	545	590	1459	725	734
始兴县									
仁化县									
翁源县									
乳源瑶族自治县									
新丰县									
乐昌市	593	243	350	656	299	357	817	369	448
南雄市	675	309	366	802	380	422	937	464	473
深圳市	**211775**	**119903**	**91872**	**149748**	**84356**	**65392**	**140565**	**77886**	**62679**
罗湖区	11898	5855	6043	9782	5049	4733	9787	5089	4698
福田区	15433	7704	7729	12525	6392	6133	12649	6501	6148
南山区	19272	10276	8996	15329	8192	7137	14999	8268	6731
宝安区	58138	33948	24190	39561	22819	16742	35398	19925	15473
龙岗区	50352	28252	22100	36031	20388	15643	34618	19045	15573
盐田区	2313	1280	1033	2003	1107	896	2150	1184	966
龙华区	32464	19396	13068	19334	11335	7999	16510	9353	7157
坪山区	7185	4186	2999	5053	2992	2061	4909	2878	2031
光明区	14720	9006	5714	10130	6082	4048	9545	5643	3902
珠海市	**17693**	**9161**	**8532**	**14058**	**7369**	**6689**	**15785**	**8227**	**7558**
香洲区	12384	6329	6055	10263	5260	5003	11609	5986	5623
斗门区	2431	1283	1148	1765	976	789	1929	991	938
金湾区	2878	1549	1329	2030	1133	897	2247	1250	997
汕头市	**17741**	**8738**	**9003**	**14878**	**7207**	**7671**	**17483**	**8522**	**8961**
龙湖区	4161	2056	2105	3665	1765	1900	4423	2200	2223
金平区	5049	2459	2590	4607	2135	2472	5623	2707	2916
濠江区	1315	659	656	1043	523	520	1149	556	593
潮阳区	2064	965	1099	1607	744	863	1897	880	1017
潮南区	2996	1536	1460	2113	1083	1030	2400	1168	1232
澄海区	2156	1063	1093	1843	957	886	1991	1011	980
南澳县									
佛山市	**89000**	**48427**	**40573**	**73013**	**39896**	**33117**	**79401**	**43208**	**36193**
禅城区	10848	5728	5120	8761	4564	4197	9886	5213	4673
南海区	37758	20646	17112	30073	16658	13415	32713	17997	14716
顺德区	33503	18445	15058	28047	15461	12586	29937	16342	13595
三水区	3279	1689	1590	2799	1461	1338	3452	1792	1660
高明区	3612	1919	1693	3333	1752	1581	3413	1864	1549

1-3a　续表 10

单位：人

地　　区	35-39岁			40-44岁			45-49岁		
	小计	男	女	小计	男	女	小计	男	女
江门市	**22211**	**11150**	**11061**	**20566**	**10568**	**9998**	**22723**	**11560**	**11163**
蓬江区	6512	3185	3327	6068	3115	2953	6445	3300	3145
江海区	3309	1784	1525	2736	1462	1274	3019	1589	1430
新会区	3751	1880	1871	3266	1695	1571	4032	2017	2015
台山市	2678	1353	1325	2735	1413	1322	2936	1505	1431
开平市	2293	1113	1180	2129	1048	1081	2564	1267	1297
鹤山市	2373	1158	1215	2329	1183	1146	2305	1174	1131
恩平市	1295	677	618	1303	652	651	1422	708	714
湛江市	**14130**	**6914**	**7216**	**12543**	**6176**	**6367**	**13150**	**6522**	**6628**
赤坎区	2855	1358	1497	2457	1179	1278	2669	1324	1345
霞山区	4558	2157	2401	4390	2071	2319	4650	2291	2359
坡头区	669	345	324	446	245	201	405	205	200
麻章区	759	381	378	607	323	284	563	289	274
遂溪县	130	69	61	93	42	51	136	78	58
徐闻县									
廉江市	1721	872	849	1550	777	773	1524	734	790
雷州市	1718	891	827	1442	721	721	1522	746	776
吴川市	1720	841	879	1558	818	740	1681	855	826
茂名市	**11988**	**5795**	**6193**	**11652**	**5685**	**5967**	**12193**	**5939**	**6254**
茂南区	4600	2231	2369	4585	2209	2376	5226	2584	2642
电白区	1660	845	815	1492	742	750	1432	717	715
高州市	2007	985	1022	1970	938	1032	2085	983	1102
化州市	1833	871	962	1693	865	828	1592	792	800
信宜市	1888	863	1025	1912	931	981	1858	863	995
肇庆市	**9697**	**4943**	**4754**	**8232**	**4178**	**4054**	**9301**	**4746**	**4555**
端州区	4313	2060	2253	3862	1863	1999	4696	2289	2407
鼎湖区	761	403	358	552	302	250	607	338	269
高要区	826	407	419	594	289	305	589	298	291
广宁县									
怀集县									
封开县									
德庆县									
四会市	3797	2073	1724	3224	1724	1500	3409	1821	1588
惠州市	**26433**	**14143**	**12290**	**20403**	**11091**	**9312**	**20179**	**10792**	**9387**
惠城区	15088	7775	7313	11934	6265	5669	11987	6204	5783
惠阳区	11101	6221	4880	8288	4718	3570	7931	4452	3479
博罗县	244	147	97	181	108	73	261	136	125
惠东县									
龙门县									
梅州市	**6467**	**2983**	**3484**	**5647**	**2611**	**3036**	**6799**	**3253**	**3546**
梅江区	2580	1209	1371	2254	1094	1160	2754	1317	1437
梅县区	2026	997	1029	1625	755	870	1925	911	1014
大埔县									
丰顺县									
五华县	67	29	38	70	25	45	92	44	48
平远县									
蕉岭县									
兴宁市	1794	748	1046	1698	737	961	2028	981	1047

1—3a 续表 11

单位：人

地 区	35—39岁			40—44岁			45—49岁		
	小计	男	女	小计	男	女	小计	男	女
汕尾市	**3431**	**1855**	**1576**	**2587**	**1326**	**1261**	**3334**	**1628**	**1706**
城 区	1996	1072	924	1455	763	692	1929	949	980
海丰县									
陆河县									
陆丰市	1435	783	652	1132	563	569	1405	679	726
河源市	**5447**	**2671**	**2776**	**4449**	**2207**	**2242**	**4610**	**2326**	**2284**
源城区	5447	2671	2776	4449	2207	2242	4610	2326	2284
紫金县									
龙川县									
连平县									
和平县									
东源县									
阳江市	**7136**	**3568**	**3568**	**7158**	**3528**	**3630**	**7631**	**3752**	**3879**
江城区	4046	2044	2002	3932	1931	2001	4194	2084	2110
阳东区	1483	778	705	1471	764	707	1435	718	717
阳西县									
阳春市	1607	746	861	1755	833	922	2002	950	1052
清远市	**10222**	**4974**	**5248**	**8498**	**4172**	**4326**	**8482**	**4262**	**4220**
清城区	5533	2725	2808	4377	2205	2172	4385	2195	2190
清新区	2122	1005	1117	1849	886	963	1748	898	850
佛冈县									
阳山县									
连山壮族瑶族自治县									
连南瑶族自治县									
英德市	1614	811	803	1319	627	692	1363	691	672
连州市	953	433	520	953	454	499	986	478	508
东莞市	**123179**	**70537**	**52642**	**99147**	**56256**	**42891**	**95841**	**52872**	**42969**
市辖区	123179	70537	52642	99147	56256	42891	95841	52872	42969
中山市	**27971**	**15020**	**12951**	**23862**	**12929**	**10933**	**24442**	**13015**	**11427**
市辖区	27971	15020	12951	23862	12929	10933	24442	13015	11427
潮州市	**6386**	**3196**	**3190**	**5921**	**2996**	**2925**	**7149**	**3619**	**3530**
湘桥区	2836	1347	1489	2790	1384	1406	3202	1610	1592
潮安区	3550	1849	1701	3131	1612	1519	3947	2009	1938
饶平县									
揭阳市	**8702**	**4535**	**4167**	**7182**	**3668**	**3514**	**8789**	**4327**	**4462**
榕城区	3663	1928	1735	3202	1589	1613	4147	2051	2096
揭东区	1936	1024	912	1547	811	736	1801	894	907
揭西县									
惠来县									
普宁市	3103	1583	1520	2433	1268	1165	2841	1382	1459
云浮市	**3857**	**1949**	**1908**	**3569**	**1813**	**1756**	**3766**	**1929**	**1837**
云城区	2336	1220	1116	2135	1109	1026	2271	1208	1063
云安区	105	53	52	93	55	38	113	62	51
新兴县									
郁南县									
罗定市	1416	676	740	1341	649	692	1382	659	723

1-3a 续表 12

单位：人

地 区	50-54岁			55-59岁			60-64岁		
	小计	男	女	小计	男	女	小计	男	女
广 东	**507520**	**269339**	**238181**	**364908**	**188185**	**176723**	**230219**	**112412**	**117807**
广州市	**91741**	**47665**	**44076**	**72354**	**37160**	**35194**	**50165**	**24513**	**25652**
荔湾区	6920	3319	3601	7295	3665	3630	6458	3211	3247
越秀区	7196	3497	3699	7281	3676	3605	6307	2985	3322
海珠区	13054	6622	6432	11769	5957	5812	9186	4549	4637
天河区	12461	6476	5985	9348	4880	4468	5912	2856	3056
白云区	17779	9315	8464	12455	6632	5823	7394	3773	3621
黄埔区	6514	3676	2838	4812	2541	2271	2903	1420	1483
番禺区	13708	7266	6442	9259	4684	4575	5686	2638	3048
花都区	6723	3529	3194	4460	2278	2182	2623	1302	1321
南沙区	2997	1705	1292	2079	1079	1000	1274	612	662
从化区	1295	642	653	1038	499	539	653	301	352
增城区	3094	1618	1476	2558	1269	1289	1769	866	903
韶关市	**7807**	**3866**	**3941**	**6850**	**3432**	**3418**	**4208**	**2065**	**2143**
武江区	2507	1266	1241	2142	1087	1055	1391	663	728
浈江区	2201	1055	1146	2015	1020	995	1311	657	654
曲江区	1285	650	635	1049	531	518	577	290	287
始兴县									
仁化县									
翁源县									
乳源瑶族自治县									
新丰县									
乐昌市	876	425	451	740	354	386	446	216	230
南雄市	938	470	468	904	440	464	483	239	244
深圳市	**109871**	**60294**	**49577**	**71926**	**37350**	**34576**	**39994**	**18957**	**21037**
罗湖区	8246	4300	3946	6064	3093	2971	3704	1783	1921
福田区	11025	5634	5391	7949	3995	3954	4753	2293	2460
南山区	12462	6738	5724	8463	4359	4104	5056	2290	2766
宝安区	25907	14513	11394	15744	8318	7426	7805	3723	4082
龙岗区	26672	14681	11991	17204	8879	8325	9956	4686	5270
盐田区	1828	1028	800	1227	689	538	647	328	319
龙华区	12862	6985	5877	8917	4408	4509	5152	2386	2766
坪山区	3659	2195	1464	2193	1260	933	1140	554	586
光明区	7210	4220	2990	4165	2349	1816	1781	914	867
珠海市	**13051**	**6964**	**6087**	**9883**	**5137**	**4746**	**5719**	**2858**	**2861**
香洲区	9781	5223	4558	7260	3823	3437	4061	2039	2022
斗门区	1554	785	769	1303	643	660	800	389	411
金湾区	1716	956	760	1320	671	649	858	430	428
汕头市	**16589**	**8164**	**8425**	**14962**	**7446**	**7516**	**12413**	**6133**	**6280**
龙湖区	3902	1994	1908	3115	1594	1521	2342	1205	1137
金平区	5688	2679	3009	5764	2838	2926	4895	2424	2471
濠江区	1088	567	521	913	433	480	922	455	467
潮阳区	1847	852	995	1632	821	811	1518	717	801
潮南区	2430	1235	1195	1933	958	975	1540	738	802
澄海区	1634	837	797	1605	802	803	1196	594	602
南澳县									
佛山市	**63441**	**34876**	**28565**	**42899**	**22848**	**20051**	**25827**	**12622**	**13205**
禅城区	8264	4392	3872	6024	3095	2929	3936	1901	2035
南海区	25585	14310	11275	16791	9199	7592	9788	4905	4883
顺德区	24033	13126	10907	15836	8393	7443	9385	4512	4873
三水区	2762	1472	1290	2103	1024	1079	1365	639	726
高明区	2797	1576	1221	2145	1137	1008	1353	665	688

1-3a 续表 13 单位：人

地 区	50-54岁			55-59岁			60-64岁		
	小计	男	女	小计	男	女	小计	男	女
江门市	**19294**	**9621**	**9673**	**16414**	**8222**	**8192**	**11499**	**5596**	**5903**
蓬江区	5455	2713	2742	4643	2354	2289	3260	1588	1672
江海区	2487	1299	1188	1828	959	869	1252	582	670
新会区	3363	1688	1675	2929	1464	1465	2058	995	1063
台山市	2617	1310	1307	2180	1105	1075	1589	794	795
开平市	2308	1094	1214	2084	979	1105	1445	688	757
鹤山市	1674	863	811	1418	723	695	901	466	435
恩平市	1390	654	736	1332	638	694	994	483	511
湛江市	**11859**	**5970**	**5889**	**10221**	**5040**	**5181**	**8084**	**4001**	**4083**
赤坎区	2288	1141	1147	2043	1013	1030	1650	838	812
霞山区	4100	2069	2031	3384	1693	1691	2595	1320	1275
坡头区	365	189	176	351	165	186	300	129	171
麻章区	580	307	273	521	267	254	413	211	202
遂溪县	120	62	58	162	84	78	137	69	68
徐闻县									
廉江市	1397	692	705	1291	605	686	998	454	544
雷州市	1520	755	765	1167	568	599	995	510	485
吴川市	1489	755	734	1302	645	657	996	470	526
茂名市	**11459**	**5486**	**5973**	**8880**	**4318**	**4562**	**6517**	**3209**	**3308**
茂南区	4540	2223	2317	3252	1624	1628	2178	1050	1128
电白区	1353	679	674	1135	534	601	957	485	472
高州市	1990	947	1043	1609	762	847	1171	593	578
化州市	1546	729	817	1358	666	692	1011	495	516
信宜市	2030	908	1122	1526	732	794	1200	586	614
肇庆市	**8310**	**4251**	**4059**	**6358**	**3219**	**3139**	**4168**	**2069**	**2099**
端州区	4000	2000	2000	3184	1551	1633	2226	1091	1135
鼎湖区	721	385	336	564	298	266	336	171	165
高要区	512	249	263	399	199	200	270	138	132
广宁县									
怀集县									
封开县									
德庆县									
四会市	3077	1617	1460	2211	1171	1040	1336	669	667
惠州市	**16678**	**9030**	**7648**	**11482**	**6002**	**5480**	**6628**	**3295**	**3333**
惠城区	10181	5365	4816	7201	3630	3571	4366	2110	2256
惠阳区	6306	3546	2760	4161	2301	1860	2215	1157	1058
博罗县	191	119	72	120	71	49	47	28	19
惠东县									
龙门县									
梅州市	**6260**	**3013**	**3247**	**5766**	**2774**	**2992**	**4175**	**2030**	**2145**
梅江区	2647	1313	1334	2482	1194	1288	1792	870	922
梅县区	1713	827	886	1571	759	812	1120	532	588
大埔县									
丰顺县									
五华县	95	44	51	79	36	43	57	28	29
平远县									
蕉岭县									
兴宁市	1805	829	976	1634	785	849	1206	600	606

1-3a 续表 14

单位：人

地区	50-54岁			55-59岁			60-64岁		
	小计	男	女	小计	男	女	小计	男	女
汕尾市	**3512**	**1766**	**1746**	**2648**	**1372**	**1276**	**1926**	**955**	**971**
城区	1986	994	992	1492	776	716	1051	533	518
海丰县									
陆河县									
陆丰市	1526	772	754	1156	596	560	875	422	453
河源市	**4113**	**2100**	**2013**	**3179**	**1539**	**1640**	**2226**	**1118**	**1108**
源城区	4113	2100	2013	3179	1539	1640	2226	1118	1108
紫金县									
龙川县									
连平县									
和平县									
东源县									
阳江市	**7135**	**3561**	**3574**	**5822**	**2873**	**2949**	**3699**	**1815**	**1884**
江城区	3900	1955	1945	3213	1571	1642	2141	1040	1101
阳东区	1199	602	597	954	487	467	598	296	302
阳西县									
阳春市	2036	1004	1032	1655	815	840	960	479	481
清远市	**8155**	**4030**	**4125**	**7311**	**3343**	**3968**	**4737**	**2228**	**2509**
清城区	4241	2090	2151	3888	1770	2118	2517	1188	1329
清新区	1549	769	780	1295	573	722	836	369	467
佛冈县									
阳山县									
连山壮族瑶族自治县									
连南瑶族自治县									
英德市	1327	642	685	1149	529	620	729	363	366
连州市	1038	529	509	979	471	508	655	308	347
东莞市	**68718**	**38414**	**30304**	**38217**	**21164**	**17053**	**18110**	**9121**	**8989**
市辖区	68718	38414	30304	38217	21164	17053	18110	9121	8989
中山市	**19218**	**10300**	**8918**	**12192**	**6411**	**5781**	**6840**	**3304**	**3536**
市辖区	19218	10300	8918	12192	6411	5781	6840	3304	3536
潮州市	**6897**	**3504**	**3393**	**6039**	**3065**	**2974**	**4702**	**2297**	**2405**
湘桥区	3133	1589	1544	2948	1485	1463	2276	1103	1173
潮安区	3764	1915	1849	3091	1580	1511	2426	1194	1232
饶平县									
揭阳市	**9656**	**4608**	**5048**	**8297**	**3942**	**4355**	**6522**	**3265**	**3257**
榕城区	4655	2185	2470	4181	1972	2209	3283	1614	1669
揭东区	2158	1048	1110	1809	910	899	1451	752	699
揭西县									
惠来县									
普宁市	2843	1375	1468	2307	1060	1247	1788	899	889
云浮市	**3756**	**1856**	**1900**	**3208**	**1528**	**1680**	**2060**	**961**	**1099**
云城区	2241	1129	1112	1831	900	931	1048	476	572
云安区	169	79	90	123	62	61	72	39	33
新兴县									
郁南县									
罗定市	1346	648	698	1254	566	688	940	446	494

1-3a 续表 15

单位：人

地区	65-69岁			70-74岁			75-79岁		
	小计	男	女	小计	男	女	小计	男	女
广东	**192395**	**91093**	**101302**	**116672**	**55880**	**60792**	**64478**	**29705**	**34773**
广州市	**41412**	**19717**	**21695**	**25125**	**12000**	**13125**	**14327**	**6435**	**7892**
荔湾区	5193	2551	2642	3117	1537	1580	1696	768	928
越秀区	5683	2688	2995	3498	1650	1848	2122	946	1176
海珠区	7693	3619	4074	4895	2377	2518	2828	1268	1560
天河区	4905	2332	2573	2989	1427	1562	1873	834	1039
白云区	5464	2735	2729	3266	1619	1647	1676	761	915
黄埔区	2262	1089	1173	1387	633	754	766	329	437
番禺区	4824	2212	2612	2827	1301	1526	1597	713	884
花都区	2314	1047	1267	1399	634	765	749	353	396
南沙区	1057	520	537	532	242	290	364	166	198
从化区	572	253	319	375	190	185	209	86	123
增城区	1445	671	774	840	390	450	447	211	236
韶关市	**3844**	**1827**	**2017**	**2630**	**1220**	**1410**	**1785**	**796**	**989**
武江区	1207	606	601	722	338	384	478	205	273
浈江区	1130	544	586	832	385	447	583	269	314
曲江区	580	254	326	471	219	252	331	151	180
始兴县									
仁化县									
翁源县									
乳源瑶族自治县									
新丰县									
乐昌市	454	210	244	300	141	159	179	78	101
南雄市	473	213	260	305	137	168	214	93	121
深圳市	**29770**	**13878**	**15892**	**14110**	**6799**	**7311**	**6907**	**3116**	**3791**
罗湖区	3106	1427	1679	1587	755	832	841	376	465
福田区	3916	1776	2140	2136	1005	1131	1248	536	712
南山区	4312	1984	2328	2395	1138	1257	1214	570	644
宝安区	5381	2527	2854	2369	1146	1223	1072	436	636
龙岗区	7098	3299	3799	3163	1558	1605	1404	659	745
盐田区	496	219	277	259	118	141	147	63	84
龙华区	3451	1615	1836	1377	675	702	600	290	310
坪山区	762	382	380	324	162	162	145	71	74
光明区	1248	649	599	500	242	258	236	115	121
珠海市	**4799**	**2279**	**2520**	**2892**	**1387**	**1505**	**1660**	**780**	**880**
香洲区	3338	1569	1769	2038	947	1091	1228	565	663
斗门区	741	357	384	485	256	229	240	113	127
金湾区	720	353	367	369	184	185	192	102	90
汕头市	**10301**	**4973**	**5328**	**6469**	**3070**	**3399**	**3295**	**1507**	**1788**
龙湖区	1865	914	951	1193	549	644	650	324	326
金平区	3979	1946	2033	2498	1219	1279	1275	556	719
濠江区	806	400	406	529	235	294	225	104	121
潮阳区	1256	608	648	800	397	403	372	182	190
潮南区	1411	654	757	864	387	477	478	212	266
澄海区	984	451	533	585	283	302	295	129	166
南澳县									
佛山市	**23897**	**11011**	**12886**	**15876**	**7171**	**8705**	**8576**	**3720**	**4856**
禅城区	3613	1708	1905	2614	1196	1418	1604	751	853
南海区	9113	4206	4907	6087	2812	3275	3286	1458	1828
顺德区	8934	4051	4883	5681	2475	3206	2768	1127	1641
三水区	1189	537	652	795	369	426	480	196	284
高明区	1048	509	539	699	319	380	438	188	250

1–3a　续表 16　　　　单位：人

地　区	65–69岁			70–74岁			75–79岁		
	小计	男	女	小计	男	女	小计	男	女
江门市	**10873**	**5226**	**5647**	**7568**	**3644**	**3924**	**3638**	**1679**	**1959**
蓬江区	3105	1470	1635	2158	1026	1132	1104	469	635
江海区	1251	590	661	768	364	404	376	162	214
新会区	1975	909	1066	1434	662	772	684	308	376
台山市	1475	757	718	1039	541	498	433	216	217
开平市	1463	710	753	1013	467	546	454	241	213
鹤山市	768	364	404	591	273	318	323	150	173
恩平市	836	426	410	565	311	254	264	133	131
湛江市	**6073**	**2937**	**3136**	**4187**	**2117**	**2070**	**2798**	**1407**	**1391**
赤坎区	1184	552	632	802	413	389	525	274	251
霞山区	1904	906	998	1362	671	691	943	455	488
坡头区	288	140	148	184	90	94	129	67	62
麻章区	283	149	134	168	88	80	139	64	75
遂溪县	94	40	54	97	50	47	60	37	23
徐闻县									
廉江市	759	375	384	514	270	244	345	183	162
雷州市	636	326	310	431	213	218	280	138	142
吴川市	925	449	476	629	322	307	377	189	188
茂名市	**5487**	**2569**	**2918**	**3980**	**2084**	**1896**	**2724**	**1318**	**1406**
茂南区	1963	875	1088	1587	815	772	1095	514	581
电白区	765	364	401	542	274	268	378	181	197
高州市	988	462	526	649	354	295	434	227	207
化州市	819	374	445	606	335	271	375	196	179
信宜市	952	494	458	596	306	290	442	200	242
肇庆市	**3543**	**1691**	**1852**	**2430**	**1167**	**1263**	**1514**	**721**	**793**
端州区	1825	872	953	1432	683	749	920	441	479
鼎湖区	348	171	177	160	73	87	96	36	60
高要区	277	128	149	148	78	70	122	54	68
广宁县									
怀集县									
封开县									
德庆县									
四会市	1093	520	573	690	333	357	376	190	186
惠州市	**5339**	**2482**	**2857**	**2966**	**1453**	**1513**	**1706**	**789**	**917**
惠城区	3665	1684	1981	2006	962	1044	1261	563	698
惠阳区	1638	780	858	944	482	462	444	225	219
博罗县	36	18	18	16	9	7	1	1	
惠东县									
龙门县									
梅州市	**3957**	**1862**	**2095**	**2460**	**1232**	**1228**	**1475**	**774**	**701**
梅江区	1646	803	843	1001	480	521	591	305	286
梅县区	988	473	515	533	274	259	315	166	149
大埔县									
丰顺县									
五华县	55	29	26	39	17	22	35	12	23
平远县									
蕉岭县									
兴宁市	1268	557	711	887	461	426	534	291	243

1-3a 续表 17

单位：人

地区	65-69岁			70-74岁			75-79岁		
	小计	男	女	小计	男	女	小计	男	女
汕尾市	**1569**	**776**	**793**	**923**	**512**	**411**	**509**	**283**	**226**
城　区	897	434	463	561	292	269	306	163	143
海丰县									
陆河县									
陆丰市	672	342	330	362	220	142	203	120	83
河源市	**1663**	**806**	**857**	**988**	**486**	**502**	**705**	**330**	**375**
源城区	1663	806	857	988	486	502	705	330	375
紫金县									
龙川县									
连平县									
和平县									
东源县									
阳江市	**3110**	**1545**	**1565**	**2101**	**1074**	**1027**	**1292**	**674**	**618**
江城区	1699	861	838	1230	632	598	741	381	360
阳东区	542	268	274	317	171	146	171	95	76
阳西县									
阳春市	869	416	453	554	271	283	380	198	182
清远市	**4212**	**1971**	**2241**	**2616**	**1215**	**1401**	**1635**	**730**	**905**
清城区	2235	1043	1192	1396	655	741	787	348	439
清新区	767	369	398	418	195	223	253	116	137
佛冈县									
阳山县									
连山壮族瑶族自治县									
连南瑶族自治县									
英德市	610	281	329	361	166	195	271	124	147
连州市	600	278	322	441	199	242	324	142	182
东莞市	**14227**	**6874**	**7353**	**8060**	**3733**	**4327**	**4028**	**1795**	**2233**
市辖区	14227	6874	7353	8060	3733	4327	4028	1795	2233
中山市	**6123**	**2947**	**3176**	**3873**	**1749**	**2124**	**1903**	**867**	**1036**
市辖区	6123	2947	3176	3873	1749	2124	1903	867	1036
潮州市	**4439**	**2130**	**2309**	**2760**	**1349**	**1411**	**1219**	**583**	**636**
湘桥区	2206	1048	1158	1414	720	694	631	312	319
潮安区	2233	1082	1151	1346	629	717	588	271	317
饶平县									
揭阳市	**5853**	**2744**	**3109**	**3511**	**1818**	**1693**	**2051**	**1048**	**1003**
榕城区	3020	1444	1576	1796	934	862	1024	530	494
揭东区	1339	630	709	788	391	397	465	232	233
揭西县									
惠来县									
普宁市	1494	670	824	927	493	434	562	286	276
云浮市	**1904**	**848**	**1056**	**1147**	**600**	**547**	**731**	**353**	**378**
云城区	949	437	512	579	306	273	384	181	203
云安区	65	33	32	43	25	18	19	12	7
新兴县									
郁南县									
罗定市	890	378	512	525	269	256	328	160	168

1-3a　续表 18　　　　单位：人

地　区	80-84岁			85-89岁			90岁及以上		
	小计	男	女	小计	男	女	小计	男	女
广　东	**46120**	**20368**	**25752**	**24944**	**9844**	**15100**	**10215**	**3473**	**6742**
广州市	**11673**	**5128**	**6545**	**6847**	**2689**	**4158**	**2675**	**956**	**1719**
荔湾区	1585	635	950	1118	397	721	529	174	355
越秀区	2085	883	1202	1424	567	857	567	229	338
海珠区	2475	1092	1383	1576	629	947	555	208	347
天河区	1525	720	805	679	331	348	199	86	113
白云区	1192	540	652	714	244	470	298	96	202
黄埔区	588	276	312	264	112	152	81	26	55
番禺区	1059	454	605	456	184	272	222	71	151
花都区	475	228	247	227	83	144	75	18	57
南沙区	225	90	135	102	33	69	44	11	33
从化区	165	73	92	92	34	58	33	16	17
增城区	299	137	162	195	75	120	72	21	51
韶关市	**1313**	**579**	**734**	**613**	**253**	**360**	**187**	**49**	**138**
武江区	404	181	223	157	67	90	54	16	38
浈江区	429	206	223	215	92	123	61	14	47
曲江区	223	82	141	105	45	60	39	8	31
始兴县									
仁化县									
翁源县									
乳源瑶族自治县									
新丰县									
乐昌市	117	46	71	49	16	33	14	6	8
南雄市	140	64	76	87	33	54	19	5	14
深圳市	**4525**	**2002**	**2523**	**2167**	**923**	**1244**	**824**	**274**	**550**
罗湖区	664	291	373	294	140	154	91	31	60
福田区	881	441	440	360	183	177	122	51	71
南山区	839	384	455	369	173	196	101	46	55
宝安区	654	269	385	358	124	234	155	47	108
龙岗区	811	344	467	417	161	256	189	43	146
盐田区	88	32	56	45	22	23	22	8	14
龙华区	345	138	207	188	69	119	78	25	53
坪山区	82	32	50	62	19	43	27	6	21
光明区	161	71	90	74	32	42	39	17	22
珠海市	**1180**	**527**	**653**	**510**	**241**	**269**	**190**	**76**	**114**
香洲区	904	397	507	376	182	194	129	55	74
斗门区	144	73	71	70	32	38	31	12	19
金湾区	132	57	75	64	27	37	30	9	21
汕头市	**2546**	**1063**	**1483**	**1542**	**572**	**970**	**654**	**220**	**434**
龙湖区	481	211	270	237	93	144	93	35	58
金平区	988	396	592	655	232	423	252	91	161
濠江区	169	68	101	86	28	58	50	16	34
潮阳区	290	114	176	192	79	113	78	25	53
潮南区	398	181	217	233	90	143	130	35	95
澄海区	220	93	127	139	50	89	51	18	33
南澳县									
佛山市	**5528**	**2351**	**3177**	**2696**	**941**	**1755**	**1232**	**392**	**840**
禅城区	1036	455	581	549	193	356	231	85	146
南海区	1929	858	1071	934	345	589	464	153	311
顺德区	2003	800	1203	947	310	637	400	111	289
三水区	320	130	190	160	59	101	77	27	50
高明区	240	108	132	106	34	72	60	16	44

1－3a 续表 19

单位：人

地 区	80－84岁			85－89岁			90岁及以上		
	小计	男	女	小计	男	女	小计	男	女
江门市	**2659**	**1244**	**1415**	**1337**	**552**	**785**	**514**	**174**	**340**
蓬江区	848	366	482	419	157	262	135	49	86
江海区	251	121	130	146	45	101	71	23	48
新会区	537	240	297	271	113	158	108	39	69
台山市	349	175	174	156	62	94	66	24	42
开平市	270	144	126	140	72	68	60	17	43
鹤山市	224	103	121	96	56	40	36	10	26
恩平市	180	95	85	109	47	62	38	12	26
湛江市	**1960**	**925**	**1035**	**1047**	**475**	**572**	**458**	**195**	**263**
赤坎区	402	177	225	219	98	121	101	49	52
霞山区	650	293	357	331	166	165	121	46	75
坡头区	100	59	41	46	25	21	19	7	12
麻章区	88	42	46	49	21	28	31	13	18
遂溪县	42	13	29	34	15	19	16	10	6
徐闻县									
廉江市	211	100	111	112	49	63	37	19	18
雷州市	192	104	88	111	38	73	61	24	37
吴川市	275	137	138	145	63	82	72	27	45
茂名市	**1840**	**926**	**914**	**1028**	**460**	**568**	**413**	**169**	**244**
茂南区	760	408	352	392	193	199	127	58	69
电白区	296	143	153	185	76	109	108	38	70
高州市	255	123	132	172	80	92	63	27	36
化州市	288	138	150	155	68	87	70	29	41
信宜市	241	114	127	124	43	81	45	17	28
肇庆市	**972**	**430**	**542**	**515**	**213**	**302**	**168**	**62**	**106**
端州区	632	293	339	306	134	172	91	34	57
鼎湖区	65	19	46	42	13	29	16	8	8
高要区	62	29	33	24	15	9	11	4	7
广宁县									
怀集县									
封开县									
德庆县									
四会市	213	89	124	143	51	92	50	16	34
惠州市	**1160**	**499**	**661**	**625**	**243**	**382**	**265**	**76**	**189**
惠城区	857	390	467	425	174	251	167	52	115
惠阳区	299	107	192	198	69	129	94	21	73
博罗县	4	2	2	2		2	4	3	1
惠东县									
龙门县									
梅州市	**1013**	**487**	**526**	**593**	**242**	**351**	**269**	**82**	**187**
梅江区	500	236	264	292	127	165	115	36	79
梅县区	178	79	99	114	38	76	54	13	41
大埔县									
丰顺县									
五华县	27	16	11	8	3	5	5	1	4
平远县									
蕉岭县									
兴宁市	308	156	152	179	74	105	95	32	63

1-3a 续表 20 单位：人

地区	80-84岁			85-89岁			90岁及以上		
	小计	男	女	小计	男	女	小计	男	女
汕尾市	**400**	**190**	**210**	**209**	**83**	**126**	**96**	**39**	**57**
城　区	210	104	106	119	39	80	50	22	28
海丰县									
陆河县									
陆丰市	190	86	104	90	44	46	46	17	29
河源市	**487**	**216**	**271**	**288**	**109**	**179**	**99**	**30**	**69**
源城区	487	216	271	288	109	179	99	30	69
紫金县									
龙川县									
连平县									
和平县									
东源县									
阳江市	**887**	**396**	**491**	**485**	**184**	**301**	**212**	**74**	**138**
江城区	526	244	282	278	103	175	125	39	86
阳东区	109	48	61	56	23	33	36	15	21
阳西县									
阳春市	252	104	148	151	58	93	51	20	31
清远市	**1024**	**414**	**610**	**505**	**178**	**327**	**230**	**54**	**176**
清城区	516	222	294	273	96	177	128	26	102
清新区	149	63	86	77	23	54	25	4	21
佛冈县									
阳山县									
连山壮族瑶族自治县									
连南瑶族自治县									
英德市	176	61	115	79	28	51	41	16	25
连州市	183	68	115	76	31	45	36	8	28
东莞市	**2620**	**1142**	**1478**	**1527**	**597**	**930**	**709**	**207**	**502**
市辖区	2620	1142	1478	1527	597	930	709	207	502
中山市	**1365**	**559**	**806**	**764**	**275**	**489**	**302**	**106**	**196**
市辖区	1365	559	806	764	275	489	302	106	196
潮州市	**923**	**350**	**573**	**553**	**191**	**362**	**235**	**88**	**147**
湘桥区	501	189	312	299	93	206	132	62	70
潮安区	422	161	261	254	98	156	103	26	77
饶平县									
揭阳市	**1527**	**705**	**822**	**832**	**318**	**514**	**395**	**120**	**275**
榕城区	769	345	424	412	158	254	173	50	123
揭东区	311	145	166	162	57	105	95	25	70
揭西县									
惠来县									
普宁市	447	215	232	258	103	155	127	45	82
云浮市	**518**	**235**	**283**	**261**	**105**	**156**	**88**	**30**	**58**
云城区	258	115	143	142	59	83	48	18	30
云安区	25	11	14	9	3	6	6	1	5
新兴县									
郁南县									
罗定市	235	109	126	110	43	67	34	11	23

1-3b 各地区分年龄、性别的人口(镇)

单位：人

地区	合计			0岁			1-4岁		
	合计	男	女	小计	男	女	小计	男	女
广东	**1601437**	**833079**	**768358**	**15608**	**8309**	**7299**	**89998**	**48132**	**41866**
广州市	**113239**	**60540**	**52699**	**897**	**471**	**426**	**5609**	**2994**	**2615**
荔湾区									
越秀区									
海珠区									
天河区									
白云区	24765	13044	11721	131	58	73	807	418	389
黄埔区	3922	1935	1987	70	32	38	356	181	175
番禺区	6862	3832	3030	47	33	14	234	116	118
花都区	9995	5290	4705	73	41	32	527	292	235
南沙区	15651	8733	6918	114	59	55	715	390	325
从化区	6369	3465	2904	55	31	24	338	190	148
增城区	45675	24241	21434	407	217	190	2632	1407	1225
韶关市	**63409**	**31315**	**32094**	**612**	**318**	**294**	**3875**	**2063**	**1812**
武江区	248	115	133	3	3		14	8	6
浈江区	2790	1470	1320	10	3	7	94	48	46
曲江区	2709	1399	1310	19	12	7	150	74	76
始兴县	7578	3658	3920	61	31	30	463	255	208
仁化县	7493	3722	3771	76	42	34	432	211	221
翁源县	10759	5225	5534	127	60	67	743	419	324
乳源瑶族自治县	8264	4098	4166	85	45	40	548	290	258
新丰县	8625	4297	4328	72	33	39	509	263	246
乐昌市	8927	4356	4571	89	45	44	576	312	264
南雄市	6016	2975	3041	70	44	26	346	183	163
深圳市	**736**	**565**	**171**	**4**	**4**		**22**	**9**	**13**
罗湖区									
福田区									
南山区	504	455	49						
宝安区									
龙岗区									
盐田区									
龙华区									
坪山区	232	110	122	4	4		22	9	13
光明区									
珠海市	**30832**	**18747**	**12085**	**234**	**120**	**114**	**1291**	**700**	**591**
香洲区	5587	4094	1493	20	13	7	93	50	43
斗门区	14290	7946	6344	135	69	66	753	399	354
金湾区	10955	6707	4248	79	38	41	445	251	194
汕头市	**127343**	**64147**	**63196**	**1407**	**756**	**651**	**7338**	**3906**	**3432**
龙湖区									
金平区									
濠江区	480	243	237	2	1	1	18	6	12
潮阳区	55208	27854	27354	718	394	324	3625	1918	1707
潮南区	33609	16929	16680	401	210	191	1878	1002	876
澄海区	33666	16918	16748	248	134	114	1613	872	741
南澳县	4380	2203	2177	38	17	21	204	108	96
佛山市	**49854**	**28668**	**21186**	**409**	**210**	**199**	**2102**	**1140**	**962**
禅城区	21518	12051	9467	186	101	85	1034	557	477
南海区	5432	3127	2305	32	18	14	191	99	92
顺德区									
三水区	20597	12130	8467	166	79	87	780	429	351
高明区	2307	1360	947	25	12	13	97	55	42

1-3b　续表 1

单位：人

地　区	合　计			0岁			1-4岁		
	合计	男	女	小计	男	女	小计	男	女
江门市	**37189**	**19918**	**17271**	**259**	**136**	**123**	**1600**	**834**	**766**
蓬江区									
江海区									
新会区	10325	5409	4916	83	46	37	453	226	227
台山市	7129	3735	3394	40	21	19	294	154	140
开平市	8352	4499	3853	47	21	26	379	211	168
鹤山市	6642	3747	2895	29	16	13	230	113	117
恩平市	4741	2528	2213	60	32	28	244	130	114
湛江市	**105232**	**54191**	**51041**	**1327**	**677**	**650**	**7290**	**3936**	**3354**
赤坎区									
霞山区	424	237	187	7	5	2	32	20	12
坡头区	7472	3825	3647	96	46	50	597	311	286
麻章区	9705	4957	4748	69	31	38	398	209	189
遂溪县	23911	12232	11679	324	164	160	1717	933	784
徐闻县	21267	10902	10365	276	140	136	1478	801	677
廉江市	16142	8484	7658	213	119	94	1094	583	511
雷州市	14738	7744	6994	177	85	92	1076	593	483
吴川市	11573	5810	5763	165	87	78	898	486	412
茂名市	**79906**	**41259**	**38647**	**1005**	**534**	**471**	**5435**	**2960**	**2475**
茂南区	3950	2075	1875	52	23	29	280	161	119
电白区	32716	16982	15734	444	250	194	2287	1239	1048
高州市	16456	8567	7889	216	112	104	1002	530	472
化州市	17657	9115	8542	182	88	94	1180	667	513
信宜市	9127	4520	4607	111	61	50	686	363	323
肇庆市	**80853**	**42435**	**38418**	**751**	**437**	**314**	**4276**	**2386**	**1890**
端州区									
鼎湖区	3578	2001	1577	39	18	21	178	93	85
高要区	14846	8109	6737	121	69	52	680	377	303
广宁县	14565	7334	7231	159	95	64	762	431	331
怀集县	21540	11209	10331	210	126	84	1301	720	581
封开县	12396	6385	6011	110	70	40	682	385	297
德庆县	10705	5493	5212	81	42	39	542	298	244
四会市	3223	1904	1319	31	17	14	131	82	49
惠州市	**162865**	**86489**	**76376**	**1364**	**719**	**645**	**8443**	**4508**	**3935**
惠城区	12169	6598	5571	113	50	63	640	341	299
惠阳区	12068	6719	5349	85	49	36	519	258	261
博罗县	64710	34759	29951	501	274	227	3145	1729	1416
惠东县	61702	32330	29372	553	284	269	3343	1778	1565
龙门县	12216	6083	6133	112	62	50	796	402	394
梅州市	**96518**	**48073**	**48445**	**995**	**560**	**435**	**5932**	**3154**	**2778**
梅江区	573	285	288	10	7	3	25	13	12
梅县区	3815	1908	1907	34	13	21	216	115	101
大埔县	14781	7211	7570	120	70	50	890	458	432
丰顺县	22601	11516	11085	229	142	87	1293	701	592
五华县	29388	14717	14671	385	207	178	2055	1112	943
平远县	9289	4501	4788	79	42	37	536	279	257
蕉岭县	9742	4743	4999	85	46	39	525	277	248
兴宁市	6329	3192	3137	53	33	20	392	199	193

1-3b 续表 2　　　　单位：人

地　区	合　计			0岁			1-4岁		
	合计	男	女	小计	男	女	小计	男	女
汕尾市	**94338**	**48520**	**45818**	**850**	**464**	**386**	**5579**	**2983**	**2596**
城　区	4032	2049	1983	45	27	18	243	141	102
海丰县	50285	26166	24119	378	198	180	2933	1553	1380
陆河县	12149	6169	5980	152	92	60	799	440	359
陆丰市	27872	14136	13736	275	147	128	1604	849	755
河源市	**72107**	**35733**	**36374**	**595**	**311**	**284**	**4189**	**2221**	**1968**
源城区	3134	1659	1475	8	3	5	99	49	50
紫金县	20097	10085	10012	179	81	98	1236	677	559
龙川县	19279	9307	9972	148	93	55	1150	606	544
连平县	9900	4934	4966	94	49	45	585	299	286
和平县	10937	5266	5671	97	50	47	685	358	327
东源县	8760	4482	4278	69	35	34	434	232	202
阳江市	**36345**	**18817**	**17528**	**335**	**181**	**154**	**2139**	**1121**	**1018**
江城区	4554	2346	2208	31	14	17	187	95	92
阳东区	5514	2948	2566	48	31	17	280	133	147
阳西县	17616	9135	8481	141	76	65	1074	572	502
阳春市	8661	4388	4273	115	60	55	598	321	277
清远市	**87594**	**45029**	**42565**	**960**	**510**	**450**	**5679**	**3062**	**2617**
清城区	26545	14425	12120	254	143	111	1459	807	652
清新区	3961	2091	1870	36	18	18	236	135	101
佛冈县	13294	6732	6562	131	71	60	814	440	374
阳山县	13344	6573	6771	135	67	68	1073	586	487
连山壮族瑶族自治县	3674	1814	1860	51	25	26	260	136	124
连南瑶族自治县	5600	2714	2886	56	27	29	345	155	190
英德市	18243	9214	9029	252	129	123	1320	711	609
连州市	2933	1466	1467	45	30	15	172	92	80
东莞市	**8945**	**4985**	**3960**	**30**	**18**	**12**	**208**	**97**	**111**
市辖区	8945	4985	3960	30	18	12	208	97	111
中山市	**102967**	**56365**	**46602**	**688**	**372**	**316**	**4620**	**2461**	**2159**
市辖区	102967	56365	46602	688	372	316	4620	2461	2159
潮州市	**68227**	**34230**	**33997**	**619**	**314**	**305**	**3062**	**1613**	**1449**
湘桥区	7482	3592	3890	74	35	39	312	153	159
潮安区	22393	11346	11047	230	117	113	1107	603	504
饶平县	38352	19292	19060	315	162	153	1643	857	786
揭阳市	**139289**	**70908**	**68381**	**1783**	**943**	**840**	**8581**	**4521**	**4060**
榕城区	9120	4724	4396	103	53	50	485	249	236
揭东区	21104	10778	10326	285	157	128	1082	571	511
揭西县	18897	9616	9281	248	132	116	1049	554	495
惠来县	41753	21033	20720	543	283	260	2787	1489	1298
普宁市	48415	24757	23658	604	318	286	3178	1658	1520
云浮市	**43649**	**22145**	**21504**	**484**	**254**	**230**	**2728**	**1463**	**1265**
云城区									
云安区	4463	2299	2164	56	31	25	298	159	139
新兴县	17824	9095	8729	186	102	84	1028	578	450
郁南县	14370	7246	7124	141	62	79	923	484	439
罗定市	6992	3505	3487	101	59	42	479	242	237

1-3b 续表 3

单位：人

地区	5-9岁			10-14岁			15-19岁		
	小计	男	女	小计	男	女	小计	男	女
广 东	**127810**	**68510**	**59300**	**110673**	**59139**	**51534**	**98891**	**53225**	**45666**
广州市	**5890**	**3218**	**2672**	**4173**	**2263**	**1910**	**7872**	**4233**	**3639**
荔湾区									
越秀区									
海珠区									
天河区									
白云区	855	467	388	676	390	286	3738	1981	1757
黄埔区	399	221	178	183	102	81	72	40	32
番禺区	199	111	88	179	95	84	404	213	191
花都区	618	339	279	420	225	195	746	381	365
南沙区	642	360	282	507	268	239	596	331	265
从化区	418	243	175	283	158	125	302	163	139
增城区	2759	1477	1282	1925	1025	900	2014	1124	890
韶关市	**5722**	**3047**	**2675**	**4831**	**2601**	**2230**	**3686**	**2018**	**1668**
武江区	36	16	20	24	13	11	3	1	2
浈江区	122	68	54	112	63	49	496	341	155
曲江区	205	102	103	185	95	90	60	34	26
始兴县	650	367	283	553	306	247	515	254	261
仁化县	641	324	317	509	288	221	440	262	178
翁源县	1071	585	486	824	445	379	493	269	224
乳源瑶族自治县	723	389	334	598	324	274	519	259	260
新丰县	785	426	359	681	394	287	509	261	248
乐昌市	912	471	441	850	432	418	414	203	211
南雄市	577	299	278	495	241	254	237	134	103
深圳市	**12**	**6**	**6**	**16**	**9**	**7**	**8**	**5**	**3**
罗湖区									
福田区									
南山区							3	3	
宝安区									
龙岗区									
盐田区									
龙华区									
坪山区	12	6	6	16	9	7	5	2	3
光明区									
珠海市	**1472**	**824**	**648**	**1161**	**645**	**516**	**1281**	**781**	**500**
香洲区	119	62	57	74	38	36	101	69	32
斗门区	851	478	373	707	402	305	914	566	348
金湾区	502	284	218	380	205	175	266	146	120
汕头市	**10810**	**5617**	**5193**	**9477**	**4943**	**4534**	**7658**	**3969**	**3689**
龙湖区									
金平区									
濠江区	41	19	22	25	16	9	18	8	10
潮阳区	5200	2682	2518	4447	2365	2082	3746	1895	1851
潮南区	3095	1605	1490	2769	1420	1349	2507	1297	1210
澄海区	2220	1180	1040	2044	1049	995	1265	705	560
南澳县	254	131	123	192	93	99	122	64	58
佛山市	**2420**	**1344**	**1076**	**1765**	**953**	**812**	**2079**	**1236**	**843**
禅城区	1126	621	505	698	372	326	918	531	387
南海区	183	100	83	151	85	66	164	85	79
顺德区									
三水区	992	562	430	821	449	372	950	596	354
高明区	119	61	58	95	47	48	47	24	23

1-3b 续表 4

单位：人

地 区	5-9岁			10-14岁			15-19岁		
	小计	男	女	小计	男	女	小计	男	女
江门市	**2188**	**1173**	**1015**	**2006**	**1075**	**931**	**1593**	**986**	**607**
蓬江区									
江海区									
新会区	591	296	295	519	268	251	447	268	179
台山市	328	185	143	350	183	167	174	99	75
开平市	602	331	271	573	308	265	455	302	153
鹤山市	356	193	163	319	182	137	379	234	145
恩平市	311	168	143	245	134	111	138	83	55
湛江市	**10223**	**5529**	**4694**	**7908**	**4313**	**3595**	**6110**	**3360**	**2750**
赤坎区									
霞山区	38	21	17	31	15	16	21	13	8
坡头区	844	446	398	582	317	265	349	201	148
麻章区	556	304	252	403	220	183	1304	658	646
遂溪县	2295	1209	1086	1728	923	805	1545	772	773
徐闻县	2106	1141	965	1649	896	753	943	532	411
廉江市	1621	899	722	1277	720	557	726	464	262
雷州市	1450	817	633	1200	667	533	659	375	284
吴川市	1313	692	621	1038	555	483	563	345	218
茂名市	**8473**	**4562**	**3911**	**7033**	**3788**	**3245**	**5563**	**3087**	**2476**
茂南区	360	199	161	271	145	126	262	127	135
电白区	3309	1793	1516	2624	1421	1203	2111	1139	972
高州市	1561	847	714	1358	729	629	1205	727	478
化州市	2156	1169	987	1831	992	839	1490	839	651
信宜市	1087	554	533	949	501	448	495	255	240
肇庆市	**6270**	**3487**	**2783**	**5837**	**3260**	**2577**	**5002**	**2666**	**2336**
端州区									
鼎湖区	244	140	104	156	82	74	110	67	43
高要区	979	574	405	947	517	430	848	483	365
广宁县	1326	724	602	1228	665	563	949	547	402
怀集县	1859	1068	791	1632	997	635	1747	874	873
封开县	925	508	417	918	493	425	752	406	346
德庆县	756	367	389	807	419	388	519	251	268
四会市	181	106	75	149	87	62	77	38	39
惠州市	**12607**	**6830**	**5777**	**11118**	**5935**	**5183**	**10953**	**6151**	**4802**
惠城区	830	445	385	710	369	341	1317	732	585
惠阳区	706	365	341	680	361	319	475	295	180
博罗县	4664	2556	2108	4159	2239	1920	4355	2516	1839
惠东县	5329	2922	2407	4591	2448	2143	4052	2231	1821
龙门县	1078	542	536	978	518	460	754	377	377
梅州市	**8674**	**4585**	**4089**	**8063**	**4224**	**3839**	**7099**	**3619**	**3480**
梅江区	28	13	15	33	13	20	14	7	7
梅县区	314	153	161	256	136	120	120	55	65
大埔县	1339	716	623	1348	693	655	1208	580	628
丰顺县	2090	1067	1023	1815	940	875	1342	695	647
五华县	2883	1576	1307	2666	1439	1227	3072	1612	1460
平远县	666	322	344	674	360	314	617	304	313
蕉岭县	788	429	359	706	349	357	427	200	227
兴宁市	566	309	257	565	294	271	299	166	133

1-3b 续表 5

单位：人

地区	5-9岁			10-14岁			15-19岁		
	小计	男	女	小计	男	女	小计	男	女
汕尾市	**8621**	**4578**	**4043**	**7454**	**3884**	**3570**	**6200**	**3271**	**2929**
城　区	313	154	159	244	117	127	161	74	87
海丰县	4503	2427	2076	3767	2003	1764	2776	1518	1258
陆河县	1057	555	502	959	512	447	1159	596	563
陆丰市	2748	1442	1306	2484	1252	1232	2104	1083	1021
河源市	**7081**	**3753**	**3328**	**7334**	**3864**	**3470**	**5378**	**2827**	**2551**
源城区	163	85	78	133	74	59	123	73	50
紫金县	1964	1029	935	2075	1103	972	1788	942	846
龙川县	2119	1132	987	2265	1162	1103	1360	739	621
连平县	919	509	410	883	457	426	554	309	245
和平县	1146	614	532	1158	615	543	931	431	500
东源县	770	384	386	820	453	367	622	333	289
阳江市	**3058**	**1638**	**1420**	**2799**	**1473**	**1326**	**1849**	**1051**	**798**
江城区	326	170	156	260	130	130	128	71	57
阳东区	386	215	171	386	212	174	279	137	142
阳西县	1393	733	660	1352	720	632	1211	720	491
阳春市	953	520	433	801	411	390	231	123	108
清远市	**8122**	**4427**	**3695**	**6653**	**3701**	**2952**	**4157**	**2205**	**1952**
清城区	2154	1207	947	1804	1052	752	1054	597	457
清新区	372	211	161	377	219	158	160	103	57
佛冈县	1228	689	539	1174	633	541	777	426	351
阳山县	1294	679	615	966	532	434	716	339	377
连山壮族瑶族自治县	309	169	140	240	144	96	199	91	108
连南瑶族自治县	509	275	234	465	266	199	350	173	177
英德市	1957	1031	926	1414	747	667	802	429	373
连州市	299	166	133	213	108	105	99	47	52
东莞市	**325**	**171**	**154**	**277**	**163**	**114**	**329**	**186**	**143**
市辖区	325	171	154	277	163	114	329	186	143
中山市	**5347**	**2902**	**2445**	**4204**	**2328**	**1876**	**4874**	**2772**	**2102**
市辖区	5347	2902	2445	4204	2328	1876	4874	2772	2102
潮州市	**4365**	**2266**	**2099**	**4344**	**2294**	**2050**	**4261**	**2113**	**2148**
湘桥区	427	225	202	406	216	190	579	250	329
潮安区	1369	700	669	1385	730	655	1208	622	586
饶平县	2569	1341	1228	2553	1348	1205	2474	1241	1233
揭阳市	**12154**	**6365**	**5789**	**10900**	**5663**	**5237**	**9845**	**5101**	**4744**
榕城区	654	357	297	543	289	254	407	223	184
揭东区	1474	776	698	1549	809	740	1299	704	595
揭西县	1333	696	637	1255	672	583	1061	565	496
惠来县	4204	2175	2029	3817	1937	1880	3161	1632	1529
普宁市	4489	2361	2128	3736	1956	1780	3917	1977	1940
云浮市	**3976**	**2188**	**1788**	**3320**	**1760**	**1560**	**3094**	**1588**	**1506**
云城区									
云安区	433	227	206	309	159	150	270	128	142
新兴县	1389	778	611	1200	648	552	1589	831	758
郁南县	1395	756	639	1118	601	517	888	430	458
罗定市	759	427	332	693	352	341	347	199	148

1-3b 续表 6

单位：人

地　区	20-24岁			25-29岁			30-34岁		
	小计	男	女	小计	男	女	小计	男	女
广　东	**101838**	**55291**	**46547**	**125184**	**66325**	**58859**	**141403**	**73362**	**68041**
广州市	**11746**	**6219**	**5527**	**10330**	**5591**	**4739**	**13721**	**7377**	**6344**
荔湾区									
越秀区									
海珠区									
天河区									
白云区	4952	2396	2556	2266	1239	1027	2385	1319	1066
黄埔区	127	67	60	286	140	146	680	318	362
番禺区	778	440	338	864	498	366	911	556	355
花都区	1154	662	492	758	413	345	1224	620	604
南沙区	898	535	363	1358	799	559	1843	1044	799
从化区	518	262	256	520	294	226	691	376	315
增城区	3319	1857	1462	4278	2208	2070	5987	3144	2843
韶关市	**1869**	**1015**	**854**	**3040**	**1453**	**1587**	**4016**	**1772**	**2244**
武江区	3	2	1	11	5	6	24	10	14
浈江区	83	40	43	98	57	41	111	51	60
曲江区	92	55	37	134	68	66	173	100	73
始兴县	208	100	108	327	153	174	478	210	268
仁化县	214	129	85	361	168	193	536	223	313
翁源县	290	151	139	635	280	355	685	287	398
乳源瑶族自治县	255	134	121	447	217	230	607	284	323
新丰县	330	192	138	450	234	216	606	269	337
乐昌市	189	108	81	309	139	170	454	178	276
南雄市	205	104	101	268	132	136	342	160	182
深圳市	**40**	**36**	**4**	**50**	**44**	**6**	**95**	**77**	**18**
罗湖区									
福田区									
南山区	31	31		45	42	3	67	62	5
宝安区									
龙岗区									
盐田区									
龙华区									
坪山区	9	5	4	5	2	3	28	15	13
光明区									
珠海市	**2356**	**1513**	**843**	**3256**	**2097**	**1159**	**4113**	**2588**	**1525**
香洲区	619	428	191	762	575	187	790	611	179
斗门区	887	537	350	1331	788	543	1816	997	819
金湾区	850	548	302	1163	734	429	1507	980	527
汕头市	**11227**	**5744**	**5483**	**12518**	**6344**	**6174**	**10744**	**5532**	**5212**
龙湖区									
金平区									
濠江区	33	20	13	35	21	14	52	24	28
潮阳区	5855	2984	2871	6010	3080	2930	4552	2383	2169
潮南区	3509	1803	1706	3613	1815	1798	2680	1355	1325
澄海区	1696	867	829	2584	1276	1308	3111	1598	1513
南澳县	134	70	64	276	152	124	349	172	177
佛山市	**3621**	**2206**	**1415**	**5070**	**3058**	**2012**	**6622**	**3861**	**2761**
禅城区	1460	853	607	2344	1371	973	2985	1678	1307
南海区	389	231	158	610	352	258	867	517	350
顺德区									
三水区	1675	1059	616	1963	1225	738	2505	1509	996
高明区	97	63	34	153	110	43	265	157	108

1-3b　续表 7　　　　单位：人

地　　区	20-24岁			25-29岁			30-34岁		
	小计	男	女	小计	男	女	小计	男	女
江门市	**1804**	**1035**	**769**	**2653**	**1473**	**1180**	**3687**	**2043**	**1644**
蓬江区									
江海区									
新会区	506	266	240	752	410	342	986	563	423
台山市	300	173	127	437	244	193	581	339	242
开平市	358	197	161	595	328	267	877	455	422
鹤山市	413	262	151	525	311	214	799	463	336
恩平市	227	137	90	344	180	164	444	223	221
湛江市	**7634**	**3951**	**3683**	**7006**	**3665**	**3341**	**8070**	**3979**	**4091**
赤坎区									
霞山区	20	10	10	41	24	17	36	21	15
坡头区	351	199	152	565	271	294	740	374	366
麻章区	2884	1283	1601	646	397	249	582	324	258
遂溪县	1337	739	598	1590	814	776	1828	932	896
徐闻县	928	525	403	1486	768	718	1745	847	898
廉江市	861	506	355	843	463	380	1158	562	596
雷州市	733	403	330	1024	525	499	1120	546	574
吴川市	520	286	234	811	403	408	861	373	488
茂名市	**3517**	**1991**	**1526**	**5214**	**2710**	**2504**	**5800**	**2856**	**2944**
茂南区	213	120	93	385	206	179	345	182	163
电白区	1536	917	619	2245	1164	1081	2605	1317	1288
高州市	679	402	277	1077	569	508	1087	536	551
化州市	726	370	356	1045	562	483	1228	574	654
信宜市	363	182	181	462	209	253	535	247	288
肇庆市	**4102**	**2310**	**1792**	**5118**	**2716**	**2402**	**6229**	**3152**	**3077**
端州区									
鼎湖区	151	93	58	271	155	116	367	209	158
高要区	898	516	382	1131	614	517	1289	731	558
广宁县	527	310	217	682	359	323	1007	434	573
怀集县	1198	658	540	1463	757	706	1635	807	828
封开县	584	304	280	663	336	327	813	402	411
德庆县	561	314	247	646	333	313	789	376	413
四会市	183	115	68	262	162	100	329	193	136
惠州市	**9727**	**5492**	**4235**	**13814**	**7357**	**6457**	**16068**	**8474**	**7594**
惠城区	955	544	411	1017	567	450	1254	678	576
惠阳区	739	427	312	1155	675	480	1295	722	573
博罗县	3836	2263	1573	5321	2912	2409	6620	3479	3141
惠东县	3733	2018	1715	5650	2901	2749	5959	3131	2828
龙门县	464	240	224	671	302	369	940	464	476
梅州市	**3515**	**1810**	**1705**	**5225**	**2490**	**2735**	**6244**	**2956**	**3288**
梅江区	22	10	12	31	18	13	31	18	13
梅县区	105	50	55	209	95	114	287	152	135
大埔县	426	210	216	682	306	376	921	428	493
丰顺县	982	509	473	1252	641	611	1529	775	754
五华县	1280	673	607	1892	885	1007	1921	885	1036
平远县	276	140	136	420	197	223	530	223	307
蕉岭县	275	127	148	473	210	263	682	316	366
兴宁市	149	91	58	266	138	128	343	159	184

1-3b 续表 8

单位：人

地区	20-24岁			25-29岁			30-34岁		
	小计	男	女	小计	男	女	小计	男	女
汕尾市	**5860**	**3220**	**2640**	**7888**	**3998**	**3890**	**7801**	**3978**	**3823**
城 区	258	120	138	393	203	190	394	199	195
海丰县	2989	1701	1288	4581	2350	2231	4721	2397	2324
陆河县	758	402	356	897	417	480	860	439	421
陆丰市	1855	997	858	2017	1028	989	1826	943	883
河源市	**2594**	**1367**	**1227**	**3914**	**1900**	**2014**	**5108**	**2314**	**2794**
源城区	260	174	86	345	199	146	471	261	210
紫金县	763	417	346	1091	533	558	1299	591	708
龙川县	554	275	279	936	437	499	1295	547	748
连平县	329	165	164	432	193	239	653	299	354
和平县	275	141	134	486	210	276	698	290	408
东源县	413	195	218	624	328	296	692	326	366
阳江市	**1451**	**847**	**604**	**2456**	**1315**	**1141**	**2657**	**1330**	**1327**
江城区	170	103	67	358	191	167	354	192	162
阳东区	272	155	117	413	237	176	432	251	181
阳西县	805	490	315	1290	682	608	1361	648	713
阳春市	204	99	105	395	205	190	510	239	271
清远市	**3370**	**1821**	**1549**	**5311**	**2787**	**2524**	**7177**	**3504**	**3673**
清城区	1225	722	503	1950	1094	856	2636	1388	1248
清新区	169	92	77	231	124	107	325	174	151
佛冈县	566	302	264	887	474	413	1180	545	635
阳山县	446	227	219	705	350	355	981	439	542
连山壮族瑶族自治县	140	60	80	195	88	107	253	114	139
连南瑶族自治县	188	90	98	289	141	148	354	155	199
英德市	579	299	280	954	471	483	1309	619	690
连州市	57	29	28	100	45	55	139	70	69
东莞市	**669**	**407**	**262**	**830**	**497**	**333**	**1269**	**706**	**563**
市辖区	669	407	262	830	497	333	1269	706	563
中山市	**7433**	**4424**	**3009**	**10179**	**5786**	**4393**	**13683**	**7495**	**6188**
市辖区	7433	4424	3009	10179	5786	4393	13683	7495	6188
潮州市	**4814**	**2397**	**2417**	**4977**	**2601**	**2376**	**4691**	**2420**	**2271**
湘桥区	1023	412	611	534	276	258	509	253	256
潮安区	1583	838	745	1967	1030	937	1625	863	762
饶平县	2208	1147	1061	2476	1295	1181	2557	1304	1253
揭阳市	**12592**	**6456**	**6136**	**13490**	**7021**	**6469**	**10405**	**5391**	**5014**
榕城区	640	332	308	1007	530	477	763	411	352
揭东区	1794	923	871	1958	1016	942	1633	843	790
揭西县	1528	803	725	1683	891	792	1334	697	637
惠来县	3824	1925	1899	3678	1934	1744	2767	1407	1360
普宁市	4806	2473	2333	5164	2650	2514	3908	2033	1875
云浮市	**1897**	**1030**	**867**	**2845**	**1422**	**1423**	**3203**	**1557**	**1646**
云城区									
云安区	354	188	166	312	157	155	297	156	141
新兴县	780	430	350	1295	645	650	1461	692	769
郁南县	484	268	216	829	408	421	1030	527	503
罗定市	279	144	135	409	212	197	415	182	233

1-3b　续表 9

单位：人

地　区	35-39岁			40-44岁			45-49岁		
	小计	男	女	小计	男	女	小计	男	女
广　东	**128759**	**67045**	**61714**	**106730**	**55870**	**50860**	**121475**	**62726**	**58749**
广州市	**11199**	**6080**	**5119**	**8748**	**4848**	**3900**	**9432**	**5177**	**4255**
荔湾区									
越秀区									
海珠区									
天河区									
白云区	1797	985	812	1444	795	649	1636	885	751
黄埔区	486	251	235	289	150	139	197	95	102
番禺区	646	378	268	569	333	236	600	340	260
花都区	1203	633	570	791	451	340	663	352	311
南沙区	1444	844	600	1355	767	588	1812	1031	781
从化区	635	332	303	580	298	282	627	344	283
增城区	4988	2657	2331	3720	2054	1666	3897	2130	1767
韶关市	**4453**	**2059**	**2394**	**4308**	**2044**	**2264**	**5256**	**2521**	**2735**
武江区	14	6	8	12	5	7	27	9	18
浈江区	135	69	66	126	78	48	159	77	82
曲江区	187	97	90	187	102	85	274	136	138
始兴县	569	241	328	550	245	305	695	300	395
仁化县	543	260	283	532	247	285	635	324	311
翁源县	747	328	419	668	288	380	916	424	492
乳源瑶族自治县	689	312	377	686	346	340	668	328	340
新丰县	723	348	375	637	298	339	642	318	324
乐昌市	505	240	265	552	256	296	709	354	355
南雄市	341	158	183	358	179	179	531	251	280
深圳市	**112**	**84**	**28**	**94**	**72**	**22**	**126**	**96**	**30**
罗湖区									
福田区									
南山区	79	71	8	75	64	11	98	85	13
宝安区									
龙岗区									
盐田区									
龙华区									
坪山区	33	13	20	19	8	11	28	11	17
光明区									
珠海市	**3280**	**2070**	**1210**	**2600**	**1623**	**977**	**2919**	**1813**	**1106**
香洲区	580	430	150	506	381	125	676	516	160
斗门区	1550	887	663	1143	644	499	1169	621	548
金湾区	1150	753	397	951	598	353	1074	676	398
汕头市	**8917**	**4616**	**4301**	**6532**	**3267**	**3265**	**7536**	**3707**	**3829**
龙湖区									
金平区									
濠江区	40	23	17	22	13	9	32	15	17
潮阳区	3510	1811	1699	2491	1230	1261	2922	1407	1515
潮南区	2272	1187	1085	1595	797	798	1762	870	892
澄海区	2809	1443	1366	2157	1094	1063	2453	1233	1220
南澳县	286	152	134	267	133	134	367	182	185
佛山市	**5420**	**3127**	**2293**	**4338**	**2582**	**1756**	**4970**	**2951**	**2019**
禅城区	2354	1342	1012	1668	979	689	1952	1146	806
南海区	703	416	287	506	314	192	539	317	222
顺德区									
三水区	2125	1235	890	1934	1152	782	2231	1332	899
高明区	238	134	104	230	137	93	248	156	92

1-3b 续表 10

单位：人

地区	35-39岁			40-44岁			45-49岁		
	小计	男	女	小计	男	女	小计	男	女
江门市	**3183**	**1733**	**1450**	**2788**	**1487**	**1301**	**3206**	**1707**	**1499**
蓬江区									
江海区									
新会区	763	421	342	699	362	337	900	473	427
台山市	497	256	241	460	231	229	597	307	290
开平市	780	401	379	653	368	285	691	377	314
鹤山市	768	435	333	652	351	301	627	345	282
恩平市	375	220	155	324	175	149	391	205	186
湛江市	**6944**	**3466**	**3478**	**6098**	**3139**	**2959**	**6737**	**3361**	**3376**
赤坎区									
霞山区	34	18	16	35	19	16	25	17	8
坡头区	621	299	322	478	256	222	419	198	221
麻章区	445	260	185	354	186	168	370	208	162
遂溪县	1609	800	809	1419	724	695	1581	776	805
徐闻县	1645	810	835	1440	725	715	1619	798	821
廉江市	933	467	466	894	468	426	1031	520	511
雷州市	938	473	465	878	458	420	1042	543	499
吴川市	719	339	380	600	303	297	650	301	349
茂名市	**5064**	**2495**	**2569**	**4299**	**2184**	**2115**	**4665**	**2294**	**2371**
茂南区	243	130	113	163	92	71	174	94	80
电白区	2356	1211	1145	1912	979	933	1979	968	1011
高州市	893	411	482	855	442	413	1027	498	529
化州市	1094	524	570	870	436	434	960	479	481
信宜市	478	219	259	499	235	264	525	255	270
肇庆市	**6341**	**3286**	**3055**	**5510**	**2886**	**2624**	**6745**	**3551**	**3194**
端州区									
鼎湖区	324	201	123	307	185	122	376	205	171
高要区	1241	687	554	1011	545	466	1409	776	633
广宁县	1196	585	611	935	448	487	1111	541	570
怀集县	1669	838	831	1377	714	663	1638	844	794
封开县	780	398	382	763	381	382	993	522	471
德庆县	808	388	420	800	416	384	881	470	411
四会市	323	189	134	317	197	120	337	193	144
惠州市	**15327**	**8048**	**7279**	**12873**	**6961**	**5912**	**13731**	**7306**	**6425**
惠城区	1114	597	517	867	484	383	924	522	402
惠阳区	1272	720	552	1187	674	513	1344	747	597
博罗县	6355	3327	3028	5696	3081	2615	5768	3095	2673
惠东县	5510	2898	2612	4225	2264	1961	4795	2477	2318
龙门县	1076	506	570	898	458	440	900	465	435
梅州市	**6619**	**3112**	**3507**	**5800**	**2722**	**3078**	**7278**	**3535**	**3743**
梅江区	37	19	18	26	13	13	43	24	19
梅县区	267	141	126	205	102	103	269	119	150
大埔县	907	429	478	981	425	556	1043	516	527
丰顺县	1723	841	882	1335	660	675	1603	818	785
五华县	1916	878	1038	1517	733	784	1982	959	1023
平远县	625	286	339	622	278	344	918	432	486
蕉岭县	750	347	403	756	341	415	895	427	468
兴宁市	394	171	223	358	170	188	525	240	285

1−3b　续表 11　　单位：人

地　区	35−39岁			40−44岁			45−49岁		
	小计	男	女	小计	男	女	小计	男	女
汕尾市	**7229**	**3687**	**3542**	**5246**	**2675**	**2571**	**6642**	**3218**	**3424**
城　区	359	192	167	234	118	116	288	147	141
海丰县	4374	2290	2084	2950	1532	1418	3772	1864	1908
陆河县	803	377	426	587	277	310	864	394	470
陆丰市	1693	828	865	1475	748	727	1718	813	905
河源市	**6071**	**2772**	**3299**	**5312**	**2563**	**2749**	**5481**	**2645**	**2836**
源城区	433	221	212	316	144	172	364	171	193
紫金县	1531	708	823	1300	667	633	1459	720	739
龙川县	1553	658	895	1519	696	823	1373	632	741
连平县	774	363	411	689	328	361	742	367	375
和平县	933	386	547	836	400	436	813	384	429
东源县	847	436	411	652	328	324	730	371	359
阳江市	**2613**	**1350**	**1263**	**2532**	**1261**	**1271**	**2945**	**1439**	**1506**
江城区	306	171	135	306	152	154	402	217	185
阳东区	366	200	166	382	197	185	489	238	251
阳西县	1414	727	687	1317	654	663	1424	688	736
阳春市	527	252	275	527	258	269	630	296	334
清远市	**7251**	**3660**	**3591**	**6163**	**3179**	**2984**	**6709**	**3508**	**3201**
清城区	2461	1349	1112	2074	1136	938	2278	1296	982
清新区	308	152	156	283	154	129	303	153	150
佛冈县	1309	634	675	898	471	427	965	467	498
阳山县	1013	496	517	904	425	479	936	459	477
连山壮族瑶族自治县	268	133	135	237	103	134	255	136	119
连南瑶族自治县	408	175	233	395	191	204	391	196	195
英德市	1304	635	669	1196	615	581	1385	705	680
连州市	180	86	94	176	84	92	196	96	100
东莞市	**1183**	**655**	**528**	**1032**	**558**	**474**	**1129**	**641**	**488**
市辖区	1183	655	528	1032	558	474	1129	641	488
中山市	**11555**	**6426**	**5129**	**9392**	**5221**	**4171**	**10134**	**5443**	**4691**
市辖区	11555	6426	5129	9392	5221	4171	10134	5443	4691
潮州市	**4361**	**2244**	**2117**	**3954**	**1970**	**1984**	**5179**	**2585**	**2594**
湘桥区	443	225	218	372	180	192	469	219	250
潮安区	1374	722	652	1246	605	641	1733	856	877
饶平县	2544	1297	1247	2336	1185	1151	2977	1510	1467
揭阳市	**8537**	**4511**	**4026**	**6380**	**3263**	**3117**	**7774**	**3743**	**4031**
榕城区	574	311	263	444	234	210	550	257	293
揭东区	1267	663	604	1101	570	531	1249	598	651
揭西县	1178	634	544	890	468	422	1192	561	631
惠来县	2474	1256	1218	1853	910	943	2221	1049	1172
普宁市	3044	1647	1397	2092	1081	1011	2562	1278	1284
云浮市	**3100**	**1564**	**1536**	**2731**	**1365**	**1366**	**2881**	**1485**	**1396**
云城区									
云安区	306	173	133	206	116	90	279	153	126
新兴县	1452	736	716	1337	646	691	1343	700	643
郁南县	936	467	469	805	415	390	856	437	419
罗定市	406	188	218	383	188	195	403	195	208

1-3b 续表 12

单位：人

地　区	50-54岁			55-59岁			60-64岁		
	小计	男	女	小计	男	女	小计	男	女
广　东	**118313**	**61144**	**57169**	**96258**	**49255**	**47003**	**67416**	**33633**	**33783**
广州市	**7834**	**4293**	**3541**	**5748**	**3056**	**2692**	**3320**	**1652**	**1668**
荔湾区									
越秀区									
海珠区									
天河区									
白云区	1417	746	671	1020	569	451	522	278	244
黄埔区	180	88	92	196	84	112	139	55	84
番禺区	478	262	216	319	162	157	196	106	90
花都区	553	295	258	410	210	200	271	121	150
南沙区	1511	884	627	1029	596	433	584	292	292
从化区	504	293	211	359	206	153	176	101	75
增城区	3191	1725	1466	2415	1229	1186	1432	699	733
韶关市	**5772**	**2881**	**2891**	**4845**	**2362**	**2483**	**3240**	**1588**	**1652**
武江区	16	9	7	22	10	12	11	7	4
浈江区	238	111	127	207	108	99	175	80	95
曲江区	301	163	138	213	111	102	164	83	81
始兴县	676	339	337	599	283	316	322	153	169
仁化县	762	385	377	607	302	305	350	179	171
翁源县	1006	478	528	824	388	436	522	273	249
乳源瑶族自治县	614	329	285	565	267	298	409	196	213
新丰县	699	331	368	590	279	311	467	225	242
乐昌市	834	417	417	720	361	359	505	228	277
南雄市	626	319	307	498	253	245	315	164	151
深圳市	**95**	**81**	**14**	**39**	**29**	**10**	**9**	**4**	**5**
罗湖区									
福田区									
南山区	80	74	6	23	20	3	2	2	
宝安区									
龙岗区									
盐田区									
龙华区									
坪山区	15	7	8	16	9	7	7	2	5
光明区									
珠海市	**2623**	**1666**	**957**	**1741**	**1016**	**725**	**985**	**555**	**430**
香洲区	658	510	148	354	258	96	133	94	39
斗门区	1002	537	465	743	383	360	468	251	217
金湾区	963	619	344	644	375	269	384	210	174
汕头市	**7720**	**3784**	**3936**	**6886**	**3395**	**3491**	**5677**	**2827**	**2850**
龙湖区									
金平区									
濠江区	31	11	20	27	18	9	36	19	17
潮阳区	3062	1471	1591	2403	1138	1265	2076	1042	1034
潮南区	1828	869	959	1512	737	775	1209	633	576
澄海区	2387	1214	1173	2490	1266	1224	2010	969	1041
南澳县	412	219	193	454	236	218	346	164	182
佛山市	**3982**	**2409**	**1573**	**2578**	**1501**	**1077**	**1464**	**737**	**727**
禅城区	1630	940	690	1125	638	487	670	326	344
南海区	388	218	170	252	159	93	148	75	73
顺德区									
三水区	1760	1124	636	1033	603	430	553	281	272
高明区	204	127	77	168	101	67	93	55	38

1-3b　续表 13

单位：人

地　区	50-54岁			55-59岁			60-64岁		
	小计	男	女	小计	男	女	小计	男	女
江门市	**3106**	**1587**	**1519**	**2715**	**1421**	**1294**	**1964**	**1032**	**932**
蓬江区									
江海区									
新会区	843	419	424	789	414	375	591	309	282
台山市	705	332	373	632	334	298	496	258	238
开平市	681	360	321	563	292	271	368	191	177
鹤山市	516	298	218	336	195	141	220	118	102
恩平市	361	178	183	395	186	209	289	156	133
湛江市	**7242**	**3596**	**3646**	**6207**	**3080**	**3127**	**5165**	**2596**	**2569**
赤坎区									
霞山区	41	19	22	16	10	6	15	8	7
坡头区	449	223	226	344	165	179	357	175	182
麻章区	391	212	179	404	216	188	308	162	146
遂溪县	1689	826	863	1441	715	726	1207	627	580
徐闻县	1629	820	809	1305	660	645	1000	496	504
廉江市	1126	558	568	1055	525	530	973	468	505
雷州市	1198	606	592	1013	514	499	767	417	350
吴川市	719	332	387	629	275	354	538	243	295
茂名市	**5400**	**2627**	**2773**	**5026**	**2393**	**2633**	**3765**	**1929**	**1836**
茂南区	263	124	139	295	140	155	191	95	96
电白区	2129	1038	1091	1963	941	1022	1471	742	729
高州市	1269	618	651	1168	567	601	785	417	368
化州市	1055	519	536	964	445	519	836	423	413
信宜市	684	328	356	636	300	336	482	252	230
肇庆市	**6740**	**3539**	**3201**	**5487**	**2878**	**2609**	**3688**	**1802**	**1886**
端州区									
鼎湖区	366	206	160	233	127	106	148	73	75
高要区	1286	722	564	882	498	384	544	287	257
广宁县	1134	546	588	1007	483	524	816	379	437
怀集县	1631	819	812	1298	671	627	890	413	477
封开县	1061	569	492	1032	530	502	673	326	347
德庆县	922	472	450	808	425	383	512	264	248
四会市	340	205	135	227	144	83	105	60	45
惠州市	**12395**	**6579**	**5816**	**8908**	**4785**	**4123**	**5253**	**2638**	**2615**
惠城区	918	505	413	601	327	274	330	173	157
惠阳区	1110	628	482	680	396	284	276	147	129
博罗县	4847	2609	2238	3388	1834	1554	2041	1009	1032
惠东县	4532	2337	2195	3407	1799	1608	2068	1040	1028
龙门县	988	500	488	832	429	403	538	269	269
梅州市	**7341**	**3625**	**3716**	**6657**	**3381**	**3276**	**4978**	**2473**	**2505**
梅江区	56	28	28	64	30	34	40	23	17
梅县区	375	192	183	377	199	178	245	122	123
大埔县	1041	494	547	1046	512	534	862	434	428
丰顺县	1497	783	714	1478	773	705	1310	654	656
五华县	2037	986	1051	1626	769	857	1156	563	593
平远县	904	447	457	801	415	386	452	237	215
蕉岭县	861	420	441	760	403	357	554	258	296
兴宁市	570	275	295	505	280	225	359	182	177

1–3b 续表 14

单位：人

地区	50–54岁			55–59岁			60–64岁		
	小计	男	女	小计	男	女	小计	男	女
汕尾市	**6769**	**3384**	**3385**	**5459**	**2786**	**2673**	**4003**	**2005**	**1998**
城 区	337	176	161	221	117	104	184	86	98
海丰县	3582	1796	1786	2881	1427	1454	1940	978	962
陆河县	869	437	432	687	359	328	514	254	260
陆丰市	1981	975	1006	1670	883	787	1365	687	678
河源市	**5256**	**2602**	**2654**	**4338**	**2206**	**2132**	**2947**	**1449**	**1498**
源城区	232	108	124	110	63	47	48	19	29
紫金县	1338	671	667	1269	653	616	815	411	404
龙川县	1377	646	731	1066	526	540	789	374	415
连平县	846	443	403	698	348	350	518	270	248
和平县	830	407	423	686	348	338	440	214	226
东源县	633	327	306	509	268	241	337	161	176
阳江市	**3081**	**1547**	**1534**	**2796**	**1433**	**1363**	**1676**	**891**	**785**
江城区	418	199	219	401	203	198	254	144	110
阳东区	500	279	221	416	214	202	264	140	124
阳西县	1394	684	710	1142	579	563	709	375	334
阳春市	769	385	384	837	437	400	449	232	217
清远市	**7061**	**3687**	**3374**	**6022**	**3070**	**2952**	**3848**	**1829**	**2019**
清城区	2074	1159	915	1617	865	752	1001	474	527
清新区	324	168	156	261	123	138	186	83	103
佛冈县	972	478	494	773	353	420	516	236	280
阳山县	1083	550	533	920	472	448	614	279	335
连山壮族瑶族自治县	316	161	155	332	169	163	175	85	90
连南瑶族自治县	527	267	260	434	218	216	231	111	120
英德市	1492	762	730	1405	728	677	921	460	461
连州市	273	142	131	280	142	138	204	101	103
东莞市	**786**	**452**	**334**	**367**	**198**	**169**	**215**	**111**	**104**
市辖区	786	452	334	367	198	169	215	111	104
中山市	**7957**	**4341**	**3616**	**4953**	**2628**	**2325**	**2843**	**1410**	**1433**
市辖区	7957	4341	3616	4953	2628	2325	2843	1410	1433
潮州市	**5477**	**2806**	**2671**	**5026**	**2531**	**2495**	**3950**	**1940**	**2010**
湘桥区	460	249	211	484	249	235	410	201	209
潮安区	1724	857	867	1658	838	820	1258	632	626
饶平县	3293	1700	1593	2884	1444	1440	2282	1107	1175
揭阳市	**8291**	**4013**	**4278**	**7341**	**3592**	**3749**	**6439**	**3219**	**3220**
榕城区	653	322	331	622	305	317	534	264	270
揭东区	1385	662	723	1239	602	637	1139	583	556
揭西县	1267	602	665	1188	551	637	1093	533	560
惠来县	2430	1188	1242	2110	1076	1034	1817	901	916
普宁市	2556	1239	1317	2182	1058	1124	1856	938	918
云浮市	**3385**	**1645**	**1740**	**3119**	**1514**	**1605**	**1987**	**946**	**1041**
云城区									
云安区	330	165	165	310	159	151	199	96	103
新兴县	1309	648	661	1076	534	542	654	303	351
郁南县	1184	564	620	1209	580	629	760	369	391
罗定市	562	268	294	524	241	283	374	178	196

1-3b　续表 15　　单位：人

地　区	65-69岁			70-74岁			75-79岁		
	小计	男	女	小计	男	女	小计	男	女
广　东	**59254**	**28735**	**30519**	**37121**	**18521**	**18600**	**23778**	**11360**	**12418**
广州市	**2821**	**1298**	**1523**	**1669**	**825**	**844**	**1044**	**482**	**562**
荔湾区									
越秀区									
海珠区									
天河区									
白云区	452	208	244	288	143	145	168	88	80
黄埔区	113	45	68	52	26	26	26	9	17
番禺区	166	74	92	105	46	59	94	41	53
花都区	267	116	151	138	69	69	79	29	50
南沙区	493	232	261	315	127	188	223	107	116
从化区	173	84	89	81	42	39	49	27	22
增城区	1157	539	618	690	372	318	405	181	224
韶关市	**3019**	**1437**	**1582**	**1916**	**907**	**1009**	**1321**	**575**	**746**
武江区	13	7	6	7		7	2	2	
浈江区	193	86	107	139	62	77	129	40	89
曲江区	112	61	51	96	54	42	64	25	39
始兴县	387	182	205	239	124	115	119	50	69
仁化县	311	130	181	219	111	108	140	57	83
翁源县	472	232	240	286	131	155	211	97	114
乳源瑶族自治县	323	154	169	186	82	104	161	74	87
新丰县	372	188	184	201	89	112	162	80	82
乐昌市	524	251	273	339	162	177	209	94	115
南雄市	312	146	166	204	92	112	124	56	68
深圳市	**8**	**6**	**2**	**2**	**1**	**1**	**2**	**1**	**1**
罗湖区									
福田区									
南山区	1	1							
宝安区									
龙岗区									
盐田区									
龙华区									
坪山区	7	5	2	2	1	1	2	1	1
光明区									
珠海市	**711**	**355**	**356**	**339**	**169**	**170**	**213**	**107**	**106**
香洲区	55	34	21	23	11	12	19	10	9
斗门区	388	179	209	181	97	84	113	52	61
金湾区	268	142	126	135	61	74	81	45	36
汕头市	**5321**	**2485**	**2836**	**3163**	**1483**	**1680**	**1839**	**833**	**1006**
龙湖区									
金平区									
濠江区	30	14	16	18	9	9	5	3	2
潮阳区	1811	831	980	1193	544	649	654	311	343
潮南区	1229	569	660	708	334	374	407	193	214
澄海区	1955	929	1026	1077	504	573	667	288	379
南澳县	296	142	154	167	92	75	106	38	68
佛山市	**1185**	**585**	**600**	**817**	**374**	**443**	**448**	**190**	**258**
禅城区	547	262	285	343	157	186	195	83	112
南海区	118	50	68	101	50	51	42	19	23
顺德区									
三水区	434	224	210	315	137	178	162	61	101
高明区	86	49	37	58	30	28	49	27	22

1-3b 续表 16

单位：人

地 区	65-69岁			70-74岁			75-79岁		
	小计	男	女	小计	男	女	小计	男	女
江门市	**1839**	**951**	**888**	**1203**	**623**	**580**	**596**	**283**	**313**
蓬江区									
江海区									
新会区	580	296	284	369	186	183	183	82	101
台山市	458	231	227	361	184	177	175	88	87
开平市	325	163	162	205	108	97	92	45	47
鹤山市	196	99	97	114	58	56	81	37	44
恩平市	280	162	118	154	87	67	65	31	34
湛江市	**3955**	**2007**	**1948**	**2707**	**1392**	**1315**	**2004**	**990**	**1014**
赤坎区									
霞山区	18	11	7	4	2	2	5	2	3
坡头区	249	128	121	149	82	67	119	60	59
麻章区	211	109	102	136	66	70	112	49	63
遂溪县	854	433	421	601	307	294	500	241	259
徐闻县	725	365	360	483	241	242	343	153	190
廉江市	831	422	409	591	305	286	408	211	197
雷州市	523	275	248	363	180	183	244	124	120
吴川市	544	264	280	380	209	171	273	150	123
茂名市	**3352**	**1629**	**1723**	**2346**	**1291**	**1055**	**1733**	**887**	**846**
茂南区	175	91	84	113	69	44	58	29	29
电白区	1305	628	677	898	471	427	688	346	342
高州市	802	392	410	564	326	238	395	204	191
化州市	686	322	364	506	277	229	359	193	166
信宜市	384	196	188	265	148	117	233	115	118
肇庆市	**3277**	**1645**	**1632**	**2246**	**1062**	**1184**	**1555**	**712**	**843**
端州区									
鼎湖区	119	66	53	70	29	41	62	30	32
高要区	586	291	295	444	198	246	288	131	157
广宁县	674	325	349	458	207	251	303	150	153
怀集县	717	365	352	464	217	247	345	143	202
封开县	595	298	297	452	207	245	297	136	161
德庆县	492	248	244	299	176	123	221	105	116
四会市	94	52	42	59	28	31	39	17	22
惠州市	**4094**	**1946**	**2148**	**2453**	**1185**	**1268**	**1516**	**712**	**804**
惠城区	229	114	115	145	64	81	80	36	44
惠阳区	223	116	107	134	61	73	62	25	37
博罗县	1626	765	861	961	452	509	598	283	315
惠东县	1533	732	801	936	469	467	572	269	303
龙门县	483	219	264	277	139	138	204	99	105
梅州市	**4725**	**2350**	**2375**	**2911**	**1485**	**1426**	**1803**	**900**	**903**
梅江区	36	20	16	29	10	19	18	7	11
梅县区	213	109	104	140	77	63	72	36	36
大埔县	797	405	392	514	252	262	230	121	109
丰顺县	1201	572	629	693	344	349	472	243	229
五华县	1191	591	600	715	376	339	475	243	232
平远县	452	210	242	285	155	130	164	67	97
蕉岭县	469	238	231	297	143	154	189	101	88
兴宁市	366	205	161	238	128	110	183	82	101

1-3b 续表 17 单位：人

地 区	65-69岁			70-74岁			75-79岁		
	小计	男	女	小计	男	女	小计	男	女
汕尾市	**3365**	**1672**	**1693**	**2319**	**1286**	**1033**	**1278**	**685**	**593**
城 区	162	82	80	63	37	26	65	38	27
海丰县	1628	801	827	1115	649	466	549	320	229
陆河县	411	220	191	271	157	114	205	102	103
陆丰市	1164	569	595	870	443	427	459	225	234
河源市	**2413**	**1146**	**1267**	**1539**	**728**	**811**	**1194**	**558**	**636**
源城区	18	9	9	6	3	3	3	2	1
紫金县	700	323	377	465	202	263	381	187	194
龙川县	650	306	344	418	205	213	318	122	196
连平县	444	218	226	281	127	154	210	106	104
和平县	369	165	204	222	115	107	171	80	91
东源县	232	125	107	147	76	71	111	61	50
阳江市	**1540**	**761**	**779**	**984**	**547**	**437**	**663**	**320**	**343**
江城区	238	100	138	189	104	85	97	50	47
阳东区	232	121	111	155	89	66	96	47	49
阳西县	630	311	319	378	212	166	275	134	141
阳春市	440	229	211	262	142	120	195	89	106
清远市	**3554**	**1689**	**1865**	**2206**	**1016**	**1190**	**1540**	**677**	**863**
清城区	1071	516	555	622	279	343	364	168	196
清新区	163	79	84	109	60	49	68	28	40
佛冈县	466	216	250	268	130	138	189	88	101
阳山县	562	251	311	365	170	195	291	120	171
连山壮族瑶族自治县	163	73	90	100	48	52	84	41	43
连南瑶族自治县	230	101	129	173	74	99	113	40	73
英德市	712	361	351	444	202	242	341	146	195
连州市	187	92	95	125	53	72	90	46	44
东莞市	**142**	**72**	**70**	**61**	**26**	**35**	**37**	**11**	**26**
市辖区	142	72	70	61	26	35	37	11	26
中山市	**2334**	**1128**	**1206**	**1323**	**631**	**692**	**681**	**317**	**364**
市辖区	2334	1128	1206	1323	631	692	681	317	364
潮州市	**3772**	**1748**	**2024**	**2290**	**1096**	**1194**	**1327**	**621**	**706**
湘桥区	449	206	243	230	124	106	135	57	78
潮安区	1190	537	653	762	353	409	412	202	210
饶平县	2133	1005	1128	1298	619	679	780	362	418
揭阳市	**5922**	**2890**	**3032**	**3473**	**1796**	**1677**	**2119**	**1066**	**1053**
榕城区	491	246	245	291	157	134	173	93	80
揭东区	1163	568	595	607	336	271	367	188	179
揭西县	1040	479	561	595	324	271	350	188	162
惠来县	1544	771	773	970	461	509	600	279	321
普宁市	1684	826	858	1010	518	492	629	318	311
云浮市	**1905**	**935**	**970**	**1154**	**598**	**556**	**865**	**433**	**432**
云城区									
云安区	179	81	98	121	68	53	80	36	44
新兴县	642	312	330	418	215	203	313	157	156
郁南县	735	359	376	424	213	211	324	168	156
罗定市	349	183	166	191	102	89	148	72	76

1-3b 续表 18

单位：人

地　　区	80-84岁			85-89岁			90岁及以上		
	小计	男	女	小计	男	女	小计	男	女
广　东	**16657**	**7446**	**9211**	**9685**	**3619**	**6066**	**4586**	**1432**	**3154**
广州市	**677**	**277**	**400**	**350**	**143**	**207**	**159**	**43**	**116**
荔湾区									
越秀区									
海珠区									
天河区									
白云区	108	45	63	71	24	47	32	10	22
黄埔区	36	15	21	24	12	12	11	4	7
番禺区	36	16	20	27	9	18	10	3	7
花都区	69	34	35	14	4	10	17	3	14
南沙区	119	35	84	68	26	42	25	6	19
从化区	35	13	22	20	6	14	5	2	3
增城区	274	119	155	126	62	64	59	15	44
韶关市	**956**	**403**	**553**	**487**	**185**	**302**	**185**	**66**	**119**
武江区	2	1	1	3	1	2	1		1
浈江区	106	52	54	45	26	19	12	10	2
曲江区	46	12	34	33	10	23	14	5	9
始兴县	89	38	51	54	20	34	24	7	17
仁化县	112	52	60	52	19	33	21	9	12
翁源县	144	56	88	68	27	41	27	7	20
乳源瑶族自治县	115	46	69	50	17	33	16	5	11
新丰县	109	37	72	65	26	39	16	6	10
乐昌市	145	71	74	65	26	39	27	8	19
南雄市	88	38	50	52	13	39	27	9	18
深圳市	**1**	**1**		**1**		**1**			
罗湖区									
福田区									
南山区									
宝安区									
龙岗区									
盐田区									
龙华区									
坪山区	1	1		1		1			
光明区									
珠海市	**119**	**51**	**68**	**94**	**37**	**57**	**44**	**17**	**27**
香洲区	2	2		2	1	1	1	1	
斗门区	57	26	31	57	23	34	25	10	15
金湾区	60	23	37	35	13	22	18	6	12
汕头市	**1284**	**546**	**738**	**845**	**282**	**563**	**444**	**111**	**333**
龙湖区									
金平区									
濠江区	4		4	8	3	5	3		3
潮阳区	486	215	271	294	109	185	153	44	109
潮南区	294	126	168	210	74	136	131	33	98
澄海区	438	176	262	299	89	210	143	32	111
南澳县	62	29	33	34	7	27	14	2	12
佛山市	**299**	**124**	**175**	**169**	**57**	**112**	**96**	**23**	**73**
禅城区	150	55	95	83	26	57	50	13	37
南海区	32	18	14	11	3	8	5	1	4
顺德区									
三水区	96	42	54	66	23	43	36	8	28
高明区	21	9	12	9	5	4	5	1	4

1-3b　续表 19　　　　单位：人

地　区	80-84岁			85-89岁			90岁及以上		
	小计	男	女	小计	男	女	小计	男	女
江门市	**412**	**202**	**210**	**252**	**88**	**164**	**135**	**49**	**86**
蓬江区									
江海区									
新会区	124	56	68	97	32	65	50	16	34
台山市	136	73	63	70	26	44	38	17	21
开平市	61	27	34	32	11	21	15	3	12
鹤山市	43	22	21	25	10	15	14	5	9
恩平市	48	24	24	28	9	19	18	8	10
湛江市	**1388**	**667**	**721**	**808**	**356**	**452**	**409**	**131**	**278**
赤坎区									
霞山区	5	2	3						
坡头区	90	48	42	40	15	25	33	11	22
麻章区	56	29	27	48	23	25	28	11	17
遂溪县	341	177	164	194	83	111	111	37	74
徐闻县	225	95	130	168	67	101	74	22	52
廉江市	289	134	155	152	72	80	66	18	48
雷州市	188	88	100	99	41	58	46	14	32
吴川市	194	94	100	107	55	52	51	18	33
茂名市	**1176**	**590**	**586**	**704**	**319**	**385**	**336**	**133**	**203**
茂南区	61	26	35	30	14	16	16	8	8
电白区	446	234	212	265	122	143	143	62	81
高州市	275	139	136	161	73	88	77	28	49
化州市	264	128	136	159	79	80	66	29	37
信宜市	130	63	67	89	31	58	34	6	28
肇庆市	**956**	**420**	**536**	**527**	**186**	**341**	**196**	**54**	**142**
端州区									
鼎湖区	36	20	16	11	2	9	10		10
高要区	137	58	79	96	30	66	29	5	24
广宁县	153	66	87	101	30	71	37	9	28
怀集县	280	112	168	139	55	84	47	11	36
封开县	182	82	100	92	27	65	29	5	24
德庆县	145	69	76	80	38	42	36	22	14
四会市	23	13	10	8	4	4	8	2	6
惠州市	**1225**	**525**	**700**	**701**	**255**	**446**	**295**	**83**	**212**
惠城区	65	30	35	43	16	27	17	4	13
惠阳区	67	30	37	38	15	23	21	8	13
博罗县	459	203	256	283	103	180	87	30	57
惠东县	492	200	292	272	94	178	150	38	112
龙门县	142	62	80	65	27	38	20	3	17
梅州市	**1416**	**667**	**749**	**856**	**310**	**546**	**387**	**115**	**272**
梅江区	20	10	10	6	2	4	4		4
梅县区	60	32	28	34	6	28	17	4	13
大埔县	217	91	126	136	51	85	73	20	53
丰顺县	388	198	190	265	123	142	104	37	67
五华县	335	146	189	186	52	134	98	32	66
平远县	145	68	77	92	30	62	31	9	22
蕉岭县	150	76	74	72	25	47	28	10	18
兴宁市	101	46	55	65	21	44	32	3	29

1—3b 续表 20

单位：人

地　区	80—84岁			85—89岁			90岁及以上		
	小计	男	女	小计	男	女	小计	男	女
汕尾市	**978**	**432**	**546**	**525**	**215**	**310**	**272**	**99**	**173**
城　区	31	11	20	21	5	16	16	5	11
海丰县	479	211	268	251	104	147	116	47	69
陆河县	176	89	87	76	32	44	45	18	27
陆丰市	292	121	171	177	74	103	95	29	66
河源市	**755**	**315**	**440**	**432**	**150**	**282**	**176**	**42**	**134**
源城区	1	1		1		1			
紫金县	241	109	132	139	48	91	64	13	51
龙川县	221	92	129	113	42	71	55	17	38
连平县	134	47	87	86	30	56	29	7	22
和平县	99	38	61	50	17	33	12	3	9
东源县	59	28	31	43	13	30	16	2	14
阳江市	**423**	**189**	**234**	**240**	**82**	**158**	**108**	**41**	**67**
江城区	64	16	48	44	14	30	21	10	11
阳东区	67	28	39	35	18	17	16	6	10
阳西县	170	90	80	92	22	70	44	18	26
阳春市	122	55	67	69	28	41	27	7	20
清远市	**1029**	**435**	**594**	**536**	**191**	**345**	**246**	**71**	**175**
清城区	250	100	150	143	55	88	54	18	36
清新区	24	9	15	20	5	15	6	1	5
佛冈县	100	49	51	58	26	32	23	4	19
阳山县	205	90	115	91	27	64	44	15	29
连山壮族瑶族自治县	60	21	39	23	12	11	14	5	9
连南瑶族自治县	89	43	46	40	12	28	13	4	9
英德市	249	103	146	132	40	92	75	21	54
连州市	52	20	32	29	14	15	17	3	14
东莞市	**23**	**9**	**14**	**18**	**5**	**13**	**15**	**2**	**13**
市辖区	23	9	14	18	5	13	15	2	13
中山市	**418**	**161**	**257**	**238**	**84**	**154**	**111**	**35**	**76**
市辖区	418	161	257	238	84	154	111	35	76
潮州市	**925**	**405**	**520**	**559**	**188**	**371**	**274**	**78**	**196**
湘桥区	90	39	51	56	16	40	20	7	13
潮安区	301	149	152	169	66	103	92	26	66
饶平县	534	217	317	334	106	228	162	45	117
揭阳市	**1639**	**774**	**865**	**1035**	**374**	**661**	**589**	**206**	**383**
榕城区	109	57	52	52	23	29	25	11	14
揭东区	253	120	133	163	56	107	97	33	64
揭西县	299	139	160	198	78	120	116	49	67
惠来县	445	194	251	317	106	211	191	60	131
普宁市	533	264	269	305	111	194	160	53	107
云浮市	**558**	**253**	**305**	**308**	**112**	**196**	**109**	**33**	**76**
云城区									
云安区	68	30	38	42	13	29	14	4	10
新兴县	219	99	120	96	29	67	37	12	25
郁南县	180	79	101	107	43	64	42	16	26
罗定市	91	45	46	63	27	36	16	1	15

1—3c　各地区分年龄、性别的人口(乡村)

单位：人

地　区	合计			0岁			1—4岁		
	合计	男	女	小计	男	女	小计	男	女
广　东	**2906793**	**1527097**	**1379696**	**38237**	**20515**	**17722**	**174054**	**92629**	**81425**
广州市	**239175**	**130728**	**108447**	**2360**	**1258**	**1102**	**12483**	**6700**	**5783**
荔湾区									
越秀区									
海珠区									
天河区									
白云区	65026	35799	29227	493	272	221	2946	1592	1354
黄埔区	9194	5109	4085	119	56	63	620	319	301
番禺区	27625	15549	12076	183	93	90	953	509	444
花都区	47684	26125	21559	433	224	209	2410	1273	1137
南沙区	21824	11953	9871	198	107	91	1045	554	491
从化区	32604	17201	15403	452	235	217	2274	1222	1052
增城区	35218	18992	16226	482	271	211	2235	1231	1004
韶关市	**109228**	**56646**	**52582**	**1534**	**824**	**710**	**6824**	**3648**	**3176**
武江区	5141	2722	2419	77	39	38	316	188	128
浈江区	4727	2493	2234	50	26	24	293	157	136
曲江区	10305	5568	4737	119	65	54	554	307	247
始兴县	10221	5095	5126	150	83	67	632	338	294
仁化县	9636	4961	4675	135	61	74	565	297	268
翁源县	17827	9224	8603	283	152	131	1288	664	624
乳源瑶族自治县	8803	4614	4189	131	88	43	596	300	296
新丰县	7546	4048	3498	119	70	49	427	259	168
乐昌市	15398	7933	7465	242	121	121	992	528	464
南雄市	19624	9988	9636	228	119	109	1161	610	551
深圳市	**5574**	**3454**	**2120**	**29**	**15**	**14**	**187**	**102**	**85**
罗湖区									
福田区									
南山区									
宝安区									
龙岗区	5574	3454	2120	29	15	14	187	102	85
盐田区									
龙华区									
坪山区									
光明区									
珠海市	**22245**	**12082**	**10163**	**253**	**139**	**114**	**1295**	**673**	**622**
香洲区	127	96	31						
斗门区	20406	11020	9386	230	129	101	1184	607	577
金湾区	1712	966	746	23	10	13	111	66	45
汕头市	**166048**	**83853**	**82195**	**1924**	**1024**	**900**	**9975**	**5258**	**4717**
龙湖区	9186	4608	4578	87	57	30	443	239	204
金平区	1457	726	731	15	6	9	90	43	47
濠江区	7446	3950	3496	70	38	32	346	187	159
潮阳区	72150	36193	35957	923	500	423	4762	2514	2248
潮南区	51926	26364	25562	635	325	310	3255	1717	1538
澄海区	22695	11414	11281	176	90	86	1024	523	501
南澳县	1188	598	590	18	8	10	55	35	20
佛山市	**41967**	**24143**	**17824**	**368**	**205**	**163**	**1627**	**889**	**738**
禅城区									
南海区	13971	8015	5956	136	69	67	626	334	292
顺德区	4636	2702	1934	24	14	10	168	89	79
三水区	20068	11574	8494	153	86	67	715	393	322
高明区	3292	1852	1440	55	36	19	118	73	45

1-3c 续表 1

单位：人

地 区	合 计			0岁			1-4岁		
	合计	男	女	小计	男	女	小计	男	女
江门市	**130070**	**68003**	**62067**	**1063**	**559**	**504**	**5202**	**2710**	**2492**
蓬江区	2564	1292	1272	26	11	15	145	74	71
江海区									
新会区	25411	13468	11943	209	107	102	1085	575	510
台山市	40407	20850	19557	306	171	135	1524	799	725
开平市	26193	13427	12766	236	115	121	1010	535	475
鹤山市	17608	9444	8164	124	61	63	717	357	360
恩平市	17887	9522	8365	162	94	68	721	370	351
湛江市	**317894**	**166385**	**151509**	**5610**	**3050**	**2560**	**24167**	**12764**	**11403**
赤坎区	790	402	388	8	5	3	58	29	29
霞山区	3031	1590	1441	56	31	25	266	146	120
坡头区	18129	9736	8393	301	170	131	1303	676	627
麻章区	27082	14244	12838	436	256	180	1994	1085	909
遂溪县	45725	24022	21703	805	443	362	3264	1663	1601
徐闻县	34460	17966	16494	545	302	243	2522	1356	1166
廉江市	71720	38057	33663	1428	751	677	5716	3073	2643
雷州市	72052	37493	34559	1195	655	540	5640	2957	2683
吴川市	44905	22875	22030	836	437	399	3404	1779	1625
茂名市	**307873**	**160677**	**147196**	**5013**	**2709**	**2304**	**22178**	**12002**	**10176**
茂南区	31869	16925	14944	410	231	179	2100	1145	955
电白区	78287	41477	36810	1309	725	584	5818	3131	2687
高州市	75748	39112	36636	1187	646	541	5219	2869	2350
化州市	70760	36945	33815	1245	659	586	5229	2797	2432
信宜市	51209	26218	24991	862	448	414	3812	2060	1752
肇庆市	**175913**	**90431**	**85482**	**2319**	**1265**	**1054**	**10133**	**5564**	**4569**
端州区									
鼎湖区	4520	2297	2223	82	43	39	262	157	105
高要区	41069	21488	19581	460	258	202	2138	1164	974
广宁县	19219	9957	9262	226	123	103	961	536	425
怀集县	50320	25011	25309	820	447	373	3698	2068	1630
封开县	21918	11197	10721	271	133	138	1327	701	626
德庆县	23464	12079	11385	288	165	123	1146	611	535
四会市	15403	8402	7001	172	96	76	601	327	274
惠州市	**157161**	**85833**	**71328**	**1608**	**855**	**753**	**8148**	**4325**	**3823**
惠城区	31946	17667	14279	327	178	149	1541	820	721
惠阳区	25246	14433	10813	228	117	111	1168	600	568
博罗县	45492	24462	21030	416	231	185	2313	1252	1061
惠东县	39042	21188	17854	422	222	200	2223	1169	1054
龙门县	15435	8083	7352	215	107	108	903	484	419
梅州市	**154392**	**77540**	**76852**	**2271**	**1222**	**1049**	**9247**	**4820**	**4427**
梅江区	3121	1576	1545	40	19	21	160	69	91
梅县区	22858	11538	11320	234	128	106	1142	612	530
大埔县	14318	7454	6864	175	88	87	639	336	303
丰顺县	17221	8860	8361	243	124	119	949	496	453
五华县	46997	23045	23952	893	491	402	3727	1943	1784
平远县	8739	4386	4353	90	48	42	397	201	196
蕉岭县	8007	4153	3854	95	46	49	377	210	167
兴宁市	33131	16528	16603	501	278	223	1856	953	903

1-3c　续表 2　　单位：人

地　区	合　计			0岁			1-4岁		
	合计	男	女	小计	男	女	小计	男	女
汕尾市	**99680**	**51592**	**48088**	**1519**	**823**	**696**	**6647**	**3479**	**3168**
城　区	9026	4744	4282	125	61	64	468	221	247
海丰县	21261	11430	9831	275	145	130	1188	607	581
陆河县	9945	5083	4862	162	92	70	721	377	344
陆丰市	59448	30335	29113	957	525	432	4270	2274	1996
河源市	**123871**	**63593**	**60278**	**1604**	**855**	**749**	**7045**	**3733**	**3312**
源城区	4080	2219	1861	35	22	13	195	117	78
紫金县	30467	15588	14879	417	206	211	1928	1000	928
龙川县	33718	17238	16480	428	233	195	1860	1006	854
连平县	14950	7520	7430	201	110	91	903	504	399
和平县	19650	9972	9678	255	139	116	1154	611	543
东源县	21006	11056	9950	268	145	123	1005	495	510
阳江市	**94914**	**51130**	**43784**	**1186**	**608**	**578**	**5278**	**2796**	**2482**
江城区	15718	8574	7144	171	79	92	677	360	317
阳东区	17785	9817	7968	176	81	95	851	443	408
阳西县	19641	10794	8847	234	120	114	1122	631	491
阳春市	41770	21945	19825	605	328	277	2628	1362	1266
清远市	**147196**	**77947**	**69249**	**2191**	**1146**	**1045**	**9005**	**4793**	**4212**
清城区	17226	9661	7565	188	104	84	769	416	353
清新区	27065	14343	12722	384	195	189	1452	801	651
佛冈县	15972	8465	7507	207	114	93	923	469	454
阳山县	16077	8378	7699	304	148	156	1241	674	567
连山壮族瑶族自治县	5019	2606	2413	88	43	45	354	179	175
连南瑶族自治县	6864	3520	3344	105	51	54	469	239	230
英德市	43584	22992	20592	689	367	322	2919	1562	1357
连州市	15389	7982	7407	226	124	102	878	453	425
东莞市	**85388**	**50771**	**34617**	**452**	**235**	**217**	**2716**	**1456**	**1260**
市辖区	85388	50771	34617	452	235	217	2716	1456	1260
中山市	**53549**	**29084**	**24465**	**440**	**215**	**225**	**2462**	**1296**	**1166**
市辖区	53549	29084	24465	440	215	225	2462	1296	1166
潮州市	**86127**	**43881**	**42246**	**931**	**518**	**413**	**4288**	**2274**	**2014**
湘桥区	6365	3230	3135	66	31	35	277	149	128
潮安区	39756	20292	19464	451	242	209	1919	988	931
饶平县	40006	20359	19647	414	245	169	2092	1137	955
揭阳市	**279575**	**142887**	**136688**	**4019**	**2151**	**1868**	**18450**	**9728**	**8722**
榕城区	20777	10600	10177	229	123	106	1215	636	579
揭东区	44860	23077	21783	619	331	288	2421	1264	1157
揭西县	42375	21519	20856	892	465	427	2469	1280	1189
惠来县	56685	28540	28145	759	409	350	4353	2361	1992
普宁市	114878	59151	55727	1520	823	697	7992	4187	3805
云浮市	**108953**	**56437**	**52516**	**1543**	**839**	**704**	**6697**	**3619**	**3078**
云城区	8255	4394	3861	102	56	46	433	236	197
云安区	13724	7149	6575	186	94	92	880	472	408
新兴县	21672	11112	10560	268	143	125	1092	607	485
郁南县	16046	8433	7613	241	138	103	940	501	439
罗定市	49256	25349	23907	746	408	338	3352	1803	1549

1-3c 续表 3

单位：人

地　　区	5-9岁			10-14岁			15-19岁		
	小计	男	女	小计	男	女	小计	男	女
广　东	**241310**	**127893**	**113417**	**208678**	**110625**	**98053**	**147568**	**81346**	**66222**
广州市	**13052**	**7138**	**5914**	**9677**	**5273**	**4404**	**11398**	**6673**	**4725**
荔湾区									
越秀区									
海珠区									
天河区									
白云区	2894	1590	1304	2164	1198	966	4139	2394	1745
黄埔区	576	313	263	406	228	178	239	147	92
番禺区	951	513	438	787	407	380	1150	651	499
花都区	2689	1488	1201	1977	1081	896	2865	1694	1171
南沙区	972	532	440	773	400	373	920	550	370
从化区	2816	1524	1292	1854	1002	852	899	517	382
增城区	2154	1178	976	1716	957	759	1186	720	466
韶关市	**9178**	**4947**	**4231**	**7210**	**3888**	**3322**	**4002**	**2139**	**1863**
武江区	471	247	224	390	210	180	151	80	71
浈江区	397	207	190	304	172	132	154	86	68
曲江区	721	389	332	629	333	296	489	262	227
始兴县	820	441	379	630	347	283	305	156	149
仁化县	847	440	407	708	369	339	211	108	103
翁源县	1593	877	716	1073	568	505	658	332	326
乳源瑶族自治县	786	440	346	569	298	271	367	190	177
新丰县	622	316	306	497	267	230	211	108	103
乐昌市	1398	737	661	1112	617	495	516	308	208
南雄市	1523	853	670	1298	707	591	940	509	431
深圳市	**184**	**117**	**67**	**162**	**86**	**76**	**432**	**239**	**193**
罗湖区									
福田区									
南山区									
宝安区									
龙岗区	184	117	67	162	86	76	432	239	193
盐田区									
龙华区									
坪山区									
光明区									
珠海市	**1281**	**676**	**605**	**995**	**508**	**487**	**818**	**451**	**367**
香洲区							2	2	
斗门区	1189	634	555	929	481	448	784	432	352
金湾区	92	42	50	66	27	39	32	17	15
汕头市	**14938**	**7735**	**7203**	**12808**	**6584**	**6224**	**11451**	**5972**	**5479**
龙湖区	652	324	328	581	297	284	380	215	165
金平区	103	53	50	75	40	35	101	48	53
濠江区	561	285	276	444	229	215	914	610	304
潮阳区	6961	3665	3296	5682	2934	2748	5140	2600	2540
潮南区	5151	2675	2476	4477	2313	2164	3917	1990	1927
澄海区	1419	694	725	1493	747	746	965	489	476
南澳县	91	39	52	56	24	32	34	20	14
佛山市	**1683**	**943**	**740**	**1380**	**751**	**629**	**1725**	**1110**	**615**
禅城区									
南海区	606	345	261	428	222	206	736	499	237
顺德区	174	92	82	144	81	63	122	77	45
三水区	770	429	341	671	379	292	785	489	296
高明区	133	77	56	137	69	68	82	45	37

1−3c　续表 4　　　　单位：人

地　区	5−9岁			10−14岁			15−19岁		
	小计	男	女	小计	男	女	小计	男	女
江门市	**6491**	**3389**	**3102**	**6021**	**3133**	**2888**	**4172**	**2239**	**1933**
蓬江区	134	66	68	110	64	46	111	63	48
江海区									
新会区	1265	634	631	1054	560	494	799	434	365
台山市	1859	965	894	1802	910	892	1289	690	599
开平市	1364	710	654	1316	709	607	925	469	456
鹤山市	867	473	394	848	428	420	469	260	209
恩平市	1002	541	461	891	462	429	579	323	256
湛江市	**32071**	**16957**	**15114**	**24840**	**13307**	**11533**	**13442**	**7785**	**5657**
赤坎区	85	38	47	42	22	20	32	19	13
霞山区	338	182	156	212	108	104	89	41	48
坡头区	1758	938	820	1082	615	467	524	305	219
麻章区	2612	1366	1246	1803	957	846	1678	895	783
遂溪县	4208	2186	2022	3412	1854	1558	1859	1084	775
徐闻县	3465	1846	1619	2827	1497	1330	1297	740	557
廉江市	8055	4280	3775	6184	3341	2843	2747	1578	1169
雷州市	7092	3784	3308	5876	3116	2760	3349	1964	1385
吴川市	4458	2337	2121	3402	1797	1605	1867	1159	708
茂名市	**32525**	**17530**	**14995**	**27649**	**14931**	**12718**	**17342**	**10018**	**7324**
茂南区	2798	1530	1268	2220	1170	1050	1979	1112	867
电白区	8156	4445	3711	6645	3641	3004	4549	2674	1875
高州市	7888	4236	3652	6549	3487	3062	4048	2380	1668
化州市	8009	4267	3742	7174	3895	3279	4099	2332	1767
信宜市	5674	3052	2622	5061	2738	2323	2667	1520	1147
肇庆市	**15374**	**8389**	**6985**	**14709**	**7876**	**6833**	**9456**	**5101**	**4355**
端州区									
鼎湖区	312	177	135	247	139	108	147	80	67
高要区	3145	1801	1344	2770	1519	1251	1730	1042	688
广宁县	1462	774	688	1626	889	737	726	392	334
怀集县	5432	2956	2476	5031	2700	2331	3592	1838	1754
封开县	2069	1046	1023	1927	995	932	1391	727	664
德庆县	2046	1116	930	2237	1143	1094	1411	756	655
四会市	908	519	389	871	491	380	459	266	193
惠州市	**11880**	**6288**	**5592**	**10449**	**5538**	**4911**	**8827**	**5102**	**3725**
惠城区	2193	1162	1031	1825	967	858	2696	1576	1120
惠阳区	1483	804	679	1218	646	572	1064	649	415
博罗县	3401	1780	1621	3349	1823	1526	2799	1604	1195
惠东县	3451	1839	1612	2883	1526	1357	1791	1030	761
龙门县	1352	703	649	1174	576	598	477	243	234
梅州市	**13320**	**6824**	**6496**	**12031**	**6252**	**5779**	**6421**	**3339**	**3082**
梅江区	204	106	98	148	63	85	94	54	40
梅县区	1488	719	769	1250	650	600	792	402	390
大埔县	974	495	479	1054	561	493	521	255	266
丰顺县	1423	728	695	1463	764	699	913	447	466
五华县	5368	2763	2605	4850	2489	2361	2484	1327	1157
平远县	592	286	306	526	285	241	205	107	98
蕉岭县	459	229	230	353	184	169	209	111	98
兴宁市	2812	1498	1314	2387	1256	1131	1203	636	567

1-3c 续表 5

单位：人

地区	5-9岁			10-14岁			15-19岁		
	小计	男	女	小计	男	女	小计	男	女
汕尾市	**9743**	**4983**	**4760**	**8809**	**4610**	**4199**	**6243**	**3270**	**2973**
城 区	686	333	353	560	301	259	616	311	305
海丰县	1753	916	837	1538	831	707	1375	777	598
陆河县	922	472	450	849	430	419	492	257	235
陆丰市	6382	3262	3120	5862	3048	2814	3760	1925	1835
河源市	**10745**	**5599**	**5146**	**11138**	**5725**	**5413**	**7078**	**3670**	**3408**
源城区	359	189	170	349	173	176	148	99	49
紫金县	2969	1548	1421	3038	1572	1466	1597	833	764
龙川县	2766	1460	1306	2915	1478	1437	1961	1044	917
连平县	1331	679	652	1317	659	658	821	420	401
和平县	1731	903	828	1924	991	933	836	437	399
东源县	1589	820	769	1595	852	743	1715	837	878
阳江市	**7923**	**4264**	**3659**	**7284**	**3964**	**3320**	**4071**	**2416**	**1655**
江城区	1018	554	464	915	507	408	942	600	342
阳东区	1285	687	598	1129	627	502	638	343	295
阳西县	1574	837	737	1331	762	569	698	416	282
阳春市	4046	2186	1860	3909	2068	1841	1793	1057	736
清远市	**12738**	**6800**	**5938**	**10041**	**5381**	**4660**	**6434**	**3516**	**2918**
清城区	1013	553	460	845	465	380	1768	972	796
清新区	1918	1062	856	1791	971	820	1310	767	543
佛冈县	1347	682	665	1197	648	549	692	344	348
阳山县	1569	848	721	1106	596	510	418	206	212
连山壮族瑶族自治县	490	251	239	343	184	159	146	75	71
连南瑶族自治县	801	464	337	567	319	248	357	200	157
英德市	4208	2208	2000	3123	1656	1467	1240	707	533
连州市	1392	732	660	1069	542	527	503	245	258
东莞市	**3205**	**1850**	**1355**	**2524**	**1442**	**1082**	**3205**	**1930**	**1275**
市辖区	3205	1850	1355	2524	1442	1082	3205	1930	1275
中山市	**2608**	**1386**	**1222**	**2260**	**1274**	**986**	**2132**	**1206**	**926**
市辖区	2608	1386	1222	2260	1274	986	2132	1206	926
潮州市	**6029**	**3138**	**2891**	**5720**	**2925**	**2795**	**4474**	**2337**	**2137**
湘桥区	331	185	146	374	197	177	302	165	137
潮安区	2773	1447	1326	2422	1243	1179	1999	1043	956
饶平县	2925	1506	1419	2924	1485	1439	2173	1129	1044
揭阳市	**25844**	**13433**	**12411**	**23127**	**11941**	**11186**	**19411**	**9982**	**9429**
榕城区	1535	792	743	1318	667	651	1006	551	455
揭东区	3385	1738	1647	3203	1714	1489	2520	1347	1173
揭西县	3571	1807	1764	3270	1701	1569	2803	1432	1371
惠来县	6602	3417	3185	5998	3036	2962	4645	2313	2332
普宁市	10751	5679	5072	9338	4823	4515	8437	4339	4098
云浮市	**10498**	**5507**	**4991**	**9844**	**5236**	**4608**	**5034**	**2851**	**2183**
云城区	705	375	330	598	335	263	297	174	123
云安区	1376	709	667	1088	573	515	666	403	263
新兴县	1588	834	754	1598	844	754	828	465	363
郁南县	1558	799	759	1344	729	615	552	306	246
罗定市	5271	2790	2481	5216	2755	2461	2691	1503	1188

1-3c　续表 6

单位：人

地　区	20-24岁			25-29岁			30-34岁		
	小计	男	女	小计	男	女	小计	男	女
广　东	**170608**	**94425**	**76183**	**209755**	**113974**	**95781**	**213721**	**115617**	**98104**
广州市	**19179**	**10660**	**8519**	**22677**	**12857**	**9820**	**26156**	**14683**	**11473**
荔湾区									
越秀区									
海珠区									
天河区									
白云区	6840	3677	3163	6750	3788	2962	7730	4410	3320
黄埔区	571	335	236	963	527	436	1063	586	477
番禺区	2694	1560	1134	3224	1928	1296	3549	2105	1444
花都区	3585	1969	1616	4199	2401	1798	5453	3004	2449
南沙区	1385	835	550	1896	1103	793	2432	1363	1069
从化区	1844	1014	830	2513	1398	1115	2732	1465	1267
增城区	2260	1270	990	3132	1712	1420	3197	1750	1447
韶关市	**3576**	**1995**	**1581**	**4995**	**2622**	**2373**	**6291**	**3231**	**3060**
武江区	199	103	96	260	133	127	362	198	164
浈江区	154	94	60	283	152	131	373	202	171
曲江区	740	469	271	505	294	211	573	326	247
始兴县	241	128	113	390	201	189	513	248	265
仁化县	192	111	81	344	180	164	540	269	271
翁源县	483	275	208	1018	511	507	1122	559	563
乳源瑶族自治县	304	149	155	448	232	216	555	282	273
新丰县	191	102	89	306	176	130	438	247	191
乐昌市	359	204	155	472	242	230	689	319	370
南雄市	713	360	353	969	501	468	1126	581	545
深圳市	**454**	**313**	**141**	**623**	**389**	**234**	**754**	**474**	**280**
罗湖区									
福田区									
南山区									
宝安区									
龙岗区	454	313	141	623	389	234	754	474	280
盐田区									
龙华区									
坪山区									
光明区									
珠海市	**1170**	**657**	**513**	**2018**	**1168**	**850**	**2448**	**1419**	**1029**
香洲区	8	2	6	12	9	3	16	15	1
斗门区	1076	613	463	1878	1074	804	2260	1307	953
金湾区	86	42	44	128	85	43	172	97	75
汕头市	**16086**	**8253**	**7833**	**16094**	**8182**	**7912**	**12959**	**6697**	**6262**
龙湖区	661	343	318	935	463	472	696	360	336
金平区	86	49	37	139	66	73	139	75	64
濠江区	937	532	405	666	333	333	569	301	268
潮阳区	7890	3987	3903	7311	3721	3590	5343	2720	2623
潮南区	5128	2621	2507	5111	2583	2528	4056	2126	1930
澄海区	1345	703	642	1852	977	875	2056	1061	995
南澳县	39	18	21	80	39	41	100	54	46
佛山市	**3241**	**1963**	**1278**	**3451**	**2113**	**1338**	**4437**	**2658**	**1779**
禅城区									
南海区	879	563	316	1283	770	513	1688	1008	680
顺德区	332	217	115	472	293	179	660	380	280
三水区	1954	1136	818	1560	970	590	1916	1162	754
高明区	76	47	29	136	80	56	173	108	65

1-3c 续表 7

单位：人

地区	20-24岁			25-29岁			30-34岁		
	小计	男	女	小计	男	女	小计	男	女
江门市	**5706**	**3218**	**2488**	**8748**	**4934**	**3814**	**10417**	**5816**	**4601**
蓬江区	147	77	70	169	97	72	228	119	109
江海区									
新会区	1222	719	503	1844	1051	793	2079	1168	911
台山市	1623	866	757	2634	1484	1150	3029	1676	1353
开平市	1164	640	524	1650	922	728	2116	1143	973
鹤山市	733	431	302	1143	647	496	1470	872	598
恩平市	817	485	332	1308	733	575	1495	838	657
湛江市	**16130**	**9168**	**6962**	**21180**	**11488**	**9692**	**22045**	**11790**	**10255**
赤坎区	43	29	14	68	31	37	87	56	31
霞山区	138	85	53	241	120	121	329	174	155
坡头区	1068	641	427	1583	872	711	1751	1032	719
麻章区	1673	948	725	2173	1186	987	2286	1242	1044
遂溪县	2448	1376	1072	3080	1686	1394	3043	1648	1395
徐闻县	1322	748	574	2011	1107	904	2166	1142	1024
廉江市	3266	1882	1384	4126	2341	1785	4461	2411	2050
雷州市	3714	2046	1668	4425	2334	2091	4445	2348	2097
吴川市	2458	1413	1045	3473	1811	1662	3477	1737	1740
茂名市	**15852**	**9133**	**6719**	**20259**	**10900**	**9359**	**19588**	**10065**	**9523**
茂南区	2356	1317	1039	2901	1640	1261	2680	1484	1196
电白区	4391	2615	1776	5661	3091	2570	5696	2925	2771
高州市	3312	1917	1395	4726	2455	2271	4293	2167	2126
化州市	3673	2167	1506	4360	2367	1993	4296	2213	2083
信宜市	2120	1117	1003	2611	1347	1264	2623	1276	1347
肇庆市	**8695**	**4755**	**3940**	**10155**	**5290**	**4865**	**10576**	**5495**	**5081**
端州区									
鼎湖区	201	113	88	350	173	177	391	196	195
高要区	2412	1430	982	2995	1616	1379	2994	1606	1388
广宁县	588	364	224	725	387	338	983	496	487
怀集县	2669	1297	1372	2729	1292	1437	2694	1305	1389
封开县	955	514	441	1079	576	503	1043	558	485
德庆县	1267	667	600	1297	663	634	1371	693	678
四会市	603	370	233	980	583	397	1100	641	459
惠州市	**9944**	**5802**	**4142**	**13068**	**7335**	**5733**	**13711**	**7633**	**6078**
惠城区	2701	1612	1089	2889	1678	1211	2948	1682	1266
惠阳区	1556	979	577	2462	1432	1030	2809	1679	1130
博罗县	2721	1571	1150	3031	1671	1360	3395	1798	1597
惠东县	2449	1366	1083	3787	2059	1728	3444	1917	1527
龙门县	517	274	243	899	495	404	1115	557	558
梅州市	**4592**	**2376**	**2216**	**6703**	**3307**	**3396**	**7452**	**3693**	**3759**
梅江区	93	49	44	186	94	92	232	119	113
梅县区	627	338	289	933	498	435	1375	713	662
大埔县	342	191	151	529	280	249	639	369	270
丰顺县	660	336	324	745	363	382	794	409	385
五华县	1744	832	912	2322	1043	1279	2151	977	1174
平远县	165	94	71	309	156	153	330	157	173
蕉岭县	188	120	68	338	188	150	412	208	204
兴宁市	773	416	357	1341	685	656	1519	741	778

1-3c 续表 8

单位：人

地区	20-24岁			25-29岁			30-34岁		
	小计	男	女	小计	男	女	小计	男	女
汕尾市	**6596**	**3515**	**3081**	**7919**	**4183**	**3736**	**6606**	**3445**	**3161**
城　区	478	281	197	747	427	320	706	382	324
海丰县	1187	679	508	1721	944	777	1657	895	762
陆河县	604	304	300	725	368	357	626	319	307
陆丰市	4327	2251	2076	4726	2444	2282	3617	1849	1768
河源市	**4021**	**2115**	**1906**	**5640**	**2933**	**2707**	**6291**	**3183**	**3108**
源城区	210	115	95	353	197	156	428	250	178
紫金县	1210	659	551	1458	776	682	1507	745	762
龙川县	1014	528	486	1444	762	682	1655	820	835
连平县	419	205	214	582	272	310	729	352	377
和平县	416	219	197	715	347	368	894	434	460
东源县	752	389	363	1088	579	509	1078	582	496
阳江市	**3524**	**2121**	**1403**	**5619**	**3274**	**2345**	**5729**	**3217**	**2512**
江城区	798	513	285	1176	692	484	1107	656	451
阳东区	786	468	318	1290	803	487	1371	803	568
阳西县	925	566	359	1415	853	562	1331	793	538
阳春市	1015	574	441	1738	926	812	1920	965	955
清远市	**5884**	**3363**	**2521**	**7798**	**4259**	**3539**	**9078**	**4893**	**4185**
清城区	1529	980	549	1126	661	465	1354	794	560
清新区	1075	619	456	1616	902	714	1820	999	821
佛冈县	634	354	280	1045	609	436	1159	634	525
阳山县	500	276	224	650	357	293	788	403	385
连山壮族瑶族自治县	169	95	74	260	132	128	316	160	156
连南瑶族自治县	288	143	145	343	160	183	355	175	180
英德市	1446	774	672	2266	1185	1081	2548	1350	1198
连州市	243	122	121	492	253	239	738	378	360
东莞市	**6621**	**4244**	**2377**	**9060**	**5569**	**3491**	**11854**	**7178**	**4676**
市辖区	6621	4244	2377	9060	5569	3491	11854	7178	4676
中山市	**3906**	**2224**	**1682**	**4938**	**2808**	**2130**	**6046**	**3520**	**2526**
市辖区	3906	2224	1682	4938	2808	2130	6046	3520	2526
潮州市	**5385**	**2750**	**2635**	**6246**	**3317**	**2929**	**5756**	**3074**	**2682**
湘桥区	525	221	304	417	217	200	400	205	195
潮安区	2696	1420	1276	3324	1779	1545	2940	1571	1369
饶平县	2164	1109	1055	2505	1321	1184	2416	1298	1118
揭阳市	**25927**	**13481**	**12446**	**26812**	**13942**	**12870**	**19550**	**10346**	**9204**
榕城区	1570	871	699	2289	1175	1114	1673	885	788
揭东区	3643	1966	1677	4217	2205	2012	3433	1817	1616
揭西县	3340	1710	1630	3321	1716	1605	2453	1257	1196
惠来县	5151	2563	2588	4553	2357	2196	3439	1757	1682
普宁市	12223	6371	5852	12432	6489	5943	8552	4630	3922
云浮市	**4119**	**2319**	**1800**	**5752**	**3104**	**2648**	**5977**	**3107**	**2870**
云城区	338	182	156	501	279	222	479	270	209
云安区	578	342	236	861	473	388	801	428	373
新兴县	990	566	424	1325	703	622	1300	653	647
郁南县	457	264	193	686	362	324	829	459	370
罗定市	1756	965	791	2379	1287	1092	2568	1297	1271

1-3c 续表 9

单位：人

地 区	35-39岁			40-44岁			45-49岁		
	小计	男	女	小计	男	女	小计	男	女
广 东	**186615**	**101682**	**84933**	**156658**	**83650**	**73008**	**196212**	**99505**	**96707**
广州市	**22039**	**12558**	**9481**	**17359**	**9842**	**7517**	**19997**	**11005**	**8992**
荔湾区									
越秀区									
海珠区									
天河区									
白云区	6256	3611	2645	4936	2709	2227	5513	3076	2437
黄埔区	946	525	421	655	395	260	768	438	330
番禺区	2778	1655	1123	2126	1230	896	2681	1542	1139
花都区	4884	2771	2113	3580	2105	1475	3649	2058	1591
南沙区	1931	1085	846	1654	978	676	2265	1239	1026
从化区	2507	1359	1148	2076	1147	929	2319	1199	1120
增城区	2737	1552	1185	2332	1278	1054	2802	1453	1349
韶关市	**5989**	**3141**	**2848**	**6119**	**3291**	**2828**	**8462**	**4386**	**4076**
武江区	354	190	164	340	197	143	375	204	171
浈江区	327	164	163	285	169	116	392	221	171
曲江区	580	308	272	581	314	267	748	403	345
始兴县	532	277	255	544	280	264	866	411	455
仁化县	497	257	240	540	298	242	839	446	393
翁源县	907	484	423	841	446	395	1348	653	695
乳源瑶族自治县	552	291	261	573	311	262	636	370	266
新丰县	413	232	181	401	222	179	492	265	227
乐昌市	740	380	360	910	478	432	1159	609	550
南雄市	1087	558	529	1104	576	528	1607	804	803
深圳市	**597**	**393**	**204**	**457**	**286**	**171**	**571**	**345**	**226**
罗湖区									
福田区									
南山区									
宝安区									
龙岗区	597	393	204	457	286	171	571	345	226
盐田区									
龙华区									
坪山区									
光明区									
珠海市	**2011**	**1162**	**849**	**1430**	**790**	**640**	**1739**	**948**	**791**
香洲区	14	12	2	7	3	4	23	20	3
斗门区	1858	1054	804	1305	721	584	1564	839	725
金湾区	139	96	43	118	66	52	152	89	63
汕头市	**10431**	**5271**	**5160**	**7864**	**3864**	**4000**	**9786**	**4652**	**5134**
龙湖区	667	345	322	520	260	260	704	325	379
金平区	92	43	49	64	34	30	76	34	42
濠江区	476	241	235	339	177	162	430	205	225
潮阳区	4023	1958	2065	3008	1399	1609	4045	1847	2198
潮南区	3321	1723	1598	2414	1195	1219	2888	1440	1448
澄海区	1780	923	857	1449	763	686	1570	773	797
南澳县	72	38	34	70	36	34	73	28	45
佛山市	**3831**	**2325**	**1506**	**3340**	**2001**	**1339**	**4023**	**2327**	**1696**
禅城区									
南海区	1408	836	572	1098	655	443	1291	735	556
顺德区	499	305	194	418	249	169	480	292	188
三水区	1734	1076	658	1604	966	638	2001	1162	839
高明区	190	108	82	220	131	89	251	138	113

1-3c 续表 10

单位：人

地区	35-39岁			40-44岁			45-49岁		
	小计	男	女	小计	男	女	小计	男	女
江门市	**8757**	**4858**	**3899**	**7829**	**4204**	**3625**	**10278**	**5157**	**5121**
蓬江区	185	91	94	138	70	68	200	96	104
江海区									
新会区	1811	1047	764	1512	836	676	2151	1107	1044
台山市	2504	1351	1153	2318	1189	1129	3113	1435	1678
开平市	1709	913	796	1466	751	715	1982	1012	970
鹤山市	1414	811	603	1338	762	576	1525	851	674
恩平市	1134	645	489	1057	596	461	1307	656	651
湛江市	**18003**	**9782**	**8221**	**15138**	**7991**	**7147**	**17360**	**8521**	**8839**
赤坎区	62	31	31	33	17	16	32	12	20
霞山区	272	148	124	170	105	65	159	84	75
坡头区	1213	701	512	831	459	372	873	427	446
麻章区	1848	1032	816	1465	788	677	1432	709	723
遂溪县	2566	1411	1155	2259	1199	1060	2565	1296	1269
徐闻县	2021	1053	968	1757	934	823	2216	1128	1088
廉江市	3597	2004	1593	3095	1683	1412	3370	1619	1751
雷州市	3881	2091	1790	3491	1762	1729	4370	2179	2191
吴川市	2543	1311	1232	2037	1044	993	2343	1067	1276
茂名市	**15468**	**8194**	**7274**	**12696**	**6389**	**6307**	**16794**	**7735**	**9059**
茂南区	1857	1062	795	1399	755	644	1695	835	860
电白区	4797	2632	2165	3910	2064	1846	4167	1952	2215
高州市	3277	1649	1628	2545	1185	1360	4267	1891	2376
化州市	3486	1853	1633	2926	1490	1436	3765	1759	2006
信宜市	2051	998	1053	1916	895	1021	2900	1298	1602
肇庆市	**10104**	**5383**	**4721**	**8775**	**4510**	**4265**	**11865**	**5985**	**5880**
端州区									
鼎湖区	284	149	135	217	116	101	291	160	131
高要区	2647	1447	1200	2088	1095	993	2906	1505	1401
广宁县	1112	604	508	908	466	442	1321	660	661
怀集县	2505	1301	1204	2349	1138	1211	3099	1436	1663
封开县	972	500	472	966	486	480	1390	723	667
德庆县	1400	725	675	1243	611	632	1630	810	820
四会市	1184	657	527	1004	598	406	1228	691	537
惠州市	**12808**	**7276**	**5532**	**10617**	**6004**	**4613**	**12310**	**6720**	**5590**
惠城区	2550	1453	1097	1996	1114	882	2320	1286	1034
惠阳区	2500	1499	1001	2142	1278	864	2524	1435	1089
博罗县	3599	1965	1634	3354	1843	1511	3569	1909	1660
惠东县	2997	1732	1265	2314	1322	992	2787	1483	1304
龙门县	1162	627	535	811	447	364	1110	607	503
梅州市	**7330**	**3708**	**3622**	**6406**	**3070**	**3336**	**10147**	**4751**	**5396**
梅江区	178	101	77	174	85	89	273	132	141
梅县区	1143	597	546	1038	487	551	1530	705	825
大埔县	607	337	270	685	388	297	837	404	433
丰顺县	943	510	433	825	395	430	1112	560	552
五华县	2099	984	1115	1673	760	913	2649	1208	1441
平远县	389	186	203	412	197	215	746	370	376
蕉岭县	370	193	177	356	167	189	669	302	367
兴宁市	1601	800	801	1243	591	652	2331	1070	1261

1-3c 续表 11 单位：人

地　　区	35-39岁			40-44岁			45-49岁		
	小计	男	女	小计	男	女	小计	男	女
汕尾市	**6050**	**3162**	**2888**	**4639**	**2365**	**2274**	**5879**	**2812**	**3067**
城　区	690	382	308	447	242	205	535	278	257
海丰县	1506	860	646	1077	583	494	1499	762	737
陆河县	525	265	260	451	214	237	627	289	338
陆丰市	3329	1655	1674	2664	1326	1338	3218	1483	1735
河源市	**7047**	**3560**	**3487**	**6675**	**3468**	**3207**	**8521**	**4281**	**4240**
源城区	381	197	184	315	177	138	335	182	153
紫金县	1682	846	836	1597	831	766	2029	1013	1016
龙川县	1964	1014	950	1760	884	876	2148	1044	1104
连平县	871	443	428	876	452	424	995	479	516
和平县	950	453	497	971	511	460	1316	679	637
东源县	1199	607	592	1156	613	543	1698	884	814
阳江市	**5487**	**3064**	**2423**	**5448**	**2940**	**2508**	**6561**	**3362**	**3199**
江城区	943	558	385	941	513	428	1160	585	575
阳东区	1248	736	512	1232	702	530	1291	690	601
阳西县	1156	665	491	1149	629	520	1300	655	645
阳春市	2140	1105	1035	2126	1096	1030	2810	1432	1378
清远市	**8792**	**4767**	**4025**	**7831**	**4172**	**3659**	**10228**	**5446**	**4782**
清城区	1154	687	467	1045	609	436	1259	718	541
清新区	1743	881	862	1645	889	756	2005	1072	933
佛冈县	1044	576	468	795	421	374	1088	583	505
阳山县	765	422	343	624	311	313	940	498	442
连山壮族瑶族自治县	291	164	127	213	116	97	354	203	151
连南瑶族自治县	428	215	213	436	236	200	449	219	230
英德市	2642	1433	1209	2320	1202	1118	3248	1678	1570
连州市	725	389	336	753	388	365	885	475	410
东莞市	**10261**	**6305**	**3956**	**8369**	**5143**	**3226**	**9254**	**5377**	**3877**
市辖区	10261	6305	3956	8369	5143	3226	9254	5377	3877
中山市	**4992**	**2812**	**2180**	**4224**	**2394**	**1830**	**4960**	**2625**	**2335**
市辖区	4992	2812	2180	4224	2394	1830	4960	2625	2335
潮州市	**5315**	**2757**	**2558**	**4726**	**2387**	**2339**	**6162**	**3044**	**3118**
湘桥区	367	208	159	351	168	183	448	236	212
潮安区	2494	1306	1188	2219	1129	1090	2907	1374	1533
饶平县	2454	1243	1211	2156	1090	1066	2807	1434	1373
揭阳市	**15713**	**8245**	**7468**	**11690**	**5857**	**5833**	**14785**	**6903**	**7882**
榕城区	1139	621	518	912	470	442	1319	577	742
揭东区	2566	1380	1186	2064	1022	1042	2694	1254	1440
揭西县	2336	1251	1085	1752	848	904	2233	1009	1224
惠来县	3176	1577	1599	2323	1159	1164	2563	1209	1354
普宁市	6496	3416	3080	4639	2358	2281	5976	2854	3122
云浮市	**5590**	**2959**	**2631**	**5026**	**2682**	**2344**	**6530**	**3123**	**3407**
云城区	454	256	198	460	263	197	522	265	257
云安区	680	370	310	601	308	293	855	410	445
新兴县	1351	716	635	1158	628	530	1614	784	830
郁南县	799	453	346	684	363	321	864	413	451
罗定市	2306	1164	1142	2123	1120	1003	2675	1251	1424

1-3c　续表 12

单位：人

地　　区	50-54岁			55-59岁			60-64岁		
	小计	男	女	小计	男	女	小计	男	女
广　东	**223571**	**114370**	**109201**	**199845**	**104449**	**95396**	**151996**	**79851**	**72145**
广州市	**18352**	**10097**	**8255**	**13695**	**7587**	**6108**	**8552**	**4384**	**4168**
荔湾区									
越秀区									
海珠区									
天河区									
白云区	4640	2597	2043	3036	1761	1275	1712	915	797
黄埔区	709	435	274	496	299	197	303	166	137
番禺区	2265	1225	1040	1499	839	660	843	432	411
花都区	3386	1901	1485	2600	1406	1194	1648	804	844
南沙区	2003	1096	907	1362	758	604	813	410	403
从化区	2559	1341	1218	2282	1218	1064	1509	754	755
增城区	2790	1502	1288	2420	1306	1114	1724	903	821
韶关市	**10989**	**5735**	**5254**	**10443**	**5548**	**4895**	**6837**	**3626**	**3211**
武江区	405	227	178	435	245	190	297	141	156
浈江区	402	212	190	396	216	180	265	133	132
曲江区	1025	594	431	914	504	410	624	331	293
始兴县	1162	574	588	1192	598	594	570	298	272
仁化县	1094	602	492	1008	539	469	537	283	254
翁源县	1857	935	922	1665	914	751	1115	642	473
乳源瑶族自治县	787	427	360	703	377	326	540	284	256
新丰县	752	381	371	758	419	339	581	324	257
乐昌市	1493	773	720	1511	798	713	1148	598	550
南雄市	2012	1010	1002	1861	938	923	1160	592	568
深圳市	**540**	**349**	**191**	**325**	**210**	**115**	**108**	**62**	**46**
罗湖区									
福田区									
南山区									
宝安区									
龙岗区	540	349	191	325	210	115	108	62	46
盐田区									
龙华区									
坪山区									
光明区									
珠海市	**1840**	**933**	**907**	**1529**	**821**	**708**	**1021**	**556**	**465**
香洲区	21	13	8	19	15	4	3	3	
斗门区	1623	801	822	1374	731	643	929	508	421
金湾区	196	119	77	136	75	61	89	45	44
汕头市	**10005**	**4985**	**5020**	**8282**	**4236**	**4046**	**7172**	**3690**	**3482**
龙湖区	708	339	369	612	322	290	494	252	242
金平区	113	47	66	111	64	47	75	43	32
濠江区	414	193	221	327	181	146	304	160	144
潮阳区	4276	2113	2163	3259	1618	1641	2890	1482	1408
潮南区	2718	1391	1327	2264	1143	1121	1982	1036	946
澄海区	1670	847	823	1586	845	741	1339	674	665
南澳县	106	55	51	123	63	60	88	43	45
佛山市	**3597**	**2138**	**1459**	**2713**	**1568**	**1145**	**1838**	**948**	**890**
禅城区									
南海区	1136	667	469	797	458	339	544	276	268
顺德区	381	227	154	235	136	99	162	85	77
三水区	1766	1064	702	1345	777	568	863	436	427
高明区	314	180	134	336	197	139	269	151	118

1-3c 续表 13

单位：人

地区	50-54岁			55-59岁			60-64岁		
	小计	男	女	小计	男	女	小计	男	女
江门市	**11824**	**5669**	**6155**	**11034**	**5650**	**5384**	**8988**	**4805**	**4183**
蓬江区	205	104	101	173	89	84	160	83	77
江海区									
新会区	2310	1153	1157	2162	1198	964	1659	849	810
台山市	3933	1799	2134	3665	1793	1872	3023	1708	1315
开平市	2298	1105	1193	2182	1087	1095	1881	941	940
鹤山市	1507	742	765	1372	745	627	1099	590	509
恩平市	1571	766	805	1480	738	742	1166	634	532
湛江市	**21642**	**10560**	**11082**	**21107**	**10636**	**10471**	**17994**	**9141**	**8853**
赤坎区	51	27	24	64	32	32	36	14	22
霞山区	156	77	79	162	82	80	144	67	77
坡头区	1230	558	672	1153	565	588	985	505	480
麻章区	1645	831	814	1501	790	711	1276	639	637
遂溪县	3221	1590	1631	3036	1551	1485	2594	1371	1223
徐闻县	2680	1378	1302	2535	1345	1190	2039	1075	964
廉江市	4684	2279	2405	5009	2454	2555	4368	2152	2216
雷州市	5170	2599	2571	4862	2588	2274	4150	2169	1981
吴川市	2805	1221	1584	2785	1229	1556	2402	1149	1253
茂名市	**21538**	**9979**	**11559**	**20617**	**9971**	**10646**	**16890**	**8941**	**7949**
茂南区	2130	1014	1116	1972	953	1019	1545	801	744
电白区	4940	2323	2617	4566	2236	2330	3941	2067	1874
高州市	6100	2783	3317	5973	2858	3115	4540	2455	2085
化州市	4428	2066	2362	4276	2009	2267	3717	1882	1835
信宜市	3940	1793	2147	3830	1915	1915	3147	1736	1411
肇庆市	**14511**	**7532**	**6979**	**13168**	**6892**	**6276**	**9622**	**4879**	**4743**
端州区									
鼎湖区	332	168	164	337	173	164	264	128	136
高要区	3397	1746	1651	2986	1519	1467	2029	1014	1015
广宁县	1645	858	787	1686	913	773	1418	709	709
怀集县	3795	1858	1937	3312	1626	1686	2394	1163	1231
封开县	1933	1034	899	1840	997	843	1275	687	588
德庆县	1947	1035	912	1779	976	803	1323	705	618
四会市	1462	833	629	1228	688	540	919	473	446
惠州市	**12463**	**6734**	**5729**	**10158**	**5749**	**4409**	**6384**	**3464**	**2920**
惠城区	2355	1234	1121	1838	1057	781	1086	601	485
惠阳区	2288	1266	1022	1507	907	600	714	396	318
博罗县	3548	1940	1608	3008	1692	1316	2178	1144	1034
惠东县	2899	1535	1364	2406	1360	1046	1529	839	690
龙门县	1373	759	614	1399	733	666	877	484	393
梅州市	**13760**	**6858**	**6902**	**14087**	**7096**	**6991**	**11213**	**6043**	**5170**
梅江区	269	135	134	288	161	127	218	112	106
梅县区	2092	1053	1039	2423	1204	1219	1944	1071	873
大埔县	1264	678	586	1453	757	696	1372	748	624
丰顺县	1357	764	593	1372	718	654	1300	707	593
五华县	3688	1720	1968	3494	1667	1827	2718	1431	1287
平远县	1058	556	502	989	529	460	613	319	294
蕉岭县	889	469	420	905	495	410	627	382	245
兴宁市	3143	1483	1660	3163	1565	1598	2421	1273	1148

1-3c　续表 14

单位：人

地　区	50-54岁			55-59岁			60-64岁		
	小计	男	女	小计	男	女	小计	男	女
汕尾市	**6565**	**3268**	**3297**	**5473**	**2754**	**2719**	**4671**	**2461**	**2210**
城　区	716	354	362	574	281	293	513	265	248
海丰县	1583	800	783	1259	648	611	929	493	436
陆河县	724	332	392	625	310	315	537	298	239
陆丰市	3542	1782	1760	3015	1515	1500	2692	1405	1287
河源市	**10622**	**5601**	**5021**	**10032**	**5552**	**4480**	**7517**	**4055**	**3462**
源城区	311	172	139	214	116	98	139	68	71
紫金县	2393	1279	1114	2414	1315	1099	1724	896	828
龙川县	2897	1473	1424	2779	1522	1257	2130	1146	984
连平县	1371	698	673	1245	670	575	1056	583	473
和平县	1752	924	828	1713	931	782	1302	685	617
东源县	1898	1055	843	1667	998	669	1166	677	489
阳江市	**8070**	**4084**	**3986**	**7244**	**3853**	**3391**	**5176**	**2835**	**2341**
江城区	1349	664	685	1172	600	572	771	418	353
阳东区	1402	695	707	1211	659	552	928	503	425
阳西县	1574	772	802	1414	729	685	1093	603	490
阳春市	3745	1953	1792	3447	1865	1582	2384	1311	1073
清远市	**13217**	**7084**	**6133**	**12443**	**6771**	**5672**	**8678**	**4652**	**4026**
清城区	1323	757	566	1143	649	494	619	322	297
清新区	2416	1210	1206	2164	1169	995	1440	739	701
佛冈县	1494	816	678	1333	693	640	811	434	377
阳山县	1496	781	715	1537	793	744	1200	638	562
连山壮族瑶族自治县	467	245	222	439	224	215	314	166	148
连南瑶族自治县	551	295	256	508	257	251	373	191	182
英德市	4026	2181	1845	3813	2142	1671	2728	1513	1215
连州市	1444	799	645	1506	844	662	1193	649	544
东莞市	**7250**	**4407**	**2843**	**4315**	**2543**	**1772**	**2046**	**1115**	**931**
市辖区	7250	4407	2843	4315	2543	1772	2046	1115	931
中山市	**4592**	**2415**	**2177**	**3124**	**1672**	**1452**	**2174**	**1116**	**1058**
市辖区	4592	2415	2177	3124	1672	1452	2174	1116	1058
潮州市	**6957**	**3598**	**3359**	**6604**	**3456**	**3148**	**5292**	**2775**	**2517**
湘桥区	460	243	217	541	286	255	454	239	215
潮安区	3207	1622	1585	2923	1546	1377	2244	1207	1037
饶平县	3290	1733	1557	3140	1624	1516	2594	1329	1265
揭阳市	**16297**	**8032**	**8265**	**14584**	**7451**	**7133**	**13275**	**6883**	**6392**
榕城区	1559	743	816	1402	703	699	1222	632	590
揭东区	2895	1421	1474	2801	1444	1357	2573	1356	1217
揭西县	2694	1350	1344	2554	1316	1238	2558	1300	1258
惠来县	2797	1409	1388	2365	1234	1131	2376	1217	1159
普宁市	6352	3109	3243	5462	2754	2708	4546	2378	2168
云浮市	**8940**	**4312**	**4628**	**8868**	**4433**	**4435**	**6548**	**3420**	**3128**
云城区	753	360	393	693	373	320	455	230	225
云安区	1125	541	584	1100	562	538	784	415	369
新兴县	1810	898	912	1713	862	851	1165	607	558
郁南县	1472	754	718	1470	759	711	1144	584	560
罗定市	3780	1759	2021	3892	1877	2015	3000	1584	1416

1－3c 续表 15

单位：人

地区	65－69岁			70－74岁			75－79岁		
	小计	男	女	小计	男	女	小计	男	女
广 东	**139636**	**71416**	**68220**	**92563**	**47225**	**45338**	**65449**	**32001**	**33448**
广州市	**8811**	**4171**	**4640**	**5803**	**2669**	**3134**	**3570**	**1676**	**1894**
荔湾区									
越秀区									
海珠区									
天河区									
白云区	1953	904	1049	1459	643	816	786	365	421
黄埔区	275	124	151	191	93	98	123	55	68
番禺区	790	379	411	489	201	288	329	158	171
花都区	1767	821	946	1156	530	626	660	312	348
南沙区	919	437	482	544	239	305	363	152	211
从化区	1539	731	808	958	466	492	627	302	325
增城区	1568	775	793	1006	497	509	682	332	350
韶关市	**6173**	**3163**	**3010**	**3888**	**1866**	**2022**	**2842**	**1274**	**1568**
武江区	264	128	136	177	82	95	114	59	55
浈江区	258	120	138	160	81	79	81	30	51
曲江区	568	299	269	338	159	179	226	93	133
始兴县	587	286	301	391	186	205	279	128	151
仁化县	535	271	264	378	178	200	280	119	161
翁源县	892	510	382	577	285	292	494	222	272
乳源瑶族自治县	459	220	239	280	145	135	216	95	121
新丰县	440	263	177	275	143	132	242	108	134
乐昌市	979	473	506	639	297	342	486	236	250
南雄市	1191	593	598	673	310	363	424	184	240
深圳市	**68**	**40**	**28**	**34**	**20**	**14**	**17**	**5**	**12**
罗湖区									
福田区									
南山区									
宝安区									
龙岗区	68	40	28	34	20	14	17	5	12
盐田区									
龙华区									
坪山区									
光明区									
珠海市	**1029**	**527**	**502**	**593**	**309**	**284**	**322**	**162**	**160**
香洲区				2	2				
斗门区	950	480	470	561	293	268	290	146	144
金湾区	79	47	32	30	14	16	32	16	16
汕头市	**6649**	**3231**	**3418**	**3955**	**1854**	**2101**	**2345**	**1041**	**1304**
龙湖区	432	217	215	236	91	145	183	83	100
金平区	79	42	37	48	19	29	25	10	15
濠江区	273	123	150	169	80	89	84	32	52
潮阳区	2772	1336	1436	1639	824	815	926	442	484
潮南区	1804	873	931	1133	513	620	640	273	367
澄海区	1212	597	615	689	307	382	454	181	273
南澳县	77	43	34	41	20	21	33	20	13
佛山市	**1796**	**878**	**918**	**1208**	**611**	**597**	**777**	**363**	**414**
禅城区									
南海区	503	227	276	364	166	198	216	90	126
顺德区	183	85	98	98	45	53	32	19	13
三水区	822	405	417	576	301	275	380	176	204
高明区	288	161	127	170	99	71	149	78	71

1-3c 续表 16

单位：人

地 区	65-69岁			70-74岁			75-79岁		
	小计	男	女	小计	男	女	小计	男	女
江门市	**8980**	**4812**	**4168**	**6264**	**3292**	**2972**	**3446**	**1673**	**1773**
蓬江区	160	73	87	122	59	63	71	25	46
江海区									
新会区	1689	874	815	1174	601	573	609	262	347
台山市	2951	1637	1314	2065	1140	925	1069	569	500
开平市	1890	1015	875	1297	658	639	715	326	389
鹤山市	1134	579	555	802	408	394	443	212	231
恩平市	1156	634	522	804	426	378	539	279	260
湛江市	**15176**	**7818**	**7358**	**10907**	**5888**	**5019**	**8351**	**4178**	**4173**
赤坎区	40	17	23	24	13	11	9	3	6
霞山区	114	46	68	71	45	26	60	27	33
坡头区	896	434	462	521	333	188	416	214	202
麻章区	1099	522	577	793	413	380	580	285	295
遂溪县	2273	1225	1048	1614	867	747	1298	619	679
徐闻县	1597	794	803	1155	568	587	862	383	479
廉江市	3744	2028	1716	2770	1614	1156	2136	1147	989
雷州市	3164	1644	1520	2374	1185	1189	1783	850	933
吴川市	2249	1108	1141	1585	850	735	1207	650	557
茂名市	**14503**	**7682**	**6821**	**10177**	**5490**	**4687**	**8133**	**4177**	**3956**
茂南区	1367	693	674	894	461	433	658	317	341
电白区	3216	1659	1557	2330	1249	1081	1735	901	834
高州市	4003	2233	1770	2660	1443	1217	2296	1202	1094
化州市	3282	1682	1600	2461	1333	1128	1848	990	858
信宜市	2635	1415	1220	1832	1004	828	1596	767	829
肇庆市	**9609**	**4693**	**4916**	**6490**	**2912**	**3578**	**4595**	**2006**	**2589**
端州区									
鼎湖区	311	130	181	201	89	112	135	64	71
高要区	2394	1089	1305	1670	727	943	1093	496	597
广宁县	1482	781	701	903	420	483	617	269	348
怀集县	2244	1045	1199	1526	670	856	1083	444	639
封开县	1161	587	574	804	373	431	665	284	381
德庆县	1126	597	529	685	312	373	514	242	272
四会市	891	464	427	701	321	380	488	207	281
惠州市	**5149**	**2603**	**2546**	**3468**	**1738**	**1730**	**2369**	**1184**	**1185**
惠城区	904	466	438	655	303	352	403	207	196
惠阳区	560	298	262	388	198	190	231	99	132
博罗县	1778	846	932	1162	589	573	779	383	396
惠东县	1200	617	583	839	443	396	564	303	261
龙门县	707	376	331	424	205	219	392	192	200
梅州市	**10495**	**5607**	**4888**	**6761**	**3529**	**3232**	**4855**	**2384**	**2471**
梅江区	204	103	101	142	73	69	97	61	36
梅县区	1752	942	810	1130	615	515	742	374	368
大埔县	1250	704	546	720	382	338	429	208	221
丰顺县	1108	589	519	680	368	312	529	272	257
五华县	2437	1275	1162	1635	848	787	1274	582	692
平远县	651	333	318	453	226	227	328	162	166
蕉岭县	593	302	291	401	209	192	292	141	151
兴宁市	2500	1359	1141	1600	808	792	1164	584	580

1-3c 续表 17

单位：人

地区	65-69岁			70-74岁			75-79岁		
	小计	男	女	小计	男	女	小计	男	女
汕尾市	**4479**	**2275**	**2204**	**3047**	**1746**	**1301**	**1904**	**1101**	**803**
城　区	452	235	217	294	188	106	151	87	64
海丰县	945	477	468	629	389	240	428	265	163
陆河县	486	270	216	310	192	118	199	125	74
陆丰市	2596	1293	1303	1814	977	837	1126	624	502
河源市	**6343**	**3344**	**2999**	**4448**	**2165**	**2283**	**3943**	**1855**	**2088**
源城区	111	59	52	77	32	45	53	29	24
紫金县	1385	718	667	963	458	505	889	416	473
龙川县	1918	1018	900	1272	630	642	1220	596	624
连平县	724	379	345	530	249	281	442	192	250
和平县	1235	633	602	866	418	448	763	351	412
东源县	970	537	433	740	378	362	576	271	305
阳江市	**5289**	**2803**	**2486**	**3826**	**2137**	**1689**	**2966**	**1534**	**1432**
江城区	774	401	373	616	347	269	432	218	214
阳东区	1005	552	453	701	414	287	493	269	224
阳西县	1057	553	504	778	470	308	581	324	257
阳春市	2453	1297	1156	1731	906	825	1460	723	737
清远市	**8281**	**4384**	**3897**	**5112**	**2643**	**2469**	**4028**	**1879**	**2149**
清城区	753	383	370	505	237	268	342	162	180
清新区	1588	843	745	1064	539	525	699	360	339
佛冈县	852	473	379	450	247	203	379	176	203
阳山县	1006	561	445	599	339	260	590	252	338
连山壮族瑶族自治县	280	137	143	182	98	84	136	68	68
连南瑶族自治县	364	174	190	175	70	105	132	56	76
英德市	2185	1176	1009	1360	699	661	1175	531	644
连州市	1253	637	616	777	414	363	575	274	301
东莞市	**1791**	**906**	**885**	**1042**	**480**	**562**	**666**	**291**	**375**
市辖区	1791	906	885	1042	480	562	666	291	375
中山市	**1981**	**930**	**1051**	**1238**	**595**	**643**	**705**	**311**	**394**
市辖区	1981	930	1051	1238	595	643	705	311	394
潮州市	**4880**	**2287**	**2593**	**3089**	**1487**	**1602**	**1798**	**865**	**933**
湘桥区	419	200	219	277	131	146	162	78	84
潮安区	2144	1003	1141	1341	634	707	705	335	370
饶平县	2317	1084	1233	1471	722	749	931	452	479
揭阳市	**11841**	**5946**	**5895**	**7084**	**3609**	**3475**	**4409**	**2292**	**2117**
榕城区	1053	523	530	596	302	294	342	170	172
揭东区	2372	1169	1203	1357	708	649	829	462	367
揭西县	2299	1173	1126	1422	815	607	934	518	416
惠来县	2060	993	1067	1391	636	755	844	405	439
普宁市	4057	2088	1969	2318	1148	1170	1460	737	723
云浮市	**6313**	**3316**	**2997**	**4129**	**2185**	**1944**	**3408**	**1750**	**1658**
云城区	488	267	221	368	208	160	245	129	116
云安区	742	384	358	465	253	212	408	205	203
新兴县	1303	679	624	925	464	461	721	329	392
郁南县	1012	550	462	660	367	293	572	313	259
罗定市	2768	1436	1332	1711	893	818	1462	774	688

1-3c　续表 18　　　　单位：人

地　区	80-84岁			85-89岁			90岁及以上		
	小计	男	女	小计	男	女	小计	男	女
广　东	**47167**	**21022**	**26145**	**29046**	**10806**	**18240**	**14104**	**4096**	**10008**
广州市	**2067**	**900**	**1167**	**1328**	**431**	**897**	**620**	**166**	**454**
荔湾区									
越秀区									
海珠区									
天河区									
白云区	394	182	212	248	73	175	137	42	95
黄埔区	79	29	50	65	27	38	27	12	15
番禺区	186	82	104	103	30	73	45	10	35
花都区	370	169	201	258	85	173	115	29	86
南沙区	189	72	117	110	33	77	50	10	40
从化区	418	173	245	297	100	197	129	34	95
增城区	431	193	238	247	83	164	117	29	88
韶关市	**2105**	**800**	**1305**	**1252**	**407**	**845**	**519**	**115**	**404**
武江区	78	28	50	52	12	40	24	11	13
浈江区	84	30	54	54	18	36	15	3	12
曲江区	193	67	126	122	36	86	56	15	41
始兴县	218	72	146	147	34	113	52	9	43
仁化县	209	82	127	121	42	79	56	9	47
翁源县	323	127	196	205	55	150	85	13	72
乳源瑶族自治县	155	63	92	103	43	60	43	9	34
新丰县	196	76	120	129	54	75	56	16	40
乐昌市	316	132	184	159	68	91	78	15	63
南雄市	333	123	210	160	45	115	54	15	39
深圳市	**12**	**4**	**8**	**14**	**5**	**9**	**6**		**6**
罗湖区									
福田区									
南山区									
宝安区									
龙岗区	12	4	8	14	5	9	6		6
盐田区									
龙华区									
坪山区									
光明区									
珠海市	**222**	**114**	**108**	**156**	**50**	**106**	**75**	**19**	**56**
香洲区									
斗门区	205	104	101	148	48	100	69	18	51
金湾区	17	10	7	8	2	6	6	1	5
汕头市	**1736**	**778**	**958**	**1024**	**382**	**642**	**564**	**164**	**400**
龙湖区	105	42	63	68	26	42	22	8	14
金平区	13	5	8	9	4	5	4	1	3
濠江区	62	22	40	42	19	23	19	2	17
潮阳区	686	314	372	403	148	255	211	71	140
潮南区	527	260	267	311	121	190	194	46	148
澄海区	322	125	197	186	62	124	108	33	75
南澳县	21	10	11	5	2	3	6	3	3
佛山市	**503**	**228**	**275**	**263**	**81**	**182**	**166**	**43**	**123**
禅城区									
南海区	129	68	61	70	19	51	33	8	25
顺德区	37	12	25	8	2	6	7	2	5
三水区	244	114	130	121	30	91	88	23	65
高明区	93	34	59	64	30	34	38	10	28

1-3c 续表 19

单位：人

地区	80-84岁			85-89岁			90岁及以上		
	小计	男	女	小计	男	女	小计	男	女
江门市	**2386**	**1120**	**1266**	**1604**	**553**	**1051**	**860**	**212**	**648**
蓬江区	46	17	29	25	10	15	9	4	5
江海区									
新会区	367	170	197	281	93	188	129	30	99
台山市	828	389	439	560	195	365	312	84	228
开平市	497	241	256	306	97	209	189	38	151
鹤山市	273	114	159	207	72	135	123	29	94
恩平市	375	189	186	225	86	139	98	27	71
湛江市	**6495**	**3085**	**3410**	**4036**	**1714**	**2322**	**2200**	**762**	**1438**
赤坎区	8	4	4	6	2	4	2	1	1
霞山区	32	17	15	17	4	13	5	1	4
坡头区	307	153	154	232	105	127	102	33	69
麻章区	406	183	223	235	80	155	147	37	110
遂溪县	1078	497	581	706	320	386	396	136	260
徐闻县	707	294	413	490	195	295	246	81	165
廉江市	1529	806	723	926	415	511	509	199	310
雷州市	1589	682	907	946	365	581	536	175	361
吴川市	839	449	390	478	228	250	257	99	158
茂名市	**5673**	**2763**	**2910**	**3366**	**1467**	**1899**	**1612**	**601**	**1011**
茂南区	489	248	241	281	109	172	138	48	90
电白区	1313	654	659	767	330	437	380	163	217
高州市	1524	727	797	907	374	533	434	155	279
化州市	1312	659	653	788	384	404	386	141	245
信宜市	1035	475	560	623	270	353	274	94	180
肇庆市	**3204**	**1189**	**2015**	**1791**	**549**	**1242**	**762**	**166**	**596**
端州区									
鼎湖区	80	21	59	55	20	35	21	1	20
高要区	665	270	395	378	99	279	172	45	127
广宁县	456	187	269	262	98	164	112	31	81
怀集县	765	273	492	411	123	288	172	31	141
封开县	488	174	314	269	89	180	93	13	80
德庆县	446	163	283	218	72	146	90	17	73
四会市	304	101	203	198	48	150	102	28	74
惠州市	**1919**	**857**	**1062**	**1239**	**462**	**777**	**642**	**164**	**478**
惠城区	342	150	192	233	83	150	144	38	106
惠阳区	195	82	113	145	55	90	64	14	50
博罗县	566	256	310	356	120	236	170	45	125
惠东县	549	251	298	341	133	208	167	42	125
龙门县	267	118	149	164	71	93	97	25	72
梅州市	**3668**	**1592**	**2076**	**2498**	**799**	**1699**	**1135**	**270**	**865**
梅江区	59	27	32	40	12	28	22	1	21
梅县区	582	247	335	446	137	309	195	46	149
大埔县	384	156	228	291	85	206	153	32	121
丰顺县	403	178	225	299	102	197	103	30	73
五华县	948	431	517	580	206	374	263	68	195
平远县	249	103	146	164	51	113	73	20	53
蕉岭县	261	131	130	156	56	100	57	10	47
兴宁市	782	319	463	522	150	372	269	63	206

1-3c　续表 20　　　　单位：人

地　区	80-84岁			85-89岁			90岁及以上		
	小计	男	女	小计	男	女	小计	男	女
汕尾市	**1513**	**771**	**742**	**938**	**412**	**526**	**440**	**157**	**283**
城　区	127	55	72	95	42	53	46	18	28
海丰县	392	215	177	217	107	110	103	37	66
陆河县	195	95	100	120	57	63	45	17	28
陆丰市	799	406	393	506	206	300	246	85	161
河源市	**2783**	**1160**	**1623**	**1691**	**582**	**1109**	**687**	**157**	**530**
源城区	38	20	18	22	5	17	7		7
紫金县	691	293	398	404	146	258	172	38	134
龙川县	821	344	477	525	171	354	241	65	176
连平县	309	116	193	163	45	118	65	13	52
和平县	486	192	294	274	98	176	97	16	81
东源县	438	195	243	303	117	186	105	25	80
阳江市	**2135**	**1037**	**1098**	**1407**	**586**	**821**	**691**	**235**	**456**
江城区	351	165	186	257	96	161	148	48	100
阳东区	359	194	165	252	102	150	137	46	91
阳西县	435	212	223	331	159	172	143	45	98
阳春市	990	466	524	567	229	338	263	96	167
清远市	**2822**	**1166**	**1656**	**1764**	**617**	**1147**	**831**	**215**	**616**
清城区	244	107	137	178	65	113	69	20	49
清新区	442	186	256	327	100	227	166	39	127
佛冈县	270	115	155	164	55	109	88	22	66
阳山县	409	173	236	238	78	160	97	24	73
连山壮族瑶族自治县	96	35	61	59	20	39	22	11	11
连南瑶族自治县	95	37	58	50	15	35	18	4	14
英德市	867	358	509	522	201	321	259	69	190
连州市	399	155	244	226	83	143	112	26	86
东莞市	**394**	**179**	**215**	**238**	**93**	**145**	**125**	**28**	**97**
市辖区	394	179	215	238	93	145	125	28	97
中山市	**400**	**170**	**230**	**237**	**78**	**159**	**130**	**37**	**93**
市辖区	400	170	230	237	78	159	130	37	93
潮州市	**1326**	**537**	**789**	**772**	**252**	**520**	**377**	**103**	**274**
湘桥区	106	46	60	59	21	38	29	4	25
潮安区	561	232	329	355	130	225	132	41	91
饶平县	659	259	400	358	101	257	216	58	158
揭阳市	**3480**	**1526**	**1954**	**2147**	**793**	**1354**	**1130**	**346**	**784**
榕城区	236	88	148	122	57	65	40	14	26
揭东区	645	268	377	413	151	262	210	60	150
揭西县	719	317	402	478	167	311	277	87	190
惠来县	632	276	356	408	140	268	250	72	178
普宁市	1248	577	671	726	278	448	353	113	240
云浮市	**2324**	**1046**	**1278**	**1281**	**493**	**788**	**532**	**136**	**396**
云城区	185	89	96	120	39	81	59	8	51
云安区	302	123	179	166	63	103	60	21	39
新兴县	496	209	287	305	97	208	122	24	98
郁南县	443	188	255	237	101	136	82	30	52
罗定市	898	437	461	453	193	260	209	53	156

1-4 全省分年龄、性别的人口

单位：人、%

年龄	人口数			占总人口比重			性别比
	合计	男	女	合计	男	女	(女=100)
总计	**11946820**	**6345132**	**5601688**	**100.00**	**53.11**	**46.89**	**113.27**
0-4岁	**699959**	**374384**	**325575**	**5.86**	**3.13**	**2.73**	**114.99**
0	104910	56042	48868	0.88	0.47	0.41	114.68
1	130554	69891	60663	1.09	0.59	0.51	115.21
2	140226	74850	65376	1.17	0.63	0.55	114.49
3	169147	90508	78639	1.42	0.76	0.66	115.09
4	155122	83093	72029	1.30	0.70	0.60	115.36
5-9岁	**777365**	**416878**	**360487**	**6.51**	**3.49**	**3.02**	**115.64**
5	148939	79580	69359	1.25	0.67	0.58	114.74
6	154987	83487	71500	1.30	0.70	0.60	116.77
7	155409	82879	72530	1.30	0.69	0.61	114.27
8	169366	91014	78352	1.42	0.76	0.66	116.16
9	148664	79918	68746	1.24	0.67	0.58	116.25
10-14岁	**642896**	**346339**	**296557**	**5.38**	**2.90**	**2.48**	**116.79**
10	140339	75527	64812	1.17	0.63	0.54	116.53
11	139558	75272	64286	1.17	0.63	0.54	117.09
12	132807	71206	61601	1.11	0.60	0.52	115.59
13	118918	64294	54624	1.00	0.54	0.46	117.70
14	111274	60040	51234	0.93	0.50	0.43	117.19
15-19岁	**642437**	**356855**	**285582**	**5.38**	**2.99**	**2.39**	**124.96**
15	116007	63050	52957	0.97	0.53	0.44	119.06
16	140377	76984	63393	1.18	0.64	0.53	121.44
17	134466	74781	59685	1.13	0.63	0.50	125.29
18	118515	67556	50959	0.99	0.57	0.43	132.57
19	133072	74484	58588	1.11	0.62	0.49	127.13
20-24岁	**904315**	**499028**	**405287**	**7.57**	**4.18**	**3.39**	**123.13**
20	150387	83295	67092	1.26	0.70	0.56	124.15
21	160931	88951	71980	1.35	0.74	0.60	123.58
22	185260	103868	81392	1.55	0.87	0.68	127.61
23	196253	107838	88415	1.64	0.90	0.74	121.97
24	211484	115076	96408	1.77	0.96	0.81	119.36
25-29岁	**1144614**	**624836**	**519778**	**9.58**	**5.23**	**4.35**	**120.21**
25	224164	122241	101923	1.88	1.02	0.85	119.93
26	217078	118440	98638	1.82	0.99	0.83	120.08
27	231214	125407	105807	1.94	1.05	0.89	118.52
28	233549	127854	105695	1.95	1.07	0.88	120.97
29	238609	130894	107715	2.00	1.10	0.90	121.52
30-34岁	**1293437**	**702174**	**591263**	**10.83**	**5.88**	**4.95**	**118.76**
30	276012	150808	125204	2.31	1.26	1.05	120.45
31	263871	143353	120518	2.21	1.20	1.01	118.95
32	246934	133845	113089	2.07	1.12	0.95	118.35
33	265019	143771	121248	2.22	1.20	1.01	118.58
34	241601	130397	111204	2.02	1.09	0.93	117.26
35-39岁	**1080545**	**584322**	**496223**	**9.04**	**4.89**	**4.15**	**117.75**
35	220044	119145	100899	1.84	1.00	0.84	118.08
36	222741	120364	102377	1.86	1.01	0.86	117.57
37	209874	113259	96615	1.76	0.95	0.81	117.23
38	223563	121381	102182	1.87	1.02	0.86	118.79
39	204323	110173	94150	1.71	0.92	0.79	117.02
40-44岁	**869403**	**466728**	**402675**	**7.28**	**3.91**	**3.37**	**115.91**
40	182315	98332	83983	1.53	0.82	0.70	117.09
41	193811	104668	89143	1.62	0.88	0.75	117.42
42	169937	91164	78773	1.42	0.76	0.66	115.73
43	154502	82835	71667	1.29	0.69	0.60	115.58
44	168838	89729	79109	1.41	0.75	0.66	113.42

1-4 续表

单位：人、%

年 龄	人口数			占总人口比重			性别比
	合计	男	女	合计	男	女	(女=100)
45—49岁	**937933**	**492908**	**445025**	**7.85**	**4.13**	**3.73**	**110.76**
45	173607	91847	81760	1.45	0.77	0.68	112.34
46	193655	101857	91798	1.62	0.85	0.77	110.96
47	194992	102036	92956	1.63	0.85	0.78	109.77
48	187558	98587	88971	1.57	0.83	0.74	110.81
49	188121	98581	89540	1.57	0.83	0.75	110.10
50—54岁	**849404**	**444853**	**404551**	**7.11**	**3.72**	**3.39**	**109.96**
50	190347	99381	90966	1.59	0.83	0.76	109.25
51	173582	90608	82974	1.45	0.76	0.69	109.20
52	183275	96075	87200	1.53	0.80	0.73	110.18
53	146858	76902	69956	1.23	0.64	0.59	109.93
54	155342	81887	73455	1.30	0.69	0.61	111.48
55—59岁	**661011**	**341889**	**319122**	**5.53**	**2.86**	**2.67**	**107.13**
55	154991	81205	73786	1.30	0.68	0.62	110.05
56	143012	74027	68985	1.20	0.62	0.58	107.31
57	157217	82050	75167	1.32	0.69	0.63	109.16
58	132561	67988	64573	1.11	0.57	0.54	105.29
59	73230	36619	36611	0.61	0.31	0.31	100.02
60—64岁	**449631**	**225896**	**223735**	**3.76**	**1.89**	**1.87**	**100.97**
60	75018	37352	37666	0.63	0.31	0.32	99.17
61	82963	42219	40744	0.69	0.35	0.34	103.62
62	98076	49453	48623	0.82	0.41	0.41	101.71
63	104069	52702	51367	0.87	0.44	0.43	102.60
64	89505	44170	45335	0.75	0.37	0.38	97.43
65—69岁	**391285**	**191244**	**200041**	**3.28**	**1.60**	**1.67**	**95.60**
65	90371	44667	45704	0.76	0.37	0.38	97.73
66	88032	42835	45197	0.74	0.36	0.38	94.77
67	77632	37811	39821	0.65	0.32	0.33	94.95
68	72861	35440	37421	0.61	0.30	0.31	94.71
69	62389	30491	31898	0.52	0.26	0.27	95.59
70—74岁	**246356**	**121626**	**124730**	**2.06**	**1.02**	**1.04**	**97.51**
70	60939	30255	30684	0.51	0.25	0.26	98.60
71	57036	28603	28433	0.48	0.24	0.24	100.60
72	47599	23257	24342	0.40	0.19	0.20	95.54
73	42516	20910	21606	0.36	0.18	0.18	96.78
74	38266	18601	19665	0.32	0.16	0.16	94.59
75—79岁	**153705**	**73066**	**80639**	**1.29**	**0.61**	**0.67**	**90.61**
75	36381	17676	18705	0.30	0.15	0.16	94.50
76	32625	15737	16888	0.27	0.13	0.14	93.18
77	29396	13901	15495	0.25	0.12	0.13	89.71
78	28146	13187	14959	0.24	0.11	0.13	88.15
79	27157	12565	14592	0.23	0.11	0.12	86.11
80—84岁	**109944**	**48836**	**61108**	**0.92**	**0.41**	**0.51**	**79.92**
80	25188	11591	13597	0.21	0.10	0.11	85.25
81	22594	10171	12423	0.19	0.09	0.10	81.87
82	22549	10065	12484	0.19	0.08	0.10	80.62
83	20719	9099	11620	0.17	0.08	0.10	78.30
84	18894	7910	10984	0.16	0.07	0.09	72.01
85—89岁	**63675**	**24269**	**39406**	**0.53**	**0.20**	**0.33**	**61.59**
85	16628	6642	9986	0.14	0.06	0.08	66.51
86	14664	5639	9025	0.12	0.05	0.08	62.48
87	13264	4947	8317	0.11	0.04	0.07	59.48
88	10350	3873	6477	0.09	0.03	0.05	59.80
89	8769	3168	5601	0.07	0.03	0.05	56.56
90岁及以上	**28905**	**9001**	**19904**	**0.24**	**0.08**	**0.17**	**45.22**

1-4a 全省分年龄、性别的人口(城市)

单位：人、%

年 龄	人口数 合计	人口数 男	人口数 女	占总人口比重 合计	占总人口比重 男	占总人口比重 女	性别比(女=100)
总 计	**7438590**	**3984956**	**3453634**	**100.00**	**53.57**	**46.43**	**115.38**
0-4岁	**382062**	**204799**	**177263**	**5.14**	**2.75**	**2.38**	**115.53**
0	51065	27218	23847	0.69	0.37	0.32	114.14
1	71136	38174	32962	0.96	0.51	0.44	115.81
2	78093	41831	36262	1.05	0.56	0.49	115.36
3	96424	51592	44832	1.30	0.69	0.60	115.08
4	85344	45984	39360	1.15	0.62	0.53	116.83
5-9岁	**408245**	**220475**	**187770**	**5.49**	**2.96**	**2.52**	**117.42**
5	80495	43114	37381	1.08	0.58	0.50	115.34
6	81933	44437	37496	1.10	0.60	0.50	118.51
7	81492	43725	37767	1.10	0.59	0.51	115.78
8	88652	48147	40505	1.19	0.65	0.54	118.87
9	75673	41052	34621	1.02	0.55	0.47	118.58
10-14岁	**323545**	**176575**	**146970**	**4.35**	**2.37**	**1.98**	**120.14**
10	71105	38816	32289	0.96	0.52	0.43	120.21
11	70038	38156	31882	0.94	0.51	0.43	119.68
12	66463	36020	30443	0.89	0.48	0.41	118.32
13	60459	33171	27288	0.81	0.45	0.37	121.56
14	55480	30412	25068	0.75	0.41	0.34	121.32
15-19岁	**395978**	**222284**	**173694**	**5.32**	**2.99**	**2.34**	**127.97**
15	63756	34886	28870	0.86	0.47	0.39	120.84
16	84308	46646	37662	1.13	0.63	0.51	123.85
17	84482	47569	36913	1.14	0.64	0.50	128.87
18	75077	43422	31655	1.01	0.58	0.43	137.17
19	88355	49761	38594	1.19	0.67	0.52	128.93
20-24岁	**631869**	**349312**	**282557**	**8.49**	**4.70**	**3.80**	**123.63**
20	103092	57195	45897	1.39	0.77	0.62	124.62
21	111792	62000	49792	1.50	0.83	0.67	124.52
22	129590	72715	56875	1.74	0.98	0.76	127.85
23	138381	76105	62276	1.86	1.02	0.84	122.21
24	149014	81297	67717	2.00	1.09	0.91	120.05
25-29岁	**809675**	**444537**	**365138**	**10.88**	**5.98**	**4.91**	**121.74**
25	158368	86576	71792	2.13	1.16	0.97	120.59
26	152912	83703	69209	2.06	1.13	0.93	120.94
27	163001	88947	74054	2.19	1.20	1.00	120.11
28	165050	91052	73998	2.22	1.22	0.99	123.05
29	170344	94259	76085	2.29	1.27	1.02	123.89
30-34岁	**938313**	**513195**	**425118**	**12.61**	**6.90**	**5.72**	**120.72**
30	199167	109616	89551	2.68	1.47	1.20	122.41
31	192079	105039	87040	2.58	1.41	1.17	120.68
32	180119	98318	81801	2.42	1.32	1.10	120.19
33	192543	105335	87208	2.59	1.42	1.17	120.79
34	174405	94887	79518	2.34	1.28	1.07	119.33
35-39岁	**765171**	**415595**	**349576**	**10.29**	**5.59**	**4.70**	**118.89**
35	157507	85683	71824	2.12	1.15	0.97	119.30
36	157828	85737	72091	2.12	1.15	0.97	118.93
37	148399	80257	68142	1.99	1.08	0.92	117.78
38	158868	86652	72216	2.14	1.16	0.97	119.99
39	142569	77266	65303	1.92	1.04	0.88	118.32
40-44岁	**606015**	**327208**	**278807**	**8.15**	**4.40**	**3.75**	**117.36**
40	127559	69217	58342	1.71	0.93	0.78	118.64
41	135359	73427	61932	1.82	0.99	0.83	118.56
42	118623	63963	54660	1.59	0.86	0.73	117.02
43	107810	58007	49803	1.45	0.78	0.67	116.47
44	116664	62594	54070	1.57	0.84	0.73	115.76

1-4a　续表　　　　　　　　　　　　　　　　　　　　单位：人、%

年龄	人口数			占总人口比重			性别比
	合计	男	女	合计	男	女	(女=100)
45-49岁	**620246**	**330677**	**289569**	**8.34**	**4.45**	**3.89**	**114.20**
45	118690	63439	55251	1.60	0.85	0.74	114.82
46	130601	69650	60951	1.76	0.94	0.82	114.27
47	128902	68489	60413	1.73	0.92	0.81	113.37
48	122471	65482	56989	1.65	0.88	0.77	114.90
49	119582	63617	55965	1.61	0.86	0.75	113.67
50-54岁	**507520**	**269339**	**238181**	**6.82**	**3.62**	**3.20**	**113.08**
50	119120	63307	55813	1.60	0.85	0.75	113.43
51	106504	56357	50147	1.43	0.76	0.67	112.38
52	109878	58435	51443	1.48	0.79	0.69	113.59
53	84100	44375	39725	1.13	0.60	0.53	111.71
54	87918	46865	41053	1.18	0.63	0.55	114.16
55-59岁	**364908**	**188185**	**176723**	**4.91**	**2.53**	**2.38**	**106.49**
55	86719	45577	41142	1.17	0.61	0.55	110.78
56	80468	41790	38678	1.08	0.56	0.52	108.05
57	88093	45845	42248	1.18	0.62	0.57	108.51
58	71297	36042	35255	0.96	0.48	0.47	102.23
59	38331	18931	19400	0.52	0.25	0.26	97.58
60-64岁	**230219**	**112412**	**117807**	**3.09**	**1.51**	**1.58**	**95.42**
60	41149	20107	21042	0.55	0.27	0.28	95.56
61	42043	20720	21323	0.57	0.28	0.29	97.17
62	49733	24381	25352	0.67	0.33	0.34	96.17
63	52298	25646	26652	0.70	0.34	0.36	96.23
64	44996	21558	23438	0.60	0.29	0.32	91.98
65-69岁	**192395**	**91093**	**101302**	**2.59**	**1.22**	**1.36**	**89.92**
65	45168	21555	23613	0.61	0.29	0.32	91.28
66	44143	20897	23246	0.59	0.28	0.31	89.90
67	38061	18008	20053	0.51	0.24	0.27	89.80
68	35195	16531	18664	0.47	0.22	0.25	88.57
69	29828	14102	15726	0.40	0.19	0.21	89.67
70-74岁	**116672**	**55880**	**60792**	**1.57**	**0.75**	**0.82**	**91.92**
70	29148	14156	14992	0.39	0.19	0.20	94.42
71	27522	13339	14183	0.37	0.18	0.19	94.05
72	22588	10671	11917	0.30	0.14	0.16	89.54
73	20009	9472	10537	0.27	0.13	0.14	89.89
74	17405	8242	9163	0.23	0.11	0.12	89.95
75-79岁	**64478**	**29705**	**34773**	**0.87**	**0.40**	**0.47**	**85.43**
75	15560	7333	8227	0.21	0.10	0.11	89.13
76	13907	6555	7352	0.19	0.09	0.10	89.16
77	12324	5629	6695	0.17	0.08	0.09	84.08
78	11706	5321	6385	0.16	0.07	0.09	83.34
79	10981	4867	6114	0.15	0.07	0.08	79.60
80-84岁	**46120**	**20368**	**25752**	**0.62**	**0.27**	**0.35**	**79.09**
80	10632	4814	5818	0.14	0.06	0.08	82.74
81	9503	4237	5266	0.13	0.06	0.07	80.46
82	9591	4198	5393	0.13	0.06	0.07	77.84
83	8719	3843	4876	0.12	0.05	0.07	78.81
84	7675	3276	4399	0.10	0.04	0.06	74.47
85-89岁	**24944**	**9844**	**15100**	**0.34**	**0.13**	**0.20**	**65.19**
85	6519	2663	3856	0.09	0.04	0.05	69.06
86	5938	2350	3588	0.08	0.03	0.05	65.50
87	5323	2080	3243	0.07	0.03	0.04	64.14
88	3912	1499	2413	0.05	0.02	0.03	62.12
89	3252	1252	2000	0.04	0.02	0.03	62.60
90岁及以上	**10215**	**3473**	**6742**	**0.14**	**0.05**	**0.09**	**51.51**

1-4b 全省分年龄、性别的人口(镇)

单位：人、%

年龄	人口数			占总人口比重			性别比
	合计	男	女	合计	男	女	(女=100)
总　计	**1601437**	**833079**	**768358**	**100.00**	**52.02**	**47.98**	**108.42**
0-4岁	**105606**	**56441**	**49165**	**6.59**	**3.52**	**3.07**	**114.80**
0	15608	8309	7299	0.97	0.52	0.46	113.84
1	19397	10372	9025	1.21	0.65	0.56	114.93
2	21273	11418	9855	1.33	0.71	0.62	115.86
3	25443	13639	11804	1.59	0.85	0.74	115.55
4	23885	12703	11182	1.49	0.79	0.70	113.60
5-9岁	**127810**	**68510**	**59300**	**7.98**	**4.28**	**3.70**	**115.53**
5	23498	12603	10895	1.47	0.79	0.68	115.68
6	25150	13508	11642	1.57	0.84	0.73	116.03
7	25816	13829	11987	1.61	0.86	0.75	115.37
8	28041	15003	13038	1.75	0.94	0.81	115.07
9	25305	13567	11738	1.58	0.85	0.73	115.58
10-14岁	**110673**	**59139**	**51534**	**6.91**	**3.69**	**3.22**	**114.76**
10	23934	12802	11132	1.49	0.80	0.70	115.00
11	24134	12943	11191	1.51	0.81	0.70	115.66
12	23011	12297	10714	1.44	0.77	0.67	114.78
13	20315	10917	9398	1.27	0.68	0.59	116.16
14	19279	10180	9099	1.20	0.64	0.57	111.88
15-19岁	**98891**	**53225**	**45666**	**6.18**	**3.32**	**2.85**	**116.55**
15	19817	10525	9292	1.24	0.66	0.58	113.27
16	23425	12558	10867	1.46	0.78	0.68	115.56
17	21550	11570	9980	1.35	0.72	0.62	115.93
18	17162	9399	7763	1.07	0.59	0.48	121.07
19	16937	9173	7764	1.06	0.57	0.48	118.15
20-24岁	**101838**	**55291**	**46547**	**6.36**	**3.45**	**2.91**	**118.79**
20	18358	9863	8495	1.15	0.62	0.53	116.10
21	18557	10112	8445	1.16	0.63	0.53	119.74
22	20681	11504	9177	1.29	0.72	0.57	125.36
23	21264	11518	9746	1.33	0.72	0.61	118.18
24	22978	12294	10684	1.43	0.77	0.67	115.07
25-29岁	**125184**	**66325**	**58859**	**7.82**	**4.14**	**3.68**	**112.68**
25	24183	13077	11106	1.51	0.82	0.69	117.75
26	23830	12635	11195	1.49	0.79	0.70	112.86
27	25353	13382	11971	1.58	0.84	0.75	111.79
28	25692	13624	12068	1.60	0.85	0.75	112.89
29	26126	13607	12519	1.63	0.85	0.78	108.69
30-34岁	**141403**	**73362**	**68041**	**8.83**	**4.58**	**4.25**	**107.82**
30	29878	15595	14283	1.87	0.97	0.89	109.19
31	28692	14949	13743	1.79	0.93	0.86	108.78
32	26787	13851	12936	1.67	0.86	0.81	107.07
33	28806	14976	13830	1.80	0.94	0.86	108.29
34	27240	13991	13249	1.70	0.87	0.83	105.60
35-39岁	**128759**	**67045**	**61714**	**8.04**	**4.19**	**3.85**	**108.64**
35	25419	13286	12133	1.59	0.83	0.76	109.50
36	26243	13652	12591	1.64	0.85	0.79	108.43
37	25156	13057	12099	1.57	0.82	0.76	107.92
38	26764	14026	12738	1.67	0.88	0.80	110.11
39	25177	13024	12153	1.57	0.81	0.76	107.17
40-44岁	**106730**	**55870**	**50860**	**6.66**	**3.49**	**3.18**	**109.85**
40	22584	11705	10879	1.41	0.73	0.68	107.59
41	23750	12520	11230	1.48	0.78	0.70	111.49
42	20938	10940	9998	1.31	0.68	0.62	109.42
43	18845	9954	8891	1.18	0.62	0.56	111.96
44	20613	10751	9862	1.29	0.67	0.62	109.01

1-4b　续表　　　　　　　　　　　　　　　　　　　　单位：人、%

年　龄	人　口　数			占总人口比重			性别比
	合计	男	女	合计	男	女	(女=100)
45—49岁	**121475**	**62726**	**58749**	**7.59**	**3.92**	**3.67**	**106.77**
45	21765	11283	10482	1.36	0.70	0.65	107.64
46	24499	12683	11816	1.53	0.79	0.74	107.34
47	25363	13036	12327	1.58	0.81	0.77	105.75
48	24758	12748	12010	1.55	0.80	0.75	106.14
49	25090	12976	12114	1.57	0.81	0.76	107.12
50—54岁	**118313**	**61144**	**57169**	**7.39**	**3.82**	**3.57**	**106.95**
50	25588	13071	12517	1.60	0.82	0.78	104.43
51	23621	12258	11363	1.47	0.77	0.71	107.88
52	25493	13122	12371	1.59	0.82	0.77	106.07
53	21051	10992	10059	1.31	0.69	0.63	109.28
54	22560	11701	10859	1.41	0.73	0.68	107.75
55—59岁	**96258**	**49255**	**47003**	**6.01**	**3.08**	**2.94**	**104.79**
55	22378	11535	10843	1.40	0.72	0.68	106.38
56	20597	10514	10083	1.29	0.66	0.63	104.27
57	22767	11690	11077	1.42	0.73	0.69	105.53
58	19623	10093	9530	1.23	0.63	0.60	105.91
59	10893	5423	5470	0.68	0.34	0.34	99.14
60—64岁	**67416**	**33633**	**33783**	**4.21**	**2.10**	**2.11**	**99.56**
60	10617	5241	5376	0.66	0.33	0.34	97.49
61	12660	6446	6214	0.79	0.40	0.39	103.73
62	14932	7424	7508	0.93	0.46	0.47	98.88
63	15707	7922	7785	0.98	0.49	0.49	101.76
64	13500	6600	6900	0.84	0.41	0.43	95.65
65—69岁	**59254**	**28735**	**30519**	**3.70**	**1.79**	**1.91**	**94.15**
65	13664	6653	7011	0.85	0.42	0.44	94.89
66	13179	6314	6865	0.82	0.39	0.43	91.97
67	11786	5664	6122	0.74	0.35	0.38	92.52
68	11181	5434	5747	0.70	0.34	0.36	94.55
69	9444	4670	4774	0.59	0.29	0.30	97.82
70—74岁	**37121**	**18521**	**18600**	**2.32**	**1.16**	**1.16**	**99.58**
70	9184	4524	4660	0.57	0.28	0.29	97.08
71	8572	4364	4208	0.54	0.27	0.26	103.71
72	7214	3591	3623	0.45	0.22	0.23	99.12
73	6394	3171	3223	0.40	0.20	0.20	98.39
74	5757	2871	2886	0.36	0.18	0.18	99.48
75—79岁	**23778**	**11360**	**12418**	**1.48**	**0.71**	**0.78**	**91.48**
75	5674	2822	2852	0.35	0.18	0.18	98.95
76	5094	2488	2606	0.32	0.16	0.16	95.47
77	4554	2125	2429	0.28	0.13	0.15	87.48
78	4290	2040	2250	0.27	0.13	0.14	90.67
79	4166	1885	2281	0.26	0.12	0.14	82.64
80—84岁	**16657**	**7446**	**9211**	**1.04**	**0.46**	**0.58**	**80.84**
80	3812	1781	2031	0.24	0.11	0.13	87.69
81	3507	1607	1900	0.22	0.10	0.12	84.58
82	3396	1503	1893	0.21	0.09	0.12	79.40
83	3108	1387	1721	0.19	0.09	0.11	80.59
84	2834	1168	1666	0.18	0.07	0.10	70.11
85—89岁	**9685**	**3619**	**6066**	**0.60**	**0.23**	**0.38**	**59.66**
85	2599	1013	1586	0.16	0.06	0.10	63.87
86	2192	818	1374	0.14	0.05	0.09	59.53
87	1929	700	1229	0.12	0.04	0.08	56.96
88	1593	594	999	0.10	0.04	0.06	59.46
89	1372	494	878	0.09	0.03	0.05	56.26
90岁及以上	**4586**	**1432**	**3154**	**0.29**	**0.09**	**0.20**	**45.40**

1－4c 全省分年龄、性别的人口(乡村)

单位：人、%

年 龄	人口数			占总人口比重			性别比
	合计	男	女	合计	男	女	(女=100)
总 计	**2906793**	**1527097**	**1379696**	**100.00**	**52.54**	**47.46**	**110.68**
0－4岁	**212291**	**113144**	**99147**	**7.30**	**3.89**	**3.41**	**114.12**
0	38237	20515	17722	1.32	0.71	0.61	115.76
1	40021	21345	18676	1.38	0.73	0.64	114.29
2	40860	21601	19259	1.41	0.74	0.66	112.16
3	47280	25277	22003	1.63	0.87	0.76	114.88
4	45893	24406	21487	1.58	0.84	0.74	113.58
5－9岁	**241310**	**127893**	**113417**	**8.30**	**4.40**	**3.90**	**112.76**
5	44946	23863	21083	1.55	0.82	0.73	113.19
6	47904	25542	22362	1.65	0.88	0.77	114.22
7	48101	25325	22776	1.65	0.87	0.78	111.19
8	52673	27864	24809	1.81	0.96	0.85	112.31
9	47686	25299	22387	1.64	0.87	0.77	113.01
10－14岁	**208678**	**110625**	**98053**	**7.18**	**3.81**	**3.37**	**112.82**
10	45300	23909	21391	1.56	0.82	0.74	111.77
11	45386	24173	21213	1.56	0.83	0.73	113.95
12	43333	22889	20444	1.49	0.79	0.70	111.96
13	38144	20206	17938	1.31	0.70	0.62	112.64
14	36515	19448	17067	1.26	0.67	0.59	113.95
15－19岁	**147568**	**81346**	**66222**	**5.08**	**2.80**	**2.28**	**122.84**
15	32434	17639	14795	1.12	0.61	0.51	119.22
16	32644	17780	14864	1.12	0.61	0.51	119.62
17	28434	15642	12792	0.98	0.54	0.44	122.28
18	26276	14735	11541	0.90	0.51	0.40	127.68
19	27780	15550	12230	0.96	0.53	0.42	127.15
20－24岁	**170608**	**94425**	**76183**	**5.87**	**3.25**	**2.62**	**123.94**
20	28937	16237	12700	1.00	0.56	0.44	127.85
21	30582	16839	13743	1.05	0.58	0.47	122.53
22	34989	19649	15340	1.20	0.68	0.53	128.09
23	36608	20215	16393	1.26	0.70	0.56	123.31
24	39492	21485	18007	1.36	0.74	0.62	119.31
25－29岁	**209755**	**113974**	**95781**	**7.22**	**3.92**	**3.30**	**118.99**
25	41613	22588	19025	1.43	0.78	0.65	118.73
26	40336	22102	18234	1.39	0.76	0.63	121.21
27	42860	23078	19782	1.47	0.79	0.68	116.66
28	42807	23178	19629	1.47	0.80	0.68	118.08
29	42139	23028	19111	1.45	0.79	0.66	120.50
30－34岁	**213721**	**115617**	**98104**	**7.35**	**3.98**	**3.37**	**117.85**
30	46967	25597	21370	1.62	0.88	0.74	119.78
31	43100	23365	19735	1.48	0.80	0.68	118.39
32	40028	21676	18352	1.38	0.75	0.63	118.11
33	43670	23460	20210	1.50	0.81	0.70	116.08
34	39956	21519	18437	1.37	0.74	0.63	116.72
35－39岁	**186615**	**101682**	**84933**	**6.42**	**3.50**	**2.92**	**119.72**
35	37118	20176	16942	1.28	0.69	0.58	119.09
36	38670	20975	17695	1.33	0.72	0.61	118.54
37	36319	19945	16374	1.25	0.69	0.56	121.81
38	37931	20703	17228	1.30	0.71	0.59	120.17
39	36577	19883	16694	1.26	0.68	0.57	119.10
40－44岁	**156658**	**83650**	**73008**	**5.39**	**2.88**	**2.51**	**114.58**
40	32172	17410	14762	1.11	0.60	0.51	117.94
41	34702	18721	15981	1.19	0.64	0.55	117.15
42	30376	16261	14115	1.05	0.56	0.49	115.20
43	27847	14874	12973	0.96	0.51	0.45	114.65
44	31561	16384	15177	1.09	0.56	0.52	107.95

1-4c　续表　　　　　　　　　　　　　　　　　　　　　　　　单位：人、%

年　龄	人　口　数			占总人口比重			性别比
	合计	男	女	合计	男	女	(女=100)
45—49岁	**196212**	**99505**	**96707**	**6.75**	**3.42**	**3.33**	**102.89**
45	33152	17125	16027	1.14	0.59	0.55	106.85
46	38555	19524	19031	1.33	0.67	0.65	102.59
47	40727	20511	20216	1.40	0.71	0.70	101.46
48	40329	20357	19972	1.39	0.70	0.69	101.93
49	43449	21988	21461	1.49	0.76	0.74	102.46
50—54岁	**223571**	**114370**	**109201**	**7.69**	**3.93**	**3.76**	**104.73**
50	45639	23003	22636	1.57	0.79	0.78	101.62
51	43457	21993	21464	1.50	0.76	0.74	102.46
52	47904	24518	23386	1.65	0.84	0.80	104.84
53	41707	21535	20172	1.43	0.74	0.69	106.76
54	44864	23321	21543	1.54	0.80	0.74	108.25
55—59岁	**199845**	**104449**	**95396**	**6.88**	**3.59**	**3.28**	**109.49**
55	45894	24093	21801	1.58	0.83	0.75	110.51
56	41947	21723	20224	1.44	0.75	0.70	107.41
57	46357	24515	21842	1.59	0.84	0.75	112.24
58	41641	21853	19788	1.43	0.75	0.68	110.44
59	24006	12265	11741	0.83	0.42	0.40	104.46
60—64岁	**151996**	**79851**	**72145**	**5.23**	**2.75**	**2.48**	**110.68**
60	23252	12004	11248	0.80	0.41	0.39	106.72
61	28260	15053	13207	0.97	0.52	0.45	113.98
62	33411	17648	15763	1.15	0.61	0.54	111.96
63	36064	19134	16930	1.24	0.66	0.58	113.02
64	31009	16012	14997	1.07	0.55	0.52	106.77
65—69岁	**139636**	**71416**	**68220**	**4.80**	**2.46**	**2.35**	**104.68**
65	31539	16459	15080	1.09	0.57	0.52	109.14
66	30710	15624	15086	1.06	0.54	0.52	103.57
67	27785	14139	13646	0.96	0.49	0.47	103.61
68	26485	13475	13010	0.91	0.46	0.45	103.57
69	23117	11719	11398	0.80	0.40	0.39	102.82
70—74岁	**92563**	**47225**	**45338**	**3.18**	**1.62**	**1.56**	**104.16**
70	22607	11575	11032	0.78	0.40	0.38	104.92
71	20942	10900	10042	0.72	0.37	0.35	108.54
72	17797	8995	8802	0.61	0.31	0.30	102.19
73	16113	8267	7846	0.55	0.28	0.27	105.37
74	15104	7488	7616	0.52	0.26	0.26	98.32
75—79岁	**65449**	**32001**	**33448**	**2.25**	**1.10**	**1.15**	**95.67**
75	15147	7521	7626	0.52	0.26	0.26	98.62
76	13624	6694	6930	0.47	0.23	0.24	96.59
77	12518	6147	6371	0.43	0.21	0.22	96.48
78	12150	5826	6324	0.42	0.20	0.22	92.13
79	12010	5813	6197	0.41	0.20	0.21	93.80
80—84岁	**47167**	**21022**	**26145**	**1.62**	**0.72**	**0.90**	**80.41**
80	10744	4996	5748	0.37	0.17	0.20	86.92
81	9584	4327	5257	0.33	0.15	0.18	82.31
82	9562	4364	5198	0.33	0.15	0.18	83.96
83	8892	3869	5023	0.31	0.13	0.17	77.03
84	8385	3466	4919	0.29	0.12	0.17	70.46
85—89岁	**29046**	**10806**	**18240**	**1.00**	**0.37**	**0.63**	**59.24**
85	7510	2966	4544	0.26	0.10	0.16	65.27
86	6534	2471	4063	0.22	0.09	0.14	60.82
87	6012	2167	3845	0.21	0.07	0.13	56.36
88	4845	1780	3065	0.17	0.06	0.11	58.08
89	4145	1422	2723	0.14	0.05	0.09	52.22
90岁及以上	**14104**	**4096**	**10008**	**0.49**	**0.14**	**0.34**	**40.93**

第二部分 长表数据资料

第二卷 民族

2-1　全省各民族分性别、行业的人口

单位：人

民　　族	人口数			农、林、牧、渔业			采矿业		
	合计	男	女	小计	男	女	小计	男	女
总　计	**6207185**	**3781789**	**2425396**	**427194**	**252798**	**174396**	**6308**	**5210**	**1098**
汉　族	5913450	3603950	2309500	419362	248702	170660	6118	5054	1064
蒙古族	2018	1234	784	4	3	1	1		1
回　族	5851	3613	2238	15	10	5	2	2	
藏　族	790	439	351	27	6	21			
维吾尔族	429	261	168	4	3	1			
苗　族	37959	23039	14920	972	527	445	17	13	4
彝　族	12928	7712	5216	129	59	70	5	3	2
壮　族	119702	71961	47741	3525	1708	1817	88	69	19
布依族	12615	7543	5072	119	61	58	6	6	
朝鲜族	1593	1002	591	6	5	1			
满　族	3879	2303	1576	12	5	7	3	2	1
侗　族	14682	9339	5343	152	74	78	3	3	
瑶　族	29878	18121	11757	1985	1135	850	30	26	4
白　族	2933	1783	1150	28	13	15	1	1	
土家族	28970	17779	11191	479	310	169	21	19	2
哈尼族	3407	2152	1255	17	6	11			
哈萨克族	34	24	10						
傣　族	1456	829	627	18	5	13			
黎　族	2385	1377	1008	37	10	27			
傈僳族	704	406	298	5	3	2	1	1	
佤　族	1164	612	552	5	1	4			
畲　族	2049	1328	721	164	105	59	6	6	
高山族	8	2	6						
拉祜族	513	304	209	6	1	5			
水　族	1206	693	513	18	6	12	1		1
东乡族	384	248	136						
纳西族	69	44	25	2	2				
景颇族	257	138	119	1		1	2	2	
柯尔克孜族	49	21	28						
土　族	464	290	174	6	3	3			
达斡尔族	56	36	20						
仫佬族	1696	1026	670	39	23	16			
羌　族	113	67	46				1	1	
布朗族	174	83	91	1		1			
撒拉族	166	96	70	1		1			
毛南族	755	438	317	11	2	9			
仡佬族	1319	844	475	16	9	7	1	1	
锡伯族	112	68	44						
阿昌族	99	61	38	1	1				
普米族	44	30	14						
塔吉克族	9	9							
怒　族	39	22	17						
乌孜别克族	5	3	2						
俄罗斯族	7	7							
鄂温克族	10	5	5						
德昂族	37	14	23						
保安族	17	12	5						
裕固族	5	2	3						
京　族	23	12	11	1		1			
塔塔尔族	1	1							
独龙族	7	4	3						
鄂伦春族	3	2	1						
赫哲族	13	7	6						
门巴族	2		2						
珞巴族	1	1					1	1	
基诺族	10	4	6						
未定族称人口	584	361	223	19		19			
入　籍	52	27	25	7		7			

2-1　续表 1　　　　单位：人

民　族	制造业			电力、热力、燃气及水生产和供应业			建筑业		
	小计	男	女	小计	男	女	小计	男	女
总　计	**2110695**	**1267869**	**842826**	**35579**	**27413**	**8166**	**486320**	**415522**	**70798**
汉　族	1926871	1156552	770319	34722	26723	7999	468523	401113	67410
蒙古族	603	392	211	20	15	5	120	96	24
回　族	2497	1581	916	19	15	4	191	153	38
藏　族	405	225	180	3	3		30	20	10
维吾尔族	100	65	35				5	3	2
苗　族	24277	14575	9702	56	48	8	3107	2449	658
彝　族	9484	5540	3944	31	28	3	976	774	202
壮　族	79356	48104	31252	311	253	58	5123	4159	964
布依族	9524	5669	3855	15	12	3	537	423	114
朝鲜族	521	358	163	5	4	1	31	25	6
满　族	927	628	299	33	17	16	234	185	49
侗　族	9423	5955	3468	42	36	6	1044	874	170
瑶　族	16592	10068	6524	199	157	42	1997	1625	372
白　族	1964	1190	774	10	10		166	137	29
土家族	15669	9479	6190	69	58	11	3129	2592	537
哈尼族	2661	1685	976	9	7	2	131	108	23
哈萨克族	18	14	4				2	2	
傣　族	1043	581	462	2	2		91	73	18
黎　族	1379	852	527	8	6	2	66	54	12
傈僳族	549	325	224	1		1	26	20	6
佤　族	885	450	435	1	1		81	61	20
畲　族	709	468	241	10	8	2	121	104	17
高山族	4	1	3				2	1	1
拉祜族	374	217	157				32	24	8
水　族	832	473	359	2	1	1	77	58	19
东乡族	274	176	98				3	2	1
纳西族	32	23	9	1	1		2		2
景颇族	195	105	90				10	7	3
柯尔克孜族	45	21	24						
土　族	251	153	98	1	1		56	44	12
达斡尔族	6	4	2				2	1	1
仫佬族	1056	636	420	2	2		84	77	7
羌　族	44	32	12	1		1	12	8	4
布朗族	129	62	67				10	10	
撒拉族	24	17	7						
毛南族	532	300	232	1		1	50	42	8
仡佬族	770	473	297	4	4		197	153	44
锡伯族	33	25	8	1	1		6	5	1
阿昌族	78	47	31				3	3	
普米族	37	24	13						
塔吉克族	9	9							
怒　族	30	17	13						
乌孜别克族	1		1						
俄罗斯族	1	1							
鄂温克族	4	2	2						
德昂族	33	13	20				2	1	1
保安族	14	10	4				1	1	
裕固族	1	1					1	1	
京　族	9	6	3						
塔塔尔族									
独龙族	4	2	2				1	1	
鄂伦春族							1	1	
赫哲族	5	3	2				3	3	
门巴族									
珞巴族									
基诺族	8	3	5						
未定族称人口	384	245	139				30	26	4
入　籍	19	12	7				4	3	1

2-1　续表 2　　　　单位：人

民族	批发和零售业			交通运输、仓储和邮政业			住宿和餐饮业		
	小计	男	女	小计	男	女	小计	男	女
总　计	**1047168**	**580420**	**466748**	**295483**	**245233**	**50250**	**331749**	**190990**	**140759**
汉　族	1020044	565758	454286	286302	237761	48541	320776	184892	135884
蒙古族	279	164	115	96	70	26	178	116	62
回　族	773	458	315	290	218	72	753	461	292
藏　族	84	44	40	34	26	8	46	33	13
维吾尔族	74	44	30	11	6	5	143	100	43
苗　族	3081	1716	1365	1024	808	216	967	533	434
彝　族	783	429	354	243	188	55	292	157	135
壮　族	11195	5902	5293	3741	3119	622	4639	2579	2060
布依族	909	487	422	255	214	41	315	175	140
朝鲜族	490	307	183	66	42	24	60	41	19
满　族	614	326	288	234	154	80	163	99	64
侗　族	1295	744	551	497	421	76	383	207	176
瑶　族	2724	1480	1244	1009	851	158	1164	615	549
白　族	227	108	119	75	62	13	89	50	39
土家族	2840	1493	1347	1107	891	216	951	485	466
哈尼族	240	142	98	54	45	9	67	35	32
哈萨克族	4	3	1	2	1	1			
傣　族	123	63	60	22	19	3	46	20	26
黎　族	290	148	142	68	48	20	142	68	74
傈僳族	39	15	24	12	11	1	19	9	10
佤　族	63	28	35	35	25	10	27	13	14
畲　族	305	192	113	71	59	12	92	63	29
高山族									
拉祜族	50	29	21	16	13	3	7	5	2
水　族	87	47	40	34	28	6	30	16	14
东乡族	28	22	6	1	1		66	38	28
纳西族	4	3	1	1	1		3	1	2
景颇族	15	9	6	3	1	2	12	6	6
柯尔克孜族	1		1						
土　族	38	14	24	16	12	4	18	11	7
达斡尔族	7	4	3	4	4		3	1	2
仫佬族	177	91	86	66	54	12	72	36	36
羌　族	14	8	6	6	4	2	3	1	2
布朗族	15	4	11	1		1	6	4	2
撒拉族	2	1	1	4	4		130	69	61
毛南族	61	33	28	20	18	2	17	8	9
仡佬族	103	55	48	24	22	2	38	21	17
锡伯族	15	10	5	4	3	1	6	5	1
阿昌族	6	4	2	5	4	1	1		1
普米族	2	1	1	2	2		2	2	
塔吉克族									
怒　族	3		3				1	1	
乌孜别克族	1	1							
俄罗斯族	2	2					4	4	
鄂温克族	3	2	1						
德昂族	1		1						
保安族	1	1							
裕固族	1		1						
京　族	4	2	2	1		1			
塔塔尔族							1	1	
独龙族	1		1						
鄂伦春族				1	1		1		1
赫哲族	2	1	1						
门巴族	1		1						
珞巴族									
基诺族	1		1				1	1	
未定族称人口	42	24	18	24	21	3	10	6	4
入　籍	4	1	3	2	1	1	5	2	3

2-1 续表 3

单位：人

民　族	信息传输、软件和信息技术服务业			金融业			房地产业		
	小计	男	女	小计	男	女	小计	男	女
总　计	**163717**	**111312**	**52405**	**96814**	**48095**	**48719**	**151303**	**96867**	**54436**
汉　族	158963	108087	50876	95158	47299	47859	147341	94264	53077
蒙古族	103	66	37	58	28	30	78	47	31
回　族	212	144	68	153	87	66	127	80	47
藏　族	19	12	7	9	2	7	18	10	8
维吾尔族	7	4	3	6	3	3	9	2	7
苗　族	524	357	167	165	64	101	539	370	169
彝　族	105	73	32	25	9	16	146	115	31
壮　族	1629	1118	511	395	187	208	1219	792	427
布依族	127	87	40	25	16	9	89	63	26
朝鲜族	82	56	26	40	17	23	21	12	9
满　族	231	143	88	180	103	77	157	90	67
侗　族	241	175	66	54	21	33	252	157	95
瑶　族	466	309	157	154	76	78	356	236	120
白　族	54	43	11	22	10	12	62	45	17
土家族	624	413	211	249	111	138	642	423	219
哈尼族	25	16	9	6	3	3	31	20	11
哈萨克族							1		1
傣　族	15	9	6	4	2	2	16	14	2
黎　族	56	32	24	24	12	12	42	24	18
傈僳族	8	4	4	1		1	4	2	2
佤　族	5	2	3	1	1		8	5	3
畲　族	80	59	21	33	18	15	45	31	14
高山族									
拉祜族	3	2	1	1		1	3	2	1
水　族	11	8	3	2	2		16	10	6
东乡族	1	1					1		1
纳西族	5	5		2		2	1	1	
景颇族	1	1		1	1		1		1
柯尔克孜族							1		1
土　族	10	8	2	4	3	1	8	6	2
达斡尔族	5	4	1	1	1		3	3	
仫佬族	34	30	4	11	4	7	17	13	4
羌　族	5	1	4	4	2	2	1		1
布朗族				1	1		2		2
撒拉族	4	4							
毛南族	13	9	4	4	3	1	6	4	2
仡佬族	18	13	5	7	4	3	26	19	7
锡伯族	5	1	4	6	2	4	7	3	4
阿昌族	2	1	1						
普米族							1	1	
塔吉克族									
怒　族									
乌孜别克族				2	1	1			
俄罗斯族									
鄂温克族	1	1							
德昂族				1		1			
保安族									
裕固族				1		1			
京　族	2	2		2	1	1	1		1
塔塔尔族									
独龙族									
鄂伦春族									
赫哲族	1		1						
门巴族									
珞巴族									
基诺族									
未定族称人口	17	9	8	1	1		5	3	2
入　籍	3	3		1		1			

2-1　续表 4　　　　单位：人

民　族	租赁和商务服务业			科学研究和技术服务业			水利、环境和公共设施管理业		
	小计	男	女	小计	男	女	小计	男	女
总　计	**184208**	**110511**	**73697**	**87598**	**57492**	**30106**	**37076**	**23280**	**13796**
汉　族	179038	107233	71805	84983	55881	29102	35424	22324	13100
蒙古族	99	50	49	73	47	26	8	6	2
回　族	183	109	74	96	53	43	9	5	4
藏　族	13	10	3	8	2	6	5	4	1
维吾尔族	11	4	7	3	2	1			
苗　族	681	452	229	292	171	121	509	289	220
彝　族	184	130	54	56	39	17	30	21	9
壮　族	1673	1034	639	823	493	330	447	251	196
布依族	166	107	59	71	53	18	20	12	8
朝鲜族	85	40	45	53	38	15	2	1	1
满　族	212	122	90	176	108	68	26	16	10
侗　族	330	235	95	146	92	54	53	34	19
瑶　族	471	308	163	245	157	88	232	130	102
白　族	51	35	16	37	21	16	12	6	6
土家族	645	407	238	358	220	138	218	131	87
哈尼族	50	35	15	20	10	10	3	1	2
哈萨克族				1	1				
傣　族	20	14	6	14	8	6	2	1	1
黎　族	67	38	29	30	18	12	4	2	2
傈僳族	7	4	3	10	5	5	1		1
佤　族	15	11	4	5	1	4	5	3	2
畲　族	61	34	27	33	26	7	14	8	6
高山族									
拉祜族	5	2	3	2	2		4	4	
水　族	23	15	8	7	4	3	21	11	10
东乡族	2	2		4	2	2			
纳西族	5	2	3	1		1			
景颇族	4	3	1						
柯尔克孜族									
土　族	17	14	3	7	6	1	5	5	
达斡尔族	3	2	1	2	2				
仫佬族	15	6	9	11	8	3	13	8	5
羌　族	7	4	3	5	4	1			
布朗族	2	1	1						
撒拉族									
毛南族	8	6	2	2	2		1	1	
仡佬族	33	29	4	10	8	2	5	4	1
锡伯族	7	3	4	4	1	3	1	1	
阿昌族				1		1			
普米族									
塔吉克族									
怒　族	3	3		1	1				
乌孜别克族									
俄罗斯族									
鄂温克族	1		1	1		1			
德昂族									
保安族									
裕固族									
京　族	1		1						
塔塔尔族									
独龙族									
鄂伦春族									
赫哲族	1		1						
门巴族									
珞巴族									
基诺族									
未定族称人口	6	4	2	7	6	1			
入　籍	3	3					2	1	1

2–1 续表 5

单位：人

民　族	居民服务、修理和其他服务业			教　育			卫生和社会工作		
	小计	男	女	小计	男	女	小计	男	女
总　计	**203832**	**95390**	**108442**	**222398**	**75576**	**146822**	**94073**	**32501**	**61572**
汉　族	196832	92746	104086	218402	74238	144164	92537	32036	60501
蒙古族	52	28	24	118	40	78	53	23	30
回　族	95	47	48	194	62	132	68	29	39
藏　族	21	5	16	32	14	18	7	5	2
维吾尔族	12	5	7	17	6	11	10	3	7
苗　族	918	344	574	427	134	293	114	29	85
彝　族	265	77	188	68	25	43	26	11	15
壮　族	2804	1048	1756	1151	388	763	481	134	347
布依族	255	84	171	58	15	43	20	4	16
朝鲜族	31	14	17	52	16	36	19	10	9
满　族	95	49	46	273	97	176	95	40	55
侗　族	377	149	228	189	60	129	62	20	42
瑶　族	798	306	492	563	182	381	228	63	165
白　族	60	22	38	31	13	18	12	2	10
土家族	789	307	482	543	172	371	240	56	184
哈尼族	57	24	33	13	7	6	4		4
哈萨克族				2	1	1	2	1	1
傣　族	21	8	13	9	5	4	2		2
黎　族	70	22	48	43	18	25	16	5	11
傈僳族	12		12	1	1				
佤　族	14	7	7	1	1				
畲　族	66	33	33	100	38	62	37	12	25
高山族				1		1			
拉祜族	7	2	5	1		1			
水　族	24	6	18	10	4	6	2	1	1
东乡族	4	4							
纳西族	3	1	2	1		1			
景颇族	9	1	8	2	1	1			
柯尔克孜族	2		2						
土　族	9	4	5	11	4	7	3		3
达斡尔族				10	5	5	4	1	3
仫佬族	56	16	40	14	8	6	12	6	6
羌　族	3		3	3	1	2	1	1	
布朗族	3		3	2		2			
撒拉族				1	1				
毛南族	13	5	8	10	3	7	2	1	1
仡佬族	29	14	15	17	5	12	11	5	6
锡伯族	2	1	1	11	5	6	2	1	1
阿昌族	1	1							
普米族									
塔吉克族									
怒　族							1		1
乌孜别克族									
俄罗斯族									
鄂温克族									
德昂族									
保安族				1		1			
裕固族				1		1			
京　族				1		1			
塔塔尔族									
独龙族				1	1				
鄂伦春族									
赫哲族									
门巴族									
珞巴族									
基诺族									
未定族称人口	22	10	12	12	4	8	2	2	
入　籍	1		1	1	1				

2-1　续表 6

单位：人

民　族	文化、体育和娱乐业			公共管理、社会保障和社会组织			国际组织		
	小计	男	女	小计	男	女	小计	男	女
总　计	**45851**	**25229**	**20622**	**179761**	**120049**	**59712**	**58**	**32**	**26**
汉　族	44231	24452	19779	177768	118804	58964	55	31	24
蒙古族	23	7	16	52	36	16			
回　族	55	32	23	117	66	51	2	1	1
藏　族	17	10	7	12	8	4			
维吾尔族	7	5	2	10	6	4			
苗　族	167	83	84	122	77	45			
彝　族	55	18	37	25	16	9			
壮　族	514	246	268	587	377	210	1		1
布依族	79	35	44	25	20	5			
朝鲜族	14	8	6	15	8	7			
满　族	80	46	34	134	73	61			
侗　族	83	42	41	56	40	16			
瑶　族	194	92	102	471	305	166			
白　族	21	8	13	11	7	4			
土家族	193	94	99	204	118	86			
哈尼族	14	6	8	5	2	3			
哈萨克族	1	1		1		1			
傣　族	7	4	3	1	1				
黎　族	17	6	11	26	14	12			
傈僳族	6	5	1	2	1	1			
佤　族	12	2	10	1		1			
畲　族	17	8	9	85	56	29			
高山族				1		1			
拉祜族	1		1	1	1				
水　族	6	1	5	3	2	1			
东乡族									
纳西族	3	3		3	1	2			
景颇族	1	1							
柯尔克孜族									
土　族	2	1	1	2	1	1			
达斡尔族	3	2	1	3	2	1			
仫佬族	10	5	5	7	3	4			
羌　族	1		1	2		2			
布朗族	2	1	1						
撒拉族									
毛南族	4	1	3						
仡佬族	6	3	3	4	2	2			
锡伯族	1	1		1		1			
阿昌族	1		1						
普米族									
塔吉克族									
怒　族									
乌孜别克族				1	1				
俄罗斯族									
鄂温克族									
德昂族									
保安族									
裕固族									
京　族				1	1				
塔塔尔族									
独龙族									
鄂伦春族									
赫哲族				1		1			
门巴族				1		1			
珞巴族									
基诺族									
未定族称人口	3		3						
入　籍									

2-2 全省各民族分性别、职业的人口

单位：人

民族	人口数			党的机关、国家机关、群众团体和社会组织、企事业单位负责人		
	合计	男	女	小计	男	女
总　计	**6207185**	**3781789**	**2425396**	**192102**	**142301**	**49801**
汉　族	5913450	3603950	2309500	187882	139347	48535
蒙古族	2018	1234	784	94	65	29
回　族	5851	3613	2238	223	155	68
藏　族	790	439	351	16	9	7
维吾尔族	429	261	168	21	17	4
苗　族	37959	23039	14920	435	315	120
彝　族	12928	7712	5216	68	44	24
壮　族	119702	71961	47741	1226	817	409
布依族	12615	7543	5072	94	62	32
朝鲜族	1593	1002	591	215	152	63
满　族	3879	2303	1576	249	180	69
侗　族	14682	9339	5343	212	153	59
瑶　族	29878	18121	11757	378	282	96
白　族	2933	1783	1150	58	41	17
土家族	28970	17779	11191	704	501	203
哈尼族	3407	2152	1255	7	3	4
哈萨克族	34	24	10	3	1	2
傣　族	1456	829	627	4	2	2
黎　族	2385	1377	1008	46	30	16
傈僳族	704	406	298	1		1
佤　族	1164	612	552			
畲　族	2049	1328	721	72	56	16
高山族	8	2	6	1		1
拉祜族	513	304	209	1	1	
水　族	1206	693	513	11	8	3
东乡族	384	248	136	3	3	
纳西族	69	44	25			
景颇族	257	138	119			
柯尔克孜族	49	21	28	1		1
土　族	464	290	174	6	4	2
达斡尔族	56	36	20	3	3	
仫佬族	1696	1026	670	15	11	4
羌　族	113	67	46	6	3	3
布朗族	174	83	91			
撒拉族	166	96	70	7	6	1
毛南族	755	438	317	5	3	2
仡佬族	1319	844	475	18	15	3
锡伯族	112	68	44	8	5	3
阿昌族	99	61	38			
普米族	44	30	14			
塔吉克族	9	9				
怒　族	39	22	17	1	1	
乌孜别克族	5	3	2			
俄罗斯族	7	7		3	3	
鄂温克族	10	5	5			
德昂族	37	14	23			
保安族	17	12	5			
裕固族	5	2	3			
京　族	23	12	11	1		1
塔塔尔族	1	1				
独龙族	7	4	3			
鄂伦春族	3	2	1	1		1
赫哲族	13	7	6			
门巴族	2		2			
珞巴族	1	1				
基诺族	10	4	6			
未定族称人口	584	361	223	3	3	
入　籍	52	27	25			

2-2　续表 1

单位：人

民　族	专业技术人员			办事人员和有关人员			社会生产服务和生活服务人员		
	小计	男	女	小计	男	女	小计	男	女
总　计	**684783**	**325445**	**359338**	**477979**	**264706**	**213273**	**2357846**	**1435578**	**922268**
汉　族	665764	314939	350825	466812	259067	207745	2288232	1394096	894136
蒙古族	438	225	213	197	103	94	816	515	301
回　族	779	388	391	411	227	184	2172	1352	820
藏　族	84	44	40	47	24	23	243	142	101
维吾尔族	53	22	31	27	17	10	248	157	91
苗　族	2088	1186	902	1182	600	582	8097	4772	3325
彝　族	504	306	198	303	149	154	2003	1145	858
壮　族	6489	3742	2747	3873	1842	2031	28000	16673	11327
布依族	496	296	200	280	138	142	2196	1308	888
朝鲜族	324	166	158	214	121	93	650	413	237
满　族	974	479	495	493	268	225	1514	907	607
侗　族	948	556	392	543	277	266	3427	2130	1297
瑶　族	1973	1034	939	1335	714	621	7390	4374	3016
白　族	194	117	77	123	70	53	647	380	267
土家族	2489	1286	1203	1432	733	699	7848	4633	3215
哈尼族	93	67	26	63	31	32	496	307	189
哈萨克族	7	5	2	3	3		7	4	3
傣　族	50	34	16	33	21	12	246	129	117
黎　族	188	88	100	127	60	67	719	377	342
傈僳族	18	13	5	10	3	7	103	55	48
佤　族	32	17	15	13	4	9	160	90	70
畲　族	298	147	151	181	96	85	712	487	225
高山族	1		1	2		2			
拉祜族	13	5	8	15	5	10	94	58	36
水　族	56	32	24	31	13	18	228	134	94
东乡族	12	9	3	2	1	1	88	56	32
纳西族	9	6	3	10	7	3	17	9	8
景颇族	7	5	2	8	4	4	43	17	26
柯尔克孜族							8	3	5
土　族	40	23	17	13	8	5	114	65	49
达斡尔族	19	9	10	7	6	1	22	16	6
仫佬族	81	44	37	54	25	29	472	272	200
羌　族	23	12	11	4	3	1	38	19	19
布朗族	7	4	3	5	1	4	24	10	14
撒拉族	1	1		3	2	1	131	70	61
毛南族	42	21	21	27	14	13	141	87	54
仡佬族	81	52	29	49	26	23	261	167	94
锡伯族	37	17	20	13	6	7	40	27	13
阿昌族	3	2	1	2	1	1	15	9	6
普米族	1	1					6	6	
塔吉克族									
怒　族							8	4	4
乌孜别克族				2	2		2	1	1
俄罗斯族	1	1					3	3	
鄂温克族	2	1	1	1		1	5	4	1
德昂族	1		1				2	2	
保安族				1		1	2	2	
裕固族	2	1	1	1		1	1		1
京　族	3	2	1	3	1	2	6	3	3
塔塔尔族				1	1				
独龙族	2	2					1		1
鄂伦春族							2	2	
赫哲族	6	4	2	2	1	1	2	1	1
门巴族				1		1	1		1
珞巴族	1	1							
基诺族				1	1		1	1	
未定族称人口	47	32	15	18	9	9	124	75	49
入　籍	2	1	1	1	1		18	9	9

2-2 续表 2

单位：人

民族	农、林、牧、渔业生产及辅助人员			生产制造及有关人员			不便分类的其他从业人员		
	小计	男	女	小计	男	女	小计	男	女
总　计	**409947**	**241837**	**168110**	**2076017**	**1367028**	**708989**	**8511**	**4894**	**3617**
汉　族	402240	237835	164405	1894232	1253890	640342	8288	4776	3512
蒙古族	8	6	2	461	318	143	4	2	2
回　族	17	10	7	2238	1476	762	11	5	6
藏　族	28	6	22	372	214	158			
维吾尔族	2	1	1	78	47	31			
苗　族	957	508	449	25160	15639	9521	40	19	21
彝　族	117	59	58	9925	6007	3918	8	2	6
壮　族	3494	1679	1815	76544	47161	29383	76	47	29
布依族	119	62	57	9421	5672	3749	9	5	4
朝鲜族	4	3	1	181	145	36	5	2	3
满　族	8	4	4	635	462	173	6	3	3
侗　族	149	73	76	9394	6144	3250	9	6	3
瑶　族	1979	1132	847	16802	10574	6228	21	11	10
白　族	31	15	16	1880	1160	720			
土家族	434	274	160	16044	10343	5701	19	9	10
哈尼族	18	5	13	2726	1738	988	4	1	3
哈萨克族				14	11	3			
傣　族	17	4	13	1105	638	467	1	1	
黎　族	36	7	29	1269	815	454			
傈僳族	4	2	2	566	332	234	2	1	1
佤　族	5	1	4	954	500	454			
畲　族	163	107	56	621	434	187	2	1	1
高山族				4	2	2			
拉祜族	6	1	5	384	234	150			
水　族	15	4	11	863	501	362	2	1	1
东乡族	1	1		278	178	100			
纳西族				33	22	11			
景颇族	1		1	198	112	86			
柯尔克孜族				40	18	22			
土　族	6	3	3	285	187	98			
达斡尔族				5	2	3			
仫佬族	37	22	15	1036	652	384	1		1
羌　族				42	30	12			
布朗族	1		1	137	68	69			
撒拉族	1		1	23	17	6			
毛南族	11	3	8	529	310	219			
仡佬族	11	8	3	896	574	322	3	2	1
锡伯族	1	1		13	12	1			
阿昌族	1	1		78	48	30			
普米族				37	23	14			
塔吉克族				9	9				
怒　族				30	17	13			
乌孜别克族				1		1			
俄罗斯族									
鄂温克族				2		2			
德昂族				34	12	22			
保安族				14	10	4			
裕固族				1	1				
京　族	1		1	9	6	3			
塔塔尔族									
独龙族				4	2	2			
鄂伦春族									
赫哲族				3	1	2			
门巴族									
珞巴族									
基诺族				8	2	6			
未定族称人口	17		17	375	242	133			
入　籍	7		7	24	16	8			

2-3　全省各民族分性别、主要生活来源的15岁及以上人口

单位：人

民　族	15岁及以上人口			劳动收入		
	合计	男	女	小计	男	女
总　计	**9826600**	**5207531**	**4619069**	**6260064**	**3821287**	**2438777**
汉　族	9474980	5008165	4466815	5963440	3641511	2321929
蒙古族	2746	1501	1245	2029	1242	787
回　族	7642	4319	3323	5909	3648	2261
藏　族	1077	544	533	788	439	349
维吾尔族	896	454	442	431	263	168
苗　族	43904	25165	18739	38326	23281	15045
彝　族	14459	8290	6169	13044	7787	5257
壮　族	140956	79856	61100	120833	72760	48073
布依族	14441	8210	6231	12753	7627	5126
朝鲜族	2503	1340	1163	1606	1010	596
满　族	5666	3011	2655	3908	2319	1589
侗　族	16913	10140	6773	14815	9431	5384
瑶　族	38971	21645	17326	30355	18426	11929
白　族	3395	1945	1450	2956	1795	1161
土家族	34445	19685	14760	29158	17902	11256
哈尼族	3886	2372	1514	3455	2185	1270
哈萨克族	114	55	59	34	24	10
傣　族	1637	880	757	1468	840	628
黎　族	2936	1533	1403	2402	1390	1012
傈僳族	800	442	358	709	410	299
佤　族	1291	659	632	1178	620	558
畲　族	3069	1802	1267	2075	1345	730
高山族	10	3	7	8	2	6
拉祜族	609	334	275	517	305	212
水　族	1380	755	625	1219	701	518
东乡族	416	264	152	387	249	138
纳西族	91	50	41	70	45	25
景颇族	279	147	132	260	140	120
柯尔克孜族	62	26	36	49	21	28
土　族	536	314	222	467	291	176
达斡尔族	84	49	35	55	35	20
仫佬族	2006	1146	860	1711	1035	676
羌　族	145	76	69	118	69	49
布朗族	204	90	114	175	83	92
撒拉族	192	111	81	169	98	71
毛南族	877	490	387	766	447	319
仡佬族	1578	932	646	1335	853	482
锡伯族	168	91	77	114	70	44
阿昌族	108	63	45	99	61	38
普米族	48	32	16	44	30	14
塔吉克族	10	10		9	9	
怒　族	45	26	19	39	22	17
乌孜别克族	5	3	2	5	3	2
俄罗斯族	17	8	9	7	7	
鄂温克族	14	8	6	10	5	5
德昂族	41	15	26	37	14	23
保安族	19	13	6	18	12	6
裕固族	6	2	4	5	2	3
京　族	41	15	26	25	13	12
塔塔尔族	1	1		1	1	
独龙族	10	5	5	7	4	3
鄂伦春族	4	3	1	3	2	1
赫哲族	14	7	7	12	7	5
门巴族	3	1	2	2		2
珞巴族	3	2	1	1	1	
基诺族	13	6	7	10	4	6
未定族称人口	728	390	338	585	363	222
入　籍	106	30	76	53	28	25

2-3 续表 1

单位：人

民族	离退休金/养老金			最低生活保障金			失业保险金		
	小计	男	女	小计	男	女	小计	男	女
总　计	**642849**	**271576**	**371273**	**68207**	**42901**	**25306**	**4149**	**2578**	**1571**
汉　族	639032	270075	368957	67810	42678	25132	3994	2476	1518
蒙古族	150	58	92	3	2	1			
回　族	434	168	266	3	3		1		1
藏　族	20	6	14	3	1	2	1	1	
维吾尔族	18	7	11	1		1			
苗　族	183	80	103	17	6	11	15	9	6
彝　族	31	15	16	4	2	2	4	3	1
壮　族	1032	373	659	126	70	56	78	51	27
布依族	31	13	18	7	2	5	5	5	
朝鲜族	198	78	120	3	1	2	2	2	
满　族	615	247	368	9	2	7	7	3	4
侗　族	97	34	63	4	3	1	5	3	2
瑶　族	474	212	262	165	99	66	12	7	5
白　族	29	8	21	2	2		1	1	
土家族	297	109	188	13	9	4	17	10	7
哈尼族	10	6	4	1	1		4	4	
哈萨克族									
傣　族	5	2	3	1		1			
黎　族	41	13	28	3		3			
傈僳族									
佤　族	3	2	1						
畲　族	59	38	21	26	19	7			
高山族									
拉祜族	3	1	2						
水　族	2	1	1	1		1	1	1	
东乡族									
纳西族	4		4						
景颇族	1		1						
柯尔克孜族	1		1						
土　族	3	2	1						
达斡尔族	6	4	2						
仫佬族	20	4	16	1	1				
羌　族	5	2	3						
布朗族									
撒拉族									
毛南族	1	1					1	1	
仡佬族	9	4	5				1	1	
锡伯族	18	7	11						
阿昌族									
普米族									
塔吉克族									
怒　族									
乌孜别克族									
俄罗斯族	5	1	4						
鄂温克族									
德昂族	2	1	1						
保安族									
裕固族									
京　族	7	2	5						
塔塔尔族									
独龙族									
鄂伦春族	1	1							
赫哲族									
门巴族									
珞巴族									
基诺族	1	1							
未定族称人口	1		1	3		3			
入　籍				1		1			

2-3　续表 2　　　　单位：人

民　族	财产性收入			家庭其他成员供养			其　他		
	小计	男	女	小计	男	女	小计	男	女
总　计	**74204**	**41796**	**32408**	**2299998**	**783206**	**1516792**	**477129**	**244187**	**232942**
汉　族	73370	41341	32029	2263090	772699	1490391	464244	237385	226859
蒙古族	12	7	5	438	136	302	114	56	58
回　族	47	24	23	974	317	657	274	159	115
藏　族	2		2	202	71	131	61	26	35
维吾尔族	4	3	1	404	164	240	38	17	21
苗　族	94	54	40	3827	976	2851	1442	759	683
彝　族	23	13	10	871	233	638	482	237	245
壮　族	290	152	138	13553	3714	9839	5044	2736	2308
布依族	33	20	13	1054	269	785	558	274	284
朝鲜族	32	18	14	503	150	353	159	81	78
满　族	34	17	17	868	309	559	225	114	111
侗　族	33	19	14	1436	354	1082	523	296	227
瑶　族	75	46	29	6046	1887	4159	1844	968	876
白　族	5	2	3	300	86	214	102	51	51
土家族	99	52	47	3762	1048	2714	1099	555	544
哈尼族	4	3	1	237	67	170	175	106	69
哈萨克族				70	25	45	10	6	4
傣　族	2	1	1	116	17	99	45	20	25
黎　族	6	5	1	364	76	288	120	49	71
傈僳族				60	18	42	31	14	17
佤　族	3		3	62	13	49	45	24	21
畲　族	9	5	4	776	333	443	124	62	62
高山族				1		1	1	1	
拉祜族				57	8	49	32	20	12
水　族	1	1		110	27	83	46	24	22
东乡族	2	1	1	22	9	13	5	5	
纳西族	3	2	1	12	2	10	2	1	1
景颇族				11	5	6	7	2	5
柯尔克孜族				12	5	7			
土　族	1		1	45	12	33	20	9	11
达斡尔族				16	6	10	7	4	3
仫佬族	6	2	4	190	58	132	78	46	32
羌　族	1		1	18	4	14	3	1	2
布朗族				21	3	18	8	4	4
撒拉族				17	9	8	6	4	2
毛南族	4	3	1	68	13	55	37	25	12
仡佬族	1		1	177	49	128	55	25	30
锡伯族				32	11	21	4	3	1
阿昌族	1	1		6		6	2	1	1
普米族				4	2	2			
塔吉克族							1	1	
怒　族				4	3	1	2	1	1
乌孜别克族									
俄罗斯族				4		4	1		1
鄂温克族				4	3	1			
德昂族				2		2			
保安族							1	1	
裕固族				1		1			
京　族	1		1	3		3	5		5
塔塔尔族									
独龙族				2	1	1	1		1
鄂伦春族									
赫哲族	2		2						
门巴族				1	1				
珞巴族				2	1	1			
基诺族				2	1	1			
未定族称人口	3	3		104	10	94	32	14	18
入　籍	1	1		37	1	36	14		14

2-4 全省各民族分性别、婚姻状况的15岁及以上人口

单位：人

民族	15岁及以上人口			未婚		
	合计	男	女	小计	男	女
总计	**9826600**	**5207531**	**4619069**	**2654005**	**1651474**	**1002531**
汉族	9474980	5008165	4466815	2532697	1566916	965781
蒙古族	2746	1501	1245	981	567	414
回族	7642	4319	3323	2491	1629	862
藏族	1077	544	533	464	282	182
维吾尔族	896	454	442	551	271	280
苗族	43904	25165	18739	14988	10413	4575
彝族	14459	8290	6169	6822	4521	2301
壮族	140956	79856	61100	47403	34480	12923
布依族	14441	8210	6231	5863	4097	1766
朝鲜族	2503	1340	1163	673	383	290
满族	5666	3011	2655	1810	1030	780
侗族	16913	10140	6773	5777	4266	1511
瑶族	38971	21645	17326	12336	8395	3941
白族	3395	1945	1450	1250	860	390
土家族	34445	19685	14760	10030	6710	3320
哈尼族	3886	2372	1514	1862	1360	502
哈萨克族	114	55	59	94	45	49
傣族	1637	880	757	650	428	222
黎族	2936	1533	1403	1490	962	528
傈僳族	800	442	358	447	287	160
佤族	1291	659	632	658	396	262
畲族	3069	1802	1267	860	536	324
高山族	10	3	7	2	2	
拉祜族	609	334	275	298	219	79
水族	1380	755	625	592	396	196
东乡族	416	264	152	169	129	40
纳西族	91	50	41	47	29	18
景颇族	279	147	132	143	100	43
柯尔克孜族	62	26	36	38	14	24
土族	536	314	222	186	127	59
达斡尔族	84	49	35	33	18	15
仫佬族	2006	1146	860	670	492	178
羌族	145	76	69	52	32	20
布朗族	204	90	114	101	56	45
撒拉族	192	111	81	46	35	11
毛南族	877	490	387	289	221	68
仡佬族	1578	932	646	540	372	168
锡伯族	168	91	77	66	34	32
阿昌族	108	63	45	46	33	13
普米族	48	32	16	25	17	8
塔吉克族	10	10		4	4	
怒族	45	26	19	30	19	11
乌孜别克族	5	3	2	2	1	1
俄罗斯族	17	8	9	10	6	4
鄂温克族	14	8	6	7	4	3
德昂族	41	15	26	11	5	6
保安族	19	13	6	9	7	2
裕固族	6	2	4	3	2	1
京族	41	15	26	10	6	4
塔塔尔族	1	1		1	1	
独龙族	10	5	5	5	2	3
鄂伦春族	4	3	1	1	1	
赫哲族	14	7	7	4	3	1
门巴族	3	1	2	2	1	1
珞巴族	3	2	1	2	2	
基诺族	13	6	7	6	3	3
未定族称人口	728	390	338	334	231	103
入籍	106	30	76	24	16	8

2-4　续表　　　　　　　　　　　　　　　　　　　　　　　　　　　　　　　　单位：人

民　族	有配偶			离　婚			丧　偶		
	小计	男	女	小计	男	女	小计	男	女
总　计	**6632968**	**3391551**	**3241417**	**174396**	**86221**	**88175**	**365231**	**78285**	**286946**
汉　族	6411422	3280464	3130958	168727	83192	85535	362134	77593	284541
蒙古族	1667	896	771	72	32	40	26	6	20
回　族	4927	2628	2299	150	52	98	74	10	64
藏　族	578	251	327	14	9	5	21	2	19
维吾尔族	335	181	154	7	2	5	3		3
苗　族	28110	14353	13757	635	337	298	171	62	109
彝　族	7436	3674	3762	167	86	81	34	9	25
壮　族	90392	44042	46350	2036	1124	912	1125	210	915
布依族	8309	3993	4316	213	104	109	56	16	40
朝鲜族	1696	903	793	86	50	36	48	4	44
满　族	3558	1871	1687	195	85	110	103	25	78
侗　族	10743	5680	5063	310	177	133	83	17	66
瑶　族	24975	12617	12358	742	419	323	918	214	704
白　族	2069	1050	1019	58	31	27	18	4	14
土家族	23597	12588	11009	603	320	283	215	67	148
哈尼族	1960	977	983	56	33	23	8	2	6
哈萨克族	17	8	9	3	2	1			
傣　族	952	434	518	27	18	9	8		8
黎　族	1380	553	827	40	16	24	26	2	24
傈僳族	340	150	190	11	4	7	2	1	1
佤　族	609	253	356	22	10	12	2		2
畲　族	2071	1205	866	46	28	18	92	33	59
高山族	8	1	7						
拉祜族	294	107	187	13	8	5	4		4
水　族	767	349	418	19	9	10	2	1	1
东乡族	243	133	110	4	2	2			
纳西族	43	21	22				1		1
景颇族	133	45	88	3	2	1			
柯尔克孜族	23	11	12	1	1				
土　族	338	184	154	8	2	6	4	1	3
达斡尔族	48	29	19	2	2		1		1
仫佬族	1280	629	651	42	24	18	14	1	13
羌　族	87	41	46	3	2	1	3	1	2
布朗族	100	34	66	2		2	1		1
撒拉族	146	76	70						
毛南族	568	261	307	18	8	10	2		2
仡佬族	1002	546	456	29	11	18	7	3	4
锡伯族	97	55	42	2	1	1	3	1	2
阿昌族	60	29	31	2	1	1			
普米族	22	14	8	1	1				
塔吉克族	6	6							
怒　族	14	6	8	1	1				
乌孜别克族	3	2	1						
俄罗斯族	6	2	4				1		1
鄂温克族	6	3	3	1	1				
德昂族	27	9	18	3	1	2			
保安族	9	5	4	1	1				
裕固族	3		3						
京　族	30	9	21				1		1
塔塔尔族									
独龙族	4	2	2	1	1				
鄂伦春族	3	2	1						
赫哲族	10	4	6						
门巴族	1		1						
珞巴族	1		1						
基诺族	6	3	3				1		1
未定族称人口	360	149	211	18	10	8	16		16
入　籍	77	13	64	2	1	1	3		3

2-5 全省各民族分性别、初婚年龄的人口

单位：人

民族	合计			15岁以下		
	合计	男	女	小计	男	女
总 计	**7172595**	**3556057**	**3616538**	**8810**	**1720**	**7090**
汉 族	6942283	3441249	3501034	8417	1612	6805
蒙古族	1765	934	831	1	1	
回 族	5151	2690	2461	10	2	8
藏 族	613	262	351	2		2
维吾尔族	345	183	162	1		1
苗 族	28916	14752	14164	95	27	68
彝 族	7637	3769	3868	23	4	19
壮 族	93553	45376	48177	113	36	77
布依族	8578	4113	4465	14	3	11
朝鲜族	1830	957	873			
满 族	3856	1981	1875	2		2
侗 族	11136	5874	5262	10	2	8
瑶 族	26635	13250	13385	61	17	44
白 族	2145	1085	1060	1		1
土家族	24415	12975	11440	25	6	19
哈尼族	2024	1012	1012	10	3	7
哈萨克族	20	10	10			
傣 族	987	452	535	2		2
黎 族	1446	571	875	1		1
傈僳族	353	155	198	1		1
佤 族	633	263	370	5		5
畲 族	2209	1266	943	4	2	2
高山族	8	1	7			
拉祜族	311	115	196			
水 族	788	359	429			
东乡族	247	135	112	4	1	3
纳西族	44	21	23			
景颇族	136	47	89			
柯尔克孜族	24	12	12			
土 族	350	187	163			
达斡尔族	51	31	20			
仫佬族	1336	654	682	3	2	1
羌 族	93	44	49			
布朗族	103	34	69	2	1	1
撒拉族	146	76	70			
毛南族	588	269	319			
仡佬族	1038	560	478			
锡伯族	102	57	45			
阿昌族	62	30	32			
普米族	23	15	8	1	1	
塔吉克族	6	6				
怒 族	15	7	8			
乌孜别克族	3	2	1			
俄罗斯族	7	2	5			
鄂温克族	7	4	3			
德昂族	30	10	20			
保安族	10	6	4			
裕固族	3		3			
京 族	31	9	22			
塔塔尔族						
独龙族	5	3	2			
鄂伦春族	3	2	1			
赫哲族	10	4	6			
门巴族	1		1			
珞巴族	1		1			
基诺族	7	3	4			
未定族称人口	394	159	235	2		2
入 籍	82	14	68			

2-5　续表 1　　　　单位：人

民　族	15岁			16岁		
	小计	男	女	小计	男	女
总　计	**36053**	**8662**	**27391**	**61386**	**13008**	**48378**
汉　族	34320	8105	26215	58513	12177	46336
蒙古族	3		3	11	7	4
回　族	44	18	26	81	26	55
藏　族	4		4	12	3	9
维吾尔族	4	1	3	4		4
苗　族	371	101	270	551	175	376
彝　族	92	33	59	178	53	125
壮　族	553	171	382	938	245	693
布依族	92	41	51	137	42	95
朝鲜族	6	3	3	6	1	5
满　族	9	7	2	13	3	10
侗　族	59	24	35	111	41	70
瑶　族	193	55	138	352	93	259
白　族	11	5	6	21	4	17
土家族	146	52	94	208	73	135
哈尼族	35	9	26	60	16	44
哈萨克族				1	1	
傣　族	11	4	7	21	3	18
黎　族	11	2	9	22	6	16
傈僳族	9	5	4	12	2	10
佤　族	13	3	10	21	6	15
畲　族	8	1	7	14	2	12
高山族						
拉祜族	6		6	10	1	9
水　族	10	6	4	14	3	11
东乡族	5	2	3	16	7	9
纳西族						
景颇族	2		2	7	1	6
柯尔克孜族	1	1		1		1
土　族	1	1		2	2	
达斡尔族						
仫佬族	8	4	4	9	5	4
羌　族						
布朗族	3	1	2	2		2
撒拉族	4		4	12		12
毛南族	4	1	3	7	4	3
仡佬族	7	5	2	6	2	4
锡伯族						
阿昌族				3	1	2
普米族				2	1	1
塔吉克族						
怒　族	1		1			
乌孜别克族						
俄罗斯族						
鄂温克族						
德昂族	3		3			
保安族				1		1
裕固族						
京　族				1		1
塔塔尔族						
独龙族						
鄂伦春族						
赫哲族						
门巴族						
珞巴族						
基诺族						
未定族称人口	3	1	2	6	2	4
入　籍	1		1			

2-5 续表 2

单位：人

民族	17岁			18岁			19岁		
	小计	男	女	小计	男	女	小计	男	女
总　计	**106221**	**22565**	**83656**	**172986**	**40883**	**132103**	**304217**	**80347**	**223870**
汉　族	101580	21229	80351	166118	38818	127300	292292	76713	215579
蒙古族	17	4	13	26	5	21	44	12	32
回　族	111	32	79	159	54	105	259	94	165
藏　族	18	4	14	18	7	11	26	10	16
维吾尔族	9		9	12	3	9	21	8	13
苗　族	862	269	593	1118	363	755	1775	594	1181
彝　族	268	76	192	365	120	245	579	218	361
壮　族	1540	428	1112	2433	736	1697	4476	1257	3219
布依族	259	77	182	340	113	227	569	198	371
朝鲜族	4	1	3	12	6	6	32	8	24
满　族	22	5	17	34	14	20	65	11	54
侗　族	178	54	124	263	60	203	533	160	373
瑶　族	584	170	414	910	255	655	1486	418	1068
白　族	37	7	30	63	7	56	96	22	74
土家族	363	105	258	574	160	414	1127	341	786
哈尼族	98	32	66	113	42	71	149	63	86
哈萨克族							1	1	
傣　族	33	13	20	43	14	29	73	24	49
黎　族	18	5	13	39	11	28	68	20	48
傈僳族	15	4	11	18	4	14	24	9	15
佤　族	27	7	20	36	5	31	51	16	35
畲　族	27	8	19	68	17	51	115	41	74
高山族									
拉祜族	15	1	14	16	3	13	23	5	18
水　族	17	4	13	24	3	21	52	13	39
东乡族	16	4	12	29	8	21	35	16	19
纳西族							1		1
景颇族	6	2	4	10	3	7	11	4	7
柯尔克孜族	1	1					2	1	1
土　族	3	1	2	7	2	5	16	5	11
达斡尔族	1	1		1		1			
仫佬族	26	9	17	30	11	19	64	19	45
羌　族	1		1	2	1	1	2		2
布朗族	3	1	2	4	2	2	5		5
撒拉族	13	1	12	14	8	6	16	10	6
毛南族	13	2	11	18	6	12	30	10	20
仡佬族	12	3	9	31	9	22	53	13	40
锡伯族							2		2
阿昌族	3		3	7	4	3	9	3	6
普米族				1		1	2	1	1
塔吉克族				1	1				
怒　族				1		1	2	2	
乌孜别克族									
俄罗斯族									
鄂温克族									
德昂族	1		1	4	1	3	2	1	1
保安族	1		1	1		1			
裕固族							1		1
京　族	1		1	1		1	1		1
塔塔尔族									
独龙族									
鄂伦春族									
赫哲族									
门巴族									
珞巴族									
基诺族	1		1	1	1				
未定族称人口	15	5	10	19	6	13	22	5	17
入　籍	2		2	2		2	5	1	4

2-5　续表 3

单位：人

民　族	20岁			21岁			22岁		
	小计	男	女	小计	男	女	小计	男	女
总　计	**480020**	**129751**	**350269**	**589317**	**210601**	**378716**	**752315**	**340456**	**411859**
汉　族	461663	124339	337324	568203	202470	365733	726872	327981	398891
蒙古族	70	21	49	104	44	60	133	66	67
回　族	358	141	217	399	171	228	457	240	217
藏　族	58	14	44	44	17	27	77	29	48
维吾尔族	21	7	14	31	17	14	32	21	11
苗　族	2508	845	1663	2624	1065	1559	3196	1614	1582
彝　族	774	265	509	829	345	484	831	437	394
壮　族	7008	1953	5055	8487	3043	5444	10362	4751	5611
布依族	781	244	537	799	313	486	1012	501	511
朝鲜族	61	15	46	74	25	49	106	35	71
满　族	167	47	120	209	86	123	275	132	143
侗　族	888	251	637	1075	415	660	1278	644	634
瑶　族	2423	672	1751	2637	1041	1596	3180	1676	1504
白　族	167	43	124	229	90	139	235	132	103
土家族	1904	533	1371	2304	931	1373	2793	1484	1309
哈尼族	204	68	136	217	97	120	232	120	112
哈萨克族	1		1	1	1		3	1	2
傣　族	114	39	75	105	49	56	110	54	56
黎　族	104	21	83	109	38	71	124	48	76
傈僳族	38	12	26	41	13	28	42	25	17
佤　族	47	11	36	41	12	29	67	26	41
畲　族	145	61	84	186	85	101	230	109	121
高山族							1		1
拉祜族	40	7	33	36	17	19	33	15	18
水　族	73	17	56	83	28	55	85	45	40
东乡族	21	12	9	27	17	10	26	19	7
纳西族	4		4	2		2	3	1	2
景颇族	8		8	6	3	3	15	3	12
柯尔克孜族	2	1	1	5	1	4	3	1	2
土　族	33	10	23	41	18	23	39	18	21
达斡尔族	1		1	3	1	2	3	2	1
仫佬族	114	35	79	119	46	73	156	73	83
羌　族	6	1	5	6	6		12	4	8
布朗族	9	2	7	10	1	9	14	4	10
撒拉族	15	10	5	14	9	5	8	4	4
毛南族	47	8	39	47	16	31	78	34	44
仡佬族	90	29	61	108	49	59	131	81	50
锡伯族	3	1	2	3	1	2	7	5	2
阿昌族	5		5	5	4	1	6	3	3
普米族	2	2		3	1	2	1		1
塔吉克族									
怒　族				1		1	1		1
乌孜别克族	1		1						
俄罗斯族	3		3				1	1	
鄂温克族							3	1	2
德昂族	5	1	4	4		4	1	1	
保安族	1	1					1	1	
裕固族									
京　族	2	1	1	1		1	2		2
塔塔尔族									
独龙族									
鄂伦春族									
赫哲族	1		1				1		1
门巴族				1		1			
珞巴族									
基诺族	1		1						
未定族称人口	25	9	16	41	14	27	34	14	20
入　籍	4	2	2	3	1	2	3		3

2-5 续表 4

单位：人

民 族	23岁			24岁			25岁		
	小计	男	女	小计	男	女	小计	男	女
总 计	**768777**	**363505**	**405272**	**761672**	**390797**	**370875**	**697188**	**387293**	**309895**
汉 族	745139	351393	393746	739308	378651	360657	677702	376156	301546
蒙古族	156	81	75	187	96	91	191	100	91
回 族	469	256	213	501	264	237	482	257	225
藏 族	54	18	36	52	21	31	52	25	27
维吾尔族	25	13	12	33	18	15	24	17	7
苗 族	2874	1581	1293	2849	1636	1213	2229	1353	876
彝 族	750	413	337	645	362	283	530	318	212
壮 族	9885	4766	5119	9279	4845	4434	8176	4514	3662
布依族	923	481	442	790	420	370	663	362	301
朝鲜族	107	45	62	129	56	73	176	74	102
满 族	323	150	173	375	181	194	455	226	229
侗 族	1143	619	524	1153	665	488	931	585	346
瑶 族	2765	1468	1297	2456	1345	1111	2028	1197	831
白 族	241	139	102	191	95	96	199	116	83
土家族	2644	1433	1211	2519	1483	1036	2238	1364	874
哈尼族	181	109	72	150	96	54	127	87	40
哈萨克族	2	1	1	2	1	1	1		1
傣 族	93	47	46	75	39	36	68	35	33
黎 族	147	49	98	116	43	73	143	61	82
傈僳族	19	10	9	31	20	11	27	13	14
佤 族	63	35	28	46	25	21	54	34	20
畲 族	216	125	91	210	129	81	236	153	83
高山族	1		1				2		2
拉祜族	17	7	10	27	13	14	16	11	5
水 族	77	34	43	81	43	38	65	29	36
东乡族	19	12	7	7	3	4	9	8	1
纳西族	2	1	1	3	1	2	7	3	4
景颇族	17	9	8	17	4	13	8	5	3
柯尔克孜族				3	3				
土 族	38	23	15	31	15	16	30	20	10
达斡尔族	5	3	2	7	3	4	3	2	1
仫佬族	154	81	73	125	64	61	120	65	55
羌 族	10	5	5	10	5	5	6	1	5
布朗族	4		4	13	3	10	9	3	6
撒拉族	12	9	3	7	4	3	4	1	3
毛南族	53	24	29	67	38	29	40	20	20
仡佬族	94	45	49	105	72	33	88	48	40
锡伯族	11	3	8	11	6	5	9	5	4
阿昌族	5	4	1	4		4	2	2	
普米族	2	1	1	5	4	1	3	3	
塔吉克族							2	2	
怒 族	2	1	1	3	3				
乌孜别克族									
俄罗斯族									
鄂温克族				1	1		1	1	
德昂族	2	1	1	2	2		1		1
保安族									
裕固族									
京 族	4		4	2	1	1	1		1
塔塔尔族									
独龙族							2	2	
鄂伦春族				1	1				
赫哲族				1	1		1	1	
门巴族									
珞巴族									
基诺族							1	1	
未定族称人口	25	9	16	36	15	21	22	12	10
入 籍	4	1	3	6	1	5	4	1	3

2-5　续表 5　　　　单位：人

民　族	26岁			27岁			28岁		
	小计	男	女	小计	男	女	小计	男	女
总　计	**579021**	**339932**	**239089**	**461482**	**287370**	**174112**	**346536**	**226732**	**119804**
汉　族	563350	330700	232650	448926	279711	169215	336755	220551	116204
蒙古族	173	90	83	151	97	54	140	77	63
回　族	401	228	173	372	214	158	280	168	112
藏　族	45	27	18	38	18	20	29	17	12
维吾尔族	24	16	8	18	10	8	15	9	6
苗　族	1730	1088	642	1353	882	471	1054	707	347
彝　族	424	269	155	322	214	108	235	139	96
壮　族	6577	3773	2804	5229	3061	2168	4110	2569	1541
布依族	484	293	191	375	214	161	277	171	106
朝鲜族	160	85	75	186	103	83	136	76	60
满　族	409	213	196	361	203	158	278	156	122
侗　族	800	478	322	575	372	203	480	331	149
瑶　族	1718	1025	693	1358	870	488	1040	647	393
白　族	139	85	54	142	89	53	87	60	27
土家族	1719	1055	664	1326	857	469	1080	730	350
哈尼族	92	59	33	80	48	32	79	53	26
哈萨克族	2	1	1	2	2				
傣　族	61	35	26	48	29	19	35	15	20
黎　族	100	46	54	97	43	54	85	46	39
傈僳族	19	8	11	15	10	5	7	2	5
佤　族	30	14	16	32	19	13	21	14	7
畲　族	172	107	65	160	108	52	96	66	30
高山族									
拉祜族	17	7	10	13	6	7	11	6	5
水　族	51	36	15	39	28	11	22	16	6
东乡族	8	7	1	4	4		3	3	
纳西族	7	4	3	3	1	2	3	2	1
景颇族	7	4	3	4	4		4	1	3
柯尔克孜族	3	2	1				1	1	
土　族	18	11	7	23	16	7	18	14	4
达斡尔族	7	3	4	5	4	1	6	4	2
仫佬族	84	45	39	62	39	23	63	35	28
羌　族	5		5	9	5	4	3	2	1
布朗族	8	7	1	5	3	2	1	1	
撒拉族	7	6	1	4	4		3	1	2
毛南族	38	20	18	38	20	18	17	10	7
仡佬族	82	56	26	64	45	19	28	16	12
锡伯族	13	7	6	12	7	5	4	3	1
阿昌族	2	2		1		1	2	1	1
普米族									
塔吉克族							1	1	
怒　族							1		1
乌孜别克族				1	1				
俄罗斯族							1		1
鄂温克族	1	1					1		1
德昂族	1	1					1	1	
保安族	2	1	1						
裕固族				1		1			
京　族	2	1	1	3	1	2			
塔塔尔族									
独龙族									
鄂伦春族				1		1			
赫哲族				1		1	2	1	1
门巴族									
珞巴族									
基诺族				1		1			
未定族称人口	25	14	11	17	7	10	17	8	9
入　籍	4	2	2	5	1	4	4	1	3

2-5 续表 6

单位：人

民族	29岁			30岁			31岁		
	小计	男	女	小计	男	女	小计	男	女
总 计	**254389**	**172134**	**82255**	**185907**	**127565**	**58342**	**135586**	**92885**	**42701**
汉 族	246803	167125	79678	180180	123743	56437	131189	90023	41166
蒙古族	85	51	34	68	44	24	53	34	19
回 族	192	127	65	128	77	51	99	71	28
藏 族	21	16	5	17	10	7	8	4	4
维吾尔族	16	9	7	5	4	1	11	8	3
苗 族	899	604	295	683	475	208	459	300	159
彝 族	161	101	60	142	85	57	100	72	28
壮 族	3136	2034	1102	2403	1580	823	1987	1265	722
布依族	205	115	90	192	120	72	134	79	55
朝鲜族	130	77	53	109	70	39	79	52	27
满 族	212	132	80	155	102	53	120	69	51
侗 族	388	283	105	275	202	73	213	161	52
瑶 族	793	541	252	601	410	191	438	298	140
白 族	72	51	21	63	40	23	38	24	14
土家族	857	608	249	574	404	170	409	282	127
哈尼族	44	21	23	33	22	11	36	24	12
哈萨克族	1		1				1		1
傣 族	19	13	6	12	6	6	18	7	11
黎 族	58	29	29	50	24	26	38	17	21
傈僳族	5	4	1	5	2	3	4	1	3
佤 族	13	5	8	12	7	5	7	1	6
畲 族	82	67	15	60	48	12	42	32	10
高山族				1		1	1		1
拉祜族	9	2	7	2	2		2	2	
水 族	24	15	9	16	8	8	10	4	6
东乡族	2	1	1	3	3		1	1	
纳西族	3	3		1	1				
景颇族	4	1	3	2		2	2		2
柯尔克孜族	1		1						
土 族	6	4	2	8	5	3	5	4	1
达斡尔族	1		1	3	3		1	1	
仫佬族	49	32	17	35	27	8	26	15	11
羌 族	8	6	2	1	1		4	3	1
布朗族	3	1	2	3	2	1			
撒拉族	3	3		4	2	2	2	2	
毛南族	23	14	9	12	7	5	12	9	3
仡佬族	27	19	8	20	12	8	17	10	7
锡伯族	6	6		6	4	2	2		2
阿昌族	3	2	1	1	1		2	2	
普米族									
塔吉克族	1	1							
怒 族				1	1				
乌孜别克族							1	1	
俄罗斯族	1	1							
鄂温克族									
德昂族				1	1				
保安族				1	1				
裕固族	1		1						
京 族				1	1		1		1
塔塔尔族									
独龙族	1	1		1		1			
鄂伦春族									
赫哲族				1		1			
门巴族									
珞巴族	1		1						
基诺族									
未定族称人口	16	8	8	10	7	3	12	7	5
入 籍	4	1	3	6	1	5	2		2

2-5　续表 7　　　　单位：人

民　族	32岁			33岁			34岁		
	小计	男	女	小计	男	女	小计	男	女
总　计	**101386**	**69706**	**31680**	**76600**	**52345**	**24255**	**58741**	**39891**	**18850**
汉　族	97903	67415	30488	73942	50617	23325	56637	38523	18114
蒙古族	35	25	10	23	15	8	17	9	8
回　族	68	45	23	61	40	21	53	36	17
藏　族	6	5	1	12	8	4	4	2	2
维吾尔族	7	6	1	6	4	2	6	2	4
苗　族	352	232	120	277	174	103	220	138	82
彝　族	77	52	25	72	44	28	61	36	25
壮　族	1557	1002	555	1164	737	427	925	614	311
布依族	101	59	42	91	64	27	72	45	27
朝鲜族	81	62	19	54	39	15	42	29	13
满　族	79	52	27	67	46	21	47	27	20
侗　族	180	128	52	150	102	48	113	69	44
瑶　族	368	252	116	243	156	87	230	163	67
白　族	26	16	10	22	16	6	10	6	4
土家族	341	232	109	265	188	77	199	129	70
哈尼族	21	12	9	17	9	8	4	2	2
哈萨克族				1		1			
傣　族	10	7	3	7	3	4	7	6	1
黎　族	25	20	5	23	17	6	11	2	9
傈僳族	3	3		4	1	3	3	3	
佤　族	12	5	7	7	3	4	5	4	1
畲　族	38	30	8	23	19	4	14	12	2
高山族	1	1							
拉祜族	4	3	1	1	1		3	3	
水　族	7	2	5	11	5	6	6	5	1
东乡族	5	4	1	1	1		3		3
纳西族				2	2		1	1	
景颇族	3	2	1	1	1				
柯尔克孜族	1		1						
土　族	6	2	4	4	3	1	6	5	1
达斡尔族				1	1		1	1	
仫佬族	21	8	13	15	11	4	14	7	7
羌　族	2	1	1	1		1			
布朗族							2		2
撒拉族				2		2			
毛南族	7	2	5	5	3	2	11	5	6
仡佬族	16	9	7	11	8	3	6	4	2
锡伯族	1	1		2	1	1	2	1	1
阿昌族	2	1	1						
普米族									
塔吉克族									
怒　族									
乌孜别克族									
俄罗斯族									
鄂温克族									
德昂族									
保安族									
裕固族									
京　族	1	1		2	2				
塔塔尔族									
独龙族									
鄂伦春族				1	1				
赫哲族	1	1							
门巴族									
珞巴族									
基诺族				1	1				
未定族称人口	13	8	5	7	2	5	5	2	3
入　籍	5		5	1		1	1		1

2−5 续表 8

单位：人

民　　族	35岁			36岁			37岁		
	小计	男	女	小计	男	女	小计	男	女
总　计	**45777**	**31074**	**14703**	**34941**	**23789**	**11152**	**27601**	**18900**	**8701**
汉　族	44188	30056	14132	33705	23001	10704	26587	18253	8334
蒙古族	17	11	6	9	5	4	18	15	3
回　族	36	27	9	16	15	1	29	24	5
藏　族	2	2		3	1	2	4	2	2
维吾尔族	5	3	2	5	2	3	3		3
苗　族	181	116	65	129	92	37	103	60	43
彝　族	36	25	11	27	18	9	24	15	9
壮　族	690	437	253	583	364	219	426	269	157
布依族	53	32	21	36	21	15	32	22	10
朝鲜族	31	23	8	14	10	4	17	10	7
满　族	39	26	13	38	24	14	21	14	7
侗　族	84	57	27	62	42	20	49	36	13
瑶　族	140	91	49	128	78	50	97	64	33
白　族	10	6	4	8	6	2	13	8	5
土家族	176	110	66	115	81	34	115	75	40
哈尼族	8	5	3	5	2	3	7	2	5
哈萨克族				1	1				
傣　族	4	2	2	4	2	2	4	1	3
黎　族	16	6	10	11	4	7	7	5	2
傈僳族	2	1	1	3	1	2	2	1	1
佤　族	6	3	3	1	1		2	1	1
畲　族	13	10	3	8	5	3	11	8	3
高山族	1		1						
拉祜族	2	1	1				1		1
水　族	5	4	1	1		1	4	3	1
东乡族				1	1		1		1
纳西族	2	1	1						
景颇族							1		1
柯尔克孜族									
土　族	4	1	3				2		2
达斡尔族							1	1	
仫佬族	9	5	4	9	5	4	8	5	3
羌　族				1	1		1		1
布朗族							1	1	
撒拉族	2	2							
毛南族	4	4		1	1		3	3	
仡佬族	6	4	2	6	3	3	3	1	2
锡伯族	2	1	1				1	1	
阿昌族									
普米族									
塔吉克族				1	1				
怒　族									
乌孜别克族									
俄罗斯族									
鄂温克族									
德昂族				1		1			
保安族	1	1							
裕固族									
京　族									
塔塔尔族									
独龙族									
鄂伦春族									
赫哲族	1		1						
门巴族									
珞巴族									
基诺族				1		1			
未定族称人口	1	1		3		3	3		3
入　籍				5	1	4			

2-5 续表 9

单位：人

民 族	38岁			39岁			40岁及以上		
	小计	男	女	小计	男	女	小计	男	女
总 计	**21654**	**14910**	**6744**	**17461**	**11952**	**5509**	**86551**	**57284**	**29267**
汉 族	20825	14370	6455	16878	11575	5303	84288	55942	28346
蒙古族	5	4	1	7	6	1	21	14	7
回 族	15	12	3	16	11	5	55	40	15
藏 族							7	2	5
维吾尔族	1	1		3	2	1	3	2	1
苗 族	90	58	32	72	48	24	262	155	107
彝 族	18	13	5	16	11	5	58	31	27
壮 族	384	248	136	247	159	88	885	519	366
布依族	28	14	14	20	12	8	99	57	42
朝鲜族	21	14	7	12	9	3	45	29	16
满 族	13	8	5	15	11	4	53	36	17
侗 族	26	18	8	29	20	9	90	55	35
瑶 族	90	58	32	57	37	20	259	153	106
白 族	8	7	1	2	1	1	14	10	4
土家族	85	59	26	55	33	22	254	167	87
哈尼族	4	2	2	3	2	1	15	7	8
哈萨克族									
傣 族	4	3	1				6	2	4
黎 族	4	2	2	4	1	3	15	5	10
傈僳族							4	1	3
佤 族	4	2	2	1		1	9	4	5
畲 族	4	3	1	3	2	1	24	16	8
高山族									
拉祜族	1		1	1	1		5	1	4
水 族	4	4		2	1	1	5	3	2
东乡族							1	1	
纳西族									
景颇族							1		1
柯尔克孜族									
土 族	2	1	1	2	1	1	5	5	
达斡尔族	1	1							
仫佬族	5	2	3	3	2	1	5	2	3
羌 族	1		1				2	2	
布朗族	1	1		1		1			
撒拉族									
毛南族	1	1		4	3	1	8	4	4
仡佬族	4	2	2	3	3		20	12	8
锡伯族	2	1	1				3	3	
阿昌族									
普米族							1	1	
塔吉克族									
怒 族							2		2
乌孜别克族									
俄罗斯族							1		1
鄂温克族									
德昂族							1		1
保安族							1	1	
裕固族									
京 族				1	1		4		4
塔塔尔族									
独龙族	1		1						
鄂伦春族									
赫哲族									
门巴族									
珞巴族									
基诺族									
未定族称人口	1	1		3		3	11	2	9
入 籍	1		1	1		1	9		9

2-6 全省按民族、生育孩次分的育龄妇女人数
(2019.11.1-2020.10.31)

单位：人

民 族	合 计	生男孩的妇女人数	生女孩的妇女人数	一 孩			二 孩		
				小计	男	女	小计	男	女
总 计	**138419**	**74785**	**63634**	**59644**	**32333**	**27311**	**56957**	**30057**	**26900**
汉 族	134245	72573	61672	57655	31270	26385	55247	29176	26071
蒙古族	32	18	14	19	10	9	12	7	5
回 族	87	50	37	49	27	22	34	21	13
藏 族	11	6	5	4	3	1	6	3	3
维吾尔族	10	3	7	5	3	2	5		5
苗 族	578	322	256	282	153	129	232	127	105
彝 族	145	70	75	80	38	42	48	22	26
壮 族	1569	823	746	699	370	329	672	342	330
布依族	175	91	84	93	43	50	65	36	29
朝鲜族	31	15	16	21	11	10	9	4	5
满 族	98	50	48	56	29	27	37	19	18
侗 族	174	88	86	88	47	41	64	32	32
瑶 族	508	274	234	228	133	95	208	103	105
白 族	28	14	14	16	11	5	9	2	7
土家族	446	239	207	212	110	102	195	107	88
哈尼族	39	22	17	15	13	2	20	8	12
哈萨克族	2	1	1	1		1	1	1	
傣 族	8	4	4	4	3	1	4	1	3
黎 族	51	28	23	26	15	11	21	10	11
傈僳族	8	5	3	5	3	2	3	2	1
佤 族	20	14	6	10	7	3	7	5	2
畲 族	40	18	22	17	6	11	19	10	9
高山族	2	2		2	2				
拉祜族	9	4	5	6	3	3	2		2
水 族	15	8	7	8	5	3	6	3	3
东乡族	7	3	4	4	2	2	3	1	2
纳西族	2	2					1	1	
景颇族	5	3	2				2	1	1
柯尔克孜族									
土 族	6	3	3	5	2	3			
达斡尔族	2		2	1		1	1		1
仫佬族	15	4	11	10	2	8	4	2	2
羌 族									
布朗族	3	1	2	1		1	2	1	1
撒拉族	4	2	2						
毛南族	10	4	6	4	1	3	5	3	2
仡佬族	22	11	11	11	5	6	8	3	5
锡伯族	3	2	1	2	2		1		1
阿昌族									
普米族									
塔吉克族									
怒 族									
乌孜别克族									
俄罗斯族									
鄂温克族									
德昂族									
保安族									
裕固族									
京 族	2	2		1	1		1	1	
塔塔尔族									
独龙族									
鄂伦春族									
赫哲族									
门巴族									
珞巴族									
基诺族									
未定族称人口	6	5	1	3	2	1	3	3	
入 籍	1	1		1	1				

2-6　续表　　　　　　　　　　　　　　　　　　单位：人

民　族	三　孩			四　孩			五孩及以上		
	小计	男	女	小计	男	女	小计	男	女
总　计	**16669**	**9449**	**7220**	**3961**	**2278**	**1683**	**1188**	**668**	**520**
汉　族	16273	9225	7048	3899	2240	1659	1171	662	509
蒙古族	1	1							
回　族	3	1	2	1	1				
藏　族				1		1			
维吾尔族									
苗　族	57	36	21	5	5		2	1	1
彝　族	14	9	5	2	1	1	1		1
壮　族	163	90	73	29	19	10	6	2	4
布依族	15	10	5	2	2				
朝鲜族				1		1			
满　族	5	2	3						
侗　族	22	9	13						
瑶　族	55	32	23	13	6	7	4		4
白　族	3	1	2						
土家族	33	19	14	4	2	2	2	1	1
哈尼族	4	1	3						
哈萨克族									
傣　族									
黎　族	3	3		1		1			
傈僳族									
佤　族	1	1		1		1	1	1	
畲　族	4	2	2						
高山族									
拉祜族	1	1							
水　族	1		1						
东乡族									
纳西族	1	1							
景颇族	2	1	1	1	1				
柯尔克孜族									
土　族	1	1							
达斡尔族									
仫佬族	1		1						
羌　族									
布朗族									
撒拉族	3	1	2	1	1				
毛南族	1		1						
仡佬族	2	2					1	1	
锡伯族									
阿昌族									
普米族									
塔吉克族									
怒　族									
乌孜别克族									
俄罗斯族									
鄂温克族									
德昂族									
保安族									
裕固族									
京　族									
塔塔尔族									
独龙族									
鄂伦春族									
赫哲族									
门巴族									
珞巴族									
基诺族									
未定族称人口									
入　籍									

2－7 全省各民族15－64岁妇女平均活产子女数和平均存活子女数

单位：人、%

民族	15－64岁妇女人数	活产子女总数			存活子女总数			存活子女数占活产子女数的百分比	妇女平均活产子女数	妇女平均存活子女数
		小计	男	女	小计	男	女			
总　计	**4093241**	**5816861**	**3206333**	**2610528**	**5672935**	**3120382**	**2552553**	**97.53**	**1.42**	**1.39**
汉　族	3944072	5622475	3098112	2524363	5483961	3015318	2468643	97.54	1.43	1.39
蒙古族	1189	986	543	443	960	528	432	97.36	0.83	0.81
回　族	3169	3422	1879	1543	3312	1812	1500	96.79	1.08	1.05
藏　族	518	615	350	265	599	339	260	97.40	1.19	1.16
维吾尔族	435	234	122	112	225	117	108	96.15	0.54	0.52
苗　族	18603	24653	13775	10878	23953	13354	10599	97.16	1.33	1.29
彝　族	6148	6391	3555	2836	6196	3449	2747	96.95	1.04	1.01
壮　族	60021	83367	46601	36766	81130	45304	35826	97.32	1.39	1.35
布依族	6200	7504	4221	3283	7298	4105	3193	97.25	1.21	1.18
朝鲜族	1056	911	461	450	896	453	443	98.35	0.86	0.85
满　族	2463	2026	1055	971	1980	1033	947	97.73	0.82	0.80
侗　族	6699	8656	4834	3822	8384	4689	3695	96.86	1.29	1.25
瑶　族	16514	23560	13032	10528	22976	12683	10293	97.52	1.43	1.39
白　族	1431	1613	906	707	1548	865	683	95.97	1.13	1.08
土家族	14558	18785	10418	8367	18198	10057	8141	96.88	1.29	1.25
哈尼族	1512	1807	1015	792	1749	980	769	96.79	1.20	1.16
哈萨克族	59	11	4	7	11	4	7	100.00	0.19	0.19
傣　族	756	805	450	355	782	434	348	97.14	1.06	1.03
黎　族	1380	1404	762	642	1358	737	621	96.72	1.02	0.98
傈僳族	358	267	149	118	251	141	110	94.01	0.75	0.70
佤　族	631	537	294	243	516	284	232	96.09	0.85	0.82
畲　族	1179	1579	862	717	1539	839	700	97.47	1.34	1.31
高山族	7	10	4	6	10	4	6	100.00	1.43	1.43
拉祜族	274	319	171	148	309	167	142	96.87	1.16	1.13
水　族	623	723	392	331	694	375	319	95.99	1.16	1.11
东乡族	152	180	103	77	178	103	75	98.89	1.18	1.17
纳西族	40	34	19	15	33	18	15	97.06	0.85	0.83
景颇族	132	165	92	73	158	88	70	95.76	1.25	1.20
柯尔克孜族	36	11	5	6	11	5	6	100.00	0.31	0.31
土　族	222	281	159	122	273	156	117	97.15	1.27	1.23
达斡尔族	34	25	15	10	25	15	10	100.00	0.74	0.74
仫佬族	848	1092	593	499	1065	580	485	97.53	1.29	1.26
羌　族	64	59	39	20	59	39	20	100.00	0.92	0.92
布朗族	113	110	68	42	108	67	41	98.18	0.97	0.96
撒拉族	81	156	90	66	150	87	63	96.15	1.93	1.85
毛南族	384	503	283	220	485	271	214	96.42	1.31	1.26
仡佬族	637	790	453	337	777	448	329	98.35	1.24	1.22
锡伯族	69	45	20	25	44	20	24	97.78	0.65	0.64
阿昌族	45	57	38	19	53	34	19	92.98	1.27	1.18
普米族	16	13	7	6	13	7	6	100.00	0.81	0.81
塔吉克族										
怒　族	19	13	10	3	11	8	3	84.62	0.68	0.58
乌孜别克族	2	2	1	1	2	1	1	100.00	1.00	1.00
俄罗斯族	7	3	2	1	3	2	1	100.00	0.43	0.43
鄂温克族	6	5	3	2	5	3	2	100.00	0.83	0.83
德昂族	26	25	15	10	25	15	10	100.00	0.96	0.96
保安族	6	4	2	2	4	2	2	100.00	0.67	0.67
裕固族	4	4	3	1	3	2	1	75.00	1.00	0.75
京　族	22	33	14	19	33	14	19	100.00	1.50	1.50
塔塔尔族										
独龙族	5	1	1		1	1		100.00	0.20	0.20
鄂伦春族	1									
赫哲族	7	9	4	5	9	4	5	100.00	1.29	1.29
门巴族	2	2	1	1	2	1	1	100.00	1.00	1.00
珞巴族	1	1		1	1		1	100.00	1.00	1.00
基诺族	6	6	4	2	6	4	2	100.00	1.00	1.00
未定族称人口	329	444	249	195	436	244	192	98.20	1.35	1.33
入　籍	70	128	73	55	127	72	55	99.22	1.83	1.81

第二部分 长表数据资料

第三卷 教育

3-1　全省分学业完成情况、性别、受教育程度的3岁及以上人口

单位：人

学业完成情况	合计			小学		
	合计	男	女	小计	男	女
总　计	**10843617**	**5815840**	**5027777**	**2378753**	**1107698**	**1271055**
在　校	1846019	984086	861933	883799	474485	409314
毕　业	8466576	4562611	3903965	1275784	546280	729504
肄　业	81308	40983	40325	34795	13010	21785
辍　学	202709	103679	99030	98147	38334	59813
其　他	247005	124481	122524	86228	35589	50639

3-1　续表 1

单位：人

学业完成情况	初中			高中			大学专科		
	小计	男	女	小计	男	女	小计	男	女
总　计	**4152294**	**2306714**	**1845580**	**2263831**	**1314764**	**949067**	**1113239**	**590965**	**522274**
在　校	369657	200053	169604	335487	180679	154808	119753	62107	57646
毕　业	3560659	1978613	1582046	1863721	1093833	769888	976831	519631	457200
肄　业	33106	19481	13625	9887	6422	3465	2394	1417	977
辍　学	83800	51240	32560	19235	13116	6119	1236	818	418
其　他	105072	57327	47745	35501	20714	14787	13025	6992	6033

3-1　续表 2

单位：人

学业完成情况	大学本科			硕士研究生			博士研究生		
	小计	男	女	小计	男	女	小计	男	女
总　计	**839629**	**442938**	**396691**	**86037**	**46374**	**39663**	**9834**	**6387**	**3447**
在　校	122558	59484	63074	12609	6041	6568	2156	1237	919
毕　业	709176	379180	329996	72815	39989	32826	7590	5085	2505
肄　业	1019	595	424	91	47	44	16	11	5
辍　学	272	163	109	17	7	10	2	1	1
其　他	6604	3516	3088	505	290	215	70	53	17

3-1a 全省分学业完成情况、性别、受教育程度的3岁及以上人口(城市)

单位：人

学业完成情况	合计			小学		
	合计	男	女	小计	男	女
总　计	**6885018**	**3706993**	**3178025**	**1116592**	**524469**	**592123**
在　校	1030521	553234	477287	449377	243667	205710
毕　业	5614632	3028738	2585894	593993	252347	341646
肄　业	41935	21990	19945	13442	4929	8513
辍　学	96389	51678	44711	34951	13532	21419
其　他	101541	51353	50188	24829	9994	14835

3-1a 续表 1

单位：人

学业完成情况	初中			高中			大学专科		
	小计	男	女	小计	男	女	小计	男	女
总　计	**2391327**	**1326859**	**1064468**	**1649437**	**943409**	**706028**	**902601**	**474728**	**427873**
在　校	184574	101404	83170	209373	113987	95386	77696	40127	37569
毕　业	2101523	1165118	936405	1397929	803691	594238	812715	427936	384779
肄　业	18591	10870	7721	6969	4469	2500	1953	1150	803
辍　学	46617	28174	18443	13715	9227	4488	895	617	278
其　他	40022	21293	18729	21451	12035	9416	9342	4898	4444

3-1a 续表 2

单位：人

学业完成情况	大学本科			硕士研究生			博士研究生		
	小计	男	女	小计	男	女	小计	男	女
总　计	**733045**	**386889**	**346156**	**82506**	**44464**	**38042**	**9510**	**6175**	**3335**
在　校	95759	47268	48491	11686	5604	6082	2056	1177	879
毕　业	630855	336177	294678	70245	38533	31712	7372	4936	2436
肄　业	874	514	360	90	47	43	16	11	5
辍　学	197	121	76	14	7	7			
其　他	5360	2809	2551	471	273	198	66	51	15

3-1b　全省分学业完成情况、性别、受教育程度的3岁及以上人口(镇)

单位：人

学业完成情况	合计			小学		
	合计	男	女	小计	男	女
总　计	**1428462**	**750637**	**677825**	**388165**	**178951**	**209214**
在　校	303593	160480	143113	148975	79686	69289
毕　业	1041174	549404	491770	202553	84994	117559
肄　业	11054	5231	5823	5532	2053	3479
辍　学	28387	13603	14784	15279	5626	9653
其　他	44254	21919	22335	15826	6592	9234

3-1b　续表 1

单位：人

学业完成情况	初中			高中			大学专科		
	小计	男	女	小计	男	女	小计	男	女
总　计	**594414**	**319050**	**275364**	**271617**	**158239**	**113378**	**107402**	**59179**	**48223**
在　校	64300	34350	29950	58320	30542	27778	17199	9148	8051
毕　业	495462	265653	229809	204153	122095	82058	87886	48724	39162
肄　业	4161	2329	1832	1061	678	383	225	132	93
辍　学	10767	6383	4384	2116	1465	651	173	101	72
其　他	19724	10335	9389	5967	3459	2508	1919	1074	845

3-1b　续表 2

单位：人

学业完成情况	大学本科			硕士研究生			博士研究生		
	小计	男	女	小计	男	女	小计	男	女
总　计	**64489**	**33895**	**30594**	**2190**	**1198**	**992**	**185**	**125**	**60**
在　校	14320	6523	7797	438	204	234	41	27	14
毕　业	49252	26857	22395	1727	984	743	141	97	44
肄　业	74	39	35	1		1			
辍　学	49	28	21	2		2	1		1
其　他	794	448	346	22	10	12	2	1	1

3-1c　全省分学业完成情况、性别、受教育程度的3岁及以上人口(乡村)

单位：人

学业完成情况	合计			小学		
	合计	男	女	小计	男	女
总　计	**2530137**	**1358210**	**1171927**	**873996**	**404278**	**469718**
在　校	511905	270372	241533	285447	151132	134315
毕　业	1810770	984469	826301	479238	208939	270299
肄　业	28319	13762	14557	15821	6028	9793
辍　学	77933	38398	39535	47917	19176	28741
其　他	101210	51209	50001	45573	19003	26570

3-1c　续表 1

单位：人

学业完成情况	初中			高中			大学专科		
	小计	男	女	小计	男	女	小计	男	女
总　计	**1166553**	**660805**	**505748**	**342777**	**213116**	**129661**	**103236**	**57058**	**46178**
在　校	120783	64299	56484	67794	36150	31644	24858	12832	12026
毕　业	963674	547842	415832	261639	168047	93592	76230	42971	33259
肄　业	10354	6282	4072	1857	1275	582	216	135	81
辍　学	26416	16683	9733	3404	2424	980	168	100	68
其　他	45326	25699	19627	8083	5220	2863	1764	1020	744

3-1c　续表 2

单位：人

学业完成情况	大学本科			硕士研究生			博士研究生		
	小计	男	女	小计	男	女	小计	男	女
总　计	**42095**	**22154**	**19941**	**1341**	**712**	**629**	**139**	**87**	**52**
在　校	12479	5693	6786	485	233	252	59	33	26
毕　业	29069	16146	12923	843	472	371	77	52	25
肄　业	71	42	29						
辍　学	26	14	12	1		1	1	1	
其　他	450	259	191	12	7	5	2	1	1

3-2　全省分年龄、性别、学业完成情况的3岁及以上各种受教育程度人口

单位：人

年　龄	合　　计								
	合　　计			在　　校			毕　　业		
	合计	男	女	小计	男	女	小计	男	女
总　计	**10843617**	**5815840**	**5027777**	**1846019**	**984086**	**861933**	**8466576**	**4562611**	**3903965**
3									
4									
5—9岁	**566574**	**303895**	**262679**	**551121**	**295468**	**255653**	**12198**	**6660**	**5538**
5	13084	7035	6049	12448	6698	5750	401	211	190
6	99347	53129	46218	96645	51688	44957	2059	1092	967
7	145320	77650	67670	141472	75608	65864	3092	1654	1438
8	163797	88087	75710	159476	85680	73796	3452	1931	1521
9	145026	77994	67032	141080	75794	65286	3194	1772	1422
10—14岁	**633787**	**341360**	**292427**	**609840**	**327919**	**281921**	**19649**	**11056**	**8593**
10	137426	73904	63522	133595	71719	61876	3062	1757	1305
11	137141	73943	63198	132932	71604	61328	3454	1926	1528
12	131198	70348	60850	126260	67636	58624	4121	2273	1848
13	117814	63705	54109	112855	60906	51949	4164	2361	1803
14	110208	59460	50748	104198	56054	48144	4848	2739	2109
15—19岁	**640857**	**355912**	**284945**	**490200**	**262382**	**227818**	**138426**	**85748**	**52678**
15	115658	62844	52814	110056	59406	50650	4395	2688	1707
16	139964	76738	63226	125379	67473	57906	12775	8118	4657
17	134194	74624	59570	107338	57925	49413	24482	15215	9267
18	118236	67387	50849	76130	41147	34983	39154	24318	14836
19	132805	74319	58486	71297	36431	34866	57620	35409	22211
20—24岁	**902589**	**498008**	**404581**	**173783**	**87324**	**86459**	**697890**	**392229**	**305661**
20	150082	83121	66961	68317	34024	34293	77132	46227	30905
21	160619	88761	71858	50811	25058	25753	104454	60493	43961
22	184899	103648	81251	30195	15648	14547	148181	84151	64030
23	195895	107620	88275	15600	8055	7545	173434	95470	77964
24	211094	114858	96236	8860	4539	4321	194689	105888	88801
25—29岁	**1142529**	**623626**	**518903**	**12664**	**6610**	**6054**	**1087855**	**592286**	**495569**
25	223751	122004	101747	5022	2608	2414	210413	114475	95938
26	216662	118194	98468	2983	1548	1435	205708	111903	93805
27	230804	125184	105620	2010	1067	943	220262	119150	101112
28	233135	127599	105536	1425	745	680	223072	121795	101277
29	238177	130645	107532	1224	642	582	228400	124963	103437
30—34岁	**1291074**	**700978**	**590096**	**3393**	**1656**	**1737**	**1240345**	**672066**	**568279**
30	275521	150548	124973	1024	508	516	264452	144116	120336
31	263378	143108	120270	686	337	349	253229	137245	115984
32	246489	133614	112875	620	303	317	236840	128095	108745
33	264526	143526	121000	587	285	302	254105	137705	116400
34	241160	130182	110978	476	223	253	231719	124905	106814
35—39岁	**1078076**	**583275**	**494801**	**1788**	**924**	**864**	**1033055**	**558436**	**474619**
35	219617	118967	100650	380	192	188	210687	113936	96751
36	222279	120143	102136	370	186	184	213192	115156	98036
37	209375	113043	96332	371	191	180	200513	108197	92316
38	223039	121174	101865	378	202	176	213706	116013	97693
39	203766	109948	93818	289	153	136	194957	105134	89823
40—44岁	**865870**	**465621**	**400249**	**990**	**541**	**449**	**825296**	**444207**	**381089**
40	181731	98117	83614	273	146	127	173712	93797	79915
41	193110	104442	88668	238	119	119	184411	99719	84692
42	169276	90964	78312	179	104	75	161406	86814	74592
43	153825	82617	71208	153	86	67	146362	78712	67650
44	167928	89481	78447	147	86	61	159405	85165	74240
45—49岁	**931070**	**491304**	**439766**	**732**	**413**	**319**	**877716**	**465124**	**412592**
45	172628	91574	81054	160	86	74	163510	86992	76518
46	192406	101554	90852	142	84	58	181770	96288	85482
47	193558	101723	91835	153	80	73	182598	96379	86219
48	186059	98237	87822	132	73	59	174830	92727	82103
49	186419	98216	88203	145	90	55	175008	92738	82270
50岁及以上	**2791191**	**1451861**	**1339330**	**1508**	**849**	**659**	**2534146**	**1334799**	**1199347**

3-2 续表 1　　单位：人

年 龄	合计								
	肄业			辍学			其他		
	小计	男	女	小计	男	女	小计	男	女
总 计	**81308**	**40983**	**40325**	**202709**	**103679**	**99030**	**247005**	**124481**	**122524**
3									
4									
5-9岁	**212**	**118**	**94**	**154**	**81**	**73**	**2889**	**1568**	**1321**
5	8	3	5	1	1		226	122	104
6	38	24	14	30	13	17	575	312	263
7	50	29	21	27	15	12	679	344	335
8	58	24	34	52	29	23	759	423	336
9	58	38	20	44	23	21	650	367	283
10-14岁	**317**	**170**	**147**	**737**	**448**	**289**	**3244**	**1767**	**1477**
10	58	33	25	58	37	21	653	358	295
11	56	29	27	59	35	24	640	349	291
12	65	36	29	90	56	34	662	347	315
13	50	20	30	155	96	59	590	322	268
14	88	52	36	375	224	151	699	391	308
15-19岁	**1613**	**1060**	**553**	**5123**	**3481**	**1642**	**5495**	**3241**	**2254**
15	126	86	40	530	345	185	551	319	232
16	192	125	67	822	571	251	796	451	345
17	303	190	113	1024	687	337	1047	607	440
18	409	283	126	1229	843	386	1314	796	518
19	583	376	207	1518	1035	483	1787	1068	719
20-24岁	**4212**	**2610**	**1602**	**10739**	**7213**	**3526**	**15965**	**8632**	**7333**
20	641	440	201	1683	1123	560	2309	1307	1002
21	714	428	286	1962	1312	650	2678	1470	1208
22	866	512	354	2262	1501	761	3395	1836	1559
23	959	595	364	2262	1533	729	3640	1967	1673
24	1032	635	397	2570	1744	826	3943	2052	1891
25-29岁	**5716**	**3606**	**2110**	**14129**	**9273**	**4856**	**22165**	**11851**	**10314**
25	1153	712	441	2745	1797	948	4418	2412	2006
26	1053	649	404	2663	1780	883	4255	2314	1941
27	1145	729	416	2861	1873	988	4526	2365	2161
28	1162	751	411	2933	1910	1023	4543	2398	2145
29	1203	765	438	2927	1913	1014	4423	2362	2061
30-34岁	**6981**	**4228**	**2753**	**16605**	**10493**	**6112**	**23750**	**12535**	**11215**
30	1405	878	527	3519	2296	1223	5121	2750	2371
31	1429	892	537	3211	2080	1131	4823	2554	2269
32	1379	826	553	3149	1985	1164	4501	2405	2096
33	1463	878	585	3501	2140	1361	4870	2518	2352
34	1305	754	551	3225	1992	1233	4435	2308	2127
35-39岁	**6378**	**3654**	**2724**	**15571**	**9165**	**6406**	**21284**	**11096**	**10188**
35	1263	766	497	3073	1862	1211	4214	2211	2003
36	1299	746	553	3069	1826	1243	4349	2229	2120
37	1277	711	566	3053	1787	1266	4161	2157	2004
38	1365	778	587	3192	1857	1335	4398	2324	2074
39	1174	653	521	3184	1833	1351	4162	2175	1987
40-44岁	**6155**	**3351**	**2804**	**14934**	**8057**	**6877**	**18495**	**9465**	**9030**
40	1196	670	526	2784	1581	1203	3766	1923	1843
41	1259	696	563	3136	1795	1341	4066	2113	1953
42	1226	693	533	2850	1521	1329	3615	1832	1783
43	1123	592	531	2853	1500	1353	3334	1727	1607
44	1351	700	651	3311	1660	1651	3714	1870	1844
45-49岁	**8170**	**4033**	**4137**	**21466**	**10428**	**11038**	**22986**	**11306**	**11680**
45	1387	702	685	3662	1847	1815	3909	1947	1962
46	1702	836	866	4271	2098	2173	4521	2248	2273
47	1621	814	807	4414	2137	2277	4772	2313	2459
48	1768	874	894	4541	2177	2364	4788	2386	2402
49	1692	807	885	4578	2169	2409	4996	2412	2584
50岁及以上	**41554**	**18153**	**23401**	**103251**	**45040**	**58211**	**110732**	**53020**	**57712**

3-2　续表 2　　　　单位：人

年　龄	小学								
	合　计			在　校			毕　业		
	合计	男	女	小计	男	女	小计	男	女
总　计	**2378753**	**1107698**	**1271055**	**883799**	**474485**	**409314**	**1275784**	**546280**	**729504**
3									
4									
5—9岁	**559719**	**300023**	**259696**	**545095**	**292067**	**253028**	**11529**	**6279**	**5250**
5	13084	7035	6049	12448	6698	5750	401	211	190
6	98146	52452	45694	95598	51085	44513	1944	1034	910
7	143850	76809	67041	140173	74869	65304	2942	1564	1378
8	161789	86948	74841	157695	84676	73019	3276	1825	1451
9	142850	76779	66071	139181	74739	64442	2966	1645	1321
10—14岁	**349025**	**188313**	**160712**	**337208**	**181687**	**155521**	**9481**	**5362**	**4119**
10	133897	72034	61863	130391	70023	60368	2794	1610	1184
11	128104	69136	58968	124498	67114	57384	2937	1655	1282
12	61518	33573	27945	59067	32231	26836	1945	1077	868
13	18280	9733	8547	16963	9010	7953	1059	594	465
14	7226	3837	3389	6289	3309	2980	746	426	320
15—19岁	**6666**	**3942**	**2724**	**789**	**425**	**364**	**4622**	**2760**	**1862**
15	904	509	395	302	171	131	391	219	172
16	1030	608	422	180	99	81	617	370	247
17	1265	734	531	125	64	61	896	527	369
18	1467	874	593	80	38	42	1129	677	452
19	2000	1217	783	102	53	49	1589	967	622
20—24岁	**16570**	**9398**	**7172**	**171**	**76**	**95**	**14235**	**8107**	**6128**
20	2281	1369	912	75	33	42	1907	1150	757
21	2661	1552	1109	27	11	16	2264	1317	947
22	3411	1950	1461	31	16	15	2938	1696	1242
23	3879	2198	1681	26	10	16	3359	1912	1447
24	4338	2329	2009	12	6	6	3767	2032	1735
25—29岁	**28279**	**15177**	**13102**	**44**	**23**	**21**	**24782**	**13244**	**11538**
25	4787	2610	2177	7	3	4	4134	2253	1881
26	4847	2660	2187	15	9	6	4233	2318	1915
27	5719	3111	2608	7	2	5	4999	2703	2296
28	6263	3269	2994	8	6	2	5517	2863	2654
29	6663	3527	3136	7	3	4	5899	3107	2792
30—34岁	**47866**	**23668**	**24198**	**20**	**10**	**10**	**42542**	**21002**	**21540**
30	8416	4337	4079	6	3	3	7454	3818	3636
31	8998	4508	4490	2	1	1	8077	4033	4044
32	9076	4529	4547	2	1	1	8051	4026	4025
33	10764	5238	5526	5	2	3	9525	4637	4888
34	10612	5056	5556	5	3	2	9435	4488	4947
35—39岁	**55709**	**25468**	**30241**	**20**	**7**	**13**	**49114**	**22440**	**26674**
35	10242	4871	5371	4	2	2	9082	4305	4777
36	10789	5005	5784				9530	4395	5135
37	10592	4790	5802	4	1	3	9256	4183	5073
38	11769	5381	6388	7	2	5	10395	4757	5638
39	12317	5421	6896	5	2	3	10851	4800	6051
40—44岁	**79863**	**33781**	**46082**	**27**	**12**	**15**	**70431**	**29915**	**40516**
40	12291	5330	6961	6	4	2	10808	4692	6116
41	15686	6803	8883	6	3	3	13819	5994	7825
42	15460	6500	8960	5	1	4	13678	5786	7892
43	16258	6983	9275	5	2	3	14332	6191	8141
44	20168	8165	12003	5	2	3	17794	7252	10542
45—49岁	**151668**	**60093**	**91575**	**38**	**19**	**19**	**132880**	**52974**	**79906**
45	23109	9166	13943	7	2	5	20309	8107	12202
46	28118	11304	16814	6	1	5	24630	9948	14682
47	31178	12329	18849	4	3	1	27398	10915	16483
48	32863	12915	19948	9	5	4	28711	11335	17376
49	36400	14379	22021	12	8	4	31832	12669	19163
50岁及以上	**1083388**	**447835**	**635553**	**387**	**159**	**228**	**916168**	**384197**	**531971**

3-2 续表 3

单位：人

年 龄	小学								
	肄业			辍学			其他		
	小计	男	女	小计	男	女	小计	男	女
总 计	**34795**	**13010**	**21785**	**98147**	**38334**	**59813**	**86228**	**35589**	**50639**
3									
4									
5—9岁	**200**	**111**	**89**	**146**	**76**	**70**	**2749**	**1490**	**1259**
5	8	3	5	1	1		226	122	104
6	35	22	13	29	12	17	540	299	241
7	48	29	19	26	14	12	661	333	328
8	56	24	32	49	28	21	713	395	318
9	53	33	20	41	21	20	609	341	268
10—14岁	**177**	**97**	**80**	**271**	**162**	**109**	**1888**	**1005**	**883**
10	54	31	23	55	34	21	603	336	267
11	53	28	25	54	33	21	562	306	256
12	40	23	17	54	34	20	412	208	204
13	19	8	11	50	28	22	189	93	96
14	11	7	4	58	33	25	122	62	60
15—19岁	**121**	**76**	**45**	**481**	**308**	**173**	**653**	**373**	**280**
15	21	13	8	68	41	27	122	65	57
16	18	10	8	90	61	29	125	68	57
17	18	8	10	114	72	42	112	63	49
18	34	24	10	94	61	33	130	74	56
19	30	21	9	115	73	42	164	103	61
20—24岁	**235**	**140**	**95**	**880**	**547**	**333**	**1049**	**528**	**521**
20	28	23	5	120	79	41	151	84	67
21	37	21	16	147	101	46	186	102	84
22	47	29	18	181	103	78	214	106	108
23	63	35	28	193	125	68	238	116	122
24	60	32	28	239	139	100	260	120	140
25—29岁	**405**	**233**	**172**	**1439**	**849**	**590**	**1609**	**828**	**781**
25	72	40	32	264	154	110	310	160	150
26	66	41	25	234	139	95	299	153	146
27	90	57	33	308	183	125	315	166	149
28	76	34	42	306	177	129	356	189	167
29	101	61	40	327	196	131	329	160	169
30—34岁	**772**	**382**	**390**	**2474**	**1304**	**1170**	**2058**	**970**	**1088**
30	136	76	60	433	245	188	387	195	192
31	144	70	74	415	230	185	360	174	186
32	157	78	79	465	235	230	401	189	212
33	164	68	96	591	314	277	479	217	262
34	171	90	81	570	280	290	431	195	236
35—39岁	**883**	**390**	**493**	**3209**	**1520**	**1689**	**2483**	**1111**	**1372**
35	145	74	71	581	282	299	430	208	222
36	182	88	94	596	300	296	481	222	259
37	192	80	112	629	297	332	511	229	282
38	192	81	111	672	318	354	503	223	280
39	172	67	105	731	323	408	558	229	329
40—44岁	**1390**	**583**	**807**	**4802**	**2001**	**2801**	**3213**	**1270**	**1943**
40	227	107	120	714	300	414	536	227	309
41	246	108	138	957	426	531	658	272	386
42	255	111	144	923	385	538	599	217	382
43	290	110	180	1014	434	580	617	246	371
44	372	147	225	1194	456	738	803	308	495
45—49岁	**2824**	**1032**	**1792**	**9530**	**3610**	**5920**	**6396**	**2458**	**3938**
45	427	160	267	1431	545	886	935	352	583
46	549	196	353	1831	721	1110	1102	438	664
47	507	186	321	1918	721	1197	1351	504	847
48	646	232	414	2077	782	1295	1420	561	859
49	695	258	437	2273	841	1432	1588	603	985
50岁及以上	**27788**	**9966**	**17822**	**74915**	**27957**	**46958**	**64130**	**25556**	**38574**

3-2 续表 4

单位：人

年龄	初中								
	合计			在校			毕业		
	合计	男	女	小计	男	女	小计	男	女
总计	**4152294**	**2306714**	**1845580**	**369657**	**200053**	**169604**	**3560659**	**1978613**	**1582046**
3									
4									
5-9岁	**6848**	**3868**	**2980**	**6022**	**3398**	**2624**	**666**	**380**	**286**
5									
6	1201	677	524	1047	603	444	115	58	57
7	1470	841	629	1299	739	560	150	90	60
8	2006	1138	868	1781	1004	777	174	105	69
9	2171	1212	959	1895	1052	843	227	127	100
10-14岁	**276632**	**148954**	**127678**	**265001**	**142400**	**122601**	**9735**	**5469**	**4266**
10	3518	1864	1654	3200	1693	1507	261	144	117
11	9030	4804	4226	8429	4487	3942	515	271	244
12	69669	36770	32899	67186	35402	31784	2173	1195	978
13	97998	53139	44859	94510	51146	43364	2971	1695	1276
14	96417	52377	44040	91676	49672	42004	3815	2164	1651
15-19岁	**184215**	**109065**	**75150**	**96734**	**53238**	**43496**	**80740**	**51447**	**29293**
15	55273	31109	24164	51064	28492	22572	3394	2102	1292
16	34991	19982	15009	24358	13143	11215	9537	6120	3417
17	29062	17374	11688	11736	6306	5430	16083	10261	5822
18	30028	18777	11251	6004	3357	2647	22438	14367	8071
19	34861	21823	13038	3572	1940	1632	29288	18597	10691
20-24岁	**272022**	**163004**	**109018**	**773**	**410**	**363**	**254661**	**152358**	**102303**
20	38619	24130	14489	275	142	133	35864	22372	13492
21	45313	27717	17596	174	88	86	42235	25809	16426
22	56845	34491	22354	134	80	54	53252	32313	20939
23	61868	36533	25335	110	56	54	58127	34252	23875
24	69377	40133	29244	80	44	36	65183	37612	27571
25-29岁	**406229**	**230590**	**175639**	**244**	**139**	**105**	**382987**	**216654**	**166333**
25	75847	43823	32024	65	38	27	71270	41069	30201
26	74613	42818	31795	60	36	24	70216	40138	30078
27	82152	46280	35872	44	28	16	77442	43501	33941
28	84815	47875	36940	40	23	17	80035	45000	35035
29	88802	49794	39008	35	14	21	84024	46946	37078
30-34岁	**519293**	**284893**	**234400**	**160**	**79**	**81**	**492621**	**269331**	**223290**
30	105471	58710	46761	36	17	19	99894	55384	44510
31	103651	56933	46718	29	15	14	98301	53751	44550
32	98873	54301	44572	26	14	12	93825	51348	42477
33	109482	59803	49679	38	16	22	103961	56683	47278
34	101816	55146	46670	31	17	14	96640	52165	44475
35-39岁	**483215**	**260904**	**222311**	**143**	**69**	**74**	**457610**	**246495**	**211115**
35	95040	51598	43442	15	13	2	90035	48721	41314
36	98571	53232	45339	28	9	19	93366	50316	43050
37	93745	50593	43152	37	16	21	88692	47774	40918
38	101329	54905	46424	33	14	19	96034	51925	44109
39	94530	50576	43954	30	17	13	89483	47759	41724
40-44岁	**416148**	**222778**	**193370**	**99**	**52**	**47**	**394096**	**210599**	**183497**
40	84039	45127	38912	30	17	13	79600	42662	36938
41	90741	48871	41870	24	11	13	86028	46185	39843
42	81399	43553	37846	15	9	6	77108	41179	35929
43	75246	40315	34931	21	10	11	71184	38085	33099
44	84723	44912	39811	9	5	4	80176	42488	37688
45-49岁	**482129**	**255777**	**226352**	**132**	**69**	**63**	**455085**	**241351**	**213734**
45	88478	47012	41466	25	11	14	83665	44409	39256
46	100151	52604	47547	25	13	12	94591	49667	44924
47	100222	52913	47309	27	16	11	94606	49930	44676
48	96591	51492	45099	21	9	12	90966	48478	42488
49	96687	51756	44931	34	20	14	91257	48867	42390
50岁及以上	**1105563**	**626881**	**478682**	**349**	**199**	**150**	**1032458**	**584529**	**447929**

3-2 续表 5

单位：人

年龄	初中								
	肄业			辍学			其他		
	小计	男	女	小计	男	女	小计	男	女
总计	**33106**	**19481**	**13625**	**83800**	**51240**	**32560**	**105072**	**57327**	**47745**
3									
4									
5-9岁	**12**	**7**	**5**	**8**	**5**	**3**	**140**	**78**	**62**
5									
6	3	2	1	1	1		35	13	22
7	2		2	1	1		18	11	7
8	2		2	3	1	2	46	28	18
9	5	5		3	2	1	41	26	15
10-14岁	**139**	**72**	**67**	**454**	**279**	**175**	**1303**	**734**	**569**
10	4	2	2	3	3		50	22	28
11	3	1	2	5	2	3	78	43	35
12	25	13	12	36	22	14	249	138	111
13	31	12	19	104	68	36	382	218	164
14	76	44	32	306	184	122	544	313	231
15-19岁	**853**	**572**	**281**	**3142**	**2168**	**974**	**2746**	**1640**	**1106**
15	89	62	27	395	263	132	331	190	141
16	116	78	38	550	384	166	430	257	173
17	157	106	51	587	404	183	499	297	202
18	205	144	61	728	501	227	653	408	245
19	286	182	104	882	616	266	833	488	345
20-24岁	**2123**	**1360**	**763**	**6739**	**4596**	**2143**	**7726**	**4280**	**3446**
20	336	253	83	1055	725	330	1089	638	451
21	354	221	133	1212	823	389	1338	776	562
22	435	257	178	1426	961	465	1598	880	718
23	466	295	171	1407	953	454	1758	977	781
24	532	334	198	1639	1134	505	1943	1009	934
25-29岁	**3037**	**2004**	**1033**	**8894**	**5886**	**3008**	**11067**	**5907**	**5160**
25	613	412	201	1730	1145	585	2169	1159	1010
26	546	349	197	1671	1132	539	2120	1163	957
27	605	396	209	1797	1203	594	2264	1152	1112
28	623	423	200	1846	1214	632	2271	1215	1056
29	650	424	226	1850	1192	658	2243	1218	1025
30-34岁	**3807**	**2311**	**1496**	**10450**	**6700**	**3750**	**12255**	**6472**	**5783**
30	737	452	285	2214	1463	751	2590	1394	1196
31	785	500	285	2022	1333	689	2514	1334	1180
32	739	435	304	1978	1263	715	2305	1241	1064
33	805	496	309	2158	1318	840	2520	1290	1230
34	741	428	313	2078	1323	755	2326	1213	1113
35-39岁	**3828**	**2222**	**1606**	**9944**	**6018**	**3926**	**11690**	**6100**	**5590**
35	769	468	301	1966	1233	733	2255	1163	1092
36	773	455	318	1980	1201	779	2424	1251	1173
37	767	425	342	1984	1187	797	2265	1191	1074
38	817	481	336	2016	1200	816	2429	1285	1144
39	702	393	309	1998	1197	801	2317	1210	1107
40-44岁	**3453**	**1940**	**1513**	**8479**	**4929**	**3550**	**10021**	**5258**	**4763**
40	684	387	297	1673	1007	666	2052	1054	998
41	712	391	321	1809	1121	688	2168	1163	1005
42	695	404	291	1616	927	689	1965	1034	931
43	623	357	266	1552	869	683	1866	994	872
44	739	401	338	1829	1005	824	1970	1013	957
45-49岁	**4306**	**2319**	**1987**	**10450**	**5767**	**4683**	**12156**	**6271**	**5885**
45	772	417	355	1896	1063	833	2120	1112	1008
46	923	487	436	2137	1162	975	2475	1275	1200
47	901	491	410	2198	1213	985	2490	1263	1227
48	924	504	420	2170	1185	985	2510	1316	1194
49	786	420	366	2049	1144	905	2561	1305	1256
50岁及以上	**11548**	**6674**	**4874**	**25240**	**14892**	**10348**	**35968**	**20587**	**15381**

3-2 续表 6

单位：人

年龄	高中								
	合计			在校			毕业		
	合计	男	女	小计	男	女	小计	男	女
总计	**2263831**	**1314764**	**949067**	**335487**	**180679**	**154808**	**1863721**	**1093833**	**769888**
3									
4									
5-9岁	**7**	**4**	**3**	**4**	**3**	**1**	**3**	**1**	**2**
5									
6									
7									
8	2	1	1				2	1	1
9	5	3	2	4	3	1	1		1
10-14岁	**8112**	**4083**	**4029**	**7621**	**3826**	**3795**	**425**	**221**	**204**
10	8	4	4	3	2	1	5	2	3
11	6	3	3	5	3	2	1		1
12	9	4	5	7	3	4	1		1
13	1534	831	703	1381	749	632	133	71	62
14	6555	3241	3314	6225	3069	3156	285	148	137
15-19岁	**354711**	**194533**	**160178**	**306296**	**165015**	**141281**	**44827**	**27248**	**17579**
15	58473	30613	27860	57727	30158	27569	570	344	226
16	101332	54520	46812	98405	52703	45702	2463	1536	927
17	97228	52940	44288	89597	48347	41250	6808	4092	2716
18	57845	33040	24805	43502	24303	19199	13426	8146	5280
19	39833	23420	16413	17065	9504	7561	21560	13130	8430
20-24岁	**233341**	**136682**	**96659**	**20875**	**11442**	**9433**	**204444**	**120329**	**84115**
20	38946	22894	16052	9859	5401	4458	27794	16706	11088
21	41066	24128	16938	5174	2780	2394	34476	20510	13966
22	47762	28251	19511	3022	1678	1344	43031	25525	17506
23	50826	29642	21184	1777	1014	763	47300	27538	19762
24	54741	31767	22974	1043	569	474	51843	30050	21793
25-29岁	**301206**	**173790**	**127416**	**248**	**153**	**95**	**290550**	**167292**	**123258**
25	58148	33610	24538	74	45	29	55984	32282	23702
26	56569	32518	24051	51	30	21	54462	31223	23239
27	60593	34916	25677	52	32	20	58449	33619	24830
28	61963	35730	26233	38	25	13	59807	34429	25378
29	63933	37016	26917	33	21	12	61848	35739	26109
30-34岁	**333581**	**191647**	**141934**	**112**	**61**	**51**	**322790**	**185086**	**137704**
30	74445	42991	31454	33	17	16	71982	41496	30486
31	69443	40037	29406	19	8	11	67206	38676	28530
32	63835	36621	27214	22	12	10	61749	35341	26408
33	67007	38402	28605	20	13	7	64798	37058	27740
34	58851	33596	25255	18	11	7	57055	32515	24540
35-39岁	**249230**	**142726**	**106504**	**74**	**35**	**39**	**241507**	**138057**	**103450**
35	51574	29526	22048	11	6	5	49949	28538	21411
36	51226	29239	21987	14	7	7	49664	28329	21335
37	47857	27322	20535	15	8	7	46392	26438	19954
38	50948	29219	21729	14	8	6	49318	28222	21096
39	47625	27420	20205	20	6	14	46184	26530	19654
40-44岁	**191949**	**111052**	**80897**	**54**	**28**	**26**	**186066**	**107489**	**78577**
40	42861	24709	18152	15	7	8	41509	23900	17609
41	44690	25809	18881	6	3	3	43346	25017	18329
42	37687	21838	15849	9	2	7	36540	21137	15403
43	32687	18874	13813	11	8	3	31723	18274	13449
44	34024	19822	14202	13	8	5	32948	19161	13787
45-49岁	**171390**	**100986**	**70404**	**56**	**30**	**26**	**166140**	**97710**	**68430**
45	33620	19450	14170	7	4	3	32611	18823	13788
46	36592	21347	15245	19	11	8	35470	20655	14815
47	35770	21067	14703	8	3	5	34707	20410	14297
48	33427	19892	13535	7	3	4	32391	19219	13172
49	31981	19230	12751	15	9	6	30961	18603	12358
50岁及以上	**420304**	**259261**	**161043**	**147**	**86**	**61**	**406969**	**250400**	**156569**

3—2 续表 7

单位：人

年 龄	高中								
	肄业			辍学			其他		
	小计	男	女	小计	男	女	小计	男	女
总 计	**9887**	**6422**	**3465**	**19235**	**13116**	**6119**	**35501**	**20714**	**14787**
3									
4									
5—9岁									
5									
6									
7									
8									
9									
10—14岁	**1**	**1**		**12**	**7**	**5**	**53**	**28**	**25**
10									
11									
12							1	1	
13				1		1	19	11	8
14	1	1		11	7	4	33	16	17
15—19岁	**553**	**358**	**195**	**1424**	**951**	**473**	**1611**	**961**	**650**
15	16	11	5	66	40	26	94	60	34
16	56	36	20	181	125	56	227	120	107
17	120	72	48	312	204	108	391	225	166
18	148	101	47	388	266	122	381	224	157
19	213	138	75	477	316	161	518	332	186
20—24岁	**1194**	**741**	**453**	**2810**	**1880**	**930**	**4018**	**2290**	**1728**
20	181	108	73	463	293	170	649	386	263
21	207	131	76	529	351	178	680	356	324
22	249	151	98	595	399	196	865	498	367
23	284	180	104	598	412	186	867	498	369
24	273	171	102	625	425	200	957	552	405
25—29岁	**1543**	**951**	**592**	**3455**	**2324**	**1131**	**5410**	**3070**	**2340**
25	317	184	133	666	444	222	1107	655	452
26	298	185	113	691	470	221	1067	610	457
27	294	183	111	695	455	240	1103	627	476
28	328	203	125	723	475	248	1067	598	469
29	306	196	110	680	480	200	1066	580	486
30—34岁	**1735**	**1137**	**598**	**3359**	**2261**	**1098**	**5585**	**3102**	**2483**
30	379	262	117	806	537	269	1245	679	566
31	368	244	124	706	475	231	1144	634	510
32	339	223	116	645	444	201	1080	601	479
33	365	236	129	679	456	223	1145	639	506
34	284	172	112	523	349	174	971	549	422
35—39岁	**1169**	**759**	**410**	**2239**	**1510**	**729**	**4241**	**2365**	**1876**
35	244	162	82	476	316	160	894	504	390
36	233	142	91	457	296	161	858	465	393
37	217	151	66	411	283	128	822	442	380
38	263	163	100	475	324	151	878	502	376
39	212	141	71	420	291	129	789	452	337
40—44岁	**948**	**621**	**327**	**1552**	**1060**	**492**	**3329**	**1854**	**1475**
40	196	124	72	374	258	116	767	420	347
41	213	137	76	336	223	113	789	429	360
42	198	139	59	295	199	96	645	361	284
43	155	97	58	267	187	80	531	308	223
44	186	124	62	280	193	87	597	336	261
45—49岁	**811**	**527**	**284**	**1415**	**1008**	**407**	**2968**	**1711**	**1257**
45	134	90	44	317	228	89	551	305	246
46	183	118	65	288	208	80	632	355	277
47	166	107	59	283	193	90	606	354	252
48	152	106	46	283	203	80	594	361	233
49	176	106	70	244	176	68	585	336	249
50岁及以上	**1933**	**1327**	**606**	**2969**	**2115**	**854**	**8286**	**5333**	**2953**

3-2　续表 8　　　　单位：人

年　龄	大学专科								
	合　计			在　校			毕　业		
	合计	男	女	小计	男	女	小计	男	女
总　计	**1113239**	**590965**	**522274**	**119753**	**62107**	**57646**	**976831**	**519631**	**457200**
3									
4									
5–9岁									
5									
6									
7									
8									
9									
10–14岁	**14**	**8**	**6**	**7**	**5**	**2**	**7**	**3**	**4**
10	2	1	1	1	1		1		1
11	1		1				1		1
12	2	1	1				2	1	1
13	2	2		1	1		1	1	
14	7	4	3	5	3	2	2	1	1
15–19岁	**58552**	**30910**	**27642**	**50748**	**26836**	**23912**	**7246**	**3752**	**3494**
15	920	570	350	881	545	336	34	20	14
16	2377	1497	880	2225	1411	814	136	79	57
17	5170	2889	2281	4496	2568	1928	614	289	325
18	17399	9252	8147	15343	8166	7177	1889	983	906
19	32686	16702	15984	27803	14146	13657	4573	2381	2192
20–24岁	**215718**	**110051**	**105667**	**62602**	**31887**	**30715**	**150184**	**76667**	**73517**
20	40041	20481	19560	29345	14914	14431	10244	5336	4908
21	40094	20215	19879	18283	9058	9225	21296	10900	10396
22	43973	22888	21085	8957	4741	4216	34384	17820	16564
23	45150	23007	22143	4007	2148	1859	40489	20519	19970
24	46460	23460	23000	2010	1026	984	43771	22092	21679
25–29岁	**218720**	**111187**	**107533**	**3388**	**1791**	**1597**	**211983**	**107631**	**104352**
25	47219	23745	23474	1285	679	606	45226	22695	22531
26	43562	22046	21516	744	380	364	42170	21324	20846
27	43870	22010	21860	532	301	231	42671	21364	21307
28	42402	21893	20509	428	219	209	41283	21310	19973
29	41667	21493	20174	399	212	187	40633	20938	19695
30–34岁	**205879**	**106507**	**99372**	**1191**	**583**	**608**	**201582**	**104202**	**97380**
30	46521	24034	22487	328	166	162	45464	23452	22012
31	43109	22249	20860	231	115	116	42226	21790	20436
32	39182	20082	19100	230	118	112	38362	19631	18731
33	40904	21290	19614	214	101	113	40108	20872	19236
34	36163	18852	17311	188	83	105	35422	18457	16965
35–39岁	**143825**	**75119**	**68706**	**743**	**369**	**374**	**140910**	**73573**	**67337**
35	31876	16520	15356	168	80	88	31197	16161	15036
36	30625	15944	14681	160	76	84	30030	15640	14390
37	28016	14617	13399	155	73	82	27439	14327	13112
38	28805	15123	13682	155	83	72	28220	14811	13409
39	24503	12915	11588	105	57	48	24024	12634	11390
40–44岁	**93566**	**50416**	**43150**	**446**	**245**	**201**	**91540**	**49279**	**42261**
40	21732	11488	10244	115	56	59	21265	11244	10021
41	22159	11837	10322	111	58	53	21673	11551	10122
42	18450	9946	8504	87	57	30	18029	9711	8318
43	15639	8473	7166	61	32	29	15322	8299	7023
44	15586	8672	6914	72	42	30	15251	8474	6777
45–49岁	**70096**	**40306**	**29790**	**281**	**165**	**116**	**68675**	**39460**	**29215**
45	15100	8567	6533	69	40	29	14783	8384	6399
46	15379	8810	6569	47	29	18	15102	8643	6459
47	14769	8426	6343	62	33	29	14459	8247	6212
48	12979	7571	5408	59	33	26	12713	7421	5292
49	11869	6932	4937	44	30	14	11618	6765	4853
50岁及以上	**106869**	**66461**	**40408**	**347**	**226**	**121**	**104704**	**65064**	**39640**

3-2 续表 9 单位：人

年 龄	大学专科								
	肄 业			辍 学			其 他		
	小计	男	女	小计	男	女	小计	男	女
总 计	**2394**	**1417**	**977**	**1236**	**818**	**418**	**13025**	**6992**	**6033**
3									
4									
5-9岁									
5									
6									
7									
8									
9									
10-14岁									
10									
11									
12									
13									
14									
15-19岁	**77**	**48**	**29**	**69**	**49**	**20**	**412**	**225**	**187**
15				1	1		4	4	
16	2	1	1				14	6	8
17	7	4	3	11	7	4	42	21	21
18	20	13	7	16	12	4	131	78	53
19	48	30	18	41	29	12	221	116	105
20-24岁	**488**	**277**	**211**	**251**	**155**	**96**	**2193**	**1065**	**1128**
20	86	53	33	34	19	15	332	159	173
21	103	48	55	58	28	30	354	181	173
22	101	60	41	51	33	18	480	234	246
23	90	52	38	53	37	16	511	251	260
24	108	64	44	55	38	17	516	240	276
25-29岁	**481**	**277**	**204**	**260**	**169**	**91**	**2608**	**1319**	**1289**
25	109	50	59	63	42	21	536	279	257
26	90	45	45	53	30	23	505	267	238
27	97	61	36	49	27	22	521	257	264
28	88	63	25	47	36	11	556	265	291
29	97	58	39	48	34	14	490	251	239
30-34岁	**443**	**272**	**171**	**272**	**196**	**76**	**2391**	**1254**	**1137**
30	95	58	37	60	46	14	574	312	262
31	91	57	34	53	33	20	508	254	254
32	99	62	37	53	38	15	438	233	205
33	87	51	36	59	43	16	436	223	213
34	71	44	27	47	36	11	435	232	203
35-39岁	**311**	**173**	**138**	**145**	**97**	**48**	**1716**	**907**	**809**
35	70	40	30	43	30	13	398	209	189
36	70	39	31	29	23	6	336	166	170
37	63	32	31	23	14	9	336	171	165
38	56	34	22	23	12	11	351	183	168
39	52	28	24	27	18	9	295	178	117
40-44岁	**241**	**143**	**98**	**88**	**56**	**32**	**1251**	**693**	**558**
40	59	37	22	17	11	6	276	140	136
41	62	45	17	31	23	8	282	160	122
42	46	23	23	15	9	6	273	146	127
43	38	22	16	18	8	10	200	112	88
44	36	16	20	7	5	2	220	135	85
45-49岁	**155**	**101**	**54**	**57**	**36**	**21**	**928**	**544**	**384**
45	40	25	15	14	9	5	194	109	85
46	32	22	10	11	6	5	187	110	77
47	32	20	12	13	9	4	203	117	86
48	30	20	10	8	4	4	169	93	76
49	21	14	7	11	8	3	175	115	60
50岁及以上	**198**	**126**	**72**	**94**	**60**	**34**	**1526**	**985**	**541**

3-2 续表 10

单位：人

年 龄	大学本科								
	合 计			在 校			毕 业		
	合计	男	女	小计	男	女	小计	男	女
总 计	**839629**	**442938**	**396691**	**122558**	**59484**	**63074**	**709176**	**379180**	**329996**
3									
4									
5-9岁									
5									
6									
7									
8									
9									
10-14岁	**4**	**2**	**2**	**3**	**1**	**2**	**1**	**1**	
10	1	1					1	1	
11									
12									
13									
14	3	1	2	3	1	2			
15-19岁	**36630**	**17420**	**19210**	**35577**	**16841**	**18736**	**965**	**527**	**438**
15	87	43	44	81	40	41	6	3	3
16	234	131	103	211	117	94	22	13	9
17	1460	683	777	1377	637	740	79	45	34
18	11464	5430	6034	11178	5272	5906	262	142	120
19	23385	11133	12252	22730	10775	11955	596	324	272
20-24岁	**154891**	**74297**	**80594**	**81368**	**39749**	**41619**	**72380**	**33986**	**38394**
20	30123	14208	15915	28707	13506	15201	1308	652	656
21	31113	14998	16115	26822	12994	13828	4143	1934	2209
22	30977	15203	15774	16285	8339	7946	14425	6729	7696
23	30747	14679	16068	6776	3459	3317	23659	11069	12590
24	31931	15209	16722	2778	1451	1327	28845	13602	15243
25-29岁	**166118**	**82359**	**83759**	**3452**	**1766**	**1686**	**161001**	**79744**	**81257**
25	33316	16148	17168	1471	777	694	31508	15186	16322
26	32641	16033	16608	825	398	427	31509	15488	16021
27	34075	16805	17270	518	255	263	33195	16363	16832
28	33403	16790	16613	343	186	157	32746	16453	16293
29	32683	16583	16100	295	150	145	32043	16254	15789
30-34岁	**162847**	**83296**	**79551**	**955**	**430**	**525**	**160308**	**82057**	**78251**
30	35686	18024	17662	284	121	163	35044	17719	17325
31	33570	17054	16516	195	87	108	33054	16795	16259
32	31358	15949	15409	161	72	89	30892	15717	15175
33	32267	16684	15583	186	91	95	31766	16423	15343
34	29966	15585	14381	129	59	70	29552	15403	14149
35-39岁	**128916**	**69411**	**59505**	**531**	**297**	**234**	**127138**	**68451**	**58687**
35	27511	14605	12906	121	64	57	27135	14402	12733
36	27612	14789	12823	102	58	44	27232	14592	12640
37	25614	13760	11854	107	61	46	25268	13569	11699
38	26459	14417	12042	111	61	50	26092	14215	11877
39	21720	11840	9880	90	53	37	21411	11673	9738
40-44岁	**74043**	**41247**	**32796**	**261**	**150**	**111**	**73052**	**40685**	**32367**
40	18160	9895	8265	73	45	28	17939	9760	8179
41	17361	9614	7747	63	31	32	17120	9488	7632
42	14287	7875	6412	45	25	20	14094	7771	6323
43	12332	6939	5393	44	28	16	12161	6844	5317
44	11903	6924	4979	36	21	15	11738	6822	4916
45-49岁	**49559**	**29908**	**19651**	**175**	**99**	**76**	**48797**	**29446**	**19351**
45	10971	6469	4502	40	21	19	10813	6372	4441
46	10812	6552	4260	35	25	10	10639	6446	4193
47	10275	6088	4187	40	17	23	10105	5991	4114
48	9048	5587	3461	31	19	12	8911	5501	3410
49	8453	5212	3241	29	17	12	8329	5136	3193
50岁及以上	**66621**	**44998**	**21623**	**236**	**151**	**85**	**65534**	**44283**	**21251**

3-2 续表 11 单位：人

年龄	大学本科								
	肄业			辍学			其他		
	小计	男	女	小计	男	女	小计	男	女
总计	**1019**	**595**	**424**	**272**	**163**	**109**	**6604**	**3516**	**3088**
3									
4									
5-9岁									
5									
6									
7									
8									
9									
10-14岁									
10									
11									
12									
13									
14									
15-19岁	**8**	**5**	**3**	**7**	**5**	**2**	**73**	**42**	**31**
15									
16				1	1				
17	1		1				3	1	2
18	2	1	1	3	3		19	12	7
19	5	4	1	3	1	2	51	29	22
20-24岁	**160**	**86**	**74**	**57**	**34**	**23**	**926**	**442**	**484**
20	10	3	7	11	7	4	87	40	47
21	13	7	6	16	9	7	119	54	65
22	33	14	19	9	5	4	225	116	109
23	53	30	23	10	6	4	249	115	134
24	51	32	19	11	7	4	246	117	129
25-29岁	**233**	**135**	**98**	**75**	**43**	**32**	**1357**	**671**	**686**
25	39	24	15	21	11	10	277	150	127
26	47	27	20	14	9	5	246	111	135
27	57	32	25	11	5	6	294	150	144
28	44	27	17	9	7	2	261	117	144
29	46	25	21	20	11	9	279	143	136
30-34岁	**206**	**116**	**90**	**48**	**30**	**18**	**1330**	**663**	**667**
30	53	27	26	5	4	1	300	153	147
31	38	21	17	15	9	6	268	142	126
32	42	26	16	8	5	3	255	129	126
33	39	25	14	13	8	5	263	137	126
34	34	17	17	7	4	3	244	102	142
35-39岁	**164**	**95**	**69**	**32**	**19**	**13**	**1051**	**549**	**502**
35	30	21	9	6	1	5	219	117	102
36	36	17	19	7	6	1	235	116	119
37	31	18	13	5	5		203	107	96
38	36	19	17	6	3	3	214	119	95
39	31	20	11	8	4	4	180	90	90
40-44岁	**105**	**56**	**49**	**12**	**11**	**1**	**613**	**345**	**268**
40	24	13	11	5	5		119	72	47
41	24	14	10	3	2	1	151	79	72
42	26	13	13	1	1		121	65	56
43	15	5	10	2	2		110	60	50
44	16	11	5	1	1		112	69	43
45-49岁	**65**	**49**	**16**	**13**	**7**	**6**	**509**	**307**	**202**
45	11	8	3	4	2	2	103	66	37
46	15	13	2	4	1	3	119	67	52
47	13	8	5	2	1	1	115	71	44
48	13	11	2	3	3		90	53	37
49	13	9	4				82	50	32
50岁及以上	**78**	**53**	**25**	**28**	**14**	**14**	**745**	**497**	**248**

3-2　续表 12　　　　单位：人

年　龄	硕士研究生								
	合　计			在　校			毕　业		
	合计	男	女	小计	男	女	小计	男	女
总　计	**86037**	**46374**	**39663**	**12609**	**6041**	**6568**	**72815**	**39989**	**32826**
3									
4									
5—9岁									
5									
6									
7									
8									
9									
10—14岁									
10									
11									
12									
13									
14									
15—19岁	**74**	**36**	**38**	**55**	**27**	**28**	**18**	**8**	**10**
15	1		1	1		1			
16									
17	8	3	5	7	3	4	1		1
18	32	13	19	23	11	12	9	2	7
19	33	20	13	24	13	11	8	6	2
20—24岁	**9671**	**4348**	**5323**	**7694**	**3579**	**4115**	**1912**	**737**	**1175**
20	63	32	31	53	27	26	9	5	4
21	354	139	215	319	121	198	34	17	17
22	1872	831	1041	1723	769	954	136	60	76
23	3312	1489	1823	2807	1305	1502	485	172	313
24	4070	1857	2213	2792	1357	1435	1248	483	765
25—29岁	**20060**	**9426**	**10634**	**4020**	**2024**	**1996**	**15917**	**7348**	**8569**
25	4135	1910	2225	1879	933	946	2233	965	1268
26	4085	1921	2164	1011	534	477	3053	1378	1675
27	3995	1833	2162	559	285	274	3410	1538	1872
28	3872	1803	2069	322	150	172	3517	1640	1877
29	3973	1959	2014	249	122	127	3704	1827	1877
30—34岁	**19312**	**9509**	**9803**	**548**	**253**	**295**	**18633**	**9184**	**9449**
30	4476	2146	2330	176	87	89	4275	2042	2233
31	4150	2047	2103	114	50	64	4008	1982	2026
32	3684	1828	1856	112	49	63	3549	1766	1783
33	3659	1810	1849	82	37	45	3549	1761	1788
34	3343	1678	1665	64	30	34	3252	1633	1619
35—39岁	**15405**	**8519**	**6886**	**162**	**83**	**79**	**15124**	**8363**	**6761**
35	3008	1602	1406	35	14	21	2951	1579	1372
36	3107	1712	1395	39	22	17	3050	1678	1372
37	3209	1745	1464	36	21	15	3144	1702	1442
38	3343	1898	1445	28	16	12	3291	1870	1421
39	2738	1562	1176	24	10	14	2688	1534	1154
40—44岁	**9047**	**5557**	**3490**	**56**	**28**	**28**	**8920**	**5488**	**3432**
40	2375	1385	990	22	8	14	2334	1368	966
41	2191	1344	847	15	9	6	2160	1328	832
42	1749	1101	648	7	4	3	1729	1088	641
43	1433	887	546	6	4	2	1417	877	540
44	1299	840	459	6	3	3	1280	827	453
45—49岁	**5373**	**3663**	**1710**	**40**	**24**	**16**	**5304**	**3625**	**1679**
45	1152	781	371	11	7	4	1134	770	364
46	1177	822	355	6	3	3	1167	817	350
47	1164	780	384	9	5	4	1149	771	378
48	1003	674	329	5	4	1	991	668	323
49	877	606	271	9	5	4	863	599	264
50岁及以上	**7095**	**5316**	**1779**	**34**	**23**	**11**	**6987**	**5236**	**1751**

3-2　续表 13　　单位：人

年　龄	硕士研究生								
	肄　业			辍　学			其　他		
	小计	男	女	小计	男	女	小计	男	女
总　计	**91**	**47**	**44**	**17**	**7**	**10**	**505**	**290**	**215**
3									
4									
5—9岁									
5									
6									
7									
8									
9									
10—14岁									
10									
11									
12									
13									
14									
15—19岁	**1**	**1**							
15									
16									
17									
18									
19	1	1							
20—24岁	**10**	**4**	**6**	**2**	**1**	**1**	**53**	**27**	**26**
20							1		1
21							1	1	
22							13	2	11
23	2	2		1		1	17	10	7
24	8	2	6	1	1		21	14	7
25—29岁	**17**	**6**	**11**	**5**	**1**	**4**	**101**	**47**	**54**
25	3	2	1	1	1		19	9	10
26	6	2	4				15	7	8
27	2		2	1		1	23	10	13
28	3	1	2	1		1	29	12	17
29	3	1	2	2		2	15	9	6
30—34岁	**13**	**6**	**7**	**2**	**2**		**116**	**64**	**52**
30	5	3	2	1	1		19	13	6
31	2		2				26	15	11
32	3	2	1				20	11	9
33	2	1	1	1	1		25	10	15
34	1		1				26	15	11
35—39岁	**22**	**15**	**7**	**2**	**1**	**1**	**95**	**57**	**38**
35	5	1	4	1		1	16	8	8
36	5	5					13	7	6
37	6	5	1	1	1		22	16	6
38	1		1				23	12	11
39	5	4	1				21	14	7
40—44岁	**14**	**6**	**8**				**57**	**35**	**22**
40	5	1	4				14	8	6
41	2	1	1				14	6	8
42	4	3	1				9	6	3
43	1		1				9	6	3
44	2	1	1				11	9	2
45—49岁	**8**	**4**	**4**	**1**		**1**	**20**	**10**	**10**
45	3	2	1				4	2	2
46							4	2	2
47	1	1					5	3	2
48	3	1	2				4	1	3
49	1		1	1		1	3	2	1
50岁及以上	**6**	**5**	**1**	**5**	**2**	**3**	**63**	**50**	**13**

3-2　续表 14　　　　单位：人

年　龄	博士研究生								
	合　　计			在　　校			毕　　业		
	合计	男	女	小计	男	女	小计	男	女
总　计	**9834**	**6387**	**3447**	**2156**	**1237**	**919**	**7590**	**5085**	**2505**
3									
4									
5—9岁									
5									
6									
7									
8									
9									
10—14岁									
10									
11									
12									
13									
14									
15—19岁	**9**	**6**	**3**	**1**		**1**	**8**	**6**	**2**
15									
16									
17	1	1					1	1	
18	1	1					1	1	
19	7	4	3	1		1	6	4	2
20—24岁	**376**	**228**	**148**	**300**	**181**	**119**	**74**	**45**	**29**
20	9	7	2	3	1	2	6	6	
21	18	12	6	12	6	6	6	6	
22	59	34	25	43	25	18	15	8	7
23	113	72	41	97	63	34	15	8	7
24	177	103	74	145	86	59	32	17	15
25—29岁	**1917**	**1097**	**820**	**1268**	**714**	**554**	**635**	**373**	**262**
25	299	158	141	241	133	108	58	25	33
26	345	198	147	277	161	116	65	34	31
27	400	229	171	298	164	134	96	62	34
28	417	239	178	246	136	110	167	100	67
29	456	273	183	206	120	86	249	152	97
30—34岁	**2296**	**1458**	**838**	**407**	**240**	**167**	**1869**	**1204**	**665**
30	506	306	200	161	97	64	339	205	134
31	457	280	177	96	61	35	357	218	139
32	481	304	177	67	37	30	412	266	146
33	443	299	144	42	25	17	398	271	127
34	409	269	140	41	20	21	363	244	119
35—39岁	**1776**	**1128**	**648**	**115**	**64**	**51**	**1652**	**1057**	**595**
35	366	245	121	26	13	13	338	230	108
36	349	222	127	27	14	13	320	206	114
37	342	216	126	17	11	6	322	204	118
38	386	231	155	30	18	12	356	213	143
39	333	214	119	15	8	7	316	204	112
40—44岁	**1254**	**790**	**464**	**47**	**26**	**21**	**1191**	**752**	**439**
40	273	183	90	12	9	3	257	171	86
41	282	164	118	13	4	9	265	156	109
42	244	151	93	11	6	5	228	142	86
43	230	146	84	5	2	3	223	142	81
44	225	146	79	6	5	1	218	141	77
45—49岁	**855**	**571**	**284**	**10**	**7**	**3**	**835**	**558**	**277**
45	198	129	69	1	1		195	127	68
46	177	115	62	4	2	2	171	112	59
47	180	120	60	3	3		174	115	59
48	148	106	42				147	105	42
49	152	101	51	2	1	1	148	99	49
50岁及以上	**1351**	**1109**	**242**	**8**	**5**	**3**	**1326**	**1090**	**236**

3-2 续表 15

单位：人

年 龄	博士研究生								
	肄 业			辍 学			其 他		
	小计	男	女	小计	男	女	小计	男	女
总 计	**16**	**11**	**5**	**2**	**1**	**1**	**70**	**53**	**17**
3									
4									
5-9岁									
5									
6									
7									
8									
9									
10-14岁									
10									
11									
12									
13									
14									
15-19岁									
15									
16									
17									
18									
19									
20-24岁	**2**	**2**							
20									
21									
22	1	1							
23	1	1							
24									
25-29岁				**1**	**1**		**13**	**9**	**4**
25									
26							3	3	
27							6	3	3
28				1	1		3	2	1
29							1	1	
30-34岁	**5**	**4**	**1**				**15**	**10**	**5**
30							6	4	2
31	1		1				3	1	2
32							2	1	1
33	1	1					2	2	
34	3	3					2	2	
35-39岁	**1**		**1**				**8**	**7**	**1**
35							2	2	
36							2	2	
37	1		1				2	1	1
38									
39							2	2	
40-44岁	**4**	**2**	**2**	**1**		**1**	**11**	**10**	**1**
40	1	1		1		1	2	2	
41							4	4	
42	2		2				3	3	
43	1	1					1	1	
44							1		1
45-49岁	**1**	**1**					**9**	**5**	**4**
45							2	1	1
46							2	1	1
47	1	1					2	1	1
48							1	1	
49							2	1	1
50岁及以上	**3**	**2**	**1**				**14**	**12**	**2**

3-2a 全省分年龄、性别、学业完成情况的3岁及以上各种受教育程度人口(城市)

单位：人

年 龄	合计								
	合 计			在 校			毕 业		
	合计	男	女	小计	男	女	小计	男	女
总 计	**6885018**	**3706993**	**3178025**	**1030521**	**553234**	**477287**	**5614632**	**3028738**	**2585894**
3									
4									
5-9岁	**299835**	**162028**	**137807**	**291792**	**157597**	**134195**	**6729**	**3715**	**3014**
5	5261	2840	2421	4973	2692	2281	195	97	98
6	57155	30750	26405	55662	29947	25715	1211	652	559
7	77476	41592	35884	75421	40473	34948	1749	955	794
8	86044	46753	39291	83801	45480	38321	1887	1073	814
9	73899	40093	33806	71935	39005	32930	1687	938	749
10-14岁	**319057**	**174072**	**144985**	**306995**	**167292**	**139703**	**10418**	**5880**	**4538**
10	69606	37974	31632	67690	36870	30820	1614	932	682
11	68821	37464	31357	66709	36285	30424	1810	1017	793
12	65699	35611	30088	63158	34234	28924	2212	1202	1010
13	59957	32900	27057	57413	31451	25962	2267	1295	972
14	54974	30123	24851	52025	28452	23573	2515	1434	1081
15-19岁	**395200**	**221815**	**173385**	**293676**	**158449**	**135227**	**95001**	**59146**	**35855**
15	63597	34795	28802	60706	33004	27702	2416	1499	917
16	84086	46515	37571	74969	40645	34324	8243	5325	2918
17	84342	47483	36859	66250	36128	30122	16783	10517	6266
18	74939	43339	31600	45970	25182	20788	27319	17058	10261
19	88236	49683	38553	45781	23490	22291	40240	24747	15493
20-24岁	**631124**	**348859**	**282265**	**121502**	**61315**	**60187**	**493157**	**277394**	**215763**
20	102950	57107	45843	46862	23372	23490	53541	32118	21423
21	111651	61907	49744	35828	17793	18035	72885	42288	30597
22	129434	72627	56807	21250	11082	10168	104725	59447	45278
23	138224	76007	62217	11041	5694	5347	123564	68082	55482
24	148865	81211	67654	6521	3374	3147	138442	75459	62983
25-29岁	**808864**	**444077**	**364787**	**10097**	**5246**	**4851**	**776313**	**425223**	**351090**
25	158204	86487	71717	3989	2074	1915	149861	81721	68140
26	152760	83616	69144	2383	1248	1135	146231	79878	66353
27	162842	88856	73986	1602	831	771	156736	85298	71438
28	164890	90962	73928	1139	579	560	159063	87568	71495
29	170168	94156	76012	984	514	470	164422	90758	73664
30-34岁	**937348**	**512708**	**424640**	**2798**	**1357**	**1441**	**907079**	**495173**	**411906**
30	198985	109522	89463	851	423	428	192349	105611	86738
31	191873	104946	86927	575	288	287	185790	101374	84416
32	179931	98218	81713	507	251	256	174191	94859	79332
33	192339	105225	87114	463	216	247	186151	101701	84450
34	174220	94797	79423	402	179	223	168598	91628	76970
35-39岁	**764166**	**415165**	**349001**	**1418**	**726**	**692**	**739008**	**401183**	**337825**
35	157328	85603	71725	304	149	155	152206	82689	69517
36	157650	85653	71997	301	150	151	152576	82856	69720
37	148199	80182	68017	297	154	143	143295	77483	65812
38	158653	86563	72090	297	158	139	153430	83679	69751
39	142336	77164	65172	219	115	104	137501	74476	63025
40-44岁	**604484**	**326729**	**277755**	**758**	**411**	**347**	**582150**	**314707**	**267443**
40	127317	69120	58197	214	116	98	122902	66677	56225
41	135080	73340	61740	185	91	94	130352	70752	59600
42	118335	63875	54460	128	70	58	114012	61547	52465
43	107509	57906	49603	125	75	50	103421	55708	47713
44	116243	62488	53755	106	59	47	111463	60023	51440
45-49岁	**617285**	**329973**	**287312**	**528**	**298**	**230**	**589613**	**315926**	**273687**
45	118240	63316	54924	125	70	55	113185	60722	52463
46	130037	69506	60531	96	58	38	124322	66609	57713
47	128321	68369	59952	111	58	53	122626	65489	57137
48	121857	65326	56531	100	55	45	116233	62446	53787
49	118830	63456	55374	96	57	39	113247	60660	52587
50岁及以上	**1507655**	**771567**	**736088**	**957**	**543**	**414**	**1415164**	**730391**	**684773**

3-2a 续表 1

单位：人

年龄	合计								
	肄业			辍学			其他		
	小计	男	女	小计	男	女	小计	男	女
总计	**41935**	**21990**	**19945**	**96389**	**51678**	**44711**	**101541**	**51353**	**50188**
3									
4									
5-9岁	**100**	**54**	**46**	**58**	**31**	**27**	**1156**	**631**	**525**
5	2		2				91	51	40
6	24	16	8	12	5	7	246	130	116
7	23	15	8	12	7	5	271	142	129
8	31	12	19	20	12	8	305	176	129
9	20	11	9	14	7	7	243	132	111
10-14岁	**116**	**55**	**61**	**274**	**162**	**112**	**1254**	**683**	**571**
10	20	11	9	21	15	6	261	146	115
11	30	17	13	20	11	9	252	134	118
12	22	8	14	34	22	12	273	145	128
13	13	1	12	52	29	23	212	124	88
14	31	18	13	147	85	62	256	134	122
15-19岁	**1070**	**709**	**361**	**3099**	**2106**	**993**	**2354**	**1405**	**949**
15	58	36	22	226	148	78	191	108	83
16	107	72	35	448	303	145	319	170	149
17	209	134	75	640	425	215	460	279	181
18	280	195	85	775	535	240	595	369	226
19	416	272	144	1010	695	315	789	479	310
20-24岁	**2736**	**1729**	**1007**	**6635**	**4563**	**2072**	**7094**	**3858**	**3236**
20	441	302	139	1066	726	340	1040	589	451
21	481	291	190	1253	870	383	1204	665	539
22	551	335	216	1395	949	446	1513	814	699
23	612	392	220	1415	975	440	1592	864	728
24	651	409	242	1506	1043	463	1745	926	819
25-29岁	**3602**	**2290**	**1312**	**8634**	**5732**	**2902**	**10218**	**5586**	**4632**
25	736	462	274	1668	1129	539	1950	1101	849
26	647	384	263	1579	1046	533	1920	1060	860
27	697	454	243	1729	1146	583	2078	1127	951
28	729	476	253	1807	1198	609	2152	1141	1011
29	793	514	279	1851	1213	638	2118	1157	961
30-34岁	**4700**	**2920**	**1780**	**10659**	**6814**	**3845**	**12112**	**6444**	**5668**
30	972	615	357	2271	1486	785	2542	1387	1155
31	973	623	350	2068	1348	720	2467	1313	1154
32	912	557	355	2023	1308	715	2298	1243	1055
33	975	612	363	2225	1378	847	2525	1318	1207
34	868	513	355	2072	1294	778	2280	1183	1097
35-39岁	**4036**	**2296**	**1740**	**9312**	**5447**	**3865**	**10392**	**5513**	**4879**
35	823	508	315	1873	1131	742	2122	1126	996
36	824	469	355	1811	1064	747	2138	1114	1024
37	795	428	367	1797	1054	743	2015	1063	952
38	864	481	383	1955	1121	834	2107	1124	983
39	730	410	320	1876	1077	799	2010	1086	924
40-44岁	**3858**	**2136**	**1722**	**8640**	**4743**	**3897**	**9078**	**4732**	**4346**
40	757	440	317	1616	942	674	1828	945	883
41	792	436	356	1791	1029	762	1960	1032	928
42	779	444	335	1623	881	742	1793	933	860
43	679	368	311	1661	896	765	1623	859	764
44	851	448	403	1949	995	954	1874	963	911
45-49岁	**4822**	**2507**	**2315**	**11878**	**5965**	**5913**	**10444**	**5277**	**5167**
45	865	446	419	2150	1099	1051	1915	979	936
46	1054	547	507	2425	1223	1202	2140	1069	1071
47	957	509	448	2466	1235	1231	2161	1078	1083
48	993	505	488	2430	1216	1214	2101	1104	997
49	953	500	453	2407	1192	1215	2127	1047	1080
50岁及以上	**16895**	**7294**	**9601**	**37200**	**16115**	**21085**	**37439**	**17224**	**20215**

3-2a　续表 2

单位：人

年　龄	小学								
	合　计			在　校			毕　业		
	合计	男	女	小计	男	女	小计	男	女
总　计	**1116592**	**524469**	**592123**	**449377**	**243667**	**205710**	**593993**	**252347**	**341646**
3									
4									
5-9岁	**296531**	**160164**	**136367**	**288873**	**155953**	**132920**	**6397**	**3523**	**2874**
5	5261	2840	2421	4973	2692	2281	195	97	98
6	56566	30410	26156	55147	29647	25500	1153	618	535
7	76822	41228	35594	74856	40163	34693	1665	904	761
8	85029	46188	38841	82894	44974	37920	1796	1021	775
9	72853	39498	33355	71003	38477	32526	1588	883	705
10-14岁	**165613**	**90621**	**74992**	**159942**	**87434**	**72508**	**4827**	**2734**	**2093**
10	67959	37092	30867	66185	36069	30116	1493	861	632
11	64394	35068	29326	62577	34048	28529	1548	879	669
12	24483	13661	10822	23409	13075	10334	906	500	406
13	6140	3346	2794	5558	3031	2527	513	282	231
14	2637	1454	1183	2213	1211	1002	367	212	155
15-19岁	**3030**	**1856**	**1174**	**297**	**164**	**133**	**2339**	**1453**	**886**
15	305	177	128	90	57	33	157	93	64
16	449	279	170	77	40	37	308	199	109
17	603	368	235	54	30	24	468	288	180
18	716	442	274	28	14	14	592	370	222
19	957	590	367	48	23	25	814	503	311
20-24岁	**7605**	**4629**	**2976**	**65**	**28**	**37**	**6857**	**4187**	**2670**
20	1093	685	408	34	15	19	961	600	361
21	1247	784	463	12	4	8	1128	712	416
22	1521	931	590	8	4	4	1379	852	527
23	1788	1094	694	7	3	4	1616	990	626
24	1956	1135	821	4	2	2	1773	1033	740
25-29岁	**13253**	**7529**	**5724**	**15**	**9**	**6**	**12094**	**6848**	**5246**
25	2219	1300	919	1	1		2028	1183	845
26	2155	1258	897	5	4	1	1972	1146	826
27	2703	1546	1157	2		2	2454	1399	1055
28	2902	1587	1315	5	3	2	2638	1434	1204
29	3274	1838	1436	2	1	1	3002	1686	1316
30-34岁	**24996**	**12927**	**12069**	**12**	**7**	**5**	**22842**	**11799**	**11043**
30	4304	2302	2002	3	2	1	3927	2086	1841
31	4596	2412	2184	1	1		4211	2200	2011
32	4904	2566	2338	2	1	1	4490	2355	2135
33	5652	2857	2795	2	1	1	5153	2602	2551
34	5540	2790	2750	4	2	2	5061	2556	2505
35-39岁	**28843**	**13731**	**15112**	**8**	**4**	**4**	**26137**	**12437**	**13700**
35	5404	2666	2738	3	2	1	4909	2416	2493
36	5480	2632	2848				4951	2356	2595
37	5468	2639	2829				4934	2388	2546
38	6155	2924	3231	4	2	2	5584	2656	2928
39	6336	2870	3466	1		1	5759	2621	3138
40-44岁	**43253**	**19084**	**24169**	**11**	**6**	**5**	**39132**	**17323**	**21809**
40	6412	2880	3532	1	1		5784	2596	3188
41	8429	3834	4595	4	3	1	7641	3478	4163
42	8338	3651	4687				7586	3321	4265
43	8971	4006	4965	2	1	1	8101	3641	4460
44	11103	4713	6390	4	1	3	10020	4287	5733
45-49岁	**79443**	**32766**	**46677**	**14**	**7**	**7**	**71264**	**29524**	**41740**
45	12623	5197	7426	3	2	1	11352	4706	6646
46	15394	6474	8920	3		3	13808	5827	7981
47	16195	6716	9479	3	2	1	14537	6062	8475
48	16985	6916	10069	3	2	1	15238	6230	9008
49	18246	7463	10783	2	1	1	16329	6699	9630
50岁及以上	**454025**	**181162**	**272863**	**140**	**55**	**85**	**402104**	**162519**	**239585**

3–2a 续表 3

单位：人

年 龄	小学								
	肄业			辍学			其他		
	小计	男	女	小计	男	女	小计	男	女
总 计	**13442**	**4929**	**8513**	**34951**	**13532**	**21419**	**24829**	**9994**	**14835**
3									
4									
5–9岁	**97**	**52**	**45**	**54**	**29**	**25**	**1110**	**607**	**503**
5	2		2				91	51	40
6	23	15	8	11	4	7	232	126	106
7	23	15	8	12	7	5	266	139	127
8	30	12	18	17	11	6	292	170	122
9	19	10	9	14	7	7	229	121	108
10–14岁	**65**	**33**	**32**	**77**	**47**	**30**	**702**	**373**	**329**
10	19	11	8	20	14	6	242	137	105
11	30	17	13	17	9	8	222	115	107
12	10	3	7	14	10	4	144	73	71
13	4		4	12	5	7	53	28	25
14	2	2		14	9	5	41	20	21
15–19岁	**55**	**32**	**23**	**151**	**88**	**63**	**188**	**119**	**69**
15	8	3	5	18	11	7	32	13	19
16	6	5	1	25	17	8	33	18	15
17	9	2	7	37	21	16	35	27	8
18	18	12	6	31	17	14	47	29	18
19	14	10	4	40	22	18	41	32	9
20–24岁	**80**	**48**	**32**	**325**	**207**	**118**	**278**	**159**	**119**
20	12	10	2	50	37	13	36	23	13
21	11	4	7	49	38	11	47	26	21
22	15	10	5	61	33	28	58	32	26
23	21	12	9	82	51	31	62	38	24
24	21	12	9	83	48	35	75	40	35
25–29岁	**148**	**90**	**58**	**533**	**323**	**210**	**463**	**259**	**204**
25	24	14	10	83	55	28	83	47	36
26	23	14	9	71	41	30	84	53	31
27	33	24	9	125	73	52	89	50	39
28	25	12	13	122	75	47	112	63	49
29	43	26	17	132	79	53	95	46	49
30–34岁	**354**	**179**	**175**	**1109**	**611**	**498**	**679**	**331**	**348**
30	60	34	26	178	107	71	136	73	63
31	66	33	33	199	119	80	119	59	60
32	75	37	38	218	118	100	119	55	64
33	73	34	39	257	135	122	167	85	82
34	80	41	39	257	132	125	138	59	79
35–39岁	**425**	**185**	**240**	**1490**	**692**	**798**	**783**	**413**	**370**
35	78	38	40	268	125	143	146	85	61
36	86	44	42	272	140	132	171	92	79
37	89	35	54	290	136	154	155	80	75
38	88	38	50	332	153	179	147	75	72
39	84	30	54	328	138	190	164	81	83
40–44岁	**697**	**303**	**394**	**2372**	**1015**	**1357**	**1041**	**437**	**604**
40	111	57	54	356	149	207	160	77	83
41	124	59	65	467	202	265	193	92	101
42	125	59	66	430	198	232	197	73	124
43	144	54	90	512	225	287	212	85	127
44	193	74	119	607	241	366	279	110	169
45–49岁	**1434**	**559**	**875**	**4600**	**1800**	**2800**	**2131**	**876**	**1255**
45	220	84	136	738	284	454	310	121	189
46	277	105	172	907	372	535	399	170	229
47	259	103	156	943	369	574	453	180	273
48	325	115	210	957	365	592	462	204	258
49	353	152	201	1055	410	645	507	201	306
50岁及以上	**10087**	**3448**	**6639**	**24240**	**8720**	**15520**	**17454**	**6420**	**11034**

3-2a 续表 4

单位：人

年龄	初中								
	合计			在校			毕业		
	合计	男	女	小计	男	女	小计	男	女
总计	**2391327**	**1326859**	**1064468**	**184574**	**101404**	**83170**	**2101523**	**1165118**	**936405**
3									
4									
5—9岁	**3300**	**1861**	**1439**	**2917**	**1642**	**1275**	**330**	**191**	**139**
5									
6	589	340	249	515	300	215	58	34	24
7	654	364	290	565	310	255	84	51	33
8	1014	564	450	907	506	401	90	51	39
9	1043	593	450	930	526	404	98	55	43
10—14岁	**148495**	**80985**	**67510**	**142416**	**77558**	**64858**	**5318**	**3000**	**2318**
10	1641	879	762	1504	800	704	116	69	47
11	4423	2394	2029	4129	2235	1894	261	138	123
12	41208	21946	19262	39743	21156	18587	1304	701	603
13	52892	29064	23828	51028	27982	23046	1666	965	701
14	48331	26702	21629	46012	25385	20627	1971	1127	844
15—19岁	**95301**	**58632**	**36669**	**38430**	**21755**	**16675**	**53535**	**34625**	**18910**
15	23207	13354	9853	21034	11984	9050	1870	1172	698
16	15644	9299	6345	9062	5006	4056	6060	3953	2107
17	16060	10023	6037	4718	2652	2066	10713	6944	3769
18	18344	11835	6509	2289	1368	921	15245	9910	5335
19	22046	14121	7925	1327	745	582	19647	12646	7001
20—24岁	**163301**	**100896**	**62405**	**242**	**138**	**104**	**155218**	**95601**	**59617**
20	24559	15651	8908	84	45	39	23215	14735	8480
21	27963	17619	10344	49	28	21	26475	16629	9846
22	34156	21313	12843	35	18	17	32510	20279	12231
23	36425	22246	14179	45	27	18	34711	21120	13591
24	40198	24067	16131	29	20	9	38307	22838	15469
25—29岁	**236406**	**139028**	**97378**	**99**	**52**	**47**	**225335**	**132045**	**93290**
25	43687	26251	17436	26	14	12	41569	24890	16679
26	42753	25433	17320	26	14	12	40744	24175	16569
27	47449	27618	19831	19	12	7	45256	26213	19043
28	49576	29054	20522	15	8	7	47279	27600	19679
29	52941	30672	22269	13	4	9	50487	29167	21320
30—34岁	**322453**	**181600**	**140853**	**80**	**47**	**33**	**308193**	**173020**	**135173**
30	64578	37067	27511	12	7	5	61664	35272	26392
31	64631	36428	28203	13	10	3	61790	34687	27103
32	61688	34744	26944	15	9	6	58993	33102	25891
33	68543	38389	30154	18	7	11	65567	36654	28913
34	63013	34972	28041	22	14	8	60179	33305	26874
35—39岁	**289563**	**158947**	**130616**	**79**	**40**	**39**	**276534**	**151602**	**124932**
35	58038	32144	25894	8	7	1	55466	30635	24831
36	58906	32479	26427	16	6	10	56281	31004	25277
37	55737	30451	25286	20	10	10	53191	29046	24145
38	60889	33499	27390	20	9	11	58204	32008	26196
39	55993	30374	25619	15	8	7	53392	28909	24483
40—44岁	**254807**	**137003**	**117804**	**48**	**27**	**21**	**243287**	**130615**	**112672**
40	50436	27478	22958	12	6	6	48199	26214	21985
41	55019	29791	25228	15	9	6	52619	28424	24195
42	49767	26702	23065	6	4	2	47534	25466	22068
43	46783	24994	21789	13	8	5	44650	23807	20843
44	52802	28038	24764	2		2	50285	26704	23581
45—49岁	**291606**	**154502**	**137104**	**66**	**35**	**31**	**277644**	**147042**	**130602**
45	54907	29173	25734	15	8	7	52239	27739	24500
46	61449	32307	29142	16	9	7	58480	30752	27728
47	60610	32050	28560	12	6	6	57726	30511	27215
48	57971	30825	27146	10	5	5	55164	29293	25871
49	56669	30147	26522	13	7	6	54035	28747	25288
50岁及以上	**586095**	**313405**	**272690**	**197**	**110**	**87**	**556129**	**297377**	**258752**

3-2a 续表 5

单位：人

年 龄	初中								
	肄业			辍学			其他		
	小计	男	女	小计	男	女	小计	男	女
总 计	**18591**	**10870**	**7721**	**46617**	**28174**	**18443**	**40022**	**21293**	**18729**
3									
4									
5—9岁	**3**	**2**	**1**	**4**	**2**	**2**	**46**	**24**	**22**
5									
6	1	1		1	1		14	4	10
7							5	3	2
8	1		1	3	1	2	13	6	7
9	1	1					14	11	3
10—14岁	**50**	**21**	**29**	**186**	**109**	**77**	**525**	**297**	**228**
10	1		1	1	1		19	9	10
11				3	2	1	30	19	11
12	12	5	7	20	12	8	129	72	57
13	9	1	8	39	24	15	150	92	58
14	28	15	13	123	70	53	197	105	92
15—19岁	**532**	**372**	**160**	**1859**	**1286**	**573**	**945**	**594**	**351**
15	39	27	12	165	110	55	99	61	38
16	61	41	20	311	210	101	150	89	61
17	97	72	25	356	238	118	176	117	59
18	134	98	36	447	311	136	229	148	81
19	201	134	67	580	417	163	291	179	112
20—24岁	**1295**	**863**	**432**	**4077**	**2850**	**1227**	**2469**	**1444**	**1025**
20	227	169	58	665	465	200	368	237	131
21	225	150	75	765	533	232	449	279	170
22	257	157	100	865	598	267	489	261	228
23	276	185	91	847	590	257	546	324	222
24	310	202	108	935	664	271	617	343	274
25—29岁	**1792**	**1203**	**589**	**5358**	**3575**	**1783**	**3822**	**2153**	**1669**
25	369	256	113	1034	704	330	689	387	302
26	309	188	121	970	652	318	704	404	300
27	336	228	108	1076	743	333	762	422	340
28	361	252	109	1104	728	376	817	466	351
29	417	279	138	1174	748	426	850	474	376
30—34岁	**2495**	**1544**	**951**	**6710**	**4278**	**2432**	**4975**	**2711**	**2264**
30	493	306	187	1419	928	491	990	554	436
31	528	343	185	1281	834	447	1019	554	465
32	472	282	190	1270	820	450	938	531	407
33	515	329	186	1374	840	534	1069	559	510
34	487	284	203	1366	856	510	959	513	446
35—39岁	**2329**	**1333**	**996**	**5993**	**3538**	**2455**	**4628**	**2434**	**2194**
35	472	296	176	1205	749	456	887	457	430
36	473	275	198	1171	689	482	965	505	460
37	468	245	223	1161	673	488	897	477	420
38	496	276	220	1235	710	525	934	496	438
39	420	241	179	1221	717	504	945	499	446
40—44岁	**2140**	**1193**	**947**	**5052**	**2909**	**2143**	**4280**	**2259**	**2021**
40	425	239	186	970	593	377	830	426	404
41	437	232	205	1047	643	404	901	483	418
42	430	246	184	969	535	434	828	451	377
43	378	218	160	932	526	406	810	435	375
44	470	258	212	1134	612	522	911	464	447
45—49岁	**2574**	**1416**	**1158**	**6189**	**3396**	**2793**	**5133**	**2613**	**2520**
45	498	265	233	1162	638	524	993	523	470
46	593	322	271	1312	702	610	1048	522	526
47	531	294	237	1300	715	585	1041	524	517
48	514	285	229	1258	698	560	1025	544	481
49	438	250	188	1157	643	514	1026	500	526
50岁及以上	**5381**	**2923**	**2458**	**11189**	**6231**	**4958**	**13199**	**6764**	**6435**

3-2a 续表 6

单位：人

年龄	高中								
	合计			在校			毕业		
	合计	男	女	小计	男	女	小计	男	女
总计	**1649437**	**943409**	**706028**	**209373**	**113987**	**95386**	**1397929**	**803691**	**594238**
3									
4									
5-9岁	**4**	**3**	**1**	**2**	**2**		**2**	**1**	**1**
5									
6									
7									
8	1	1					1	1	
9	3	2	1	2	2		1		1
10-14岁	**4942**	**2461**	**2481**	**4633**	**2297**	**2336**	**270**	**144**	**126**
10	5	2	3	1	1		4	1	3
11	4	2	2	3	2	1	1		1
12	6	3	3	6	3	3			
13	925	490	435	827	438	389	88	48	40
14	4002	1964	2038	3796	1853	1943	177	95	82
15-19岁	**229002**	**126756**	**102246**	**194071**	**105590**	**88481**	**32592**	**19707**	**12885**
15	39452	20859	18593	38982	20577	18405	358	217	141
16	66288	35862	30426	64251	34597	29654	1764	1108	656
17	63109	34626	28483	57514	31274	26240	5039	3016	2023
18	35042	20430	14612	24665	14130	10535	9764	5894	3870
19	25111	14979	10132	8659	5012	3647	15667	9472	6195
20-24岁	**161163**	**95048**	**66115**	**10249**	**5865**	**4384**	**145948**	**86094**	**59854**
20	25644	15212	10432	4852	2806	2046	19996	11925	8071
21	28127	16645	11482	2566	1422	1144	24663	14668	9995
22	33303	19791	13512	1508	856	652	30740	18267	12473
23	35632	20865	14767	847	504	343	33707	19682	14025
24	38457	22535	15922	476	277	199	36842	21552	15290
25-29岁	**215544**	**125360**	**90184**	**114**	**75**	**39**	**208935**	**121277**	**87658**
25	41052	23892	17160	32	19	13	39738	23074	16664
26	39897	23095	16802	30	19	11	38611	22307	16304
27	43149	25175	17974	18	14	4	41848	24378	17470
28	44595	25900	18695	16	11	5	43208	25058	18150
29	46851	27298	19553	18	12	6	45530	26460	19070
30-34岁	**252707**	**145636**	**107071**	**79**	**39**	**40**	**245269**	**141089**	**104180**
30	55496	32232	23264	25	11	14	53822	31208	22614
31	52498	30382	22116	14	6	8	50964	29437	21527
32	48616	27900	20716	13	6	7	47197	27023	20174
33	51168	29498	21670	13	7	6	49607	28551	21056
34	44929	25624	19305	14	9	5	43679	24870	18809
35-39岁	**190772**	**108155**	**82617**	**50**	**26**	**24**	**185447**	**104959**	**80488**
35	39220	22320	16900	5	3	2	38072	21632	16440
36	39178	22162	17016	11	7	4	38116	21548	16568
37	36527	20658	15869	11	5	6	35517	20039	15478
38	39297	22264	17033	10	5	5	38166	21584	16582
39	36550	20751	15799	13	6	7	35576	20156	15420
40-44岁	**150211**	**85303**	**64908**	**42**	**22**	**20**	**146067**	**82842**	**63225**
40	33026	18755	14271	14	7	7	32078	18192	13886
41	34726	19689	15037	4	3	1	33793	19157	14636
42	29661	16843	12818	6		6	28839	16352	12487
43	25811	14627	11184	9	6	3	25132	14209	10923
44	26987	15389	11598	9	6	3	26225	14932	11293
45-49岁	**136681**	**78548**	**58133**	**35**	**19**	**16**	**132918**	**76244**	**56674**
45	26816	15166	11650	4	2	2	26087	14719	11368
46	29220	16648	12572	9	5	4	28426	16170	12256
47	28575	16390	12185	6	3	3	27815	15930	11885
48	26709	15520	11189	4	2	2	25962	15041	10921
49	25361	14824	10537	12	7	5	24628	14384	10244
50岁及以上	**308411**	**176139**	**132272**	**98**	**52**	**46**	**300481**	**171334**	**129147**

3-2a 续表 7

单位：人

年龄	高中								
	肄业			辍学			其他		
	小计	男	女	小计	男	女	小计	男	女
总计	**6969**	**4469**	**2500**	**13715**	**9227**	**4488**	**21451**	**12035**	**9416**
3									
4									
5-9岁									
5									
6									
7									
8									
9									
10-14岁	**1**	**1**		**11**	**6**	**5**	**27**	**13**	**14**
10									
11									
12									
13				1		1	9	4	5
14	1	1		10	6	4	18	9	9
15-19岁	**413**	**261**	**152**	**1035**	**692**	**343**	**891**	**506**	**385**
15	11	6	5	43	27	16	58	32	26
16	39	25	14	111	75	36	123	57	66
17	96	57	39	239	160	79	221	119	102
18	109	74	35	282	195	87	222	137	85
19	158	99	59	360	235	125	267	161	106
20-24岁	**834**	**523**	**311**	**2020**	**1371**	**649**	**2112**	**1195**	**917**
20	131	79	52	318	205	113	347	197	150
21	147	93	54	387	272	115	364	190	174
22	170	105	65	426	288	138	459	275	184
23	200	129	71	447	308	139	431	242	189
24	186	117	69	442	298	144	511	291	220
25-29岁	**1049**	**642**	**407**	**2496**	**1668**	**828**	**2950**	**1698**	**1252**
25	220	128	92	487	325	162	575	346	229
26	195	117	78	488	322	166	573	330	243
27	194	124	70	488	308	180	601	351	250
28	226	134	92	540	364	176	605	333	272
29	214	139	75	493	349	144	596	338	258
30-34岁	**1290**	**864**	**426**	**2595**	**1741**	**854**	**3474**	**1903**	**1571**
30	288	202	86	619	406	213	742	405	337
31	270	181	89	542	364	178	708	394	314
32	242	163	79	490	339	151	674	369	305
33	282	186	96	539	361	178	727	393	334
34	208	132	76	405	271	134	623	342	281
35-39岁	**842**	**531**	**311**	**1693**	**1124**	**569**	**2740**	**1515**	**1225**
35	179	118	61	361	233	128	603	334	269
36	162	92	70	340	213	127	549	302	247
37	152	103	49	322	227	95	525	284	241
38	197	121	76	365	244	121	559	310	249
39	152	97	55	305	207	98	504	285	219
40-44岁	**715**	**469**	**246**	**1144**	**771**	**373**	**2243**	**1199**	**1044**
40	149	100	49	274	187	87	511	269	242
41	157	96	61	252	165	87	520	268	252
42	152	104	48	213	143	70	451	244	207
43	113	74	39	202	137	65	355	201	154
44	144	95	49	203	139	64	406	217	189
45-49岁	**632**	**407**	**225**	**1036**	**738**	**298**	**2060**	**1140**	**920**
45	106	71	35	234	167	67	385	207	178
46	147	92	55	197	145	52	441	236	205
47	130	86	44	211	144	67	413	227	186
48	118	80	38	206	148	58	419	249	170
49	131	78	53	188	134	54	402	221	181
50岁及以上	**1193**	**771**	**422**	**1685**	**1116**	**569**	**4954**	**2866**	**2088**

3-2a　续表 8　　　　单位：人

年　龄	大学专科								
	合　计			在　校			毕　业		
	合计	男	女	小计	男	女	小计	男	女
总　计	**902601**	**474728**	**427873**	**77696**	**40127**	**37569**	**812715**	**427936**	**384779**
3									
4									
5—9岁									
5									
6									
7									
8									
9									
10—14岁	**6**	**4**	**2**	**4**	**3**	**1**	**2**	**1**	**1**
10									
11									
12	2	1	1				2	1	1
13									
14	4	3	1	4	3	1			
15—19岁	**38915**	**20605**	**18310**	**32821**	**17466**	**15355**	**5709**	**2913**	**2796**
15	574	373	201	546	357	189	26	14	12
16	1550	991	559	1443	931	512	93	53	40
17	3419	1927	1492	2887	1677	1210	492	226	266
18	11543	6205	5338	9932	5366	4566	1497	772	725
19	21829	11109	10720	18013	9135	8878	3601	1848	1753
20—24岁	**163243**	**82919**	**80324**	**40373**	**20348**	**20025**	**120836**	**61533**	**59303**
20	27914	14093	13821	19344	9635	9709	8257	4296	3961
21	29297	14692	14605	11833	5843	5990	17088	8661	8427
22	33681	17474	16207	5592	2960	2632	27651	14282	13369
23	35519	18080	17439	2406	1289	1117	32666	16561	16105
24	36832	18580	18252	1198	621	577	35174	17733	17441
25—29岁	**176879**	**89810**	**87069**	**2201**	**1142**	**1059**	**172292**	**87411**	**84881**
25	37946	19039	18907	810	418	392	36638	18355	18283
26	35059	17707	17352	470	249	221	34131	17219	16912
27	35455	17796	17659	361	195	166	34621	17360	17261
28	34353	17677	16676	290	142	148	33569	17283	16286
29	34066	17591	16475	270	138	132	33333	17194	16139
30—34岁	**171949**	**88374**	**83575**	**910**	**438**	**472**	**168715**	**86667**	**82048**
30	38381	19684	18697	249	126	123	37603	19259	18344
31	35888	18411	17477	171	83	88	35235	18080	17155
32	32834	16804	16030	169	92	77	32207	16461	15746
33	34417	17755	16662	169	76	93	33816	17447	16369
34	30429	15720	14709	152	61	91	29854	15420	14434
35—39岁	**122349**	**62986**	**59363**	**578**	**274**	**304**	**120097**	**61833**	**58264**
35	26917	13771	13146	132	59	73	26392	13508	12884
36	25946	13328	12618	126	57	69	25482	13097	12385
37	23866	12205	11661	126	56	70	23419	11993	11426
38	24712	12812	11900	117	61	56	24262	12575	11687
39	20908	10870	10038	77	41	36	20542	10660	9882
40—44岁	**79822**	**42310**	**37512**	**331**	**172**	**159**	**78284**	**41474**	**36810**
40	18555	9634	8921	90	44	46	18189	9443	8746
41	18901	9934	8967	81	38	43	18548	9734	8814
42	15816	8396	7420	60	37	23	15494	8227	7267
43	13302	7103	6199	52	27	25	13061	6972	6089
44	13248	7243	6005	48	26	22	12992	7098	5894
45—49岁	**59314**	**33587**	**25727**	**215**	**121**	**94**	**58269**	**32975**	**25294**
45	12809	7178	5631	61	35	26	12571	7043	5528
46	13051	7363	5688	30	17	13	12844	7244	5600
47	12510	7003	5507	45	24	21	12277	6869	5408
48	10961	6316	4645	49	25	24	10766	6208	4558
49	9983	5727	4256	30	20	10	9811	5611	4200
50岁及以上	**90124**	**54133**	**35991**	**263**	**163**	**100**	**88511**	**53129**	**35382**

3-2a 续表 9

单位：人

年 龄	大学专科								
	肄 业			辍 学			其 他		
	小计	男	女	小计	男	女	小计	男	女
总 计	**1953**	**1150**	**803**	**895**	**617**	**278**	**9342**	**4898**	**4444**
3									
4									
5-9岁									
5									
6									
7									
8									
9									
10-14岁									
10									
11									
12									
13									
14									
15-19岁	**62**	**38**	**24**	**48**	**36**	**12**	**275**	**152**	**123**
15							2	2	
16	1	1					13	6	7
17	6	3	3	8	6	2	26	15	11
18	17	10	7	13	10	3	84	47	37
19	38	24	14	27	20	7	150	82	68
20-24岁	**382**	**219**	**163**	**170**	**109**	**61**	**1482**	**710**	**772**
20	64	43	21	26	15	11	223	104	119
21	86	38	48	39	19	20	251	131	120
22	80	51	29	35	25	10	323	156	167
23	70	41	29	33	23	10	344	166	178
24	82	46	36	37	27	10	341	153	188
25-29岁	**393**	**229**	**164**	**189**	**131**	**58**	**1804**	**897**	**907**
25	84	39	45	48	35	13	366	192	174
26	74	38	36	38	23	15	346	178	168
27	81	50	31	33	20	13	359	171	188
28	74	51	23	33	25	8	387	176	211
29	80	51	29	37	28	9	346	180	166
30-34岁	**366**	**221**	**145**	**207**	**158**	**49**	**1751**	**890**	**861**
30	76	44	32	51	41	10	402	214	188
31	76	49	27	33	23	10	373	176	197
32	84	51	33	38	26	12	336	174	162
33	69	39	30	46	36	10	317	157	160
34	61	38	23	39	32	7	323	169	154
35-39岁	**274**	**150**	**124**	**111**	**77**	**34**	**1289**	**652**	**637**
35	62	36	26	33	23	10	298	145	153
36	65	36	29	23	18	5	250	120	130
37	55	25	30	19	13	6	247	118	129
38	49	30	19	18	11	7	266	135	131
39	43	23	20	18	12	6	228	134	94
40-44岁	**202**	**116**	**86**	**65**	**42**	**23**	**940**	**506**	**434**
40	49	32	17	13	10	3	214	105	109
41	51	35	16	23	18	5	198	109	89
42	43	21	22	11	5	6	208	106	102
43	30	17	13	13	6	7	146	81	65
44	29	11	18	5	3	2	174	105	69
45-49岁	**121**	**80**	**41**	**44**	**27**	**17**	**665**	**384**	**281**
45	29	18	11	12	8	4	136	74	62
46	26	18	8	8	4	4	143	80	63
47	25	17	8	11	7	4	152	86	66
48	23	16	7	7	3	4	116	64	52
49	18	11	7	6	5	1	118	80	38
50岁及以上	**153**	**97**	**56**	**61**	**37**	**24**	**1136**	**707**	**429**

3-2a　续表 10　　　　单位：人

年　龄	大学本科								
	合　计			在　校			毕　业		
	合计	男	女	小计	男	女	小计	男	女
总　计	**733045**	**386889**	**346156**	**95759**	**47268**	**48491**	**630855**	**336177**	**294678**
3									
4									
5-9岁									
5									
6									
7									
8									
9									
10-14岁	**1**	**1**					**1**	**1**	
10	1	1					1	1	
11									
12									
13									
14									
15-19岁	**28878**	**13931**	**14947**	**28008**	**13453**	**14555**	**802**	**435**	**367**
15	58	32	26	53	29	24	5	3	2
16	155	84	71	136	71	65	18	12	6
17	1142	535	607	1070	492	578	69	42	27
18	9264	4415	4849	9035	4295	4740	212	109	103
19	18259	8865	9394	17714	8566	9148	498	269	229
20-24岁	**126429**	**61094**	**65335**	**63155**	**31442**	**31713**	**62396**	**29231**	**33165**
20	23675	11431	12244	22498	10846	11652	1098	552	546
21	24676	12027	12649	21065	10378	10687	3494	1597	1897
22	24972	12310	12662	12461	6502	5959	12302	5703	6599
23	25673	12281	13392	5043	2606	2437	20390	9565	10825
24	27433	13045	14388	2088	1110	978	25112	11814	13298
25-29岁	**145857**	**72335**	**73522**	**2749**	**1415**	**1334**	**141776**	**70240**	**71536**
25	29116	14048	15068	1154	627	527	27692	13268	14424
26	28691	14106	14585	656	316	340	27786	13671	14115
27	29911	14766	15145	414	198	216	29201	14418	14783
28	29357	14797	14560	274	145	129	28832	14530	14302
29	28782	14618	14164	251	129	122	28265	14353	13912
30-34岁	**144535**	**73698**	**70837**	**816**	**365**	**451**	**142398**	**72669**	**69729**
30	31483	15903	15580	245	104	141	30938	15646	15292
31	29843	15089	14754	176	83	93	29403	14866	14537
32	27893	14173	13720	137	62	75	27504	13982	13522
33	28636	14713	13923	146	69	77	28228	14504	13724
34	26680	13820	12860	112	47	65	26325	13671	12654
35-39岁	**116010**	**62027**	**53983**	**436**	**238**	**198**	**114548**	**61252**	**53296**
35	24492	12917	11575	99	52	47	24187	12749	11438
36	24808	13191	11617	83	44	39	24497	13040	11457
37	23165	12335	10830	91	52	39	22878	12176	10702
38	23972	13002	10970	89	48	41	23665	12838	10827
39	19573	10582	8991	74	42	32	19321	10449	8872
40-44岁	**66340**	**36850**	**29490**	**226**	**132**	**94**	**65513**	**36378**	**29135**
40	16300	8843	7457	65	42	23	16118	8730	7388
41	15591	8619	6972	53	25	28	15385	8510	6875
42	12808	7064	5744	39	20	19	12649	6983	5666
43	11029	6178	4851	38	27	11	10886	6095	4791
44	10612	6146	4466	31	18	13	10475	6060	4415
45-49岁	**44186**	**26452**	**17734**	**150**	**87**	**63**	**43549**	**26072**	**17477**
45	9774	5719	4055	32	17	15	9644	5643	4001
46	9605	5799	3806	28	22	6	9461	5709	3752
47	9126	5336	3790	33	15	18	8987	5257	3730
48	8111	4991	3120	29	17	12	7996	4923	3073
49	7570	4607	2963	28	16	12	7461	4540	2921
50岁及以上	**60809**	**40501**	**20308**	**219**	**136**	**83**	**59872**	**39899**	**19973**

3-2a 续表 11　　　　单位：人

年龄	大学本科								
	肄业			辍学			其他		
	小计	男	女	小计	男	女	小计	男	女
总计	**874**	**514**	**360**	**197**	**121**	**76**	**5360**	**2809**	**2551**
3									
4									
5-9岁									
5									
6									
7									
8									
9									
10-14岁									
10									
11									
12									
13									
14									
15-19岁	**7**	**5**	**2**	**6**	**4**	**2**	**55**	**34**	**21**
15									
16				1	1				
17	1		1				2	1	1
18	2	1	1	2	2		13	8	5
19	4	4		3	1	2	40	25	15
20-24岁	**133**	**70**	**63**	**41**	**25**	**16**	**704**	**326**	**378**
20	7	1	6	7	4	3	65	28	37
21	12	6	6	13	8	5	92	38	54
22	28	11	17	8	5	3	173	89	84
23	42	22	20	5	3	2	193	85	108
24	44	30	14	8	5	3	181	86	95
25-29岁	**203**	**120**	**83**	**56**	**34**	**22**	**1073**	**526**	**547**
25	36	23	13	15	9	6	219	121	98
26	40	25	15	12	8	4	197	86	111
27	51	28	23	7	2	5	238	120	118
28	40	26	14	7	6	1	204	90	114
29	36	18	18	15	9	6	215	109	106
30-34岁	**177**	**102**	**75**	**36**	**24**	**12**	**1108**	**538**	**570**
30	50	26	24	3	3		247	124	123
31	30	17	13	13	8	5	221	115	106
32	36	22	14	7	5	2	209	102	107
33	33	22	11	8	5	3	221	113	108
34	28	15	13	5	3	2	210	84	126
35-39岁	**143**	**82**	**61**	**23**	**15**	**8**	**860**	**440**	**420**
35	27	19	8	5	1	4	174	96	78
36	33	17	16	5	4	1	190	86	104
37	24	15	9	4	4		168	88	80
38	33	16	17	5	3	2	180	97	83
39	26	15	11	4	3	1	148	73	75
40-44岁	**87**	**47**	**40**	**7**	**6**	**1**	**507**	**287**	**220**
40	17	10	7	3	3		97	58	39
41	21	13	8	2	1	1	130	70	60
42	23	11	12				97	50	47
43	13	4	9	2	2		90	50	40
44	13	9	4				93	59	34
45-49岁	**52**	**40**	**12**	**8**	**4**	**4**	**427**	**249**	**178**
45	9	6	3	4	2	2	85	51	34
46	11	10	1	1		1	104	58	46
47	10	7	3	1		1	95	57	38
48	10	8	2	2	2		74	41	33
49	12	9	3				69	42	27
50岁及以上	**72**	**48**	**24**	**20**	**9**	**11**	**626**	**409**	**217**

3-2a 续表 12

单位：人

年龄	硕士研究生								
	合计			在校			毕业		
	合计	男	女	小计	男	女	小计	男	女
总计	**82506**	**44464**	**38042**	**11686**	**5604**	**6082**	**70245**	**38533**	**31712**
3									
4									
5—9岁									
5									
6									
7									
8									
9									
10—14岁									
10									
11									
12									
13									
14									
15—19岁	**65**	**29**	**36**	**48**	**21**	**27**	**16**	**7**	**9**
15	1		1	1		1			
16									
17	8	3	5	7	3	4	1		1
18	29	11	18	21	9	12	8	2	6
19	27	15	12	19	9	10	7	5	2
20—24岁	**9035**	**4060**	**4975**	**7139**	**3323**	**3816**	**1835**	**708**	**1127**
20	56	28	28	47	24	23	8	4	4
21	324	129	195	291	112	179	32	16	16
22	1746	776	970	1606	719	887	129	56	73
23	3082	1375	1707	2601	1205	1396	462	159	303
24	3827	1752	2075	2594	1263	1331	1204	473	731
25—29岁	**19100**	**8978**	**10122**	**3710**	**1878**	**1832**	**15277**	**7049**	**8228**
25	3900	1809	2091	1732	867	865	2146	931	1215
26	3878	1831	2047	933	494	439	2926	1329	1597
27	3803	1744	2059	513	264	249	3265	1470	1795
28	3708	1721	1987	302	141	161	3377	1568	1809
29	3811	1873	1938	230	112	118	3563	1751	1812
30—34岁	**18483**	**9063**	**9420**	**513**	**231**	**282**	**17844**	**8762**	**9082**
30	4256	2038	2218	167	82	85	4064	1939	2125
31	3980	1957	2023	109	46	63	3844	1896	1948
32	3528	1739	1789	106	46	60	3399	1680	1719
33	3491	1721	1770	74	31	43	3392	1679	1713
34	3228	1608	1620	57	26	31	3145	1568	1577
35—39岁	**14912**	**8233**	**6679**	**153**	**81**	**72**	**14651**	**8084**	**6567**
35	2901	1545	1356	31	13	18	2852	1524	1328
36	2992	1645	1347	38	22	16	2938	1611	1327
37	3110	1689	1421	32	20	12	3050	1648	1402
38	3251	1838	1413	28	16	12	3201	1811	1390
39	2658	1516	1142	24	10	14	2610	1490	1120
40—44岁	**8824**	**5404**	**3420**	**53**	**26**	**27**	**8702**	**5338**	**3364**
40	2319	1348	971	20	7	13	2280	1332	948
41	2139	1313	826	15	9	6	2108	1297	811
42	1705	1071	634	6	3	3	1686	1059	627
43	1391	855	536	6	4	2	1376	845	531
44	1270	817	453	6	3	3	1252	805	447
45—49岁	**5220**	**3557**	**1663**	**38**	**22**	**16**	**5153**	**3521**	**1632**
45	1116	756	360	9	5	4	1100	747	353
46	1148	803	345	6	3	3	1138	798	340
47	1129	756	373	9	5	4	1114	747	367
48	973	653	320	5	4	1	961	647	314
49	854	589	265	9	5	4	840	582	258
50岁及以上	**6867**	**5140**	**1727**	**32**	**22**	**10**	**6767**	**5064**	**1703**

3−2a　续表 13　　　　　　　　　　　　　　　　　　　　　　　　　　　单位：人

年　龄	硕士研究生								
	肄　　业			辍　　学			其　　他		
	小计	男	女	小计	男	女	小计	男	女
总　计	**90**	**47**	**43**	**14**	**7**	**7**	**471**	**273**	**198**
3									
4									
5−9岁									
5									
6									
7									
8									
9									
10−14岁									
10									
11									
12									
13									
14									
15−19岁	**1**	**1**							
15									
16									
17									
18									
19	1	1							
20−24岁	**10**	**4**	**6**	**2**	**1**	**1**	**49**	**24**	**25**
20							1		1
21							1	1	
22							11	1	10
23	2	2		1		1	16	9	7
24	8	2	6	1	1		20	13	7
25−29岁	**17**	**6**	**11**	**2**	**1**	**1**	**94**	**44**	**50**
25	3	2	1	1	1		18	8	10
26	6	2	4				13	6	7
27	2		2				23	10	13
28	3	1	2	1		1	25	11	14
29	3	1	2				15	9	6
30−34岁	**13**	**6**	**7**	**2**	**2**		**111**	**62**	**49**
30	5	3	2	1	1		19	13	6
31	2		2				25	15	10
32	3	2	1				20	11	9
33	2	1	1	1	1		22	9	13
34	1		1				25	14	11
35−39岁	**22**	**15**	**7**	**2**	**1**	**1**	**84**	**52**	**32**
35	5	1	4	1		1	12	7	5
36	5	5					11	7	4
37	6	5	1	1	1		21	15	6
38	1		1				21	11	10
39	5	4	1				19	12	7
40−44岁	**13**	**6**	**7**				**56**	**34**	**22**
40	5	1	4				14	8	6
41	2	1	1				14	6	8
42	4	3	1				9	6	3
43							9	6	3
44	2	1	1				10	8	2
45−49岁	**8**	**4**	**4**	**1**		**1**	**20**	**10**	**10**
45	3	2	1				4	2	2
46							4	2	2
47	1	1					5	3	2
48	3	1	2				4	1	3
49	1		1	1		1	3	2	1
50岁及以上	**6**	**5**	**1**	**5**	**2**	**3**	**57**	**47**	**10**

3−2a　续表 14　　　　　　　　　　　　　　　　　　　　单位：人

年　龄	博士研究生								
	合　计			在　校			毕　业		
	合计	男	女	小计	男	女	小计	男	女
总　计	**9510**	**6175**	**3335**	**2056**	**1177**	**879**	**7372**	**4936**	**2436**
3									
4									
5−9岁									
5									
6									
7									
8									
9									
10−14岁									
10									
11									
12									
13									
14									
15−19岁	**9**	**6**	**3**	**1**		**1**	**8**	**6**	**2**
15									
16									
17	1	1					1	1	
18	1	1					1	1	
19	7	4	3	1		1	6	4	2
20−24岁	**348**	**213**	**135**	**279**	**171**	**108**	**67**	**40**	**27**
20	9	7	2	3	1	2	6	6	
21	17	11	6	12	6	6	5	5	
22	55	32	23	40	23	17	14	8	6
23	105	66	39	92	60	32	12	5	7
24	162	97	65	132	81	51	30	16	14
25−29岁	**1825**	**1037**	**788**	**1209**	**675**	**534**	**604**	**353**	**251**
25	284	148	136	234	128	106	50	20	30
26	327	186	141	263	152	111	61	31	30
27	372	211	161	275	148	127	91	60	31
28	399	226	173	237	129	108	160	95	65
29	443	266	177	200	118	82	242	147	95
30−34岁	**2225**	**1410**	**815**	**388**	**230**	**158**	**1818**	**1167**	**651**
30	487	296	191	150	91	59	331	201	130
31	437	267	170	91	59	32	343	208	135
32	468	292	176	65	35	30	401	256	145
33	432	292	140	41	25	16	388	264	124
34	401	263	138	41	20	21	355	238	117
35−39岁	**1717**	**1086**	**631**	**114**	**63**	**51**	**1594**	**1016**	**578**
35	356	240	116	26	13	13	328	225	103
36	340	216	124	27	14	13	311	200	111
37	326	205	121	17	11	6	306	193	113
38	377	224	153	29	17	12	348	207	141
39	318	201	117	15	8	7	301	191	110
40−44岁	**1227**	**775**	**452**	**47**	**26**	**21**	**1165**	**737**	**428**
40	269	182	87	12	9	3	254	170	84
41	275	160	115	13	4	9	258	152	106
42	240	148	92	11	6	5	224	139	85
43	222	143	79	5	2	3	215	139	76
44	221	142	79	6	5	1	214	137	77
45−49岁	**835**	**561**	**274**	**10**	**7**	**3**	**816**	**548**	**268**
45	195	127	68	1	1		192	125	67
46	170	112	58	4	2	2	165	109	56
47	176	118	58	3	3		170	113	57
48	147	105	42				146	104	42
49	147	99	48	2	1	1	143	97	46
50岁及以上	**1324**	**1087**	**237**	**8**	**5**	**3**	**1300**	**1069**	**231**

3-2a 续表 15 单位：人

年龄	博士研究生								
	肄业			辍学			其他		
	小计	男	女	小计	男	女	小计	男	女
总计	**16**	**11**	**5**				**66**	**51**	**15**
3									
4									
5-9岁									
5									
6									
7									
8									
9									
10-14岁									
10									
11									
12									
13									
14									
15-19岁									
15									
16									
17									
18									
19									
20-24岁	**2**	**2**							
20									
21									
22	1	1							
23	1	1							
24									
25-29岁							**12**	**9**	**3**
25									
26							3	3	
27							6	3	3
28							2	2	
29							1	1	
30-34岁	**5**	**4**	**1**				**14**	**9**	**5**
30							6	4	2
31	1		1				2		2
32							2	1	1
33	1	1					2	2	
34	3	3					2	2	
35-39岁	**1**		**1**				**8**	**7**	**1**
35							2	2	
36							2	2	
37	1		1				2	1	1
38									
39							2	2	
40-44岁	**4**	**2**	**2**				**11**	**10**	**1**
40	1	1					2	2	
41							4	4	
42	2		2				3	3	
43	1	1					1	1	
44							1		1
45-49岁	**1**	**1**					**8**	**5**	**3**
45							2	1	1
46							1	1	
47	1	1					2	1	1
48							1	1	
49							2	1	1
50岁及以上	**3**	**2**	**1**				**13**	**11**	**2**

3-2b 全省分年龄、性别、学业完成情况的3岁及以上各种受教育程度人口(镇)

单位：人

年 龄	合计								
	合 计			在 校			毕 业		
	合计	男	女	小计	男	女	小计	男	女
总 计	**1428462**	**750637**	**677825**	**303593**	**160480**	**143113**	**1041174**	**549404**	**491770**
3									
4									
5-9岁	**92992**	**49771**	**43221**	**90207**	**48276**	**41931**	**2132**	**1143**	**989**
5	2388	1283	1105	2274	1226	1048	64	32	32
6	14954	7931	7023	14497	7681	6816	334	181	153
7	23915	12848	11067	23246	12506	10740	516	266	250
8	27091	14494	12597	26302	14073	12229	622	339	283
9	24644	13215	11429	23888	12790	11098	596	325	271
10-14岁	**109065**	**58253**	**50812**	**104756**	**55806**	**48950**	**3521**	**1990**	**1531**
10	23433	12515	10918	22693	12088	10605	589	344	245
11	23724	12716	11008	22923	12271	10652	657	359	298
12	22721	12138	10583	21826	11633	10193	740	419	321
13	20100	10802	9298	19221	10290	8931	729	420	309
14	19087	10082	9005	18093	9524	8569	806	448	358
15-19岁	**98637**	**53081**	**45556**	**83139**	**43695**	**39444**	**13878**	**8403**	**5475**
15	19751	10486	9265	18998	10043	8955	562	330	232
16	23373	12527	10846	21783	11531	10252	1336	836	500
17	21507	11548	9959	18853	9974	8879	2357	1412	945
18	17114	9372	7742	12899	6827	6072	3833	2305	1528
19	16892	9148	7744	10606	5320	5286	5790	3520	2270
20-24岁	**101588**	**55153**	**46435**	**23436**	**11622**	**11814**	**73770**	**41003**	**32767**
20	18314	9840	8474	9691	4727	4964	7985	4716	3269
21	18510	10086	8424	6706	3231	3475	11063	6418	4645
22	20641	11479	9162	3983	2092	1891	15730	8880	6850
23	21215	11492	9723	2027	1051	976	18223	9884	8339
24	22908	12256	10652	1029	521	508	20769	11105	9664
25-29岁	**124850**	**66142**	**58708**	**1191**	**633**	**558**	**117537**	**62077**	**55460**
25	24121	13043	11078	496	262	234	22431	12109	10322
26	23764	12595	11169	271	134	137	22361	11811	10550
27	25280	13350	11930	189	111	78	23837	12548	11289
28	25620	13582	12038	125	70	55	24217	12784	11433
29	26065	13572	12493	110	56	54	24691	12825	11866
30-34岁	**141048**	**73185**	**67863**	**275**	**134**	**141**	**133954**	**69329**	**64625**
30	29799	15551	14248	82	46	36	28266	14706	13560
31	28610	14902	13708	60	24	36	27195	14122	13073
32	26721	13822	12899	50	18	32	25354	13099	12255
33	28736	14945	13791	50	25	25	27275	14137	13138
34	27182	13965	13217	33	21	12	25864	13265	12599
35-39岁	**128407**	**66900**	**61507**	**182**	**96**	**86**	**121603**	**63287**	**58316**
35	25357	13262	12095	33	17	16	24101	12599	11502
36	26174	13618	12556	37	20	17	24776	12857	11919
37	25082	13019	12063	28	15	13	23729	12300	11429
38	26700	14001	12699	47	24	23	25256	13216	12040
39	25094	13000	12094	37	20	17	23741	12315	11426
40-44岁	**106180**	**55716**	**50464**	**99**	**52**	**47**	**100053**	**52587**	**47466**
40	22490	11680	10810	24	9	15	21279	11041	10238
41	23632	12489	11143	18	9	9	22296	11806	10490
42	20839	10908	9931	24	17	7	19629	10278	9351
43	18744	9923	8821	15	7	8	17595	9350	8245
44	20475	10716	9759	18	10	8	19254	10112	9142
45-49岁	**120452**	**62464**	**57988**	**96**	**45**	**51**	**112379**	**58580**	**53799**
45	21644	11242	10402	10	2	8	20287	10572	9715
46	24314	12651	11663	20	8	12	22727	11872	10855
47	25128	12969	12159	27	12	15	23482	12204	11278
48	24520	12683	11837	16	8	8	22788	11878	10910
49	24846	12919	11927	23	15	8	23095	12054	11041
50岁及以上	**405243**	**209972**	**195271**	**212**	**121**	**91**	**362347**	**191005**	**171342**

3–2b　续表 1　　单位：人

年　龄	合计								
	肄业			辍学			其他		
	小计	男	女	小计	男	女	小计	男	女
总　计	**11054**	**5231**	**5823**	**28387**	**13603**	**14784**	**44254**	**21919**	**22335**
3									
4									
5–9岁	**30**	**17**	**13**	**20**	**9**	**11**	**603**	**326**	**277**
5	2	1	1	1	1		47	23	24
6	3	2	1	3		3	117	67	50
7	7	2	5	5	3	2	141	71	70
8	7	3	4	3		3	157	79	78
9	11	9	2	8	5	3	141	86	55
10–14岁	**39**	**20**	**19**	**108**	**72**	**36**	**641**	**365**	**276**
10	7	4	3	8	7	1	136	72	64
11	2	2		11	8	3	131	76	55
12	11	6	5	9	7	2	135	73	62
13	8	4	4	26	17	9	116	71	45
14	11	4	7	54	33	21	123	73	50
15–19岁	**136**	**95**	**41**	**558**	**387**	**171**	**926**	**501**	**425**
15	6	4	2	74	45	29	111	64	47
16	28	20	8	99	74	25	127	66	61
17	23	13	10	97	62	35	177	87	90
18	37	28	9	131	88	43	214	124	90
19	42	30	12	157	118	39	297	160	137
20–24岁	**425**	**260**	**165**	**1226**	**801**	**425**	**2731**	**1467**	**1264**
20	59	45	14	205	145	60	374	207	167
21	68	41	27	219	138	81	454	258	196
22	93	50	43	269	169	100	566	288	278
23	97	62	35	229	159	70	639	336	303
24	108	62	46	304	190	114	698	378	320
25–29岁	**564**	**340**	**224**	**1631**	**1016**	**615**	**3927**	**2076**	**1851**
25	112	61	51	311	189	122	771	422	349
26	107	66	41	290	185	105	735	399	336
27	119	73	46	318	196	122	817	422	395
28	102	67	35	358	225	133	818	436	382
29	124	73	51	354	221	133	786	397	389
30–34岁	**771**	**420**	**351**	**1967**	**1212**	**755**	**4081**	**2090**	**1991**
30	136	78	58	394	265	129	921	456	465
31	144	77	67	378	235	143	833	444	389
32	162	90	72	374	215	159	781	400	381
33	172	90	82	441	276	165	798	417	381
34	157	85	72	380	221	159	748	373	375
35–39岁	**771**	**423**	**348**	**1984**	**1152**	**832**	**3867**	**1942**	**1925**
35	132	73	59	360	209	151	731	364	367
36	167	84	83	417	249	168	777	408	369
37	152	92	60	417	246	171	756	366	390
38	167	96	71	403	237	166	827	428	399
39	153	78	75	387	211	176	776	376	400
40–44岁	**803**	**416**	**387**	**1913**	**976**	**937**	**3312**	**1685**	**1627**
40	152	83	69	367	191	176	668	356	312
41	158	77	81	401	217	184	759	380	379
42	143	88	55	387	191	196	656	334	322
43	170	83	87	369	184	185	595	299	296
44	180	85	95	389	193	196	634	316	318
45–49岁	**1050**	**477**	**573**	**2861**	**1349**	**1512**	**4066**	**2013**	**2053**
45	171	80	91	515	252	263	661	336	325
46	187	82	105	596	284	312	784	405	379
47	217	94	123	573	261	312	829	398	431
48	235	116	119	601	278	323	880	403	477
49	240	105	135	576	274	302	912	471	441
50岁及以上	**6465**	**2763**	**3702**	**16119**	**6629**	**9490**	**20100**	**9454**	**10646**

3-2b　续表 2　　　　单位：人

年　龄	小学								
	合　计			在　校			毕　业		
	合计	男	女	小计	男	女	小计	男	女
总　计	**388165**	**178951**	**209214**	**148975**	**79686**	**69289**	**202553**	**84994**	**117559**
3									
4									
5-9岁	**91621**	**49005**	**42616**	**88986**	**47598**	**41388**	**2015**	**1076**	**939**
5	2388	1283	1105	2274	1226	1048	64	32	32
6	14726	7811	6915	14302	7575	6727	315	172	143
7	23590	12651	10939	22950	12325	10625	491	253	238
8	26711	14284	12427	25955	13886	12069	595	322	273
9	24206	12976	11230	23505	12586	10919	550	297	253
10-14岁	**61965**	**33218**	**28747**	**59690**	**31939**	**27751**	**1826**	**1029**	**797**
10	22705	12131	10574	22037	11740	10297	531	314	217
11	22191	11891	10300	21496	11505	9991	563	307	256
12	11996	6491	5505	11496	6215	5281	393	220	173
13	3697	1970	1727	3459	1831	1628	190	112	78
14	1376	735	641	1202	648	554	149	76	73
15-19岁	**1025**	**585**	**440**	**139**	**79**	**60**	**672**	**384**	**288**
15	163	93	70	58	34	24	68	36	32
16	147	81	66	21	10	11	84	48	36
17	185	100	85	25	14	11	129	72	57
18	207	117	90	17	9	8	147	81	66
19	323	194	129	18	12	6	244	147	97
20-24岁	**2809**	**1499**	**1310**	**36**	**15**	**21**	**2392**	**1274**	**1118**
20	370	220	150	17	6	11	300	180	120
21	408	235	173	6	3	3	344	198	146
22	617	323	294	10	6	4	525	276	249
23	658	335	323	3		3	566	284	282
24	756	386	370				657	336	321
25-29岁	**5011**	**2583**	**2428**	**13**	**5**	**8**	**4373**	**2225**	**2148**
25	819	431	388				709	377	332
26	877	456	421	3	1	2	767	396	371
27	1015	534	481	4	1	3	892	461	431
28	1142	583	559	2	2		998	502	496
29	1158	579	579	4	1	3	1007	489	518
30-34岁	**8346**	**3936**	**4410**	**5**	**2**	**3**	**7349**	**3430**	**3919**
30	1469	736	733	2	1	1	1280	628	652
31	1606	747	859	1		1	1444	668	776
32	1546	730	816				1358	635	723
33	1870	868	1002	1		1	1649	757	892
34	1855	855	1000	1	1		1618	742	876
35-39岁	**9539**	**4221**	**5318**	**4**	**1**	**3**	**8501**	**3736**	**4765**
35	1730	781	949				1559	705	854
36	1983	917	1066				1772	813	959
37	1771	732	1039				1574	638	936
38	2005	917	1088	2		2	1788	809	979
39	2050	874	1176	2	1	1	1808	771	1037
40-44岁	**12655**	**5256**	**7399**	**4**	**1**	**3**	**11178**	**4655**	**6523**
40	2014	845	1169				1780	742	1038
41	2477	1060	1417				2180	936	1244
42	2513	1041	1472	3	1	2	2225	924	1301
43	2529	1055	1474	1		1	2225	931	1294
44	3122	1255	1867				2768	1122	1646
45-49岁	**23196**	**9108**	**14088**	**14**	**8**	**6**	**20338**	**8016**	**12322**
45	3501	1363	2138	1		1	3073	1210	1863
46	4221	1654	2567	2	1	1	3684	1436	2248
47	4810	1864	2946	1	1		4254	1659	2595
48	5060	2003	3057	3	2	1	4425	1763	2662
49	5604	2224	3380	7	4	3	4902	1948	2954
50岁及以上	**171998**	**69540**	**102458**	**84**	**38**	**46**	**143909**	**59169**	**84740**

3-2b 续表 3

单位：人

年 龄	小学								
	肄业			辍学			其他		
	小计	男	女	小计	男	女	小计	男	女
总 计	**5532**	**2053**	**3479**	**15279**	**5626**	**9653**	**15826**	**6592**	**9234**
3									
4									
5—9岁	**29**	**16**	**13**	**18**	**8**	**10**	**573**	**307**	**266**
5	2	1	1	1	1		47	23	24
6	3	2	1	3		3	103	62	41
7	7	2	5	5	3	2	137	68	69
8	7	3	4	3		3	151	73	78
9	10	8	2	6	4	2	135	81	54
10—14岁	**25**	**14**	**11**	**47**	**33**	**14**	**377**	**203**	**174**
10	7	4	3	7	6	1	123	67	56
11	2	2		11	8	3	119	69	50
12	10	6	4	8	6	2	89	44	45
13	4	1	3	11	7	4	33	19	14
14	2	1	1	10	6	4	13	4	9
15—19岁	**15**	**9**	**6**	**68**	**48**	**20**	**131**	**65**	**66**
15				7	4	3	30	19	11
16	3	1	2	13	11	2	26	11	15
17	2	1	1	12	7	5	17	6	11
18	6	4	2	17	12	5	20	11	9
19	4	3	1	19	14	5	38	18	20
20—24岁	**40**	**19**	**21**	**115**	**70**	**45**	**226**	**121**	**105**
20	5	3	2	12	9	3	36	22	14
21	3	1	2	19	10	9	36	23	13
22	12	5	7	23	13	10	47	23	24
23	12	7	5	28	19	9	49	25	24
24	8	3	5	33	19	14	58	28	30
25—29岁	**65**	**36**	**29**	**231**	**136**	**95**	**329**	**181**	**148**
25	11	6	5	45	21	24	54	27	27
26	11	7	4	33	18	15	63	34	29
27	14	8	6	38	25	13	67	39	28
28	13	5	8	56	33	23	73	41	32
29	16	10	6	59	39	20	72	40	32
30—34岁	**147**	**73**	**74**	**390**	**199**	**191**	**455**	**232**	**223**
30	26	17	9	69	43	26	92	47	45
31	27	11	16	57	25	32	77	43	34
32	30	18	12	68	31	37	90	46	44
33	27	10	17	99	58	41	94	43	51
34	37	17	20	97	42	55	102	53	49
35—39岁	**113**	**48**	**65**	**459**	**215**	**244**	**462**	**221**	**241**
35	18	8	10	80	33	47	73	35	38
36	26	11	15	92	46	46	93	47	46
37	22	12	10	83	40	43	92	42	50
38	23	7	16	104	55	49	88	46	42
39	24	10	14	100	41	59	116	51	65
40—44岁	**223**	**91**	**132**	**649**	**251**	**398**	**601**	**258**	**343**
40	32	14	18	99	35	64	103	54	49
41	33	10	23	134	58	76	130	56	74
42	41	23	18	143	50	93	101	43	58
43	54	21	33	137	53	84	112	50	62
44	63	23	40	136	55	81	155	55	100
45—49岁	**390**	**134**	**256**	**1329**	**496**	**833**	**1125**	**454**	**671**
45	57	17	40	206	70	136	164	66	98
46	73	26	47	276	113	163	186	78	108
47	63	20	43	271	102	169	221	82	139
48	91	33	58	287	106	181	254	99	155
49	106	38	68	289	105	184	300	129	171
50岁及以上	**4485**	**1613**	**2872**	**11973**	**4170**	**7803**	**11547**	**4550**	**6997**

3-2b 续表 4

单位：人

年 龄	初中								
	合计			在校			毕业		
	合计	男	女	小计	男	女	小计	男	女
总 计	**594414**	**319050**	**275364**	**64300**	**34350**	**29950**	**495462**	**265653**	**229809**
3									
4									
5-9岁	**1369**	**766**	**603**	**1220**	**678**	**542**	**116**	**67**	**49**
5									
6	228	120	108	195	106	89	19	9	10
7	325	197	128	296	181	115	25	13	12
8	379	210	169	347	187	160	26	17	9
9	437	239	198	382	204	178	46	28	18
10-14岁	**45714**	**24335**	**21379**	**43734**	**23197**	**20537**	**1645**	**933**	**712**
10	724	381	343	654	346	308	56	29	27
11	1533	825	708	1427	766	661	94	52	42
12	10724	5647	5077	10329	5418	4911	347	199	148
13	16146	8687	7459	15523	8324	7199	524	300	224
14	16587	8795	7792	15801	8343	7458	624	353	271
15-19岁	**28012**	**15787**	**12225**	**18966**	**10289**	**8677**	**8152**	**4954**	**3198**
15	10266	5712	4554	9730	5397	4333	405	238	167
16	6000	3326	2674	4867	2612	2255	989	616	373
17	4098	2270	1828	2341	1207	1134	1594	974	620
18	3688	2120	1568	1291	677	614	2185	1317	868
19	3960	2359	1601	737	396	341	2979	1809	1170
20-24岁	**33706**	**19099**	**14607**	**179**	**87**	**92**	**31108**	**17594**	**13514**
20	4367	2617	1750	61	34	27	3964	2359	1605
21	5352	3150	2202	39	16	23	4877	2870	2007
22	7144	4144	3000	35	17	18	6599	3839	2760
23	7816	4312	3504	23	10	13	7271	4004	3267
24	9027	4876	4151	21	10	11	8397	4522	3875
25-29岁	**54837**	**29015**	**25822**	**48**	**30**	**18**	**51404**	**27072**	**24332**
25	10099	5479	4620	14	6	8	9440	5103	4337
26	10143	5436	4707	8	7	1	9492	5055	4437
27	11069	5837	5232	10	7	3	10369	5465	4904
28	11503	6058	5445	10	6	4	10768	5634	5134
29	12023	6205	5818	6	4	2	11335	5815	5520
30-34岁	**68765**	**35042**	**33723**	**34**	**11**	**23**	**64874**	**32941**	**31933**
30	13804	7011	6793	7	4	3	13008	6582	6426
31	13603	6960	6643	9	2	7	12808	6521	6287
32	13105	6749	6356	6	2	4	12347	6344	6003
33	14291	7317	6974	7	2	5	13470	6867	6603
34	13962	7005	6957	5	1	4	13241	6627	6614
35-39岁	**70461**	**35780**	**34681**	**28**	**13**	**15**	**66353**	**33602**	**32751**
35	13322	6797	6525	4	3	1	12563	6402	6161
36	14248	7221	7027	7	2	5	13413	6768	6645
37	13888	7036	6852	4	2	2	13039	6581	6458
38	14934	7635	7299	5	2	3	14064	7158	6906
39	14069	7091	6978	8	4	4	13274	6693	6581
40-44岁	**58397**	**30186**	**28211**	**17**	**8**	**9**	**54976**	**28389**	**26587**
40	12402	6273	6129	6	3	3	11690	5887	5803
41	12839	6649	6190	3	1	2	12101	6273	5828
42	11502	5933	5569	3	1	2	10818	5564	5254
43	10274	5401	4873	3	1	2	9631	5066	4565
44	11380	5930	5450	2	2		10736	5599	5137
45-49岁	**67707**	**35355**	**32352**	**25**	**10**	**15**	**63524**	**33200**	**30324**
45	12123	6310	5813	4	1	3	11394	5920	5474
46	13847	7226	6621	4		4	13025	6807	6218
47	14193	7324	6869	5	3	2	13307	6879	6428
48	13757	7240	6517	5	1	4	12866	6807	6059
49	13787	7255	6532	7	5	2	12932	6787	6145
50岁及以上	**165446**	**93685**	**71761**	**49**	**27**	**22**	**153310**	**86901**	**66409**

3-2b 续表 5

单位：人

年 龄	初中								
	肄业			辍学			其他		
	小计	男	女	小计	男	女	小计	男	女
总 计	**4161**	**2329**	**1832**	**10767**	**6383**	**4384**	**19724**	**10335**	**9389**
3									
4									
5–9岁	**1**	**1**		**2**	**1**	**1**	**30**	**19**	**11**
5									
6							14	5	9
7							4	3	1
8							6	6	
9	1	1		2	1	1	6	5	1
10–14岁	**14**	**6**	**8**	**61**	**39**	**22**	**260**	**160**	**100**
10				1	1		13	5	8
11							12	7	5
12	1		1	1	1		46	29	17
13	4	3	1	15	10	5	80	50	30
14	9	3	6	44	27	17	109	69	40
15–19岁	**67**	**45**	**22**	**344**	**236**	**108**	**483**	**263**	**220**
15	5	3	2	58	38	20	68	36	32
16	16	14	2	64	49	15	64	35	29
17	11	4	7	65	42	23	87	43	44
18	16	11	5	75	46	29	121	69	52
19	19	13	6	82	61	21	143	80	63
20–24岁	**213**	**134**	**79**	**785**	**525**	**260**	**1421**	**759**	**662**
20	30	25	5	132	99	33	180	100	80
21	38	22	16	137	91	46	261	151	110
22	48	29	19	168	110	58	294	149	145
23	47	30	17	144	99	45	331	169	162
24	50	28	22	204	126	78	355	190	165
25–29岁	**296**	**200**	**96**	**997**	**631**	**366**	**2092**	**1082**	**1010**
25	56	35	21	182	120	62	407	215	192
26	55	39	16	182	116	66	406	219	187
27	66	43	23	200	118	82	424	204	220
28	60	43	17	220	144	76	445	231	214
29	59	40	19	213	133	80	410	213	197
30–34岁	**419**	**232**	**187**	**1210**	**767**	**443**	**2228**	**1091**	**1137**
30	65	32	33	241	164	77	483	229	254
31	77	43	34	248	160	88	461	234	227
32	93	53	40	236	141	95	423	209	214
33	100	57	43	266	166	100	448	225	223
34	84	47	37	219	136	83	413	194	219
35–39岁	**501**	**273**	**228**	**1275**	**767**	**508**	**2304**	**1125**	**1179**
35	86	48	38	233	139	94	436	205	231
36	104	51	53	269	163	106	455	237	218
37	104	62	42	290	178	112	451	213	238
38	111	69	42	246	150	96	508	256	252
39	96	43	53	237	137	100	454	214	240
40–44岁	**432**	**233**	**199**	**1065**	**590**	**475**	**1907**	**966**	**941**
40	89	55	34	216	120	96	401	208	193
41	88	40	48	223	131	92	424	204	220
42	77	46	31	208	119	89	396	203	193
43	86	45	41	204	112	92	350	177	173
44	92	47	45	214	108	106	336	174	162
45–49岁	**559**	**282**	**277**	**1349**	**721**	**628**	**2250**	**1142**	**1108**
45	94	49	45	260	149	111	371	191	180
46	96	45	51	269	135	134	453	239	214
47	132	65	67	276	140	136	473	237	236
48	125	69	56	278	144	134	483	219	264
49	112	54	58	266	153	113	470	256	214
50岁及以上	**1659**	**923**	**736**	**3679**	**2106**	**1573**	**6749**	**3728**	**3021**

3-2b 续表 6 单位：人

年龄	高中 合计			高中 在校			高中 毕业		
	合计	男	女	小计	男	女	小计	男	女
总 计	**271617**	**158239**	**113378**	**58320**	**30542**	**27778**	**204153**	**122095**	**82058**
3									
4									
5-9岁	**2**		**2**	**1**		**1**	**1**		**1**
5									
6									
7									
8	1		1				1		1
9	1		1	1		1			
10-14岁	**1380**	**697**	**683**	**1328**	**668**	**660**	**48**	**27**	**21**
10	2	2		1	1		1	1	
11									
12	1		1	1		1			
13	256	144	112	239	135	104	14	7	7
14	1121	551	570	1087	532	555	33	19	14
15-19岁	**57790**	**30716**	**27074**	**52981**	**27744**	**25237**	**4373**	**2692**	**1681**
15	9155	4583	4572	9048	4518	4530	85	53	32
16	16832	8873	7959	16523	8675	7848	242	159	83
17	16360	8708	7652	15676	8313	7363	591	341	250
18	9864	5376	4488	8435	4495	3940	1321	807	514
19	5579	3176	2403	3299	1743	1556	2134	1332	802
20-24岁	**27129**	**15576**	**11553**	**3889**	**2065**	**1824**	**22190**	**12900**	**9290**
20	4777	2734	2043	1831	950	881	2780	1683	1097
21	4859	2832	2027	922	491	431	3765	2246	1519
22	5391	3140	2251	572	318	254	4595	2702	1893
23	5796	3336	2460	354	199	155	5213	2998	2215
24	6306	3534	2772	210	107	103	5837	3271	2566
25-29岁	**33971**	**18966**	**15005**	**66**	**40**	**26**	**32444**	**18079**	**14365**
25	6671	3789	2882	24	17	7	6335	3586	2749
26	6574	3660	2914	10	6	4	6299	3493	2806
27	6919	3857	3062	17	7	10	6597	3673	2924
28	6845	3808	3037	8	4	4	6554	3640	2914
29	6962	3852	3110	7	6	1	6659	3687	2972
30-34岁	**34652**	**19206**	**15446**	**11**	**6**	**5**	**33199**	**18360**	**14839**
30	7894	4419	3475	3	2	1	7533	4215	3318
31	7232	4026	3206	3		3	6947	3858	3089
32	6549	3636	2913	1	1		6257	3477	2780
33	6868	3758	3110	2	2		6601	3591	3010
34	6109	3367	2742	2	1	1	5861	3219	2642
35-39岁	**27000**	**15276**	**11724**	**11**	**3**	**8**	**25942**	**14661**	**11281**
35	5544	3119	2425	2	1	1	5349	3001	2348
36	5446	3076	2370	2		2	5213	2942	2271
37	5271	2958	2313	1	1		5083	2854	2229
38	5517	3143	2374	2	1	1	5289	3008	2281
39	5222	2980	2242	4		4	5008	2856	2152
40-44岁	**20559**	**12112**	**8447**	**9**	**5**	**4**	**19710**	**11596**	**8114**
40	4743	2725	2018				4553	2612	1941
41	4914	2875	2039	2		2	4708	2748	1960
42	3983	2366	1617	3	2	1	3822	2272	1550
43	3447	2061	1386	1	1		3314	1980	1334
44	3472	2085	1387	3	2	1	3313	1984	1329
45-49岁	**17952**	**11002**	**6950**	**6**	**1**	**5**	**17240**	**10560**	**6680**
45	3511	2089	1422				3378	2006	1372
46	3760	2284	1476	2		2	3596	2182	1414
47	3678	2280	1398	1		1	3539	2197	1342
48	3550	2168	1382	1		1	3404	2074	1330
49	3453	2181	1272	2	1	1	3323	2101	1222
50岁及以上	**51182**	**34688**	**16494**	**18**	**10**	**8**	**49006**	**33220**	**15786**

3–2b 续表 7

单位：人

年 龄	高中								
	肄业			辍学			其他		
	小计	男	女	小计	男	女	小计	男	女
总 计	**1061**	**678**	**383**	**2116**	**1465**	**651**	**5967**	**3459**	**2508**
3									
4									
5–9岁									
5									
6									
7									
8									
9									
10–14岁							**4**	**2**	**2**
10									
11									
12									
13							3	2	1
14							1		1
15–19岁	**45**	**36**	**9**	**139**	**97**	**42**	**252**	**147**	**105**
15	1	1		9	3	6	12	8	4
16	8	5	3	22	14	8	37	20	17
17	9	7	2	20	13	7	64	34	30
18	13	11	2	38	29	9	57	34	23
19	14	12	2	50	38	12	82	51	31
20–24岁	**111**	**69**	**42**	**283**	**180**	**103**	**656**	**362**	**294**
20	12	10	2	55	34	21	99	57	42
21	18	12	6	52	32	20	102	51	51
22	21	11	10	70	43	27	133	66	67
23	30	18	12	49	35	14	150	86	64
24	30	18	12	57	36	21	172	102	70
25–29岁	**149**	**81**	**68**	**361**	**229**	**132**	**951**	**537**	**414**
25	34	16	18	75	45	30	203	125	78
26	29	18	11	70	49	21	166	94	72
27	28	16	12	69	47	22	208	114	94
28	22	14	8	73	41	32	188	109	79
29	36	17	19	74	47	27	186	95	91
30–34岁	**160**	**91**	**69**	**318**	**222**	**96**	**964**	**527**	**437**
30	35	22	13	77	55	22	246	125	121
31	32	20	12	57	42	15	193	106	87
32	30	14	16	62	38	24	199	106	93
33	31	16	15	63	45	18	171	104	67
34	32	19	13	59	42	17	155	86	69
35–39岁	**126**	**86**	**40**	**222**	**156**	**66**	**699**	**370**	**329**
35	22	14	8	43	35	8	128	68	60
36	33	22	11	49	34	15	149	78	71
37	19	13	6	39	26	13	129	64	65
38	26	16	10	48	31	17	152	87	65
39	26	21	5	43	30	13	141	73	68
40–44岁	**109**	**70**	**39**	**179**	**122**	**57**	**552**	**319**	**233**
40	19	9	10	48	34	14	123	70	53
41	28	21	7	37	23	14	139	83	56
42	21	16	5	34	20	14	103	56	47
43	22	13	9	23	17	6	87	50	37
44	19	11	8	37	28	9	100	60	40
45–49岁	**72**	**41**	**31**	**173**	**126**	**47**	**461**	**274**	**187**
45	11	7	4	48	33	15	74	43	31
46	13	7	6	47	35	12	102	60	42
47	16	6	10	24	17	7	98	60	38
48	13	10	3	35	27	8	97	57	40
49	19	11	8	19	14	5	90	54	36
50岁及以上	**289**	**204**	**85**	**441**	**333**	**108**	**1428**	**921**	**507**

3-2b 续表 8

单位：人

年 龄	大学专科								
	合 计			在 校			毕 业		
	合计	男	女	小计	男	女	小计	男	女
总 计	**107402**	**59179**	**48223**	**17199**	**9148**	**8051**	**87886**	**48724**	**39162**
3									
4									
5—9岁									
5									
6									
7									
8									
9									
10—14岁	**3**	**2**	**1**	**1**	**1**		**2**	**1**	**1**
10	2	1	1	1	1		1		1
11									
12									
13	1	1					1	1	
14									
15—19岁	**7703**	**4149**	**3554**	**7032**	**3789**	**3243**	**603**	**326**	**277**
15	150	93	57	145	89	56	4	3	1
16	352	221	131	332	209	123	19	12	7
17	711	405	306	663	377	286	38	23	15
18	2278	1238	1040	2105	1146	959	155	80	75
19	4212	2192	2020	3787	1968	1819	387	208	179
20—24岁	**22611**	**11880**	**10731**	**9323**	**4894**	**4429**	**12884**	**6767**	**6117**
20	5099	2692	2407	4214	2225	1989	826	442	384
21	4499	2320	2179	2702	1352	1350	1738	933	805
22	4369	2345	2024	1358	748	610	2928	1556	1372
23	4287	2245	2042	696	384	312	3491	1806	1685
24	4357	2278	2079	353	185	168	3901	2030	1871
25—29岁	**19487**	**9909**	**9578**	**517**	**282**	**235**	**18525**	**9405**	**9120**
25	4168	2144	2024	209	117	92	3871	1983	1888
26	3963	2002	1961	117	54	63	3761	1907	1854
27	3912	1974	1938	75	51	24	3740	1868	1872
28	3804	1977	1827	57	28	29	3661	1898	1763
29	3640	1812	1828	59	32	27	3492	1749	1743
30—34岁	**17349**	**8972**	**8377**	**130**	**67**	**63**	**16857**	**8708**	**8149**
30	4009	2106	1903	40	24	16	3882	2036	1846
31	3707	1932	1775	32	16	16	3587	1862	1725
32	3260	1580	1680	29	10	19	3177	1540	1637
33	3325	1749	1576	16	8	8	3234	1704	1530
34	3048	1605	1443	13	9	4	2977	1566	1411
35—39岁	**12269**	**6593**	**5676**	**72**	**38**	**34**	**11900**	**6390**	**5510**
35	2712	1455	1257	15	8	7	2628	1404	1224
36	2586	1372	1214	13	7	6	2519	1336	1183
37	2382	1321	1061	10	5	5	2309	1281	1028
38	2452	1311	1141	21	10	11	2366	1270	1096
39	2137	1134	1003	13	8	5	2078	1099	979
40—44岁	**8658**	**4862**	**3796**	**45**	**26**	**19**	**8391**	**4706**	**3685**
40	1943	1085	858	10	3	7	1897	1063	834
41	2027	1144	883	7	4	3	1953	1099	854
42	1701	950	751	12	10	2	1643	911	732
43	1484	825	659	6	4	2	1437	800	637
44	1503	858	645	10	5	5	1461	833	628
45—49岁	**7338**	**4299**	**3039**	**34**	**18**	**16**	**7108**	**4161**	**2947**
45	1538	879	659	2		2	1490	849	641
46	1544	907	637	7	4	3	1504	880	624
47	1549	920	629	14	7	7	1503	896	607
48	1413	812	601	5	3	2	1368	787	581
49	1294	781	513	6	4	2	1243	749	494
50岁及以上	**11984**	**8513**	**3471**	**45**	**33**	**12**	**11616**	**8260**	**3356**

3-2b 续表 9　　　　单位：人

年龄	大学专科								
	肄业			辍学			其他		
	小计	男	女	小计	男	女	小计	男	女
总计	**225**	**132**	**93**	**173**	**101**	**72**	**1919**	**1074**	**845**
3									
4									
5-9岁									
5									
6									
7									
8									
9									
10-14岁									
10									
11									
12									
13									
14									
15-19岁	**9**	**5**	**4**	**7**	**6**	**1**	**52**	**23**	**29**
15							1	1	
16	1		1						
17	1	1					9	4	5
18	2	2		1	1		15	9	6
19	5	2	3	6	5	1	27	9	18
20-24岁	**50**	**31**	**19**	**35**	**20**	**15**	**319**	**168**	**151**
20	10	5	5	4	1	3	45	19	26
21	8	5	3	8	4	4	43	26	17
22	10	4	6	8	3	5	65	34	31
23	6	5	1	7	5	2	87	45	42
24	16	12	4	8	7	1	79	44	35
25-29岁	**39**	**16**	**23**	**28**	**15**	**13**	**378**	**191**	**187**
25	10	4	6	6	2	4	72	38	34
26	8	1	7	5	2	3	72	38	34
27	8	4	4	7	4	3	82	47	35
28	5	5		7	6	1	74	40	34
29	8	2	6	3	1	2	78	28	50
30-34岁	**31**	**19**	**12**	**37**	**18**	**19**	**294**	**160**	**134**
30	8	6	2	5	2	3	74	38	36
31	5	3	2	14	7	7	69	44	25
32	7	4	3	7	5	2	40	21	19
33	10	5	5	8	4	4	57	28	29
34	1	1		3		3	54	29	25
35-39岁	**23**	**12**	**11**	**20**	**10**	**10**	**254**	**143**	**111**
35	5	3	2	4	2	2	60	38	22
36	2		2	5	4	1	47	25	22
37	4	3	1	4	1	3	55	31	24
38	6	3	3	4	1	3	55	27	28
39	6	3	3	3	2	1	37	22	15
40-44岁	**24**	**16**	**8**	**15**	**9**	**6**	**183**	**105**	**78**
40	7	4	3	1		1	28	15	13
41	6	5	1	6	4	2	55	32	23
42	2	2		2	2		42	25	17
43	5	3	2	5	2	3	31	16	15
44	4	2	2	1	1		27	17	10
45-49岁	**22**	**15**	**7**	**7**	**5**	**2**	**167**	**100**	**67**
45	7	5	2	1		1	38	25	13
46	3	2	1	2	1	1	28	20	8
47	5	3	2	1	1		26	13	13
48	5	3	2	1	1		34	18	16
49	2	2		2	2		41	24	17
50岁及以上	**27**	**18**	**9**	**24**	**18**	**6**	**272**	**184**	**88**

3-2b 续表 10

单位：人

年龄	大学本科								
	合计			在校			毕业		
	合计	男	女	小计	男	女	小计	男	女
总计	**64489**	**33895**	**30594**	**14320**	**6523**	**7797**	**49252**	**26857**	**22395**
3									
4									
5-9岁									
5									
6									
7									
8									
9									
10-14岁	**3**	**1**	**2**	**3**	**1**	**2**			
10									
11									
12									
13									
14	3	1	2	3	1	2			
15-19岁	**4103**	**1840**	**2263**	**4017**	**1790**	**2227**	**78**	**47**	**31**
15	17	5	12	17	5	12			
16	42	26	16	40	25	15	2	1	1
17	153	65	88	148	63	85	5	2	3
18	1075	519	556	1049	498	551	25	20	5
19	2816	1225	1591	2763	1199	1564	46	24	22
20-24岁	**15023**	**6961**	**8062**	**9749**	**4441**	**5308**	**5147**	**2451**	**2696**
20	3698	1575	2123	3565	1510	2055	115	52	63
21	3382	1546	1836	3029	1367	1662	337	170	167
22	3065	1500	1565	1955	976	979	1081	507	574
23	2543	1214	1329	854	417	437	1664	783	881
24	2335	1126	1209	346	171	175	1950	939	1011
25-29岁	**10962**	**5387**	**5575**	**364**	**185**	**179**	**10399**	**5106**	**5293**
25	2218	1129	1089	164	78	86	2015	1033	982
26	2098	993	1105	90	45	45	1977	933	1044
27	2240	1089	1151	49	27	22	2149	1040	1109
28	2226	1102	1124	37	24	13	2151	1063	1088
29	2180	1074	1106	24	11	13	2107	1037	1070
30-34岁	**11340**	**5714**	**5626**	**71**	**34**	**37**	**11105**	**5589**	**5516**
30	2486	1213	1273	21	9	12	2435	1185	1250
31	2334	1171	1163	10	2	8	2287	1151	1136
32	2140	1058	1082	11	4	7	2097	1035	1062
33	2257	1191	1066	19	11	8	2202	1158	1044
34	2123	1081	1042	10	8	2	2084	1060	1024
35-39岁	**8734**	**4787**	**3947**	**63**	**41**	**22**	**8515**	**4660**	**3855**
35	1968	1066	902	10	5	5	1924	1044	880
36	1822	979	843	15	11	4	1772	945	827
37	1678	920	758	11	7	4	1635	895	740
38	1720	946	774	17	11	6	1679	923	756
39	1546	876	670	10	7	3	1505	853	652
40-44岁	**5727**	**3179**	**2548**	**22**	**11**	**11**	**5619**	**3122**	**2497**
40	1341	722	619	6	2	4	1315	708	607
41	1332	736	596	6	4	2	1311	725	586
42	1105	594	511	3	3		1086	583	503
43	976	559	417	4	1	3	955	551	404
44	973	568	405	3	1	2	952	555	397
45-49岁	**4135**	**2615**	**1520**	**17**	**8**	**9**	**4046**	**2558**	**1488**
45	943	581	362	3	1	2	924	567	357
46	913	561	352	5	3	2	890	548	342
47	870	562	308	6	1	5	851	554	297
48	719	445	274	2	2		704	432	272
49	690	466	224	1	1		677	457	220
50岁及以上	**4462**	**3411**	**1051**	**14**	**12**	**2**	**4343**	**3324**	**1019**

3-2b 续表 11　　　　单位：人

年 龄	大学本科								
	肄 业			辍 学			其 他		
	小计	男	女	小计	男	女	小计	男	女
总 计	**74**	**39**	**35**	**49**	**28**	**21**	**794**	**448**	**346**
3									
4									
5-9岁									
5									
6									
7									
8									
9									
10-14岁									
10									
11									
12									
13									
14									
15-19岁							**8**	**3**	**5**
15									
16									
17									
18							1	1	
19							7	2	5
20-24岁	**11**	**7**	**4**	**8**	**6**	**2**	**108**	**56**	**52**
20	2	2		2	2		14	9	5
21	1	1		3	1	2	12	7	5
22	2	1	1				27	16	11
23	2	2		1	1		22	11	11
24	4	1	3	2	2		33	13	20
25-29岁	**15**	**7**	**8**	**12**	**5**	**7**	**172**	**84**	**88**
25	1		1	3	1	2	35	17	18
26	4	1	3				27	14	13
27	3	2	1	3	2	1	36	18	18
28	2		2	2	1	1	34	14	20
29	5	4	1	4	1	3	40	21	19
30-34岁	**14**	**5**	**9**	**12**	**6**	**6**	**138**	**80**	**58**
30	2	1	1	2	1	1	26	17	9
31	3		3	2	1	1	32	17	15
32	2	1	1	1		1	29	18	11
33	4	2	2	5	3	2	27	17	10
34	3	1	2	2	1	1	24	11	13
35-39岁	**8**	**4**	**4**	**8**	**4**	**4**	**140**	**78**	**62**
35	1		1				33	17	16
36	2		2	2	2		31	21	10
37	3	2	1	1	1		28	15	13
38	1	1		1		1	22	11	11
39	1	1		4	1	3	26	14	12
40-44岁	**14**	**6**	**8**	**4**	**4**		**68**	**36**	**32**
40	5	1	4	2	2		13	9	4
41	3	1	2	1	1		11	5	6
42	2	1	1				14	7	7
43	2	1	1				15	6	9
44	2	2		1	1		15	9	6
45-49岁	**7**	**5**	**2**	**3**	**1**	**2**	**62**	**43**	**19**
45	2	2					14	11	3
46	2	2		2		2	14	8	6
47	1		1	1	1		11	6	5
48	1	1					12	10	2
49	1		1				11	8	3
50岁及以上	**5**	**5**		**2**	**2**		**98**	**68**	**30**

3-2b　续表 12　　　　单位：人

年龄	硕士研究生 合计 合计	男	女	在校 小计	男	女	毕业 小计	男	女
总　计	**2190**	**1198**	**992**	**438**	**204**	**234**	**1727**	**984**	**743**
3									
4									
5–9岁									
5									
6									
7									
8									
9									
10–14岁									
10									
11									
12									
13									
14									
15–19岁	**4**	**4**		**4**	**4**				
15									
16									
17									
18	2	2		2	2				
19	2	2		2	2				
20–24岁	**299**	**129**	**170**	**253**	**114**	**139**	**45**	**14**	**31**
20	3	2	1	3	2	1			
21	9	2	7	8	2	6	1		1
22	54	26	28	52	26	26	2		2
23	111	46	65	95	39	56	16	7	9
24	122	53	69	95	45	50	26	7	19
25–29岁	**533**	**251**	**282**	**156**	**75**	**81**	**370**	**175**	**195**
25	133	63	70	80	41	39	53	22	31
26	100	42	58	37	17	20	62	25	37
27	109	50	59	22	11	11	86	39	47
28	95	49	46	9	4	5	82	44	38
29	96	47	49	8	2	6	87	45	42
30–34岁	**560**	**288**	**272**	**17**	**9**	**8**	**541**	**279**	**262**
30	128	60	68	4	2	2	124	58	66
31	121	61	60	4	3	1	116	58	58
32	114	62	52	3	1	2	111	61	50
33	117	58	59	4	2	2	112	56	56
34	80	47	33	2	1	1	78	46	32
35–39岁	**366**	**214**	**152**	**4**		**4**	**354**	**209**	**145**
35	74	39	35	2		2	71	38	33
36	84	50	34				82	50	32
37	79	43	36	2		2	76	42	34
38	67	45	22				65	44	21
39	62	37	25				60	35	25
40–44岁	**162**	**110**	**52**	**2**	**1**	**1**	**158**	**108**	**50**
40	43	29	14	2	1	1	41	28	13
41	38	23	15				38	23	15
42	32	22	10				32	22	10
43	27	19	8				26	19	7
44	22	17	5				21	16	5
45–49岁	**108**	**77**	**31**				**108**	**77**	**31**
45	26	18	8				26	18	8
46	24	17	7				24	17	7
47	24	17	7				24	17	7
48	20	14	6				20	14	6
49	14	11	3				14	11	3
50岁及以上	**158**	**125**	**33**	**2**	**1**	**1**	**151**	**122**	**29**

3-2b 续表 13 单位：人

年 龄	硕士研究生								
	肄 业			辍 学			其 他		
	小计	男	女	小计	男	女	小计	男	女
总 计	**1**		**1**	**2**		**2**	**22**	**10**	**12**
3									
4									
5-9岁									
5									
6									
7									
8									
9									
10-14岁									
10									
11									
12									
13									
14									
15-19岁									
15									
16									
17									
18									
19									
20-24岁							**1**	**1**	
20									
21									
22									
23									
24							1	1	
25-29岁				**2**		**2**	**5**	**1**	**4**
25									
26							1		1
27				1		1			
28							4	1	3
29				1		1			
30-34岁							**2**		**2**
30									
31							1		1
32									
33							1		1
34									
35-39岁							**8**	**5**	**3**
35							1	1	
36							2		2
37							1	1	
38							2	1	1
39							2	2	
40-44岁	**1**		**1**				**1**	**1**	
40									
41									
42									
43	1		1						
44							1	1	
45-49岁									
45									
46									
47									
48									
49									
50岁及以上							**5**	**2**	**3**

3-2b 续表 14 单位：人

年龄	博士研究生								
	合计			在校			毕业		
	合计	男	女	小计	男	女	小计	男	女
总计	**185**	**125**	**60**	**41**	**27**	**14**	**141**	**97**	**44**
3									
4									
5-9岁									
5									
6									
7									
8									
9									
10-14岁									
10									
11									
12									
13									
14									
15-19岁									
15									
16									
17									
18									
19									
20-24岁	**11**	**9**	**2**	**7**	**6**	**1**	**4**	**3**	**1**
20									
21	1	1					1	1	
22	1	1		1	1				
23	4	4		2	2		2	2	
24	5	3	2	4	3	1	1		1
25-29岁	**49**	**31**	**18**	**27**	**16**	**11**	**22**	**15**	**7**
25	13	8	5	5	3	2	8	5	3
26	9	6	3	6	4	2	3	2	1
27	16	9	7	12	7	5	4	2	2
28	5	5		2	2		3	3	
29	6	3	3	2		2	4	3	1
30-34岁	**36**	**27**	**9**	**7**	**5**	**2**	**29**	**22**	**7**
30	9	6	3	5	4	1	4	2	2
31	7	5	2	1	1		6	4	2
32	7	7					7	7	
33	8	4	4	1		1	7	4	3
34	5	5					5	5	
35-39岁	**38**	**29**	**9**				**38**	**29**	**9**
35	7	5	2				7	5	2
36	5	3	2				5	3	2
37	13	9	4				13	9	4
38	5	4	1				5	4	1
39	8	8					8	8	
40-44岁	**22**	**11**	**11**				**21**	**11**	**10**
40	4	1	3				3	1	2
41	5	2	3				5	2	3
42	3	2	1				3	2	1
43	7	3	4				7	3	4
44	3	3					3	3	
45-49岁	**16**	**8**	**8**				**15**	**8**	**7**
45	2	2					2	2	
46	5	2	3				4	2	2
47	4	2	2				4	2	2
48	1	1					1	1	
49	4	1	3				4	1	3
50岁及以上	**13**	**10**	**3**				**12**	**9**	**3**

3-2b 续表 15

单位：人

年 龄	博士研究生								
	肄 业			辍 学			其 他		
	小计	男	女	小计	男	女	小计	男	女
总 计				**1**		**1**	**2**	**1**	**1**
3									
4									
5-9岁									
5									
6									
7									
8									
9									
10-14岁									
10									
11									
12									
13									
14									
15-19岁									
15									
16									
17									
18									
19									
20-24岁									
20									
21									
22									
23									
24									
25-29岁									
25									
26									
27									
28									
29									
30-34岁									
30									
31									
32									
33									
34									
35-39岁									
35									
36									
37									
38									
39									
40-44岁				**1**		**1**			
40				1		1			
41									
42									
43									
44									
45-49岁							**1**		**1**
45									
46							1		1
47									
48									
49									
50岁及以上							**1**	**1**	

3-2c　全省分年龄、性别、学业完成情况的3岁及以上各种受教育程度人口(乡村)

单位：人

年龄	合计								
	合计			在校			毕业		
	合计	男	女	小计	男	女	小计	男	女
总计	**2530137**	**1358210**	**1171927**	**511905**	**270372**	**241533**	**1810770**	**984469**	**826301**
3									
4									
5-9岁	**173747**	**92096**	**81651**	**169122**	**89595**	**79527**	**3337**	**1802**	**1535**
5	5435	2912	2523	5201	2780	2421	142	82	60
6	27238	14448	12790	26486	14060	12426	514	259	255
7	43929	23210	20719	42805	22629	20176	827	433	394
8	50662	26840	23822	49373	26127	23246	943	519	424
9	46483	24686	21797	45257	23999	21258	911	509	402
10-14岁	**205665**	**109035**	**96630**	**198089**	**104821**	**93268**	**5710**	**3186**	**2524**
10	44387	23415	20972	43212	22761	20451	859	481	378
11	44596	23763	20833	43300	23048	20252	987	550	437
12	42778	22599	20179	41276	21769	19507	1169	652	517
13	37757	20003	17754	36221	19165	17056	1168	646	522
14	36147	19255	16892	34080	18078	16002	1527	857	670
15-19岁	**147020**	**81016**	**66004**	**113385**	**60238**	**53147**	**29547**	**18199**	**11348**
15	32310	17563	14747	30352	16359	13993	1417	859	558
16	32505	17696	14809	28627	15297	13330	3196	1957	1239
17	28345	15593	12752	22235	11823	10412	5342	3286	2056
18	26183	14676	11507	17261	9138	8123	8002	4955	3047
19	27677	15488	12189	14910	7621	7289	11590	7142	4448
20-24岁	**169877**	**93996**	**75881**	**28845**	**14387**	**14458**	**130963**	**73832**	**57131**
20	28818	16174	12644	11764	5925	5839	15606	9393	6213
21	30458	16768	13690	8277	4034	4243	20506	11787	8719
22	34824	19542	15282	4962	2474	2488	27726	15824	11902
23	36456	20121	16335	2532	1310	1222	31647	17504	14143
24	39321	21391	17930	1310	644	666	35478	19324	16154
25-29岁	**208815**	**113407**	**95408**	**1376**	**731**	**645**	**194005**	**104986**	**89019**
25	41426	22474	18952	537	272	265	38121	20645	17476
26	40138	21983	18155	329	166	163	37116	20214	16902
27	42682	22978	19704	219	125	94	39689	21304	18385
28	42625	23055	19570	161	96	65	39792	21443	18349
29	41944	22917	19027	130	72	58	39287	21380	17907
30-34岁	**212678**	**115085**	**97593**	**320**	**165**	**155**	**199312**	**107564**	**91748**
30	46737	25475	21262	91	39	52	43837	23799	20038
31	42895	23260	19635	51	25	26	40244	21749	18495
32	39837	21574	18263	63	34	29	37295	20137	17158
33	43451	23356	20095	74	44	30	40679	21867	18812
34	39758	21420	18338	41	23	18	37257	20012	17245
35-39岁	**185503**	**101210**	**84293**	**188**	**102**	**86**	**172444**	**93966**	**78478**
35	36932	20102	16830	43	26	17	34380	18648	15732
36	38455	20872	17583	32	16	16	35840	19443	16397
37	36094	19842	16252	46	22	24	33489	18414	15075
38	37686	20610	17076	34	20	14	35020	19118	15902
39	36336	19784	16552	33	18	15	33715	18343	15372
40-44岁	**155206**	**83176**	**72030**	**133**	**78**	**55**	**143093**	**76913**	**66180**
40	31924	17317	14607	35	21	14	29531	16079	13452
41	34398	18613	15785	35	19	16	31763	17161	14602
42	30102	16181	13921	27	17	10	27765	14989	12776
43	27572	14788	12784	13	4	9	25346	13654	11692
44	31210	16277	14933	23	17	6	28688	15030	13658
45-49岁	**193333**	**98867**	**94466**	**108**	**70**	**38**	**175724**	**90618**	**85106**
45	32744	17016	15728	25	14	11	30038	15698	14340
46	38055	19397	18658	26	18	8	34721	17807	16914
47	40109	20385	19724	15	10	5	36490	18686	17804
48	39682	20228	19454	16	10	6	35809	18403	17406
49	42743	21841	20902	26	18	8	38666	20024	18642
50岁及以上	**878293**	**470322**	**407971**	**339**	**185**	**154**	**756635**	**413403**	**343232**

3-2c 续表 1

单位：人

年龄	合计								
	肄业			辍学			其他		
	小计	男	女	小计	男	女	小计	男	女
总计	**28319**	**13762**	**14557**	**77933**	**38398**	**39535**	**101210**	**51209**	**50001**
3									
4									
5-9岁	**82**	**47**	**35**	**76**	**41**	**35**	**1130**	**611**	**519**
5	4	2	2				88	48	40
6	11	6	5	15	8	7	212	115	97
7	20	12	8	10	5	5	267	131	136
8	20	9	11	29	17	12	297	168	129
9	27	18	9	22	11	11	266	149	117
10-14岁	**162**	**95**	**67**	**355**	**214**	**141**	**1349**	**719**	**630**
10	31	18	13	29	15	14	256	140	116
11	24	10	14	28	16	12	257	139	118
12	32	22	10	47	27	20	254	129	125
13	29	15	14	77	50	27	262	127	135
14	46	30	16	174	106	68	320	184	136
15-19岁	**407**	**256**	**151**	**1466**	**988**	**478**	**2215**	**1335**	**880**
15	62	46	16	230	152	78	249	147	102
16	57	33	24	275	194	81	350	215	135
17	71	43	28	287	200	87	410	241	169
18	92	60	32	323	220	103	505	303	202
19	125	74	51	351	222	129	701	429	272
20-24岁	**1051**	**621**	**430**	**2878**	**1849**	**1029**	**6140**	**3307**	**2833**
20	141	93	48	412	252	160	895	511	384
21	165	96	69	490	304	186	1020	547	473
22	222	127	95	598	383	215	1316	734	582
23	250	141	109	618	399	219	1409	767	642
24	273	164	109	760	511	249	1500	748	752
25-29岁	**1550**	**976**	**574**	**3864**	**2525**	**1339**	**8020**	**4189**	**3831**
25	305	189	116	766	479	287	1697	889	808
26	299	199	100	794	549	245	1600	855	745
27	329	202	127	814	531	283	1631	816	815
28	331	208	123	768	487	281	1573	821	752
29	286	178	108	722	479	243	1519	808	711
30-34岁	**1510**	**888**	**622**	**3979**	**2467**	**1512**	**7557**	**4001**	**3556**
30	297	185	112	854	545	309	1658	907	751
31	312	192	120	765	497	268	1523	797	726
32	305	179	126	752	462	290	1422	762	660
33	316	176	140	835	486	349	1547	783	764
34	280	156	124	773	477	296	1407	752	655
35-39岁	**1571**	**935**	**636**	**4275**	**2566**	**1709**	**7025**	**3641**	**3384**
35	308	185	123	840	522	318	1361	721	640
36	308	193	115	841	513	328	1434	707	727
37	330	191	139	839	487	352	1390	728	662
38	334	201	133	834	499	335	1464	772	692
39	291	165	126	921	545	376	1376	713	663
40-44岁	**1494**	**799**	**695**	**4381**	**2338**	**2043**	**6105**	**3048**	**3057**
40	287	147	140	801	448	353	1270	622	648
41	309	183	126	944	549	395	1347	701	646
42	304	161	143	840	449	391	1166	565	601
43	274	141	133	823	420	403	1116	569	547
44	320	167	153	973	472	501	1206	591	615
45-49岁	**2298**	**1049**	**1249**	**6727**	**3114**	**3613**	**8476**	**4016**	**4460**
45	351	176	175	997	496	501	1333	632	701
46	461	207	254	1250	591	659	1597	774	823
47	447	211	236	1375	641	734	1782	837	945
48	540	253	287	1510	683	827	1807	879	928
49	499	202	297	1595	703	892	1957	894	1063
50岁及以上	**18194**	**8096**	**10098**	**49932**	**22296**	**27636**	**53193**	**26342**	**26851**

3-2c　续表 2　　　　　　　　　　　　　　　　　　　　　　　　　　　　　　　　　单位：人

年　龄	小学								
	合　计			在　校			毕　业		
	合计	男	女	小计	男	女	小计	男	女
总　计	**873996**	**404278**	**469718**	**285447**	**151132**	**134315**	**479238**	**208939**	**270299**
3									
4									
5-9岁	**171567**	**90854**	**80713**	**167236**	**88516**	**78720**	**3117**	**1680**	**1437**
5	5435	2912	2523	5201	2780	2421	142	82	60
6	26854	14231	12623	26149	13863	12286	476	244	232
7	43438	22930	20508	42367	22381	19986	786	407	379
8	50049	26476	23573	48846	25816	23030	885	482	403
9	45791	24305	21486	44673	23676	20997	828	465	363
10-14岁	**121447**	**64474**	**56973**	**117576**	**62314**	**55262**	**2828**	**1599**	**1229**
10	43233	22811	20422	42169	22214	19955	770	435	335
11	41519	22177	19342	40425	21561	18864	826	469	357
12	25039	13421	11618	24162	12941	11221	646	357	289
13	8443	4417	4026	7946	4148	3798	356	200	156
14	3213	1648	1565	2874	1450	1424	230	138	92
15-19岁	**2611**	**1501**	**1110**	**353**	**182**	**171**	**1611**	**923**	**688**
15	436	239	197	154	80	74	166	90	76
16	434	248	186	82	49	33	225	123	102
17	477	266	211	46	20	26	299	167	132
18	544	315	229	35	15	20	390	226	164
19	720	433	287	36	18	18	531	317	214
20-24岁	**6156**	**3270**	**2886**	**70**	**33**	**37**	**4986**	**2646**	**2340**
20	818	464	354	24	12	12	646	370	276
21	1006	533	473	9	4	5	792	407	385
22	1273	696	577	13	6	7	1034	568	466
23	1433	769	664	16	7	9	1177	638	539
24	1626	808	818	8	4	4	1337	663	674
25-29岁	**10015**	**5065**	**4950**	**16**	**9**	**7**	**8315**	**4171**	**4144**
25	1749	879	870	6	2	4	1397	693	704
26	1815	946	869	7	4	3	1494	776	718
27	2001	1031	970	1	1		1653	843	810
28	2219	1099	1120	1	1		1881	927	954
29	2231	1110	1121	1	1		1890	932	958
30-34岁	**14524**	**6805**	**7719**	**3**	**1**	**2**	**12351**	**5773**	**6578**
30	2643	1299	1344	1		1	2247	1104	1143
31	2796	1349	1447				2422	1165	1257
32	2626	1233	1393				2203	1036	1167
33	3242	1513	1729	2	1	1	2723	1278	1445
34	3217	1411	1806				2756	1190	1566
35-39岁	**17327**	**7516**	**9811**	**8**	**2**	**6**	**14476**	**6267**	**8209**
35	3108	1424	1684	1		1	2614	1184	1430
36	3326	1456	1870				2807	1226	1581
37	3353	1419	1934	4	1	3	2748	1157	1591
38	3609	1540	2069	1		1	3023	1292	1731
39	3931	1677	2254	2	1	1	3284	1408	1876
40-44岁	**23955**	**9441**	**14514**	**12**	**5**	**7**	**20121**	**7937**	**12184**
40	3865	1605	2260	5	3	2	3244	1354	1890
41	4780	1909	2871	2		2	3998	1580	2418
42	4609	1808	2801	2		2	3867	1541	2326
43	4758	1922	2836	2	1	1	4006	1619	2387
44	5943	2197	3746	1	1		5006	1843	3163
45-49岁	**49029**	**18219**	**30810**	**10**	**4**	**6**	**41278**	**15434**	**25844**
45	6985	2606	4379	3		3	5884	2191	3693
46	8503	3176	5327	1		1	7138	2685	4453
47	10173	3749	6424				8607	3194	5413
48	10818	3996	6822	3	1	2	9048	3342	5706
49	12550	4692	7858	3	3		10601	4022	6579
50岁及以上	**457365**	**197133**	**260232**	**163**	**66**	**97**	**370155**	**162509**	**207646**

3-2c 续表 3 单位：人

年龄	小学								
	肄业			辍学			其他		
	小计	男	女	小计	男	女	小计	男	女
总计	**15821**	**6028**	**9793**	**47917**	**19176**	**28741**	**45573**	**19003**	**26570**
3									
4									
5-9岁	**74**	**43**	**31**	**74**	**39**	**35**	**1066**	**576**	**490**
5	4	2	2				88	48	40
6	9	5	4	15	8	7	205	111	94
7	18	12	6	9	4	5	258	126	132
8	19	9	10	29	17	12	270	152	118
9	24	15	9	21	10	11	245	139	106
10-14岁	**87**	**50**	**37**	**147**	**82**	**65**	**809**	**429**	**380**
10	28	16	12	28	14	14	238	132	106
11	21	9	12	26	16	10	221	122	99
12	20	14	6	32	18	14	179	91	88
13	11	7	4	27	16	11	103	46	57
14	7	4	3	34	18	16	68	38	30
15-19岁	**51**	**35**	**16**	**262**	**172**	**90**	**334**	**189**	**145**
15	13	10	3	43	26	17	60	33	27
16	9	4	5	52	33	19	66	39	27
17	7	5	2	65	44	21	60	30	30
18	10	8	2	46	32	14	63	34	29
19	12	8	4	56	37	19	85	53	32
20-24岁	**115**	**73**	**42**	**440**	**270**	**170**	**545**	**248**	**297**
20	11	10	1	58	33	25	79	39	40
21	23	16	7	79	53	26	103	53	50
22	20	14	6	97	57	40	109	51	58
23	30	16	14	83	55	28	127	53	74
24	31	17	14	123	72	51	127	52	75
25-29岁	**192**	**107**	**85**	**675**	**390**	**285**	**817**	**388**	**429**
25	37	20	17	136	78	58	173	86	87
26	32	20	12	130	80	50	152	66	86
27	43	25	18	145	85	60	159	77	82
28	38	17	21	128	69	59	171	85	86
29	42	25	17	136	78	58	162	74	88
30-34岁	**271**	**130**	**141**	**975**	**494**	**481**	**924**	**407**	**517**
30	50	25	25	186	95	91	159	75	84
31	51	26	25	159	86	73	164	72	92
32	52	23	29	179	86	93	192	88	104
33	64	24	40	235	121	114	218	89	129
34	54	32	22	216	106	110	191	83	108
35-39岁	**345**	**157**	**188**	**1260**	**613**	**647**	**1238**	**477**	**761**
35	49	28	21	233	124	109	211	88	123
36	70	33	37	232	114	118	217	83	134
37	81	33	48	256	121	135	264	107	157
38	81	36	45	236	110	126	268	102	166
39	64	27	37	303	144	159	278	97	181
40-44岁	**470**	**189**	**281**	**1781**	**735**	**1046**	**1571**	**575**	**996**
40	84	36	48	259	116	143	273	96	177
41	89	39	50	356	166	190	335	124	211
42	89	29	60	350	137	213	301	101	200
43	92	35	57	365	156	209	293	111	182
44	116	50	66	451	160	291	369	143	226
45-49岁	**1000**	**339**	**661**	**3601**	**1314**	**2287**	**3140**	**1128**	**2012**
45	150	59	91	487	191	296	461	165	296
46	199	65	134	648	236	412	517	190	327
47	185	63	122	704	250	454	677	242	435
48	230	84	146	833	311	522	704	258	446
49	236	68	168	929	326	603	781	273	508
50岁及以上	**13216**	**4905**	**8311**	**38702**	**15067**	**23635**	**35129**	**14586**	**20543**

3-2c　续表 4

单位：人

年龄	初中								
	合计			在校			毕业		
	合计	男	女	小计	男	女	小计	男	女
总　计	**1166553**	**660805**	**505748**	**120783**	**64299**	**56484**	**963674**	**547842**	**415832**
3									
4									
5-9岁	**2179**	**1241**	**938**	**1885**	**1078**	**807**	**220**	**122**	**98**
5									
6	384	217	167	337	197	140	38	15	23
7	491	280	211	438	248	190	41	26	15
8	613	364	249	527	311	216	58	37	21
9	691	380	311	583	322	261	83	44	39
10-14岁	**82423**	**43634**	**38789**	**78851**	**41645**	**37206**	**2772**	**1536**	**1236**
10	1153	604	549	1042	547	495	89	46	43
11	3074	1585	1489	2873	1486	1387	160	81	79
12	17737	9177	8560	17114	8828	8286	522	295	227
13	28960	15388	13572	27959	14840	13119	781	430	351
14	31499	16880	14619	29863	15944	13919	1220	684	536
15-19岁	**60902**	**34646**	**26256**	**39338**	**21194**	**18144**	**19053**	**11868**	**7185**
15	21800	12043	9757	20300	11111	9189	1119	692	427
16	13347	7357	5990	10429	5525	4904	2488	1551	937
17	8904	5081	3823	4677	2447	2230	3776	2343	1433
18	7996	4822	3174	2424	1312	1112	5008	3140	1868
19	8855	5343	3512	1508	799	709	6662	4142	2520
20-24岁	**75015**	**43009**	**32006**	**352**	**185**	**167**	**68335**	**39163**	**29172**
20	9693	5862	3831	130	63	67	8685	5278	3407
21	11998	6948	5050	86	44	42	10883	6310	4573
22	15545	9034	6511	64	45	19	14143	8195	5948
23	17627	9975	7652	42	19	23	16145	9128	7017
24	20152	11190	8962	30	14	16	18479	10252	8227
25-29岁	**114986**	**62547**	**52439**	**97**	**57**	**40**	**106248**	**57537**	**48711**
25	22061	12093	9968	25	18	7	20261	11076	9185
26	21717	11949	9768	26	15	11	19980	10908	9072
27	23634	12825	10809	15	9	6	21817	11823	9994
28	23736	12763	10973	15	9	6	21988	11766	10222
29	23838	12917	10921	16	6	10	22202	11964	10238
30-34岁	**128075**	**68251**	**59824**	**46**	**21**	**25**	**119554**	**63370**	**56184**
30	27089	14632	12457	17	6	11	25222	13530	11692
31	25417	13545	11872	7	3	4	23703	12543	11160
32	24080	12808	11272	5	3	2	22485	11902	10583
33	26648	14097	12551	13	7	6	24924	13162	11762
34	24841	13169	11672	4	2	2	23220	12233	10987
35-39岁	**123191**	**66177**	**57014**	**36**	**16**	**20**	**114723**	**61291**	**53432**
35	23680	12657	11023	3	3		22006	11684	10322
36	25417	13532	11885	5	1	4	23672	12544	11128
37	24120	13106	11014	13	4	9	22462	12147	10315
38	25506	13771	11735	8	3	5	23766	12759	11007
39	24468	13111	11357	7	5	2	22817	12157	10660
40-44岁	**102944**	**55589**	**47355**	**34**	**17**	**17**	**95833**	**51595**	**44238**
40	21201	11376	9825	12	8	4	19711	10561	9150
41	22883	12431	10452	6	1	5	21308	11488	9820
42	20130	10918	9212	6	4	2	18756	10149	8607
43	18189	9920	8269	5	1	4	16903	9212	7691
44	20541	10944	9597	5	3	2	19155	10185	8970
45-49岁	**122816**	**65920**	**56896**	**41**	**24**	**17**	**113917**	**61109**	**52808**
45	21448	11529	9919	6	2	4	20032	10750	9282
46	24855	13071	11784	5	4	1	23086	12108	10978
47	25419	13539	11880	10	7	3	23573	12540	11033
48	24863	13427	11436	6	3	3	22936	12378	10558
49	26231	14354	11877	14	8	6	24290	13333	10957
50岁及以上	**354022**	**219791**	**134231**	**103**	**62**	**41**	**323019**	**200251**	**122768**

3－2c　续表 5　　　　单位：人

年龄	初中								
	肄业			辍学			其他		
	小计	男	女	小计	男	女	小计	男	女
总计	**10354**	**6282**	**4072**	**26416**	**16683**	**9733**	**45326**	**25699**	**19627**
3									
4									
5－9岁	**8**	**4**	**4**	**2**	**2**		**64**	**35**	**29**
5									
6	2	1	1				7	4	3
7	2		2	1	1		9	5	4
8	1		1				27	16	11
9	3	3		1	1		21	10	11
10－14岁	**75**	**45**	**30**	**207**	**131**	**76**	**518**	**277**	**241**
10	3	2	1	1	1		18	8	10
11	3	1	2	2		2	36	17	19
12	12	8	4	15	9	6	74	37	37
13	18	8	10	50	34	16	152	76	76
14	39	26	13	139	87	52	238	139	99
15－19岁	**254**	**155**	**99**	**939**	**646**	**293**	**1318**	**783**	**535**
15	45	32	13	172	115	57	164	93	71
16	39	23	16	175	125	50	216	133	83
17	49	30	19	166	124	42	236	137	99
18	55	35	20	206	144	62	303	191	112
19	66	35	31	220	138	82	399	229	170
20－24岁	**615**	**363**	**252**	**1877**	**1221**	**656**	**3836**	**2077**	**1759**
20	79	59	20	258	161	97	541	301	240
21	91	49	42	310	199	111	628	346	282
22	130	71	59	393	253	140	815	470	345
23	143	80	63	416	264	152	881	484	397
24	172	104	68	500	344	156	971	476	495
25－29岁	**949**	**601**	**348**	**2539**	**1680**	**859**	**5153**	**2672**	**2481**
25	188	121	67	514	321	193	1073	557	516
26	182	122	60	519	364	155	1010	540	470
27	203	125	78	521	342	179	1078	526	552
28	202	128	74	522	342	180	1009	518	491
29	174	105	69	463	311	152	983	531	452
30－34岁	**893**	**535**	**358**	**2530**	**1655**	**875**	**5052**	**2670**	**2382**
30	179	114	65	554	371	183	1117	611	506
31	180	114	66	493	339	154	1034	546	488
32	174	100	74	472	302	170	944	501	443
33	190	110	80	518	312	206	1003	506	497
34	170	97	73	493	331	162	954	506	448
35－39岁	**998**	**616**	**382**	**2676**	**1713**	**963**	**4758**	**2541**	**2217**
35	211	124	87	528	345	183	932	501	431
36	196	129	67	540	349	191	1004	509	495
37	195	118	77	533	336	197	917	501	416
38	210	136	74	535	340	195	987	533	454
39	186	109	77	540	343	197	918	497	421
40－44岁	**881**	**514**	**367**	**2362**	**1430**	**932**	**3834**	**2033**	**1801**
40	170	93	77	487	294	193	821	420	401
41	187	119	68	539	347	192	843	476	367
42	188	112	76	439	273	166	741	380	361
43	159	94	65	416	231	185	706	382	324
44	177	96	81	481	285	196	723	375	348
45－49岁	**1173**	**621**	**552**	**2912**	**1650**	**1262**	**4773**	**2516**	**2257**
45	180	103	77	474	276	198	756	398	358
46	234	120	114	556	325	231	974	514	460
47	238	132	106	622	358	264	976	502	474
48	285	150	135	634	343	291	1002	553	449
49	236	116	120	626	348	278	1065	549	516
50岁及以上	**4508**	**2828**	**1680**	**10372**	**6555**	**3817**	**16020**	**10095**	**5925**

3-2c 续表 6

单位：人

年 龄	高中								
	合 计			在 校			毕 业		
	合计	男	女	小计	男	女	小计	男	女
总 计	**342777**	**213116**	**129661**	**67794**	**36150**	**31644**	**261639**	**168047**	**93592**
3									
4									
5-9岁	**1**	**1**		**1**	**1**				
5									
6									
7									
8									
9	1	1		1	1				
10-14岁	**1790**	**925**	**865**	**1660**	**861**	**799**	**107**	**50**	**57**
10	1		1	1		1			
11	2	1	1	2	1	1			
12	2	1	1				1		1
13	353	197	156	315	176	139	31	16	15
14	1432	726	706	1342	684	658	75	34	41
15-19岁	**67919**	**37061**	**30858**	**59244**	**31681**	**27563**	**7862**	**4849**	**3013**
15	9866	5171	4695	9697	5063	4634	127	74	53
16	18212	9785	8427	17631	9431	8200	457	269	188
17	17759	9606	8153	16407	8760	7647	1178	735	443
18	12939	7234	5705	10402	5678	4724	2341	1445	896
19	9143	5265	3878	5107	2749	2358	3759	2326	1433
20-24岁	**45049**	**26058**	**18991**	**6737**	**3512**	**3225**	**36306**	**21335**	**14971**
20	8525	4948	3577	3176	1645	1531	5018	3098	1920
21	8080	4651	3429	1686	867	819	6048	3596	2452
22	9068	5320	3748	942	504	438	7696	4556	3140
23	9398	5441	3957	576	311	265	8380	4858	3522
24	9978	5698	4280	357	185	172	9164	5227	3937
25-29岁	**51691**	**29464**	**22227**	**68**	**38**	**30**	**49171**	**27936**	**21235**
25	10425	5929	4496	18	9	9	9911	5622	4289
26	10098	5763	4335	11	5	6	9552	5423	4129
27	10525	5884	4641	17	11	6	10004	5568	4436
28	10523	6022	4501	14	10	4	10045	5731	4314
29	10120	5866	4254	8	3	5	9659	5592	4067
30-34岁	**46222**	**26805**	**19417**	**22**	**16**	**6**	**44322**	**25637**	**18685**
30	11055	6340	4715	5	4	1	10627	6073	4554
31	9713	5629	4084	2	2		9295	5381	3914
32	8670	5085	3585	8	5	3	8295	4841	3454
33	8971	5146	3825	5	4	1	8590	4916	3674
34	7813	4605	3208	2	1	1	7515	4426	3089
35-39岁	**31458**	**19295**	**12163**	**13**	**6**	**7**	**30118**	**18437**	**11681**
35	6810	4087	2723	4	2	2	6528	3905	2623
36	6602	4001	2601	1		1	6335	3839	2496
37	6059	3706	2353	3	2	1	5792	3545	2247
38	6134	3812	2322	2	2		5863	3630	2233
39	5853	3689	2164	3		3	5600	3518	2082
40-44岁	**21179**	**13637**	**7542**	**3**	**1**	**2**	**20289**	**13051**	**7238**
40	5092	3229	1863	1		1	4878	3096	1782
41	5050	3245	1805				4845	3112	1733
42	4043	2629	1414				3879	2513	1366
43	3429	2186	1243	1	1		3277	2085	1192
44	3565	2348	1217	1		1	3410	2245	1165
45-49岁	**16757**	**11436**	**5321**	**15**	**10**	**5**	**15982**	**10906**	**5076**
45	3293	2195	1098	3	2	1	3146	2098	1048
46	3612	2415	1197	8	6	2	3448	2303	1145
47	3517	2397	1120	1		1	3353	2283	1070
48	3168	2204	964	2	1	1	3025	2104	921
49	3167	2225	942	1	1		3010	2118	892
50岁及以上	**60711**	**48434**	**12277**	**31**	**24**	**7**	**57482**	**45846**	**11636**

3–2c 续表 7

单位：人

年 龄	高中 肄业 小计	肄业 男	肄业 女	辍学 小计	辍学 男	辍学 女	其他 小计	其他 男	其他 女
总 计	**1857**	**1275**	**582**	**3404**	**2424**	**980**	**8083**	**5220**	**2863**
3									
4									
5–9岁									
5									
6									
7									
8									
9									
10–14岁				**1**	**1**		**22**	**13**	**9**
10									
11									
12							1	1	
13							7	5	2
14				1	1		14	7	7
15–19岁	**95**	**61**	**34**	**250**	**162**	**88**	**468**	**308**	**160**
15	4	4		14	10	4	24	20	4
16	9	6	3	48	36	12	67	43	24
17	15	8	7	53	31	22	106	72	34
18	26	16	10	68	42	26	102	53	49
19	41	27	14	67	43	24	169	120	49
20–24岁	**249**	**149**	**100**	**507**	**329**	**178**	**1250**	**733**	**517**
20	38	19	19	90	54	36	203	132	71
21	42	26	16	90	47	43	214	115	99
22	58	35	23	99	68	31	273	157	116
23	54	33	21	102	69	33	286	170	116
24	57	36	21	126	91	35	274	159	115
25–29岁	**345**	**228**	**117**	**598**	**427**	**171**	**1509**	**835**	**674**
25	63	40	23	104	74	30	329	184	145
26	74	50	24	133	99	34	328	186	142
27	72	43	29	138	100	38	294	162	132
28	80	55	25	110	70	40	274	156	118
29	56	40	16	113	84	29	284	147	137
30–34岁	**285**	**182**	**103**	**446**	**298**	**148**	**1147**	**672**	**475**
30	56	38	18	110	76	34	257	149	108
31	66	43	23	107	69	38	243	134	109
32	67	46	21	93	67	26	207	126	81
33	52	34	18	77	50	27	247	142	105
34	44	21	23	59	36	23	193	121	72
35–39岁	**201**	**142**	**59**	**324**	**230**	**94**	**802**	**480**	**322**
35	43	30	13	72	48	24	163	102	61
36	38	28	10	68	49	19	160	85	75
37	46	35	11	50	30	20	168	94	74
38	40	26	14	62	49	13	167	105	62
39	34	23	11	72	54	18	144	94	50
40–44岁	**124**	**82**	**42**	**229**	**167**	**62**	**534**	**336**	**198**
40	28	15	13	52	37	15	133	81	52
41	28	20	8	47	35	12	130	78	52
42	25	19	6	48	36	12	91	61	30
43	20	10	10	42	33	9	89	57	32
44	23	18	5	40	26	14	91	59	32
45–49岁	**107**	**79**	**28**	**206**	**144**	**62**	**447**	**297**	**150**
45	17	12	5	35	28	7	92	55	37
46	23	19	4	44	28	16	89	59	30
47	20	15	5	48	32	16	95	67	28
48	21	16	5	42	28	14	78	55	23
49	26	17	9	37	28	9	93	61	32
50岁及以上	**451**	**352**	**99**	**843**	**666**	**177**	**1904**	**1546**	**358**

3-2c　续表 8　　　　单位：人

年　龄	大学专科								
	合　计			在　校			毕　业		
	合计	男	女	小计	男	女	小计	男	女
总　计	**103236**	**57058**	**46178**	**24858**	**12832**	**12026**	**76230**	**42971**	**33259**
3									
4									
5–9岁									
5									
6									
7									
8									
9									
10–14岁	**5**	**2**	**3**	**2**	**1**	**1**	**3**	**1**	**2**
10									
11	1		1				1		1
12									
13	1	1		1	1				
14	3	1	2	1		1	2	1	1
15–19岁	**11934**	**6156**	**5778**	**10895**	**5581**	**5314**	**934**	**513**	**421**
15	196	104	92	190	99	91	4	3	1
16	475	285	190	450	271	179	24	14	10
17	1040	557	483	946	514	432	84	40	44
18	3578	1809	1769	3306	1654	1652	237	131	106
19	6645	3401	3244	6003	3043	2960	585	325	260
20–24岁	**29864**	**15252**	**14612**	**12906**	**6645**	**6261**	**16464**	**8367**	**8097**
20	7028	3696	3332	5787	3054	2733	1161	598	563
21	6298	3203	3095	3748	1863	1885	2470	1306	1164
22	5923	3069	2854	2007	1033	974	3805	1982	1823
23	5344	2682	2662	905	475	430	4332	2152	2180
24	5271	2602	2669	459	220	239	4696	2329	2367
25–29岁	**22354**	**11468**	**10886**	**670**	**367**	**303**	**21166**	**10815**	**10351**
25	5105	2562	2543	266	144	122	4717	2357	2360
26	4540	2337	2203	157	77	80	4278	2198	2080
27	4503	2240	2263	96	55	41	4310	2136	2174
28	4245	2239	2006	81	49	32	4053	2129	1924
29	3961	2090	1871	70	42	28	3808	1995	1813
30–34岁	**16581**	**9161**	**7420**	**151**	**78**	**73**	**16010**	**8827**	**7183**
30	4131	2244	1887	39	16	23	3979	2157	1822
31	3514	1906	1608	28	16	12	3404	1848	1556
32	3088	1698	1390	32	16	16	2978	1630	1348
33	3162	1786	1376	29	17	12	3058	1721	1337
34	2686	1527	1159	23	13	10	2591	1471	1120
35–39岁	**9207**	**5540**	**3667**	**93**	**57**	**36**	**8913**	**5350**	**3563**
35	2247	1294	953	21	13	8	2177	1249	928
36	2093	1244	849	21	12	9	2029	1207	822
37	1768	1091	677	19	12	7	1711	1053	658
38	1641	1000	641	17	12	5	1592	966	626
39	1458	911	547	15	8	7	1404	875	529
40–44岁	**5086**	**3244**	**1842**	**70**	**47**	**23**	**4865**	**3099**	**1766**
40	1234	769	465	15	9	6	1179	738	441
41	1231	759	472	23	16	7	1172	718	454
42	933	600	333	15	10	5	892	573	319
43	853	545	308	3	1	2	824	527	297
44	835	571	264	14	11	3	798	543	255
45–49岁	**3444**	**2420**	**1024**	**32**	**26**	**6**	**3298**	**2324**	**974**
45	753	510	243	6	5	1	722	492	230
46	784	540	244	10	8	2	754	519	235
47	710	503	207	3	2	1	679	482	197
48	605	443	162	5	5		579	426	153
49	592	424	168	8	6	2	564	405	159
50岁及以上	**4761**	**3815**	**946**	**39**	**30**	**9**	**4577**	**3675**	**902**

3−2c 续表 9 单位：人

年龄	大学专科								
	肄业			辍学			其他		
	小计	男	女	小计	男	女	小计	男	女
总计	**216**	**135**	**81**	**168**	**100**	**68**	**1764**	**1020**	**744**
3									
4									
5−9岁									
5									
6									
7									
8									
9									
10−14岁									
10									
11									
12									
13									
14									
15−19岁	**6**	**5**	**1**	**14**	**7**	**7**	**85**	**50**	**35**
15				1	1		1	1	
16							1		1
17				3	1	2	7	2	5
18	1	1		2	1	1	32	22	10
19	5	4	1	8	4	4	44	25	19
20−24岁	**56**	**27**	**29**	**46**	**26**	**20**	**392**	**187**	**205**
20	12	5	7	4	3	1	64	36	28
21	9	5	4	11	5	6	60	24	36
22	11	5	6	8	5	3	92	44	48
23	14	6	8	13	9	4	80	40	40
24	10	6	4	10	4	6	96	43	53
25−29岁	**49**	**32**	**17**	**43**	**23**	**20**	**426**	**231**	**195**
25	15	7	8	9	5	4	98	49	49
26	8	6	2	10	5	5	87	51	36
27	8	7	1	9	3	6	80	39	41
28	9	7	2	7	5	2	95	49	46
29	9	5	4	8	5	3	66	43	23
30−34岁	**46**	**32**	**14**	**28**	**20**	**8**	**346**	**204**	**142**
30	11	8	3	4	3	1	98	60	38
31	10	5	5	6	3	3	66	34	32
32	8	7	1	8	7	1	62	38	24
33	8	7	1	5	3	2	62	38	24
34	9	5	4	5	4	1	58	34	24
35−39岁	**14**	**11**	**3**	**14**	**10**	**4**	**173**	**112**	**61**
35	3	1	2	6	5	1	40	26	14
36	3	3		1	1		39	21	18
37	4	4					34	22	12
38	1	1		1		1	30	21	9
39	3	2	1	6	4	2	30	22	8
40−44岁	**15**	**11**	**4**	**8**	**5**	**3**	**128**	**82**	**46**
40	3	1	2	3	1	2	34	20	14
41	5	5		2	1	1	29	19	10
42	1		1	2	2		23	15	8
43	3	2	1				23	15	8
44	3	3		1	1		19	13	6
45−49岁	**12**	**6**	**6**	**6**	**4**	**2**	**96**	**60**	**36**
45	4	2	2	1	1		20	10	10
46	3	2	1	1	1		16	10	6
47	2		2	1	1		25	18	7
48	2	1	1				19	11	8
49	1	1		3	1	2	16	11	5
50岁及以上	**18**	**11**	**7**	**9**	**5**	**4**	**118**	**94**	**24**

3-2c　续表 10　　　　单位：人

年 龄	大学本科								
	合　计			在　校			毕　业		
	合计	男	女	小计	男	女	小计	男	女
总　计	**42095**	**22154**	**19941**	**12479**	**5693**	**6786**	**29069**	**16146**	**12923**
3									
4									
5-9岁									
5									
6									
7									
8									
9									
10-14岁									
10									
11									
12									
13									
14									
15-19岁	**3649**	**1649**	**2000**	**3552**	**1598**	**1954**	**85**	**45**	**40**
15	12	6	6	11	6	5	1		1
16	37	21	16	35	21	14	2		2
17	165	83	82	159	82	77	5	1	4
18	1125	496	629	1094	479	615	25	13	12
19	2310	1043	1267	2253	1010	1243	52	31	21
20-24岁	**13439**	**6242**	**7197**	**8464**	**3866**	**4598**	**4837**	**2304**	**2533**
20	2750	1202	1548	2644	1150	1494	95	48	47
21	3055	1425	1630	2728	1249	1479	312	167	145
22	2940	1393	1547	1869	861	1008	1042	519	523
23	2531	1184	1347	879	436	443	1605	721	884
24	2163	1038	1125	344	170	174	1783	849	934
25-29岁	**9299**	**4637**	**4662**	**339**	**166**	**173**	**8826**	**4398**	**4428**
25	1982	971	1011	153	72	81	1801	885	916
26	1852	934	918	79	37	42	1746	884	862
27	1924	950	974	55	30	25	1845	905	940
28	1820	891	929	32	17	15	1763	860	903
29	1721	891	830	20	10	10	1671	864	807
30-34岁	**6972**	**3884**	**3088**	**68**	**31**	**37**	**6805**	**3799**	**3006**
30	1717	908	809	18	8	10	1671	888	783
31	1393	794	599	9	2	7	1364	778	586
32	1325	718	607	13	6	7	1291	700	591
33	1374	780	594	21	11	10	1336	761	575
34	1163	684	479	7	4	3	1143	672	471
35-39岁	**4172**	**2597**	**1575**	**32**	**18**	**14**	**4075**	**2539**	**1536**
35	1051	622	429	12	7	5	1024	609	415
36	982	619	363	4	3	1	963	607	356
37	771	505	266	5	2	3	755	498	257
38	767	469	298	5	2	3	748	454	294
39	601	382	219	6	4	2	585	371	214
40-44岁	**1976**	**1218**	**758**	**13**	**7**	**6**	**1920**	**1185**	**735**
40	519	330	189	2	1	1	506	322	184
41	438	259	179	4	2	2	424	253	171
42	374	217	157	3	2	1	359	205	154
43	327	202	125	2		2	320	198	122
44	318	210	108	2	2		311	207	104
45-49岁	**1238**	**841**	**397**	**8**	**4**	**4**	**1202**	**816**	**386**
45	254	169	85	5	3	2	245	162	83
46	294	192	102	2		2	288	189	99
47	279	190	89	1	1		267	180	87
48	218	151	67				211	146	65
49	193	139	54				191	139	52
50岁及以上	**1350**	**1086**	**264**	**3**	**3**		**1319**	**1060**	**259**

3−2c 续表 11 单位：人

年 龄	大学本科								
	肄 业			辍 学			其 他		
	小计	男	女	小计	男	女	小计	男	女
总 计	**71**	**42**	**29**	**26**	**14**	**12**	**450**	**259**	**191**
3									
4									
5−9岁									
5									
6									
7									
8									
9									
10−14岁									
10									
11									
12									
13									
14									
15−19岁	**1**		**1**	**1**	**1**		**10**	**5**	**5**
15									
16									
17							1		1
18				1	1		5	3	2
19	1		1				4	2	2
20−24岁	**16**	**9**	**7**	**8**	**3**	**5**	**114**	**60**	**54**
20	1		1	2	1	1	8	3	5
21							15	9	6
22	3	2	1	1		1	25	11	14
23	9	6	3	4	2	2	34	19	15
24	3	1	2	1		1	32	18	14
25−29岁	**15**	**8**	**7**	**7**	**4**	**3**	**112**	**61**	**51**
25	2	1	1	3	1	2	23	12	11
26	3	1	2	2	1	1	22	11	11
27	3	2	1	1	1		20	12	8
28	2	1	1				23	13	10
29	5	3	2	1	1		24	13	11
30−34岁	**15**	**9**	**6**				**84**	**45**	**39**
30	1		1				27	12	15
31	5	4	1				15	10	5
32	4	3	1				17	9	8
33	2	1	1				15	7	8
34	3	1	2				10	7	3
35−39岁	**13**	**9**	**4**	**1**		**1**	**51**	**31**	**20**
35	2	2		1		1	12	4	8
36	1		1				14	9	5
37	4	1	3				7	4	3
38	2	2					12	11	1
39	4	4					6	3	3
40−44岁	**4**	**3**	**1**	**1**	**1**		**38**	**22**	**16**
40	2	2					9	5	4
41							10	4	6
42	1	1		1	1		10	8	2
43							5	4	1
44	1		1				4	1	3
45−49岁	**6**	**4**	**2**	**2**	**2**		**20**	**15**	**5**
45							4	4	
46	2	1	1	1	1		1	1	
47	2	1	1				9	8	1
48	2	2		1	1		4	2	2
49							2		2
50岁及以上	**1**		**1**	**6**	**3**	**3**	**21**	**20**	**1**

3-2c 续表 12

单位：人

年 龄	硕士研究生								
	合 计			在 校			毕 业		
	合计	男	女	小计	男	女	小计	男	女
总 计	**1341**	**712**	**629**	**485**	**233**	**252**	**843**	**472**	**371**
3									
4									
5-9岁									
5									
6									
7									
8									
9									
10-14岁									
10									
11									
12									
13									
14									
15-19岁	**5**	**3**	**2**	**3**	**2**	**1**	**2**	**1**	**1**
15									
16									
17									
18	1		1				1		1
19	4	3	1	3	2	1	1	1	
20-24岁	**337**	**159**	**178**	**302**	**142**	**160**	**32**	**15**	**17**
20	4	2	2	3	1	2	1	1	
21	21	8	13	20	7	13	1	1	
22	72	29	43	65	24	41	5	4	1
23	119	68	51	111	61	50	7	6	1
24	121	52	69	103	49	54	18	3	15
25-29岁	**427**	**197**	**230**	**154**	**71**	**83**	**270**	**124**	**146**
25	102	38	64	67	25	42	34	12	22
26	107	48	59	41	23	18	65	24	41
27	83	39	44	24	10	14	59	29	30
28	69	33	36	11	5	6	58	28	30
29	66	39	27	11	8	3	54	31	23
30-34岁	**269**	**158**	**111**	**18**	**13**	**5**	**248**	**143**	**105**
30	92	48	44	5	3	2	87	45	42
31	49	29	20	1	1		48	28	20
32	42	27	15	3	2	1	39	25	14
33	51	31	20	4	4		45	26	19
34	35	23	12	5	3	2	29	19	10
35-39岁	**127**	**72**	**55**	**5**	**2**	**3**	**119**	**70**	**49**
35	33	18	15	2	1	1	28	17	11
36	31	17	14	1		1	30	17	13
37	20	13	7	2	1	1	18	12	6
38	25	15	10				25	15	10
39	18	9	9				18	9	9
40-44岁	**61**	**43**	**18**	**1**	**1**		**60**	**42**	**18**
40	13	8	5				13	8	5
41	14	8	6				14	8	6
42	12	8	4	1	1		11	7	4
43	15	13	2				15	13	2
44	7	6	1				7	6	1
45-49岁	**45**	**29**	**16**	**2**	**2**		**43**	**27**	**16**
45	10	7	3	2	2		8	5	3
46	5	2	3				5	2	3
47	11	7	4				11	7	4
48	10	7	3				10	7	3
49	9	6	3				9	6	3
50岁及以上	**70**	**51**	**19**				**69**	**50**	**19**

3-2c　续表 13　　　　单位：人

年　龄	硕士研究生								
	肄　业			辍　学			其　他		
	小计	男	女	小计	男	女	小计	男	女
总　计				**1**		**1**	**12**	**7**	**5**
3									
4									
5—9岁									
5									
6									
7									
8									
9									
10—14岁									
10									
11									
12									
13									
14									
15—19岁									
15									
16									
17									
18									
19									
20—24岁							**3**	**2**	**1**
20									
21									
22							2	1	1
23							1	1	
24									
25—29岁				**1**		**1**	**2**	**2**	
25							1	1	
26							1	1	
27									
28									
29				1		1			
30—34岁							**3**	**2**	**1**
30									
31									
32									
33							2	1	1
34							1	1	
35—39岁							**3**		**3**
35							3		3
36									
37									
38									
39									
40—44岁									
40									
41									
42									
43									
44									
45—49岁									
45									
46									
47									
48									
49									
50岁及以上							**1**	**1**	

3-2c　续表 14　　　　　　　　　　　　　　　　　　　　　　　　　　　　单位：人

年　龄	博士研究生								
	合　　计			在　　校			毕　　业		
	合计	男	女	小计	男	女	小计	男	女
总　计	**139**	**87**	**52**	**59**	**33**	**26**	**77**	**52**	**25**
3									
4									
5-9岁									
5									
6									
7									
8									
9									
10-14岁									
10									
11									
12									
13									
14									
15-19岁									
15									
16									
17									
18									
19									
20-24岁	**17**	**6**	**11**	**14**	**4**	**10**	**3**	**2**	**1**
20									
21									
22	3	1	2	2	1	1	1		1
23	4	2	2	3	1	2	1	1	
24	10	3	7	9	2	7	1	1	
25-29岁	**43**	**29**	**14**	**32**	**23**	**9**	**9**	**5**	**4**
25	2	2		2	2				
26	9	6	3	8	5	3	1	1	
27	12	9	3	11	9	2	1		1
28	13	8	5	7	5	2	4	2	2
29	7	4	3	4	2	2	3	2	1
30-34岁	**35**	**21**	**14**	**12**	**5**	**7**	**22**	**15**	**7**
30	10	4	6	6	2	4	4	2	2
31	13	8	5	4	1	3	8	6	2
32	6	5	1	2	2		4	3	1
33	3	3					3	3	
34	3	1	2				3	1	2
35-39岁	**21**	**13**	**8**	**1**	**1**		**20**	**12**	**8**
35	3		3				3		3
36	4	3	1				4	3	1
37	3	2	1				3	2	1
38	4	3	1	1	1		3	2	1
39	7	5	2				7	5	2
40-44岁	**5**	**4**	**1**				**5**	**4**	**1**
40									
41	2	2					2	2	
42	1	1					1	1	
43	1		1				1		1
44	1	1					1	1	
45-49岁	**4**	**2**	**2**				**4**	**2**	**2**
45	1		1				1		1
46	2	1	1				2	1	1
47									
48									
49	1	1					1	1	
50岁及以上	**14**	**12**	**2**				**14**	**12**	**2**

3-2c 续表 15 单位：人

年龄	博士研究生								
	肄业			辍学			其他		
	小计	男	女	小计	男	女	小计	男	女
总计				**1**	**1**		**2**	**1**	**1**
3									
4									
5-9岁									
5									
6									
7									
8									
9									
10-14岁									
10									
11									
12									
13									
14									
15-19岁									
15									
16									
17									
18									
19									
20-24岁									
20									
21									
22									
23									
24									
25-29岁				**1**	**1**		**1**		**1**
25									
26									
27									
28				1	1		1		1
29									
30-34岁							**1**	**1**	
30									
31							1	1	
32									
33									
34									
35-39岁									
35									
36									
37									
38									
39									
40-44岁									
40									
41									
42									
43									
44									
45-49岁									
45									
46									
47									
48									
49									
50岁及以上									

第二部分 长表数据资料

第四卷 就业

4－1　各地区分性别、年龄的就业人口

单位：人

地区 性别	合计	16－19岁	20－24岁	25－29岁	30－34岁	35－39岁	40－44岁
广　东	**6203762**	**120222**	**605115**	**932469**	**1071787**	**901773**	**726886**
广州市	**962020**	**15127**	**105992**	**161203**	**178723**	**143183**	**111985**
荔湾区	44328	440	4189	6895	7828	6941	5478
越秀区	44507	463	3327	5886	6764	7084	6466
海珠区	97472	1081	7642	14777	18697	15206	12670
天河区	126953	2190	20659	27974	21950	15627	12301
白云区	210440	4774	28067	37046	38514	29329	22775
黄埔区	71955	960	8017	13127	15879	11227	7522
番禺区	145872	2219	16177	24562	27900	22442	17173
花都区	83006	1436	6554	11707	16570	14552	10662
南沙区	49811	709	4384	7065	9340	7140	5831
从化区	23508	199	1788	3047	3665	3531	3222
增城区	64168	656	5188	9117	11616	10104	7885
韶关市	**108124**	**704**	**4881**	**9677**	**13223**	**13638**	**14218**
武江区	15221	106	810	1588	2336	2291	2260
浈江区	13174	78	668	1359	1897	1887	1889
曲江区	11461	65	521	1025	1327	1460	1595
始兴县	7743	43	268	536	759	898	909
仁化县	7676	31	254	550	841	861	921
翁源县	11905	69	494	1199	1402	1335	1268
乳源瑶族自治县	7451	69	381	716	968	1021	1057
新丰县	6390	39	302	554	760	897	875
乐昌市	12591	92	440	789	1240	1375	1672
南雄市	14512	112	743	1361	1693	1613	1772
深圳市	**1195627**	**27162**	**143903**	**226204**	**247671**	**184196**	**129184**
罗湖区	63024	1023	6922	10821	10807	9701	7796
福田区	92863	2003	11381	17806	16002	12973	10461
南山区	111359	1642	12376	21531	20030	16617	12988
宝安区	335183	9171	41945	64688	72984	51591	35079
龙岗区	271031	5478	31221	48762	55226	43196	30819
盐田区	12989	236	1315	1746	2143	1991	1711
龙华区	187045	4418	25753	40395	43635	28552	16763
坪山区	37928	904	3858	6047	8173	6282	4398
光明区	84205	2287	9132	14408	18671	13293	9169
珠海市	**130931**	**2033**	**11808**	**19014**	**23875**	**19994**	**15875**
香洲区	77234	1273	7244	11315	13590	11387	9521
斗门区	31049	352	2500	4569	5957	5018	3646
金湾区	22648	408	2064	3130	4328	3589	2708
汕头市	**220693**	**4495**	**28573**	**37716**	**33364**	**28076**	**22037**
龙湖区	27778	220	2153	4056	4371	4010	3416
金平区	29934	149	2090	4398	4839	4178	3739
濠江区	9419	118	1282	1606	1410	1231	939
潮阳区	59077	1652	10652	11807	8393	6572	4743
潮南区	51376	1752	9029	10161	7650	6236	4353
澄海区	40667	601	3266	5428	6377	5581	4586
南澳县	2442	3	101	260	324	268	261
佛山市	**556874**	**8848**	**47592**	**77677**	**99845**	**87181**	**71738**
禅城区	74209	811	6531	11296	13874	11635	9201
南海区	223797	3409	19778	32124	41151	35289	28096
顺德区	193013	3915	16817	26286	34382	30397	25471
三水区	43253	540	3194	5357	6951	6310	5654
高明区	22602	173	1272	2614	3487	3550	3316

4-1 续表 1

单位：人

地区 性别	合计	16-19岁	20-24岁	25-29岁	30-34岁	35-39岁	40-44岁
江门市	**204759**	**1715**	**12588**	**23524**	**31274**	**28826**	**26452**
蓬江区	38267	485	2548	4470	6126	5978	5552
江海区	18874	281	1467	2431	3279	2968	2435
新会区	39803	180	2282	4512	5856	5489	4839
台山市	35440	219	1895	3868	4993	4293	4232
开平市	28807	172	1672	3281	4351	3878	3464
鹤山市	25997	271	1536	2758	3993	4011	3820
恩平市	17571	107	1188	2204	2676	2209	2110
湛江市	**228355**	**2503**	**16103**	**26948**	**30988**	**27841**	**25197**
赤坎区	13852	89	819	1721	2378	2245	1856
霞山区	23707	168	1394	2922	3851	3558	3435
坡头区	13135	96	985	1834	2174	1745	1304
麻章区	16700	210	1455	2370	2468	2117	1724
遂溪县	30157	357	2174	3317	3545	3242	2982
徐闻县	22459	178	1195	2262	2740	2677	2455
廉江市	39452	514	2696	4163	5020	4479	4195
雷州市	39644	533	3036	4527	4923	4509	4219
吴川市	29249	358	2349	3832	3889	3269	3027
茂名市	**215185**	**2936**	**14783**	**25823**	**28121**	**24727**	**22355**
茂南区	39190	381	2876	5482	5984	5113	4787
电白区	48411	700	3505	5678	6423	6149	5324
高州市	50431	618	3073	5786	5958	4966	4344
化州市	43074	808	3253	5298	5771	4960	4328
信宜市	34079	429	2076	3579	3985	3539	3572
肇庆市	**162344**	**2169**	**11289**	**18443**	**22272**	**21787**	**19018**
端州区	21908	82	1027	2577	3614	3620	3261
鼎湖区	8529	50	503	1122	1386	1150	953
高要区	32252	359	2356	3819	4237	4073	3233
广宁县	13516	106	684	1110	1548	1877	1540
怀集县	27383	714	2493	3227	3404	3378	3028
封开县	13618	347	920	1288	1428	1383	1363
德庆县	13534	219	1011	1373	1564	1643	1545
四会市	31604	292	2295	3927	5091	4663	4095
惠州市	**302599**	**9237**	**29105**	**43938**	**51279**	**45359**	**36539**
惠城区	98758	3913	10016	14303	17182	15320	12095
惠阳区	85114	2550	9437	13751	16088	12502	9844
博罗县	55104	1608	4522	6734	8315	8340	7569
惠东县	52339	1079	4520	8029	8147	7419	5675
龙门县	11284	87	610	1121	1547	1778	1356
梅州市	**110628**	**980**	**6230**	**11852**	**14995**	**15363**	**13540**
梅江区	15167	106	869	1863	2573	2321	2015
梅县区	20077	117	1062	2229	3128	2748	2357
大埔县	9154	76	422	834	1111	1082	1193
丰顺县	13232	181	942	1382	1622	1936	1623
五华县	20165	345	1611	2606	2734	2865	2247
平远县	7059	24	250	542	682	829	831
蕉岭县	7249	29	272	609	840	885	883
兴宁市	18525	102	802	1787	2305	2697	2391
汕尾市	**76093**	**1610**	**8364**	**12249**	**11017**	**10232**	**7594**
城　区	14531	187	1420	2372	2219	2065	1452
海丰县	28067	415	2605	4442	4504	4262	2926
陆河县	6256	134	699	975	894	796	628
陆丰市	27239	874	3640	4460	3400	3109	2588

4-1　续表 2

单位：人

地区 性别	合计	16—19岁	20—24岁	25—29岁	30—34岁	35—39岁	40—44岁
河源市	**92956**	**1168**	**5776**	**10247**	**12784**	**14560**	**12948**
源城区	30160	389	2353	4022	5089	5288	4254
紫金县	15798	282	1098	1703	1967	2372	2155
龙川县	17545	230	904	1741	2217	2671	2557
连平县	8231	56	387	669	962	1201	1159
和平县	9625	87	366	816	1138	1374	1364
东源县	11597	124	668	1296	1411	1654	1459
阳江市	**98065**	**729**	**5196**	**10902**	**12843**	**12414**	**12580**
江城区	33063	180	1857	4140	4976	4429	4399
阳东区	20821	159	1224	2475	2788	2724	2732
阳西县	15933	143	1046	1960	1934	1955	1959
阳春市	28248	247	1069	2327	3145	3306	3490
清远市	**146188**	**1450**	**8300**	**15984**	**21538**	**21247**	**18351**
清城区	48193	439	3113	6181	8487	7639	6309
清新区	23700	390	1468	2700	3553	3476	3143
佛冈县	11920	107	730	1427	1795	1881	1388
阳山县	9296	59	533	910	1194	1290	1115
连山壮族瑶族自治县	3155	11	169	284	385	430	331
连南瑶族自治县	4251	47	215	381	477	574	592
英德市	34036	330	1720	3307	4335	4574	4021
连州市	11637	67	352	794	1312	1383	1452
东莞市	**745400**	**24639**	**76957**	**105064**	**139903**	**118140**	**95655**
市辖区	745400	24639	76957	105064	139903	118140	95655
中山市	**246816**	**4970**	**21050**	**32391**	**44461**	**39052**	**33079**
市辖区	246816	4970	21050	32391	44461	39052	33079
潮州市	**104340**	**1198**	**8692**	**13591**	**13528**	**12659**	**11616**
湘桥区	22923	187	1468	2886	3133	3067	2965
潮安区	49835	667	4728	7237	6856	5905	5260
饶平县	31582	344	2496	3468	3539	3687	3391
揭阳市	**219488**	**5815**	**33145**	**41206**	**29966**	**23647**	**17954**
榕城区	37890	467	4421	7487	5535	3900	3249
揭东区	40950	620	5318	7172	5697	4297	3454
揭西县	22112	576	3091	3725	2694	2472	1885
惠来县	32556	1296	5333	5446	3968	3670	2668
普宁市	85980	2856	14982	17376	12072	9308	6698
云浮市	**76277**	**734**	**4788**	**8816**	**10117**	**9651**	**8971**
云城区	16135	96	984	2150	2597	2272	2161
云安区	6915	98	537	921	883	803	669
新兴县	18172	122	1184	2099	2264	2393	2145
郁南县	11315	89	567	1046	1380	1358	1172
罗定市	23740	329	1516	2600	2993	2825	2824
男	**3779739**	**75893**	**355969**	**556789**	**645283**	**538358**	**427046**
广州市	**568103**	**9276**	**59018**	**91886**	**104454**	**83049**	**64201**
荔湾区	25198	265	2227	3639	4232	3748	2905
越秀区	24307	331	1787	3050	3406	3453	3179
海珠区	54687	675	4050	7841	10108	8189	6715
天河区	73801	1293	11201	15814	12960	8935	6917
白云区	124678	2711	14958	21053	23177	17675	13442
黄埔区	45237	637	4870	7884	9790	6962	4686
番禺区	86002	1351	8857	14095	16369	13152	9995
花都区	49760	934	3957	6844	9664	8487	6272
南沙区	31470	496	2895	4532	5754	4380	3599
从化区	13998	132	1058	1828	2126	2017	1809
增城区	38965	451	3158	5306	6868	6051	4682

4-1 续表 3

单位：人

地区 性别	合计	16–19岁	20–24岁	25–29岁	30–34岁	35–39岁	40–44岁
韶关市	**62981**	**433**	**2882**	**5451**	**7266**	**7421**	**7780**
武江区	8697	60	444	851	1275	1174	1197
浈江区	7726	48	395	737	1057	995	1047
曲江区	6931	38	326	608	807	823	892
始兴县	4163	21	150	305	391	465	474
仁化县	4541	27	171	318	444	481	510
翁源县	6919	52	301	669	748	728	666
乳源瑶族自治县	4281	42	202	394	503	549	592
新丰县	3848	27	190	334	441	519	475
乐昌市	7435	60	286	464	661	763	932
南雄市	8440	58	417	771	939	924	995
深圳市	**735410**	**17475**	**83334**	**133796**	**151707**	**113486**	**78892**
罗湖区	36105	594	3431	5642	5971	5394	4554
福田区	53768	1343	6339	9747	9066	7209	5940
南山区	66750	1046	6987	12091	11697	9808	7748
宝安区	208009	5915	24785	39318	45238	32250	21506
龙岗区	166103	3455	17560	28394	33435	26716	19002
盐田区	8094	160	792	999	1261	1225	1043
龙华区	118172	2855	15184	24622	28095	18407	10601
坪山区	24385	612	2489	3856	5063	3918	2770
光明区	54024	1495	5767	9127	11881	8559	5728
珠海市	**79435**	**1319**	**7084**	**11299**	**14003**	**11575**	**9163**
香洲区	46080	813	4250	6526	7793	6411	5350
斗门区	18871	224	1524	2809	3510	2974	2156
金湾区	14484	282	1310	1964	2700	2190	1657
汕头市	**137466**	**2357**	**15119**	**21994**	**20755**	**17243**	**13275**
龙湖区	16677	124	1172	2217	2495	2253	1906
金平区	17652	72	1057	2346	2664	2318	2002
濠江区	6303	72	692	968	949	843	655
潮阳区	38776	837	5624	7291	5791	4420	3149
潮南区	31554	899	4693	5961	4833	3956	2695
澄海区	24831	351	1825	3044	3813	3276	2709
南澳县	1673	2	56	167	210	177	159
佛山市	**338695**	**6043**	**29583**	**46861**	**59252**	**50882**	**41693**
禅城区	43800	509	3690	6461	7941	6599	5154
南海区	136107	2244	12188	19286	24390	20736	16559
顺德区	117802	2792	10755	16176	20619	17695	14713
三水区	27118	386	2107	3344	4220	3799	3381
高明区	13868	112	843	1594	2082	2053	1886
江门市	**121080**	**1200**	**7586**	**13752**	**18093**	**16319**	**14855**
蓬江区	21676	346	1503	2410	3293	3121	3011
江海区	11251	209	918	1470	1904	1699	1370
新会区	23554	136	1377	2651	3368	3142	2715
台山市	21350	146	1104	2320	3039	2554	2440
开平市	17077	111	982	1950	2547	2206	1962
鹤山市	15287	178	951	1594	2301	2253	2129
恩平市	10885	74	751	1357	1641	1344	1228
湛江市	**141202**	**1638**	**10002**	**17037**	**19623**	**17264**	**14816**
赤坎区	7991	51	434	937	1348	1216	1011
霞山区	13980	81	751	1619	2202	2054	1917
坡头区	8702	63	669	1205	1547	1194	841
麻章区	10939	144	950	1604	1673	1435	1085
遂溪县	18182	237	1352	2078	2267	1989	1716
徐闻县	13107	124	765	1401	1599	1507	1372
廉江市	24472	341	1704	2725	3084	2812	2485
雷州市	24548	354	1845	2861	3221	2870	2453
吴川市	19281	243	1532	2607	2682	2187	1936

4-1　续表 4　　　　单位：人

地　区 性　别	合计	16—19岁	20—24岁	25—29岁	30—34岁	35—39岁	40—44岁
茂名市	**130723**	**1948**	**9344**	**16241**	**17127**	**14787**	**12793**
茂南区	23866	265	1785	3381	3594	3041	2699
电白区	31565	462	2322	3820	4291	4083	3313
高州市	29232	406	1938	3502	3455	2765	2327
化州市	26451	524	2081	3412	3529	2985	2544
信宜市	19609	291	1218	2126	2258	1913	1910
肇庆市	**94585**	**1390**	**6733**	**10683**	**12635**	**12431**	**10535**
端州区	12413	51	582	1396	1876	1900	1733
鼎湖区	5164	39	324	662	824	688	569
高要区	18825	250	1457	2262	2486	2381	1788
广宁县	7974	81	453	676	854	1079	843
怀集县	15319	422	1356	1801	1898	1924	1640
封开县	7820	212	512	725	810	775	737
德庆县	7704	133	590	772	843	896	828
四会市	19366	202	1459	2389	3044	2788	2397
惠州市	**186995**	**5997**	**18330**	**26727**	**30878**	**27037**	**21862**
惠城区	60121	2469	6127	8420	10134	8977	7102
惠阳区	55072	1712	6348	8972	10207	7823	6127
博罗县	33786	1083	2873	4097	4844	4866	4469
惠东县	31201	669	2626	4592	4781	4371	3361
龙门县	6815	64	356	646	912	1000	803
梅州市	**66932**	**599**	**3668**	**6957**	**8666**	**8639**	**7336**
梅江区	8775	70	479	1024	1411	1223	1081
梅县区	11927	73	615	1299	1774	1582	1247
大埔县	5683	51	239	480	692	648	679
丰顺县	8184	107	561	806	989	1143	885
五华县	12568	198	968	1589	1633	1637	1281
平远县	4133	14	140	307	343	431	429
蕉岭县	4343	18	169	355	481	506	468
兴宁市	11319	68	497	1097	1343	1469	1266
汕尾市	**53942**	**938**	**5091**	**8178**	**7772**	**7259**	**5264**
城　区	10192	98	845	1545	1524	1455	998
海丰县	18966	269	1596	2820	2950	2861	1917
陆河县	4470	85	449	652	653	544	419
陆丰市	20314	486	2201	3161	2645	2399	1930
河源市	**55084**	**745**	**3337**	**5953**	**7121**	**7959**	**7176**
源城区	17376	241	1362	2283	2761	2839	2317
紫金县	9742	180	672	1050	1148	1327	1244
龙川县	10379	149	507	1007	1227	1476	1397
连平县	4804	36	216	368	542	656	628
和平县	5687	51	205	462	625	717	750
东源县	7096	88	375	783	818	944	840
阳江市	**59527**	**458**	**3252**	**6751**	**7737**	**7305**	**7093**
江城区	19657	110	1145	2466	2928	2565	2421
阳东区	12641	91	778	1563	1721	1622	1561
阳西县	10439	100	696	1321	1286	1264	1173
阳春市	16790	157	633	1401	1802	1854	1938
清远市	**87246**	**993**	**5019**	**9384**	**12234**	**12112**	**10273**
清城区	28668	296	1938	3541	4797	4389	3605
清新区	13868	257	894	1590	2021	1884	1729
佛冈县	7284	74	445	904	1038	1069	801
阳山县	5744	43	333	557	694	772	615
连山壮族瑶族自治县	1930	8	99	169	226	264	181
连南瑶族自治县	2470	32	116	221	265	310	339
英德市	20142	235	984	1930	2443	2609	2188
连州市	7140	48	210	472	750	815	815

4-1 续表 5

单位：人

地区 性别	合计	16-19岁	20-24岁	25-29岁	30-34岁	35-39岁	40-44岁
东莞市	**459817**	**15559**	**47593**	**65488**	**85514**	**72117**	**57564**
市辖区	459817	15559	47593	65488	85514	72117	57564
中山市	**147123**	**3158**	**12878**	**19327**	**26162**	**22628**	**19031**
市辖区	147123	3158	12878	19327	26162	22628	19031
潮州市	**66068**	**727**	**4842**	**8361**	**8480**	**7620**	**6816**
湘桥区	13848	116	755	1666	1804	1681	1639
潮安区	32241	410	2701	4540	4410	3684	3177
饶平县	19979	201	1386	2155	2266	2255	2000
揭阳市	**142050**	**3149**	**18310**	**25441**	**19887**	**15635**	**11531**
榕城区	26184	275	2609	4759	3819	2691	2172
揭东区	27217	378	3072	4504	3782	2876	2244
揭西县	14226	332	1705	2258	1742	1662	1180
惠来县	20559	603	2751	3403	2638	2421	1746
普宁市	53864	1561	8173	10517	7906	5985	4189
云浮市	**45275**	**491**	**2964**	**5222**	**5917**	**5590**	**5097**
云城区	9757	70	608	1274	1524	1348	1247
云安区	4500	67	366	590	582	514	413
新兴县	10203	75	710	1172	1224	1316	1161
郁南县	6736	62	354	620	841	791	669
罗定市	14079	217	926	1566	1746	1621	1607
女	**2424023**	**44329**	**249146**	**375680**	**426504**	**363415**	**299840**
广州市	**393917**	**5851**	**46974**	**69317**	**74269**	**60134**	**47784**
荔湾区	19130	175	1962	3256	3596	3193	2573
越秀区	20200	132	1540	2836	3358	3631	3287
海珠区	42785	406	3592	6936	8589	7017	5955
天河区	53152	897	9458	12160	8990	6692	5384
白云区	85762	2063	13109	15993	15337	11654	9333
黄埔区	26718	323	3147	5243	6089	4265	2836
番禺区	59870	868	7320	10467	11531	9290	7178
花都区	33246	502	2597	4863	6906	6065	4390
南沙区	18341	213	1489	2533	3586	2760	2232
从化区	9510	67	730	1219	1539	1514	1413
增城区	25203	205	2030	3811	4748	4053	3203
韶关市	**45143**	**271**	**1999**	**4226**	**5957**	**6217**	**6438**
武江区	6524	46	366	737	1061	1117	1063
浈江区	5448	30	273	622	840	892	842
曲江区	4530	27	195	417	520	637	703
始兴县	3580	22	118	231	368	433	435
仁化县	3135	4	83	232	397	380	411
翁源县	4986	17	193	530	654	607	602
乳源瑶族自治县	3170	27	179	322	465	472	465
新丰县	2542	12	112	220	319	378	400
乐昌市	5156	32	154	325	579	612	740
南雄市	6072	54	326	590	754	689	777
深圳市	**460217**	**9687**	**60569**	**92408**	**95964**	**70710**	**50292**
罗湖区	26919	429	3491	5179	4836	4307	3242
福田区	39095	660	5042	8059	6936	5764	4521
南山区	44609	596	5389	9440	8333	6809	5240
宝安区	127174	3256	17160	25370	27746	19341	13573
龙岗区	104928	2023	13661	20368	21791	16480	11817
盐田区	4895	76	523	747	882	766	668
龙华区	68873	1563	10569	15773	15540	10145	6162
坪山区	13543	292	1369	2191	3110	2364	1628
光明区	30181	792	3365	5281	6790	4734	3441

4-1　续表 6

单位：人

地区 性别	合计	16-19岁	20-24岁	25-29岁	30-34岁	35-39岁	40-44岁
珠海市	**51496**	**714**	**4724**	**7715**	**9872**	**8419**	**6712**
香洲区	31154	460	2994	4789	5797	4976	4171
斗门区	12178	128	976	1760	2447	2044	1490
金湾区	8164	126	754	1166	1628	1399	1051
汕头市	**83227**	**2138**	**13454**	**15722**	**12609**	**10833**	**8762**
龙湖区	11101	96	981	1839	1876	1757	1510
金平区	12282	77	1033	2052	2175	1860	1737
濠江区	3116	46	590	638	461	388	284
潮阳区	20301	815	5028	4516	2602	2152	1594
潮南区	19822	853	4336	4200	2817	2280	1658
澄海区	15836	250	1441	2384	2564	2305	1877
南澳县	769	1	45	93	114	91	102
佛山市	**218179**	**2805**	**18009**	**30816**	**40593**	**36299**	**30045**
禅城区	30409	302	2841	4835	5933	5036	4047
南海区	87690	1165	7590	12838	16761	14553	11537
顺德区	75211	1123	6062	10110	13763	12702	10758
三水区	16135	154	1087	2013	2731	2511	2273
高明区	8734	61	429	1020	1405	1497	1430
江门市	**83679**	**515**	**5002**	**9772**	**13181**	**12507**	**11597**
蓬江区	16591	139	1045	2060	2833	2857	2541
江海区	7623	72	549	961	1375	1269	1065
新会区	16249	44	905	1861	2488	2347	2124
台山市	14090	73	791	1548	1954	1739	1792
开平市	11730	61	690	1331	1804	1672	1502
鹤山市	10710	93	585	1164	1692	1758	1691
恩平市	6686	33	437	847	1035	865	882
湛江市	**87153**	**865**	**6101**	**9911**	**11365**	**10577**	**10381**
赤坎区	5861	38	385	784	1030	1029	845
霞山区	9727	87	643	1303	1649	1504	1518
坡头区	4433	33	316	629	627	551	463
麻章区	5761	66	505	766	795	682	639
遂溪县	11975	120	822	1239	1278	1253	1266
徐闻县	9352	54	430	861	1141	1170	1083
廉江市	14980	173	992	1438	1936	1667	1710
雷州市	15096	179	1191	1666	1702	1639	1766
吴川市	9968	115	817	1225	1207	1082	1091
茂名市	**84462**	**988**	**5439**	**9582**	**10994**	**9940**	**9562**
茂南区	15324	116	1091	2101	2390	2072	2088
电白区	16846	238	1183	1858	2132	2066	2011
高州市	21199	212	1135	2284	2503	2201	2017
化州市	16623	284	1172	1886	2242	1975	1784
信宜市	14470	138	858	1453	1727	1626	1662
肇庆市	**67759**	**779**	**4556**	**7760**	**9637**	**9356**	**8483**
端州区	9495	31	445	1181	1738	1720	1528
鼎湖区	3365	11	179	460	562	462	384
高要区	13427	109	899	1557	1751	1692	1445
广宁县	5542	25	231	434	694	798	697
怀集县	12064	292	1137	1426	1506	1454	1388
封开县	5798	135	408	563	618	608	626
德庆县	5830	86	421	601	721	747	717
四会市	12238	90	836	1538	2047	1875	1698
惠州市	**115604**	**3240**	**10775**	**17211**	**20401**	**18322**	**14677**
惠城区	38637	1444	3889	5883	7048	6343	4993
惠阳区	30042	838	3089	4779	5881	4679	3717
博罗县	21318	525	1649	2637	3471	3474	3100
惠东县	21138	410	1894	3437	3366	3048	2314
龙门县	4469	23	254	475	635	778	553

4-1 续表 7

单位：人

地区 性别	合计	16-19岁	20-24岁	25-29岁	30-34岁	35-39岁	40-44岁
梅州市	**43696**	**381**	**2562**	**4895**	**6329**	**6724**	**6204**
梅江区	6392	36	390	839	1162	1098	934
梅县区	8150	44	447	930	1354	1166	1110
大埔县	3471	25	183	354	419	434	514
丰顺县	5048	74	381	576	633	793	738
五华县	7597	147	643	1017	1101	1228	966
平远县	2926	10	110	235	339	398	402
蕉岭县	2906	11	103	254	359	379	415
兴宁市	7206	34	305	690	962	1228	1125
汕尾市	**22151**	**672**	**3273**	**4071**	**3245**	**2973**	**2330**
城　区	4339	89	575	827	695	610	454
海丰县	9101	146	1009	1622	1554	1401	1009
陆河县	1786	49	250	323	241	252	209
陆丰市	6925	388	1439	1299	755	710	658
河源市	**37872**	**423**	**2439**	**4294**	**5663**	**6601**	**5772**
源城区	12784	148	991	1739	2328	2449	1937
紫金县	6056	102	426	653	819	1045	911
龙川县	7166	81	397	734	990	1195	1160
连平县	3427	20	171	301	420	545	531
和平县	3938	36	161	354	513	657	614
东源县	4501	36	293	513	593	710	619
阳江市	**38538**	**271**	**1944**	**4151**	**5106**	**5109**	**5487**
江城区	13406	70	712	1674	2048	1864	1978
阳东区	8180	68	446	912	1067	1102	1171
阳西县	5494	43	350	639	648	691	786
阳春市	11458	90	436	926	1343	1452	1552
清远市	**58942**	**457**	**3281**	**6600**	**9304**	**9135**	**8078**
清城区	19525	143	1175	2640	3690	3250	2704
清新区	9832	133	574	1110	1532	1592	1414
佛冈县	4636	33	285	523	757	812	587
阳山县	3552	16	200	353	500	518	500
连山壮族瑶族自治县	1225	3	70	115	159	166	150
连南瑶族自治县	1781	15	99	160	212	264	253
英德市	13894	95	736	1377	1892	1965	1833
连州市	4497	19	142	322	562	568	637
东莞市	**285583**	**9080**	**29364**	**39576**	**54389**	**46023**	**38091**
市辖区	285583	9080	29364	39576	54389	46023	38091
中山市	**99693**	**1812**	**8172**	**13064**	**18299**	**16424**	**14048**
市辖区	99693	1812	8172	13064	18299	16424	14048
潮州市	**38272**	**471**	**3850**	**5230**	**5048**	**5039**	**4800**
湘桥区	9075	71	713	1220	1329	1386	1326
潮安区	17594	257	2027	2697	2446	2221	2083
饶平县	11603	143	1110	1313	1273	1432	1391
揭阳市	**77438**	**2666**	**14835**	**15765**	**10079**	**8012**	**6423**
榕城区	11706	192	1812	2728	1716	1209	1077
揭东区	13733	242	2246	2668	1915	1421	1210
揭西县	7886	244	1386	1467	952	810	705
惠来县	11997	693	2582	2043	1330	1249	922
普宁市	32116	1295	6809	6859	4166	3323	2509
云浮市	**31002**	**243**	**1824**	**3594**	**4200**	**4061**	**3874**
云城区	6378	26	376	876	1073	924	914
云安区	2415	31	171	331	301	289	256
新兴县	7969	47	474	927	1040	1077	984
郁南县	4579	27	213	426	539	567	503
罗定市	9661	112	590	1034	1247	1204	1217

4-1　续表 8　　　　单位：人

地　区 性　别	45-49岁	50-54岁	55-59岁	60-64岁	65-69岁	70-74岁	75岁及以　上
广　东	**752761**	**568928**	**328709**	**108626**	**57301**	**19121**	**10064**
广州市	**113849**	**77729**	**41084**	**8349**	**3518**	**894**	**384**
荔湾区	5589	3978	2578	288	88	25	11
越秀区	6661	4519	2878	332	95	18	14
海珠区	12793	8708	4966	681	195	41	15
天河区	12314	8470	4437	724	237	37	33
白云区	23738	15988	7787	1555	628	172	67
黄埔区	7411	4793	2360	447	167	31	14
番禺区	17155	11141	5282	1161	516	98	46
花都区	9994	6855	3273	870	378	106	49
南沙区	6750	4824	2510	713	392	109	44
从化区	3345	2524	1532	394	185	57	19
增城区	8099	5929	3481	1184	637	200	72
韶关市	**17451**	**16498**	**11368**	**3652**	**1923**	**618**	**273**
武江区	2529	1848	1136	193	81	23	20
浈江区	2157	1763	1114	209	106	35	12
曲江区	1988	1737	1079	355	208	77	24
始兴县	1291	1420	1090	275	168	62	24
仁化县	1270	1386	964	313	192	62	31
翁源县	1829	1997	1429	542	248	66	27
乳源瑶族自治县	1055	971	686	291	162	50	24
新丰县	893	949	686	262	117	40	16
乐昌市	2082	2115	1568	630	382	143	63
南雄市	2357	2312	1616	582	259	60	32
深圳市	**116982**	**75675**	**35070**	**7004**	**2167**	**322**	**87**
罗湖区	7508	5119	2699	461	138	23	6
福田区	10180	7381	3843	610	175	36	12
南山区	12500	8587	4117	714	218	29	10
宝安区	30325	18696	8271	1788	546	77	22
龙岗区	28415	17882	7818	1592	530	78	14
盐田区	1798	1253	670	101	20	3	2
龙华区	13736	8574	3997	909	266	36	11
坪山区	4104	2662	1172	263	57	7	1
光明区	8416	5521	2483	566	217	33	9
珠海市	**17470**	**12314**	**6635**	**1282**	**496**	**98**	**37**
香洲区	10559	7475	3906	655	239	47	23
斗门区	3930	2784	1649	405	190	39	10
金湾区	2981	2055	1080	222	67	12	4
汕头市	**24272**	**19588**	**13233**	**5305**	**2914**	**822**	**298**
龙湖区	3938	2853	1781	586	286	76	32
金平区	4309	3236	2278	450	194	60	14
濠江区	984	831	522	307	146	39	4
潮阳区	5417	4650	2950	1330	661	174	76
潮南区	4541	3694	2214	916	553	190	87
澄海区	4766	3987	3173	1558	997	266	81
南澳县	317	337	315	158	77	17	4
佛山市	**76748**	**52107**	**25476**	**5958**	**2729**	**725**	**250**
禅城区	10017	6703	3334	538	202	44	23
南海区	30120	20274	9787	2333	1065	269	102
顺德区	26434	17815	8407	1936	872	228	53
三水区	6768	4781	2488	707	362	103	38
高明区	3409	2534	1460	444	228	81	34

4-1 续表 9

单位：人

地区 性别	45-49岁	50-54岁	55-59岁	60-64岁	65-69岁	70-74岁	75岁及以上
江门市	**29887**	**23846**	**15748**	**5886**	**3506**	**1131**	**376**
蓬江区	5783	4010	2392	535	285	77	26
江海区	2634	1836	975	324	171	58	15
新会区	6101	4689	3389	1263	858	274	71
台山市	4963	4810	3263	1522	913	324	145
开平市	4194	3636	2424	960	569	152	54
鹤山市	3817	2784	1797	664	369	139	38
恩平市	2395	2081	1508	618	341	107	27
湛江市	**27613**	**27055**	**21007**	**11320**	**6920**	**2982**	**1878**
赤坎区	2054	1423	918	212	105	25	7
霞山区	3572	2679	1541	366	153	42	26
坡头区	1239	1379	1055	666	422	149	87
麻章区	1717	1708	1374	775	444	220	118
遂溪县	3421	3751	3102	1974	1278	592	422
徐闻县	2946	3056	2456	1358	729	278	129
廉江市	4304	4745	4051	2381	1661	768	475
雷州市	5085	5222	3985	2015	988	356	246
吴川市	3275	3092	2525	1573	1140	552	368
茂名市	**25639**	**26121**	**20211**	**11492**	**7408**	**3299**	**2270**
茂南区	5341	4446	2779	1059	604	225	113
电白区	5364	5425	4217	2727	1653	759	487
高州市	5880	6799	5633	3253	2372	982	767
化州市	4855	4819	3914	2349	1504	731	484
信宜市	4199	4632	3668	2104	1275	602	419
肇庆市	**22752**	**20664**	**13783**	**5099**	**3294**	**1141**	**633**
端州区	3782	2377	1268	207	60	21	12
鼎湖区	1084	1083	701	250	192	32	23
高要区	4216	4131	2831	1303	1091	414	189
广宁县	1975	1984	1514	639	396	95	48
怀集县	3604	3476	2328	898	516	192	125
封开县	1850	2085	1645	643	388	164	114
德庆县	1854	1836	1432	532	326	119	80
四会市	4387	3692	2064	627	325	104	42
惠州市	**36993**	**27848**	**15058**	**4265**	**1985**	**616**	**377**
惠城区	11877	8439	4119	907	412	111	64
惠阳区	9665	6778	3304	784	307	75	29
博罗县	7592	5754	3158	1004	363	98	47
惠东县	6330	5331	3407	1208	712	274	208
龙门县	1529	1546	1070	362	191	58	29
梅州市	**16798**	**14725**	**10109**	**3536**	**1711**	**522**	**267**
梅江区	2367	1698	987	212	107	32	17
梅县区	2790	2497	1901	725	364	119	40
大埔县	1292	1265	1036	493	230	79	41
丰顺县	1890	1643	1173	513	222	67	38
五华县	2855	2595	1532	473	208	62	32
平远县	1298	1252	874	269	151	37	20
蕉岭县	1202	1091	826	324	183	56	49
兴宁市	3104	2684	1780	527	246	70	30
汕尾市	**8785**	**7745**	**4704**	**2022**	**1095**	**463**	**213**
城　区	1736	1593	885	341	172	67	22
海丰县	3471	2759	1615	585	292	134	57
陆河县	794	654	414	159	77	22	10
陆丰市	2784	2739	1790	937	554	240	124

4-1 续表 10

单位：人

地区 性别	45—49岁	50—54岁	55—59岁	60—64岁	65—69岁	70—74岁	75岁及以上
河源市	**13548**	**11404**	**6839**	**2326**	**940**	**254**	**162**
源城区	4183	2857	1271	313	102	22	17
紫金县	2334	1979	1305	388	146	33	36
龙川县	2506	2326	1554	532	214	62	31
连平县	1190	1252	799	365	126	46	19
和平县	1510	1416	910	357	200	45	42
东源县	1825	1574	1000	371	152	46	17
阳江市	**13828**	**12949**	**9185**	**3697**	**2364**	**923**	**455**
江城区	4808	4049	2598	912	499	160	56
阳东区	2746	2424	1714	811	580	285	159
阳西县	2059	1987	1493	679	431	184	103
阳春市	4215	4489	3380	1295	854	294	137
清远市	**19960**	**18645**	**12618**	**4441**	**2489**	**805**	**360**
清城区	6380	5053	3055	786	504	179	68
清新区	3243	2772	1844	602	336	107	66
佛冈县	1542	1560	947	281	187	56	19
阳山县	1301	1395	934	361	142	43	19
连山壮族瑶族自治县	447	465	371	144	82	22	14
连南瑶族自治县	584	673	445	145	86	21	11
英德市	4821	4822	3529	1451	768	241	117
连州市	1642	1905	1493	671	384	136	46
东莞市	**91882**	**58861**	**25493**	**5852**	**2313**	**461**	**180**
市辖区	91882	58861	25493	5852	2313	461	180
中山市	**34026**	**23420**	**10746**	**2493**	**868**	**188**	**72**
市辖区	34026	23420	10746	2493	868	188	72
潮州市	**13902**	**12531**	**8981**	**4119**	**2416**	**805**	**302**
湘桥区	3300	2611	1941	703	449	160	53
潮安区	6397	5685	3889	1803	975	314	119
饶平县	4205	4235	3151	1613	992	331	130
揭阳市	**20447**	**19050**	**13835**	**7599**	**4456**	**1482**	**886**
榕城区	3822	3687	2802	1364	773	270	113
揭东区	3958	3873	2981	1910	1144	364	162
揭西县	2181	2160	1652	857	511	174	134
惠来县	2907	2840	2066	1248	708	246	160
普宁市	7579	6490	4334	2220	1320	428	317
云浮市	**9929**	**10153**	**7526**	**2929**	**1789**	**570**	**304**
云城区	2237	1942	1189	276	143	58	30
云安区	875	965	709	247	137	46	25
新兴县	2508	2339	1708	678	497	158	77
郁南县	1327	1743	1457	610	392	107	67
罗定市	2982	3164	2463	1118	620	201	105
男	**439970**	**367421**	**236270**	**76566**	**39911**	**13452**	**6811**
广州市	**65626**	**50472**	**31056**	**5866**	**2372**	**593**	**234**
荔湾区	3012	2685	2191	217	58	14	5
越秀区	3509	2930	2339	232	73	10	8
海珠区	6950	5646	3866	476	135	26	10
天河区	7038	5481	3416	528	174	26	18
白云区	13859	10222	5859	1125	438	116	43
黄埔区	4583	3414	1904	349	123	27	8
番禺区	10015	7092	3840	794	350	66	26
花都区	5893	4378	2339	623	266	72	31
南沙区	4078	3173	1784	464	232	61	22
从化区	1889	1629	1087	265	109	37	12
增城区	4800	3822	2431	793	414	138	51

4-1 续表 11 单位：人

地区 性别	45-49岁	50-54岁	55-59岁	60-64岁	65-69岁	70-74岁	75岁及以上
韶关市	**9577**	**10243**	**7866**	**2325**	**1184**	**388**	**165**
武江区	1350	1245	895	132	45	16	13
浈江区	1220	1130	882	130	64	17	4
曲江区	1115	1147	773	215	132	42	13
始兴县	619	764	658	163	101	38	14
仁化县	715	873	645	181	116	43	17
翁源县	976	1176	968	398	174	45	18
乳源瑶族自治县	613	625	446	179	86	34	16
新丰县	501	563	490	180	90	28	10
乐昌市	1163	1310	1060	386	219	89	42
南雄市	1305	1410	1049	361	157	36	18
深圳市	**71234**	**51466**	**26496**	**5453**	**1753**	**254**	**64**
罗湖区	4463	3519	2051	352	112	17	5
福田区	5875	4794	2848	444	131	23	9
南山区	7649	5862	3130	533	168	22	9
宝安区	18384	12600	6126	1379	436	58	14
龙岗区	17367	12340	6032	1279	443	69	11
盐田区	1107	875	532	82	14	2	2
龙华区	8548	5859	3002	730	232	29	8
坪山区	2595	1880	933	215	47	6	1
光明区	5246	3737	1842	439	170	28	5
珠海市	**10074**	**8289**	**5131**	**1014**	**388**	**73**	**23**
香洲区	6054	5054	3067	524	189	35	14
斗门区	2186	1773	1226	312	140	30	7
金湾区	1834	1462	838	178	59	8	2
汕头市	**15209**	**13822**	**10366**	**4181**	**2266**	**643**	**236**
龙湖区	2314	1985	1419	471	234	60	27
金平区	2488	2229	1903	358	163	45	7
濠江区	684	626	416	246	117	31	4
潮阳区	3743	3581	2448	1121	564	147	60
潮南区	2938	2585	1654	727	405	146	62
澄海区	2841	2566	2278	1135	723	198	72
南澳县	201	250	248	123	60	16	4
佛山市	**44630**	**34231**	**18777**	**4219**	**1890**	**481**	**153**
禅城区	5705	4530	2626	401	141	31	12
南海区	17609	13284	7146	1653	760	184	68
顺德区	15292	11494	6112	1380	604	142	28
三水区	4009	3250	1833	476	220	71	22
高明区	2015	1673	1060	309	165	53	23
江门市	**16466**	**14235**	**11002**	**4043**	**2458**	**818**	**253**
蓬江区	3129	2437	1808	360	192	52	14
江海区	1459	1139	701	217	111	43	11
新会区	3334	2862	2373	809	556	181	50
台山市	2707	2735	2193	1083	680	249	100
开平市	2331	2147	1627	661	403	111	39
鹤山市	2156	1666	1233	458	253	97	18
恩平市	1350	1249	1067	455	263	85	21
湛江市	**15646**	**16222**	**13685**	**7242**	**4562**	**2127**	**1338**
赤坎区	1154	923	695	132	65	20	5
霞山区	2036	1732	1195	245	102	29	17
坡头区	711	817	706	462	298	120	69
麻章区	1022	1068	941	506	285	150	76
遂溪县	1879	2101	1860	1217	820	394	272
徐闻县	1590	1741	1513	781	446	186	82
廉江市	2381	2821	2584	1509	1105	561	360
雷州市	2907	3112	2560	1310	651	245	159
吴川市	1966	1907	1631	1080	790	422	298

4-1　续表 12

单位：人

地　区 性　别	45—49岁	50—54岁	55—59岁	60—64岁	65—69岁	70—74岁	75岁及以　上
茂名市	**14141**	**15199**	**12763**	**7609**	**4936**	**2289**	**1546**
茂南区	3039	2747	1928	706	425	165	91
电白区	3148	3336	2824	1896	1160	547	363
高州市	3019	3730	3304	2090	1535	662	499
化州市	2728	2807	2443	1544	992	519	343
信宜市	2207	2579	2264	1373	824	396	250
肇庆市	**12581**	**12467**	**9089**	**3101**	**1948**	**629**	**363**
端州区	2037	1620	1020	133	42	13	10
鼎湖区	647	652	456	154	118	17	14
高要区	2342	2386	1741	777	603	239	113
广宁县	1064	1167	1006	397	259	59	36
怀集县	1910	1986	1432	518	280	90	62
封开县	1027	1247	1043	367	223	84	58
德庆县	1004	1090	905	333	199	69	42
四会市	2550	2319	1486	422	224	58	28
惠州市	**22007**	**18107**	**10929**	**3060**	**1383**	**429**	**249**
惠城区	7029	5601	3140	688	309	80	45
惠阳区	5986	4526	2445	615	238	55	18
博罗县	4460	3709	2298	719	251	79	38
惠东县	3639	3285	2317	800	459	177	124
龙门县	893	986	729	238	126	38	24
梅州市	**9597**	**9766**	**7505**	**2492**	**1195**	**352**	**160**
梅江区	1306	1141	787	144	78	22	9
梅县区	1529	1567	1364	503	264	82	28
大埔县	768	849	729	332	147	51	18
丰顺县	1108	1116	855	371	169	49	25
五华县	1721	1794	1174	354	150	47	22
平远县	713	814	638	171	100	23	10
蕉岭县	652	730	589	218	105	27	25
兴宁市	1800	1755	1369	399	182	51	23
汕尾市	**6136**	**6007**	**3964**	**1757**	**967**	**424**	**185**
城　区	1199	1233	751	301	158	65	20
海丰县	2294	2020	1311	499	257	121	51
陆河县	526	532	364	144	71	22	9
陆丰市	2117	2222	1538	813	481	216	105
河源市	**7679**	**7451**	**5065**	**1682**	**657**	**165**	**94**
源城区	2357	1875	989	247	80	16	9
紫金县	1346	1341	982	293	110	26	23
龙川县	1393	1491	1143	384	150	37	18
连平县	662	786	544	247	80	29	10
和平县	873	923	661	235	131	30	24
东源县	1048	1035	746	276	106	27	10
阳江市	**7713**	**7870**	**6185**	**2536**	**1624**	**675**	**328**
江城区	2682	2439	1749	627	361	122	42
阳东区	1520	1413	1130	532	392	206	112
阳西县	1215	1258	1047	508	324	160	87
阳春市	2296	2760	2259	869	547	187	87
清远市	**11446**	**11755**	**8647**	**3012**	**1648**	**500**	**223**
清城区	3731	3246	2148	517	336	88	36
清新区	1850	1681	1231	413	214	64	40
佛冈县	886	1006	673	205	136	34	13
阳山县	761	928	659	248	95	29	10
连山壮族瑶族自治县	268	297	243	96	56	14	9
连南瑶族自治县	316	430	286	94	42	14	5
英德市	2699	2943	2387	981	508	155	80
连州市	935	1224	1020	458	261	102	30

4-1 续表 13 单位：人

地区 性别	45-49岁	50-54岁	55-59岁	60-64岁	65-69岁	70-74岁	75岁及以上
东莞市	**53860**	**37554**	**18135**	**4285**	**1716**	**320**	**112**
市辖区	53860	37554	18135	4285	1716	320	112
中山市	**19199**	**14485**	**7625**	**1819**	**629**	**137**	**45**
市辖区	19199	14485	7625	1819	629	137	45
潮州市	**8410**	**8486**	**6687**	**3070**	**1735**	**604**	**230**
湘桥区	1917	1800	1503	505	305	119	38
潮安区	3959	3868	2969	1434	752	244	93
饶平县	2534	2818	2215	1131	678	241	99
揭阳市	**13173**	**13333**	**10444**	**5925**	**3428**	**1165**	**629**
榕城区	2660	2778	2280	1153	657	240	91
揭东区	2536	2744	2274	1496	885	299	127
揭西县	1347	1487	1235	668	388	133	89
惠来县	1869	1970	1512	874	502	162	108
普宁市	4761	4354	3143	1734	996	331	214
云浮市	**5566**	**5961**	**4853**	**1875**	**1172**	**386**	**181**
云城区	1322	1202	823	186	96	37	20
云安区	531	609	512	174	95	33	14
新兴县	1348	1296	1026	413	320	103	39
郁南县	712	1016	926	371	258	72	44
罗定市	1653	1838	1566	731	403	141	64
女	**312791**	**201507**	**92439**	**32060**	**17390**	**5669**	**3253**
广州市	**48223**	**27257**	**10028**	**2483**	**1146**	**301**	**150**
荔湾区	2577	1293	387	71	30	11	6
越秀区	3152	1589	539	100	22	8	6
海珠区	5843	3062	1100	205	60	15	5
天河区	5276	2989	1021	196	63	11	15
白云区	9879	5766	1928	430	190	56	24
黄埔区	2828	1379	456	98	44	4	6
番禺区	7140	4049	1442	367	166	32	20
花都区	4101	2477	934	247	112	34	18
南沙区	2672	1651	726	249	160	48	22
从化区	1456	895	445	129	76	20	7
增城区	3299	2107	1050	391	223	62	21
韶关市	**7874**	**6255**	**3502**	**1327**	**739**	**230**	**108**
武江区	1179	603	241	61	36	7	7
浈江区	937	633	232	79	42	18	8
曲江区	873	590	306	140	76	35	11
始兴县	672	656	432	112	67	24	10
仁化县	555	513	319	132	76	19	14
翁源县	853	821	461	144	74	21	9
乳源瑶族自治县	442	346	240	112	76	16	8
新丰县	392	386	196	82	27	12	6
乐昌市	919	805	508	244	163	54	21
南雄市	1052	902	567	221	102	24	14
深圳市	**45748**	**24209**	**8574**	**1551**	**414**	**68**	**23**
罗湖区	3045	1600	648	109	26	6	1
福田区	4305	2587	995	166	44	13	3
南山区	4851	2725	987	181	50	7	1
宝安区	11941	6096	2145	409	110	19	8
龙岗区	11048	5542	1786	313	87	9	3
盐田区	691	378	138	19	6	1	
龙华区	5188	2715	995	179	34	7	3
坪山区	1509	782	239	48	10	1	
光明区	3170	1784	641	127	47	5	4

4-1　续表 14　　　　单位：人

地　区 性　别	45-49岁	50-54岁	55-59岁	60-64岁	65-69岁	70-74岁	75岁及以上
珠海市	**7396**	**4025**	**1504**	**268**	**108**	**25**	**14**
香洲区	4505	2421	839	131	50	12	9
斗门区	1744	1011	423	93	50	9	3
金湾区	1147	593	242	44	8	4	2
汕头市	**9063**	**5766**	**2867**	**1124**	**648**	**179**	**62**
龙湖区	1624	868	362	115	52	16	5
金平区	1821	1007	375	92	31	15	7
濠江区	300	205	106	61	29	8	
潮阳区	1674	1069	502	209	97	27	16
潮南区	1603	1109	560	189	148	44	25
澄海区	1925	1421	895	423	274	68	9
南澳县	116	87	67	35	17	1	
佛山市	**32118**	**17876**	**6699**	**1739**	**839**	**244**	**97**
禅城区	4312	2173	708	137	61	13	11
南海区	12511	6990	2641	680	305	85	34
顺德区	11142	6321	2295	556	268	86	25
三水区	2759	1531	655	231	142	32	16
高明区	1394	861	400	135	63	28	11
江门市	**13421**	**9611**	**4746**	**1843**	**1048**	**313**	**123**
蓬江区	2654	1573	584	175	93	25	12
江海区	1175	697	274	107	60	15	4
新会区	2767	1827	1016	454	302	93	21
台山市	2256	2075	1070	439	233	75	45
开平市	1863	1489	797	299	166	41	15
鹤山市	1661	1118	564	206	116	42	20
恩平市	1045	832	441	163	78	22	6
湛江市	**11967**	**10833**	**7322**	**4078**	**2358**	**855**	**540**
赤坎区	900	500	223	80	40	5	2
霞山区	1536	947	346	121	51	13	9
坡头区	528	562	349	204	124	29	18
麻章区	695	640	433	269	159	70	42
遂溪县	1542	1650	1242	757	458	198	150
徐闻县	1356	1315	943	577	283	92	47
廉江市	1923	1924	1467	872	556	207	115
雷州市	2178	2110	1425	705	337	111	87
吴川市	1309	1185	894	493	350	130	70
茂名市	**11498**	**10922**	**7448**	**3883**	**2472**	**1010**	**724**
茂南区	2302	1699	851	353	179	60	22
电白区	2216	2089	1393	831	493	212	124
高州市	2861	3069	2329	1163	837	320	268
化州市	2127	2012	1471	805	512	212	141
信宜市	1992	2053	1404	731	451	206	169
肇庆市	**10171**	**8197**	**4694**	**1998**	**1346**	**512**	**270**
端州区	1745	757	248	74	18	8	2
鼎湖区	437	431	245	96	74	15	9
高要区	1874	1745	1090	526	488	175	76
广宁县	911	817	508	242	137	36	12
怀集县	1694	1490	896	380	236	102	63
封开县	823	838	602	276	165	80	56
德庆县	850	746	527	199	127	50	38
四会市	1837	1373	578	205	101	46	14
惠州市	**14986**	**9741**	**4129**	**1205**	**602**	**187**	**128**
惠城区	4848	2838	979	219	103	31	19
惠阳区	3679	2252	859	169	69	20	11
博罗县	3132	2045	860	285	112	19	9
惠东县	2691	2046	1090	408	253	97	84
龙门县	636	560	341	124	65	20	5

4-1 续表 15 单位：人

地区 性别	45-49岁	50-54岁	55-59岁	60-64岁	65-69岁	70-74岁	75岁及以上
梅州市	**7201**	**4959**	**2604**	**1044**	**516**	**170**	**107**
梅江区	1061	557	200	68	29	10	8
梅县区	1261	930	537	222	100	37	12
大埔县	524	416	307	161	83	28	23
丰顺县	782	527	318	142	53	18	13
五华县	1134	801	358	119	58	15	10
平远县	585	438	236	98	51	14	10
蕉岭县	550	361	237	106	78	29	24
兴宁市	1304	929	411	128	64	19	7
汕尾市	**2649**	**1738**	**740**	**265**	**128**	**39**	**28**
城　区	537	360	134	40	14	2	2
海丰县	1177	739	304	86	35	13	6
陆河县	268	122	50	15	6		1
陆丰市	667	517	252	124	73	24	19
河源市	**5869**	**3953**	**1774**	**644**	**283**	**89**	**68**
源城区	1826	982	282	66	22	6	8
紫金县	988	638	323	95	36	7	13
龙川县	1113	835	411	148	64	25	13
连平县	528	466	255	118	46	17	9
和平县	637	493	249	122	69	15	18
东源县	777	539	254	95	46	19	7
阳江市	**6115**	**5079**	**3000**	**1161**	**740**	**248**	**127**
江城区	2126	1610	849	285	138	38	14
阳东区	1226	1011	584	279	188	79	47
阳西县	844	729	446	171	107	24	16
阳春市	1919	1729	1121	426	307	107	50
清远市	**8514**	**6890**	**3971**	**1429**	**841**	**305**	**137**
清城区	2649	1807	907	269	168	91	32
清新区	1393	1091	613	189	122	43	26
佛冈县	656	554	274	76	51	22	6
阳山县	540	467	275	113	47	14	9
连山壮族瑶族自治县	179	168	128	48	26	8	5
连南瑶族自治县	268	243	159	51	44	7	6
英德市	2122	1879	1142	470	260	86	37
连州市	707	681	473	213	123	34	16
东莞市	**38022**	**21307**	**7358**	**1567**	**597**	**141**	**68**
市辖区	38022	21307	7358	1567	597	141	68
中山市	**14827**	**8935**	**3121**	**674**	**239**	**51**	**27**
市辖区	14827	8935	3121	674	239	51	27
潮州市	**5492**	**4045**	**2294**	**1049**	**681**	**201**	**72**
湘桥区	1383	811	438	198	144	41	15
潮安区	2438	1817	920	369	223	70	26
饶平县	1671	1417	936	482	314	90	31
揭阳市	**7274**	**5717**	**3391**	**1674**	**1028**	**317**	**257**
榕城区	1162	909	522	211	116	30	22
揭东区	1422	1129	707	414	259	65	35
揭西县	834	673	417	189	123	41	45
惠来县	1038	870	554	374	206	84	52
普宁市	2818	2136	1191	486	324	97	103
云浮市	**4363**	**4192**	**2673**	**1054**	**617**	**184**	**123**
云城区	915	740	366	90	47	21	10
云安区	344	356	197	73	42	13	11
新兴县	1160	1043	682	265	177	55	38
郁南县	615	727	531	239	134	35	23
罗定市	1329	1326	897	387	217	60	41

4-1a　各地区分性别、年龄的就业人口(城市)

单位：人

地　区 性　别	合计	16-19岁	20-24岁	25-29岁	30-34岁	35-39岁	40-44岁
广　东	**4263943**	**85574**	**436569**	**682690**	**801185**	**655377**	**518035**
广州市	**777751**	**12271**	**89102**	**134878**	**146453**	**116063**	**90482**
荔湾区	44328	440	4189	6895	7828	6941	5478
越秀区	44507	463	3327	5886	6764	7084	6466
海珠区	97472	1081	7642	14777	18697	15206	12670
天河区	126953	2190	20659	27974	21950	15627	12301
白云区	164181	3730	22634	29749	30441	22836	17677
黄埔区	65614	901	7566	12192	14528	10124	6772
番禺区	124404	1863	13934	21130	24067	19484	14851
花都区	54046	907	4140	7765	11241	9638	7083
南沙区	27195	485	2729	4353	5704	4202	3140
从化区	7264	42	489	918	1123	1203	1172
增城区	21787	169	1793	3239	4110	3718	2872
韶关市	**36248**	**206**	**1823**	**3703**	**5306**	**5311**	**5601**
武江区	12957	88	678	1394	2038	2002	1975
浈江区	10334	54	523	1069	1535	1524	1556
曲江区	5807	28	285	549	758	841	934
始兴县							
仁化县							
翁源县							
乳源瑶族自治县							
新丰县							
乐昌市	3243	16	135	266	407	427	520
南雄市	3907	20	202	425	568	517	616
深圳市	**1191170**	**27078**	**143473**	**225614**	**246908**	**183557**	**128689**
罗湖区	63024	1023	6922	10821	10807	9701	7796
福田区	92863	2003	11381	17806	16002	12973	10461
南山区	110863	1639	12346	21487	19964	16539	12914
宝安区	335183	9171	41945	64688	72984	51591	35079
龙岗区	267180	5397	30827	48219	54552	42662	30413
盐田区	12989	236	1315	1746	2143	1991	1711
龙华区	187045	4418	25753	40395	43635	28552	16763
坪山区	37818	904	3852	6044	8150	6255	4383
光明区	84205	2287	9132	14408	18671	13293	9169
珠海市	**99372**	**1631**	**9043**	**14537**	**18144**	**15402**	**12315**
香洲区	72416	1212	6710	10588	12835	10843	9032
斗门区	12450	129	1052	1938	2466	2113	1520
金湾区	14506	290	1281	2011	2843	2446	1763
汕头市	**97961**	**1171**	**9585**	**15704**	**15816**	**13584**	**11407**
龙湖区	23080	177	1704	3257	3758	3424	2972
金平区	29320	144	2033	4300	4732	4113	3690
濠江区	6468	47	831	1091	970	881	687
潮阳区	10400	103	1297	2076	1570	1339	1036
潮南区	16077	413	2645	3230	2600	2010	1423
澄海区	12616	287	1075	1750	2186	1817	1599
南澳县							
佛山市	**498823**	**8026**	**43034**	**70176**	**89977**	**78872**	**64725**
禅城区	60915	660	5443	9283	11254	9573	7710
南海区	211255	3201	18789	30435	38862	33370	26623
顺德区	189889	3879	16552	25861	33794	29951	25087
三水区	17427	139	1120	2236	2973	2812	2387
高明区	19337	147	1130	2361	3094	3166	2918

4-1a 续表 1

单位：人

地区 性别	合计	16-19岁	20-24岁	25-29岁	30-34岁	35-39岁	40-44岁
江门市	**123061**	**1096**	**7710**	**14737**	**20104**	**19021**	**17649**
蓬江区	36966	480	2445	4330	5926	5805	5422
江海区	18874	281	1467	2431	3279	2968	2435
新会区	20730	67	1144	2459	3300	3294	2901
台山市	14234	75	736	1627	2355	2033	2127
开平市	12562	50	737	1550	2014	1867	1719
鹤山市	12176	102	656	1345	1998	2059	2009
恩平市	7519	41	525	995	1232	995	1036
湛江市	**68503**	**516**	**4431**	**8831**	**11167**	**10313**	**9382**
赤坎区	13467	85	795	1682	2314	2194	1828
霞山区	22338	160	1300	2734	3609	3326	3298
坡头区	2702	7	138	366	534	484	343
麻章区	3621	27	287	518	591	525	449
遂溪县	797	6	43	73	85	104	76
徐闻县							
廉江市	8396	69	539	1063	1387	1286	1193
雷州市	8244	74	662	1187	1312	1195	1027
吴川市	8938	88	667	1208	1335	1199	1168
茂名市	**65218**	**465**	**4019**	**8338**	**10269**	**9364**	**9316**
茂南区	25178	154	1660	3221	3878	3597	3650
电白区	8274	70	520	951	1244	1231	1144
高州市	11195	71	607	1449	1821	1602	1575
化州市	10299	102	635	1417	1742	1440	1384
信宜市	10272	68	597	1300	1584	1494	1563
肇庆市	**51566**	**337**	**3192**	**6544**	**8914**	**8336**	**7159**
端州区	21908	82	1027	2577	3614	3620	3261
鼎湖区	4354	24	258	654	782	627	485
高要区	3669	15	215	421	667	719	506
广宁县							
怀集县							
封开县							
德庆县							
四会市	21635	216	1692	2892	3851	3370	2907
惠州市	**140824**	**4270**	**15357**	**22224**	**26724**	**21995**	**16962**
惠城区	76787	2253	7574	11230	13839	12485	9836
惠阳区	62827	1992	7683	10841	12685	9323	6985
博罗县	1210	25	100	153	200	187	141
惠东县							
龙门县							
梅州市	**31814**	**203**	**1758**	**3928**	**5333**	**5162**	**4538**
梅江区	13766	93	793	1704	2379	2149	1859
梅县区	9841	62	602	1390	1815	1646	1340
大埔县							
丰顺县							
五华县	349	12	26	48	54	45	39
平远县							
蕉岭县							
兴宁市	7858	36	337	786	1085	1322	1300
汕尾市	**15811**	**216**	**1712**	**2775**	**2436**	**2100**	**1594**
城　区	9516	125	951	1589	1472	1359	979
海丰县							
陆河县							
陆丰市	6295	91	761	1186	964	741	615

4−1a　续表 2　　　　单位：人

地区 性别	合计	16−19岁	20−24岁	25−29岁	30−34岁	35−39岁	40−44岁
河源市	**25694**	**283**	**1958**	**3424**	**4289**	**4551**	**3686**
源城区	25694	283	1958	3424	4289	4551	3686
紫金县							
龙川县							
连平县							
和平县							
东源县							
阳江市	**41488**	**215**	**2106**	**4910**	**6455**	**5992**	**6091**
江城区	23519	92	1206	2949	3779	3409	3363
阳东区	8701	69	519	1074	1290	1320	1328
阳西县							
阳春市	9268	54	381	887	1386	1263	1400
清远市	**50112**	**460**	**2997**	**6386**	**9078**	**8442**	**7061**
清城区	27264	219	1711	3743	5205	4606	3649
清新区	10311	157	676	1269	1827	1790	1556
佛冈县							
阳山县							
连山壮族瑶族自治县							
连南瑶族自治县							
英德市	7765	73	443	979	1336	1324	1080
连州市	4772	11	167	395	710	722	776
东莞市	**679352**	**22843**	**71003**	**96490**	**128322**	**107977**	**87274**
市辖区	679352	22843	71003	96490	128322	107977	87274
中山市	**150754**	**2820**	**12313**	**19598**	**27473**	**24526**	**20990**
市辖区	150754	2820	12313	19598	27473	24526	20990
潮州市	**38491**	**370**	**2708**	**5230**	**5735**	**5261**	**4921**
湘桥区	16728	106	943	2119	2387	2395	2368
潮安区	21763	264	1765	3111	3348	2866	2553
饶平县							
揭阳市	**59364**	**981**	**7983**	**11932**	**8866**	**6515**	**5299**
榕城区	25394	360	3076	5053	3798	2662	2269
揭东区	13239	144	1666	2521	2014	1475	1139
揭西县							
惠来县							
普宁市	20731	477	3241	4358	3054	2378	1891
云浮市	**20566**	**116**	**1262**	**2731**	**3416**	**3033**	**2894**
云城区	12965	63	767	1793	2246	1919	1794
云安区	678	3	56	89	90	73	71
新兴县							
郁南县							
罗定市	6923	50	439	849	1080	1041	1029
男	**2574381**	**54350**	**254656**	**401659**	**476887**	**387333**	**302748**
广州市	**454483**	**7378**	**48721**	**75847**	**84791**	**66451**	**51216**
荔湾区	25198	265	2227	3639	4232	3748	2905
越秀区	24307	331	1787	3050	3406	3453	3179
海珠区	54687	675	4050	7841	10108	8189	6715
天河区	73801	1293	11201	15814	12960	8935	6917
白云区	96249	2062	11836	16686	18152	13615	10412
黄埔区	41304	602	4585	7322	8995	6306	4212
番禺区	72430	1108	7414	11901	13933	11286	8584
花都区	31836	555	2427	4419	6509	5536	4052
南沙区	17545	343	1832	2842	3559	2586	1983
从化区	4079	27	286	478	589	618	610
增城区	13047	117	1076	1855	2348	2179	1647

4－1a 续表 3

单位：人

地区 性别	合计	16－19岁	20－24岁	25－29岁	30－34岁	35－39岁	40－44岁
韶关市	**20905**	**112**	**1035**	**1960**	**2872**	**2747**	**2963**
武江区	7316	47	365	733	1105	1004	1021
浈江区	5997	32	303	564	839	797	832
曲江区	3438	16	169	296	432	447	507
始兴县							
仁化县							
翁源县							
乳源瑶族自治县							
新丰县							
乐昌市	1870	9	85	144	209	217	270
南雄市	2284	8	113	223	287	282	333
深圳市	**732252**	**17415**	**83019**	**133394**	**151184**	**113031**	**78554**
罗湖区	36105	594	3431	5642	5971	5394	4554
福田区	53768	1343	6339	9747	9066	7209	5940
南山区	66300	1043	6957	12050	11636	9737	7684
宝安区	208009	5915	24785	39318	45238	32250	21506
龙岗区	163455	3398	17278	28035	32986	26345	18735
盐田区	8094	160	792	999	1261	1225	1043
龙华区	118172	2855	15184	24622	28095	18407	10601
坪山区	24325	612	2486	3854	5050	3905	2763
光明区	54024	1495	5767	9127	11881	8559	5728
珠海市	**58573**	**1047**	**5274**	**8323**	**10248**	**8589**	**6911**
香洲区	42333	767	3870	5971	7183	5989	4975
斗门区	7371	74	624	1148	1384	1200	895
金湾区	8869	206	780	1204	1681	1400	1041
汕头市	**59639**	**631**	**5016**	**8804**	**9334**	**7967**	**6601**
龙湖区	13854	95	930	1777	2144	1917	1657
金平区	17232	70	1019	2283	2594	2279	1970
濠江区	4319	25	435	650	650	601	478
潮阳区	6918	53	695	1195	1038	892	688
潮南区	9957	231	1343	1967	1644	1258	893
澄海区	7359	157	594	932	1264	1020	915
南澳县							
佛山市	**301552**	**5467**	**26539**	**42019**	**53052**	**45730**	**37335**
禅城区	35523	414	3021	5217	6374	5355	4225
南海区	128147	2099	11541	18221	22930	19553	15633
顺德区	115753	2766	10566	15894	20256	17406	14476
三水区	10335	91	661	1270	1652	1587	1359
高明区	11794	97	750	1417	1840	1829	1642
江门市	**71461**	**780**	**4537**	**8291**	**11137**	**10383**	**9748**
蓬江区	20939	343	1445	2324	3180	3032	2943
江海区	11251	209	918	1470	1904	1699	1370
新会区	12063	55	661	1360	1776	1787	1600
台山市	8458	54	413	920	1350	1157	1224
开平市	7377	30	410	869	1152	1039	965
鹤山市	6908	60	387	741	1050	1096	1085
恩平市	4465	29	303	607	725	573	561
湛江市	**41169**	**300**	**2500**	**5108**	**6544**	**6081**	**5350**
赤坎区	7769	47	418	916	1301	1188	996
霞山区	13108	75	689	1503	2037	1907	1821
坡头区	1679	5	84	215	314	308	218
麻章区	2272	22	180	335	367	324	271
遂溪县	484	6	27	43	55	62	37
徐闻县							
廉江市	4923	41	309	619	766	767	669
雷州市	5199	46	383	720	855	779	611
吴川市	5735	58	410	757	849	746	727

4-1a　续表 4　　　　单位：人

地区 性别	合计	16—19岁	20—24岁	25—29岁	30—34岁	35—39岁	40—44岁
茂名市	**38567**	**305**	**2454**	**4919**	**5871**	**5265**	**5175**
茂南区	14766	110	994	1846	2171	2005	1977
电白区	5093	45	321	570	766	747	667
高州市	6414	38	377	851	989	890	844
化州市	6264	63	399	898	1052	807	818
信宜市	6030	49	363	754	893	816	869
肇庆市	**30099**	**225**	**1912**	**3689**	**4919**	**4654**	**3939**
端州区	12413	51	582	1396	1876	1900	1733
鼎湖区	2627	18	168	372	458	364	286
高要区	1999	8	113	220	324	392	269
广宁县							
怀集县							
封开县							
德庆县							
四会市	13060	148	1049	1701	2261	1998	1651
惠州市	**87714**	**2841**	**9800**	**13665**	**16172**	**13097**	**10172**
惠城区	46157	1477	4549	6490	8030	7195	5734
惠阳区	40773	1348	5193	7081	8017	5775	4349
博罗县	784	16	58	94	125	127	89
惠东县							
龙门县							
梅州市	**18439**	**124**	**977**	**2188**	**2912**	**2723**	**2388**
梅江区	7916	60	437	936	1294	1116	995
梅县区	5736	38	327	775	979	928	723
大埔县							
丰顺县							
五华县	226	6	19	32	38	26	19
平远县							
蕉岭县							
兴宁市	4561	20	194	445	601	653	651
汕尾市	**11105**	**123**	**998**	**1797**	**1692**	**1509**	**1110**
城　区	6572	67	557	1004	998	948	673
海丰县							
陆河县							
陆丰市	4533	56	441	793	694	561	437
河源市	**14773**	**170**	**1106**	**1912**	**2276**	**2452**	**2020**
源城区	14773	170	1106	1912	2276	2452	2020
紫金县							
龙川县							
连平县							
和平县							
东源县							
阳江市	**24108**	**125**	**1219**	**2786**	**3656**	**3333**	**3303**
江城区	13656	50	699	1684	2141	1903	1819
阳东区	5110	42	318	625	738	756	735
阳西县							
阳春市	5342	33	202	477	777	674	749
清远市	**28471**	**312**	**1727**	**3454**	**4817**	**4622**	**3801**
清城区	15466	143	999	1981	2778	2525	2008
清新区	5839	113	407	716	982	955	814
佛冈县							
阳山县							
连山壮族瑶族自治县							
连南瑶族自治县							
英德市	4404	49	220	539	694	744	563
连州市	2762	7	101	218	363	398	416

4-1a 续表 5 单位：人

地区 性别	合计	16-19岁	20-24岁	25-29岁	30-34岁	35-39岁	40-44岁
东莞市	**417005**	**14380**	**43580**	**59923**	**78157**	**65621**	**52244**
市辖区	417005	14380	43580	59923	78157	65621	52244
中山市	**89012**	**1765**	**7433**	**11495**	**15905**	**14017**	**11981**
市辖区	89012	1765	7433	11495	15905	14017	11981
潮州市	**23921**	**221**	**1484**	**3159**	**3471**	**3037**	**2852**
湘桥区	10053	65	498	1216	1369	1272	1313
潮安区	13868	156	986	1943	2102	1765	1539
饶平县							
揭阳市	**38922**	**552**	**4541**	**7359**	**5929**	**4278**	**3459**
榕城区	17393	213	1807	3189	2613	1812	1504
揭东区	8947	79	993	1601	1357	995	778
揭西县							
惠来县							
普宁市	12582	260	1741	2569	1959	1471	1177
云浮市	**12211**	**77**	**784**	**1567**	**1948**	**1746**	**1626**
云城区	7772	40	478	1044	1290	1127	1019
云安区	430	3	40	55	58	41	47
新兴县							
郁南县							
罗定市	4009	34	266	468	600	578	560
女	**1689562**	**31224**	**181913**	**281031**	**324298**	**268044**	**215287**
广州市	**323268**	**4893**	**40381**	**59031**	**61662**	**49612**	**39266**
荔湾区	19130	175	1962	3256	3596	3193	2573
越秀区	20200	132	1540	2836	3358	3631	3287
海珠区	42785	406	3592	6936	8589	7017	5955
天河区	53152	897	9458	12160	8990	6692	5384
白云区	67932	1668	10798	13063	12289	9221	7265
黄埔区	24310	299	2981	4870	5533	3818	2560
番禺区	51974	755	6520	9229	10134	8198	6267
花都区	22210	352	1713	3346	4732	4102	3031
南沙区	9650	142	897	1511	2145	1616	1157
从化区	3185	15	203	440	534	585	562
增城区	8740	52	717	1384	1762	1539	1225
韶关市	**15343**	**94**	**788**	**1743**	**2434**	**2564**	**2638**
武江区	5641	41	313	661	933	998	954
浈江区	4337	22	220	505	696	727	724
曲江区	2369	12	116	253	326	394	427
始兴县							
仁化县							
翁源县							
乳源瑶族自治县							
新丰县							
乐昌市	1373	7	50	122	198	210	250
南雄市	1623	12	89	202	281	235	283
深圳市	**458918**	**9663**	**60454**	**92220**	**95724**	**70526**	**50135**
罗湖区	26919	429	3491	5179	4836	4307	3242
福田区	39095	660	5042	8059	6936	5764	4521
南山区	44563	596	5389	9437	8328	6802	5230
宝安区	127174	3256	17160	25370	27746	19341	13573
龙岗区	103725	1999	13549	20184	21566	16317	11678
盐田区	4895	76	523	747	882	766	668
龙华区	68873	1563	10569	15773	15540	10145	6162
坪山区	13493	292	1366	2190	3100	2350	1620
光明区	30181	792	3365	5281	6790	4734	3441

4-1a 续表 6

单位：人

地区 性别	合计	16-19岁	20-24岁	25-29岁	30-34岁	35-39岁	40-44岁
珠海市	**40799**	**584**	**3769**	**6214**	**7896**	**6813**	**5404**
香洲区	30083	445	2840	4617	5652	4854	4057
斗门区	5079	55	428	790	1082	913	625
金湾区	5637	84	501	807	1162	1046	722
汕头市	**38322**	**540**	**4569**	**6900**	**6482**	**5617**	**4806**
龙湖区	9226	82	774	1480	1614	1507	1315
金平区	12088	74	1014	2017	2138	1834	1720
濠江区	2149	22	396	441	320	280	209
潮阳区	3482	50	602	881	532	447	348
潮南区	6120	182	1302	1263	956	752	530
澄海区	5257	130	481	818	922	797	684
南澳县							
佛山市	**197271**	**2559**	**16495**	**28157**	**36925**	**33142**	**27390**
禅城区	25392	246	2422	4066	4880	4218	3485
南海区	83108	1102	7248	12214	15932	13817	10990
顺德区	74136	1113	5986	9967	13538	12545	10611
三水区	7092	48	459	966	1321	1225	1028
高明区	7543	50	380	944	1254	1337	1276
江门市	**51600**	**316**	**3173**	**6446**	**8967**	**8638**	**7901**
蓬江区	16027	137	1000	2006	2746	2773	2479
江海区	7623	72	549	961	1375	1269	1065
新会区	8667	12	483	1099	1524	1507	1301
台山市	5776	21	323	707	1005	876	903
开平市	5185	20	327	681	862	828	754
鹤山市	5268	42	269	604	948	963	924
恩平市	3054	12	222	388	507	422	475
湛江市	**27334**	**216**	**1931**	**3723**	**4623**	**4232**	**4032**
赤坎区	5698	38	377	766	1013	1006	832
霞山区	9230	85	611	1231	1572	1419	1477
坡头区	1023	2	54	151	220	176	125
麻章区	1349	5	107	183	224	201	178
遂溪县	313		16	30	30	42	39
徐闻县							
廉江市	3473	28	230	444	621	519	524
雷州市	3045	28	279	467	457	416	416
吴川市	3203	30	257	451	486	453	441
茂名市	**26651**	**160**	**1565**	**3419**	**4398**	**4099**	**4141**
茂南区	10412	44	666	1375	1707	1592	1673
电白区	3181	25	199	381	478	484	477
高州市	4781	33	230	598	832	712	731
化州市	4035	39	236	519	690	633	566
信宜市	4242	19	234	546	691	678	694
肇庆市	**21467**	**112**	**1280**	**2855**	**3995**	**3682**	**3220**
端州区	9495	31	445	1181	1738	1720	1528
鼎湖区	1727	6	90	282	324	263	199
高要区	1670	7	102	201	343	327	237
广宁县							
怀集县							
封开县							
德庆县							
四会市	8575	68	643	1191	1590	1372	1256
惠州市	**53110**	**1429**	**5557**	**8559**	**10552**	**8898**	**6790**
惠城区	30630	776	3025	4740	5809	5290	4102
惠阳区	22054	644	2490	3760	4668	3548	2636
博罗县	426	9	42	59	75	60	52
惠东县							
龙门县							

4—1a 续表 7 单位：人

地　区 性　别	合计	16—19岁	20—24岁	25—29岁	30—34岁	35—39岁	40—44岁
梅州市	**13375**	**79**	**781**	**1740**	**2421**	**2439**	**2150**
梅江区	5850	33	356	768	1085	1033	864
梅县区	4105	24	275	615	836	718	617
大埔县							
丰顺县							
五华县	123	6	7	16	16	19	20
平远县							
蕉岭县							
兴宁市	3297	16	143	341	484	669	649
汕尾市	**4706**	**93**	**714**	**978**	**744**	**591**	**484**
城　区	2944	58	394	585	474	411	306
海丰县							
陆河县							
陆丰市	1762	35	320	393	270	180	178
河源市	**10921**	**113**	**852**	**1512**	**2013**	**2099**	**1666**
源城区	10921	113	852	1512	2013	2099	1666
紫金县							
龙川县							
连平县							
和平县							
东源县							
阳江市	**17380**	**90**	**887**	**2124**	**2799**	**2659**	**2788**
江城区	9863	42	507	1265	1638	1506	1544
阳东区	3591	27	201	449	552	564	593
阳西县							
阳春市	3926	21	179	410	609	589	651
清远市	**21641**	**148**	**1270**	**2932**	**4261**	**3820**	**3260**
清城区	11798	76	712	1762	2427	2081	1641
清新区	4472	44	269	553	845	835	742
佛冈县							
阳山县							
连山壮族瑶族自治县							
连南瑶族自治县							
英德市	3361	24	223	440	642	580	517
连州市	2010	4	66	177	347	324	360
东莞市	**262347**	**8463**	**27423**	**36567**	**50165**	**42356**	**35030**
市辖区	262347	8463	27423	36567	50165	42356	35030
中山市	**61742**	**1055**	**4880**	**8103**	**11568**	**10509**	**9009**
市辖区	61742	1055	4880	8103	11568	10509	9009
潮州市	**14570**	**149**	**1224**	**2071**	**2264**	**2224**	**2069**
湘桥区	6675	41	445	903	1018	1123	1055
潮安区	7895	108	779	1168	1246	1101	1014
饶平县							
揭阳市	**20442**	**429**	**3442**	**4573**	**2937**	**2237**	**1840**
榕城区	8001	147	1269	1864	1185	850	765
揭东区	4292	65	673	920	657	480	361
揭西县							
惠来县							
普宁市	8149	217	1500	1789	1095	907	714
云浮市	**8355**	**39**	**478**	**1164**	**1468**	**1287**	**1268**
云城区	5193	23	289	749	956	792	775
云安区	248		16	34	32	32	24
新兴县							
郁南县							
罗定市	2914	16	173	381	480	463	469

4-1a　续表 8

单位：人

地　区 性　别	45–49岁	50–54岁	55–59岁	60–64岁	65–69岁	70–74岁	75岁及以上
广　东	**511284**	**343779**	**171647**	**37253**	**15188**	**3737**	**1625**
广州市	**90209**	**59831**	**30984**	**5114**	**1788**	**373**	**203**
荔湾区	5589	3978	2578	288	88	25	11
越秀区	6661	4519	2878	332	95	18	14
海珠区	12793	8708	4966	681	195	41	15
天河区	12314	8470	4437	724	237	37	33
白云区	18105	11866	5711	996	334	75	27
黄埔区	6694	4260	2055	353	130	25	14
番禺区	14418	9144	4221	827	370	62	33
花都区	6585	4225	1811	420	158	46	27
南沙区	3165	2116	1000	205	69	13	14
从化区	1154	730	376	35	13	6	3
增城区	2731	1815	951	253	99	25	12
韶关市	**6387**	**4675**	**2707**	**346**	**124**	**40**	**19**
武江区	2211	1553	874	98	30	10	6
浈江区	1722	1348	824	117	43	15	4
曲江区	1158	775	405	43	22	7	2
始兴县							
仁化县							
翁源县							
乳源瑶族自治县							
新丰县							
乐昌市	605	509	297	39	15	4	3
南雄市	691	490	307	49	14	4	4
深圳市	**116369**	**75152**	**34808**	**6964**	**2151**	**320**	**87**
罗湖区	7508	5119	2699	461	138	23	6
福田区	10180	7381	3843	610	175	36	12
南山区	12403	8507	4095	712	218	29	10
宝安区	30325	18696	8271	1788	546	77	22
龙岗区	27919	17448	7583	1555	515	76	14
盐田区	1798	1253	670	101	20	3	2
龙华区	13736	8574	3997	909	266	36	11
坪山区	4084	2653	1167	262	56	7	1
光明区	8416	5521	2483	566	217	33	9
珠海市	**13427**	**8981**	**4745**	**781**	**283**	**57**	**26**
香洲区	9900	6848	3601	569	217	40	21
斗门区	1618	971	521	85	26	9	2
金湾区	1909	1162	623	127	40	8	3
汕头市	**12549**	**9365**	**6027**	**1702**	**756**	**219**	**76**
龙湖区	3382	2385	1404	388	157	54	18
金平区	4261	3173	2212	423	171	55	13
濠江区	693	595	351	201	96	22	3
潮阳区	1131	865	618	223	99	27	16
潮南区	1448	1213	691	230	119	39	16
澄海区	1634	1134	751	237	114	22	10
南澳县							
佛山市	**68614**	**45879**	**21971**	**4736**	**2102**	**528**	**183**
禅城区	8310	5450	2690	356	139	30	17
南海区	28457	19048	9097	2087	954	237	95
顺德区	26007	17514	8251	1872	847	222	52
三水区	2886	1791	858	157	54	6	8
高明区	2954	2076	1075	264	108	33	11

4－1a 续表 9 单位：人

地 区 性 别	45－49岁	50－54岁	55－59岁	60－64岁	65－69岁	70－74岁	75岁及以上
江门市	**19003**	**13118**	**7680**	**1741**	**892**	**241**	**69**
蓬江区	5609	3842	2285	473	255	69	25
江海区	2634	1836	975	324	171	58	15
新会区	3475	2232	1391	242	168	42	15
台山市	2258	1699	945	245	99	31	4
开平市	2038	1492	834	163	82	11	5
鹤山市	1893	1175	702	151	64	19	3
恩平市	1096	842	548	143	53	11	2
湛江市	**9729**	**7335**	**4470**	**1332**	**654**	**218**	**125**
赤坎区	2027	1382	869	187	85	14	5
霞山区	3435	2546	1454	307	118	29	22
坡头区	304	242	167	64	35	11	7
麻章区	414	359	234	130	55	23	9
遂溪县	96	79	99	69	27	27	13
徐闻县							
廉江市	1137	882	538	145	98	36	23
雷州市	1085	891	494	181	98	23	15
吴川市	1231	954	615	249	138	55	31
茂名市	**9440**	**7294**	**4230**	**1364**	**696**	**275**	**148**
茂南区	4020	2886	1500	351	163	60	38
电白区	1093	881	577	311	155	59	38
高州市	1607	1264	737	248	141	50	23
化州市	1270	1031	743	265	150	79	41
信宜市	1450	1232	673	189	87	27	8
肇庆市	**7790**	**5466**	**2909**	**590**	**231**	**63**	**35**
端州区	3782	2377	1268	207	60	21	12
鼎湖区	508	519	327	97	56	12	5
高要区	485	342	194	64	30	6	5
广宁县							
怀集县							
封开县							
德庆县							
四会市	3015	2228	1120	222	85	24	13
惠州市	**15993**	**10698**	**4974**	**1034**	**430**	**114**	**49**
惠城区	9402	6346	2924	546	253	68	31
惠阳区	6392	4231	1986	476	172	43	18
博罗县	199	121	64	12	5	3	
惠东县							
龙门县							
梅州市	**5009**	**3372**	**1908**	**378**	**160**	**41**	**24**
梅江区	2133	1535	849	164	79	18	11
梅县区	1425	902	501	98	38	14	8
大埔县							
丰顺县							
五华县	54	35	28	4	4		
平远县							
蕉岭县							
兴宁市	1397	900	530	112	39	9	5
汕尾市	**1880**	**1640**	**911**	**307**	**143**	**64**	**33**
城 区	1201	1003	553	168	68	34	14
海丰县							
陆河县							
陆丰市	679	637	358	139	75	30	19

4-1a　续表 10　　　　单位：人

地区 性别	45-49岁	50-54岁	55-59岁	60-64岁	65-69岁	70-74岁	75岁及以上
河源市	**3576**	**2442**	**1092**	**269**	**87**	**20**	**17**
源城区	3576	2442	1092	269	87	20	17
紫金县							
龙川县							
连平县							
和平县							
东源县							
阳江市	**6337**	**4972**	**2961**	**846**	**442**	**113**	**48**
江城区	3515	2727	1622	494	264	66	33
阳东区	1243	930	589	193	106	30	10
阳西县							
阳春市	1579	1315	750	159	72	17	5
清远市	**6715**	**5086**	**2833**	**613**	**281**	**108**	**52**
清城区	3449	2638	1489	298	154	72	31
清新区	1403	931	501	131	50	16	4
佛冈县							
阳山县							
连山壮族瑶族自治县							
连南瑶族自治县							
英德市	1064	848	457	97	40	12	12
连州市	799	669	386	87	37	8	5
东莞市	**82808**	**52465**	**22487**	**5104**	**2023**	**403**	**153**
市辖区	82808	52465	22487	5104	2023	403	153
中山市	**20975**	**14007**	**6267**	**1242**	**429**	**79**	**35**
市辖区	20975	14007	6267	1242	429	79	35
潮州市	**5603**	**4396**	**2730**	**899**	**457**	**137**	**44**
湘桥区	2574	1937	1297	329	187	66	20
潮安区	3029	2459	1433	570	270	71	24
饶平县							
揭阳市	**5948**	**5261**	**3593**	**1602**	**924**	**287**	**173**
榕城区	2675	2413	1768	724	410	133	53
揭东区	1265	1269	930	456	284	60	16
揭西县							
惠来县							
普宁市	2008	1579	895	422	230	94	104
云浮市	**2923**	**2344**	**1360**	**289**	**135**	**37**	**26**
云城区	1845	1470	819	143	72	18	16
云安区	90	103	66	24	11	1	1
新兴县							
郁南县							
罗定市	988	771	475	122	52	18	9
男	**298793**	**226105**	**129298**	**27524**	**11252**	**2703**	**1073**
广州市	**51659**	**39047**	**24035**	**3673**	**1281**	**267**	**117**
荔湾区	3012	2685	2191	217	58	14	5
越秀区	3509	2930	2339	232	73	10	8
海珠区	6950	5646	3866	476	135	26	10
天河区	7038	5481	3416	528	174	26	18
白云区	10502	7592	4353	718	244	61	16
黄埔区	4158	3038	1673	283	100	22	8
番禺区	8372	5853	3092	572	255	42	18
花都区	3857	2698	1319	301	116	32	15
南沙区	1988	1442	759	145	45	12	9
从化区	640	489	301	27	8	4	2
增城区	1633	1193	726	174	73	18	8

4-1a 续表 11

单位：人

地区 性别	45-49岁	50-54岁	55-59岁	60-64岁	65-69岁	70-74岁	75岁及以上
韶关市	**3488**	**3165**	**2209**	**242**	**85**	**19**	**8**
武江区	1162	1063	715	72	21	6	2
浈江区	956	884	676	76	31	6	1
曲江区	655	532	338	28	13	3	2
始兴县							
仁化县							
翁源县							
乳源瑶族自治县							
新丰县							
乐昌市	318	345	230	29	10	3	1
南雄市	397	341	250	37	10	1	2
深圳市	**70813**	**51072**	**26295**	**5421**	**1737**	**253**	**64**
罗湖区	4463	3519	2051	352	112	17	5
福田区	5875	4794	2848	444	131	23	9
南山区	7564	5788	3111	531	168	22	9
宝安区	18384	12600	6126	1379	436	58	14
龙岗区	17042	12026	5854	1249	428	68	11
盐田区	1107	875	532	82	14	2	2
龙华区	8548	5859	3002	730	232	29	8
坪山区	2584	1874	929	215	46	6	1
光明区	5246	3737	1842	439	170	28	5
珠海市	**7536**	**6012**	**3725**	**624**	**227**	**43**	**14**
香洲区	5535	4556	2819	455	171	30	12
斗门区	880	648	426	61	22	8	1
金湾区	1121	808	480	108	34	5	1
汕头市	**7642**	**6600**	**4863**	**1346**	**613**	**168**	**54**
龙湖区	2003	1686	1143	314	130	42	16
金平区	2457	2186	1849	335	143	41	6
濠江区	492	457	274	163	75	16	3
潮阳区	817	691	547	178	87	23	14
潮南区	923	864	510	185	99	31	9
澄海区	950	716	540	171	79	15	6
南澳县							
佛山市	**39675**	**30112**	**16294**	**3383**	**1488**	**350**	**108**
禅城区	4650	3714	2155	267	100	23	8
南海区	16633	12479	6659	1489	684	163	63
顺德区	15013	11293	5995	1333	590	138	27
三水区	1643	1242	682	109	31	4	4
高明区	1736	1384	803	185	83	22	6
江门市	**10475**	**8238**	**5820**	**1218**	**614**	**176**	**44**
蓬江区	3037	2351	1736	320	169	45	14
江海区	1459	1139	701	217	111	43	11
新会区	1892	1499	1114	169	109	31	10
台山市	1304	1058	700	169	81	25	3
开平市	1138	943	637	121	62	8	3
鹤山市	1048	747	524	112	42	14	2
恩平市	597	501	408	110	40	10	1
湛江市	**5582**	**4758**	**3359**	**886**	**459**	**150**	**92**
赤坎区	1144	901	668	122	54	11	3
霞山区	1957	1657	1142	205	82	20	13
坡头区	175	162	124	37	24	6	7
麻章区	235	230	164	83	41	14	6
遂溪县	58	51	64	37	15	19	10
徐闻县							
廉江市	616	546	389	93	66	24	18
雷州市	641	586	345	129	77	16	11
吴川市	756	625	463	180	100	40	24

4−1a　续表 12

单位：人

地　区 性　别	45−49岁	50−54岁	55−59岁	60−64岁	65−69岁	70−74岁	75岁及以　上
茂名市	**5325**	**4517**	**3007**	**932**	**478**	**207**	**112**
茂南区	2280	1828	1127	232	122	44	30
电白区	639	537	395	217	110	45	34
高州市	873	766	483	163	86	39	15
化州市	731	619	514	182	97	57	27
信宜市	802	767	488	138	63	22	6
肇庆市	**4348**	**3568**	**2216**	**405**	**161**	**40**	**23**
端州区	2037	1620	1020	133	42	13	10
鼎湖区	313	324	215	66	35	6	2
高要区	270	208	126	44	18	5	2
广宁县							
怀集县							
封开县							
德庆县							
四会市	1728	1416	855	162	66	16	9
惠州市	**9611**	**7297**	**3817**	**799**	**327**	**84**	**32**
惠城区	5494	4262	2259	408	189	49	21
惠阳区	3996	2945	1510	380	136	32	11
博罗县	121	90	48	11	2	3	
惠东县							
龙门县							
梅州市	**2852**	**2250**	**1562**	**286**	**128**	**33**	**16**
梅江区	1174	1025	684	115	59	16	5
梅县区	817	604	424	77	29	9	6
大埔县							
丰顺县							
五华县	32	27	20	3	4		
平远县							
蕉岭县							
兴宁市	829	594	434	91	36	8	5
汕尾市	**1328**	**1275**	**783**	**275**	**127**	**60**	**28**
城　区	819	781	467	155	59	32	12
海丰县							
陆河县							
陆丰市	509	494	316	120	68	28	16
河源市	**2038**	**1632**	**860**	**213**	**71**	**14**	**9**
源城区	2038	1632	860	213	71	14	9
紫金县							
龙川县							
连平县							
和平县							
东源县							
阳江市	**3492**	**3070**	**2086**	**587**	**332**	**82**	**37**
江城区	1957	1676	1132	325	199	45	26
阳东区	687	551	404	143	81	23	7
阳西县							
阳春市	848	843	550	119	52	14	4
清远市	**3752**	**3228**	**2033**	**434**	**192**	**66**	**33**
清城区	1934	1659	1072	203	108	37	19
清新区	788	590	340	89	32	11	2
佛冈县							
阳山县							
连山壮族瑶族自治县							
连南瑶族自治县							
英德市	598	534	342	76	26	11	8
连州市	432	445	279	66	26	7	4

4－1a 续表 13

单位：人

地区 性别	45－49岁	50－54岁	55－59岁	60－64岁	65－69岁	70－74岁	75岁及以上
东莞市	**48330**	**33244**	**15947**	**3707**	**1495**	**282**	**95**
市辖区	48330	33244	15947	3707	1495	282	95
中山市	**11847**	**8746**	**4503**	**930**	**316**	**52**	**22**
市辖区	11847	8746	4503	930	316	52	22
潮州市	**3367**	**3010**	**2145**	**695**	**346**	**101**	**33**
湘桥区	1492	1353	1050	238	123	48	16
潮安区	1875	1657	1095	457	223	53	17
饶平县							
揭阳市	**3941**	**3790**	**2775**	**1273**	**684**	**228**	**113**
榕城区	1878	1827	1438	615	337	114	46
揭东区	842	936	735	357	212	51	11
揭西县							
惠来县							
普宁市	1221	1027	602	301	135	63	56
云浮市	**1692**	**1474**	**964**	**195**	**91**	**28**	**19**
云城区	1095	930	583	94	49	12	11
云安区	56	61	46	17	5	1	
新兴县							
郁南县							
罗定市	541	483	335	84	37	15	8
女	**212491**	**117674**	**42349**	**9729**	**3936**	**1034**	**552**
广州市	**38550**	**20784**	**6949**	**1441**	**507**	**106**	**86**
荔湾区	2577	1293	387	71	30	11	6
越秀区	3152	1589	539	100	22	8	6
海珠区	5843	3062	1100	205	60	15	5
天河区	5276	2989	1021	196	63	11	15
白云区	7603	4274	1358	278	90	14	11
黄埔区	2536	1222	382	70	30	3	6
番禺区	6046	3291	1129	255	115	20	15
花都区	2728	1527	492	119	42	14	12
南沙区	1177	674	241	60	24	1	5
从化区	514	241	75	8	5	2	1
增城区	1098	622	225	79	26	7	4
韶关市	**2899**	**1510**	**498**	**104**	**39**	**21**	**11**
武江区	1049	490	159	26	9	4	4
浈江区	766	464	148	41	12	9	3
曲江区	503	243	67	15	9	4	
始兴县							
仁化县							
翁源县							
乳源瑶族自治县							
新丰县							
乐昌市	287	164	67	10	5	1	2
南雄市	294	149	57	12	4	3	2
深圳市	**45556**	**24080**	**8513**	**1543**	**414**	**67**	**23**
罗湖区	3045	1600	648	109	26	6	1
福田区	4305	2587	995	166	44	13	3
南山区	4839	2719	984	181	50	7	1
宝安区	11941	6096	2145	409	110	19	8
龙岗区	10877	5422	1729	306	87	8	3
盐田区	691	378	138	19	6	1	
龙华区	5188	2715	995	179	34	7	3
坪山区	1500	779	238	47	10	1	
光明区	3170	1784	641	127	47	5	4

4−1a　续表 14

单位：人

地　区 性　别	45−49岁	50−54岁	55−59岁	60−64岁	65−69岁	70−74岁	75岁及以上
珠海市	**5891**	**2969**	**1020**	**157**	**56**	**14**	**12**
香洲区	4365	2292	782	114	46	10	9
斗门区	738	323	95	24	4	1	1
金湾区	788	354	143	19	6	3	2
汕头市	**4907**	**2765**	**1164**	**356**	**143**	**51**	**22**
龙湖区	1379	699	261	74	27	12	2
金平区	1804	987	363	88	28	14	7
濠江区	201	138	77	38	21	6	
潮阳区	314	174	71	45	12	4	2
潮南区	525	349	181	45	20	8	7
澄海区	684	418	211	66	35	7	4
南澳县							
佛山市	**28939**	**15767**	**5677**	**1353**	**614**	**178**	**75**
禅城区	3660	1736	535	89	39	7	9
南海区	11824	6569	2438	598	270	74	32
顺德区	10994	6221	2256	539	257	84	25
三水区	1243	549	176	48	23	2	4
高明区	1218	692	272	79	25	11	5
江门市	**8528**	**4880**	**1860**	**523**	**278**	**65**	**25**
蓬江区	2572	1491	549	153	86	24	11
江海区	1175	697	274	107	60	15	4
新会区	1583	733	277	73	59	11	5
台山市	954	641	245	76	18	6	1
开平市	900	549	197	42	20	3	2
鹤山市	845	428	178	39	22	5	1
恩平市	499	341	140	33	13	1	1
湛江市	**4147**	**2577**	**1111**	**446**	**195**	**68**	**33**
赤坎区	883	481	201	65	31	3	2
霞山区	1478	889	312	102	36	9	9
坡头区	129	80	43	27	11	5	
麻章区	179	129	70	47	14	9	3
遂溪县	38	28	35	32	12	8	3
徐闻县							
廉江市	521	336	149	52	32	12	5
雷州市	444	305	149	52	21	7	4
吴川市	475	329	152	69	38	15	7
茂名市	**4115**	**2777**	**1223**	**432**	**218**	**68**	**36**
茂南区	1740	1058	373	119	41	16	8
电白区	454	344	182	94	45	14	4
高州市	734	498	254	85	55	11	8
化州市	539	412	229	83	53	22	14
信宜市	648	465	185	51	24	5	2
肇庆市	**3442**	**1898**	**693**	**185**	**70**	**23**	**12**
端州区	1745	757	248	74	18	8	2
鼎湖区	195	195	112	31	21	6	3
高要区	215	134	68	20	12	1	3
广宁县							
怀集县							
封开县							
德庆县							
四会市	1287	812	265	60	19	8	4
惠州市	**6382**	**3401**	**1157**	**235**	**103**	**30**	**17**
惠城区	3908	2084	665	138	64	19	10
惠阳区	2396	1286	476	96	36	11	7
博罗县	78	31	16	1	3		
惠东县							
龙门县							

4-1a 续表 15

单位：人

地 区 性 别	45-49岁	50-54岁	55-59岁	60-64岁	65-69岁	70-74岁	75岁及以上
梅州市	**2157**	**1122**	**346**	**92**	**32**	**8**	**8**
梅江区	959	510	165	49	20	2	6
梅县区	608	298	77	21	9	5	2
大埔县							
丰顺县							
五华县	22	8	8	1			
平远县							
蕉岭县							
兴宁市	568	306	96	21	3	1	
汕尾市	**552**	**365**	**128**	**32**	**16**	**4**	**5**
城 区	382	222	86	13	9	2	2
海丰县							
陆河县							
陆丰市	170	143	42	19	7	2	3
河源市	**1538**	**810**	**232**	**56**	**16**	**6**	**8**
源城区	1538	810	232	56	16	6	8
紫金县							
龙川县							
连平县							
和平县							
东源县							
阳江市	**2845**	**1902**	**875**	**259**	**110**	**31**	**11**
江城区	1558	1051	490	169	65	21	7
阳东区	556	379	185	50	25	7	3
阳西县							
阳春市	731	472	200	40	20	3	1
清远市	**2963**	**1858**	**800**	**179**	**89**	**42**	**19**
清城区	1515	979	417	95	46	35	12
清新区	615	341	161	42	18	5	2
佛冈县							
阳山县							
连山壮族瑶族自治县							
连南瑶族自治县							
英德市	466	314	115	21	14	1	4
连州市	367	224	107	21	11	1	1
东莞市	**34478**	**19221**	**6540**	**1397**	**528**	**121**	**58**
市辖区	34478	19221	6540	1397	528	121	58
中山市	**9128**	**5261**	**1764**	**312**	**113**	**27**	**13**
市辖区	9128	5261	1764	312	113	27	13
潮州市	**2236**	**1386**	**585**	**204**	**111**	**36**	**11**
湘桥区	1082	584	247	91	64	18	4
潮安区	1154	802	338	113	47	18	7
饶平县							
揭阳市	**2007**	**1471**	**818**	**329**	**240**	**59**	**60**
榕城区	797	586	330	109	73	19	7
揭东区	423	333	195	99	72	9	5
揭西县							
惠来县							
普宁市	787	552	293	121	95	31	48
云浮市	**1231**	**870**	**396**	**94**	**44**	**9**	**7**
云城区	750	540	236	49	23	6	5
云安区	34	42	20	7	6		1
新兴县							
郁南县							
罗定市	447	288	140	38	15	3	1

4-1b 各地区分性别、年龄的就业人口(镇)

单位：人

地区 性别	合计	16-19岁	20-24岁	25-29岁	30-34岁	35-39岁	40-44岁
广 东	**710578**	**11043**	**60829**	**95531**	**110031**	**102651**	**86060**
广州市	**59888**	**839**	**5174**	**8455**	**11432**	**9427**	**7379**
荔湾区							
越秀区							
海珠区							
天河区							
白云区	10980	240	1452	1868	1942	1477	1174
黄埔区	1796	8	74	216	539	410	236
番禺区	4118	56	477	709	788	555	471
花都区	4767	67	334	612	982	970	642
南沙区	9554	107	664	1145	1593	1270	1199
从化区	3522	62	275	422	566	527	498
增城区	25151	299	1898	3483	5022	4218	3159
韶关市	**24643**	**124**	**1112**	**2307**	**3132**	**3566**	**3531**
武江区	100		3	6	19	11	10
浈江区	725	6	34	70	86	105	97
曲江区	1170	5	59	103	127	156	159
始兴县	3040	16	127	260	388	463	450
仁化县	3247	14	136	293	435	460	456
翁源县	4183	16	172	483	540	591	553
乳源瑶族自治县	3464	21	165	361	512	572	584
新丰县	3246	11	187	329	438	574	530
乐昌市	3088	18	104	200	325	378	416
南雄市	2380	17	125	202	262	256	276
深圳市	**606**	**3**	**36**	**47**	**89**	**105**	**89**
罗湖区							
福田区							
南山区	496	3	30	44	66	78	74
宝安区							
龙岗区							
盐田区							
龙华区							
坪山区	110		6	3	23	27	15
光明区							
珠海市	**19852**	**285**	**1919**	**2843**	**3653**	**2895**	**2329**
香洲区	4695	59	526	715	740	530	482
斗门区	7984	116	671	1112	1577	1351	1006
金湾区	7173	110	722	1016	1336	1014	841
汕头市	**54007**	**1362**	**7868**	**9659**	**8038**	**6765**	**4874**
龙湖区							
金平区							
濠江区	204		20	28	39	26	14
潮阳区	21461	640	3951	4444	3262	2519	1731
潮南区	14282	553	2641	2911	2019	1742	1196
澄海区	16164	166	1178	2069	2467	2264	1728
南澳县	1896	3	78	207	251	214	205
佛山市	**32133**	**449**	**2618**	**4442**	**5884**	**4836**	**3936**
禅城区	13294	151	1088	2013	2620	2062	1491
南海区	3885	60	332	566	791	658	474
顺德区							
三水区	13406	218	1113	1724	2231	1894	1761
高明区	1548	20	85	139	242	222	210

4-1b 续表 1

单位：人

地区 性别	合计	16-19岁	20-24岁	25-29岁	30-34岁	35-39岁	40-44岁
江门市	**19200**	**186**	**1205**	**2103**	**3052**	**2715**	**2402**
蓬江区							
江海区							
新会区	5458	35	335	613	836	668	619
台山市	2881	13	161	310	404	353	326
开平市	4394	32	216	471	745	688	589
鹤山市	4283	90	343	462	732	693	609
恩平市	2184	16	150	247	335	313	259
湛江市	**37406**	**299**	**2507**	**4383**	**5157**	**4895**	**4520**
赤坎区							
霞山区	187	4	15	25	25	28	23
坡头区	2798	22	185	357	450	433	353
麻章区	2477	23	243	417	376	302	245
遂溪县	9332	62	635	1103	1291	1196	1105
徐闻县	8127	45	446	904	1136	1153	1050
廉江市	5400	56	348	530	729	674	681
雷州市	5318	50	364	596	675	655	636
吴川市	3767	37	271	451	475	454	427
茂名市	**29319**	**394**	**1866**	**3505**	**4019**	**3755**	**3287**
茂南区	1625	22	125	275	239	175	132
电白区	11702	148	761	1362	1649	1641	1380
高州市	6340	77	394	791	807	685	683
化州市	6138	111	382	748	920	856	676
信宜市	3514	36	204	329	404	398	416
肇庆市	**36822**	**446**	**2450**	**4103**	**5086**	**5354**	**4642**
端州区							
鼎湖区	2104	18	118	218	304	290	282
高要区	8030	118	608	941	1092	1088	900
广宁县	6037	30	297	555	805	996	784
怀集县	9022	146	699	1171	1320	1383	1138
封开县	5185	89	338	529	668	664	624
德庆县	4369	35	253	467	599	634	619
四会市	2075	10	137	222	298	299	295
惠州市	**82790**	**1748**	**6676**	**11294**	**13383**	**12925**	**10852**
惠城区	6038	157	500	846	1038	924	734
惠阳区	7460	163	567	939	1094	1097	1047
博罗县	33151	740	2696	4235	5394	5241	4701
惠东县	31110	658	2631	4780	5134	4795	3634
龙门县	5031	30	282	494	723	868	736
梅州市	**32563**	**277**	**1947**	**3619**	**4552**	**4953**	**4390**
梅江区	172		14	17	20	20	14
梅县区	1529	11	60	148	240	215	174
大埔县	4413	26	219	468	635	631	679
丰顺县	7792	91	566	877	1080	1222	1021
五华县	9307	112	722	1286	1380	1491	1170
平远县	3654	11	149	311	435	527	498
蕉岭县	3800	16	149	357	534	579	594
兴宁市	1896	10	68	155	228	268	240
汕尾市	**31640**	**522**	**3090**	**4998**	**4939**	**4705**	**3414**
城　区	1696	15	156	278	271	248	172
海丰县	19840	255	1776	3239	3305	3172	2165
陆河县	3607	62	391	553	529	496	361
陆丰市	6497	190	767	928	834	789	716

4−1b 续表 2

单位：人

地区 性别	合计	16−19岁	20−24岁	25−29岁	30−34岁	35−39岁	40−44岁
河源市	**27300**	**285**	**1496**	**2923**	**3944**	**4798**	**4310**
源城区	2448	77	235	320	435	417	307
紫金县	6691	81	383	754	940	1182	1017
龙川县	6590	38	284	686	962	1175	1213
连平县	3653	19	178	300	478	591	550
和平县	3928	26	147	358	536	721	672
东源县	3990	44	269	505	593	712	551
阳江市	**15866**	**98**	**829**	**1787**	**1966**	**2064**	**2030**
江城区	2257	9	103	269	279	251	253
阳东区	2746	12	161	315	338	309	317
阳西县	7660	58	461	945	982	1109	1063
阳春市	3203	19	104	258	367	395	397
清远市	**37042**	**310**	**2072**	**3961**	**5575**	**5831**	**5061**
清城区	13071	144	834	1513	2130	2037	1751
清新区	1655	16	104	174	265	251	237
佛冈县	5477	45	335	672	910	1050	743
阳山县	4755	20	240	501	712	774	694
连山壮族瑶族自治县	1442	3	76	134	188	218	191
连南瑶族自治县	1951	7	81	196	250	293	293
英德市	7609	66	368	704	1021	1084	1029
连州市	1082	9	34	67	99	124	123
东莞市	**6441**	**183**	**536**	**718**	**1125**	**1024**	**905**
市辖区	6441	183	536	718	1125	1024	905
中山市	**64586**	**1520**	**5870**	**8632**	**11743**	**10161**	**8351**
市辖区	64586	1520	5870	8632	11743	10161	8351
潮州市	**28569**	**281**	**2559**	**3733**	**3526**	**3355**	**3042**
湘桥区	3323	37	279	432	432	367	326
潮安区	9974	119	1088	1556	1240	1081	968
饶平县	15272	125	1192	1745	1854	1907	1748
揭阳市	**52454**	**1280**	**7916**	**9858**	**7255**	**6013**	**4464**
榕城区	4055	43	406	799	574	438	334
揭东区	8121	118	1082	1359	1073	859	761
揭西县	6541	115	861	1196	902	788	624
惠来县	13644	416	2134	2470	1756	1580	1160
普宁市	20093	588	3433	4034	2950	2348	1585
云浮市	**17451**	**152**	**1083**	**2161**	**2481**	**2509**	**2252**
云城区							
云安区	1632	22	131	231	218	221	160
新兴县	7978	59	497	1036	1189	1226	1145
郁南县	5577	37	303	625	794	777	663
罗定市	2264	34	152	269	280	285	284
男	**437174**	**6791**	**35871**	**57674**	**66356**	**61048**	**50592**
广州市	**36460**	**557**	**3128**	**4993**	**6761**	**5604**	**4390**
荔湾区							
越秀区							
海珠区							
天河区							
白云区	6610	142	800	1089	1175	890	695
黄埔区	991	4	43	120	271	226	136
番禺区	2645	40	314	445	516	353	295
花都区	2823	48	213	358	542	554	378
南沙区	5993	75	431	719	969	785	705
从化区	2171	42	163	266	343	310	274
增城区	15227	206	1164	1996	2945	2486	1907

4-1b 续表 3

单位：人

地区 性别	合计	16-19岁	20-24岁	25-29岁	30-34岁	35-39岁	40-44岁
韶关市	**13977**	**79**	**641**	**1232**	**1589**	**1870**	**1860**
武江区	51		2	3	8	5	5
浈江区	435	5	19	41	41	56	62
曲江区	714	4	35	61	87	89	94
始兴县	1580	9	67	131	189	215	220
仁化县	1877	11	89	158	207	248	235
翁源县	2308	10	98	235	264	295	262
乳源瑶族自治县	1957	10	86	190	260	289	320
新丰县	1866	8	115	183	227	313	274
乐昌市	1811	12	64	114	164	215	231
南雄市	1378	10	66	116	142	145	157
深圳市	**510**	**3**	**33**	**43**	**74**	**84**	**71**
罗湖区							
福田区							
南山区	450	3	30	41	61	71	64
宝安区							
龙岗区							
盐田区							
龙华区							
坪山区	60		3	2	13	13	7
光明区							
珠海市	**13621**	**197**	**1296**	**1954**	**2461**	**1936**	**1535**
香洲区	3653	44	378	546	595	410	372
斗门区	4986	83	424	722	936	828	605
金湾区	4982	70	494	686	930	698	558
汕头市	**34194**	**717**	**4181**	**5737**	**5198**	**4343**	**3085**
龙湖区							
金平区							
濠江区	140		13	18	22	19	13
潮阳区	13888	321	2089	2748	2229	1700	1157
潮南区	8616	280	1374	1653	1245	1103	733
澄海区	10238	114	660	1185	1543	1382	1057
南澳县	1312	2	45	133	159	139	125
佛山市	**20468**	**302**	**1705**	**2842**	**3657**	**2946**	**2448**
禅城区	8277	95	669	1244	1567	1244	929
南海区	2425	39	210	341	500	399	304
顺德区							
三水区	8768	157	770	1153	1445	1174	1083
高明区	998	11	56	104	145	129	132
江门市	**11661**	**139**	**758**	**1275**	**1861**	**1600**	**1369**
蓬江区							
江海区							
新会区	3248	26	191	369	518	397	339
台山市	1791	10	94	187	273	214	189
开平市	2610	23	140	285	427	380	347
鹤山市	2630	69	231	289	448	406	333
恩平市	1382	11	102	145	195	203	161
湛江市	**23016**	**200**	**1543**	**2769**	**3224**	**2909**	**2659**
赤坎区							
霞山区	128	4	10	18	19	16	16
坡头区	1817	14	124	225	321	276	219
麻章区	1759	12	172	312	269	221	154
遂溪县	5592	37	386	656	811	698	630
徐闻县	4678	30	268	530	640	626	584
廉江市	3238	39	199	322	418	393	393
雷州市	3356	35	213	385	434	389	389
吴川市	2448	29	171	321	312	290	274

4-1b　续表 4

单位：人

地　区 性　别	合计	16-19岁	20-24岁	25-29岁	30-34岁	35-39岁	40-44岁
茂名市	**18009**	**253**	**1143**	**2196**	**2442**	**2203**	**1929**
茂南区	1009	17	76	178	156	109	81
电白区	7563	94	500	882	1079	1040	850
高州市	3837	61	251	501	476	366	397
化州市	3666	61	216	457	512	489	385
信宜市	1934	20	100	178	219	199	216
肇庆市	**21666**	**279**	**1454**	**2385**	**2857**	**3026**	**2645**
端州区							
鼎湖区	1331	17	76	144	190	185	178
高要区	4853	82	378	564	680	650	512
广宁县	3443	21	192	329	407	546	421
怀集县	5198	84	389	656	728	764	650
封开县	2986	53	177	278	362	363	342
德庆县	2524	15	155	263	308	334	354
四会市	1331	7	87	151	182	184	188
惠州市	**49807**	**1097**	**4017**	**6630**	**7813**	**7452**	**6375**
惠城区	3763	76	325	507	637	548	448
惠阳区	4700	106	347	615	680	694	635
博罗县	20136	483	1703	2580	3125	3024	2754
惠东县	18326	406	1488	2677	2956	2742	2122
龙门县	2882	26	154	251	415	444	416
梅州市	**19493**	**171**	**1125**	**2067**	**2592**	**2744**	**2369**
梅江区	118		6	10	13	15	9
梅县区	944	5	33	84	144	135	97
大埔县	2636	21	116	250	370	358	352
丰顺县	4731	62	329	518	648	699	551
五华县	5565	61	438	749	780	807	654
平远县	2078	6	77	166	210	261	257
蕉岭县	2245	10	78	186	293	322	315
兴宁市	1176	6	48	104	134	147	134
汕尾市	**21803**	**307**	**1890**	**3193**	**3352**	**3181**	**2282**
城　区	1124	8	79	174	181	163	102
海丰县	13236	160	1083	2019	2144	2092	1401
陆河县	2490	35	254	343	371	319	233
陆丰市	4953	104	474	657	656	607	546
河源市	**15478**	**183**	**863**	**1625**	**2095**	**2506**	**2275**
源城区	1355	54	163	193	254	214	141
紫金县	3973	54	234	442	521	629	579
龙川县	3643	23	153	357	491	599	620
连平县	2078	11	97	155	262	310	282
和平县	2116	12	81	180	257	348	347
东源县	2313	29	135	298	310	406	306
阳江市	**9774**	**60**	**533**	**1113**	**1207**	**1218**	**1149**
江城区	1344	5	65	161	170	153	134
阳东区	1721	7	105	205	238	185	182
阳西县	4762	36	302	583	589	665	608
阳春市	1947	12	61	164	210	215	225
清远市	**22162**	**221**	**1237**	**2364**	**3158**	**3306**	**2859**
清城区	8143	99	543	956	1276	1233	1037
清新区	963	7	56	93	160	138	140
佛冈县	3171	33	191	398	487	564	423
阳山县	2823	15	135	292	384	442	374
连山壮族瑶族自治县	837	3	39	72	99	124	92
连南瑶族自治县	1091	5	41	105	128	143	156
英德市	4454	52	212	407	561	586	560
连州市	680	7	20	41	63	76	77

4-1b 续表 5

单位：人

地区 性别	合计	16-19岁	20-24岁	25-29岁	30-34岁	35-39岁	40-44岁
东莞市	**3855**	**112**	**338**	**449**	**653**	**596**	**512**
市辖区	3855	112	338	449	653	596	512
中山市	**39140**	**984**	**3703**	**5287**	**7016**	**6014**	**4867**
市辖区	39140	984	3703	5287	7016	6014	4867
潮州市	**18128**	**166**	**1384**	**2276**	**2206**	**2071**	**1796**
湘桥区	1948	18	129	250	241	211	171
潮安区	6509	74	608	958	823	691	574
饶平县	9671	74	647	1068	1142	1169	1051
揭阳市	**33782**	**670**	**4253**	**6042**	**4746**	**4035**	**2879**
榕城区	2736	25	216	502	392	295	223
揭东区	5390	73	602	845	708	579	493
揭西县	4331	76	488	742	595	539	417
惠来县	8831	200	1088	1535	1174	1088	781
普宁市	12494	296	1859	2418	1877	1534	965
云浮市	**10170**	**94**	**646**	**1202**	**1394**	**1404**	**1238**
云城区							
云安区	1086	11	90	140	144	153	102
新兴县	4492	37	291	555	631	671	601
郁南县	3276	25	179	345	473	426	382
罗定市	1316	21	86	162	146	154	153
女	**273404**	**4252**	**24958**	**37857**	**43675**	**41603**	**35468**
广州市	**23428**	**282**	**2046**	**3462**	**4671**	**3823**	**2989**
荔湾区							
越秀区							
海珠区							
天河区							
白云区	4370	98	652	779	767	587	479
黄埔区	805	4	31	96	268	184	100
番禺区	1473	16	163	264	272	202	176
花都区	1944	19	121	254	440	416	264
南沙区	3561	32	233	426	624	485	494
从化区	1351	20	112	156	223	217	224
增城区	9924	93	734	1487	2077	1732	1252
韶关市	**10666**	**45**	**471**	**1075**	**1543**	**1696**	**1671**
武江区	49		1	3	11	6	5
浈江区	290	1	15	29	45	49	35
曲江区	456	1	24	42	40	67	65
始兴县	1460	7	60	129	199	248	230
仁化县	1370	3	47	135	228	212	221
翁源县	1875	6	74	248	276	296	291
乳源瑶族自治县	1507	11	79	171	252	283	264
新丰县	1380	3	72	146	211	261	256
乐昌市	1277	6	40	86	161	163	185
南雄市	1002	7	59	86	120	111	119
深圳市	**96**		**3**	**4**	**15**	**21**	**18**
罗湖区							
福田区							
南山区	46			3	5	7	10
宝安区							
龙岗区							
盐田区							
龙华区							
坪山区	50		3	1	10	14	8
光明区							

4-1b 续表 6

单位：人

地 区 性 别	合计	16—19岁	20—24岁	25—29岁	30—34岁	35—39岁	40—44岁
珠海市	**6231**	**88**	**623**	**889**	**1192**	**959**	**794**
香洲区	1042	15	148	169	145	120	110
斗门区	2998	33	247	390	641	523	401
金湾区	2191	40	228	330	406	316	283
汕头市	**19813**	**645**	**3687**	**3922**	**2840**	**2422**	**1789**
龙湖区							
金平区							
濠江区	64		7	10	17	7	1
潮阳区	7573	319	1862	1696	1033	819	574
潮南区	5666	273	1267	1258	774	639	463
澄海区	5926	52	518	884	924	882	671
南澳县	584	1	33	74	92	75	80
佛山市	**11665**	**147**	**913**	**1600**	**2227**	**1890**	**1488**
禅城区	5017	56	419	769	1053	818	562
南海区	1460	21	122	225	291	259	170
顺德区							
三水区	4638	61	343	571	786	720	678
高明区	550	9	29	35	97	93	78
江门市	**7539**	**47**	**447**	**828**	**1191**	**1115**	**1033**
蓬江区							
江海区							
新会区	2210	9	144	244	318	271	280
台山市	1090	3	67	123	131	139	137
开平市	1784	9	76	186	318	308	242
鹤山市	1653	21	112	173	284	287	276
恩平市	802	5	48	102	140	110	98
湛江市	**14390**	**99**	**964**	**1614**	**1933**	**1986**	**1861**
赤坎区							
霞山区	59		5	7	6	12	7
坡头区	981	8	61	132	129	157	134
麻章区	718	11	71	105	107	81	91
遂溪县	3740	25	249	447	480	498	475
徐闻县	3449	15	178	374	496	527	466
廉江市	2162	17	149	208	311	281	288
雷州市	1962	15	151	211	241	266	247
吴川市	1319	8	100	130	163	164	153
茂名市	**11310**	**141**	**723**	**1309**	**1577**	**1552**	**1358**
茂南区	616	5	49	97	83	66	51
电白区	4139	54	261	480	570	601	530
高州市	2503	16	143	290	331	319	286
化州市	2472	50	166	291	408	367	291
信宜市	1580	16	104	151	185	199	200
肇庆市	**15156**	**167**	**996**	**1718**	**2229**	**2328**	**1997**
端州区							
鼎湖区	773	1	42	74	114	105	104
高要区	3177	36	230	377	412	438	388
广宁县	2594	9	105	226	398	450	363
怀集县	3824	62	310	515	592	619	488
封开县	2199	36	161	251	306	301	282
德庆县	1845	20	98	204	291	300	265
四会市	744	3	50	71	116	115	107
惠州市	**32983**	**651**	**2659**	**4664**	**5570**	**5473**	**4477**
惠城区	2275	81	175	339	401	376	286
惠阳区	2760	57	220	324	414	403	412
博罗县	13015	257	993	1655	2269	2217	1947
惠东县	12784	252	1143	2103	2178	2053	1512
龙门县	2149	4	128	243	308	424	320

4-1b 续表 7 单位：人

地区 性别	合计	16-19岁	20-24岁	25-29岁	30-34岁	35-39岁	40-44岁
梅州市	**13070**	**106**	**822**	**1552**	**1960**	**2209**	**2021**
梅江区	54		8	7	7	5	5
梅县区	585	6	27	64	96	80	77
大埔县	1777	5	103	218	265	273	327
丰顺县	3061	29	237	359	432	523	470
五华县	3742	51	284	537	600	684	516
平远县	1576	5	72	145	225	266	241
蕉岭县	1555	6	71	171	241	257	279
兴宁市	720	4	20	51	94	121	106
汕尾市	**9837**	**215**	**1200**	**1805**	**1587**	**1524**	**1132**
城　区	572	7	77	104	90	85	70
海丰县	6604	95	693	1220	1161	1080	764
陆河县	1117	27	137	210	158	177	128
陆丰市	1544	86	293	271	178	182	170
河源市	**11822**	**102**	**633**	**1298**	**1849**	**2292**	**2035**
源城区	1093	23	72	127	181	203	166
紫金县	2718	27	149	312	419	553	438
龙川县	2947	15	131	329	471	576	593
连平县	1575	8	81	145	216	281	268
和平县	1812	14	66	178	279	373	325
东源县	1677	15	134	207	283	306	245
阳江市	**6092**	**38**	**296**	**674**	**759**	**846**	**881**
江城区	913	4	38	108	109	98	119
阳东区	1025	5	56	110	100	124	135
阳西县	2898	22	159	362	393	444	455
阳春市	1256	7	43	94	157	180	172
清远市	**14880**	**89**	**835**	**1597**	**2417**	**2525**	**2202**
清城区	4928	45	291	557	854	804	714
清新区	692	9	48	81	105	113	97
佛冈县	2306	12	144	274	423	486	320
阳山县	1932	5	105	209	328	332	320
连山壮族瑶族自治县	605		37	62	89	94	99
连南瑶族自治县	860	2	40	91	122	150	137
英德市	3155	14	156	297	460	498	469
连州市	402	2	14	26	36	48	46
东莞市	**2586**	**71**	**198**	**269**	**472**	**428**	**393**
市辖区	2586	71	198	269	472	428	393
中山市	**25446**	**536**	**2167**	**3345**	**4727**	**4147**	**3484**
市辖区	25446	536	2167	3345	4727	4147	3484
潮州市	**10441**	**115**	**1175**	**1457**	**1320**	**1284**	**1246**
湘桥区	1375	19	150	182	191	156	155
潮安区	3465	45	480	598	417	390	394
饶平县	5601	51	545	677	712	738	697
揭阳市	**18672**	**610**	**3663**	**3816**	**2509**	**1978**	**1585**
榕城区	1319	18	190	297	182	143	111
揭东区	2731	45	480	514	365	280	268
揭西县	2210	39	373	454	307	249	207
惠来县	4813	216	1046	935	582	492	379
普宁市	7599	292	1574	1616	1073	814	620
云浮市	**7281**	**58**	**437**	**959**	**1087**	**1105**	**1014**
云城区							
云安区	546	11	41	91	74	68	58
新兴县	3486	22	206	481	558	555	544
郁南县	2301	12	124	280	321	351	281
罗定市	948	13	66	107	134	131	131

4-1b 续表 8

单位：人

地区 性别	45-49岁	50-54岁	55-59岁	60-64岁	65-69岁	70-74岁	75岁及以上
广　东	**93878**	**76113**	**45814**	**16048**	**8526**	**2772**	**1282**
广州市	**7792**	**5460**	**2792**	**715**	**305**	**85**	**33**
荔湾区							
越秀区							
海珠区							
天河区							
白云区	1296	906	471	91	43	13	7
黄埔区	149	97	47	11	9		
番禺区	494	331	162	48	20	6	1
花都区	526	382	178	44	21	5	4
南沙区	1584	1134	595	158	75	21	9
从化区	536	379	189	49	16	1	2
增城区	3207	2231	1150	314	121	39	10
韶关市	**4178**	**3708**	**2117**	**525**	**241**	**72**	**30**
武江区	24	11	11	5			
浈江区	116	131	65	9	5		1
曲江区	215	196	94	33	18	5	
始兴县	545	466	257	39	21	5	3
仁化县	549	514	294	51	28	14	3
翁源县	731	629	350	75	27	10	6
乳源瑶族自治县	549	393	226	56	22	2	1
新丰县	486	397	212	50	25	5	2
乐昌市	550	544	347	116	64	19	7
南雄市	413	427	261	91	31	12	7
深圳市	**117**	**89**	**27**	**3**	**1**		
罗湖区							
福田区							
南山区	97	80	22	2			
宝安区							
龙岗区							
盐田区							
龙华区							
坪山区	20	9	5	1	1		
光明区							
珠海市	**2553**	**2034**	**1005**	**239**	**76**	**14**	**7**
香洲区	636	606	287	84	22	6	2
斗门区	982	694	347	82	38	4	4
金湾区	935	734	371	73	16	4	1
汕头市	**5185**	**4368**	**3147**	**1479**	**904**	**264**	**94**
龙湖区							
金平区							
濠江区	26	14	13	11	9	4	
潮阳区	1876	1537	887	371	167	52	24
潮南区	1165	958	605	256	159	54	23
澄海区	1854	1598	1409	727	516	143	45
南澳县	264	261	233	114	53	11	2
佛山市	**4460**	**3197**	**1599**	**456**	**190**	**51**	**15**
禅城区	1707	1253	644	182	63	14	6
南海区	488	306	151	43	10	6	
顺德区							
三水区	2028	1453	682	184	90	25	3
高明区	237	185	122	47	27	6	6

4－1b 续表 9 单位：人

地区 性别	45－49岁	50－54岁	55－59岁	60－64岁	65－69岁	70－74岁	75岁及以上
江门市	**2698**	**2263**	**1524**	**586**	**344**	**99**	**23**
蓬江区							
江海区							
新会区	779	643	491	239	154	40	6
台山市	404	437	286	96	65	18	8
开平市	614	522	339	106	52	15	5
鹤山市	590	431	215	69	35	12	2
恩平市	311	230	193	76	38	14	2
湛江市	**4925**	**4653**	**3167**	**1540**	**858**	**315**	**187**
赤坎区							
霞山区	21	27	8	5	5	1	
坡头区	302	310	182	113	65	15	11
麻章区	272	246	213	78	31	18	13
遂溪县	1243	1161	785	408	215	80	48
徐闻县	1150	1013	664	320	166	65	15
廉江市	737	712	496	203	146	48	40
雷州市	759	752	493	215	81	24	18
吴川市	441	432	326	198	149	64	42
茂名市	**3475**	**3588**	**2693**	**1350**	**847**	**361**	**179**
茂南区	135	186	186	80	41	21	8
电白区	1406	1349	968	506	323	136	73
高州市	782	884	672	267	195	74	29
化州市	724	676	462	294	166	79	44
信宜市	428	493	405	203	122	51	25
肇庆市	**5578**	**4719**	**2858**	**854**	**488**	**170**	**74**
端州区							
鼎湖区	336	303	153	48	28	4	2
高要区	1223	1040	579	209	155	61	16
广宁县	948	803	513	182	87	23	14
怀集县	1283	1007	601	162	69	25	18
封开县	808	734	494	125	76	27	9
德庆县	666	549	365	90	52	25	15
四会市	314	283	153	38	21	5	
惠州市	**11212**	**8432**	**4410**	**1149**	**493**	**130**	**86**
惠城区	772	638	296	90	31	7	5
惠阳区	1159	852	406	84	43	6	3
博罗县	4633	3277	1600	436	148	33	17
惠东县	3929	3022	1718	456	228	73	52
龙门县	719	643	390	83	43	11	9
梅州市	**5196**	**3971**	**2490**	**718**	**318**	**95**	**37**
梅江区	26	25	26	6	4		
梅县区	193	225	182	50	18	12	1
大埔县	703	502	357	117	52	20	4
丰顺县	1146	875	576	215	90	20	13
五华县	1399	998	511	136	71	24	7
平远县	722	552	357	59	28	3	2
蕉岭县	673	482	289	82	29	7	9
兴宁市	334	312	192	53	26	9	1
汕尾市	**3914**	**3157**	**1832**	**625**	**287**	**109**	**48**
城　区	203	196	95	30	26	4	2
海丰县	2493	1862	1055	315	124	54	25
陆河县	488	387	216	76	35	8	5
陆丰市	730	712	466	204	102	43	16

4-1b　续表 10　　　　单位：人

地区 性别	45-49岁	50-54岁	55-59岁	60-64岁	65-69岁	70-74岁	75岁及以上
河源市	**4162**	**3065**	**1625**	**442**	**162**	**57**	**31**
源城区	349	211	76	18	2	1	
紫金县	1026	736	412	108	25	15	12
龙川县	995	710	386	90	32	13	6
连平县	551	514	291	101	53	22	5
和平县	636	477	260	61	25	2	7
东源县	605	417	200	64	25	4	1
阳江市	**2315**	**2138**	**1626**	**550**	**320**	**107**	**36**
江城区	336	317	247	106	62	19	6
阳东区	400	382	268	121	83	31	9
阳西县	1111	917	634	217	112	35	16
阳春市	468	522	477	106	63	22	5
清远市	**5313**	**4609**	**2853**	**851**	**440**	**114**	**52**
清城区	1885	1445	866	257	165	35	9
清新区	238	195	120	40	12		3
佛冈县	716	606	287	65	39	6	3
阳山县	701	613	352	93	33	14	8
连山壮族瑶族自治县	212	195	155	42	19	7	2
连南瑶族自治县	279	318	176	29	20	7	2
英德市	1135	1044	732	258	112	35	21
连州市	147	193	165	67	40	10	4
东莞市	**1000**	**626**	**222**	**75**	**23**	**3**	**1**
市辖区	1000	626	222	75	23	3	1
中山市	**8744**	**5926**	**2697**	**661**	**214**	**52**	**15**
市辖区	8744	5926	2697	661	214	52	15
潮州市	**3804**	**3493**	**2510**	**1152**	**755**	**262**	**97**
湘桥区	377	342	312	181	152	64	22
潮安区	1267	1110	827	381	226	84	27
饶平县	2160	2041	1371	590	377	114	48
揭阳市	**4964**	**4451**	**3134**	**1629**	**963**	**327**	**200**
榕城区	372	405	338	191	96	37	22
揭东区	790	779	571	380	223	85	41
揭西县	717	577	402	193	103	34	29
惠来县	1326	1242	843	384	201	79	53
普宁市	1759	1448	980	481	340	92	55
云浮市	**2293**	**2166**	**1486**	**449**	**297**	**85**	**37**
云城区							
云安区	217	212	154	38	19	7	2
新兴县	1129	910	513	144	90	30	10
郁南县	668	742	592	186	138	34	18
罗定市	279	302	227	81	50	14	7
男	**55596**	**49569**	**33133**	**11525**	**6066**	**2045**	**908**
广州市	**4624**	**3579**	**2036**	**509**	**203**	**58**	**18**
荔湾区							
越秀区							
海珠区							
天河区							
白云区	764	585	358	67	34	7	4
黄埔区	78	65	35	6	7		
番禺区	295	218	114	37	12	5	1
花都区	299	238	142	30	14	5	2
南沙区	946	761	438	105	46	10	3
从化区	320	260	141	42	10		
增城区	1922	1452	808	222	80	31	8

4-1b 续表 11 单位：人

地 区 性 别	45-49岁	50-54岁	55-59岁	60-64岁	65-69岁	70-74岁	75岁及以 上
韶关市	**2223**	**2341**	**1560**	**351**	**157**	**49**	**25**
武江区	9	8	7	4			
浈江区	66	80	52	8	4		1
曲江区	111	124	68	23	14	4	
始兴县	252	271	187	23	11	3	2
仁化县	302	341	228	27	18	10	3
翁源县	389	401	265	56	20	7	6
乳源瑶族自治县	297	277	171	40	14	2	1
新丰县	268	246	170	32	24	4	2
乐昌市	310	334	241	74	37	10	5
南雄市	219	259	171	64	15	9	5
深圳市	**96**	**80**	**23**	**2**	**1**		
罗湖区							
福田区							
南山区	85	74	19	2			
宝安区							
龙岗区							
盐田区							
龙华区							
坪山区	11	6	4		1		
光明区							
珠海市	**1698**	**1492**	**789**	**189**	**57**	**10**	**7**
香洲区	499	485	233	67	18	4	2
斗门区	568	461	260	68	24	3	4
金湾区	631	546	296	54	15	3	1
汕头市	**3380**	**3079**	**2378**	**1140**	**666**	**210**	**80**
龙湖区							
金平区							
濠江区	15	10	12	8	6	4	
潮阳区	1273	1152	718	309	132	42	18
潮南区	762	647	446	202	110	43	18
澄海区	1157	1072	1006	533	377	110	42
南澳县	173	198	196	88	41	11	2
佛山市	**2755**	**2158**	**1161**	**327**	**122**	**35**	**10**
禅城区	1055	816	471	134	41	8	4
南海区	288	199	110	27	4	4	
顺德区							
三水区	1260	1019	495	132	60	18	2
高明区	152	124	85	34	17	5	4
江门市	**1549**	**1329**	**1039**	**407**	**243**	**76**	**16**
蓬江区							
江海区							
新会区	437	362	314	155	108	28	4
台山市	237	242	208	73	42	16	6
开平市	354	310	224	73	33	11	3
鹤山市	339	274	154	49	28	8	2
恩平市	182	141	139	57	32	13	1
湛江市	**2827**	**2818**	**2132**	**994**	**578**	**229**	**134**
赤坎区							
霞山区	16	16	6	3	4		
坡头区	172	188	126	81	50	13	8
麻章区	185	173	167	55	21	10	8
遂溪县	687	696	514	252	137	55	33
徐闻县	630	591	440	181	102	44	12
廉江市	418	424	343	129	98	33	29
雷州市	457	470	340	154	62	17	11
吴川市	262	260	196	139	104	57	33

4-1b 续表 12

单位：人

地区 性别	45-49岁	50-54岁	55-59岁	60-64岁	65-69岁	70-74岁	75岁及以上
茂名市	**1998**	**2181**	**1766**	**926**	**576**	**263**	**133**
茂南区	81	106	107	49	29	14	6
电白区	837	852	670	362	237	101	59
高州市	433	523	446	182	129	53	19
化州市	416	425	306	197	108	60	34
信宜市	231	275	237	136	73	35	15
肇庆市	**3165**	**2903**	**1959**	**536**	**310**	**98**	**49**
端州区							
鼎湖区	195	184	108	30	21	1	2
高要区	706	627	382	130	96	34	12
广宁县	498	474	348	118	61	16	12
怀集县	738	623	403	99	41	13	10
封开县	457	464	357	67	44	13	9
德庆县	385	346	245	65	33	17	4
四会市	186	185	116	27	14	4	
惠州市	**6568**	**5381**	**3177**	**807**	**350**	**88**	**52**
惠城区	476	428	214	72	24	5	3
惠阳区	703	538	281	64	32	4	1
博罗县	2734	2101	1186	298	110	26	12
惠东县	2257	1914	1217	316	157	45	29
龙门县	398	400	279	57	27	8	7
梅州市	**2974**	**2684**	**1923**	**514**	**233**	**73**	**24**
梅江区	17	20	21	3	4		
梅县区	106	151	134	31	14	9	1
大埔县	423	340	271	81	37	15	2
丰顺县	667	570	433	161	66	17	10
五华县	806	693	402	107	47	17	4
平远县	389	366	279	43	20	3	1
蕉岭县	386	336	233	53	24	4	5
兴宁市	180	208	150	35	21	8	1
汕尾市	**2651**	**2447**	**1550**	**558**	**255**	**96**	**41**
城　区	129	149	84	26	23	4	2
海丰县	1643	1375	862	279	112	46	20
陆河县	311	319	194	67	31	8	5
陆丰市	568	604	410	186	89	38	14
河源市	**2272**	**1942**	**1225**	**325**	**116**	**35**	**16**
源城区	166	104	53	11	1	1	
紫金县	581	490	319	86	19	12	7
龙川县	546	454	300	66	25	6	3
连平县	309	329	203	72	33	12	3
和平县	333	295	196	41	21	2	3
东源县	337	270	154	49	17	2	
阳江市	**1294**	**1328**	**1126**	**403**	**230**	**87**	**26**
江城区	192	176	156	76	38	14	4
阳东区	211	243	170	83	60	27	5
阳西县	637	582	463	166	87	31	13
阳春市	254	327	337	78	45	15	4
清远市	**3070**	**2950**	**2007**	**593**	**299**	**68**	**30**
清城区	1152	944	605	169	107	17	5
清新区	134	125	75	27	8		
佛冈县	395	383	213	48	30	3	3
阳山县	395	413	269	70	22	7	5
连山壮族瑶族自治县	125	124	110	29	15	4	1
连南瑶族自治县	145	204	127	21	10	5	1
英德市	636	640	500	187	77	23	13
连州市	88	117	108	42	30	9	2

4—1b 续表 13 单位：人

地区 性别	45—49岁	50—54岁	55—59岁	60—64岁	65—69岁	70—74岁	75岁及以上
东莞市	**586**	**387**	**150**	**56**	**14**	**1**	**1**
市辖区	586	387	150	56	14	1	1
中山市	**4974**	**3702**	**1910**	**478**	**154**	**41**	**10**
市辖区	4974	3702	1910	478	154	41	10
潮州市	**2324**	**2383**	**1839**	**852**	**554**	**205**	**72**
湘桥区	202	226	216	117	107	45	15
潮安区	807	768	632	311	171	70	22
饶平县	1315	1389	991	424	276	90	35
揭阳市	**3257**	**3107**	**2378**	**1268**	**744**	**260**	**143**
榕城区	249	294	269	153	78	29	11
揭东区	522	545	443	301	175	73	31
揭西县	466	412	316	157	70	30	23
惠来县	893	903	649	278	153	52	37
普宁市	1127	953	701	379	268	76	41
云浮市	**1311**	**1298**	**1005**	**290**	**204**	**63**	**21**
云城区							
云安区	145	136	114	30	15	5	1
新兴县	639	541	345	90	60	25	6
郁南县	373	442	395	112	91	22	11
罗定市	154	179	151	58	38	11	3
女	**38282**	**26544**	**12681**	**4523**	**2460**	**727**	**374**
广州市	**3168**	**1881**	**756**	**206**	**102**	**27**	**15**
荔湾区							
越秀区							
海珠区							
天河区							
白云区	532	321	113	24	9	6	3
黄埔区	71	32	12	5	2		
番禺区	199	113	48	11	8	1	
花都区	227	144	36	14	7		2
南沙区	638	373	157	53	29	11	6
从化区	216	119	48	7	6	1	2
增城区	1285	779	342	92	41	8	2
韶关市	**1955**	**1367**	**557**	**174**	**84**	**23**	**5**
武江区	15	3	4	1			
浈江区	50	51	13	1	1		
曲江区	104	72	26	10	4	1	
始兴县	293	195	70	16	10	2	1
仁化县	247	173	66	24	10	4	
翁源县	342	228	85	19	7	3	
乳源瑶族自治县	252	116	55	16	8		
新丰县	218	151	42	18	1	1	
乐昌市	240	210	106	42	27	9	2
南雄市	194	168	90	27	16	3	2
深圳市	**21**	**9**	**4**	**1**			
罗湖区							
福田区							
南山区	12	6	3				
宝安区							
龙岗区							
盐田区							
龙华区							
坪山区	9	3	1	1			
光明区							

4-1b　续表 14　　　　单位：人

地　区 性　别	45-49岁	50-54岁	55-59岁	60-64岁	65-69岁	70-74岁	75岁及以上
珠海市	**855**	**542**	**216**	**50**	**19**	**4**	
香洲区	137	121	54	17	4	2	
斗门区	414	233	87	14	14	1	
金湾区	304	188	75	19	1	1	
汕头市	**1805**	**1289**	**769**	**339**	**238**	**54**	**14**
龙湖区							
金平区							
濠江区	11	4	1	3	3		
潮阳区	603	385	169	62	35	10	6
潮南区	403	311	159	54	49	11	5
澄海区	697	526	403	194	139	33	3
南澳县	91	63	37	26	12		
佛山市	**1705**	**1039**	**438**	**129**	**68**	**16**	**5**
禅城区	652	437	173	48	22	6	2
南海区	200	107	41	16	6	2	
顺德区							
三水区	768	434	187	52	30	7	1
高明区	85	61	37	13	10	1	2
江门市	**1149**	**934**	**485**	**179**	**101**	**23**	**7**
蓬江区							
江海区							
新会区	342	281	177	84	46	12	2
台山市	167	195	78	23	23	2	2
开平市	260	212	115	33	19	4	2
鹤山市	251	157	61	20	7	4	
恩平市	129	89	54	19	6	1	1
湛江市	**2098**	**1835**	**1035**	**546**	**280**	**86**	**53**
赤坎区							
霞山区	5	11	2	2	1	1	
坡头区	130	122	56	32	15	2	3
麻章区	87	73	46	23	10	8	5
遂溪县	556	465	271	156	78	25	15
徐闻县	520	422	224	139	64	21	3
廉江市	319	288	153	74	48	15	11
雷州市	302	282	153	61	19	7	7
吴川市	179	172	130	59	45	7	9
茂名市	**1477**	**1407**	**927**	**424**	**271**	**98**	**46**
茂南区	54	80	79	31	12	7	2
电白区	569	497	298	144	86	35	14
高州市	349	361	226	85	66	21	10
化州市	308	251	156	97	58	19	10
信宜市	197	218	168	67	49	16	10
肇庆市	**2413**	**1816**	**899**	**318**	**178**	**72**	**25**
端州区							
鼎湖区	141	119	45	18	7	3	
高要区	517	413	197	79	59	27	4
广宁县	450	329	165	64	26	7	2
怀集县	545	384	198	63	28	12	8
封开县	351	270	137	58	32	14	
德庆县	281	203	120	25	19	8	11
四会市	128	98	37	11	7	1	
惠州市	**4644**	**3051**	**1233**	**342**	**143**	**42**	**34**
惠城区	296	210	82	18	7	2	2
惠阳区	456	314	125	20	11	2	2
博罗县	1899	1176	414	138	38	7	5
惠东县	1672	1108	501	140	71	28	23
龙门县	321	243	111	26	16	3	2

4－1b 续表 15

单位：人

地 区 性 别	45－49岁	50－54岁	55－59岁	60－64岁	65－69岁	70－74岁	75岁及以 上
梅州市	**2222**	**1287**	**567**	**204**	**85**	**22**	**13**
梅江区	9	5	5	3			
梅县区	87	74	48	19	4	3	
大埔县	280	162	86	36	15	5	2
丰顺县	479	305	143	54	24	3	3
五华县	593	305	109	29	24	7	3
平远县	333	186	78	16	8		1
蕉岭县	287	146	56	29	5	3	4
兴宁市	154	104	42	18	5	1	
汕尾市	**1263**	**710**	**282**	**67**	**32**	**13**	**7**
城 区	74	47	11	4	3		
海丰县	850	487	193	36	12	8	5
陆河县	177	68	22	9	4		
陆丰市	162	108	56	18	13	5	2
河源市	**1890**	**1123**	**400**	**117**	**46**	**22**	**15**
源城区	183	107	23	7	1		
紫金县	445	246	93	22	6	3	5
龙川县	449	256	86	24	7	7	3
连平县	242	185	88	29	20	10	2
和平县	303	182	64	20	4		4
东源县	268	147	46	15	8	2	1
阳江市	**1021**	**810**	**500**	**147**	**90**	**20**	**10**
江城区	144	141	91	30	24	5	2
阳东区	189	139	98	38	23	4	4
阳西县	474	335	171	51	25	4	3
阳春市	214	195	140	28	18	7	1
清远市	**2243**	**1659**	**846**	**258**	**141**	**46**	**22**
清城区	733	501	261	88	58	18	4
清新区	104	70	45	13	4		3
佛冈县	321	223	74	17	9	3	
阳山县	306	200	83	23	11	7	3
连山壮族瑶族自治县	87	71	45	13	4	3	1
连南瑶族自治县	134	114	49	8	10	2	1
英德市	499	404	232	71	35	12	8
连州市	59	76	57	25	10	1	2
东莞市	**414**	**239**	**72**	**19**	**9**	**2**	
市辖区	414	239	72	19	9	2	
中山市	**3770**	**2224**	**787**	**183**	**60**	**11**	**5**
市辖区	3770	2224	787	183	60	11	5
潮州市	**1480**	**1110**	**671**	**300**	**201**	**57**	**25**
湘桥区	175	116	96	64	45	19	7
潮安区	460	342	195	70	55	14	5
饶平县	845	652	380	166	101	24	13
揭阳市	**1707**	**1344**	**756**	**361**	**219**	**67**	**57**
榕城区	123	111	69	38	18	8	11
揭东区	268	234	128	79	48	12	10
揭西县	251	165	86	36	33	4	6
惠来县	433	339	194	106	48	27	16
普宁市	632	495	279	102	72	16	14
云浮市	**982**	**868**	**481**	**159**	**93**	**22**	**16**
云城区							
云安区	72	76	40	8	4	2	1
新兴县	490	369	168	54	30	5	4
郁南县	295	300	197	74	47	12	7
罗定市	125	123	76	23	12	3	4

4-1c　各地区分性别、年龄的就业人口(乡村)

单位：人

地　区 性　别	合计	16-19岁	20-24岁	25-29岁	30-34岁	35-39岁	40-44岁
广　东	**1229241**	**23605**	**107717**	**154248**	**160571**	**143745**	**122791**
广州市	**124381**	**2017**	**11716**	**17870**	**20838**	**17693**	**14124**
荔湾区							
越秀区							
海珠区							
天河区							
白云区	35279	804	3981	5429	6131	5016	3924
黄埔区	4545	51	377	719	812	693	514
番禺区	17350	300	1766	2723	3045	2403	1851
花都区	24193	462	2080	3330	4347	3944	2937
南沙区	13062	117	991	1567	2043	1668	1492
从化区	12722	95	1024	1707	1976	1801	1552
增城区	17230	188	1497	2395	2484	2168	1854
韶关市	**47233**	**374**	**1946**	**3667**	**4785**	**4761**	**5086**
武江区	2164	18	129	188	279	278	275
浈江区	2115	18	111	220	276	258	236
曲江区	4484	32	177	373	442	463	502
始兴县	4703	27	141	276	371	435	459
仁化县	4429	17	118	257	406	401	465
翁源县	7722	53	322	716	862	744	715
乳源瑶族自治县	3987	48	216	355	456	449	473
新丰县	3144	28	115	225	322	323	345
乐昌市	6260	58	201	323	508	570	736
南雄市	8225	75	416	734	863	840	880
深圳市	**3851**	**81**	**394**	**543**	**674**	**534**	**406**
罗湖区							
福田区							
南山区							
宝安区							
龙岗区	3851	81	394	543	674	534	406
盐田区							
龙华区							
坪山区							
光明区							
珠海市	**11707**	**117**	**846**	**1634**	**2078**	**1697**	**1231**
香洲区	123	2	8	12	15	14	7
斗门区	10615	107	777	1519	1914	1554	1120
金湾区	969	8	61	103	149	129	104
汕头市	**68725**	**1962**	**11120**	**12353**	**9510**	**7727**	**5756**
龙湖区	4698	43	449	799	613	586	444
金平区	614	5	57	98	107	65	49
濠江区	2747	71	431	487	401	324	238
潮阳区	27216	909	5404	5287	3561	2714	1976
潮南区	21017	786	3743	4020	3031	2484	1734
澄海区	11887	148	1013	1609	1724	1500	1259
南澳县	546		23	53	73	54	56
佛山市	**25918**	**373**	**1940**	**3059**	**3984**	**3473**	**3077**
禅城区							
南海区	8657	148	657	1123	1498	1261	999
顺德区	3124	36	265	425	588	446	384
三水区	12420	183	961	1397	1747	1604	1506
高明区	1717	6	57	114	151	162	188

4-1c 续表 1

单位：人

地区 性别	合计	16-19岁	20-24岁	25-29岁	30-34岁	35-39岁	40-44岁
江门市	**62498**	**433**	**3673**	**6684**	**8118**	**7090**	**6401**
蓬江区	1301	5	103	140	200	173	130
江海区							
新会区	13615	78	803	1440	1720	1527	1319
台山市	18325	131	998	1931	2234	1907	1779
开平市	11851	90	719	1260	1592	1323	1156
鹤山市	9538	79	537	951	1263	1259	1202
恩平市	7868	50	513	962	1109	901	815
湛江市	**122446**	**1688**	**9165**	**13734**	**14664**	**12633**	**11295**
赤坎区	385	4	24	39	64	51	28
霞山区	1182	4	79	163	217	204	114
坡头区	7635	67	662	1111	1190	828	608
麻章区	10602	160	925	1435	1501	1290	1030
遂溪县	20028	289	1496	2141	2169	1942	1801
徐闻县	14332	133	749	1358	1604	1524	1405
廉江市	25656	389	1809	2570	2904	2519	2321
雷州市	26082	409	2010	2744	2936	2659	2556
吴川市	16544	233	1411	2173	2079	1616	1432
茂名市	**120648**	**2077**	**8898**	**13980**	**13833**	**11608**	**9752**
茂南区	12387	205	1091	1986	1867	1341	1005
电白区	28435	482	2224	3365	3530	3277	2800
高州市	32896	470	2072	3546	3330	2679	2086
化州市	26637	595	2236	3133	3109	2664	2268
信宜市	20293	325	1275	1950	1997	1647	1593
肇庆市	**73956**	**1386**	**5647**	**7796**	**8272**	**8097**	**7217**
端州区							
鼎湖区	2071	8	127	250	300	233	186
高要区	20553	226	1533	2457	2478	2266	1827
广宁县	7479	76	387	555	743	881	756
怀集县	18361	568	1794	2056	2084	1995	1890
封开县	8433	258	582	759	760	719	739
德庆县	9165	184	758	906	965	1009	926
四会市	7894	66	466	813	942	994	893
惠州市	**78985**	**3219**	**7072**	**10420**	**11172**	**10439**	**8725**
惠城区	15933	1503	1942	2227	2305	1911	1525
惠阳区	14827	395	1187	1971	2309	2082	1812
博罗县	20743	843	1726	2346	2721	2912	2727
惠东县	21229	421	1889	3249	3013	2624	2041
龙门县	6253	57	328	627	824	910	620
梅州市	**46251**	**500**	**2525**	**4305**	**5110**	**5248**	**4612**
梅江区	1229	13	62	142	174	152	142
梅县区	8707	44	400	691	1073	887	843
大埔县	4741	50	203	366	476	451	514
丰顺县	5440	90	376	505	542	714	602
五华县	10509	221	863	1272	1300	1329	1038
平远县	3405	13	101	231	247	302	333
蕉岭县	3449	13	123	252	306	306	289
兴宁市	8771	56	397	846	992	1107	851
汕尾市	**28642**	**872**	**3562**	**4476**	**3642**	**3427**	**2586**
城　区	3319	47	313	505	476	458	301
海丰县	8227	160	829	1203	1199	1090	761
陆河县	2649	72	308	422	365	300	267
陆丰市	14447	593	2112	2346	1602	1579	1257

4-1c　续表 2

单位：人

地区 性别	合计	16—19岁	20—24岁	25—29岁	30—34岁	35—39岁	40—44岁
河源市	**39962**	**600**	**2322**	**3900**	**4551**	**5211**	**4952**
源城区	2018	29	160	278	365	320	261
紫金县	9107	201	715	949	1027	1190	1138
龙川县	10955	192	620	1055	1255	1496	1344
连平县	4578	37	209	369	484	610	609
和平县	5697	61	219	458	602	653	692
东源县	7607	80	399	791	818	942	908
阳江市	**40711**	**416**	**2261**	**4205**	**4422**	**4358**	**4459**
江城区	7287	79	548	922	918	769	783
阳东区	9374	78	544	1086	1160	1095	1087
阳西县	8273	85	585	1015	952	846	896
阳春市	15777	174	584	1182	1392	1648	1693
清远市	**59034**	**680**	**3231**	**5637**	**6885**	**6974**	**6229**
清城区	7858	76	568	925	1152	996	909
清新区	11734	217	688	1257	1461	1435	1350
佛冈县	6443	62	395	755	885	831	645
阳山县	4541	39	293	409	482	516	421
连山壮族瑶族自治县	1713	8	93	150	197	212	140
连南瑶族自治县	2300	40	134	185	227	281	299
英德市	18662	191	909	1624	1978	2166	1912
连州市	5783	47	151	332	503	537	553
东莞市	**59607**	**1613**	**5418**	**7856**	**10456**	**9139**	**7476**
市辖区	59607	1613	5418	7856	10456	9139	7476
中山市	**31476**	**630**	**2867**	**4161**	**5245**	**4365**	**3738**
市辖区	31476	630	2867	4161	5245	4365	3738
潮州市	**37280**	**547**	**3425**	**4628**	**4267**	**4043**	**3653**
湘桥区	2872	44	246	335	314	305	271
潮安区	18098	284	1875	2570	2268	1958	1739
饶平县	16310	219	1304	1723	1685	1780	1643
揭阳市	**107670**	**3554**	**17246**	**19416**	**13845**	**11119**	**8191**
榕城区	8441	64	939	1635	1163	800	646
揭东区	19590	358	2570	3292	2610	1963	1554
揭西县	15571	461	2230	2529	1792	1684	1261
惠来县	18912	880	3199	2976	2212	2090	1508
普宁市	45156	1791	8308	8984	6068	4582	3222
云浮市	**38260**	**466**	**2443**	**3924**	**4220**	**4109**	**3825**
云城区	3170	33	217	357	351	353	367
云安区	4605	73	350	601	575	509	438
新兴县	10194	63	687	1063	1075	1167	1000
郁南县	5738	52	264	421	586	581	509
罗定市	14553	245	925	1482	1633	1499	1511
男	**768184**	**14752**	**65442**	**97456**	**102040**	**89977**	**73706**
广州市	**77160**	**1341**	**7169**	**11046**	**12902**	**10994**	**8595**
荔湾区							
越秀区							
海珠区							
天河区							
白云区	21819	507	2322	3278	3850	3170	2335
黄埔区	2942	31	242	442	524	430	338
番禺区	10927	203	1129	1749	1920	1513	1116
花都区	15101	331	1317	2067	2613	2397	1842
南沙区	7932	78	632	971	1226	1009	911
从化区	7748	63	609	1084	1194	1089	925
增城区	10691	128	918	1455	1575	1386	1128

4-1c 续表 3

单位：人

地区 性别	合计	16—19岁	20—24岁	25—29岁	30—34岁	35—39岁	40—44岁
韶关市	**28099**	**242**	**1206**	**2259**	**2805**	**2804**	**2957**
武江区	1330	13	77	115	162	165	171
浈江区	1294	11	73	132	177	142	153
曲江区	2779	18	122	251	288	287	291
始兴县	2583	12	83	174	202	250	254
仁化县	2664	16	82	160	237	233	275
翁源县	4611	42	203	434	484	433	404
乳源瑶族自治县	2324	32	116	204	243	260	272
新丰县	1982	19	75	151	214	206	201
乐昌市	3754	39	137	206	288	331	431
南雄市	4778	40	238	432	510	497	505
深圳市	**2648**	**57**	**282**	**359**	**449**	**371**	**267**
罗湖区							
福田区							
南山区							
宝安区							
龙岗区	2648	57	282	359	449	371	267
盐田区							
龙华区							
坪山区							
光明区							
珠海市	**7241**	**75**	**514**	**1022**	**1294**	**1050**	**717**
香洲区	94	2	2	9	15	12	3
斗门区	6514	67	476	939	1190	946	656
金湾区	633	6	36	74	89	92	58
汕头市	**43633**	**1009**	**5922**	**7453**	**6223**	**4933**	**3589**
龙湖区	2823	29	242	440	351	336	249
金平区	420	2	38	63	70	39	32
濠江区	1844	47	244	300	277	223	164
潮阳区	17970	463	2840	3348	2524	1828	1304
潮南区	12981	388	1976	2341	1944	1595	1069
澄海区	7234	80	571	927	1006	874	737
南澳县	361		11	34	51	38	34
佛山市	**16675**	**274**	**1339**	**2000**	**2543**	**2206**	**1910**
禅城区							
南海区	5535	106	437	724	960	784	622
顺德区	2049	26	189	282	363	289	237
三水区	8015	138	676	921	1123	1038	939
高明区	1076	4	37	73	97	95	112
江门市	**37958**	**281**	**2291**	**4186**	**5095**	**4336**	**3738**
蓬江区	737	3	58	86	113	89	68
江海区							
新会区	8243	55	525	922	1074	958	776
台山市	11101	82	597	1213	1416	1183	1027
开平市	7090	58	432	796	968	787	650
鹤山市	5749	49	333	564	803	751	711
恩平市	5038	34	346	605	721	568	506
湛江市	**77017**	**1138**	**5959**	**9160**	**9855**	**8274**	**6807**
赤坎区	222	4	16	21	47	28	15
霞山区	744	2	52	98	146	131	80
坡头区	5206	44	461	765	912	610	404
麻章区	6908	110	598	957	1037	890	660
遂溪县	12106	194	939	1379	1401	1229	1049
徐闻县	8429	94	497	871	959	881	788
廉江市	16311	261	1196	1784	1900	1652	1423
雷州市	15993	273	1249	1756	1932	1702	1453
吴川市	11098	156	951	1529	1521	1151	935

4－1c　续表 4　　　　单位：人

地　区 性　别	合计	16－19岁	20－24岁	25－29岁	30－34岁	35－39岁	40－44岁
茂名市	**74147**	**1390**	**5747**	**9126**	**8814**	**7319**	**5689**
茂南区	8091	138	715	1357	1267	927	641
电白区	18909	323	1501	2368	2446	2296	1796
高州市	18981	307	1310	2150	1990	1509	1086
化州市	16521	400	1466	2057	1965	1689	1341
信宜市	11645	222	755	1194	1146	898	825
肇庆市	**42820**	**886**	**3367**	**4609**	**4859**	**4751**	**3951**
端州区							
鼎湖区	1206	4	80	146	176	139	105
高要区	11973	160	966	1478	1482	1339	1007
广宁县	4531	60	261	347	447	533	422
怀集县	10121	338	967	1145	1170	1160	990
封开县	4834	159	335	447	448	412	395
德庆县	5180	118	435	509	535	562	474
四会市	4975	47	323	537	601	606	558
惠州市	**49474**	**2059**	**4513**	**6432**	**6893**	**6488**	**5315**
惠城区	10201	916	1253	1423	1467	1234	920
惠阳区	9599	258	808	1276	1510	1354	1143
博罗县	12866	584	1112	1423	1594	1715	1626
惠东县	12875	263	1138	1915	1825	1629	1239
龙门县	3933	38	202	395	497	556	387
梅州市	**29000**	**304**	**1566**	**2702**	**3162**	**3172**	**2579**
梅江区	741	10	36	78	104	92	77
梅县区	5247	30	255	440	651	519	427
大埔县	3047	30	123	230	322	290	327
丰顺县	3453	45	232	288	341	444	334
五华县	6777	131	511	808	815	804	608
平远县	2055	8	63	141	133	170	172
蕉岭县	2098	8	91	169	188	184	153
兴宁市	5582	42	255	548	608	669	481
汕尾市	**21034**	**508**	**2203**	**3188**	**2728**	**2569**	**1872**
城　区	2496	23	209	367	345	344	223
海丰县	5730	109	513	801	806	769	516
陆河县	1980	50	195	309	282	225	186
陆丰市	10828	326	1286	1711	1295	1231	947
河源市	**24833**	**392**	**1368**	**2416**	**2750**	**3001**	**2881**
源城区	1248	17	93	178	231	173	156
紫金县	5769	126	438	608	627	698	665
龙川县	6736	126	354	650	736	877	777
连平县	2726	25	119	213	280	346	346
和平县	3571	39	124	282	368	369	403
东源县	4783	59	240	485	508	538	534
阳江市	**25645**	**273**	**1500**	**2852**	**2874**	**2754**	**2641**
江城区	4657	55	381	621	617	509	468
阳东区	5810	42	355	733	745	681	644
阳西县	5677	64	394	738	697	599	565
阳春市	9501	112	370	760	815	965	964
清远市	**36613**	**460**	**2055**	**3566**	**4259**	**4184**	**3613**
清城区	5059	54	396	604	743	631	560
清新区	7066	137	431	781	879	791	775
佛冈县	4113	41	254	506	551	505	378
阳山县	2921	28	198	265	310	330	241
连山壮族瑶族自治县	1093	5	60	97	127	140	89
连南瑶族自治县	1379	27	75	116	137	167	183
英德市	11284	134	552	984	1188	1279	1065
连州市	3698	34	89	213	324	341	322

4–1c 续表 5

单位：人

地 区 性 别	合计	16–19岁	20–24岁	25–29岁	30–34岁	35–39岁	40–44岁
东莞市	**38957**	**1067**	**3675**	**5116**	**6704**	**5900**	**4808**
市辖区	38957	1067	3675	5116	6704	5900	4808
中山市	**18971**	**409**	**1742**	**2545**	**3241**	**2597**	**2183**
市辖区	18971	409	1742	2545	3241	2597	2183
潮州市	**24019**	**340**	**1974**	**2926**	**2803**	**2512**	**2168**
湘桥区	1847	33	128	200	194	198	155
潮安区	11864	180	1107	1639	1485	1228	1064
饶平县	10308	127	739	1087	1124	1086	949
揭阳市	**69346**	**1927**	**9516**	**12040**	**9212**	**7322**	**5193**
榕城区	6055	37	586	1068	814	584	445
揭东区	12880	226	1477	2058	1717	1302	973
揭西县	9895	256	1217	1516	1147	1123	763
惠来县	11728	403	1663	1868	1464	1333	965
普宁市	28788	1005	4573	5530	4070	2980	2047
云浮市	**22894**	**320**	**1534**	**2453**	**2575**	**2440**	**2233**
云城区	1985	30	130	230	234	221	228
云安区	2984	53	236	395	380	320	264
新兴县	5711	38	419	617	593	645	560
郁南县	3460	37	175	275	368	365	287
罗定市	8754	162	574	936	1000	889	894
女	**461057**	**8853**	**42275**	**56792**	**58531**	**53768**	**49085**
广州市	**47221**	**676**	**4547**	**6824**	**7936**	**6699**	**5529**
荔湾区							
越秀区							
海珠区							
天河区							
白云区	13460	297	1659	2151	2281	1846	1589
黄埔区	1603	20	135	277	288	263	176
番禺区	6423	97	637	974	1125	890	735
花都区	9092	131	763	1263	1734	1547	1095
南沙区	5130	39	359	596	817	659	581
从化区	4974	32	415	623	782	712	627
增城区	6539	60	579	940	909	782	726
韶关市	**19134**	**132**	**740**	**1408**	**1980**	**1957**	**2129**
武江区	834	5	52	73	117	113	104
浈江区	821	7	38	88	99	116	83
曲江区	1705	14	55	122	154	176	211
始兴县	2120	15	58	102	169	185	205
仁化县	1765	1	36	97	169	168	190
翁源县	3111	11	119	282	378	311	311
乳源瑶族自治县	1663	16	100	151	213	189	201
新丰县	1162	9	40	74	108	117	144
乐昌市	2506	19	64	117	220	239	305
南雄市	3447	35	178	302	353	343	375
深圳市	**1203**	**24**	**112**	**184**	**225**	**163**	**139**
罗湖区							
福田区							
南山区							
宝安区							
龙岗区	1203	24	112	184	225	163	139
盐田区							
龙华区							
坪山区							
光明区							

4-1c 续表 6

单位：人

地区 性别	合计	16-19岁	20-24岁	25-29岁	30-34岁	35-39岁	40-44岁
珠海市	**4466**	**42**	**332**	**612**	**784**	**647**	**514**
香洲区	29		6	3		2	4
斗门区	4101	40	301	580	724	608	464
金湾区	336	2	25	29	60	37	46
汕头市	**25092**	**953**	**5198**	**4900**	**3287**	**2794**	**2167**
龙湖区	1875	14	207	359	262	250	195
金平区	194	3	19	35	37	26	17
濠江区	903	24	187	187	124	101	74
潮阳区	9246	446	2564	1939	1037	886	672
潮南区	8036	398	1767	1679	1087	889	665
澄海区	4653	68	442	682	718	626	522
南澳县	185		12	19	22	16	22
佛山市	**9243**	**99**	**601**	**1059**	**1441**	**1267**	**1167**
禅城区							
南海区	3122	42	220	399	538	477	377
顺德区	1075	10	76	143	225	157	147
三水区	4405	45	285	476	624	566	567
高明区	641	2	20	41	54	67	76
江门市	**24540**	**152**	**1382**	**2498**	**3023**	**2754**	**2663**
蓬江区	564	2	45	54	87	84	62
江海区							
新会区	5372	23	278	518	646	569	543
台山市	7224	49	401	718	818	724	752
开平市	4761	32	287	464	624	536	506
鹤山市	3789	30	204	387	460	508	491
恩平市	2830	16	167	357	388	333	309
湛江市	**45429**	**550**	**3206**	**4574**	**4809**	**4359**	**4488**
赤坎区	163		8	18	17	23	13
霞山区	438	2	27	65	71	73	34
坡头区	2429	23	201	346	278	218	204
麻章区	3694	50	327	478	464	400	370
遂溪县	7922	95	557	762	768	713	752
徐闻县	5903	39	252	487	645	643	617
廉江市	9345	128	613	786	1004	867	898
雷州市	10089	136	761	988	1004	957	1103
吴川市	5446	77	460	644	558	465	497
茂名市	**46501**	**687**	**3151**	**4854**	**5019**	**4289**	**4063**
茂南区	4296	67	376	629	600	414	364
电白区	9526	159	723	997	1084	981	1004
高州市	13915	163	762	1396	1340	1170	1000
化州市	10116	195	770	1076	1144	975	927
信宜市	8648	103	520	756	851	749	768
肇庆市	**31136**	**500**	**2280**	**3187**	**3413**	**3346**	**3266**
端州区							
鼎湖区	865	4	47	104	124	94	81
高要区	8580	66	567	979	996	927	820
广宁县	2948	16	126	208	296	348	334
怀集县	8240	230	827	911	914	835	900
封开县	3599	99	247	312	312	307	344
德庆县	3985	66	323	397	430	447	452
四会市	2919	19	143	276	341	388	335
惠州市	**29511**	**1160**	**2559**	**3988**	**4279**	**3951**	**3410**
惠城区	5732	587	689	804	838	677	605
惠阳区	5228	137	379	695	799	728	669
博罗县	7877	259	614	923	1127	1197	1101
惠东县	8354	158	751	1334	1188	995	802
龙门县	2320	19	126	232	327	354	233

4-1c 续表 7

单位：人

地区 性别	合计	16-19岁	20-24岁	25-29岁	30-34岁	35-39岁	40-44岁
梅州市	**17251**	**196**	**959**	**1603**	**1948**	**2076**	**2033**
梅江区	488	3	26	64	70	60	65
梅县区	3460	14	145	251	422	368	416
大埔县	1694	20	80	136	154	161	187
丰顺县	1987	45	144	217	201	270	268
五华县	3732	90	352	464	485	525	430
平远县	1350	5	38	90	114	132	161
蕉岭县	1351	5	32	83	118	122	136
兴宁市	3189	14	142	298	384	438	370
汕尾市	**7608**	**364**	**1359**	**1288**	**914**	**858**	**714**
城　区	823	24	104	138	131	114	78
海丰县	2497	51	316	402	393	321	245
陆河县	669	22	113	113	83	75	81
陆丰市	3619	267	826	635	307	348	310
河源市	**15129**	**208**	**954**	**1484**	**1801**	**2210**	**2071**
源城区	770	12	67	100	134	147	105
紫金县	3338	75	277	341	400	492	473
龙川县	4219	66	266	405	519	619	567
连平县	1852	12	90	156	204	264	263
和平县	2126	22	95	176	234	284	289
东源县	2824	21	159	306	310	404	374
阳江市	**15066**	**143**	**761**	**1353**	**1548**	**1604**	**1818**
江城区	2630	24	167	301	301	260	315
阳东区	3564	36	189	353	415	414	443
阳西县	2596	21	191	277	255	247	331
阳春市	6276	62	214	422	577	683	729
清远市	**22421**	**220**	**1176**	**2071**	**2626**	**2790**	**2616**
清城区	2799	22	172	321	409	365	349
清新区	4668	80	257	476	582	644	575
佛冈县	2330	21	141	249	334	326	267
阳山县	1620	11	95	144	172	186	180
连山壮族瑶族自治县	620	3	33	53	70	72	51
连南瑶族自治县	921	13	59	69	90	114	116
英德市	7378	57	357	640	790	887	847
连州市	2085	13	62	119	179	196	231
东莞市	**20650**	**546**	**1743**	**2740**	**3752**	**3239**	**2668**
市辖区	20650	546	1743	2740	3752	3239	2668
中山市	**12505**	**221**	**1125**	**1616**	**2004**	**1768**	**1555**
市辖区	12505	221	1125	1616	2004	1768	1555
潮州市	**13261**	**207**	**1451**	**1702**	**1464**	**1531**	**1485**
湘桥区	1025	11	118	135	120	107	116
潮安区	6234	104	768	931	783	730	675
饶平县	6002	92	565	636	561	694	694
揭阳市	**38324**	**1627**	**7730**	**7376**	**4633**	**3797**	**2998**
榕城区	2386	27	353	567	349	216	201
揭东区	6710	132	1093	1234	893	661	581
揭西县	5676	205	1013	1013	645	561	498
惠来县	7184	477	1536	1108	748	757	543
普宁市	16368	786	3735	3454	1998	1602	1175
云浮市	**15366**	**146**	**909**	**1471**	**1645**	**1669**	**1592**
云城区	1185	3	87	127	117	132	139
云安区	1621	20	114	206	195	189	174
新兴县	4483	25	268	446	482	522	440
郁南县	2278	15	89	146	218	216	222
罗定市	5799	83	351	546	633	610	617

4-1c 续表 8

单位：人

地 区 性 别	45-49岁	50-54岁	55-59岁	60-64岁	65-69岁	70-74岁	75岁及以 上
广 东	**147599**	**149036**	**111248**	**55325**	**33587**	**12612**	**7157**
广州市	**15848**	**12438**	**7308**	**2520**	**1425**	**436**	**148**
荔湾区							
越秀区							
海珠区							
天河区							
白云区	4337	3216	1605	468	251	84	33
黄埔区	568	436	258	83	28	6	
番禺区	2243	1666	899	286	126	30	12
花都区	2883	2248	1284	406	199	55	18
南沙区	2001	1574	915	350	248	75	21
从化区	1655	1415	967	310	156	50	14
增城区	2161	1883	1380	617	417	136	50
韶关市	**6886**	**8115**	**6544**	**2781**	**1558**	**506**	**224**
武江区	294	284	251	90	51	13	14
浈江区	319	284	225	83	58	20	7
曲江区	615	766	580	279	168	65	22
始兴县	746	954	833	236	147	57	21
仁化县	721	872	670	262	164	48	28
翁源县	1098	1368	1079	467	221	56	21
乳源瑶族自治县	506	578	460	235	140	48	23
新丰县	407	552	474	212	92	35	14
乐昌市	927	1062	924	475	303	120	53
南雄市	1253	1395	1048	442	214	44	21
深圳市	**496**	**434**	**235**	**37**	**15**	**2**	
罗湖区							
福田区							
南山区							
宝安区							
龙岗区	496	434	235	37	15	2	
盐田区							
龙华区							
坪山区							
光明区							
珠海市	**1490**	**1299**	**885**	**262**	**137**	**27**	**4**
香洲区	23	21	18	2		1	
斗门区	1330	1119	781	238	126	26	4
金湾区	137	159	86	22	11		
汕头市	**6538**	**5855**	**4059**	**2124**	**1254**	**339**	**128**
龙湖区	556	468	377	198	129	22	14
金平区	48	63	66	27	23	5	1
濠江区	265	222	158	95	41	13	1
潮阳区	2410	2248	1445	736	395	95	36
潮南区	1928	1523	918	430	275	97	48
澄海区	1278	1255	1013	594	367	101	26
南澳县	53	76	82	44	24	6	2
佛山市	**3674**	**3031**	**1906**	**766**	**437**	**146**	**52**
禅城区							
南海区	1175	920	539	203	101	26	7
顺德区	427	301	156	64	25	6	1
三水区	1854	1537	948	366	218	72	27
高明区	218	273	263	133	93	42	17

4-1c 续表 9

单位：人

地区 性别	45-49岁	50-54岁	55-59岁	60-64岁	65-69岁	70-74岁	75岁及以上
江门市	**8186**	**8465**	**6544**	**3559**	**2270**	**791**	**284**
蓬江区	174	168	107	62	30	8	1
江海区							
新会区	1847	1814	1507	782	536	192	50
台山市	2301	2674	2032	1181	749	275	133
开平市	1542	1622	1251	691	435	126	44
鹤山市	1334	1178	880	444	270	108	33
恩平市	988	1009	767	399	250	82	23
湛江市	**12959**	**15067**	**13370**	**8448**	**5408**	**2449**	**1566**
赤坎区	27	41	49	25	20	11	2
霞山区	116	106	79	54	30	12	4
坡头区	633	827	706	489	322	123	69
麻章区	1031	1103	927	567	358	179	96
遂溪县	2082	2511	2218	1497	1036	485	361
徐闻县	1796	2043	1792	1038	563	213	114
廉江市	2430	3151	3017	2033	1417	684	412
雷州市	3241	3579	2998	1619	809	309	213
吴川市	1603	1706	1584	1126	853	433	295
茂名市	**12724**	**15239**	**13288**	**8778**	**5865**	**2663**	**1943**
茂南区	1186	1374	1093	628	400	144	67
电白区	2865	3195	2672	1910	1175	564	376
高州市	3491	4651	4224	2738	2036	858	715
化州市	2861	3112	2709	1790	1188	573	399
信宜市	2321	2907	2590	1712	1066	524	386
肇庆市	**9384**	**10479**	**8016**	**3655**	**2575**	**908**	**524**
端州区							
鼎湖区	240	261	221	105	108	16	16
高要区	2508	2749	2058	1030	906	347	168
广宁县	1027	1181	1001	457	309	72	34
怀集县	2321	2469	1727	736	447	167	107
封开县	1042	1351	1151	518	312	137	105
德庆县	1188	1287	1067	442	274	94	65
四会市	1058	1181	791	367	219	75	29
惠州市	**9788**	**8718**	**5674**	**2082**	**1062**	**372**	**242**
惠城区	1703	1455	899	271	128	36	28
惠阳区	2114	1695	912	224	92	26	8
博罗县	2760	2356	1494	556	210	62	30
惠东县	2401	2309	1689	752	484	201	156
龙门县	810	903	680	279	148	47	20
梅州市	**6593**	**7382**	**5711**	**2440**	**1233**	**386**	**206**
梅江区	208	138	112	42	24	14	6
梅县区	1172	1370	1218	577	308	93	31
大埔县	589	763	679	376	178	59	37
丰顺县	744	768	597	298	132	47	25
五华县	1402	1562	993	333	133	38	25
平远县	576	700	517	210	123	34	18
蕉岭县	529	609	537	242	154	49	40
兴宁市	1373	1472	1058	362	181	52	24
汕尾市	**2991**	**2948**	**1961**	**1090**	**665**	**290**	**132**
城区	332	394	237	143	78	29	6
海丰县	978	897	560	270	168	80	32
陆河县	306	267	198	83	42	14	5
陆丰市	1375	1390	966	594	377	167	89

4-1c　续表 10

单位：人

地　区 性　别	45-49岁	50-54岁	55-59岁	60-64岁	65-69岁	70-74岁	75岁及以　上
河源市	**5810**	**5897**	**4122**	**1615**	**691**	**177**	**114**
源城区	258	204	103	26	13	1	
紫金县	1308	1243	893	280	121	18	24
龙川县	1511	1616	1168	442	182	49	25
连平县	639	738	508	264	73	24	14
和平县	874	939	650	296	175	43	35
东源县	1220	1157	800	307	127	42	16
阳江市	**5176**	**5839**	**4598**	**2301**	**1602**	**703**	**371**
江城区	957	1005	729	312	173	75	17
阳东区	1103	1112	857	497	391	224	140
阳西县	948	1070	859	462	319	149	87
阳春市	2168	2652	2153	1030	719	255	127
清远市	**7932**	**8950**	**6932**	**2977**	**1768**	**583**	**256**
清城区	1046	970	700	231	185	72	28
清新区	1602	1646	1223	431	274	91	59
佛冈县	826	954	660	216	148	50	16
阳山县	600	782	582	268	109	29	11
连山壮族瑶族自治县	235	270	216	102	63	15	12
连南瑶族自治县	305	355	269	116	66	14	9
英德市	2622	2930	2340	1096	616	194	84
连州市	696	1043	942	517	307	118	37
东莞市	**8074**	**5770**	**2784**	**673**	**267**	**55**	**26**
市辖区	8074	5770	2784	673	267	55	26
中山市	**4307**	**3487**	**1782**	**590**	**225**	**57**	**22**
市辖区	4307	3487	1782	590	225	57	22
潮州市	**4495**	**4642**	**3741**	**2068**	**1204**	**406**	**161**
湘桥区	349	332	332	193	110	30	11
潮安区	2101	2116	1629	852	479	159	68
饶平县	2045	2194	1780	1023	615	217	82
揭阳市	**9535**	**9338**	**7108**	**4368**	**2569**	**868**	**513**
榕城区	775	869	696	449	267	100	38
揭东区	1903	1825	1480	1074	637	219	105
揭西县	1464	1583	1250	664	408	140	105
惠来县	1581	1598	1223	864	507	167	107
普宁市	3812	3463	2459	1317	750	242	158
云浮市	**4713**	**5643**	**4680**	**2191**	**1357**	**448**	**241**
云城区	392	472	370	133	71	40	14
云安区	568	650	489	185	107	38	22
新兴县	1379	1429	1195	534	407	128	67
郁南县	659	1001	865	424	254	73	49
罗定市	1715	2091	1761	915	518	169	89
男	**85581**	**91747**	**73839**	**37517**	**22593**	**8704**	**4830**
广州市	**9343**	**7846**	**4985**	**1684**	**888**	**268**	**99**
荔湾区							
越秀区							
海珠区							
天河区							
白云区	2593	2045	1148	340	160	48	23
黄埔区	347	311	196	60	16	5	
番禺区	1348	1021	634	185	83	19	7
花都区	1737	1442	878	292	136	35	14
南沙区	1144	970	587	214	141	39	10
从化区	929	880	645	196	91	33	10
增城区	1245	1177	897	397	261	89	35

4-1c 续表 11

单位：人

地区 性别	45-49岁	50-54岁	55-59岁	60-64岁	65-69岁	70-74岁	75岁及以上
韶关市	**3866**	**4737**	**4097**	**1732**	**942**	**320**	**132**
武江区	179	174	173	56	24	10	11
浈江区	198	166	154	46	29	11	2
曲江区	349	491	367	164	105	35	11
始兴县	367	493	471	140	90	35	12
仁化县	413	532	417	154	98	33	14
翁源县	587	775	703	342	154	38	12
乳源瑶族自治县	316	348	275	139	72	32	15
新丰县	233	317	320	148	66	24	8
乐昌市	535	631	589	283	172	76	36
南雄市	689	810	628	260	132	26	11
深圳市	**325**	**314**	**178**	**30**	**15**	**1**	
罗湖区							
福田区							
南山区							
宝安区							
龙岗区	325	314	178	30	15	1	
盐田区							
龙华区							
坪山区							
光明区							
珠海市	**840**	**785**	**617**	**201**	**104**	**20**	**2**
香洲区	20	13	15	2		1	
斗门区	738	664	540	183	94	19	2
金湾区	82	108	62	16	10		
汕头市	**4187**	**4143**	**3125**	**1695**	**987**	**265**	**102**
龙湖区	311	299	276	157	104	18	11
金平区	31	43	54	23	20	4	1
濠江区	177	159	130	75	36	11	1
潮阳区	1653	1738	1183	634	345	82	28
潮南区	1253	1074	698	340	196	72	35
澄海区	734	778	732	431	267	73	24
南澳县	28	52	52	35	19	5	2
佛山市	**2200**	**1961**	**1322**	**509**	**280**	**96**	**35**
禅城区							
南海区	688	606	377	137	72	17	5
顺德区	279	201	117	47	14	4	1
三水区	1106	989	656	235	129	49	16
高明区	127	165	172	90	65	26	13
江门市	**4442**	**4668**	**4143**	**2418**	**1601**	**566**	**193**
蓬江区	92	86	72	40	23	7	
江海区							
新会区	1005	1001	945	485	339	122	36
台山市	1166	1435	1285	841	557	208	91
开平市	839	894	766	467	308	92	33
鹤山市	769	645	555	297	183	75	14
恩平市	571	607	520	288	191	62	19
湛江市	**7237**	**8646**	**8194**	**5362**	**3525**	**1748**	**1112**
赤坎区	10	22	27	10	11	9	2
霞山区	63	59	47	37	16	9	4
坡头区	364	467	456	344	224	101	54
麻章区	602	665	610	368	223	126	62
遂溪县	1134	1354	1282	928	668	320	229
徐闻县	960	1150	1073	600	344	142	70
廉江市	1347	1851	1852	1287	941	504	313
雷州市	1809	2056	1875	1027	512	212	137
吴川市	948	1022	972	761	586	325	241

4-1c　续表 12

单位：人

地　区 性　别	45-49岁	50-54岁	55-59岁	60-64岁	65-69岁	70-74岁	75岁及以　上
茂名市	**6818**	**8501**	**7990**	**5751**	**3882**	**1819**	**1301**
茂南区	678	813	694	425	274	107	55
电白区	1672	1947	1759	1317	813	401	270
高州市	1713	2441	2375	1745	1320	570	465
化州市	1581	1763	1623	1165	787	402	282
信宜市	1174	1537	1539	1099	688	339	229
肇庆市	**5068**	**5996**	**4914**	**2160**	**1477**	**491**	**291**
端州区							
鼎湖区	139	144	133	58	62	10	10
高要区	1366	1551	1233	603	489	200	99
广宁县	566	693	658	279	198	43	24
怀集县	1172	1363	1029	419	239	77	52
封开县	570	783	686	300	179	71	49
德庆县	619	744	660	268	166	52	38
四会市	636	718	515	233	144	38	19
惠州市	**5828**	**5429**	**3935**	**1454**	**706**	**257**	**165**
惠城区	1059	911	667	208	96	26	21
惠阳区	1287	1043	654	171	70	19	6
博罗县	1605	1518	1064	410	139	50	26
惠东县	1382	1371	1100	484	302	132	95
龙门县	495	586	450	181	99	30	17
梅州市	**3771**	**4832**	**4020**	**1692**	**834**	**246**	**120**
梅江区	115	96	82	26	15	6	4
梅县区	606	812	806	395	221	64	21
大埔县	345	509	458	251	110	36	16
丰顺县	441	546	422	210	103	32	15
五华县	883	1074	752	244	99	30	18
平远县	324	448	359	128	80	20	9
蕉岭县	266	394	356	165	81	23	20
兴宁市	791	953	785	273	125	35	17
汕尾市	**2157**	**2285**	**1631**	**924**	**585**	**268**	**116**
城　区	251	303	200	120	76	29	6
海丰县	651	645	449	220	145	75	31
陆河县	215	213	170	77	40	14	4
陆丰市	1040	1124	812	507	324	150	75
河源市	**3369**	**3877**	**2980**	**1144**	**470**	**116**	**69**
源城区	153	139	76	23	8	1	
紫金县	765	851	663	207	91	14	16
龙川县	847	1037	843	318	125	31	15
连平县	353	457	341	175	47	17	7
和平县	540	628	465	194	110	28	21
东源县	711	765	592	227	89	25	10
阳江市	**2927**	**3472**	**2973**	**1546**	**1062**	**506**	**265**
江城区	533	587	461	226	124	63	12
阳东区	622	619	556	306	251	156	100
阳西县	578	676	584	342	237	129	74
阳春市	1194	1590	1372	672	450	158	79
清远市	**4624**	**5577**	**4607**	**1985**	**1157**	**366**	**160**
清城区	645	643	471	145	121	34	12
清新区	928	966	816	297	174	53	38
佛冈县	491	623	460	157	106	31	10
阳山县	366	515	390	178	73	22	5
连山壮族瑶族自治县	143	173	133	67	41	10	8
连南瑶族自治县	171	226	159	73	32	9	4
英德市	1465	1769	1545	718	405	121	59
连州市	415	662	633	350	205	86	24

4-1c 续表 13

单位：人

地区 性别	45-49岁	50-54岁	55-59岁	60-64岁	65-69岁	70-74岁	75岁及以上
东莞市	**4944**	**3923**	**2038**	**522**	**207**	**37**	**16**
市辖区	4944	3923	2038	522	207	37	16
中山市	**2378**	**2037**	**1212**	**411**	**159**	**44**	**13**
市辖区	2378	2037	1212	411	159	44	13
潮州市	**2719**	**3093**	**2703**	**1523**	**835**	**298**	**125**
湘桥区	223	221	237	150	75	26	7
潮安区	1277	1443	1242	666	358	121	54
饶平县	1219	1429	1224	707	402	151	64
揭阳市	**5975**	**6436**	**5291**	**3384**	**2000**	**677**	**373**
榕城区	533	657	573	385	242	97	34
揭东区	1172	1263	1096	838	498	175	85
揭西县	881	1075	919	511	318	103	66
惠来县	976	1067	863	596	349	110	71
普宁市	2413	2374	1840	1054	593	192	117
云浮市	**2563**	**3189**	**2884**	**1390**	**877**	**295**	**141**
云城区	227	272	240	92	47	25	9
云安区	330	412	352	127	75	27	13
新兴县	709	755	681	323	260	78	33
郁南县	339	574	531	259	167	50	33
罗定市	958	1176	1080	589	328	115	53
女	**62018**	**57289**	**37409**	**17808**	**10994**	**3908**	**2327**
广州市	**6505**	**4592**	**2323**	**836**	**537**	**168**	**49**
荔湾区							
越秀区							
海珠区							
天河区							
白云区	1744	1171	457	128	91	36	10
黄埔区	221	125	62	23	12	1	
番禺区	895	645	265	101	43	11	5
花都区	1146	806	406	114	63	20	4
南沙区	857	604	328	136	107	36	11
从化区	726	535	322	114	65	17	4
增城区	916	706	483	220	156	47	15
韶关市	**3020**	**3378**	**2447**	**1049**	**616**	**186**	**92**
武江区	115	110	78	34	27	3	3
浈江区	121	118	71	37	29	9	5
曲江区	266	275	213	115	63	30	11
始兴县	379	461	362	96	57	22	9
仁化县	308	340	253	108	66	15	14
翁源县	511	593	376	125	67	18	9
乳源瑶族自治县	190	230	185	96	68	16	8
新丰县	174	235	154	64	26	11	6
乐昌市	392	431	335	192	131	44	17
南雄市	564	585	420	182	82	18	10
深圳市	**171**	**120**	**57**	**7**		**1**	
罗湖区							
福田区							
南山区							
宝安区							
龙岗区	171	120	57	7		1	
盐田区							
龙华区							
坪山区							
光明区							

4-1c　续表 14　　　　单位：人

地区 性别	45-49岁	50-54岁	55-59岁	60-64岁	65-69岁	70-74岁	75岁及以上
珠海市	**650**	**514**	**268**	**61**	**33**	**7**	**2**
香洲区	3	8	3				
斗门区	592	455	241	55	32	7	2
金湾区	55	51	24	6	1		
汕头市	**2351**	**1712**	**934**	**429**	**267**	**74**	**26**
龙湖区	245	169	101	41	25	4	3
金平区	17	20	12	4	3	1	
濠江区	88	63	28	20	5	2	
潮阳区	757	510	262	102	50	13	8
潮南区	675	449	220	90	79	25	13
澄海区	544	477	281	163	100	28	2
南澳县	25	24	30	9	5	1	
佛山市	**1474**	**1070**	**584**	**257**	**157**	**50**	**17**
禅城区							
南海区	487	314	162	66	29	9	2
顺德区	148	100	39	17	11	2	
三水区	748	548	292	131	89	23	11
高明区	91	108	91	43	28	16	4
江门市	**3744**	**3797**	**2401**	**1141**	**669**	**225**	**91**
蓬江区	82	82	35	22	7	1	1
江海区							
新会区	842	813	562	297	197	70	14
台山市	1135	1239	747	340	192	67	42
开平市	703	728	485	224	127	34	11
鹤山市	565	533	325	147	87	33	19
恩平市	417	402	247	111	59	20	4
湛江市	**5722**	**6421**	**5176**	**3086**	**1883**	**701**	**454**
赤坎区	17	19	22	15	9	2	
霞山区	53	47	32	17	14	3	
坡头区	269	360	250	145	98	22	15
麻章区	429	438	317	199	135	53	34
遂溪县	948	1157	936	569	368	165	132
徐闻县	836	893	719	438	219	71	44
廉江市	1083	1300	1165	746	476	180	99
雷州市	1432	1523	1123	592	297	97	76
吴川市	655	684	612	365	267	108	54
茂名市	**5906**	**6738**	**5298**	**3027**	**1983**	**844**	**642**
茂南区	508	561	399	203	126	37	12
电白区	1193	1248	913	593	362	163	106
高州市	1778	2210	1849	993	716	288	250
化州市	1280	1349	1086	625	401	171	117
信宜市	1147	1370	1051	613	378	185	157
肇庆市	**4316**	**4483**	**3102**	**1495**	**1098**	**417**	**233**
端州区							
鼎湖区	101	117	88	47	46	6	6
高要区	1142	1198	825	427	417	147	69
广宁县	461	488	343	178	111	29	10
怀集县	1149	1106	698	317	208	90	55
封开县	472	568	465	218	133	66	56
德庆县	569	543	407	174	108	42	27
四会市	422	463	276	134	75	37	10
惠州市	**3960**	**3289**	**1739**	**628**	**356**	**115**	**77**
惠城区	644	544	232	63	32	10	7
惠阳区	827	652	258	53	22	7	2
博罗县	1155	838	430	146	71	12	4
惠东县	1019	938	589	268	182	69	61
龙门县	315	317	230	98	49	17	3

4-1c 续表 15　　单位：人

地区 性别	45-49岁	50-54岁	55-59岁	60-64岁	65-69岁	70-74岁	75岁及以上
梅州市	**2822**	**2550**	**1691**	**748**	**399**	**140**	**86**
梅江区	93	42	30	16	9	8	2
梅县区	566	558	412	182	87	29	10
大埔县	244	254	221	125	68	23	21
丰顺县	303	222	175	88	29	15	10
五华县	519	488	241	89	34	8	7
平远县	252	252	158	82	43	14	9
蕉岭县	263	215	181	77	73	26	20
兴宁市	582	519	273	89	56	17	7
汕尾市	**834**	**663**	**330**	**166**	**80**	**22**	**16**
城　区	81	91	37	23	2		
海丰县	327	252	111	50	23	5	1
陆河县	91	54	28	6	2		1
陆丰市	335	266	154	87	53	17	14
河源市	**2441**	**2020**	**1142**	**471**	**221**	**61**	**45**
源城区	105	65	27	3	5		
紫金县	543	392	230	73	30	4	8
龙川县	664	579	325	124	57	18	10
连平县	286	281	167	89	26	7	7
和平县	334	311	185	102	65	15	14
东源县	509	392	208	80	38	17	6
阳江市	**2249**	**2367**	**1625**	**755**	**540**	**197**	**106**
江城区	424	418	268	86	49	12	5
阳东区	481	493	301	191	140	68	40
阳西县	370	394	275	120	82	20	13
阳春市	974	1062	781	358	269	97	48
清远市	**3308**	**3373**	**2325**	**992**	**611**	**217**	**96**
清城区	401	327	229	86	64	38	16
清新区	674	680	407	134	100	38	21
佛冈县	335	331	200	59	42	19	6
阳山县	234	267	192	90	36	7	6
连山壮族瑶族自治县	92	97	83	35	22	5	4
连南瑶族自治县	134	129	110	43	34	5	5
英德市	1157	1161	795	378	211	73	25
连州市	281	381	309	167	102	32	13
东莞市	**3130**	**1847**	**746**	**151**	**60**	**18**	**10**
市辖区	3130	1847	746	151	60	18	10
中山市	**1929**	**1450**	**570**	**179**	**66**	**13**	**9**
市辖区	1929	1450	570	179	66	13	9
潮州市	**1776**	**1549**	**1038**	**545**	**369**	**108**	**36**
湘桥区	126	111	95	43	35	4	4
潮安区	824	673	387	186	121	38	14
饶平县	826	765	556	316	213	66	18
揭阳市	**3560**	**2902**	**1817**	**984**	**569**	**191**	**140**
榕城区	242	212	123	64	25	3	4
揭东区	731	562	384	236	139	44	20
揭西县	583	508	331	153	90	37	39
惠来县	605	531	360	268	158	57	36
普宁市	1399	1089	619	263	157	50	41
云浮市	**2150**	**2454**	**1796**	**801**	**480**	**153**	**100**
云城区	165	200	130	41	24	15	5
云安区	238	238	137	58	32	11	9
新兴县	670	674	514	211	147	50	34
郁南县	320	427	334	165	87	23	16
罗定市	757	915	681	326	190	54	36

4-2 各地区分性别、受教育程度的就业人口

单位：人

地区 性别	合计	未上过学	学前教育	小学	初中	高中	大学专科	大学本科	硕士研究生	博士研究生
广东	**6203762**	**22584**	**2517**	**602284**	**2672787**	**1400961**	**806764**	**621429**	**67160**	**7276**
广州市	**962020**	**1589**	**166**	**58856**	**323336**	**225121**	**171616**	**156048**	**21855**	**3433**
荔湾区	44328	33	3	1765	10066	11442	9795	10003	1104	117
越秀区	44507	61	2	1172	7203	9107	8822	14419	3206	515
海珠区	97472	64	12	4997	36405	19654	14982	18039	2721	598
天河区	126953	136	17	3638	21325	31831	32550	30610	5756	1090
白云区	210440	347	42	14349	81735	54069	34644	22611	2281	362
黄埔区	71955	85	6	3041	19979	19173	13641	13721	2085	224
番禺区	145872	301	33	10250	49907	34139	25975	22123	2732	412
花都区	83006	182	11	5658	40637	15853	10898	8927	793	47
南沙区	49811	210	19	5099	20051	11887	7069	5037	415	24
从化区	23508	31	2	1709	11124	5223	3154	2129	128	8
增城区	64168	139	19	7178	24904	12743	10086	8429	634	36
韶关市	**108124**	**953**	**69**	**16813**	**47859**	**20204**	**12701**	**9041**	**439**	**45**
武江区	15221	78	6	1234	5261	3463	2543	2417	207	12
浈江区	13174	56	5	1033	4670	3506	2229	1523	125	27
曲江区	11461	64	2	1398	5106	2585	1467	813	25	1
始兴县	7743	53	3	1438	3766	1280	725	470	8	
仁化县	7676	119	7	1545	3431	1113	819	622	19	1
翁源县	11905	53	3	1927	6778	1567	889	685	2	1
乳源瑶族自治县	7451	62	6	1651	3195	1209	800	513	15	
新丰县	6390	17	3	716	3496	1152	619	382	5	
乐昌市	12591	305	16	2807	5715	1776	1169	784	17	2
南雄市	14512	146	18	3064	6441	2553	1441	832	16	1
深圳市	**1195627**	**2159**	**123**	**54032**	**418050**	**278849**	**215635**	**195141**	**29360**	**2278**
罗湖区	63024	89	7	2504	15520	16288	13780	12654	2036	146
福田区	92863	107	7	3229	20333	20231	18268	23998	6220	470
南山区	111359	202	15	3658	21969	21595	21069	33575	8449	827
宝安区	335183	587	46	15066	138496	77273	55891	43304	4277	243
龙岗区	271031	528	26	14008	97627	63892	50390	40071	4211	278
盐田区	12989	21		538	3922	3452	2403	2226	382	45
龙华区	187045	188	13	6192	63720	46940	38155	28917	2747	173
坪山区	37928	120	4	2870	16169	8770	5154	4297	502	42
光明区	84205	317	5	5967	40294	20408	10525	6099	536	54
珠海市	**130931**	**366**	**40**	**9239**	**44329**	**33610**	**21052**	**19530**	**2453**	**312**
香洲区	77234	196	24	4554	22030	19656	13771	14693	2044	266
斗门区	31049	119	5	2865	12963	8339	3984	2620	142	12
金湾区	22648	51	11	1820	9336	5615	3297	2217	267	34
汕头市	**220693**	**1585**	**154**	**33365**	**100937**	**53094**	**20496**	**10547**	**449**	**66**
龙湖区	27778	208	10	3464	9278	6905	4621	3107	168	17
金平区	29934	127	5	2752	8187	8851	6181	3572	218	41
濠江区	9419	151	25	1613	3790	2327	1156	349	8	
潮阳区	59077	375	40	7568	31161	14929	3782	1207	11	4
潮南区	51376	412	32	9282	29194	10661	1275	510	10	
澄海区	40667	253	39	8171	18482	8888	3146	1652	32	4
南澳县	2442	59	3	515	845	533	335	150	2	
佛山市	**556874**	**1183**	**238**	**51859**	**242589**	**138008**	**72470**	**47164**	**3117**	**246**
禅城区	74209	91	22	4289	28648	18254	12246	9784	800	75
南海区	223797	384	123	22080	100586	53782	28574	17171	1018	79
顺德区	193013	495	74	18877	82060	51000	24064	15273	1093	77
三水区	43253	181	14	4676	21171	9186	4564	3291	158	12
高明区	22602	32	5	1937	10124	5786	3022	1645	48	3

4−2 续表 1

单位：人

地区 性别	合计	未上过学	学前教育	小学	初中	高中	大学专科	大学本科	硕士研究生	博士研究生
江门市	**204759**	**560**	**65**	**23179**	**86826**	**53460**	**23814**	**16125**	**673**	**57**
蓬江区	38267	79	11	3119	12537	10424	6464	5228	360	45
江海区	18874	61	9	2238	7961	4733	2487	1317	63	5
新会区	39803	173	25	6028	14230	10829	4962	3439	113	4
台山市	35440	69	8	4588	16343	9713	2943	1731	44	1
开平市	28807	78	7	3208	13339	7815	2797	1535	28	
鹤山市	25997	69	3	2616	12424	6038	2655	2134	56	2
恩平市	17571	31	2	1382	9992	3908	1506	741	9	
湛江市	**228355**	**2228**	**224**	**34896**	**115716**	**40401**	**20766**	**13291**	**696**	**137**
赤坎区	13852	13	2	440	3764	3825	3019	2511	221	57
霞山区	23707	44		1309	7134	6549	4622	3654	332	63
坡头区	13135	125	19	2164	6593	2231	1092	855	54	2
麻章区	16700	170	21	2674	8771	3190	1212	619	37	6
遂溪县	30157	281	35	4778	17609	4981	1679	782	9	3
徐闻县	22459	279	23	5182	11479	3011	1685	791	7	2
廉江市	39452	392	30	6037	23269	5561	2577	1568	17	1
雷州市	39644	633	55	7911	20762	6437	2640	1196	9	1
吴川市	29249	291	39	4401	16335	4616	2240	1315	10	2
茂名市	**215185**	**1810**	**177**	**33963**	**107434**	**41051**	**18613**	**11794**	**311**	**32**
茂南区	39190	95	4	3415	15851	10109	5613	3864	213	26
电白区	48411	834	66	10857	23205	7774	3685	1951	38	1
高州市	50431	536	74	9636	24527	9375	3760	2491	29	3
化州市	43074	124	4	3934	26426	7661	3007	1897	20	1
信宜市	34079	221	29	6121	17425	6132	2548	1591	11	1
肇庆市	**162344**	**607**	**173**	**20375**	**86719**	**31143**	**14233**	**8722**	**354**	**18**
端州区	21908	36	9	876	5965	6407	4548	3838	218	11
鼎湖区	8529	38	14	1150	4242	1806	834	412	29	4
高要区	32252	167	27	5947	19659	4418	1468	553	13	
广宁县	13516	24	7	1630	8661	1927	815	445	7	
怀集县	27383	157	70	4501	16476	3700	1614	855	10	
封开县	13618	95	24	2189	7500	2436	898	466	10	
德庆县	13534	35	12	1391	7911	2677	1018	481	9	
四会市	31604	55	10	2691	16305	7772	3038	1672	58	3
惠州市	**302599**	**974**	**142**	**33153**	**153184**	**57970**	**33226**	**22552**	**1296**	**102**
惠城区	98758	260	52	7175	40104	22304	15850	12093	840	80
惠阳区	85114	233	30	8245	46432	16866	8249	4775	274	10
博罗县	55104	153	15	6281	31689	9542	4456	2855	105	8
惠东县	52339	296	42	9830	29139	7275	3543	2154	58	2
龙门县	11284	32	3	1622	5820	1983	1128	675	19	2
梅州市	**110628**	**261**	**25**	**9603**	**57248**	**23835**	**11250**	**8122**	**260**	**24**
梅江区	15167	23	2	647	5419	4146	2396	2378	137	19
梅县区	20077	30	9	1281	10192	5197	2113	1216	38	1
大埔县	9154	35	2	1014	5107	1669	806	513	8	
丰顺县	13232	44	4	2075	7215	2206	1025	651	11	1
五华县	20165	41	3	2152	11579	3515	1676	1177	21	1
平远县	7059	31	1	852	3530	1372	767	495	10	1
蕉岭县	7249	32	1	646	3422	1808	762	554	23	1
兴宁市	18525	25	3	936	10784	3922	1705	1138	12	
汕尾市	**76093**	**1165**	**48**	**15442**	**37517**	**11987**	**6232**	**3582**	**111**	**9**
城区	14531	183	11	2565	6033	2895	1644	1147	50	3
海丰县	28067	192	7	5598	14250	4602	2166	1207	40	5
陆河县	6256	26	3	807	3439	869	745	360	7	
陆丰市	27239	764	27	6472	13795	3621	1677	868	14	1

4−2　续表 2

单位：人

地区 性别	合计	未上过学	学前教育	小学	初中	高中	大学专科	大学本科	硕士研究生	博士研究生
河源市	**92956**	**254**	**28**	**8971**	**48757**	**17690**	**10821**	**6230**	**195**	**10**
源城区	30160	74	7	1891	12973	6944	4876	3227	160	8
紫金县	15798	38	4	1502	9631	2542	1375	695	11	
龙川县	17545	38	7	1824	9352	3397	1877	1043	7	
连平县	8231	55	4	1203	4372	1357	856	381	3	
和平县	9625	15	2	1295	5316	1570	965	459	3	
东源县	11597	34	4	1256	7113	1880	872	425	11	2
阳江市	**98065**	**634**	**66**	**16785**	**44516**	**19785**	**10706**	**5392**	**168**	**13**
江城区	33063	145	27	3950	13056	8546	4754	2468	107	10
阳东区	20821	115	5	3708	9815	4134	2066	954	22	2
阳西县	15933	169	20	3561	7616	2486	1358	708	15	
阳春市	28248	205	14	5566	14029	4619	2528	1262	24	1
清远市	**146188**	**1043**	**68**	**26147**	**71836**	**22527**	**13880**	**10301**	**368**	**18**
清城区	48193	123	21	5819	22431	8363	6096	5044	281	15
清新区	23700	160	16	4560	12793	3589	1573	991	17	1
佛冈县	11920	28	2	1660	6251	2091	1187	687	13	1
阳山县	9296	119	3	1829	4719	1215	877	529	5	
连山壮族瑶族自治县	3155	10	2	494	1487	500	360	298	4	
连南瑶族自治县	4251	54	5	991	2038	467	387	303	6	
英德市	34036	447	14	8166	16246	4712	2536	1885	29	1
连州市	11637	102	5	2628	5871	1590	864	564	13	
东莞市	**745400**	**1861**	**336**	**63817**	**359874**	**194606**	**74902**	**46188**	**3453**	**363**
市辖区	745400	1861	336	63817	359874	194606	74902	46188	3453	363
中山市	**246816**	**724**	**86**	**28529**	**112085**	**58582**	**26847**	**18596**	**1290**	**77**
市辖区	246816	724	86	28529	112085	58582	26847	18596	1290	77
潮州市	**104340**	**1055**	**95**	**20275**	**49473**	**20189**	**8470**	**4635**	**129**	**19**
湘桥区	22923	115	12	3128	9301	5194	2958	2121	82	12
潮安区	49835	393	30	10621	24814	8860	3321	1755	35	6
饶平县	31582	547	53	6526	15358	6135	2191	759	12	1
揭阳市	**219488**	**1325**	**156**	**34055**	**120470**	**45982**	**12861**	**4580**	**51**	**8**
榕城区	37890	140	21	4856	15870	11113	4125	1747	14	4
揭东区	40950	130	20	6057	20224	10886	2792	828	12	1
揭西县	22112	77	20	2955	13800	3779	1094	385	1	1
惠来县	32556	657	50	7804	18082	4382	1202	369	9	1
普宁市	85980	321	45	12383	52494	15822	3648	1251	15	1
云浮市	**76277**	**248**	**38**	**8930**	**44032**	**12867**	**6173**	**3848**	**132**	**9**
云城区	16135	37	4	1560	7666	3232	2041	1530	64	1
云安区	6915	33	5	1044	4382	923	354	170	3	1
新兴县	18172	34	9	2051	10579	3079	1494	890	31	5
郁南县	11315	66	6	1419	6596	2011	822	391	4	
罗定市	23740	78	14	2856	14809	3622	1462	867	30	2
男	**3779739**	**7381**	**1173**	**326613**	**1682332**	**915300**	**459501**	**344970**	**37571**	**4898**
广州市	**568103**	**510**	**71**	**31165**	**200984**	**144380**	**94326**	**82844**	**11637**	**2186**
荔湾区	25198	13	1	951	6258	7155	5204	4993	552	71
越秀区	24307	20	1	522	4370	5736	4641	7036	1671	310
海珠区	54687	25	7	2586	21321	12040	7862	9062	1399	385
天河区	73801	43	8	1928	13395	19971	18059	16631	3059	707
白云区	124678	103	18	7462	51097	34376	18464	11730	1213	215
黄埔区	45237	36	4	1796	13134	13217	8058	7698	1139	155
番禺区	86002	82	10	5460	30768	21675	14198	12029	1515	265
花都区	49760	63	5	3008	24937	10211	6179	4901	424	32
南沙区	31470	65	8	2609	13095	8258	4249	2914	256	16
从化区	13998	13		914	6789	3381	1727	1100	66	8
增城区	38965	47	9	3929	15820	8360	5685	4750	343	22

4-2 续表 3　　单位：人

地区 性别	合计	未上过学	学前教育	小学	初中	高中	大学专科	大学本科	硕士研究生	博士研究生
韶关市	**62981**	**173**	**14**	**7437**	**29686**	**13121**	**7276**	**4983**	**258**	**33**
武江区	8697	22	1	612	3149	2111	1369	1298	125	10
浈江区	7726	17	2	517	2817	2161	1274	853	65	20
曲江区	6931	12		655	3197	1716	876	457	17	1
始兴县	4163	5		497	2142	834	414	267	4	
仁化县	4541	19	2	668	2249	766	483	335	18	1
翁源县	6919	12	1	891	4086	1059	520	348	2	
乳源瑶族自治县	4281	10	2	775	2008	752	437	285	12	
新丰县	3848	5	2	339	2162	775	351	212	2	
乐昌市	7435	50	3	1347	3666	1214	695	449	10	1
南雄市	8440	21	1	1136	4210	1733	857	479	3	
深圳市	**735410**	**608**	**56**	**28030**	**266112**	**187344**	**123440**	**111494**	**16676**	**1650**
罗湖区	36105	18	3	1276	9613	10148	7049	6778	1111	109
福田区	53768	32	2	1601	12973	13265	9537	12731	3302	325
南山区	66750	53	13	2007	14447	14406	11472	18896	4853	603
宝安区	208009	144	16	7375	86209	52284	33234	26001	2564	182
龙岗区	166103	167	13	7597	62259	42231	28417	22728	2476	215
盐田区	8094	7		290	2634	2363	1367	1188	211	34
龙华区	118172	51	5	3172	41800	32290	22392	16783	1569	110
坪山区	24385	36	2	1574	10442	6141	3221	2647	289	33
光明区	54024	100	2	3138	25735	14216	6751	3742	301	39
珠海市	**79435**	**133**	**24**	**5228**	**28147**	**21623**	**11859**	**10892**	**1333**	**196**
香洲区	46080	79	16	2609	14065	12424	7541	8081	1096	169
斗门区	18871	36	3	1501	8050	5375	2296	1515	89	6
金湾区	14484	18	5	1118	6032	3824	2022	1296	148	21
汕头市	**137466**	**748**	**84**	**20277**	**64012**	**34473**	**11819**	**5756**	**249**	**48**
龙湖区	16677	90	5	2051	5841	4294	2542	1746	95	13
金平区	17652	53	2	1618	5140	5422	3391	1876	121	29
濠江区	6303	54	12	1104	2607	1604	714	205	3	
潮阳区	38776	227	28	5063	20099	10200	2421	729	7	2
潮南区	31554	179	14	5463	17994	6803	795	301	5	
澄海区	24831	118	22	4612	11714	5792	1736	817	16	4
南澳县	1673	27	1	366	617	358	220	82	2	
佛山市	**338695**	**485**	**115**	**29702**	**153370**	**86692**	**40615**	**25766**	**1789**	**161**
禅城区	43800	43	11	2488	17627	11223	6675	5220	466	47
南海区	136107	186	57	12823	63704	33477	16018	9243	547	52
顺德区	117802	192	33	10696	51980	32218	13456	8509	666	52
三水区	27118	54	9	2585	13760	6119	2676	1830	77	8
高明区	13868	10	5	1110	6299	3655	1790	964	33	2
江门市	**121080**	**171**	**32**	**12140**	**52210**	**34057**	**13311**	**8735**	**388**	**36**
蓬江区	21676	25	5	1561	7347	6298	3472	2734	207	27
江海区	11251	13	4	1131	4804	3103	1451	705	37	3
新会区	23554	55	11	3142	8610	7020	2786	1862	64	4
台山市	21350	21	4	2450	9897	6205	1711	1038	23	1
开平市	17077	25	4	1721	7979	4958	1547	829	14	
鹤山市	15287	23	3	1373	7413	3856	1451	1131	36	1
恩平市	10885	9	1	762	6160	2617	893	436	7	
湛江市	**141202**	**608**	**98**	**17928**	**74393**	**27582**	**12657**	**7456**	**384**	**96**
赤坎区	7991	8	1	223	2160	2300	1722	1407	128	42
霞山区	13980	16		697	4272	4076	2688	2016	175	40
坡头区	8702	35	10	1261	4569	1616	690	487	33	1
麻章区	10939	69	6	1554	5820	2274	811	381	19	5
遂溪县	18182	78	21	2381	10820	3416	1029	430	4	3
徐闻县	13107	72	9	2436	6993	2074	1055	462	4	2
廉江市	24472	90	14	3179	14945	3860	1528	846	9	1
雷州市	24548	152	18	3761	13526	4614	1748	722	6	1
吴川市	19281	88	19	2436	11288	3352	1386	705	6	1

4-2 续表 4

单位：人

地区 性别	合计	未上过学	学前教育	小学	初中	高中	大学专科	大学本科	硕士研究生	博士研究生
茂名市	**130723**	**479**	**72**	**17762**	**67230**	**27412**	**10981**	**6573**	**193**	**21**
茂南区	23866	38	2	1897	10023	6366	3240	2152	132	16
电白区	31565	262	28	6471	16034	5459	2217	1069	24	1
高州市	29232	108	28	4523	14621	6265	2226	1440	19	2
化州市	26451	30	2	2029	16253	5253	1827	1045	11	1
信宜市	19609	41	12	2842	10299	4069	1471	867	7	1
肇庆市	**94585**	**161**	**72**	**9220**	**52052**	**19850**	**8150**	**4858**	**208**	**14**
端州区	12413	10	5	444	3331	3873	2535	2075	132	8
鼎湖区	5164	12	7	602	2665	1185	459	216	15	3
高要区	18825	51	14	2816	11934	2839	842	322	7	
广宁县	7974	10	3	743	5251	1236	484	244	3	
怀集县	15319	31	24	1735	9701	2390	948	485	5	
封开县	7820	16	10	863	4482	1624	551	268	6	
德庆县	7704	13	4	602	4528	1725	553	272	7	
四会市	19366	18	5	1415	10160	4978	1778	976	33	3
惠州市	**186995**	**367**	**65**	**18700**	**96999**	**37897**	**19186**	**12920**	**784**	**77**
惠城区	60121	101	20	4106	25195	14343	8933	6842	520	61
惠阳区	55072	99	17	4913	30648	11299	5044	2888	156	8
博罗县	33786	60	8	3398	19746	6287	2575	1645	62	5
惠东县	31201	94	20	5420	17789	4640	2008	1196	33	1
龙门县	6815	13		863	3621	1328	626	349	13	2
梅州市	**66932**	**73**	**13**	**4923**	**35304**	**15758**	**6324**	**4363**	**160**	**14**
梅江区	8775	9	2	342	3211	2532	1306	1273	88	12
梅县区	11927	9	3	603	6102	3372	1183	634	20	1
大埔县	5683	6	1	502	3270	1176	447	275	6	
丰顺县	8184	17	1	1158	4641	1462	561	338	6	
五华县	12568	15	2	1181	7306	2427	964	659	14	
平远县	4133	5	1	346	2110	946	435	283	7	
蕉岭县	4343	6		278	2129	1201	440	275	13	1
兴宁市	11319	6	3	513	6535	2642	988	626	6	
汕尾市	**53942**	**583**	**31**	**10808**	**27441**	**8771**	**4038**	**2191**	**71**	**8**
城区	10192	101	6	1828	4369	2059	1083	711	32	3
海丰县	18966	88	4	3552	9843	3340	1359	751	25	4
陆河县	4470	13	3	594	2589	622	444	201	4	
陆丰市	20314	381	18	4834	10640	2750	1152	528	10	1
河源市	**55084**	**74**	**14**	**4716**	**29348**	**11308**	**6138**	**3370**	**110**	**6**
源城区	17376	18	2	1025	7504	4296	2691	1748	88	4
紫金县	9742	14	4	797	6060	1659	807	394	7	
龙川县	10379	15	3	950	5459	2226	1147	573	6	
连平县	4804	17	2	556	2673	875	481	198	2	
和平县	5687	2	1	704	3249	996	499	233	3	
东源县	7096	8	2	684	4403	1256	513	224	4	2
阳江市	**59527**	**171**	**34**	**8858**	**27732**	**13055**	**6457**	**3121**	**90**	**9**
江城区	19657	48	20	2117	7879	5395	2758	1379	55	6
阳东区	12641	33	3	1955	5951	2773	1299	613	12	2
阳西县	10439	58	4	2127	5231	1736	844	430	9	
阳春市	16790	32	7	2659	8671	3151	1556	699	14	1
清远市	**87246**	**206**	**29**	**13763**	**45234**	**14666**	**7667**	**5467**	**203**	**11**
清城区	28668	25	8	2970	14129	5298	3383	2689	156	10
清新区	13868	26	5	2284	7829	2313	873	528	9	1
佛冈县	7284	8	2	909	3927	1399	666	365	8	
阳山县	5744	17	1	1018	3118	816	488	283	3	
连山壮族瑶族自治县	1930	2	1	255	967	353	196	154	2	
连南瑶族自治县	2470	20	2	529	1272	291	204	150	2	
英德市	20142	75	7	4221	10269	3148	1398	1009	15	
连州市	7140	33	3	1577	3723	1048	459	289	8	

4-2 续表 5

单位：人

地区 性别	合 计	未上过学	学前教育	小 学	初 中	高 中	大学专科	大学本科	硕士 研究生	博士 研究生
东莞市	**459817**	**634**	**172**	**33894**	**224297**	**127114**	**44381**	**26929**	**2142**	**254**
市辖区	459817	634	172	33894	224297	127114	44381	26929	2142	254
中山市	**147123**	**248**	**42**	**15064**	**68894**	**37105**	**14986**	**10028**	**706**	**50**
市辖区	147123	248	42	15064	68894	37105	14986	10028	706	50
潮州市	**66068**	**350**	**36**	**11537**	**33067**	**13588**	**4886**	**2515**	**75**	**14**
湘桥区	13848	59	6	1730	5867	3320	1664	1151	44	7
潮安区	32241	154	16	6406	16819	5996	1874	946	24	6
饶平县	19979	137	14	3401	10381	4272	1348	418	7	1
揭阳市	**142050**	**535**	**80**	**21184**	**79002**	**31032**	**7574**	**2604**	**33**	**6**
榕城区	26184	94	14	3474	11310	7767	2472	1039	11	3
揭东区	27217	63	15	4202	13663	7246	1576	444	8	
揭西县	14226	36	10	1902	9058	2423	604	192		1
惠来县	20559	178	15	4011	12035	3248	824	242	5	1
普宁市	53864	164	26	7595	32936	10348	2098	687	9	1
云浮市	**45275**	**64**	**19**	**4277**	**26818**	**8472**	**3430**	**2105**	**82**	**8**
云城区	9757	16	2	786	4836	2085	1140	852	39	1
云安区	4500	14	1	567	2944	669	199	103	2	1
新兴县	10203	7	6	914	6037	1925	810	480	20	4
郁南县	6736	13	4	637	4025	1354	470	231	2	
罗定市	14079	14	6	1373	8976	2439	811	439	19	2
女	**2424023**	**15203**	**1344**	**275671**	**990455**	**485661**	**347263**	**276459**	**29589**	**2378**
广州市	**393917**	**1079**	**95**	**27691**	**122352**	**80741**	**77290**	**73204**	**10218**	**1247**
荔湾区	19130	20	2	814	3808	4287	4591	5010	552	46
越秀区	20200	41	1	650	2833	3371	4181	7383	1535	205
海珠区	42785	39	5	2411	15084	7614	7120	8977	1322	213
天河区	53152	93	9	1710	7930	11860	14491	13979	2697	383
白云区	85762	244	24	6887	30638	19693	16180	10881	1068	147
黄埔区	26718	49	2	1245	6845	5956	5583	6023	946	69
番禺区	59870	219	23	4790	19139	12464	11777	10094	1217	147
花都区	33246	119	6	2650	15700	5642	4719	4026	369	15
南沙区	18341	145	11	2490	6956	3629	2820	2123	159	8
从化区	9510	18	2	795	4335	1842	1427	1029	62	
增城区	25203	92	10	3249	9084	4383	4401	3679	291	14
韶关市	**45143**	**780**	**55**	**9376**	**18173**	**7083**	**5425**	**4058**	**181**	**12**
武江区	6524	56	5	622	2112	1352	1174	1119	82	2
浈江区	5448	39	3	516	1853	1345	955	670	60	7
曲江区	4530	52	2	743	1909	869	591	356	8	
始兴县	3580	48	3	941	1624	446	311	203	4	
仁化县	3135	100	5	877	1182	347	336	287	1	
翁源县	4986	41	2	1036	2692	508	369	337		1
乳源瑶族自治县	3170	52	4	876	1187	457	363	228	3	
新丰县	2542	12	1	377	1334	377	268	170	3	
乐昌市	5156	255	13	1460	2049	562	474	335	7	1
南雄市	6072	125	17	1928	2231	820	584	353	13	1
深圳市	**460217**	**1551**	**67**	**26002**	**151938**	**91505**	**92195**	**83647**	**12684**	**628**
罗湖区	26919	71	4	1228	5907	6140	6731	5876	925	37
福田区	39095	75	5	1628	7360	6966	8731	11267	2918	145
南山区	44609	149	2	1651	7522	7189	9597	14679	3596	224
宝安区	127174	443	30	7691	52287	24989	22657	17303	1713	61
龙岗区	104928	361	13	6411	35368	21661	21973	17343	1735	63
盐田区	4895	14		248	1288	1089	1036	1038	171	11
龙华区	68873	137	8	3020	21920	14650	15763	12134	1178	63
坪山区	13543	84	2	1296	5727	2629	1933	1650	213	9
光明区	30181	217	3	2829	14559	6192	3774	2357	235	15

4-2 续表 6 单位：人

地区 性别	合计	未上过学	学前教育	小学	初中	高中	大学专科	大学本科	硕士研究生	博士研究生
珠海市	**51496**	**233**	**16**	**4011**	**16182**	**11987**	**9193**	**8638**	**1120**	**116**
香洲区	31154	117	8	1945	7965	7232	6230	6612	948	97
斗门区	12178	83	2	1364	4913	2964	1688	1105	53	6
金湾区	8164	33	6	702	3304	1791	1275	921	119	13
汕头市	**83227**	**837**	**70**	**13088**	**36925**	**18621**	**8677**	**4791**	**200**	**18**
龙湖区	11101	118	5	1413	3437	2611	2079	1361	73	4
金平区	12282	74	3	1134	3047	3429	2790	1696	97	12
濠江区	3116	97	13	509	1183	723	442	144	5	
潮阳区	20301	148	12	2505	11062	4729	1361	478	4	2
潮南区	19822	233	18	3819	11200	3858	480	209	5	
澄海区	15836	135	17	3559	6768	3096	1410	835	16	
南澳县	769	32	2	149	228	175	115	68		
佛山市	**218179**	**698**	**123**	**22157**	**89219**	**51316**	**31855**	**21398**	**1328**	**85**
禅城区	30409	48	11	1801	11021	7031	5571	4564	334	28
南海区	87690	198	66	9257	36882	20305	12556	7928	471	27
顺德区	75211	303	41	8181	30080	18782	10608	6764	427	25
三水区	16135	127	5	2091	7411	3067	1888	1461	81	4
高明区	8734	22		827	3825	2131	1232	681	15	1
江门市	**83679**	**389**	**33**	**11039**	**34616**	**19403**	**10503**	**7390**	**285**	**21**
蓬江区	16591	54	6	1558	5190	4126	2992	2494	153	18
江海区	7623	48	5	1107	3157	1630	1036	612	26	2
新会区	16249	118	14	2886	5620	3809	2176	1577	49	
台山市	14090	48	4	2138	6446	3508	1232	693	21	
开平市	11730	53	3	1487	5360	2857	1250	706	14	
鹤山市	10710	46		1243	5011	2182	1204	1003	20	1
恩平市	6686	22	1	620	3832	1291	613	305	2	
湛江市	**87153**	**1620**	**126**	**16968**	**41323**	**12819**	**8109**	**5835**	**312**	**41**
赤坎区	5861	5	1	217	1604	1525	1297	1104	93	15
霞山区	9727	28		612	2862	2473	1934	1638	157	23
坡头区	4433	90	9	903	2024	615	402	368	21	1
麻章区	5761	101	15	1120	2951	916	401	238	18	1
遂溪县	11975	203	14	2397	6789	1565	650	352	5	
徐闻县	9352	207	14	2746	4486	937	630	329	3	
廉江市	14980	302	16	2858	8324	1701	1049	722	8	
雷州市	15096	481	37	4150	7236	1823	892	474	3	
吴川市	9968	203	20	1965	5047	1264	854	610	4	1
茂名市	**84462**	**1331**	**105**	**16201**	**40204**	**13639**	**7632**	**5221**	**118**	**11**
茂南区	15324	57	2	1518	5828	3743	2373	1712	81	10
电白区	16846	572	38	4386	7171	2315	1468	882	14	
高州市	21199	428	46	5113	9906	3110	1534	1051	10	1
化州市	16623	94	2	1905	10173	2408	1180	852	9	
信宜市	14470	180	17	3279	7126	2063	1077	724	4	
肇庆市	**67759**	**446**	**101**	**11155**	**34667**	**11293**	**6083**	**3864**	**146**	**4**
端州区	9495	26	4	432	2634	2534	2013	1763	86	3
鼎湖区	3365	26	7	548	1577	621	375	196	14	1
高要区	13427	116	13	3131	7725	1579	626	231	6	
广宁县	5542	14	4	887	3410	691	331	201	4	
怀集县	12064	126	46	2766	6775	1310	666	370	5	
封开县	5798	79	14	1326	3018	812	347	198	4	
德庆县	5830	22	8	789	3383	952	465	209	2	
四会市	12238	37	5	1276	6145	2794	1260	696	25	
惠州市	**115604**	**607**	**77**	**14453**	**56185**	**20073**	**14040**	**9632**	**512**	**25**
惠城区	38637	159	32	3069	14909	7961	6917	5251	320	19
惠阳区	30042	134	13	3332	15784	5567	3205	1887	118	2
博罗县	21318	93	7	2883	11943	3255	1881	1210	43	3
惠东县	21138	202	22	4410	11350	2635	1535	958	25	1
龙门县	4469	19	3	759	2199	655	502	326	6	

4-2　续表 7　　　　单位：人

地　区 性　别	合　计	未上过学	学前教育	小　学	初　中	高　中	大学专科	大学本科	硕　士 研究生	博　士 研究生
梅州市	**43696**	**188**	**12**	**4680**	**21944**	**8077**	**4926**	**3759**	**100**	**10**
梅江区	6392	14		305	2208	1614	1090	1105	49	7
梅县区	8150	21	6	678	4090	1825	930	582	18	
大埔县	3471	29	1	512	1837	493	359	238	2	
丰顺县	5048	27	3	917	2574	744	464	313	5	1
五华县	7597	26	1	971	4273	1088	712	518	7	1
平远县	2926	26		506	1420	426	332	212	3	1
蕉岭县	2906	26	1	368	1293	607	322	279	10	
兴宁市	7206	19		423	4249	1280	717	512	6	
汕尾市	**22151**	**582**	**17**	**4634**	**10076**	**3216**	**2194**	**1391**	**40**	**1**
城　区	4339	82	5	737	1664	836	561	436	18	
海丰县	9101	104	3	2046	4407	1262	807	456	15	1
陆河县	1786	13		213	850	247	301	159	3	
陆丰市	6925	383	9	1638	3155	871	525	340	4	
河源市	**37872**	**180**	**14**	**4255**	**19409**	**6382**	**4683**	**2860**	**85**	**4**
源城区	12784	56	5	866	5469	2648	2185	1479	72	4
紫金县	6056	24		705	3571	883	568	301	4	
龙川县	7166	23	4	874	3893	1171	730	470	1	
连平县	3427	38	2	647	1699	482	375	183	1	
和平县	3938	13	1	591	2067	574	466	226		
东源县	4501	26	2	572	2710	624	359	201	7	
阳江市	**38538**	**463**	**32**	**7927**	**16784**	**6730**	**4249**	**2271**	**78**	**4**
江城区	13406	97	7	1833	5177	3151	1996	1089	52	4
阳东区	8180	82	2	1753	3864	1361	767	341	10	
阳西县	5494	111	16	1434	2385	750	514	278	6	
阳春市	11458	173	7	2907	5358	1468	972	563	10	
清远市	**58942**	**837**	**39**	**12384**	**26602**	**7861**	**6213**	**4834**	**165**	**7**
清城区	19525	98	13	2849	8302	3065	2713	2355	125	5
清新区	9832	134	11	2276	4964	1276	700	463	8	
佛冈县	4636	20		751	2324	692	521	322	5	1
阳山县	3552	102	2	811	1601	399	389	246	2	
连山壮族瑶族自治县	1225	8	1	239	520	147	164	144	2	
连南瑶族自治县	1781	34	3	462	766	176	183	153	4	
英德市	13894	372	7	3945	5977	1564	1138	876	14	1
连州市	4497	69	2	1051	2148	542	405	275	5	
东莞市	**285583**	**1227**	**164**	**29923**	**135577**	**67492**	**30521**	**19259**	**1311**	**109**
市辖区	285583	1227	164	29923	135577	67492	30521	19259	1311	109
中山市	**99693**	**476**	**44**	**13465**	**43191**	**21477**	**11861**	**8568**	**584**	**27**
市辖区	99693	476	44	13465	43191	21477	11861	8568	584	27
潮州市	**38272**	**705**	**59**	**8738**	**16406**	**6601**	**3584**	**2120**	**54**	**5**
湘桥区	9075	56	6	1398	3434	1874	1294	970	38	5
潮安区	17594	239	14	4215	7995	2864	1447	809	11	
饶平县	11603	410	39	3125	4977	1863	843	341	5	
揭阳市	**77438**	**790**	**76**	**12871**	**41468**	**14950**	**5287**	**1976**	**18**	**2**
榕城区	11706	46	7	1382	4560	3346	1653	708	3	1
揭东区	13733	67	5	1855	6561	3640	1216	384	4	1
揭西县	7886	41	10	1053	4742	1356	490	193	1	
惠来县	11997	479	35	3793	6047	1134	378	127	4	
普宁市	32116	157	19	4788	19558	5474	1550	564	6	
云浮市	**31002**	**184**	**19**	**4653**	**17214**	**4395**	**2743**	**1743**	**50**	**1**
云城区	6378	21	2	774	2830	1147	901	678	25	
云安区	2415	19	4	477	1438	254	155	67	1	
新兴县	7969	27	3	1137	4542	1154	684	410	11	1
郁南县	4579	53	2	782	2571	657	352	160	2	
罗定市	9661	64	8	1483	5833	1183	651	428	11	

4—2a　各地区分性别、受教育程度的就业人口(城市)

单位：人

地　区 性　别	合　计	未上过学	学前教育	小　学	初　中	高　中	大学专科	大学本科	硕　士 研究生	博　士 研究生
广　东	**4263943**	**9058**	**1189**	**291343**	**1624186**	**1049142**	**666918**	**550288**	**64743**	**7076**
广州市	**777751**	**1087**	**125**	**39375**	**236904**	**184807**	**148163**	**142903**	**21009**	**3378**
荔湾区	44328	33	3	1765	10066	11442	9795	10003	1104	117
越秀区	44507	61	2	1172	7203	9107	8822	14419	3206	515
海珠区	97472	64	12	4997	36405	19654	14982	18039	2721	598
天河区	126953	136	17	3638	21325	31831	32550	30610	5756	1090
白云区	164181	270	35	10473	61259	42627	27855	19178	2128	356
黄埔区	65614	66	6	2558	17844	17830	12581	12592	1929	208
番禺区	124404	227	29	7824	40827	28573	22979	20906	2639	400
花都区	54046	108	7	3148	23994	10415	8128	7529	677	40
南沙区	27195	83	11	1883	9418	7121	4529	3748	378	24
从化区	7264	7		230	1958	1845	1679	1455	85	5
增城区	21787	32	3	1687	6605	4362	4263	4424	386	25
韶关市	**36248**	**120**	**10**	**2426**	**11509**	**9241**	**7007**	**5520**	**373**	**42**
武江区	12957	45	5	778	3990	3119	2431	2370	207	12
浈江区	10334	32	3	603	3129	2974	2012	1432	122	27
曲江区	5807	7	1	321	1958	1658	1170	672	19	1
始兴县										
仁化县										
翁源县										
乳源瑶族自治县										
新丰县										
乐昌市	3243	23		362	1209	614	575	446	13	1
南雄市	3907	13	1	362	1223	876	819	600	12	1
深圳市	**1191170**	**2134**	**122**	**53663**	**415920**	**277849**	**215080**	**194789**	**29341**	**2272**
罗湖区	63024	89	7	2504	15520	16288	13780	12654	2036	146
福田区	92863	107	7	3229	20333	20231	18268	23998	6220	470
南山区	110863	198	15	3619	21703	21477	21011	33564	8449	827
宝安区	335183	587	46	15066	138496	77273	55891	43304	4277	243
龙岗区	267180	507	25	13682	95771	63027	49924	39771	4199	274
盐田区	12989	21		538	3922	3452	2403	2226	382	45
龙华区	187045	188	13	6192	63720	46940	38155	28917	2747	173
坪山区	37818	120	4	2866	16161	8753	5123	4256	495	40
光明区	84205	317	5	5967	40294	20408	10525	6099	536	54
珠海市	**99372**	**215**	**25**	**5658**	**29862**	**25634**	**17638**	**17719**	**2323**	**298**
香洲区	72416	155	18	3890	19936	18622	13208	14327	1999	261
斗门区	12450	37		747	4364	3424	2151	1628	91	8
金湾区	14506	23	7	1021	5562	3588	2279	1764	233	29
汕头市	**97961**	**536**	**73**	**12173**	**35362**	**26396**	**14535**	**8413**	**414**	**59**
龙湖区	23080	104	8	2429	7335	5881	4143	2998	167	15
金平区	29320	117	5	2603	7993	8675	6113	3555	218	41
濠江区	6468	83	19	1062	2492	1686	852	268	6	
潮阳区	10400	105	11	1379	3250	3277	1717	652	7	2
潮南区	16077	72	13	2594	8661	4066	475	192	4	
澄海区	12616	55	17	2106	5631	2811	1235	748	12	1
南澳县										
佛山市	**498823**	**987**	**215**	**44614**	**211862**	**125611**	**67418**	**44857**	**3023**	**236**
禅城区	60915	57	12	3127	22505	15163	10401	8814	766	70
南海区	211255	355	122	20424	93966	51061	27457	16781	1010	79
顺德区	189889	483	73	18449	80547	50109	23858	15200	1093	77
三水区	17427	67	6	1276	6536	4072	2849	2505	109	7
高明区	19337	25	2	1338	8308	5206	2853	1557	45	3

4-2a 续表 1

单位：人

地 区 性 别	合 计	未上过学	学前教育	小 学	初 中	高 中	大学专科	大学本科	硕 士 研究生	博 士 研究生
江门市	**123061**	**211**	**25**	**9327**	**43530**	**36071**	**19177**	**14044**	**621**	**55**
蓬江区	36966	78	11	2987	11960	10041	6293	5192	359	45
江海区	18874	61	9	2238	7961	4733	2487	1317	63	5
新会区	20730	28	2	1837	6060	6000	3703	2992	104	4
台山市	14234	7	1	679	4903	5426	1964	1226	28	
开平市	12562	19	2	582	4430	4369	1989	1153	18	
鹤山市	12176	14		737	4944	3161	1668	1608	43	1
恩平市	7519	4		267	3272	2341	1073	556	6	
湛江市	**68503**	**173**	**23**	**4138**	**23403**	**18211**	**12415**	**9380**	**634**	**126**
赤坎区	13467	13	2	390	3547	3748	2983	2506	221	57
霞山区	22338	44		1155	6353	6228	4542	3623	330	63
坡头区	2702	15	4	204	831	468	557	574	49	
麻章区	3621	9	3	287	1648	932	464	259	15	4
遂溪县	797	2		121	475	143	38	18		
徐闻县										
廉江市	8396	8	4	394	3388	2169	1408	1013	11	1
雷州市	8244	31	3	716	3223	2578	1172	516	4	1
吴川市	8938	51	7	871	3938	1945	1251	871	4	
茂名市	**65218**	**171**	**14**	**4533**	**24123**	**17768**	**10693**	**7651**	**239**	**26**
茂南区	25178	38		1190	7714	7632	4910	3487	185	22
电白区	8274	82	7	1239	3113	1954	1150	715	14	
高州市	11195	27	3	855	4094	2993	1788	1413	19	3
化州市	10299	21	1	568	4570	2607	1472	1047	13	
信宜市	10272	3	3	681	4632	2582	1373	989	8	1
肇庆市	**51566**	**87**	**31**	**3141**	**19450**	**14519**	**8175**	**5843**	**303**	**17**
端州区	21908	36	9	876	5965	6407	4548	3838	218	11
鼎湖区	4354	14	10	495	1849	1020	590	345	27	4
高要区	3669	8	5	335	1617	976	500	223	5	
广宁县										
怀集县										
封开县										
德庆县										
四会市	21635	29	7	1435	10019	6116	2537	1437	53	2
惠州市	**140824**	**358**	**70**	**10026**	**61851**	**31853**	**20294**	**15231**	**1053**	**88**
惠城区	76787	202	46	4783	28575	18026	13300	10986	791	78
惠阳区	62827	153	24	5103	32528	13625	6910	4212	262	10
博罗县	1210	3		140	748	202	84	33		
惠东县										
龙门县										
梅州市	**31814**	**39**	**10**	**1352**	**12246**	**8608**	**5035**	**4327**	**177**	**20**
梅江区	13766	21	2	571	4661	3748	2282	2328	134	19
梅县区	9841	13	7	498	3893	2842	1504	1049	34	1
大埔县										
丰顺县										
五华县	349	2		28	246	46	23	4		
平远县										
蕉岭县										
兴宁市	7858	3	1	255	3446	1972	1226	946	9	
汕尾市	**15811**	**164**	**10**	**2504**	**6454**	**3404**	**2027**	**1212**	**33**	**3**
城 区	9516	103	8	1614	3610	2082	1262	808	26	3
海丰县										
陆河县										
陆丰市	6295	61	2	890	2844	1322	765	404	7	

4-2a　续表 2　　　　　　　　　　　　　　　　　　　　　　　　　　单位：人

地　区 性　别	合　计	未上过学	学前教育	小　学	初　中	高　中	大学专科	大学本科	硕　士 研究生	博　士 研究生
河源市	**25694**	**50**	**5**	**1493**	**10278**	**6060**	**4537**	**3110**	**153**	**8**
源城区	25694	50	5	1493	10278	6060	4537	3110	153	8
紫金县										
龙川县										
连平县										
和平县										
东源县										
阳江市	**41488**	**104**	**23**	**4199**	**15707**	**10687**	**6803**	**3815**	**138**	**12**
江城区	23519	62	21	2221	8230	6524	4086	2262	103	10
阳东区	8701	11		1088	4034	1922	1063	568	13	2
阳西县										
阳春市	9268	31	2	890	3443	2241	1654	985	22	
清远市	**50112**	**129**	**19**	**5433**	**20296**	**9628**	**7677**	**6633**	**286**	**11**
清城区	27264	49	7	2385	10308	5268	4663	4331	243	10
清新区	10311	47	9	1766	5046	1737	1008	684	13	1
佛冈县										
阳山县										
连山壮族瑶族自治县										
连南瑶族自治县										
英德市	7765	23	2	798	2861	1642	1304	1116	19	
连州市	4772	10	1	484	2081	981	702	502	11	
东莞市	**679352**	**1688**	**280**	**56500**	**326022**	**178408**	**69076**	**43668**	**3356**	**354**
市辖区	679352	1688	280	56500	326022	178408	69076	43668	3356	354
中山市	**150754**	**345**	**51**	**16318**	**67348**	**34782**	**17411**	**13383**	**1064**	**52**
市辖区	150754	345	51	16318	67348	34782	17411	13383	1064	52
潮州市	**38491**	**245**	**27**	**6733**	**15698**	**8010**	**4511**	**3159**	**96**	**12**
湘桥区	16728	81	7	1958	5973	3972	2657	1997	74	9
潮安区	21763	164	20	4775	9725	4038	1854	1162	22	3
饶平县										
揭阳市	**59364**	**186**	**25**	**6262**	**26927**	**16861**	**6523**	**2558**	**18**	**4**
榕城区	25394	89	15	2814	10100	7707	3137	1519	10	3
揭东区	13239	33	3	1448	5659	4338	1349	403	5	1
揭西县										
惠来县										
普宁市	20731	64	7	2000	11168	4816	2037	636	3	
云浮市	**20566**	**29**	**6**	**1475**	**9434**	**4734**	**2723**	**2073**	**89**	**3**
云城区	12965	22	2	987	5639	2861	1908	1481	64	1
云安区	678			60	403	155	36	24		
新兴县										
郁南县										
罗定市	6923	7	4	428	3392	1718	779	568	25	2
男	**2574381**	**3191**	**582**	**158750**	**1013028**	**676018**	**377111**	**304768**	**36173**	**4760**
广州市	**454483**	**358**	**59**	**20744**	**146026**	**117418**	**80980**	**75568**	**11178**	**2152**
荔湾区	25198	13	1	951	6258	7155	5204	4993	552	71
越秀区	24307	20	1	522	4370	5736	4641	7036	1671	310
海珠区	54687	25	7	2586	21321	12040	7862	9062	1399	385
天河区	73801	43	8	1928	13395	19971	18059	16631	3059	707
白云区	96249	76	15	5417	38078	26760	14642	9912	1136	213
黄埔区	41304	24	4	1507	11697	12321	7475	7072	1058	146
番禺区	72430	64	10	4100	24932	17865	12406	11338	1459	256
花都区	31836	43	4	1647	14417	6543	4611	4171	372	28
南沙区	17545	33	7	1017	6221	5055	2780	2183	233	16
从化区	4079	4		119	1139	1126	903	743	40	5
增城区	13047	13	2	950	4198	2846	2397	2427	199	15

4–2a 续表 3

单位：人

地区 性别	合计	未上过学	学前教育	小学	初中	高中	大学专科	大学本科	硕士研究生	博士研究生
韶关市	**20905**	**39**	**3**	**1166**	**6718**	**5743**	**3963**	**3032**	**209**	**32**
武江区	7316	15	1	378	2305	1897	1314	1271	125	10
浈江区	5997	13	2	314	1853	1784	1153	795	63	20
曲江区	3438	3		151	1134	1070	694	373	12	1
始兴县										
仁化县										
翁源县										
乳源瑶族自治县										
新丰县										
乐昌市	1870	4		167	711	405	328	247	7	1
南雄市	2284	4		156	715	587	474	346	2	
深圳市	**732252**	**601**	**55**	**27812**	**264594**	**186580**	**123043**	**111257**	**16666**	**1644**
罗湖区	36105	18	3	1276	9613	10148	7049	6778	1111	109
福田区	53768	32	2	1601	12973	13265	9537	12731	3302	325
南山区	66300	53	13	1979	14206	14293	11415	18885	4853	603
宝安区	208009	144	16	7375	86209	52284	33234	26001	2564	182
龙岗区	163455	160	12	7408	60987	41590	28091	22527	2469	211
盐田区	8094	7		290	2634	2363	1367	1188	211	34
龙华区	118172	51	5	3172	41800	32290	22392	16783	1569	110
坪山区	24325	36	2	1573	10437	6131	3207	2622	286	31
光明区	54024	100	2	3138	25735	14216	6751	3742	301	39
珠海市	**58573**	**92**	**14**	**3145**	**18462**	**16031**	**9676**	**9719**	**1246**	**188**
香洲区	42333	63	10	2125	12336	11591	7142	7827	1071	168
斗门区	7371	20		405	2675	2124	1201	889	53	4
金湾区	8869	9	4	615	3451	2316	1333	1003	122	16
汕头市	**59639**	**232**	**34**	**7375**	**22452**	**16504**	**8187**	**4585**	**228**	**42**
龙湖区	13854	37	5	1437	4644	3645	2285	1695	94	12
金平区	17232	45	2	1514	4998	5305	3350	1868	121	29
濠江区	4319	28	7	721	1744	1146	516	155	2	
潮阳区	6918	63	6	994	2234	2146	1093	379	3	
潮南区	9957	39	4	1569	5377	2580	275	112	1	
澄海区	7359	20	10	1140	3455	1682	668	376	7	1
南澳县										
佛山市	**301552**	**400**	**101**	**25558**	**133114**	**78415**	**37659**	**24421**	**1732**	**152**
禅城区	35523	19	5	1813	13625	9266	5637	4671	444	43
南海区	128147	172	57	11841	59362	31708	15392	9022	541	52
顺德区	115753	187	33	10439	50920	31649	13344	8463	666	52
三水区	10335	16	4	688	4083	2527	1606	1357	51	3
高明区	11794	6	2	777	5124	3265	1680	908	30	2
江门市	**71461**	**65**	**14**	**4872**	**25592**	**22381**	**10651**	**7498**	**353**	**35**
蓬江区	20939	25	5	1489	7017	6064	3390	2715	207	27
江海区	11251	13	4	1131	4804	3103	1451	705	37	3
新会区	12063	9	2	1020	3575	3753	2062	1581	57	4
台山市	8458	2	1	366	2921	3325	1109	723	11	
开平市	7377	7	2	347	2555	2721	1123	613	9	
鹤山市	6908	8		384	2837	1928	887	836	27	1
恩平市	4465	1		135	1883	1487	629	325	5	
湛江市	**41169**	**72**	**10**	**2254**	**14235**	**11592**	**7378**	**5189**	**351**	**88**
赤坎区	7769	8	1	196	2039	2253	1700	1402	128	42
霞山区	13108	16		613	3780	3848	2640	1997	174	40
坡头区	1679	6	2	112	530	312	358	327	32	
麻章区	2272	6		155	1032	638	287	146	4	4
遂溪县	484			66	283	102	26	7		
徐闻县										
廉江市	4923	4	1	207	1925	1396	837	545	7	1
雷州市	5199	10	1	391	2009	1717	767	300	3	1
吴川市	5735	22	5	514	2637	1326	763	465	3	

4−2a　续表 4　　　　单位：人

地区 性别	合计	未上过学	学前教育	小学	初中	高中	大学专科	大学本科	硕士研究生	博士研究生
茂名市	**38567**	**65**	**7**	**2522**	**14366**	**10917**	**6234**	**4294**	**146**	**16**
茂南区	14766	18		663	4622	4587	2822	1926	115	13
电白区	5093	30	3	752	1985	1247	680	389	7	
高州市	6414	9	2	420	2317	1789	1033	831	11	2
化州市	6264	6		325	2752	1683	899	591	8	
信宜市	6030	2	2	362	2690	1611	800	557	5	1
肇庆市	**30099**	**27**	**16**	**1696**	**11451**	**8889**	**4630**	**3199**	**178**	**13**
端州区	12413	10	5	444	3331	3873	2535	2075	132	8
鼎湖区	2627	8	6	289	1152	651	324	180	14	3
高要区	1999		2	174	869	538	285	129	2	
广宁县										
怀集县										
封开县										
德庆县										
四会市	13060	9	3	789	6099	3827	1486	815	30	2
惠州市	**87714**	**155**	**30**	**5889**	**39808**	**20557**	**11788**	**8780**	**640**	**67**
惠城区	46157	84	18	2642	17738	11371	7544	6210	491	59
惠阳区	40773	70	12	3162	21589	9038	4194	2551	149	8
博罗县	784	1		85	481	148	50	19		
惠东县										
龙门县										
梅州市	**18439**	**15**	**6**	**729**	**7229**	**5263**	**2763**	**2313**	**108**	**13**
梅江区	7916	8	2	302	2745	2264	1248	1249	86	12
梅县区	5736	4	3	261	2360	1735	806	548	18	1
大埔县										
丰顺县										
五华县	226	1		13	164	33	12	3		
平远县										
蕉岭县										
兴宁市	4561	2	1	153	1960	1231	697	513	4	
汕尾市	**11105**	**85**	**6**	**1783**	**4646**	**2446**	**1355**	**760**	**21**	**3**
城　区	6572	56	5	1149	2542	1453	839	509	16	3
海丰县										
陆河县										
陆丰市	4533	29	1	634	2104	993	516	251	5	
河源市	**14773**	**14**	**1**	**847**	**5968**	**3719**	**2465**	**1672**	**83**	**4**
源城区	14773	14	1	847	5968	3719	2465	1672	83	4
紫金县										
龙川县										
连平县										
和平县										
东源县										
阳江市	**24108**	**33**	**16**	**2152**	**9115**	**6649**	**3960**	**2101**	**74**	**8**
江城区	13656	25	14	1186	4788	3984	2348	1252	53	6
阳东区	5110	5		553	2344	1254	628	317	7	2
阳西县										
阳春市	5342	3	2	413	1983	1411	984	532	14	
清远市	**28471**	**22**	**9**	**2766**	**12022**	**5863**	**4152**	**3468**	**161**	**8**
清城区	15466	8	2	1199	6155	3163	2517	2276	139	7
清新区	5839	8	5	890	2954	1070	558	347	6	1
佛冈县										
阳山县										
连山壮族瑶族自治县										
连南瑶族自治县										
英德市	4404	3	1	394	1697	1025	693	581	10	
连州市	2762	3	1	283	1216	605	384	264	6	

4-2a　续表 5　　　　　　　　　　　　　　　　　　　　单位：人

地区 性别	合计	未上过学	学前教育	小学	初中	高中	大学专科	大学本科	硕士研究生	博士研究生
东莞市	**417005**	**574**	**141**	**29715**	**202129**	**115898**	**40745**	**25469**	**2085**	**249**
市辖区	417005	574	141	29715	202129	115898	40745	25469	2085	249
中山市	**89012**	**128**	**27**	**8700**	**41023**	**21814**	**9559**	**7139**	**590**	**32**
市辖区	89012	128	27	8700	41023	21814	9559	7139	590	32
潮州市	**23921**	**95**	**12**	**4021**	**10356**	**5109**	**2563**	**1702**	**55**	**8**
湘桥区	10053	42	3	1104	3754	2507	1516	1082	40	5
潮安区	13868	53	9	2917	6602	2602	1047	620	15	3
饶平县										
揭阳市	**38922**	**104**	**17**	**4212**	**18066**	**11211**	**3836**	**1458**	**15**	**3**
榕城区	17393	63	11	2014	7226	5280	1890	898	8	3
揭东区	8947	14	2	1033	4022	2894	771	207	4	
揭西县										
惠来县										
普宁市	12582	27	4	1165	6818	3037	1175	353	3	
云浮市	**12211**	**15**	**4**	**792**	**5656**	**3019**	**1524**	**1144**	**54**	**3**
云城区	7772	11	1	518	3480	1824	1070	828	39	1
云安区	430			36	242	118	20	14		
新兴县										
郁南县										
罗定市	4009	4	3	238	1934	1077	434	302	15	2
女	**1689562**	**5867**	**607**	**132593**	**611158**	**373124**	**289807**	**245520**	**28570**	**2316**
广州市	**323268**	**729**	**66**	**18631**	**90878**	**67389**	**67183**	**67335**	**9831**	**1226**
荔湾区	19130	20	2	814	3808	4287	4591	5010	552	46
越秀区	20200	41	1	650	2833	3371	4181	7383	1535	205
海珠区	42785	39	5	2411	15084	7614	7120	8977	1322	213
天河区	53152	93	9	1710	7930	11860	14491	13979	2697	383
白云区	67932	194	20	5056	23181	15867	13213	9266	992	143
黄埔区	24310	42	2	1051	6147	5509	5106	5520	871	62
番禺区	51974	163	19	3724	15895	10708	10573	9568	1180	144
花都区	22210	65	3	1501	9577	3872	3517	3358	305	12
南沙区	9650	50	4	866	3197	2066	1749	1565	145	8
从化区	3185	3		111	819	719	776	712	45	
增城区	8740	19	1	737	2407	1516	1866	1997	187	10
韶关市	**15343**	**81**	**7**	**1260**	**4791**	**3498**	**3044**	**2488**	**164**	**10**
武江区	5641	30	4	400	1685	1222	1117	1099	82	2
浈江区	4337	19	1	289	1276	1190	859	637	59	7
曲江区	2369	4	1	170	824	588	476	299	7	
始兴县										
仁化县										
翁源县										
乳源瑶族自治县										
新丰县										
乐昌市	1373	19		195	498	209	247	199	6	
南雄市	1623	9	1	206	508	289	345	254	10	1
深圳市	**458918**	**1533**	**67**	**25851**	**151326**	**91269**	**92037**	**83532**	**12675**	**628**
罗湖区	26919	71	4	1228	5907	6140	6731	5876	925	37
福田区	39095	75	5	1628	7360	6966	8731	11267	2918	145
南山区	44563	145	2	1640	7497	7184	9596	14679	3596	224
宝安区	127174	443	30	7691	52287	24989	22657	17303	1713	61
龙岗区	103725	347	13	6274	34784	21437	21833	17244	1730	63
盐田区	4895	14		248	1288	1089	1036	1038	171	11
龙华区	68873	137	8	3020	21920	14650	15763	12134	1178	63
坪山区	13493	84	2	1293	5724	2622	1916	1634	209	9
光明区	30181	217	3	2829	14559	6192	3774	2357	235	15

4-2a 续表 6

单位：人

地区 性别	合计	未上过学	学前教育	小学	初中	高中	大学专科	大学本科	硕士 研究生	博士 研究生
珠海市	**40799**	**123**	**11**	**2513**	**11400**	**9603**	**7962**	**8000**	**1077**	**110**
香洲区	30083	92	8	1765	7600	7031	6066	6500	928	93
斗门区	5079	17		342	1689	1300	950	739	38	4
金湾区	5637	14	3	406	2111	1272	946	761	111	13
汕头市	**38322**	**304**	**39**	**4798**	**12910**	**9892**	**6348**	**3828**	**186**	**17**
龙湖区	9226	67	3	992	2691	2236	1858	1303	73	3
金平区	12088	72	3	1089	2995	3370	2763	1687	97	12
濠江区	2149	55	12	341	748	540	336	113	4	
潮阳区	3482	42	5	385	1016	1131	624	273	4	2
潮南区	6120	33	9	1025	3284	1486	200	80	3	
澄海区	5257	35	7	966	2176	1129	567	372	5	
南澳县										
佛山市	**197271**	**587**	**114**	**19056**	**78748**	**47196**	**29759**	**20436**	**1291**	**84**
禅城区	25392	38	7	1314	8880	5897	4764	4143	322	27
南海区	83108	183	65	8583	34604	19353	12065	7759	469	27
顺德区	74136	296	40	8010	29627	18460	10514	6737	427	25
三水区	7092	51	2	588	2453	1545	1243	1148	58	4
高明区	7543	19		561	3184	1941	1173	649	15	1
江门市	**51600**	**146**	**11**	**4455**	**17938**	**13690**	**8526**	**6546**	**268**	**20**
蓬江区	16027	53	6	1498	4943	3977	2903	2477	152	18
江海区	7623	48	5	1107	3157	1630	1036	612	26	2
新会区	8667	19		817	2485	2247	1641	1411	47	
台山市	5776	5		313	1982	2101	855	503	17	
开平市	5185	12		235	1875	1648	866	540	9	
鹤山市	5268	6		353	2107	1233	781	772	16	
恩平市	3054	3		132	1389	854	444	231	1	
湛江市	**27334**	**101**	**13**	**1884**	**9168**	**6619**	**5037**	**4191**	**283**	**38**
赤坎区	5698	5	1	194	1508	1495	1283	1104	93	15
霞山区	9230	28		542	2573	2380	1902	1626	156	23
坡头区	1023	9	2	92	301	156	199	247	17	
麻章区	1349	3	3	132	616	294	177	113	11	
遂溪县	313	2		55	192	41	12	11		
徐闻县										
廉江市	3473	4	3	187	1463	773	571	468	4	
雷州市	3045	21	2	325	1214	861	405	216	1	
吴川市	3203	29	2	357	1301	619	488	406	1	
茂名市	**26651**	**106**	**7**	**2011**	**9757**	**6851**	**4459**	**3357**	**93**	**10**
茂南区	10412	20		527	3092	3045	2088	1561	70	9
电白区	3181	52	4	487	1128	707	470	326	7	
高州市	4781	18	1	435	1777	1204	755	582	8	1
化州市	4035	15	1	243	1818	924	573	456	5	
信宜市	4242	1	1	319	1942	971	573	432	3	
肇庆市	**21467**	**60**	**15**	**1445**	**7999**	**5630**	**3545**	**2644**	**125**	**4**
端州区	9495	26	4	432	2634	2534	2013	1763	86	3
鼎湖区	1727	6	4	206	697	369	266	165	13	1
高要区	1670	8	3	161	748	438	215	94	3	
广宁县										
怀集县										
封开县										
德庆县										
四会市	8575	20	4	646	3920	2289	1051	622	23	
惠州市	**53110**	**203**	**40**	**4137**	**22043**	**11296**	**8506**	**6451**	**413**	**21**
惠城区	30630	118	28	2141	10837	6655	5756	4776	300	19
惠阳区	22054	83	12	1941	10939	4587	2716	1661	113	2
博罗县	426	2		55	267	54	34	14		
惠东县										
龙门县										

4-2a 续表 7

单位：人

地区 性别	合计	未上过学	学前教育	小学	初中	高中	大学专科	大学本科	硕士研究生	博士研究生
梅州市	**13375**	**24**	**4**	**623**	**5017**	**3345**	**2272**	**2014**	**69**	**7**
梅江区	5850	13		269	1916	1484	1034	1079	48	7
梅县区	4105	9	4	237	1533	1107	698	501	16	
大埔县										
丰顺县										
五华县	123	1		15	82	13	11	1		
平远县										
蕉岭县										
兴宁市	3297	1		102	1486	741	529	433	5	
汕尾市	**4706**	**79**	**4**	**721**	**1808**	**958**	**672**	**452**	**12**	
城　区	2944	47	3	465	1068	629	423	299	10	
海丰县										
陆河县										
陆丰市	1762	32	1	256	740	329	249	153	2	
河源市	**10921**	**36**	**4**	**646**	**4310**	**2341**	**2072**	**1438**	**70**	**4**
源城区	10921	36	4	646	4310	2341	2072	1438	70	4
紫金县										
龙川县										
连平县										
和平县										
东源县										
阳江市	**17380**	**71**	**7**	**2047**	**6592**	**4038**	**2843**	**1714**	**64**	**4**
江城区	9863	37	7	1035	3442	2540	1738	1010	50	4
阳东区	3591	6		535	1690	668	435	251	6	
阳西县										
阳春市	3926	28		477	1460	830	670	453	8	
清远市	**21641**	**107**	**10**	**2667**	**8274**	**3765**	**3525**	**3165**	**125**	**3**
清城区	11798	41	5	1186	4153	2105	2146	2055	104	3
清新区	4472	39	4	876	2092	667	450	337	7	
佛冈县										
阳山县										
连山壮族瑶族自治县										
连南瑶族自治县										
英德市	3361	20	1	404	1164	617	611	535	9	
连州市	2010	7		201	865	376	318	238	5	
东莞市	**262347**	**1114**	**139**	**26785**	**123893**	**62510**	**28331**	**18199**	**1271**	**105**
市辖区	262347	1114	139	26785	123893	62510	28331	18199	1271	105
中山市	**61742**	**217**	**24**	**7618**	**26325**	**12968**	**7852**	**6244**	**474**	**20**
市辖区	61742	217	24	7618	26325	12968	7852	6244	474	20
潮州市	**14570**	**150**	**15**	**2712**	**5342**	**2901**	**1948**	**1457**	**41**	**4**
湘桥区	6675	39	4	854	2219	1465	1141	915	34	4
潮安区	7895	111	11	1858	3123	1436	807	542	7	
饶平县										
揭阳市	**20442**	**82**	**8**	**2050**	**8861**	**5650**	**2687**	**1100**	**3**	**1**
榕城区	8001	26	4	800	2874	2427	1247	621	2	
揭东区	4292	19	1	415	1637	1444	578	196	1	1
揭西县										
惠来县										
普宁市	8149	37	3	835	4350	1779	862	283		
云浮市	**8355**	**14**	**2**	**683**	**3778**	**1715**	**1199**	**929**	**35**	
云城区	5193	11	1	469	2159	1037	838	653	25	
云安区	248			24	161	37	16	10		
新兴县										
郁南县										
罗定市	2914	3	1	190	1458	641	345	266	10	

4-2b 各地区分性别、受教育程度的就业人口(镇)

单位：人

地区 性别	合计	未上过学	学前教育	小学	初中	高中	大学专科	大学本科	硕士研究生	博士研究生
广东	**710578**	**3214**	**311**	**88480**	**349304**	**149661**	**73173**	**44690**	**1612**	**133**
广州市	**59888**	**158**	**12**	**5564**	**24010**	**12947**	**9444**	**7113**	**596**	**44**
荔湾区										
越秀区										
海珠区										
天河区										
白云区	10980	11		771	4301	2758	1939	1129	69	2
黄埔区	1796	2		48	198	217	397	778	140	16
番禺区	4118	13	1	414	1553	1181	642	280	28	6
花都区	4767	10	1	241	2305	926	675	535	68	6
南沙区	9554	57	4	1233	4582	1891	1099	666	22	
从化区	3522	10		360	1463	851	476	326	33	3
增城区	25151	55	6	2497	9608	5123	4216	3399	236	11
韶关市	**24643**	**178**	**9**	**2977**	**10362**	**4852**	**3529**	**2688**	**47**	**1**
武江区	100	1		10	58	12	11	8		
浈江区	725			52	326	204	91	51	1	
曲江区	1170	8		166	590	226	104	73	3	
始兴县	3040	11		271	1201	625	526	400	6	
仁化县	3247	22		330	1092	647	618	523	15	
翁源县	4183	16	1	403	1900	745	592	524	1	1
乳源瑶族自治县	3464	16	2	404	1127	784	645	472	14	
新丰县	3246	5		194	1492	731	480	340	4	
乐昌市	3088	79	5	589	1424	478	306	204	3	
南雄市	2380	20	1	558	1152	400	156	93		
深圳市	**606**	**4**		**43**	**274**	**135**	**89**	**52**	**7**	**2**
罗湖区										
福田区										
南山区	496	4		39	266	118	58	11		
宝安区										
龙岗区										
盐田区										
龙华区										
坪山区	110			4	8	17	31	41	7	2
光明区										
珠海市	**19852**	**82**	**11**	**1939**	**8689**	**5019**	**2505**	**1471**	**122**	**14**
香洲区	4695	40	6	647	2044	1007	539	362	45	5
斗门区	7984	20	1	636	3352	2189	1048	690	44	4
金湾区	7173	22	4	656	3293	1823	918	419	33	5
汕头市	**54007**	**353**	**26**	**8312**	**28011**	**13116**	**2939**	**1226**	**20**	**4**
龙湖区										
金平区										
濠江区	204	7		46	66	46	34	5		
潮阳区	21461	68	6	2039	12099	5951	985	310	2	1
潮南区	14282	133	4	2627	8135	2886	352	144	1	
澄海区	16164	118	13	3213	7087	3811	1275	629	15	3
南澳县	1896	27	3	387	624	422	293	138	2	
佛山市	**32133**	**85**	**16**	**3316**	**16840**	**6860**	**3263**	**1678**	**67**	**8**
禅城区	13294	34	10	1162	6143	3091	1845	970	34	5
南海区	3885	6		407	2314	731	303	120	4	
顺德区										
三水区	13406	45	5	1526	7496	2758	1026	520	27	3
高明区	1548		1	221	887	280	89	68	2	

4-2b 续表 1

单位：人

地区 性别	合计	未上过学	学前教育	小学	初中	高中	大学专科	大学本科	硕士 研究生	博士 研究生
江门市	**19200**	**78**	**12**	**2695**	**9457**	**4596**	**1511**	**835**	**15**	**1**
蓬江区										
江海区										
新会区	5458	24	10	972	2204	1571	475	200	2	
台山市	2881	18	1	360	1341	748	231	179	3	
开平市	4394	15		655	2464	894	255	108	3	
鹤山市	4283	17		472	2264	915	378	231	5	1
恩平市	2184	4	1	236	1184	468	172	117	2	
湛江市	**37406**	**191**	**14**	**4194**	**18890**	**7664**	**4101**	**2304**	**42**	**6**
赤坎区										
霞山区	187			14	103	52	12	5	1	
坡头区	2798	19	2	377	1411	563	259	164	3	
麻章区	2477	24	1	292	1080	508	329	221	20	2
遂溪县	9332	46	3	752	4500	2384	1075	562	8	2
徐闻县	8127	37	4	1103	3658	1564	1167	589	3	2
廉江市	5400	12	1	419	3120	1029	512	303	4	
雷州市	5318	30	1	782	2775	955	460	313	2	
吴川市	3767	23	2	455	2243	609	287	147	1	
茂名市	**29319**	**215**	**20**	**4224**	**14317**	**5621**	**2940**	**1957**	**24**	**1**
茂南区	1625	4	1	253	929	327	65	45	1	
电白区	11702	149	7	2101	5282	2038	1302	805	18	
高州市	6340	37	11	819	3078	1272	652	471		
化州市	6138	11		486	3306	1409	546	375	4	1
信宜市	3514	14	1	565	1722	575	375	261	1	
肇庆市	**36822**	**98**	**14**	**3739**	**19288**	**7756**	**3725**	**2162**	**39**	**1**
端州区										
鼎湖区	2104	6		286	1265	402	114	31		
高要区	8030	25	1	1272	5032	1188	342	166	4	
广宁县	6037	12		425	3422	1182	603	386	7	
怀集县	9022	31	8	818	4448	1966	1069	674	8	
封开县	5185	15		469	2288	1347	674	383	9	
德庆县	4369	5	3	269	1702	1255	729	398	8	
四会市	2075	4	2	200	1131	416	194	124	3	1
惠州市	**82790**	**219**	**37**	**10427**	**43710**	**14917**	**8021**	**5280**	**172**	**7**
惠城区	6038	10	2	596	2836	1244	800	523	27	
惠阳区	7460	18		910	4656	1197	478	199	2	
博罗县	33151	79	10	3415	17530	6394	3341	2299	79	4
惠东县	31110	107	25	4998	16522	5080	2616	1712	48	2
龙门县	5031	5		508	2166	1002	786	547	16	1
梅州市	**32563**	**37**	**3**	**2443**	**16010**	**6952**	**4059**	**2996**	**59**	**4**
梅江区	172	1		12	102	42	10	5		
梅县区	1529	2		81	880	373	146	47		
大埔县	4413	7		319	2104	906	624	446	7	
丰顺县	7792	15	1	874	4098	1411	800	583	9	1
五华县	9307	7	2	618	4529	2030	1151	955	14	1
平远县	3654			231	1535	847	611	421	8	1
蕉岭县	3800	3		209	1503	1004	586	473	21	1
兴宁市	1896	2		99	1259	339	131	66		
汕尾市	**31640**	**233**	**14**	**5735**	**15423**	**5413**	**2977**	**1786**	**54**	**5**
城 区	1696	7	1	270	657	289	207	251	14	
海丰县	19840	81	5	3548	9735	3617	1807	1012	31	4
陆河县	3607	8	1	383	1802	550	558	298	7	
陆丰市	6497	137	7	1534	3229	957	405	225	2	1

4-2b 续表 2

单位：人

地区 性别	合计	未上过学	学前教育	小学	初中	高中	大学专科	大学本科	硕士 研究生	博士 研究生
河源市	**27300**	**59**	**8**	**1929**	**13546**	**5793**	**3823**	**2119**	**21**	**2**
源城区	2448	14	2	211	1431	513	208	64	5	
紫金县	6691	7	2	423	3461	1380	898	514	6	
龙川县	6590	5		383	2869	1555	1070	704	4	
连平县	3653	25	2	371	1712	745	555	243		
和平县	3928	2	1	224	1733	864	718	383	3	
东源县	3990	6	1	317	2340	736	374	211	3	2
阳江市	**15866**	**111**	**7**	**2663**	**7160**	**3282**	**1732**	**895**	**15**	**1**
江城区	2257	24		353	937	601	234	107	1	
阳东区	2746	33		565	1222	587	214	124	1	
阳西县	7660	42	5	1202	3358	1512	978	552	11	
阳春市	3203	12	2	543	1643	582	306	112	2	1
清远市	**37042**	**180**	**21**	**5673**	**18671**	**5953**	**3808**	**2682**	**49**	**5**
清城区	13071	38	12	2013	7465	2029	974	512	24	4
清新区	1655	7	1	343	868	180	122	134		
佛冈县	5477	8		472	2336	1198	861	591	10	1
阳山县	4755	38		553	2132	855	707	467	3	
连山壮族瑶族自治县	1442	1		114	514	285	272	253	3	
连南瑶族自治县	1951	9		244	830	288	305	269	6	
英德市	7609	71	7	1714	3871	1000	518	426	2	
连州市	1082	8	1	220	655	118	49	30	1	
东莞市	**6441**	**16**		**566**	**3660**	**1509**	**472**	**209**	**8**	**1**
市辖区	6441	16		566	3660	1509	472	209	8	1
中山市	**64586**	**269**	**27**	**7786**	**29901**	**15789**	**6690**	**3930**	**181**	**13**
市辖区	64586	269	27	7786	29901	15789	6690	3930	181	13
潮州市	**28569**	**278**	**26**	**5100**	**13556**	**6354**	**2314**	**917**	**19**	**5**
湘桥区	3323	21	3	528	1708	773	200	80	7	3
潮安区	9974	66	1	2000	5110	1854	675	259	7	2
饶平县	15272	191	22	2572	6738	3727	1439	578	5	
揭阳市	**52454**	**342**	**29**	**7582**	**28665**	**11654**	**3140**	**1022**	**18**	**2**
榕城区	4055	20		640	1748	1204	368	72	3	
揭东区	8121	41	3	1258	3849	2223	581	162	4	
揭西县	6541	24	1	527	3673	1446	626	242	1	1
惠来县	13644	194	11	2390	7237	2661	870	273	7	1
普宁市	20093	63	14	2767	12158	4120	695	273	3	
云浮市	**17451**	**28**	**5**	**1573**	**8864**	**3479**	**2091**	**1368**	**37**	**6**
云城区										
云安区	1632	10	1	221	929	238	140	89	3	1
新兴县	7978	3	3	609	3836	1599	1104	790	29	5
郁南县	5577	12		511	2692	1355	670	335	2	
罗定市	2264	3	1	232	1407	287	177	154	3	
男	**437174**	**1199**	**152**	**49332**	**218272**	**99330**	**42828**	**25030**	**939**	**92**
广州市	**36460**	**52**	**2**	**3003**	**15175**	**8478**	**5337**	**4055**	**330**	**28**
荔湾区										
越秀区										
海珠区										
天河区										
白云区	6610	6		393	2698	1764	1101	614	33	1
黄埔区	991	1		20	121	129	208	430	73	9
番禺区	2645	3		236	997	839	380	167	18	5
花都区	2823	3		126	1403	603	365	286	34	3
南沙区	5993	17	1	671	2981	1289	637	383	14	
从化区	2171	4		220	917	563	270	173	21	3
增城区	15227	18	1	1337	6058	3291	2376	2002	137	7

4-2b 续表 3 单位：人

地区 性别	合计	未上过学	学前教育	小学	初中	高中	大学专科	大学本科	硕士研究生	博士研究生
韶关市	**13977**	**42**	**3**	**1327**	**5996**	**3096**	**2016**	**1464**	**33**	
武江区	51			4	31	6	4	6		
浈江区	435			26	184	143	49	33		
曲江区	714	4		87	353	161	66	41	2	
始兴县	1580	2		77	608	380	291	220	2	
仁化县	1877	7		159	645	416	352	284	14	
翁源县	2308	6		175	1053	467	344	262	1	
乳源瑶族自治县	1957	2	1	203	649	468	361	262	11	
新丰县	1866	3		101	846	468	265	182	1	
乐昌市	1811	13	2	295	875	319	186	119	2	
南雄市	1378	5		200	752	268	98	55		
深圳市	**510**			**29**	**246**	**123**	**71**	**36**	**3**	**2**
罗湖区										
福田区										
南山区	450			28	241	113	57	11		
宝安区										
龙岗区										
盐田区										
龙华区										
坪山区	60			1	5	10	14	25	3	2
光明区										
珠海市	**13621**	**25**	**8**	**1227**	**6034**	**3628**	**1635**	**975**	**81**	**8**
香洲区	3653	16	6	471	1692	813	379	250	25	1
斗门区	4986	3	1	337	2072	1461	627	452	31	2
金湾区	4982	6	1	419	2270	1354	629	273	25	5
汕头市	**34194**	**186**	**14**	**5082**	**17675**	**8741**	**1809**	**672**	**11**	**4**
龙湖区										
金平区										
濠江区	140	4		34	44	34	21	3		
潮阳区	13888	47	3	1331	7621	4022	664	197	2	1
潮南区	8616	61	3	1517	4885	1837	227	85	1	
澄海区	10238	61	7	1917	4659	2567	705	313	6	3
南澳县	1312	13	1	283	466	281	192	74	2	
佛山市	**20468**	**39**	**10**	**1894**	**11104**	**4504**	**1903**	**960**	**47**	**7**
禅城区	8277	24	6	675	4002	1957	1038	549	22	4
南海区	2425	2		243	1498	462	156	61	3	
顺德区										
三水区	8768	13	3	853	5021	1899	649	307	20	3
高明区	998		1	123	583	186	60	43	2	
江门市	**11661**	**22**	**4**	**1467**	**5706**	**3063**	**891**	**502**	**6**	
蓬江区										
江海区										
新会区	3248	9	4	520	1281	1039	263	131	1	
台山市	1791	2		211	819	500	140	118	1	
开平市	2610	6		348	1488	565	137	65	1	
鹤山市	2630	4		257	1395	610	242	120	2	
恩平市	1382	1		131	723	349	109	68	1	
湛江市	**23016**	**54**	**5**	**2113**	**11609**	**5272**	**2589**	**1344**	**25**	**5**
赤坎区										
霞山区	128			7	68	41	9	2	1	
坡头区	1817	7		239	921	402	160	87	1	
麻章区	1759	10		173	769	374	261	157	14	1
遂溪县	5592	15	2	370	2653	1579	660	308	3	2
徐闻县	4678	6	1	493	2103	996	731	345	1	2
廉江市	3238	4		183	1869	731	288	161	2	
雷州市	3356	8		417	1732	694	302	201	2	
吴川市	2448	4	2	231	1494	455	178	83	1	

4-2b　续表 4　　　　单位：人

地　区 性　别	合　计	未上过学	学前教育	小　学	初　中	高　中	大学专科	大学本科	硕　士 研究生	博　士 研究生
茂名市	**18009**	**77**	**12**	**2329**	**8945**	**3851**	**1727**	**1049**	**18**	**1**
茂南区	1009	2	1	118	610	223	29	25	1	
电白区	7563	55	6	1271	3575	1432	774	437	13	
高州市	3837	14	5	415	1868	884	386	265		
化州市	3666	4		273	1947	930	321	187	3	1
信宜市	1934	2		252	945	382	217	135	1	
肇庆市	**21666**	**30**	**6**	**1772**	**11466**	**5005**	**2170**	**1194**	**22**	**1**
端州区										
鼎湖区	1331	2		146	816	281	71	15		
高要区	4853	12	1	620	3111	824	193	90	2	
广宁县	3443	4		201	1946	721	360	208	3	
怀集县	5198	9	4	354	2603	1226	625	373	4	
封开县	2986	2		199	1289	863	422	206	5	
德庆县	2524			135	970	786	402	224	7	
四会市	1331	1	1	117	731	304	97	78	1	1
惠州市	**49807**	**74**	**19**	**5745**	**26708**	**9685**	**4558**	**2915**	**98**	**5**
惠城区	3763	4	1	345	1803	861	457	279	13	
惠阳区	4700	3		493	2978	824	289	113		
博罗县	20136	28	5	1821	10816	4173	1930	1312	48	3
惠东县	18326	37	13	2837	9850	3176	1455	932	25	1
龙门县	2882	2		249	1261	651	427	279	12	1
梅州市	**19493**	**14**	**2**	**1286**	**9636**	**4614**	**2292**	**1610**	**38**	**1**
梅江区	118	1		4	75	31	4	3		
梅县区	944	1		48	525	253	92	25		
大埔县	2636	3		170	1272	611	340	235	5	
丰顺县	4731	6		513	2556	910	436	304	6	
五华县	5565	2	2	314	2669	1374	664	530	10	
平远县	2078			87	851	555	341	239	5	
蕉岭县	2245			96	925	644	337	230	12	1
兴宁市	1176	1		54	763	236	78	44		
汕尾市	**21803**	**129**	**10**	**3914**	**10905**	**3894**	**1847**	**1067**	**33**	**4**
城　区	1124	5		175	461	203	125	146	9	
海丰县	13236	42	3	2244	6605	2584	1108	629	18	3
陆河县	2490	5	1	289	1317	379	330	165	4	
陆丰市	4953	77	6	1206	2522	728	284	127	2	1
河源市	**15478**	**11**	**6**	**923**	**7590**	**3620**	**2183**	**1128**	**15**	**2**
源城区	1355		1	68	755	335	148	44	4	
紫金县	3973	3	2	229	2061	864	521	290	3	
龙川县	3643	1		183	1492	968	628	367	4	
连平县	2078	7	1	170	1003	466	303	128		
和平县	2116		1	115	909	528	366	194	3	
东源县	2313		1	158	1370	459	217	105	1	2
阳江市	**9774**	**35**	**2**	**1450**	**4466**	**2220**	**1079**	**514**	**7**	**1**
江城区	1344	7		187	562	406	129	53		
阳东区	1721	11		313	759	402	155	81		
阳西县	4762	13	1	677	2160	997	587	320	7	
阳春市	1947	4	1	273	985	415	208	60		1
清远市	**22162**	**44**	**7**	**2970**	**11595**	**3943**	**2143**	**1432**	**25**	**3**
清城区	8143	9	5	1080	4788	1368	590	288	12	3
清新区	963	3		178	516	113	71	82		
佛冈县	3171	2		250	1367	774	468	305	5	
阳山县	2823	5		308	1332	545	387	245	1	
连山壮族瑶族自治县	837			60	310	191	148	126	2	
连南瑶族自治县	1091	4		115	495	174	166	135	2	
英德市	4454	17	2	859	2354	691	292	237	2	
连州市	680	4		120	433	87	21	14	1	

4−2b 续表 5

单位：人

地区 性别	合计	未上过学	学前教育	小学	初中	高中	大学专科	大学本科	硕士研究生	博士研究生
东莞市	**3855**	**3**		**289**	**2159**	**980**	**299**	**118**	**7**	
市辖区	3855	3		289	2159	980	299	118	7	
中山市	**39140**	**86**	**12**	**4045**	**18709**	**10141**	**3864**	**2179**	**95**	**9**
市辖区	39140	86	12	4045	18709	10141	3864	2179	95	9
潮州市	**18128**	**113**	**13**	**2926**	**8863**	**4371**	**1340**	**487**	**11**	**4**
湘桥区	1948	9	2	268	1030	492	99	42	4	2
潮安区	6509	27	1	1213	3430	1323	370	139	4	2
饶平县	9671	77	10	1445	4403	2556	871	306	3	
揭阳市	**33782**	**154**	**15**	**4739**	**18449**	**7921**	**1920**	**572**	**10**	**2**
榕城区	2736	11		445	1176	840	217	45	2	
揭东区	5390	22	3	923	2527	1489	334	90	2	
揭西县	4331	15		376	2504	948	364	123		1
惠来县	8831	76	3	1337	4711	1923	607	170	3	1
普宁市	12494	30	9	1658	7531	2721	398	144	3	
云浮市	**10170**	**9**	**2**	**802**	**5236**	**2180**	**1155**	**757**	**24**	**5**
云城区										
云安区	1086	6		135	637	168	78	59	2	1
新兴县	4492	1	2	294	2185	950	603	435	18	4
郁南县	3276	2		253	1571	869	383	196	2	
罗定市	1316			120	843	193	91	67	2	
女	**273404**	**2015**	**159**	**39148**	**131032**	**50331**	**30345**	**19660**	**673**	**41**
广州市	**23428**	**106**	**10**	**2561**	**8835**	**4469**	**4107**	**3058**	**266**	**16**
荔湾区										
越秀区										
海珠区										
天河区										
白云区	4370	5		378	1603	994	838	515	36	1
黄埔区	805	1		28	77	88	189	348	67	7
番禺区	1473	10	1	178	556	342	262	113	10	1
花都区	1944	7	1	115	902	323	310	249	34	3
南沙区	3561	40	3	562	1601	602	462	283	8	
从化区	1351	6		140	546	288	206	153	12	
增城区	9924	37	5	1160	3550	1832	1840	1397	99	4
韶关市	**10666**	**136**	**6**	**1650**	**4366**	**1756**	**1513**	**1224**	**14**	**1**
武江区	49	1		6	27	6	7	2		
浈江区	290			26	142	61	42	18	1	
曲江区	456	4		79	237	65	38	32	1	
始兴县	1460	9		194	593	245	235	180	4	
仁化县	1370	15		171	447	231	266	239	1	
翁源县	1875	10	1	228	847	278	248	262		1
乳源瑶族自治县	1507	14	1	201	478	316	284	210	3	
新丰县	1380	2		93	646	263	215	158	3	
乐昌市	1277	66	3	294	549	159	120	85	1	
南雄市	1002	15	1	358	400	132	58	38		
深圳市	**96**	**4**		**14**	**28**	**12**	**18**	**16**	**4**	
罗湖区										
福田区										
南山区	46	4		11	25	5	1			
宝安区										
龙岗区										
盐田区										
龙华区										
坪山区	50			3	3	7	17	16	4	
光明区										

4-2b　续表 6　　　　　　　　　　　　　　　　　　　　　　　　　　　单位：人

地　区 性　别	合　计	未上过学	学前教育	小　学	初　中	高　中	大学专科	大学本科	硕　士 研究生	博　士 研究生
珠海市	**6231**	**57**	**3**	**712**	**2655**	**1391**	**870**	**496**	**41**	**6**
香洲区	1042	24		176	352	194	160	112	20	4
斗门区	2998	17		299	1280	728	421	238	13	2
金湾区	2191	16	3	237	1023	469	289	146	8	
汕头市	**19813**	**167**	**12**	**3230**	**10336**	**4375**	**1130**	**554**	**9**	
龙湖区										
金平区										
濠江区	64	3		12	22	12	13	2		
潮阳区	7573	21	3	708	4478	1929	321	113		
潮南区	5666	72	1	1110	3250	1049	125	59		
澄海区	5926	57	6	1296	2428	1244	570	316	9	
南澳县	584	14	2	104	158	141	101	64		
佛山市	**11665**	**46**	**6**	**1422**	**5736**	**2356**	**1360**	**718**	**20**	**1**
禅城区	5017	10	4	487	2141	1134	807	421	12	1
南海区	1460	4		164	816	269	147	59	1	
顺德区										
三水区	4638	32	2	673	2475	859	377	213	7	
高明区	550			98	304	94	29	25		
江门市	**7539**	**56**	**8**	**1228**	**3751**	**1533**	**620**	**333**	**9**	**1**
蓬江区										
江海区										
新会区	2210	15	6	452	923	532	212	69	1	
台山市	1090	16	1	149	522	248	91	61	2	
开平市	1784	9		307	976	329	118	43	2	
鹤山市	1653	13		215	869	305	136	111	3	1
恩平市	802	3	1	105	461	119	63	49	1	
湛江市	**14390**	**137**	**9**	**2081**	**7281**	**2392**	**1512**	**960**	**17**	**1**
赤坎区										
霞山区	59			7	35	11	3	3		
坡头区	981	12	2	138	490	161	99	77	2	
麻章区	718	14	1	119	311	134	68	64	6	1
遂溪县	3740	31	1	382	1847	805	415	254	5	
徐闻县	3449	31	3	610	1555	568	436	244	2	
廉江市	2162	8	1	236	1251	298	224	142	2	
雷州市	1962	22	1	365	1043	261	158	112		
吴川市	1319	19		224	749	154	109	64		
茂名市	**11310**	**138**	**8**	**1895**	**5372**	**1770**	**1213**	**908**	**6**	
茂南区	616	2		135	319	104	36	20		
电白区	4139	94	1	830	1707	606	528	368	5	
高州市	2503	23	6	404	1210	388	266	206		
化州市	2472	7		213	1359	479	225	188	1	
信宜市	1580	12	1	313	777	193	158	126		
肇庆市	**15156**	**68**	**8**	**1967**	**7822**	**2751**	**1555**	**968**	**17**	
端州区										
鼎湖区	773	4		140	449	121	43	16		
高要区	3177	13		652	1921	364	149	76	2	
广宁县	2594	8		224	1476	461	243	178	4	
怀集县	3824	22	4	464	1845	740	444	301	4	
封开县	2199	13		270	999	484	252	177	4	
德庆县	1845	5	3	134	732	469	327	174	1	
四会市	744	3	1	83	400	112	97	46	2	
惠州市	**32983**	**145**	**18**	**4682**	**17002**	**5232**	**3463**	**2365**	**74**	**2**
惠城区	2275	6	1	251	1033	383	343	244	14	
惠阳区	2760	15		417	1678	373	189	86	2	
博罗县	13015	51	5	1594	6714	2221	1411	987	31	1
惠东县	12784	70	12	2161	6672	1904	1161	780	23	1
龙门县	2149	3		259	905	351	359	268	4	

4－2b 续表 7　　单位：人

地区 性别	合计	未上过学	学前教育	小学	初中	高中	大学专科	大学本科	硕士研究生	博士研究生
梅州市	**13070**	**23**	**1**	**1157**	**6374**	**2338**	**1767**	**1386**	**21**	**3**
梅江区	54			8	27	11	6	2		
梅县区	585	1		33	355	120	54	22		
大埔县	1777	4		149	832	295	284	211	2	
丰顺县	3061	9	1	361	1542	501	364	279	3	1
五华县	3742	5		304	1860	656	487	425	4	1
平远县	1576			144	684	292	270	182	3	1
蕉岭县	1555	3		113	578	360	249	243	9	
兴宁市	720	1		45	496	103	53	22		
汕尾市	**9837**	**104**	**4**	**1821**	**4518**	**1519**	**1130**	**719**	**21**	**1**
城　区	572	2	1	95	196	86	82	105	5	
海丰县	6604	39	2	1304	3130	1033	699	383	13	1
陆河县	1117	3		94	485	171	228	133	3	
陆丰市	1544	60	1	328	707	229	121	98		
河源市	**11822**	**48**	**2**	**1006**	**5956**	**2173**	**1640**	**991**	**6**	
源城区	1093	14	1	143	676	178	60	20	1	
紫金县	2718	4		194	1400	516	377	224	3	
龙川县	2947	4		200	1377	587	442	337		
连平县	1575	18	1	201	709	279	252	115		
和平县	1812	2		109	824	336	352	189		
东源县	1677	6		159	970	277	157	106	2	
阳江市	**6092**	**76**	**5**	**1213**	**2694**	**1062**	**653**	**381**	**8**	
江城区	913	17		166	375	195	105	54	1	
阳东区	1025	22		252	463	185	59	43	1	
阳西县	2898	29	4	525	1198	515	391	232	4	
阳春市	1256	8	1	270	658	167	98	52	2	
清远市	**14880**	**136**	**14**	**2703**	**7076**	**2010**	**1665**	**1250**	**24**	**2**
清城区	4928	29	7	933	2677	661	384	224	12	1
清新区	692	4	1	165	352	67	51	52		
佛冈县	2306	6		222	969	424	393	286	5	1
阳山县	1932	33		245	800	310	320	222	2	
连山壮族瑶族自治县	605	1		54	204	94	124	127	1	
连南瑶族自治县	860	5		129	335	114	139	134	4	
英德市	3155	54	5	855	1517	309	226	189		
连州市	402	4	1	100	222	31	28	16		
东莞市	**2586**	**13**		**277**	**1501**	**529**	**173**	**91**	**1**	**1**
市辖区	2586	13		277	1501	529	173	91	1	1
中山市	**25446**	**183**	**15**	**3741**	**11192**	**5648**	**2826**	**1751**	**86**	**4**
市辖区	25446	183	15	3741	11192	5648	2826	1751	86	4
潮州市	**10441**	**165**	**13**	**2174**	**4693**	**1983**	**974**	**430**	**8**	**1**
湘桥区	1375	12	1	260	678	281	101	38	3	1
潮安区	3465	39		787	1680	531	305	120	3	
饶平县	5601	114	12	1127	2335	1171	568	272	2	
揭阳市	**18672**	**188**	**14**	**2843**	**10216**	**3733**	**1220**	**450**	**8**	
榕城区	1319	9		195	572	364	151	27	1	
揭东区	2731	19		335	1322	734	247	72	2	
揭西县	2210	9	1	151	1169	498	262	119	1	
惠来县	4813	118	8	1053	2526	738	263	103	4	
普宁市	7599	33	5	1109	4627	1399	297	129		
云浮市	**7281**	**19**	**3**	**771**	**3628**	**1299**	**936**	**611**	**13**	**1**
云城区										
云安区	546	4	1	86	292	70	62	30	1	
新兴县	3486	2	1	315	1651	649	501	355	11	1
郁南县	2301	10		258	1121	486	287	139		
罗定市	948	3	1	112	564	94	86	87	1	

4-2c 各地区分性别、受教育程度的就业人口(乡村)

单位：人

地区 性别	合计	未上过学	学前教育	小学	初中	高中	大学专科	大学本科	硕士研究生	博士研究生
广东	**1229241**	**10312**	**1017**	**222461**	**699297**	**202158**	**66673**	**26451**	**805**	**67**
广州市	**124381**	**344**	**29**	**13917**	**62422**	**27367**	**14009**	**6032**	**250**	**11**
荔湾区										
越秀区										
海珠区										
天河区										
白云区	35279	66	7	3105	16175	8684	4850	2304	84	4
黄埔区	4545	17		435	1937	1126	663	351	16	
番禺区	17350	61	3	2012	7527	4385	2354	937	65	6
花都区	24193	64	3	2269	14338	4512	2095	863	48	1
南沙区	13062	70	4	1983	6051	2875	1441	623	15	
从化区	12722	14	2	1119	7703	2527	999	348	10	
增城区	17230	52	10	2994	8691	3258	1607	606	12	
韶关市	**47233**	**655**	**50**	**11410**	**25988**	**6111**	**2165**	**833**	**19**	**2**
武江区	2164	32	1	446	1213	332	101	39		
浈江区	2115	24	2	378	1215	328	126	40	2	
曲江区	4484	49	1	911	2558	701	193	68	3	
始兴县	4703	42	3	1167	2565	655	199	70	2	
仁化县	4429	97	7	1215	2339	466	201	99	4	1
翁源县	7722	37	2	1524	4878	822	297	161	1	
乳源瑶族自治县	3987	46	4	1247	2068	425	155	41	1	
新丰县	3144	12	3	522	2004	421	139	42	1	
乐昌市	6260	203	11	1856	3082	684	288	134	1	1
南雄市	8225	113	16	2144	4066	1277	466	139	4	
深圳市	**3851**	**21**	**1**	**326**	**1856**	**865**	**466**	**300**	**12**	**4**
罗湖区										
福田区										
南山区										
宝安区										
龙岗区	3851	21	1	326	1856	865	466	300	12	4
盐田区										
龙华区										
坪山区										
光明区										
珠海市	**11707**	**69**	**4**	**1642**	**5778**	**2957**	**909**	**340**	**8**	
香洲区	123	1		17	50	27	24	4		
斗门区	10615	62	4	1482	5247	2726	785	302	7	
金湾区	969	6		143	481	204	100	34	1	
汕头市	**68725**	**696**	**55**	**12880**	**37564**	**13582**	**3022**	**908**	**15**	**3**
龙湖区	4698	104	2	1035	1943	1024	478	109	1	2
金平区	614	10		149	194	176	68	17		
濠江区	2747	61	6	505	1232	595	270	76	2	
潮阳区	27216	202	23	4150	15812	5701	1080	245	2	1
潮南区	21017	207	15	4061	12398	3709	448	174	5	
澄海区	11887	80	9	2852	5764	2266	636	275	5	
南澳县	546	32		128	221	111	42	12		
佛山市	**25918**	**111**	**7**	**3929**	**13887**	**5537**	**1789**	**629**	**27**	**2**
禅城区										
南海区	8657	23	1	1249	4306	1990	814	270	4	
顺德区	3124	12	1	428	1513	891	206	73		
三水区	12420	69	3	1874	7139	2356	689	266	22	2
高明区	1717	7	2	378	929	300	80	20	1	

4-2c 续表 1

单位：人

地区 性别	合计	未上过学	学前教育	小学	初中	高中	大学专科	大学本科	硕士研究生	博士研究生
江门市	**62498**	**271**	**28**	**11157**	**33839**	**12793**	**3126**	**1246**	**37**	**1**
蓬江区	1301	1		132	577	383	171	36	1	
江海区										
新会区	13615	121	13	3219	5966	3258	784	247	7	
台山市	18325	44	6	3549	10099	3539	748	326	13	1
开平市	11851	44	5	1971	6445	2552	553	274	7	
鹤山市	9538	38	3	1407	5216	1962	609	295	8	
恩平市	7868	23	1	879	5536	1099	261	68	1	
湛江市	**122446**	**1864**	**187**	**26564**	**73423**	**14526**	**4250**	**1607**	**20**	**5**
赤坎区	385			50	217	77	36	5		
霞山区	1182			140	678	269	68	26	1	
坡头区	7635	91	13	1583	4351	1200	276	117	2	2
麻章区	10602	137	17	2095	6043	1750	419	139	2	
遂溪县	20028	233	32	3905	12634	2454	566	202	1	1
徐闻县	14332	242	19	4079	7821	1447	518	202	4	
廉江市	25656	372	25	5224	16761	2363	657	252	2	
雷州市	26082	572	51	6413	14764	2904	1008	367	3	
吴川市	16544	217	30	3075	10154	2062	702	297	5	2
茂名市	**120648**	**1424**	**143**	**25206**	**68994**	**17662**	**4980**	**2186**	**48**	**5**
茂南区	12387	53	3	1972	7208	2150	638	332	27	4
电白区	28435	603	52	7517	14810	3782	1233	431	6	1
高州市	32896	472	60	7962	17355	5110	1320	607	10	
化州市	26637	92	3	2880	18550	3645	989	475	3	
信宜市	20293	204	25	4875	11071	2975	800	341	2	
肇庆市	**73956**	**422**	**128**	**13495**	**47981**	**8868**	**2333**	**717**	**12**	
端州区										
鼎湖区	2071	18	4	369	1128	384	130	36	2	
高要区	20553	134	21	4340	13010	2254	626	164	4	
广宁县	7479	12	7	1205	5239	745	212	59		
怀集县	18361	126	62	3683	12028	1734	545	181	2	
封开县	8433	80	24	1720	5212	1089	224	83	1	
德庆县	9165	30	9	1122	6209	1422	289	83	1	
四会市	7894	22	1	1056	5155	1240	307	111	2	
惠州市	**78985**	**397**	**35**	**12700**	**47623**	**11200**	**4911**	**2041**	**71**	**7**
惠城区	15933	48	4	1796	8693	3034	1750	584	22	2
惠阳区	14827	62	6	2232	9248	2044	861	364	10	
博罗县	20743	71	5	2726	13411	2946	1031	523	26	4
惠东县	21229	189	17	4832	12617	2195	927	442	10	
龙门县	6253	27	3	1114	3654	981	342	128	3	1
梅州市	**46251**	**185**	**12**	**5808**	**28992**	**8275**	**2156**	**799**	**24**	
梅江区	1229	1		64	656	356	104	45	3	
梅县区	8707	15	2	702	5419	1982	463	120	4	
大埔县	4741	28	2	695	3003	763	182	67	1	
丰顺县	5440	29	3	1201	3117	795	225	68	2	
五华县	10509	32	1	1506	6804	1439	502	218	7	
平远县	3405	31	1	621	1995	525	156	74	2	
蕉岭县	3449	29	1	437	1919	804	176	81	2	
兴宁市	8771	20	2	582	6079	1611	348	126	3	
汕尾市	**28642**	**768**	**24**	**7203**	**15640**	**3170**	**1228**	**584**	**24**	**1**
城区	3319	73	2	681	1766	524	175	88	10	
海丰县	8227	111	2	2050	4515	985	359	195	9	1
陆河县	2649	18	2	424	1637	319	187	62		
陆丰市	14447	566	18	4048	7722	1342	507	239	5	

4-2c 续表 2 单位：人

地区 性别	合计	未上过学	学前教育	小学	初中	高中	大学专科	大学本科	硕士研究生	博士研究生
河源市	**39962**	**145**	**15**	**5549**	**24933**	**5837**	**2461**	**1001**	**21**	
源城区	2018	10		187	1264	371	131	53	2	
紫金县	9107	31	2	1079	6170	1162	477	181	5	
龙川县	10955	33	7	1441	6483	1842	807	339	3	
连平县	4578	30	2	832	2660	612	301	138	3	
和平县	5697	13	1	1071	3583	706	247	76		
东源县	7607	28	3	939	4773	1144	498	214	8	
阳江市	**40711**	**419**	**36**	**9923**	**21649**	**5816**	**2171**	**682**	**15**	
江城区	7287	59	6	1376	3889	1421	434	99	3	
阳东区	9374	71	5	2055	4559	1625	789	262	8	
阳西县	8273	127	15	2359	4258	974	380	156	4	
阳春市	15777	162	10	4133	8943	1796	568	165		
清远市	**59034**	**734**	**28**	**15041**	**32869**	**6946**	**2395**	**986**	**33**	**2**
清城区	7858	36	2	1421	4658	1066	459	201	14	1
清新区	11734	106	6	2451	6879	1672	443	173	4	
佛冈县	6443	20	2	1188	3915	893	326	96	3	
阳山县	4541	81	3	1276	2587	360	170	62	2	
连山壮族瑶族自治县	1713	9	2	380	973	215	88	45	1	
连南瑶族自治县	2300	45	5	747	1208	179	82	34		
英德市	18662	353	5	5654	9514	2070	714	343	8	1
连州市	5783	84	3	1924	3135	491	113	32	1	
东莞市	**59607**	**157**	**56**	**6751**	**30192**	**14689**	**5354**	**2311**	**89**	**8**
市辖区	59607	157	56	6751	30192	14689	5354	2311	89	8
中山市	**31476**	**110**	**8**	**4425**	**14836**	**8011**	**2746**	**1283**	**45**	**12**
市辖区	31476	110	8	4425	14836	8011	2746	1283	45	12
潮州市	**37280**	**532**	**42**	**8442**	**20219**	**5825**	**1645**	**559**	**14**	**2**
湘桥区	2872	13	2	642	1620	449	101	44	1	
潮安区	18098	163	9	3846	9979	2968	792	334	6	1
饶平县	16310	356	31	3954	8620	2408	752	181	7	1
揭阳市	**107670**	**797**	**102**	**20211**	**64878**	**17467**	**3198**	**1000**	**15**	**2**
榕城区	8441	31	6	1402	4022	2202	620	156	1	1
揭东区	19590	56	14	3351	10716	4325	862	263	3	
揭西县	15571	53	19	2428	10127	2333	468	143		
惠来县	18912	463	39	5414	10845	1721	332	96	2	
普宁市	45156	194	24	7616	29168	6886	916	342	9	1
云浮市	**38260**	**191**	**27**	**5882**	**25734**	**4654**	**1359**	**407**	**6**	
云城区	3170	15	2	573	2027	371	133	49		
云安区	4605	23	4	763	3050	530	178	57		
新兴县	10194	31	6	1442	6743	1480	390	100	2	
郁南县	5738	54	6	908	3904	656	152	56	2	
罗定市	14553	68	9	2196	10010	1617	506	145	2	
男	**768184**	**2991**	**439**	**118531**	**451032**	**139952**	**39562**	**15172**	**459**	**46**
广州市	**77160**	**100**	**10**	**7418**	**39783**	**18484**	**8009**	**3221**	**129**	**6**
荔湾区										
越秀区										
海珠区										
天河区										
白云区	21819	21	3	1652	10321	5852	2721	1204	44	1
黄埔区	2942	11		269	1316	767	375	196	8	
番禺区	10927	15		1124	4839	2971	1412	524	38	4
花都区	15101	17	1	1235	9117	3065	1203	444	18	1
南沙区	7932	15		921	3893	1914	832	348	9	
从化区	7748	5		575	4733	1692	554	184	5	
增城区	10691	16	6	1642	5564	2223	912	321	7	

4-2c 续表 3

单位：人

地区 性别	合计	未上过学	学前教育	小学	初中	高中	大学专科	大学本科	硕士研究生	博士研究生
韶关市	**28099**	**92**	**8**	**4944**	**16972**	**4282**	**1297**	**487**	**16**	**1**
武江区	1330	7		230	813	208	51	21		
浈江区	1294	4		177	780	234	72	25	2	
曲江区	2779	5		417	1710	485	116	43	3	
始兴县	2583	3		420	1534	454	123	47	2	
仁化县	2664	12	2	509	1604	350	131	51	4	1
翁源县	4611	6	1	716	3033	592	176	86	1	
乳源瑶族自治县	2324	8	1	572	1359	284	76	23	1	
新丰县	1982	2	2	238	1316	307	86	30	1	
乐昌市	3754	33	1	885	2080	490	181	83	1	
南雄市	4778	12	1	780	2743	878	285	78	1	
深圳市	**2648**	**7**	**1**	**189**	**1272**	**641**	**326**	**201**	**7**	**4**
罗湖区										
福田区										
南山区										
宝安区										
龙岗区	2648	7	1	189	1272	641	326	201	7	4
盐田区										
龙华区										
坪山区										
光明区										
珠海市	**7241**	**16**	**2**	**856**	**3651**	**1964**	**548**	**198**	**6**	
香洲区	94			13	37	20	20	4		
斗门区	6514	13	2	759	3303	1790	468	174	5	
金湾区	633	3		84	311	154	60	20	1	
汕头市	**43633**	**330**	**36**	**7820**	**23885**	**9228**	**1823**	**499**	**10**	**2**
龙湖区	2823	53		614	1197	649	257	51	1	1
金平区	420	8		104	142	117	41	8		
濠江区	1844	22	5	349	819	424	177	47	1	
潮阳区	17970	117	19	2738	10244	4032	664	153	2	1
潮南区	12981	79	7	2377	7732	2386	293	104	3	
澄海区	7234	37	5	1555	3600	1543	363	128	3	
南澳县	361	14		83	151	77	28	8		
佛山市	**16675**	**46**	**4**	**2250**	**9152**	**3773**	**1053**	**385**	**10**	**2**
禅城区										
南海区	5535	12		739	2844	1307	470	160	3	
顺德区	2049	5		257	1060	569	112	46		
三水区	8015	25	2	1044	4656	1693	421	166	6	2
高明区	1076	4	2	210	592	204	50	13	1	
江门市	**37958**	**84**	**14**	**5801**	**20912**	**8613**	**1769**	**735**	**29**	**1**
蓬江区	737			72	330	234	82	19		
江海区										
新会区	8243	37	5	1602	3754	2228	461	150	6	
台山市	11101	17	3	1873	6157	2380	462	197	11	1
开平市	7090	12	2	1026	3936	1672	287	151	4	
鹤山市	5749	11	3	732	3181	1318	322	175	7	
恩平市	5038	7	1	496	3554	781	155	43	1	
湛江市	**77017**	**482**	**83**	**13561**	**48549**	**10718**	**2690**	**923**	**8**	**3**
赤坎区	222			27	121	47	22	5		
霞山区	744			77	424	187	39	17		
坡头区	5206	22	8	910	3118	902	172	73		1
麻章区	6908	53	6	1226	4019	1262	263	78	1	
遂溪县	12106	63	19	1945	7884	1735	343	115	1	1
徐闻县	8429	66	8	1943	4890	1078	324	117	3	
廉江市	16311	82	13	2789	11151	1733	403	140		
雷州市	15993	134	17	2953	9785	2203	679	221	1	
吴川市	11098	62	12	1691	7157	1571	445	157	2	1

4-2c 续表 4

单位：人

地区 性别	合计	未上过学	学前教育	小学	初中	高中	大学专科	大学本科	硕士研究生	博士研究生
茂名市	**74147**	**337**	**53**	**12911**	**43919**	**12644**	**3020**	**1230**	**29**	**4**
茂南区	8091	18	1	1116	4791	1556	389	201	16	3
电白区	18909	177	19	4448	10474	2780	763	243	4	1
高州市	18981	85	21	3688	10436	3592	807	344	8	
化州市	16521	20	2	1431	11554	2640	607	267		
信宜市	11645	37	10	2228	6664	2076	454	175	1	
肇庆市	**42820**	**104**	**50**	**5752**	**29135**	**5956**	**1350**	**465**	**8**	
端州区										
鼎湖区	1206	2	1	167	697	253	64	21	1	
高要区	11973	39	11	2022	7954	1477	364	103	3	
广宁县	4531	6	3	542	3305	515	124	36		
怀集县	10121	22	20	1381	7098	1164	323	112	1	
封开县	4834	14	10	664	3193	761	129	62	1	
德庆县	5180	13	4	467	3558	939	151	48		
四会市	4975	8	1	509	3330	847	195	83	2	
惠州市	**49474**	**138**	**16**	**7066**	**30483**	**7655**	**2840**	**1225**	**46**	**5**
惠城区	10201	13	1	1119	5654	2111	932	353	16	2
惠阳区	9599	26	5	1258	6081	1437	561	224	7	
博罗县	12866	31	3	1492	8449	1966	595	314	14	2
惠东县	12875	57	7	2583	7939	1464	553	264	8	
龙门县	3933	11		614	2360	677	199	70	1	1
梅州市	**29000**	**44**	**5**	**2908**	**18439**	**5881**	**1269**	**440**	**14**	
梅江区	741			36	391	237	54	21	2	
梅县区	5247	4		294	3217	1384	285	61	2	
大埔县	3047	3	1	332	1998	565	107	40	1	
丰顺县	3453	11	1	645	2085	552	125	34		
五华县	6777	12		854	4473	1020	288	126	4	
平远县	2055	5	1	259	1259	391	94	44	2	
蕉岭县	2098	6		182	1204	557	103	45	1	
兴宁市	5582	3	2	306	3812	1175	213	69	2	
汕尾市	**21034**	**369**	**15**	**5111**	**11890**	**2431**	**836**	**364**	**17**	**1**
城　区	2496	40	1	504	1366	403	119	56	7	
海丰县	5730	46	1	1308	3238	756	251	122	7	1
陆河县	1980	8	2	305	1272	243	114	36		
陆丰市	10828	275	11	2994	6014	1029	352	150	3	
河源市	**24833**	**49**	**7**	**2946**	**15790**	**3969**	**1490**	**570**	**12**	
源城区	1248	4		110	781	242	78	32	1	
紫金县	5769	11	2	568	3999	795	286	104	4	
龙川县	6736	14	3	767	3967	1258	519	206	2	
连平县	2726	10	1	386	1670	409	178	70	2	
和平县	3571	2		589	2340	468	133	39		
东源县	4783	8	1	526	3033	797	296	119	3	
阳江市	**25645**	**103**	**16**	**5256**	**14151**	**4186**	**1418**	**506**	**9**	
江城区	4657	16	6	744	2529	1005	281	74	2	
阳东区	5810	17	3	1089	2848	1117	516	215	5	
阳西县	5677	45	3	1450	3071	739	257	110	2	
阳春市	9501	25	4	1973	5703	1325	364	107		
清远市	**36613**	**140**	**13**	**8027**	**21617**	**4860**	**1372**	**567**	**17**	
清城区	5059	8	1	691	3186	767	276	125	5	
清新区	7066	15		1216	4359	1130	244	99	3	
佛冈县	4113	6	2	659	2560	625	198	60	3	
阳山县	2921	12	1	710	1786	271	101	38	2	
连山壮族瑶族自治县	1093	2	1	195	657	162	48	28		
连南瑶族自治县	1379	16	2	414	777	117	38	15		
英德市	11284	55	4	2968	6218	1432	413	191	3	
连州市	3698	26	2	1174	2074	356	54	11	1	

4—2c 续表 5　　　　单位：人

地区 性别	合计	未上过学	学前教育	小学	初中	高中	大学专科	大学本科	硕士研究生	博士研究生
东莞市	**38957**	**57**	**31**	**3890**	**20009**	**10236**	**3337**	**1342**	**50**	**5**
市辖区	38957	57	31	3890	20009	10236	3337	1342	50	5
中山市	**18971**	**34**	**3**	**2319**	**9162**	**5150**	**1563**	**710**	**21**	**9**
市辖区	18971	34	3	2319	9162	5150	1563	710	21	9
潮州市	**24019**	**142**	**11**	**4590**	**13848**	**4108**	**983**	**326**	**9**	**2**
湘桥区	1847	8	1	358	1083	321	49	27		
潮安区	11864	74	6	2276	6787	2071	457	187	5	1
饶平县	10308	60	4	1956	5978	1716	477	112	4	1
揭阳市	**69346**	**277**	**48**	**12233**	**42487**	**11900**	**1818**	**574**	**8**	**1**
榕城区	6055	20	3	1015	2908	1647	365	96	1	
揭东区	12880	27	10	2246	7114	2863	471	147	2	
揭西县	9895	21	10	1526	6554	1475	240	69		
惠来县	11728	102	12	2674	7324	1325	217	72	2	
普宁市	28788	107	13	4772	18587	4590	525	190	3	1
云浮市	**22894**	**40**	**13**	**2683**	**15926**	**3273**	**751**	**204**	**4**	
云城区	1985	5	1	268	1356	261	70	24		
云安区	2984	8	1	396	2065	383	101	30		
新兴县	5711	6	4	620	3852	975	207	45	2	
郁南县	3460	11	4	384	2454	485	87	35		
罗定市	8754	10	3	1015	6199	1169	286	70	2	
女	**461057**	**7321**	**578**	**103930**	**248265**	**62206**	**27111**	**11279**	**346**	**21**
广州市	**47221**	**244**	**19**	**6499**	**22639**	**8883**	**6000**	**2811**	**121**	**5**
荔湾区										
越秀区										
海珠区										
天河区										
白云区	13460	45	4	1453	5854	2832	2129	1100	40	3
黄埔区	1603	6		166	621	359	288	155	8	
番禺区	6423	46	3	888	2688	1414	942	413	27	2
花都区	9092	47	2	1034	5221	1447	892	419	30	
南沙区	5130	55	4	1062	2158	961	609	275	6	
从化区	4974	9	2	544	2970	835	445	164	5	
增城区	6539	36	4	1352	3127	1035	695	285	5	
韶关市	**19134**	**563**	**42**	**6466**	**9016**	**1829**	**868**	**346**	**3**	**1**
武江区	834	25	1	216	400	124	50	18		
浈江区	821	20	2	201	435	94	54	15		
曲江区	1705	44	1	494	848	216	77	25		
始兴县	2120	39	3	747	1031	201	76	23		
仁化县	1765	85	5	706	735	116	70	48		
翁源县	3111	31	1	808	1845	230	121	75		
乳源瑶族自治县	1663	38	3	675	709	141	79	18		
新丰县	1162	10	1	284	688	114	53	12		
乐昌市	2506	170	10	971	1002	194	107	51		1
南雄市	3447	101	15	1364	1323	399	181	61	3	
深圳市	**1203**	**14**		**137**	**584**	**224**	**140**	**99**	**5**	
罗湖区										
福田区										
南山区										
宝安区										
龙岗区	1203	14		137	584	224	140	99	5	
盐田区										
龙华区										
坪山区										
光明区										

4-2c　续表 6　　　　单位：人

地区 性别	合计	未上过学	学前教育	小学	初中	高中	大学专科	大学本科	硕士研究生	博士研究生
珠海市	**4466**	**53**	**2**	**786**	**2127**	**993**	**361**	**142**	**2**	
香洲区	29	1		4	13	7	4			
斗门区	4101	49	2	723	1944	936	317	128	2	
金湾区	336	3		59	170	50	40	14		
汕头市	**25092**	**366**	**19**	**5060**	**13679**	**4354**	**1199**	**409**	**5**	**1**
龙湖区	1875	51	2	421	746	375	221	58		1
金平区	194	2		45	52	59	27	9		
濠江区	903	39	1	156	413	171	93	29	1	
潮阳区	9246	85	4	1412	5568	1669	416	92		
潮南区	8036	128	8	1684	4666	1323	155	70	2	
澄海区	4653	43	4	1297	2164	723	273	147	2	
南澳县	185	18		45	70	34	14	4		
佛山市	**9243**	**65**	**3**	**1679**	**4735**	**1764**	**736**	**244**	**17**	
禅城区										
南海区	3122	11	1	510	1462	683	344	110	1	
顺德区	1075	7	1	171	453	322	94	27		
三水区	4405	44	1	830	2483	663	268	100	16	
高明区	641	3		168	337	96	30	7		
江门市	**24540**	**187**	**14**	**5356**	**12927**	**4180**	**1357**	**511**	**8**	
蓬江区	564	1		60	247	149	89	17	1	
江海区										
新会区	5372	84	8	1617	2212	1030	323	97	1	
台山市	7224	27	3	1676	3942	1159	286	129	2	
开平市	4761	32	3	945	2509	880	266	123	3	
鹤山市	3789	27		675	2035	644	287	120	1	
恩平市	2830	16		383	1982	318	106	25		
湛江市	**45429**	**1382**	**104**	**13003**	**24874**	**3808**	**1560**	**684**	**12**	**2**
赤坎区	163			23	96	30	14			
霞山区	438			63	254	82	29	9	1	
坡头区	2429	69	5	673	1233	298	104	44	2	1
麻章区	3694	84	11	869	2024	488	156	61	1	
遂溪县	7922	170	13	1960	4750	719	223	87		
徐闻县	5903	176	11	2136	2931	369	194	85	1	
廉江市	9345	290	12	2435	5610	630	254	112	2	
雷州市	10089	438	34	3460	4979	701	329	146	2	
吴川市	5446	155	18	1384	2997	491	257	140	3	1
茂名市	**46501**	**1087**	**90**	**12295**	**25075**	**5018**	**1960**	**956**	**19**	**1**
茂南区	4296	35	2	856	2417	594	249	131	11	1
电白区	9526	426	33	3069	4336	1002	470	188	2	
高州市	13915	387	39	4274	6919	1518	513	263	2	
化州市	10116	72	1	1449	6996	1005	382	208	3	
信宜市	8648	167	15	2647	4407	899	346	166	1	
肇庆市	**31136**	**318**	**78**	**7743**	**18846**	**2912**	**983**	**252**	**4**	
端州区										
鼎湖区	865	16	3	202	431	131	66	15	1	
高要区	8580	95	10	2318	5056	777	262	61	1	
广宁县	2948	6	4	663	1934	230	88	23		
怀集县	8240	104	42	2302	4930	570	222	69	1	
封开县	3599	66	14	1056	2019	328	95	21		
德庆县	3985	17	5	655	2651	483	138	35	1	
四会市	2919	14		547	1825	393	112	28		
惠州市	**29511**	**259**	**19**	**5634**	**17140**	**3545**	**2071**	**816**	**25**	**2**
惠城区	5732	35	3	677	3039	923	818	231	6	
惠阳区	5228	36	1	974	3167	607	300	140	3	
博罗县	7877	40	2	1234	4962	980	436	209	12	2
惠东县	8354	132	10	2249	4678	731	374	178	2	
龙门县	2320	16	3	500	1294	304	143	58	2	

4-2c 续表 7 单位：人

地区 性别	合计	未上过学	学前教育	小学	初中	高中	大学专科	大学本科	硕士 研究生	博士 研究生
梅州市	**17251**	**141**	**7**	**2900**	**10553**	**2394**	**887**	**359**	**10**	
梅江区	488	1		28	265	119	50	24	1	
梅县区	3460	11	2	408	2202	598	178	59	2	
大埔县	1694	25	1	363	1005	198	75	27		
丰顺县	1987	18	2	556	1032	243	100	34	2	
五华县	3732	20	1	652	2331	419	214	92	3	
平远县	1350	26		362	736	134	62	30		
蕉岭县	1351	23	1	255	715	247	73	36	1	
兴宁市	3189	17		276	2267	436	135	57	1	
汕尾市	**7608**	**399**	**9**	**2092**	**3750**	**739**	**392**	**220**	**7**	
城区	823	33	1	177	400	121	56	32	3	
海丰县	2497	65	1	742	1277	229	108	73	2	
陆河县	669	10		119	365	76	73	26		
陆丰市	3619	291	7	1054	1708	313	155	89	2	
河源市	**15129**	**96**	**8**	**2603**	**9143**	**1868**	**971**	**431**	**9**	
源城区	770	6		77	483	129	53	21	1	
紫金县	3338	20		511	2171	367	191	77	1	
龙川县	4219	19	4	674	2516	584	288	133	1	
连平县	1852	20	1	446	990	203	123	68	1	
和平县	2126	11	1	482	1243	238	114	37		
东源县	2824	20	2	413	1740	347	202	95	5	
阳江市	**15066**	**316**	**20**	**4667**	**7498**	**1630**	**753**	**176**	**6**	
江城区	2630	43		632	1360	416	153	25	1	
阳东区	3564	54	2	966	1711	508	273	47	3	
阳西县	2596	82	12	909	1187	235	123	46	2	
阳春市	6276	137	6	2160	3240	471	204	58		
清远市	**22421**	**594**	**15**	**7014**	**11252**	**2086**	**1023**	**419**	**16**	**2**
清城区	2799	28	1	730	1472	299	183	76	9	1
清新区	4668	91	6	1235	2520	542	199	74	1	
佛冈县	2330	14		529	1355	268	128	36		
阳山县	1620	69	2	566	801	89	69	24		
连山壮族瑶族自治县	620	7	1	185	316	53	40	17	1	
连南瑶族自治县	921	29	3	333	431	62	44	19		
英德市	7378	298	1	2686	3296	638	301	152	5	1
连州市	2085	58	1	750	1061	135	59	21		
东莞市	**20650**	**100**	**25**	**2861**	**10183**	**4453**	**2017**	**969**	**39**	**3**
市辖区	20650	100	25	2861	10183	4453	2017	969	39	3
中山市	**12505**	**76**	**5**	**2106**	**5674**	**2861**	**1183**	**573**	**24**	**3**
市辖区	12505	76	5	2106	5674	2861	1183	573	24	3
潮州市	**13261**	**390**	**31**	**3852**	**6371**	**1717**	**662**	**233**	**5**	
湘桥区	1025	5	1	284	537	128	52	17	1	
潮安区	6234	89	3	1570	3192	897	335	147	1	
饶平县	6002	296	27	1998	2642	692	275	69	3	
揭阳市	**38324**	**520**	**54**	**7978**	**22391**	**5567**	**1380**	**426**	**7**	**1**
榕城区	2386	11	3	387	1114	555	255	60		1
揭东区	6710	29	4	1105	3602	1462	391	116	1	
揭西县	5676	32	9	902	3573	858	228	74		
惠来县	7184	361	27	2740	3521	396	115	24		
普宁市	16368	87	11	2844	10581	2296	391	152	6	
云浮市	**15366**	**151**	**14**	**3199**	**9808**	**1381**	**608**	**203**	**2**	
云城区	1185	10	1	305	671	110	63	25		
云安区	1621	15	3	367	985	147	77	27		
新兴县	4483	25	2	822	2891	505	183	55		
郁南县	2278	43	2	524	1450	171	65	21	2	
罗定市	5799	58	6	1181	3811	448	220	75		

4-3　全省分年龄、性别、受教育程度的就业人口

单位：人

年龄组 性别	合　计	未上过学	学前教育	小　学	初　中	高　中	大学专科	大学本科	硕　士 研究生	博　士 研究生
总　计	**6203762**	**22584**	**2517**	**602284**	**2672787**	**1400961**	**806764**	**621429**	**67160**	**7276**
16-19岁	120222	72	57	3172	67708	40468	7671	1045	21	8
20-24岁	605115	315	124	11350	219709	176717	131701	63289	1838	72
25-29岁	932469	495	133	19436	319822	246143	184410	146368	15010	652
30-34岁	1071787	730	172	34835	419413	276591	174684	145825	17699	1838
35-39岁	901773	919	144	41534	395873	208518	122539	116224	14374	1648
40-44岁	726886	1637	174	61797	345928	160451	80201	67076	8439	1183
45-49岁	752761	3231	329	112017	388774	138193	59545	44926	4934	812
50-54岁	568928	4249	446	138710	288835	78532	29810	24934	2857	555
55-59岁	328709	3446	348	88909	155812	53279	14080	10615	1797	423
60-64岁	108626	2872	254	44079	43994	15125	1360	740	135	67
65-69岁	57301	2284	169	28981	19609	5439	503	253	48	15
70-74岁	19121	1219	91	11325	5168	1076	164	71	5	2
75岁及以上	10064	1115	76	6139	2142	429	96	63	3	1
男	**3779739**	**7381**	**1173**	**326613**	**1682332**	**915300**	**459501**	**344970**	**37571**	**4898**
16-19岁	75893	45	34	2011	44515	24982	3773	515	12	6
20-24岁	355969	191	62	7007	141573	108894	67719	29760	717	46
25-29岁	556789	310	74	12186	206303	156235	99608	74638	7052	383
30-34岁	645283	393	105	20160	260255	176465	98963	78765	8981	1196
35-39岁	538358	366	75	22031	238706	131853	70003	66092	8170	1062
40-44岁	427046	483	74	29695	202965	101813	46859	39063	5337	757
45-49岁	439970	784	129	52008	228231	90037	36757	28035	3438	551
50-54岁	367421	1244	190	73727	190187	60065	21560	17891	2119	438
55-59岁	236270	1098	155	51489	114004	45724	12524	9308	1585	383
60-64岁	76566	923	107	26667	33905	13065	1118	602	116	63
65-69岁	39911	700	88	17972	15662	4846	396	200	37	10
70-74岁	13452	448	37	7503	4299	962	141	55	5	2
75岁及以上	6811	396	43	4157	1727	359	80	46	2	1
女	**2424023**	**15203**	**1344**	**275671**	**990455**	**485661**	**347263**	**276459**	**29589**	**2378**
16-19岁	44329	27	23	1161	23193	15486	3898	530	9	2
20-24岁	249146	124	62	4343	78136	67823	63982	33529	1121	26
25-29岁	375680	185	59	7250	113519	89908	84802	71730	7958	269
30-34岁	426504	337	67	14675	159158	100126	75721	67060	8718	642
35-39岁	363415	553	69	19503	157167	76665	52536	50132	6204	586
40-44岁	299840	1154	100	32102	142963	58638	33342	28013	3102	426
45-49岁	312791	2447	200	60009	160543	48156	22788	16891	1496	261
50-54岁	201507	3005	256	64983	98648	18467	8250	7043	738	117
55-59岁	92439	2348	193	37420	41808	7555	1556	1307	212	40
60-64岁	32060	1949	147	17412	10089	2060	242	138	19	4
65-69岁	17390	1584	81	11009	3947	593	107	53	11	5
70-74岁	5669	771	54	3822	869	114	23	16		
75岁及以上	3253	719	33	1982	415	70	16	17	1	

4-3a 全省分年龄、性别、受教育程度的就业人口(城市)

单位：人

年龄组 性别	合计	未上过学	学前教育	小学	初中	高中	大学专科	大学本科	硕士研究生	博士研究生
总计	**4263943**	**9058**	**1189**	**291343**	**1624186**	**1049142**	**666918**	**550288**	**64743**	**7076**
16-19岁	85574	42	30	1781	47387	29752	5706	849	19	8
20-24岁	436569	163	82	5846	139408	128034	106326	54871	1772	67
25-29岁	682690	289	69	10229	197899	179633	150615	128936	14401	619
30-34岁	801185	404	106	20126	273786	212599	146141	129294	16942	1787
35-39岁	655377	513	80	23516	246843	160677	103964	104278	13910	1596
40-44岁	518035	940	103	36099	218093	125639	67995	59778	8232	1156
45-49岁	511284	1731	180	62945	241427	109752	49847	39820	4787	795
50-54岁	343779	2032	244	70446	162524	59397	23815	22007	2763	551
55-59岁	171647	1363	145	37264	75278	35007	10940	9493	1742	415
60-64岁	37253	827	91	13363	14733	6380	1027	645	121	66
65-69岁	15188	488	41	6983	5256	1786	367	208	46	13
70-74岁	3737	161	11	1973	1099	319	110	57	5	2
75岁及以上	1625	105	7	772	453	167	65	52	3	1
男	**2574381**	**3191**	**582**	**158750**	**1013028**	**676018**	**377111**	**304768**	**36173**	**4760**
16-19岁	54350	31	18	1155	31553	18344	2817	415	11	6
20-24岁	254656	104	39	3796	91103	78715	54447	25722	688	42
25-29岁	401659	177	38	6492	127655	113491	80961	65724	6761	360
30-34岁	476887	224	63	11601	168743	134668	82218	69643	8568	1159
35-39岁	387333	198	38	12395	147773	100244	58726	59041	7895	1023
40-44岁	302748	283	46	17336	126622	78370	39328	34832	5189	742
45-49岁	298793	410	76	29258	139947	70005	30519	24703	3333	542
50-54岁	226105	613	111	38225	106885	44946	17180	15662	2047	436
55-59岁	129298	489	66	22970	55942	29987	9667	8267	1534	376
60-64岁	27524	324	49	8867	11435	5335	828	520	104	62
65-69岁	11252	211	29	4830	4176	1524	277	160	36	9
70-74岁	2703	80	5	1336	874	267	92	42	5	2
75岁及以上	1073	47	4	489	320	122	51	37	2	1
女	**1689562**	**5867**	**607**	**132593**	**611158**	**373124**	**289807**	**245520**	**28570**	**2316**
16-19岁	31224	11	12	626	15834	11408	2889	434	8	2
20-24岁	181913	59	43	2050	48305	49319	51879	29149	1084	25
25-29岁	281031	112	31	3737	70244	66142	69654	63212	7640	259
30-34岁	324298	180	43	8525	105043	77931	63923	59651	8374	628
35-39岁	268044	315	42	11121	99070	60433	45238	45237	6015	573
40-44岁	215287	657	57	18763	91471	47269	28667	24946	3043	414
45-49岁	212491	1321	104	33687	101480	39747	19328	15117	1454	253
50-54岁	117674	1419	133	32221	55639	14451	6635	6345	716	115
55-59岁	42349	874	79	14294	19336	5020	1273	1226	208	39
60-64岁	9729	503	42	4496	3298	1045	199	125	17	4
65-69岁	3936	277	12	2153	1080	262	90	48	10	4
70-74岁	1034	81	6	637	225	52	18	15		
75岁及以上	552	58	3	283	133	45	14	15	1	

4—3b　全省分年龄、性别、受教育程度的就业人口(镇)

单位：人

年龄组 性别	合　计	未上过学	学前教育	小　学	初　中	高　中	大学专科	大学本科	硕　士 研究生	博　士 研究生
总　计	**710578**	**3214**	**311**	**88480**	**349304**	**149661**	**73173**	**44690**	**1612**	**133**
16—19岁	11043	14	8	415	6240	3717	568	81		
20—24岁	60829	41	10	1809	25527	18322	10850	4232	35	3
25—29岁	95531	68	24	3280	40285	26358	15710	9437	348	21
30—34岁	110031	116	20	5651	51576	27339	14540	10246	514	29
35—39岁	102651	136	17	6764	54702	22001	10539	8108	347	37
40—44岁	86060	238	17	9222	46367	16956	7653	5436	149	22
45—49岁	93878	443	53	16088	52185	14486	6566	3940	104	13
50—54岁	76113	626	51	19669	39681	9480	4254	2281	69	2
55—59岁	45814	471	41	12789	22106	7362	2175	826	39	5
60—64岁	16048	438	27	6337	6523	2470	190	58	5	
65—69岁	8526	337	25	4188	2982	884	80	27	2	1
70—74岁	2772	162	8	1569	786	207	30	10		
75岁及以上	1282	124	10	699	344	79	18	8		
男	**437174**	**1199**	**152**	**49332**	**218272**	**99330**	**42828**	**25030**	**939**	**92**
16—19岁	6791	6	4	257	3903	2285	294	42		
20—24岁	35871	20	4	1057	15739	11262	5760	2013	14	2
25—29岁	57674	44	11	2031	25291	16730	8610	4774	167	16
30—34岁	66356	66	10	3267	31510	17503	8274	5431	273	22
35—39岁	61048	59	11	3618	32388	14031	6125	4581	207	28
40—44岁	50592	62	6	4597	27227	10991	4525	3067	106	11
45—49岁	55596	140	20	7815	31246	9777	3982	2533	76	7
50—54岁	49569	212	27	10782	26437	7309	3018	1731	52	1
55—59岁	33133	162	24	7680	16194	6291	1971	769	38	4
60—64岁	11525	166	9	3970	5032	2130	162	51	5	
65—69岁	6066	125	18	2701	2364	769	65	22	1	1
70—74岁	2045	78	3	1078	668	182	26	10		
75岁及以上	908	59	5	479	273	70	16	6		
女	**273404**	**2015**	**159**	**39148**	**131032**	**50331**	**30345**	**19660**	**673**	**41**
16—19岁	4252	8	4	158	2337	1432	274	39		
20—24岁	24958	21	6	752	9788	7060	5090	2219	21	1
25—29岁	37857	24	13	1249	14994	9628	7100	4663	181	5
30—34岁	43675	50	10	2384	20066	9836	6266	4815	241	7
35—39岁	41603	77	6	3146	22314	7970	4414	3527	140	9
40—44岁	35468	176	11	4625	19140	5965	3128	2369	43	11
45—49岁	38282	303	33	8273	20939	4709	2584	1407	28	6
50—54岁	26544	414	24	8887	13244	2171	1236	550	17	1
55—59岁	12681	309	17	5109	5912	1071	204	57	1	1
60—64岁	4523	272	18	2367	1491	340	28	7		
65—69岁	2460	212	7	1487	618	115	15	5	1	
70—74岁	727	84	5	491	118	25	4			
75岁及以上	374	65	5	220	71	9	2	2		

4－3c 全省分年龄、性别、受教育程度的就业人口(乡村)

单位：人

年龄组 性别	合计	未上过学	学前教育	小学	初中	高中	大学专科	大学本科	硕士研究生	博士研究生
总计	**1229241**	**10312**	**1017**	**222461**	**699297**	**202158**	**66673**	**26451**	**805**	**67**
16－19岁	23605	16	19	976	14081	6999	1397	115	2	
20－24岁	107717	111	32	3695	54774	30361	14525	4186	31	2
25－29岁	154248	138	40	5927	81638	40152	18085	7995	261	12
30－34岁	160571	210	46	9058	94051	36653	14003	6285	243	22
35－39岁	143745	270	47	11254	94328	25840	8036	3838	117	15
40－44岁	122791	459	54	16476	81468	17856	4553	1862	58	5
45－49岁	147599	1057	96	32984	95162	13955	3132	1166	43	4
50－54岁	149036	1591	151	48595	86630	9655	1741	646	25	2
55－59岁	111248	1612	162	38856	58428	10910	965	296	16	3
60－64岁	55325	1607	136	24379	22738	6275	143	37	9	1
65－69岁	33587	1459	103	17810	11371	2769	56	18		1
70－74岁	12612	896	72	7783	3283	550	24	4		
75岁及以上	7157	886	59	4668	1345	183	13	3		
男	**768184**	**2991**	**439**	**118531**	**451032**	**139952**	**39562**	**15172**	**459**	**46**
16－19岁	14752	8	12	599	9059	4353	662	58	1	
20－24岁	65442	67	19	2154	34731	18917	7512	2025	15	2
25－29岁	97456	89	25	3663	53357	26014	10037	4140	124	7
30－34岁	102040	103	32	5292	60002	24294	8471	3691	140	15
35－39岁	89977	109	26	6018	58545	17578	5152	2470	68	11
40－44岁	73706	138	22	7762	49116	12452	3006	1164	42	4
45－49岁	85581	234	33	14935	57038	10255	2256	799	29	2
50－54岁	91747	419	52	24720	56865	7810	1362	498	20	1
55－59岁	73839	447	65	20839	41868	9446	886	272	13	3
60－64岁	37517	433	49	13830	17438	5600	128	31	7	1
65－69岁	22593	364	41	10441	9122	2553	54	18		
70－74岁	8704	290	29	5089	2757	513	23	3		
75岁及以上	4830	290	34	3189	1134	167	13	3		
女	**461057**	**7321**	**578**	**103930**	**248265**	**62206**	**27111**	**11279**	**346**	**21**
16－19岁	8853	8	7	377	5022	2646	735	57	1	
20－24岁	42275	44	13	1541	20043	11444	7013	2161	16	
25－29岁	56792	49	15	2264	28281	14138	8048	3855	137	5
30－34岁	58531	107	14	3766	34049	12359	5532	2594	103	7
35－39岁	53768	161	21	5236	35783	8262	2884	1368	49	4
40－44岁	49085	321	32	8714	32352	5404	1547	698	16	1
45－49岁	62018	823	63	18049	38124	3700	876	367	14	2
50－54岁	57289	1172	99	23875	29765	1845	379	148	5	1
55－59岁	37409	1165	97	18017	16560	1464	79	24	3	
60－64岁	17808	1174	87	10549	5300	675	15	6	2	
65－69岁	10994	1095	62	7369	2249	216	2			1
70－74岁	3908	606	43	2694	526	37	1	1		
75岁及以上	2327	596	25	1479	211	16				

4-4　各地区分性别、行业大类的就业人口

单位：人

地区 性别	合计	农、林、牧、渔业						采矿业	
		小计	农业	林业	畜牧业	渔业	农、林、牧、渔专业及辅助性活动	小计	煤炭开采和洗选业
广　东	**6203762**	**426925**	**338869**	**9919**	**31009**	**38801**	**8327**	**6306**	**95**
广州市	**962020**	**16149**	**13316**	**568**	**721**	**1039**	**505**	**425**	**17**
荔湾区	44328	428	263	67	9	65	24	8	2
越秀区	44507	36	24	5	3	2	2	18	1
海珠区	97472	89	45	2	11	17	14	36	
天河区	126953	320	169	40	33	8	70	72	
白云区	210440	2275	1982	53	83	90	67	55	2
黄埔区	71955	574	410	43	32	22	67	37	3
番禺区	145872	1453	969	119	63	252	50	46	5
花都区	83006	1849	1422	92	71	173	91	52	
南沙区	49811	2764	2391	40	51	221	61	25	
从化区	23508	2403	2143	46	168	24	22	24	1
增城区	64168	3958	3498	61	197	165	37	52	3
韶关市	**108124**	**24521**	**21617**	**665**	**1645**	**293**	**301**	**757**	**5**
武江区	15221	674	505	17	110	26	16	53	1
浈江区	13174	906	686	27	115	47	31	64	2
曲江区	11461	2077	1776	69	180	43	9	141	
始兴县	7743	2429	2249	70	74	7	29	35	
仁化县	7676	2368	2063	85	75	34	111	328	
翁源县	11905	4150	3553	91	431	39	36	49	1
乳源瑶族自治县	7451	1926	1689	67	140	11	19	13	
新丰县	6390	1259	1021	32	160	24	22	11	
乐昌市	12591	3879	3592	111	144	22	10	44	1
南雄市	14512	4853	4483	96	216	40	18	19	
深圳市	**1195627**	**1568**	**990**	**95**	**114**	**229**	**140**	**451**	**9**
罗湖区	63024	52	38	1	4	3	6	15	1
福田区	92863	19	9	4	3	2	1	14	2
南山区	111359	138	65	8	9	55	1	258	1
宝安区	335183	414	241	41	31	49	52	65	
龙岗区	271031	394	204	17	25	104	44	56	1
盐田区	12989	4			1	3		3	
龙华区	187045	151	95	7	12	7	30	25	4
坪山区	37928	144	130	13	1			8	
光明区	84205	252	208	4	28	6	6	7	
珠海市	**130931**	**2993**	**720**	**74**	**88**	**1918**	**193**	**74**	**3**
香洲区	77234	548	150	32	43	289	34	32	2
斗门区	31049	1699	373	29	27	1132	138	16	1
金湾区	22648	746	197	13	18	497	21	26	
汕头市	**220693**	**15612**	**11710**	**134**	**867**	**2556**	**345**	**80**	**3**
龙湖区	27778	812	643	14	63	70	22	9	1
金平区	29934	470	255	16	26	150	23	12	
濠江区	9419	435	162	9	11	236	17	20	1
潮阳区	59077	3897	3130	42	95	510	120	26	1
潮南区	51376	3806	2949	37	289	420	111	10	
澄海区	40667	5459	4385	15	372	636	51	2	
南澳县	2442	733	186	1	11	534	1	1	
佛山市	**556874**	**10774**	**5197**	**607**	**772**	**3846**	**352**	**156**	**9**
禅城区	74209	262	143	22	26	58	13	19	1
南海区	223797	3691	1967	307	168	1055	194	81	8
顺德区	193013	3350	1455	82	100	1681	32	7	
三水区	43253	2323	1035	96	331	771	90	33	
高明区	22602	1148	597	100	147	281	23	16	

4-4 续表 1

单位：人

地区 性别	合计	农、林、牧、渔业						采矿业	
		小计	农业	林业	畜牧业	渔业	农、林、牧、渔专业及辅助性活动	小计	煤炭开采和洗选业
江门市	**204759**	**20308**	**13655**	**470**	**2208**	**3523**	**452**	**282**	
蓬江区	38267	947	427	9	57	418	36	21	
江海区	18874	612	498	19	13	72	10	5	
新会区	39803	4494	2671	139	267	1227	190	148	
台山市	35440	8145	6183	84	580	1201	97	27	
开平市	28807	2739	1675	90	729	165	80	41	
鹤山市	25997	1508	891	70	221	309	17	31	
恩平市	17571	1863	1310	59	341	131	22	9	
湛江市	**228355**	**71312**	**59531**	**914**	**2957**	**6931**	**979**	**667**	**5**
赤坎区	13852	335	230	19	25	47	14	50	1
霞山区	23707	734	423	14	20	263	14	109	1
坡头区	13135	2245	1469	30	103	601	42	335	1
麻章区	16700	5308	3891	56	134	1184	43	19	
遂溪县	30157	14309	12154	193	546	1115	301	21	
徐闻县	22459	12915	10837	86	300	1370	322	32	
廉江市	39452	12473	10572	145	1275	447	34	31	1
雷州市	39644	17479	15198	337	275	1510	159	45	1
吴川市	29249	5514	4757	34	279	394	50	25	
茂名市	**215185**	**51984**	**44470**	**628**	**3925**	**2182**	**779**	**356**	**8**
茂南区	39190	3508	2909	28	420	116	35	89	5
电白区	48411	11032	8713	83	662	1535	39	86	
高州市	50431	17143	15756	219	796	244	128	77	1
化州市	43074	10151	7750	210	1419	229	543	54	1
信宜市	34079	10150	9342	88	628	58	34	50	1
肇庆市	**162344**	**32180**	**27280**	**786**	**1945**	**1810**	**359**	**332**	**2**
端州区	21908	192	83	23	30	34	22	14	
鼎湖区	8529	820	322	13	111	352	22	9	
高要区	32252	6719	5298	100	629	658	34	52	1
广宁县	13516	2550	2201	164	147	26	12	27	
怀集县	27383	9013	8065	258	429	89	172	51	1
封开县	13618	5171	4820	54	217	41	39	42	
德庆县	13534	5615	5361	93	89	44	28	59	
四会市	31604	2100	1130	81	293	566	30	78	
惠州市	**302599**	**16640**	**13281**	**392**	**1150**	**1520**	**297**	**497**	**2**
惠城区	98758	2285	1688	99	200	204	94	83	1
惠阳区	85114	1612	1117	37	97	291	70	211	1
博罗县	55104	3874	2939	115	480	248	92	60	
惠东县	52339	7209	6104	63	275	735	32	86	
龙门县	11284	1660	1433	78	98	42	9	57	
梅州市	**110628**	**15665**	**13330**	**283**	**1601**	**266**	**185**	**400**	**6**
梅江区	15167	445	361	16	35	17	16	30	
梅县区	20077	3893	3600	51	165	54	23	58	2
大埔县	9154	1914	1664	33	171	24	22	17	
丰顺县	13232	2434	1843	83	410	57	41	25	
五华县	20165	2114	1755	34	256	24	45	119	
平远县	7059	1428	1300	17	101	4	6	45	1
蕉岭县	7249	1354	1164	27	133	27	3	62	2
兴宁市	18525	2083	1643	22	330	59	29	44	1
汕尾市	**76093**	**9240**	**6011**	**194**	**551**	**2184**	**300**	**82**	**1**
城　区	14531	1200	348	13	49	766	24	19	1
海丰县	28067	2593	1880	76	139	334	164	31	
陆河县	6256	492	320	53	79	8	32	7	
陆丰市	27239	4955	3463	52	284	1076	80	25	

4-4　续表 2

单位：人

地区 性别	合计	农、林、牧、渔业						采矿业	
		小计	农业	林业	畜牧业	渔业	农、林、牧、渔专业及辅助性活动	小计	煤炭开采和洗选业
河源市	**92956**	**9600**	**7529**	**220**	**1539**	**187**	**125**	**437**	**2**
源城区	30160	498	247	44	155	29	23	58	1
紫金县	15798	1973	1404	50	461	42	16	92	
龙川县	17545	2113	1751	34	243	41	44	42	
连平县	8231	1772	1500	23	225	17	7	83	1
和平县	9625	1506	1236	19	224	8	19	60	
东源县	11597	1738	1391	50	231	50	16	102	
阳江市	**98065**	**17896**	**11998**	**315**	**2621**	**2612**	**350**	**144**	**1**
江城区	33063	2370	1065	46	327	829	103	26	
阳东区	20821	3601	2396	74	561	545	25	41	
阳西县	15933	3346	1757	43	372	1043	131	30	1
阳春市	28248	8579	6780	152	1361	195	91	47	
清远市	**146188**	**23540**	**18668**	**976**	**3204**	**520**	**172**	**442**	**2**
清城区	48193	2724	1813	80	690	108	33	111	1
清新区	23700	2773	2094	79	404	185	11	39	
佛冈县	11920	1040	799	53	172	13	3	49	
阳山县	9296	1621	1266	17	313	14	11	37	
连山壮族瑶族自治县	3155	885	759	50	30	13	33	18	
连南瑶族自治县	4251	1280	1198	33	28	2	19	14	
英德市	34036	9443	7182	609	1427	166	59	96	
连州市	11637	3774	3557	55	140	19	3	78	1
东莞市	**745400**	**4388**	**3063**	**289**	**280**	**473**	**283**	**130**	**6**
市辖区	745400	4388	3063	289	280	473	283	130	6
中山市	**246816**	**4477**	**2050**	**507**	**191**	**1509**	**220**	**78**	**4**
市辖区	246816	4477	2050	507	191	1509	220	78	4
潮州市	**104340**	**16966**	**12829**	**183**	**782**	**2906**	**266**	**91**	**4**
湘桥区	22923	2497	2254	23	130	55	35	19	1
潮安区	49835	4362	3953	76	160	100	73	40	
饶平县	31582	10107	6622	84	492	2751	158	32	3
揭阳市	**219488**	**44856**	**38247**	**1448**	**1694**	**1852**	**1615**	**92**	**1**
榕城区	37890	6036	5084	253	201	290	208	25	
揭东区	40950	7755	6831	78	407	207	232	25	1
揭西县	22112	4134	3505	60	314	178	77	11	
惠来县	32556	9778	8527	17	318	887	29	18	
普宁市	85980	17153	14300	1040	454	290	1069	13	
云浮市	**76277**	**16256**	**13377**	**171**	**2154**	**445**	**109**	**333**	**5**
云城区	16135	894	673	18	160	32	11	162	
云安区	6915	906	707	28	126	40	5	96	5
新兴县	18172	4711	3201	58	1173	228	51	13	
郁南县	11315	3916	3468	47	328	43	30	24	
罗定市	23740	5829	5328	20	367	102	12	38	
男	**3779739**	**252651**	**188777**	**7041**	**20935**	**30501**	**5397**	**5209**	**80**
广州市	**568103**	**9316**	**7342**	**369**	**527**	**746**	**332**	**320**	**13**
荔湾区	25198	260	161	42	5	39	13	4	1
越秀区	24307	26	15	5	3	1	2	11	1
海珠区	54687	62	31	1	6	14	10	21	
天河区	73801	199	101	26	25	6	41	48	
白云区	124678	1288	1076	39	61	68	44	39	1
黄埔区	45237	365	246	29	22	17	51	30	1
番禺区	86002	877	561	67	42	170	37	35	5
花都区	49760	1078	789	60	49	126	54	44	
南沙区	31470	1459	1201	22	37	158	41	19	
从化区	13998	1403	1204	31	133	22	13	23	1
增城区	38965	2299	1957	47	144	125	26	46	3

4-4 续表 3

单位：人

地区 性别	合计	农、林、牧、渔业						采矿业	
		小计	农业	林业	畜牧业	渔业	农、林、牧、渔专业及辅助性活动	小计	煤炭开采和洗选业
韶关市	**62981**	**13354**	**11315**	**473**	**1139**	**234**	**193**	**601**	**5**
武江区	8697	409	289	12	76	22	10	38	1
浈江区	7726	519	359	17	82	36	25	50	2
曲江区	6931	1134	922	43	125	36	8	115	
始兴县	4163	1274	1139	53	57	6	19	28	
仁化县	4541	1278	1095	59	43	22	59	256	
翁源县	6919	2350	1932	74	288	31	25	42	1
乳源瑶族自治县	4281	999	831	49	94	9	16	9	
新丰县	3848	714	537	25	115	22	15	10	
乐昌市	7435	2105	1889	79	110	20	7	36	1
南雄市	8440	2572	2322	62	149	30	9	17	
深圳市	**735410**	**1012**	**589**	**67**	**80**	**192**	**84**	**328**	**8**
罗湖区	36105	37	25	1	3	3	5	7	1
福田区	53768	14	7	3	2	2		10	2
南山区	66750	100	44	3	8	44	1	181	1
宝安区	208009	270	149	27	23	39	32	50	
龙岗区	166103	268	120	14	18	92	24	46	1
盐田区	8094	3			1	2		2	
龙华区	118172	91	54	6	8	4	19	19	3
坪山区	24385	80	69	10	1			7	
光明区	54024	149	121	3	16	6	3	6	
珠海市	**79435**	**2045**	**417**	**54**	**62**	**1366**	**146**	**58**	**2**
香洲区	46080	385	84	22	32	222	25	21	2
斗门区	18871	1147	219	23	18	782	105	15	
金湾区	14484	513	114	9	12	362	16	22	
汕头市	**137466**	**11643**	**8399**	**103**	**620**	**2269**	**252**	**74**	**3**
龙湖区	16677	628	497	11	46	60	14	9	1
金平区	17652	388	207	11	19	137	14	9	
濠江区	6303	326	89	9	5	211	12	19	1
潮阳区	38776	3097	2439	41	71	466	80	25	1
潮南区	31554	2690	2028	18	199	357	88	9	
澄海区	24831	3873	3025	12	272	521	43	2	
南澳县	1673	641	114	1	8	517	1	1	
佛山市	**338695**	**7032**	**3005**	**389**	**509**	**2897**	**232**	**121**	**7**
禅城区	43800	173	89	15	19	41	9	17	1
南海区	136107	2400	1137	204	116	811	132	59	6
顺德区	117802	2324	884	56	73	1289	22	4	
三水区	27118	1440	573	49	207	553	58	27	
高明区	13868	695	322	65	94	203	11	14	
江门市	**121080**	**12472**	**7801**	**317**	**1435**	**2625**	**294**	**243**	
蓬江区	21676	621	224	6	39	321	31	17	
江海区	11251	372	291	14	8	54	5	2	
新会区	23554	2749	1517	76	175	881	100	129	
台山市	21350	4977	3583	66	351	907	70	23	
开平市	17077	1641	925	67	471	122	56	36	
鹤山市	15287	954	504	46	146	245	13	28	
恩平市	10885	1158	757	42	245	95	19	8	
湛江市	**141202**	**40782**	**32333**	**598**	**1988**	**5345**	**518**	**572**	**5**
赤坎区	7991	204	130	13	16	36	9	41	1
霞山区	13980	514	258	10	16	222	8	97	1
坡头区	8702	1253	709	22	64	437	21	282	1
麻章区	10939	3356	2237	40	110	940	29	17	
遂溪县	18182	8112	6658	98	380	826	150	20	
徐闻县	13107	7306	5916	58	187	1007	138	25	
廉江市	24472	7009	5697	107	818	365	22	28	1
雷州市	24548	9970	8272	222	209	1162	105	39	1
吴川市	19281	3058	2456	28	188	350	36	23	

4-4　续表 4

单位：人

地区 性别	合计	农、林、牧、渔业						采矿业	
		小计	农业	林业	畜牧业	渔业	农、林、牧、渔专业及辅助性活动	小计	煤炭开采和洗选业
茂名市	**130723**	**27317**	**22031**	**413**	**2550**	**1855**	**468**	**303**	**8**
茂南区	23866	1829	1433	17	274	81	24	73	5
电白区	31565	6654	4682	64	486	1398	24	74	
高州市	29232	8828	7929	133	512	167	87	65	1
化州市	26451	5065	3585	144	862	165	309	44	1
信宜市	19609	4941	4402	55	416	44	24	47	1
肇庆市	**94585**	**16504**	**13248**	**505**	**1264**	**1257**	**230**	**264**	**1**
端州区	12413	133	49	15	26	28	15	10	
鼎湖区	5164	505	162	11	76	242	14	7	
高要区	18825	3595	2664	68	388	452	23	43	
广宁县	7974	1229	987	105	106	24	7	22	
怀集县	15319	4199	3593	155	285	65	101	36	1
封开县	7820	2642	2409	38	139	29	27	37	
德庆县	7704	3015	2831	62	65	34	23	45	
四会市	19366	1186	553	51	179	383	20	64	
惠州市	**186995**	**9961**	**7495**	**276**	**797**	**1182**	**211**	**441**	**2**
惠城区	60121	1381	982	58	147	136	58	67	1
惠阳区	55072	990	615	23	66	234	52	192	1
博罗县	33786	2422	1731	83	338	201	69	55	
惠东县	31201	4150	3331	49	175	570	25	78	
龙门县	6815	1018	836	63	71	41	7	49	
梅州市	**66932**	**8240**	**6643**	**204**	**1072**	**198**	**123**	**346**	**6**
梅江区	8775	240	187	8	23	11	11	23	
梅县区	11927	2090	1883	34	118	42	13	47	2
大埔县	5683	1021	850	28	112	16	15	16	
丰顺县	8184	1405	1017	53	272	39	24	24	
五华县	12568	1028	788	29	161	17	33	104	
平远县	4133	741	648	10	75	4	4	44	1
蕉岭县	4343	617	485	24	79	26	3	53	2
兴宁市	11319	1098	785	18	232	43	20	35	1
汕尾市	**53942**	**7328**	**4452**	**176**	**446**	**2018**	**236**	**69**	**1**
城　区	10192	1054	262	11	41	719	21	17	1
海丰县	18966	1997	1384	68	113	310	122	24	
陆河县	4470	364	221	49	61	7	26	7	
陆丰市	20314	3913	2585	48	231	982	67	21	
河源市	**55084**	**5430**	**3937**	**176**	**1078**	**153**	**86**	**374**	**2**
源城区	17376	342	156	35	111	25	15	48	1
紫金县	9742	1118	716	42	317	34	9	82	
龙川县	10379	1171	915	24	175	30	27	36	
连平县	4804	925	732	21	154	14	4	73	1
和平县	5687	834	633	13	165	7	16	57	
东源县	7096	1040	785	41	156	43	15	78	
阳江市	**59527**	**10870**	**6499**	**230**	**1782**	**2106**	**253**	**115**	**1**
江城区	19657	1576	563	35	238	676	64	20	
阳东区	12641	2203	1344	52	372	418	17	30	
阳西县	10439	2290	1033	27	266	860	104	26	1
阳春市	16790	4801	3559	116	906	152	68	39	
清远市	**87246**	**13600**	**10246**	**712**	**2138**	**400**	**104**	**393**	**1**
清城区	28668	1475	845	66	465	83	16	92	1
清新区	13868	1563	1078	59	282	139	5	35	
佛冈县	7284	632	453	46	120	11	2	46	
阳山县	5744	920	660	13	229	11	7	34	
连山壮族瑶族自治县	1930	546	450	40	20	9	27	15	
连南瑶族自治县	2470	710	653	24	17	2	14	14	
英德市	20142	5484	3995	423	909	127	30	85	
连州市	7140	2270	2112	41	96	18	3	72	

4-4 续表 5

单位：人

地区 性别	合计	农、林、牧、渔业						采矿业	
		小计	农业	林业	畜牧业	渔业	农、林、牧、渔专业及辅助性活动	小计	煤炭开采和洗选业
东莞市	**459817**	**2743**	**1827**	**205**	**190**	**335**	**186**	**98**	**4**
市辖区	459817	2743	1827	205	190	335	186	98	4
中山市	**147123**	**2856**	**1137**	**315**	**140**	**1121**	**143**	**61**	**3**
市辖区	147123	2856	1137	315	140	1121	143	61	3
潮州市	**66068**	**10938**	**7778**	**140**	**574**	**2282**	**164**	**83**	**3**
湘桥区	13848	1504	1333	18	85	47	21	19	1
潮安区	32241	2909	2588	65	121	84	51	37	
饶平县	19979	6525	3857	57	368	2151	92	27	2
揭阳市	**142050**	**30890**	**25807**	**1204**	**1202**	**1603**	**1074**	**81**	**1**
榕城区	26184	4293	3546	200	142	251	154	19	
揭东区	27217	5495	4812	64	285	173	161	22	1
揭西县	14226	2632	2193	50	202	142	45	10	
惠来县	20559	6270	5184	16	237	810	23	17	
普宁市	53864	12200	10072	874	336	227	691	13	
云浮市	**45275**	**8318**	**6476**	**115**	**1342**	**317**	**68**	**264**	**4**
云城区	9757	446	294	13	111	23	5	122	
云安区	4500	443	318	17	74	29	5	75	4
新兴县	10203	2375	1434	38	718	155	30	9	
郁南县	6736	2131	1846	33	202	33	17	23	
罗定市	14079	2923	2584	14	237	77	11	35	
女	**2424023**	**174274**	**150092**	**2878**	**10074**	**8300**	**2930**	**1097**	**15**
广州市	**393917**	**6833**	**5974**	**199**	**194**	**293**	**173**	**105**	**4**
荔湾区	19130	168	102	25	4	26	11	4	1
越秀区	20200	10	9			1		7	
海珠区	42785	27	14	1	5	3	4	15	
天河区	53152	121	68	14	8	2	29	24	
白云区	85762	987	906	14	22	22	23	16	1
黄埔区	26718	209	164	14	10	5	16	7	2
番禺区	59870	576	408	52	21	82	13	11	
花都区	33246	771	633	32	22	47	37	8	
南沙区	18341	1305	1190	18	14	63	20	6	
从化区	9510	1000	939	15	35	2	9	1	
增城区	25203	1659	1541	14	53	40	11	6	
韶关市	**45143**	**11167**	**10302**	**192**	**506**	**59**	**108**	**156**	
武江区	6524	265	216	5	34	4	6	15	
浈江区	5448	387	327	10	33	11	6	14	
曲江区	4530	943	854	26	55	7	1	26	
始兴县	3580	1155	1110	17	17	1	10	7	
仁化县	3135	1090	968	26	32	12	52	72	
翁源县	4986	1800	1621	17	143	8	11	7	
乳源瑶族自治县	3170	927	858	18	46	2	3	4	
新丰县	2542	545	484	7	45	2	7	1	
乐昌市	5156	1774	1703	32	34	2	3	8	
南雄市	6072	2281	2161	34	67	10	9	2	
深圳市	**460217**	**556**	**401**	**28**	**34**	**37**	**56**	**123**	**1**
罗湖区	26919	15	13		1		1	8	
福田区	39095	5	2	1	1		1	4	
南山区	44609	38	21	5	1	11		77	
宝安区	127174	144	92	14	8	10	20	15	
龙岗区	104928	126	84	3	7	12	20	10	
盐田区	4895	1				1		1	
龙华区	68873	60	41	1	4	3	11	6	1
坪山区	13543	64	61	3				1	
光明区	30181	103	87	1	12		3	1	

4-4　续表 6　　　　单位：人

地区 性别	合计	农、林、牧、渔业						采矿业	
		小计	农业	林业	畜牧业	渔业	农、林、牧、渔专业及辅助性活动	小计	煤炭开采和洗选业
珠海市	**51496**	**948**	**303**	**20**	**26**	**552**	**47**	**16**	**1**
香洲区	31154	163	66	10	11	67	9	11	
斗门区	12178	552	154	6	9	350	33	1	1
金湾区	8164	233	83	4	6	135	5	4	
汕头市	**83227**	**3969**	**3311**	**31**	**247**	**287**	**93**	**6**	
龙湖区	11101	184	146	3	17	10	8		
金平区	12282	82	48	5	7	13	9	3	
濠江区	3116	109	73		6	25	5	1	
潮阳区	20301	800	691	1	24	44	40	1	
潮南区	19822	1116	921	19	90	63	23	1	
澄海区	15836	1586	1360	3	100	115	8		
南澳县	769	92	72		3	17			
佛山市	**218179**	**3742**	**2192**	**218**	**263**	**949**	**120**	**35**	**2**
禅城区	30409	89	54	7	7	17	4	2	
南海区	87690	1291	830	103	52	244	62	22	2
顺德区	75211	1026	571	26	27	392	10	3	
三水区	16135	883	462	47	124	218	32	6	
高明区	8734	453	275	35	53	78	12	2	
江门市	**83679**	**7836**	**5854**	**153**	**773**	**898**	**158**	**39**	
蓬江区	16591	326	203	3	18	97	5	4	
江海区	7623	240	207	5	5	18	5	3	
新会区	16249	1745	1154	63	92	346	90	19	
台山市	14090	3168	2600	18	229	294	27	4	
开平市	11730	1098	750	23	258	43	24	5	
鹤山市	10710	554	387	24	75	64	4	3	
恩平市	6686	705	553	17	96	36	3	1	
湛江市	**87153**	**30530**	**27198**	**316**	**969**	**1586**	**461**	**95**	
赤坎区	5861	131	100	6	9	11	5	9	
霞山区	9727	220	165	4	4	41	6	12	
坡头区	4433	992	760	8	39	164	21	53	
麻章区	5761	1952	1654	16	24	244	14	2	
遂溪县	11975	6197	5496	95	166	289	151	1	
徐闻县	9352	5609	4921	28	113	363	184	7	
廉江市	14980	5464	4875	38	457	82	12	3	
雷州市	15096	7509	6926	115	66	348	54	6	
吴川市	9968	2456	2301	6	91	44	14	2	
茂名市	**84462**	**24667**	**22439**	**215**	**1375**	**327**	**311**	**53**	
茂南区	15324	1679	1476	11	146	35	11	16	
电白区	16846	4378	4031	19	176	137	15	12	
高州市	21199	8315	7827	86	284	77	41	12	
化州市	16623	5086	4165	66	557	64	234	10	
信宜市	14470	5209	4940	33	212	14	10	3	
肇庆市	**67759**	**15676**	**14032**	**281**	**681**	**553**	**129**	**68**	**1**
端州区	9495	59	34	8	4	6	7	4	
鼎湖区	3365	315	160	2	35	110	8	2	
高要区	13427	3124	2634	32	241	206	11	9	1
广宁县	5542	1321	1214	59	41	2	5	5	
怀集县	12064	4814	4472	103	144	24	71	15	
封开县	5798	2529	2411	16	78	12	12	5	
德庆县	5830	2600	2530	31	24	10	5	14	
四会市	12238	914	577	30	114	183	10	14	
惠州市	**115604**	**6679**	**5786**	**116**	**353**	**338**	**86**	**56**	
惠城区	38637	904	706	41	53	68	36	16	
惠阳区	30042	622	502	14	31	57	18	19	
博罗县	21318	1452	1208	32	142	47	23	5	
惠东县	21138	3059	2773	14	100	165	7	8	
龙门县	4469	642	597	15	27	1	2	8	

4-4 续表 7

单位：人

地区 性别	合计	农、林、牧、渔业						采矿业	
		小计	农业	林业	畜牧业	渔业	农、林、牧、渔专业及辅助性活动	小计	煤炭开采和洗选业
梅州市	**43696**	**7425**	**6687**	**79**	**529**	**68**	**62**	**54**	
梅江区	6392	205	174	8	12	6	5	7	
梅县区	8150	1803	1717	17	47	12	10	11	
大埔县	3471	893	814	5	59	8	7	1	
丰顺县	5048	1029	826	30	138	18	17	1	
五华县	7597	1086	967	5	95	7	12	15	
平远县	2926	687	652	7	26		2	1	
蕉岭县	2906	737	679	3	54	1		9	
兴宁市	7206	985	858	4	98	16	9	9	
汕尾市	**22151**	**1912**	**1559**	**18**	**105**	**166**	**64**	**13**	
城　区	4339	146	86	2	8	47	3	2	
海丰县	9101	596	496	8	26	24	42	7	
陆河县	1786	128	99	4	18	1	6		
陆丰市	6925	1042	878	4	53	94	13	4	
河源市	**37872**	**4170**	**3592**	**44**	**461**	**34**	**39**	**63**	
源城区	12784	156	91	9	44	4	8	10	
紫金县	6056	855	688	8	144	8	7	10	
龙川县	7166	942	836	10	68	11	17	6	
连平县	3427	847	768	2	71	3	3	10	
和平县	3938	672	603	6	59	1	3	3	
东源县	4501	698	606	9	75	7	1	24	
阳江市	**38538**	**7026**	**5499**	**85**	**839**	**506**	**97**	**29**	
江城区	13406	794	502	11	89	153	39	6	
阳东区	8180	1398	1052	22	189	127	8	11	
阳西县	5494	1056	724	16	106	183	27	4	
阳春市	11458	3778	3221	36	455	43	23	8	
清远市	**58942**	**9940**	**8422**	**264**	**1066**	**120**	**68**	**49**	**1**
清城区	19525	1249	968	14	225	25	17	19	
清新区	9832	1210	1016	20	122	46	6	4	
佛冈县	4636	408	346	7	52	2	1	3	
阳山县	3552	701	606	4	84	3	4	3	
连山壮族瑶族自治县	1225	339	309	10	10	4	6	3	
连南瑶族自治县	1781	570	545	9	11		5		
英德市	13894	3959	3187	186	518	39	29	11	
连州市	4497	1504	1445	14	44	1		6	1
东莞市	**285583**	**1645**	**1236**	**84**	**90**	**138**	**97**	**32**	**2**
市辖区	285583	1645	1236	84	90	138	97	32	2
中山市	**99693**	**1621**	**913**	**192**	**51**	**388**	**77**	**17**	**1**
市辖区	99693	1621	913	192	51	388	77	17	1
潮州市	**38272**	**6028**	**5051**	**43**	**208**	**624**	**102**	**8**	**1**
湘桥区	9075	993	921	5	45	8	14		
潮安区	17594	1453	1365	11	39	16	22	3	
饶平县	11603	3582	2765	27	124	600	66	5	1
揭阳市	**77438**	**13966**	**12440**	**244**	**492**	**249**	**541**	**11**	
榕城区	11706	1743	1538	53	59	39	54	6	
揭东区	13733	2260	2019	14	122	34	71	3	
揭西县	7886	1502	1312	10	112	36	32	1	
惠来县	11997	3508	3343	1	81	77	6	1	
普宁市	32116	4953	4228	166	118	63	378		
云浮市	**31002**	**7938**	**6901**	**56**	**812**	**128**	**41**	**69**	**1**
云城区	6378	448	379	5	49	9	6	40	
云安区	2415	463	389	11	52	11		21	1
新兴县	7969	2336	1767	20	455	73	21	4	
郁南县	4579	1785	1622	14	126	10	13	1	
罗定市	9661	2906	2744	6	130	25	1	3	

4-4 续表 8 单位：人

地区 性别	采矿业						制造业		
	石油和天然气开采业	黑色金属矿采选业	有色金属矿采选业	非金属矿采选业	开采专业及辅助性活动	其他采矿业	小计	农副食品加工业	食品制造业
广　东	**584**	**324**	**751**	**3535**	**848**	**169**	**2109631**	**28804**	**29603**
广州市	**82**	**6**	**18**	**201**	**75**	**26**	**240998**	**2417**	**5020**
荔湾区	2			1	2	1	3611	72	157
越秀区	9		1	3	3	1	1987	32	134
海珠区	8			7	19	2	29546	102	261
天河区	43	1	5	5	12	6	7621	120	389
白云区	6	2	4	24	12	5	54961	484	862
黄埔区	7	1	2	13	9	2	21911	240	961
番禺区			1	30	8	2	43942	360	900
花都区	4	2	2	35	4	5	33510	326	341
南沙区	3			19	3		20355	292	372
从化区			2	17	2	2	5915	141	256
增城区			1	47	1		17639	248	387
韶关市	**2**	**80**	**473**	**166**	**17**	**14**	**16757**	**568**	**444**
武江区	1	8	21	20		2	2530	65	61
浈江区		23	15	15	4	5	1820	66	64
曲江区		37	80	22	2		2273	80	82
始兴县			23	11	1		1636	50	31
仁化县		3	301	18	4	2	866	65	23
翁源县		3	6	34	2	3	1521	66	59
乳源瑶族自治县			3	9		1	1479	20	47
新丰县		1		9		1	1024	38	11
乐昌市		5	15	20	3		1540	39	26
南雄市	1		9	8	1		2068	79	40
深圳市	**177**	**6**	**16**	**99**	**136**	**8**	**427166**	**1972**	**2833**
罗湖区	1	1	4	3	4	1	3605	128	51
福田区	6			2	2	2	4016	23	69
南山区	144	1	2	4	103	3	17324	164	175
宝安区	5	1	5	35	17	2	161287	623	984
龙岗区	12		3	33	7		92048	460	790
盐田区				3			2154	9	10
龙华区	5		2	12	2		76504	176	380
坪山区				7	1		20440	177	90
光明区	4	3					49788	212	284
珠海市	**18**	**4**	**3**	**27**	**17**	**2**	**38793**	**431**	**618**
香洲区	6	3	2	11	6	2	15689	99	253
斗门区	2	1		10	2		12969	245	126
金湾区	10		1	6	9		10135	87	239
汕头市	**3**		**2**	**64**	**6**	**2**	**79821**	**1574**	**1382**
龙湖区	2			5	1		7274	275	279
金平区	1			9	1	1	6202	237	597
濠江区				18	1		2389	124	80
潮阳区				24	1		21051	373	146
潮南区			1	6	2	1	22402	281	118
澄海区			1	1			20390	259	154
南澳县				1			113	25	8
佛山市	**16**	**3**	**6**	**87**	**31**	**4**	**243021**	**2030**	**2751**
禅城区	3			6	9		21161	71	176
南海区	6	3	3	44	14	3	97134	872	1180
顺德区	2		2	3			94256	659	693
三水区	2		1	23	7		20010	250	253
高明区	3			11	1	1	10460	178	449

4–4 续表 9 单位：人

地区 性别	采矿业						制造业		
	石油和天然气开采业	黑色金属矿采选业	有色金属矿采选业	非金属矿采选业	开采专业及辅助性活动	其他采矿业	小计	农副食品加工业	食品制造业
江门市	**7**	**4**		**243**	**18**	**10**	**71616**	**1370**	**2340**
蓬江区				14	4	3	13646	180	358
江海区	1	2		2			9424	147	189
新会区	2	2		136	5	3	14578	370	642
台山市	1			18	5	3	7286	326	229
开平市	1			38	2		8514	117	470
鹤山市				31			12668	162	366
恩平市	2			4	2	1	5500	68	86
湛江市	**165**	**9**	**8**	**156**	**319**	**5**	**22216**	**3012**	**989**
赤坎区	21	3		2	21	2	1235	162	64
霞山区	59		1	15	32	1	2214	410	94
坡头区	68			15	251		1087	153	45
麻章区	2	1		13	3		2360	351	83
遂溪县	2	2	4	10	2	1	2156	571	117
徐闻县	1			29	2		983	159	56
廉江市	1	2		24	2	1	5819	293	112
雷州市	4	1	3	31	5		3271	573	309
吴川市	7			17	1		3091	340	109
茂名市	**32**	**7**	**13**	**271**	**21**	**4**	**24617**	**2132**	**702**
茂南区	22		1	51	9	1	4343	254	165
电白区	3	2	4	74	3		4611	544	204
高州市	5		2	62	4	3	6333	422	124
化州市				49	4		4645	694	137
信宜市	2	5	6	35	1		4685	218	72
肇庆市	**6**	**15**	**42**	**249**	**10**	**8**	**39017**	**1024**	**1013**
端州区	2		2	5	4	1	3304	72	155
鼎湖区		1		8			2401	72	61
高要区			34	16	1		11550	238	189
广宁县				24	1	2	2485	103	63
怀集县		4		43	3		4371	174	113
封开县		1	6	34		1	2239	92	30
德庆县	4	1		49	1	4	1764	110	71
四会市		8		70			10903	163	331
惠州市	**37**	**4**	**11**	**377**	**61**	**5**	**126197**	**1234**	**898**
惠城区	7		2	59	13	1	35204	420	349
惠阳区	17	1	1	150	39	2	46809	205	142
博罗县	11	3	2	37	6	1	25171	308	250
惠东县				84	1	1	16855	206	113
龙门县	2		6	47	2		2158	95	44
梅州市	**3**	**12**	**29**	**294**	**28**	**28**	**16524**	**1069**	**394**
梅江区			13	9	6	2	2241	109	49
梅县区	1	1	9	35	3	7	2493	106	84
大埔县				14	3		978	80	10
丰顺县	2	3		11	3	6	2711	100	96
五华县			2	103	8	6	2541	215	54
平远县		6	3	30	1	4	1146	87	15
蕉岭县			2	57		1	1294	92	21
兴宁市		2		35	4	2	3120	280	65
汕尾市	**1**	**1**	**3**	**70**	**3**	**3**	**15024**	**495**	**316**
城　区			2	15	1		2885	70	93
海丰县			1	28		2	9263	142	103
陆河县				7			463	16	10
陆丰市	1	1		20	2	1	2413	267	110

4-4　续表 10　　　　　　　　　　　　　　　　　　　　　　　　　　　单位：人

地　区 性　别	采矿业						制造业		
	石油和天然气开采业	黑色金属矿采选业	有色金属矿采选业	非金属矿采选业	开采专业及辅助性活　动	其　他采矿业	小计	农副食品加工业	食　品制造业
河源市	**2**	**113**	**14**	**299**	**2**	**5**	**20113**	**576**	**303**
源城区		4	4	47		2	7327	112	109
紫金县		32		59	1		2948	64	63
龙川县	1	4		35	1	1	3843	165	55
连平县		66	10	6			1377	67	37
和平县		2		58			1478	94	11
东源县	1	5		94		2	3140	74	28
阳江市	**4**	**10**	**4**	**122**	**1**	**2**	**21337**	**829**	**547**
江城区	1			24	1		7572	370	117
阳东区			4	37			7245	79	128
阳西县	3			26			2144	190	222
阳春市		10		35		2	4376	190	80
清远市	**3**	**12**	**37**	**347**	**13**	**28**	**32957**	**1149**	**557**
清城区		1	3	102	2	2	12387	201	230
清新区	3		1	31	1	3	7135	336	65
佛冈县		1	8	36	1	3	3574	64	43
阳山县		2	8	21	2	4	1276	93	44
连山壮族瑶族自治县			11	5	1	1	316	23	7
连南瑶族自治县		2	4	7	1		625	29	16
英德市		1		80	4	11	6232	311	125
连州市		5	2	65	1	4	1412	92	27
东莞市	**6**	**6**	**1**	**78**	**29**	**4**	**432941**	**2416**	**3865**
市辖区	6	6	1	78	29	4	432941	2416	3865
中山市	**9**	**1**	**5**	**34**	**23**	**2**	**134028**	**793**	**1241**
市辖区	9	1	5	34	23	2	134028	793	1241
潮州市	**7**	**3**	**11**	**57**	**9**		**39153**	**1308**	**1509**
湘桥区	1		7	10			6218	159	124
潮安区	1	1	2	31	5		26335	395	1153
饶平县	5	2	2	16	4		6600	754	232
揭阳市	**3**	**4**	**1**	**61**	**15**	**7**	**50378**	**1723**	**1605**
榕城区		3	1	16	3	2	9485	169	148
揭东区	1	1		15	7		8669	561	311
揭西县	1			5	2	3	4268	137	578
惠来县	1			14	2	1	5772	320	119
普宁市				11	1	1	22184	536	449
云浮市	**1**	**24**	**54**	**233**	**14**	**2**	**16957**	**682**	**276**
云城区	1	21	2	133	4	1	4082	93	48
云安区			52	37	2		2050	56	14
新兴县				12	1		4398	208	89
郁南县		1		21	2		1696	89	55
罗定市		2		30	5	1	4731	236	70
男	**451**	**260**	**580**	**3037**	**670**	**131**	**1267202**	**18028**	**15811**
广州市	**58**	**4**	**10**	**166**	**50**	**19**	**143547**	**1538**	**2651**
荔湾区	1			1	1		2293	43	92
越秀区	5			2	2	1	1245	20	70
海珠区	6			5	9	1	16342	65	149
天河区	29		2	3	9	5	4635	78	202
白云区	5	2	2	17	8	4	31580	313	459
黄埔区	6	1	2	13	6	1	14379	156	534
番禺区				22	7	1	25635	224	460
花都区	4	1	1	32	2	4	20090	205	164
南沙区	2			14	3		12834	188	180
从化区			2	16	2	2	3465	77	144
增城区			1	41	1		11049	169	197

4−4 续表 11

单位：人

地区 性别	采矿业 石油和天然气开采业	采矿业 黑色金属矿采选业	采矿业 有色金属矿采选业	采矿业 非金属矿采选业	采矿业 开采专业及辅助性活动	采矿业 其他采矿业	制造业 小计	制造业 农副食品加工业	制造业 食品制造业
韶关市	**1**	**59**	**362**	**149**	**14**	**11**	**9522**	**345**	**196**
武江区		4	12	19		2	1274	45	30
浈江区		17	10	14	3	4	1126	33	32
曲江区		29	64	20	2		1555	50	20
始兴县			17	10	1		672	31	16
仁化县		3	230	18	3	2	558	44	10
翁源县		2	5	31	1	2	812	38	30
乳源瑶族自治县			3	6			826	9	25
新丰县		1		8		1	597	20	4
乐昌市		3	13	16	3		869	21	8
南雄市	1		8	7	1		1233	54	21
深圳市	**128**	**3**	**10**	**82**	**91**	**6**	**264114**	**1277**	**1565**
罗湖区			3	1	1	1	2182	73	23
福田区	4				2	2	2432	9	33
南山区	104	1	1	3	69	2	10772	115	85
宝安区	2		3	31	13	1	98516	398	526
龙岗区	10		2	29	4		55749	302	472
盐田区				2			1297	5	6
龙华区	4		1	10	1		49716	101	202
坪山区				6	1		12728	122	52
光明区	4	2					30722	152	166
珠海市	**12**	**2**	**3**	**25**	**12**	**2**	**23460**	**279**	**336**
香洲区	2	1	2	9	3	2	9371	60	134
斗门区	2	1		10	2		7714	162	66
金湾区	8		1	6	7		6375	57	136
汕头市	**2**		**2**	**61**	**6**		**41836**	**1030**	**741**
龙湖区	2			5	1		3652	173	145
金平区				8	1		3427	143	290
濠江区				17	1		1166	67	41
潮阳区				23	1		10199	261	90
潮南区			1	6	2		11868	187	70
澄海区			1	1			11443	185	100
南澳县				1			81	14	5
佛山市	**13**	**3**	**5**	**65**	**25**	**3**	**150985**	**1265**	**1499**
禅城区	3			6	7		12617	48	89
南海区	4	3	3	28	13	2	60522	554	614
顺德区	2		1	1			58238	383	333
三水区	1		1	20	5		13200	158	145
高明区	3			10		1	6408	122	318
江门市	**3**	**2**		**216**	**15**	**7**	**41384**	**830**	**1147**
蓬江区				13	3	1	7880	115	179
江海区				2			5541	82	95
新会区		2		120	4	3	8578	213	335
台山市	1			15	5	2	4175	212	108
开平市				34	2		4653	66	180
鹤山市				28			7288	96	205
恩平市	2			4	1	1	3269	46	45
湛江市	**143**	**8**	**7**	**137**	**268**	**4**	**13783**	**1734**	**546**
赤坎区	17	2		2	17	2	810	101	31
霞山区	51		1	13	30	1	1517	180	50
坡头区	60			14	207		684	85	21
麻章区	2	1		11	3		1611	200	50
遂溪县	2	2	4	10	2		1353	347	55
徐闻县	1			22	2		681	101	36
廉江市		2		22	2	1	3333	207	66
雷州市	3	1	2	28	4		2043	358	178
吴川市	7			15	1		1751	155	59

4-4　续表 12　　　　　　　　　　　　　　　　　　　　　　　　　　　　　　单位：人

地　区 性　别	采矿业						制造业		
	石油和天然气开采业	黑色金属矿采选业	有色金属矿采选业	非金属矿采选业	开采专业及辅助性活　动	其　他采矿业	小计	农副食品加工业	食　品制造业
茂名市	**26**	**7**	**9**	**234**	**16**	**3**	**14047**	**1261**	**366**
茂南区	17		1	42	7	1	2896	169	86
电白区	2	2	2	65	3		2712	304	112
高州市	5		1	53	3	2	3485	258	67
化州市				41	2		2704	395	67
信宜市	2	5	5	33	1		2250	135	34
肇庆市	**3**	**13**	**35**	**199**	**8**	**5**	**22695**	**627**	**522**
端州区	2		2	2	3	1	1890	45	64
鼎湖区		1		6			1408	34	28
高要区			29	13	1		6321	146	79
广宁县				20	1	1	1380	64	36
怀集县		3		30	2		2309	116	70
封开县		1	4	32			1313	53	17
德庆县	1	1		39	1	3	1031	65	41
四会市		7		57			7043	104	187
惠州市	**34**	**3**	**9**	**336**	**53**	**4**	**78210**	**789**	**481**
惠城区	6		2	49	8	1	21757	279	188
惠阳区	17	1	1	133	37	2	30446	129	73
博罗县	10	2	1	36	6		14841	207	144
惠东县				76	1	1	9882	115	58
龙门县	1		5	42	1		1284	59	18
梅州市	**2**	**12**	**21**	**255**	**24**	**26**	**9302**	**656**	**202**
梅江区			9	7	5	2	1269	60	20
梅县区		1	7	28	3	6	1467	67	41
大埔县				13	3		620	49	3
丰顺县	2	3		10	3	6	1451	69	59
五华县			2	91	6	5	1471	139	26
平远县		6	2	30	1	4	642	55	6
蕉岭县			1	49		1	875	56	9
兴宁市		2		27	3	2	1507	161	38
汕尾市		**1**	**1**	**61**	**2**	**3**	**9709**	**385**	**208**
城　区			1	14	1		1846	56	59
海丰县				22		2	5713	104	64
陆河县				7			340	12	6
陆丰市		1		18	1	1	1810	213	79
河源市	**2**	**95**	**12**	**259**	**2**	**2**	**10682**	**367**	**143**
源城区		2	3	41		1	3906	69	47
紫金县		28		53	1		1608	45	27
龙川县	1	3		31	1		1901	108	31
连平县		57	9	6			784	48	20
和平县		2		55			741	50	7
东源县	1	3		73		1	1742	47	11
阳江市	**3**	**8**	**3**	**97**	**1**	**2**	**11383**	**480**	**319**
江城区	1			18	1		4007	222	57
阳东区			3	27			3827	45	77
阳西县	2			23			1099	108	139
阳春市		8		29		2	2450	105	46
清远市	**1**	**10**	**32**	**314**	**13**	**22**	**18759**	**651**	**301**
清城区		1	1	85	2	2	7598	104	134
清新区	1		1	30	1	2	3590	180	31
佛冈县		1	7	35	1	2	2025	39	25
阳山县		2	8	19	2	3	731	63	17
连山壮族瑶族自治县			9	5	1		210	15	2
连南瑶族自治县		2	4	7	1		323	16	7
英德市		1		71	4	9	3433	175	70
连州市		3	2	62	1	4	849	59	15

4-4 续表 13

单位：人

地区 性别	采矿业						制造业		
	石油和天然气开采业	黑色金属矿采选业	有色金属矿采选业	非金属矿采选业	开采专业及辅助性活动	其他采矿业	小计	农副食品加工业	食品制造业
东莞市	**5**	**4**	**1**	**59**	**22**	**3**	**265711**	**1564**	**2122**
市辖区	5	4	1	59	22	3	265711	1564	2122
中山市	**7**	**1**	**2**	**30**	**16**	**2**	**79172**	**498**	**614**
市辖区	7	1	2	30	16	2	79172	498	614
潮州市	**5**	**3**	**10**	**54**	**8**		**23113**	**799**	**849**
湘桥区	1		7	10			3277	108	68
潮安区	1	1	2	29	4		16364	270	659
饶平县	3	2	1	15	4		3472	421	122
揭阳市	**3**	**3**	**1**	**57**	**11**	**5**	**26063**	**1232**	**864**
榕城区		2	1	13	2	1	6311	140	86
揭东区	1	1		15	4		4925	406	175
揭西县	1			5	2	2	2320	92	277
惠来县	1			13	2	1	2386	187	72
普宁市				11	1	1	10121	407	254
云浮市		**19**	**45**	**181**	**13**	**2**	**9725**	**421**	**139**
云城区		16	1	100	4	1	2768	57	25
云安区			44	25	2		1387	36	5
新兴县				8	1		2278	124	33
郁南县		1		20	2		944	54	35
罗定市		2		28	4	1	2348	150	41
女	**133**	**64**	**171**	**498**	**178**	**38**	**842429**	**10776**	**13792**
广州市	**24**	**2**	**8**	**35**	**25**	**7**	**97451**	**879**	**2369**
荔湾区	1				1	1	1318	29	65
越秀区	4		1	1	1		742	12	64
海珠区	2			2	10	1	13204	37	112
天河区	14	1	3	2	3	1	2986	42	187
白云区	1		2	7	4	1	23381	171	403
黄埔区	1				3	1	7532	84	427
番禺区			1	8	1	1	18307	136	440
花都区		1	1	3	2	1	13420	121	177
南沙区	1			5			7521	104	192
从化区				1			2450	64	112
增城区				6			6590	79	190
韶关市	**1**	**21**	**111**	**17**	**3**	**3**	**7235**	**223**	**248**
武江区	1	4	9	1			1256	20	31
浈江区		6	5	1	1	1	694	33	32
曲江区		8	16	2			718	30	62
始兴县			6	1			964	19	15
仁化县			71		1		308	21	13
翁源县		1	1	3	1	1	709	28	29
乳源瑶族自治县				3		1	653	11	22
新丰县				1			427	18	7
乐昌市		2	2	4			671	18	18
南雄市			1	1			835	25	19
深圳市	**49**	**3**	**6**	**17**	**45**	**2**	**163052**	**695**	**1268**
罗湖区	1	1	1	2	3		1423	55	28
福田区	2			2			1584	14	36
南山区	40		1	1	34	1	6552	49	90
宝安区	3	1	2	4	4	1	62771	225	458
龙岗区	2		1	4	3		36299	158	318
盐田区				1			857	4	4
龙华区	1		1	2	1		26788	75	178
坪山区				1			7712	55	38
光明区		1					19066	60	118

4−4 续表 14

单位：人

地区 性别	采矿业						制造业		
	石油和天然气开采业	黑色金属矿采选业	有色金属矿采选业	非金属矿采选业	开采专业及辅助性活动	其他采矿业	小计	农副食品加工业	食品制造业
珠海市	**6**	**2**		**2**	**5**		**15333**	**152**	**282**
香洲区	4	2		2	3		6318	39	119
斗门区							5255	83	60
金湾区	2				2		3760	30	103
汕头市	**1**			**3**		**2**	**37985**	**544**	**641**
龙湖区							3622	102	134
金平区	1			1		1	2775	94	307
濠江区				1			1223	57	39
潮阳区				1			10852	112	56
潮南区						1	10534	94	48
澄海区							8947	74	54
南澳县							32	11	3
佛山市	**3**		**1**	**22**	**6**	**1**	**92036**	**765**	**1252**
禅城区					2		8544	23	87
南海区	2			16	1	1	36612	318	566
顺德区			1	2			36018	276	360
三水区	1			3	2		6810	92	108
高明区				1	1		4052	56	131
江门市	**4**	**2**		**27**	**3**	**3**	**30232**	**540**	**1193**
蓬江区				1	1	2	5766	65	179
江海区	1	2					3883	65	94
新会区	2			16	1		6000	157	307
台山市				3		1	3111	114	121
开平市	1			4			3861	51	290
鹤山市				3			5380	66	161
恩平市					1		2231	22	41
湛江市	**22**	**1**	**1**	**19**	**51**	**1**	**8433**	**1278**	**443**
赤坎区	4	1			4		425	61	33
霞山区	8			2	2		697	230	44
坡头区	8			1	44		403	68	24
麻章区				2			749	151	33
遂溪县						1	803	224	62
徐闻县				7			302	58	20
廉江市	1			2			2486	86	46
雷州市	1		1	3	1		1228	215	131
吴川市				2			1340	185	50
茂名市	**6**		**4**	**37**	**5**	**1**	**10570**	**871**	**336**
茂南区	5			9	2		1447	85	79
电白区	1		2	9			1899	240	92
高州市			1	9	1	1	2848	164	57
化州市				8	2		1941	299	70
信宜市			1	2			2435	83	38
肇庆市	**3**	**2**	**7**	**50**	**2**	**3**	**16322**	**397**	**491**
端州区				3	1		1414	27	91
鼎湖区				2			993	38	33
高要区			5	3			5229	92	110
广宁县				4		1	1105	39	27
怀集县		1		13	1		2062	58	43
封开县			2	2		1	926	39	13
德庆县	3			10		1	733	45	30
四会市		1		13			3860	59	144
惠州市	**3**	**1**	**2**	**41**	**8**	**1**	**47987**	**445**	**417**
惠城区	1			10	5		13447	141	161
惠阳区				17	2		16363	76	69
博罗县	1	1	1	1		1	10330	101	106
惠东县				8			6973	91	55
龙门县	1		1	5	1		874	36	26

4-4 续表 15　　　　单位：人

地区 性别	采矿业						制造业		
	石油和天然气开采业	黑色金属矿采选业	有色金属矿采选业	非金属矿采选业	开采专业及辅助性活动	其他采矿业	小计	农副食品加工业	食品制造业
梅州市	**1**		**8**	**39**	**4**	**2**	**7222**	**413**	**192**
梅江区			4	2	1		972	49	29
梅县区	1		2	7		1	1026	39	43
大埔县				1			358	31	7
丰顺县				1			1260	31	37
五华县				12	2	1	1070	76	28
平远县			1				504	32	9
蕉岭县			1	8			419	36	12
兴宁市				8	1		1613	119	27
汕尾市	**1**		**2**	**9**	**1**		**5315**	**110**	**108**
城　区			1	1			1039	14	34
海丰县			1	6			3550	38	39
陆河县							123	4	4
陆丰市	1			2	1		603	54	31
河源市		**18**	**2**	**40**		**3**	**9431**	**209**	**160**
源城区		2	1	6		1	3421	43	62
紫金县		4		6			1340	19	36
龙川县		1		4		1	1942	57	24
连平县		9	1				593	19	17
和平县				3			737	44	4
东源县		2		21		1	1398	27	17
阳江市	**1**	**2**	**1**	**25**			**9954**	**349**	**228**
江城区				6			3565	148	60
阳东区			1	10			3418	34	51
阳西县	1			3			1045	82	83
阳春市		2		6			1926	85	34
清远市	**2**	**2**	**5**	**33**		**6**	**14198**	**498**	**256**
清城区			2	17			4789	97	96
清新区	2			1		1	3545	156	34
佛冈县			1	1		1	1549	25	18
阳山县				2		1	545	30	27
连山壮族瑶族自治县			2			1	106	8	5
连南瑶族自治县							302	13	9
英德市				9		2	2799	136	55
连州市		2		3			563	33	12
东莞市	**1**	**2**		**19**	**7**	**1**	**167230**	**852**	**1743**
市辖区	1	2		19	7	1	167230	852	1743
中山市	**2**		**3**	**4**	**7**		**54856**	**295**	**627**
市辖区	2		3	4	7		54856	295	627
潮州市	**2**		**1**	**3**	**1**		**16040**	**509**	**660**
湘桥区							2941	51	56
潮安区				2	1		9971	125	494
饶平县	2		1	1			3128	333	110
揭阳市		**1**		**4**	**4**	**2**	**24315**	**491**	**741**
榕城区		1		3	1	1	3174	29	62
揭东区					3		3744	155	136
揭西县						1	1948	45	301
惠来县				1			3386	133	47
普宁市							12063	129	195
云浮市	**1**	**5**	**9**	**52**	**1**		**7232**	**261**	**137**
云城区	1	5	1	33			1314	36	23
云安区			8	12			663	20	9
新兴县				4			2120	84	56
郁南县				1			752	35	20
罗定市				2	1		2383	86	29

4-4 续表 16

单位：人

地区 性别	制造业								
	酒、饮料和精制茶制造业	烟草制品业	纺织业	纺织服装、服饰业	皮革、毛皮、羽毛及其制品和制鞋业	木材加工和木、竹、藤、棕、草制品业	家具制造业	造纸和纸制品业	印刷和记录媒介复制业
广　东	**10447**	**1109**	**52158**	**227010**	**95400**	**19124**	**70886**	**45215**	**37395**
广州市	**1548**	**217**	**4702**	**56141**	**28368**	**1439**	**5606**	**4217**	**4389**
荔湾区	48	86	71	245	117	35	71	111	177
越秀区	40	18	25	76	40	12	32	27	77
海珠区	110	38	449	24435	802	27	65	172	182
天河区	125	16	95	546	76	59	203	148	330
白云区	227	18	647	11375	12636	342	1681	1702	1146
黄埔区	323	10	114	294	67	37	240	235	359
番禺区	157	22	722	12280	962	303	913	708	997
花都区	108	4	759	1294	12829	153	629	421	312
南沙区	117		1114	819	550	278	594	304	471
从化区	91		168	156	95	36	290	46	67
增城区	202	5	538	4621	194	157	888	343	271
韶关市	**261**	**146**	**412**	**696**	**282**	**718**	**302**	**400**	**193**
武江区	27	75	15	117	18	26	60	13	79
浈江区	31	43	28	31	16	51	31	14	20
曲江区	42	4	96	62	10	62	15	6	9
始兴县	9	2	34	26	7	79	23	40	5
仁化县	25		7	11	9	155	17	8	4
翁源县	29		42	52	57	96	24	17	15
乳源瑶族自治县	16	1	32	27	13	26	15	17	22
新丰县	34		6	47	18	61	13	97	2
乐昌市	30	6	110	101	96	122	43	20	15
南雄市	18	15	42	222	38	40	61	168	22
深圳市	**907**	**240**	**2991**	**13279**	**5285**	**773**	**5697**	**7743**	**9494**
罗湖区	32	17	28	494	17	13	42	41	188
福田区	27	4	48	124	22	9	41	27	186
南山区	101	3	201	1710	150	68	307	76	236
宝安区	308	172	784	2683	822	263	724	2568	3521
龙岗区	226	11	737	4356	2705	201	2693	2090	2774
盐田区	6		2	292	2	3	2	11	8
龙华区	97	25	287	1785	1105	107	835	1538	1347
坪山区	28	3	172	163	180	55	819	189	254
光明区	82	5	732	1672	282	54	234	1203	980
珠海市	**234**	**11**	**348**	**1305**	**117**	**204**	**395**	**509**	**471**
香洲区	151	7	84	530	58	48	220	186	266
斗门区	59		169	580	34	107	120	208	109
金湾区	24	4	95	195	25	49	55	115	96
汕头市	**362**	**30**	**5487**	**32638**	**508**	**261**	**314**	**2261**	**1421**
龙湖区	49	3	880	2087	132	31	51	142	234
金平区	77	3	208	700	60	53	80	129	398
濠江区	26	3	61	276	27	11	17	271	68
潮阳区	115	15	856	13531	175	69	91	899	171
潮南区	62	3	2593	14282	100	67	42	250	192
澄海区	31	3	884	1758	14	29	30	570	358
南澳县	2		5	4		1	3		
佛山市	**1316**	**66**	**11853**	**17590**	**5780**	**2792**	**24225**	**4524**	**3466**
禅城区	99	12	2645	4284	84	94	557	227	295
南海区	493	47	5034	6447	5133	1529	7238	2352	1665
顺德区	209	3	2039	4951	418	665	14911	1320	1342
三水区	495	2	1642	170	66	247	745	468	114
高明区	20	2	493	1738	79	257	774	157	50

4-4 续表 17

单位：人

地区 性别	制造业								
	酒、饮料和精制茶制造业	烟草制品业	纺织业	纺织服装、服饰业	皮革、毛皮、羽毛及其制品和制鞋业	木材加工和木、竹、藤、棕、草制品业	家具制造业	造纸和纸制品业	印刷和记录媒介复制业
江门市	**428**	**44**	**2447**	**3870**	**2306**	**1376**	**3626**	**2357**	**2120**
蓬江区	99	14	211	1036	195	149	275	445	321
江海区	26	1	143	156	75	36	287	162	90
新会区	149	10	705	691	116	220	1841	992	132
台山市	31	11	145	547	336	253	222	153	97
开平市	60	2	381	674	143	389	123	189	65
鹤山市	48	6	503	541	1351	284	844	349	1325
恩平市	15		359	225	90	45	34	67	90
湛江市	**370**	**46**	**613**	**1122**	**1185**	**831**	**472**	**616**	**320**
赤坎区	53	28	33	24	6	19	31	56	50
霞山区	50	12	48	83	15	29	75	82	57
坡头区	23	1	12	47	22	33	20	13	13
麻章区	31	1	120	46	6	88	32	217	25
遂溪县	47		50	122	14	75	76	54	23
徐闻县	25		12	24	10	55	18	8	19
廉江市	56	2	50	293	98	153	113	113	71
雷州市	60	2	68	305	39	310	64	48	41
吴川市	25		220	178	975	69	43	25	21
茂名市	**174**	**16**	**580**	**2061**	**1285**	**1036**	**542**	**299**	**275**
茂南区	12		55	144	51	60	81	43	57
电白区	47	4	99	297	229	91	89	40	26
高州市	24	5	215	807	602	115	122	112	83
化州市	67	4	115	387	155	220	153	67	35
信宜市	24	3	96	426	248	550	97	37	74
肇庆市	**373**	**9**	**1152**	**2782**	**1493**	**1164**	**1120**	**651**	**344**
端州区	106	3	78	94	64	15	42	24	51
鼎湖区	56	2	355	62	130	29	22	46	10
高要区	32		71	804	384	217	199	109	60
广宁县	18		26	270	166	236	42	186	15
怀集县	32	3	112	1036	105	342	137	48	63
封开县	19		33	202	34	76	45	32	17
德庆县	23		55	106	24	115	42	18	17
四会市	87	1	422	208	586	134	591	188	111
惠州市	**518**	**21**	**1568**	**5042**	**13120**	**1731**	**6259**	**1508**	**1252**
惠城区	187	10	272	1565	555	189	618	439	377
惠阳区	37	8	297	667	476	360	4106	517	451
博罗县	228	2	778	2323	1108	447	1187	286	336
惠东县	31	1	199	407	10958	148	314	240	71
龙门县	35		22	80	23	587	34	26	17
梅州市	**490**	**114**	**291**	**631**	**506**	**309**	**479**	**162**	**152**
梅江区	21	76	19	54	6	19	39	9	30
梅县区	62	27	77	72	25	56	36	20	32
大埔县	31	6	7	104	7	17	18	5	9
丰顺县	151		10	37	3	32	60	17	9
五华县	81	2	46	69	96	34	106	21	19
平远县	29		13	73	12	67	97	5	8
蕉岭县	30		9	32	7	46	77	40	3
兴宁市	85	3	110	190	350	38	46	45	42
汕尾市	**103**	**7**	**373**	**3407**	**577**	**215**	**92**	**123**	**41**
城　区	14	1	103	214	32	19	17	17	11
海丰县	46	3	205	2919	490	47	34	31	19
陆河县	8		15	23	15	36	16	1	5
陆丰市	35	3	50	251	40	113	25	74	6

4-4 续表 18　　　　单位：人

地区 性别	制造业								
	酒、饮料和精制茶制造业	烟草制品业	纺织业	纺织服装、服饰业	皮革、毛皮、羽毛及其制品和制鞋业	木材加工和木、竹、藤、棕、草制品业	家具制造业	造纸和纸制品业	印刷和记录媒介复制业
河源市	**337**	**1**	**408**	**1454**	**1072**	**393**	**497**	**214**	**335**
源城区	135		162	779	118	46	200	104	193
紫金县	48	1	41	190	176	99	64	30	49
龙川县	29		62	119	591	79	87	16	27
连平县	37		20	95	38	37	51	26	20
和平县	23		55	130	107	35	45	5	26
东源县	65		68	141	42	97	50	33	20
阳江市	**131**	**10**	**406**	**2005**	**545**	**492**	**410**	**311**	**261**
江城区	27	2	131	784	187	94	62	121	101
阳东区	36	3	59	306	44	298	218	94	73
阳西县	19	1	76	349	46	25	15	18	33
阳春市	49	4	140	566	268	75	115	78	54
清远市	**375**	**6**	**1165**	**1777**	**4029**	**786**	**1352**	**584**	**163**
清城区	79	3	306	746	730	209	918	216	76
清新区	50	1	273	403	2334	135	130	59	32
佛冈县	39		189	44	105	108	134	20	13
阳山县	18		28	84	122	19	31	10	5
连山壮族瑶族自治县	6		6	17	2	76	6	3	2
连南瑶族自治县	4		19	45	75	16	4	12	7
英德市	171		311	369	496	168	90	253	18
连州市	8	2	33	69	165	55	39	11	10
东莞市	**903**	**32**	**12223**	**34923**	**22562**	**2517**	**12137**	**14096**	**9190**
市辖区	903	32	12223	34923	22562	2517	12137	14096	9190
中山市	**460**	**26**	**2530**	**17403**	**2630**	**1109**	**6691**	**2425**	**1986**
市辖区	460	26	2530	17403	2630	1109	6691	2425	1986
潮州市	**589**	**33**	**422**	**3342**	**1445**	**306**	**221**	**1343**	**1082**
湘桥区	79	1	131	1109	295	50	27	112	105
潮安区	273	22	173	1800	1128	135	138	1115	913
饶平县	237	10	118	433	22	121	56	116	64
揭阳市	**507**	**23**	**1966**	**24060**	**1056**	**475**	**256**	**604**	**362**
榕城区	60	9	361	824	783	92	78	128	87
揭东区	176	6	320	1885	85	128	34	248	55
揭西县	100	3	98	874	35	42	34	39	103
惠来县	48	3	156	3968	74	48	16	51	32
普宁市	123	2	1031	16509	79	165	94	138	85
云浮市	**61**	**11**	**221**	**1482**	**1249**	**197**	**193**	**268**	**78**
云城区	5	2	39	370	26	46	31	5	8
云安区	5	1	32	103	20	17	21	6	4
新兴县	11		24	150	1020	20	41	135	23
郁南县	14	4	41	91	39	50	32	25	12
罗定市	26	4	85	768	144	64	68	97	31
男	**6676**	**699**	**28430**	**97662**	**49763**	**12980**	**48317**	**29199**	**23474**
广州市	**968**	**152**	**2617**	**28739**	**15942**	**1061**	**3888**	**2641**	**2685**
荔湾区	33	58	44	108	69	24	44	65	119
越秀区	19	13	9	36	25	10	14	21	46
海珠区	63	29	240	13254	445	20	42	117	113
天河区	70	11	52	209	41	40	127	95	192
白云区	138	13	322	5659	7374	241	1181	1034	758
黄埔区	226	7	62	114	34	24	165	152	219
番禺区	85	14	405	6044	457	231	643	432	584
花都区	63	3	413	534	7155	121	446	274	208
南沙区	79		676	295	209	208	394	190	206
从化区	55		94	39	40	30	200	34	45
增城区	137	4	300	2447	93	112	632	227	195

4-4 续表 19　　单位：人

地区 性别	制造业								
	酒、饮料和精制茶制造业	烟草制品业	纺织业	纺织服装、服饰业	皮革、毛皮、羽毛及其制品和制鞋业	木材加工和木、竹、藤、棕、草制品业	家具制造业	造纸和纸制品业	印刷和记录媒介复制业
韶关市	**165**	**85**	**190**	**195**	**100**	**452**	**202**	**217**	**95**
武江区	20	46	7	30	4	18	40	6	29
浈江区	18	23	16	9	6	35	21	10	11
曲江区	27	3	45	24	6	44	12	3	6
始兴县	7	1	18	8	3	56	17	22	3
仁化县	13		2	5	6	86	12	4	2
翁源县	17		16	12	16	61	14	10	9
乳源瑶族自治县	9	1	18	7	5	18	11	6	13
新丰县	24		5	8	8	30	10	54	1
乐昌市	19	4	41	16	29	81	27	12	7
南雄市	11	7	22	76	17	23	38	90	14
深圳市	**598**	**120**	**1629**	**6076**	**2571**	**589**	**4120**	**4957**	**6022**
罗湖区	19	13	19	226	10	10	30	29	107
福田区	8	3	29	46	14	8	14	16	127
南山区	60	2	140	811	76	53	222	43	128
宝安区	209	69	396	1223	399	208	532	1713	2234
龙岗区	155	8	393	2109	1243	146	1916	1282	1748
盐田区	2		1	105	2	3	2	8	5
龙华区	61	22	136	753	598	79	610	931	889
坪山区	17	1	92	69	78	39	598	121	152
光明区	67	2	423	734	151	43	196	814	632
珠海市	**150**	**9**	**217**	**448**	**44**	**158**	**282**	**324**	**265**
香洲区	98	5	45	203	16	34	174	124	146
斗门区	41		117	156	17	82	82	123	57
金湾区	11	4	55	89	11	42	26	77	62
汕头市	**256**	**23**	**3250**	**12789**	**222**	**207**	**262**	**1449**	**1038**
龙湖区	27	3	387	754	60	23	35	86	167
金平区	45	1	90	226	34	38	61	73	258
濠江区	15	2	26	42	3	8	13	79	50
潮阳区	92	13	493	5113	69	56	86	578	138
潮南区	50	2	1904	6002	48	56	38	184	162
澄海区	26	2	350	650	8	25	27	449	263
南澳县	1			2		1	2		
佛山市	**875**	**48**	**6637**	**7525**	**3121**	**1855**	**15693**	**2849**	**2098**
禅城区	70	10	1481	1916	48	66	379	138	185
南海区	320	33	2746	2571	2790	1001	4684	1491	1047
顺德区	127	3	1103	2269	195	435	9627	817	769
三水区	343	1	1020	80	42	174	498	306	60
高明区	15	1	287	689	46	179	505	97	37
江门市	**240**	**29**	**1400**	**1000**	**1211**	**860**	**2367**	**1453**	**1120**
蓬江区	66	9	129	276	85	96	169	282	195
江海区	12	1	82	53	22	24	165	93	49
新会区	62	5	409	202	66	137	1232	622	80
台山市	21	10	80	142	174	158	149	94	58
开平市	38	1	216	140	61	251	84	121	36
鹤山市	31	3	260	115	761	162	546	201	652
恩平市	10		224	72	42	32	22	40	50
湛江市	**221**	**34**	**206**	**339**	**619**	**528**	**356**	**438**	**200**
赤坎区	30	22	13	7	4	14	25	40	35
霞山区	35	9	22	16	11	23	54	64	36
坡头区	11	1	2	14	7	16	15	6	4
麻章区	17		23	20	3	33	24	173	14
遂溪县	26		20	44	12	53	51	40	13
徐闻县	15		9	13	6	40	14	4	7
廉江市	37		28	77	60	107	84	70	46
雷州市	35	2	37	109	19	179	53	27	32
吴川市	15		52	39	497	63	36	14	13

4-4　续表 20　　　　单位：人

地　区 性　别	制造业								
	酒、饮料和精制茶制造业	烟　草制品业	纺织业	纺织服装、服饰业	皮革、毛皮、羽毛及其制品和制鞋业	木材加工和木、竹、藤、棕、草制品业	家　具制造业	造纸和纸制品业	印刷和记录媒介复制业
茂名市	**106**	**14**	**227**	**555**	**479**	**609**	**399**	**187**	**164**
茂南区	8		19	40	21	47	54	29	23
电白区	30	3	34	110	110	75	68	22	22
高州市	16	5	79	225	202	69	87	78	52
化州市	35	4	55	88	61	174	115	35	20
信宜市	17	2	40	92	85	244	75	23	47
肇庆市	**211**	**4**	**673**	**589**	**499**	**696**	**741**	**389**	**215**
端州区	65	2	42	32	23	10	30	14	29
鼎湖区	30	1	220	17	43	20	15	21	7
高要区	17		25	105	117	115	121	63	37
广宁县	9		11	40	50	124	29	129	11
怀集县	19		51	211	54	201	96	28	41
封开县	13		14	71	16	58	30	16	11
德庆县	13		25	35	11	86	26	7	12
四会市	45	1	285	78	185	82	394	111	67
惠州市	**324**	**15**	**870**	**2029**	**7345**	**1171**	**4181**	**976**	**817**
惠城区	117	5	135	650	242	141	435	285	245
惠阳区	20	8	177	295	253	239	2688	342	296
博罗县	146	2	459	931	496	327	818	159	212
惠东县	18		87	132	6342	118	213	172	52
龙门县	23		12	21	12	346	27	18	12
梅州市	**299**	**80**	**123**	**224**	**115**	**215**	**333**	**98**	**102**
梅江区	11	53	7	8	3	14	27	6	17
梅县区	37	19	29	21	15	39	24	12	24
大埔县	18	5	6	59	5	14	14	2	6
丰顺县	98		4	11	2	25	44	12	8
五华县	47	2	21	24	20	25	78	11	12
平远县	17		6	32	8	43	57	3	5
蕉岭县	16		3	11	1	27	54	23	1
兴宁市	55	1	47	58	61	28	35	29	29
汕尾市	**75**	**7**	**173**	**1710**	**356**	**185**	**77**	**81**	**28**
城　区	12	1	41	61	15	16	14	11	8
海丰县	33	3	98	1538	301	37	28	24	14
陆河县	7		8	9	8	31	14	1	3
陆丰市	23	3	26	102	32	101	21	45	3
河源市	**212**	**1**	**185**	**489**	**327**	**270**	**387**	**138**	**220**
源城区	92		63	264	61	38	154	67	116
紫金县	25	1	22	61	79	63	50	20	35
龙川县	19		30	42	129	54	72	12	16
连平县	24		10	28	11	32	38	16	15
和平县	14		30	48	24	26	36	3	21
东源县	38		30	46	23	57	37	20	17
阳江市	**79**	**4**	**123**	**431**	**177**	**327**	**281**	**172**	**166**
江城区	14		48	187	79	64	46	65	59
阳东区	20	1	17	66	15	190	144	53	46
阳西县	14		14	57	16	16	9	9	24
阳春市	31	3	44	121	67	57	82	45	37
清远市	**217**	**4**	**595**	**424**	**1292**	**537**	**940**	**295**	**106**
清城区	49	2	164	147	281	142	629	121	51
清新区	35	1	117	94	697	88	96	46	20
佛冈县	29		103	7	43	77	93	14	8
阳山县	12		13	27	28	15	24	7	5
连山壮族瑶族自治县	4		1	8	2	47	5	2	1
连南瑶族自治县	4		7	22	9	12	3	8	4
英德市	80		176	102	192	118	63	90	11
连州市	4	1	14	17	40	38	27	7	6

4-4 续表 21 单位：人

地区 性别	制造业								
	酒、饮料和精制茶制造业	烟草制品业	纺织业	纺织服装、服饰业	皮革、毛皮、羽毛及其制品和制鞋业	木材加工和木、竹、藤、棕、草制品业	家具制造业	造纸和纸制品业	印刷和记录媒介复制业
东莞市	**592**	**17**	**6612**	**16962**	**12337**	**1785**	**8537**	**9438**	**5742**
市辖区	592	17	6612	16962	12337	1785	8537	9438	5742
中山市	**297**	**17**	**1451**	**7709**	**1176**	**771**	**4746**	**1553**	**1238**
市辖区	297	17	1451	7709	1176	771	4746	1553	1238
潮州市	**384**	**20**	**185**	**968**	**756**	**220**	**160**	**976**	**824**
湘桥区	47	1	51	272	156	38	21	83	76
潮安区	174	14	88	563	588	106	100	810	701
饶平县	163	5	46	133	12	76	39	83	47
揭阳市	**371**	**9**	**973**	**8115**	**659**	**363**	**216**	**405**	**278**
榕城区	44	2	152	356	501	84	64	78	69
揭东区	138	2	65	367	50	90	29	164	41
揭西县	61	2	35	134	21	32	30	25	78
惠来县	38	2	73	1205	39	43	13	26	22
普宁市	90	1	648	6053	48	114	80	112	68
云浮市	**36**	**7**	**94**	**346**	**415**	**121**	**149**	**163**	**51**
云城区	3	2	17	85	7	33	23	3	4
云安区	3		11	15	6	13	16	2	2
新兴县	4		9	32	346	15	33	78	14
郁南县	9	3	17	22	12	29	28	13	9
罗定市	17	2	40	192	44	31	49	67	22
女	**3771**	**410**	**23728**	**129348**	**45637**	**6144**	**22569**	**16016**	**13921**
广州市	**580**	**65**	**2085**	**27402**	**12426**	**378**	**1718**	**1576**	**1704**
荔湾区	15	28	27	137	48	11	27	46	58
越秀区	21	5	16	40	15	2	18	6	31
海珠区	47	9	209	11181	357	7	23	55	69
天河区	55	5	43	337	35	19	76	53	138
白云区	89	5	325	5716	5262	101	500	668	388
黄埔区	97	3	52	180	33	13	75	83	140
番禺区	72	8	317	6236	505	72	270	276	413
花都区	45	1	346	760	5674	32	183	147	104
南沙区	38		438	524	341	70	200	114	265
从化区	36		74	117	55	6	90	12	22
增城区	65	1	238	2174	101	45	256	116	76
韶关市	**96**	**61**	**222**	**501**	**182**	**266**	**100**	**183**	**98**
武江区	7	29	8	87	14	8	20	7	50
浈江区	13	20	12	22	10	16	10	4	9
曲江区	15	1	51	38	4	18	3	3	3
始兴县	2	1	16	18	4	23	6	18	2
仁化县	12		5	6	3	69	5	4	2
翁源县	12		26	40	41	35	10	7	6
乳源瑶族自治县	7		14	20	8	8	4	11	9
新丰县	10		1	39	10	31	3	43	1
乐昌市	11	2	69	85	67	41	16	8	8
南雄市	7	8	20	146	21	17	23	78	8
深圳市	**309**	**120**	**1362**	**7203**	**2714**	**184**	**1577**	**2786**	**3472**
罗湖区	13	4	9	268	7	3	12	12	81
福田区	19	1	19	78	8	1	27	11	59
南山区	41	1	61	899	74	15	85	33	108
宝安区	99	103	388	1460	423	55	192	855	1287
龙岗区	71	3	344	2247	1462	55	777	808	1026
盐田区	4		1	187				3	3
龙华区	36	3	151	1032	507	28	225	607	458
坪山区	11	2	80	94	102	16	221	68	102
光明区	15	3	309	938	131	11	38	389	348

4-4　续表 22　　　　单位：人

地区 性别	制造业								
	酒、饮料和精制茶制造业	烟草制品业	纺织业	纺织服装、服饰业	皮革、毛皮、羽毛及其制品和制鞋业	木材加工和木、竹、藤、棕、草制品业	家具制造业	造纸和纸制品业	印刷和记录媒介复制业
珠海市	**84**	**2**	**131**	**857**	**73**	**46**	**113**	**185**	**206**
香洲区	53	2	39	327	42	14	46	62	120
斗门区	18		52	424	17	25	38	85	52
金湾区	13		40	106	14	7	29	38	34
汕头市	**106**	**7**	**2237**	**19849**	**286**	**54**	**52**	**812**	**383**
龙湖区	22		493	1333	72	8	16	56	67
金平区	32	2	118	474	26	15	19	56	140
濠江区	11	1	35	234	24	3	4	192	18
潮阳区	23	2	363	8418	106	13	5	321	33
潮南区	12	1	689	8280	52	11	4	66	30
澄海区	5	1	534	1108	6	4	3	121	95
南澳县	1		5	2			1		
佛山市	**441**	**18**	**5216**	**10065**	**2659**	**937**	**8532**	**1675**	**1368**
禅城区	29	2	1164	2368	36	28	178	89	110
南海区	173	14	2288	3876	2343	528	2554	861	618
顺德区	82		936	2682	223	230	5284	503	573
三水区	152	1	622	90	24	73	247	162	54
高明区	5	1	206	1049	33	78	269	60	13
江门市	**188**	**15**	**1047**	**2870**	**1095**	**516**	**1259**	**904**	**1000**
蓬江区	33	5	82	760	110	53	106	163	126
江海区	14		61	103	53	12	122	69	41
新会区	87	5	296	489	50	83	609	370	52
台山市	10	1	65	405	162	95	73	59	39
开平市	22	1	165	534	82	138	39	68	29
鹤山市	17	3	243	426	590	122	298	148	673
恩平市	5		135	153	48	13	12	27	40
湛江市	**149**	**12**	**407**	**783**	**566**	**303**	**116**	**178**	**120**
赤坎区	23	6	20	17	2	5	6	16	15
霞山区	15	3	26	67	4	6	21	18	21
坡头区	12		10	33	15	17	5	7	9
麻章区	14	1	97	26	3	55	8	44	11
遂溪县	21		30	78	2	22	25	14	10
徐闻县	10		3	11	4	15	4	4	12
廉江市	19	2	22	216	38	46	29	43	25
雷州市	25		31	196	20	131	11	21	9
吴川市	10		168	139	478	6	7	11	8
茂名市	**68**	**2**	**353**	**1506**	**806**	**427**	**143**	**112**	**111**
茂南区	4		36	104	30	13	27	14	34
电白区	17	1	65	187	119	16	21	18	4
高州市	8		136	582	400	46	35	34	31
化州市	32		60	299	94	46	38	32	15
信宜市	7	1	56	334	163	306	22	14	27
肇庆市	**162**	**5**	**479**	**2193**	**994**	**468**	**379**	**262**	**129**
端州区	41	1	36	62	41	5	12	10	22
鼎湖区	26	1	135	45	87	9	7	25	3
高要区	15		46	699	267	102	78	46	23
广宁县	9		15	230	116	112	13	57	4
怀集县	13	3	61	825	51	141	41	20	22
封开县	6		19	131	18	18	15	16	6
德庆县	10		30	71	13	29	16	11	5
四会市	42		137	130	401	52	197	77	44
惠州市	**194**	**6**	**698**	**3013**	**5775**	**560**	**2078**	**532**	**435**
惠城区	70	5	137	915	313	48	183	154	132
惠阳区	17		120	372	223	121	1418	175	155
博罗县	82		319	1392	612	120	369	127	124
惠东县	13	1	112	275	4616	30	101	68	19
龙门县	12		10	59	11	241	7	8	5

4-4 续表 23　　　　单位：人

地　区 性　别	制造业 酒、饮料和精制茶制造业	烟　草制品业	纺织业	纺织服装、服饰业	皮革、毛皮、羽毛及其制品和制鞋业	木材加工和木、竹、藤、棕、草制品业	家　具制造业	造纸和纸制品业	印刷和记录媒介复制业
梅州市	**191**	**34**	**168**	**407**	**391**	**94**	**146**	**64**	**50**
梅江区	10	23	12	46	3	5	12	3	13
梅县区	25	8	48	51	10	17	12	8	8
大埔县	13	1	1	45	2	3	4	3	3
丰顺县	53		6	26	1	7	16	5	1
五华县	34		25	45	76	9	28	10	7
平远县	12		7	41	4	24	40	2	3
蕉岭县	14		6	21	6	19	23	17	2
兴宁市	30	2	63	132	289	10	11	16	13
汕尾市	**28**		**200**	**1697**	**221**	**30**	**15**	**42**	**13**
城　区	2		62	153	17	3	3	6	3
海丰县	13		107	1381	189	10	6	7	5
陆河县	1		7	14	7	5	2		2
陆丰市	12		24	149	8	12	4	29	3
河源市	**125**		**223**	**965**	**745**	**123**	**110**	**76**	**115**
源城区	43		99	515	57	8	46	37	77
紫金县	23		19	129	97	36	14	10	14
龙川县	10		32	77	462	25	15	4	11
连平县	13		10	67	27	5	13	10	5
和平县	9		25	82	83	9	9	2	5
东源县	27		38	95	19	40	13	13	3
阳江市	**52**	**6**	**283**	**1574**	**368**	**165**	**129**	**139**	**95**
江城区	13	2	83	597	108	30	16	56	42
阳东区	16	2	42	240	29	108	74	41	27
阳西县	5	1	62	292	30	9	6	9	9
阳春市	18	1	96	445	201	18	33	33	17
清远市	**158**	**2**	**570**	**1353**	**2737**	**249**	**412**	**289**	**57**
清城区	30	1	142	599	449	67	289	95	25
清新区	15		156	309	1637	47	34	13	12
佛冈县	10		86	37	62	31	41	6	5
阳山县	6		15	57	94	4	7	3	
连山壮族瑶族自治县	2		5	9		29	1	1	1
连南瑶族自治县			12	23	66	4	1	4	3
英德市	91		135	267	304	50	27	163	7
连州市	4	1	19	52	125	17	12	4	4
东莞市	**311**	**15**	**5611**	**17961**	**10225**	**732**	**3600**	**4658**	**3448**
市辖区	311	15	5611	17961	10225	732	3600	4658	3448
中山市	**163**	**9**	**1079**	**9694**	**1454**	**338**	**1945**	**872**	**748**
市辖区	163	9	1079	9694	1454	338	1945	872	748
潮州市	**205**	**13**	**237**	**2374**	**689**	**86**	**61**	**367**	**258**
湘桥区	32		80	837	139	12	6	29	29
潮安区	99	8	85	1237	540	29	38	305	212
饶平县	74	5	72	300	10	45	17	33	17
揭阳市	**136**	**14**	**993**	**15945**	**397**	**112**	**40**	**199**	**84**
榕城区	16	7	209	468	282	8	14	50	18
揭东区	38	4	255	1518	35	38	5	84	14
揭西县	39	1	63	740	14	10	4	14	25
惠来县	10	1	83	2763	35	5	3	25	10
普宁市	33	1	383	10456	31	51	14	26	17
云浮市	**25**	**4**	**127**	**1136**	**834**	**76**	**44**	**105**	**27**
云城区	2		22	285	19	13	8	2	4
云安区	2	1	21	88	14	4	5	4	2
新兴县	7		15	118	674	5	8	57	9
郁南县	5	1	24	69	27	21	4	12	3
罗定市	9	2	45	576	100	33	19	30	9

4-4　续表 24　　　　　　　　　　　　　　　　　　　　　　　　　　　　　单位：人

地区 性别	制造业								
	文教、工美、体育和娱乐用品制造业	石油、煤炭及其他燃料加工业	化学原料和化学制品制造业	医药制造业	化学纤维制造业	橡胶和塑料制品业	非金属矿物制品业	黑色金属冶炼和压延加工业	有色金属冶炼和压延加工业
广　东	**108113**	**3445**	**43448**	**13711**	**1118**	**128936**	**88874**	**8323**	**14212**
广州市	**8432**	**505**	**15318**	**3543**	**76**	**10253**	**4716**	**563**	**435**
荔湾区	255	11	199	215	2	145	100	13	10
越秀区	82	17	189	227	2	42	29	3	4
海珠区	237	30	289	281	1	162	106	6	14
天河区	193	29	472	232	4	233	202	19	22
白云区	1167	44	7843	705	5	2509	995	53	46
黄埔区	206	254	1430	756	29	750	338	178	41
番禺区	4097	18	980	466	12	2301	896	77	65
花都区	509	15	1821	199	6	1910	669	75	82
南沙区	884	42	484	111	6	809	544	97	59
从化区	386	2	984	159	1	519	215	12	29
增城区	416	43	627	192	8	873	622	30	63
韶关市	**1935**	**35**	**782**	**252**	**2**	**430**	**1157**	**990**	**643**
武江区	798	4	79	91		38	106	87	48
浈江区	140	7	86	19		44	76	54	185
曲江区	105	12	70	3	1	17	136	783	47
始兴县	519	1	19	8		63	30	1	4
仁化县	44	2	17	1		13	77	1	162
翁源县	114		129	25		73	85	11	11
乳源瑶族自治县	69		98	89	1	20	113	6	123
新丰县	28		59			24	213	10	33
乐昌市	37	1	55	7		52	137	25	17
南雄市	81	8	170	9		86	184	12	13
深圳市	**16899**	**125**	**4042**	**2742**	**58**	**27365**	**7611**	**523**	**1078**
罗湖区	1068	5	36	81	1	77	55	1	14
福田区	102	4	62	112	1	71	88	3	12
南山区	214	14	220	269	2	289	295	12	19
宝安区	3096	38	1656	811	20	11235	2194	223	411
龙岗区	8814	29	983	505	14	6666	2590	84	193
盐田区	869		7	38		27	33		
龙华区	989	13	512	536	4	3518	1080	41	137
坪山区	800	1	250	202	6	1723	526	14	91
光明区	947	21	316	188	10	3759	750	145	201
珠海市	**968**	**152**	**1605**	**919**	**99**	**1785**	**1153**	**293**	**225**
香洲区	359	35	514	363	14	561	298	12	23
斗门区	390	12	199	97	12	357	511	14	42
金湾区	219	105	892	459	73	867	344	267	160
汕头市	**17354**	**8**	**1677**	**370**	**20**	**4793**	**1002**	**46**	**50**
龙湖区	964	2	164	79	7	449	138	7	5
金平区	529	3	317	186	5	908	137	13	13
濠江区	137	1	85	48	5	162	321		6
潮阳区	1187		374	14		1140	126	12	8
潮南区	1063		618	17	1	866	183	4	13
澄海区	13466	2	117	24	2	1268	92	10	5
南澳县	8		2	2			5		
佛山市	**5365**	**203**	**4425**	**1045**	**175**	**14656**	**16829**	**1809**	**5801**
禅城区	230	19	297	117	10	1112	3842	129	94
南海区	3052	64	1376	514	85	5165	6132	729	3369
顺德区	1691	39	1654	333	27	6703	1908	504	355
三水区	344	31	764	42	36	1104	3297	165	1666
高明区	48	50	334	39	17	572	1650	282	317

4－4 续表 25

单位：人

地区 性别	制造业								
	文教、工美、体育和娱乐用品制造业	石油、煤炭及其他燃料加工业	化学原料和化学制品制造业	医药制造业	化学纤维制造业	橡胶和塑料制品业	非金属矿物制品业	黑色金属冶炼和压延加工业	有色金属冶炼和压延加工业
江门市	**1236**	**57**	**1864**	**344**	**222**	**4093**	**3497**	**295**	**728**
蓬江区	375	11	508	53	10	998	401	47	77
江海区	87	7	285	79	5	469	239	23	58
新会区	194	22	383	41	93	780	558	143	58
台山市	245	3	77	80		324	274	43	340
开平市	80	7	124	48	110	542	330	17	33
鹤山市	187	5	386	17	3	871	538	14	144
恩平市	68	2	101	26	1	109	1157	8	18
湛江市	**455**	**233**	**289**	**265**	**10**	**661**	**1361**	**935**	**45**
赤坎区	15	13	28	14		46	132	46	1
霞山区	21	139	60	92		40	92	159	6
坡头区	23	9	33	6	4	23	71	103	4
麻章区	57	52	27	44	3	56	73	560	4
遂溪县	48	4	22	38	1	95	148	18	6
徐闻县	17	1	12	5		18	80	2	1
廉江市	121	1	43	34	1	170	428	24	13
雷州市	99	3	49	23	1	36	165	12	7
吴川市	54	11	15	9		177	172	11	3
茂名市	**1109**	**1169**	**719**	**242**	**4**	**1214**	**1206**	**98**	**52**
茂南区	147	1094	433	54	2	227	311	18	9
电白区	235	50	146	47	1	285	215	19	10
高州市	369	15	66	23		338	248	26	22
化州市	130	8	40	91	1	189	278	30	3
信宜市	228	2	34	27		175	154	5	8
肇庆市	**2498**	**17**	**953**	**239**	**20**	**1143**	**4716**	**143**	**1363**
端州区	259	9	56	62	3	79	154	11	14
鼎湖区	49	1	56	18		84	625	4	56
高要区	186	1	87	21	11	361	1837	32	274
广宁县	114	1	43	7		99	409	8	17
怀集县	115		45	26		125	207	19	17
封开县	177		31	8	2	39	417	3	4
德庆县	39		55	8	2	54	285	3	5
四会市	1559	5	580	89	2	302	782	63	976
惠州市	**5607**	**569**	**2223**	**432**	**82**	**7185**	**3540**	**150**	**195**
惠城区	585	45	661	121	5	2311	880	26	69
惠阳区	2795	494	879	117	31	2506	1114	41	65
博罗县	1598	23	603	154	45	1876	823	35	51
惠东县	515	5	56	31	1	369	371	39	10
龙门县	114	2	24	9		123	352	9	
梅州市	**529**	**5**	**177**	**168**	**3**	**419**	**2036**	**73**	**136**
梅江区	19		20	30	1	40	106	7	18
梅县区	87	1	57	50	2	164	205	6	52
大埔县	30	1	7	4		6	391		1
丰顺县	51		14	5		21	227	33	6
五华县	73	1	23	43		58	263	10	24
平远县	17	1	8	8		38	140	7	22
蕉岭县	17		19	3		19	542	4	8
兴宁市	235	1	29	25		73	162	6	5
汕尾市	**4419**	**4**	**120**	**42**	**2**	**181**	**679**	**26**	**56**
城　区	109	1	6	11	1	13	186	2	4
海丰县	4140	3	45	23	1	76	157	5	18
陆河县	8		20			4	53	3	10
陆丰市	162		49	8		88	283	16	24

4-4　续表 26　　　　　　　　　　　　　　　　　　　　　　　　　单位：人

地　区 性　别	制造业								
	文教、工美、体育和娱乐用品制造业	石油、煤炭及其他燃料加工业	化学原料和化学制品制造业	医　药制造业	化学纤维制造业	橡胶和塑　料制品业	非金属矿　物制品业	黑色金属冶炼和压延加工业	有色金属冶炼和压延加工业
河源市	**1876**	**1**	**162**	**208**	**2**	**1068**	**1394**	**190**	**58**
源城区	991		55	63	2	465	248	59	16
紫金县	150		21	58		161	141	17	15
龙川县	99		20	7		68	254	17	3
连平县	153	1	6	26		67	114	41	
和平县	79		14	31		31	62	45	2
东源县	404		46	23		276	575	11	22
阳江市	**331**	**11**	**127**	**85**	**4**	**847**	**975**	**447**	**436**
江城区	53	4	25	8		323	160	66	406
阳东区	54		24	9	1	338	103	7	4
阳西县	65	1	25	12		53	262	3	3
阳春市	159	6	53	56	3	133	450	371	23
清远市	**2622**	**17**	**1075**	**518**	**7**	**1514**	**4791**	**463**	**1010**
清城区	371	6	435	420	3	857	1946	133	814
清新区	381		85	51		206	1158	11	84
佛冈县	831	2	63	9		90	249	97	35
阳山县	109		40	9		59	138	3	6
连山壮族瑶族自治县	10		4	1		7	14	1	5
连南瑶族自治县	88	1	44	3		25	54	4	4
英德市	734	5	373	15	2	244	890	210	39
连州市	98	3	31	10	2	26	342	4	23
东莞市	**26318**	**264**	**4378**	**1159**	**261**	**39143**	**7980**	**525**	**921**
市辖区	26318	264	4378	1159	261	39143	7980	525	921
中山市	**4643**	**38**	**2595**	**655**	**20**	**8096**	**3281**	**276**	**298**
市辖区	4643	38	2595	655	20	8096	3281	276	298
潮州市	**2418**	**3**	**264**	**81**	**4**	**1975**	**13931**	**79**	**410**
湘桥区	368	1	46	31		169	2113	7	25
潮安区	612	1	147	41	2	1476	10680	45	350
饶平县	1438	1	71	9	2	330	1138	27	35
揭阳市	**2392**	**20**	**282**	**221**	**42**	**1831**	**1864**	**362**	**102**
榕城区	919	1	80	26	1	765	851	295	37
揭东区	887	4	78	54	3	336	479	50	20
揭西县	167		23	26		392	97	4	24
惠来县	167	15	17	5	3	58	149	4	9
普宁市	252		84	110	35	280	288	9	12
云浮市	**707**	**9**	**371**	**181**	**5**	**284**	**5155**	**37**	**170**
云城区	172	6	68	11		16	2716	23	6
云安区	31	1	121	22		14	1255	1	15
新兴县	25	1	42	77		95	611	3	133
郁南县	227		35	25	5	80	201	3	8
罗定市	252	1	105	46		79	372	7	8
男	**56514**	**2600**	**25681**	**7432**	**746**	**78768**	**62123**	**6697**	**10357**
广州市	**4252**	**383**	**7746**	**1801**	**48**	**6179**	**3419**	**464**	**300**
荔湾区	150	10	110	116	2	64	74	10	8
越秀区	48	14	96	123	1	29	20	2	3
海珠区	105	20	137	140		104	78	4	9
天河区	102	21	216	109	1	149	148	13	14
白云区	559	33	3780	364	2	1464	681	49	29
黄埔区	99	199	838	376	25	486	239	150	27
番禺区	2210	14	522	236	6	1358	630	63	47
花都区	264	10	867	95	4	1200	489	58	50
南沙区	384	32	325	55	3	465	412	86	43
从化区	112	2	504	95		331	173	9	22
增城区	219	28	351	92	4	529	475	20	48

4-4 续表 27

单位：人

地区 性别	制造业								
	文教、工美、体育和娱乐用品制造业	石油、煤炭及其他燃料加工业	化学原料和化学制品制造业	医药制造业	化学纤维制造业	橡胶和塑料制品业	非金属矿物制品业	黑色金属冶炼和压延加工业	有色金属冶炼和压延加工业
韶关市	**613**	**31**	**490**	**133**	**1**	**243**	**841**	**778**	**477**
武江区	236	4	43	52		16	78	60	35
浈江区	42	5	53	14		26	55	39	138
曲江区	25	11	37	2	1	12	106	624	38
始兴县	161	1	14	3		31	23	1	3
仁化县	18	2	11	1		11	59	1	127
翁源县	35		85	8		36	65	10	7
乳源瑶族自治县	23		62	49		15	82	6	83
新丰县	9		39			16	156	9	24
乐昌市	21	1	36	1		27	104	18	13
南雄市	43	7	110	3		53	113	10	9
深圳市	**9366**	**91**	**2488**	**1550**	**39**	**16367**	**5368**	**428**	**806**
罗湖区	638	4	19	45	1	48	30		11
福田区	46	4	31	53	1	46	57	2	8
南山区	118	10	136	125	2	186	220	8	18
宝安区	1600	25	1088	502	14	6791	1623	179	300
龙岗区	5133	20	573	280	7	3867	1762	75	139
盐田区	518		3	20		15	26		
龙华区	496	8	305	292	3	2123	772	36	98
坪山区	389	1	128	128	3	1021	329	9	72
光明区	428	19	205	105	8	2270	549	119	160
珠海市	**459**	**118**	**993**	**507**	**70**	**1004**	**827**	**258**	**148**
香洲区	171	26	282	189	11	324	231	12	15
斗门区	163	9	118	48	9	189	330	8	23
金湾区	125	83	593	270	50	491	266	238	110
汕头市	**9416**	**5**	**1006**	**197**	**13**	**3249**	**801**	**43**	**46**
龙湖区	486		86	40	5	260	105	7	4
金平区	204	2	168	93	3	510	103	12	12
濠江区	49	1	41	29	3	82	228		6
潮阳区	589		233	8		999	120	11	8
潮南区	688		408	11	1	631	163	4	11
澄海区	7397	2	69	14	1	767	77	9	5
南澳县	3		1	2			5		
佛山市	**2701**	**149**	**2896**	**581**	**119**	**9002**	**11236**	**1366**	**4211**
禅城区	123	16	193	60	6	656	2444	90	78
南海区	1615	44	836	300	61	3175	4168	545	2421
顺德区	780	26	1118	178	16	4107	1322	378	246
三水区	159	26	537	22	23	690	2234	133	1230
高明区	24	37	212	21	13	374	1068	220	236
江门市	**533**	**46**	**1197**	**162**	**141**	**2293**	**2463**	**219**	**510**
蓬江区	173	8	330	27	7	572	281	30	47
江海区	36	6	193	38	4	281	178	16	46
新会区	74	18	259	13	55	398	393	111	50
台山市	94	3	45	43		168	182	31	227
开平市	35	4	72	25	72	270	226	12	18
鹤山市	90	5	241	7	3	532	386	11	110
恩平市	31	2	57	9		72	817	8	12
湛江市	**217**	**189**	**187**	**139**	**9**	**411**	**1065**	**805**	**39**
赤坎区	7	11	14	9		32	92	38	1
霞山区	10	115	46	52		29	76	146	4
坡头区	12	7	26	4	3	14	52	94	3
麻章区	17	41	18	15	3	33	64	469	3
遂溪县	25	3	10	20	1	51	107	16	6
徐闻县	10	1	7	2		12	57	2	1
廉江市	65		29	16	1	102	340	18	13
雷州市	47	1	30	18	1	25	133	11	6
吴川市	24	10	7	3		113	144	11	2

4-4　续表 28

单位：人

地　区 性　别	制造业								
	文教、工美、体育和娱乐用品制造业	石油、煤炭及其他燃料加工业	化学原料和化学制品制造业	医　药制造业	化学纤维制造业	橡胶和塑　料制品业	非金属矿　物制品业	黑色金属冶炼和压延加工业	有色金属冶炼和压延加工业
茂名市	**520**	**865**	**461**	**127**	**2**	**675**	**928**	**72**	**42**
茂南区	57	811	277	27	1	135	233	14	8
电白区	137	36	95	25		110	168	14	7
高州市	199	10	43	12		202	193	17	18
化州市	47	7	24	52	1	124	217	23	2
信宜市	80	1	22	11		104	117	4	7
肇庆市	**1334**	**11**	**652**	**127**	**15**	**673**	**3232**	**125**	**996**
端州区	139	4	37	33	2	46	110	9	13
鼎湖区	20	1	42	9		42	381	3	49
高要区	70	1	63	9	8	180	1245	29	199
广宁县	34	1	29	3		68	262	8	15
怀集县	55		24	13		81	152	18	10
封开县	62		15	5	1	21	332	2	3
德庆县	16		27	5	2	25	182	1	4
四会市	938	4	415	50	2	210	568	55	703
惠州市	**2912**	**430**	**1508**	**237**	**62**	**4387**	**2721**	**118**	**143**
惠城区	293	31	397	66	3	1438	647	15	43
惠阳区	1613	376	636	75	23	1477	852	34	48
博罗县	731	17	416	74	35	1169	645	31	43
惠东县	225	4	43	19	1	230	286	30	9
龙门县	50	2	16	3		73	291	8	
梅州市	**214**	**4**	**109**	**90**	**2**	**263**	**1551**	**64**	**99**
梅江区	10		14	13		22	78	6	16
梅县区	32		38	34	2	114	148	6	30
大埔县	14	1	6	1		5	269		1
丰顺县	23		8	3		12	151	30	3
五华县	30	1	10	22		34	195	8	19
平远县	11	1	5	5		23	113	6	18
蕉岭县	7		11	2		10	464	3	7
兴宁市	87	1	17	10		43	133	5	5
汕尾市	**2822**	**3**	**93**	**27**	**1**	**137**	**612**	**22**	**50**
城　区	72	1	5	6	1	11	158	2	4
海丰县	2655	2	35	15		55	145	5	15
陆河县	4		19			4	45	2	9
陆丰市	91		34	6		67	264	13	22
河源市	**681**	**1**	**71**	**98**	**2**	**595**	**1035**	**164**	**38**
源城区	352		28	20	2	255	183	54	15
紫金县	61		11	42		101	108	11	11
龙川县	33		9	3		42	188	14	1
连平县	50	1	2	12		34	89	34	
和平县	31		8	15		12	44	42	
东源县	154		13	6		151	423	9	11
阳江市	**116**	**7**	**82**	**44**	**1**	**458**	**738**	**360**	**338**
江城区	26	3	13	3		176	116	53	318
阳东区	23		17	5		178	77	4	4
阳西县	17	1	16	8		33	196	3	3
阳春市	50	3	36	28	1	71	349	300	13
清远市	**932**	**14**	**683**	**355**	**4**	**908**	**3437**	**390**	**752**
清城区	158	5	275	307	1	542	1358	111	588
清新区	147		57	28		120	814	10	77
佛冈县	251	2	36	4		57	197	87	24
阳山县	38		26	5		27	109	2	4
连山壮族瑶族自治县	5		2			5	11	1	4
连南瑶族自治县	28		24	1		12	40	4	4
英德市	239	5	241	6	1	132	650	171	32
连州市	66	2	22	4	2	13	258	4	19

4-4 续表 29　　　　单位：人

地区 性别	制造业 文教、工美、体育和娱乐用品制造业	石油、煤炭及其他燃料加工业	化学原料和化学制品制造业	医药制造业	化学纤维制造业	橡胶和塑料制品业	非金属矿物制品业	黑色金属冶炼和压延加工业	有色金属冶炼和压延加工业
东莞市	**14582**	**198**	**2842**	**646**	**172**	**24286**	**5728**	**397**	**648**
市辖区	14582	198	2842	646	172	24286	5728	397	648
中山市	**2291**	**30**	**1575**	**340**	**11**	**4912**	**2318**	**222**	**224**
市辖区	2291	30	1575	340	11	4912	2318	222	224
潮州市	**926**	**2**	**185**	**54**	**3**	**1253**	**8410**	**68**	**287**
湘桥区	130	1	30	20		99	1294	6	16
潮安区	298	1	111	30	2	997	6492	38	244
饶平县	498		44	4	1	157	624	24	27
揭阳市	**1301**	**15**	**184**	**127**	**27**	**1308**	**1577**	**306**	**90**
榕城区	456	1	49	17		547	760	246	33
揭东区	584	3	54	29	1	232	350	45	18
揭西县	71		18	13		282	83	4	19
惠来县	56	11	12	5	3	23	137	3	9
普宁市	134		51	63	23	224	247	8	11
云浮市	**326**	**8**	**233**	**90**	**4**	**165**	**3816**	**28**	**113**
云城区	116	6	48	7		7	2007	15	4
云安区	15		73	7		7	977	1	9
新兴县	14	1	26	44		62	393	3	88
郁南县	85		24	9	4	48	148	2	5
罗定市	96	1	62	23		41	291	7	7
女	**51599**	**845**	**17767**	**6279**	**372**	**50168**	**26751**	**1626**	**3855**
广州市	**4180**	**122**	**7572**	**1742**	**28**	**4074**	**1297**	**99**	**135**
荔湾区	105	1	89	99		81	26	3	2
越秀区	34	3	93	104	1	13	9	1	1
海珠区	132	10	152	141	1	58	28	2	5
天河区	91	8	256	123	3	84	54	6	8
白云区	608	11	4063	341	3	1045	314	4	17
黄埔区	107	55	592	380	4	264	99	28	14
番禺区	1887	4	458	230	6	943	266	14	18
花都区	245	5	954	104	2	710	180	17	32
南沙区	500	10	159	56	3	344	132	11	16
从化区	274		480	64	1	188	42	3	7
增城区	197	15	276	100	4	344	147	10	15
韶关市	**1322**	**4**	**292**	**119**	**1**	**187**	**316**	**212**	**166**
武江区	562		36	39		22	28	27	13
浈江区	98	2	33	5		18	21	15	47
曲江区	80	1	33	1		5	30	159	9
始兴县	358		5	5		32	7		1
仁化县	26		6			2	18		35
翁源县	79		44	17		37	20	1	4
乳源瑶族自治县	46		36	40	1	5	31		40
新丰县	19		20			8	57	1	9
乐昌市	16		19	6		25	33	7	4
南雄市	38	1	60	6		33	71	2	4
深圳市	**7533**	**34**	**1554**	**1192**	**19**	**10998**	**2243**	**95**	**272**
罗湖区	430	1	17	36		29	25	1	3
福田区	56		31	59		25	31	1	4
南山区	96	4	84	144		103	75	4	1
宝安区	1496	13	568	309	6	4444	571	44	111
龙岗区	3681	9	410	225	7	2799	828	9	54
盐田区	351		4	18		12	7		
龙华区	493	5	207	244	1	1395	308	5	39
坪山区	411		122	74	3	702	197	5	19
光明区	519	2	111	83	2	1489	201	26	41

4-4　续表 30

单位：人

地　区 性　别	制造业：文教、工美、体育和娱乐用品制造业	石油、煤炭及其他燃料加工业	化学原料和化学制品制造业	医　药制造业	化学纤维制造业	橡胶和塑　料制品业	非金属矿　物制品业	黑色金属冶炼和压延加工业	有色金属冶炼和压延加工业
珠海市	**509**	**34**	**612**	**412**	**29**	**781**	**326**	**35**	**77**
香洲区	188	9	232	174	3	237	67		8
斗门区	227	3	81	49	3	168	181	6	19
金湾区	94	22	299	189	23	376	78	29	50
汕头市	**7938**	**3**	**671**	**173**	**7**	**1544**	**201**	**3**	**4**
龙湖区	478	2	78	39	2	189	33		1
金平区	325	1	149	93	2	398	34	1	1
濠江区	88		44	19	2	80	93		
潮阳区	598		141	6		141	6	1	
潮南区	375		210	6		235	20		2
澄海区	6069		48	10	1	501	15	1	
南澳县	5		1						
佛山市	**2664**	**54**	**1529**	**464**	**56**	**5654**	**5593**	**443**	**1590**
禅城区	107	3	104	57	4	456	1398	39	16
南海区	1437	20	540	214	24	1990	1964	184	948
顺德区	911	13	536	155	11	2596	586	126	109
三水区	185	5	227	20	13	414	1063	32	436
高明区	24	13	122	18	4	198	582	62	81
江门市	**703**	**11**	**667**	**182**	**81**	**1800**	**1034**	**76**	**218**
蓬江区	202	3	178	26	3	426	120	17	30
江海区	51	1	92	41	1	188	61	7	12
新会区	120	4	124	28	38	382	165	32	8
台山市	151		32	37		156	92	12	113
开平市	45	3	52	23	38	272	104	5	15
鹤山市	97		145	10		339	152	3	34
恩平市	37		44	17	1	37	340		6
湛江市	**238**	**44**	**102**	**126**	**1**	**250**	**296**	**130**	**6**
赤坎区	8	2	14	5		14	40	8	
霞山区	11	24	14	40		11	16	13	2
坡头区	11	2	7	2	1	9	19	9	1
麻章区	40	11	9	29		23	9	91	1
遂溪县	23	1	12	18		44	41	2	
徐闻县	7		5	3		6	23		
廉江市	56	1	14	18		68	88	6	
雷州市	52	2	19	5		11	32	1	1
吴川市	30	1	8	6		64	28		1
茂名市	**589**	**304**	**258**	**115**	**2**	**539**	**278**	**26**	**10**
茂南区	90	283	156	27	1	92	78	4	1
电白区	98	14	51	22	1	175	47	5	3
高州市	170	5	23	11		136	55	9	4
化州市	83	1	16	39		65	61	7	1
信宜市	148	1	12	16		71	37	1	1
肇庆市	**1164**	**6**	**301**	**112**	**5**	**470**	**1484**	**18**	**367**
端州区	120	5	19	29	1	33	44	2	1
鼎湖区	29		14	9		42	244	1	7
高要区	116		24	12	3	181	592	3	75
广宁县	80		14	4		31	147		2
怀集县	60		21	13		44	55	1	7
封开县	115		16	3	1	18	85	1	1
德庆县	23		28	3		29	103	2	1
四会市	621	1	165	39		92	214	8	273
惠州市	**2695**	**139**	**715**	**195**	**20**	**2798**	**819**	**32**	**52**
惠城区	292	14	264	55	2	873	233	11	26
惠阳区	1182	118	243	42	8	1029	262	7	17
博罗县	867	6	187	80	10	707	178	4	8
惠东县	290	1	13	12		139	85	9	1
龙门县	64		8	6		50	61	1	

4-4 续表 31　　　　单位：人

地区 性别	制造业								
	文教、工美、体育和娱乐用品制造业	石油、煤炭及其他燃料加工业	化学原料和化学制品制造业	医药制造业	化学纤维制造业	橡胶和塑料制品业	非金属矿物制品业	黑色金属冶炼和压延加工业	有色金属冶炼和压延加工业
梅州市	**315**	**1**	**68**	**78**	**1**	**156**	**485**	**9**	**37**
梅江区	9		6	17	1	18	28	1	2
梅县区	55	1	19	16		50	57		22
大埔县	16		1	3		1	122		
丰顺县	28		6	2		9	76	3	3
五华县	43		13	21		24	68	2	5
平远县	6		3	3		15	27	1	4
蕉岭县	10		8	1		9	78	1	1
兴宁市	148		12	15		30	29	1	
汕尾市	**1597**	**1**	**27**	**15**	**1**	**44**	**67**	**4**	**6**
城　区	37		1	5		2	28		
海丰县	1485	1	10	8	1	21	12		3
陆河县	4		1				8	1	1
陆丰市	71		15	2		21	19	3	2
河源市	**1195**		**91**	**110**		**473**	**359**	**26**	**20**
源城区	639		27	43		210	65	5	1
紫金县	89		10	16		60	33	6	4
龙川县	66		11	4		26	66	3	2
连平县	103		4	14		33	25	7	
和平县	48		6	16		19	18	3	2
东源县	250		33	17		125	152	2	11
阳江市	**215**	**4**	**45**	**41**	**3**	**389**	**237**	**87**	**98**
江城区	27	1	12	5		147	44	13	88
阳东区	31		7	4	1	160	26	3	
阳西县	48		9	4		20	66		
阳春市	109	3	17	28	2	62	101	71	10
清远市	**1690**	**3**	**392**	**163**	**3**	**606**	**1354**	**73**	**258**
清城区	213	1	160	113	2	315	588	22	226
清新区	234		28	23		86	344	1	7
佛冈县	580		27	5		33	52	10	11
阳山县	71		14	4		32	29	1	2
连山壮族瑶族自治县	5		2	1		2	3		1
连南瑶族自治县	60	1	20	2		13	14		
英德市	495		132	9	1	112	240	39	7
连州市	32	1	9	6		13	84		4
东莞市	**11736**	**66**	**1536**	**513**	**89**	**14857**	**2252**	**128**	**273**
市辖区	11736	66	1536	513	89	14857	2252	128	273
中山市	**2352**	**8**	**1020**	**315**	**9**	**3184**	**963**	**54**	**74**
市辖区	2352	8	1020	315	9	3184	963	54	74
潮州市	**1492**	**1**	**79**	**27**	**1**	**722**	**5521**	**11**	**123**
湘桥区	238		16	11		70	819	1	9
潮安区	314		36	11		479	4188	7	106
饶平县	940	1	27	5	1	173	514	3	8
揭阳市	**1091**	**5**	**98**	**94**	**15**	**523**	**287**	**56**	**12**
榕城区	463		31	9	1	218	91	49	4
揭东区	303	1	24	25	2	104	129	5	2
揭西县	96		5	13		110	14		5
惠来县	111	4	5			35	12	1	
普宁市	118		33	47	12	56	41	1	1
云浮市	**381**	**1**	**138**	**91**	**1**	**119**	**1339**	**9**	**57**
云城区	56		20	4		9	709	8	2
云安区	16	1	48	15		7	278		6
新兴县	11		16	33		33	218		45
郁南县	142		11	16	1	32	53	1	3
罗定市	156		43	23		38	81		1

4-4 续表 32

单位：人

地区 性别	制造业								
	金属制品业	通用设备制造业	专用设备制造业	汽车制造业	铁路、船舶、航空航天和其他运输设备制造业	电气机械和器材制造业	计算机、通信和其他电子设备制造业	仪器仪表制造业	其他制造业
广东	**196149**	**83307**	**88007**	**42395**	**14839**	**205258**	**396841**	**21610**	**12932**
广州市	**10553**	**8407**	**6190**	**14424**	**5370**	**10565**	**20608**	**1743**	**1244**
荔湾区	168	223	149	121	163	200	207	33	54
越秀区	54	116	105	101	29	108	126	111	20
海珠区	159	250	211	169	159	147	235	72	46
天河区	314	485	393	356	80	276	1642	139	69
白云区	1763	1087	1015	1214	222	2081	1959	274	258
黄埔区	541	1362	963	2498	1063	928	6340	531	173
番禺区	3081	2290	1329	1893	278	2615	3874	325	338
花都区	1668	970	768	3214	368	1088	2246	81	132
南沙区	1372	621	551	2401	2509	2140	2364	53	47
从化区	270	309	179	338	184	519	368	21	24
增城区	1163	694	527	2119	315	463	1247	103	83
韶关市	**1206**	**773**	**499**	**271**	**122**	**1217**	**1403**	**113**	**79**
武江区	94	257	83	31	9	100	106	6	4
浈江区	179	182	73	46	8	88	122	3	19
曲江区	112	68	41	13	71	60	148	2	1
始兴县	75	30	25	16	1	425	97	1	5
仁化县	43	16	5	7	3	79	36	6	3
翁源县	139	26	22	9	3	197	84	77	5
乳源瑶族自治县	121	39	29	89	7	58	338	3	4
新丰县	94	16	117	10	2	20	46	2	6
乐昌市	207	70	39	26	8	92	124	3	19
南雄市	142	69	65	24	10	98	302	10	13
深圳市	**23911**	**19807**	**31515**	**6961**	**2664**	**52488**	**162052**	**9662**	**3112**
罗湖区	88	89	155	20	6	162	510	76	20
福田区	101	104	234	32	25	201	2049	45	57
南山区	499	495	1369	130	192	1322	7493	564	27
宝安区	10140	8385	12544	1905	761	23827	64682	3735	1158
龙岗区	5209	3247	6337	1080	224	8956	26637	1628	970
盐田区	32	14	93	7	6	37	557	38	4
龙华区	3508	4170	4376	760	294	6532	40088	1491	453
坪山区	1457	754	1747	2634	164	2788	4381	512	184
光明区	2877	2549	4660	393	992	8663	15655	1573	239
珠海市	**2394**	**2058**	**1982**	**881**	**739**	**7478**	**10424**	**532**	**91**
香洲区	575	760	1218	272	86	4006	4049	388	47
斗门区	1038	705	391	160	189	2194	4716	79	22
金湾区	781	593	373	449	464	1278	1659	65	22
汕头市	**1636**	**1129**	**964**	**477**	**60**	**752**	**2144**	**165**	**383**
龙湖区	173	178	156	142	5	110	362	70	47
金平区	260	295	231	67	28	175	320	52	32
濠江区	74	49	73	209	4	32	168	3	22
潮阳区	418	106	105	22	6	115	737	9	47
潮南区	201	300	94	17	12	261	431	15	192
澄海区	489	200	301	20	4	55	122	16	37
南澳县	21	1	4		1	4	4		6
佛山市	**39906**	**13605**	**7282**	**5547**	**871**	**35876**	**9211**	**1355**	**769**
禅城区	2352	867	444	379	46	917	1246	158	66
南海区	21596	5686	2730	2778	402	6284	2972	831	533
顺德区	11280	5555	3383	1619	350	26741	4113	232	107
三水区	3830	1176	604	534	70	866	599	121	45
高明区	848	321	121	237	3	1068	281	13	18

4-4 续表 33 单位：人

地区 性别	制造业								
	金属制品业	通用设备制造业	专用设备制造业	汽车制造业	铁路、船舶、航空航天和其他运输设备制造业	电气机械和器材制造业	计算机、通信和其他电子设备制造业	仪器仪表制造业	其他制造业
江门市	**13493**	**2466**	**1410**	**1088**	**1812**	**8062**	**6774**	**228**	**1004**
蓬江区	2484	746	295	166	904	2036	1019	45	86
江海区	1184	208	194	234	350	3178	1380	31	27
新会区	3194	362	239	75	401	944	425	63	501
台山市	1312	343	180	362	11	614	548	26	72
开平市	3224	309	232	139	12	188	363	16	47
鹤山市	1752	352	174	96	125	930	952	38	259
恩平市	343	146	96	16	9	172	2087	9	12
湛江市	**1468**	**497**	**527**	**219**	**138**	**2931**	**1596**	**53**	**133**
赤坎区	68	56	26	76	14	74	21	6	6
霞山区	80	62	41	14	68	50	38	5	9
坡头区	93	29	35	14	11	106	69	4	6
麻章区	146	49	31	25	8	22	79	5	7
遂溪县	187	68	54	17	13	63	133	8	19
徐闻县	102	51	55	8	2	42	153	2	10
廉江市	357	76	118	26	4	2431	520	13	7
雷州市	206	62	51	26	16	79	483	8	52
吴川市	229	44	116	13	2	64	100	2	17
茂名市	**1789**	**803**	**810**	**112**	**41**	**949**	**4280**	**136**	**185**
茂南区	259	159	124	20	12	83	270	22	41
电白区	311	105	155	20	11	422	735	30	57
高州市	521	157	261	29	8	167	1266	12	40
化州市	397	246	134	26	5	125	684	26	18
信宜市	301	136	136	17	5	152	1325	46	29
肇庆市	**8265**	**1362**	**749**	**939**	**123**	**1468**	**2712**	**187**	**351**
端州区	285	241	149	158	6	190	772	39	25
鼎湖区	302	36	26	109	3	50	78	8	12
高要区	4920	354	159	171	11	175	511	7	40
广宁县	243	129	44	9	5	73	84	8	16
怀集县	529	133	95	118	9	148	459	32	37
封开县	165	55	33	30	1	235	391	7	30
德庆县	95	183	32	12	2	90	138	33	113
四会市	1726	231	211	332	86	507	279	53	78
惠州市	**9228**	**2967**	**2744**	**4924**	**497**	**9449**	**40520**	**958**	**862**
惠城区	2364	1171	1247	1051	156	4824	13905	320	157
惠阳区	2828	1174	697	3368	180	2446	19775	263	487
博罗县	3251	490	611	329	40	1953	5430	305	127
惠东县	693	109	161	152	103	190	1142	29	88
龙门县	92	23	28	24	18	36	268	41	3
梅州市	**864**	**377**	**384**	**214**	**17**	**525**	**5393**	**89**	**112**
梅江区	77	67	76	32	1	52	1158	12	17
梅县区	181	49	42	105	2	81	737	7	17
大埔县	39	6	14	4		44	117	4	8
丰顺县	81	49	32	8	4	31	1575	7	21
五华县	202	85	73	16	4	205	556	40	15
平远县	59	35	37	20	1	28	279	6	8
蕉岭县	43	24	36	6		19	173	3	6
兴宁市	182	62	74	23	5	65	798	10	20
汕尾市	**587**	**193**	**147**	**132**	**32**	**155**	**2182**	**37**	**65**
城区	38	43	36	60	18	40	1678	4	11
海丰县	166	46	64	8	3	66	271	17	33
陆河县	38	30	13	56	5	21	33	3	4
陆丰市	345	74	34	8	6	28	200	13	17

4-4 续表 34

单位：人

地区 性别	制造业								
	金属制品业	通用设备制造业	专用设备制造业	汽车制造业	铁路、船舶、航空航天和其他运输设备制造业	电气机械和器材制造业	计算机、通信和其他电子设备制造业	仪器仪表制造业	其他制造业
河源市	**1117**	**426**	**1002**	**101**	**104**	**1023**	**5229**	**197**	**154**
源城区	343	206	437	38	7	286	1976	46	79
紫金县	200	69	267	28	70	126	742	24	8
龙川县	208	50	73	11	17	99	1574	23	34
连平县	100	26	66	8	3	51	256	8	4
和平县	92	25	91	11	2	59	299	84	9
东源县	174	50	68	5	5	402	382	12	20
阳江市	**9555**	**451**	**297**	**65**	**34**	**567**	**659**	**35**	**137**
江城区	3921	128	83	12	7	150	76	14	27
阳东区	4821	56	88	8	21	175	60	4	29
阳西县	247	52	25	27	4	72	216	4	50
阳春市	566	215	101	18	2	170	307	13	31
清远市	**2361**	**815**	**564**	**665**	**206**	**1242**	**1964**	**126**	**78**
清城区	834	211	248	230	53	564	743	11	35
清新区	466	118	79	163	25	171	233	11	16
佛冈县	215	238	95	176	118	82	457	14	3
阳山县	168	50	26	11	1	54	57	63	4
连山壮族瑶族自治县	46	7	5	7		15	37	5	1
连南瑶族自治县	42	18	7	10	2	21	52	5	6
英德市	474	142	87	59	6	292	285	13	12
连州市	116	31	17	9	1	43	100	4	1
东莞市	**42146**	**19318**	**26239**	**3632**	**1640**	**29211**	**105306**	**4783**	**2340**
市辖区	42146	19318	26239	3632	1640	29211	105306	4783	2340
中山市	**14699**	**5728**	**3373**	**1315**	**300**	**37885**	**10701**	**1028**	**880**
市辖区	14699	5728	3373	1315	300	37885	10701	1028	880
潮州市	**4799**	**699**	**420**	**83**	**24**	**1060**	**728**	**48**	**147**
湘桥区	183	129	71	3	1	470	281	17	48
潮安区	4364	480	226	13	5	158	191	17	55
饶平县	252	90	123	67	18	432	256	14	44
揭阳市	**4283**	**1067**	**596**	**136**	**29**	**1942**	**1116**	**112**	**762**
榕城区	1557	380	285	38	7	626	118	38	521
揭东区	1987	281	91	21	3	165	155	24	97
揭西县	185	122	33	11	3	791	248	14	41
惠来县	192	43	27	7	4	18	154	8	17
普宁市	362	241	160	59	12	342	441	28	86
云浮市	**1889**	**359**	**313**	**209**	**16**	**413**	**1839**	**23**	**44**
云城区	118	37	37	52	3	18	39	6	5
云安区	76	41	14	99		12	58		1
新兴县	1357	69	38	7	5	28	123	2	9
郁南县	92	89	49	15	4	204	157	11	2
罗定市	246	123	175	36	4	151	1462	4	27
男	**131557**	**58542**	**60119**	**29071**	**11001**	**120680**	**237375**	**12811**	**7126**
广州市	**7327**	**6147**	**4106**	**10852**	**4232**	**6497**	**12057**	**952**	**668**
荔湾区	123	163	88	104	136	136	117	23	29
越秀区	44	84	66	78	23	76	91	72	10
海珠区	117	171	131	137	121	94	137	42	24
天河区	241	333	251	270	61	184	994	88	40
白云区	1265	827	700	887	159	1334	1153	151	125
黄埔区	390	996	579	1861	871	609	4045	248	106
番禺区	2158	1702	899	1445	209	1573	2045	192	187
花都区	1158	688	546	2269	280	681	1306	46	78
南沙区	893	461	360	1917	2033	1191	1234	29	17
从化区	174	241	121	263	102	288	207	11	9
增城区	764	481	365	1621	237	331	728	50	43

4-4 续表 35

单位：人

地区 性别	制造业								
	金属制品业	通用设备制造业	专用设备制造业	汽车制造业	铁路、船舶、航空航天和其他运输设备制造业	电气机械和器材制造业	计算机、通信和其他电子设备制造业	仪器仪表制造业	其他制造业
韶关市	**920**	**566**	**322**	**191**	**101**	**544**	**619**	**39**	**40**
武江区	77	192	59	18	5	48	46	3	2
浈江区	132	128	45	30	5	58	49	3	14
曲江区	97	59	29	10	64	39	71	2	
始兴县	53	19	21	11	1	98	40	1	1
仁化县	34	9	2	4	2	47	16	5	3
翁源县	93	21	14	7	3	118	33	12	2
乳源瑶族自治县	83	27	20	61	6	20	138	2	2
新丰县	72	11	52	5	2	11	11	2	1
乐昌市	171	50	26	24	5	36	51	3	6
南雄市	108	50	54	21	8	69	164	6	9
深圳市	**16757**	**13785**	**21558**	**4529**	**1847**	**30060**	**99327**	**5695**	**1696**
罗湖区	71	62	102	17	5	112	339	41	6
福田区	65	73	146	21	14	131	1262	24	34
南山区	361	319	769	92	154	829	4724	329	15
宝安区	7011	5805	8720	1084	506	13408	38264	2245	605
龙岗区	3648	2229	4205	698	149	4977	16025	921	549
盐田区	27	10	61	3	6	21	385	22	3
龙华区	2511	2938	3060	504	201	3826	26744	920	226
坪山区	971	502	1157	1832	113	1796	2474	284	111
光明区	2092	1847	3338	278	699	4960	9110	909	147
珠海市	**1651**	**1365**	**1205**	**557**	**570**	**4588**	**5937**	**327**	**55**
香洲区	402	453	729	184	56	2594	2225	240	21
斗门区	718	505	235	112	142	1297	2765	47	17
金湾区	531	407	241	261	372	697	947	40	17
汕头市	**1337**	**823**	**698**	**171**	**46**	**533**	**1352**	**117**	**215**
龙湖区	145	120	94	42	4	67	213	48	24
金平区	197	232	156	25	23	111	197	31	15
濠江区	58	37	55	75	3	17	98	3	10
潮阳区	357	79	72	15	5	77	432	8	28
潮南区	166	203	63	6	8	217	339	15	111
澄海区	393	152	255	8	2	40	69	12	22
南澳县	21		3		1	4	4		5
佛山市	**26539**	**9719**	**5148**	**3969**	**586**	**21489**	**5134**	**810**	**442**
禅城区	1724	606	311	261	39	546	678	82	41
南海区	14431	4032	1843	2028	284	3686	1758	516	310
顺德区	7343	3968	2457	1121	213	16158	2202	143	53
三水区	2443	872	452	387	48	501	334	63	27
高明区	598	241	85	172	2	598	162	6	11
江门市	**8187**	**1629**	**977**	**714**	**1320**	**4362**	**3812**	**126**	**501**
蓬江区	1558	491	208	92	644	1065	593	30	40
江海区	749	155	114	139	251	1738	830	15	16
新会区	1903	236	161	38	306	491	240	30	250
台山市	827	213	119	288	7	326	277	12	42
开平市	1846	190	166	84	9	121	206	9	31
鹤山市	1067	235	137	64	96	513	583	24	113
恩平市	237	109	72	9	7	108	1083	6	9
湛江市	**1230**	**392**	**404**	**163**	**113**	**1436**	**929**	**39**	**77**
赤坎区	49	36	16	50	9	45	17	5	3
霞山区	73	50	26	10	58	31	24	3	7
坡头区	82	22	30	11	10	36	40	4	3
麻章区	123	41	29	16	7	17	47	5	3
遂溪县	148	52	43	17	8	34	77	4	13
徐闻县	89	40	37	8	2	32	97	2	7
廉江市	285	57	90	23	4	1147	281	10	3
雷州市	169	53	38	17	14	62	298	6	28
吴川市	212	41	95	11	1	32	48	10	10

4−4 续表 36

单位：人

地 区 性 别	制造业								
	金 属 制品业	通用设备 制造业	专用设备 制造业	汽 车 制造业	铁路、船舶、 航空航天和 其他运输 设备制造业	电气机械 和器材 制造业	计算机、 通信和其 他电子设 备制造业	仪器仪表 制造业	其 他 制造业
茂名市	**1341**	**579**	**612**	**83**	**31**	**549**	**2135**	**66**	**96**
茂南区	214	132	91	17	10	66	155	15	19
电白区	249	77	104	17	8	237	420	17	27
高州市	375	114	207	22	6	105	685	6	27
化州市	287	174	97	16	3	65	348	12	10
信宜市	216	82	113	11	4	76	527	16	13
肇庆市	**5070**	**966**	**514**	**644**	**90**	**888**	**1391**	**111**	**182**
端州区	183	174	91	101	6	107	379	23	13
鼎湖区	194	27	20	62	2	33	43	7	8
高要区	2764	242	107	120	9	102	251	5	17
广宁县	164	96	38	7	3	45	44	5	10
怀集县	397	92	67	65	8	96	233	21	20
封开县	117	44	17	23	1	133	199	5	12
德庆县	64	136	18	10	1	58	65	16	52
四会市	1187	155	156	256	60	314	177	29	50
惠州市	**6404**	**2024**	**1823**	**2980**	**351**	**5687**	**25633**	**592**	**469**
惠城区	1653	798	834	594	97	2825	8757	205	88
惠阳区	2004	795	466	2071	126	1533	13128	163	276
博罗县	2243	324	376	210	26	1211	2996	179	70
惠东县	441	88	127	89	87	96	667	18	34
龙门县	63	19	20	16	15	22	85	27	1
梅州市	**696**	**250**	**207**	**159**	**11**	**291**	**2425**	**36**	**70**
梅江区	54	46	41	26	1	31	621	4	10
梅县区	134	32	25	76	1	38	377	5	10
大埔县	33	5	9	3		26	51	2	5
丰顺县	62	29	18	5	3	19	709	4	14
五华县	178	59	37	9	2	120	230	11	10
平远县	46	16	18	16	1	11	93	4	4
蕉岭县	41	18	16	5		8	64	1	5
兴宁市	148	45	43	19	3	38	280	5	12
汕尾市	**520**	**147**	**112**	**98**	**27**	**125**	**1367**	**27**	**40**
城 区	37	29	27	41	14	37	1064	4	7
海丰县	136	31	48	6	2	52	171	11	18
陆河县	33	24	7	44	5	13	13	2	2
陆丰市	314	63	30	7	6	23	119	10	13
河源市	**841**	**288**	**691**	**59**	**57**	**521**	**2451**	**100**	**75**
源城区	268	143	336	18	5	146	1000	30	38
紫金县	148	43	157	16	32	65	337	10	3
龙川县	162	26	49	8	15	43	722	10	18
连平县	76	20	49	6	3	29	114	5	2
和平县	69	16	56	8		25	105	36	6
东源县	118	40	44	3	2	213	173	9	8
阳江市	**5064**	**298**	**189**	**45**	**27**	**359**	**325**	**27**	**72**
江城区	2008	91	55	11	6	125	52	12	10
阳东区	2500	38	48	3	15	97	32	4	13
阳西县	127	27	16	20	4	43	118	3	34
阳春市	429	142	70	11	2	94	123	8	15
清远市	**1746**	**586**	**393**	**457**	**144**	**737**	**1057**	**62**	**46**
清城区	596	168	152	162	40	344	421	7	18
清新区	352	80	61	112	16	121	129	3	11
佛冈县	156	161	77	111	83	46	252	8	1
阳山县	123	39	20	9		40	26	29	3
连山壮族瑶族自治县	37	5	4	7		8	27	4	1
连南瑶族自治县	35	9	6	9	1	18	23	4	3
英德市	359	99	63	40	4	137	132	6	8
连州市	88	25	10	7		23	47	1	1

4-4 续表 37 单位：人

地 区 性 别	制造业 金 属 制品业	通用设备 制造业	专用设备 制造业	汽 车 制造业	铁路、船舶、 航空航天和 其他运输 设备制造业	电气机械 和器材 制造业	计算机、 通信和其 他电子设 备制造业	仪器仪表 制造业	其 他 制造业
东莞市	**28734**	**13658**	**17781**	**2282**	**1170**	**17124**	**63501**	**2983**	**1346**
市辖区	28734	13658	17781	2282	1170	17124	63501	2983	1346
中山市	**9516**	**3753**	**2360**	**820**	**222**	**22782**	**6014**	**580**	**406**
市辖区	9516	3753	2360	820	222	22782	6014	580	406
潮州市	**3379**	**515**	**335**	**45**	**20**	**604**	**428**	**31**	**95**
湘桥区	143	72	51	1	1	243	156	11	28
潮安区	3022	374	197	10	4	101	127	11	37
饶平县	214	69	87	34	15	260	145	9	30
揭阳市	**3130**	**785**	**466**	**108**	**24**	**1272**	**735**	**76**	**513**
榕城区	1119	290	247	28	7	291	75	23	357
揭东区	1399	208	63	14	2	106	94	14	65
揭西县	144	95	20	8	3	574	135	11	18
惠来县	177	27	19	6	3	14	108	7	9
普宁市	291	165	117	52	9	287	323	21	64
云浮市	**1168**	**267**	**218**	**145**	**12**	**232**	**746**	**15**	**22**
云城区	89	28	29	45	2	14	27	3	3
云安区	55	29	9	66		6	15		1
新兴县	754	47	27	5	3	15	65	2	3
郁南县	60	68	33	8	3	116	60	7	
罗定市	210	95	120	21	4	81	579	3	15
女	**64592**	**24765**	**27888**	**13324**	**3838**	**84578**	**159466**	**8799**	**5806**
广州市	**3226**	**2260**	**2084**	**3572**	**1138**	**4068**	**8551**	**791**	**576**
荔湾区	45	60	61	17	27	64	90	10	25
越秀区	10	32	39	23	6	32	35	39	10
海珠区	42	79	80	32	38	53	98	30	22
天河区	73	152	142	86	19	92	648	51	29
白云区	498	260	315	327	63	747	806	123	133
黄埔区	151	366	384	637	192	319	2295	283	67
番禺区	923	588	430	448	69	1042	1829	133	151
花都区	510	282	222	945	88	407	940	35	54
南沙区	479	160	191	484	476	949	1130	24	30
从化区	96	68	58	75	82	231	161	10	15
增城区	399	213	162	498	78	132	519	53	40
韶关市	**286**	**207**	**177**	**80**	**21**	**673**	**784**	**74**	**39**
武江区	17	65	24	13	4	52	60	3	2
浈江区	47	54	28	16	3	30	73		5
曲江区	15	9	12	3	7	21	77		1
始兴县	22	11	4	5		327	57		4
仁化县	9	7	3	3	1	32	20	1	
翁源县	46	5	8	2		79	51	65	3
乳源瑶族自治县	38	12	9	28	1	38	200	1	2
新丰县	22	5	65	5		9	35		5
乐昌市	36	20	13	2	3	56	73		13
南雄市	34	19	11	3	2	29	138	4	4
深圳市	**7154**	**6022**	**9957**	**2432**	**817**	**22428**	**62725**	**3967**	**1416**
罗湖区	17	27	53	3	1	50	171	35	14
福田区	36	31	88	11	11	70	787	21	23
南山区	138	176	600	38	38	493	2769	235	12
宝安区	3129	2580	3824	821	255	10419	26418	1490	553
龙岗区	1561	1018	2132	382	75	3979	10612	707	421
盐田区	5	4	32	4		16	172	16	1
龙华区	997	1232	1316	256	93	2706	13344	571	227
坪山区	486	252	590	802	51	992	1907	228	73
光明区	785	702	1322	115	293	3703	6545	664	92

4-4　续表 38　　　　单位：人

地区 性别	制造业								
	金属制品业	通用设备制造业	专用设备制造业	汽车制造业	铁路、船舶、航空航天和其他运输设备制造业	电气机械和器材制造业	计算机、通信和其他电子设备制造业	仪器仪表制造业	其他制造业
珠海市	**743**	**693**	**777**	**324**	**169**	**2890**	**4487**	**205**	**36**
香洲区	173	307	489	88	30	1412	1824	148	26
斗门区	320	200	156	48	47	897	1951	32	5
金湾区	250	186	132	188	92	581	712	25	5
汕头市	**299**	**306**	**266**	**306**	**14**	**219**	**792**	**48**	**168**
龙湖区	28	58	62	100	1	43	149	22	23
金平区	63	63	75	42	5	64	123	21	17
濠江区	16	12	18	134	1	15	70		12
潮阳区	61	27	33	7	1	38	305	1	19
潮南区	35	97	31	11	4	44	92		81
澄海区	96	48	46	12	2	15	53	4	15
南澳县		1	1						1
佛山市	**13367**	**3886**	**2134**	**1578**	**285**	**14387**	**4077**	**545**	**327**
禅城区	628	261	133	118	7	371	568	76	25
南海区	7165	1654	887	750	118	2598	1214	315	223
顺德区	3937	1587	926	498	137	10583	1911	89	54
三水区	1387	304	152	147	22	365	265	58	18
高明区	250	80	36	65	1	470	119	7	7
江门市	**5306**	**837**	**433**	**374**	**492**	**3700**	**2962**	**102**	**503**
蓬江区	926	255	87	74	260	971	426	15	46
江海区	435	53	80	95	99	1440	550	16	11
新会区	1291	126	78	37	95	453	185	33	251
台山市	485	130	61	74	4	288	271	14	30
开平市	1378	119	66	55	3	67	157	7	16
鹤山市	685	117	37	32	29	417	369	14	146
恩平市	106	37	24	7	2	64	1004	3	3
湛江市	**238**	**105**	**123**	**56**	**25**	**1495**	**667**	**14**	**56**
赤坎区	19	20	10	26	5	29	4	1	3
霞山区	7	12	15	4	10	19	14	2	2
坡头区	11	7	5	3	1	70	29		3
麻章区	23	8	2	9	1	5	32		4
遂溪县	39	16	11		5	29	56	4	6
徐闻县	13	11	18			10	56		3
廉江市	72	19	28	3		1284	239	3	4
雷州市	37	9	13	9	2	17	185	2	24
吴川市	17	3	21	2	1	32	52	2	7
茂名市	**448**	**224**	**198**	**29**	**10**	**400**	**2145**	**70**	**89**
茂南区	45	27	33	3	2	17	115	7	22
电白区	62	28	51	3	3	185	315	13	30
高州市	146	43	54	7	2	62	581	6	13
化州市	110	72	37	10	2	60	336	14	8
信宜市	85	54	23	6	1	76	798	30	16
肇庆市	**3195**	**396**	**235**	**295**	**33**	**580**	**1321**	**76**	**169**
端州区	102	67	58	57		83	393	16	12
鼎湖区	108	9	6	47	1	17	35	1	4
高要区	2156	112	52	51	2	73	260	2	23
广宁县	79	33	6	2	2	28	40	3	6
怀集县	132	41	28	53	1	52	226	11	17
封开县	48	11	16	7		102	192	2	18
德庆县	31	47	14	2	1	32	73	17	61
四会市	539	76	55	76	26	193	102	24	28
惠州市	**2824**	**943**	**921**	**1944**	**146**	**3762**	**14887**	**366**	**393**
惠城区	711	373	413	457	59	1999	5148	115	69
惠阳区	824	379	231	1297	54	913	6647	100	211
博罗县	1008	166	235	119	14	742	2434	126	57
惠东县	252	21	34	63	16	94	475	11	54
龙门县	29	4	8	8	3	14	183	14	2

4—4 续表 39

单位：人

地区 性别	制造业 金属制品业	通用设备制造业	专用设备制造业	汽车制造业	铁路、船舶、航空航天和其他运输设备制造业	电气机械和器材制造业	计算机、通信和其他电子设备制造业	仪器仪表制造业	其他制造业
梅州市	**168**	**127**	**177**	**55**	**6**	**234**	**2968**	**53**	**42**
梅江区	23	21	35	6		21	537	8	7
梅县区	47	17	17	29	1	43	360	2	7
大埔县	6	1	5	1		18	66	2	3
丰顺县	19	20	14	3	1	12	866	3	7
五华县	24	26	36	7	2	85	326	29	5
平远县	13	19	19	4		17	186	2	4
蕉岭县	2	6	20	1		11	109	2	1
兴宁市	34	17	31	4	2	27	518	5	8
汕尾市	**67**	**46**	**35**	**34**	**5**	**30**	**815**	**10**	**25**
城　区	1	14	9	19	4	3	614		4
海丰县	30	15	16	2	1	14	100	6	15
陆河县	5	6	6	12		8	20	1	2
陆丰市	31	11	4	1		5	81	3	4
河源市	**276**	**138**	**311**	**42**	**47**	**502**	**2778**	**97**	**79**
源城区	75	63	101	20	2	140	976	16	41
紫金县	52	26	110	12	38	61	405	14	5
龙川县	46	24	24	3	2	56	852	13	16
连平县	24	6	17	2		22	142	3	2
和平县	23	9	35	3	2	34	194	48	3
东源县	56	10	24	2	3	189	209	3	12
阳江市	**4491**	**153**	**108**	**20**	**7**	**208**	**334**	**8**	**65**
江城区	1913	37	28	1	1	25	24	2	17
阳东区	2321	18	40	5	6	78	28		16
阳西县	120	25	9	7		29	98	1	16
阳春市	137	73	31	7		76	184	5	16
清远市	**615**	**229**	**171**	**208**	**62**	**505**	**907**	**64**	**32**
清城区	238	43	96	68	13	220	322	4	17
清新区	114	38	18	51	9	50	104	8	5
佛冈县	59	77	18	65	35	36	205	6	2
阳山县	45	11	6	2	1	14	31	34	1
连山壮族瑶族自治县	9	2	1			7	10	1	
连南瑶族自治县	7	9	1	1	1	3	29	1	3
英德市	115	43	24	19	2	155	153	7	4
连州市	28	6	7	2	1	20	53	3	
东莞市	**13412**	**5660**	**8458**	**1350**	**470**	**12087**	**41805**	**1800**	**994**
市辖区	13412	5660	8458	1350	470	12087	41805	1800	994
中山市	**5183**	**1975**	**1013**	**495**	**78**	**15103**	**4687**	**448**	**474**
市辖区	5183	1975	1013	495	78	15103	4687	448	474
潮州市	**1420**	**184**	**85**	**38**	**4**	**456**	**300**	**17**	**52**
湘桥区	40	57	20	2		227	125	6	20
潮安区	1342	106	29	3	1	57	64	6	18
饶平县	38	21	36	33	3	172	111	5	14
揭阳市	**1153**	**282**	**130**	**28**	**5**	**670**	**381**	**36**	**249**
榕城区	438	90	38	10		335	43	15	164
揭东区	588	73	28	7	1	59	61	10	32
揭西县	41	27	13	3		217	113	3	23
惠来县	15	16	8	1	1	4	46	1	8
普宁市	71	76	43	7	3	55	118	7	22
云浮市	**721**	**92**	**95**	**64**	**4**	**181**	**1093**	**8**	**22**
云城区	29	9	8	7	1	4	12	3	2
云安区	21	12	5	33		6	43		
新兴县	603	22	11	2	2	13	58		6
郁南县	32	21	16	7	1	88	97	4	2
罗定市	36	28	55	15		70	883	1	12

4-4　续表 40　　　　　　单位：人

地　区 性　别	制造业		电力、热力、燃气及水生产和供应业				建筑业		
	废弃资源综　合利用业	金属制品、机械和设备修理业	小计	电力、热力生产和供应业	燃气生产和供应业	水的生产和供应业	小计	房　屋建筑业	土木工程建筑业
广　东	**9416**	**11546**	**35575**	**20463**	**6734**	**8378**	**486205**	**220961**	**44561**
广州市	**1405**	**2584**	**5519**	**2676**	**1117**	**1726**	**56420**	**19509**	**9042**
荔湾区	56	97	355	137	51	167	2094	662	382
越秀区	56	53	466	274	56	136	1392	313	500
海珠区	210	119	478	229	79	170	3797	1027	665
天河区	112	242	603	383	112	108	6533	1338	1047
白云区	183	418	785	276	203	306	10018	2935	1381
黄埔区	89	561	689	383	160	146	5723	2561	979
番禺区	240	443	729	325	169	235	10353	3670	1479
花都区	158	355	376	139	84	153	4189	1494	392
南沙区	188	162	350	184	77	89	5554	2774	1195
从化区	14	36	232	128	34	70	1892	693	199
增城区	99	98	456	218	92	146	4875	2042	823
韶关市	**176**	**250**	**2068**	**1678**	**159**	**231**	**10878**	**4968**	**1004**
武江区	17	16	299	256	23	20	2048	1015	146
浈江区	35	59	281	226	33	22	1228	486	161
曲江区	36	79	255	200	25	30	973	412	162
始兴县	4	6	117	91	10	16	642	302	38
仁化县	15	12	197	170	9	18	716	341	40
翁源县	37	17	146	120	6	20	1061	443	93
乳源瑶族自治县	13	23	225	193	11	21	663	321	80
新丰县	12	5	140	120	6	14	803	316	91
乐昌市	3	10	246	194	19	33	1460	749	126
南雄市	4	23	162	108	17	37	1284	583	67
深圳市	**908**	**2429**	**4591**	**2004**	**1239**	**1348**	**74938**	**26007**	**12125**
罗湖区	27	63	397	209	81	107	4522	1481	489
福田区	39	94	514	254	132	128	5902	1773	754
南山区	63	645	555	297	153	105	8267	3258	1400
宝安区	389	625	975	377	250	348	16068	4290	3074
龙岗区	237	602	1182	548	340	294	17772	5789	2786
盐田区		47	68	33	11	24	1057	468	320
龙华区	81	239	497	163	176	158	10747	3490	1458
坪山区	48	28	168	56	30	82	3422	1613	757
光明区	24	86	235	67	66	102	7181	3845	1087
珠海市	**103**	**269**	**1040**	**563**	**200**	**277**	**15216**	**8182**	**1853**
香洲区	59	148	683	385	118	180	9856	5402	1096
斗门区	8	76	162	88	20	54	2911	1570	256
金湾区	36	45	195	90	62	43	2449	1210	501
汕头市	**304**	**249**	**1089**	**654**	**178**	**257**	**22641**	**12874**	**983**
龙湖区	23	30	208	141	25	42	3091	1331	233
金平区	25	64	340	219	58	63	1936	624	144
濠江区	7	19	40	22	13	5	2563	1762	201
潮阳区	138	46	142	79	27	36	11237	7155	241
潮南区	65	59	158	69	34	55	2142	1232	47
澄海区	46	24	157	91	14	52	1521	686	106
南澳县		7	44	33	7	4	151	84	11
佛山市	**1066**	**832**	**2588**	**1292**	**681**	**615**	**32876**	**13746**	**3122**
禅城区	144	148	449	233	121	95	5293	1558	462
南海区	458	388	901	465	232	204	10352	3535	894
顺德区	242	210	720	328	202	190	12728	6474	1408
三水区	200	64	346	187	73	86	2750	1363	226
高明区	22	22	172	79	53	40	1753	816	132

4-4 续表 41 单位：人

地区 性别	制造业		电力、热力、燃气及水生产和供应业				建筑业		
	废弃资源综合利用业	金属制品、机械和设备修理业	小计	电力、热力生产和供应业	燃气生产和供应业	水的生产和供应业	小计	房屋建筑业	土木工程建筑业
江门市	**263**	**396**	**1634**	**1015**	**245**	**374**	**17537**	**7077**	**1011**
蓬江区	54	48	314	152	76	86	2695	1028	253
江海区	23	51	87	45	16	26	1724	933	112
新会区	94	140	315	204	46	65	3010	1047	268
台山市	12	70	454	348	42	64	2794	1253	76
开平市	42	38	181	100	28	53	3461	722	106
鹤山市	17	29	126	61	20	45	1873	958	123
恩平市	21	20	157	105	17	35	1980	1136	73
湛江市	**165**	**659**	**1350**	**896**	**217**	**237**	**30476**	**17353**	**1058**
赤坎区	27	40	241	190	26	25	1072	271	133
霞山区	15	268	305	210	47	48	1880	756	124
坡头区	12	50	60	33	20	7	4106	2471	106
麻章区	17	95	56	27	14	15	2068	1327	95
遂溪县	8	57	97	51	25	21	2799	1569	94
徐闻县	11	25	92	74	6	12	883	488	57
廉江市	28	50	191	97	41	53	5900	3391	98
雷州市	32	42	150	114	23	13	4248	3050	156
吴川市	15	32	158	100	15	43	7520	4030	195
茂名市	**357**	**240**	**1419**	**961**	**263**	**195**	**37564**	**23757**	**1090**
茂南区	70	66	461	315	96	50	6404	3427	310
电白区	44	43	284	162	67	55	11097	7733	284
高州市	89	45	269	187	40	42	5580	3766	170
化州市	132	48	133	79	35	19	9311	5813	206
信宜市	22	38	272	218	25	29	5172	3018	120
肇庆市	**294**	**350**	**1118**	**692**	**221**	**205**	**15794**	**8275**	**744**
端州区	18	70	289	180	48	61	1535	474	222
鼎湖区	22	17	84	25	16	43	1297	927	57
高要区	11	78	118	55	43	20	3415	2038	66
广宁县	15	36	138	102	22	14	2148	1467	67
怀集县	34	58	136	94	24	18	2873	1309	64
封开县	9	22	87	75	3	9	909	373	95
德庆县	8	26	62	40	19	3	827	410	31
四会市	177	43	204	121	46	37	2790	1277	142
惠州市	**414**	**500**	**2042**	**1062**	**364**	**616**	**25067**	**11018**	**2696**
惠城区	146	179	743	399	123	221	9297	3882	1103
惠阳区	100	183	424	154	111	159	6864	3038	592
博罗县	88	86	345	152	63	130	3856	1738	267
惠东县	67	36	347	238	43	66	3879	1821	621
龙门县	13	16	183	119	24	40	1171	539	113
梅州市	**225**	**181**	**1321**	**927**	**160**	**234**	**17570**	**8040**	**896**
梅江区	56	21	266	211	17	38	1688	569	99
梅县区	25	26	208	155	32	21	3292	709	213
大埔县		8	157	128	15	14	1565	716	65
丰顺县	6	25	109	76	12	21	1815	1013	71
五华县	60	47	185	105	23	57	4593	2364	299
平远县	13	13	95	69	12	14	916	515	45
蕉岭县	4	11	124	91	18	15	895	414	54
兴宁市	61	30	177	92	31	54	2806	1740	50
汕尾市	**101**	**115**	**645**	**464**	**66**	**115**	**10016**	**4713**	**581**
城　区	7	26	205	172	14	19	1972	1139	56
海丰县	47	35	180	96	30	54	2573	1008	374
陆河县	4	13	68	57	7	4	1921	379	44
陆丰市	43	41	192	139	15	38	3550	2187	107

4-4　续表 42　　　　单位：人

地　区 性　别	制造业		电力、热力、燃气及水生产和供应业				建筑业		
	废弃资源综合利用业	金属制品、机械和设备修理业	小计	电力、热力生产和供应业	燃气生产和供应业	水的生产和供应业	小计	房屋建筑业	土木工程建筑业
河源市	**81**	**130**	**1056**	**779**	**136**	**141**	**12243**	**5953**	**1054**
源城区	21	31	372	289	39	44	3523	1491	424
紫金县	3	23	210	134	37	39	2262	1199	177
龙川县	26	30	190	140	27	23	2520	1341	201
连平县	10	9	95	70	12	13	1154	621	67
和平县	1	10	90	71	12	7	1459	707	104
东源县	20	27	99	75	9	15	1325	594	81
阳江市	**125**	**202**	**1081**	**859**	**92**	**130**	**14283**	**8178**	**623**
江城区	50	63	332	229	41	62	4582	2330	195
阳东区	27	78	358	326	16	16	2754	1656	81
阳西县	14	15	138	109	10	19	3501	2280	150
阳春市	34	46	253	195	25	33	3446	1912	197
清远市	**768**	**208**	**1689**	**1245**	**235**	**209**	**17914**	**9558**	**1453**
清城区	665	94	474	324	88	62	5709	2930	485
清新区	29	30	164	104	32	28	3019	1507	103
佛冈县	24	17	117	67	35	15	1642	845	95
阳山县	10	14	204	181	15	8	1651	1129	146
连山壮族瑶族自治县	2	1	75	65	6	4	409	177	43
连南瑶族自治县	6	6	156	142	4	10	539	332	12
英德市	8	30	356	245	47	64	3530	1839	517
连州市	24	16	143	117	8	18	1415	799	52
东莞市	**1475**	**1038**	**2381**	**1010**	**560**	**811**	**26704**	**10107**	**2523**
市辖区	1475	1038	2381	1010	560	811	26704	10107	2523
中山市	**580**	**343**	**1131**	**604**	**222**	**305**	**14706**	**5751**	**1618**
市辖区	580	343	1131	604	222	305	14706	5751	1618
潮州市	**204**	**176**	**666**	**417**	**140**	**109**	**7237**	**3478**	**263**
湘桥区	29	34	244	152	58	34	1870	682	69
潮安区	155	72	236	120	66	50	2397	1077	95
饶平县	20	70	186	145	16	25	2970	1719	99
揭阳市	**339**	**243**	**568**	**299**	**140**	**129**	**16601**	**7666**	**453**
榕城区	130	71	159	112	17	30	3137	1035	121
揭东区	78	47	111	34	44	33	3213	1373	93
揭西县	30	14	85	43	16	26	2620	1237	57
惠来县	12	28	65	41	11	13	3364	2226	41
普宁市	89	83	148	69	52	27	4267	1795	141
云浮市	**63**	**152**	**579**	**366**	**99**	**114**	**9524**	**4751**	**369**
云城区	23	53	195	154	22	19	1638	729	100
云安区	2	8	26	17	6	3	1378	505	50
新兴县	15	37	129	57	38	34	2123	1115	42
郁南县	11	26	55	28	9	18	1107	550	78
罗定市	12	28	174	110	24	40	3278	1852	99
男	**7054**	**9909**	**27409**	**16035**	**5131**	**6243**	**415426**	**186202**	**38100**
广州市	**1009**	**2226**	**4166**	**2016**	**871**	**1279**	**47157**	**16328**	**7407**
荔湾区	47	84	261	105	42	114	1734	553	318
越秀区	38	44	314	181	36	97	1073	226	381
海珠区	141	93	336	162	59	115	3114	848	545
天河区	81	202	426	271	81	74	5192	1064	781
白云区	142	384	629	223	164	242	8668	2518	1167
黄埔区	66	476	539	296	127	116	4769	2171	807
番禺区	169	391	563	255	133	175	8668	3094	1191
花都区	110	305	293	110	66	117	3476	1238	311
南沙区	138	131	269	148	57	64	4713	2339	1020
从化区	11	32	188	105	31	52	1677	600	170
增城区	66	84	348	160	75	113	4073	1677	716

4-4 续表 43

单位：人

地区 性别	制造业		电力、热力、燃气及水生产和供应业				建筑业		
	废弃资源综合利用业	金属制品、机械和设备修理业	小计	电力、热力生产和供应业	燃气生产和供应业	水的生产和供应业	小计	房屋建筑业	土木工程建筑业
韶关市	**117**	**214**	**1582**	**1297**	**121**	**164**	**8992**	**3998**	**855**
武江区	10	15	225	195	17	13	1690	830	111
浈江区	25	51	202	160	25	17	1002	387	131
曲江区	21	67	206	165	19	22	823	345	148
始兴县	2	6	89	71	9	9	517	234	32
仁化县	13	9	164	144	6	14	564	260	34
翁源县	26	14	106	85	5	16	887	352	77
乳源瑶族自治县	7	18	166	144	10	12	567	269	74
新丰县	8	5	113	98	5	10	653	247	80
乐昌市	2	9	191	152	14	25	1238	612	110
南雄市	3	20	120	83	11	26	1051	462	58
深圳市	**755**	**2078**	**3638**	**1608**	**974**	**1056**	**65434**	**22700**	**10520**
罗湖区	22	50	316	162	66	88	3848	1235	393
福田区	30	77	376	196	91	89	4812	1488	591
南山区	49	573	418	223	116	79	7043	2813	1177
宝安区	335	504	785	315	202	268	14331	3798	2732
龙岗区	191	527	961	439	279	243	15535	5043	2438
盐田区		38	52	25	9	18	930	416	276
龙华区	63	208	392	137	133	122	9443	3097	1264
坪山区	43	24	137	51	23	63	3019	1422	666
光明区	22	77	201	60	55	86	6473	3388	983
珠海市	**81**	**228**	**768**	**413**	**139**	**216**	**12833**	**6915**	**1567**
香洲区	45	122	494	280	76	138	8356	4623	918
斗门区	8	68	127	66	18	43	2395	1259	211
金湾区	28	38	147	67	45	35	2082	1033	438
汕头市	**273**	**228**	**863**	**528**	**140**	**195**	**21016**	**11934**	**886**
龙湖区	18	24	158	107	21	30	2734	1154	193
金平区	20	54	265	173	42	50	1703	559	116
濠江区	6	19	31	16	11	4	2437	1654	198
潮阳区	125	44	111	62	22	27	10725	6807	226
潮南区	63	57	133	60	27	46	1897	1065	47
澄海区	41	23	130	83	10	37	1390	623	97
南澳县		7	35	27	7	1	130	72	9
佛山市	**735**	**688**	**1976**	**996**	**518**	**462**	**27060**	**11390**	**2592**
禅城区	103	130	338	175	93	70	4344	1297	373
南海区	315	303	681	345	175	161	8424	2936	729
顺德区	163	185	544	258	153	133	10595	5367	1193
三水区	138	54	272	154	52	66	2243	1115	183
高明区	16	16	141	64	45	32	1454	675	114
江门市	**195**	**340**	**1260**	**806**	**185**	**269**	**15048**	**5961**	**849**
蓬江区	40	43	224	107	59	58	2130	817	206
江海区	16	42	71	39	13	19	1425	755	93
新会区	70	119	245	169	30	46	2540	867	219
台山市	8	57	351	270	34	47	2434	1077	61
开平市	31	32	147	87	20	40	3160	641	90
鹤山市	12	27	100	52	15	33	1605	811	111
恩平市	18	20	122	82	14	26	1754	993	69
湛江市	**124**	**594**	**1055**	**715**	**161**	**179**	**26470**	**14645**	**942**
赤坎区	22	32	187	147	20	20	888	229	104
霞山区	13	244	223	156	34	33	1632	652	109
坡头区	8	41	50	30	15	5	3633	2107	97
麻章区	13	90	47	24	12	11	1805	1133	83
遂溪县	6	51	77	45	15	17	2318	1255	84
徐闻县	7	23	74	61	5	8	717	371	54
廉江市	21	46	148	77	32	39	5302	3010	92
雷州市	20	37	128	100	16	12	3398	2334	140
吴川市	14	30	121	75	12	34	6777	3554	179

4-4　续表 44

单位：人

地　　区 性　　别	制造业		电力、热力、燃气及水生产和供应业				建筑业		
	废弃资源综合利用业	金属制品、机械和设备修理业	小计	电力、热力生产和供应业	燃气生产和供应业	水的生产和供应业	小计	房屋建筑业	土木工程建筑业
茂名市	**273**	**223**	**1102**	**770**	**200**	**132**	**31990**	**19654**	**970**
茂南区	59	59	354	251	71	32	5325	2733	274
电白区	34	40	220	130	54	36	9508	6449	262
高州市	64	42	220	156	31	33	4555	3002	149
化州市	100	46	100	63	25	12	8107	4940	180
信宜市	16	36	208	170	19	19	4495	2530	105
肇庆市	**215**	**293**	**835**	**527**	**167**	**141**	**12681**	**6384**	**630**
端州区	11	53	201	126	37	38	1218	369	171
鼎湖区	13	16	66	18	13	35	1057	747	48
高要区	7	68	91	46	30	15	2796	1627	59
广宁县	12	33	116	89	15	12	1723	1113	64
怀集县	23	47	103	71	18	14	2199	923	54
封开县	4	18	63	55	3	5	728	286	88
德庆县	5	23	46	31	12	3	622	291	27
四会市	140	35	149	91	39	19	2338	1028	119
惠州市	**311**	**420**	**1574**	**826**	**283**	**465**	**21331**	**9373**	**2309**
惠城区	111	140	560	299	97	164	7819	3283	936
惠阳区	74	156	316	112	80	124	5796	2551	505
博罗县	68	76	273	119	51	103	3350	1515	250
惠东县	48	33	294	208	36	50	3351	1558	534
龙门县	10	15	131	88	19	24	1015	466	84
梅州市	**157**	**157**	**983**	**731**	**115**	**137**	**14100**	**6233**	**790**
梅江区	35	15	191	151	13	27	1395	474	79
梅县区	15	22	164	128	22	14	2480	518	189
大埔县		8	130	109	12	9	1303	570	58
丰顺县	5	21	78	58	7	13	1567	854	63
五华县	47	44	128	83	18	27	3567	1734	269
平远县	7	12	67	53	6	8	724	384	39
蕉岭县	3	9	87	68	13	6	739	326	45
兴宁市	45	26	138	81	24	33	2325	1373	48
汕尾市	**86**	**108**	**517**	**374**	**56**	**87**	**9070**	**4156**	**524**
城　区	7	25	167	139	14	14	1816	1025	51
海丰县	34	33	142	78	22	42	2328	892	329
陆河县	3	12	57	47	7	3	1748	326	42
陆丰市	42	38	151	110	13	28	3178	1913	102
河源市	**61**	**114**	**805**	**600**	**110**	**95**	**10139**	**4717**	**941**
源城区	15	27	282	216	36	30	2982	1238	374
紫金县	3	21	156	96	31	29	1813	910	165
龙川县	18	27	137	105	18	14	2087	1062	182
连平县	9	7	70	58	8	4	916	460	61
和平县	1	8	75	62	8	5	1216	560	88
东源县	15	24	85	63	9	13	1125	487	71
阳江市	**89**	**185**	**877**	**720**	**61**	**96**	**12235**	**6814**	**562**
江城区	35	53	254	180	27	47	3940	1930	177
阳东区	19	76	312	291	9	12	2421	1440	71
阳西县	11	13	113	92	7	14	3049	1941	135
阳春市	24	43	198	157	18	23	2825	1503	179
清远市	**514**	**180**	**1305**	**976**	**179**	**150**	**15080**	**7880**	**1262**
清城区	442	79	374	261	66	47	4755	2398	399
清新区	21	26	140	91	28	21	2560	1247	89
佛冈县	18	16	84	49	28	7	1425	713	84
阳山县	7	13	131	118	8	5	1371	927	126
连山壮族瑶族自治县	1	1	66	57	5	4	325	132	37
连南瑶族自治县	5	5	114	107		7	434	260	11
英德市	5	26	278	198	38	42	2947	1491	470
连州市	15	14	118	95	6	17	1263	712	46

4-4 续表 45 单位：人

地区 性别	制造业		电力、热力、燃气及水生产和供应业				建筑业		
	废弃资源综合利用业	金属制品、机械和设备修理业	小计	电力、热力生产和供应业	燃气生产和供应业	水的生产和供应业	小计	房屋建筑业	土木工程建筑业
东莞市	**1097**	**828**	**1810**	**763**	**416**	**631**	**22641**	**8619**	**2124**
市辖区	1097	828	1810	763	416	631	22641	8619	2124
中山市	**438**	**288**	**863**	**476**	**153**	**234**	**12486**	**4849**	**1368**
市辖区	438	288	863	476	153	234	12486	4849	1368
潮州市	**171**	**161**	**514**	**329**	**113**	**72**	**6474**	**3012**	**246**
湘桥区	24	30	189	120	47	22	1689	596	64
潮安区	130	65	177	91	52	34	2266	1019	92
饶平县	17	66	148	118	14	16	2519	1397	90
揭阳市	**306**	**228**	**460**	**259**	**103**	**98**	**14929**	**6639**	**425**
榕城区	123	66	123	87	15	21	2822	897	120
揭东区	73	44	92	32	33	27	3011	1252	85
揭西县	23	12	62	31	13	18	2381	1126	52
惠来县	10	27	60	41	7	12	2871	1815	37
普宁市	77	79	123	68	35	20	3844	1549	131
云浮市	**47**	**128**	**456**	**305**	**66**	**85**	**8260**	**4001**	**331**
云城区	16	43	155	127	16	12	1379	598	87
云安区	1	7	22	15	4	3	1217	410	46
新兴县	10	28	87	47	19	21	1804	922	39
郁南县	9	24	47	24	7	16	946	454	69
罗定市	11	26	145	92	20	33	2914	1617	90
女	**2362**	**1637**	**8166**	**4428**	**1603**	**2135**	**70779**	**34759**	**6461**
广州市	**396**	**358**	**1353**	**660**	**246**	**447**	**9263**	**3181**	**1635**
荔湾区	9	13	94	32	9	53	360	109	64
越秀区	18	9	152	93	20	39	319	87	119
海珠区	69	26	142	67	20	55	683	179	120
天河区	31	40	177	112	31	34	1341	274	266
白云区	41	34	156	53	39	64	1350	417	214
黄埔区	23	85	150	87	33	30	954	390	172
番禺区	71	52	166	70	36	60	1685	576	288
花都区	48	50	83	29	18	36	713	256	81
南沙区	50	31	81	36	20	25	841	435	175
从化区	3	4	44	23	3	18	215	93	29
增城区	33	14	108	58	17	33	802	365	107
韶关市	**59**	**36**	**486**	**381**	**38**	**67**	**1886**	**970**	**149**
武江区	7	1	74	61	6	7	358	185	35
浈江区	10	8	79	66	8	5	226	99	30
曲江区	15	12	49	35	6	8	150	67	14
始兴县	2		28	20	1	7	125	68	6
仁化县	2	3	33	26	3	4	152	81	6
翁源县	11	3	40	35	1	4	174	91	16
乳源瑶族自治县	6	5	59	49	1	9	96	52	6
新丰县	4		27	22	1	4	150	69	11
乐昌市	1	1	55	42	5	8	222	137	16
南雄市	1	3	42	25	6	11	233	121	9
深圳市	**153**	**351**	**953**	**396**	**265**	**292**	**9504**	**3307**	**1605**
罗湖区	5	13	81	47	15	19	674	246	96
福田区	9	17	138	58	41	39	1090	285	163
南山区	14	72	137	74	37	26	1224	445	223
宝安区	54	121	190	62	48	80	1737	492	342
龙岗区	46	75	221	109	61	51	2237	746	348
盐田区		9	16	8	2	6	127	52	44
龙华区	18	31	105	26	43	36	1304	393	194
坪山区	5	4	31	5	7	19	403	191	91
光明区	2	9	34	7	11	16	708	457	104

4-4 续表 46

单位：人

地区 性别	制造业		电力、热力、燃气及水生产和供应业				建筑业		
	废弃资源综合利用业	金属制品、机械和设备修理业	小计	电力、热力生产和供应业	燃气生产和供应业	水的生产和供应业	小计	房屋建筑业	土木工程建筑业
珠海市	**22**	**41**	**272**	**150**	**61**	**61**	**2383**	**1267**	**286**
香洲区	14	26	189	105	42	42	1500	779	178
斗门区		8	35	22	2	11	516	311	45
金湾区	8	7	48	23	17	8	367	177	63
汕头市	**31**	**21**	**226**	**126**	**38**	**62**	**1625**	**940**	**97**
龙湖区	5	6	50	34	4	12	357	177	40
金平区	5	10	75	46	16	13	233	65	28
濠江区	1		9	6	2	1	126	108	3
潮阳区	13	2	31	17	5	9	512	348	15
潮南区	2	2	25	9	7	9	245	167	
澄海区	5	1	27	8	4	15	131	63	9
南澳县			9	6		3	21	12	2
佛山市	**331**	**144**	**612**	**296**	**163**	**153**	**5816**	**2356**	**530**
禅城区	41	18	111	58	28	25	949	261	89
南海区	143	85	220	120	57	43	1928	599	165
顺德区	79	25	176	70	49	57	2133	1107	215
三水区	62	10	74	33	21	20	507	248	43
高明区	6	6	31	15	8	8	299	141	18
江门市	**68**	**56**	**374**	**209**	**60**	**105**	**2489**	**1116**	**162**
蓬江区	14	5	90	45	17	28	565	211	47
江海区	7	9	16	6	3	7	299	178	19
新会区	24	21	70	35	16	19	470	180	49
台山市	4	13	103	78	8	17	360	176	15
开平市	11	6	34	13	8	13	301	81	16
鹤山市	5	2	26	9	5	12	268	147	12
恩平市	3		35	23	3	9	226	143	4
湛江市	**41**	**65**	**295**	**181**	**56**	**58**	**4006**	**2708**	**116**
赤坎区	5	8	54	43	6	5	184	42	29
霞山区	2	24	82	54	13	15	248	104	15
坡头区	4	9	10	3	5	2	473	364	9
麻章区	4	5	9	3	2	4	263	194	12
遂溪县	2	6	20	6	10	4	481	314	10
徐闻县	4	2	18	13	1	4	166	117	3
廉江市	7	4	43	20	9	14	598	381	6
雷州市	12	5	22	14	7	1	850	716	16
吴川市	1	2	37	25	3	9	743	476	16
茂名市	**84**	**17**	**317**	**191**	**63**	**63**	**5574**	**4103**	**120**
茂南区	11	7	107	64	25	18	1079	694	36
电白区	10	3	64	32	13	19	1589	1284	22
高州市	25	3	49	31	9	9	1025	764	21
化州市	32	2	33	16	10	7	1204	873	26
信宜市	6	2	64	48	6	10	677	488	15
肇庆市	**79**	**57**	**283**	**165**	**54**	**64**	**3113**	**1891**	**114**
端州区	7	17	88	54	11	23	317	105	51
鼎湖区	9	1	18	7	3	8	240	180	9
高要区	4	10	27	9	13	5	619	411	7
广宁县	3	3	22	13	7	2	425	354	3
怀集县	11	11	33	23	6	4	674	386	10
封开县	5	4	24	20		4	181	87	7
德庆县	3	3	16	9	7		205	119	4
四会市	37	8	55	30	7	18	452	249	23
惠州市	**103**	**80**	**468**	**236**	**81**	**151**	**3736**	**1645**	**387**
惠城区	35	39	183	100	26	57	1478	599	167
惠阳区	26	27	108	42	31	35	1068	487	87
博罗县	20	10	72	33	12	27	506	223	17
惠东县	19	3	53	30	7	16	528	263	87
龙门县	3	1	52	31	5	16	156	73	29

4－4 续表 47 单位：人

地区 性别	制造业		电力、热力、燃气及水生产和供应业				建筑业		
	废弃资源综合利用业	金属制品、机械和设备修理业	小计	电力、热力生产和供应业	燃气生产和供应业	水的生产和供应业	小计	房屋建筑业	土木工程建筑业
梅州市	**68**	**24**	**338**	**196**	**45**	**97**	**3470**	**1807**	**106**
梅江区	21	6	75	60	4	11	293	95	20
梅县区	10	4	44	27	10	7	812	191	24
大埔县			27	19	3	5	262	146	7
丰顺县	1	4	31	18	5	8	248	159	8
五华县	13	3	57	22	5	30	1026	630	30
平远县	6	1	28	16	6	6	192	131	6
蕉岭县	1	2	37	23	5	9	156	88	9
兴宁市	16	4	39	11	7	21	481	367	2
汕尾市	**15**	**7**	**128**	**90**	**10**	**28**	**946**	**557**	**57**
城　区		1	38	33		5	156	114	5
海丰县	13	2	38	18	8	12	245	116	45
陆河县	1	1	11	10		1	173	53	2
陆丰市	1	3	41	29	2	10	372	274	5
河源市	**20**	**16**	**251**	**179**	**26**	**46**	**2104**	**1236**	**113**
源城区	6	4	90	73	3	14	541	253	50
紫金县		2	54	38	6	10	449	289	12
龙川县	8	3	53	35	9	9	433	279	19
连平县	1	2	25	12	4	9	238	161	6
和平县		2	15	9	4	2	243	147	16
东源县	5	3	14	12		2	200	107	10
阳江市	**36**	**17**	**204**	**139**	**31**	**34**	**2048**	**1364**	**61**
江城区	15	10	78	49	14	15	642	400	18
阳东区	8	2	46	35	7	4	333	216	10
阳西县	3	2	25	17	3	5	452	339	15
阳春市	10	3	55	38	7	10	621	409	18
清远市	**254**	**28**	**384**	**269**	**56**	**59**	**2834**	**1678**	**191**
清城区	223	15	100	63	22	15	954	532	86
清新区	8	4	24	13	4	7	459	260	14
佛冈县	6	1	33	18	7	8	217	132	11
阳山县	3	1	73	63	7	3	280	202	20
连山壮族瑶族自治县	1		9	8	1		84	45	6
连南瑶族自治县	1	1	42	35	4	3	105	72	1
英德市	3	4	78	47	9	22	583	348	47
连州市	9	2	25	22	2	1	152	87	6
东莞市	**378**	**210**	**571**	**247**	**144**	**180**	**4063**	**1488**	**399**
市辖区	378	210	571	247	144	180	4063	1488	399
中山市	**142**	**55**	**268**	**128**	**69**	**71**	**2220**	**902**	**250**
市辖区	142	55	268	128	69	71	2220	902	250
潮州市	**33**	**15**	**152**	**88**	**27**	**37**	**763**	**466**	**17**
湘桥区	5	4	55	32	11	12	181	86	5
潮安区	25	7	59	29	14	16	131	58	3
饶平县	3	4	38	27	2	9	451	322	9
揭阳市	**33**	**15**	**108**	**40**	**37**	**31**	**1672**	**1027**	**28**
榕城区	7	5	36	25	2	9	315	138	1
揭东区	5	3	19	2	11	6	202	121	8
揭西县	7	2	23	12	3	8	239	111	5
惠来县	2	1	5		4	1	493	411	4
普宁市	12	4	25	1	17	7	423	246	10
云浮市	**16**	**24**	**123**	**61**	**33**	**29**	**1264**	**750**	**38**
云城区	7	10	40	27	6	7	259	131	13
云安区	1	1	4	2	2		161	95	4
新兴县	5	9	42	10	19	13	319	193	3
郁南县	2	2	8	4	2	2	161	96	9
罗定市	1	2	29	18	4	7	364	235	9

4-4 续表 48 单位：人

地区 性别	建筑业		批发和零售业			交通运输、仓储和邮政业			
	建筑安装业	建筑装饰、装修和其他建筑业	小计	批发业	零售业	小计	铁路运输业	道路运输业	水上运输业
广东	**33564**	**187119**	**1046589**	**328696**	**717893**	**295424**	**5376**	**174673**	**5849**
广州市	**4262**	**23607**	**199061**	**76254**	**122807**	**67201**	**2101**	**38322**	**1529**
荔湾区	200	850	13587	6022	7565	3340	269	2003	73
越秀区	94	485	10135	4328	5807	2879	647	1213	108
海珠区	344	1761	20942	10172	10770	4261	45	2283	255
天河区	562	3586	29914	11953	17961	6405	129	3553	142
白云区	640	5062	55368	19566	35802	20580	353	12089	121
黄埔区	497	1686	9771	4162	5609	6714	45	4234	398
番禺区	774	4430	26949	10006	16943	7548	424	4171	123
花都区	388	1915	12721	3964	8757	6881	126	3194	25
南沙区	289	1296	5003	1629	3374	3307	12	1945	216
从化区	140	860	3031	734	2297	1537	16	1127	12
增城区	334	1676	11640	3718	7922	3749	35	2510	56
韶关市	**757**	**4149**	**13911**	**3123**	**10788**	**5378**	**476**	**3495**	**70**
武江区	143	744	2358	627	1731	742	131	396	11
浈江区	80	501	2412	547	1865	937	181	524	8
曲江区	59	340	1422	318	1104	833	29	633	20
始兴县	53	249	730	189	541	236	4	166	
仁化县	45	290	747	174	573	266	17	176	7
翁源县	91	434	1493	316	1177	512	2	377	2
乳源瑶族自治县	27	235	737	159	578	327	1	230	2
新丰县	51	345	793	137	656	353	1	287	
乐昌市	121	464	1413	232	1181	589	95	332	16
南雄市	87	547	1806	424	1382	583	15	374	4
深圳市	**5014**	**31792**	**202869**	**80746**	**122123**	**61376**	**615**	**33477**	**1049**
罗湖区	181	2371	17455	7127	10328	3821	178	1992	100
福田区	354	3021	23397	11434	11963	4346	32	2553	56
南山区	406	3203	17683	7305	10378	6733	53	3422	368
宝安区	1167	7537	44360	17731	26629	17696	60	7875	114
龙岗区	1202	7995	55854	22045	33809	14525	113	9039	201
盐田区	26	243	1700	511	1189	2323	2	1467	144
龙华区	926	4873	30805	10486	20319	8051	146	4558	52
坪山区	227	825	4100	1374	2726	1279	29	868	6
光明区	525	1724	7515	2733	4782	2602	2	1703	8
珠海市	**855**	**4326**	**17185**	**5162**	**12023**	**5473**	**28**	**3323**	**180**
香洲区	488	2870	11041	3213	7828	3116	19	1942	131
斗门区	223	862	3739	1012	2727	1295	2	915	38
金湾区	144	594	2405	937	1468	1062	7	466	11
汕头市	**1512**	**7272**	**48886**	**10449**	**38437**	**7793**	**59**	**3840**	**136**
龙湖区	181	1346	6056	1800	4256	1231	32	548	40
金平区	121	1047	7529	1782	5747	1918	16	938	60
濠江区	129	471	1598	310	1288	267		159	7
潮阳区	824	3017	12710	2020	10690	1552	2	836	13
潮南区	139	724	14500	2955	11545	1630	2	606	1
澄海区	110	619	6049	1515	4534	1116	7	707	12
南澳县	8	48	444	67	377	79		46	3
佛山市	**2339**	**13669**	**100623**	**35506**	**65117**	**24897**	**198**	**15426**	**390**
禅城区	337	2936	17271	6842	10429	3566	33	2143	32
南海区	902	5021	46301	17368	28933	9466	70	5830	98
顺德区	743	4103	29619	9577	20042	8572	25	5351	119
三水区	226	935	5028	1276	3752	2313	69	1396	115
高明区	131	674	2404	443	1961	980	1	706	26

4-4 续表 49　　　　单位：人

地区 性别	建筑业		批发和零售业			交通运输、仓储和邮政业			
	建筑安装业	建筑装饰、装修和其他建筑业	小计	批发业	零售业	小计	铁路运输业	道路运输业	水上运输业
江门市	**1230**	**8219**	**29517**	**7927**	**21590**	**7566**	**50**	**4856**	**239**
蓬江区	179	1235	6165	1847	4318	1426	8	842	40
江海区	110	569	2220	696	1524	735	1	444	14
新会区	252	1443	5608	1757	3851	1617	14	1071	99
台山市	118	1347	4972	1206	3766	1145	8	767	49
开平市	247	2386	5234	1492	3742	986	7	635	22
鹤山市	177	615	2678	538	2140	987	3	667	11
恩平市	147	624	2640	391	2249	670	9	430	4
湛江市	**2704**	**9361**	**32642**	**7497**	**25145**	**11161**	**275**	**6841**	**761**
赤坎区	85	583	2967	735	2232	783	6	437	48
霞山区	198	802	5037	1392	3645	2325	177	1100	438
坡头区	381	1148	1762	269	1493	508	5	339	15
麻章区	193	453	2298	537	1761	997	16	620	39
遂溪县	214	922	3412	773	2639	1386	17	949	12
徐闻县	75	263	2529	618	1911	929	11	509	149
廉江市	378	2033	4824	849	3975	1343	24	954	6
雷州市	231	811	4840	771	4069	1751	15	1191	24
吴川市	949	2346	4973	1553	3420	1139	4	742	30
茂名市	**2723**	**9994**	**34227**	**7338**	**26889**	**10701**	**224**	**7504**	**89**
茂南区	735	1932	7842	1698	6144	2813	168	1987	34
电白区	725	2355	7759	1888	5871	2034	16	1473	36
高州市	357	1287	7775	1471	6304	2147	8	1413	6
化州市	566	2726	6558	1516	5042	2021	30	1417	7
信宜市	340	1694	4293	765	3528	1686	2	1214	6
肇庆市	**810**	**5965**	**25147**	**4928**	**20219**	**6620**	**235**	**4197**	**127**
端州区	117	722	4192	946	3246	1184	196	568	34
鼎湖区	47	266	1027	189	838	356	9	234	23
高要区	154	1157	3803	621	3182	1285	12	935	9
广宁县	110	504	1920	341	1579	587	3	444	6
怀集县	174	1326	3785	936	2849	814	8	511	10
封开县	50	391	1775	295	1480	525		331	14
德庆县	47	339	1615	485	1130	453	4	292	4
四会市	111	1260	7030	1115	5915	1416	3	882	27
惠州市	**1723**	**9630**	**41730**	**10283**	**31447**	**10307**	**216**	**6552**	**217**
惠城区	620	3692	15334	4008	11326	3438	143	2051	34
惠阳区	571	2663	9251	2060	7191	2742	41	1667	106
博罗县	288	1563	7417	2345	5072	1769	7	1196	14
惠东县	183	1254	8393	1633	6760	1766	25	1169	55
龙门县	61	458	1335	237	1098	592		469	8
梅州市	**1020**	**7614**	**17463**	**3006**	**14457**	**5997**	**116**	**4302**	**28**
梅江区	102	918	2641	526	2115	796	37	516	4
梅县区	122	2248	2938	531	2407	1092	22	832	4
大埔县	29	755	1290	151	1139	399	4	289	2
丰顺县	94	637	2054	244	1810	546	7	362	1
五华县	379	1551	3331	554	2777	1140	17	773	7
平远县	54	302	1000	218	782	318	7	221	1
蕉岭县	30	397	972	200	772	491	1	384	2
兴宁市	210	806	3237	582	2655	1215	21	925	7
汕尾市	**548**	**4174**	**15920**	**2932**	**12988**	**3312**	**22**	**2025**	**18**
城　区	96	681	2763	473	2290	665	7	405	10
海丰县	157	1034	4790	981	3809	1112	3	707	5
陆河县	134	1364	1023	160	863	217	4	135	1
陆丰市	161	1095	7344	1318	6026	1318	8	778	2

4-4 续表 50

单位：人

地区 性别	建筑业		批发和零售业			交通运输、仓储和邮政业			
	建筑安装业	建筑装饰、装修和其他建筑业	小计	批发业	零售业	小计	铁路运输业	道路运输业	水上运输业
河源市	**913**	**4323**	**13847**	**2317**	**11530**	**4445**	**270**	**2933**	**58**
源城区	272	1336	4692	942	3750	1286	51	818	40
紫金县	154	732	2443	374	2069	849	1	633	5
龙川县	201	777	2642	361	2281	998	203	585	4
连平县	60	406	1037	132	905	348	5	250	1
和平县	97	551	1459	157	1302	488	10	292	2
东源县	129	521	1574	351	1223	476		355	6
阳江市	**1064**	**4418**	**13944**	**3251**	**10693**	**4130**	**58**	**2827**	**64**
江城区	362	1695	6198	1520	4678	1504	6	968	43
阳东区	237	780	2252	830	1422	700	2	498	7
阳西县	236	835	2103	343	1760	587	8	441	12
阳春市	229	1108	3391	558	2833	1339	42	920	2
清远市	**1077**	**5826**	**18433**	**3609**	**14824**	**7371**	**96**	**5203**	**235**
清城区	426	1868	6858	1239	5619	2271	36	1561	110
清新区	168	1241	3079	520	2559	1337	6	1062	15
佛冈县	98	604	1296	195	1101	735	4	531	6
阳山县	74	302	1256	191	1065	483	2	351	10
连山壮族瑶族自治县	11	178	275	39	236	126		90	
连南瑶族自治县	21	174	348	67	281	138		96	1
英德市	228	946	3984	1149	2835	1805	48	1208	85
连州市	51	513	1337	209	1128	476		304	8
东莞市	**1785**	**12289**	**108342**	**40710**	**67632**	**27261**	**184**	**15935**	**360**
市辖区	1785	12289	108342	40710	67632	27261	184	15935	360
中山市	**1073**	**6264**	**29122**	**7938**	**21184**	**8610**	**34**	**5220**	**145**
市辖区	1073	6264	29122	7938	21184	8610	34	5220	145
潮州市	**477**	**3019**	**16865**	**2363**	**14502**	**3567**	**44**	**2012**	**29**
湘桥区	153	966	4113	593	3520	913	9	537	7
潮安区	217	1008	7335	1037	6298	1726	27	999	12
饶平县	107	1045	5417	733	4684	928	8	476	10
揭阳市	**1116**	**7366**	**56673**	**11430**	**45243**	**8836**	**33**	**3998**	**58**
榕城区	254	1727	8739	2630	6109	1642	4	773	12
揭东区	266	1481	10592	1777	8815	2596	9	938	10
揭西县	184	1142	5963	812	5151	962	4	504	
惠来县	175	922	7449	1103	6346	861	8	490	35
普宁市	237	2094	23930	5108	18822	2775	8	1293	1
云浮市	**562**	**3842**	**10182**	**1927**	**8255**	**3422**	**42**	**2385**	**67**
云城区	91	718	2860	483	2377	861	13	627	12
云安区	61	762	831	210	621	277	1	192	16
新兴县	95	871	2181	538	1643	643	3	490	9
郁南县	39	440	1222	227	995	570	17	352	23
罗定市	276	1051	3088	469	2619	1071	8	724	7
男	**30484**	**160640**	**580092**	**198439**	**381653**	**245187**	**4069**	**152195**	**4585**
广州市	**3683**	**19739**	**107283**	**43006**	**64277**	**53658**	**1521**	**32222**	**1201**
荔湾区	170	693	7198	3281	3917	2629	211	1626	49
越秀区	66	400	5425	2315	3110	2162	489	977	69
海珠区	286	1435	11129	5666	5463	3460	28	1964	192
天河区	459	2888	16090	6623	9467	5185	89	2991	108
白云区	570	4413	30097	11176	18921	16348	279	10221	93
黄埔区	414	1377	5284	2395	2889	5261	32	3397	324
番禺区	678	3705	14443	5714	8729	6084	241	3530	96
花都区	355	1572	6951	2263	4688	5348	101	2689	21
南沙区	258	1096	2692	975	1717	2757	12	1666	194
从化区	134	773	1604	440	1164	1351	13	1024	9
增城区	293	1387	6370	2158	4212	3073	26	2137	46

4-4 续表 51

单位：人

地区 性别	建筑业		批发和零售业			交通运输、仓储和邮政业			
	建筑安装业	建筑装饰、装修和其他建筑业	小计	批发业	零售业	小计	铁路运输业	道路运输业	水上运输业
韶关市	**703**	**3436**	**6805**	**1874**	**4931**	**4636**	**411**	**3130**	**52**
武江区	129	620	1216	384	832	615	112	347	10
浈江区	74	410	1216	331	885	817	160	462	7
曲江区	56	274	652	192	460	699	24	555	13
始兴县	48	203	350	109	241	212	3	156	
仁化县	42	228	351	103	248	239	17	165	6
翁源县	87	371	768	196	572	455	2	348	1
乳源瑶族自治县	25	199	330	87	243	280	1	203	1
新丰县	48	278	366	74	292	318	1	262	
乐昌市	117	399	641	136	505	503	82	296	11
南雄市	77	454	915	262	653	498	9	336	3
深圳市	**4478**	**27736**	**111122**	**47405**	**63717**	**47637**	**452**	**27446**	**781**
罗湖区	166	2054	8931	3910	5021	2806	136	1595	45
福田区	301	2432	13234	6670	6564	3273	20	2024	34
南山区	346	2707	9096	3996	5100	5188	37	2766	299
宝安区	1057	6744	24897	10777	14120	13637	42	6563	88
龙岗区	1068	6986	30828	13032	17796	11375	85	7398	151
盐田区	23	215	883	299	584	1705	1	1106	125
龙华区	833	4249	16530	6015	10515	6353	110	3786	26
坪山区	196	735	2381	870	1511	1057	19	716	5
光明区	488	1614	4342	1836	2506	2243	2	1492	8
珠海市	**736**	**3615**	**8997**	**3107**	**5890**	**4466**	**17**	**2880**	**124**
香洲区	406	2409	5592	1827	3765	2508	11	1664	87
斗门区	198	727	2004	655	1349	1109		814	30
金湾区	132	479	1401	625	776	849	6	402	7
汕头市	**1460**	**6736**	**29179**	**6884**	**22295**	**6781**	**43**	**3519**	**103**
龙湖区	172	1215	3514	1125	2389	987	24	471	29
金平区	105	923	4073	1081	2992	1561	11	800	43
濠江区	128	457	852	177	675	222		145	5
潮阳区	804	2888	7895	1450	6445	1452	1	809	12
潮南区	137	648	9011	2047	6964	1477	2	572	1
澄海区	107	563	3615	956	2659	1013	5	678	10
南澳县	7	42	219	48	171	69		44	3
佛山市	**1972**	**11106**	**56139**	**21781**	**34358**	**20938**	**161**	**13369**	**306**
禅城区	277	2397	9654	4025	5629	2975	26	1850	23
南海区	758	4001	26431	10725	15706	7908	57	5039	70
顺德区	627	3408	16185	5958	10227	7295	16	4655	94
三水区	191	754	2638	804	1834	1892	61	1190	97
高明区	119	546	1231	269	962	868	1	635	22
江门市	**1112**	**7126**	**15113**	**4590**	**10523**	**6557**	**36**	**4361**	**184**
蓬江区	153	954	3185	1049	2136	1165	2	713	30
江海区	101	476	1157	426	731	650	1	405	11
新会区	218	1236	2909	1027	1882	1386	11	955	78
台山市	114	1182	2464	708	1756	1022	8	710	38
开平市	225	2204	2634	804	1830	876	4	581	17
鹤山市	158	525	1362	332	1030	860	2	594	6
恩平市	143	549	1402	244	1158	598	8	403	4
湛江市	**2564**	**8319**	**17612**	**5038**	**12574**	**9733**	**210**	**6315**	**641**
赤坎区	74	481	1578	460	1118	646	5	372	40
霞山区	182	689	2497	858	1639	1931	141	966	358
坡头区	374	1055	825	167	658	449	5	318	14
麻章区	182	407	1257	355	902	879	8	588	38
遂溪县	200	779	1816	505	1311	1217	13	862	9
徐闻县	61	231	1325	392	933	793	9	470	124
廉江市	357	1843	2662	563	2099	1205	18	893	6
雷州市	216	708	2726	506	2220	1584	9	1135	24
吴川市	918	2126	2926	1232	1694	1029	2	711	28

4-4 续表 52

单位：人

地区 性别	建筑业		批发和零售业			交通运输、仓储和邮政业			
	建筑安装业	建筑装饰、装修和其他建筑业	小计	批发业	零售业	小计	铁路运输业	道路运输业	水上运输业
茂名市	**2579**	**8787**	**18332**	**4595**	**13737**	**9555**	**184**	**7059**	**75**
茂南区	689	1629	4082	1079	3003	2460	144	1821	28
电白区	700	2097	4438	1288	3150	1852	13	1409	31
高州市	333	1071	4229	904	3325	1919	6	1333	6
化州市	534	2453	3413	882	2531	1806	20	1350	5
信宜市	323	1537	2170	442	1728	1518	1	1146	5
肇庆市	**736**	**4931**	**13366**	**2987**	**10379**	**5592**	**162**	**3758**	**91**
端州区	99	579	2216	572	1644	926	135	481	23
鼎湖区	45	217	530	109	421	299	5	210	17
高要区	145	965	1927	387	1540	1151	9	866	5
广宁县	109	437	1010	212	798	514		411	5
怀集县	155	1067	2138	581	1557	702	7	457	9
封开县	43	311	952	178	774	456		295	11
德庆县	43	261	884	290	594	380	3	262	3
四会市	97	1094	3709	658	3051	1164	3	776	18
惠州市	**1540**	**8109**	**22982**	**6493**	**16489**	**8929**	**162**	**5892**	**182**
惠城区	525	3075	8415	2510	5905	2894	101	1787	26
惠阳区	516	2224	5290	1337	3953	2332	35	1463	92
博罗县	268	1317	4224	1463	2761	1569	5	1096	11
惠东县	172	1087	4394	1030	3364	1593	21	1107	45
龙门县	59	406	659	153	506	541		439	8
梅州市	**966**	**6111**	**9348**	**1914**	**7434**	**5276**	**85**	**3981**	**23**
梅江区	93	749	1326	306	1020	674	32	465	2
梅县区	117	1656	1549	330	1219	950	17	754	3
大埔县	27	648	669	95	574	362	3	271	2
丰顺县	89	561	1170	172	998	489	5	347	1
五华县	358	1206	1856	372	1484	950	7	699	6
平远县	50	251	489	130	359	280	2	204	1
蕉岭县	27	341	482	126	356	436	1	356	1
兴宁市	205	699	1807	383	1424	1135	18	885	7
汕尾市	**527**	**3863**	**10621**	**2225**	**8396**	**3016**	**13**	**1912**	**17**
城　区	90	650	1764	351	1413	595	5	376	10
海丰县	145	962	3113	693	2420	1019		667	4
陆河县	133	1247	613	102	511	194	3	127	1
陆丰市	159	1004	5131	1079	4052	1208	5	742	2
河源市	**856**	**3625**	**7137**	**1443**	**5694**	**3894**	**240**	**2651**	**39**
源城区	251	1119	2332	584	1748	1114	43	733	25
紫金县	145	593	1334	238	1096	758	1	586	4
龙川县	187	656	1336	219	1117	883	182	530	2
连平县	59	336	532	84	448	299	5	216	1
和平县	92	476	718	98	620	431	9	265	2
东源县	122	445	885	220	665	409		321	5
阳江市	**1013**	**3846**	**7115**	**1852**	**5263**	**3633**	**47**	**2584**	**49**
江城区	344	1489	3180	847	2333	1309	4	888	30
阳东区	222	688	1162	452	710	605	1	448	5
阳西县	232	741	1068	208	860	522	6	396	12
阳春市	215	928	1705	345	1360	1197	36	852	2
清远市	**1002**	**4936**	**9337**	**2222**	**7115**	**6555**	**75**	**4802**	**191**
清城区	395	1563	3449	774	2675	1973	26	1415	87
清新区	159	1065	1569	323	1246	1235	6	1000	14
佛冈县	98	530	661	120	541	679	3	502	5
阳山县	65	253	646	112	534	438	2	327	9
连山壮族瑶族自治县	11	145	136	25	111	105		76	
连南瑶族自治县	18	145	195	42	153	115		85	
英德市	207	779	2044	697	1347	1589	38	1119	69
连州市	49	456	637	129	508	421		278	7

4—4 续表 53 单位：人

地区 性别	建筑业		批发和零售业			交通运输、仓储和邮政业			
	建筑安装业	建筑装饰、装修和其他建筑业	小计	批发业	零售业	小计	铁路运输业	道路运输业	水上运输业
东莞市	**1547**	**10351**	**63114**	**25696**	**37418**	**22815**	**145**	**13786**	**295**
市辖区	1547	10351	63114	25696	37418	22815	145	13786	295
中山市	**950**	**5319**	**15664**	**4775**	**10889**	**7384**	**24**	**4634**	**106**
市辖区	950	5319	15664	4775	10889	7384	24	4634	106
潮州市	**453**	**2763**	**10102**	**1548**	**8554**	**3199**	**32**	**1882**	**23**
湘桥区	141	888	2395	400	1995	815	5	490	4
潮安区	211	944	4543	678	3865	1554	21	936	10
饶平县	101	931	3164	470	2694	830	6	456	9
揭阳市	**1072**	**6793**	**35275**	**7753**	**27522**	**7923**	**21**	**3817**	**50**
榕城区	241	1564	5681	1876	3805	1445	1	732	11
揭东区	257	1417	6508	1143	5365	2237	8	910	9
揭西县	173	1030	3526	545	2981	875	3	475	
惠来县	171	848	4576	757	3819	796	3	469	29
普宁市	230	1934	14984	3432	11552	2570	6	1231	1
云浮市	**535**	**3393**	**5449**	**1251**	**4198**	**3010**	**28**	**2195**	**52**
云城区	80	614	1511	315	1196	763	10	581	7
云安区	57	704	445	144	301	248	1	183	13
新兴县	92	751	1098	327	771	550	3	430	8
郁南县	37	386	665	150	515	491	7	312	18
罗定市	269	938	1730	315	1415	958	7	689	6
女	**3080**	**26479**	**466497**	**130257**	**336240**	**50237**	**1307**	**22478**	**1264**
广州市	**579**	**3868**	**91778**	**33248**	**58530**	**13543**	**580**	**6100**	**328**
荔湾区	30	157	6389	2741	3648	711	58	377	24
越秀区	28	85	4710	2013	2697	717	158	236	39
海珠区	58	326	9813	4506	5307	801	17	319	63
天河区	103	698	13824	5330	8494	1220	40	562	34
白云区	70	649	25271	8390	16881	4232	74	1868	28
黄埔区	83	309	4487	1767	2720	1453	13	837	74
番禺区	96	725	12506	4292	8214	1464	183	641	27
花都区	33	343	5770	1701	4069	1533	25	505	4
南沙区	31	200	2311	654	1657	550		279	22
从化区	6	87	1427	294	1133	186	3	103	3
增城区	41	289	5270	1560	3710	676	9	373	10
韶关市	**54**	**713**	**7106**	**1249**	**5857**	**742**	**65**	**365**	**18**
武江区	14	124	1142	243	899	127	19	49	1
浈江区	6	91	1196	216	980	120	21	62	1
曲江区	3	66	770	126	644	134	5	78	7
始兴县	5	46	380	80	300	24	1	10	
仁化县	3	62	396	71	325	27		11	1
翁源县	4	63	725	120	605	57		29	1
乳源瑶族自治县	2	36	407	72	335	47		27	1
新丰县	3	67	427	63	364	35		25	
乐昌市	4	65	772	96	676	86	13	36	5
南雄市	10	93	891	162	729	85	6	38	1
深圳市	**536**	**4056**	**91747**	**33341**	**58406**	**13739**	**163**	**6031**	**268**
罗湖区	15	317	8524	3217	5307	1015	42	397	55
福田区	53	589	10163	4764	5399	1073	12	529	22
南山区	60	496	8587	3309	5278	1545	16	656	69
宝安区	110	793	19463	6954	12509	4059	18	1312	26
龙岗区	134	1009	25026	9013	16013	3150	28	1641	50
盐田区	3	28	817	212	605	618	1	361	19
龙华区	93	624	14275	4471	9804	1698	36	772	26
坪山区	31	90	1719	504	1215	222	10	152	1
光明区	37	110	3173	897	2276	359		211	

4-4　续表 54　　　　单位：人

地区 性别	建筑业		批发和零售业			交通运输、仓储和邮政业			
	建筑安装业	建筑装饰、装修和其他建筑业	小计	批发业	零售业	小计	铁路运输业	道路运输业	水上运输业
珠海市	**119**	**711**	**8188**	**2055**	**6133**	**1007**	**11**	**443**	**56**
香洲区	82	461	5449	1386	4063	608	8	278	44
斗门区	25	135	1735	357	1378	186	2	101	8
金湾区	12	115	1004	312	692	213	1	64	4
汕头市	**52**	**536**	**19707**	**3565**	**16142**	**1012**	**16**	**321**	**33**
龙湖区	9	131	2542	675	1867	244	8	77	11
金平区	16	124	3456	701	2755	357	5	138	17
濠江区	1	14	746	133	613	45		14	2
潮阳区	20	129	4815	570	4245	100	1	27	1
潮南区	2	76	5489	908	4581	153		34	
澄海区	3	56	2434	559	1875	103	2	29	2
南澳县	1	6	225	19	206	10		2	
佛山市	**367**	**2563**	**44484**	**13725**	**30759**	**3959**	**37**	**2057**	**84**
禅城区	60	539	7617	2817	4800	591	7	293	9
南海区	144	1020	19870	6643	13227	1558	13	791	28
顺德区	116	695	13434	3619	9815	1277	9	696	25
三水区	35	181	2390	472	1918	421	8	206	18
高明区	12	128	1173	174	999	112		71	4
江门市	**118**	**1093**	**14404**	**3337**	**11067**	**1009**	**14**	**495**	**55**
蓬江区	26	281	2980	798	2182	261	6	129	10
江海区	9	93	1063	270	793	85		39	3
新会区	34	207	2699	730	1969	231	3	116	21
台山市	4	165	2508	498	2010	123		57	11
开平市	22	182	2600	688	1912	110	3	54	5
鹤山市	19	90	1316	206	1110	127	1	73	5
恩平市	4	75	1238	147	1091	72	1	27	
湛江市	**140**	**1042**	**15030**	**2459**	**12571**	**1428**	**65**	**526**	**120**
赤坎区	11	102	1389	275	1114	137	1	65	8
霞山区	16	113	2540	534	2006	394	36	134	80
坡头区	7	93	937	102	835	59		21	1
麻章区	11	46	1041	182	859	118	8	32	1
遂溪县	14	143	1596	268	1328	169	4	87	3
徐闻县	14	32	1204	226	978	136	2	39	25
廉江市	21	190	2162	286	1876	138	6	61	
雷州市	15	103	2114	265	1849	167	6	56	
吴川市	31	220	2047	321	1726	110	2	31	2
茂名市	**144**	**1207**	**15895**	**2743**	**13152**	**1146**	**40**	**445**	**14**
茂南区	46	303	3760	619	3141	353	24	166	6
电白区	25	258	3321	600	2721	182	3	64	5
高州市	24	216	3546	567	2979	228	2	80	
化州市	32	273	3145	634	2511	215	10	67	2
信宜市	17	157	2123	323	1800	168	1	68	1
肇庆市	**74**	**1034**	**11781**	**1941**	**9840**	**1028**	**73**	**439**	**36**
端州区	18	143	1976	374	1602	258	61	87	11
鼎湖区	2	49	497	80	417	57	4	24	6
高要区	9	192	1876	234	1642	134	3	69	4
广宁县	1	67	910	129	781	73	3	33	1
怀集县	19	259	1647	355	1292	112	1	54	1
封开县	7	80	823	117	706	69		36	3
德庆县	4	78	731	195	536	73	1	30	1
四会市	14	166	3321	457	2864	252		106	9
惠州市	**183**	**1521**	**18748**	**3790**	**14958**	**1378**	**54**	**660**	**35**
惠城区	95	617	6919	1498	5421	544	42	264	8
惠阳区	55	439	3961	723	3238	410	6	204	14
博罗县	20	246	3193	882	2311	200	2	100	3
惠东县	11	167	3999	603	3396	173	4	62	10
龙门县	2	52	676	84	592	51		30	

4—4 续表 55

单位：人

地区 性别	建筑业		批发和零售业			交通运输、仓储和邮政业			
	建筑安装业	建筑装饰、装修和其他建筑业	小计	批发业	零售业	小计	铁路运输业	道路运输业	水上运输业
梅州市	**54**	**1503**	**8115**	**1092**	**7023**	**721**	**31**	**321**	**5**
梅江区	9	169	1315	220	1095	122	5	51	2
梅县区	5	592	1389	201	1188	142	5	78	1
大埔县	2	107	621	56	565	37	1	18	
丰顺县	5	76	884	72	812	57	2	15	
五华县	21	345	1475	182	1293	190	10	74	1
平远县	4	51	511	88	423	38	5	17	
蕉岭县	3	56	490	74	416	55		28	1
兴宁市	5	107	1430	199	1231	80	3	40	
汕尾市	**21**	**311**	**5299**	**707**	**4592**	**296**	**9**	**113**	**1**
城　区	6	31	999	122	877	70	2	29	
海丰县	12	72	1677	288	1389	93	3	40	1
陆河县	1	117	410	58	352	23	1	8	
陆丰市	2	91	2213	239	1974	110	3	36	
河源市	**57**	**698**	**6710**	**874**	**5836**	**551**	**30**	**282**	**19**
源城区	21	217	2360	358	2002	172	8	85	15
紫金县	9	139	1109	136	973	91		47	1
龙川县	14	121	1306	142	1164	115	21	55	2
连平县	1	70	505	48	457	49		34	
和平县	5	75	741	59	682	57	1	27	
东源县	7	76	689	131	558	67		34	1
阳江市	**51**	**572**	**6829**	**1399**	**5430**	**497**	**11**	**243**	**15**
江城区	18	206	3018	673	2345	195	2	80	13
阳东区	15	92	1090	378	712	95	1	50	2
阳西县	4	94	1035	135	900	65	2	45	
阳春市	14	180	1686	213	1473	142	6	68	
清远市	**75**	**890**	**9096**	**1387**	**7709**	**816**	**21**	**401**	**44**
清城区	31	305	3409	465	2944	298	10	146	23
清新区	9	176	1510	197	1313	102		62	1
佛冈县		74	635	75	560	56	1	29	1
阳山县	9	49	610	79	531	45		24	1
连山壮族瑶族自治县		33	139	14	125	21		14	
连南瑶族自治县	3	29	153	25	128	23		11	1
英德市	21	167	1940	452	1488	216	10	89	16
连州市	2	57	700	80	620	55		26	1
东莞市	**238**	**1938**	**45228**	**15014**	**30214**	**4446**	**39**	**2149**	**65**
市辖区	238	1938	45228	15014	30214	4446	39	2149	65
中山市	**123**	**945**	**13458**	**3163**	**10295**	**1226**	**10**	**586**	**39**
市辖区	123	945	13458	3163	10295	1226	10	586	39
潮州市	**24**	**256**	**6763**	**815**	**5948**	**368**	**12**	**130**	**6**
湘桥区	12	78	1718	193	1525	98	4	47	3
潮安区	6	64	2792	359	2433	172	6	63	2
饶平县	6	114	2253	263	1990	98	2	20	1
揭阳市	**44**	**573**	**21398**	**3677**	**17721**	**913**	**12**	**181**	**8**
榕城区	13	163	3058	754	2304	197	3	41	1
揭东区	9	64	4084	634	3450	359	1	28	1
揭西县	11	112	2437	267	2170	87	1	29	
惠来县	4	74	2873	346	2527	65	5	21	6
普宁市	7	160	8946	1676	7270	205	2	62	
云浮市	**27**	**449**	**4733**	**676**	**4057**	**412**	**14**	**190**	**15**
云城区	11	104	1349	168	1181	98	3	46	5
云安区	4	58	386	66	320	29		9	3
新兴县	3	120	1083	211	872	93		60	1
郁南县	2	54	557	77	480	79	10	40	5
罗定市	7	113	1358	154	1204	113	1	35	1

4-4 续表 56

单位：人

地区 性别	交通运输、仓储和邮政业					住宿和餐饮业		
	航空运输业	管道运输业	多式联运和运输代理业	装卸搬运和仓储业	邮政业	小计	住宿业	餐饮业
广　东	**8372**	**105**	**17705**	**22719**	**60625**	**331329**	**38943**	**292386**
广州市	**3671**	**19**	**3907**	**4803**	**12849**	**58713**	**7743**	**50970**
荔湾区	97		163	197	538	2926	360	2566
越秀区	207		187	120	397	3503	884	2619
海珠区	114	1	299	350	914	5281	691	4590
天河区	110	1	361	444	1665	11251	1349	9902
白云区	1896	9	1111	1129	3872	13288	1625	11663
黄埔区	39	3	495	709	791	3104	315	2789
番禺区	55	2	342	649	1782	8797	984	7813
花都区	1097	1	529	339	1570	3752	404	3348
南沙区	14	1	243	486	390	2023	218	1805
从化区	21		26	96	239	1582	439	1143
增城区	21	1	151	284	691	3206	474	2732
韶关市	**20**	**2**	**80**	**481**	**754**	**5666**	**860**	**4806**
武江区	3		10	59	132	850	134	716
浈江区	8		19	64	133	833	135	698
曲江区	1		9	60	81	674	130	544
始兴县			5	21	40	239	14	225
仁化县	2		7	25	32	382	69	313
翁源县	3	1	5	59	63	567	71	496
乳源瑶族自治县	1	1	3	44	45	422	70	352
新丰县			9	15	41	523	86	437
乐昌市	2		3	66	75	544	74	470
南雄市			10	68	112	632	77	555
深圳市	**3518**	**11**	**7714**	**3130**	**11862**	**66078**	**8670**	**57408**
罗湖区	87	1	612	190	661	5348	1007	4341
福田区	102	4	497	187	915	8624	953	7671
南山区	446		693	626	1125	8198	1246	6952
宝安区	2687	2	2918	676	3364	15763	1891	13872
龙岗区	114	3	1728	632	2695	13302	1860	11442
盐田区	6		312	301	91	912	270	642
龙华区	54	1	790	295	2155	9104	1022	8082
坪山区	3		68	83	222	1409	165	1244
光明区	19		96	140	634	3418	256	3162
珠海市	**441**	**4**	**269**	**400**	**828**	**9521**	**2663**	**6858**
香洲区	186	3	153	151	531	6805	2128	4677
斗门区	23	1	38	107	171	1648	266	1382
金湾区	232		78	142	126	1068	269	799
汕头市	**167**	**6**	**381**	**554**	**2650**	**9266**	**823**	**8443**
龙湖区	77	1	124	93	316	1241	139	1102
金平区	62	2	131	173	536	1546	212	1334
濠江区	3	2	13	18	65	482	24	458
潮阳区	2	1	26	75	597	2470	149	2321
潮南区			56	106	859	2157	164	1993
澄海区	22		30	76	262	1172	81	1091
南澳县	1		1	13	15	198	54	144
佛山市	**79**	**5**	**1293**	**2651**	**4855**	**27444**	**2811**	**24633**
禅城区	18	1	178	457	704	4280	500	3780
南海区	40	3	470	846	2109	11083	1076	10007
顺德区	17		498	841	1721	9436	834	8602
三水区	2		122	403	206	1685	272	1413
高明区	2	1	25	104	115	960	129	831

4–4 续表 57 单位：人

地区 性别	交通运输、仓储和邮政业					住宿和餐饮业		
	航空运输业	管道运输业	多式联运和运输代理业	装卸搬运和仓储业	邮政业	小计	住宿业	餐饮业
江门市	**25**	**7**	**343**	**732**	**1314**	**12802**	**990**	**11812**
蓬江区	2	5	92	129	308	1842	200	1642
江海区	1		27	100	148	847	74	773
新会区	7		56	163	207	1661	118	1543
台山市	9	1	39	99	173	3905	239	3666
开平市	2	1	68	73	178	1805	112	1693
鹤山市			51	114	141	1334	108	1226
恩平市	4		10	54	159	1408	139	1269
湛江市	**98**	**3**	**208**	**1398**	**1577**	**13042**	**1328**	**11714**
赤坎区	12	1	35	96	148	1045	140	905
霞山区	62		66	217	265	1845	340	1505
坡头区	7		12	48	82	653	69	584
麻章区	1		24	168	129	1014	103	911
遂溪县	5		28	180	195	1936	106	1830
徐闻县	1		3	141	115	1037	128	909
廉江市	1	1	10	121	226	2180	160	2020
雷州市	1		24	241	255	1920	171	1749
吴川市	8	1	6	186	162	1412	111	1301
茂名市	**18**	**3**	**119**	**1065**	**1679**	**10842**	**798**	**10044**
茂南区	5	2	35	259	323	2477	237	2240
电白区	3		25	216	265	2534	248	2286
高州市	2	1	21	192	504	2065	134	1931
化州市	4		21	252	290	2366	112	2254
信宜市	4		17	146	297	1400	67	1333
肇庆市	**14**	**1**	**186**	**570**	**1290**	**9842**	**744**	**9098**
端州区	6		37	77	266	1404	180	1224
鼎湖区				33	57	506	51	455
高要区	4		24	105	196	1713	72	1641
广宁县			10	26	98	1042	77	965
怀集县	1		20	69	195	1806	105	1701
封开县			11	36	133	841	95	746
德庆县	1	1	15	36	100	871	71	800
四会市	2		69	188	245	1659	93	1566
惠州市	**76**	**4**	**385**	**651**	**2206**	**16833**	**2441**	**14392**
惠城区	31	1	189	206	783	5234	725	4509
惠阳区	32	2	90	200	604	3687	423	3264
博罗县	8		71	129	344	2740	253	2487
惠东县	5	1	27	86	398	4032	701	3331
龙门县			8	30	77	1140	339	801
梅州市	**39**	**1**	**121**	**479**	**911**	**5376**	**476**	**4900**
梅江区	14		23	54	148	750	73	677
梅县区	6		20	36	172	1137	99	1038
大埔县	3		5	24	72	503	37	466
丰顺县	4		9	72	91	739	76	663
五华县	5		9	133	196	876	82	794
平远县	2		14	34	39	314	35	279
蕉岭县	1	1	15	30	57	265	17	248
兴宁市	4		26	96	136	792	57	735
汕尾市	**8**	**3**	**43**	**308**	**885**	**4751**	**371**	**4380**
城　区			5	80	158	971	107	864
海丰县	5	2	14	75	301	1613	92	1521
陆河县			12	22	43	324	12	312
陆丰市	3	1	12	131	383	1843	160	1683

4-4 续表 58 单位：人

地区 性别	交通运输、仓储和邮政业					住宿和餐饮业		
	航空运输业	管道运输业	多式联运和运输代理业	装卸搬运和仓储业	邮政业	小计	住宿业	餐饮业
河源市	**14**		**82**	**462**	**626**	**5735**	**837**	**4898**
源城区	3		32	112	230	2061	391	1670
紫金县	5		15	71	119	1139	97	1042
龙川县	3		5	109	89	900	121	779
连平县	2		7	33	50	422	48	374
和平县			1	122	61	491	60	431
东源县	1		22	15	77	722	120	602
阳江市	**13**	**2**	**90**	**399**	**677**	**4936**	**532**	**4404**
江城区	7		48	112	320	2141	282	1859
阳东区	3		9	67	114	797	51	746
阳西县			9	44	73	790	105	685
阳春市	3	2	24	176	170	1208	94	1114
清远市	**24**	**1**	**121**	**599**	**1092**	**8276**	**1222**	**7054**
清城区	11		40	158	355	2879	457	2422
清新区	3	1	17	64	169	1311	158	1153
佛冈县	3		18	67	106	713	175	538
阳山县			8	52	60	547	50	497
连山壮族瑶族自治县			1	8	27	144	23	121
连南瑶族自治县				13	28	178	26	152
英德市	4		26	177	257	1911	260	1651
连州市	3		11	60	90	593	73	520
东莞市	**40**	**14**	**1559**	**2022**	**7147**	**30626**	**3354**	**27272**
市辖区	40	14	1559	2022	7147	30626	3354	27272
中山市	**35**	**1**	**359**	**580**	**2236**	**10964**	**1123**	**9841**
市辖区	35	1	359	580	2236	10964	1123	9841
潮州市	**18**	**5**	**135**	**333**	**991**	**4330**	**218**	**4112**
湘桥区	5	2	26	91	236	1203	108	1095
潮安区	6	2	60	142	478	1777	62	1715
饶平县	7	1	49	100	277	1350	48	1302
揭阳市	**40**	**13**	**254**	**818**	**3622**	**12151**	**562**	**11589**
榕城区	25	2	83	108	635	1131	54	1077
揭东区	10	6	48	229	1346	2181	96	2085
揭西县	1		21	103	329	1198	73	1125
惠来县	3		18	61	246	2214	113	2101
普宁市	1	5	84	317	1066	5427	226	5201
云浮市	**14**		**56**	**284**	**574**	**4135**	**377**	**3758**
云城区	1		24	65	119	875	98	777
云安区	1		3	41	23	322	16	306
新兴县	6		2	42	91	1013	162	851
郁南县	1		18	43	116	627	31	596
罗定市	5		9	93	225	1298	70	1228
男	**5100**	**82**	**11832**	**18913**	**48411**	**190729**	**17986**	**172743**
广州市	**2109**	**15**	**2582**	**3875**	**10133**	**34229**	**3579**	**30650**
荔湾区	60		89	158	436	1708	193	1515
越秀区	120		102	100	305	2054	420	1634
海珠区	61	1	191	301	722	3266	347	2919
天河区	61		220	375	1341	6921	635	6286
白云区	1064	7	722	934	3028	7806	688	7118
黄埔区	28	3	319	543	615	1777	130	1647
番禺区	27	1	240	503	1446	5040	456	4584
花都区	652	1	395	264	1225	2078	185	1893
南沙区	7	1	174	387	316	1068	96	972
从化区	13		19	85	188	827	208	619
增城区	16	1	111	225	511	1684	221	1463

4-4 续表 59　　　　单位：人

地区 性别	交通运输、仓储和邮政业					住宿和餐饮业		
	航空运输业	管道运输业	多式联运和运输代理业	装卸搬运和仓储业	邮政业	小计	住宿业	餐饮业
韶关市	**13**	**2**	**66**	**388**	**574**	**2675**	**335**	**2340**
武江区	2		7	43	94	426	50	376
浈江区	5		17	57	109	412	48	364
曲江区	1		6	44	56	280	47	233
始兴县			5	18	30	105	5	100
仁化县	2		7	21	21	179	39	140
翁源县	1	1	4	51	47	256	21	235
乳源瑶族自治县		1	2	36	36	204	30	174
新丰县			7	13	35	267	37	230
乐昌市	2		2	52	58	259	31	228
南雄市			9	53	88	287	27	260
深圳市	**2220**	**7**	**4637**	**2598**	**9496**	**39865**	**4272**	**35593**
罗湖区	53		272	151	554	3108	528	2580
福田区	57	2	270	145	721	5514	484	5030
南山区	240		402	554	890	4963	605	4358
宝安区	1745	1	1907	569	2722	9507	888	8619
龙岗区	77	3	992	527	2142	7858	926	6932
盐田区	3		178	214	78	507	134	373
龙华区	29	1	489	236	1676	5514	508	5006
坪山区	1		56	71	189	837	84	753
光明区	15		71	131	524	2057	115	1942
珠海市	**263**	**3**	**193**	**334**	**652**	**5213**	**1283**	**3930**
香洲区	108	2	102	117	417	3750	1034	2716
斗门区	14	1	25	87	138	875	116	759
金湾区	141		66	130	97	588	133	455
汕头市	**112**	**5**	**276**	**497**	**2226**	**6028**	**452**	**5576**
龙湖区	52	1	79	86	245	752	74	678
金平区	37	2	92	151	425	949	120	829
濠江区	3	1	6	15	47	290	12	278
潮阳区	2	1	23	72	532	1684	89	1595
潮南区			49	90	763	1498	93	1405
澄海区	17		27	74	202	755	44	711
南澳县	1			9	12	100	20	80
佛山市	**48**	**4**	**936**	**2204**	**3910**	**15276**	**1263**	**14013**
禅城区	13		107	388	568	2427	245	2182
南海区	24	3	361	670	1684	6227	510	5717
顺德区	8		360	756	1406	5304	369	4935
三水区	1		87	300	156	835	94	741
高明区	2	1	21	90	96	483	45	438
江门市	**18**	**6**	**260**	**619**	**1073**	**6923**	**394**	**6529**
蓬江区	1	4	65	103	247	984	75	909
江海区	1		20	86	126	436	34	402
新会区	6		37	131	168	822	53	769
台山市	5	1	30	87	143	2262	91	2171
开平市	2	1	58	63	150	931	40	891
鹤山市			41	101	116	690	45	645
恩平市	3		9	48	123	798	56	742
湛江市	**72**	**2**	**154**	**1150**	**1189**	**6926**	**499**	**6427**
赤坎区	9		25	83	112	519	53	466
霞山区	46		41	174	205	940	142	798
坡头区	7		9	42	54	316	23	293
麻章区	1		15	144	85	510	32	478
遂溪县	3		26	151	153	1067	38	1029
徐闻县			3	100	87	511	44	467
廉江市		1	9	104	174	1236	63	1173
雷州市	1		21	192	202	1089	66	1023
吴川市	5	1	5	160	117	738	38	700

4-4　续表 60　　　　　　　　　　　　　　　　　　　　　　　　　　　　　　单位：人

地　区 性　别	交通运输、仓储和邮政业					住宿和餐饮业		
	航　空 运输业	管　道 运输业	多式联运 和运输 代理业	装卸搬运 和仓储业	邮政业	小计	住宿业	餐饮业
茂名市	**14**	**3**	**92**	**860**	**1268**	**5548**	**329**	**5219**
茂南区	5	2	25	208	227	1251	88	1163
电白区	2		20	171	206	1304	110	1194
高州市	1	1	15	157	400	1092	58	1034
化州市	4		16	192	219	1199	48	1151
信宜市	2		16	132	216	702	25	677
肇庆市	**6**	**1**	**143**	**408**	**1023**	**5334**	**296**	**5038**
端州区	3		32	54	198	704	70	634
鼎湖区				28	39	256	21	235
高要区	1		18	89	163	971	24	947
广宁县			6	19	73	586	28	558
怀集县			18	53	158	1031	51	980
封开县			10	26	114	459	39	420
德庆县		1	11	27	73	464	31	433
四会市	2		48	112	205	863	32	831
惠州市	**58**	**3**	**314**	**553**	**1765**	**9604**	**1160**	**8444**
惠城区	23	1	157	170	629	3016	361	2655
惠阳区	28	1	67	167	479	2133	189	1944
博罗县	3		62	117	275	1543	119	1424
惠东县	4	1	23	75	317	2310	337	1973
龙门县			5	24	65	602	154	448
梅州市	**26**	**1**	**97**	**391**	**672**	**2969**	**211**	**2758**
梅江区	8		17	46	104	406	26	380
梅县区	5		12	29	130	614	46	568
大埔县	2		3	22	59	276	16	260
丰顺县	3		7	54	72	458	31	427
五华县	2		9	100	127	479	41	438
平远县	2		14	26	31	140	14	126
蕉岭县		1	11	27	39	134	7	127
兴宁市	4		24	87	110	462	30	432
汕尾市	**6**	**3**	**34**	**278**	**753**	**3080**	**169**	**2911**
城　区			4	64	136	630	55	575
海丰县	4	2	11	70	261	1013	43	970
陆河县			10	20	33	180	5	175
陆丰市	2	1	9	124	323	1257	66	1191
河源市	**11**		**55**	**404**	**494**	**3093**	**360**	**2733**
源城区	2		25	105	181	1090	175	915
紫金县	3		7	62	95	676	39	637
龙川县	3		4	90	72	483	47	436
连平县	2		5	28	42	208	20	188
和平县				108	47	239	20	219
东源县	1		14	11	57	397	59	338
阳江市	**11**	**2**	**82**	**335**	**523**	**2395**	**219**	**2176**
江城区	7		42	100	238	1010	110	900
阳东区	2		8	50	91	394	18	376
阳西县			8	41	59	402	45	357
阳春市	2	2	24	144	135	589	46	543
清远市	**13**	**1**	**100**	**525**	**848**	**4136**	**505**	**3631**
清城区	5		28	132	280	1441	188	1253
清新区	2	1	12	57	143	727	71	656
佛冈县	2		17	65	85	342	75	267
阳山县			7	48	45	275	22	253
连山壮族瑶族自治县			1	7	21	69	11	58
连南瑶族自治县				12	18	82	13	69
英德市	3		24	150	186	929	99	830
连州市	1		11	54	70	271	26	245

4-4 续表 61

单位：人

地区 性别	交通运输、仓储和邮政业					住宿和餐饮业		
	航空运输业	管道运输业	多式联运和运输代理业	装卸搬运和仓储业	邮政业	小计	住宿业	餐饮业
东莞市	**27**	**12**	**1178**	**1697**	**5675**	**17632**	**1609**	**16023**
市辖区	27	12	1178	1697	5675	17632	1609	16023
中山市	**21**	**1**	**259**	**509**	**1830**	**6176**	**520**	**5656**
市辖区	21	1	259	509	1830	6176	520	5656
潮州市	**14**	**4**	**111**	**305**	**828**	**2811**	**99**	**2712**
湘桥区	4	2	24	85	201	732	42	690
潮安区	4	1	46	131	405	1225	31	1194
饶平县	6	1	41	89	222	854	26	828
揭阳市	**27**	**7**	**223**	**753**	**3025**	**8576**	**300**	**8276**
榕城区	18	2	73	97	511	811	31	780
揭东区	5	2	45	211	1047	1557	53	1504
揭西县	1		18	100	278	801	31	770
惠来县	2		15	54	224	1555	55	1500
普宁市	1	3	72	291	965	3852	130	3722
云浮市	**11**		**40**	**230**	**454**	**2240**	**132**	**2108**
云城区	1		18	55	91	394	30	364
云安区	1		2	31	17	146	5	141
新兴县	4			37	68	535	60	475
郁南县	1		15	36	102	350	8	342
罗定市	4		5	71	176	815	29	786
女	**3272**	**23**	**5873**	**3806**	**12214**	**140600**	**20957**	**119643**
广州市	**1562**	**4**	**1325**	**928**	**2716**	**24484**	**4164**	**20320**
荔湾区	37		74	39	102	1218	167	1051
越秀区	87		85	20	92	1449	464	985
海珠区	53		108	49	192	2015	344	1671
天河区	49	1	141	69	324	4330	714	3616
白云区	832	2	389	195	844	5482	937	4545
黄埔区	11		176	166	176	1327	185	1142
番禺区	28	1	102	146	336	3757	528	3229
花都区	445		134	75	345	1674	219	1455
南沙区	7		69	99	74	955	122	833
从化区	8		7	11	51	755	231	524
增城区	5		40	59	180	1522	253	1269
韶关市	**7**		**14**	**93**	**180**	**2991**	**525**	**2466**
武江区	1		3	16	38	424	84	340
浈江区	3		2	7	24	421	87	334
曲江区			3	16	25	394	83	311
始兴县				3	10	134	9	125
仁化县				4	11	203	30	173
翁源县	2		1	8	16	311	50	261
乳源瑶族自治县	1		1	8	9	218	40	178
新丰县			2	2	6	256	49	207
乐昌市			1	14	17	285	43	242
南雄市			1	15	24	345	50	295
深圳市	**1298**	**4**	**3077**	**532**	**2366**	**26213**	**4398**	**21815**
罗湖区	34	1	340	39	107	2240	479	1761
福田区	45	2	227	42	194	3110	469	2641
南山区	206		291	72	235	3235	641	2594
宝安区	942	1	1011	107	642	6256	1003	5253
龙岗区	37		736	105	553	5444	934	4510
盐田区	3		134	87	13	405	136	269
龙华区	25		301	59	479	3590	514	3076
坪山区	2		12	12	33	572	81	491
光明区	4		25	9	110	1361	141	1220

4-4　续表 62　　　　单位：人

地区 性别	交通运输、仓储和邮政业					住宿和餐饮业		
	航空运输业	管道运输业	多式联运和运输代理业	装卸搬运和仓储业	邮政业	小计	住宿业	餐饮业
珠海市	**178**	**1**	**76**	**66**	**176**	**4308**	**1380**	**2928**
香洲区	78	1	51	34	114	3055	1094	1961
斗门区	9		13	20	33	773	150	623
金湾区	91		12	12	29	480	136	344
汕头市	**55**	**1**	**105**	**57**	**424**	**3238**	**371**	**2867**
龙湖区	25		45	7	71	489	65	424
金平区	25		39	22	111	597	92	505
濠江区		1	7	3	18	192	12	180
潮阳区			3	3	65	786	60	726
潮南区			7	16	96	659	71	588
澄海区	5		3	2	60	417	37	380
南澳县			1	4	3	98	34	64
佛山市	**31**	**1**	**357**	**447**	**945**	**12168**	**1548**	**10620**
禅城区	5	1	71	69	136	1853	255	1598
南海区	16		109	176	425	4856	566	4290
顺德区	9		138	85	315	4132	465	3667
三水区	1		35	103	50	850	178	672
高明区			4	14	19	477	84	393
江门市	**7**	**1**	**83**	**113**	**241**	**5879**	**596**	**5283**
蓬江区	1	1	27	26	61	858	125	733
江海区			7	14	22	411	40	371
新会区	1		19	32	39	839	65	774
台山市	4		9	12	30	1643	148	1495
开平市			10	10	28	874	72	802
鹤山市			10	13	25	644	63	581
恩平市	1		1	6	36	610	83	527
湛江市	**26**	**1**	**54**	**248**	**388**	**6116**	**829**	**5287**
赤坎区	3	1	10	13	36	526	87	439
霞山区	16		25	43	60	905	198	707
坡头区			3	6	28	337	46	291
麻章区			9	24	44	504	71	433
遂溪县	2		2	29	42	869	68	801
徐闻县	1			41	28	526	84	442
廉江市	1		1	17	52	944	97	847
雷州市			3	49	53	831	105	726
吴川市	3		1	26	45	674	73	601
茂名市	**4**		**27**	**205**	**411**	**5294**	**469**	**4825**
茂南区			10	51	96	1226	149	1077
电白区	1		5	45	59	1230	138	1092
高州市	1		6	35	104	973	76	897
化州市			5	60	71	1167	64	1103
信宜市	2		1	14	81	698	42	656
肇庆市	**8**		**43**	**162**	**267**	**4508**	**448**	**4060**
端州区	3		5	23	68	700	110	590
鼎湖区				5	18	250	30	220
高要区	3		6	16	33	742	48	694
广宁县			4	7	25	456	49	407
怀集县	1		2	16	37	775	54	721
封开县			1	10	19	382	56	326
德庆县	1		4	9	27	407	40	367
四会市			21	76	40	796	61	735
惠州市	**18**	**1**	**71**	**98**	**441**	**7229**	**1281**	**5948**
惠城区	8		32	36	154	2218	364	1854
惠阳区	4	1	23	33	125	1554	234	1320
博罗县	5		9	12	69	1197	134	1063
惠东县	1		4	11	81	1722	364	1358
龙门县			3	6	12	538	185	353

4－4 续表 63 单位：人

地区 性别	交通运输、仓储和邮政业					住宿和餐饮业		
	航空运输业	管道运输业	多式联运和运输代理业	装卸搬运和仓储业	邮政业	小计	住宿业	餐饮业
梅州市	**13**		**24**	**88**	**239**	**2407**	**265**	**2142**
梅江区	6		6	8	44	344	47	297
梅县区	1		8	7	42	523	53	470
大埔县	1		2	2	13	227	21	206
丰顺县	1		2	18	19	281	45	236
五华县	3			33	69	397	41	356
平远县				8	8	174	21	153
蕉岭县	1		4	3	18	131	10	121
兴宁市			2	9	26	330	27	303
汕尾市	**2**		**9**	**30**	**132**	**1671**	**202**	**1469**
城　区			1	16	22	341	52	289
海丰县	1		3	5	40	600	49	551
陆河县			2	2	10	144	7	137
陆丰市	1		3	7	60	586	94	492
河源市	**3**		**27**	**58**	**132**	**2642**	**477**	**2165**
源城区	1		7	7	49	971	216	755
紫金县	2		8	9	24	463	58	405
龙川县			1	19	17	417	74	343
连平县			2	5	8	214	28	186
和平县			1	14	14	252	40	212
东源县			8	4	20	325	61	264
阳江市	**2**		**8**	**64**	**154**	**2541**	**313**	**2228**
江城区			6	12	82	1131	172	959
阳东区	1		1	17	23	403	33	370
阳西县			1	3	14	388	60	328
阳春市	1			32	35	619	48	571
清远市	**11**		**21**	**74**	**244**	**4140**	**717**	**3423**
清城区	6		12	26	75	1438	269	1169
清新区	1		5	7	26	584	87	497
佛冈县	1		1	2	21	371	100	271
阳山县			1	4	15	272	28	244
连山壮族瑶族自治县				1	6	75	12	63
连南瑶族自治县				1	10	96	13	83
英德市	1		2	27	71	982	161	821
连州市	2			6	20	322	47	275
东莞市	**13**	**2**	**381**	**325**	**1472**	**12994**	**1745**	**11249**
市辖区	13	2	381	325	1472	12994	1745	11249
中山市	**14**		**100**	**71**	**406**	**4788**	**603**	**4185**
市辖区	14		100	71	406	4788	603	4185
潮州市	**4**	**1**	**24**	**28**	**163**	**1519**	**119**	**1400**
湘桥区	1		2	6	35	471	66	405
潮安区	2	1	14	11	73	552	31	521
饶平县	1		8	11	55	496	22	474
揭阳市	**13**	**6**	**31**	**65**	**597**	**3575**	**262**	**3313**
榕城区	7		10	11	124	320	23	297
揭东区	5	4	3	18	299	624	43	581
揭西县			3	3	51	397	42	355
惠来县	1		3	7	22	659	58	601
普宁市		2	12	26	101	1575	96	1479
云浮市	**3**		**16**	**54**	**120**	**1895**	**245**	**1650**
云城区			6	10	28	481	68	413
云安区			1	10	6	176	11	165
新兴县	2		2	5	23	478	102	376
郁南县			3	7	14	277	23	254
罗定市	1		4	22	49	483	41	442

4—4　续表 64

单位：人

地　区 性　别	信息传输、软件和信息技术服务业				金融业				
	小计	电信、广播电视和卫星传输服务	互联网和相关服务	软件和信息技术服务业	小计	货币金融服务	资本市场服务	保险业	其他金融业
广　东	**163688**	**24349**	**60873**	**78466**	**96810**	**39641**	**12668**	**33006**	**11495**
广州市	**45396**	**5426**	**15863**	**24107**	**21401**	**8861**	**2810**	**7005**	**2725**
荔湾区	2235	364	780	1091	1775	954	160	514	147
越秀区	2419	530	548	1341	2221	1234	353	509	125
海珠区	4315	610	1503	2202	2660	1262	371	743	284
天河区	14630	1387	4132	9111	4583	1689	744	1326	824
白云区	6600	786	3060	2754	3184	1243	371	1133	437
黄埔区	3698	383	1000	2315	1136	414	186	384	152
番禺区	7126	637	3038	3451	2967	1084	389	1069	425
花都区	1569	258	794	517	1072	272	73	590	137
南沙区	714	95	233	386	456	175	45	184	52
从化区	303	119	82	102	288	117	13	145	13
增城区	1787	257	693	837	1059	417	105	408	129
韶关市	**1678**	**664**	**661**	**353**	**1353**	**680**	**75**	**504**	**94**
武江区	474	224	144	106	401	221	27	140	13
浈江区	345	135	132	78	271	115	17	105	34
曲江区	169	55	68	46	131	58	10	54	9
始兴县	56	27	21	8	87	51	2	28	6
仁化县	51	29	10	12	58	32		19	7
翁源县	106	36	58	12	108	55	3	44	6
乳源瑶族自治县	60	33	19	8	40	18	2	18	2
新丰县	78	33	31	14	69	30	1	29	9
乐昌市	128	43	66	19	80	48	3	28	1
南雄市	211	49	112	50	108	52	10	39	7
深圳市	**61817**	**4476**	**20813**	**36528**	**28152**	**10150**	**6038**	**7322**	**4642**
罗湖区	3056	400	1260	1396	3157	1253	645	787	472
福田区	5494	720	1428	3346	6451	2325	1718	1266	1142
南山区	12277	660	3922	7695	4624	1652	1213	897	862
宝安区	17796	812	6257	10727	4031	1405	736	1216	674
龙岗区	11873	926	3867	7080	5266	1999	838	1722	707
盐田区	311	38	118	155	257	104	46	87	20
龙华区	9114	688	3120	5306	3752	1204	753	1097	698
坪山区	657	86	337	234	254	81	30	104	39
光明区	1239	146	504	589	360	127	59	146	28
珠海市	**3837**	**564**	**852**	**2421**	**2406**	**1168**	**313**	**688**	**237**
香洲区	3123	422	665	2036	1960	946	281	524	209
斗门区	390	84	82	224	273	133	17	116	7
金湾区	324	58	105	161	173	89	15	48	21
汕头市	**3711**	**777**	**1940**	**994**	**2235**	**954**	**268**	**792**	**221**
龙湖区	645	206	215	224	756	325	115	204	112
金平区	1277	343	617	317	786	313	108	311	54
濠江区	161	21	63	77	61	19	7	21	14
潮阳区	420	82	161	177	242	109	11	108	14
潮南区	849	31	706	112	97	24	4	57	12
澄海区	333	79	174	80	255	141	19	80	15
南澳县	26	15	4	7	38	23	4	11	
佛山市	**9341**	**2278**	**3583**	**3480**	**9708**	**4377**	**814**	**3705**	**812**
禅城区	2346	597	880	869	2424	1065	186	884	289
南海区	3685	876	1343	1466	3945	1768	379	1486	312
顺德区	2510	546	1011	953	2580	1162	212	1024	182
三水区	492	144	223	125	497	244	24	211	18
高明区	308	115	126	67	262	138	13	100	11

4-4 续表 65

单位：人

地区 性别	信息传输、软件和信息技术服务业				金融业				
	小计	电信、广播电视和卫星传输服务	互联网和相关服务	软件和信息技术服务业	小计	货币金融服务	资本市场服务	保险业	其他金融业
江门市	**2703**	**936**	**992**	**775**	**3090**	**1513**	**212**	**1219**	**146**
蓬江区	895	342	269	284	1049	501	91	412	45
江海区	191	59	61	71	208	88	14	91	15
新会区	401	132	122	147	602	331	34	207	30
台山市	307	141	105	61	368	201	17	137	13
开平市	517	88	307	122	320	151	22	134	13
鹤山市	201	100	39	62	371	166	28	156	21
恩平市	191	74	89	28	172	75	6	82	9
湛江市	**2681**	**832**	**1257**	**592**	**2261**	**1136**	**132**	**853**	**140**
赤坎区	363	180	92	91	466	261	22	140	43
霞山区	708	220	351	137	629	293	61	248	27
坡头区	135	28	44	63	79	38	3	34	4
麻章区	113	31	44	38	89	42	4	37	6
遂溪县	220	71	99	50	187	73	6	94	14
徐闻县	102	45	39	18	127	71	5	45	6
廉江市	419	92	253	74	251	140	14	87	10
雷州市	357	67	230	60	227	114	10	82	21
吴川市	264	98	105	61	206	104	7	86	9
茂名市	**2522**	**632**	**1282**	**608**	**2117**	**956**	**104**	**934**	**123**
茂南区	862	265	428	169	815	338	50	380	47
电白区	655	119	418	118	317	179	17	108	13
高州市	416	103	187	126	427	173	22	212	20
化州市	326	87	133	106	304	123	9	144	28
信宜市	263	58	116	89	254	143	6	90	15
肇庆市	**2214**	**662**	**1019**	**533**	**1855**	**842**	**125**	**747**	**141**
端州区	1001	303	490	208	917	446	72	335	64
鼎湖区	201	54	96	51	82	33	7	38	4
高要区	174	47	76	51	217	84	11	112	10
广宁县	131	61	50	20	105	32	1	58	14
怀集县	216	57	102	57	122	44	6	50	22
封开县	77	20	30	27	55	28	2	19	6
德庆县	133	36	42	55	102	46	4	43	9
四会市	281	84	133	64	255	129	22	92	12
惠州市	**4098**	**1067**	**1656**	**1375**	**3318**	**1337**	**289**	**1280**	**412**
惠城区	2072	554	781	737	1843	696	192	707	248
惠阳区	1171	182	593	396	516	190	60	184	82
博罗县	359	111	156	92	425	173	21	176	55
惠东县	375	163	78	134	425	212	14	177	22
龙门县	121	57	48	16	109	66	2	36	5
梅州市	**1425**	**586**	**545**	**294**	**1343**	**635**	**75**	**528**	**105**
梅江区	387	206	105	76	453	219	32	163	39
梅县区	288	131	90	67	240	87	19	102	32
大埔县	81	36	37	8	83	41	2	37	3
丰顺县	120	41	55	24	87	49	3	30	5
五华县	185	44	82	59	141	78	8	50	5
平远县	100	40	45	15	78	40	3	30	5
蕉岭县	70	22	38	10	84	38	2	40	4
兴宁市	194	66	93	35	177	83	6	76	12
汕尾市	**974**	**374**	**394**	**206**	**664**	**296**	**34**	**270**	**64**
城　区	313	136	107	70	266	140	11	91	24
海丰县	366	128	159	79	196	64	9	101	22
陆河县	78	35	32	11	50	28	1	19	2
陆丰市	217	75	96	46	152	64	13	59	16

4-4 续表 66

单位：人

地区 性别	信息传输、软件和信息技术服务业				金融业				
	小计	电信、广播电视和卫星传输服务	互联网和相关服务	软件和信息技术服务业	小计	货币金融服务	资本市场服务	保险业	其他金融业
河源市	**1178**	**489**	**433**	**256**	**1211**	**640**	**53**	**414**	**104**
源城区	664	263	240	161	658	319	39	235	65
紫金县	140	56	49	35	133	64	7	51	11
龙川县	118	64	37	17	178	108	4	55	11
连平县	109	41	57	11	67	46	1	16	4
和平县	74	29	30	15	90	56		30	4
东源县	73	36	20	17	85	47	2	27	9
阳江市	**956**	**374**	**347**	**235**	**954**	**428**	**45**	**387**	**94**
江城区	552	228	201	123	472	206	30	202	34
阳东区	136	60	39	37	101	32	2	45	22
阳西县	93	22	42	29	117	60	6	28	23
阳春市	175	64	65	46	264	130	7	112	15
清远市	**1985**	**725**	**859**	**401**	**1775**	**812**	**90**	**712**	**161**
清城区	1028	361	463	204	953	407	66	386	94
清新区	277	88	128	61	187	60	4	106	17
佛冈县	149	73	40	36	130	74	4	47	5
阳山县	109	41	53	15	91	51	3	26	11
连山壮族瑶族自治县	37	18	12	7	27	17	1	8	1
连南瑶族自治县	29	19	10		38	28		8	2
英德市	232	82	88	62	256	108	9	110	29
连州市	124	43	65	16	93	67	3	21	2
东莞市	**9960**	**1681**	**4979**	**3300**	**7401**	**2762**	**796**	**3123**	**720**
市辖区	9960	1681	4979	3300	7401	2762	796	3123	720
中山市	**2949**	**798**	**1075**	**1076**	**2938**	**1109**	**227**	**1298**	**304**
市辖区	2949	798	1075	1076	2938	1109	227	1298	304
潮州市	**1098**	**356**	**522**	**220**	**925**	**432**	**72**	**345**	**76**
湘桥区	393	186	131	76	458	222	33	152	51
潮安区	442	98	259	85	307	127	23	144	13
饶平县	263	72	132	59	160	83	16	49	12
揭阳市	**2526**	**307**	**1629**	**590**	**1008**	**217**	**56**	**601**	**134**
榕城区	474	113	203	158	330	51	22	225	32
揭东区	682	58	483	141	226	55	9	120	42
揭西县	234	34	150	50	112	38	2	63	9
惠来县	122	44	30	48	97	29	9	45	14
普宁市	1014	58	763	193	243	44	14	148	37
云浮市	**639**	**345**	**172**	**122**	**695**	**336**	**40**	**279**	**40**
云城区	266	184	47	35	365	178	19	151	17
云安区	33	17	9	7	31	18	3	10	
新兴县	74	43	17	14	123	59	10	47	7
郁南县	93	38	27	28	66	31	2	23	10
罗定市	173	63	72	38	110	50	6	48	6
男	**111299**	**15103**	**42331**	**53865**	**48092**	**19893**	**7655**	**14046**	**6498**
广州市	**30052**	**3300**	**10472**	**16280**	**10316**	**4075**	**1680**	**3053**	**1508**
荔湾区	1385	214	533	638	810	420	95	218	77
越秀区	1487	308	333	846	1033	531	220	205	77
海珠区	2670	368	936	1366	1254	544	216	328	166
天河区	9799	829	2687	6283	2279	780	443	619	437
白云区	4383	481	1997	1905	1564	589	218	510	247
黄埔区	2483	256	683	1544	544	191	110	157	86
番禺区	4797	400	2004	2393	1465	533	228	454	250
花都区	1098	163	571	364	467	123	38	242	64
南沙区	483	59	154	270	229	89	25	88	27
从化区	199	74	56	69	120	53	12	47	8
增城区	1268	148	518	602	551	222	75	185	69

4-4 续表 67 单位：人

地区 性别	信息传输、软件和信息技术服务业				金融业				
	小计	电信、广播电视和卫星传输服务	互联网和相关服务	软件和信息技术服务业	小计	货币金融服务	资本市场服务	保险业	其他金融业
韶关市	**1119**	**367**	**509**	**243**	**652**	**381**	**44**	**173**	**54**
武江区	302	110	116	76	185	119	15	44	7
浈江区	216	71	93	52	130	59	10	43	18
曲江区	120	37	50	33	63	35	8	15	5
始兴县	32	13	15	4	53	34	2	13	4
仁化县	28	14	7	7	22	16		3	3
翁源县	74	17	48	9	45	26	1	15	3
乳源瑶族自治县	38	22	12	4	16	9	1	5	1
新丰县	53	20	21	12	37	18	1	10	8
乐昌市	91	29	51	11	42	31	2	8	1
南雄市	165	34	96	35	59	34	4	17	4
深圳市	**43077**	**2869**	**14987**	**25221**	**14315**	**4972**	**3631**	**3094**	**2618**
罗湖区	2182	250	995	937	1519	562	375	308	274
福田区	3502	434	917	2151	3235	1102	999	536	598
南山区	8022	405	2586	5031	2338	787	718	370	463
宝安区	12563	530	4389	7644	2034	712	446	479	397
龙岗区	8512	590	2907	5015	2695	1005	530	757	403
盐田区	238	27	100	111	147	56	31	44	16
龙华区	6627	465	2398	3764	2050	645	472	505	428
坪山区	490	62	259	169	120	36	21	39	24
光明区	941	106	436	399	177	67	39	56	15
珠海市	**2479**	**327**	**574**	**1578**	**1152**	**556**	**186**	**267**	**143**
香洲区	2010	242	448	1320	938	446	164	201	127
斗门区	273	54	58	161	136	71	13	45	7
金湾区	196	31	68	97	78	39	9	21	9
汕头市	**2479**	**469**	**1314**	**696**	**1228**	**534**	**171**	**394**	**129**
龙湖区	411	125	137	149	398	173	72	99	54
金平区	858	199	438	221	413	180	68	123	42
濠江区	116	16	43	57	36	10	5	12	9
潮阳区	296	54	108	134	145	62	7	65	11
潮南区	559	25	461	73	72	20	2	42	8
澄海区	224	42	125	57	141	76	15	45	5
南澳县	15	8	2	5	23	13	2	8	
佛山市	**6262**	**1407**	**2492**	**2363**	**4356**	**1988**	**508**	**1435**	**425**
禅城区	1547	355	638	554	1151	493	115	383	160
南海区	2408	521	899	988	1764	785	238	593	148
顺德区	1702	364	658	680	1116	529	128	357	102
三水区	374	93	186	95	209	108	18	73	10
高明区	231	74	111	46	116	73	9	29	5
江门市	**1835**	**577**	**722**	**536**	**1516**	**809**	**122**	**494**	**91**
蓬江区	555	187	188	180	476	240	50	158	28
江海区	144	43	46	55	92	39	9	35	9
新会区	265	88	78	99	315	192	18	87	18
台山市	196	90	56	50	200	125	11	58	6
开平市	412	60	263	89	165	86	12	58	9
鹤山市	130	63	25	42	181	82	18	65	16
恩平市	133	46	66	21	87	45	4	33	5
湛江市	**1844**	**502**	**929**	**413**	**1166**	**652**	**86**	**342**	**86**
赤坎区	230	104	71	55	248	147	17	58	26
霞山区	497	121	284	92	288	153	40	77	18
坡头区	89	20	30	39	38	20	3	14	1
麻章区	74	18	28	28	52	25	1	23	3
遂溪县	137	45	54	38	96	47	2	41	6
徐闻县	69	28	28	13	60	42	2	12	4
廉江市	306	60	190	56	143	91	11	35	6
雷州市	259	46	171	42	146	74	5	54	13
吴川市	183	60	73	50	95	53	5	28	9

4—4 续表 68

单位：人

地区 性别	信息传输、软件和信息技术服务业				金融业				
	小计	电信、广播电视和卫星传输服务	互联网和相关服务	软件和信息技术服务业	小计	货币金融服务	资本市场服务	保险业	其他金融业
茂名市	**1805**	**389**	**928**	**488**	**1159**	**579**	**62**	**434**	**84**
茂南区	581	155	298	128	368	177	28	134	29
电白区	512	69	346	97	192	107	13	60	12
高州市	306	76	125	105	270	117	14	124	15
化州市	216	48	83	85	168	71	4	73	20
信宜市	190	41	76	73	161	107	3	43	8
肇庆市	**1478**	**389**	**711**	**378**	**899**	**431**	**78**	**311**	**79**
端州区	672	177	353	142	434	216	45	141	32
鼎湖区	145	32	74	39	34	13	4	14	3
高要区	110	21	50	39	102	45	9	41	7
广宁县	81	39	26	16	42	16	1	21	4
怀集县	144	35	68	41	70	26	3	28	13
封开县	50	10	22	18	33	17	1	10	5
德庆县	88	24	27	37	55	28	1	19	7
四会市	188	51	91	46	129	70	14	37	8
惠州市	**2774**	**676**	**1129**	**969**	**1667**	**738**	**177**	**525**	**227**
惠城区	1385	342	536	507	909	377	116	279	137
惠阳区	814	121	404	289	264	109	38	70	47
博罗县	231	67	98	66	220	96	13	81	30
惠东县	253	106	50	97	225	125	8	80	12
龙门县	91	40	41	10	49	31	2	15	1
梅州市	**919**	**351**	**354**	**214**	**722**	**368**	**56**	**223**	**75**
梅江区	240	112	75	53	242	123	23	66	30
梅县区	173	75	54	44	128	47	14	45	22
大埔县	55	24	25	6	45	25	2	17	1
丰顺县	81	26	33	22	49	27	2	16	4
五华县	127	30	54	43	81	49	8	22	2
平远县	58	27	22	9	45	27	2	14	2
蕉岭县	48	15	23	10	37	20	1	13	3
兴宁市	137	42	68	27	95	50	4	30	11
汕尾市	**702**	**269**	**274**	**159**	**401**	**181**	**27**	**149**	**44**
城　区	219	90	75	54	155	87	8	46	14
海丰县	267	101	108	58	123	41	6	59	17
陆河县	56	22	24	10	24	15	1	7	1
陆丰市	160	56	67	37	99	38	12	37	12
河源市	**775**	**307**	**287**	**181**	**625**	**360**	**29**	**179**	**57**
源城区	444	169	156	119	311	161	22	95	33
紫金县	93	36	34	23	79	37	5	28	9
龙川县	77	40	26	11	103	71	1	25	6
连平县	63	23	33	7	34	24	1	6	3
和平县	49	18	21	10	52	35		15	2
东源县	49	21	17	11	46	32		10	4
阳江市	**642**	**233**	**227**	**182**	**491**	**249**	**30**	**162**	**50**
江城区	360	137	134	89	233	107	20	85	21
阳东区	92	37	22	33	47	16	2	19	10
阳西县	72	17	30	25	68	42	5	9	12
阳春市	118	42	41	35	143	84	3	49	7
清远市	**1378**	**444**	**649**	**285**	**855**	**445**	**49**	**277**	**84**
清城区	729	214	366	149	448	212	36	158	42
清新区	201	59	99	43	83	37	3	35	8
佛冈县	109	48	32	29	66	38	1	23	4
阳山县	70	24	39	7	55	31	2	12	10
连山壮族瑶族自治县	25	11	8	6	17	11	1	5	
连南瑶族自治县	21	16	5		20	16		3	1
英德市	144	49	55	40	112	58	4	32	18
连州市	79	23	45	11	54	42	2	9	1

4-4 续表 69

单位：人

地区 性别	信息传输、软件和信息技术服务业				金融业				
	小计	电信、广播电视和卫星传输服务	互联网和相关服务	软件和信息技术服务业	小计	货币金融服务	资本市场服务	保险业	其他金融业
东莞市	**7021**	**1092**	**3609**	**2320**	**3751**	**1444**	**478**	**1417**	**412**
市辖区	7021	1092	3609	2320	3751	1444	478	1417	412
中山市	**1926**	**507**	**683**	**736**	**1371**	**572**	**141**	**473**	**185**
市辖区	1926	507	683	736	1371	572	141	473	185
潮州市	**730**	**225**	**344**	**161**	**499**	**241**	**39**	**174**	**45**
湘桥区	256	120	77	59	242	122	18	71	31
潮安区	294	60	173	61	159	68	11	72	8
饶平县	180	45	94	41	98	51	10	31	6
揭阳市	**1596**	**201**	**1023**	**372**	**603**	**121**	**37**	**364**	**81**
榕城区	304	69	124	111	206	32	14	138	22
揭东区	401	40	276	85	118	27	5	60	26
揭西县	155	26	99	30	65	18	1	41	5
惠来县	90	28	25	37	69	22	5	31	11
普宁市	646	38	499	109	145	22	12	94	17
云浮市	**406**	**202**	**114**	**90**	**348**	**197**	**24**	**106**	**21**
云城区	156	104	26	26	178	105	11	57	5
云安区	25	9	9	7	11	7	3	1	
新兴县	42	20	12	10	55	30	5	14	6
郁南县	60	25	15	20	37	20	1	11	5
罗定市	123	44	52	27	67	35	4	23	5
女	**52389**	**9246**	**18542**	**24601**	**48718**	**19748**	**5013**	**18960**	**4997**
广州市	**15344**	**2126**	**5391**	**7827**	**11085**	**4786**	**1130**	**3952**	**1217**
荔湾区	850	150	247	453	965	534	65	296	70
越秀区	932	222	215	495	1188	703	133	304	48
海珠区	1645	242	567	836	1406	718	155	415	118
天河区	4831	558	1445	2828	2304	909	301	707	387
白云区	2217	305	1063	849	1620	654	153	623	190
黄埔区	1215	127	317	771	592	223	76	227	66
番禺区	2329	237	1034	1058	1502	551	161	615	175
花都区	471	95	223	153	605	149	35	348	73
南沙区	231	36	79	116	227	86	20	96	25
从化区	104	45	26	33	168	64	1	98	5
增城区	519	109	175	235	508	195	30	223	60
韶关市	**559**	**297**	**152**	**110**	**701**	**299**	**31**	**331**	**40**
武江区	172	114	28	30	216	102	12	96	6
浈江区	129	64	39	26	141	56	7	62	16
曲江区	49	18	18	13	68	23	2	39	4
始兴县	24	14	6	4	34	17		15	2
仁化县	23	15	3	5	36	16		16	4
翁源县	32	19	10	3	63	29	2	29	3
乳源瑶族自治县	22	11	7	4	24	9	1	13	1
新丰县	25	13	10	2	32	12		19	1
乐昌市	37	14	15	8	38	17	1	20	
南雄市	46	15	16	15	49	18	6	22	3
深圳市	**18740**	**1607**	**5826**	**11307**	**13837**	**5178**	**2407**	**4228**	**2024**
罗湖区	874	150	265	459	1638	691	270	479	198
福田区	1992	286	511	1195	3216	1223	719	730	544
南山区	4255	255	1336	2664	2286	865	495	527	399
宝安区	5233	282	1868	3083	1997	693	290	737	277
龙岗区	3361	336	960	2065	2571	994	308	965	304
盐田区	73	11	18	44	110	48	15	43	4
龙华区	2487	223	722	1542	1702	559	281	592	270
坪山区	167	24	78	65	134	45	9	65	15
光明区	298	40	68	190	183	60	20	90	13

4-4 续表 70

单位：人

地区 性别	信息传输、软件和信息技术服务业				金融业				
	小计	电信、广播电视和卫星传输服务	互联网和相关服务	软件和信息技术服务业	小计	货币金融服务	资本市场服务	保险业	其他金融业
珠海市	**1358**	**237**	**278**	**843**	**1254**	**612**	**127**	**421**	**94**
香洲区	1113	180	217	716	1022	500	117	323	82
斗门区	117	30	24	63	137	62	4	71	
金湾区	128	27	37	64	95	50	6	27	12
汕头市	**1232**	**308**	**626**	**298**	**1007**	**420**	**97**	**398**	**92**
龙湖区	234	81	78	75	358	152	43	105	58
金平区	419	144	179	96	373	133	40	188	12
濠江区	45	5	20	20	25	9	2	9	5
潮阳区	124	28	53	43	97	47	4	43	3
潮南区	290	6	245	39	25	4	2	15	4
澄海区	109	37	49	23	114	65	4	35	10
南澳县	11	7	2	2	15	10	2	3	
佛山市	**3079**	**871**	**1091**	**1117**	**5352**	**2389**	**306**	**2270**	**387**
禅城区	799	242	242	315	1273	572	71	501	129
南海区	1277	355	444	478	2181	983	141	893	164
顺德区	808	182	353	273	1464	633	84	667	80
三水区	118	51	37	30	288	136	6	138	8
高明区	77	41	15	21	146	65	4	71	6
江门市	**868**	**359**	**270**	**239**	**1574**	**704**	**90**	**725**	**55**
蓬江区	340	155	81	104	573	261	41	254	17
江海区	47	16	15	16	116	49	5	56	6
新会区	136	44	44	48	287	139	16	120	12
台山市	111	51	49	11	168	76	6	79	7
开平市	105	28	44	33	155	65	10	76	4
鹤山市	71	37	14	20	190	84	10	91	5
恩平市	58	28	23	7	85	30	2	49	4
湛江市	**837**	**330**	**328**	**179**	**1095**	**484**	**46**	**511**	**54**
赤坎区	133	76	21	36	218	114	5	82	17
霞山区	211	99	67	45	341	140	21	171	9
坡头区	46	8	14	24	41	18		20	3
麻章区	39	13	16	10	37	17	3	14	3
遂溪县	83	26	45	12	91	26	4	53	8
徐闻县	33	17	11	5	67	29	3	33	2
廉江市	113	32	63	18	108	49	3	52	4
雷州市	98	21	59	18	81	40	5	28	8
吴川市	81	38	32	11	111	51	2	58	
茂名市	**717**	**243**	**354**	**120**	**958**	**377**	**42**	**500**	**39**
茂南区	281	110	130	41	447	161	22	246	18
电白区	143	50	72	21	125	72	4	48	1
高州市	110	27	62	21	157	56	8	88	5
化州市	110	39	50	21	136	52	5	71	8
信宜市	73	17	40	16	93	36	3	47	7
肇庆市	**736**	**273**	**308**	**155**	**956**	**411**	**47**	**436**	**62**
端州区	329	126	137	66	483	230	27	194	32
鼎湖区	56	22	22	12	48	20	3	24	1
高要区	64	26	26	12	115	39	2	71	3
广宁县	50	22	24	4	63	16		37	10
怀集县	72	22	34	16	52	18	3	22	9
封开县	27	10	8	9	22	11	1	9	1
德庆县	45	12	15	18	47	18	3	24	2
四会市	93	33	42	18	126	59	8	55	4
惠州市	**1324**	**391**	**527**	**406**	**1651**	**599**	**112**	**755**	**185**
惠城区	687	212	245	230	934	319	76	428	111
惠阳区	357	61	189	107	252	81	22	114	35
博罗县	128	44	58	26	205	77	8	95	25
惠东县	122	57	28	37	200	87	6	97	10
龙门县	30	17	7	6	60	35		21	4

4−4 续表 71

单位：人

地区 性别	信息传输、软件和信息技术服务业				金融业				
	小计	电信、广播电视和卫星传输服务	互联网和相关服务	软件和信息技术服务业	小计	货币金融服务	资本市场服务	保险业	其他金融业
梅州市	**506**	**235**	**191**	**80**	**621**	**267**	**19**	**305**	**30**
梅江区	147	94	30	23	211	96	9	97	9
梅县区	115	56	36	23	112	40	5	57	10
大埔县	26	12	12	2	38	16		20	2
丰顺县	39	15	22	2	38	22	1	14	1
五华县	58	14	28	16	60	29		28	3
平远县	42	13	23	6	33	13	1	16	3
蕉岭县	22	7	15		47	18	1	27	1
兴宁市	57	24	25	8	82	33	2	46	1
汕尾市	**272**	**105**	**120**	**47**	**263**	**115**	**7**	**121**	**20**
城　区	94	46	32	16	111	53	3	45	10
海丰县	99	27	51	21	73	23	3	42	5
陆河县	22	13	8	1	26	13		12	1
陆丰市	57	19	29	9	53	26	1	22	4
河源市	**403**	**182**	**146**	**75**	**586**	**280**	**24**	**235**	**47**
源城区	220	94	84	42	347	158	17	140	32
紫金县	47	20	15	12	54	27	2	23	2
龙川县	41	24	11	6	75	37	3	30	5
连平县	46	18	24	4	33	22		10	1
和平县	25	11	9	5	38	21		15	2
东源县	24	15	3	6	39	15	2	17	5
阳江市	**314**	**141**	**120**	**53**	**463**	**179**	**15**	**225**	**44**
江城区	192	91	67	34	239	99	10	117	13
阳东区	44	23	17	4	54	16		26	12
阳西县	21	5	12	4	49	18	1	19	11
阳春市	57	22	24	11	121	46	4	63	8
清远市	**607**	**281**	**210**	**116**	**920**	**367**	**41**	**435**	**77**
清城区	299	147	97	55	505	195	30	228	52
清新区	76	29	29	18	104	23	1	71	9
佛冈县	40	25	8	7	64	36	3	24	1
阳山县	39	17	14	8	36	20	1	14	1
连山壮族瑶族自治县	12	7	4	1	10	6		3	1
连南瑶族自治县	8	3	5		18	12		5	1
英德市	88	33	33	22	144	50	5	78	11
连州市	45	20	20	5	39	25	1	12	1
东莞市	**2939**	**589**	**1370**	**980**	**3650**	**1318**	**318**	**1706**	**308**
市辖区	2939	589	1370	980	3650	1318	318	1706	308
中山市	**1023**	**291**	**392**	**340**	**1567**	**537**	**86**	**825**	**119**
市辖区	1023	291	392	340	1567	537	86	825	119
潮州市	**368**	**131**	**178**	**59**	**426**	**191**	**33**	**171**	**31**
湘桥区	137	66	54	17	216	100	15	81	20
潮安区	148	38	86	24	148	59	12	72	5
饶平县	83	27	38	18	62	32	6	18	6
揭阳市	**930**	**106**	**606**	**218**	**405**	**96**	**19**	**237**	**53**
榕城区	170	44	79	47	124	19	8	87	10
揭东区	281	18	207	56	108	28	4	60	16
揭西县	79	8	51	20	47	20	1	22	4
惠来县	32	16	5	11	28	7	4	14	3
普宁市	368	20	264	84	98	22	2	54	20
云浮市	**233**	**143**	**58**	**32**	**347**	**139**	**16**	**173**	**19**
云城区	110	80	21	9	187	73	8	94	12
云安区	8	8			20	11		9	
新兴县	32	23	5	4	68	29	5	33	1
郁南县	33	13	12	8	29	11	1	12	5
罗定市	50	19	20	11	43	15	2	25	1

4-4　续表 72　　　　　　　　　　　　　　　　　　　　　　　　　　　单位：人

地区 性别	房地产业		租赁和商务服务业			科学研究和技术服务业			
	小计	房地产业	小计	租赁业	商务服务业	小计	研究和试验发展	专业技术服务业	科技推广和应用服务业
广　东	**151286**	**151286**	**184146**	**9952**	**174194**	**87581**	**13755**	**58743**	**15083**
广州市	**31774**	**31774**	**44744**	**2101**	**42643**	**25518**	**5315**	**15632**	**4571**
荔湾区	2106	2106	2613	69	2544	1274	216	876	182
越秀区	2378	2378	2847	73	2774	1884	365	1330	189
海珠区	3286	3286	5655	146	5509	2736	522	1774	440
天河区	5866	5866	9592	511	9081	5960	1339	3320	1301
白云区	5127	5127	7631	354	7277	3005	437	2082	486
黄埔区	2241	2241	3518	178	3340	3296	947	1588	761
番禺区	4845	4845	6097	294	5803	4026	874	2501	651
花都区	1864	1864	2962	170	2792	1042	152	738	152
南沙区	1480	1480	1424	151	1273	944	196	584	164
从化区	601	601	676	51	625	221	52	152	17
增城区	1980	1980	1729	104	1625	1130	215	687	228
韶关市	**1855**	**1855**	**2072**	**203**	**1869**	**1013**	**84**	**804**	**125**
武江区	474	474	407	27	380	334	26	278	30
浈江区	334	334	415	26	389	151	18	110	23
曲江区	202	202	288	26	262	151	7	121	23
始兴县	82	82	117	12	105	44	4	38	2
仁化县	89	89	143	25	118	65	4	50	11
翁源县	105	105	130	21	109	54	1	47	6
乳源瑶族自治县	88	88	124	13	111	45	11	28	6
新丰县	73	73	75	9	66	35	2	31	2
乐昌市	197	197	138	23	115	62	4	48	10
南雄市	211	211	235	21	214	72	7	53	12
深圳市	**44683**	**44683**	**51904**	**2690**	**49214**	**25783**	**3559**	**17894**	**4330**
罗湖区	4180	4180	3517	94	3423	1466	170	1084	212
福田区	6016	6016	7380	175	7205	3003	382	2092	529
南山区	6672	6672	6657	308	6349	4418	735	2881	802
宝安区	9182	9182	10783	648	10135	5530	571	3860	1099
龙岗区	8875	8875	11487	623	10864	5906	762	4279	865
盐田区	793	793	676	38	638	402	194	184	24
龙华区	6204	6204	8867	556	8311	3935	564	2700	671
坪山区	960	960	986	98	888	464	108	282	74
光明区	1801	1801	1551	150	1401	659	73	532	54
珠海市	**5426**	**5426**	**5503**	**366**	**5137**	**2613**	**790**	**1493**	**330**
香洲区	3928	3928	3995	209	3786	2022	635	1145	242
斗门区	958	958	820	68	752	318	66	199	53
金湾区	540	540	688	89	599	273	89	149	35
汕头市	**2463**	**2463**	**4271**	**150**	**4121**	**2189**	**140**	**1665**	**384**
龙湖区	716	716	983	32	951	470	35	349	86
金平区	840	840	885	24	861	496	64	391	41
濠江区	230	230	194	9	185	114	14	93	7
潮阳区	282	282	854	33	821	447	11	362	74
潮南区	171	171	910	39	871	262	8	147	107
澄海区	166	166	419	8	411	390	7	315	68
南澳县	58	58	26	5	21	10	1	8	1
佛山市	**13354**	**13354**	**13144**	**706**	**12438**	**6778**	**1097**	**4497**	**1184**
禅城区	2222	2222	2743	64	2679	1318	166	905	247
南海区	4756	4756	5580	386	5194	2555	448	1651	456
顺德区	4477	4477	3487	181	3306	2319	393	1553	373
三水区	1156	1156	1013	53	960	431	67	281	83
高明区	743	743	321	22	299	155	23	107	25

4-4 续表 73

单位：人

地区 性别	房地产业		租赁和商务服务业			科学研究和技术服务业			
	小计	房地产业	小计	租赁业	商务服务业	小计	研究和试验发展	专业技术服务业	科技推广和应用服务业
江门市	**3820**	**3820**	**4539**	**246**	**4293**	**1822**	**145**	**1379**	**298**
蓬江区	972	972	1203	60	1143	580	78	399	103
江海区	416	416	275	14	261	151	3	125	23
新会区	567	567	954	44	910	322	30	236	56
台山市	566	566	659	23	636	207	10	149	48
开平市	386	386	856	53	803	288	16	230	42
鹤山市	650	650	320	32	288	177	6	155	16
恩平市	263	263	272	20	252	97	2	85	10
湛江市	**3088**	**3088**	**3844**	**430**	**3414**	**1764**	**162**	**1442**	**160**
赤坎区	635	635	591	15	576	254	33	181	40
霞山区	786	786	833	57	776	344	55	271	18
坡头区	209	209	226	44	182	191	14	168	9
麻章区	124	124	304	80	224	201	22	173	6
遂溪县	252	252	372	34	338	154	14	104	36
徐闻县	145	145	256	15	241	72	5	56	11
廉江市	352	352	381	56	325	114	6	99	9
雷州市	223	223	485	27	458	169	11	142	16
吴川市	362	362	396	102	294	265	2	248	15
茂名市	**2433**	**2433**	**4135**	**375**	**3760**	**1454**	**79**	**1222**	**153**
茂南区	870	870	872	35	837	457	32	396	29
电白区	444	444	731	165	566	274	15	240	19
高州市	503	503	1027	69	958	284	19	233	32
化州市	329	329	986	65	921	296	6	238	52
信宜市	287	287	519	41	478	143	7	115	21
肇庆市	**2985**	**2985**	**3083**	**193**	**2890**	**1099**	**141**	**756**	**202**
端州区	876	876	848	34	814	397	58	278	61
鼎湖区	235	235	254	10	244	63	7	50	6
高要区	356	356	405	56	349	106	9	85	12
广宁县	231	231	217	15	202	63	5	44	14
怀集县	341	341	466	21	445	114	10	78	26
封开县	134	134	188	19	169	64	3	30	31
德庆县	91	91	366	11	355	101	8	64	29
四会市	721	721	339	27	312	191	41	127	23
惠州市	**8518**	**8518**	**6136**	**441**	**5695**	**2712**	**283**	**1916**	**513**
惠城区	3424	3424	2913	175	2738	1355	153	928	274
惠阳区	2796	2796	1361	159	1202	685	79	492	114
博罗县	1050	1050	977	85	892	409	30	284	95
惠东县	1007	1007	739	18	721	221	16	180	25
龙门县	241	241	146	4	142	42	5	32	5
梅州市	**1653**	**1653**	**2468**	**198**	**2270**	**675**	**45**	**534**	**96**
梅江区	396	396	481	17	464	189	17	146	26
梅县区	375	375	419	22	397	116	11	89	16
大埔县	142	142	170	7	163	33	2	26	5
丰顺县	111	111	248	12	236	72	5	44	23
五华县	183	183	467	75	392	110	6	91	13
平远县	58	58	109	6	103	39	2	34	3
蕉岭县	109	109	94	12	82	37	1	34	2
兴宁市	279	279	480	47	433	79	1	70	8
汕尾市	**917**	**917**	**1847**	**142**	**1705**	**506**	**32**	**406**	**68**
城区	291	291	337	8	329	114	10	93	11
海丰县	359	359	692	43	649	220	12	173	35
陆河县	53	53	246	44	202	57	1	49	7
陆丰市	214	214	572	47	525	115	9	91	15

4-4　续表 74

单位：人

地　区 性　别	房地产业 小计	房地产业	租赁和商务服务业 小计	租赁业	商务服务业	科学研究和技术服务业 小计	研究和试验发展	专业技术服务业	科技推广和应用服务业
河源市	**1928**	**1928**	**1735**	**138**	**1597**	**653**	**41**	**517**	**95**
源城区	1046	1046	802	33	769	345	16	282	47
紫金县	251	251	290	13	277	87	11	61	15
龙川县	207	207	249	35	214	97	9	76	12
连平县	78	78	100	7	93	38		31	7
和平县	93	93	110	34	76	36		30	6
东源县	253	253	184	16	168	50	5	37	8
阳江市	**1503**	**1503**	**2138**	**107**	**2031**	**695**	**41**	**544**	**110**
江城区	710	710	1052	36	1016	277	22	222	33
阳东区	249	249	334	5	329	93	8	84	1
阳西县	216	216	288	32	256	184	6	114	64
阳春市	328	328	464	34	430	141	5	124	12
清远市	**3700**	**3700**	**2508**	**201**	**2307**	**937**	**57**	**766**	**114**
清城区	1955	1955	1293	95	1198	577	39	465	73
清新区	632	632	260	17	243	79	5	70	4
佛冈县	291	291	156	17	139	56	6	45	5
阳山县	112	112	116	15	101	35	1	31	3
连山壮族瑶族自治县	14	14	32		32	6		6	
连南瑶族自治县	20	20	54	3	51	19		14	5
英德市	520	520	488	41	447	136	5	111	20
连州市	156	156	109	13	96	29	1	24	4
东莞市	**12125**	**12125**	**15805**	**743**	**15062**	**7026**	**1309**	**4091**	**1626**
市辖区	12125	12125	15805	743	15062	7026	1309	4091	1626
中山市	**5301**	**5301**	**5565**	**275**	**5290**	**2448**	**284**	**1767**	**397**
市辖区	5301	5301	5565	275	5290	2448	284	1767	397
潮州市	**578**	**578**	**1440**	**40**	**1400**	**609**	**50**	**503**	**56**
湘桥区	300	300	502	15	487	222	22	180	20
潮安区	136	136	540	11	529	266	19	231	16
饶平县	142	142	398	14	384	121	9	92	20
揭阳市	**2071**	**2071**	**6302**	**148**	**6154**	**865**	**55**	**598**	**212**
榕城区	920	920	1622	39	1583	275	26	197	52
揭东区	268	268	1346	34	1312	171	6	117	48
揭西县	107	107	516	24	492	77	3	56	18
惠来县	221	221	338	9	329	67	5	53	9
普宁市	555	555	2480	42	2438	275	15	175	85
云浮市	**1111**	**1111**	**963**	**59**	**904**	**422**	**46**	**317**	**59**
云城区	341	341	226	8	218	169	17	138	14
云安区	72	72	66	2	64	29	3	13	13
新兴县	279	279	198	25	173	90	14	66	10
郁南县	162	162	142	11	131	40	4	31	5
罗定市	257	257	331	13	318	94	8	69	17
男	**96857**	**96857**	**110473**	**8271**	**102202**	**57479**	**8637**	**39636**	**9206**
广州市	**19978**	**19978**	**24917**	**1675**	**23242**	**15902**	**3149**	**10093**	**2660**
荔湾区	1292	1292	1385	59	1326	760	114	542	104
越秀区	1492	1492	1402	53	1349	1151	203	840	108
海珠区	2035	2035	3041	112	2929	1621	302	1077	242
天河区	3725	3725	5135	414	4721	3715	814	2119	782
白云区	3390	3390	4370	286	4084	1901	251	1395	255
黄埔区	1413	1413	2041	136	1905	2026	571	1039	416
番禺区	3035	3035	3491	218	3273	2527	533	1589	405
花都区	1129	1129	1704	134	1570	727	108	525	94
南沙区	897	897	923	137	786	597	105	384	108
从化区	363	363	411	41	370	139	20	113	6
增城区	1207	1207	1014	85	929	738	128	470	140

4-4 续表 75

单位：人

地区 性别	房地产业		租赁和商务服务业			科学研究和技术服务业			
	小计	房地产业	小计	租赁业	商务服务业	小计	研究和试验发展	专业技术服务业	科技推广和应用服务业
韶关市	**1101**	**1101**	**1302**	**179**	**1123**	**715**	**55**	**582**	**78**
武江区	277	277	241	21	220	231	15	197	19
浈江区	197	197	241	20	221	96	7	76	13
曲江区	112	112	179	20	159	113	6	91	16
始兴县	49	49	78	12	66	33	4	28	1
仁化县	52	52	84	24	60	47	4	39	4
翁源县	56	56	89	20	69	30	1	25	4
乳源瑶族自治县	56	56	89	12	77	30	8	19	3
新丰县	45	45	53	9	44	27	2	23	2
乐昌市	127	127	104	22	82	51	2	43	6
南雄市	130	130	144	19	125	57	6	41	10
深圳市	**30639**	**30639**	**31887**	**2161**	**29726**	**16669**	**2271**	**11821**	**2577**
罗湖区	2950	2950	1925	64	1861	911	101	688	122
福田区	4129	4129	4030	110	3920	1785	230	1263	292
南山区	4472	4472	4019	227	3792	2687	468	1742	477
宝安区	6310	6310	6956	537	6419	3701	396	2634	671
龙岗区	6064	6064	6932	501	6431	4008	517	2966	525
盐田区	524	524	464	31	433	239	91	133	15
龙华区	4236	4236	5730	478	5252	2515	351	1770	394
坪山区	713	713	690	82	608	334	69	215	50
光明区	1241	1241	1141	131	1010	489	48	410	31
珠海市	**3277**	**3277**	**3225**	**296**	**2929**	**1681**	**458**	**1037**	**186**
香洲区	2402	2402	2260	164	2096	1285	367	779	139
斗门区	567	567	489	52	437	213	42	144	27
金湾区	308	308	476	80	396	183	49	114	20
汕头市	**1693**	**1693**	**2685**	**128**	**2557**	**1547**	**81**	**1206**	**260**
龙湖区	466	466	591	23	568	316	20	239	57
金平区	568	568	522	19	503	313	35	259	19
濠江区	167	167	120	9	111	82	7	72	3
潮阳区	225	225	569	32	537	371	6	306	59
潮南区	113	113	616	32	584	186	6	106	74
澄海区	118	118	256	8	248	273	7	218	48
南澳县	36	36	11	5	6	6		6	
佛山市	**8071**	**8071**	**7518**	**568**	**6950**	**4535**	**765**	**3046**	**724**
禅城区	1344	1344	1478	52	1426	831	99	590	142
南海区	2940	2940	3154	308	2846	1741	310	1159	272
顺德区	2626	2626	2087	146	1941	1567	299	1029	239
三水区	703	703	616	45	571	292	43	194	55
高明区	458	458	183	17	166	104	14	74	16
江门市	**2224**	**2224**	**2612**	**211**	**2401**	**1216**	**90**	**946**	**180**
蓬江区	550	550	637	48	589	376	48	266	62
江海区	245	245	153	11	142	107	3	92	12
新会区	321	321	562	39	523	214	17	162	35
台山市	338	338	415	22	393	150	6	114	30
开平市	229	229	472	46	426	192	9	155	28
鹤山市	388	388	180	27	153	112	5	99	8
恩平市	153	153	193	18	175	65	2	58	5
湛江市	**1924**	**1924**	**2668**	**398**	**2270**	**1324**	**109**	**1099**	**116**
赤坎区	373	373	379	14	365	183	20	131	32
霞山区	474	474	512	54	458	247	37	196	14
坡头区	133	133	161	40	121	133	9	119	5
麻章区	80	80	249	77	172	150	20	125	5
遂溪县	163	163	257	31	226	103	8	74	21
徐闻县	87	87	184	15	169	58	2	46	10
廉江市	210	210	283	53	230	87	3	76	8
雷州市	167	167	356	25	331	133	9	114	10
吴川市	237	237	287	89	198	230	1	218	11

4-4 续表 76

单位：人

地区 性别	房地产业		租赁和商务服务业			科学研究和技术服务业			
	小计	房地产业	小计	租赁业	商务服务业	小计	研究和试验发展	专业技术服务业	科技推广和应用服务业
茂名市	**1529**	**1529**	**2534**	**339**	**2195**	**1065**	**55**	**916**	**94**
茂南区	545	545	500	29	471	330	25	287	18
电白区	269	269	515	148	367	222	10	200	12
高州市	323	323	637	65	572	201	11	171	19
化州市	210	210	571	56	515	214	4	180	30
信宜市	182	182	311	41	270	98	5	78	15
肇庆市	**1764**	**1764**	**1988**	**170**	**1818**	**735**	**90**	**511**	**134**
端州区	546	546	493	27	466	263	36	186	41
鼎湖区	114	114	181	9	172	43	5	33	5
高要区	197	197	287	55	232	76	7	58	11
广宁县	129	129	139	14	125	43	3	29	11
怀集县	215	215	314	20	294	77	9	52	16
封开县	89	89	131	14	117	37	1	18	18
德庆县	50	50	225	10	215	59	3	40	16
四会市	424	424	218	21	197	137	26	95	16
惠州市	**5425**	**5425**	**3807**	**374**	**3433**	**1901**	**196**	**1371**	**334**
惠城区	2153	2153	1750	140	1610	941	109	659	173
惠阳区	1799	1799	871	134	737	478	50	352	76
博罗县	668	668	618	81	537	289	21	202	66
惠东县	651	651	480	15	465	167	13	138	16
龙门县	154	154	88	4	84	26	3	20	3
梅州市	**982**	**982**	**1629**	**182**	**1447**	**487**	**33**	**388**	**66**
梅江区	238	238	295	14	281	128	11	99	18
梅县区	210	210	276	21	255	79	8	61	10
大埔县	91	91	110	6	104	25	2	18	5
丰顺县	62	62	172	11	161	51	5	31	15
五华县	117	117	318	72	246	85	4	73	8
平远县	35	35	77	5	72	30	2	26	2
蕉岭县	60	60	58	10	48	29	1	26	2
兴宁市	169	169	323	43	280	60		54	6
汕尾市	**635**	**635**	**1357**	**134**	**1223**	**396**	**22**	**317**	**57**
城　区	192	192	238	7	231	85	5	72	8
海丰县	251	251	509	38	471	181	9	140	32
陆河县	29	29	179	44	135	38	1	32	5
陆丰市	163	163	431	45	386	92	7	73	12
河源市	**1217**	**1217**	**1078**	**129**	**949**	**475**	**29**	**380**	**66**
源城区	654	654	475	30	445	237	9	197	31
紫金县	168	168	181	10	171	66	7	50	9
龙川县	126	126	159	35	124	82	9	63	10
连平县	49	49	61	6	55	24		20	4
和平县	60	60	75	34	41	23		19	4
东源县	160	160	127	14	113	43	4	31	8
阳江市	**832**	**832**	**1377**	**96**	**1281**	**499**	**28**	**398**	**73**
江城区	385	385	649	32	617	190	14	155	21
阳东区	149	149	237	5	232	67	5	61	1
阳西县	122	122	181	28	153	135	5	89	41
阳春市	176	176	310	31	279	107	4	93	10
清远市	**2116**	**2116**	**1574**	**183**	**1391**	**651**	**33**	**546**	**72**
清城区	1141	1141	784	81	703	396	24	325	47
清新区	358	358	149	16	133	50	2	48	
佛冈县	178	178	106	17	89	43	4	36	3
阳山县	60	60	76	14	62	28		26	2
连山壮族瑶族自治县	9	9	24		24	5		5	
连南瑶族自治县	15	15	38	3	35	15		12	3
英德市	266	266	315	39	276	95	2	78	15
连州市	89	89	82	13	69	19	1	16	2

4-4 续表 77

单位：人

地区 性别	房地产业		租赁和商务服务业			科学研究和技术服务业			
	小计	房地产业	小计	租赁业	商务服务业	小计	研究和试验发展	专业技术服务业	科技推广和应用服务业
东莞市	**7760**	**7760**	**9686**	**595**	**9091**	**4746**	**882**	**2807**	**1057**
市辖区	7760	7760	9686	595	9091	4746	882	2807	1057
中山市	**3186**	**3186**	**3202**	**226**	**2976**	**1597**	**185**	**1179**	**233**
市辖区	3186	3186	3202	226	2976	1597	185	1179	233
潮州市	**416**	**416**	**917**	**39**	**878**	**404**	**39**	**328**	**37**
湘桥区	229	229	334	14	320	145	17	116	12
潮安区	91	91	313	11	302	171	13	148	10
饶平县	96	96	270	14	256	88	9	64	15
揭阳市	**1439**	**1439**	**3890**	**135**	**3755**	**627**	**39**	**433**	**155**
榕城区	605	605	1040	37	1003	203	18	149	36
揭东区	182	182	814	32	782	125	3	89	33
揭西县	71	71	265	21	244	52	2	34	16
惠来县	165	165	253	9	244	58	4	47	7
普宁市	416	416	1518	36	1482	189	12	114	63
云浮市	**649**	**649**	**620**	**53**	**567**	**307**	**28**	**232**	**47**
云城区	202	202	122	5	117	119	6	102	11
云安区	35	35	47	2	45	24	2	9	13
新兴县	165	165	121	24	97	68	12	50	6
郁南县	103	103	105	11	94	29	2	22	5
罗定市	144	144	225	11	214	67	6	49	12
女	**54429**	**54429**	**73673**	**1681**	**71992**	**30102**	**5118**	**19107**	**5877**
广州市	**11796**	**11796**	**19827**	**426**	**19401**	**9616**	**2166**	**5539**	**1911**
荔湾区	814	814	1228	10	1218	514	102	334	78
越秀区	886	886	1445	20	1425	733	162	490	81
海珠区	1251	1251	2614	34	2580	1115	220	697	198
天河区	2141	2141	4457	97	4360	2245	525	1201	519
白云区	1737	1737	3261	68	3193	1104	186	687	231
黄埔区	828	828	1477	42	1435	1270	376	549	345
番禺区	1810	1810	2606	76	2530	1499	341	912	246
花都区	735	735	1258	36	1222	315	44	213	58
南沙区	583	583	501	14	487	347	91	200	56
从化区	238	238	265	10	255	82	32	39	11
增城区	773	773	715	19	696	392	87	217	88
韶关市	**754**	**754**	**770**	**24**	**746**	**298**	**29**	**222**	**47**
武江区	197	197	166	6	160	103	11	81	11
浈江区	137	137	174	6	168	55	11	34	10
曲江区	90	90	109	6	103	38	1	30	7
始兴县	33	33	39		39	11		10	1
仁化县	37	37	59	1	58	18		11	7
翁源县	49	49	41	1	40	24		22	2
乳源瑶族自治县	32	32	35	1	34	15	3	9	3
新丰县	28	28	22		22	8		8	
乐昌市	70	70	34	1	33	11	2	5	4
南雄市	81	81	91	2	89	15	1	12	2
深圳市	**14044**	**14044**	**20017**	**529**	**19488**	**9114**	**1288**	**6073**	**1753**
罗湖区	1230	1230	1592	30	1562	555	69	396	90
福田区	1887	1887	3350	65	3285	1218	152	829	237
南山区	2200	2200	2638	81	2557	1731	267	1139	325
宝安区	2872	2872	3827	111	3716	1829	175	1226	428
龙岗区	2811	2811	4555	122	4433	1898	245	1313	340
盐田区	269	269	212	7	205	163	103	51	9
龙华区	1968	1968	3137	78	3059	1420	213	930	277
坪山区	247	247	296	16	280	130	39	67	24
光明区	560	560	410	19	391	170	25	122	23

4-4　续表 78　　　　　　　　　　　　　　　　　　　　　　　　　单位：人

地　区 性　别	房地产业		租赁和商务服务业			科学研究和技术服务业			
	小计	房地产业	小计	租赁业	商　务 服务业	小计	研究和 试验发展	专业技术 服务业	科技推广 和应用 服务业
珠海市	**2149**	**2149**	**2278**	**70**	**2208**	**932**	**332**	**456**	**144**
香洲区	1526	1526	1735	45	1690	737	268	366	103
斗门区	391	391	331	16	315	105	24	55	26
金湾区	232	232	212	9	203	90	40	35	15
汕头市	**770**	**770**	**1586**	**22**	**1564**	**642**	**59**	**459**	**124**
龙湖区	250	250	392	9	383	154	15	110	29
金平区	272	272	363	5	358	183	29	132	22
濠江区	63	63	74		74	32	7	21	4
潮阳区	57	57	285	1	284	76	5	56	15
潮南区	58	58	294	7	287	76	2	41	33
澄海区	48	48	163		163	117		97	20
南澳县	22	22	15		15	4	1	2	1
佛山市	**5283**	**5283**	**5626**	**138**	**5488**	**2243**	**332**	**1451**	**460**
禅城区	878	878	1265	12	1253	487	67	315	105
南海区	1816	1816	2426	78	2348	814	138	492	184
顺德区	1851	1851	1400	35	1365	752	94	524	134
三水区	453	453	397	8	389	139	24	87	28
高明区	285	285	138	5	133	51	9	33	9
江门市	**1596**	**1596**	**1927**	**35**	**1892**	**606**	**55**	**433**	**118**
蓬江区	422	422	566	12	554	204	30	133	41
江海区	171	171	122	3	119	44		33	11
新会区	246	246	392	5	387	108	13	74	21
台山市	228	228	244	1	243	57	4	35	18
开平市	157	157	384	7	377	96	7	75	14
鹤山市	262	262	140	5	135	65	1	56	8
恩平市	110	110	79	2	77	32		27	5
湛江市	**1164**	**1164**	**1176**	**32**	**1144**	**440**	**53**	**343**	**44**
赤坎区	262	262	212	1	211	71	13	50	8
霞山区	312	312	321	3	318	97	18	75	4
坡头区	76	76	65	4	61	58	5	49	4
麻章区	44	44	55	3	52	51	2	48	1
遂溪县	89	89	115	3	112	51	6	30	15
徐闻县	58	58	72		72	14	3	10	1
廉江市	142	142	98	3	95	27	3	23	1
雷州市	56	56	129	2	127	36	2	28	6
吴川市	125	125	109	13	96	35	1	30	4
茂名市	**904**	**904**	**1601**	**36**	**1565**	**389**	**24**	**306**	**59**
茂南区	325	325	372	6	366	127	7	109	11
电白区	175	175	216	17	199	52	5	40	7
高州市	180	180	390	4	386	83	8	62	13
化州市	119	119	415	9	406	82	2	58	22
信宜市	105	105	208		208	45	2	37	6
肇庆市	**1221**	**1221**	**1095**	**23**	**1072**	**364**	**51**	**245**	**68**
端州区	330	330	355	7	348	134	22	92	20
鼎湖区	121	121	73	1	72	20	2	17	1
高要区	159	159	118	1	117	30	2	27	1
广宁县	102	102	78	1	77	20	2	15	3
怀集县	126	126	152	1	151	37	1	26	10
封开县	45	45	57	5	52	27	2	12	13
德庆县	41	41	141	1	140	42	5	24	13
四会市	297	297	121	6	115	54	15	32	7
惠州市	**3093**	**3093**	**2329**	**67**	**2262**	**811**	**87**	**545**	**179**
惠城区	1271	1271	1163	35	1128	414	44	269	101
惠阳区	997	997	490	25	465	207	29	140	38
博罗县	382	382	359	4	355	120	9	82	29
惠东县	356	356	259	3	256	54	3	42	9
龙门县	87	87	58		58	16	2	12	2

4-4 续表 79

单位：人

地区 性别	房地产业		租赁和商务服务业			科学研究和技术服务业			
	小计	房地产业	小计	租赁业	商务服务业	小计	研究和试验发展	专业技术服务业	科技推广和应用服务业
梅州市	**671**	**671**	**839**	**16**	**823**	**188**	**12**	**146**	**30**
梅江区	158	158	186	3	183	61	6	47	8
梅县区	165	165	143	1	142	37	3	28	6
大埔县	51	51	60	1	59	8		8	
丰顺县	49	49	76	1	75	21		13	8
五华县	66	66	149	3	146	25	2	18	5
平远县	23	23	32	1	31	9		8	1
蕉岭县	49	49	36	2	34	8		8	
兴宁市	110	110	157	4	153	19	1	16	2
汕尾市	**282**	**282**	**490**	**8**	**482**	**110**	**10**	**89**	**11**
城　区	99	99	99	1	98	29	5	21	3
海丰县	108	108	183	5	178	39	3	33	3
陆河县	24	24	67		67	19		17	2
陆丰市	51	51	141	2	139	23	2	18	3
河源市	**711**	**711**	**657**	**9**	**648**	**178**	**12**	**137**	**29**
源城区	392	392	327	3	324	108	7	85	16
紫金县	83	83	109	3	106	21	4	11	6
龙川县	81	81	90		90	15		13	2
连平县	29	29	39	1	38	14		11	3
和平县	33	33	35		35	13		11	2
东源县	93	93	57	2	55	7	1	6	
阳江市	**671**	**671**	**761**	**11**	**750**	**196**	**13**	**146**	**37**
江城区	325	325	403	4	399	87	8	67	12
阳东区	100	100	97		97	26	3	23	
阳西县	94	94	107	4	103	49	1	25	23
阳春市	152	152	154	3	151	34	1	31	2
清远市	**1584**	**1584**	**934**	**18**	**916**	**286**	**24**	**220**	**42**
清城区	814	814	509	14	495	181	15	140	26
清新区	274	274	111	1	110	29	3	22	4
佛冈县	113	113	50		50	13	2	9	2
阳山县	52	52	40	1	39	7	1	5	1
连山壮族瑶族自治县	5	5	8		8	1		1	
连南瑶族自治县	5	5	16		16	4		2	2
英德市	254	254	173	2	171	41	3	33	5
连州市	67	67	27		27	10		8	2
东莞市	**4365**	**4365**	**6119**	**148**	**5971**	**2280**	**427**	**1284**	**569**
市辖区	4365	4365	6119	148	5971	2280	427	1284	569
中山市	**2115**	**2115**	**2363**	**49**	**2314**	**851**	**99**	**588**	**164**
市辖区	2115	2115	2363	49	2314	851	99	588	164
潮州市	**162**	**162**	**523**	**1**	**522**	**205**	**11**	**175**	**19**
湘桥区	71	71	168	1	167	77	5	64	8
潮安区	45	45	227		227	95	6	83	6
饶平县	46	46	128		128	33		28	5
揭阳市	**632**	**632**	**2412**	**13**	**2399**	**238**	**16**	**165**	**57**
榕城区	315	315	582	2	580	72	8	48	16
揭东区	86	86	532	2	530	46	3	28	15
揭西县	36	36	251	3	248	25	1	22	2
惠来县	56	56	85		85	9	1	6	2
普宁市	139	139	962	6	956	86	3	61	22
云浮市	**462**	**462**	**343**	**6**	**337**	**115**	**18**	**85**	**12**
云城区	139	139	104	3	101	50	11	36	3
云安区	37	37	19		19	5	1	4	
新兴县	114	114	77	1	76	22	2	16	4
郁南县	59	59	37		37	11	2	9	
罗定市	113	113	106	2	104	27	2	20	5

4-4　续表 80　　　　　　　　　　　　　　　　　　　　　　　　单位：人

地　区 性　别	水利、环境和公共设施管理业					居民服务、修理和其他服务业			
	小计	水　利 管理业	生态保护 和环境 治理业	公共设施 管理业	土　地 管理业	小计	居　民 服务业	机动车、 电子产品 和日用产 品修理业	其　他 服务业
广　东	**37071**	**2170**	**3710**	**30794**	**397**	**203562**	**120921**	**53240**	**29401**
广州市	**7359**	**340**	**735**	**6196**	**88**	**34730**	**21308**	**7830**	**5592**
荔湾区	426	18	28	372	8	1469	970	303	196
越秀区	476	23	41	405	7	1651	1309	202	140
海珠区	606	27	58	510	11	3042	2065	482	495
天河区	876	66	79	715	16	5948	3779	1052	1117
白云区	1101	38	102	956	5	7797	5104	1747	946
黄埔区	777	20	86	664	7	2114	1117	433	564
番禺区	1220	42	192	978	8	5524	3350	1211	963
花都区	577	31	48	487	11	2527	1245	818	464
南沙区	417	29	42	337	9	1255	678	356	221
从化区	309	9	16	283	1	876	447	271	158
增城区	574	37	43	489	5	2527	1244	955	328
韶关市	**906**	**48**	**131**	**715**	**12**	**3884**	**2145**	**1184**	**555**
武江区	129	7	5	113	4	644	434	153	57
浈江区	126	3	5	118		758	383	173	202
曲江区	123	8	26	84	5	447	238	141	68
始兴县	37	5	4	28		224	127	67	30
仁化县	106	4	15	87		191	92	81	18
翁源县	52	4	14	34		377	192	153	32
乳源瑶族自治县	109	4	44	59	2	229	140	59	30
新丰县	43	1	10	32		230	126	80	24
乐昌市	84	7	1	75	1	343	203	112	28
南雄市	97	5	7	85		441	210	165	66
深圳市	**8810**	**435**	**885**	**7408**	**82**	**43776**	**28798**	**7854**	**7124**
罗湖区	585	72	43	464	6	4251	3010	559	682
福田区	750	26	78	632	14	5827	4089	573	1165
南山区	1047	49	105	889	4	5287	3651	638	998
宝安区	2024	99	267	1651	7	9987	6447	2055	1485
龙岗区	1788	97	204	1469	18	9460	5933	2089	1438
盐田区	170	4	10	156		485	298	104	83
龙华区	1091	44	53	976	18	5722	3659	1186	877
坪山区	314	21	37	249	7	748	462	159	127
光明区	1041	23	88	922	8	2009	1249	491	269
珠海市	**1364**	**47**	**70**	**1232**	**15**	**4978**	**3032**	**1151**	**795**
香洲区	863	20	39	796	8	3377	2194	715	468
斗门区	283	16	20	246	1	943	578	290	75
金湾区	218	11	11	190	6	658	260	146	252
汕头市	**566**	**40**	**47**	**471**	**8**	**5166**	**2516**	**2025**	**625**
龙湖区	106	11	8	85	2	893	481	289	123
金平区	186	8	15	160	3	1189	651	384	154
濠江区	48	1	6	41		196	93	64	39
潮阳区	55	1	1	51	2	1195	505	585	105
潮南区	47	5	12	30		894	369	391	134
澄海区	90	13	4	72	1	689	347	287	55
南澳县	34	1	1	32		110	70	25	15
佛山市	**3388**	**170**	**284**	**2899**	**35**	**17972**	**10065**	**5156**	**2751**
禅城区	465	18	39	403	5	2853	1598	831	424
南海区	1403	88	137	1158	20	7525	3864	2249	1412
顺德区	948	38	61	841	8	6030	3718	1596	716
三水区	382	21	34	326	1	976	562	287	127
高明区	190	5	13	171	1	588	323	193	72

4-4 续表 81　　单位：人

地区 性别	水利、环境和公共设施管理业					居民服务、修理和其他服务业			
	小计	水利管理业	生态保护和环境治理业	公共设施管理业	土地管理业	小计	居民服务业	机动车、电子产品和日用产品修理业	其他服务业
江门市	**1309**	**86**	**111**	**1095**	**17**	**6299**	**3496**	**1917**	**886**
蓬江区	274	27	25	217	5	1295	811	363	121
江海区	93	3	8	82		547	341	133	73
新会区	323	23	49	245	6	1225	620	368	237
台山市	161	11	4	145	1	1127	621	358	148
开平市	153	8	11	133	1	827	407	268	152
鹤山市	174	4	7	160	3	722	383	239	100
恩平市	131	10	7	113	1	556	313	188	55
湛江市	**1310**	**116**	**49**	**1135**	**10**	**7840**	**4267**	**2459**	**1114**
赤坎区	91	10	8	73		737	442	180	115
霞山区	326	15	9	297	5	1278	782	263	233
坡头区	118	3	4	110	1	399	219	126	54
麻章区	114	1	8	105		529	258	171	100
遂溪县	125	8	9	105	3	846	384	331	131
徐闻县	82	19	3	60		519	288	166	65
廉江市	194	36	6	152		1217	644	444	129
雷州市	142	18	1	122	1	1218	618	464	136
吴川市	118	6	1	111		1097	632	314	151
茂名市	**911**	**85**	**60**	**757**	**9**	**8401**	**5109**	**2443**	**849**
茂南区	262	23	12	224	3	1811	1113	502	196
电白区	212	15	13	182	2	1656	1034	481	141
高州市	200	24	12	163	1	1805	1129	509	167
化州市	116	13	11	90	2	1729	977	540	212
信宜市	121	10	12	98	1	1400	856	411	133
肇庆市	**810**	**54**	**63**	**684**	**9**	**5059**	**2513**	**1815**	**731**
端州区	268	25	25	213	5	982	534	294	154
鼎湖区	101	5	3	92	1	266	127	97	42
高要区	81	2	5	73	1	862	345	382	135
广宁县	57	6	6	45		496	259	169	68
怀集县	84	2	4	76	2	824	390	323	111
封开县	58	5	3	50		352	148	150	54
德庆县	32	2	3	27		379	183	130	66
四会市	129	7	14	108		898	527	270	101
惠州市	**1763**	**156**	**209**	**1374**	**24**	**9953**	**5961**	**2656**	**1336**
惠城区	706	67	96	524	19	3569	2178	887	504
惠阳区	377	17	44	315	1	2073	1228	588	257
博罗县	380	19	46	312	3	1622	798	506	318
惠东县	199	19	18	161	1	2113	1453	510	150
龙门县	101	34	5	62		576	304	165	107
梅州市	**788**	**62**	**78**	**637**	**11**	**5181**	**3069**	**1516**	**596**
梅江区	139	10	15	111	3	959	676	169	114
梅县区	180	2	19	159		899	509	238	152
大埔县	43	2	4	37		330	192	98	40
丰顺县	63	7	8	46	2	538	294	185	59
五华县	161	12	17	131	1	946	461	395	90
平远县	63	10	3	47	3	285	182	76	27
蕉岭县	32	3	1	28		325	199	96	30
兴宁市	107	16	11	78	2	899	556	259	84
汕尾市	**337**	**32**	**40**	**263**	**2**	**3398**	**1785**	**1192**	**421**
城　区	73	5	8	59	1	562	307	176	79
海丰县	105	17	17	71		1123	669	297	157
陆河县	39	1	4	34		221	111	67	43
陆丰市	120	9	11	99	1	1492	698	652	142

4–4 续表 82

单位：人

地区 性别	水利、环境和公共设施管理业 小计	水利管理业	生态保护和环境治理业	公共设施管理业	土地管理业	居民服务、修理和其他服务业 小计	居民服务业	机动车、电子产品和日用产品修理业	其他服务业
河源市	**653**	**51**	**92**	**491**	**19**	**3740**	**2180**	**1051**	**509**
源城区	251	13	33	194	11	1334	869	289	176
紫金县	112	23	7	81	1	645	370	204	71
龙川县	107	9	6	89	3	684	294	267	123
连平县	46	4	7	33	2	234	128	83	23
和平县	50	1	9	38	2	447	298	88	61
东源县	87	1	30	56		396	221	120	55
阳江市	**536**	**29**	**40**	**462**	**5**	**3402**	**1734**	**942**	**726**
江城区	197	11	6	179	1	1053	583	319	151
阳东区	118	7	14	97		458	210	190	58
阳西县	80	1	8	68	3	863	302	145	416
阳春市	141	10	12	118	1	1028	639	288	101
清远市	**1070**	**42**	**54**	**970**	**4**	**5270**	**3177**	**1652**	**441**
清城区	462	16	16	429	1	1927	1213	537	177
清新区	169	1	5	163		853	516	271	66
佛冈县	69	4	1	64		476	305	132	39
阳山县	51	4	3	44		331	209	98	24
连山壮族瑶族自治县	32		4	27	1	109	59	37	13
连南瑶族自治县	34	3	2	29		103	60	32	11
英德市	176	10	14	152		1088	602	422	64
连州市	77	4	9	62	2	383	213	123	47
东莞市	**2819**	**174**	**553**	**2076**	**16**	**17022**	**10348**	**4568**	**2106**
市辖区	2819	174	553	2076	16	17022	10348	4568	2106
中山市	**1223**	**91**	**120**	**998**	**14**	**7166**	**4271**	**1976**	**919**
市辖区	1223	91	120	998	14	7166	4271	1976	919
潮州市	**343**	**61**	**27**	**249**	**6**	**2683**	**1366**	**1020**	**297**
湘桥区	114	22	5	83	4	843	484	230	129
潮安区	117	17	5	93	2	1086	539	454	93
饶平县	112	22	17	73		754	343	336	75
揭阳市	**451**	**29**	**36**	**383**	**3**	**5189**	**2479**	**2036**	**674**
榕城区	98	4	9	84	1	999	487	378	134
揭东区	73	4	13	56		1136	531	407	198
揭西县	49	9	3	37		542	280	179	83
惠来县	53	9	3	39	2	792	331	413	48
普宁市	178	3	8	167		1720	850	659	211
云浮市	**355**	**22**	**26**	**299**	**8**	**2453**	**1302**	**797**	**354**
云城区	70	3	3	62	2	718	391	216	111
云安区	40	2	1	31	6	192	93	59	40
新兴县	85	7	5	73		478	259	154	65
郁南县	53	3	9	41		373	211	134	28
罗定市	107	7	8	92		692	348	234	110
男	**23277**	**1703**	**2774**	**18545**	**255**	**95224**	**37349**	**45474**	**12401**
广州市	**4451**	**248**	**498**	**3653**	**52**	**15081**	**6202**	**6631**	**2248**
荔湾区	257	13	18	222	4	599	269	255	75
越秀区	283	15	20	243	5	569	319	167	83
海珠区	387	22	40	322	3	1209	600	393	216
天河区	511	37	48	416	10	2430	1096	873	461
白云区	735	30	84	618	3	3484	1593	1525	366
黄埔区	506	16	61	423	6	966	337	363	266
番禺区	732	29	118	580	5	2269	899	1025	345
花都区	327	25	34	263	5	1293	404	694	195
南沙区	221	21	30	164	6	563	211	286	66
从化区	157	9	9	138	1	395	107	237	51
增城区	335	31	36	264	4	1304	367	813	124

4–4 续表 83　　单位：人

地　区 性　别	水利、环境和公共设施管理业					居民服务、修理和其他服务业			
	小计	水　利 管理业	生态保护 和环境 治理业	公共设施 管理业	土　地 管理业	小计	居　民 服务业	机动车、 电子产品 和日用产 品修理业	其　他 服务业
韶关市	**535**	**35**	**100**	**391**	**9**	**1786**	**585**	**986**	**215**
武江区	66	5	1	58	2	241	94	124	23
浈江区	62	2	4	56		329	93	142	94
曲江区	77	7	22	43	5	195	63	116	16
始兴县	24	1	4	19		114	49	56	9
仁化县	60	3	13	44		98	26	68	4
翁源县	32	3	8	21		194	58	125	11
乳源瑶族自治县	79	4	35	39	1	95	35	52	8
新丰县	32	1	7	24		114	39	66	9
乐昌市	43	6	1	35	1	166	54	99	13
南雄市	60	3	5	52		240	74	138	28
深圳市	**6018**	**336**	**704**	**4926**	**52**	**18469**	**8477**	**6696**	**3296**
罗湖区	392	60	30	297	5	1617	854	488	275
福田区	450	12	53	379	6	2043	1061	501	481
南山区	645	26	69	548	2	1840	839	550	451
宝安区	1455	81	235	1134	5	4360	1875	1763	722
龙岗区	1289	82	165	1032	10	4565	2079	1761	725
盐田区	110	3	9	98		170	44	90	36
龙华区	745	34	41	655	15	2597	1192	996	409
坪山区	239	20	32	184	3	333	143	132	58
光明区	693	18	70	599	6	944	390	415	139
珠海市	**889**	**40**	**48**	**792**	**9**	**2154**	**851**	**940**	**363**
香洲区	588	16	25	542	5	1355	583	588	184
斗门区	166	13	16	136	1	436	177	231	28
金湾区	135	11	7	114	3	363	91	121	151
汕头市	**386**	**30**	**40**	**311**	**5**	**3098**	**968**	**1834**	**296**
龙湖区	77	9	7	61		463	153	260	50
金平区	122	6	12	102	2	631	241	327	63
濠江区	37	1	6	30		114	32	63	19
潮阳区	41	1	1	37	2	783	181	549	53
潮南区	32	4	9	19		626	197	349	80
澄海区	60	8	4	47	1	426	136	264	26
南澳县	17	1	1	15		55	28	22	5
佛山市	**2010**	**140**	**213**	**1639**	**18**	**8243**	**2889**	**4185**	**1169**
禅城区	282	17	26	236	3	1320	456	693	171
南海区	851	75	103	664	9	3682	1207	1788	687
顺德区	570	30	48	487	5	2499	948	1309	242
三水区	206	13	26	167		456	176	235	45
高明区	101	5	10	85	1	286	102	160	24
江门市	**735**	**72**	**85**	**567**	**11**	**2957**	**1009**	**1644**	**304**
蓬江区	158	23	18	115	2	559	216	299	44
江海区	52	3	5	44		251	118	117	16
新会区	197	20	40	134	3	552	150	306	96
台山市	77	10	2	64	1	591	213	320	58
开平市	70	6	8	55	1	385	119	230	36
鹤山市	106	3	6	94	3	333	101	202	30
恩平市	75	7	6	61	1	286	92	170	24
湛江市	**672**	**89**	**41**	**533**	**9**	**3941**	**1406**	**2173**	**362**
赤坎区	43	7	6	30		317	137	151	29
霞山区	180	12	8	156	4	480	200	232	48
坡头区	47	2	4	40	1	195	62	112	21
麻章区	51		7	44		263	88	141	34
遂溪县	72	8	8	53	3	461	124	285	52
徐闻县	51	16	2	33		276	113	140	23
廉江市	92	25	4	63		663	208	403	52
雷州市	73	15	1	56	1	742	260	423	59
吴川市	63	4	1	58		544	214	286	44

4-4　续表 84　　　　单位：人

地区 性别	水利、环境和公共设施管理业					居民服务、修理和其他服务业			
	小计	水利管理业	生态保护和环境治理业	公共设施管理业	土地管理业	小计	居民服务业	机动车、电子产品和日用产品修理业	其他服务业
茂名市	**517**	**69**	**46**	**394**	**8**	**4014**	**1581**	**2123**	**310**
茂南区	115	15	7	91	2	818	317	442	59
电白区	119	12	10	95	2	862	371	437	54
高州市	134	22	11	100	1	881	376	429	76
化州市	76	11	9	54	2	802	280	455	67
信宜市	73	9	9	54	1	651	237	360	54
肇庆市	**441**	**44**	**43**	**347**	**7**	**2528**	**782**	**1499**	**247**
端州区	160	20	17	119	4	430	135	242	53
鼎湖区	44	5	2	36	1	121	39	75	7
高要区	37	1	2	33	1	467	98	329	40
广宁县	33	6	4	23		258	83	150	25
怀集县	43	1	3	38	1	467	162	260	45
封开县	40	4	2	34		199	54	117	28
德庆县	17	2	2	13		180	58	105	17
四会市	67	5	11	51		406	153	221	32
惠州市	**1161**	**131**	**150**	**859**	**21**	**4681**	**1820**	**2283**	**578**
惠城区	462	55	62	328	17	1659	695	739	225
惠阳区	252	16	35	201		994	382	491	121
博罗县	266	17	37	209	3	866	286	442	138
惠东县	119	17	12	89	1	899	375	461	63
龙门县	62	26	4	32		263	82	150	31
梅州市	**480**	**44**	**63**	**365**	**8**	**2694**	**1109**	**1342**	**243**
梅江区	82	7	11	61	3	452	257	144	51
梅县区	95	1	17	77		421	159	204	58
大埔县	28	1	4	23		164	61	87	16
丰顺县	40	6	7	25	2	318	128	170	20
五华县	99	8	15	76		558	171	347	40
平远县	43	9	2	30	2	141	59	69	13
蕉岭县	22	3	1	18		160	59	86	15
兴宁市	71	9	6	55	1	480	215	235	30
汕尾市	**226**	**26**	**31**	**167**	**2**	**1997**	**729**	**1073**	**195**
城　区	53	3	6	43	1	309	124	165	20
海丰县	70	13	11	46		624	267	273	84
陆河县	25	1	4	20		122	47	63	12
陆丰市	78	9	10	58	1	942	291	572	79
河源市	**391**	**40**	**69**	**273**	**9**	**1793**	**678**	**910**	**205**
源城区	157	11	21	119	6	567	249	253	65
紫金县	75	18	5	51	1	351	140	177	34
龙川县	54	8	5	40	1	372	78	237	57
连平县	22	2	6	14		111	29	70	12
和平县	31		9	21	1	207	110	73	24
东源县	52	1	23	28		185	72	100	13
阳江市	**318**	**23**	**28**	**265**	**2**	**1834**	**645**	**844**	**345**
江城区	109	9	5	95		543	220	279	44
阳东区	72	5	12	55		281	87	175	19
阳西县	49	1	5	41	2	506	132	135	239
阳春市	88	8	6	74		504	206	255	43
清远市	**607**	**35**	**40**	**529**	**3**	**2365**	**818**	**1421**	**126**
清城区	252	13	12	226	1	826	317	468	41
清新区	92		5	87		384	130	240	14
佛冈县	45	3	1	41		214	85	114	15
阳山县	30	3	2	25		143	43	90	10
连山壮族瑶族自治县	16		2	14		43	12	28	3
连南瑶族自治县	16	2	1	13		45	19	24	2
英德市	105	10	9	86		538	166	349	23
连州市	51	4	8	37	2	172	46	108	18

4-4 续表 85　　单位：人

地区 性别	水利、环境和公共设施管理业					居民服务、修理和其他服务业			
	小计	水利管理业	生态保护和环境治理业	公共设施管理业	土地管理业	小计	居民服务业	机动车、电子产品和日用产品修理业	其他服务业
东莞市	**1880**	**139**	**422**	**1307**	**12**	**8192**	**3439**	**3775**	**978**
市辖区	1880	139	422	1307	12	8192	3439	3775	978
中山市	**756**	**69**	**81**	**598**	**8**	**3263**	**1305**	**1635**	**323**
市辖区	756	69	81	598	8	3263	1305	1635	323
潮州市	**256**	**53**	**22**	**179**	**2**	**1635**	**576**	**928**	**131**
湘桥区	84	16	4	63	1	461	210	206	45
潮安区	90	16	5	68	1	694	223	418	53
饶平县	82	21	13	48		480	143	304	33
揭阳市	**366**	**25**	**29**	**309**	**3**	**3363**	**1159**	**1845**	**359**
榕城区	82	4	9	68	1	689	276	336	77
揭东区	59	2	11	46		714	233	382	99
揭西县	33	8	3	22		339	139	160	40
惠来县	37	8	1	26	2	530	131	377	22
普宁市	155	3	5	147		1091	380	590	121
云浮市	**182**	**15**	**21**	**141**	**5**	**1136**	**321**	**707**	**108**
云城区	34	2	3	27	2	316	104	186	26
云安区	20	1	1	15	3	84	20	54	10
新兴县	42	4	5	33		212	58	136	18
郁南县	35	3	6	26		183	54	121	8
罗定市	51	5	6	40		341	85	210	46
女	**13794**	**467**	**936**	**12249**	**142**	**108338**	**83572**	**7766**	**17000**
广州市	**2908**	**92**	**237**	**2543**	**36**	**19649**	**15106**	**1199**	**3344**
荔湾区	169	5	10	150	4	870	701	48	121
越秀区	193	8	21	162	2	1082	990	35	57
海珠区	219	5	18	188	8	1833	1465	89	279
天河区	365	29	31	299	6	3518	2683	179	656
白云区	366	8	18	338	2	4313	3511	222	580
黄埔区	271	4	25	241	1	1148	780	70	298
番禺区	488	13	74	398	3	3255	2451	186	618
花都区	250	6	14	224	6	1234	841	124	269
南沙区	196	8	12	173	3	692	467	70	155
从化区	152		7	145		481	340	34	107
增城区	239	6	7	225	1	1223	877	142	204
韶关市	**371**	**13**	**31**	**324**	**3**	**2098**	**1560**	**198**	**340**
武江区	63	2	4	55	2	403	340	29	34
浈江区	64	1	1	62		429	290	31	108
曲江区	46	1	4	41		252	175	25	52
始兴县	13	4		9		110	78	11	21
仁化县	46	1	2	43		93	66	13	14
翁源县	20	1	6	13		183	134	28	21
乳源瑶族自治县	30		9	20	1	134	105	7	22
新丰县	11		3	8		116	87	14	15
乐昌市	41	1		40		177	149	13	15
南雄市	37	2	2	33		201	136	27	38
深圳市	**2792**	**99**	**181**	**2482**	**30**	**25307**	**20321**	**1158**	**3828**
罗湖区	193	12	13	167	1	2634	2156	71	407
福田区	300	14	25	253	8	3784	3028	72	684
南山区	402	23	36	341	2	3447	2812	88	547
宝安区	569	18	32	517	2	5627	4572	292	763
龙岗区	499	15	39	437	8	4895	3854	328	713
盐田区	60	1	1	58		315	254	14	47
龙华区	346	10	12	321	3	3125	2467	190	468
坪山区	75	1	5	65	4	415	319	27	69
光明区	348	5	18	323	2	1065	859	76	130

4-4　续表 86　　　　单位：人

地　区 性　别	水利、环境和公共设施管理业					居民服务、修理和其他服务业			
	小计	水　利 管理业	生态保护 和环境 治理业	公共设施 管理业	土　地 管理业	小计	居　民 服务业	机动车、 电子产品 和日用产 品修理业	其　他 服务业
珠海市	**475**	**7**	**22**	**440**	**6**	**2824**	**2181**	**211**	**432**
香洲区	275	4	14	254	3	2022	1611	127	284
斗门区	117	3	4	110		507	401	59	47
金湾区	83		4	76	3	295	169	25	101
汕头市	**180**	**10**	**7**	**160**	**3**	**2068**	**1548**	**191**	**329**
龙湖区	29	2	1	24	2	430	328	29	73
金平区	64	2	3	58	1	558	410	57	91
濠江区	11			11		82	61	1	20
潮阳区	14			14		412	324	36	52
潮南区	15	1	3	11		268	172	42	54
澄海区	30	5		25		263	211	23	29
南澳县	17			17		55	42	3	10
佛山市	**1378**	**30**	**71**	**1260**	**17**	**9729**	**7176**	**971**	**1582**
禅城区	183	1	13	167	2	1533	1142	138	253
南海区	552	13	34	494	11	3843	2657	461	725
顺德区	378	8	13	354	3	3531	2770	287	474
三水区	176	8	8	159	1	520	386	52	82
高明区	89		3	86		302	221	33	48
江门市	**574**	**14**	**26**	**528**	**6**	**3342**	**2487**	**273**	**582**
蓬江区	116	4	7	102	3	736	595	64	77
江海区	41		3	38		296	223	16	57
新会区	126	3	9	111	3	673	470	62	141
台山市	84	1	2	81		536	408	38	90
开平市	83	2	3	78		442	288	38	116
鹤山市	68	1	1	66		389	282	37	70
恩平市	56	3	1	52		270	221	18	31
湛江市	**638**	**27**	**8**	**602**	**1**	**3899**	**2861**	**286**	**752**
赤坎区	48	3	2	43		420	305	29	86
霞山区	146	3	1	141	1	798	582	31	185
坡头区	71	1		70		204	157	14	33
麻章区	63	1	1	61		266	170	30	66
遂溪县	53		1	52		385	260	46	79
徐闻县	31	3	1	27		243	175	26	42
廉江市	102	11	2	89		554	436	41	77
雷州市	69	3		66		476	358	41	77
吴川市	55	2		53		553	418	28	107
茂名市	**394**	**16**	**14**	**363**	**1**	**4387**	**3528**	**320**	**539**
茂南区	147	8	5	133	1	993	796	60	137
电白区	93	3	3	87		794	663	44	87
高州市	66	2	1	63		924	753	80	91
化州市	40	2	2	36		927	697	85	145
信宜市	48	1	3	44		749	619	51	79
肇庆市	**369**	**10**	**20**	**337**	**2**	**2531**	**1731**	**316**	**484**
端州区	108	5	8	94	1	552	399	52	101
鼎湖区	57		1	56		145	88	22	35
高要区	44	1	3	40		395	247	53	95
广宁县	24		2	22		238	176	19	43
怀集县	41	1	1	38	1	357	228	63	66
封开县	18	1	1	16		153	94	33	26
德庆县	15		1	14		199	125	25	49
四会市	62	2	3	57		492	374	49	69
惠州市	**602**	**25**	**59**	**515**	**3**	**5272**	**4141**	**373**	**758**
惠城区	244	12	34	196	2	1910	1483	148	279
惠阳区	125	1	9	114	1	1079	846	97	136
博罗县	114	2	9	103		756	512	64	180
惠东县	80	2	6	72		1214	1078	49	87
龙门县	39	8	1	30		313	222	15	76

4-4 续表 87 单位：人

地区 性别	水利、环境和公共设施管理业					居民服务、修理和其他服务业			
	小计	水利管理业	生态保护和环境治理业	公共设施管理业	土地管理业	小计	居民服务业	机动车、电子产品和日用产品修理业	其他服务业
梅州市	**308**	**18**	**15**	**272**	**3**	**2487**	**1960**	**174**	**353**
梅江区	57	3	4	50		507	419	25	63
梅县区	85	1	2	82		478	350	34	94
大埔县	15	1		14		166	131	11	24
丰顺县	23	1	1	21		220	166	15	39
五华县	62	4	2	55	1	388	290	48	50
平远县	20	1	1	17	1	144	123	7	14
蕉岭县	10			10		165	140	10	15
兴宁市	36	7	5	23	1	419	341	24	54
汕尾市	**111**	**6**	**9**	**96**		**1401**	**1056**	**119**	**226**
城　区	20	2	2	16		253	183	11	59
海丰县	35	4	6	25		499	402	24	73
陆河县	14			14		99	64	4	31
陆丰市	42		1	41		550	407	80	63
河源市	**262**	**11**	**23**	**218**	**10**	**1947**	**1502**	**141**	**304**
源城区	94	2	12	75	5	767	620	36	111
紫金县	37	5	2	30		294	230	27	37
龙川县	53	1	1	49	2	312	216	30	66
连平县	24	2	1	19	2	123	99	13	11
和平县	19	1		17	1	240	188	15	37
东源县	35		7	28		211	149	20	42
阳江市	**218**	**6**	**12**	**197**	**3**	**1568**	**1089**	**98**	**381**
江城区	88	2	1	84	1	510	363	40	107
阳东区	46	2	2	42		177	123	15	39
阳西县	31		3	27	1	357	170	10	177
阳春市	53	2	6	44	1	524	433	33	58
清远市	**463**	**7**	**14**	**441**	**1**	**2905**	**2359**	**231**	**315**
清城区	210	3	4	203		1101	896	69	136
清新区	77	1		76		469	386	31	52
佛冈县	24	1		23		262	220	18	24
阳山县	21	1	1	19		188	166	8	14
连山壮族瑶族自治县	16		2	13	1	66	47	9	10
连南瑶族自治县	18	1	1	16		58	41	8	9
英德市	71		5	66		550	436	73	41
连州市	26		1	25		211	167	15	29
东莞市	**939**	**35**	**131**	**769**	**4**	**8830**	**6909**	**793**	**1128**
市辖区	939	35	131	769	4	8830	6909	793	1128
中山市	**467**	**22**	**39**	**400**	**6**	**3903**	**2966**	**341**	**596**
市辖区	467	22	39	400	6	3903	2966	341	596
潮州市	**87**	**8**	**5**	**70**	**4**	**1048**	**790**	**92**	**166**
湘桥区	30	6	1	20	3	382	274	24	84
潮安区	27	1		25	1	392	316	36	40
饶平县	30	1	4	25		274	200	32	42
揭阳市	**85**	**4**	**7**	**74**		**1826**	**1320**	**191**	**315**
榕城区	16			16		310	211	42	57
揭东区	14	2	2	10		422	298	25	99
揭西县	16	1		15		203	141	19	43
惠来县	16	1	2	13		262	200	36	26
普宁市	23		3	20		629	470	69	90
云浮市	**173**	**7**	**5**	**158**	**3**	**1317**	**981**	**90**	**246**
云城区	36	1		35		402	287	30	85
云安区	20	1		16	3	108	73	5	30
新兴县	43	3		40		266	201	18	47
郁南县	18		3	15		190	157	13	20
罗定市	56	2	2	52		351	263	24	64

4-4　续表 88　　　　　　　　　　　　　　　　　　　　　　　　　单位：人

地　区 性　别	教育		卫生和社会工作			文化、体育和娱乐业				
	小计	教育	小计	卫生	社会工作	小计	新闻和出版业	广播、电视、电影和录音制作业	文 化艺术业	体育
广　东	**221962**	**221962**	**94057**	**90336**	**3721**	**45818**	**2781**	**6066**	**6946**	**8410**
广州市	**42307**	**42307**	**20679**	**19430**	**1249**	**10689**	**1101**	**1864**	**1940**	**1902**
荔湾区	1964	1964	1575	1463	112	571	81	111	129	88
越秀区	2610	2610	2804	2667	137	1129	211	293	221	189
海珠区	4012	4012	2357	2206	151	1236	193	253	295	169
天河区	8005	8005	2607	2484	123	2061	241	385	411	371
白云区	6903	6903	4310	3986	324	2022	153	330	263	387
黄埔区	2686	2686	1291	1160	131	567	38	91	118	89
番禺区	6363	6363	2287	2203	84	1792	122	280	292	276
花都区	3615	3615	1198	1142	56	500	22	38	75	125
南沙区	1440	1440	581	533	48	220	9	18	47	56
从化区	1489	1489	551	516	35	152	5	12	17	41
增城区	3220	3220	1118	1070	48	439	26	53	72	111
韶关市	**5534**	**5534**	**2718**	**2599**	**119**	**628**	**24**	**82**	**110**	**96**
武江区	941	941	660	640	20	130	8	29	20	11
浈江区	877	877	327	312	15	137	9	23	19	28
曲江区	486	486	208	195	13	60		7	9	17
始兴县	404	404	140	138	2	29	3	2	2	3
仁化县	365	365	139	132	7	44		4	4	10
翁源县	570	570	293	275	18	46	1	5	12	3
乳源瑶族自治县	306	306	137	135	2	44		4	11	4
新丰县	310	310	148	148		37	1	6	10	4
乐昌市	635	635	338	320	18	44			5	8
南雄市	640	640	328	304	24	57	2	2	18	8
深圳市	**37978**	**37978**	**15352**	**14762**	**590**	**12813**	**651**	**1706**	**1667**	**2861**
罗湖区	2612	2612	1745	1681	64	1118	54	131	138	196
福田区	3969	3969	2155	2098	57	1503	191	221	282	313
南山区	5287	5287	1696	1614	82	1804	96	277	240	490
宝安区	8043	8043	3088	2957	131	2728	111	339	277	509
龙岗区	9451	9451	3502	3374	128	2579	100	417	420	468
盐田区	491	491	255	213	42	206	8	19	22	66
龙华区	5403	5403	1829	1772	57	2229	74	260	223	697
坪山区	1061	1061	385	373	12	193	4	14	17	29
光明区	1661	1661	697	680	17	453	13	28	48	93
珠海市	**5406**	**5406**	**2353**	**2261**	**92**	**1945**	**66**	**124**	**198**	**288**
香洲区	3636	3636	1673	1621	52	1567	59	98	160	217
斗门区	989	989	420	390	30	231	4	16	28	48
金湾区	781	781	260	250	10	147	3	10	10	23
汕头市	**6465**	**6465**	**2255**	**2232**	**23**	**996**	**51**	**124**	**243**	**145**
龙湖区	1272	1272	438	435	3	293	17	21	65	35
金平区	1725	1725	981	973	8	319	22	49	92	49
濠江区	271	271	65	65		46		1	7	9
潮阳区	1304	1304	242	238	4	124	5	28	23	11
潮南区	668	668	157	151	6	83	2	6	21	16
澄海区	1123	1123	340	339	1	116	4	17	32	23
南澳县	102	102	32	31	1	15	1	2	3	2
佛山市	**16214**	**16214**	**7240**	**6836**	**404**	**3481**	**195**	**454**	**486**	**671**
禅城区	2481	2481	1749	1691	58	714	63	103	130	112
南海区	6305	6305	2301	2174	127	1361	63	196	174	288
顺德区	5228	5228	2225	2073	152	1076	54	128	141	207
三水区	1452	1452	668	606	62	192	11	15	29	39
高明区	748	748	297	292	5	138	4	12	12	25

4-4 续表 89 单位：人

地区 性别	教育		卫生和社会工作			文化、体育和娱乐业				
	小计	教育	小计	卫生	社会工作	小计	新闻和出版业	广播、电视、电影和录音制作业	文化艺术业	体育
江门市	**7569**	**7569**	**3645**	**3464**	**181**	**1174**	**83**	**204**	**162**	**167**
蓬江区	1668	1668	1093	1039	54	356	46	62	62	51
江海区	602	602	212	196	16	135	5	15	13	16
新会区	1594	1594	711	672	39	227	13	29	30	38
台山市	1115	1115	633	617	16	142	8	26	14	20
开平市	1123	1123	370	352	18	119	1	36	18	11
鹤山市	878	878	342	320	22	123	6	17	16	23
恩平市	589	589	284	268	16	72	4	19	9	8
湛江市	**10599**	**10599**	**4331**	**4270**	**61**	**1096**	**78**	**126**	**270**	**175**
赤坎区	1245	1245	559	545	14	208	44	31	24	32
霞山区	1671	1671	1075	1065	10	213	16	28	45	33
坡头区	515	515	148	144	4	45	1	5	12	7
麻章区	648	648	142	140	2	52	1	2	14	8
遂溪县	872	872	375	368	7	99	5	13	18	28
徐闻县	801	801	341	339	2	38	1	6	4	9
廉江市	1973	1973	627	620	7	158	4	16	29	24
雷州市	1556	1556	550	540	10	134	4	5	75	14
吴川市	1318	1318	514	509	5	149	2	20	49	20
茂名市	**10883**	**10883**	**3759**	**3663**	**96**	**883**	**56**	**95**	**164**	**110**
茂南区	2318	2318	987	954	33	322	31	42	54	25
电白区	2457	2457	697	692	5	201	8	16	25	28
高州市	2245	2245	996	971	25	126	3	8	28	23
化州市	2054	2054	520	504	16	145	8	14	44	18
信宜市	1809	1809	559	542	17	89	6	15	13	16
肇庆市	**6148**	**6148**	**2571**	**2493**	**78**	**746**	**36**	**86**	**148**	**122**
端州区	1627	1627	867	835	32	323	23	39	73	38
鼎湖区	330	330	114	106	8	51	2	10	6	5
高要区	605	605	241	237	4	60		1	6	28
广宁县	485	485	268	258	10	52	2	7	13	3
怀集县	1138	1138	384	377	7	61	2	15	10	18
封开县	494	494	175	172	3	49	2	2	11	7
德庆县	431	431	158	150	8	43	1	6	10	7
四会市	1038	1038	364	358	6	107	4	6	19	16
惠州市	**11185**	**11185**	**4441**	**4278**	**163**	**1944**	**59**	**231**	**185**	**293**
惠城区	4797	4797	2224	2148	76	827	37	104	93	130
惠阳区	2028	2028	667	657	10	450	8	61	48	72
博罗县	1978	1978	648	593	55	324	10	30	24	41
惠东县	1846	1846	688	671	17	256	2	30	16	34
龙门县	536	536	214	209	5	87	2	6	4	16
梅州市	**6136**	**6136**	**3073**	**3006**	**67**	**619**	**65**	**84**	**145**	**76**
梅江区	987	987	739	727	12	164	37	25	26	26
梅县区	873	873	488	474	14	112	9	19	17	20
大埔县	513	513	237	227	10	35	1	4	4	2
丰顺县	609	609	278	276	2	58	4	7	9	5
五华县	1268	1268	608	603	5	100	5	9	44	10
平远县	339	339	135	130	5	33	3	4	16	
蕉岭县	334	334	143	132	11	36		4	7	2
兴宁市	1213	1213	445	437	8	81	6	12	22	11
汕尾市	**3500**	**3500**	**1130**	**1120**	**10**	**419**	**15**	**38**	**86**	**44**
城　区	662	662	272	270	2	103	9	7	19	12
海丰县	1167	1167	369	366	3	148	1	13	29	14
陆河县	446	446	133	131	2	20	3	4	1	
陆丰市	1225	1225	356	353	3	148	2	14	37	18

4–4 续表 90 单位：人

地 区 性 别	教育		卫生和社会工作			文化、体育和娱乐业				
	小计	教育	小计	卫生	社会工作	小计	新闻和出版业	广播、电视、电影和录音制作业	文 化 艺术业	体育
河源市	**5775**	**5775**	**2357**	**2303**	**54**	**647**	**29**	**84**	**121**	**74**
源城区	1943	1943	841	824	17	389	22	43	59	47
紫金县	955	955	359	341	18	57	3	5	16	7
龙川县	1246	1246	483	476	7	83	2	18	20	11
连平县	484	484	210	206	4	26	1	6	3	2
和平县	644	644	223	221	2	43		3	14	3
东源县	503	503	241	235	6	49	1	9	9	4
阳江市	**3897**	**3897**	**1700**	**1654**	**46**	**445**	**21**	**68**	**83**	**71**
江城区	1395	1395	595	581	14	212	15	34	46	46
阳东区	699	699	240	234	6	55	2	3	5	12
阳西县	559	559	242	234	8	57		12	12	4
阳春市	1244	1244	623	605	18	121	4	19	20	9
清远市	**7606**	**7606**	**3057**	**2939**	**118**	**928**	**28**	**100**	**95**	**138**
清城区	2631	2631	1127	1078	49	420	17	57	22	82
清新区	1221	1221	313	292	21	103	2	11	8	14
佛冈县	585	585	233	226	7	42	1	4	8	7
阳山县	579	579	245	238	7	37		2	2	5
连山壮族瑶族自治县	194	194	85	83	2	17		1	4	1
连南瑶族自治县	249	249	106	103	3	26	1	3	14	2
英德市	1616	1616	664	649	15	209	6	14	22	24
连州市	531	531	284	270	14	74	1	8	15	3
东莞市	**16265**	**16265**	**6513**	**6309**	**204**	**3618**	**94**	**343**	**422**	**736**
市辖区	16265	16265	6513	6309	204	3618	94	343	422	736
中山市	**6808**	**6808**	**2688**	**2601**	**87**	**1444**	**64**	**114**	**174**	**249**
市辖区	6808	6808	2688	2601	87	1444	64	114	174	249
潮州市	**3216**	**3216**	**1334**	**1314**	**20**	**461**	**21**	**54**	**80**	**58**
湘桥区	1187	1187	526	519	7	179	13	23	40	19
潮安区	1172	1172	491	487	4	162	7	17	25	23
饶平县	857	857	317	308	9	120	1	14	15	16
揭阳市	**5002**	**5002**	**1485**	**1451**	**34**	**518**	**27**	**55**	**124**	**86**
榕城区	1130	1130	371	366	5	109	11	16	33	18
揭东区	812	812	310	306	4	80	5	8	28	19
揭西县	532	532	198	195	3	68	4	10	11	7
惠来县	620	620	174	167	7	96	1	4	11	10
普宁市	1908	1908	432	417	15	165	6	17	41	32
云浮市	**3469**	**3469**	**1376**	**1351**	**25**	**324**	**17**	**30**	**43**	**48**
云城区	867	867	366	355	11	114	13	11	15	15
云安区	256	256	84	80	4	24		2		2
新兴县	655	655	291	287	4	76		7	10	11
郁南县	476	476	181	177	4	28		2	3	8
罗定市	1215	1215	454	452	2	82	4	8	15	12
男	**75348**	**75348**	**32499**	**31351**	**1148**	**25215**	**1490**	**3668**	**3615**	**4591**
广州市	**14548**	**14548**	**6398**	**6024**	**374**	**5590**	**530**	**1095**	**935**	**1047**
荔湾区	592	592	473	446	27	286	44	58	57	53
越秀区	841	841	888	832	56	595	101	167	105	110
海珠区	1377	1377	743	714	29	651	98	150	136	87
天河区	3110	3110	767	728	39	1081	101	233	205	214
白云区	2390	2390	1363	1259	104	1048	77	189	133	201
黄埔区	896	896	402	361	41	293	21	53	43	54
番禺区	2178	2178	700	676	24	976	57	172	150	160
花都区	1159	1159	379	360	19	252	8	26	43	53
南沙区	475	475	169	155	14	99	7	9	21	24
从化区	493	493	185	173	12	87	2	8	8	27
增城区	1037	1037	329	320	9	222	14	30	34	64

4-4 续表 91

单位：人

地区 性别	教育		卫生和社会工作			文化、体育和娱乐业				
	小计	教育	小计	卫生	社会工作	小计	新闻和出版业	广播、电视、电影和录音制作业	文化艺术业	体育
韶关市	**2066**	**2066**	**892**	**856**	**36**	**319**	**11**	**48**	**53**	**45**
武江区	299	299	216	208	8	58	3	14	8	3
浈江区	327	327	86	83	3	77	4	15	12	12
曲江区	158	158	60	56	4	35		4	5	12
始兴县	162	162	49	49		13	1	2		1
仁化县	141	141	47	42	5	23		3	2	5
翁源县	218	218	99	95	4	24	1	3	5	2
乳源瑶族自治县	122	122	43	42	1	15		2	4	1
新丰县	124	124	51	51		23	1	4	5	3
乐昌市	238	238	132	127	5	22			2	4
南雄市	277	277	109	103	6	29	1	1	10	2
深圳市	**12404**	**12404**	**4889**	**4708**	**181**	**7187**	**366**	**1061**	**918**	**1561**
罗湖区	798	798	587	563	24	603	30	87	71	113
福田区	1290	1290	647	625	22	772	100	139	137	144
南山区	1924	1924	526	494	32	944	48	166	122	252
宝安区	2549	2549	1022	991	31	1498	68	205	145	279
龙岗区	3057	3057	1110	1075	35	1521	58	256	260	277
盐田区	167	167	73	67	6	119	5	16	13	35
龙华区	1729	1729	544	524	20	1346	46	167	136	394
坪山区	358	358	134	130	4	108	3	8	9	13
光明区	532	532	246	239	7	276	8	17	25	54
珠海市	**1781**	**1781**	**757**	**733**	**24**	**1132**	**38**	**73**	**94**	**168**
香洲区	1188	1188	537	520	17	942	35	57	76	127
斗门区	310	310	131	125	6	120	2	9	12	29
金湾区	283	283	89	88	1	70	1	7	6	12
汕头市	**1758**	**1758**	**947**	**939**	**8**	**574**	**27**	**72**	**126**	**90**
龙湖区	305	305	169	168	1	168	10	11	33	23
金平区	461	461	360	357	3	177	13	25	47	28
濠江区	74	74	32	32		22			1	7
潮阳区	331	331	121	119	2	85	1	22	10	9
潮南区	271	271	95	93	2	51	2	3	16	10
澄海区	272	272	160	160		62	1	9	18	12
南澳县	44	44	10	10		9		2	1	1
佛山市	**4899**	**4899**	**2332**	**2214**	**118**	**1847**	**103**	**267**	**209**	**365**
禅城区	782	782	551	531	20	376	34	60	52	57
南海区	1903	1903	758	724	34	737	29	115	88	171
顺德区	1531	1531	717	670	47	563	32	77	53	107
三水区	433	433	202	187	15	95	6	9	11	21
高明区	250	250	104	102	2	76	2	6	5	9
江门市	**2370**	**2370**	**1202**	**1156**	**46**	**643**	**42**	**130**	**80**	**98**
蓬江区	493	493	352	332	20	190	23	40	29	31
江海区	172	172	59	57	2	63	3	7	5	9
新会区	509	509	240	232	8	124	5	16	12	23
台山市	413	413	223	220	3	86	5	14	11	12
开平市	359	359	111	107	4	74	1	28	8	6
鹤山市	237	237	124	118	6	62	3	11	9	12
恩平市	187	187	93	90	3	44	2	14	6	5
湛江市	**3766**	**3766**	**1599**	**1577**	**22**	**644**	**45**	**73**	**166**	**113**
赤坎区	409	409	198	192	6	112	25	15	10	23
霞山区	531	531	350	343	7	116	9	20	22	20
坡头区	147	147	40	38	2	23	1	2	7	4
麻章区	254	254	61	61		30		2	8	5
遂溪县	339	339	131	130	1	62	3	7	12	21
徐闻县	301	301	129	128	1	25	1	4	3	6
廉江市	690	690	246	245	1	95	3	10	22	13
雷州市	699	699	242	239	3	90	3	2	51	7
吴川市	396	396	202	201	1	91		11	31	14

4-4　续表 92　　　　单位：人

地　区 性　别	教育 小计	教育 教育	卫生和社会工作 小计	卫生和社会工作 卫生	卫生和社会工作 社会工作	文化、体育和娱乐业 小计	文化、体育和娱乐业 新闻和出版业	文化、体育和娱乐业 广播、电视、电影和录音制作业	文化、体育和娱乐业 文化艺术业	文化、体育和娱乐业 体育
茂名市	**3780**	**3780**	**1480**	**1455**	**25**	**519**	**34**	**60**	**98**	**78**
茂南区	726	726	340	331	9	176	17	27	29	18
电白区	775	775	301	301		124	5	8	20	20
高州市	897	897	388	383	5	74	2	6	15	17
化州市	716	716	199	194	5	88	6	8	25	13
信宜市	666	666	252	246	6	57	4	11	9	10
肇庆市	**2347**	**2347**	**1005**	**987**	**18**	**422**	**23**	**49**	**77**	**67**
端州区	582	582	318	310	8	176	15	24	37	19
鼎湖区	93	93	34	34		27	2	4	2	2
高要区	193	193	93	93		34		1	3	15
广宁县	195	195	108	103	5	30		5	9	3
怀集县	505	505	192	191	1	37	2	7	4	10
封开县	240	240	73	73		27	1	2	5	3
德庆县	191	191	58	55	3	27	1	2	9	4
四会市	348	348	129	128	1	64	2	4	8	11
惠州市	**3724**	**3724**	**1518**	**1442**	**76**	**1071**	**36**	**139**	**106**	**123**
惠城区	1560	1560	678	643	35	453	26	64	49	57
惠阳区	702	702	230	228	2	257	5	33	31	32
博罗县	701	701	250	224	26	171	3	19	16	16
惠东县	598	598	283	272	11	154		19	9	14
龙门县	163	163	77	75	2	36	2	4	1	4
梅州市	**2304**	**2304**	**1265**	**1248**	**17**	**350**	**38**	**50**	**81**	**42**
梅江区	326	326	268	266	2	94	22	14	14	14
梅县区	323	323	189	186	3	65	6	10	7	14
大埔县	212	212	108	105	3	17	1	2	2	
丰顺县	212	212	120	119	1	29	2	5	4	3
五华县	470	470	290	288	2	56	2	7	25	5
平远县	142	142	49	47	2	18	2	2	11	
蕉岭县	127	127	48	46	2	18		2	3	2
兴宁市	492	492	193	191	2	53	3	8	15	4
汕尾市	**1438**	**1438**	**578**	**570**	**8**	**255**	**10**	**28**	**61**	**23**
城　区	254	254	151	150	1	60	6	7	14	5
海丰县	473	473	174	171	3	84	1	10	17	8
陆河县	142	142	61	59	2	9	1		1	
陆丰市	569	569	192	190	2	102	2	11	29	10
河源市	**2025**	**2025**	**925**	**907**	**18**	**376**	**17**	**58**	**61**	**36**
源城区	537	537	299	291	8	213	12	28	21	24
紫金县	393	393	147	144	3	38	1	4	12	3
龙川县	496	496	214	210	4	51	2	13	16	4
连平县	189	189	82	81	1	17	1	6	1	1
和平县	239	239	78	78		29		3	6	3
东源县	171	171	105	103	2	28	1	4	5	1
阳江市	**1286**	**1286**	**642**	**622**	**20**	**244**	**8**	**47**	**45**	**39**
江城区	385	385	211	205	6	121	7	20	23	26
阳东区	234	234	77	76	1	19		2	2	6
阳西县	207	207	85	80	5	37		9	8	2
阳春市	460	460	269	261	8	67	1	16	12	5
清远市	**2606**	**2606**	**1061**	**1030**	**31**	**482**	**18**	**61**	**49**	**65**
清城区	772	772	381	369	12	224	9	34	11	34
清新区	483	483	114	106	8	50	2	6	4	6
佛冈县	181	181	81	80	1	21	1	2	4	4
阳山县	250	250	106	103	3	16		1	2	3
连山壮族瑶族自治县	60	60	35	34	1	11		1	2	1
连南瑶族自治县	80	80	27	26	1	17	1	3	6	2
英德市	587	587	221	219	2	109	5	9	11	13
连州市	193	193	96	93	3	34		5	9	2

4-4 续表 93　　单位：人

地区 性别	教育		卫生和社会工作			文化、体育和娱乐业				
	小计	教育	小计	卫生	社会工作	小计	新闻和出版业	广播、电视、电影和录音制作业	文化艺术业	体育
东莞市	**5769**	**5769**	**2202**	**2133**	**69**	**2029**	**61**	**205**	**221**	**383**
市辖区	5769	5769	2202	2133	69	2029	61	205	221	383
中山市	**2154**	**2154**	**863**	**843**	**20**	**777**	**41**	**66**	**88**	**132**
市辖区	2154	2154	863	843	20	777	41	66	88	132
潮州市	**1126**	**1126**	**622**	**613**	**9**	**256**	**14**	**33**	**44**	**34**
湘桥区	419	419	218	217	1	86	10	12	17	10
潮安区	373	373	234	231	3	94	4	10	15	16
饶平县	334	334	170	165	5	76		11	12	8
揭阳市	**2034**	**2034**	**820**	**798**	**22**	**322**	**17**	**36**	**77**	**52**
榕城区	419	419	201	200	1	75	8	12	19	12
揭东区	260	260	154	151	3	50	2	3	20	10
揭西县	198	198	99	97	2	44	3	7	8	4
惠来县	281	281	112	107	5	50	1	3	7	6
普宁市	876	876	254	243	11	103	3	11	23	20
云浮市	**1163**	**1163**	**502**	**496**	**6**	**176**	**11**	**17**	**26**	**30**
云城区	243	243	106	104	2	63	9	6	9	10
云安区	88	88	37	36	1	5				1
新兴县	204	204	118	116	2	37		3	7	5
郁南县	191	191	71	70	1	17		2	2	8
罗定市	437	437	170	170		54	2	6	8	6
女	**146614**	**146614**	**61558**	**58985**	**2573**	**20603**	**1291**	**2398**	**3331**	**3819**
广州市	**27759**	**27759**	**14281**	**13406**	**875**	**5099**	**571**	**769**	**1005**	**855**
荔湾区	1372	1372	1102	1017	85	285	37	53	72	35
越秀区	1769	1769	1916	1835	81	534	110	126	116	79
海珠区	2635	2635	1614	1492	122	585	95	103	159	82
天河区	4895	4895	1840	1756	84	980	140	152	206	157
白云区	4513	4513	2947	2727	220	974	76	141	130	186
黄埔区	1790	1790	889	799	90	274	17	38	75	35
番禺区	4185	4185	1587	1527	60	816	65	108	142	116
花都区	2456	2456	819	782	37	248	14	12	32	72
南沙区	965	965	412	378	34	121	2	9	26	32
从化区	996	996	366	343	23	65	3	4	9	14
增城区	2183	2183	789	750	39	217	12	23	38	47
韶关市	**3468**	**3468**	**1826**	**1743**	**83**	**309**	**13**	**34**	**57**	**51**
武江区	642	642	444	432	12	72	5	15	12	8
浈江区	550	550	241	229	12	60	5	8	7	16
曲江区	328	328	148	139	9	25		3	4	5
始兴县	242	242	91	89	2	16	2		2	2
仁化县	224	224	92	90	2	21		1	2	5
翁源县	352	352	194	180	14	22		2	7	1
乳源瑶族自治县	184	184	94	93	1	29		2	7	3
新丰县	186	186	97	97		14		2	5	1
乐昌市	397	397	206	193	13	22			3	4
南雄市	363	363	219	201	18	28	1	1	8	6
深圳市	**25574**	**25574**	**10463**	**10054**	**409**	**5626**	**285**	**645**	**749**	**1300**
罗湖区	1814	1814	1158	1118	40	515	24	44	67	83
福田区	2679	2679	1508	1473	35	731	91	82	145	169
南山区	3363	3363	1170	1120	50	860	48	111	118	238
宝安区	5494	5494	2066	1966	100	1230	43	134	132	230
龙岗区	6394	6394	2392	2299	93	1058	42	161	160	191
盐田区	324	324	182	146	36	87	3	3	9	31
龙华区	3674	3674	1285	1248	37	883	28	93	87	303
坪山区	703	703	251	243	8	85	1	6	8	16
光明区	1129	1129	451	441	10	177	5	11	23	39

4-4　续表 94

单位：人

地区 性别	教育		卫生和社会工作			文化、体育和娱乐业				
	小计	教育	小计	卫生	社会工作	小计	新闻和出版业	广播、电视、电影和录音制作业	文化艺术业	体育
珠海市	**3625**	**3625**	**1596**	**1528**	**68**	**813**	**28**	**51**	**104**	**120**
香洲区	2448	2448	1136	1101	35	625	24	41	84	90
斗门区	679	679	289	265	24	111	2	7	16	19
金湾区	498	498	171	162	9	77	2	3	4	11
汕头市	**4707**	**4707**	**1308**	**1293**	**15**	**422**	**24**	**52**	**117**	**55**
龙湖区	967	967	269	267	2	125	7	10	32	12
金平区	1264	1264	621	616	5	142	9	24	45	21
濠江区	197	197	33	33		24		1	6	2
潮阳区	973	973	121	119	2	39	4	6	13	2
潮南区	397	397	62	58	4	32		3	5	6
澄海区	851	851	180	179	1	54	3	8	14	11
南澳县	58	58	22	21	1	6	1		2	1
佛山市	**11315**	**11315**	**4908**	**4622**	**286**	**1634**	**92**	**187**	**277**	**306**
禅城区	1699	1699	1198	1160	38	338	29	43	78	55
南海区	4402	4402	1543	1450	93	624	34	81	86	117
顺德区	3697	3697	1508	1403	105	513	22	51	88	100
三水区	1019	1019	466	419	47	97	5	6	18	18
高明区	498	498	193	190	3	62	2	6	7	16
江门市	**5199**	**5199**	**2443**	**2308**	**135**	**531**	**41**	**74**	**82**	**69**
蓬江区	1175	1175	741	707	34	166	23	22	33	20
江海区	430	430	153	139	14	72	2	8	8	7
新会区	1085	1085	471	440	31	103	8	13	18	15
台山市	702	702	410	397	13	56	3	12	3	8
开平市	764	764	259	245	14	45		8	10	5
鹤山市	641	641	218	202	16	61	3	6	7	11
恩平市	402	402	191	178	13	28	2	5	3	3
湛江市	**6833**	**6833**	**2732**	**2693**	**39**	**452**	**33**	**53**	**104**	**62**
赤坎区	836	836	361	353	8	96	19	16	14	9
霞山区	1140	1140	725	722	3	97	7	8	23	13
坡头区	368	368	108	106	2	22		3	5	3
麻章区	394	394	81	79	2	22	1		6	3
遂溪县	533	533	244	238	6	37	2	6	6	7
徐闻县	500	500	212	211	1	13		2	1	3
廉江市	1283	1283	381	375	6	63	1	6	7	11
雷州市	857	857	308	301	7	44	1	3	24	7
吴川市	922	922	312	308	4	58	2	9	18	6
茂名市	**7103**	**7103**	**2279**	**2208**	**71**	**364**	**22**	**35**	**66**	**32**
茂南区	1592	1592	647	623	24	146	14	15	25	7
电白区	1682	1682	396	391	5	77	3	8	5	8
高州市	1348	1348	608	588	20	52	1	2	13	6
化州市	1338	1338	321	310	11	57	2	6	19	5
信宜市	1143	1143	307	296	11	32	2	4	4	6
肇庆市	**3801**	**3801**	**1566**	**1506**	**60**	**324**	**13**	**37**	**71**	**55**
端州区	1045	1045	549	525	24	147	8	15	36	19
鼎湖区	237	237	80	72	8	24		6	4	3
高要区	412	412	148	144	4	26			3	13
广宁县	290	290	160	155	5	22	2	2	4	
怀集县	633	633	192	186	6	24		8	6	8
封开县	254	254	102	99	3	22	1		6	4
德庆县	240	240	100	95	5	16		4	1	3
四会市	690	690	235	230	5	43	2	2	11	5
惠州市	**7461**	**7461**	**2923**	**2836**	**87**	**873**	**23**	**92**	**79**	**170**
惠城区	3237	3237	1546	1505	41	374	11	40	44	73
惠阳区	1326	1326	437	429	8	193	3	28	17	40
博罗县	1277	1277	398	369	29	153	7	11	8	25
惠东县	1248	1248	405	399	6	102	2	11	7	20
龙门县	373	373	137	134	3	51		2	3	12

4-4 续表 95

单位：人

地区 性别	教育		卫生和社会工作			文化、体育和娱乐业				
	小计	教育	小计	卫生	社会工作	小计	新闻和出版业	广播、电视、电影和录音制作业	文化艺术业	体育
梅州市	**3832**	**3832**	**1808**	**1758**	**50**	**269**	**27**	**34**	**64**	**34**
梅江区	661	661	471	461	10	70	15	11	12	12
梅县区	550	550	299	288	11	47	3	9	10	6
大埔县	301	301	129	122	7	18		2	2	2
丰顺县	397	397	158	157	1	29	2	2	5	2
五华县	798	798	318	315	3	44	3	2	19	5
平远县	197	197	86	83	3	15	1	2	5	
蕉岭县	207	207	95	86	9	18		2	4	
兴宁市	721	721	252	246	6	28	3	4	7	7
汕尾市	**2062**	**2062**	**552**	**550**	**2**	**164**	**5**	**10**	**25**	**21**
城　区	408	408	121	120	1	43	3		5	7
海丰县	694	694	195	195		64		3	12	6
陆河县	304	304	72	72		11	2	4		
陆丰市	656	656	164	163	1	46		3	8	8
河源市	**3750**	**3750**	**1432**	**1396**	**36**	**271**	**12**	**26**	**60**	**38**
源城区	1406	1406	542	533	9	176	10	15	38	23
紫金县	562	562	212	197	15	19	2	1	4	4
龙川县	750	750	269	266	3	32		5	4	7
连平县	295	295	128	125	3	9			2	1
和平县	405	405	145	143	2	14			8	
东源县	332	332	136	132	4	21		5	4	3
阳江市	**2611**	**2611**	**1058**	**1032**	**26**	**201**	**13**	**21**	**38**	**32**
江城区	1010	1010	384	376	8	91	8	14	23	20
阳东区	465	465	163	158	5	36	2	1	3	6
阳西县	352	352	157	154	3	20		3	4	2
阳春市	784	784	354	344	10	54	3	3	8	4
清远市	**5000**	**5000**	**1996**	**1909**	**87**	**446**	**10**	**39**	**46**	**73**
清城区	1859	1859	746	709	37	196	8	23	11	48
清新区	738	738	199	186	13	53		5	4	8
佛冈县	404	404	152	146	6	21		2	4	3
阳山县	329	329	139	135	4	21		1		2
连山壮族瑶族自治县	134	134	50	49	1	6			2	
连南瑶族自治县	169	169	79	77	2	9			8	
英德市	1029	1029	443	430	13	100	1	5	11	11
连州市	338	338	188	177	11	40	1	3	6	1
东莞市	**10496**	**10496**	**4311**	**4176**	**135**	**1589**	**33**	**138**	**201**	**353**
市辖区	10496	10496	4311	4176	135	1589	33	138	201	353
中山市	**4654**	**4654**	**1825**	**1758**	**67**	**667**	**23**	**48**	**86**	**117**
市辖区	4654	4654	1825	1758	67	667	23	48	86	117
潮州市	**2090**	**2090**	**712**	**701**	**11**	**205**	**7**	**21**	**36**	**24**
湘桥区	768	768	308	302	6	93	3	11	23	9
潮安区	799	799	257	256	1	68	3	7	10	7
饶平县	523	523	147	143	4	44	1	3	3	8
揭阳市	**2968**	**2968**	**665**	**653**	**12**	**196**	**10**	**19**	**47**	**34**
榕城区	711	711	170	166	4	34	3	4	14	6
揭东区	552	552	156	155	1	30	3	5	8	9
揭西县	334	334	99	98	1	24	1	3	3	3
惠来县	339	339	62	60	2	46		1	4	4
普宁市	1032	1032	178	174	4	62	3	6	18	12
云浮市	**2306**	**2306**	**874**	**855**	**19**	**148**	**6**	**13**	**17**	**18**
云城区	624	624	260	251	9	51	4	5	6	5
云安区	168	168	47	44	3	19		2		1
新兴县	451	451	173	171	2	39		4	3	6
郁南县	285	285	110	107	3	11			1	
罗定市	778	778	284	282	2	28	2	2	7	6

4—4　续表 96

单位：人

地　区 性　别	娱乐业	公共管理、社会保障和社会组织						国际组织	
		小计	中国共产党机关	国家机构	人民政协、民主党派	社会保障	群众团体、社会团体和其他成员组织	基层群众自治组织	小计	国际组织
广　东	**21615**	**179739**	**2781**	**135720**	**326**	**650**	**9049**	**31213**	**58**	**58**
广州市	**3882**	**32896**	**581**	**25348**	**79**	**177**	**1796**	**4915**	**41**	**41**
荔湾区	162	1964	17	1673	9	5	116	144	7	7
越秀区	215	3658	199	3141	17	14	207	80	14	14
海珠区	326	3130	60	2553	11	16	205	285	7	7
天河区	653	4103	88	3511	15	28	228	233	3	3
白云区	889	5427	37	3745	7	37	267	1334	3	3
黄埔区	231	2108	34	1572	5	12	108	377		
番禺区	822	3803	46	2831	6	36	179	705	5	5
花都区	240	2748	71	1902	2	13	277	483	2	2
南沙区	90	1499	15	1060	1	3	72	348		
从化区	77	1426	2	1196	3	5	47	173		
增城区	177	3030	12	2164	3	8	90	753		
韶关市	**316**	**6547**	**145**	**5128**	**13**	**16**	**225**	**1020**		
武江区	62	1073	40	919	1	1	35	77		
浈江区	58	952	27	789	4	3	36	93		
曲江区	27	548	9	431	1	1	33	73		
始兴县	19	459	6	353	3	2	13	82		
仁化县	26	555	17	428	1	2	18	89		
翁源县	25	565	7	425			20	113		
乳源瑶族自治县	25	477	13	359		1	27	77		
新丰县	16	386	6	287	1		7	85		
乐昌市	31	827	9	643	2	4	11	158		
南雄市	27	705	11	494		2	25	173		
深圳市	**5928**	**25521**	**173**	**22758**	**16**	**100**	**1006**	**1468**	**1**	**1**
罗湖区	599	2122	11	1968	2	3	94	44		
福田区	496	3483	40	3201	5	20	157	60		
南山区	701	2434	31	2118	2	9	144	130		
宝安区	1492	5363	25	4786	3	16	190	343		
龙岗区	1174	5711	35	5146	1	44	208	277		
盐田区	91	722	8	676		2	30	6		
龙华区	975	3015	12	2617	1	4	117	264		
坪山区	129	935	9	755		2	31	138	1	1
光明区	271	1736	2	1491	2		35	206		
珠海市	**1269**	**4804**	**52**	**4059**	**7**	**15**	**180**	**491**	**1**	**1**
香洲区	1033	3320	34	2955	4	10	127	190		
斗门区	135	985	11	753		1	30	190		
金湾区	101	499	7	351	3	4	23	111	1	1
汕头市	**433**	**5188**	**170**	**3459**	**11**	**15**	**415**	**1118**		
龙湖区	155	1284	58	1000	4	4	61	157		
金平区	107	1297	53	1019		5	92	128		
濠江区	29	239	11	140			13	75		
潮阳区	57	827	13	464	2	1	85	262		
潮南区	38	433	15	100		1	88	229		
澄海区	40	880	13	566	3	3	62	233		
南澳县	7	228	7	170	2	1	14	34		
佛山市	**1675**	**13873**	**94**	**9192**	**16**	**35**	**1537**	**2999**	**2**	**2**
禅城区	306	2593	46	1907	9	6	130	495		
南海区	640	5372	26	2840	3	12	1208	1283		
顺德区	546	3443	13	2286	2	14	161	967	2	2
三水区	98	1506	7	1289	1	3	27	179		
高明区	85	959	2	870	1		11	75		

4-4 续表 97

单位：人

地区 性别	娱乐业	公共管理、社会保障和社会组织							国际组织	
		小计	中国共产党机关	国家机构	人民政协、民主党派	社会保障	群众团体、社会团体和其他成员组织	基层群众自治组织	小计	国际组织
江门市	**558**	**7526**	**123**	**5515**	**16**	**28**	**382**	**1462**	**1**	**1**
蓬江区	135	1825	35	1420	7	12	84	267	1	1
江海区	86	390	6	260	1		24	99		
新会区	117	1446	20	980	3	4	100	339		
台山市	74	1427	23	995	2	5	71	331		
开平市	53	887	8	617	1	4	59	198		
鹤山市	61	834	16	693	1	3	23	98		
恩平市	32	717	15	550	1		21	130		
湛江市	**447**	**6674**	**133**	**5143**	**15**	**24**	**213**	**1146**	**1**	**1**
赤坎区	77	974	47	840	2	4	29	52	1	1
霞山区	91	1395	24	1201	6	3	20	141		
坡头区	20	314	11	223		1	7	72		
麻章区	27	264	2	185		3	14	60		
遂溪县	35	539	2	353		2	30	152		
徐闻县	18	576	9	471	3	4	15	74		
廉江市	85	1005	19	775	1		17	193		
雷州市	36	879	18	562	1	2	66	230		
吴川市	58	728	1	533	2	5	15	172		
茂名市	**458**	**5977**	**94**	**4240**	**15**	**27**	**198**	**1403**		
茂南区	170	1677	34	1378	5	15	27	218		
电白区	124	1330	22	944	6	1	28	329		
高州市	64	1013	16	597	1	7	64	328		
化州市	61	1030	8	718	2	2	48	252		
信宜市	39	927	14	603	1	2	31	276		
肇庆市	**354**	**5721**	**131**	**4171**	**11**	**33**	**333**	**1042**	**3**	**3**
端州区	150	1688	35	1484	5	13	51	100		
鼎湖区	28	332	6	232	2	1	14	77		
高要区	25	490	10	275			20	185		
广宁县	27	512	3	365		2	25	117	2	2
怀集县	16	783	35	413	1	4	104	226	1	1
封开县	27	383	12	251		4	14	102		
德庆县	19	432	11	244	2	6	74	95		
四会市	62	1101	19	907	1	3	31	140		
惠州市	**1176**	**9215**	**135**	**7191**	**30**	**28**	**377**	**1454**	**3**	**3**
惠城区	463	3408	78	2803	4	15	161	347	2	2
惠阳区	261	1389	6	1117	3	4	45	214	1	1
博罗县	219	1700	29	1107	17	6	92	449		
惠东县	174	1903	7	1526	4	2	69	295		
龙门县	59	815	15	638	2	1	10	149		
梅州市	**249**	**6951**	**126**	**5159**	**12**	**13**	**297**	**1344**		
梅江区	50	1416	14	1263	4		68	67		
梅县区	47	976	9	715	3	4	27	218		
大埔县	24	664	13	479		3	13	156		
丰顺县	33	615	15	461	1	2	9	127		
五华县	32	1097	20	699	1	2	102	273		
平远县	10	558	5	445	2	1	8	97		
蕉岭县	23	528	22	397			17	92		
兴宁市	30	1097	28	700	1	1	53	314		
汕尾市	**236**	**3411**	**75**	**2459**	**7**	**7**	**193**	**670**		
城　区	56	858	15	719	3		23	98		
海丰县	91	1167	28	875	2	3	72	187		
陆河县	12	398	10	278	2		18	90		
陆丰市	77	988	22	587		4	80	295		

4-4 续表 98

单位：人

地区 性别	娱乐业	公共管理、社会保障和社会组织							国际组织	
		小计	中国共产党机关	国家机构	人民政协、民主党派	社会保障	群众团体、社会团体和其他成员组织	基层群众自治组织	小计	国际组织
河源市	**339**	**5603**	**134**	**4153**	**24**	**13**	**94**	**1185**		
源城区	218	2070	69	1764	13	7	49	168		
紫金县	26	853	13	578	2		18	242		
龙川县	32	845	16	542	3	1	5	278		
连平县	14	551	8	417		3	3	120		
和平县	23	784	12	600	6	2	10	154		
东源县	26	500	16	252			9	223		
阳江市	**202**	**4088**	**75**	**3284**	**8**	**8**	**148**	**565**		
江城区	71	1823	39	1577	2	4	51	150		
阳东区	33	590	9	474	1		13	93		
阳西县	29	595	15	436	2	1	28	113		
阳春市	69	1080	12	797	3	3	56	209		
清远市	**567**	**6730**	**57**	**5543**	**14**	**9**	**125**	**982**		
清城区	242	2407	9	2112	3	5	61	217		
清新区	68	749	2	617			7	123		
佛冈县	22	567	11	467	1		9	79		
阳山县	28	515	3	395		1	6	110		
连山壮族瑶族自治县	11	354	2	288	3	2	6	53		
连南瑶族自治县	6	295	8	239	2		7	39		
英德市	143	1294	14	976	3		27	274		
连州市	47	549	8	449	2	1	2	87		
东莞市	**2023**	**14069**	**126**	**9454**	**3**	**52**	**597**	**3837**	**4**	**4**
市辖区	2023	14069	126	9454	3	52	597	3837	4	4
中山市	**843**	**5169**	**78**	**3522**	**4**	**14**	**256**	**1295**	**1**	**1**
市辖区	843	5169	78	3522	4	14	256	1295	1	1
潮州市	**248**	**2778**	**58**	**1856**	**7**	**12**	**108**	**737**		
湘桥区	84	1122	17	910	3	6	35	151		
潮安区	90	908	29	525	2	3	49	300		
饶平县	74	748	12	421	2	3	24	286		
揭阳市	**226**	**3916**	**170**	**1787**	**7**	**12**	**481**	**1459**		
榕城区	31	1208	75	829			143	161		
揭东区	20	704	18	256	2	2	73	353		
揭西县	36	436	8	198	3		45	182		
惠来县	70	455	35	248	2	1	28	141		
普宁市	69	1113	34	256		9	192	622		
云浮市	**186**	**3082**	**51**	**2299**	**11**	**12**	**88**	**621**		
云城区	60	1066	7	949	6	5	24	75		
云安区	20	202	2	139		1	1	59		
新兴县	48	612	9	434	2	4	39	124		
郁南县	15	484	19	329	1	2	13	120		
罗定市	43	718	14	448	2		11	243		
男	**11851**	**120039**	**1896**	**91740**	**229**	**329**	**4642**	**21203**	**32**	**32**
广州市	**1983**	**21173**	**388**	**16546**	**50**	**97**	**863**	**3229**	**21**	**21**
荔湾区	74	1268	10	1105	7	2	58	86	4	4
越秀区	112	2248	138	1967	10	9	97	27	8	8
海珠区	180	1966	38	1634	4	11	104	175	3	3
天河区	328	2551	63	2228	10	15	104	131	2	2
白云区	448	3594	25	2538	4	15	117	895	1	1
黄埔区	122	1263	20	969	4	8	39	223		
番禺区	437	2486	32	1846	5	23	87	493	1	1
花都区	122	1865	43	1306	2	6	165	343	2	2
南沙区	38	1003	9	750	1	2	32	209		
从化区	42	911	2	767	1	2	24	115		
增城区	80	2018	8	1436	2	4	36	532		

4－4 续表 99

单位：人

地区 性别	娱乐业	公共管理、社会保障和社会组织						国际组织	
		小计	中国共产党机关	国家机构	人民政协、民主党派	社会保障	群众团体、社会团体和其他成员组织	基层群众自治组织	小计	国际组织
韶关市	**162**	**4327**	**93**	**3458**	**10**	**6**	**132**	**628**		
武江区	30	688	25	604	1		16	42		
浈江区	34	621	16	528	3	1	21	52		
曲江区	14	355	5	285	1	1	21	42		
始兴县	9	309	5	244	2	1	8	49		
仁化县	13	350	7	275			11	57		
翁源县	13	382	7	291			9	75		
乳源瑶族自治县	8	317	9	241			21	46		
新丰县	10	251	4	190	1		4	52		
乐昌市	16	577	9	452	2	2	5	107		
南雄市	15	477	6	348		1	16	106		
深圳市	**3281**	**16705**	**119**	**15151**	**14**	**50**	**454**	**917**	**1**	**1**
罗湖区	302	1386	9	1293	2	2	52	28		
福田区	252	2220	25	2071	4	11	74	35		
南山区	356	1572	23	1422	2	4	56	65		
宝安区	801	3568	14	3245	3	9	72	225		
龙岗区	670	3730	28	3419	1	19	93	170		
盐田区	50	464	6	434		2	17	5		
龙华区	603	1995	7	1751		3	60	174		
坪山区	75	619	7	507			18	87	1	1
光明区	172	1151		1009	2		12	128		
珠海市	**759**	**3067**	**34**	**2638**	**4**	**6**	**83**	**302**	**1**	**1**
香洲区	647	2098	26	1899	3	4	56	110		
斗门区	68	644	4	508			17	115		
金湾区	44	325	4	231	1	2	10	77	1	1
汕头市	**259**	**3651**	**120**	**2417**	**5**	**10**	**245**	**854**		
龙湖区	91	879	46	686	1	3	35	108		
金平区	64	852	32	686		3	46	85		
濠江区	14	160	7	94			9	50		
潮阳区	43	621	12	342	2	1	49	215		
潮南区	20	350	12	86		1	54	197		
澄海区	22	618	7	391	1	2	41	176		
南澳县	5	171	4	132	1		11	23		
佛山市	**903**	**9094**	**63**	**6262**	**12**	**15**	**773**	**1969**	**1**	**1**
禅城区	173	1593	33	1180	7	4	57	312		
南海区	334	3517	17	1981	2	6	629	882		
顺德区	294	2334	7	1626	1	4	68	628	1	1
三水区	48	985	4	863	1	1	13	103		
高明区	54	665	2	612	1		6	44		
江门市	**293**	**4769**	**77**	**3614**	**12**	**12**	**166**	**888**	**1**	**1**
蓬江区	67	1123	21	903	6	8	37	148	1	1
江海区	39	259	4	178	1		9	67		
新会区	68	897	12	640	1		34	210		
台山市	44	953	17	684	2	1	32	217		
开平市	31	530	5	394		2	31	98		
鹤山市	27	547	8	458	1	1	12	67		
恩平市	17	460	10	357	1		11	81		
湛江市	**247**	**4721**	**92**	**3668**	**11**	**7**	**111**	**832**		
赤坎区	39	626	35	544	1	1	14	31		
霞山区	45	954	14	839	3	1	11	86		
坡头区	9	204	7	142		1	1	53		
麻章区	15	193		135		1	6	51		
遂溪县	19	381	2	259			16	104		
徐闻县	11	435	7	353	3		9	63		
廉江市	47	734	12	571	1		9	141		
雷州市	27	664	14	434	1	1	37	177		
吴川市	35	530	1	391	2	2	8	126		

4—4　续表 100　　　　单位：人

地区 性别	娱乐业	公共管理、社会保障和社会组织 小计	中国共产党机关	国家机构	人民政协、民主党派	社会保障	群众团体、社会团体和其他成员组织	基层群众自治组织	国际组织 小计	国际组织
茂名市	**249**	**4127**	**65**	**2965**	**11**	**14**	**121**	**951**		
茂南区	85	1097	17	921	4	7	18	130		
电白区	71	912	17	659	4	1	15	216		
高州市	34	728	12	435	1	5	40	235		
化州市	36	753	6	527	1		33	186		
信宜市	23	637	13	423	1	1	15	184		
肇庆市	**206**	**3705**	**87**	**2765**	**7**	**14**	**173**	**659**	**2**	**2**
端州区	81	1041	22	949	3	4	20	43		
鼎湖区	17	200	3	136	1		11	49		
高要区	15	334	8	187			5	134		
广宁县	13	335	2	247			12	74	1	1
怀集县	14	537	25	289	1	3	65	154	1	1
封开县	16	251	8	176		1	9	57		
德庆县	11	267	7	157	1	3	40	59		
四会市	39	740	12	624	1	3	11	89		
惠州市	**667**	**6232**	**84**	**4884**	**19**	**15**	**208**	**1022**	**2**	**2**
惠城区	257	2260	48	1873	2	6	79	252	2	2
惠阳区	156	916	2	753	2	2	18	139		
博罗县	117	1229	19	785	10	4	68	343		
惠东县	112	1320	6	1062	4	2	37	209		
龙门县	25	507	9	411	1	1	6	79		
梅州市	**139**	**4536**	**78**	**3400**	**12**	**4**	**155**	**887**		
梅江区	30	886	8	800	4		34	40		
梅县区	28	607	4	449	3		12	139		
大埔县	12	431	11	305		1	5	109		
丰顺县	15	408	8	303	1		5	91		
五华县	17	784	14	511	1	1	62	195		
平远县	3	368	3	300	2	1	2	60		
蕉岭县	11	313	12	241			7	53		
兴宁市	23	739	18	491	1	1	28	200		
汕尾市	**133**	**2547**	**57**	**1837**	**2**	**5**	**130**	**516**		
城　区	28	587	10	497			18	62		
海丰县	48	861	24	657		2	47	131		
陆河县	7	282	5	198	2		12	65		
陆丰市	50	817	18	485		3	53	258		
河源市	**204**	**3850**	**99**	**2857**	**19**	**6**	**46**	**823**		
源城区	128	1386	53	1187	9	3	22	112		
紫金县	18	606	11	417	2		9	167		
龙川县	16	611	12	400	3		4	192		
连平县	8	345	6	266		1	1	71		
和平县	17	533	8	400	5	2	6	112		
东源县	17	369	9	187			4	169		
阳江市	**105**	**2739**	**48**	**2221**	**8**	**5**	**78**	**379**		
江城区	45	1175	21	1026	2	3	25	98		
阳东区	9	412	6	333	1		6	66		
阳西县	18	408	12	295	2	1	18	80		
阳春市	33	744	9	567	3	1	29	135		
清远市	**289**	**4386**	**40**	**3647**	**10**	**6**	**55**	**628**		
清城区	136	1558	9	1372	1	4	27	145		
清新区	32	485	1	401			5	78		
佛冈县	10	346	4	286	1		3	52		
阳山县	10	364	3	279			3	79		
连山壮族瑶族自治县	7	213	2	174	2	1	4	30		
连南瑶族自治县	5	189	5	157	2		3	22		
英德市	71	861	9	672	2		10	168		
连州市	18	370	7	306	2	1		54		

4-4 续表 101

单位：人

地区 性别	娱乐业	公共管理、社会保障和社会组织							国际组织	
		小计	中国共产党机关	国家机构	人民政协、民主党派	社会保障	群众团体、社会团体和其他成员组织	基层群众自治组织	小计	国际组织
东莞市	**1159**	**10214**	**86**	**6956**	**3**	**25**	**328**	**2816**	**3**	**3**
市辖区	1159	10214	86	6956	3	25	328	2816	3	3
中山市	**450**	**3366**	**54**	**2322**	**3**	**6**	**121**	**860**		
市辖区	450	3366	54	2322	3	6	121	860		
潮州市	**131**	**1973**	**45**	**1276**	**4**	**9**	**60**	**579**		
湘桥区	37	754	14	601	2	4	20	113		
潮安区	49	653	22	358	1	2	30	240		
饶平县	45	566	9	317	1	3	10	226		
揭阳市	**140**	**2793**	**127**	**1311**	**6**	**10**	**293**	**1046**		
榕城区	24	855	53	583			96	123		
揭东区	15	493	13	189	1	1	47	242		
揭西县	22	298	6	138	3		27	124		
惠来县	33	383	27	217	2	1	16	120		
普宁市	46	764	28	184		8	107	437		
云浮市	**92**	**2064**	**40**	**1545**	**7**	**7**	**47**	**418**		
云城区	29	680	7	602	4	2	11	54		
云安区	4	141	2	100			1	38		
新兴县	22	403	7	288	2	4	24	78		
郁南县	5	308	13	217		1	6	71		
罗定市	32	532	11	338	1		5	177		
女	**9764**	**59700**	**885**	**43980**	**97**	**321**	**4407**	**10010**	**26**	**26**
广州市	**1899**	**11723**	**193**	**8802**	**29**	**80**	**933**	**1686**	**20**	**20**
荔湾区	88	696	7	568	2	3	58	58	3	3
越秀区	103	1410	61	1174	7	5	110	53	6	6
海珠区	146	1164	22	919	7	5	101	110	4	4
天河区	325	1552	25	1283	5	13	124	102	1	1
白云区	441	1833	12	1207	3	22	150	439	2	2
黄埔区	109	845	14	603	1	4	69	154		
番禺区	385	1317	14	985	1	13	92	212	4	4
花都区	118	883	28	596		7	112	140		
南沙区	52	496	6	310		1	40	139		
从化区	35	515		429	2	3	23	58		
增城区	97	1012	4	728	1	4	54	221		
韶关市	**154**	**2220**	**52**	**1670**	**3**	**10**	**93**	**392**		
武江区	32	385	15	315		1	19	35		
浈江区	24	331	11	261	1	2	15	41		
曲江区	13	193	4	146			12	31		
始兴县	10	150	1	109	1	1	5	33		
仁化县	13	205	10	153	1	2	7	32		
翁源县	12	183		134			11	38		
乳源瑶族自治县	17	160	4	118		1	6	31		
新丰县	6	135	2	97			3	33		
乐昌市	15	250		191		2	6	51		
南雄市	12	228	5	146		1	9	67		
深圳市	**2647**	**8816**	**54**	**7607**	**2**	**50**	**552**	**551**		
罗湖区	297	736	2	675		1	42	16		
福田区	244	1263	15	1130	1	9	83	25		
南山区	345	862	8	696		5	88	65		
宝安区	691	1795	11	1541		7	118	118		
龙岗区	504	1981	7	1727		25	115	107		
盐田区	41	258	2	242			13	1		
龙华区	372	1020	5	866	1	1	57	90		
坪山区	54	316	2	248		2	13	51		
光明区	99	585	2	482			23	78		

4-4　续表 102　　　　单位：人

地区 性别	娱乐业	公共管理、社会保障和社会组织							国际组织	
		小计	中国共产党机关	国家机构	人民政协、民主党派	社会保障	群众团体、社会团体和其他成员组织	基层群众自治组织	小计	国际组织
珠海市	**510**	**1737**	**18**	**1421**	**3**	**9**	**97**	**189**		
香洲区	386	1222	8	1056	1	6	71	80		
斗门区	67	341	7	245		1	13	75		
金湾区	57	174	3	120	2	2	13	34		
汕头市	**174**	**1537**	**50**	**1042**	**6**	**5**	**170**	**264**		
龙湖区	64	405	12	314	3	1	26	49		
金平区	43	445	21	333		2	46	43		
濠江区	15	79	4	46			4	25		
潮阳区	14	206	1	122			36	47		
潮南区	18	83	3	14			34	32		
澄海区	18	262	6	175	2	1	21	57		
南澳县	2	57	3	38	1	1	3	11		
佛山市	**772**	**4779**	**31**	**2930**	**4**	**20**	**764**	**1030**	**1**	**1**
禅城区	133	1000	13	727	2	2	73	183		
南海区	306	1855	9	859	1	6	579	401		
顺德区	252	1109	6	660	1	10	93	339	1	1
三水区	50	521	3	426		2	14	76		
高明区	31	294		258			5	31		
江门市	**265**	**2757**	**46**	**1901**	**4**	**16**	**216**	**574**		
蓬江区	68	702	14	517	1	4	47	119		
江海区	47	131	2	82			15	32		
新会区	49	549	8	340	2	4	66	129		
台山市	30	474	6	311		4	39	114		
开平市	22	357	3	223	1	2	28	100		
鹤山市	34	287	8	235		2	11	31		
恩平市	15	257	5	193			10	49		
湛江市	**200**	**1953**	**41**	**1475**	**4**	**17**	**102**	**314**	**1**	**1**
赤坎区	38	348	12	296	1	3	15	21	1	1
霞山区	46	441	10	362	3	2	9	55		
坡头区	11	110	4	81			6	19		
麻章区	12	71	2	50		2	8	9		
遂溪县	16	158		94		2	14	48		
徐闻县	7	141	2	118		4	6	11		
廉江市	38	271	7	204			8	52		
雷州市	9	215	4	128		1	29	53		
吴川市	23	198		142		3	7	46		
茂名市	**209**	**1850**	**29**	**1275**	**4**	**13**	**77**	**452**		
茂南区	85	580	17	457	1	8	9	88		
电白区	53	418	5	285	2		13	113		
高州市	30	285	4	162		2	24	93		
化州市	25	277	2	191	1	2	15	66		
信宜市	16	290	1	180		1	16	92		
肇庆市	**148**	**2016**	**44**	**1406**	**4**	**19**	**160**	**383**	**1**	**1**
端州区	69	647	13	535	2	9	31	57		
鼎湖区	11	132	3	96	1	1	3	28		
高要区	10	156	2	88			15	51		
广宁县	14	177	1	118		2	13	43	1	1
怀集县	2	246	10	124		1	39	72		
封开县	11	132	4	75		3	5	45		
德庆县	8	165	4	87	1	3	34	36		
四会市	23	361	7	283			20	51		
惠州市	**509**	**2983**	**51**	**2307**	**11**	**13**	**169**	**432**	**1**	**1**
惠城区	206	1148	30	930	2	9	82	95		
惠阳区	105	473	4	364	1	2	27	75	1	1
博罗县	102	471	10	322	7	2	24	106		
惠东县	62	583	1	464			32	86		
龙门县	34	308	6	227	1		4	70		

4-4 续表 103

单位：人

地区 性别	娱乐业	公共管理、社会保障和社会组织							国际组织	
		小计	中国共产党机关	国家机构	人民政协、民主党派	社会保障	群众团体、社会团体和其他成员组织	基层群众自治组织	小计	国际组织
梅州市	**110**	**2415**	**48**	**1759**		**9**	**142**	**457**		
梅江区	20	530	6	463			34	27		
梅县区	19	369	5	266		4	15	79		
大埔县	12	233	2	174		2	8	47		
丰顺县	18	207	7	158		2	4	36		
五华县	15	313	6	188		1	40	78		
平远县	7	190	2	145			6	37		
蕉岭县	12	215	10	156			10	39		
兴宁市	7	358	10	209			25	114		
汕尾市	**103**	**864**	**18**	**622**	**5**	**2**	**63**	**154**		
城　区	28	271	5	222	3		5	36		
海丰县	43	306	4	218	2	1	25	56		
陆河县	5	116	5	80			6	25		
陆丰市	27	171	4	102		1	27	37		
河源市	**135**	**1753**	**35**	**1296**	**5**	**7**	**48**	**362**		
源城区	90	684	16	577	4	4	27	56		
紫金县	8	247	2	161			9	75		
龙川县	16	234	4	142		1	1	86		
连平县	6	206	2	151		2	2	49		
和平县	6	251	4	200	1		4	42		
东源县	9	131	7	65			5	54		
阳江市	**97**	**1349**	**27**	**1063**		**3**	**70**	**186**		
江城区	26	648	18	551		1	26	52		
阳东区	24	178	3	141			7	27		
阳西县	11	187	3	141			10	33		
阳春市	36	336	3	230		2	27	74		
清远市	**278**	**2344**	**17**	**1896**	**4**	**3**	**70**	**354**		
清城区	106	849		740	2	1	34	72		
清新区	36	264	1	216			2	45		
佛冈县	12	221	7	181			6	27		
阳山县	18	151		116		1	3	31		
连山壮族瑶族自治县	4	141		114	1	1	2	23		
连南瑶族自治县	1	106	3	82			4	17		
英德市	72	433	5	304	1		17	106		
连州市	29	179	1	143			2	33		
东莞市	**864**	**3855**	**40**	**2498**		**27**	**269**	**1021**	**1**	**1**
市辖区	864	3855	40	2498		27	269	1021	1	1
中山市	**393**	**1803**	**24**	**1200**	**1**	**8**	**135**	**435**	**1**	**1**
市辖区	393	1803	24	1200	1	8	135	435	1	1
潮州市	**117**	**805**	**13**	**580**	**3**	**3**	**48**	**158**		
湘桥区	47	368	3	309	1	2	15	38		
潮安区	41	255	7	167	1	1	19	60		
饶平县	29	182	3	104	1		14	60		
揭阳市	**86**	**1123**	**43**	**476**	**1**	**2**	**188**	**413**		
榕城区	7	353	22	246			47	38		
揭东区	5	211	5	67	1	1	26	111		
揭西县	14	138	2	60			18	58		
惠来县	37	72	8	31			12	21		
普宁市	23	349	6	72		1	85	185		
云浮市	**94**	**1018**	**11**	**754**	**4**	**5**	**41**	**203**		
云城区	31	386		347	2	3	13	21		
云安区	16	61		39		1		21		
新兴县	26	209	2	146			15	46		
郁南县	10	176	6	112	1	1	7	49		
罗定市	11	186	3	110	1		6	66		

4-4a 各地区分性别、行业大类的就业人口(城市)

单位：人

地区 性别	合计	农、林、牧、渔业						采矿业	
		小计	农业	林业	畜牧业	渔业	农、林、牧、渔专业及辅助性活动	小计	煤炭开采和洗选业
广　东	**4263943**	**43980**	**27544**	**2398**	**3560**	**8335**	**2143**	**2584**	**61**
广州市	**777751**	**3641**	**2483**	**270**	**218**	**366**	**304**	**286**	**12**
荔湾区	44328	428	263	67	9	65	24	8	2
越秀区	44507	36	24	5	3	2	2	18	1
海珠区	97472	89	45	2	11	17	14	36	
天河区	126953	320	169	40	33	8	70	72	
白云区	164181	354	248	30	23	29	24	38	2
黄埔区	65614	419	291	28	20	20	60	30	3
番禺区	124404	588	376	44	34	103	31	26	4
花都区	54046	571	435	27	28	37	44	28	
南沙区	27195	329	225	12	17	62	13	13	
从化区	7264	121	94	4	10	6	7	4	
增城区	21787	386	313	11	30	17	15	13	
韶关市	**36248**	**830**	**576**	**71**	**112**	**47**	**24**	**146**	**3**
武江区	12957	126	68	10	30	7	11	35	1
浈江区	10334	217	158	15	19	19	6	53	2
曲江区	5807	158	112	19	21	5	1	49	
始兴县									
仁化县									
翁源县									
乳源瑶族自治县									
新丰县									
乐昌市	3243	108	72	7	23	6		4	
南雄市	3907	221	166	20	19	10	6	5	
深圳市	**1191170**	**1516**	**959**	**95**	**114**	**212**	**136**	**450**	**9**
罗湖区	63024	52	38	1	4	3	6	15	1
福田区	92863	19	9	4	3	2	1	14	2
南山区	110863	138	65	8	9	55	1	258	1
宝安区	335183	414	241	41	31	49	52	65	
龙岗区	267180	342	173	17	25	87	40	55	1
盐田区	12989	4			1	3		3	
龙华区	187045	151	95	7	12	7	30	25	4
坪山区	37818	144	130	13	1			8	
光明区	84205	252	208	4	28	6	6	7	
珠海市	**99372**	**758**	**232**	**38**	**59**	**388**	**41**	**49**	**2**
香洲区	72416	454	135	32	43	212	32	32	2
斗门区	12450	133	56	2	4	70	1	2	
金湾区	14506	171	41	4	12	106	8	15	
汕头市	**97961**	**1872**	**1182**	**67**	**156**	**383**	**84**	**36**	**3**
龙湖区	23080	374	264	12	36	47	15	7	1
金平区	29320	355	183	16	17	117	22	11	
濠江区	6468	150	71	9	6	50	14	15	1
潮阳区	10400	320	154	3	18	130	15	3	1
潮南区	16077	556	421	27	60	35	13		
澄海区	12616	117	89		19	4	5		
南澳县									
佛山市	**498823**	**6902**	**3339**	**394**	**322**	**2608**	**239**	**114**	**8**
禅城区	60915	114	57	20	17	11	9	15	
南海区	211255	2967	1555	243	140	868	161	78	8
顺德区	189889	3198	1449	82	100	1535	32	5	
三水区	17427	241	100	9	24	87	21	9	
高明区	19337	382	178	40	41	107	16	7	

4-4a 续表 1

单位：人

地区 性别	合计	农、林、牧、渔业						采矿业	
		小计	农业	林业	畜牧业	渔业	农、林、牧、渔专业及辅助性活动	小计	煤炭开采和洗选业
江门市	**123061**	**3172**	**2047**	**105**	**284**	**623**	**113**	**70**	
蓬江区	36966	777	411	8	48	281	29	13	
江海区	18874	612	498	19	13	72	10	5	
新会区	20730	772	622	18	37	66	29	22	
台山市	14234	536	289	22	90	111	24	13	
开平市	12562	193	84	23	44	32	10	9	
鹤山市	12176	161	82	6	24	40	9	5	
恩平市	7519	121	61	9	28	21	2	3	
湛江市	**68503**	**3174**	**2225**	**67**	**147**	**646**	**89**	**472**	**5**
赤坎区	13467	256	160	16	22	47	11	50	1
霞山区	22338	452	205	13	17	203	14	107	1
坡头区	2702	164	107	1	11	44	1	285	1
麻章区	3621	384	308	5	21	47	3	1	
遂溪县	797	450	357	1	11	54	27	3	
徐闻县									
廉江市	8396	194	137	9	24	16	8	7	1
雷州市	8244	894	777	17	26	58	16	9	1
吴川市	8938	380	174	5	15	177	9	10	
茂名市	**65218**	**3126**	**2097**	**58**	**386**	**444**	**141**	**96**	**2**
茂南区	25178	679	522	16	84	36	21	46	2
电白区	8274	489	150		29	309	1	10	
高州市	11195	705	519	24	87	43	32	18	
化州市	10299	693	432	10	124	47	80	6	
信宜市	10272	560	474	8	62	9	7	16	
肇庆市	**51566**	**788**	**368**	**54**	**100**	**222**	**44**	**40**	
端州区	21908	192	83	23	30	34	22	14	
鼎湖区	4354	122	65	11	13	31	2	5	
高要区	3669	103	42	6	6	48	1	4	
广宁县									
怀集县									
封开县									
德庆县									
四会市	21635	371	178	14	51	109	19	17	
惠州市	**140824**	**1017**	**480**	**90**	**114**	**257**	**76**	**179**	**2**
惠城区	76787	573	330	60	70	57	56	53	1
惠阳区	62827	442	150	30	43	200	19	125	1
博罗县	1210	2			1		1	1	
惠东县									
龙门县									
梅州市	**31814**	**657**	**488**	**42**	**78**	**30**	**19**	**54**	**1**
梅江区	13766	245	189	14	20	15	7	28	
梅县区	9841	238	192	23	10	4	9	11	1
大埔县									
丰顺县									
五华县	349	17	11		6			5	
平远县									
蕉岭县									
兴宁市	7858	157	96	5	42	11	3	10	
汕尾市	**15811**	**998**	**297**	**19**	**40**	**616**	**26**	**19**	
城　区	9516	571	71	7	12	465	16	12	
海丰县									
陆河县									
陆丰市	6295	427	226	12	28	151	10	7	

4—4a　续表 2　　　　　　　　　　　　　　　　　　　　　　　　　单位：人

地区 性别	合计	农、林、牧、渔业						采矿业	
		小计	农业	林业	畜牧业	渔业	农、林、牧、渔专业及辅助性活动	小计	煤炭开采和洗选业
河源市	**25694**	**380**	**195**	**28**	**111**	**24**	**22**	**50**	**1**
源城区	25694	380	195	28	111	24	22	50	1
紫金县									
龙川县									
连平县									
和平县									
东源县									
阳江市	**41488**	**1666**	**801**	**64**	**323**	**382**	**96**	**44**	
江城区	23519	944	389	27	141	314	73	23	
阳东区	8701	293	158	8	81	42	4	3	
阳西县									
阳春市	9268	429	254	29	101	26	19	18	
清远市	**50112**	**1563**	**1112**	**74**	**283**	**70**	**24**	**97**	**2**
清城区	27264	745	511	26	151	36	21	32	1
清新区	10311	286	205	14	50	17		13	
佛冈县									
阳山县									
连山壮族瑶族自治县									
连南瑶族自治县									
英德市	7765	264	174	21	55	13	1	37	
连州市	4772	268	222	13	27	4	2	15	1
东莞市	**679352**	**3368**	**2255**	**249**	**238**	**388**	**238**	**109**	**6**
市辖区	679352	3368	2255	249	238	388	238	109	6
中山市	**150754**	**1615**	**694**	**345**	**86**	**391**	**99**	**52**	**4**
市辖区	150754	1615	694	345	86	391	99	52	4
潮州市	**38491**	**786**	**639**	**11**	**75**	**41**	**20**	**18**	**1**
湘桥区	16728	475	426	3	22	18	6	8	1
潮安区	21763	311	213	8	53	23	14	10	
饶平县									
揭阳市	**59364**	**5677**	**4727**	**246**	**241**	**164**	**299**	**20**	
榕城区	25394	3245	2662	146	165	88	184	12	
揭东区	13239	1154	1106	10	11	14	13	5	
揭西县									
惠来县									
普宁市	20731	1278	959	90	65	62	102	3	
云浮市	**20566**	**474**	**348**	**11**	**73**	**33**	**9**	**183**	
云城区	12965	198	141	6	42	4	5	160	
云安区	678	15	8	1	1	5		15	
新兴县									
郁南县									
罗定市	6923	261	199	4	30	24	4	8	
男	**2574381**	**28687**	**16543**	**1642**	**2529**	**6557**	**1416**	**2021**	**50**
广州市	**454483**	**2265**	**1471**	**190**	**148**	**252**	**204**	**200**	**8**
荔湾区	25198	260	161	42	5	39	13	4	1
越秀区	24307	26	15	5	3	1	2	11	1
海珠区	54687	62	31	1	6	14	10	21	
天河区	73801	199	101	26	25	6	41	48	
白云区	96249	217	142	23	15	18	19	24	1
黄埔区	41304	274	176	24	13	15	46	23	1
番禺区	72430	363	221	27	24	69	22	22	4
花都区	31836	337	243	21	19	27	27	22	
南沙区	17545	204	129	9	13	43	10	10	
从化区	4079	71	53	2	5	6	5	4	
增城区	13047	252	199	10	20	14	9	11	

4-4a 续表 3 单位：人

地区 性别	合计	农、林、牧、渔业						采矿业	
		小计	农业	林业	畜牧业	渔业	农、林、牧、渔专业及辅助性活动	小计	煤炭开采和洗选业
韶关市	**20905**	**508**	**327**	**45**	**84**	**37**	**15**	**106**	**3**
武江区	7316	86	43	6	23	7	7	21	1
浈江区	5997	125	86	7	13	14	5	39	2
曲江区	3438	89	55	13	15	5	1	38	
始兴县									
仁化县									
翁源县									
乳源瑶族自治县									
新丰县									
乐昌市	1870	73	43	7	17	6		3	
南雄市	2284	135	100	12	16	5	2	5	
深圳市	**732252**	**977**	**572**	**67**	**80**	**176**	**82**	**328**	**8**
罗湖区	36105	37	25	1	3	3	5	7	1
福田区	53768	14	7	3	2	2		10	2
南山区	66300	100	44	3	8	44	1	181	1
宝安区	208009	270	149	27	23	39	32	50	
龙岗区	163455	233	103	14	18	76	22	46	1
盐田区	8094	3			1	2		2	
龙华区	118172	91	54	6	8	4	19	19	3
坪山区	24325	80	69	10	1			7	
光明区	54024	149	121	3	16	6	3	6	
珠海市	**58573**	**522**	**135**	**26**	**42**	**288**	**31**	**36**	**2**
香洲区	42333	317	76	22	32	164	23	21	2
斗门区	7371	92	36	1	3	51	1	2	
金湾区	8869	113	23	3	7	73	7	13	
汕头市	**59639**	**1437**	**889**	**43**	**117**	**335**	**53**	**32**	**3**
龙湖区	13854	286	203	10	26	38	9	7	1
金平区	17232	287	145	11	13	105	13	8	
濠江区	4319	106	44	9	4	39	10	14	1
潮阳区	6918	249	107	3	13	119	7	3	1
潮南区	9957	410	313	10	47	31	9		
澄海区	7359	99	77		14	3	5		
南澳县									
佛山市	**301552**	**4637**	**1983**	**262**	**230**	**2004**	**158**	**88**	**6**
禅城区	35523	68	31	13	13	5	6	13	
南海区	128147	1957	908	163	97	679	110	56	6
顺德区	115753	2214	881	56	73	1182	22	3	
三水区	10335	167	66	6	19	63	13	9	
高明区	11794	231	97	24	28	75	7	7	
江门市	**71461**	**2022**	**1203**	**79**	**188**	**471**	**81**	**57**	
蓬江区	20939	481	213	6	32	205	25	11	
江海区	11251	372	291	14	8	54	5	2	
新会区	12063	489	391	12	23	49	14	18	
台山市	8458	337	161	16	54	86	20	10	
开平市	7377	132	49	19	30	27	7	9	
鹤山市	6908	123	58	4	18	35	8	4	
恩平市	4465	88	40	8	23	15	2	3	
湛江市	**41169**	**2027**	**1271**	**46**	**111**	**534**	**65**	**401**	**5**
赤坎区	7769	160	92	10	14	36	8	41	1
霞山区	13108	333	128	10	14	173	8	95	1
坡头区	1679	91	55		7	28	1	236	1
麻章区	2272	235	175	1	18	39	2	1	
遂溪县	484	274	205	1	8	42	18	3	
徐闻县									
廉江市	4923	124	84	6	17	11	6	7	1
雷州市	5199	534	438	14	21	47	14	8	1
吴川市	5735	276	94	4	12	158	8	10	

4-4a 续表 4

单位：人

地区 性别	合计	农、林、牧、渔业						采矿业	
		小计	农业	林业	畜牧业	渔业	农、林、牧、渔专业及辅助性活动	小计	煤炭开采和洗选业
茂名市	**38567**	**1836**	**1075**	**31**	**274**	**369**	**87**	**82**	**2**
茂南区	14766	369	262	9	63	21	14	39	2
电白区	5093	388	90		23	275		9	
高州市	6414	401	277	12	57	32	23	15	
化州市	6264	371	203	6	84	34	44	4	
信宜市	6030	307	243	4	47	7	6	15	
肇庆市	**30099**	**503**	**200**	**38**	**73**	**163**	**29**	**32**	
端州区	12413	133	49	15	26	28	15	10	
鼎湖区	2627	79	33	9	9	27	1	4	
高要区	1999	62	20	4	4	33	1	4	
广宁县									
怀集县									
封开县									
德庆县									
四会市	13060	229	98	10	34	75	12	14	
惠州市	**87714**	**673**	**291**	**53**	**77**	**200**	**52**	**159**	**2**
惠城区	46157	359	201	36	47	39	36	40	1
惠阳区	40773	312	90	17	29	161	15	118	1
博罗县	784	2			1		1	1	
惠东县									
龙门县									
梅州市	**18439**	**373**	**264**	**25**	**52**	**18**	**14**	**40**	**1**
梅江区	7916	133	98	8	12	9	6	21	
梅县区	5736	141	110	14	9	3	5	9	1
大埔县									
丰顺县									
五华县	226	12	8		4			3	
平远县									
蕉岭县									
兴宁市	4561	87	48	3	27	6	3	7	
汕尾市	**11105**	**870**	**227**	**15**	**30**	**573**	**25**	**16**	
城　区	6572	530	58	6	10	441	15	10	
海丰县									
陆河县									
陆丰市	4533	340	169	9	20	132	10	6	
河源市	**14773**	**266**	**124**	**23**	**84**	**21**	**14**	**41**	**1**
源城区	14773	266	124	23	84	21	14	41	1
紫金县									
龙川县									
连平县									
和平县									
东源县									
阳江市	**24108**	**1141**	**468**	**52**	**240**	**313**	**68**	**32**	
江城区	13656	650	220	20	105	255	50	17	
阳东区	5110	198	97	8	53	36	4	1	
阳西县									
阳春市	5342	293	151	24	82	22	14	14	
清远市	**28471**	**903**	**589**	**51**	**195**	**56**	**12**	**79**	**1**
清城区	15466	394	232	21	103	29	9	23	1
清新区	5839	187	127	10	37	13		11	
佛冈县									
阳山县									
连山壮族瑶族自治县									
连南瑶族自治县									
英德市	4404	164	101	13	39	10	1	32	
连州市	2762	158	129	7	16	4	2	13	

4-4a 续表 5 单位：人

地区 性别	合计	农、林、牧、渔业						采矿业	
		小计	农业	林业	畜牧业	渔业	农、林、牧、渔专业及辅助性活动	小计	煤炭开采和洗选业
东莞市	**417005**	**2107**	**1338**	**175**	**163**	**281**	**150**	**81**	**4**
市辖区	417005	2107	1338	175	163	281	150	81	4
中山市	**89012**	**1015**	**386**	**219**	**65**	**288**	**57**	**41**	**3**
市辖区	89012	1015	386	219	65	288	57	41	3
潮州市	**23921**	**496**	**388**	**10**	**51**	**31**	**16**	**17**	**1**
湘桥区	10053	284	245	3	17	14	5	8	1
潮安区	13868	212	143	7	34	17	11	9	
饶平县									
揭阳市	**38922**	**3845**	**3168**	**183**	**173**	**124**	**197**	**16**	
榕城区	17393	2205	1776	116	114	64	135	9	
揭东区	8947	815	775	9	10	12	9	4	
揭西县									
惠来县									
普宁市	12582	825	617	58	49	48	53	3	
云浮市	**12211**	**264**	**174**	**9**	**52**	**23**	**6**	**137**	
云城区	7772	97	57	4	31	3	2	120	
云安区	430	9	5	1		3		10	
新兴县									
郁南县									
罗定市	4009	158	112	4	21	17	4	7	
女	**1689562**	**15293**	**11001**	**756**	**1031**	**1778**	**727**	**563**	**11**
广州市	**323268**	**1376**	**1012**	**80**	**70**	**114**	**100**	**86**	**4**
荔湾区	19130	168	102	25	4	26	11	4	1
越秀区	20200	10	9			1		7	
海珠区	42785	27	14	1	5	3	4	15	
天河区	53152	121	68	14	8	2	29	24	
白云区	67932	137	106	7	8	11	5	14	1
黄埔区	24310	145	115	4	7	5	14	7	2
番禺区	51974	225	155	17	10	34	9	4	
花都区	22210	234	192	6	9	10	17	6	
南沙区	9650	125	96	3	4	19	3	3	
从化区	3185	50	41	2	5		2		
增城区	8740	134	114	1	10	3	6	2	
韶关市	**15343**	**322**	**249**	**26**	**28**	**10**	**9**	**40**	
武江区	5641	40	25	4	7		4	14	
浈江区	4337	92	72	8	6	5	1	14	
曲江区	2369	69	57	6	6			11	
始兴县									
仁化县									
翁源县									
乳源瑶族自治县									
新丰县									
乐昌市	1373	35	29		6			1	
南雄市	1623	86	66	8	3	5	4		
深圳市	**458918**	**539**	**387**	**28**	**34**	**36**	**54**	**122**	**1**
罗湖区	26919	15	13		1		1	8	
福田区	39095	5	2	1	1		1	4	
南山区	44563	38	21	5	1	11		77	
宝安区	127174	144	92	14	8	10	20	15	
龙岗区	103725	109	70	3	7	11	18	9	
盐田区	4895	1				1		1	
龙华区	68873	60	41	1	4	3	11	6	1
坪山区	13493	64	61	3				1	
光明区	30181	103	87	1	12		3	1	

4-4a 续表 6 单位：人

地区 性别	合计	农、林、牧、渔业						采矿业	
		小计	农业	林业	畜牧业	渔业	农、林、牧、渔专业及辅助性活动	小计	煤炭开采和洗选业
珠海市	**40799**	**236**	**97**	**12**	**17**	**100**	**10**	**13**	
香洲区	30083	137	59	10	11	48	9	11	
斗门区	5079	41	20	1	1	19			
金湾区	5637	58	18	1	5	33	1	2	
汕头市	**38322**	**435**	**293**	**24**	**39**	**48**	**31**	**4**	
龙湖区	9226	88	61	2	10	9	6		
金平区	12088	68	38	5	4	12	9	3	
濠江区	2149	44	27		2	11	4	1	
潮阳区	3482	71	47		5	11	8		
潮南区	6120	146	108	17	13	4	4		
澄海区	5257	18	12		5	1			
南澳县									
佛山市	**197271**	**2265**	**1356**	**132**	**92**	**604**	**81**	**26**	**2**
禅城区	25392	46	26	7	4	6	3	2	
南海区	83108	1010	647	80	43	189	51	22	2
顺德区	74136	984	568	26	27	353	10	2	
三水区	7092	74	34	3	5	24	8		
高明区	7543	151	81	16	13	32	9		
江门市	**51600**	**1150**	**844**	**26**	**96**	**152**	**32**	**13**	
蓬江区	16027	296	198	2	16	76	4	2	
江海区	7623	240	207	5	5	18	5	3	
新会区	8667	283	231	6	14	17	15	4	
台山市	5776	199	128	6	36	25	4	3	
开平市	5185	61	35	4	14	5	3		
鹤山市	5268	38	24	2	6	5	1	1	
恩平市	3054	33	21	1	5	6			
湛江市	**27334**	**1147**	**954**	**21**	**36**	**112**	**24**	**71**	
赤坎区	5698	96	68	6	8	11	3	9	
霞山区	9230	119	77	3	3	30	6	12	
坡头区	1023	73	52	1	4	16		49	
麻章区	1349	149	133	4	3	8	1		
遂溪县	313	176	152		3	12	9		
徐闻县									
廉江市	3473	70	53	3	7	5	2		
雷州市	3045	360	339	3	5	11	2	1	
吴川市	3203	104	80	1	3	19	1		
茂名市	**26651**	**1290**	**1022**	**27**	**112**	**75**	**54**	**14**	
茂南区	10412	310	260	7	21	15	7	7	
电白区	3181	101	60		6	34	1	1	
高州市	4781	304	242	12	30	11	9	3	
化州市	4035	322	229	4	40	13	36	2	
信宜市	4242	253	231	4	15	2	1	1	
肇庆市	**21467**	**285**	**168**	**16**	**27**	**59**	**15**	**8**	
端州区	9495	59	34	8	4	6	7	4	
鼎湖区	1727	43	32	2	4	4	1	1	
高要区	1670	41	22	2	2	15			
广宁县									
怀集县									
封开县									
德庆县									
四会市	8575	142	80	4	17	34	7	3	
惠州市	**53110**	**344**	**189**	**37**	**37**	**57**	**24**	**20**	
惠城区	30630	214	129	24	23	18	20	13	
惠阳区	22054	130	60	13	14	39	4	7	
博罗县	426								
惠东县									
龙门县									

4-4a 续表 7

单位：人

地区 性别	合计	农、林、牧、渔业						采矿业	
		小计	农业	林业	畜牧业	渔业	农、林、牧、渔专业及辅助性活动	小计	煤炭开采和洗选业
梅州市	**13375**	**284**	**224**	**17**	**26**	**12**	**5**	**14**	
梅江区	5850	112	91	6	8	6	1	7	
梅县区	4105	97	82	9	1	1	4	2	
大埔县									
丰顺县									
五华县	123	5	3		2			2	
平远县									
蕉岭县									
兴宁市	3297	70	48	2	15	5		3	
汕尾市	**4706**	**128**	**70**	**4**	**10**	**43**	**1**	**3**	
城　区	2944	41	13	1	2	24	1	2	
海丰县									
陆河县									
陆丰市	1762	87	57	3	8	19		1	
河源市	**10921**	**114**	**71**	**5**	**27**	**3**	**8**	**9**	
源城区	10921	114	71	5	27	3	8	9	
紫金县									
龙川县									
连平县									
和平县									
东源县									
阳江市	**17380**	**525**	**333**	**12**	**83**	**69**	**28**	**12**	
江城区	9863	294	169	7	36	59	23	6	
阳东区	3591	95	61		28	6		2	
阳西县									
阳春市	3926	136	103	5	19	4	5	4	
清远市	**21641**	**660**	**523**	**23**	**88**	**14**	**12**	**18**	**1**
清城区	11798	351	279	5	48	7	12	9	
清新区	4472	99	78	4	13	4		2	
佛冈县									
阳山县									
连山壮族瑶族自治县									
连南瑶族自治县									
英德市	3361	100	73	8	16	3		5	
连州市	2010	110	93	6	11			2	1
东莞市	**262347**	**1261**	**917**	**74**	**75**	**107**	**88**	**28**	**2**
市辖区	262347	1261	917	74	75	107	88	28	2
中山市	**61742**	**600**	**308**	**126**	**21**	**103**	**42**	**11**	**1**
市辖区	61742	600	308	126	21	103	42	11	1
潮州市	**14570**	**290**	**251**	**1**	**24**	**10**	**4**	**1**	
湘桥区	6675	191	181		5	4	1		
潮安区	7895	99	70	1	19	6	3	1	
饶平县									
揭阳市	**20442**	**1832**	**1559**	**63**	**68**	**40**	**102**	**4**	
榕城区	8001	1040	886	30	51	24	49	3	
揭东区	4292	339	331	1	1	2	4	1	
揭西县									
惠来县									
普宁市	8149	453	342	32	16	14	49		
云浮市	**8355**	**210**	**174**	**2**	**21**	**10**	**3**	**46**	
云城区	5193	101	84	2	11	1	3	40	
云安区	248	6	3		1	2		5	
新兴县									
郁南县									
罗定市	2914	103	87		9	7		1	

4-4a　续表 8　　　　单位：人

地　区 性　别	采矿业 石油和天然气开采业	黑色金属矿采选业	有色金属矿采选业	非金属矿采选业	开采专业及辅助性活　动	其　他采矿业	制造业 小计	农副食品加工业	食　品制造业
广　东	**483**	**113**	**148**	**1027**	**666**	**86**	**1539198**	**12782**	**19476**
广州市	**79**	**5**	**15**	**92**	**62**	**21**	**175195**	**1328**	**3415**
荔湾区	2			1	2	1	3611	72	157
越秀区	9		1	3	3	1	1987	32	134
海珠区	8			7	19	2	29546	102	261
天河区	43	1	5	5	12	6	7621	120	389
白云区	5	1	4	14	8	4	37423	181	437
黄埔区	7	1	2	9	7	1	20520	201	910
番禺区			1	12	7	2	35540	272	641
花都区	2	2	2	15	3	4	22060	151	171
南沙区	3			10			11036	75	111
从化区				4			1097	26	76
增城区				12	1		4754	96	128
韶关市	**1**	**41**	**65**	**24**	**5**	**7**	**5598**	**148**	**134**
武江区	1	8	20	3		2	2137	41	49
浈江区		23	12	8	3	5	1261	53	50
曲江区		8	30	10	1		1209	31	16
始兴县									
仁化县									
翁源县									
乳源瑶族自治县									
新丰县									
乐昌市		2	1	1			427	6	10
南雄市			2	2	1		564	17	9
深圳市	**177**	**6**	**16**	**98**	**136**	**8**	**425069**	**1956**	**2770**
罗湖区	1	1	4	3	4	1	3605	128	51
福田区	6			2	2	2	4016	23	69
南山区	144	1	2	4	103	3	16856	164	175
宝安区	5	1	5	35	17	2	161287	623	984
龙岗区	12		3	32	7		90435	444	727
盐田区				3			2154	9	10
龙华区	5		2	12	2		76504	176	380
坪山区				7	1		20424	177	90
光明区	4	3					49788	212	284
珠海市	**13**	**3**	**3**	**16**	**10**	**2**	**26123**	**221**	**471**
香洲区	6	3	2	11	6	2	15415	99	253
斗门区	1				1		4478	69	25
金湾区	6		1	5	3		6230	53	193
汕头市	**3**			**25**	**4**	**1**	**28473**	**602**	**992**
龙湖区	2			3	1		5177	186	200
金平区	1			8	1	1	6046	177	592
濠江区				13	1		1537	78	48
潮阳区				1	1		1530	23	55
潮南区							6887	77	69
澄海区							7296	61	28
南澳县									
佛山市	**11**	**3**	**6**	**61**	**21**	**4**	**212285**	**1703**	**2540**
禅城区	3			3	9		16196	55	160
南海区	6	3	3	43	12	3	90006	814	1142
顺德区	2		2	1			92563	645	691
三水区			1	8			4605	79	104
高明区				6		1	8915	110	443

4-4a 续表 9

单位：人

地区 性别	采矿业 石油和天然气开采业	采矿业 黑色金属矿采选业	采矿业 有色金属矿采选业	采矿业 非金属矿采选业	采矿业 开采专业及辅助性活动	采矿业 其他采矿业	制造业 小计	制造业 农副食品加工业	制造业 食品制造业
江门市	**3**	**2**		**45**	**12**	**8**	**42255**	**747**	**1550**
蓬江区				7	3	3	13172	177	338
江海区	1	2		2			9424	147	189
新会区				16	4	2	6404	201	468
台山市	1			8	2	2	3388	83	120
开平市				7	2		2458	33	251
鹤山市				5			4919	81	155
恩平市	1				1	1	2490	25	29
湛江市	**134**	**6**	**1**	**30**	**292**	**4**	**7664**	**911**	**338**
赤坎区	21	3		2	21	2	1181	156	63
霞山区	58		1	14	32	1	2085	381	88
坡头区	50				234		238	16	7
麻章区					1		630	84	30
遂溪县		2		1			58	24	1
徐闻县									
廉江市		1		4		1	1427	60	22
雷州市	2			3	3		741	130	82
吴川市	3			6	1		1304	60	45
茂名市	**25**	**3**	**3**	**51**	**10**	**2**	**6921**	**617**	**300**
茂南区	20		1	18	4	1	2791	133	116
电白区	1	1		8			765	168	36
高州市	4		2	9	2	1	1201	136	54
化州市				3	3		895	124	46
信宜市		2		13	1		1269	56	48
肇庆市	**2**	**2**	**3**	**28**	**4**	**1**	**12391**	**216**	**532**
端州区	2		2	5	4	1	3304	72	155
鼎湖区		1		4			711	29	48
高要区			1	3			1051	40	26
广宁县									
怀集县									
封开县									
德庆县									
四会市		1		16			7325	75	303
惠州市	**21**		**2**	**104**	**48**	**2**	**59535**	**334**	**349**
惠城区	5		2	33	11	1	25283	260	267
惠阳区	16			70	37	1	33582	72	75
博罗县				1			670	2	7
惠东县									
龙门县									
梅州市		**2**	**15**	**23**	**8**	**5**	**4245**	**187**	**91**
梅江区			13	7	6	2	2023	96	39
梅县区		1	2	4	1	2	959	35	26
大埔县									
丰顺县									
五华县				5			67	1	2
平远县									
蕉岭县									
兴宁市		1		7	1	1	1196	55	24
汕尾市			**2**	**14**	**3**		**2164**	**73**	**67**
城　区			2	9	1		1806	46	46
海丰县									
陆河县									
陆丰市				5	2		358	27	21

4－4a　续表 10

单位：人

地区 性别	采矿业 石油和天然气开采业	采矿业 黑色金属矿采选业	采矿业 有色金属矿采选业	采矿业 非金属矿采选业	采矿业 开采专业及辅助性活动	采矿业 其他采矿业	制造业 小计	制造业 农副食品加工业	制造业 食品制造业
河源市		**4**	**4**	**39**		**2**	**4438**	**95**	**82**
源城区		4	4	39		2	4438	95	82
紫金县									
龙川县									
连平县									
和平县									
东源县									
阳江市	**1**	**3**		**38**	**1**	**1**	**10352**	**263**	**213**
江城区	1			21	1		5075	172	92
阳东区				3			3684	20	81
阳西县									
阳春市		3		14		1	1593	71	40
清远市		**4**	**3**	**75**	**3**	**10**	**7977**	**307**	**224**
清城区		1	2	24	2	2	3703	85	138
清新区				10	1	2	2909	167	42
佛冈县									
阳山县									
连山壮族瑶族自治县									
连南瑶族自治县									
英德市				33		4	783	28	30
连州市		3	1	8		2	582	27	14
东莞市	**5**	**6**	**1**	**65**	**22**	**4**	**391167**	**1973**	**3418**
市辖区	5	6	1	65	22	4	391167	1973	3418
中山市	**6**	**1**	**3**	**22**	**16**		**80191**	**320**	**812**
市辖区	6	1	3	22	16		80191	320	812
潮州市	**1**		**3**	**11**	**2**		**18064**	**233**	**798**
湘桥区	1		1	5			4857	113	87
潮安区			2	6	2		13207	120	711
饶平县									
揭阳市		**2**	**1**	**13**	**2**	**2**	**14030**	**415**	**317**
榕城区		2	1	7		2	6060	113	63
揭东区				3	2		3159	167	116
揭西县									
惠来县									
普宁市				3			4811	135	138
云浮市	**1**	**20**	**2**	**153**	**5**	**2**	**5061**	**133**	**63**
云城区	1	20	2	132	4	1	3248	75	32
云安区				15			272	1	
新兴县									
郁南县									
罗定市				6	1	1	1541	57	31
男	**373**	**78**	**100**	**839**	**517**	**64**	**935332**	**8050**	**10450**
广州市	**55**	**3**	**7**	**74**	**39**	**14**	**103835**	**850**	**1797**
荔湾区	1			1	1		2293	43	92
越秀区	5			2	2	1	1245	20	70
海珠区	6			5	9	1	16342	65	149
天河区	29		2	3	9	5	4635	78	202
白云区	4	1	2	8	5	3	21173	117	233
黄埔区	6	1	2	9	4		13503	133	500
番禺区				11	6	1	20317	172	318
花都区	2	1	1	13	2	3	13194	92	80
南沙区	2			8			7360	46	49
从化区				4			635	16	41
增城区				10	1		3138	68	63

4−4a 续表 11 单位：人

地区 性别	采矿业 石油和天然气开采业	采矿业 黑色金属矿采选业	采矿业 有色金属矿采选业	采矿业 非金属矿采选业	采矿业 开采专业及辅助性活动	采矿业 其他采矿业	制造业 小计	制造业 农副食品加工业	制造业 食品制造业
韶关市		**28**	**42**	**23**	**4**	**6**	**3296**	**97**	**62**
武江区		4	11	3		2	1084	32	27
浈江区		17	7	7	2	4	789	26	25
曲江区		6	21	10	1		856	22	3
始兴县									
仁化县									
翁源县									
乳源瑶族自治县									
新丰县									
乐昌市		1	1	1			233	4	2
南雄市			2	2	1		334	13	5
深圳市	**128**	**3**	**10**	**82**	**91**	**6**	**262599**	**1263**	**1522**
罗湖区			3	1	1	1	2182	73	23
福田区	4				2	2	2432	9	33
南山区	104	1	1	3	69	2	10340	115	85
宝安区	2		3	31	13	1	98516	398	526
龙岗区	10		2	29	4		54675	288	429
盐田区				2			1297	5	6
龙华区	4		1	10	1		49716	101	202
坪山区				6	1		12719	122	52
光明区	4	2					30722	152	166
珠海市	**7**	**1**	**3**	**14**	**7**	**2**	**15518**	**134**	**251**
香洲区	2	1	2	9	3	2	9196	60	134
斗门区	1				1		2665	43	14
金湾区	4		1	5	3		3657	31	103
汕头市	**2**			**23**	**4**		**15390**	**374**	**501**
龙湖区	2			3	1		2638	114	109
金平区				7	1		3337	104	288
濠江区				12	1		721	46	25
潮阳区				1	1		723	15	31
潮南区							3842	55	36
澄海区							4129	40	12
南澳县									
佛山市	**9**	**3**	**5**	**44**	**18**	**3**	**130898**	**1040**	**1390**
禅城区	3			3	7		9432	37	80
南海区	4	3	3	27	11	2	55928	511	593
顺德区	2		1				57132	371	333
三水区			1	8			2991	43	69
高明区				6		1	5415	78	315
江门市	**2**			**39**	**11**	**5**	**24574**	**448**	**785**
蓬江区				7	3	1	7657	113	174
江海区				2			5541	82	95
新会区				13	3	2	3774	111	255
台山市	1			6	2	1	2059	54	42
开平市				7	2		1329	23	108
鹤山市				4			2762	49	93
恩平市	1				1	1	1452	16	18
湛江市	**116**	**5**	**1**	**27**	**243**	**4**	**4991**	**525**	**184**
赤坎区	17	2		2	17	2	770	98	30
霞山区	50		1	12	30	1	1436	168	45
坡头区	44				191		186	10	4
麻章区					1		452	55	20
遂溪县		2		1			31	14	
徐闻县									
廉江市		1		4		1	824	43	11
雷州市	2			2	3		473	93	44
吴川市	3			6	1		819	44	30

4-4a　续表 12　　　　　　　　　　　　　　　　　　　　单位：人

地　区 性　别	采矿业						制造业		
	石油和天然气开采业	黑色金属矿采选业	有色金属矿采选业	非金属矿采选业	开采专业及辅助性活　动	其　他采矿业	小计	农副食品加工业	食　品制造业
茂名市	**21**	**3**	**2**	**46**	**6**	**2**	**4096**	**377**	**152**
茂南区	16		1	16	3	1	1882	86	60
电白区	1	1		7			431	92	18
高州市	4		1	8	1	1	643	95	31
化州市				3	1		548	73	20
信宜市		2		12	1		592	31	23
肇庆市	**2**	**2**	**3**	**21**	**3**	**1**	**7505**	**138**	**270**
端州区	2		2	2	3	1	1890	45	64
鼎湖区		1		3			398	18	22
高要区			1	3			527	23	15
广宁县									
怀集县									
封开县									
德庆县									
四会市		1		13			4690	52	169
惠州市	**21**		**2**	**91**	**41**	**2**	**38012**	**217**	**185**
惠城区	5		2	25	6	1	15485	172	144
惠阳区	16			65	35	1	22103	43	36
博罗县				1			424	2	5
惠东县									
龙门县									
梅州市		**2**	**11**	**16**	**6**	**4**	**2244**	**109**	**41**
梅江区			9	5	5	2	1154	53	18
梅县区		1	2	3	1	1	539	24	12
大埔县									
丰顺县									
五华县				3			29	1	
平远县									
蕉岭县									
兴宁市		1		5		1	522	31	11
汕尾市			**1**	**13**	**2**		**1452**	**58**	**48**
城　区			1	8	1		1170	34	31
海丰县									
陆河县									
陆丰市				5	1		282	24	17
河源市		**2**	**3**	**34**		**1**	**2332**	**56**	**32**
源城区		2	3	34		1	2332	56	32
紫金县									
龙川县									
连平县									
和平县									
东源县									
阳江市	**1**	**2**		**27**	**1**	**1**	**5464**	**170**	**117**
江城区	1			15	1		2651	118	44
阳东区				1			1928	13	48
阳西县									
阳春市		2		11		1	885	39	25
清远市		**3**	**2**	**63**	**3**	**7**	**4155**	**159**	**123**
清城区		1	1	16	2	2	2009	46	77
清新区				9	1	1	1344	83	20
佛冈县									
阳山县									
连山壮族瑶族自治县									
连南瑶族自治县									
英德市				30		2	471	16	19
连州市		2	1	8		2	331	14	7

4-4a 续表 13　　　　单位：人

地　区 性　别	采矿业						制造业		
	石油和天然气开采业	黑色金属矿采选业	有色金属矿采选业	非金属矿采选业	开采专业及辅助性活动	其他采矿业	小计	农副食品加工业	食品制造业
东莞市	**4**	**4**	**1**	**47**	**18**	**3**	**239136**	**1256**	**1878**
市辖区	4	4	1	47	18	3	239136	1256	1878
中山市	**4**	**1**	**2**	**18**	**13**		**47156**	**210**	**421**
市辖区	4	1	2	18	13		47156	210	421
潮州市	**1**		**3**	**10**	**2**		**11051**	**160**	**466**
湘桥区	1		1	5			2674	76	48
潮安区			2	5	2		8377	84	418
饶平县									
揭阳市		**1**	**1**	**12**	**1**	**1**	**8462**	**329**	**185**
榕城区		1	1	6		1	4078	93	40
揭东区				3	1		2125	129	69
揭西县									
惠来县									
普宁市				3			2259	107	76
云浮市		**15**	**1**	**115**	**4**	**2**	**3166**	**80**	**40**
云城区		15	1	99	4	1	2216	45	19
云安区				10			197	1	
新兴县									
郁南县									
罗定市				6		1	753	34	21
女	**110**	**35**	**48**	**188**	**149**	**22**	**603866**	**4732**	**9026**
广州市	**24**	**2**	**8**	**18**	**23**	**7**	**71360**	**478**	**1618**
荔湾区	1				1	1	1318	29	65
越秀区	4		1	1	1		742	12	64
海珠区	2			2	10	1	13204	37	112
天河区	14	1	3	2	3	1	2986	42	187
白云区	1		2	6	3	1	16250	64	204
黄埔区	1				3	1	7017	68	410
番禺区			1	1	1	1	15223	100	323
花都区		1	1	2	1	1	8866	59	91
南沙区	1			2			3676	29	62
从化区							462	10	35
增城区				2			1616	28	65
韶关市	**1**	**13**	**23**	**1**	**1**	**1**	**2302**	**51**	**72**
武江区	1	4	9				1053	9	22
浈江区		6	5	1	1	1	472	27	25
曲江区		2	9				353	9	13
始兴县									
仁化县									
翁源县									
乳源瑶族自治县									
新丰县									
乐昌市		1					194	2	8
南雄市							230	4	4
深圳市	**49**	**3**	**6**	**16**	**45**	**2**	**162470**	**693**	**1248**
罗湖区	1	1	1	2	3		1423	55	28
福田区	2			2			1584	14	36
南山区	40		1	1	34	1	6516	49	90
宝安区	3	1	2	4	4	1	62771	225	458
龙岗区	2		1	3	3		35760	156	298
盐田区				1			857	4	4
龙华区	1		1	2	1		26788	75	178
坪山区				1			7705	55	38
光明区		1					19066	60	118

4−4a 续表 14

单位：人

地区 性别	采矿业 石油和天然气开采业	黑色金属矿采选业	有色金属矿采选业	非金属矿采选业	开采专业及辅助性活动	其他采矿业	制造业 小计	农副食品加工业	食品制造业
珠海市	**6**	**2**		**2**	**3**		**10605**	**87**	**220**
香洲区	4	2		2	3		6219	39	119
斗门区							1813	26	11
金湾区	2						2573	22	90
汕头市	**1**			**2**		**1**	**13083**	**228**	**491**
龙湖区							2539	72	91
金平区	1			1		1	2709	73	304
濠江区				1			816	32	23
潮阳区							807	8	24
潮南区							3045	22	33
澄海区							3167	21	16
南澳县									
佛山市	**2**		**1**	**17**	**3**	**1**	**81387**	**663**	**1150**
禅城区					2		6764	18	80
南海区	2			16	1	1	34078	303	549
顺德区			1	1			35431	274	358
三水区							1614	36	35
高明区							3500	32	128
江门市	**1**	**2**		**6**	**1**	**3**	**17681**	**299**	**765**
蓬江区						2	5515	64	164
江海区	1	2					3883	65	94
新会区				3	1		2630	90	213
台山市				2		1	1329	29	78
开平市							1129	10	143
鹤山市				1			2157	32	62
恩平市							1038	9	11
湛江市	**18**	**1**		**3**	**49**		**2673**	**386**	**154**
赤坎区	4	1			4		411	58	33
霞山区	8			2	2		649	213	43
坡头区	6				43		52	6	3
麻章区							178	29	10
遂溪县							27	10	1
徐闻县									
廉江市							603	17	11
雷州市				1			268	37	38
吴川市							485	16	15
茂名市	**4**		**1**	**5**	**4**		**2825**	**240**	**148**
茂南区	4			2	1		909	47	56
电白区				1			334	76	18
高州市			1	1	1		558	41	23
化州市					2		347	51	26
信宜市				1			677	25	25
肇庆市				**7**	**1**		**4886**	**78**	**262**
端州区				3	1		1414	27	91
鼎湖区				1			313	11	26
高要区							524	17	11
广宁县									
怀集县									
封开县									
德庆县									
四会市				3			2635	23	134
惠州市				**13**	**7**		**21523**	**117**	**164**
惠城区				8	5		9798	88	123
惠阳区				5	2		11479	29	39
博罗县							246		2
惠东县									
龙门县									

4-4a 续表 15

单位：人

地区 性别	采矿业						制造业		
	石油和天然气开采业	黑色金属矿采选业	有色金属矿采选业	非金属矿采选业	开采专业及辅助性活动	其他采矿业	小计	农副食品加工业	食品制造业
梅州市			**4**	**7**	**2**	**1**	**2001**	**78**	**50**
梅江区			4	2	1		869	43	21
梅县区				1		1	420	11	14
大埔县									
丰顺县									
五华县				2			38		2
平远县									
蕉岭县									
兴宁市				2	1		674	24	13
汕尾市			**1**	**1**	**1**		**712**	**15**	**19**
城区			1	1			636	12	15
海丰县									
陆河县									
陆丰市					1		76	3	4
河源市		**2**	**1**	**5**		**1**	**2106**	**39**	**50**
源城区		2	1	5		1	2106	39	50
紫金县									
龙川县									
连平县									
和平县									
东源县									
阳江市		**1**		**11**			**4888**	**93**	**96**
江城区				6			2424	54	48
阳东区				2			1756	7	33
阳西县									
阳春市		1		3			708	32	15
清远市		**1**	**1**	**12**		**3**	**3822**	**148**	**101**
清城区			1	8			1694	39	61
清新区				1		1	1565	84	22
佛冈县									
阳山县									
连山壮族瑶族自治县									
连南瑶族自治县									
英德市				3		2	312	12	11
连州市		1					251	13	7
东莞市	**1**	**2**		**18**	**4**	**1**	**152031**	**717**	**1540**
市辖区	1	2		18	4	1	152031	717	1540
中山市	**2**		**1**	**4**	**3**		**33035**	**110**	**391**
市辖区	2		1	4	3		33035	110	391
潮州市				**1**			**7013**	**73**	**332**
湘桥区							2183	37	39
潮安区				1			4830	36	293
饶平县									
揭阳市		**1**		**1**	**1**	**1**	**5568**	**86**	**132**
榕城区		1		1		1	1982	20	23
揭东区					1		1034	38	47
揭西县									
惠来县									
普宁市							2552	28	62
云浮市	**1**	**5**	**1**	**38**	**1**		**1895**	**53**	**23**
云城区	1	5	1	33			1032	30	13
云安区				5			75		
新兴县									
郁南县									
罗定市					1		788	23	10

4-4a 续表 16

单位：人

地区 性别	制造业								
	酒、饮料和精制茶制造业	烟草制品业	纺织业	纺织服装、服饰业	皮革、毛皮、羽毛及其制品和制鞋业	木材加工和木、竹、藤、棕、草制品业	家具制造业	造纸和纸制品业	印刷和记录媒介复制业
广东	**6221**	**939**	**32792**	**148568**	**64755**	**8352**	**52077**	**31175**	**30131**
广州市	**1119**	**207**	**2578**	**48933**	**24305**	**611**	**2550**	**2573**	**3159**
荔湾区	48	86	71	245	117	35	71	111	177
越秀区	40	18	25	76	40	12	32	27	77
海珠区	110	38	449	24435	802	27	65	172	182
天河区	125	16	95	546	76	59	203	148	330
白云区	152	15	371	10663	11359	96	354	986	829
黄埔区	312	9	109	259	61	24	183	218	336
番禺区	143	19	593	11419	664	198	691	482	540
花都区	67	4	347	706	10827	78	273	211	190
南沙区	50		396	284	302	48	163	139	427
从化区	32		29	36	10	10	34	6	9
增城区	40	2	93	264	47	24	481	73	62
韶关市	**81**	**127**	**125**	**242**	**52**	**93**	**100**	**96**	**104**
武江区	20	75	14	100	13	22	48	12	69
浈江区	27	42	21	21	10	31	19	10	18
曲江区	16	3	22	35	4	11	6	4	7
始兴县									
仁化县									
翁源县									
乳源瑶族自治县									
新丰县									
乐昌市	12	1	58	34	17	25	16	3	5
南雄市	6	6	10	52	8	4	11	67	5
深圳市	**907**	**240**	**2988**	**13259**	**5223**	**763**	**5466**	**7706**	**9462**
罗湖区	32	17	28	494	17	13	42	41	188
福田区	27	4	48	124	22	9	41	27	186
南山区	101	3	201	1710	150	68	307	76	236
宝安区	308	172	784	2683	822	263	724	2568	3521
龙岗区	226	11	734	4336	2643	191	2462	2053	2744
盐田区	6		2	292	2	3	2	11	8
龙华区	97	25	287	1785	1105	107	835	1538	1347
坪山区	28	3	172	163	180	55	819	189	252
光明区	82	5	732	1672	282	54	234	1203	980
珠海市	**209**	**8**	**138**	**780**	**75**	**86**	**268**	**302**	**400**
香洲区	151	7	84	529	58	48	220	185	266
斗门区	37		34	195	6	15	21	40	50
金湾区	21	1	20	56	11	23	27	77	84
汕头市	**195**	**25**	**1780**	**7407**	**191**	**143**	**174**	**952**	**897**
龙湖区	45	3	412	1479	71	28	38	118	214
金平区	77	3	203	688	55	51	80	128	393
濠江区	21	2	46	177	18	11	10	227	34
潮阳区	20	14	38	506	8	16	20	235	30
潮南区	27	1	601	4003	38	30	21	138	93
澄海区	5	2	480	554	1	7	5	106	133
南澳县									
佛山市	**1189**	**61**	**9936**	**17203**	**4807**	**2294**	**21439**	**3900**	**3190**
禅城区	95	10	2572	4260	74	52	120	135	199
南海区	474	46	4832	6292	4233	1386	6864	2208	1560
顺德区	205	3	2025	4936	413	651	13773	1303	1335
三水区	402		52	49	17	40	88	105	51
高明区	13	2	455	1666	70	165	594	149	45

4-4a 续表 17

单位：人

地区 性别	制造业								
	酒、饮料和精制茶制造业	烟草制品业	纺织业	纺织服装、服饰业	皮革、毛皮、羽毛及其制品和制鞋业	木材加工和木、竹、藤、棕、草制品业	家具制造业	造纸和纸制品业	印刷和记录媒介复制业
江门市	**251**	**31**	**1189**	**2578**	**1434**	**432**	**1986**	**1304**	**1040**
蓬江区	93	14	198	979	184	145	266	419	304
江海区	26	1	143	156	75	36	287	162	90
新会区	58	4	279	417	63	90	936	416	83
台山市	14	8	34	231	38	68	98	87	57
开平市	32	1	158	411	38	33	48	42	31
鹤山市	20	3	256	313	1026	42	339	140	407
恩平市	8		121	71	10	18	12	38	68
湛江市	**161**	**44**	**170**	**327**	**765**	**147**	**176**	**243**	**180**
赤坎区	53	28	28	24	5	19	29	54	48
霞山区	48	12	46	77	14	26	70	78	56
坡头区	5		1	6	2			3	2
麻章区	18		26	15		12	9	45	10
遂溪县	3		1	3		3	1	3	
徐闻县									
廉江市	17	2	12	57	17	26	28	39	33
雷州市	7	2	13	125	8	43	22	6	18
吴川市	10		43	20	719	18	17	15	13
茂名市	**58**	**6**	**135**	**441**	**448**	**98**	**129**	**66**	**108**
茂南区	8		30	55	24	21	52	16	38
电白区	13	1	15	22	65	8	18	6	4
高州市	7	2	34	177	243	4	6	24	21
化州市	25		24	53	23	26	28	11	11
信宜市	5	3	32	134	93	39	25	9	34
肇庆市	**195**	**4**	**322**	**530**	**583**	**95**	**571**	**157**	**161**
端州区	106	3	78	94	64	15	42	24	51
鼎湖区	44	1	33	27	9	26	10	4	8
高要区			10	223	105	17	15	27	10
广宁县									
怀集县									
封开县									
德庆县									
四会市	45		201	186	405	37	504	102	92
惠州市	**184**	**13**	**379**	**1647**	**678**	**279**	**3120**	**500**	**550**
惠城区	161	6	169	1290	452	78	331	258	298
惠阳区	23	7	203	344	217	200	2774	237	252
博罗县			7	13	9	1	15	5	
惠东县									
龙门县									
梅州市	**66**	**94**	**80**	**200**	**251**	**35**	**94**	**44**	**65**
梅江区	16	73	16	50	5	16	32	9	28
梅县区	15	19	19	42	12	12	32	12	14
大埔县									
丰顺县									
五华县			2	1	10		4		
平远县									
蕉岭县									
兴宁市	35	2	43	107	224	7	26	23	23
汕尾市	**25**	**4**	**74**	**144**	**15**	**23**	**15**	**13**	**6**
城　区	10	1	68	130	11	9	9	5	4
海丰县									
陆河县									
陆丰市	15	3	6	14	4	14	6	8	2

4-4a 续表 18

单位：人

地区 性别	制造业								
	酒、饮料和精制茶制造业	烟草制品业	纺织业	纺织服装、服饰业	皮革、毛皮、羽毛及其制品和制鞋业	木材加工和木、竹、藤、棕、草制品业	家具制造业	造纸和纸制品业	印刷和记录媒介复制业
河源市	**125**		**97**	**502**	**46**	**39**	**160**	**67**	**90**
源城区	125		97	502	46	39	160	67	90
紫金县									
龙川县									
连平县									
和平县									
东源县									
阳江市	**63**	**9**	**128**	**965**	**232**	**141**	**122**	**158**	**163**
江城区	22	2	74	613	138	62	47	85	84
阳东区	23	3	11	149	10	57	35	39	56
阳西县									
阳春市	18	4	43	203	84	22	40	34	23
清远市	**113**	**6**	**265**	**884**	**1807**	**118**	**217**	**164**	**87**
清城区	55	3	105	562	427	58	106	113	49
清新区	14	1	128	243	1213	33	65	25	26
佛冈县									
阳山县									
连山壮族瑶族自治县									
连南瑶族自治县									
英德市	36		16	50	96	7	24	17	7
连州市	8	2	16	29	71	20	22	9	5
东莞市	**804**	**28**	**10800**	**32429**	**20451**	**1975**	**10640**	**10649**	**8412**
市辖区	804	28	10800	32429	20451	1975	10640	10649	8412
中山市	**252**	**14**	**937**	**14306**	**1709**	**790**	**4701**	**1559**	**1326**
市辖区	252	14	937	14306	1709	790	4701	1559	1326
潮州市	**97**	**6**	**117**	**812**	**908**	**108**	**45**	**522**	**622**
湘桥区	69	1	86	717	241	49	26	79	77
潮安区	28	5	31	95	667	59	19	443	545
饶平县									
揭阳市	**108**	**8**	**498**	**4387**	**747**	**40**	**56**	**143**	**94**
榕城区	48	6	108	484	718	25	30	63	47
揭东区	32	2	65	339	14	8	15	44	20
揭西县									
惠来县									
普宁市	28		325	3564	15	7	11	36	27
云浮市	**19**	**4**	**56**	**592**	**28**	**42**	**48**	**57**	**15**
云城区	5	2	18	338	6	30	21	3	5
云安区	1			4	1	2	6	1	1
新兴县									
郁南县									
罗定市	13	2	38	250	21	10	21	53	9
男	**3980**	**594**	**17678**	**68504**	**34661**	**5878**	**35255**	**19958**	**18812**
广州市	**684**	**146**	**1436**	**25219**	**13889**	**463**	**1759**	**1612**	**1892**
荔湾区	33	58	44	108	69	24	44	65	119
越秀区	19	13	9	36	25	10	14	21	46
海珠区	63	29	240	13254	445	20	42	117	113
天河区	70	11	52	209	41	40	127	95	192
白云区	94	12	198	5334	6709	70	256	593	543
黄埔区	219	6	59	100	31	17	132	142	201
番禺区	74	12	338	5639	328	148	478	294	319
花都区	36	3	184	307	6097	68	190	140	128
南沙区	30		251	124	118	40	108	92	186
从化区	19		16	10	4	8	23	3	7
增城区	27	2	45	98	22	18	345	50	38

4-4a 续表 19

单位：人

地区 性别	制造业								
	酒、饮料和精制茶制造业	烟草制品业	纺织业	纺织服装、服饰业	皮革、毛皮、羽毛及其制品和制鞋业	木材加工和木、竹、藤、棕、草制品业	家具制造业	造纸和纸制品业	印刷和记录媒介复制业
韶关市	**50**	**75**	**53**	**60**	**18**	**68**	**62**	**55**	**45**
武江区	13	46	7	25	3	15	29	5	27
浈江区	14	22	12	7	4	23	14	8	10
曲江区	13	3	8	10	2	8	4	2	5
始兴县									
仁化县									
翁源县									
乳源瑶族自治县									
新丰县									
乐昌市	7	1	23	5	7	18	11	2	2
南雄市	3	3	3	13	2	4	4	38	1
深圳市	**598**	**120**	**1627**	**6068**	**2539**	**584**	**3945**	**4933**	**6000**
罗湖区	19	13	19	226	10	10	30	29	107
福田区	8	3	29	46	14	8	14	16	127
南山区	60	2	140	811	76	53	222	43	128
宝安区	209	69	396	1223	399	208	532	1713	2234
龙岗区	155	8	391	2101	1211	141	1741	1258	1727
盐田区	2		1	105	2	3	2	8	5
龙华区	61	22	136	753	598	79	610	931	889
坪山区	17	1	92	69	78	39	598	121	151
光明区	67	2	423	734	151	43	196	814	632
珠海市	**135**	**6**	**77**	**279**	**23**	**61**	**203**	**197**	**225**
香洲区	98	5	45	203	16	34	174	123	146
斗门区	27		23	57	4	9	15	24	26
金湾区	10	1	9	19	3	18	14	50	53
汕头市	**123**	**19**	**930**	**2829**	**95**	**110**	**134**	**504**	**613**
龙湖区	23	3	178	517	36	20	27	70	153
金平区	45	1	87	219	30	36	61	73	256
濠江区	13	1	23	28	3	8	7	66	23
潮阳区	16	13	14	76	5	14	16	117	22
潮南区	22		427	1731	21	26	20	104	75
澄海区	4	1	201	258		6	3	74	84
南澳县									
佛山市	**795**	**44**	**5483**	**7357**	**2527**	**1510**	**13847**	**2459**	**1930**
禅城区	68	8	1442	1904	41	36	83	79	120
南海区	308	32	2641	2505	2240	911	4448	1404	984
顺德区	124	3	1098	2263	193	427	8859	804	765
三水区	286		33	22	10	23	55	78	27
高明区	9	1	269	663	43	113	402	94	34
江门市	**148**	**21**	**664**	**680**	**739**	**290**	**1297**	**802**	**571**
蓬江区	62	9	126	268	83	95	163	264	188
江海区	12	1	82	53	22	24	165	93	49
新会区	31	2	166	111	35	64	630	250	50
台山市	7	7	15	62	16	44	72	54	36
开平市	18	1	73	93	19	24	39	26	18
鹤山市	13	1	130	65	560	25	219	88	194
恩平市	5		72	28	4	14	9	27	36
湛江市	**97**	**33**	**64**	**94**	**428**	**110**	**135**	**179**	**114**
赤坎区	30	22	10	7	3	14	23	38	33
霞山区	33	9	21	16	10	22	51	62	35
坡头区	4			3				1	
麻章区	10		6	7		7	6	35	5
遂溪县	1			2		1	1	1	
徐闻县									
廉江市	9		7	12	11	20	20	28	19
雷州市	4	2	6	41	3	30	20	3	15
吴川市	6		14	6	401	16	14	11	7

4—4a 续表 20

单位：人

地区 性别	制造业 酒、饮料和精制茶制造业	烟草制品业	纺织业	纺织服装、服饰业	皮革、毛皮、羽毛及其制品和制鞋业	木材加工和木、竹、藤、棕、草制品业	家具制造业	造纸和纸制品业	印刷和记录媒介复制业
茂名市	**39**	**5**	**43**	**106**	**192**	**63**	**99**	**40**	**52**
茂南区	6		11	10	14	12	34	11	13
电白区	10	1	4	4	36	7	15	3	3
高州市	5	2	10	52	96	2	6	14	11
化州市	13		11	13	15	22	23	7	4
信宜市	5	2	7	27	31	20	21	5	21
肇庆市	**117**	**3**	**192**	**149**	**199**	**57**	**378**	**96**	**97**
端州区	65	2	42	32	23	10	30	14	29
鼎湖区	23	1	15	7	4	17	6	2	6
高要区			3	38	49	8	10	16	5
广宁县									
怀集县									
封开县									
德庆县									
四会市	29		132	72	123	22	332	64	57
惠州市	**111**	**11**	**213**	**689**	**313**	**197**	**2008**	**312**	**366**
惠城区	100	4	89	537	195	58	222	159	195
惠阳区	11	7	121	144	114	139	1774	149	171
博罗县			3	8	4		12	4	
惠东县									
龙门县									
梅州市	**39**	**64**	**32**	**48**	**49**	**25**	**64**	**25**	**43**
梅江区	9	51	5	8	3	12	22	6	15
梅县区	10	12	6	9	6	8	22	7	10
大埔县									
丰顺县									
五华县			1	1			1		
平远县									
蕉岭县									
兴宁市	20	1	20	30	40	5	19	12	18
汕尾市	**18**	**4**	**24**	**41**	**10**	**23**	**13**	**11**	**4**
城　区	9	1	22	36	6	9	8	5	2
海丰县									
陆河县									
陆丰市	9	3	2	5	4	14	5	6	2
河源市	**88**		**31**	**161**	**25**	**34**	**126**	**45**	**50**
源城区	88		31	161	25	34	126	45	50
紫金县									
龙川县									
连平县									
和平县									
东源县									
阳江市	**37**	**4**	**41**	**209**	**81**	**96**	**86**	**79**	**100**
江城区	12		29	149	58	45	34	42	53
阳东区	12	1	3	30	4	38	25	21	35
阳西县									
阳春市	13	3	9	30	19	13	27	16	12
清远市	**72**	**4**	**100**	**161**	**549**	**79**	**152**	**96**	**53**
清城区	36	2	37	99	143	41	71	64	31
清新区	11	1	50	44	349	19	46	21	17
佛冈县									
阳山县									
连山壮族瑶族自治县									
连南瑶族自治县									
英德市	21		7	9	39	4	21	6	3
连州市	4	1	6	9	18	15	14	5	2

4-4a 续表 21 单位：人

地区 性别	制造业								
	酒、饮料和精制茶制造业	烟草制品业	纺织业	纺织服装、服饰业	皮革、毛皮、羽毛及其制品和制鞋业	木材加工和木、竹、藤、棕、草制品业	家具制造业	造纸和纸制品业	印刷和记录媒介复制业
东莞市	**517**	**15**	**5797**	**15760**	**11232**	**1412**	**7471**	**6975**	**5280**
市辖区	517	15	5797	15760	11232	1412	7471	6975	5280
中山市	**166**	**9**	**518**	**6507**	**785**	**547**	**3362**	**986**	**840**
市辖区	166	9	518	6507	785	547	3362	986	840
潮州市	**57**	**4**	**65**	**220**	**487**	**84**	**33**	**400**	**454**
湘桥区	39	1	43	191	125	37	21	58	55
潮安区	18	3	22	29	362	47	12	342	399
饶平县									
揭阳市	**77**	**3**	**268**	**1741**	**473**	**36**	**44**	**105**	**74**
榕城区	32	2	51	286	458	24	21	48	38
揭东区	25	1	16	49	10	6	14	29	17
揭西县									
惠来县									
普宁市	20		201	1406	5	6	9	28	19
云浮市	**12**	**4**	**20**	**126**	**8**	**29**	**37**	**47**	**9**
云城区	3	2	6	80	1	22	16	2	2
云安区	1			1	1	2	4	1	
新兴县									
郁南县									
罗定市	8	2	14	45	6	5	17	44	7
女	**2241**	**345**	**15114**	**80064**	**30094**	**2474**	**16822**	**11217**	**11319**
广州市	**435**	**61**	**1142**	**23714**	**10416**	**148**	**791**	**961**	**1267**
荔湾区	15	28	27	137	48	11	27	46	58
越秀区	21	5	16	40	15	2	18	6	31
海珠区	47	9	209	11181	357	7	23	55	69
天河区	55	5	43	337	35	19	76	53	138
白云区	58	3	173	5329	4650	26	98	393	286
黄埔区	93	3	50	159	30	7	51	76	135
番禺区	69	7	255	5780	336	50	213	188	221
花都区	31	1	163	399	4730	10	83	71	62
南沙区	20		145	160	184	8	55	47	241
从化区	13		13	26	6	2	11	3	2
增城区	13		48	166	25	6	136	23	24
韶关市	**31**	**52**	**72**	**182**	**34**	**25**	**38**	**41**	**59**
武江区	7	29	7	75	10	7	19	7	42
浈江区	13	20	9	14	6	8	5	2	8
曲江区	3		14	25	2	3	2	2	2
始兴县									
仁化县									
翁源县									
乳源瑶族自治县									
新丰县									
乐昌市	5		35	29	10	7	5	1	3
南雄市	3	3	7	39	6		7	29	4
深圳市	**309**	**120**	**1361**	**7191**	**2684**	**179**	**1521**	**2773**	**3462**
罗湖区	13	4	9	268	7	3	12	12	81
福田区	19	1	19	78	8	1	27	11	59
南山区	41	1	61	899	74	15	85	33	108
宝安区	99	103	388	1460	423	55	192	855	1287
龙岗区	71	3	343	2235	1432	50	721	795	1017
盐田区	4		1	187				3	3
龙华区	36	3	151	1032	507	28	225	607	458
坪山区	11	2	80	94	102	16	221	68	101
光明区	15	3	309	938	131	11	38	389	348

4-4a 续表 22

单位：人

地区 性别	制造业								
	酒、饮料和精制茶制造业	烟草制品业	纺织业	纺织服装、服饰业	皮革、毛皮、羽毛及其制品和制鞋业	木材加工和木、竹、藤、棕、草制品业	家具制造业	造纸和纸制品业	印刷和记录媒介复制业
珠海市	**74**	**2**	**61**	**501**	**52**	**25**	**65**	**105**	**175**
香洲区	53	2	39	326	42	14	46	62	120
斗门区	10		11	138	2	6	6	16	24
金湾区	11		11	37	8	5	13	27	31
汕头市	**72**	**6**	**850**	**4578**	**96**	**33**	**40**	**448**	**284**
龙湖区	22		234	962	35	8	11	48	61
金平区	32	2	116	469	25	15	19	55	137
濠江区	8	1	23	149	15	3	3	161	11
潮阳区	4	1	24	430	3	2	4	118	8
潮南区	5	1	174	2272	17	4	1	34	18
澄海区	1	1	279	296	1	1	2	32	49
南澳县									
佛山市	**394**	**17**	**4453**	**9846**	**2280**	**784**	**7592**	**1441**	**1260**
禅城区	27	2	1130	2356	33	16	37	56	79
南海区	166	14	2191	3787	1993	475	2416	804	576
顺德区	81		927	2673	220	224	4914	499	570
三水区	116		19	27	7	17	33	27	24
高明区	4	1	186	1003	27	52	192	55	11
江门市	**103**	**10**	**525**	**1898**	**695**	**142**	**689**	**502**	**469**
蓬江区	31	5	72	711	101	50	103	155	116
江海区	14		61	103	53	12	122	69	41
新会区	27	2	113	306	28	26	306	166	33
台山市	7	1	19	169	22	24	26	33	21
开平市	14		85	318	19	9	9	16	13
鹤山市	7	2	126	248	466	17	120	52	213
恩平市	3		49	43	6	4	3	11	32
湛江市	**64**	**11**	**106**	**233**	**337**	**37**	**41**	**64**	**66**
赤坎区	23	6	18	17	2	5	6	16	15
霞山区	15	3	25	61	4	4	19	16	21
坡头区	1		1	3	2			2	2
麻章区	8		20	8		5	3	10	5
遂溪县	2		1	1		2		2	
徐闻县									
廉江市	8	2	5	45	6	6	8	11	14
雷州市	3		7	84	5	13	2	3	3
吴川市	4		29	14	318	2	3	4	6
茂名市	**19**	**1**	**92**	**335**	**256**	**35**	**30**	**26**	**56**
茂南区	2		19	45	10	9	18	5	25
电白区	3		11	18	29	1	3	3	1
高州市	2		24	125	147	2		10	10
化州市	12		13	40	8	4	5	4	7
信宜市		1	25	107	62	19	4	4	13
肇庆市	**78**	**1**	**130**	**381**	**384**	**38**	**193**	**61**	**64**
端州区	41	1	36	62	41	5	12	10	22
鼎湖区	21		18	20	5	9	4	2	2
高要区			7	185	56	9	5	11	5
广宁县									
怀集县									
封开县									
德庆县									
四会市	16		69	114	282	15	172	38	35
惠州市	**73**	**2**	**166**	**958**	**365**	**82**	**1112**	**188**	**184**
惠城区	61	2	80	753	257	20	109	99	103
惠阳区	12		82	200	103	61	1000	88	81
博罗县			4	5	5	1	3	1	
惠东县									
龙门县									

4-4a 续表 23 单位：人

地区 性别	制造业								
	酒、饮料和精制茶制造业	烟草制品业	纺织业	纺织服装、服饰业	皮革、毛皮、羽毛及其制品和制鞋业	木材加工和木、竹、藤、棕、草制品业	家具制造业	造纸和纸制品业	印刷和记录媒介复制业
梅州市	**27**	**30**	**48**	**152**	**202**	**10**	**30**	**19**	**22**
梅江区	7	22	11	42	2	4	10	3	13
梅县区	5	7	13	33	6	4	10	5	4
大埔县									
丰顺县									
五华县			1		10		3		
平远县									
蕉岭县									
兴宁市	15	1	23	77	184	2	7	11	5
汕尾市	**7**		**50**	**103**	**5**		**2**	**2**	**2**
城　区	1		46	94	5		1		2
海丰县									
陆河县									
陆丰市	6		4	9			1	2	
河源市	**37**		**66**	**341**	**21**	**5**	**34**	**22**	**40**
源城区	37		66	341	21	5	34	22	40
紫金县									
龙川县									
连平县									
和平县									
东源县									
阳江市	**26**	**5**	**87**	**756**	**151**	**45**	**36**	**79**	**63**
江城区	10	2	45	464	80	17	13	43	31
阳东区	11	2	8	119	6	19	10	18	21
阳西县									
阳春市	5	1	34	173	65	9	13	18	11
清远市	**41**	**2**	**165**	**723**	**1258**	**39**	**65**	**68**	**34**
清城区	19	1	68	463	284	17	35	49	18
清新区	3		78	199	864	14	19	4	9
佛冈县									
阳山县									
连山壮族瑶族自治县									
连南瑶族自治县									
英德市	15		9	41	57	3	3	11	4
连州市	4	1	10	20	53	5	8	4	3
东莞市	**287**	**13**	**5003**	**16669**	**9219**	**563**	**3169**	**3674**	**3132**
市辖区	287	13	5003	16669	9219	563	3169	3674	3132
中山市	**86**	**5**	**419**	**7799**	**924**	**243**	**1339**	**573**	**486**
市辖区	86	5	419	7799	924	243	1339	573	486
潮州市	**40**	**2**	**52**	**592**	**421**	**24**	**12**	**122**	**168**
湘桥区	30		43	526	116	12	5	21	22
潮安区	10	2	9	66	305	12	7	101	146
饶平县									
揭阳市	**31**	**5**	**230**	**2646**	**274**	**4**	**12**	**38**	**20**
榕城区	16	4	57	198	260	1	9	15	9
揭东区	7	1	49	290	4	2	1	15	3
揭西县									
惠来县									
普宁市	8		124	2158	10	1	2	8	8
云浮市	**7**		**36**	**466**	**20**	**13**	**11**	**10**	**6**
云城区	2		12	258	5	8	5	1	3
云安区				3			2		1
新兴县									
郁南县									
罗定市	5		24	205	15	5	4	9	2

4-4a　续表 24

单位：人

地　区 性　别	制造业								
	文教、工美、体育和娱乐用品制造业	石油、煤炭及其他燃料加工业	化学原料和化学制品制造业	医　药制造业	化学纤维制造业	橡胶和塑　料制品业	非金属矿　物制品业	黑色金属冶炼和压延加工业	有色金属冶炼和压延加工业
广　东	**71223**	**2862**	**26979**	**10302**	**787**	**97517**	**46247**	**4831**	**8358**
广州市	**6214**	**431**	**8762**	**2746**	**57**	**5669**	**2691**	**385**	**212**
荔湾区	255	11	199	215	2	145	100	13	10
越秀区	82	17	189	227	2	42	29	3	4
海珠区	237	30	289	281	1	162	106	6	14
天河区	193	29	472	232	4	233	202	19	22
白云区	775	32	3895	488	4	906	563	34	20
黄埔区	178	248	1338	640	23	707	307	169	34
番禺区	3757	18	716	373	12	1822	628	69	52
花都区	227	4	1046	130	4	981	306	8	12
南沙区	244	29	312	70	3	302	185	44	27
从化区	105		131	32		80	31	1	5
增城区	161	13	175	58	2	289	234	19	12
韶关市	**889**	**20**	**219**	**108**	**1**	**116**	**228**	**754**	**266**
武江区	724	4	63	88		22	68	85	46
浈江区	82	6	39	14		31	33	45	179
曲江区	50	9	22		1	9	52	617	31
始兴县									
仁化县									
翁源县									
乳源瑶族自治县									
新丰县									
乐昌市	15		9	1		9	38	4	6
南雄市	18	1	86	5		45	37	3	4
深圳市	**16783**	**124**	**3977**	**2734**	**58**	**27235**	**7539**	**523**	**1075**
罗湖区	1068	5	36	81	1	77	55	1	14
福田区	102	4	62	112	1	71	88	3	12
南山区	214	14	220	269	2	289	295	12	19
宝安区	3096	38	1656	811	20	11235	2194	223	411
龙岗区	8698	28	918	498	14	6537	2518	84	190
盐田区	869		7	38		27	33		
龙华区	989	13	512	536	4	3518	1080	41	137
坪山区	800	1	250	201	6	1722	526	14	91
光明区	947	21	316	188	10	3759	750	145	201
珠海市	**553**	**63**	**906**	**752**	**42**	**1242**	**504**	**38**	**170**
香洲区	359	35	514	343	14	560	268	12	23
斗门区	37	4	60	47	8	85	72	3	8
金湾区	157	24	332	362	20	597	164	23	139
汕头市	**6676**	**8**	**892**	**318**	**13**	**2300**	**440**	**20**	**29**
龙湖区	607	2	152	72	6	356	123	3	4
金平区	504	3	313	184	5	901	135	13	13
濠江区	86	1	56	47		112	113		3
潮阳区	221		30	7		17	22	2	3
潮南区	369		311	5		388	28		4
澄海区	4889	2	30	3	2	526	19	2	2
南澳县									
佛山市	**4904**	**154**	**3502**	**967**	**154**	**12643**	**10958**	**1470**	**4305**
禅城区	157	10	209	104	8	550	1849	75	41
南海区	2923	47	1261	492	83	4793	5495	661	3055
顺德区	1678	39	1635	331	27	6617	1890	488	354
三水区	102	8	155	13	20	199	370	23	650
高明区	44	50	242	27	16	484	1354	223	205

4-4a 续表 25

单位：人

地区 性别	制造业								
	文教、工美、体育和娱乐用品制造业	石油、煤炭及其他燃料加工业	化学原料和化学制品制造业	医药制造业	化学纤维制造业	橡胶和塑料制品业	非金属矿物制品业	黑色金属冶炼和压延加工业	有色金属冶炼和压延加工业
江门市	**790**	**35**	**1242**	**255**	**205**	**2563**	**1347**	**116**	**270**
蓬江区	367	11	493	53	10	978	390	47	72
江海区	87	7	285	79	5	469	239	23	58
新会区	93	9	182	22	88	396	173	30	24
台山市	93		46	62		141	144	4	90
开平市	53	4	45	18	100	155	106	5	9
鹤山市	90	3	149	11	2	374	128	5	14
恩平市	7	1	42	10		50	167	2	3
湛江市	**113**	**191**	**120**	**122**	**3**	**258**	**355**	**449**	**10**
赤坎区	15	13	28	13		45	104	46	1
霞山区	19	135	55	85		39	85	156	5
坡头区		5	6	2		4	7	95	
麻章区	9	33	6	10	1	23	21	139	1
遂溪县	1			1		3	1	2	
徐闻县									
廉江市	33	1	14	4	1	23	69	4	
雷州市	24	1	8	7	1	6	21	5	2
吴川市	12	3	3			115	47	2	1
茂名市	**226**	**1032**	**422**	**96**	**3**	**296**	**343**	**31**	**22**
茂南区	60	1020	360	37	1	135	146	8	9
电白区	14	6	31	8	1	39	35	3	
高州市	43	3	12	5		49	45	11	10
化州市	20	2	12	28	1	35	61	7	
信宜市	89	1	7	18		38	56	2	3
肇庆市	**1592**	**13**	**469**	**149**	**4**	**327**	**481**	**43**	**726**
端州区	259	9	56	62	3	79	154	11	14
鼎湖区	28	1	15	10		29	56	1	6
高要区	37		15			16	47		172
广宁县									
怀集县									
封开县									
德庆县									
四会市	1268	3	383	77	1	203	224	31	534
惠州市	**2038**	**529**	**938**	**196**	**10**	**2657**	**1074**	**49**	**94**
惠城区	302	44	402	97	4	1551	435	20	54
惠阳区	1501	485	526	98	6	1057	589	25	40
博罗县	235		10	1		49	50	4	
惠东县									
龙门县									
梅州市	**99**	**1**	**60**	**52**	**3**	**73**	**194**	**15**	**24**
梅江区	19		20	26	1	35	87	5	16
梅县区	26	1	21	14	2	21	62	4	4
大埔县									
丰顺县									
五华县	2		2			1	7		
平远县									
蕉岭县									
兴宁市	52		17	12		16	38	6	4
汕尾市	**97**	**1**	**17**	**5**	**1**	**9**	**100**	**4**	**4**
城　区	39	1	6	3	1	8	72	1	1
海丰县									
陆河县									
陆丰市	58		11	2		1	28	3	3

4-4a 续表 26

单位：人

地区 性别	制造业								
	文教、工美、体育和娱乐用品制造业	石油、煤炭及其他燃料加工业	化学原料和化学制品制造业	医药制造业	化学纤维制造业	橡胶和塑料制品业	非金属矿物制品业	黑色金属冶炼和压延加工业	有色金属冶炼和压延加工业
河源市	**603**		**43**	**55**	**2**	**295**	**178**	**44**	**10**
源城区	603		43	55	2	295	178	44	10
紫金县									
龙川县									
连平县									
和平县									
东源县									
阳江市	**157**	**6**	**53**	**48**		**434**	**205**	**205**	**22**
江城区	44	4	22	8		225	70	7	11
阳东区	34		13	2		172	28	4	1
阳西县									
阳春市	79	2	18	38		37	107	194	10
清远市	**334**	**7**	**206**	**134**	**1**	**290**	**648**	**23**	**145**
清城区	128	3	130	100		183	224	13	114
清新区	124		35	27		74	135	1	16
佛冈县									
阳山县									
连山壮族瑶族自治县									
连南瑶族自治县									
英德市	31	2	18	1	1	22	197	8	3
连州市	51	2	23	6		11	92	1	12
东莞市	**24225**	**218**	**3612**	**947**	**217**	**34798**	**6596**	**408**	**773**
市辖区	24225	218	3612	947	217	34798	6596	408	773
中山市	**3064**	**19**	**1171**	**439**	**10**	**4640**	**1471**	**146**	**138**
市辖区	3064	19	1171	439	10	4640	1471	146	138
潮州市	**322**	**2**	**112**	**43**	**2**	**792**	**8242**	**15**	**15**
湘桥区	154	1	37	31		102	1875	4	14
潮安区	168	1	75	12	2	690	6367	11	1
饶平县									
揭阳市	**1266**	**1**	**106**	**92**	**1**	**854**	**237**	**87**	**45**
榕城区	629		39	6	1	688	110	46	26
揭东区	565	1	31	33		134	49	38	15
揭西县									
惠来县									
普宁市	72		36	53		32	78	3	4
云浮市	**278**	**7**	**150**	**44**		**26**	**2416**	**6**	**3**
云城区	162	6	66	8		7	2174	5	2
云安区	2		66			2	179		
新兴县									
郁南县									
罗定市	114	1	18	36		17	63	1	1
男	**38476**	**2143**	**15925**	**5588**	**522**	**59549**	**31818**	**3797**	**6074**
广州市	**3241**	**327**	**4432**	**1393**	**37**	**3439**	**1919**	**318**	**147**
荔湾区	150	10	110	116	2	64	74	10	8
越秀区	48	14	96	123	1	29	20	2	3
海珠区	105	20	137	140		104	78	4	9
天河区	102	21	216	109	1	149	148	13	14
白云区	352	22	1847	257	2	525	382	31	11
黄埔区	87	193	789	313	20	465	216	144	22
番禺区	2033	14	358	194	6	1077	444	59	38
花都区	111	3	506	62	2	613	221	6	9
南沙区	117	21	215	35	2	183	131	36	20
从化区	41		58	17		54	23		4
增城区	95	9	100	27	1	176	182	13	9

4-4a 续表 27　　单位：人

地区 性别	制造业 文教、工美、体育和娱乐用品制造业	石油、煤炭及其他燃料加工业	化学原料和化学制品制造业	医药制造业	化学纤维制造业	橡胶和塑料制品业	非金属矿物制品业	黑色金属冶炼和压延加工业	有色金属冶炼和压延加工业
韶关市	**281**	**17**	**138**	**64**	**1**	**72**	**168**	**583**	**197**
武江区	217	4	36	51		12	51	58	34
浈江区	28	4	26	12		18	27	31	132
曲江区	16	8	11		1	7	36	488	24
始兴县									
仁化县									
翁源县									
乳源瑶族自治县									
新丰县									
乐昌市	10		5			3	32	3	4
南雄市	10	1	60	1		32	22	3	3
深圳市	**9308**	**90**	**2455**	**1547**	**39**	**16289**	**5307**	**428**	**804**
罗湖区	638	4	19	45	1	48	30		11
福田区	46	4	31	53	1	46	57	2	8
南山区	118	10	136	125	2	186	220	8	18
宝安区	1600	25	1088	502	14	6791	1623	179	300
龙岗区	5075	19	540	278	7	3789	1701	75	137
盐田区	518		3	20		15	26		
龙华区	496	8	305	292	3	2123	772	36	98
坪山区	389	1	128	127	3	1021	329	9	72
光明区	428	19	205	105	8	2270	549	119	160
珠海市	**272**	**45**	**481**	**408**	**29**	**709**	**378**	**30**	**113**
香洲区	171	26	282	172	11	323	208	12	15
斗门区	18	3	26	25	6	49	49	1	5
金湾区	83	16	173	211	12	337	121	17	93
汕头市	**3623**	**5**	**511**	**163**	**9**	**1415**	**341**	**19**	**26**
龙湖区	304		79	36	5	217	92	3	3
金平区	195	2	167	92	3	505	101	12	12
濠江区	24	1	23	28		56	85		3
潮阳区	114		15	3		10	22	2	3
潮南区	251		208	4		302	24		3
澄海区	2735	2	19		1	325	17	2	2
南澳县									
佛山市	**2484**	**110**	**2272**	**544**	**103**	**7789**	**7353**	**1101**	**3129**
禅城区	90	8	141	55	5	343	1201	54	32
南海区	1557	32	763	290	59	2965	3719	495	2197
顺德区	773	26	1108	178	16	4052	1312	366	245
三水区	42	7	111	5	11	117	244	18	503
高明区	22	37	149	16	12	312	877	168	152
江门市	**359**	**28**	**808**	**131**	**131**	**1503**	**973**	**80**	**194**
蓬江区	169	8	321	27	7	564	274	30	44
江海区	36	6	193	38	4	281	178	16	46
新会区	42	8	125	8	52	217	123	19	21
台山市	44		30	37		78	93	4	66
开平市	22	2	30	10	66	95	81	4	5
鹤山市	41	3	91	6	2	234	95	5	10
恩平市	5	1	18	5		34	129	2	2
湛江市	**62**	**154**	**80**	**74**	**3**	**174**	**279**	**389**	**8**
赤坎区	7	11	14	9		31	71	38	1
霞山区	9	112	41	50		29	72	143	3
坡头区		4	4	2		2	5	86	
麻章区	8	24	4	6	1	13	17	112	1
遂溪县						1		1	
徐闻县									
廉江市	20		10	2	1	14	57	2	
雷州市	9		5	5	1	4	20	5	2
吴川市	9	3	2			80	37	2	1

4-4a 续表 28

单位：人

地区 性别	制造业								
	文教、工美、体育和娱乐用品制造业	石油、煤炭及其他燃料加工业	化学原料和化学制品制造业	医药制造业	化学纤维制造业	橡胶和塑料制品业	非金属矿物制品业	黑色金属冶炼和压延加工业	有色金属冶炼和压延加工业
茂名市	**85**	**761**	**267**	**51**	**2**	**177**	**255**	**25**	**17**
茂南区	23	751	229	19	1	84	110	7	8
电白区	8	6	16	5		18	26	3	
高州市	14	2	9	3		31	32	6	7
化州市	10	2	7	15	1	23	45	7	
信宜市	30		6	9		21	42	2	2
肇庆市	**933**	**8**	**335**	**84**	**3**	**211**	**338**	**35**	**521**
端州区	139	4	37	33	2	46	110	9	13
鼎湖区	10	1	9	5		12	32	1	3
高要区	13		10			8	32		121
广宁县									
怀集县									
封开县									
德庆县									
四会市	771	3	279	46	1	145	164	25	384
惠州市	**1189**	**398**	**648**	**119**	**8**	**1617**	**793**	**34**	**58**
惠城区	157	30	250	55	3	958	316	11	30
惠阳区	884	368	390	64	5	631	444	19	28
博罗县	148		8			28	33	4	
惠东县									
龙门县									
梅州市	**32**		**39**	**20**	**2**	**44**	**144**	**14**	**23**
梅江区	10		14	11		20	63	5	15
梅县区	6		14	6	2	13	47	4	4
大埔县									
丰顺县									
五华县						1	3		
平远县									
蕉岭县									
兴宁市	16		11	3		10	31	5	4
汕尾市	**63**	**1**	**12**	**3**	**1**	**9**	**86**	**4**	**4**
城区	25	1	5	1	1	8	60	1	1
海丰县									
陆河县									
陆丰市	38		7	2		1	26	3	3
河源市	**208**		**21**	**16**	**2**	**162**	**138**	**41**	**10**
源城区	208		21	16	2	162	138	41	10
紫金县									
龙川县									
连平县									
和平县									
东源县									
阳江市	**63**	**4**	**28**	**23**		**235**	**169**	**162**	**14**
江城区	23	3	12	3		127	55	5	6
阳东区	16		8	2		90	24	1	1
阳西县									
阳春市	24	1	8	18		18	90	156	7
清远市	**166**	**6**	**142**	**74**	**1**	**178**	**513**	**20**	**108**
清城区	67	3	88	57		111	173	11	81
清新区	53		27	13		53	117	1	15
佛冈县									
阳山县									
连山壮族瑶族自治县									
连南瑶族自治县									
英德市	15	2	13		1	10	150	7	2
连州市	31	1	14	4		4	73	1	10

4-4a 续表 29　　　　单位：人

地　区 性　别	制造业 文教、工美、体育和娱乐用品制造业	石油、煤炭及其他燃料加工业	化学原料和化学制品制造业	医　药制造业	化学纤维制造业	橡胶和塑　料制品业	非金属矿　物制品业	黑色金属冶炼和压延加工业	有色金属冶炼和压延加工业
东莞市	**13360**	**163**	**2308**	**549**	**144**	**21563**	**4652**	**309**	**540**
市辖区	13360	163	2308	549	144	21563	4652	309	540
中山市	**1606**	**16**	**690**	**227**	**5**	**2822**	**1070**	**113**	**108**
市辖区	1606	16	690	227	5	2822	1070	113	108
潮州市	**163**	**2**	**78**	**28**	**2**	**523**	**4927**	**11**	**9**
湘桥区	70	1	22	20		63	1154	3	9
潮安区	93	1	56	8	2	460	3773	8	
饶平县									
揭阳市	**816**	**1**	**75**	**49**		**608**	**203**	**77**	**43**
榕城区	355		28	6		491	99	41	24
揭东区	419	1	22	14		95	41	34	15
揭西县									
惠来县									
普宁市	42		25	29		22	63	2	4
云浮市	**162**	**7**	**105**	**21**		**10**	**1812**	**4**	**1**
云城区	113	6	47	4		2	1625	3	
云安区	2		44				135		
新兴县									
郁南县									
罗定市	47	1	14	17		8	52	1	1
女	**32747**	**719**	**11054**	**4714**	**265**	**37968**	**14429**	**1034**	**2284**
广州市	**2973**	**104**	**4330**	**1353**	**20**	**2230**	**772**	**67**	**65**
荔湾区	105	1	89	99		81	26	3	2
越秀区	34	3	93	104	1	13	9	1	1
海珠区	132	10	152	141	1	58	28	2	5
天河区	91	8	256	123	3	84	54	6	8
白云区	423	10	2048	231	2	381	181	3	9
黄埔区	91	55	549	327	3	242	91	25	12
番禺区	1724	4	358	179	6	745	184	10	14
花都区	116	1	540	68	2	368	85	2	3
南沙区	127	8	97	35	1	119	54	8	7
从化区	64		73	15		26	8	1	1
增城区	66	4	75	31	1	113	52	6	3
韶关市	**608**	**3**	**81**	**44**		**44**	**60**	**171**	**69**
武江区	507		27	37		10	17	27	12
浈江区	54	2	13	2		13	6	14	47
曲江区	34	1	11			2	16	129	7
始兴县									
仁化县									
翁源县									
乳源瑶族自治县									
新丰县									
乐昌市	5		4	1		6	6	1	2
南雄市	8		26	4		13	15		1
深圳市	**7475**	**34**	**1522**	**1187**	**19**	**10946**	**2232**	**95**	**271**
罗湖区	430	1	17	36		29	25	1	3
福田区	56		31	59		25	31	1	4
南山区	96	4	84	144		103	75	4	1
宝安区	1496	13	568	309	6	4444	571	44	111
龙岗区	3623	9	378	220	7	2748	817	9	53
盐田区	351		4	18		12	7		
龙华区	493	5	207	244	1	1395	308	5	39
坪山区	411		122	74	3	701	197	5	19
光明区	519	2	111	83	2	1489	201	26	41

4–4a　续表 30　　　　　　　　　　　　　　　　　　　　　　单位：人

地　区 性　别	制造业								
	文教、工美、体育和娱乐用品制造业	石油、煤炭及其他燃料加工业	化学原料和化学制品制造业	医　药制造业	化学纤维制造业	橡胶和塑　料制品业	非金属矿　物制品业	黑色金属冶炼和压延加工业	有色金属冶炼和压延加工业
珠海市	**281**	**18**	**425**	**344**	**13**	**533**	**126**	**8**	**57**
香洲区	188	9	232	171	3	237	60		8
斗门区	19	1	34	22	2	36	23	2	3
金湾区	74	8	159	151	8	260	43	6	46
汕头市	**3053**	**3**	**381**	**155**	**4**	**885**	**99**	**1**	**3**
龙湖区	303	2	73	36	1	139	31		1
金平区	309	1	146	92	2	396	34	1	1
濠江区	62		33	19		56	28		
潮阳区	107		15	4		7			
潮南区	118		103	1		86	4		1
澄海区	2154		11	3	1	201	2		
南澳县									
佛山市	**2420**	**44**	**1230**	**423**	**51**	**4854**	**3605**	**369**	**1176**
禅城区	67	2	68	49	3	207	648	21	9
南海区	1366	15	498	202	24	1828	1776	166	858
顺德区	905	13	527	153	11	2565	578	122	109
三水区	60	1	44	8	9	82	126	5	147
高明区	22	13	93	11	4	172	477	55	53
江门市	**431**	**7**	**434**	**124**	**74**	**1060**	**374**	**36**	**76**
蓬江区	198	3	172	26	3	414	116	17	28
江海区	51	1	92	41	1	188	61	7	12
新会区	51	1	57	14	36	179	50	11	3
台山市	49		16	25		63	51		24
开平市	31	2	15	8	34	60	25	1	4
鹤山市	49		58	5		140	33		4
恩平市	2		24	5		16	38		1
湛江市	**51**	**37**	**40**	**48**		**84**	**76**	**60**	**2**
赤坎区	8	2	14	4		14	33	8	
霞山区	10	23	14	35		10	13	13	2
坡头区		1	2			2	2	9	
麻章区	1	9	2	4		10	4	27	
遂溪县	1			1		2	1	1	
徐闻县									
廉江市	13	1	4	2		9	12	2	
雷州市	15	1	3	2		2	1		
吴川市	3		1			35	10		
茂名市	**141**	**271**	**155**	**45**	**1**	**119**	**88**	**6**	**5**
茂南区	37	269	131	18		51	36	1	1
电白区	6		15	3	1	21	9		
高州市	29	1	3	2		18	13	5	3
化州市	10		5	13		12	16		
信宜市	59	1	1	9		17	14		1
肇庆市	**659**	**5**	**134**	**65**	**1**	**116**	**143**	**8**	**205**
端州区	120	5	19	29	1	33	44	2	1
鼎湖区	18		6	5		17	24		3
高要区	24		5			8	15		51
广宁县									
怀集县									
封开县									
德庆县									
四会市	497		104	31		58	60	6	150
惠州市	**849**	**131**	**290**	**77**	**2**	**1040**	**281**	**15**	**36**
惠城区	145	14	152	42	1	593	119	9	24
惠阳区	617	117	136	34	1	426	145	6	12
博罗县	87		2	1		21	17		
惠东县									
龙门县									

4-4a 续表 31 单位：人

地区 性别	制造业 文教、工美、体育和娱乐用品制造业	石油、煤炭及其他燃料加工业	化学原料和化学制品制造业	医药制造业	化学纤维制造业	橡胶和塑料制品业	非金属矿物制品业	黑色金属冶炼和压延加工业	有色金属冶炼和压延加工业
梅州市	**67**	**1**	**21**	**32**	**1**	**29**	**50**	**1**	**1**
梅江区	9		6	15	1	15	24		1
梅县区	20	1	7	8		8	15		
大埔县									
丰顺县									
五华县	2		2				4		
平远县									
蕉岭县									
兴宁市	36		6	9		6	7	1	
汕尾市	**34**		**5**	**2**			**14**		
城　区	14		1	2			12		
海丰县									
陆河县									
陆丰市	20		4				2		
河源市	**395**		**22**	**39**		**133**	**40**	**3**	
源城区	395		22	39		133	40	3	
紫金县									
龙川县									
连平县									
和平县									
东源县									
阳江市	**94**	**2**	**25**	**25**		**199**	**36**	**43**	**8**
江城区	21	1	10	5		98	15	2	5
阳东区	18		5			82	4	3	
阳西县									
阳春市	55	1	10	20		19	17	38	3
清远市	**168**	**1**	**64**	**60**		**112**	**135**	**3**	**37**
清城区	61		42	43		72	51	2	33
清新区	71		8	14		21	18		1
佛冈县									
阳山县									
连山壮族瑶族自治县									
连南瑶族自治县									
英德市	16		5	1		12	47	1	1
连州市	20	1	9	2		7	19		2
东莞市	**10865**	**55**	**1304**	**398**	**73**	**13235**	**1944**	**99**	**233**
市辖区	10865	55	1304	398	73	13235	1944	99	233
中山市	**1458**	**3**	**481**	**212**	**5**	**1818**	**401**	**33**	**30**
市辖区	1458	3	481	212	5	1818	401	33	30
潮州市	**159**		**34**	**15**		**269**	**3315**	**4**	**6**
湘桥区	84		15	11		39	721	1	5
潮安区	75		19	4		230	2594	3	1
饶平县									
揭阳市	**450**		**31**	**43**	**1**	**246**	**34**	**10**	**2**
榕城区	274		11		1	197	11	5	2
揭东区	146		9	19		39	8	4	
揭西县									
惠来县									
普宁市	30		11	24		10	15	1	
云浮市	**116**		**45**	**23**		**16**	**604**	**2**	**2**
云城区	49		19	4		5	549	2	2
云安区			22			2	44		
新兴县									
郁南县									
罗定市	67		4	19		9	11		

4-4a　续表 32　　　　　　　　　　　　　　　　　　　　　　　　　　单位：人

地　区 性　别	制造业								
	金　属 制品业	通用设备 制造业	专用设备 制造业	汽　车 制造业	铁路、船舶、航空航天和其他运输设备制造业	电气机械和器材制造业	计算机、通信和其他电子设备制造业	仪器仪表 制造业	其　他 制造业
广　东	**135606**	**65891**	**75083**	**32558**	**11900**	**159550**	**341321**	**18668**	**8757**
广州市	**5551**	**5528**	**4148**	**9509**	**4581**	**6450**	**16176**	**1469**	**762**
荔湾区	168	223	149	121	163	200	207	33	54
越秀区	54	116	105	101	29	108	126	111	20
海珠区	159	250	211	169	159	147	235	72	46
天河区	314	485	393	356	80	276	1642	139	69
白云区	754	491	528	499	113	1096	1074	208	130
黄埔区	462	1240	895	2322	1053	866	6136	509	158
番禺区	2265	1750	1034	846	178	2013	3366	277	150
花都区	740	428	423	2140	204	536	1358	57	82
南沙区	363	243	229	2002	2362	913	1499	35	18
从化区	38	69	36	92	69	80	45	1	4
增城区	234	233	145	861	171	215	488	27	31
韶关市	**323**	**410**	**177**	**61**	**26**	**184**	**279**	**11**	**32**
武江区	78	236	77	27	7	42	68	5	4
浈江区	144	94	43	13	7	68	71	1	15
曲江区	43	46	19	5	6	13	50		1
始兴县									
仁化县									
翁源县									
乳源瑶族自治县									
新丰县									
乐昌市	36	17	14	11	4	32	33	2	6
南雄市	22	17	24	5	2	29	57	3	6
深圳市	**23836**	**19773**	**31449**	**6955**	**2649**	**52404**	**161801**	**9616**	**3100**
罗湖区	88	89	155	20	6	162	510	76	20
福田区	101	104	234	32	25	201	2049	45	57
南山区	498	494	1369	130	183	1322	7493	564	27
宝安区	10140	8385	12544	1905	761	23827	64682	3735	1158
龙岗区	5135	3214	6273	1075	218	8875	26392	1582	958
盐田区	32	14	93	7	6	37	557	38	4
龙华区	3508	4170	4376	760	294	6532	40088	1491	453
坪山区	1457	754	1745	2633	164	2785	4375	512	184
光明区	2877	2549	4660	393	992	8663	15655	1573	239
珠海市	**1269**	**1178**	**1630**	**554**	**315**	**5892**	**7215**	**478**	**70**
香洲区	572	745	1214	272	83	3994	3875	381	47
斗门区	175	102	169	45	38	1002	2053	34	8
金湾区	522	331	247	237	194	896	1287	63	15
汕头市	**633**	**794**	**637**	**317**	**44**	**479**	**943**	**119**	**215**
龙湖区	128	157	136	100	5	96	296	47	46
金平区	255	290	230	66	27	175	316	52	31
濠江区	36	38	58	137	4	22	117	3	17
潮阳区	99	44	30	6	2	19	33		12
潮南区	66	174	34	5	3	138	112	6	101
澄海区	49	91	149	3	3	29	69	11	8
南澳县									
佛山市	**34223**	**12040**	**6495**	**4848**	**767**	**34435**	**8663**	**1180**	**677**
禅城区	1681	761	277	324	37	748	1187	153	51
南海区	19745	5336	2594	2567	367	5877	2801	774	486
顺德区	11165	5508	3374	1605	350	26645	4098	230	106
三水区	869	181	139	124	11	295	314	10	19
高明区	763	254	111	228	2	870	263	13	15

4-4a 续表 33

单位：人

地区 性别	制造业								
	金属制品业	通用设备制造业	专用设备制造业	汽车制造业	铁路、船舶、航空航天和其他运输设备制造业	电气机械和器材制造业	计算机、通信和其他电子设备制造业	仪器仪表制造业	其他制造业
江门市	**6128**	**1617**	**911**	**777**	**1462**	**6414**	**4676**	**146**	**371**
蓬江区	2386	711	282	154	873	2001	1002	44	83
江海区	1184	208	194	234	350	3178	1380	31	27
新会区	831	233	153	32	190	489	225	31	77
台山市	747	247	78	306	1	332	200	5	28
开平市	399	85	85	22	4	80	147	11	8
鹤山市	397	84	64	23	40	287	279	24	138
恩平市	184	49	55	6	4	47	1443		10
湛江市	**356**	**188**	**180**	**119**	**94**	**928**	**229**	**21**	**29**
赤坎区	66	56	26	76	14	74	21	6	6
霞山区	76	58	37	14	67	46	35	4	9
坡头区	18	6	8	1	7	6	1	3	5
麻章区	31	16	15	10	3	6	15	1	2
遂溪县	3	1	1				2		1
徐闻县									
廉江市	64	21	36	9	1	761	48	3	3
雷州市	55	10	14	4	2	15	93	3	2
吴川市	43	20	43	5		20	14	1	1
茂名市	**446**	**229**	**164**	**28**	**10**	**241**	**704**	**19**	**43**
茂南区	127	98	81	11	4	33	77	6	19
电白区	45	13	10	2		137	50	2	4
高州市	103	21	15	3	1	18	127	1	4
化州市	117	47	33	9	2	18	85	1	5
信宜市	54	50	25	3	3	35	365	9	11
肇庆市	**1682**	**492**	**337**	**552**	**90**	**655**	**1072**	**92**	**64**
端州区	285	241	149	158	6	190	772	39	25
鼎湖区	92	25	16	84	1	36	40	6	3
高要区	113	29	9	36	1	23	68		3
广宁县									
怀集县									
封开县									
德庆县									
四会市	1192	197	163	274	82	406	192	47	33
惠州市	**2816**	**1596**	**1313**	**4281**	**104**	**5251**	**27571**	**336**	**175**
惠城区	1564	790	916	953	45	3601	10394	192	82
惠阳区	1112	776	387	3323	59	1641	17123	141	89
博罗县	140	30	10	5		9	54	3	4
惠东县									
龙门县									
梅州市	**200**	**110**	**115**	**65**	**5**	**92**	**1761**	**18**	**22**
梅江区	63	59	63	29	1	43	1083	10	14
梅县区	64	28	26	30	1	20	360	2	6
大埔县									
丰顺县									
五华县	6	3	2			9	12	2	1
平远县									
蕉岭县									
兴宁市	67	20	24	6	3	20	306	4	1
汕尾市	**73**	**31**	**34**	**10**	**15**	**34**	**1212**	**9**	**15**
城区	24	28	27	8	15	23	1175	2	10
海丰县									
陆河县									
陆丰市	49	3	7	2		11	37	7	5

4-4a　续表 34

单位：人

地区 性别	制造业 金属制品业	通用设备制造业	专用设备制造业	汽车制造业	铁路、船舶、航空航天和其他运输设备制造业	电气机械和器材制造业	计算机、通信和其他电子设备制造业	仪器仪表制造业	其他制造业
河源市	**254**	**78**	**147**	**25**	**7**	**135**	**1115**	**24**	**74**
源城区	254	78	147	25	7	135	1115	24	74
紫金县									
龙川县									
连平县									
和平县									
东源县									
阳江市	**5901**	**250**	**110**	**19**	**6**	**158**	**141**	**22**	**46**
江城区	2933	92	53	8	4	39	62	14	20
阳东区	2770	31	17	6	1	62	19	2	19
阳西县									
阳春市	198	127	40	5	1	57	60	6	7
清远市	**495**	**161**	**195**	**131**	**18**	**323**	**427**	**23**	**21**
清城区	223	78	129	66	12	193	246	7	9
清新区	169	37	38	56	4	105	83	10	6
佛冈县									
阳山县									
连山壮族瑶族自治县									
连南瑶族自治县									
英德市	46	31	20	7	2	18	54	4	5
连州市	57	15	8	2		7	44	2	1
东莞市	**36840**	**17281**	**24504**	**3272**	**1511**	**25632**	**100001**	**4389**	**2133**
市辖区	36840	17281	24504	3272	1511	25632	100001	4389	2133
中山市	**9338**	**3190**	**2116**	**949**	**179**	**18615**	**6273**	**644**	**575**
市辖区	9338	3190	2116	949	179	18615	6273	644	575
潮州市	**2612**	**445**	**162**	**2**	**5**	**498**	**302**	**19**	**58**
湘桥区	117	110	66	1	1	436	247	14	45
潮安区	2495	335	96	1	4	62	55	5	13
饶平县									
揭阳市	**2489**	**442**	**199**	**27**	**8**	**669**	**163**	**32**	**262**
榕城区	1338	288	133	18	3	572	76	23	186
揭东区	1111	118	33	5		72	39	8	53
揭西县									
惠来县									
普宁市	40	36	33	4	5	25	48	1	23
云浮市	**141**	**58**	**60**	**57**	**4**	**61**	**597**	**1**	**13**
云城区	81	27	25	45	2	4	32		3
云安区	3	1					1		
新兴县									
郁南县									
罗定市	57	30	35	12	2	57	564	1	10
男	**91496**	**46196**	**51239**	**22151**	**8828**	**93941**	**206981**	**11131**	**4822**
广州市	**3952**	**4006**	**2723**	**7164**	**3682**	**4066**	**9531**	**803**	**406**
荔湾区	123	163	88	104	136	136	117	23	29
越秀区	44	84	66	78	23	76	91	72	10
海珠区	117	171	131	137	121	94	137	42	24
天河区	241	333	251	270	61	184	994	88	40
白云区	554	369	360	361	94	713	637	115	63
黄埔区	342	904	537	1727	862	575	3921	235	98
番禺区	1587	1292	701	577	135	1238	1747	163	78
花都区	516	307	299	1538	156	341	807	32	45
南沙区	234	175	162	1657	1910	515	753	18	8
从化区	29	50	25	73	48	40	17		
增城区	165	158	103	642	136	154	310	15	11

4-4a 续表 35 单位：人

地区 性别	制造业 金属制品业	通用设备制造业	专用设备制造业	汽车制造业	铁路、船舶、航空航天和其他运输设备制造业	电气机械和器材制造业	计算机、通信和其他电子设备制造业	仪器仪表制造业	其他制造业
韶关市	**244**	**301**	**121**	**44**	**15**	**105**	**124**	**8**	**19**
武江区	64	174	54	18	4	20	31	2	2
浈江区	99	68	25	8	4	45	26	1	11
曲江区	37	37	14	4	4	6	23		
始兴县									
仁化县									
翁源县									
乳源瑶族自治县									
新丰县									
乐昌市	30	11	8	10	2	15	11	2	2
南雄市	14	11	20	4	1	19	33	3	4
深圳市	**16700**	**13757**	**21511**	**4526**	**1833**	**30014**	**99189**	**5669**	**1689**
罗湖区	71	62	102	17	5	112	339	41	6
福田区	65	73	146	21	14	131	1262	24	34
南山区	360	318	769	92	145	829	4724	329	15
宝安区	7011	5805	8720	1084	506	13408	38264	2245	605
龙岗区	3592	2202	4160	695	144	4932	15891	895	542
盐田区	27	10	61	3	6	21	385	22	3
龙华区	2511	2938	3060	504	201	3826	26744	920	226
坪山区	971	502	1155	1832	113	1795	2470	284	111
光明区	2092	1847	3338	278	699	4960	9110	909	147
珠海市	**864**	**722**	**979**	**355**	**223**	**3706**	**4039**	**295**	**38**
香洲区	400	442	726	184	54	2587	2124	236	21
斗门区	119	73	115	30	28	622	1193	21	7
金湾区	345	207	138	141	141	497	722	38	10
汕头市	**521**	**592**	**465**	**108**	**34**	**332**	**595**	**76**	**115**
龙湖区	105	104	85	31	4	59	173	27	23
金平区	192	230	155	25	22	111	196	31	14
濠江区	28	29	46	46	3	12	69	3	7
潮阳区	96	34	25	3	2	11	24		6
潮南区	56	124	24	2	2	119	97	6	59
澄海区	44	71	130	1	1	20	36	9	6
南澳县									
佛山市	**22712**	**8556**	**4558**	**3477**	**517**	**20660**	**4827**	**714**	**379**
禅城区	1230	529	184	226	31	454	647	78	31
南海区	13161	3777	1751	1889	262	3433	1662	482	275
顺德区	7265	3937	2450	1112	213	16106	2195	142	53
三水区	518	128	93	86	10	180	173	6	11
高明区	538	185	80	164	1	487	150	6	9
江门市	**3903**	**1087**	**619**	**520**	**1051**	**3497**	**2658**	**87**	**192**
蓬江区	1507	469	200	87	625	1046	584	30	40
江海区	749	155	114	139	251	1738	830	15	16
新会区	501	158	103	16	139	265	123	20	40
台山市	498	158	53	248	1	194	110	2	16
开平市	257	58	58	16	3	53	85	6	4
鹤山市	252	54	51	13	29	167	169	14	68
恩平市	139	35	40	1	3	34	757		8
湛江市	**295**	**145**	**137**	**85**	**79**	**500**	**146**	**16**	**18**
赤坎区	47	36	16	50	9	45	17	5	3
霞山区	69	46	24	10	57	29	22	3	7
坡头区	16	5	7	1	7	4		3	2
麻章区	23	13	15	8	3	5	9	1	1
遂溪县	1	1	1				2		1
徐闻县									
廉江市	50	16	28	8	1	390	26	2	2
雷州市	50	8	13	3	2	11	61	2	1
吴川市	39	20	33	5		16	9		1

4-4a　续表 36　　　　单位：人

地　区 性　别	制造业								
	金　属 制品业	通用设备 制造业	专用设备 制造业	汽　车 制造业	铁路、船舶、航空航天和其他运输设备制造业	电气机械和器材制造业	计算机、通信和其他电子设备制造业	仪器仪表制造业	其　他 制造业
茂名市	**320**	**182**	**116**	**19**	**9**	**135**	**340**	**11**	**25**
茂南区	102	81	56	9	4	25	45	5	9
电白区	30	10	5	2		70	28	1	2
高州市	68	19	9	2	1	10	84	1	4
化州市	80	37	24	5	1	12	45		2
信宜市	40	35	22	1	3	18	138	4	8
肇庆市	**1152**	**339**	**228**	**377**	**64**	**397**	**556**	**54**	**37**
端州区	183	174	91	101	6	107	379	23	13
鼎湖区	58	19	12	46	1	25	18	6	2
高要区	72	20	5	23	1	15	31		1
广宁县									
怀集县									
封开县									
德庆县									
四会市	839	126	120	207	56	250	128	25	21
惠州市	**1993**	**1083**	**891**	**2575**	**71**	**3266**	**17955**	**222**	**93**
惠城区	1101	531	630	536	31	2135	6457	129	44
惠阳区	798	529	253	2037	40	1126	11472	92	48
博罗县	94	23	8	2		5	26	1	1
惠东县									
龙门县									
梅州市	**151**	**76**	**65**	**55**	**4**	**54**	**875**	**7**	**12**
梅江区	43	41	38	23	1	24	589	3	8
梅县区	48	15	13	27	1	13	174	2	3
大埔县									
丰顺县									
五华县	6	3	1			5	6		
平远县									
蕉岭县									
兴宁市	54	17	13	5	2	12	106	2	1
汕尾市	**69**	**21**	**25**	**8**	**12**	**32**	**798**	**7**	**11**
城　区	24	18	19	6	12	22	772	2	7
海丰县									
陆河县									
陆丰市	45	3	6	2		10	26	5	4
河源市	**205**	**53**	**112**	**10**	**5**	**73**	**541**	**15**	**35**
源城区	205	53	112	10	5	73	541	15	35
紫金县									
龙川县									
连平县									
和平县									
东源县									
阳江市	**3181**	**167**	**71**	**13**	**5**	**103**	**79**	**18**	**19**
江城区	1578	63	36	8	3	29	44	12	7
阳东区	1447	22	10	2	1	39	10	2	8
阳西县									
阳春市	156	82	25	3	1	35	25	4	4
清远市	**382**	**132**	**131**	**98**	**12**	**231**	**230**	**10**	**12**
清城区	165	65	79	49	8	137	142	5	4
清新区	138	34	33	42	3	78	44	2	4
佛冈县									
阳山县									
连山壮族瑶族自治县									
连南瑶族自治县									
英德市	39	21	14	5	1	11	27	3	3
连州市	40	12	5	2		5	17		1

4-4a 续表 37 单位：人

地区 性别	制造业								
	金属制品业	通用设备制造业	专用设备制造业	汽车制造业	铁路、船舶、航空航天和其他运输设备制造业	电气机械和器材制造业	计算机、通信和其他电子设备制造业	仪器仪表制造业	其他制造业
东莞市	**25077**	**12191**	**16626**	**2055**	**1071**	**14918**	**60362**	**2710**	**1234**
市辖区	25077	12191	16626	2055	1071	14918	60362	2710	1234
中山市	**5990**	**2088**	**1520**	**598**	**127**	**11232**	**3572**	**374**	**256**
市辖区	5990	2088	1520	598	127	11232	3572	374	256
潮州市	**1821**	**318**	**125**	**1**	**5**	**261**	**173**	**13**	**34**
湘桥区	88	60	47		1	221	138	10	25
潮安区	1733	258	78	1	4	40	35	3	9
饶平县									
揭阳市	**1851**	**333**	**171**	**19**	**6**	**328**	**115**	**21**	**191**
榕城区	974	211	120	10	3	257	54	17	133
揭东区	840	96	25	5		48	28	4	42
揭西县									
惠来县									
普宁市	37	26	26	4	3	23	33		16
云浮市	**113**	**47**	**45**	**44**	**3**	**31**	**276**	**1**	**7**
云城区	58	21	19	41	1	4	23		2
云安区	3	1							
新兴县									
郁南县									
罗定市	52	25	26	3	2	27	253	1	5
女	**44110**	**19695**	**23844**	**10407**	**3072**	**65609**	**134340**	**7537**	**3935**
广州市	**1599**	**1522**	**1425**	**2345**	**899**	**2384**	**6645**	**666**	**356**
荔湾区	45	60	61	17	27	64	90	10	25
越秀区	10	32	39	23	6	32	35	39	10
海珠区	42	79	80	32	38	53	98	30	22
天河区	73	152	142	86	19	92	648	51	29
白云区	200	122	168	138	19	383	437	93	67
黄埔区	120	336	358	595	191	291	2215	274	60
番禺区	678	458	333	269	43	775	1619	114	72
花都区	224	121	124	602	48	195	551	25	37
南沙区	129	68	67	345	452	398	746	17	10
从化区	9	19	11	19	21	40	28	1	4
增城区	69	75	42	219	35	61	178	12	20
韶关市	**79**	**109**	**56**	**17**	**11**	**79**	**155**	**3**	**13**
武江区	14	62	23	9	3	22	37	3	2
浈江区	45	26	18	5	3	23	45		4
曲江区	6	9	5	1	2	7	27		1
始兴县									
仁化县									
翁源县									
乳源瑶族自治县									
新丰县									
乐昌市	6	6	6	1	2	17	22		4
南雄市	8	6	4	1	1	10	24		2
深圳市	**7136**	**6016**	**9938**	**2429**	**816**	**22390**	**62612**	**3947**	**1411**
罗湖区	17	27	53	3	1	50	171	35	14
福田区	36	31	88	11	11	70	787	21	23
南山区	138	176	600	38	38	493	2769	235	12
宝安区	3129	2580	3824	821	255	10419	26418	1490	553
龙岗区	1543	1012	2113	380	74	3943	10501	687	416
盐田区	5	4	32	4		16	172	16	1
龙华区	997	1232	1316	256	93	2706	13344	571	227
坪山区	486	252	590	801	51	990	1905	228	73
光明区	785	702	1322	115	293	3703	6545	664	92

4-4a 续表 38

单位：人

地区 性别	制造业								
	金属制品业	通用设备制造业	专用设备制造业	汽车制造业	铁路、船舶、航空航天和其他运输设备制造业	电气机械和器材制造业	计算机、通信和其他电子设备制造业	仪器仪表制造业	其他制造业
珠海市	**405**	**456**	**651**	**199**	**92**	**2186**	**3176**	**183**	**32**
香洲区	172	303	488	88	29	1407	1751	145	26
斗门区	56	29	54	15	10	380	860	13	1
金湾区	177	124	109	96	53	399	565	25	5
汕头市	**112**	**202**	**172**	**209**	**10**	**147**	**348**	**43**	**100**
龙湖区	23	53	51	69	1	37	123	20	23
金平区	63	60	75	41	5	64	120	21	17
濠江区	8	9	12	91	1	10	48		10
潮阳区	3	10	5	3		8	9		6
潮南区	10	50	10	3	1	19	15		42
澄海区	5	20	19	2	2	9	33	2	2
南澳县									
佛山市	**11511**	**3484**	**1937**	**1371**	**250**	**13775**	**3836**	**466**	**298**
禅城区	451	232	93	98	6	294	540	75	20
南海区	6584	1559	843	678	105	2444	1139	292	211
顺德区	3900	1571	924	493	137	10539	1903	88	53
三水区	351	53	46	38	1	115	141	4	8
高明区	225	69	31	64	1	383	113	7	6
江门市	**2225**	**530**	**292**	**257**	**411**	**2917**	**2018**	**59**	**179**
蓬江区	879	242	82	67	248	955	418	14	43
江海区	435	53	80	95	99	1440	550	16	11
新会区	330	75	50	16	51	224	102	11	37
台山市	249	89	25	58		138	90	3	12
开平市	142	27	27	6	1	27	62	5	4
鹤山市	145	30	13	10	11	120	110	10	70
恩平市	45	14	15	5	1	13	686		2
湛江市	**61**	**43**	**43**	**34**	**15**	**428**	**83**	**5**	**11**
赤坎区	19	20	10	26	5	29	4	1	3
霞山区	7	12	13	4	10	17	13	1	2
坡头区	2	1	1			2	1		3
麻章区	8	3		2		1	6		1
遂溪县	2								
徐闻县									
廉江市	14	5	8	1		371	22	1	1
雷州市	5	2	1	1		4	32	1	1
吴川市	4		10			4	5	1	
茂名市	**126**	**47**	**48**	**9**	**1**	**106**	**364**	**8**	**18**
茂南区	25	17	25	2		8	32	1	10
电白区	15	3	5			67	22	1	2
高州市	35	2	6	1		8	43		
化州市	37	10	9	4	1	6	40	1	3
信宜市	14	15	3	2		17	227	5	3
肇庆市	**530**	**153**	**109**	**175**	**26**	**258**	**516**	**38**	**27**
端州区	102	67	58	57		83	393	16	12
鼎湖区	34	6	4	38		11	22		1
高要区	41	9	4	13		8	37		2
广宁县									
怀集县									
封开县									
德庆县									
四会市	353	71	43	67	26	156	64	22	12
惠州市	**823**	**513**	**422**	**1706**	**33**	**1985**	**9616**	**114**	**82**
惠城区	463	259	286	417	14	1466	3937	63	38
惠阳区	314	247	134	1286	19	515	5651	49	41
博罗县	46	7	2	3		4	28	2	3
惠东县									
龙门县									

4-4a 续表 39　　　　单位：人

地区 性别	制造业								
	金属制品业	通用设备制造业	专用设备制造业	汽车制造业	铁路、船舶、航空航天和其他运输设备制造业	电气机械和器材制造业	计算机、通信和其他电子设备制造业	仪器仪表制造业	其他制造业
梅州市	**49**	**34**	**50**	**10**	**1**	**38**	**886**	**11**	**10**
梅江区	20	18	25	6		19	494	7	6
梅县区	16	13	13	3		7	186		3
大埔县									
丰顺县									
五华县			1			4	6	2	1
平远县									
蕉岭县									
兴宁市	13	3	11	1	1	8	200	2	
汕尾市	**4**	**10**	**9**	**2**	**3**	**2**	**414**	**2**	**4**
城　区		10	8	2	3	1	403		3
海丰县									
陆河县									
陆丰市	4		1			1	11	2	1
河源市	**49**	**25**	**35**	**15**	**2**	**62**	**574**	**9**	**39**
源城区	49	25	35	15	2	62	574	9	39
紫金县									
龙川县									
连平县									
和平县									
东源县									
阳江市	**2720**	**83**	**39**	**6**	**1**	**55**	**62**	**4**	**27**
江城区	1355	29	17		1	10	18	2	13
阳东区	1323	9	7	4		23	9		11
阳西县									
阳春市	42	45	15	2		22	35	2	3
清远市	**113**	**29**	**64**	**33**	**6**	**92**	**197**	**13**	**9**
清城区	58	13	50	17	4	56	104	2	5
清新区	31	3	5	14	1	27	39	8	2
佛冈县									
阳山县									
连山壮族瑶族自治县									
连南瑶族自治县									
英德市	7	10	6	2	1	7	27	1	2
连州市	17	3	3			2	27	2	
东莞市	**11763**	**5090**	**7878**	**1217**	**440**	**10714**	**39639**	**1679**	**899**
市辖区	11763	5090	7878	1217	440	10714	39639	1679	899
中山市	**3348**	**1102**	**596**	**351**	**52**	**7383**	**2701**	**270**	**319**
市辖区	3348	1102	596	351	52	7383	2701	270	319
潮州市	**791**	**127**	**37**	**1**		**237**	**129**	**6**	**24**
湘桥区	29	50	19	1		215	109	4	20
潮安区	762	77	18			22	20	2	4
饶平县									
揭阳市	**638**	**109**	**28**	**8**	**2**	**341**	**48**	**11**	**71**
榕城区	364	77	13	8		315	22	6	53
揭东区	271	22	8			24	11	4	11
揭西县									
惠来县									
普宁市	3	10	7		2	2	15	1	7
云浮市	**28**	**11**	**15**	**13**	**1**	**30**	**321**		**6**
云城区	23	6	6	4	1		9		1
云安区							1		
新兴县									
郁南县									
罗定市	5	5	9	9		30	311		5

4-4a 续表 40

单位：人

地区 性别	制造业		电力、热力、燃气及水生产和供应业				建筑业		
	废弃资源综合利用业	金属制品、机械和设备修理业	小计	电力、热力生产和供应业	燃气生产和供应业	水的生产和供应业	小计	房屋建筑业	土木工程建筑业
广　东	**5717**	**7773**	**23514**	**12854**	**4810**	**5850**	**273645**	**105575**	**30935**
广州市	**992**	**2084**	**4377**	**2251**	**861**	**1265**	**42838**	**13713**	**6686**
荔湾区	56	97	355	137	51	167	2094	662	382
越秀区	56	53	466	274	56	136	1392	313	500
海珠区	210	119	478	229	79	170	3797	1027	665
天河区	112	242	603	383	112	108	6533	1338	1047
白云区	111	259	467	187	128	152	7443	2019	830
黄埔区	67	546	545	307	136	102	5022	2276	855
番禺区	206	346	636	299	140	197	8558	2901	1163
花都区	55	294	268	111	60	97	2615	854	286
南沙区	76	85	221	139	51	31	2937	1243	640
从化区	1	9	129	71	15	43	435	137	18
增城区	42	34	209	114	33	62	2012	943	300
韶关市	**66**	**126**	**818**	**657**	**77**	**84**	**3771**	**1617**	**371**
武江区	15	15	262	226	19	17	1675	818	109
浈江区	25	49	219	180	22	17	948	318	147
曲江区	26	54	150	107	19	24	454	176	54
始兴县									
仁化县									
翁源县									
乳源瑶族自治县									
新丰县									
乐昌市		3	90	72	5	13	380	151	49
南雄市		5	97	72	12	13	314	154	12
深圳市	**906**	**1792**	**4577**	**1996**	**1236**	**1345**	**74576**	**25867**	**12006**
罗湖区	27	63	397	209	81	107	4522	1481	489
福田区	39	94	514	254	132	128	5902	1773	754
南山区	63	188	554	296	153	105	8263	3257	1398
宝安区	389	625	975	377	250	348	16068	4290	3074
龙岗区	235	422	1169	541	337	291	17417	5650	2669
盐田区		47	68	33	11	24	1057	468	320
龙华区	81	239	497	163	176	158	10747	3490	1458
坪山区	48	28	168	56	30	82	3419	1613	757
光明区	24	86	235	67	66	102	7181	3845	1087
珠海市	**88**	**206**	**848**	**460**	**163**	**225**	**10112**	**4989**	**1124**
香洲区	58	146	655	366	118	171	7207	3351	838
斗门区	3	33	74	43	7	24	1297	698	87
金湾区	27	27	119	51	38	30	1608	940	199
汕头市	**102**	**136**	**759**	**470**	**116**	**173**	**9714**	**4861**	**581**
龙湖区	22	25	196	137	23	36	2635	1174	218
金平区	22	64	338	218	57	63	1885	603	140
濠江区	4	11	18	5	9	4	1789	1198	121
潮阳区	10	8	81	51	10	20	2601	1590	80
潮南区	22	23	47	8	12	27	388	138	13
澄海区	22	5	79	51	5	23	416	158	9
南澳县									
佛山市	**892**	**746**	**2291**	**1121**	**623**	**547**	**29978**	**12460**	**2800**
禅城区	123	119	391	209	108	74	4441	1201	377
南海区	427	371	841	425	222	194	9715	3287	823
顺德区	236	207	709	322	200	187	12643	6448	1396
三水区	89	27	190	91	44	55	1573	807	78
高明区	17	22	160	74	49	37	1606	717	126

4-4a 续表 41 单位：人

地区 性别	制造业		电力、热力、燃气及水生产和供应业				建筑业		
	废弃资源综合利用业	金属制品、机械和设备修理业	小计	电力、热力生产和供应业	燃气生产和供应业	水的生产和供应业	小计	房屋建筑业	土木工程建筑业
江门市	**158**	**230**	**1077**	**642**	**179**	**256**	**10664**	**4209**	**631**
蓬江区	52	46	306	149	74	83	2627	1006	248
江海区	23	51	87	45	16	26	1724	933	112
新会区	38	73	205	143	25	37	1896	647	101
台山市	7	19	195	137	20	38	1379	606	40
开平市	26	18	102	58	18	26	1466	257	49
鹤山市	11	14	89	46	17	26	916	420	66
恩平市	1	9	93	64	9	20	656	340	15
湛江市	**51**	**386**	**832**	**579**	**111**	**142**	**6515**	**2959**	**446**
赤坎区	24	40	240	190	25	25	1036	265	132
霞山区	5	259	296	209	40	47	1749	704	121
坡头区	2	20	23	6	16	1	457	258	18
麻章区	4	35	24	15	5	4	343	167	26
遂溪县		3					34	15	1
徐闻县									
廉江市	9	10	82	47	12	23	744	393	26
雷州市	3	9	41	29	6	6	840	516	45
吴川市	4	10	126	83	7	36	1312	641	77
茂名市	**76**	**84**	**797**	**541**	**118**	**138**	**8492**	**4725**	**340**
茂南区	26	40	406	282	77	47	2866	1360	207
电白区	4	5	102	64	13	25	1358	949	31
高州市	15	7	94	59	7	28	1012	661	27
化州市	26	15	59	39	9	11	1772	1055	35
信宜市	5	17	136	97	12	27	1484	700	40
肇庆市	**65**	**120**	**516**	**293**	**117**	**106**	**4389**	**2029**	**335**
端州区	18	70	289	180	48	61	1535	474	222
鼎湖区	13	10	43	17	12	14	907	653	39
高要区		9	34	14	17	3	243	65	5
广宁县									
怀集县									
封开县									
德庆县									
四会市	34	31	150	82	40	28	1704	837	69
惠州市	**176**	**298**	**904**	**464**	**191**	**249**	**12420**	**5238**	**1012**
惠城区	118	149	632	360	110	162	7251	2995	650
惠阳区	52	148	271	104	80	87	5133	2227	353
博罗县	6	1	1		1		36	16	9
惠东县									
龙门县									
梅州市	**81**	**48**	**478**	**350**	**47**	**81**	**4518**	**1269**	**233**
梅江区	48	21	250	203	14	33	1497	474	88
梅县区	13	16	121	92	16	13	1969	293	115
大埔县									
丰顺县									
五华县			2	2			102	75	6
平远县									
蕉岭县									
兴宁市	20	11	105	53	17	35	950	427	24
汕尾市	**10**	**24**	**211**	**166**	**18**	**27**	**1874**	**1065**	**41**
城区	4	19	168	143	13	12	1071	541	32
海丰县									
陆河县									
陆丰市	6	5	43	23	5	15	803	524	9

4-4a 续表 42

单位：人

地　区 性　别	制造业		电力、热力、燃气及水生产和供应业				建筑业		
	废弃资源综合利用业	金属制品、机械和设备修理业	小计	电力、热力生产和供应业	燃气生产和供应业	水的生产和供应业	小计	房屋建筑业	土木工程建筑业
河源市	**18**	**28**	**361**	**281**	**38**	**42**	**3133**	**1269**	**359**
源城区	18	28	361	281	38	42	3133	1269	359
紫金县									
龙川县									
连平县									
和平县									
东源县									
阳江市	**53**	**59**	**435**	**328**	**44**	**63**	**4751**	**2224**	**181**
江城区	33	35	254	190	26	38	2608	1071	115
阳东区	12	7	57	46	6	5	1119	702	33
阳西县									
阳春市	8	17	124	92	12	20	1024	451	33
清远市	**124**	**79**	**655**	**456**	**94**	**105**	**5671**	**2439**	**403**
清城区	89	55	369	270	56	43	3161	1457	251
清新区	17	15	78	40	22	16	1062	358	34
佛冈县									
阳山县									
连山壮族瑶族自治县									
连南瑶族自治县									
英德市		2	121	76	14	31	845	330	98
连州市	18	7	87	70	2	15	603	294	20
东莞市	**1300**	**931**	**2112**	**912**	**498**	**702**	**23956**	**8691**	**2118**
市辖区	1300	931	2112	912	498	702	23956	8691	2118
中山市	**281**	**207**	**668**	**370**	**140**	**158**	**8640**	**3044**	**970**
市辖区	281	207	668	370	140	158	8640	3044	970
潮州市	**96**	**52**	**356**	**207**	**87**	**62**	**2087**	**916**	**87**
湘桥区	26	31	224	140	54	30	1262	507	55
潮安区	70	21	132	67	33	32	825	409	32
饶平县									
揭阳市	**156**	**81**	**190**	**119**	**23**	**48**	**3551**	**1083**	**125**
榕城区	123	50	139	101	12	26	1825	454	71
揭东区	19	13	31	12	6	13	930	469	21
揭西县									
惠来县									
普宁市	14	18	20	6	5	9	796	160	33
云浮市	**26**	**56**	**252**	**191**	**29**	**32**	**1995**	**908**	**86**
云城区	20	44	176	140	20	16	1166	493	63
云安区	1		2	2			50	20	2
新兴县									
郁南县									
罗定市	5	12	74	49	9	16	779	395	21
男	**4285**	**6550**	**17754**	**9829**	**3640**	**4285**	**232185**	**89274**	**25967**
广州市	**709**	**1793**	**3224**	**1663**	**662**	**899**	**35502**	**11418**	**5344**
荔湾区	47	84	261	105	42	114	1734	553	318
越秀区	38	44	314	181	36	97	1073	226	381
海珠区	141	93	336	162	59	115	3114	848	545
天河区	81	202	426	271	81	74	5192	1064	781
白云区	82	237	355	148	101	106	6448	1742	678
黄埔区	51	462	416	228	106	82	4178	1934	693
番禺区	148	308	493	231	114	148	7152	2451	914
花都区	36	259	204	87	47	70	2127	687	226
南沙区	56	68	165	110	36	19	2441	1019	536
从化区	1	8	105	62	13	30	373	116	12
增城区	28	28	149	78	27	44	1670	778	260

4-4a 续表 43

单位：人

地区 性别	制造业		电力、热力、燃气及水生产和供应业				建筑业		
	废弃资源综合利用业	金属制品、机械和设备修理业	小计	电力、热力生产和供应业	燃气生产和供应业	水的生产和供应业	小计	房屋建筑业	土木工程建筑业
韶关市	**42**	**107**	**584**	**477**	**51**	**56**	**3060**	**1298**	**294**
武江区	9	14	192	169	13	10	1365	664	79
浈江区	18	41	148	120	15	13	764	248	118
曲江区	15	45	116	86	13	17	368	146	49
始兴县									
仁化县									
翁源县									
乳源瑶族自治县									
新丰县									
乐昌市		3	63	50	4	9	305	116	40
南雄市		4	65	52	6	7	258	124	8
深圳市	**753**	**1492**	**3626**	**1601**	**972**	**1053**	**65112**	**22579**	**10417**
罗湖区	22	50	316	162	66	88	3848	1235	393
福田区	30	77	376	196	91	89	4812	1488	591
南山区	49	152	417	222	116	79	7039	2812	1175
宝安区	335	504	785	315	202	268	14331	3798	2732
龙岗区	189	362	950	433	277	240	15219	4923	2337
盐田区		38	52	25	9	18	930	416	276
龙华区	63	208	392	137	133	122	9443	3097	1264
坪山区	43	24	137	51	23	63	3017	1422	666
光明区	22	77	201	60	55	86	6473	3388	983
珠海市	**68**	**173**	**618**	**337**	**111**	**170**	**8386**	**4153**	**920**
香洲区	44	120	471	266	76	129	6013	2819	692
斗门区	3	30	56	33	6	17	1031	539	66
金湾区	21	23	91	38	29	24	1342	795	162
汕头市	**88**	**120**	**583**	**365**	**90**	**128**	**8845**	**4451**	**497**
龙湖区	18	20	148	103	19	26	2295	1003	179
金平区	18	54	263	172	41	50	1653	539	112
濠江区	4	11	16	5	7	4	1716	1136	120
潮阳区	6	8	59	34	10	15	2490	1517	65
潮南区	22	22	35	7	10	18	331	120	13
澄海区	20	5	62	44	3	15	360	136	8
南澳县									
佛山市	**614**	**617**	**1736**	**857**	**475**	**404**	**24678**	**10321**	**2329**
禅城区	87	108	287	153	82	52	3664	1001	309
南海区	294	288	634	314	168	152	7901	2734	665
顺德区	160	183	535	253	152	130	10523	5343	1183
三水区	60	22	150	77	32	41	1262	653	64
高明区	13	16	130	60	41	29	1328	590	108
江门市	**114**	**194**	**809**	**508**	**128**	**173**	**8895**	**3417**	**517**
蓬江区	39	41	219	106	58	55	2069	798	201
江海区	16	42	71	39	13	19	1425	755	93
新会区	27	62	152	116	12	24	1585	520	81
台山市	5	13	147	108	14	25	1144	478	30
开平市	18	14	78	49	12	17	1336	222	42
鹤山市	8	13	67	37	12	18	755	340	56
恩平市	1	9	75	53	7	15	581	304	14
湛江市	**40**	**344**	**627**	**444**	**81**	**102**	**5600**	**2492**	**379**
赤坎区	20	32	187	147	20	20	856	224	103
霞山区	3	235	215	155	28	32	1515	611	106
坡头区	2	14	17	6	11		390	208	16
麻章区	3	34	20	13	4	3	307	145	23
遂溪县		3					27	12	1
徐闻县									
廉江市	6	9	60	37	10	13	640	336	21
雷州市	2	8	34	26	2	6	700	412	40
吴川市	4	9	94	60	6	28	1165	544	69

4−4a　续表 44　　　　单位：人

地区 性别	制造业		电力、热力、燃气及水生产和供应业				建筑业		
	废弃资源综合利用业	金属制品、机械和设备修理业	小计	电力、热力生产和供应业	燃气生产和供应业	水的生产和供应业	小计	房屋建筑业	土木工程建筑业
茂名市	**53**	**78**	**591**	**420**	**84**	**87**	**7101**	**3796**	**290**
茂南区	21	36	306	221	56	29	2378	1086	179
电白区	3	5	73	48	10	15	1134	771	26
高州市	10	7	78	53	5	20	808	507	23
化州市	16	15	40	28	6	6	1511	875	29
信宜市	3	15	94	70	7	17	1270	557	33
肇庆市	**39**	**98**	**367**	**211**	**91**	**65**	**3617**	**1664**	**265**
端州区	11	53	201	126	37	38	1218	369	171
鼎湖区	7	10	34	12	10	12	759	547	34
高要区		8	24	12	10	2	206	56	5
广宁县									
怀集县									
封开县									
德庆县									
四会市	21	27	108	61	34	13	1434	692	55
惠州市	**133**	**244**	**664**	**342**	**142**	**180**	**10354**	**4367**	**829**
惠城区	90	116	467	268	87	112	6002	2495	519
惠阳区	39	127	196	74	54	68	4322	1859	301
博罗县	4	1	1		1		30	13	9
惠东县									
龙门县									
梅州市	**49**	**39**	**349**	**265**	**34**	**50**	**3593**	**1017**	**192**
梅江区	29	15	178	144	11	23	1226	390	69
梅县区	7	14	94	76	10	8	1475	221	95
大埔县									
丰顺县									
五华县			2	2			81	56	6
平远县									
蕉岭县									
兴宁市	13	10	75	43	13	19	811	350	22
汕尾市	**10**	**22**	**163**	**128**	**16**	**19**	**1663**	**899**	**39**
城　区	4	18	134	113	13	8	989	481	30
海丰县									
陆河县									
陆丰市	6	4	29	15	3	11	674	418	9
河源市	**13**	**24**	**273**	**209**	**35**	**29**	**2637**	**1048**	**317**
源城区	13	24	273	209	35	29	2637	1048	317
紫金县									
龙川县									
连平县									
和平县									
东源县									
阳江市	**39**	**51**	**330**	**261**	**25**	**44**	**4064**	**1859**	**160**
江城区	26	27	191	147	16	28	2249	896	103
阳东区	8	7	44	40	2	2	968	605	26
阳西县									
阳春市	5	17	95	74	7	14	847	358	31
清远市	**91**	**70**	**508**	**363**	**71**	**74**	**4750**	**2038**	**333**
清城区	69	48	287	215	39	33	2619	1203	201
清新区	12	14	63	33	19	11	922	309	30
佛冈县									
阳山县									
连山壮族瑶族自治县									
连南瑶族自治县									
英德市		2	83	56	11	16	687	269	84
连州市	10	6	75	59	2	14	522	257	18

4-4a 续表 45　　　　单位：人

地区 性别	制造业		电力、热力、燃气及水生产和供应业				建筑业		
	废弃资源综合利用业	金属制品、机械和设备修理业	小计	电力、热力生产和供应业	燃气生产和供应业	水的生产和供应业	小计	房屋建筑业	土木工程建筑业
东莞市	**969**	**742**	**1608**	**689**	**373**	**546**	**20273**	**7380**	**1769**
市辖区	969	742	1608	689	373	546	20273	7380	1769
中山市	**219**	**172**	**492**	**287**	**92**	**113**	**7253**	**2541**	**806**
市辖区	219	172	492	287	92	113	7253	2541	806
潮州市	**79**	**48**	**257**	**153**	**68**	**36**	**1874**	**810**	**81**
湘桥区	21	27	172	111	43	18	1105	430	50
潮安区	58	21	85	42	25	18	769	380	31
饶平县									
揭阳市	**145**	**75**	**148**	**96**	**18**	**34**	**3244**	**978**	**114**
榕城区	116	46	109	80	11	18	1671	411	70
揭东区	18	13	26	11	5	10	867	431	18
揭西县									
惠来县									
普宁市	11	16	13	5	2	6	706	136	26
云浮市	**18**	**47**	**197**	**153**	**21**	**23**	**1684**	**748**	**75**
云城区	13	36	141	116	15	10	973	406	55
云安区	1		2	2			39	14	2
新兴县									
郁南县									
罗定市	4	11	54	35	6	13	672	328	18
女	**1432**	**1223**	**5760**	**3025**	**1170**	**1565**	**41460**	**16301**	**4968**
广州市	**283**	**291**	**1153**	**588**	**199**	**366**	**7336**	**2295**	**1342**
荔湾区	9	13	94	32	9	53	360	109	64
越秀区	18	9	152	93	20	39	319	87	119
海珠区	69	26	142	67	20	55	683	179	120
天河区	31	40	177	112	31	34	1341	274	266
白云区	29	22	112	39	27	46	995	277	152
黄埔区	16	84	129	79	30	20	844	342	162
番禺区	58	38	143	68	26	49	1406	450	249
花都区	19	35	64	24	13	27	488	167	60
南沙区	20	17	56	29	15	12	496	224	104
从化区		1	24	9	2	13	62	21	6
增城区	14	6	60	36	6	18	342	165	40
韶关市	**24**	**19**	**234**	**180**	**26**	**28**	**711**	**319**	**77**
武江区	6	1	70	57	6	7	310	154	30
浈江区	7	8	71	60	7	4	184	70	29
曲江区	11	9	34	21	6	7	86	30	5
始兴县									
仁化县									
翁源县									
乳源瑶族自治县									
新丰县									
乐昌市			27	22	1	4	75	35	9
南雄市		1	32	20	6	6	56	30	4
深圳市	**153**	**300**	**951**	**395**	**264**	**292**	**9464**	**3288**	**1589**
罗湖区	5	13	81	47	15	19	674	246	96
福田区	9	17	138	58	41	39	1090	285	163
南山区	14	36	137	74	37	26	1224	445	223
宝安区	54	121	190	62	48	80	1737	492	342
龙岗区	46	60	219	108	60	51	2198	727	332
盐田区		9	16	8	2	6	127	52	44
龙华区	18	31	105	26	43	36	1304	393	194
坪山区	5	4	31	5	7	19	402	191	91
光明区	2	9	34	7	11	16	708	457	104

4-4a　续表 46　　　　单位：人

地区 性别	制造业		电力、热力、燃气及水生产和供应业				建筑业		
	废弃资源综合利用业	金属制品、机械和设备修理业	小计	电力、热力生产和供应业	燃气生产和供应业	水的生产和供应业	小计	房屋建筑业	土木工程建筑业
珠海市	**20**	**33**	**230**	**123**	**52**	**55**	**1726**	**836**	**204**
香洲区	14	26	184	100	42	42	1194	532	146
斗门区		3	18	10	1	7	266	159	21
金湾区	6	4	28	13	9	6	266	145	37
汕头市	**14**	**16**	**176**	**105**	**26**	**45**	**869**	**410**	**84**
龙湖区	4	5	48	34	4	10	340	171	39
金平区	4	10	75	46	16	13	232	64	28
濠江区			2		2		73	62	1
潮阳区	4		22	17		5	111	73	15
潮南区		1	12	1	2	9	57	18	
澄海区	2		17	7	2	8	56	22	1
南澳县									
佛山市	**278**	**129**	**555**	**264**	**148**	**143**	**5300**	**2139**	**471**
禅城区	36	11	104	56	26	22	777	200	68
南海区	133	83	207	111	54	42	1814	553	158
顺德区	76	24	174	69	48	57	2120	1105	213
三水区	29	5	40	14	12	14	311	154	14
高明区	4	6	30	14	8	8	278	127	18
江门市	**44**	**36**	**268**	**134**	**51**	**83**	**1769**	**792**	**114**
蓬江区	13	5	87	43	16	28	558	208	47
江海区	7	9	16	6	3	7	299	178	19
新会区	11	11	53	27	13	13	311	127	20
台山市	2	6	48	29	6	13	235	128	10
开平市	8	4	24	9	6	9	130	35	7
鹤山市	3	1	22	9	5	8	161	80	10
恩平市			18	11	2	5	75	36	1
湛江市	**11**	**42**	**205**	**135**	**30**	**40**	**915**	**467**	**67**
赤坎区	4	8	53	43	5	5	180	41	29
霞山区	2	24	81	54	12	15	234	93	15
坡头区		6	6		5	1	67	50	2
麻章区	1	1	4	2	1	1	36	22	3
遂溪县							7	3	
徐闻县									
廉江市	3	1	22	10	2	10	104	57	5
雷州市	1	1	7	3	4		140	104	5
吴川市		1	32	23	1	8	147	97	8
茂名市	**23**	**6**	**206**	**121**	**34**	**51**	**1391**	**929**	**50**
茂南区	5	4	100	61	21	18	488	274	28
电白区	1		29	16	3	10	224	178	5
高州市	5		16	6	2	8	204	154	4
化州市	10		19	11	3	5	261	180	6
信宜市	2	2	42	27	5	10	214	143	7
肇庆市	**26**	**22**	**149**	**82**	**26**	**41**	**772**	**365**	**70**
端州区	7	17	88	54	11	23	317	105	51
鼎湖区	6		9	5	2	2	148	106	5
高要区		1	10	2	7	1	37	9	
广宁县									
怀集县									
封开县									
德庆县									
四会市	13	4	42	21	6	15	270	145	14
惠州市	**43**	**54**	**240**	**122**	**49**	**69**	**2066**	**871**	**183**
惠城区	28	33	165	92	23	50	1249	500	131
惠阳区	13	21	75	30	26	19	811	368	52
博罗县	2						6	3	
惠东县									
龙门县									

4-4a 续表 47

单位：人

地 区 性 别	制造业		电力、热力、燃气及水生产和供应业				建筑业		
	废弃资源综合利用业	金属制品、机械和设备修理业	小计	电力、热力生产和供应业	燃气生产和供应业	水的生产和供应业	小计	房屋建筑业	土木工程建筑业
梅州市	**32**	**9**	**129**	**85**	**13**	**31**	**925**	**252**	**41**
梅江区	19	6	72	59	3	10	271	84	19
梅县区	6	2	27	16	6	5	494	72	20
大埔县									
丰顺县									
五华县							21	19	
平远县									
蕉岭县									
兴宁市	7	1	30	10	4	16	139	77	2
汕尾市		**2**	**48**	**38**	**2**	**8**	**211**	**166**	**2**
城 区		1	34	30		4	82	60	2
海丰县									
陆河县									
陆丰市		1	14	8	2	4	129	106	
河源市	**5**	**4**	**88**	**72**	**3**	**13**	**496**	**221**	**42**
源城区	5	4	88	72	3	13	496	221	42
紫金县									
龙川县									
连平县									
和平县									
东源县									
阳江市	**14**	**8**	**105**	**67**	**19**	**19**	**687**	**365**	**21**
江城区	7	8	63	43	10	10	359	175	12
阳东区	4		13	6	4	3	151	97	7
阳西县									
阳春市	3		29	18	5	6	177	93	2
清远市	**33**	**9**	**147**	**93**	**23**	**31**	**921**	**401**	**70**
清城区	20	7	82	55	17	10	542	254	50
清新区	5	1	15	7	3	5	140	49	4
佛冈县									
阳山县									
连山壮族瑶族自治县									
连南瑶族自治县									
英德市			38	20	3	15	158	61	14
连州市	8	1	12	11		1	81	37	2
东莞市	**331**	**189**	**504**	**223**	**125**	**156**	**3683**	**1311**	**349**
市辖区	331	189	504	223	125	156	3683	1311	349
中山市	**62**	**35**	**176**	**83**	**48**	**45**	**1387**	**503**	**164**
市辖区	62	35	176	83	48	45	1387	503	164
潮州市	**17**	**4**	**99**	**54**	**19**	**26**	**213**	**106**	**6**
湘桥区	5	4	52	29	11	12	157	77	5
潮安区	12		47	25	8	14	56	29	1
饶平县									
揭阳市	**11**	**6**	**42**	**23**	**5**	**14**	**307**	**105**	**11**
榕城区	7	4	30	21	1	8	154	43	1
揭东区	1		5	1	1	3	63	38	3
揭西县									
惠来县									
普宁市	3	2	7	1	3	3	90	24	7
云浮市	**8**	**9**	**55**	**38**	**8**	**9**	**311**	**160**	**11**
云城区	7	8	35	24	5	6	193	87	8
云安区							11	6	
新兴县									
郁南县									
罗定市	1	1	20	14	3	3	107	67	3

4-4a　续表 48　　　　单位：人

地　区 性　别	建筑业		批发和零售业			交通运输、仓储和邮政业			
	建　筑 安装业	建筑装饰、装修和其他建筑业	小计	批发业	零售业	小计	铁　路 运输业	道　路 运输业	水　上 运输业
广　东	**19336**	**117799**	**771839**	**265178**	**506661**	**210003**	**4273**	**120742**	**4450**
广州市	**3254**	**19185**	**172233**	**67473**	**104760**	**51433**	**1794**	**29270**	**1367**
荔湾区	200	850	13587	6022	7565	3340	269	2003	73
越秀区	94	485	10135	4328	5807	2879	647	1213	108
海珠区	344	1761	20942	10172	10770	4261	45	2283	255
天河区	562	3586	29914	11953	17961	6405	129	3553	142
白云区	494	4100	48454	17365	31089	15400	207	9388	85
黄埔区	442	1449	8946	3826	5120	6214	42	3877	391
番禺区	617	3877	24061	8861	15200	5904	321	3250	103
花都区	194	1281	8240	2641	5599	3670	102	1657	14
南沙区	150	904	2824	903	1921	1849	11	987	170
从化区	29	251	1173	282	891	453	5	327	6
增城区	128	641	3957	1120	2837	1058	16	732	20
韶关市	**227**	**1556**	**6301**	**1447**	**4854**	**2356**	**378**	**1372**	**39**
武江区	108	640	2085	562	1523	646	129	326	9
浈江区	58	425	2081	470	1611	811	179	446	4
曲江区	28	196	919	198	721	519	22	390	10
始兴县									
仁化县									
翁源县									
乳源瑶族自治县									
新丰县									
乐昌市	10	170	524	70	454	197	39	92	15
南雄市	23	125	692	147	545	183	9	118	1
深圳市	**4988**	**31715**	**202625**	**80643**	**121982**	**61222**	**614**	**33366**	**1034**
罗湖区	181	2371	17455	7127	10328	3821	178	1992	100
福田区	354	3021	23397	11434	11963	4346	32	2553	56
南山区	405	3203	17683	7305	10378	6733	53	3422	368
宝安区	1167	7537	44360	17731	26629	17696	60	7875	114
龙岗区	1178	7920	55631	21951	33680	14373	112	8928	188
盐田区	26	243	1700	511	1189	2323	2	1467	144
龙华区	926	4873	30805	10486	20319	8051	146	4558	52
坪山区	226	823	4079	1365	2714	1277	29	868	4
光明区	525	1724	7515	2733	4782	2602	2	1703	8
珠海市	**569**	**3430**	**14344**	**4278**	**10066**	**4200**	**22**	**2568**	**152**
香洲区	418	2600	10849	3178	7671	3072	19	1916	129
斗门区	98	414	1791	487	1304	526	1	371	17
金湾区	53	416	1704	613	1091	602	2	281	6
汕头市	**716**	**3556**	**23411**	**5771**	**17640**	**4397**	**48**	**2084**	**107**
龙湖区	142	1101	5250	1613	3637	1090	30	470	38
金平区	114	1028	7359	1763	5596	1890	16	926	60
濠江区	104	366	1224	246	978	185		110	3
潮阳区	304	627	2407	244	2163	372		180	
潮南区	23	214	5168	1304	3864	537	2	235	1
澄海区	29	220	2003	601	1402	323		163	5
南澳县									
佛山市	**2119**	**12599**	**92684**	**32286**	**60398**	**21955**	**196**	**13463**	**323**
禅城区	303	2560	13582	5050	8532	2725	32	1559	24
南海区	856	4749	44853	16877	27976	8965	70	5484	89
顺德区	722	4077	29212	9451	19761	8319	25	5139	114
三水区	111	577	2866	518	2348	1078	69	661	74
高明区	127	636	2171	390	1781	868		620	22

4-4a 续表 49

单位：人

地区 性别	建筑业		批发和零售业			交通运输、仓储和邮政业			
	建筑安装业	建筑装饰、装修和其他建筑业	小计	批发业	零售业	小计	铁路运输业	道路运输业	水上运输业
江门市	**778**	**5046**	**20279**	**5609**	**14670**	**4994**	**42**	**3131**	**152**
蓬江区	165	1208	6013	1815	4198	1359	8	805	40
江海区	110	569	2220	696	1524	735	1	444	14
新会区	179	969	3550	1189	2361	937	12	601	65
台山市	57	676	2619	585	2034	613	5	434	12
开平市	98	1062	2994	813	2181	516	7	316	11
鹤山市	113	317	1658	334	1324	549	3	354	8
恩平市	56	245	1225	177	1048	285	6	177	2
湛江市	**696**	**2414**	**14514**	**3381**	**11133**	**4937**	**203**	**2663**	**508**
赤坎区	76	563	2900	721	2179	763	6	421	48
霞山区	177	747	4800	1309	3491	2179	173	1016	422
坡头区	48	133	349	59	290	115	1	68	9
麻章区	45	105	775	204	571	256	5	126	4
遂溪县	2	16	61	14	47	33		21	
徐闻县									
廉江市	63	262	1716	249	1467	447	11	320	
雷州市	87	192	2030	315	1715	649	6	406	3
吴川市	198	396	1883	510	1373	495	1	285	22
茂名市	**730**	**2697**	**14561**	**2784**	**11777**	**4397**	**191**	**2915**	**46**
茂南区	357	942	5765	1268	4497	1880	163	1259	29
电白区	80	298	1794	385	1409	403	4	265	16
高州市	50	274	2636	304	2332	642	2	384	
化州市	124	558	2188	469	1719	755	20	507	1
信宜市	119	625	2178	358	1820	717	2	500	
肇庆市	**210**	**1815**	**11438**	**1922**	**9516**	**2531**	**206**	**1397**	**49**
端州区	117	722	4192	946	3246	1184	196	568	34
鼎湖区	29	186	626	121	505	184	4	121	9
高要区	6	167	899	53	846	237	3	152	
广宁县									
怀集县									
封开县									
德庆县									
四会市	58	740	5721	802	4919	926	3	556	6
惠州市	**917**	**5253**	**20515**	**5080**	**15435**	**4983**	**174**	**3000**	**121**
惠城区	468	3138	13030	3399	9631	2883	135	1691	29
惠阳区	446	2107	7200	1616	5584	2061	39	1276	92
博罗县	3	8	285	65	220	39		33	
惠东县									
龙门县									
梅州市	**257**	**2759**	**5713**	**978**	**4735**	**1854**	**71**	**1299**	**10**
梅江区	86	849	2395	435	1960	702	36	446	3
梅县区	76	1485	1733	324	1409	609	15	454	2
大埔县									
丰顺县									
五华县	11	10	34	4	30	30		19	1
平远县									
蕉岭县									
兴宁市	84	415	1551	215	1336	513	20	380	4
汕尾市	**94**	**674**	**3767**	**736**	**3031**	**751**	**6**	**449**	**10**
城区	71	427	2006	355	1651	444	5	262	10
海丰县									
陆河县									
陆丰市	23	247	1761	381	1380	307	1	187	

4-4a　续表 50　　　　　　　　　　　　　　　　　　　　单位：人

地　区 性　别	建筑业		批发和零售业			交通运输、仓储和邮政业			
	建　筑 安装业	建筑装饰、装修和其他建筑业	小计	批发业	零售业	小计	铁　路 运输业	道　路 运输业	水　上 运输业
河源市	**232**	**1273**	**4359**	**842**	**3517**	**1227**	**51**	**785**	**39**
源城区	232	1273	4359	842	3517	1227	51	785	39
紫金县									
龙川县									
连平县									
和平县									
东源县									
阳江市	**337**	**2009**	**7748**	**1998**	**5750**	**2007**	**25**	**1289**	**30**
江城区	191	1231	5011	1248	3763	1102	5	686	26
阳东区	51	333	1167	472	695	319	2	236	3
阳西县									
阳春市	95	445	1570	278	1292	586	18	367	1
清远市	**374**	**2455**	**8545**	**1677**	**6868**	**2778**	**36**	**1932**	**108**
清城区	246	1207	4746	813	3933	1279	19	848	81
清新区	66	604	1593	289	1304	672	4	533	4
佛冈县									
阳山县									
连山壮族瑶族自治县									
连南瑶族自治县									
英德市	45	372	1354	434	920	555	13	379	18
连州市	17	272	852	141	711	272		172	5
东莞市	**1599**	**11548**	**101304**	**37729**	**63575**	**23694**	**162**	**14087**	**256**
市辖区	1599	11548	101304	37729	63575	23694	162	14087	256
中山市	**586**	**4040**	**18557**	**5207**	**13350**	**5051**	**22**	**2984**	**66**
市辖区	586	4040	18557	5207	13350	5051	22	2984	66
潮州市	**197**	**887**	**5996**	**902**	**5094**	**1440**	**11**	**845**	**12**
湘桥区	116	584	3043	459	2584	758	6	439	7
潮安区	81	303	2953	443	2510	682	5	406	5
饶平县									
揭阳市	**294**	**2049**	**19095**	**3795**	**15300**	**2684**	**4**	**1104**	**2**
榕城区	158	1142	6188	1947	4241	935	1	486	
揭东区	78	362	4552	316	4236	967	1	271	1
揭西县									
惠来县									
普宁市	58	545	8355	1532	6823	782	2	347	1
云浮市	**162**	**839**	**3850**	**640**	**3210**	**1112**	**17**	**739**	**19**
云城区	61	549	2443	392	2051	724	11	519	11
云安区	5	23	96	12	84	49		29	5
新兴县									
郁南县									
罗定市	96	267	1311	236	1075	339	6	191	3
男	**17041**	**99903**	**423773**	**157707**	**266066**	**170500**	**3210**	**102794**	**3410**
广州市	**2760**	**15980**	**92433**	**37820**	**54613**	**40890**	**1289**	**24523**	**1059**
荔湾区	170	693	7198	3281	3917	2629	211	1626	49
越秀区	66	400	5425	2315	3110	2162	489	977	69
海珠区	286	1435	11129	5666	5463	3460	28	1964	192
天河区	459	2888	16090	6623	9467	5185	89	2991	108
白云区	436	3592	26281	9880	16401	12214	146	7952	59
黄埔区	364	1187	4841	2206	2635	4873	30	3113	318
番禺区	539	3248	12838	5031	7807	4807	186	2785	81
花都区	172	1042	4431	1496	2935	2772	85	1371	11
南沙区	133	753	1518	536	982	1534	11	832	152
从化区	27	218	601	160	441	383	2	287	4
增城区	108	524	2081	626	1455	871	12	625	16

4—4a 续表 51 单位：人

地区 性别	建筑业		批发和零售业			交通运输、仓储和邮政业			
	建筑安装业	建筑装饰、装修和其他建筑业	小计	批发业	零售业	小计	铁路运输业	道路运输业	水上运输业
韶关市	**202**	**1266**	**3103**	**887**	**2216**	**1967**	**325**	**1181**	**29**
武江区	95	527	1071	350	721	528	111	280	8
浈江区	52	346	1048	284	764	698	159	386	3
曲江区	25	148	401	116	285	426	18	331	7
始兴县									
仁化县									
翁源县									
乳源瑶族自治县									
新丰县									
乐昌市	9	140	230	40	190	167	34	81	10
南雄市	21	105	353	97	256	148	3	103	1
深圳市	**4454**	**27662**	**110978**	**47334**	**63644**	**47500**	**451**	**27347**	**766**
罗湖区	166	2054	8931	3910	5021	2806	136	1595	45
福田区	301	2432	13234	6670	6564	3273	20	2024	34
南山区	345	2707	9096	3996	5100	5188	37	2766	299
宝安区	1057	6744	24897	10777	14120	13637	42	6563	88
龙岗区	1046	6913	30697	12966	17731	11240	84	7299	138
盐田区	23	215	883	299	584	1705	1	1106	125
龙华区	833	4249	16530	6015	10515	6353	110	3786	26
坪山区	195	734	2368	865	1503	1055	19	716	3
光明区	488	1614	4342	1836	2506	2243	2	1492	8
珠海市	**468**	**2845**	**7387**	**2502**	**4885**	**3382**	**13**	**2202**	**104**
香洲区	339	2163	5482	1805	3677	2470	11	1639	86
斗门区	82	344	929	301	628	436		325	13
金湾区	47	338	976	396	580	476	2	238	5
汕头市	**681**	**3216**	**13403**	**3639**	**9764**	**3684**	**36**	**1830**	**78**
龙湖区	133	980	3041	1011	2030	863	23	398	27
金平区	98	904	3973	1067	2906	1535	11	788	43
濠江区	103	357	667	141	526	157		101	2
潮阳区	299	609	1341	167	1174	342		170	
潮南区	21	177	3229	895	2334	498	2	221	1
澄海区	27	189	1152	358	794	289		152	5
南澳县									
佛山市	**1781**	**10247**	**51534**	**19818**	**31716**	**18466**	**159**	**11660**	**248**
禅城区	250	2104	7481	2957	4524	2255	25	1338	17
南海区	721	3781	25593	10429	15164	7494	57	4743	64
顺德区	610	3387	15952	5880	10072	7063	16	4460	90
三水区	85	460	1407	323	1084	886	61	559	59
高明区	115	515	1101	229	872	768		560	18
江门市	**699**	**4262**	**10306**	**3268**	**7038**	**4262**	**28**	**2762**	**116**
蓬江区	139	931	3117	1030	2087	1107	2	682	30
江海区	101	476	1157	426	731	650	1	405	11
新会区	157	827	1798	689	1109	792	9	525	50
台山市	54	582	1260	341	919	543	5	398	9
开平市	93	979	1508	455	1053	456	4	284	9
鹤山市	101	258	828	217	611	466	2	307	5
恩平市	54	209	638	110	528	248	5	161	2
湛江市	**640**	**2089**	**7659**	**2180**	**5479**	**4175**	**159**	**2378**	**420**
赤坎区	65	464	1549	453	1096	629	5	357	40
霞山区	161	637	2367	804	1563	1803	138	886	345
坡头区	47	119	150	37	113	94	1	59	9
麻章区	42	97	415	115	300	216	3	121	3
遂溪县	2	12	33	9	24	26		18	
徐闻县									
廉江市	56	227	908	172	736	391	8	289	
雷州市	81	167	1152	203	949	567	4	376	3
吴川市	186	366	1085	387	698	449		272	20

4-4a　续表 52

单位：人

地　区 性　别	建筑业		批发和零售业			交通运输、仓储和邮政业			
	建　筑 安装业	建筑装饰、装修和其他建筑业	小计	批发业	零售业	小计	铁　路 运输业	道　路 运输业	水　上 运输业
茂名市	**672**	**2343**	**7550**	**1733**	**5817**	**3819**	**160**	**2659**	**38**
茂南区	322	791	2945	783	2162	1601	140	1125	23
电白区	74	263	1009	265	744	361	3	247	14
高州市	48	230	1365	188	1177	558	2	348	
化州市	115	492	1140	282	858	670	14	475	1
信宜市	113	567	1091	215	876	629	1	464	
肇庆市	**179**	**1509**	**5950**	**1129**	**4821**	**2028**	**143**	**1204**	**32**
端州区	99	579	2216	572	1644	926	135	481	23
鼎湖区	28	150	313	68	245	154	3	108	5
高要区	6	139	405	26	379	202	2	134	
广宁县									
怀集县									
封开县									
德庆县									
四会市	46	641	3016	463	2553	746	3	481	4
惠州市	**786**	**4372**	**11374**	**3182**	**8192**	**4160**	**128**	**2583**	**100**
惠城区	388	2600	7079	2107	4972	2382	94	1445	22
惠阳区	396	1766	4118	1029	3089	1744	34	1109	78
博罗县	2	6	177	46	131	34		29	
惠东县									
龙门县									
梅州市	**243**	**2141**	**2876**	**590**	**2286**	**1597**	**60**	**1167**	**9**
梅江区	78	689	1197	251	946	587	32	397	2
梅县区	71	1088	849	193	656	518	11	401	2
大埔县									
丰顺县									
五华县	11	8	18	1	17	26		18	1
平远县									
蕉岭县									
兴宁市	83	356	812	145	667	466	17	351	4
汕尾市	**92**	**633**	**2567**	**584**	**1983**	**676**	**4**	**409**	**10**
城　区	69	409	1275	271	1004	401	4	241	10
海丰县									
陆河县									
陆丰市	23	224	1292	313	979	275		168	
河源市	**212**	**1060**	**2156**	**526**	**1630**	**1062**	**43**	**702**	**24**
源城区	212	1060	2156	526	1630	1062	43	702	24
紫金县									
龙川县									
连平县									
和平县									
东源县									
阳江市	**315**	**1730**	**3898**	**1117**	**2781**	**1722**	**18**	**1151**	**22**
江城区	177	1073	2561	682	1879	934	4	610	19
阳东区	50	287	614	268	346	275	1	207	2
阳西县									
阳春市	88	370	723	167	556	513	13	334	1
清远市	**342**	**2037**	**4201**	**1003**	**3198**	**2442**	**30**	**1761**	**88**
清城区	224	991	2343	491	1852	1106	16	761	65
清新区	62	521	802	170	632	619	4	499	4
佛冈县									
阳山县									
连山壮族瑶族自治县									
连南瑶族自治县									
英德市	40	294	667	257	410	484	10	348	15
连州市	16	231	389	85	304	233		153	4

4—4a 续表 53 单位：人

地区 性别	建筑业		批发和零售业			交通运输、仓储和邮政业			
	建筑安装业	建筑装饰、装修和其他建筑业	小计	批发业	零售业	小计	铁路运输业	道路运输业	水上运输业
东莞市	**1391**	**9733**	**58748**	**23681**	**35067**	**19824**	**123**	**12173**	**201**
市辖区	1391	9733	58748	23681	35067	19824	123	12173	201
中山市	**503**	**3403**	**10015**	**3085**	**6930**	**4272**	**18**	**2616**	**44**
市辖区	503	3403	10015	3085	6930	4272	18	2616	44
潮州市	**182**	**801**	**3529**	**593**	**2936**	**1271**	**7**	**761**	**8**
湘桥区	105	520	1741	303	1438	672	3	393	4
潮安区	77	281	1788	290	1498	599	4	368	4
饶平县									
揭阳市	**287**	**1865**	**12081**	**2630**	**9451**	**2324**	**2**	**1042**	**2**
榕城区	154	1036	4060	1402	2658	854		461	
揭东区	75	343	2863	236	2627	763	1	265	1
揭西县									
惠来县									
普宁市	58	486	5158	992	4166	707	1	316	1
云浮市	**152**	**709**	**2025**	**406**	**1619**	**977**	**14**	**683**	**12**
云城区	53	459	1283	254	1029	639	8	478	6
云安区	5	18	44	7	37	42		27	4
新兴县									
郁南县									
罗定市	94	232	698	145	553	296	6	178	2
女	**2295**	**17896**	**348066**	**107471**	**240595**	**39503**	**1063**	**17948**	**1040**
广州市	**494**	**3205**	**79800**	**29653**	**50147**	**10543**	**505**	**4747**	**308**
荔湾区	30	157	6389	2741	3648	711	58	377	24
越秀区	28	85	4710	2013	2697	717	158	236	39
海珠区	58	326	9813	4506	5307	801	17	319	63
天河区	103	698	13824	5330	8494	1220	40	562	34
白云区	58	508	22173	7485	14688	3186	61	1436	26
黄埔区	78	262	4105	1620	2485	1341	12	764	73
番禺区	78	629	11223	3830	7393	1097	135	465	22
花都区	22	239	3809	1145	2664	898	17	286	3
南沙区	17	151	1306	367	939	315		155	18
从化区	2	33	572	122	450	70	3	40	2
增城区	20	117	1876	494	1382	187	4	107	4
韶关市	**25**	**290**	**3198**	**560**	**2638**	**389**	**53**	**191**	**10**
武江区	13	113	1014	212	802	118	18	46	1
浈江区	6	79	1033	186	847	113	20	60	1
曲江区	3	48	518	82	436	93	4	59	3
始兴县									
仁化县									
翁源县									
乳源瑶族自治县									
新丰县									
乐昌市	1	30	294	30	264	30	5	11	5
南雄市	2	20	339	50	289	35	6	15	
深圳市	**534**	**4053**	**91647**	**33309**	**58338**	**13722**	**163**	**6019**	**268**
罗湖区	15	317	8524	3217	5307	1015	42	397	55
福田区	53	589	10163	4764	5399	1073	12	529	22
南山区	60	496	8587	3309	5278	1545	16	656	69
宝安区	110	793	19463	6954	12509	4059	18	1312	26
龙岗区	132	1007	24934	8985	15949	3133	28	1629	50
盐田区	3	28	817	212	605	618	1	361	19
龙华区	93	624	14275	4471	9804	1698	36	772	26
坪山区	31	89	1711	500	1211	222	10	152	1
光明区	37	110	3173	897	2276	359		211	

4—4a　续表 54　　　　单位：人

地区 性别	建筑业		批发和零售业			交通运输、仓储和邮政业			
	建筑安装业	建筑装饰、装修和其他建筑业	小计	批发业	零售业	小计	铁路运输业	道路运输业	水上运输业
珠海市	**101**	**585**	**6957**	**1776**	**5181**	**818**	**9**	**366**	**48**
香洲区	79	437	5367	1373	3994	602	8	277	43
斗门区	16	70	862	186	676	90	1	46	4
金湾区	6	78	728	217	511	126		43	1
汕头市	**35**	**340**	**10008**	**2132**	**7876**	**713**	**12**	**254**	**29**
龙湖区	9	121	2209	602	1607	227	7	72	11
金平区	16	124	3386	696	2690	355	5	138	17
濠江区	1	9	557	105	452	28		9	1
潮阳区	5	18	1066	77	989	30		10	
潮南区	2	37	1939	409	1530	39		14	
澄海区	2	31	851	243	608	34		11	
南澳县									
佛山市	**338**	**2352**	**41150**	**12468**	**28682**	**3489**	**37**	**1803**	**75**
禅城区	53	456	6101	2093	4008	470	7	221	7
南海区	135	968	19260	6448	12812	1471	13	741	25
顺德区	112	690	13260	3571	9689	1256	9	679	24
三水区	26	117	1459	195	1264	192	8	102	15
高明区	12	121	1070	161	909	100		60	4
江门市	**79**	**784**	**9973**	**2341**	**7632**	**732**	**14**	**369**	**36**
蓬江区	26	277	2896	785	2111	252	6	123	10
江海区	9	93	1063	270	793	85		39	3
新会区	22	142	1752	500	1252	145	3	76	15
台山市	3	94	1359	244	1115	70		36	3
开平市	5	83	1486	358	1128	60	3	32	2
鹤山市	12	59	830	117	713	83	1	47	3
恩平市	2	36	587	67	520	37	1	16	
湛江市	**56**	**325**	**6855**	**1201**	**5654**	**762**	**44**	**285**	**88**
赤坎区	11	99	1351	268	1083	134	1	64	8
霞山区	16	110	2433	505	1928	376	35	130	77
坡头区	1	14	199	22	177	21		9	
麻章区	3	8	360	89	271	40	2	5	1
遂溪县		4	28	5	23	7		3	
徐闻县									
廉江市	7	35	808	77	731	56	3	31	
雷州市	6	25	878	112	766	82	2	30	
吴川市	12	30	798	123	675	46	1	13	2
茂名市	**58**	**354**	**7011**	**1051**	**5960**	**578**	**31**	**256**	**8**
茂南区	35	151	2820	485	2335	279	23	134	6
电白区	6	35	785	120	665	42	1	18	2
高州市	2	44	1271	116	1155	84		36	
化州市	9	66	1048	187	861	85	6	32	
信宜市	6	58	1087	143	944	88	1	36	
肇庆市	**31**	**306**	**5488**	**793**	**4695**	**503**	**63**	**193**	**17**
端州区	18	143	1976	374	1602	258	61	87	11
鼎湖区	1	36	313	53	260	30	1	13	4
高要区		28	494	27	467	35	1	18	
广宁县									
怀集县									
封开县									
德庆县									
四会市	12	99	2705	339	2366	180		75	2
惠州市	**131**	**881**	**9141**	**1898**	**7243**	**823**	**46**	**417**	**21**
惠城区	80	538	5951	1292	4659	501	41	246	7
惠阳区	50	341	3082	587	2495	317	5	167	14
博罗县	1	2	108	19	89	5		4	
惠东县									
龙门县									

4-4a 续表 55 单位：人

地区 性别	建筑业		批发和零售业			交通运输、仓储和邮政业			
	建筑安装业	建筑装饰、装修和其他建筑业	小计	批发业	零售业	小计	铁路运输业	道路运输业	水上运输业
梅州市	**14**	**618**	**2837**	**388**	**2449**	**257**	**11**	**132**	**1**
梅江区	8	160	1198	184	1014	115	4	49	1
梅县区	5	397	884	131	753	91	4	53	
大埔县									
丰顺县									
五华县		2	16	3	13	4		1	
平远县									
蕉岭县									
兴宁市	1	59	739	70	669	47	3	29	
汕尾市	**2**	**41**	**1200**	**152**	**1048**	**75**	**2**	**40**	
城　区	2	18	731	84	647	43	1	21	
海丰县									
陆河县									
陆丰市		23	469	68	401	32	1	19	
河源市	**20**	**213**	**2203**	**316**	**1887**	**165**	**8**	**83**	**15**
源城区	20	213	2203	316	1887	165	8	83	15
紫金县									
龙川县									
连平县									
和平县									
东源县									
阳江市	**22**	**279**	**3850**	**881**	**2969**	**285**	**7**	**138**	**8**
江城区	14	158	2450	566	1884	168	1	76	7
阳东区	1	46	553	204	349	44	1	29	1
阳西县									
阳春市	7	75	847	111	736	73	5	33	
清远市	**32**	**418**	**4344**	**674**	**3670**	**336**	**6**	**171**	**20**
清城区	22	216	2403	322	2081	173	3	87	16
清新区	4	83	791	119	672	53		34	
佛冈县									
阳山县									
连山壮族瑶族自治县									
连南瑶族自治县									
英德市	5	78	687	177	510	71	3	31	3
连州市	1	41	463	56	407	39		19	1
东莞市	**208**	**1815**	**42556**	**14048**	**28508**	**3870**	**39**	**1914**	**55**
市辖区	208	1815	42556	14048	28508	3870	39	1914	55
中山市	**83**	**637**	**8542**	**2122**	**6420**	**779**	**4**	**368**	**22**
市辖区	83	637	8542	2122	6420	779	4	368	22
潮州市	**15**	**86**	**2467**	**309**	**2158**	**169**	**4**	**84**	**4**
湘桥区	11	64	1302	156	1146	86	3	46	3
潮安区	4	22	1165	153	1012	83	1	38	1
饶平县									
揭阳市	**7**	**184**	**7014**	**1165**	**5849**	**360**	**2**	**62**	
榕城区	4	106	2128	545	1583	81	1	25	
揭东区	3	19	1689	80	1609	204		6	
揭西县									
惠来县									
普宁市		59	3197	540	2657	75	1	31	
云浮市	**10**	**130**	**1825**	**234**	**1591**	**135**	**3**	**56**	**7**
云城区	8	90	1160	138	1022	85	3	41	5
云安区		5	52	5	47	7		2	1
新兴县									
郁南县									
罗定市	2	35	613	91	522	43		13	1

4-4a　续表 56

单位：人

地区 性别	交通运输、仓储和邮政业 航空运输业	管道运输业	多式联运和运输代理业	装卸搬运和仓储业	邮政业	住宿和餐饮业 小计	住宿业	餐饮业
广　东	**7016**	**71**	**15149**	**14886**	**43416**	**235280**	**29131**	**206149**
广州市	**2662**	**16**	**3016**	**3765**	**9543**	**49502**	**6417**	**43085**
荔湾区	97		163	197	538	2926	360	2566
越秀区	207		187	120	397	3503	884	2619
海珠区	114	1	299	350	914	5281	691	4590
天河区	110	1	361	444	1665	11251	1349	9902
白云区	1185	8	826	900	2801	10782	1336	9446
黄埔区	32	3	470	668	731	2853	297	2556
番禺区	52	2	261	554	1361	7785	915	6870
花都区	842	1	229	150	675	2379	261	2118
南沙区	11		167	293	210	1297	173	1124
从化区	8		8	29	70	416	59	357
增城区	4		45	60	181	1029	92	937
韶关市	**11**		**35**	**166**	**355**	**2172**	**346**	**1826**
武江区	2		8	53	119	743	122	621
浈江区	7		15	50	110	675	121	554
曲江区	1		8	30	58	344	49	295
始兴县								
仁化县								
翁源县								
乳源瑶族自治县								
新丰县								
乐昌市	1		1	22	27	191	22	169
南雄市			3	11	41	219	32	187
深圳市	**3517**	**10**	**7706**	**3126**	**11849**	**65606**	**8480**	**57126**
罗湖区	87	1	612	190	661	5348	1007	4341
福田区	102	4	497	187	915	8624	953	7671
南山区	446		693	626	1125	8198	1246	6952
宝安区	2687	2	2918	676	3364	15763	1891	13872
龙岗区	113	2	1720	628	2682	12840	1670	11170
盐田区	6		312	301	91	912	270	642
龙华区	54	1	790	295	2155	9104	1022	8082
坪山区	3		68	83	222	1399	165	1234
光明区	19		96	140	634	3418	256	3162
珠海市	**342**	**4**	**200**	**245**	**667**	**7709**	**2148**	**5561**
香洲区	185	3	148	150	522	6381	1884	4497
斗门区	17	1	18	37	64	675	109	566
金湾区	140		34	58	81	653	155	498
汕头市	**149**	**4**	**309**	**356**	**1340**	**4838**	**511**	**4327**
龙湖区	75	1	119	85	272	1087	135	952
金平区	62	2	129	170	525	1533	211	1322
濠江区	2	1	6	8	55	353	18	335
潮阳区			3	18	171	588	65	523
潮南区			37	42	220	859	35	824
澄海区	10		15	33	97	418	47	371
南澳县								
佛山市	**75**	**5**	**1144**	**2205**	**4544**	**25758**	**2669**	**23089**
禅城区	16	1	127	346	620	3726	458	3268
南海区	39	3	457	815	2008	10752	1045	9707
顺德区	17		489	827	1708	9382	832	8550
三水区	2		50	122	100	1015	211	804
高明区	1	1	21	95	108	883	123	760

4−4a 续表 57　　　　单位：人

地区 性别	交通运输、仓储和邮政业					住宿和餐饮业		
	航空运输业	管道运输业	多式联运和运输代理业	装卸搬运和仓储业	邮政业	小计	住宿业	餐饮业
江门市	**17**	**7**	**261**	**470**	**914**	**7086**	**643**	**6443**
蓬江区	2	5	82	118	299	1755	199	1556
江海区	1		27	100	148	847	74	773
新会区	5		36	104	114	951	81	870
台山市	5	1	26	30	100	1332	102	1230
开平市	2	1	50	32	97	966	68	898
鹤山市			34	73	77	701	67	634
恩平市	2		6	13	79	534	52	482
湛江市	**77**	**1**	**138**	**589**	**758**	**5197**	**651**	**4546**
赤坎区	12	1	35	96	144	1001	138	863
霞山区	56		64	193	255	1714	299	1415
坡头区	6		3	10	18	145	21	124
麻章区			17	59	45	281	14	267
遂溪县			1	6	5	45	2	43
徐闻县								
廉江市	1		3	33	79	644	64	580
雷州市			12	98	124	707	68	639
吴川市	2		3	94	88	660	45	615
茂名市	**12**	**2**	**46**	**428**	**757**	**4698**	**383**	**4315**
茂南区	3	2	30	172	222	1708	163	1545
电白区	2		2	43	71	673	75	598
高州市	1		2	43	210	899	65	834
化州市	4		6	121	96	730	46	684
信宜市	2		6	49	158	688	34	654
肇庆市	**8**		**75**	**249**	**547**	**3186**	**304**	**2882**
端州区	6		37	77	266	1404	180	1224
鼎湖区				15	35	306	38	268
高要区			13	10	59	335	16	319
广宁县								
怀集县								
封开县								
德庆县								
四会市	2		25	147	187	1141	70	1071
惠州市	**35**	**3**	**238**	**320**	**1092**	**7197**	**939**	**6258**
惠城区	28	1	166	176	657	4263	585	3678
惠阳区	7	2	72	143	430	2907	347	2560
博罗县				1	5	27	7	20
惠东县								
龙门县								
梅州市	**17**		**33**	**110**	**314**	**1809**	**166**	**1643**
梅江区	13		15	49	140	686	70	616
梅县区	2		13	17	106	702	60	642
大埔县								
丰顺县								
五华县			1	1	8	23		23
平远县								
蕉岭县								
兴宁市	2		4	43	60	398	36	362
汕尾市	**1**		**5**	**96**	**184**	**1220**	**186**	**1034**
城　区			3	61	103	675	67	608
海丰县								
陆河县								
陆丰市	1		2	35	81	545	119	426

4-4a 续表 58

单位：人

地区 性别	交通运输、仓储和邮政业					住宿和餐饮业		
	航空运输业	管道运输业	多式联运和运输代理业	装卸搬运和仓储业	邮政业	小计	住宿业	餐饮业
河源市	**3**		**26**	**103**	**220**	**1893**	**351**	**1542**
源城区	3		26	103	220	1893	351	1542
紫金县								
龙川县								
连平县								
和平县								
东源县								
阳江市	**11**		**59**	**159**	**434**	**2355**	**158**	**2197**
江城区	6		40	58	281	1486	110	1376
阳东区	2		4	15	57	351	9	342
阳西县								
阳春市	3		15	86	96	518	39	479
清远市	**7**	**1**	**38**	**168**	**488**	**3459**	**485**	**2974**
清城区	4		20	71	236	1788	256	1532
清新区	1	1	7	28	94	709	91	618
佛冈县								
阳山县								
连山壮族瑶族自治县								
连南瑶族自治县								
英德市	2		6	43	94	599	75	524
连州市			5	26	64	363	63	300
东莞市	**39**	**12**	**1382**	**1561**	**6195**	**28926**	**3229**	**25697**
市辖区	39	12	1382	1561	6195	28926	3229	25697
中山市	**13**		**244**	**333**	**1389**	**6599**	**617**	**5982**
市辖区	13		244	333	1389	6599	617	5982
潮州市	**6**	**2**	**67**	**136**	**361**	**1658**	**136**	**1522**
湘桥区	4	2	23	77	200	946	102	844
潮安区	2		44	59	161	712	34	678
饶平县								
揭阳市	**9**	**4**	**99**	**205**	**1257**	**3169**	**189**	**2980**
榕城区	2	2	64	76	304	842	30	812
揭东区	7	2	8	61	616	641	44	597
揭西县								
惠来县								
普宁市			27	68	337	1686	115	1571
云浮市	**5**		**28**	**96**	**208**	**1243**	**123**	**1120**
云城区	1		23	59	100	701	84	617
云安区			2	7	6	57	1	56
新兴县								
郁南县								
罗定市	4		3	30	102	485	38	447
男	**4188**	**56**	**9833**	**12362**	**34647**	**136154**	**13665**	**122489**
广州市	**1424**	**13**	**1933**	**3054**	**7595**	**29241**	**2976**	**26265**
荔湾区	60		89	158	436	1708	193	1515
越秀区	120		102	100	305	2054	420	1634
海珠区	61	1	191	301	722	3266	347	2919
天河区	61		220	375	1341	6921	635	6286
白云区	571	7	526	748	2205	6396	564	5832
黄埔区	25	3	301	511	572	1652	123	1529
番禺区	26	1	173	429	1126	4492	427	4065
花都区	485	1	171	121	527	1325	131	1194
南沙区	7		122	242	168	682	74	608
从化区	6		5	24	55	207	23	184
增城区	2		33	45	138	538	39	499

4-4a 续表 59

单位：人

地区 性别	交通运输、仓储和邮政业					住宿和餐饮业		
	航空运输业	管道运输业	多式联运和运输代理业	装卸搬运和仓储业	邮政业	小计	住宿业	餐饮业
韶关市	**8**		**26**	**131**	**267**	**1031**	**121**	**910**
武江区	1		5	40	83	374	47	327
浈江区	5		13	44	88	331	42	289
曲江区	1		5	22	42	141	13	128
始兴县								
仁化县								
翁源县								
乳源瑶族自治县								
新丰县								
乐昌市	1			16	25	83	8	75
南雄市			3	9	29	102	11	91
深圳市	**2219**	**6**	**4631**	**2595**	**9485**	**39594**	**4167**	**35427**
罗湖区	53		272	151	554	3108	528	2580
福田区	57	2	270	145	721	5514	484	5030
南山区	240		402	554	890	4963	605	4358
宝安区	1745	1	1907	569	2722	9507	888	8619
龙岗区	76	2	986	524	2131	7592	821	6771
盐田区	3		178	214	78	507	134	373
龙华区	29	1	489	236	1676	5514	508	5006
坪山区	1		56	71	189	832	84	748
光明区	15		71	131	524	2057	115	1942
珠海市	**205**	**3**	**137**	**197**	**521**	**4269**	**1052**	**3217**
香洲区	108	2	97	116	411	3541	930	2611
斗门区	9	1	12	28	48	366	51	315
金湾区	88		28	53	62	362	71	291
汕头市	**96**	**4**	**216**	**316**	**1108**	**3033**	**289**	**2744**
龙湖区	50	1	75	78	211	661	71	590
金平区	37	2	90	148	416	938	119	819
濠江区	2	1	3	6	42	208	9	199
潮阳区			2	17	153	360	34	326
潮南区			32	36	206	596	24	572
澄海区	7		14	31	80	270	32	238
南澳县								
佛山市	**46**	**4**	**824**	**1868**	**3657**	**14404**	**1218**	**13186**
禅城区	12		69	299	495	2132	233	1899
南海区	24	3	351	649	1603	6054	499	5555
顺德区	8		351	744	1394	5276	369	4907
三水区	1		36	94	76	496	74	422
高明区	1	1	17	82	89	446	43	403
江门市	**13**	**6**	**190**	**391**	**756**	**3770**	**260**	**3510**
蓬江区	1	4	56	93	239	938	75	863
江海区	1		20	86	126	436	34	402
新会区	4		22	87	95	491	34	457
台山市	3	1	21	22	84	779	39	740
开平市	2	1	42	28	86	495	26	469
鹤山市			24	64	64	351	29	322
恩平市	2		5	11	62	280	23	257
湛江市	**59**		**93**	**491**	**575**	**2727**	**264**	**2463**
赤坎区	9		25	83	110	499	53	446
霞山区	42		39	156	197	889	133	756
坡头区	6		2	9	8	82	5	77
麻章区			10	50	29	134	5	129
遂溪县			1	4	3	25		25
徐闻县								
廉江市			2	29	63	348	22	326
雷州市			11	75	98	371	27	344
吴川市	2		3	85	67	379	19	360

4-4a　续表 60

单位：人

地区 性别	交通运输、仓储和邮政业					住宿和餐饮业		
	航空运输业	管道运输业	多式联运和运输代理业	装卸搬运和仓储业	邮政业	小计	住宿业	餐饮业
茂名市	**10**	**2**	**33**	**336**	**581**	**2323**	**150**	**2173**
茂南区	3	2	20	134	154	858	60	798
电白区	1		1	35	60	319	32	287
高州市	1		1	33	173	474	25	449
化州市	4		5	93	78	351	21	330
信宜市	1		6	41	116	321	12	309
肇庆市	**5**		**61**	**153**	**430**	**1615**	**114**	**1501**
端州区	3		32	54	198	704	70	634
鼎湖区				12	26	153	14	139
高要区			9	7	50	180	4	176
广宁县								
怀集县								
封开县								
德庆县								
四会市	2		20	80	156	578	26	552
惠州市	**26**	**2**	**191**	**264**	**866**	**4139**	**437**	**3702**
惠城区	20	1	135	145	520	2447	284	2163
惠阳区	6	1	56	119	341	1674	148	1526
博罗县					5	18	5	13
惠东县								
龙门县								
梅州市	**10**		**23**	**99**	**229**	**974**	**67**	**907**
梅江区	7		10	42	97	368	26	342
梅县区	1		9	15	79	368	25	343
大埔县								
丰顺县								
五华县			1	1	5	16		16
平远县								
蕉岭县								
兴宁市	2		3	41	48	222	16	206
汕尾市	**1**		**4**	**83**	**165**	**800**	**77**	**723**
城　区			3	49	94	441	29	412
海丰县								
陆河县								
陆丰市	1		1	34	71	359	48	311
河源市	**2**		**22**	**96**	**173**	**1001**	**161**	**840**
源城区	2		22	96	173	1001	161	840
紫金县								
龙川县								
连平县								
和平县								
东源县								
阳江市	**9**		**53**	**139**	**330**	**1157**	**72**	**1085**
江城区	6		35	54	206	743	54	689
阳东区	1		3	13	48	186	4	182
阳西县								
阳春市	2		15	72	76	228	14	214
清远市	**5**	**1**	**31**	**136**	**390**	**1745**	**206**	**1539**
清城区	2		15	54	193	902	107	795
清新区	1	1	5	26	79	405	44	361
佛冈县								
阳山县								
连山壮族瑶族自治县								
连南瑶族自治县								
英德市	2		6	35	68	282	32	250
连州市			5	21	50	156	23	133

4—4a　续表 61　　　　单位：人

地　区 性　别	交通运输、仓储和邮政业					住宿和餐饮业		
	航　空 运输业	管　道 运输业	多式联运 和运输 代理业	装卸搬运 和仓储业	邮政业	小计	住宿业	餐饮业
东莞市	**26**	**10**	**1039**	**1322**	**4930**	**16679**	**1544**	**15135**
市辖区	26	10	1039	1322	4930	16679	1544	15135
中山市	**9**		**170**	**292**	**1123**	**3778**	**294**	**3484**
市辖区	9		170	292	1123	3778	294	3484
潮州市	**6**	**2**	**54**	**127**	**306**	**1037**	**56**	**981**
湘桥区	4	2	21	73	172	566	37	529
潮安区	2		33	54	134	471	19	452
饶平县								
揭阳市	**5**	**3**	**83**	**192**	**995**	**2213**	**98**	**2115**
榕城区	2	2	56	72	261	591	17	574
揭东区	3	1	8	59	425	448	21	427
揭西县								
惠来县								
普宁市			19	61	309	1174	60	1114
云浮市	**4**		**19**	**80**	**165**	**624**	**42**	**582**
云城区	1		17	51	78	300	25	275
云安区			1	6	4	33		33
新兴县								
郁南县								
罗定市	3		1	23	83	291	17	274
女	**2828**	**15**	**5316**	**2524**	**8769**	**99126**	**15466**	**83660**
广州市	**1238**	**3**	**1083**	**711**	**1948**	**20261**	**3441**	**16820**
荔湾区	37		74	39	102	1218	167	1051
越秀区	87		85	20	92	1449	464	985
海珠区	53		108	49	192	2015	344	1671
天河区	49	1	141	69	324	4330	714	3616
白云区	614	1	300	152	596	4386	772	3614
黄埔区	7		169	157	159	1201	174	1027
番禺区	26	1	88	125	235	3293	488	2805
花都区	357		58	29	148	1054	130	924
南沙区	4		45	51	42	615	99	516
从化区	2		3	5	15	209	36	173
增城区	2		12	15	43	491	53	438
韶关市	**3**		**9**	**35**	**88**	**1141**	**225**	**916**
武江区	1		3	13	36	369	75	294
浈江区	2		2	6	22	344	79	265
曲江区			3	8	16	203	36	167
始兴县								
仁化县								
翁源县								
乳源瑶族自治县								
新丰县								
乐昌市			1	6	2	108	14	94
南雄市				2	12	117	21	96
深圳市	**1298**	**4**	**3075**	**531**	**2364**	**26012**	**4313**	**21699**
罗湖区	34	1	340	39	107	2240	479	1761
福田区	45	2	227	42	194	3110	469	2641
南山区	206		291	72	235	3235	641	2594
宝安区	942	1	1011	107	642	6256	1003	5253
龙岗区	37		734	104	551	5248	849	4399
盐田区	3		134	87	13	405	136	269
龙华区	25		301	59	479	3590	514	3076
坪山区	2		12	12	33	567	81	486
光明区	4		25	9	110	1361	141	1220

4-4a　续表 62　　　　单位：人

地区 性别	交通运输、仓储和邮政业					住宿和餐饮业		
	航空运输业	管道运输业	多式联运和运输代理业	装卸搬运和仓储业	邮政业	小计	住宿业	餐饮业
珠海市	**137**	**1**	**63**	**48**	**146**	**3440**	**1096**	**2344**
香洲区	77	1	51	34	111	2840	954	1886
斗门区	8		6	9	16	309	58	251
金湾区	52		6	5	19	291	84	207
汕头市	**53**		**93**	**40**	**232**	**1805**	**222**	**1583**
龙湖区	25		44	7	61	426	64	362
金平区	25		39	22	109	595	92	503
濠江区			3	2	13	145	9	136
潮阳区			1	1	18	228	31	197
潮南区			5	6	14	263	11	252
澄海区	3		1	2	17	148	15	133
南澳县								
佛山市	**29**	**1**	**320**	**337**	**887**	**11354**	**1451**	**9903**
禅城区	4	1	58	47	125	1594	225	1369
南海区	15		106	166	405	4698	546	4152
顺德区	9		138	83	314	4106	463	3643
三水区	1		14	28	24	519	137	382
高明区			4	13	19	437	80	357
江门市	**4**	**1**	**71**	**79**	**158**	**3316**	**383**	**2933**
蓬江区	1	1	26	25	60	817	124	693
江海区			7	14	22	411	40	371
新会区	1		14	17	19	460	47	413
台山市	2		5	8	16	553	63	490
开平市			8	4	11	471	42	429
鹤山市			10	9	13	350	38	312
恩平市			1	2	17	254	29	225
湛江市	**18**	**1**	**45**	**98**	**183**	**2470**	**387**	**2083**
赤坎区	3	1	10	13	34	502	85	417
霞山区	14		25	37	58	825	166	659
坡头区			1	1	10	63	16	47
麻章区			7	9	16	147	9	138
遂溪县				2	2	20	2	18
徐闻县								
廉江市	1		1	4	16	296	42	254
雷州市			1	23	26	336	41	295
吴川市				9	21	281	26	255
茂名市	**2**		**13**	**92**	**176**	**2375**	**233**	**2142**
茂南区			10	38	68	850	103	747
电白区	1		1	8	11	354	43	311
高州市			1	10	37	425	40	385
化州市			1	28	18	379	25	354
信宜市	1			8	42	367	22	345
肇庆市	**3**		**14**	**96**	**117**	**1571**	**190**	**1381**
端州区	3		5	23	68	700	110	590
鼎湖区				3	9	153	24	129
高要区			4	3	9	155	12	143
广宁县								
怀集县								
封开县								
德庆县								
四会市			5	67	31	563	44	519
惠州市	**9**	**1**	**47**	**56**	**226**	**3058**	**502**	**2556**
惠城区	8		31	31	137	1816	301	1515
惠阳区	1	1	16	24	89	1233	199	1034
博罗县				1		9	2	7
惠东县								
龙门县								

4-4a 续表 63

单位：人

地区 性别	交通运输、仓储和邮政业					住宿和餐饮业		
	航空运输业	管道运输业	多式联运和运输代理业	装卸搬运和仓储业	邮政业	小计	住宿业	餐饮业
梅州市	**7**		**10**	**11**	**85**	**835**	**99**	**736**
梅江区	6		5	7	43	318	44	274
梅县区	1		4	2	27	334	35	299
大埔县								
丰顺县								
五华县					3	7		7
平远县								
蕉岭县								
兴宁市			1	2	12	176	20	156
汕尾市			**1**	**13**	**19**	**420**	**109**	**311**
城　区				12	9	234	38	196
海丰县								
陆河县								
陆丰市			1	1	10	186	71	115
河源市	**1**		**4**	**7**	**47**	**892**	**190**	**702**
源城区	1		4	7	47	892	190	702
紫金县								
龙川县								
连平县								
和平县								
东源县								
阳江市	**2**		**6**	**20**	**104**	**1198**	**86**	**1112**
江城区			5	4	75	743	56	687
阳东区	1		1	2	9	165	5	160
阳西县								
阳春市	1			14	20	290	25	265
清远市	**2**		**7**	**32**	**98**	**1714**	**279**	**1435**
清城区	2		5	17	43	886	149	737
清新区			2	2	15	304	47	257
佛冈县								
阳山县								
连山壮族瑶族自治县								
连南瑶族自治县								
英德市				8	26	317	43	274
连州市				5	14	207	40	167
东莞市	**13**	**2**	**343**	**239**	**1265**	**12247**	**1685**	**10562**
市辖区	13	2	343	239	1265	12247	1685	10562
中山市	**4**		**74**	**41**	**266**	**2821**	**323**	**2498**
市辖区	4		74	41	266	2821	323	2498
潮州市			**13**	**9**	**55**	**621**	**80**	**541**
湘桥区			2	4	28	380	65	315
潮安区			11	5	27	241	15	226
饶平县								
揭阳市	**4**	**1**	**16**	**13**	**262**	**956**	**91**	**865**
榕城区			8	4	43	251	13	238
揭东区	4	1		2	191	193	23	170
揭西县								
惠来县								
普宁市			8	7	28	512	55	457
云浮市	**1**		**9**	**16**	**43**	**619**	**81**	**538**
云城区			6	8	22	401	59	342
云安区			1	1	2	24	1	23
新兴县								
郁南县								
罗定市	1		2	7	19	194	21	173

4-4a　续表 64

单位：人

地　区 性　别	信息传输、软件和信息技术服务业				金融业				
	小计	电信、广播电视和卫星传输服务	互联网和相关服务	软件和信息技术服务业	小计	货币金融服务	资本市场服务	保险业	其他金融业
广　东	**145946**	**20407**	**52115**	**73424**	**85569**	**34962**	**12005**	**28128**	**10474**
广州市	**41699**	**4943**	**14111**	**22645**	**19686**	**8300**	**2665**	**6215**	**2506**
荔湾区	2235	364	780	1091	1775	954	160	514	147
越秀区	2419	530	548	1341	2221	1234	353	509	125
海珠区	4315	610	1503	2202	2660	1262	371	743	284
天河区	14630	1387	4132	9111	4583	1689	744	1326	824
白云区	5555	670	2523	2362	2719	1072	337	929	381
黄埔区	3440	350	940	2150	1029	376	174	343	136
番禺区	6580	580	2734	3266	2840	1041	383	1004	412
花都区	1107	179	528	400	870	216	60	483	111
南沙区	492	51	149	292	307	129	34	102	42
从化区	157	73	33	51	182	93	6	78	5
增城区	769	149	241	379	500	234	43	184	39
韶关市	**1014**	**417**	**368**	**229**	**863**	**448**	**57**	**301**	**57**
武江区	439	206	134	99	391	218	26	134	13
浈江区	312	129	117	66	255	112	16	95	32
曲江区	131	40	55	36	110	51	5	45	9
始兴县									
仁化县									
翁源县									
乳源瑶族自治县									
新丰县									
乐昌市	49	16	26	7	41	32	2	7	
南雄市	83	26	36	21	66	35	8	20	3
深圳市	**61779**	**4471**	**20794**	**36514**	**28129**	**10147**	**6031**	**7313**	**4638**
罗湖区	3056	400	1260	1396	3157	1253	645	787	472
福田区	5494	720	1428	3346	6451	2325	1718	1266	1142
南山区	12276	660	3922	7694	4624	1652	1213	897	862
宝安区	17796	812	6257	10727	4031	1405	736	1216	674
龙岗区	11840	921	3851	7068	5252	1997	832	1716	707
盐田区	311	38	118	155	257	104	46	87	20
龙华区	9114	688	3120	5306	3752	1204	753	1097	698
坪山区	653	86	334	233	245	80	29	101	35
光明区	1239	146	504	589	360	127	59	146	28
珠海市	**3567**	**517**	**786**	**2264**	**2239**	**1096**	**295**	**619**	**229**
香洲区	3099	421	656	2022	1932	935	270	518	209
斗门区	214	49	47	118	168	90	13	62	3
金湾区	254	47	83	124	139	71	12	39	17
汕头市	**2508**	**649**	**1132**	**727**	**1884**	**802**	**241**	**642**	**199**
龙湖区	596	193	201	202	707	304	112	184	107
金平区	1268	340	613	315	783	312	108	310	53
濠江区	111	17	41	53	51	15	7	17	12
潮阳区	181	52	44	85	180	93	7	71	9
潮南区	219	12	168	39	48	12		29	7
澄海区	133	35	65	33	115	66	7	31	11
南澳县									
佛山市	**8862**	**2190**	**3308**	**3364**	**9378**	**4242**	**790**	**3557**	**789**
禅城区	2217	566	826	825	2250	994	173	801	282
南海区	3581	857	1288	1436	3878	1742	374	1456	306
顺德区	2369	539	884	946	2563	1155	212	1018	178
三水区	402	118	191	93	435	218	18	186	13
高明区	293	110	119	64	252	133	13	96	10

4-4a 续表 65　　单位：人

地　区 性　别	信息传输、软件和信息技术服务业				金融业				
	小计	电信、广播电视和卫星传输服务	互联网和相关服务	软件和信息技术服务业	小计	货币金融服　务	资本市场服　务	保险业	其　他金融业
江门市	**2241**	**806**	**780**	**655**	**2694**	**1362**	**200**	**1009**	**123**
蓬江区	879	334	266	279	1034	499	90	402	43
江海区	191	59	61	71	208	88	14	91	15
新会区	305	104	81	120	509	280	33	172	24
台山市	212	108	61	43	274	163	13	90	8
开平市	379	69	229	81	259	132	19	100	8
鹤山市	139	74	23	42	291	140	25	109	17
恩平市	136	58	59	19	119	60	6	45	8
湛江市	**1652**	**587**	**709**	**356**	**1579**	**827**	**101**	**564**	**87**
赤坎区	361	180	91	90	463	261	21	139	42
霞山区	686	218	335	133	621	289	61	245	26
坡头区	49	10	6	33	37	20		16	1
麻章区	44	12	18	14	31	14	1	12	4
遂溪县	2	1		1	4	1		3	
徐闻县									
廉江市	213	49	126	38	170	101	10	55	4
雷州市	144	42	81	21	116	68	4	36	8
吴川市	153	75	52	26	137	73	4	58	2
茂名市	**1294**	**446**	**577**	**271**	**1439**	**624**	**75**	**665**	**75**
茂南区	659	231	296	132	725	306	48	336	35
电白区	164	43	93	28	113	63	4	43	3
高州市	173	62	81	30	282	108	13	150	11
化州市	147	64	45	38	163	74	4	69	16
信宜市	151	46	62	43	156	73	6	67	10
肇庆市	**1398**	**424**	**679**	**295**	**1264**	**609**	**102**	**476**	**77**
端州区	1001	303	490	208	917	446	72	335	64
鼎湖区	142	41	72	29	61	24	6	27	4
高要区	20	10	4	6	78	36	5	37	
广宁县									
怀集县									
封开县									
德庆县									
四会市	235	70	113	52	208	103	19	77	9
惠州市	**2921**	**674**	**1215**	**1032**	**2121**	**791**	**235**	**789**	**306**
惠城区	1883	515	691	677	1676	629	178	639	230
惠阳区	1033	158	520	355	440	159	55	150	76
博罗县	5	1	4		5	3	2		
惠东县									
龙门县									
梅州市	**713**	**366**	**197**	**150**	**763**	**354**	**46**	**290**	**73**
梅江区	369	202	100	67	435	216	32	151	36
梅县区	217	110	53	54	193	65	12	87	29
大埔县									
丰顺县									
五华县	4	1	1	2	5	3		2	
平远县									
蕉岭县									
兴宁市	123	53	43	27	130	70	2	50	8
汕尾市	**324**	**148**	**123**	**53**	**244**	**125**	**10**	**80**	**29**
城　区	233	105	89	39	178	92	6	59	21
海丰县									
陆河县									
陆丰市	91	43	34	14	66	33	4	21	8

4-4a　续表 66

单位：人

地　区 性　别	信息传输、软件和信息技术服务业				金融业				
	小计	电信、广播电视和卫星传输服务	互联网和相关服务	软件和信息技术服务业	小计	货币金融服　务	资本市场服　务	保险业	其　他金融业
河源市	**643**	**258**	**233**	**152**	**643**	**317**	**39**	**227**	**60**
源城区	643	258	233	152	643	317	39	227	60
紫金县									
龙川县									
连平县									
和平县									
东源县									
阳江市	**697**	**298**	**242**	**157**	**717**	**322**	**37**	**302**	**56**
江城区	504	210	183	111	437	186	29	191	31
阳东区	79	38	19	22	75	27	2	28	18
阳西县									
阳春市	114	50	40	24	205	109	6	83	7
清远市	**1251**	**452**	**546**	**253**	**1222**	**543**	**64**	**496**	**119**
清城区	832	315	347	170	836	378	54	322	82
清新区	198	53	100	45	134	39	2	77	16
佛冈县									
阳山县									
连山壮族瑶族自治县									
连南瑶族自治县									
英德市	133	51	49	33	169	65	6	78	20
连州市	88	33	50	5	83	61	2	19	1
东莞市	**9420**	**1586**	**4684**	**3150**	**6964**	**2600**	**754**	**2927**	**683**
市辖区	9420	1586	4684	3150	6964	2600	754	2927	683
中山市	**2157**	**592**	**790**	**775**	**2174**	**846**	**166**	**943**	**219**
市辖区	2157	592	790	775	2174	846	166	943	219
潮州市	**576**	**238**	**245**	**93**	**619**	**297**	**50**	**215**	**57**
湘桥区	351	178	103	70	432	214	31	136	51
潮安区	225	60	142	23	187	83	19	79	6
饶平县									
揭阳市	**872**	**122**	**513**	**237**	**511**	**92**	**24**	**323**	**72**
榕城区	347	83	141	123	298	43	15	211	29
揭东区	216	16	163	37	101	31	3	52	15
揭西县									
惠来县									
普宁市	309	23	209	77	112	18	6	60	28
云浮市	**358**	**223**	**83**	**52**	**436**	**218**	**23**	**175**	**20**
云城区	250	176	43	31	351	175	17	143	16
云安区	7	5	1	1	7	4	1	2	
新兴县									
郁南县									
罗定市	101	42	39	20	78	39	5	30	4
男	**99176**	**12613**	**36285**	**50278**	**42179**	**17214**	**7266**	**11817**	**5882**
广州市	**27429**	**2989**	**9199**	**15241**	**9480**	**3780**	**1600**	**2716**	**1384**
荔湾区	1385	214	533	638	810	420	95	218	77
越秀区	1487	308	333	846	1033	531	220	205	77
海珠区	2670	368	936	1366	1254	544	216	328	166
天河区	9799	829	2687	6283	2279	780	443	619	437
白云区	3644	405	1621	1618	1348	505	199	432	212
黄埔区	2312	235	646	1431	487	171	104	136	76
番禺区	4403	362	1775	2266	1416	512	226	434	244
花都区	769	116	372	281	371	92	34	196	49
南沙区	328	28	94	206	152	64	21	46	21
从化区	97	41	22	34	81	42	6	29	4
增城区	535	83	180	272	249	119	36	73	21

4-4a 续表 67

单位：人

地区 性别	信息传输、软件和信息技术服务业				金融业				
	小计	电信、广播电视和卫星传输服务	互联网和相关服务	软件和信息技术服务业	小计	货币金融服务	资本市场服务	保险业	其他金融业
韶关市	**678**	**231**	**285**	**162**	**415**	**247**	**33**	**104**	**31**
武江区	285	104	108	73	180	118	14	41	7
浈江区	192	68	82	42	124	56	10	41	17
曲江区	92	27	40	25	52	30	5	12	5
始兴县									
仁化县									
翁源县									
乳源瑶族自治县									
新丰县									
乐昌市	41	12	24	5	24	21	1	2	
南雄市	68	20	31	17	35	22	3	8	2
深圳市	**43049**	**2866**	**14969**	**25214**	**14303**	**4970**	**3625**	**3091**	**2617**
罗湖区	2182	250	995	937	1519	562	375	308	274
福田区	3502	434	917	2151	3235	1102	999	536	598
南山区	8021	405	2586	5030	2338	787	718	370	463
宝安区	12563	530	4389	7644	2034	712	446	479	397
龙岗区	8487	587	2891	5009	2687	1004	525	755	403
盐田区	238	27	100	111	147	56	31	44	16
龙华区	6627	465	2398	3764	2050	645	472	505	428
坪山区	488	62	257	169	116	35	20	38	23
光明区	941	106	436	399	177	67	39	56	15
珠海市	**2295**	**299**	**525**	**1471**	**1077**	**522**	**174**	**244**	**137**
香洲区	1992	242	442	1308	926	441	158	200	127
斗门区	149	29	33	87	86	48	10	25	3
金湾区	154	28	50	76	65	33	6	19	7
汕头市	**1680**	**387**	**780**	**513**	**1006**	**446**	**154**	**292**	**114**
龙湖区	381	118	128	135	369	160	70	89	50
金平区	853	198	436	219	411	179	68	123	41
濠江区	84	13	31	40	29	7	5	9	8
潮阳区	135	32	34	69	98	52	5	33	8
潮南区	143	10	108	25	37	11		23	3
澄海区	84	16	43	25	62	37	6	15	4
南澳县									
佛山市	**5934**	**1353**	**2302**	**2279**	**4215**	**1929**	**494**	**1382**	**410**
禅城区	1463	337	602	524	1080	464	108	352	156
南海区	2334	511	858	965	1737	772	236	584	145
顺德区	1611	359	578	674	1111	527	128	357	99
三水区	308	76	160	72	176	95	13	62	6
高明区	218	70	104	44	111	71	9	27	4
江门市	**1535**	**496**	**585**	**454**	**1313**	**716**	**118**	**399**	**80**
蓬江区	545	182	187	176	468	238	50	152	28
江海区	144	43	46	55	92	39	9	35	9
新会区	202	71	51	80	272	164	17	73	18
台山市	140	71	34	35	148	97	9	38	4
开平市	315	47	203	65	135	74	11	46	4
鹤山市	91	46	16	29	138	68	18	40	12
恩平市	98	36	48	14	60	36	4	15	5
湛江市	**1137**	**350**	**550**	**237**	**789**	**462**	**71**	**202**	**54**
赤坎区	229	104	70	55	246	147	17	57	25
霞山区	479	119	271	89	283	150	40	76	17
坡头区	33	8	5	20	17	12		5	
麻章区	28	8	11	9	16	8	1	5	2
遂溪县	2	1		1	3	1		2	
徐闻县									
廉江市	163	35	99	29	86	61	7	16	2
雷州市	101	27	60	14	77	45	3	23	6
吴川市	102	48	34	20	61	38	3	18	2

4-4a　续表 68

单位：人

地　　区 性　　别	信息传输、软件和信息技术服务业				金融业				
	小计	电信、广播电视和卫星传输服务	互联网和相关服务	软件和信息技术服务业	小计	货币金融服务	资本市场服务	保险业	其他金融业
茂名市	**904**	**283**	**409**	**212**	**737**	**357**	**45**	**290**	**45**
茂南区	447	135	213	99	321	162	27	112	20
电白区	123	31	70	22	64	35	4	22	3
高州市	125	47	52	26	176	67	9	93	7
化州市	97	38	29	30	87	42	2	33	10
信宜市	112	32	45	35	89	51	3	30	5
肇庆市	**938**	**246**	**485**	**207**	**609**	**305**	**67**	**196**	**41**
端州区	672	177	353	142	434	216	45	141	32
鼎湖区	98	22	53	23	24	10	3	8	3
高要区	13	5	3	5	41	22	5	14	
广宁县									
怀集县									
封开县									
德庆县									
四会市	155	42	76	37	110	57	14	33	6
惠州市	**1976**	**427**	**831**	**718**	**1054**	**436**	**146**	**304**	**168**
惠城区	1251	319	472	460	827	343	108	250	126
惠阳区	722	108	356	258	223	91	36	54	42
博罗县	3		3		4	2	2		
惠东县									
龙门县									
梅州市	**441**	**204**	**134**	**103**	**409**	**202**	**32**	**121**	**54**
梅江区	228	111	71	46	234	121	23	62	28
梅县区	129	60	35	34	103	36	8	40	19
大埔县									
丰顺县									
五华县	4	1	1	2	3	3			
平远县									
蕉岭县									
兴宁市	80	32	27	21	69	42	1	19	7
汕尾市	**233**	**100**	**88**	**45**	**146**	**79**	**8**	**42**	**17**
城　区	168	70	65	33	101	57	4	28	12
海丰县									
陆河县									
陆丰市	65	30	23	12	45	22	4	14	5
河源市	**428**	**165**	**151**	**112**	**305**	**160**	**22**	**91**	**32**
源城区	428	165	151	112	305	160	22	91	32
紫金县									
龙川县									
连平县									
和平县									
东源县									
阳江市	**469**	**186**	**163**	**120**	**360**	**177**	**23**	**128**	**32**
江城区	327	125	122	80	213	94	19	81	19
阳东区	60	26	14	20	34	15	2	9	8
阳西县									
阳春市	82	35	27	20	113	68	2	38	5
清远市	**870**	**266**	**421**	**183**	**582**	**294**	**36**	**193**	**59**
清城区	585	188	272	125	398	196	30	133	39
清新区	140	32	78	30	57	23	2	25	7
佛冈县									
阳山县									
连山壮族瑶族自治县									
连南瑶族自治县									
英德市	89	30	35	24	80	37	3	27	13
连州市	56	16	36	4	47	38	1	8	

4−4a 续表 69　　　　单位：人

地区 性别	信息传输、软件和信息技术服务业				金融业				
	小计	电信、广播电视和卫星传输服务	互联网和相关服务	软件和信息技术服务业	小计	货币金融服务	资本市场服务	保险业	其他金融业
东莞市	**6648**	**1030**	**3393**	**2225**	**3514**	**1360**	**455**	**1312**	**387**
市辖区	6648	1030	3393	2225	3514	1360	455	1312	387
中山市	**1387**	**372**	**493**	**522**	**1026**	**434**	**109**	**349**	**134**
市辖区	1387	372	493	522	1026	434	109	349	134
潮州市	**397**	**153**	**168**	**76**	**318**	**157**	**26**	**101**	**34**
湘桥区	236	115	65	56	227	117	16	63	31
潮安区	161	38	103	20	91	40	10	38	3
饶平县									
揭阳市	**535**	**80**	**308**	**147**	**302**	**52**	**15**	**192**	**43**
榕城区	224	53	88	83	185	26	9	129	21
揭东区	125	12	87	26	53	16	1	25	11
揭西县									
惠来县									
普宁市	186	15	133	38	64	10	5	38	11
云浮市	**213**	**130**	**46**	**37**	**219**	**129**	**13**	**68**	**9**
云城区	144	99	23	22	170	102	9	54	5
云安区	4	2	1	1	2	1	1		
新兴县									
郁南县									
罗定市	65	29	22	14	47	26	3	14	4
女	**46770**	**7794**	**15830**	**23146**	**43390**	**17748**	**4739**	**16311**	**4592**
广州市	**14270**	**1954**	**4912**	**7404**	**10206**	**4520**	**1065**	**3499**	**1122**
荔湾区	850	150	247	453	965	534	65	296	70
越秀区	932	222	215	495	1188	703	133	304	48
海珠区	1645	242	567	836	1406	718	155	415	118
天河区	4831	558	1445	2828	2304	909	301	707	387
白云区	1911	265	902	744	1371	567	138	497	169
黄埔区	1128	115	294	719	542	205	70	207	60
番禺区	2177	218	959	1000	1424	529	157	570	168
花都区	338	63	156	119	499	124	26	287	62
南沙区	164	23	55	86	155	65	13	56	21
从化区	60	32	11	17	101	51		49	1
增城区	234	66	61	107	251	115	7	111	18
韶关市	**336**	**186**	**83**	**67**	**448**	**201**	**24**	**197**	**26**
武江区	154	102	26	26	211	100	12	93	6
浈江区	120	61	35	24	131	56	6	54	15
曲江区	39	13	15	11	58	21		33	4
始兴县									
仁化县									
翁源县									
乳源瑶族自治县									
新丰县									
乐昌市	8	4	2	2	17	11	1	5	
南雄市	15	6	5	4	31	13	5	12	1
深圳市	**18730**	**1605**	**5825**	**11300**	**13826**	**5177**	**2406**	**4222**	**2021**
罗湖区	874	150	265	459	1638	691	270	479	198
福田区	1992	286	511	1195	3216	1223	719	730	544
南山区	4255	255	1336	2664	2286	865	495	527	399
宝安区	5233	282	1868	3083	1997	693	290	737	277
龙岗区	3353	334	960	2059	2565	993	307	961	304
盐田区	73	11	18	44	110	48	15	43	4
龙华区	2487	223	722	1542	1702	559	281	592	270
坪山区	165	24	77	64	129	45	9	63	12
光明区	298	40	68	190	183	60	20	90	13

4-4a　续表 70

单位：人

地　区 性　别	信息传输、软件和信息技术服务业				金融业				
	小计	电信、广播电视和卫星传输服务	互联网和相关服务	软件和信息技术服务业	小计	货币金融服务	资本市场服务	保险业	其他金融业
珠海市	**1272**	**218**	**261**	**793**	**1162**	**574**	**121**	**375**	**92**
香洲区	1107	179	214	714	1006	494	112	318	82
斗门区	65	20	14	31	82	42	3	37	
金湾区	100	19	33	48	74	38	6	20	10
汕头市	**828**	**262**	**352**	**214**	**878**	**356**	**87**	**350**	**85**
龙湖区	215	75	73	67	338	144	42	95	57
金平区	415	142	177	96	372	133	40	187	12
濠江区	27	4	10	13	22	8	2	8	4
潮阳区	46	20	10	16	82	41	2	38	1
潮南区	76	2	60	14	11	1		6	4
澄海区	49	19	22	8	53	29	1	16	7
南澳县									
佛山市	**2928**	**837**	**1006**	**1085**	**5163**	**2313**	**296**	**2175**	**379**
禅城区	754	229	224	301	1170	530	65	449	126
南海区	1247	346	430	471	2141	970	138	872	161
顺德区	758	180	306	272	1452	628	84	661	79
三水区	94	42	31	21	259	123	5	124	7
高明区	75	40	15	20	141	62	4	69	6
江门市	**706**	**310**	**195**	**201**	**1381**	**646**	**82**	**610**	**43**
蓬江区	334	152	79	103	566	261	40	250	15
江海区	47	16	15	16	116	49	5	56	6
新会区	103	33	30	40	237	116	16	99	6
台山市	72	37	27	8	126	66	4	52	4
开平市	64	22	26	16	124	58	8	54	4
鹤山市	48	28	7	13	153	72	7	69	5
恩平市	38	22	11	5	59	24	2	30	3
湛江市	**515**	**237**	**159**	**119**	**790**	**365**	**30**	**362**	**33**
赤坎区	132	76	21	35	217	114	4	82	17
霞山区	207	99	64	44	338	139	21	169	9
坡头区	16	2	1	13	20	8		11	1
麻章区	16	4	7	5	15	6		7	2
遂溪县					1			1	
徐闻县									
廉江市	50	14	27	9	84	40	3	39	2
雷州市	43	15	21	7	39	23	1	13	2
吴川市	51	27	18	6	76	35	1	40	
茂名市	**390**	**163**	**168**	**59**	**702**	**267**	**30**	**375**	**30**
茂南区	212	96	83	33	404	144	21	224	15
电白区	41	12	23	6	49	28		21	
高州市	48	15	29	4	106	41	4	57	4
化州市	50	26	16	8	76	32	2	36	6
信宜市	39	14	17	8	67	22	3	37	5
肇庆市	**460**	**178**	**194**	**88**	**655**	**304**	**35**	**280**	**36**
端州区	329	126	137	66	483	230	27	194	32
鼎湖区	44	19	19	6	37	14	3	19	1
高要区	7	5	1	1	37	14		23	
广宁县									
怀集县									
封开县									
德庆县									
四会市	80	28	37	15	98	46	5	44	3
惠州市	**945**	**247**	**384**	**314**	**1067**	**355**	**89**	**485**	**138**
惠城区	632	196	219	217	849	286	70	389	104
惠阳区	311	50	164	97	217	68	19	96	34
博罗县	2	1	1		1	1			
惠东县									
龙门县									

4-4a 续表 71 单位：人

地区 性别	信息传输、软件和信息技术服务业				金融业				
	小计	电信、广播电视和卫星传输服务	互联网和相关服务	软件和信息技术服务业	小计	货币金融服务	资本市场服务	保险业	其他金融业
梅州市	**272**	**162**	**63**	**47**	**354**	**152**	**14**	**169**	**19**
梅江区	141	91	29	21	201	95	9	89	8
梅县区	88	50	18	20	90	29	4	47	10
大埔县									
丰顺县									
五华县					2			2	
平远县									
蕉岭县									
兴宁市	43	21	16	6	61	28	1	31	1
汕尾市	**91**	**48**	**35**	**8**	**98**	**46**	**2**	**38**	**12**
城区	65	35	24	6	77	35	2	31	9
海丰县									
陆河县									
陆丰市	26	13	11	2	21	11		7	3
河源市	**215**	**93**	**82**	**40**	**338**	**157**	**17**	**136**	**28**
源城区	215	93	82	40	338	157	17	136	28
紫金县									
龙川县									
连平县									
和平县									
东源县									
阳江市	**228**	**112**	**79**	**37**	**357**	**145**	**14**	**174**	**24**
江城区	177	85	61	31	224	92	10	110	12
阳东区	19	12	5	2	41	12		19	10
阳西县									
阳春市	32	15	13	4	92	41	4	45	2
清远市	**381**	**186**	**125**	**70**	**640**	**249**	**28**	**303**	**60**
清城区	247	127	75	45	438	182	24	189	43
清新区	58	21	22	15	77	16		52	9
佛冈县									
阳山县									
连山壮族瑶族自治县									
连南瑶族自治县									
英德市	44	21	14	9	89	28	3	51	7
连州市	32	17	14	1	36	23	1	11	1
东莞市	**2772**	**556**	**1291**	**925**	**3450**	**1240**	**299**	**1615**	**296**
市辖区	2772	556	1291	925	3450	1240	299	1615	296
中山市	**770**	**220**	**297**	**253**	**1148**	**412**	**57**	**594**	**85**
市辖区	770	220	297	253	1148	412	57	594	85
潮州市	**179**	**85**	**77**	**17**	**301**	**140**	**24**	**114**	**23**
湘桥区	115	63	38	14	205	97	15	73	20
潮安区	64	22	39	3	96	43	9	41	3
饶平县									
揭阳市	**337**	**42**	**205**	**90**	**209**	**40**	**9**	**131**	**29**
榕城区	123	30	53	40	113	17	6	82	8
揭东区	91	4	76	11	48	15	2	27	4
揭西县									
惠来县									
普宁市	123	8	76	39	48	8	1	22	17
云浮市	**145**	**93**	**37**	**15**	**217**	**89**	**10**	**107**	**11**
云城区	106	77	20	9	181	73	8	89	11
云安区	3	3			5	3		2	
新兴县									
郁南县									
罗定市	36	13	17	6	31	13	2	16	

4-4a 续表 72

单位：人

地区 性别	房地产业		租赁和商务服务业			科学研究和技术服务业			
	小计	房地产业	小计	租赁业	商务服务业	小计	研究和试验发展	专业技术服务业	科技推广和应用服务业
广东	**129027**	**129027**	**151041**	**7147**	**143894**	**75853**	**12368**	**50456**	**13029**
广州市	**28129**	**28129**	**39793**	**1672**	**38121**	**23022**	**4750**	**14072**	**4200**
荔湾区	2106	2106	2613	69	2544	1274	216	876	182
越秀区	2378	2378	2847	73	2774	1884	365	1330	189
海珠区	3286	3286	5655	146	5509	2736	522	1774	440
天河区	5866	5866	9592	511	9081	5960	1339	3320	1301
白云区	4383	4383	6476	255	6221	2518	363	1723	432
黄埔区	2041	2041	3164	145	3019	3069	886	1466	717
番禺区	4380	4380	5374	223	5151	3496	692	2198	606
花都区	1344	1344	2232	114	2118	788	118	560	110
南沙区	1161	1161	918	73	845	690	142	431	117
从化区	272	272	264	23	241	104	19	79	6
增城区	912	912	658	40	618	503	88	315	100
韶关市	**1114**	**1114**	**1059**	**68**	**991**	**630**	**47**	**507**	**76**
武江区	422	422	387	25	362	316	20	269	27
浈江区	276	276	353	20	333	128	16	91	21
曲江区	167	167	170	11	159	114	5	90	19
始兴县									
仁化县									
翁源县									
乳源瑶族自治县									
新丰县									
乐昌市	119	119	55	2	53	35	1	30	4
南雄市	130	130	94	10	84	37	5	27	5
深圳市	**44542**	**44542**	**51688**	**2678**	**49010**	**25583**	**3531**	**17727**	**4325**
罗湖区	4180	4180	3517	94	3423	1466	170	1084	212
福田区	6016	6016	7380	175	7205	3003	382	2092	529
南山区	6664	6664	6652	308	6344	4418	735	2881	802
宝安区	9182	9182	10783	648	10135	5530	571	3860	1099
龙岗区	8746	8746	11285	611	10674	5709	736	4112	861
盐田区	793	793	676	38	638	402	194	184	24
龙华区	6204	6204	8867	556	8311	3935	564	2700	671
坪山区	956	956	977	98	879	461	106	282	73
光明区	1801	1801	1551	150	1401	659	73	532	54
珠海市	**4727**	**4727**	**4695**	**248**	**4447**	**2377**	**728**	**1360**	**289**
香洲区	3790	3790	3821	182	3639	1977	621	1125	231
斗门区	521	521	446	25	421	186	36	119	31
金湾区	416	416	428	41	387	214	71	116	27
汕头市	**2026**	**2026**	**2618**	**69**	**2549**	**1406**	**110**	**1108**	**188**
龙湖区	685	685	899	26	873	438	32	324	82
金平区	834	834	876	23	853	491	64	387	40
濠江区	173	173	136	6	130	74	3	65	6
潮阳区	150	150	202	2	200	134	3	117	14
潮南区	93	93	379	11	368	87	2	49	36
澄海区	91	91	126	1	125	182	6	166	10
南澳县									
佛山市	**12561**	**12561**	**11986**	**628**	**11358**	**6346**	**989**	**4275**	**1082**
禅城区	1988	1988	2548	55	2493	1188	145	820	223
南海区	4549	4549	5335	362	4973	2453	418	1600	435
顺德区	4451	4451	3417	180	3237	2296	380	1544	372
三水区	868	868	386	10	376	268	25	207	36
高明区	705	705	300	21	279	141	21	104	16

4-4a 续表 73　　　　单位：人

地区 性别	房地产业		租赁和商务服务业			科学研究和技术服务业			
	小计	房地产业	小计	租赁业	商务服务业	小计	研究和试验发展	专业技术服务业	科技推广和应用服务业
江门市	**3014**	**3014**	**3297**	**140**	**3157**	**1413**	**127**	**1066**	**220**
蓬江区	944	944	1167	59	1108	569	77	391	101
江海区	416	416	275	14	261	151	3	125	23
新会区	465	465	620	16	604	227	26	165	36
台山市	371	371	351	8	343	111	5	84	22
开平市	283	283	525	27	498	161	11	125	25
鹤山市	397	397	202	11	191	130	4	115	11
恩平市	138	138	157	5	152	64	1	61	2
湛江市	**1991**	**1991**	**2051**	**129**	**1922**	**999**	**106**	**809**	**84**
赤坎区	625	625	577	15	562	251	32	179	40
霞山区	753	753	783	42	741	336	53	265	18
坡头区	78	78	78	6	72	111	11	94	6
麻章区	47	47	88	18	70	72	5	65	2
遂溪县	6	6	4		4	3		3	
徐闻县									
廉江市	196	196	168	18	150	64		59	5
雷州市	116	116	172	10	162	68	3	60	5
吴川市	170	170	181	20	161	94	2	84	8
茂名市	**1520**	**1520**	**1852**	**89**	**1763**	**719**	**40**	**618**	**61**
茂南区	678	678	702	20	682	366	27	318	21
电白区	160	160	163	22	141	110	5	102	3
高州市	324	324	391	14	377	71	3	57	11
化州市	154	154	343	19	324	99	2	79	18
信宜市	204	204	253	14	239	73	3	62	8
肇庆市	**1781**	**1781**	**1364**	**62**	**1302**	**619**	**103**	**428**	**88**
端州区	876	876	848	34	814	397	58	278	61
鼎湖区	190	190	185	8	177	41	4	33	4
高要区	107	107	64	3	61	19	4	13	2
广宁县									
怀集县									
封开县									
德庆县									
四会市	608	608	267	17	250	162	37	104	21
惠州市	**5522**	**5522**	**3636**	**253**	**3383**	**1764**	**201**	**1225**	**338**
惠城区	3016	3016	2505	133	2372	1174	130	806	238
惠阳区	2488	2488	1118	120	998	585	71	414	100
博罗县	18	18	13		13	5		5	
惠东县									
龙门县									
梅州市	**852**	**852**	**910**	**41**	**869**	**328**	**26**	**259**	**43**
梅江区	373	373	434	13	421	178	17	137	24
梅县区	288	288	281	12	269	98	8	76	14
大埔县									
丰顺县									
五华县	3	3	7	2	5	1		1	
平远县									
蕉岭县									
兴宁市	188	188	188	14	174	51	1	45	5
汕尾市	**291**	**291**	**481**	**7**	**474**	**120**	**6**	**105**	**9**
城　区	199	199	257	4	253	78	4	67	7
海丰县									
陆河县									
陆丰市	92	92	224	3	221	42	2	38	2

4-4a　续表 74

单位：人

地　区 性　别	房地产业		租赁和商务服务业			科学研究和技术服务业			
	小计	房地产业	小计	租赁业	商务服务业	小计	研究和试验发展	专业技术服务业	科技推广和应用服务业
河源市	**991**	**991**	**726**	**32**	**694**	**326**	**14**	**269**	**43**
源城区	991	991	726	32	694	326	14	269	43
紫金县									
龙川县									
连平县									
和平县									
东源县									
阳江市	**929**	**929**	**1300**	**37**	**1263**	**379**	**29**	**314**	**36**
江城区	537	537	914	28	886	240	19	193	28
阳东区	165	165	104	1	103	47	6	40	1
阳西县									
阳春市	227	227	282	8	274	92	4	81	7
清远市	**2288**	**2288**	**1524**	**91**	**1433**	**618**	**33**	**515**	**70**
清城区	1417	1417	993	61	932	483	27	399	57
清新区	440	440	174	5	169	47	4	41	2
佛冈县									
阳山县									
连山壮族瑶族自治县									
连南瑶族自治县									
英德市	314	314	281	13	268	64	1	55	8
连州市	117	117	76	12	64	24	1	20	3
东莞市	**11426**	**11426**	**14686**	**672**	**14014**	**6458**	**1230**	**3776**	**1452**
市辖区	11426	11426	14686	672	14014	6458	1230	3776	1452
中山市	**3377**	**3377**	**3966**	**166**	**3800**	**1830**	**220**	**1292**	**318**
市辖区	3377	3377	3966	166	3800	1830	220	1292	318
潮州市	**322**	**322**	**686**	**13**	**673**	**358**	**32**	**296**	**30**
湘桥区	256	256	434	10	424	196	22	157	17
潮安区	66	66	252	3	249	162	10	139	13
饶平县									
揭阳市	**1107**	**1107**	**2295**	**38**	**2257**	**356**	**26**	**277**	**53**
榕城区	825	825	1420	26	1394	228	22	167	39
揭东区	70	70	263	7	256	40	1	37	2
揭西县									
惠来县									
普宁市	212	212	612	5	607	88	3	73	12
云浮市	**517**	**517**	**428**	**14**	**414**	**202**	**20**	**158**	**24**
云城区	326	326	209	8	201	158	16	128	14
云安区	7	7	1	1		1			1
新兴县									
郁南县									
罗定市	184	184	218	5	213	43	4	30	9
男	**82874**	**82874**	**88929**	**5734**	**83195**	**49141**	**7742**	**33567**	**7832**
广州市	**17724**	**17724**	**21852**	**1309**	**20543**	**14262**	**2828**	**8995**	**2439**
荔湾区	1292	1292	1385	59	1326	760	114	542	104
越秀区	1492	1492	1402	53	1349	1151	203	840	108
海珠区	2035	2035	3041	112	2929	1621	302	1077	242
天河区	3725	3725	5135	414	4721	3715	814	2119	782
白云区	2912	2912	3698	201	3497	1568	205	1131	232
黄埔区	1290	1290	1825	104	1721	1883	537	949	397
番禺区	2750	2750	2983	167	2816	2167	420	1376	371
花都区	815	815	1261	86	1175	545	85	394	66
南沙区	709	709	593	64	529	436	81	279	76
从化区	157	157	148	18	130	77	12	63	2
增城区	547	547	381	31	350	339	55	225	59

4-4a 续表 75

单位：人

地区 性别	房地产业 小计	房地产业	租赁和商务服务业 小计	租赁业	商务服务业	科学研究和技术服务业 小计	研究和试验发展	专业技术服务业	科技推广和应用服务业
韶关市	**651**	**651**	**610**	**51**	**559**	**446**	**28**	**369**	**49**
武江区	247	247	230	19	211	217	12	188	17
浈江区	161	161	201	15	186	81	6	63	12
曲江区	88	88	87	7	80	88	4	71	13
始兴县									
仁化县									
翁源县									
乳源瑶族自治县									
新丰县									
乐昌市	77	77	35	2	33	30	1	27	2
南雄市	78	78	57	8	49	30	5	20	5
深圳市	**30542**	**30542**	**31727**	**2150**	**29577**	**16525**	**2257**	**11695**	**2573**
罗湖区	2950	2950	1925	64	1861	911	101	688	122
福田区	4129	4129	4030	110	3920	1785	230	1263	292
南山区	4467	4467	4014	227	3787	2687	468	1742	477
宝安区	6310	6310	6956	537	6419	3701	396	2634	671
龙岗区	5974	5974	6781	490	6291	3865	504	2840	521
盐田区	524	524	464	31	433	239	91	133	15
龙华区	4236	4236	5730	478	5252	2515	351	1770	394
坪山区	711	711	686	82	604	333	68	215	50
光明区	1241	1241	1141	131	1010	489	48	410	31
珠海市	**2863**	**2863**	**2652**	**190**	**2462**	**1512**	**413**	**936**	**163**
香洲区	2315	2315	2117	137	1980	1248	356	763	129
斗门区	308	308	251	18	233	123	19	86	18
金湾区	240	240	284	35	249	141	38	87	16
汕头市	**1386**	**1386**	**1591**	**56**	**1535**	**959**	**67**	**773**	**119**
龙湖区	443	443	540	19	521	299	20	226	53
金平区	563	563	517	18	499	310	35	256	19
濠江区	131	131	85	6	79	52	1	48	3
潮阳区	124	124	124	2	122	112	3	97	12
潮南区	60	60	259	10	249	61	2	34	25
澄海区	65	65	66	1	65	125	6	112	7
南澳县									
佛山市	**7612**	**7612**	**6780**	**503**	**6277**	**4236**	**690**	**2887**	**659**
禅城区	1209	1209	1370	44	1326	742	84	528	130
南海区	2826	2826	3013	290	2723	1669	288	1123	258
顺德区	2614	2614	2037	145	1892	1549	288	1022	239
三水区	531	531	194	8	186	183	17	142	24
高明区	432	432	166	16	150	93	13	72	8
江门市	**1742**	**1742**	**1884**	**114**	**1770**	**944**	**78**	**734**	**132**
蓬江区	535	535	619	47	572	369	48	261	60
江海区	245	245	153	11	142	107	3	92	12
新会区	260	260	365	14	351	154	15	118	21
台山市	226	226	224	8	216	82	2	66	14
开平市	166	166	296	22	274	110	6	86	18
鹤山市	226	226	107	8	99	80	3	72	5
恩平市	84	84	120	4	116	42	1	39	2
湛江市	**1190**	**1190**	**1337**	**118**	**1219**	**740**	**71**	**607**	**62**
赤坎区	367	367	370	14	356	183	20	131	32
霞山区	451	451	472	39	433	241	37	190	14
坡头区	46	46	49	5	44	80	7	71	2
麻章区	30	30	70	17	53	51	4	46	1
遂溪县	4	4	1		1	3		3	
徐闻县									
廉江市	106	106	120	17	103	50		46	4
雷州市	84	84	130	10	120	51	2	46	3
吴川市	102	102	125	16	109	81	1	74	6

4–4a　续表 76　　　　单位：人

地　区 性　别	房地产业		租赁和商务服务业			科学研究和技术服务业			
	小计	房地产业	小计	租赁业	商　务 服务业	小计	研究和 试验发展	专业技术 服务业	科技推广 和应用 服务业
茂名市	**918**	**918**	**1092**	**78**	**1014**	**529**	**31**	**463**	**35**
茂南区	421	421	387	14	373	269	22	235	12
电白区	77	77	109	19	90	88	3	84	1
高州市	195	195	248	14	234	49	3	42	4
化州市	96	96	187	17	170	70	1	57	12
信宜市	129	129	161	14	147	53	2	45	6
肇庆市	**1055**	**1055**	**838**	**49**	**789**	**422**	**66**	**295**	**61**
端州区	546	546	493	27	466	263	36	186	41
鼎湖区	95	95	137	7	130	29	3	23	3
高要区	55	55	46	3	43	14	4	9	1
广宁县									
怀集县									
封开县									
德庆县									
四会市	359	359	162	12	150	116	23	77	16
惠州市	**3491**	**3491**	**2196**	**205**	**1991**	**1216**	**137**	**862**	**217**
惠城区	1896	1896	1480	106	1374	807	93	564	150
惠阳区	1583	1583	705	99	606	406	44	295	67
博罗县	12	12	11		11	3		3	
惠东县									
龙门县									
梅州市	**496**	**496**	**563**	**36**	**527**	**224**	**18**	**178**	**28**
梅江区	227	227	262	11	251	122	11	95	16
梅县区	159	159	176	11	165	67	7	51	9
大埔县									
丰顺县									
五华县	2	2	6	2	4	1		1	
平远县									
蕉岭县									
兴宁市	108	108	119	12	107	34		31	3
汕尾市	**195**	**195**	**336**	**6**	**330**	**88**	**3**	**79**	**6**
城　区	130	130	178	4	174	55	2	48	5
海丰县									
陆河县									
陆丰市	65	65	158	2	156	33	1	31	1
河源市	**620**	**620**	**423**	**29**	**394**	**223**	**8**	**186**	**29**
源城区	620	620	423	29	394	223	8	186	29
紫金县									
龙川县									
连平县									
和平县									
东源县									
阳江市	**511**	**511**	**811**	**33**	**778**	**265**	**18**	**222**	**25**
江城区	290	290	564	24	540	163	12	132	19
阳东区	98	98	68	1	67	33	3	29	1
阳西县									
阳春市	123	123	179	8	171	69	3	61	5
清远市	**1261**	**1261**	**917**	**81**	**836**	**408**	**18**	**348**	**42**
清城区	808	808	601	52	549	323	14	276	33
清新区	240	240	98	5	93	31	2	29	
佛冈县									
阳山县									
连山壮族瑶族自治县									
连南瑶族自治县									
英德市	155	155	163	12	151	38	1	30	7
连州市	58	58	55	12	43	16	1	13	2

4-4a 续表 77 单位：人

地区 性别	房地产业 小计	房地产业 房地产业	租赁和商务服务业 小计	租赁和商务服务业 租赁业	租赁和商务服务业 商务服务业	科学研究和技术服务业 小计	科学研究和技术服务业 研究和试验发展	科学研究和技术服务业 专业技术服务业	科学研究和技术服务业 科技推广和应用服务业
东莞市	**7314**	**7314**	**8936**	**534**	**8402**	**4319**	**818**	**2560**	**941**
市辖区	7314	7314	8936	534	8402	4319	818	2560	941
中山市	**1995**	**1995**	**2244**	**136**	**2108**	**1191**	**143**	**869**	**179**
市辖区	1995	1995	2244	136	2108	1191	143	869	179
潮州市	**237**	**237**	**434**	**12**	**422**	**235**	**23**	**195**	**17**
湘桥区	194	194	292	9	283	134	17	107	10
潮安区	43	43	142	3	139	101	6	88	7
饶平县									
揭阳市	**779**	**779**	**1441**	**33**	**1408**	**255**	**18**	**199**	**38**
榕城区	551	551	906	24	882	167	15	126	26
揭东区	50	50	172	7	165	35	1	32	2
揭西县									
惠来县									
普宁市	178	178	363	2	361	53	2	41	10
云浮市	**292**	**292**	**265**	**11**	**254**	**142**	**9**	**115**	**18**
云城区	194	194	110	5	105	110	6	93	11
云安区	3	3	1	1		1			1
新兴县									
郁南县									
罗定市	95	95	154	5	149	31	3	22	6
女	**46153**	**46153**	**62112**	**1413**	**60699**	**26712**	**4626**	**16889**	**5197**
广州市	**10405**	**10405**	**17941**	**363**	**17578**	**8760**	**1922**	**5077**	**1761**
荔湾区	814	814	1228	10	1218	514	102	334	78
越秀区	886	886	1445	20	1425	733	162	490	81
海珠区	1251	1251	2614	34	2580	1115	220	697	198
天河区	2141	2141	4457	97	4360	2245	525	1201	519
白云区	1471	1471	2778	54	2724	950	158	592	200
黄埔区	751	751	1339	41	1298	1186	349	517	320
番禺区	1630	1630	2391	56	2335	1329	272	822	235
花都区	529	529	971	28	943	243	33	166	44
南沙区	452	452	325	9	316	254	61	152	41
从化区	115	115	116	5	111	27	7	16	4
增城区	365	365	277	9	268	164	33	90	41
韶关市	**463**	**463**	**449**	**17**	**432**	**184**	**19**	**138**	**27**
武江区	175	175	157	6	151	99	8	81	10
浈江区	115	115	152	5	147	47	10	28	9
曲江区	79	79	83	4	79	26	1	19	6
始兴县									
仁化县									
翁源县									
乳源瑶族自治县									
新丰县									
乐昌市	42	42	20		20	5		3	2
南雄市	52	52	37	2	35	7		7	
深圳市	**14000**	**14000**	**19961**	**528**	**19433**	**9058**	**1274**	**6032**	**1752**
罗湖区	1230	1230	1592	30	1562	555	69	396	90
福田区	1887	1887	3350	65	3285	1218	152	829	237
南山区	2197	2197	2638	81	2557	1731	267	1139	325
宝安区	2872	2872	3827	111	3716	1829	175	1226	428
龙岗区	2772	2772	4504	121	4383	1844	232	1272	340
盐田区	269	269	212	7	205	163	103	51	9
龙华区	1968	1968	3137	78	3059	1420	213	930	277
坪山区	245	245	291	16	275	128	38	67	23
光明区	560	560	410	19	391	170	25	122	23

4-4a　续表 78

单位：人

地区 性别	房地产业		租赁和商务服务业			科学研究和技术服务业			
	小计	房地产业	小计	租赁业	商务服务业	小计	研究和试验发展	专业技术服务业	科技推广和应用服务业
珠海市	**1864**	**1864**	**2043**	**58**	**1985**	**865**	**315**	**424**	**126**
香洲区	1475	1475	1704	45	1659	729	265	362	102
斗门区	213	213	195	7	188	63	17	33	13
金湾区	176	176	144	6	138	73	33	29	11
汕头市	**640**	**640**	**1027**	**13**	**1014**	**447**	**43**	**335**	**69**
龙湖区	242	242	359	7	352	139	12	98	29
金平区	271	271	359	5	354	181	29	131	21
濠江区	42	42	51		51	22	2	17	3
潮阳区	26	26	78		78	22		20	2
潮南区	33	33	120	1	119	26		15	11
澄海区	26	26	60		60	57		54	3
南澳县									
佛山市	**4949**	**4949**	**5206**	**125**	**5081**	**2110**	**299**	**1388**	**423**
禅城区	779	779	1178	11	1167	446	61	292	93
南海区	1723	1723	2322	72	2250	784	130	477	177
顺德区	1837	1837	1380	35	1345	747	92	522	133
三水区	337	337	192	2	190	85	8	65	12
高明区	273	273	134	5	129	48	8	32	8
江门市	**1272**	**1272**	**1413**	**26**	**1387**	**469**	**49**	**332**	**88**
蓬江区	409	409	548	12	536	200	29	130	41
江海区	171	171	122	3	119	44		33	11
新会区	205	205	255	2	253	73	11	47	15
台山市	145	145	127		127	29	3	18	8
开平市	117	117	229	5	224	51	5	39	7
鹤山市	171	171	95	3	92	50	1	43	6
恩平市	54	54	37	1	36	22		22	
湛江市	**801**	**801**	**714**	**11**	**703**	**259**	**35**	**202**	**22**
赤坎区	258	258	207	1	206	68	12	48	8
霞山区	302	302	311	3	308	95	16	75	4
坡头区	32	32	29	1	28	31	4	23	4
麻章区	17	17	18	1	17	21	1	19	1
遂溪县	2	2	3		3				
徐闻县									
廉江市	90	90	48	1	47	14		13	1
雷州市	32	32	42		42	17	1	14	2
吴川市	68	68	56	4	52	13	1	10	2
茂名市	**602**	**602**	**760**	**11**	**749**	**190**	**9**	**155**	**26**
茂南区	257	257	315	6	309	97	5	83	9
电白区	83	83	54	3	51	22	2	18	2
高州市	129	129	143		143	22		15	7
化州市	58	58	156	2	154	29	1	22	6
信宜市	75	75	92		92	20	1	17	2
肇庆市	**726**	**726**	**526**	**13**	**513**	**197**	**37**	**133**	**27**
端州区	330	330	355	7	348	134	22	92	20
鼎湖区	95	95	48	1	47	12	1	10	1
高要区	52	52	18		18	5		4	1
广宁县									
怀集县									
封开县									
德庆县									
四会市	249	249	105	5	100	46	14	27	5
惠州市	**2031**	**2031**	**1440**	**48**	**1392**	**548**	**64**	**363**	**121**
惠城区	1120	1120	1025	27	998	367	37	242	88
惠阳区	905	905	413	21	392	179	27	119	33
博罗县	6	6	2		2	2		2	
惠东县									
龙门县									

4-4a 续表 79

单位：人

地区 性别	房地产业		租赁和商务服务业			科学研究和技术服务业			
	小计	房地产业	小计	租赁业	商务服务业	小计	研究和试验发展	专业技术服务业	科技推广和应用服务业
梅州市	**356**	**356**	**347**	**5**	**342**	**104**	**8**	**81**	**15**
梅江区	146	146	172	2	170	56	6	42	8
梅县区	129	129	105	1	104	31	1	25	5
大埔县									
丰顺县									
五华县	1	1	1		1				
平远县									
蕉岭县									
兴宁市	80	80	69	2	67	17	1	14	2
汕尾市	**96**	**96**	**145**	**1**	**144**	**32**	**3**	**26**	**3**
城区	69	69	79		79	23	2	19	2
海丰县									
陆河县									
陆丰市	27	27	66	1	65	9	1	7	1
河源市	**371**	**371**	**303**	**3**	**300**	**103**	**6**	**83**	**14**
源城区	371	371	303	3	300	103	6	83	14
紫金县									
龙川县									
连平县									
和平县									
东源县									
阳江市	**418**	**418**	**489**	**4**	**485**	**114**	**11**	**92**	**11**
江城区	247	247	350	4	346	77	7	61	9
阳东区	67	67	36		36	14	3	11	
阳西县									
阳春市	104	104	103		103	23	1	20	2
清远市	**1027**	**1027**	**607**	**10**	**597**	**210**	**15**	**167**	**28**
清城区	609	609	392	9	383	160	13	123	24
清新区	200	200	76		76	16	2	12	2
佛冈县									
阳山县									
连山壮族瑶族自治县									
连南瑶族自治县									
英德市	159	159	118	1	117	26		25	1
连州市	59	59	21		21	8		7	1
东莞市	**4112**	**4112**	**5750**	**138**	**5612**	**2139**	**412**	**1216**	**511**
市辖区	4112	4112	5750	138	5612	2139	412	1216	511
中山市	**1382**	**1382**	**1722**	**30**	**1692**	**639**	**77**	**423**	**139**
市辖区	1382	1382	1722	30	1692	639	77	423	139
潮州市	**85**	**85**	**252**	**1**	**251**	**123**	**9**	**101**	**13**
湘桥区	62	62	142	1	141	62	5	50	7
潮安区	23	23	110		110	61	4	51	6
饶平县									
揭阳市	**328**	**328**	**854**	**5**	**849**	**101**	**8**	**78**	**15**
榕城区	274	274	514	2	512	61	7	41	13
揭东区	20	20	91		91	5		5	
揭西县									
惠来县									
普宁市	34	34	249	3	246	35	1	32	2
云浮市	**225**	**225**	**163**	**3**	**160**	**60**	**11**	**43**	**6**
云城区	132	132	99	3	96	48	10	35	3
云安区	4	4							
新兴县									
郁南县									
罗定市	89	89	64		64	12	1	8	3

4-4a 续表 80

单位：人

地区 性别	水利、环境和公共设施管理业					居民服务、修理和其他服务业			
	小计	水利管理业	生态保护和环境治理业	公共设施管理业	土地管理业	小计	居民服务业	机动车、电子产品和日用产品修理业	其他服务业
广东	**26786**	**1468**	**2757**	**22243**	**318**	**148036**	**92196**	**34283**	**21557**
广州市	**5578**	**251**	**580**	**4671**	**76**	**29020**	**18565**	**5912**	**4543**
荔湾区	426	18	28	372	8	1469	970	303	196
越秀区	476	23	41	405	7	1651	1309	202	140
海珠区	606	27	58	510	11	3042	2065	482	495
天河区	876	66	79	715	16	5948	3779	1052	1117
白云区	754	25	57	669	3	6527	4407	1368	752
黄埔区	597	17	68	506	6	1927	1020	385	522
番禺区	1001	35	160	798	8	4809	3039	1023	747
花都区	345	23	43	271	8	1683	887	524	272
南沙区	189	5	27	150	7	741	395	204	142
从化区	77	4	5	67	1	296	184	76	36
增城区	231	8	14	208	1	927	510	293	124
韶关市	**301**	**20**	**24**	**250**	**7**	**1750**	**1008**	**451**	**291**
武江区	103	6	4	89	4	568	382	131	55
浈江区	87	2	3	82		636	318	142	176
曲江区	59	5	13	38	3	265	155	75	35
始兴县									
仁化县									
翁源县									
乳源瑶族自治县									
新丰县									
乐昌市	19	4	1	14		129	79	44	6
南雄市	33	3	3	27		152	74	59	19
深圳市	**8744**	**434**	**881**	**7347**	**82**	**43637**	**28715**	**7829**	**7093**
罗湖区	585	72	43	464	6	4251	3010	559	682
福田区	750	26	78	632	14	5827	4089	573	1165
南山区	1047	49	105	889	4	5279	3651	638	990
宝安区	2024	99	267	1651	7	9987	6447	2055	1485
龙岗区	1723	96	201	1408	18	9329	5850	2064	1415
盐田区	170	4	10	156		485	298	104	83
龙华区	1091	44	53	976	18	5722	3659	1186	877
坪山区	313	21	36	249	7	748	462	159	127
光明区	1041	23	88	922	8	2009	1249	491	269
珠海市	**1025**	**32**	**46**	**933**	**14**	**4237**	**2628**	**926**	**683**
香洲区	775	20	37	710	8	3340	2175	708	457
斗门区	126	7	6	113		408	262	117	29
金湾区	124	5	3	110	6	489	191	101	197
汕头市	**371**	**21**	**31**	**312**	**7**	**2976**	**1583**	**992**	**401**
龙湖区	90	8	7	73	2	787	434	243	110
金平区	185	8	15	159	3	1177	645	379	153
濠江区	34	1	4	29		140	56	51	33
潮阳区	25		1	22	2	354	166	130	58
潮南区	10		2	8		295	144	122	29
澄海区	27	4	2	21		223	138	67	18
南澳县									
佛山市	**2980**	**151**	**249**	**2546**	**34**	**16766**	**9519**	**4740**	**2507**
禅城区	402	16	33	349	4	2412	1393	683	336
南海区	1280	79	129	1052	20	7305	3775	2163	1367
顺德区	931	38	60	825	8	5979	3696	1585	698
三水区	218	13	22	182	1	550	365	138	47
高明区	149	5	5	138	1	520	290	171	59

4-4a 续表 81

单位：人

地区 性别	水利、环境和公共设施管理业					居民服务、修理和其他服务业			
	小计	水利管理业	生态保护和环境治理业	公共设施管理业	土地管理业	小计	居民服务业	机动车、电子产品和日用产品修理业	其他服务业
江门市	**827**	**65**	**66**	**682**	**14**	**4202**	**2520**	**1181**	**501**
蓬江区	265	26	24	210	5	1225	772	344	109
江海区	93	3	8	82		547	341	133	73
新会区	156	13	27	110	6	701	407	192	102
台山市	95	5	1	88	1	566	334	146	86
开平市	60	6	2	51	1	459	245	153	61
鹤山市	90	4	3	82	1	440	256	133	51
恩平市	68	8	1	59		264	165	80	19
湛江市	**584**	**38**	**20**	**520**	**6**	**3422**	**2003**	**920**	**499**
赤坎区	84	10	7	67		722	437	177	108
霞山区	308	15	9	279	5	1196	744	245	207
坡头区	48	2		45	1	91	53	21	17
麻章区	31		1	30		172	65	68	39
遂溪县	4			4		24	8	13	3
徐闻县									
廉江市	31	1	3	27		357	209	120	28
雷州市	39	6		33		469	244	164	61
吴川市	39	4		35		391	243	112	36
茂名市	**441**	**46**	**22**	**368**	**5**	**3539**	**2235**	**967**	**337**
茂南区	192	21	11	158	2	1308	852	312	144
电白区	71	6	4	60	1	394	251	113	30
高州市	96	13	2	81		671	488	145	38
化州市	43	1	2	39	1	551	298	182	71
信宜市	39	5	3	30	1	615	346	215	54
肇庆市	**415**	**34**	**35**	**340**	**6**	**1998**	**1115**	**609**	**274**
端州区	268	25	25	213	5	982	534	294	154
鼎湖区	69	3	3	62	1	171	87	57	27
高要区	14	1		13		183	94	66	23
广宁县									
怀集县									
封开县									
德庆县									
四会市	64	5	7	52		662	400	192	70
惠州市	**872**	**65**	**124**	**669**	**14**	**4617**	**2888**	**1134**	**595**
惠城区	569	56	83	416	14	2988	1898	692	398
惠阳区	268	9	40	219		1610	986	428	196
博罗县	35		1	34		19	4	14	1
惠东县									
龙门县									
梅州市	**251**	**19**	**23**	**204**	**5**	**1813**	**1183**	**395**	**235**
梅江区	111	10	8	90	3	879	631	154	94
梅县区	97	2	12	83		568	322	137	109
大埔县									
丰顺县									
五华县	5			5		15	8	6	1
平远县									
蕉岭县									
兴宁市	38	7	3	26	2	351	222	98	31
汕尾市	**69**	**4**	**6**	**57**	**2**	**839**	**447**	**310**	**82**
城　区	47	3	4	39	1	400	234	108	58
海丰县									
陆河县									
陆丰市	22	1	2	18	1	439	213	202	24

4-4a　续表 82　　　　单位：人

地区 性别	水利、环境和公共设施管理业 小计	水利管理业	生态保护和环境治理业	公共设施管理业	土地管理业	居民服务、修理和其他服务业 小计	居民服务业	机动车、电子产品和日用产品修理业	其他服务业
河源市	**220**	**13**	**30**	**166**	**11**	**1252**	**823**	**268**	**161**
源城区	220	13	30	166	11	1252	823	268	161
紫金县									
龙川县									
连平县									
和平县									
东源县									
阳江市	**214**	**22**	**13**	**178**	**1**	**1535**	**923**	**427**	**185**
江城区	118	10	6	101	1	822	472	235	115
阳东区	30	3	1	26		216	116	76	24
阳西县									
阳春市	66	9	6	51		497	335	116	46
清远市	**441**	**15**	**17**	**407**	**2**	**2355**	**1526**	**641**	**188**
清城区	284	12	10	262		1254	833	314	107
清新区	80		2	78		501	325	139	37
佛冈县									
阳山县									
连山壮族瑶族自治县									
连南瑶族自治县									
英德市	46	2	2	42		386	248	119	19
连州市	31	1	3	25	2	214	120	69	25
东莞市	**2476**	**156**	**480**	**1826**	**14**	**15934**	**9821**	**4197**	**1916**
市辖区	2476	156	480	1826	14	15934	9821	4197	1916
中山市	**681**	**50**	**86**	**535**	**10**	**4410**	**2674**	**1195**	**541**
市辖区	681	50	86	535	10	4410	2674	1195	541
潮州市	**145**	**21**	**6**	**113**	**5**	**1146**	**665**	**356**	**125**
湘桥区	106	19	5	78	4	678	411	179	88
潮安区	39	2	1	35	1	468	254	177	37
饶平县									
揭阳市	**68**	**5**	**15**	**47**	**1**	**1722**	**885**	**586**	**251**
榕城区	35	1	7	26	1	737	353	276	108
揭东区	27	3	8	16		444	202	147	95
揭西县									
惠来县									
普宁市	6	1		5		541	330	163	48
云浮市	**83**	**6**	**3**	**72**	**2**	**866**	**470**	**247**	**149**
云城区	58	1	2	53	2	581	313	172	96
云安区	1	1				27	12	9	6
新兴县									
郁南县									
罗定市	24	4	1	19		258	145	66	47
男	**17081**	**1112**	**2039**	**13732**	**198**	**65627**	**27551**	**28835**	**9241**
广州市	**3403**	**173**	**379**	**2807**	**44**	**12199**	**5319**	**4991**	**1889**
荔湾区	257	13	18	222	4	599	269	255	75
越秀区	283	15	20	243	5	569	319	167	83
海珠区	387	22	40	322	3	1209	600	393	216
天河区	511	37	48	416	10	2430	1096	873	461
白云区	478	19	43	414	2	2835	1359	1189	287
黄埔区	392	14	48	325	5	891	316	321	254
番禺区	614	23	101	485	5	1958	808	863	287
花都区	194	18	29	143	4	859	282	448	129
南沙区	107	3	18	82	4	312	106	167	39
从化区	48	4	2	41	1	117	42	64	11
增城区	132	5	12	114	1	420	122	251	47

4-4a 续表 83

单位：人

地区 性别	水利、环境和公共设施管理业					居民服务、修理和其他服务业			
	小计	水利管理业	生态保护和环境治理业	公共设施管理业	土地管理业	小计	居民服务业	机动车、电子产品和日用产品修理业	其他服务业
韶关市	**178**	**14**	**19**	**140**	**5**	**720**	**225**	**366**	**129**
武江区	54	4	1	47	2	206	80	105	21
浈江区	45	1	3	41		283	76	118	89
曲江区	47	5	12	27	3	99	34	58	7
始兴县									
仁化县									
翁源县									
乳源瑶族自治县									
新丰县									
乐昌市	11	3	1	7		59	16	40	3
南雄市	21	1	2	18		73	19	45	9
深圳市	**5968**	**335**	**700**	**4881**	**52**	**18396**	**8437**	**6675**	**3284**
罗湖区	392	60	30	297	5	1617	854	488	275
福田区	450	12	53	379	6	2043	1061	501	481
南山区	645	26	69	548	2	1839	839	550	450
宝安区	1455	81	235	1134	5	4360	1875	1763	722
龙岗区	1240	81	162	987	10	4493	2039	1740	714
盐田区	110	3	9	98		170	44	90	36
龙华区	745	34	41	655	15	2597	1192	996	409
坪山区	238	20	31	184	3	333	143	132	58
光明区	693	18	70	599	6	944	390	415	139
珠海市	**686**	**26**	**31**	**621**	**8**	**1782**	**711**	**756**	**315**
香洲区	535	16	24	490	5	1336	576	581	179
斗门区	72	5	4	63		168	70	90	8
金湾区	79	5	3	68	3	278	65	85	128
汕头市	**251**	**14**	**26**	**207**	**4**	**1597**	**544**	**881**	**172**
龙湖区	64	6	6	52		391	133	217	41
金平区	121	6	12	101	2	623	238	322	63
濠江区	28	1	4	23		86	18	50	18
潮阳区	17		1	14	2	198	47	125	26
潮南区	5		1	4		185	63	108	14
澄海区	16	1	2	13		114	45	59	10
南澳县									
佛山市	**1793**	**125**	**188**	**1463**	**17**	**7653**	**2720**	**3847**	**1086**
禅城区	241	15	22	202	2	1123	408	577	138
南海区	790	66	97	618	9	3563	1175	1718	670
顺德区	560	30	47	478	5	2483	946	1298	239
三水区	122	9	17	96		234	101	113	20
高明区	80	5	5	69	1	250	90	141	19
江门市	**477**	**51**	**50**	**368**	**8**	**1877**	**698**	**1000**	**179**
蓬江区	156	22	18	114	2	532	207	283	42
江海区	52	3	5	44		251	118	117	16
新会区	98	10	21	64	3	290	92	155	43
台山市	41	4	1	35	1	266	104	128	34
开平市	31	4	1	25	1	216	67	132	17
鹤山市	59	3	3	52	1	197	67	113	17
恩平市	40	5	1	34		125	43	72	10
湛江市	**306**	**27**	**14**	**260**	**5**	**1563**	**612**	**804**	**147**
赤坎区	42	7	5	30		308	136	149	23
霞山区	172	12	8	148	4	449	186	217	46
坡头区	16	1		14	1	41	14	19	8
麻章区	15			15		78	15	52	11
遂溪县	2			2		14	4	9	1
徐闻县									
廉江市	16	1	1	14		165	51	104	10
雷州市	20	4		16		280	97	150	33
吴川市	23	2		21		228	109	104	15

4-4a　续表 84

单位：人

地　区 性　别	水利、环境和公共设施管理业 小计	水　利 管理业	生态保护 和环境 治理业	公共设施 管理业	土　地 管理业	居民服务、修理和其他服务业 小计	居　民 服务业	机动车、 电子产品 和日用产 品修理业	其　他 服务业
茂名市	**220**	**34**	**15**	**167**	**4**	**1619**	**689**	**830**	**100**
茂南区	84	13	7	63	1	526	220	258	48
电白区	27	4	3	19	1	192	79	106	7
高州市	60	11	1	48		329	193	122	14
化州市	24	1	2	20	1	264	89	158	17
信宜市	25	5	2	17	1	308	108	186	14
肇庆市	**231**	**28**	**24**	**174**	**5**	**879**	**294**	**497**	**88**
端州区	160	20	17	119	4	430	135	242	53
鼎湖区	29	3	2	23	1	65	17	43	5
高要区	5	1		4		84	24	54	6
广宁县									
怀集县									
封开县									
德庆县									
四会市	37	4	5	28		300	118	158	24
惠州市	**592**	**52**	**83**	**445**	**12**	**2106**	**898**	**939**	**269**
惠城区	369	44	50	263	12	1359	608	573	178
惠阳区	191	8	32	151		737	289	357	91
博罗县	32		1	31		10	1	9	
惠东县									
龙门县									
梅州市	**144**	**11**	**15**	**114**	**4**	**840**	**411**	**339**	**90**
梅江区	60	7	4	46	3	414	241	130	43
梅县区	56	1	10	45		258	102	115	41
大埔县									
丰顺县									
五华县	2			2		7	2	5	
平远县									
蕉岭县									
兴宁市	26	3	1	21	1	161	66	89	6
汕尾市	**46**	**2**	**5**	**37**	**2**	**482**	**197**	**258**	**27**
城　区	34	1	3	29	1	207	91	102	14
海丰县									
陆河县									
陆丰市	12	1	2	8	1	275	106	156	13
河源市	**136**	**11**	**18**	**101**	**6**	**530**	**235**	**233**	**62**
源城区	136	11	18	101	6	530	235	233	62
紫金县									
龙川县									
连平县									
和平县									
东源县									
阳江市	**128**	**16**	**10**	**102**		**749**	**327**	**373**	**49**
江城区	70	8	5	57		413	179	203	31
阳东区	18	1	1	16		126	49	71	6
阳西县									
阳春市	40	7	4	29		210	99	99	12
清远市	**242**	**12**	**12**	**216**	**2**	**976**	**371**	**556**	**49**
清城区	156	9	7	140		502	202	272	28
清新区	44		2	42		218	82	126	10
佛冈县									
阳山县									
连山壮族瑶族自治县									
连南瑶族自治县									
英德市	26	2	1	23		163	60	99	4
连州市	16	1	2	11	2	93	27	59	7

4-4a 续表 85 单位：人

地区 性别	水利、环境和公共设施管理业					居民服务、修理和其他服务业			
	小计	水利管理业	生态保护和环境治理业	公共设施管理业	土地管理业	小计	居民服务业	机动车、电子产品和日用产品修理业	其他服务业
东莞市	**1657**	**124**	**366**	**1156**	**11**	**7582**	**3221**	**3462**	**899**
市辖区	1657	124	366	1156	11	7582	3221	3462	899
中山市	**431**	**34**	**62**	**331**	**4**	**1982**	**815**	**984**	**183**
市辖区	431	34	62	331	4	1982	815	984	183
潮州市	**102**	**16**	**5**	**79**	**2**	**626**	**266**	**317**	**43**
湘桥区	80	15	4	60	1	352	167	158	27
潮安区	22	1	1	19	1	274	99	159	16
饶平县									
揭阳市	**54**	**3**	**15**	**35**	**1**	**1107**	**450**	**518**	**139**
榕城区	27	1	7	18	1	519	208	242	69
揭东区	21	1	8	12		276	94	136	46
揭西县									
惠来县									
普宁市	6	1		5		312	148	140	24
云浮市	**36**	**4**	**2**	**28**	**2**	**362**	**111**	**209**	**42**
云城区	26		2	22	2	242	73	144	25
云安区	1	1				9	1	7	1
新兴县									
郁南县									
罗定市	9	3		6		111	37	58	16
女	**9705**	**356**	**718**	**8511**	**120**	**82409**	**64645**	**5448**	**12316**
广州市	**2175**	**78**	**201**	**1864**	**32**	**16821**	**13246**	**921**	**2654**
荔湾区	169	5	10	150	4	870	701	48	121
越秀区	193	8	21	162	2	1082	990	35	57
海珠区	219	5	18	188	8	1833	1465	89	279
天河区	365	29	31	299	6	3518	2683	179	656
白云区	276	6	14	255	1	3692	3048	179	465
黄埔区	205	3	20	181	1	1036	704	64	268
番禺区	387	12	59	313	3	2851	2231	160	460
花都区	151	5	14	128	4	824	605	76	143
南沙区	82	2	9	68	3	429	289	37	103
从化区	29		3	26		179	142	12	25
增城区	99	3	2	94		507	388	42	77
韶关市	**123**	**6**	**5**	**110**	**2**	**1030**	**783**	**85**	**162**
武江区	49	2	3	42	2	362	302	26	34
浈江区	42	1		41		353	242	24	87
曲江区	12		1	11		166	121	17	28
始兴县									
仁化县									
翁源县									
乳源瑶族自治县									
新丰县									
乐昌市	8	1		7		70	63	4	3
南雄市	12	2	1	9		79	55	14	10
深圳市	**2776**	**99**	**181**	**2466**	**30**	**25241**	**20278**	**1154**	**3809**
罗湖区	193	12	13	167	1	2634	2156	71	407
福田区	300	14	25	253	8	3784	3028	72	684
南山区	402	23	36	341	2	3440	2812	88	540
宝安区	569	18	32	517	2	5627	4572	292	763
龙岗区	483	15	39	421	8	4836	3811	324	701
盐田区	60	1	1	58		315	254	14	47
龙华区	346	10	12	321	3	3125	2467	190	468
坪山区	75	1	5	65	4	415	319	27	69
光明区	348	5	18	323	2	1065	859	76	130

4-4a　续表 86

单位：人

地区 性别	水利、环境和公共设施管理业					居民服务、修理和其他服务业			
	小计	水利管理业	生态保护和环境治理业	公共设施管理业	土地管理业	小计	居民服务业	机动车、电子产品和日用产品修理业	其他服务业
珠海市	**339**	**6**	**15**	**312**	**6**	**2455**	**1917**	**170**	**368**
香洲区	240	4	13	220	3	2004	1599	127	278
斗门区	54	2	2	50		240	192	27	21
金湾区	45			42	3	211	126	16	69
汕头市	**120**	**7**	**5**	**105**	**3**	**1379**	**1039**	**111**	**229**
龙湖区	26	2	1	21	2	396	301	26	69
金平区	64	2	3	58	1	554	407	57	90
濠江区	6			6		54	38	1	15
潮阳区	8			8		156	119	5	32
潮南区	5		1	4		110	81	14	15
澄海区	11	3		8		109	93	8	8
南澳县									
佛山市	**1187**	**26**	**61**	**1083**	**17**	**9113**	**6799**	**893**	**1421**
禅城区	161	1	11	147	2	1289	985	106	198
南海区	490	13	32	434	11	3742	2600	445	697
顺德区	371	8	13	347	3	3496	2750	287	459
三水区	96	4	5	86	1	316	264	25	27
高明区	69			69		270	200	30	40
江门市	**350**	**14**	**16**	**314**	**6**	**2325**	**1822**	**181**	**322**
蓬江区	109	4	6	96	3	693	565	61	67
江海区	41		3	38		296	223	16	57
新会区	58	3	6	46	3	411	315	37	59
台山市	54	1		53		300	230	18	52
开平市	29	2	1	26		243	178	21	44
鹤山市	31	1		30		243	189	20	34
恩平市	28	3		25		139	122	8	9
湛江市	**278**	**11**	**6**	**260**	**1**	**1859**	**1391**	**116**	**352**
赤坎区	42	3	2	37		414	301	28	85
霞山区	136	3	1	131	1	747	558	28	161
坡头区	32	1		31		50	39	2	9
麻章区	16		1	15		94	50	16	28
遂溪县	2			2		10	4	4	2
徐闻县									
廉江市	15		2	13		192	158	16	18
雷州市	19	2		17		189	147	14	28
吴川市	16	2		14		163	134	8	21
茂名市	**221**	**12**	**7**	**201**	**1**	**1920**	**1546**	**137**	**237**
茂南区	108	8	4	95	1	782	632	54	96
电白区	44	2	1	41		202	172	7	23
高州市	36	2	1	33		342	295	23	24
化州市	19			19		287	209	24	54
信宜市	14		1	13		307	238	29	40
肇庆市	**184**	**6**	**11**	**166**	**1**	**1119**	**821**	**112**	**186**
端州区	108	5	8	94	1	552	399	52	101
鼎湖区	40		1	39		106	70	14	22
高要区	9			9		99	70	12	17
广宁县									
怀集县									
封开县									
德庆县									
四会市	27	1	2	24		362	282	34	46
惠州市	**280**	**13**	**41**	**224**	**2**	**2511**	**1990**	**195**	**326**
惠城区	200	12	33	153	2	1629	1290	119	220
惠阳区	77	1	8	68		873	697	71	105
博罗县	3			3		9	3	5	1
惠东县									
龙门县									

4-4a 续表 87

单位：人

地区 性别	水利、环境和公共设施管理业					居民服务、修理和其他服务业			
	小计	水利管理业	生态保护和环境治理业	公共设施管理业	土地管理业	小计	居民服务业	机动车、电子产品和日用产品修理业	其他服务业
梅州市	**107**	**8**	**8**	**90**	**1**	**973**	**772**	**56**	**145**
梅江区	51	3	4	44		465	390	24	51
梅县区	41	1	2	38		310	220	22	68
大埔县									
丰顺县									
五华县	3			3		8	6	1	1
平远县									
蕉岭县									
兴宁市	12	4	2	5	1	190	156	9	25
汕尾市	**23**	**2**	**1**	**20**		**357**	**250**	**52**	**55**
城　区	13	2	1	10		193	143	6	44
海丰县									
陆河县									
陆丰市	10			10		164	107	46	11
河源市	**84**	**2**	**12**	**65**	**5**	**722**	**588**	**35**	**99**
源城区	84	2	12	65	5	722	588	35	99
紫金县									
龙川县									
连平县									
和平县									
东源县									
阳江市	**86**	**6**	**3**	**76**	**1**	**786**	**596**	**54**	**136**
江城区	48	2	1	44	1	409	293	32	84
阳东区	12	2		10		90	67	5	18
阳西县									
阳春市	26	2	2	22		287	236	17	34
清远市	**199**	**3**	**5**	**191**		**1379**	**1155**	**85**	**139**
清城区	128	3	3	122		752	631	42	79
清新区	36			36		283	243	13	27
佛冈县									
阳山县									
连山壮族瑶族自治县									
连南瑶族自治县									
英德市	20		1	19		223	188	20	15
连州市	15		1	14		121	93	10	18
东莞市	**819**	**32**	**114**	**670**	**3**	**8352**	**6600**	**735**	**1017**
市辖区	819	32	114	670	3	8352	6600	735	1017
中山市	**250**	**16**	**24**	**204**	**6**	**2428**	**1859**	**211**	**358**
市辖区	250	16	24	204	6	2428	1859	211	358
潮州市	**43**	**5**	**1**	**34**	**3**	**520**	**399**	**39**	**82**
湘桥区	26	4	1	18	3	326	244	21	61
潮安区	17	1		16		194	155	18	21
饶平县									
揭阳市	**14**	**2**		**12**		**615**	**435**	**68**	**112**
榕城区	8			8		218	145	34	39
揭东区	6	2		4		168	108	11	49
揭西县									
惠来县									
普宁市						229	182	23	24
云浮市	**47**	**2**	**1**	**44**		**504**	**359**	**38**	**107**
云城区	32	1		31		339	240	28	71
云安区						18	11	2	5
新兴县									
郁南县									
罗定市	15	1	1	13		147	108	8	31

4-4a　续表 88

单位：人

地　区 性　别	教育		卫生和社会工作			文化、体育和娱乐业				
	小计	教育	小计	卫生	社会工作	小计	新闻和出版业	广播、电视、电影和录音制作业	文化艺术业	体育
广　东	**161846**	**161846**	**72434**	**69574**	**2860**	**38570**	**2597**	**5417**	**5785**	**7320**
广州市	**35870**	**35870**	**18471**	**17415**	**1056**	**9768**	**1070**	**1756**	**1791**	**1706**
荔湾区	1964	1964	1575	1463	112	571	81	111	129	88
越秀区	2610	2610	2804	2667	137	1129	211	293	221	189
海珠区	4012	4012	2357	2206	151	1236	193	253	295	169
天河区	8005	8005	2607	2484	123	2061	241	385	411	371
白云区	5345	5345	3659	3397	262	1758	144	297	217	331
黄埔区	2341	2341	1162	1065	97	533	36	81	106	86
番禺区	5793	5793	2146	2066	80	1681	119	264	277	260
花都区	2549	2549	933	897	36	387	18	29	60	99
南沙区	871	871	356	334	22	164	8	13	34	54
从化区	840	840	314	301	13	61	3	4	9	13
增城区	1540	1540	558	535	23	187	16	26	32	46
韶关市	**2682**	**2682**	**1500**	**1453**	**47**	**349**	**19**	**59**	**62**	**55**
武江区	868	868	628	614	14	126	8	29	20	11
浈江区	778	778	299	289	10	123	9	22	17	27
曲江区	366	366	167	161	6	46		7	9	11
始兴县										
仁化县										
翁源县										
乳源瑶族自治县										
新丰县										
乐昌市	299	299	186	177	9	23			3	2
南雄市	371	371	220	212	8	31	2	1	13	4
深圳市	**37915**	**37915**	**15335**	**14747**	**588**	**12753**	**650**	**1703**	**1658**	**2849**
罗湖区	2612	2612	1745	1681	64	1118	54	131	138	196
福田区	3969	3969	2155	2098	57	1503	191	221	282	313
南山区	5287	5287	1696	1614	82	1804	96	277	240	490
宝安区	8043	8043	3088	2957	131	2728	111	339	277	509
龙岗区	9406	9406	3490	3363	127	2519	99	414	411	456
盐田区	491	491	255	213	42	206	8	19	22	66
龙华区	5403	5403	1829	1772	57	2229	74	260	223	697
坪山区	1043	1043	380	369	11	193	4	14	17	29
光明区	1661	1661	697	680	17	453	13	28	48	93
珠海市	**4791**	**4791**	**2115**	**2047**	**68**	**1340**	**64**	**122**	**179**	**243**
香洲区	3607	3607	1660	1611	49	1115	59	98	160	201
斗门区	541	541	251	239	12	105	2	14	11	20
金湾区	643	643	204	197	7	120	3	10	8	22
汕头市	**4452**	**4452**	**1735**	**1717**	**18**	**792**	**45**	**91**	**189**	**112**
龙湖区	1169	1169	400	397	3	269	16	16	57	31
金平区	1709	1709	975	967	8	317	22	48	92	49
濠江区	212	212	49	49		40			4	8
潮阳区	626	626	114	112	2	62	4	18	14	4
潮南区	242	242	72	67	5	49	1	1	10	9
澄海区	494	494	125	125		55	2	8	12	11
南澳县										
佛山市	**14940**	**14940**	**6851**	**6476**	**375**	**3298**	**186**	**440**	**466**	**643**
禅城区	2100	2100	1649	1598	51	647	60	94	123	106
南海区	6017	6017	2243	2120	123	1317	62	194	166	275
顺德区	5183	5183	2201	2052	149	1073	53	127	141	207
三水区	957	957	486	439	47	135	7	13	25	31
高明区	683	683	272	267	5	126	4	12	11	24

4-4a 续表 89　　　　单位：人

地区 性别	教育		卫生和社会工作			文化、体育和娱乐业				
	小计	教育	小计	卫生	社会工作	小计	新闻和出版业	广播、电视、电影和录音制作业	文化艺术业	体育
江门市	**6059**	**6059**	**3042**	**2912**	**130**	**944**	**82**	**175**	**132**	**129**
蓬江区	1641	1641	1077	1025	52	348	46	61	61	50
江海区	602	602	212	196	16	135	5	15	13	16
新会区	1248	1248	568	539	29	169	13	25	22	29
台山市	746	746	478	472	6	78	8	16	6	13
开平市	804	804	262	254	8	82	1	29	14	5
鹤山市	591	591	233	222	11	92	6	14	11	12
恩平市	427	427	212	204	8	40	3	15	5	4
湛江市	**5663**	**5663**	**2575**	**2539**	**36**	**666**	**66**	**88**	**132**	**108**
赤坎区	1232	1232	547	534	13	206	44	31	24	32
霞山区	1643	1643	1065	1055	10	208	15	28	45	32
坡头区	211	211	76	75	1	13		2	3	3
麻章区	276	276	49	49		20	1		5	4
遂溪县	26	26	18	18		3			1	1
徐闻县										
廉江市	976	976	315	311	4	83	3	11	4	20
雷州市	583	583	185	179	6	40	1	1	22	3
吴川市	716	716	320	318	2	93	2	15	28	13
茂名市	**5260**	**5260**	**2174**	**2121**	**53**	**501**	**44**	**62**	**76**	**62**
茂南区	1845	1845	853	822	31	255	29	37	42	19
电白区	740	740	230	229	1	68	5	6	7	14
高州市	924	924	567	556	11	68	2	4	9	14
化州市	845	845	241	233	8	59	3	5	12	5
信宜市	906	906	283	281	2	51	5	10	6	10
肇庆市	**2856**	**2856**	**1280**	**1241**	**39**	**431**	**28**	**51**	**90**	**56**
端州区	1627	1627	867	835	32	323	23	39	73	38
鼎湖区	233	233	87	80	7	33	2	7	5	5
高要区	130	130	33	33		8			1	3
广宁县										
怀集县										
封开县										
德庆县										
四会市	866	866	293	293		67	3	5	11	10
惠州市	**5323**	**5323**	**2317**	**2237**	**80**	**1112**	**41**	**153**	**131**	**173**
惠城区	3680	3680	1786	1714	72	741	36	97	89	117
惠阳区	1612	1612	529	521	8	370	5	56	42	55
博罗县	31	31	2	2		1				1
惠东县										
龙门县										
梅州市	**2458**	**2458**	**1407**	**1387**	**20**	**290**	**50**	**49**	**52**	**43**
梅江区	939	939	710	701	9	153	37	23	24	22
梅县区	632	632	386	377	9	83	8	17	15	12
大埔县										
丰顺县										
五华县	15	15	5	5						
平远县										
蕉岭县										
兴宁市	872	872	306	304	2	54	5	9	13	9
汕尾市	**969**	**969**	**297**	**294**	**3**	**154**	**10**	**13**	**23**	**19**
城　区	496	496	166	164	2	92	8	6	16	12
海丰县										
陆河县										
陆丰市	473	473	131	130	1	62	2	7	7	7

4-4a　续表 90　　　　单位：人

地　区 性　别	教育		卫生和社会工作			文化、体育和娱乐业				
	小计	教育	小计	卫生	社会工作	小计	新闻和出版业	广播、电视、电影和录音制作业	文　化艺术业	体育
河源市	**1857**	**1857**	**815**	**798**	**17**	**367**	**20**	**42**	**58**	**46**
源城区	1857	1857	815	798	17	367	20	42	58	46
紫金县										
龙川县										
连平县										
和平县										
东源县										
阳江市	**2414**	**2414**	**1024**	**995**	**29**	**272**	**18**	**47**	**50**	**50**
江城区	1206	1206	512	499	13	165	15	31	31	39
阳东区	449	449	143	139	4	25		3	4	8
阳西县										
阳春市	759	759	369	357	12	82	3	13	15	3
清远市	**3823**	**3823**	**1708**	**1650**	**58**	**511**	**23**	**76**	**49**	**73**
清城区	1999	1999	973	938	35	295	15	51	16	54
清新区	736	736	194	183	11	60	2	10	6	6
佛冈县										
阳山县										
连山壮族瑶族自治县										
连南瑶族自治县										
英德市	701	701	311	305	6	100	6	8	13	12
连州市	387	387	230	224	6	56		7	14	1
东莞市	**15212**	**15212**	**6041**	**5868**	**173**	**3438**	**90**	**324**	**401**	**704**
市辖区	15212	15212	6041	5868	173	3438	90	324	401	704
中山市	**4554**	**4554**	**1894**	**1850**	**44**	**962**	**45**	**93**	**123**	**166**
市辖区	4554	4554	1894	1850	44	962	45	93	123	166
潮州市	**1671**	**1671**	**741**	**733**	**8**	**275**	**17**	**31**	**46**	**28**
湘桥区	1030	1030	476	470	6	164	13	21	35	14
潮安区	641	641	265	263	2	111	4	10	11	14
饶平县										
揭阳市	**1707**	**1707**	**545**	**536**	**9**	**187**	**14**	**28**	**51**	**34**
榕城区	869	869	279	274	5	85	10	13	23	14
揭东区	280	280	116	114	2	21		5	9	5
揭西县										
惠来县										
普宁市	558	558	150	148	2	81	4	10	19	15
云浮市	**1370**	**1370**	**567**	**558**	**9**	**160**	**15**	**14**	**26**	**21**
云城区	779	779	327	318	9	113	13	11	15	15
云安区	31	31	6	6		1				
新兴县										
郁南县										
罗定市	560	560	234	234		46	2	3	11	6
男	**53424**	**53424**	**23857**	**22985**	**872**	**21006**	**1386**	**3265**	**2927**	**3988**
广州市	**12416**	**12416**	**5707**	**5392**	**315**	**5094**	**514**	**1030**	**855**	**940**
荔湾区	592	592	473	446	27	286	44	58	57	53
越秀区	841	841	888	832	56	595	101	167	105	110
海珠区	1377	1377	743	714	29	651	98	150	136	87
天河区	3110	3110	767	728	39	1081	101	233	205	214
白云区	1831	1831	1179	1092	87	910	71	174	111	172
黄埔区	783	783	362	332	30	269	19	45	38	52
番禺区	2025	2025	652	630	22	902	55	162	138	149
花都区	810	810	296	286	10	197	7	20	34	41
南沙区	281	281	102	95	7	73	6	6	15	23
从化区	286	286	103	98	5	36	1	2	4	9
增城区	480	480	142	139	3	94	11	13	12	30

4-4a　续表 91　　　　单位：人

地　区 性　别	教育		卫生和社会工作			文化、体育和娱乐业				
	小计	教育	小计	卫生	社会工作	小计	新闻和出版业	广播、电视、电影和录音制作业	文 化艺术业	体育
韶关市	**947**	**947**	**469**	**457**	**12**	**179**	**8**	**33**	**34**	**24**
武江区	276	276	204	198	6	56	3	14	8	3
浈江区	289	289	78	75	3	71	4	14	12	12
曲江区	120	120	44	44		24		4	5	7
始兴县										
仁化县										
翁源县										
乳源瑶族自治县										
新丰县										
乐昌市	106	106	71	69	2	12			2	1
南雄市	156	156	72	71	1	16	1	1	7	1
深圳市	**12371**	**12371**	**4880**	**4700**	**180**	**7142**	**365**	**1060**	**911**	**1554**
罗湖区	798	798	587	563	24	603	30	87	71	113
福田区	1290	1290	647	625	22	772	100	139	137	144
南山区	1924	1924	526	494	32	944	48	166	122	252
宝安区	2549	2549	1022	991	31	1498	68	205	145	279
龙岗区	3034	3034	1104	1069	35	1476	57	255	253	270
盐田区	167	167	73	67	6	119	5	16	13	35
龙华区	1729	1729	544	524	20	1346	46	167	136	394
坪山区	348	348	131	128	3	108	3	8	9	13
光明区	532	532	246	239	7	276	8	17	25	54
珠海市	**1582**	**1582**	**696**	**677**	**19**	**727**	**37**	**72**	**86**	**135**
香洲区	1172	1172	534	517	17	611	35	57	76	112
斗门区	177	177	85	83	2	59	1	8	6	12
金湾区	233	233	77	77		57	1	7	4	11
汕头市	**1133**	**1133**	**676**	**671**	**5**	**451**	**25**	**49**	**93**	**73**
龙湖区	286	286	153	152	1	155	10	8	28	21
金平区	459	459	357	354	3	175	13	24	47	28
濠江区	58	58	25	25		21			1	6
潮阳区	132	132	46	46		38	1	12	4	3
潮南区	91	91	40	39	1	35	1	1	8	7
澄海区	107	107	55	55		27		4	5	8
南澳县										
佛山市	**4512**	**4512**	**2218**	**2106**	**112**	**1756**	**97**	**261**	**200**	**348**
禅城区	689	689	522	504	18	347	32	58	48	55
南海区	1808	1808	742	708	34	716	29	113	85	163
顺德区	1521	1521	711	665	46	561	31	76	53	107
三水区	269	269	148	136	12	63	3	8	9	15
高明区	225	225	95	93	2	69	2	6	5	8
江门市	**1877**	**1877**	**992**	**957**	**35**	**513**	**42**	**110**	**61**	**81**
蓬江区	485	485	346	327	19	186	23	40	29	30
江海区	172	172	59	57	2	63	3	7	5	9
新会区	394	394	198	191	7	96	5	14	9	17
台山市	263	263	164	161	3	49	5	9	5	11
开平市	275	275	80	78	2	51	1	21	6	2
鹤山市	158	158	80	78	2	44	3	9	5	8
恩平市	130	130	65	65		24	2	10	2	4
湛江市	**1889**	**1889**	**894**	**879**	**15**	**365**	**37**	**50**	**68**	**68**
赤坎区	407	407	192	186	6	110	25	15	10	23
霞山区	525	525	343	336	7	114	9	20	22	20
坡头区	43	43	22	22		1				1
麻章区	105	105	21	21		11			5	2
遂溪县	12	12	8	8		3			1	1
徐闻县										
廉江市	344	344	113	112	1	49	2	7	2	11
雷州市	240	240	74	73	1	24	1		13	
吴川市	213	213	121	121		53		8	15	10

4-4a　续表 92　　　　单位：人

地区 性别	教育		卫生和社会工作			文化、体育和娱乐业				
	小计	教育	小计	卫生	社会工作	小计	新闻和出版业	广播、电视、电影和录音制作业	文化艺术业	体育
茂名市	**1813**	**1813**	**740**	**722**	**18**	**281**	**27**	**42**	**42**	**42**
茂南区	568	568	282	273	9	134	17	23	22	13
电白区	239	239	75	75		39	4	2	5	8
高州市	361	361	185	181	4	40	1	4	4	11
化州市	297	297	86	83	3	34	2	4	7	3
信宜市	348	348	112	110	2	34	3	9	4	7
肇庆市	**984**	**984**	**465**	**457**	**8**	**235**	**18**	**30**	**43**	**29**
端州区	582	582	318	310	8	176	15	24	37	19
鼎湖区	72	72	27	27		17	2	3	2	2
高要区	44	44	13	13		2				1
广宁县										
怀集县										
封开县										
德庆县										
四会市	286	286	107	107		40	1	3	4	7
惠州市	**1655**	**1655**	**769**	**733**	**36**	**609**	**28**	**90**	**76**	**75**
惠城区	1099	1099	593	558	35	402	25	60	48	52
惠阳区	546	546	176	175	1	207	3	30	28	23
博罗县	10	10								
惠东县										
龙门县										
梅州市	**866**	**866**	**526**	**523**	**3**	**170**	**29**	**29**	**30**	**21**
梅江区	307	307	257	256	1	91	22	14	14	11
梅县区	213	213	145	143	2	46	5	9	7	8
大埔县										
丰顺县										
五华县	4	4	2	2						
平远县										
蕉岭县										
兴宁市	342	342	122	122		33	2	6	9	2
汕尾市	**398**	**398**	**141**	**140**	**1**	**89**	**8**	**10**	**15**	**8**
城　区	191	191	83	82	1	51	6	6	11	5
海丰县										
陆河县										
陆丰市	207	207	58	58		38	2	4	4	3
河源市	**509**	**509**	**287**	**279**	**8**	**199**	**11**	**27**	**20**	**24**
源城区	509	509	287	279	8	199	11	27	20	24
紫金县										
龙川县										
连平县										
和平县										
东源县										
阳江市	**758**	**758**	**363**	**351**	**12**	**152**	**8**	**33**	**28**	**26**
江城区	337	337	182	176	6	95	7	18	17	21
阳东区	154	154	44	43	1	12		2	2	4
阳西县										
阳春市	267	267	137	132	5	45	1	13	9	1
清远市	**1254**	**1254**	**555**	**539**	**16**	**262**	**14**	**47**	**28**	**33**
清城区	593	593	334	326	8	157	7	30	8	24
清新区	282	282	66	60	6	34	2	6	4	2
佛冈县										
阳山县										
连山壮族瑶族自治县										
连南瑶族自治县										
英德市	227	227	78	77	1	44	5	6	8	7
连州市	152	152	77	76	1	27		5	8	

4-4a 续表 93 单位：人

地区 性别	教育		卫生和社会工作			文化、体育和娱乐业				
	小计	教育	小计	卫生	社会工作	小计	新闻和出版业	广播、电视、电影和录音制作业	文化艺术业	体育
东莞市	**5412**	**5412**	**2088**	**2027**	**61**	**1919**	**57**	**196**	**211**	**363**
市辖区	5412	5412	2088	2027	61	1919	57	196	211	363
中山市	**1479**	**1479**	**614**	**605**	**9**	**512**	**29**	**53**	**61**	**93**
市辖区	1479	1479	614	605	9	512	29	53	61	93
潮州市	**531**	**531**	**324**	**321**	**3**	**147**	**13**	**18**	**22**	**18**
湘桥区	359	359	195	194	1	79	10	11	15	7
潮安区	172	172	129	127	2	68	3	7	7	11
饶平县										
揭阳市	**620**	**620**	**278**	**275**	**3**	**116**	**10**	**16**	**28**	**22**
榕城区	308	308	145	144	1	58	8	9	13	10
揭东区	69	69	61	60	1	14		2	7	3
揭西县										
惠来县										
普宁市	243	243	72	71	1	44	2	5	8	9
云浮市	**418**	**418**	**175**	**174**	**1**	**88**	**9**	**9**	**15**	**11**
云城区	221	221	94	93	1	62	9	6	9	10
云安区	10	10	2	2						
新兴县										
郁南县										
罗定市	187	187	79	79		26		3	6	1
女	**108422**	**108422**	**48577**	**46589**	**1988**	**17564**	**1211**	**2152**	**2858**	**3332**
广州市	**23454**	**23454**	**12764**	**12023**	**741**	**4674**	**556**	**726**	**936**	**766**
荔湾区	1372	1372	1102	1017	85	285	37	53	72	35
越秀区	1769	1769	1916	1835	81	534	110	126	116	79
海珠区	2635	2635	1614	1492	122	585	95	103	159	82
天河区	4895	4895	1840	1756	84	980	140	152	206	157
白云区	3514	3514	2480	2305	175	848	73	123	106	159
黄埔区	1558	1558	800	733	67	264	17	36	68	34
番禺区	3768	3768	1494	1436	58	779	64	102	139	111
花都区	1739	1739	637	611	26	190	11	9	26	58
南沙区	590	590	254	239	15	91	2	7	19	31
从化区	554	554	211	203	8	25	2	2	5	4
增城区	1060	1060	416	396	20	93	5	13	20	16
韶关市	**1735**	**1735**	**1031**	**996**	**35**	**170**	**11**	**26**	**28**	**31**
武江区	592	592	424	416	8	70	5	15	12	8
浈江区	489	489	221	214	7	52	5	8	5	15
曲江区	246	246	123	117	6	22		3	4	4
始兴县										
仁化县										
翁源县										
乳源瑶族自治县										
新丰县										
乐昌市	193	193	115	108	7	11			1	1
南雄市	215	215	148	141	7	15	1		6	3
深圳市	**25544**	**25544**	**10455**	**10047**	**408**	**5611**	**285**	**643**	**747**	**1295**
罗湖区	1814	1814	1158	1118	40	515	24	44	67	83
福田区	2679	2679	1508	1473	35	731	91	82	145	169
南山区	3363	3363	1170	1120	50	860	48	111	118	238
宝安区	5494	5494	2066	1966	100	1230	43	134	132	230
龙岗区	6372	6372	2386	2294	92	1043	42	159	158	186
盐田区	324	324	182	146	36	87	3	3	9	31
龙华区	3674	3674	1285	1248	37	883	28	93	87	303
坪山区	695	695	249	241	8	85	1	6	8	16
光明区	1129	1129	451	441	10	177	5	11	23	39

4-4a　续表 94　　　　　　　　　　　　　　　　　　　　　　　　单位：人

地　区 性　别	教育		卫生和社会工作			文化、体育和娱乐业				
	小计	教育	小计	卫生	社会工作	小计	新闻和出版业	广播、电视、电影和录音制作业	文　化艺术业	体育
珠海市	**3209**	**3209**	**1419**	**1370**	**49**	**613**	**27**	**50**	**93**	**108**
香洲区	2435	2435	1126	1094	32	504	24	41	84	89
斗门区	364	364	166	156	10	46	1	6	5	8
金湾区	410	410	127	120	7	63	2	3	4	11
汕头市	**3319**	**3319**	**1059**	**1046**	**13**	**341**	**20**	**42**	**96**	**39**
龙湖区	883	883	247	245	2	114	6	8	29	10
金平区	1250	1250	618	613	5	142	9	24	45	21
濠江区	154	154	24	24		19			3	2
潮阳区	494	494	68	66	2	24	3	6	10	1
潮南区	151	151	32	28	4	14			2	2
澄海区	387	387	70	70		28	2	4	7	3
南澳县										
佛山市	**10428**	**10428**	**4633**	**4370**	**263**	**1542**	**89**	**179**	**266**	**295**
禅城区	1411	1411	1127	1094	33	300	28	36	75	51
南海区	4209	4209	1501	1412	89	601	33	81	81	112
顺德区	3662	3662	1490	1387	103	512	22	51	88	100
三水区	688	688	338	303	35	72	4	5	16	16
高明区	458	458	177	174	3	57	2	6	6	16
江门市	**4182**	**4182**	**2050**	**1955**	**95**	**431**	**40**	**65**	**71**	**48**
蓬江区	1156	1156	731	698	33	162	23	21	32	20
江海区	430	430	153	139	14	72	2	8	8	7
新会区	854	854	370	348	22	73	8	11	13	12
台山市	483	483	314	311	3	29	3	7	1	2
开平市	529	529	182	176	6	31		8	8	3
鹤山市	433	433	153	144	9	48	3	5	6	4
恩平市	297	297	147	139	8	16	1	5	3	
湛江市	**3774**	**3774**	**1681**	**1660**	**21**	**301**	**29**	**38**	**64**	**40**
赤坎区	825	825	355	348	7	96	19	16	14	9
霞山区	1118	1118	722	719	3	94	6	8	23	12
坡头区	168	168	54	53	1	12		2	3	2
麻章区	171	171	28	28		9	1			2
遂溪县	14	14	10	10						
徐闻县										
廉江市	632	632	202	199	3	34	1	4	2	9
雷州市	343	343	111	106	5	16		1	9	3
吴川市	503	503	199	197	2	40	2	7	13	3
茂名市	**3447**	**3447**	**1434**	**1399**	**35**	**220**	**17**	**20**	**34**	**20**
茂南区	1277	1277	571	549	22	121	12	14	20	6
电白区	501	501	155	154	1	29	1	4	2	6
高州市	563	563	382	375	7	28	1		5	3
化州市	548	548	155	150	5	25	1	1	5	2
信宜市	558	558	171	171		17	2	1	2	3
肇庆市	**1872**	**1872**	**815**	**784**	**31**	**196**	**10**	**21**	**47**	**27**
端州区	1045	1045	549	525	24	147	8	15	36	19
鼎湖区	161	161	60	53	7	16		4	3	3
高要区	86	86	20	20		6			1	2
广宁县										
怀集县										
封开县										
德庆县										
四会市	580	580	186	186		27	2	2	7	3
惠州市	**3668**	**3668**	**1548**	**1504**	**44**	**503**	**13**	**63**	**55**	**98**
惠城区	2581	2581	1193	1156	37	339	11	37	41	65
惠阳区	1066	1066	353	346	7	163	2	26	14	32
博罗县	21	21	2	2		1				1
惠东县										
龙门县										

4－4a 续表 95

单位：人

地区 性别	教育		卫生和社会工作			文化、体育和娱乐业				
	小计	教育	小计	卫生	社会工作	小计	新闻和出版业	广播、电视、电影和录音制作业	文化艺术业	体育
梅州市	**1592**	**1592**	**881**	**864**	**17**	**120**	**21**	**20**	**22**	**22**
梅江区	632	632	453	445	8	62	15	9	10	11
梅县区	419	419	241	234	7	37	3	8	8	4
大埔县										
丰顺县										
五华县	11	11	3	3						
平远县										
蕉岭县										
兴宁市	530	530	184	182	2	21	3	3	4	7
汕尾市	**571**	**571**	**156**	**154**	**2**	**65**	**2**	**3**	**8**	**11**
城　区	305	305	83	82	1	41	2		5	7
海丰县										
陆河县										
陆丰市	266	266	73	72	1	24		3	3	4
河源市	**1348**	**1348**	**528**	**519**	**9**	**168**	**9**	**15**	**38**	**22**
源城区	1348	1348	528	519	9	168	9	15	38	22
紫金县										
龙川县										
连平县										
和平县										
东源县										
阳江市	**1656**	**1656**	**661**	**644**	**17**	**120**	**10**	**14**	**22**	**24**
江城区	869	869	330	323	7	70	8	13	14	18
阳东区	295	295	99	96	3	13		1	2	4
阳西县										
阳春市	492	492	232	225	7	37	2		6	2
清远市	**2569**	**2569**	**1153**	**1111**	**42**	**249**	**9**	**29**	**21**	**40**
清城区	1406	1406	639	612	27	138	8	21	8	30
清新区	454	454	128	123	5	26		4	2	4
佛冈县										
阳山县										
连山壮族瑶族自治县										
连南瑶族自治县										
英德市	474	474	233	228	5	56	1	2	5	5
连州市	235	235	153	148	5	29		2	6	1
东莞市	**9800**	**9800**	**3953**	**3841**	**112**	**1519**	**33**	**128**	**190**	**341**
市辖区	9800	9800	3953	3841	112	1519	33	128	190	341
中山市	**3075**	**3075**	**1280**	**1245**	**35**	**450**	**16**	**40**	**62**	**73**
市辖区	3075	3075	1280	1245	35	450	16	40	62	73
潮州市	**1140**	**1140**	**417**	**412**	**5**	**128**	**4**	**13**	**24**	**10**
湘桥区	671	671	281	276	5	85	3	10	20	7
潮安区	469	469	136	136		43	1	3	4	3
饶平县										
揭阳市	**1087**	**1087**	**267**	**261**	**6**	**71**	**4**	**12**	**23**	**12**
榕城区	561	561	134	130	4	27	2	4	10	4
揭东区	211	211	55	54	1	7		3	2	2
揭西县										
惠来县										
普宁市	315	315	78	77	1	37	2	5	11	6
云浮市	**952**	**952**	**392**	**384**	**8**	**72**	**6**	**5**	**11**	**10**
云城区	558	558	233	225	8	51	4	5	6	5
云安区	21	21	4	4		1				
新兴县										
郁南县										
罗定市	373	373	155	155		20	2		5	5

4-4a　续表 96　　　　单位：人

地区 性别	娱乐业	公共管理、社会保障和社会组织							国际组织	
		小计	中国共产党机关	国家机构	人民政协、民主党派	社会保障	群众团体、社会团体和其他成员组织	基层群众自治组织	小计	国际组织
广　东	**17451**	**128741**	**2010**	**104297**	**236**	**505**	**6598**	**15095**	**51**	**51**
广州市	**3445**	**27172**	**537**	**21901**	**77**	**159**	**1583**	**2915**	**38**	**38**
荔湾区	162	1964	17	1673	9	5	116	144	7	7
越秀区	215	3658	199	3141	17	14	207	80	14	14
海珠区	326	3130	60	2553	11	16	205	285	7	7
天河区	653	4103	88	3511	15	28	228	233	3	3
白云区	769	4125	29	3018	6	32	239	801	1	1
黄埔区	224	1762	28	1352	4	12	86	280		
番禺区	761	3202	38	2434	6	35	154	535	4	4
花都区	181	1975	61	1448	2	10	239	215	2	2
南沙区	55	800	10	638	1	3	31	117		
从化区	32	869	2	797	3	2	32	33		
增城区	67	1584	5	1336	3	2	46	192		
韶关市	**154**	**2994**	**88**	**2620**	**8**	**7**	**100**	**171**		
武江区	58	1000	38	884	1	1	34	42		
浈江区	48	822	24	709	4	3	30	52		
曲江区	19	410	8	363	1	1	8	29		
始兴县										
仁化县										
翁源县										
乳源瑶族自治县										
新丰县										
乐昌市	18	367	7	335	2		7	16		
南雄市	11	395	11	329		2	21	32		
深圳市	**5893**	**25423**	**172**	**22665**	**16**	**100**	**1004**	**1466**	**1**	**1**
罗湖区	599	2122	11	1968	2	3	94	44		
福田区	496	3483	40	3201	5	20	157	60		
南山区	701	2433	31	2117	2	9	144	130		
宝安区	1492	5363	25	4786	3	16	190	343		
龙岗区	1139	5619	34	5059	1	44	206	275		
盐田区	91	722	8	676		2	30	6		
龙华区	975	3015	12	2617	1	4	117	264		
坪山区	129	930	9	750		2	31	138	1	1
光明区	271	1736	2	1491	2		35	206		
珠海市	**732**	**4115**	**47**	**3599**	**7**	**13**	**152**	**297**	**1**	**1**
香洲区	597	3235	34	2883	4	10	123	181		
斗门区	58	508	7	454			13	34		
金湾区	77	372	6	262	3	3	16	82	1	1
汕头市	**355**	**3693**	**136**	**2817**	**8**	**10**	**274**	**448**		
龙湖区	149	1224	57	977	4	4	57	125		
金平区	106	1288	53	1014		5	92	124		
濠江区	28	177	9	113			8	47		
潮阳区	22	470	9	360	2	1	48	50		
潮南区	28	141	6	25			54	56		
澄海区	22	393	2	328	2		15	46		
南澳县										
佛山市	**1563**	**12886**	**92**	**8643**	**14**	**32**	**1500**	**2605**	**2**	**2**
禅城区	264	2324	45	1814	7	5	121	332		
南海区	620	5120	26	2685	3	12	1200	1194		
顺德区	545	3393	13	2262	2	14	157	945	2	2
三水区	59	1145	6	1048	1	1	13	76		
高明区	75	904	2	834	1		9	58		

4－4a 续表 97

单位：人

地区 性别	娱乐业	公共管理、社会保障和社会组织							国际组织	
		小计	中国共产党机关	国家机构	人民政协、民主党派	社会保障	群众团体、社会团体和其他成员组织	基层群众自治组织	小计	国际组织
江门市	**426**	**5730**	**105**	**4636**	**15**	**21**	**250**	**703**	**1**	**1**
蓬江区	130	1794	35	1405	7	12	83	252	1	1
江海区	86	390	6	260	1		24	99		
新会区	80	1025	19	804	3	3	47	149		
台山市	35	877	16	743	1	3	33	81		
开平市	33	584	4	486	1	3	35	55		
鹤山市	49	573	13	511	1		15	33		
恩平市	13	487	12	427	1		13	34		
湛江市	**272**	**4015**	**104**	**3457**	**11**	**13**	**113**	**317**	**1**	**1**
赤坎区	75	971	46	839	2	4	29	51	1	1
霞山区	88	1357	24	1186	6	3	15	123		
坡头区	5	134	10	109		1	2	12		
麻章区	10	97	1	76		2	5	13		
遂溪县	1	19		6		1	8	4		
徐闻县										
廉江市	45	562	16	514	1		7	24		
雷州市	13	401	7	323		1	37	33		
吴川市	35	474		404	2	1	10	57		
茂名市	**257**	**3391**	**68**	**2989**	**11**	**22**	**63**	**238**		
茂南区	128	1454	31	1285	5	15	20	98		
电白区	36	467	9	410	2	1	5	40		
高州市	39	421	14	363	1	3	9	31		
化州市	34	556	5	494	2	2	18	35		
信宜市	20	493	9	437	1	1	11	34		
肇庆市	**206**	**2881**	**63**	**2528**	**8**	**14**	**81**	**187**		
端州区	150	1688	35	1484	5	13	51	100		
鼎湖区	14	238	6	186	2	1	5	38		
高要区	4	107	4	98			1	4		
广宁县										
怀集县										
封开县										
德庆县										
四会市	38	848	18	760	1		24	45		
惠州市	**614**	**3866**	**79**	**3324**	**7**	**18**	**175**	**263**	**3**	**3**
惠城区	402	2799	76	2431	4	15	136	137	2	2
惠阳区	212	1052	3	887	3	3	38	118	1	1
博罗县		15		6			1	8		
惠东县										
龙门县										
梅州市	**96**	**2701**	**38**	**2414**	**8**	**4**	**90**	**147**		
梅江区	47	1359	12	1233	4		61	49		
梅县区	31	656	4	583	3	4	13	49		
大埔县										
丰顺县										
五华县		9		3			1	5		
平远县										
蕉岭县										
兴宁市	18	677	22	595	1		15	44		
汕尾市	**89**	**1019**	**23**	**881**	**2**		**33**	**80**		
城　区	50	617	12	530	2		20	53		
海丰县										
陆河县										
陆丰市	39	402	11	351			13	27		

4-4a　续表 98

单位：人

地　区 性　别	娱乐业	公共管理、社会保障和社会组织 小计	中国共产党机关	国家机构	人民政协、民主党派	社会保障	群众团体、社会团体和其他成员组织	基层群众自治组织	国际组织 小计	国际组织
河源市	**201**	**2013**	**69**	**1739**	**13**	**7**	**49**	**136**		
源城区	201	2013	69	1739	13	7	49	136		
紫金县										
龙川县										
连平县										
和平县										
东源县										
阳江市	**107**	**2649**	**53**	**2371**	**6**	**5**	**82**	**132**		
江城区	49	1561	38	1408	2	4	41	68		
阳东区	10	375	9	337	1		6	22		
阳西县										
阳春市	48	713	6	626	3	1	35	42		
清远市	**290**	**3626**	**28**	**3305**	**8**	**6**	**69**	**210**		
清城区	159	2075	8	1893	3	5	48	118		
清新区	36	425	2	395			4	24		
佛冈县										
阳山县										
连山壮族瑶族自治县										
连南瑶族自治县										
英德市	61	702	11	624	3		15	49		
连州市	34	424	7	393	2	1	2	19		
东莞市	**1919**	**12658**	**118**	**8549**	**3**	**47**	**539**	**3402**	**3**	**3**
市辖区	1919	12658	118	8549	3	47	539	3402	3	3
中山市	**535**	**3375**	**64**	**2371**	**3**	**12**	**168**	**757**	**1**	**1**
市辖区	535	3375	64	2371	3	12	168	757	1	1
潮州市	**153**	**1547**	**30**	**1236**	**3**	**8**	**62**	**208**		
湘桥区	81	1032	13	877	3	6	33	100		
潮安区	72	515	17	359		2	29	108		
饶平县										
揭阳市	**60**	**1578**	**81**	**974**		**2**	**183**	**338**		
榕城区	25	1025	71	745			124	85		
揭东区	2	222	6	132			7	77		
揭西县										
惠来县										
普宁市	33	331	4	97		2	52	176		
云浮市	**84**	**1409**	**15**	**1278**	**8**	**5**	**28**	**75**		
云城区	59	997	6	914	6	5	23	43		
云安区	1	33		25				8		
新兴县										
郁南县										
罗定市	24	379	9	339	2		5	24		
男	**9440**	**84652**	**1366**	**69709**	**164**	**250**	**3241**	**9922**	**29**	**29**
广州市	**1755**	**17307**	**362**	**14183**	**48**	**87**	**767**	**1860**	**20**	**20**
荔湾区	74	1268	10	1105	7	2	58	86	4	4
越秀区	112	2248	138	1967	10	9	97	27	8	8
海珠区	180	1966	38	1634	4	11	104	175	3	3
天河区	328	2551	63	2228	10	15	104	131	2	2
白云区	382	2738	19	2060	3	12	104	540		
黄埔区	115	1050	18	838	3	8	29	154		
番禺区	398	2075	28	1572	5	22	77	371	1	1
花都区	95	1305	36	967	2	4	147	149	2	2
南沙区	23	538	7	437	1	2	13	78		
从化区	20	550	2	514	1	1	16	16		
增城区	28	1018	3	861	2	1	18	133		

4-4a 续表 99

单位：人

地区 性别	娱乐业	公共管理、社会保障和社会组织 小计	中国共产党机关	国家机构	人民政协、民主党派	社会保障	群众团体、社会团体和其他成员组织	基层群众自治组织	国际组织 小计	国际组织
韶关市	**80**	**1957**	**54**	**1754**	**7**	**3**	**51**	**88**		
武江区	28	640	23	580	1		16	20		
浈江区	29	530	14	473	3	1	16	23		
曲江区	8	262	4	238	1	1	2	16		
始兴县										
仁化县										
翁源县										
乳源瑶族自治县										
新丰县										
乐昌市	9	247	7	226	2		2	10		
南雄市	6	278	6	237		1	15	19		
深圳市	**3252**	**16634**	**118**	**15084**	**14**	**50**	**452**	**916**	**1**	**1**
罗湖区	302	1386	9	1293	2	2	52	28		
福田区	252	2220	25	2071	4	11	74	35		
南山区	356	1571	23	1421	2	4	56	65		
宝安区	801	3568	14	3245	3	9	72	225		
龙岗区	641	3662	27	3355	1	19	91	169		
盐田区	50	464	6	434		2	17	5		
龙华区	603	1995	7	1751		3	60	174		
坪山区	75	617	7	505			18	87	1	1
光明区	172	1151		1009	2		12	128		
珠海市	**397**	**2582**	**32**	**2299**	**4**	**5**	**64**	**178**	**1**	**1**
香洲区	331	2036	26	1848	3	4	53	102		
斗门区	32	316	2	291			4	19		
金湾区	34	230	4	160	1	1	7	57	1	1
汕头市	**211**	**2502**	**97**	**1941**	**4**	**7**	**144**	**309**		
龙湖区	88	834	46	669	1	3	32	83		
金平区	63	849	32	685		3	46	83		
濠江区	14	115	6	77			5	27		
潮阳区	18	327	8	266	2	1	21	29		
潮南区	18	100	3	18			31	48		
澄海区	10	277	2	226	1		9	39		
南澳县										
佛山市	**850**	**8401**	**62**	**5855**	**11**	**14**	**755**	**1704**	**1**	**1**
禅城区	154	1405	33	1115	6	3	53	195		
南海区	326	3332	17	1860	2	6	625	822		
顺德区	294	2296	7	1606	1	4	66	612	1	1
三水区	28	739	3	688	1	1	6	40		
高明区	48	629	2	586	1		5	35		
江门市	**219**	**3611**	**68**	**3010**	**11**	**9**	**111**	**402**	**1**	**1**
蓬江区	64	1098	21	890	6	8	37	136	1	1
江海区	39	259	4	178	1		9	67		
新会区	51	635	11	517	1		16	90		
台山市	19	576	13	501	1		13	48		
开平市	21	359	3	307		1	24	24		
鹤山市	19	372	7	335	1		7	22		
恩平市	6	312	9	282	1		5	15		
湛江市	**142**	**2752**	**72**	**2411**	**7**	**5**	**55**	**202**		
赤坎区	37	624	35	543	1	1	14	30		
霞山区	43	926	14	829	3	1	7	72		
坡头区		85	7	68		1		9		
麻章区	4	67		54		1	2	10		
遂溪县	1	13		6			6	1		
徐闻县										
廉江市	27	409	11	375	1		4	18		
雷州市	10	279	5	236		1	17	20		
吴川市	20	349		300	2		5	42		

4-4a 续表 100

单位：人

地区 性别	娱乐业	公共管理、社会保障和社会组织							国际组织	
		小计	中国共产党机关	国家机构	人民政协、民主党派	社会保障	群众团体、社会团体和其他成员组织	基层群众自治组织	小计	国际组织
茂名市	**128**	**2316**	**48**	**2075**	**9**	**9**	**35**	**140**		
茂南区	59	949	15	864	4	7	12	47		
电白区	20	336	9	294	2	1	1	29		
高州市	20	304	11	265	1	1	4	22		
化州市	18	387	4	347	1		12	23		
信宜市	11	340	9	305	1		6	19		
肇庆市	**115**	**1826**	**41**	**1646**	**5**	**4**	**32**	**98**		
端州区	81	1041	22	949	3	4	20	43		
鼎湖区	8	140	3	106	1		4	26		
高要区	1	72	4	65				3		
广宁县										
怀集县										
封开县										
德庆县										
四会市	25	573	12	526	1		8	26		
惠州市	**340**	**2513**	**47**	**2203**	**4**	**8**	**81**	**170**	**2**	**2**
惠城区	217	1811	46	1606	2	6	64	87	2	2
惠阳区	123	690	1	592	2	2	16	77		
博罗县		12		5			1	6		
惠东县										
龙门县										
梅州市	**61**	**1714**	**24**	**1549**	**8**		**43**	**90**		
梅江区	30	850	7	779	4		31	29		
梅县区	17	391	2	356	3		3	27		
大埔县										
丰顺县										
五华县		8		2			1	5		
平远县										
蕉岭县										
兴宁市	14	465	15	412	1		8	29		
汕尾市	**48**	**744**	**18**	**647**			**27**	**52**		
城　区	23	424	9	372			15	28		
海丰县										
陆河县										
陆丰市	25	320	9	275			12	24		
河源市	**117**	**1345**	**53**	**1169**	**9**	**3**	**22**	**89**		
源城区	117	1345	53	1169	9	3	22	89		
紫金县										
龙川县										
连平县										
和平县										
东源县										
阳江市	**57**	**1734**	**31**	**1578**	**6**	**3**	**40**	**76**		
江城区	32	1006	20	921	2	3	19	41		
阳东区	4	249	6	226	1		3	13		
阳西县										
阳春市	21	479	5	431	3		18	22		
清远市	**140**	**2361**	**23**	**2176**	**5**	**5**	**27**	**125**		
清城区	88	1326	8	1226	1	4	18	69		
清新区	20	276	1	256			3	16		
佛冈县										
阳山县										
连山壮族瑶族自治县										
连南瑶族自治县										
英德市	18	471	8	426	2		6	29		
连州市	14	288	6	268	2	1		11		

4-4a 续表 101　　单位：人

地区 性别	娱乐业	公共管理、社会保障和社会组织							国际组织	
		小计	中国共产党机关	国家机构	人民政协、民主党派	社会保障	群众团体、社会团体和其他成员组织	基层群众自治组织	小计	国际组织
东莞市	**1092**	**9157**	**79**	**6251**	**3**	**24**	**298**	**2502**	**3**	**3**
市辖区	1092	9157	79	6251	3	24	298	2502	3	3
中山市	**276**	**2129**	**43**	**1525**	**2**	**6**	**77**	**476**		
市辖区	276	2129	43	1525	2	6	77	476		
潮州市	**76**	**1038**	**23**	**813**	**2**	**5**	**34**	**161**		
湘桥区	36	683	10	576	2	4	19	72		
潮安区	40	355	13	237		1	15	89		
饶平县										
揭阳市	**40**	**1102**	**58**	**697**		**1**	**113**	**233**		
榕城区	18	726	50	528			80	68		
揭东区	2	160	4	97			3	56		
揭西县										
惠来县										
普宁市	20	216	4	72		1	30	109		
云浮市	**44**	**927**	**13**	**843**	**5**	**2**	**13**	**51**		
云城区	28	630	6	577	4	2	11	30		
云安区		21		17				4		
新兴县										
郁南县										
罗定市	16	276	7	249	1		2	17		
女	**8011**	**44089**	**644**	**34588**	**72**	**255**	**3357**	**5173**	**22**	**22**
广州市	**1690**	**9865**	**175**	**7718**	**29**	**72**	**816**	**1055**	**18**	**18**
荔湾区	88	696	7	568	2	3	58	58	3	3
越秀区	103	1410	61	1174	7	5	110	53	6	6
海珠区	146	1164	22	919	7	5	101	110	4	4
天河区	325	1552	25	1283	5	13	124	102	1	1
白云区	387	1387	10	958	3	20	135	261	1	1
黄埔区	109	712	10	514	1	4	57	126		
番禺区	363	1127	10	862	1	13	77	164	3	3
花都区	86	670	25	481		6	92	66		
南沙区	32	262	3	201		1	18	39		
从化区	12	319		283	2	1	16	17		
增城区	39	566	2	475	1	1	28	59		
韶关市	**74**	**1037**	**34**	**866**	**1**	**4**	**49**	**83**		
武江区	30	360	15	304		1	18	22		
浈江区	19	292	10	236	1	2	14	29		
曲江区	11	148	4	125			6	13		
始兴县										
仁化县										
翁源县										
乳源瑶族自治县										
新丰县										
乐昌市	9	120		109			5	6		
南雄市	5	117	5	92		1	6	13		
深圳市	**2641**	**8789**	**54**	**7581**	**2**	**50**	**552**	**550**		
罗湖区	297	736	2	675		1	42	16		
福田区	244	1263	15	1130	1	9	83	25		
南山区	345	862	8	696		5	88	65		
宝安区	691	1795	11	1541		7	118	118		
龙岗区	498	1957	7	1704		25	115	106		
盐田区	41	258	2	242			13	1		
龙华区	372	1020	5	866	1	1	57	90		
坪山区	54	313	2	245		2	13	51		
光明区	99	585	2	482			23	78		

4-4a 续表 102

单位：人

地区 性别	娱乐业	公共管理、社会保障和社会组织							国际组织	
		小计	中国共产党机关	国家机构	人民政协、民主党派	社会保障	群众团体、社会团体和其他成员组织	基层群众自治组织	小计	国际组织
珠海市	**335**	**1533**	**15**	**1300**	**3**	**8**	**88**	**119**		
香洲区	266	1199	8	1035	1	6	70	79		
斗门区	26	192	5	163			9	15		
金湾区	43	142	2	102	2	2	9	25		
汕头市	**144**	**1191**	**39**	**876**	**4**	**3**	**130**	**139**		
龙湖区	61	390	11	308	3	1	25	42		
金平区	43	439	21	329		2	46	41		
濠江区	14	62	3	36			3	20		
潮阳区	4	143	1	94			27	21		
潮南区	10	41	3	7			23	8		
澄海区	12	116		102	1		6	7		
南澳县										
佛山市	**713**	**4485**	**30**	**2788**	**3**	**18**	**745**	**901**	**1**	**1**
禅城区	110	919	12	699	1	2	68	137		
南海区	294	1788	9	825	1	6	575	372		
顺德区	251	1097	6	656	1	10	91	333	1	1
三水区	31	406	3	360			7	36		
高明区	27	275		248			4	23		
江门市	**207**	**2119**	**37**	**1626**	**4**	**12**	**139**	**301**		
蓬江区	66	696	14	515	1	4	46	116		
江海区	47	131	2	82			15	32		
新会区	29	390	8	287	2	3	31	59		
台山市	16	301	3	242		3	20	33		
开平市	12	225	1	179	1	2	11	31		
鹤山市	30	201	6	176			8	11		
恩平市	7	175	3	145			8	19		
湛江市	**130**	**1263**	**32**	**1046**	**4**	**8**	**58**	**115**	**1**	**1**
赤坎区	38	347	11	296	1	3	15	21	1	1
霞山区	45	431	10	357	3	2	8	51		
坡头区	5	49	3	41			2	3		
麻章区	6	30	1	22		1	3	3		
遂溪县		6				1	2	3		
徐闻县										
廉江市	18	153	5	139			3	6		
雷州市	3	122	2	87			20	13		
吴川市	15	125		104		1	5	15		
茂名市	**129**	**1075**	**20**	**914**	**2**	**13**	**28**	**98**		
茂南区	69	505	16	421	1	8	8	51		
电白区	16	131		116			4	11		
高州市	19	117	3	98		2	5	9		
化州市	16	169	1	147	1	2	6	12		
信宜市	9	153		132		1	5	15		
肇庆市	**91**	**1055**	**22**	**882**	**3**	**10**	**49**	**89**		
端州区	69	647	13	535	2	9	31	57		
鼎湖区	6	98	3	80	1	1	1	12		
高要区	3	35		33			1	1		
广宁县										
怀集县										
封开县										
德庆县										
四会市	13	275	6	234			16	19		
惠州市	**274**	**1353**	**32**	**1121**	**3**	**10**	**94**	**93**	**1**	**1**
惠城区	185	988	30	825	2	9	72	50		
惠阳区	89	362	2	295	1	1	22	41	1	1
博罗县		3		1				2		
惠东县										
龙门县										

4－4a 续表 103

单位：人

地区 性别	娱乐业	公共管理、社会保障和社会组织							国际组织	
		小计	中国共产党机关	国家机构	人民政协、民主党派	社会保障	群众团体、社会团体和其他成员组织	基层群众自治组织	小计	国际组织
梅州市	**35**	**987**	**14**	**865**		**4**	**47**	**57**		
梅江区	17	509	5	454			30	20		
梅县区	14	265	2	227		4	10	22		
大埔县										
丰顺县										
五华县		1		1						
平远县										
蕉岭县										
兴宁市	4	212	7	183			7	15		
汕尾市	**41**	**275**	**5**	**234**	**2**		**6**	**28**		
城　区	27	193	3	158	2		5	25		
海丰县										
陆河县										
陆丰市	14	82	2	76			1	3		
河源市	**84**	**668**	**16**	**570**	**4**	**4**	**27**	**47**		
源城区	84	668	16	570	4	4	27	47		
紫金县										
龙川县										
连平县										
和平县										
东源县										
阳江市	**50**	**915**	**22**	**793**		**2**	**42**	**56**		
江城区	17	555	18	487		1	22	27		
阳东区	6	126	3	111			3	9		
阳西县										
阳春市	27	234	1	195		1	17	20		
清远市	**150**	**1265**	**5**	**1129**	**3**	**1**	**42**	**85**		
清城区	71	749		667	2	1	30	49		
清新区	16	149	1	139			1	8		
佛冈县										
阳山县										
连山壮族瑶族自治县										
连南瑶族自治县										
英德市	43	231	3	198	1		9	20		
连州市	20	136	1	125			2	8		
东莞市	**827**	**3501**	**39**	**2298**		**23**	**241**	**900**		
市辖区	827	3501	39	2298		23	241	900		
中山市	**259**	**1246**	**21**	**846**	**1**	**6**	**91**	**281**	**1**	**1**
市辖区	259	1246	21	846	1	6	91	281	1	1
潮州市	**77**	**509**	**7**	**423**	**1**	**3**	**28**	**47**		
湘桥区	45	349	3	301	1	2	14	28		
潮安区	32	160	4	122		1	14	19		
饶平县										
揭阳市	**20**	**476**	**23**	**277**		**1**	**70**	**105**		
榕城区	7	299	21	217			44	17		
揭东区		62	2	35			4	21		
揭西县										
惠来县										
普宁市	13	115		25		1	22	67		
云浮市	**40**	**482**	**2**	**435**	**3**	**3**	**15**	**24**		
云城区	31	367		337	2	3	12	13		
云安区	1	12		8				4		
新兴县										
郁南县										
罗定市	8	103	2	90	1		3	7		

4-4b 各地区分性别、行业大类的就业人口(镇)

单位：人

地区 性别	合计	农、林、牧、渔业						采矿业	
		小计	农业	林业	畜牧业	渔业	农、林、牧、渔专业及辅助性活动	小计	煤炭开采和洗选业
广　东	**710578**	**58225**	**41973**	**1872**	**4416**	**8140**	**1824**	**1085**	**18**
广州市	**59888**	**1291**	**1062**	**43**	**54**	**107**	**25**	**23**	**2**
荔湾区									
越秀区									
海珠区									
天河区									
白云区	10980	153	128	1	11	9	4	3	
黄埔区	1796	11	7	2			2	2	
番禺区	4118	54	45	5		3	1		
花都区	4767	41	21	8		11	1	3	
南沙区	9554	570	498	7	10	49	6	3	
从化区	3522	52	43	3	5	1		2	
增城区	25151	410	320	17	28	34	11	10	2
韶关市	**24643**	**2349**	**1941**	**146**	**159**	**57**	**46**	**374**	**2**
武江区	100	8	5			3			
浈江区	725	25	13	2	1	9		4	
曲江区	1170	75	46	15	7	4	3	44	
始兴县	3040	143	110	9	12	2	10	10	
仁化县	3247	256	212	16	10	10	8	270	
翁源县	4183	364	286	16	48	6	8	13	1
乳源瑶族自治县	3464	148	103	33	7	1	4	8	
新丰县	3246	97	61	11	16	2	7	7	
乐昌市	3088	531	475	21	23	10	2	14	1
南雄市	2380	702	630	23	35	10	4	4	
深圳市	**606**								
罗湖区									
福田区									
南山区	496								
宝安区									
龙岗区									
盐田区									
龙华区									
坪山区	110								
光明区									
珠海市	**19852**	**586**	**152**	**10**	**11**	**394**	**19**	**10**	**1**
香洲区	4695	87	15			70	2		
斗门区	7984	148	48	3	5	86	6	6	1
金湾区	7173	351	89	7	6	238	11	4	
汕头市	**54007**	**5848**	**4175**	**32**	**352**	**1180**	**109**	**15**	
龙湖区									
金平区									
濠江区	204	18				18		2	
潮阳区	21461	1038	664	17	29	280	48	5	
潮南区	14282	1242	1006	7	79	116	34	5	
澄海区	16164	3003	2421	8	235	313	26	2	
南澳县	1896	547	84		9	453	1	1	
佛山市	**32133**	**781**	**359**	**69**	**72**	**256**	**25**	**17**	**1**
禅城区	13294	148	86	2	9	47	4	4	1
南海区	3885	85	38	18	6	21	2		
顺德区									
三水区	13406	426	187	24	37	161	17	11	
高明区	1548	122	48	25	20	27	2	2	

4-4b 续表 1　　　　单位：人

地区 性别	合计	农、林、牧、渔业						采矿业	
		小计	农业	林业	畜牧业	渔业	农、林、牧、渔专业及辅助性活动	小计	煤炭开采和洗选业
江门市	**19200**	**1392**	**706**	**72**	**153**	**419**	**42**	**13**	
蓬江区									
江海区									
新会区	5458	596	312	37	30	186	31	10	
台山市	2881	433	214	1	24	188	6	2	
开平市	4394	124	60	14	33	15	2	1	
鹤山市	4283	144	56	7	57	23	1		
恩平市	2184	95	64	13	9	7	2		
湛江市	**37406**	**8730**	**7040**	**196**	**319**	**867**	**308**	**54**	
赤坎区									
霞山区	187	26	25			1			
坡头区	2798	252	156	1	21	56	18	27	
麻章区	2477	440	229	7	6	172	26	1	
遂溪县	9332	2210	1709	68	104	254	75	10	
徐闻县	8127	2389	2064	18	33	125	149	2	
廉江市	5400	1043	853	31	98	52	9	9	
雷州市	5318	1791	1500	68	29	172	22	4	
吴川市	3767	579	504	3	28	35	9	1	
茂名市	**29319**	**4900**	**3838**	**156**	**369**	**429**	**108**	**27**	
茂南区	1625	329	294	1	20	14		1	
电白区	11702	1735	1217	13	130	360	15	9	
高州市	6340	1077	883	71	74	39	10	8	
化州市	6138	666	437	34	105	11	79	5	
信宜市	3514	1093	1007	37	40	5	4	4	
肇庆市	**36822**	**3845**	**3085**	**161**	**247**	**268**	**84**	**68**	
端州区									
鼎湖区	2104	125	19	2	12	86	6	3	
高要区	8030	592	430	8	56	95	3	15	
广宁县	6037	391	339	19	25	1	7	5	
怀集县	9022	1251	1021	68	89	29	44	5	
封开县	5185	822	747	18	39	10	8	9	
德庆县	4369	611	519	43	20	13	16	22	
四会市	2075	53	10	3	6	34		9	
惠州市	**82790**	**2161**	**1577**	**85**	**173**	**282**	**44**	**80**	
惠城区	6038	157	121	2	14	15	5	1	
惠阳区	7460	114	104		2	8		14	
博罗县	33151	759	564	29	82	54	30	22	
惠东县	31110	920	625	29	61	199	6	29	
龙门县	5031	211	163	25	14	6	3	14	
梅州市	**32563**	**2037**	**1632**	**49**	**266**	**63**	**27**	**106**	**4**
梅江区	172	13	7		4	1	1	1	
梅县区	1529	165	154		6	5		6	
大埔县	4413	304	251	13	24	11	5	4	
丰顺县	7792	558	393	9	128	22	6	19	
五华县	9307	421	355	12	36	6	12	33	
平远县	3654	265	233	6	22	2	2	11	1
蕉岭县	3800	219	175	8	28	7	1	29	2
兴宁市	1896	92	64	1	18	9		3	1
汕尾市	**31640**	**1882**	**941**	**65**	**138**	**566**	**172**	**30**	**1**
城　区	1696	45	12	2	3	28		2	1
海丰县	19840	1087	609	47	53	230	148	19	
陆河县	3607	151	103	7	31	3	7	5	
陆丰市	6497	599	217	9	51	305	17	4	

4-4b　续表 2

单位：人

地区 性别	合计	农、林、牧、渔业						采矿业	
		小计	农业	林业	畜牧业	渔业	农、林、牧、渔专业及辅助性活动	小计	煤炭开采和洗选业
河源市	**27300**	**889**	**599**	**49**	**177**	**43**	**21**	**60**	**1**
源城区	2448	5			2	3		2	
紫金县	6691	230	127	12	71	16	4	7	
龙川县	6590	128	80	7	20	11	10	6	
连平县	3653	329	261	11	52	3	2	17	1
和平县	3928	80	58	2	17		3	14	
东源县	3990	117	73	17	15	10	2	14	
阳江市	**15866**	**1946**	**650**	**89**	**235**	**853**	**119**	**17**	**1**
江城区	2257	291	24	4	7	241	15		
阳东区	2746	487	109	29	50	292	7		
阳西县	7660	712	235	17	83	289	88	17	1
阳春市	3203	456	282	39	95	31	9		
清远市	**37042**	**3171**	**2264**	**271**	**490**	**120**	**26**	**95**	
清城区	13071	730	493	31	166	36	4	27	
清新区	1655	135	93	12	16	13	1	4	
佛冈县	5477	155	104	9	39	3		11	
阳山县	4755	223	146	7	61	5	4	10	
连山壮族瑶族自治县	1442	168	137	18	9		4	16	
连南瑶族自治县	1951	169	144	10	11		4	2	
英德市	7609	1236	827	181	161	59	8	17	
连州市	1082	355	320	3	27	4	1	8	
东莞市	**6441**	**56**	**49**	**3**	**1**	**1**	**2**		
市辖区	6441	56	49	3	1	1	2		
中山市	**64586**	**748**	**394**	**27**	**36**	**231**	**60**	**19**	
市辖区	64586	748	394	27	36	231	60	19	
潮州市	**28569**	**5285**	**3353**	**57**	**291**	**1445**	**139**	**29**	**2**
湘桥区	3323	1097	1008	9	46	14	20	5	
潮安区	9974	978	855	21	29	23	50	7	
饶平县	15272	3210	1490	27	216	1408	69	17	2
揭阳市	**52454**	**8401**	**6784**	**247**	**471**	**485**	**414**	**30**	**1**
榕城区	4055	863	772	3	8	74	6	4	
揭东区	8121	1423	1125	27	131	80	60	10	1
揭西县	6541	555	408	33	66	32	16	2	
惠来县	13644	2339	2020	7	108	196	8	11	
普宁市	20093	3221	2459	177	158	103	324	3	
云浮市	**17451**	**1927**	**1372**	**45**	**402**	**74**	**34**	**18**	**2**
云城区									
云安区	1632	63	42	9	10	2		6	2
新兴县	7978	749	373	15	294	45	22	4	
郁南县	5577	947	818	21	76	21	11	4	
罗定市	2264	168	139		22	6	1	4	
男	**437174**	**37384**	**25005**	**1398**	**3092**	**6658**	**1231**	**898**	**16**
广州市	**36460**	**749**	**577**	**31**	**42**	**83**	**16**	**21**	**2**
荔湾区									
越秀区									
海珠区									
天河区									
白云区	6610	84	64	1	9	8	2	2	
黄埔区	991	8	5	1			2	2	
番禺区	2645	37	31	3		3			
花都区	2823	26	11	7		8		3	
南沙区	5993	303	252	4	9	35	3	2	
从化区	2171	32	24	3	4	1		2	
增城区	15227	259	190	12	20	28	9	10	2

4-4b 续表 3 单位：人

地区 性别	合计	农、林、牧、渔业						采矿业	
		小计	农业	林业	畜牧业	渔业	农、林、牧、渔专业及辅助性活动	小计	煤炭开采和洗选业
韶关市	**13977**	**1342**	**1047**	**103**	**114**	**44**	**34**	**285**	**2**
武江区	51	5	3			2			
浈江区	435	18	9	2	1	6		4	
曲江区	714	44	26	8	5	3	2	36	
始兴县	1580	96	70	6	10	2	8	8	
仁化县	1877	151	122	11	6	6	6	201	
翁源县	2308	221	162	12	34	6	7	11	1
乳源瑶族自治县	1957	82	49	24	5	1	3	6	
新丰县	1866	62	35	9	12	2	4	6	
乐昌市	1811	282	242	14	15	9	2	10	1
南雄市	1378	381	329	17	26	7	2	3	
深圳市	**510**								
罗湖区									
福田区									
南山区	450								
宝安区									
龙岗区									
盐田区									
龙华区									
坪山区	60								
光明区									
珠海市	**13621**	**425**	**92**	**7**	**9**	**303**	**14**	**7**	
香洲区	3653	61	8			51	2		
斗门区	4986	103	29	2	4	63	5	5	
金湾区	4982	261	55	5	5	189	7	2	
汕头市	**34194**	**4361**	**2939**	**28**	**265**	**1046**	**83**	**15**	
龙湖区									
金平区									
濠江区	140	14				14		2	
潮阳区	13888	837	510	16	21	257	33	5	
潮南区	8616	860	683	5	60	84	28	5	
澄海区	10238	2150	1693	7	178	251	21	2	
南澳县	1312	500	53		6	440	1	1	
佛山市	**20468**	**501**	**206**	**47**	**46**	**184**	**18**	**14**	**1**
禅城区	8277	105	58	2	6	36	3	4	1
南海区	2425	48	17	13	4	13	1		
顺德区									
三水区	8768	272	108	14	23	114	13	9	
高明区	998	76	23	18	13	21	1	1	
江门市	**11661**	**909**	**412**	**52**	**108**	**314**	**23**	**9**	
蓬江区									
江海区									
新会区	3248	366	181	23	17	132	13	6	
台山市	1791	296	124	1	17	149	5	2	
开平市	2610	88	33	12	28	13	2	1	
鹤山市	2630	96	37	5	38	15	1		
恩平市	1382	63	37	11	8	5	2		
湛江市	**23016**	**5110**	**3913**	**132**	**214**	**692**	**159**	**51**	
赤坎区									
霞山区	128	19	18			1			
坡头区	1817	139	83	1	10	40	5	26	
麻章区	1759	338	156	6	5	155	16	1	
遂溪县	5592	1291	945	37	72	196	41	10	
徐闻县	4678	1324	1124	12	22	95	71	2	
廉江市	3238	626	492	23	61	44	6	7	
雷州市	3356	1055	835	51	24	134	11	4	
吴川市	2448	318	260	2	20	27	9	1	

4-4b 续表 4

单位：人

地区 性别	合计	农、林、牧、渔业						采矿业	
		小计	农业	林业	畜牧业	渔业	农、林、牧、渔专业及辅助性活动	小计	煤炭开采和洗选业
茂名市	**18009**	**2810**	**2000**	**104**	**257**	**382**	**67**	**21**	
茂南区	1009	152	131	1	12	8		1	
电白区	7563	1135	682	12	102	331	8	5	
高州市	3837	598	464	47	48	30	9	7	
化州市	3666	379	231	25	67	9	47	4	
信宜市	1934	546	492	19	28	4	3	4	
肇庆市	**21666**	**2050**	**1537**	**105**	**164**	**182**	**62**	**48**	
端州区									
鼎湖区	1331	83	10	2	8	59	4	2	
高要区	4853	319	214	6	33	64	2	13	
广宁县	3443	184	145	14	20	1	4	4	
怀集县	5198	623	470	40	61	20	32	3	
封开县	2986	436	385	13	25	7	6	8	
德庆县	2524	377	310	28	13	12	14	15	
四会市	1331	28	3	2	4	19		3	
惠州市	**49807**	**1403**	**939**	**67**	**122**	**241**	**34**	**73**	
惠城区	3763	98	72	1	10	13	2	1	
惠阳区	4700	68	59		2	7		12	
博罗县	20136	496	341	22	63	45	25	20	
惠东县	18326	605	370	23	37	171	4	27	
龙门县	2882	136	97	21	10	5	3	13	
梅州市	**19493**	**1079**	**802**	**40**	**171**	**47**	**19**	**95**	**4**
梅江区	118	7	2		3	1	1	1	
梅县区	944	87	81		2	4		4	
大埔县	2636	175	138	10	17	6	4	4	
丰顺县	4731	327	216	9	82	16	4	19	
五华县	5565	203	157	10	24	4	8	30	
平远县	2078	127	105	4	15	2	1	10	1
蕉岭县	2245	101	75	7	11	7	1	24	2
兴宁市	1176	52	28		17	7		3	1
汕尾市	**21803**	**1571**	**733**	**60**	**109**	**538**	**131**	**27**	**1**
城　区	1124	37	9	2	3	23		2	1
海丰县	13236	877	467	43	42	216	109	16	
陆河县	2490	111	72	6	23	3	7	5	
陆丰市	4953	546	185	9	41	296	15	4	
河源市	**15478**	**549**	**327**	**40**	**132**	**33**	**17**	**49**	**1**
源城区	1355	4			2	2		2	
紫金县	3973	150	73	11	51	11	4	7	
龙川县	3643	85	48	5	15	8	9	5	
连平县	2078	181	126	9	42	3	1	12	1
和平县	2116	51	36	2	12		1	13	
东源县	2313	78	44	13	10	9	2	10	
阳江市	**9774**	**1410**	**392**	**60**	**156**	**705**	**97**	**15**	**1**
江城区	1344	229	11	4	4	200	10		
阳东区	1721	353	66	19	32	232	4		
阳西县	4762	545	157	9	59	244	76	15	1
阳春市	1947	283	158	28	61	29	7		
清远市	**22162**	**1932**	**1287**	**207**	**335**	**89**	**14**	**87**	
清城区	8143	418	240	28	121	27	2	26	
清新区	963	92	58	11	13	9	1	4	
佛冈县	3171	106	68	9	27	2		10	
阳山县	2823	142	90	4	41	4	3	8	
连山壮族瑶族自治县	837	112	87	16	6		3	13	
连南瑶族自治县	1091	95	78	9	6		2	2	
英德市	4454	753	478	127	103	43	2	16	
连州市	680	214	188	3	18	4	1	8	

4-4b 续表 5

单位：人

地区 性别	合计	农、林、牧、渔业						采矿业	
		小计	农业	林业	畜牧业	渔业	农、林、牧、渔专业及辅助性活动	小计	煤炭开采和洗选业
东莞市	**3855**	**27**	**23**	**1**	**1**		**2**		
市辖区	3855	27	23	1	1		2		
中山市	**39140**	**502**	**239**	**21**	**26**	**175**	**41**	**14**	
市辖区	39140	502	239	21	26	175	41	14	
潮州市	**18128**	**3563**	**2061**	**44**	**220**	**1143**	**95**	**26**	**1**
湘桥区	1948	626	566	6	30	14	10	5	
潮安区	6509	667	573	19	22	19	34	7	
饶平县	9671	2270	922	19	168	1110	51	14	1
揭阳市	**33782**	**6019**	**4770**	**219**	**344**	**404**	**282**	**25**	**1**
榕城区	2736	591	507	3	7	69	5	2	
揭东区	5390	1032	808	22	92	66	44	8	1
揭西县	4331	375	265	26	49	24	11	1	
惠来县	8831	1614	1345	7	90	165	7	11	
普宁市	12494	2407	1845	161	106	80	215	3	
云浮市	**10170**	**1072**	**709**	**30**	**257**	**53**	**23**	**16**	**2**
云城区									
云安区	1086	28	16	4	7	1		5	2
新兴县	4492	422	177	11	189	32	13	3	
郁南县	3276	527	441	15	47	15	9	4	
罗定市	1316	95	75		14	5	1	4	
女	**273404**	**20841**	**16968**	**474**	**1324**	**1482**	**593**	**187**	**2**
广州市	**23428**	**542**	**485**	**12**	**12**	**24**	**9**	**2**	
荔湾区									
越秀区									
海珠区									
天河区									
白云区	4370	69	64		2	1	2	1	
黄埔区	805	3	2	1					
番禺区	1473	17	14	2			1		
花都区	1944	15	10	1		3	1		
南沙区	3561	267	246	3	1	14	3	1	
从化区	1351	20	19		1				
增城区	9924	151	130	5	8	6	2		
韶关市	**10666**	**1007**	**894**	**43**	**45**	**13**	**12**	**89**	
武江区	49	3	2			1			
浈江区	290	7	4			3			
曲江区	456	31	20	7	2	1	1	8	
始兴县	1460	47	40	3	2		2	2	
仁化县	1370	105	90	5	4	4	2	69	
翁源县	1875	143	124	4	14		1	2	
乳源瑶族自治县	1507	66	54	9	2		1	2	
新丰县	1380	35	26	2	4		3	1	
乐昌市	1277	249	233	7	8	1		4	
南雄市	1002	321	301	6	9	3	2	1	
深圳市	**96**								
罗湖区									
福田区									
南山区	46								
宝安区									
龙岗区									
盐田区									
龙华区									
坪山区	50								
光明区									

4-4b 续表 6

单位：人

地区 性别	合计	农、林、牧、渔业						采矿业	
		小计	农业	林业	畜牧业	渔业	农、林、牧、渔专业及辅助性活动	小计	煤炭开采和洗选业
珠海市	**6231**	**161**	**60**	**3**	**2**	**91**	**5**	**3**	**1**
香洲区	1042	26	7			19			
斗门区	2998	45	19	1	1	23	1	1	1
金湾区	2191	90	34	2	1	49	4	2	
汕头市	**19813**	**1487**	**1236**	**4**	**87**	**134**	**26**		
龙湖区									
金平区									
濠江区	64	4				4			
潮阳区	7573	201	154	1	8	23	15		
潮南区	5666	382	323	2	19	32	6		
澄海区	5926	853	728	1	57	62	5		
南澳县	584	47	31		3	13			
佛山市	**11665**	**280**	**153**	**22**	**26**	**72**	**7**	**3**	
禅城区	5017	43	28		3	11	1		
南海区	1460	37	21	5	2	8	1		
顺德区									
三水区	4638	154	79	10	14	47	4	2	
高明区	550	46	25	7	7	6	1	1	
江门市	**7539**	**483**	**294**	**20**	**45**	**105**	**19**	**4**	
蓬江区									
江海区									
新会区	2210	230	131	14	13	54	18	4	
台山市	1090	137	90		7	39	1		
开平市	1784	36	27	2	5	2			
鹤山市	1653	48	19	2	19	8			
恩平市	802	32	27	2	1	2			
湛江市	**14390**	**3620**	**3127**	**64**	**105**	**175**	**149**	**3**	
赤坎区									
霞山区	59	7	7						
坡头区	981	113	73		11	16	13	1	
麻章区	718	102	73	1	1	17	10		
遂溪县	3740	919	764	31	32	58	34		
徐闻县	3449	1065	940	6	11	30	78		
廉江市	2162	417	361	8	37	8	3	2	
雷州市	1962	736	665	17	5	38	11		
吴川市	1319	261	244	1	8	8			
茂名市	**11310**	**2090**	**1838**	**52**	**112**	**47**	**41**	**6**	
茂南区	616	177	163		8	6			
电白区	4139	600	535	1	28	29	7	4	
高州市	2503	479	419	24	26	9	1	1	
化州市	2472	287	206	9	38	2	32	1	
信宜市	1580	547	515	18	12	1	1		
肇庆市	**15156**	**1795**	**1548**	**56**	**83**	**86**	**22**	**20**	
端州区									
鼎湖区	773	42	9		4	27	2	1	
高要区	3177	273	216	2	23	31	1	2	
广宁县	2594	207	194	5	5		3	1	
怀集县	3824	628	551	28	28	9	12	2	
封开县	2199	386	362	5	14	3	2	1	
德庆县	1845	234	209	15	7	1	2	7	
四会市	744	25	7	1	2	15		6	
惠州市	**32983**	**758**	**638**	**18**	**51**	**41**	**10**	**7**	
惠城区	2275	59	49	1	4	2	3		
惠阳区	2760	46	45			1		2	
博罗县	13015	263	223	7	19	9	5	2	
惠东县	12784	315	255	6	24	28	2	2	
龙门县	2149	75	66	4	4	1		1	

4-4b 续表 7

单位：人

地区 性别	合计	农、林、牧、渔业						采矿业	
		小计	农业	林业	畜牧业	渔业	农、林、牧、渔专业及辅助性活动	小计	煤炭开采和洗选业
梅州市	**13070**	**958**	**830**	**9**	**95**	**16**	**8**	**11**	
梅江区	54	6	5		1				
梅县区	585	78	73		4	1		2	
大埔县	1777	129	113	3	7	5	1		
丰顺县	3061	231	177		46	6	2		
五华县	3742	218	198	2	12	2	4	3	
平远县	1576	138	128	2	7		1	1	
蕉岭县	1555	118	100	1	17			5	
兴宁市	720	40	36	1	1	2			
汕尾市	**9837**	**311**	**208**	**5**	**29**	**28**	**41**	**3**	
城　区	572	8	3			5			
海丰县	6604	210	142	4	11	14	39	3	
陆河县	1117	40	31	1	8				
陆丰市	1544	53	32		10	9	2		
河源市	**11822**	**340**	**272**	**9**	**45**	**10**	**4**	**11**	
源城区	1093	1				1			
紫金县	2718	80	54	1	20	5			
龙川县	2947	43	32	2	5	3	1	1	
连平县	1575	148	135	2	10		1	5	
和平县	1812	29	22		5		2	1	
东源县	1677	39	29	4	5	1		4	
阳江市	**6092**	**536**	**258**	**29**	**79**	**148**	**22**	**2**	
江城区	913	62	13		3	41	5		
阳东区	1025	134	43	10	18	60	3		
阳西县	2898	167	78	8	24	45	12	2	
阳春市	1256	173	124	11	34	2	2		
清远市	**14880**	**1239**	**977**	**64**	**155**	**31**	**12**	**8**	
清城区	4928	312	253	3	45	9	2	1	
清新区	692	43	35	1	3	4			
佛冈县	2306	49	36		12	1		1	
阳山县	1932	81	56	3	20	1	1	2	
连山壮族瑶族自治县	605	56	50	2	3		1	3	
连南瑶族自治县	860	74	66	1	5		2		
英德市	3155	483	349	54	58	16	6	1	
连州市	402	141	132		9				
东莞市	**2586**	**29**	**26**	**2**		**1**			
市辖区	2586	29	26	2		1			
中山市	**25446**	**246**	**155**	**6**	**10**	**56**	**19**	**5**	
市辖区	25446	246	155	6	10	56	19	5	
潮州市	**10441**	**1722**	**1292**	**13**	**71**	**302**	**44**	**3**	**1**
湘桥区	1375	471	442	3	16		10		
潮安区	3465	311	282	2	7	4	16		
饶平县	5601	940	568	8	48	298	18	3	1
揭阳市	**18672**	**2382**	**2014**	**28**	**127**	**81**	**132**	**5**	
榕城区	1319	272	265		1	5	1	2	
揭东区	2731	391	317	5	39	14	16	2	
揭西县	2210	180	143	7	17	8	5	1	
惠来县	4813	725	675		18	31	1		
普宁市	7599	814	614	16	52	23	109		
云浮市	**7281**	**855**	**663**	**15**	**145**	**21**	**11**	**2**	
云城区									
云安区	546	35	26	5	3	1		1	
新兴县	3486	327	196	4	105	13	9	1	
郁南县	2301	420	377	6	29	6	2		
罗定市	948	73	64		8	1			

4−4b　续表 8

单位：人

地　区 性　别	采矿业						制造业		
	石油和天然气开采业	黑色金属矿采选业	有色金属矿采选业	非金属矿采选业	开采专业及辅助性活　动	其　他采矿业	小计	农副食品加工业	食　品制造业
广　东	**37**	**37**	**357**	**531**	**73**	**32**	**233156**	**6154**	**3661**
广州市	**1**		**1**	**16**	**2**	**1**	**21468**	**322**	**386**
荔湾区									
越秀区									
海珠区									
天河区									
白云区	1			1	1		3323	65	71
黄埔区				1	1		258	8	6
番禺区							1366	21	68
花都区				3			2120	40	28
南沙区				3			3923	74	38
从化区				1		1	1754	42	60
增城区			1	7			8724	72	115
韶关市		**7**	**308**	**47**	**5**	**5**	**4050**	**193**	**142**
武江区							19	2	4
浈江区			1	3			139	7	4
曲江区		5	34	4	1		346	23	29
始兴县			3	6	1		726	20	23
仁化县		2	262	2	2	2	338	37	13
翁源县			1	8	1	2	471	28	27
乳源瑶族自治县			3	5			822	7	21
新丰县				6		1	481	28	6
乐昌市			3	10			363	24	6
南雄市			1	3			345	17	9
深圳市							**484**		
罗湖区									
福田区									
南山区							468		
宝安区									
龙岗区									
盐田区									
龙华区									
坪山区							16		
光明区									
珠海市	**1**	**1**		**4**	**3**		**8204**	**107**	**85**
香洲区							274		
斗门区	1	1		3			4210	79	43
金湾区				1	3		3720	28	42
汕头市			**1**	**13**	**1**		**23050**	**442**	**136**
龙湖区									
金平区									
濠江区				2			27		2
潮阳区				5			9384	215	51
潮南区				4	1		6474	83	24
澄海区			1	1			7071	123	52
南澳县				1			94	21	7
佛山市	**2**			**7**	**7**		**16338**	**127**	**116**
禅城区				3			4965	16	16
南海区							2029	5	10
顺德区									
三水区	1			4	6		8325	59	87
高明区	1				1		1019	47	3

4-4b 续表 9　　单位：人

地区 性别	采矿业						制造业		
	石油和天然气开采业	黑色金属矿采选业	有色金属矿采选业	非金属矿采选业	开采专业及辅助性活动	其他采矿业	小计	农副食品加工业	食品制造业
江门市	**1**	**2**		**10**			**9394**	**158**	**217**
蓬江区									
江海区									
新会区	1	2		7			2611	51	52
台山市				2			764	49	19
开平市				1			2613	23	100
鹤山市							2681	17	37
恩平市							725	18	9
湛江市	**13**		**4**	**23**	**14**		**4117**	**834**	**278**
赤坎区									
霞山区							23	1	2
坡头区	10			6	11		279	42	18
麻章区	1						587	48	5
遂溪县	2		4	3	1		941	296	67
徐闻县					2		460	97	37
廉江市				9			864	61	29
雷州市				4			585	190	94
吴川市				1			378	99	26
茂名市	**3**		**1**	**21**	**2**		**3407**	**398**	**136**
茂南区				1			144	15	10
电白区	2		1	5	1		1130	148	73
高州市	1			7			1012	86	23
化州市				4	1		662	117	27
信宜市				4			459	32	3
肇庆市	**1**	**2**	**13**	**48**	**2**	**2**	**10431**	**289**	**168**
端州区									
鼎湖区				3			1228	32	7
高要区			13	2			4457	69	45
广宁县				3		2	987	34	31
怀集县		1		3	1		1085	51	42
封开县				9			930	51	9
德庆县	1	1		19	1		640	30	27
四会市				9			1104	22	7
惠州市	**1**	**3**	**3**	**69**	**4**		**33777**	**363**	**290**
惠城区				1			2592	39	28
惠阳区				14			4405	33	29
博罗县		3	2	14	3		15089	159	157
惠东县				28	1		10982	94	58
龙门县	1		1	12			709	38	18
梅州市	**2**	**3**	**3**	**75**	**10**	**9**	**5537**	**394**	**156**
梅江区				1			37	2	1
梅县区			1	4	1		398	26	22
大埔县				2	2		392	53	7
丰顺县	2	2		6	3	6	1847	68	62
五华县				30	3		1208	94	34
平远县		1	2	5		2	588	58	5
蕉岭县				27			672	42	11
兴宁市					1	1	395	51	14
汕尾市		**1**	**1**	**25**		**2**	**7427**	**234**	**159**
城　区				1			292	6	23
海丰县			1	16		2	6037	102	90
陆河县				5			306	15	8
陆丰市		1		3			792	111	38

4−4b　续表 10　　　　单位：人

地区 性别	采矿业						制造业		
	石油和天然气开采业	黑色金属矿采选业	有色金属矿采选业	非金属矿采选业	开采专业及辅助性活动	其他采矿业	小计	农副食品加工业	食品制造业
河源市	**1**	**16**	**3**	**38**		**1**	**6743**	**184**	**89**
源城区				2			1922		11
紫金县		2		5			1088	33	19
龙川县	1			4		1	1276	58	30
连平县		11	3	2			586	28	13
和平县				14			538	41	6
东源县		3		11			1333	24	10
阳江市	**2**			**14**			**2737**	**214**	**229**
江城区							282	63	10
阳东区							755	20	32
阳西县	2			14			1131	95	174
阳春市							569	36	13
清远市		**1**	**11**	**73**	**2**	**8**	**10448**	**333**	**171**
清城区				27			5556	67	60
清新区				4			532	11	4
佛冈县		1	1	7		2	1440	29	26
阳山县				5	1	4	653	50	26
连山壮族瑶族自治县			10	4	1	1	97	15	5
连南瑶族自治县				2			252	11	8
英德市				16		1	1718	120	38
连州市				8			200	30	4
东莞市							**4597**	**12**	**19**
市辖区							4597	12	19
中山市	**2**		**1**	**9**	**5**	**2**	**36509**	**304**	**275**
市辖区	2		1	9	5	2	36509	304	275
潮州市	**5**	**1**	**6**	**12**	**3**		**8911**	**617**	**206**
湘桥区			5				686	34	12
潮安区				6	1		4704	112	75
饶平县	5	1	1	6	2		3521	471	119
揭阳市	**2**			**17**	**8**	**2**	**11581**	**414**	**305**
榕城区				2	2		1039	22	23
揭东区	1			3	5		1679	115	62
揭西县				1		1	1145	44	36
惠来县	1			8	1	1	2056	123	90
普宁市				3			5662	110	94
云浮市			**1**	**10**	**5**		**3946**	**215**	**98**
云城区									
云安区			1	1	2		479	13	6
新兴县				4			2085	93	37
郁南县				3	1		877	57	36
罗定市				2	2		505	52	19
男	**31**	**29**	**269**	**470**	**58**	**25**	**136948**	**3822**	**2021**
广州市	**1**		**1**	**15**	**1**	**1**	**12929**	**192**	**220**
荔湾区									
越秀区									
海珠区									
天河区									
白云区	1			1			1909	35	35
黄埔区				1	1		155	3	3
番禺区							884	15	32
花都区				3			1271	24	20
南沙区				2			2292	48	25
从化区				1		1	1071	19	44
增城区			1	7			5347	48	61

4−4b 续表 11

单位：人

地区 性别	采矿业						制造业		
	石油和天然气开采业	黑色金属矿采选业	有色金属矿采选业	非金属矿采选业	开采专业及辅助性活动	其他采矿业	小计	农副食品加工业	食品制造业
韶关市		**6**	**231**	**38**	**4**	**4**	**2143**	**99**	**61**
武江区							7	1	1
浈江区			1	3			84	4	2
曲江区		4	27	4	1		215	12	9
始兴县			2	5	1		281	9	12
仁化县		2	194	2	1	2	228	23	5
翁源县			1	7	1	1	225	11	13
乳源瑶族自治县			3	3			453	2	8
新丰县				5		1	253	14	2
乐昌市			2	7			199	10	3
南雄市			1	2			198	13	6
深圳市							**441**		
罗湖区									
福田区									
南山区							432		
宝安区									
龙岗区									
盐田区									
龙华区									
坪山区							9		
光明区									
珠海市	**1**	**1**		**4**	**1**		**5374**	**80**	**55**
香洲区							175		
斗门区	1	1		3			2591	58	23
金湾区				1	1		2608	22	32
汕头市			**1**	**13**	**1**		**12655**	**319**	**95**
龙湖区									
金平区									
濠江区				2			20		2
潮阳区				5			5124	160	36
潮南区				4	1		3311	55	16
澄海区			1	1			4134	92	37
南澳县				1			66	12	4
佛山市	**2**			**6**	**5**		**10699**	**85**	**60**
禅城区				3			3185	11	9
南海区							1315	3	5
顺德区									
三水区	1			3	5		5527	37	45
高明区	1						672	34	1
江门市		**2**		**7**			**5616**	**109**	**104**
蓬江区									
江海区									
新会区		2		4			1564	35	26
台山市				2			438	35	14
开平市				1			1521	13	39
鹤山市							1638	11	22
恩平市							455	15	3
湛江市	**13**		**4**	**20**	**14**		**2616**	**482**	**152**
赤坎区									
霞山区							17		1
坡头区	10			5	11		161	18	8
麻章区	1						432	18	5
遂溪县	2		4	3	1		609	185	29
徐闻县					2		316	63	26
廉江市				7			493	41	19
雷州市				4			364	114	49
吴川市				1			224	43	15

4–4b 续表 12

单位：人

地区 性别	采矿业						制造业		
	石油和天然气开采业	黑色金属矿采选业	有色金属矿采选业	非金属矿采选业	开采专业及辅助性活动	其他采矿业	小计	农副食品加工业	食品制造业
茂名市	**2**			**17**	**2**		**1999**	**243**	**77**
茂南区				1			100	12	6
电白区	1			3	1		674	81	43
高州市	1			6			589	48	15
化州市				3	1		414	79	12
信宜市				4			222	23	1
肇庆市		**2**	**11**	**33**	**1**	**1**	**6224**	**174**	**93**
端州区									
鼎湖区				2			779	10	3
高要区			11	2			2664	47	22
广宁县				3		1	516	21	18
怀集县		1		2			586	34	27
封开县				8			531	27	5
德庆县		1		13	1		371	21	14
四会市				3			777	14	4
惠州市	**1**	**2**	**2**	**64**	**4**		**20103**	**226**	**149**
惠城区				1			1584	24	17
惠阳区				12			2749	24	17
博罗县		2	1	14	3		8993	104	82
惠东县				26	1		6383	54	26
龙门县	1		1	11			394	20	7
梅州市	**2**	**3**	**2**	**66**	**9**	**9**	**3111**	**243**	**82**
梅江区				1			25	1	1
梅县区			1	2	1		232	18	8
大埔县				2	2		214	31	2
丰顺县	2	2		6	3	6	958	47	39
五华县				28	2		688	56	17
平远县		1	1	5		2	329	37	1
蕉岭县				22			471	25	4
兴宁市					1	1	194	28	10
汕尾市		**1**		**23**		**2**	**4689**	**181**	**99**
城　区				1			169	6	14
海丰县				14		2	3678	71	55
陆河县				5			228	11	4
陆丰市		1		3			614	93	26
河源市	**1**	**10**	**2**	**35**			**3449**	**108**	**49**
源城区				2			1016		6
紫金县		2		5			574	19	13
龙川县	1			4			576	37	15
连平县		7	2	2			324	17	8
和平县				13			243	21	3
东源县		1		9			716	14	4
阳江市	**1**			**13**			**1386**	**116**	**147**
江城区							141	30	4
阳东区							404	10	21
阳西县	1			13			539	56	112
阳春市							302	20	10
清远市		**1**	**9**	**70**	**2**	**5**	**6080**	**187**	**87**
清城区				26			3469	27	34
清新区				4			286	6	3
佛冈县		1	1	7		1	835	21	12
阳山县				4	1	3	343	31	12
连山壮族瑶族自治县			8	4	1		63	8	1
连南瑶族自治县				2			111	7	3
英德市				15		1	850	65	20
连州市				8			123	22	2

4-4b 续表 13

单位：人

地区 性别	采矿业						制造业		
	石油和天然气开采业	黑色金属矿采选业	有色金属矿采选业	非金属矿采选业	开采专业及辅助性活动	其他采矿业	小计	农副食品加工业	食品制造业
东莞市							**2707**	**9**	**10**
市辖区							2707	9	10
中山市	**2**			**9**	**1**	**2**	**21909**	**177**	**129**
市辖区	2			9	1	2	21909	177	129
潮州市	**3**	**1**	**6**	**12**	**3**		**5014**	**359**	**116**
湘桥区			5				280	23	6
潮安区				6	1		2855	84	49
饶平县	3	1	1	6	2		1879	252	61
揭阳市	**2**			**16**	**5**	**1**	**5661**	**306**	**192**
榕城区				1	1		616	18	16
揭东区	1			3	3		915	87	38
揭西县				1			764	29	25
惠来县	1			8	1	1	840	89	55
普宁市				3			2526	83	58
云浮市				**9**	**5**		**2143**	**127**	**44**
云城区									
云安区				1	2		329	9	2
新兴县				3			1112	62	14
郁南县				3	1		469	27	20
罗定市				2	2		233	29	8
女	**6**	**8**	**88**	**61**	**15**	**7**	**96208**	**2332**	**1640**
广州市				**1**	**1**		**8539**	**130**	**166**
荔湾区									
越秀区									
海珠区									
天河区									
白云区					1		1414	30	36
黄埔区							103	5	3
番禺区							482	6	36
花都区							849	16	8
南沙区				1			1631	26	13
从化区							683	23	16
增城区							3377	24	54
韶关市		**1**	**77**	**9**	**1**	**1**	**1907**	**94**	**81**
武江区							12	1	3
浈江区							55	3	2
曲江区		1	7				131	11	20
始兴县			1	1			445	11	11
仁化县			68		1		110	14	8
翁源县				1		1	246	17	14
乳源瑶族自治县				2			369	5	13
新丰县				1			228	14	4
乐昌市			1	3			164	14	3
南雄市				1			147	4	3
深圳市							**43**		
罗湖区									
福田区									
南山区							36		
宝安区									
龙岗区									
盐田区									
龙华区									
坪山区							7		
光明区									

4-4b 续表 14

单位：人

地区 性别	采矿业						制造业		
	石油和天然气开采业	黑色金属矿采选业	有色金属矿采选业	非金属矿采选业	开采专业及辅助性活动	其他采矿业	小计	农副食品加工业	食品制造业
珠海市					**2**		**2830**	**27**	**30**
香洲区							99		
斗门区							1619	21	20
金湾区					2		1112	6	10
汕头市							**10395**	**123**	**41**
龙湖区									
金平区									
濠江区							7		
潮阳区							4260	55	15
潮南区							3163	28	8
澄海区							2937	31	15
南澳县							28	9	3
佛山市				**1**	**2**		**5639**	**42**	**56**
禅城区							1780	5	7
南海区							714	2	5
顺德区									
三水区				1	1		2798	22	42
高明区					1		347	13	2
江门市	**1**			**3**			**3778**	**49**	**113**
蓬江区									
江海区									
新会区	1			3			1047	16	26
台山市							326	14	5
开平市							1092	10	61
鹤山市							1043	6	15
恩平市							270	3	6
湛江市				**3**			**1501**	**352**	**126**
赤坎区									
霞山区							6	1	1
坡头区				1			118	24	10
麻章区							155	30	
遂溪县							332	111	38
徐闻县							144	34	11
廉江市				2			371	20	10
雷州市							221	76	45
吴川市							154	56	11
茂名市	**1**		**1**	**4**			**1408**	**155**	**59**
茂南区							44	3	4
电白区	1		1	2			456	67	30
高州市				1			423	38	8
化州市				1			248	38	15
信宜市							237	9	2
肇庆市	**1**		**2**	**15**	**1**	**1**	**4207**	**115**	**75**
端州区									
鼎湖区				1			449	22	4
高要区			2				1793	22	23
广宁县						1	471	13	13
怀集县				1	1		499	17	15
封开县				1			399	24	4
德庆县	1			6			269	9	13
四会市				6			327	8	3
惠州市		**1**	**1**	**5**			**13674**	**137**	**141**
惠城区							1008	15	11
惠阳区				2			1656	9	12
博罗县		1	1				6096	55	75
惠东县				2			4599	40	32
龙门县				1			315	18	11

4-4b 续表 15

单位：人

地区 性别	采矿业						制造业		
	石油和天然气开采业	黑色金属矿采选业	有色金属矿采选业	非金属矿采选业	开采专业及辅助性活动	其他采矿业	小计	农副食品加工业	食品制造业
梅州市			**1**	**9**	**1**		**2426**	**151**	**74**
梅江区							12	1	
梅县区				2			166	8	14
大埔县							178	22	5
丰顺县							889	21	23
五华县				2	1		520	38	17
平远县			1				259	21	4
蕉岭县				5			201	17	7
兴宁市							201	23	4
汕尾市			**1**	**2**			**2738**	**53**	**60**
城　区							123		9
海丰县			1	2			2359	31	35
陆河县							78	4	4
陆丰市							178	18	12
河源市		**6**	**1**	**3**		**1**	**3294**	**76**	**40**
源城区							906		5
紫金县							514	14	6
龙川县						1	700	21	15
连平县		4	1				262	11	5
和平县				1			295	20	3
东源县		2		2			617	10	6
阳江市	**1**			**1**			**1351**	**98**	**82**
江城区							141	33	6
阳东区							351	10	11
阳西县	1			1			592	39	62
阳春市							267	16	3
清远市			**2**	**3**		**3**	**4368**	**146**	**84**
清城区				1			2087	40	26
清新区							246	5	1
佛冈县						1	605	8	14
阳山县				1		1	310	19	14
连山壮族瑶族自治县			2			1	34	7	4
连南瑶族自治县							141	4	5
英德市				1			868	55	18
连州市							77	8	2
东莞市							**1890**	**3**	**9**
市辖区							1890	3	9
中山市			**1**		**4**		**14600**	**127**	**146**
市辖区			1		4		14600	127	146
潮州市	**2**						**3897**	**258**	**90**
湘桥区							406	11	6
潮安区							1849	28	26
饶平县	2						1642	219	58
揭阳市				**1**	**3**	**1**	**5920**	**108**	**113**
榕城区				1	1		423	4	7
揭东区					2		764	28	24
揭西县						1	381	15	11
惠来县							1216	34	35
普宁市							3136	27	36
云浮市			**1**	**1**			**1803**	**88**	**54**
云城区									
云安区			1				150	4	4
新兴县				1			973	31	23
郁南县							408	30	16
罗定市							272	23	11

4-4b 续表 16

单位：人

地区 性别	制造业								
	酒、饮料和精制茶制造业	烟草制品业	纺织业	纺织服装、服饰业	皮革、毛皮、羽毛及其制品和制鞋业	木材加工和木、竹、藤、棕、草制品业	家具制造业	造纸和纸制品业	印刷和记录媒介复制业
广东	**1349**	**84**	**6612**	**33786**	**14354**	**3324**	**6091**	**4094**	**3023**
广州市	**135**	**4**	**847**	**4700**	**515**	**182**	**800**	**433**	**359**
荔湾区									
越秀区									
海珠区									
天河区									
白云区	13		41	185	270	27	117	112	85
黄埔区	2	1		6	1		3	2	3
番禺区	2		27	64	48	8	29	69	58
花都区	4		24	227	68	6	27	30	26
南沙区	43		358	268	22	99	278	42	21
从化区	21		39	11	40	6	134	23	32
增城区	50	3	358	3939	66	36	212	155	134
韶关市	**76**	**8**	**138**	**194**	**96**	**193**	**68**	**95**	**41**
武江区	1								
浈江区	2		6	4	1	1	2		
曲江区	11		51	16		9	3	1	
始兴县	2	1	17	11	4	25	16	14	3
仁化县	11		5	9	4	48	6	2	4
翁源县	9		18	32	30	19	12	7	9
乳源瑶族自治县	15		14	10	3	7	5	13	16
新丰县	16		5	41	15	15	6	20	2
乐昌市	4	1	15	23	31	52	9	3	3
南雄市	5	6	7	48	8	17	9	35	4
深圳市									**2**
罗湖区									
福田区									
南山区									
宝安区									
龙岗区									
盐田区									
龙华区									
坪山区									2
光明区									
珠海市	**8**	**3**	**105**	**357**	**16**	**81**	**88**	**120**	**35**
香洲区				1				1	
斗门区	5		33	221	14	55	61	86	23
金湾区	3	3	72	135	2	26	27	33	12
汕头市	**94**	**2**	**827**	**11667**	**40**	**46**	**50**	**469**	**300**
龙湖区									
金平区									
濠江区		1						2	1
潮阳区	52		308	5981	17	27	26	149	112
潮南区	18		427	4946	13	8	9	44	25
澄海区	24	1	88	736	10	10	12	274	162
南澳县			4	4		1	3		
佛山市	**48**	**4**	**985**	**110**	**884**	**198**	**995**	**340**	**196**
禅城区	4	2	73	24	10	42	437	92	96
南海区	3		34	23	853	11	81	50	72
顺德区									
三水区	41	2	866	58	18	100	351	194	27
高明区			12	5	3	45	126	4	1

4-4b 续表 17

单位：人

地区 性别	制造业								
	酒、饮料和精制茶制造业	烟草制品业	纺织业	纺织服装、服饰业	皮革、毛皮、羽毛及其制品和制鞋业	木材加工和木、竹、藤、棕、草制品业	家具制造业	造纸和纸制品业	印刷和记录媒介复制业
江门市	**43**	**6**	**407**	**241**	**250**	**230**	**452**	**263**	**535**
蓬江区									
江海区									
新会区	13	4	180	106	15	29	264	171	13
台山市	7		38	51	47	11	31	12	5
开平市	13		38	20	19	113	14	53	7
鹤山市	5	2	34	41	114	67	136	24	504
恩平市	5		117	23	55	10	7	3	6
湛江市	**63**		**65**	**175**	**39**	**241**	**105**	**75**	**44**
赤坎区									
霞山区	1		1	1			3		
坡头区	6		3	17	3	7	5	2	4
麻章区	4		2	4		42		18	3
遂溪县	14		17	60	3	32	51	20	13
徐闻县	11		1	8	4	30	9	3	13
廉江市	6		17	45	16	29	22	19	7
雷州市	19		5	15	2	83	11	8	1
吴川市	2		19	25	11	18	4	5	3
茂名市	**26**	**2**	**117**	**270**	**170**	**208**	**67**	**66**	**23**
茂南区			3		2	5	3	8	1
电白区	11	2	28	63	22	32	28	13	7
高州市	2		53	127	105	16	19	29	8
化州市	11		21	51	20	50	12	16	4
信宜市	2		12	29	21	105	5		3
肇庆市	**57**	**2**	**401**	**589**	**295**	**320**	**171**	**184**	**60**
端州区									
鼎湖区	5	1	299	16	66	1	8	25	
高要区	5		11	103	51	64	69	28	16
广宁县	8		9	162	105	70	12	98	6
怀集县	11	1	25	173	18	84	28	11	19
封开县	6		11	94	10	36	11	10	8
德庆县	10		22	35	10	55	25	3	10
四会市	12		24	6	35	10	18	9	1
惠州市	**121**	**4**	**484**	**2072**	**8834**	**485**	**1187**	**480**	**377**
惠城区	11		36	40	42	61	115	69	23
惠阳区	2	1	33	120	124	7	419	87	46
博罗县	85	2	331	1571	798	179	559	182	265
惠东县	10	1	77	307	7861	55	82	133	33
龙门县	13		7	34	9	183	12	9	10
梅州市	**107**	**9**	**117**	**141**	**76**	**120**	**177**	**59**	**29**
梅江区		2	1	1	1		1		
梅县区	6		25	10		13	1	4	2
大埔县	14	6	4	28	3	10	5	4	5
丰顺县	13		7	21	3	21	48	13	1
五华县	46	1	32	17	53	14	37	10	10
平远县	13		9	40	4	41	56	2	6
蕉岭县	7		6	13	2	17	29	18	3
兴宁市	8		33	11	10	4		8	2
汕尾市	**43**	**3**	**142**	**2073**	**336**	**103**	**40**	**62**	**21**
城区	1		4	10	3	5		4	
海丰县	33	3	110	1992	317	24	23	19	17
陆河县	6		12	9	4	20	11		2
陆丰市	3		16	62	12	54	6	39	2

4-4b 续表 18

单位：人

地区 性别	制造业								
	酒、饮料和精制茶制造业	烟草制品业	纺织业	纺织服装、服饰业	皮革、毛皮、羽毛及其制品和制鞋业	木材加工和木、竹、藤、棕、草制品业	家具制造业	造纸和纸制品业	印刷和记录媒介复制业
河源市	**40**		**139**	**482**	**496**	**86**	**116**	**60**	**133**
源城区	1		39	239	42		26	23	79
紫金县	15		16	76	65	13	24	5	16
龙川县	6		22	36	308	20	19	3	11
连平县	7		12	35	13	24	23	11	6
和平县	4		12	44	46	9	13		9
东源县	7		38	52	22	20	11	18	12
阳江市	**23**	**1**	**138**	**341**	**80**	**69**	**70**	**26**	**33**
江城区			36	21	2	3	1	3	
阳东区	2		32	36	13	40	44	6	4
阳西县	10	1	46	211	24	16	7	11	21
阳春市	11		24	73	41	10	18	6	8
清远市	**95**		**229**	**396**	**761**	**233**	**347**	**164**	**32**
清城区	18		83	100	251	91	245	75	15
清新区	1		9	15	138	21	12	5	
佛冈县	18		47	28	61	22	34	10	5
阳山县	10		15	53	88	8	15	2	2
连山壮族瑶族自治县	1		3	4	1	15	2	2	2
连南瑶族自治县	2		13	16	51	8	1	1	3
英德市	45		56	175	152	52	32	69	3
连州市			3	5	19	16	6		2
东莞市	**6**		**214**	**704**	**31**	**20**	**124**	**113**	**106**
市辖区	6		214	704	31	20	124	113	106
中山市	**110**	**7**	**508**	**1696**	**673**	**167**	**1010**	**539**	**438**
市辖区	110	7	508	1696	673	167	1010	539	438
潮州市	**114**	**20**	**148**	**1164**	**125**	**96**	**97**	**369**	**147**
湘桥区	4		28	240	18	1		9	19
潮安区	23	10	55	741	95	30	75	297	98
饶平县	87	10	65	183	12	65	22	63	30
揭阳市	**122**	**5**	**538**	**6139**	**91**	**199**	**74**	**122**	**95**
榕城区	8		161	119	12	7	10	9	1
揭东区	31		119	373	12	77	7	34	11
揭西县	14	2	19	110	8	18	16	17	32
惠来县	25	3	62	1279	39	25	6	13	23
普宁市	44		177	4258	20	72	35	49	28
云浮市	**18**	**4**	**63**	**275**	**546**	**47**	**53**	**55**	**17**
云城区									
云安区	2		23	36	5	1	5	1	
新兴县	5		7	95	498	9	22	31	8
郁南县	7	3	27	43	27	22	21	13	6
罗定市	4	1	6	101	16	15	5	10	3
男	**868**	**54**	**3595**	**13714**	**7564**	**2241**	**4199**	**2693**	**1986**
广州市	**91**	**3**	**486**	**2451**	**237**	**132**	**552**	**279**	**241**
荔湾区									
越秀区									
海珠区									
天河区									
白云区	11		14	82	127	21	86	72	52
黄埔区	1	1		3	1		3	1	3
番禺区	2		17	25	16	7	22	42	40
花都区	1		13	78	31	3	15	19	17
南沙区	36		210	82	10	71	187	27	9
从化区	13		24	2	16	5	91	19	19
增城区	27	2	208	2179	36	25	148	99	101

4-4b 续表 19　　　　单位：人

地　区 性　别	制造业								
	酒、饮料和精制茶制造业	烟　草制品业	纺织业	纺织服装、服饰业	皮革、毛皮、羽毛及其制品和制鞋业	木材加工和木、竹、藤、棕、草制品业	家　具制造业	造纸和纸制品业	印刷和记录媒介复制业
韶关市	**49**	**3**	**67**	**50**	**30**	**123**	**47**	**52**	**22**
武江区	1								
浈江区	2		4		1		2		
曲江区	6		27	11		5	2	1	
始兴县	1		8	1	1	17	10	9	1
仁化县	7		1	5	3	32	4	1	2
翁源县	5		5	8	4	13	7	4	5
乳源瑶族自治县	8		9	3		6	4	5	8
新丰县	13		4	6	6	7	5	10	1
乐昌市	3		5	3	11	37	5	1	1
南雄市	3	3	4	13	4	6	8	21	4
深圳市									**1**
罗湖区									
福田区									
南山区									
宝安区									
龙岗区									
盐田区									
龙华区									
坪山区									1
光明区									
珠海市	**3**	**3**	**68**	**133**	**6**	**68**	**54**	**79**	**23**
香洲区								1	
斗门区	2		22	64	6	44	43	53	14
金湾区	1	3	46	69		24	11	25	9
汕头市	**74**	**2**	**501**	**5049**	**26**	**41**	**49**	**361**	**243**
龙湖区									
金平区									
濠江区		1						1	
潮阳区	41		184	2596	9	23	26	110	92
潮南区	13		270	2218	10	7	9	35	24
澄海区	20	1	47	233	7	10	12	215	127
南澳县				2		1	2		
佛山市	**30**	**3**	**641**	**55**	**545**	**135**	**638**	**222**	**126**
禅城区	2	2	39	12	7	30	296	59	65
南海区	2		20	16	526	7	52	32	47
顺德区									
三水区	26	1	574	26	11	69	219	130	14
高明区			8	1	1	29	71	1	
江门市	**22**	**3**	**241**	**76**	**147**	**140**	**297**	**172**	**304**
蓬江区									
江海区									
新会区	1	2	98	37	8	16	173	108	11
台山市	7		26	15	31	6	21	6	2
开平市	9		21	5	9	76	9	42	4
鹤山市	2	1	14	11	71	36	91	16	283
恩平市	3		82	8	28	6	3		4
湛江市	**32**		**25**	**56**	**16**	**131**	**75**	**44**	**21**
赤坎区									
霞山区	1		1				3		
坡头区	1		2	7	2	3	2	1	1
麻章区	1					5		11	1
遂溪县	7		4	22	2	21	35	15	8
徐闻县	7		1	6		20	6	2	4
廉江市	4		11	9	5	19	16	10	5
雷州市	10		3	7	2	46	10	4	
吴川市	1		3	5	5	17	3	1	2

4-4b　续表 20　　　　单位：人

地　区 性　别	制造业								
	酒、饮料和精制茶制造业	烟　草制品业	纺织业	纺织服装、服饰业	皮革、毛皮、羽毛及其制品和制鞋业	木材加工和木、竹、藤、棕、草制品业	家　具制造业	造纸和纸制品业	印刷和记录媒介复制业
茂名市	**18**	**2**	**50**	**77**	**72**	**126**	**47**	**46**	**18**
茂南区						5		6	1
电白区	6	2	11	23	13	27	20	7	7
高州市	2		24	34	38	9	14	24	5
化州市	8		11	15	10	42	9	9	2
信宜市	2		4	5	11	43	4		3
肇庆市	**32**		**241**	**134**	**106**	**196**	**116**	**120**	**42**
端州区									
鼎湖区	4		196	3	20	1	7	13	
高要区	3		5	7	8	41	45	17	11
广宁县	5		3	26	31	42	11	67	5
怀集县	4		14	37	9	44	19	8	15
封开县	4		3	44	5	25	10	5	4
德庆县	6		6	14	6	38	16	1	7
四会市	6		14	3	27	5	8	9	
惠州市	**80**	**3**	**247**	**866**	**5093**	**337**	**834**	**312**	**246**
惠城区	7		15	12	21	49	77	40	14
惠阳区	2	1	20	60	63	5	297	58	33
博罗县	55	2	176	682	384	138	394	110	169
惠东县	7		33	104	4622	44	56	97	23
龙门县	9		3	8	3	101	10	7	7
梅州市	**61**	**7**	**55**	**54**	**19**	**83**	**123**	**37**	**15**
梅江区		1	1				1		
梅县区	3		13	5		8	1	2	1
大埔县	6	5	3	13	2	7	3	1	3
丰顺县	9		2	7	2	18	35	9	
五华县	27	1	16	7	10	10	28	5	5
平远县	8		4	18	2	26	36	1	3
蕉岭县	5		2	2	1	12	19	13	1
兴宁市	3		14	2	2	2		6	2
汕尾市	**31**	**3**	**69**	**1092**	**213**	**87**	**34**	**40**	**14**
城　区	1		2	5	1	5		3	
海丰县	23	3	53	1058	199	20	19	15	12
陆河县	5		6	3	2	17	9		1
陆丰市	2		8	26	11	45	6	22	1
河源市	**21**		**61**	**162**	**139**	**62**	**91**	**35**	**95**
源城区	1		15	91	22		18	13	52
紫金县	7		7	21	27	8	19	1	12
龙川县	4		11	8	65	16	17	3	8
连平县	4		7	8	4	19	19	6	4
和平县	2		6	17	7	8	8		8
东源县	3		15	17	14	11	10	12	11
阳江市	**15**		**37**	**59**	**23**	**48**	**47**	**15**	**24**
江城区			15	5	1	3	1	1	
阳东区	1		8	10	9	27	28	5	3
阳西县	7		7	30	6	10	4	6	14
阳春市	7		7	14	7	8	14	3	7
清远市	**54**		**109**	**103**	**268**	**165**	**211**	**80**	**24**
清城区	8		39	33	124	59	144	44	12
清新区	1		8	2	38	16	8	2	
佛冈县	13		22	6	26	18	22	7	2
阳山县	7		8	12	18	8	10	2	2
连山壮族瑶族自治县	1		1	1	1	8	2	2	1
连南瑶族自治县	2		3	2	4	5	1	1	2
英德市	22		28	46	52	40	19	22	3
连州市				1	5	11	5		2

4－4b 续表 21

单位：人

地区 性别	制造业								
	酒、饮料和精制茶制造业	烟草制品业	纺织业	纺织服装、服饰业	皮革、毛皮、羽毛及其制品和制鞋业	木材加工和木、竹、藤、棕、草制品业	家具制造业	造纸和纸制品业	印刷和记录媒介复制业
东莞市	**4**		**95**	**300**	**12**	**14**	**99**	**71**	**59**
市辖区	4		95	300	12	14	99	71	59
中山市	**71**	**4**	**288**	**640**	**295**	**127**	**709**	**364**	**266**
市辖区	71	4	288	640	295	127	709	364	266
潮州市	**80**	**12**	**55**	**321**	**67**	**66**	**72**	**259**	**121**
湘桥区	3		3	44	12	1		6	15
潮安区	16	7	26	230	50	22	56	206	83
饶平县	61	5	26	47	5	43	16	47	23
揭阳市	**90**	**4**	**230**	**1965**	**54**	**137**	**59**	**80**	**73**
榕城区	8		69	22	9	6	9	5	
揭东区	23		16	78	8	57	5	19	7
揭西县	9	2	8	19	5	13	13	8	28
惠来县	20	2	22	301	17	23	5	8	15
普宁市	30		115	1545	15	38	27	40	23
云浮市	**10**	**2**	**29**	**71**	**196**	**23**	**45**	**25**	**8**
云城区									
云安区	1		11	9	2	1	5		
新兴县	2		1	25	181	6	18	15	3
郁南县	4	2	13	9	7	10	18	5	4
罗定市	3		4	28	6	6	4	5	1
女	**481**	**30**	**3017**	**20072**	**6790**	**1083**	**1892**	**1401**	**1037**
广州市	**44**	**1**	**361**	**2249**	**278**	**50**	**248**	**154**	**118**
荔湾区									
越秀区									
海珠区									
天河区									
白云区	2		27	103	143	6	31	40	33
黄埔区	1			3				1	
番禺区			10	39	32	1	7	27	18
花都区	3		11	149	37	3	12	11	9
南沙区	7		148	186	12	28	91	15	12
从化区	8		15	9	24	1	43	4	13
增城区	23	1	150	1760	30	11	64	56	33
韶关市	**27**	**5**	**71**	**144**	**66**	**70**	**21**	**43**	**19**
武江区									
浈江区			2	4		1			
曲江区	5		24	5		4	1		
始兴县	1	1	9	10	3	8	6	5	2
仁化县	4		4	4	1	16	2	1	2
翁源县	4		13	24	26	6	5	3	4
乳源瑶族自治县	7		5	7	3	1	1	8	8
新丰县	3		1	35	9	8	1	10	1
乐昌市	1	1	10	20	20	15	4	2	2
南雄市	2	3	3	35	4	11	1	14	
深圳市									**1**
罗湖区									
福田区									
南山区									
宝安区									
龙岗区									
盐田区									
龙华区									
坪山区									1
光明区									

4-4b 续表 22

单位：人

地区 性别	制造业								
	酒、饮料和精制茶制造业	烟草制品业	纺织业	纺织服装、服饰业	皮革、毛皮、羽毛及其制品和制鞋业	木材加工和木、竹、藤、棕、草制品业	家具制造业	造纸和纸制品业	印刷和记录媒介复制业
珠海市	**5**		**37**	**224**	**10**	**13**	**34**	**41**	**12**
香洲区				1					
斗门区	3		11	157	8	11	18	33	9
金湾区	2		26	66	2	2	16	8	3
汕头市	**20**		**326**	**6618**	**14**	**5**	**1**	**108**	**57**
龙湖区									
金平区									
濠江区								1	1
潮阳区	11		124	3385	8	4		39	20
潮南区	5		157	2728	3	1		9	1
澄海区	4		41	503	3			59	35
南澳县			4	2			1		
佛山市	**18**	**1**	**344**	**55**	**339**	**63**	**357**	**118**	**70**
禅城区	2		34	12	3	12	141	33	31
南海区	1		14	7	327	4	29	18	25
顺德区									
三水区	15	1	292	32	7	31	132	64	13
高明区			4	4	2	16	55	3	1
江门市	**21**	**3**	**166**	**165**	**103**	**90**	**155**	**91**	**231**
蓬江区									
江海区									
新会区	12	2	82	69	7	13	91	63	2
台山市			12	36	16	5	10	6	3
开平市	4		17	15	10	37	5	11	3
鹤山市	3	1	20	30	43	31	45	8	221
恩平市	2		35	15	27	4	4	3	2
湛江市	**31**		**40**	**119**	**23**	**110**	**30**	**31**	**23**
赤坎区									
霞山区				1					
坡头区	5		1	10	1	4	3	1	3
麻章区	3		2	4		37		7	2
遂溪县	7		13	38	1	11	16	5	5
徐闻县	4			2	4	10	3	1	9
廉江市	2		6	36	11	10	6	9	2
雷州市	9		2	8		37	1	4	1
吴川市	1		16	20	6	1	1	4	1
茂名市	**8**		**67**	**193**	**98**	**82**	**20**	**20**	**5**
茂南区			3		2		3	2	
电白区	5		17	40	9	5	8	6	
高州市			29	93	67	7	5	5	3
化州市	3		10	36	10	8	3	7	2
信宜市			8	24	10	62	1		
肇庆市	**25**	**2**	**160**	**455**	**189**	**124**	**55**	**64**	**18**
端州区									
鼎湖区	1	1	103	13	46		1	12	
高要区	2		6	96	43	23	24	11	5
广宁县	3		6	136	74	28	1	31	1
怀集县	7	1	11	136	9	40	9	3	4
封开县	2		8	50	5	11	1	5	4
德庆县	4		16	21	4	17	9	2	3
四会市	6		10	3	8	5	10		1
惠州市	**41**	**1**	**237**	**1206**	**3741**	**148**	**353**	**168**	**131**
惠城区	4		21	28	21	12	38	29	9
惠阳区			13	60	61	2	122	29	13
博罗县	30		155	889	414	41	165	72	96
惠东县	3	1	44	203	3239	11	26	36	10
龙门县	4		4	26	6	82	2	2	3

4-4b 续表 23

单位：人

地区 性别	制造业								
	酒、饮料和精制茶制造业	烟草制品业	纺织业	纺织服装、服饰业	皮革、毛皮、羽毛及其制品和制鞋业	木材加工和木、竹、藤、棕、草制品业	家具制造业	造纸和纸制品业	印刷和记录媒介复制业
梅州市	**46**	**2**	**62**	**87**	**57**	**37**	**54**	**22**	**14**
梅江区		1		1	1				
梅县区	3		12	5		5		2	1
大埔县	8	1	1	15	1	3	2	3	2
丰顺县	4		5	14	1	3	13	4	1
五华县	19		16	10	43	4	9	5	5
平远县	5		5	22	2	15	20	1	3
蕉岭县	2		4	11	1	5	10	5	2
兴宁市	5		19	9	8	2		2	
汕尾市	**12**		**73**	**981**	**123**	**16**	**6**	**22**	**7**
城区			2	5	2			1	
海丰县	10		57	934	118	4	4	4	5
陆河县	1		6	6	2	3	2		1
陆丰市	1		8	36	1	9		17	1
河源市	**19**		**78**	**320**	**357**	**24**	**25**	**25**	**38**
源城区			24	148	20		8	10	27
紫金县	8		9	55	38	5	5	4	4
龙川县	2		11	28	243	4	2		3
连平县	3		5	27	9	5	4	5	2
和平县	2		6	27	39	1	5		1
东源县	4		23	35	8	9	1	6	1
阳江市	**8**	**1**	**101**	**282**	**57**	**21**	**23**	**11**	**9**
江城区			21	16	1			2	
阳东区	1		24	26	4	13	16	1	1
阳西县	3	1	39	181	18	6	3	5	7
阳春市	4		17	59	34	2	4	3	1
清远市	**41**		**120**	**293**	**493**	**68**	**136**	**84**	**8**
清城区	10		44	67	127	32	101	31	3
清新区			1	13	100	5	4	3	
佛冈县	5		25	22	35	4	12	3	3
阳山县	3		7	41	70		5		
连山壮族瑶族自治县			2	3		7			1
连南瑶族自治县			10	14	47	3			1
英德市	23		28	129	100	12	13	47	
连州市			3	4	14	5	1		
东莞市	**2**		**119**	**404**	**19**	**6**	**25**	**42**	**47**
市辖区	2		119	404	19	6	25	42	47
中山市	**39**	**3**	**220**	**1056**	**378**	**40**	**301**	**175**	**172**
市辖区	39	3	220	1056	378	40	301	175	172
潮州市	**34**	**8**	**93**	**843**	**58**	**30**	**25**	**110**	**26**
湘桥区	1		25	196	6			3	4
潮安区	7	3	29	511	45	8	19	91	15
饶平县	26	5	39	136	7	22	6	16	7
揭阳市	**32**	**1**	**308**	**4174**	**37**	**62**	**15**	**42**	**22**
榕城区			92	97	3	1	1	4	1
揭东区	8		103	295	4	20	2	15	4
揭西县	5		11	91	3	5	3	9	4
惠来县	5	1	40	978	22	2	1	5	8
普宁市	14		62	2713	5	34	8	9	5
云浮市	**8**	**2**	**34**	**204**	**350**	**24**	**8**	**30**	**9**
云城区									
云安区	1		12	27	3			1	
新兴县	3		6	70	317	3	4	16	5
郁南县	3	1	14	34	20	12	3	8	2
罗定市	1	1	2	73	10	9	1	5	2

4-4b 续表 24

单位：人

地区 性别	制造业								
	文教、工美、体育和娱乐用品制造业	石油、煤炭及其他燃料加工业	化学原料和化学制品制造业	医药制造业	化学纤维制造业	橡胶和塑料制品业	非金属矿物制品业	黑色金属冶炼和压延加工业	有色金属冶炼和压延加工业
广东	**16140**	**239**	**6532**	**1451**	**225**	**12335**	**17021**	**1373**	**2436**
广州市	**717**	**36**	**1799**	**258**	**5**	**1132**	**528**	**42**	**59**
荔湾区									
越秀区									
海珠区									
天河区									
白云区	113	4	737	74		202	57	3	6
黄埔区	11	5	24	19		19	8	4	1
番禺区	35		143	12		55	66	1	1
花都区	73	1	121	9		126	91	9	3
南沙区	317	4	66	16	1	258	105	11	5
从化区	49		408	46		138	21	6	18
增城区	119	22	300	82	4	334	180	8	25
韶关市	**298**	**5**	**209**	**96**	**1**	**106**	**259**	**55**	**220**
武江区	2		1			3			
浈江区	11		38	3		7	11	5	2
曲江区	14		12	1		3	19	17	6
始兴县	178		10	7		38	17		1
仁化县	11		6			2	12	1	90
翁源县	36		29	20		16	29	4	8
乳源瑶族自治县	15		71	62	1	3	79	4	93
新丰县	14		16			20	44	7	14
乐昌市	4	1	8	3		6	28	14	6
南雄市	13	4	18			8	20	3	
深圳市				**1**		**1**			
罗湖区									
福田区									
南山区									
宝安区									
龙岗区									
盐田区									
龙华区									
坪山区				1		1			
光明区									
珠海市	**277**	**79**	**615**	**141**	**53**	**381**	**431**	**252**	**47**
香洲区				20		1	30		
斗门区	218	3	80	28	2	129	224	10	26
金湾区	59	76	535	93	51	251	177	242	21
汕头市	**5104**		**533**	**17**	**1**	**1305**	**129**	**16**	**9**
龙湖区									
金平区									
濠江区	1		7			2	5		
潮阳区	453		283	3		774	32	6	4
潮南区	153		196	5	1	100	42	3	3
澄海区	4489		46	7		429	49	7	2
南澳县	8		1	2			1		
佛山市	**261**	**18**	**587**	**36**	**13**	**1114**	**4281**	**189**	**677**
禅城区	73	9	88	13	2	562	1993	54	53
南海区	18		21	4		65	69	21	36
顺德区									
三水区	167	9	409	14	11	448	2013	60	494
高明区	3		69	5		39	206	54	94

4－4b 续表 25

单位：人

地区 性别	制造业								
	文教、工美、体育和娱乐用品制造业	石油、煤炭及其他燃料加工业	化学原料和化学制品制造业	医药制造业	化学纤维制造业	橡胶和塑料制品业	非金属矿物制品业	黑色金属冶炼和压延加工业	有色金属冶炼和压延加工业
江门市	**114**	**4**	**193**	**24**	**3**	**473**	**345**	**34**	**132**
蓬江区									
江海区									
新会区	32	3	75	4	2	94	83	31	8
台山市	41		10			19	15	2	59
开平市	8	1	37	11		131	71		15
鹤山市	30		53			207	69	1	42
恩平市	3		18	9	1	22	107		8
湛江市	**70**	**17**	**57**	**36**		**106**	**252**	**338**	**12**
赤坎区									
霞山区			1	1		1			
坡头区	5	3	22	1		11	18	4	1
麻章区	10	12	14	1		4	7	312	1
遂溪县	11		6	24		47	49	10	3
徐闻县	11		1	1		5	35	2	1
廉江市	13		3	5		20	96	4	5
雷州市	17	2	9	3		6	20	2	
吴川市	3		1			12	27	4	1
茂名市	**136**	**35**	**78**	**38**		**213**	**204**	**15**	**12**
茂南区	10	7	9			12	11		
电白区	42	24	46	10		82	82	4	4
高州市	43	4	11			83	47	2	6
化州市	16		5	28		22	47	7	
信宜市	25		7			14	17	2	2
肇庆市	**299**		**158**	**35**	**8**	**316**	**1959**	**54**	**434**
端州区									
鼎湖区	9		17	4		46	488	2	48
高要区	26		24	11	5	139	803	14	31
广宁县	63		18	4		28	71	4	10
怀集县	21		20	6		35	70	2	5
封开县	147		18	5	2	11	181		3
德庆县	14		34	3	1	22	89	1	1
四会市	19		27	2		35	257	31	336
惠州市	**1795**	**18**	**538**	**149**	**64**	**1959**	**825**	**26**	**35**
惠城区	194		22	15		273	84		2
惠阳区	441	4	134	6	19	521	132	1	4
博罗县	732	11	357	106	44	923	401	16	21
惠东县	386	3	19	19	1	194	132	5	8
龙门县	42		6	3		48	76	4	
梅州市	**165**	**1**	**34**	**77**		**92**	**754**	**22**	**57**
梅江区							11		
梅县区	32		2	28		13	27		24
大埔县	14		3	2		3	118		
丰顺县	27		6	2		13	103	12	5
五华县	28	1	8	26		30	91	7	12
平远县	12		6	6		14	57	1	15
蕉岭县	12		8	2		13	320	2	1
兴宁市	40		1	11		6	27		
汕尾市	**2673**	**3**	**69**	**24**		**115**	**209**	**6**	**15**
城　区	42			3			12	1	
海丰县	2573	3	40	20		52	105	4	4
陆河县	6		19			3	32	1	9
陆丰市	52		10	1		60	60		2

4-4b　续表 26

单位：人

地区 性别	制造业								
	文教、工美、体育和娱乐用品制造业	石油、煤炭及其他燃料加工业	化学原料和化学制品制造业	医药制造业	化学纤维制造业	橡胶和塑料制品业	非金属矿物制品业	黑色金属冶炼和压延加工业	有色金属冶炼和压延加工业
河源市	**593**		**56**	**79**		**416**	**381**	**31**	**25**
源城区	234		11	4		108	35		3
紫金县	35		13	41		55	66	13	5
龙川县	29		6	1		15	63	8	1
连平县	89		3	13		19	43	5	
和平县	31		5	10		12	17	4	1
东源县	175		18	10		207	157	1	15
阳江市	**68**	**1**	**26**	**14**	**1**	**86**	**173**	**34**	**9**
江城区	3					12	10		6
阳东区	5		6	1		32	21	1	
阳西县	43	1	16	9		25	64	2	2
阳春市	17		4	4	1	17	78	31	1
清远市	**859**	**5**	**359**	**81**	**3**	**741**	**1634**	**113**	**452**
清城区	125	3	241	61	3	571	1078	77	386
清新区	25		5	2		6	160	3	47
佛冈县	239		37	4		46	91	9	5
阳山县	72		13	5		27	44	1	4
连山壮族瑶族自治县	1		1			3	5		
连南瑶族自治县	26	1	12	3		7	26	2	4
英德市	364	1	50	5		76	173	21	5
连州市	7			1		5	57		1
东莞市	**360**		**45**	**19**	**25**	**576**	**79**	**9**	**16**
市辖区	360		45	19	25	576	79	9	16
中山市	**875**	**13**	**995**	**149**	**6**	**2437**	**1139**	**63**	**103**
市辖区	875	13	995	149	6	2437	1139	63	103
潮州市	**959**	**1**	**95**	**22**	**2**	**308**	**2552**	**28**	**72**
湘桥区	67		6			38	121	1	5
潮安区	124		48	19		140	1875	5	56
饶平县	768	1	41	3	2	130	556	22	11
揭阳市	**342**	**3**	**52**	**53**	**37**	**351**	**450**	**41**	**25**
榕城区	55		11	12		39	116	28	1
揭东区	94	1	5	9		86	146	8	2
揭西县	95		10	10		132	49		16
惠来县	35	2	4	3	3	18	72	3	3
普宁市	63		22	19	34	76	67	2	3
云浮市	**175**		**34**	**102**	**3**	**107**	**437**	**5**	**25**
云城区									
云安区	6		5	21		5	177	1	8
新兴县	15		12	67		55	158	2	12
郁南县	129		11	14	3	38	67	2	3
罗定市	25		6			9	35		2
男	**8134**	**188**	**4131**	**791**	**159**	**7740**	**11782**	**1165**	**1764**
广州市	**337**	**27**	**1001**	**132**	**3**	**675**	**383**	**33**	**42**
荔湾区									
越秀区									
海珠区									
天河区									
白云区	57	3	389	32		108	32	3	5
黄埔区	8	5	11	12		5	7	3	1
番禺区	14		99	6		32	45		1
花都区	44	1	67	2		77	64	8	2
南沙区	135	4	40	7	1	152	77	9	4
从化区	20		220	31		91	18	5	13
增城区	59	14	175	42	2	210	140	5	16

4-4b 续表 27　　　　单位：人

地 区 性 别	制造业								
	文教、工美、体育和娱乐用品制造业	石油、煤炭及其他燃料加工业	化学原料和化学制品制造业	医 药制造业	化学纤维制造业	橡胶和塑 料制品业	非金属矿 物制品业	黑色金属冶炼和压延加工业	有色金属冶炼和压延加工业
韶关市	**94**	**5**	**130**	**42**		**51**	**187**	**47**	**159**
武江区			1						
浈江区	3		23	1		3	8	4	2
曲江区	2		6	1		1	14	16	5
始兴县	61		7	2		16	13		1
仁化县	5		5			2	10	1	70
翁源县	9		18	5		7	21	4	5
乳源瑶族自治县	4		47	32		2	53	4	61
新丰县	4		8			13	33	7	10
乐昌市	2	1	4	1		4	20	9	5
南雄市	4	4	11			3	15	2	
深圳市				**1**					
罗湖区									
福田区									
南山区									
宝安区									
龙岗区									
盐田区									
龙华区									
坪山区				1					
光明区									
珠海市	**139**	**66**	**458**	**89**	**38**	**213**	**315**	**225**	**32**
香洲区				17		1	23		
斗门区	98	2	59	14	1	70	150	6	15
金湾区	41	64	399	58	37	142	142	219	17
汕头市	**2912**		**355**	**13**	**1**	**1069**	**109**	**14**	**8**
龙湖区									
金平区									
濠江区	1		5			1	5		
潮阳区	281		188	2		699	28	5	4
潮南区	102		134	3	1	77	36	3	2
澄海区	2525		28	6		292	39	6	2
南澳县	3			2			1		
佛山市	**124**	**15**	**391**	**17**	**10**	**659**	**2801**	**144**	**479**
禅城区	33	8	52	5	1	313	1243	36	46
南海区	8		13	3		34	53	16	27
顺德区									
三水区	81	7	278	7	9	288	1367	45	336
高明区	2		48	2		24	138	47	70
江门市	**50**	**3**	**123**	**6**	**1**	**272**	**229**	**27**	**77**
蓬江区									
江海区									
新会区	12	2	52		1	46	58	24	5
台山市	11		6			12	10	2	36
开平市	5	1	20	5		72	43		8
鹤山市	21		33			127	46	1	22
恩平市	1		12	1		15	72		6
湛江市	**36**	**14**	**41**	**21**		**71**	**203**	**300**	**11**
赤坎区									
霞山区			1						
坡头区	3	2	17			7	16	4	1
麻章区	3	11	10			2	5	276	1
遂溪县	7		3	13		31	41	9	3
徐闻县	6		1	1		3	24	2	1
廉江市	6		2	5		13	80	3	5
雷州市	10	1	7	2		5	16	2	
吴川市	1					10	21	4	

4-4b　续表 28　　　　　　　　　　　　　　　　　　　　　　　　　　单位：人

地　　区 性　　别	制造业								
	文教、工美、体育和娱乐用品制造业	石油、煤炭及其他燃料加工业	化学原料和化学制品制造业	医　药制造业	化学纤维制造业	橡胶和塑　料制品业	非金属矿　物制品业	黑色金属冶炼和压延加工业	有色金属冶炼和压延加工业
茂名市	**64**	**23**	**51**	**25**		**113**	**159**	**12**	**10**
茂南区	4	4	7			7	9		
电白区	24	17	30	6		31	60	4	3
高州市	25	2	8			49	39	2	5
化州市	4		3	19		19	38	4	
信宜市	7		3			7	13	2	2
肇庆市	**101**		**97**	**15**	**7**	**180**	**1364**	**50**	**326**
端州区									
鼎湖区	4		14	2		26	310	1	44
高要区	7		18	4	5	72	550	14	24
广宁县	17		11	1		18	49	4	8
怀集县	9		11	3		25	48	2	3
封开县	53		8	4	1	7	149		2
德庆县	4		16	1	1	8	65		1
四会市	7		19			24	193	29	244
惠州市	**861**	**18**	**369**	**73**	**48**	**1158**	**646**	**21**	**30**
惠城区	102		15	9		162	61		2
惠阳区	262	4	99	3	13	288	99	1	3
博罗县	321	11	235	50	34	573	329	13	18
惠东县	161	3	15	11	1	111	96	3	7
龙门县	15		5			24	61	4	
梅州市	**73**	**1**	**20**	**47**		**57**	**580**	**17**	**38**
梅江区							8		
梅县区	16		2	23		7	21		15
大埔县	4		3			3	71		
丰顺县	14		4	1		7	68	10	2
五华县	16	1	3	14		18	70	6	8
平远县	7		4	3		9	42		12
蕉岭县	5		4	1		7	277	1	1
兴宁市	11			5		6	23		
汕尾市	**1643**	**2**	**57**	**15**		**89**	**191**	**5**	**14**
城　区	26			2			10	1	
海丰县	1583	2	30	13		39	97	4	4
陆河县	3		18			3	26		8
陆丰市	31		9			47	58		2
河源市	**195**		**26**	**48**		**243**	**268**	**24**	**15**
源城区	74		7	2		63	19		3
紫金县	13		7	31		42	52	10	4
龙川县	10		4	1		9	44	8	1
连平县	31		1	7		11	32	2	
和平县	14		2	5		5	11	3	
东源县	53		5	2		113	110	1	7
阳江市	**23**	**1**	**20**	**8**		**51**	**117**	**27**	**8**
江城区	2					4	4		5
阳东区	1		4			21	13	1	
阳西县	14	1	12	6		15	49	2	2
阳春市	6		4	2		11	51	24	1
清远市	**318**	**3**	**219**	**44**	**1**	**462**	**1133**	**93**	**329**
清城区	48	2	145	34	1	364	752	63	270
清新区	5		4	2		4	94	3	44
佛冈县	83		23	2		30	74	9	4
阳山县	29		8	3		15	39	1	3
连山壮族瑶族自治县			1			2	4		
连南瑶族自治县	8		7	1		3	17	2	4
英德市	139	1	31	2		42	118	15	3
连州市	6					2	35		1

4-4b 续表 29 单位：人

地 区 性 别	制造业								
	文教、工美、体育和娱乐用品制造业	石油、煤炭及其他燃料加工业	化学原料和化学制品制造业	医 药制造业	化学纤维制造业	橡胶和塑 料制品业	非金属矿 物制品业	黑色金属冶炼和压延加工业	有色金属冶炼和压延加工业
东莞市	**203**		**36**	**13**	**17**	**384**	**50**	**7**	**10**
市辖区	203		36	13	17	384	50	7	10
中山市	**403**	**8**	**616**	**79**	**4**	**1485**	**775**	**53**	**77**
市辖区	403	8	616	79	4	1485	775	53	77
潮州市	**355**		**64**	**16**	**1**	**181**	**1553**	**25**	**62**
湘桥区	16		5			18	65	1	4
潮安区	51		33	14		98	1178	5	48
饶平县	288		26	2	1	65	310	19	10
揭阳市	**136**	**2**	**33**	**37**	**25**	**259**	**369**	**37**	**20**
榕城区	16		5	8		31	103	25	1
揭东区	48	1	3	6		58	108	7	1
揭西县	36		8	6		97	40		12
惠来县	14	1	4	3	3	10	65	3	3
普宁市	22		13	14	22	63	53	2	3
云浮市	**67**		**24**	**50**	**3**	**68**	**350**	**4**	**17**
云城区									
云安区	1		5	7		3	155	1	7
新兴县	7		9	37		36	118	2	7
郁南县	51		7	6	3	24	51	1	1
罗定市	8		3			5	26		2
女	**8006**	**51**	**2401**	**660**	**66**	**4595**	**5239**	**208**	**672**
广州市	**380**	**9**	**798**	**126**	**2**	**457**	**145**	**9**	**17**
荔湾区									
越秀区									
海珠区									
天河区									
白云区	56	1	348	42		94	25		1
黄埔区	3		13	7		14	1	1	
番禺区	21		44	6		23	21	1	
花都区	29		54	7		49	27	1	1
南沙区	182		26	9		106	28	2	1
从化区	29		188	15		47	3	1	5
增城区	60	8	125	40	2	124	40	3	9
韶关市	**204**		**79**	**54**	**1**	**55**	**72**	**8**	**61**
武江区	2					3			
浈江区	8		15	2		4	3	1	
曲江区	12		6			2	5	1	1
始兴县	117		3	5		22	4		
仁化县	6		1				2		20
翁源县	27		11	15		9	8		3
乳源瑶族自治县	11		24	30	1	1	26		32
新丰县	10		8			7	11		4
乐昌市	2		4	2		2	8	5	1
南雄市	9		7			5	5	1	
深圳市						**1**			
罗湖区									
福田区									
南山区									
宝安区									
龙岗区									
盐田区									
龙华区									
坪山区						1			
光明区									

4-4b　续表 30　　　　单位：人

地　区 性　别	制造业								
	文教、工美、体育和娱乐用品制造业	石油、煤炭及其他燃料加工业	化学原料和化学制品制造业	医　药制造业	化学纤维制造业	橡胶和塑　料制品业	非金属矿　物制品业	黑色金属冶炼和压延加工业	有色金属冶炼和压延加工业
珠海市	**138**	**13**	**157**	**52**	**15**	**168**	**116**	**27**	**15**
香洲区				3			7		
斗门区	120	1	21	14	1	59	74	4	11
金湾区	18	12	136	35	14	109	35	23	4
汕头市	**2192**		**178**	**4**		**236**	**20**	**2**	**1**
龙湖区									
金平区									
濠江区			2			1			
潮阳区	172		95	1		75	4	1	
潮南区	51		62	2		23	6		1
澄海区	1964		18	1		137	10	1	
南澳县	5		1						
佛山市	**137**	**3**	**196**	**19**	**3**	**455**	**1480**	**45**	**198**
禅城区	40	1	36	8	1	249	750	18	7
南海区	10		8	1		31	16	5	9
顺德区									
三水区	86	2	131	7	2	160	646	15	158
高明区	1		21	3		15	68	7	24
江门市	**64**	**1**	**70**	**18**	**2**	**201**	**116**	**7**	**55**
蓬江区									
江海区									
新会区	20	1	23	4	1	48	25	7	3
台山市	30		4			7	5		23
开平市	3		17	6		59	28		7
鹤山市	9		20			80	23		20
恩平市	2		6	8	1	7	35		2
湛江市	**34**	**3**	**16**	**15**		**35**	**49**	**38**	**1**
赤坎区									
霞山区				1		1			
坡头区	2	1	5	1		4	2		
麻章区	7	1	4	1		2	2	36	
遂溪县	4		3	11		16	8	1	
徐闻县	5					2	11		
廉江市	7		1			7	16	1	
雷州市	7	1	2	1		1	4		
吴川市	2		1			2	6		1
茂名市	**72**	**12**	**27**	**13**		**100**	**45**	**3**	**2**
茂南区	6	3	2			5	2		
电白区	18	7	16	4		51	22		1
高州市	18	2	3			34	8		1
化州市	12		2	9		3	9	3	
信宜市	18		4			7	4		
肇庆市	**198**		**61**	**20**	**1**	**136**	**595**	**4**	**108**
端州区									
鼎湖区	5		3	2		20	178	1	4
高要区	19		6	7		67	253		7
广宁县	46		7	3		10	22		2
怀集县	12		9	3		10	22		2
封开县	94		10	1	1	4	32		1
德庆县	10		18	2		14	24	1	
四会市	12		8	2		11	64	2	92
惠州市	**934**		**169**	**76**	**16**	**801**	**179**	**5**	**5**
惠城区	92		7	6		111	23		
惠阳区	179		35	3	6	233	33		1
博罗县	411		122	56	10	350	72	3	3
惠东县	225		4	8		83	36	2	1
龙门县	27		1	3		24	15		

4-4b　续表 31　　　　　　　　　　　　　　　　单位：人

地　区 性　别	制造业								
	文教、工美、体育和娱乐用品制造业	石油、煤炭及其他燃料加工业	化学原料和化学制品制造业	医　药制造业	化学纤维制造业	橡胶和塑　料制品业	非金属矿　物制品业	黑色金属冶炼和压延加工业	有色金属冶炼和压延加工业
梅州市	**92**		**14**	**30**		**35**	**174**	**5**	**19**
梅江区							3		
梅县区	16			5		6	6		9
大埔县	10			2			47		
丰顺县	13		2	1		6	35	2	3
五华县	12		5	12		12	21	1	4
平远县	5		2	3		5	15	1	3
蕉岭县	7		4	1		6	43	1	
兴宁市	29		1	6			4		
汕尾市	**1030**	**1**	**12**	**9**		**26**	**18**	**1**	**1**
城　区	16			1			2		
海丰县	990	1	10	7		13	8		
陆河县	3		1				6	1	1
陆丰市	21		1	1		13	2		
河源市	**398**		**30**	**31**		**173**	**113**	**7**	**10**
源城区	160		4	2		45	16		
紫金县	22		6	10		13	14	3	1
龙川县	19		2			6	19		
连平县	58		2	6		8	11	3	
和平县	17		3	5		7	6	1	1
东源县	122		13	8		94	47		8
阳江市	**45**		**6**	**6**	**1**	**35**	**56**	**7**	**1**
江城区	1					8	6		1
阳东区	4		2	1		11	8		
阳西县	29		4	3		10	15		
阳春市	11			2	1	6	27	7	
清远市	**541**	**2**	**140**	**37**	**2**	**279**	**501**	**20**	**123**
清城区	77	1	96	27	2	207	326	14	116
清新区	20		1			2	66		3
佛冈县	156		14	2		16	17		1
阳山县	43		5	2		12	5		1
连山壮族瑶族自治县	1					1	1		
连南瑶族自治县	18	1	5	2		4	9		
英德市	225		19	3		34	55	6	2
连州市	1			1		3	22		
东莞市	**157**		**9**	**6**	**8**	**192**	**29**	**2**	**6**
市辖区	157		9	6	8	192	29	2	6
中山市	**472**	**5**	**379**	**70**	**2**	**952**	**364**	**10**	**26**
市辖区	472	5	379	70	2	952	364	10	26
潮州市	**604**	**1**	**31**	**6**	**1**	**127**	**999**	**3**	**10**
湘桥区	51		1			20	56		1
潮安区	73		15	5		42	697		8
饶平县	480	1	15	1	1	65	246	3	1
揭阳市	**206**	**1**	**19**	**16**	**12**	**92**	**81**	**4**	**5**
榕城区	39		6	4		8	13	3	
揭东区	46		2	3		28	38	1	1
揭西县	59		2	4		35	9		4
惠来县	21	1				8	7		
普宁市	41		9	5	12	13	14		
云浮市	**108**		**10**	**52**		**39**	**87**	**1**	**8**
云城区									
云安区	5			14		2	22		1
新兴县	8		3	30		19	40		5
郁南县	78		4	8		14	16	1	2
罗定市	17		3			4	9		

4-4b　续表 32　　　　单位：人

地　区 性　别	制造业								
	金　属 制品业	通用设备 制造业	专用设备 制造业	汽　车 制造业	铁路、船舶、 航空航天和 其他运输 设备制造业	电气机械 和器材 制造业	计算机、 通信和其 他电子设 备制造业	仪器仪表 制造业	其　他 制造业
广　东	**22944**	**7220**	**4920**	**4096**	**1263**	**25048**	**21492**	**1128**	**1498**
广州市	**1295**	**858**	**696**	**1924**	**298**	**1330**	**1298**	**101**	**96**
荔湾区									
越秀区									
海珠区									
天河区									
白云区	188	110	84	137	12	240	247	12	18
黄埔区	8	10	16	27	3	13	44	5	8
番禺区	76	111	41	200	2	108	87	11	8
花都区	104	134	58	610	76	74	118	6	11
南沙区	383	166	191	174	76	599	192	4	13
从化区	84	78	55	59	23	144	206	4	1
增城区	452	249	251	717	106	152	404	59	37
韶关市	**264**	**96**	**154**	**89**	**45**	**372**	**412**	**21**	**26**
武江区	1					3	2		
浈江区	5	6	4	7		1	6		
曲江区	16	5	3	2	35	14	47	1	
始兴县	23	13	12	11		237	36		2
仁化县	20	1		4	2	19	12	3	3
翁源县	38	6	10	5		24	25	10	4
乳源瑶族自治县	49	19	19	48	2	31	196	3	3
新丰县	48	12	83	7	1	15	35	1	3
乐昌市	41	23	6	4	3	14	19	1	9
南雄市	23	11	17	1	2	14	34	2	2
深圳市	**1**	**1**	**2**	**1**	**9**	**3**	**6**		
罗湖区									
福田区									
南山区	1	1			9				
宝安区									
龙岗区									
盐田区									
龙华区									
坪山区			2	1		3	6		
光明区									
珠海市	**636**	**704**	**246**	**278**	**353**	**1002**	**1611**	**30**	**11**
香洲区	3	15	4		3	12	174	7	
斗门区	396	435	122	73	81	617	1095	22	6
金湾区	237	254	120	205	269	373	342	1	5
汕头市	**546**	**142**	**138**	**21**	**5**	**142**	**607**	**15**	**58**
龙湖区									
金平区									
濠江区	1					1	1		1
潮阳区	196	35	45	11	1	67	384	4	20
潮南区	35	34	21	2	3	58	174	7	12
澄海区	297	72	68	8		14	44	4	19
南澳县	17	1	4		1	2	4		6
佛山市	**2074**	**790**	**448**	**354**	**53**	**749**	**364**	**131**	**38**
禅城区	671	106	167	55	9	169	59	5	15
南海区	312	64	17	20	3	79	100	24	18
顺德区									
三水区	1039	560	260	279	41	333	191	102	4
高明区	52	60	4			168	14		1

4—4b 续表 33　　　　　　　　　　　　　　　　　　　　　　　　　　　　单位：人

地区 性别	制造业								
	金属制品业	通用设备制造业	专用设备制造业	汽车制造业	铁路、船舶、航空航天和其他运输设备制造业	电气机械和器材制造业	计算机、通信和其他电子设备制造业	仪器仪表制造业	其他制造业
江门市	**3155**	**251**	**133**	**76**	**127**	**582**	**777**	**34**	**83**
蓬江区									
江海区									
新会区	932	42	36	10	91	126	46	21	46
台山市	207	7	4	6	4	60	49	1	
开平市	1698	60	54	23		30	40	1	26
鹤山市	286	91	32	36	30	298	504	8	11
恩平市	32	51	7	1	2	68	138	3	
湛江市	**333**	**112**	**102**	**25**	**9**	**358**	**215**	**5**	**20**
赤坎区									
霞山区						1			
坡头区	22	11	6	8	1	31	11		
麻章区	50	6	3	2		1	6	2	5
遂溪县	80	32	14	7	3	19	35	3	4
徐闻县	56	37	27	3	2	7	39		4
廉江市	69	6	15	1		277	75		
雷州市	19	12	6	2	3	11	34		3
吴川市	37	8	31	2		11	15		4
茂名市	**229**	**133**	**87**	**19**	**2**	**112**	**501**	**25**	**15**
茂南区	11	7	2	2		9	14		1
电白区	85	36	33	7	1	56	153	7	7
高州市	73	32	32	3	1	27	156		4
化州市	39	40	11	2		13	79	4	1
信宜市	21	18	9	5		7	99	14	2
肇庆市	**2985**	**338**	**99**	**144**	**11**	**248**	**551**	**37**	**103**
端州区									
鼎湖区	95	3	7	7	2	4	26		5
高要区	2511	138	39	59	6	47	119	1	2
广宁县	74	51	14	3	1	26	41	3	10
怀集县	82	39	17	68		27	159	23	17
封开县	27	13	6	3		69	165	4	18
德庆县	23	84	13	1	2	34	37	5	35
四会市	173	10	3	3		41	4	1	16
惠州市	**3594**	**613**	**695**	**407**	**107**	**1797**	**5638**	**212**	**358**
惠城区	353	168	114	16	50	323	447	30	15
惠阳区	688	103	133	6	2	320	650	34	265
博罗县	2247	284	349	261	31	1015	3697	124	70
惠东县	286	45	85	116	22	125	756	4	6
龙门县	20	13	14	8	2	14	88	20	2
梅州市	**252**	**117**	**127**	**82**	**7**	**234**	**1955**	**40**	**36**
梅江区	2		2	1		1	7		
梅县区	13	3	3	42		37	58	2	3
大埔县	13	2	6	1		18	63	1	5
丰顺县	50	32	15	5	3	16	1264	5	10
五华县	89	45	41	11	2	126	278	25	7
平远县	27	19	25	10	1	16	123	4	3
蕉岭县	28	13	28	3		8	71	2	4
兴宁市	30	3	7	9	1	12	91	1	4
汕尾市	**280**	**101**	**72**	**56**	**14**	**45**	**381**	**20**	**29**
城　区	2		4	5		1	163	1	
海丰县	114	44	49	6	3	27	169	16	19
陆河县	25	20	9	44	5	14	18	3	2
陆丰市	139	37	10	1	6	3	31		8

4-4b 续表 34

单位：人

地区 性别	制造业								
	金属制品业	通用设备制造业	专用设备制造业	汽车制造业	铁路、船舶、航空航天和其他运输设备制造业	电气机械和器材制造业	计算机、通信和其他电子设备制造业	仪器仪表制造业	其他制造业
河源市	**305**	**167**	**394**	**24**	**69**	**510**	**1697**	**93**	**18**
源城区	42	94	213	8		116	582	8	1
紫金县	61	20	81	6	64	42	289	3	2
龙川县	68	17	19	2	2	24	478	6	7
连平县	58	16	21	2	1	22	109	4	2
和平县	25	8	28	4		33	106	65	1
东源县	51	12	32	2	2	273	133	7	5
阳江市	**652**	**29**	**67**	**11**	**11**	**51**	**159**	**2**	**21**
江城区	68	4	8	1		2	3		
阳东区	340	5	41		8	9	13		
阳西县	166	11	12	10	3	23	95	2	15
阳春市	78	9	6			17	48		6
清远市	**792**	**266**	**174**	**221**	**46**	**445**	**862**	**64**	**33**
清城区	478	68	94	110	11	327	420	4	21
清新区	26	7	2	10		2	15		2
佛冈县	76	128	39	70	31	39	316	8	2
阳山县	68	23	10	6	1	21	24	49	1
连山壮族瑶族自治县	18		1	3		3	10		
连南瑶族自治县	16	4	2	4		5	17		2
英德市	92	35	24	18	2	38	55	3	5
连州市	18	1	2		1	10	5		
东莞市	**424**	**98**	**123**	**20**	**6**	**406**	**930**	**56**	**26**
市辖区	424	98	123	20	6	406	930	56	26
中山市	**2913**	**1917**	**877**	**174**	**69**	**15689**	**2672**	**203**	**235**
市辖区	2913	1917	877	174	69	15689	2672	203	235
潮州市	**724**	**140**	**98**	**54**	**11**	**377**	**233**	**14**	**41**
湘桥区	34	14	1			13	15	1	1
潮安区	554	62	27	6	1	30	80	8	18
饶平县	136	64	70	48	10	334	138	5	22
揭阳市	**638**	**211**	**107**	**22**	**7**	**456**	**315**	**18**	**247**
榕城区	104	25	32	9		13	17		200
揭东区	298	44	14	2	1	46	34	1	8
揭西县	51	59	8	5	2	280	86	8	13
惠来县	98	25	13	2	3	9	60		8
普宁市	87	58	40	4	1	108	118	9	18
云浮市	**852**	**136**	**81**	**94**	**4**	**140**	**308**	**7**	**4**
云城区									
云安区	26	25	10	79		3	18		
新兴县	777	46	26	4	2	6	72	2	2
郁南县	32	57	23	9	2	121	83	5	
罗定市	17	8	22	2		10	135		2
男	**15366**	**5140**	**3374**	**2789**	**950**	**14786**	**11765**	**643**	**869**
广州市	**885**	**624**	**461**	**1351**	**212**	**763**	**751**	**56**	**53**
荔湾区									
越秀区									
海珠区									
天河区									
白云区	137	85	53	83	8	142	135	8	8
黄埔区	4	6	8	18	3	5	30	3	6
番禺区	60	76	29	169	1	57	54	7	5
花都区	74	98	47	393	54	40	56	5	6
南沙区	262	116	104	105	60	331	96	2	4
从化区	53	61	38	38	11	78	134	2	
增城区	295	182	182	545	75	110	246	29	24

4-4b 续表 35　　　　单位：人

地　区 性　别	制造业 金　属 制品业	通用设备 制造业	专用设备 制造业	汽　车 制造业	铁路、船舶、 航空航天和 其他运输 设备制造业	电气机械 和器材 制造业	计算机、 通信和其 他电子设 备制造业	仪器仪表 制造业	其　他 制造业
韶关市	**194**	**68**	**94**	**58**	**39**	**123**	**165**	**10**	**12**
武江区	1					2			
浈江区	5	5	4	3		1	2		
曲江区	14	5	2	1	31	12	25	1	
始兴县	19	8	11	7		51	13		
仁化县	13	1		3	1	11	6	3	3
翁源县	32	5	6	4		12	6	2	1
乳源瑶族自治县	27	12	15	32	2	13	82	2	2
新丰县	38	8	38	3	1	8	9	1	
乐昌市	30	15	5	4	2	4	7	1	4
南雄市	15	9	13	1	2	9	15		2
深圳市	**1**	**1**	**2**		**9**	**1**	**4**		
罗湖区									
福田区									
南山区	1	1			9				
宝安区									
龙岗区									
盐田区									
龙华区									
坪山区			2			1	4		
光明区									
珠海市	**459**	**529**	**159**	**172**	**296**	**571**	**968**	**17**	**10**
香洲区	2	11	3		2	7	101	4	
斗门区	289	321	59	56	64	366	653	12	5
金湾区	168	197	97	116	230	198	214	1	5
汕头市	**443**	**109**	**109**	**12**	**3**	**110**	**406**	**13**	**31**
龙湖区									
金平区									
濠江区						1			1
潮阳区	151	26	35	7		47	242	3	9
潮南区	28	25	15	1	2	51	135	7	4
澄海区	247	58	56	4		9	25	3	12
南澳县	17		3		1	2	4		5
佛山市	**1431**	**592**	**341**	**263**	**36**	**432**	**205**	**76**	**27**
禅城区	494	77	127	35	8	92	31	4	10
南海区	216	50	11	16	3	56	57	19	12
顺德区									
三水区	686	414	201	212	25	189	108	53	4
高明区	35	51	2			95	9		1
江门市	**1882**	**183**	**99**	**48**	**101**	**330**	**465**	**17**	**46**
蓬江区									
江海区									
新会区	561	29	27	5	76	73	25	7	22
台山市	121	5	3	5	2	31	21	1	
开平市	976	37	38	17		20	25	1	20
鹤山市	201	71	24	20	22	160	321	6	4
恩平市	23	41	7	1	1	46	73	2	
湛江市	**279**	**90**	**80**	**21**	**8**	**149**	**129**	**4**	**13**
赤坎区									
霞山区									
坡头区	17	8	5	5	1	10	6		
麻章区	42	5	2	2			4	2	2
遂溪县	73	25	11	7	2	13	20	2	4
徐闻县	45	30	17	3	2	6	26		3
廉江市	56	4	14	1		106	38		
雷州市	16	11	4	1	3	9	24		2
吴川市	30	7	27	2		5	11		2

4-4b　续表 36　　　　单位：人

地区 性别	制造业								
	金属制品业	通用设备制造业	专用设备制造业	汽车制造业	铁路、船舶、航空航天和其他运输设备制造业	电气机械和器材制造业	计算机、通信和其他电子设备制造业	仪器仪表制造业	其他制造业
茂名市	**179**	**93**	**67**	**16**	**1**	**58**	**277**	**12**	**6**
茂南区	10	5	1	1		7	12		1
电白区	65	29	23	7	1	25	80	5	2
高州市	53	25	27	3		18	103		2
化州市	34	25	8	1		5	40	2	1
信宜市	17	9	8	4		3	42	5	
肇庆市	**1802**	**240**	**72**	**94**	**7**	**149**	**294**	**25**	**60**
端州区									
鼎湖区	75	2	7	7	1	4	18		3
高要区	1486	96	29	45	4	29	53	1	2
广宁县	50	36	13	2	1	17	25	2	7
怀集县	49	31	13	34		16	87	16	8
封开县	17	8	2	3		37	91	3	7
德庆县	14	58	6	1	1	17	17	2	20
四会市	111	9	2	2		29	3	1	13
惠州市	**2457**	**430**	**485**	**254**	**71**	**1013**	**3255**	**116**	**204**
惠城区	248	136	82	11	27	164	250	15	7
惠阳区	470	67	94	4	2	161	405	16	149
博罗县	1563	179	229	167	21	625	2123	70	44
惠东县	162	37	69	66	20	53	446	3	3
龙门县	14	11	11	6	1	10	31	12	1
梅州市	**213**	**77**	**55**	**55**	**7**	**131**	**845**	**16**	**20**
梅江区	2			1		1	4		
梅县区	8	3	2	29		15	26	2	2
大埔县	10	2	2			10	27		2
丰顺县	40	18	6	3	3	12	576	4	5
五华县	76	33	21	6	2	76	118	7	5
平远县	23	7	11	8	1	5	45	3	1
蕉岭县	28	11	11	2		4	25		3
兴宁市	26	3	2	6	1	8	24		2
汕尾市	**239**	**78**	**55**	**47**	**13**	**36**	**223**	**13**	**17**
城　区	2		3	4			81	1	
海丰县	91	30	39	5	2	23	118	10	10
陆河县	21	16	5	37	5	12	5	2	
陆丰市	125	32	8	1	6	1	19		7
河源市	**231**	**110**	**271**	**18**	**30**	**262**	**787**	**45**	**8**
源城区	29	65	163	4		50	312	4	1
紫金县	48	10	42	5	26	18	121	2	
龙川县	54	10	13	2	2	10	204	5	4
连平县	43	12	13	2	1	15	49	3	1
和平县	19	2	18	3		17	32	27	1
东源县	38	11	22	2	1	152	69	4	1
阳江市	**337**	**21**	**31**	**10**	**10**	**29**	**63**	**1**	**11**
江城区	32	4	5			2	1		
阳东区	166	4	15		7	4	4		
阳西县	80	8	9	10	3	15	37	1	9
阳春市	59	5	2			8	21		2
清远市	**571**	**187**	**125**	**155**	**33**	**240**	**475**	**30**	**18**
清城区	332	53	59	72	11	181	240	2	11
清新区	22	4	1	7		1	7		1
佛冈县	49	87	35	50	21	17	178	6	1
阳山县	47	18	7	6		13	11	21	1
连山壮族瑶族自治县	16		1	3		1	8		
连南瑶族自治县	13	1	2	4		4	9		1
英德市	77	23	19	13	1	17	20	1	3
连州市	15	1	1			6	2		

4－4b 续表 37

单位：人

地 区 性 别	制造业								
	金 属 制品业	通用设备 制造业	专用设备 制造业	汽 车 制造业	铁路、船舶、 航空航天和 其他运输 设备制造业	电气机械 和器材 制造业	计算机、 通信和其 他电子设 备制造业	仪器仪表 制造业	其 他 制造业
东莞市	**308**	**88**	**80**	**12**	**5**	**213**	**524**	**47**	**16**
市辖区	308	88	80	12	5	213	524	47	16
中山市	**1956**	**1272**	**590**	**93**	**53**	**9498**	**1447**	**117**	**112**
市辖区	1956	1272	590	93	53	9498	1447	117	112
潮州市	**537**	**105**	**71**	**29**	**8**	**233**	**145**	**9**	**22**
湘桥区	27	8	1			9	7	1	1
潮安区	397	48	24	6		22	53	4	11
饶平县	113	49	46	23	8	202	85	4	10
揭阳市	**458**	**141**	**71**	**20**	**6**	**368**	**199**	**15**	**180**
榕城区	46	18	25	7		5	9		150
揭东区	212	31	9	2	1	31	18		5
揭西县	43	47	6	5	2	235	49	8	6
惠来县	89	16	6	2	2	8	40		7
普宁市	68	29	25	4	1	89	83	7	12
云浮市	**504**	**102**	**56**	**61**	**2**	**77**	**138**	**4**	**3**
云城区									
云安区	21	19	6	53		2	6		
新兴县	448	34	20	2	1	3	43	2	1
郁南县	22	45	14	4	1	66	37	2	
罗定市	13	4	16	2		6	52		2
女	**7578**	**2080**	**1546**	**1307**	**313**	**10262**	**9727**	**485**	**629**
广州市	**410**	**234**	**235**	**573**	**86**	**567**	**547**	**45**	**43**
荔湾区									
越秀区									
海珠区									
天河区									
白云区	51	25	31	54	4	98	112	4	10
黄埔区	4	4	8	9		8	14	2	2
番禺区	16	35	12	31	1	51	33	4	3
花都区	30	36	11	217	22	34	62	1	5
南沙区	121	50	87	69	16	268	96	2	9
从化区	31	17	17	21	12	66	72	2	1
增城区	157	67	69	172	31	42	158	30	13
韶关市	**70**	**28**	**60**	**31**	**6**	**249**	**247**	**11**	**14**
武江区						1	2		
浈江区		1		4			4		
曲江区	2		1	1	4	2	22		
始兴县	4	5	1	4		186	23		2
仁化县	7			1	1	8	6		
翁源县	6	1	4	1		12	19	8	3
乳源瑶族自治县	22	7	4	16		18	114	1	1
新丰县	10	4	45	4		7	26		3
乐昌市	11	8	1		1	10	12		5
南雄市	8	2	4			5	19	2	
深圳市				**1**		**2**	**2**		
罗湖区									
福田区									
南山区									
宝安区									
龙岗区									
盐田区									
龙华区									
坪山区				1		2	2		
光明区									

4-4b　续表 38

单位：人

地　区 性　别	制造业								
	金　属 制品业	通用设备 制造业	专用设备 制造业	汽　车 制造业	铁路、船舶、 航空航天和 其他运输 设备制造业	电气机械 和器材 制造业	计算机、 通信和其 他电子设 备制造业	仪器仪表 制造业	其　他 制造业
珠海市	**177**	**175**	**87**	**106**	**57**	**431**	**643**	**13**	**1**
香洲区	1	4	1		1	5	73	3	
斗门区	107	114	63	17	17	251	442	10	1
金湾区	69	57	23	89	39	175	128		
汕头市	**103**	**33**	**29**	**9**	**2**	**32**	**201**	**2**	**27**
龙湖区									
金平区									
濠江区	1						1		
潮阳区	45	9	10	4	1	20	142	1	11
潮南区	7	9	6	1	1	7	39		8
澄海区	50	14	12	4		5	19	1	7
南澳县		1	1						1
佛山市	**643**	**198**	**107**	**91**	**17**	**317**	**159**	**55**	**11**
禅城区	177	29	40	20	1	77	28	1	5
南海区	96	14	6	4		23	43	5	6
顺德区									
三水区	353	146	59	67	16	144	83	49	
高明区	17	9	2			73	5		
江门市	**1273**	**68**	**34**	**28**	**26**	**252**	**312**	**17**	**37**
蓬江区									
江海区									
新会区	371	13	9	5	15	53	21	14	24
台山市	86	2	1	1	2	29	28		
开平市	722	23	16	6		10	15		6
鹤山市	85	20	8	16	8	138	183	2	7
恩平市	9	10			1	22	65	1	
湛江市	**54**	**22**	**22**	**4**	**1**	**209**	**86**	**1**	**7**
赤坎区									
霞山区						1			
坡头区	5	3	1	3		21	5		
麻章区	8	1	1			1	2		3
遂溪县	7	7	3		1	6	15	1	
徐闻县	11	7	10			1	13		1
廉江市	13	2	1			171	37		
雷州市	3	1	2	1		2	10		1
吴川市	7	1	4			6	4		2
茂名市	**50**	**40**	**20**	**3**	**1**	**54**	**224**	**13**	**9**
茂南区	1	2	1	1		2	2		
电白区	20	7	10			31	73	2	5
高州市	20	7	5		1	9	53		2
化州市	5	15	3	1		8	39	2	
信宜市	4	9	1	1		4	57	9	2
肇庆市	**1183**	**98**	**27**	**50**	**4**	**99**	**257**	**12**	**43**
端州区									
鼎湖区	20	1			1		8		2
高要区	1025	42	10	14	2	18	66		
广宁县	24	15	1	1		9	16	1	3
怀集县	33	8	4	34		11	72	7	9
封开县	10	5	4			32	74	1	11
德庆县	9	26	7		1	17	20	3	15
四会市	62	1	1	1		12	1		3
惠州市	**1137**	**183**	**210**	**153**	**36**	**784**	**2383**	**96**	**154**
惠城区	105	32	32	5	23	159	197	15	8
惠阳区	218	36	39	2		159	245	18	116
博罗县	684	105	120	94	10	390	1574	54	26
惠东县	124	8	16	50	2	72	310	1	3
龙门县	6	2	3	2	1	4	57	8	1

4-4b 续表 39

单位：人

地区 性别	制造业								
	金属制品业	通用设备制造业	专用设备制造业	汽车制造业	铁路、船舶、航空航天和其他运输设备制造业	电气机械和器材制造业	计算机、通信和其他电子设备制造业	仪器仪表制造业	其他制造业
梅州市	**39**	**40**	**72**	**27**		**103**	**1110**	**24**	**16**
梅江区			2				3		
梅县区	5		1	13		22	32		1
大埔县	3		4	1		8	36	1	3
丰顺县	10	14	9	2		4	688	1	5
五华县	13	12	20	5		50	160	18	2
平远县	4	12	14	2		11	78	1	2
蕉岭县		2	17	1		4	46	2	1
兴宁市	4		5	3		4	67	1	2
汕尾市	**41**	**23**	**17**	**9**	**1**	**9**	**158**	**7**	**12**
城区			1	1		1	82		
海丰县	23	14	10	1	1	4	51	6	9
陆河县	4	4	4	7		2	13	1	2
陆丰市	14	5	2			2	12		1
河源市	**74**	**57**	**123**	**6**	**39**	**248**	**910**	**48**	**10**
源城区	13	29	50	4		66	270	4	
紫金县	13	10	39	1	38	24	168	1	2
龙川县	14	7	6			14	274	1	3
连平县	15	4	8			7	60	1	1
和平县	6	6	10	1		16	74	38	
东源县	13	1	10		1	121	64	3	4
阳江市	**315**	**8**	**36**	**1**	**1**	**22**	**96**	**1**	**10**
江城区	36		3	1			2		
阳东区	174	1	26		1	5	9		
阳西县	86	3	3			8	58	1	6
阳春市	19	4	4			9	27		4
清远市	**221**	**79**	**49**	**66**	**13**	**205**	**387**	**34**	**15**
清城区	146	15	35	38		146	180	2	10
清新区	4	3	1	3		1	8		1
佛冈县	27	41	4	20	10	22	138	2	1
阳山县	21	5	3		1	8	13	28	
连山壮族瑶族自治县	2					2	2		
连南瑶族自治县	3	3				1	8		1
英德市	15	12	5	5	1	21	35	2	2
连州市	3		1		1	4	3		
东莞市	**116**	**10**	**43**	**8**	**1**	**193**	**406**	**9**	**10**
市辖区	116	10	43	8	1	193	406	9	10
中山市	**957**	**645**	**287**	**81**	**16**	**6191**	**1225**	**86**	**123**
市辖区	957	645	287	81	16	6191	1225	86	123
潮州市	**187**	**35**	**27**	**25**	**3**	**144**	**88**	**5**	**19**
湘桥区	7	6				4	8		
潮安区	157	14	3		1	8	27	4	7
饶平县	23	15	24	25	2	132	53	1	12
揭阳市	**180**	**70**	**36**	**2**	**1**	**88**	**116**	**3**	**67**
榕城区	58	7	7	2		8	8		50
揭东区	86	13	5			15	16	1	3
揭西县	8	12	2			45	37		7
惠来县	9	9	7		1	1	20		1
普宁市	19	29	15			19	35	2	6
云浮市	**348**	**34**	**25**	**33**	**2**	**63**	**170**	**3**	**1**
云城区									
云安区	5	6	4	26		1	12		
新兴县	329	12	6	2	1	3	29		1
郁南县	10	12	9	5	1	55	46	3	
罗定市	4	4	6			4	83		

4-4b　续表 40

单位：人

地区 性别	制造业		电力、热力、燃气及水生产和供应业				建筑业		
	废弃资源综合利用业	金属制品、机械和设备修理业	小计	电力、热力生产和供应业	燃气生产和供应业	水的生产和供应业	小计	房屋建筑业	土木工程建筑业
广　东	**1606**	**1657**	**5410**	**3377**	**853**	**1180**	**65258**	**33045**	**4555**
广州市	**131**	**182**	**318**	**122**	**81**	**115**	**4798**	**2306**	**849**
荔湾区									
越秀区									
海珠区									
天河区									
白云区	17	76	79	19	14	46	587	176	101
黄埔区		1	13	10	1	2	90	39	9
番禺区	6	9	15	3	6	6	302	116	20
花都区	6	10	12	3	4	5	145	62	16
南沙区	60	39	53	23	16	14	1602	1028	331
从化区	2	4	10	5	2	3	386	221	69
增城区	40	43	136	59	38	39	1686	664	303
韶关市	**35**	**43**	**617**	**492**	**33**	**92**	**2383**	**964**	**177**
武江区			1	1			6	6	
浈江区	3	3	20	18		2	36	14	6
曲江区	5	3	35	31	1	3	85	30	23
始兴县	2	3	53	38	3	12	231	76	10
仁化县	8	5	91	81	2	8	317	130	17
翁源县	8	8	95	75	6	14	390	142	30
乳源瑶族自治县	5	8	155	125	11	19	270	119	31
新丰县	4	3	73	61	3	9	360	130	21
乐昌市		2	66	52	5	9	401	215	15
南雄市		8	28	10	2	16	287	102	24
深圳市		**457**	**1**	**1**			**7**	**1**	**2**
罗湖区									
福田区									
南山区		457	1	1			4	1	2
宝安区									
龙岗区									
盐田区									
龙华区									
坪山区							3		
光明区									
珠海市	**10**	**42**	**129**	**75**	**25**	**29**	**3998**	**2670**	**564**
香洲区	1	2	25	18		7	2606	2025	245
斗门区		23	39	23	6	10	702	403	89
金湾区	9	17	65	34	19	12	690	242	230
汕头市	**145**	**44**	**160**	**81**	**38**	**41**	**2984**	**1724**	**63**
龙湖区									
金平区									
濠江区		2	5	5			38	26	2
潮阳区	113	15	35	16	7	12	1858	1149	23
潮南区	18	10	32	10	19	3	481	269	10
澄海区	14	10	49	22	5	22	506	236	19
南澳县		7	39	28	7	4	101	44	9
佛山市	**108**	**50**	**163**	**94**	**30**	**39**	**1779**	**787**	**202**
禅城区	21	29	58	24	13	21	852	357	85
南海区	13	3	7	1	4	2	190	68	35
顺德区									
三水区	70	18	97	68	13	16	696	335	82
高明区	4		1	1			41	27	

4-4b 续表 41

单位：人

地区 性别	制造业		电力、热力、燃气及水生产和供应业				建筑业		
	废弃资源综合利用业	金属制品、机械和设备修理业	小计	电力、热力生产和供应业	燃气生产和供应业	水的生产和供应业	小计	房屋建筑业	土木工程建筑业
江门市	**21**	**31**	**122**	**65**	**28**	**29**	**1422**	**681**	**97**
蓬江区									
江海区									
新会区	18	13	43	20	12	11	355	131	57
台山市	1	9	35	18	11	6	162	68	3
开平市	1	6	11	5	3	3	296	76	2
鹤山市		2	8	4	1	3	335	231	20
恩平市	1	1	25	18	1	6	274	175	15
湛江市	**37**	**94**	**213**	**131**	**39**	**43**	**4137**	**2341**	**134**
赤坎区									
霞山区	10						13	4	
坡头区	1	16	11	6	2	3	866	515	30
麻章区	2	23	9	4	2	3	291	195	9
遂溪县	5	16	59	34	16	9	699	299	27
徐闻县	7	9	53	43	2	8	420	222	27
廉江市	8	16	51	24	12	15	433	258	19
雷州市		8	22	16	5	1	478	311	7
吴川市	4	6	8	4		4	937	537	15
茂名市	**41**	**29**	**190**	**122**	**52**	**16**	**4669**	**3022**	**122**
茂南区		2	1	1			308	196	2
电白区	12	12	83	40	33	10	2335	1521	75
高州市	13	7	46	31	10	5	687	474	26
化州市	14	5	25	16	8	1	1019	625	12
信宜市	2	3	35	34	1		320	206	7
肇庆市	**33**	**83**	**291**	**182**	**48**	**61**	**3220**	**1660**	**145**
端州区									
鼎湖区	3	2	30	3	4	23	200	155	10
高要区		21	18	6	5	7	593	386	10
广宁县	9	22	69	45	15	9	910	586	40
怀集县	10	21	73	43	16	14	910	381	35
封开县	6	6	54	51		3	255	41	16
德庆县	5	9	27	18	6	3	280	96	13
四会市		2	20	16	2	2	72	15	21
惠州市	**136**	**114**	**656**	**360**	**102**	**194**	**6301**	**2746**	**579**
惠城区	13	9	35	21	5	9	673	295	124
惠阳区	24	17	63	26	8	29	562	186	103
博罗县	59	53	229	108	44	77	2399	1043	156
惠东县	33	26	205	124	31	50	2165	1021	145
龙门县	7	9	124	81	14	29	502	201	51
梅州市	**43**	**57**	**498**	**328**	**61**	**109**	**4539**	**2282**	**197**
梅江区	4		2		1	1	24	11	
梅县区	2		16	10	5	1	145	54	16
大埔县		4	99	79	10	10	770	332	36
丰顺县	4	18	75	50	8	17	1022	542	51
五华县	18	15	129	70	11	48	1463	746	59
平远县	7	8	68	48	8	12	388	194	21
蕉岭县	2	7	92	64	14	14	434	182	8
兴宁市	6	5	17	7	4	6	293	221	6
汕尾市	**45**	**54**	**243**	**136**	**30**	**77**	**3526**	**1323**	**135**
城区		2	12	7		5	267	166	4
海丰县	32	27	137	60	25	52	1713	693	97
陆河县	2	7	50	45	2	3	944	173	12
陆丰市	11	18	44	24	3	17	602	291	22

4-4b　续表 42

单位：人

地区 性别	制造业		电力、热力、燃气及水生产和供应业				建筑业		
	废弃资源综合利用业	金属制品、机械和设备修理业	小计	电力、热力生产和供应业	燃气生产和供应业	水的生产和供应业	小计	房屋建筑业	土木工程建筑业
河源市	**22**	**38**	**396**	**285**	**49**	**62**	**2806**	**1293**	**197**
源城区	3		2	1		1	148	106	28
紫金县	1	9	141	92	20	29	836	404	70
龙川县	7	10	102	76	11	15	622	231	44
连平县	4	3	59	42	9	8	479	272	21
和平县	1	3	47	38	5	4	381	145	25
东源县	6	13	45	36	4	5	340	135	9
阳江市	**26**	**72**	**187**	**130**	**21**	**36**	**2252**	**1313**	**76**
江城区	5	21	34	25	2	7	209	114	7
阳东区	5	39	42	35	1	6	309	137	8
阳西县	10	6	53	31	7	15	1446	893	50
阳春市	6	6	58	39	11	8	288	169	11
清远市	**471**	**66**	**511**	**404**	**58**	**49**	**4103**	**2245**	**395**
清城区	445	28	56	25	18	13	1506	859	136
清新区	1	3	9	5	1	3	191	119	3
佛冈县	10	10	64	51	5	8	440	165	31
阳山县	5	10	139	116	15	8	654	410	56
连山壮族瑶族自治县	2		38	33	3	2	154	46	20
连南瑶族自治县	4	3	85	75	4	6	234	136	7
英德市		9	115	96	11	8	821	437	133
连州市	4	3	5	3	1	1	103	73	9
东莞市	**17**	**13**	**11**	**1**	**4**	**6**	**140**	**37**	**12**
市辖区	17	13	11	1	4	6	140	37	12
中山市	**177**	**76**	**261**	**125**	**58**	**78**	**4344**	**1939**	**352**
市辖区	177	76	261	125	58	78	4344	1939	352
潮州市	**41**	**36**	**150**	**90**	**30**	**30**	**2045**	**958**	**88**
湘桥区	3	1	9	7		2	307	74	8
潮安区	27	13	56	30	20	6	522	203	36
饶平县	11	22	85	53	10	22	1216	681	44
揭阳市	**59**	**43**	**161**	**81**	**33**	**47**	**3829**	**1891**	**73**
榕城区	1	4	6	5		1	303	171	6
揭东区	30	9	28	12	6	10	649	304	11
揭西县	2	3	41	21	4	16	706	209	11
惠来县	3	4	48	27	8	13	1331	813	18
普宁市	23	23	38	16	15	7	840	394	27
云浮市	**8**	**33**	**132**	**72**	**33**	**27**	**1976**	**862**	**96**
云城区									
云安区		3	11	5	4	2	344	129	20
新兴县	4	18	75	42	23	10	807	334	26
郁南县	4	12	36	19	6	11	513	218	45
罗定市			10	6		4	312	181	5
男	**1174**	**1481**	**4161**	**2653**	**643**	**865**	**55781**	**27654**	**3997**
广州市	**97**	**159**	**253**	**94**	**68**	**91**	**4022**	**1920**	**739**
荔湾区									
越秀区									
海珠区									
天河区									
白云区	13	73	67	15	13	39	511	153	90
黄埔区		1	11	9	1	1	65	26	9
番禺区	5	6	12	3	5	4	252	102	15
花都区	6	6	7	1	3	3	119	51	14
南沙区	46	32	39	17	13	9	1401	890	300
从化区	2	4	9	4	2	3	328	187	61
增城区	25	37	108	45	31	32	1346	511	250

4－4b　续表 43　　　　　　　　　　　　　　　　　　　　　　　　单位：人

地区 性别	制造业		电力、热力、燃气及水生产和供应业				建筑业		
	废弃资源综合利用业	金属制品、机械和设备修理业	小计	电力、热力生产和供应业	燃气生产和供应业	水的生产和供应业	小计	房屋建筑业	土木工程建筑业
韶关市	**20**	**42**	**478**	**381**	**29**	**68**	**1940**	**747**	**157**
武江区			1	1			4	4	
浈江区	2	3	19	17		2	30	10	6
曲江区	3	3	29	25	1	3	71	24	20
始兴县		3	40	32	2	6	179	53	7
仁化县	7	4	69	62	1	6	240	92	14
翁源县	5	8	68	51	5	12	328	118	28
乳源瑶族自治县	2	8	112	91	10	11	223	92	29
新丰县	1	3	59	50	3	6	292	100	18
乐昌市		2	56	43	5	8	347	181	14
南雄市		8	25	9	2	14	226	73	21
深圳市		**421**	**1**	**1**			**6**	**1**	**2**
罗湖区									
福田区									
南山区		421	1	1			4	1	2
宝安区									
龙岗区									
盐田区									
龙华区									
坪山区							2		
光明区									
珠海市	**8**	**38**	**101**	**55**	**20**	**26**	**3515**	**2339**	**501**
香洲区	1	2	20	13		7	2301	1778	214
斗门区		22	32	17	6	9	611	346	80
金湾区	7	14	49	25	14	10	603	215	207
汕头市	**136**	**42**	**131**	**71**	**31**	**29**	**2801**	**1615**	**59**
龙湖区									
金平区									
濠江区		2	1	1			37	25	2
潮阳区	106	14	32	16	7	9	1756	1088	23
潮南区	18	10	27	10	14	3	460	253	10
澄海区	12	9	40	21	3	16	459	209	16
南澳县		7	31	23	7	1	89	40	8
佛山市	**75**	**41**	**136**	**78**	**24**	**34**	**1441**	**648**	**159**
禅城区	16	22	51	22	11	18	680	296	64
南海区	8	3	5		3	2	145	45	32
顺德区									
三水区	49	16	79	55	10	14	579	282	63
高明区	2		1	1			37	25	
江门市	**15**	**27**	**93**	**48**	**24**	**21**	**1234**	**577**	**86**
蓬江区									
江海区									
新会区	12	12	34	15	10	9	297	102	48
台山市	1	8	27	13	10	4	150	62	3
开平市	1	5	8	3	3	2	269	70	2
鹤山市		1	7	4	1	2	283	196	18
恩平市	1	1	17	13		4	235	147	15
湛江市	**30**	**82**	**165**	**104**	**27**	**34**	**3576**	**1950**	**121**
赤坎区									
霞山区	10						11	2	
坡头区	1	13	9	4	2	3	766	436	27
麻章区	2	22	5	3	1	1	271	183	9
遂溪县	4	13	47	30	10	7	584	234	22
徐闻县	4	7	40	33	2	5	341	170	25
廉江市	6	15	36	16	7	13	389	226	19
雷州市		6	21	15	5	1	392	243	6
吴川市	3	6	7	3		4	822	456	13

4-4b 续表 44

单位：人

地区 性别	制造业		电力、热力、燃气及水生产和供应业				建筑业		
	废弃资源综合利用业	金属制品、机械和设备修理业	小计	电力、热力生产和供应业	燃气生产和供应业	水的生产和供应业	小计	房屋建筑业	土木工程建筑业
茂名市	**29**	**28**	**153**	**104**	**40**	**9**	**3998**	**2521**	**109**
茂南区		2	1	1			262	165	2
电白区	10	12	61	30	26	5	2039	1290	69
高州市	9	6	40	28	8	4	563	378	22
化州市	9	5	19	14	5		862	518	10
信宜市	1	3	32	31	1		272	170	6
肇庆市	**17**	**70**	**214**	**136**	**32**	**46**	**2491**	**1218**	**122**
端州区									
鼎湖区	2	2	21	1	3	17	159	123	8
高要区		19	15	5	4	6	482	309	8
广宁县	6	20	55	39	9	7	719	432	40
怀集县	5	15	49	29	10	10	672	247	28
封开县	2	5	38	36		2	195	30	13
德庆县	2	8	21	13	5	3	207	65	10
四会市		1	15	13	1	1	57	12	15
惠州市	**104**	**97**	**509**	**278**	**82**	**149**	**5404**	**2358**	**501**
惠城区	10	7	25	15	3	7	583	260	112
惠阳区	16	13	46	19	6	21	473	158	80
博罗县	47	45	182	81	37	64	2063	907	144
惠东县	26	24	167	103	26	38	1852	861	123
龙门县	5	8	89	60	10	19	433	172	42
梅州市	**32**	**48**	**352**	**255**	**41**	**56**	**3682**	**1789**	**172**
梅江区	4		2		1	1	21	10	
梅县区	2		15	9	5	1	112	40	14
大埔县		4	80	67	7	6	631	256	31
丰顺县	3	14	56	39	5	12	888	460	44
五华县	13	13	83	54	8	21	1135	567	52
平远县	4	8	44	35	3	6	307	141	19
蕉岭县	2	5	58	44	9	5	348	139	6
兴宁市	4	4	14	7	3	4	240	176	6
汕尾市	**36**	**53**	**193**	**112**	**23**	**58**	**3200**	**1174**	**128**
城　区		2	9	5		4	236	142	4
海丰县	24	26	108	50	18	40	1556	610	91
陆河县	2	7	40	36	2	2	854	157	12
陆丰市	10	18	36	21	3	12	554	265	21
河源市	**15**	**30**	**288**	**210**	**38**	**40**	**2294**	**1010**	**176**
源城区	2		2	1		1	126	89	23
紫金县	1	8	97	59	17	21	676	312	67
龙川县	4	7	68	53	7	8	524	191	38
连平县	3	2	47	37	7	3	367	195	18
和平县	1	3	37	31	3	3	316	112	22
东源县	4	10	37	29	4	4	285	111	8
阳江市	**18**	**69**	**153**	**110**	**17**	**26**	**1956**	**1101**	**67**
江城区	2	20	27	20	2	5	179	91	7
阳东区	4	38	35	29		6	277	118	7
阳西县	8	6	44	28	6	10	1265	762	43
阳春市	4	5	47	33	9	5	235	130	10
清远市	**302**	**54**	**379**	**309**	**38**	**32**	**3468**	**1852**	**355**
清城区	284	21	47	21	15	11	1282	716	116
清新区	1	2	7	4	1	2	159	99	3
佛冈县	7	10	43	37	4	2	388	142	26
阳山县	2	9	92	79	8	5	550	341	53
连山壮族瑶族自治县	1		33	29	2	2	113	36	16
连南瑶族自治县	3	2	59	55		4	196	110	6
英德市		8	93	81	7	5	686	340	128
连州市	4	2	5	3	1	1	94	68	7

4-4b 续表 45

单位：人

地区 性别	制造业		电力、热力、燃气及水生产和供应业				建筑业		
	废弃资源综合利用业	金属制品、机械和设备修理业	小计	电力、热力生产和供应业	燃气生产和供应业	水的生产和供应业	小计	房屋建筑业	土木工程建筑业
东莞市	**12**	**9**	**9**	**1**	**2**	**6**	**115**	**35**	**8**
市辖区	12	9	9	1	2	6	115	35	8
中山市	**135**	**66**	**207**	**102**	**44**	**61**	**3766**	**1659**	**296**
市辖区	135	66	207	102	44	61	3766	1659	296
潮州市	**36**	**34**	**117**	**74**	**23**	**20**	**1832**	**832**	**84**
湘桥区	3	1	6	4		2	296	70	8
潮安区	23	11	46	26	15	5	491	191	35
饶平县	10	22	65	44	8	13	1045	571	41
揭阳市	**52**	**43**	**132**	**71**	**23**	**38**	**3361**	**1600**	**67**
榕城区	1	4	2	2			279	149	6
揭东区	27	9	25	11	5	9	594	268	11
揭西县	2	3	29	15	3	11	612	192	8
惠来县	3	4	44	27	5	12	1127	645	16
普宁市	19	23	32	16	10	6	749	346	26
云浮市	**5**	**28**	**97**	**59**	**17**	**21**	**1679**	**708**	**88**
云城区									
云安区		3	8	4	2	2	311	108	20
新兴县	2	13	51	35	11	5	666	268	23
郁南县	3	12	29	15	4	10	415	170	40
罗定市			9	5		4	287	162	5
女	**432**	**176**	**1249**	**724**	**210**	**315**	**9477**	**5391**	**558**
广州市	**34**	**23**	**65**	**28**	**13**	**24**	**776**	**386**	**110**
荔湾区									
越秀区									
海珠区									
天河区									
白云区	4	3	12	4	1	7	76	23	11
黄埔区			2	1		1	25	13	
番禺区	1	3	3		1	2	50	14	5
花都区		4	5	2	1	2	26	11	2
南沙区	14	7	14	6	3	5	201	138	31
从化区			1	1			58	34	8
增城区	15	6	28	14	7	7	340	153	53
韶关市	**15**	**1**	**139**	**111**	**4**	**24**	**443**	**217**	**20**
武江区							2	2	
浈江区	1		1	1			6	4	
曲江区	2		6	6			14	6	3
始兴县	2		13	6	1	6	52	23	3
仁化县	1	1	22	19	1	2	77	38	3
翁源县	3		27	24	1	2	62	24	2
乳源瑶族自治县	3		43	34	1	8	47	27	2
新丰县	3		14	11		3	68	30	3
乐昌市			10	9		1	54	34	1
南雄市			3	1		2	61	29	3
深圳市		**36**					**1**		
罗湖区									
福田区									
南山区		36							
宝安区									
龙岗区									
盐田区									
龙华区									
坪山区							1		
光明区									

4-4b　续表 46

单位：人

地　区 性　别	制造业		电力、热力、燃气及水生产和供应业				建筑业		
	废弃资源综合利用业	金属制品、机械和设备修理业	小计	电力、热力生产和供应业	燃气生产和供应业	水的生产和供应业	小计	房屋建筑业	土木工程建筑业
珠海市	**2**	**4**	**28**	**20**	**5**	**3**	**483**	**331**	**63**
香洲区			5	5			305	247	31
斗门区		1	7	6		1	91	57	9
金湾区	2	3	16	9	5	2	87	27	23
汕头市	**9**	**2**	**29**	**10**	**7**	**12**	**183**	**109**	**4**
龙湖区									
金平区									
濠江区			4	4			1	1	
潮阳区	7	1	3			3	102	61	
潮南区			5		5		21	16	
澄海区	2	1	9	1	2	6	47	27	3
南澳县			8	5		3	12	4	1
佛山市	**33**	**9**	**27**	**16**	**6**	**5**	**338**	**139**	**43**
禅城区	5	7	7	2	2	3	172	61	21
南海区	5		2	1	1		45	23	3
顺德区									
三水区	21	2	18	13	3	2	117	53	19
高明区	2						4	2	
江门市	**6**	**4**	**29**	**17**	**4**	**8**	**188**	**104**	**11**
蓬江区									
江海区									
新会区	6	1	9	5	2	2	58	29	9
台山市		1	8	5	1	2	12	6	
开平市		1	3	2		1	27	6	
鹤山市		1	1			1	52	35	2
恩平市			8	5	1	2	39	28	
湛江市	**7**	**12**	**48**	**27**	**12**	**9**	**561**	**391**	**13**
赤坎区									
霞山区							2	2	
坡头区		3	2	2			100	79	3
麻章区		1	4	1	1	2	20	12	
遂溪县	1	3	12	4	6	2	115	65	5
徐闻县	3	2	13	10		3	79	52	2
廉江市	2	1	15	8	5	2	44	32	
雷州市		2	1	1			86	68	1
吴川市	1		1	1			115	81	2
茂名市	**12**	**1**	**37**	**18**	**12**	**7**	**671**	**501**	**13**
茂南区							46	31	
电白区	2		22	10	7	5	296	231	6
高州市	4	1	6	3	2	1	124	96	4
化州市	5		6	2	3	1	157	107	2
信宜市	1		3	3			48	36	1
肇庆市	**16**	**13**	**77**	**46**	**16**	**15**	**729**	**442**	**23**
端州区									
鼎湖区	1		9	2	1	6	41	32	2
高要区		2	3	1	1	1	111	77	2
广宁县	3	2	14	6	6	2	191	154	
怀集县	5	6	24	14	6	4	238	134	7
封开县	4	1	16	15		1	60	11	3
德庆县	3	1	6	5	1		73	31	3
四会市		1	5	3	1	1	15	3	6
惠州市	**32**	**17**	**147**	**82**	**20**	**45**	**897**	**388**	**78**
惠城区	3	2	10	6	2	2	90	35	12
惠阳区	8	4	17	7	2	8	89	28	23
博罗县	12	8	47	27	7	13	336	136	12
惠东县	7	2	38	21	5	12	313	160	22
龙门县	2	1	35	21	4	10	69	29	9

4-4b 续表 47

单位：人

地 区 性 别	制造业		电力、热力、燃气及水生产和供应业				建筑业		
	废弃资源综合利用业	金属制品、机械和设备修理业	小计	电力、热力生产和供应业	燃气生产和供应业	水的生产和供应业	小计	房屋建筑业	土木工程建筑业
梅州市	**11**	**9**	**146**	**73**	**20**	**53**	**857**	**493**	**25**
梅江区							3	1	
梅县区			1	1			33	14	2
大埔县			19	12	3	4	139	76	5
丰顺县	1	4	19	11	3	5	134	82	7
五华县	5	2	46	16	3	27	328	179	7
平远县	3		24	13	5	6	81	53	2
蕉岭县		2	34	20	5	9	86	43	2
兴宁市	2	1	3		1	2	53	45	
汕尾市	**9**	**1**	**50**	**24**	**7**	**19**	**326**	**149**	**7**
城 区			3	2		1	31	24	
海丰县	8	1	29	10	7	12	157	83	6
陆河县			10	9		1	90	16	
陆丰市	1		8	3		5	48	26	1
河源市	**7**	**8**	**108**	**75**	**11**	**22**	**512**	**283**	**21**
源城区	1						22	17	5
紫金县		1	44	33	3	8	160	92	3
龙川县	3	3	34	23	4	7	98	40	6
连平县	1	1	12	5	2	5	112	77	3
和平县			10	7	2	1	65	33	3
东源县	2	3	8	7		1	55	24	1
阳江市	**8**	**3**	**34**	**20**	**4**	**10**	**296**	**212**	**9**
江城区	3	1	7	5		2	30	23	
阳东区	1	1	7	6	1		32	19	1
阳西县	2		9	3	1	5	181	131	7
阳春市	2	1	11	6	2	3	53	39	1
清远市	**169**	**12**	**132**	**95**	**20**	**17**	**635**	**393**	**40**
清城区	161	7	9	4	3	2	224	143	20
清新区		1	2	1		1	32	20	
佛冈县	3		21	14	1	6	52	23	5
阳山县	3	1	47	37	7	3	104	69	3
连山壮族瑶族自治县	1		5	4	1		41	10	4
连南瑶族自治县	1	1	26	20	4	2	38	26	1
英德市		1	22	15	4	3	135	97	5
连州市		1					9	5	2
东莞市	**5**	**4**	**2**		**2**		**25**	**2**	**4**
市辖区	5	4	2		2		25	2	4
中山市	**42**	**10**	**54**	**23**	**14**	**17**	**578**	**280**	**56**
市辖区	42	10	54	23	14	17	578	280	56
潮州市	**5**	**2**	**33**	**16**	**7**	**10**	**213**	**126**	**4**
湘桥区			3	3			11	4	
潮安区	4	2	10	4	5	1	31	12	1
饶平县	1		20	9	2	9	171	110	3
揭阳市	**7**		**29**	**10**	**10**	**9**	**468**	**291**	**6**
榕城区			4	3		1	24	22	
揭东区	3		3	1	1	1	55	36	
揭西县			12	6	1	5	94	17	3
惠来县			4		3	1	204	168	2
普宁市	4		6		5	1	91	48	1
云浮市	**3**	**5**	**35**	**13**	**16**	**6**	**297**	**154**	**8**
云城区									
云安区			3	1	2		33	21	
新兴县	2	5	24	7	12	5	141	66	3
郁南县	1		7	4	2	1	98	48	5
罗定市			1	1			25	19	

4-4b　续表 48　　　　单位：人

地　区 性　别	建筑业		批发和零售业			交通运输、仓储和邮政业			
	建　筑 安装业	建筑装饰、装修和其他建筑业	小计	批发业	零售业	小计	铁　路 运输业	道　路 运输业	水　上 运输业
广　东	**4391**	**23267**	**127702**	**27487**	**100215**	**31612**	**493**	**19416**	**635**
广州市	**245**	**1398**	**10051**	**3439**	**6612**	**4456**	**44**	**2530**	**57**
荔湾区									
越秀区									
海珠区									
天河区									
白云区	42	268	1849	528	1321	1588	14	810	12
黄埔区	10	32	312	152	160	65	1	43	1
番禺区	29	137	718	311	407	282	7	149	3
花都区	16	51	724	197	527	433	7	209	2
南沙区	25	218	925	274	651	493	1	325	13
从化区	20	76	382	100	282	120	2	83	
增城区	103	616	5141	1877	3264	1475	12	911	26
韶关市	**182**	**1060**	**4028**	**755**	**3273**	**1183**	**51**	**802**	**15**
武江区			26	4	22	7		7	
浈江区	2	14	139	28	111	30	1	14	2
曲江区	6	26	193	38	155	72	5	53	5
始兴县	27	118	464	108	356	104	2	69	
仁化县	14	156	470	80	390	110		68	4
翁源县	36	182	794	148	646	227	1	167	1
乳源瑶族自治县	15	105	441	86	355	158		110	1
新丰县	30	179	605	92	513	189	1	143	
乐昌市	28	143	518	87	431	209	40	119	1
南雄市	24	137	378	84	294	77	1	52	1
深圳市	**2**	**2**	**21**	**9**	**12**	**2**			**2**
罗湖区									
福田区									
南山区	1								
宝安区									
龙岗区									
盐田区									
龙华区									
坪山区	1	2	21	9	12	2			2
光明区									
珠海市	**180**	**584**	**1616**	**518**	**1098**	**727**	**6**	**390**	**15**
香洲区	70	266	187	35	152	43		25	2
斗门区	48	162	832	217	615	277	1	204	8
金湾区	62	156	597	266	331	407	5	161	5
汕头市	**271**	**926**	**13228**	**2473**	**10755**	**1513**	**6**	**811**	**16**
龙湖区									
金平区									
濠江区		10	41	10	31	14		7	3
潮阳区	164	522	5929	1114	4815	546	2	291	9
潮南区	52	150	4189	694	3495	354		115	
澄海区	48	203	2694	611	2083	538	4	361	1
南澳县	7	41	375	44	331	61		37	3
佛山市	**102**	**688**	**5641**	**2424**	**3217**	**1597**	**1**	**995**	**32**
禅城区	34	376	3689	1792	1897	841	1	584	8
南海区	9	78	591	220	371	184		96	3
顺德区									
三水区	59	220	1231	378	853	534		287	20
高明区		14	130	34	96	38		28	1

4-4b 续表 49 单位：人

地区 性别	建筑业		批发和零售业			交通运输、仓储和邮政业			
	建筑安装业	建筑装饰、装修和其他建筑业	小计	批发业	零售业	小计	铁路运输业	道路运输业	水上运输业
江门市	**55**	**589**	**2418**	**462**	**1956**	**602**	**2**	**385**	**34**
蓬江区									
江海区									
新会区	13	154	630	155	475	204		128	18
台山市	9	82	507	76	431	91		61	4
开平市	13	205	611	112	499	116		71	9
鹤山市	12	72	307	56	251	90		67	1
恩平市	8	76	363	63	300	101	2	58	2
湛江市	**396**	**1266**	**6708**	**1329**	**5379**	**2102**	**30**	**1358**	**124**
赤坎区									
霞山区	2	7	33	19	14	22	1	13	
坡头区	63	258	419	68	351	144	1	94	3
麻章区	44	43	339	56	283	179	1	118	14
遂溪县	45	328	1686	331	1355	612	10	428	3
徐闻县	39	132	1543	350	1193	550	4	283	97
廉江市	34	122	1042	172	870	215	9	157	2
雷州市	27	133	816	125	691	225	4	160	2
吴川市	142	243	830	208	622	155		105	3
茂名市	**328**	**1197**	**5923**	**1269**	**4654**	**1331**	**12**	**927**	**12**
茂南区	31	79	354	60	294	124	1	97	1
电白区	158	581	2308	563	1745	529	7	362	8
高州市	43	144	1385	281	1104	311		222	
化州市	77	305	1368	262	1106	266	4	183	3
信宜市	19	88	508	103	405	101		63	
肇庆市	**205**	**1210**	**6354**	**1198**	**5156**	**1509**	**11**	**947**	**47**
端州区									
鼎湖区	5	30	172	24	148	51		32	5
高要区	19	178	872	160	712	251	2	183	6
广宁县	47	237	1152	178	974	294	2	218	1
怀集县	86	408	1873	420	1453	356	4	207	6
封开县	21	177	1158	134	1024	290		170	9
德庆县	22	149	800	229	571	188	3	99	2
四会市	5	31	327	53	274	79		38	18
惠州市	**385**	**2591**	**13582**	**3196**	**10386**	**2890**	**25**	**1927**	**65**
惠城区	51	203	808	209	599	160	4	90	2
惠阳区	49	224	869	159	710	209		132	2
博罗县	168	1032	4950	1561	3389	1041	6	678	9
惠东县	93	906	6161	1141	5020	1221	15	819	47
龙门县	24	226	794	126	668	259		208	5
梅州市	**324**	**1736**	**6353**	**927**	**5426**	**1656**	**29**	**1160**	**8**
梅江区		13	24	4	20	18		16	
梅县区	13	62	360	69	291	82	1	64	
大埔县	13	389	799	80	719	192	2	137	1
丰顺县	55	374	1406	160	1246	343	6	221	
五华县	173	485	1987	340	1647	506	14	327	4
平远县	35	138	643	95	548	167	5	124	1
蕉岭县	20	224	642	125	517	249		196	2
兴宁市	15	51	492	54	438	99	1	75	
汕尾市	**229**	**1839**	**6948**	**1245**	**5703**	**1418**	**11**	**824**	**7**
城　区	16	81	304	46	258	75	1	43	
海丰县	106	817	3861	769	3092	870	2	532	4
陆河县	73	686	616	103	513	139	3	84	1
陆丰市	34	255	2167	327	1840	334	5	165	2

4-4b　续表 50　　　　单位：人

地区 性别	建筑业：建筑安装业	建筑业：建筑装饰、装修和其他建筑业	批发和零售业：小计	批发和零售业：批发业	批发和零售业：零售业	交通运输、仓储和邮政业：小计	交通运输、仓储和邮政业：铁路运输业	交通运输、仓储和邮政业：道路运输业	交通运输、仓储和邮政业：水上运输业
河源市	**205**	**1111**	**5045**	**700**	**4345**	**1239**	**155**	**764**	**9**
源城区	1	13	152	48	104	13		5	
紫金县	50	312	1360	175	1185	337	1	246	3
龙川县	56	291	1330	154	1176	398	142	180	1
连平县	26	160	628	63	565	162	4	111	
和平县	36	175	832	92	740	181	8	113	1
东源县	36	160	743	168	575	148		109	4
阳江市	**279**	**584**	**2785**	**403**	**2382**	**720**	**17**	**486**	**21**
江城区	27	61	471	108	363	110		62	9
阳东区	87	77	358	44	314	114		58	3
阳西县	141	362	1268	181	1087	317	5	239	9
阳春市	24	84	688	70	618	179	12	127	
清远市	**242**	**1221**	**5159**	**946**	**4213**	**2164**	**44**	**1488**	**83**
清城区	89	422	1572	315	1257	705	17	497	23
清新区	6	63	293	33	260	78		53	7
佛冈县	36	208	745	122	623	353	2	241	3
阳山县	33	155	848	124	724	278	1	205	8
连山壮族瑶族自治县	3	85	176	24	152	66		44	
连南瑶族自治县	14	77	251	50	201	89		59	
英德市	57	194	1117	262	855	557	24	362	42
连州市	4	17	157	16	141	38		27	
东莞市	**4**	**87**	**833**	**396**	**437**	**83**		**38**	
市辖区	4	87	833	396	437	83		38	
中山市	**325**	**1728**	**7383**	**1834**	**5549**	**2294**	**11**	**1496**	**51**
市辖区	325	1728	7383	1834	5549	2294	11	1496	51
潮州市	**121**	**878**	**5888**	**736**	**5152**	**970**	**17**	**497**	**5**
湘桥区	20	205	621	61	560	85	1	53	
潮安区	56	227	1805	245	1560	378	11	200	
饶平县	45	446	3462	430	3032	507	5	244	5
揭阳市	**229**	**1636**	**14780**	**2667**	**12113**	**2384**	**14**	**1087**	**10**
榕城区	20	106	949	280	669	273		96	9
揭东区	71	263	2024	399	1625	559	3	216	
揭西县	39	447	2018	340	1678	284	1	142	
惠来县	64	436	4273	564	3709	505	6	282	1
普宁市	35	384	5516	1084	4432	763	4	351	
云浮市	**82**	**936**	**2958**	**561**	**2397**	**772**	**7**	**504**	**22**
云城区									
云安区	14	181	264	44	220	41		29	1
新兴县	25	422	1318	330	988	331	2	244	5
郁南县	12	238	896	142	754	313	5	166	16
罗定市	31	95	480	45	435	87		65	
男	**4095**	**20035**	**71919**	**17566**	**54353**	**27341**	**379**	**17634**	**510**
广州市	**220**	**1143**	**5524**	**2008**	**3516**	**3477**	**35**	**2087**	**47**
荔湾区									
越秀区									
海珠区									
天河区									
白云区	41	227	1002	292	710	1211	10	654	10
黄埔区	8	22	163	77	86	42	1	30	1
番禺区	26	109	408	204	204	227	7	131	2
花都区	15	39	372	111	261	325	6	172	2
南沙区	23	188	498	167	331	415	1	280	11
从化区	17	63	216	62	154	98	2	71	
增城区	90	495	2865	1095	1770	1159	8	749	21

4-4b 续表 51

单位：人

地区 性别	建筑业		批发和零售业			交通运输、仓储和邮政业			
	建筑安装业	建筑装饰、装修和其他建筑业	小计	批发业	零售业	小计	铁路运输业	道路运输业	水上运输业
韶关市	**167**	**869**	**1837**	**429**	**1408**	**1023**	**42**	**728**	**10**
武江区			13	1	12	5		5	
浈江区	2	12	67	18	49	27		14	2
曲江区	6	21	95	24	71	59	4	47	3
始兴县	24	95	205	60	145	92	1	64	
仁化县	13	121	213	46	167	95		65	3
翁源县	34	148	373	87	286	200	1	156	
乳源瑶族自治县	13	89	193	46	147	136		97	
新丰县	28	146	273	51	222	166	1	126	
乐昌市	27	125	230	50	180	175	34	105	1
南雄市	20	112	175	46	129	68	1	49	1
深圳市	**2**	**1**	**13**	**5**	**8**	**2**			**2**
罗湖区									
福田区									
南山区	1								
宝安区									
龙岗区									
盐田区									
龙华区									
坪山区	1	1	13	5	8	2			2
光明区									
珠海市	**169**	**506**	**920**	**352**	**568**	**613**	**4**	**357**	**10**
香洲区	67	242	107	22	85	37		24	1
斗门区	44	141	450	142	308	245		188	7
金湾区	58	123	363	188	175	331	4	145	2
汕头市	**261**	**866**	**8290**	**1704**	**6586**	**1399**	**4**	**786**	**14**
龙湖区									
金平区									
濠江区		10	22	6	16	11		7	2
潮阳区	156	489	3820	796	3024	515	1	282	9
潮南区	52	145	2614	475	2139	329		112	
澄海区	47	187	1651	399	1252	490	3	350	
南澳县	6	35	183	28	155	54		35	3
佛山市	**88**	**546**	**3287**	**1464**	**1823**	**1352**	**1**	**874**	**26**
禅城区	27	293	2173	1068	1105	720	1	512	6
南海区	7	61	344	131	213	158		90	1
顺德区									
三水区	54	180	699	239	460	442		249	18
高明区		12	71	26	45	32		23	1
江门市	**52**	**519**	**1259**	**276**	**983**	**527**	**2**	**360**	**27**
蓬江区									
江海区									
新会区	11	136	320	88	232	178		118	14
台山市	9	76	280	48	232	80		56	4
开平市	13	184	321	72	249	100		67	7
鹤山市	11	58	149	28	121	80		63	
恩平市	8	65	189	40	149	89	2	56	2
湛江市	**374**	**1131**	**3561**	**890**	**2671**	**1829**	**22**	**1250**	**102**
赤坎区									
霞山区	2	7	18	12	6	18	1	11	
坡头区	62	241	201	44	157	129	1	90	3
麻章区	42	37	196	44	152	162	1	106	14
遂溪县	42	286	873	217	656	528	7	381	1
徐闻县	34	112	786	226	560	452	3	259	77
廉江市	33	111	570	104	466	187	6	145	2
雷州市	27	116	456	78	378	210	3	157	2
吴川市	132	221	461	165	296	143		101	3

4-4b　续表 52

单位：人

地区 性别	建筑业		批发和零售业			交通运输、仓储和邮政业			
	建筑安装业	建筑装饰、装修和其他建筑业	小计	批发业	零售业	小计	铁路运输业	道路运输业	水上运输业
茂名市	**309**	**1059**	**3230**	**809**	**2421**	**1190**	**10**	**881**	**11**
茂南区	30	65	176	34	142	114	1	91	1
电白区	151	529	1314	384	930	467	6	341	8
高州市	39	124	785	178	607	279		211	
化州市	70	264	710	153	557	235	3	176	2
信宜市	19	77	245	60	185	95		62	
肇庆市	**181**	**970**	**3433**	**733**	**2700**	**1257**	**7**	**836**	**32**
端州区									
鼎湖区	5	23	94	15	79	38		27	4
高要区	16	149	475	104	371	213	1	160	3
广宁县	46	201	576	107	469	253		197	1
怀集县	72	325	1053	252	801	301	4	186	5
封开县	19	133	625	86	539	246		149	6
德庆县	19	113	439	137	302	147	2	87	2
四会市	4	26	171	32	139	59		30	11
惠州市	**352**	**2193**	**7317**	**2027**	**5290**	**2572**	**20**	**1778**	**54**
惠城区	44	167	466	144	322	149	4	85	1
惠阳区	47	188	480	111	369	193		128	2
博罗县	151	861	2790	982	1808	904	4	607	7
惠东县	86	782	3203	713	2490	1093	12	767	39
龙门县	24	195	378	77	301	233		191	5
梅州市	**303**	**1418**	**3360**	**593**	**2767**	**1437**	**14**	**1080**	**7**
梅江区		11	15	4	11	18		16	
梅县区	13	45	210	44	166	73	1	59	
大埔县	12	332	392	45	347	171	2	124	1
丰顺县	52	332	797	106	691	307	4	213	
五华县	162	354	1053	222	831	403	4	292	4
平远县	33	114	306	60	246	143	2	112	1
蕉岭县	17	186	304	79	225	228		189	1
兴宁市	14	44	283	33	250	94	1	75	
汕尾市	**219**	**1679**	**4614**	**894**	**3720**	**1288**	**5**	**781**	**6**
城　区	14	76	181	27	154	59		37	
海丰县	98	757	2515	545	1970	802		506	3
陆河县	73	612	358	63	295	124	2	78	1
陆丰市	34	234	1560	259	1301	303	3	160	2
河源市	**190**	**918**	**2517**	**411**	**2106**	**1060**	**138**	**678**	**8**
源城区	1	13	82	31	51	10		4	
紫金县	45	252	707	106	601	291	1	222	3
龙川县	52	243	622	85	537	350	126	162	1
连平县	26	128	317	38	279	136	4	93	
和平县	35	147	387	55	332	151	7	98	1
东源县	31	135	402	96	306	122		99	3
阳江市	**266**	**522**	**1410**	**251**	**1159**	**650**	**15**	**450**	**17**
江城区	26	55	248	73	175	101		61	6
阳东区	80	72	177	24	153	95		50	2
阳西县	137	323	627	111	516	287	4	220	9
阳春市	23	72	358	43	315	167	11	119	
清远市	**229**	**1032**	**2598**	**588**	**2010**	**1914**	**32**	**1375**	**67**
清城区	85	365	822	210	612	610	10	454	17
清新区	5	52	131	20	111	73		50	6
佛冈县	36	184	362	72	290	326	2	228	2
阳山县	30	126	421	71	350	250	1	188	7
连山壮族瑶族自治县	3	58	87	16	71	54		38	
连南瑶族自治县	12	68	135	31	104	74		52	
英德市	54	164	555	158	397	491	19	338	35
连州市	4	15	85	10	75	36		27	

4-4b 续表 53 单位：人

地 区 性 别	建筑业		批发和零售业			交通运输、仓储和邮政业			
	建 筑 安装业	建筑装 饰、装修 和其他 建筑业	小计	批发业	零售业	小计	铁 路 运输业	道 路 运输业	水 上 运输业
东莞市	**3**	**69**	**489**	**255**	**234**	**71**		**33**	
市辖区	3	69	489	255	234	71		33	
中山市	**299**	**1512**	**3963**	**1153**	**2810**	**1988**	**5**	**1338**	**40**
市辖区	299	1512	3963	1153	2810	1988	5	1338	40
潮州市	**116**	**800**	**3557**	**479**	**3078**	**862**	**11**	**473**	**4**
湘桥区	20	198	373	41	332	78	1	52	
潮安区	56	209	1157	158	999	333	7	185	
饶平县	40	393	2027	280	1747	451	3	236	4
揭阳市	**217**	**1477**	**9222**	**1876**	**7346**	**2156**	**8**	**1030**	**9**
榕城区	20	104	616	177	439	238		90	8
揭东区	68	247	1246	259	987	491	2	205	
揭西县	36	376	1254	235	1019	263	1	134	
惠来县	61	405	2647	425	2222	466	2	265	1
普宁市	32	345	3459	780	2679	698	3	336	
云浮市	**78**	**805**	**1518**	**369**	**1149**	**674**	**4**	**459**	**17**
云城区									
云安区	13	170	128	24	104	38		29	
新兴县	24	351	668	216	452	284	2	218	5
郁南县	11	194	479	99	380	272	2	150	12
罗定市	30	90	243	30	213	80		62	
女	**296**	**3232**	**55783**	**9921**	**45862**	**4271**	**114**	**1782**	**125**
广州市	**25**	**255**	**4527**	**1431**	**3096**	**979**	**9**	**443**	**10**
荔湾区									
越秀区									
海珠区									
天河区									
白云区	1	41	847	236	611	377	4	156	2
黄埔区	2	10	149	75	74	23		13	
番禺区	3	28	310	107	203	55		18	1
花都区	1	12	352	86	266	108	1	37	
南沙区	2	30	427	107	320	78		45	2
从化区	3	13	166	38	128	22		12	
增城区	13	121	2276	782	1494	316	4	162	5
韶关市	**15**	**191**	**2191**	**326**	**1865**	**160**	**9**	**74**	**5**
武江区			13	3	10	2		2	
浈江区		2	72	10	62	3	1		
曲江区		5	98	14	84	13	1	6	2
始兴县	3	23	259	48	211	12	1	5	
仁化县	1	35	257	34	223	15		3	1
翁源县	2	34	421	61	360	27		11	1
乳源瑶族自治县	2	16	248	40	208	22		13	1
新丰县	2	33	332	41	291	23		17	
乐昌市	1	18	288	37	251	34	6	14	
南雄市	4	25	203	38	165	9		3	
深圳市		**1**	**8**	**4**	**4**				
罗湖区									
福田区									
南山区									
宝安区									
龙岗区									
盐田区									
龙华区									
坪山区		1	8	4	4				
光明区									

4-4b　续表 54

单位：人

地　区 性　别	建筑业		批发和零售业			交通运输、仓储和邮政业			
	建　筑 安装业	建筑装饰、装修和其他建筑业	小计	批发业	零售业	小计	铁　路 运输业	道　路 运输业	水　上 运输业
珠海市	**11**	**78**	**696**	**166**	**530**	**114**	**2**	**33**	**5**
香洲区	3	24	80	13	67	6		1	1
斗门区	4	21	382	75	307	32	1	16	1
金湾区	4	33	234	78	156	76	1	16	3
汕头市	**10**	**60**	**4938**	**769**	**4169**	**114**	**2**	**25**	**2**
龙湖区									
金平区									
濠江区			19	4	15	3			1
潮阳区	8	33	2109	318	1791	31	1	9	
潮南区		5	1575	219	1356	25		3	
澄海区	1	16	1043	212	831	48	1	11	1
南澳县	1	6	192	16	176	7		2	
佛山市	**14**	**142**	**2354**	**960**	**1394**	**245**		**121**	**6**
禅城区	7	83	1516	724	792	121		72	2
南海区	2	17	247	89	158	26		6	2
顺德区									
三水区	5	40	532	139	393	92		38	2
高明区		2	59	8	51	6		5	
江门市	**3**	**70**	**1159**	**186**	**973**	**75**		**25**	**7**
蓬江区									
江海区									
新会区	2	18	310	67	243	26		10	4
台山市		6	227	28	199	11		5	
开平市		21	290	40	250	16		4	2
鹤山市	1	14	158	28	130	10		4	1
恩平市		11	174	23	151	12		2	
湛江市	**22**	**135**	**3147**	**439**	**2708**	**273**	**8**	**108**	**22**
赤坎区									
霞山区			15	7	8	4		2	
坡头区	1	17	218	24	194	15		4	
麻章区	2	6	143	12	131	17		12	
遂溪县	3	42	813	114	699	84	3	47	2
徐闻县	5	20	757	124	633	98	1	24	20
廉江市	1	11	472	68	404	28	3	12	
雷州市		17	360	47	313	15	1	3	
吴川市	10	22	369	43	326	12		4	
茂名市	**19**	**138**	**2693**	**460**	**2233**	**141**	**2**	**46**	**1**
茂南区	1	14	178	26	152	10		6	
电白区	7	52	994	179	815	62	1	21	
高州市	4	20	600	103	497	32		11	
化州市	7	41	658	109	549	31	1	7	1
信宜市		11	263	43	220	6		1	
肇庆市	**24**	**240**	**2921**	**465**	**2456**	**252**	**4**	**111**	**15**
端州区									
鼎湖区		7	78	9	69	13		5	1
高要区	3	29	397	56	341	38	1	23	3
广宁县	1	36	576	71	505	41	2	21	
怀集县	14	83	820	168	652	55		21	1
封开县	2	44	533	48	485	44		21	3
德庆县	3	36	361	92	269	41	1	12	
四会市	1	5	156	21	135	20		8	7
惠州市	**33**	**398**	**6265**	**1169**	**5096**	**318**	**5**	**149**	**11**
惠城区	7	36	342	65	277	11		5	1
惠阳区	2	36	389	48	341	16		4	
博罗县	17	171	2160	579	1581	137	2	71	2
惠东县	7	124	2958	428	2530	128	3	52	8
龙门县		31	416	49	367	26		17	

4-4b 续表 55 单位：人

地区 性别	建筑业 建筑安装业	建筑业 建筑装饰、装修和其他建筑业	批发和零售业 小计	批发和零售业 批发业	批发和零售业 零售业	交通运输、仓储和邮政业 小计	交通运输、仓储和邮政业 铁路运输业	交通运输、仓储和邮政业 道路运输业	交通运输、仓储和邮政业 水上运输业
梅州市	**21**	**318**	**2993**	**334**	**2659**	**219**	**15**	**80**	**1**
梅江区		2	9		9				
梅县区		17	150	25	125	9		5	
大埔县	1	57	407	35	372	21		13	
丰顺县	3	42	609	54	555	36	2	8	
五华县	11	131	934	118	816	103	10	35	
平远县	2	24	337	35	302	24	3	12	
蕉岭县	3	38	338	46	292	21		7	1
兴宁市	1	7	209	21	188	5			
汕尾市	**10**	**160**	**2334**	**351**	**1983**	**130**	**6**	**43**	**1**
城　区	2	5	123	19	104	16	1	6	
海丰县	8	60	1346	224	1122	68	2	26	1
陆河县		74	258	40	218	15	1	6	
陆丰市		21	607	68	539	31	2	5	
河源市	**15**	**193**	**2528**	**289**	**2239**	**179**	**17**	**86**	**1**
源城区			70	17	53	3		1	
紫金县	5	60	653	69	584	46		24	
龙川县	4	48	708	69	639	48	16	18	
连平县		32	311	25	286	26		18	
和平县	1	28	445	37	408	30	1	15	
东源县	5	25	341	72	269	26		10	1
阳江市	**13**	**62**	**1375**	**152**	**1223**	**70**	**2**	**36**	**4**
江城区	1	6	223	35	188	9		1	3
阳东区	7	5	181	20	161	19		8	1
阳西县	4	39	641	70	571	30	1	19	
阳春市	1	12	330	27	303	12	1	8	
清远市	**13**	**189**	**2561**	**358**	**2203**	**250**	**12**	**113**	**16**
清城区	4	57	750	105	645	95	7	43	6
清新区	1	11	162	13	149	5		3	1
佛冈县		24	383	50	333	27		13	1
阳山县	3	29	427	53	374	28		17	1
连山壮族瑶族自治县		27	89	8	81	12		6	
连南瑶族自治县	2	9	116	19	97	15		7	
英德市	3	30	562	104	458	66	5	24	7
连州市		2	72	6	66	2			
东莞市	**1**	**18**	**344**	**141**	**203**	**12**		**5**	
市辖区	1	18	344	141	203	12		5	
中山市	**26**	**216**	**3420**	**681**	**2739**	**306**	**6**	**158**	**11**
市辖区	26	216	3420	681	2739	306	6	158	11
潮州市	**5**	**78**	**2331**	**257**	**2074**	**108**	**6**	**24**	**1**
湘桥区		7	248	20	228	7		1	
潮安区		18	648	87	561	45	4	15	
饶平县	5	53	1435	150	1285	56	2	8	1
揭阳市	**12**	**159**	**5558**	**791**	**4767**	**228**	**6**	**57**	**1**
榕城区		2	333	103	230	35		6	1
揭东区	3	16	778	140	638	68	1	11	
揭西县	3	71	764	105	659	21		8	
惠来县	3	31	1626	139	1487	39	4	17	
普宁市	3	39	2057	304	1753	65	1	15	
云浮市	**4**	**131**	**1440**	**192**	**1248**	**98**	**3**	**45**	**5**
云城区									
云安区	1	11	136	20	116	3			1
新兴县	1	71	650	114	536	47		26	
郁南县	1	44	417	43	374	41	3	16	4
罗定市	1	5	237	15	222	7		3	

4-4b　续表 56

单位：人

地区 性别	交通运输、仓储和邮政业					住宿和餐饮业		
	航空运输业	管道运输业	多式联运和运输代理业	装卸搬运和仓储业	邮政业	小计	住宿业	餐饮业
广　东	**685**	**6**	**911**	**2771**	**6695**	**40398**	**4367**	**36031**
广州市	**485**	**1**	**239**	**340**	**760**	**2909**	**343**	**2566**
荔湾区								
越秀区								
海珠区								
天河区								
白云区	393		63	72	224	811	87	724
黄埔区	4		7	4	5	52	5	47
番禺区	1		14	21	87	201	12	189
花都区	75		56	18	66	182	10	172
南沙区			18	69	67	367	17	350
从化区	3		4	5	23	154	59	95
增城区	9	1	77	151	288	1142	153	989
韶关市	**4**		**20**	**112**	**179**	**1515**	**206**	**1309**
武江区						6		6
浈江区	1		2	2	8	67	7	60
曲江区				5	4	78	19	59
始兴县			4	11	18	133	6	127
仁化县	2		2	13	21	187	30	157
翁源县	1		2	22	33	268	30	238
乳源瑶族自治县			3	17	27	218	20	198
新丰县			5	11	29	291	54	237
乐昌市			1	22	26	162	35	127
南雄市			1	9	13	105	5	100
深圳市						**10**		**10**
罗湖区								
福田区								
南山区								
宝安区								
龙岗区								
盐田区								
龙华区								
坪山区						10		10
光明区								
珠海市	**93**		**43**	**88**	**92**	**1123**	**369**	**754**
香洲区	1		5	1	9	374	199	175
斗门区			7	15	42	369	58	311
金湾区	92		31	72	41	380	112	268
汕头市	**13**		**30**	**84**	**553**	**2298**	**156**	**2142**
龙湖区								
金平区								
濠江区			2	2		12	1	11
潮阳区	2		11	14	217	1204	58	1146
潮南区			6	30	203	499	34	465
澄海区	10		10	30	122	455	28	427
南澳县	1		1	8	11	128	35	93
佛山市	**3**		**100**	**235**	**231**	**1142**	**88**	**1054**
禅城区	2		51	111	84	554	42	512
南海区			4	11	70	160	17	143
顺德区								
三水区			45	109	73	401	27	374
高明区	1			4	4	27	2	25

4-4b　续表 57　　　　单位：人

地　区 性　别	交通运输、仓储和邮政业					住宿和餐饮业		
	航　空 运输业	管　道 运输业	多式联运 和运输 代理业	装卸搬运 和仓储业	邮政业	小计	住宿业	餐饮业
江门市	**6**		**18**	**51**	**106**	**1141**	**56**	**1085**
蓬江区								
江海区								
新会区	2		8	13	35	215	13	202
台山市	2		1	10	13	364	7	357
开平市			6	9	21	201	10	191
鹤山市			3	7	12	167	12	155
恩平市	2			12	25	194	14	180
湛江市	**2**	**1**	**26**	**251**	**310**	**2599**	**206**	**2393**
赤坎区								
霞山区				6	2	23	1	22
坡头区			3	12	31	173	9	164
麻章区			3	29	14	161	29	132
遂溪县	1		16	49	105	768	32	736
徐闻县	1			99	66	630	88	542
廉江市			2	13	32	401	17	384
雷州市			2	26	31	255	17	238
吴川市		1		17	29	188	13	175
茂名市	**1**		**23**	**168**	**188**	**1638**	**79**	**1559**
茂南区				11	14	97	3	94
电白区			13	85	54	615	46	569
高州市	1		3	36	49	304	13	291
化州市			4	25	47	487	16	471
信宜市			3	11	24	135	1	134
肇庆市	**1**		**38**	**113**	**352**	**2776**	**234**	**2542**
端州区								
鼎湖区				5	9	85	8	77
高要区	1		5	23	31	414	13	401
广宁县			2	14	57	551	59	492
怀集县			4	30	105	840	60	780
封开县			8	19	84	457	56	401
德庆县			11	14	59	329	34	295
四会市			8	8	7	100	4	96
惠州市	**10**		**79**	**177**	**607**	**5243**	**740**	**4503**
惠城区	1		8	8	47	265	33	232
惠阳区	2		7	16	50	312	37	275
博罗县	4		40	83	221	1766	170	1596
惠东县	3		23	57	257	2383	339	2044
龙门县			1	13	32	517	161	356
梅州市	**8**	**1**	**21**	**140**	**289**	**1784**	**159**	**1625**
梅江区					2	7		7
梅县区				1	16	68	2	66
大埔县	2		2	12	36	285	20	265
丰顺县	4		4	49	59	461	46	415
五华县	2		5	48	106	471	48	423
平远县			4	14	19	202	27	175
蕉岭县		1	6	9	35	180	10	170
兴宁市				7	16	110	6	104
汕尾市	**7**	**3**	**23**	**110**	**433**	**1999**	**94**	**1905**
城　区			1	3	27	83	9	74
海丰县	5	2	9	60	256	1244	66	1178
陆河县			9	16	26	192	5	187
陆丰市	2	1	4	31	124	480	14	466

4－4b　续表 58

单位：人

地　区 性　别	交通运输、仓储和邮政业					住宿和餐饮业		
	航　空 运输业	管　道 运输业	多式联运 和运输 代理业	装卸搬运 和仓储业	邮政业	小计	住宿业	餐饮业
河源市	**2**		**23**	**102**	**184**	**1687**	**239**	**1448**
源城区			1	2	5	56	9	47
紫金县			8	20	59	486	43	443
龙川县	1		3	38	33	436	65	371
连平县	1		3	13	30	218	31	187
和平县			1	25	33	222	39	183
东源县			7	4	24	269	52	217
阳江市	**1**		**9**	**99**	**87**	**1161**	**219**	**942**
江城区			3	24	12	316	113	203
阳东区	1		1	27	24	163	21	142
阳西县			3	25	36	487	67	420
阳春市			2	23	15	195	18	177
清远市	**9**		**42**	**182**	**316**	**2251**	**377**	**1874**
清城区	6		16	61	85	712	139	573
清新区				12	6	101	11	90
佛冈县	3		14	25	65	387	94	293
阳山县			2	21	41	294	30	264
连山壮族瑶族自治县				4	18	75	9	66
连南瑶族自治县				7	23	129	22	107
英德市			8	47	74	493	70	423
连州市			2	5	4	60	2	58
东莞市			**2**	**14**	**29**	**141**	**13**	**128**
市辖区			2	14	29	141	13	128
中山市	**19**		**71**	**137**	**509**	**3144**	**449**	**2695**
市辖区	19		71	137	509	3144	449	2695
潮州市	**7**		**38**	**77**	**329**	**1295**	**42**	**1253**
湘桥区			2	5	24	122	4	118
潮安区	4		5	30	128	425	5	420
饶平县	3		31	42	177	748	33	715
揭阳市	**7**		**54**	**222**	**990**	**3358**	**162**	**3196**
榕城区	3		5	12	148	97	8	89
揭东区	1		9	56	274	399	22	377
揭西县	1		4	23	113	388	19	369
惠来县	2		9	39	166	1224	82	1142
普宁市			27	92	289	1250	31	1219
云浮市	**7**		**12**	**69**	**151**	**1184**	**136**	**1048**
云城区								
云安区	1		1	5	4	76	5	71
新兴县	6		1	27	46	528	101	427
郁南县			8	28	90	428	23	405
罗定市			2	9	11	152	7	145
男	**431**	**6**	**721**	**2318**	**5342**	**22548**	**1910**	**20638**
广州市	**311**	**1**	**165**	**269**	**562**	**1555**	**149**	**1406**
荔湾区								
越秀区								
海珠区								
天河区								
白云区	257		40	58	182	443	38	405
黄埔区	1		4	2	3	26	2	24
番禺区			9	14	64	100	2	98
花都区	45		39	14	47	105	3	102
南沙区			14	52	57	204	9	195
从化区	1		3	4	17	78	27	51
增城区	7	1	56	125	192	599	68	531

4-4b 续表 59　　单位：人

地 区 性 别	交通运输、仓储和邮政业					住宿和餐饮业		
	航空运输业	管道运输业	多式联运和运输代理业	装卸搬运和仓储业	邮政业	小计	住宿业	餐饮业
韶关市	**2**		**17**	**91**	**133**	**694**	**80**	**614**
武江区						3		3
浈江区			2	2	7	29	1	28
曲江区				4	1	34	7	27
始兴县			4	9	14	54		54
仁化县	2		2	10	13	91	17	74
翁源县			2	17	24	107	9	98
乳源瑶族自治县			2	15	22	110	10	100
新丰县			4	10	25	148	19	129
乐昌市			1	16	18	73	14	59
南雄市				8	9	45	3	42
深圳市						**5**		**5**
罗湖区								
福田区								
南山区								
宝安区								
龙岗区								
盐田区								
龙华区								
坪山区						5		5
光明区								
珠海市	**53**		**34**	**80**	**75**	**584**	**165**	**419**
香洲区			5	1	6	180	79	101
斗门区			2	12	36	196	24	172
金湾区	53		27	67	33	208	62	146
汕头市	**12**		**25**	**74**	**484**	**1543**	**76**	**1467**
龙湖区								
金平区								
濠江区			1	1		7	1	6
潮阳区	2		10	13	198	840	39	801
潮南区			6	24	187	346	18	328
澄海区	9		8	30	90	287	6	281
南澳县	1			6	9	63	12	51
佛山市	**2**		**76**	**185**	**188**	**599**	**28**	**571**
禅城区	1		38	89	73	295	12	283
南海区			4	9	54	86	6	80
顺德区								
三水区			34	84	57	206	9	197
高明区	1			3	4	12	1	11
江门市	**3**		**15**	**43**	**77**	**614**	**27**	**587**
蓬江区								
江海区								
新会区	2		7	10	27	103	8	95
台山市				9	11	212	3	209
开平市			5	8	13	104	3	101
鹤山市			3	5	9	88	6	82
恩平市	1			11	17	107	7	100
湛江市		**1**	**24**	**207**	**223**	**1373**	**70**	**1303**
赤坎区								
霞山区				4	2	14	1	13
坡头区			3	11	21	75	3	72
麻章区			3	28	10	89	13	76
遂溪县			15	42	82	418	11	407
徐闻县				69	44	305	29	276
廉江市			2	11	21	227	4	223
雷州市			1	25	22	155	4	151
吴川市		1		17	21	90	5	85

4-4b　续表 60　　　　单位：人

地　区 性　别	交通运输、仓储和邮政业					住宿和餐饮业		
	航　空 运输业	管　道 运输业	多式联运 和运输 代理业	装卸搬运 和仓储业	邮政业	小计	住宿业	餐饮业
茂名市			**19**	**127**	**142**	**846**	**35**	**811**
茂南区				10	11	49		49
电白区			12	57	43	316	19	297
高州市			1	28	39	162	8	154
化州市			3	21	30	248	7	241
信宜市			3	11	19	71	1	70
肇庆市			**34**	**76**	**272**	**1472**	**95**	**1377**
端州区								
鼎湖区				3	4	49	6	43
高要区			5	21	23	222	6	216
广宁县			2	9	44	284	21	263
怀集县			4	20	82	442	26	416
封开县			7	11	73	239	19	220
德庆县			9	7	40	180	16	164
四会市			7	5	6	56	1	55
惠州市	**6**		**67**	**159**	**488**	**2903**	**358**	**2545**
惠城区	1		8	7	43	149	21	128
惠阳区	2		5	14	42	174	18	156
博罗县	1		35	76	174	951	74	877
惠东县	2		19	50	204	1363	167	1196
龙门县				12	25	266	78	188
梅州市	**5**	**1**	**20**	**105**	**205**	**961**	**65**	**896**
梅江区					2	2		2
梅县区					13	34	1	33
大埔县	1		2	11	30	148	7	141
丰顺县	3		4	36	47	281	18	263
五华县	1		5	33	64	252	19	233
平远县			4	10	14	91	11	80
蕉岭县		1	5	8	24	96	6	90
兴宁市				7	11	57	3	54
汕尾市	**5**	**3**	**18**	**103**	**367**	**1305**	**45**	**1260**
城　区			1	2	19	56	5	51
海丰县	4	2	7	57	223	785	28	757
陆河县			7	16	20	112	3	109
陆丰市	1	1	3	28	105	352	9	343
河源市	**2**		**12**	**89**	**133**	**874**	**85**	**789**
源城区				2	4	30	4	26
紫金县			4	17	44	260	11	249
龙川县	1		2	33	25	228	24	204
连平县	1		1	13	24	111	10	101
和平县				22	23	97	10	87
东源县			5	2	13	148	26	122
阳江市	**1**		**8**	**86**	**73**	**549**	**91**	**458**
江城区			3	20	11	137	48	89
阳东区	1		1	21	20	70	6	64
阳西县			2	23	29	244	26	218
阳春市			2	22	13	98	11	87
清远市	**5**		**37**	**166**	**232**	**1071**	**165**	**906**
清城区	3		12	54	60	339	56	283
清新区				11	6	49	5	44
佛冈县	2		13	25	54	197	50	147
阳山县			2	19	33	134	13	121
连山壮族瑶族自治县				4	12	34	4	30
连南瑶族自治县				6	16	56	11	45
英德市			8	42	49	233	25	208
连州市			2	5	2	29	1	28

4－4b 续表 61

单位：人

地区 性别	交通运输、仓储和邮政业					住宿和餐饮业		
	航空运输业	管道运输业	多式联运和运输代理业	装卸搬运和仓储业	邮政业	小计	住宿业	餐饮业
东莞市			**2**	**12**	**24**	**77**	**10**	**67**
市辖区			2	12	24	77	10	67
中山市	**10**		**57**	**122**	**416**	**1722**	**205**	**1517**
市辖区	10		57	122	416	1722	205	1517
潮州市	**4**		**34**	**65**	**271**	**831**	**26**	**805**
湘桥区			2	4	19	79	4	75
潮安区	2		4	25	110	308	4	304
饶平县	2		28	36	142	444	18	426
揭阳市	**5**		**49**	**198**	**857**	**2341**	**84**	**2257**
榕城区	3		5	7	125	77	6	71
揭东区			8	48	228	278	15	263
揭西县	1		3	21	103	269	8	261
惠来县	1		9	37	151	840	34	806
普宁市			24	85	250	877	21	856
云浮市	**5**		**8**	**61**	**120**	**629**	**51**	**578**
云城区								
云安区	1		1	5	2	34	1	33
新兴县	4			25	30	269	40	229
郁南县			6	23	79	232	5	227
罗定市			1	8	9	94	5	89
女	**254**		**190**	**453**	**1353**	**17850**	**2457**	**15393**
广州市	**174**		**74**	**71**	**198**	**1354**	**194**	**1160**
荔湾区								
越秀区								
海珠区								
天河区								
白云区	136		23	14	42	368	49	319
黄埔区	3		3	2	2	26	3	23
番禺区	1		5	7	23	101	10	91
花都区	30		17	4	19	77	7	70
南沙区			4	17	10	163	8	155
从化区	2		1	1	6	76	32	44
增城区	2		21	26	96	543	85	458
韶关市	**2**		**3**	**21**	**46**	**821**	**126**	**695**
武江区						3		3
浈江区	1				1	38	6	32
曲江区				1	3	44	12	32
始兴县				2	4	79	6	73
仁化县				3	8	96	13	83
翁源县	1			5	9	161	21	140
乳源瑶族自治县			1	2	5	108	10	98
新丰县			1	1	4	143	35	108
乐昌市				6	8	89	21	68
南雄市			1	1	4	60	2	58
深圳市						**5**		**5**
罗湖区								
福田区								
南山区								
宝安区								
龙岗区								
盐田区								
龙华区								
坪山区						5		5
光明区								

4-4b　续表 62

单位：人

地区 性别	交通运输、仓储和邮政业					住宿和餐饮业		
	航空运输业	管道运输业	多式联运和运输代理业	装卸搬运和仓储业	邮政业	小计	住宿业	餐饮业
珠海市	**40**		**9**	**8**	**17**	**539**	**204**	**335**
香洲区	1				3	194	120	74
斗门区			5	3	6	173	34	139
金湾区	39		4	5	8	172	50	122
汕头市	**1**		**5**	**10**	**69**	**755**	**80**	**675**
龙湖区								
金平区								
濠江区			1	1		5		5
潮阳区			1	1	19	364	19	345
潮南区				6	16	153	16	137
澄海区	1		2		32	168	22	146
南澳县			1	2	2	65	23	42
佛山市	**1**		**24**	**50**	**43**	**543**	**60**	**483**
禅城区	1		13	22	11	259	30	229
南海区				2	16	74	11	63
顺德区								
三水区			11	25	16	195	18	177
高明区				1		15	1	14
江门市	**3**		**3**	**8**	**29**	**527**	**29**	**498**
蓬江区								
江海区								
新会区			1	3	8	112	5	107
台山市	2		1	1	2	152	4	148
开平市			1	1	8	97	7	90
鹤山市				2	3	79	6	73
恩平市	1			1	8	87	7	80
湛江市	**2**		**2**	**44**	**87**	**1226**	**136**	**1090**
赤坎区								
霞山区				2		9		9
坡头区				1	10	98	6	92
麻章区				1	4	72	16	56
遂溪县	1		1	7	23	350	21	329
徐闻县	1			30	22	325	59	266
廉江市				2	11	174	13	161
雷州市			1	1	9	100	13	87
吴川市					8	98	8	90
茂名市	**1**		**4**	**41**	**46**	**792**	**44**	**748**
茂南区				1	3	48	3	45
电白区			1	28	11	299	27	272
高州市	1		2	8	10	142	5	137
化州市			1	4	17	239	9	230
信宜市					5	64		64
肇庆市	**1**		**4**	**37**	**80**	**1304**	**139**	**1165**
端州区								
鼎湖区				2	5	36	2	34
高要区	1			2	8	192	7	185
广宁县				5	13	267	38	229
怀集县				10	23	398	34	364
封开县			1	8	11	218	37	181
德庆县			2	7	19	149	18	131
四会市			1	3	1	44	3	41
惠州市	**4**		**12**	**18**	**119**	**2340**	**382**	**1958**
惠城区				1	4	116	12	104
惠阳区			2	2	8	138	19	119
博罗县	3		5	7	47	815	96	719
惠东县	1		4	7	53	1020	172	848
龙门县			1	1	7	251	83	168

4-4b 续表 63 单位：人

地区 性别	交通运输、仓储和邮政业					住宿和餐饮业		
	航空运输业	管道运输业	多式联运和运输代理业	装卸搬运和仓储业	邮政业	小计	住宿业	餐饮业
梅州市	**3**		**1**	**35**	**84**	**823**	**94**	**729**
梅江区						5		5
梅县区				1	3	34	1	33
大埔县	1			1	6	137	13	124
丰顺县	1			13	12	180	28	152
五华县	1			15	42	219	29	190
平远县				4	5	111	16	95
蕉岭县			1	1	11	84	4	80
兴宁市					5	53	3	50
汕尾市	**2**		**5**	**7**	**66**	**694**	**49**	**645**
城区				1	8	27	4	23
海丰县	1		2	3	33	459	38	421
陆河县			2		6	80	2	78
陆丰市	1		1	3	19	128	5	123
河源市			**11**	**13**	**51**	**813**	**154**	**659**
源城区			1		1	26	5	21
紫金县			4	3	15	226	32	194
龙川县			1	5	8	208	41	167
连平县			2		6	107	21	86
和平县			1	3	10	125	29	96
东源县			2	2	11	121	26	95
阳江市			**1**	**13**	**14**	**612**	**128**	**484**
江城区				4	1	179	65	114
阳东区				6	4	93	15	78
阳西县			1	2	7	243	41	202
阳春市				1	2	97	7	90
清远市	**4**		**5**	**16**	**84**	**1180**	**212**	**968**
清城区	3		4	7	25	373	83	290
清新区				1		52	6	46
佛冈县	1		1		11	190	44	146
阳山县				2	8	160	17	143
连山壮族瑶族自治县					6	41	5	36
连南瑶族自治县				1	7	73	11	62
英德市				5	25	260	45	215
连州市					2	31	1	30
东莞市				**2**	**5**	**64**	**3**	**61**
市辖区				2	5	64	3	61
中山市	**9**		**14**	**15**	**93**	**1422**	**244**	**1178**
市辖区	9		14	15	93	1422	244	1178
潮州市	**3**		**4**	**12**	**58**	**464**	**16**	**448**
湘桥区				1	5	43		43
潮安区	2		1	5	18	117	1	116
饶平县	1		3	6	35	304	15	289
揭阳市	**2**		**5**	**24**	**133**	**1017**	**78**	**939**
榕城区				5	23	20	2	18
揭东区	1		1	8	46	121	7	114
揭西县			1	2	10	119	11	108
惠来县	1			2	15	384	48	336
普宁市			3	7	39	373	10	363
云浮市	**2**		**4**	**8**	**31**	**555**	**85**	**470**
云城区								
云安区					2	42	4	38
新兴县	2		1	2	16	259	61	198
郁南县			2	5	11	196	18	178
罗定市			1	1	2	58	2	56

4-4b 续表 64

单位：人

地区 性别	信息传输、软件和信息技术服务业				金融业				
	小计	电信、广播电视和卫星传输服务	互联网和相关服务	软件和信息技术服务业	小计	货币金融服务	资本市场服务	保险业	其他金融业
广东	**8028**	**2172**	**3460**	**2396**	**6363**	**2990**	**368**	**2465**	**540**
广州市	**1662**	**182**	**697**	**783**	**755**	**265**	**78**	**304**	**108**
荔湾区									
越秀区									
海珠区									
天河区									
白云区	298	37	145	116	129	59	5	52	13
黄埔区	181	21	32	128	66	25	6	22	13
番禺区	148	10	102	36	26	13	2	8	3
花都区	102	12	46	44	39	12	6	18	3
南沙区	108	17	40	51	72	18	6	46	2
从化区	27	7	3	17	20	2	1	15	2
增城区	798	78	329	391	403	136	52	143	72
韶关市	**311**	**156**	**102**	**53**	**344**	**187**	**7**	**124**	**26**
武江区	1		1						
浈江区	14	3	8	3	7	1		4	2
曲江区	10	4	4	2	8	3	3	2	
始兴县	37	21	12	4	73	44	1	22	6
仁化县	34	19	8	7	42	27		13	2
翁源县	49	24	18	7	84	47	1	31	5
乳源瑶族自治县	42	28	6	8	32	17	1	13	1
新丰县	63	26	26	11	56	26	1	22	7
乐昌市	39	22	12	5	26	13		13	
南雄市	22	9	7	6	16	9		4	3
深圳市	**5**		**3**	**2**	**9**	**1**	**1**	**3**	**4**
罗湖区									
福田区									
南山区	1			1					
宝安区									
龙岗区									
盐田区									
龙华区									
坪山区	4		3	1	9	1	1	3	4
光明区									
珠海市	**174**	**26**	**45**	**103**	**121**	**54**	**15**	**45**	**7**
香洲区	24	1	9	14	28	11	11	6	
斗门区	87	14	14	59	64	29	2	30	3
金湾区	63	11	22	30	29	14	2	9	4
汕头市	**468**	**75**	**290**	**103**	**188**	**93**	**17**	**71**	**7**
龙湖区									
金平区									
濠江区	5	1	1	3	1				1
潮阳区	113	15	55	43	27	9	2	13	3
潮南区	213	10	178	25	15	5	2	7	1
澄海区	116	35	53	28	107	56	9	40	2
南澳县	21	14	3	4	38	23	4	11	
佛山市	**226**	**49**	**101**	**76**	**228**	**92**	**18**	**106**	**12**
禅城区	129	31	54	44	174	71	13	83	7
南海区	47	7	23	17	17	4	1	10	2
顺德区									
三水区	46	8	23	15	35	15	4	13	3
高明区	4	3	1		2	2			

4-4b 续表 65

单位：人

地区 性别	信息传输、软件和信息技术服务业				金融业				
	小计	电信、广播电视和卫星传输服务	互联网和相关服务	软件和信息技术服务业	小计	货币金融服务	资本市场服务	保险业	其他金融业
江门市	**115**	**28**	**54**	**33**	**118**	**76**	**2**	**34**	**6**
蓬江区									
江海区									
新会区	30	8	12	10	42	33		6	3
台山市	21	10	7	4	21	13		7	1
开平市	37	2	24	11	15	6	1	7	1
鹤山市	12	4	3	5	17	10	1	6	
恩平市	15	4	8	3	23	14		8	1
湛江市	**381**	**127**	**174**	**80**	**338**	**176**	**15**	**127**	**20**
赤坎区									
霞山区	4		3	1	1	1			
坡头区	28	9	9	10	20	8	1	10	1
麻章区	18	6	10	2	15	7	1	7	
遂溪县	145	45	68	32	131	58	5	55	13
徐闻县	56	34	16	6	87	55	2	28	2
廉江市	52	14	24	14	27	18	3	4	2
雷州市	50	11	29	10	32	16	2	14	
吴川市	28	8	15	5	25	13	1	9	2
茂名市	**296**	**66**	**165**	**65**	**287**	**186**	**12**	**72**	**17**
茂南区	38	2	32	4	15	4	1	8	2
电白区	160	41	89	30	121	79	7	29	6
高州市	49	12	19	18	43	32		9	2
化州市	37	6	22	9	48	19	4	19	6
信宜市	12	5	3	4	60	52		7	1
肇庆市	**414**	**146**	**149**	**119**	**345**	**148**	**16**	**135**	**46**
端州区									
鼎湖区	30	7	11	12	11	5	1	5	
高要区	34	12	14	8	47	19	3	22	3
广宁县	81	48	25	8	76	25	1	37	13
怀集县	126	37	56	33	82	30	6	30	16
封开县	47	17	17	13	43	24	2	12	5
德庆县	90	22	24	44	71	35	2	26	8
四会市	6	3	2	1	15	10	1	3	1
惠州市	**706**	**268**	**227**	**211**	**864**	**409**	**36**	**351**	**68**
惠城区	65	12	22	31	75	25	6	37	7
惠阳区	47	10	22	15	38	19	2	16	1
博罗县	254	86	104	64	325	131	17	140	37
惠东县	273	125	58	90	351	181	10	140	20
龙门县	67	35	21	11	75	53	1	18	3
梅州市	**370**	**152**	**154**	**64**	**380**	**213**	**15**	**137**	**15**
梅江区	1	1			1			1	
梅县区	11	3	6	2	7	5	1	1	
大埔县	61	28	30	3	60	36	1	20	3
丰顺县	76	34	23	19	75	42	3	26	4
五华县	82	32	29	21	96	59	5	30	2
平远县	76	32	34	10	66	34	2	27	3
蕉岭县	57	19	30	8	66	34	1	28	3
兴宁市	6	3	2	1	9	3	2	4	
汕尾市	**465**	**173**	**179**	**113**	**335**	**138**	**20**	**150**	**27**
城　区	50	25	10	15	66	42	4	18	2
海丰县	298	97	128	73	181	58	9	95	19
陆河县	53	33	12	8	41	23	1	15	2
陆丰市	64	18	29	17	47	15	6	22	4

4-4b　续表 66　　　　　　　　　　　　　　　　　　　　　　　　　　　　单位：人

地　区 性　别	信息传输、软件和信息技术服务业				金融业				
	小计	电信、广播电视和卫星传输服务	互联网和相关服务	软件和信息技术服务业	小计	货币金融服　务	资本市场服　务	保险业	其　他金融业
河源市	**250**	**141**	**71**	**38**	**363**	**230**	**6**	**109**	**18**
源城区	8	1	2	5	2			2	
紫金县	74	39	21	14	89	53	2	26	8
龙川县	54	37	13	4	108	74	1	33	
连平县	46	24	17	5	47	26	1	16	4
和平县	34	24	6	4	73	47		23	3
东源县	34	16	12	6	44	30	2	9	3
阳江市	**101**	**35**	**43**	**23**	**125**	**72**	**5**	**35**	**13**
江城区	13	7	3	3	21	14	1	5	1
阳东区	18	7	6	5	10	2		6	2
阳西县	55	18	26	11	85	50	4	22	9
阳春市	15	3	8	4	9	6		2	1
清远市	**424**	**177**	**174**	**73**	**379**	**204**	**17**	**132**	**26**
清城区	127	26	77	24	84	18	11	44	11
清新区	9	3	5	1	9	7		2	
佛冈县	117	60	29	28	106	66	3	34	3
阳山县	76	33	36	7	75	46	2	21	6
连山壮族瑶族自治县	25	16	6	3	24	14	1	8	1
连南瑶族自治县	27	19	8		36	27		7	2
英德市	40	18	12	10	41	24		15	2
连州市	3	2	1		4	2		1	1
东莞市	**48**	**9**	**34**	**5**	**41**	**10**	**2**	**19**	**10**
市辖区	48	9	34	5	41	10	2	19	10
中山市	**526**	**122**	**204**	**200**	**564**	**185**	**46**	**268**	**65**
市辖区	526	122	204	200	564	185	46	268	65
潮州市	**252**	**65**	**118**	**69**	**177**	**88**	**15**	**67**	**7**
湘桥区	27	6	18	3	12	3		9	
潮安区	86	14	44	28	50	20	2	27	1
饶平县	139	45	56	38	115	65	13	31	6
揭阳市	**690**	**99**	**439**	**152**	**231**	**73**	**11**	**123**	**24**
榕城区	26	14	6	6	13	3	2	7	1
揭东区	201	15	128	58	54	15	2	30	7
揭西县	134	22	74	38	66	23		37	6
惠来县	76	32	16	28	53	19	4	22	8
普宁市	253	16	215	22	45	13	3	27	2
云浮市	**144**	**76**	**37**	**31**	**171**	**90**	**14**	**53**	**14**
云城区									
云安区	11	5	2	4	12	7	1	4	
新兴县	55	35	9	11	100	55	10	30	5
郁南县	67	31	23	13	55	25	2	19	9
罗定市	11	5	3	3	4	3	1		
男	**5447**	**1347**	**2361**	**1739**	**3382**	**1734**	**222**	**1098**	**328**
广州市	**1164**	**112**	**492**	**560**	**385**	**139**	**47**	**136**	**63**
荔湾区									
越秀区									
海珠区									
天河区									
白云区	202	20	96	86	56	29	3	15	9
黄埔区	127	16	23	88	36	11	4	13	8
番禺区	109	6	77	26	10	4	1	3	2
花都区	73	11	32	30	21	8	3	8	2
南沙区	67	9	25	33	36	9	2	24	1
从化区	19	7	1	11	8	2	1	4	1
增城区	567	43	238	286	218	76	33	69	40

4-4b 续表 67 单位：人

地 区 性 别	信息传输、软件和信息技术服务业				金融业				
	小计	电信、广播电视和卫星传输服务	互联网和相关服务	软件和信息技术服务业	小计	货币金融服务	资本市场服务	保险业	其他金融业
韶关市	**199**	**83**	**77**	**39**	**167**	**108**	**3**	**39**	**17**
武江区	1		1						
浈江区	11	1	7	3	3	1		1	1
曲江区	7	3	2	2	4	3	1		
始兴县	22	9	9	4	44	29	1	10	4
仁化县	19	9	6	4	16	13		2	1
翁源县	31	10	14	7	36	24		10	2
乳源瑶族自治县	26	18	4	4	13	8		4	1
新丰县	42	15	18	9	29	15	1	7	6
乐昌市	25	13	10	2	10	7		3	
南雄市	15	5	6	4	12	8		2	2
深圳市	**3**		**2**	**1**	**4**	**1**	**1**	**1**	**1**
罗湖区									
福田区									
南山区	1			1					
宝安区									
龙岗区									
盐田区									
龙华区									
坪山区	2		2		4	1	1	1	1
光明区									
珠海市	**119**	**14**	**34**	**71**	**50**	**23**	**9**	**13**	**5**
香洲区	18		6	12	12	5	6	1	
斗门区	62	11	10	41	27	13	1	10	3
金湾区	39	3	18	18	11	5	2	2	2
汕头市	**308**	**48**	**191**	**69**	**116**	**49**	**12**	**50**	**5**
龙湖区									
金平区									
濠江区	3	1	1	1	1				1
潮阳区	78	12	35	31	23	5	2	13	3
潮南区	139	9	114	16	10	4	1	4	1
澄海区	76	19	39	18	59	27	7	25	
南澳县	12	7	2	3	23	13	2	8	
佛山市	**155**	**29**	**69**	**57**	**97**	**41**	**11**	**38**	**7**
禅城区	84	18	36	30	71	29	7	31	4
南海区	32	4	14	14	7	4		2	1
顺德区									
三水区	36	5	18	13	18	7	4	5	2
高明区	3	2	1		1	1			
江门市	**79**	**14**	**39**	**26**	**68**	**48**	**1**	**18**	**1**
蓬江区									
江海区									
新会区	18	3	7	8	21	18		3	
台山市	13	5	4	4	15	11		4	
开平市	27	1	19	7	8	3	1	3	1
鹤山市	10	4	2	4	11	7		4	
恩平市	11	1	7	3	13	9		4	
湛江市	**249**	**80**	**107**	**62**	**183**	**113**	**8**	**52**	**10**
赤坎区									
霞山区	2		1	1	1	1			
坡头区	17	6	5	6	9	3	1	5	
麻章区	13	5	7	1	10	5		5	
遂溪县	87	27	33	27	65	36	1	22	6
徐闻县	35	20	11	4	44	35	1	7	1
廉江市	39	8	19	12	21	14	3	3	1
雷州市	39	9	23	7	20	11	1	8	
吴川市	17	5	8	4	13	8	1	2	2

4-4b 续表 68

单位：人

地 区 性 别	信息传输、软件和信息技术服务业				金融业				
	小计	电信、广播电视和卫星传输服务	互联网和相关服务	软件和信息技术服务业	小计	货币金融服务	资本市场服务	保险业	其他金融业
茂名市	**204**	**39**	**114**	**51**	**189**	**131**	**7**	**36**	**15**
茂南区	19	1	15	3	7	1		5	1
电白区	116	22	70	24	78	53	5	14	6
高州市	35	9	12	14	30	23		5	2
化州市	25	3	14	8	28	12	2	8	6
信宜市	9	4	3	2	46	42		4	
肇庆市	**271**	**90**	**90**	**91**	**173**	**85**	**9**	**53**	**26**
端州区									
鼎湖区	25	5	9	11	4	1	1	2	
高要区	22	6	9	7	25	11	3	9	2
广宁县	44	29	9	6	24	10	1	10	3
怀集县	83	23	37	23	49	19	3	17	10
封开县	31	10	10	11	25	15	1	5	4
德庆县	61	14	14	33	38	23		9	6
四会市	5	3	2		8	6		1	1
惠州市	**477**	**161**	**159**	**157**	**447**	**231**	**21**	**157**	**38**
惠城区	50	7	16	27	36	13	4	15	4
惠阳区	31	4	16	11	20	11	1	7	1
博罗县	165	48	68	49	167	74	10	62	21
惠东县	182	79	41	62	188	106	5	66	11
龙门县	49	23	18	8	36	27	1	7	1
梅州市	**237**	**100**	**86**	**51**	**203**	**123**	**11**	**61**	**8**
梅江区	1	1			1			1	
梅县区	7	2	4	1	3	3			
大埔县	39	17	20	2	32	22	1	8	1
丰顺县	50	22	11	17	41	21	2	15	3
五华县	54	21	17	16	56	36	5	14	1
平远县	43	22	14	7	39	23	2	13	1
蕉岭县	39	13	18	8	28	18		8	2
兴宁市	4	2	2		3		1	2	
汕尾市	**332**	**124**	**122**	**86**	**200**	**80**	**15**	**85**	**20**
城 区	32	18	4	10	39	26	3	9	1
海丰县	211	71	87	53	112	36	6	56	14
陆河县	40	21	11	8	18	11	1	5	1
陆丰市	49	14	20	15	31	7	5	15	4
河源市	**165**	**85**	**52**	**28**	**203**	**141**	**3**	**46**	**13**
源城区	6	1	1	4	1			1	
紫金县	49	23	17	9	52	29	2	14	7
龙川县	37	22	11	4	58	46		12	
连平县	23	11	8	4	26	16	1	6	3
和平县	25	17	5	3	39	28		9	2
东源县	25	11	10	4	27	22		4	1
阳江市	**74**	**22**	**32**	**20**	**77**	**52**	**4**	**15**	**6**
江城区	9	4	2	3	15	11	1	2	1
阳东区	13	4	4	5	4	1		3	
阳西县	43	14	20	9	50	34	3	8	5
阳春市	9		6	3	8	6		2	
清远市	**303**	**115**	**137**	**51**	**201**	**117**	**8**	**63**	**13**
清城区	101	19	64	18	38	10	5	20	3
清新区	8	3	4	1	6	4		2	
佛冈县	83	36	25	22	56	35	1	18	2
阳山县	48	20	25	3	47	29	1	12	5
连山壮族瑶族自治县	17	10	4	3	15	9	1	5	
连南瑶族自治县	20	16	4		19	15		3	1
英德市	23	9	10	4	17	14		2	1
连州市	3	2	1		3	1		1	1

4－4b 续表 69

单位：人

地区 性别	信息传输、软件和信息技术服务业				金融业				
	小计	电信、广播电视和卫星传输服务	互联网和相关服务	软件和信息技术服务业	小计	货币金融服务	资本市场服务	保险业	其他金融业
东莞市	**43**	**6**	**32**	**5**	**27**	**6**	**1**	**12**	**8**
市辖区	43	6	32	5	27	6	1	12	8
中山市	**348**	**76**	**125**	**147**	**262**	**101**	**25**	**95**	**41**
市辖区	348	76	125	147	262	101	25	95	41
潮州市	**164**	**43**	**78**	**43**	**97**	**50**	**9**	**33**	**5**
湘桥区	14	5	8	1	4			4	
潮安区	54	10	28	16	27	12	1	13	1
饶平县	96	28	42	26	66	38	8	16	4
揭阳市	**463**	**65**	**298**	**100**	**145**	**43**	**9**	**76**	**17**
榕城区	17	7	5	5	8	2	2	4	
揭东区	127	9	82	36	31	9	2	15	5
揭西县	87	18	47	22	38	11		23	4
惠来县	58	21	14	23	39	15	2	16	6
普宁市	174	10	150	14	29	6	3	18	2
云浮市	**90**	**41**	**25**	**24**	**88**	**52**	**8**	**19**	**9**
云城区									
云安区	9	3	2	4	4	3	1		
新兴县	28	14	6	8	49	29	5	11	4
郁南县	44	20	14	10	31	17	1	8	5
罗定市	9	4	3	2	4	3	1		
女	**2581**	**825**	**1099**	**657**	**2981**	**1256**	**146**	**1367**	**212**
广州市	**498**	**70**	**205**	**223**	**370**	**126**	**31**	**168**	**45**
荔湾区									
越秀区									
海珠区									
天河区									
白云区	96	17	49	30	73	30	2	37	4
黄埔区	54	5	9	40	30	14	2	9	5
番禺区	39	4	25	10	16	9	1	5	1
花都区	29	1	14	14	18	4	3	10	1
南沙区	41	8	15	18	36	9	4	22	1
从化区	8		2	6	12			11	1
增城区	231	35	91	105	185	60	19	74	32
韶关市	**112**	**73**	**25**	**14**	**177**	**79**	**4**	**85**	**9**
武江区									
浈江区	3	2	1		4			3	1
曲江区	3	1	2		4		2	2	
始兴县	15	12	3		29	15		12	2
仁化县	15	10	2	3	26	14		11	1
翁源县	18	14	4		48	23	1	21	3
乳源瑶族自治县	16	10	2	4	19	9	1	9	
新丰县	21	11	8	2	27	11		15	1
乐昌市	14	9	2	3	16	6		10	
南雄市	7	4	1	2	4	1		2	1
深圳市	**2**		**1**	**1**	**5**			**2**	**3**
罗湖区									
福田区									
南山区									
宝安区									
龙岗区									
盐田区									
龙华区									
坪山区	2		1	1	5			2	3
光明区									

4-4b 续表 70

单位：人

地区 性别	信息传输、软件和信息技术服务业				金融业				
	小计	电信、广播电视和卫星传输服务	互联网和相关服务	软件和信息技术服务业	小计	货币金融服务	资本市场服务	保险业	其他金融业
珠海市	**55**	**12**	**11**	**32**	**71**	**31**	**6**	**32**	**2**
香洲区	6	1	3	2	16	6	5	5	
斗门区	25	3	4	18	37	16	1	20	
金湾区	24	8	4	12	18	9		7	2
汕头市	**160**	**27**	**99**	**34**	**72**	**44**	**5**	**21**	**2**
龙湖区									
金平区									
濠江区	2			2					
潮阳区	35	3	20	12	4	4			
潮南区	74	1	64	9	5	1	1	3	
澄海区	40	16	14	10	48	29	2	15	2
南澳县	9	7	1	1	15	10	2	3	
佛山市	**71**	**20**	**32**	**19**	**131**	**51**	**7**	**68**	**5**
禅城区	45	13	18	14	103	42	6	52	3
南海区	15	3	9	3	10		1	8	1
顺德区									
三水区	10	3	5	2	17	8		8	1
高明区	1	1			1	1			
江门市	**36**	**14**	**15**	**7**	**50**	**28**	**1**	**16**	**5**
蓬江区									
江海区									
新会区	12	5	5	2	21	15		3	3
台山市	8	5	3		6	2		3	1
开平市	10	1	5	4	7	3		4	
鹤山市	2		1	1	6	3	1	2	
恩平市	4	3	1		10	5		4	1
湛江市	**132**	**47**	**67**	**18**	**155**	**63**	**7**	**75**	**10**
赤坎区									
霞山区	2		2						
坡头区	11	3	4	4	11	5		5	1
麻章区	5	1	3	1	5	2	1	2	
遂溪县	58	18	35	5	66	22	4	33	7
徐闻县	21	14	5	2	43	20	1	21	1
廉江市	13	6	5	2	6	4		1	1
雷州市	11	2	6	3	12	5	1	6	
吴川市	11	3	7	1	12	5		7	
茂名市	**92**	**27**	**51**	**14**	**98**	**55**	**5**	**36**	**2**
茂南区	19	1	17	1	8	3	1	3	1
电白区	44	19	19	6	43	26	2	15	
高州市	14	3	7	4	13	9		4	
化州市	12	3	8	1	20	7	2	11	
信宜市	3	1		2	14	10		3	1
肇庆市	**143**	**56**	**59**	**28**	**172**	**63**	**7**	**82**	**20**
端州区									
鼎湖区	5	2	2	1	7	4		3	
高要区	12	6	5	1	22	8		13	1
广宁县	37	19	16	2	52	15		27	10
怀集县	43	14	19	10	33	11	3	13	6
封开县	16	7	7	2	18	9	1	7	1
德庆县	29	8	10	11	33	12	2	17	2
四会市	1			1	7	4	1	2	
惠州市	**229**	**107**	**68**	**54**	**417**	**178**	**15**	**194**	**30**
惠城区	15	5	6	4	39	12	2	22	3
惠阳区	16	6	6	4	18	8	1	9	
博罗县	89	38	36	15	158	57	7	78	16
惠东县	91	46	17	28	163	75	5	74	9
龙门县	18	12	3	3	39	26		11	2

4-4b 续表 71

单位：人

地区 性别	信息传输、软件和信息技术服务业				金融业				
	小计	电信、广播电视和卫星传输服务	互联网和相关服务	软件和信息技术服务业	小计	货币金融服务	资本市场服务	保险业	其他金融业
梅州市	**133**	**52**	**68**	**13**	**177**	**90**	**4**	**76**	**7**
梅江区									
梅县区	4	1	2	1	4	2	1	1	
大埔县	22	11	10	1	28	14		12	2
丰顺县	26	12	12	2	34	21	1	11	1
五华县	28	11	12	5	40	23		16	1
平远县	33	10	20	3	27	11		14	2
蕉岭县	18	6	12		38	16	1	20	1
兴宁市	2	1		1	6	3	1	2	
汕尾市	**133**	**49**	**57**	**27**	**135**	**58**	**5**	**65**	**7**
城区	18	7	6	5	27	16	1	9	1
海丰县	87	26	41	20	69	22	3	39	5
陆河县	13	12	1		23	12		10	1
陆丰市	15	4	9	2	16	8	1	7	
河源市	**85**	**56**	**19**	**10**	**160**	**89**	**3**	**63**	**5**
源城区	2		1	1	1			1	
紫金县	25	16	4	5	37	24		12	1
龙川县	17	15	2		50	28	1	21	
连平县	23	13	9	1	21	10		10	1
和平县	9	7	1	1	34	19		14	1
东源县	9	5	2	2	17	8	2	5	2
阳江市	**27**	**13**	**11**	**3**	**48**	**20**	**1**	**20**	**7**
江城区	4	3	1		6	3		3	
阳东区	5	3	2		6	1		3	2
阳西县	12	4	6	2	35	16	1	14	4
阳春市	6	3	2	1	1				1
清远市	**121**	**62**	**37**	**22**	**178**	**87**	**9**	**69**	**13**
清城区	26	7	13	6	46	8	6	24	8
清新区	1		1		3	3			
佛冈县	34	24	4	6	50	31	2	16	1
阳山县	28	13	11	4	28	17	1	9	1
连山壮族瑶族自治县	8	6	2		9	5		3	1
连南瑶族自治县	7	3	4		17	12		4	1
英德市	17	9	2	6	24	10		13	1
连州市					1	1			
东莞市	**5**	**3**	**2**		**14**	**4**	**1**	**7**	**2**
市辖区	5	3	2		14	4	1	7	2
中山市	**178**	**46**	**79**	**53**	**302**	**84**	**21**	**173**	**24**
市辖区	178	46	79	53	302	84	21	173	24
潮州市	**88**	**22**	**40**	**26**	**80**	**38**	**6**	**34**	**2**
湘桥区	13	1	10	2	8	3		5	
潮安区	32	4	16	12	23	8	1	14	
饶平县	43	17	14	12	49	27	5	15	2
揭阳市	**227**	**34**	**141**	**52**	**86**	**30**	**2**	**47**	**7**
榕城区	9	7	1	1	5	1		3	1
揭东区	74	6	46	22	23	6		15	2
揭西县	47	4	27	16	28	12		14	2
惠来县	18	11	2	5	14	4	2	6	2
普宁市	79	6	65	8	16	7		9	
云浮市	**54**	**35**	**12**	**7**	**83**	**38**	**6**	**34**	**5**
云城区									
云安区	2	2			8	4		4	
新兴县	27	21	3	3	51	26	5	19	1
郁南县	23	11	9	3	24	8	1	11	4
罗定市	2	1		1					

4-4b　续表 72　　　　　　　　　　　　　　　　　　　　　　　　　　　　单位：人

地　区 性　别	房地产业		租赁和商务服务业			科学研究和技术服务业			
	小计	房地产业	小计	租赁业	商　务 服务业	小计	研究和 试验发展	专业技术 服务业	科技推广 和应用 服务业
广　东	**11155**	**11155**	**13973**	**911**	**13062**	**4985**	**607**	**3471**	**907**
广州市	**1356**	**1356**	**1861**	**120**	**1741**	**1066**	**247**	**656**	**163**
荔湾区									
越秀区									
海珠区									
天河区									
白云区	196	196	326	21	305	129	13	107	9
黄埔区	64	64	127	4	123	143	50	65	28
番禺区	100	100	252	9	243	111	38	68	5
花都区	76	76	167	14	153	72	13	51	8
南沙区	170	170	200	30	170	98	17	67	14
从化区	60	60	64	5	59	35	17	15	3
增城区	690	690	725	37	688	478	99	283	96
韶关市	**402**	**402**	**448**	**53**	**395**	**192**	**19**	**150**	**23**
武江区						1			1
浈江区	31	31	20	2	18	11	1	9	1
曲江区	7	7	16	2	14	13		12	1
始兴县	55	55	58	6	52	32	3	27	2
仁化县	64	64	85	7	78	16		10	6
翁源县	70	70	81	16	65	34		30	4
乳源瑶族自治县	58	58	80	7	73	33	10	21	2
新丰县	57	57	52	3	49	30	2	27	1
乐昌市	47	47	31	7	24	9	1	6	2
南雄市	13	13	25	3	22	13	2	8	3
深圳市	**12**	**12**	**14**		**14**	**3**	**2**		**1**
罗湖区									
福田区									
南山区	8	8	5		5				
宝安区									
龙岗区									
盐田区									
龙华区									
坪山区	4	4	9		9	3	2		1
光明区									
珠海市	**453**	**453**	**542**	**98**	**444**	**173**	**48**	**93**	**32**
香洲区	138	138	173	27	146	45	14	20	11
斗门区	218	218	159	24	135	77	18	43	16
金湾区	97	97	210	47	163	51	16	30	5
汕头市	**183**	**183**	**559**	**27**	**532**	**321**	**8**	**197**	**116**
龙湖区									
金平区									
濠江区	6	6	2		2	7	1	6	
潮阳区	54	54	219	10	209	122	3	74	45
潮南区	46	46	146	13	133	44	2	15	27
澄海区	40	40	178	4	174	140	1	95	44
南澳县	37	37	14		14	8	1	7	
佛山市	**536**	**536**	**832**	**51**	**781**	**248**	**55**	**124**	**69**
禅城区	234	234	195	9	186	130	21	85	24
南海区	109	109	99	5	94	30	13	12	5
顺德区									
三水区	177	177	526	36	490	78	21	25	32
高明区	16	16	12	1	11	10		2	8

4-4b 续表 73

单位：人

地区 性别	房地产业		租赁和商务服务业			科学研究和技术服务业			
	小计	房地产业	小计	租赁业	商务服务业	小计	研究和试验发展	专业技术服务业	科技推广和应用服务业
江门市	**205**	**205**	**210**	**20**	**190**	**91**	**7**	**69**	**15**
蓬江区									
江海区									
新会区	45	45	83	10	73	28	1	22	5
台山市	21	21	20		20	8	2	5	1
开平市	23	23	37	3	34	23	2	19	2
鹤山市	80	80	46	6	40	18	2	14	2
恩平市	36	36	24	1	23	14		9	5
湛江市	**447**	**447**	**564**	**57**	**507**	**260**	**32**	**204**	**24**
赤坎区									
霞山区	3	3	9		9	2		2	
坡头区	58	58	47	7	40	21	2	19	
麻章区	14	14	37	1	36	33	17	16	
遂溪县	132	132	165	7	158	76	8	58	10
徐闻县	112	112	130	9	121	48	4	37	7
廉江市	46	46	52	7	45	16		13	3
雷州市	22	22	77	2	75	11	1	8	2
吴川市	60	60	47	24	23	53		51	2
茂名市	**259**	**259**	**648**	**58**	**590**	**154**	**3**	**131**	**20**
茂南区	21	21	16	1	15	6		6	
电白区	124	124	223	32	191	63	1	58	4
高州市	52	52	171	14	157	40	1	34	5
化州市	50	50	194	9	185	32		26	6
信宜市	12	12	44	2	42	13	1	7	5
肇庆市	**632**	**632**	**787**	**32**	**755**	**217**	**19**	**149**	**49**
端州区									
鼎湖区	13	13	17		17	8	2	5	1
高要区	43	43	67	13	54	29	2	23	4
广宁县	153	153	128	7	121	41	2	29	10
怀集县	268	268	269	4	265	50	3	37	10
封开县	78	78	91	3	88	20		12	8
德庆县	56	56	208	5	203	65	8	41	16
四会市	21	21	7		7	4	2	2	
惠州市	**1898**	**1898**	**1424**	**67**	**1357**	**504**	**34**	**371**	**99**
惠城区	168	168	122	10	112	36	2	24	10
惠阳区	102	102	69	10	59	14	1	12	1
博罗县	831	831	648	34	614	275	18	193	64
惠东县	692	692	506	11	495	155	10	124	21
龙门县	105	105	79	2	77	24	3	18	3
梅州市	**403**	**403**	**659**	**38**	**621**	**188**	**12**	**150**	**26**
梅江区	3	3	8	1	7	2		2	
梅县区	7	7	18	1	17	3		2	1
大埔县	84	84	93	4	89	21	1	19	1
丰顺县	84	84	156	8	148	45	4	24	17
五华县	111	111	214	13	201	53	4	45	4
平远县	35	35	70	3	67	28	2	25	1
蕉岭县	67	67	59	4	55	30	1	27	2
兴宁市	12	12	41	4	37	6		6	
汕尾市	**418**	**418**	**849**	**57**	**792**	**261**	**18**	**206**	**37**
城　区	54	54	27	1	26	23	5	14	4
海丰县	291	291	535	32	503	171	11	132	28
陆河县	36	36	147	20	127	43	1	39	3
陆丰市	37	37	140	4	136	24	1	21	2

4–4b　续表 74　　　　　　　　　　　　　　　　　　　　　　　　　　　　单位：人

地区 性别	房地产业		租赁和商务服务业			科学研究和技术服务业			
	小计	房地产业	小计	租赁业	商务服务业	小计	研究和试验发展	专业技术服务业	科技推广和应用服务业
河源市	**478**	**478**	**437**	**28**	**409**	**148**	**10**	**119**	**19**
源城区	22	22	34	1	33	8	1	4	3
紫金县	132	132	136	3	133	41	4	32	5
龙川县	101	101	85	10	75	40	3	34	3
连平县	41	41	67	3	64	22		19	3
和平县	50	50	56	8	48	17		16	1
东源县	132	132	59	3	56	20	2	14	4
阳江市	**268**	**268**	**334**	**35**	**299**	**160**	**3**	**119**	**38**
江城区	57	57	42	2	40	12		11	1
阳东区	29	29	80	1	79	21		21	
阳西县	157	157	181	26	155	113	3	75	35
阳春市	25	25	31	6	25	14		12	2
清远市	**777**	**777**	**496**	**46**	**450**	**169**	**14**	**121**	**34**
清城区	411	411	197	20	177	62	7	42	13
清新区	15	15	8	1	7	5		4	1
佛冈县	173	173	94	11	83	30	4	23	3
阳山县	88	88	79	7	72	28	1	24	3
连山壮族瑶族自治县	10	10	15		15	3		3	
连南瑶族自治县	8	8	32	1	31	10		6	4
英德市	67	67	65	6	59	30	2	18	10
连州市	5	5	6		6	1		1	
东莞市	**60**	**60**	**59**	**4**	**55**	**20**	**2**	**9**	**9**
市辖区	60	60	59	4	55	20	2	9	9
中山市	**1452**	**1452**	**1046**	**68**	**978**	**427**	**44**	**327**	**56**
市辖区	1452	1452	1046	68	978	427	44	327	56
潮州市	**122**	**122**	**389**	**11**	**378**	**114**	**8**	**92**	**14**
湘桥区	20	20	35	2	33	10		10	
潮安区	18	18	117	1	116	32	3	27	2
饶平县	84	84	237	8	229	72	5	55	12
揭阳市	**407**	**407**	**1558**	**26**	**1532**	**169**	**8**	**114**	**47**
榕城区	65	65	57	1	56	7	1	4	2
揭东区	85	85	210	6	204	52	1	26	25
揭西县	55	55	265	12	253	35	2	23	10
惠来县	115	115	191	1	190	38	1	33	4
普宁市	87	87	835	6	829	37	3	28	6
云浮市	**387**	**387**	**257**	**15**	**242**	**100**	**14**	**70**	**16**
云城区									
云安区	32	32	28		28	14		2	12
新兴县	212	212	114	11	103	54	10	40	4
郁南县	137	137	96	3	93	27	3	24	
罗定市	6	6	19	1	18	5	1	4	
男	**6948**	**6948**	**8992**	**804**	**8188**	**3524**	**403**	**2496**	**625**
广州市	**848**	**848**	**1128**	**98**	**1030**	**691**	**145**	**447**	**99**
荔湾区									
越秀区									
海珠区									
天河区									
白云区	135	135	195	16	179	89	10	74	5
黄埔区	34	34	64	4	60	87	29	46	12
番禺区	67	67	200	7	193	77	28	45	4
花都区	43	43	100	12	88	50	8	37	5
南沙区	99	99	122	28	94	65	8	49	8
从化区	40	40	36	3	33	18	4	12	2
增城区	430	430	411	28	383	305	58	184	63

4-4b 续表 75　　　　单位：人

地　区 性　别	房地产业		租赁和商务服务业			科学研究和技术服务业			
	小计	房地产业	小计	租赁业	商　务 服务业	小计	研究和 试验发展	专业技术 服务业	科技推广 和应用 服务业
韶关市	**236**	**236**	**294**	**49**	**245**	**130**	**15**	**100**	**15**
武江区									
浈江区	22	22	15	1	14	8	1	6	1
曲江区	5	5	13	2	11	7		6	1
始兴县	32	32	39	6	33	24	3	20	1
仁化县	36	36	42	6	36	10		7	3
翁源县	35	35	55	15	40	19		16	3
乳源瑶族自治县	33	33	55	6	49	22	8	13	1
新丰县	35	35	35	3	32	23	2	20	1
乐昌市	29	29	27	7	20	7		5	2
南雄市	9	9	13	3	10	10	1	7	2
深圳市	**7**	**7**	**9**		**9**	**1**	**1**		
罗湖区									
福田区									
南山区	5	5	5		5				
宝安区									
龙岗区									
盐田区									
龙华区									
坪山区	2	2	4		4	1	1		
光明区									
珠海市	**275**	**275**	**403**	**89**	**314**	**129**	**36**	**72**	**21**
香洲区	87	87	142	27	115	37	11	16	10
斗门区	133	133	103	18	85	53	14	31	8
金湾区	55	55	158	44	114	39	11	25	3
汕头市	**131**	**131**	**392**	**24**	**368**	**245**	**3**	**156**	**86**
龙湖区									
金平区									
濠江区	3	3	1		1	5		5	
潮阳区	46	46	162	10	152	98	1	61	36
潮南区	33	33	114	10	104	31	1	10	20
澄海区	24	24	112	4	108	105	1	74	30
南澳县	25	25	3		3	6		6	
佛山市	**318**	**318**	**531**	**42**	**489**	**169**	**35**	**90**	**44**
禅城区	135	135	108	8	100	89	15	62	12
南海区	54	54	53	2	51	21	8	10	3
顺德区									
三水区	116	116	361	31	330	51	12	17	22
高明区	13	13	9	1	8	8		1	7
江门市	**123**	**123**	**116**	**16**	**100**	**54**	**5**	**40**	**9**
蓬江区									
江海区									
新会区	24	24	44	8	36	16		11	5
台山市	16	16	17		17	7	2	4	1
开平市	15	15	15	2	13	12	1	10	1
鹤山市	50	50	26	5	21	9	2	7	
恩平市	18	18	14	1	13	10		8	2
湛江市	**287**	**287**	**408**	**51**	**357**	**214**	**26**	**167**	**21**
赤坎区									
霞山区			8		8	2		2	
坡头区	39	39	35	6	29	13	1	12	
麻章区	7	7	31	1	30	29	16	13	
遂溪县	83	83	111	6	105	57	6	43	8
徐闻县	65	65	92	9	83	40	2	31	7
廉江市	34	34	42	7	35	13		10	3
雷州市	17	17	51	2	49	10	1	7	2
吴川市	42	42	38	20	18	50		49	1

4-4b 续表 76

单位：人

地区 性别	房地产业		租赁和商务服务业			科学研究和技术服务业			
	小计	房地产业	小计	租赁业	商务服务业	小计	研究和试验发展	专业技术服务业	科技推广和应用服务业
茂名市	**174**	**174**	**398**	**52**	**346**	**111**	**3**	**94**	**14**
茂南区	17	17	10	1	9	5		5	
电白区	82	82	157	29	128	54	1	51	2
高州市	38	38	109	12	97	24	1	19	4
化州市	30	30	103	8	95	22		17	5
信宜市	7	7	19	2	17	6	1	2	3
肇庆市	**380**	**380**	**511**	**30**	**481**	**136**	**13**	**94**	**29**
端州区									
鼎湖区	6	6	11		11	6	2	3	1
高要区	27	27	53	12	41	19	1	14	4
广宁县	80	80	75	7	68	33	2	22	9
怀集县	170	170	175	4	171	29	3	21	5
封开县	53	53	62	2	60	13		9	4
德庆县	32	32	129	5	124	32	3	23	6
四会市	12	12	6		6	4	2	2	
惠州市	**1211**	**1211**	**888**	**59**	**829**	**356**	**25**	**267**	**64**
惠城区	98	98	74	9	65	29	2	21	6
惠阳区	70	70	46	10	36	12	1	10	1
博罗县	532	532	398	30	368	192	12	137	43
惠东县	455	455	324	8	316	110	8	90	12
龙门县	56	56	46	2	44	13	2	9	2
梅州市	**234**	**234**	**440**	**35**	**405**	**146**	**11**	**116**	**19**
梅江区	1	1	7	1	6	2		2	
梅县区	6	6	17	1	16	3		2	1
大埔县	51	51	59	4	55	15	1	13	1
丰顺县	45	45	109	7	102	33	4	17	12
五华县	68	68	141	12	129	44	3	38	3
平远县	19	19	46	2	44	20	2	18	
蕉岭县	36	36	31	4	27	23	1	20	2
兴宁市	8	8	30	4	26	6		6	
汕尾市	**282**	**282**	**614**	**53**	**561**	**203**	**12**	**158**	**33**
城　区	37	37	20	1	19	17	2	12	3
海丰县	196	196	381	28	353	141	8	107	26
陆河县	19	19	107	20	87	29	1	25	3
陆丰市	30	30	106	4	102	16	1	14	1
河源市	**299**	**299**	**271**	**26**	**245**	**113**	**8**	**91**	**14**
源城区	13	13	24	1	23	6	1	3	2
紫金县	88	88	85	2	83	30	2	25	3
龙川县	62	62	55	10	45	33	3	28	2
连平县	24	24	37	3	34	14		12	2
和平县	27	27	32	8	24	11		10	1
东源县	85	85	38	2	36	19	2	13	4
阳江市	**144**	**144**	**219**	**31**	**188**	**122**	**3**	**93**	**26**
江城区	31	31	22	2	20	8		7	1
阳东区	15	15	58	1	57	17		17	
阳西县	85	85	115	23	92	84	3	58	23
阳春市	13	13	24	5	19	13		11	2
清远市	**455**	**455**	**317**	**40**	**277**	**127**	**7**	**95**	**25**
清城区	256	256	109	15	94	49	5	32	12
清新区	12	12	4	1	3	2		2	
佛冈县	90	90	66	11	55	21	2	17	2
阳山县	47	47	51	7	44	22		20	2
连山壮族瑶族自治县	5	5	13		13	2		2	
连南瑶族自治县	5	5	22	1	21	8		5	3
英德市	35	35	48	5	43	22		16	6
连州市	5	5	4		4	1		1	

4-4b 续表 77 单位：人

地区 性别	房地产业 小计	房地产业 房地产业	租赁和商务服务业 小计	租赁和商务服务业 租赁业	租赁和商务服务业 商务服务业	科学研究和技术服务业 小计	科学研究和技术服务业 研究和试验发展	科学研究和技术服务业 专业技术服务业	科学研究和技术服务业 科技推广和应用服务业
东莞市	**42**	**42**	**36**	**4**	**32**	**14**	**1**	**8**	**5**
市辖区	42	42	36	4	32	14	1	8	5
中山市	**900**	**900**	**636**	**58**	**578**	**287**	**29**	**219**	**39**
市辖区	900	900	636	58	578	287	29	219	39
潮州市	**83**	**83**	**252**	**11**	**241**	**76**	**8**	**58**	**10**
湘桥区	12	12	22	2	20	3		3	
潮安区	15	15	70	1	69	20	3	15	2
饶平县	56	56	160	8	152	53	5	40	8
揭阳市	**287**	**287**	**961**	**22**	**939**	**121**	**6**	**78**	**37**
榕城区	34	34	40	1	39	5	1	2	2
揭东区	60	60	128	6	122	37	1	18	18
揭西县	37	37	128	9	119	21	1	11	9
惠来县	98	98	142	1	141	33	1	28	4
普宁市	58	58	523	5	518	25	2	19	4
云浮市	**232**	**232**	**168**	**14**	**154**	**79**	**11**	**53**	**15**
云城区									
云安区	17	17	21		21	13		1	12
新兴县	124	124	64	10	54	44	8	33	3
郁南县	87	87	70	3	67	19	2	17	
罗定市	4	4	13	1	12	3	1	2	
女	**4207**	**4207**	**4981**	**107**	**4874**	**1461**	**204**	**975**	**282**
广州市	**508**	**508**	**733**	**22**	**711**	**375**	**102**	**209**	**64**
荔湾区									
越秀区									
海珠区									
天河区									
白云区	61	61	131	5	126	40	3	33	4
黄埔区	30	30	63		63	56	21	19	16
番禺区	33	33	52	2	50	34	10	23	1
花都区	33	33	67	2	65	22	5	14	3
南沙区	71	71	78	2	76	33	9	18	6
从化区	20	20	28	2	26	17	13	3	1
增城区	260	260	314	9	305	173	41	99	33
韶关市	**166**	**166**	**154**	**4**	**150**	**62**	**4**	**50**	**8**
武江区						1			1
浈江区	9	9	5	1	4	3		3	
曲江区	2	2	3		3	6		6	
始兴县	23	23	19		19	8		7	1
仁化县	28	28	43	1	42	6		3	3
翁源县	35	35	26	1	25	15		14	1
乳源瑶族自治县	25	25	25	1	24	11	2	8	1
新丰县	22	22	17		17	7		7	
乐昌市	18	18	4		4	2	1	1	
南雄市	4	4	12		12	3	1	1	1
深圳市	**5**	**5**	**5**		**5**	**2**	**1**		**1**
罗湖区									
福田区									
南山区	3	3							
宝安区									
龙岗区									
盐田区									
龙华区									
坪山区	2	2	5		5	2	1		1
光明区									

4-4b 续表 78

单位：人

地区 性别	房地产业		租赁和商务服务业			科学研究和技术服务业			
	小计	房地产业	小计	租赁业	商务服务业	小计	研究和试验发展	专业技术服务业	科技推广和应用服务业
珠海市	**178**	**178**	**139**	**9**	**130**	**44**	**12**	**21**	**11**
香洲区	51	51	31		31	8	3	4	1
斗门区	85	85	56	6	50	24	4	12	8
金湾区	42	42	52	3	49	12	5	5	2
汕头市	**52**	**52**	**167**	**3**	**164**	**76**	**5**	**41**	**30**
龙湖区									
金平区									
濠江区	3	3	1		1	2	1	1	
潮阳区	8	8	57		57	24	2	13	9
潮南区	13	13	32	3	29	13	1	5	7
澄海区	16	16	66		66	35		21	14
南澳县	12	12	11		11	2	1	1	
佛山市	**218**	**218**	**301**	**9**	**292**	**79**	**20**	**34**	**25**
禅城区	99	99	87	1	86	41	6	23	12
南海区	55	55	46	3	43	9	5	2	2
顺德区									
三水区	61	61	165	5	160	27	9	8	10
高明区	3	3	3		3	2		1	1
江门市	**82**	**82**	**94**	**4**	**90**	**37**	**2**	**29**	**6**
蓬江区									
江海区									
新会区	21	21	39	2	37	12	1	11	
台山市	5	5	3		3	1		1	
开平市	8	8	22	1	21	11	1	9	1
鹤山市	30	30	20	1	19	9		7	2
恩平市	18	18	10		10	4		1	3
湛江市	**160**	**160**	**156**	**6**	**150**	**46**	**6**	**37**	**3**
赤坎区									
霞山区	3	3	1		1				
坡头区	19	19	12	1	11	8	1	7	
麻章区	7	7	6		6	4	1	3	
遂溪县	49	49	54	1	53	19	2	15	2
徐闻县	47	47	38		38	8	2	6	
廉江市	12	12	10		10	3		3	
雷州市	5	5	26		26	1		1	
吴川市	18	18	9	4	5	3		2	1
茂名市	**85**	**85**	**250**	**6**	**244**	**43**		**37**	**6**
茂南区	4	4	6		6	1		1	
电白区	42	42	66	3	63	9		7	2
高州市	14	14	62	2	60	16		15	1
化州市	20	20	91	1	90	10		9	1
信宜市	5	5	25		25	7		5	2
肇庆市	**252**	**252**	**276**	**2**	**274**	**81**	**6**	**55**	**20**
端州区									
鼎湖区	7	7	6		6	2		2	
高要区	16	16	14	1	13	10	1	9	
广宁县	73	73	53		53	8		7	1
怀集县	98	98	94		94	21		16	5
封开县	25	25	29	1	28	7		3	4
德庆县	24	24	79		79	33	5	18	10
四会市	9	9	1		1				
惠州市	**687**	**687**	**536**	**8**	**528**	**148**	**9**	**104**	**35**
惠城区	70	70	48	1	47	7		3	4
惠阳区	32	32	23		23	2		2	
博罗县	299	299	250	4	246	83	6	56	21
惠东县	237	237	182	3	179	45	2	34	9
龙门县	49	49	33		33	11	1	9	1

4-4b 续表 79

单位：人

地区 性别	房地产业		租赁和商务服务业			科学研究和技术服务业			
	小计	房地产业	小计	租赁业	商务服务业	小计	研究和试验发展	专业技术服务业	科技推广和应用服务业
梅州市	**169**	**169**	**219**	**3**	**216**	**42**	**1**	**34**	**7**
梅江区	2	2	1		1				
梅县区	1	1	1		1				
大埔县	33	33	34		34	6		6	
丰顺县	39	39	47	1	46	12		7	5
五华县	43	43	73	1	72	9	1	7	1
平远县	16	16	24	1	23	8		7	1
蕉岭县	31	31	28		28	7		7	
兴宁市	4	4	11		11				
汕尾市	**136**	**136**	**235**	**4**	**231**	**58**	**6**	**48**	**4**
城　区	17	17	7		7	6	3	2	1
海丰县	95	95	154	4	150	30	3	25	2
陆河县	17	17	40		40	14		14	
陆丰市	7	7	34		34	8		7	1
河源市	**179**	**179**	**166**	**2**	**164**	**35**	**2**	**28**	**5**
源城区	9	9	10		10	2		1	1
紫金县	44	44	51	1	50	11	2	7	2
龙川县	39	39	30		30	7		6	1
连平县	17	17	30		30	8		7	1
和平县	23	23	24		24	6		6	
东源县	47	47	21	1	20	1		1	
阳江市	**124**	**124**	**115**	**4**	**111**	**38**		**26**	**12**
江城区	26	26	20		20	4		4	
阳东区	14	14	22		22	4		4	
阳西县	72	72	66	3	63	29		17	12
阳春市	12	12	7	1	6	1		1	
清远市	**322**	**322**	**179**	**6**	**173**	**42**	**7**	**26**	**9**
清城区	155	155	88	5	83	13	2	10	1
清新区	3	3	4		4	3		2	1
佛冈县	83	83	28		28	9	2	6	1
阳山县	41	41	28		28	6	1	4	1
连山壮族瑶族自治县	5	5	2		2	1		1	
连南瑶族自治县	3	3	10		10	2		1	1
英德市	32	32	17	1	16	8	2	2	4
连州市			2		2				
东莞市	**18**	**18**	**23**		**23**	**6**	**1**	**1**	**4**
市辖区	18	18	23		23	6	1	1	4
中山市	**552**	**552**	**410**	**10**	**400**	**140**	**15**	**108**	**17**
市辖区	552	552	410	10	400	140	15	108	17
潮州市	**39**	**39**	**137**		**137**	**38**		**34**	**4**
湘桥区	8	8	13		13	7		7	
潮安区	3	3	47		47	12		12	
饶平县	28	28	77		77	19		15	4
揭阳市	**120**	**120**	**597**	**4**	**593**	**48**	**2**	**36**	**10**
榕城区	31	31	17		17	2		2	
揭东区	25	25	82		82	15		8	7
揭西县	18	18	137	3	134	14	1	12	1
惠来县	17	17	49		49	5		5	
普宁市	29	29	312	1	311	12	1	9	2
云浮市	**155**	**155**	**89**	**1**	**88**	**21**	**3**	**17**	**1**
云城区									
云安区	15	15	7		7	1		1	
新兴县	88	88	50	1	49	10	2	7	1
郁南县	50	50	26		26	8	1	7	
罗定市	2	2	6		6	2		2	

4-4b 续表 80

单位：人

地区 性别	水利、环境和公共设施管理业					居民服务、修理和其他服务业			
	小计	水利管理业	生态保护和环境治理业	公共设施管理业	土地管理业	小计	居民服务业	机动车、电子产品和日用产品修理业	其他服务业
广东	**3574**	**353**	**326**	**2856**	**39**	**23905**	**13438**	**7662**	**2805**
广州市	**361**	**31**	**29**	**295**	**6**	**1916**	**1073**	**541**	**302**
荔湾区									
越秀区									
海珠区									
天河区									
白云区	53	2	5	46		408	249	100	59
黄埔区	16	1	1	13	1	44	27	7	10
番禺区	29	1	1	27		158	82	40	36
花都区	25			25		146	80	38	28
南沙区	88	3	7	77	1	228	134	56	38
从化区	13	2	2	9		93	56	28	9
增城区	137	22	13	98	4	839	445	272	122
韶关市	**273**	**20**	**67**	**185**	**1**	**993**	**588**	**319**	**86**
武江区						4	4		
浈江区	6			6		29	19	9	1
曲江区	20	2	4	14		43	21	18	4
始兴县	27	5	1	21		133	88	36	9
仁化县	43	2	8	33		111	54	47	10
翁源县	29	3	6	20		200	112	70	18
乳源瑶族自治县	73	4	40	28	1	144	100	30	14
新丰县	27	1	7	19		153	91	49	13
乐昌市	32	2		30		101	61	34	6
南雄市	16	1	1	14		75	38	26	11
深圳市	**1**		**1**			**8**			**8**
罗湖区									
福田区									
南山区						8			8
宝安区									
龙岗区									
盐田区									
龙华区									
坪山区	1		1						
光明区									
珠海市	**207**	**6**	**15**	**186**		**413**	**239**	**112**	**62**
香洲区	85		2	83		36	19	7	10
斗门区	43	3	5	35		239	160	68	11
金湾区	79	3	8	68		138	60	37	41
汕头市	**82**	**11**	**5**	**65**	**1**	**1002**	**499**	**425**	**78**
龙湖区									
金平区									
濠江区	2		1	1		11	8	3	
潮阳区	8			8		430	185	227	18
潮南区	13	4	2	7		188	105	57	26
澄海区	33	6	1	25	1	285	147	115	23
南澳县	26	1	1	24		88	54	23	11
佛山市	**169**	**4**	**12**	**152**	**1**	**768**	**375**	**255**	**138**
禅城区	63	2	6	54	1	441	205	148	88
南海区	47	1	2	44		73	49	11	13
顺德区									
三水区	53	1	4	48		221	107	83	31
高明区	6			6		33	14	13	6

4－4b 续表 81

单位：人

地区 性别	水利、环境和公共设施管理业					居民服务、修理和其他服务业			
	小计	水利管理业	生态保护和环境治理业	公共设施管理业	土地管理业	小计	居民服务业	机动车、电子产品和日用产品修理业	其他服务业
江门市	**85**	**4**	**7**	**73**	**1**	**496**	**258**	**179**	**59**
蓬江区									
江海区									
新会区	34	2		32		168	81	61	26
台山市	4	1	2	1		85	49	28	8
开平市	19		4	15		87	43	31	13
鹤山市	10			9	1	78	53	18	7
恩平市	18	1	1	16		78	32	41	5
湛江市	**230**	**60**	**13**	**154**	**3**	**1462**	**807**	**511**	**144**
赤坎区									
霞山区	3			3		7	4	1	2
坡头区	19		2	17		104	62	37	5
麻章区	21		4	17		73	44	19	10
遂溪县	54	7	5	39	3	431	195	184	52
徐闻县	46	15	2	29		317	197	91	29
廉江市	52	34		18		234	151	71	12
雷州市	15	4		11		178	94	68	16
吴川市	20			20		118	60	40	18
茂名市	**97**	**14**	**5**	**78**		**1298**	**801**	**385**	**112**
茂南区	10	1		9		57	29	24	4
电白区	48	7	4	37		494	327	135	32
高州市	16	1	1	14		247	144	79	24
化州市	14	4		10		391	233	117	41
信宜市	9	1		8		109	68	30	11
肇庆市	**134**	**13**	**7**	**114**		**1317**	**674**	**505**	**138**
端州区									
鼎湖区	12	1		11		44	22	18	4
高要区	11			11		186	53	115	18
广宁县	29	4	3	22		255	143	85	27
怀集县	25	2	1	22		400	225	130	45
封开县	32	4	1	27		183	91	75	17
德庆县	14	2	1	11		200	113	62	25
四会市	11		1	10		49	27	20	2
惠州市	**406**	**45**	**43**	**314**	**4**	**3195**	**2031**	**803**	**361**
惠城区	16	1	3	11	1	193	113	59	21
惠阳区	24	1		23		217	140	55	22
博罗县	194	12	24	155	3	1086	576	300	210
惠东县	125	12	12	101		1407	1041	305	61
龙门县	47	19	4	24		292	161	84	47
梅州市	**203**	**25**	**19**	**156**	**3**	**1470**	**825**	**532**	**113**
梅江区						15	8	3	4
梅县区	14			14		77	41	31	5
大埔县	24	2	3	19		164	99	46	19
丰顺县	45	4	7	33	1	326	175	117	34
五华县	66	10	4	52		440	210	206	24
平远县	29	7	2	18	2	168	110	50	8
蕉岭县	18	1	1	16		179	120	42	17
兴宁市	7	1	2	4		101	62	37	2
汕尾市	**144**	**20**	**15**	**109**		**1448**	**837**	**429**	**182**
城　区	4			4		46	18	23	5
海丰县	80	15	9	56		915	562	222	131
陆河县	18	1	1	16		126	65	39	22
陆丰市	42	4	5	33		361	192	145	24

4-4b　续表 82　　　　单位：人

地区 性别	水利、环境和公共设施管理业					居民服务、修理和其他服务业			
	小计	水利管理业	生态保护和环境治理业	公共设施管理业	土地管理业	小计	居民服务业	机动车、电子产品和日用产品修理业	其他服务业
河源市	**176**	**14**	**14**	**142**	**6**	**1062**	**601**	**321**	**140**
源城区	8		1	7		26	16	9	1
紫金县	48	8	4	35	1	300	171	101	28
龙川县	59	3	2	51	3	286	134	93	59
连平县	26	2	4	20		122	71	42	9
和平县	23	1	3	17	2	179	120	33	26
东源县	12			12		149	89	43	17
阳江市	**111**	**1**	**10**	**97**	**3**	**792**	**365**	**208**	**219**
江城区	39			39		80	46	26	8
阳东区	15		3	12		97	33	50	14
阳西县	46	1	6	36	3	449	195	80	174
阳春市	11		1	10		166	91	52	23
清远市	**259**	**17**	**15**	**226**	**1**	**1410**	**833**	**476**	**101**
清城区	99	4	4	91		442	260	143	39
清新区	5			5		48	30	15	3
佛冈县	29	2	1	26		253	164	74	15
阳山县	30	4	1	25		206	133	57	16
连山壮族瑶族自治县	15		2	12	1	57	30	20	7
连南瑶族自治县	20	3	2	15		67	43	19	5
英德市	53	3	5	45		300	156	132	12
连州市	8	1		7		37	17	16	4
东莞市	**18**		**3**	**15**		**94**	**37**	**42**	**15**
市辖区	18		3	15		94	37	42	15
中山市	**292**	**20**	**14**	**257**	**1**	**2024**	**1276**	**520**	**228**
市辖区	292	20	14	257	1	2024	1276	520	228
潮州市	**99**	**27**	**15**	**56**	**1**	**749**	**343**	**319**	**87**
湘桥区	8	3		5		92	36	23	33
潮安区	28	5	3	19	1	243	119	104	20
饶平县	63	19	12	32		414	188	192	34
揭阳市	**142**	**12**	**7**	**122**	**1**	**1329**	**594**	**564**	**171**
榕城区	4		2	2		102	53	39	10
揭东区	16	1	3	12		256	123	111	22
揭西县	22	6		16		182	98	53	31
惠来县	27	5	1	20	1	413	175	209	29
普宁市	73		1	72		376	145	152	79
云浮市	**85**	**9**	**10**	**60**	**6**	**659**	**382**	**216**	**61**
云城区									
云安区	9			3	6	38	19	12	7
新兴县	37	6	2	29		284	182	79	23
郁南县	31	3	8	20		238	126	91	21
罗定市	8			8		99	55	34	10
男	**2173**	**285**	**242**	**1618**	**28**	**12220**	**4517**	**6581**	**1122**
广州市	**227**	**27**	**23**	**172**	**5**	**931**	**358**	**444**	**129**
荔湾区									
越秀区									
海珠区									
天河区									
白云区	36	2	4	30		183	72	81	30
黄埔区	9		1	7	1	12	6	5	1
番禺区	24	1	1	22		78	29	37	12
花都区	13			13		71	33	27	11
南沙区	48	3	5	39	1	105	45	43	17
从化区	8	2	1	5		43	12	25	6
增城区	89	19	11	56	3	439	161	226	52

4-4b 续表 83　　　　单位：人

地　区 性　别	水利、环境和公共设施管理业					居民服务、修理和其他服务业			
	小计	水　利 管理业	生态保护 和环境 治理业	公共设施 管理业	土　地 管理业	小计	居　民 服务业	机动车、 电子产品 和日用产 品修理业	其　他 服务业
韶关市	**170**	**14**	**53**	**102**	**1**	**457**	**170**	**264**	**23**
武江区						2	2		
浈江区	4			4		13	5	8	
曲江区	10	1	3	6		25	9	14	2
始兴县	17	1	1	15		62	30	29	3
仁化县	25	2	7	16		55	14	39	2
翁源县	18	2	4	12		86	29	54	3
乳源瑶族自治县	52	4	31	16	1	50	22	26	2
新丰县	20	1	6	13		71	28	39	4
乐昌市	14	2		12		49	16	31	2
南雄市	10	1	1	8		44	15	24	5
深圳市	**1**		**1**			**1**			**1**
罗湖区									
福田区									
南山区						1			1
宝安区									
龙岗区									
盐田区									
龙华区									
坪山区	1		1						
光明区									
珠海市	**128**	**6**	**10**	**112**		**204**	**84**	**94**	**26**
香洲区	52		1	51		18	7	7	4
斗门区	30	3	5	22		117	55	57	5
金湾区	46	3	4	39		69	22	30	17
汕头市	**54**	**9**	**4**	**40**	**1**	**664**	**239**	**386**	**39**
龙湖区									
金平区									
濠江区	1		1			4	1	3	
潮阳区	7			7		299	81	208	10
潮南区	9	3	1	5		129	68	49	12
澄海区	24	5	1	17	1	184	66	106	12
南澳县	13	1	1	11		48	23	20	5
佛山市	**90**	**3**	**9**	**77**	**1**	**367**	**109**	**207**	**51**
禅城区	41	2	4	34	1	197	48	116	33
南海区	20	1	2	17		38	22	11	5
顺德区									
三水区	27		3	24		115	35	68	12
高明区	2			2		17	4	12	1
江门市	**41**	**4**	**5**	**31**	**1**	**255**	**78**	**155**	**22**
蓬江区									
江海区									
新会区	17	2		15		81	19	52	10
台山市	2	1	1			42	16	25	1
开平市	7		3	4		48	14	29	5
鹤山市	5			4	1	34	15	15	4
恩平市	10	1	1	8		50	14	34	2
湛江市	**128**	**47**	**12**	**66**	**3**	**766**	**282**	**440**	**44**
赤坎区									
霞山区	2			2		2	1	1	
坡头区	7		2	5		53	22	31	
麻章区	8		4	4		37	18	16	3
遂溪县	30	7	4	16	3	230	57	158	15
徐闻县	32	13	2	17		162	74	75	13
廉江市	32	23		9		118	52	63	3
雷州市	11	4		7		103	38	60	5
吴川市	6			6		61	20	36	5

4-4b　续表 84　　　　　　　　　　　　　　　　　　　　　　　　　　　　　　单位：人

地　区 性　别	水利、环境和公共设施管理业					居民服务、修理和其他服务业			
	小计	水　利 管理业	生态保护 和环境 治理业	公共设施 管理业	土　地 管理业	小计	居　民 服务业	机动车、 电子产品 和日用产 品修理业	其　他 服务业
茂名市	**57**	**12**	**5**	**40**		**629**	**251**	**326**	**52**
茂南区	4	1		3		34	11	23	
电白区	28	6	4	18		236	100	123	13
高州市	11	1	1	9		127	53	62	12
化州市	9	3		6		175	63	91	21
信宜市	5	1		4		57	24	27	6
肇庆市	**65**	**11**	**5**	**49**		**672**	**243**	**396**	**33**
端州区									
鼎湖区	4	1		3		26	11	14	1
高要区	5			5		115	21	90	4
广宁县	16	4	2	10		126	47	75	4
怀集县	9	1	1	7		202	84	105	13
封开县	20	3		17		94	35	51	8
德庆县	8	2	1	5		85	36	46	3
四会市	3		1	2		24	9	15	
惠州市	**263**	**36**	**34**	**189**	**4**	**1451**	**597**	**697**	**157**
惠城区	12	1	2	8	1	93	36	51	6
惠阳区	7	1		6		117	56	46	15
博罗县	139	11	20	105	3	553	202	259	92
惠东县	78	10	9	59		561	262	268	31
龙门县	27	13	3	11		127	41	73	13
梅州市	**123**	**18**	**16**	**87**	**2**	**784**	**280**	**468**	**36**
梅江区						7	4	2	1
梅县区	8			8		45	17	26	2
大埔县	15	1	3	11		73	27	41	5
丰顺县	26	3	6	16	1	183	67	107	9
五华县	38	6	4	28		257	69	181	7
平远县	20	6	1	12	1	78	31	43	4
蕉岭县	12	1	1	10		76	33	35	8
兴宁市	4	1	1	2		65	32	33	
汕尾市	**96**	**16**	**11**	**69**		**826**	**347**	**397**	**82**
城　区	2			2		27	7	20	
海丰县	52	11	5	36		489	220	203	66
陆河县	11	1	1	9		68	30	36	2
陆丰市	31	4	5	22		242	90	138	14
河源市	**92**	**10**	**10**	**69**	**3**	**521**	**194**	**267**	**60**
源城区	7		1	6		13	4	9	
紫金县	29	6	2	20	1	161	66	83	12
龙川县	24	3	1	19	1	147	36	80	31
连平县	12	1	3	8		55	14	35	6
和平县	12		3	8	1	84	48	26	10
东源县	8			8		61	26	34	1
阳江市	**70**	**1**	**6**	**61**	**2**	**440**	**149**	**185**	**106**
江城区	24			24		44	17	21	6
阳东区	11		2	9		65	17	44	4
阳西县	28	1	3	22	2	237	76	75	86
阳春市	7		1	6		94	39	45	10
清远市	**143**	**14**	**8**	**121**		**654**	**221**	**401**	**32**
清城区	50	4	3	43		209	78	125	6
清新区	2			2		26	12	13	1
佛冈县	22	1	1	20		101	35	61	5
阳山县	14	3		11		94	31	54	9
连山壮族瑶族自治县	6			6		23	6	15	2
连南瑶族自治县	8	2	1	5		26	12	13	1
英德市	35	3	3	29		155	44	105	6
连州市	6	1		5		20	3	15	2

4-4b 续表 85 单位：人

地区 性别	水利、环境和公共设施管理业					居民服务、修理和其他服务业			
	小计	水利管理业	生态保护和环境治理业	公共设施管理业	土地管理业	小计	居民服务业	机动车、电子产品和日用产品修理业	其他服务业
东莞市	**9**		**2**	**7**		**56**	**16**	**34**	**6**
市辖区	9		2	7		56	16	34	6
中山市	**186**	**17**	**7**	**161**	**1**	**896**	**386**	**429**	**81**
市辖区	186	17	7	161	1	896	386	429	81
潮州市	**75**	**24**	**11**	**40**		**477**	**153**	**288**	**36**
湘桥区	4	1		3		55	20	21	14
潮安区	26	5	3	18		163	54	97	12
饶平县	45	18	8	19		259	79	170	10
揭阳市	**104**	**10**	**3**	**90**	**1**	**860**	**264**	**509**	**87**
榕城区	4		2	2		60	20	36	4
揭东区	10	1	1	8		160	51	102	7
揭西县	12	5		7		117	48	49	20
惠来县	18	4		13	1	271	71	187	13
普宁市	60			60		252	74	135	43
云浮市	**51**	**6**	**7**	**35**	**3**	**309**	**96**	**194**	**19**
云城区									
云安区	6			3	3	21	8	12	1
新兴县	20	3	2	15		117	41	69	7
郁南县	19	3	5	11		119	34	80	5
罗定市	6			6		52	13	33	6
女	**1401**	**68**	**84**	**1238**	**11**	**11685**	**8921**	**1081**	**1683**
广州市	**134**	**4**	**6**	**123**	**1**	**985**	**715**	**97**	**173**
荔湾区									
越秀区									
海珠区									
天河区									
白云区	17		1	16		225	177	19	29
黄埔区	7	1		6		32	21	2	9
番禺区	5			5		80	53	3	24
花都区	12			12		75	47	11	17
南沙区	40		2	38		123	89	13	21
从化区	5		1	4		50	44	3	3
增城区	48	3	2	42	1	400	284	46	70
韶关市	**103**	**6**	**14**	**83**		**536**	**418**	**55**	**63**
武江区						2	2		
浈江区	2			2		16	14	1	1
曲江区	10	1	1	8		18	12	4	2
始兴县	10	4		6		71	58	7	6
仁化县	18		1	17		56	40	8	8
翁源县	11	1	2	8		114	83	16	15
乳源瑶族自治县	21		9	12		94	78	4	12
新丰县	7		1	6		82	63	10	9
乐昌市	18			18		52	45	3	4
南雄市	6			6		31	23	2	6
深圳市						**7**			**7**
罗湖区									
福田区									
南山区						7			7
宝安区									
龙岗区									
盐田区									
龙华区									
坪山区									
光明区									

4—4b　续表 86　　　　单位：人

地　区 性　别	水利、环境和公共设施管理业					居民服务、修理和其他服务业			
	小计	水　利 管理业	生态保护 和环境 治理业	公共设施 管理业	土　地 管理业	小计	居　民 服务业	机动车、 电子产品 和日用产 品修理业	其　他 服务业
珠海市	**79**		**5**	**74**		**209**	**155**	**18**	**36**
香洲区	33		1	32		18	12		6
斗门区	13			13		122	105	11	6
金湾区	33		4	29		69	38	7	24
汕头市	**28**	**2**	**1**	**25**		**338**	**260**	**39**	**39**
龙湖区									
金平区									
濠江区	1			1		7	7		
潮阳区	1			1		131	104	19	8
潮南区	4	1	1	2		59	37	8	14
澄海区	9	1		8		101	81	9	11
南澳县	13			13		40	31	3	6
佛山市	**79**	**1**	**3**	**75**		**401**	**266**	**48**	**87**
禅城区	22		2	20		244	157	32	55
南海区	27			27		35	27		8
顺德区									
三水区	26	1	1	24		106	72	15	19
高明区	4			4		16	10	1	5
江门市	**44**		**2**	**42**		**241**	**180**	**24**	**37**
蓬江区									
江海区									
新会区	17			17		87	62	9	16
台山市	2		1	1		43	33	3	7
开平市	12		1	11		39	29	2	8
鹤山市	5			5		44	38	3	3
恩平市	8			8		28	18	7	3
湛江市	**102**	**13**	**1**	**88**		**696**	**525**	**71**	**100**
赤坎区									
霞山区	1			1		5	3		2
坡头区	12			12		51	40	6	5
麻章区	13			13		36	26	3	7
遂溪县	24		1	23		201	138	26	37
徐闻县	14	2		12		155	123	16	16
廉江市	20	11		9		116	99	8	9
雷州市	4			4		75	56	8	11
吴川市	14			14		57	40	4	13
茂名市	**40**	**2**		**38**		**669**	**550**	**59**	**60**
茂南区	6			6		23	18	1	4
电白区	20	1		19		258	227	12	19
高州市	5			5		120	91	17	12
化州市	5	1		4		216	170	26	20
信宜市	4			4		52	44	3	5
肇庆市	**69**	**2**	**2**	**65**		**645**	**431**	**109**	**105**
端州区									
鼎湖区	8			8		18	11	4	3
高要区	6			6		71	32	25	14
广宁县	13		1	12		129	96	10	23
怀集县	16	1		15		198	141	25	32
封开县	12	1	1	10		89	56	24	9
德庆县	6			6		115	77	16	22
四会市	8			8		25	18	5	2
惠州市	**143**	**9**	**9**	**125**		**1744**	**1434**	**106**	**204**
惠城区	4		1	3		100	77	8	15
惠阳区	17			17		100	84	9	7
博罗县	55	1	4	50		533	374	41	118
惠东县	47	2	3	42		846	779	37	30
龙门县	20	6	1	13		165	120	11	34

4-4b 续表 87 单位：人

地　区 性　别	水利、环境和公共设施管理业					居民服务、修理和其他服务业			
	小计	水　利 管理业	生态保护 和环境 治理业	公共设施 管理业	土　地 管理业	小计	居　民 服务业	机动车、 电子产品 和日用产 品修理业	其　他 服务业
梅州市	**80**	**7**	**3**	**69**	**1**	**686**	**545**	**64**	**77**
梅江区						8	4	1	3
梅县区	6			6		32	24	5	3
大埔县	9	1		8		91	72	5	14
丰顺县	19	1	1	17		143	108	10	25
五华县	28	4		24		183	141	25	17
平远县	9	1	1	6	1	90	79	7	4
蕉岭县	6			6		103	87	7	9
兴宁市	3		1	2		36	30	4	2
汕尾市	**48**	**4**	**4**	**40**		**622**	**490**	**32**	**100**
城　区	2			2		19	11	3	5
海丰县	28	4	4	20		426	342	19	65
陆河县	7			7		58	35	3	20
陆丰市	11			11		119	102	7	10
河源市	**84**	**4**	**4**	**73**	**3**	**541**	**407**	**54**	**80**
源城区	1			1		13	12		1
紫金县	19	2	2	15		139	105	18	16
龙川县	35		1	32	2	139	98	13	28
连平县	14	1	1	12		67	57	7	3
和平县	11	1		9	1	95	72	7	16
东源县	4			4		88	63	9	16
阳江市	**41**		**4**	**36**	**1**	**352**	**216**	**23**	**113**
江城区	15			15		36	29	5	2
阳东区	4		1	3		32	16	6	10
阳西县	18		3	14	1	212	119	5	88
阳春市	4			4		72	52	7	13
清远市	**116**	**3**	**7**	**105**	**1**	**756**	**612**	**75**	**69**
清城区	49		1	48		233	182	18	33
清新区	3			3		22	18	2	2
佛冈县	7	1		6		152	129	13	10
阳山县	16	1	1	14		112	102	3	7
连山壮族瑶族自治县	9		2	6	1	34	24	5	5
连南瑶族自治县	12	1	1	10		41	31	6	4
英德市	18		2	16		145	112	27	6
连州市	2			2		17	14	1	2
东莞市	**9**		**1**	**8**		**38**	**21**	**8**	**9**
市辖区	9		1	8		38	21	8	9
中山市	**106**	**3**	**7**	**96**		**1128**	**890**	**91**	**147**
市辖区	106	3	7	96		1128	890	91	147
潮州市	**24**	**3**	**4**	**16**	**1**	**272**	**190**	**31**	**51**
湘桥区	4	2		2		37	16	2	19
潮安区	2			1	1	80	65	7	8
饶平县	18	1	4	13		155	109	22	24
揭阳市	**38**	**2**	**4**	**32**		**469**	**330**	**55**	**84**
榕城区						42	33	3	6
揭东区	6		2	4		96	72	9	15
揭西县	10	1		9		65	50	4	11
惠来县	9	1	1	7		142	104	22	16
普宁市	13		1	12		124	71	17	36
云浮市	**34**	**3**	**3**	**25**	**3**	**350**	**286**	**22**	**42**
云城区									
云安区	3				3	17	11		6
新兴县	17	3		14		167	141	10	16
郁南县	12		3	9		119	92	11	16
罗定市	2			2		47	42	1	4

4-4b　续表 88　　　　　　　　　　　　　　　　　　　　　　单位：人

地　区 性　别	教育		卫生和社会工作			文化、体育和娱乐业				
	小计	教育	小计	卫生	社会工作	小计	新闻和出版业	广播、电视、电影和录音制作业	文化艺术业	体育
广　东	**33493**	**33493**	**11933**	**11603**	**330**	**3893**	**106**	**360**	**573**	**499**
广州市	**2614**	**2614**	**881**	**840**	**41**	**378**	**16**	**51**	**62**	**80**
荔湾区										
越秀区										
海珠区										
天河区										
白云区	523	523	171	162	9	86	4	13	15	20
黄埔区	165	165	45	40	5	15	1	4	8	
番禺区	160	160	28	26	2	24		4	6	3
花都区	255	255	65	61	4	18	2	2	4	1
南沙区	250	250	110	100	10	29		4	4	1
从化区	156	156	69	66	3	25	1	6	3	8
增城区	1105	1105	393	385	8	181	8	18	22	47
韶关市	**1948**	**1948**	**847**	**811**	**36**	**173**	**3**	**18**	**32**	**24**
武江区	8	8	4	4						
浈江区	51	51	19	15	4					
曲江区	60	60	15	13	2	5				4
始兴县	312	312	114	113	1	25	2	2	2	2
仁化县	283	283	111	107	4	32		4	3	7
翁源县	383	383	214	207	7	29		4	6	1
乳源瑶族自治县	259	259	116	115	1	32		3	9	3
新丰县	262	262	121	121		32	1	5	10	4
乐昌市	217	217	85	81	4	10			1	2
南雄市	113	113	48	35	13	8			1	1
深圳市	**18**	**18**	**5**	**4**	**1**					
罗湖区										
福田区										
南山区										
宝安区										
龙岗区										
盐田区										
龙华区										
坪山区	18	18	5	4	1					
光明区										
珠海市	**381**	**381**	**133**	**122**	**11**	**526**	**2**	**2**	**7**	**30**
香洲区	29	29	13	10	3	450				16
斗门区	237	237	71	65	6	49	2	2	5	13
金湾区	115	115	49	47	2	27			2	1
汕头市	**1000**	**1000**	**236**	**233**	**3**	**104**	**5**	**14**	**24**	**17**
龙湖区										
金平区										
濠江区	5	5	1	1						
潮阳区	274	274	49	48	1	41	1	7	3	3
潮南区	205	205	32	32		12	1		5	4
澄海区	426	426	129	128	1	40	2	5	13	8
南澳县	90	90	25	24	1	11	1	2	3	2
佛山市	**772**	**772**	**241**	**226**	**15**	**131**	**5**	**11**	**16**	**14**
禅城区	381	381	100	93	7	67	3	9	7	6
南海区	116	116	15	13	2	26		1	6	5
顺德区										
三水区	239	239	112	106	6	34	2	1	3	3
高明区	36	36	14	14		4				

4−4b 续表 89

单位：人

地区 性别	教育		卫生和社会工作			文化、体育和娱乐业				
	小计	教育	小计	卫生	社会工作	小计	新闻和出版业	广播、电视、电影和录音制作业	文化艺术业	体育
江门市	**568**	**568**	**230**	**218**	**12**	**66**		**10**	**5**	**13**
蓬江区										
江海区										
新会区	140	140	78	71	7	22		2	2	3
台山市	145	145	45	45		12		1	1	
开平市	96	96	29	28	1	9		3		1
鹤山市	116	116	45	45		15		2	1	7
恩平市	71	71	33	29	4	8		2	1	2
湛江市	**2667**	**2667**	**915**	**907**	**8**	**146**	**6**	**19**	**32**	**22**
赤坎区										
霞山区	6	6	2	2						
坡头区	197	197	37	37		12	1	1	5	
麻章区	160	160	41	41		12			4	
遂溪县	582	582	242	239	3	55	2	11	9	15
徐闻县	593	593	236	235	1	20	1	5	3	4
廉江市	521	521	144	144		20		1	6	
雷州市	405	405	151	149	2	14	2	1	2	1
吴川市	203	203	62	60	2	13			3	2
茂名市	**2387**	**2387**	**677**	**671**	**6**	**103**	**3**	**9**	**26**	**12**
茂南区	55	55	20	20		4		1		
电白区	903	903	275	274	1	52	1	5	6	7
高州市	528	528	168	166	2	18			5	3
化州市	546	546	119	118	1	24	2		15	
信宜市	355	355	95	93	2	5		3		2
肇庆市	**1952**	**1952**	**737**	**715**	**22**	**176**	**7**	**19**	**38**	**30**
端州区										
鼎湖区	30	30	11	11		10			1	
高要区	206	206	57	57		15		1	2	4
广宁县	349	349	176	172	4	37	2	3	11	3
怀集县	680	680	219	213	6	41	2	11	5	13
封开县	310	310	119	116	3	36	2	1	8	4
德庆县	309	309	125	117	8	26	1	3	6	6
四会市	68	68	30	29	1	11			5	
惠州市	**3783**	**3783**	**1339**	**1272**	**67**	**483**	**15**	**55**	**41**	**71**
惠城区	388	388	71	70	1	23		2	1	4
惠阳区	169	169	71	70	1	26	1	2	5	7
博罗县	1434	1434	506	459	47	232	10	20	21	31
惠东县	1410	1410	531	518	13	143	2	26	11	21
龙门县	382	382	160	155	5	59	2	5	3	8
梅州市	**2409**	**2409**	**1072**	**1048**	**24**	**195**	**9**	**20**	**62**	**15**
梅江区	5	5	3	3						
梅县区	58	58	22	22		4				1
大埔县	388	388	172	166	6	23		2	3	2
丰顺县	486	486	239	239		40	2	5	8	2
五华县	828	828	382	377	5	67	3	6	32	10
平远县	269	269	108	105	3	29	3	4	13	
蕉岭县	269	269	110	103	7	29		3	6	
兴宁市	106	106	36	33	3	3	1			
汕尾市	**1756**	**1756**	**597**	**592**	**5**	**192**	**5**	**20**	**41**	**15**
城　区	98	98	82	82		5	1	1	1	
海丰县	985	985	319	317	2	125	1	11	26	9
陆河县	313	313	94	93	1	16	3	4		
陆丰市	360	360	102	100	2	46		4	14	6

4-4b　续表 90　　　　单位：人

地区 性别	教育		卫生和社会工作			文化、体育和娱乐业				
	小计	教育	小计	卫生	社会工作	小计	新闻和出版业	广播、电视、电影和录音制作业	文化艺术业	体育
河源市	**2363**	**2363**	**972**	**953**	**19**	**159**	**7**	**30**	**35**	**14**
源城区	22	22	6	6		10	1		1	
紫金县	574	574	252	238	14	27	2		10	1
龙川县	761	761	310	307	3	61	2	16	13	7
连平县	316	316	133	131	2	19	1	6	1	1
和平县	476	476	160	160		23		1	7	3
东源县	214	214	111	111		19	1	7	3	2
阳江市	**875**	**875**	**374**	**370**	**4**	**112**	**2**	**11**	**26**	**7**
江城区	79	79	30	30		35		1	14	1
阳东区	102	102	40	40		14	2			
阳西县	457	457	192	189	3	46		9	11	4
阳春市	237	237	112	111	1	17		1	1	2
清远市	**2302**	**2302**	**833**	**814**	**19**	**217**	**2**	**12**	**23**	**28**
清城区	406	406	103	102	1	85		4	2	15
清新区	113	113	33	32	1	17				1
佛冈县	441	441	169	167	2	27	1	3	5	3
阳山县	464	464	189	186	3	27		1	1	3
连山壮族瑶族自治县	145	145	77	76	1	12		1	4	
连南瑶族自治县	195	195	87	85	2	16	1	3	7	2
英德市	495	495	161	155	6	30			4	4
连州市	43	43	14	11	3	3				
东莞市	**87**	**87**	**19**	**19**		**15**		**2**		**2**
市辖区	87	87	19	19		15		2		2
中山市	**1552**	**1552**	**585**	**559**	**26**	**352**	**9**	**18**	**37**	**58**
市辖区	1552	1552	585	559	26	352	9	18	37	58
潮州市	**945**	**945**	**342**	**336**	**6**	**106**	**2**	**18**	**19**	**11**
湘桥区	103	103	36	36		6		1	4	1
潮安区	240	240	108	108		17	1	5	5	3
饶平县	602	602	198	192	6	83	1	12	10	7
揭阳市	**1860**	**1860**	**422**	**418**	**4**	**168**	**6**	**12**	**35**	**20**
榕城区	126	126	32	32		5		1	1	2
揭东区	235	235	77	77		19	2	2	7	4
揭西县	287	287	104	102	2	27	2	4	4	4
惠来县	447	447	113	112	1	73	1	1	7	3
普宁市	765	765	96	95	1	44	1	4	16	7
云浮市	**1254**	**1254**	**476**	**475**	**1**	**91**	**2**	**9**	**12**	**16**
云城区										
云安区	97	97	27	27		8		1		1
新兴县	511	511	234	233	1	51		7	8	6
郁南县	384	384	137	137		24		1	3	8
罗定市	262	262	78	78		8	2		1	1
男	**12530**	**12530**	**4735**	**4616**	**119**	**2203**	**58**	**231**	**338**	**267**
广州市	**894**	**894**	**309**	**292**	**17**	**198**	**6**	**33**	**34**	**46**
荔湾区										
越秀区										
海珠区										
天河区										
白云区	204	204	57	54	3	44	1	8	8	11
黄埔区	53	53	16	14	2	9	1	3	3	
番禺区	40	40	7	6	1	18		3	5	3
花都区	88	88	25	22	3	7	1	1	1	
南沙区	74	74	35	31	4	13		3	2	1
从化区	59	59	30	28	2	19	1	4	2	7
增城区	376	376	139	137	2	88	2	11	13	24

4－4b　续表 91　　　　单位：人

地区 性别	教育		卫生和社会工作			文化、体育和娱乐业				
	小计	教育	小计	卫生	社会工作	小计	新闻和出版业	广播、电视、电影和录音制作业	文化艺术业	体育
韶关市	**776**	**776**	**273**	**263**	**10**	**85**	**1**	**12**	**13**	**12**
武江区	3	3	3	3						
浈江区	21	21	6	6						
曲江区	24	24	3	3		5				4
始兴县	126	126	39	39		9		2		
仁化县	105	105	35	32	3	16		3	1	3
翁源县	144	144	68	66	2	15		3	2	
乳源瑶族自治县	103	103	33	33		12		1	4	1
新丰县	105	105	41	41		20	1	3	5	3
乐昌市	90	90	33	32	1	5				1
南雄市	55	55	12	8	4	3			1	
深圳市	**10**	**10**	**3**	**2**	**1**					
罗湖区										
福田区										
南山区										
宝安区										
龙岗区										
盐田区										
龙华区										
坪山区	10	10	3	2	1					
光明区										
珠海市	**130**	**130**	**37**	**35**	**2**	**367**	**1**	**1**	**3**	**23**
香洲区	16	16	3	3		330				15
斗门区	75	75	23	21	2	24	1	1	1	7
金湾区	39	39	11	11		13			2	1
汕头市	**311**	**311**	**123**	**122**	**1**	**71**	**2**	**11**	**14**	**10**
龙湖区										
金平区										
濠江区	3	3								
潮阳区	66	66	33	32	1	33		7	2	2
潮南区	91	91	19	19		9	1		4	3
澄海区	114	114	63	63		22	1	2	7	4
南澳县	37	37	8	8		7		2	1	1
佛山市	**225**	**225**	**78**	**74**	**4**	**59**	**3**	**4**	**8**	**7**
禅城区	93	93	29	27	2	29	2	2	4	2
南海区	51	51	3	3		10		1	2	3
顺德区										
三水区	68	68	40	38	2	18	1	1	2	2
高明区	13	13	6	6		2				
江门市	**206**	**206**	**86**	**83**	**3**	**37**		**9**	**4**	**4**
蓬江区										
江海区										
新会区	48	48	26	25	1	12		1	1	2
台山市	65	65	18	18		8		1	1	
开平市	26	26	8	8		5		3		
鹤山市	40	40	20	20		8		2	1	2
恩平市	27	27	14	12	2	4		2	1	
湛江市	**1085**	**1085**	**356**	**353**	**3**	**88**	**5**	**11**	**21**	**15**
赤坎区										
霞山区	3	3	2	2						
坡头区	74	74	8	8		7	1		4	
麻章区	73	73	23	23		4				
遂溪县	221	221	76	76		32	2	6	4	11
徐闻县	225	225	84	84		11	1	3	2	2
廉江市	200	200	60	60		13		1	6	
雷州市	217	217	73	71	2	10	1	1	2	
吴川市	72	72	30	29	1	11			3	2

4-4b 续表 92

单位：人

地区 性别	教育		卫生和社会工作			文化、体育和娱乐业				
	小计	教育	小计	卫生	社会工作	小计	新闻和出版业	广播、电视、电影和录音制作业	文化艺术业	体育
茂名市	**916**	**916**	**306**	**306**		**71**	**3**	**6**	**19**	**10**
茂南区	25	25	10	10		4		1		
电白区	318	318	130	130		36	1	3	6	6
高州市	229	229	77	77		11			3	2
化州市	196	196	43	43		16	2		10	
信宜市	148	148	46	46		4		2		2
肇庆市	**829**	**829**	**286**	**279**	**7**	**98**	**4**	**10**	**22**	**19**
端州区										
鼎湖区	1	1	3	3		6				
高要区	71	71	22	22		12		1	2	3
广宁县	135	135	69	66	3	19		2	8	3
怀集县	315	315	95	94	1	25	2	5	2	7
封开县	141	141	41	41		18	1	1	3	3
德庆县	137	137	44	41	3	14	1	1	5	3
四会市	29	29	12	12		4			2	
惠州市	**1291**	**1291**	**522**	**489**	**33**	**248**	**6**	**35**	**25**	**28**
惠城区	153	153	23	23		13		1		1
惠阳区	73	73	30	29	1	11	1		2	3
博罗县	501	501	193	171	22	119	3	14	15	13
惠东县	450	450	220	212	8	81		16	7	10
龙门县	114	114	56	54	2	24	2	4	1	1
梅州市	**925**	**925**	**446**	**440**	**6**	**98**	**6**	**12**	**31**	**7**
梅江区	2	2	2	2						
梅县区	29	29	11	11		3				1
大埔县	158	158	73	71	2	8			1	
丰顺县	167	167	100	100		20	2	4	3	1
五华县	304	304	175	173	2	38	1	5	16	5
平远县	112	112	37	37		15	2	2	8	
蕉岭县	99	99	31	30	1	12		1	3	
兴宁市	54	54	17	16	1	2	1			
汕尾市	**702**	**702**	**303**	**298**	**5**	**110**	**2**	**15**	**29**	**7**
城 区	34	34	57	57		3		1	1	
海丰县	401	401	144	142	2	69	1	10	15	4
陆河县	99	99	39	38	1	5	1			
陆丰市	168	168	63	61	2	33		4	13	3
河源市	**890**	**890**	**369**	**365**	**4**	**96**	**4**	**21**	**23**	**7**
源城区	4	4	3	3		5			1	
紫金县	235	235	92	90	2	15			6	
龙川县	294	294	132	130	2	36	2	11	10	2
连平县	126	126	48	48		15	1	6	1	1
和平县	172	172	51	51		14		1	3	3
东源县	59	59	43	43		11	1	3	2	1
阳江市	**332**	**332**	**152**	**149**	**3**	**56**		**8**	**13**	**3**
江城区	19	19	12	12		16			5	
阳东区	38	38	18	18						
阳西县	164	164	62	60	2	29		7	7	2
阳春市	111	111	60	59	1	11		1	1	1
清远市	**824**	**824**	**299**	**292**	**7**	**113**	**2**	**10**	**12**	**13**
清城区	110	110	34	34		46		3	1	7
清新区	56	56	11	10	1	6				1
佛冈县	137	137	57	57		15	1	2	3	1
阳山县	197	197	80	78	2	11		1	1	1
连山壮族瑶族自治县	47	47	32	31	1	8		1	2	
连南瑶族自治县	59	59	25	24	1	11	1	3	3	2
英德市	202	202	53	52	1	16			2	1
连州市	16	16	7	6	1					

4-4b　续表 93　　　　单位：人

地区 性别	教育 小计	教育 教育	卫生和社会工作 小计	卫生和社会工作 卫生	卫生和社会工作 社会工作	文化、体育和娱乐业 小计	文化、体育和娱乐业 新闻和出版业	文化、体育和娱乐业 广播、电视、电影和录音制作业	文化、体育和娱乐业 文化艺术业	文化、体育和娱乐业 体育
东莞市	**28**	**28**	**6**	**6**		**7**				**1**
市辖区	28	28	6	6		7				1
中山市	**444**	**444**	**204**	**196**	**8**	**190**	**7**	**11**	**20**	**26**
市辖区	444	444	204	196	8	190	7	11	20	26
潮州市	**351**	**351**	**160**	**157**	**3**	**62**		**12**	**14**	**6**
湘桥区	37	37	17	17		3			2	1
潮安区	86	86	51	51		8		3	4	1
饶平县	228	228	92	89	3	51		9	8	4
揭阳市	**884**	**884**	**233**	**231**	**2**	**95**	**4**	**6**	**24**	**10**
榕城区	64	64	20	20		4		1	1	1
揭东区	91	91	35	35		12	1		6	1
揭西县	109	109	46	45	1	18	2	2	3	2
惠来县	214	214	74	73	1	33	1		3	2
普宁市	406	406	58	58		28		3	11	4
云浮市	**477**	**477**	**184**	**184**		**54**	**2**	**4**	**9**	**13**
云城区										
云安区	45	45	10	10		2				
新兴县	163	163	95	95		30		3	6	4
郁南县	160	160	52	52		14		1	2	8
罗定市	109	109	27	27		8	2		1	1
女	**20963**	**20963**	**7198**	**6987**	**211**	**1690**	**48**	**129**	**235**	**232**
广州市	**1720**	**1720**	**572**	**548**	**24**	**180**	**10**	**18**	**28**	**34**
荔湾区										
越秀区										
海珠区										
天河区										
白云区	319	319	114	108	6	42	3	5	7	9
黄埔区	112	112	29	26	3	6		1	5	
番禺区	120	120	21	20	1	6		1	1	
花都区	167	167	40	39	1	11	1	1	3	1
南沙区	176	176	75	69	6	16		1	2	
从化区	97	97	39	38	1	6		2	1	1
增城区	729	729	254	248	6	93	6	7	9	23
韶关市	**1172**	**1172**	**574**	**548**	**26**	**88**	**2**	**6**	**19**	**12**
武江区	5	5	1	1						
浈江区	30	30	13	9	4					
曲江区	36	36	12	10	2					
始兴县	186	186	75	74	1	16	2		2	2
仁化县	178	178	76	75	1	16		1	2	4
翁源县	239	239	146	141	5	14		1	4	1
乳源瑶族自治县	156	156	83	82	1	20		2	5	2
新丰县	157	157	80	80		12		2	5	1
乐昌市	127	127	52	49	3	5			1	1
南雄市	58	58	36	27	9	5				1
深圳市	**8**	**8**	**2**	**2**						
罗湖区										
福田区										
南山区										
宝安区										
龙岗区										
盐田区										
龙华区										
坪山区	8	8	2	2						
光明区										

4-4b　续表 94　　　　　　　　　　　　　　　　　　　　　　　　单位：人

地　区 性　别	教育		卫生和社会工作			文化、体育和娱乐业				
	小计	教育	小计	卫生	社会工作	小计	新闻和出版业	广播、电视、电影和录音制作业	文　化艺术业	体育
珠海市	**251**	**251**	**96**	**87**	**9**	**159**	**1**	**1**	**4**	**7**
香洲区	13	13	10	7	3	120				1
斗门区	162	162	48	44	4	25	1	1	4	6
金湾区	76	76	38	36	2	14				
汕头市	**689**	**689**	**113**	**111**	**2**	**33**	**3**	**3**	**10**	**7**
龙湖区										
金平区										
濠江区	2	2	1	1						
潮阳区	208	208	16	16		8	1		1	1
潮南区	114	114	13	13		3			1	1
澄海区	312	312	66	65	1	18	1	3	6	4
南澳县	53	53	17	16	1	4	1		2	1
佛山市	**547**	**547**	**163**	**152**	**11**	**72**	**2**	**7**	**8**	**7**
禅城区	288	288	71	66	5	38	1	7	3	4
南海区	65	65	12	10	2	16			4	2
顺德区										
三水区	171	171	72	68	4	16	1		1	1
高明区	23	23	8	8		2				
江门市	**362**	**362**	**144**	**135**	**9**	**29**		**1**	**1**	**9**
蓬江区										
江海区										
新会区	92	92	52	46	6	10		1	1	1
台山市	80	80	27	27		4				
开平市	70	70	21	20	1	4				1
鹤山市	76	76	25	25		7				5
恩平市	44	44	19	17	2	4				2
湛江市	**1582**	**1582**	**559**	**554**	**5**	**58**	**1**	**8**	**11**	**7**
赤坎区										
霞山区	3	3								
坡头区	123	123	29	29		5		1	1	
麻章区	87	87	18	18		8			4	
遂溪县	361	361	166	163	3	23		5	5	4
徐闻县	368	368	152	151	1	9		2	1	2
廉江市	321	321	84	84		7				
雷州市	188	188	78	78		4	1			1
吴川市	131	131	32	31	1	2				
茂名市	**1471**	**1471**	**371**	**365**	**6**	**32**		**3**	**7**	**2**
茂南区	30	30	10	10						
电白区	585	585	145	144	1	16		2		1
高州市	299	299	91	89	2	7			2	1
化州市	350	350	76	75	1	8			5	
信宜市	207	207	49	47	2	1		1		
肇庆市	**1123**	**1123**	**451**	**436**	**15**	**78**	**3**	**9**	**16**	**11**
端州区										
鼎湖区	29	29	8	8		4			1	
高要区	135	135	35	35		3				1
广宁县	214	214	107	106	1	18	2	1	3	
怀集县	365	365	124	119	5	16		6	3	6
封开县	169	169	78	75	3	18	1		5	1
德庆县	172	172	81	76	5	12		2	1	3
四会市	39	39	18	17	1	7			3	
惠州市	**2492**	**2492**	**817**	**783**	**34**	**235**	**9**	**20**	**16**	**43**
惠城区	235	235	48	47	1	10		1	1	3
惠阳区	96	96	41	41		15		2	3	4
博罗县	933	933	313	288	25	113	7	6	6	18
惠东县	960	960	311	306	5	62	2	10	4	11
龙门县	268	268	104	101	3	35		1	2	7

4-4b 续表 95 单位：人

地区 性别	教育		卫生和社会工作			文化、体育和娱乐业				
	小计	教育	小计	卫生	社会工作	小计	新闻和出版业	广播、电视、电影和录音制作业	文化艺术业	体育
梅州市	**1484**	**1484**	**626**	**608**	**18**	**97**	**3**	**8**	**31**	**8**
梅江区	3	3	1	1						
梅县区	29	29	11	11		1				
大埔县	230	230	99	95	4	15		2	2	2
丰顺县	319	319	139	139		20		1	5	1
五华县	524	524	207	204	3	29	2	1	16	5
平远县	157	157	71	68	3	14	1	2	5	
蕉岭县	170	170	79	73	6	17		2	3	
兴宁市	52	52	19	17	2	1				
汕尾市	**1054**	**1054**	**294**	**294**		**82**	**3**	**5**	**12**	**8**
城　区	64	64	25	25		2	1			
海丰县	584	584	175	175		56		1	11	5
陆河县	214	214	55	55		11	2	4		
陆丰市	192	192	39	39		13			1	3
河源市	**1473**	**1473**	**603**	**588**	**15**	**63**	**3**	**9**	**12**	**7**
源城区	18	18	3	3		5	1			
紫金县	339	339	160	148	12	12	2		4	1
龙川县	467	467	178	177	1	25		5	3	5
连平县	190	190	85	83	2	4				
和平县	304	304	109	109		9			4	
东源县	155	155	68	68		8		4	1	1
阳江市	**543**	**543**	**222**	**221**	**1**	**56**	**2**	**3**	**13**	**4**
江城区	60	60	18	18		19		1	9	1
阳东区	64	64	22	22		14	2			
阳西县	293	293	130	129	1	17		2	4	2
阳春市	126	126	52	52		6				1
清远市	**1478**	**1478**	**534**	**522**	**12**	**104**		**2**	**11**	**15**
清城区	296	296	69	68	1	39		1	1	8
清新区	57	57	22	22		11				
佛冈县	304	304	112	110	2	12		1	2	2
阳山县	267	267	109	108	1	16				2
连山壮族瑶族自治县	98	98	45	45		4			2	
连南瑶族自治县	136	136	62	61	1	5			4	
英德市	293	293	108	103	5	14			2	3
连州市	27	27	7	5	2	3				
东莞市	**59**	**59**	**13**	**13**		**8**		**2**		**1**
市辖区	59	59	13	13		8		2		1
中山市	**1108**	**1108**	**381**	**363**	**18**	**162**	**2**	**7**	**17**	**32**
市辖区	1108	1108	381	363	18	162	2	7	17	32
潮州市	**594**	**594**	**182**	**179**	**3**	**44**	**2**	**6**	**5**	**5**
湘桥区	66	66	19	19		3		1	2	
潮安区	154	154	57	57		9	1	2	1	2
饶平县	374	374	106	103	3	32	1	3	2	3
揭阳市	**976**	**976**	**189**	**187**	**2**	**73**	**2**	**6**	**11**	**10**
榕城区	62	62	12	12		1				1
揭东区	144	144	42	42		7	1	2	1	3
揭西县	178	178	58	57	1	9		2	1	2
惠来县	233	233	39	39		40		1	4	1
普宁市	359	359	38	37	1	16	1	1	5	3
云浮市	**777**	**777**	**292**	**291**	**1**	**37**		**5**	**3**	**3**
云城区										
云安区	52	52	17	17		6		1		1
新兴县	348	348	139	138	1	21		4	2	2
郁南县	224	224	85	85		10			1	
罗定市	153	153	51	51						

4-4b　续表 96　　　　单位：人

地区 性别	娱乐业	公共管理、社会保障和社会组织							国际组织	
		小计	中国共产党机关	国家机构	人民政协、民主党派	社会保障	群众团体、社会团体和其他成员组织	基层群众自治组织	小计	国际组织
广　东	**2355**	**26428**	**510**	**20462**	**74**	**88**	**1111**	**4183**	**2**	**2**
广州市	**169**	**1724**	**10**	**1166**	**2**	**8**	**88**	**450**		
荔湾区										
越秀区										
海珠区										
天河区										
白云区	34	268		173	1	2	12	80		
黄埔区	2	127	1	99	1		10	16		
番禺区	11	144	1	91		1	4	47		
花都区	9	142		101			13	28		
南沙区	20	265	2	177			15	71		
从化区	7	100		82		1	7	10		
增城区	86	678	6	443		4	27	198		
韶关市	**96**	**2213**	**44**	**1898**	**4**	**7**	**56**	**204**		
武江区		9	1	8						
浈江区		77	1	66			2	8		
曲江区	1	45	1	29			6	9		
始兴县	17	310	6	264	3	2	12	23		
仁化县	18	387	12	352			11	12		
翁源县	18	388	6	353			5	24		
乳源瑶族自治县	17	375	12	324		1	9	29		
新丰县	12	290	4	258	1		5	22		
乐昌市	7	227	1	174		4	4	44		
南雄市	6	105		70			2	33		
深圳市		**6**		**6**						
罗湖区										
福田区										
南山区		1		1						
宝安区										
龙岗区										
盐田区										
龙华区										
坪山区		5		5						
光明区										
珠海市	**485**	**336**	**2**	**262**		**2**	**12**	**58**		
香洲区	434	78		67			4	7		
斗门区	27	157	1	123		1	3	29		
金湾区	24	101	1	72		1	5	22		
汕头市	**44**	**768**	**18**	**410**	**3**	**4**	**81**	**252**		
龙湖区										
金平区										
濠江区		7		2			1	4		
潮阳区	27	125		37			21	67		
潮南区	2	92	2	31			14	45		
澄海区	12	352	9	193	1	3	32	114		
南澳县	3	192	7	147	2	1	13	22		
佛山市	**85**	**524**	**2**	**270**	**2**	**2**	**27**	**221**		
禅城区	42	269	1	93	2	1	9	163		
南海区	14	60		31			5	24		
顺德区										
三水区	25	164	1	120		1	12	30		
高明区	4	31		26			1	4		

4-4b 续表 97　　　　单位：人

地区 性别	娱乐业	公共管理、社会保障和社会组织 小计	中国共产党机关	国家机构	人民政协、民主党派	社会保障	群众团体、社会团体和其他成员组织	基层群众自治组织	国际组织 小计	国际组织
江门市	**38**	**512**	**7**	**391**	**1**	**2**	**22**	**89**		
蓬江区										
江海区										
新会区	15	124	1	77			12	34		
台山市	10	141	1	119	1		3	17		
开平市	5	46	2	27		1	3	13		
鹤山市	5	114		101		1	1	11		
恩平市	3	87	3	67			3	14		
湛江市	**67**	**1336**	**16**	**1114**	**2**	**6**	**42**	**156**		
赤坎区										
霞山区		10		1			4	5		
坡头区	5	84		70			2	12		
麻章区	8	46	1	36		1	5	3		
遂溪县	18	334		280			18	36		
徐闻县	7	435	9	396	1	3	6	20		
廉江市	13	178	2	146			2	28		
雷州市	8	187	4	148	1		4	30		
吴川市	8	62		37		2	1	22		
茂名市	**53**	**1028**	**20**	**756**	**4**		**27**	**221**		
茂南区	3	25	1	8				16		
电白区	33	495	12	387	4		11	81		
高州市	10	178		125			6	47		
化州市	7	185	2	131			5	47		
信宜市		145	5	105			5	30		
肇庆市	**82**	**1615**	**44**	**1214**	**1**	**14**	**165**	**177**	**2**	**2**
端州区										
鼎湖区	9	24		14			2	8		
高要区	8	123	1	79			7	36		
广宁县	18	351	3	306		1	10	31	2	2
怀集县	10	469	25	326		4	72	42		
封开县	21	251	6	204		4	10	27		
德庆县	10	308	8	206	1	5	63	25		
四会市	6	89	1	79			1	8		
惠州市	**301**	**3498**	**46**	**2913**	**18**	**5**	**116**	**400**		
惠城区	16	190	1	156			3	30		
惠阳区	11	135		106		1	2	26		
博罗县	150	1111	27	857	12	3	56	156		
惠东县	83	1451	3	1248	4	1	48	147		
龙门县	41	611	15	546	2		7	41		
梅州市	**89**	**2704**	**63**	**2219**	**4**	**9**	**99**	**310**		
梅江区		8	1	5				2		
梅县区	3	68		47			2	19		
大埔县	16	478	11	409		3	6	49		
丰顺县	23	489	14	415	1	2	6	51		
五华县	16	750	12	600	1	2	60	75		
平远县	9	444	4	391	2	1	5	41		
蕉岭县	20	399	20	323			12	44		
兴宁市	2	68	1	29		1	8	29		
汕尾市	**111**	**1702**	**43**	**1328**	**5**	**5**	**82**	**239**		
城　区	2	161	1	147	1		2	10		
海丰县	78	972	28	804	2	3	42	93		
陆河县	9	317	7	246	2		11	51		
陆丰市	22	252	7	131		2	27	85		

4—4b　续表 98　　　　单位：人

地区 性别	娱乐业	公共管理、社会保障和社会组织							国际组织	
		小计	中国共产党机关	国家机构	人民政协、民主党派	社会保障	群众团体、社会团体和其他成员组织	基层群众自治组织	小计	国际组织
河源市	**73**	**2027**	**54**	**1707**	**9**	**4**	**29**	**224**		
源城区	8	2		1				1		
紫金县	14	533	13	440	2		11	67		
龙川县	23	427	11	370	1	1	2	42		
连平县	10	336	6	279		1	3	47		
和平县	12	542	11	480	6	2	9	34		
东源县	6	187	13	137			4	33		
阳江市	**66**	**809**	**18**	**682**	**2**	**2**	**31**	**74**		
江城区	19	136	1	116			4	15		
阳东区	12	92		76			2	14		
阳西县	22	448	14	387	2		20	25		
阳春市	13	133	3	103		2	5	20		
清远市	**152**	**1874**	**25**	**1610**	**6**	**3**	**35**	**195**		
清城区	64	191	1	139			7	44		
清新区	16	50		41			1	8		
佛冈县	15	443	10	403	1		8	21		
阳山县	22	394	3	351		1	5	34		
连山壮族瑶族自治县	7	269	2	247	3	2	4	11		
连南瑶族自治县	3	242	8	218	2		6	8		
英德市	22	253	1	187			4	61		
连州市	3	32		24				8		
东莞市	**11**	**119**		**75**			**4**	**40**		
市辖区	11	119		75			4	40		
中山市	**230**	**1064**	**7**	**707**		**2**	**52**	**296**		
市辖区	230	1064	7	707		2	52	296		
潮州市	**56**	**701**	**17**	**444**	**4**	**2**	**24**	**210**		
湘桥区		42	3	17			2	20		
潮安区	3	160	6	73	2	1	9	69		
饶平县	53	499	8	354	2	1	13	121		
揭阳市	**95**	**954**	**48**	**538**	**5**	**6**	**96**	**261**		
榕城区	1	84	2	49			3	30		
揭东区	4	145	4	61		1	26	53		
揭西县	13	225	3	150	3		24	45		
惠来县	61	311	28	215	2	1	16	49		
普宁市	16	189	11	63		4	27	84		
云浮市	**52**	**914**	**26**	**752**	**2**	**5**	**23**	**106**		
云城区										
云安区	6	72	2	56		1		13		
新兴县	30	429	8	376	1	3	11	30		
郁南县	12	367	15	295	1	1	10	45		
罗定市	4	46	1	25			2	18		
男	**1309**	**18039**	**346**	**14118**	**53**	**45**	**624**	**2853**	**1**	**1**
广州市	**79**	**1155**	**5**	**802**	**2**	**6**	**34**	**306**		
荔湾区										
越秀区										
海珠区										
天河区										
白云区	16	180		119	1	2	5	53		
黄埔区	2	72		58	1		4	9		
番禺区	7	95		60		1	1	33		
花都区	4	104		77			7	20		
南沙区	7	175	1	125			6	43		
从化区	5	57		48		1	4	4		
增城区	38	472	4	315		2	7	144		

4-4b 续表 99　　　　单位：人

地区 性别	娱乐业	公共管理、社会保障和社会组织							国际组织	
		小计	中国共产党机关	国家机构	人民政协、民主党派	社会保障	群众团体、社会团体和其他成员组织	基层群众自治组织	小计	国际组织
韶关市	**47**	**1448**	**31**	**1271**	**3**	**3**	**29**	**111**		
武江区		4	1	3						
浈江区		54	1	47			2	4		
曲江区	1	28	1	20			4	3		
始兴县	7	211	5	182	2	1	7	14		
仁化县	9	230	5	217			4	4		
翁源县	10	268	6	244			2	16		
乳源瑶族自治县	6	243	9	213			3	18		
新丰县	8	186	2	171	1		3	9		
乐昌市	4	150	1	123		2	3	21		
南雄市	2	74		51			1	22		
深圳市		**3**		**3**						
罗湖区										
福田区										
南山区		1		1						
宝安区										
龙岗区										
盐田区										
龙华区										
坪山区		2		2						
光明区										
珠海市	**339**	**240**	**1**	**187**		**1**	**6**	**45**		
香洲区	315	57		47			3	7		
斗门区	14	106	1	81			1	23		
金湾区	10	77		59		1	2	15		
汕头市	**34**	**584**	**9**	**310**	**1**	**2**	**61**	**201**		
龙湖区										
金平区										
濠江区		5		2			1	2		
潮阳区	22	114		33			18	63		
潮南区	1	80	2	28			10	40		
澄海区	8	242	3	134		2	22	81		
南澳县	3	143	4	113	1		10	15		
佛山市	**37**	**350**	**1**	**188**	**1**	**1**	**15**	**144**		
禅城区	19	188		65	1	1	4	117		
南海区	4	35		21			3	11		
顺德区										
三水区	12	105	1	82			7	15		
高明区	2	22		20			1	1		
江门市	**20**	**335**	**3**	**269**	**1**	**1**	**8**	**53**		
蓬江区										
江海区										
新会区	8	73	1	50			3	19		
台山市	6	103		89	1		1	12		
开平市	2	27	1	21		1		4		
鹤山市	3	76		67			1	8		
恩平市	1	56	1	42			3	10		
湛江市	**36**	**971**	**10**	**828**	**2**		**18**	**113**		
赤坎区										
霞山区		9		1			4	4		
坡头区	2	49		42				7		
麻章区	4	30		27				3		
遂溪县	9	240		206			8	26		
徐闻县	3	322	7	294	1		2	18		
廉江市	6	131		114			1	16		
雷州市	6	148	3	117	1		3	24		
吴川市	6	42		27				15		

4-4b　续表 100　　　　　　　　　　　　　　　　　　　　　　　　单位：人

地　区 性　别	娱乐业	公共管理、社会保障和社会组织							国际组织	
		小计	中国共产党机关	国家机构	人民政协、民主党派	社会保障	群众团体、社会团体和其他成员组织	基层群众自治组织	小计	国际组织
茂名市	**33**	**707**	**14**	**533**	**2**		**9**	**149**		
茂南区	3	19	1	5				13		
电白区	20	317	7	261	2		3	44		
高州市	6	123		87			3	33		
化州市	4	148	2	108			2	36		
信宜市		100	4	72			1	23		
肇庆市	**43**	**1055**	**32**	**825**	**1**	**6**	**96**	**95**	**1**	**1**
端州区										
鼎湖区	6	14		10			1	3		
高要区	6	79	1	55			1	22		
广宁县	6	230	2	208			4	16	1	1
怀集县	9	317	19	225		3	47	23		
封开县	10	170	5	140		1	8	16		
德庆县	4	187	5	134	1	2	34	11		
四会市	2	58		53			1	4		
惠州市	**154**	**2369**	**29**	**1974**	**11**	**3**	**68**	**284**		
惠城区	11	127	1	104			1	21		
惠阳区	5	88		68			1	19		
博罗县	74	778	17	595	6	2	39	119		
惠东县	48	984	2	852	4	1	23	102		
龙门县	16	392	9	355	1		4	23		
梅州市	**42**	**1780**	**39**	**1479**	**4**	**4**	**58**	**196**		
梅江区		4		2				2		
梅县区	2	45		31			1	13		
大埔县	7	298	9	257		1	3	28		
丰顺县	10	324	8	274	1		3	38		
五华县	11	543	8	442	1	1	38	53		
平远县	3	292	3	258	2	1	2	26		
蕉岭县	8	228	11	192			5	20		
兴宁市	1	46		23		1	6	16		
汕尾市	**57**	**1248**	**32**	**975**	**2**	**4**	**57**	**178**		
城　区	1	107		95			2	10		
海丰县	39	703	24	593		2	24	60		
陆河县	4	223	3	172	2		7	39		
陆丰市	13	215	5	115		2	24	69		
河源市	**41**	**1379**	**38**	**1182**	**8**	**2**	**13**	**136**		
源城区	4	1						1		
紫金县	9	375	11	314	2		4	44		
龙川县	11	307	7	274	1		1	24		
连平县	6	203	4	176			1	22		
和平县	7	354	8	315	5	2	5	19		
东源县	4	139	8	103			2	26		
阳江市	**32**	**559**	**14**	**470**	**2**	**1**	**19**	**53**		
江城区	11	82	1	72			1	8		
阳东区		71		58			1	12		
阳西县	13	299	11	257	2		12	17		
阳春市	8	107	2	83		1	5	16		
清远市	**76**	**1197**	**14**	**1034**	**5**	**1**	**19**	**124**		
清城区	35	128	1	87			5	35		
清新区	5	29		25			1	3		
佛冈县	8	256	3	240	1		3	9		
阳山县	8	272	3	245			3	21		
连山壮族瑶族自治县	5	160	2	146	2	1	3	6		
连南瑶族自治县	2	160	5	146	2		3	4		
英德市	13	171		130			1	40		
连州市		21		15				6		

4-4b 续表 101　　单位：人

地区 性别	娱乐业	公共管理、社会保障和社会组织 小计	中国共产党机关	国家机构	人民政协、民主党派	社会保障	群众团体、社会团体和其他成员组织	基层群众自治组织	国际组织 小计	国际组织
东莞市	**6**	**92**		**59**			**2**	**31**		
市辖区	6	92		59			2	31		
中山市	**126**	**716**	**6**	**472**			**23**	**215**		
市辖区	126	716	6	472			23	215		
潮州市	**30**	**529**	**13**	**333**	**2**	**2**	**14**	**165**		
湘桥区		34	3	15			1	15		
潮安区		125	4	54	1	1	7	58		
饶平县	30	370	6	264	1	1	6	92		
揭阳市	**51**	**712**	**36**	**415**	**5**	**5**	**63**	**188**		
榕城区	1	59	1	35			2	21		
揭东区	4	110	3	44			20	43		
揭西县	9	151	3	103	3		14	28		
惠来县	27	262	20	188	2	1	10	41		
普宁市	10	130	9	45		4	17	55		
云浮市	**26**	**610**	**19**	**509**	**1**	**3**	**12**	**66**		
云城区										
云安区	2	57	2	46				9		
新兴县	17	283	6	248	1	3	7	18		
郁南县	3	234	10	193			4	27		
罗定市	4	36	1	22			1	12		
女	**1046**	**8389**	**164**	**6344**	**21**	**43**	**487**	**1330**	**1**	**1**
广州市	**90**	**569**	**5**	**364**		**2**	**54**	**144**		
荔湾区										
越秀区										
海珠区										
天河区										
白云区	18	88		54			7	27		
黄埔区		55	1	41			6	7		
番禺区	4	49	1	31			3	14		
花都区	5	38		24			6	8		
南沙区	13	90	1	52			9	28		
从化区	2	43		34			3	6		
增城区	48	206	2	128		2	20	54		
韶关市	**49**	**765**	**13**	**627**	**1**	**4**	**27**	**93**		
武江区		5		5						
浈江区		23		19				4		
曲江区		17		9			2	6		
始兴县	10	99	1	82	1	1	5	9		
仁化县	9	157	7	135			7	8		
翁源县	8	120		109			3	8		
乳源瑶族自治县	11	132	3	111		1	6	11		
新丰县	4	104	2	87			2	13		
乐昌市	3	77		51		2	1	23		
南雄市	4	31		19			1	11		
深圳市		**3**		**3**						
罗湖区										
福田区										
南山区										
宝安区										
龙岗区										
盐田区										
龙华区										
坪山区		3		3						
光明区										

4-4b　续表 102

单位：人

地区 性别	娱乐业	公共管理、社会保障和社会组织							国际组织	
		小计	中国共产党机关	国家机构	人民政协、民主党派	社会保障	群众团体、社会团体和其他成员组织	基层群众自治组织	小计	国际组织
珠海市	**146**	**96**	**1**	**75**		**1**	**6**	**13**		
香洲区	119	21		20			1			
斗门区	13	51		42		1	2	6		
金湾区	14	24	1	13			3	7		
汕头市	**10**	**184**	**9**	**100**	**2**	**2**	**20**	**51**		
龙湖区										
金平区										
濠江区		2						2		
潮阳区	5	11		4			3	4		
潮南区	1	12		3			4	5		
澄海区	4	110	6	59	1	1	10	33		
南澳县		49	3	34	1	1	3	7		
佛山市	**48**	**174**	**1**	**82**	**1**	**1**	**12**	**77**		
禅城区	23	81	1	28	1		5	46		
南海区	10	25		10			2	13		
顺德区										
三水区	13	59		38		1	5	15		
高明区	2	9		6				3		
江门市	**18**	**177**	**4**	**122**		**1**	**14**	**36**		
蓬江区										
江海区										
新会区	7	51		27			9	15		
台山市	4	38	1	30			2	5		
开平市	3	19	1	6			3	9		
鹤山市	2	38		34		1		3		
恩平市	2	31	2	25				4		
湛江市	**31**	**365**	**6**	**286**		**6**	**24**	**43**		
赤坎区										
霞山区		1						1		
坡头区	3	35		28			2	5		
麻章区	4	16	1	9		1	5			
遂溪县	9	94		74			10	10		
徐闻县	4	113	2	102		3	4	2		
廉江市	7	47	2	32			1	12		
雷州市	2	39	1	31			1	6		
吴川市	2	20		10		2	1	7		
茂名市	**20**	**321**	**6**	**223**	**2**		**18**	**72**		
茂南区		6		3				3		
电白区	13	178	5	126	2		8	37		
高州市	4	55		38			3	14		
化州市	3	37		23			3	11		
信宜市		45	1	33			4	7		
肇庆市	**39**	**560**	**12**	**389**		**8**	**69**	**82**	**1**	**1**
端州区										
鼎湖区	3	10		4			1	5		
高要区	2	44		24			6	14		
广宁县	12	121	1	98		1	6	15	1	1
怀集县	1	152	6	101		1	25	19		
封开县	11	81	1	64		3	2	11		
德庆县	6	121	3	72		3	29	14		
四会市	4	31	1	26				4		
惠州市	**147**	**1129**	**17**	**939**	**7**	**2**	**48**	**116**		
惠城区	5	63		52			2	9		
惠阳区	6	47		38		1	1	7		
博罗县	76	333	10	262	6	1	17	37		
惠东县	35	467	1	396			25	45		
龙门县	25	219	6	191	1		3	18		

4-4b 续表 103

单位：人

地区 性别	娱乐业	公共管理、社会保障和社会组织							国际组织	
		小计	中国共产党机关	国家机构	人民政协、民主党派	社会保障	群众团体、社会团体和其他成员组织	基层群众自治组织	小计	国际组织
梅州市	**47**	**924**	**24**	**740**		**5**	**41**	**114**		
梅江区		4	1	3						
梅县区	1	23		16			1	6		
大埔县	9	180	2	152		2	3	21		
丰顺县	13	165	6	141		2	3	13		
五华县	5	207	4	158		1	22	22		
平远县	6	152	1	133			3	15		
蕉岭县	12	171	9	131			7	24		
兴宁市	1	22	1	6			2	13		
汕尾市	**54**	**454**	**11**	**353**	**3**	**1**	**25**	**61**		
城　区	1	54	1	52	1					
海丰县	39	269	4	211	2	1	18	33		
陆河县	5	94	4	74			4	12		
陆丰市	9	37	2	16			3	16		
河源市	**32**	**648**	**16**	**525**	**1**	**2**	**16**	**88**		
源城区	4	1		1						
紫金县	5	158	2	126			7	23		
龙川县	12	120	4	96		1	1	18		
连平县	4	133	2	103		1	2	25		
和平县	5	188	3	165	1		4	15		
东源县	2	48	5	34			2	7		
阳江市	**34**	**250**	**4**	**212**		**1**	**12**	**21**		
江城区	8	54		44			3	7		
阳东区	12	21		18			1	2		
阳西县	9	149	3	130			8	8		
阳春市	5	26	1	20		1		4		
清远市	**76**	**677**	**11**	**576**	**1**	**2**	**16**	**71**		
清城区	29	63		52			2	9		
清新区	11	21		16				5		
佛冈县	7	187	7	163			5	12		
阳山县	14	122		106		1	2	13		
连山壮族瑶族自治县	2	109		101	1	1	1	5		
连南瑶族自治县	1	82	3	72			3	4		
英德市	9	82	1	57			3	21		
连州市	3	11		9				2		
东莞市	**5**	**27**		**16**			**2**	**9**		
市辖区	5	27		16			2	9		
中山市	**104**	**348**	**1**	**235**		**2**	**29**	**81**		
市辖区	104	348	1	235		2	29	81		
潮州市	**26**	**172**	**4**	**111**	**2**		**10**	**45**		
湘桥区		8		2			1	5		
潮安区	3	35	2	19	1		2	11		
饶平县	23	129	2	90	1		7	29		
揭阳市	**44**	**242**	**12**	**123**		**1**	**33**	**73**		
榕城区		25	1	14			1	9		
揭东区		35	1	17		1	6	10		
揭西县	4	74		47			10	17		
惠来县	34	49	8	27			6	8		
普宁市	6	59	2	18			10	29		
云浮市	**26**	**304**	**7**	**243**	**1**	**2**	**11**	**40**		
云城区										
云安区	4	15		10		1		4		
新兴县	13	146	2	128			4	12		
郁南县	9	133	5	102	1	1	6	18		
罗定市		10		3			1	6		

4-4c 各地区分性别、行业大类的就业人口(乡村)

单位：人

地区 性别	合计	农、林、牧、渔业						采矿业	
		小计	农业	林业	畜牧业	渔业	农、林、牧、渔专业及辅助性活动	小计	煤炭开采和洗选业
广　东	**1229241**	**324720**	**269352**	**5649**	**23033**	**22326**	**4360**	**2637**	**16**
广州市	**124381**	**11217**	**9771**	**255**	**449**	**566**	**176**	**116**	**3**
荔湾区									
越秀区									
海珠区									
天河区									
白云区	35279	1768	1606	22	49	52	39	14	
黄埔区	4545	144	112	13	12	2	5	5	
番禺区	17350	811	548	70	29	146	18	20	1
花都区	24193	1237	966	57	43	125	46	21	
南沙区	13062	1865	1668	21	24	110	42	9	
从化区	12722	2230	2006	39	153	17	15	18	1
增城区	17230	3162	2865	33	139	114	11	29	1
韶关市	**47233**	**21342**	**19100**	**448**	**1374**	**189**	**231**	**237**	
武江区	2164	540	432	7	80	16	5	18	
浈江区	2115	664	515	10	95	19	25	7	
曲江区	4484	1844	1618	35	152	34	5	48	
始兴县	4703	2286	2139	61	62	5	19	25	
仁化县	4429	2112	1851	69	65	24	103	58	
翁源县	7722	3786	3267	75	383	33	28	36	
乳源瑶族自治县	3987	1778	1586	34	133	10	15	5	
新丰县	3144	1162	960	21	144	22	15	4	
乐昌市	6260	3240	3045	83	98	6	8	26	
南雄市	8225	3930	3687	53	162	20	8	10	
深圳市	**3851**	**52**	**31**			**17**	**4**	**1**	
罗湖区									
福田区									
南山区									
宝安区									
龙岗区	3851	52	31			17	4	1	
盐田区									
龙华区									
坪山区									
光明区									
珠海市	**11707**	**1649**	**336**	**26**	**18**	**1136**	**133**	**15**	
香洲区	123	7				7			
斗门区	10615	1418	269	24	18	976	131	8	
金湾区	969	224	67	2		153	2	7	
汕头市	**68725**	**7892**	**6353**	**35**	**359**	**993**	**152**	**29**	
龙湖区	4698	438	379	2	27	23	7	2	
金平区	614	115	72		9	33	1	1	
濠江区	2747	267	91		5	168	3	3	
潮阳区	27216	2539	2312	22	48	100	57	18	
潮南区	21017	2008	1522	3	150	269	64	5	
澄海区	11887	2339	1875	7	118	319	20		
南澳县	546	186	102	1	2	81			
佛山市	**25918**	**3091**	**1499**	**144**	**378**	**982**	**88**	**25**	
禅城区									
南海区	8657	639	374	46	22	166	31	3	
顺德区	3124	152	6			146		2	
三水区	12420	1656	748	63	270	523	52	13	
高明区	1717	644	371	35	86	147	5	7	

4-4c 续表 1

单位：人

地区 性别	合计	农、林、牧、渔业						采矿业	
		小计	农业	林业	畜牧业	渔业	农、林、牧、渔专业及辅助性活动	小计	煤炭开采和洗选业
江门市	**62498**	**15744**	**10902**	**293**	**1771**	**2481**	**297**	**199**	
蓬江区	1301	170	16	1	9	137	7	8	
江海区									
新会区	13615	3126	1737	84	200	975	130	116	
台山市	18325	7176	5680	61	466	902	67	12	
开平市	11851	2422	1531	53	652	118	68	31	
鹤山市	9538	1203	753	57	140	246	7	26	
恩平市	7868	1647	1185	37	304	103	18	6	
湛江市	**122446**	**59408**	**50266**	**651**	**2491**	**5418**	**582**	**141**	
赤坎区	385	79	70	3	3		3		
霞山区	1182	256	193	1	3	59		2	
坡头区	7635	1829	1206	28	71	501	23	23	
麻章区	10602	4484	3354	44	107	965	14	17	
遂溪县	20028	11649	10088	124	431	807	199	8	
徐闻县	14332	10526	8773	68	267	1245	173	30	
廉江市	25656	11236	9582	105	1153	379	17	15	
雷州市	26082	14794	12921	252	220	1280	121	32	
吴川市	16544	4555	4079	26	236	182	32	14	
茂名市	**120648**	**43958**	**38535**	**414**	**3170**	**1309**	**530**	**233**	**6**
茂南区	12387	2500	2093	11	316	66	14	42	3
电白区	28435	8808	7346	70	503	866	23	67	
高州市	32896	15361	14354	124	635	162	86	51	1
化州市	26637	8792	6881	166	1190	171	384	43	1
信宜市	20293	8497	7861	43	526	44	23	30	1
肇庆市	**73956**	**27547**	**23827**	**571**	**1598**	**1320**	**231**	**224**	**2**
端州区									
鼎湖区	2071	573	238		86	235	14	1	
高要区	20553	6024	4826	86	567	515	30	33	1
广宁县	7479	2159	1862	145	122	25	5	22	
怀集县	18361	7762	7044	190	340	60	128	46	1
封开县	8433	4349	4073	36	178	31	31	33	
德庆县	9165	5004	4842	50	69	31	12	37	
四会市	7894	1676	942	64	236	423	11	52	
惠州市	**78985**	**13462**	**11224**	**217**	**863**	**981**	**177**	**238**	
惠城区	15933	1555	1237	37	116	132	33	29	
惠阳区	14827	1056	863	7	52	83	51	72	
博罗县	20743	3113	2375	86	397	194	61	37	
惠东县	21229	6289	5479	34	214	536	26	57	
龙门县	6253	1449	1270	53	84	36	6	43	
梅州市	**46251**	**12971**	**11210**	**192**	**1257**	**173**	**139**	**240**	**1**
梅江区	1229	187	165	2	11	1	8	1	
梅县区	8707	3490	3254	28	149	45	14	41	1
大埔县	4741	1610	1413	20	147	13	17	13	
丰顺县	5440	1876	1450	74	282	35	35	6	
五华县	10509	1676	1389	22	214	18	33	81	
平远县	3405	1163	1067	11	79	2	4	34	
蕉岭县	3449	1135	989	19	105	20	2	33	
兴宁市	8771	1834	1483	16	270	39	26	31	
汕尾市	**28642**	**6360**	**4773**	**110**	**373**	**1002**	**102**	**33**	
城　区	3319	584	265	4	34	273	8	5	
海丰县	8227	1506	1271	29	86	104	16	12	
陆河县	2649	341	217	46	48	5	25	2	
陆丰市	14447	3929	3020	31	205	620	53	14	

4-4c 续表 2

单位：人

地区 性别	合计	农、林、牧、渔业						采矿业	
		小计	农业	林业	畜牧业	渔业	农、林、牧、渔专业及辅助性活动	小计	煤炭开采和洗选业
河源市	**39962**	**8331**	**6735**	**143**	**1251**	**120**	**82**	**327**	
源城区	2018	113	52	16	42	2	1	6	
紫金县	9107	1743	1277	38	390	26	12	85	
龙川县	10955	1985	1671	27	223	30	34	36	
连平县	4578	1443	1239	12	173	14	5	66	
和平县	5697	1426	1178	17	207	8	16	46	
东源县	7607	1621	1318	33	216	40	14	88	
阳江市	**40711**	**14284**	**10547**	**162**	**2063**	**1377**	**135**	**83**	
江城区	7287	1135	652	15	179	274	15	3	
阳东区	9374	2821	2129	37	430	211	14	38	
阳西县	8273	2634	1522	26	289	754	43	13	
阳春市	15777	7694	6244	84	1165	138	63	29	
清远市	**59034**	**18806**	**15292**	**631**	**2431**	**330**	**122**	**250**	
清城区	7858	1249	809	23	373	36	8	52	
清新区	11734	2352	1796	53	338	155	10	22	
佛冈县	6443	885	695	44	133	10	3	38	
阳山县	4541	1398	1120	10	252	9	7	27	
连山壮族瑶族自治县	1713	717	622	32	21	13	29	2	
连南瑶族自治县	2300	1111	1054	23	17	2	15	12	
英德市	18662	7943	6181	407	1211	94	50	42	
连州市	5783	3151	3015	39	86	11		55	
东莞市	**59607**	**964**	**759**	**37**	**41**	**84**	**43**	**21**	
市辖区	59607	964	759	37	41	84	43	21	
中山市	**31476**	**2114**	**962**	**135**	**69**	**887**	**61**	**7**	
市辖区	31476	2114	962	135	69	887	61	7	
潮州市	**37280**	**10895**	**8837**	**115**	**416**	**1420**	**107**	**44**	**1**
湘桥区	2872	925	820	11	62	23	9	6	
潮安区	18098	3073	2885	47	78	54	9	23	
饶平县	16310	6897	5132	57	276	1343	89	15	1
揭阳市	**107670**	**30778**	**26736**	**955**	**982**	**1203**	**902**	**42**	
榕城区	8441	1928	1650	104	28	128	18	9	
揭东区	19590	5178	4600	41	265	113	159	10	
揭西县	15571	3579	3097	27	248	146	61	9	
惠来县	18912	7439	6507	10	210	691	21	7	
普宁市	45156	12654	10882	773	231	125	643	7	
云浮市	**38260**	**13855**	**11657**	**115**	**1679**	**338**	**66**	**132**	**3**
云城区	3170	696	532	12	118	28	6	2	
云安区	4605	828	657	18	115	33	5	75	3
新兴县	10194	3962	2828	43	879	183	29	9	
郁南县	5738	2969	2650	26	252	22	19	20	
罗定市	14553	5400	4990	16	315	72	7	26	
男	**768184**	**186580**	**147229**	**4001**	**15314**	**17286**	**2750**	**2290**	**14**
广州市	**77160**	**6302**	**5294**	**148**	**337**	**411**	**112**	**99**	**3**
荔湾区									
越秀区									
海珠区									
天河区									
白云区	21819	987	870	15	37	42	23	13	
黄埔区	2942	83	65	4	9	2	3	5	
番禺区	10927	477	309	37	18	98	15	13	1
花都区	15101	715	535	32	30	91	27	19	
南沙区	7932	952	820	9	15	80	28	7	
从化区	7748	1300	1127	26	124	15	8	17	1
增城区	10691	1788	1568	25	104	83	8	25	1

4-4c 续表 3

单位：人

地区 性别	合计	农、林、牧、渔业						采矿业	
		小计	农业	林业	畜牧业	渔业	农、林、牧、渔专业及辅助性活动	小计	煤炭开采和洗选业
韶关市	**28099**	**11504**	**9941**	**325**	**941**	**153**	**144**	**210**	
武江区	1330	318	243	6	53	13	3	17	
浈江区	1294	376	264	8	68	16	20	7	
曲江区	2779	1001	841	22	105	28	5	41	
始兴县	2583	1178	1069	47	47	4	11	20	
仁化县	2664	1127	973	48	37	16	53	55	
翁源县	4611	2129	1770	62	254	25	18	31	
乳源瑶族自治县	2324	917	782	25	89	8	13	3	
新丰县	1982	652	502	16	103	20	11	4	
乐昌市	3754	1750	1604	58	78	5	5	23	
南雄市	4778	2056	1893	33	107	18	5	9	
深圳市	**2648**	**35**	**17**			**16**	**2**		
罗湖区									
福田区									
南山区									
宝安区									
龙岗区	2648	35	17			16	2		
盐田区									
龙华区									
坪山区									
光明区									
珠海市	**7241**	**1098**	**190**	**21**	**11**	**775**	**101**	**15**	
香洲区	94	7				7			
斗门区	6514	952	154	20	11	668	99	8	
金湾区	633	139	36	1		100	2	7	
汕头市	**43633**	**5845**	**4571**	**32**	**238**	**888**	**116**	**27**	
龙湖区	2823	342	294	1	20	22	5	2	
金平区	420	101	62		6	32	1	1	
濠江区	1844	206	45		1	158	2	3	
潮阳区	17970	2011	1822	22	37	90	40	17	
潮南区	12981	1420	1032	3	92	242	51	4	
澄海区	7234	1624	1255	5	80	267	17		
南澳县	361	141	61	1	2	77			
佛山市	**16675**	**1894**	**816**	**80**	**233**	**709**	**56**	**19**	
禅城区									
南海区	5535	395	212	28	15	119	21	3	
顺德区	2049	110	3			107		1	
三水区	8015	1001	399	29	165	376	32	9	
高明区	1076	388	202	23	53	107	3	6	
江门市	**37958**	**9541**	**6186**	**186**	**1139**	**1840**	**190**	**177**	
蓬江区	737	140	11		7	116	6	6	
江海区									
新会区	8243	1894	945	41	135	700	73	105	
台山市	11101	4344	3298	49	280	672	45	11	
开平市	7090	1421	843	36	413	82	47	26	
鹤山市	5749	735	409	37	90	195	4	24	
恩平市	5038	1007	680	23	214	75	15	5	
湛江市	**77017**	**33645**	**27149**	**420**	**1663**	**4119**	**294**	**120**	
赤坎区	222	44	38	3	2		1		
霞山区	744	162	112		2	48		2	
坡头区	5206	1023	571	21	47	369	15	20	
麻章区	6908	2783	1906	33	87	746	11	15	
遂溪县	12106	6547	5508	60	300	588	91	7	
徐闻县	8429	5982	4792	46	165	912	67	23	
廉江市	16311	6259	5121	78	740	310	10	14	
雷州市	15993	8381	6999	157	164	981	80	27	
吴川市	11098	2464	2102	22	156	165	19	12	

4-4c 续表 4

单位：人

地区 性别	合计	农、林、牧、渔业						采矿业	
		小计	农业	林业	畜牧业	渔业	农、林、牧、渔专业及辅助性活动	小计	煤炭开采和洗选业
茂名市	**74147**	**22671**	**18956**	**278**	**2019**	**1104**	**314**	**200**	**6**
茂南区	8091	1308	1040	7	199	52	10	33	3
电白区	18909	5131	3910	52	361	792	16	60	
高州市	18981	7829	7188	74	407	105	55	43	1
化州市	16521	4315	3151	113	711	122	218	36	1
信宜市	11645	4088	3667	32	341	33	15	28	1
肇庆市	**42820**	**13951**	**11511**	**362**	**1027**	**912**	**139**	**184**	**1**
端州区									
鼎湖区	1206	343	119		59	156	9	1	
高要区	11973	3214	2430	58	351	355	20	26	
广宁县	4531	1045	842	91	86	23	3	18	
怀集县	10121	3576	3123	115	224	45	69	33	1
封开县	4834	2206	2024	25	114	22	21	29	
德庆县	5180	2638	2521	34	52	22	9	30	
四会市	4975	929	452	39	141	289	8	47	
惠州市	**49474**	**7885**	**6265**	**156**	**598**	**741**	**125**	**209**	
惠城区	10201	924	709	21	90	84	20	26	
惠阳区	9599	610	466	6	35	66	37	62	
博罗县	12866	1924	1390	61	274	156	43	34	
惠东县	12875	3545	2961	26	138	399	21	51	
龙门县	3933	882	739	42	61	36	4	36	
梅州市	**29000**	**6788**	**5577**	**139**	**849**	**133**	**90**	**211**	**1**
梅江区	741	100	87		8	1	4	1	
梅县区	5247	1862	1692	20	107	35	8	34	1
大埔县	3047	846	712	18	95	10	11	12	
丰顺县	3453	1078	801	44	190	23	20	5	
五华县	6777	813	623	19	133	13	25	71	
平远县	2055	614	543	6	60	2	3	34	
蕉岭县	2098	516	410	17	68	19	2	29	
兴宁市	5582	959	709	15	188	30	17	25	
汕尾市	**21034**	**4887**	**3492**	**101**	**307**	**907**	**80**	**26**	
城　区	2496	487	195	3	28	255	6	5	
海丰县	5730	1120	917	25	71	94	13	8	
陆河县	1980	253	149	43	38	4	19	2	
陆丰市	10828	3027	2231	30	170	554	42	11	
河源市	**24833**	**4615**	**3486**	**113**	**862**	**99**	**55**	**284**	
源城区	1248	72	32	12	25	2	1	5	
紫金县	5769	968	643	31	266	23	5	75	
龙川县	6736	1086	867	19	160	22	18	31	
连平县	2726	744	606	12	112	11	3	61	
和平县	3571	783	597	11	153	7	15	44	
东源县	4783	962	741	28	146	34	13	68	
阳江市	**25645**	**8319**	**5639**	**118**	**1386**	**1088**	**88**	**68**	
江城区	4657	697	332	11	129	221	4	3	
阳东区	5810	1652	1181	25	287	150	9	29	
阳西县	5677	1745	876	18	207	616	28	11	
阳春市	9501	4225	3250	64	763	101	47	25	
清远市	**36613**	**10765**	**8370**	**454**	**1608**	**255**	**78**	**227**	
清城区	5059	663	373	17	241	27	5	43	
清新区	7066	1284	893	38	232	117	4	20	
佛冈县	4113	526	385	37	93	9	2	36	
阳山县	2921	778	570	9	188	7	4	26	
连山壮族瑶族自治县	1093	434	363	24	14	9	24	2	
连南瑶族自治县	1379	615	575	15	11	2	12	12	
英德市	11284	4567	3416	283	767	74	27	37	
连州市	3698	1898	1795	31	62	10		51	

4-4c 续表 5

单位：人

地区 性别	合计	农、林、牧、渔业						采矿业	
		小计	农业	林业	畜牧业	渔业	农、林、牧、渔专业及辅助性活动	小计	煤炭开采和洗选业
东莞市	**38957**	**609**	**466**	**29**	**26**	**54**	**34**	**17**	
市辖区	38957	609	466	29	26	54	34	17	
中山市	**18971**	**1339**	**512**	**75**	**49**	**658**	**45**	**6**	
市辖区	18971	1339	512	75	49	658	45	6	
潮州市	**24019**	**6879**	**5329**	**86**	**303**	**1108**	**53**	**40**	**1**
湘桥区	1847	594	522	9	38	19	6	6	
潮安区	11864	2030	1872	39	65	48	6	21	
饶平县	10308	4255	2935	38	200	1041	41	13	1
揭阳市	**69346**	**21026**	**17869**	**802**	**685**	**1075**	**595**	**40**	
榕城区	6055	1497	1263	81	21	118	14	8	
揭东区	12880	3648	3229	33	183	95	108	10	
揭西县	9895	2257	1928	24	153	118	34	9	
惠来县	11728	4656	3839	9	147	645	16	6	
普宁市	28788	8968	7610	655	181	99	423	7	
云浮市	**22894**	**6982**	**5593**	**76**	**1033**	**241**	**39**	**111**	**2**
云城区	1985	349	237	9	80	20	3	2	
云安区	2984	406	297	12	67	25	5	60	2
新兴县	5711	1953	1257	27	529	123	17	6	
郁南县	3460	1604	1405	18	155	18	8	19	
罗定市	8754	2670	2397	10	202	55	6	24	
女	**461057**	**138140**	**122123**	**1648**	**7719**	**5040**	**1610**	**347**	**2**
广州市	**47221**	**4915**	**4477**	**107**	**112**	**155**	**64**	**17**	
荔湾区									
越秀区									
海珠区									
天河区									
白云区	13460	781	736	7	12	10	16	1	
黄埔区	1603	61	47	9	3		2		
番禺区	6423	334	239	33	11	48	3	7	
花都区	9092	522	431	25	13	34	19	2	
南沙区	5130	913	848	12	9	30	14	2	
从化区	4974	930	879	13	29	2	7	1	
增城区	6539	1374	1297	8	35	31	3	4	
韶关市	**19134**	**9838**	**9159**	**123**	**433**	**36**	**87**	**27**	
武江区	834	222	189	1	27	3	2	1	
浈江区	821	288	251	2	27	3	5		
曲江区	1705	843	777	13	47	6		7	
始兴县	2120	1108	1070	14	15	1	8	5	
仁化县	1765	985	878	21	28	8	50	3	
翁源县	3111	1657	1497	13	129	8	10	5	
乳源瑶族自治县	1663	861	804	9	44	2	2	2	
新丰县	1162	510	458	5	41	2	4		
乐昌市	2506	1490	1441	25	20	1	3	3	
南雄市	3447	1874	1794	20	55	2	3	1	
深圳市	**1203**	**17**	**14**			**1**	**2**	**1**	
罗湖区									
福田区									
南山区									
宝安区									
龙岗区	1203	17	14			1	2	1	
盐田区									
龙华区									
坪山区									
光明区									

4-4c　续表 6

单位：人

地　区 性　别	合计	农、林、牧、渔业						采矿业	
		小计	农业	林业	畜牧业	渔业	农、林、牧、渔专业及辅助性活动	小计	煤炭开采和洗选业
珠海市	**4466**	**551**	**146**	**5**	**7**	**361**	**32**		
香洲区	29								
斗门区	4101	466	115	4	7	308	32		
金湾区	336	85	31	1		53			
汕头市	**25092**	**2047**	**1782**	**3**	**121**	**105**	**36**	**2**	
龙湖区	1875	96	85	1	7	1	2		
金平区	194	14	10		3	1			
濠江区	903	61	46		4	10	1		
潮阳区	9246	528	490		11	10	17	1	
潮南区	8036	588	490		58	27	13	1	
澄海区	4653	715	620	2	38	52	3		
南澳县	185	45	41			4			
佛山市	**9243**	**1197**	**683**	**64**	**145**	**273**	**32**	**6**	
禅城区									
南海区	3122	244	162	18	7	47	10		
顺德区	1075	42	3			39		1	
三水区	4405	655	349	34	105	147	20	4	
高明区	641	256	169	12	33	40	2	1	
江门市	**24540**	**6203**	**4716**	**107**	**632**	**641**	**107**	**22**	
蓬江区	564	30	5	1	2	21	1	2	
江海区									
新会区	5372	1232	792	43	65	275	57	11	
台山市	7224	2832	2382	12	186	230	22	1	
开平市	4761	1001	688	17	239	36	21	5	
鹤山市	3789	468	344	20	50	51	3	2	
恩平市	2830	640	505	14	90	28	3	1	
湛江市	**45429**	**25763**	**23117**	**231**	**828**	**1299**	**288**	**21**	
赤坎区	163	35	32		1		2		
霞山区	438	94	81	1	1	11			
坡头区	2429	806	635	7	24	132	8	3	
麻章区	3694	1701	1448	11	20	219	3	2	
遂溪县	7922	5102	4580	64	131	219	108	1	
徐闻县	5903	4544	3981	22	102	333	106	7	
廉江市	9345	4977	4461	27	413	69	7	1	
雷州市	10089	6413	5922	95	56	299	41	5	
吴川市	5446	2091	1977	4	80	17	13	2	
茂名市	**46501**	**21287**	**19579**	**136**	**1151**	**205**	**216**	**33**	
茂南区	4296	1192	1053	4	117	14	4	9	
电白区	9526	3677	3436	18	142	74	7	7	
高州市	13915	7532	7166	50	228	57	31	8	
化州市	10116	4477	3730	53	479	49	166	7	
信宜市	8648	4409	4194	11	185	11	8	2	
肇庆市	**31136**	**13596**	**12316**	**209**	**571**	**408**	**92**	**40**	**1**
端州区									
鼎湖区	865	230	119		27	79	5		
高要区	8580	2810	2396	28	216	160	10	7	1
广宁县	2948	1114	1020	54	36	2	2	4	
怀集县	8240	4186	3921	75	116	15	59	13	
封开县	3599	2143	2049	11	64	9	10	4	
德庆县	3985	2366	2321	16	17	9	3	7	
四会市	2919	747	490	25	95	134	3	5	
惠州市	**29511**	**5577**	**4959**	**61**	**265**	**240**	**52**	**29**	
惠城区	5732	631	528	16	26	48	13	3	
惠阳区	5228	446	397	1	17	17	14	10	
博罗县	7877	1189	985	25	123	38	18	3	
惠东县	8354	2744	2518	8	76	137	5	6	
龙门县	2320	567	531	11	23		2	7	

4-4c 续表 7

单位：人

地区 性别	合计	农、林、牧、渔业						采矿业	
		小计	农业	林业	畜牧业	渔业	农、林、牧、渔专业及辅助性活动	小计	煤炭开采和洗选业
梅州市	**17251**	**6183**	**5633**	**53**	**408**	**40**	**49**	**29**	
梅江区	488	87	78	2	3		4		
梅县区	3460	1628	1562	8	42	10	6	7	
大埔县	1694	764	701	2	52	3	6	1	
丰顺县	1987	798	649	30	92	12	15	1	
五华县	3732	863	766	3	81	5	8	10	
平远县	1350	549	524	5	19		1		
蕉岭县	1351	619	579	2	37	1		4	
兴宁市	3189	875	774	1	82	9	9	6	
汕尾市	**7608**	**1473**	**1281**	**9**	**66**	**95**	**22**	**7**	
城　区	823	97	70	1	6	18	2		
海丰县	2497	386	354	4	15	10	3	4	
陆河县	669	88	68	3	10	1	6		
陆丰市	3619	902	789	1	35	66	11	3	
河源市	**15129**	**3716**	**3249**	**30**	**389**	**21**	**27**	**43**	
源城区	770	41	20	4	17			1	
紫金县	3338	775	634	7	124	3	7	10	
龙川县	4219	899	804	8	63	8	16	5	
连平县	1852	699	633		61	3	2	5	
和平县	2126	643	581	6	54	1	1	2	
东源县	2824	659	577	5	70	6	1	20	
阳江市	**15066**	**5965**	**4908**	**44**	**677**	**289**	**47**	**15**	
江城区	2630	438	320	4	50	53	11		
阳东区	3564	1169	948	12	143	61	5	9	
阳西县	2596	889	646	8	82	138	15	2	
阳春市	6276	3469	2994	20	402	37	16	4	
清远市	**22421**	**8041**	**6922**	**177**	**823**	**75**	**44**	**23**	
清城区	2799	586	436	6	132	9	3	9	
清新区	4668	1068	903	15	106	38	6	2	
佛冈县	2330	359	310	7	40	1	1	2	
阳山县	1620	620	550	1	64	2	3	1	
连山壮族瑶族自治县	620	283	259	8	7	4	5		
连南瑶族自治县	921	496	479	8	6		3		
英德市	7378	3376	2765	124	444	20	23	5	
连州市	2085	1253	1220	8	24	1		4	
东莞市	**20650**	**355**	**293**	**8**	**15**	**30**	**9**	**4**	
市辖区	20650	355	293	8	15	30	9	4	
中山市	**12505**	**775**	**450**	**60**	**20**	**229**	**16**	**1**	
市辖区	12505	775	450	60	20	229	16	1	
潮州市	**13261**	**4016**	**3508**	**29**	**113**	**312**	**54**	**4**	
湘桥区	1025	331	298	2	24	4	3		
潮安区	6234	1043	1013	8	13	6	3	2	
饶平县	6002	2642	2197	19	76	302	48	2	
揭阳市	**38324**	**9752**	**8867**	**153**	**297**	**128**	**307**	**2**	
榕城区	2386	431	387	23	7	10	4	1	
揭东区	6710	1530	1371	8	82	18	51		
揭西县	5676	1322	1169	3	95	28	27		
惠来县	7184	2783	2668	1	63	46	5	1	
普宁市	16368	3686	3272	118	50	26	220		
云浮市	**15366**	**6873**	**6064**	**39**	**646**	**97**	**27**	**21**	**1**
云城区	1185	347	295	3	38	8	3		
云安区	1621	422	360	6	48	8		15	1
新兴县	4483	2009	1571	16	350	60	12	3	
郁南县	2278	1365	1245	8	97	4	11	1	
罗定市	5799	2730	2593	6	113	17	1	2	

4−4c　续表 8

单位：人

地　区 性　别	采矿业						制造业		
	石油和天然气开采业	黑色金属矿采选业	有色金属矿采选业	非金属矿采选业	开采专业及辅助性活　动	其　他采矿业	小计	农副食品加工业	食　品制造业
广　东	**64**	**174**	**246**	**1977**	**109**	**51**	**337277**	**9868**	**6466**
广州市	**2**	**1**	**2**	**93**	**11**	**4**	**44335**	**767**	**1219**
荔湾区									
越秀区									
海珠区									
天河区									
白云区		1		9	3	1	14215	238	354
黄埔区				3	1	1	1133	31	45
番禺区				18	1		7036	67	191
花都区	2			17	1	1	9330	135	142
南沙区				6	3		5396	143	223
从化区			2	12	2	1	3064	73	120
增城区				28			4161	80	144
韶关市	**1**	**32**	**100**	**95**	**7**	**2**	**7109**	**227**	**168**
武江区			1	17			374	22	8
浈江区			2	4	1		420	6	10
曲江区		24	16	8			718	26	37
始兴县			20	5			910	30	8
仁化县		1	39	16	2		528	28	10
翁源县		3	5	26	1	1	1050	38	32
乳源瑶族自治县				4		1	657	13	26
新丰县		1		3			543	10	5
乐昌市		3	11	9	3		750	9	10
南雄市	1		6	3			1159	45	22
深圳市				**1**			**1613**	**16**	**63**
罗湖区									
福田区									
南山区									
宝安区									
龙岗区				1			1613	16	63
盐田区									
龙华区									
坪山区									
光明区									
珠海市	**4**			**7**	**4**		**4466**	**103**	**62**
香洲区									
斗门区				7	1		4281	97	58
金湾区	4				3		185	6	4
汕头市			**1**	**26**	**1**	**1**	**28298**	**530**	**254**
龙湖区				2			2097	89	79
金平区				1			156	60	5
濠江区				3			825	46	30
潮阳区				18			10137	135	40
潮南区			1	2	1	1	9041	121	25
澄海区							6023	75	74
南澳县							19	4	1
佛山市	**3**			**19**	**3**		**14398**	**200**	**95**
禅城区									
南海区				1	2		5099	53	28
顺德区				2			1693	14	2
三水区	1			11	1		7080	112	62
高明区	2			5			526	21	3

4–4c 续表 9

单位：人

地区 性别	采矿业 石油和天然气开采业	采矿业 黑色金属矿采选业	采矿业 有色金属矿采选业	采矿业 非金属矿采选业	采矿业 开采专业及辅助性活动	采矿业 其他采矿业	制造业 小计	制造业 农副食品加工业	制造业 食品制造业
江门市	**3**			**188**	**6**	**2**	**19967**	**465**	**573**
蓬江区				7	1		474	3	20
江海区									
新会区	1			113	1	1	5563	118	122
台山市				8	3	1	3134	194	90
开平市	1			30			3443	61	119
鹤山市				26			5068	64	174
恩平市	1			4	1		2285	25	48
湛江市	**18**	**3**	**3**	**103**	**13**	**1**	**10435**	**1267**	**373**
赤坎区							54	6	1
霞山区	1			1			106	28	4
坡头区	8			9	6		570	95	20
麻章区	1	1		13	2		1143	219	48
遂溪县				6	1	1	1157	251	49
徐闻县	1			29			523	62	19
廉江市	1	1		11	2		3528	172	61
雷州市	2	1	3	24	2		1945	253	133
吴川市	4			10			1409	181	38
茂名市	**4**	**4**	**9**	**199**	**9**	**2**	**14289**	**1117**	**266**
茂南区	2			32	5		1408	106	39
电白区		1	3	61	2		2716	228	95
高州市				46	2	2	4120	200	47
化州市				42			3088	453	64
信宜市	2	3	6	18			2957	130	21
肇庆市	**3**	**11**	**26**	**173**	**4**	**5**	**16195**	**519**	**313**
端州区									
鼎湖区				1			462	11	6
高要区			20	11	1		6042	129	118
广宁县				21	1		1498	69	32
怀集县		3		40	2		3286	123	71
封开县		1	6	25		1	1309	41	21
德庆县	3			30		4	1124	80	44
四会市		7		45			2474	66	21
惠州市	**15**	**1**	**6**	**204**	**9**	**3**	**32885**	**537**	**259**
惠城区	2			25	2		7329	121	54
惠阳区	1	1	1	66	2	1	8822	100	38
博罗县	11			22	3	1	9412	147	86
惠东县				56		1	5873	112	55
龙门县	1		5	35	2		1449	57	26
梅州市	**1**	**7**	**11**	**196**	**10**	**14**	**6742**	**488**	**147**
梅江区				1			181	11	9
梅县区	1		6	27	1	5	1136	45	36
大埔县				12	1		586	27	3
丰顺县		1		5			864	32	34
五华县			2	68	5	6	1266	120	18
平远县		5	1	25	1	2	558	29	10
蕉岭县			2	30		1	622	50	10
兴宁市		1		28	2		1529	174	27
汕尾市	**1**			**31**		**1**	**5433**	**188**	**90**
城　区				5			787	18	24
海丰县				12			3226	40	13
陆河县				2			157	1	2
陆丰市	1			12		1	1263	129	51

4-4c 续表 10

单位：人

地区 性别	采矿业						制造业		
	石油和天然气开采业	黑色金属矿采选业	有色金属矿采选业	非金属矿采选业	开采专业及辅助性活动	其他采矿业	小计	农副食品加工业	食品制造业
河源市	**1**	**93**	**7**	**222**	**2**	**2**	**8932**	**297**	**132**
源城区				6			967	17	16
紫金县		30		54	1		1860	31	44
龙川县		4		31	1		2567	107	25
连平县		55	7	4			791	39	24
和平县		2		44			940	53	5
东源县	1	2		83		2	1807	50	18
阳江市	**1**	**7**	**4**	**70**		**1**	**8248**	**352**	**105**
江城区				3			2215	135	15
阳东区			4	34			2806	39	15
阳西县	1			12			1013	95	48
阳春市		7		21		1	2214	83	27
清远市	**3**	**7**	**23**	**199**	**8**	**10**	**14532**	**509**	**162**
清城区			1	51			3128	49	32
清新区	3		1	17		1	3694	158	19
佛冈县			7	29	1	1	2134	35	17
阳山县		2	8	16	1		623	43	18
连山壮族瑶族自治县			1	1			219	8	2
连南瑶族自治县		2	4	5	1		373	18	8
英德市		1		31	4	6	3731	163	57
连州市		2	1	49	1	2	630	35	9
东莞市	**1**			**13**	**7**		**37177**	**431**	**428**
市辖区	1			13	7		37177	431	428
中山市	**1**		**1**	**3**	**2**		**17328**	**169**	**154**
市辖区	1		1	3	2		17328	169	154
潮州市	**1**	**2**	**2**	**34**	**4**		**12178**	**458**	**505**
湘桥区			1	5			675	12	25
潮安区	1	1		19	2		8424	163	367
饶平县		1	1	10	2		3079	283	113
揭阳市	**1**	**2**		**31**	**5**	**3**	**24767**	**894**	**983**
榕城区		1		7	1		2386	34	62
揭东区		1		9			3831	279	133
揭西县	1			4	2	2	3123	93	542
惠来县				6	1		3716	197	29
普宁市				5	1	1	11711	291	217
云浮市		**4**	**51**	**70**	**4**		**7950**	**334**	**115**
云城区		1		1			834	18	16
云安区			51	21			1299	42	8
新兴县				8	1		2313	115	52
郁南县		1		18	1		819	32	19
罗定市		2		22	2		2685	127	20
男	**47**	**153**	**211**	**1728**	**95**	**42**	**194922**	**6156**	**3340**
广州市	**2**	**1**	**2**	**77**	**10**	**4**	**26783**	**496**	**634**
荔湾区									
越秀区									
海珠区									
天河区									
白云区		1		8	3	1	8498	161	191
黄埔区				3	1	1	721	20	31
番禺区				11	1		4434	37	110
花都区	2			16		1	5625	89	64
南沙区				4	3		3182	94	106
从化区			2	11	2	1	1759	42	59
增城区				24			2564	53	73

4-4c 续表 11

单位：人

地 区 性 别	采矿业						制造业		
	石油和天然气开采业	黑色金属矿采选业	有色金属矿采选业	非金属矿采选业	开采专业及辅助性活 动	其 他采矿业	小计	农副食品加工业	食 品制造业
韶关市	**1**	**25**	**89**	**88**	**6**	**1**	**4083**	**149**	**73**
武江区			1	16			183	12	2
浈江区			2	4	1		253	3	5
曲江区		19	16	6			484	16	8
始兴县			15	5			391	22	4
仁化县		1	36	16	2		330	21	5
翁源县		2	4	24		1	587	27	17
乳源瑶族自治县				3			373	7	17
新丰县		1		3			344	6	2
乐昌市		2	10	8	3		437	7	3
南雄市	1		5	3			701	28	10
深圳市							**1074**	**14**	**43**
罗湖区									
福田区									
南山区									
宝安区									
龙岗区							1074	14	43
盐田区									
龙华区									
坪山区									
光明区									
珠海市	**4**			**7**	**4**		**2568**	**65**	**30**
香洲区									
斗门区				7	1		2458	61	29
金湾区	4				3		110	4	1
汕头市			**1**	**25**	**1**		**13791**	**337**	**145**
龙湖区				2			1014	59	36
金平区				1			90	39	2
濠江区				3			425	21	14
潮阳区				17			4352	86	23
潮南区			1	2	1		4715	77	18
澄海区							3180	53	51
南澳县							15	2	1
佛山市	**2**			**15**	**2**		**9388**	**140**	**49**
禅城区									
南海区				1	2		3279	40	16
顺德区				1			1106	12	
三水区				9			4682	78	31
高明区	2			4			321	10	2
江门市	**1**			**170**	**4**	**2**	**11194**	**273**	**258**
蓬江区				6			223	2	5
江海区									
新会区				103	1	1	3240	67	54
台山市				7	3	1	1678	123	52
开平市				26			1803	30	33
鹤山市				24			2888	36	90
恩平市	1			4			1362	15	24
湛江市	**14**	**3**	**2**	**90**	**11**		**6176**	**727**	**210**
赤坎区							40	3	1
霞山区	1			1			64	12	4
坡头区	6			9	5		337	57	9
麻章区	1	1		11	2		727	127	25
遂溪县				6	1		713	148	26
徐闻县	1			22			365	38	10
廉江市		1		11	2		2016	123	36
雷州市	1	1	2	22	1		1206	151	85
吴川市	4			8			708	68	14

4-4c　续表 12

单位：人

地　区 性　别	采矿业						制造业		
	石油和天然气开采业	黑色金属矿采选业	有色金属矿采选业	非金属矿采选业	开采专业及辅助性活动	其他采矿业	小计	农副食品加工业	食品制造业
茂名市	**3**	**4**	**7**	**171**	**8**	**1**	**7952**	**641**	**137**
茂南区	1			25	4		914	71	20
电白区		1	2	55	2		1607	131	51
高州市				39	2	1	2253	115	21
化州市				35			1742	243	35
信宜市	2	3	5	17			1436	81	10
肇庆市	**1**	**9**	**21**	**145**	**4**	**3**	**8966**	**315**	**159**
端州区									
鼎湖区				1			231	6	3
高要区			17	8	1		3130	76	42
广宁县				17	1		864	43	18
怀集县		2		28	2		1723	82	43
封开县		1	4	24			782	26	12
德庆县	1			26		3	660	44	27
四会市		6		41			1576	38	14
惠州市	**12**	**1**	**5**	**181**	**8**	**2**	**20095**	**346**	**147**
惠城区	1			23	2		4688	83	27
惠阳区	1	1	1	56	2	1	5594	62	20
博罗县	10			21	3		5424	101	57
惠东县				50		1	3499	61	32
龙门县			4	31	1		890	39	11
梅州市		**7**	**8**	**173**	**9**	**13**	**3947**	**304**	**79**
梅江区				1			90	6	1
梅县区			4	23	1	5	696	25	21
大埔县				11	1		406	18	1
丰顺县		1		4			493	22	20
五华县			2	60	4	5	754	82	9
平远县		5	1	25	1	2	313	18	5
蕉岭县			1	27		1	404	31	5
兴宁市		1		22	2		791	102	17
汕尾市				**25**		**1**	**3568**	**146**	**61**
城　区				5			507	16	14
海丰县				8			2035	33	9
陆河县				2			112	1	2
陆丰市				10		1	914	96	36
河源市	**1**	**83**	**7**	**190**	**2**	**1**	**4901**	**203**	**62**
源城区				5			558	13	9
紫金县		26		48	1		1034	26	14
龙川县		3		27	1		1325	71	16
连平县		50	7	4			460	31	12
和平县		2		42			498	29	4
东源县	1	2		64		1	1026	33	7
阳江市	**1**	**6**	**3**	**57**		**1**	**4533**	**194**	**55**
江城区				3			1215	74	9
阳东区			3	26			1495	22	8
阳西县	1			10			560	52	27
阳春市		6		18		1	1263	46	11
清远市	**1**	**6**	**21**	**181**	**8**	**10**	**8524**	**305**	**91**
清城区				43			2120	31	23
清新区	1		1	17		1	1960	91	8
佛冈县			6	28	1	1	1190	18	13
阳山县		2	8	15	1		388	32	5
连山壮族瑶族自治县			1	1			147	7	1
连南瑶族自治县		2	4	5	1		212	9	4
英德市		1		26	4	6	2112	94	31
连州市		1	1	46	1	2	395	23	6

4-4c 续表 13

单位：人

地区 性别	采矿业						制造业		
	石油和天然气开采业	黑色金属矿采选业	有色金属矿采选业	非金属矿采选业	开采专业及辅助性活动	其他采矿业	小计	农副食品加工业	食品制造业
东莞市	**1**			**12**	**4**		**23868**	**299**	**234**
市辖区	1			12	4		23868	299	234
中山市	**1**			**3**	**2**		**10107**	**111**	**64**
市辖区	1			3	2		10107	111	64
潮州市	**1**	**2**	**1**	**32**	**3**		**7048**	**280**	**267**
湘桥区			1	5			323	9	14
潮安区	1	1		18	1		5132	102	192
饶平县		1		9	2		1593	169	61
揭阳市	**1**	**2**		**29**	**5**	**3**	**11940**	**597**	**487**
榕城区		1		6	1		1617	29	30
揭东区		1		9			1885	190	68
揭西县	1			4	2	2	1556	63	252
惠来县				5	1		1546	98	17
普宁市				5	1	1	5336	217	120
云浮市		**4**	**44**	**57**	**4**		**4416**	**214**	**55**
云城区		1		1			552	12	6
云安区			44	14			861	26	3
新兴县				5	1		1166	62	19
郁南县		1		17	1		475	27	15
罗定市		2		20	2		1362	87	12
女	**17**	**21**	**35**	**249**	**14**	**9**	**142355**	**3712**	**3126**
广州市				**16**	**1**		**17552**	**271**	**585**
荔湾区									
越秀区									
海珠区									
天河区									
白云区				1			5717	77	163
黄埔区							412	11	14
番禺区				7			2602	30	81
花都区				1	1		3705	46	78
南沙区				2			2214	49	117
从化区				1			1305	31	61
增城区				4			1597	27	71
韶关市		**7**	**11**	**7**	**1**	**1**	**3026**	**78**	**95**
武江区				1			191	10	6
浈江区							167	3	5
曲江区		5		2			234	10	29
始兴县			5				519	8	4
仁化县			3				198	7	5
翁源县		1	1	2	1		463	11	15
乳源瑶族自治县				1		1	284	6	9
新丰县							199	4	3
乐昌市		1	1	1			313	2	7
南雄市			1				458	17	12
深圳市				**1**			**539**	**2**	**20**
罗湖区									
福田区									
南山区									
宝安区									
龙岗区				1			539	2	20
盐田区									
龙华区									
坪山区									
光明区									

4-4c　续表 14

单位：人

地区 性别	采矿业 石油和天然气开采业	采矿业 黑色金属矿采选业	采矿业 有色金属矿采选业	采矿业 非金属矿采选业	采矿业 开采专业及辅助性活动	采矿业 其他采矿业	制造业 小计	制造业 农副食品加工业	制造业 食品制造业
珠海市							**1898**	**38**	**32**
香洲区									
斗门区							1823	36	29
金湾区							75	2	3
汕头市				**1**		**1**	**14507**	**193**	**109**
龙湖区							1083	30	43
金平区							66	21	3
濠江区							400	25	16
潮阳区				1			5785	49	17
潮南区						1	4326	44	7
澄海区							2843	22	23
南澳县							4	2	
佛山市	**1**			**4**	**1**		**5010**	**60**	**46**
禅城区									
南海区							1820	13	12
顺德区				1			587	2	2
三水区	1			2	1		2398	34	31
高明区				1			205	11	1
江门市	**2**			**18**	**2**		**8773**	**192**	**315**
蓬江区				1	1		251	1	15
江海区									
新会区	1			10			2323	51	68
台山市				1			1456	71	38
开平市	1			4			1640	31	86
鹤山市				2			2180	28	84
恩平市					1		923	10	24
湛江市	**4**		**1**	**13**	**2**	**1**	**4259**	**540**	**163**
赤坎区							14	3	
霞山区							42	16	
坡头区	2				1		233	38	11
麻章区				2			416	92	23
遂溪县						1	444	103	23
徐闻县				7			158	24	9
廉江市	1						1512	49	25
雷州市	1		1	2	1		739	102	48
吴川市				2			701	113	24
茂名市	**1**		**2**	**28**	**1**	**1**	**6337**	**476**	**129**
茂南区	1			7	1		494	35	19
电白区			1	6			1109	97	44
高州市				7		1	1867	85	26
化州市				7			1346	210	29
信宜市			1	1			1521	49	11
肇庆市	**2**	**2**	**5**	**28**		**2**	**7229**	**204**	**154**
端州区									
鼎湖区							231	5	3
高要区			3	3			2912	53	76
广宁县				4			634	26	14
怀集县		1		12			1563	41	28
封开县			2	1		1	527	15	9
德庆县	2			4		1	464	36	17
四会市		1		4			898	28	7
惠州市	**3**		**1**	**23**	**1**	**1**	**12790**	**191**	**112**
惠城区	1			2			2641	38	27
惠阳区				10			3228	38	18
博罗县	1			1		1	3988	46	29
惠东县				6			2374	51	23
龙门县	1		1	4	1		559	18	15

4-4c 续表 15

单位：人

地区 性别	采矿业						制造业		
	石油和天然气开采业	黑色金属矿采选业	有色金属矿采选业	非金属矿采选业	开采专业及辅助性活动	其他采矿业	小计	农副食品加工业	食品制造业
梅州市	**1**		**3**	**23**	**1**	**1**	**2795**	**184**	**68**
梅江区							91	5	8
梅县区	1		2	4			440	20	15
大埔县				1			180	9	2
丰顺县				1			371	10	14
五华县				8	1	1	512	38	9
平远县							245	11	5
蕉岭县			1	3			218	19	5
兴宁市				6			738	72	10
汕尾市	**1**			**6**			**1865**	**42**	**29**
城　区							280	2	10
海丰县				4			1191	7	4
陆河县							45		
陆丰市	1			2			349	33	15
河源市		**10**		**32**		**1**	**4031**	**94**	**70**
源城区				1			409	4	7
紫金县		4		6			826	5	30
龙川县		1		4			1242	36	9
连平县		5					331	8	12
和平县				2			442	24	1
东源县				19		1	781	17	11
阳江市		**1**	**1**	**13**			**3715**	**158**	**50**
江城区							1000	61	6
阳东区			1	8			1311	17	7
阳西县				2			453	43	21
阳春市		1		3			951	37	16
清远市	**2**	**1**	**2**	**18**			**6008**	**204**	**71**
清城区			1	8			1008	18	9
清新区	2						1734	67	11
佛冈县			1	1			944	17	4
阳山县				1			235	11	13
连山壮族瑶族自治县							72	1	1
连南瑶族自治县							161	9	4
英德市				5			1619	69	26
连州市		1		3			235	12	3
东莞市				**1**	**3**		**13309**	**132**	**194**
市辖区				1	3		13309	132	194
中山市			**1**				**7221**	**58**	**90**
市辖区			1				7221	58	90
潮州市			**1**	**2**	**1**		**5130**	**178**	**238**
湘桥区							352	3	11
潮安区				1	1		3292	61	175
饶平县			1	1			1486	114	52
揭阳市				**2**			**12827**	**297**	**496**
榕城区				1			769	5	32
揭东区							1946	89	65
揭西县							1567	30	290
惠来县				1			2170	99	12
普宁市							6375	74	97
云浮市			**7**	**13**			**3534**	**120**	**60**
云城区							282	6	10
云安区			7	7			438	16	5
新兴县				3			1147	53	33
郁南县				1			344	5	4
罗定市				2			1323	40	8

4-4c 续表 16

单位：人

地区 性别	制造业								
	酒、饮料和精制茶制造业	烟草制品业	纺织业	纺织服装、服饰业	皮革、毛皮、羽毛及其制品和制鞋业	木材加工和木、竹、藤、棕、草制品业	家具制造业	造纸和纸制品业	印刷和记录媒介复制业
广东	**2877**	**86**	**12754**	**44656**	**16291**	**7448**	**12718**	**9946**	**4241**
广州市	**294**	**6**	**1277**	**2508**	**3548**	**646**	**2256**	**1211**	**871**
荔湾区									
越秀区									
海珠区									
天河区									
白云区	62	3	235	527	1007	219	1210	604	232
黄埔区	9		5	29	5	13	54	15	20
番禺区	12	3	102	797	250	97	193	157	399
花都区	37		388	361	1934	69	329	180	96
南沙区	24		360	267	226	131	153	123	23
从化区	38		100	109	45	20	122	17	26
增城区	112		87	418	81	97	195	115	75
韶关市	**104**	**11**	**149**	**260**	**134**	**432**	**134**	**209**	**48**
武江区	6		1	17	5	4	12	1	10
浈江区	2	1	1	6	5	19	10	4	2
曲江区	15	1	23	11	6	42	6	1	2
始兴县	7	1	17	15	3	54	7	26	2
仁化县	14		2	2	5	107	11	6	
翁源县	20		24	20	27	77	12	10	6
乳源瑶族自治县	1	1	18	17	10	19	10	4	6
新丰县	18		1	6	3	46	7	77	
乐昌市	14	4	37	44	48	45	18	14	7
南雄市	7	3	25	122	22	19	41	66	13
深圳市			**3**	**20**	**62**	**10**	**231**	**37**	**30**
罗湖区									
福田区									
南山区									
宝安区									
龙岗区			3	20	62	10	231	37	30
盐田区									
龙华区									
坪山区									
光明区									
珠海市	**17**		**105**	**168**	**26**	**37**	**39**	**87**	**36**
香洲区									
斗门区	17		102	164	14	37	38	82	36
金湾区			3	4	12		1	5	
汕头市	**73**	**3**	**2880**	**13564**	**277**	**72**	**90**	**840**	**224**
龙湖区	4		468	608	61	3	13	24	20
金平区			5	12	5	2		1	5
濠江区	5		15	99	9		7	42	33
潮阳区	43	1	510	7044	150	26	45	515	29
潮南区	17	2	1565	5333	49	29	12	68	74
澄海区	2		316	468	3	12	13	190	63
南澳县	2		1						
佛山市	**79**	**1**	**932**	**277**	**89**	**300**	**1791**	**284**	**80**
禅城区									
南海区	16	1	168	132	47	132	293	94	33
顺德区	4		14	15	5	14	1138	17	7
三水区	52		724	63	31	107	306	169	36
高明区	7		26	67	6	47	54	4	4

4-4c 续表 17

单位：人

地区 性别	制造业								
	酒、饮料和精制茶制造业	烟草制品业	纺织业	纺织服装、服饰业	皮革、毛皮、羽毛及其制品和制鞋业	木材加工和木、竹、藤、棕、草制品业	家具制造业	造纸和纸制品业	印刷和记录媒介复制业
江门市	**134**	**7**	**851**	**1051**	**622**	**714**	**1188**	**790**	**545**
蓬江区	6		13	57	11	4	9	26	17
江海区									
新会区	78	2	246	168	38	101	641	405	36
台山市	10	3	73	265	251	174	93	54	35
开平市	15	1	185	243	86	243	61	94	27
鹤山市	23	1	213	187	211	175	369	185	414
恩平市	2		121	131	25	17	15	26	16
湛江市	**146**	**2**	**378**	**620**	**381**	**443**	**191**	**298**	**96**
赤坎区			5		1		2	2	2
霞山区	1		1	5	1	3	2	4	1
坡头区	12	1	8	24	17	26	15	8	7
麻章区	9	1	92	27	6	34	23	154	12
遂溪县	30		32	59	11	40	24	31	10
徐闻县	14		11	16	6	25	9	5	6
廉江市	33		21	191	65	98	63	55	31
雷州市	34		50	165	29	184	31	34	22
吴川市	13		158	133	245	33	22	5	5
茂名市	**90**	**8**	**328**	**1350**	**667**	**730**	**346**	**167**	**144**
茂南区	4		22	89	25	34	26	19	18
电白区	23	1	56	212	142	51	43	21	15
高州市	15	3	128	503	254	95	97	59	54
化州市	31	4	70	283	112	144	113	40	20
信宜市	17		52	263	134	406	67	28	37
肇庆市	**121**	**3**	**429**	**1663**	**615**	**749**	**378**	**310**	**123**
端州区									
鼎湖区	7		23	19	55	2	4	17	2
高要区	27		50	478	228	136	115	54	34
广宁县	10		17	108	61	166	30	88	9
怀集县	21	2	87	863	87	258	109	37	44
封开县	13		22	108	24	40	34	22	9
德庆县	13		33	71	14	60	17	15	7
四会市	30	1	197	16	146	87	69	77	18
惠州市	**213**	**4**	**705**	**1323**	**3608**	**967**	**1952**	**528**	**325**
惠城区	15	4	67	235	61	50	172	112	56
惠阳区	12		61	203	135	153	913	193	153
博罗县	143		440	739	301	267	613	99	71
惠东县	21		122	100	3097	93	232	107	38
龙门县	22		15	46	14	404	22	17	7
梅州市	**317**	**11**	**94**	**290**	**179**	**154**	**208**	**59**	**58**
梅江区	5	1	2	3		3	6		2
梅县区	41	8	33	20	13	31	3	4	16
大埔县	17		3	76	4	7	13	1	4
丰顺县	138		3	16		11	12	4	8
五华县	35	1	12	51	33	20	65	11	9
平远县	16		4	33	8	26	41	3	2
蕉岭县	23		3	19	5	29	48	22	
兴宁市	42	1	34	72	116	27	20	14	17
汕尾市	**35**		**157**	**1190**	**226**	**89**	**37**	**48**	**14**
城区	3		31	74	18	5	8	8	7
海丰县	13		95	927	173	23	11	12	2
陆河县	2		3	14	11	16	5	1	3
陆丰市	17		28	175	24	45	13	27	2

4–4c　续表 18　　　　单位：人

地　　区 性　　别	制造业								
	酒、饮料和精制茶制造业	烟　草制品业	纺织业	纺织服装、服饰业	皮革、毛皮、羽毛及其制品和制鞋业	木材加工和木、竹、藤、棕、草制品业	家　具制造业	造纸和纸制品业	印刷和记录媒介复制业
河源市	**172**	**1**	**172**	**470**	**530**	**268**	**221**	**87**	**112**
源城区	9		26	38	30	7	14	14	24
紫金县	33	1	25	114	111	86	40	25	33
龙川县	23		40	83	283	59	68	13	16
连平县	30		8	60	25	13	28	15	14
和平县	19		43	86	61	26	32	5	17
东源县	58		30	89	20	77	39	15	8
阳江市	**45**		**140**	**699**	**233**	**282**	**218**	**127**	**65**
江城区	5		21	150	47	29	14	33	17
阳东区	11		16	121	21	201	139	49	13
阳西县	9		30	138	22	9	8	7	12
阳春市	20		73	290	143	43	57	38	23
清远市	**167**		**671**	**497**	**1461**	**435**	**788**	**256**	**44**
清城区	6		118	84	52	60	567	28	12
清新区	35		136	145	983	81	53	29	6
佛冈县	21		142	16	44	86	100	10	8
阳山县	8		13	31	34	11	16	8	3
连山壮族瑶族自治县	5		3	13	1	61	4	1	
连南瑶族自治县	2		6	29	24	8	3	11	4
英德市	90		239	144	248	109	34	167	8
连州市			14	35	75	19	11	2	3
东莞市	**93**	**4**	**1209**	**1790**	**2080**	**522**	**1373**	**3334**	**672**
市辖区	93	4	1209	1790	2080	522	1373	3334	672
中山市	**98**	**5**	**1085**	**1401**	**248**	**152**	**980**	**327**	**222**
市辖区	98	5	1085	1401	248	152	980	327	222
潮州市	**378**	**7**	**157**	**1366**	**412**	**102**	**79**	**452**	**313**
湘桥区	6		17	152	36		1	24	9
潮安区	222	7	87	964	366	46	44	375	270
饶平县	150		53	250	10	56	34	53	34
揭阳市	**277**	**10**	**930**	**13534**	**218**	**236**	**126**	**339**	**173**
榕城区	4	3	92	221	53	60	38	56	39
揭东区	113	4	136	1173	59	43	12	170	24
揭西县	86	1	79	764	27	24	18	22	71
惠来县	23		94	2689	35	23	10	38	9
普宁市	51	2	529	8687	44	86	48	53	30
云浮市	**24**	**3**	**102**	**615**	**675**	**108**	**92**	**156**	**46**
云城区			21	32	20	16	10	2	3
云安区	2	1	9	63	14	14	10	4	3
新兴县	6		17	55	522	11	19	104	15
郁南县	7	1	14	48	12	28	11	12	6
罗定市	9	1	41	417	107	39	42	34	19
男	**1828**	**51**	**7157**	**15444**	**7538**	**4861**	**8863**	**6548**	**2676**
广州市	**193**	**3**	**695**	**1069**	**1816**	**466**	**1577**	**750**	**552**
荔湾区									
越秀区									
海珠区									
天河区									
白云区	33	1	110	243	538	150	839	369	163
黄埔区	6		3	11	2	7	30	9	15
番禺区	9	2	50	380	113	76	143	96	225
花都区	26		216	149	1027	50	241	115	63
南沙区	13		215	89	81	97	99	71	11
从化区	23		54	27	20	17	86	12	19
增城区	83		47	170	35	69	139	78	56

4-4c 续表 19

单位：人

地区 性别	制造业 酒、饮料和精制茶制造业	烟草制品业	纺织业	纺织服装、服饰业	皮革、毛皮、羽毛及其制品和制鞋业	木材加工和木、竹、藤、棕、草制品业	家具制造业	造纸和纸制品业	印刷和记录媒介复制业
韶关市	**66**	**7**	**70**	**85**	**52**	**261**	**93**	**110**	**28**
武江区	6			5	1	3	11	1	2
浈江区	2	1		2	1	12	5	2	1
曲江区	8		10	3	4	31	6		1
始兴县	6	1	10	7	2	39	7	13	2
仁化县	6		1		3	54	8	3	
翁源县	12		11	4	12	48	7	6	4
乳源瑶族自治县	1	1	9	4	5	12	7	1	5
新丰县	11		1	2	2	23	5	44	
乐昌市	9	3	13	8	11	26	11	9	4
南雄市	5	1	15	50	11	13	26	31	9
深圳市			**2**	**8**	**32**	**5**	**175**	**24**	**21**
罗湖区									
福田区									
南山区									
宝安区									
龙岗区			2	8	32	5	175	24	21
盐田区									
龙华区									
坪山区									
光明区									
珠海市	**12**		**72**	**36**	**15**	**29**	**25**	**48**	**17**
香洲区									
斗门区	12		72	35	7	29	24	46	17
金湾区				1	8		1	2	
汕头市	**59**	**2**	**1819**	**4911**	**101**	**56**	**79**	**584**	**182**
龙湖区	4		209	237	24	3	8	16	14
金平区			3	7	4	2			2
濠江区	2		3	14			6	12	27
潮阳区	35		295	2441	55	19	44	351	24
潮南区	15	2	1207	2053	17	23	9	45	63
澄海区	2		102	159	1	9	12	160	52
南澳县	1								
佛山市	**50**	**1**	**513**	**113**	**49**	**210**	**1208**	**168**	**42**
禅城区									
南海区	10	1	85	50	24	83	184	55	16
顺德区	3		5	6	2	8	768	13	4
三水区	31		413	32	21	82	224	98	19
高明区	6		10	25	2	37	32	2	3
江门市	**70**	**5**	**495**	**244**	**325**	**430**	**773**	**479**	**245**
蓬江区	4		3	8	2	1	6	18	7
江海区									
新会区	30	1	145	54	23	57	429	264	19
台山市	7	3	39	65	127	108	56	34	20
开平市	11		122	42	33	151	36	53	14
鹤山市	16	1	116	39	130	101	236	97	175
恩平市	2		70	36	10	12	10	13	10
湛江市	**92**	**1**	**117**	**189**	**175**	**287**	**146**	**215**	**65**
赤坎区			3		1		2	2	2
霞山区	1				1	1		2	1
坡头区	6	1		4	5	13	13	4	3
麻章区	6		17	13	3	21	18	127	8
遂溪县	18		16	20	10	31	15	24	5
徐闻县	8		8	7	6	20	8	2	3
廉江市	24		10	56	44	68	48	32	22
雷州市	21		28	61	14	103	23	20	17
吴川市	8		35	28	91	30	19	2	4

4-4c 续表 20

单位：人

地区 性别	制造业								
	酒、饮料和精制茶制造业	烟草制品业	纺织业	纺织服装、服饰业	皮革、毛皮、羽毛及其制品和制鞋业	木材加工和木、竹、藤、棕、草制品业	家具制造业	造纸和纸制品业	印刷和记录媒介复制业
茂名市	**49**	**7**	**134**	**372**	**215**	**420**	**253**	**101**	**94**
茂南区	2		8	30	7	30	20	12	9
电白区	14		19	83	61	41	33	12	12
高州市	9	3	45	139	68	58	67	40	36
化州市	14	4	33	60	36	110	83	19	14
信宜市	10		29	60	43	181	50	18	23
肇庆市	**62**	**1**	**240**	**306**	**194**	**443**	**247**	**173**	**76**
端州区									
鼎湖区	3		9	7	19	2	2	6	1
高要区	14		17	60	60	66	66	30	21
广宁县	4		8	14	19	82	18	62	6
怀集县	15		37	174	45	157	77	20	26
封开县	9		11	27	11	33	20	11	7
德庆县	7		19	21	5	48	10	6	5
四会市	10	1	139	3	35	55	54	38	10
惠州市	**133**	**1**	**410**	**474**	**1939**	**637**	**1339**	**352**	**205**
惠城区	10	1	31	101	26	34	136	86	36
惠阳区	7		36	91	76	95	617	135	92
博罗县	91		280	241	108	189	412	45	43
惠东县	11		54	28	1720	74	157	75	29
龙门县	14		9	13	9	245	17	11	5
梅州市	**199**	**9**	**36**	**122**	**47**	**107**	**146**	**36**	**44**
梅江区	2	1	1			2	4		2
梅县区	24	7	10	7	9	23	1	3	13
大埔县	12		3	46	3	7	11	1	3
丰顺县	89		2	4		7	9	3	8
五华县	20	1	4	16	10	15	49	6	7
平远县	9		2	14	6	17	21	2	2
蕉岭县	11		1	9		15	35	10	
兴宁市	32		13	26	19	21	16	11	9
汕尾市	**26**		**80**	**577**	**133**	**75**	**30**	**30**	**10**
城　区	2		17	20	8	2	6	3	6
海丰县	10		45	480	102	17	9	9	2
陆河县	2		2	6	6	14	5	1	2
陆丰市	12		16	71	17	42	10	17	
河源市	**103**	**1**	**93**	**166**	**163**	**174**	**170**	**58**	**75**
源城区	3		17	12	14	4	10	9	14
紫金县	18	1	15	40	52	55	31	19	23
龙川县	15		19	34	64	38	55	9	8
连平县	20		3	20	7	13	19	10	11
和平县	12		24	31	17	18	28	3	13
东源县	35		15	29	9	46	27	8	6
阳江市	**27**		**45**	**163**	**73**	**183**	**148**	**78**	**42**
江城区	2		4	33	20	16	11	22	6
阳东区	7		6	26	2	125	91	27	8
阳西县	7		7	27	10	6	5	3	10
阳春市	11		28	77	41	36	41	26	18
清远市	**91**		**386**	**160**	**475**	**293**	**577**	**119**	**29**
清城区	5		88	15	14	42	414	13	8
清新区	23		59	48	310	53	42	23	3
佛冈县	16		81	1	17	59	71	7	6
阳山县	5		5	15	10	7	14	5	3
连山壮族瑶族自治县	3			7	1	39	3		
连南瑶族自治县	2		4	20	5	7	2	7	2
英德市	37		141	47	101	74	23	62	5
连州市			8	7	17	12	8	2	2

4−4c 续表 21

单位：人

地区 性别	制造业								
	酒、饮料和精制茶制造业	烟草制品业	纺织业	纺织服装、服饰业	皮革、毛皮、羽毛及其制品和制鞋业	木材加工和木、竹、藤、棕、草制品业	家具制造业	造纸和纸制品业	印刷和记录媒介复制业
东莞市	**71**	**2**	**720**	**902**	**1093**	**359**	**967**	**2392**	**403**
市辖区	71	2	720	902	1093	359	967	2392	403
中山市	**60**	**4**	**645**	**562**	**96**	**97**	**675**	**203**	**132**
市辖区	60	4	645	562	96	97	675	203	132
潮州市	**247**	**4**	**65**	**427**	**202**	**70**	**55**	**317**	**249**
湘桥区	5		5	37	19			19	6
潮安区	140	4	40	304	176	37	32	262	219
饶平县	102		20	86	7	33	23	36	24
揭阳市	**204**	**2**	**475**	**4409**	**132**	**190**	**113**	**220**	**131**
榕城区	4		32	48	34	54	34	25	31
揭东区	90	1	33	240	32	27	10	116	17
揭西县	52		27	115	16	19	17	17	50
惠来县	18		51	904	22	20	8	18	7
普宁市	40	1	332	3102	28	70	44	44	26
云浮市	**14**	**1**	**45**	**149**	**211**	**69**	**67**	**91**	**34**
云城区			11	5	6	11	7	1	2
云安区	1			5	3	10	7	1	2
新兴县	2		8	7	165	9	15	63	11
郁南县	5	1	4	13	5	19	10	8	5
罗定市	6		22	119	32	20	28	18	14
女	**1049**	**35**	**5597**	**29212**	**8753**	**2587**	**3855**	**3398**	**1565**
广州市	**101**	**3**	**582**	**1439**	**1732**	**180**	**679**	**461**	**319**
荔湾区									
越秀区									
海珠区									
天河区									
白云区	29	2	125	284	469	69	371	235	69
黄埔区	3		2	18	3	6	24	6	5
番禺区	3	1	52	417	137	21	50	61	174
花都区	11		172	212	907	19	88	65	33
南沙区	11		145	178	145	34	54	52	12
从化区	15		46	82	25	3	36	5	7
增城区	29		40	248	46	28	56	37	19
韶关市	**38**	**4**	**79**	**175**	**82**	**171**	**41**	**99**	**20**
武江区			1	12	4	1	1		8
浈江区			1	4	4	7	5	2	1
曲江区	7	1	13	8	2	11		1	1
始兴县	1		7	8	1	15		13	
仁化县	8		1	2	2	53	3	3	
翁源县	8		13	16	15	29	5	4	2
乳源瑶族自治县			9	13	5	7	3	3	1
新丰县	7			4	1	23	2	33	
乐昌市	5	1	24	36	37	19	7	5	3
南雄市	2	2	10	72	11	6	15	35	4
深圳市			**1**	**12**	**30**	**5**	**56**	**13**	**9**
罗湖区									
福田区									
南山区									
宝安区									
龙岗区			1	12	30	5	56	13	9
盐田区									
龙华区									
坪山区									
光明区									

4–4c　续表 22　　　　　　　　　　　　　　　　　　　　　　　　　　　　　　单位：人

地　区 性　别	制造业								
	酒、饮料和精制茶制造业	烟　草制品业	纺织业	纺织服装、服饰业	皮革、毛皮、羽毛及其制品和制鞋业	木材加工和木、竹、藤、棕、草制品业	家　具制造业	造纸和纸制品业	印刷和记录媒介复制业
珠海市	**5**		**33**	**132**	**11**	**8**	**14**	**39**	**19**
香洲区									
斗门区	5		30	129	7	8	14	36	19
金湾区			3	3	4			3	
汕头市	**14**	**1**	**1061**	**8653**	**176**	**16**	**11**	**256**	**42**
龙湖区			259	371	37		5	8	6
金平区			2	5	1			1	3
濠江区	3		12	85	9		1	30	6
潮阳区	8	1	215	4603	95	7	1	164	5
潮南区	2		358	3280	32	6	3	23	11
澄海区			214	309	2	3	1	30	11
南澳县	1		1						
佛山市	**29**		**419**	**164**	**40**	**90**	**583**	**116**	**38**
禅城区									
南海区	6		83	82	23	49	109	39	17
顺德区	1		9	9	3	6	370	4	3
三水区	21		311	31	10	25	82	71	17
高明区	1		16	42	4	10	22	2	1
江门市	**64**	**2**	**356**	**807**	**297**	**284**	**415**	**311**	**300**
蓬江区	2		10	49	9	3	3	8	10
江海区									
新会区	48	1	101	114	15	44	212	141	17
台山市	3		34	200	124	66	37	20	15
开平市	4	1	63	201	53	92	25	41	13
鹤山市	7		97	148	81	74	133	88	239
恩平市			51	95	15	5	5	13	6
湛江市	**54**	**1**	**261**	**431**	**206**	**156**	**45**	**83**	**31**
赤坎区			2						
霞山区			1	5		2	2	2	
坡头区	6		8	20	12	13	2	4	4
麻章区	3	1	75	14	3	13	5	27	4
遂溪县	12		16	39	1	9	9	7	5
徐闻县	6		3	9		5	1	3	3
廉江市	9		11	135	21	30	15	23	9
雷州市	13		22	104	15	81	8	14	5
吴川市	5		123	105	154	3	3	3	1
茂名市	**41**	**1**	**194**	**978**	**452**	**310**	**93**	**66**	**50**
茂南区	2		14	59	18	4	6	7	9
电白区	9	1	37	129	81	10	10	9	3
高州市	6		83	364	186	37	30	19	18
化州市	17		37	223	76	34	30	21	6
信宜市	7		23	203	91	225	17	10	14
肇庆市	**59**	**2**	**189**	**1357**	**421**	**306**	**131**	**137**	**47**
端州区									
鼎湖区	4		14	12	36		2	11	1
高要区	13		33	418	168	70	49	24	13
广宁县	6		9	94	42	84	12	26	3
怀集县	6	2	50	689	42	101	32	17	18
封开县	4		11	81	13	7	14	11	2
德庆县	6		14	50	9	12	7	9	2
四会市	20		58	13	111	32	15	39	8
惠州市	**80**	**3**	**295**	**849**	**1669**	**330**	**613**	**176**	**120**
惠城区	5	3	36	134	35	16	36	26	20
惠阳区	5		25	112	59	58	296	58	61
博罗县	52		160	498	193	78	201	54	28
惠东县	10		68	72	1377	19	75	32	9
龙门县	8		6	33	5	159	5	6	2

4-4c　续表 23　　　　单位：人

地　区 性　别	制造业								
	酒、饮料和精制茶制造业	烟　草制品业	纺织业	纺织服装、服饰业	皮革、毛皮、羽毛及其制品和制鞋业	木材加工和木、竹、藤、棕、草制品业	家　具制造业	造纸和纸制品业	印刷和记录媒介复制业
梅州市	**118**	**2**	**58**	**168**	**132**	**47**	**62**	**23**	**14**
梅江区	3		1	3		1	2		
梅县区	17	1	23	13	4	8	2	1	3
大埔县	5			30	1		2		1
丰顺县	49		1	12		4	3	1	
五华县	15		8	35	23	5	16	5	2
平远县	7		2	19	2	9	20	1	
蕉岭县	12		2	10	5	14	13	12	
兴宁市	10	1	21	46	97	6	4	3	8
汕尾市	**9**		**77**	**613**	**93**	**14**	**7**	**18**	**4**
城　区	1		14	54	10	3	2	5	1
海丰县	3		50	447	71	6	2	3	
陆河县			1	8	5	2			1
陆丰市	5		12	104	7	3	3	10	2
河源市	**69**		**79**	**304**	**367**	**94**	**51**	**29**	**37**
源城区	6		9	26	16	3	4	5	10
紫金县	15		10	74	59	31	9	6	10
龙川县	8		21	49	219	21	13	4	8
连平县	10		5	40	18		9	5	3
和平县	7		19	55	44	8	4	2	4
东源县	23		15	60	11	31	12	7	2
阳江市	**18**		**95**	**536**	**160**	**99**	**70**	**49**	**23**
江城区	3		17	117	27	13	3	11	11
阳东区	4		10	95	19	76	48	22	5
阳西县	2		23	111	12	3	3	4	2
阳春市	9		45	213	102	7	16	12	5
清远市	**76**		**285**	**337**	**986**	**142**	**211**	**137**	**15**
清城区	1		30	69	38	18	153	15	4
清新区	12		77	97	673	28	11	6	3
佛冈县	5		61	15	27	27	29	3	2
阳山县	3		8	16	24	4	2	3	
连山壮族瑶族自治县	2		3	6		22	1	1	
连南瑶族自治县			2	9	19	1	1	4	2
英德市	53		98	97	147	35	11	105	3
连州市			6	28	58	7	3		1
东莞市	**22**	**2**	**489**	**888**	**987**	**163**	**406**	**942**	**269**
市辖区	22	2	489	888	987	163	406	942	269
中山市	**38**	**1**	**440**	**839**	**152**	**55**	**305**	**124**	**90**
市辖区	38	1	440	839	152	55	305	124	90
潮州市	**131**	**3**	**92**	**939**	**210**	**32**	**24**	**135**	**64**
湘桥区	1		12	115	17		1	5	3
潮安区	82	3	47	660	190	9	12	113	51
饶平县	48		33	164	3	23	11	17	10
揭阳市	**73**	**8**	**455**	**9125**	**86**	**46**	**13**	**119**	**42**
榕城区		3	60	173	19	6	4	31	8
揭东区	23	3	103	933	27	16	2	54	7
揭西县	34	1	52	649	11	5	1	5	21
惠来县	5		43	1785	13	3	2	20	2
普宁市	11	1	197	5585	16	16	4	9	4
云浮市	**10**	**2**	**57**	**466**	**464**	**39**	**25**	**65**	**12**
云城区			10	27	14	5	3	1	1
云安区	1	1	9	58	11	4	3	3	1
新兴县	4		9	48	357	2	4	41	4
郁南县	2		10	35	7	9	1	4	1
罗定市	3	1	19	298	75	19	14	16	5

4-4c 续表 24

单位：人

地区 性别	制造业								
	文教、工美、体育和娱乐用品制造业	石油、煤炭及其他燃料加工业	化学原料和化学制品制造业	医药制造业	化学纤维制造业	橡胶和塑料制品业	非金属矿物制品业	黑色金属冶炼和压延加工业	有色金属冶炼和压延加工业
广东	**20750**	**344**	**9937**	**1958**	**106**	**19084**	**25606**	**2119**	**3418**
广州市	**1501**	**38**	**4757**	**539**	**14**	**3452**	**1497**	**136**	**164**
荔湾区									
越秀区									
海珠区									
天河区									
白云区	279	8	3211	143	1	1401	375	16	20
黄埔区	17	1	68	97	6	24	23	5	6
番禺区	305		121	81		424	202	7	12
花都区	209	10	654	60	2	803	272	58	67
南沙区	323	9	106	25	2	249	254	42	27
从化区	232	2	445	81	1	301	163	5	6
增城区	136	8	152	52	2	250	208	3	26
韶关市	**748**	**10**	**354**	**48**		**208**	**670**	**181**	**157**
武江区	72		15	3		13	38	2	2
浈江区	47	1	9	2		6	32	4	4
曲江区	41	3	36	2		5	65	149	10
始兴县	341	1	9	1		25	13	1	3
仁化县	33	2	11	1		11	65		72
翁源县	78		100	5		57	56	7	3
乳源瑶族自治县	54		27	27		17	34	2	30
新丰县	14		43			4	169	3	19
乐昌市	18		38	3		37	71	7	5
南雄市	50	3	66	4		33	127	6	9
深圳市	**116**	**1**	**65**	**7**		**129**	**72**		**3**
罗湖区									
福田区									
南山区									
宝安区									
龙岗区	116	1	65	7		129	72		3
盐田区									
龙华区									
坪山区									
光明区									
珠海市	**138**	**10**	**84**	**26**	**4**	**162**	**218**	**3**	**8**
香洲区									
斗门区	135	5	59	22	2	143	215	1	8
金湾区	3	5	25	4	2	19	3	2	
汕头市	**5574**		**252**	**35**	**6**	**1188**	**433**	**10**	**12**
龙湖区	357		12	7	1	93	15	4	1
金平区	25		4	2		7	2		
濠江区	50		22	1	5	48	203		3
潮阳区	513		61	4		349	72	4	1
潮南区	541		111	7		378	113	1	6
澄海区	4088		41	14		313	24	1	1
南澳县			1				4		
佛山市	**200**	**31**	**336**	**42**	**8**	**899**	**1590**	**150**	**819**
禅城区									
南海区	111	17	94	18	2	307	568	47	278
顺德区	13		19	2		86	18	16	1
三水区	75	14	200	15	5	457	914	82	522
高明区	1		23	7	1	49	90	5	18

4-4c 续表 25 单位：人

地区 性别	制造业								
	文教、工美、体育和娱乐用品制造业	石油、煤炭及其他燃料加工业	化学原料和化学制品制造业	医药制造业	化学纤维制造业	橡胶和塑料制品业	非金属矿物制品业	黑色金属冶炼和压延加工业	有色金属冶炼和压延加工业
江门市	**332**	**18**	**429**	**65**	**14**	**1057**	**1805**	**145**	**326**
蓬江区	8		15			20	11		5
江海区									
新会区	69	10	126	15	3	290	302	82	26
台山市	111	3	21	18		164	115	37	191
开平市	19	2	42	19	10	256	153	12	9
鹤山市	67	2	184	6	1	290	341	8	88
恩平市	58	1	41	7		37	883	6	7
湛江市	**272**	**25**	**112**	**107**	**7**	**297**	**754**	**148**	**23**
赤坎区				1		1	28		
霞山区	2	4	4	6			7	3	1
坡头区	18	1	5	3	4	8	46	4	3
麻章区	38	7	7	33	2	29	45	109	2
遂溪县	36	4	16	13	1	45	98	6	3
徐闻县	6	1	11	4		13	45		
廉江市	75		26	25		127	263	16	8
雷州市	58		32	13		24	124	5	5
吴川市	39	8	11	9		50	98	5	1
茂名市	**747**	**102**	**219**	**108**	**1**	**705**	**659**	**52**	**18**
茂南区	77	67	64	17	1	80	154	10	
电白区	179	20	69	29		164	98	12	6
高州市	283	8	43	18		206	156	13	6
化州市	94	6	23	35		132	170	16	3
信宜市	114	1	20	9		123	81	1	3
肇庆市	**607**	**4**	**326**	**55**	**8**	**500**	**2276**	**46**	**203**
端州区									
鼎湖区	12		24	4		9	81	1	2
高要区	123	1	48	10	6	206	987	18	71
广宁县	51	1	25	3		71	338	4	7
怀集县	94		25	20		90	137	17	12
封开县	30		13	3		28	236	3	1
德庆县	25		21	5	1	32	196	2	4
四会市	272	2	170	10	1	64	301	1	106
惠州市	**1774**	**22**	**747**	**87**	**8**	**2569**	**1641**	**75**	**66**
惠城区	89	1	237	9	1	487	361	6	13
惠阳区	853	5	219	13	6	928	393	15	21
博罗县	631	12	236	47	1	904	372	15	30
惠东县	129	2	37	12		175	239	34	2
龙门县	72	2	18	6		75	276	5	
梅州市	**265**	**3**	**83**	**39**		**254**	**1088**	**36**	**55**
梅江区				4		5	8	2	2
梅县区	29		34	8		130	116	2	24
大埔县	16	1	4	2		3	273		1
丰顺县	24		8	3		8	124	21	1
五华县	43		13	17		27	165	3	12
平远县	5	1	2	2		24	83	6	7
蕉岭县	5		11	1		6	222	2	7
兴宁市	143	1	11	2		51	97		1
汕尾市	**1649**		**34**	**13**	**1**	**57**	**370**	**16**	**37**
城　区	28			5		5	102		3
海丰县	1567		5	3	1	24	52	1	14
陆河县	2		1			1	21	2	1
陆丰市	52		28	5		27	195	13	19

4-4c 续表 26 单位：人

地区 性别	制造业								
	文教、工美、体育和娱乐用品制造业	石油、煤炭及其他燃料加工业	化学原料和化学制品制造业	医药制造业	化学纤维制造业	橡胶和塑料制品业	非金属矿物制品业	黑色金属冶炼和压延加工业	有色金属冶炼和压延加工业
河源市	**680**	**1**	**63**	**74**		**357**	**835**	**115**	**23**
源城区	154		1	4		62	35	15	3
紫金县	115		8	17		106	75	4	10
龙川县	70		14	6		53	191	9	2
连平县	64	1	3	13		48	71	36	
和平县	48		9	21		19	45	41	1
东源县	229		28	13		69	418	10	7
阳江市	**106**	**4**	**48**	**23**	**3**	**327**	**597**	**208**	**405**
江城区	6		3			86	80	59	389
阳东区	15		5	6	1	134	54	2	3
阳西县	22		9	3		28	198	1	1
阳春市	63	4	31	14	2	79	265	146	12
清远市	**1429**	**5**	**510**	**303**	**3**	**483**	**2509**	**327**	**413**
清城区	118		64	259		103	644	43	314
清新区	232		45	22		126	863	7	21
佛冈县	592	2	26	5		44	158	88	30
阳山县	37		27	4		32	94	2	2
连山壮族瑶族自治县	9		3	1		4	9	1	5
连南瑶族自治县	62		32			18	28	2	
英德市	339	2	305	9	1	146	520	181	31
连州市	40	1	8	3	2	10	193	3	10
东莞市	**1733**	**46**	**721**	**193**	**19**	**3769**	**1305**	**108**	**132**
市辖区	1733	46	721	193	19	3769	1305	108	132
中山市	**704**	**6**	**429**	**67**	**4**	**1019**	**671**	**67**	**57**
市辖区	704	6	429	67	4	1019	671	67	57
潮州市	**1137**		**57**	**16**		**875**	**3137**	**36**	**323**
湘桥区	147		3			29	117	2	6
潮安区	320		24	10		646	2438	29	293
饶平县	670		30	6		200	582	5	24
揭阳市	**784**	**16**	**124**	**76**	**4**	**626**	**1177**	**234**	**32**
榕城区	235	1	30	8		38	625	221	10
揭东区	228	2	42	12	3	116	284	4	3
揭西县	72		13	16		260	48	4	8
惠来县	132	13	13	2		40	77	1	6
普宁市	117		26	38	1	172	143	4	5
云浮市	**254**	**2**	**187**	**35**	**2**	**151**	**2302**	**26**	**142**
云城区	10		2	3		9	542	18	4
云安区	23	1	50	1		7	899		7
新兴县	10	1	30	10		40	453	1	121
郁南县	98		24	11	2	42	134	1	5
罗定市	113		81	10		53	274	6	5
男	**9904**	**269**	**5625**	**1053**	**65**	**11479**	**18523**	**1735**	**2519**
广州市	**674**	**29**	**2313**	**276**	**8**	**2065**	**1117**	**113**	**111**
荔湾区									
越秀区									
海珠区									
天河区									
白云区	150	8	1544	75		831	267	15	13
黄埔区	4	1	38	51	5	16	16	3	4
番禺区	163		65	36		249	141	4	8
花都区	109	6	294	31	2	510	204	44	39
南沙区	132	7	70	13		130	204	41	19
从化区	51	2	226	47		186	132	4	5
增城区	65	5	76	23	1	143	153	2	23

4-4c 续表 27 单位：人

地区 性别	制造业 文教、工美、体育和娱乐用品制造业	石油、煤炭及其他燃料加工业	化学原料和化学制品制造业	医药制造业	化学纤维制造业	橡胶和塑料制品业	非金属矿物制品业	黑色金属冶炼和压延加工业	有色金属冶炼和压延加工业
韶关市	**238**	**9**	**222**	**27**		**120**	**486**	**148**	**121**
武江区	19		6	1		4	27	2	1
浈江区	11	1	4	1		5	20	4	4
曲江区	7	3	20	1		4	56	120	9
始兴县	100	1	7	1		15	10	1	2
仁化县	13	2	6	1		9	49		57
翁源县	26		67	3		29	44	6	2
乳源瑶族自治县	19		15	17		13	29	2	22
新丰县	5		31			3	123	2	14
乐昌市	9		27			20	52	6	4
南雄市	29	2	39	2		18	76	5	6
深圳市	**58**	**1**	**33**	**2**		**78**	**61**		**2**
罗湖区									
福田区									
南山区									
宝安区									
龙岗区	58	1	33	2		78	61		2
盐田区									
龙华区									
坪山区									
光明区									
珠海市	**48**	**7**	**54**	**10**	**3**	**82**	**134**	**3**	**3**
香洲区									
斗门区	47	4	33	9	2	70	131	1	3
金湾区	1	3	21	1	1	12	3	2	
汕头市	**2881**		**140**	**21**	**3**	**765**	**351**	**10**	**12**
龙湖区	182		7	4		43	13	4	1
金平区	9		1	1		5	2		
濠江区	24		13	1	3	25	138		3
潮阳区	194		30	3		290	70	4	1
潮南区	335		66	4		252	103	1	6
澄海区	2137		22	8		150	21	1	1
南澳县			1				4		
佛山市	**93**	**24**	**233**	**20**	**6**	**554**	**1082**	**121**	**603**
禅城区									
南海区	50	12	60	7	2	176	396	34	197
顺德区	7		10			55	10	12	1
三水区	36	12	148	10	3	285	623	70	391
高明区			15	3	1	38	53	5	14
江门市	**124**	**15**	**266**	**25**	**9**	**518**	**1261**	**112**	**239**
蓬江区	4		9			8	7		3
江海区									
新会区	20	8	82	5	2	135	212	68	24
台山市	39	3	9	6		78	79	25	125
开平市	8	1	22	10	6	103	102	8	5
鹤山市	28	2	117	1	1	171	245	5	78
恩平市	25	1	27	3		23	616	6	4
湛江市	**119**	**21**	**66**	**44**	**6**	**166**	**583**	**116**	**20**
赤坎区						1	21		
霞山区	1	3	4	2			4	3	1
坡头区	9	1	5	2	3	5	31	4	2
麻章区	6	6	4	9	2	18	42	81	1
遂溪县	18	3	7	7	1	19	66	6	3
徐闻县	4	1	6	1		9	33		
廉江市	39		17	9		75	203	13	8
雷州市	28		18	11		16	97	4	4
吴川市	14	7	5	3		23	86	5	1

4-4c 续表 28 单位：人

地区 性别	制造业								
	文教、工美、体育和娱乐用品制造业	石油、煤炭及其他燃料加工业	化学原料和化学制品制造业	医药制造业	化学纤维制造业	橡胶和塑料制品业	非金属矿物制品业	黑色金属冶炼和压延加工业	有色金属冶炼和压延加工业
茂名市	**371**	**81**	**143**	**51**		**385**	**514**	**35**	**15**
茂南区	30	56	41	8		44	114	7	
电白区	105	13	49	14		61	82	7	4
高州市	160	6	26	9		122	122	9	6
化州市	33	5	14	18		82	134	12	2
信宜市	43	1	13	2		76	62		3
肇庆市	**300**	**3**	**220**	**28**	**5**	**282**	**1530**	**40**	**149**
端州区									
鼎湖区	6		19	2		4	39	1	2
高要区	50	1	35	5	3	100	663	15	54
广宁县	17	1	18	2		50	213	4	7
怀集县	46		13	10		56	104	16	7
封开县	9		7	1		14	183	2	1
德庆县	12		11	4	1	17	117	1	3
四会市	160	1	117	4	1	41	211	1	75
惠州市	**862**	**14**	**491**	**45**	**6**	**1612**	**1282**	**63**	**55**
惠城区	34	1	132	2		318	270	4	11
惠阳区	467	4	147	8	5	558	309	14	17
博罗县	262	6	173	24	1	568	283	14	25
惠东县	64	1	28	8		119	190	27	2
龙门县	35	2	11	3		49	230	4	
梅州市	**109**	**3**	**50**	**23**		**162**	**827**	**33**	**38**
梅江区				2		2	7	1	1
梅县区	10		22	5		94	80	2	11
大埔县	10	1	3	1		2	198		1
丰顺县	9		4	2		5	83	20	1
五华县	14		7	8		15	122	2	11
平远县	4	1	1	2		14	71	6	6
蕉岭县	2		7	1		3	187	2	6
兴宁市	60	1	6	2		27	79		1
汕尾市	**1116**		**24**	**9**		**39**	**335**	**13**	**32**
城　区	21			3		3	88		3
海丰县	1072		5	2		16	48	1	11
陆河县	1		1			1	19	2	1
陆丰市	22		18	4		19	180	10	17
河源市	**278**	**1**	**24**	**34**		**190**	**629**	**99**	**13**
源城区	70			2		30	26	13	2
紫金县	48		4	11		59	56	1	7
龙川县	23		5	2		33	144	6	
连平县	19	1	1	5		23	57	32	
和平县	17		6	10		7	33	39	
东源县	101		8	4		38	313	8	4
阳江市	**30**	**2**	**34**	**13**	**1**	**172**	**452**	**171**	**316**
江城区	1		1			45	57	48	307
阳东区	6		5	3		67	40	2	3
阳西县	3		4	2		18	147	1	1
阳春市	20	2	24	8	1	42	208	120	5
清远市	**448**	**5**	**322**	**237**	**2**	**268**	**1791**	**277**	**315**
清城区	43		42	216		67	433	37	237
清新区	89		26	13		63	603	6	18
佛冈县	168	2	13	2		27	123	78	20
阳山县	9		18	2		12	70	1	1
连山壮族瑶族自治县	5		1			3	7	1	4
连南瑶族自治县	20		17			9	23	2	
英德市	85	2	197	4		80	382	149	27
连州市	29	1	8		2	7	150	3	8

4－4c　续表 29

单位：人

地　区 性　别	制造业 文教、工美、体育和娱乐用品制造业	石油、煤炭及其他燃料加工业	化学原料和化学制品制造业	医　药制造业	化学纤维制造业	橡胶和塑　料制品业	非金属矿　物制品业	黑色金属冶炼和压延加工业	有色金属冶炼和压延加工业
东莞市	**1019**	**35**	**498**	**84**	**11**	**2339**	**1026**	**81**	**98**
市辖区	1019	35	498	84	11	2339	1026	81	98
中山市	**282**	**6**	**269**	**34**	**2**	**605**	**473**	**56**	**39**
市辖区	282	6	269	34	2	605	473	56	39
潮州市	**408**		**43**	**10**		**549**	**1930**	**32**	**216**
湘桥区	44		3			18	75	2	3
潮安区	154		22	8		439	1541	25	196
饶平县	210		18	2		92	314	5	17
揭阳市	**349**	**12**	**76**	**41**	**2**	**441**	**1005**	**192**	**27**
榕城区	85	1	16	3		25	558	180	8
揭东区	117	1	29	9	1	79	201	4	2
揭西县	35		10	7		185	43	4	7
惠来县	42	10	8	2		13	72		6
普宁市	70		13	20	1	139	131	4	4
云浮市	**97**	**1**	**104**	**19**	**1**	**87**	**1654**	**20**	**95**
云城区	3		1	3		5	382	12	4
云安区	12		24			4	687		2
新兴县	7	1	17	7		26	275	1	81
郁南县	34		17	3	1	24	97	1	4
罗定市	41		45	6		28	213	6	4
女	**10846**	**75**	**4312**	**905**	**41**	**7605**	**7083**	**384**	**899**
广州市	**827**	**9**	**2444**	**263**	**6**	**1387**	**380**	**23**	**53**
荔湾区									
越秀区									
海珠区									
天河区									
白云区	129		1667	68	1	570	108	1	7
黄埔区	13		30	46	1	8	7	2	2
番禺区	142		56	45		175	61	3	4
花都区	100	4	360	29		293	68	14	28
南沙区	191	2	36	12	2	119	50	1	8
从化区	181		219	34	1	115	31	1	1
增城区	71	3	76	29	1	107	55	1	3
韶关市	**510**	**1**	**132**	**21**		**88**	**184**	**33**	**36**
武江区	53		9	2		9	11		1
浈江区	36		5	1		1	12		
曲江区	34		16	1		1	9	29	1
始兴县	241		2			10	3		1
仁化县	20		5			2	16		15
翁源县	52		33	2		28	12	1	1
乳源瑶族自治县	35		12	10		4	5		8
新丰县	9		12			1	46	1	5
乐昌市	9		11	3		17	19	1	1
南雄市	21	1	27	2		15	51	1	3
深圳市	**58**		**32**	**5**		**51**	**11**		**1**
罗湖区									
福田区									
南山区									
宝安区									
龙岗区	58		32	5		51	11		1
盐田区									
龙华区									
坪山区									
光明区									

4-4c　续表 30

单位：人

地　区 性　别	制造业								
	文教、工美、体育和娱乐用品制造业	石油、煤炭及其他燃料加工业	化学原料和化学制品制造业	医　药制造业	化学纤维制造业	橡胶和塑　料制品业	非金属矿　物制品业	黑色金属冶炼和压延加工业	有色金属冶炼和压延加工业
珠海市	**90**	**3**	**30**	**16**	**1**	**80**	**84**		**5**
香洲区									
斗门区	88	1	26	13		73	84		5
金湾区	2	2	4	3	1	7			
汕头市	**2693**		**112**	**14**	**3**	**423**	**82**		
龙湖区	175		5	3	1	50	2		
金平区	16		3	1		2			
濠江区	26		9		2	23	65		
潮阳区	319		31	1		59	2		
潮南区	206		45	3		126	10		
澄海区	1951		19	6		163	3		
南澳县									
佛山市	**107**	**7**	**103**	**22**	**2**	**345**	**508**	**29**	**216**
禅城区									
南海区	61	5	34	11		131	172	13	81
顺德区	6		9	2		31	8	4	
三水区	39	2	52	5	2	172	291	12	131
高明区	1		8	4		11	37		4
江门市	**208**	**3**	**163**	**40**	**5**	**539**	**544**	**33**	**87**
蓬江区	4		6			12	4		2
江海区									
新会区	49	2	44	10	1	155	90	14	2
台山市	72		12	12		86	36	12	66
开平市	11	1	20	9	4	153	51	4	4
鹤山市	39		67	5		119	96	3	10
恩平市	33		14	4		14	267		3
湛江市	**153**	**4**	**46**	**63**	**1**	**131**	**171**	**32**	**3**
赤坎区				1			7		
霞山区	1	1		4			3		
坡头区	9			1	1	3	15		1
麻章区	32	1	3	24		11	3	28	1
遂溪县	18	1	9	6		26	32		
徐闻县	2		5	3		4	12		
廉江市	36		9	16		52	60	3	
雷州市	30		14	2		8	27	1	1
吴川市	25	1	6	6		27	12		
茂名市	**376**	**21**	**76**	**57**	**1**	**320**	**145**	**17**	**3**
茂南区	47	11	23	9	1	36	40	3	
电白区	74	7	20	15		103	16	5	2
高州市	123	2	17	9		84	34	4	
化州市	61	1	9	17		50	36	4	1
信宜市	71		7	7		47	19	1	
肇庆市	**307**	**1**	**106**	**27**	**3**	**218**	**746**	**6**	**54**
端州区									
鼎湖区	6		5	2		5	42		
高要区	73		13	5	3	106	324	3	17
广宁县	34		7	1		21	125		
怀集县	48		12	10		34	33	1	5
封开县	21		6	2		14	53	1	
德庆县	13		10	1		15	79	1	1
四会市	112	1	53	6		23	90		31
惠州市	**912**	**8**	**256**	**42**	**2**	**957**	**359**	**12**	**11**
惠城区	55		105	7	1	169	91	2	2
惠阳区	386	1	72	5	1	370	84	1	4
博罗县	369	6	63	23		336	89	1	5
惠东县	65	1	9	4		56	49	7	
龙门县	37		7	3		26	46	1	

4-4c 续表 31

单位：人

地　区 性　别	制造业 文教、工美、体育和娱乐用品制造业	石油、煤炭及其他燃料加工业	化学原料和化学制品制造业	医　药制造业	化学纤维制造业	橡胶和塑　料制品业	非金属矿　物制品业	黑色金属冶炼和压延加工业	有色金属冶炼和压延加工业
梅州市	**156**		**33**	**16**		**92**	**261**	**3**	**17**
梅江区				2		3	1	1	1
梅县区	19		12	3		36	36		13
大埔县	6		1	1		1	75		
丰顺县	15		4	1		3	41	1	
五华县	29		6	9		12	43	1	1
平远县	1		1			10	12		1
蕉岭县	3		4			3	35		1
兴宁市	83		5			24	18		
汕尾市	**533**		**10**	**4**	**1**	**18**	**35**	**3**	**5**
城　区	7			2		2	14		
海丰县	495			1	1	8	4		3
陆河县	1						2		
陆丰市	30		10	1		8	15	3	2
河源市	**402**		**39**	**40**		**167**	**206**	**16**	**10**
源城区	84		1	2		32	9	2	1
紫金县	67		4	6		47	19	3	3
龙川县	47		9	4		20	47	3	2
连平县	45		2	8		25	14	4	
和平县	31		3	11		12	12	2	1
东源县	128		20	9		31	105	2	3
阳江市	**76**	**2**	**14**	**10**	**2**	**155**	**145**	**37**	**89**
江城区	5		2			41	23	11	82
阳东区	9			3	1	67	14		
阳西县	19		5	1		10	51		
阳春市	43	2	7	6	1	37	57	26	7
清远市	**981**		**188**	**66**	**1**	**215**	**718**	**50**	**98**
清城区	75		22	43		36	211	6	77
清新区	143		19	9		63	260	1	3
佛冈县	424		13	3		17	35	10	10
阳山县	28		9	2		20	24	1	1
连山壮族瑶族自治县	4		2	1		1	2		1
连南瑶族自治县	42		15			9	5		
英德市	254		108	5	1	66	138	32	4
连州市	11			3		3	43		2
东莞市	**714**	**11**	**223**	**109**	**8**	**1430**	**279**	**27**	**34**
市辖区	714	11	223	109	8	1430	279	27	34
中山市	**422**		**160**	**33**	**2**	**414**	**198**	**11**	**18**
市辖区	422		160	33	2	414	198	11	18
潮州市	**729**		**14**	**6**		**326**	**1207**	**4**	**107**
湘桥区	103					11	42		3
潮安区	166		2	2		207	897	4	97
饶平县	460		12	4		108	268		7
揭阳市	**435**	**4**	**48**	**35**	**2**	**185**	**172**	**42**	**5**
榕城区	150		14	5		13	67	41	2
揭东区	111	1	13	3	2	37	83		1
揭西县	37		3	9		75	5		1
惠来县	90	3	5			27	5	1	
普宁市	47		13	18		33	12		1
云浮市	**157**	**1**	**83**	**16**	**1**	**64**	**648**	**6**	**47**
云城区	7		1			4	160	6	
云安区	11	1	26	1		3	212		5
新兴县	3		13	3		14	178		40
郁南县	64		7	8	1	18	37		1
罗定市	72		36	4		25	61		1

4-4c　续表 32

单位：人

地　区 性　别	制造业								
	金　属 制品业	通用设备 制造业	专用设备 制造业	汽　车 制造业	铁路、船舶、 航空航天和 其他运输 设备制造业	电气机械 和器材 制造业	计算机、 通信和其 他电子设 备制造业	仪器仪表 制造业	其　他 制造业
广　东	**37599**	**10196**	**8004**	**5741**	**1676**	**20660**	**34028**	**1814**	**2677**
广州市	**3707**	**2021**	**1346**	**2991**	**491**	**2785**	**3134**	**173**	**386**
荔湾区									
越秀区									
海珠区									
天河区									
白云区	821	486	403	578	97	745	638	54	110
黄埔区	71	112	52	149	7	49	160	17	7
番禺区	740	429	254	847	98	494	421	37	180
花都区	824	408	287	464	88	478	770	18	39
南沙区	626	212	131	225	71	628	673	14	16
从化区	148	162	88	187	92	295	117	16	19
增城区	477	212	131	541	38	96	355	17	15
韶关市	**619**	**267**	**168**	**121**	**51**	**661**	**712**	**81**	**21**
武江区	15	21	6	4	2	55	36	1	
浈江区	30	82	26	26	1	19	45	2	4
曲江区	53	17	19	6	30	33	51	1	
始兴县	52	17	13	5	1	188	61	1	3
仁化县	23	15	5	3	1	60	24	3	
翁源县	101	20	12	4	3	173	59	67	1
乳源瑶族自治县	72	20	10	41	5	27	142		1
新丰县	46	4	34	3	1	5	11	1	3
乐昌市	130	30	19	11	1	46	72		4
南雄市	97	41	24	18	6	55	211	5	5
深圳市	**74**	**33**	**64**	**5**	**6**	**81**	**245**	**46**	**12**
罗湖区									
福田区									
南山区									
宝安区									
龙岗区	74	33	64	5	6	81	245	46	12
盐田区									
龙华区									
坪山区									
光明区									
珠海市	**489**	**176**	**106**	**49**	**71**	**584**	**1598**	**24**	**10**
香洲区									
斗门区	467	168	100	42	70	575	1568	23	8
金湾区	22	8	6	7	1	9	30	1	2
汕头市	**457**	**193**	**189**	**139**	**11**	**131**	**594**	**31**	**110**
龙湖区	45	21	20	42		14	66	23	1
金平区	5	5	1	1	1		4		1
濠江区	37	11	15	72		9	50		4
潮阳区	123	27	30	5	3	29	320	5	15
潮南区	100	92	39	10	6	65	145	2	79
澄海区	143	37	84	9	1	12	9	1	10
南澳县	4					2			
佛山市	**3609**	**775**	**339**	**345**	**51**	**692**	**184**	**44**	**54**
禅城区									
南海区	1539	286	119	191	32	328	71	33	29
顺德区	115	47	9	14		96	15	2	1
三水区	1922	435	205	131	18	238	94	9	22
高明区	33	7	6	9	1	30	4		2

4−4c 续表 33

单位：人

地 区 性 别	制造业								
	金 属 制品业	通用设备 制造业	专用设备 制造业	汽 车 制造业	铁路、船舶、航空航天和其他运输设备制造业	电气机械和器材制造业	计算机、通信和其他电子设备制造业	仪器仪表 制造业	其 他 制造业
江门市	**4210**	**598**	**366**	**235**	**223**	**1066**	**1321**	**48**	**550**
蓬江区	98	35	13	12	31	35	17	1	3
江海区									
新会区	1431	87	50	33	120	329	154	11	378
台山市	358	89	98	50	6	222	299	20	44
开平市	1127	164	93	94	8	78	176	4	13
鹤山市	1069	177	78	37	55	345	169	6	110
恩平市	127	46	34	9	3	57	506	6	2
湛江市	**779**	**197**	**245**	**75**	**35**	**1645**	**1152**	**27**	**84**
赤坎区	2								
霞山区	4	4	4		1	3	3	1	
坡头区	53	12	21	5	3	69	57	1	1
麻章区	65	27	13	13	5	15	58	2	
遂溪县	104	35	39	10	10	44	96	5	14
徐闻县	46	14	28	5		35	114	2	6
廉江市	224	49	67	16	3	1393	397	10	4
雷州市	132	40	31	20	11	53	356	5	47
吴川市	149	16	42	6	2	33	71	1	12
茂名市	**1114**	**441**	**559**	**65**	**29**	**596**	**3075**	**92**	**127**
茂南区	121	54	41	7	8	41	179	16	21
电白区	181	56	112	11	10	229	532	21	46
高州市	345	104	214	23	6	122	983	11	32
化州市	241	159	90	15	3	94	520	21	12
信宜市	226	68	102	9	2	110	861	23	16
肇庆市	**3598**	**532**	**313**	**243**	**22**	**565**	**1089**	**58**	**184**
端州区									
鼎湖区	115	8	3	18		10	12	2	4
高要区	2296	187	111	76	4	105	324	6	35
广宁县	169	78	30	6	4	47	43	5	6
怀集县	447	94	78	50	9	121	300	9	20
封开县	138	42	27	27	1	166	226	3	12
德庆县	72	99	19	11		56	101	28	78
四会市	361	24	45	55	4	60	83	5	29
惠州市	**2818**	**758**	**736**	**236**	**286**	**2401**	**7311**	**410**	**329**
惠城区	447	213	217	82	61	900	3064	98	60
惠阳区	1028	295	177	39	119	485	2002	88	133
博罗县	864	176	252	63	9	929	1679	178	53
惠东县	407	64	76	36	81	65	386	25	82
龙门县	72	10	14	16	16	22	180	21	1
梅州市	**412**	**150**	**142**	**67**	**5**	**199**	**1677**	**31**	**54**
梅江区	12	8	11	2		8	68	2	3
梅县区	104	18	13	33	1	24	319	3	8
大埔县	26	4	8	3		26	54	3	3
丰顺县	31	17	17	3	1	15	311	2	11
五华县	107	37	30	5	2	70	266	13	7
平远县	32	16	12	10		12	156	2	5
蕉岭县	15	11	8	3		11	102	1	2
兴宁市	85	39	43	8	1	33	401	5	15
汕尾市	**234**	**61**	**41**	**66**	**3**	**76**	**589**	**8**	**21**
城 区	12	15	5	47	3	16	340	1	1
海丰县	52	2	15	2		39	102	1	14
陆河县	13	10	4	12		7	15		2
陆丰市	157	34	17	5		14	132	6	4

4-4c 续表 34

单位：人

地区 性别	制造业								
	金属制品业	通用设备制造业	专用设备制造业	汽车制造业	铁路、船舶、航空航天和其他运输设备制造业	电气机械和器材制造业	计算机、通信和其他电子设备制造业	仪器仪表制造业	其他制造业
河源市	**558**	**181**	**461**	**52**	**28**	**378**	**2417**	**80**	**62**
源城区	47	34	77	5		35	279	14	4
紫金县	139	49	186	22	6	84	453	21	6
龙川县	140	33	54	9	15	75	1096	17	27
连平县	42	10	45	6	2	29	147	4	2
和平县	67	17	63	7	2	26	193	19	8
东源县	123	38	36	3	3	129	249	5	15
阳江市	**3002**	**172**	**120**	**35**	**17**	**358**	**359**	**11**	**70**
江城区	920	32	22	3	3	109	11		7
阳东区	1711	20	30	2	12	104	28	2	10
阳西县	81	41	13	17	1	49	121	2	35
阳春市	290	79	55	13	1	96	199	7	18
清远市	**1074**	**388**	**195**	**313**	**142**	**474**	**675**	**39**	**24**
清城区	133	65	25	54	30	44	77		5
清新区	271	74	39	97	21	64	135	1	8
佛冈县	139	110	56	106	87	43	141	6	1
阳山县	100	27	16	5		33	33	14	3
连山壮族瑶族自治县	28	7	4	4		12	27	5	1
连南瑶族自治县	26	14	5	6	2	16	35	5	4
英德市	336	76	43	34	2	236	176	6	2
连州市	41	15	7	7		26	51	2	
东莞市	**4882**	**1939**	**1612**	**340**	**123**	**3173**	**4375**	**338**	**181**
市辖区	4882	1939	1612	340	123	3173	4375	338	181
中山市	**2448**	**621**	**380**	**192**	**52**	**3581**	**1756**	**181**	**70**
市辖区	2448	621	380	192	52	3581	1756	181	70
潮州市	**1463**	**114**	**160**	**27**	**8**	**185**	**193**	**15**	**48**
湘桥区	32	5	4	2		21	19	2	2
潮安区	1315	83	103	6		66	56	4	24
饶平县	116	26	53	19	8	98	118	9	22
揭阳市	**1156**	**414**	**290**	**87**	**14**	**817**	**638**	**62**	**253**
榕城区	115	67	120	11	4	41	25	15	135
揭东区	578	119	44	14	2	47	82	15	36
揭西县	134	63	25	6	1	511	162	6	28
惠来县	94	18	14	5	1	9	94	8	9
普宁市	235	147	87	51	6	209	275	18	45
云浮市	**896**	**165**	**172**	**58**	**8**	**212**	**934**	**15**	**27**
云城区	37	10	12	7	1	14	7	6	2
云安区	47	15	4	20		9	39		1
新兴县	580	23	12	3	3	22	51		7
郁南县	60	32	26	6	2	83	74	6	2
罗定市	172	85	118	22	2	84	763	3	15
男	**24695**	**7206**	**5506**	**4131**	**1223**	**11953**	**18629**	**1037**	**1435**
广州市	**2490**	**1517**	**922**	**2337**	**338**	**1668**	**1775**	**93**	**209**
荔湾区									
越秀区									
海珠区									
天河区									
白云区	574	373	287	443	57	479	381	28	54
黄埔区	44	86	34	116	6	29	94	10	2
番禺区	511	334	169	699	73	278	244	22	104
花都区	568	283	200	338	70	300	443	9	27
南沙区	397	170	94	155	63	345	385	9	5
从化区	92	130	58	152	43	170	56	9	9
增城区	304	141	80	434	26	67	172	6	8

4-4c 续表 35 单位：人

地区 性别	制造业								
	金属制品业	通用设备制造业	专用设备制造业	汽车制造业	铁路、船舶、航空航天和其他运输设备制造业	电气机械和器材制造业	计算机、通信和其他电子设备制造业	仪器仪表制造业	其他制造业
韶关市	**482**	**197**	**107**	**89**	**47**	**316**	**330**	**21**	**9**
武江区	12	18	5		1	26	15	1	
浈江区	28	55	16	19	1	12	21	2	3
曲江区	46	17	13	5	29	21	23	1	
始兴县	34	11	10	4	1	47	27	1	1
仁化县	21	8	2	1	1	36	10	2	
翁源县	61	16	8	3	3	106	27	10	1
乳源瑶族自治县	56	15	5	29	4	7	56		
新丰县	34	3	14	2	1	3	2	1	1
乐昌市	111	24	13	10	1	17	33		
南雄市	79	30	21	16	5	41	116	3	3
深圳市	**56**	**27**	**45**	**3**	**5**	**45**	**134**	**26**	**7**
罗湖区									
福田区									
南山区									
宝安区									
龙岗区	56	27	45	3	5	45	134	26	7
盐田区									
龙华区									
坪山区									
光明区									
珠海市	**328**	**114**	**67**	**30**	**51**	**311**	**930**	**15**	**7**
香洲区									
斗门区	310	111	61	26	50	309	919	14	5
金湾区	18	3	6	4	1	2	11	1	2
汕头市	**373**	**122**	**124**	**51**	**9**	**91**	**351**	**28**	**69**
龙湖区	40	16	9	11		8	40	21	1
金平区	5	2	1		1		1		1
濠江区	30	8	9	29		4	29		2
潮阳区	110	19	12	5	3	19	166	5	13
潮南区	82	54	24	3	4	47	107	2	48
澄海区	102	23	69	3	1	11	8		4
南澳县	4					2			
佛山市	**2396**	**571**	**249**	**229**	**33**	**397**	**102**	**20**	**36**
禅城区									
南海区	1054	205	81	123	19	197	39	15	23
顺德区	78	31	7	9		52	7	1	
三水区	1239	330	158	89	13	132	53	4	12
高明区	25	5	3	8	1	16	3		1
江门市	**2402**	**359**	**259**	**146**	**168**	**535**	**689**	**22**	**263**
蓬江区	51	22	8	5	19	19	9		
江海区									
新会区	841	49	31	17	91	153	92	3	188
台山市	208	50	63	35	4	101	146	9	26
开平市	613	95	70	51	6	48	96	2	7
鹤山市	614	110	62	31	45	186	93	4	41
恩平市	75	33	25	7	3	28	253	4	1
湛江市	**656**	**157**	**187**	**57**	**26**	**787**	**654**	**19**	**46**
赤坎区	2								
霞山区	4	4	2		1	2	2		
坡头区	49	9	18	5	2	22	34	1	1
麻章区	58	23	12	6	4	12	34	2	
遂溪县	74	26	31	10	6	21	55	2	8
徐闻县	44	10	20	5		26	71	2	4
廉江市	179	37	48	14	3	651	217	8	1
雷州市	103	34	21	13	9	42	213	4	25
吴川市	143	14	35	4	1	11	28		7

4-4c　续表 36　　　　单位：人

地　区 性　别	制造业								
	金　属 制品业	通用设备 制造业	专用设备 制造业	汽　车 制造业	铁路、船舶、航空航天和其他运输设备制造业	电气机械和器材制造业	计算机、通信和其他电子设备制造业	仪器仪表 制造业	其　他 制造业
茂名市	**842**	**304**	**429**	**48**	**21**	**356**	**1518**	**43**	**65**
茂南区	102	46	34	7	6	34	98	10	9
电白区	154	38	76	8	7	142	312	11	23
高州市	254	70	171	17	5	77	498	5	21
化州市	173	112	65	10	2	48	263	10	7
信宜市	159	38	83	6	1	55	347	7	5
肇庆市	**2116**	**387**	**214**	**173**	**19**	**342**	**541**	**32**	**85**
端州区									
鼎湖区	61	6	1	9		4	7	1	3
高要区	1206	126	73	52	4	58	167	4	14
广宁县	114	60	25	5	2	28	19	3	3
怀集县	348	61	54	31	8	80	146	5	12
封开县	100	36	15	20	1	96	108	2	5
德庆县	50	78	12	9		41	48	14	32
四会市	237	20	34	47	4	35	46	3	16
惠州市	**1954**	**511**	**447**	**151**	**209**	**1408**	**4423**	**254**	**172**
惠城区	304	131	122	47	39	526	2050	61	37
惠阳区	736	199	119	30	84	246	1251	55	79
博罗县	586	122	139	41	5	581	847	108	25
惠东县	279	51	58	23	67	43	221	15	31
龙门县	49	8	9	10	14	12	54	15	
梅州市	**332**	**97**	**87**	**49**		**106**	**705**	**13**	**38**
梅江区	9	5	3	2		6	28	1	2
梅县区	78	14	10	20		10	177	1	5
大埔县	23	3	7	3		16	24	2	3
丰顺县	22	11	12	2		7	133		9
五华县	96	23	15	3		39	106	4	5
平远县	23	9	7	8		6	48	1	3
蕉岭县	13	7	5	3		4	39	1	2
兴宁市	68	25	28	8		18	150	3	9
汕尾市	**212**	**48**	**32**	**43**	**2**	**57**	**346**	**7**	**12**
城　区	11	11	5	31	2	15	211	1	
海丰县	45	1	9	1		29	53	1	8
陆河县	12	8	2	7		1	8		2
陆丰市	144	28	16	4		12	74	5	2
河源市	**405**	**125**	**308**	**31**	**22**	**186**	**1123**	**40**	**32**
源城区	34	25	61	4		23	147	11	2
紫金县	100	33	115	11	6	47	216	8	3
龙川县	108	16	36	6	13	33	518	5	14
连平县	33	8	36	4	2	14	65	2	1
和平县	50	14	38	5		8	73	9	5
东源县	80	29	22	1	1	61	104	5	7
阳江市	**1546**	**110**	**87**	**22**	**12**	**227**	**183**	**8**	**42**
江城区	398	24	14	3	3	94	7		3
阳东区	887	12	23	1	7	54	18	2	5
阳西县	47	19	7	10	1	28	81	2	25
阳春市	214	55	43	8	1	51	77	4	9
清远市	**793**	**267**	**137**	**204**	**99**	**266**	**352**	**22**	**16**
清城区	99	50	14	41	21	26	39		3
清新区	192	42	27	63	13	42	78	1	6
佛冈县	107	74	42	61	62	29	74	2	
阳山县	76	21	13	3		27	15	8	2
连山壮族瑶族自治县	21	5	3	4		7	19	4	1
连南瑶族自治县	22	8	4	5	1	14	14	4	2
英德市	243	55	30	22	2	109	85	2	2
连州市	33	12	4	5		12	28	1	

4-4c 续表 37 单位：人

地区 性别	制造业 金属制品业	通用设备制造业	专用设备制造业	汽车制造业	铁路、船舶、航空航天和其他运输设备制造业	电气机械和器材制造业	计算机、通信和其他电子设备制造业	仪器仪表制造业	其他制造业
东莞市	**3349**	**1379**	**1075**	**215**	**94**	**1993**	**2615**	**226**	**96**
市辖区	3349	1379	1075	215	94	1993	2615	226	96
中山市	**1570**	**393**	**250**	**129**	**42**	**2052**	**995**	**89**	**38**
市辖区	1570	393	250	129	42	2052	995	89	38
潮州市	**1021**	**92**	**139**	**15**	**7**	**110**	**110**	**9**	**39**
湘桥区	28	4	3	1		13	11		2
潮安区	892	68	95	3		39	39	4	17
饶平县	101	20	41	11	7	58	60	5	20
揭阳市	**821**	**311**	**224**	**69**	**12**	**576**	**421**	**40**	**142**
榕城区	99	61	102	11	4	29	12	6	74
揭东区	347	81	29	7	1	27	48	10	18
揭西县	101	48	14	3	1	339	86	3	12
惠来县	88	11	13	4	1	6	68	7	2
普宁市	186	110	66	44	5	175	207	14	36
云浮市	**551**	**118**	**117**	**40**	**7**	**124**	**332**	**10**	**12**
云城区	31	7	10	4	1	10	4	3	1
云安区	31	9	3	13		4	9		1
新兴县	306	13	7	3	2	12	22		2
郁南县	38	23	19	4	2	50	23	5	
罗定市	145	66	78	16	2	48	274	2	8
女	**12904**	**2990**	**2498**	**1610**	**453**	**8707**	**15399**	**777**	**1242**
广州市	**1217**	**504**	**424**	**654**	**153**	**1117**	**1359**	**80**	**177**
荔湾区									
越秀区									
海珠区									
天河区									
白云区	247	113	116	135	40	266	257	26	56
黄埔区	27	26	18	33	1	20	66	7	5
番禺区	229	95	85	148	25	216	177	15	76
花都区	256	125	87	126	18	178	327	9	12
南沙区	229	42	37	70	8	283	288	5	11
从化区	56	32	30	35	49	125	61	7	10
增城区	173	71	51	107	12	29	183	11	7
韶关市	**137**	**70**	**61**	**32**	**4**	**345**	**382**	**60**	**12**
武江区	3	3	1	4	1	29	21		
浈江区	2	27	10	7		7	24		1
曲江区	7		6	1	1	12	28		
始兴县	18	6	3	1		141	34		2
仁化县	2	7	3	2		24	14	1	
翁源县	40	4	4	1		67	32	57	
乳源瑶族自治县	16	5	5	12	1	20	86		1
新丰县	12	1	20	1		2	9		2
乐昌市	19	6	6	1		29	39		4
南雄市	18	11	3	2	1	14	95	2	2
深圳市	**18**	**6**	**19**	**2**	**1**	**36**	**111**	**20**	**5**
罗湖区									
福田区									
南山区									
宝安区									
龙岗区	18	6	19	2	1	36	111	20	5
盐田区									
龙华区									
坪山区									
光明区									

4-4c　续表 38

单位：人

地　区 性　别	制造业								
	金　属 制品业	通用设备 制造业	专用设备 制造业	汽　车 制造业	铁路、船舶、 航空航天和 其他运输 设备制造业	电气机械 和器材 制造业	计算机、 通信和其 他电子设 备制造业	仪器仪表 制造业	其　他 制造业
珠海市	**161**	**62**	**39**	**19**	**20**	**273**	**668**	**9**	**3**
香洲区									
斗门区	157	57	39	16	20	266	649	9	3
金湾区	4	5		3		7	19		
汕头市	**84**	**71**	**65**	**88**	**2**	**40**	**243**	**3**	**41**
龙湖区	5	5	11	31		6	26	2	
金平区		3		1			3		
濠江区	7	3	6	43		5	21		2
潮阳区	13	8	18			10	154		2
潮南区	18	38	15	7	2	18	38		31
澄海区	41	14	15	6		1	1	1	6
南澳县									
佛山市	**1213**	**204**	**90**	**116**	**18**	**295**	**82**	**24**	**18**
禅城区									
南海区	485	81	38	68	13	131	32	18	6
顺德区	37	16	2	5		44	8	1	1
三水区	683	105	47	42	5	106	41	5	10
高明区	8	2	3	1		14	1		1
江门市	**1808**	**239**	**107**	**89**	**55**	**531**	**632**	**26**	**287**
蓬江区	47	13	5	7	12	16	8	1	3
江海区									
新会区	590	38	19	16	29	176	62	8	190
台山市	150	39	35	15	2	121	153	11	18
开平市	514	69	23	43	2	30	80	2	6
鹤山市	455	67	16	6	10	159	76	2	69
恩平市	52	13	9	2		29	253	2	1
湛江市	**123**	**40**	**58**	**18**	**9**	**858**	**498**	**8**	**38**
赤坎区									
霞山区			2			1	1	1	
坡头区	4	3	3		1	47	23		
麻章区	7	4	1	7	1	3	24		
遂溪县	30	9	8		4	23	41	3	6
徐闻县	2	4	8			9	43		2
廉江市	45	12	19	2		742	180	2	3
雷州市	29	6	10	7	2	11	143	1	22
吴川市	6	2	7	2	1	22	43	1	5
茂名市	**272**	**137**	**130**	**17**	**8**	**240**	**1557**	**49**	**62**
茂南区	19	8	7		2	7	81	6	12
电白区	27	18	36	3	3	87	220	10	23
高州市	91	34	43	6	1	45	485	6	11
化州市	68	47	25	5	1	46	257	11	5
信宜市	67	30	19	3	1	55	514	16	11
肇庆市	**1482**	**145**	**99**	**70**	**3**	**223**	**548**	**26**	**99**
端州区									
鼎湖区	54	2	2	9		6	5	1	1
高要区	1090	61	38	24		47	157	2	21
广宁县	55	18	5	1	2	19	24	2	3
怀集县	99	33	24	19	1	41	154	4	8
封开县	38	6	12	7		70	118	1	7
德庆县	22	21	7	2		15	53	14	46
四会市	124	4	11	8		25	37	2	13
惠州市	**864**	**247**	**289**	**85**	**77**	**993**	**2888**	**156**	**157**
惠城区	143	82	95	35	22	374	1014	37	23
惠阳区	292	96	58	9	35	239	751	33	54
博罗县	278	54	113	22	4	348	832	70	28
惠东县	128	13	18	13	14	22	165	10	51
龙门县	23	2	5	6	2	10	126	6	1

4-4c 续表 39

单位：人

地 区 性 别	制造业								
	金 属 制品业	通用设备 制造业	专用设备 制造业	汽 车 制造业	铁路、船舶、 航空航天和 其他运输 设备制造业	电气机械 和器材 制造业	计算机、 通信和其 他电子设 备制造业	仪器仪表 制造业	其 他 制造业
梅州市	**80**	**53**	**55**	**18**	**5**	**93**	**972**	**18**	**16**
梅江区	3	3	8			2	40	1	1
梅县区	26	4	3	13	1	14	142	2	3
大埔县	3	1	1			10	30	1	
丰顺县	9	6	5	1	1	8	178	2	2
五华县	11	14	15	2	2	31	160	9	2
平远县	9	7	5	2		6	108	1	2
蕉岭县	2	4	3			7	63		
兴宁市	17	14	15		1	15	251	2	6
汕尾市	**22**	**13**	**9**	**23**	**1**	**19**	**243**	**1**	**9**
城 区	1	4		16	1	1	129		1
海丰县	7	1	6	1		10	49		6
陆河县	1	2	2	5		6	7		
陆丰市	13	6	1	1		2	58	1	2
河源市	**153**	**56**	**153**	**21**	**6**	**192**	**1294**	**40**	**30**
源城区	13	9	16	1		12	132	3	2
紫金县	39	16	71	11		37	237	13	3
龙川县	32	17	18	3	2	42	578	12	13
连平县	9	2	9	2		15	82	2	1
和平县	17	3	25	2	2	18	120	10	3
东源县	43	9	14	2	2	68	145		8
阳江市	**1456**	**62**	**33**	**13**	**5**	**131**	**176**	**3**	**28**
江城区	522	8	8			15	4		4
阳东区	824	8	7	1	5	50	10		5
阳西县	34	22	6	7		21	40		10
阳春市	76	24	12	5		45	122	3	9
清远市	**281**	**121**	**58**	**109**	**43**	**208**	**323**	**17**	**8**
清城区	34	15	11	13	9	18	38		2
清新区	79	32	12	34	8	22	57		2
佛冈县	32	36	14	45	25	14	67	4	1
阳山县	24	6	3	2		6	18	6	1
连山壮族瑶族自治县	7	2	1			5	8	1	
连南瑶族自治县	4	6	1	1	1	2	21	1	2
英德市	93	21	13	12		127	91	4	
连州市	8	3	3	2		14	23	1	
东莞市	**1533**	**560**	**537**	**125**	**29**	**1180**	**1760**	**112**	**85**
市辖区	1533	560	537	125	29	1180	1760	112	85
中山市	**878**	**228**	**130**	**63**	**10**	**1529**	**761**	**92**	**32**
市辖区	878	228	130	63	10	1529	761	92	32
潮州市	**442**	**22**	**21**	**12**	**1**	**75**	**83**	**6**	**9**
湘桥区	4	1	1	1		8	8	2	
潮安区	423	15	8	3		27	17		7
饶平县	15	6	12	8	1	40	58	4	2
揭阳市	**335**	**103**	**66**	**18**	**2**	**241**	**217**	**22**	**111**
榕城区	16	6	18			12	13	9	61
揭东区	231	38	15	7	1	20	34	5	18
揭西县	33	15	11	3		172	76	3	16
惠来县	6	7	1	1		3	26	1	7
普宁市	49	37	21	7	1	34	68	4	9
云浮市	**345**	**47**	**55**	**18**	**1**	**88**	**602**	**5**	**15**
云城区	6	3	2	3		4	3	3	1
云安区	16	6	1	7		5	30		
新兴县	274	10	5		1	10	29		5
郁南县	22	9	7	2		33	51	1	2
罗定市	27	19	40	6		36	489	1	7

4-4c　续表 40

单位：人

地区 性别	制造业		电力、热力、燃气及水生产和供应业				建筑业		
	废弃资源综合利用业	金属制品、机械和设备修理业	小计	电力、热力生产和供应业	燃气生产和供应业	水的生产和供应业	小计	房屋建筑业	土木工程建筑业
广　东	**2093**	**2116**	**6651**	**4232**	**1071**	**1348**	**147302**	**82341**	**9071**
广州市	**282**	**318**	**824**	**303**	**175**	**346**	**8784**	**3490**	**1507**
荔湾区									
越秀区									
海珠区									
天河区									
白云区	55	83	239	70	61	108	1988	740	450
黄埔区	22	14	131	66	23	42	611	246	115
番禺区	28	88	78	23	23	32	1493	653	296
花都区	97	51	96	25	20	51	1429	578	90
南沙区	52	38	76	22	10	44	1015	503	224
从化区	11	23	93	52	17	24	1071	335	112
增城区	17	21	111	45	21	45	1177	435	220
韶关市	**75**	**81**	**633**	**529**	**49**	**55**	**4724**	**2387**	**456**
武江区	2	1	36	29	4	3	367	191	37
浈江区	7	7	42	28	11	3	244	154	8
曲江区	5	22	70	62	5	3	434	206	85
始兴县	2	3	64	53	7	4	411	226	28
仁化县	7	7	106	89	7	10	399	211	23
翁源县	29	9	51	45		6	671	301	63
乳源瑶族自治县	8	15	70	68		2	393	202	49
新丰县	8	2	67	59	3	5	443	186	70
乐昌市	3	5	90	70	9	11	679	383	62
南雄市	4	10	37	26	3	8	683	327	31
深圳市	**2**	**180**	**13**	**7**	**3**	**3**	**355**	**139**	**117**
罗湖区									
福田区									
南山区									
宝安区									
龙岗区	2	180	13	7	3	3	355	139	117
盐田区									
龙华区									
坪山区									
光明区									
珠海市	**5**	**21**	**63**	**28**	**12**	**23**	**1106**	**523**	**165**
香洲区			3	1		2	43	26	13
斗门区	5	20	49	22	7	20	912	469	80
金湾区		1	11	5	5	1	151	28	72
汕头市	**57**	**69**	**170**	**103**	**24**	**43**	**9943**	**6289**	**339**
龙湖区	1	5	12	4	2	6	456	157	15
金平区	3		2	1	1		51	21	4
濠江区	3	6	17	12	4	1	736	538	78
潮阳区	15	23	26	12	10	4	6778	4416	138
潮南区	25	26	79	51	3	25	1273	825	24
澄海区	10	9	29	18	4	7	599	292	78
南澳县			5	5			50	40	2
佛山市	**66**	**36**	**134**	**77**	**28**	**29**	**1119**	**499**	**120**
禅城区									
南海区	18	14	53	39	6	8	447	180	36
顺德区	6	3	11	6	2	3	85	26	12
三水区	41	19	59	28	16	15	481	221	66
高明区	1		11	4	4	3	106	72	6

4－4c 续表 41

单位：人

地 区 性 别	制造业		电力、热力、燃气及水生产和供应业				建筑业		
	废弃资源综合利用业	金属制品、机械和设备修理业	小计	电力、热力生产和供应业	燃气生产和供应业	水的生产和供应业	小计	房屋建筑业	土木工程建筑业
江门市	**84**	**135**	**435**	**308**	**38**	**89**	**5451**	**2187**	**283**
蓬江区	2	2	8	3	2	3	68	22	5
江海区									
新会区	38	54	67	41	9	17	759	269	110
台山市	4	42	224	193	11	20	1253	579	33
开平市	15	14	68	37	7	24	1699	389	55
鹤山市	6	13	29	11	2	16	622	307	37
恩平市	19	10	39	23	7	9	1050	621	43
湛江市	**77**	**179**	**305**	**186**	**67**	**52**	**19824**	**12053**	**478**
赤坎区	3		1		1		36	6	1
霞山区		9	9	1	7	1	118	48	3
坡头区	9	14	26	21	2	3	2783	1698	58
麻章区	11	37	23	8	7	8	1434	965	60
遂溪县	3	38	38	17	9	12	2066	1255	66
徐闻县	4	16	39	31	4	4	463	266	30
廉江市	11	24	58	26	17	15	4723	2740	53
雷州市	29	25	87	69	12	6	2930	2223	104
吴川市	7	16	24	13	8	3	5271	2852	103
茂名市	**240**	**127**	**432**	**298**	**93**	**41**	**24403**	**16010**	**628**
茂南区	44	24	54	32	19	3	3230	1871	101
电白区	28	26	99	58	21	20	7404	5263	178
高州市	61	31	129	97	23	9	3881	2631	117
化州市	92	28	49	24	18	7	6520	4133	159
信宜市	15	18	101	87	12	2	3368	2112	73
肇庆市	**196**	**147**	**311**	**217**	**56**	**38**	**8185**	**4586**	**264**
端州区									
鼎湖区	6	5	11	5		6	190	119	8
高要区	11	48	66	35	21	10	2579	1587	51
广宁县	6	14	69	57	7	5	1238	881	27
怀集县	24	37	63	51	8	4	1963	928	29
封开县	3	16	33	24	3	6	654	332	79
德庆县	3	17	35	22	13		547	314	18
四会市	143	10	34	23	4	7	1014	425	52
惠州市	**102**	**88**	**482**	**238**	**71**	**173**	**6346**	**3034**	**1105**
惠城区	15	21	76	18	8	50	1373	592	329
惠阳区	24	18	90	24	23	43	1169	625	136
博罗县	23	32	115	44	18	53	1421	679	102
惠东县	34	10	142	114	12	16	1714	800	476
龙门县	6	7	59	38	10	11	669	338	62
梅州市	**101**	**76**	**345**	**249**	**52**	**44**	**8513**	**4489**	**466**
梅江区	4		14	8	2	4	167	84	11
梅县区	10	10	71	53	11	7	1178	362	82
大埔县		4	58	49	5	4	795	384	29
丰顺县	2	7	34	26	4	4	793	471	20
五华县	42	32	54	33	12	9	3028	1543	234
平远县	6	5	27	21	4	2	528	321	24
蕉岭县	2	4	32	27	4	1	461	232	46
兴宁市	35	14	55	32	10	13	1563	1092	20
汕尾市	**46**	**37**	**191**	**162**	**18**	**11**	**4616**	**2325**	**405**
城 区	3	5	25	22	1	2	634	432	20
海丰县	15	8	43	36	5	2	860	315	277
陆河县	2	6	18	12	5	1	977	206	32
陆丰市	26	18	105	92	7	6	2145	1372	76

4-4c 续表 42

单位：人

地 区 性 别	制造业		电力、热力、燃气及水生产和供应业				建筑业		
	废弃资源综合利用业	金属制品、机械和设备修理业	小计	电力、热力生产和供应业	燃气生产和供应业	水的生产和供应业	小计	房屋建筑业	土木工程建筑业
河源市	**41**	**64**	**299**	**213**	**49**	**37**	**6304**	**3391**	**498**
源城区		3	9	7	1	1	242	116	37
紫金县	2	14	69	42	17	10	1426	795	107
龙川县	19	20	88	64	16	8	1898	1110	157
连平县	6	6	36	28	3	5	675	349	46
和平县		7	43	33	7	3	1078	562	79
东源县	14	14	54	39	5	10	985	459	72
阳江市	**46**	**71**	**459**	**401**	**27**	**31**	**7280**	**4641**	**366**
江城区	12	7	44	14	13	17	1765	1145	73
阳东区	10	32	259	245	9	5	1326	817	40
阳西县	4	9	85	78	3	4	2055	1387	100
阳春市	20	23	71	64	2	5	2134	1292	153
清远市	**173**	**63**	**523**	**385**	**83**	**55**	**8140**	**4874**	**655**
清城区	131	11	49	29	14	6	1042	614	98
清新区	11	12	77	59	9	9	1766	1030	66
佛冈县	14	7	53	16	30	7	1202	680	64
阳山县	5	4	65	65			997	719	90
连山壮族瑶族自治县		1	37	32	3	2	255	131	23
连南瑶族自治县	2	3	71	67		4	305	196	5
英德市	8	19	120	73	22	25	1864	1072	286
连州市	2	6	51	44	5	2	709	432	23
东莞市	**158**	**94**	**258**	**97**	**58**	**103**	**2608**	**1379**	**393**
市辖区	158	94	258	97	58	103	2608	1379	393
中山市	**122**	**60**	**202**	**109**	**24**	**69**	**1722**	**768**	**296**
市辖区	122	60	202	109	24	69	1722	768	296
潮州市	**67**	**88**	**160**	**120**	**23**	**17**	**3105**	**1604**	**88**
湘桥区		2	11	5	4	2	301	101	6
潮安区	58	38	48	23	13	12	1050	465	27
饶平县	9	48	101	92	6	3	1754	1038	55
揭阳市	**124**	**119**	**217**	**99**	**84**	**34**	**9221**	**4692**	**255**
榕城区	6	17	14	6	5	3	1009	410	44
揭东区	29	25	52	10	32	10	1634	600	61
揭西县	28	11	44	22	12	10	1914	1028	46
惠来县	9	24	17	14	3		2033	1413	23
普宁市	52	42	90	47	32	11	2631	1241	81
云浮市	**29**	**63**	**195**	**103**	**37**	**55**	**5553**	**2981**	**187**
云城区	3	9	19	14	2	3	472	236	37
云安区	1	5	13	10	2	1	984	356	28
新兴县	11	19	54	15	15	24	1316	781	16
郁南县	7	14	19	9	3	7	594	332	33
罗定市	7	16	90	55	15	20	2187	1276	73
男	**1595**	**1878**	**5494**	**3553**	**848**	**1093**	**127460**	**69274**	**8136**
广州市	**203**	**274**	**689**	**259**	**141**	**289**	**7633**	**2990**	**1324**
荔湾区									
越秀区									
海珠区									
天河区									
白云区	47	74	207	60	50	97	1709	623	399
黄埔区	15	13	112	59	20	33	526	211	105
番禺区	16	77	58	21	14	23	1264	541	262
花都区	68	40	82	22	16	44	1230	500	71
南沙区	36	31	65	21	8	36	871	430	184
从化区	8	20	74	39	16	19	976	297	97
增城区	13	19	91	37	17	37	1057	388	206

4–4c 续表 43

单位：人

地区 性别	制造业		电力、热力、燃气及水生产和供应业				建筑业		
	废弃资源综合利用业	金属制品、机械和设备修理业	小计	电力、热力生产和供应业	燃气生产和供应业	水的生产和供应业	小计	房屋建筑业	土木工程建筑业
韶关市	**55**	**65**	**520**	**439**	**41**	**40**	**3992**	**1953**	**404**
武江区	1	1	32	25	4	3	321	162	32
浈江区	5	7	35	23	10	2	208	129	7
曲江区	3	19	61	54	5	2	384	175	79
始兴县	2	3	49	39	7	3	338	181	25
仁化县	6	5	95	82	5	8	324	168	20
翁源县	21	6	38	34		4	559	234	49
乳源瑶族自治县	5	10	54	53		1	344	177	45
新丰县	7	2	54	48	2	4	361	147	62
乐昌市	2	4	72	59	5	8	586	315	56
南雄市	3	8	30	22	3	5	567	265	29
深圳市	**2**	**165**	**11**	**6**	**2**	**3**	**316**	**120**	**101**
罗湖区									
福田区									
南山区									
宝安区									
龙岗区	2	165	11	6	2	3	316	120	101
盐田区									
龙华区									
坪山区									
光明区									
珠海市	**5**	**17**	**49**	**21**	**8**	**20**	**932**	**423**	**146**
香洲区			3	1		2	42	26	12
斗门区	5	16	39	16	6	17	753	374	65
金湾区		1	7	4	2	1	137	23	69
汕头市	**49**	**66**	**149**	**92**	**19**	**38**	**9370**	**5868**	**330**
龙湖区		4	10	4	2	4	439	151	14
金平区	2		2	1	1		50	20	4
濠江区	2	6	14	10	4		684	493	76
潮阳区	13	22	20	12	5	3	6479	4202	138
潮南区	23	25	71	43	3	25	1106	692	24
澄海区	9	9	28	18	4	6	571	278	73
南澳县			4	4			41	32	1
佛山市	**46**	**30**	**104**	**61**	**19**	**24**	**941**	**421**	**104**
禅城区									
南海区	13	12	42	31	4	7	378	157	32
顺德区	3	2	9	5	1	3	72	24	10
三水区	29	16	43	22	10	11	402	180	56
高明区	1		10	3	4	3	89	60	6
江门市	**66**	**119**	**358**	**250**	**33**	**75**	**4919**	**1967**	**246**
蓬江区	1	2	5	1	1	3	61	19	5
江海区									
新会区	31	45	59	38	8	13	658	245	90
台山市	2	36	177	149	10	18	1140	537	28
开平市	12	13	61	35	5	21	1555	349	46
鹤山市	4	13	26	11	2	13	567	275	37
恩平市	16	10	30	16	7	7	938	542	40
湛江市	**54**	**168**	**263**	**167**	**53**	**43**	**17294**	**10203**	**442**
赤坎区	2						32	5	1
霞山区		9	8	1	6	1	106	39	3
坡头区	5	14	24	20	2	2	2477	1463	54
麻章区	8	34	22	8	7	7	1227	805	51
遂溪县	2	35	30	15	5	10	1707	1009	61
徐闻县	3	16	34	28	3	3	376	201	29
廉江市	9	22	52	24	15	13	4273	2448	52
雷州市	18	23	73	59	9	5	2306	1679	94
吴川市	7	15	20	12	6	2	4790	2554	97

4-4c　续表 44

单位：人

地区 性别	制造业		电力、热力、燃气及水生产和供应业				建筑业		
	废弃资源综合利用业	金属制品、机械和设备修理业	小计	电力、热力生产和供应业	燃气生产和供应业	水的生产和供应业	小计	房屋建筑业	土木工程建筑业
茂名市	**191**	**117**	**358**	**246**	**76**	**36**	**20891**	**13337**	**571**
茂南区	38	21	47	29	15	3	2685	1482	93
电白区	21	23	86	52	18	16	6335	4388	167
高州市	45	29	102	75	18	9	3184	2117	104
化州市	75	26	41	21	14	6	5734	3547	141
信宜市	12	18	82	69	11	2	2953	1803	66
肇庆市	**159**	**125**	**254**	**180**	**44**	**30**	**6573**	**3502**	**243**
端州区									
鼎湖区	4	4	11	5		6	139	77	6
高要区	7	41	52	29	16	7	2108	1262	46
广宁县	6	13	61	50	6	5	1004	681	24
怀集县	18	32	54	42	8	4	1527	676	26
封开县	2	13	25	19	3	3	533	256	75
德庆县	3	15	25	18	7		415	226	17
四会市	119	7	26	17	4	5	847	324	49
惠州市	**74**	**79**	**401**	**206**	**59**	**136**	**5573**	**2648**	**979**
惠城区	11	17	68	16	7	45	1234	528	305
惠阳区	19	16	74	19	20	35	1001	534	124
博罗县	17	30	90	38	13	39	1257	595	97
惠东县	22	9	127	105	10	12	1499	697	411
龙门县	5	7	42	28	9	5	582	294	42
梅州市	**76**	**70**	**282**	**211**	**40**	**31**	**6825**	**3427**	**426**
梅江区	2		11	7	1	3	148	74	10
梅县区	6	8	55	43	7	5	893	257	80
大埔县		4	50	42	5	3	672	314	27
丰顺县	2	7	22	19	2	1	679	394	19
五华县	34	31	43	27	10	6	2351	1111	211
平远县	3	4	23	18	3	2	417	243	20
蕉岭县	1	4	29	24	4	1	391	187	39
兴宁市	28	12	49	31	8	10	1274	847	20
汕尾市	**40**	**33**	**161**	**134**	**17**	**10**	**4207**	**2083**	**357**
城　区	3	5	24	21	1	2	591	402	17
海丰县	10	7	34	28	4	2	772	282	238
陆河县	1	5	17	11	5	1	894	169	30
陆丰市	26	16	86	74	7	5	1950	1230	72
河源市	**33**	**60**	**244**	**181**	**37**	**26**	**5208**	**2659**	**448**
源城区		3	7	6	1		219	101	34
紫金县	2	13	59	37	14	8	1137	598	98
龙川县	14	20	69	52	11	6	1563	871	144
连平县	6	5	23	21	1	1	549	265	43
和平县		5	38	31	5	2	900	448	66
东源县	11	14	48	34	5	9	840	376	63
阳江市	**32**	**65**	**394**	**349**	**19**	**26**	**6215**	**3854**	**335**
江城区	7	6	36	13	9	14	1512	943	67
阳东区	7	31	233	222	7	4	1176	717	38
阳西县	3	7	69	64	1	4	1784	1179	92
阳春市	15	21	56	50	2	4	1743	1015	138
清远市	**121**	**56**	**418**	**304**	**70**	**44**	**6862**	**3990**	**574**
清城区	89	10	40	25	12	3	854	479	82
清新区	8	10	70	54	8	8	1479	839	56
佛冈县	11	6	41	12	24	5	1037	571	58
阳山县	5	4	39	39			821	586	73
连山壮族瑶族自治县		1	33	28	3	2	212	96	21
连南瑶族自治县	2	3	55	52		3	238	150	5
英德市	5	16	102	61	20	21	1574	882	258
连州市	1	6	38	33	3	2	647	387	21

4－4c 续表 45

单位：人

地区 性别	制造业		电力、热力、燃气及水生产和供应业				建筑业		
	废弃资源综合利用业	金属制品、机械和设备修理业	小计	电力、热力生产和供应业	燃气生产和供应业	水的生产和供应业	小计	房屋建筑业	土木工程建筑业
东莞市	**116**	**77**	**193**	**73**	**41**	**79**	**2253**	**1204**	**347**
市辖区	116	77	193	73	41	79	2253	1204	347
中山市	**84**	**50**	**164**	**87**	**17**	**60**	**1467**	**649**	**266**
市辖区	84	50	164	87	17	60	1467	649	266
潮州市	**56**	**79**	**140**	**102**	**22**	**16**	**2768**	**1370**	**81**
湘桥区		2	11	5	4	2	288	96	6
潮安区	49	33	46	23	12	11	1006	448	26
饶平县	7	44	83	74	6	3	1474	826	49
揭阳市	**109**	**110**	**180**	**92**	**62**	**26**	**8324**	**4061**	**244**
榕城区	6	16	12	5	4	3	872	337	44
揭东区	28	22	41	10	23	8	1550	553	56
揭西县	21	9	33	16	10	7	1769	934	44
惠来县	7	23	16	14	2		1744	1170	21
普宁市	47	40	78	47	23	8	2389	1067	79
云浮市	**24**	**53**	**162**	**93**	**28**	**41**	**4897**	**2545**	**168**
云城区	3	7	14	11	1	2	406	192	32
云安区		4	12	9	2	1	867	288	24
新兴县	8	15	36	12	8	16	1138	654	16
郁南县	6	12	18	9	3	6	531	284	29
罗定市	7	15	82	52	14	16	1955	1127	67
女	**498**	**238**	**1157**	**679**	**223**	**255**	**19842**	**13067**	**935**
广州市	**79**	**44**	**135**	**44**	**34**	**57**	**1151**	**500**	**183**
荔湾区									
越秀区									
海珠区									
天河区									
白云区	8	9	32	10	11	11	279	117	51
黄埔区	7	1	19	7	3	9	85	35	10
番禺区	12	11	20	2	9	9	229	112	34
花都区	29	11	14	3	4	7	199	78	19
南沙区	16	7	11	1	2	8	144	73	40
从化区	3	3	19	13	1	5	95	38	15
增城区	4	2	20	8	4	8	120	47	14
韶关市	**20**	**16**	**113**	**90**	**8**	**15**	**732**	**434**	**52**
武江区	1		4	4			46	29	5
浈江区	2		7	5	1	1	36	25	1
曲江区	2	3	9	8		1	50	31	6
始兴县			15	14		1	73	45	3
仁化县	1	2	11	7	2	2	75	43	3
翁源县	8	3	13	11		2	112	67	14
乳源瑶族自治县	3	5	16	15		1	49	25	4
新丰县	1		13	11	1	1	82	39	8
乐昌市	1	1	18	11	4	3	93	68	6
南雄市	1	2	7	4		3	116	62	2
深圳市		**15**	**2**	**1**	**1**		**39**	**19**	**16**
罗湖区									
福田区									
南山区									
宝安区									
龙岗区		15	2	1	1		39	19	16
盐田区									
龙华区									
坪山区									
光明区									

4-4c　续表 46　　　　单位：人

地区 性别	制造业		电力、热力、燃气及水生产和供应业				建筑业		
	废弃资源综合利用业	金属制品、机械和设备修理业	小计	电力、热力生产和供应业	燃气生产和供应业	水的生产和供应业	小计	房屋建筑业	土木工程建筑业
珠海市		**4**	**14**	**7**	**4**	**3**	**174**	**100**	**19**
香洲区							1		1
斗门区		4	10	6	1	3	159	95	15
金湾区			4	1	3		14	5	3
汕头市	**8**	**3**	**21**	**11**	**5**	**5**	**573**	**421**	**9**
龙湖区	1	1	2			2	17	6	1
金平区	1						1	1	
濠江区	1		3	2		1	52	45	2
潮阳区	2	1	6		5	1	299	214	
潮南区	2	1	8	8			167	133	
澄海区	1		1			1	28	14	5
南澳县			1	1			9	8	1
佛山市	**20**	**6**	**30**	**16**	**9**	**5**	**178**	**78**	**16**
禅城区									
南海区	5	2	11	8	2	1	69	23	4
顺德区	3	1	2	1	1		13	2	2
三水区	12	3	16	6	6	4	79	41	10
高明区			1	1			17	12	
江门市	**18**	**16**	**77**	**58**	**5**	**14**	**532**	**220**	**37**
蓬江区	1		3	2	1		7	3	
江海区									
新会区	7	9	8	3	1	4	101	24	20
台山市	2	6	47	44	1	2	113	42	5
开平市	3	1	7	2	2	3	144	40	9
鹤山市	2		3			3	55	32	
恩平市	3		9	7		2	112	79	3
湛江市	**23**	**11**	**42**	**19**	**14**	**9**	**2530**	**1850**	**36**
赤坎区	1		1		1		4	1	
霞山区			1		1		12	9	
坡头区	4		2	1		1	306	235	4
麻章区	3	3	1			1	207	160	9
遂溪县	1	3	8	2	4	2	359	246	5
徐闻县	1		5	3	1	1	87	65	1
廉江市	2	2	6	2	2	2	450	292	1
雷州市	11	2	14	10	3	1	624	544	10
吴川市		1	4	1	2	1	481	298	6
茂名市	**49**	**10**	**74**	**52**	**17**	**5**	**3512**	**2673**	**57**
茂南区	6	3	7	3	4		545	389	8
电白区	7	3	13	6	3	4	1069	875	11
高州市	16	2	27	22	5		697	514	13
化州市	17	2	8	3	4	1	786	586	18
信宜市	3		19	18	1		415	309	7
肇庆市	**37**	**22**	**57**	**37**	**12**	**8**	**1612**	**1084**	**21**
端州区									
鼎湖区	2	1					51	42	2
高要区	4	7	14	6	5	3	471	325	5
广宁县		1	8	7	1		234	200	3
怀集县	6	5	9	9			436	252	3
封开县	1	3	8	5		3	121	76	4
德庆县		2	10	4	6		132	88	1
四会市	24	3	8	6		2	167	101	3
惠州市	**28**	**9**	**81**	**32**	**12**	**37**	**773**	**386**	**126**
惠城区	4	4	8	2	1	5	139	64	24
惠阳区	5	2	16	5	3	8	168	91	12
博罗县	6	2	25	6	5	14	164	84	5
惠东县	12	1	15	9	2	4	215	103	65
龙门县	1		17	10	1	6	87	44	20

4-4c 续表 47

单位：人

地区 性别	制造业		电力、热力、燃气及水生产和供应业				建筑业		
	废弃资源综合利用业	金属制品、机械和设备修理业	小计	电力、热力生产和供应业	燃气生产和供应业	水的生产和供应业	小计	房屋建筑业	土木工程建筑业
梅州市	**25**	**6**	**63**	**38**	**12**	**13**	**1688**	**1062**	**40**
梅江区	2		3	1	1	1	19	10	1
梅县区	4	2	16	10	4	2	285	105	2
大埔县			8	7		1	123	70	2
丰顺县			12	7	2	3	114	77	1
五华县	8	1	11	6	2	3	677	432	23
平远县	3	1	4	3	1		111	78	4
蕉岭县	1		3	3			70	45	7
兴宁市	7	2	6	1	2	3	289	245	
汕尾市	**6**	**4**	**30**	**28**	**1**	**1**	**409**	**242**	**48**
城区			1	1			43	30	3
海丰县	5	1	9	8	1		88	33	39
陆河县	1	1	1	1			83	37	2
陆丰市		2	19	18		1	195	142	4
河源市	**8**	**4**	**55**	**32**	**12**	**11**	**1096**	**732**	**50**
源城区			2	1		1	23	15	3
紫金县		1	10	5	3	2	289	197	9
龙川县	5		19	12	5	2	335	239	13
连平县		1	13	7	2	4	126	84	3
和平县		2	5	2	2	1	178	114	13
东源县	3		6	5		1	145	83	9
阳江市	**14**	**6**	**65**	**52**	**8**	**5**	**1065**	**787**	**31**
江城区	5	1	8	1	4	3	253	202	6
阳东区	3	1	26	23	2	1	150	100	2
阳西县	1	2	16	14	2		271	208	8
阳春市	5	2	15	14		1	391	277	15
清远市	**52**	**7**	**105**	**81**	**13**	**11**	**1278**	**884**	**81**
清城区	42	1	9	4	2	3	188	135	16
清新区	3	2	7	5	1	1	287	191	10
佛冈县	3	1	12	4	6	2	165	109	6
阳山县			26	26			176	133	17
连山壮族瑶族自治县			4	4			43	35	2
连南瑶族自治县			16	15		1	67	46	
英德市	3	3	18	12	2	4	290	190	28
连州市	1		13	11	2		62	45	2
东莞市	**42**	**17**	**65**	**24**	**17**	**24**	**355**	**175**	**46**
市辖区	42	17	65	24	17	24	355	175	46
中山市	**38**	**10**	**38**	**22**	**7**	**9**	**255**	**119**	**30**
市辖区	38	10	38	22	7	9	255	119	30
潮州市	**11**	**9**	**20**	**18**	**1**	**1**	**337**	**234**	**7**
湘桥区							13	5	
潮安区	9	5	2		1	1	44	17	1
饶平县	2	4	18	18			280	212	6
揭阳市	**15**	**9**	**37**	**7**	**22**	**8**	**897**	**631**	**11**
榕城区		1	2	1	1		137	73	
揭东区	1	3	11		9	2	84	47	5
揭西县	7	2	11	6	2	3	145	94	2
惠来县	2	1	1		1		289	243	2
普宁市	5	2	12		9	3	242	174	2
云浮市	**5**	**10**	**33**	**10**	**9**	**14**	**656**	**436**	**19**
云城区		2	5	3	1	1	66	44	5
云安区	1	1	1	1			117	68	4
新兴县	3	4	18	3	7	8	178	127	
郁南县	1	2	1			1	63	48	4
罗定市		1	8	3	1	4	232	149	6

4-4c　续表 48　　　　　　　　　　　　　　　　　　　　　　　　单位：人

地　区 性　别	建筑业		批发和零售业			交通运输、仓储和邮政业			
	建　筑 安装业	建筑装饰、装修和其他建筑业	小计	批发业	零售业	小计	铁　路 运输业	道　路 运输业	水　上 运输业
广　东	**9837**	**46053**	**147048**	**36031**	**111017**	**53809**	**610**	**34515**	**764**
广州市	**763**	**3024**	**16777**	**5342**	**11435**	**11312**	**263**	**6522**	**105**
荔湾区									
越秀区									
海珠区									
天河区									
白云区	104	694	5065	1673	3392	3592	132	1891	24
黄埔区	45	205	513	184	329	435	2	314	6
番禺区	128	416	2170	834	1336	1362	96	772	17
花都区	178	583	3757	1126	2631	2778	17	1328	9
南沙区	114	174	1254	452	802	965		633	33
从化区	91	533	1476	352	1124	964	9	717	6
增城区	103	419	2542	721	1821	1216	7	867	10
韶关市	**348**	**1533**	**3582**	**921**	**2661**	**1839**	**47**	**1321**	**16**
武江区	35	104	247	61	186	89	2	63	2
浈江区	20	62	192	49	143	96	1	64	2
曲江区	25	118	310	82	228	242	2	190	5
始兴县	26	131	266	81	185	132	2	97	
仁化县	31	134	277	94	183	156	17	108	3
翁源县	55	252	699	168	531	285	1	210	1
乳源瑶族自治县	12	130	296	73	223	169	1	120	1
新丰县	21	166	188	45	143	164		144	
乐昌市	83	151	371	75	296	183	16	121	
南雄市	40	285	736	193	543	323	5	204	2
深圳市	**24**	**75**	**223**	**94**	**129**	**152**	**1**	**111**	**13**
罗湖区									
福田区									
南山区									
宝安区									
龙岗区	24	75	223	94	129	152	1	111	13
盐田区									
龙华区									
坪山区									
光明区									
珠海市	**106**	**312**	**1225**	**366**	**859**	**546**		**365**	**13**
香洲区		4	5		5	1		1	
斗门区	77	286	1116	308	808	492		340	13
金湾区	29	22	104	58	46	53		24	
汕头市	**525**	**2790**	**12247**	**2205**	**10042**	**1883**	**5**	**945**	**13**
龙湖区	39	245	806	187	619	141	2	78	2
金平区	7	19	170	19	151	28		12	
濠江区	25	95	333	54	279	68		42	1
潮阳区	356	1868	4374	662	3712	634		365	4
潮南区	64	360	5143	957	4186	739		256	
澄海区	33	196	1352	303	1049	255	3	183	6
南澳县	1	7	69	23	46	18		9	
佛山市	**118**	**382**	**2298**	**796**	**1502**	**1345**	**1**	**968**	**35**
禅城区									
南海区	37	194	857	271	586	317		250	6
顺德区	21	26	407	126	281	253		212	5
三水区	56	138	931	380	551	701		448	21
高明区	4	24	103	19	84	74	1	58	3

4-4c 续表 49

单位：人

地　区 性　别	建筑业		批发和零售业			交通运输、仓储和邮政业			
	建筑安装业	建筑装饰、装修和其他建筑业	小计	批发业	零售业	小计	铁路运输业	道路运输业	水上运输业
江门市	**397**	**2584**	**6820**	**1856**	**4964**	**1970**	**6**	**1340**	**53**
蓬江区	14	27	152	32	120	67		37	
江海区									
新会区	60	320	1428	413	1015	476	2	342	16
台山市	52	589	1846	545	1301	441	3	272	33
开平市	136	1119	1629	567	1062	354		248	2
鹤山市	52	226	713	148	565	348		246	2
恩平市	83	303	1052	151	901	284	1	195	
湛江市	**1612**	**5681**	**11420**	**2787**	**8633**	**4122**	**42**	**2820**	**129**
赤坎区	9	20	67	14	53	20		16	
霞山区	19	48	204	64	140	124	3	71	16
坡头区	270	757	994	142	852	249	3	177	3
麻章区	104	305	1184	277	907	562	10	376	21
遂溪县	167	578	1665	428	1237	741	7	500	9
徐闻县	36	131	986	268	718	379	7	226	52
廉江市	281	1649	2066	428	1638	681	4	477	4
雷州市	117	486	1994	331	1663	877	5	625	19
吴川市	609	1707	2260	835	1425	489	3	352	5
茂名市	**1665**	**6100**	**13743**	**3285**	**10458**	**4973**	**21**	**3662**	**31**
茂南区	347	911	1723	370	1353	809	4	631	4
电白区	487	1476	3657	940	2717	1102	5	846	12
高州市	264	869	3754	886	2868	1194	6	807	6
化州市	365	1863	3002	785	2217	1000	6	727	3
信宜市	202	981	1607	304	1303	868		651	6
肇庆市	**395**	**2940**	**7355**	**1808**	**5547**	**2580**	**18**	**1853**	**31**
端州区									
鼎湖区	13	50	229	44	185	121	5	81	9
高要区	129	812	2032	408	1624	797	7	600	3
广宁县	63	267	768	163	605	293	1	226	5
怀集县	88	918	1912	516	1396	458	4	304	4
封开县	29	214	617	161	456	235		161	5
德庆县	25	190	815	256	559	265	1	193	2
四会市	48	489	982	260	722	411		288	3
惠州市	**421**	**1786**	**7633**	**2007**	**5626**	**2434**	**17**	**1625**	**31**
惠城区	101	351	1496	400	1096	395	4	270	3
惠阳区	76	332	1182	285	897	472	2	259	12
博罗县	117	523	2182	719	1463	689	1	485	5
惠东县	90	348	2232	492	1740	545	10	350	8
龙门县	37	232	541	111	430	333		261	3
梅州市	**439**	**3119**	**5397**	**1101**	**4296**	**2487**	**16**	**1843**	**10**
梅江区	16	56	222	87	135	76	1	54	1
梅县区	33	701	845	138	707	401	6	314	2
大埔县	16	366	491	71	420	207	2	152	1
丰顺县	39	263	648	84	564	203	1	141	1
五华县	195	1056	1310	210	1100	604	3	427	2
平远县	19	164	357	123	234	151	2	97	
蕉岭县	10	173	330	75	255	242	1	188	
兴宁市	111	340	1194	313	881	603		470	3
汕尾市	**225**	**1661**	**5205**	**951**	**4254**	**1143**	**5**	**752**	**1**
城　区	9	173	453	72	381	146	1	100	
海丰县	51	217	929	212	717	242	1	175	1
陆河县	61	678	407	57	350	78	1	51	
陆丰市	104	593	3416	610	2806	677	2	426	

4−4c　续表 50　　　　　　　　　　　　　　　　　　　　　　　　　　　　　　单位：人

地　区 性　别	建筑业		批发和零售业			交通运输、仓储和邮政业			
	建　筑 安装业	建筑装 饰、装修 和其他 建筑业	小计	批发业	零售业	小计	铁　路 运输业	道　路 运输业	水　上 运输业
河源市	**476**	**1939**	**4443**	**775**	**3668**	**1979**	**64**	**1384**	**10**
源城区	39	50	181	52	129	46		28	1
紫金县	104	420	1083	199	884	512		387	2
龙川县	145	486	1312	207	1105	600	61	405	3
连平县	34	246	409	69	340	186	1	139	1
和平县	61	376	627	65	562	307	2	179	1
东源县	93	361	831	183	648	328		246	2
阳江市	**448**	**1825**	**3411**	**850**	**2561**	**1403**	**16**	**1052**	**13**
江城区	144	403	716	164	552	292	1	220	8
阳东区	99	370	727	314	413	267		204	1
阳西县	95	473	835	162	673	270	3	202	3
阳春市	110	579	1133	210	923	574	12	426	1
清远市	**461**	**2150**	**4729**	**986**	**3743**	**2429**	**16**	**1783**	**44**
清城区	91	239	540	111	429	287		216	6
清新区	96	574	1193	198	995	587	2	476	4
佛冈县	62	396	551	73	478	382	2	290	3
阳山县	41	147	408	67	341	205	1	146	2
连山壮族瑶族自治县	8	93	99	15	84	60		46	
连南瑶族自治县	7	97	97	17	80	49		37	1
英德市	126	380	1513	453	1060	693	11	467	25
连州市	30	224	328	52	276	166		105	3
东莞市	**182**	**654**	**6205**	**2585**	**3620**	**3484**	**22**	**1810**	**104**
市辖区	182	654	6205	2585	3620	3484	22	1810	104
中山市	**162**	**496**	**3182**	**897**	**2285**	**1265**	**1**	**740**	**28**
市辖区	162	496	3182	897	2285	1265	1	740	28
潮州市	**159**	**1254**	**4981**	**725**	**4256**	**1157**	**16**	**670**	**12**
湘桥区	17	177	449	73	376	70	2	45	
潮安区	80	478	2577	349	2228	666	11	393	7
饶平县	62	599	1955	303	1652	421	3	232	5
揭阳市	**593**	**3681**	**22798**	**4968**	**17830**	**3768**	**15**	**1807**	**46**
榕城区	76	479	1602	403	1199	434	3	191	3
揭东区	117	856	4016	1062	2954	1070	5	451	9
揭西县	145	695	3945	472	3473	678	3	362	
惠来县	111	486	3176	539	2637	356	2	208	34
普宁市	144	1165	10059	2492	7567	1230	2	595	
云浮市	**318**	**2067**	**3374**	**726**	**2648**	**1538**	**18**	**1142**	**26**
云城区	30	169	417	91	326	137	2	108	1
云安区	42	558	471	154	317	187	1	134	10
新兴县	70	449	863	208	655	312	1	246	4
郁南县	27	202	326	85	241	257	12	186	7
罗定市	149	689	1297	188	1109	645	2	468	4
男	**9348**	**40702**	**84400**	**23166**	**61234**	**47346**	**480**	**31767**	**665**
广州市	**703**	**2616**	**9326**	**3178**	**6148**	**9291**	**197**	**5612**	**95**
荔湾区									
越秀区									
海珠区									
天河区									
白云区	93	594	2814	1004	1810	2923	123	1615	24
黄埔区	42	168	280	112	168	346	1	254	5
番禺区	113	348	1197	479	718	1050	48	614	13
花都区	168	491	2148	656	1492	2251	10	1146	8
南沙区	102	155	676	272	404	808		554	31
从化区	90	492	787	218	569	870	9	666	5
增城区	95	368	1424	437	987	1043	6	763	9

4-4c 续表 51　　　　单位：人

地区 性别	建筑业		批发和零售业			交通运输、仓储和邮政业			
	建筑安装业	建筑装饰、装修和其他建筑业	小计	批发业	零售业	小计	铁路运输业	道路运输业	水上运输业
韶关市	**334**	**1301**	**1865**	**558**	**1307**	**1646**	**44**	**1221**	**13**
武江区	34	93	132	33	99	82	1	62	2
浈江区	20	52	101	29	72	92	1	62	2
曲江区	25	105	156	52	104	214	2	177	3
始兴县	24	108	145	49	96	120	2	92	
仁化县	29	107	138	57	81	144	17	100	3
翁源县	53	223	395	109	286	255	1	192	1
乳源瑶族自治县	12	110	137	41	96	144	1	106	1
新丰县	20	132	93	23	70	152		136	
乐昌市	81	134	181	46	135	161	14	110	
南雄市	36	237	387	119	268	282	5	184	1
深圳市	**22**	**73**	**131**	**66**	**65**	**135**	**1**	**99**	**13**
罗湖区									
福田区									
南山区									
宝安区									
龙岗区	22	73	131	66	65	135	1	99	13
盐田区									
龙华区									
坪山区									
光明区									
珠海市	**99**	**264**	**690**	**253**	**437**	**471**		**321**	**10**
香洲区		4	3		3	1		1	
斗门区	72	242	625	212	413	428		301	10
金湾区	27	18	62	41	21	42		19	
汕头市	**518**	**2654**	**7486**	**1541**	**5945**	**1698**	**3**	**903**	**11**
龙湖区	39	235	473	114	359	124	1	73	2
金平区	7	19	100	14	86	26		12	
濠江区	25	90	163	30	133	54		37	1
潮阳区	349	1790	2734	487	2247	595		357	3
潮南区	64	326	3168	677	2491	650		239	
澄海区	33	187	812	199	613	234	2	176	5
南澳县	1	7	36	20	16	15		9	
佛山市	**103**	**313**	**1318**	**499**	**819**	**1120**	**1**	**835**	**32**
禅城区									
南海区	30	159	494	165	329	256		206	5
顺德区	17	21	233	78	155	232		195	4
三水区	52	114	532	242	290	564		382	20
高明区	4	19	59	14	45	68	1	52	3
江门市	**361**	**2345**	**3548**	**1046**	**2502**	**1768**	**6**	**1239**	**41**
蓬江区	14	23	68	19	49	58		31	
江海区									
新会区	50	273	791	250	541	416	2	312	14
台山市	51	524	924	319	605	399	3	256	25
开平市	119	1041	805	277	528	320		230	1
鹤山市	46	209	385	87	298	314		224	1
恩平市	81	275	575	94	481	261	1	186	
湛江市	**1550**	**5099**	**6392**	**1968**	**4424**	**3729**	**29**	**2687**	**119**
赤坎区	9	17	29	7	22	17		15	
霞山区	19	45	112	42	70	110	2	69	13
坡头区	265	695	474	86	388	226	3	169	2
麻章区	98	273	646	196	450	501	4	361	21
遂溪县	156	481	910	279	631	663	6	463	8
徐闻县	27	119	539	166	373	341	6	211	47
廉江市	268	1505	1184	287	897	627	4	459	4
雷州市	108	425	1118	225	893	807	2	602	19
吴川市	600	1539	1380	680	700	437	2	338	5

4-4c　续表 52　　　　单位：人

地区 性别	建筑业		批发和零售业			交通运输、仓储和邮政业			
	建筑安装业	建筑装饰、装修和其他建筑业	小计	批发业	零售业	小计	铁路运输业	道路运输业	水上运输业
茂名市	**1598**	**5385**	**7552**	**2053**	**5499**	**4546**	**14**	**3519**	**26**
茂南区	337	773	961	262	699	745	3	605	4
电白区	475	1305	2115	639	1476	1024	4	821	9
高州市	246	717	2079	538	1541	1082	4	774	6
化州市	349	1697	1563	447	1116	901	3	699	2
信宜市	191	893	834	167	667	794		620	5
肇庆市	**376**	**2452**	**3983**	**1125**	**2858**	**2307**	**12**	**1718**	**27**
端州区									
鼎湖区	12	44	123	26	97	107	2	75	8
高要区	123	677	1047	257	790	736	6	572	2
广宁县	63	236	434	105	329	261		214	4
怀集县	83	742	1085	329	756	401	3	271	4
封开县	24	178	327	92	235	210		146	5
德庆县	24	148	445	153	292	233	1	175	1
四会市	47	427	522	163	359	359		265	3
惠州市	**402**	**1544**	**4291**	**1284**	**3007**	**2197**	**14**	**1531**	**28**
惠城区	93	308	870	259	611	363	3	257	3
惠阳区	73	270	692	197	495	395	1	226	12
博罗县	115	450	1257	435	822	631	1	460	4
惠东县	86	305	1191	317	874	500	9	340	6
龙门县	35	211	281	76	205	308		248	3
梅州市	**420**	**2552**	**3112**	**731**	**2381**	**2242**	**11**	**1734**	**7**
梅江区	15	49	114	51	63	69		52	
梅县区	33	523	490	93	397	359	5	294	1
大埔县	15	316	277	50	227	191	1	147	1
丰顺县	37	229	373	66	307	182	1	134	1
五华县	185	844	785	149	636	521	3	389	1
平远县	17	137	183	70	113	137		92	
蕉岭县	10	155	178	47	131	208	1	167	
兴宁市	108	299	712	205	507	575		459	3
汕尾市	**216**	**1551**	**3440**	**747**	**2693**	**1052**	**4**	**722**	**1**
城　区	7	165	308	53	255	135	1	98	
海丰县	47	205	598	148	450	217		161	1
陆河县	60	635	255	39	216	70	1	49	
陆丰市	102	546	2279	507	1772	630	2	414	
河源市	**454**	**1647**	**2464**	**506**	**1958**	**1772**	**59**	**1271**	**7**
源城区	38	46	94	27	67	42		27	1
紫金县	100	341	627	132	495	467		364	1
龙川县	135	413	714	134	580	533	56	368	1
连平县	33	208	215	46	169	163	1	123	1
和平县	57	329	331	43	288	280	2	167	1
东源县	91	310	483	124	359	287		222	2
阳江市	**432**	**1594**	**1807**	**484**	**1323**	**1261**	**14**	**983**	**10**
江城区	141	361	371	92	279	274		217	5
阳东区	92	329	371	160	211	235		191	1
阳西县	95	418	441	97	344	235	2	176	3
阳春市	104	486	624	135	489	517	12	399	1
清远市	**431**	**1867**	**2538**	**631**	**1907**	**2199**	**13**	**1666**	**36**
清城区	86	207	284	73	211	257		200	5
清新区	92	492	636	133	503	543	2	451	4
佛冈县	62	346	299	48	251	353	1	274	3
阳山县	35	127	225	41	184	188	1	139	2
连山壮族瑶族自治县	8	87	49	9	40	51		38	
连南瑶族自治县	6	77	60	11	49	41		33	
英德市	113	321	822	282	540	614	9	433	19
连州市	29	210	163	34	129	152		98	3

4-4c 续表 53 单位：人

地区 性别	建筑业		批发和零售业			交通运输、仓储和邮政业			
	建筑安装业	建筑装饰、装修和其他建筑业	小计	批发业	零售业	小计	铁路运输业	道路运输业	水上运输业
东莞市	**153**	**549**	**3877**	**1760**	**2117**	**2920**	**22**	**1580**	**94**
市辖区	153	549	3877	1760	2117	2920	22	1580	94
中山市	**148**	**404**	**1686**	**537**	**1149**	**1124**	**1**	**680**	**22**
市辖区	148	404	1686	537	1149	1124	1	680	22
潮州市	**155**	**1162**	**3016**	**476**	**2540**	**1066**	**14**	**648**	**11**
湘桥区	16	170	281	56	225	65	1	45	
潮安区	78	454	1598	230	1368	622	10	383	6
饶平县	61	538	1137	190	947	379	3	220	5
揭阳市	**568**	**3451**	**13972**	**3247**	**10725**	**3443**	**11**	**1745**	**39**
榕城区	67	424	1005	297	708	353	1	181	3
揭东区	114	827	2399	648	1751	983	5	440	8
揭西县	137	654	2272	310	1962	612	2	341	
惠来县	110	443	1929	332	1597	330	1	204	28
普宁市	140	1103	6367	1660	4707	1165	2	579	
云浮市	**305**	**1879**	**1906**	**476**	**1430**	**1359**	**10**	**1053**	**23**
云城区	27	155	228	61	167	124	2	103	1
云安区	39	516	273	113	160	168	1	127	9
新兴县	68	400	430	111	319	266	1	212	3
郁南县	26	192	186	51	135	219	5	162	6
罗定市	145	616	789	140	649	582	1	449	4
女	**489**	**5351**	**62648**	**12865**	**49783**	**6463**	**130**	**2748**	**99**
广州市	**60**	**408**	**7451**	**2164**	**5287**	**2021**	**66**	**910**	**10**
荔湾区									
越秀区									
海珠区									
天河区									
白云区	11	100	2251	669	1582	669	9	276	
黄埔区	3	37	233	72	161	89	1	60	1
番禺区	15	68	973	355	618	312	48	158	4
花都区	10	92	1609	470	1139	527	7	182	1
南沙区	12	19	578	180	398	157		79	2
从化区	1	41	689	134	555	94		51	1
增城区	8	51	1118	284	834	173	1	104	1
韶关市	**14**	**232**	**1717**	**363**	**1354**	**193**	**3**	**100**	**3**
武江区	1	11	115	28	87	7	1	1	
浈江区		10	91	20	71	4		2	
曲江区		13	154	30	124	28		13	2
始兴县	2	23	121	32	89	12		5	
仁化县	2	27	139	37	102	12		8	
翁源县	2	29	304	59	245	30		18	
乳源瑶族自治县		20	159	32	127	25		14	
新丰县	1	34	95	22	73	12		8	
乐昌市	2	17	190	29	161	22	2	11	
南雄市	4	48	349	74	275	41		20	1
深圳市	**2**	**2**	**92**	**28**	**64**	**17**		**12**	
罗湖区									
福田区									
南山区									
宝安区									
龙岗区	2	2	92	28	64	17		12	
盐田区									
龙华区									
坪山区									
光明区									

4-4c 续表 54

单位：人

地区 性别	建筑业		批发和零售业			交通运输、仓储和邮政业			
	建筑安装业	建筑装饰、装修和其他建筑业	小计	批发业	零售业	小计	铁路运输业	道路运输业	水上运输业
珠海市	**7**	**48**	**535**	**113**	**422**	**75**		**44**	**3**
香洲区			2		2				
斗门区	5	44	491	96	395	64		39	3
金湾区	2	4	42	17	25	11		5	
汕头市	**7**	**136**	**4761**	**664**	**4097**	**185**	**2**	**42**	**2**
龙湖区		10	333	73	260	17	1	5	
金平区			70	5	65	2			
濠江区		5	170	24	146	14		5	
潮阳区	7	78	1640	175	1465	39		8	1
潮南区		34	1975	280	1695	89		17	
澄海区		9	540	104	436	21	1	7	1
南澳县			33	3	30	3			
佛山市	**15**	**69**	**980**	**297**	**683**	**225**		**133**	**3**
禅城区									
南海区	7	35	363	106	257	61		44	1
顺德区	4	5	174	48	126	21		17	1
三水区	4	24	399	138	261	137		66	1
高明区		5	44	5	39	6		6	
江门市	**36**	**239**	**3272**	**810**	**2462**	**202**		**101**	**12**
蓬江区		4	84	13	71	9		6	
江海区									
新会区	10	47	637	163	474	60		30	2
台山市	1	65	922	226	696	42		16	8
开平市	17	78	824	290	534	34		18	1
鹤山市	6	17	328	61	267	34		22	1
恩平市	2	28	477	57	420	23		9	
湛江市	**62**	**582**	**5028**	**819**	**4209**	**393**	**13**	**133**	**10**
赤坎区		3	38	7	31	3		1	
霞山区		3	92	22	70	14	1	2	3
坡头区	5	62	520	56	464	23		8	1
麻章区	6	32	538	81	457	61	6	15	
遂溪县	11	97	755	149	606	78	1	37	1
徐闻县	9	12	447	102	345	38	1	15	5
廉江市	13	144	882	141	741	54		18	
雷州市	9	61	876	106	770	70	3	23	
吴川市	9	168	880	155	725	52	1	14	
茂名市	**67**	**715**	**6191**	**1232**	**4959**	**427**	**7**	**143**	**5**
茂南区	10	138	762	108	654	64	1	26	
电白区	12	171	1542	301	1241	78	1	25	3
高州市	18	152	1675	348	1327	112	2	33	
化州市	16	166	1439	338	1101	99	3	28	1
信宜市	11	88	773	137	636	74		31	1
肇庆市	**19**	**488**	**3372**	**683**	**2689**	**273**	**6**	**135**	**4**
端州区									
鼎湖区	1	6	106	18	88	14	3	6	1
高要区	6	135	985	151	834	61	1	28	1
广宁县		31	334	58	276	32	1	12	1
怀集县	5	176	827	187	640	57	1	33	
封开县	5	36	290	69	221	25		15	
德庆县	1	42	370	103	267	32		18	1
四会市	1	62	460	97	363	52		23	
惠州市	**19**	**242**	**3342**	**723**	**2619**	**237**	**3**	**94**	**3**
惠城区	8	43	626	141	485	32	1	13	
惠阳区	3	62	490	88	402	77	1	33	
博罗县	2	73	925	284	641	58		25	1
惠东县	4	43	1041	175	866	45	1	10	2
龙门县	2	21	260	35	225	25		13	

4-4c 续表 55

单位：人

地区 性别	建筑业		批发和零售业			交通运输、仓储和邮政业			
	建筑安装业	建筑装饰、装修和其他建筑业	小计	批发业	零售业	小计	铁路运输业	道路运输业	水上运输业
梅州市	**19**	**567**	**2285**	**370**	**1915**	**245**	**5**	**109**	**3**
梅江区	1	7	108	36	72	7	1	2	1
梅县区		178	355	45	310	42	1	20	1
大埔县	1	50	214	21	193	16	1	5	
丰顺县	2	34	275	18	257	21		7	
五华县	10	212	525	61	464	83		38	1
平远县	2	27	174	53	121	14	2	5	
蕉岭县		18	152	28	124	34		21	
兴宁市	3	41	482	108	374	28		11	
汕尾市	**9**	**110**	**1765**	**204**	**1561**	**91**	**1**	**30**	
城　区	2	8	145	19	126	11		2	
海丰县	4	12	331	64	267	25	1	14	
陆河县	1	43	152	18	134	8		2	
陆丰市	2	47	1137	103	1034	47		12	
河源市	**22**	**292**	**1979**	**269**	**1710**	**207**	**5**	**113**	**3**
源城区	1	4	87	25	62	4		1	
紫金县	4	79	456	67	389	45		23	1
龙川县	10	73	598	73	525	67	5	37	2
连平县	1	38	194	23	171	23		16	
和平县	4	47	296	22	274	27		12	
东源县	2	51	348	59	289	41		24	
阳江市	**16**	**231**	**1604**	**366**	**1238**	**142**	**2**	**69**	**3**
江城区	3	42	345	72	273	18	1	3	3
阳东区	7	41	356	154	202	32		13	
阳西县		55	394	65	329	35	1	26	
阳春市	6	93	509	75	434	57		27	
清远市	**30**	**283**	**2191**	**355**	**1836**	**230**	**3**	**117**	**8**
清城区	5	32	256	38	218	30		16	1
清新区	4	82	557	65	492	44		25	
佛冈县		50	252	25	227	29	1	16	
阳山县	6	20	183	26	157	17		7	
连山壮族瑶族自治县		6	50	6	44	9		8	
连南瑶族自治县	1	20	37	6	31	8		4	1
英德市	13	59	691	171	520	79	2	34	6
连州市	1	14	165	18	147	14		7	
东莞市	**29**	**105**	**2328**	**825**	**1503**	**564**		**230**	**10**
市辖区	29	105	2328	825	1503	564		230	10
中山市	**14**	**92**	**1496**	**360**	**1136**	**141**		**60**	**6**
市辖区	14	92	1496	360	1136	141		60	6
潮州市	**4**	**92**	**1965**	**249**	**1716**	**91**	**2**	**22**	**1**
湘桥区	1	7	168	17	151	5	1		
潮安区	2	24	979	119	860	44	1	10	1
饶平县	1	61	818	113	705	42		12	
揭阳市	**25**	**230**	**8826**	**1721**	**7105**	**325**	**4**	**62**	**7**
榕城区	9	55	597	106	491	81	2	10	
揭东区	3	29	1617	414	1203	87		11	1
揭西县	8	41	1673	162	1511	66	1	21	
惠来县	1	43	1247	207	1040	26	1	4	6
普宁市	4	62	3692	832	2860	65		16	
云浮市	**13**	**188**	**1468**	**250**	**1218**	**179**	**8**	**89**	**3**
云城区	3	14	189	30	159	13		5	
云安区	3	42	198	41	157	19		7	1
新兴县	2	49	433	97	336	46		34	1
郁南县	1	10	140	34	106	38	7	24	1
罗定市	4	73	508	48	460	63	1	19	

4-4c 续表 56

单位：人

地 区 性 别	交通运输、仓储和邮政业					住宿和餐饮业		
	航 空 运输业	管 道 运输业	多式联运 和运输 代理业	装卸搬运 和仓储业	邮政业	小计	住宿业	餐饮业
广 东	**671**	**28**	**1645**	**5062**	**10514**	**55651**	**5445**	**50206**
广州市	**524**	**2**	**652**	**698**	**2546**	**6302**	**983**	**5319**
荔湾区								
越秀区								
海珠区								
天河区								
白云区	318	1	222	157	847	1695	202	1493
黄埔区	3		18	37	55	199	13	186
番禺区	2		67	74	334	811	57	754
花都区	180		244	171	829	1191	133	1058
南沙区	3	1	58	124	113	359	28	331
从化区	10		14	62	146	1012	321	691
增城区	8		29	73	222	1035	229	806
韶关市	**5**	**2**	**25**	**203**	**220**	**1979**	**308**	**1671**
武江区	1		2	6	13	101	12	89
浈江区			2	12	15	91	7	84
曲江区			1	25	19	252	62	190
始兴县			1	10	22	106	8	98
仁化县			5	12	11	195	39	156
翁源县	2	1	3	37	30	299	41	258
乳源瑶族自治县	1	1		27	18	204	50	154
新丰县			4	4	12	232	32	200
乐昌市	1		1	22	22	191	17	174
南雄市			6	48	58	308	40	268
深圳市	**1**	**1**	**8**	**4**	**13**	**462**	**190**	**272**
罗湖区								
福田区								
南山区								
宝安区								
龙岗区	1	1	8	4	13	462	190	272
盐田区								
龙华区								
坪山区								
光明区								
珠海市	**6**		**26**	**67**	**69**	**689**	**146**	**543**
香洲区						50	45	5
斗门区	6		13	55	65	604	99	505
金湾区			13	12	4	35	2	33
汕头市	**5**	**2**	**42**	**114**	**757**	**2130**	**156**	**1974**
龙湖区	2		5	8	44	154	4	150
金平区			2	3	11	13	1	12
濠江区	1	1	5	8	10	117	5	112
潮阳区		1	12	43	209	678	26	652
潮南区			13	34	436	799	95	704
澄海区	2		5	13	43	299	6	293
南澳县				5	4	70	19	51
佛山市	**1**		**49**	**211**	**80**	**544**	**54**	**490**
禅城区								
南海区	1		9	20	31	171	14	157
顺德区			9	14	13	54	2	52
三水区			27	172	33	269	34	235
高明区			4	5	3	50	4	46

4-4c 续表 57　　　　单位：人

地区 性别	交通运输、仓储和邮政业					住宿和餐饮业		
	航空运输业	管道运输业	多式联运和运输代理业	装卸搬运和仓储业	邮政业	小计	住宿业	餐饮业
江门市	**2**		**64**	**211**	**294**	**4575**	**291**	**4284**
蓬江区			10	11	9	87	1	86
江海区								
新会区			12	46	58	495	24	471
台山市	2		12	59	60	2209	130	2079
开平市			12	32	60	638	34	604
鹤山市			14	34	52	466	29	437
恩平市			4	29	55	680	73	607
湛江市	**19**	**1**	**44**	**558**	**509**	**5246**	**471**	**4775**
赤坎区					4	44	2	42
霞山区	6		2	18	8	108	40	68
坡头区	1		6	26	33	335	39	296
麻章区	1		4	80	70	572	60	512
遂溪县	4		11	125	85	1123	72	1051
徐闻县			3	42	49	407	40	367
廉江市		1	5	75	115	1135	79	1056
雷州市	1		10	117	100	958	86	872
吴川市	6		3	75	45	564	53	511
茂名市	**5**	**1**	**50**	**469**	**734**	**4506**	**336**	**4170**
茂南区	2		5	76	87	672	71	601
电白区	1		10	88	140	1246	127	1119
高州市		1	16	113	245	862	56	806
化州市			11	106	147	1149	50	1099
信宜市	2		8	86	115	577	32	545
肇庆市	**5**	**1**	**73**	**208**	**391**	**3880**	**206**	**3674**
端州区								
鼎湖区				13	13	115	5	110
高要区	3		6	72	106	964	43	921
广宁县			8	12	41	491	18	473
怀集县	1		16	39	90	966	45	921
封开县			3	17	49	384	39	345
德庆县	1	1	4	22	41	542	37	505
四会市			36	33	51	418	19	399
惠州市	**31**	**1**	**68**	**154**	**507**	**4393**	**762**	**3631**
惠城区	2		15	22	79	706	107	599
惠阳区	23		11	41	124	468	39	429
博罗县	4		31	45	118	947	76	871
惠东县	2	1	4	29	141	1649	362	1287
龙门县			7	17	45	623	178	445
梅州市	**14**		**67**	**229**	**308**	**1783**	**151**	**1632**
梅江区	1		8	5	6	57	3	54
梅县区	4		7	18	50	367	37	330
大埔县	1		3	12	36	218	17	201
丰顺县			5	23	32	278	30	248
五华县	3		3	84	82	382	34	348
平远县	2		10	20	20	112	8	104
蕉岭县	1		9	21	22	85	7	78
兴宁市	2		22	46	60	284	15	269
汕尾市			**15**	**102**	**268**	**1532**	**91**	**1441**
城　区			1	16	28	213	31	182
海丰县			5	15	45	369	26	343
陆河县			3	6	17	132	7	125
陆丰市			6	65	178	818	27	791

4-4c　续表 58　　　　单位：人

地　区 性　别	交通运输、仓储和邮政业					住宿和餐饮业		
	航　空 运输业	管　道 运输业	多式联运 和运输 代理业	装卸搬运 和仓储业	邮政业	小计	住宿业	餐饮业
河源市	**9**		**33**	**257**	**222**	**2155**	**247**	**1908**
源城区			5	7	5	112	31	81
紫金县	5		7	51	60	653	54	599
龙川县	2		2	71	56	464	56	408
连平县	1		4	20	20	204	17	187
和平县				97	28	269	21	248
东源县	1		15	11	53	453	68	385
阳江市	**1**	**2**	**22**	**141**	**156**	**1420**	**155**	**1265**
江城区	1		5	30	27	339	59	280
阳东区			4	25	33	283	21	262
阳西县			6	19	37	303	38	265
阳春市		2	7	67	59	495	37	458
清远市	**8**		**41**	**249**	**288**	**2566**	**360**	**2206**
清城区	1		4	26	34	379	62	317
清新区	2		10	24	69	501	56	445
佛冈县			4	42	41	326	81	245
阳山县			6	31	19	253	20	233
连山壮族瑶族自治县			1	4	9	69	14	55
连南瑶族自治县				6	5	49	4	45
英德市	2		12	87	89	819	115	704
连州市	3		4	29	22	170	8	162
东莞市	**1**	**2**	**175**	**447**	**923**	**1559**	**112**	**1447**
市辖区	1	2	175	447	923	1559	112	1447
中山市	**3**	**1**	**44**	**110**	**338**	**1221**	**57**	**1164**
市辖区	3	1	44	110	338	1221	57	1164
潮州市	**5**	**3**	**30**	**120**	**301**	**1377**	**40**	**1337**
湘桥区	1		1	9	12	135	2	133
潮安区		2	11	53	189	640	23	617
饶平县	4	1	18	58	100	602	15	587
揭阳市	**24**	**9**	**101**	**391**	**1375**	**5624**	**211**	**5413**
榕城区	20		14	20	183	192	16	176
揭东区	2	4	31	112	456	1141	30	1111
揭西县			17	80	216	810	54	756
惠来县	1		9	22	80	990	31	959
普宁市	1	5	30	157	440	2491	80	2411
云浮市	**2**		**16**	**119**	**215**	**1708**	**118**	**1590**
云城区			1	6	19	174	14	160
云安区				29	13	189	10	179
新兴县			1	15	45	485	61	424
郁南县	1		10	15	26	199	8	191
罗定市	1		4	54	112	661	25	636
男	**481**	**20**	**1278**	**4233**	**8422**	**32027**	**2411**	**29616**
广州市	**374**	**1**	**484**	**552**	**1976**	**3433**	**454**	**2979**
荔湾区								
越秀区								
海珠区								
天河区								
白云区	236		156	128	641	967	86	881
黄埔区	2		14	30	40	99	5	94
番禺区	1		58	60	256	448	27	421
花都区	122		185	129	651	648	51	597
南沙区		1	38	93	91	182	13	169
从化区	6		11	57	116	542	158	384
增城区	7		22	55	181	547	114	433

4−4c 续表 59 单位：人

地区 性别	交通运输、仓储和邮政业					住宿和餐饮业		
	航空运输业	管道运输业	多式联运和运输代理业	装卸搬运和仓储业	邮政业	小计	住宿业	餐饮业
韶关市	**3**	**2**	**23**	**166**	**174**	**950**	**134**	**816**
武江区	1		2	3	11	49	3	46
浈江区			2	11	14	52	5	47
曲江区			1	18	13	105	27	78
始兴县			1	9	16	51	5	46
仁化县			5	11	8	88	22	66
翁源县	1	1	2	34	23	149	12	137
乳源瑶族自治县		1		21	14	94	20	74
新丰县			3	3	10	119	18	101
乐昌市	1		1	20	15	103	9	94
南雄市			6	36	50	140	13	127
深圳市	**1**	**1**	**6**	**3**	**11**	**266**	**105**	**161**
罗湖区								
福田区								
南山区								
宝安区								
龙岗区	1	1	6	3	11	266	105	161
盐田区								
龙华区								
坪山区								
光明区								
珠海市	**5**		**22**	**57**	**56**	**360**	**66**	**294**
香洲区						29	25	4
斗门区	5		11	47	54	313	41	272
金湾区			11	10	2	18		18
汕头市	**4**	**1**	**35**	**107**	**634**	**1452**	**87**	**1365**
龙湖区	2		4	8	34	91	3	88
金平区			2	3	9	11	1	10
濠江区	1		2	8	5	75	2	73
潮阳区		1	11	42	181	484	16	468
潮南区			11	30	370	556	51	505
澄海区	1		5	13	32	198	6	192
南澳县				3	3	37	8	29
佛山市			**36**	**151**	**65**	**273**	**17**	**256**
禅城区								
南海区			6	12	27	87	5	82
顺德区			9	12	12	28		28
三水区			17	122	23	133	11	122
高明区			4	5	3	25	1	24
江门市	**2**		**55**	**185**	**240**	**2539**	**107**	**2432**
蓬江区			9	10	8	46		46
江海区								
新会区			8	34	46	228	11	217
台山市	2		9	56	48	1271	49	1222
开平市			11	27	51	332	11	321
鹤山市			14	32	43	251	10	241
恩平市			4	26	44	411	26	385
湛江市	**13**	**1**	**37**	**452**	**391**	**2826**	**165**	**2661**
赤坎区					2	20		20
霞山区	4		2	14	6	37	8	29
坡头区	1		4	22	25	159	15	144
麻章区	1		2	66	46	287	14	273
遂溪县	3		10	105	68	624	27	597
徐闻县			3	31	43	206	15	191
廉江市		1	5	64	90	661	37	624
雷州市	1		9	92	82	563	35	528
吴川市	3		2	58	29	269	14	255

4-4c　续表 60　　　　单位：人

地　区 性　别	交通运输、仓储和邮政业					住宿和餐饮业		
	航　空 运输业	管　道 运输业	多式联运 和运输 代理业	装卸搬运 和仓储业	邮政业	小计	住宿业	餐饮业
茂名市	**4**	**1**	**40**	**397**	**545**	**2379**	**144**	**2235**
茂南区	2		5	64	62	344	28	316
电白区	1		7	79	103	669	59	610
高州市		1	13	96	188	456	25	431
化州市			8	78	111	600	20	580
信宜市	1		7	80	81	310	12	298
肇庆市	**1**	**1**	**48**	**179**	**321**	**2247**	**87**	**2160**
端州区								
鼎湖区				13	9	54	1	53
高要区	1		4	61	90	569	14	555
广宁县			4	10	29	302	7	295
怀集县			14	33	76	589	25	564
封开县			3	15	41	220	20	200
德庆县		1	2	20	33	284	15	269
四会市			21	27	43	229	5	224
惠州市	**26**	**1**	**56**	**130**	**411**	**2562**	**365**	**2197**
惠城区	2		14	18	66	420	56	364
惠阳区	20		6	34	96	285	23	262
博罗县	2		27	41	96	574	40	534
惠东县	2	1	4	25	113	947	170	777
龙门县			5	12	40	336	76	260
梅州市	**11**		**54**	**187**	**238**	**1034**	**79**	**955**
梅江区	1		7	4	5	36		36
梅县区	4		3	14	38	212	20	192
大埔县	1		1	11	29	128	9	119
丰顺县			3	18	25	177	13	164
五华县	1		3	66	58	211	22	189
平远县	2		10	16	17	49	3	46
蕉岭县			6	19	15	38	1	37
兴宁市	2		21	39	51	183	11	172
汕尾市			**12**	**92**	**221**	**975**	**47**	**928**
城　区				13	23	133	21	112
海丰县			4	13	38	228	15	213
陆河县			3	4	13	68	2	66
陆丰市			5	62	147	546	9	537
河源市	**7**		**21**	**219**	**188**	**1218**	**114**	**1104**
源城区			3	7	4	59	10	49
紫金县	3		3	45	51	416	28	388
龙川县	2		2	57	47	255	23	232
连平县	1		4	15	18	97	10	87
和平县				86	24	142	10	132
东源县	1		9	9	44	249	33	216
阳江市	**1**	**2**	**21**	**110**	**120**	**689**	**56**	**633**
江城区	1		4	26	21	130	8	122
阳东区			4	16	23	138	8	130
阳西县			6	18	30	158	19	139
阳春市		2	7	50	46	263	21	242
清远市	**3**		**32**	**223**	**226**	**1320**	**134**	**1186**
清城区			1	24	27	200	25	175
清新区	1		7	20	58	273	22	251
佛冈县			4	40	31	145	25	120
阳山县			5	29	12	141	9	132
连山壮族瑶族自治县			1	3	9	35	7	28
连南瑶族自治县				6	2	26	2	24
英德市	1		10	73	69	414	42	372
连州市	1		4	28	18	86	2	84

4-4c 续表 61

单位：人

地区 性别	交通运输、仓储和邮政业					住宿和餐饮业		
	航空运输业	管道运输业	多式联运和运输代理业	装卸搬运和仓储业	邮政业	小计	住宿业	餐饮业
东莞市	**1**	**2**	**137**	**363**	**721**	**876**	**55**	**821**
市辖区	1	2	137	363	721	876	55	821
中山市	**2**	**1**	**32**	**95**	**291**	**676**	**21**	**655**
市辖区	2	1	32	95	291	676	21	655
潮州市	**4**	**2**	**23**	**113**	**251**	**943**	**17**	**926**
湘桥区			1	8	10	87	1	86
潮安区		1	9	52	161	446	8	438
饶平县	4	1	13	53	80	410	8	402
揭阳市	**17**	**4**	**91**	**363**	**1173**	**4022**	**118**	**3904**
榕城区	13		12	18	125	143	8	135
揭东区	2	1	29	104	394	831	17	814
揭西县			15	79	175	532	23	509
惠来县	1		6	17	73	715	21	694
普宁市	1	3	29	145	406	1801	49	1752
云浮市	**2**		**13**	**89**	**169**	**987**	**39**	**948**
云城区			1	4	13	94	5	89
云安区				20	11	79	4	75
新兴县				12	38	266	20	246
郁南县	1		9	13	23	118	3	115
罗定市	1		3	40	84	430	7	423
女	**190**	**8**	**367**	**829**	**2092**	**23624**	**3034**	**20590**
广州市	**150**	**1**	**168**	**146**	**570**	**2869**	**529**	**2340**
荔湾区								
越秀区								
海珠区								
天河区								
白云区	82	1	66	29	206	728	116	612
黄埔区	1		4	7	15	100	8	92
番禺区	1		9	14	78	363	30	333
花都区	58		59	42	178	543	82	461
南沙区	3		20	31	22	177	15	162
从化区	4		3	5	30	470	163	307
增城区	1		7	18	41	488	115	373
韶关市	**2**		**2**	**37**	**46**	**1029**	**174**	**855**
武江区				3	2	52	9	43
浈江区				1	1	39	2	37
曲江区				7	6	147	35	112
始兴县				1	6	55	3	52
仁化县				1	3	107	17	90
翁源县	1		1	3	7	150	29	121
乳源瑶族自治县	1			6	4	110	30	80
新丰县			1	1	2	113	14	99
乐昌市				2	7	88	8	80
南雄市				12	8	168	27	141
深圳市			**2**	**1**	**2**	**196**	**85**	**111**
罗湖区								
福田区								
南山区								
宝安区								
龙岗区			2	1	2	196	85	111
盐田区								
龙华区								
坪山区								
光明区								

4-4c　续表 62

单位：人

地　区 性　别	交通运输、仓储和邮政业					住宿和餐饮业		
	航　空 运输业	管　道 运输业	多式联运 和运输 代理业	装卸搬运 和仓储业	邮政业	小计	住宿业	餐饮业
珠海市	**1**		**4**	**10**	**13**	**329**	**80**	**249**
香洲区						21	20	1
斗门区	1		2	8	11	291	58	233
金湾区			2	2	2	17	2	15
汕头市	**1**	**1**	**7**	**7**	**123**	**678**	**69**	**609**
龙湖区			1		10	63	1	62
金平区					2	2		2
濠江区		1	3		5	42	3	39
潮阳区			1	1	28	194	10	184
潮南区			2	4	66	243	44	199
澄海区	1				11	101		101
南澳县				2	1	33	11	22
佛山市	**1**		**13**	**60**	**15**	**271**	**37**	**234**
禅城区								
南海区	1		3	8	4	84	9	75
顺德区				2	1	26	2	24
三水区			10	50	10	136	23	113
高明区						25	3	22
江门市			**9**	**26**	**54**	**2036**	**184**	**1852**
蓬江区			1	1	1	41	1	40
江海区								
新会区			4	12	12	267	13	254
台山市			3	3	12	938	81	857
开平市			1	5	9	306	23	283
鹤山市				2	9	215	19	196
恩平市				3	11	269	47	222
湛江市	**6**		**7**	**106**	**118**	**2420**	**306**	**2114**
赤坎区					2	24	2	22
霞山区	2			4	2	71	32	39
坡头区			2	4	8	176	24	152
麻章区			2	14	24	285	46	239
遂溪县	1		1	20	17	499	45	454
徐闻县				11	6	201	25	176
廉江市				11	25	474	42	432
雷州市			1	25	18	395	51	344
吴川市	3		1	17	16	295	39	256
茂名市	**1**		**10**	**72**	**189**	**2127**	**192**	**1935**
茂南区				12	25	328	43	285
电白区			3	9	37	577	68	509
高州市			3	17	57	406	31	375
化州市			3	28	36	549	30	519
信宜市	1		1	6	34	267	20	247
肇庆市	**4**		**25**	**29**	**70**	**1633**	**119**	**1514**
端州区								
鼎湖区					4	61	4	57
高要区	2		2	11	16	395	29	366
广宁县			4	2	12	189	11	178
怀集县	1		2	6	14	377	20	357
封开县				2	8	164	19	145
德庆县	1		2	2	8	258	22	236
四会市			15	6	8	189	14	175
惠州市	**5**		**12**	**24**	**96**	**1831**	**397**	**1434**
惠城区			1	4	13	286	51	235
惠阳区	3		5	7	28	183	16	167
博罗县	2		4	4	22	373	36	337
惠东县				4	28	702	192	510
龙门县			2	5	5	287	102	185

4-4c 续表 63

单位：人

地区 性别	交通运输、仓储和邮政业					住宿和餐饮业		
	航空运输业	管道运输业	多式联运和运输代理业	装卸搬运和仓储业	邮政业	小计	住宿业	餐饮业
梅州市	**3**		**13**	**42**	**70**	**749**	**72**	**677**
梅江区			1	1	1	21	3	18
梅县区			4	4	12	155	17	138
大埔县			2	1	7	90	8	82
丰顺县			2	5	7	101	17	84
五华县	2			18	24	171	12	159
平远县				4	3	63	5	58
蕉岭县	1		3	2	7	47	6	41
兴宁市			1	7	9	101	4	97
汕尾市			**3**	**10**	**47**	**557**	**44**	**513**
城　区			1	3	5	80	10	70
海丰县			1	2	7	141	11	130
陆河县				2	4	64	5	59
陆丰市			1	3	31	272	18	254
河源市	**2**		**12**	**38**	**34**	**937**	**133**	**804**
源城区			2		1	53	21	32
紫金县	2		4	6	9	237	26	211
龙川县				14	9	209	33	176
连平县				5	2	107	7	100
和平县				11	4	127	11	116
东源县			6	2	9	204	35	169
阳江市			**1**	**31**	**36**	**731**	**99**	**632**
江城区			1	4	6	209	51	158
阳东区				9	10	145	13	132
阳西县				1	7	145	19	126
阳春市				17	13	232	16	216
清远市	**5**		**9**	**26**	**62**	**1246**	**226**	**1020**
清城区	1		3	2	7	179	37	142
清新区	1		3	4	11	228	34	194
佛冈县				2	10	181	56	125
阳山县			1	2	7	112	11	101
连山壮族瑶族自治县				1		34	7	27
连南瑶族自治县					3	23	2	21
英德市	1		2	14	20	405	73	332
连州市	2			1	4	84	6	78
东莞市			**38**	**84**	**202**	**683**	**57**	**626**
市辖区			38	84	202	683	57	626
中山市	**1**		**12**	**15**	**47**	**545**	**36**	**509**
市辖区	1		12	15	47	545	36	509
潮州市	**1**	**1**	**7**	**7**	**50**	**434**	**23**	**411**
湘桥区	1			1	2	48	1	47
潮安区		1	2	1	28	194	15	179
饶平县			5	5	20	192	7	185
揭阳市	**7**	**5**	**10**	**28**	**202**	**1602**	**93**	**1509**
榕城区	7		2	2	58	49	8	41
揭东区		3	2	8	62	310	13	297
揭西县			2	1	41	278	31	247
惠来县			3	5	7	275	10	265
普宁市		2	1	12	34	690	31	659
云浮市			**3**	**30**	**46**	**721**	**79**	**642**
云城区				2	6	80	9	71
云安区				9	2	110	6	104
新兴县			1	3	7	219	41	178
郁南县			1	2	3	81	5	76
罗定市			1	14	28	231	18	213

4-4c 续表 64

单位：人

地区 性别	信息传输、软件和信息技术服务业				金融业				
	小计	电信、广播电视和卫星传输服务	互联网和相关服务	软件和信息技术服务业	小计	货币金融服务	资本市场服务	保险业	其他金融业
广　东	**9714**	**1770**	**5298**	**2646**	**4878**	**1689**	**295**	**2413**	**481**
广州市	**2035**	**301**	**1055**	**679**	**960**	**296**	**67**	**486**	**111**
荔湾区									
越秀区									
海珠区									
天河区									
白云区	747	79	392	276	336	112	29	152	43
黄埔区	77	12	28	37	41	13	6	19	3
番禺区	398	47	202	149	101	30	4	57	10
花都区	360	67	220	73	163	44	7	89	23
南沙区	114	27	44	43	77	28	5	36	8
从化区	119	39	46	34	86	22	6	52	6
增城区	220	30	123	67	156	47	10	81	18
韶关市	**353**	**91**	**191**	**71**	**146**	**45**	**11**	**79**	**11**
武江区	34	18	9	7	10	3	1	6	
浈江区	19	3	7	9	9	2	1	6	
曲江区	28	11	9	8	13	4	2	7	
始兴县	19	6	9	4	14	7	1	6	
仁化县	17	10	2	5	16	5		6	5
翁源县	57	12	40	5	24	8	2	13	1
乳源瑶族自治县	18	5	13		8	1	1	5	1
新丰县	15	7	5	3	13	4		7	2
乐昌市	40	5	28	7	13	3	1	8	1
南雄市	106	14	69	23	26	8	2	15	1
深圳市	**33**	**5**	**16**	**12**	**14**	**2**	**6**	**6**	
罗湖区									
福田区									
南山区									
宝安区									
龙岗区	33	5	16	12	14	2	6	6	
盐田区									
龙华区									
坪山区									
光明区									
珠海市	**96**	**21**	**21**	**54**	**46**	**18**	**3**	**24**	**1**
香洲区									
斗门区	89	21	21	47	41	14	2	24	1
金湾区	7			7	5	4	1		
汕头市	**735**	**53**	**518**	**164**	**163**	**59**	**10**	**79**	**15**
龙湖区	49	13	14	22	49	21	3	20	5
金平区	9	3	4	2	3	1		1	1
濠江区	45	3	21	21	9	4		4	1
潮阳区	126	15	62	49	35	7	2	24	2
潮南区	417	9	360	48	34	7	2	21	4
澄海区	84	9	56	19	33	19	3	9	2
南澳县	5	1	1	3					
佛山市	**253**	**39**	**174**	**40**	**102**	**43**	**6**	**42**	**11**
禅城区									
南海区	57	12	32	13	50	22	4	20	4
顺德区	141	7	127	7	17	7		6	4
三水区	44	18	9	17	27	11	2	12	2
高明区	11	2	6	3	8	3		4	1

4－4c　续表 65　　　　单位：人

地　区 性　别	信息传输、软件和信息技术服务业				金融业				
	小计	电信、广播电视和卫星传输服务	互联网和相关服务	软件和信息技术服务业	小计	货币金融服　务	资本市场服　务	保险业	其　他金融业
江门市	**347**	**102**	**158**	**87**	**278**	**75**	**10**	**176**	**17**
蓬江区	16	8	3	5	15	2	1	10	2
江海区									
新会区	66	20	29	17	51	18	1	29	3
台山市	74	23	37	14	73	25	4	40	4
开平市	101	17	54	30	46	13	2	27	4
鹤山市	50	22	13	15	63	16	2	41	4
恩平市	40	12	22	6	30	1		29	
湛江市	**648**	**118**	**374**	**156**	**344**	**133**	**16**	**162**	**33**
赤坎区	2		1	1	3		1	1	1
霞山区	18	2	13	3	7	3		3	1
坡头区	58	9	29	20	22	10	2	8	2
麻章区	51	13	16	22	43	21	2	18	2
遂溪县	73	25	31	17	52	14	1	36	1
徐闻县	46	11	23	12	40	16	3	17	4
廉江市	154	29	103	22	54	21	1	28	4
雷州市	163	14	120	29	79	30	4	32	13
吴川市	83	15	38	30	44	18	2	19	5
茂名市	**932**	**120**	**540**	**272**	**391**	**146**	**17**	**197**	**31**
茂南区	165	32	100	33	75	28	1	36	10
电白区	331	35	236	60	83	37	6	36	4
高州市	194	29	87	78	102	33	9	53	7
化州市	142	17	66	59	93	30	1	56	6
信宜市	100	7	51	42	38	18		16	4
肇庆市	**402**	**92**	**191**	**119**	**246**	**85**	**7**	**136**	**18**
端州区									
鼎湖区	29	6	13	10	10	4		6	
高要区	120	25	58	37	92	29	3	53	7
广宁县	50	13	25	12	29	7		21	1
怀集县	90	20	46	24	40	14		20	6
封开县	30	3	13	14	12	4		7	1
德庆县	43	14	18	11	31	11	2	17	1
四会市	40	11	18	11	32	16	2	12	2
惠州市	**471**	**125**	**214**	**132**	**333**	**137**	**18**	**140**	**38**
惠城区	124	27	68	29	92	42	8	31	11
惠阳区	91	14	51	26	38	12	3	18	5
博罗县	100	24	48	28	95	39	2	36	18
惠东县	102	38	20	44	74	31	4	37	2
龙门县	54	22	27	5	34	13	1	18	2
梅州市	**342**	**68**	**194**	**80**	**200**	**68**	**14**	**101**	**17**
梅江区	17	3	5	9	17	3		11	3
梅县区	60	18	31	11	40	17	6	14	3
大埔县	20	8	7	5	23	5	1	17	
丰顺县	44	7	32	5	12	7		4	1
五华县	99	11	52	36	40	16	3	18	3
平远县	24	8	11	5	12	6	1	3	2
蕉岭县	13	3	8	2	18	4	1	12	1
兴宁市	65	10	48	7	38	10	2	22	4
汕尾市	**185**	**53**	**92**	**40**	**85**	**33**	**4**	**40**	**8**
城　区	30	6	8	16	22	6	1	14	1
海丰县	68	31	31	6	15	6		6	3
陆河县	25	2	20	3	9	5		4	
陆丰市	62	14	33	15	39	16	3	16	4

4－4c　续表 66

单位：人

地　区 性　别	信息传输、软件和信息技术服务业				金融业				
	小计	电信、广播电视和卫星传输服务	互联网和相关服务	软件和信息技术服务业	小计	货币金融服　务	资本市场服　务	保险业	其　他金融业
河源市	**285**	**90**	**129**	**66**	**205**	**93**	**8**	**78**	**26**
源城区	13	4	5	4	13	2		6	5
紫金县	66	17	28	21	44	11	5	25	3
龙川县	64	27	24	13	70	34	3	22	11
连平县	63	17	40	6	20	20			
和平县	40	5	24	11	17	9		7	1
东源县	39	20	8	11	41	17		18	6
阳江市	**158**	**41**	**62**	**55**	**112**	**34**	**3**	**50**	**25**
江城区	35	11	15	9	14	6		6	2
阳东区	39	15	14	10	16	3		11	2
阳西县	38	4	16	18	32	10	2	6	14
阳春市	46	11	17	18	50	15	1	27	7
清远市	**310**	**96**	**139**	**75**	**174**	**65**	**9**	**84**	**16**
清城区	69	20	39	10	33	11	1	20	1
清新区	70	32	23	15	44	14	2	27	1
佛冈县	32	13	11	8	24	8	1	13	2
阳山县	33	8	17	8	16	5	1	5	5
连山壮族瑶族自治县	12	2	6	4	3	3			
连南瑶族自治县	2		2		2	1		1	
英德市	59	13	27	19	46	19	3	17	7
连州市	33	8	14	11	6	4	1	1	
东莞市	**492**	**86**	**261**	**145**	**396**	**152**	**40**	**177**	**27**
市辖区	492	86	261	145	396	152	40	177	27
中山市	**266**	**84**	**81**	**101**	**200**	**78**	**15**	**87**	**20**
市辖区	266	84	81	101	200	78	15	87	20
潮州市	**270**	**53**	**159**	**58**	**129**	**47**	**7**	**63**	**12**
湘桥区	15	2	10	3	14	5	2	7	
潮安区	131	24	73	34	70	24	2	38	6
饶平县	124	27	76	21	45	18	3	18	6
揭阳市	**964**	**86**	**677**	**201**	**266**	**52**	**21**	**155**	**38**
榕城区	101	16	56	29	19	5	5	7	2
揭东区	265	27	192	46	71	9	4	38	20
揭西县	100	12	76	12	46	15	2	26	3
惠来县	46	12	14	20	44	10	5	23	6
普宁市	452	19	339	94	86	13	5	61	7
云浮市	**137**	**46**	**52**	**39**	**88**	**28**	**3**	**51**	**6**
云城区	16	8	4	4	14	3	2	8	1
云安区	15	7	6	2	12	7	1	4	
新兴县	19	8	8	3	23	4		17	2
郁南县	26	7	4	15	11	6		4	1
罗定市	61	16	30	15	28	8		18	2
男	**6676**	**1143**	**3685**	**1848**	**2531**	**945**	**167**	**1131**	**288**
广州市	**1459**	**199**	**781**	**479**	**451**	**156**	**33**	**201**	**61**
荔湾区									
越秀区									
海珠区									
天河区									
白云区	537	56	280	201	160	55	16	63	26
黄埔区	44	5	14	25	21	9	2	8	2
番禺区	285	32	152	101	39	17	1	17	4
花都区	256	36	167	53	75	23	1	38	13
南沙区	88	22	35	31	41	16	2	18	5
从化区	83	26	33	24	31	9	5	14	3
增城区	166	22	100	44	84	27	6	43	8

4-4c 续表 67 单位：人

地区 性别	信息传输、软件和信息技术服务业				金融业				
	小计	电信、广播电视和卫星传输服务	互联网和相关服务	软件和信息技术服务业	小计	货币金融服务	资本市场服务	保险业	其他金融业
韶关市	**242**	**53**	**147**	**42**	**70**	**26**	**8**	**30**	**6**
武江区	16	6	7	3	5	1	1	3	
浈江区	13	2	4	7	3	2		1	
曲江区	21	7	8	6	7	2	2	3	
始兴县	10	4	6		9	5	1	3	
仁化县	9	5	1	3	6	3		1	2
翁源县	43	7	34	2	9	2	1	5	1
乳源瑶族自治县	12	4	8		3	1	1	1	
新丰县	11	5	3	3	8	3		3	2
乐昌市	25	4	17	4	8	3	1	3	1
南雄市	82	9	59	14	12	4	1	7	
深圳市	**25**	**3**	**16**	**6**	**8**	**1**	**5**	**2**	
罗湖区									
福田区									
南山区									
宝安区									
龙岗区	25	3	16	6	8	1	5	2	
盐田区									
龙华区									
坪山区									
光明区									
珠海市	**65**	**14**	**15**	**36**	**25**	**11**	**3**	**10**	**1**
香洲区									
斗门区	62	14	15	33	23	10	2	10	1
金湾区	3			3	2	1	1		
汕头市	**491**	**34**	**343**	**114**	**106**	**39**	**5**	**52**	**10**
龙湖区	30	7	9	14	29	13	2	10	4
金平区	5	1	2	2	2	1			1
濠江区	29	2	11	16	6	3		3	
潮阳区	83	10	39	34	24	5		19	
潮南区	277	6	239	32	25	5	1	15	4
澄海区	64	7	43	14	20	12	2	5	1
南澳县	3	1		2					
佛山市	**173**	**25**	**121**	**27**	**44**	**18**	**3**	**15**	**8**
禅城区									
南海区	42	6	27	9	20	9	2	7	2
顺德区	91	5	80	6	5	2			3
三水区	30	12	8	10	15	6	1	6	2
高明区	10	2	6	2	4	1		2	1
江门市	**221**	**67**	**98**	**56**	**135**	**45**	**3**	**77**	**10**
蓬江区	10	5	1	4	8	2		6	
江海区									
新会区	45	14	20	11	22	10	1	11	
台山市	43	14	18	11	37	17	2	16	2
开平市	70	12	41	17	22	9		9	4
鹤山市	29	13	7	9	32	7		21	4
恩平市	24	9	11	4	14			14	
湛江市	**458**	**72**	**272**	**114**	**194**	**77**	**7**	**88**	**22**
赤坎区	1		1		2			1	1
霞山区	16	2	12	2	4	2		1	1
坡头区	39	6	20	13	12	5	2	4	1
麻章区	33	5	10	18	26	12		13	1
遂溪县	48	17	21	10	28	10	1	17	
徐闻县	34	8	17	9	16	7	1	5	3
廉江市	104	17	72	15	36	16	1	16	3
雷州市	119	10	88	21	49	18	1	23	7
吴川市	64	7	31	26	21	7	1	8	5

4-4c　续表 68

单位：人

地区 性别	信息传输、软件和信息技术服务业 小计	电信、广播电视和卫星传输服务	互联网和相关服务	软件和信息技术服务业	金融业 小计	货币金融服务	资本市场服务	保险业	其他金融业
茂名市	**697**	**67**	**405**	**225**	**233**	**91**	**10**	**108**	**24**
茂南区	115	19	70	26	40	14	1	17	8
电白区	273	16	206	51	50	19	4	24	3
高州市	146	20	61	65	64	27	5	26	6
化州市	94	7	40	47	53	17		32	4
信宜市	69	5	28	36	26	14		9	3
肇庆市	**269**	**53**	**136**	**80**	**117**	**41**	**2**	**62**	**12**
端州区									
鼎湖区	22	5	12	5	6	2		4	
高要区	75	10	38	27	36	12	1	18	5
广宁县	37	10	17	10	18	6		11	1
怀集县	61	12	31	18	21	7		11	3
封开县	19		12	7	8	2		5	1
德庆县	27	10	13	4	17	5	1	10	1
四会市	28	6	13	9	11	7		3	1
惠州市	**321**	**88**	**139**	**94**	**166**	**71**	**10**	**64**	**21**
惠城区	84	16	48	20	46	21	4	14	7
惠阳区	61	9	32	20	21	7	1	9	4
博罗县	63	19	27	17	49	20	1	19	9
惠东县	71	27	9	35	37	19	3	14	1
龙门县	42	17	23	2	13	4	1	8	
梅州市	**241**	**47**	**134**	**60**	**110**	**43**	**13**	**41**	**13**
梅江区	11		4	7	7	2		3	2
梅县区	37	13	15	9	22	8	6	5	3
大埔县	16	7	5	4	13	3	1	9	
丰顺县	31	4	22	5	8	6		1	1
五华县	69	8	36	25	22	10	3	8	1
平远县	15	5	8	2	6	4		1	1
蕉岭县	9	2	5	2	9	2	1	5	1
兴宁市	53	8	39	6	23	8	2	9	4
汕尾市	**137**	**45**	**64**	**28**	**55**	**22**	**4**	**22**	**7**
城　区	19	2	6	11	15	4	1	9	1
海丰县	56	30	21	5	11	5		3	3
陆河县	16	1	13	2	6	4		2	
陆丰市	46	12	24	10	23	9	3	8	3
河源市	**182**	**57**	**84**	**41**	**117**	**59**	**4**	**42**	**12**
源城区	10	3	4	3	5	1		3	1
紫金县	44	13	17	14	27	8	3	14	2
龙川县	40	18	15	7	45	25	1	13	6
连平县	40	12	25	3	8	8			
和平县	24	1	16	7	13	7		6	
东源县	24	10	7	7	19	10		6	3
阳江市	**99**	**25**	**32**	**42**	**54**	**20**	**3**	**19**	**12**
江城区	24	8	10	6	5	2		2	1
阳东区	19	7	4	8	9			7	2
阳西县	29	3	10	16	18	8	2	1	7
阳春市	27	7	8	12	22	10	1	9	2
清远市	**205**	**63**	**91**	**51**	**72**	**34**	**5**	**21**	**12**
清城区	43	7	30	6	12	6	1	5	
清新区	53	24	17	12	20	10	1	8	1
佛冈县	26	12	7	7	10	3		5	2
阳山县	22	4	14	4	8	2	1		5
连山壮族瑶族自治县	8	1	4	3	2	2			
连南瑶族自治县	1		1		1	1			
英德市	32	10	10	12	15	7	1	3	4
连州市	20	5	8	7	4	3	1		

4-4c 续表 69　　单位：人

地区 性别	信息传输、软件和信息技术服务业				金融业				
	小计	电信、广播电视和卫星传输服务	互联网和相关服务	软件和信息技术服务业	小计	货币金融服务	资本市场服务	保险业	其他金融业
东莞市	**330**	**56**	**184**	**90**	**210**	**78**	**22**	**93**	**17**
市辖区	330	56	184	90	210	78	22	93	17
中山市	**191**	**59**	**65**	**67**	**83**	**37**	**7**	**29**	**10**
市辖区	191	59	65	67	83	37	7	29	10
潮州市	**169**	**29**	**98**	**42**	**84**	**34**	**4**	**40**	**6**
湘桥区	6		4	2	11	5	2	4	
潮安区	79	12	42	25	41	16		21	4
饶平县	84	17	52	15	32	13	2	15	2
揭阳市	**598**	**56**	**417**	**125**	**156**	**26**	**13**	**96**	**21**
榕城区	63	9	31	23	13	4	3	5	1
揭东区	149	19	107	23	34	2	2	20	10
揭西县	68	8	52	8	27	7	1	18	1
惠来县	32	7	11	14	30	7	3	15	5
普宁市	286	13	216	57	52	6	4	38	4
云浮市	**103**	**31**	**43**	**29**	**41**	**16**	**3**	**19**	**3**
云城区	12	5	3	4	8	3	2	3	
云安区	12	4	6	2	5	3	1	1	
新兴县	14	6	6	2	6	1		3	2
郁南县	16	5	1	10	6	3		3	
罗定市	49	11	27	11	16	6		9	1
女	**3038**	**627**	**1613**	**798**	**2347**	**744**	**128**	**1282**	**193**
广州市	**576**	**102**	**274**	**200**	**509**	**140**	**34**	**285**	**50**
荔湾区									
越秀区									
海珠区									
天河区									
白云区	210	23	112	75	176	57	13	89	17
黄埔区	33	7	14	12	20	4	4	11	1
番禺区	113	15	50	48	62	13	3	40	6
花都区	104	31	53	20	88	21	6	51	10
南沙区	26	5	9	12	36	12	3	18	3
从化区	36	13	13	10	55	13	1	38	3
增城区	54	8	23	23	72	20	4	38	10
韶关市	**111**	**38**	**44**	**29**	**76**	**19**	**3**	**49**	**5**
武江区	18	12	2	4	5	2		3	
浈江区	6	1	3	2	6		1	5	
曲江区	7	4	1	2	6	2		4	
始兴县	9	2	3	4	5	2		3	
仁化县	8	5	1	2	10	2		5	3
翁源县	14	5	6	3	15	6	1	8	
乳源瑶族自治县	6	1	5		5			4	1
新丰县	4	2	2		5	1		4	
乐昌市	15	1	11	3	5			5	
南雄市	24	5	10	9	14	4	1	8	1
深圳市	**8**	**2**		**6**	**6**	**1**	**1**	**4**	
罗湖区									
福田区									
南山区									
宝安区									
龙岗区	8	2		6	6	1	1	4	
盐田区									
龙华区									
坪山区									
光明区									

4-4c 续表 70

单位：人

地区 性别	信息传输、软件和信息技术服务业				金融业				
	小计	电信、广播电视和卫星传输服务	互联网和相关服务	软件和信息技术服务业	小计	货币金融服务	资本市场服务	保险业	其他金融业
珠海市	**31**	**7**	**6**	**18**	**21**	**7**		**14**	
香洲区									
斗门区	27	7	6	14	18	4		14	
金湾区	4			4	3	3			
汕头市	**244**	**19**	**175**	**50**	**57**	**20**	**5**	**27**	**5**
龙湖区	19	6	5	8	20	8	1	10	1
金平区	4	2	2		1			1	
濠江区	16	1	10	5	3	1		1	1
潮阳区	43	5	23	15	11	2	2	5	2
潮南区	140	3	121	16	9	2	1	6	
澄海区	20	2	13	5	13	7	1	4	1
南澳县	2		1	1					
佛山市	**80**	**14**	**53**	**13**	**58**	**25**	**3**	**27**	**3**
禅城区									
南海区	15	6	5	4	30	13	2	13	2
顺德区	50	2	47	1	12	5		6	1
三水区	14	6	1	7	12	5	1	6	
高明区	1			1	4	2		2	
江门市	**126**	**35**	**60**	**31**	**143**	**30**	**7**	**99**	**7**
蓬江区	6	3	2	1	7		1	4	2
江海区									
新会区	21	6	9	6	29	8		18	3
台山市	31	9	19	3	36	8	2	24	2
开平市	31	5	13	13	24	4	2	18	
鹤山市	21	9	6	6	31	9	2	20	
恩平市	16	3	11	2	16	1		15	
湛江市	**190**	**46**	**102**	**42**	**150**	**56**	**9**	**74**	**11**
赤坎区	1			1	1		1		
霞山区	2		1	1	3	1		2	
坡头区	19	3	9	7	10	5		4	1
麻章区	18	8	6	4	17	9	2	5	1
遂溪县	25	8	10	7	24	4		19	1
徐闻县	12	3	6	3	24	9	2	12	1
廉江市	50	12	31	7	18	5		12	1
雷州市	44	4	32	8	30	12	3	9	6
吴川市	19	8	7	4	23	11	1	11	
茂名市	**235**	**53**	**135**	**47**	**158**	**55**	**7**	**89**	**7**
茂南区	50	13	30	7	35	14		19	2
电白区	58	19	30	9	33	18	2	12	1
高州市	48	9	26	13	38	6	4	27	1
化州市	48	10	26	12	40	13	1	24	2
信宜市	31	2	23	6	12	4		7	1
肇庆市	**133**	**39**	**55**	**39**	**129**	**44**	**5**	**74**	**6**
端州区									
鼎湖区	7	1	1	5	4	2		2	
高要区	45	15	20	10	56	17	2	35	2
广宁县	13	3	8	2	11	1		10	
怀集县	29	8	15	6	19	7		9	3
封开县	11	3	1	7	4	2		2	
德庆县	16	4	5	7	14	6	1	7	
四会市	12	5	5	2	21	9	2	9	1
惠州市	**150**	**37**	**75**	**38**	**167**	**66**	**8**	**76**	**17**
惠城区	40	11	20	9	46	21	4	17	4
惠阳区	30	5	19	6	17	5	2	9	1
博罗县	37	5	21	11	46	19	1	17	9
惠东县	31	11	11	9	37	12	1	23	1
龙门县	12	5	4	3	21	9		10	2

4-4c 续表 71

单位：人

地区 性别	信息传输、软件和信息技术服务业				金融业				
	小计	电信、广播电视和卫星传输服务	互联网和相关服务	软件和信息技术服务业	小计	货币金融服务	资本市场服务	保险业	其他金融业
梅州市	**101**	**21**	**60**	**20**	**90**	**25**	**1**	**60**	**4**
梅江区	6	3	1	2	10	1		8	1
梅县区	23	5	16	2	18	9		9	
大埔县	4	1	2	1	10	2		8	
丰顺县	13	3	10		4	1		3	
五华县	30	3	16	11	18	6		10	2
平远县	9	3	3	3	6	2	1	2	1
蕉岭县	4	1	3		9	2		7	
兴宁市	12	2	9	1	15	2		13	
汕尾市	**48**	**8**	**28**	**12**	**30**	**11**		**18**	**1**
城　区	11	4	2	5	7	2		5	
海丰县	12	1	10	1	4	1		3	
陆河县	9	1	7	1	3	1		2	
陆丰市	16	2	9	5	16	7		8	1
河源市	**103**	**33**	**45**	**25**	**88**	**34**	**4**	**36**	**14**
源城区	3	1	1	1	8	1		3	4
紫金县	22	4	11	7	17	3	2	11	1
龙川县	24	9	9	6	25	9	2	9	5
连平县	23	5	15	3	12	12			
和平县	16	4	8	4	4	2		1	1
东源县	15	10	1	4	22	7		12	3
阳江市	**59**	**16**	**30**	**13**	**58**	**14**		**31**	**13**
江城区	11	3	5	3	9	4		4	1
阳东区	20	8	10	2	7	3		4	
阳西县	9	1	6	2	14	2		5	7
阳春市	19	4	9	6	28	5		18	5
清远市	**105**	**33**	**48**	**24**	**102**	**31**	**4**	**63**	**4**
清城区	26	13	9	4	21	5		15	1
清新区	17	8	6	3	24	4	1	19	
佛冈县	6	1	4	1	14	5	1	8	
阳山县	11	4	3	4	8	3		5	
连山壮族瑶族自治县	4	1	2	1	1	1			
连南瑶族自治县	1		1		1			1	
英德市	27	3	17	7	31	12	2	14	3
连州市	13	3	6	4	2	1		1	
东莞市	**162**	**30**	**77**	**55**	**186**	**74**	**18**	**84**	**10**
市辖区	162	30	77	55	186	74	18	84	10
中山市	**75**	**25**	**16**	**34**	**117**	**41**	**8**	**58**	**10**
市辖区	75	25	16	34	117	41	8	58	10
潮州市	**101**	**24**	**61**	**16**	**45**	**13**	**3**	**23**	**6**
湘桥区	9	2	6	1	3			3	
潮安区	52	12	31	9	29	8	2	17	2
饶平县	40	10	24	6	13	5	1	3	4
揭阳市	**366**	**30**	**260**	**76**	**110**	**26**	**8**	**59**	**17**
榕城区	38	7	25	6	6	1	2	2	1
揭东区	116	8	85	23	37	7	2	18	10
揭西县	32	4	24	4	19	8	1	8	2
惠来县	14	5	3	6	14	3	2	8	1
普宁市	166	6	123	37	34	7	1	23	3
云浮市	**34**	**15**	**9**	**10**	**47**	**12**		**32**	**3**
云城区	4	3	1		6			5	1
云安区	3	3			7	4		3	
新兴县	5	2	2	1	17	3		14	
郁南县	10	2	3	5	5	3		1	1
罗定市	12	5	3	4	12	2		9	1

4-4c 续表 72

单位：人

地 区 性 别	房地产业		租赁和商务服务业			科学研究和技术服务业			
	小计	房地产业	小计	租赁业	商 务 服务业	小计	研究和 试验发展	专业技术 服务业	科技推广 和应用 服务业
广 东	**11104**	**11104**	**19132**	**1894**	**17238**	**6743**	**780**	**4816**	**1147**
广州市	**2289**	**2289**	**3090**	**309**	**2781**	**1430**	**318**	**904**	**208**
荔湾区									
越秀区									
海珠区									
天河区									
白云区	548	548	829	78	751	358	61	252	45
黄埔区	136	136	227	29	198	84	11	57	16
番禺区	365	365	471	62	409	419	144	235	40
花都区	444	444	563	42	521	182	21	127	34
南沙区	149	149	306	48	258	156	37	86	33
从化区	269	269	348	23	325	82	16	58	8
增城区	378	378	346	27	319	149	28	89	32
韶关市	**339**	**339**	**565**	**82**	**483**	**191**	**18**	**147**	**26**
武江区	52	52	20	2	18	17	6	9	2
浈江区	27	27	42	4	38	12	1	10	1
曲江区	28	28	102	13	89	24	2	19	3
始兴县	27	27	59	6	53	12	1	11	
仁化县	25	25	58	18	40	49	4	40	5
翁源县	35	35	49	5	44	20	1	17	2
乳源瑶族自治县	30	30	44	6	38	12	1	7	4
新丰县	16	16	23	6	17	5		4	1
乐昌市	31	31	52	14	38	18	2	12	4
南雄市	68	68	116	8	108	22		18	4
深圳市	**129**	**129**	**202**	**12**	**190**	**197**	**26**	**167**	**4**
罗湖区									
福田区									
南山区									
宝安区									
龙岗区	129	129	202	12	190	197	26	167	4
盐田区									
龙华区									
坪山区									
光明区									
珠海市	**246**	**246**	**266**	**20**	**246**	**63**	**14**	**40**	**9**
香洲区			1		1				
斗门区	219	219	215	19	196	55	12	37	6
金湾区	27	27	50	1	49	8	2	3	3
汕头市	**254**	**254**	**1094**	**54**	**1040**	**462**	**22**	**360**	**80**
龙湖区	31	31	84	6	78	32	3	25	4
金平区	6	6	9	1	8	5		4	1
濠江区	51	51	56	3	53	33	10	22	1
潮阳区	78	78	433	21	412	191	5	171	15
潮南区	32	32	385	15	370	131	4	83	44
澄海区	35	35	115	3	112	68		54	14
南澳县	21	21	12	5	7	2		1	1
佛山市	**257**	**257**	**326**	**27**	**299**	**184**	**53**	**98**	**33**
禅城区									
南海区	98	98	146	19	127	72	17	39	16
顺德区	26	26	70	1	69	23	13	9	1
三水区	111	111	101	7	94	85	21	49	15
高明区	22	22	9		9	4	2	1	1

4－4c　续表 73

单位：人

地区 性别	房地产业 小计	房地产业	租赁和商务服务业 小计	租赁业	商务服务业	科学研究和技术服务业 小计	研究和试验发展	专业技术服务业	科技推广和应用服务业
江门市	**601**	**601**	**1032**	**86**	**946**	**318**	**11**	**244**	**63**
蓬江区	28	28	36	1	35	11	1	8	2
江海区									
新会区	57	57	251	18	233	67	3	49	15
台山市	174	174	288	15	273	88	3	60	25
开平市	80	80	294	23	271	104	3	86	15
鹤山市	173	173	72	15	57	29		26	3
恩平市	89	89	91	14	77	19	1	15	3
湛江市	**650**	**650**	**1229**	**244**	**985**	**505**	**24**	**429**	**52**
赤坎区	10	10	14		14	3	1	2	
霞山区	30	30	41	15	26	6	2	4	
坡头区	73	73	101	31	70	59	1	55	3
麻章区	63	63	179	61	118	96		92	4
遂溪县	114	114	203	27	176	75	6	43	26
徐闻县	33	33	126	6	120	24	1	19	4
廉江市	110	110	161	31	130	34	6	27	1
雷州市	85	85	236	15	221	90	7	74	9
吴川市	132	132	168	58	110	118		113	5
茂名市	**654**	**654**	**1635**	**228**	**1407**	**581**	**36**	**473**	**72**
茂南区	171	171	154	14	140	85	5	72	8
电白区	160	160	345	111	234	101	9	80	12
高州市	127	127	465	41	424	173	15	142	16
化州市	125	125	449	37	412	165	4	133	28
信宜市	71	71	222	25	197	57	3	46	8
肇庆市	**572**	**572**	**932**	**99**	**833**	**263**	**19**	**179**	**65**
端州区									
鼎湖区	32	32	52	2	50	14	1	12	1
高要区	206	206	274	40	234	58	3	49	6
广宁县	78	78	89	8	81	22	3	15	4
怀集县	73	73	197	17	180	64	7	41	16
封开县	56	56	97	16	81	44	3	18	23
德庆县	35	35	158	6	152	36		23	13
四会市	92	92	65	10	55	25	2	21	2
惠州市	**1098**	**1098**	**1076**	**121**	**955**	**444**	**48**	**320**	**76**
惠城区	240	240	286	32	254	145	21	98	26
惠阳区	206	206	174	29	145	86	7	66	13
博罗县	201	201	316	51	265	129	12	86	31
惠东县	315	315	233	7	226	66	6	56	4
龙门县	136	136	67	2	65	18	2	14	2
梅州市	**398**	**398**	**899**	**119**	**780**	**159**	**7**	**125**	**27**
梅江区	20	20	39	3	36	9		7	2
梅县区	80	80	120	9	111	15	3	11	1
大埔县	58	58	77	3	74	12	1	7	4
丰顺县	27	27	92	4	88	27	1	20	6
五华县	69	69	246	60	186	56	2	45	9
平远县	23	23	39	3	36	11		9	2
蕉岭县	42	42	35	8	27	7		7	
兴宁市	79	79	251	29	222	22		19	3
汕尾市	**208**	**208**	**517**	**78**	**439**	**125**	**8**	**95**	**22**
城　区	38	38	53	3	50	13	1	12	
海丰县	68	68	157	11	146	49	1	41	7
陆河县	17	17	99	24	75	14		10	4
陆丰市	85	85	208	40	168	49	6	32	11

4-4c　续表 74

单位：人

地区 性别	房地产业		租赁和商务服务业			科学研究和技术服务业			
	小计	房地产业	小计	租赁业	商务服务业	小计	研究和试验发展	专业技术服务业	科技推广和应用服务业
河源市	**459**	**459**	**572**	**78**	**494**	**179**	**17**	**129**	**33**
源城区	33	33	42		42	11	1	9	1
紫金县	119	119	154	10	144	46	7	29	10
龙川县	106	106	164	25	139	57	6	42	9
连平县	37	37	33	4	29	16		12	4
和平县	43	43	54	26	28	19		14	5
东源县	121	121	125	13	112	30	3	23	4
阳江市	**306**	**306**	**504**	**35**	**469**	**156**	**9**	**111**	**36**
江城区	116	116	96	6	90	25	3	18	4
阳东区	55	55	150	3	147	25	2	23	
阳西县	59	59	107	6	101	71	3	39	29
阳春市	76	76	151	20	131	35	1	31	3
清远市	**635**	**635**	**488**	**64**	**424**	**150**	**10**	**130**	**10**
清城区	127	127	103	14	89	32	5	24	3
清新区	177	177	78	11	67	27	1	25	1
佛冈县	118	118	62	6	56	26	2	22	2
阳山县	24	24	37	8	29	7		7	
连山壮族瑶族自治县	4	4	17		17	3		3	
连南瑶族自治县	12	12	22	2	20	9		8	1
英德市	139	139	142	22	120	42	2	38	2
连州市	34	34	27	1	26	4		3	1
东莞市	**639**	**639**	**1060**	**67**	**993**	**548**	**77**	**306**	**165**
市辖区	639	639	1060	67	993	548	77	306	165
中山市	**472**	**472**	**553**	**41**	**512**	**191**	**20**	**148**	**23**
市辖区	472	472	553	41	512	191	20	148	23
潮州市	**134**	**134**	**365**	**16**	**349**	**137**	**10**	**115**	**12**
湘桥区	24	24	33	3	30	16		13	3
潮安区	52	52	171	7	164	72	6	65	1
饶平县	58	58	161	6	155	49	4	37	8
揭阳市	**557**	**557**	**2449**	**84**	**2365**	**340**	**21**	**207**	**112**
榕城区	30	30	145	12	133	40	3	26	11
揭东区	113	113	873	21	852	79	4	54	21
揭西县	52	52	251	12	239	42	1	33	8
惠来县	106	106	147	8	139	29	4	20	5
普宁市	256	256	1033	31	1002	150	9	74	67
云浮市	**207**	**207**	**278**	**30**	**248**	**120**	**12**	**89**	**19**
云城区	15	15	17		17	11	1	10	
云安区	33	33	37	1	36	14	3	11	
新兴县	67	67	84	14	70	36	4	26	6
郁南县	25	25	46	8	38	13	1	7	5
罗定市	67	67	94	7	87	46	3	35	8
男	**7035**	**7035**	**12552**	**1733**	**10819**	**4814**	**492**	**3573**	**749**
广州市	**1406**	**1406**	**1937**	**268**	**1669**	**949**	**176**	**651**	**122**
荔湾区									
越秀区									
海珠区									
天河区									
白云区	343	343	477	69	408	244	36	190	18
黄埔区	89	89	152	28	124	56	5	44	7
番禺区	218	218	308	44	264	283	85	168	30
花都区	271	271	343	36	307	132	15	94	23
南沙区	89	89	208	45	163	96	16	56	24
从化区	166	166	227	20	207	44	4	38	2
增城区	230	230	222	26	196	94	15	61	18

4-4c 续表 75　　单位：人

地区 性别	房地产业		租赁和商务服务业			科学研究和技术服务业			
	小计	房地产业	小计	租赁业	商务服务业	小计	研究和试验发展	专业技术服务业	科技推广和应用服务业
韶关市	**214**	**214**	**398**	**79**	**319**	**139**	**12**	**113**	**14**
武江区	30	30	11	2	9	14	3	9	2
浈江区	14	14	25	4	21	7		7	
曲江区	19	19	79	11	68	18	2	14	2
始兴县	17	17	39	6	33	9	1	8	
仁化县	16	16	42	18	24	37	4	32	1
翁源县	21	21	34	5	29	11	1	9	1
乳源瑶族自治县	23	23	34	6	28	8		6	2
新丰县	10	10	18	6	12	4		3	1
乐昌市	21	21	42	13	29	14	1	11	2
南雄市	43	43	74	8	66	17		14	3
深圳市	**90**	**90**	**151**	**11**	**140**	**143**	**13**	**126**	**4**
罗湖区									
福田区									
南山区									
宝安区									
龙岗区	90	90	151	11	140	143	13	126	4
盐田区									
龙华区									
坪山区									
光明区									
珠海市	**139**	**139**	**170**	**17**	**153**	**40**	**9**	**29**	**2**
香洲区			1		1				
斗门区	126	126	135	16	119	37	9	27	1
金湾区	13	13	34	1	33	3		2	1
汕头市	**176**	**176**	**702**	**48**	**654**	**343**	**11**	**277**	**55**
龙湖区	23	23	51	4	47	17		13	4
金平区	5	5	5	1	4	3		3	
濠江区	33	33	34	3	31	25	6	19	
潮阳区	55	55	283	20	263	161	2	148	11
潮南区	20	20	243	12	231	94	3	62	29
澄海区	29	29	78	3	75	43		32	11
南澳县	11	11	8	5	3				
佛山市	**141**	**141**	**207**	**23**	**184**	**130**	**40**	**69**	**21**
禅城区									
南海区	60	60	88	16	72	51	14	26	11
顺德区	12	12	50	1	49	18	11	7	
三水区	56	56	61	6	55	58	14	35	9
高明区	13	13	8		8	3	1	1	1
江门市	**359**	**359**	**612**	**81**	**531**	**218**	**7**	**172**	**39**
蓬江区	15	15	18	1	17	7		5	2
江海区									
新会区	37	37	153	17	136	44	2	33	9
台山市	96	96	174	14	160	61	2	44	15
开平市	48	48	161	22	139	70	2	59	9
鹤山市	112	112	47	14	33	23		20	3
恩平市	51	51	59	13	46	13	1	11	1
湛江市	**447**	**447**	**923**	**229**	**694**	**370**	**12**	**325**	**33**
赤坎区	6	6	9		9				
霞山区	23	23	32	15	17	4		4	
坡头区	48	48	77	29	48	40	1	36	3
麻章区	43	43	148	59	89	70		66	4
遂溪县	76	76	145	25	120	43	2	28	13
徐闻县	22	22	92	6	86	18		15	3
廉江市	70	70	121	29	92	24	3	20	1
雷州市	66	66	175	13	162	72	6	61	5
吴川市	93	93	124	53	71	99		95	4

4-4c　续表 76

单位：人

地　区 性　别	房地产业		租赁和商务服务业			科学研究和技术服务业			
	小计	房地产业	小计	租赁业	商务服务业	小计	研究和试验发展	专业技术服务业	科技推广和应用服务业
茂名市	**437**	**437**	**1044**	**209**	**835**	**425**	**21**	**359**	**45**
茂南区	107	107	103	14	89	56	3	47	6
电白区	110	110	249	100	149	80	6	65	9
高州市	90	90	280	39	241	128	7	110	11
化州市	84	84	281	31	250	122	3	106	13
信宜市	46	46	131	25	106	39	2	31	6
肇庆市	**329**	**329**	**639**	**91**	**548**	**177**	**11**	**122**	**44**
端州区									
鼎湖区	13	13	33	2	31	8		7	1
高要区	115	115	188	40	148	43	2	35	6
广宁县	49	49	64	7	57	10	1	7	2
怀集县	45	45	139	16	123	48	6	31	11
封开县	36	36	69	12	57	24	1	9	14
德庆县	18	18	96	5	91	27		17	10
四会市	53	53	50	9	41	17	1	16	
惠州市	**723**	**723**	**723**	**110**	**613**	**329**	**34**	**242**	**53**
惠城区	159	159	196	25	171	105	14	74	17
惠阳区	146	146	120	25	95	60	5	47	8
博罗县	124	124	209	51	158	94	9	62	23
惠东县	196	196	156	7	149	57	5	48	4
龙门县	98	98	42	2	40	13	1	11	1
梅州市	**252**	**252**	**626**	**111**	**515**	**117**	**4**	**94**	**19**
梅江区	10	10	26	2	24	4		2	2
梅县区	45	45	83	9	74	9	1	8	
大埔县	40	40	51	2	49	10	1	5	4
丰顺县	17	17	63	4	59	18	1	14	3
五华县	47	47	171	58	113	40	1	34	5
平远县	16	16	31	3	28	10		8	2
蕉岭县	24	24	27	6	21	6		6	
兴宁市	53	53	174	27	147	20		17	3
汕尾市	**158**	**158**	**407**	**75**	**332**	**105**	**7**	**80**	**18**
城　区	25	25	40	2	38	13	1	12	
海丰县	55	55	128	10	118	40	1	33	6
陆河县	10	10	72	24	48	9		7	2
陆丰市	68	68	167	39	128	43	5	28	10
河源市	**298**	**298**	**384**	**74**	**310**	**139**	**13**	**103**	**23**
源城区	21	21	28		28	8		8	
紫金县	80	80	96	8	88	36	5	25	6
龙川县	64	64	104	25	79	49	6	35	8
连平县	25	25	24	3	21	10		8	2
和平县	33	33	43	26	17	12		9	3
东源县	75	75	89	12	77	24	2	18	4
阳江市	**177**	**177**	**347**	**32**	**315**	**112**	**7**	**83**	**22**
江城区	64	64	63	6	57	19	2	16	1
阳东区	36	36	111	3	108	17	2	15	
阳西县	37	37	66	5	61	51	2	31	18
阳春市	40	40	107	18	89	25	1	21	3
清远市	**400**	**400**	**340**	**62**	**278**	**116**	**8**	**103**	**5**
清城区	77	77	74	14	60	24	5	17	2
清新区	106	106	47	10	37	17		17	
佛冈县	88	88	40	6	34	22	2	19	1
阳山县	13	13	25	7	18	6		6	
连山壮族瑶族自治县	4	4	11		11	3		3	
连南瑶族自治县	10	10	16	2	14	7		7	
英德市	76	76	104	22	82	35	1	32	2
连州市	26	26	23	1	22	2		2	

4－4c　续表 77　　　　　　　　　　　　　　　　　　　　　　　　　单位：人

地　区 性　别	房地产业		租赁和商务服务业			科学研究和技术服务业			
	小计	房地产业	小计	租赁业	商　务 服务业	小计	研究和 试验发展	专业技术 服务业	科技推广 和应用 服务业
东莞市	**404**	**404**	**714**	**57**	**657**	**413**	**63**	**239**	**111**
市辖区	404	404	714	57	657	413	63	239	111
中山市	**291**	**291**	**322**	**32**	**290**	**119**	**13**	**91**	**15**
市辖区	291	291	322	32	290	119	13	91	15
潮州市	**96**	**96**	**231**	**16**	**215**	**93**	**8**	**75**	**10**
湘桥区	23	23	20	3	17	8		6	2
潮安区	33	33	101	7	94	50	4	45	1
饶平县	40	40	110	6	104	35	4	24	7
揭阳市	**373**	**373**	**1488**	**80**	**1408**	**251**	**15**	**156**	**80**
榕城区	20	20	94	12	82	31	2	21	8
揭东区	72	72	514	19	495	53	1	39	13
揭西县	34	34	137	12	125	31	1	23	7
惠来县	67	67	111	8	103	25	3	19	3
普宁市	180	180	632	29	603	111	8	54	49
云浮市	**125**	**125**	**187**	**28**	**159**	**86**	**8**	**64**	**14**
云城区	8	8	12		12	9		9	
云安区	15	15	25	1	24	10	2	8	
新兴县	41	41	57	14	43	24	4	17	3
郁南县	16	16	35	8	27	10		5	5
罗定市	45	45	58	5	53	33	2	25	6
女	**4069**	**4069**	**6580**	**161**	**6419**	**1929**	**288**	**1243**	**398**
广州市	**883**	**883**	**1153**	**41**	**1112**	**481**	**142**	**253**	**86**
荔湾区									
越秀区									
海珠区									
天河区									
白云区	205	205	352	9	343	114	25	62	27
黄埔区	47	47	75	1	74	28	6	13	9
番禺区	147	147	163	18	145	136	59	67	10
花都区	173	173	220	6	214	50	6	33	11
南沙区	60	60	98	3	95	60	21	30	9
从化区	103	103	121	3	118	38	12	20	6
增城区	148	148	124	1	123	55	13	28	14
韶关市	**125**	**125**	**167**	**3**	**164**	**52**	**6**	**34**	**12**
武江区	22	22	9		9	3	3		
浈江区	13	13	17		17	5	1	3	1
曲江区	9	9	23	2	21	6		5	1
始兴县	10	10	20		20	3		3	
仁化县	9	9	16		16	12		8	4
翁源县	14	14	15		15	9		8	1
乳源瑶族自治县	7	7	10		10	4	1	1	2
新丰县	6	6	5		5	1		1	
乐昌市	10	10	10	1	9	4	1	1	2
南雄市	25	25	42		42	5		4	1
深圳市	**39**	**39**	**51**	**1**	**50**	**54**	**13**	**41**	
罗湖区									
福田区									
南山区									
宝安区									
龙岗区	39	39	51	1	50	54	13	41	
盐田区									
龙华区									
坪山区									
光明区									

4-4c 续表 78

单位：人

地区 性别	房地产业		租赁和商务服务业			科学研究和技术服务业			
	小计	房地产业	小计	租赁业	商务服务业	小计	研究和试验发展	专业技术服务业	科技推广和应用服务业
珠海市	**107**	**107**	**96**	**3**	**93**	**23**	**5**	**11**	**7**
香洲区									
斗门区	93	93	80	3	77	18	3	10	5
金湾区	14	14	16		16	5	2	1	2
汕头市	**78**	**78**	**392**	**6**	**386**	**119**	**11**	**83**	**25**
龙湖区	8	8	33	2	31	15	3	12	
金平区	1	1	4		4	2		1	1
濠江区	18	18	22		22	8	4	3	1
潮阳区	23	23	150	1	149	30	3	23	4
潮南区	12	12	142	3	139	37	1	21	15
澄海区	6	6	37		37	25		22	3
南澳县	10	10	4		4	2		1	1
佛山市	**116**	**116**	**119**	**4**	**115**	**54**	**13**	**29**	**12**
禅城区									
南海区	38	38	58	3	55	21	3	13	5
顺德区	14	14	20		20	5	2	2	1
三水区	55	55	40	1	39	27	7	14	6
高明区	9	9	1		1	1	1		
江门市	**242**	**242**	**420**	**5**	**415**	**100**	**4**	**72**	**24**
蓬江区	13	13	18		18	4	1	3	
江海区									
新会区	20	20	98	1	97	23	1	16	6
台山市	78	78	114	1	113	27	1	16	10
开平市	32	32	133	1	132	34	1	27	6
鹤山市	61	61	25	1	24	6		6	
恩平市	38	38	32	1	31	6		4	2
湛江市	**203**	**203**	**306**	**15**	**291**	**135**	**12**	**104**	**19**
赤坎区	4	4	5		5	3	1	2	
霞山区	7	7	9		9	2	2		
坡头区	25	25	24	2	22	19		19	
麻章区	20	20	31	2	29	26		26	
遂溪县	38	38	58	2	56	32	4	15	13
徐闻县	11	11	34		34	6	1	4	1
廉江市	40	40	40	2	38	10	3	7	
雷州市	19	19	61	2	59	18	1	13	4
吴川市	39	39	44	5	39	19		18	1
茂名市	**217**	**217**	**591**	**19**	**572**	**156**	**15**	**114**	**27**
茂南区	64	64	51		51	29	2	25	2
电白区	50	50	96	11	85	21	3	15	3
高州市	37	37	185	2	183	45	8	32	5
化州市	41	41	168	6	162	43	1	27	15
信宜市	25	25	91		91	18	1	15	2
肇庆市	**243**	**243**	**293**	**8**	**285**	**86**	**8**	**57**	**21**
端州区									
鼎湖区	19	19	19		19	6	1	5	
高要区	91	91	86		86	15	1	14	
广宁县	29	29	25	1	24	12	2	8	2
怀集县	28	28	58	1	57	16	1	10	5
封开县	20	20	28	4	24	20	2	9	9
德庆县	17	17	62	1	61	9		6	3
四会市	39	39	15	1	14	8	1	5	2
惠州市	**375**	**375**	**353**	**11**	**342**	**115**	**14**	**78**	**23**
惠城区	81	81	90	7	83	40	7	24	9
惠阳区	60	60	54	4	50	26	2	19	5
博罗县	77	77	107		107	35	3	24	8
惠东县	119	119	77		77	9	1	8	
龙门县	38	38	25		25	5	1	3	1

4－4c　续表 79　　　　单位：人

地区 性别	房地产业		租赁和商务服务业			科学研究和技术服务业			
	小计	房地产业	小计	租赁业	商务服务业	小计	研究和试验发展	专业技术服务业	科技推广和应用服务业
梅州市	**146**	**146**	**273**	**8**	**265**	**42**	**3**	**31**	**8**
梅江区	10	10	13	1	12	5		5	
梅县区	35	35	37		37	6	2	3	1
大埔县	18	18	26	1	25	2		2	
丰顺县	10	10	29		29	9		6	3
五华县	22	22	75	2	73	16	1	11	4
平远县	7	7	8		8	1		1	
蕉岭县	18	18	8	2	6	1		1	
兴宁市	26	26	77	2	75	2		2	
汕尾市	**50**	**50**	**110**	**3**	**107**	**20**	**1**	**15**	**4**
城　区	13	13	13	1	12				
海丰县	13	13	29	1	28	9		8	1
陆河县	7	7	27		27	5		3	2
陆丰市	17	17	41	1	40	6	1	4	1
河源市	**161**	**161**	**188**	**4**	**184**	**40**	**4**	**26**	**10**
源城区	12	12	14		14	3	1	1	1
紫金县	39	39	58	2	56	10	2	4	4
龙川县	42	42	60		60	8		7	1
连平县	12	12	9	1	8	6		4	2
和平县	10	10	11		11	7		5	2
东源县	46	46	36	1	35	6	1	5	
阳江市	**129**	**129**	**157**	**3**	**154**	**44**	**2**	**28**	**14**
江城区	52	52	33		33	6	1	2	3
阳东区	19	19	39		39	8		8	
阳西县	22	22	41	1	40	20	1	8	11
阳春市	36	36	44	2	42	10		10	
清远市	**235**	**235**	**148**	**2**	**146**	**34**	**2**	**27**	**5**
清城区	50	50	29		29	8		7	1
清新区	71	71	31	1	30	10	1	8	1
佛冈县	30	30	22		22	4		3	1
阳山县	11	11	12	1	11	1		1	
连山壮族瑶族自治县			6		6				
连南瑶族自治县	2	2	6		6	2		1	1
英德市	63	63	38		38	7	1	6	
连州市	8	8	4		4	2		1	1
东莞市	**235**	**235**	**346**	**10**	**336**	**135**	**14**	**67**	**54**
市辖区	235	235	346	10	336	135	14	67	54
中山市	**181**	**181**	**231**	**9**	**222**	**72**	**7**	**57**	**8**
市辖区	181	181	231	9	222	72	7	57	8
潮州市	**38**	**38**	**134**		**134**	**44**	**2**	**40**	**2**
湘桥区	1	1	13		13	8		7	1
潮安区	19	19	70		70	22	2	20	
饶平县	18	18	51		51	14		13	1
揭阳市	**184**	**184**	**961**	**4**	**957**	**89**	**6**	**51**	**32**
榕城区	10	10	51		51	9	1	5	3
揭东区	41	41	359	2	357	26	3	15	8
揭西县	18	18	114		114	11		10	1
惠来县	39	39	36		36	4	1	1	2
普宁市	76	76	401	2	399	39	1	20	18
云浮市	**82**	**82**	**91**	**2**	**89**	**34**	**4**	**25**	**5**
云城区	7	7	5		5	2	1	1	
云安区	18	18	12		12	4	1	3	
新兴县	26	26	27		27	12		9	3
郁南县	9	9	11		11	3	1	2	
罗定市	22	22	36	2	34	13	1	10	2

4-4c 续表 80

单位：人

地区 性别	水利、环境和公共设施管理业					居民服务、修理和其他服务业			
	小计	水利管理业	生态保护和环境治理业	公共设施管理业	土地管理业	小计	居民服务业	机动车、电子产品和日用产品修理业	其他服务业
广东	**6711**	**349**	**627**	**5695**	**40**	**31621**	**15287**	**11295**	**5039**
广州市	**1420**	**58**	**126**	**1230**	**6**	**3794**	**1670**	**1377**	**747**
荔湾区									
越秀区									
海珠区									
天河区									
白云区	294	11	40	241	2	862	448	279	135
黄埔区	164	2	17	145		143	70	41	32
番禺区	190	6	31	153		557	229	148	180
花都区	207	8	5	191	3	698	278	256	164
南沙区	140	21	8	110	1	286	149	96	41
从化区	219	3	9	207		487	207	167	113
增城区	206	7	16	183		761	289	390	82
韶关市	**332**	**8**	**40**	**280**	**4**	**1141**	**549**	**414**	**178**
武江区	26	1	1	24		72	48	22	2
浈江区	33	1	2	30		93	46	22	25
曲江区	44	1	9	32	2	139	62	48	29
始兴县	10		3	7		91	39	31	21
仁化县	63	2	7	54		80	38	34	8
翁源县	23	1	8	14		177	80	83	14
乳源瑶族自治县	36		4	31	1	85	40	29	16
新丰县	16		3	13		77	35	31	11
乐昌市	33	1		31	1	113	63	34	16
南雄市	48	1	3	44		214	98	80	36
深圳市	**65**	**1**	**3**	**61**		**131**	**83**	**25**	**23**
罗湖区									
福田区									
南山区									
宝安区									
龙岗区	65	1	3	61		131	83	25	23
盐田区									
龙华区									
坪山区									
光明区									
珠海市	**132**	**9**	**9**	**113**	**1**	**328**	**165**	**113**	**50**
香洲区	3			3		1			1
斗门区	114	6	9	98	1	296	156	105	35
金湾区	15	3		12		31	9	8	14
汕头市	**113**	**8**	**11**	**94**		**1188**	**434**	**608**	**146**
龙湖区	16	3	1	12		106	47	46	13
金平区	1			1		12	6	5	1
濠江区	12		1	11		45	29	10	6
潮阳区	22	1		21		411	154	228	29
潮南区	24	1	8	15		411	120	212	79
澄海区	30	3	1	26		181	62	105	14
南澳县	8			8		22	16	2	4
佛山市	**239**	**15**	**23**	**201**		**438**	**171**	**161**	**106**
禅城区									
南海区	76	8	6	62		147	40	75	32
顺德区	17		1	16		51	22	11	18
三水区	111	7	8	96		205	90	66	49
高明区	35		8	27		35	19	9	7

4-4c 续表 81

单位：人

地区 性别	水利、环境和公共设施管理业					居民服务、修理和其他服务业			
	小计	水利管理业	生态保护和环境治理业	公共设施管理业	土地管理业	小计	居民服务业	机动车、电子产品和日用产品修理业	其他服务业
江门市	**397**	**17**	**38**	**340**	**2**	**1601**	**718**	**557**	**326**
蓬江区	9	1	1	7		70	39	19	12
江海区									
新会区	133	8	22	103		356	132	115	109
台山市	62	5	1	56		476	238	184	54
开平市	74	2	5	67		281	119	84	78
鹤山市	74		4	69	1	204	74	88	42
恩平市	45	1	5	38	1	214	116	67	31
湛江市	**496**	**18**	**16**	**461**	**1**	**2956**	**1457**	**1028**	**471**
赤坎区	7		1	6		15	5	3	7
霞山区	15			15		75	34	17	24
坡头区	51	1	2	48		204	104	68	32
麻章区	62	1	3	58		284	149	84	51
遂溪县	67	1	4	62		391	181	134	76
徐闻县	36	4	1	31		202	91	75	36
廉江市	111	1	3	107		626	284	253	89
雷州市	88	8	1	78	1	571	280	232	59
吴川市	59	2	1	56		588	329	162	97
茂名市	**373**	**25**	**33**	**311**	**4**	**3564**	**2073**	**1091**	**400**
茂南区	60	1	1	57	1	446	232	166	48
电白区	93	2	5	85	1	768	456	233	79
高州市	88	10	9	68	1	887	497	285	105
化州市	59	8	9	41	1	787	446	241	100
信宜市	73	4	9	60		676	442	166	68
肇庆市	**261**	**7**	**21**	**230**	**3**	**1744**	**724**	**701**	**319**
端州区									
鼎湖区	20	1		19		51	18	22	11
高要区	56	1	5	49	1	493	198	201	94
广宁县	28	2	3	23		241	116	84	41
怀集县	59		3	54	2	424	165	193	66
封开县	26	1	2	23		169	57	75	37
德庆县	18		2	16		179	70	68	41
四会市	54	2	6	46		187	100	58	29
惠州市	**485**	**46**	**42**	**391**	**6**	**2141**	**1042**	**719**	**380**
惠城区	121	10	10	97	4	388	167	136	85
惠阳区	85	7	4	73	1	246	102	105	39
博罗县	151	7	21	123		517	218	192	107
惠东县	74	7	6	60	1	706	412	205	89
龙门县	54	15	1	38		284	143	81	60
梅州市	**334**	**18**	**36**	**277**	**3**	**1898**	**1061**	**589**	**248**
梅江区	28		7	21		65	37	12	16
梅县区	69		7	62		254	146	70	38
大埔县	19		1	18		166	93	52	21
丰顺县	18	3	1	13	1	212	119	68	25
五华县	90	2	13	74	1	491	243	183	65
平远县	34	3	1	29	1	117	72	26	19
蕉岭县	14	2		12		146	79	54	13
兴宁市	62	8	6	48		447	272	124	51
汕尾市	**124**	**8**	**19**	**97**		**1111**	**501**	**453**	**157**
城　区	22	2	4	16		116	55	45	16
海丰县	25	2	8	15		208	107	75	26
陆河县	21		3	18		95	46	28	21
陆丰市	56	4	4	48		692	293	305	94

4-4c　续表 82　　　　　　　　　　　　　　　　　　　　　　　　　　单位：人

地　区 性　别	水利、环境和公共设施管理业					居民服务、修理和其他服务业			
	小计	水　利 管理业	生态保护 和环境 治理业	公共设施 管理业	土　地 管理业	小计	居　民 服务业	机动车、 电子产品 和日用产 品修理业	其　他 服务业
河源市	**257**	**24**	**48**	**183**	**2**	**1426**	**756**	**462**	**208**
源城区	23		2	21		56	30	12	14
紫金县	64	15	3	46		345	199	103	43
龙川县	48	6	4	38		398	160	174	64
连平县	20	2	3	13	2	112	57	41	14
和平县	27		6	21		268	178	55	35
东源县	75	1	30	44		247	132	77	38
阳江市	**211**	**6**	**17**	**187**	**1**	**1075**	**446**	**307**	**322**
江城区	40	1		39		151	65	58	28
阳东区	73	4	10	59		145	61	64	20
阳西县	34		2	32		414	107	65	242
阳春市	64	1	5	57	1	365	213	120	32
清远市	**370**	**10**	**22**	**337**	**1**	**1505**	**818**	**535**	**152**
清城区	79		2	76	1	231	120	80	31
清新区	84	1	3	80		304	161	117	26
佛冈县	40	2		38		223	141	58	24
阳山县	21		2	19		125	76	41	8
连山壮族瑶族自治县	17		2	15		52	29	17	6
连南瑶族自治县	14			14		36	17	13	6
英德市	77	5	7	65		402	198	171	33
连州市	38	2	6	30		132	76	38	18
东莞市	**325**	**18**	**70**	**235**	**2**	**994**	**490**	**329**	**175**
市辖区	325	18	70	235	2	994	490	329	175
中山市	**250**	**21**	**20**	**206**	**3**	**732**	**321**	**261**	**150**
市辖区	250	21	20	206	3	732	321	261	150
潮州市	**99**	**13**	**6**	**80**		**788**	**358**	**345**	**85**
湘桥区						73	37	28	8
潮安区	50	10	1	39		375	166	173	36
饶平县	49	3	5	41		340	155	144	41
揭阳市	**241**	**12**	**14**	**214**	**1**	**2138**	**1000**	**886**	**252**
榕城区	59	3		56		160	81	63	16
揭东区	30		2	28		436	206	149	81
揭西县	27	3	3	21		360	182	126	52
惠来县	26	4	2	19	1	379	156	204	19
普宁市	99	2	7	90		803	375	344	84
云浮市	**187**	**7**	**13**	**167**		**928**	**450**	**334**	**144**
云城区	12	2	1	9		137	78	44	15
云安区	30	1	1	28		127	62	38	27
新兴县	48	1	3	44		194	77	75	42
郁南县	22		1	21		135	85	43	7
罗定市	75	3	7	65		335	148	134	53
男	**4023**	**306**	**493**	**3195**	**29**	**17377**	**5281**	**10058**	**2038**
广州市	**821**	**48**	**96**	**674**	**3**	**1951**	**525**	**1196**	**230**
荔湾区									
越秀区									
海珠区									
天河区									
白云区	221	9	37	174	1	466	162	255	49
黄埔区	105	2	12	91		63	15	37	11
番禺区	94	5	16	73		233	62	125	46
花都区	120	7	5	107	1	363	89	219	55
南沙区	66	15	7	43	1	146	60	76	10
从化区	101	3	6	92		235	53	148	34
增城区	114	7	13	94		445	84	336	25

4-4c 续表 83 单位：人

地区 性别	水利、环境和公共设施管理业					居民服务、修理和其他服务业			
	小计	水利管理业	生态保护和环境治理业	公共设施管理业	土地管理业	小计	居民服务业	机动车、电子产品和日用产品修理业	其他服务业
韶关市	**187**	**7**	**28**	**149**	**3**	**609**	**190**	**356**	**63**
武江区	12	1		11		33	12	19	2
浈江区	13	1	1	11		33	12	16	5
曲江区	20	1	7	10	2	71	20	44	7
始兴县	7		3	4		52	19	27	6
仁化县	35	1	6	28		43	12	29	2
翁源县	14	1	4	9		108	29	71	8
乳源瑶族自治县	27		4	23		45	13	26	6
新丰县	12		1	11		43	11	27	5
乐昌市	18	1		16	1	58	22	28	8
南雄市	29	1	2	26		123	40	69	14
深圳市	**49**	**1**	**3**	**45**		**72**	**40**	**21**	**11**
罗湖区									
福田区									
南山区									
宝安区									
龙岗区	49	1	3	45		72	40	21	11
盐田区									
龙华区									
坪山区									
光明区									
珠海市	**75**	**8**	**7**	**59**	**1**	**168**	**56**	**90**	**22**
香洲区	1			1		1			1
斗门区	64	5	7	51	1	151	52	84	15
金湾区	10	3		7		16	4	6	6
汕头市	**81**	**7**	**10**	**64**		**837**	**185**	**567**	**85**
龙湖区	13	3	1	9		72	20	43	9
金平区	1			1		8	3	5	
濠江区	8		1	7		24	13	10	1
潮阳区	17	1		16		286	53	216	17
潮南区	18	1	7	10		312	66	192	54
澄海区	20	2	1	17		128	25	99	4
南澳县	4			4		7	5	2	
佛山市	**127**	**12**	**16**	**99**		**223**	**60**	**131**	**32**
禅城区									
南海区	41	8	4	29		81	10	59	12
顺德区	10		1	9		16	2	11	3
三水区	57	4	6	47		107	40	54	13
高明区	19		5	14		19	8	7	4
江门市	**217**	**17**	**30**	**168**	**2**	**825**	**233**	**489**	**103**
蓬江区	2	1		1		27	9	16	2
江海区									
新会区	82	8	19	55		181	39	99	43
台山市	34	5		29		283	93	167	23
开平市	32	2	4	26		121	38	69	14
鹤山市	42		3	38	1	102	19	74	9
恩平市	25	1	4	19	1	111	35	64	12
湛江市	**238**	**15**	**15**	**207**	**1**	**1612**	**512**	**929**	**171**
赤坎区	1		1			9	1	2	6
霞山区	6			6		29	13	14	2
坡头区	24	1	2	21		101	26	62	13
麻章区	28		3	25		148	55	73	20
遂溪县	40	1	4	35		217	63	118	36
徐闻县	19	3		16		114	39	65	10
廉江市	44	1	3	40		380	105	236	39
雷州市	42	7	1	33	1	359	125	213	21
吴川市	34	2	1	31		255	85	146	24

4-4c　续表 84　　　　　　　　　　　　　　　　　　　　　　单位：人

地　区 性　别	水利、环境和公共设施管理业					居民服务、修理和其他服务业			
	小计	水　利 管理业	生态保护 和环境 治理业	公共设施 管理业	土　地 管理业	小计	居　民 服务业	机动车、 电子产品 和日用产 品修理业	其　他 服务业
茂名市	**240**	**23**	**26**	**187**	**4**	**1766**	**641**	**967**	**158**
茂南区	27	1		25	1	258	86	161	11
电白区	64	2	3	58	1	434	192	208	34
高州市	63	10	9	43	1	425	130	245	50
化州市	43	7	7	28	1	363	128	206	29
信宜市	43	3	7	33		286	105	147	34
肇庆市	**145**	**5**	**14**	**124**	**2**	**977**	**245**	**606**	**126**
端州区									
鼎湖区	11	1		10		30	11	18	1
高要区	27		2	24	1	268	53	185	30
广宁县	17	2	2	13		132	36	75	21
怀集县	34		2	31	1	265	78	155	32
封开县	20	1	2	17		105	19	66	20
德庆县	9		1	8		95	22	59	14
四会市	27	1	5	21		82	26	48	8
惠州市	**306**	**43**	**33**	**225**	**5**	**1124**	**325**	**647**	**152**
惠城区	81	10	10	57	4	207	51	115	41
惠阳区	54	7	3	44		140	37	88	15
博罗县	95	6	16	73		303	83	174	46
惠东县	41	7	3	30	1	338	113	193	32
龙门县	35	13	1	21		136	41	77	18
梅州市	**213**	**15**	**32**	**164**	**2**	**1070**	**418**	**535**	**117**
梅江区	22		7	15		31	12	12	7
梅县区	31		7	24		118	40	63	15
大埔县	13		1	12		91	34	46	11
丰顺县	14	3	1	9	1	135	61	63	11
五华县	59	2	11	46		294	100	161	33
平远县	23	3	1	18	1	63	28	26	9
蕉岭县	10	2		8		84	26	51	7
兴宁市	41	5	4	32		254	117	113	24
汕尾市	**84**	**8**	**15**	**61**		**689**	**185**	**418**	**86**
城　区	17	2	3	12		75	26	43	6
海丰县	18	2	6	10		135	47	70	18
陆河县	14		3	11		54	17	27	10
陆丰市	35	4	3	28		425	95	278	52
河源市	**163**	**19**	**41**	**103**		**742**	**249**	**410**	**83**
源城区	14		2	12		24	10	11	3
紫金县	46	12	3	31		190	74	94	22
龙川县	30	5	4	21		225	42	157	26
连平县	10	1	3	6		56	15	35	6
和平县	19		6	13		123	62	47	14
东源县	44	1	23	20		124	46	66	12
阳江市	**120**	**6**	**12**	**102**		**645**	**169**	**286**	**190**
江城区	15	1		14		86	24	55	7
阳东区	43	4	9	30		90	21	60	9
阳西县	21		2	19		269	56	60	153
阳春市	41	1	1	39		200	68	111	21
清远市	**222**	**9**	**20**	**192**	**1**	**735**	**226**	**464**	**45**
清城区	46		2	43	1	115	37	71	7
清新区	46		3	43		140	36	101	3
佛冈县	23	2		21		113	50	53	10
阳山县	16		2	14		49	12	36	1
连山壮族瑶族 自治县	10		2	8		20	6	13	1
连南瑶族自治县	8			8		19	7	11	1
英德市	44	5	5	34		220	62	145	13
连州市	29	2	6	21		59	16	34	9

4-4c 续表 85 单位：人

地区 性别	水利、环境和公共设施管理业					居民服务、修理和其他服务业			
	小计	水利管理业	生态保护和环境治理业	公共设施管理业	土地管理业	小计	居民服务业	机动车、电子产品和日用产品修理业	其他服务业
东莞市	**214**	**15**	**54**	**144**	**1**	**554**	**202**	**279**	**73**
市辖区	214	15	54	144	1	554	202	279	73
中山市	**139**	**18**	**12**	**106**	**3**	**385**	**104**	**222**	**59**
市辖区	139	18	12	106	3	385	104	222	59
潮州市	**79**	**13**	**6**	**60**		**532**	**157**	**323**	**52**
湘桥区						54	23	27	4
潮安区	42	10	1	31		257	70	162	25
饶平县	37	3	5	29		221	64	134	23
揭阳市	**208**	**12**	**11**	**184**	**1**	**1396**	**445**	**818**	**133**
榕城区	51	3		48		110	48	58	4
揭东区	28		2	26		278	88	144	46
揭西县	21	3	3	15		222	91	111	20
惠来县	19	4	1	13	1	259	60	190	9
普宁市	89	2	5	82		527	158	315	54
云浮市	**95**	**5**	**12**	**78**		**465**	**114**	**304**	**47**
云城区	8	2	1	5		74	31	42	1
云安区	13		1	12		54	11	35	8
新兴县	22	1	3	18		95	17	67	11
郁南县	16		1	15		64	20	41	3
罗定市	36	2	6	28		178	35	119	24
女	**2688**	**43**	**134**	**2500**	**11**	**14244**	**10006**	**1237**	**3001**
广州市	**599**	**10**	**30**	**556**	**3**	**1843**	**1145**	**181**	**517**
荔湾区									
越秀区									
海珠区									
天河区									
白云区	73	2	3	67	1	396	286	24	86
黄埔区	59		5	54		80	55	4	21
番禺区	96	1	15	80		324	167	23	134
花都区	87	1		84	2	335	189	37	109
南沙区	74	6	1	67		140	89	20	31
从化区	118		3	115		252	154	19	79
增城区	92		3	89		316	205	54	57
韶关市	**145**	**1**	**12**	**131**	**1**	**532**	**359**	**58**	**115**
武江区	14		1	13		39	36	3	
浈江区	20		1	19		60	34	6	20
曲江区	24		2	22		68	42	4	22
始兴县	3			3		39	20	4	15
仁化县	28	1	1	26		37	26	5	6
翁源县	9		4	5		69	51	12	6
乳源瑶族自治县	9			8	1	40	27	3	10
新丰县	4		2	2		34	24	4	6
乐昌市	15			15		55	41	6	8
南雄市	19		1	18		91	58	11	22
深圳市	**16**			**16**		**59**	**43**	**4**	**12**
罗湖区									
福田区									
南山区									
宝安区									
龙岗区	16			16		59	43	4	12
盐田区									
龙华区									
坪山区									
光明区									

4-4c　续表 86　　　　单位：人

地　区 性　别	水利、环境和公共设施管理业					居民服务、修理和其他服务业			
	小计	水　利 管理业	生态保护 和环境 治理业	公共设施 管理业	土　地 管理业	小计	居　民 服务业	机动车、 电子产品 和日用产 品修理业	其　他 服务业
珠海市	**57**	**1**	**2**	**54**		**160**	**109**	**23**	**28**
香洲区	2			2					
斗门区	50	1	2	47		145	104	21	20
金湾区	5			5		15	5	2	8
汕头市	**32**	**1**	**1**	**30**		**351**	**249**	**41**	**61**
龙湖区	3			3		34	27	3	4
金平区						4	3		1
濠江区	4			4		21	16		5
潮阳区	5			5		125	101	12	12
潮南区	6		1	5		99	54	20	25
澄海区	10	1		9		53	37	6	10
南澳县	4			4		15	11		4
佛山市	**112**	**3**	**7**	**102**		**215**	**111**	**30**	**74**
禅城区									
南海区	35		2	33		66	30	16	20
顺德区	7			7		35	20		15
三水区	54	3	2	49		98	50	12	36
高明区	16		3	13		16	11	2	3
江门市	**180**		**8**	**172**		**776**	**485**	**68**	**223**
蓬江区	7		1	6		43	30	3	10
江海区									
新会区	51		3	48		175	93	16	66
台山市	28		1	27		193	145	17	31
开平市	42		1	41		160	81	15	64
鹤山市	32		1	31		102	55	14	33
恩平市	20		1	19		103	81	3	19
湛江市	**258**	**3**	**1**	**254**		**1344**	**945**	**99**	**300**
赤坎区	6			6		6	4	1	1
霞山区	9			9		46	21	3	22
坡头区	27			27		103	78	6	19
麻章区	34	1		33		136	94	11	31
遂溪县	27			27		174	118	16	40
徐闻县	17	1	1	15		88	52	10	26
廉江市	67			67		246	179	17	50
雷州市	46	1		45		212	155	19	38
吴川市	25			25		333	244	16	73
茂名市	**133**	**2**	**7**	**124**		**1798**	**1432**	**124**	**242**
茂南区	33		1	32		188	146	5	37
电白区	29		2	27		334	264	25	45
高州市	25			25		462	367	40	55
化州市	16	1	2	13		424	318	35	71
信宜市	30	1	2	27		390	337	19	34
肇庆市	**116**	**2**	**7**	**106**	**1**	**767**	**479**	**95**	**193**
端州区									
鼎湖区	9			9		21	7	4	10
高要区	29	1	3	25		225	145	16	64
广宁县	11		1	10		109	80	9	20
怀集县	25		1	23	1	159	87	38	34
封开县	6			6		64	38	9	17
德庆县	9		1	8		84	48	9	27
四会市	27	1	1	25		105	74	10	21
惠州市	**179**	**3**	**9**	**166**	**1**	**1017**	**717**	**72**	**228**
惠城区	40			40		181	116	21	44
惠阳区	31		1	29	1	106	65	17	24
博罗县	56	1	5	50		214	135	18	61
惠东县	33		3	30		368	299	12	57
龙门县	19	2		17		148	102	4	42

4－4c　续表 87　　　　　　　　　　　　　　　　　　　　　　　　　　　　单位：人

地　区 性　别	水利、环境和公共设施管理业					居民服务、修理和其他服务业			
	小计	水　利 管理业	生态保护 和环境 治理业	公共设施 管理业	土　地 管理业	小计	居　民 服务业	机动车、 电子产品 和日用产 品修理业	其　他 服务业
梅州市	**121**	**3**	**4**	**113**	**1**	**828**	**643**	**54**	**131**
梅江区	6			6		34	25		9
梅县区	38			38		136	106	7	23
大埔县	6			6		75	59	6	10
丰顺县	4			4		77	58	5	14
五华县	31		2	28	1	197	143	22	32
平远县	11			11		54	44		10
蕉岭县	4			4		62	53	3	6
兴宁市	21	3	2	16		193	155	11	27
汕尾市	**40**		**4**	**36**		**422**	**316**	**35**	**71**
城　区	5		1	4		41	29	2	10
海丰县	7		2	5		73	60	5	8
陆河县	7			7		41	29	1	11
陆丰市	21		1	20		267	198	27	42
河源市	**94**	**5**	**7**	**80**	**2**	**684**	**507**	**52**	**125**
源城区	9			9		32	20	1	11
紫金县	18	3		15		155	125	9	21
龙川县	18	1		17		173	118	17	38
连平县	10	1		7	2	56	42	6	8
和平县	8			8		145	116	8	21
东源县	31		7	24		123	86	11	26
阳江市	**91**		**5**	**85**	**1**	**430**	**277**	**21**	**132**
江城区	25			25		65	41	3	21
阳东区	30		1	29		55	40	4	11
阳西县	13			13		145	51	5	89
阳春市	23		4	18	1	165	145	9	11
清远市	**148**	**1**	**2**	**145**		**770**	**592**	**71**	**107**
清城区	33			33		116	83	9	24
清新区	38	1		37		164	125	16	23
佛冈县	17			17		110	91	5	14
阳山县	5			5		76	64	5	7
连山壮族瑶族自治县	7			7		32	23	4	5
连南瑶族自治县	6			6		17	10	2	5
英德市	33		2	31		182	136	26	20
连州市	9			9		73	60	4	9
东莞市	**111**	**3**	**16**	**91**	**1**	**440**	**288**	**50**	**102**
市辖区	111	3	16	91	1	440	288	50	102
中山市	**111**	**3**	**8**	**100**		**347**	**217**	**39**	**91**
市辖区	111	3	8	100		347	217	39	91
潮州市	**20**			**20**		**256**	**201**	**22**	**33**
湘桥区						19	14	1	4
潮安区	8			8		118	96	11	11
饶平县	12			12		119	91	10	18
揭阳市	**33**		**3**	**30**		**742**	**555**	**68**	**119**
榕城区	8			8		50	33	5	12
揭东区	2			2		158	118	5	35
揭西县	6			6		138	91	15	32
惠来县	7		1	6		120	96	14	10
普宁市	10		2	8		276	217	29	30
云浮市	**92**	**2**	**1**	**89**		**463**	**336**	**30**	**97**
云城区	4			4		63	47	2	14
云安区	17	1		16		73	51	3	19
新兴县	26			26		99	60	8	31
郁南县	6			6		71	65	2	4
罗定市	39	1	1	37		157	113	15	29

4-4c 续表 88

单位：人

地区 性别	教育		卫生和社会工作			文化、体育和娱乐业				
	小计	教育	小计	卫生	社会工作	小计	新闻和出版业	广播、电视、电影和录音制作业	文化艺术业	体育
广东	**26623**	**26623**	**9690**	**9159**	**531**	**3355**	**78**	**289**	**588**	**591**
广州市	**3823**	**3823**	**1327**	**1175**	**152**	**543**	**15**	**57**	**87**	**116**
荔湾区										
越秀区										
海珠区										
天河区										
白云区	1035	1035	480	427	53	178	5	20	31	36
黄埔区	180	180	84	55	29	19	1	6	4	3
番禺区	410	410	113	111	2	87	3	12	9	13
花都区	811	811	200	184	16	95	2	7	11	25
南沙区	319	319	115	99	16	27	1	1	9	1
从化区	493	493	168	149	19	66	1	2	5	20
增城区	575	575	167	150	17	71	2	9	18	18
韶关市	**904**	**904**	**371**	**335**	**36**	**106**	**2**	**5**	**16**	**17**
武江区	65	65	28	22	6	4				
浈江区	48	48	9	8	1	14		1	2	1
曲江区	60	60	26	21	5	9				2
始兴县	92	92	26	25	1	4	1			1
仁化县	82	82	28	25	3	12			1	3
翁源县	187	187	79	68	11	17	1	1	6	2
乳源瑶族自治县	47	47	21	20	1	12		1	2	1
新丰县	48	48	27	27		5		1		
乐昌市	119	119	67	62	5	11			1	4
南雄市	156	156	60	57	3	18		1	4	3
深圳市	**45**	**45**	**12**	**11**	**1**	**60**	**1**	**3**	**9**	**12**
罗湖区										
福田区										
南山区										
宝安区										
龙岗区	45	45	12	11	1	60	1	3	9	12
盐田区										
龙华区										
坪山区										
光明区										
珠海市	**234**	**234**	**105**	**92**	**13**	**79**			**12**	**15**
香洲区						2				
斗门区	211	211	98	86	12	77			12	15
金湾区	23	23	7	6	1					
汕头市	**1013**	**1013**	**284**	**282**	**2**	**100**	**1**	**19**	**30**	**16**
龙湖区	103	103	38	38		24	1	5	8	4
金平区	16	16	6	6		2		1		
濠江区	54	54	15	15		6		1	3	1
潮阳区	404	404	79	78	1	21		3	6	4
潮南区	221	221	53	52	1	22		5	6	3
澄海区	203	203	86	86		21		4	7	4
南澳县	12	12	7	7		4				
佛山市	**502**	**502**	**148**	**134**	**14**	**52**	**4**	**3**	**4**	**14**
禅城区										
南海区	172	172	43	41	2	18	1	1	2	8
顺德区	45	45	24	21	3	3	1	1		
三水区	256	256	70	61	9	23	2	1	1	5
高明区	29	29	11	11		8			1	1

4-4c 续表 89 单位：人

地区 性别	教育		卫生和社会工作			文化、体育和娱乐业				
	小计	教育	小计	卫生	社会工作	小计	新闻和出版业	广播、电视、电影和录音制作业	文化艺术业	体育
江门市	**942**	**942**	**373**	**334**	**39**	**164**	**1**	**19**	**25**	**25**
蓬江区	27	27	16	14	2	8		1	1	1
江海区										
新会区	206	206	65	62	3	36		2	6	6
台山市	224	224	110	100	10	52		9	7	7
开平市	223	223	79	70	9	28		4	4	5
鹤山市	171	171	64	53	11	16		1	4	4
恩平市	91	91	39	35	4	24	1	2	3	2
湛江市	**2269**	**2269**	**841**	**824**	**17**	**284**	**6**	**19**	**106**	**45**
赤坎区	13	13	12	11	1	2				
霞山区	22	22	8	8		5	1			1
坡头区	107	107	35	32	3	20		2	4	4
麻章区	212	212	52	50	2	20		2	5	4
遂溪县	264	264	115	111	4	41	3	2	8	12
徐闻县	208	208	105	104	1	18		1	1	5
廉江市	476	476	168	165	3	55	1	4	19	4
雷州市	568	568	214	212	2	80	1	3	51	10
吴川市	399	399	132	131	1	43		5	18	5
茂名市	**3236**	**3236**	**908**	**871**	**37**	**279**	**9**	**24**	**62**	**36**
茂南区	418	418	114	112	2	63	2	4	12	6
电白区	814	814	192	189	3	81	2	5	12	7
高州市	793	793	261	249	12	40	1	4	14	6
化州市	663	663	160	153	7	62	3	9	17	13
信宜市	548	548	181	168	13	33	1	2	7	4
肇庆市	**1340**	**1340**	**554**	**537**	**17**	**139**	**1**	**16**	**20**	**36**
端州区										
鼎湖区	67	67	16	15	1	8		3		
高要区	269	269	151	147	4	37			3	21
广宁县	136	136	92	86	6	15		4	2	
怀集县	458	458	165	164	1	20		4	5	5
封开县	184	184	56	56		13		1	3	3
德庆县	122	122	33	33		17		3	4	1
四会市	104	104	41	36	5	29	1	1	3	6
惠州市	**2079**	**2079**	**785**	**769**	**16**	**349**	**3**	**23**	**13**	**49**
惠城区	729	729	367	364	3	63	1	5	3	9
惠阳区	247	247	67	66	1	54	2	3	1	10
博罗县	513	513	140	132	8	91		10	3	9
惠东县	436	436	157	153	4	113		4	5	13
龙门县	154	154	54	54		28		1	1	8
梅州市	**1269**	**1269**	**594**	**571**	**23**	**134**	**6**	**15**	**31**	**18**
梅江区	43	43	26	23	3	11		2	2	4
梅县区	183	183	80	75	5	25	1	2	2	7
大埔县	125	125	65	61	4	12	1	2	1	
丰顺县	123	123	39	37	2	18	2	2	1	3
五华县	425	425	221	221		33	2	3	12	
平远县	70	70	27	25	2	4			3	
蕉岭县	65	65	33	29	4	7		1	1	2
兴宁市	235	235	103	100	3	24		3	9	2
汕尾市	**775**	**775**	**236**	**234**	**2**	**73**		**5**	**22**	**10**
城　区	68	68	24	24		6			2	
海丰县	182	182	50	49	1	23		2	3	5
陆河县	133	133	39	38	1	4			1	
陆丰市	392	392	123	123		40		3	16	5

4-4c 续表 90 单位：人

地区 性别	教育		卫生和社会工作			文化、体育和娱乐业				
	小计	教育	小计	卫生	社会工作	小计	新闻和出版业	广播、电视、电影和录音制作业	文化艺术业	体育
河源市	**1555**	**1555**	**570**	**552**	**18**	**121**	**2**	**12**	**28**	**14**
源城区	64	64	20	20		12	1	1		1
紫金县	381	381	107	103	4	30	1	5	6	6
龙川县	485	485	173	169	4	22		2	7	4
连平县	168	168	77	75	2	7			2	1
和平县	168	168	63	61	2	20		2	7	
东源县	289	289	130	124	6	30		2	6	2
阳江市	**608**	**608**	**302**	**289**	**13**	**61**	**1**	**10**	**7**	**14**
江城区	110	110	53	52	1	12		2	1	6
阳东区	148	148	57	55	2	16			1	4
阳西县	102	102	50	45	5	11		3	1	
阳春市	248	248	142	137	5	22	1	5	4	4
清远市	**1481**	**1481**	**516**	**475**	**41**	**200**	**3**	**12**	**23**	**37**
清城区	226	226	51	38	13	40	2	2	4	13
清新区	372	372	86	77	9	26		1	2	7
佛冈县	144	144	64	59	5	15		1	3	4
阳山县	115	115	56	52	4	10		1	1	2
连山壮族瑶族自治县	49	49	8	7	1	5				1
连南瑶族自治县	54	54	19	18	1	10			7	
英德市	420	420	192	189	3	79		6	5	8
连州市	101	101	40	35	5	15	1	1	1	2
东莞市	**966**	**966**	**453**	**422**	**31**	**165**	**4**	**17**	**21**	**30**
市辖区	966	966	453	422	31	165	4	17	21	30
中山市	**702**	**702**	**209**	**192**	**17**	**130**	**10**	**3**	**14**	**25**
市辖区	702	702	209	192	17	130	10	3	14	25
潮州市	**600**	**600**	**251**	**245**	**6**	**80**	**2**	**5**	**15**	**19**
湘桥区	54	54	14	13	1	9		1	1	4
潮安区	291	291	118	116	2	34	2	2	9	6
饶平县	255	255	119	116	3	37		2	5	9
揭阳市	**1435**	**1435**	**518**	**497**	**21**	**163**	**7**	**15**	**38**	**32**
榕城区	135	135	60	60		19	1	2	9	2
揭东区	297	297	117	115	2	40	3	1	12	10
揭西县	245	245	94	93	1	41	2	6	7	3
惠来县	173	173	61	55	6	23		3	4	7
普宁市	585	585	186	174	12	40	1	3	6	10
云浮市	**845**	**845**	**333**	**318**	**15**	**73**		**7**	**5**	**11**
云城区	88	88	39	37	2	1				
云安区	128	128	51	47	4	15		1		1
新兴县	144	144	57	54	3	25			2	5
郁南县	92	92	44	40	4	4		1		
罗定市	393	393	142	140	2	28		5	3	5
男	**9394**	**9394**	**3907**	**3750**	**157**	**2006**	**46**	**172**	**350**	**336**
广州市	**1238**	**1238**	**382**	**340**	**42**	**298**	**10**	**32**	**46**	**61**
荔湾区										
越秀区										
海珠区										
天河区										
白云区	355	355	127	113	14	94	5	7	14	18
黄埔区	60	60	24	15	9	15	1	5	2	2
番禺区	113	113	41	40	1	56	2	7	7	8
花都区	261	261	58	52	6	48		5	8	12
南沙区	120	120	32	29	3	13	1		4	
从化区	148	148	52	47	5	32		2	2	11
增城区	181	181	48	44	4	40	1	6	9	10

4-4c 续表 91

单位：人

地区 性别	教育		卫生和社会工作			文化、体育和娱乐业				
	小计	教育	小计	卫生	社会工作	小计	新闻和出版业	广播、电视、电影和录音制作业	文化艺术业	体育
韶关市	**343**	**343**	**150**	**136**	**14**	**55**	**2**	**3**	**6**	**9**
武江区	20	20	9	7	2	2				
浈江区	17	17	2	2		6		1		
曲江区	14	14	13	9	4	6				1
始兴县	36	36	10	10		4	1			1
仁化县	36	36	12	10	2	7			1	2
翁源县	74	74	31	29	2	9	1		3	2
乳源瑶族自治县	19	19	10	9	1	3		1		
新丰县	19	19	10	10		3		1		
乐昌市	42	42	28	26	2	5				2
南雄市	66	66	25	24	1	10			2	1
深圳市	**23**	**23**	**6**	**6**		**45**	**1**	**1**	**7**	**7**
罗湖区										
福田区										
南山区										
宝安区										
龙岗区	23	23	6	6		45	1	1	7	7
盐田区										
龙华区										
坪山区										
光明区										
珠海市	**69**	**69**	**24**	**21**	**3**	**38**			**5**	**10**
香洲区						1				
斗门区	58	58	23	21	2	37			5	10
金湾区	11	11	1		1					
汕头市	**314**	**314**	**148**	**146**	**2**	**52**		**12**	**19**	**7**
龙湖区	19	19	16	16		13		3	5	2
金平区	2	2	3	3		2		1		
濠江区	13	13	7	7		1				1
潮阳区	133	133	42	41	1	14		3	4	4
潮南区	89	89	36	35	1	7		2	4	
澄海区	51	51	42	42		13		3	6	
南澳县	7	7	2	2		2				
佛山市	**162**	**162**	**36**	**34**	**2**	**32**	**3**	**2**	**1**	**10**
禅城区										
南海区	44	44	13	13		11		1	1	5
顺德区	10	10	6	5	1	2	1	1		
三水区	96	96	14	13	1	14	2			4
高明区	12	12	3	3		5				1
江门市	**287**	**287**	**124**	**116**	**8**	**93**		**11**	**15**	**13**
蓬江区	8	8	6	5	1	4				1
江海区										
新会区	67	67	16	16		16		1	2	4
台山市	85	85	41	41		29		4	5	1
开平市	58	58	23	21	2	18		4	2	4
鹤山市	39	39	24	20	4	10			3	2
恩平市	30	30	14	13	1	16		2	3	1
湛江市	**792**	**792**	**349**	**345**	**4**	**191**	**3**	**12**	**77**	**30**
赤坎区	2	2	6	6		2				
霞山区	3	3	5	5		2				
坡头区	30	30	10	8	2	15		2	3	3
麻章区	76	76	17	17		15		2	3	3
遂溪县	106	106	47	46	1	27	1	1	7	9
徐闻县	76	76	45	44	1	14		1	1	4
廉江市	146	146	73	73		33	1	2	14	2
雷州市	242	242	95	95		56	1	1	36	7
吴川市	111	111	51	51		27		3	13	2

4-4c　续表 92　　　　　　　　　　　　　　　　　　　　　　　　　　　　　　　单位：人

地　区 性　别	教育		卫生和社会工作			文化、体育和娱乐业				
	小计	教育	小计	卫生	社会工作	小计	新闻和出版业	广播、电视、电影和录音制作业	文化艺术业	体育
茂名市	**1051**	**1051**	**434**	**427**	**7**	**167**	**4**	**12**	**37**	**26**
茂南区	133	133	48	48		38		3	7	5
电白区	218	218	96	96		49		3	9	6
高州市	307	307	126	125	1	23	1	2	8	4
化州市	223	223	70	68	2	38	2	4	8	10
信宜市	170	170	94	90	4	19	1		5	1
肇庆市	**534**	**534**	**254**	**251**	**3**	**89**	**1**	**9**	**12**	**19**
端州区										
鼎湖区	20	20	4	4		4		1		
高要区	78	78	58	58		20			1	11
广宁县	60	60	39	37	2	11		3	1	
怀集县	190	190	97	97		12		2	2	3
封开县	99	99	32	32		9		1	2	
德庆县	54	54	14	14		13		1	4	1
四会市	33	33	10	9	1	20	1	1	2	4
惠州市	**778**	**778**	**227**	**220**	**7**	**214**	**2**	**14**	**5**	**20**
惠城区	308	308	62	62		38	1	3	1	4
惠阳区	83	83	24	24		39	1	3	1	6
博罗县	190	190	57	53	4	52		5	1	3
惠东县	148	148	63	60	3	73		3	2	4
龙门县	49	49	21	21		12				3
梅州市	**513**	**513**	**293**	**285**	**8**	**82**	**3**	**9**	**20**	**14**
梅江区	17	17	9	8	1	3				3
梅县区	81	81	33	32	1	16	1	1		5
大埔县	54	54	35	34	1	9	1	2	1	
丰顺县	45	45	20	19	1	9		1	1	2
五华县	162	162	113	113		18	1	2	9	
平远县	30	30	12	10	2	3			3	
蕉岭县	28	28	17	16	1	6		1		2
兴宁市	96	96	54	53	1	18		2	6	2
汕尾市	**338**	**338**	**134**	**132**	**2**	**56**		**3**	**17**	**8**
城　区	29	29	11	11		6			2	
海丰县	72	72	30	29	1	15			2	4
陆河县	43	43	22	21	1	4			1	
陆丰市	194	194	71	71		31		3	12	4
河源市	**626**	**626**	**269**	**263**	**6**	**81**	**2**	**10**	**18**	**5**
源城区	24	24	9	9		9	1	1		
紫金县	158	158	55	54	1	23	1	4	6	3
龙川县	202	202	82	80	2	15		2	6	2
连平县	63	63	34	33	1	2				
和平县	67	67	27	27		15		2	3	
东源县	112	112	62	60	2	17		1	3	
阳江市	**196**	**196**	**127**	**122**	**5**	**36**		**6**	**4**	**10**
江城区	29	29	17	17		10		2	1	5
阳东区	42	42	15	15		7				2
阳西县	43	43	23	20	3	8		2	1	
阳春市	82	82	72	70	2	11		2	2	3
清远市	**528**	**528**	**207**	**199**	**8**	**107**	**2**	**4**	**9**	**19**
清城区	69	69	13	9	4	21	2	1	2	3
清新区	145	145	37	36	1	10				3
佛冈县	44	44	24	23	1	6			1	3
阳山县	53	53	26	25	1	5			1	2
连山壮族瑶族自治县	13	13	3	3		3				1
连南瑶族自治县	21	21	2	2		6			3	
英德市	158	158	90	90		49		3	1	5
连州市	25	25	12	11	1	7			1	2

4-4c 续表 93　　单位：人

地区 性别	教育		卫生和社会工作			文化、体育和娱乐业				
	小计	教育	小计	卫生	社会工作	小计	新闻和出版业	广播、电视、电影和录音制作业	文化艺术业	体育
东莞市	**329**	**329**	**108**	**100**	**8**	**103**	**4**	**9**	**10**	**19**
市辖区	329	329	108	100	8	103	4	9	10	19
中山市	**231**	**231**	**45**	**42**	**3**	**75**	**5**	**2**	**7**	**13**
市辖区	231	231	45	42	3	75	5	2	7	13
潮州市	**244**	**244**	**138**	**135**	**3**	**47**	**1**	**3**	**8**	**10**
湘桥区	23	23	6	6		4		1		2
潮安区	115	115	54	53	1	18	1		4	4
饶平县	106	106	78	76	2	25		2	4	4
揭阳市	**530**	**530**	**309**	**292**	**17**	**111**	**3**	**14**	**25**	**20**
榕城区	47	47	36	36		13		2	5	1
揭东区	100	100	58	56	2	24	1	1	7	6
揭西县	89	89	53	52	1	26	1	5	5	2
惠来县	67	67	38	34	4	17		3	4	4
普宁市	227	227	124	114	10	31	1	3	4	7
云浮市	**268**	**268**	**143**	**138**	**5**	**34**		**4**	**2**	**6**
云城区	22	22	12	11	1	1				
云安区	33	33	25	24	1	3				1
新兴县	41	41	23	21	2	7			1	1
郁南县	31	31	19	18	1	3		1		
罗定市	141	141	64	64		20		3	1	4
女	**17229**	**17229**	**5783**	**5409**	**374**	**1349**	**32**	**117**	**238**	**255**
广州市	**2585**	**2585**	**945**	**835**	**110**	**245**	**5**	**25**	**41**	**55**
荔湾区										
越秀区										
海珠区										
天河区										
白云区	680	680	353	314	39	84		13	17	18
黄埔区	120	120	60	40	20	4		1	2	1
番禺区	297	297	72	71	1	31	1	5	2	5
花都区	550	550	142	132	10	47	2	2	3	13
南沙区	199	199	83	70	13	14		1	5	1
从化区	345	345	116	102	14	34	1		3	9
增城区	394	394	119	106	13	31	1	3	9	8
韶关市	**561**	**561**	**221**	**199**	**22**	**51**		**2**	**10**	**8**
武江区	45	45	19	15	4	2				
浈江区	31	31	7	6	1	8			2	1
曲江区	46	46	13	12	1	3				1
始兴县	56	56	16	15	1					
仁化县	46	46	16	15	1	5				1
翁源县	113	113	48	39	9	8		1	3	
乳源瑶族自治县	28	28	11	11		9			2	1
新丰县	29	29	17	17		2				
乐昌市	77	77	39	36	3	6			1	2
南雄市	90	90	35	33	2	8		1	2	2
深圳市	**22**	**22**	**6**	**5**	**1**	**15**		**2**	**2**	**5**
罗湖区										
福田区										
南山区										
宝安区										
龙岗区	22	22	6	5	1	15		2	2	5
盐田区										
龙华区										
坪山区										
光明区										

4-4c 续表 94

单位：人

地区 性别	教育		卫生和社会工作			文化、体育和娱乐业				
	小计	教育	小计	卫生	社会工作	小计	新闻和出版业	广播、电视、电影和录音制作业	文化艺术业	体育
珠海市	**165**	**165**	**81**	**71**	**10**	**41**			**7**	**5**
香洲区						1				
斗门区	153	153	75	65	10	40			7	5
金湾区	12	12	6	6						
汕头市	**699**	**699**	**136**	**136**		**48**	**1**	**7**	**11**	**9**
龙湖区	84	84	22	22		11	1	2	3	2
金平区	14	14	3	3						
濠江区	41	41	8	8		5		1	3	
潮阳区	271	271	37	37		7			2	
潮南区	132	132	17	17		15		3	2	3
澄海区	152	152	44	44		8		1	1	4
南澳县	5	5	5	5		2				
佛山市	**340**	**340**	**112**	**100**	**12**	**20**	**1**	**1**	**3**	**4**
禅城区										
南海区	128	128	30	28	2	7	1		1	3
顺德区	35	35	18	16	2	1				
三水区	160	160	56	48	8	9		1	1	1
高明区	17	17	8	8		3			1	
江门市	**655**	**655**	**249**	**218**	**31**	**71**	**1**	**8**	**10**	**12**
蓬江区	19	19	10	9	1	4		1	1	
江海区										
新会区	139	139	49	46	3	20		1	4	2
台山市	139	139	69	59	10	23		5	2	6
开平市	165	165	56	49	7	10			2	1
鹤山市	132	132	40	33	7	6		1	1	2
恩平市	61	61	25	22	3	8	1			1
湛江市	**1477**	**1477**	**492**	**479**	**13**	**93**	**3**	**7**	**29**	**15**
赤坎区	11	11	6	5	1					
霞山区	19	19	3	3		3	1			1
坡头区	77	77	25	24	1	5			1	1
麻章区	136	136	35	33	2	5			2	1
遂溪县	158	158	68	65	3	14	2	1	1	3
徐闻县	132	132	60	60		4				1
廉江市	330	330	95	92	3	22		2	5	2
雷州市	326	326	119	117	2	24		2	15	3
吴川市	288	288	81	80	1	16		2	5	3
茂名市	**2185**	**2185**	**474**	**444**	**30**	**112**	**5**	**12**	**25**	**10**
茂南区	285	285	66	64	2	25	2	1	5	1
电白区	596	596	96	93	3	32	2	2	3	1
高州市	486	486	135	124	11	17		2	6	2
化州市	440	440	90	85	5	24	1	5	9	3
信宜市	378	378	87	78	9	14		2	2	3
肇庆市	**806**	**806**	**300**	**286**	**14**	**50**		**7**	**8**	**17**
端州区										
鼎湖区	47	47	12	11	1	4		2		
高要区	191	191	93	89	4	17			2	10
广宁县	76	76	53	49	4	4		1	1	
怀集县	268	268	68	67	1	8		2	3	2
封开县	85	85	24	24		4			1	3
德庆县	68	68	19	19		4		2		
四会市	71	71	31	27	4	9			1	2
惠州市	**1301**	**1301**	**558**	**549**	**9**	**135**	**1**	**9**	**8**	**29**
惠城区	421	421	305	302	3	25		2	2	5
惠阳区	164	164	43	42	1	15	1			4
博罗县	323	323	83	79	4	39		5	2	6
惠东县	288	288	94	93	1	40		1	3	9
龙门县	105	105	33	33		16		1	1	5

4-4c 续表 95 单位：人

地区 性别	教育		卫生和社会工作			文化、体育和娱乐业				
	小计	教育	小计	卫生	社会工作	小计	新闻和出版业	广播、电视、电影和录音制作业	文化艺术业	体育
梅州市	**756**	**756**	**301**	**286**	**15**	**52**	**3**	**6**	**11**	**4**
梅江区	26	26	17	15	2	8		2	2	1
梅县区	102	102	47	43	4	9		1	2	2
大埔县	71	71	30	27	3	3				
丰顺县	78	78	19	18	1	9	2	1		1
五华县	263	263	108	108		15	1	1	3	
平远县	40	40	15	15		1				
蕉岭县	37	37	16	13	3	1			1	
兴宁市	139	139	49	47	2	6		1	3	
汕尾市	**437**	**437**	**102**	**102**		**17**		**2**	**5**	**2**
城　区	39	39	13	13						
海丰县	110	110	20	20		8		2	1	1
陆河县	90	90	17	17						
陆丰市	198	198	52	52		9			4	1
河源市	**929**	**929**	**301**	**289**	**12**	**40**		**2**	**10**	**9**
源城区	40	40	11	11		3				1
紫金县	223	223	52	49	3	7		1		3
龙川县	283	283	91	89	2	7			1	2
连平县	105	105	43	42	1	5			2	1
和平县	101	101	36	34	2	5			4	
东源县	177	177	68	64	4	13		1	3	2
阳江市	**412**	**412**	**175**	**167**	**8**	**25**	**1**	**4**	**3**	**4**
江城区	81	81	36	35	1	2				1
阳东区	106	106	42	40	2	9			1	2
阳西县	59	59	27	25	2	3		1		
阳春市	166	166	70	67	3	11	1	3	2	1
清远市	**953**	**953**	**309**	**276**	**33**	**93**	**1**	**8**	**14**	**18**
清城区	157	157	38	29	9	19		1	2	10
清新区	227	227	49	41	8	16		1	2	4
佛冈县	100	100	40	36	4	9		1	2	1
阳山县	62	62	30	27	3	5		1		
连山壮族瑶族自治县	36	36	5	4	1	2				
连南瑶族自治县	33	33	17	16	1	4			4	
英德市	262	262	102	99	3	30		3	4	3
连州市	76	76	28	24	4	8	1	1		
东莞市	**637**	**637**	**345**	**322**	**23**	**62**		**8**	**11**	**11**
市辖区	637	637	345	322	23	62		8	11	11
中山市	**471**	**471**	**164**	**150**	**14**	**55**	**5**	**1**	**7**	**12**
市辖区	471	471	164	150	14	55	5	1	7	12
潮州市	**356**	**356**	**113**	**110**	**3**	**33**	**1**	**2**	**7**	**9**
湘桥区	31	31	8	7	1	5			1	2
潮安区	176	176	64	63	1	16	1	2	5	2
饶平县	149	149	41	40	1	12			1	5
揭阳市	**905**	**905**	**209**	**205**	**4**	**52**	**4**	**1**	**13**	**12**
榕城区	88	88	24	24		6	1		4	1
揭东区	197	197	59	59		16	2		5	4
揭西县	156	156	41	41		15	1	1	2	1
惠来县	106	106	23	21	2	6				3
普宁市	358	358	62	60	2	9			2	3
云浮市	**577**	**577**	**190**	**180**	**10**	**39**		**3**	**3**	**5**
云城区	66	66	27	26	1					
云安区	95	95	26	23	3	12		1		
新兴县	103	103	34	33	1	18			1	4
郁南县	61	61	25	22	3	1				
罗定市	252	252	78	76	2	8		2	2	1

4-4c　续表 96

单位：人

地　区 性　别	娱乐业	公共管理、社会保障和社会组织							国际组织	
		小计	中国共产党机关	国家机构	人民政协、民主党派	社会保障	群众团体、社会团体和其他成员组织	基层群众自治组织	小计	国际组织
广　东	**1809**	**24570**	**261**	**10961**	**16**	**57**	**1340**	**11935**	**5**	**5**
广州市	**268**	**4000**	**34**	**2281**		**10**	**125**	**1550**	**3**	**3**
荔湾区										
越秀区										
海珠区										
天河区										
白云区	86	1034	8	554		3	16	453	2	2
黄埔区	5	219	5	121			12	81		
番禺区	50	457	7	306			21	123	1	1
花都区	50	631	10	353		3	25	240		
南沙区	15	434	3	245			26	160		
从化区	38	457		317		2	8	130		
增城区	24	768	1	385		2	17	363		
韶关市	**66**	**1340**	**13**	**610**	**1**	**2**	**69**	**645**		
武江区	4	64	1	27			1	35		
浈江区	10	53	2	14			4	33		
曲江区	7	93		39			19	35		
始兴县	2	149		89			1	59		
仁化县	8	168	5	76	1	2	7	77		
翁源县	7	177	1	72			15	89		
乳源瑶族自治县	8	102	1	35			18	48		
新丰县	4	96	2	29			2	63		
乐昌市	6	233	1	134				98		
南雄市	10	205		95			2	108		
深圳市	**35**	**92**	**1**	**87**			**2**	**2**		
罗湖区										
福田区										
南山区										
宝安区										
龙岗区	35	92	1	87			2	2		
盐田区										
龙华区										
坪山区										
光明区										
珠海市	**52**	**353**	**3**	**198**			**16**	**136**		
香洲区	2	7		5				2		
斗门区	50	320	3	176			14	127		
金湾区		26		17			2	7		
汕头市	**34**	**727**	**16**	**232**		**1**	**60**	**418**		
龙湖区	6	60	1	23			4	32		
金平区	1	9		5				4		
濠江区	1	55	2	25			4	24		
潮阳区	8	232	4	67			16	145		
潮南区	8	200	7	44		1	20	128		
澄海区	6	135	2	45			15	73		
南澳县	4	36		23			1	12		
佛山市	**27**	**463**		**279**		**1**	**10**	**173**		
禅城区										
南海区	6	192		124			3	65		
顺德区	1	50		24			4	22		
三水区	14	197		121		1	2	73		
高明区	6	24		10			1	13		

4－4c　续表 97　　　　单位：人

地区 性别	娱乐业	公共管理、社会保障和社会组织							国际组织	
		小计	中国共产党机关	国家机构	人民政协、民主党派	社会保障	群众团体、社会团体和其他成员组织	基层群众自治组织	小计	国际组织
江门市	**94**	**1284**	**11**	**488**		**5**	**110**	**670**		
蓬江区	5	31		15			1	15		
江海区										
新会区	22	297		99		1	41	156		
台山市	29	409	6	133		2	35	233		
开平市	15	257	2	104			21	130		
鹤山市	7	147	3	81		2	7	54		
恩平市	16	143		56			5	82		
湛江市	**108**	**1323**	**13**	**572**	**2**	**5**	**58**	**673**		
赤坎区	2	3	1	1				1		
霞山区	3	28		14			1	13		
坡头区	10	96	1	44			3	48		
麻章区	9	121		73			4	44		
遂溪县	16	186	2	67		1	4	112		
徐闻县	11	141		75	2	1	9	54		
廉江市	27	265	1	115			8	141		
雷州市	15	291	7	91		1	25	167		
吴川市	15	192	1	92		2	4	93		
茂名市	**148**	**1558**	**6**	**495**		**5**	**108**	**944**		
茂南区	39	198	2	85			7	104		
电白区	55	368	1	147			12	208		
高州市	15	414	2	109		4	49	250		
化州市	20	289	1	93			25	170		
信宜市	19	289		61		1	15	212		
肇庆市	**66**	**1225**	**24**	**429**	**2**	**5**	**87**	**678**	**1**	**1**
端州区										
鼎湖区	5	70		32			7	31		
高要区	13	260	5	98			12	145		
广宁县	9	161		59		1	15	86		
怀集县	6	314	10	87	1		32	184	1	1
封开县	6	132	6	47			4	75		
德庆县	9	124	3	38	1	1	11	70		
四会市	18	164		68		3	6	87		
惠州市	**261**	**1851**	**10**	**954**	**5**	**5**	**86**	**791**		
惠城区	45	419	1	216			22	180		
惠阳区	38	202	3	124			5	70		
博罗县	69	574	2	244	5	3	35	285		
惠东县	91	452	4	278		1	21	148		
龙门县	18	204		92		1	3	108		
梅州市	**64**	**1546**	**25**	**526**			**108**	**887**		
梅江区	3	49	1	25			7	16		
梅县区	13	252	5	85			12	150		
大埔县	8	186	2	70			7	107		
丰顺县	10	126	1	46			3	76		
五华县	16	338	8	96			41	193		
平远县	1	114	1	54			3	56		
蕉岭县	3	129	2	74			5	48		
兴宁市	10	352	5	76			30	241		
汕尾市	**36**	**690**	**9**	**250**		**2**	**78**	**351**		
城　区	4	80	2	42			1	35		
海丰县	13	195		71			30	94		
陆河县	3	81	3	32			7	39		
陆丰市	16	334	4	105		2	40	183		

4-4c　续表 98　　　　　　　　　　　　　　　　　　　　　　　　　　　　　单位：人

地　区 性　别	娱乐业	公共管理、社会保障和社会组织						国际组织	
		小计	中国共产党机关	国家机构	人民政协、民主党派	社会保障	群众团体、社会团体和其他成员组织	基层群众自治组织	小计	国际组织
河源市	**65**	**1563**	**11**	**707**	**2**	**2**	**16**	**825**		
源城区	9	55		24				31		
紫金县	12	320		138			7	175		
龙川县	9	418	5	172	2		3	236		
连平县	4	215	2	138		2		73		
和平县	11	242	1	120			1	120		
东源县	20	313	3	115			5	190		
阳江市	**29**	**630**	**4**	**231**		**1**	**35**	**359**		
江城区	3	126		53			6	67		
阳东区	11	123		61			5	57		
阳西县	7	147	1	49		1	8	88		
阳春市	8	234	3	68			16	147		
清远市	**125**	**1230**	**4**	**628**			**21**	**577**		
清城区	19	141		80			6	55		
清新区	16	274		181			2	91		
佛冈县	7	124	1	64			1	58		
阳山县	6	121		44			1	76		
连山壮族瑶族自治县	4	85		41			2	42		
连南瑶族自治县	3	53		21			1	31		
英德市	60	339	2	165			8	164		
连州市	10	93	1	32				60		
东莞市	**93**	**1292**	**8**	**830**		**5**	**54**	**395**	**1**	**1**
市辖区	93	1292	8	830		5	54	395	1	1
中山市	**78**	**730**	**7**	**444**	**1**		**36**	**242**		
市辖区	78	730	7	444	1		36	242		
潮州市	**39**	**530**	**11**	**176**		**2**	**22**	**319**		
湘桥区	3	48	1	16				31		
潮安区	15	233	6	93			11	123		
饶平县	21	249	4	67		2	11	165		
揭阳市	**71**	**1384**	**41**	**275**	**2**	**4**	**202**	**860**		
榕城区	5	99	2	35			16	46		
揭东区	14	337	8	63	2	1	40	223		
揭西县	23	211	5	48			21	137		
惠来县	9	144	7	33			12	92		
普宁市	20	593	19	96		3	113	362		
云浮市	**50**	**759**	**10**	**269**	**1**	**2**	**37**	**440**		
云城区	1	69	1	35			1	32		
云安区	13	97		58			1	38		
新兴县	18	183	1	58	1	1	28	94		
郁南县	3	117	4	34		1	3	75		
罗定市	15	293	4	84			4	201		
男	**1102**	**17348**	**184**	**7913**	**12**	**34**	**777**	**8428**	**2**	**2**
广州市	**149**	**2711**	**21**	**1561**		**4**	**62**	**1063**	**1**	**1**
荔湾区										
越秀区										
海珠区										
天河区										
白云区	50	676	6	359		1	8	302	1	1
黄埔区	5	141	2	73			6	60		
番禺区	32	316	4	214			9	89		
花都区	23	456	7	262		2	11	174		
南沙区	8	290	1	188			13	88		
从化区	17	304		205			4	95		
增城区	14	528	1	260		1	11	255		

4-4c 续表 99

单位：人

地区 性别	娱乐业	公共管理、社会保障和社会组织 小计	中国共产党机关	国家机构	人民政协、民主党派	社会保障	群众团体、社会团体和其他成员组织	基层群众自治组织	国际组织 小计	国际组织
韶关市	**35**	**922**	**8**	**433**			**52**	**429**		
武江区	2	44	1	21				22		
浈江区	5	37	1	8			3	25		
曲江区	5	65		27			15	23		
始兴县	2	98		62			1	35		
仁化县	4	120	2	58			7	53		
翁源县	3	114	1	47			7	59		
乳源瑶族自治县	2	74		28			18	28		
新丰县	2	65	2	19			1	43		
乐昌市	3	180	1	103				76		
南雄市	7	125		60				65		
深圳市	**29**	**68**	**1**	**64**			**2**	**1**		
罗湖区										
福田区										
南山区										
宝安区										
龙岗区	29	68	1	64			2	1		
盐田区										
龙华区										
坪山区										
光明区										
珠海市	**23**	**245**	**1**	**152**			**13**	**79**		
香洲区	1	5		4				1		
斗门区	22	222	1	136			12	73		
金湾区		18		12			1	5		
汕头市	**14**	**565**	**14**	**166**		**1**	**40**	**344**		
龙湖区	3	45		17			3	25		
金平区	1	3		1				2		
濠江区		40	1	15			3	21		
潮阳区	3	180	4	43			10	123		
潮南区	1	170	7	40		1	13	109		
澄海区	4	99	2	31			10	56		
南澳县	2	28		19			1	8		
佛山市	**16**	**343**		**219**			**3**	**121**		
禅城区										
南海区	4	150		100			1	49		
顺德区		38		20			2	16		
三水区	8	141		93				48		
高明区	4	14		6				8		
江门市	**54**	**823**	**6**	**335**		**2**	**47**	**433**		
蓬江区	3	25		13				12		
江海区										
新会区	9	189		73			15	101		
台山市	19	274	4	94		1	18	157		
开平市	8	144	1	66			7	70		
鹤山市	5	99	1	56		1	4	37		
恩平市	10	92		33			3	56		
湛江市	**69**	**998**	**10**	**429**	**2**	**2**	**38**	**517**		
赤坎区	2	2		1				1		
霞山区	2	19		9				10		
坡头区	7	70		32			1	37		
麻章区	7	96		54			4	38		
遂溪县	9	128	2	47			2	77		
徐闻县	8	113		59	2		7	45		
廉江市	14	194	1	82			4	107		
雷州市	11	237	6	81			17	133		
吴川市	9	139	1	64		2	3	69		

4-4c　续表 100　　　　单位：人

地区 性别	娱乐业	公共管理、社会保障和社会组织							国际组织	
		小计	中国共产党机关	国家机构	人民政协、民主党派	社会保障	群众团体、社会团体和其他成员组织	基层群众自治组织	小计	国际组织
茂名市	**88**	**1104**	**3**	**357**		**5**	**77**	**662**		
茂南区	23	129	1	52			6	70		
电白区	31	259	1	104			11	143		
高州市	8	301	1	83		4	33	180		
化州市	14	218		72			19	127		
信宜市	12	197		46		1	8	142		
肇庆市	**48**	**824**	**14**	**294**	**1**	**4**	**45**	**466**	**1**	**1**
端州区										
鼎湖区	3	46		20			6	20		
高要区	8	183	3	67			4	109		
广宁县	7	105		39			8	58		
怀集县	5	220	6	64	1		18	131	1	1
封开县	6	81	3	36			1	41		
德庆县	7	80	2	23		1	6	48		
四会市	12	109		45		3	2	59		
惠州市	**173**	**1350**	**8**	**707**	**4**	**4**	**59**	**568**		
惠城区	29	322	1	163			14	144		
惠阳区	28	138	1	93			1	43		
博罗县	43	439	2	185	4	2	28	218		
惠东县	64	336	4	210		1	14	107		
龙门县	9	115		56		1	2	56		
梅州市	**36**	**1042**	**15**	**372**			**54**	**601**		
梅江区		32	1	19			3	9		
梅县区	9	171	2	62			8	99		
大埔县	5	133	2	48			2	81		
丰顺县	5	84		29			2	53		
五华县	6	233	6	67			23	137		
平远县		76		42				34		
蕉岭县	3	85	1	49			2	33		
兴宁市	8	228	3	56			14	155		
汕尾市	**28**	**555**	**7**	**215**		**1**	**46**	**286**		
城　区	4	56	1	30			1	24		
海丰县	9	158		64			23	71		
陆河县	3	59	2	26			5	26		
陆丰市	12	282	4	95		1	17	165		
河源市	**46**	**1126**	**8**	**506**	**2**	**1**	**11**	**598**		
源城区	7	40		18				22		
紫金县	9	231		103			5	123		
龙川县	5	304	5	126	2		3	168		
连平县	2	142	2	90		1		49		
和平县	10	179		85			1	93		
东源县	13	230	1	84			2	143		
阳江市	**16**	**446**	**3**	**173**		**1**	**19**	**250**		
江城区	2	87		33			5	49		
阳东区	5	92		49			2	41		
阳西县	5	109	1	38		1	6	63		
阳春市	4	158	2	53			6	97		
清远市	**73**	**828**	**3**	**437**			**9**	**379**		
清城区	13	104		59			4	41		
清新区	7	180		120			1	59		
佛冈县	2	90	1	46				43		
阳山县	2	92		34				58		
连山壮族瑶族自治县	2	53		28			1	24		
连南瑶族自治县	3	29		11				18		
英德市	40	219	1	116			3	99		
连州市	4	61	1	23				37		

4-4c 续表 101

单位：人

地区 性别	娱乐业	公共管理、社会保障和社会组织 小计	中国共产党机关	国家机构	人民政协、民主党派	社会保障	群众团体、社会团体和其他成员组织	基层群众自治组织	国际组织 小计	国际组织
东莞市	**61**	**965**	**7**	**646**		**1**	**28**	**283**		
市辖区	61	965	7	646		1	28	283		
中山市	**48**	**521**	**5**	**325**	**1**		**21**	**169**		
市辖区	48	521	5	325	1		21	169		
潮州市	**25**	**406**	**9**	**130**		**2**	**12**	**253**		
湘桥区	1	37	1	10				26		
潮安区	9	173	5	67			8	93		
饶平县	15	196	3	53		2	4	134		
揭阳市	**49**	**979**	**33**	**199**	**1**	**4**	**117**	**625**		
榕城区	5	70	2	20			14	34		
揭东区	9	223	6	48	1	1	24	143		
揭西县	13	147	3	35			13	96		
惠来县	6	121	7	29			6	79		
普宁市	16	418	15	67		3	60	273		
云浮市	**22**	**527**	**8**	**193**	**1**	**2**	**22**	**301**		
云城区	1	50	1	25				24		
云安区	2	63		37			1	25		
新兴县	5	120	1	40	1	1	17	60		
郁南县	2	74	3	24		1	2	44		
罗定市	12	220	3	67			2	148		
女	**707**	**7222**	**77**	**3048**	**4**	**23**	**563**	**3507**	**3**	**3**
广州市	**119**	**1289**	**13**	**720**		**6**	**63**	**487**	**2**	**2**
荔湾区										
越秀区										
海珠区										
天河区										
白云区	36	358	2	195		2	8	151	1	1
黄埔区		78	3	48			6	21		
番禺区	18	141	3	92			12	34	1	1
花都区	27	175	3	91		1	14	66		
南沙区	7	144	2	57			13	72		
从化区	21	153		112		2	4	35		
增城区	10	240		125		1	6	108		
韶关市	**31**	**418**	**5**	**177**	**1**	**2**	**17**	**216**		
武江区	2	20		6			1	13		
浈江区	5	16	1	6			1	8		
曲江区	2	28		12			4	12		
始兴县		51		27				24		
仁化县	4	48	3	18	1	2		24		
翁源县	4	63		25			8	30		
乳源瑶族自治县	6	28	1	7				20		
新丰县	2	31		10			1	20		
乐昌市	3	53		31				22		
南雄市	3	80		35			2	43		
深圳市	**6**	**24**		**23**				**1**		
罗湖区										
福田区										
南山区										
宝安区										
龙岗区	6	24		23				1		
盐田区										
龙华区										
坪山区										
光明区										

4-4c　续表 102　　　　　　　　　　单位：人

地区 性别	娱乐业	公共管理、社会保障和社会组织：小计	中国共产党机关	国家机构	人民政协、民主党派	社会保障	群众团体、社会团体和其他成员组织	基层群众自治组织	国际组织：小计	国际组织
珠海市	**29**	**108**	**2**	**46**			**3**	**57**		
香洲区	1	2		1				1		
斗门区	28	98	2	40			2	54		
金湾区		8		5			1	2		
汕头市	**20**	**162**	**2**	**66**			**20**	**74**		
龙湖区	3	15	1	6			1	7		
金平区		6		4				2		
濠江区	1	15	1	10			1	3		
潮阳区	5	52		24			6	22		
潮南区	7	30		4			7	19		
澄海区	2	36		14			5	17		
南澳县	2	8		4				4		
佛山市	**11**	**120**		**60**		**1**	**7**	**52**		
禅城区										
南海区	2	42		24			2	16		
顺德区	1	12		4			2	6		
三水区	6	56		28		1	2	25		
高明区	2	10		4			1	5		
江门市	**40**	**461**	**5**	**153**		**3**	**63**	**237**		
蓬江区	2	6		2			1	3		
江海区										
新会区	13	108		26		1	26	55		
台山市	10	135	2	39		1	17	76		
开平市	7	113	1	38			14	60		
鹤山市	2	48	2	25		1	3	17		
恩平市	6	51		23			2	26		
湛江市	**39**	**325**	**3**	**143**		**3**	**20**	**156**		
赤坎区		1	1							
霞山区	1	9		5			1	3		
坡头区	3	26	1	12			2	11		
麻章区	2	25		19				6		
遂溪县	7	58		20		1	2	35		
徐闻县	3	28		16		1	2	9		
廉江市	13	71		33			4	34		
雷州市	4	54	1	10		1	8	34		
吴川市	6	53		28			1	24		
茂名市	**60**	**454**	**3**	**138**			**31**	**282**		
茂南区	16	69	1	33			1	34		
电白区	24	109		43			1	65		
高州市	7	113	1	26			16	70		
化州市	6	71	1	21			6	43		
信宜市	7	92		15			7	70		
肇庆市	**18**	**401**	**10**	**135**	**1**	**1**	**42**	**212**		
端州区										
鼎湖区	2	24		12			1	11		
高要区	5	77	2	31			8	36		
广宁县	2	56		20		1	7	28		
怀集县	1	94	4	23			14	53		
封开县		51	3	11			3	34		
德庆县	2	44	1	15	1		5	22		
四会市	6	55		23			4	28		
惠州市	**88**	**501**	**2**	**247**	**1**	**1**	**27**	**223**		
惠城区	16	97		53			8	36		
惠阳区	10	64	2	31			4	27		
博罗县	26	135		59	1	1	7	67		
惠东县	27	116		68			7	41		
龙门县	9	89		36			1	52		

4-4c 续表 103

单位：人

地区 性别	娱乐业	公共管理、社会保障和社会组织 小计	中国共产党机关	国家机构	人民政协、民主党派	社会保障	群众团体、社会团体和其他成员组织	基层群众自治组织	国际组织 小计	国际组织
梅州市	**28**	**504**	**10**	**154**			**54**	**286**		
梅江区	3	17		6			4	7		
梅县区	4	81	3	23			4	51		
大埔县	3	53		22			5	26		
丰顺县	5	42	1	17			1	23		
五华县	10	105	2	29			18	56		
平远县	1	38	1	12			3	22		
蕉岭县		44	1	25			3	15		
兴宁市	2	124	2	20			16	86		
汕尾市	**8**	**135**	**2**	**35**		**1**	**32**	**65**		
城　区		24	1	12				11		
海丰县	4	37		7			7	23		
陆河县		22	1	6			2	13		
陆丰市	4	52		10		1	23	18		
河源市	**19**	**437**	**3**	**201**		**1**	**5**	**227**		
源城区	2	15		6				9		
紫金县	3	89		35			2	52		
龙川县	4	114		46				68		
连平县	2	73		48		1		24		
和平县	1	63	1	35				27		
东源县	7	83	2	31			3	47		
阳江市	**13**	**184**	**1**	**58**			**16**	**109**		
江城区	1	39		20			1	18		
阳东区	6	31		12			3	16		
阳西县	2	38		11			2	25		
阳春市	4	76	1	15			10	50		
清远市	**52**	**402**	**1**	**191**			**12**	**198**		
清城区	6	37		21			2	14		
清新区	9	94		61			1	32		
佛冈县	5	34		18			1	15		
阳山县	4	29		10			1	18		
连山壮族瑶族自治县	2	32		13			1	18		
连南瑶族自治县		24		10			1	13		
英德市	20	120	1	49			5	65		
连州市	6	32		9				23		
东莞市	**32**	**327**	**1**	**184**		**4**	**26**	**112**	**1**	**1**
市辖区	32	327	1	184		4	26	112	1	1
中山市	**30**	**209**	**2**	**119**			**15**	**73**		
市辖区	30	209	2	119			15	73		
潮州市	**14**	**124**	**2**	**46**			**10**	**66**		
湘桥区	2	11		6				5		
潮安区	6	60	1	26			3	30		
饶平县	6	53	1	14			7	31		
揭阳市	**22**	**405**	**8**	**76**	**1**		**85**	**235**		
榕城区		29		15			2	12		
揭东区	5	114	2	15	1		16	80		
揭西县	10	64	2	13			8	41		
惠来县	3	23		4			6	13		
普宁市	4	175	4	29			53	89		
云浮市	**28**	**232**	**2**	**76**			**15**	**139**		
云城区		19		10			1	8		
云安区	11	34		21				13		
新兴县	13	63		18			11	34		
郁南县	1	43	1	10			1	31		
罗定市	3	73	1	17			2	53		

4-5　全省分年龄、性别、行业大类的就业人口

单位：人

年龄组 性　别	合计	农、林、牧、渔业						采矿业	
		小计	农业	林业	畜牧业	渔业	农、林、牧、渔专业及辅助性活动	小计	煤炭开采和洗选业
总　计	**6203762**	**426925**	**338869**	**9919**	**31009**	**38801**	**8327**	**6306**	**95**
16-19岁	120222	3242	2739	79	168	152	104	24	2
20-24岁	605115	15326	11966	392	1118	1216	634	290	1
25-29岁	932469	25294	18909	700	2147	2643	895	637	7
30-34岁	1071787	31146	22857	848	2961	3554	926	933	12
35-39岁	901773	33908	24762	913	3334	3961	938	913	12
40-44岁	726886	36001	26490	1016	3503	4100	892	876	7
45-49岁	752761	53701	40716	1558	4568	5765	1094	958	14
50-54岁	568928	71615	56628	1907	5128	6823	1129	934	13
55-59岁	328709	66536	54546	1399	4058	5628	905	548	18
60-64岁	108626	41738	35850	633	1975	2856	424	117	3
65-69岁	57301	29378	25974	329	1268	1554	253	56	4
70-74岁	19121	12083	11026	95	458	415	89	9	
75岁及以上	10064	6957	6406	50	323	134	44	11	2
男	**3779739**	**252651**	**188777**	**7041**	**20935**	**30501**	**5397**	**5209**	**80**
16-19岁	75893	2105	1718	58	133	125	71	22	2
20-24岁	355969	9907	7389	272	827	1032	387	233	1
25-29岁	556789	16376	11427	538	1577	2265	569	511	6
30-34岁	645283	19461	13196	596	2097	2944	628	777	10
35-39岁	538358	20408	13784	634	2221	3171	598	726	7
40-44岁	427046	20366	13818	692	2208	3106	542	698	6
45-49岁	439970	28617	19860	1042	2801	4242	672	751	12
50-54岁	367421	39421	28962	1334	3321	5083	721	816	11
55-59岁	236270	38900	29965	1066	2796	4431	642	505	18
60-64岁	76566	25657	21112	464	1422	2361	298	104	2
65-69岁	39911	18654	16011	244	941	1282	176	50	3
70-74岁	13452	8134	7296	67	361	345	65	7	
75岁及以上	6811	4645	4239	34	230	114	28	9	2
女	**2424023**	**174274**	**150092**	**2878**	**10074**	**8300**	**2930**	**1097**	**15**
16-19岁	44329	1137	1021	21	35	27	33	2	
20-24岁	249146	5419	4577	120	291	184	247	57	
25-29岁	375680	8918	7482	162	570	378	326	126	1
30-34岁	426504	11685	9661	252	864	610	298	156	2
35-39岁	363415	13500	10978	279	1113	790	340	187	5
40-44岁	299840	15635	12672	324	1295	994	350	178	1
45-49岁	312791	25084	20856	516	1767	1523	422	207	2
50-54岁	201507	32194	27666	573	1807	1740	408	118	2
55-59岁	92439	27636	24581	333	1262	1197	263	43	
60-64岁	32060	16081	14738	169	553	495	126	13	1
65-69岁	17390	10724	9963	85	327	272	77	6	1
70-74岁	5669	3949	3730	28	97	70	24	2	
75岁及以上	3253	2312	2167	16	93	20	16	2	

4-5 续表 1

单位：人

年龄组 性 别	采矿业						制造业		
	石油和天然气开采业	黑色金属矿采选业	有色金属矿采选业	非金属矿采选业	开采专业及辅助性活 动	其 他采矿业	小计	农副食品加工业	食 品制造业
总 计	**584**	**324**	**751**	**3535**	**848**	**169**	**2109631**	**28804**	**29603**
16-19岁	1		1	18	1	1	57849	226	688
20-24岁	27	11	25	170	49	7	210967	1521	2995
25-29岁	71	21	55	349	109	25	308461	2820	4416
30-34岁	115	30	91	516	148	21	403992	3787	4974
35-39岁	112	36	87	484	162	20	336870	3792	4414
40-44岁	76	40	100	514	122	17	267557	3604	3686
45-49岁	82	63	147	520	110	22	264139	4508	3815
50-54岁	55	76	161	515	83	31	164507	4160	2703
55-59岁	39	33	71	314	51	22	70095	2689	1335
60-64岁	3	10	9	86	5	1	16157	999	369
65-69岁	1	3	3	39	5	1	6692	487	153
70-74岁	1		1	6	1		1647	147	40
75岁及以上	1	1		4	2	1	698	64	15
男	**451**	**260**	**580**	**3037**	**670**	**131**	**1267202**	**18028**	**15811**
16-19岁	1		1	17		1	38039	164	395
20-24岁	23	6	17	146	35	5	133100	1031	1605
25-29岁	48	17	41	294	90	15	191337	1887	2417
30-34岁	91	20	67	452	120	17	244368	2431	2650
35-39岁	85	30	63	407	116	18	198648	2302	2349
40-44岁	56	27	70	435	92	12	150912	2076	1804
45-49岁	65	48	92	429	87	18	143308	2511	1842
50-54岁	40	68	152	450	70	25	100002	2563	1498
55-59岁	38	32	68	285	47	17	49149	1859	864
60-64岁	2	8	6	80	5	1	11852	688	251
65-69岁	1	3	2	35	5	1	4888	353	100
70-74岁	1		1	4	1		1149	115	25
75岁及以上		1		3	2	1	450	48	11
女	**133**	**64**	**171**	**498**	**178**	**38**	**842429**	**10776**	**13792**
16-19岁				1	1		19810	62	293
20-24岁	4	5	8	24	14	2	77867	490	1390
25-29岁	23	4	14	55	19	10	117124	933	1999
30-34岁	24	10	24	64	28	4	159624	1356	2324
35-39岁	27	6	24	77	46	2	138222	1490	2065
40-44岁	20	13	30	79	30	5	116645	1528	1882
45-49岁	17	15	55	91	23	4	120831	1997	1973
50-54岁	15	8	9	65	13	6	64505	1597	1205
55-59岁	1	1	3	29	4	5	20946	830	471
60-64岁	1	2	3	6			4305	311	118
65-69岁			1	4			1804	134	53
70-74岁				2			498	32	15
75岁及以上	1			1			248	16	4

4-5　续表 2　　　　单位：人

年龄组 性　别	制造业								
	酒、饮料和精制茶制造业	烟　草制品业	纺织业	纺织服装、服饰业	皮革、毛皮、羽毛及其制品和制鞋业	木材加工和木、竹、藤、棕、草制品业	家　具制造业	造纸和纸制品业	印刷和记录媒介复制业
总　计	**10447**	**1109**	**52158**	**227010**	**95400**	**19124**	**70886**	**45215**	**37395**
16–19岁	109	21	697	4472	1495	168	803	762	764
20–24岁	700	87	3603	20776	5674	927	4891	3339	3093
25–29岁	1316	152	5940	30369	10448	1702	8660	5217	4748
30–34岁	1796	213	8445	40605	17655	2377	12154	7480	6833
35–39岁	1739	136	8137	35840	17504	2540	10954	7101	6476
40–44岁	1354	110	7720	30446	14915	2493	9881	6301	5609
45–49岁	1354	127	8621	33327	15244	3193	11102	7081	5312
50–54岁	1019	133	5694	20686	8554	2950	8019	4935	2995
55–59岁	608	111	2412	7912	2894	1751	3472	2231	1194
60–64岁	238	10	523	1647	660	594	658	518	255
65–69岁	151	7	253	667	267	283	229	202	88
70–74岁	44	1	80	174	67	90	40	37	18
75岁及以上	19	1	33	89	23	56	23	11	10
男	**6676**	**699**	**28430**	**97662**	**49763**	**12980**	**48317**	**29199**	**23474**
16–19岁	55	13	424	1854	917	131	602	541	532
20–24岁	432	47	2118	7862	3215	698	3402	2231	1980
25–29岁	871	92	3343	13084	5790	1198	5779	3443	3078
30–34岁	1139	134	4602	18597	9686	1597	8070	4822	4274
35–39岁	1091	80	4371	15893	9200	1656	7237	4509	4054
40–44岁	842	63	3978	12657	7340	1582	6562	3954	3433
45–49岁	785	70	4250	13180	6923	2029	7253	4241	3069
50–54岁	679	99	3192	8980	4271	2018	5785	3192	1913
55–59岁	449	87	1581	4080	1742	1312	2815	1677	857
60–64岁	172	8	352	948	450	450	562	400	196
65–69岁	111	4	163	387	176	210	201	152	67
70–74岁	34	1	41	99	42	58	32	30	14
75岁及以上	16	1	15	41	11	41	17	7	7
女	**3771**	**410**	**23728**	**129348**	**45637**	**6144**	**22569**	**16016**	**13921**
16–19岁	54	8	273	2618	578	37	201	221	232
20–24岁	268	40	1485	12914	2459	229	1489	1108	1113
25–29岁	445	60	2597	17285	4658	504	2881	1774	1670
30–34岁	657	79	3843	22008	7969	780	4084	2658	2559
35–39岁	648	56	3766	19947	8304	884	3717	2592	2422
40–44岁	512	47	3742	17789	7575	911	3319	2347	2176
45–49岁	569	57	4371	20147	8321	1164	3849	2840	2243
50–54岁	340	34	2502	11706	4283	932	2234	1743	1082
55–59岁	159	24	831	3832	1152	439	657	554	337
60–64岁	66	2	171	699	210	144	96	118	59
65–69岁	40	3	90	280	91	73	28	50	21
70–74岁	10		39	75	25	32	8	7	4
75岁及以上	3		18	48	12	15	6	4	3

4－5 续表 3

单位：人

年龄组 性 别	制造业								
	文教、工美、体育和娱乐用品制造业	石油、煤炭及其他燃料加工业	化学原料和化学制品制造业	医 药制造业	化学纤维制造业	橡胶和塑 料制品业	非金属矿 物制品业	黑色金属冶炼和压延加工业	有色金属冶炼和压延加工业
总 计	**108113**	**3445**	**43448**	**13711**	**1118**	**128936**	**88874**	**8323**	**14212**
16－19岁	2426	11	952	249	11	3709	1019	93	153
20－24岁	9872	211	4714	1762	84	10932	5930	518	1011
25－29岁	14785	390	6735	2514	120	15691	10623	1065	1640
30－34岁	19326	556	7940	2759	211	22427	14176	1501	2490
35－39岁	17657	445	6825	2227	168	20699	13206	1301	2178
40－44岁	14563	448	5455	1618	180	18188	11867	1225	2042
45－49岁	15385	648	5300	1302	179	18668	14005	1208	2280
50－54岁	8964	481	3418	787	96	11916	10769	847	1558
55－59岁	3575	218	1581	389	50	5087	5415	443	677
60－64岁	909	25	363	58	11	1051	1298	95	125
65－69岁	472	9	132	33	7	433	452	20	45
70－74岁	126	2	24	8		104	83	2	12
75岁及以上	53	1	9	5	1	31	31	5	1
男	**56514**	**2600**	**25681**	**7432**	**746**	**78768**	**62123**	**6697**	**10357**
16－19岁	1434	8	525	161	8	2541	742	81	126
20－24岁	5573	157	2415	925	58	7262	4200	430	765
25－29岁	8216	297	3659	1311	87	10042	7492	855	1165
30－34岁	10422	408	4477	1480	128	13756	9753	1181	1797
35－39岁	9376	319	4111	1181	113	12582	9059	1019	1531
40－44岁	7081	318	3241	835	109	10489	7778	968	1438
45－49岁	6813	461	3258	635	113	10197	9302	941	1612
50－54岁	4530	393	2325	525	74	7165	7791	715	1220
55－59岁	2108	207	1247	302	40	3546	4409	399	555
60－64岁	578	22	294	41	9	769	1109	82	102
65－69岁	285	8	107	27	6	319	392	20	37
70－74岁	63	2	17	7		76	72	2	8
75岁及以上	35		5	2	1	24	24	4	1
女	**51599**	**845**	**17767**	**6279**	**372**	**50168**	**26751**	**1626**	**3855**
16－19岁	992	3	427	88	3	1168	277	12	27
20－24岁	4299	54	2299	837	26	3670	1730	88	246
25－29岁	6569	93	3076	1203	33	5649	3131	210	475
30－34岁	8904	148	3463	1279	83	8671	4423	320	693
35－39岁	8281	126	2714	1046	55	8117	4147	282	647
40－44岁	7482	130	2214	783	71	7699	4089	257	604
45－49岁	8572	187	2042	667	66	8471	4703	267	668
50－54岁	4434	88	1093	262	22	4751	2978	132	338
55－59岁	1467	11	334	87	10	1541	1006	44	122
60－64岁	331	3	69	17	2	282	189	13	23
65－69岁	187	1	25	6	1	114	60		8
70－74岁	63		7	1		28	11		4
75岁及以上	18	1	4	3		7	7	1	

4-5　续表 4　　　　单位：人

年龄组 性　别	制造业								
	金　属 制品业	通用设备 制造业	专用设备 制造业	汽　车 制造业	铁路、船舶、 航空航天和 其他运输 设备制造业	电气机械 和器材 制造业	计算机、 通信和其 他电子设 备制造业	仪器仪表 制造业	其　他 制造业
总　计	**196149**	**83307**	**88007**	**42395**	**14839**	**205258**	**396841**	**21610**	**12932**
16-19岁	3716	2116	2439	1519	218	7814	20131	565	248
20-24岁	15325	8456	9479	5557	1136	24246	59193	2230	1184
25-29岁	23986	12450	14156	8188	1840	32845	77950	3554	1676
30-34岁	33873	17217	19451	10146	2808	41997	90913	4638	2197
35-39岁	31164	13737	15510	7053	2508	32915	61895	3802	2019
40-44岁	27434	10676	10741	4306	2130	24793	38732	2752	1761
45-49岁	29347	9557	8839	3283	2219	22632	28367	2404	1743
50-54岁	19819	5704	4850	1582	1360	12163	13293	1087	1250
55-59岁	8418	2608	1904	606	505	4543	4909	438	564
60-64岁	1959	548	425	102	78	895	1005	92	146
65-69岁	829	185	148	42	28	335	349	37	105
70-74岁	207	36	47	7	5	57	69	10	27
75岁及以上	72	17	18	4	4	23	35	1	12
男	**131557**	**58542**	**60119**	**29071**	**11001**	**120680**	**237375**	**12811**	**7126**
16-19岁	2763	1631	1798	1221	191	5203	13222	373	147
20-24岁	11121	6264	6724	4322	897	15708	38237	1410	691
25-29岁	16742	8876	9817	5857	1385	20391	48978	2140	955
30-34岁	22989	12095	13274	6873	2093	24738	54512	2697	1219
35-39岁	20599	9404	10421	4532	1802	18640	35596	2196	1099
40-44岁	17608	7149	7107	2614	1474	13305	20666	1564	904
45-49岁	18229	6357	5640	1973	1547	11400	14155	1273	852
50-54岁	13073	4053	3361	1094	1086	7191	7642	709	705
55-59岁	6107	2064	1460	464	432	3153	3350	337	363
60-64岁	1485	465	342	82	63	639	713	71	99
65-69岁	641	145	123	33	24	251	245	32	70
70-74岁	156	27	38	5	3	46	44	8	16
75岁及以上	44	12	14	1	4	15	15	1	6
女	**64592**	**24765**	**27888**	**13324**	**3838**	**84578**	**159466**	**8799**	**5806**
16-19岁	953	485	641	298	27	2611	6909	192	101
20-24岁	4204	2192	2755	1235	239	8538	20956	820	493
25-29岁	7244	3574	4339	2331	455	12454	28972	1414	721
30-34岁	10884	5122	6177	3273	715	17259	36401	1941	978
35-39岁	10565	4333	5089	2521	706	14275	26299	1606	920
40-44岁	9826	3527	3634	1692	656	11488	18066	1188	857
45-49岁	11118	3200	3199	1310	672	11232	14212	1131	891
50-54岁	6746	1651	1489	488	274	4972	5651	378	545
55-59岁	2311	544	444	142	73	1390	1559	101	201
60-64岁	474	83	83	20	15	256	292	21	47
65-69岁	188	40	25	9	4	84	104	5	35
70-74岁	51	9	9	2	2	11	25	2	11
75岁及以上	28	5	4	3		8	20		6

4−5 续表 5

单位：人

年龄组 性别	制造业		电力、热力、燃气及水生产和供应业				建筑业		
	废弃资源综合利用业	金属制品、机械和设备修理业	小计	电力、热力生产和供应业	燃气生产和供应业	水的生产和供应业	小计	房屋建筑业	土木工程建筑业
总计	**9416**	**11546**	**35575**	**20463**	**6734**	**8378**	**486205**	**220961**	**44561**
16−19岁	71	184	113	46	33	34	3851	1712	315
20−24岁	417	1104	1809	985	333	491	30198	12125	3641
25−29岁	731	1734	4139	2447	704	988	54486	21542	5997
30−34岁	1054	1993	5385	2994	1112	1279	65815	25686	7022
35−39岁	1131	1797	5017	2811	1110	1096	58213	23256	5732
40−44岁	1137	1390	4843	2759	947	1137	56509	24035	4988
45−49岁	1592	1497	6011	3580	1035	1396	75657	35376	6330
50−54岁	1589	1126	4430	2628	801	1001	75281	38785	5819
55−59岁	1015	541	2995	1805	461	729	46366	25688	3565
60−64岁	393	108	548	265	120	163	13816	8749	834
65−69岁	198	46	207	102	54	51	4938	3273	273
70−74岁	63	20	62	31	18	13	840	569	40
75岁及以上	25	6	16	10	6		235	165	5
男	**7054**	**9909**	**27409**	**16035**	**5131**	**6243**	**415426**	**186202**	**38100**
16−19岁	63	173	94	37	25	32	3362	1472	278
20−24岁	343	977	1382	766	242	374	25520	10320	3057
25−29岁	571	1519	3073	1821	531	721	46743	18640	4997
30−34岁	795	1679	3945	2261	792	892	56560	22039	5916
35−39岁	830	1496	3697	2137	808	752	49480	19612	4848
40−44岁	828	1145	3560	2057	704	799	46979	19398	4185
45−49岁	1135	1262	4388	2646	776	966	62276	28121	5341
50−54岁	1159	1001	3745	2248	667	830	64250	32071	5143
55−59岁	787	496	2788	1697	412	679	41798	22724	3262
60−64岁	313	97	488	240	106	142	12857	8068	780
65−69岁	157	42	183	91	47	45	4635	3074	254
70−74岁	51	17	53	26	16	11	778	532	34
75岁及以上	22	5	13	8	5		188	131	5
女	**2362**	**1637**	**8166**	**4428**	**1603**	**2135**	**70779**	**34759**	**6461**
16−19岁	8	11	19	9	8	2	489	240	37
20−24岁	74	127	427	219	91	117	4678	1805	584
25−29岁	160	215	1066	626	173	267	7743	2902	1000
30−34岁	259	314	1440	733	320	387	9255	3647	1106
35−39岁	301	301	1320	674	302	344	8733	3644	884
40−44岁	309	245	1283	702	243	338	9530	4637	803
45−49岁	457	235	1623	934	259	430	13381	7255	989
50−54岁	430	125	685	380	134	171	11031	6714	676
55−59岁	228	45	207	108	49	50	4568	2964	303
60−64岁	80	11	60	25	14	21	959	681	54
65−69岁	41	4	24	11	7	6	303	199	19
70−74岁	12	3	9	5	2	2	62	37	6
75岁及以上	3	1	3	2	1		47	34	

4-5　续表 6　　单位：人

年龄组 性　别	建筑业		批发和零售业			交通运输、仓储和邮政业			
	建　筑 安装业	建筑装饰、装修和其他建筑业	小计	批发业	零售业	小计	铁　路 运输业	道　路 运输业	水　上 运输业
总　计	**33564**	**187119**	**1046589**	**328696**	**717893**	**295424**	**5376**	**174673**	**5849**
16−19岁	300	1524	18126	4706	13420	3412	50	1436	23
20−24岁	2525	11907	115885	32187	83698	25200	434	10997	329
25−29岁	4733	22214	177874	53041	124833	43604	859	21193	625
30−34岁	5905	27202	195761	62720	133041	53243	754	29012	876
35−39岁	5277	23948	165945	54587	111358	46792	463	28595	889
40−44岁	4548	22938	123839	41100	82739	38014	642	25129	756
45−49岁	4698	29253	113163	37268	75895	39414	819	27193	855
50−54岁	3357	27320	75724	24704	51020	27699	710	19132	777
55−59岁	1725	15388	39635	12736	26899	14390	602	9635	575
60−64岁	367	3866	12051	3408	8643	2488	34	1621	91
65−69岁	100	1292	5840	1554	4286	908	6	575	36
70−74岁	26	205	1812	457	1355	179	2	107	9
75岁及以上	3	62	934	228	706	81	1	48	8
男	**30484**	**160640**	**580092**	**198439**	**381653**	**245187**	**4069**	**152195**	**4585**
16−19岁	274	1338	10040	3003	7037	2561	19	1056	20
20−24岁	2282	9861	59845	18043	41802	18748	295	8564	237
25−29岁	4311	18795	94959	30271	64688	34022	607	17435	440
30−34岁	5360	23245	106294	36622	69672	43035	543	24541	629
35−39岁	4712	20308	90142	32264	57878	38776	318	24778	646
40−44岁	4056	19340	67565	24757	42808	32058	470	22027	592
45−49岁	4218	24596	62330	22755	39575	33873	587	24422	673
50−54岁	3140	23896	46824	16920	29904	25205	616	17940	682
55−59岁	1659	14153	27525	9620	17905	13565	577	9238	542
60−64岁	350	3659	8462	2521	5941	2305	30	1520	83
65−69岁	95	1212	4131	1168	2963	822	5	535	32
70−74岁	25	187	1324	335	989	156	1	100	6
75岁及以上	2	50	651	160	491	61	1	39	3
女	**3080**	**26479**	**466497**	**130257**	**336240**	**50237**	**1307**	**22478**	**1264**
16−19岁	26	186	8086	1703	6383	851	31	380	3
20−24岁	243	2046	56040	14144	41896	6452	139	2433	92
25−29岁	422	3419	82915	22770	60145	9582	252	3758	185
30−34岁	545	3957	89467	26098	63369	10208	211	4471	247
35−39岁	565	3640	75803	22323	53480	8016	145	3817	243
40−44岁	492	3598	56274	16343	39931	5956	172	3102	164
45−49岁	480	4657	50833	14513	36320	5541	232	2771	182
50−54岁	217	3424	28900	7784	21116	2494	94	1192	95
55−59岁	66	1235	12110	3116	8994	825	25	397	33
60−64岁	17	207	3589	887	2702	183	4	101	8
65−69岁	5	80	1709	386	1323	86	1	40	4
70−74岁	1	18	488	122	366	23	1	7	3
75岁及以上	1	12	283	68	215	20		9	5

4-5 续表 7

单位：人

年龄组 性别	交通运输、仓储和邮政业					住宿和餐饮业		
	航空运输业	管道运输业	多式联运和运输代理业	装卸搬运和仓储业	邮政业	小计	住宿业	餐饮业
总计	**8372**	**105**	**17705**	**22719**	**60625**	**331329**	**38943**	**292386**
16-19岁	77	1	187	253	1385	12751	1206	11545
20-24岁	1388	9	1977	1460	8606	42927	4728	38199
25-29岁	1884	15	3350	2468	13210	52120	5693	46427
30-34岁	1675	14	3718	3142	14052	53734	6030	47704
35-39岁	1281	22	3143	2904	9495	43804	4958	38846
40-44岁	781	7	2077	2771	5851	36021	4265	31756
45-49岁	716	16	1724	3576	4515	39054	5446	33608
50-54岁	360	13	973	3403	2331	29674	3934	25740
55-59岁	186	4	479	1977	932	15268	2041	13227
60-64岁	18	3	51	508	162	3922	462	3460
65-69岁	5	1	18	209	58	1590	143	1447
70-74岁	1		4	37	19	330	27	303
75岁及以上			4	11	9	134	10	124
男	**5100**	**82**	**11832**	**18913**	**48411**	**190729**	**17986**	**172743**
16-19岁	46	1	121	202	1096	8507	658	7849
20-24岁	678	4	1064	1164	6742	27896	2158	25738
25-29岁	1074	11	1945	1963	10547	33483	2667	30816
30-34岁	1030	10	2428	2561	11293	32602	2766	29836
35-39岁	867	17	2105	2368	7677	24728	2319	22409
40-44岁	513	6	1490	2260	4700	18808	1735	17073
45-49岁	439	15	1330	2938	3469	18555	2105	16450
50-54岁	266	11	847	2967	1876	14270	1843	12427
55-59岁	167	4	437	1792	808	8276	1283	6993
60-64岁	15	2	45	468	142	2306	322	1984
65-69岁	4	1	15	186	44	1005	103	902
70-74岁	1		2	35	11	209	21	188
75岁及以上			3	9	6	84	6	78
女	**3272**	**23**	**5873**	**3806**	**12214**	**140600**	**20957**	**119643**
16-19岁	31		66	51	289	4244	548	3696
20-24岁	710	5	913	296	1864	15031	2570	12461
25-29岁	810	4	1405	505	2663	18637	3026	15611
30-34岁	645	4	1290	581	2759	21132	3264	17868
35-39岁	414	5	1038	536	1818	19076	2639	16437
40-44岁	268	1	587	511	1151	17213	2530	14683
45-49岁	277	1	394	638	1046	20499	3341	17158
50-54岁	94	2	126	436	455	15404	2091	13313
55-59岁	19		42	185	124	6992	758	6234
60-64岁	3	1	6	40	20	1616	140	1476
65-69岁	1		3	23	14	585	40	545
70-74岁			2	2	8	121	6	115
75岁及以上			1	2	3	50	4	46

4-5　续表 8　　　　单位：人

年龄组 性　别	信息传输、软件和信息技术服务业				金融业				
	小计	电信、广播电视和卫星传输服务	互联网和相关服务	软件和信息技术服务业	小计	货币金融服务	资本市场服务	保险业	其他金融业
总　计	**163688**	**24349**	**60873**	**78466**	**96810**	**39641**	**12668**	**33006**	**11495**
16-19岁	1942	213	1167	562	384	95	42	150	97
20-24岁	27402	2519	11762	13121	8183	3213	971	2620	1379
25-29岁	45997	4388	17116	24493	19813	7768	2676	6495	2874
30-34岁	37271	5191	13636	18444	22929	9307	3009	7709	2904
35-39岁	23492	4398	7828	11266	17192	6596	2274	6543	1779
40-44岁	12951	2987	4278	5686	9970	3450	1401	4184	935
45-49岁	8557	2548	2965	3044	10136	4832	1261	3217	826
50-54岁	4042	1390	1448	1204	5424	2859	676	1435	454
55-59岁	1742	628	574	540	2453	1383	317	545	208
60-64岁	203	61	65	77	226	90	30	77	29
65-69岁	60	20	22	18	59	26	6	22	5
70-74岁	16	3	7	6	25	11	4	6	4
75岁及以上	13	3	5	5	16	11	1	3	1
男	**111299**	**15103**	**42331**	**53865**	**48092**	**19893**	**7655**	**14046**	**6498**
16-19岁	1240	128	740	372	205	45	20	78	62
20-24岁	16978	1451	7054	8473	3980	1425	483	1384	688
25-29岁	30368	2553	11221	16594	9733	3489	1455	3256	1533
30-34岁	25742	3033	9909	12800	10887	4253	1760	3248	1626
35-39岁	16371	2578	5806	7987	7846	3051	1388	2395	1012
40-44岁	9305	1902	3389	4014	4530	1666	881	1430	553
45-49岁	6243	1695	2385	2163	5025	2588	813	1148	476
50-54岁	3253	1114	1223	916	3588	2030	531	693	334
55-59岁	1562	577	523	462	2075	1256	288	349	182
60-64岁	168	53	54	61	162	64	26	48	24
65-69岁	46	14	17	15	34	13	6	11	4
70-74岁	13	3	5	5	16	6	3	4	3
75岁及以上	10	2	5	3	11	7	1	2	1
女	**52389**	**9246**	**18542**	**24601**	**48718**	**19748**	**5013**	**18960**	**4997**
16-19岁	702	85	427	190	179	50	22	72	35
20-24岁	10424	1068	4708	4648	4203	1788	488	1236	691
25-29岁	15629	1835	5895	7899	10080	4279	1221	3239	1341
30-34岁	11529	2158	3727	5644	12042	5054	1249	4461	1278
35-39岁	7121	1820	2022	3279	9346	3545	886	4148	767
40-44岁	3646	1085	889	1672	5440	1784	520	2754	382
45-49岁	2314	853	580	881	5111	2244	448	2069	350
50-54岁	789	276	225	288	1836	829	145	742	120
55-59岁	180	51	51	78	378	127	29	196	26
60-64岁	35	8	11	16	64	26	4	29	5
65-69岁	14	6	5	3	25	13		11	1
70-74岁	3		2	1	9	5	1	2	1
75岁及以上	3	1		2	5	4		1	

4–5 续表 9

单位：人

年龄组 性　别	房地产业		租赁和商务服务业			科学研究和技术服务业			
	小计	房地产业	小计	租赁业	商　务 服务业	小计	研究和 试验发展	专业技术 服务业	科技推广 和应用 服务业
总　计	**151286**	**151286**	**184146**	**9952**	**174194**	**87581**	**13755**	**58743**	**15083**
16–19岁	1442	1442	2708	119	2589	879	149	544	186
20–24岁	14255	14255	23543	855	22688	11775	1535	8283	1957
25–29岁	25306	25306	36909	1648	35261	19748	2893	13424	3431
30–34岁	26530	26530	34647	1924	32723	18514	3189	12077	3248
35–39岁	20316	20316	26418	1599	24819	13613	2373	8858	2382
40–44岁	16252	16252	19174	1251	17923	8723	1412	5755	1556
45–49岁	17874	17874	17956	1214	16742	6791	1078	4610	1103
50–54岁	14848	14848	12461	848	11613	4470	636	3173	661
55–59岁	9979	9979	7391	393	6998	2440	399	1660	381
60–64岁	2972	2972	1794	72	1722	402	63	240	99
65–69岁	1215	1215	817	19	798	160	18	95	47
70–74岁	241	241	244	7	237	41	5	16	20
75岁及以上	56	56	84	3	81	25	5	8	12
男	**96857**	**96857**	**110473**	**8271**	**102202**	**57479**	**8637**	**39636**	**9206**
16–19岁	972	972	1644	106	1538	579	88	371	120
20–24岁	8356	8356	11897	684	11213	7035	877	5085	1073
25–29岁	15111	15111	19459	1352	18107	12212	1684	8604	1924
30–34岁	16339	16339	19703	1586	18117	11961	1994	8041	1926
35–39岁	12689	12689	15563	1313	14250	8897	1494	5926	1477
40–44岁	10141	10141	11730	1005	10725	5932	923	3991	1018
45–49岁	11313	11313	11794	997	10797	4739	713	3280	746
50–54岁	10574	10574	9746	769	8977	3488	452	2552	484
55–59岁	7726	7726	6402	368	6034	2120	339	1477	304
60–64岁	2378	2378	1556	67	1489	331	51	208	72
65–69岁	1006	1006	707	16	691	132	14	79	39
70–74岁	208	208	207	6	201	34	4	16	14
75岁及以上	44	44	65	2	63	19	4	6	9
女	**54429**	**54429**	**73673**	**1681**	**71992**	**30102**	**5118**	**19107**	**5877**
16–19岁	470	470	1064	13	1051	300	61	173	66
20–24岁	5899	5899	11646	171	11475	4740	658	3198	884
25–29岁	10195	10195	17450	296	17154	7536	1209	4820	1507
30–34岁	10191	10191	14944	338	14606	6553	1195	4036	1322
35–39岁	7627	7627	10855	286	10569	4716	879	2932	905
40–44岁	6111	6111	7444	246	7198	2791	489	1764	538
45–49岁	6561	6561	6162	217	5945	2052	365	1330	357
50–54岁	4274	4274	2715	79	2636	982	184	621	177
55–59岁	2253	2253	989	25	964	320	60	183	77
60–64岁	594	594	238	5	233	71	12	32	27
65–69岁	209	209	110	3	107	28	4	16	8
70–74岁	33	33	37	1	36	7	1		6
75岁及以上	12	12	19	1	18	6	1	2	3

4-5 续表 10

单位：人

年龄组 性 别	水利、环境和公共设施管理业					居民服务、修理和其他服务业			
	小计	水 利 管理业	生态保护 和环境 治理业	公共设施 管理业	土 地 管理业	小计	居 民 服务业	机动车、 电子产品 和日用产 品修理业	其 他 服务业
总 计	**37071**	**2170**	**3710**	**30794**	**397**	**203562**	**120921**	**53240**	**29401**
16—19岁	151	12	24	115		5911	3632	2069	210
20—24岁	1530	116	275	1094	45	21113	13189	6700	1224
25—29岁	2672	193	472	1933	74	27946	17506	8502	1938
30—34岁	3577	277	569	2653	78	31308	19676	9337	2295
35—39岁	3630	280	510	2780	60	26434	15780	8189	2465
40—44岁	4033	278	437	3275	43	22669	13200	6461	3008
45—49岁	6118	339	524	5207	48	26283	15594	5609	5080
50—54岁	6651	352	443	5828	28	22044	12513	3709	5822
55—59岁	5347	252	304	4774	17	12572	6418	1830	4324
60—64岁	2222	40	100	2078	4	4457	2049	461	1947
65—69岁	898	19	40	839		2016	901	254	861
70—74岁	188	6	12	170		528	278	83	167
75岁及以上	54	6		48		281	185	36	60
男	**23277**	**1703**	**2774**	**18545**	**255**	**95224**	**37349**	**45474**	**12401**
16—19岁	111	11	19	81		3708	1624	1965	119
20—24岁	1054	94	189	742	29	11493	4699	6089	705
25—29岁	1809	141	334	1294	40	14612	6122	7380	1110
30—34岁	2415	196	423	1745	51	15651	6544	7859	1248
35—39岁	2343	203	369	1733	38	13012	5004	6851	1157
40—44岁	2446	209	334	1878	25	10090	3626	5318	1146
45—49岁	3357	249	365	2709	34	9559	3478	4538	1543
50—54岁	3940	302	357	3260	21	7867	2891	3121	1855
55—59岁	3612	235	261	3101	15	5334	1922	1608	1804
60—64岁	1436	37	78	1319	2	2282	791	414	1077
65—69岁	583	15	34	534		1146	424	225	497
70—74岁	135	5	11	119		317	133	75	109
75岁及以上	36	6		30		153	91	31	31
女	**13794**	**467**	**936**	**12249**	**142**	**108338**	**83572**	**7766**	**17000**
16—19岁	40	1	5	34		2203	2008	104	91
20—24岁	476	22	86	352	16	9620	8490	611	519
25—29岁	863	52	138	639	34	13334	11384	1122	828
30—34岁	1162	81	146	908	27	15657	13132	1478	1047
35—39岁	1287	77	141	1047	22	13422	10776	1338	1308
40—44岁	1587	69	103	1397	18	12579	9574	1143	1862
45—49岁	2761	90	159	2498	14	16724	12116	1071	3537
50—54岁	2711	50	86	2568	7	14177	9622	588	3967
55—59岁	1735	17	43	1673	2	7238	4496	222	2520
60—64岁	786	3	22	759	2	2175	1258	47	870
65—69岁	315	4	6	305		870	477	29	364
70—74岁	53	1	1	51		211	145	8	58
75岁及以上	18			18		128	94	5	29

4—5 续表 11　　　　单位：人

年龄组 性　别	教育		卫生和社会工作			文化、体育和娱乐业				
	小计	教育	小计	卫生	社会工作	小计	新闻和出版业	广播、电视、电影和录音制作业	文化艺术业	体育
总　计	**221962**	**221962**	**94057**	**90336**	**3721**	**45818**	**2781**	**6066**	**6946**	**8410**
16—19岁	4356	4356	1029	1003	26	1577	6	102	129	296
20—24岁	25336	25336	10795	10508	287	7890	206	1122	986	1667
25—29岁	35907	35907	17086	16644	442	9731	450	1450	1339	2100
30—34岁	34255	34255	16411	15970	441	8185	400	1151	1215	1591
35—39岁	34140	34140	13671	13267	404	5846	445	814	925	957
40—44岁	30527	30527	11451	10986	465	4112	424	490	717	605
45—49岁	26706	26706	10300	9673	627	3748	409	412	707	526
50—54岁	18967	18967	6767	6252	515	2660	280	292	491	389
55—59岁	9653	9653	4353	3995	358	1522	144	183	307	214
60—64岁	1342	1342	1147	1052	95	334	9	33	61	41
65—69岁	504	504	618	579	39	148	5	8	40	19
70—74岁	174	174	274	263	11	42	3	6	16	4
75岁及以上	95	95	155	144	11	23		3	13	1
男	**75348**	**75348**	**32499**	**31351**	**1148**	**25215**	**1490**	**3668**	**3615**	**4591**
16—19岁	1292	1292	165	160	5	896	3	63	60	161
20—24岁	5643	5643	2018	1954	64	4331	82	625	468	1002
25—29岁	9256	9256	4025	3912	113	5195	166	837	624	1194
30—34岁	9495	9495	5108	4972	136	4256	193	688	587	779
35—39岁	10676	10676	5108	4980	128	3113	216	514	476	457
40—44岁	10418	10418	4222	4098	124	2179	233	302	353	275
45—49岁	10228	10228	4106	3970	136	2031	237	246	387	288
50—54岁	9541	9541	3330	3160	170	1687	217	203	321	232
55—59岁	7255	7255	2829	2640	189	1122	129	153	243	158
60—64岁	986	986	782	733	49	240	8	22	45	28
65—69岁	355	355	448	423	25	114	3	7	30	15
70—74岁	138	138	227	221	6	36	3	5	13	2
75岁及以上	65	65	131	128	3	15		3	8	
女	**146614**	**146614**	**61558**	**58985**	**2573**	**20603**	**1291**	**2398**	**3331**	**3819**
16—19岁	3064	3064	864	843	21	681	3	39	69	135
20—24岁	19693	19693	8777	8554	223	3559	124	497	518	665
25—29岁	26651	26651	13061	12732	329	4536	284	613	715	906
30—34岁	24760	24760	11303	10998	305	3929	207	463	628	812
35—39岁	23464	23464	8563	8287	276	2733	229	300	449	500
40—44岁	20109	20109	7229	6888	341	1933	191	188	364	330
45—49岁	16478	16478	6194	5703	491	1717	172	166	320	238
50—54岁	9426	9426	3437	3092	345	973	63	89	170	157
55—59岁	2398	2398	1524	1355	169	400	15	30	64	56
60—64岁	356	356	365	319	46	94	1	11	16	13
65—69岁	149	149	170	156	14	34	2	1	10	4
70—74岁	36	36	47	42	5	6		1	3	2
75岁及以上	30	30	24	16	8	8			5	1

4-5 续表 12

单位：人

年龄组 性 别	娱乐业	公共管理、社会保障和社会组织							国际组织	
		小计	中国共产党机关	国家机构	人民政协、民主党派	社会保障	群众团体、社会团体和其他成员组织	基层群众自治组织	小计	国际组织
总 计	**21615**	**179739**	**2781**	**135720**	**326**	**650**	**9049**	**31213**	**58**	**58**
16—19岁	1044	475	3	324		2	75	71		
20—24岁	3909	10689	124	8574	9	46	752	1184	2	2
25—29岁	4392	24734	315	20284	24	82	1332	2697	5	5
30—34岁	3828	28144	441	22215	25	129	1605	3729	7	7
35—39岁	2705	25542	439	19985	33	127	1325	3633	17	17
40—44岁	1876	23355	375	18172	35	77	1055	3641	9	9
45—49岁	1694	26187	418	20037	37	76	1083	4536	8	8
50—54岁	1208	20725	351	14780	67	61	898	4568	5	5
55—59岁	674	15420	271	10090	87	36	604	4332	4	4
60—64岁	190	2690	28	788	6	4	146	1718		
65—69岁	76	1196	11	291	2	6	96	790	1	1
70—74岁	13	386	2	104		1	47	232		
75岁及以上	6	196	3	76	1	3	31	82		
男	**11851**	**120039**	**1896**	**91740**	**229**	**329**	**4642**	**21203**	**32**	**32**
16—19岁	609	351	1	252		1	44	53		
20—24岁	2154	6552	67	5452	3	23	307	700	1	1
25—29岁	2374	14502	167	12207	14	37	543	1534	3	3
30—34岁	2009	16683	261	13538	13	55	714	2102	1	1
35—39岁	1450	16127	289	12907	17	64	658	2192	8	8
40—44岁	1016	15101	258	11927	18	33	537	2328	6	6
45—49岁	873	17472	300	13599	24	39	546	2964	5	5
50—54岁	714	15869	274	11470	52	36	597	3440	5	5
55—59岁	439	13724	242	9331	79	30	461	3581	3	3
60—64岁	137	2214	24	665	6	3	105	1411		
65—69岁	59	972	9	245	2	5	72	639		
70—74岁	13	311	1	80		1	36	193		
75岁及以上	4	161	3	67	1	2	22	66		
女	**9764**	**59700**	**885**	**43980**	**97**	**321**	**4407**	**10010**	**26**	**26**
16—19岁	435	124	2	72		1	31	18		
20—24岁	1755	4137	57	3122	6	23	445	484	1	1
25—29岁	2018	10232	148	8077	10	45	789	1163	2	2
30—34岁	1819	11461	180	8677	12	74	891	1627	6	6
35—39岁	1255	9415	150	7078	16	63	667	1441	9	9
40—44岁	860	8254	117	6245	17	44	518	1313	3	3
45—49岁	821	8715	118	6438	13	37	537	1572	3	3
50—54岁	494	4856	77	3310	15	25	301	1128		
55—59岁	235	1696	29	759	8	6	143	751	1	1
60—64岁	53	476	4	123		1	41	307		
65—69岁	17	224	2	46		1	24	151	1	1
70—74岁		75	1	24			11	39		
75岁及以上	2	35		9		1	9	16		

4—5a 全省分年龄、性别、行业大类的就业人口(城市)

单位：人

年龄组 性别	合计	农、林、牧、渔业						采矿业	
		小计	农业	林业	畜牧业	渔业	农、林、牧、渔专业及辅助性活动	小计	煤炭开采和洗选业
总计	**4263943**	**43980**	**27544**	**2398**	**3560**	**8335**	**2143**	**2584**	**61**
16—19岁	85574	277	204	15	10	26	22	8	1
20—24岁	436569	1790	1180	106	140	226	138	114	1
25—29岁	682690	3434	2140	215	272	548	259	261	4
30—34岁	801185	4292	2533	250	413	786	310	422	7
35—39岁	655377	4316	2436	274	447	873	286	439	9
40—44岁	518035	4609	2641	284	435	962	287	389	5
45—49岁	511284	6222	3651	433	559	1303	276	377	10
50—54岁	343779	7040	4328	420	586	1443	263	319	8
55—59岁	171647	5661	3640	247	419	1165	190	206	14
60—64岁	37253	3045	2171	98	143	563	70	29	1
65—69岁	15188	2103	1627	44	90	315	27	15	1
70—74岁	3737	828	683	9	38	91	7	2	
75岁及以上	1625	363	310	3	8	34	8	3	
男	**2574381**	**28687**	**16543**	**1642**	**2529**	**6557**	**1416**	**2021**	**50**
16—19岁	54350	172	123	10	6	20	13	6	1
20—24岁	254656	1114	681	63	106	186	78	87	1
25—29岁	401659	2265	1300	145	200	459	161	197	3
30—34岁	476887	2881	1568	155	306	648	204	331	6
35—39岁	387333	2808	1451	178	302	698	179	327	5
40—44岁	302748	2942	1538	192	287	747	178	288	4
45—49岁	298793	3883	2080	283	376	965	179	287	9
50—54岁	226105	4525	2519	307	412	1108	179	263	6
55—59岁	129298	3859	2282	191	309	915	162	194	14
60—64岁	27524	2018	1325	73	115	452	53	23	
65—69岁	11252	1400	1015	35	71	258	21	13	1
70—74岁	2703	575	456	8	33	73	5	2	
75岁及以上	1073	245	205	2	6	28	4	3	
女	**1689562**	**15293**	**11001**	**756**	**1031**	**1778**	**727**	**563**	**11**
16—19岁	31224	105	81	5	4	6	9	2	
20—24岁	181913	676	499	43	34	40	60	27	
25—29岁	281031	1169	840	70	72	89	98	64	1
30—34岁	324298	1411	965	95	107	138	106	91	1
35—39岁	268044	1508	985	96	145	175	107	112	4
40—44岁	215287	1667	1103	92	148	215	109	101	1
45—49岁	212491	2339	1571	150	183	338	97	90	1
50—54岁	117674	2515	1809	113	174	335	84	56	2
55—59岁	42349	1802	1358	56	110	250	28	12	
60—64岁	9729	1027	846	25	28	111	17	6	1
65—69岁	3936	703	612	9	19	57	6	2	
70—74岁	1034	253	227	1	5	18	2		
75岁及以上	552	118	105	1	2	6	4		

4-5a　续表 1

单位：人

年龄组 性　别	采矿业						制造业		
	石油和天然气开采业	黑色金属矿采选业	有色金属矿采选业	非金属矿采选业	开采专业及辅助性活　动	其　他采矿业	小计	农副食品加工业	食　品制造业
总　计	**483**	**113**	**148**	**1027**	**666**	**86**	**1539198**	**12782**	**19476**
16-19岁	1			5	1		43467	104	458
20-24岁	14	7	4	50	35	3	153597	724	1989
25-29岁	53	9	12	96	74	13	228171	1327	2946
30-34岁	89	13	23	153	126	11	309111	1771	3364
35-39岁	98	17	22	143	137	13	250963	1827	3016
40-44岁	66	12	22	175	102	7	196989	1727	2521
45-49岁	78	13	23	162	81	10	187974	2117	2528
50-54岁	48	23	29	133	62	16	110891	1775	1651
55-59岁	34	14	11	79	43	11	44792	986	761
60-64岁		4	2	19	2	1	8829	263	163
65-69岁	1	1		10	2		3359	122	60
70-74岁	1			1			744	27	14
75岁及以上				1	1	1	311	12	5
男	**373**	**78**	**100**	**839**	**517**	**64**	**935332**	**8050**	**10450**
16-19岁	1			4			28994	68	259
20-24岁	12	3	1	43	25	2	99107	495	1047
25-29岁	37	7	6	78	59	7	143072	897	1596
30-34岁	68	7	13	129	100	8	188156	1129	1782
35-39岁	76	13	14	110	98	11	149960	1126	1605
40-44岁	48	6	15	134	76	5	112480	1012	1250
45-49岁	61	6	13	128	62	8	103302	1213	1250
50-54岁	34	20	26	113	51	13	68461	1113	951
55-59岁	34	13	11	73	41	8	32021	705	533
60-64岁		2	1	17	2	1	6546	185	122
65-69岁	1	1		8	2		2516	80	41
70-74岁	1			1			519	18	11
75岁及以上				1	1	1	198	9	3
女	**110**	**35**	**48**	**188**	**149**	**22**	**603866**	**4732**	**9026**
16-19岁				1	1		14473	36	199
20-24岁	2	4	3	7	10	1	54490	229	942
25-29岁	16	2	6	18	15	6	85099	430	1350
30-34岁	21	6	10	24	26	3	120955	642	1582
35-39岁	22	4	8	33	39	2	101003	701	1411
40-44岁	18	6	7	41	26	2	84509	715	1271
45-49岁	17	7	10	34	19	2	84672	904	1278
50-54岁	14	3	3	20	11	3	42430	662	700
55-59岁		1		6	2	3	12771	281	228
60-64岁		2	1	2			2283	78	41
65-69岁				2			843	42	19
70-74岁							225	9	3
75岁及以上							113	3	2

4−5a 续表 2 单位：人

年龄组 性 别	制造业								
	酒、饮料和精制茶制造业	烟 草制品业	纺织业	纺织服装、服饰业	皮革、毛皮、羽毛及其制品和制鞋业	木材加工和木、竹、藤、棕、草制品业	家 具制造业	造纸和纸制品业	印刷和记录媒介复制业
总 计	**6221**	**939**	**32792**	**148568**	**64755**	**8352**	**52077**	**31175**	**30131**
16−19岁	65	18	410	1960	1050	80	569	558	623
20−24岁	439	73	2050	9027	3734	458	3611	2247	2412
25−29岁	831	131	3511	17088	6557	832	6378	3515	3713
30−34岁	1196	182	5419	28459	12203	1211	9144	5318	5546
35−39岁	1153	111	5268	24944	11852	1223	8219	5029	5230
40−44岁	860	90	5134	21786	10416	1195	7369	4505	4593
45−49岁	836	112	5638	23818	10559	1376	8223	4859	4356
50−54岁	498	120	3506	14599	5833	1161	5665	3324	2428
55−59岁	258	92	1416	5401	1924	606	2347	1409	955
60−64岁	47	6	289	1007	423	138	394	301	189
65−69岁	29	4	110	349	158	55	122	89	65
70−74岁	7		31	90	34	10	22	16	13
75岁及以上	2		10	40	12	7	14	5	8
男	**3980**	**594**	**17678**	**68504**	**34661**	**5878**	**35255**	**19958**	**18812**
16−19岁	26	11	252	960	634	69	416	399	436
20−24岁	267	39	1210	3995	2162	348	2460	1495	1522
25−29岁	547	81	1932	7926	3721	566	4175	2260	2369
30−34岁	754	115	2902	13658	6873	811	5982	3413	3435
35−39岁	735	64	2790	11740	6514	816	5454	3170	3276
40−44岁	538	46	2577	9720	5263	805	4903	2815	2793
45−49岁	488	64	2786	10015	4915	923	5376	2898	2519
50−54岁	354	91	1967	6706	2955	866	4111	2125	1562
55−59岁	202	76	964	2914	1194	493	1910	1062	693
60−64岁	37	4	199	590	294	122	335	235	143
65−69岁	24	3	76	212	107	47	105	69	49
70−74岁	6		19	49	24	6	19	14	10
75岁及以上	2		4	19	5	6	9	3	5
女	**2241**	**345**	**15114**	**80064**	**30094**	**2474**	**16822**	**11217**	**11319**
16−19岁	39	7	158	1000	416	11	153	159	187
20−24岁	172	34	840	5032	1572	110	1151	752	890
25−29岁	284	50	1579	9162	2836	266	2203	1255	1344
30−34岁	442	67	2517	14801	5330	400	3162	1905	2111
35−39岁	418	47	2478	13204	5338	407	2765	1859	1954
40−44岁	322	44	2557	12066	5153	390	2466	1690	1800
45−49岁	348	48	2852	13803	5644	453	2847	1961	1837
50−54岁	144	29	1539	7893	2878	295	1554	1199	866
55−59岁	56	16	452	2487	730	113	437	347	262
60−64岁	10	2	90	417	129	16	59	66	46
65−69岁	5	1	34	137	51	8	17	20	16
70−74岁	1		12	41	10	4	3	2	3
75岁及以上			6	21	7	1	5	2	3

4-5a 续表 3

单位：人

年龄组 性别	制造业								
	文教、工美、体育和娱乐用品制造业	石油、煤炭及其他燃料加工业	化学原料和化学制品制造业	医药制造业	化学纤维制造业	橡胶和塑料制品业	非金属矿物制品业	黑色金属冶炼和压延加工业	有色金属冶炼和压延加工业
总计	**71223**	**2862**	**26979**	**10302**	**787**	**97517**	**46247**	**4831**	**8358**
16–19岁	1656	8	509	180	8	2778	588	61	98
20–24岁	6385	157	2645	1313	58	8265	3209	254	598
25–29岁	9456	313	4086	1915	74	11862	5720	552	954
30–34岁	13080	436	5123	2103	145	17452	8043	895	1505
35–39岁	11782	351	4409	1713	118	15987	7178	807	1309
40–44岁	9976	368	3571	1242	132	14028	6178	776	1256
45–49岁	10362	585	3404	947	139	14038	7074	749	1308
50–54岁	5674	428	2058	555	69	8561	5032	451	868
55–59岁	2152	192	923	274	31	3544	2477	231	369
60–64岁	448	16	163	32	7	662	504	40	61
65–69岁	188	5	74	22	5	261	193	11	23
70–74岁	42	2	11	4		61	33	1	8
75岁及以上	22	1	3	2	1	18	18	3	1
男	**38476**	**2143**	**15925**	**5588**	**522**	**59549**	**31818**	**3797**	**6074**
16–19岁	996	6	274	117	7	1880	422	57	77
20–24岁	3711	118	1327	668	37	5421	2181	202	445
25–29岁	5381	237	2142	1010	55	7508	3972	426	678
30–34岁	7222	312	2872	1122	90	10689	5357	678	1053
35–39岁	6478	243	2670	917	77	9747	4841	617	926
40–44岁	5013	257	2144	635	78	8099	4036	608	887
45–49岁	4774	416	2115	472	89	7722	4719	574	932
50–54岁	3059	351	1441	380	52	5199	3677	377	696
55–59岁	1364	183	740	222	26	2516	2007	210	305
60–64岁	316	14	132	21	6	503	405	34	51
65–69岁	128	4	59	20	4	201	160	11	19
70–74岁	19	2	6	3		50	26	1	4
75岁及以上	15		3	1	1	14	15	2	1
女	**32747**	**719**	**11054**	**4714**	**265**	**37968**	**14429**	**1034**	**2284**
16–19岁	660	2	235	63	1	898	166	4	21
20–24岁	2674	39	1318	645	21	2844	1028	52	153
25–29岁	4075	76	1944	905	19	4354	1748	126	276
30–34岁	5858	124	2251	981	55	6763	2686	217	452
35–39岁	5304	108	1739	796	41	6240	2337	190	383
40–44岁	4963	111	1427	607	54	5929	2142	168	369
45–49岁	5588	169	1289	475	50	6316	2355	175	376
50–54岁	2615	77	617	175	17	3362	1355	74	172
55–59岁	788	9	183	52	5	1028	470	21	64
60–64岁	132	2	31	11	1	159	99	6	10
65–69岁	60	1	15	2	1	60	33		4
70–74岁	23		5	1		11	7		4
75岁及以上	7	1		1		4	3	1	

4－5a 续表 4

单位：人

年龄组 性别	制造业								
	金属制品业	通用设备制造业	专用设备制造业	汽车制造业	铁路、船舶、航空航天和其他运输设备制造业	电气机械和器材制造业	计算机、通信和其他电子设备制造业	仪器仪表制造业	其他制造业
总　计	**135606**	**65891**	**75083**	**32558**	**11900**	**159550**	**341321**	**18668**	**8757**
16－19岁	2699	1717	2096	1237	165	5900	17072	453	181
20－24岁	10613	6607	8086	4104	909	18684	51254	1912	813
25－29岁	16603	9876	12178	6259	1491	26006	68084	3123	1156
30－34岁	24079	13974	16965	8000	2267	33302	80224	4073	1619
35－39岁	21823	10964	13286	5536	2047	25911	53229	3325	1416
40－44岁	19213	8480	9191	3338	1751	19317	32720	2370	1218
45－49岁	20193	7423	7384	2427	1823	17210	23278	2051	1163
50－54岁	13247	4351	3950	1131	1024	9007	10547	902	769
55－59岁	5413	1961	1509	432	363	3283	3851	361	300
60－64岁	1118	371	303	67	34	634	747	61	69
65－69岁	458	126	98	22	19	237	246	29	39
70－74岁	103	27	26	4	3	40	52	7	12
75岁及以上	44	14	11	1	4	19	17	1	2
男	**91496**	**46196**	**51239**	**22151**	**8828**	**93941**	**206981**	**11131**	**4822**
16－19岁	1997	1322	1549	1000	144	3881	11172	309	103
20－24岁	7692	4883	5729	3125	725	12003	33300	1205	463
25－29岁	11562	7010	8416	4402	1122	16079	43096	1895	638
30－34岁	16378	9764	11551	5387	1680	19539	48695	2381	905
35－39岁	14429	7467	8959	3576	1469	14801	31276	1941	760
40－44岁	12389	5679	6074	2002	1216	10440	17908	1365	634
45－49岁	12765	4953	4696	1459	1277	8803	11899	1081	568
50－54岁	8935	3105	2739	796	835	5403	6197	602	453
55－59岁	4017	1566	1172	335	310	2324	2689	277	209
60－64岁	871	316	243	51	28	447	534	44	47
65－69岁	360	100	81	16	17	177	174	25	32
70－74岁	73	22	21	2	1	32	35	5	9
75岁及以上	28	9	9		4	12	6	1	1
女	**44110**	**19695**	**23844**	**10407**	**3072**	**65609**	**134340**	**7537**	**3935**
16－19岁	702	395	547	237	21	2019	5900	144	78
20－24岁	2921	1724	2357	979	184	6681	17954	707	350
25－29岁	5041	2866	3762	1857	369	9927	24988	1228	518
30－34岁	7701	4210	5414	2613	587	13763	31529	1692	714
35－39岁	7394	3497	4327	1960	578	11110	21953	1384	656
40－44岁	6824	2801	3117	1336	535	8877	14812	1005	584
45－49岁	7428	2470	2688	968	546	8407	11379	970	595
50－54岁	4312	1246	1211	335	189	3604	4350	300	316
55－59岁	1396	395	337	97	53	959	1162	84	91
60－64岁	247	55	60	16	6	187	213	17	22
65－69岁	98	26	17	6	2	60	72	4	7
70－74岁	30	5	5	2	2	8	17	2	3
75岁及以上	16	5	2	1		7	11		1

4-5a 续表 5

单位：人

年龄组 性 别	制造业		电力、热力、燃气及水生产和供应业				建筑业		
	废弃资源综合利用业	金属制品、机械和设备修理业	小计	电力、热力生产和供应业	燃气生产和供应业	水的生产和供应业	小计	房屋建筑业	土木工程建筑业
总 计	**5717**	**7773**	**23514**	**12854**	**4810**	**5850**	**273645**	**105575**	**30935**
16-19岁	42	124	69	26	22	21	1966	752	190
20-24岁	241	726	1180	598	225	357	17005	5850	2523
25-29岁	456	1178	2838	1633	480	725	31984	11223	4226
30-34岁	626	1387	3827	2093	825	909	40969	14413	5003
35-39岁	683	1217	3559	1946	820	793	34956	12307	4071
40-44岁	721	947	3340	1806	711	823	34153	12695	3600
45-49岁	966	1028	4083	2312	788	983	44501	17976	4481
50-54岁	965	742	2688	1465	563	660	40098	17425	3887
55-59岁	628	343	1623	851	303	469	21621	9658	2347
60-64岁	218	54	217	82	48	87	4614	2327	443
65-69岁	122	18	63	29	16	18	1488	796	139
70-74岁	39	5	20	7	8	5	220	113	20
75岁及以上	10	4	7	6	1		70	40	5
男	**4285**	**6550**	**17754**	**9829**	**3640**	**4285**	**232185**	**89274**	**25967**
16-19岁	37	114	61	22	19	20	1726	668	166
20-24岁	198	634	866	446	162	258	13893	4900	2066
25-29岁	356	1017	2050	1167	365	518	26561	9530	3411
30-34岁	480	1147	2741	1532	591	618	34514	12238	4113
35-39岁	501	975	2557	1439	587	531	29247	10348	3361
40-44岁	525	769	2431	1330	526	575	28390	10410	2972
45-49岁	691	850	2992	1731	582	679	37051	14612	3745
50-54岁	706	657	2279	1253	475	551	34951	14783	3422
55-59岁	485	318	1519	806	271	442	19884	8745	2147
60-64岁	170	47	184	69	40	75	4327	2170	414
65-69岁	99	16	50	23	13	14	1391	742	128
70-74岁	29	3	18	6	8	4	196	98	17
75岁及以上	8	3	6	5	1		54	30	5
女	**1432**	**1223**	**5760**	**3025**	**1170**	**1565**	**41460**	**16301**	**4968**
16-19岁	5	10	8	4	3	1	240	84	24
20-24岁	43	92	314	152	63	99	3112	950	457
25-29岁	100	161	788	466	115	207	5423	1693	815
30-34岁	146	240	1086	561	234	291	6455	2175	890
35-39岁	182	242	1002	507	233	262	5709	1959	710
40-44岁	196	178	909	476	185	248	5763	2285	628
45-49岁	275	178	1091	581	206	304	7450	3364	736
50-54岁	259	85	409	212	88	109	5147	2642	465
55-59岁	143	25	104	45	32	27	1737	913	200
60-64岁	48	7	33	13	8	12	287	157	29
65-69岁	23	2	13	6	3	4	97	54	11
70-74岁	10	2	2	1		1	24	15	3
75岁及以上	2	1	1	1			16	10	

4－5a 续表 6　　　　单位：人

年龄组 性　别	建筑业		批发和零售业			交通运输、仓储和邮政业			
	建　筑 安装业	建筑装饰、装修和其他建筑业	小计	批发业	零售业	小计	铁　路 运输业	道　路 运输业	水　上 运输业
总　计	**19336**	**117799**	**771839**	**265178**	**506661**	**210003**	**4273**	**120742**	**4450**
16－19岁	152	872	12681	3768	8913	2250	27	960	14
20－24岁	1411	7221	84074	26035	58039	17779	320	7739	245
25－29岁	2553	13982	131782	43177	88605	31077	637	14699	470
30－34岁	3418	18135	150346	52179	98167	38662	584	20339	670
35－39岁	3021	15557	126198	45200	80998	33214	380	19453	722
40－44岁	2664	15194	95293	34183	61110	27495	528	17689	608
45－49岁	2852	19192	84902	30168	54734	28604	672	19333	666
50－54岁	2024	16762	52247	18697	33550	19236	587	13021	580
55－59岁	1004	8612	24826	8951	15875	9805	513	6387	407
60－64岁	180	1664	5845	1783	4062	1294	23	772	35
65－69岁	45	508	2584	748	1836	462	2	279	21
70－74岁	11	76	694	190	504	81		45	5
75岁及以上	1	24	367	99	268	44		26	7
男	**17041**	**99903**	**423773**	**157707**	**266066**	**170500**	**3210**	**102794**	**3410**
16－19岁	134	758	7075	2400	4675	1680	10	712	11
20－24岁	1233	5694	43032	14261	28771	12859	216	5870	165
25－29岁	2240	11380	69271	24080	45191	23511	433	11701	311
30－34岁	2996	15167	80728	29878	50850	30496	407	16717	458
35－39岁	2586	12952	67802	26240	41562	26703	256	16306	509
40－44岁	2278	12730	51742	20335	31407	22678	385	15112	473
45－49岁	2496	16198	46706	18389	28317	24209	480	17108	514
50－54岁	1886	14860	32904	13022	19882	17420	504	12153	518
55－59岁	968	8024	17784	6960	10824	9255	496	6101	395
60－64岁	169	1574	4169	1361	2808	1181	21	704	32
65－69岁	43	478	1849	580	1269	406	2	247	19
70－74岁	11	70	481	133	348	71		43	3
75岁及以上	1	18	230	68	162	31		20	2
女	**2295**	**17896**	**348066**	**107471**	**240595**	**39503**	**1063**	**17948**	**1040**
16－19岁	18	114	5606	1368	4238	570	17	248	3
20－24岁	178	1527	41042	11774	29268	4920	104	1869	80
25－29岁	313	2602	62511	19097	43414	7566	204	2998	159
30－34岁	422	2968	69618	22301	47317	8166	177	3622	212
35－39岁	435	2605	58396	18960	39436	6511	124	3147	213
40－44岁	386	2464	43551	13848	29703	4817	143	2577	135
45－49岁	356	2994	38196	11779	26417	4395	192	2225	152
50－54岁	138	1902	19343	5675	13668	1816	83	868	62
55－59岁	36	588	7042	1991	5051	550	17	286	12
60－64岁	11	90	1676	422	1254	113	2	68	3
65－69岁	2	30	735	168	567	56		32	2
70－74岁		6	213	57	156	10		2	2
75岁及以上		6	137	31	106	13		6	5

4-5a　续表 7　　　　单位：人

年龄组 性　别	交通运输、仓储和邮政业					住宿和餐饮业		
	航　空 运输业	管　道 运输业	多式联运 和运输 代理业	装卸搬运 和仓储业	邮政业	小计	住宿业	餐饮业
总　计	**7016**	**71**	**15149**	**14886**	**43416**	**235280**	**29131**	**206149**
16-19岁	33	1	161	151	903	9751	908	8843
20-24岁	1114	3	1713	898	5747	31675	3567	28108
25-29岁	1585	10	2905	1546	9225	37090	4207	32883
30-34岁	1447	10	3214	2073	10325	38731	4474	34257
35-39岁	1132	11	2721	1899	6896	30538	3650	26888
40-44岁	660	6	1786	1898	4320	25339	3228	22111
45-49岁	600	12	1430	2460	3431	27846	4220	23626
50-54岁	277	11	781	2250	1729	20544	2921	17623
55-59岁	152	4	380	1286	676	10308	1538	8770
60-64岁	11	3	40	298	112	2345	308	2037
65-69岁	4		12	106	38	877	89	788
70-74岁	1		2	18	10	173	17	156
75岁及以上			4	3	4	63	4	59
男	**4188**	**56**	**9833**	**12362**	**34647**	**136154**	**13665**	**122489**
16-19岁	14	1	104	118	710	6540	498	6042
20-24岁	503	2	903	704	4496	20616	1629	18987
25-29岁	871	7	1624	1209	7355	23769	2001	21768
30-34岁	882	6	2048	1651	8327	23651	2090	21561
35-39岁	752	8	1764	1537	5571	17305	1741	15564
40-44岁	430	5	1239	1556	3478	13263	1320	11943
45-49岁	364	12	1078	2042	2611	13226	1655	11571
50-54岁	210	9	671	1973	1382	9993	1434	8559
55-59岁	147	4	351	1177	584	5712	998	4714
60-64岁	10	2	35	280	97	1377	218	1159
65-69岁	4		12	94	28	555	66	489
70-74岁	1		1	18	5	106	13	93
75岁及以上			3	3	3	41	2	39
女	**2828**	**15**	**5316**	**2524**	**8769**	**99126**	**15466**	**83660**
16-19岁	19		57	33	193	3211	410	2801
20-24岁	611	1	810	194	1251	11059	1938	9121
25-29岁	714	3	1281	337	1870	13321	2206	11115
30-34岁	565	4	1166	422	1998	15080	2384	12696
35-39岁	380	3	957	362	1325	13233	1909	11324
40-44岁	230	1	547	342	842	12076	1908	10168
45-49岁	236		352	418	820	14620	2565	12055
50-54岁	67	2	110	277	347	10551	1487	9064
55-59岁	5		29	109	92	4596	540	4056
60-64岁	1	1	5	18	15	968	90	878
65-69岁				12	10	322	23	299
70-74岁			1		5	67	4	63
75岁及以上			1		1	22	2	20

4－5a　续表 8　　　　单位：人

年龄组 性　别	信息传输、软件和信息技术服务业				金融业				
	小计	电信、广播电视和卫星传输服务	互联网和相关服务	软件和信息技术服务业	小计	货币金融服　务	资本市场服　务	保险业	其　他金融业
总　计	**145946**	**20407**	**52115**	**73424**	**85569**	**34962**	**12005**	**28128**	**10474**
16－19岁	1542	176	876	490	322	76	38	121	87
20－24岁	23824	2061	9743	12020	7026	2770	891	2151	1214
25－29岁	41091	3612	14578	22901	17469	6863	2521	5468	2617
30－34岁	33472	4303	11848	17321	20443	8355	2838	6607	2643
35－39岁	21178	3761	6776	10641	15448	5987	2183	5621	1657
40－44岁	11829	2617	3789	5423	8946	3116	1349	3611	870
45－49岁	7679	2146	2632	2901	8976	4218	1208	2797	753
50－54岁	3591	1160	1293	1138	4638	2360	639	1225	414
55－59岁	1508	507	498	503	2058	1118	304	446	190
60－64岁	166	44	57	65	173	64	26	62	21
65－69岁	48	15	18	15	42	21	5	13	3
70－74岁	10	3	3	4	16	6	2	4	4
75岁及以上	8	2	4	2	12	8	1	2	1
男	**99176**	**12613**	**36285**	**50278**	**42179**	**17214**	**7266**	**11817**	**5882**
16－19岁	996	108	557	331	168	38	18	57	55
20－24岁	14784	1200	5840	7744	3399	1226	449	1124	600
25－29岁	27093	2088	9539	15466	8544	3058	1378	2729	1379
30－34岁	23072	2513	8576	11983	9662	3791	1661	2738	1472
35－39岁	14727	2189	5030	7508	7037	2727	1326	2041	943
40－44岁	8479	1667	2990	3822	4073	1484	850	1229	510
45－49岁	5595	1406	2130	2059	4378	2196	776	975	431
50－54岁	2887	927	1097	863	3023	1627	501	591	304
55－59岁	1355	463	458	434	1731	1006	276	284	165
60－64岁	136	38	47	51	121	43	23	38	17
65－69岁	37	10	15	12	25	11	5	7	2
70－74岁	9	3	2	4	10	2	2	3	3
75岁及以上	6	1	4	1	8	5	1	1	1
女	**46770**	**7794**	**15830**	**23146**	**43390**	**17748**	**4739**	**16311**	**4592**
16－19岁	546	68	319	159	154	38	20	64	32
20－24岁	9040	861	3903	4276	3627	1544	442	1027	614
25－29岁	13998	1524	5039	7435	8925	3805	1143	2739	1238
30－34岁	10400	1790	3272	5338	10781	4564	1177	3869	1171
35－39岁	6451	1572	1746	3133	8411	3260	857	3580	714
40－44岁	3350	950	799	1601	4873	1632	499	2382	360
45－49岁	2084	740	502	842	4598	2022	432	1822	322
50－54岁	704	233	196	275	1615	733	138	634	110
55－59岁	153	44	40	69	327	112	28	162	25
60－64岁	30	6	10	14	52	21	3	24	4
65－69岁	11	5	3	3	17	10		6	1
70－74岁	1		1		6	4		1	1
75岁及以上	2	1		1	4	3		1	

4-5a　续表 9

单位：人

年龄组 性别	房地产业		租赁和商务服务业			科学研究和技术服务业			
	小计	房地产业	小计	租赁业	商务服务业	小计	研究和试验发展	专业技术服务业	科技推广和应用服务业
总　计	**129027**	**129027**	**151041**	**7147**	**143894**	**75853**	**12368**	**50456**	**13029**
16-19岁	1133	1133	2070	69	2001	682	137	395	150
20-24岁	11762	11762	18885	599	18286	9974	1354	6902	1718
25-29岁	21197	21197	30367	1153	29214	17085	2591	11435	3059
30-34岁	22781	22781	29003	1368	27635	16209	2859	10469	2881
35-39岁	17555	17555	22326	1159	21167	12078	2179	7799	2100
40-44岁	14254	14254	16373	964	15409	7744	1308	5084	1352
45-49岁	15551	15551	15013	906	14107	5927	972	4007	948
50-54岁	12750	12750	9887	598	9289	3786	557	2732	497
55-59岁	8486	8486	5505	286	5219	1979	340	1384	255
60-64岁	2379	2379	1052	33	1019	264	49	174	41
65-69岁	948	948	419	7	412	93	13	62	18
70-74岁	186	186	104	3	101	24	5	12	7
75岁及以上	45	45	37	2	35	8	4	1	3
男	**82874**	**82874**	**88929**	**5734**	**83195**	**49141**	**7742**	**33567**	**7832**
16-19岁	762	762	1254	60	1194	440	81	262	97
20-24岁	6848	6848	9398	447	8951	5813	763	4133	917
25-29岁	12697	12697	15777	896	14881	10403	1504	7207	1692
30-34岁	14106	14106	16153	1092	15061	10340	1778	6865	1697
35-39岁	10996	10996	12876	916	11960	7813	1365	5159	1289
40-44岁	8886	8886	9847	740	9107	5203	852	3478	873
45-49岁	9892	9892	9724	733	8991	4110	651	2831	628
50-54岁	9162	9162	7719	540	7179	2955	397	2184	374
55-59岁	6653	6653	4815	271	4544	1737	294	1232	211
60-64岁	1893	1893	889	29	860	225	41	153	31
65-69岁	784	784	362	6	356	76	9	51	16
70-74岁	160	160	88	3	85	21	4	12	5
75岁及以上	35	35	27	1	26	5	3		2
女	**46153**	**46153**	**62112**	**1413**	**60699**	**26712**	**4626**	**16889**	**5197**
16-19岁	371	371	816	9	807	242	56	133	53
20-24岁	4914	4914	9487	152	9335	4161	591	2769	801
25-29岁	8500	8500	14590	257	14333	6682	1087	4228	1367
30-34岁	8675	8675	12850	276	12574	5869	1081	3604	1184
35-39岁	6559	6559	9450	243	9207	4265	814	2640	811
40-44岁	5368	5368	6526	224	6302	2541	456	1606	479
45-49岁	5659	5659	5289	173	5116	1817	321	1176	320
50-54岁	3588	3588	2168	58	2110	831	160	548	123
55-59岁	1833	1833	690	15	675	242	46	152	44
60-64岁	486	486	163	4	159	39	8	21	10
65-69岁	164	164	57	1	56	17	4	11	2
70-74岁	26	26	16		16	3	1		2
75岁及以上	10	10	10	1	9	3	1	1	1

4-5a 续表 10

单位：人

年龄组 性别	水利、环境和公共设施管理业					居民服务、修理和其他服务业			
	小计	水利管理业	生态保护和环境治理业	公共设施管理业	土地管理业	小计	居民服务业	机动车、电子产品和日用产品修理业	其他服务业
总计	**26786**	**1468**	**2757**	**22243**	**318**	**148036**	**92196**	**34283**	**21557**
16-19岁	91	9	15	67		4509	2929	1445	135
20-24岁	1172	90	226	819	37	15677	10432	4353	892
25-29岁	2040	151	372	1453	64	20378	13531	5429	1418
30-34岁	2752	211	429	2049	63	23304	15474	6169	1661
35-39岁	2640	209	393	1988	50	19018	11968	5285	1765
40-44岁	2966	190	329	2413	34	16318	10010	4084	2224
45-49岁	4495	215	387	3858	35	19664	12149	3671	3844
50-54岁	4853	227	313	4293	20	16229	9442	2362	4425
55-59岁	3767	146	208	3400	13	8777	4480	1108	3189
60-64岁	1437	16	58	1361	2	2801	1224	210	1367
65-69岁	479	3	19	457		1087	422	116	549
70-74岁	79	1	8	70		200	92	39	69
75岁及以上	15			15		74	43	12	19
男	**17081**	**1112**	**2039**	**13732**	**198**	**65627**	**27551**	**28835**	**9241**
16-19岁	70	8	12	50		2753	1296	1379	78
20-24岁	797	73	158	543	23	8085	3661	3923	501
25-29岁	1360	107	261	958	34	10129	4692	4634	803
30-34岁	1833	142	313	1338	40	11079	5088	5093	898
35-39岁	1700	147	274	1248	31	8843	3656	4347	840
40-44岁	1823	138	254	1411	20	6807	2654	3283	870
45-49岁	2516	151	266	2077	22	6619	2512	2909	1198
50-54岁	2955	193	256	2490	16	5506	2070	1966	1470
55-59岁	2634	134	177	2312	11	3584	1236	975	1373
60-64岁	992	15	46	930	1	1438	439	185	814
65-69岁	336	3	15	318		629	188	99	342
70-74岁	56	1	7	48		119	39	34	46
75岁及以上	9			9		36	20	8	8
女	**9705**	**356**	**718**	**8511**	**120**	**82409**	**64645**	**5448**	**12316**
16-19岁	21	1	3	17		1756	1633	66	57
20-24岁	375	17	68	276	14	7592	6771	430	391
25-29岁	680	44	111	495	30	10249	8839	795	615
30-34岁	919	69	116	711	23	12225	10386	1076	763
35-39岁	940	62	119	740	19	10175	8312	938	925
40-44岁	1143	52	75	1002	14	9511	7356	801	1354
45-49岁	1979	64	121	1781	13	13045	9637	762	2646
50-54岁	1898	34	57	1803	4	10723	7372	396	2955
55-59岁	1133	12	31	1088	2	5193	3244	133	1816
60-64岁	445	1	12	431	1	1363	785	25	553
65-69岁	143		4	139		458	234	17	207
70-74岁	23		1	22		81	53	5	23
75岁及以上	6			6		38	23	4	11

4-5a　续表 11　　　　单位：人

年龄组 性　别	教育		卫生和社会工作			文化、体育和娱乐业				
	小计	教育	小计	卫生	社会工作	小计	新闻和出版业	广播、电视、电影和录音制作业	文　化艺术业	体育
总　计	**161846**	**161846**	**72434**	**69574**	**2860**	**38570**	**2597**	**5417**	**5785**	**7320**
16—19岁	2575	2575	583	566	17	1314	6	85	95	263
20—24岁	18827	18827	7970	7746	224	6752	178	993	830	1446
25—29岁	27252	27252	13060	12700	360	8255	413	1311	1146	1815
30—34岁	25734	25734	13317	12962	355	6955	369	1038	1031	1392
35—39岁	25179	25179	11117	10793	324	4948	416	735	788	834
40—44岁	22043	22043	8789	8430	359	3478	405	443	619	530
45—49岁	19129	19129	7865	7381	484	3146	392	370	586	474
50—54岁	13389	13389	5254	4846	408	2155	266	249	386	333
55—59岁	6505	6505	3254	3011	243	1213	136	158	232	185
60—64岁	832	832	707	652	55	233	9	25	40	31
65—69岁	257	257	335	313	22	97	4	5	25	15
70—74岁	75	75	127	124	3	15	3	3	4	1
75岁及以上	49	49	56	50	6	9		2	3	1
男	**53424**	**53424**	**23857**	**22985**	**872**	**21006**	**1386**	**3265**	**2927**	**3988**
16—19岁	621	621	93	90	3	738	3	52	43	142
20—24岁	4277	4277	1474	1426	48	3687	69	556	392	874
25—29岁	7252	7252	3028	2933	95	4355	148	764	521	1018
30—34岁	7302	7302	4035	3923	112	3576	179	618	491	685
35—39岁	7708	7708	3967	3869	98	2596	200	458	382	392
40—44岁	7228	7228	3037	2942	95	1819	221	265	304	236
45—49岁	6943	6943	2916	2808	108	1705	225	220	309	264
50—54岁	6456	6456	2451	2311	140	1365	204	173	247	204
55—59岁	4782	4782	2038	1908	130	910	123	134	186	140
60—64岁	598	598	453	429	24	163	8	17	28	20
65—69岁	176	176	225	209	16	73	3	4	19	13
70—74岁	57	57	98	97	1	12	3	2	3	
75岁及以上	24	24	42	40	2	7		2	2	
女	**108422**	**108422**	**48577**	**46589**	**1988**	**17564**	**1211**	**2152**	**2858**	**3332**
16—19岁	1954	1954	490	476	14	576	3	33	52	121
20—24岁	14550	14550	6496	6320	176	3065	109	437	438	572
25—29岁	20000	20000	10032	9767	265	3900	265	547	625	797
30—34岁	18432	18432	9282	9039	243	3379	190	420	540	707
35—39岁	17471	17471	7150	6924	226	2352	216	277	406	442
40—44岁	14815	14815	5752	5488	264	1659	184	178	315	294
45—49岁	12186	12186	4949	4573	376	1441	167	150	277	210
50—54岁	6933	6933	2803	2535	268	790	62	76	139	129
55—59岁	1723	1723	1216	1103	113	303	13	24	46	45
60—64岁	234	234	254	223	31	70	1	8	12	11
65—69岁	81	81	110	104	6	24	1	1	6	2
70—74岁	18	18	29	27	2	3		1	1	1
75岁及以上	25	25	14	10	4	2			1	1

4-5a 续表 12

单位：人

年龄组 性 别	娱乐业	公共管理、社会保障和社会组织						国际组织	
		小计	中国共产党机关	国家机构	人民政协、民主党派	社会保障	群众团体、社会团体和其他成员组织	基层群众自治组织	小计	国际组织
总 计	**17451**	**128741**	**2010**	**104297**	**236**	**505**	**6598**	**15095**	**51**	**51**
16-19岁	865	284	2	211		2	34	35		
20-24岁	3305	7484	67	6110	6	31	518	752	2	2
25-29岁	3570	17854	202	14970	13	54	994	1621	5	5
30-34岁	3125	20849	315	17002	21	105	1263	2143	6	6
35-39岁	2175	19693	352	16154	21	104	1039	2023	14	14
40-44岁	1481	17679	271	14526	27	62	810	1983	9	9
45-49岁	1324	19323	317	15831	27	59	814	2275	7	7
50-54岁	921	14179	252	11269	47	51	608	1952	5	5
55-59岁	502	9750	207	7476	67	28	374	1598	3	3
60-64岁	128	991	15	474	4	2	77	419		
65-69岁	48	432	6	177	2	5	37	205		
70-74岁	4	139	1	53		1	17	67		
75岁及以上	3	84	3	44	1	1	13	22		
男	**9440**	**84652**	**1366**	**69709**	**164**	**250**	**3241**	**9922**	**29**	**29**
16-19岁	498	201		157		1	18	25		
20-24岁	1796	4519	35	3833	2	14	184	451	1	1
25-29岁	1904	10322	99	8849	8	26	390	950	3	3
30-34岁	1603	12230	189	10217	11	40	553	1220	1	1
35-39岁	1164	12354	234	10324	10	51	510	1225	7	7
40-44岁	793	11326	182	9457	14	29	406	1238	6	6
45-49岁	687	12735	227	10664	17	28	399	1400	4	4
50-54岁	537	10825	195	8694	35	30	396	1475	5	5
55-59岁	327	8829	182	6896	60	25	286	1380	2	2
60-64岁	90	791	15	394	4	1	51	326		
65-69岁	34	349	5	148	2	4	28	162		
70-74岁	4	105		38		1	10	56		
75岁及以上	3	66	3	38	1		10	14		
女	**8011**	**44089**	**644**	**34588**	**72**	**255**	**3357**	**5173**	**22**	**22**
16-19岁	367	83	2	54		1	16	10		
20-24岁	1509	2965	32	2277	4	17	334	301	1	1
25-29岁	1666	7532	103	6121	5	28	604	671	2	2
30-34岁	1522	8619	126	6785	10	65	710	923	5	5
35-39岁	1011	7339	118	5830	11	53	529	798	7	7
40-44岁	688	6353	89	5069	13	33	404	745	3	3
45-49岁	637	6588	90	5167	10	31	415	875	3	3
50-54岁	384	3354	57	2575	12	21	212	477		
55-59岁	175	921	25	580	7	3	88	218	1	1
60-64岁	38	200		80		1	26	93		
65-69岁	14	83	1	29		1	9	43		
70-74岁		34	1	15			7	11		
75岁及以上		18		6		1	3	8		

4−5b　全省分年龄、性别、行业大类的就业人口(镇)

单位：人

年龄组 性　别	合计	农、林、牧、渔业						采矿业	
		小计	农业	林业	畜牧业	渔业	农、林、牧、渔专业及辅助性活动	小计	煤炭开采和洗选业
总　计	**710578**	**58225**	**41973**	**1872**	**4416**	**8140**	**1824**	**1085**	**18**
16−19岁	11043	405	320	4	24	28	29	5	
20−24岁	60829	2202	1621	54	157	233	137	53	
25−29岁	95531	3749	2577	126	300	554	192	114	1
30−34岁	110031	4723	3127	148	481	741	226	146	2
35−39岁	102651	5288	3472	203	531	871	211	131	1
40−44岁	86060	5339	3489	214	524	904	208	150	2
45−49岁	93878	7783	5318	312	635	1281	237	184	3
50−54岁	76113	9595	6889	359	717	1409	221	184	3
55−59岁	45814	8637	6483	277	548	1148	181	87	2
60−64岁	16048	5087	4045	112	264	568	98	14	2
65−69岁	8526	3461	2906	45	157	292	61	12	1
70−74岁	2772	1331	1169	10	44	93	15	4	
75岁及以上	1282	625	557	8	34	18	8	1	1
男	**437174**	**37384**	**25005**	**1398**	**3092**	**6658**	**1231**	**898**	**16**
16−19岁	6791	270	207	3	17	22	21	5	
20−24岁	35871	1439	1015	41	107	200	76	47	
25−29岁	57674	2534	1627	100	218	471	118	87	1
30−34岁	66356	3160	1913	111	350	634	152	123	2
35−39岁	61048	3436	2064	142	372	713	145	100	
40−44岁	50592	3332	1993	149	353	702	135	124	2
45−49岁	55596	4647	2875	224	398	993	157	137	2
50−54岁	49569	5949	3890	271	499	1134	155	170	3
55−59岁	33133	5537	3821	223	395	960	138	77	2
60−64岁	11525	3378	2541	84	194	492	67	13	2
65−69岁	6066	2329	1881	36	118	245	49	11	1
70−74岁	2045	940	801	9	42	76	12	3	
75岁及以上	908	433	377	5	29	16	6	1	1
女	**273404**	**20841**	**16968**	**474**	**1324**	**1482**	**593**	**187**	**2**
16−19岁	4252	135	113	1	7	6	8		
20−24岁	24958	763	606	13	50	33	61	6	
25−29岁	37857	1215	950	26	82	83	74	27	
30−34岁	43675	1563	1214	37	131	107	74	23	
35−39岁	41603	1852	1408	61	159	158	66	31	1
40−44岁	35468	2007	1496	65	171	202	73	26	
45−49岁	38282	3136	2443	88	237	288	80	47	1
50−54岁	26544	3646	2999	88	218	275	66	14	
55−59岁	12681	3100	2662	54	153	188	43	10	
60−64岁	4523	1709	1504	28	70	76	31	1	
65−69岁	2460	1132	1025	9	39	47	12	1	
70−74岁	727	391	368	1	2	17	3	1	
75岁及以上	374	192	180	3	5	2	2		

4-5b 续表 1 单位：人

年龄组 性 别	采矿业						制造业		
	石油和天然气开采业	黑色金属矿采选业	有色金属矿采选业	非金属矿采选业	开采专业及辅助性活动	其他采矿业	小计	农副食品加工业	食品制造业
总 计	**37**	**37**	**357**	**531**	**73**	**32**	**233156**	**6154**	**3661**
16-19岁				5			4790	29	71
20-24岁	5	2	16	26	3	1	21515	247	301
25-29岁	5	6	27	54	18	3	31520	552	499
30-34岁	12	2	43	75	8	4	39481	777	597
35-39岁	5	2	33	79	8	3	37040	817	551
40-44岁	4	2	47	86	5	4	30276	746	432
45-49岁		10	74	77	16	4	32195	920	490
50-54岁	3	9	86	68	8	7	22028	947	388
55-59岁	2	2	27	45	4	5	9913	644	202
60-64岁	1	1	1	9			2701	276	80
65-69岁		1	2	5	2	1	1237	150	35
70-74岁			1	2	1		319	38	12
75岁及以上							141	11	3
男	**31**	**29**	**269**	**470**	**58**	**25**	**136948**	**3822**	**2021**
16-19岁				5			3023	25	50
20-24岁	5	1	13	25	2	1	12977	160	177
25-29岁	2	4	21	44	14	1	19143	380	293
30-34岁	12	2	30	66	7	4	23440	503	328
35-39岁	4	2	21	65	5	3	20970	472	282
40-44岁	3	1	32	79	4	3	16717	425	228
45-49岁		8	43	68	13	3	17363	511	244
50-54岁	2	7	82	63	8	5	13293	587	207
55-59岁	2	2	25	40	2	4	6834	430	130
60-64岁	1	1		9			1968	182	52
65-69岁		1	1	5	2	1	891	104	21
70-74岁			1	1	1		230	33	6
75岁及以上							99	10	3
女	**6**	**8**	**88**	**61**	**15**	**7**	**96208**	**2332**	**1640**
16-19岁							1767	4	21
20-24岁		1	3	1	1		8538	87	124
25-29岁	3	2	6	10	4	2	12377	172	206
30-34岁			13	9	1		16041	274	269
35-39岁	1		12	14	3		16070	345	269
40-44岁	1	1	15	7	1	1	13559	321	204
45-49岁		2	31	9	3	1	14832	409	246
50-54岁	1	2	4	5		2	8735	360	181
55-59岁			2	5	2	1	3079	214	72
60-64岁			1				733	94	28
65-69岁			1				346	46	14
70-74岁				1			89	5	6
75岁及以上							42	1	

4-5b 续表 2

单位：人

年龄组 性别	制造业								
	酒、饮料和精制茶制造业	烟草制品业	纺织业	纺织服装、服饰业	皮革、毛皮、羽毛及其制品和制鞋业	木材加工和木、竹、藤、棕、草制品业	家具制造业	造纸和纸制品业	印刷和记录媒介复制业
总计	**1349**	**84**	**6612**	**33786**	**14354**	**3324**	**6091**	**4094**	**3023**
16-19岁	4	1	88	839	178	30	65	61	52
20-24岁	86	6	505	4328	846	155	338	273	270
25-29岁	183	10	796	5379	1763	298	747	490	387
30-34岁	226	14	988	5289	2650	380	937	640	518
35-39岁	216	11	977	4931	2749	439	927	614	512
40-44岁	167	13	938	3999	2171	383	830	548	453
45-49岁	172	11	1077	4408	2197	548	972	651	444
50-54岁	127	5	785	2924	1208	534	792	474	242
55-59岁	95	8	329	1206	438	323	364	215	105
60-64岁	40		79	283	92	133	78	69	26
65-69岁	27	3	33	132	50	65	32	44	11
70-74岁	2	1	11	37	9	20	6	11	2
75岁及以上	4	1	6	31	3	16	3	4	1
男	**868**	**54**	**3595**	**13714**	**7564**	**2241**	**4199**	**2693**	**1986**
16-19岁	2	1	52	302	119	18	55	48	38
20-24岁	52	4	293	1576	470	119	245	190	195
25-29岁	121	6	441	2220	1014	213	533	360	274
30-34岁	142	10	528	2306	1442	261	638	398	353
35-39岁	128	7	517	2038	1394	272	579	379	316
40-44岁	101	11	508	1524	1077	240	559	336	285
45-49岁	106	4	548	1663	1025	357	631	409	262
50-54岁	81	3	423	1197	651	360	558	317	154
55-59岁	77	5	206	602	265	234	301	158	77
60-64岁	29		51	159	66	98	63	54	20
65-69岁	23	1	19	87	33	44	30	33	9
70-74岁	2	1	5	22	7	13	5	8	2
75岁及以上	4	1	4	18	1	12	2	3	1
女	**481**	**30**	**3017**	**20072**	**6790**	**1083**	**1892**	**1401**	**1037**
16-19岁	2		36	537	59	12	10	13	14
20-24岁	34	2	212	2752	376	36	93	83	75
25-29岁	62	4	355	3159	749	85	214	130	113
30-34岁	84	4	460	2983	1208	119	299	242	165
35-39岁	88	4	460	2893	1355	167	348	235	196
40-44岁	66	2	430	2475	1094	143	271	212	168
45-49岁	66	7	529	2745	1172	191	341	242	182
50-54岁	46	2	362	1727	557	174	234	157	88
55-59岁	18	3	123	604	173	89	63	57	28
60-64岁	11		28	124	26	35	15	15	6
65-69岁	4	2	14	45	17	21	2	11	2
70-74岁			6	15	2	7	1	3	
75岁及以上			2	13	2	4	1	1	

4-5b 续表 3

单位：人

年龄组 性 别	制造业								
	文教、工美、体育和娱乐用品制造业	石油、煤炭及其他燃料加工业	化学原料和化学制品制造业	医 药制造业	化学纤维制造业	橡胶和塑 料制品业	非金属矿 物制品业	黑色金属冶炼和压延加工业	有色金属冶炼和压延加工业
总 计	**16140**	**239**	**6532**	**1451**	**225**	**12335**	**17021**	**1373**	**2436**
16-19岁	286	1	140	29	3	219	140	9	20
20-24岁	1400	24	825	184	23	946	1045	118	165
25-29岁	2272	28	1034	247	29	1428	1984	233	275
30-34岁	2733	49	1166	276	47	1988	2575	254	430
35-39岁	2726	46	998	226	31	1936	2586	189	398
40-44岁	1976	37	757	160	30	1664	2410	154	346
45-49岁	2223	18	752	160	26	1909	2739	167	381
50-54岁	1452	23	540	100	17	1400	2147	150	273
55-59岁	669	6	231	50	15	623	1027	80	123
60-64岁	200	5	59	11	3	135	259	15	17
65-69岁	144	2	21	4	1	72	86	4	6
70-74岁	44		6	2		13	16		2
75岁及以上	15		3	2		2	7		
男	**8134**	**188**	**4131**	**791**	**159**	**7740**	**11782**	**1165**	**1764**
16-19岁	161	1	87	20	1	160	100	7	17
20-24岁	756	15	486	101	19	673	745	108	128
25-29岁	1231	24	649	125	19	967	1355	197	197
30-34岁	1455	42	685	151	31	1231	1810	218	301
35-39岁	1360	36	630	119	22	1207	1750	152	280
40-44岁	921	27	452	90	19	963	1557	123	241
45-49岁	971	13	499	69	16	1075	1773	138	270
50-54岁	675	19	385	60	17	858	1539	133	205
55-59岁	361	5	182	41	12	444	837	73	103
60-64岁	126	4	53	8	2	95	225	12	14
65-69岁	83	2	18	4	1	53	73	4	6
70-74岁	24		4	2		12	13		2
75岁及以上	10		1	1		2	5		
女	**8006**	**51**	**2401**	**660**	**66**	**4595**	**5239**	**208**	**672**
16-19岁	125		53	9	2	59	40	2	3
20-24岁	644	9	339	83	4	273	300	10	37
25-29岁	1041	4	385	122	10	461	629	36	78
30-34岁	1278	7	481	125	16	757	765	36	129
35-39岁	1366	10	368	107	9	729	836	37	118
40-44岁	1055	10	305	70	11	701	853	31	105
45-49岁	1252	5	253	91	10	834	966	29	111
50-54岁	777	4	155	40		542	608	17	68
55-59岁	308	1	49	9	3	179	190	7	20
60-64岁	74	1	6	3	1	40	34	3	3
65-69岁	61		3			19	13		
70-74岁	20		2			1	3		
75岁及以上	5		2	1			2		

4-5b 续表 4

单位：人

年龄组 性别	制造业								
	金属制品业	通用设备制造业	专用设备制造业	汽车制造业	铁路、船舶、航空航天和其他运输设备制造业	电气机械和器材制造业	计算机、通信和其他电子设备制造业	仪器仪表制造业	其他制造业
总计	**22944**	**7220**	**4920**	**4096**	**1263**	**25048**	**21492**	**1128**	**1498**
16-19岁	356	145	92	102	21	929	814	16	21
20-24岁	1658	712	430	533	81	2881	2714	91	127
25-29岁	2597	967	667	782	135	3593	3506	136	195
30-34岁	3616	1326	959	927	237	4812	4226	210	209
35-39岁	3658	1173	886	691	217	3963	3666	217	228
40-44岁	3275	989	644	440	170	3095	2647	193	208
45-49岁	3603	960	605	365	172	3151	2152	147	218
50-54岁	2571	580	402	171	154	1770	1139	76	164
55-59岁	1149	258	163	63	53	664	455	29	79
60-64岁	287	78	53	14	18	136	115	11	31
65-69岁	120	26	13	8	3	44	43	2	14
70-74岁	45	5	5		2	8	8		3
75岁及以上	9	1	1			2	7		1
男	**15366**	**5140**	**3374**	**2789**	**950**	**14786**	**11765**	**643**	**869**
16-19岁	276	115	77	77	19	634	509	9	15
20-24岁	1203	546	299	434	64	1893	1702	65	79
25-29岁	1803	718	458	576	101	2288	2114	75	121
30-34岁	2430	936	658	610	184	2906	2301	115	120
35-39岁	2384	813	578	426	160	2210	1831	114	139
40-44岁	2128	656	422	264	116	1657	1263	101	106
45-49岁	2210	637	417	214	122	1563	989	84	111
50-54岁	1724	418	290	121	120	1043	642	44	85
55-59岁	851	209	121	45	44	444	294	25	59
60-64岁	221	69	39	14	16	103	80	9	24
65-69岁	94	19	10	8	2	36	30	2	9
70-74岁	37	3	4		2	7	6		
75岁及以上	5	1	1			2	4		1
女	**7578**	**2080**	**1546**	**1307**	**313**	**10262**	**9727**	**485**	**629**
16-19岁	80	30	15	25	2	295	305	7	6
20-24岁	455	166	131	99	17	988	1012	26	48
25-29岁	794	249	209	206	34	1305	1392	61	74
30-34岁	1186	390	301	317	53	1906	1925	95	89
35-39岁	1274	360	308	265	57	1753	1835	103	89
40-44岁	1147	333	222	176	54	1438	1384	92	102
45-49岁	1393	323	188	151	50	1588	1163	63	107
50-54岁	847	162	112	50	34	727	497	32	79
55-59岁	298	49	42	18	9	220	161	4	20
60-64岁	66	9	14		2	33	35	2	7
65-69岁	26	7	3		1	8	13		5
70-74岁	8	2	1			1	2		3
75岁及以上	4						3		

4-5b 续表 5

单位：人

年龄组 性 别	制造业		电力、热力、燃气及水生产和供应业				建筑业		
	废弃资源综合利用业	金属制品、机械和设备修理业	小计	电力、热力生产和供应业	燃气生产和供应业	水的生产和供应业	小计	房屋建筑业	土木工程建筑业
总 计	**1606**	**1657**	**5410**	**3377**	**853**	**1180**	**65258**	**33045**	**4555**
16-19岁	7	22	20	11	4	5	475	236	33
20-24岁	69	134	270	167	52	51	3818	1721	376
25-29岁	111	197	509	308	91	110	6957	3054	627
30-34岁	184	241	655	371	134	150	8482	3819	690
35-39岁	188	273	632	358	126	148	8051	3663	608
40-44岁	181	220	815	525	121	169	7778	3699	494
45-49岁	309	248	942	633	103	206	10294	5354	652
50-54岁	275	198	825	538	114	173	10260	5842	597
55-59岁	160	87	588	399	60	129	6316	3803	350
60-64岁	79	19	96	40	28	28	1913	1241	102
65-69岁	32	10	43	18	14	11	752	499	23
70-74岁	5	6	10	7	3		119	84	3
75岁及以上	6	2	5	2	3		43	30	
男	**1174**	**1481**	**4161**	**2653**	**643**	**865**	**55781**	**27654**	**3997**
16-19岁	6	22	16	9	2	5	415	196	32
20-24岁	57	123	215	129	44	42	3272	1478	323
25-29岁	90	180	373	225	65	83	6098	2660	556
30-34岁	137	210	478	287	87	104	7324	3264	604
35-39岁	131	244	464	273	90	101	6912	3088	531
40-44岁	129	188	588	390	86	112	6438	2930	420
45-49岁	212	220	648	439	84	125	8479	4254	570
50-54岁	197	180	693	465	89	139	8648	4799	523
55-59岁	119	80	554	380	56	118	5618	3312	320
60-64岁	62	18	85	35	24	26	1756	1119	95
65-69岁	24	9	36	14	12	10	688	457	21
70-74岁	5	5	7	5	2		102	74	2
75岁及以上	5	2	4	2	2		31	23	
女	**432**	**176**	**1249**	**724**	**210**	**315**	**9477**	**5391**	**558**
16-19岁	1		4	2	2		60	40	1
20-24岁	12	11	55	38	8	9	546	243	53
25-29岁	21	17	136	83	26	27	859	394	71
30-34岁	47	31	177	84	47	46	1158	555	86
35-39岁	57	29	168	85	36	47	1139	575	77
40-44岁	52	32	227	135	35	57	1340	769	74
45-49岁	97	28	294	194	19	81	1815	1100	82
50-54岁	78	18	132	73	25	34	1612	1043	74
55-59岁	41	7	34	19	4	11	698	491	30
60-64岁	17	1	11	5	4	2	157	122	7
65-69岁	8	1	7	4	2	1	64	42	2
70-74岁		1	3	2	1		17	10	1
75岁及以上	1		1		1		12	7	

4−5b　续表 6

单位：人

年龄组 性　别	建筑业		批发和零售业			交通运输、仓储和邮政业			
	建　筑 安装业	建筑装 饰、装修 和其他 建筑业	小计	批发业	零售业	小计	铁　路 运输业	道　路 运输业	水　上 运输业
总　计	**4391**	**23267**	**127702**	**27487**	**100215**	**31612**	**493**	**19416**	**635**
16−19岁	36	170	2074	340	1734	297	3	107	8
20−24岁	284	1437	12709	2365	10344	2417	38	943	34
25−29岁	578	2698	19773	4043	15730	4337	88	2089	69
30−34岁	758	3215	21417	4830	16587	5335	73	3035	99
35−39岁	711	3069	19730	4455	15275	5169	43	3366	80
40−44岁	627	2958	14387	3216	11171	4037	64	2795	64
45−49岁	638	3650	14237	3173	11064	4347	79	3093	86
50−54岁	471	3350	11378	2543	8835	3317	52	2359	92
55−59岁	227	1936	7069	1510	5559	1769	42	1233	77
60−64岁	45	525	2824	600	2224	388	7	270	20
65−69岁	9	221	1406	283	1123	152	2	96	5
70−74岁	6	26	477	99	378	31	2	21	1
75岁及以上	1	12	221	30	191	16		9	
男	**4095**	**20035**	**71919**	**17566**	**54353**	**27341**	**379**	**17634**	**510**
16−19岁	34	153	1117	213	904	226	3	79	8
20−24岁	261	1210	6812	1489	5323	1895	25	798	28
25−29岁	536	2346	10950	2480	8470	3571	66	1808	57
30−34岁	700	2756	11795	3048	8747	4490	56	2679	75
35−39岁	665	2628	10898	2820	8078	4508	29	3059	61
40−44岁	591	2497	7845	2055	5790	3567	51	2579	50
45−49岁	589	3066	7835	1990	5845	3837	57	2842	70
50−54岁	441	2885	6698	1670	5028	3039	46	2225	73
55−59岁	220	1766	4623	1087	3536	1675	38	1192	66
60−64岁	43	499	1855	416	1439	360	6	255	18
65−69岁	9	201	958	204	754	135	1	91	3
70−74岁	6	20	374	75	299	25	1	20	1
75岁及以上		8	159	19	140	13		7	
女	**296**	**3232**	**55783**	**9921**	**45862**	**4271**	**114**	**1782**	**125**
16−19岁	2	17	957	127	830	71		28	
20−24岁	23	227	5897	876	5021	522	13	145	6
25−29岁	42	352	8823	1563	7260	766	22	281	12
30−34岁	58	459	9622	1782	7840	845	17	356	24
35−39岁	46	441	8832	1635	7197	661	14	307	19
40−44岁	36	461	6542	1161	5381	470	13	216	14
45−49岁	49	584	6402	1183	5219	510	22	251	16
50−54岁	30	465	4680	873	3807	278	6	134	19
55−59岁	7	170	2446	423	2023	94	4	41	11
60−64岁	2	26	969	184	785	28	1	15	2
65−69岁		20	448	79	369	17	1	5	2
70−74岁		6	103	24	79	6	1	1	
75岁及以上	1	4	62	11	51	3		2	

4—5b 续表 7

单位：人

年龄组 性别	交通运输、仓储和邮政业					住宿和餐饮业		
	航空运输业	管道运输业	多式联运和运输代理业	装卸搬运和仓储业	邮政业	小计	住宿业	餐饮业
总计	**685**	**6**	**911**	**2771**	**6695**	**40398**	**4367**	**36031**
16—19岁	12		7	21	139	1078	112	966
20—24岁	172	1	66	162	1001	4079	448	3631
25—29岁	165		140	284	1502	5782	591	5191
30—34岁	124	1	183	363	1457	6436	688	5748
35—39岁	64	1	156	365	1094	5860	599	5261
40—44岁	45		106	321	642	4824	503	4321
45—49岁	53		124	446	466	5097	591	4506
50—54岁	39	2	77	454	242	4032	482	3550
55—59岁	8		40	259	110	2179	241	1938
60—64岁	3		5	56	27	634	78	556
65—69岁		1	6	33	9	299	25	274
70—74岁			1	2	4	68	5	63
75岁及以上				5	2	30	4	26
男	**431**	**6**	**721**	**2318**	**5342**	**22548**	**1910**	**20638**
16—19岁	5		4	19	108	707	61	646
20—24岁	90	1	40	131	782	2580	192	2388
25—29岁	108		100	232	1200	3686	266	3420
30—34岁	80	1	139	308	1152	3797	318	3479
35—39岁	47	1	123	306	882	3131	243	2888
40—44岁	26		91	264	506	2466	199	2267
45—49岁	39		109	350	370	2461	225	2236
50—54岁	28	2	71	388	206	1920	191	1729
55—59岁	6		37	235	101	1176	144	1032
60—64岁	2		4	51	24	373	46	327
65—69岁		1	3	29	7	187	18	169
70—74岁				1	2	45	5	40
75岁及以上				4	2	19	2	17
女	**254**		**190**	**453**	**1353**	**17850**	**2457**	**15393**
16—19岁	7		3	2	31	371	51	320
20—24岁	82		26	31	219	1499	256	1243
25—29岁	57		40	52	302	2096	325	1771
30—34岁	44		44	55	305	2639	370	2269
35—39岁	17		33	59	212	2729	356	2373
40—44岁	19		15	57	136	2358	304	2054
45—49岁	14		15	96	96	2636	366	2270
50—54岁	11		6	66	36	2112	291	1821
55—59岁	2		3	24	9	1003	97	906
60—64岁	1		1	5	3	261	32	229
65—69岁			3	4	2	112	7	105
70—74岁			1	1	2	23		23
75岁及以上				1		11	2	9

4-5b　续表 8

单位：人

年龄组 性别	信息传输、软件和信息技术服务业				金融业				
	小计	电信、广播电视和卫星传输服务	互联网和相关服务	软件和信息技术服务业	小计	货币金融服务	资本市场服务	保险业	其他金融业
总　计	**8028**	**2172**	**3460**	**2396**	**6363**	**2990**	**368**	**2465**	**540**
16-19岁	118	10	84	24	26	7	2	11	6
20-24岁	1366	193	733	440	517	234	42	177	64
25-29岁	2024	366	977	681	1155	508	83	443	121
30-34岁	1826	461	786	579	1382	592	100	538	152
35-39岁	1152	357	449	346	1045	402	53	517	73
40-44岁	653	263	205	185	598	218	28	312	40
45-49岁	505	293	135	77	790	443	32	271	44
50-54岁	243	147	60	36	544	374	20	125	25
55-59岁	117	72	26	19	270	192	6	61	11
60-64岁	14	7	2	5	27	13		10	4
65-69岁	7	3	2	2	2	2			
70-74岁	3		1	2	5	3	2		
75岁及以上					2	2			
男	**5447**	**1347**	**2361**	**1739**	**3382**	**1734**	**222**	**1098**	**328**
16-19岁	75	5	55	15	17	3		9	5
20-24岁	875	108	460	307	270	114	20	101	35
25-29岁	1349	214	637	498	575	239	46	221	69
30-34岁	1239	264	563	412	690	288	60	250	92
35-39岁	782	202	320	260	473	205	37	191	40
40-44岁	449	157	155	137	273	118	13	117	25
45-49岁	358	202	97	59	426	271	22	106	27
50-54岁	195	118	48	29	396	299	18	58	21
55-59岁	105	69	22	14	236	183	5	38	10
60-64岁	13	6	2	5	20	9		7	4
65-69岁	5	2	1	2	1	1			
70-74岁	2		1	1	3	2	1		
75岁及以上					2	2			
女	**2581**	**825**	**1099**	**657**	**2981**	**1256**	**146**	**1367**	**212**
16-19岁	43	5	29	9	9	4	2	2	1
20-24岁	491	85	273	133	247	120	22	76	29
25-29岁	675	152	340	183	580	269	37	222	52
30-34岁	587	197	223	167	692	304	40	288	60
35-39岁	370	155	129	86	572	197	16	326	33
40-44岁	204	106	50	48	325	100	15	195	15
45-49岁	147	91	38	18	364	172	10	165	17
50-54岁	48	29	12	7	148	75	2	67	4
55-59岁	12	3	4	5	34	9	1	23	1
60-64岁	1	1			7	4		3	
65-69岁	2	1	1		1	1			
70-74岁	1			1	2	1	1		
75岁及以上									

4－5b 续表 9

单位：人

年龄组 性 别	房地产业		租赁和商务服务业			科学研究和技术服务业			
	小计	房地产业	小计	租赁业	商 务 服务业	小计	研究和 试验发展	专业技术 服务业	科技推广 和应用 服务业
总　计	**11155**	**11155**	**13973**	**911**	**13062**	**4985**	**607**	**3471**	**907**
16－19岁	116	116	209	10	199	57	4	46	7
20－24岁	1082	1082	1739	76	1663	680	69	524	87
25－29岁	1966	1966	2603	138	2465	1089	133	797	159
30－34岁	1923	1923	2488	169	2319	1009	161	679	169
35－39岁	1477	1477	1856	151	1705	755	108	496	151
40－44岁	1098	1098	1287	113	1174	491	44	334	113
45－49岁	1253	1253	1406	112	1294	387	43	282	62
50－54岁	1030	1030	1116	91	1025	274	22	176	76
55－59岁	752	752	787	30	757	180	15	110	55
60－64岁	295	295	273	14	259	42	7	18	17
65－69岁	139	139	143	6	137	13	1	4	8
70－74岁	20	20	47	1	46	4		2	2
75岁及以上	4	4	19		19	4		3	1
男	**6948**	**6948**	**8992**	**804**	**8188**	**3524**	**403**	**2496**	**625**
16－19岁	79	79	123	9	114	37		31	6
20－24岁	657	657	970	68	902	452	39	351	62
25－29岁	1151	1151	1472	122	1350	741	85	551	105
30－34岁	1107	1107	1503	140	1363	692	105	483	104
35－39岁	881	881	1168	135	1033	537	81	351	105
40－44岁	691	691	845	104	741	368	30	258	80
45－49岁	743	743	953	96	857	281	28	203	50
50－54岁	718	718	891	85	806	208	15	143	50
55－59岁	541	541	654	27	627	156	14	101	41
60－64岁	242	242	244	13	231	34	5	17	12
65－69岁	118	118	118	4	114	11	1	3	7
70－74岁	16	16	37	1	36	4		2	2
75岁及以上	4	4	14		14	3		2	1
女	**4207**	**4207**	**4981**	**107**	**4874**	**1461**	**204**	**975**	**282**
16－19岁	37	37	86	1	85	20	4	15	1
20－24岁	425	425	769	8	761	228	30	173	25
25－29岁	815	815	1131	16	1115	348	48	246	54
30－34岁	816	816	985	29	956	317	56	196	65
35－39岁	596	596	688	16	672	218	27	145	46
40－44岁	407	407	442	9	433	123	14	76	33
45－49岁	510	510	453	16	437	106	15	79	12
50－54岁	312	312	225	6	219	66	7	33	26
55－59岁	211	211	133	3	130	24	1	9	14
60－64岁	53	53	29	1	28	8	2	1	5
65－69岁	21	21	25	2	23	2		1	1
70－74岁	4	4	10		10				
75岁及以上			5		5	1		1	

4-5b　续表 10

单位：人

年龄组 性　别	水利、环境和公共设施管理业					居民服务、修理和其他服务业			
	小计	水　利 管理业	生态保护 和环境 治理业	公共设施 管理业	土　地 管理业	小计	居　民 服务业	机动车、 电子产品 和日用产 品修理业	其　他 服务业
总　计	**3574**	**353**	**326**	**2856**	**39**	**23905**	**13438**	**7662**	**2805**
16－19岁	15	1	1	13		540	314	199	27
20－24岁	118	9	13	95	1	2083	1167	789	127
25－29岁	230	19	33	172	6	3097	1806	1083	208
30－34岁	304	34	52	210	8	3569	2065	1257	247
35－39岁	362	38	38	282	4	3544	2029	1222	293
40－44岁	414	50	44	316	4	2996	1619	1075	302
45－49岁	588	68	43	469	8	3070	1718	880	472
50－54岁	644	57	43	540	4	2430	1334	618	478
55－59岁	515	51	38	423	3	1519	798	329	392
60－64岁	238	7	12	218	1	591	314	118	159
65－69岁	113	10	6	97		306	166	62	78
70－74岁	22	4	3	15		113	76	20	17
75岁及以上	11	5		6		47	32	10	5
男	**2173**	**285**	**242**	**1618**	**28**	**12220**	**4517**	**6581**	**1122**
16－19岁	11	1	1	9		357	153	187	17
20－24岁	87	7	8	71	1	1230	437	715	78
25－29岁	156	16	23	113	4	1721	640	958	123
30－34岁	212	27	38	141	6	1880	693	1059	128
35－39岁	238	26	28	181	3	1854	686	1032	136
40－44岁	246	41	30	174	1	1489	494	894	101
45－49岁	296	49	30	210	7	1359	495	731	133
50－54岁	368	51	34	280	3	1040	372	531	137
55－59岁	336	48	34	251	3	698	273	285	140
60－64岁	130	5	9	116		318	141	103	74
65－69岁	66	6	4	56		174	75	59	40
70－74岁	19	3	3	13		73	41	18	14
75岁及以上	8	5		3		27	17	9	1
女	**1401**	**68**	**84**	**1238**	**11**	**11685**	**8921**	**1081**	**1683**
16－19岁	4			4		183	161	12	10
20－24岁	31	2	5	24		853	730	74	49
25－29岁	74	3	10	59	2	1376	1166	125	85
30－34岁	92	7	14	69	2	1689	1372	198	119
35－39岁	124	12	10	101	1	1690	1343	190	157
40－44岁	168	9	14	142	3	1507	1125	181	201
45－49岁	292	19	13	259	1	1711	1223	149	339
50－54岁	276	6	9	260	1	1390	962	87	341
55－59岁	179	3	4	172		821	525	44	252
60－64岁	108	2	3	102	1	273	173	15	85
65－69岁	47	4	2	41		132	91	3	38
70－74岁	3	1		2		40	35	2	3
75岁及以上	3			3		20	15	1	4

4-5b 续表 11

单位：人

年龄组 性 别	教育		卫生和社会工作			文化、体育和娱乐业				
	小计	教育	小计	卫生	社会工作	小计	新闻和出版业	广播、电视、电影和录音制作业	文 化 艺术业	体育
总 计	**33493**	**33493**	**11933**	**11603**	**330**	**3893**	**106**	**360**	**573**	**499**
16-19岁	522	522	112	111	1	134		4	12	18
20-24岁	2827	2827	1305	1284	21	558	15	55	64	85
25-29岁	4142	4142	2071	2045	26	774	19	68	88	126
30-34岁	4477	4477	1752	1713	39	691	21	60	100	94
35-39岁	5420	5420	1524	1488	36	515	16	46	73	66
40-44岁	5532	5532	1697	1658	39	369	14	39	58	38
45-49岁	4854	4854	1568	1503	65	345	10	28	70	27
50-54岁	3570	3570	921	881	40	270	5	32	54	26
55-59岁	1728	1728	615	575	40	154	5	17	35	13
60-64岁	232	232	177	163	14	40		4	4	4
65-69岁	111	111	99	93	6	25	1	3	10	
70-74岁	50	50	59	57	2	15		3	4	2
75岁及以上	28	28	33	32	1	3		1	1	
男	**12530**	**12530**	**4735**	**4616**	**119**	**2203**	**58**	**231**	**338**	**267**
16-19岁	171	171	23	22	1	74		3	5	10
20-24岁	583	583	273	269	4	309	7	29	33	51
25-29岁	957	957	537	531	6	438	10	35	48	76
30-34岁	1142	1142	594	582	12	365	10	37	52	41
35-39岁	1797	1797	661	644	17	289	8	32	47	33
40-44岁	2092	2092	689	680	9	209	9	31	28	20
45-49岁	2119	2119	700	685	15	179	6	19	44	14
50-54岁	1959	1959	524	509	15	176	5	24	41	9
55-59岁	1387	1387	448	422	26	104	3	13	27	9
60-64岁	184	184	131	121	10	27		1	3	3
65-69岁	75	75	76	74	2	18		3	6	
70-74岁	40	40	52	50	2	14		3	4	1
75岁及以上	24	24	27	27		1		1		
女	**20963**	**20963**	**7198**	**6987**	**211**	**1690**	**48**	**129**	**235**	**232**
16-19岁	351	351	89	89		60		1	7	8
20-24岁	2244	2244	1032	1015	17	249	8	26	31	34
25-29岁	3185	3185	1534	1514	20	336	9	33	40	50
30-34岁	3335	3335	1158	1131	27	326	11	23	48	53
35-39岁	3623	3623	863	844	19	226	8	14	26	33
40-44岁	3440	3440	1008	978	30	160	5	8	30	18
45-49岁	2735	2735	868	818	50	166	4	9	26	13
50-54岁	1611	1611	397	372	25	94		8	13	17
55-59岁	341	341	167	153	14	50	2	4	8	4
60-64岁	48	48	46	42	4	13		3	1	1
65-69岁	36	36	23	19	4	7	1		4	
70-74岁	10	10	7	7		1				1
75岁及以上	4	4	6	5	1	2			1	

4-5b 续表 12

单位：人

年龄组 性 别	娱乐业	公共管理、社会保障和社会组织							国际组织	
		小计	中国共产党机关	国家机构	人民政协、民主党派	社会保障	群众团体、社会团体和其他成员组织	基层群众自治组织	小计	国际组织
总 计	**2355**	**26428**	**510**	**20462**	**74**	**88**	**1111**	**4183**	**2**	**2**
16−19岁	100	50		40			7	3		
20−24岁	339	1491	33	1250	3	7	91	107		
25−29岁	473	3639	67	3067	6	16	159	324		
30−34岁	416	3935	82	3183	3	13	156	498		
35−39岁	314	3099	62	2393	9	13	143	479	1	1
40−44岁	220	3319	76	2625	6	13	122	477		
45−49岁	210	4032	76	3169	8	13	130	636	1	1
50−54岁	153	3452	68	2598	20	8	130	628		
55−59岁	84	2619	36	1848	17	5	101	612		
60−64岁	28	462	6	172	2		25	257		
65−69岁	11	206	3	65			25	113		
70−74岁	6	75	1	30			14	30		
75岁及以上	1	49		22			8	19		
男	**1309**	**18039**	**346**	**14118**	**53**	**45**	**624**	**2853**	**1**	**1**
16−19岁	56	45		36			6	3		
20−24岁	189	928	17	789	1	4	50	67		
25−29岁	269	2135	40	1845	2	6	66	176		
30−34岁	225	2325	46	1947	1	6	61	264		
35−39岁	169	1949	37	1548	5	8	70	281		
40−44岁	121	2164	54	1725	3	3	69	310		
45−49岁	96	2774	57	2201	5	9	75	427	1	1
50−54岁	97	2684	53	2039	17	5	93	477		
55−59岁	52	2374	34	1743	17	4	80	496		
60−64岁	20	394	5	147	2		20	220		
65−69岁	9	169	2	55			19	93		
70−74岁	6	59	1	23			11	24		
75岁及以上		39		20			4	15		
女	**1046**	**8389**	**164**	**6344**	**21**	**43**	**487**	**1330**	**1**	**1**
16−19岁	44	5		4			1			
20−24岁	150	563	16	461	2	3	41	40		
25−29岁	204	1504	27	1222	4	10	93	148		
30−34岁	191	1610	36	1236	2	7	95	234		
35−39岁	145	1150	25	845	4	5	73	198	1	1
40−44岁	99	1155	22	900	3	10	53	167		
45−49岁	114	1258	19	968	3	4	55	209		
50−54岁	56	768	15	559	3	3	37	151		
55−59岁	32	245	2	105		1	21	116		
60−64岁	8	68	1	25			5	37		
65−69岁	2	37	1	10			6	20		
70−74岁		16		7			3	6		
75岁及以上	1	10		2			4	4		

4-5c 全省分年龄、性别、行业大类的就业人口(乡村)

单位：人

年龄组 性别	合计	农、林、牧、渔业						采矿业	
		小计	农业	林业	畜牧业	渔业	农、林、牧、渔专业及辅助性活动	小计	煤炭开采和洗选业
总　计	**1229241**	**324720**	**269352**	**5649**	**23033**	**22326**	**4360**	**2637**	**16**
16-19岁	23605	2560	2215	60	134	98	53	11	1
20-24岁	107717	11334	9165	232	821	757	359	123	
25-29岁	154248	18111	14192	359	1575	1541	444	262	2
30-34岁	160571	22131	17197	450	2067	2027	390	365	3
35-39岁	143745	24304	18854	436	2356	2217	441	343	2
40-44岁	122791	26053	20360	518	2544	2234	397	337	
45-49岁	147599	39696	31747	813	3374	3181	581	397	1
50-54岁	149036	54980	45411	1128	3825	3971	645	431	2
55-59岁	111248	52238	44423	875	3091	3315	534	255	2
60-64岁	55325	33606	29634	423	1568	1725	256	74	
65-69岁	33587	23814	21441	240	1021	947	165	29	2
70-74岁	12612	9924	9174	76	376	231	67	3	
75岁及以上	7157	5969	5539	39	281	82	28	7	1
男	**768184**	**186580**	**147229**	**4001**	**15314**	**17286**	**2750**	**2290**	**14**
16-19岁	14752	1663	1388	45	110	83	37	11	1
20-24岁	65442	7354	5693	168	614	646	233	99	
25-29岁	97456	11577	8500	293	1159	1335	290	227	2
30-34岁	102040	13420	9715	330	1441	1662	272	323	2
35-39岁	89977	14164	10269	314	1547	1760	274	299	2
40-44岁	73706	14092	10287	351	1568	1657	229	286	
45-49岁	85581	20087	14905	535	2027	2284	336	327	1
50-54岁	91747	28947	22553	756	2410	2841	387	383	2
55-59岁	73839	29504	23862	652	2092	2556	342	234	2
60-64岁	37517	20261	17246	307	1113	1417	178	68	
65-69岁	22593	14925	13115	173	752	779	106	26	1
70-74岁	8704	6619	6039	50	286	196	48	2	
75岁及以上	4830	3967	3657	27	195	70	18	5	1
女	**461057**	**138140**	**122123**	**1648**	**7719**	**5040**	**1610**	**347**	**2**
16-19岁	8853	897	827	15	24	15	16		
20-24岁	42275	3980	3472	64	207	111	126	24	
25-29岁	56792	6534	5692	66	416	206	154	35	
30-34岁	58531	8711	7482	120	626	365	118	42	1
35-39岁	53768	10140	8585	122	809	457	167	44	
40-44岁	49085	11961	10073	167	976	577	168	51	
45-49岁	62018	19609	16842	278	1347	897	245	70	
50-54岁	57289	26033	22858	372	1415	1130	258	48	
55-59岁	37409	22734	20561	223	999	759	192	21	
60-64岁	17808	13345	12388	116	455	308	78	6	
65-69岁	10994	8889	8326	67	269	168	59	3	1
70-74岁	3908	3305	3135	26	90	35	19	1	
75岁及以上	2327	2002	1882	12	86	12	10	2	

4–5c　续表 1

单位：人

年龄组 性　别	采矿业						制造业		
	石油和天然气开采业	黑色金属矿采选业	有色金属矿采选业	非金属矿采选业	开采专业及辅助性活　动	其　他采矿业	小计	农副食品加工业	食　品制造业
总　计	**64**	**174**	**246**	**1977**	**109**	**51**	**337277**	**9868**	**6466**
16–19岁			1	8		1	9592	93	159
20–24岁	8	2	5	94	11	3	35855	550	705
25–29岁	13	6	16	199	17	9	48770	941	971
30–34岁	14	15	25	288	14	6	55400	1239	1013
35–39岁	9	17	32	262	17	4	48867	1148	847
40–44岁	6	26	31	253	15	6	40292	1131	733
45–49岁	4	40	50	281	13	8	43970	1471	797
50–54岁	4	44	46	314	13	8	31588	1438	664
55–59岁	3	17	33	190	4	6	15390	1059	372
60–64岁	2	5	6	58	3		4627	460	126
65–69岁		1	1	24	1		2096	215	58
70–74岁				3			584	82	14
75岁及以上	1	1		3	1		246	41	7
男	**47**	**153**	**211**	**1728**	**95**	**42**	**194922**	**6156**	**3340**
16–19岁			1	8		1	6022	71	86
20–24岁	6	2	3	78	8	2	21016	376	381
25–29岁	9	6	14	172	17	7	29122	610	528
30–34岁	11	11	24	257	13	5	32772	799	540
35–39岁	5	15	28	232	13	4	27718	704	462
40–44岁	5	20	23	222	12	4	21715	639	326
45–49岁	4	34	36	233	12	7	22643	787	348
50–54岁	4	41	44	274	11	7	18248	863	340
55–59岁	2	17	32	172	4	5	10294	724	201
60–64岁	1	5	5	54	3		3338	321	77
65–69岁		1	1	22	1		1481	169	38
70–74岁				2			400	64	8
75岁及以上		1		2	1		153	29	5
女	**17**	**21**	**35**	**249**	**14**	**9**	**142355**	**3712**	**3126**
16–19岁							3570	22	73
20–24岁	2		2	16	3	1	14839	174	324
25–29岁	4		2	27		2	19648	331	443
30–34岁	3	4	1	31	1	1	22628	440	473
35–39岁	4	2	4	30	4		21149	444	385
40–44岁	1	6	8	31	3	2	18577	492	407
45–49岁		6	14	48	1	1	21327	684	449
50–54岁		3	2	40	2	1	13340	575	324
55–59岁	1		1	18		1	5096	335	171
60–64岁	1		1	4			1289	139	49
65–69岁				2			615	46	20
70–74岁				1			184	18	6
75岁及以上	1			1			93	12	2

4—5c 续表 2

单位：人

年龄组 性　别	制造业								
	酒、饮料和精制茶制造业	烟　草制品业	纺织业	纺织服装、服饰业	皮革、毛皮、羽毛及其制品和制鞋业	木材加工和木、竹、藤、棕、草制品业	家　具制造业	造纸和纸制品业	印刷和记录媒介复制业
总　计	**2877**	**86**	**12754**	**44656**	**16291**	**7448**	**12718**	**9946**	**4241**
16—19岁	40	2	199	1673	267	58	169	143	89
20—24岁	175	8	1048	7421	1094	314	942	819	411
25—29岁	302	11	1633	7902	2128	572	1535	1212	648
30—34岁	374	17	2038	6857	2802	786	2073	1522	769
35—39岁	370	14	1892	5965	2903	878	1808	1458	734
40—44岁	327	7	1648	4661	2328	915	1682	1248	563
45—49岁	346	4	1906	5101	2488	1269	1907	1571	512
50—54岁	394	8	1403	3163	1513	1255	1562	1137	325
55—59岁	255	11	667	1305	532	822	761	607	134
60—64岁	151	4	155	357	145	323	186	148	40
65—69岁	95		110	186	59	163	75	69	12
70—74岁	35		38	47	24	60	12	10	3
75岁及以上	13		17	18	8	33	6	2	1
男	**1828**	**51**	**7157**	**15444**	**7538**	**4861**	**8863**	**6548**	**2676**
16—19岁	27	1	120	592	164	44	131	94	58
20—24岁	113	4	615	2291	583	231	697	546	263
25—29岁	203	5	970	2938	1055	419	1071	823	435
30—34岁	243	9	1172	2633	1371	525	1450	1011	486
35—39岁	228	9	1064	2115	1292	568	1204	960	462
40—44岁	203	6	893	1413	1000	537	1100	803	355
45—49岁	191	2	916	1502	983	749	1246	934	288
50—54岁	244	5	802	1077	665	792	1116	750	197
55—59岁	170	6	411	564	283	585	604	457	87
60—64岁	106	4	102	199	90	230	164	111	33
65—69岁	64		68	88	36	119	66	50	9
70—74岁	26		17	28	11	39	8	8	2
75岁及以上	10		7	4	5	23	6	1	1
女	**1049**	**35**	**5597**	**29212**	**8753**	**2587**	**3855**	**3398**	**1565**
16—19岁	13	1	79	1081	103	14	38	49	31
20—24岁	62	4	433	5130	511	83	245	273	148
25—29岁	99	6	663	4964	1073	153	464	389	213
30—34岁	131	8	866	4224	1431	261	623	511	283
35—39岁	142	5	828	3850	1611	310	604	498	272
40—44岁	124	1	755	3248	1328	378	582	445	208
45—49岁	155	2	990	3599	1505	520	661	637	224
50—54岁	150	3	601	2086	848	463	446	387	128
55—59岁	85	5	256	741	249	237	157	150	47
60—64岁	45		53	158	55	93	22	37	7
65—69岁	31		42	98	23	44	9	19	3
70—74岁	9		21	19	13	21	4	2	1
75岁及以上	3		10	14	3	10		1	

4–5c　续表 3　　　　单位：人

年龄组 性　别	制造业								
	文教、工美、体育和娱乐用品制造业	石油、煤炭及其他燃料加工业	化学原料和化学制品制造业	医　药制造业	化学纤维制造业	橡胶和塑　料制品业	非金属矿　物制品业	黑色金属冶炼和压延加工业	有色金属冶炼和压延加工业
总　计	**20750**	**344**	**9937**	**1958**	**106**	**19084**	**25606**	**2119**	**3418**
16–19岁	484	2	303	40		712	291	23	35
20–24岁	2087	30	1244	265	3	1721	1676	146	248
25–29岁	3057	49	1615	352	17	2401	2919	280	411
30–34岁	3513	71	1651	380	19	2987	3558	352	555
35–39岁	3149	48	1418	288	19	2776	3442	305	471
40–44岁	2611	43	1127	216	18	2496	3279	295	440
45–49岁	2800	45	1144	195	14	2721	4192	292	591
50–54岁	1838	30	820	132	10	1955	3590	246	417
55–59岁	754	20	427	65	4	920	1911	132	185
60–64岁	261	4	141	15	1	254	535	40	47
65–69岁	140	2	37	7	1	100	173	5	16
70–74岁	40		7	2		30	34	1	2
75岁及以上	16		3	1		11	6	2	
男	**9904**	**269**	**5625**	**1053**	**65**	**11479**	**18523**	**1735**	**2519**
16–19岁	277	1	164	24		501	220	17	32
20–24岁	1106	24	602	156	2	1168	1274	120	192
25–29岁	1604	36	868	176	13	1567	2165	232	290
30–34岁	1745	54	920	207	7	1836	2586	285	443
35–39岁	1538	40	811	145	14	1628	2468	250	325
40–44岁	1147	34	645	110	12	1427	2185	237	310
45–49岁	1068	32	644	94	8	1400	2810	229	410
50–54岁	796	23	499	85	5	1108	2575	205	319
55–59岁	383	19	325	39	2	586	1565	116	147
60–64岁	136	4	109	12	1	171	479	36	37
65–69岁	74	2	30	3	1	65	159	5	12
70–74岁	20		7	2		14	33	1	2
75岁及以上	10		1			8	4	2	
女	**10846**	**75**	**4312**	**905**	**41**	**7605**	**7083**	**384**	**899**
16–19岁	207	1	139	16		211	71	6	3
20–24岁	981	6	642	109	1	553	402	26	56
25–29岁	1453	13	747	176	4	834	754	48	121
30–34岁	1768	17	731	173	12	1151	972	67	112
35–39岁	1611	8	607	143	5	1148	974	55	146
40–44岁	1464	9	482	106	6	1069	1094	58	130
45–49岁	1732	13	500	101	6	1321	1382	63	181
50–54岁	1042	7	321	47	5	847	1015	41	98
55–59岁	371	1	102	26	2	334	346	16	38
60–64岁	125		32	3		83	56	4	10
65–69岁	66		7	4		35	14		4
70–74岁	20					16	1		
75岁及以上	6		2	1		3	2		

4-5c 续表 4

单位：人

年龄组 性别	制造业								
	金属制品业	通用设备制造业	专用设备制造业	汽车制造业	铁路、船舶、航空航天和其他运输设备制造业	电气机械和器材制造业	计算机、通信和其他电子设备制造业	仪器仪表制造业	其他制造业
总计	**37599**	**10196**	**8004**	**5741**	**1676**	**20660**	**34028**	**1814**	**2677**
16-19岁	661	254	251	180	32	985	2245	96	46
20-24岁	3054	1137	963	920	146	2681	5225	227	244
25-29岁	4786	1607	1311	1147	214	3246	6360	295	325
30-34岁	6178	1917	1527	1219	304	3883	6463	355	369
35-39岁	5683	1600	1338	826	244	3041	5000	260	375
40-44岁	4946	1207	906	528	209	2381	3365	189	335
45-49岁	5551	1174	850	491	224	2271	2937	206	362
50-54岁	4001	773	498	280	182	1386	1607	109	317
55-59岁	1856	389	232	111	89	596	603	48	185
60-64岁	554	99	69	21	26	125	143	20	46
65-69岁	251	33	37	12	6	54	60	6	52
70-74岁	59	4	16	3		9	9	3	12
75岁及以上	19	2	6	3		2	11		9
男	**24695**	**7206**	**5506**	**4131**	**1223**	**11953**	**18629**	**1037**	**1435**
16-19岁	490	194	172	144	28	688	1541	55	29
20-24岁	2226	835	696	763	108	1812	3235	140	149
25-29岁	3377	1148	943	879	162	2024	3768	170	196
30-34岁	4181	1395	1065	876	229	2293	3516	201	194
35-39岁	3786	1124	884	530	173	1629	2489	141	200
40-44岁	3091	814	611	348	142	1208	1495	98	164
45-49岁	3254	767	527	300	148	1034	1267	108	173
50-54岁	2414	530	332	177	131	745	803	63	167
55-59岁	1239	289	167	84	78	385	367	35	95
60-64岁	393	80	60	17	19	89	99	18	28
65-69岁	187	26	32	9	5	38	41	5	29
70-74岁	46	2	13	3		7	3	3	7
75岁及以上	11	2	4	1		1	5		4
女	**12904**	**2990**	**2498**	**1610**	**453**	**8707**	**15399**	**777**	**1242**
16-19岁	171	60	79	36	4	297	704	41	17
20-24岁	828	302	267	157	38	869	1990	87	95
25-29岁	1409	459	368	268	52	1222	2592	125	129
30-34岁	1997	522	462	343	75	1590	2947	154	175
35-39岁	1897	476	454	296	71	1412	2511	119	175
40-44岁	1855	393	295	180	67	1173	1870	91	171
45-49岁	2297	407	323	191	76	1237	1670	98	189
50-54岁	1587	243	166	103	51	641	804	46	150
55-59岁	617	100	65	27	11	211	236	13	90
60-64岁	161	19	9	4	7	36	44	2	18
65-69岁	64	7	5	3	1	16	19	1	23
70-74岁	13	2	3			2	6		5
75岁及以上	8		2	2		1	6		5

4-5c　续表 5

单位：人

年龄组 性　别	制造业		电力、热力、燃气及水生产和供应业				建筑业		
	废弃资源综合利用业	金属制品、机械和设备修理业	小计	电力、热力生产和供应业	燃气生产和供应业	水的生产和供应业	小计	房屋建筑业	土木工程建筑业
总　计	**2093**	**2116**	**6651**	**4232**	**1071**	**1348**	**147302**	**82341**	**9071**
16-19岁	22	38	24	9	7	8	1410	724	92
20-24岁	107	244	359	220	56	83	9375	4554	742
25-29岁	164	359	792	506	133	153	15545	7265	1144
30-34岁	244	365	903	530	153	220	16364	7454	1329
35-39岁	260	307	826	507	164	155	15206	7286	1053
40-44岁	235	223	688	428	115	145	14578	7641	894
45-49岁	317	221	986	635	144	207	20862	12046	1197
50-54岁	349	186	917	625	124	168	24923	15518	1335
55-59岁	227	111	784	555	98	131	18429	12227	868
60-64岁	96	35	235	143	44	48	7289	5181	289
65-69岁	44	18	101	55	24	22	2698	1978	111
70-74岁	19	9	32	17	7	8	501	372	17
75岁及以上	9		4	2	2		122	95	
男	**1595**	**1878**	**5494**	**3553**	**848**	**1093**	**127460**	**69274**	**8136**
16-19岁	20	37	17	6	4	7	1221	608	80
20-24岁	88	220	301	191	36	74	8355	3942	668
25-29岁	125	322	650	429	101	120	14084	6450	1030
30-34岁	178	322	726	442	114	170	14722	6537	1199
35-39岁	198	277	676	425	131	120	13321	6176	956
40-44岁	174	188	541	337	92	112	12151	6058	793
45-49岁	232	192	748	476	110	162	16746	9255	1026
50-54岁	256	164	773	530	103	140	20651	12489	1198
55-59岁	183	98	715	511	85	119	16296	10667	795
60-64岁	81	32	219	136	42	41	6774	4779	271
65-69岁	34	17	97	54	22	21	2556	1875	105
70-74岁	17	9	28	15	6	7	480	360	15
75岁及以上	9		3	1	2		103	78	
女	**498**	**238**	**1157**	**679**	**223**	**255**	**19842**	**13067**	**935**
16-19岁	2	1	7	3	3	1	189	116	12
20-24岁	19	24	58	29	20	9	1020	612	74
25-29岁	39	37	142	77	32	33	1461	815	114
30-34岁	66	43	177	88	39	50	1642	917	130
35-39岁	62	30	150	82	33	35	1885	1110	97
40-44岁	61	35	147	91	23	33	2427	1583	101
45-49岁	85	29	238	159	34	45	4116	2791	171
50-54岁	93	22	144	95	21	28	4272	3029	137
55-59岁	44	13	69	44	13	12	2133	1560	73
60-64岁	15	3	16	7	2	7	515	402	18
65-69岁	10	1	4	1	2	1	142	103	6
70-74岁	2		4	2	1	1	21	12	2
75岁及以上			1	1			19	17	

4-5c 续表 6

单位：人

年龄组 性别	建筑业		批发和零售业			交通运输、仓储和邮政业			
	建筑安装业	建筑装饰、装修和其他建筑业	小计	批发业	零售业	小计	铁路运输业	道路运输业	水上运输业
总　计	**9837**	**46053**	**147048**	**36031**	**111017**	**53809**	**610**	**34515**	**764**
16—19岁	112	482	3371	598	2773	865	20	369	1
20—24岁	830	3249	19102	3787	15315	5004	76	2315	50
25—29岁	1602	5534	26319	5821	20498	8190	134	4405	86
30—34岁	1729	5852	23998	5711	18287	9246	97	5638	107
35—39岁	1545	5322	20017	4932	15085	8409	40	5776	87
40—44岁	1257	4786	14159	3701	10458	6482	50	4645	84
45—49岁	1208	6411	14024	3927	10097	6463	68	4767	103
50—54岁	862	7208	12099	3464	8635	5146	71	3752	105
55—59岁	494	4840	7740	2275	5465	2816	47	2015	91
60—64岁	142	1677	3382	1025	2357	806	4	579	36
65—69岁	46	563	1850	523	1327	294	2	200	10
70—74岁	9	103	641	168	473	67		41	3
75岁及以上	1	26	346	99	247	21	1	13	1
男	**9348**	**40702**	**84400**	**23166**	**61234**	**47346**	**480**	**31767**	**665**
16—19岁	106	427	1848	390	1458	655	6	265	1
20—24岁	788	2957	10001	2293	7708	3994	54	1896	44
25—29岁	1535	5069	14738	3711	11027	6940	108	3926	72
30—34岁	1664	5322	13771	3696	10075	8049	80	5145	96
35—39岁	1461	4728	11442	3204	8238	7565	33	5413	76
40—44岁	1187	4113	7978	2367	5611	5813	34	4336	69
45—49岁	1133	5332	7789	2376	5413	5827	50	4472	89
50—54岁	813	6151	7222	2228	4994	4746	66	3562	91
55—59岁	471	4363	5118	1573	3545	2635	43	1945	81
60—64岁	138	1586	2438	744	1694	764	3	561	33
65—69岁	43	533	1324	384	940	281	2	197	10
70—74岁	8	97	469	127	342	60		37	2
75岁及以上	1	24	262	73	189	17	1	12	1
女	**489**	**5351**	**62648**	**12865**	**49783**	**6463**	**130**	**2748**	**99**
16—19岁	6	55	1523	208	1315	210	14	104	
20—24岁	42	292	9101	1494	7607	1010	22	419	6
25—29岁	67	465	11581	2110	9471	1250	26	479	14
30—34岁	65	530	10227	2015	8212	1197	17	493	11
35—39岁	84	594	8575	1728	6847	844	7	363	11
40—44岁	70	673	6181	1334	4847	669	16	309	15
45—49岁	75	1079	6235	1551	4684	636	18	295	14
50—54岁	49	1057	4877	1236	3641	400	5	190	14
55—59岁	23	477	2622	702	1920	181	4	70	10
60—64岁	4	91	944	281	663	42	1	18	3
65—69岁	3	30	526	139	387	13		3	
70—74岁	1	6	172	41	131	7		4	1
75岁及以上		2	84	26	58	4		1	

4-5c　续表 7

单位：人

年龄组 性　别	交通运输、仓储和邮政业					住宿和餐饮业		
	航　空 运输业	管　道 运输业	多式联运 和运输 代理业	装卸搬运 和仓储业	邮政业	小计	住宿业	餐饮业
总　计	**671**	**28**	**1645**	**5062**	**10514**	**55651**	**5445**	**50206**
16-19岁	32		19	81	343	1922	186	1736
20-24岁	102	5	198	400	1858	7173	713	6460
25-29岁	134	5	305	638	2483	9248	895	8353
30-34岁	104	3	321	706	2270	8567	868	7699
35-39岁	85	10	266	640	1505	7406	709	6697
40-44岁	76	1	185	552	889	5858	534	5324
45-49岁	63	4	170	670	618	6111	635	5476
50-54岁	44		115	699	360	5098	531	4567
55-59岁	26		59	432	146	2781	262	2519
60-64岁	4		6	154	23	943	76	867
65-69岁	1			70	11	414	29	385
70-74岁			1	17	5	89	5	84
75岁及以上				3	3	41	2	39
男	**481**	**20**	**1278**	**4233**	**8422**	**32027**	**2411**	**29616**
16-19岁	27		13	65	278	1260	99	1161
20-24岁	85	1	121	329	1464	4700	337	4363
25-29岁	95	4	221	522	1992	6028	400	5628
30-34岁	68	3	241	602	1814	5154	358	4796
35-39岁	68	8	218	525	1224	4292	335	3957
40-44岁	57	1	160	440	716	3079	216	2863
45-49岁	36	3	143	546	488	2868	225	2643
50-54岁	28		105	606	288	2357	218	2139
55-59岁	14		49	380	123	1388	141	1247
60-64岁	3		6	137	21	556	58	498
65-69岁				63	9	263	19	244
70-74岁			1	16	4	58	3	55
75岁及以上				2	1	24	2	22
女	**190**	**8**	**367**	**829**	**2092**	**23624**	**3034**	**20590**
16-19岁	5		6	16	65	662	87	575
20-24岁	17	4	77	71	394	2473	376	2097
25-29岁	39	1	84	116	491	3220	495	2725
30-34岁	36		80	104	456	3413	510	2903
35-39岁	17	2	48	115	281	3114	374	2740
40-44岁	19		25	112	173	2779	318	2461
45-49岁	27	1	27	124	130	3243	410	2833
50-54岁	16		10	93	72	2741	313	2428
55-59岁	12		10	52	23	1393	121	1272
60-64岁	1			17	2	387	18	369
65-69岁	1			7	2	151	10	141
70-74岁				1	1	31	2	29
75岁及以上				1	2	17		17

4-5c 续表 8

单位：人

年龄组 性别	信息传输、软件和信息技术服务业				金融业				
	小计	电信、广播电视和卫星传输服务	互联网和相关服务	软件和信息技术服务业	小计	货币金融服务	资本市场服务	保险业	其他金融业
总计	**9714**	**1770**	**5298**	**2646**	**4878**	**1689**	**295**	**2413**	**481**
16-19岁	282	27	207	48	36	12	2	18	4
20-24岁	2212	265	1286	661	640	209	38	292	101
25-29岁	2882	410	1561	911	1189	397	72	584	136
30-34岁	1973	427	1002	544	1104	360	71	564	109
35-39岁	1162	280	603	279	699	207	38	405	49
40-44岁	469	107	284	78	426	116	24	261	25
45-49岁	373	109	198	66	370	171	21	149	29
50-54岁	208	83	95	30	242	125	17	85	15
55-59岁	117	49	50	18	125	73	7	38	7
60-64岁	23	10	6	7	26	13	4	5	4
65-69岁	5	2	2	1	15	3	1	9	2
70-74岁	3		3		4	2		2	
75岁及以上	5	1	1	3	2	1		1	
男	**6676**	**1143**	**3685**	**1848**	**2531**	**945**	**167**	**1131**	**288**
16-19岁	169	15	128	26	20	4	2	12	2
20-24岁	1319	143	754	422	311	85	14	159	53
25-29岁	1926	251	1045	630	614	192	31	306	85
30-34岁	1431	256	770	405	535	174	39	260	62
35-39岁	862	187	456	219	336	119	25	163	29
40-44岁	377	78	244	55	184	64	18	84	18
45-49岁	290	87	158	45	221	121	15	67	18
50-54岁	171	69	78	24	169	104	12	44	9
55-59岁	102	45	43	14	108	67	7	27	7
60-64岁	19	9	5	5	21	12	3	3	3
65-69岁	4	2	1	1	8	1	1	4	2
70-74岁	2		2		3	2		1	
75岁及以上	4	1	1	2	1			1	
女	**3038**	**627**	**1613**	**798**	**2347**	**744**	**128**	**1282**	**193**
16-19岁	113	12	79	22	16	8		6	2
20-24岁	893	122	532	239	329	124	24	133	48
25-29岁	956	159	516	281	575	205	41	278	51
30-34岁	542	171	232	139	569	186	32	304	47
35-39岁	300	93	147	60	363	88	13	242	20
40-44岁	92	29	40	23	242	52	6	177	7
45-49岁	83	22	40	21	149	50	6	82	11
50-54岁	37	14	17	6	73	21	5	41	6
55-59岁	15	4	7	4	17	6		11	
60-64岁	4	1	1	2	5	1	1	2	1
65-69岁	1		1		7	2		5	
70-74岁	1		1		1			1	
75岁及以上	1			1	1	1			

4-5c　续表 9

单位：人

年龄组 性　别	房地产业		租赁和商务服务业			科学研究和技术服务业			
	小计	房地产业	小计	租赁业	商　务 服务业	小计	研究和 试验发展	专业技术 服务业	科技推广 和应用 服务业
总　计	**11104**	**11104**	**19132**	**1894**	**17238**	**6743**	**780**	**4816**	**1147**
16−19岁	193	193	429	40	389	140	8	103	29
20−24岁	1411	1411	2919	180	2739	1121	112	857	152
25−29岁	2143	2143	3939	357	3582	1574	169	1192	213
30−34岁	1826	1826	3156	387	2769	1296	169	929	198
35−39岁	1284	1284	2236	289	1947	780	86	563	131
40−44岁	900	900	1514	174	1340	488	60	337	91
45−49岁	1070	1070	1537	196	1341	477	63	321	93
50−54岁	1068	1068	1458	159	1299	410	57	265	88
55−59岁	741	741	1099	77	1022	281	44	166	71
60−64岁	298	298	469	25	444	96	7	48	41
65−69岁	128	128	255	6	249	54	4	29	21
70−74岁	35	35	93	3	90	13		2	11
75岁及以上	7	7	28	1	27	13	1	4	8
男	**7035**	**7035**	**12552**	**1733**	**10819**	**4814**	**492**	**3573**	**749**
16−19岁	131	131	267	37	230	102	7	78	17
20−24岁	851	851	1529	169	1360	770	75	601	94
25−29岁	1263	1263	2210	334	1876	1068	95	846	127
30−34岁	1126	1126	2047	354	1693	929	111	693	125
35−39岁	812	812	1519	262	1257	547	48	416	83
40−44岁	564	564	1038	161	877	361	41	255	65
45−49岁	678	678	1117	168	949	348	34	246	68
50−54岁	694	694	1136	144	992	325	40	225	60
55−59岁	532	532	933	70	863	227	31	144	52
60−64岁	243	243	423	25	398	72	5	38	29
65−69岁	104	104	227	6	221	45	4	25	16
70−74岁	32	32	82	2	80	9		2	7
75岁及以上	5	5	24	1	23	11	1	4	6
女	**4069**	**4069**	**6580**	**161**	**6419**	**1929**	**288**	**1243**	**398**
16−19岁	62	62	162	3	159	38	1	25	12
20−24岁	560	560	1390	11	1379	351	37	256	58
25−29岁	880	880	1729	23	1706	506	74	346	86
30−34岁	700	700	1109	33	1076	367	58	236	73
35−39岁	472	472	717	27	690	233	38	147	48
40−44岁	336	336	476	13	463	127	19	82	26
45−49岁	392	392	420	28	392	129	29	75	25
50−54岁	374	374	322	15	307	85	17	40	28
55−59岁	209	209	166	7	159	54	13	22	19
60−64岁	55	55	46		46	24	2	10	12
65−69岁	24	24	28		28	9		4	5
70−74岁	3	3	11	1	10	4			4
75岁及以上	2	2	4		4	2			2

4—5c 续表 10 单位：人

年龄组 性 别	水利、环境和公共设施管理业					居民服务、修理和其他服务业			
	小计	水 利 管理业	生态保护 和环境 治理业	公共设施 管理业	土 地 管理业	小计	居 民 服务业	机动车、 电子产品 和日用产 品修理业	其 他 服务业
总 计	**6711**	**349**	**627**	**5695**	**40**	**31621**	**15287**	**11295**	**5039**
16—19岁	45	2	8	35		862	389	425	48
20—24岁	240	17	36	180	7	3353	1590	1558	205
25—29岁	402	23	67	308	4	4471	2169	1990	312
30—34岁	521	32	88	394	7	4435	2137	1911	387
35—39岁	628	33	79	510	6	3872	1783	1682	407
40—44岁	653	38	64	546	5	3355	1571	1302	482
45—49岁	1035	56	94	880	5	3549	1727	1058	764
50—54岁	1154	68	87	995	4	3385	1737	729	919
55—59岁	1065	55	58	951	1	2276	1140	393	743
60—64岁	547	17	30	499	1	1065	511	133	421
65—69岁	306	6	15	285		623	313	76	234
70—74岁	87	1	1	85		215	110	24	81
75岁及以上	28	1		27		160	110	14	36
男	**4023**	**306**	**493**	**3195**	**29**	**17377**	**5281**	**10058**	**2038**
16—19岁	30	2	6	22		598	175	399	24
20—24岁	170	14	23	128	5	2178	601	1451	126
25—29岁	293	18	50	223	2	2762	790	1788	184
30—34岁	370	27	72	266	5	2692	763	1707	222
35—39岁	405	30	67	304	4	2315	662	1472	181
40—44岁	377	30	50	293	4	1794	478	1141	175
45—49岁	545	49	69	422	5	1581	471	898	212
50—54岁	617	58	67	490	2	1321	449	624	248
55—59岁	642	53	50	538	1	1052	413	348	291
60—64岁	314	17	23	273	1	526	211	126	189
65—69岁	181	6	15	160		343	161	67	115
70—74岁	60	1	1	58		125	53	23	49
75岁及以上	19	1		18		90	54	14	22
女	**2688**	**43**	**134**	**2500**	**11**	**14244**	**10006**	**1237**	**3001**
16—19岁	15		2	13		264	214	26	24
20—24岁	70	3	13	52	2	1175	989	107	79
25—29岁	109	5	17	85	2	1709	1379	202	128
30—34岁	151	5	16	128	2	1743	1374	204	165
35—39岁	223	3	12	206	2	1557	1121	210	226
40—44岁	276	8	14	253	1	1561	1093	161	307
45—49岁	490	7	25	458		1968	1256	160	552
50—54岁	537	10	20	505	2	2064	1288	105	671
55—59岁	423	2	8	413		1224	727	45	452
60—64岁	233		7	226		539	300	7	232
65—69岁	125			125		280	152	9	119
70—74岁	27			27		90	57	1	32
75岁及以上	9			9		70	56		14

4-5c　续表 11　　　　单位：人

年龄组 性　别	教育		卫生和社会工作			文化、体育和娱乐业				
	小计	教育	小计	卫生	社会工作	小计	新闻和出版业	广播、电视、电影和录音制作业	文　化艺术业	体育
总　计	**26623**	**26623**	**9690**	**9159**	**531**	**3355**	**78**	**289**	**588**	**591**
16—19岁	1259	1259	334	326	8	129		13	22	15
20—24岁	3682	3682	1520	1478	42	580	13	74	92	136
25—29岁	4513	4513	1955	1899	56	702	18	71	105	159
30—34岁	4044	4044	1342	1295	47	539	10	53	84	105
35—39岁	3541	3541	1030	986	44	383	13	33	64	57
40—44岁	2952	2952	965	898	67	265	5	8	40	37
45—49岁	2723	2723	867	789	78	257	7	14	51	25
50—54岁	2008	2008	592	525	67	235	9	11	51	30
55—59岁	1420	1420	484	409	75	155	3	8	40	16
60—64岁	278	278	263	237	26	61		4	17	6
65—69岁	136	136	184	173	11	26			5	4
70—74岁	49	49	88	82	6	12			8	1
75岁及以上	18	18	66	62	4	11			9	
男	**9394**	**9394**	**3907**	**3750**	**157**	**2006**	**46**	**172**	**350**	**336**
16—19岁	500	500	49	48	1	84		8	12	9
20—24岁	783	783	271	259	12	335	6	40	43	77
25—29岁	1047	1047	460	448	12	402	8	38	55	100
30—34岁	1051	1051	479	467	12	315	4	33	44	53
35—39岁	1171	1171	480	467	13	228	8	24	47	32
40—44岁	1098	1098	496	476	20	151	3	6	21	19
45—49岁	1166	1166	490	477	13	147	6	7	34	10
50—54岁	1126	1126	355	340	15	146	8	6	33	19
55—59岁	1086	1086	343	310	33	108	3	6	30	9
60—64岁	204	204	198	183	15	50		4	14	5
65—69岁	104	104	147	140	7	23			5	2
70—74岁	41	41	77	74	3	10			6	1
75岁及以上	17	17	62	61	1	7			6	
女	**17229**	**17229**	**5783**	**5409**	**374**	**1349**	**32**	**117**	**238**	**255**
16—19岁	759	759	285	278	7	45		5	10	6
20—24岁	2899	2899	1249	1219	30	245	7	34	49	59
25—29岁	3466	3466	1495	1451	44	300	10	33	50	59
30—34岁	2993	2993	863	828	35	224	6	20	40	52
35—39岁	2370	2370	550	519	31	155	5	9	17	25
40—44岁	1854	1854	469	422	47	114	2	2	19	18
45—49岁	1557	1557	377	312	65	110	1	7	17	15
50—54岁	882	882	237	185	52	89	1	5	18	11
55—59岁	334	334	141	99	42	47		2	10	7
60—64岁	74	74	65	54	11	11			3	1
65—69岁	32	32	37	33	4	3				2
70—74岁	8	8	11	8	3	2			2	
75岁及以上	1	1	4	1	3	4			3	

4-5c 续表 12 单位：人

年龄组 性别	娱乐业	公共管理、社会保障和社会组织						国际组织	
		小计	中国共产党机关	国家机构	人民政协、民主党派	社会保障	群众团体、社会团体和其他成员组织	基层群众自治组织	小计	国际组织
总　计	**1809**	**24570**	**261**	**10961**	**16**	**57**	**1340**	**11935**	**5**	**5**
16-19岁	79	141	1	73			34	33		
20-24岁	265	1714	24	1214		8	143	325		
25-29岁	349	3241	46	2247	5	12	179	752		
30-34岁	287	3360	44	2030	1	11	186	1088	1	1
35-39岁	216	2750	25	1438	3	10	143	1131	2	2
40-44岁	175	2357	28	1021	2	2	123	1181		
45-49岁	160	2832	25	1037	2	4	139	1625		
50-54岁	134	3094	31	913		2	160	1988		
55-59岁	88	3051	28	766	3	3	129	2122	1	1
60-64岁	34	1237	7	142		2	44	1042		
65-69岁	17	558	2	49		1	34	472	1	1
70-74岁	3	172		21			16	135		
75岁及以上	2	63		10		2	10	41		
男	**1102**	**17348**	**184**	**7913**	**12**	**34**	**777**	**8428**	**2**	**2**
16-19岁	55	105	1	59			20	25		
20-24岁	169	1105	15	830		5	73	182		
25-29岁	201	2045	28	1513	4	5	87	408		
30-34岁	181	2128	26	1374	1	9	100	618		
35-39岁	117	1824	18	1035	2	5	78	686	1	1
40-44岁	102	1611	22	745	1	1	62	780		
45-49岁	90	1963	16	734	2	2	72	1137		
50-54岁	80	2360	26	737		1	108	1488		
55-59岁	60	2521	26	692	2	1	95	1705	1	1
60-64岁	27	1029	4	124		2	34	865		
65-69岁	16	454	2	42		1	25	384		
70-74岁	3	147		19			15	113		
75岁及以上	1	56		9		2	8	37		
女	**707**	**7222**	**77**	**3048**	**4**	**23**	**563**	**3507**	**3**	**3**
16-19岁	24	36		14			14	8		
20-24岁	96	609	9	384		3	70	143		
25-29岁	148	1196	18	734	1	7	92	344		
30-34岁	106	1232	18	656		2	86	470	1	1
35-39岁	99	926	7	403	1	5	65	445	1	1
40-44岁	73	746	6	276	1	1	61	401		
45-49岁	70	869	9	303		2	67	488		
50-54岁	54	734	5	176		1	52	500		
55-59岁	28	530	2	74	1	2	34	417		
60-64岁	7	208	3	18			10	177		
65-69岁	1	104		7			9	88	1	1
70-74岁		25		2			1	22		
75岁及以上	1	7		1			2	4		

4–6　各地区分性别、职业中类的就业人口

单位：人

地　区 性　别	合计	党的机关、国家机关、群众团体和社会组织、企事业单位负责人						
		小计	中国共产党机关负责人	国家机关负责人	民主党派和工商联负责人	人民团体和群众团体、社会组织及其他成员组织负责人	基层群众自治组织负责人	企事业单位负责人
广　东	**6203762**	**192090**	**182**	**3271**	**25**	**5813**	**2235**	**180564**
广州市	**962020**	**34797**	**40**	**589**	**9**	**959**	**308**	**32892**
荔湾区	44328	1784	2	34		30	6	1712
越秀区	44507	1475	15	132	4	24	11	1289
海珠区	97472	2557	3	72		58	12	2412
天河区	126953	5103	5	87		81	4	4926
白云区	210440	6464	4	57	1	162	79	6161
黄埔区	71955	2662	2	33		55	10	2562
番禺区	145872	7545	2	74	1	145	33	7290
花都区	83006	3422	4	38	3	158	46	3173
南沙区	49811	634		13		13	22	586
从化区	23508	572		12		77	8	475
增城区	64168	2579	3	37		156	77	2306
韶关市	**108124**	**2581**	**13**	**236**		**199**	**127**	**2006**
武江区	15221	360	1	25		99	6	229
浈江区	13174	536	2	35		37	14	448
曲江区	11461	343		17		4	11	311
始兴县	7743	181		22		5	13	141
仁化县	7676	128	1	25		6	3	93
翁源县	11905	221	1	25		6	5	184
乳源瑶族自治县	7451	154	2	17		5	9	121
新丰县	6390	141		22		5	26	88
乐昌市	12591	158	5	34		13	21	85
南雄市	14512	359	1	14		19	19	306
深圳市	**1195627**	**46017**	**10**	**231**	**2**	**434**	**35**	**45305**
罗湖区	63024	2630	1	32		19		2578
福田区	92863	4285	1	33		58	2	4191
南山区	111359	3641	1	52		59	2	3527
宝安区	335183	12718	3	42	1	68	7	12597
龙岗区	271031	11765	2	36	1	135	12	11579
盐田区	12989	509		9		1		499
龙华区	187045	7973	1	21		45	4	7902
坪山区	37928	942	1	4		38	4	895
光明区	84205	1554		2		11	4	1537
珠海市	**130931**	**5184**	**3**	**93**		**313**	**25**	**4750**
香洲区	77234	4268	1	80		255	4	3928
斗门区	31049	364	1	6		14	20	323
金湾区	22648	552	1	7		44	1	499
汕头市	**220693**	**5730**	**6**	**144**		**176**	**73**	**5331**
龙湖区	27778	1227	2	43		40	7	1135
金平区	29934	892	1	28		25	7	831
濠江区	9419	187		4		7	2	174
潮阳区	59077	1117	1	12		15	14	1075
潮南区	51376	1097		4		23	1	1069
澄海区	40667	1147		33		64	33	1017
南澳县	2442	63	2	20		2	9	30
佛山市	**556874**	**22838**	**7**	**117**	**1**	**505**	**99**	**22109**
禅城区	74209	2979	1	13	1	18	7	2939
南海区	223797	10489	2	40		297	49	10101
顺德区	193013	8158	4	41		136	21	7956
三水区	43253	847		14		51	12	770
高明区	22602	365		9		3	10	343

4–6 续表 1　　　　单位：人

地区 性别	合计	党的机关、国家机关、群众团体和社会组织、企事业单位负责人						
		小计	中国共产党机关负责人	国家机关负责人	民主党派和工商联负责人	人民团体和群众团体、社会组织及其他成员组织负责人	基层群众自治组织负责人	企事业单位负责人
江门市	**204759**	**5606**	**14**	**142**		**205**	**108**	**5137**
蓬江区	38267	1561	2	34		47	13	1465
江海区	18874	685		2		2	4	677
新会区	39803	1225	4	33		24	21	1143
台山市	35440	884	2	45		77	30	730
开平市	28807	657		10		40	9	598
鹤山市	25997	357	5	9		6	11	326
恩平市	17571	237	1	9		9	20	198
湛江市	**228355**	**2731**	**11**	**179**	**1**	**132**	**170**	**2238**
赤坎区	13852	550	2	39		32	1	476
霞山区	23707	555	4	33		8	7	503
坡头区	13135	126		7		3	4	112
麻章区	16700	148		3		3	17	125
遂溪县	30157	192	2	14		18	16	142
徐闻县	22459	179		14		7	8	150
廉江市	39452	339	3	17		7	8	304
雷州市	39644	384		47	1	25	91	220
吴川市	29249	258		5		29	18	206
茂名市	**215185**	**1856**	**13**	**69**	**2**	**217**	**137**	**1418**
茂南区	39190	294	2	21	1	16	20	234
电白区	48411	400	4	6		10	23	357
高州市	50431	497	3	15		70	31	378
化州市	43074	344	3	13	1	113	28	186
信宜市	34079	321	1	14		8	35	263
肇庆市	**162344**	**3278**		**120**		**295**	**127**	**2736**
端州区	21908	938		50		50	10	828
鼎湖区	8529	187		9		12	2	164
高要区	32252	479		2		7	55	415
广宁县	13516	278		16		27	5	230
怀集县	27383	648		6		129	21	492
封开县	13618	114		2		25	7	80
德庆县	13534	175		12		9	11	143
四会市	31604	459		23		36	16	384
惠州市	**302599**	**7122**	**11**	**211**	**2**	**338**	**106**	**6454**
惠城区	98758	4539	3	110	2	255	37	4132
惠阳区	85114	1194	2	27		24	13	1128
博罗县	55104	368	2	13		12	12	329
惠东县	52339	938		31		44	37	826
龙门县	11284	83	4	30		3	7	39
梅州市	**110628**	**2333**	**5**	**161**	**1**	**236**	**174**	**1756**
梅江区	15167	551		21		77	1	452
梅县区	20077	458		19		20	57	362
大埔县	9154	178	2	22		5	21	128
丰顺县	13232	120		18		4	16	82
五华县	20165	328	1	22		83	39	183
平远县	7059	158	1	22	1	11	9	114
蕉岭县	7249	144	1	10		2	16	115
兴宁市	18525	396		27		34	15	320
汕尾市	**76093**	**1796**	**1**	**86**		**84**	**68**	**1557**
城　区	14531	477	1	20		2	4	450
海丰县	28067	632		28		46	18	540
陆河县	6256	128		14		5	13	96
陆丰市	27239	559		24		31	33	471

4-6 续表 2

单位：人

地区 性别	合计	党的机关、国家机关、群众团体和社会组织、企事业单位负责人						
		小计	中国共产党机关负责人	国家机关负责人	民主党派和工商联负责人	人民团体和群众团体、社会组织及其他成员组织负责人	基层群众自治组织负责人	企事业单位负责人
河源市	**92956**	**1267**	**5**	**111**		**68**	**158**	**925**
源城区	30160	612		37		38	10	527
紫金县	15798	181	1	14		4	35	127
龙川县	17545	157	3	26		8	24	96
连平县	8231	68		8		6	22	32
和平县	9625	87	1	19		2	24	41
东源县	11597	162		7		10	43	102
阳江市	**98065**	**2085**	**2**	**98**		**165**	**82**	**1738**
江城区	33063	1073		42		14	15	1002
阳东区	20821	435		23		113	8	291
阳西县	15933	224		9		20	15	180
阳春市	28248	353	2	24		18	44	265
清远市	**146188**	**2165**	**6**	**137**	**3**	**63**	**78**	**1878**
清城区	48193	875	1	22	1	15	15	821
清新区	23700	344		7		8	21	308
佛冈县	11920	95		17		5	4	69
阳山县	9296	128		14	1	8	7	98
连山壮族瑶族自治县	3155	56		16	1	4	11	24
连南瑶族自治县	4251	100	1	17		3	1	78
英德市	34036	404	3	29		16	10	346
连州市	11637	163	1	15		4	9	134
东莞市	**745400**	**27301**	**13**	**171**	**4**	**749**	**147**	**26217**
市辖区	745400	27301	13	171	4	749	147	26217
中山市	**246816**	**10100**	**4**	**113**		**242**	**20**	**9721**
市辖区	246816	10100	4	113		242	20	9721
潮州市	**104340**	**2835**	**8**	**128**		**152**	**88**	**2459**
湘桥区	22923	859	1	38		50	12	758
潮安区	49835	1560	6	67		14	44	1429
饶平县	31582	416	1	23		88	32	272
揭阳市	**219488**	**3246**	**6**	**48**		**248**	**58**	**2886**
榕城区	37890	1371		22		25	4	1320
揭东区	40950	446	3	3		53	20	367
揭西县	22112	337	1	7		16	13	300
惠来县	32556	117		6		9	3	99
普宁市	85980	975	2	10		145	18	800
云浮市	**76277**	**1222**	**4**	**87**		**33**	**47**	**1051**
云城区	16135	603	1	44		9	8	541
云安区	6915	57		1		1	4	51
新兴县	18172	220	2	10		7	6	195
郁南县	11315	131	1	12		9	19	90
罗定市	23740	211		20		7	10	174
男	**3779739**	**142295**	**138**	**2656**	**17**	**3867**	**1882**	**133735**
广州市	**568103**	**24774**	**32**	**430**	**7**	**638**	**245**	**23422**
荔湾区	25198	1197	2	26		17	1	1151
越秀区	24307	1038	12	92	2	15	1	916
海珠区	54687	1803	3	47		41	8	1704
天河区	73801	3541	4	66		51	2	3418
白云区	124678	4686	2	38	1	111	63	4471
黄埔区	45237	1927	1	20		33	6	1867
番禺区	86002	5398	2	57	1	99	29	5210
花都区	49760	2425	3	30	3	112	38	2239
南沙区	31470	488		12		7	21	448
从化区	13998	403		8		44	7	344
增城区	38965	1868	3	34		108	69	1654

4-6 续表 3

单位：人

地 区 性 别	合计	党的机关、国家机关、群众团体和社会组织、企事业单位负责人						
		小计	中国共产党机关负责人	国家机关负责人	民主党派和工商联负责人	人民团体和群众团体、社会组织及其他成员组织负责人	基层群众自治组织负责人	企事业单位负责人
韶关市	**62981**	**1870**	**12**	**196**		**121**	**106**	**1435**
武江区	8697	254	1	21		58	5	169
浈江区	7726	361	2	26		24	11	298
曲江区	6931	246		16		1	9	220
始兴县	4163	133		21		2	10	100
仁化县	4541	94		22		4	3	65
翁源县	6919	163	1	21		1	5	135
乳源瑶族自治县	4281	125	2	12		4	9	98
新丰县	3848	107		16		1	17	73
乐昌市	7435	138	5	30		12	21	70
南雄市	8440	249	1	11		14	16	207
深圳市	**735410**	**35082**	**6**	**170**	**1**	**292**	**32**	**34581**
罗湖区	36105	1949		26		13		1910
福田区	53768	3135	1	26		36	2	3070
南山区	66750	2765	1	36		44	2	2682
宝安区	208009	9805	1	29		45	7	9723
龙岗区	166103	8859	2	26	1	94	10	8726
盐田区	8094	393		6		1		386
龙华区	118172	6098	1	16		32	4	6045
坪山区	24385	759		3		23	4	729
光明区	54024	1319		2		4	3	1310
珠海市	**79435**	**3683**	**2**	**72**		**191**	**20**	**3398**
香洲区	46080	2976	1	62		158	3	2752
斗门区	18871	279		4		5	16	254
金湾区	14484	428	1	6		28	1	392
汕头市	**137466**	**4621**	**3**	**122**		**132**	**65**	**4299**
龙湖区	16677	933	1	36		31	4	861
金平区	17652	699	1	20		17	4	657
濠江区	6303	154		4		3	2	145
潮阳区	38776	923		12		6	14	891
潮南区	31554	931		4		19	1	907
澄海区	24831	926		30		54	31	811
南澳县	1673	55	1	16		2	9	27
佛山市	**338695**	**16226**	**3**	**86**	**1**	**339**	**81**	**15716**
禅城区	43800	2160		9	1	12	4	2134
南海区	136107	7260	1	28		206	37	6988
顺德区	117802	5885	2	29		88	18	5748
三水区	27118	639		12		31	12	584
高明区	13868	282		8		2	10	262
江门市	**121080**	**4166**	**8**	**116**		**124**	**90**	**3828**
蓬江区	21676	1120	1	28		25	10	1056
江海区	11251	526		2		2	4	518
新会区	23554	897	2	27		14	16	838
台山市	21350	647	1	38		49	26	533
开平市	17077	508		8		26	8	466
鹤山市	15287	289	3	8		3	10	265
恩平市	10885	179	1	5		5	16	152
湛江市	**141202**	**2086**	**9**	**148**	**1**	**81**	**150**	**1697**
赤坎区	7991	411	2	29		21	1	358
霞山区	13980	406	3	28		5	7	363
坡头区	8702	104		7		2	4	91
麻章区	10939	117		3		2	17	95
遂溪县	18182	141	1	11		10	13	106
徐闻县	13107	142		13		6	8	115
廉江市	24472	259	3	15		4	7	230
雷州市	24548	306		37	1	12	78	178
吴川市	19281	200		5		19	15	161

4-6 续表 4

单位：人

地区 性别	合计	党的机关、国家机关、群众团体和社会组织、企事业单位负责人						
		小计	中国共产党机关负责人	国家机关负责人	民主党派和工商联负责人	人民团体和群众团体、社会组织及其他成员组织负责人	基层群众自治组织负责人	企事业单位负责人
茂名市	**130723**	**1475**	**11**	**60**	**1**	**152**	**125**	**1126**
茂南区	23866	244	1	18	1	14	18	192
电白区	31565	333	4	6		6	22	295
高州市	29232	387	2	13		47	27	298
化州市	26451	266	3	12		80	27	144
信宜市	19609	245	1	11		5	31	197
肇庆市	**94585**	**2335**		**100**		**194**	**102**	**1939**
端州区	12413	650		36		30	6	578
鼎湖区	5164	135		7		6	1	121
高要区	18825	364		1		6	46	311
广宁县	7974	201		14		16	4	167
怀集县	15319	442		6		89	18	329
封开县	7820	78		2		15	4	57
德庆县	7704	123		12		8	8	95
四会市	19366	342		22		24	15	281
惠州市	**186995**	**5294**	**10**	**184**	**1**	**213**	**96**	**4790**
惠城区	60121	3308	3	99	1	154	35	3016
惠阳区	55072	913	2	21		15	12	863
博罗县	33786	282	2	12		9	10	249
惠东县	31201	719		26		32	32	629
龙门县	6815	72	3	26		3	7	33
梅州市	**66932**	**1739**	**3**	**133**	**1**	**159**	**135**	**1308**
梅江区	8775	405		17		53	1	334
梅县区	11927	325		15		14	41	255
大埔县	5683	136	2	16		3	15	100
丰顺县	8184	94		14		4	12	64
五华县	12568	253		20		55	35	143
平远县	4133	122	1	21	1	6	8	85
蕉岭县	4343	112		8		2	12	90
兴宁市	11319	292		22		22	11	237
汕尾市	**53942**	**1470**	**1**	**77**		**68**	**58**	**1266**
城　区	10192	364	1	16		1	4	342
海丰县	18966	506		27		36	14	429
陆河县	4470	110		12		4	10	84
陆丰市	20314	490		22		27	30	411
河源市	**55084**	**1060**	**5**	**101**		**31**	**143**	**780**
源城区	17376	485		32		14	10	429
紫金县	9742	156	1	13		3	31	108
龙川县	10379	135	3	24		3	22	83
连平县	4804	54		7		3	14	30
和平县	5687	79	1	18		1	23	36
东源县	7096	151		7		7	43	94
阳江市	**59527**	**1478**	**2**	**90**		**109**	**67**	**1210**
江城区	19657	761		39		9	13	700
阳东区	12641	302		20		75	7	200
阳西县	10439	157		8		13	14	122
阳春市	16790	258	2	23		12	33	188
清远市	**87246**	**1640**	**6**	**116**	**2**	**38**	**61**	**1417**
清城区	28668	665	1	17		12	13	622
清新区	13868	257		6		6	18	227
佛冈县	7284	77		15		3	4	55
阳山县	5744	98		13	1	4	6	74
连山壮族瑶族自治县	1930	42		13	1	2	7	19
连南瑶族自治县	2470	77	1	16		2	1	57
英德市	20142	306	3	25		6	7	265
连州市	7140	118	1	11		3	5	98

4-6 续表 5　　　　单位：人

地区 性别	合计	党的机关、国家机关、群众团体和社会组织、企事业单位负责人						
		小计	中国共产党机关负责人	国家机关负责人	民主党派和工商联负责人	人民团体和群众团体、社会组织及其他成员组织负责人	基层群众自治组织负责人	企事业单位负责人
东莞市	**459817**	**20089**	**10**	**145**	**2**	**500**	**123**	**19309**
市辖区	459817	20089	10	145	2	500	123	19309
中山市	**147123**	**7409**	**2**	**83**		**144**	**16**	**7164**
市辖区	147123	7409	2	83		144	16	7164
潮州市	**66068**	**2266**	**5**	**110**		**114**	**68**	**1969**
湘桥区	13848	641	1	33		32	10	565
潮安区	32241	1284	3	55		10	34	1182
饶平县	19979	341	1	22		72	24	222
揭阳市	**142050**	**2593**	**4**	**44**		**208**	**57**	**2280**
榕城区	26184	1130		22		22	4	1082
揭东区	27217	355	2	3		43	20	287
揭西县	14226	244		6		9	13	216
惠来县	20559	103		6		5	3	89
普宁市	53864	761	2	7		129	17	606
云浮市	**45275**	**939**	**4**	**73**		**19**	**42**	**801**
云城区	9757	474	1	36		6	8	423
云安区	4500	46		1		1	4	40
新兴县	10203	161	2	8		4	6	141
郁南县	6736	94	1	10		4	16	63
罗定市	14079	164		18		4	8	134
女	**2424023**	**49795**	**44**	**615**	**8**	**1946**	**353**	**46829**
广州市	**393917**	**10023**	**8**	**159**	**2**	**321**	**63**	**9470**
荔湾区	19130	587		8		13	5	561
越秀区	20200	437	3	40	2	9	10	373
海珠区	42785	754		25		17	4	708
天河区	53152	1562	1	21		30	2	1508
白云区	85762	1778	2	19		51	16	1690
黄埔区	26718	735	1	13		22	4	695
番禺区	59870	2147		17		46	4	2080
花都区	33246	997	1	8		46	8	934
南沙区	18341	146		1		6	1	138
从化区	9510	169		4		33	1	131
增城区	25203	711		3		48	8	652
韶关市	**45143**	**711**	**1**	**40**		**78**	**21**	**571**
武江区	6524	106		4		41	1	60
浈江区	5448	175		9		13	3	150
曲江区	4530	97		1		3	2	91
始兴县	3580	48		1		3	3	41
仁化县	3135	34	1	3		2		28
翁源县	4986	58		4		5		49
乳源瑶族自治县	3170	29		5		1		23
新丰县	2542	34		6		4	9	15
乐昌市	5156	20		4		1		15
南雄市	6072	110		3		5	3	99
深圳市	**460217**	**10935**	**4**	**61**	**1**	**142**	**3**	**10724**
罗湖区	26919	681	1	6		6		668
福田区	39095	1150		7		22		1121
南山区	44609	876		16		15		845
宝安区	127174	2913	2	13	1	23		2874
龙岗区	104928	2906		10		41	2	2853
盐田区	4895	116		3				113
龙华区	68873	1875		5		13		1857
坪山区	13543	183	1	1		15		166
光明区	30181	235				7	1	227

4-6　续表 6　　　　　　　　　　　　　　　　　　　　　　单位：人

地　区 性　别	合计	党的机关、国家机关、群众团体和社会组织、企事业单位负责人						
		小计	中国共产党机关负责人	国家机关负责人	民主党派和工商联负责人	人民团体和群众团体、社会组织及其他成员组织负责人	基层群众自治组织负责人	企事业单位负责人
珠海市	**51496**	**1501**	**1**	**21**		**122**	**5**	**1352**
香洲区	31154	1292		18		97	1	1176
斗门区	12178	85	1	2		9	4	69
金湾区	8164	124		1		16		107
汕头市	**83227**	**1109**	**3**	**22**		**44**	**8**	**1032**
龙湖区	11101	294	1	7		9	3	274
金平区	12282	193		8		8	3	174
濠江区	3116	33				4		29
潮阳区	20301	194	1			9		184
潮南区	19822	166				4		162
澄海区	15836	221		3		10	2	206
南澳县	769	8	1	4				3
佛山市	**218179**	**6612**	**4**	**31**		**166**	**18**	**6393**
禅城区	30409	819	1	4		6	3	805
南海区	87690	3229	1	12		91	12	3113
顺德区	75211	2273	2	12		48	3	2208
三水区	16135	208		2		20		186
高明区	8734	83		1		1		81
江门市	**83679**	**1440**	**6**	**26**		**81**	**18**	**1309**
蓬江区	16591	441	1	6		22	3	409
江海区	7623	159						159
新会区	16249	328	2	6		10	5	305
台山市	14090	237	1	7		28	4	197
开平市	11730	149		2		14	1	132
鹤山市	10710	68	2	1		3	1	61
恩平市	6686	58		4		4	4	46
湛江市	**87153**	**645**	**2**	**31**		**51**	**20**	**541**
赤坎区	5861	139		10		11		118
霞山区	9727	149	1	5		3		140
坡头区	4433	22				1		21
麻章区	5761	31				1		30
遂溪县	11975	51	1	3		8	3	36
徐闻县	9352	37		1		1		35
廉江市	14980	80		2		3	1	74
雷州市	15096	78		10		13	13	42
吴川市	9968	58				10	3	45
茂名市	**84462**	**381**	**2**	**9**	**1**	**65**	**12**	**292**
茂南区	15324	50	1	3		2	2	42
电白区	16846	67				4	1	62
高州市	21199	110	1	2		23	4	80
化州市	16623	78		1	1	33	1	42
信宜市	14470	76		3		3	4	66
肇庆市	**67759**	**943**		**20**		**101**	**25**	**797**
端州区	9495	288		14		20	4	250
鼎湖区	3365	52		2		6	1	43
高要区	13427	115		1		1	9	104
广宁县	5542	77		2		11	1	63
怀集县	12064	206				40	3	163
封开县	5798	36				10	3	23
德庆县	5830	52				1	3	48
四会市	12238	117		1		12	1	103
惠州市	**115604**	**1828**	**1**	**27**	**1**	**125**	**10**	**1664**
惠城区	38637	1231		11	1	101	2	1116
惠阳区	30042	281		6		9	1	265
博罗县	21318	86		1		3	2	80
惠东县	21138	219		5		12	5	197
龙门县	4469	11	1	4				6

4－6　续表 7　　　　单位：人

地　区 性　别	合计	党的机关、国家机关、群众团体和社会组织、企事业单位负责人						
		小计	中国共产党机关负责人	国家机关负责人	民主党派和工商联负责人	人民团体和群众团体、社会组织及其他成员组织负责人	基层群众自治组织负责人	企事业单位负责人
梅州市	**43696**	**594**	**2**	**28**		**77**	**39**	**448**
梅江区	6392	146		4		24		118
梅县区	8150	133		4		6	16	107
大埔县	3471	42		6		2	6	28
丰顺县	5048	26		4			4	18
五华县	7597	75	1	2		28	4	40
平远县	2926	36		1		5	1	29
蕉岭县	2906	32	1	2			4	25
兴宁市	7206	104		5		12	4	83
汕尾市	**22151**	**326**		**9**		**16**	**10**	**291**
城　区	4339	113		4		1		108
海丰县	9101	126		1		10	4	111
陆河县	1786	18		2		1	3	12
陆丰市	6925	69		2		4	3	60
河源市	**37872**	**207**		**10**		**37**	**15**	**145**
源城区	12784	127		5		24		98
紫金县	6056	25		1		1	4	19
龙川县	7166	22		2		5	2	13
连平县	3427	14		1		3	8	2
和平县	3938	8		1		1	1	5
东源县	4501	11				3		8
阳江市	**38538**	**607**		**8**		**56**	**15**	**528**
江城区	13406	312		3		5	2	302
阳东区	8180	133		3		38	1	91
阳西县	5494	67		1		7	1	58
阳春市	11458	95		1		6	11	77
清远市	**58942**	**525**		**21**	**1**	**25**	**17**	**461**
清城区	19525	210		5	1	3	2	199
清新区	9832	87		1		2	3	81
佛冈县	4636	18		2		2		14
阳山县	3552	30		1		4	1	24
连山壮族瑶族自治县	1225	14		3		2	4	5
连南瑶族自治县	1781	23		1		1		21
英德市	13894	98		4		10	3	81
连州市	4497	45		4		1	4	36
东莞市	**285583**	**7212**	**3**	**26**	**2**	**249**	**24**	**6908**
市辖区	285583	7212	3	26	2	249	24	6908
中山市	**99693**	**2691**	**2**	**30**		**98**	**4**	**2557**
市辖区	99693	2691	2	30		98	4	2557
潮州市	**38272**	**569**	**3**	**18**		**38**	**20**	**490**
湘桥区	9075	218		5		18	2	193
潮安区	17594	276	3	12		4	10	247
饶平县	11603	75		1		16	8	50
揭阳市	**77438**	**653**	**2**	**4**		**40**	**1**	**606**
榕城区	11706	241				3		238
揭东区	13733	91	1			10		80
揭西县	7886	93	1	1		7		84
惠来县	11997	14				4		10
普宁市	32116	214		3		16	1	194
云浮市	**31002**	**283**		**14**		**14**	**5**	**250**
云城区	6378	129		8		3		118
云安区	2415	11						11
新兴县	7969	59		2		3		54
郁南县	4579	37		2		5	3	27
罗定市	9661	47		2		3	2	40

4-6 续表 8

单位：人

地区 性别	专业技术人员 小计	科学研究人员	工程技术人员	农业技术人员	飞机和船舶技术人员	卫生专业技术人员	经济和金融专业人员	法律、社会和宗教专业人员	教学人员	文学艺术、体育专业人员
广　东	**684578**	**3691**	**202198**	**2340**	**968**	**76196**	**182053**	**13367**	**175262**	**16089**
广州市	**137638**	**1593**	**36824**	**352**	**388**	**16095**	**39528**	**3304**	**31353**	**4825**
荔湾区	7704	87	1739	20	19	1154	2524	245	1484	250
越秀区	11307	184	2283	19	19	2081	3512	442	2011	387
海珠区	13713	213	2928	33	27	1826	4112	448	2999	689
天河区	24561	451	7240	59	18	2127	6768	605	5690	947
白云区	21795	130	4485	39	113	3262	7086	450	4855	857
黄埔区	12168	245	4875	21	17	971	3424	214	2002	152
番禺区	20718	182	5955	48	23	1877	5793	442	4749	1115
花都区	8973	29	2365	26	125	989	2243	119	2760	172
南沙区	5363	28	2077	26	16	453	1344	114	1115	77
从化区	2699	8	503	20	4	436	494	54	1123	31
增城区	8637	36	2374	41	7	919	2228	171	2565	148
韶关市	**12062**	**24**	**2466**	**96**	**5**	**2173**	**1997**	**261**	**4673**	**127**
武江区	2635	6	637	11	1	548	537	64	781	16
浈江区	1966	9	437	21	3	250	373	47	732	23
曲江区	1273	2	369	17		168	230	36	410	12
始兴县	721		127	3		112	99	10	351	7
仁化县	802		221	2	1	102	118	13	326	10
翁源县	965		104	12		201	135	13	471	11
乳源瑶族自治县	710		162	4		116	105	27	265	16
新丰县	600		103	3		125	88	9	248	12
乐昌市	1117	3	120	9		279	136	24	530	8
南雄市	1273	4	186	14		272	176	18	559	12
深圳市	**180460**	**1151**	**69959**	**241**	**298**	**12465**	**56777**	**4141**	**27840**	**4874**
罗湖区	10085	39	2051	15	3	1348	3875	336	1979	264
福田区	17385	156	4411	36	8	1757	6343	758	3155	340
南山区	24746	383	9024	47	90	1317	8486	651	3551	836
宝安区	48960	166	23689	49	163	2615	13398	839	6106	1294
龙岗区	36041	168	12372	43	26	2878	11220	741	6800	1216
盐田区	2095	95	474	5	2	184	826	49	370	61
龙华区	26427	97	10311	30	5	1493	8870	587	3971	709
坪山区	5468	16	3209	4	1	310	989	76	747	59
光明区	9253	31	4418	12		563	2770	104	1161	95
珠海市	**19252**	**103**	**6801**	**80**	**54**	**1963**	**5028**	**416**	**4037**	**362**
香洲区	12909	80	4214	33	28	1371	3569	327	2696	278
斗门区	3580	4	1409	30	8	354	909	45	728	51
金湾区	2763	19	1178	17	18	238	550	44	613	33
汕头市	**16451**	**40**	**4010**	**36**	**18**	**1979**	**3679**	**228**	**5651**	**448**
龙湖区	3172	13	638	9	9	367	813	63	1091	101
金平区	4502	17	797	14	4	836	1049	69	1498	118
濠江区	1149	4	568	6		56	221	8	229	15
潮阳区	3176	3	830	1		239	677	26	1222	81
潮南区	1784	3	695	4		151	373	14	468	58
澄海区	2480		460	2	1	308	515	37	1049	73
南澳县	188		22		4	22	31	11	94	2
佛山市	**54231**	**151**	**13746**	**137**	**9**	**5565**	**19013**	**1139**	**12527**	**1050**
禅城区	9476	36	2258	18	1	1326	3229	287	1913	216
南海区	20714	65	4955	54	3	1805	7728	378	4894	453
顺德区	18011	37	4751	33	3	1709	6474	367	4102	312
三水区	4075	8	1175	22	2	495	1140	72	1043	43
高明区	1955	5	607	10		230	442	35	575	26

4-6 续表 9

单位：人

地区 性别	专业技术人员 小计	科学研究人员	工程技术人员	农业技术人员	飞机和船舶技术人员	卫生专业技术人员	经济和金融专业人员	法律、社会和宗教专业人员	教学人员	文学艺术、体育专业人员
江门市	**20222**	**51**	**4818**	**104**	**24**	**2984**	**5029**	**441**	**6117**	**254**
蓬江区	5395	18	1247	9	5	877	1563	149	1328	77
江海区	1793	3	541	1	1	164	515	33	481	23
新会区	4217	8	974	46	9	558	1073	107	1314	49
台山市	2611	8	561	12	6	531	441	42	927	22
开平市	2543	8	593	17	1	336	559	29	928	42
鹤山市	2321	5	592	14	1	274	671	59	625	27
恩平市	1342	1	310	5	1	244	207	22	514	14
湛江市	**20161**	**76**	**3122**	**162**	**66**	**3566**	**2929**	**255**	**9244**	**396**
赤坎区	2625	12	446	14	9	449	558	46	979	29
霞山区	4054	40	737	15	25	810	849	78	1365	47
坡头区	1107	6	277	7	3	126	168	6	478	19
麻章区	1090	3	213	15	15	130	133	14	534	18
遂溪县	1693	5	252	21	2	326	178	21	819	38
徐闻县	1363	1	125	17	8	294	124	14	746	9
廉江市	3031		300	22		505	360	26	1722	69
雷州市	2692	7	296	40	4	501	253	29	1427	99
吴川市	2506	2	476	11		425	306	21	1174	68
茂名市	**18829**	**29**	**2670**	**271**	**11**	**3287**	**2302**	**222**	**9593**	**236**
茂南区	4739	13	885	29	1	812	821	91	1958	63
电白区	3840	3	464	15	9	588	487	47	2131	51
高州市	4074	2	569	109		914	389	28	1986	47
化州市	3390	7	452	96		469	373	32	1864	54
信宜市	2786	4	300	22	1	504	232	24	1654	21
肇庆市	**13391**	**43**	**2654**	**117**	**5**	**2145**	**2556**	**174**	**5135**	**182**
端州区	4012	19	818	12		660	850	100	1378	58
鼎湖区	739	2	201	14	1	100	153	8	224	6
高要区	1499	4	332	12	1	211	293	11	535	21
广宁县	962	2	135	11		227	108	15	430	16
怀集县	1752	2	253	7	3	322	102	15	986	32
封开县	941		140	13		151	204	3	401	9
德庆县	812		156	5		150	110	6	354	14
四会市	2674	14	619	43		324	736	16	827	26
惠州市	**30710**	**65**	**10100**	**93**	**12**	**3483**	**6586**	**477**	**8990**	**433**
惠城区	14042	31	4803	34	3	1670	3237	233	3652	182
惠阳区	7409	22	3236	13	6	550	1594	69	1624	140
博罗县	4693	9	1254	23	1	536	998	100	1651	61
惠东县	3527	2	619	10	2	559	591	66	1593	40
龙门县	1039	1	188	13		168	166	9	470	10
梅州市	**11724**	**39**	**1665**	**80**	**1**	**2483**	**1494**	**165**	**5469**	**140**
梅江区	2360	3	435	14		584	335	43	850	29
梅县区	1823	4	282	7	1	388	270	23	791	23
大埔县	896	5	99	1		185	90	13	490	8
丰顺县	1043	12	137	8		224	90	7	553	3
五华县	2319	11	295	25		518	251	28	1136	41
平远县	673	2	108	10		107	115	11	295	10
蕉岭县	684	2	90	9		106	135	14	300	4
兴宁市	1926		219	6		371	208	26	1054	22
汕尾市	**6321**	**16**	**1110**	**16**	**5**	**1009**	**667**	**111**	**3154**	**160**
城　区	1405	3	360	2	4	192	176	17	602	28
海丰县	2167	8	394	9		341	276	37	991	84
陆河县	691		86	1		125	70	13	389	2
陆丰市	2058	5	270	4	1	351	145	44	1172	46

4-6　续表 10

单位：人

地　区 性　别	专业技术人员 小计	科学研究人员	工程技术人员	农业技术人员	飞机和船舶技术人员	卫生专业技术人员	经济和金融专业人员	法律、社会和宗教专业人员	教学人员	文学艺术、体育专业人员
河源市	**11167**	**16**	**2050**	**71**	**4**	**1861**	**1826**	**170**	**4885**	**149**
源城区	4646	9	1060	27	3	631	1061	95	1615	70
紫金县	1549	1	214	9	1	266	215	22	784	27
龙川县	2101	5	313	4		417	206	12	1099	23
连平县	859		118	10		174	100	25	408	10
和平县	1008		141	7		183	96	6	561	8
东源县	1004	1	204	14		190	148	10	418	11
阳江市	**8274**	**7**	**1613**	**87**	**9**	**1362**	**1416**	**108**	**3417**	**124**
江城区	3243	1	624	20	1	474	752	51	1213	49
阳东区	1396		282	13	2	208	234	14	600	17
阳西县	1171	4	278	11	6	180	127	12	507	26
阳春市	2464	2	429	43		500	303	31	1097	32
清远市	**14431**	**22**	**2631**	**122**	**20**	**2406**	**2372**	**217**	**6227**	**178**
清城区	5866	6	1312	37	11	829	1264	110	2092	79
清新区	1911	6	403	15	5	257	291	17	867	30
佛冈县	1160	2	255	6		183	175	22	485	17
阳山县	940	6	89	18		196	99	8	491	16
连山壮族瑶族自治县	354		46	4		71	53	4	159	6
连南瑶族自治县	405	1	33	3		87	45	10	212	6
英德市	2855	1	388	27	3	547	343	40	1458	17
连州市	940		105	12	1	236	102	6	463	7
东莞市	**63937**	**166**	**25898**	**81**	**19**	**5329**	**17351**	**851**	**11971**	**1213**
市辖区	63937	166	25898	81	19	5329	17351	851	11971	1213
中山市	**23003**	**51**	**6713**	**63**	**12**	**2310**	**7314**	**389**	**5330**	**439**
市辖区	23003	51	6713	63	12	2310	7314	389	5330	439
潮州市	**6901**	**18**	**1002**	**44**	**4**	**1137**	**1410**	**110**	**2852**	**142**
湘桥区	2463	8	372	11	1	422	469	39	1008	50
潮安区	2732	4	380	14		424	687	56	1042	59
饶平县	1706	6	250	19	3	291	254	15	802	33
揭阳市	**9022**	**12**	**1424**	**34**	**1**	**1416**	**1847**	**108**	**3738**	**285**
榕城区	2387	2	389	2		371	554	27	917	78
揭东区	1670		267	10		303	292	12	702	55
揭西县	985	3	114	4		177	205	14	431	19
惠来县	1094	3	191	5		154	160	20	518	24
普宁市	2886	4	463	13	1	411	636	35	1170	109
云浮市	**6391**	**18**	**922**	**53**	**3**	**1178**	**932**	**80**	**3059**	**72**
云城区	1852	6	312	6		308	352	39	773	23
云安区	379		26	3	1	75	59	2	208	5
新兴县	1331	8	223	29		231	243	19	554	11
郁南县	829	1	108	6	1	162	106	9	418	5
罗定市	2000	3	253	9	1	402	172	11	1106	28
男	**325328**	**2137**	**171021**	**1599**	**897**	**25010**	**49016**	**6503**	**53448**	**9572**
广州市	**62756**	**885**	**30550**	**218**	**358**	**4564**	**10827**	**1476**	**9674**	**2702**
荔湾区	3267	37	1441	13	19	331	698	100	414	138
越秀区	4858	93	1820	14	17	600	1157	204	591	219
海珠区	6043	129	2314	20	23	549	1269	206	970	376
天河区	11712	264	5785	34	15	569	1928	268	2004	557
白云区	9098	72	3783	20	108	927	1854	203	1433	470
黄埔区	6277	133	4117	9	16	243	885	86	588	78
番禺区	9731	102	5012	35	19	548	1456	211	1481	610
花都区	3960	14	2044	19	116	288	506	57	755	97
南沙区	2783	12	1767	15	14	127	370	40	343	44
从化区	1083	5	448	13	4	132	107	21	326	18
增城区	3944	24	2019	26	7	250	597	80	769	95

4-6 续表 11

单位：人

地区 性别	专业技术人员 小计	科学研究人员	工程技术人员	农业技术人员	飞机和船舶技术人员	卫生专业技术人员	经济和金融专业人员	法律、社会和宗教专业人员	教学人员	文学艺术、体育专业人员
韶关市	**5385**	**12**	**2077**	**72**	**5**	**675**	**512**	**155**	**1668**	**76**
武江区	1106	3	505	9	1	163	131	35	235	9
浈江区	880	4	370	16	3	59	89	21	263	16
曲江区	621	2	316	12		47	54	28	137	8
始兴县	335		112	2		38	29	5	137	4
仁化县	372		182	1	1	32	23	6	118	5
翁源县	382		91	9		63	42	7	157	7
乳源瑶族自治县	351		144	4		37	26	21	101	7
新丰县	272		93	2		41	26	6	88	8
乐昌市	480	1	109	6		111	39	10	195	5
南雄市	586	2	155	11		84	53	16	237	7
深圳市	**93605**	**649**	**58694**	**156**	**277**	**3629**	**16385**	**1995**	**7743**	**2827**
罗湖区	4266	26	1705	9	3	425	1179	164	540	141
福田区	7743	91	3416	16	6	486	2104	338	916	191
南山区	12598	195	7242	27	85	348	2691	290	1105	470
宝安区	27551	96	19884	33	153	802	3432	418	1651	743
龙岗区	17944	100	10550	32	24	840	3125	371	1848	761
盐田区	976	52	403	3	2	56	274	27	116	32
龙华区	13735	61	8901	23	3	401	2456	305	1051	386
坪山区	3339	10	2650	2	1	100	271	36	203	40
光明区	5453	18	3943	11		171	853	46	313	63
珠海市	**9580**	**61**	**5672**	**60**	**48**	**608**	**1366**	**176**	**1200**	**226**
香洲区	6242	45	3513	20	24	407	977	141	810	175
斗门区	1811	3	1151	26	8	115	259	15	190	29
金湾区	1527	13	1008	14	16	86	130	20	200	22
汕头市	**7545**	**20**	**3466**	**24**	**16**	**816**	**1312**	**138**	**1283**	**259**
龙湖区	1292	8	523	7	9	150	237	36	228	54
金平区	1798	7	665	9	2	284	333	38	335	72
濠江区	743	3	507	3		28	92	6	59	10
潮阳区	1628	1	770			112	361	19	260	43
潮南区	1028	1	592	3		85	155	11	138	35
澄海区	963		388	2	1	148	125	19	224	44
南澳县	93		21		4	9	9	9	39	1
佛山市	**22523**	**97**	**11715**	**90**	**8**	**1670**	**3927**	**532**	**3459**	**605**
禅城区	3926	24	1884	12	1	373	724	142	549	120
南海区	8413	42	4248	38	3	568	1551	153	1365	259
顺德区	7434	23	4040	20	2	516	1290	189	1077	187
三水区	1819	6	1017	13	2	140	260	29	288	27
高明区	931	2	526	7		73	102	19	180	12
江门市	**8699**	**35**	**4221**	**73**	**22**	**940**	**1155**	**183**	**1713**	**149**
蓬江区	2196	10	1067	7	5	266	320	68	349	48
江海区	760	3	463	1	1	44	93	10	116	12
新会区	1816	6	875	32	7	175	239	35	382	21
台山市	1212	6	510	10	6	170	121	20	315	13
开平市	1099	6	532	12	1	107	134	15	251	27
鹤山市	1002	4	501	8	1	97	173	22	159	17
恩平市	614		273	3	1	81	75	13	141	11
湛江市	**8824**	**47**	**2753**	**122**	**65**	**1243**	**913**	**150**	**3073**	**279**
赤坎区	1108	6	380	13	9	142	159	28	299	23
霞山区	1677	25	653	13	24	230	239	40	376	31
坡头区	502	3	247	5	3	33	57	2	131	16
麻章区	530	3	185	12	15	57	40	5	193	13
遂溪县	759	2	217	15	2	114	48	7	307	26
徐闻县	588	1	109	12	8	103	50	13	274	7
廉江市	1223		271	15		193	106	19	558	46
雷州市	1347	5	252	27	4	212	113	22	625	71
吴川市	1090	2	439	10		159	101	14	310	46

4-6　续表 12　　　　单位：人

地　区 性　别	专业技术人员									
	小计	科学研究人　员	工程技术人　员	农业技术人　员	飞机和船舶技术人　员	卫生专业技术人员	经济和金融专业人　员	法律、社会和宗教专业人员	教学人员	文学艺术、体育专业人员
茂名市	**8145**	**20**	**2346**	**165**	**11**	**1287**	**758**	**130**	**3162**	**157**
茂南区	1972	7	771	24	1	265	217	52	563	41
电白区	1643	2	428	11	9	251	205	27	650	36
高州市	1874	1	513	62		353	131	15	753	29
化州市	1445	6	384	49		192	130	18	605	37
信宜市	1211	4	250	19	1	226	75	18	591	14
肇庆市	**6234**	**23**	**2268**	**74**	**5**	**815**	**768**	**93**	**1838**	**124**
端州区	1804	9	674	6		233	268	55	463	41
鼎湖区	335	1	182	8	1	28	38		53	2
高要区	682	2	291	7	1	79	63	7	166	17
广宁县	441	1	128	6		84	29	6	164	9
怀集县	876	1	216	6	3	157	24	10	418	23
封开县	483		124	7		57	90	3	186	4
德庆县	397		126	3		59	39	6	147	9
四会市	1216	9	527	31		118	217	6	241	19
惠州市	**15255**	**43**	**8632**	**69**	**12**	**1167**	**1904**	**244**	**2641**	**279**
惠城区	6945	22	4098	25	3	516	944	111	1008	109
惠阳区	4076	15	2696	9	6	181	465	32	482	96
博罗县	2239	4	1108	16	1	193	241	61	537	47
惠东县	1582	2	561	9	2	219	214	35	492	23
龙门县	413		169	10		58	40	5	122	4
梅州市	**5209**	**27**	**1466**	**52**	**1**	**994**	**459**	**96**	**1923**	**94**
梅江区	984	1	365	9		198	86	26	254	18
梅县区	801	2	255	5	1	138	75	13	276	15
大埔县	412	3	87			88	28	5	194	4
丰顺县	448	9	122	6		93	30	6	176	3
五华县	1069	9	258	18		240	94	20	392	27
平远县	321	2	94	5		40	39	4	118	6
蕉岭县	286	1	77	6		38	36	6	111	3
兴宁市	888		208	3		159	71	16	402	18
汕尾市	**3269**	**13**	**1002**	**13**	**5**	**502**	**268**	**71**	**1224**	**118**
城　区	757	2	320	1	4	94	71	10	220	18
海丰县	1104	6	356	8		154	110	25	364	63
陆河县	288		78			65	22	9	111	1
陆丰市	1120	5	248	4	1	189	65	27	529	36
河源市	**4901**	**11**	**1797**	**54**	**4**	**675**	**525**	**89**	**1570**	**104**
源城区	1955	5	920	20	3	193	294	50	384	50
紫金县	694	1	188	7	1	105	64	8	295	18
龙川县	996	4	281	4		173	66	10	426	18
连平县	394		107	7		68	38	11	150	5
和平县	400		114	4		59	26	3	188	4
东源县	462	1	187	12		77	37	7	127	9
阳江市	**3781**	**6**	**1423**	**61**	**8**	**512**	**427**	**70**	**1114**	**84**
江城区	1355		539	12	1	162	216	36	325	30
阳东区	639		261	9	1	69	62	8	207	12
阳西县	609	4	247	9	6	62	56	8	181	19
阳春市	1178	2	376	31		219	93	18	401	23
清远市	**6110**	**18**	**2311**	**96**	**19**	**792**	**605**	**120**	**1918**	**115**
清城区	2449	5	1138	24	11	270	314	54	519	53
清新区	832	5	347	10	4	85	63	8	283	18
佛冈县	504	2	226	4		61	45	12	133	12
阳山县	454	5	81	16		80	32	6	213	10
连山壮族瑶族自治县	154		43	4		31	15	3	50	5
连南瑶族自治县	143		30	3		19	13	8	62	4
英德市	1204	1	350	26	3	172	97	24	505	10
连州市	370		96	9	1	74	26	5	153	3

4-6 续表 13 单位：人

地区 性别	专业技术人员 小计	科学研究人员	工程技术人员	农业技术人员	飞机和船舶技术人员	卫生专业技术人员	经济和金融专业人员	法律、社会和宗教专业人员	教学人员	文学艺术、体育专业人员
东莞市	**33578**	**106**	**21940**	**57**	**18**	**1701**	**4234**	**414**	**3713**	**788**
市辖区	33578	106	21940	57	18	1701	4234	414	3713	788
中山市	**10108**	**32**	**5752**	**39**	**8**	**751**	**1355**	**195**	**1499**	**262**
市辖区	10108	32	5752	39	8	751	1355	195	1499	262
潮州市	**3004**	**15**	**858**	**39**	**3**	**520**	**440**	**64**	**882**	**92**
湘桥区	1041	6	304	11		161	155	22	306	32
潮安区	1088	3	335	11		197	178	30	275	34
饶平县	875	6	219	17	3	162	107	12	301	26
揭阳市	**4197**	**6**	**1247**	**28**	**1**	**744**	**618**	**70**	**1200**	**189**
榕城区	1065	1	339	1		191	171	20	267	51
揭东区	728		238	8		142	99	7	178	39
揭西县	399	1	99	4		83	53	9	126	13
惠来县	629	2	168	3		97	83	17	225	19
普宁市	1376	2	403	12	1	231	212	17	404	67
云浮市	**2620**	**11**	**831**	**37**	**3**	**405**	**258**	**42**	**951**	**43**
云城区	709	2	280	4		79	93	19	199	15
云安区	141		22	3	1	34	14	2	63	2
新兴县	543	6	202	19		82	57	10	155	7
郁南县	375	1	96	4	1	62	33	4	164	3
罗定市	852	2	231	7	1	148	61	7	370	16
女	**359250**	**1554**	**31177**	**741**	**71**	**51186**	**133037**	**6864**	**121814**	**6517**
广州市	**74882**	**708**	**6274**	**134**	**30**	**11531**	**28701**	**1828**	**21679**	**2123**
荔湾区	4437	50	298	7		823	1826	145	1070	112
越秀区	6449	91	463	5	2	1481	2355	238	1420	168
海珠区	7670	84	614	13	4	1277	2843	242	2029	313
天河区	12849	187	1455	25	3	1558	4840	337	3686	390
白云区	12697	58	702	19	5	2335	5232	247	3422	387
黄埔区	5891	112	758	12	1	728	2539	128	1414	74
番禺区	10987	80	943	13	4	1329	4337	231	3268	505
花都区	5013	15	321	7	9	701	1737	62	2005	75
南沙区	2580	16	310	11	2	326	974	74	772	33
从化区	1616	3	55	7		304	387	33	797	13
增城区	4693	12	355	15		669	1631	91	1796	53
韶关市	**6677**	**12**	**389**	**24**		**1498**	**1485**	**106**	**3005**	**51**
武江区	1529	3	132	2		385	406	29	546	7
浈江区	1086	5	67	5		191	284	26	469	7
曲江区	652		53	5		121	176	8	273	4
始兴县	386		15	1		74	70	5	214	3
仁化县	430		39	1		70	95	7	208	5
翁源县	583		13	3		138	93	6	314	4
乳源瑶族自治县	359		18			79	79	6	164	9
新丰县	328		10	1		84	62	3	160	4
乐昌市	637	2	11	3		168	97	14	335	3
南雄市	687	2	31	3		188	123	2	322	5
深圳市	**86855**	**502**	**11265**	**85**	**21**	**8836**	**40392**	**2146**	**20097**	**2047**
罗湖区	5819	13	346	6		923	2696	172	1439	123
福田区	9642	65	995	20	2	1271	4239	420	2239	149
南山区	12148	188	1782	20	5	969	5795	361	2446	366
宝安区	21409	70	3805	16	10	1813	9966	421	4455	551
龙岗区	18097	68	1822	11	2	2038	8095	370	4952	455
盐田区	1119	43	71	2		128	552	22	254	29
龙华区	12692	36	1410	7	2	1092	6414	282	2920	323
坪山区	2129	6	559	2		210	718	40	544	19
光明区	3800	13	475	1		392	1917	58	848	32

4-6 续表 14

单位：人

地区 性别	专业技术人员 小计	科学研究人员	工程技术人员	农业技术人员	飞机和船舶技术人员	卫生专业技术人员	经济和金融专业人员	法律、社会和宗教专业人员	教学人员	文学艺术、体育专业人员
珠海市	**9672**	**42**	**1129**	**20**	**6**	**1355**	**3662**	**240**	**2837**	**136**
香洲区	6667	35	701	13	4	964	2592	186	1886	103
斗门区	1769	1	258	4		239	650	30	538	22
金湾区	1236	6	170	3	2	152	420	24	413	11
汕头市	**8906**	**20**	**544**	**12**	**2**	**1163**	**2367**	**90**	**4368**	**189**
龙湖区	1880	5	115	2		217	576	27	863	47
金平区	2704	10	132	5	2	552	716	31	1163	46
濠江区	406	1	61	3		28	129	2	170	5
潮阳区	1548	2	60	1		127	316	7	962	38
潮南区	756	2	103	1		66	218	3	330	23
澄海区	1517		72			160	390	18	825	29
南澳县	95		1			13	22	2	55	1
佛山市	**31708**	**54**	**2031**	**47**	**1**	**3895**	**15086**	**607**	**9068**	**445**
禅城区	5550	12	374	6		953	2505	145	1364	96
南海区	12301	23	707	16		1237	6177	225	3529	194
顺德区	10577	14	711	13	1	1193	5184	178	3025	125
三水区	2256	2	158	9		355	880	43	755	16
高明区	1024	3	81	3		157	340	16	395	14
江门市	**11523**	**16**	**597**	**31**	**2**	**2044**	**3874**	**258**	**4404**	**105**
蓬江区	3199	8	180	2		611	1243	81	979	29
江海区	1033		78			120	422	23	365	11
新会区	2401	2	99	14	2	383	834	72	932	28
台山市	1399	2	51	2		361	320	22	612	9
开平市	1444	2	61	5		229	425	14	677	15
鹤山市	1319	1	91	6		177	498	37	466	10
恩平市	728	1	37	2		163	132	9	373	3
湛江市	**11337**	**29**	**369**	**40**	**1**	**2323**	**2016**	**105**	**6171**	**117**
赤坎区	1517	6	66	1		307	399	18	680	6
霞山区	2377	15	84	2	1	580	610	38	989	16
坡头区	605	3	30	2		93	111	4	347	3
麻章区	560		28	3		73	93	9	341	5
遂溪县	934	3	35	6		212	130	14	512	12
徐闻县	775		16	5		191	74	1	472	2
廉江市	1808		29	7		312	254	7	1164	23
雷州市	1345	2	44	13		289	140	7	802	28
吴川市	1416		37	1		266	205	7	864	22
茂名市	**10684**	**9**	**324**	**106**		**2000**	**1544**	**92**	**6431**	**79**
茂南区	2767	6	114	5		547	604	39	1395	22
电白区	2197	1	36	4		337	282	20	1481	15
高州市	2200	1	56	47		561	258	13	1233	18
化州市	1945	1	68	47		277	243	14	1259	17
信宜市	1575		50	3		278	157	6	1063	7
肇庆市	**7157**	**20**	**386**	**43**		**1330**	**1788**	**81**	**3297**	**58**
端州区	2208	10	144	6		427	582	45	915	17
鼎湖区	404	1	19	6		72	115	8	171	4
高要区	817	2	41	5		132	230	4	369	4
广宁县	521	1	7	5		143	79	9	266	7
怀集县	876	1	37	1		165	78	5	568	9
封开县	458		16	6		94	114		215	5
德庆县	415		30	2		91	71		207	5
四会市	1458	5	92	12		206	519	10	586	7
惠州市	**15455**	**22**	**1468**	**24**		**2316**	**4682**	**233**	**6349**	**154**
惠城区	7097	9	705	9		1154	2293	122	2644	73
惠阳区	3333	7	540	4		369	1129	37	1142	44
博罗县	2454	5	146	7		343	757	39	1114	14
惠东县	1945		58	1		340	377	31	1101	17
龙门县	626	1	19	3		110	126	4	348	6

4-6 续表 15

单位：人

地区 性别	专业技术人员 小计	科学研究人员	工程技术人员	农业技术人员	飞机和船舶技术人员	卫生专业技术人员	经济和金融专业人员	法律、社会和宗教专业人员	教学人员	文学艺术、体育专业人员
梅州市	**6515**	**12**	**199**	**28**		**1489**	**1035**	**69**	**3546**	**46**
梅江区	1376	2	70	5		386	249	17	596	11
梅县区	1022	2	27	2		250	195	10	515	8
大埔县	484	2	12	1		97	62	8	296	4
丰顺县	595	3	15	2		131	60	1	377	
五华县	1250	2	37	7		278	157	8	744	14
平远县	352		14	5		67	76	7	177	4
蕉岭县	398	1	13	3		68	99	8	189	1
兴宁市	1038		11	3		212	137	10	652	4
汕尾市	**3052**	**3**	**108**	**3**		**507**	**399**	**40**	**1930**	**42**
城　区	648	1	40	1		98	105	7	382	10
海丰县	1063	2	38	1		187	166	12	627	21
陆河县	403		8	1		60	48	4	278	1
陆丰市	938		22			162	80	17	643	10
河源市	**6266**	**5**	**253**	**17**		**1186**	**1301**	**81**	**3315**	**45**
源城区	2691	4	140	7		438	767	45	1231	20
紫金县	855		26	2		161	151	14	489	9
龙川县	1105	1	32			244	140	2	673	5
连平县	465		11	3		106	62	14	258	5
和平县	608		27	3		124	70	3	373	4
东源县	542		17	2		113	111	3	291	2
阳江市	**4493**	**1**	**190**	**26**	**1**	**850**	**989**	**38**	**2303**	**40**
江城区	1888	1	85	8		312	536	15	888	19
阳东区	757		21	4	1	139	172	6	393	5
阳西县	562		31	2		118	71	4	326	7
阳春市	1286		53	12		281	210	13	696	9
清远市	**8321**	**4**	**320**	**26**	**1**	**1614**	**1767**	**97**	**4309**	**63**
清城区	3417	1	174	13		559	950	56	1573	26
清新区	1079	1	56	5	1	172	228	9	584	12
佛冈县	656		29	2		122	130	10	352	5
阳山县	486	1	8	2		116	67	2	278	6
连山壮族瑶族自治县	200		3			40	38	1	109	1
连南瑶族自治县	262	1	3			68	32	2	150	2
英德市	1651		38	1		375	246	16	953	7
连州市	570		9	3		162	76	1	310	4
东莞市	**30359**	**60**	**3958**	**24**	**1**	**3628**	**13117**	**437**	**8258**	**425**
市辖区	30359	60	3958	24	1	3628	13117	437	8258	425
中山市	**12895**	**19**	**961**	**24**	**4**	**1559**	**5959**	**194**	**3831**	**177**
市辖区	12895	19	961	24	4	1559	5959	194	3831	177
潮州市	**3897**	**3**	**144**	**5**	**1**	**617**	**970**	**46**	**1970**	**50**
湘桥区	1422	2	68		1	261	314	17	702	18
潮安区	1644	1	45	3		227	509	26	767	25
饶平县	831		31	2		129	147	3	501	7
揭阳市	**4825**	**6**	**177**	**6**		**672**	**1229**	**38**	**2538**	**96**
榕城区	1322	1	50	1		180	383	7	650	27
揭东区	942		29	2		161	193	5	524	16
揭西县	586	2	15			94	152	5	305	6
惠来县	465	1	23	2		57	77	3	293	5
普宁市	1510	2	60	1		180	424	18	766	42
云浮市	**3771**	**7**	**91**	**16**		**773**	**674**	**38**	**2108**	**29**
云城区	1143	4	32	2		229	259	20	574	8
云安区	238		4			41	45		145	3
新兴县	788	2	21	10		149	186	9	399	4
郁南县	454		12	2		100	73	5	254	2
罗定市	1148	1	22	2		254	111	4	736	12

4-6　续表 16

单位：人

地　区 性　别	专业技术人员 新闻出版、文化专业人员	专业技术人员 其他专业技术人员	办事人员和有关人员 小计	办事人员和有关人员 办事人员	办事人员和有关人员 安全和消防人员	办事人员和有关人员 其他办事人员和有关人员	社会生产服务和生活服务人员 小计	社会生产服务和生活服务人员 批发与零售服务人员	社会生产服务和生活服务人员 交通运输、仓储和邮政业服务人员
广　东	**9057**	**3357**	**477921**	**398293**	**75482**	**4146**	**2356452**	**1042935**	**407179**
广州市	**2721**	**655**	**100954**	**87189**	**13227**	**538**	**439148**	**190648**	**78142**
荔湾区	148	34	6249	5385	798	66	24395	11954	3522
越秀区	345	24	7983	6974	993	16	21898	8867	2601
海珠区	371	67	10204	9037	1114	53	41034	20191	5496
天河区	538	118	18082	16695	1316	71	69911	29933	7915
白云区	468	50	15383	12869	2480	34	111831	54048	23269
黄埔区	167	80	8431	7289	1061	81	26735	9264	6484
番禺区	369	165	13936	12038	1830	68	61930	25015	10831
花都区	110	35	7689	6264	1377	48	30710	12632	7191
南沙区	83	30	4452	3584	846	22	16052	5274	4128
从化区	24	2	2279	1837	402	40	8930	2866	1989
增城区	98	50	6266	5217	1010	39	25722	10604	4716
韶关市	**135**	**105**	**9218**	**7000**	**1864**	**354**	**35020**	**13773**	**6786**
武江区	29	5	1913	1383	307	223	5940	2400	1008
浈江区	27	44	1641	1179	454	8	5796	2343	1167
曲江区	17	12	834	649	169	16	4024	1288	1020
始兴县	7	5	493	369	116	8	1767	700	336
仁化县	7	2	646	550	92	4	2091	795	347
翁源县	15	3	708	571	120	17	3528	1524	656
乳源瑶族自治县	3	12	641	512	109	20	2016	718	397
新丰县	9	3	454	360	83	11	2313	876	439
乐昌市	5	3	984	682	270	32	3558	1462	683
南雄市	16	16	904	745	144	15	3987	1667	733
深圳市	**2115**	**599**	**86694**	**71859**	**14230**	**605**	**519464**	**207487**	**81360**
罗湖区	146	29	6009	5043	929	37	38586	16579	4263
福田区	338	83	6868	5112	1457	299	57573	22864	4772
南山区	320	41	12807	11623	1182	2	55374	18926	6906
宝安区	407	234	16937	13264	3539	134	127525	49373	23127
龙岗区	429	148	23844	20427	3310	107	118241	51532	19744
盐田区	23	6	1064	911	151	2	6761	1546	1993
龙华区	310	44	11519	9615	1886	18	77840	33120	12382
坪山区	45	12	3275	2683	586	6	11090	4024	2316
光明区	97	2	4371	3181	1190		26474	9523	5857
珠海市	**348**	**60**	**13560**	**11089**	**2298**	**173**	**48859**	**16202**	**7924**
香洲区	272	41	9762	8005	1603	154	31244	10441	4287
斗门区	40	2	1760	1348	408	4	11019	3718	2140
金湾区	36	17	2038	1736	287	15	6596	2043	1497
汕头市	**279**	**83**	**15580**	**13495**	**1976**	**109**	**82753**	**49597**	**10915**
龙湖区	33	35	3362	2937	393	32	10710	5802	1253
金平区	81	19	3935	3509	400	26	14574	7535	2310
濠江区	37	5	719	624	86	9	3079	1666	394
潮阳区	90	7	2966	2575	378	13	21747	13918	2547
潮南区	14	4	1651	1263	378	10	20251	13565	2588
澄海区	22	13	2704	2392	295	17	11392	6682	1723
南澳县	2		243	195	46	2	1000	429	100
佛山市	**689**	**205**	**43739**	**36254**	**7363**	**122**	**220723**	**100184**	**45289**
禅城区	149	43	7393	6631	726	36	36106	17608	5826
南海区	285	94	17535	14265	3227	43	91481	43693	17964
顺德区	186	37	12904	10821	2057	26	70761	30941	15280
三水区	52	23	3595	2703	876	16	14986	5163	4413
高明区	17	8	2312	1834	477	1	7389	2779	1806

4-6 续表 17

单位：人

地区 性别	专业技术人员		办事人员和有关人员				社会生产服务和生活服务人员		
	新闻出版、文化专业人员	其他专业技术人员	小计	办事人员	安全和消防人员	其他办事人员和有关人员	小计	批发与零售服务人员	交通运输、仓储和邮政业服务人员
江门市	**266**	**134**	**17296**	**14332**	**2831**	**133**	**69755**	**28839**	**12003**
蓬江区	96	26	4747	4072	632	43	13625	6058	2314
江海区	17	14	1374	1095	269	10	6487	2643	1406
新会区	45	34	3601	2931	634	36	12395	5172	2466
台山市	27	34	2364	1919	412	33	12226	4471	1517
开平市	27	3	1995	1640	350	5	9959	4594	1599
鹤山市	41	12	1999	1628	368	3	8484	3017	1752
恩平市	13	11	1216	1047	166	3	6579	2884	949
湛江市	**234**	**111**	**11223**	**9273**	**1815**	**135**	**75050**	**33760**	**12846**
赤坎区	57	26	2052	1740	293	19	6570	3022	906
霞山区	55	33	2507	2131	304	72	12392	5086	2391
坡头区	17		586	502	83	1	3987	1828	628
麻章区	10	5	521	386	131	4	5580	2303	1113
遂溪县	9	22	810	605	198	7	8527	3583	1488
徐闻县	17	8	823	650	156	17	5459	2500	969
廉江市	22	5	1602	1299	299	4	11470	5162	1859
雷州市	27	9	963	733	219	11	11077	5200	2027
吴川市	20	3	1359	1227	132		9988	5076	1465
茂名市	**157**	**51**	**9921**	**8210**	**1561**	**150**	**74584**	**35834**	**12605**
茂南区	61	5	3404	2881	504	19	17796	8158	3377
电白区	44	1	1730	1337	341	52	16458	8182	2648
高州市	20	10	1840	1543	263	34	15971	8216	2532
化州市	19	24	1550	1272	258	20	14419	6942	2216
信宜市	13	11	1397	1177	195	25	9940	4336	1832
肇庆市	**161**	**219**	**10075**	**7921**	**1894**	**260**	**56016**	**25361**	**9284**
端州区	80	37	3210	2706	488	16	10059	4279	1567
鼎湖区	14	16	665	371	116	178	3131	1150	654
高要区	11	68	1376	1079	276	21	9510	4140	1930
广宁县	6	12	741	575	162	4	4711	1934	771
怀集县	12	18	1058	825	224	9	7753	3565	1113
封开县	6	14	640	505	127	8	3747	1696	604
德庆县	9	8	630	525	94	11	3946	1800	603
四会市	23	46	1755	1335	407	13	13159	6797	2042
惠州市	**298**	**173**	**24902**	**20266**	**4049**	**587**	**99323**	**42068**	**16015**
惠城区	139	58	8894	7254	1572	68	35175	15034	5639
惠阳区	83	72	6232	4897	1002	333	24163	9862	4258
博罗县	36	24	5126	4130	827	169	16931	7234	2941
惠东县	27	18	3619	3140	465	14	18488	8355	2387
龙门县	13	1	1031	845	183	3	4566	1583	790
梅州市	**139**	**49**	**9327**	**7777**	**1441**	**109**	**40554**	**18408**	**7231**
梅江区	54	13	2467	2107	349	11	6039	2738	920
梅县区	28	6	1366	1153	177	36	7421	3238	1318
大埔县	5		600	522	73	5	3155	1401	469
丰顺县	7	2	949	778	170	1	4597	2213	712
五华县	7	7	1395	1099	257	39	7351	3523	1318
平远县	10	5	628	527	93	8	2166	957	383
蕉岭县	9	15	466	385	77	4	2647	1041	618
兴宁市	19	1	1456	1206	245	5	7178	3297	1493
汕尾市	**52**	**21**	**5351**	**4331**	**968**	**52**	**30561**	**16461**	**3831**
城　区	17	4	1509	1228	271	10	5592	2722	733
海丰县	15	12	2100	1699	367	34	9833	5045	1264
陆河县	5		553	473	80		2133	1075	263
陆丰市	15	5	1189	931	250	8	13003	7619	1571

4-6 续表 18

单位：人

地区 性别	专业技术人员		办事人员和有关人员				社会生产服务和生活服务人员		
	新闻出版、文化专业人员	其他专业技术人员	小计	办事人员	安全和消防人员	其他办事人员和有关人员	小计	批发与零售服务人员	交通运输、仓储和邮政业服务人员
河源市	**103**	**32**	**7605**	**6738**	**803**	**64**	**34670**	**14111**	**5629**
源城区	61	14	3221	2831	370	20	12202	4664	1792
紫金县	7	3	1028	915	109	4	6244	2516	1103
龙川县	15	7	1118	987	119	12	6205	2691	1116
连平县	12	2	577	517	59	1	2689	1199	474
和平县	4	2	841	742	83	16	3314	1468	499
东源县	4	4	820	746	63	11	4016	1573	645
阳江市	**87**	**44**	**6324**	**5116**	**1154**	**54**	**29992**	**13774**	**4868**
江城区	45	13	2851	2366	461	24	12531	5957	1825
阳东区	19	7	1056	844	209	3	5039	2267	881
阳西县	8	12	867	707	152	8	4364	2152	630
阳春市	15	12	1550	1199	332	19	8058	3398	1532
清远市	**173**	**63**	**12109**	**9788**	**2188**	**133**	**50533**	**19305**	**9958**
清城区	98	28	5631	4713	893	25	18945	7572	3407
清新区	13	7	1423	1088	311	24	8396	3005	1819
佛冈县	9	6	953	749	194	10	4149	1324	986
阳山县	10	7	731	592	116	23	3192	1326	621
连山壮族瑶族自治县	10	1	349	292	53	4	804	316	139
连南瑶族自治县	5	3	298	218	75	5	970	324	161
英德市	21	10	2111	1674	409	28	10518	3974	2176
连州市	7	1	613	462	137	14	3559	1464	649
东莞市	**608**	**450**	**58827**	**48950**	**9653**	**224**	**220120**	**94698**	**46509**
市辖区	608	450	58827	48950	9653	224	220120	94698	46509
中山市	**236**	**146**	**17622**	**14425**	**3130**	**67**	**79571**	**33340**	**16184**
市辖区	236	146	17622	14425	3130	67	79571	33340	16184
潮州市	**116**	**66**	**5387**	**4343**	**961**	**83**	**33659**	**19493**	**4509**
湘桥区	52	31	2174	1770	370	34	8259	4257	1075
潮安区	50	16	2057	1646	389	22	14898	8592	2331
饶平县	14	19	1156	927	202	27	10502	6644	1103
揭阳市	**90**	**67**	**7367**	**5841**	**1382**	**144**	**92168**	**59303**	**11024**
榕城区	32	15	2570	2192	361	17	15273	10474	1914
揭东区	12	17	1179	906	259	14	18142	11064	2875
揭西县	10	8	812	669	139	4	9557	6078	1293
惠来县	8	11	789	578	206	5	11914	7481	1136
普宁市	28	16	2017	1496	417	104	37282	24206	3806
云浮市	**50**	**24**	**4840**	**4096**	**694**	**50**	**23929**	**10289**	**4267**
云城区	25	8	1618	1411	187	20	6426	2896	1053
云安区			319	248	70	1	1912	771	337
新兴县	10	3	1124	921	199	4	5031	2106	843
郁南县	8	5	626	538	77	11	3310	1280	653
罗定市	7	8	1153	978	161	14	7250	3236	1381
男	**3581**	**2544**	**264681**	**192344**	**69978**	**2359**	**1434732**	**567429**	**354160**
广州市	**1019**	**483**	**52481**	**40156**	**12012**	**313**	**264998**	**101882**	**67797**
荔湾区	52	24	3190	2434	716	40	14443	6400	3052
越秀区	127	16	4177	3335	836	6	12736	4893	2203
海珠区	142	45	5185	4141	1014	30	24063	10747	4907
天河区	201	87	9202	7988	1168	46	42297	16276	7013
白云区	186	42	7965	5695	2250	20	68400	28806	20246
黄埔区	57	65	4365	3357	954	54	16881	4983	5615
番禺区	143	114	6949	5218	1702	29	36758	13252	9177
花都区	37	27	4204	2910	1267	27	18737	6709	6051
南沙区	27	24	2479	1661	803	15	9851	2733	3597
从化区	7	2	1301	913	366	22	5287	1424	1787
增城区	40	37	3464	2504	936	24	15545	5659	4149

4-6 续表 19

单位：人

地区 性别	专业技术人员		办事人员和有关人员				社会生产服务和生活服务人员		
	新闻出版、文化专业人员	其他专业技术人员	小计	办事人员	安全和消防人员	其他办事人员和有关人员	小计	批发与零售服务人员	交通运输、仓储和邮政业服务人员
韶关市	**50**	**83**	**5634**	**3697**	**1732**	**205**	**19492**	**6421**	**5960**
武江区	12	3	1086	689	276	121	3320	1189	885
浈江区	8	31	989	577	408	4	3244	1110	1011
曲江区	7	10	496	323	162	11	2208	550	873
始兴县	3	5	301	188	111	2	979	316	293
仁化县	2	2	401	310	89	2	1147	369	311
翁源县	4	2	438	310	114	14	1988	738	593
乳源瑶族自治县	1	10	385	271	107	7	1071	287	354
新丰县	5	3	290	205	79	6	1319	403	401
乐昌市	1	3	673	392	255	26	1943	653	601
南雄市	7	14	575	432	131	12	2273	806	638
深圳市	**808**	**442**	**46168**	**32640**	**13182**	**346**	**318627**	**110809**	**69658**
罗湖区	55	19	3246	2407	818	21	21986	8373	3693
福田区	130	49	4091	2590	1337	164	33458	12744	4077
南山区	117	28	6701	5609	1091	1	33392	9761	6029
宝安区	158	181	9185	5791	3311	83	79772	26361	19301
龙岗区	174	119	12117	8946	3107	64	73387	27785	17163
盐田区	9	2	599	464	133	2	4189	776	1578
龙华区	114	34	5940	4192	1738	10	48503	17691	10750
坪山区	18	8	1818	1262	555	1	7025	2158	1968
光明区	33	2	2471	1379	1092		16915	5160	5099
珠海市	**122**	**41**	**7245**	**5104**	**2044**	**97**	**28437**	**7967**	**6838**
香洲区	103	27	5286	3778	1421	87	17811	5047	3720
斗门区	13	2	883	521	359	3	6570	1883	1835
金湾区	6	12	1076	805	264	7	4056	1037	1283
汕头市	**150**	**61**	**9401**	**7457**	**1871**	**73**	**54283**	**30214**	**9956**
龙湖区	14	26	1958	1579	358	21	6593	3356	1102
金平区	38	15	2161	1777	367	17	9000	4154	2019
濠江区	31	4	436	351	81	4	1889	916	354
潮阳区	56	6	2039	1657	370	12	14862	8816	2399
潮南区	6	2	1084	703	373	8	13817	8702	2400
澄海区	4	8	1550	1263	278	9	7586	4063	1592
南澳县	1		173	127	44	2	536	207	90
佛山市	**266**	**154**	**22518**	**15531**	**6919**	**68**	**133025**	**55597**	**37750**
禅城区	67	30	3647	2957	670	20	22052	10185	4925
南海区	113	73	9125	6040	3059	26	55210	24316	15019
顺德区	63	27	6445	4476	1958	11	42663	17100	12738
三水区	19	18	1967	1162	794	11	8810	2622	3553
高明区	4	6	1334	896	438		4290	1374	1515
江门市	**98**	**110**	**9353**	**6582**	**2677**	**94**	**39958**	**14452**	**10241**
蓬江区	37	19	2405	1791	587	27	7769	3133	1920
江海区	7	10	752	485	258	9	3790	1339	1160
新会区	13	31	1972	1339	606	27	7113	2644	2082
台山市	12	29	1412	996	391	25	7000	2077	1358
开平市	11	3	1037	705	330	2	5591	2276	1407
鹤山市	12	8	1057	705	350	2	4825	1497	1483
恩平市	6	10	718	561	155	2	3870	1486	831
湛江市	**94**	**85**	**7443**	**5659**	**1702**	**82**	**44772**	**17769**	**11401**
赤坎区	27	22	1241	960	266	15	3678	1525	788
霞山区	21	25	1545	1217	287	41	7053	2408	2088
坡头区	5		355	280	75		2172	844	554
麻章区	2	5	347	221	123	3	3373	1248	989
遂溪县	5	16	558	368	185	5	5148	1863	1316
徐闻县	5	6	600	444	147	9	3181	1272	841
廉江市	11	4	1148	863	283	2	6938	2761	1671
雷州市	10	6	723	507	209	7	7039	2913	1824
吴川市	8	1	926	799	127		6190	2935	1330

4-6　续表 20　　　　单位：人

地区 性别	专业技术人员		办事人员和有关人员				社会生产服务和生活服务人员		
	新闻出版、文化专业人员	其他专业技术人员	小计	办事人员	安全和消防人员	其他办事人员和有关人员	小计	批发与零售服务人员	交通运输、仓储和邮政业服务人员
茂名市	**77**	**32**	**6286**	**4797**	**1409**	**80**	**44078**	**18906**	**11401**
茂南区	27	4	2041	1582	450	9	10380	4147	3008
电白区	23	1	1172	836	307	29	10034	4624	2427
高州市	10	7	1183	921	244	18	9543	4381	2300
化州市	11	13	1032	788	234	10	8282	3564	1998
信宜市	6	7	858	670	174	14	5839	2190	1668
肇庆市	**67**	**159**	**5861**	**4014**	**1734**	**113**	**32535**	**13016**	**7933**
端州区	32	23	1831	1385	438	8	5634	2149	1279
鼎湖区	6	16	349	171	109	69	1756	590	547
高要区	3	46	697	424	263	10	5678	2092	1690
广宁县	4	10	466	315	148	3	2759	958	691
怀集县	6	12	686	487	194	5	4606	1885	952
封开县	3	9	439	318	116	5	2247	904	516
德庆县	4	4	358	263	89	6	2266	955	512
四会市	9	39	1035	651	377	7	7589	3483	1746
惠州市	**126**	**138**	**14724**	**10717**	**3709**	**298**	**59345**	**22276**	**14118**
惠城区	61	48	5102	3649	1412	41	20759	7839	4844
惠阳区	37	57	3625	2585	914	126	14771	5348	3693
博罗县	14	17	3109	2210	779	120	10475	4038	2658
惠东县	10	15	2248	1806	434	8	10714	4274	2192
龙门县	4	1	640	467	170	3	2626	777	731
梅州市	**64**	**33**	**5843**	**4417**	**1356**	**70**	**24452**	**9568**	**6523**
梅江区	19	8	1481	1142	331	8	3379	1309	823
梅县区	15	6	742	548	168	26	4394	1658	1172
大埔县	3		372	304	64	4	1898	728	434
丰顺县	2	1	635	479	155	1	2898	1233	636
五华县	4	7	955	686	244	25	4531	1940	1144
平远县	8	5	416	322	91	3	1214	448	338
蕉岭县	2	6	292	218	73	1	1548	465	569
兴宁市	11		950	718	230	2	4590	1787	1407
汕尾市	**33**	**20**	**3803**	**2858**	**908**	**37**	**20859**	**10842**	**3521**
城　区	13	4	1029	774	247	8	3702	1711	666
海丰县	7	11	1457	1090	342	25	6583	3228	1158
陆河县	2		374	299	75		1327	621	241
陆丰市	11	5	943	695	244	4	9247	5282	1456
河源市	**46**	**26**	**4560**	**3773**	**747**	**40**	**20410**	**6992**	**5036**
源城区	26	10	1851	1501	338	12	6966	2199	1603
紫金县	4	3	628	524	102	2	3945	1350	993
龙川县	9	5	723	599	115	9	3634	1302	990
连平县	6	2	326	274	52		1551	596	423
和平县		2	522	433	78	11	1868	706	448
东源县	1	4	510	442	62	6	2446	839	579
阳江市	**41**	**35**	**3932**	**2832**	**1073**	**27**	**17210**	**6957**	**4383**
江城区	25	9	1693	1262	419	12	7109	3040	1644
阳东区	5	5	652	453	198	1	2973	1187	776
阳西县	6	11	550	404	141	5	2469	1055	555
阳春市	5	10	1037	713	315	9	4659	1675	1408
清远市	**61**	**55**	**7174**	**5071**	**2024**	**79**	**29130**	**9419**	**8986**
清城区	35	26	3243	2409	818	16	10786	3767	3034
清新区	3	6	807	499	290	18	4975	1425	1666
佛冈县	3	6	542	354	182	6	2476	644	904
阳山县	6	5	472	352	107	13	1818	660	567
连山壮族瑶族自治县	2	1	214	161	51	2	447	155	128
连南瑶族自治县	2	2	199	125	69	5	545	173	140
英德市	8	8	1290	901	379	10	6100	1928	1953
连州市	2	1	407	270	128	9	1983	667	594

4−6 续表 21　　单位：人

地区 性别	专业技术人员		办事人员和有关人员				社会生产服务和生活服务人员		
	新闻出版、文化专业人员	其他专业技术人员	小计	办事人员	安全和消防人员	其他办事人员和有关人员	小计	批发与零售服务人员	交通运输、仓储和邮政业服务人员
东莞市	**259**	**348**	**32347**	**23148**	**9071**	**128**	**137196**	**52393**	**40601**
市辖区	259	348	32347	23148	9071	128	137196	52393	40601
中山市	**98**	**117**	**9057**	**6094**	**2924**	**39**	**47705**	**17458**	**13939**
市辖区	98	117	9057	6094	2924	39	47705	17458	13939
潮州市	**38**	**53**	**3307**	**2346**	**910**	**51**	**22008**	**11758**	**4202**
湘桥区	22	22	1398	1030	351	17	5188	2452	993
潮安区	10	15	1087	704	369	14	10229	5450	2201
饶平县	6	16	822	612	190	20	6591	3856	1008
揭阳市	**41**	**53**	**4620**	**3216**	**1321**	**83**	**62185**	**37408**	**10118**
榕城区	12	12	1581	1233	335	13	10635	6923	1771
揭东区	5	12	703	447	250	6	12233	6859	2549
揭西县	6	5	468	329	135	4	6194	3618	1209
惠来县	4	11	632	426	202	4	7910	4642	1041
普宁市	14	13	1236	781	399	56	25213	15366	3548
云浮市	**23**	**16**	**2924**	**2235**	**653**	**36**	**14027**	**5325**	**3798**
云城区	13	5	896	707	174	15	3617	1494	953
云安区			190	125	65		1054	379	307
新兴县	3	2	710	518	191	1	2781	1008	723
郁南县	3	4	379	302	70	7	2016	669	580
罗定市	4	5	749	583	153	13	4559	1775	1235
女	**5476**	**813**	**213240**	**205949**	**5504**	**1787**	**921720**	**475506**	**53019**
广州市	**1702**	**172**	**48473**	**47033**	**1215**	**225**	**174150**	**88766**	**10345**
荔湾区	96	10	3059	2951	82	26	9952	5554	470
越秀区	218	8	3806	3639	157	10	9162	3974	398
海珠区	229	22	5019	4896	100	23	16971	9444	589
天河区	337	31	8880	8707	148	25	27614	13657	902
白云区	282	8	7418	7174	230	14	43431	25242	3023
黄埔区	110	15	4066	3932	107	27	9854	4281	869
番禺区	226	51	6987	6820	128	39	25172	11763	1654
花都区	73	8	3485	3354	110	21	11973	5923	1140
南沙区	56	6	1973	1923	43	7	6201	2541	531
从化区	17		978	924	36	18	3643	1442	202
增城区	58	13	2802	2713	74	15	10177	4945	567
韶关市	**85**	**22**	**3584**	**3303**	**132**	**149**	**15528**	**7352**	**826**
武江区	17	2	827	694	31	102	2620	1211	123
浈江区	19	13	652	602	46	4	2552	1233	156
曲江区	10	2	338	326	7	5	1816	738	147
始兴县	4		192	181	5	6	788	384	43
仁化县	5		245	240	3	2	944	426	36
翁源县	11	1	270	261	6	3	1540	786	63
乳源瑶族自治县	2	2	256	241	2	13	945	431	43
新丰县	4		164	155	4	5	994	473	38
乐昌市	4		311	290	15	6	1615	809	82
南雄市	9	2	329	313	13	3	1714	861	95
深圳市	**1307**	**157**	**40526**	**39219**	**1048**	**259**	**200837**	**96678**	**11702**
罗湖区	91	10	2763	2636	111	16	16600	8206	570
福田区	208	34	2777	2522	120	135	24115	10120	695
南山区	203	13	6106	6014	91	1	21982	9165	877
宝安区	249	53	7752	7473	228	51	47753	23012	3826
龙岗区	255	29	11727	11481	203	43	44854	23747	2581
盐田区	14	4	465	447	18		2572	770	415
龙华区	196	10	5579	5423	148	8	29337	15429	1632
坪山区	27	4	1457	1421	31	5	4065	1866	348
光明区	64		1900	1802	98		9559	4363	758

4-6　续表 22　　　　　　　　　　　　　　　　　　　　　　　　　　　　单位：人

地　区 性　别	专业技术人员		办事人员和有关人员				社会生产服务和生活服务人员		
	新闻出版、文化专业人员	其他专业技术人员	小计	办事人员	安全和消防人员	其他办事人员和有关人员	小计	批发与零售服务人员	交通运输、仓储和邮政业服务人员
珠海市	**226**	**19**	**6315**	**5985**	**254**	**76**	**20422**	**8235**	**1086**
香洲区	169	14	4476	4227	182	67	13433	5394	567
斗门区	27		877	827	49	1	4449	1835	305
金湾区	30	5	962	931	23	8	2540	1006	214
汕头市	**129**	**22**	**6179**	**6038**	**105**	**36**	**28470**	**19383**	**959**
龙湖区	19	9	1404	1358	35	11	4117	2446	151
金平区	43	4	1774	1732	33	9	5574	3381	291
濠江区	6	1	283	273	5	5	1190	750	40
潮阳区	34	1	927	918	8	1	6885	5102	148
潮南区	8	2	567	560	5	2	6434	4863	188
澄海区	18	5	1154	1129	17	8	3806	2619	131
南澳县	1		70	68	2		464	222	10
佛山市	**423**	**51**	**21221**	**20723**	**444**	**54**	**87698**	**44587**	**7539**
禅城区	82	13	3746	3674	56	16	14054	7423	901
南海区	172	21	8410	8225	168	17	36271	19377	2945
顺德区	123	10	6459	6345	99	15	28098	13841	2542
三水区	33	5	1628	1541	82	5	6176	2541	860
高明区	13	2	978	938	39	1	3099	1405	291
江门市	**168**	**24**	**7943**	**7750**	**154**	**39**	**29797**	**14387**	**1762**
蓬江区	59	7	2342	2281	45	16	5856	2925	394
江海区	10	4	622	610	11	1	2697	1304	246
新会区	32	3	1629	1592	28	9	5282	2528	384
台山市	15	5	952	923	21	8	5226	2394	159
开平市	16		958	935	20	3	4368	2318	192
鹤山市	29	4	942	923	18	1	3659	1520	269
恩平市	7	1	498	486	11	1	2709	1398	118
湛江市	**140**	**26**	**3780**	**3614**	**113**	**53**	**30278**	**15991**	**1445**
赤坎区	30	4	811	780	27	4	2892	1497	118
霞山区	34	8	962	914	17	31	5339	2678	303
坡头区	12		231	222	8	1	1815	984	74
麻章区	8		174	165	8	1	2207	1055	124
遂溪县	4	6	252	237	13	2	3379	1720	172
徐闻县	12	2	223	206	9	8	2278	1228	128
廉江市	11	1	454	436	16	2	4532	2401	188
雷州市	17	3	240	226	10	4	4038	2287	203
吴川市	12	2	433	428	5		3798	2141	135
茂名市	**80**	**19**	**3635**	**3413**	**152**	**70**	**30506**	**16928**	**1204**
茂南区	34	1	1363	1299	54	10	7416	4011	369
电白区	21		558	501	34	23	6424	3558	221
高州市	10	3	657	622	19	16	6428	3835	232
化州市	8	11	518	484	24	10	6137	3378	218
信宜市	7	4	539	507	21	11	4101	2146	164
肇庆市	**94**	**60**	**4214**	**3907**	**160**	**147**	**23481**	**12345**	**1351**
端州区	48	14	1379	1321	50	8	4425	2130	288
鼎湖区	8		316	200	7	109	1375	560	107
高要区	8	22	679	655	13	11	3832	2048	240
广宁县	2	2	275	260	14	1	1952	976	80
怀集县	6	6	372	338	30	4	3147	1680	161
封开县	3	5	201	187	11	3	1500	792	88
德庆县	5	4	272	262	5	5	1680	845	91
四会市	14	7	720	684	30	6	5570	3314	296
惠州市	**172**	**35**	**10178**	**9549**	**340**	**289**	**39978**	**19792**	**1897**
惠城区	78	10	3792	3605	160	27	14416	7195	795
惠阳区	46	15	2607	2312	88	207	9392	4514	565
博罗县	22	7	2017	1920	48	49	6456	3196	283
惠东县	17	3	1371	1334	31	6	7774	4081	195
龙门县	9		391	378	13		1940	806	59

4-6 续表 23

单位：人

地区 性别	专业技术人员		办事人员和有关人员				社会生产服务和生活服务人员		
	新闻出版、文化专业人员	其他专业技术人员	小计	办事人员	安全和消防人员	其他办事人员和有关人员	小计	批发与零售服务人员	交通运输、仓储和邮政业服务人员
梅州市	**75**	**16**	**3484**	**3360**	**85**	**39**	**16102**	**8840**	**708**
梅江区	35	5	986	965	18	3	2660	1429	97
梅县区	13		624	605	9	10	3027	1580	146
大埔县	2		228	218	9	1	1257	673	35
丰顺县	5	1	314	299	15		1699	980	76
五华县	3		440	413	13	14	2820	1583	174
平远县	2		212	205	2	5	952	509	45
蕉岭县	7	9	174	167	4	3	1099	576	49
兴宁市	8	1	506	488	15	3	2588	1510	86
汕尾市	**19**	**1**	**1548**	**1473**	**60**	**15**	**9702**	**5619**	**310**
城　区	4		480	454	24	2	1890	1011	67
海丰县	8	1	643	609	25	9	3250	1817	106
陆河县	3		179	174	5		806	454	22
陆丰市	4		246	236	6	4	3756	2337	115
河源市	**57**	**6**	**3045**	**2965**	**56**	**24**	**14260**	**7119**	**593**
源城区	35	4	1370	1330	32	8	5236	2465	189
紫金县	3		400	391	7	2	2299	1166	110
龙川县	6	2	395	388	4	3	2571	1389	126
连平县	6		251	243	7	1	1138	603	51
和平县	4		319	309	5	5	1446	762	51
东源县	3		310	304	1	5	1570	734	66
阳江市	**46**	**9**	**2392**	**2284**	**81**	**27**	**12782**	**6817**	**485**
江城区	20	4	1158	1104	42	12	5422	2917	181
阳东区	14	2	404	391	11	2	2066	1080	105
阳西县	2	1	317	303	11	3	1895	1097	75
阳春市	10	2	513	486	17	10	3399	1723	124
清远市	**112**	**8**	**4935**	**4717**	**164**	**54**	**21403**	**9886**	**972**
清城区	63	2	2388	2304	75	9	8159	3805	373
清新区	10	1	616	589	21	6	3421	1580	153
佛冈县	6		411	395	12	4	1673	680	82
阳山县	4	2	259	240	9	10	1374	666	54
连山壮族瑶族自治县	8		135	131	2	2	357	161	11
连南瑶族自治县	3	1	99	93	6		425	151	21
英德市	13	2	821	773	30	18	4418	2046	223
连州市	5		206	192	9	5	1576	797	55
东莞市	**349**	**102**	**26480**	**25802**	**582**	**96**	**82924**	**42305**	**5908**
市辖区	349	102	26480	25802	582	96	82924	42305	5908
中山市	**138**	**29**	**8565**	**8331**	**206**	**28**	**31866**	**15882**	**2245**
市辖区	138	29	8565	8331	206	28	31866	15882	2245
潮州市	**78**	**13**	**2080**	**1997**	**51**	**32**	**11651**	**7735**	**307**
湘桥区	30	9	776	740	19	17	3071	1805	82
潮安区	40	1	970	942	20	8	4669	3142	130
饶平县	8	3	334	315	12	7	3911	2788	95
揭阳市	**49**	**14**	**2747**	**2625**	**61**	**61**	**29983**	**21895**	**906**
榕城区	20	3	989	959	26	4	4638	3551	143
揭东区	7	5	476	459	9	8	5909	4205	326
揭西县	4	3	344	340	4		3363	2460	84
惠来县	4		157	152	4	1	4004	2839	95
普宁市	14	3	781	715	18	48	12069	8840	258
云浮市	**27**	**8**	**1916**	**1861**	**41**	**14**	**9902**	**4964**	**469**
云城区	12	3	722	704	13	5	2809	1402	100
云安区			129	123	5	1	858	392	30
新兴县	7	1	414	403	8	3	2250	1098	120
郁南县	5	1	247	236	7	4	1294	611	73
罗定市	3	3	404	395	8	1	2691	1461	146

4-6 续表 24

单位：人

地区 性别	社会生产服务和生活服务人员								
	住宿和餐饮服务人员	信息传输、软件和信息技术服务人员	金融服务人员	房地产服务人员	租赁和商务服务人员	技术辅助服务人员	水利、环境和公共设施管理服务人员	居民服务人员	电力、燃气及水供应服务人员
广 东	**292983**	**71755**	**46816**	**52569**	**74420**	**70664**	**88726**	**109799**	**12619**
广州市	**48374**	**17869**	**9414**	**10706**	**16771**	**15551**	**16973**	**19225**	**1881**
荔湾区	2419	806	858	738	958	775	714	878	144
越秀区	2929	922	1121	1075	1132	639	711	1176	86
海珠区	3785	1688	1165	1129	1566	1533	1095	2248	143
天河区	8751	6359	1773	1855	2929	2935	2433	3098	162
白云区	10972	2267	1483	2294	3381	3354	3102	4294	318
黄埔区	2731	1668	383	511	1169	1102	1492	965	156
番禺区	7104	2462	1249	1314	2742	2955	2827	3081	330
花都区	3428	579	417	487	1006	769	1392	1286	169
南沙区	1967	343	226	391	575	583	1159	645	133
从化区	1410	125	197	195	375	176	677	435	82
增城区	2878	650	542	717	938	730	1371	1119	158
韶关市	**5165**	**607**	**723**	**430**	**842**	**756**	**1791**	**1998**	**438**
武江区	707	157	202	99	238	178	311	341	52
浈江区	706	137	127	84	111	149	253	369	44
曲江区	609	46	79	59	113	60	258	238	63
始兴县	227	25	39	10	31	44	98	111	45
仁化县	391	35	29	22	69	45	148	79	21
翁源县	543	41	53	39	71	39	136	188	46
乳源瑶族自治县	384	28	28	26	28	46	122	119	23
新丰县	486	27	48	18	33	40	83	132	28
乐昌市	528	40	55	22	64	82	195	209	65
南雄市	584	71	63	51	84	73	187	212	51
深圳市	**58951**	**32410**	**12242**	**17219**	**25411**	**19844**	**20481**	**24266**	**1705**
罗湖区	4482	1145	1504	1707	2302	1182	1563	2473	106
福田区	7725	2886	3384	2278	3888	1834	2326	3534	149
南山区	7149	6333	1416	1958	3192	2213	2515	3086	146
宝安区	14444	9181	1681	4496	4928	4584	4677	5500	482
龙岗区	11640	6577	2500	3092	5119	5015	4045	4809	362
盐田区	838	140	135	309	653	220	382	328	18
龙华区	7650	5198	1281	2272	3833	3857	2306	3012	228
坪山区	1556	335	112	248	494	375	684	410	89
光明区	3467	615	229	859	1002	564	1983	1114	125
珠海市	**8256**	**1547**	**1150**	**1636**	**2267**	**1615**	**3209**	**2533**	**323**
香洲区	5679	1202	868	1027	1427	1107	2006	1770	192
斗门区	1593	234	205	469	508	291	711	533	69
金湾区	984	111	77	140	332	217	492	230	62
汕头市	**8014**	**1123**	**1159**	**854**	**1394**	**2538**	**1159**	**2767**	**433**
龙湖区	956	223	315	219	265	421	249	511	65
金平区	1240	326	415	345	376	497	277	615	95
濠江区	439	56	25	60	30	94	82	101	25
潮阳区	2086	252	158	121	267	781	173	603	69
潮南区	2074	136	63	39	267	234	149	543	76
澄海区	1038	111	159	48	167	493	182	319	75
南澳县	181	19	24	22	22	18	47	75	28
佛山市	**23122**	**3783**	**5109**	**4143**	**5565**	**7055**	**8854**	**9193**	**947**
禅城区	3484	785	1119	721	1210	1399	1226	1457	139
南海区	9317	1519	2016	1453	2092	2797	3577	3629	349
顺德区	7551	1200	1435	1498	1838	2302	2607	3279	256
三水区	1851	187	351	272	290	387	962	527	152
高明区	919	92	188	199	135	170	482	301	51

4-6 续表 25

单位：人

地区 性别	社会生产服务和生活服务人员 住宿和餐饮服务人员	信息传输、软件和信息技术服务人员	金融服务人员	房地产服务人员	租赁和商务服务人员	技术辅助服务人员	水利、环境和公共设施管理服务人员	居民服务人员	电力、燃气及水供应服务人员
江门市	**12162**	**1025**	**1576**	**1210**	**1406**	**1953**	**3019**	**3227**	**461**
蓬江区	1595	288	464	290	340	444	509	708	89
江海区	870	93	110	192	129	220	280	256	25
新会区	1588	175	304	131	280	320	695	607	99
台山市	3727	139	215	171	152	198	359	601	78
开平市	1706	152	156	114	108	322	387	399	63
鹤山市	1323	104	214	248	250	308	516	392	45
恩平市	1353	74	113	64	147	141	273	264	62
湛江市	**11539**	**934**	**1357**	**994**	**1520**	**1424**	**2816**	**3958**	**683**
赤坎区	821	146	215	147	190	181	234	418	44
霞山区	1489	217	373	254	524	265	599	695	108
坡头区	591	54	54	69	91	95	188	199	28
麻章区	959	53	53	62	119	107	335	236	28
遂溪县	1773	100	135	97	85	134	264	380	44
徐闻县	984	55	86	54	68	82	144	256	39
廉江市	1985	118	150	96	160	194	475	593	93
雷州市	1621	99	169	110	131	189	299	602	87
吴川市	1316	92	122	105	152	177	278	579	212
茂名市	**10337**	**937**	**1283**	**841**	**1024**	**1280**	**1804**	**4829**	**570**
茂南区	2218	270	390	249	316	376	528	1045	123
电白区	2410	179	200	165	223	243	444	985	118
高州市	2041	176	307	196	191	292	340	942	107
化州市	2346	180	193	132	168	206	251	982	98
信宜市	1322	132	193	99	126	163	241	875	124
肇庆市	**8971**	**735**	**1110**	**938**	**1244**	**1148**	**1921**	**2443**	**412**
端州区	1160	262	485	269	302	302	370	457	107
鼎湖区	491	36	43	78	80	120	211	115	22
高要区	1586	76	144	138	131	149	321	368	57
广宁县	959	53	68	53	76	76	189	261	53
怀集县	1547	101	84	96	67	115	189	409	69
封开县	790	34	43	40	36	45	111	138	26
德庆县	834	47	61	34	54	43	97	187	31
四会市	1604	126	182	230	498	298	433	508	47
惠州市	**15234**	**1550**	**1761**	**2981**	**2429**	**2823**	**4294**	**5419**	**706**
惠城区	4629	798	907	1046	949	1078	1420	1961	214
惠阳区	3417	370	251	1052	617	894	1171	1133	198
博罗县	2788	157	232	320	326	508	782	773	137
惠东县	3426	175	303	487	455	280	595	1270	105
龙门县	974	50	68	76	82	63	326	282	52
梅州市	**5023**	**607**	**691**	**469**	**645**	**641**	**1447**	**2720**	**514**
梅江区	643	125	212	105	73	127	241	449	86
梅县区	1039	127	119	91	197	142	296	453	68
大埔县	480	37	46	67	94	33	90	193	62
丰顺县	712	72	51	36	43	39	124	276	41
五华县	858	93	81	33	61	129	279	402	101
平远县	301	37	37	20	30	36	57	176	28
蕉岭县	254	33	53	27	68	45	131	207	41
兴宁市	736	83	92	90	79	90	229	564	87
汕尾市	**4154**	**413**	**326**	**333**	**440**	**481**	**679**	**1720**	**200**
城　区	791	132	121	126	83	144	213	250	31
海丰县	1402	141	89	114	172	180	218	690	69
陆河县	301	44	32	18	22	50	73	123	26
陆丰市	1660	96	84	75	163	107	175	657	74

4-6　续表 26　　　　单位：人

地　区 性　别	社会生产服务和生活服务人员								
	住宿和餐饮服务人　员	信息传输、软件和信息技术服务人　员	金融服务人　员	房地产服务人员	租赁和商务服务人　员	技术辅助服务人员	水利、环境和公共设施管理服务人员	居民服务人　员	电力、燃气及水供应服务人　员
河源市	**5538**	**519**	**699**	**660**	**1343**	**712**	**1387**	**2081**	**461**
源城区	1880	275	322	364	591	343	504	825	139
紫金县	1081	69	100	99	211	131	223	327	130
龙川县	933	60	119	79	155	96	232	298	75
连平县	427	42	41	21	100	34	96	124	18
和平县	484	29	59	35	100	51	132	295	38
东源县	733	44	58	62	186	57	200	212	61
阳江市	**4470**	**411**	**501**	**396**	**542**	**733**	**1182**	**1596**	**282**
江城区	1812	208	254	170	304	393	532	566	85
阳东区	772	66	44	47	69	129	228	230	59
阳西县	690	41	54	72	58	70	153	228	35
阳春市	1196	96	149	107	111	141	269	572	103
清远市	**7747**	**701**	**1133**	**1473**	**1138**	**1011**	**2431**	**2807**	**506**
清城区	2600	329	583	577	513	459	999	1008	177
清新区	1316	107	135	343	184	177	400	479	63
佛冈县	668	59	94	142	98	76	167	275	40
阳山县	516	26	44	32	36	66	130	208	36
连山壮族瑶族自治县	137	9	17	6	13	9	46	58	11
连南瑶族自治县	161	17	24	10	22	15	60	64	36
英德市	1792	110	162	313	188	159	471	500	107
连州市	557	44	74	50	84	50	158	215	36
东莞市	**27325**	**3804**	**3798**	**4813**	**6178**	**6086**	**9229**	**9555**	**870**
市辖区	27325	3804	3798	4813	6178	6086	9229	9555	870
中山市	**9453**	**1320**	**1431**	**1630**	**2331**	**2890**	**3768**	**3755**	**416**
市辖区	9453	1320	1431	1630	2331	2890	3768	3755	416
潮州市	**3803**	**468**	**479**	**170**	**540**	**706**	**545**	**1368**	**241**
湘桥区	995	191	220	84	186	253	161	467	65
潮安区	1599	171	177	44	224	332	211	521	104
饶平县	1209	106	82	42	130	121	173	380	72
揭阳市	**11433**	**721**	**483**	**420**	**939**	**969**	**706**	**3054**	**333**
榕城区	977	175	111	86	112	319	164	464	62
揭东区	2125	135	129	61	210	147	142	610	93
揭西县	1162	67	53	29	97	60	94	317	39
惠来县	1890	72	52	43	53	98	99	448	30
普宁市	5279	272	138	201	467	345	207	1215	109
云浮市	**3912**	**271**	**391**	**253**	**451**	**448**	**1031**	**1285**	**237**
云城区	834	90	178	63	119	156	296	376	69
云安区	344	25	20	17	37	31	136	102	15
新兴县	988	47	85	46	71	94	249	224	65
郁南县	573	44	43	66	66	60	107	222	20
罗定市	1173	65	65	61	158	107	243	361	68
男	**161070**	**54723**	**22560**	**34298**	**52193**	**45989**	**32180**	**30306**	**10962**
广州市	**26387**	**13650**	**4428**	**6970**	**10897**	**9749**	**6031**	**4963**	**1643**
荔湾区	1407	576	397	474	580	474	285	188	120
越秀区	1621	656	495	715	776	361	305	254	69
海珠区	2168	1225	518	731	937	888	461	657	107
天河区	5192	4963	884	1234	1725	1814	870	816	142
白云区	5925	1783	706	1595	2251	2140	1136	1149	286
黄埔区	1463	1308	182	303	760	720	536	213	142
番禺区	3767	1841	598	840	1756	1883	971	763	303
花都区	1804	431	179	299	709	488	457	361	149
南沙区	987	272	109	227	429	380	326	167	124
从化区	658	91	83	120	307	110	191	101	78
增城区	1395	504	277	432	667	491	493	294	123

4－6 续表 27 单位：人

地区 性别	社会生产服务和生活服务人员								
	住宿和餐饮服务人员	信息传输、软件和信息技术服务人员	金融服务人员	房地产服务人员	租赁和商务服务人员	技术辅助服务人员	水利、环境和公共设施管理服务人员	居民服务人员	电力、燃气及水供应服务人员
韶关市	**2217**	**409**	**351**	**245**	**628**	**506**	**533**	**508**	**344**
武江区	321	95	98	61	177	118	77	65	38
浈江区	305	91	59	43	76	103	65	99	38
曲江区	217	38	39	29	91	42	71	56	50
始兴县	91	18	21	7	26	28	25	36	38
仁化县	166	20	11	16	52	25	53	17	19
翁源县	235	31	21	15	56	25	33	52	37
乳源瑶族自治县	173	19	11	17	21	24	43	23	19
新丰县	232	21	25	13	21	29	29	43	18
乐昌市	232	28	28	13	46	63	54	50	47
南雄市	245	48	38	31	62	49	83	67	40
深圳市	**34776**	**25203**	**5888**	**12046**	**17489**	**12441**	**8768**	**6299**	**1527**
罗湖区	2555	868	675	1216	1625	726	594	632	91
福田区	4785	2023	1664	1549	2455	1077	894	823	119
南山区	4319	4840	673	1382	2266	1271	997	640	135
宝安区	8663	7251	797	3204	3550	2796	2029	1506	435
龙岗区	6653	5136	1189	2118	3415	3321	1811	1414	325
盐田区	465	110	70	189	537	127	141	38	16
龙华区	4520	4191	668	1590	2420	2491	1040	830	204
坪山区	877	281	44	183	424	212	319	120	84
光明区	1939	503	108	615	797	420	943	296	118
珠海市	**4457**	**1166**	**540**	**986**	**1628**	**1072**	**1204**	**613**	**288**
香洲区	3090	894	403	633	998	751	749	400	169
斗门区	853	185	97	269	384	178	260	144	60
金湾区	514	87	40	84	246	143	195	69	59
汕头市	**5122**	**765**	**634**	**596**	**948**	**1783**	**459**	**1010**	**378**
龙湖区	576	142	168	138	194	264	83	149	59
金平区	719	212	205	249	264	330	120	206	77
濠江区	250	49	18	46	16	70	23	34	22
潮阳区	1424	183	92	91	181	639	76	190	60
潮南区	1383	97	48	28	166	134	64	284	70
澄海区	685	71	89	29	113	338	76	120	67
南澳县	85	11	14	15	14	8	17	27	23
佛山市	**11551**	**2828**	**2230**	**2530**	**3876**	**4798**	**2770**	**2279**	**850**
禅城区	1828	543	546	457	829	922	400	371	119
南海区	4644	1146	867	925	1413	1924	1150	984	321
顺德区	3879	929	592	890	1300	1549	788	712	224
三水区	791	136	143	145	222	278	294	131	136
高明区	409	74	82	113	112	125	138	81	50
江门市	**6274**	**733**	**759**	**693**	**1084**	**1301**	**886**	**773**	**399**
蓬江区	805	186	204	164	249	300	155	157	76
江海区	423	82	47	112	92	158	98	53	22
新会区	730	128	157	82	214	180	215	143	87
台山市	2143	99	113	101	122	142	94	184	65
开平市	822	106	83	74	78	220	71	87	55
鹤山市	616	78	100	130	203	191	155	84	37
恩平市	735	54	55	30	126	110	98	65	57
湛江市	**5959**	**681**	**671**	**617**	**1193**	**1068**	**929**	**1167**	**603**
赤坎区	400	105	110	90	134	139	43	100	41
霞山区	753	151	142	151	441	189	185	144	87
坡头区	257	38	29	45	65	61	55	59	27
麻章区	469	37	32	38	92	79	119	74	21
遂溪县	972	70	73	65	60	96	102	118	42
徐闻县	468	41	37	30	57	65	58	95	37
廉江市	1077	96	95	61	113	149	169	174	75
雷州市	885	67	106	76	107	149	125	234	74
吴川市	678	76	47	61	124	141	73	169	199

4-6 续表 28 单位：人

地区 性别	社会生产服务和生活服务人员								
	住宿和餐饮服务人员	信息传输、软件和信息技术服务人员	金融服务人员	房地产服务人员	租赁和商务服务人员	技术辅助服务人员	水利、环境和公共设施管理服务人员	居民服务人员	电力、燃气及水供应服务人员
茂名市	**5025**	**719**	**731**	**546**	**757**	**905**	**574**	**1330**	**487**
茂南区	1059	197	182	151	241	266	130	267	103
电白区	1145	137	115	114	167	180	135	333	102
高州市	1042	152	194	125	148	206	121	247	96
化州市	1152	124	109	88	119	148	87	253	83
信宜市	627	109	131	68	82	105	101	230	103
肇庆市	**4737**	**520**	**532**	**536**	**933**	**766**	**567**	**654**	**340**
端州区	564	182	229	167	216	201	98	91	84
鼎湖区	234	26	19	32	53	62	49	17	19
高要区	856	52	62	81	107	98	91	92	50
广宁县	532	39	29	27	52	55	69	73	43
怀集县	868	74	49	54	49	87	60	146	59
封开县	437	24	28	24	28	29	45	48	20
德庆县	427	33	30	15	38	26	30	52	23
四会市	819	90	86	136	390	208	125	135	42
惠州市	**8320**	**1169**	**880**	**1902**	**1833**	**1932**	**1509**	**1552**	**597**
惠城区	2568	597	443	658	655	728	529	553	191
惠阳区	1837	278	121	680	472	615	426	367	159
博罗县	1485	122	118	209	264	333	288	257	115
惠东县	1927	134	167	303	371	210	192	300	91
龙门县	503	38	31	52	71	46	74	75	41
梅州市	**2683**	**444**	**351**	**271**	**517**	**442**	**533**	**910**	**424**
梅江区	330	90	108	69	51	88	66	126	72
梅县区	546	88	57	40	161	99	102	145	58
大埔县	252	30	21	42	82	23	38	60	53
丰顺县	430	50	30	19	31	25	56	113	34
五华县	461	68	43	20	42	85	110	132	81
平远县	137	27	20	12	24	21	24	52	24
蕉岭县	116	26	23	15	60	32	49	61	28
兴宁市	411	65	49	54	66	69	88	221	74
汕尾市	**2617**	**323**	**191**	**236**	**334**	**353**	**294**	**672**	**176**
城区	502	99	67	89	58	104	75	89	26
海丰县	844	113	52	79	133	135	102	297	64
陆河县	163	35	15	10	12	32	31	47	26
陆丰市	1108	76	57	58	131	82	86	239	60
河源市	**2884**	**378**	**367**	**416**	**1159**	**481**	**481**	**598**	**375**
源城区	954	206	155	228	490	228	175	217	118
紫金县	629	50	61	69	185	89	106	106	96
龙川县	479	46	62	43	135	69	65	83	55
连平县	193	23	21	14	90	24	35	27	14
和平县	237	23	32	21	91	32	43	102	36
东源县	392	30	36	41	168	39	57	63	56
阳江市	**2004**	**308**	**249**	**224**	**398**	**516**	**357**	**485**	**257**
江城区	794	156	118	97	221	269	145	189	75
阳东区	345	47	18	32	54	88	72	78	57
阳西县	332	32	32	39	43	56	49	77	33
阳春市	533	73	81	56	80	103	91	141	92
清远市	**3632**	**512**	**512**	**801**	**864**	**703**	**783**	**613**	**419**
清城区	1172	254	251	323	385	332	264	234	160
清新区	691	78	53	198	134	116	131	111	57
佛冈县	308	44	44	74	89	60	49	61	27
阳山县	259	13	26	16	24	32	39	31	26
连山壮族瑶族自治县	62	6	8	4	10	7	13	9	11
连南瑶族自治县	67	15	12	6	15	9	20	15	23
英德市	836	75	75	154	140	111	189	113	83
连州市	237	27	43	26	67	36	78	39	32

4-6 续表 29 单位：人

地 区 性 别	社会生产服务和生活服务人员								
	住宿和餐饮服务人员	信息传输、软件和信息技术服务人员	金融服务人员	房地产服务人员	租赁和商务服务人员	技术辅助服务人员	水利、环境和公共设施管理服务人员	居民服务人员	电力、燃气及水供应服务人员
东莞市	**14843**	**2890**	**1894**	**3045**	**4687**	**3876**	**3478**	**2932**	**781**
市辖区	14843	2890	1894	3045	4687	3876	3478	2932	781
中山市	**5026**	**1010**	**631**	**1027**	**1788**	**1858**	**1143**	**1000**	**350**
市辖区	5026	1010	631	1027	1788	1858	1143	1000	350
潮州市	**2461**	**330**	**252**	**134**	**311**	**463**	**235**	**503**	**206**
湘桥区	617	131	113	74	114	163	53	165	56
潮安区	1091	124	92	29	122	219	116	189	86
饶平县	753	75	47	31	75	81	66	149	64
揭阳市	**8102**	**494**	**266**	**339**	**502**	**674**	**359**	**1153**	**305**
榕城区	717	128	63	67	56	217	80	177	52
揭东区	1531	80	64	47	120	108	69	235	86
揭西县	768	47	28	22	44	44	38	113	36
惠来县	1297	55	35	35	45	78	42	158	30
普宁市	3789	184	76	168	237	227	130	470	101
云浮市	**1993**	**191**	**203**	**138**	**367**	**302**	**287**	**292**	**213**
云城区	328	59	96	33	92	111	65	79	58
云安区	133	20	8	6	33	26	35	26	15
新兴县	499	35	38	30	48	57	68	48	56
郁南县	304	32	26	37	54	37	43	61	20
罗定市	729	45	35	32	140	71	76	78	64
女	**131913**	**17032**	**24256**	**18271**	**22227**	**24675**	**56546**	**79493**	**1657**
广州市	**21987**	**4219**	**4986**	**3736**	**5874**	**5802**	**10942**	**14262**	**238**
荔湾区	1012	230	461	264	378	301	429	690	24
越秀区	1308	266	626	360	356	278	406	922	17
海珠区	1617	463	647	398	629	645	634	1591	36
天河区	3559	1396	889	621	1204	1121	1563	2282	20
白云区	5047	484	777	699	1130	1214	1966	3145	32
黄埔区	1268	360	201	208	409	382	956	752	14
番禺区	3337	621	651	474	986	1072	1856	2318	27
花都区	1624	148	238	188	297	281	935	925	20
南沙区	980	71	117	164	146	203	833	478	9
从化区	752	34	114	75	68	66	486	334	4
增城区	1483	146	265	285	271	239	878	825	35
韶关市	**2948**	**198**	**372**	**185**	**214**	**250**	**1258**	**1490**	**94**
武江区	386	62	104	38	61	60	234	276	14
浈江区	401	46	68	41	35	46	188	270	6
曲江区	392	8	40	30	22	18	187	182	13
始兴县	136	7	18	3	5	16	73	75	7
仁化县	225	15	18	6	17	20	95	62	2
翁源县	308	10	32	24	15	14	103	136	9
乳源瑶族自治县	211	9	17	9	7	22	79	96	4
新丰县	254	6	23	5	12	11	54	89	10
乐昌市	296	12	27	9	18	19	141	159	18
南雄市	339	23	25	20	22	24	104	145	11
深圳市	**24175**	**7207**	**6354**	**5173**	**7922**	**7403**	**11713**	**17967**	**178**
罗湖区	1927	277	829	491	677	456	969	1841	15
福田区	2940	863	1720	729	1433	757	1432	2711	30
南山区	2830	1493	743	576	926	942	1518	2446	11
宝安区	5781	1930	884	1292	1378	1788	2648	3994	47
龙岗区	4987	1441	1311	974	1704	1694	2234	3395	37
盐田区	373	30	65	120	116	93	241	290	2
龙华区	3130	1007	613	682	1413	1366	1266	2182	24
坪山区	679	54	68	65	70	163	365	290	5
光明区	1528	112	121	244	205	144	1040	818	7

4-6 续表 30

单位：人

地区 性别	社会生产服务和生活服务人员								
	住宿和餐饮服务人员	信息传输、软件和信息技术服务人员	金融服务人员	房地产服务人员	租赁和商务服务人员	技术辅助服务人员	水利、环境和公共设施管理服务人员	居民服务人员	电力、燃气及水供应服务人员
珠海市	**3799**	**381**	**610**	**650**	**639**	**543**	**2005**	**1920**	**35**
香洲区	2589	308	465	394	429	356	1257	1370	23
斗门区	740	49	108	200	124	113	451	389	9
金湾区	470	24	37	56	86	74	297	161	3
汕头市	**2892**	**358**	**525**	**258**	**446**	**755**	**700**	**1757**	**55**
龙湖区	380	81	147	81	71	157	166	362	6
金平区	521	114	210	96	112	167	157	409	18
濠江区	189	7	7	14	14	24	59	67	3
潮阳区	662	69	66	30	86	142	97	413	9
潮南区	691	39	15	11	101	100	85	259	6
澄海区	353	40	70	19	54	155	106	199	8
南澳县	96	8	10	7	8	10	30	48	5
佛山市	**11571**	**955**	**2879**	**1613**	**1689**	**2257**	**6084**	**6914**	**97**
禅城区	1656	242	573	264	381	477	826	1086	20
南海区	4673	373	1149	528	679	873	2427	2645	28
顺德区	3672	271	843	608	538	753	1819	2567	32
三水区	1060	51	208	127	68	109	668	396	16
高明区	510	18	106	86	23	45	344	220	1
江门市	**5888**	**292**	**817**	**517**	**322**	**652**	**2133**	**2454**	**62**
蓬江区	790	102	260	126	91	144	354	551	13
江海区	447	11	63	80	37	62	182	203	3
新会区	858	47	147	49	66	140	480	464	12
台山市	1584	40	102	70	30	56	265	417	13
开平市	884	46	73	40	30	102	316	312	8
鹤山市	707	26	114	118	47	117	361	308	8
恩平市	618	20	58	34	21	31	175	199	5
湛江市	**5580**	**253**	**686**	**377**	**327**	**356**	**1887**	**2791**	**80**
赤坎区	421	41	105	57	56	42	191	318	3
霞山区	736	66	231	103	83	76	414	551	21
坡头区	334	16	25	24	26	34	133	140	1
麻章区	490	16	21	24	27	28	216	162	7
遂溪县	801	30	62	32	25	38	162	262	2
徐闻县	516	14	49	24	11	17	86	161	2
廉江市	908	22	55	35	47	45	306	419	18
雷州市	736	32	63	34	24	40	174	368	13
吴川市	638	16	75	44	28	36	205	410	13
茂名市	**5312**	**218**	**552**	**295**	**267**	**375**	**1230**	**3499**	**83**
茂南区	1159	73	208	98	75	110	398	778	20
电白区	1265	42	85	51	56	63	309	652	16
高州市	999	24	113	71	43	86	219	695	11
化州市	1194	56	84	44	49	58	164	729	15
信宜市	695	23	62	31	44	58	140	645	21
肇庆市	**4234**	**215**	**578**	**402**	**311**	**382**	**1354**	**1789**	**72**
端州区	596	80	256	102	86	101	272	366	23
鼎湖区	257	10	24	46	27	58	162	98	3
高要区	730	24	82	57	24	51	230	276	7
广宁县	427	14	39	26	24	21	120	188	10
怀集县	679	27	35	42	18	28	129	263	10
封开县	353	10	15	16	8	16	66	90	6
德庆县	407	14	31	19	16	17	67	135	8
四会市	785	36	96	94	108	90	308	373	5
惠州市	**6914**	**381**	**881**	**1079**	**596**	**891**	**2785**	**3867**	**109**
惠城区	2061	201	464	388	294	350	891	1408	23
惠阳区	1580	92	130	372	145	279	745	766	39
博罗县	1303	35	114	111	62	175	494	516	22
惠东县	1499	41	136	184	84	70	403	970	14
龙门县	471	12	37	24	11	17	252	207	11

4－6 续表 31 单位：人

地区 性别	社会生产服务和生活服务人员								
	住宿和餐饮服务人员	信息传输、软件和信息技术服务人员	金融服务人员	房地产服务人员	租赁和商务服务人员	技术辅助服务人员	水利、环境和公共设施管理服务人员	居民服务人员	电力、燃气及水供应服务人员
梅州市	**2340**	**163**	**340**	**198**	**128**	**199**	**914**	**1810**	**90**
梅江区	313	35	104	36	22	39	175	323	14
梅县区	493	39	62	51	36	43	194	308	10
大埔县	228	7	25	25	12	10	52	133	9
丰顺县	282	22	21	17	12	14	68	163	7
五华县	397	25	38	13	19	44	169	270	20
平远县	164	10	17	8	6	15	33	124	4
蕉岭县	138	7	30	12	8	13	82	146	13
兴宁市	325	18	43	36	13	21	141	343	13
汕尾市	**1537**	**90**	**135**	**97**	**106**	**128**	**385**	**1048**	**24**
城区	289	33	54	37	25	40	138	161	5
海丰县	558	28	37	35	39	45	116	393	5
陆河县	138	9	17	8	10	18	42	76	
陆丰市	552	20	27	17	32	25	89	418	14
河源市	**2654**	**141**	**332**	**244**	**184**	**231**	**906**	**1483**	**86**
源城区	926	69	167	136	101	115	329	608	21
紫金县	452	19	39	30	26	42	117	221	34
龙川县	454	14	57	36	20	27	167	215	20
连平县	234	19	20	7	10	10	61	97	4
和平县	247	6	27	14	9	19	89	193	2
东源县	341	14	22	21	18	18	143	149	5
阳江市	**2466**	**103**	**252**	**172**	**144**	**217**	**825**	**1111**	**25**
江城区	1018	52	136	73	83	124	387	377	10
阳东区	427	19	26	15	15	41	156	152	2
阳西县	358	9	22	33	15	14	104	151	2
阳春市	663	23	68	51	31	38	178	431	11
清远市	**4115**	**189**	**621**	**672**	**274**	**308**	**1648**	**2194**	**87**
清城区	1428	75	332	254	128	127	735	774	17
清新区	625	29	82	145	50	61	269	368	6
佛冈县	360	15	50	68	9	16	118	214	13
阳山县	257	13	18	16	12	34	91	177	10
连山壮族瑶族自治县	75	3	9	2	3	2	33	49	
连南瑶族自治县	94	2	12	4	7	6	40	49	13
英德市	956	35	87	159	48	48	282	387	24
连州市	320	17	31	24	17	14	80	176	4
东莞市	**12482**	**914**	**1904**	**1768**	**1491**	**2210**	**5751**	**6623**	**89**
市辖区	12482	914	1904	1768	1491	2210	5751	6623	89
中山市	**4427**	**310**	**800**	**603**	**543**	**1032**	**2625**	**2755**	**66**
市辖区	4427	310	800	603	543	1032	2625	2755	66
潮州市	**1342**	**138**	**227**	**36**	**229**	**243**	**310**	**865**	**35**
湘桥区	378	60	107	10	72	90	108	302	9
潮安区	508	47	85	15	102	113	95	332	18
饶平县	456	31	35	11	55	40	107	231	8
揭阳市	**3331**	**227**	**217**	**81**	**437**	**295**	**347**	**1901**	**28**
榕城区	260	47	48	19	56	102	84	287	10
揭东区	594	55	65	14	90	39	73	375	7
揭西县	394	20	25	7	53	16	56	204	3
惠来县	593	17	17	8	8	20	57	290	
普宁市	1490	88	62	33	230	118	77	745	8
云浮市	**1919**	**80**	**188**	**115**	**84**	**146**	**744**	**993**	**24**
云城区	506	31	82	30	27	45	231	297	11
云安区	211	5	12	11	4	5	101	76	
新兴县	489	12	47	16	23	37	181	176	9
郁南县	269	12	17	29	12	23	64	161	
罗定市	444	20	30	29	18	36	167	283	4

4–6　续表 32　　　　单位：人

地　区 性　别	社会生产服务和生活服务人员				农、林、牧、渔业生产及辅助人员				
	修理及制作服务人　员	文化、体育和娱乐服务人员	健康服务人　员	其他社会生产和生活服务人　员	小计	农业生产人　员	林业生产人　员	畜牧业生产人员	渔业生产人　员
广　东	**64187**	**14618**	**4402**	**2780**	**409701**	**332017**	**8131**	**28633**	**37131**
广州市	**9577**	**2769**	**1001**	**247**	**15114**	**12867**	**417**	**573**	**987**
荔湾区	437	111	72	9	313	170	18	3	48
越秀区	255	233	146	5	32	19	5	4	1
海珠区	573	280	124	18	105	60	4	14	19
天河区	1131	449	134	54	242	170	36	16	7
白云区	2118	733	185	13	2029	1851	26	62	64
黄埔区	596	133	59	22	422	342	22	22	13
番禺区	1434	447	105	34	1511	1072	62	85	254
花都区	1127	145	65	17	1542	1260	56	53	152
南沙区	500	71	31	26	2804	2465	26	33	257
从化区	320	47	12	24	2341	2084	94	136	15
增城区	1086	120	68	25	3773	3374	68	145	157
韶关市	**1366**	**218**	**75**	**52**	**24195**	**21461**	**746**	**1495**	**270**
武江区	188	38	13	8	603	467	12	82	23
浈江区	220	35	19	32	797	654	23	65	46
曲江区	152	25	8	6	2019	1744	67	146	34
始兴县	89	10	1	1	2480	2235	92	114	6
仁化县	87	16	7		2356	2095	120	72	32
翁源县	168	19	4	1	4076	3503	87	404	39
乳源瑶族自治县	80	12	5		1901	1659	82	134	8
新丰县	82	13	7	1	1197	990	33	142	17
乐昌市	124	21	7	1	3867	3584	119	135	22
南雄市	176	29	4	2	4899	4530	111	201	43
深圳市	**10981**	**4897**	**1321**	**889**	**1617**	**1080**	**106**	**106**	**217**
罗湖区	656	476	111	37	53	31	4	1	14
福田区	830	482	131	490	35	18	6	2	4
南山区	779	628	116	11	128	51	6	18	48
宝安区	3220	1241	430	161	402	276	20	20	37
龙岗区	2554	813	278	161	378	218	19	21	90
盐田区	126	61	12		25		17	2	6
龙华区	1738	787	158	18	153	109	13	17	6
坪山区	338	63	38	8	211	176	18	7	5
光明区	740	346	47	3	232	201	3	18	7
珠海市	**1416**	**510**	**105**	**166**	**2891**	**691**	**84**	**102**	**1878**
香洲区	832	298	73	35	497	111	34	60	281
斗门区	376	143	23	6	1684	380	36	28	1118
金湾区	208	69	9	125	710	200	14	14	479
汕头市	**2372**	**272**	**97**	**59**	**14807**	**11527**	**68**	**825**	**2329**
龙湖区	328	80	16	7	835	675	1	57	92
金平区	424	71	34	14	448	263	4	23	154
濠江区	77	14	5	11	405	156	11	13	220
潮阳区	721	30	13	8	3611	3075	17	84	432
潮南区	467	37	8	5	3443	2810	25	266	328
澄海区	329	31	21	14	5337	4363	9	371	573
南澳县	26	9			728	185	1	11	530
佛山市	**5866**	**1013**	**276**	**324**	**10025**	**5036**	**409**	**716**	**3758**
禅城区	889	154	67	22	200	117	8	19	50
南海区	2522	425	99	29	3192	1881	126	148	988
顺德区	1877	346	88	263	3202	1352	82	87	1649
三水区	357	51	16	7	2322	1103	87	325	793
高明区	221	37	6	3	1109	583	106	137	278

4-6 续表 33

单位：人

地区 性别	社会生产服务和生活服务人员				农、林、牧、渔业生产及辅助人员				
	修理及制作服务人员	文化、体育和娱乐服务人员	健康服务人员	其他社会生产和生活服务人员	小计	农业生产人员	林业生产人员	畜牧业生产人员	渔业生产人员
江门市	**2365**	**350**	**112**	**47**	**19951**	**13681**	**338**	**2051**	**3548**
蓬江区	424	68	30	4	956	455	10	56	425
江海区	202	56	3	2	575	485	11	8	70
新会区	447	58	32	21	4149	2533	73	220	1224
台山市	508	70	13	7	8085	6063	60	578	1214
开平市	307	35	11	6	2940	1952	77	704	181
鹤山市	257	39	16	3	1445	883	57	190	302
恩平市	220	24	7	4	1801	1310	50	295	132
湛江市	**2775**	**299**	**113**	**32**	**70572**	**59511**	**796**	**2879**	**6969**
赤坎区	203	29	11	3	304	223	13	28	35
霞山区	303	59	27	2	682	408	15	14	241
坡头区	143	13	4	2	2185	1460	21	92	597
麻章区	189	12	4	7	5252	3893	42	134	1149
遂溪县	393	38	12	1	14223	12255	169	537	1121
徐闻县	196	17	6	3	12681	10856	68	296	1389
廉江市	514	46	22	3	12380	10526	134	1263	435
雷州市	486	37	14	6	17373	15162	314	267	1521
吴川市	348	48	13	5	5492	4728	20	248	481
茂名市	**2751**	**312**	**123**	**54**	**50810**	**43709**	**532**	**3749**	**2167**
茂南区	619	88	33	6	3314	2798	18	377	105
电白区	533	82	35	11	10945	8640	107	641	1522
高州市	564	47	8	12	16573	15439	168	679	229
化州市	591	62	40	12	9918	7567	153	1446	259
信宜市	444	33	7	13	10060	9265	86	606	52
肇庆市	**2070**	**240**	**81**	**58**	**30928**	**26534**	**586**	**1786**	**1713**
端州区	347	83	43	26	151	76	11	21	31
鼎湖区	105	20	1	5	764	296	14	87	349
高要区	435	25	8	2	6672	5299	77	613	650
广宁县	193	16	3	6	2539	2195	157	140	25
怀集县	362	24	6	6	8425	7722	157	353	62
封开县	163	15	5	1	5140	4847	31	206	38
德庆县	133	11	7	4	5297	5039	69	85	39
四会市	332	46	8	8	1940	1060	70	281	519
惠州市	**3083**	**703**	**174**	**83**	**16121**	**13175**	**316**	**1020**	**1460**
惠城区	1119	266	78	37	1933	1543	39	130	191
惠阳区	683	177	49	31	1567	1172	24	85	269
博罗县	574	117	32	10	3838	2995	113	451	237
惠东县	527	111	10	2	7154	6059	66	276	724
龙门县	180	32	5	3	1629	1406	74	78	39
梅州市	**1758**	**167**	**99**	**134**	**15282**	**13237**	**276**	**1477**	**217**
梅江区	197	27	22	74	426	366	18	26	13
梅县区	267	32	22	12	3705	3457	36	152	46
大埔县	129	13	6	35	1857	1654	29	142	22
丰顺县	244	21	6	7	2316	1805	83	376	48
五华县	428	24	21		2062	1741	42	242	16
平远县	84	14	4	2	1485	1361	17	95	6
蕉岭县	101	21	6	1	1316	1131	22	129	29
兴宁市	308	15	12	3	2115	1722	29	315	37
汕尾市	**1334**	**136**	**23**	**30**	**8399**	**5733**	**95**	**457**	**2053**
城　区	204	33	5	4	1186	324	3	48	791
海丰县	377	41	13	18	2215	1766	40	99	296
陆河县	94	7	3	2	407	293	35	75	3
陆丰市	659	55	2	6	4591	3350	17	235	963

4-6 续表 34

单位：人

地区 性别	社会生产服务和生活服务人员				农、林、牧、渔业生产及辅助人员				
	修理及制作服务人员	文化、体育和娱乐服务人员	健康服务人员	其他社会生产和生活服务人员	小计	农业生产人员	林业生产人员	畜牧业生产人员	渔业生产人员
河源市	**1209**	**181**	**106**	**34**	**9347**	**7456**	**266**	**1392**	**160**
源城区	328	99	66	10	389	208	33	120	24
紫金县	229	16	7	2	1960	1413	65	428	28
龙川县	306	25	11	9	2084	1743	31	257	33
连平县	93	12	8		1710	1486	20	188	14
和平县	99	10	4	11	1532	1235	58	210	14
东源县	154	19	10	2	1672	1371	59	189	47
阳江市	**1059**	**112**	**46**	**20**	**17528**	**11900**	**246**	**2551**	**2719**
江城区	367	39	14	5	2140	962	29	302	827
阳东区	216	19	11	1	3544	2366	51	532	574
阳西县	151	17	5	8	3410	1831	48	373	1120
阳春市	325	37	16	6	8434	6741	118	1344	198
清远市	**1853**	**290**	**77**	**103**	**23585**	**18778**	**1027**	**3074**	**503**
清城区	578	97	39	7	2602	1774	88	617	104
清新区	314	33	8	13	2760	2078	85	407	168
佛冈县	156	20	4	40	1070	815	62	170	13
阳山县	118	25	4	4	1580	1227	28	293	13
连山壮族瑶族自治县	36	3	3	1	890	776	47	46	12
连南瑶族自治县	39	18	2	17	1282	1196	39	28	2
英德市	480	66	12	8	9662	7400	603	1399	173
连州市	132	28	5	13	3739	3512	75	114	18
东莞市	**5383**	**1334**	**338**	**200**	**3146**	**2459**	**111**	**162**	**333**
市辖区	5383	1334	338	200	3146	2459	111	162	333
中山市	**2403**	**419**	**105**	**126**	**3972**	**1991**	**376**	**115**	**1399**
市辖区	2403	419	105	126	3972	1991	376	115	1399
潮州市	**1139**	**133**	**35**	**30**	**15880**	**12573**	**87**	**705**	**2435**
湘桥区	257	35	12	1	2298	2079	17	130	47
潮安区	498	56	15	23	4142	3896	30	124	80
饶平县	384	42	8	6	9440	6598	40	451	2308
揭阳市	**2473**	**168**	**59**	**83**	**39600**	**35328**	**1085**	**1399**	**1593**
榕城区	370	15	16	14	3760	3344	81	83	242
揭东区	469	30	22	30	7558	6858	41	398	217
揭西县	240	17	3	8	3931	3450	21	267	170
惠来县	463	39	5	5	9719	8498	12	301	873
普宁市	931	67	13	26	14632	13178	930	350	91
云浮市	**954**	**95**	**36**	**9**	**15931**	**13290**	**164**	**1999**	**423**
云城区	255	30	5	6	861	672	14	137	35
云安区	66	6	4	1	913	713	28	129	40
新兴县	187	18	8		4532	3161	42	1091	222
郁南县	156	11	9		3894	3463	60	312	35
罗定市	290	30	10	2	5731	5281	20	330	91
男	**57913**	**7859**	**1646**	**1444**	**241702**	**184787**	**5958**	**19241**	**29348**
广州市	**8680**	**1481**	**301**	**139**	**8679**	**7087**	**284**	**420**	**710**
荔湾区	404	60	22	4	177	95	11	2	29
越秀区	229	125	30	4	24	14	4	3	1
海珠区	513	162	30	12	74	39	4	11	14
天河区	1026	266	47	29	152	105	19	13	4
白云区	1948	361	63	5	1136	1002	15	46	52
黄埔区	542	76	24	14	265	210	16	14	10
番禺区	1310	249	29	19	918	617	38	64	172
花都区	998	67	26	9	915	711	41	36	114
南沙区	440	31	12	17	1474	1238	16	25	180
从化区	296	24	2	15	1352	1159	67	104	15
增城区	974	60	16	11	2192	1897	53	102	119

4-6 续表 35

单位：人

地区 性别	社会生产服务和生活服务人员				农、林、牧、渔业生产及辅助人员				
	修理及制作服务人员	文化、体育和娱乐服务人员	健康服务人员	其他社会生产和生活服务人员	小计	农业生产人员	林业生产人员	畜牧业生产人员	渔业生产人员
韶关市	**1216**	**102**	**26**	**26**	**13178**	**11217**	**566**	**1024**	**213**
武江区	170	15	6	5	362	269	7	54	19
浈江区	207	18	3	16	446	333	21	50	35
曲江区	135	12	3	2	1105	903	47	103	28
始兴县	77	3			1309	1126	77	77	5
仁化县	78	7	3		1278	1114	85	42	20
翁源县	140	10	2		2310	1903	74	270	31
乳源瑶族自治县	73	6	1		989	815	65	90	6
新丰县	75	6	2	1	680	524	28	100	16
乐昌市	111	12	4	1	2095	1882	85	102	20
南雄市	150	13	2	1	2604	2348	77	136	33
深圳市	**10053**	**2646**	**568**	**456**	**1082**	**655**	**83**	**74**	**192**
罗湖区	606	258	49	25	38	19	4		14
福田区	750	224	34	240	31	16	4	2	4
南山区	725	312	35	7	96	37	5	13	38
宝安区	2914	681	207	77	278	179	18	16	31
龙岗区	2389	458	124	86	260	127	13	14	84
盐田区	117	22	3		24		17	2	5
龙华区	1578	446	70	14	94	63	8	13	4
坪山区	294	35	21	5	123	97	12	5	5
光明区	680	210	25	2	138	117	2	9	7
珠海市	**1266**	**271**	**31**	**110**	**1988**	**401**	**63**	**74**	**1349**
香洲区	752	166	21	18	361	70	24	42	220
斗门区	335	74	9	4	1131	216	28	20	773
金湾区	179	31	1	88	496	115	11	12	356
汕头市	**2183**	**154**	**45**	**36**	**11112**	**8327**	**48**	**590**	**2102**
龙湖区	306	40	10	6	646	512		40	87
金平区	382	39	16	8	368	214	3	18	130
濠江区	74	8	2	7	313	89	9	8	202
潮阳区	678	23	6	4	2891	2416	15	61	397
潮南区	413	21	4	3	2470	1980	14	183	284
澄海区	307	21	7	8	3787	3003	6	272	488
南澳县	23	2			637	113	1	8	514
佛山市	**5252**	**527**	**94**	**93**	**6591**	**2924**	**274**	**458**	**2860**
禅城区	817	74	27	9	134	73	7	13	35
南海区	2219	226	36	20	2104	1111	89	101	770
顺德区	1690	187	25	60	2240	822	52	62	1279
三水区	329	22	4	4	1446	609	52	200	577
高明区	197	18	2		667	309	74	82	199
江门市	**2119**	**185**	**35**	**24**	**12249**	**7831**	**239**	**1334**	**2648**
蓬江区	380	30	7	3	628	247	6	40	328
江海区	183	20	1		353	288	8	5	51
新会区	396	35	11	9	2551	1434	46	141	877
台山市	448	43	7	4	4939	3519	43	351	921
开平市	284	21	4	3	1750	1084	57	462	133
鹤山市	225	21	4	1	913	492	42	127	242
恩平市	203	15	1	4	1115	767	37	208	96
湛江市	**2487**	**170**	**39**	**18**	**40222**	**32221**	**517**	**1935**	**5313**
赤坎区	179	20	3	1	190	129	8	20	31
霞山区	275	29	8	2	478	249	12	11	205
坡头区	132	4	1	1	1217	697	15	58	441
麻章区	164	7	1	3	3303	2227	33	109	918
遂溪县	339	26	5	1	8059	6697	85	370	840
徐闻县	168	9	1	2	7171	5902	45	186	999
廉江市	464	24	8	1	6939	5656	98	812	357
雷州市	444	24	8	3	9891	8232	205	205	1174
吴川市	322	27	4	4	2974	2432	16	164	348

4−6 续表 36

单位：人

地区 性别	社会生产服务和生活服务人员				农、林、牧、渔业生产及辅助人员				
	修理及制作服务人员	文化、体育和娱乐服务人员	健康服务人员	其他社会生产和生活服务人员	小计	农业生产人员	林业生产人员	畜牧业生产人员	渔业生产人员
茂名市	**2425**	**181**	**55**	**36**	**26579**	**21623**	**351**	**2414**	**1827**
茂南区	556	52	16	5	1713	1374	11	241	74
电白区	482	46	17	10	6596	4650	77	471	1377
高州市	491	27	4	9	8461	7738	101	429	153
化州市	502	35	14	6	4946	3522	109	868	183
信宜市	394	21	4	6	4863	4339	53	405	40
肇庆市	**1814**	**131**	**29**	**27**	**15682**	**12804**	**372**	**1159**	**1178**
端州区	306	45	14	9	108	50	7	16	25
鼎湖区	92	10	1	5	465	152	11	59	238
高要区	389	13	4	1	3553	2652	60	380	441
广宁县	180	8	1	2	1211	982	96	99	23
怀集县	304	13	1	5	3836	3397	91	237	46
封开县	134	7	3		2616	2426	21	131	26
德庆县	114	7	2	2	2815	2641	42	61	29
四会市	295	28	3	3	1078	504	44	176	350
惠州市	**2772**	**377**	**59**	**49**	**9661**	**7457**	**239**	**710**	**1144**
惠城区	979	140	18	17	1195	912	26	101	132
惠阳区	616	114	20	25	962	657	15	60	217
博罗县	520	49	14	5	2397	1762	88	319	195
惠东县	486	62	4	1	4111	3300	51	175	562
龙门县	171	12	3	1	996	826	59	55	38
梅州市	**1575**	**88**	**48**	**75**	**7991**	**6572**	**212**	**990**	**171**
梅江区	177	14	11	45	224	183	12	17	10
梅县区	236	17	9	6	1983	1804	26	107	37
大埔县	114	5	2	14	989	840	28	97	16
丰顺县	219	15	1	6	1325	988	55	246	34
五华县	378	13	14		992	786	35	149	12
平远县	76	8	2	1	770	675	13	72	5
蕉岭县	94	9	1		598	472	19	77	27
兴宁市	281	7	8	3	1110	824	24	225	30
汕尾市	**1192**	**76**	**13**	**19**	**6668**	**4259**	**81**	**371**	**1914**
城　区	193	17	3	3	1042	241	1	38	747
海丰县	343	18	6	11	1712	1313	32	82	275
陆河县	86	4	2	2	296	202	32	59	3
陆丰市	570	37	2	3	3618	2503	16	192	889
河源市	**1084**	**92**	**47**	**20**	**5273**	**3892**	**229**	**969**	**132**
源城区	306	52	27	8	262	126	25	85	22
紫金县	199	8	3	1	1111	721	58	292	23
龙川县	283	11	6	5	1154	906	25	182	25
连平县	81	5	5		888	727	20	129	11
和平县	84	6	2	5	859	634	51	155	11
东源县	131	10	4	1	999	778	50	126	40
阳江市	**966**	**69**	**23**	**14**	**10585**	**6440**	**177**	**1731**	**2175**
江城区	327	27	5	2	1429	510	23	221	668
阳东区	203	7	9		2142	1325	36	348	421
阳西县	142	13	3	8	2315	1067	28	266	932
阳春市	294	22	6	4	4699	3538	90	896	154
清远市	**1660**	**146**	**28**	**52**	**13606**	**10299**	**761**	**2039**	**383**
清城区	539	49	17	5	1399	822	74	410	79
清新区	287	19	2	7	1552	1070	66	281	124
佛冈县	138	12		22	653	460	54	118	11
阳山县	108	13	2	2	895	637	24	207	10
连山壮族瑶族自治县	31	1	2		542	458	37	33	8
连南瑶族自治县	31	10		9	713	656	27	17	2
英德市	405	30	4	4	5603	4114	423	895	132
连州市	121	12	1	3	2249	2082	56	78	17

4–6 续表 37 单位：人

地区 性别	社会生产服务和生活服务人员				农、林、牧、渔业生产及辅助人员				
	修理及制作服务人员	文化、体育和娱乐服务人员	健康服务人员	其他社会生产和生活服务人员	小计	农业生产人员	林业生产人员	畜牧业生产人员	渔业生产人员
东莞市	**4826**	**718**	**122**	**110**	**1983**	**1484**	**81**	**113**	**249**
市辖区	4826	718	122	110	1983	1484	81	113	249
中山市	**2141**	**231**	**30**	**73**	**2570**	**1125**	**245**	**84**	**1055**
市辖区	2141	231	30	73	2570	1125	245	84	1055
潮州市	**1055**	**75**	**12**	**11**	**10298**	**7669**	**67**	**522**	**1993**
湘桥区	234	18	4	1	1404	1250	14	83	44
潮安区	466	34	5	5	2767	2568	26	97	67
饶平县	355	23	3	5	6127	3851	27	342	1882
揭阳市	**2289**	**97**	**30**	**49**	**27603**	**24076**	**952**	**1005**	**1437**
榕城区	353	12	8	11	2882	2515	67	56	236
揭东区	437	20	10	18	5398	4868	34	280	185
揭西县	211	10	1	5	2529	2183	19	177	137
惠来县	425	23	3	1	6218	5166	11	222	798
普宁市	863	32	8	14	10576	9344	821	270	81
云浮市	**858**	**42**	**11**	**7**	**8102**	**6424**	**117**	**1225**	**303**
云城区	230	13	1	5	423	292	9	94	25
云安区	61	3	2		448	322	21	75	29
新兴县	165	6			2257	1414	25	653	154
郁南县	143	7	3		2114	1842	45	188	28
罗定市	259	13	5	2	2860	2554	17	215	67
女	**6274**	**6759**	**2756**	**1336**	**167999**	**147230**	**2173**	**9392**	**7783**
广州市	**897**	**1288**	**700**	**108**	**6435**	**5780**	**133**	**153**	**277**
荔湾区	33	51	50	5	136	75	7	1	19
越秀区	26	108	116	1	8	5	1	1	
海珠区	60	118	94	6	31	21		3	5
天河区	105	183	87	25	90	65	17	3	3
白云区	170	372	122	8	893	849	11	16	12
黄埔区	54	57	35	8	157	132	6	8	3
番禺区	124	198	76	15	593	455	24	21	82
花都区	129	78	39	8	627	549	15	17	38
南沙区	60	40	19	9	1330	1227	10	8	77
从化区	24	23	10	9	989	925	27	32	
增城区	112	60	52	14	1581	1477	15	43	38
韶关市	**150**	**116**	**49**	**26**	**11017**	**10244**	**180**	**471**	**57**
武江区	18	23	7	3	241	198	5	28	4
浈江区	13	17	16	16	351	321	2	15	11
曲江区	17	13	5	4	914	841	20	43	6
始兴县	12	7	1	1	1171	1109	15	37	1
仁化县	9	9	4		1078	981	35	30	12
翁源县	28	9	2	1	1766	1600	13	134	8
乳源瑶族自治县	7	6	4		912	844	17	44	2
新丰县	7	7	5		517	466	5	42	1
乐昌市	13	9	3		1772	1702	34	33	2
南雄市	26	16	2	1	2295	2182	34	65	10
深圳市	**928**	**2251**	**753**	**433**	**535**	**425**	**23**	**32**	**25**
罗湖区	50	218	62	12	15	12		1	
福田区	80	258	97	250	4	2	2		
南山区	54	316	81	4	32	14	1	5	10
宝安区	306	560	223	84	124	97	2	4	6
龙岗区	165	355	154	75	118	91	6	7	6
盐田区	9	39	9		1				1
龙华区	160	341	88	4	59	46	5	4	2
坪山区	44	28	17	3	88	79	6	2	
光明区	60	136	22	1	94	84	1	9	

4−6 续表 38

单位：人

地区 性别	社会生产服务和生活服务人员				农、林、牧、渔业生产及辅助人员				
	修理及制作服务人员	文化、体育和娱乐服务人员	健康服务人员	其他社会生产和生活服务人员	小计	农业生产人员	林业生产人员	畜牧业生产人员	渔业生产人员
珠海市	**150**	**239**	**74**	**56**	**903**	**290**	**21**	**28**	**529**
香洲区	80	132	52	17	136	41	10	18	61
斗门区	41	69	14	2	553	164	8	8	345
金湾区	29	38	8	37	214	85	3	2	123
汕头市	**189**	**118**	**52**	**23**	**3695**	**3200**	**20**	**235**	**227**
龙湖区	22	40	6	1	189	163	1	17	5
金平区	42	32	18	6	80	49	1	5	24
濠江区	3	6	3	4	92	67	2	5	18
潮阳区	43	7	7	4	720	659	2	23	35
潮南区	54	16	4	2	973	830	11	83	44
澄海区	22	10	14	6	1550	1360	3	99	85
南澳县	3	7			91	72		3	16
佛山市	**614**	**486**	**182**	**231**	**3434**	**2112**	**135**	**258**	**898**
禅城区	72	80	40	13	66	44	1	6	15
南海区	303	199	63	9	1088	770	37	47	218
顺德区	187	159	63	203	962	530	30	25	370
三水区	28	29	12	3	876	494	35	125	216
高明区	24	19	4	3	442	274	32	55	79
江门市	**246**	**165**	**77**	**23**	**7702**	**5850**	**99**	**717**	**900**
蓬江区	44	38	23	1	328	208	4	16	97
江海区	19	36	2	2	222	197	3	3	19
新会区	51	23	21	12	1598	1099	27	79	347
台山市	60	27	6	3	3146	2544	17	227	293
开平市	23	14	7	3	1190	868	20	242	48
鹤山市	32	18	12	2	532	391	15	63	60
恩平市	17	9	6		686	543	13	87	36
湛江市	**288**	**129**	**74**	**14**	**30350**	**27290**	**279**	**944**	**1656**
赤坎区	24	9	8	2	114	94	5	8	4
霞山区	28	30	19		204	159	3	3	36
坡头区	11	9	3	1	968	763	6	34	156
麻章区	25	5	3	4	1949	1666	9	25	231
遂溪县	54	12	7		6164	5558	84	167	281
徐闻县	28	8	5	1	5510	4954	23	110	390
廉江市	50	22	14	2	5441	4870	36	451	78
雷州市	42	13	6	3	7482	6930	109	62	347
吴川市	26	21	9	1	2518	2296	4	84	133
茂名市	**326**	**131**	**68**	**18**	**24231**	**22086**	**181**	**1335**	**340**
茂南区	63	36	17	1	1601	1424	7	136	31
电白区	51	36	18	1	4349	3990	30	170	145
高州市	73	20	4	3	8112	7701	67	250	76
化州市	89	27	26	6	4972	4045	44	578	76
信宜市	50	12	3	7	5197	4926	33	201	12
肇庆市	**256**	**109**	**52**	**31**	**15246**	**13730**	**214**	**627**	**535**
端州区	41	38	29	17	43	26	4	5	6
鼎湖区	13	10			299	144	3	28	111
高要区	46	12	4	1	3119	2647	17	233	209
广宁县	13	8	2	4	1328	1213	61	41	2
怀集县	58	11	5	1	4589	4325	66	116	16
封开县	29	8	2	1	2524	2421	10	75	12
德庆县	19	4	5	2	2482	2398	27	24	10
四会市	37	18	5	5	862	556	26	105	169
惠州市	**311**	**326**	**115**	**34**	**6460**	**5718**	**77**	**310**	**316**
惠城区	140	126	60	20	738	631	13	29	59
惠阳区	67	63	29	6	605	515	9	25	52
博罗县	54	68	18	5	1441	1233	25	132	42
惠东县	41	49	6	1	3043	2759	15	101	162
龙门县	9	20	2	2	633	580	15	23	1

4-6 续表 39

单位：人

地区 性别	社会生产服务和生活服务人员 修理及制作服务人员	社会生产服务和生活服务人员 文化、体育和娱乐服务人员	社会生产服务和生活服务人员 健康服务人员	社会生产服务和生活服务人员 其他社会生产和生活服务人员	农、林、牧、渔业生产及辅助人员 小计	农、林、牧、渔业生产及辅助人员 农业生产人员	农、林、牧、渔业生产及辅助人员 林业生产人员	农、林、牧、渔业生产及辅助人员 畜牧业生产人员	农、林、牧、渔业生产及辅助人员 渔业生产人员
梅州市	**183**	**79**	**51**	**59**	**7291**	**6665**	**64**	**487**	**46**
梅江区	20	13	11	29	202	183	6	9	3
梅县区	31	15	13	6	1722	1653	10	45	9
大埔县	15	8	4	21	868	814	1	45	6
丰顺县	25	6	5	1	991	817	28	130	14
五华县	50	11	7		1070	955	7	93	4
平远县	8	6	2	1	715	686	4	23	1
蕉岭县	7	12	5	1	718	659	3	52	2
兴宁市	27	8	4		1005	898	5	90	7
汕尾市	**142**	**60**	**10**	**11**	**1731**	**1474**	**14**	**86**	**139**
城区	11	16	2	1	144	83	2	10	44
海丰县	34	23	7	7	503	453	8	17	21
陆河县	8	3	1		111	91	3	16	
陆丰市	89	18		3	973	847	1	43	74
河源市	**125**	**89**	**59**	**14**	**4074**	**3564**	**37**	**423**	**28**
源城区	22	47	39	2	127	82	8	35	2
紫金县	30	8	4	1	849	692	7	136	5
龙川县	23	14	5	4	930	837	6	75	8
连平县	12	7	3		822	759		59	3
和平县	15	4	2	6	673	601	7	55	3
东源县	23	9	6	1	673	593	9	63	7
阳江市	**93**	**43**	**23**	**6**	**6943**	**5460**	**69**	**820**	**544**
江城区	40	12	9	3	711	452	6	81	159
阳东区	13	12	2	1	1402	1041	15	184	153
阳西县	9	4	2		1095	764	20	107	188
阳春市	31	15	10	2	3735	3203	28	448	44
清远市	**193**	**144**	**49**	**51**	**9979**	**8479**	**266**	**1035**	**120**
清城区	39	48	22	2	1203	952	14	207	25
清新区	27	14	6	6	1208	1008	19	126	44
佛冈县	18	8	4	18	417	355	8	52	2
阳山县	10	12	2	2	685	590	4	86	3
连山壮族瑶族自治县	5	2	1	1	348	318	10	13	4
连南瑶族自治县	8	8	2	8	569	540	12	11	
英德市	75	36	8	4	4059	3286	180	504	41
连州市	11	16	4	10	1490	1430	19	36	1
东莞市	**557**	**616**	**216**	**90**	**1163**	**975**	**30**	**49**	**84**
市辖区	557	616	216	90	1163	975	30	49	84
中山市	**262**	**188**	**75**	**53**	**1402**	**866**	**131**	**31**	**344**
市辖区	262	188	75	53	1402	866	131	31	344
潮州市	**84**	**58**	**23**	**19**	**5582**	**4904**	**20**	**183**	**442**
湘桥区	23	17	8		894	829	3	47	3
潮安区	32	22	10	18	1375	1328	4	27	13
饶平县	29	19	5	1	3313	2747	13	109	426
揭阳市	**184**	**71**	**29**	**34**	**11997**	**11252**	**133**	**394**	**156**
榕城区	17	3	8	3	878	829	14	27	6
揭东区	32	10	12	12	2160	1990	7	118	32
揭西县	29	7	2	3	1402	1267	2	90	33
惠来县	38	16	2	4	3501	3332	1	79	75
普宁市	68	35	5	12	4056	3834	109	80	10
云浮市	**96**	**53**	**25**	**2**	**7829**	**6866**	**47**	**774**	**120**
云城区	25	17	4	1	438	380	5	43	10
云安区	5	3	2	1	465	391	7	54	11
新兴县	22	12	8		2275	1747	17	438	68
郁南县	13	4	6		1780	1621	15	124	7
罗定市	31	17	5		2871	2727	3	115	24

4-6　续表 40　　　　单位：人

地　　区 性　　别	农林牧渔生产辅助人员	其他农、林、牧、渔业生产加工人员	生产制造及有关人员 小计	农副产品加工人员	食品、饮料生产加工人员	烟草及其制品加工人员	纺织、针织、印染人员	纺织品、服装和皮革、毛皮制品加工制作人员	木材加工、家具与木制品制作人员
广　东	**3311**	**478**	**2074815**	**13370**	**22329**	**564**	**24944**	**269624**	**60739**
广州市	**253**	**17**	**233097**	**913**	**3687**	**99**	**1932**	**71521**	**4677**
荔湾区	73	1	3834	29	129	47	27	250	58
越秀区	3		1771	13	68	5	3	54	16
海珠区	8		29715	22	214	24	164	24392	88
天河区	12	1	9006	20	240	1	25	448	159
白云区	24	2	52773	193	538	8	238	19301	1291
黄埔区	21	2	21012	72	777	3	29	331	302
番禺区	30	8	40172	125	552	9	487	10453	739
花都区	20	1	30527	140	287		320	10811	452
南沙区	22	1	20497	115	301		423	1115	713
从化区	11	1	6613	58	254		27	337	245
增城区	29		17177	126	327	2	189	4029	614
韶关市	**214**	**9**	**24988**	**334**	**463**	**71**	**180**	**957**	**745**
武江区	18	1	3765	33	50	28	6	111	105
浈江区	8	1	2437	23	62	15	2	59	35
曲江区	28		2967	55	84	1	54	67	58
始兴县	32	1	2088	25	35		7	47	55
仁化县	37		1653	19	32			27	118
翁源县	42	1	2407	53	57		24	97	88
乳源瑶族自治县	16	2	2015	28	46	1	7	49	34
新丰县	14	1	1681	14	28		4	63	49
乐昌市	7		2904	26	27	4	58	196	128
南雄市	12	2	3071	58	42	22	18	241	75
深圳市	**103**	**5**	**360393**	**757**	**2134**	**218**	**720**	**14297**	**4739**
罗湖区	3		5638	75	134	7	8	390	114
福田区	5		6620	12	125	3	8	109	97
南山区	4	1	14606	74	145		16	1526	539
宝安区	48	1	128513	195	715	188	265	2629	819
龙岗区	27	3	80202	222	548	2	224	5575	1679
盐田区			2529	5	33			236	16
龙华区	8		63090	33	227	7	34	1999	780
坪山区	5		16874	47	59		18	540	489
光明区	3		42321	94	148	11	147	1293	206
珠海市	**133**	**3**	**40947**	**171**	**444**	**5**	**144**	**1061**	**803**
香洲区	8	3	18395	25	230	4	30	420	473
斗门区	122		12639	117	89		76	457	183
金湾区	3		9913	29	125	1	38	184	147
汕头市	**51**	**7**	**85077**	**457**	**829**	**8**	**3879**	**26120**	**677**
龙湖区	6	4	8466	80	182		792	1854	146
金平区	3	1	5573	73	244		75	608	99
濠江区	5		3852	45	52		21	273	48
潮阳区	3		26454	100	132	6	519	10288	229
潮南区	13	1	22965	51	116	2	1517	11741	89
澄海区	20	1	17549	93	91		951	1354	63
南澳县	1		218	15	12		4	2	3
佛山市	**94**	**12**	**204331**	**761**	**2069**	**14**	**4936**	**18589**	**15798**
禅城区	5	1	17900	21	151	3	1179	4118	505
南海区	44	5	79667	303	728	8	1974	8700	4708
顺德区	29	3	79891	257	575	2	639	4240	9277
三水区	12	2	17426	114	371		803	316	627
高明区	4	1	9447	66	244	1	341	1215	681

4-6 续表 41

单位：人

地区 性别			生产制造及有关人员						
	农林牧渔生产辅助人员	其他农、林、牧、渔业生产加工人员	小计	农副产品加工人员	食品、饮料生产加工人员	烟草及其制品加工人员	纺织、针织、印染人员	纺织品、服装和皮革、毛皮制品加工制作人员	木材加工、家具与木制品制作人员
江门市	**215**	**118**	**71834**	**710**	**1482**	**12**	**894**	**5550**	**3621**
蓬江区	8	2	11971	74	236	10	82	961	256
江海区		1	7960	96	110		40	217	138
新会区	74	25	14209	145	420		266	769	1581
台山市	83	87	9237	167	184	1	77	807	340
开平市	26		10688	103	235		176	935	545
鹤山市	12	1	11377	95	224	1	91	1536	683
恩平市	12	2	6392	30	73		162	325	78
湛江市	**366**	**51**	**48549**	**1767**	**990**	**19**	**256**	**1479**	**1124**
赤坎区	4	1	1739	41	58	9	12	22	26
霞山区	2	2	3503	272	93	6	13	78	81
坡头区	12	3	5143	83	44	2	11	61	82
麻章区	27	7	4089	208	73	1	103	51	96
遂溪县	126	15	4703	284	154		22	166	107
徐闻县	72		1952	135	52		7	44	65
廉江市	20	2	10625	156	141	1	20	337	221
雷州市	89	20	7150	395	284		33	294	264
吴川市	14	1	9645	193	91		35	426	182
茂名市	**630**	**23**	**58955**	**1223**	**726**	**16**	**237**	**3335**	**1373**
茂南区	14	2	9617	122	143		11	188	137
电白区	31	4	14985	341	182	2	35	522	196
高州市	54	4	11376	188	138	9	75	1374	215
化州市	483	10	13423	441	180	3	51	578	379
信宜市	48	3	9554	131	83	2	65	673	446
肇庆市	**232**	**77**	**48163**	**519**	**994**	**2**	**529**	**3865**	**1510**
端州区	11	1	3531	29	158		27	130	27
鼎湖区	17	1	3041	28	46		132	175	65
高要区	32	1	12671	116	145		66	946	272
广宁县	20	2	4284	70	62	1	4	396	173
怀集县	76	55	7432	114	139		75	1152	275
封开县	17	1	2984	32	53	1	19	237	72
德庆县	50	15	2650	52	69		18	152	89
四会市	9	1	11570	78	322		188	677	537
惠州市	**144**	**6**	**123372**	**602**	**820**	**11**	**673**	**15266**	**5326**
惠城区	30		33456	135	243	3	126	1461	598
惠阳区	17		44522	117	182	7	115	1180	2821
博罗县	41	1	23977	155	218		314	3020	1127
惠东县	28	1	18482	135	127	1	105	9510	326
龙门县	28	4	2935	60	50		13	95	454
梅州市	**70**	**5**	**31207**	**540**	**510**	**47**	**76**	**1161**	**675**
梅江区	3		3322	37	26	27	10	59	52
梅县区	12	2	5191	50	93	12	17	140	65
大埔县	9	1	2449	42	35	4	3	89	71
丰顺县	4		4193	69	113		2	49	83
五华县	21		6678	99	79		4	166	114
平远县	5	1	1949	56	28		9	100	134
蕉岭县	5		1991	41	39	4		25	100
兴宁市	11	1	5434	146	97		31	533	56
汕尾市	**56**	**5**	**23643**	**329**	**270**	**6**	**191**	**3761**	**448**
城　区	18	2	4358	55	67	1	69	249	48
海丰县	12	2	11109	109	98	2	100	3152	114
陆河县	1		2344	14	17		2	43	95
陆丰市	25	1	5832	151	88	3	20	317	191

4−6　续表 42

单位：人

地区 性别	农林牧渔生产辅助人员	其他农、林、牧、渔业生产加工人员	生产制造及有关人员						
			小计	农副产品加工人员	食品、饮料生产加工人员	烟草及其制品加工人员	纺织、针织、印染人员	纺织品、服装和皮革、毛皮制品加工制作人员	木材加工、家具与木制品制作人员
河源市	**67**	**6**	**28795**	**490**	**403**		**184**	**2288**	**785**
源城区	4		9066	106	141		75	720	217
紫金县	26		4800	42	82		30	344	139
龙川县	16	4	5856	107	68		23	655	153
连平县	2		2327	63	33		10	117	61
和平县	13	2	2826	85	36		32	227	85
东源县	6		3920	87	43		14	225	130
阳江市	**86**	**26**	**33066**	**381**	**392**	**1**	**311**	**2247**	**724**
江城区	20		11056	143	91	1	48	808	166
阳东区	11	10	9291	42	64		55	262	311
阳西县	25	13	5444	101	146		53	394	63
阳春市	30	3	7275	95	91		155	783	184
清远市	**178**	**25**	**43198**	**628**	**586**	**3**	**472**	**4936**	**1620**
清城区	18	1	14266	102	175		129	1177	832
清新区	19	3	8737	151	123		79	2218	214
佛冈县	9	1	4487	30	43		86	175	159
阳山县	18	1	2722	57	45	1	20	171	40
连山壮族瑶族自治县	1	8	702	12	5			23	75
连南瑶族自治县	17		1195	15	13		7	138	16
英德市	79	8	8468	206	157		135	819	200
连州市	17	3	2621	55	25	2	16	215	84
东莞市	**78**	**3**	**371793**	**844**	**2531**	**13**	**6703**	**47117**	**9509**
市辖区	78	3	371793	844	2531	13	6703	47117	9509
中山市	**82**	**9**	**112497**	**356**	**762**	**4**	**1344**	**15318**	**4950**
市辖区	82	9	112497	356	762	4	1344	15318	4950
潮州市	**50**	**30**	**39552**	**606**	**934**	**9**	**222**	**4137**	**527**
湘桥区	7	18	6776	55	79	1	58	1282	118
潮安区	9	3	24427	159	608	1	103	2456	241
饶平县	34	9	8349	392	247	7	61	399	168
揭阳市	**161**	**34**	**67406**	**633**	**1013**	**5**	**923**	**24179**	**775**
榕城区	9	1	12518	55	110	2	104	1417	197
揭东区	38	6	11631	139	238		192	2050	188
揭西县	18	5	6476	63	247		17	912	72
惠来县	31	4	8907	176	102		147	3874	100
普宁市	65	18	27874	200	316	3	463	15926	218
云浮市	**48**	**7**	**23952**	**349**	**290**	**1**	**138**	**2440**	**333**
云城区	3		4771	34	51		29	301	74
云安区	3		3335	51	17		8	108	34
新兴县	10	6	5933	108	82		18	1090	49
郁南县	24		2525	50	58	1	9	140	59
罗定市	8	1	7388	106	82		74	801	117
男	**2109**	**259**	**1366264**	**8224**	**13164**	**376**	**13100**	**116771**	**45812**
广州市	**169**	**9**	**153642**	**622**	**2159**	**81**	**1049**	**37525**	**3761**
荔湾区	39	1	2898	23	79	38	14	124	44
越秀区	2		1449	8	48	5	2	26	14
海珠区	6		17436	14	144	19	98	13179	80
天河区	10	1	6868	13	136	1	9	170	138
白云区	21		33297	134	324	6	120	10406	1066
黄埔区	14	1	15199	54	458	3	15	148	246
番禺区	22	5	26215	78	305	7	251	5140	596
花都区	12	1	19425	93	154		172	5674	374
南沙区	15		14388	77	164		261	413	549
从化区	7		4523	40	148		12	126	189
增城区	21		11944	88	199	2	95	2119	465

4−6 续表 43

单位：人

地区 性别	农林牧渔生产辅助人员	其他农、林、牧、渔业生产加工人员	生产制造及有关人员 小计	农副产品加工人员	食品、饮料生产加工人员	烟草及其制品加工人员	纺织、针织、印染人员	纺织品、服装和皮革、毛皮制品加工制作人员	木材加工、家具与木制品制作人员
韶关市	**151**	**7**	**17390**	**212**	**242**	**42**	**66**	**260**	**520**
武江区	12	1	2566	22	29	18	4	23	91
浈江区	6	1	1805	16	35	10		14	25
曲江区	24		2254	32	28		18	27	47
始兴县	23	1	1103	19	23		2	15	38
仁化县	17		1249	14	19			13	76
翁源县	32		1638	32	31		8	20	56
乳源瑶族自治县	12	1	1350	18	26	1	5	19	24
新丰县	11	1	1179	8	16		3	14	30
乐昌市	6		2104	13	13	1	14	35	80
南雄市	8	2	2142	38	22	12	12	80	53
深圳市	**75**	**3**	**240258**	**529**	**1330**	**128**	**437**	**6584**	**4031**
罗湖区	1		4604	39	91	7	7	190	111
福田区	5		5256	8	86	2	6	43	86
南山区	2	1	11170	65	82		10	775	491
宝安区	33	1	81346	135	436	106	147	1187	716
龙岗区	21	1	53197	155	354	2	153	2581	1393
盐田区			1908	3	19			75	14
龙华区	6		43776	19	136	4	19	929	631
坪山区	4		11273	39	35		8	234	397
光明区	3		27728	66	91	7	87	570	192
珠海市	**99**	**2**	**28366**	**108**	**265**	**4**	**82**	**354**	**694**
香洲区	3	2	13316	16	136	3	12	153	429
斗门区	94		8195	72	57		46	129	151
金湾区	2		6855	20	72	1	24	72	114
汕头市	**41**	**4**	**50312**	**303**	**476**	**8**	**1956**	**8011**	**634**
龙湖区	5	2	5249	51	93		359	609	137
金平区	2	1	3619	50	116		29	180	88
濠江区	5		2753	28	33		15	19	46
潮阳区	2		16427	69	80	6	256	2936	217
潮南区	8	1	12100	32	87	2	964	3864	83
澄海区	18		9987	66	61		333	403	60
南澳县	1		177	7	6				3
佛山市	**69**	**6**	**137219**	**465**	**1221**	**8**	**2658**	**8136**	**11089**
禅城区	5	1	11785	13	87	2	624	1751	419
南海区	30	3	53572	200	408	4	982	3919	3331
顺德区	23	2	53079	138	294	1	371	1873	6371
三水区	8		12435	70	257		505	164	479
高明区	3		6348	44	175	1	176	429	489
江门市	**131**	**66**	**46595**	**423**	**786**	**11**	**542**	**1849**	**2575**
蓬江区	6	1	7550	47	134	9	57	243	175
江海区		1	5070	54	61		25	61	103
新会区	43	10	9199	71	213		168	240	1125
台山市	52	53	6121	118	120	1	47	255	240
开平市	14		7081	57	92		107	241	422
鹤山市	10		7189	57	118	1	44	677	447
恩平市	6	1	4385	19	48		94	132	63
湛江市	**215**	**21**	**37807**	**900**	**606**	**16**	**62**	**510**	**879**
赤坎区	2		1355	19	35	7	5	5	24
霞山区	1		2810	79	62	6	4	22	66
坡头区	6		4351	39	24	2		13	72
麻章区	14	2	3257	99	48		17	19	60
遂溪县	58	9	3511	163	89		4	71	79
徐闻县	39		1425	79	33		4	21	50
廉江市	15	1	7961	109	97	1	8	110	170
雷州市	67	8	5237	234	167		11	103	191
吴川市	13	1	7900	79	51		9	146	167

4-6 续表 44

单位：人

地区 性别	农林牧渔生产辅助人员	其他农、林、牧、渔业生产加工人员	生产制造及有关人员						
			小计	农副产品加工人员	食品、饮料生产加工人员	烟草及其制品加工人员	纺织、针织、印染人员	纺织品、服装和皮革、毛皮制品加工制作人员	木材加工、家具与木制品制作人员
茂名市	**346**	**18**	**44043**	**704**	**412**	**12**	**101**	**981**	**1013**
茂南区	11	2	7499	79	85		3	55	114
电白区	19	2	11775	168	108	1	17	202	173
高州市	36	4	7724	119	81	7	29	385	145
化州市	256	8	10463	253	93	3	26	175	311
信宜市	24	2	6582	85	45	1	26	164	270
肇庆市	**130**	**39**	**31658**	**327**	**566**	**2**	**279**	**941**	**1024**
端州区	9	1	2382	19	82		16	49	24
鼎湖区	4	1	2123	12	21		83	56	55
高要区	20		7828	72	68		19	135	163
广宁县	10	1	2895	43	40	1	1	78	91
怀集县	41	24	4696	73	96		24	269	181
封开县	11	1	1923	23	32	1	5	78	53
德庆县	31	11	1732	30	45		11	59	65
四会市	4		8079	55	182		120	217	392
惠州市	**108**	**3**	**82247**	**380**	**481**	**9**	**388**	**7572**	**3846**
惠城区	24		22518	90	150	2	60	581	474
惠阳区	13		30704	79	109	7	60	544	2030
博罗县	33		15173	99	121		214	1211	823
惠东县	22	1	11785	78	73		48	5211	234
龙门县	16	2	2067	34	28		6	25	285
梅州市	**45**	**1**	**21581**	**322**	**311**	**33**	**34**	**332**	**507**
梅江区	2		2300	20	11	20	4	12	44
梅县区	9		3604	32	54	8	4	57	53
大埔县	8		1871	27	21	3	3	51	62
丰顺县	2		2774	46	73		2	14	65
五华县	10		4752	56	48		4	40	91
平远县	4	1	1290	34	15		4	42	82
蕉岭县	3		1506	27	20	2		7	63
兴宁市	7		3484	80	69		13	109	47
汕尾市	**39**	**4**	**17859**	**241**	**193**	**5**	**76**	**1899**	**419**
城　区	13	2	3294	37	45	1	25	70	42
海丰县	9	1	7599	75	71	2	40	1662	107
陆河县			2075	8	11			22	91
陆丰市	17	1	4891	121	66	2	11	145	179
河源市	**47**	**4**	**18826**	**311**	**232**		**98**	**684**	**624**
源城区	4		5845	66	81		32	240	191
紫金县	17		3191	29	47		15	124	96
龙川县	13	3	3728	77	39		12	151	121
连平县	1		1590	39	21		7	29	53
和平县	7	1	1947	44	22		23	64	75
东源县	5		2525	56	22		9	76	88
阳江市	**50**	**12**	**22093**	**205**	**253**	**1**	**76**	**461**	**558**
江城区	7		7227	69	54	1	14	190	137
阳东区	7	5	5903	23	46		29	46	222
阳西县	16	6	4065	57	97		4	67	55
阳春市	20	1	4898	56	56		29	158	144
清远市	**114**	**10**	**29495**	**362**	**336**	**2**	**251**	**1346**	**1198**
清城区	14		10123	54	105		85	285	624
清新区	10	1	5372	81	66		24	579	162
佛冈县	9	1	3029	19	30		50	53	115
阳山县	16	1	2006	39	20	1	10	42	34
连山壮族瑶族自治县	1	5	531	8	4			10	45
连南瑶族自治县	11		792	9	6		2	38	12
英德市	39		5630	117	92		73	291	142
连州市	14	2	2012	35	13	1	7	48	64

4－6 续表 45　　　　单位：人

地　区 性　别	农林牧渔生产辅助人员	其他农、林、牧、渔业生产加工人员	生产制造及有关人员 小计	农副产品加工人员	食品、饮料生产加工人员	烟草及其制品加工人员	纺织、针织、印染人员	纺织品、服装和皮革、毛皮制品加工制作人员	木材加工、家具与木制品制作人员
东莞市	**53**	**3**	**234462**	**576**	**1453**	**6**	**3602**	**23393**	**7247**
市辖区	53	3	234462	576	1453	6	3602	23393	7247
中山市	**55**	**6**	**70244**	**229**	**410**	**2**	**803**	**6549**	**3813**
市辖区	55	6	70244	229	410	2	803	6549	3813
潮州市	**31**	**16**	**25107**	**340**	**609**	**4**	**101**	**1307**	**448**
湘桥区	2	11	4120	35	49		27	325	105
潮安区	8	1	15776	107	412		59	852	212
饶平县	21	4	5211	198	148	4	15	130	131
揭阳市	**111**	**22**	**40406**	**441**	**660**	**2**	**395**	**7439**	**674**
榕城区	7	1	8882	46	76	1	39	619	183
揭东区	25	6	7601	107	156		38	396	164
揭西县	11	2	4384	50	164		7	151	62
惠来县	19	2	5062	89	70		52	1107	92
普宁市	49	11	14477	149	194	1	259	5166	173
云浮市	**30**	**3**	**16654**	**224**	**163**		**44**	**638**	**258**
云城区	3		3635	25	26		8	55	60
云安区	1		2621	36	9		3	12	26
新兴县	8	3	3751	58	38		8	353	47
郁南县	11		1758	32	42		5	35	46
罗定市	7		4889	73	48		20	183	79
女	**1202**	**219**	**708551**	**5146**	**9165**	**188**	**11844**	**152853**	**14927**
广州市	**84**	**8**	**79455**	**291**	**1528**	**18**	**883**	**33996**	**916**
荔湾区	34		936	6	50	9	13	126	14
越秀区	1		322	5	20		1	28	2
海珠区	2		12279	8	70	5	66	11213	8
天河区	2		2138	7	104		16	278	21
白云区	3	2	19476	59	214	2	118	8895	225
黄埔区	7	1	5813	18	319		14	183	56
番禺区	8	3	13957	47	247	2	236	5313	143
花都区	8		11102	47	133		148	5137	78
南沙区	7	1	6109	38	137		162	702	164
从化区	4	1	2090	18	106		15	211	56
增城区	8		5233	38	128		94	1910	149
韶关市	**63**	**2**	**7598**	**122**	**221**	**29**	**114**	**697**	**225**
武江区	6		1199	11	21	10	2	88	14
浈江区	2		632	7	27	5	2	45	10
曲江区	4		713	23	56	1	36	40	11
始兴县	9		985	6	12		5	32	17
仁化县	20		404	5	13			14	42
翁源县	10	1	769	21	26		16	77	32
乳源瑶族自治县	4	1	665	10	20		2	30	10
新丰县	3		502	6	12		1	49	19
乐昌市	1		800	13	14	3	44	161	48
南雄市	4		929	20	20	10	6	161	22
深圳市	**28**	**2**	**120135**	**228**	**804**	**90**	**283**	**7713**	**708**
罗湖区	2		1034	36	43		1	200	3
福田区			1364	4	39	1	2	66	11
南山区	2		3436	9	63		6	751	48
宝安区	15		47167	60	279	82	118	1442	103
龙岗区	6	2	27005	67	194		71	2994	286
盐田区			621	2	14			161	2
龙华区	2		19314	14	91	3	15	1070	149
坪山区	1		5601	8	24		10	306	92
光明区			14593	28	57	4	60	723	14

4-6　续表 46

单位：人

地　区 性　别	农林牧渔生产辅助人员	其他农、林、牧、渔业生产加工人员	生产制造及有关人员						
			小计	农副产品加工人员	食品、饮料生产加工人员	烟草及其制品加工人员	纺织、针织、印染人员	纺织品、服装和皮革、毛皮制品加工制作人员	木材加工、家具与木制品制作人员
珠海市	**34**	**1**	**12581**	**63**	**179**	**1**	**62**	**707**	**109**
香洲区	5	1	5079	9	94	1	18	267	44
斗门区	28		4444	45	32		30	328	32
金湾区	1		3058	9	53		14	112	33
汕头市	**10**	**3**	**34765**	**154**	**353**		**1923**	**18109**	**43**
龙湖区	1	2	3217	29	89		433	1245	9
金平区	1		1954	23	128		46	428	11
濠江区			1099	17	19		6	254	2
潮阳区	1		10027	31	52		263	7352	12
潮南区	5		10865	19	29		553	7877	6
澄海区	2	1	7562	27	30		618	951	3
南澳县			41	8	6		4	2	
佛山市	**25**	**6**	**67112**	**296**	**848**	**6**	**2278**	**10453**	**4709**
禅城区			6115	8	64	1	555	2367	86
南海区	14	2	26095	103	320	4	992	4781	1377
顺德区	6	1	26812	119	281	1	268	2367	2906
三水区	4	2	4991	44	114		298	152	148
高明区	1	1	3099	22	69		165	786	192
江门市	**84**	**52**	**25239**	**287**	**696**	**1**	**352**	**3701**	**1046**
蓬江区	2	1	4421	27	102	1	25	718	81
江海区			2890	42	49		15	156	35
新会区	31	15	5010	74	207		98	529	456
台山市	31	34	3116	49	64		30	552	100
开平市	12		3607	46	143		69	694	123
鹤山市	2	1	4188	38	106		47	859	236
恩平市	6	1	2007	11	25		68	193	15
湛江市	**151**	**30**	**10742**	**867**	**384**	**3**	**194**	**969**	**245**
赤坎区	2	1	384	22	23	2	7	17	2
霞山区	1	2	693	193	31		9	56	15
坡头区	6	3	792	44	20		11	48	10
麻章区	13	5	832	109	25	1	86	32	36
遂溪县	68	6	1192	121	65		18	95	28
徐闻县	33		527	56	19		3	23	15
廉江市	5	1	2664	47	44		12	227	51
雷州市	22	12	1913	161	117		22	191	73
吴川市	1		1745	114	40		26	280	15
茂名市	**284**	**5**	**14912**	**519**	**314**	**4**	**136**	**2354**	**360**
茂南区	3		2118	43	58		8	133	23
电白区	12	2	3210	173	74	1	18	320	23
高州市	18		3652	69	57	2	46	989	70
化州市	227	2	2960	188	87		25	403	68
信宜市	24	1	2972	46	38	1	39	509	176
肇庆市	**102**	**38**	**16505**	**192**	**428**		**250**	**2924**	**486**
端州区	2		1149	10	76		11	81	3
鼎湖区	13		918	16	25		49	119	10
高要区	12	1	4843	44	77		47	811	109
广宁县	10	1	1389	27	22		3	318	82
怀集县	35	31	2736	41	43		51	883	94
封开县	6		1061	9	21		14	159	19
德庆县	19	4	918	22	24		7	93	24
四会市	5	1	3491	23	140		68	460	145
惠州市	**36**	**3**	**41125**	**222**	**339**	**2**	**285**	**7694**	**1480**
惠城区	6		10938	45	93	1	66	880	124
惠阳区	4		13818	38	73		55	636	791
博罗县	8	1	8804	56	97		100	1809	304
惠东县	6		6697	57	54	1	57	4299	92
龙门县	12	2	868	26	22		7	70	169

4–6 续表 47　　单位：人

地区 性别	农林牧渔生产辅助人员	其他农、林、牧、渔业生产加工人员	生产制造及有关人员						
			小计	农副产品加工人员	食品、饮料生产加工人员	烟草及其制品加工人员	纺织、针织、印染人员	纺织品、服装和皮革、毛皮制品加工制作人员	木材加工、家具与木制品制作人员
梅州市	**25**	**4**	**9626**	**218**	**199**	**14**	**42**	**829**	**168**
梅江区	1		1022	17	15	7	6	47	8
梅县区	3	2	1587	18	39	4	13	83	12
大埔县	1	1	578	15	14	1		38	9
丰顺县	2		1419	23	40			35	18
五华县	11		1926	43	31			126	23
平远县	1		659	22	13		5	58	52
蕉岭县	2		485	14	19	2		18	37
兴宁市	4	1	1950	66	28		18	424	9
汕尾市	**17**	**1**	**5784**	**88**	**77**	**1**	**115**	**1862**	**29**
城　区	5		1064	18	22		44	179	6
海丰县	3	1	3510	34	27		60	1490	7
陆河县	1		269	6	6		2	21	4
陆丰市	8		941	30	22	1	9	172	12
河源市	**20**	**2**	**9969**	**179**	**171**		**86**	**1604**	**161**
源城区			3221	40	60		43	480	26
紫金县	9		1609	13	35		15	220	43
龙川县	3	1	2128	30	29		11	504	32
连平县	1		737	24	12		3	88	8
和平县	6	1	879	41	14		9	163	10
东源县	1		1395	31	21		5	149	42
阳江市	**36**	**14**	**10973**	**176**	**139**		**235**	**1786**	**166**
江城区	13		3829	74	37		34	618	29
阳东区	4	5	3388	19	18		26	216	89
阳西县	9	7	1379	44	49		49	327	8
阳春市	10	2	2377	39	35		126	625	40
清远市	**64**	**15**	**13703**	**266**	**250**	**1**	**221**	**3590**	**422**
清城区	4	1	4143	48	70		44	892	208
清新区	9	2	3365	70	57		55	1639	52
佛冈县			1458	11	13		36	122	44
阳山县	2		716	18	25		10	129	6
连山壮族瑶族自治县		3	171	4	1			13	30
连南瑶族自治县	6		403	6	7		5	100	4
英德市	40	8	2838	89	65		62	528	58
连州市	3	1	609	20	12	1	9	167	20
东莞市	**25**		**137331**	**268**	**1078**	**7**	**3101**	**23724**	**2262**
市辖区	25		137331	268	1078	7	3101	23724	2262
中山市	**27**	**3**	**42253**	**127**	**352**	**2**	**541**	**8769**	**1137**
市辖区	27	3	42253	127	352	2	541	8769	1137
潮州市	**19**	**14**	**14445**	**266**	**325**	**5**	**121**	**2830**	**79**
湘桥区	5	7	2656	20	30	1	31	957	13
潮安区	1	2	8651	52	196	1	44	1604	29
饶平县	13	5	3138	194	99	3	46	269	37
揭阳市	**50**	**12**	**27000**	**192**	**353**	**3**	**528**	**16740**	**101**
榕城区	2		3636	9	34	1	65	798	14
揭东区	13		4030	32	82		154	1654	24
揭西县	7	3	2092	13	83		10	761	10
惠来县	12	2	3845	87	32		95	2767	8
普宁市	16	7	13397	51	122	2	204	10760	45
云浮市	**18**	**4**	**7298**	**125**	**127**	**1**	**94**	**1802**	**75**
云城区			1136	9	25		21	246	14
云安区	2		714	15	8		5	96	8
新兴县	2	3	2182	50	44		10	737	2
郁南县	13		767	18	16	1	4	105	13
罗定市	1	1	2499	33	34		54	618	38

4-6 续表 48

单位：人

地区 性别	生产制造及有关人员								
	纸及纸制品生产加工人员	印刷和记录媒介复制人员	文教、工美、体育和娱乐用品制造人员	石油加工和炼焦、煤化工生产人员	化学原料和化学制品制造人员	医药制造人员	化学纤维制造人员	橡胶和塑料制品制造人员	非金属矿物制品制造人员
广东	**21092**	**19250**	**66342**	**1374**	**15623**	**4371**	**541**	**64578**	**41628**
广州市	**1884**	**2157**	**4820**	**118**	**5499**	**1057**	**52**	**4685**	**1990**
荔湾区	39	97	135	1	34	61		46	32
越秀区	10	43	40	4	30	39		6	6
海珠区	71	77	101	6	42	103	2	30	35
天河区	52	139	92	3	71	52	3	26	50
白云区	747	656	655	9	2917	204	5	1163	351
黄埔区	109	145	103	57	552	314	16	315	148
番禺区	344	498	2386	6	299	107	3	1093	421
花都区	197	177	263	8	633	33	3	763	310
南沙区	135	146	510	4	166	31	17	543	310
从化区	21	49	271	5	576	52		320	93
增城区	159	130	264	15	179	61	3	380	234
韶关市	**219**	**121**	**1229**	**25**	**326**	**119**	**6**	**290**	**518**
武江区	5	39	500	2	35	31	1	26	34
浈江区	8	10	90		21	12		23	29
曲江区	3	5	77	17	20	2		11	53
始兴县	19	4	272		13	1	2	51	5
仁化县	6	5	31	1	10	3		11	45
翁源县	15	10	100		65	13		58	52
乳源瑶族自治县	11	11	50		39	46	2	20	49
新丰县	33	5	22	1	27	2		9	94
乐昌市	14	11	29	1	24	3		29	46
南雄市	105	21	58	3	72	6	1	52	111
深圳市	**3460**	**4557**	**8666**	**30**	**1147**	**527**	**68**	**12810**	**2828**
罗湖区	11	64	503	1	9	25		9	10
福田区	7	90	24	3	19	42		5	20
南山区	15	77	46	7	33	49		60	91
宝安区	1352	1657	1395	8	483	119	24	5676	715
龙岗区	868	1333	5096	4	254	80	27	2959	1130
盐田区	3		461		3	15		7	3
龙华区	606	637	382	3	150	79	4	1525	460
坪山区	85	104	269	1	74	63	6	710	100
光明区	513	595	490	3	122	55	7	1859	299
珠海市	**211**	**231**	**536**	**131**	**536**	**352**	**24**	**962**	**452**
香洲区	70	107	187	12	124	107	2	283	101
斗门区	84	59	253	10	80	27	5	174	241
金湾区	57	65	96	109	332	218	17	505	110
汕头市	**1156**	**713**	**11179**	**10**	**420**	**163**	**9**	**2513**	**352**
龙湖区	52	94	487	4	29	31		183	74
金平区	52	172	301	3	65	78	2	352	43
濠江区	178	23	93	3	34	31	5	62	38
潮阳区	389	104	820		142	7	2	603	85
潮南区	138	94	477		106	4		367	70
澄海区	347	226	8994		43	10		946	42
南澳县			7		1	2			
佛山市	**1758**	**1633**	**2960**	**55**	**1477**	**309**	**55**	**6907**	**5791**
禅城区	81	118	156	5	81	43	5	451	893
南海区	865	709	1666	17	450	124	16	2067	2189
顺德区	581	683	946	12	567	117	12	3495	745
三水区	153	81	160	10	264	11	18	608	1284
高明区	78	42	32	11	115	14	4	286	680

4-6 续表 49　　　　单位：人

地　区 性　别	生产制造及有关人员								
	纸及纸制品生产加工人员	印刷和记录媒介复制人员	文教、工美、体育和娱乐用品制造人　员	石油加工和炼焦、煤化工生产人员	化学原料和化学制品制造人　员	医药制造人　　员	化学纤维制造人员	橡胶和塑料制品制造人员	非金属矿物制品制造人员
江门市	**1275**	**933**	**646**	**28**	**665**	**153**	**69**	**2000**	**1781**
蓬江区	158	139	111	1	151	20	7	446	168
江海区	71	48	41	3	89	35	2	226	112
新会区	434	72	119	8	140	21	39	357	265
台山市	52	61	152	2	27	35		168	100
开平市	84	38	37	2	65	34	9	299	141
鹤山市	442	519	130	3	145	2	12	440	292
恩平市	34	56	56	9	48	6		64	703
湛江市	**293**	**221**	**401**	**104**	**89**	**111**	**11**	**759**	**630**
赤坎区	12	29	6	5	1	3		12	42
霞山区	24	36	18	54	15	34	1	19	29
坡头区	6	9	21	7	6		6	11	16
麻章区	106	12	57	29	11	13	2	23	21
遂溪县	29	17	28	3	5	27		59	78
徐闻县	4	12	18		2	6	1	13	46
廉江市	62	55	82		17	12		121	229
雷州市	31	32	115		19	11	1	17	95
吴川市	19	19	56	6	13	5		484	74
茂名市	**194**	**223**	**1148**	**483**	**398**	**163**	**4**	**843**	**633**
茂南区	22	48	103	453	230	30	2	140	124
电白区	24	21	221	12	86	34		213	110
高州市	73	65	333	9	33	23	1	257	132
化州市	49	32	130	7	27	57		110	163
信宜市	26	57	361	2	22	19	1	123	104
肇庆市	**341**	**233**	**2331**	**10**	**355**	**112**	**14**	**596**	**2366**
端州区	9	26	177	1	15	35	1	29	44
鼎湖区	19	5	38	1	14	5		21	356
高要区	43	38	136	3	32	15	5	179	939
广宁县	98	17	96		30	4	1	73	208
怀集县	23	46	117		9	12		77	92
封开县	18	11	103		18	5		35	227
德庆县	8	14	35		19	1	1	39	133
四会市	123	76	1629	5	218	35	6	143	367
惠州市	**669**	**857**	**3234**	**204**	**988**	**170**	**53**	**3734**	**2292**
惠城区	171	218	274	3	145	49		982	358
惠阳区	246	351	1683	186	494	42	25	1400	1205
博罗县	111	207	905	11	323	51	28	949	396
惠东县	129	68	293	2	18	25		330	198
龙门县	12	13	79	2	8	3		73	135
梅州市	**78**	**111**	**471**	**2**	**87**	**101**	**2**	**267**	**888**
梅江区	6	21	12		14	14	2	28	22
梅县区	7	26	74	1	33	40		122	84
大埔县	4	8	79		4	3		4	238
丰顺县	5	6	51	1	3	2		14	134
五华县	7	12	57		5	18		29	115
平远县	2	4	12		2	6		24	67
蕉岭县	23	8	13		13	3		15	164
兴宁市	24	26	173		13	15		31	64
汕尾市	**69**	**32**	**3712**	**1**	**36**	**13**	**3**	**115**	**303**
城　区	10	10	86		5	3	1	10	68
海丰县	10	12	3486	1	13	7	2	36	68
陆河县	2	4	7		8	1		5	24
陆丰市	47	6	133		10	2		64	143

4-6　续表 50

单位：人

地　区 性　别	生产制造及有关人员								
	纸及纸制品生产加工人员	印刷和记录媒介复制人员	文教、工美、体育和娱乐用品制造人　员	石油加工和炼焦、煤化工生产人员	化学原料和化学制品制造人　员	医药制造人　　员	化学纤维制造人员	橡胶和塑料制品制造人员	非金属矿物制品制造人员
河源市	**130**	**243**	**1216**	**10**	**76**	**87**	**5**	**667**	**663**
源城区	66	139	677	2	25	27	4	287	107
紫金县	17	42	112		12	30		113	71
龙川县	10	17	62		5	2	1	45	125
连平县	14	12	123	8		11		33	58
和平县	4	18	62		2	10		27	39
东源县	19	15	180		32	7		162	263
阳江市	**103**	**158**	**251**	**4**	**83**	**40**	**3**	**436**	**469**
江城区	34	62	45		10	11		132	92
阳东区	29	36	22		17	5	1	177	52
阳西县	8	24	43		19	5		35	147
阳春市	32	36	141	4	37	19	2	92	178
清远市	**321**	**123**	**1939**	**7**	**502**	**202**	**24**	**962**	**2097**
清城区	99	44	251	4	156	173	21	541	835
清新区	19	18	285	1	47	9	1	120	663
佛冈县	17	18	594	1	31	1		71	93
阳山县	6	6	96		10	4		36	68
连山壮族瑶族自治县	1		9					4	9
连南瑶族自治县	7	6	60		32	1		17	31
英德市	165	24	568	1	208	13	1	159	269
连州市	7	7	76		18	1	1	14	129
东莞市	**6431**	**4796**	**14914**	**134**	**1546**	**268**	**112**	**19688**	**3417**
市辖区	6431	4796	14914	134	1546	268	112	19688	3417
中山市	**1046**	**1003**	**2075**	**4**	**967**	**209**	**15**	**4004**	**1500**
市辖区	1046	1003	2075	4	967	209	15	4004	1500
潮州市	**973**	**641**	**1974**	**6**	**141**	**59**	**5**	**1220**	**8477**
湘桥区	78	67	324	2	15	25		105	1062
潮安区	819	524	428	1	91	23	1	914	6581
饶平县	76	50	1222	3	35	11	4	201	834
揭阳市	**342**	**197**	**2140**	**2**	**110**	**78**	**3**	**958**	**873**
榕城区	70	48	680		20	8		322	452
揭东区	171	30	892	1	37	19		190	209
揭西县	16	54	130		4	8		237	35
惠来县	32	17	138	1	19	1	3	41	82
普宁市	53	48	300		30	42		168	95
云浮市	**139**	**67**	**500**	**6**	**175**	**78**	**4**	**162**	**3308**
云城区	2	9	121		35	4		9	1760
云安区	5	2	33	3	60	9	2	10	922
新兴县	81	16	16	2	5	19	1	43	355
郁南县	15	10	148		16	19	1	59	120
罗定市	36	30	182	1	59	27		41	151
男	**13838**	**13683**	**34221**	**1110**	**10065**	**2338**	**356**	**40423**	**29764**
广州市	**1195**	**1495**	**2504**	**90**	**3023**	**543**	**24**	**2966**	**1549**
荔湾区	22	66	75	1	22	31		26	23
越秀区	8	28	26	4	21	21		5	4
海珠区	48	56	50	5	25	49	2	21	30
天河区	32	84	38	3	41	24	2	20	39
白云区	462	471	294	8	1505	95	2	740	263
黄埔区	77	105	49	46	380	162	8	209	111
番禺区	211	325	1406	6	167	60	1	702	333
花都区	136	131	135	5	307	16	3	483	231
南沙区	79	98	225	3	129	17	5	320	245
从化区	14	33	64	2	304	34		210	78
增城区	106	98	142	7	122	34	1	230	192

4－6 续表 51

单位：人

地区 性别	生产制造及有关人员 纸及纸制品生产加工人员	印刷和记录媒介复制人员	文教、工美、体育和娱乐用品制造人员	石油加工和炼焦、煤化工生产人员	化学原料和化学制品制造人员	医药制造人员	化学纤维制造人员	橡胶和塑料制品制造人员	非金属矿物制品制造人员
韶关市	**117**	**67**	**332**	**20**	**225**	**58**	**4**	**153**	**378**
武江区	2	17	121	2	20	15	1	12	29
浈江区	5	7	28		14	5		12	21
曲江区	2	3	17	14	12	1		6	43
始兴县	10	2	59		8	1	2	20	3
仁化县	3	3	10	1	5			8	35
翁源县	8	5	26		47	6		30	42
乳源瑶族自治县	4	9	18		27	27		13	34
新丰县	22	3	7	1	22			6	63
乐昌市	9	5	15		19			14	39
南雄市	52	13	31	2	51	3	1	32	69
深圳市	**2269**	**3404**	**5083**	**22**	**765**	**300**	**44**	**7939**	**2110**
罗湖区	7	39	367		5	14		5	9
福田区	1	70	14	1	15	14		5	19
南山区	6	50	22	5	25	24		51	81
宝安区	917	1236	704	7	332	71	17	3491	569
龙岗区	565	938	3110	4	162	47	18	1756	810
盐田区	3		322		2	11		7	2
龙华区	368	499	195	2	90	42	1	966	329
坪山区	56	86	136		52	41	5	472	61
光明区	346	486	213	3	82	36	3	1186	230
珠海市	**139**	**151**	**252**	**116**	**382**	**203**	**17**	**524**	**321**
香洲区	48	69	94	11	86	58	2	174	78
斗门区	54	38	105	7	60	12	4	73	152
金湾区	37	44	53	98	236	133	11	277	91
汕头市	**736**	**536**	**5574**	**8**	**260**	**88**	**6**	**1723**	**299**
龙湖区	34	73	234	3	21	16		91	63
金平区	35	124	93	2	37	39	1	229	38
濠江区	36	15	30	3	19	17	3	29	27
潮阳区	245	79	286		89	2	2	527	72
潮南区	102	77	271		68	3		258	63
澄海区	284	168	4657		25	9		589	36
南澳县			3		1	2			
佛山市	**1120**	**1120**	**1623**	**43**	**1073**	**150**	**40**	**4336**	**4131**
禅城区	54	73	87	5	51	20	4	271	608
南海区	563	515	963	11	317	62	10	1337	1577
顺德区	348	445	474	7	412	58	9	2136	565
三水区	105	57	83	10	207	3	15	387	901
高明区	50	30	16	10	86	7	2	205	480
江门市	**756**	**595**	**255**	**25**	**476**	**67**	**53**	**1128**	**1274**
蓬江区	104	95	50	1	116	8	6	261	126
江海区	43	33	13	3	73	12	2	141	83
新会区	294	54	42	6	90	8	30	171	185
台山市	35	44	51	2	14	20		85	73
开平市	57	31	13	2	46	16	4	163	101
鹤山市	207	304	54	2	109	1	11	265	207
恩平市	16	34	32	9	28	2		42	499
湛江市	**211**	**142**	**163**	**90**	**66**	**61**	**7**	**413**	**485**
赤坎区	10	22	3	5	1	1		8	29
霞山区	22	24	10	51	11	16	1	14	24
坡头区	4	3	9	6	6		3	6	9
麻章区	83	6	17	21	9	8	1	18	19
遂溪县	22	11	17	2	4	14		36	53
徐闻县	1	5	11		2	4	1	8	32
廉江市	38	36	40		13	4		66	183
雷州市	20	23	29		13	9	1	11	77
吴川市	11	12	27	5	7	5		246	59

4-6 续表 52

单位：人

地区 性别	生产制造及有关人员								
	纸及纸制品生产加工人员	印刷和记录媒介复制人员	文教、工美、体育和娱乐用品制造人员	石油加工和炼焦、煤化工生产人员	化学原料和化学制品制造人员	医药制造人员	化学纤维制造人员	橡胶和塑料制品制造人员	非金属矿物制品制造人员
茂名市	**116**	**133**	**509**	**382**	**267**	**66**	**3**	**458**	**483**
茂南区	14	23	38	357	155	11	2	87	93
电白区	12	15	124	9	59	17		85	89
高州市	50	42	185	8	23	6		143	98
化州市	24	17	46	6	17	25		66	124
信宜市	16	36	116	2	13	7	1	77	79
肇庆市	**190**	**156**	**1324**	**7**	**245**	**61**	**9**	**353**	**1620**
端州区	6	13	101		11	18		12	34
鼎湖区	7	4	10		11	4		10	219
高要区	21	26	64	3	23	7	3	95	659
广宁县	64	11	26		19	3	1	47	126
怀集县	12	34	47		5	5		45	66
封开县	11	6	36		9	2		21	180
德庆县	2	9	10		13		1	16	77
四会市	67	53	1030	4	154	22	4	107	259
惠州市	**453**	**610**	**1736**	**168**	**726**	**90**	**41**	**2347**	**1732**
惠城区	105	153	136	3	97	19		634	267
惠阳区	178	248	1011	152	374	28	16	892	889
博罗县	63	150	417	10	236	26	25	604	311
惠东县	96	49	139	2	13	16		173	151
龙门县	11	10	33	1	6	1		44	114
梅州市	**43**	**76**	**186**	**2**	**56**	**54**	**1**	**174**	**656**
梅江区	5	14	7		11	7	1	12	17
梅县区	3	20	29	1	22	27		86	58
大埔县	3	4	38		3	1		4	165
丰顺县	4	5	17	1	1	2		9	82
五华县	3	7	27		2	7		19	85
平远县	1	2	7		1	3		18	55
蕉岭县	11	4	5		8	2		7	148
兴宁市	13	20	56		8	5		19	46
汕尾市	**47**	**25**	**2384**	**1**	**28**	**9**	**1**	**79**	**275**
城区	8	8	59		3	2	1	8	58
海丰县	8	10	2255	1	9	5		23	62
陆河县	2	3	3		8	1		3	21
陆丰市	29	4	67		8	1		45	134
河源市	**83**	**166**	**422**	**9**	**34**	**40**	**1**	**349**	**489**
源城区	43	83	236	1	14	3	1	145	81
紫金县	9	33	49		5	23		72	57
龙川县	6	12	20		1	1		30	95
连平县	8	9	32	8		5		14	47
和平县	3	16	26		1	6		10	28
东源县	14	13	59		13	2		78	181
阳江市	**70**	**112**	**87**	**2**	**63**	**20**	**2**	**274**	**354**
江城区	24	41	24		7	6		88	72
阳东区	19	26	15		14	2	1	118	38
阳西县	4	18	12		13	2		19	111
阳春市	23	27	36	2	29	10	1	49	133
清远市	**157**	**91**	**615**	**6**	**333**	**156**	**16**	**555**	**1471**
清城区	64	34	99	3	105	140	14	335	575
清新区	13	14	111	1	35	5		69	452
佛冈县	11	11	136	1	18	1		42	74
阳山县	4	5	32		5	2		10	51
连山壮族瑶族自治县	1		6					4	9
连南瑶族自治县	6	3	18		18			8	25
英德市	52	17	167	1	142	8	1	80	191
连州市	6	7	46		10		1	7	94

4-6 续表 53

单位：人

地区 性别	生产制造及有关人员 纸及纸制品生产加工人员	印刷和记录媒介复制人员	文教、工美、体育和娱乐用品制造人员	石油加工和炼焦、煤化工生产人员	化学原料和化学制品制造人员	医药制造人员	化学纤维制造人员	橡胶和塑料制品制造人员	非金属矿物制品制造人员
东莞市	**4405**	**3336**	**8194**	**105**	**1100**	**148**	**70**	**12615**	**2531**
市辖区	4405	3336	8194	105	1100	148	70	12615	2531
中山市	**679**	**711**	**947**	**4**	**645**	**103**	**8**	**2430**	**1106**
市辖区	679	711	947	4	645	103	8	2430	1106
潮州市	**722**	**551**	**685**	**4**	**105**	**36**	**4**	**794**	**5155**
湘桥区	52	60	109	1	12	15		62	655
潮安区	611	453	188	1	70	15	1	641	4067
饶平县	59	38	388	2	23	6	3	91	433
揭阳市	**250**	**161**	**1101**	**2**	**83**	**48**	**3**	**727**	**795**
榕城区	50	39	314		16	4		250	437
揭东区	125	24	571	1	32	11		139	160
揭西县	14	45	51		3	4		184	34
惠来县	15	13	43	1	12	1	3	17	75
普宁市	46	40	122		20	28		137	89
云浮市	**80**	**45**	**245**	**4**	**110**	**37**	**2**	**86**	**2550**
云城区	1	5	100		20	2		3	1386
云安区	1	2	18	1	40	2		1	737
新兴县	51	7	10	2	4	12	1	30	221
郁南县	7	6	50		12	8	1	36	92
罗定市	20	25	67	1	34	13		16	114
女	**7254**	**5567**	**32121**	**264**	**5558**	**2033**	**185**	**24155**	**11864**
广州市	**689**	**662**	**2316**	**28**	**2476**	**514**	**28**	**1719**	**441**
荔湾区	17	31	60		12	30		20	9
越秀区	2	15	14		9	18		1	2
海珠区	23	21	51	1	17	54		9	5
天河区	20	55	54		30	28	1	6	11
白云区	285	185	361	1	1412	109	3	423	88
黄埔区	32	40	54	11	172	152	8	106	37
番禺区	133	173	980		132	47	2	391	88
花都区	61	46	128	3	326	17		280	79
南沙区	56	48	285	1	37	14	12	223	65
从化区	7	16	207	3	272	18		110	15
增城区	53	32	122	8	57	27	2	150	42
韶关市	**102**	**54**	**897**	**5**	**101**	**61**	**2**	**137**	**140**
武江区	3	22	379		15	16		14	5
浈江区	3	3	62		7	7		11	8
曲江区	1	2	60	3	8	1		5	10
始兴县	9	2	213		5			31	2
仁化县	3	2	21		5	3		3	10
翁源县	7	5	74		18	7		28	10
乳源瑶族自治县	7	2	32		12	19	2	7	15
新丰县	11	2	15		5	2		3	31
乐昌市	5	6	14	1	5	3		15	7
南雄市	53	8	27	1	21	3		20	42
深圳市	**1191**	**1153**	**3583**	**8**	**382**	**227**	**24**	**4871**	**718**
罗湖区	4	25	136	1	4	11		4	1
福田区	6	20	10	2	4	28			1
南山区	9	27	24	2	8	25		9	10
宝安区	435	421	691	1	151	48	7	2185	146
龙岗区	303	395	1986		92	33	9	1203	320
盐田区			139		1	4			1
龙华区	238	138	187	1	60	37	3	559	131
坪山区	29	18	133	1	22	22	1	238	39
光明区	167	109	277		40	19	4	673	69

4-6 续表 54

单位：人

地区 性别	生产制造及有关人员								
	纸及纸制品生产加工人员	印刷和记录媒介复制人员	文教、工美、体育和娱乐用品制造人员	石油加工和炼焦、煤化工生产人员	化学原料和化学制品制造人员	医药制造人员	化学纤维制造人员	橡胶和塑料制品制造人员	非金属矿物制品制造人员
珠海市	**72**	**80**	**284**	**15**	**154**	**149**	**7**	**438**	**131**
香洲区	22	38	93	1	38	49		109	23
斗门区	30	21	148	3	20	15	1	101	89
金湾区	20	21	43	11	96	85	6	228	19
汕头市	**420**	**177**	**5605**	**2**	**160**	**75**	**3**	**790**	**53**
龙湖区	18	21	253	1	8	15		92	11
金平区	17	48	208	1	28	39	1	123	5
濠江区	142	8	63		15	14	2	33	11
潮阳区	144	25	534		53	5		76	13
潮南区	36	17	206		38	1		109	7
澄海区	63	58	4337		18	1		357	6
南澳县			4						
佛山市	**638**	**513**	**1337**	**12**	**404**	**159**	**15**	**2571**	**1660**
禅城区	27	45	69		30	23	1	180	285
南海区	302	194	703	6	133	62	6	730	612
顺德区	233	238	472	5	155	59	3	1359	180
三水区	48	24	77		57	8	3	221	383
高明区	28	12	16	1	29	7	2	81	200
江门市	**519**	**338**	**391**	**3**	**189**	**86**	**16**	**872**	**507**
蓬江区	54	44	61		35	12	1	185	42
江海区	28	15	28		16	23		85	29
新会区	140	18	77	2	50	13	9	186	80
台山市	17	17	101		13	15		83	27
开平市	27	7	24		19	18	5	136	40
鹤山市	235	215	76	1	36	1	1	175	85
恩平市	18	22	24		20	4		22	204
湛江市	**82**	**79**	**238**	**14**	**23**	**50**	**4**	**346**	**145**
赤坎区	2	7	3			2		4	13
霞山区	2	12	8	3	4	18		5	5
坡头区	2	6	12	1			3	5	7
麻章区	23	6	40	8	2	5	1	5	2
遂溪县	7	6	11	1	1	13		23	25
徐闻县	3	7	7			2		5	14
廉江市	24	19	42		4	8		55	46
雷州市	11	9	86		6	2		6	18
吴川市	8	7	29	1	6			238	15
茂名市	**78**	**90**	**639**	**101**	**131**	**97**	**1**	**385**	**150**
茂南区	8	25	65	96	75	19		53	31
电白区	12	6	97	3	27	17		128	21
高州市	23	23	148	1	10	17	1	114	34
化州市	25	15	84	1	10	32		44	39
信宜市	10	21	245		9	12		46	25
肇庆市	**151**	**77**	**1007**	**3**	**110**	**51**	**5**	**243**	**746**
端州区	3	13	76	1	4	17	1	17	10
鼎湖区	12	1	28	1	3	1		11	137
高要区	22	12	72		9	8	2	84	280
广宁县	34	6	70		11	1		26	82
怀集县	11	12	70		4	7		32	26
封开县	7	5	67		9	3		14	47
德庆县	6	5	25		6	1		23	56
四会市	56	23	599	1	64	13	2	36	108
惠州市	**216**	**247**	**1498**	**36**	**262**	**80**	**12**	**1387**	**560**
惠城区	66	65	138		48	30		348	91
惠阳区	68	103	672	34	120	14	9	508	316
博罗县	48	57	488	1	87	25	3	345	85
惠东县	33	19	154		5	9		157	47
龙门县	1	3	46	1	2	2		29	21

4–6 续表 55 单位：人

地区 性别	生产制造及有关人员								
	纸及纸制品生产加工人员	印刷和记录媒介复制人员	文教、工美、体育和娱乐用品制造人员	石油加工和炼焦、煤化工生产人员	化学原料和化学制品制造人员	医药制造人员	化学纤维制造人员	橡胶和塑料制品制造人员	非金属矿物制品制造人员
梅州市	**35**	**35**	**285**		**31**	**47**	**1**	**93**	**232**
梅江区	1	7	5		3	7	1	16	5
梅县区	4	6	45		11	13		36	26
大埔县	1	4	41		1	2			73
丰顺县	1	1	34		2			5	52
五华县	4	5	30		3	11		10	30
平远县	1	2	5		1	3		6	12
蕉岭县	12	4	8		5	1		8	16
兴宁市	11	6	117		5	10		12	18
汕尾市	**22**	**7**	**1328**		**8**	**4**	**2**	**36**	**28**
城　区	2	2	27		2	1		2	10
海丰县	2	2	1231		4	2	2	13	6
陆河县		1	4					2	3
陆丰市	18	2	66		2	1		19	9
河源市	**47**	**77**	**794**	**1**	**42**	**47**	**4**	**318**	**174**
源城区	23	56	441	1	11	24	3	142	26
紫金县	8	9	63		7	7		41	14
龙川县	4	5	42		4	1	1	15	30
连平县	6	3	91			6		19	11
和平县	1	2	36		1	4		17	11
东源县	5	2	121		19	5		84	82
阳江市	**33**	**46**	**164**	**2**	**20**	**20**	**1**	**162**	**115**
江城区	10	21	21		3	5		44	20
阳东区	10	10	7		3	3		59	14
阳西县	4	6	31		6	3		16	36
阳春市	9	9	105	2	8	9	1	43	45
清远市	**164**	**32**	**1324**	**1**	**169**	**46**	**8**	**407**	**626**
清城区	35	10	152	1	51	33	7	206	260
清新区	6	4	174		12	4	1	51	211
佛冈县	6	7	458		13			29	19
阳山县	2	1	64		5	2		26	17
连山壮族瑶族自治县			3						
连南瑶族自治县	1	3	42		14	1		9	6
英德市	113	7	401		66	5		79	78
连州市	1		30		8	1		7	35
东莞市	**2026**	**1460**	**6720**	**29**	**446**	**120**	**42**	**7073**	**886**
市辖区	2026	1460	6720	29	446	120	42	7073	886
中山市	**367**	**292**	**1128**		**322**	**106**	**7**	**1574**	**394**
市辖区	367	292	1128		322	106	7	1574	394
潮州市	**251**	**90**	**1289**	**2**	**36**	**23**	**1**	**426**	**3322**
湘桥区	26	7	215	1	3	10		43	407
潮安区	208	71	240		21	8		273	2514
饶平县	17	12	834	1	12	5	1	110	401
揭阳市	**92**	**36**	**1039**		**27**	**30**		**231**	**78**
榕城区	20	9	366		4	4		72	15
揭东区	46	6	321		5	8		51	49
揭西县	2	9	79		1	4		53	1
惠来县	17	4	95		7			24	7
普宁市	7	8	178		10	14		31	6
云浮市	**59**	**22**	**255**	**2**	**65**	**41**	**2**	**76**	**758**
云城区	1	4	21		15	2		6	374
云安区	4		15	2	20	7	2	9	185
新兴县	30	9	6		1	7		13	134
郁南县	8	4	98		4	11		23	28
罗定市	16	5	115		25	14		25	37

4-6　续表 56

单位：人

地　区 性　别	生产制造及有关人员								
	采矿人员	金属冶炼和压延加工人员	机械制造基础加工人员	金属制品制造人员	通用设备制造人员	专用设备制造人员	汽车制造人员	铁路、船舶、航空设备制造人员	电气机械和器材制造人员
广　东	**1879**	**10858**	**88319**	**129353**	**16565**	**12124**	**22072**	**5725**	**78061**
广州市	**105**	**565**	**5764**	**7352**	**1739**	**1142**	**7859**	**2439**	**3638**
荔湾区	2	7	66	100	50	13	61	48	29
越秀区		2	17	17	9	17	14	13	23
海珠区	7	10	79	97	38	32	79	39	32
天河区	11	12	108	133	67	47	102	17	32
白云区	13	53	948	1216	255	169	611	110	809
黄埔区	18	78	688	375	188	233	1266	497	347
番禺区	10	97	1176	1994	486	295	1048	54	859
花都区	10	98	826	1737	175	151	1670	91	368
南沙区	22	128	1253	695	219	111	1395	1298	589
从化区	5	37	144	264	117	20	250	99	399
增城区	7	43	459	724	135	54	1363	173	151
韶关市	**264**	**688**	**846**	**708**	**214**	**96**	**148**	**44**	**475**
武江区	10	47	147	54	64	18	19	5	52
浈江区	23	96	167	63	62	9	35	4	8
曲江区	53	342	139	44	26	7	4	10	34
始兴县	12	5	38	57	7	6	6		74
仁化县	114	26	50	27	5	3	2		31
翁源县	10	26	64	75	4	2	6	1	155
乳源瑶族自治县	5	76	31	91	10	3	34	3	28
新丰县	12	15	27	85	4	40	4	2	7
乐昌市	17	37	113	98	21	2	21	14	52
南雄市	8	18	70	114	11	6	17	5	34
深圳市	**100**	**861**	**19701**	**13958**	**4226**	**5419**	**3727**	**1122**	**18135**
罗湖区		13	54	41	7	17	6	5	23
福田区	3	8	37	49	11	28	15		33
南山区	42	16	277	139	95	349	24	193	149
宝安区	15	319	7027	6334	2104	2107	952	222	8859
龙岗区	21	171	4378	3125	625	932	447	60	3372
盐田区	1	2	36	17	8	14			6
龙华区	5	81	3080	1801	629	1160	294	73	1953
坪山区	8	61	917	879	107	184	1770	94	429
光明区	5	190	3895	1573	640	628	219	475	3311
珠海市	**24**	**217**	**1622**	**1331**	**647**	**447**	**482**	**202**	**2708**
香洲区	4	23	532	303	189	283	150	35	1428
斗门区	10	45	545	484	368	108	107	81	918
金湾区	10	149	545	544	90	56	225	86	362
汕头市	**25**	**56**	**939**	**1129**	**176**	**87**	**285**	**15**	**172**
龙湖区	5	4	93	127	11	21	43	1	28
金平区	4	16	135	175	62	27	27	9	37
濠江区	10	3	21	59	3	2	165		5
潮阳区	2	14	145	286	10	9	9		27
潮南区	3	8	181	144	16	12	26	2	54
澄海区	1	9	363	330	60	15	15	3	19
南澳县		2	1	8	14	1			2
佛山市	**54**	**2324**	**13447**	**25042**	**2133**	**901**	**2375**	**205**	**15672**
禅城区	1	126	700	1137	139	52	178	12	236
南海区	34	999	6091	13753	581	511	1202	67	1814
顺德区	9	427	5120	7465	1125	259	654	102	13057
三水区	10	476	1119	2228	228	60	255	22	266
高明区		296	417	459	60	19	86	2	299

4-6 续表 57 单位：人

地区 性别	生产制造及有关人员								
	采矿人员	金属冶炼和压延加工人员	机械制造基础加工人员	金属制品制造人员	通用设备制造人员	专用设备制造人员	汽车制造人员	铁路、船舶、航空设备制造人员	电气机械和器材制造人员
江门市	**56**	**590**	**4072**	**7628**	**461**	**175**	**580**	**677**	**3330**
蓬江区	6	104	768	1604	90	29	131	316	754
江海区	1	29	419	617	73	35	177	132	1524
新会区	17	164	859	1476	83	36	35	147	286
台山市	8	130	433	903	75	16	104	9	209
开平市	14	36	867	1693	44	16	62	2	77
鹤山市	7	108	557	1107	74	28	61	65	431
恩平市	3	19	169	228	22	15	10	6	49
湛江市	**186**	**500**	**1068**	**938**	**137**	**68**	**139**	**52**	**1689**
赤坎区	13	17	39	32	10	5	30	2	15
霞山区	23	73	99	29	18	4	7	13	15
坡头区	66	55	79	61	9	8	13	6	54
麻章区	5	257	124	73	22	3	18	5	13
遂溪县	8	28	108	111	18	6	13	3	30
徐闻县	34	3	48	63	9	7	5	3	20
廉江市	8	35	246	343	24	19	15	2	1466
雷州市	18	18	143	90	17	6	21	15	43
吴川市	11	14	182	136	10	10	17	3	33
茂名市	**159**	**141**	**1036**	**1503**	**168**	**80**	**71**	**20**	**545**
茂南区	37	16	268	143	52	14	12	5	50
电白区	67	26	127	255	26	29	10	9	261
高州市	29	45	305	423	34	14	16	4	85
化州市	3	40	153	385	31	11	19		88
信宜市	23	14	183	297	25	12	14	2	61
肇庆市	**112**	**824**	**1683**	**5095**	**304**	**123**	**522**	**25**	**587**
端州区	6	22	100	189	56	15	77	5	47
鼎湖区	4	32	69	121	18	2	53	1	9
高要区	18	90	840	2854	28	30	83	4	72
广宁县	1	41	93	153	23	3	10	3	34
怀集县	23	15	158	627	21	28	82	4	95
封开县	18	12	22	152	10	5	21	2	138
德庆县	25	3	52	157	48	4	10	2	68
四会市	17	609	349	842	100	36	186	4	124
惠州市	**172**	**217**	**4676**	**5950**	**733**	**303**	**2347**	**134**	**3781**
惠城区	25	60	1138	1324	257	133	516	38	1677
惠阳区	88	68	1984	2248	229	84	1533	46	1201
博罗县	17	61	1256	1858	192	50	178	5	796
惠东县	28	23	249	476	50	33	94	44	85
龙门县	14	5	49	44	5	3	26	1	22
梅州市	**100**	**142**	**526**	**590**	**112**	**47**	**132**	**28**	**232**
梅江区	9	10	54	55	23	6	20	21	12
梅县区	21	40	95	103	14	8	68	1	49
大埔县	10	1	14	30	5	1	1		14
丰顺县	13	31	56	79	6	2	4		9
五华县	17	11	115	119	27	21	13	3	100
平远县	18	23	29	54	9	3	8	1	13
蕉岭县	8	10	26	50	16	1	3		7
兴宁市	4	16	137	100	12	5	15	2	28
汕尾市	**42**	**42**	**376**	**489**	**30**	**46**	**64**	**15**	**50**
城　区	6	6	43	29	8	11	18	12	9
海丰县	10	8	122	134	10	26	7	1	31
陆河县		2	67	34	4	4	34		6
陆丰市	26	26	144	292	8	5	5	2	4

4—6　续表 58　　　　单位：人

地　区 性　别	生产制造及有关人员 采矿人员	金属冶炼和压延加工人员	机械制造基础加工人　员	金属制品制造人员	通用设备制造人员	专用设备制造人员	汽车制造人　员	铁路、船舶、航空设备制造人　员	电气机械和器材制造人员
河源市	**140**	**172**	**638**	**913**	**93**	**234**	**66**	**28**	**300**
源城区	8	62	249	246	43	63	21	2	85
紫金县	31	17	107	147	21	137	18	10	77
龙川县	23	5	102	205	9	18	12	10	47
连平县	42	48	58	58	5	2	6	2	26
和平县	5	17	63	58	6	8	8	2	24
东源县	31	23	59	199	9	6	1	2	41
阳江市	**30**	**604**	**1368**	**4196**	**146**	**31**	**50**	**16**	**224**
江城区	6	324	558	1721	51	5	13	3	79
阳东区	3	15	585	2014	31	3	1	8	31
阳西县	9	3	50	197	2	6	23	4	41
阳春市	12	262	175	264	62	17	13	1	73
清远市	**120**	**743**	**946**	**1500**	**199**	**154**	**383**	**81**	**481**
清城区	15	426	338	495	49	98	130	14	119
清新区	11	40	165	311	35	20	101	9	83
佛冈县	14	76	185	142	70	6	97	54	77
阳山县	20	9	40	118	13	4	7		30
连山壮族瑶族自治县	5	4	15	26	3	2	2		9
连南瑶族自治县	10	5	18	39	3	5	9	1	11
英德市	21	171	151	283	21	17	32	3	124
连州市	24	12	34	86	5	2	5		28
东莞市	**49**	**1037**	**19676**	**33979**	**3456**	**2268**	**2053**	**526**	**10349**
市辖区	49	1037	19676	33979	3456	2268	2053	526	10349
中山市	**18**	**360**	**6942**	**10483**	**1159**	**388**	**565**	**72**	**13964**
市辖区	18	360	6942	10483	1159	388	565	72	13964
潮州市	**19**	**384**	**1258**	**2564**	**122**	**32**	**42**	**9**	**506**
湘桥区	5	28	128	113	24	9	1		302
潮安区	7	298	991	2325	60	15	6	3	58
饶平县	7	58	139	126	38	8	35	6	146
揭阳市	**40**	**226**	**1205**	**2978**	**223**	**64**	**61**	**9**	**1006**
榕城区	20	125	534	889	50	4	12	1	335
揭东区	5	59	239	1483	69	10	20	1	75
揭西县	2	14	85	166	45	4	7	3	443
惠来县	6	6	94	136	16	3	5		6
普宁市	7	22	253	304	43	43	17	4	147
云浮市	**64**	**165**	**530**	**1027**	**87**	**19**	**121**	**6**	**217**
云城区	31	6	27	78	13	5	27		11
云安区	21	11	40	52	11		52	1	5
新兴县	2	128	268	620	5	1	4	2	14
郁南县	1	10	44	99	31	4	5	3	102
罗定市	9	10	151	178	27	9	33		85
男	**1615**	**8883**	**72821**	**90310**	**12184**	**7397**	**15647**	**4526**	**45453**
广州市	**81**	**457**	**4969**	**5286**	**1382**	**716**	**6196**	**2029**	**2260**
荔湾区	1	5	60	69	47	11	58	47	19
越秀区		2	15	13	8	15	11	11	15
海珠区	5	4	67	71	32	19	69	36	28
天河区	6	10	98	112	48	36	88	17	21
白云区	10	41	816	874	203	114	473	92	526
黄埔区	13	68	600	273	147	142	957	426	241
番禺区	10	82	1046	1462	400	180	851	50	496
花都区	8	80	718	1259	133	83	1211	68	235
南沙区	16	103	1024	471	167	67	1169	1099	327
从化区	5	30	118	186	87	11	212	50	231
增城区	7	32	407	496	110	38	1097	133	121

4-6 续表 59

单位：人

地区 性别	生产制造及有关人员								
	采矿人员	金属冶炼和压延加工人员	机械制造基础加工人员	金属制品制造人员	通用设备制造人员	专用设备制造人员	汽车制造人员	铁路、船舶、航空设备制造人员	电气机械和器材制造人员
韶关市	**211**	**576**	**714**	**510**	**167**	**61**	**102**	**39**	**245**
武江区	10	37	119	43	51	12	10	4	25
浈江区	17	81	145	41	45	8	20	4	5
曲江区	42	293	127	37	23	6	3	9	24
始兴县	10	5	26	38	3	4	4		19
仁化县	89	21	44	20	4	1	2		20
翁源县	9	22	43	48	4	2	3	1	100
乳源瑶族自治县	3	54	21	73	8	3	24	2	8
新丰县	12	14	23	59	3	19	2	2	5
乐昌市	11	34	104	64	16	2	20	13	17
南雄市	8	15	62	87	10	4	14	4	22
深圳市	**90**	**682**	**16325**	**10212**	**2982**	**3324**	**2564**	**841**	**10195**
罗湖区		11	51	33	5	11	5	5	14
福田区	2	8	36	36	9	12	10		21
南山区	38	13	251	102	68	162	19	176	102
宝安区	15	246	5875	4607	1496	1274	548	159	4915
龙岗区	19	140	3468	2208	439	593	302	44	1816
盐田区	1	1	32	15	5	10			4
龙华区	4	66	2635	1406	425	736	199	49	1192
坪山区	6	43	752	602	77	107	1339	70	238
光明区	5	154	3225	1203	458	419	142	338	1893
珠海市	**21**	**179**	**1386**	**910**	**418**	**237**	**317**	**169**	**1671**
香洲区	3	16	456	210	101	149	103	30	889
斗门区	10	35	466	328	260	49	76	69	568
金湾区	8	128	464	372	57	39	138	70	214
汕头市	**22**	**51**	**799**	**953**	**145**	**59**	**119**	**11**	**111**
龙湖区	4	3	84	111	10	16	16		12
金平区	4	15	123	136	53	18	11	7	26
濠江区	9	3	21	51	2	1	62		4
潮阳区	2	13	127	262	9	5	5		17
潮南区	2	7	124	121	13	9	20	2	38
澄海区	1	8	319	264	45	9	5	2	12
南澳县		2	1	8	13	1			2
佛山市	**47**	**1949**	**11141**	**17364**	**1606**	**622**	**1722**	**141**	**9457**
禅城区		106	576	887	102	37	133	9	132
南海区	30	853	5099	9803	462	331	911	46	1074
顺德区	7	346	4160	4852	818	192	425	68	7908
三水区	10	400	963	1480	177	48	193	17	161
高明区		244	343	342	47	14	60	1	182
江门市	**48**	**476**	**3275**	**4674**	**355**	**108**	**377**	**513**	**1775**
蓬江区	5	71	593	1032	70	18	78	229	382
江海区		26	341	396	57	17	106	95	827
新会区	15	144	699	928	60	23	20	125	149
台山市	7	102	354	558	55	10	80	7	116
开平市	12	27	692	958	36	12	41	2	49
鹤山市	7	91	462	644	59	18	46	50	220
恩平市	2	15	134	158	18	10	6	5	32
湛江市	**163**	**443**	**968**	**718**	**117**	**49**	**107**	**43**	**773**
赤坎区	8	16	34	20	9	5	21	2	10
霞山区	20	72	94	26	16	3	4	11	9
坡头区	65	52	74	53	7	7	11	5	15
麻章区	5	222	121	62	18	3	15	4	10
遂溪县	7	24	101	82	15	3	13	2	20
徐闻县	25	2	45	54	6	5	4	3	15
廉江市	6	24	201	226	20	11	12	2	646
雷州市	17	17	125	71	17	5	13	13	35
吴川市	10	14	173	124	9	7	14	1	13

4-6　续表 60　　　　单位：人

地区 性别	生产制造及有关人员								
	采矿人员	金属冶炼和压延加工人员	机械制造基础加工人员	金属制品制造人员	通用设备制造人员	专用设备制造人员	汽车制造人员	铁路、船舶、航空设备制造人员	电气机械和器材制造人员
茂名市	**140**	**105**	**918**	**1109**	**147**	**50**	**53**	**16**	**321**
茂南区	28	14	241	110	45	9	8	4	39
电白区	63	21	116	195	26	17	9	7	156
高州市	24	30	264	314	26	9	13	3	53
化州市	3	28	139	284	26	7	13		47
信宜市	22	12	158	206	24	8	10	2	26
肇庆市	**96**	**662**	**1373**	**3174**	**232**	**77**	**378**	**24**	**357**
端州区	5	13	78	128	42	9	54	5	25
鼎湖区	3	32	55	72	14	2	30	1	6
高要区	17	76	675	1558	25	13	62	4	41
广宁县	1	30	80	109	17	3	6	3	23
怀集县	18	12	140	478	18	17	50	3	61
封开县	17	10	16	115	9	4	16	2	79
德庆县	19	2	45	95	39	3	8	2	44
四会市	16	487	284	619	68	26	152	4	78
惠州市	**153**	**158**	**3749**	**4216**	**556**	**203**	**1441**	**94**	**2379**
惠城区	18	34	916	978	187	92	301	23	978
惠阳区	86	52	1609	1576	177	58	921	30	830
博罗县	11	48	968	1345	144	26	134	5	505
惠东县	25	20	215	289	44	26	63	35	51
龙门县	13	4	41	28	4	1	22	1	15
梅州市	**95**	**113**	**437**	**465**	**73**	**28**	**96**	**25**	**114**
梅江区	9	7	48	41	14	4	19	20	8
梅县区	20	28	83	76	9	4	44	1	19
大埔县	10		14	26	5	1	1		8
丰顺县	12	26	41	56	5	2	4		5
五华县	16	11	103	101	10	11	8	1	55
平远县	18	19	21	41	6	3	5	1	3
蕉岭县	6	9	23	42	14		2		2
兴宁市	4	13	104	82	10	3	13	2	14
汕尾市	**39**	**36**	**346**	**426**	**26**	**35**	**44**	**14**	**35**
城　区	6	5	40	28	7	11	10	11	9
海丰县	8	8	100	109	10	19	6	1	21
陆河县		2	64	32	4	2	23		1
陆丰市	25	21	142	257	5	3	5	2	4
河源市	**114**	**155**	**539**	**700**	**71**	**93**	**39**	**23**	**133**
源城区	8	61	209	200	38	24	9	2	38
紫金县	27	12	95	110	13	50	13	9	41
龙川县	19	4	86	172	7	9	7	7	14
连平县	36	44	51	42	4	1	4	2	14
和平县	5	14	50	41	4	5	6	1	9
东源县	19	20	48	135	5	4		2	17
阳江市	**26**	**488**	**1064**	**2511**	**112**	**18**	**42**	**14**	**135**
江城区	5	257	430	992	44	3	12	3	64
阳东区	2	9	438	1228	20	2	1	6	16
阳西县	9	3	40	116	1	4	20	4	19
阳春市	10	219	156	175	47	9	9	1	36
清远市	**108**	**619**	**811**	**1111**	**154**	**105**	**266**	**59**	**285**
清城区	15	348	293	348	38	73	95	12	80
清新区	9	37	139	245	27	12	73	6	57
佛冈县	12	66	157	96	52	5	58	38	45
阳山县	19	8	34	83	9	3	5		22
连山壮族瑶族自治县	5	2	13	23	2	1	2		5
连南瑶族自治县	9	4	16	29	2	3	8	1	5
英德市	19	144	127	216	19	8	21	2	58
连州市	20	10	32	71	5		4		13

4-6 续表 61　　单位：人

地　区 性　别	生产制造及有关人员								
	采矿人员	金属冶炼和压延加工人员	机械制造基础加工人员	金属制品制造人员	通用设备制造人员	专用设备制造人员	汽车制造人员	铁路、船舶、航空设备制造人员	电气机械和器材制造人员
东莞市	**41**	**819**	**15899**	**24063**	**2552**	**1311**	**1278**	**397**	**6111**
市辖区	41	819	15899	24063	2552	1311	1278	397	6111
中山市	**13**	**281**	**5543**	**6886**	**731**	**226**	**337**	**53**	**8062**
市辖区	13	281	5543	6886	731	226	337	53	8062
潮州市	**18**	**304**	**1068**	**1975**	**102**	**26**	**23**	**9**	**269**
湘桥区	4	20	117	84	19	8	1		141
潮安区	7	232	827	1784	51	14	3	3	36
饶平县	7	52	124	107	32	4	19	6	92
揭阳市	**36**	**211**	**1057**	**2341**	**191**	**35**	**50**	**8**	**640**
榕城区	19	115	498	728	46	3	9		140
揭东区	5	56	216	1106	61	9	18	1	53
揭西县	2	14	75	128	36	2	6	3	315
惠来县	4	5	92	116	14	1	5		5
普宁市	6	21	176	263	34	20	12	4	127
云浮市	**53**	**119**	**440**	**706**	**65**	**14**	**96**	**4**	**125**
云城区	26	5	25	66	12	4	26		8
云安区	16	6	36	35	9		43	1	4
新兴县	2	90	211	386	3	1	3	1	9
郁南县	1	8	32	75	24	3	4	2	61
罗定市	8	10	136	144	17	6	20		43
女	**264**	**1975**	**15498**	**39043**	**4381**	**4727**	**6425**	**1199**	**32608**
广州市	**24**	**108**	**795**	**2066**	**357**	**426**	**1663**	**410**	**1378**
荔湾区	1	2	6	31	3	2	3	1	10
越秀区			2	4	1	2	3	2	8
海珠区	2	6	12	26	6	13	10	3	4
天河区	5	2	10	21	19	11	14		11
白云区	3	12	132	342	52	55	138	18	283
黄埔区	5	10	88	102	41	91	309	71	106
番禺区		15	130	532	86	115	197	4	363
花都区	2	18	108	478	42	68	459	23	133
南沙区	6	25	229	224	52	44	226	199	262
从化区		7	26	78	30	9	38	49	168
增城区		11	52	228	25	16	266	40	30
韶关市	**53**	**112**	**132**	**198**	**47**	**35**	**46**	**5**	**230**
武江区		10	28	11	13	6	9	1	27
浈江区	6	15	22	22	17	1	15		3
曲江区	11	49	12	7	3	1	1	1	10
始兴县	2		12	19	4	2	2		55
仁化县	25	5	6	7	1	2			11
翁源县	1	4	21	27			3		55
乳源瑶族自治县	2	22	10	18	2		10	1	20
新丰县		1	4	26	1	21	2		2
乐昌市	6	3	9	34	5		1	1	35
南雄市		3	8	27	1	2	3	1	12
深圳市	**10**	**179**	**3376**	**3746**	**1244**	**2095**	**1163**	**281**	**7940**
罗湖区		2	3	8	2	6	1		9
福田区	1		1	13	2	16	5		12
南山区	4	3	26	37	27	187	5	17	47
宝安区		73	1152	1727	608	833	404	63	3944
龙岗区	2	31	910	917	186	339	145	16	1556
盐田区		1	4	2	3	4			2
龙华区	1	15	445	395	204	424	95	24	761
坪山区	2	18	165	277	30	77	431	24	191
光明区		36	670	370	182	209	77	137	1418

4−6　续表 62　　　　单位：人

地　区 性　别	生产制造及有关人员 采矿人员	金属冶炼和压延加工人员	机械制造基础加工人员	金属制品制造人员	通用设备制造人员	专用设备制造人员	汽车制造人员	铁路、船舶、航空设备制造人员	电气机械和器材制造人员
珠海市	**3**	**38**	**236**	**421**	**229**	**210**	**165**	**33**	**1037**
香洲区	1	7	76	93	88	134	47	5	539
斗门区		10	79	156	108	59	31	12	350
金湾区	2	21	81	172	33	17	87	16	148
汕头市	**3**	**5**	**140**	**176**	**31**	**28**	**166**	**4**	**61**
龙湖区	1	1	9	16	1	5	27	1	16
金平区		1	12	39	9	9	16	2	11
濠江区	1			8	1	1	103		1
潮阳区		1	18	24	1	4	4		10
潮南区	1	1	57	23	3	3	6		16
澄海区		1	44	66	15	6	10	1	7
南澳县					1				
佛山市	**7**	**375**	**2306**	**7678**	**527**	**279**	**653**	**64**	**6215**
禅城区	1	20	124	250	37	15	45	3	104
南海区	4	146	992	3950	119	180	291	21	740
顺德区	2	81	960	2613	307	67	229	34	5149
三水区		76	156	748	51	12	62	5	105
高明区		52	74	117	13	5	26	1	117
江门市	**8**	**114**	**797**	**2954**	**106**	**67**	**203**	**164**	**1555**
蓬江区	1	33	175	572	20	11	53	87	372
江海区	1	3	78	221	16	18	71	37	697
新会区	2	20	160	548	23	13	15	22	137
台山市	1	28	79	345	20	6	24	2	93
开平市	2	9	175	735	8	4	21		28
鹤山市		17	95	463	15	10	15	15	211
恩平市	1	4	35	70	4	5	4	1	17
湛江市	**23**	**57**	**100**	**220**	**20**	**19**	**32**	**9**	**916**
赤坎区	5	1	5	12	1		9		5
霞山区	3	1	5	3	2	1	3	2	6
坡头区	1	3	5	8	2	1	2	1	39
麻章区		35	3	11	4		3	1	3
遂溪县	1	4	7	29	3	3		1	10
徐闻县	9	1	3	9	3	2	1		5
廉江市	2	11	45	117	4	8	3		820
雷州市	1	1	18	19		1	8	2	8
吴川市	1		9	12	1	3	3	2	20
茂名市	**19**	**36**	**118**	**394**	**21**	**30**	**18**	**4**	**224**
茂南区	9	2	27	33	7	5	4	1	11
电白区	4	5	11	60		12	1	2	105
高州市	5	15	41	109	8	5	3	1	32
化州市		12	14	101	5	4	6		41
信宜市	1	2	25	91	1	4	4		35
肇庆市	**16**	**162**	**310**	**1921**	**72**	**46**	**144**	**1**	**230**
端州区	1	9	22	61	14	6	23		22
鼎湖区	1		14	49	4		23		3
高要区	1	14	165	1296	3	17	21		31
广宁县		11	13	44	6		4		11
怀集县	5	3	18	149	3	11	32	1	34
封开县	1	2	6	37	1	1	5		59
德庆县	6	1	7	62	9	1	2		24
四会市	1	122	65	223	32	10	34		46
惠州市	**19**	**59**	**927**	**1734**	**177**	**100**	**906**	**40**	**1402**
惠城区	7	26	222	346	70	41	215	15	699
惠阳区	2	16	375	672	52	26	612	16	371
博罗县	6	13	288	513	48	24	44		291
惠东县	3	3	34	187	6	7	31	9	34
龙门县	1	1	8	16	1	2	4		7

4-6 续表 63

单位：人

地区 性别	生产制造及有关人员								
	采矿人员	金属冶炼和压延加工人员	机械制造基础加工人员	金属制品制造人员	通用设备制造人员	专用设备制造人员	汽车制造人员	铁路、船舶、航空设备制造人员	电气机械和器材制造人员
梅州市	**5**	**29**	**89**	**125**	**39**	**19**	**36**	**3**	**118**
梅江区		3	6	14	9	2	1	1	4
梅县区	1	12	12	27	5	4	24		30
大埔县		1		4					6
丰顺县	1	5	15	23	1				4
五华县	1		12	18	17	10	5	2	45
平远县		4	8	13	3		3		10
蕉岭县	2	1	3	8	2	1	1		5
兴宁市		3	33	18	2	2	2		14
汕尾市	**3**	**6**	**30**	**63**	**4**	**11**	**20**	**1**	**15**
城区		1	3	1	1		8	1	
海丰县	2		22	25		7	1		10
陆河县			3	2		2	11		5
陆丰市	1	5	2	35	3	2			
河源市	**26**	**17**	**99**	**213**	**22**	**141**	**27**	**5**	**167**
源城区		1	40	46	5	39	12		47
紫金县	4	5	12	37	8	87	5	1	36
龙川县	4	1	16	33	2	9	5	3	33
连平县	6	4	7	16	1	1	2		12
和平县		3	13	17	2	3	2	1	15
东源县	12	3	11	64	4	2	1		24
阳江市	**4**	**116**	**304**	**1685**	**34**	**13**	**8**	**2**	**89**
江城区	1	67	128	729	7	2	1		15
阳东区	1	6	147	786	11	1		2	15
阳西县			10	81	1	2	3		22
阳春市	2	43	19	89	15	8	4		37
清远市	**12**	**124**	**135**	**389**	**45**	**49**	**117**	**22**	**196**
清城区		78	45	147	11	25	35	2	39
清新区	2	3	26	66	8	8	28	3	26
佛冈县	2	10	28	46	18	1	39	16	32
阳山县	1	1	6	35	4	1	2		8
连山壮族瑶族自治县		2	2	3	1	1			4
连南瑶族自治县	1	1	2	10	1	2	1		6
英德市	2	27	24	67	2	9	11	1	66
连州市	4	2	2	15		2	1		15
东莞市	**8**	**218**	**3777**	**9916**	**904**	**957**	**775**	**129**	**4238**
市辖区	8	218	3777	9916	904	957	775	129	4238
中山市	**5**	**79**	**1399**	**3597**	**428**	**162**	**228**	**19**	**5902**
市辖区	5	79	1399	3597	428	162	228	19	5902
潮州市	**1**	**80**	**190**	**589**	**20**	**6**	**19**		**237**
湘桥区	1	8	11	29	5	1			161
潮安区		66	164	541	9	1	3		22
饶平县		6	15	19	6	4	16		54
揭阳市	**4**	**15**	**148**	**637**	**32**	**29**	**11**	**1**	**366**
榕城区	1	10	36	161	4	1	3	1	195
揭东区		3	23	377	8	1	2		22
揭西县			10	38	9	2	1		128
惠来县	2	1	2	20	2	2			1
普宁市	1	1	77	41	9	23	5		20
云浮市	**11**	**46**	**90**	**321**	**22**	**5**	**25**	**2**	**92**
云城区	5	1	2	12	1	1	1		3
云安区	5	5	4	17	2		9		1
新兴县		38	57	234	2		1	1	5
郁南县		2	12	24	7	1	1	1	41
罗定市	1		15	34	10	3	13		42

4-6　续表 64　　　　单位：人

地　区 性　别	生产制造及有关人员：计算机、通信和其他电子设备制造人　员	生产制造及有关人员：仪器仪表制造人员	生产制造及有关人员：废弃资源综合利用人　员	生产制造及有关人员：电力、热力、气体、水生产和输配人员	生产制造及有关人员：建筑施工人　员	生产制造及有关人员：运输设备和通用工程机械操作人员及有关人员	生产制造及有关人员：生产辅助人　员	生产制造及有关人员：其他生产制造及有关人员	不便分类的其他从业人员
广　东	**308494**	**4927**	**3012**	**4393**	**400477**	**30202**	**322004**	**9981**	**8205**
广州市	**18128**	**391**	**348**	**434**	**38632**	**4303**	**34077**	**1090**	**1272**
荔湾区	189	3	16	26	1305	108	808	18	49
越秀区	34	83	4	25	627	58	490	1	41
海珠区	209	6	63	22	2282	148	1185	16	144
天河区	1318	8	16	23	3765	277	1645	44	48
白云区	1731	82	63	79	7514	764	10019	61	165
黄埔区	5293	90	18	63	3836	666	3769	314	525
番禺区	3290	54	55	54	7133	545	5227	273	60
花都区	2309	24	48	32	3243	497	4689	162	143
南沙区	2379	10	37	29	3966	677	3095	65	9
从化区	369	5	1	21	1545	174	836	19	74
增城区	1007	26	27	60	3416	389	2314	117	14
韶关市	**1824**	**69**	**49**	**555**	**9221**	**1095**	**2952**	**137**	**60**
武江区	110	1	4	41	1596	137	433	21	5
浈江区	126	1	8	41	931	127	316	31	1
曲江区	126	1	9	89	754	183	613	26	1
始兴县	457	1	1	37	566	68	202	15	13
仁化县	79		6	64	653	96	188	1	
翁源县	80	55	11	41	920	124	196	5	
乳源瑶族自治县	349	4	2	112	582	53	225	14	14
新丰县	66	2	1	35	746	51	229	4	4
乐昌市	138		3	64	1336	113	270	9	3
南雄市	293	4	4	31	1137	143	280	11	19
深圳市	**87652**	**2097**	**212**	**524**	**52060**	**5170**	**86336**	**2135**	**982**
罗湖区	158	13	5	20	2905	121	883	7	23
福田区	906	2	5	38	3407	157	1254	103	97
南山区	2117	56	12	47	5232	567	2604	9	57
宝安区	36817	943	83	176	11624	1352	32111	1228	128
龙岗区	14764	373	59	96	12320	1111	17879	468	560
盐田区	338	3	5	10	744	195	360	8	6
龙华区	21788	356	13	53	7593	833	16284	168	43
坪山区	3593	81	10	31	2453	254	3409	29	68
光明区	7171	270	20	53	5782	580	11552	115	
珠海市	**7874**	**111**	**57**	**97**	**10451**	**912**	**7611**	**91**	**238**
香洲区	3284	88	20	37	6485	419	2900	40	159
斗门区	3040	13	29	34	2282	239	2470	11	3
金湾区	1550	10	8	26	1684	254	2241	40	76
汕头市	**3039**	**16**	**274**	**72**	**18618**	**614**	**10828**	**247**	**295**
龙湖区	577	2	9	7	2452	67	957	54	6
金平区	310	10	6	39	1363	101	1054	31	10
濠江区	243			4	1952	57	406	16	28
潮阳区	707		236	6	9153	208	2202	14	6
潮南区	913	2	9	9	2284	114	4320	96	185
澄海区	288	2	14	6	1294	59	1877	34	58
南澳县	1			1	120	8	12	2	2
佛山市	**13463**	**141**	**561**	**290**	**26769**	**2693**	**34609**	**540**	**987**
禅城区	1229	13	23	15	3834	187	2175	33	155
南海区	5552	104	417	100	8056	1080	14530	252	719
顺德区	5379	20	72	63	10806	730	12266	189	86
三水区	917	3	44	79	2519	427	3903	50	2
高明区	386	1	5	33	1554	269	1735	16	25

4-6 续表 65

单位：人

地 区 性 别	生产制造及有关人员								不便分类的其他从业人员
	计算机、通信和其他电子设备制造人员	仪器仪表制造人员	废弃资源综合利用人员	电力、热力、气体、水生产和输配人员	建筑施工人员	运输设备和通用工程机械操作人员及有关人员	生产辅助人员	其他生产制造及有关人员	
江门市	**6127**	**40**	**60**	**238**	**15144**	**1102**	**11143**	**592**	**95**
蓬江区	970	2	10	33	1999	115	2121	99	12
江海区	832	17	3	18	1471	106	1252	26	
新会区	677	8	18	57	2376	262	2748	324	7
台山市	970	5	2	49	2654	179	1252	66	33
开平市	559	2	19	32	3212	124	1190	36	25
鹤山市	605	3	7	24	1592	188	1889	16	14
恩平市	1514	3	1	25	1840	128	691	25	4
湛江市	**1954**	**17**	**48**	**193**	**27928**	**1649**	**3627**	**102**	**69**
赤坎区	72	1	4	17	800	91	304	9	12
霞山区	39	3	1	24	1374	322	678	8	14
坡头区	104	2		9	3969	101	240	2	1
麻章区	69	2	11	27	1796	334	521	3	20
遂溪县	180	3	2	17	2657	208	310	22	9
徐闻县	196			22	760	100	265	12	2
廉江市	718	4	6	17	5617	181	466	4	5
雷州市	471	1	8	54	4031	189	394	40	5
吴川市	105	1	16	6	6924	123	449	2	1
茂名市	**4626**	**59**	**89**	**218**	**35091**	**1272**	**2750**	**128**	**230**
茂南区	305	18	11	85	5665	286	871	26	26
电白区	749	12	13	21	10318	411	637	15	53
高州市	1383	5	25	45	5255	203	544	36	100
化州市	826	7	33	20	8959	191	422	28	30
信宜市	1363	17	7	47	4894	181	276	23	21
肇庆市	**3559**	**35**	**86**	**162**	**14777**	**861**	**5364**	**267**	**493**
端州区	608	4	4	24	1087	67	505	7	7
鼎湖区	62	2	3	13	1193	106	447	1	2
高要区	522		1	25	3309	173	1651	36	45
广宁县	105	1	3	17	2111	65	337	51	1
怀集县	726	1	15	18	2937	97	433	21	315
封开县	540	2		11	858	68	266	28	52
德庆县	503		5	11	805	70	220	37	24
四会市	493	25	55	43	2477	215	1505	86	47
惠州市	**28991**	**238**	**136**	**228**	**19779**	**1707**	**18701**	**380**	**1049**
惠城区	9347	36	55	48	6975	540	6387	134	719
惠阳区	13557	99	33	54	5349	543	7216	136	27
博罗县	4952	66	15	34	3200	330	3066	86	171
惠东县	925	14	25	57	3242	194	1659	17	131
龙门县	210	23	8	35	1013	100	373	7	1
梅州市	**4867**	**35**	**50**	**168**	**16053**	**927**	**2090**	**92**	**201**
梅江区	881	1	14	27	1446	91	310	12	2
梅县区	577	2	2	41	2888	136	364	18	113
大埔县	138	2	1	18	1437	42	138	13	19
丰顺县	1472	1		10	1718	52	203	5	14
五华县	590	24	19	11	4256	331	303	13	32
平远县	285	2	8	25	844	60	119	4	
蕉岭县	132		1	18	793	86	385	7	1
兴宁市	792	3	5	18	2671	129	268	20	20
汕尾市	**2014**	**4**	**16**	**80**	**9322**	**443**	**1272**	**49**	**22**
城 区	1443		2	38	1790	63	191	7	4
海丰县	258	4	6	20	2212	243	773	34	11
陆河县	84		3	11	1737	61	75		
陆丰市	229		5	11	3583	76	233	8	7

4-6　续表 66　　　　　　　　　　　　　　　　　　　　　　　　单位：人

地　区 性　别	生产制造及有关人员								不便分类的其他从业人员
	计算机、通信和其他电子设备制造人员	仪器仪表制造人员	废弃资源综合利用人员	电力、热力、气体、水生产和输配人员	建筑施工人员	运输设备和通用工程机械操作人员及有关人员	生产辅助人员	其他生产制造及有关人员	
河源市	**4720**	**68**	**29**	**103**	**10667**	**881**	**2390**	**106**	**105**
源城区	1581	15	7	21	2795	206	1042	27	24
紫金县	638	15	6	15	2055	129	332	11	36
龙川县	1263	10	13	33	2247	194	367	25	24
连平县	210	3		9	1099	53	162	1	1
和平县	293	24		17	1341	178	139	16	17
东源县	735	1	3	8	1130	121	348	26	3
阳江市	**944**	**8**	**35**	**126**	**13147**	**601**	**5834**	**103**	**796**
江城区	181	2	9	22	4047	184	2186	22	169
阳东区	100		11	30	2538	84	2753	11	60
阳西县	281	3	7	20	3310	134	282	34	453
阳春市	382	3	8	54	3252	199	613	36	114
清远市	**2080**	**38**	**231**	**333**	**15849**	**1201**	**4200**	**237**	**167**
清城区	740	2	196	31	4786	379	1836	73	8
清新区	277	6	9	15	2734	178	730	65	129
佛冈县	349	3	11	16	1538	129	382	19	6
阳山县	80	18	2	60	1512	93	144	12	3
连山壮族瑶族自治县	38	2	1	33	374	16	34		
连南瑶族自治县	73	1	2	79	511	18	50	17	1
英德市	409	4	4	48	3122	285	816	32	18
连州市	114	2	6	51	1272	103	208	19	2
东莞市	**98202**	**1352**	**379**	**300**	**20774**	**2579**	**54630**	**2161**	**276**
市辖区	98202	1352	379	300	20774	2579	54630	2161	276
中山市	**13058**	**164**	**152**	**111**	**11820**	**928**	**17959**	**797**	**51**
市辖区	13058	164	152	111	11820	928	17959	797	51
潮州市	**1164**	**15**	**47**	**67**	**6510**	**257**	**6509**	**116**	**126**
湘桥区	428	6	4	14	1614	69	735	25	94
潮安区	259	6	36	35	2179	85	5048	66	19
饶平县	477	3	7	18	2717	103	726	25	13
揭阳市	**2413**	**15**	**125**	**34**	**18615**	**527**	**7090**	**544**	**679**
榕城区	518	6	46	5	4153	139	1810	386	11
揭东区	376	4	31	8	3521	120	1180	74	324
揭西县	405	1	10	12	2608	68	790	18	14
惠来县	207	1		6	3213	67	396	12	16
普宁市	907	3	38	3	5120	133	2914	54	314
云浮市	**1795**	**14**	**28**	**60**	**9250**	**480**	**2032**	**67**	**12**
云城区	49	1	10	28	1495	98	457	6	4
云安区	59		10	10	1508	84	206	1	
新兴县	200	4	1	8	1976	101	700	14	1
郁南县	201	6	3	1	1042	73	195		
罗定市	1286	3	4	13	3229	124	474	46	7
男	**184098**	**2750**	**2161**	**3791**	**349988**	**28514**	**186787**	**6094**	**4737**
广州市	**10823**	**202**	**243**	**379**	**34376**	**4054**	**20921**	**682**	**773**
荔湾区	109	2	12	20	1165	105	565	15	26
越秀区	28	55	2	21	574	54	404	1	25
海珠区	139	3	45	18	2106	135	826	13	83
天河区	830	7	13	19	3348	258	1168	39	29
白云区	1042	39	50	74	6794	738	5485	30	96
黄埔区	3335	37	14	56	3428	609	2591	191	323
番禺区	1836	29	37	49	6326	517	3100	156	33
花都区	1403	12	29	29	2815	477	2849	102	94
南沙区	1286	4	22	24	3448	622	1908	46	7
从化区	222	4	1	14	1395	165	528	10	49
增城区	593	10	18	55	2977	374	1497	79	8

4-6 续表 67

单位：人

地区 性别	生产制造及有关人员								不便分类的其他从业人员
	计算机、通信和其他电子设备制造人员	仪器仪表制造人员	废弃资源综合利用人员	电力、热力、气体、水生产和输配人员	建筑施工人员	运输设备和通用工程机械操作人员及有关人员	生产辅助人员	其他生产制造及有关人员	
韶关市	**723**	**15**	**33**	**451**	**7732**	**1008**	**2019**	**88**	**32**
武江区	50		1	34	1363	119	268	14	3
浈江区	53	1	6	32	789	115	233	18	1
曲江区	62	1	8	73	655	142	480	19	1
始兴县	116	1		31	460	67	107	10	3
仁化县	44		4	59	515	93	145	1	
翁源县	33	7	8	35	776	123	109	4	
乳源瑶族自治县	143	2	2	81	500	53	140	8	10
新丰县	17			27	601	49	148	3	1
乐昌市	49		2	49	1153	107	202	4	2
南雄市	156	3	2	30	920	140	187	7	11
深圳市	**53731**	**1118**	**173**	**482**	**48344**	**4846**	**48144**	**1230**	**588**
罗湖区	96	5	3	19	2647	111	690	7	16
福田区	509	1	3	34	3111	145	886	63	54
南山区	1281	34	7	43	4824	525	1831	7	28
宝安区	21803	529	69	166	10914	1269	16688	702	72
龙岗区	8799	190	49	89	11439	1042	10249	263	339
盐田区	244	3	4	9	687	190	240	5	5
龙华区	14920	196	10	45	7093	783	9700	87	26
坪山区	1976	33	9	26	2240	243	1873	17	48
光明区	4103	127	19	51	5389	538	5987	79	
珠海市	**4507**	**57**	**44**	**91**	**9198**	**847**	**4657**	**45**	**136**
香洲区	1831	45	14	35	5814	383	1853	15	88
斗门区	1795	9	23	32	1917	222	1371	5	2
金湾区	881	3	7	24	1467	242	1433	25	46
汕头市	**1962**	**9**	**173**	**69**	**17454**	**590**	**7041**	**126**	**192**
龙湖区	337	2	5	7	2233	64	526	35	6
金平区	203	3	5	37	1276	97	529	15	7
濠江区	133			4	1856	57	223	7	15
潮阳区	411		142	6	8823	198	1535	6	6
潮南区	714	2	8	8	1961	111	3046	40	124
澄海区	163	2	13	6	1199	56	1171	21	32
南澳县	1			1	106	7	11	2	2
佛山市	**8210**	**85**	**357**	**262**	**22839**	**2543**	**21301**	**360**	**593**
禅城区	661	9	18	12	3308	180	1525	21	96
南海区	3615	61	262	91	6909	1020	8636	170	423
顺德区	3117	12	44	55	9221	676	7556	120	56
三水区	603	2	30	74	2095	414	2491	34	2
高明区	214	1	3	30	1306	253	1093	15	16
江门市	**3355**	**18**	**47**	**217**	**13134**	**1040**	**6017**	**351**	**60**
蓬江区	561	2	9	29	1657	106	1210	66	8
江海区	481	8	1	17	1224	102	649	16	
新会区	339	2	15	53	2060	236	1446	188	6
台山市	506	1	2	44	2284	171	680	39	19
开平市	316	1	14	30	2882	122	515	20	11
鹤山市	392	3	5	23	1387	181	1088	9	12
恩平市	760	1	1	21	1640	122	429	13	4
湛江市	**1107**	**15**	**33**	**162**	**24259**	**1563**	**2616**	**60**	**48**
赤坎区	42	1	2	15	673	86	232	5	8
霞山区	28	3	1	19	1213	307	567	5	11
坡头区	56	2		9	3514	91	192	2	1
麻章区	42	2	10	22	1567	303	424	2	12
遂溪县	99	2		11	2172	202	180	13	6
徐闻县	134			16	603	96	157	9	
廉江市	364	3	5	15	5066	179	304	2	4
雷州市	289	1	4	49	3193	179	299	21	5
吴川市	53	1	11	6	6258	120	261	1	1

4-6　续表 68　　　　　　　　　　　　　　　　　　　　单位：人

地　区 性　别	生产制造及有关人员								不便分类的其他从业人员
	计算机、通信和其他电子设备制造人　员	仪器仪表制造人员	废弃资源综合利用人　员	电力、热力、气体、水生产和输配人员	建筑施工人　员	运输设备和通用工程机械操作人员及有关人员	生产辅助人　员	其他生产制造及有关人员	
茂名市	**2333**	**32**	**71**	**175**	**29853**	**1215**	**1788**	**77**	**117**
茂南区	191	14	9	72	4718	256	607	18	17
电白区	409	8	10	19	8829	394	410	7	12
高州市	774	4	18	33	4284	200	329	25	60
化州市	429	5	28	17	7781	186	269	15	17
信宜市	530	1	6	34	4241	179	173	12	11
肇庆市	**1912**	**19**	**69**	**133**	**11912**	**826**	**3139**	**171**	**280**
端州区	305	4	1	20	910	64	329	5	4
鼎湖区	32	2	2	10	964	99	306	1	1
高要区	283			21	2699	169	804	23	23
广宁县	60	1	1	14	1691	65	208	32	1
怀集县	390		13	15	2254	94	262	14	177
封开县	266	1		8	687	67	154	15	34
德庆县	279		3	10	605	68	149	23	13
四会市	297	11	49	35	2102	200	927	58	27
惠州市	**18160**	**139**	**98**	**204**	**17274**	**1622**	**10982**	**240**	**469**
惠城区	5696	25	41	41	6116	503	3712	86	294
惠阳区	9071	60	23	49	4608	510	4340	87	21
博罗县	2765	34	12	32	2833	322	1626	53	111
惠东县	562	6	16	51	2824	191	1074	10	42
龙门县	66	14	6	31	893	96	230	4	1
梅州市	**2003**	**10**	**34**	**126**	**12798**	**889**	**1436**	**52**	**117**
梅江区	426		8	19	1198	84	206	4	2
梅县区	288	2	1	34	2178	122	231	10	78
大埔县	65		1	15	1196	40	94	10	5
丰顺县	628			6	1484	51	129	4	10
五华县	228	6	15	7	3240	325	220	6	16
平远县	81	1	4	18	660	60	83	2	
蕉岭县	38		1	15	662	82	303	3	1
兴宁市	249	1	4	12	2180	125	170	13	5
汕尾市	**1264**	**2**	**14**	**77**	**8456**	**435**	**888**	**40**	**14**
城　区	914		2	38	1652	60	128	6	4
海丰县	167	2	5	19	2017	239	511	27	5
陆河县	44		2	10	1593	61	64		
陆丰市	139		5	10	3194	75	185	7	5
河源市	**2153**	**31**	**23**	**90**	**8842**	**860**	**1368**	**50**	**54**
源城区	806	11	6	19	2422	198	569	8	12
紫金县	267	7	5	14	1641	126	199	3	17
龙川县	553	5	9	28	1842	191	197	13	9
连平县	89	2		9	863	52	105		1
和平县	97	5		13	1114	177	76	12	12
东源县	341	1	3	7	960	116	222	14	3
阳江市	**514**	**6**	**25**	**109**	**11319**	**557**	**2553**	**62**	**448**
江城区	132	2	7	19	3517	168	830	15	83
阳东区	59		9	28	2246	81	1155	4	30
阳西县	150	2	5	18	2899	120	174	22	274
阳春市	173	2	4	44	2657	188	394	21	61
清远市	**1114**	**16**	**149**	**262**	**13456**	**1146**	**2794**	**145**	**91**
清城区	409	2	123	31	4092	348	1250	44	3
清新区	146	1	6	10	2320	172	459	41	73
佛冈县	192	1	8	16	1339	123	247	13	3
阳山县	46	7	1	41	1263	92	109	9	1
连山壮族瑶族自治县	27	1		28	294	16	25		
连南瑶族自治县	41	1	2	59	407	18	33	9	1
英德市	192	3	4	40	2585	278	520	20	9
连州市	61		5	37	1156	99	151	9	1

4－6 续表 69 单位：人

地区 性别	生产制造及有关人员								不便分类的其他从业人员
	计算机、通信和其他电子设备制造人员	仪器仪表制造人员	废弃资源综合利用人员	电力、热力、气体、水生产和输配人员	建筑施工人员	运输设备和通用工程机械操作人员及有关人员	生产辅助人员	其他生产制造及有关人员	
东莞市	**59716**	**870**	**284**	**268**	**18357**	**2361**	**29990**	**1364**	**162**
市辖区	59716	870	284	268	18357	2361	29990	1364	162
中山市	**7538**	**88**	**111**	**95**	**10308**	**870**	**10183**	**480**	**30**
市辖区	7538	88	111	95	10308	870	10183	480	30
潮州市	**642**	**5**	**40**	**61**	**5808**	**249**	**3586**	**57**	**78**
湘桥区	223	1	4	13	1470	66	423	19	56
潮安区	165	3	30	30	2044	83	2748	27	10
饶平县	254	1	6	18	2294	100	415	11	12
揭阳市	**1592**	**6**	**114**	**29**	**16212**	**521**	**4205**	**377**	**446**
榕城区	321	2	44	4	3536	138	938	267	9
揭东区	228	2	30	7	3181	119	535	50	199
揭西县	235		7	9	2347	66	359	11	8
惠来县	153			6	2731	67	263	10	5
普宁市	655	2	33	3	4417	131	2110	39	225
云浮市	**739**	**7**	**26**	**49**	**8057**	**472**	**1159**	**37**	**9**
云城区	34		8	25	1268	96	337	4	3
云安区	17		10	7	1337	81	130	1	
新兴县	110	1	1	6	1692	99	287	7	
郁南县	88	4	3	1	898	72	110		
罗定市	490	2	4	10	2862	124	295	25	6
女	**124396**	**2177**	**851**	**602**	**50489**	**1688**	**135217**	**3887**	**3468**
广州市	**7305**	**189**	**105**	**55**	**4256**	**249**	**13156**	**408**	**499**
荔湾区	80	1	4	6	140	3	243	3	23
越秀区	6	28	2	4	53	4	86		16
海珠区	70	3	18	4	176	13	359	3	61
天河区	488	1	3	4	417	19	477	5	19
白云区	689	43	13	5	720	26	4534	31	69
黄埔区	1958	53	4	7	408	57	1178	123	202
番禺区	1454	25	18	5	807	28	2127	117	27
花都区	906	12	19	3	428	20	1840	60	49
南沙区	1093	6	15	5	518	55	1187	19	2
从化区	147	1		7	150	9	308	9	25
增城区	414	16	9	5	439	15	817	38	6
韶关市	**1101**	**54**	**16**	**104**	**1489**	**87**	**933**	**49**	**28**
武江区	60	1	3	7	233	18	165	7	2
浈江区	73		2	9	142	12	83	13	
曲江区	64		1	16	99	41	133	7	
始兴县	341		1	6	106	1	95	5	10
仁化县	35		2	5	138	3	43		
翁源县	47	48	3	6	144	1	87	1	
乳源瑶族自治县	206	2		31	82		85	6	4
新丰县	49	2	1	8	145	2	81	1	3
乐昌市	89		1	15	183	6	68	5	1
南雄市	137	1	2	1	217	3	93	4	8
深圳市	**33921**	**979**	**39**	**42**	**3716**	**324**	**38192**	**905**	**394**
罗湖区	62	8	2	1	258	10	193		7
福田区	397	1	2	4	296	12	368	40	43
南山区	836	22	5	4	408	42	773	2	29
宝安区	15014	414	14	10	710	83	15423	526	56
龙岗区	5965	183	10	7	881	69	7630	205	221
盐田区	94		1	1	57	5	120	3	1
龙华区	6868	160	3	8	500	50	6584	81	17
坪山区	1617	48	1	5	213	11	1536	12	20
光明区	3068	143	1	2	393	42	5565	36	

4-6 续表 70

单位：人

地区 性别	生产制造及有关人员								不便分类的其他从业人员
	计算机、通信和其他电子设备制造人员	仪器仪表制造人员	废弃资源综合利用人员	电力、热力、气体、水生产和输配人员	建筑施工人员	运输设备和通用工程机械操作人员及有关人员	生产辅助人员	其他生产制造及有关人员	
珠海市	**3367**	**54**	**13**	**6**	**1253**	**65**	**2954**	**46**	**102**
香洲区	1453	43	6	2	671	36	1047	25	71
斗门区	1245	4	6	2	365	17	1099	6	1
金湾区	669	7	1	2	217	12	808	15	30
汕头市	**1077**	**7**	**101**	**3**	**1164**	**24**	**3787**	**121**	**103**
龙湖区	240		4		219	3	431	19	
金平区	107	7	1	2	87	4	525	16	3
濠江区	110				96		183	9	13
潮阳区	296		94		330	10	667	8	
潮南区	199		1	1	323	3	1274	56	61
澄海区	125		1		95	3	706	13	26
南澳县					14	1	1		
佛山市	**5253**	**56**	**204**	**28**	**3930**	**150**	**13308**	**180**	**394**
禅城区	568	4	5	3	526	7	650	12	59
南海区	1937	43	155	9	1147	60	5894	82	296
顺德区	2262	8	28	8	1585	54	4710	69	30
三水区	314	1	14	5	424	13	1412	16	
高明区	172		2	3	248	16	642	1	9
江门市	**2772**	**22**	**13**	**21**	**2010**	**62**	**5126**	**241**	**35**
蓬江区	409		1	4	342	9	911	33	4
江海区	351	9	2	1	247	4	603	10	
新会区	338	6	3	4	316	26	1302	136	1
台山市	464	4		5	370	8	572	27	14
开平市	243	1	5	2	330	2	675	16	14
鹤山市	213		2	1	205	7	801	7	2
恩平市	754	2		4	200	6	262	12	
湛江市	**847**	**2**	**15**	**31**	**3669**	**86**	**1011**	**42**	**21**
赤坎区	30		2	2	127	5	72	4	4
霞山区	11			5	161	15	111	3	3
坡头区	48				455	10	48		
麻章区	27		1	5	229	31	97	1	8
遂溪县	81	1	2	6	485	6	130	9	3
徐闻县	62			6	157	4	108	3	2
廉江市	354	1	1	2	551	2	162	2	1
雷州市	182		4	5	838	10	95	19	
吴川市	52		5		666	3	188	1	
茂名市	**2293**	**27**	**18**	**43**	**5238**	**57**	**962**	**51**	**113**
茂南区	114	4	2	13	947	30	264	8	9
电白区	340	4	3	2	1489	17	227	8	41
高州市	609	1	7	12	971	3	215	11	40
化州市	397	2	5	3	1178	5	153	13	13
信宜市	833	16	1	13	653	2	103	11	10
肇庆市	**1647**	**16**	**17**	**29**	**2865**	**35**	**2225**	**96**	**213**
端州区	303		3	4	177	3	176	2	3
鼎湖区	30		1	3	229	7	141		1
高要区	239		1	4	610	4	847	13	22
广宁县	45		2	3	420		129	19	
怀集县	336	1	2	3	683	3	171	7	138
封开县	274	1		3	171	1	112	13	18
德庆县	224		2	1	200	2	71	14	11
四会市	196	14	6	8	375	15	578	28	20
惠州市	**10831**	**99**	**38**	**24**	**2505**	**85**	**7719**	**140**	**580**
惠城区	3651	11	14	7	859	37	2675	48	425
惠阳区	4486	39	10	5	741	33	2876	49	6
博罗县	2187	32	3	2	367	8	1440	33	60
惠东县	363	8	9	6	418	3	585	7	89
龙门县	144	9	2	4	120	4	143	3	

4-6 续表 71

单位：人

地区 性别	生产制造及有关人员								不便分类的其他从业人员
	计算机、通信和其他电子设备制造人员	仪器仪表制造人员	废弃资源综合利用人员	电力、热力、气体、水生产和输配人员	建筑施工人员	运输设备和通用工程机械操作人员及有关人员	生产辅助人员	其他生产制造及有关人员	
梅州市	**2864**	**25**	**16**	**42**	**3255**	**38**	**654**	**40**	**84**
梅江区	455	1	6	8	248	7	104	8	
梅县区	289		1	7	710	14	133	8	35
大埔县	73	2		3	241	2	44	3	14
丰顺县	844	1		4	234	1	74	1	4
五华县	362	18	4	4	1016	6	83	7	16
平远县	204	1	4	7	184		36	2	
蕉岭县	94			3	131	4	82	4	
兴宁市	543	2	1	6	491	4	98	7	15
汕尾市	**750**	**2**	**2**	**3**	**866**	**8**	**384**	**9**	**8**
城区	529				138	3	63	1	
海丰县	91	2	1	1	195	4	262	7	6
陆河县	40		1	1	144		11		
陆丰市	90			1	389	1	48	1	2
河源市	**2567**	**37**	**6**	**13**	**1825**	**21**	**1022**	**56**	**51**
源城区	775	4	1	2	373	8	473	19	12
紫金县	371	8	1	1	414	3	133	8	19
龙川县	710	5	4	5	405	3	170	12	15
连平县	121	1			236	1	57	1	
和平县	196	19		4	227	1	63	4	5
东源县	394			1	170	5	126	12	
阳江市	**430**	**2**	**10**	**17**	**1828**	**44**	**3281**	**41**	**348**
江城区	49		2	3	530	16	1356	7	86
阳东区	41		2	2	292	3	1598	7	30
阳西县	131	1	2	2	411	14	108	12	179
阳春市	209	1	4	10	595	11	219	15	53
清远市	**966**	**22**	**82**	**71**	**2393**	**55**	**1406**	**92**	**76**
清城区	331		73		694	31	586	29	5
清新区	131	5	3	5	414	6	271	24	56
佛冈县	157	2	3		199	6	135	6	3
阳山县	34	11	1	19	249	1	35	3	2
连山壮族瑶族自治县	11	1	1	5	80		9		
连南瑶族自治县	32			20	104		17	8	
英德市	217	1		8	537	7	296	12	9
连州市	53	2	1	14	116	4	57	10	1
东莞市	**38486**	**482**	**95**	**32**	**2417**	**218**	**24640**	**797**	**114**
市辖区	38486	482	95	32	2417	218	24640	797	114
中山市	**5520**	**76**	**41**	**16**	**1512**	**58**	**7776**	**317**	**21**
市辖区	5520	76	41	16	1512	58	7776	317	21
潮州市	**522**	**10**	**7**	**6**	**702**	**8**	**2923**	**59**	**48**
湘桥区	205	5		1	144	3	312	6	38
潮安区	94	3	6	5	135	2	2300	39	9
饶平县	223	2	1		423	3	311	14	1
揭阳市	**821**	**9**	**11**	**5**	**2403**	**6**	**2885**	**167**	**233**
榕城区	197	4	2	1	617	1	872	119	2
揭东区	148	2	1	1	340	1	645	24	125
揭西县	170	1	3	3	261	2	431	7	6
惠来县	54	1			482		133	2	11
普宁市	252	1	5		703	2	804	15	89
云浮市	**1056**	**7**	**2**	**11**	**1193**	**8**	**873**	**30**	**3**
云城区	15	1	2	3	227	2	120	2	1
云安区	42			3	171	3	76		
新兴县	90	3		2	284	2	413	7	1
郁南县	113	2			144	1	85		
罗定市	796	1		3	367		179	21	1

4-6a　各地区分性别、职业中类的就业人口(城市)

单位：人

地区 性别	合计	党的机关、国家机关、群众团体和社会组织、企事业单位负责人						
		小计	中国共产党机关负责人	国家机关负责人	民主党派和工商联负责人	人民团体和群众团体、社会组织及其他成员组织负责人	基层群众自治组织负责人	企事业单位负责人
广　东	**4263943**	**162006**	**121**	**2289**	**22**	**4035**	**628**	**154911**
广州市	**777751**	**29877**	**35**	**533**	**9**	**662**	**143**	**28495**
荔湾区	44328	1784	2	34		30	6	1712
越秀区	44507	1475	15	132	4	24	11	1289
海珠区	97472	2557	3	72		58	12	2412
天河区	126953	5103	5	87		81	4	4926
白云区	164181	5251	3	48	1	119	32	5048
黄埔区	65614	2421	2	31		47	6	2335
番禺区	124404	7121	1	67	1	134	26	6892
花都区	54046	2514	3	27	3	110	13	2358
南沙区	27195	421		5		7	7	402
从化区	7264	280		8		34	2	236
增城区	21787	950	1	22		18	24	885
韶关市	**36248**	**1315**	**6**	**101**		**142**	**16**	**1050**
武江区	12957	347	1	25		97	3	221
浈江区	10334	466	1	32		32	8	393
曲江区	5807	228		13		3	2	210
始兴县								
仁化县								
翁源县								
乳源瑶族自治县								
新丰县								
乐昌市	3243	53	3	21		6	1	22
南雄市	3907	221	1	10		4	2	204
深圳市	**1191170**	**45931**	**10**	**231**	**2**	**433**	**35**	**45220**
罗湖区	63024	2630	1	32		19		2578
福田区	92863	4285	1	33		58	2	4191
南山区	110863	3638	1	52		59	2	3524
宝安区	335183	12718	3	42	1	68	7	12597
龙岗区	267180	11701	2	36	1	134	12	11516
盐田区	12989	509		9		1		499
龙华区	187045	7973	1	21		45	4	7902
坪山区	37818	923	1	4		38	4	876
光明区	84205	1554		2		11	4	1537
珠海市	**99372**	**4770**	**2**	**84**		**303**	**10**	**4371**
香洲区	72416	4128	1	73		255	2	3797
斗门区	12450	195		5		12	7	171
金湾区	14506	447	1	6		36	1	403
汕头市	**97961**	**3505**	**2**	**103**		**80**	**16**	**3304**
龙湖区	23080	1163	1	43		34	5	1080
金平区	29320	887	1	28		25	7	826
濠江区	6468	140		4		7	2	127
潮阳区	10400	235		8		1		226
潮南区	16077	519				6		513
澄海区	12616	561		20		7	2	532
南澳县								
佛山市	**498823**	**21370**	**7**	**112**	**1**	**472**	**73**	**20705**
禅城区	60915	2459	1	13	1	13	5	2426
南海区	211255	10153	2	38		295	42	9776
顺德区	189889	8068	4	41		135	20	7868
三水区	17427	348		12		26	2	308
高明区	19337	342		8		3	4	327

4－6a 续表 1

单位：人

地区 性别	合计	党的机关、国家机关、群众团体和社会组织、企事业单位负责人						
		小计	中国共产党机关负责人	国家机关负责人	民主党派和工商联负责人	人民团体和群众团体、社会组织及其他成员组织负责人	基层群众自治组织负责人	企事业单位负责人
江门市	**123061**	**4410**	**13**	**116**		**170**	**38**	**4073**
蓬江区	36966	1537	2	34		45	12	1444
江海区	18874	685		2		2	4	677
新会区	20730	912	4	27		17	6	858
台山市	14234	623	2	32		62	9	518
开平市	12562	292		8		36	3	245
鹤山市	12176	233	5	8		6	1	213
恩平市	7519	128		5		2	3	118
湛江市	**68503**	**1550**	**9**	**98**	**1**	**53**	**22**	**1367**
赤坎区	13467	547	2	39		31	1	474
霞山区	22338	544	4	33		7	4	496
坡头区	2702	61		4		1	2	54
麻章区	3621	48		1		1	3	43
遂溪县	797	4						4
徐闻县								
廉江市	8396	158	3	12			3	140
雷州市	8244	86		5	1	3	4	73
吴川市	8938	102		4		10	5	83
茂名市	**65218**	**865**	**8**	**49**	**2**	**95**	**19**	**692**
茂南区	25178	242	2	20	1	15	6	198
电白区	8274	130	3	3		2	3	119
高州市	11195	229	2	10		59	3	155
化州市	10299	114		9	1	19	1	84
信宜市	10272	150	1	7			6	136
肇庆市	**51566**	**1530**		**77**		**84**	**14**	**1355**
端州区	21908	938		50		50	10	828
鼎湖区	4354	144		5		1		138
高要区	3669	94						94
广宁县								
怀集县								
封开县								
德庆县								
四会市	21635	354		22		33	4	295
惠州市	**140824**	**5041**	**4**	**124**	**2**	**260**	**18**	**4633**
惠城区	76787	3967	3	99	2	245	11	3607
惠阳区	62827	1059	1	25		15	7	1011
博罗县	1210	15						15
惠东县								
龙门县								
梅州市	**31814**	**1129**		**61**		**117**	**13**	**938**
梅江区	13766	535		21		76		438
梅县区	9841	336		15		15	7	299
大埔县								
丰顺县								
五华县	349	3						3
平远县								
蕉岭县								
兴宁市	7858	255		25		26	6	198
汕尾市	**15811**	**568**	**1**	**23**		**11**	**3**	**530**
城　区	9516	343	1	16		2	1	323
海丰县								
陆河县								
陆丰市	6295	225		7		9	2	207

4-6a　续表 2

单位：人

地　区 性　别	合计	党的机关、国家机关、群众团体和社会组织、企事业单位负责人						
		小计	中国共产党机关负责人	国家机关负责人	民主党派和工商联负责人	人民团体和群众团体、社会组织及其他成员组织负责人	基层群众自治组织负责人	企事业单位负责人
河源市	**25694**	**558**		**35**		**35**	**8**	**480**
源城区	25694	558		35		35	8	480
紫金县								
龙川县								
连平县								
和平县								
东源县								
阳江市	**41488**	**1426**	**1**	**64**		**109**	**11**	**1241**
江城区	23519	895		35		11	2	847
阳东区	8701	315		10		92	2	211
阳西县								
阳春市	9268	216	1	19		6	7	183
清远市	**50112**	**1185**	**2**	**59**	**1**	**17**	**13**	**1093**
清城区	27264	646	1	22	1	11	5	606
清新区	10311	205		4		3	4	194
佛冈县								
阳山县								
连山壮族瑶族自治县								
连南瑶族自治县								
英德市	7765	222		19		1	1	201
连州市	4772	112	1	14		2	3	92
东莞市	**679352**	**25729**	**11**	**159**	**4**	**708**	**132**	**24715**
市辖区	679352	25729	11	159	4	708	132	24715
中山市	**150754**	**6966**	**2**	**92**		**188**	**9**	**6675**
市辖区	150754	6966	2	92		188	9	6675
潮州市	**38491**	**1932**	**6**	**88**		**59**	**22**	**1757**
湘桥区	16728	801	1	36		50	5	709
潮安区	21763	1131	5	52		9	17	1048
饶平县								
揭阳市	**59364**	**1641**	**1**	**23**		**26**	**10**	**1581**
榕城区	25394	1101		18		19	2	1062
揭东区	13239	170	1	1		2	8	158
揭西县								
惠来县								
普宁市	20731	370		4		5		361
云浮市	**20566**	**708**	**1**	**57**		**11**	**3**	**636**
云城区	12965	570	1	44		9	1	515
云安区	678	10					1	9
新兴县								
郁南县								
罗定市	6923	128		13		2	1	112
男	**2574381**	**119093**	**92**	**1802**	**14**	**2619**	**505**	**114061**
广州市	**454483**	**21168**	**27**	**383**	**7**	**434**	**104**	**20213**
荔湾区	25198	1197	2	26		17	1	1151
越秀区	24307	1038	12	92	2	15	1	916
海珠区	54687	1803	3	47		41	8	1704
天河区	73801	3541	4	66		51	2	3418
白云区	96249	3795	1	31	1	83	25	3654
黄埔区	41304	1748	1	19		27	4	1697
番禺区	72430	5081	1	52	1	90	23	4914
花都区	31836	1765	2	21	3	72	9	1658
南沙区	17545	305		5		4	7	289
从化区	4079	190		4		17	2	167
增城区	13047	705	1	20		17	22	645

4-6a 续表 3

单位：人

地区 性别	合计	党的机关、国家机关、群众团体和社会组织、企事业单位负责人						
		小计	中国共产党机关负责人	国家机关负责人	民主党派和工商联负责人	人民团体和群众团体、社会组织及其他成员组织负责人	基层群众自治组织负责人	企事业单位负责人
韶关市	**20905**	**907**	**6**	**81**		**85**	**11**	**724**
武江区	7316	246	1	21		56	2	166
浈江区	5997	313	1	24		21	5	262
曲江区	3438	158		12			1	145
始兴县								
仁化县								
翁源县								
乳源瑶族自治县								
新丰县								
乐昌市	1870	45	3	17		5	1	19
南雄市	2284	145	1	7		3	2	132
深圳市	**732252**	**35016**	**6**	**170**	**1**	**292**	**32**	**34515**
罗湖区	36105	1949		26		13		1910
福田区	53768	3135	1	26		36	2	3070
南山区	66300	2762	1	36		44	2	2679
宝安区	208009	9805	1	29		45	7	9723
龙岗区	163455	8807	2	26	1	94	10	8674
盐田区	8094	393		6		1		386
龙华区	118172	6098	1	16		32	4	6045
坪山区	24325	748		3		23	4	718
光明区	54024	1319		2		4	3	1310
珠海市	**58573**	**3362**	**2**	**65**		**186**	**8**	**3101**
香洲区	42333	2875	1	56		158	2	2658
斗门区	7371	145		4		4	5	132
金湾区	8869	342	1	5		24	1	311
汕头市	**59639**	**2757**	**2**	**86**		**57**	**11**	**2601**
龙湖区	13854	887	1	36		27	3	820
金平区	17232	695	1	20		17	4	653
濠江区	4319	119		4		3	2	110
潮阳区	6918	188		8				180
潮南区	9957	434				6		428
澄海区	7359	434		18		4	2	410
南澳县								
佛山市	**301552**	**15115**	**3**	**81**	**1**	**320**	**61**	**14649**
禅城区	35523	1766		9	1	9	3	1744
南海区	128147	7003	1	26		205	35	6736
顺德区	115753	5822	2	29		87	17	5687
三水区	10335	264		10		17	2	235
高明区	11794	260		7		2	4	247
江门市	**71461**	**3268**	**7**	**94**		**102**	**29**	**3036**
蓬江区	20939	1101	1	28		23	9	1040
江海区	11251	526		2		2	4	518
新会区	12063	662	2	21		12	3	624
台山市	8458	463	1	27		40	8	387
开平市	7377	230		6		22	2	200
鹤山市	6908	188	3	7		3	1	174
恩平市	4465	98		3			2	93
湛江市	**41169**	**1161**	**8**	**81**	**1**	**33**	**20**	**1018**
赤坎区	7769	408	2	29		20	1	356
霞山区	13108	397	3	28		5	4	357
坡头区	1679	51		4		1	2	44
麻章区	2272	37		1		1	3	32
遂溪县	484	4						4
徐闻县								
廉江市	4923	118	3	11			3	101
雷州市	5199	63		4	1	1	3	54
吴川市	5735	83		4		5	4	70

4-6a　续表 4

单位：人

地区 性别	合计	党的机关、国家机关、群众团体和社会组织、企事业单位负责人						
		小计	中国共产党机关负责人	国家机关负责人	民主党派和工商联负责人	人民团体和群众团体、社会组织及其他成员组织负责人	基层群众自治组织负责人	企事业单位负责人
茂名市	**38567**	**678**	**6**	**42**	**1**	**64**	**18**	**547**
茂南区	14766	199	1	17	1	13	5	162
电白区	5093	109	3	3		1	3	99
高州市	6414	170	1	8		39	3	119
化州市	6264	85		9		11	1	64
信宜市	6030	115	1	5			6	103
肇庆市	**30099**	**1079**		**60**		**52**	**9**	**958**
端州区	12413	650		36		30	6	578
鼎湖区	2627	108		3				105
高要区	1999	63						63
广宁县								
怀集县								
封开县								
德庆县								
四会市	13060	258		21		22	3	212
惠州市	**87714**	**3679**	**4**	**107**	**1**	**154**	**17**	**3396**
惠城区	46157	2869	3	88	1	146	10	2621
惠阳区	40773	800	1	19		8	7	765
博罗县	784	10						10
惠东县								
龙门县								
梅州市	**18439**	**816**		**49**		**80**	**11**	**676**
梅江区	7916	392		17		52		323
梅县区	5736	233		12		10	6	205
大埔县								
丰顺县								
五华县	226	2						2
平远县								
蕉岭县								
兴宁市	4561	189		20		18	5	146
汕尾市	**11105**	**457**	**1**	**19**		**9**	**2**	**426**
城　区	6572	266	1	13		1	1	250
海丰县								
陆河县								
陆丰市	4533	191		6		8	1	176
河源市	**14773**	**447**		**31**		**13**	**8**	**395**
源城区	14773	447		31		13	8	395
紫金县								
龙川县								
连平县								
和平县								
东源县								
阳江市	**24108**	**1006**	**1**	**60**		**74**	**8**	**863**
江城区	13656	638		33		7	1	597
阳东区	5110	215		9		63	2	141
阳西县								
阳春市	5342	153	1	18		4	5	125
清远市	**28471**	**872**	**2**	**49**		**13**	**8**	**800**
清城区	15466	479	1	17		9	3	449
清新区	5839	143		3		3	4	133
佛冈县								
阳山县								
连山壮族瑶族自治县								
连南瑶族自治县								
英德市	4404	172		18				154
连州市	2762	78	1	11		1	1	64

4-6a 续表 5 单位：人

地区 性别	合计	党的机关、国家机关、群众团体和社会组织、企事业单位负责人						
		小计	中国共产党机关负责人	国家机关负责人	民主党派和工商联负责人	人民团体和群众团体、社会组织及其他成员组织负责人	基层群众自治组织负责人	企事业单位负责人
东莞市	**417005**	**18870**	**9**	**135**	**2**	**476**	**111**	**18137**
市辖区	417005	18870	9	135	2	476	111	18137
中山市	**89012**	**5054**	**2**	**66**		**108**	**9**	**4869**
市辖区	89012	5054	2	66		108	9	4869
潮州市	**23921**	**1523**	**4**	**73**		**38**	**15**	**1393**
湘桥区	10053	590	1	31		32	4	522
潮安区	13868	933	3	42		6	11	871
饶平县								
揭阳市	**38922**	**1308**	**1**	**23**		**22**	**10**	**1252**
榕城区	17393	909		18		17	2	872
揭东区	8947	131	1	1			8	121
揭西县								
惠来县								
普宁市	12582	268		4		5		259
云浮市	**12211**	**550**	**1**	**47**		**7**	**3**	**492**
云城区	7772	444	1	36		6	1	400
云安区	430	9					1	8
新兴县								
郁南县								
罗定市	4009	97		11		1	1	84
女	**1689562**	**42913**	**29**	**487**	**8**	**1416**	**123**	**40850**
广州市	**323268**	**8709**	**8**	**150**	**2**	**228**	**39**	**8282**
荔湾区	19130	587		8		13	5	561
越秀区	20200	437	3	40	2	9	10	373
海珠区	42785	754		25		17	4	708
天河区	53152	1562	1	21		30	2	1508
白云区	67932	1456	2	17		36	7	1394
黄埔区	24310	673	1	12		20	2	638
番禺区	51974	2040		15		44	3	1978
花都区	22210	749	1	6		38	4	700
南沙区	9650	116				3		113
从化区	3185	90		4		17		69
增城区	8740	245		2		1	2	240
韶关市	**15343**	**408**		**20**		**57**	**5**	**326**
武江区	5641	101		4		41	1	55
浈江区	4337	153		8		11	3	131
曲江区	2369	70		1		3	1	65
始兴县								
仁化县								
翁源县								
乳源瑶族自治县								
新丰县								
乐昌市	1373	8		4		1		3
南雄市	1623	76		3		1		72
深圳市	**458918**	**10915**	**4**	**61**	**1**	**141**	**3**	**10705**
罗湖区	26919	681	1	6		6		668
福田区	39095	1150		7		22		1121
南山区	44563	876		16		15		845
宝安区	127174	2913	2	13	1	23		2874
龙岗区	103725	2894		10		40	2	2842
盐田区	4895	116		3				113
龙华区	68873	1875		5		13		1857
坪山区	13493	175	1	1		15		158
光明区	30181	235				7	1	227

4-6a　续表 6　　　　单位：人

地区 性别	合计	党的机关、国家机关、群众团体和社会组织、企事业单位负责人						
		小计	中国共产党机关负责人	国家机关负责人	民主党派和工商联负责人	人民团体和群众团体、社会组织及其他成员组织负责人	基层群众自治组织负责人	企事业单位负责人
珠海市	**40799**	**1408**		**19**		**117**	**2**	**1270**
香洲区	30083	1253		17		97		1139
斗门区	5079	50		1		8	2	39
金湾区	5637	105		1		12		92
汕头市	**38322**	**748**		**17**		**23**	**5**	**703**
龙湖区	9226	276		7		7	2	260
金平区	12088	192		8		8	3	173
濠江区	2149	21				4		17
潮阳区	3482	47				1		46
潮南区	6120	85						85
澄海区	5257	127		2		3		122
南澳县								
佛山市	**197271**	**6255**	**4**	**31**		**152**	**12**	**6056**
禅城区	25392	693	1	4		4	2	682
南海区	83108	3150	1	12		90	7	3040
顺德区	74136	2246	2	12		48	3	2181
三水区	7092	84		2		9		73
高明区	7543	82		1		1		80
江门市	**51600**	**1142**	**6**	**22**		**68**	**9**	**1037**
蓬江区	16027	436	1	6		22	3	404
江海区	7623	159						159
新会区	8667	250	2	6		5	3	234
台山市	5776	160	1	5		22	1	131
开平市	5185	62		2		14	1	45
鹤山市	5268	45	2	1		3		39
恩平市	3054	30		2		2	1	25
湛江市	**27334**	**389**	**1**	**17**		**20**	**2**	**349**
赤坎区	5698	139		10		11		118
霞山区	9230	147	1	5		2		139
坡头区	1023	10						10
麻章区	1349	11						11
遂溪县	313							
徐闻县								
廉江市	3473	40		1				39
雷州市	3045	23		1		2	1	19
吴川市	3203	19				5	1	13
茂名市	**26651**	**187**	**2**	**7**	**1**	**31**	**1**	**145**
茂南区	10412	43	1	3		2	1	36
电白区	3181	21				1		20
高州市	4781	59	1	2		20		36
化州市	4035	29			1	8		20
信宜市	4242	35		2				33
肇庆市	**21467**	**451**		**17**		**32**	**5**	**397**
端州区	9495	288		14		20	4	250
鼎湖区	1727	36		2		1		33
高要区	1670	31						31
广宁县								
怀集县								
封开县								
德庆县								
四会市	8575	96		1		11	1	83
惠州市	**53110**	**1362**		**17**	**1**	**106**	**1**	**1237**
惠城区	30630	1098		11	1	99	1	986
惠阳区	22054	259		6		7		246
博罗县	426	5						5
惠东县								
龙门县								

4-6a 续表 7 单位：人

地 区 性 别	合计	党的机关、国家机关、群众团体和社会组织、企事业单位负责人						
		小计	中国共产党机关负责人	国家机关负责人	民主党派和工商联负责人	人民团体和群众团体、社会组织及其他成员组织负责人	基层群众自治组织负责人	企事业单位负责人
梅州市	**13375**	**313**		**12**		**37**	**2**	**262**
梅江区	5850	143		4		24		115
梅县区	4105	103		3		5	1	94
大埔县								
丰顺县								
五华县	123	1						1
平远县								
蕉岭县								
兴宁市	3297	66		5		8	1	52
汕尾市	**4706**	**111**		**4**		**2**	**1**	**104**
城 区	2944	77		3		1		73
海丰县								
陆河县								
陆丰市	1762	34		1		1	1	31
河源市	**10921**	**111**		**4**		**22**		**85**
源城区	10921	111		4		22		85
紫金县								
龙川县								
连平县								
和平县								
东源县								
阳江市	**17380**	**420**		**4**		**35**	**3**	**378**
江城区	9863	257		2		4	1	250
阳东区	3591	100		1		29		70
阳西县								
阳春市	3926	63		1		2	2	58
清远市	**21641**	**313**		**10**	**1**	**4**	**5**	**293**
清城区	11798	167		5	1	2	2	157
清新区	4472	62		1				61
佛冈县								
阳山县								
连山壮族瑶族自治县								
连南瑶族自治县								
英德市	3361	50		1		1	1	47
连州市	2010	34		3		1	2	28
东莞市	**262347**	**6859**	**2**	**24**	**2**	**232**	**21**	**6578**
市辖区	262347	6859	2	24	2	232	21	6578
中山市	**61742**	**1912**		**26**		**80**		**1806**
市辖区	61742	1912		26		80		1806
潮州市	**14570**	**409**	**2**	**15**		**21**	**7**	**364**
湘桥区	6675	211		5		18	1	187
潮安区	7895	198	2	10		3	6	177
饶平县								
揭阳市	**20442**	**333**				**4**		**329**
榕城区	8001	192				2		190
揭东区	4292	39				2		37
揭西县								
惠来县								
普宁市	8149	102						102
云浮市	**8355**	**158**		**10**		**4**		**144**
云城区	5193	126		8		3		115
云安区	248	1						1
新兴县								
郁南县								
罗定市	2914	31		2		1		28

4−6a 续表 8

单位：人

地区 性别	专业技术人员 小计	科学研究人员	工程技术人员	农业技术人员	飞机和船舶技术人员	卫生专业技术人员	经济和金融专业人员	法律、社会和宗教专业人员	教学人员	文学艺术、体育专业人员
广　东	**554282**	**3379**	**171018**	**1203**	**778**	**58167**	**157728**	**11727**	**126306**	**13753**
广州市	**120132**	**1519**	**31527**	**277**	**311**	**14401**	**34766**	**3053**	**26840**	**4456**
荔湾区	7704	87	1739	20	19	1154	2524	245	1484	250
越秀区	11307	184	2283	19	19	2081	3512	442	2011	387
海珠区	13713	213	2928	33	27	1826	4112	448	2999	689
天河区	24561	451	7240	59	18	2127	6768	605	5690	947
白云区	17374	118	3300	29	57	2772	5678	405	3861	728
黄埔区	11148	230	4568	18	14	879	3120	202	1751	142
番禺区	18703	172	5155	42	18	1765	5281	411	4363	1067
花都区	6677	22	1739	18	118	785	1606	94	2059	126
南沙区	3502	22	1395	16	15	293	894	73	662	54
从化区	1515	5	192	11	3	259	283	43	686	18
增城区	3928	15	988	12	3	460	988	85	1274	48
韶关市	**6488**	**17**	**1378**	**31**	**3**	**1233**	**1201**	**155**	**2299**	**54**
武江区	2512	6	612	10	1	523	515	63	734	15
浈江区	1720	8	382	4	2	230	333	45	659	22
曲江区	940	1	239	8		138	180	19	321	10
始兴县										
仁化县										
翁源县										
乳源瑶族自治县										
新丰县										
乐昌市	553	1	44	2		150	78	15	257	3
南雄市	763	1	101	7		192	95	13	328	4
深圳市	**180087**	**1143**	**69756**	**241**	**297**	**12448**	**56698**	**4140**	**27799**	**4867**
罗湖区	10085	39	2051	15	3	1348	3875	336	1979	264
福田区	17385	156	4411	36	8	1757	6343	758	3155	340
南山区	24729	383	9008	47	89	1317	8486	651	3551	836
宝安区	48960	166	23689	49	163	2615	13398	839	6106	1294
龙岗区	35717	161	12187	43	26	2865	11150	740	6774	1209
盐田区	2095	95	474	5	2	184	826	49	370	61
龙华区	26427	97	10311	30	5	1493	8870	587	3971	709
坪山区	5436	15	3207	4	1	306	980	76	732	59
光明区	9253	31	4418	12		563	2770	104	1161	95
珠海市	**16554**	**96**	**5540**	**46**	**46**	**1753**	**4408**	**382**	**3628**	**300**
香洲区	12466	77	3959	28	28	1355	3480	317	2682	249
斗门区	1924	3	689	7	2	209	502	34	429	26
金湾区	2164	16	892	11	16	189	426	31	517	25
汕头市	**11085**	**32**	**2324**	**27**	**13**	**1482**	**2643**	**162**	**3860**	**267**
龙湖区	2906	11	584	7	9	334	764	61	1002	73
金平区	4467	17	794	14	4	828	1041	69	1484	116
濠江区	748	2	300	4		43	166	2	179	13
潮阳区	1384	2	364			102	265	10	567	22
潮南区	529		117			67	134	4	176	25
澄海区	1051		165	2		108	273	16	452	18
南澳县										
佛山市	**50272**	**132**	**12484**	**113**	**7**	**5297**	**17667**	**1100**	**11687**	**982**
禅城区	8267	28	1994	17	1	1242	2715	267	1637	194
南海区	19946	61	4753	49	3	1767	7436	367	4737	430
顺德区	17854	37	4716	32	3	1697	6404	367	4068	310
三水区	2407	3	470	8		373	697	67	722	24
高明区	1798	3	551	7		218	415	32	523	24

4-6a 续表 9 单位：人

地区 性别	专业技术人员 小计	科学研究人员	工程技术人员	农业技术人员	飞机和船舶技术人员	卫生专业技术人员	经济和金融专业人员	法律、社会和宗教专业人员	教学人员	文学艺术、体育专业人员
江门市	**16090**	**42**	**3578**	**45**	**12**	**2464**	**4078**	**375**	**4981**	**191**
蓬江区	5311	18	1226	8	5	867	1532	148	1311	76
江海区	1793	3	541	1	1	164	515	33	481	23
新会区	3138	7	661	11	2	433	799	82	1052	32
台山市	1737	4	333	7	2	381	288	31	645	9
开平市	1658	5	350	6		243	320	16	667	29
鹤山市	1555	4	305	11	1	194	486	49	447	14
恩平市	898	1	162	1	1	182	138	16	378	8
湛江市	**11490**	**61**	**1822**	**62**	**37**	**2037**	**2060**	**172**	**4825**	**183**
赤坎区	2598	12	442	13	9	444	550	46	970	29
霞山区	3986	40	715	13	24	805	834	74	1348	47
坡头区	534	4	161	2	3	64	91	3	195	3
麻章区	487	2	109	5		57	53	6	242	10
遂溪县	52		8	2		14	5		22	1
徐闻县										
廉江市	1516		117	6		245	225	16	872	19
雷州市	986	2	100	17	1	158	111	14	538	25
吴川市	1331	1	170	4		250	191	13	638	49
茂名市	**9524**	**20**	**1208**	**51**	**4**	**1829**	**1324**	**142**	**4724**	**103**
茂南区	3844	13	675	17	1	696	697	71	1570	44
电白区	1102		97	2	2	170	148	16	645	9
高州市	1757	2	156	8		515	178	17	848	20
化州市	1393	3	136	14		203	168	21	812	20
信宜市	1428	2	144	10	1	245	133	17	849	10
肇庆市	**6932**	**36**	**1488**	**30**	**1**	**1025**	**1593**	**124**	**2372**	**80**
端州区	4012	19	818	12		660	850	100	1378	58
鼎湖区	498	1	133	2	1	71	106	7	161	5
高要区	289	2	67			28	62	3	125	
广宁县										
怀集县										
封开县										
德庆县										
四会市	2133	14	470	16		266	575	14	708	17
惠州市	**17696**	**45**	**6467**	**31**	**9**	**1874**	**4082**	**273**	**4372**	**244**
惠城区	11635	28	3814	24	3	1430	2770	212	3041	145
惠阳区	5953	17	2594	7	6	442	1294	60	1303	99
博罗县	108		59			2	18	1	28	
惠东县										
龙门县										
梅州市	**4961**	**3**	**715**	**22**		**1133**	**670**	**66**	**2192**	**53**
梅江区	2241	1	409	12		561	319	41	807	26
梅县区	1359	2	199	5		313	197	15	584	16
大埔县										
丰顺县										
五华县	24		6			3	3		12	
平远县										
蕉岭县										
兴宁市	1337		101	5		256	151	10	789	11
汕尾市	**1711**	**4**	**282**	**2**	**4**	**267**	**167**	**26**	**896**	**32**
城　区	1000	3	222	1	4	143	116	13	456	22
海丰县										
陆河县										
陆丰市	711	1	60	1		124	51	13	440	10

4-6a 续表 10

单位：人

地区 性别	专业技术人员 小计	科学研究人员	工程技术人员	农业技术人员	飞机和船舶技术人员	卫生专业技术人员	经济和金融专业人员	法律、社会和宗教专业人员	教学人员	文学艺术、体育专业人员
河源市	**4280**	**8**	**868**	**26**	**3**	**606**	**993**	**94**	**1543**	**66**
源城区	4280	8	868	26	3	606	993	94	1543	66
紫金县										
龙川县										
连平县										
和平县										
东源县										
阳江市	**5095**	**2**	**845**	**23**	**1**	**819**	**1024**	**82**	**2149**	**75**
江城区	2789	1	504	9	1	408	650	49	1074	45
阳东区	822		118	6		123	155	12	387	9
阳西县										
阳春市	1484	1	223	8		288	219	21	688	21
清远市	**7638**	**8**	**1275**	**38**	**11**	**1326**	**1409**	**142**	**3201**	**100**
清城区	4520	4	879	24	10	722	972	102	1650	61
清新区	1148	3	195	2	1	157	186	7	560	22
佛冈县										
阳山县										
连山壮族瑶族自治县										
连南瑶族自治县										
英德市	1267	1	139	1		258	175	29	641	12
连州市	703		62	11		189	76	4	350	5
东莞市	**59369**	**163**	**23924**	**73**	**14**	**4919**	**16118**	**784**	**11248**	**1160**
市辖区	59369	163	23924	73	14	4919	16118	784	11248	1160
中山市	**15123**	**28**	**4188**	**34**	**4**	**1643**	**4783**	**294**	**3616**	**294**
市辖区	15123	28	4188	34	4	1643	4783	294	3616	294
潮州市	**3623**	**9**	**494**	**17**		**605**	**778**	**75**	**1465**	**65**
湘桥区	2185	7	329	11		377	418	37	882	44
潮安区	1438	2	165	6		228	360	38	583	21
饶平县										
揭阳市	**3371**	**4**	**433**	**7**		**523**	**803**	**39**	**1354**	**146**
榕城区	1748	2	220	1		282	438	23	693	58
揭东区	582		88	1		100	107	2	254	21
揭西县										
惠来县										
普宁市	1041	2	125	5		141	258	14	407	67
云浮市	**2761**	**7**	**422**	**7**	**1**	**483**	**463**	**47**	**1255**	**35**
云城区	1704	5	294	2		278	340	37	698	19
云安区	36		2			6	5		22	1
新兴县										
郁南县										
罗定市	1021	2	126	5	1	199	118	10	535	15
男	**263192**	**1929**	**143658**	**800**	**716**	**17929**	**42384**	**5618**	**37218**	**8068**
广州市	**54546**	**840**	**25911**	**170**	**283**	**4114**	**9695**	**1366**	**8393**	**2486**
荔湾区	3267	37	1441	13	19	331	698	100	414	138
越秀区	4858	93	1820	14	17	600	1157	204	591	219
海珠区	6043	129	2314	20	23	549	1269	206	970	376
天河区	11712	264	5785	34	15	569	1928	268	2004	557
白云区	7088	63	2720	13	53	806	1521	182	1140	398
黄埔区	5801	126	3853	7	13	226	800	83	515	72
番禺区	8668	96	4305	30	15	518	1357	198	1386	577
花都区	2971	9	1503	14	109	234	358	48	579	69
南沙区	1846	11	1169	8	13	84	264	26	199	37
从化区	575	2	175	7	3	84	65	14	211	11
增城区	1717	10	826	10	3	113	278	37	384	32

4-6a 续表 11

单位：人

地区 性别	专业技术人员 小计	科学研究人员	工程技术人员	农业技术人员	飞机和船舶技术人员	卫生专业技术人员	经济和金融专业人员	法律、社会和宗教专业人员	教学人员	文学艺术、体育专业人员
韶关市	**2787**	**9**	**1127**	**24**	**3**	**358**	**297**	**86**	**792**	**33**
武江区	1053	3	483	8	1	154	126	34	221	8
浈江区	747	4	319	4	2	54	77	21	238	15
曲江区	428	1	202	7		36	41	13	108	6
始兴县										
仁化县										
翁源县										
乳源瑶族自治县										
新丰县										
乐昌市	213		37	1		55	20	6	91	2
南雄市	346	1	86	4		59	33	12	134	2
深圳市	**93349**	**644**	**58507**	**156**	**276**	**3622**	**16360**	**1995**	**7725**	**2823**
罗湖区	4266	26	1705	9	3	425	1179	164	540	141
福田区	7743	91	3416	16	6	486	2104	338	916	191
南山区	12581	195	7226	27	84	348	2691	290	1105	470
宝安区	27551	96	19884	33	153	802	3432	418	1651	743
龙岗区	17722	96	10381	32	24	835	3103	371	1839	757
盐田区	976	52	403	3	2	56	274	27	116	32
龙华区	13735	61	8901	23	3	401	2456	305	1051	386
坪山区	3322	9	2648	2	1	98	268	36	194	40
光明区	5453	18	3943	11		171	853	46	313	63
珠海市	**8002**	**56**	**4576**	**32**	**40**	**540**	**1173**	**163**	**1095**	**185**
香洲区	5905	44	3274	17	24	398	936	136	804	151
斗门区	938	2	559	5	2	68	146	13	119	18
金湾区	1159	10	743	10	14	74	91	14	172	16
汕头市	**4723**	**16**	**2000**	**18**	**11**	**559**	**864**	**92**	**830**	**167**
龙湖区	1189	7	474	5	9	138	221	36	217	47
金平区	1786	7	662	9	2	280	330	38	333	72
濠江区	476	2	286	2		21	75	1	45	10
潮阳区	679		345			37	142	7	104	11
潮南区	234		89			35	40	3	48	17
澄海区	359		144	2		48	56	7	83	10
南澳县										
佛山市	**20788**	**85**	**10620**	**74**	**6**	**1596**	**3724**	**514**	**3231**	**566**
禅城区	3502	20	1647	11	1	348	660	132	480	114
南海区	8100	38	4078	35	3	558	1508	150	1321	244
顺德区	7387	23	4008	19	2	513	1286	189	1072	185
三水区	947	2	409	3		107	176	26	195	11
高明区	852	2	478	6		70	94	17	163	12
江门市	**6740**	**27**	**3118**	**32**	**12**	**765**	**948**	**163**	**1400**	**113**
蓬江区	2167	10	1047	6	5	263	319	68	346	48
江海区	760	3	463	1	1	44	93	10	116	12
新会区	1312	5	587	10	2	142	176	29	317	15
台山市	767	2	299	5	2	118	78	16	217	4
开平市	728	4	320	5		73	92	10	194	20
鹤山市	619	3	260	5	1	66	132	20	106	8
恩平市	387		142		1	59	58	10	104	6
湛江市	**4832**	**37**	**1604**	**49**	**36**	**644**	**632**	**102**	**1481**	**125**
赤坎区	1098	6	376	12	9	141	157	28	297	23
霞山区	1644	25	632	13	23	228	236	37	373	31
坡头区	239	3	144	1	3	18	28	1	38	2
麻章区	243	2	92	3		27	17	4	89	8
遂溪县	26		7	2		6	1		9	1
徐闻县										
廉江市	594		108	4		82	74	14	291	11
雷州市	459		85	10	1	57	53	10	216	19
吴川市	529	1	160	4		85	66	8	168	30

4-6a 续表 12

单位：人

地区 性别	专业技术人员 小计	科学研究人员	工程技术人员	农业技术人员	飞机和船舶技术人员	卫生专业技术人员	经济和金融专业人员	法律、社会和宗教专业人员	教学人员	文学艺术、体育专业人员
茂名市	**3866**	**12**	**1049**	**34**	**4**	**588**	**399**	**82**	**1574**	**63**
茂南区	1525	7	576	13	1	207	182	43	440	28
电白区	423		87	1	2	46	53	8	214	4
高州市	728	1	146	4		167	61	8	324	10
化州市	578	2	116	8		79	60	12	279	12
信宜市	612	2	124	8	1	89	43	11	317	9
肇庆市	**3107**	**21**	**1257**	**18**	**1**	**364**	**469**	**62**	**758**	**57**
端州区	1804	9	674	6		233	268	55	463	41
鼎湖区	225	1	121	1	1	21	30		42	2
高要区	128	2	60			12	7	2	44	
广宁县										
怀集县										
封开县										
德庆县										
四会市	950	9	402	11		98	164	5	209	14
惠州市	**8973**	**32**	**5479**	**22**	**9**	**584**	**1200**	**133**	**1196**	**150**
惠城区	5653	19	3278	17	3	439	812	104	809	83
惠阳区	3253	13	2145	5	6	145	385	28	380	67
博罗县	67		56				3	1	7	
惠东县										
龙门县										
梅州市	**2063**	**2**	**618**	**12**		**392**	**180**	**38**	**734**	**35**
梅江区	927		341	7		192	81	24	238	17
梅县区	558	2	175	3		104	47	6	195	9
大埔县										
丰顺县										
五华县	11		6			2	1		2	
平远县										
蕉岭县										
兴宁市	567		96	2		94	51	8	299	9
汕尾市	**864**	**3**	**248**	**2**	**4**	**124**	**65**	**19**	**353**	**21**
城　区	522	2	196	1	4	70	43	8	168	14
海丰县										
陆河县										
陆丰市	342	1	52	1		54	22	11	185	7
河源市	**1733**	**5**	**749**	**19**	**3**	**185**	**275**	**49**	**365**	**47**
源城区	1733	5	749	19	3	185	275	49	365	47
紫金县										
龙川县										
连平县										
和平县										
东源县										
阳江市	**2136**	**1**	**738**	**14**	**1**	**286**	**294**	**54**	**659**	**49**
江城区	1148		432	4	1	141	187	35	292	28
阳东区	343		109	4		40	42	7	130	5
阳西县										
阳春市	645	1	197	6		105	65	12	237	16
清远市	**3023**	**6**	**1112**	**24**	**11**	**400**	**347**	**74**	**933**	**66**
清城区	1825	3	762	14	10	234	247	50	423	43
清新区	461	2	167	1	1	47	39	3	181	13
佛冈县										
阳山县										
连山壮族瑶族自治县										
连南瑶族自治县										
英德市	463	1	127	1		61	46	18	200	7
连州市	274		56	8		58	15	3	129	3

4-6a 续表 13

单位：人

地区 性别	专业技术人员 小计	科学研究人员	工程技术人员	农业技术人员	飞机和船舶技术人员	卫生专业技术人员	经济和金融专业人员	法律、社会和宗教专业人员	教学人员	文学艺术、体育专业人员
东莞市	**31117**	**105**	**20199**	**51**	**13**	**1612**	**3939**	**390**	**3498**	**757**
市辖区	31117	105	20199	51	13	1612	3939	390	3498	757
中山市	**6554**	**17**	**3566**	**22**	**2**	**539**	**897**	**147**	**1059**	**177**
市辖区	6554	17	3566	22	2	539	897	147	1059	177
潮州市	**1469**	**6**	**418**	**16**		**256**	**239**	**42**	**403**	**37**
湘桥区	928	5	272	11		142	142	22	262	29
潮安区	541	1	146	5		114	97	20	141	8
饶平县										
揭阳市	**1424**	**2**	**386**	**5**		**259**	**247**	**23**	**379**	**89**
榕城区	713	1	198			139	127	16	182	36
揭东区	240		79			50	34		56	14
揭西县										
惠来县										
普宁市	471	1	109	5		70	86	7	141	39
云浮市	**1096**	**3**	**376**	**6**	**1**	**142**	**140**	**24**	**360**	**22**
云城区	664	2	264	2		72	92	18	184	13
云安区	11		2			2	2		5	
新兴县										
郁南县										
罗定市	421	1	110	4	1	68	46	6	171	9
女	**291090**	**1450**	**27360**	**403**	**62**	**40238**	**115344**	**6109**	**89088**	**5685**
广州市	**65586**	**679**	**5616**	**107**	**28**	**10287**	**25071**	**1687**	**18447**	**1970**
荔湾区	4437	50	298	7		823	1826	145	1070	112
越秀区	6449	91	463	5	2	1481	2355	238	1420	168
海珠区	7670	84	614	13	4	1277	2843	242	2029	313
天河区	12849	187	1455	25	3	1558	4840	337	3686	390
白云区	10286	55	580	16	4	1966	4157	223	2721	330
黄埔区	5347	104	715	11	1	653	2320	119	1236	70
番禺区	10035	76	850	12	3	1247	3924	213	2977	490
花都区	3706	13	236	4	9	551	1248	46	1480	57
南沙区	1656	11	226	8	2	209	630	47	463	17
从化区	940	3	17	4		175	218	29	475	7
增城区	2211	5	162	2		347	710	48	890	16
韶关市	**3701**	**8**	**251**	**7**		**875**	**904**	**69**	**1507**	**21**
武江区	1459	3	129	2		369	389	29	513	7
浈江区	973	4	63			176	256	24	421	7
曲江区	512		37	1		102	139	6	213	4
始兴县										
仁化县										
翁源县										
乳源瑶族自治县										
新丰县										
乐昌市	340	1	7	1		95	58	9	166	1
南雄市	417		15	3		133	62	1	194	2
深圳市	**86738**	**499**	**11249**	**85**	**21**	**8826**	**40338**	**2145**	**20074**	**2044**
罗湖区	5819	13	346	6		923	2696	172	1439	123
福田区	9642	65	995	20	2	1271	4239	420	2239	149
南山区	12148	188	1782	20	5	969	5795	361	2446	366
宝安区	21409	70	3805	16	10	1813	9966	421	4455	551
龙岗区	17995	65	1806	11	2	2030	8047	369	4935	452
盐田区	1119	43	71	2		128	552	22	254	29
龙华区	12692	36	1410	7	2	1092	6414	282	2920	323
坪山区	2114	6	559	2		208	712	40	538	19
光明区	3800	13	475	1		392	1917	58	848	32

4-6a　续表 14

单位：人

地区 性别	专业技术人员 小计	科学研究人员	工程技术人员	农业技术人员	飞机和船舶技术人员	卫生专业技术人员	经济和金融专业人员	法律、社会和宗教专业人员	教学人员	文学艺术、体育专业人员
珠海市	**8552**	**40**	**964**	**14**	**6**	**1213**	**3235**	**219**	**2533**	**115**
香洲区	6561	33	685	11	4	957	2544	181	1878	98
斗门区	986	1	130	2		141	356	21	310	8
金湾区	1005	6	149	1	2	115	335	17	345	9
汕头市	**6362**	**16**	**324**	**9**	**2**	**923**	**1779**	**70**	**3030**	**100**
龙湖区	1717	4	110	2		196	543	25	785	26
金平区	2681	10	132	5	2	548	711	31	1151	44
濠江区	272		14	2		22	91	1	134	3
潮阳区	705	2	19			65	123	3	463	11
潮南区	295		28			32	94	1	128	8
澄海区	692		21			60	217	9	369	8
南澳县										
佛山市	**29484**	**47**	**1864**	**39**	**1**	**3701**	**13943**	**586**	**8456**	**416**
禅城区	4765	8	347	6		894	2055	135	1157	80
南海区	11846	23	675	14		1209	5928	217	3416	186
顺德区	10467	14	708	13	1	1184	5118	178	2996	125
三水区	1460	1	61	5		266	521	41	527	13
高明区	946	1	73	1		148	321	15	360	12
江门市	**9350**	**15**	**460**	**13**		**1699**	**3130**	**212**	**3581**	**78**
蓬江区	3144	8	179	2		604	1213	80	965	28
江海区	1033		78			120	422	23	365	11
新会区	1826	2	74	1		291	623	53	735	17
台山市	970	2	34	2		263	210	15	428	5
开平市	930	1	30	1		170	228	6	473	9
鹤山市	936	1	45	6		128	354	29	341	6
恩平市	511	1	20	1		123	80	6	274	2
湛江市	**6658**	**24**	**218**	**13**	**1**	**1393**	**1428**	**70**	**3344**	**58**
赤坎区	1500	6	66	1		303	393	18	673	6
霞山区	2342	15	83		1	577	598	37	975	16
坡头区	295	1	17	1		46	63	2	157	1
麻章区	244		17	2		30	36	2	153	2
遂溪县	26		1			8	4		13	
徐闻县										
廉江市	922		9	2		163	151	2	581	8
雷州市	527	2	15	7		101	58	4	322	6
吴川市	802		10			165	125	5	470	19
茂名市	**5658**	**8**	**159**	**17**		**1241**	**925**	**60**	**3150**	**40**
茂南区	2319	6	99	4		489	515	28	1130	16
电白区	679		10	1		124	95	8	431	5
高州市	1029	1	10	4		348	117	9	524	10
化州市	815	1	20	6		124	108	9	533	8
信宜市	816		20	2		156	90	6	532	1
肇庆市	**3825**	**15**	**231**	**12**		**661**	**1124**	**62**	**1614**	**23**
端州区	2208	10	144	6		427	582	45	915	17
鼎湖区	273		12	1		50	76	7	119	3
高要区	161		7			16	55	1	81	
广宁县										
怀集县										
封开县										
德庆县										
四会市	1183	5	68	5		168	411	9	499	3
惠州市	**8723**	**13**	**988**	**9**		**1290**	**2882**	**140**	**3176**	**94**
惠城区	5982	9	536	7		991	1958	108	2232	62
惠阳区	2700	4	449	2		297	909	32	923	32
博罗县	41		3			2	15		21	
惠东县										
龙门县										

4-6a 续表 15

单位：人

地区 性别	专业技术人员 小计	科学研究人员	工程技术人员	农业技术人员	飞机和船舶技术人员	卫生专业技术人员	经济和金融专业人员	法律、社会和宗教专业人员	教学人员	文学艺术、体育专业人员
梅州市	**2898**	**1**	**97**	**10**		**741**	**490**	**28**	**1458**	**18**
梅江区	1314	1	68	5		369	238	17	569	9
梅县区	801		24	2		209	150	9	389	7
大埔县										
丰顺县										
五华县	13					1	2		10	
平远县										
蕉岭县										
兴宁市	770		5	3		162	100	2	490	2
汕尾市	**847**	**1**	**34**			**143**	**102**	**7**	**543**	**11**
城　区	478	1	26			73	73	5	288	8
海丰县										
陆河县										
陆丰市	369		8			70	29	2	255	3
河源市	**2547**	**3**	**119**	**7**		**421**	**718**	**45**	**1178**	**19**
源城区	2547	3	119	7		421	718	45	1178	19
紫金县										
龙川县										
连平县										
和平县										
东源县										
阳江市	**2959**	**1**	**107**	**9**		**533**	**730**	**28**	**1490**	**26**
江城区	1641	1	72	5		267	463	14	782	17
阳东区	479		9	2		83	113	5	257	4
阳西县										
阳春市	839		26	2		183	154	9	451	5
清远市	**4615**	**2**	**163**	**14**		**926**	**1062**	**68**	**2268**	**34**
清城区	2695	1	117	10		488	725	52	1227	18
清新区	687	1	28	1		110	147	4	379	9
佛冈县										
阳山县										
连山壮族瑶族自治县										
连南瑶族自治县										
英德市	804		12			197	129	11	441	5
连州市	429		6	3		131	61	1	221	2
东莞市	**28252**	**58**	**3725**	**22**	**1**	**3307**	**12179**	**394**	**7750**	**403**
市辖区	28252	58	3725	22	1	3307	12179	394	7750	403
中山市	**8569**	**11**	**622**	**12**	**2**	**1104**	**3886**	**147**	**2557**	**117**
市辖区	8569	11	622	12	2	1104	3886	147	2557	117
潮州市	**2154**	**3**	**76**	**1**		**349**	**539**	**33**	**1062**	**28**
湘桥区	1257	2	57			235	276	15	620	15
潮安区	897	1	19	1		114	263	18	442	13
饶平县										
揭阳市	**1947**	**2**	**47**	**2**		**264**	**556**	**16**	**975**	**57**
榕城区	1035	1	22	1		143	311	7	511	22
揭东区	342		9	1		50	73	2	198	7
揭西县										
惠来县										
普宁市	570	1	16			71	172	7	266	28
云浮市	**1665**	**4**	**46**	**1**		**341**	**323**	**23**	**895**	**13**
云城区	1040	3	30			206	248	19	514	6
云安区	25					4	3		17	1
新兴县										
郁南县										
罗定市	600	1	16	1		131	72	4	364	6

4-6a　续表 16　　单位：人

地区 性别	专业技术人员 新闻出版、文化专业人员	专业技术人员 其他专业技术人员	办事人员和有关人员 小计	办事人员和有关人员 办事人员	办事人员和有关人员 安全和消防人员	办事人员和有关人员 其他办事人员和有关人员	社会生产服务和生活服务人员 小计	社会生产服务和生活服务人员 批发与零售服务人员	社会生产服务和生活服务人员 交通运输、仓储和邮政业服务人员
广　东	**7846**	**2377**	**377869**	**318572**	**56697**	**2600**	**1736984**	**762639**	**289373**
广州市	**2501**	**481**	**86763**	**75794**	**10522**	**447**	**367620**	**165395**	**59061**
荔湾区	148	34	6249	5385	798	66	24395	11954	3522
越秀区	345	24	7983	6974	993	16	21898	8867	2601
海珠区	371	67	10204	9037	1114	53	41034	20191	5496
天河区	538	118	18082	16695	1316	71	69911	29933	7915
白云区	394	32	12227	10292	1919	16	91653	46746	17332
黄埔区	152	72	7644	6666	903	75	24346	8495	5966
番禺区	349	80	12166	10613	1488	65	53816	22540	8562
花都区	92	18	5492	4551	908	33	19261	8649	3663
南沙区	53	25	2672	2251	408	13	9256	3077	2118
从化区	14	1	1215	987	203	25	3005	1139	577
增城区	45	10	2829	2343	472	14	9045	3804	1309
韶关市	**82**	**35**	**4804**	**3600**	**959**	**245**	**15143**	**6117**	**2889**
武江区	28	5	1805	1307	286	212	5176	2120	864
浈江区	25	10	1419	1044	372	3	4843	2025	963
曲江区	16	8	614	496	106	12	2396	810	600
始兴县									
仁化县									
翁源县									
乳源瑶族自治县									
新丰县									
乐昌市	3		472	334	127	11	1309	575	213
南雄市	10	12	494	419	68	7	1419	587	249
深圳市	**2099**	**599**	**86352**	**71580**	**14168**	**604**	**517958**	**207232**	**81032**
罗湖区	146	29	6009	5043	929	37	38586	16579	4263
福田区	338	83	6868	5112	1457	299	57573	22864	4772
南山区	320	41	12797	11615	1180	2	55338	18926	6894
宝安区	407	234	16937	13264	3539	134	127525	49373	23127
龙岗区	414	148	23527	20170	3251	106	116812	51300	19428
盐田区	23	6	1064	911	151	2	6761	1546	1993
龙华区	310	44	11519	9615	1886	18	77840	33120	12382
坪山区	44	12	3260	2669	585	6	11049	4001	2316
光明区	97	2	4371	3181	1190		26474	9523	5857
珠海市	**300**	**55**	**12025**	**9981**	**1885**	**159**	**38926**	**13503**	**5793**
香洲区	251	40	9473	7809	1515	149	29888	10262	4153
斗门区	22	1	1035	855	180		4840	1764	804
金湾区	27	14	1517	1317	190	10	4198	1477	836
汕头市	**207**	**68**	**10258**	**9042**	**1143**	**73**	**41276**	**22970**	**5516**
龙湖区	31	30	3118	2740	354	24	9324	4984	1069
金平区	81	19	3920	3496	398	26	14283	7334	2276
濠江区	35	4	504	442	56	6	2267	1274	278
潮阳区	45	7	841	770	62	9	4461	2484	499
潮南区	5	1	643	493	148	2	6942	4660	768
澄海区	10	7	1232	1101	125	6	3999	2234	626
南澳县									
佛山市	**650**	**153**	**40125**	**33539**	**6497**	**89**	**201020**	**92307**	**39130**
禅城区	134	38	6488	5943	525	20	29063	13737	4332
南海区	272	71	16660	13594	3026	40	87945	42431	16894
顺德区	184	36	12749	10706	2017	26	69658	30470	14859
三水区	43		2078	1576	500	2	7797	3148	1508
高明区	17	8	2150	1720	429	1	6557	2521	1537

4-6a 续表 17

单位：人

地区 性别	专业技术人员		办事人员和有关人员				社会生产服务和生活服务人员		
	新闻出版、文化专业人员	其他专业技术人员	小计	办事人员	安全和消防人员	其他办事人员和有关人员	小计	批发与零售服务人员	交通运输、仓储和邮政业服务人员
江门市	**225**	**99**	**13373**	**11359**	**1923**	**91**	**46335**	**20421**	**7786**
蓬江区	95	25	4659	4005	611	43	13131	5920	2202
江海区	17	14	1374	1095	269	10	6487	2643	1406
新会区	37	22	2562	2150	393	19	7393	3376	1299
台山市	18	19	1535	1298	222	15	5816	2381	818
开平市	19	3	1221	1033	185	3	5687	2813	800
鹤山市	33	11	1208	1039	168	1	4773	1893	854
恩平市	6	5	814	739	75		3048	1395	407
湛江市	**164**	**67**	**7218**	**6139**	**982**	**97**	**33139**	**14807**	**5621**
赤坎区	57	26	2042	1732	291	19	6380	2944	885
霞山区	53	33	2456	2090	294	72	11686	4857	2219
坡头区	8		296	267	29		897	342	146
麻章区	3		185	147	38		1682	743	288
遂溪县			18	13	5		198	74	36
徐闻县									
廉江市	13	3	877	732	144	1	3906	1829	649
雷州市	15	5	484	379	100	5	4339	2117	766
吴川市	15		860	779	81		4051	1901	632
茂名市	**90**	**29**	**5963**	**5002**	**908**	**53**	**31944**	**15179**	**5090**
茂南区	55	5	2971	2545	420	6	12705	5947	2260
电白区	13		570	469	98	3	3959	1863	519
高州市	7	6	846	696	133	17	5729	2919	740
化州市	5	11	783	641	131	11	4787	2268	796
信宜市	10	7	793	651	126	16	4764	2182	775
肇庆市	**109**	**74**	**5450**	**4374**	**962**	**114**	**23584**	**11425**	**3525**
端州区	80	37	3210	2706	488	16	10059	4279	1567
鼎湖区	9	2	415	267	64	84	1841	700	318
高要区	2		380	311	66	3	1913	919	357
广宁县									
怀集县									
封开县									
德庆县									
四会市	18	35	1445	1090	344	11	9771	5527	1283
惠州市	**193**	**106**	**12398**	**10214**	**2015**	**169**	**47965**	**20608**	**7443**
惠城区	122	46	7576	6234	1290	52	29077	12821	4364
惠阳区	71	60	4761	3921	723	117	18540	7609	3011
博罗县			61	59	2		348	178	68
惠东县									
龙门县									
梅州市	**90**	**17**	**4269**	**3666**	**570**	**33**	**13284**	**6058**	**2137**
梅江区	53	12	2374	2032	331	11	5461	2511	798
梅县区	23	5	977	854	105	18	4351	1902	697
大埔县									
丰顺县									
五华县			22	13	6	3	120	33	31
平远县									
蕉岭县									
兴宁市	14		896	767	128	1	3352	1612	611
汕尾市	**24**	**7**	**1674**	**1388**	**277**	**9**	**7302**	**3859**	**866**
城区	16	4	1118	918	192	8	3904	1960	490
海丰县									
陆河县									
陆丰市	8	3	556	470	85	1	3398	1899	376

4—6a　续表 18　　　　单位：人

地区 性别	专业技术人员		办事人员和有关人员				社会生产服务和生活服务人员		
	新闻出版、文化专业人员	其他专业技术人员	小计	办事人员	安全和消防人员	其他办事人员和有关人员	小计	批发与零售服务人员	交通运输、仓储和邮政业服务人员
河源市	**59**	**14**	**3026**	**2645**	**364**	**17**	**11143**	**4390**	**1562**
源城区	59	14	3026	2645	364	17	11143	4390	1562
紫金县									
龙川县									
连平县									
和平县									
东源县									
阳江市	**56**	**19**	**4109**	**3389**	**696**	**24**	**15832**	**7706**	**2324**
江城区	38	10	2460	2061	383	16	9590	4835	1288
阳东区	8	4	619	511	107	1	2468	1259	390
阳西县									
阳春市	10	5	1030	817	206	7	3774	1612	646
清远市	**110**	**18**	**6555**	**5527**	**979**	**49**	**22132**	**9013**	**3691**
清城区	85	11	4248	3661	569	18	11824	5058	1784
清新区	10	5	843	667	157	19	4549	1587	914
佛冈县									
阳山县									
连山壮族瑶族自治县									
连南瑶族自治县									
英德市	10	1	996	824	170	2	3601	1418	639
连州市	5	1	468	375	83	10	2158	950	354
东莞市	**569**	**397**	**53574**	**44837**	**8544**	**193**	**202313**	**88819**	**40473**
市辖区	569	397	53574	44837	8544	193	202313	88819	40473
中山市	**160**	**79**	**11501**	**9493**	**1959**	**49**	**47606**	**20515**	**8941**
市辖区	160	79	11501	9493	1959	49	47606	20515	8941
潮州市	**81**	**34**	**3118**	**2579**	**499**	**40**	**12867**	**6931**	**1830**
湘桥区	50	30	1990	1642	315	33	6403	3177	867
潮安区	31	4	1128	937	184	7	6464	3754	963
饶平县									
揭阳市	**49**	**13**	**3111**	**2527**	**565**	**19**	**31069**	**21413**	**3319**
榕城区	27	4	2110	1817	280	13	11334	8066	1185
揭东区	4	5	408	295	109	4	7136	4780	1019
揭西县									
惠来县									
普宁市	18	4	593	415	176	2	12599	8567	1115
云浮市	**28**	**13**	**2203**	**1897**	**280**	**26**	**8526**	**3971**	**1344**
云城区	24	7	1507	1328	159	20	5411	2502	854
云安区			51	43	8		281	98	57
新兴县									
郁南县									
罗定市	4	6	645	526	113	6	2834	1371	433
男	**3085**	**1787**	**204721**	**151030**	**52211**	**1480**	**1048543**	**410309**	**249745**
广州市	**936**	**352**	**44960**	**35222**	**9475**	**263**	**220285**	**88446**	**51363**
荔湾区	52	24	3190	2434	716	40	14443	6400	3052
越秀区	127	16	4177	3335	836	6	12736	4893	2203
海珠区	142	45	5185	4141	1014	30	24063	10747	4907
天河区	201	87	9202	7988	1168	46	42297	16276	7013
白云区	164	28	6368	4608	1749	11	55564	24969	15177
黄埔区	48	58	3938	3073	812	53	15451	4575	5170
番禺区	134	52	6042	4639	1375	28	31763	11919	7321
花都区	34	14	3021	2180	823	18	11404	4554	3006
南沙区	16	19	1505	1118	378	9	5617	1586	1862
从化区	2	1	716	525	177	14	1719	557	513
增城区	16	8	1616	1181	427	8	5228	1970	1139

4-6a 续表 19

单位：人

地区 性别	专业技术人员 新闻出版、文化专业人员	专业技术人员 其他专业技术人员	办事人员和有关人员 小计	办事人员和有关人员 办事人员	办事人员和有关人员 安全和消防人员	办事人员和有关人员 其他办事人员和有关人员	社会生产服务和生活服务人员 小计	社会生产服务和生活服务人员 批发与零售服务人员	社会生产服务和生活服务人员 交通运输、仓储和邮政业服务人员
韶关市	**30**	**28**	**2860**	**1853**	**866**	**141**	**8339**	**2854**	**2491**
武江区	12	3	1024	651	255	118	2875	1043	755
浈江区	7	6	841	507	333	1	2720	967	832
曲江区	7	7	360	251	101	8	1276	331	502
始兴县									
仁化县									
翁源县									
乳源瑶族自治县									
新丰县									
乐昌市	1		308	183	117	8	694	252	194
南雄市	3	12	327	261	60	6	774	261	208
深圳市	**799**	**442**	**45976**	**32507**	**13123**	**346**	**317626**	**110672**	**69359**
罗湖区	55	19	3246	2407	818	21	21986	8373	3693
福田区	130	49	4091	2590	1337	164	33458	12744	4077
南山区	117	28	6696	5606	1089	1	33367	9761	6018
宝安区	158	181	9185	5791	3311	83	79772	26361	19301
龙岗区	165	119	11936	8822	3050	64	72435	27663	16875
盐田区	9	2	599	464	133	2	4189	776	1578
龙华区	114	34	5940	4192	1738	10	48503	17691	10750
坪山区	18	8	1812	1256	555	1	7001	2143	1968
光明区	33	2	2471	1379	1092		16915	5160	5099
珠海市	**106**	**36**	**6368**	**4614**	**1668**	**86**	**22313**	**6583**	**4969**
香洲区	95	26	5094	3674	1338	82	16951	4952	3597
斗门区	5	1	486	331	155		2834	891	680
金湾区	6	9	788	609	175	4	2528	740	692
汕头市	**113**	**53**	**6026**	**4914**	**1059**	**53**	**25951**	**13296**	**4927**
龙湖区	13	22	1832	1493	321	18	5670	2855	938
金平区	38	15	2155	1773	365	17	8809	4033	1986
濠江区	30	4	298	242	52	4	1411	720	256
潮阳区	27	6	564	495	60	9	2795	1377	461
潮南区	1	1	447	300	146	1	4690	2993	716
澄海区	4	5	730	611	115	4	2576	1318	570
南澳县									
佛山市	**253**	**119**	**20670**	**14523**	**6099**	**48**	**120862**	**51067**	**32822**
禅城区	61	28	3204	2714	479	11	17635	7758	3726
南海区	107	58	8691	5802	2864	25	53109	23662	14144
顺德区	63	27	6359	4430	1918	11	41943	16835	12386
三水区	18		1173	725	447	1	4385	1577	1264
高明区	4	6	1243	852	391		3790	1235	1302
江门市	**82**	**80**	**7212**	**5349**	**1802**	**61**	**26356**	**10207**	**6613**
蓬江区	37	18	2357	1764	566	27	7499	3071	1831
江海区	7	10	752	485	258	9	3790	1339	1160
新会区	8	21	1405	1019	373	13	4189	1728	1084
台山市	10	16	909	695	204	10	3248	1066	726
开平市	7	3	670	498	170	2	3197	1365	727
鹤山市	10	8	650	490	160		2659	918	725
恩平市	3	4	469	398	71		1774	720	360
湛江市	**70**	**52**	**4609**	**3633**	**916**	**60**	**19290**	**7559**	**4936**
赤坎区	27	22	1234	955	264	15	3588	1493	769
霞山区	21	25	1513	1195	277	41	6639	2298	1935
坡头区	1		177	151	26		459	138	122
麻章区	1		114	79	35		970	397	248
遂溪县			9	4	5		122	39	29
徐闻县									
廉江市	7	3	616	478	137	1	2272	942	581
雷州市	6	2	354	256	95	3	2682	1176	675
吴川市	7		592	515	77		2558	1076	577

4-6a　续表 20　　　　单位：人

地　区 性　别	专业技术人员		办事人员和有关人员				社会生产服务和生活服务人员		
	新闻出版、文化专业人员	其他专业技术人员	小计	办事人员	安全和消防人员	其他办事人员和有关人员	小计	批发与零售服务人员	交通运输、仓储和邮政业服务人员
茂名市	**43**	**18**	**3762**	**2922**	**813**	**27**	**18189**	**7686**	**4526**
茂南区	24	4	1775	1399	372	4	7185	2969	1986
电白区	8		400	312	88		2252	1005	472
高州市	4	3	570	438	124	8	3264	1462	671
化州市	3	7	514	392	116	6	2745	1156	707
信宜市	4	4	503	381	113	9	2743	1094	690
肇庆市	**45**	**55**	**3086**	**2167**	**876**	**43**	**13194**	**5720**	**2961**
端州区	32	23	1831	1385	438	8	5634	2149	1279
鼎湖区	4	2	218	131	59	28	997	341	280
高要区	1		200	136	62	2	1017	403	308
广宁县									
怀集县									
封开县									
德庆县									
四会市	8	30	837	515	317	5	5546	2827	1094
惠州市	**85**	**83**	**7102**	**5223**	**1803**	**76**	**28372**	**10847**	**6365**
惠城区	52	37	4299	3119	1152	28	16951	6659	3711
惠阳区	33	46	2771	2074	649	48	11175	4065	2595
博罗县			32	30	2		246	123	59
惠东县									
龙门县									
梅州市	**39**	**13**	**2531**	**1975**	**533**	**23**	**7538**	**2911**	**1917**
梅江区	19	8	1432	1111	313	8	3015	1191	705
梅县区	12	5	516	406	98	12	2458	915	614
大埔县									
丰顺县									
五华县			15	8	5	2	81	18	29
平远县									
蕉岭县									
兴宁市	8		568	450	117	1	1984	787	569
汕尾市	**18**	**7**	**1177**	**907**	**261**	**9**	**4979**	**2579**	**789**
城　区	12	4	761	574	179	8	2551	1204	448
海丰县									
陆河县									
陆丰市	6	3	416	333	82	1	2428	1375	341
河源市	**26**	**10**	**1754**	**1412**	**332**	**10**	**6332**	**2075**	**1412**
源城区	26	10	1754	1412	332	10	6332	2075	1412
紫金县									
龙川县									
连平县									
和平县									
东源县									
阳江市	**28**	**12**	**2500**	**1843**	**644**	**13**	**8909**	**3864**	**2082**
江城区	21	7	1457	1098	350	9	5450	2479	1149
阳东区	4	2	364	266	98		1442	663	346
阳西县									
阳春市	3	3	679	479	196	4	2017	722	587
清远市	**36**	**14**	**3771**	**2852**	**887**	**32**	**12383**	**4271**	**3359**
清城区	30	9	2397	1873	513	11	6592	2450	1618
清新区	3	4	467	309	144	14	2681	744	850
佛冈县									
阳山县									
连山壮族瑶族自治县									
连南瑶族自治县									
英德市	2		601	447	154		1969	665	572
连州市	1	1	306	223	76	7	1141	412	319

4–6a 续表 21　　　　　　　　　　　　　　　　　　　　单位：人

地区 性别	专业技术人员 新闻出版、文化专业人员	专业技术人员 其他专业技术人员	办事人员和有关人员 小计	办事人员和有关人员 办事人员	办事人员和有关人员 安全和消防人员	办事人员和有关人员 其他办事人员和有关人员	社会生产服务和生活服务人员 小计	社会生产服务和生活服务人员 批发与零售服务人员	社会生产服务和生活服务人员 交通运输、仓储和邮政业服务人员
东莞市	**245**	**308**	**29404**	**21289**	**8004**	**111**	**125286**	**49011**	**35331**
市辖区	245	308	29404	21289	8004	111	125286	49011	35331
中山市	**68**	**60**	**5885**	**4063**	**1795**	**27**	**28349**	**10786**	**7662**
市辖区	68	60	5885	4063	1795	27	28349	10786	7662
潮州市	**27**	**25**	**1832**	**1346**	**467**	**19**	**8251**	**4088**	**1703**
湘桥区	22	21	1265	952	296	17	3997	1797	799
潮安区	5	4	567	394	171	2	4254	2291	904
饶平县									
揭阳市	**22**	**12**	**1955**	**1417**	**526**	**12**	**20910**	**13738**	**2954**
榕城区	10	4	1298	1031	257	10	7913	5381	1123
揭东区	2	5	271	170	101		4710	2997	823
揭西县									
惠来县									
普宁市	10	3	386	216	168	2	8287	5360	1008
云浮市	**14**	**8**	**1281**	**999**	**262**	**20**	**4829**	**2049**	**1204**
云城区	12	5	831	668	148	15	3007	1287	774
云安区			27	20	7		160	48	54
新兴县									
郁南县									
罗定市	2	3	423	311	107	5	1662	714	376
女	**4761**	**590**	**173148**	**167542**	**4486**	**1120**	**688441**	**352330**	**39628**
广州市	**1565**	**129**	**41803**	**40572**	**1047**	**184**	**147335**	**76949**	**7698**
荔湾区	96	10	3059	2951	82	26	9952	5554	470
越秀区	218	8	3806	3639	157	10	9162	3974	398
海珠区	229	22	5019	4896	100	23	16971	9444	589
天河区	337	31	8880	8707	148	25	27614	13657	902
白云区	230	4	5859	5684	170	5	36089	21777	2155
黄埔区	104	14	3706	3593	91	22	8895	3920	796
番禺区	215	28	6124	5974	113	37	22053	10621	1241
花都区	58	4	2471	2371	85	15	7857	4095	657
南沙区	37	6	1167	1133	30	4	3639	1491	256
从化区	12		499	462	26	11	1286	582	64
增城区	29	2	1213	1162	45	6	3817	1834	170
韶关市	**52**	**7**	**1944**	**1747**	**93**	**104**	**6804**	**3263**	**398**
武江区	16	2	781	656	31	94	2301	1077	109
浈江区	18	4	578	537	39	2	2123	1058	131
曲江区	9	1	254	245	5	4	1120	479	98
始兴县									
仁化县									
翁源县									
乳源瑶族自治县									
新丰县									
乐昌市	2		164	151	10	3	615	323	19
南雄市	7		167	158	8	1	645	326	41
深圳市	**1300**	**157**	**40376**	**39073**	**1045**	**258**	**200332**	**96560**	**11673**
罗湖区	91	10	2763	2636	111	16	16600	8206	570
福田区	208	34	2777	2522	120	135	24115	10120	695
南山区	203	13	6101	6009	91	1	21971	9165	876
宝安区	249	53	7752	7473	228	51	47753	23012	3826
龙岗区	249	29	11591	11348	201	42	44377	23637	2553
盐田区	14	4	465	447	18		2572	770	415
龙华区	196	10	5579	5423	148	8	29337	15429	1632
坪山区	26	4	1448	1413	30	5	4048	1858	348
光明区	64		1900	1802	98		9559	4363	758

4-6a 续表 22

单位：人

地区 性别	专业技术人员		办事人员和有关人员				社会生产服务和生活服务人员		
	新闻出版、文化专业人员	其他专业技术人员	小计	办事人员	安全和消防人员	其他办事人员和有关人员	小计	批发与零售服务人员	交通运输、仓储和邮政业服务人员
珠海市	**194**	**19**	**5657**	**5367**	**217**	**73**	**16613**	**6920**	**824**
香洲区	156	14	4379	4135	177	67	12937	5310	556
斗门区	17		549	524	25		2006	873	124
金湾区	21	5	729	708	15	6	1670	737	144
汕头市	**94**	**15**	**4232**	**4128**	**84**	**20**	**15325**	**9674**	**589**
龙湖区	18	8	1286	1247	33	6	3654	2129	131
金平区	43	4	1765	1723	33	9	5474	3301	290
濠江区	5		206	200	4	2	856	554	22
潮阳区	18	1	277	275	2		1666	1107	38
潮南区	4		196	193	2	1	2252	1667	52
澄海区	6	2	502	490	10	2	1423	916	56
南澳县									
佛山市	**397**	**34**	**19455**	**19016**	**398**	**41**	**80158**	**41240**	**6308**
禅城区	73	10	3284	3229	46	9	11428	5979	606
南海区	165	13	7969	7792	162	15	34836	18769	2750
顺德区	121	9	6390	6276	99	15	27715	13635	2473
三水区	25		905	851	53	1	3412	1571	244
高明区	13	2	907	868	38	1	2767	1286	235
江门市	**143**	**19**	**6161**	**6010**	**121**	**30**	**19979**	**10214**	**1173**
蓬江区	58	7	2302	2241	45	16	5632	2849	371
江海区	10	4	622	610	11	1	2697	1304	246
新会区	29	1	1157	1131	20	6	3204	1648	215
台山市	8	3	626	603	18	5	2568	1315	92
开平市	12		551	535	15	1	2490	1448	73
鹤山市	23	3	558	549	8	1	2114	975	129
恩平市	3	1	345	341	4		1274	675	47
湛江市	**94**	**15**	**2609**	**2506**	**66**	**37**	**13849**	**7248**	**685**
赤坎区	30	4	808	777	27	4	2792	1451	116
霞山区	32	8	943	895	17	31	5047	2559	284
坡头区	7		119	116	3		438	204	24
麻章区	2		71	68	3		712	346	40
遂溪县			9	9			76	35	7
徐闻县									
廉江市	6		261	254	7		1634	887	68
雷州市	9	3	130	123	5	2	1657	941	91
吴川市	8		268	264	4		1493	825	55
茂名市	**47**	**11**	**2201**	**2080**	**95**	**26**	**13755**	**7493**	**564**
茂南区	31	1	1196	1146	48	2	5520	2978	274
电白区	5		170	157	10	3	1707	858	47
高州市	3	3	276	258	9	9	2465	1457	69
化州市	2	4	269	249	15	5	2042	1112	89
信宜市	6	3	290	270	13	7	2021	1088	85
肇庆市	**64**	**19**	**2364**	**2207**	**86**	**71**	**10390**	**5705**	**564**
端州区	48	14	1379	1321	50	8	4425	2130	288
鼎湖区	5		197	136	5	56	844	359	38
高要区	1		180	175	4	1	896	516	49
广宁县									
怀集县									
封开县									
德庆县									
四会市	10	5	608	575	27	6	4225	2700	189
惠州市	**108**	**23**	**5296**	**4991**	**212**	**93**	**19593**	**9761**	**1078**
惠城区	70	9	3277	3115	138	24	12126	6162	653
惠阳区	38	14	1990	1847	74	69	7365	3544	416
博罗县			29	29			102	55	9
惠东县									
龙门县									

4-6a 续表 23

单位：人

地区 性别	专业技术人员		办事人员和有关人员				社会生产服务和生活服务人员		
	新闻出版、文化专业人员	其他专业技术人员	小计	办事人员	安全和消防人员	其他办事人员和有关人员	小计	批发与零售服务人员	交通运输、仓储和邮政业服务人员
梅州市	**51**	**4**	**1738**	**1691**	**37**	**10**	**5746**	**3147**	**220**
梅江区	34	4	942	921	18	3	2446	1320	93
梅县区	11		461	448	7	6	1893	987	83
大埔县									
丰顺县									
五华县			7	5	1	1	39	15	2
平远县									
蕉岭县									
兴宁市	6		328	317	11		1368	825	42
汕尾市	**6**		**497**	**481**	**16**		**2323**	**1280**	**77**
城　区	4		357	344	13		1353	756	42
海丰县									
陆河县									
陆丰市	2		140	137	3		970	524	35
河源市	**33**	**4**	**1272**	**1233**	**32**	**7**	**4811**	**2315**	**150**
源城区	33	4	1272	1233	32	7	4811	2315	150
紫金县									
龙川县									
连平县									
和平县									
东源县									
阳江市	**28**	**7**	**1609**	**1546**	**52**	**11**	**6923**	**3842**	**242**
江城区	17	3	1003	963	33	7	4140	2356	139
阳东区	4	2	255	245	9	1	1026	596	44
阳西县									
阳春市	7	2	351	338	10	3	1757	890	59
清远市	**74**	**4**	**2784**	**2675**	**92**	**17**	**9749**	**4742**	**332**
清城区	55	2	1851	1788	56	7	5232	2608	166
清新区	7	1	376	358	13	5	1868	843	64
佛冈县									
阳山县									
连山壮族瑶族自治县									
连南瑶族自治县									
英德市	8	1	395	377	16	2	1632	753	67
连州市	4		162	152	7	3	1017	538	35
东莞市	**324**	**89**	**24170**	**23548**	**540**	**82**	**77027**	**39808**	**5142**
市辖区	324	89	24170	23548	540	82	77027	39808	5142
中山市	**92**	**19**	**5616**	**5430**	**164**	**22**	**19257**	**9729**	**1279**
市辖区	92	19	5616	5430	164	22	19257	9729	1279
潮州市	**54**	**9**	**1286**	**1233**	**32**	**21**	**4616**	**2843**	**127**
湘桥区	28	9	725	690	19	16	2406	1380	68
潮安区	26		561	543	13	5	2210	1463	59
饶平县									
揭阳市	**27**	**1**	**1156**	**1110**	**39**	**7**	**10159**	**7675**	**365**
榕城区	17		812	786	23	3	3421	2685	62
揭东区	2		137	125	8	4	2426	1783	196
揭西县									
惠来县									
普宁市	8	1	207	199	8		4312	3207	107
云浮市	**14**	**5**	**922**	**898**	**18**	**6**	**3697**	**1922**	**140**
云城区	12	2	676	660	11	5	2404	1215	80
云安区			24	23	1		121	50	3
新兴县									
郁南县									
罗定市	2	3	222	215	6	1	1172	657	57

4−6a　续表 24　　　　单位：人

地区 性别	社会生产服务和生活服务人员								
	住宿和餐饮服务人员	信息传输、软件和信息技术服务人员	金融服务人员	房地产服务人员	租赁和商务服务人员	技术辅助服务人员	水利、环境和公共设施管理服务人员	居民服务人员	电力、燃气及水供应服务人员
广　东	**201693**	**64760**	**40300**	**45185**	**60726**	**58832**	**64106**	**81158**	**7938**
广州市	**39820**	**16576**	**8562**	**9475**	**13669**	**13675**	**12546**	**16595**	**1434**
荔湾区	2419	806	858	738	958	775	714	878	144
越秀区	2929	922	1121	1075	1132	639	711	1176	86
海珠区	3785	1688	1165	1129	1566	1533	1095	2248	143
天河区	8751	6359	1773	1855	2929	2935	2433	3098	162
白云区	8680	1893	1213	1960	2427	2761	2296	3678	216
黄埔区	2474	1543	343	461	1067	1021	1228	880	133
番禺区	6134	2327	1185	1201	2290	2674	2120	2778	269
花都区	2107	435	325	331	563	585	692	888	111
南沙区	1219	243	143	306	333	351	625	374	74
从化区	373	69	132	74	108	105	127	166	28
增城区	949	291	304	345	296	296	505	431	68
韶关市	**1821**	**339**	**446**	**225**	**426**	**421**	**652**	**924**	**174**
武江区	599	140	197	86	210	168	252	287	40
浈江区	548	119	116	70	95	129	173	309	39
曲江区	301	32	71	47	58	44	117	163	49
始兴县									
仁化县									
翁源县									
乳源瑶族自治县									
新丰县									
乐昌市	182	13	27	7	14	49	60	92	21
南雄市	191	35	35	15	49	31	50	73	25
深圳市	**58528**	**32391**	**12235**	**17182**	**25252**	**19791**	**20358**	**24211**	**1695**
罗湖区	4482	1145	1504	1707	2302	1182	1563	2473	106
福田区	7725	2886	3384	2278	3888	1834	2326	3534	149
南山区	7140	6333	1416	1957	3191	2213	2502	3086	146
宝安区	14444	9181	1681	4496	4928	4584	4677	5500	482
龙岗区	11236	6561	2493	3056	4962	4965	3935	4755	352
盐田区	838	140	135	309	653	220	382	328	18
龙华区	7650	5198	1281	2272	3833	3857	2306	3012	228
坪山区	1546	332	112	248	493	372	684	409	89
光明区	3467	615	229	859	1002	564	1983	1114	125
珠海市	**6429**	**1392**	**1033**	**1329**	**1602**	**1401**	**2328**	**2153**	**260**
香洲区	5249	1183	856	962	1218	1075	1822	1741	180
斗门区	621	120	121	257	226	175	263	250	31
金湾区	559	89	56	110	158	151	243	162	49
汕头市	**3982**	**756**	**941**	**693**	**896**	**1440**	**778**	**1614**	**249**
龙湖区	844	204	290	200	236	383	226	460	54
金平区	1224	318	413	341	369	492	276	610	95
濠江区	321	44	23	36	23	59	42	68	13
潮阳区	484	91	113	77	94	187	75	149	33
潮南区	765	61	36	16	85	72	73	207	23
澄海区	344	38	66	23	89	247	86	120	31
南澳县									
佛山市	**21243**	**3624**	**4951**	**3934**	**5225**	**6584**	**7607**	**8611**	**855**
禅城区	2953	738	1048	642	1131	1208	930	1248	114
南海区	8941	1484	1979	1391	1984	2715	3316	3516	334
顺德区	7514	1196	1429	1487	1818	2285	2583	3245	251
三水区	1011	122	311	227	176	222	380	339	108
高明区	824	84	184	187	116	154	398	263	48

4-6a 续表 25

单位：人

地区 性别	社会生产服务和生活服务人员 住宿和餐饮服务人员	信息传输、软件和信息技术服务人员	金融服务人员	房地产服务人员	租赁和商务服务人员	技术辅助服务人员	水利、环境和公共设施管理服务人员	居民服务人员	电力、燃气及水供应服务人员
江门市	**6448**	**789**	**1365**	**990**	**990**	**1499**	**1621**	**2272**	**312**
蓬江区	1509	274	454	281	332	431	479	671	83
江海区	870	93	110	192	129	220	280	256	25
新会区	840	115	261	106	159	220	271	382	60
台山市	1234	83	163	115	75	140	165	318	40
开平市	864	109	131	86	70	199	120	251	40
鹤山市	627	62	163	172	138	197	213	251	31
恩平市	504	53	83	38	87	92	93	143	33
湛江市	**4303**	**572**	**887**	**603**	**922**	**768**	**1211**	**1841**	**292**
赤坎区	786	146	213	143	175	179	211	412	44
霞山区	1368	211	368	242	498	254	539	663	99
坡头区	123	19	23	23	30	28	68	50	9
麻章区	265	22	20	19	37	41	86	64	10
遂溪县	49	1	3	2	1	2	4	12	
徐闻县									
廉江市	549	64	89	50	62	93	116	191	29
雷州市	564	54	92	63	44	77	101	227	33
吴川市	599	55	79	61	75	94	86	222	68
茂名市	**4330**	**481**	**809**	**496**	**529**	**634**	**837**	**1931**	**252**
茂南区	1494	211	336	193	217	274	380	781	98
电白区	649	46	71	48	76	74	155	256	41
高州市	859	58	202	131	99	110	132	264	19
化州市	693	90	103	56	56	86	80	291	22
信宜市	635	76	97	68	81	90	90	339	72
肇庆市	**2781**	**397**	**716**	**562**	**627**	**652**	**786**	**1014**	**161**
端州区	1160	262	485	269	302	302	370	457	107
鼎湖区	297	19	31	64	65	48	130	78	15
高要区	248	11	48	44	14	44	42	101	7
广宁县									
怀集县									
封开县									
德庆县									
四会市	1076	105	152	185	246	258	244	378	32
惠州市	**6255**	**1036**	**1024**	**1862**	**1327**	**1644**	**1883**	**2650**	**305**
惠城区	3686	707	807	928	771	912	1017	1709	160
惠阳区	2532	326	217	930	529	728	852	941	145
博罗县	37	3		4	27	4	14		
惠东县									
龙门县									
梅州市	**1537**	**262**	**360**	**231**	**217**	**289**	**478**	**927**	**148**
梅江区	575	118	201	93	64	119	212	413	68
梅县区	604	92	94	73	107	101	177	274	38
大埔县									
丰顺县									
五华县	26	1	2	1		2	7	7	1
平远县									
蕉岭县									
兴宁市	332	51	63	64	46	67	82	233	41
汕尾市	**1041**	**133**	**115**	**127**	**114**	**127**	**151**	**345**	**45**
城区	544	100	79	96	57	96	116	187	22
海丰县									
陆河县									
陆丰市	497	33	36	31	57	31	35	158	23

4-6a　续表 26

单位：人

地　区 性　别	社会生产服务和生活服务人员								
	住宿和餐饮服务人员	信息传输、软件和信息技术服务人员	金融服务人员	房地产服务人员	租赁和商务服务人员	技术辅助服务人员	水利、环境和公共设施管理服务人员	居民服务人员	电力、燃气及水供应服务人员
河源市	**1694**	**254**	**312**	**349**	**493**	**300**	**417**	**772**	**135**
源城区	1694	254	312	349	493	300	417	772	135
紫金县									
龙川县									
连平县									
和平县									
东源县									
阳江市	**2017**	**287**	**388**	**230**	**275**	**507**	**568**	**843**	**120**
江城区	1215	191	241	136	211	346	328	435	62
阳东区	313	31	31	24	29	71	91	117	18
阳西县									
阳春市	489	65	116	70	35	90	149	291	40
清远市	**3014**	**393**	**771**	**889**	**536**	**569**	**876**	**1297**	**194**
清城区	1463	244	498	425	316	338	498	673	105
清新区	692	61	100	230	111	127	198	300	26
佛冈县									
阳山县									
连山壮族瑶族自治县									
连南瑶族自治县									
英德市	545	58	105	200	62	68	104	206	36
连州市	314	30	68	34	47	36	76	118	27
东莞市	**25546**	**3551**	**3580**	**4534**	**5598**	**5610**	**8176**	**8963**	**784**
市辖区	25546	3551	3580	4534	5598	5610	8176	8963	784
中山市	**5634**	**898**	**1067**	**1035**	**1217**	**1838**	**2070**	**2245**	**240**
市辖区	5634	898	1067	1035	1217	1838	2070	2245	240
潮州市	**1365**	**227**	**316**	**107**	**267**	**389**	**230**	**600**	**107**
湘桥区	753	141	207	76	168	218	129	375	54
潮安区	612	86	109	31	99	171	101	225	53
饶平县									
揭阳市	**2807**	**276**	**202**	**233**	**351**	**490**	**185**	**900**	**88**
榕城区	700	120	90	79	82	250	91	325	46
揭东区	585	46	56	19	97	64	54	202	26
揭西县									
惠来县									
普宁市	1522	110	56	135	172	176	40	373	16
云浮市	**1098**	**126**	**220**	**99**	**193**	**204**	**348**	**450**	**88**
云城区	649	83	166	61	104	145	238	301	56
云安区	55	5	7	1	12	1	22	9	2
新兴县									
郁南县									
罗定市	394	38	47	37	77	58	88	140	30
男	**111470**	**49525**	**19178**	**29665**	**41621**	**37902**	**23658**	**21469**	**6852**
广州市	**22171**	**12621**	**4014**	**6233**	**8506**	**8502**	**4607**	**4260**	**1231**
荔湾区	1407	576	397	474	580	474	285	188	120
越秀区	1621	656	495	715	776	361	305	254	69
海珠区	2168	1225	518	731	937	888	461	657	107
天河区	5192	4963	884	1234	1725	1814	870	816	142
白云区	4752	1485	583	1386	1555	1744	843	996	190
黄埔区	1346	1205	167	278	686	667	445	197	120
番禺区	3317	1732	570	771	1384	1683	761	692	246
花都区	1133	312	128	210	360	364	244	253	97
南沙区	618	194	69	180	228	241	168	84	65
从化区	164	50	59	40	78	64	38	38	27
增城区	453	223	144	214	197	202	187	85	48

4-6a 续表 27

单位：人

地 区 性 别	社会生产服务和生活服务人员								
	住宿和餐饮服务人 员	信息传输、软件和信息技术服务人 员	金融服务人 员	房地产服务人员	租赁和商务服务人 员	技术辅助服务人员	水利、环境和公共设施管理服务人员	居民服务人 员	电力、燃气及水供应服务人 员
韶关市	**766**	**224**	**226**	**118**	**303**	**291**	**170**	**200**	**134**
武江区	273	88	95	51	155	110	61	50	27
浈江区	232	77	54	35	64	90	47	84	34
曲江区	104	26	36	21	41	32	30	34	38
始兴县									
仁化县									
翁源县									
乳源瑶族自治县									
新丰县									
乐昌市	76	10	17	4	8	37	13	18	15
南雄市	81	23	24	7	35	22	19	14	20
深圳市	**34542**	**25192**	**5886**	**12018**	**17349**	**12402**	**8711**	**6287**	**1518**
罗湖区	2555	868	675	1216	1625	726	594	632	91
福田区	4785	2023	1664	1549	2455	1077	894	823	119
南山区	4311	4840	673	1381	2265	1271	993	640	135
宝安区	8663	7251	797	3204	3550	2796	2029	1506	435
龙岗区	6432	5126	1187	2091	3277	3283	1758	1403	316
盐田区	465	110	70	189	537	127	141	38	16
龙华区	4520	4191	668	1590	2420	2491	1040	830	204
坪山区	872	280	44	183	423	211	319	119	84
光明区	1939	503	108	615	797	420	943	296	118
珠海市	**3504**	**1050**	**491**	**811**	**1113**	**935**	**840**	**495**	**229**
香洲区	2847	879	400	596	838	728	653	387	157
斗门区	356	99	58	153	162	100	91	63	25
金湾区	301	72	33	62	113	107	96	45	47
汕头市	**2414**	**512**	**498**	**483**	**625**	**974**	**289**	**510**	**211**
龙湖区	502	128	152	125	175	240	71	128	48
金平区	708	207	204	245	260	327	120	204	77
濠江区	175	38	16	26	13	42	17	22	12
潮阳区	292	77	60	61	74	153	21	31	26
潮南区	510	41	28	12	46	51	32	88	21
澄海区	227	21	38	14	57	161	28	37	27
南澳县									
佛山市	**10759**	**2705**	**2163**	**2402**	**3637**	**4460**	**2411**	**2131**	**766**
禅城区	1592	507	519	403	780	797	324	326	95
南海区	4498	1120	854	884	1346	1861	1074	949	308
顺德区	3860	925	591	885	1284	1534	779	710	219
三水区	441	86	118	123	130	156	123	76	97
高明区	368	67	81	107	97	112	111	70	47
江门市	**3257**	**560**	**655**	**558**	**739**	**1021**	**484**	**515**	**265**
蓬江区	764	178	198	160	241	292	148	150	71
江海区	423	82	47	112	92	158	98	53	22
新会区	415	83	138	64	108	127	73	78	53
台山市	696	57	84	67	60	102	35	98	28
开平市	413	76	75	53	52	143	23	56	36
鹤山市	293	47	73	86	106	128	73	48	25
恩平市	253	37	40	16	80	71	34	32	30
湛江市	**2182**	**419**	**411**	**360**	**714**	**567**	**347**	**482**	**238**
赤坎区	386	105	108	88	120	137	42	98	41
霞山区	706	147	139	142	416	181	166	136	79
坡头区	60	13	13	12	20	16	16	13	9
麻章区	122	15	11	12	27	28	22	13	7
遂溪县	29	1	2	2	1	1	2	6	
徐闻县									
廉江市	272	52	51	30	38	70	25	43	19
雷州市	269	37	59	41	32	57	48	85	26
吴川市	338	49	28	33	60	77	26	88	57

4-6a　续表 28　　　　　　　　　　　　　　　　　　　　　　　　　　　　单位：人

地　区 性　别	社会生产服务和生活服务人员								
	住宿和餐饮服务人　员	信息传输、软件和信息技术服务人　员	金融服务人　员	房地产服务人员	租赁和商务服务人　员	技术辅助服务人员	水利、环境和公共设施管理服务人员	居民服务人　员	电力、燃气及水供应服务人　员
茂名市	**2003**	**368**	**431**	**308**	**396**	**440**	**197**	**512**	**202**
茂南区	696	154	149	117	164	188	89	181	82
电白区	277	39	38	32	61	55	36	71	30
高州市	441	49	126	79	81	76	29	74	17
化州市	313	63	58	38	36	62	19	83	17
信宜市	276	63	60	42	54	59	24	103	56
肇庆市	**1370**	**275**	**337**	**321**	**469**	**442**	**206**	**221**	**131**
端州区	564	182	229	167	216	201	98	91	84
鼎湖区	145	10	13	25	41	35	23	11	12
高要区	118	9	22	20	11	26	5	23	6
广宁县									
怀集县									
封开县									
德庆县									
四会市	543	74	73	109	201	180	80	96	29
惠州市	**3417**	**774**	**494**	**1179**	**948**	**1111**	**694**	**785**	**254**
惠城区	2035	529	394	587	525	609	369	484	139
惠阳区	1363	243	100	588	400	500	319	301	115
博罗县	19	2		4	23	2	6		
惠东县									
龙门县									
梅州市	**797**	**186**	**185**	**132**	**163**	**206**	**130**	**279**	**123**
梅江区	295	86	103	62	42	83	56	114	57
梅县区	310	60	47	31	85	71	51	90	33
大埔县									
丰顺县									
五华县	16	1	2	1		1	2	2	1
平远县									
蕉岭县									
兴宁市	176	39	33	38	36	51	21	73	32
汕尾市	**672**	**106**	**68**	**91**	**78**	**90**	**44**	**133**	**33**
城　区	356	80	43	67	39	65	31	67	18
海丰县									
陆河县									
陆丰市	316	26	25	24	39	25	13	66	15
河源市	**860**	**187**	**152**	**218**	**400**	**206**	**147**	**199**	**114**
源城区	860	187	152	218	400	206	147	199	114
紫金县									
龙川县									
连平县									
和平县									
东源县									
阳江市	**935**	**217**	**186**	**133**	**189**	**345**	**142**	**234**	**107**
江城区	581	143	115	81	144	232	82	139	53
阳东区	160	22	11	14	21	46	19	37	17
阳西县									
阳春市	194	52	60	38	24	67	41	58	37
清远市	**1428**	**295**	**344**	**471**	**390**	**407**	**251**	**269**	**165**
清城区	687	192	216	233	222	250	134	137	93
清新区	378	45	39	127	82	85	59	70	24
佛冈县									
阳山县									
连山壮族瑶族自治县									
连南瑶族自治县									
英德市	237	41	49	97	46	45	30	44	25
连州市	126	17	40	14	40	27	28	18	23

4-6a 续表 29 单位：人

地区 性别	社会生产服务和生活服务人员								
	住宿和餐饮服务人员	信息传输、软件和信息技术服务人员	金融服务人员	房地产服务人员	租赁和商务服务人员	技术辅助服务人员	水利、环境和公共设施管理服务人员	居民服务人员	电力、燃气及水供应服务人员
东莞市	**13993**	**2716**	**1779**	**2864**	**4198**	**3573**	**3123**	**2706**	**704**
市辖区	13993	2716	1779	2864	4198	3573	3123	2706	704
中山市	**3072**	**682**	**474**	**638**	**884**	**1206**	**640**	**580**	**197**
市辖区	3072	682	474	638	884	1206	640	580	197
潮州市	**856**	**166**	**162**	**85**	**162**	**252**	**84**	**207**	**81**
湘桥区	464	103	107	66	103	142	41	129	46
潮安区	392	63	55	19	59	110	43	78	35
饶平县									
揭阳市	**1976**	**186**	**107**	**193**	**195**	**336**	**80**	**380**	**74**
榕城区	512	87	49	61	36	172	48	129	38
揭东区	412	21	28	13	72	54	22	87	23
揭西县									
惠来县									
普宁市	1052	78	30	119	87	110	10	164	13
云浮市	**496**	**84**	**115**	**49**	**163**	**136**	**61**	**84**	**75**
云城区	239	55	90	32	79	100	47	49	47
云安区	28	3	2		11	1	1	1	2
新兴县									
郁南县									
罗定市	229	26	23	17	73	35	13	34	26
女	**90223**	**15235**	**21122**	**15520**	**19105**	**20930**	**40448**	**59689**	**1086**
广州市	**17649**	**3955**	**4548**	**3242**	**5163**	**5173**	**7939**	**12335**	**203**
荔湾区	1012	230	461	264	378	301	429	690	24
越秀区	1308	266	626	360	356	278	406	922	17
海珠区	1617	463	647	398	629	645	634	1591	36
天河区	3559	1396	889	621	1204	1121	1563	2282	20
白云区	3928	408	630	574	872	1017	1453	2682	26
黄埔区	1128	338	176	183	381	354	783	683	13
番禺区	2817	595	615	430	906	991	1359	2086	23
花都区	974	123	197	121	203	221	448	635	14
南沙区	601	49	74	126	105	110	457	290	9
从化区	209	19	73	34	30	41	89	128	1
增城区	496	68	160	131	99	94	318	346	20
韶关市	**1055**	**115**	**220**	**107**	**123**	**130**	**482**	**724**	**40**
武江区	326	52	102	35	55	58	191	237	13
浈江区	316	42	62	35	31	39	126	225	5
曲江区	197	6	35	26	17	12	87	129	11
始兴县									
仁化县									
翁源县									
乳源瑶族自治县									
新丰县									
乐昌市	106	3	10	3	6	12	47	74	6
南雄市	110	12	11	8	14	9	31	59	5
深圳市	**23986**	**7199**	**6349**	**5164**	**7903**	**7389**	**11647**	**17924**	**177**
罗湖区	1927	277	829	491	677	456	969	1841	15
福田区	2940	863	1720	729	1433	757	1432	2711	30
南山区	2829	1493	743	576	926	942	1509	2446	11
宝安区	5781	1930	884	1292	1378	1788	2648	3994	47
龙岗区	4804	1435	1306	965	1685	1682	2177	3352	36
盐田区	373	30	65	120	116	93	241	290	2
龙华区	3130	1007	613	682	1413	1366	1266	2182	24
坪山区	674	52	68	65	70	161	365	290	5
光明区	1528	112	121	244	205	144	1040	818	7

4—6a　续表 30

单位：人

地　区 性　别	社会生产服务和生活服务人员								
	住宿和餐饮服务人　员	信息传输、软件和信息技术服务人　员	金融服务人　员	房地产服务人员	租赁和商务服务人　员	技术辅助服务人员	水利、环境和公共设施管理服务人员	居民服务人　员	电力、燃气及水供应服务人　员
珠海市	**2925**	**342**	**542**	**518**	**489**	**466**	**1488**	**1658**	**31**
香洲区	2402	304	456	366	380	347	1169	1354	23
斗门区	265	21	63	104	64	75	172	187	6
金湾区	258	17	23	48	45	44	147	117	2
汕头市	**1568**	**244**	**443**	**210**	**271**	**466**	**489**	**1104**	**38**
龙湖区	342	76	138	75	61	143	155	332	6
金平区	516	111	209	96	109	165	156	406	18
濠江区	146	6	7	10	10	17	25	46	1
潮阳区	192	14	53	16	20	34	54	118	7
潮南区	255	20	8	4	39	21	41	119	2
澄海区	117	17	28	9	32	86	58	83	4
南澳县									
佛山市	**10484**	**919**	**2788**	**1532**	**1588**	**2124**	**5196**	**6480**	**89**
禅城区	1361	231	529	239	351	411	606	922	19
南海区	4443	364	1125	507	638	854	2242	2567	26
顺德区	3654	271	838	602	534	751	1804	2535	32
三水区	570	36	193	104	46	66	257	263	11
高明区	456	17	103	80	19	42	287	193	1
江门市	**3191**	**229**	**710**	**432**	**251**	**478**	**1137**	**1757**	**47**
蓬江区	745	96	256	121	91	139	331	521	12
江海区	447	11	63	80	37	62	182	203	3
新会区	425	32	123	42	51	93	198	304	7
台山市	538	26	79	48	15	38	130	220	12
开平市	451	33	56	33	18	56	97	195	4
鹤山市	334	15	90	86	32	69	140	203	6
恩平市	251	16	43	22	7	21	59	111	3
湛江市	**2121**	**153**	**476**	**243**	**208**	**201**	**864**	**1359**	**54**
赤坎区	400	41	105	55	55	42	169	314	3
霞山区	662	64	229	100	82	73	373	527	20
坡头区	63	6	10	11	10	12	52	37	
麻章区	143	7	9	7	10	13	64	51	3
遂溪县	20		1			1	2	6	
徐闻县									
廉江市	277	12	38	20	24	23	91	148	10
雷州市	295	17	33	22	12	20	53	142	7
吴川市	261	6	51	28	15	17	60	134	11
茂名市	**2327**	**113**	**378**	**188**	**133**	**194**	**640**	**1419**	**50**
茂南区	798	57	187	76	53	86	291	600	16
电白区	372	7	33	16	15	19	119	185	11
高州市	418	9	76	52	18	34	103	190	2
化州市	380	27	45	18	20	24	61	208	5
信宜市	359	13	37	26	27	31	66	236	16
肇庆市	**1411**	**122**	**379**	**241**	**158**	**210**	**580**	**793**	**30**
端州区	596	80	256	102	86	101	272	366	23
鼎湖区	152	9	18	39	24	13	107	67	3
高要区	130	2	26	24	3	18	37	78	1
广宁县									
怀集县									
封开县									
德庆县									
四会市	533	31	79	76	45	78	164	282	3
惠州市	**2838**	**262**	**530**	**683**	**379**	**533**	**1189**	**1865**	**51**
惠城区	1651	178	413	341	246	303	648	1225	21
惠阳区	1169	83	117	342	129	228	533	640	30
博罗县	18	1			4	2	8		
惠东县									
龙门县									

4-6a 续表 31 单位：人

地区 性别	社会生产服务和生活服务人员 住宿和餐饮服务人员	信息传输、软件和信息技术服务人员	金融服务人员	房地产服务人员	租赁和商务服务人员	技术辅助服务人员	水利、环境和公共设施管理服务人员	居民服务人员	电力、燃气及水供应服务人员
梅州市	**740**	**76**	**175**	**99**	**54**	**83**	**348**	**648**	**25**
梅江区	280	32	98	31	22	36	156	299	11
梅县区	294	32	47	42	22	30	126	184	5
大埔县									
丰顺县									
五华县	10					1	5	5	
平远县									
蕉岭县									
兴宁市	156	12	30	26	10	16	61	160	9
汕尾市	**369**	**27**	**47**	**36**	**36**	**37**	**107**	**212**	**12**
城区	188	20	36	29	18	31	85	120	4
海丰县									
陆河县									
陆丰市	181	7	11	7	18	6	22	92	8
河源市	**834**	**67**	**160**	**131**	**93**	**94**	**270**	**573**	**21**
源城区	834	67	160	131	93	94	270	573	21
紫金县									
龙川县									
连平县									
和平县									
东源县									
阳江市	**1082**	**70**	**202**	**97**	**86**	**162**	**426**	**609**	**13**
江城区	634	48	126	55	67	114	246	296	9
阳东区	153	9	20	10	8	25	72	80	1
阳西县									
阳春市	295	13	56	32	11	23	108	233	3
清远市	**1586**	**98**	**427**	**418**	**146**	**162**	**625**	**1028**	**29**
清城区	776	52	282	192	94	88	364	536	12
清新区	314	16	61	103	29	42	139	230	2
佛冈县									
阳山县									
连山壮族瑶族自治县									
连南瑶族自治县									
英德市	308	17	56	103	16	23	74	162	11
连州市	188	13	28	20	7	9	48	100	4
东莞市	**11553**	**835**	**1801**	**1670**	**1400**	**2037**	**5053**	**6257**	**80**
市辖区	11553	835	1801	1670	1400	2037	5053	6257	80
中山市	**2562**	**216**	**593**	**397**	**333**	**632**	**1430**	**1665**	**43**
市辖区	2562	216	593	397	333	632	1430	1665	43
潮州市	**509**	**61**	**154**	**22**	**105**	**137**	**146**	**393**	**26**
湘桥区	289	38	100	10	65	76	88	246	8
潮安区	220	23	54	12	40	61	58	147	18
饶平县									
揭阳市	**831**	**90**	**95**	**40**	**156**	**154**	**105**	**520**	**14**
榕城区	188	33	41	18	46	78	43	196	8
揭东区	173	25	28	6	25	10	32	115	3
揭西县									
惠来县									
普宁市	470	32	26	16	85	66	30	209	3
云浮市	**602**	**42**	**105**	**50**	**30**	**68**	**287**	**366**	**13**
云城区	410	28	76	29	25	45	191	252	9
云安区	27	2	5	1	1		21	8	
新兴县									
郁南县									
罗定市	165	12	24	20	4	23	75	106	4

4—6a　续表 32

单位：人

地　区 性　别	社会生产服务和生活服务人员 修理及制作服务人员	文化、体育和娱乐服务人员	健康服务人员	其他社会生产和生活服务人员	农、林、牧、渔业生产及辅助人员 小计	农业生产人员	林业生产人员	畜牧业生产人员	渔业生产人员
广　东	**42218**	**12186**	**3673**	**2197**	**36145**	**23603**	**1360**	**2733**	**7695**
广州市	**7281**	**2484**	**867**	**180**	**2880**	**2081**	**147**	**151**	**324**
荔湾区	437	111	72	9	313	170	18	3	48
越秀区	255	233	146	5	32	19	5	4	1
海珠区	573	280	124	18	105	60	4	14	19
天河区	1131	449	134	54	242	170	36	16	7
白云区	1643	655	143	10	229	186	7	10	13
黄埔区	536	126	53	20	274	226	12	9	12
番禺区	1193	419	96	28	598	392	31	43	107
花都区	752	104	49	7	302	247	8	11	27
南沙区	317	45	14	17	325	233	7	10	69
从化区	83	11	9	4	106	86	7	6	3
增城区	361	51	27	8	354	292	12	25	18
韶关市	**531**	**101**	**38**	**39**	**722**	**535**	**47**	**81**	**41**
武江区	156	37	12	8	75	49	2	14	5
浈江区	183	29	17	28	179	141	7	12	17
曲江区	79	18	4	3	148	105	17	17	3
始兴县									
仁化县									
翁源县									
乳源瑶族自治县									
新丰县									
乐昌市	45	9	2		111	74	8	22	7
南雄市	68	8	3		209	166	13	16	9
深圳市	**10960**	**4883**	**1320**	**888**	**1550**	**1037**	**105**	**104**	**199**
罗湖区	656	476	111	37	53	31	4	1	14
福田区	830	482	131	490	35	18	6	2	4
南山区	779	628	116	11	128	51	6	18	48
宝安区	3220	1241	430	161	402	276	20	20	37
龙岗区	2533	799	277	160	311	175	18	19	72
盐田区	126	61	12		25		17	2	6
龙华区	1738	787	158	18	153	109	13	17	6
坪山区	338	63	38	8	211	176	18	7	5
光明区	740	346	47	3	232	201	3	18	7
珠海市	**1086**	**381**	**87**	**149**	**646**	**193**	**41**	**42**	**355**
香洲区	810	271	72	34	370	95	32	32	202
斗门区	136	63	9		125	54	5	4	58
金湾区	140	47	6	115	151	44	4	6	95
汕头市	**1132**	**207**	**64**	**38**	**1754**	**1195**	**22**	**147**	**379**
龙湖区	279	73	15	7	375	277		31	64
金平区	418	71	33	13	335	193	4	14	120
濠江区	62	10	4	10	127	65	10	6	43
潮阳区	152	14	4	5	305	149	6	19	131
潮南区	149	22	4	1	487	406	2	61	17
澄海区	72	17	4	2	125	105		16	4
南澳县									
佛山市	**5431**	**968**	**266**	**284**	**6178**	**3083**	**256**	**286**	**2464**
禅城区	759	138	65	20	84	54	6	10	8
南海区	2429	407	95	29	2504	1432	111	124	791
顺德区	1861	346	87	227	3028	1345	82	87	1483
三水区	183	44	13	5	204	77	19	27	77
高明区	199	33	6	3	358	175	38	38	105

4-6a 续表 33

单位：人

地区 性别	社会生产服务和生活服务人员				农、林、牧、渔业生产及辅助人员				
	修理及制作服务人员	文化、体育和娱乐服务人员	健康服务人员	其他社会生产和生活服务人员	小计	农业生产人员	林业生产人员	畜牧业生产人员	渔业生产人员
江门市	**1489**	**244**	**93**	**16**	**3051**	**2106**	**61**	**242**	**594**
蓬江区	398	64	30	3	786	439	9	46	284
江海区	202	56	3	2	575	485	11	8	70
新会区	225	42	28	9	701	571	12	23	65
台山市	248	28	8		450	268	13	76	89
开平市	178	16	9	1	290	205	5	49	30
鹤山市	137	26	9		150	87	4	19	36
恩平市	101	12	6	1	99	51	7	21	20
湛江市	**1064**	**163**	**70**	**15**	**3064**	**2209**	**66**	**134**	**612**
赤坎区	200	29	11	2	239	162	11	26	35
霞山区	283	56	27	2	402	191	14	10	183
坡头区	30	3	2	1	157	106		8	42
麻章区	75	5	3	4	385	305	6	21	46
遂溪县	13		1		446	370	1	10	52
徐闻县									
廉江市	151	24	7	3	174	126	12	19	14
雷州市	177	14	7	3	891	774	19	25	64
吴川市	135	32	12		370	175	3	15	176
茂名市	**1127**	**161**	**72**	**16**	**2835**	**1997**	**36**	**329**	**429**
茂南区	414	66	30	4	574	464	7	66	31
电白区	116	29	12	4	481	141	3	27	303
高州市	163	27	2	4	599	498	8	53	31
化州市	199	23	22	2	654	433	12	132	57
信宜市	235	16	6	2	527	461	6	51	7
肇庆市	**724**	**125**	**53**	**36**	**640**	**309**	**30**	**80**	**200**
端州区	347	83	43	26	151	76	11	21	31
鼎湖区	61	9	1	5	97	56	10	6	23
高要区	75	2	1		100	43	1	6	47
广宁县									
怀集县									
封开县									
德庆县									
四会市	241	31	8	5	292	134	8	47	99
惠州市	**1358**	**398**	**115**	**57**	**677**	**377**	**21**	**45**	**210**
惠城区	851	239	74	31	306	219	12	21	40
惠阳区	496	157	41	26	369	157	9	23	170
博罗县	11	2			2	1		1	
惠东县									
龙门县									
梅州市	**458**	**54**	**47**	**81**	**533**	**444**	**21**	**45**	**16**
梅江区	176	21	21	71	207	177	11	8	9
梅县区	148	19	16	9	193	173	6	8	4
大埔县									
丰顺县									
五华县	8		1		17	12		5	
平远县									
蕉岭县									
兴宁市	126	14	9	1	116	82	4	24	3
汕尾市	**326**	**44**	**3**	**6**	**917**	**237**	**4**	**29**	**644**
城　区	124	27	3	3	592	66	3	14	507
海丰县									
陆河县									
陆丰市	202	17		3	325	171	1	15	137

4-6a 续表 34

单位：人

地区 性别	社会生产服务和生活服务人员：修理及制作服务人员	文化、体育和娱乐服务人员	健康服务人员	其他社会生产和生活服务人员	农、林、牧、渔业生产及辅助人员：小计	农业生产人员	林业生产人员	畜牧业生产人员	渔业生产人员
河源市	**303**	**90**	**62**	**10**	**279**	**158**	**18**	**83**	**19**
源城区	303	90	62	10	279	158	18	83	19
紫金县									
龙川县									
连平县									
和平县									
东源县									
阳江市	**476**	**58**	**26**	**7**	**1416**	**679**	**35**	**300**	**387**
江城区	260	25	13	4	757	289	14	121	327
阳东区	84	8	2		267	148	5	77	35
阳西县									
阳春市	132	25	11	3	392	242	16	102	25
清远市	**704**	**127**	**40**	**18**	**1513**	**1106**	**79**	**254**	**64**
清城区	335	61	25	1	674	487	23	126	32
清新区	170	23	3	7	275	203	11	46	15
佛冈县									
阳山县									
连山壮族瑶族自治县									
连南瑶族自治县									
英德市	127	23	8	2	302	207	24	57	13
连州市	72	20	4	8	262	209	21	25	4
东莞市	**4913**	**1258**	**315**	**193**	**2414**	**1830**	**87**	**128**	**301**
市辖区	4913	1258	315	193	2414	1830	87	128	301
中山市	**1470**	**259**	**74**	**103**	**1366**	**685**	**255**	**43**	**347**
市辖区	1470	259	74	103	1366	685	255	43	347
潮州市	**386**	**74**	**18**	**20**	**629**	**547**	**5**	**51**	**18**
湘桥区	198	28	12		450	411	4	15	13
潮安区	188	46	6	20	179	136	1	36	5
饶平县									
揭阳市	**677**	**59**	**32**	**37**	**2673**	**2472**	**20**	**110**	**65**
榕城区	265	10	11	14	926	809	12	60	44
揭东区	157	8	16	7	1134	1108	5	13	8
揭西县									
惠来县									
普宁市	255	41	5	16	613	555	3	37	13
云浮市	**322**	**48**	**11**	**4**	**408**	**323**	**4**	**49**	**27**
云城区	213	30	5	4	176	141	2	27	4
云安区	11	1			15	8	1	1	5
新兴县									
郁南县									
罗定市	98	17	6		217	174	1	21	18
男	**38146**	**6538**	**1344**	**1121**	**23911**	**14294**	**967**	**1954**	**6189**
广州市	**6622**	**1351**	**254**	**104**	**1827**	**1262**	**103**	**110**	**234**
荔湾区	404	60	22	4	177	95	11	2	29
越秀区	229	125	30	4	24	14	4	3	1
海珠区	513	162	30	12	74	39	4	11	14
天河区	1026	266	47	29	152	105	19	13	4
白云区	1513	319	47	5	148	112	6	7	11
黄埔区	487	74	21	13	179	146	9	4	9
番禺区	1092	234	26	15	378	232	21	34	73
花都区	669	50	20	4	198	153	8	7	24
南沙区	282	23	6	11	198	130	5	7	51
从化区	79	6	2	4	67	51	6	5	3
增城区	328	32	3	3	232	185	10	17	15

4－6a　续表 35　　　　　　　　　　　　　　　　　　　　　　　　　　　　单位：人

地　区 性　别	社会生产服务和生活服务人员				农、林、牧、渔业生产及辅助人员				
	修理及制作服务人员	文化、体育和娱乐服务人员	健康服务人员	其他社会生产和生活服务人员	小计	农业生产人员	林业生产人员	畜牧业生产人员	渔业生产人员
韶关市	**480**	**51**	**11**	**20**	**445**	**309**	**32**	**57**	**33**
武江区	142	15	5	5	53	35		9	5
浈江区	171	16	2	15	106	76	6	8	14
曲江区	71	10			84	53	12	12	3
始兴县									
仁化县									
翁源县									
乳源瑶族自治县									
新丰县									
乐昌市	42	6	2		75	44	8	16	7
南雄市	54	4	2		127	101	6	12	4
深圳市	**10033**	**2635**	**567**	**455**	**1037**	**632**	**82**	**72**	**175**
罗湖区	606	258	49	25	38	19	4		14
福田区	750	224	34	240	31	16	4	2	4
南山区	725	312	35	7	96	37	5	13	38
宝安区	2914	681	207	77	278	179	18	16	31
龙岗区	2369	447	123	85	215	104	12	12	67
盐田区	117	22	3		24		17	2	5
龙华区	1578	446	70	14	94	63	8	13	4
坪山区	294	35	21	5	123	97	12	5	5
光明区	680	210	25	2	138	117	2	9	7
珠海市	**972**	**195**	**27**	**99**	**458**	**120**	**29**	**32**	**270**
香洲区	731	148	21	17	270	60	22	24	160
斗门区	121	30	5		86	36	4	3	41
金湾区	120	17	1	82	102	24	3	5	69
汕头市	**1042**	**116**	**32**	**22**	**1357**	**888**	**17**	**112**	**331**
龙湖区	259	34	9	6	287	203		21	61
金平区	376	39	15	8	269	154	3	12	97
濠江区	59	7	2	6	95	43	8	4	37
潮阳区	149	10	2	1	243	106	5	13	119
潮南区	134	15	2	1	359	294	1	49	14
澄海区	65	11	2		104	88		13	3
南澳县									
佛山市	**4858**	**509**	**90**	**82**	**4193**	**1838**	**173**	**196**	**1920**
禅城区	705	68	27	8	52	31	5	8	2
南海区	2134	220	35	20	1675	848	80	84	630
顺德区	1674	187	24	50	2111	818	52	62	1155
三水区	170	18	2	4	140	51	9	20	59
高明区	175	16	2		215	90	27	22	74
江门市	**1327**	**119**	**28**	**8**	**1933**	**1243**	**48**	**161**	**454**
蓬江区	358	27	7	3	490	237	6	32	209
江海区	183	20	1		353	288	8	5	51
新会区	200	24	10	4	439	354	11	13	49
台山市	209	16	4		285	153	8	46	74
开平市	165	10	3		180	118	4	34	23
鹤山市	121	14	2		115	59	4	15	34
恩平市	91	8	1	1	71	34	7	16	14
湛江市	**960**	**85**	**23**	**7**	**1959**	**1257**	**51**	**106**	**518**
赤坎区	177	20	3	1	153	95	6	19	31
霞山区	258	26	8	2	296	118	12	9	156
坡头区	27				91	54		6	30
麻章区	63	3		2	235	171	3	18	38
遂溪县	9		1		266	210	1	8	40
徐闻县									
廉江市	134	12	2	1	115	77	10	14	11
雷州市	165	6	5	1	534	437	17	20	53
吴川市	127	18	4		269	95	2	12	159

4-6a 续表 36

单位：人

地区 性别	社会生产服务和生活服务人员 修理及制作服务人员	文化、体育和娱乐服务人员	健康服务人员	其他社会生产和生活服务人员	农、林、牧、渔业生产及辅助人员 小计	农业生产人员	林业生产人员	畜牧业生产人员	渔业生产人员
茂名市	**990**	**88**	**31**	**11**	**1653**	**1015**	**23**	**229**	**357**
茂南区	356	36	15	3	316	238	4	49	20
电白区	110	17	6	3	383	86	2	23	268
高州市	142	14		3	333	267	4	33	23
化州市	176	10	6	1	345	199	9	84	40
信宜市	206	11	4	1	276	225	4	40	6
肇庆市	**639**	**67**	**19**	**16**	**404**	**163**	**22**	**59**	**148**
端州区	306	45	14	9	108	50	7	16	25
鼎湖区	52	3	1	5	65	30	8	5	21
高要区	65		1		57	19	1	4	33
广宁县									
怀集县									
封开县									
德庆县									
四会市	216	19	3	2	174	64	6	34	69
惠州市	**1209**	**225**	**35**	**35**	**472**	**241**	**13**	**33**	**166**
惠城区	755	124	18	13	209	145	8	15	30
惠阳区	446	101	17	22	261	95	5	17	136
博罗县	8				2	1		1	
惠东县									
龙门县									
梅州市	**407**	**28**	**25**	**49**	**303**	**238**	**15**	**31**	**14**
梅江区	156	11	11	43	112	90	8	6	7
梅县区	128	11	7	5	114	98	3	7	4
大埔县									
丰顺县									
五华县	7		1		12	9		3	
平远县									
蕉岭县									
兴宁市	116	6	6	1	65	41	4	15	3
汕尾市	**271**	**20**	**2**	**3**	**810**	**184**	**2**	**22**	**599**
城　区	118	11	2	2	544	53	1	10	478
海丰县									
陆河县									
陆丰市	153	9		1	266	131	1	12	121
河源市	**282**	**48**	**24**	**8**	**193**	**97**	**14**	**63**	**18**
源城区	282	48	24	8	193	97	14	63	18
紫金县									
龙川县									
连平县									
和平县									
东源县									
阳江市	**429**	**36**	**7**	**3**	**977**	**400**	**30**	**227**	**312**
江城区	230	16	4	2	533	167	11	95	258
阳东区	81	5			177	89	5	51	31
阳西县									
阳春市	118	15	3	1	267	144	14	81	23
清远市	**650**	**64**	**13**	**6**	**886**	**594**	**57**	**177**	**51**
清城区	314	34	11	1	355	221	19	86	26
清新区	161	14		3	181	126	10	34	11
佛冈县									
阳山县									
连山壮族瑶族自治县									
连南瑶族自治县									
英德市	110	7	1		192	124	14	43	10
连州市	65	9	1	2	158	123	14	14	4

4-6a 续表 37

单位：人

地 区 性 别	社会生产服务和生活服务人员				农、林、牧、渔业生产及辅助人员				
	修理及制作服务人员	文化、体育和娱乐服务人员	健康服务人员	其他社会生产和生活服务人员	小计	农业生产人员	林业生产人员	畜牧业生产人员	渔业生产人员
东莞市	**4400**	**667**	**115**	**106**	**1536**	**1111**	**64**	**90**	**224**
市辖区	4400	667	115	106	1536	1111	64	90	224
中山市	**1313**	**143**	**15**	**57**	**879**	**398**	**165**	**32**	**264**
市辖区	1313	143	15	57	879	398	165	32	264
潮州市	**353**	**42**	**7**	**3**	**401**	**342**	**5**	**34**	**18**
湘桥区	182	14	4		269	240	4	10	13
潮安区	171	28	3	3	132	102	1	24	5
饶平县									
揭阳市	**624**	**29**	**15**	**23**	**1967**	**1804**	**19**	**75**	**64**
榕城区	252	9	5	11	745	652	11	38	44
揭东区	146	3	6	3	803	780	5	10	8
揭西县									
惠来县									
普宁市	226	17	4	9	419	372	3	27	12
云浮市	**285**	**20**	**4**	**4**	**221**	**158**	**3**	**36**	**19**
云城区	190	13	1	4	82	55	1	21	3
云安区	8	1			9	5	1		3
新兴县									
郁南县									
罗定市	87	6	3		130	98	1	15	13
女	**4072**	**5648**	**2329**	**1076**	**12234**	**9309**	**393**	**779**	**1506**
广州市	**659**	**1133**	**613**	**76**	**1053**	**819**	**44**	**41**	**90**
荔湾区	33	51	50	5	136	75	7	1	19
越秀区	26	108	116	1	8	5	1	1	
海珠区	60	118	94	6	31	21		3	5
天河区	105	183	87	25	90	65	17	3	3
白云区	130	336	96	5	81	74	1	3	2
黄埔区	49	52	32	7	95	80	3	5	3
番禺区	101	185	70	13	220	160	10	9	34
花都区	83	54	29	3	104	94		4	3
南沙区	35	22	8	6	127	103	2	3	18
从化区	4	5	7		39	35	1	1	
增城区	33	19	24	5	122	107	2	8	3
韶关市	**51**	**50**	**27**	**19**	**277**	**226**	**15**	**24**	**8**
武江区	14	22	7	3	22	14	2	5	
浈江区	12	13	15	13	73	65	1	4	3
曲江区	8	8	4	3	64	52	5	5	
始兴县									
仁化县									
翁源县									
乳源瑶族自治县									
新丰县									
乐昌市	3	3			36	30		6	
南雄市	14	4	1		82	65	7	4	5
深圳市	**927**	**2248**	**753**	**433**	**513**	**405**	**23**	**32**	**24**
罗湖区	50	218	62	12	15	12		1	
福田区	80	258	97	250	4	2	2		
南山区	54	316	81	4	32	14	1	5	10
宝安区	306	560	223	84	124	97	2	4	6
龙岗区	164	352	154	75	96	71	6	7	5
盐田区	9	39	9		1				1
龙华区	160	341	88	4	59	46	5	4	2
坪山区	44	28	17	3	88	79	6	2	
光明区	60	136	22	1	94	84	1	9	

4-6a 续表 38 单位：人

地区 性别	社会生产服务和生活服务人员				农、林、牧、渔业生产及辅助人员				
	修理及制作服务人员	文化、体育和娱乐服务人员	健康服务人员	其他社会生产和生活服务人员	小计	农业生产人员	林业生产人员	畜牧业生产人员	渔业生产人员
珠海市	**114**	**186**	**60**	**50**	**188**	**73**	**12**	**10**	**85**
香洲区	79	123	51	17	100	35	10	8	42
斗门区	15	33	4		39	18	1	1	17
金湾区	20	30	5	33	49	20	1	1	26
汕头市	**90**	**91**	**32**	**16**	**397**	**307**	**5**	**35**	**48**
龙湖区	20	39	6	1	88	74		10	3
金平区	42	32	18	5	66	39	1	2	23
濠江区	3	3	2	4	32	22	2	2	6
潮阳区	3	4	2	4	62	43	1	6	12
潮南区	15	7	2		128	112	1	12	3
澄海区	7	6	2	2	21	17		3	1
南澳县									
佛山市	**573**	**459**	**176**	**202**	**1985**	**1245**	**83**	**90**	**544**
禅城区	54	70	38	12	32	23	1	2	6
南海区	295	187	60	9	829	584	31	40	161
顺德区	187	159	63	177	917	527	30	25	328
三水区	13	26	11	1	64	26	10	7	18
高明区	24	17	4	3	143	85	11	16	31
江门市	**162**	**125**	**65**	**8**	**1118**	**863**	**13**	**81**	**140**
蓬江区	40	37	23		296	202	3	14	75
江海区	19	36	2	2	222	197	3	3	19
新会区	25	18	18	5	262	217	1	10	16
台山市	39	12	4		165	115	5	30	15
开平市	13	6	6	1	110	87	1	15	7
鹤山市	16	12	7		35	28		4	2
恩平市	10	4	5		28	17		5	6
湛江市	**104**	**78**	**47**	**8**	**1105**	**952**	**15**	**28**	**94**
赤坎区	23	9	8	1	86	67	5	7	4
霞山区	25	30	19		106	73	2	1	27
坡头区	3	3	2	1	66	52		2	12
麻章区	12	2	3	2	150	134	3	3	8
遂溪县	4				180	160		2	12
徐闻县									
廉江市	17	12	5	2	59	49	2	5	3
雷州市	12	8	2	2	357	337	2	5	11
吴川市	8	14	8		101	80	1	3	17
茂名市	**137**	**73**	**41**	**5**	**1182**	**982**	**13**	**100**	**72**
茂南区	58	30	15	1	258	226	3	17	11
电白区	6	12	6	1	98	55	1	4	35
高州市	21	13	2	1	266	231	4	20	8
化州市	23	13	16	1	309	234	3	48	17
信宜市	29	5	2	1	251	236	2	11	1
肇庆市	**85**	**58**	**34**	**20**	**236**	**146**	**8**	**21**	**52**
端州区	41	38	29	17	43	26	4	5	6
鼎湖区	9	6			32	26	2	1	2
高要区	10	2			43	24		2	14
广宁县									
怀集县									
封开县									
德庆县									
四会市	25	12	5	3	118	70	2	13	30
惠州市	**149**	**173**	**80**	**22**	**205**	**136**	**8**	**12**	**44**
惠城区	96	115	56	18	97	74	4	6	10
惠阳区	50	56	24	4	108	62	4	6	34
博罗县	3	2							
惠东县									
龙门县									

4−6a 续表 39　　　　单位：人

地　区 性　别	社会生产服务和生活服务人员				农、林、牧、渔业生产及辅助人员				
	修理及制作服务人　员	文化、体育和娱乐服务人员	健康服务人　员	其他社会生产和生活服务人　员	小计	农业生产人　员	林业生产人　员	畜牧业生产人员	渔业生产人　员
梅州市	**51**	**26**	**22**	**32**	**230**	**206**	**6**	**14**	**2**
梅江区	20	10	10	28	95	87	3	2	2
梅县区	20	8	9	4	79	75	3	1	
大埔县									
丰顺县									
五华县	1				5	3		2	
平远县									
蕉岭县									
兴宁市	10	8	3		51	41		9	
汕尾市	**55**	**24**	**1**	**3**	**107**	**53**	**2**	**7**	**45**
城　区	6	16	1	1	48	13	2	4	29
海丰县									
陆河县									
陆丰市	49	8		2	59	40		3	16
河源市	**21**	**42**	**38**	**2**	**86**	**61**	**4**	**20**	**1**
源城区	21	42	38	2	86	61	4	20	1
紫金县									
龙川县									
连平县									
和平县									
东源县									
阳江市	**47**	**22**	**19**	**4**	**439**	**279**	**5**	**73**	**75**
江城区	30	9	9	2	224	122	3	26	69
阳东区	3	3	2		90	59		26	4
阳西县									
阳春市	14	10	8	2	125	98	2	21	2
清远市	**54**	**63**	**27**	**12**	**627**	**512**	**22**	**77**	**13**
清城区	21	27	14		319	266	4	40	6
清新区	9	9	3	4	94	77	1	12	4
佛冈县									
阳山县									
连山壮族瑶族自治县									
连南瑶族自治县									
英德市	17	16	7	2	110	83	10	14	3
连州市	7	11	3	6	104	86	7	11	
东莞市	**513**	**591**	**200**	**87**	**878**	**719**	**23**	**38**	**77**
市辖区	513	591	200	87	878	719	23	38	77
中山市	**157**	**116**	**59**	**46**	**487**	**287**	**90**	**11**	**83**
市辖区	157	116	59	46	487	287	90	11	83
潮州市	**33**	**32**	**11**	**17**	**228**	**205**		**17**	
湘桥区	16	14	8		181	171		5	
潮安区	17	18	3	17	47	34		12	
饶平县									
揭阳市	**53**	**30**	**17**	**14**	**706**	**668**	**1**	**35**	**1**
榕城区	13	1	6	3	181	157	1	22	
揭东区	11	5	10	4	331	328		3	
揭西县									
惠来县									
普宁市	29	24	1	7	194	183		10	1
云浮市	**37**	**28**	**7**		**187**	**165**	**1**	**13**	**8**
云城区	23	17	4		94	86	1	6	1
云安区	3				6	3		1	2
新兴县									
郁南县									
罗定市	11	11	3		87	76		6	5

4-6a　续表 40　　　　单位：人

地　区 性　别	农林牧渔生产辅助人员	其他农、林、牧、渔业生产加工人员	生产制造及有关人员 小计	农副产品加工人员	食品、饮料生产加工人员	烟草及其制品加工人员	纺织、针织、印染人员	纺织品、服装和皮革、毛皮制品加工制作人员	木材加工、家具与木制品制作人员
广　东	**669**	**85**	**1392260**	**4948**	**13554**	**487**	**15024**	**174455**	**38997**
广州市	**165**	**12**	**169437**	**447**	**2444**	**98**	**1151**	**62050**	**2005**
荔湾区	73	1	3834	29	129	47	27	250	58
越秀区	3		1771	13	68	5	3	54	16
海珠区	8		29715	22	214	24	164	24392	88
天河区	12	1	9006	20	240	1	25	448	159
白云区	12	1	37361	48	290	7	162	17800	332
黄埔区	15		19294	64	745	3	27	293	246
番禺区	17	8	31950	100	390	9	441	9474	506
花都区	9		19683	69	148		133	8634	195
南沙区	6		11016	25	77		138	455	126
从化区	3	1	1132	9	66		3	53	27
增城区	7		4675	48	77	2	28	197	252
韶关市	**17**	**1**	**7767**	**57**	**126**	**55**	**44**	**268**	**155**
武江区	5		3037	14	33	28	6	92	85
浈江区	1	1	1706	15	51	15	2	41	20
曲江区	6		1481	16	21		9	31	14
始兴县									
仁化县									
翁源县									
乳源瑶族自治县									
新丰县									
乐昌市			745		8		25	42	23
南雄市	5		798	12	13	12	2	62	13
深圳市	**100**	**5**	**358312**	**751**	**2102**	**218**	**719**	**14227**	**4540**
罗湖区	3		5638	75	134	7	8	390	114
福田区	5		6620	12	125	3	8	109	97
南山区	4	1	14176	74	145		16	1526	539
宝安区	48	1	128513	195	715	188	265	2629	819
龙岗区	24	3	78554	216	516	2	223	5505	1480
盐田区			2529	5	33			236	16
龙华区	8		63090	33	227	7	34	1999	780
坪山区	5		16871	47	59		18	540	489
光明区	3		42321	94	148	11	147	1293	206
珠海市	**12**	**3**	**26230**	**67**	**358**	**4**	**44**	**624**	**545**
香洲区	6	3	15933	25	224	4	30	420	377
斗门区	4		4328	18	35		7	140	43
金湾区	2		5969	24	99		7	64	125
汕头市	**9**	**2**	**29987**	**145**	**518**	**5**	**1055**	**6203**	**338**
龙湖区	2	1	6188	35	130		334	1234	108
金平区	3	1	5418	47	241		73	593	97
濠江区	3		2662	31	41		18	188	34
潮阳区			3174	7	64	5	53	375	49
潮南区	1		6906	15	30		272	3347	34
澄海区			5639	10	12		305	466	16
南澳县									
佛山市	**79**	**10**	**178939**	**634**	**1915**	**11**	**3988**	**17392**	**13728**
禅城区	5	1	14426	17	137	1	1132	4083	257
南海区	41	5	73368	269	689	8	1890	7877	4398
顺德区	28	3	78446	255	572	1	636	4225	8500
三水区	3	1	4592	43	280		18	54	105
高明区	2		8107	50	237	1	312	1153	468

4－6a 续表 41　　　　单位：人

地区 性别	农林牧渔生产辅助人员	其他农、林、牧、渔业生产加工人员	生产制造及有关人员 小计	农副产品加工人员	食品、饮料生产加工人员	烟草及其制品加工人员	纺织、针织、印染人员	纺织品、服装和皮革、毛皮制品加工制作人员	木材加工、家具与木制品制作人员
江门市	**28**	**20**	**39750**	**349**	**914**	**9**	**382**	**3394**	**1607**
蓬江区	7	1	11530	72	219	9	76	902	246
江海区		1	7960	96	110		40	217	138
新会区	15	15	6024	76	274		77	447	788
台山市	2	2	4061	36	75		10	212	124
开平市	1		3398	21	116		70	512	117
鹤山市	3	1	4248	35	95		46	1029	165
恩平市			2529	13	25		63	75	29
湛江市	**31**	**12**	**11998**	**481**	**301**	**15**	**70**	**382**	**256**
赤坎区	4	1	1649	38	56	9	12	22	23
霞山区	2	2	3250	243	86	6	11	72	76
坡头区	1		757	4	7			7	19
麻章区	3	4	828	47	20		16	15	15
遂溪县	13		73	3	1		1	4	3
徐闻县									
廉江市	3		1762	29	22		1	62	32
雷州市	5	4	1456	77	77		7	114	59
吴川市		1	2223	40	32		22	86	29
茂名市	**38**	**6**	**14036**	**296**	**283**	**3**	**50**	**869**	**225**
茂南区	4	2	4831	63	96		7	78	62
电白区	4	3	2023	102	30		2	85	26
高州市	8	1	2026	40	39	1	10	383	11
化州市	20		2551	63	75		4	107	61
信宜市	2		2605	28	43	2	27	216	65
肇庆市	**19**	**2**	**13373**	**84**	**476**		**105**	**865**	**480**
端州区	11	1	3531	29	158		27	130	27
鼎湖区	1	1	1358	11	35		5	45	50
高要区	3		890	15	15		16	193	20
广宁县									
怀集县									
封开县									
德庆县									
四会市	4		7594	29	268		57	497	383
惠州市	**24**		**56859**	**109**	**275**	**9**	**132**	**1818**	**2179**
惠城区	14		24064	68	168	2	86	1136	339
惠阳区	10		32120	39	106	7	46	645	1837
博罗县			675	2	1			37	3
惠东县									
龙门县									
梅州市	**7**		**7594**	**82**	**67**	**36**	**23**	**427**	**102**
梅江区	2		2946	32	18	27	7	50	45
梅县区	2		2587	13	17	9	3	54	36
大埔县									
丰顺县									
五华县			162	3				13	2
平远县									
蕉岭县									
兴宁市	3		1899	34	32		13	310	19
汕尾市	**2**	**1**	**3633**	**39**	**50**	**3**	**35**	**180**	**60**
城　区	1	1	2556	29	36	1	35	159	23
海丰县									
陆河县									
陆丰市	1		1077	10	14	2		21	37

4−6a　续表 42

单位：人

地　区 性　别	农林牧渔生产辅助人　员	其他农、林、牧、渔业生产加工人员	生产制造及有关人员 小计	农副产品加工人员	食品、饮料生产加工人员	烟草及其制品加工人员	纺织、针织、印染人员	纺织品、服装和皮革、毛皮制品加工制作人员	木材加工、家具与木制品制作人员
河源市	**1**		**6385**	**93**	**120**		**63**	**424**	**179**
源城区	1		6385	93	120		63	424	179
紫金县									
龙川县									
连平县									
和平县									
东源县									
阳江市	**15**		**13449**	**91**	**129**	**1**	**112**	**988**	**230**
江城区	6		6908	51	72	1	25	618	106
阳东区	2		4196	8	28		29	101	53
阳西县									
阳春市	7		2345	32	29		58	269	71
清远市	**9**	**1**	**11042**	**116**	**203**	**2**	**72**	**2090**	**325**
清城区	5	1	5349	32	108		26	785	184
清新区			3254	59	57		40	1090	67
佛冈县									
阳山县									
连山壮族瑶族自治县									
连南瑶族自治县									
英德市	1		1370	13	24			118	41
连州市	3		1069	12	14	2	6	97	33
东莞市	**65**	**3**	**335709**	**709**	**2225**	**13**	**6080**	**43616**	**8120**
市辖区	65	3	335709	709	2225	13	6080	43616	8120
中山市	**31**	**5**	**68166**	**151**	**464**	**3**	**614**	**12450**	**3506**
市辖区	31	5	68166	151	464	3	614	12450	3506
潮州市	**7**	**1**	**16239**	**95**	**260**		**48**	**1345**	**184**
湘桥区	7		4824	44	60		30	816	93
潮安区		1	11415	51	200		18	529	91
饶平县									
揭阳市	**5**	**1**	**17403**	**110**	**252**	**2**	**185**	**4340**	**153**
榕城区	1		8170	38	64	2	44	890	73
揭东区			3726	42	101		40	351	38
揭西县									
惠来县									
普宁市	4	1	5507	30	87		101	3099	42
云浮市	**5**		**5952**	**42**	**72**		**52**	**503**	**80**
云城区	2		3593	24	36		20	251	52
云安区			285	1				4	6
新兴县									
郁南县									
罗定市	3		2074	17	36		32	248	22
男	**456**	**51**	**912276**	**3124**	**7953**	**329**	**7868**	**81826**	**29612**
广州市	**111**	**7**	**111069**	**302**	**1449**	**80**	**613**	**32922**	**1693**
荔湾区	39	1	2898	23	79	38	14	124	44
越秀区	2		1449	8	48	5	2	26	14
海珠区	6		17436	14	144	19	98	13179	80
天河区	10	1	6868	13	136	1	9	170	138
白云区	12		23239	33	183	5	85	9697	303
黄埔区	11		13885	51	438	3	14	134	205
番禺区	13	5	20471	61	226	7	227	4682	410
花都区	6		12399	41	67		71	4664	164
南沙区	5		8073	17	43		80	179	104
从化区	2		806	7	36		1	11	22
增城区	5		3545	34	49	2	12	56	209

4-6a 续表 43 单位：人

地区 性别	农林牧渔生产辅助人员	其他农、林、牧、渔业生产加工人员	生产制造及有关人员						
			小计	农副产品加工人员	食品、饮料生产加工人员	烟草及其制品加工人员	纺织、针织、印染人员	纺织品、服装和皮革、毛皮制品加工制作人员	木材加工、家具与木制品制作人员
韶关市	**13**	**1**	**5561**	**40**	**62**	**37**	**10**	**57**	**127**
武江区	4		2062	11	19	18	4	19	73
浈江区	1	1	1269	10	26	10		9	16
曲江区	4		1132	10	10		3	6	14
始兴县									
仁化县									
翁源县									
乳源瑶族自治县									
新丰县									
乐昌市			535		2		2	6	14
南雄市	4		563	9	5	9	1	17	10
深圳市	**73**	**3**	**238661**	**524**	**1306**	**128**	**436**	**6552**	**3877**
罗湖区	1		4604	39	91	7	7	190	111
福田区	5		5256	8	86	2	6	43	86
南山区	2	1	10770	65	82		10	775	491
宝安区	33	1	81346	135	436	106	147	1187	716
龙岗区	19	1	52002	150	330	2	152	2549	1239
盐田区			1908	3	19			75	14
龙华区	6		43776	19	136	4	19	929	631
坪山区	4		11271	39	35		8	234	397
光明区	3		27728	66	91	7	87	570	192
珠海市	**5**	**2**	**17943**	**42**	**206**	**3**	**17**	**216**	**475**
香洲区	2	2	11150	16	130	3	12	153	340
斗门区	2		2880	11	24		2	45	36
金湾区	1		3913	15	52		3	18	99
汕头市	**7**	**2**	**18761**	**96**	**274**	**5**	**522**	**1915**	**310**
龙湖区	1	1	3983	20	69		152	390	100
金平区	2	1	3511	32	114		28	170	86
濠江区	3		1909	22	28		13	13	32
潮阳区			2449	4	38	5	5	41	46
潮南区	1		3757	10	20		182	1155	31
澄海区			3152	8	5		142	146	15
南澳县									
佛山市	**60**	**6**	**119375**	**382**	**1136**	**7**	**2081**	**7462**	**9579**
禅城区	5	1	9285	10	79	1	594	1732	234
南海区	30	3	49172	178	384	4	941	3434	3108
顺德区	22	2	52075	137	294	1	371	1865	5805
三水区	1		3425	24	208		11	20	84
高明区	2		5418	33	171	1	164	411	348
江门市	**18**	**9**	**25917**	**203**	**500**	**8**	**220**	**1111**	**1199**
蓬江区	5	1	7317	46	125	8	57	240	170
江海区		1	5070	54	61		25	61	103
新会区	7	5	4056	38	151		47	134	578
台山市	2	2	2778	23	44		2	49	94
开平市	1		2365	15	50		31	129	111
鹤山市	3		2668	20	53		21	464	118
恩平市			1663	7	16		37	34	25
湛江市	**21**	**6**	**9287**	**220**	**193**	**13**	**21**	**116**	**211**
赤坎区	2		1280	18	34	7	5	5	21
霞山区	1		2608	70	56	6	3	20	62
坡头区	1		662	1	5			3	19
麻章区	3	2	670	28	15		4	4	11
遂溪县	7		54	3				2	2
徐闻县									
廉江市	3		1205	18	14			13	26
雷州市	4	3	1105	58	48		4	33	45
吴川市		1	1703	24	21		5	36	25

4–6a　续表 44

单位：人

地　区 性　别	农林牧渔生产辅助人员	其他农、林、牧、渔业生产加工人员	生产制造及有关人员 小计	农副产品加工人员	食品、饮料生产加工人员	烟草及其制品加工人员	纺织、针织、印染人员	纺织品、服装和皮革、毛皮制品加工制作人员	木材加工、家具与木制品制作人员
茂名市	**24**	**5**	**10393**	**170**	**161**	**2**	**19**	**271**	**189**
茂南区	3	2	3759	37	56		2	19	47
电白区	2	2	1524	47	19		1	41	24
高州市	5	1	1345	31	25	1	3	121	8
化州市	13		1988	37	39		2	44	53
信宜市	1		1777	18	22	1	11	46	57
肇庆市	**10**	**2**	**9197**	**56**	**258**		**56**	**262**	**360**
端州区	9	1	2382	19	82		16	49	24
鼎湖区		1	1013	5	15		3	12	42
高要区			534	11	7		2	38	14
广宁县									
怀集县									
封开县									
德庆县									
四会市	1		5268	21	154		35	163	280
惠州市	**19**		**39003**	**75**	**161**	**9**	**62**	**758**	**1578**
惠城区	11		16084	45	98	2	40	446	274
惠阳区	8		22493	28	63	7	22	294	1301
博罗县			426	2				18	3
惠东县									
龙门县									
梅州市	**5**		**5156**	**46**	**41**	**25**	**8**	**90**	**86**
梅江区	1		2036	17	8	20	2	10	38
梅县区	2		1829	9	11	5	1	17	30
大埔县									
丰顺县									
五华县			105	1				2	1
平远县									
蕉岭县									
兴宁市	2		1186	19	22		5	61	17
汕尾市	**2**	**1**	**2813**	**29**	**37**	**2**	**12**	**52**	**58**
城　区	1	1	1925	20	26	1	12	42	22
海丰县									
陆河县									
陆丰市	1		888	9	11	1		10	36
河源市	**1**		**4303**	**56**	**69**		**25**	**131**	**163**
源城区	1		4303	56	69		25	131	163
紫金县									
龙川县									
连平县									
和平县									
东源县									
阳江市	**8**		**8500**	**59**	**83**	**1**	**29**	**198**	**189**
江城区	2		4371	31	44	1	12	140	86
阳东区	1		2565	8	19		13	15	48
阳西县									
阳春市	5		1564	20	20		4	43	55
清远市	**7**		**7506**	**58**	**116**	**1**	**25**	**448**	**267**
清城区	3		3816	19	61		14	151	151
清新区			1882	24	30		8	237	54
佛冈县									
阳山县									
连山壮族瑶族自治县									
连南瑶族自治县									
英德市	1		1003	9	18			34	36
连州市	3		805	6	7	1	3	26	26

4－6a 续表 45 单位：人

地区 性别	农林牧渔生产辅助人员	其他农、林、牧、渔业生产加工人员	生产制造及有关人员 小计	农副产品加工人员	食品、饮料生产加工人员	烟草及其制品加工人员	纺织、针织、印染人员	纺织品、服装和皮革、毛皮制品加工制作人员	木材加工、家具与木制品制作人员
东莞市	**44**	**3**	**210647**	**480**	**1279**	**6**	**3212**	**21692**	**6182**
市辖区	44	3	210647	480	1279	6	3212	21692	6182
中山市	**17**	**3**	**42275**	**102**	**247**	**1**	**359**	**5480**	**2703**
市辖区	17	3	42275	102	247	1	359	5480	2703
潮州市	**2**		**10396**	**63**	**179**		**31**	**434**	**159**
湘桥区	2		2958	28	38		19	203	82
潮安区			7438	35	141		12	231	77
饶平县									
揭阳市	**4**	**1**	**11285**	**89**	**156**	**1**	**104**	**1569**	**141**
榕城区			5812	31	39	1	18	502	66
揭东区			2726	35	70		9	53	36
揭西县									
惠来县									
普宁市	4	1	2747	23	47		77	1014	39
云浮市	**5**		**4228**	**32**	**40**		**6**	**90**	**66**
云城区	2		2741	18	19		4	42	45
云安区			214	1				1	4
新兴县									
郁南县									
罗定市	3		1273	13	21		2	47	17
女	**213**	**34**	**479984**	**1824**	**5601**	**158**	**7156**	**92629**	**9385**
广州市	**54**	**5**	**58368**	**145**	**995**	**18**	**538**	**29128**	**312**
荔湾区	34		936	6	50	9	13	126	14
越秀区	1		322	5	20		1	28	2
海珠区	2		12279	8	70	5	66	11213	8
天河区	2		2138	7	104		16	278	21
白云区		1	14122	15	107	2	77	8103	29
黄埔区	4		5409	13	307		13	159	41
番禺区	4	3	11479	39	164	2	214	4792	96
花都区	3		7284	28	81		62	3970	31
南沙区	1		2943	8	34		58	276	22
从化区	1	1	326	2	30		2	42	5
增城区	2		1130	14	28		16	141	43
韶关市	**4**		**2206**	**17**	**64**	**18**	**34**	**211**	**28**
武江区	1		975	3	14	10	2	73	12
浈江区			437	5	25	5	2	32	4
曲江区	2		349	6	11		6	25	
始兴县									
仁化县									
翁源县									
乳源瑶族自治县									
新丰县									
乐昌市			210		6		23	36	9
南雄市	1		235	3	8	3	1	45	3
深圳市	**27**	**2**	**119651**	**227**	**796**	**90**	**283**	**7675**	**663**
罗湖区	2		1034	36	43		1	200	3
福田区			1364	4	39	1	2	66	11
南山区	2		3406	9	63		6	751	48
宝安区	15		47167	60	279	82	118	1442	103
龙岗区	5	2	26552	66	186		71	2956	241
盐田区			621	2	14			161	2
龙华区	2		19314	14	91	3	15	1070	149
坪山区	1		5600	8	24		10	306	92
光明区			14593	28	57	4	60	723	14

4-6a　续表 46　　　　单位：人

地　区 性　别	农林牧渔生产辅助人员	其他农、林、牧、渔业生产加工人员	生产制造及有关人员						
			小计	农副产品加工人员	食品、饮料生产加工人员	烟草及其制品加工人员	纺织、针织、印染人员	纺织品、服装和皮革、毛皮制品加工制作人员	木材加工、家具与木制品制作人员
珠海市	**7**	**1**	**8287**	**25**	**152**	**1**	**27**	**408**	**70**
香洲区	4	1	4783	9	94	1	18	267	37
斗门区	2		1448	7	11		5	95	7
金湾区	1		2056	9	47		4	46	26
汕头市	**2**		**11226**	**49**	**244**		**533**	**4288**	**28**
龙湖区	1		2205	15	61		182	844	8
金平区	1		1907	15	127		45	423	11
濠江区			753	9	13		5	175	2
潮阳区			725	3	26		48	334	3
潮南区			3149	5	10		90	2192	3
澄海区			2487	2	7		163	320	1
南澳县									
佛山市	**19**	**4**	**59564**	**252**	**779**	**4**	**1907**	**9930**	**4149**
禅城区			5141	7	58		538	2351	23
南海区	11	2	24196	91	305	4	949	4443	1290
顺德区	6	1	26371	118	278		265	2360	2695
三水区	2	1	1167	19	72		7	34	21
高明区			2689	17	66		148	742	120
江门市	**10**	**11**	**13833**	**146**	**414**	**1**	**162**	**2283**	**408**
蓬江区	2		4213	26	94	1	19	662	76
江海区			2890	42	49		15	156	35
新会区	8	10	1968	38	123		30	313	210
台山市			1283	13	31		8	163	30
开平市			1033	6	66		39	383	6
鹤山市		1	1580	15	42		25	565	47
恩平市			866	6	9		26	41	4
湛江市	**10**	**6**	**2711**	**261**	**108**	**2**	**49**	**266**	**45**
赤坎区	2	1	369	20	22	2	7	17	2
霞山区	1	2	642	173	30		8	52	14
坡头区			95	3	2			4	
麻章区		2	158	19	5		12	11	4
遂溪县	6		19		1		1	2	1
徐闻县									
廉江市			557	11	8		1	49	6
雷州市	1	1	351	19	29		3	81	14
吴川市			520	16	11		17	50	4
茂名市	**14**	**1**	**3643**	**126**	**122**	**1**	**31**	**598**	**36**
茂南区	1		1072	26	40		5	59	15
电白区	2	1	499	55	11		1	44	2
高州市	3		681	9	14		7	262	3
化州市	7		563	26	36		2	63	8
信宜市	1		828	10	21	1	16	170	8
肇庆市	**9**		**4176**	**28**	**218**		**49**	**603**	**120**
端州区	2		1149	10	76		11	81	3
鼎湖区	1		345	6	20		2	33	8
高要区	3		356	4	8		14	155	6
广宁县									
怀集县									
封开县									
德庆县									
四会市	3		2326	8	114		22	334	103
惠州市	**5**		**17856**	**34**	**114**		**70**	**1060**	**601**
惠城区	3		7980	23	70		46	690	65
惠阳区	2		9627	11	43		24	351	536
博罗县			249		1			19	
惠东县									
龙门县									

4－6a 续表 47

单位：人

地区 性别	农林牧渔生产辅助人员	其他农、林、牧、渔业生产加工人员	生产制造及有关人员						
			小计	农副产品加工人员	食品、饮料生产加工人员	烟草及其制品加工人员	纺织、针织、印染人员	纺织品、服装和皮革、毛皮制品加工制作人员	木材加工、家具与木制品制作人员
梅州市	**2**		**2438**	**36**	**26**	**11**	**15**	**337**	**16**
梅江区	1		910	15	10	7	5	40	7
梅县区			758	4	6	4	2	37	6
大埔县									
丰顺县									
五华县			57	2				11	1
平远县									
蕉岭县									
兴宁市	1		713	15	10		8	249	2
汕尾市			**820**	**10**	**13**	**1**	**23**	**128**	**2**
城　区			631	9	10		23	117	1
海丰县									
陆河县									
陆丰市			189	1	3	1		11	1
河源市			**2082**	**37**	**51**		**38**	**293**	**16**
源城区			2082	37	51		38	293	16
紫金县									
龙川县									
连平县									
和平县									
东源县									
阳江市	**7**		**4949**	**32**	**46**		**83**	**790**	**41**
江城区	4		2537	20	28		13	478	20
阳东区	1		1631		9		16	86	5
阳西县									
阳春市	2		781	12	9		54	226	16
清远市	**2**	**1**	**3536**	**58**	**87**	**1**	**47**	**1642**	**58**
清城区	2	1	1533	13	47		12	634	33
清新区			1372	35	27		32	853	13
佛冈县									
阳山县									
连山壮族瑶族自治县									
连南瑶族自治县									
英德市			367	4	6			84	5
连州市			264	6	7	1	3	71	7
东莞市	**21**		**125062**	**229**	**946**	**7**	**2868**	**21924**	**1938**
市辖区	21		125062	229	946	7	2868	21924	1938
中山市	**14**	**2**	**25891**	**49**	**217**	**2**	**255**	**6970**	**803**
市辖区	14	2	25891	49	217	2	255	6970	803
潮州市	**5**	**1**	**5843**	**32**	**81**		**17**	**911**	**25**
湘桥区	5		1866	16	22		11	613	11
潮安区		1	3977	16	59		6	298	14
饶平县									
揭阳市	**1**		**6118**	**21**	**96**	**1**	**81**	**2771**	**12**
榕城区	1		2358	7	25	1	26	388	7
揭东区			1000	7	31		31	298	2
揭西县									
惠来县									
普宁市			2760	7	40		24	2085	3
云浮市			**1724**	**10**	**32**		**46**	**413**	**14**
云城区			852	6	17		16	209	7
云安区			71					3	2
新兴县									
郁南县									
罗定市			801	4	15		30	201	5

4-6a 续表 48 单位：人

地区 性别	生产制造及有关人员								
	纸及纸制品生产加工人员	印刷和记录媒介复制人员	文教、工美、体育和娱乐用品制造人员	石油加工和炼焦、煤化工生产人员	化学原料和化学制品制造人员	医药制造人员	化学纤维制造人员	橡胶和塑料制品制造人员	非金属矿物制品制造人员
广东	**13906**	**14834**	**40303**	**1034**	**8677**	**3024**	**339**	**47370**	**20846**
广州市	**1091**	**1417**	**3561**	**83**	**2640**	**808**	**31**	**2299**	**1108**
荔湾区	39	97	135	1	34	61		46	32
越秀区	10	43	40	4	30	39		6	6
海珠区	71	77	101	6	42	103	2	30	35
天河区	52	139	92	3	71	52	3	26	50
白云区	417	446	434	2	1185	136	4	381	199
黄埔区	105	138	95	56	520	275	14	296	131
番禺区	213	239	2258	5	182	86	3	806	245
花都区	78	99	130	1	364	12	1	311	130
南沙区	78	108	122	4	109	20	2	225	168
从化区	1	6	50		68	7		34	7
增城区	27	25	104	1	35	17	2	138	105
韶关市	**49**	**51**	**554**	**17**	**89**	**45**	**2**	**56**	**78**
武江区	5	29	440	2	26	30	1	13	22
浈江区	4	8	54		16	10		14	11
曲江区	2	3	36	15	6	1		4	24
始兴县									
仁化县									
翁源县									
乳源瑶族自治县									
新丰县									
乐昌市		4	11		4	1		2	10
南雄市	38	7	13		37	3	1	23	11
深圳市	**3415**	**4541**	**8603**	**30**	**1117**	**526**	**66**	**12761**	**2793**
罗湖区	11	64	503	1	9	25		9	10
福田区	7	90	24	3	19	42		5	20
南山区	15	77	46	7	33	49		60	91
宝安区	1352	1657	1395	8	483	119	24	5676	715
龙岗区	823	1317	5033	4	224	80	25	2910	1095
盐田区	3		461		3	15		7	3
龙华区	606	637	382	3	150	79	4	1525	460
坪山区	85	104	269	1	74	62	6	710	100
光明区	513	595	490	3	122	55	7	1859	299
珠海市	**115**	**186**	**274**	**28**	**267**	**272**	**9**	**649**	**148**
香洲区	70	107	183	10	119	94	2	283	72
斗门区	11	22	19	6	22	12	1	27	19
金湾区	34	57	72	12	126	166	6	339	57
汕头市	**468**	**419**	**3599**	**7**	**193**	**136**	**2**	**1139**	**171**
龙湖区	41	83	217	4	25	30		130	66
金平区	52	168	282	3	64	78	2	349	42
濠江区	146	18	57		21	24		40	25
潮阳区	123	24	127		10	3		7	15
潮南区	78	44	113		68			163	19
澄海区	28	82	2803		5	1		450	4
南澳县									
佛山市	**1549**	**1468**	**2726**	**40**	**1153**	**284**	**44**	**5962**	**3680**
禅城区	49	83	105		51	39	5	220	461
南海区	820	649	1609	17	404	118	14	1928	1829
顺德区	574	681	942	12	566	116	12	3471	740
三水区	33	18	40	1	56	6	9	100	128
高明区	73	37	30	10	76	5	4	243	522

4-6a 续表 49　　　　单位：人

地　区 性　别	生产制造及有关人员 纸及纸制品生产加工人员	印刷和记录媒介复制人员	文教、工美、体育和娱乐用品制造人　员	石油加工和炼焦、煤化工生产人员	化学原料和化学制品制造人　员	医药制造人　　员	化学纤维制造人员	橡胶和塑料制品制造人员	非金属矿物制品制造人员
江门市	**521**	**474**	**292**	**9**	**376**	**115**	**48**	**1136**	**541**
蓬江区	149	130	108	1	144	20	7	440	162
江海区	71	48	41	3	89	35	2	226	112
新会区	164	44	42	1	51	13	33	160	62
台山市	29	36	29		6	27		74	42
开平市	15	16	15	1	20	15	5	61	26
鹤山市	76	160	53	3	43	1	1	150	62
恩平市	17	40	4		23	4		25	75
湛江市	**84**	**117**	**81**	**67**	**29**	**47**	**3**	**460**	**115**
赤坎区	11	28	5	5	1	3		12	25
霞山区	23	35	17	54	13	30	1	17	27
坡头区	1			3	1			2	3
麻章区	17	4	10	3	2	5	1	9	3
遂溪县								1	1
徐闻县									
廉江市	16	23	20		5	3		15	24
雷州市	2	15	17		3	6	1	3	8
吴川市	14	12	12	2	4			401	24
茂名市	**34**	**88**	**196**	**426**	**220**	**55**	**2**	**171**	**158**
茂南区	4	32	46	422	189	18	2	81	52
电白区	4	4	11	2	13	4		21	17
高州市	12	17	34	1	7	8		29	18
化州市	9	11	17	1	8	17		17	31
信宜市	5	24	88		3	8		23	40
肇庆市	**74**	**95**	**1566**	**4**	**166**	**69**	**6**	**136**	**171**
端州区	9	26	177	1	15	35	1	29	44
鼎湖区	1	4	16		4			8	21
高要区	5	5	8		4	1		8	12
广宁县									
怀集县									
封开县									
德庆县									
四会市	59	60	1365	3	143	33	5	91	94
惠州市	**236**	**391**	**1244**	**187**	**380**	**75**	**3**	**1263**	**1160**
惠城区	122	168	126	2	95	41		599	173
惠阳区	112	223	962	185	282	34	3	661	921
博罗县	2		156		3			3	66
惠东县									
龙门县									
梅州市	**16**	**47**	**68**		**30**	**25**	**2**	**42**	**57**
梅江区	4	18	12		14	13	2	25	19
梅县区	3	13	18		10	6		12	22
大埔县									
丰顺县									
五华县			2						2
平远县									
蕉岭县									
兴宁市	9	16	36		6	6		5	14
汕尾市	**6**	**7**	**64**		**4**	**4**	**1**	**5**	**62**
城　区	4	5	21		2	3	1	5	44
海丰县									
陆河县									
陆丰市	2	2	43		2	1			18

4-6a　续表 50　　　　单位：人

地　区 性　别	生产制造及有关人员								
	纸及纸制品生产加工人员	印刷和记录媒介复制人员	文教、工美、体育和娱乐用品制造人员	石油加工和炼焦、煤化工生产人员	化学原料和化学制品制造人员	医药制造人员	化学纤维制造人员	橡胶和塑料制品制造人员	非金属矿物制品制造人员
河源市	**37**	**72**	**510**	**2**	**18**	**26**	**3**	**173**	**91**
源城区	37	72	510	2	18	26	3	173	91
紫金县									
龙川县									
连平县									
和平县									
东源县									
阳江市	**43**	**90**	**122**	**1**	**18**	**25**	**1**	**211**	**75**
江城区	22	54	35		5	11		98	40
阳东区	12	24	16		7	4		95	11
阳西县									
阳春市	9	12	71	1	6	10	1	18	24
清远市	**70**	**45**	**220**	**4**	**80**	**49**	**2**	**148**	**196**
清城区	52	24	79	3	39	39	2	104	59
清新区	11	12	87	1	22	3		30	70
佛冈县									
阳山县									
连山壮族瑶族自治县									
连南瑶族自治县									
英德市	2	6	16		6	7		8	29
连州市	5	3	38		13			6	38
东莞市	**4952**	**4329**	**13749**	**124**	**1285**	**231**	**107**	**17714**	**2862**
市辖区	4952	4329	13749	124	1285	231	107	17714	2862
中山市	**697**	**655**	**1279**	**2**	**452**	**144**	**6**	**2156**	**685**
市辖区	697	655	1279	2	452	144	6	2156	685
潮州市	**366**	**277**	**273**	**1**	**62**	**32**	**1**	**495**	**5093**
湘桥区	55	47	149	1	12	25		65	922
潮安区	311	230	124		50	7	1	430	4171
饶平县									
揭阳市	**71**	**52**	**1141**	**1**	**33**	**30**		**380**	**89**
榕城区	38	26	453		12	4		282	48
揭东区	25	11	555	1	16	7		84	23
揭西县									
惠来县									
普宁市	8	15	133		5	19		14	18
云浮市	**12**	**13**	**181**	**1**	**65**	**26**		**14**	**1513**
云城区	1	5	111		34	3		6	1373
云安区			3		26			2	124
新兴县									
郁南县									
罗定市	11	8	67	1	5	23		6	16
男	**9027**	**10569**	**22011**	**833**	**5665**	**1553**	**221**	**29811**	**14898**
广州市	**682**	**982**	**1964**	**68**	**1463**	**402**	**15**	**1476**	**872**
荔湾区	22	66	75	1	22	31		26	23
越秀区	8	28	26	4	21	21		5	4
海珠区	48	56	50	5	25	49	2	21	30
天河区	32	84	38	3	41	24	2	20	39
白云区	241	313	179	2	590	62	1	242	151
黄埔区	75	98	47	45	363	140	7	196	100
番禺区	132	164	1351	5	101	49	1	516	198
花都区	57	78	63		166	4	1	206	101
南沙区	47	74	66	3	80	11		133	131
从化区		4	11		29	3		26	5
增城区	20	17	58		25	8	1	85	90

4－6a　续表 51　　　　单位：人

地区 性别	生产制造及有关人员								
	纸及纸制品生产加工人员	印刷和记录媒介复制人员	文教、工美、体育和娱乐用品制造人员	石油加工和炼焦、煤化工生产人员	化学原料和化学制品制造人员	医药制造人员	化学纤维制造人员	橡胶和塑料制品制造人员	非金属矿物制品制造人员
韶关市	**27**	**27**	**149**	**14**	**62**	**20**	**2**	**39**	**63**
武江区	2	15	106	2	15	14	1	9	19
浈江区	3	7	21		11	4		9	9
曲江区	1	2	10	12	3			3	18
始兴县									
仁化县									
翁源县									
乳源瑶族自治县									
新丰县									
乐昌市		1	6		4			1	9
南雄市	21	2	6		29	2	1	17	8
深圳市	**2235**	**3393**	**5055**	**22**	**747**	**299**	**42**	**7911**	**2081**
罗湖区	7	39	367		5	14		5	9
福田区	1	70	14	1	15	14		5	19
南山区	6	50	22	5	25	24		51	81
宝安区	917	1236	704	7	332	71	17	3491	569
龙岗区	531	927	3082	4	144	47	16	1728	781
盐田区	3		322		2	11		7	2
龙华区	368	499	195	2	90	42	1	966	329
坪山区	56	86	136		52	40	5	472	61
光明区	346	486	213	3	82	36	3	1186	230
珠海市	**73**	**123**	**130**	**26**	**165**	**146**	**7**	**375**	**115**
香洲区	48	69	90	9	81	45	2	174	54
斗门区	5	15	8	5	17	5	1	14	12
金湾区	20	39	32	12	67	96	4	187	49
汕头市	**208**	**302**	**1735**	**5**	**119**	**71**	**1**	**739**	**149**
龙湖区	25	63	101	3	18	15		75	55
金平区	35	122	85	2	36	39	1	228	38
濠江区	29	12	13		9	15		18	21
潮阳区	46	14	59		6	1		3	15
潮南区	56	36	79		46			129	16
澄海区	17	55	1398		4	1		286	4
南澳县									
佛山市	**989**	**995**	**1510**	**28**	**827**	**137**	**32**	**3740**	**2670**
禅城区	31	48	66		33	17	4	147	315
南海区	539	467	934	11	283	58	9	1244	1323
顺德区	343	445	473	7	411	57	9	2121	561
三水区	27	8	23	1	44	2	8	60	96
高明区	49	27	14	9	56	3	2	168	375
江门市	**334**	**314**	**122**	**8**	**284**	**48**	**39**	**659**	**412**
蓬江区	98	93	50	1	111	8	6	259	123
江海区	43	33	13	3	73	12	2	141	83
新会区	111	32	16	1	35	3	26	78	50
台山市	18	28	12		6	16		38	29
开平市	11	12	4	1	14	7	4	33	22
鹤山市	44	92	24	2	34	1	1	91	43
恩平市	9	24	3		11	1		19	62
湛江市	**66**	**80**	**48**	**64**	**21**	**25**	**2**	**263**	**91**
赤坎区	9	21	2	5	1	1		8	17
霞山区	22	23	10	51	9	14	1	12	22
坡头区	1			3	1			2	2
麻章区	11	2	7	3	1	3		7	3
遂溪县								1	
徐闻县									
廉江市	11	14	12		5	2		9	19
雷州市	2	12	5		2	5	1	2	8
吴川市	10	8	12	2	2			222	20

4−6a　续表 52　　　　单位：人

地　区 性　别	生产制造及有关人员								
	纸及纸制品生产加工人员	印刷和记录媒介复制人员	文教、工美、体育和娱乐用品制造人　员	石油加工和炼焦、煤化工生产人员	化学原料和化学制品制造人　员	医药制造人　　员	化学纤维制造人员	橡胶和塑料制品制造人员	非金属矿物制品制造人员
茂名市	**17**	**41**	**67**	**335**	**147**	**23**	**2**	**99**	**110**
茂南区	3	14	15	331	129	8	2	52	38
电白区	1	2	6	2	6	3		8	14
高州市	6	8	11	1	4	1		15	14
化州市	5	3	7	1	6	7		11	18
信宜市	2	14	28		2	4		13	26
肇庆市	**47**	**63**	**984**	**3**	**116**	**39**	**3**	**89**	**120**
端州区	6	13	101		11	18		12	34
鼎湖区		3	3		2			3	9
高要区	3	4	5		4			4	11
广宁县									
怀集县									
封开县									
德庆县									
四会市	38	43	875	3	99	21	3	70	66
惠州市	**152**	**281**	**780**	**153**	**282**	**41**	**1**	**836**	**852**
惠城区	70	121	61	2	68	18		390	128
惠阳区	80	160	621	151	212	23	1	443	681
博罗县	2		98		2			3	43
惠东县									
龙门县									
梅州市	**10**	**34**	**21**		**24**	**13**	**1**	**23**	**42**
梅江区	4	11	7		11	7	1	11	14
梅县区	1	10	6		9	4		8	18
大埔县									
丰顺县									
五华县									
平远县									
蕉岭县									
兴宁市	5	13	8		4	2		4	10
汕尾市	**6**	**5**	**43**		**3**	**3**	**1**	**4**	**56**
城　区	4	3	14		1	2	1	4	38
海丰县									
陆河县									
陆丰市	2	2	29		2	1			18
河源市	**23**	**44**	**167**	**1**	**9**	**3**	**1**	**84**	**68**
源城区	23	44	167	1	9	3	1	84	68
紫金县									
龙川县									
连平县									
和平县									
东源县									
阳江市	**28**	**61**	**44**		**14**	**12**		**147**	**67**
江城区	14	36	20		4	6		68	35
阳东区	6	18	10		7	2		68	10
阳西县									
阳春市	8	7	14		3	4		11	22
清远市	**47**	**33**	**98**	**3**	**59**	**29**	**2**	**86**	**168**
清城区	34	18	42	2	29	21	2	58	52
清新区	7	9	31	1	20	3		22	62
佛冈县									
阳山县									
连山壮族瑶族自治县									
连南瑶族自治县									
英德市	2	3	6		4	5		4	22
连州市	4	3	19		6			2	32

4-6a 续表 53

单位：人

地 区 性 别	生产制造及有关人员 纸及纸制品生产加工人员	印刷和记录媒介复制人员	文教、工美、体育和娱乐用品制造人 员	石油加工和炼焦、煤化工生产人员	化学原料和化学制品制造人 员	医药制造人 员	化学纤维制造人员	橡胶和塑料制品制造人员	非金属矿物制品制造人员
东莞市	**3288**	**3019**	**7524**	**98**	**899**	**123**	**66**	**11299**	**2097**
市辖区	3288	3019	7524	98	899	123	66	11299	2097
中山市	**439**	**473**	**626**	**2**	**307**	**71**	**3**	**1306**	**513**
市辖区	439	473	626	2	307	71	3	1306	513
潮州市	**290**	**246**	**128**	**1**	**47**	**18**	**1**	**337**	**3064**
湘桥区	36	43	66	1	9	15		43	573
潮安区	254	203	62		38	3	1	294	2491
饶平县									
揭阳市	**57**	**44**	**695**	**1**	**26**	**18**		**296**	**82**
榕城区	29	21	229		11	1		219	47
揭东区	20	10	438	1	13	3		67	19
揭西县									
惠来县									
普宁市	8	13	28		2	14		10	16
云浮市	**9**	**9**	**121**	**1**	**44**	**12**		**3**	**1206**
云城区	1	2	95		20	1		2	1097
云安区			3		20				98
新兴县									
郁南县									
罗定市	8	7	23	1	4	11		1	11
女	**4879**	**4265**	**18292**	**201**	**3012**	**1471**	**118**	**17559**	**5948**
广州市	**409**	**435**	**1597**	**15**	**1177**	**406**	**16**	**823**	**236**
荔湾区	17	31	60		12	30		20	9
越秀区	2	15	14		9	18		1	2
海珠区	23	21	51	1	17	54		9	5
天河区	20	55	54		30	28	1	6	11
白云区	176	133	255		595	74	3	139	48
黄埔区	30	40	48	11	157	135	7	100	31
番禺区	81	75	907		81	37	2	290	47
花都区	21	21	67	1	198	8		105	29
南沙区	31	34	56	1	29	9	2	92	37
从化区	1	2	39		39	4		8	2
增城区	7	8	46	1	10	9	1	53	15
韶关市	**22**	**24**	**405**	**3**	**27**	**25**		**17**	**15**
武江区	3	14	334		11	16		4	3
浈江区	1	1	33		5	6		5	2
曲江区	1	1	26	3	3	1		1	6
始兴县									
仁化县									
翁源县									
乳源瑶族自治县									
新丰县									
乐昌市		3	5			1		1	1
南雄市	17	5	7		8	1		6	3
深圳市	**1180**	**1148**	**3548**	**8**	**370**	**227**	**24**	**4850**	**712**
罗湖区	4	25	136	1	4	11		4	1
福田区	6	20	10	2	4	28			1
南山区	9	27	24	2	8	25		9	10
宝安区	435	421	691	1	151	48	7	2185	146
龙岗区	292	390	1951		80	33	9	1182	314
盐田区			139		1	4			1
龙华区	238	138	187	1	60	37	3	559	131
坪山区	29	18	133	1	22	22	1	238	39
光明区	167	109	277		40	19	4	673	69

4—6a　续表 54

单位：人

地区 性别	生产制造及有关人员								
	纸及纸制品生产加工人员	印刷和记录媒介复制人员	文教、工美、体育和娱乐用品制造人员	石油加工和炼焦、煤化工生产人员	化学原料和化学制品制造人员	医药制造人员	化学纤维制造人员	橡胶和塑料制品制造人员	非金属矿物制品制造人员
珠海市	**42**	**63**	**144**	**2**	**102**	**126**	**2**	**274**	**33**
香洲区	22	38	93	1	38	49		109	18
斗门区	6	7	11	1	5	7		13	7
金湾区	14	18	40		59	70	2	152	8
汕头市	**260**	**117**	**1864**	**2**	**74**	**65**	**1**	**400**	**22**
龙湖区	16	20	116	1	7	15		55	11
金平区	17	46	197	1	28	39	1	121	4
濠江区	117	6	44		12	9		22	4
潮阳区	77	10	68		4	2		4	
潮南区	22	8	34		22			34	3
澄海区	11	27	1405		1			164	
南澳县									
佛山市	**560**	**473**	**1216**	**12**	**326**	**147**	**12**	**2222**	**1010**
禅城区	18	35	39		18	22	1	73	146
南海区	281	182	675	6	121	60	5	684	506
顺德区	231	236	469	5	155	59	3	1350	179
三水区	6	10	17		12	4	1	40	32
高明区	24	10	16	1	20	2	2	75	147
江门市	**187**	**160**	**170**	**1**	**92**	**67**	**9**	**477**	**129**
蓬江区	51	37	58		33	12	1	181	39
江海区	28	15	28		16	23		85	29
新会区	53	12	26		16	10	7	82	12
台山市	11	8	17			11		36	13
开平市	4	4	11		6	8	1	28	4
鹤山市	32	68	29	1	9			59	19
恩平市	8	16	1		12	3		6	13
湛江市	**18**	**37**	**33**	**3**	**8**	**22**	**1**	**197**	**24**
赤坎区	2	7	3			2		4	8
霞山区	1	12	7	3	4	16		5	5
坡头区									1
麻章区	6	2	3		1	2	1	2	
遂溪县									1
徐闻县									
廉江市	5	9	8			1		6	5
雷州市		3	12		1	1		1	
吴川市	4	4			2			179	4
茂名市	**17**	**47**	**129**	**91**	**73**	**32**		**72**	**48**
茂南区	1	18	31	91	60	10		29	14
电白区	3	2	5		7	1		13	3
高州市	6	9	23		3	7		14	4
化州市	4	8	10		2	10		6	13
信宜市	3	10	60		1	4		10	14
肇庆市	**27**	**32**	**582**	**1**	**50**	**30**	**3**	**47**	**51**
端州区	3	13	76	1	4	17	1	17	10
鼎湖区	1	1	13		2			5	12
高要区	2	1	3			1		4	1
广宁县									
怀集县									
封开县									
德庆县									
四会市	21	17	490		44	12	2	21	28
惠州市	**84**	**110**	**464**	**34**	**98**	**34**	**2**	**427**	**308**
惠城区	52	47	65		27	23		209	45
惠阳区	32	63	341	34	70	11	2	218	240
博罗县			58		1				23
惠东县									
龙门县									

4-6a 续表 55 单位：人

地区 性别	生产制造及有关人员								
	纸及纸制品生产加工人员	印刷和记录媒介复制人员	文教、工美、体育和娱乐用品制造人员	石油加工和炼焦、煤化工生产人员	化学原料和化学制品制造人员	医药制造人员	化学纤维制造人员	橡胶和塑料制品制造人员	非金属矿物制品制造人员
梅州市	**6**	**13**	**47**		**6**	**12**	**1**	**19**	**15**
梅江区		7	5		3	6	1	14	5
梅县区	2	3	12		1	2		4	4
大埔县									
丰顺县									
五华县			2						2
平远县									
蕉岭县									
兴宁市	4	3	28		2	4		1	4
汕尾市		**2**	**21**		**1**	**1**		**1**	**6**
城区		2	7		1	1		1	6
海丰县									
陆河县									
陆丰市			14						
河源市	**14**	**28**	**343**	**1**	**9**	**23**	**2**	**89**	**23**
源城区	14	28	343	1	9	23	2	89	23
紫金县									
龙川县									
连平县									
和平县									
东源县									
阳江市	**15**	**29**	**78**	**1**	**4**	**13**	**1**	**64**	**8**
江城区	8	18	15		1	5		30	5
阳东区	6	6	6			2		27	1
阳西县									
阳春市	1	5	57	1	3	6	1	7	2
清远市	**23**	**12**	**122**	**1**	**21**	**20**		**62**	**28**
清城区	18	6	37	1	10	18		46	7
清新区	4	3	56		2			8	8
佛冈县									
阳山县									
连山壮族瑶族自治县									
连南瑶族自治县									
英德市		3	10		2	2		4	7
连州市	1		19		7			4	6
东莞市	**1664**	**1310**	**6225**	**26**	**386**	**108**	**41**	**6415**	**765**
市辖区	1664	1310	6225	26	386	108	41	6415	765
中山市	**258**	**182**	**653**		**145**	**73**	**3**	**850**	**172**
市辖区	258	182	653		145	73	3	850	172
潮州市	**76**	**31**	**145**		**15**	**14**		**158**	**2029**
湘桥区	19	4	83		3	10		22	349
潮安区	57	27	62		12	4		136	1680
饶平县									
揭阳市	**14**	**8**	**446**		**7**	**12**		**84**	**7**
榕城区	9	5	224		1	3		63	1
揭东区	5	1	117		3	4		17	4
揭西县									
惠来县									
普宁市		2	105		3	5		4	2
云浮市	**3**	**4**	**60**		**21**	**14**		**11**	**307**
云城区		3	16		14	2		4	276
云安区					6			2	26
新兴县									
郁南县									
罗定市	3	1	44		1	12		5	5

4−6a 续表 56

单位：人

地区 性别	生产制造及有关人员								
	采矿人员	金属冶炼和压延加工人员	机械制造基础加工人员	金属制品制造人员	通用设备制造人员	专用设备制造人员	汽车制造人员	铁路、船舶、航空设备制造人员	电气机械和器材制造人员
广　东	**723**	**5739**	**65494**	**89748**	**12504**	**10139**	**16268**	**4449**	**59396**
广州市	**77**	**297**	**3450**	**3969**	**1086**	**676**	**4802**	**2070**	**1984**
荔湾区	2	7	66	100	50	13	61	48	29
越秀区		2	17	17	9	17	14	13	23
海珠区	7	10	79	97	38	32	79	39	32
天河区	11	12	108	133	67	47	102	17	32
白云区	9	30	438	588	97	81	210	41	359
黄埔区	16	76	625	325	176	215	1188	491	325
番禺区	4	76	904	1357	374	178	331	35	609
花都区	7	22	358	962	76	40	1063	42	223
南沙区	18	51	681	228	126	42	1180	1239	231
从化区	1	3	22	23	24	1	59	23	52
增城区	2	8	152	139	49	10	515	82	69
韶关市	**50**	**414**	**311**	**135**	**108**	**21**	**32**	**13**	**50**
武江区	5	43	129	45	61	15	15	4	14
浈江区	21	86	98	51	21	2	4	2	6
曲江区	19	270	46	17	16	1	1	2	4
始兴县									
仁化县									
翁源县									
乳源瑶族自治县									
新丰县									
乐昌市	2	10	19	11	7		8	4	17
南雄市	3	5	19	11	3	3	4	1	9
深圳市	**93**	**851**	**19583**	**13899**	**4215**	**5416**	**3724**	**978**	**18017**
罗湖区		13	54	41	7	17	6	5	23
福田区	3	8	37	49	11	28	15		33
南山区	36	16	250	139	92	349	24	49	149
宝安区	15	319	7027	6334	2104	2107	952	222	8859
龙岗区	20	161	4287	3066	617	929	444	60	3254
盐田区	1	2	36	17	8	14			6
龙华区	5	81	3080	1801	629	1160	294	73	1953
坪山区	8	61	917	879	107	184	1770	94	429
光明区	5	190	3895	1573	640	628	219	475	3311
珠海市	**15**	**79**	**900**	**726**	**282**	**352**	**263**	**64**	**2066**
香洲区	4	23	498	298	179	283	147	14	1428
斗门区	4	18	143	73	30	35	28	18	414
金湾区	7	38	259	355	73	34	88	32	224
汕头市	**21**	**27**	**443**	**485**	**117**	**65**	**191**	**12**	**86**
龙湖区	5	4	66	91	9	19	21	1	14
金平区	4	16	131	173	60	27	25	9	37
濠江区	10	1	14	44	1	2	118		3
潮阳区	1	4	29	89	5	6	2		3
潮南区	1	1	88	50	5	3	23		25
澄海区		1	115	38	37	8	2	2	4
南澳县									
佛山市	**51**	**1780**	**11736**	**21545**	**1858**	**777**	**2053**	**177**	**15271**
禅城区	1	74	414	851	116	34	140	10	206
南海区	34	905	5617	12568	534	438	1121	56	1677
顺德区	9	418	5074	7377	1124	259	649	102	13052
三水区	7	183	249	335	30	29	60	7	132
高明区		200	382	414	54	17	83	2	204

4-6a 续表 57　　　　单位：人

地区 性别	生产制造及有关人员								
	采矿人员	金属冶炼和压延加工人员	机械制造基础加工人员	金属制品制造人员	通用设备制造人员	专用设备制造人员	汽车制造人员	铁路、船舶、航空设备制造人员	电气机械和器材制造人员
江门市	**14**	**213**	**1844**	**3729**	**289**	**115**	**419**	**511**	**2635**
蓬江区	3	104	759	1538	81	28	121	308	746
江海区	1	29	419	617	73	35	177	132	1524
新会区	2	18	200	494	52	22	17	48	122
台山市	5	32	241	432	53	7	76	1	119
开平市	3	9	52	265	7	8	14	1	20
鹤山市		17	110	275	17	8	11	20	86
恩平市		4	63	108	6	7	3	1	18
湛江市	**103**	**172**	**348**	**191**	**49**	**20**	**53**	**22**	**459**
赤坎区	13	16	36	31	10	5	30	2	14
霞山区	23	71	94	26	15	4	7	12	14
坡头区	54	46	31	5	3	1		3	
麻章区		26	25	16	8	2	9	2	5
遂溪县	2	1	1	2					
徐闻县									
廉江市	3	3	70	57	5	2	4		413
雷州市	4	8	43	19	3		2	3	7
吴川市	4	1	48	35	5	6	1		6
茂名市	**51**	**46**	**289**	**290**	**46**	**20**	**17**	**2**	**133**
茂南区	33	9	165	56	27	8	8	1	17
电白区	6	5	10	31	1	3	1		92
高州市	8	21	43	54	2	5	2		4
化州市		7	36	83	6	1	3		12
信宜市	4	4	35	66	10	3	3	1	8
肇庆市	**12**	**309**	**487**	**808**	**155**	**43**	**287**	**10**	**142**
端州区	6	22	100	189	56	15	77	5	47
鼎湖区	2	2	29	36	8		37	1	4
高要区		7	110	54	1		18	2	7
广宁县									
怀集县									
封开县									
德庆县									
四会市	4	278	248	529	90	28	155	2	84
惠州市	**87**	**69**	**2235**	**1777**	**295**	**152**	**1953**	**38**	**2172**
惠城区	19	26	707	929	143	96	444	15	1283
惠阳区	60	43	1448	811	151	56	1509	23	889
博罗县	8		80	37	1				
惠东县									
龙门县									
梅州市	**17**	**22**	**144**	**124**	**33**	**9**	**38**	**22**	**24**
梅江区	9	8	48	41	23	4	16	21	10
梅县区	7	6	33	52	3	3	17		2
大埔县									
丰顺县									
五华县	1		5	3	1	1			7
平远县									
蕉岭县									
兴宁市		8	58	28	6	1	5	1	5
汕尾市	**4**	**8**	**35**	**48**	**8**	**10**	**4**	**10**	**3**
城区	4	2	22	15	8	8	4	10	2
海丰县									
陆河县									
陆丰市		6	13	33		2			1

4-6a　续表 58

单位：人

地区 性别	生产制造及有关人员								
	采矿人员	金属冶炼和压延加工人员	机械制造基础加工人员	金属制品制造人员	通用设备制造人员	专用设备制造人员	汽车制造人员	铁路、船舶、航空设备制造人员	电气机械和器材制造人员
河源市	**6**	**54**	**136**	**181**	**25**	**38**	**14**	**2**	**48**
源城区	6	54	136	181	25	38	14	2	48
紫金县									
龙川县									
连平县									
和平县									
东源县									
阳江市	**8**	**143**	**629**	**2558**	**73**	**6**	**12**	**2**	**52**
江城区	4	10	329	1352	30	4	8	2	16
阳东区	1	8	238	1137	14		1		9
阳西县									
阳春市	3	125	62	69	29	2	3		27
清远市	**17**	**82**	**178**	**301**	**32**	**24**	**57**	**5**	**89**
清城区	4	67	86	114	11	11	18	3	46
清新区		8	61	123	17	8	32	2	38
佛冈县									
阳山县									
连山壮族瑶族自治县									
连南瑶族自治县									
英德市	8	3	19	24	2	4	5		2
连州市	5	4	12	40	2	1	2		3
东莞市	**39**	**889**	**17649**	**30055**	**3070**	**2091**	**1890**	**474**	**8912**
市辖区	39	889	17649	30055	3070	2091	1890	474	8912
中山市	**11**	**179**	**3837**	**5976**	**622**	**273**	**413**	**33**	**6547**
市辖区	11	179	3837	5976	622	273	413	33	6547
潮州市	**8**	**22**	**692**	**1287**	**60**	**17**	**1**	**2**	**296**
湘桥区	4	15	87	77	20	9	1		281
潮安区	4	7	605	1210	40	8		2	15
饶平县									
揭阳市	**9**	**81**	**509**	**1576**	**68**	**9**	**10**	**2**	**378**
榕城区	9	29	312	741	34	2	2	1	321
揭东区		42	117	809	34	6	4		49
揭西县									
惠来县									
普宁市		10	80	26		1	4	1	8
云浮市	**30**	**2**	**59**	**88**	**13**	**5**	**35**		**32**
云城区	28		18	46	9	2	23		3
云安区	1			1	1				
新兴县									
郁南县									
罗定市	1	2	41	41	3	3	12		29
男	**607**	**4722**	**53794**	**63278**	**9121**	**6203**	**11356**	**3531**	**34769**
广州市	**56**	**253**	**2984**	**2925**	**880**	**433**	**3770**	**1776**	**1269**
荔湾区	1	5	60	69	47	11	58	47	19
越秀区		2	15	13	8	15	11	11	15
海珠区	5	4	67	71	32	19	69	36	28
天河区	6	10	98	112	48	36	88	17	21
白云区	6	22	365	430	81	58	159	40	230
黄埔区	11	67	543	238	136	130	889	420	226
番禺区	4	69	800	994	314	104	228	32	356
花都区	7	19	316	714	59	21	794	34	146
南沙区	13	45	564	163	95	29	1016	1055	144
从化区	1	3	21	21	18	1	53	18	30
增城区	2	7	135	100	42	9	405	66	54

4－6a 续表 59 单位：人

地区 性别	生产制造及有关人员 采矿人员	金属冶炼和压延加工人员	机械制造基础加工人员	金属制品制造人员	通用设备制造人员	专用设备制造人员	汽车制造人员	铁路、船舶、航空设备制造人员	电气机械和器材制造人员
韶关市	**39**	**348**	**264**	**98**	**88**	**15**	**24**	**12**	**24**
武江区	5	35	103	38	48	11	10	4	7
浈江区	15	71	86	31	17	1	2	2	3
曲江区	15	228	40	15	14	1	1	2	3
始兴县									
仁化县									
翁源县									
乳源瑶族自治县									
新丰县									
乐昌市	1	9	18	7	6		8	4	6
南雄市	3	5	17	7	3	2	3		5
深圳市	**83**	**674**	**16222**	**10170**	**2975**	**3321**	**2562**	**707**	**10132**
罗湖区		11	51	33	5	11	5	5	14
福田区	2	8	36	36	9	12	10		21
南山区	32	13	229	102	65	162	19	42	102
宝安区	15	246	5875	4607	1496	1274	548	159	4915
龙岗区	18	132	3387	2166	435	590	300	44	1753
盐田区	1	1	32	15	5	10			4
龙华区	4	66	2635	1406	425	736	199	49	1192
坪山区	6	43	752	602	77	107	1339	70	238
光明区	5	154	3225	1203	458	419	142	338	1893
珠海市	**12**	**59**	**737**	**487**	**156**	**190**	**179**	**52**	**1286**
香洲区	3	16	422	206	91	149	101	11	889
斗门区	4	16	121	50	21	22	20	16	263
金湾区	5	27	194	231	44	19	58	25	134
汕头市	**19**	**25**	**375**	**409**	**96**	**43**	**83**	**8**	**65**
龙湖区	4	3	57	80	8	15	13		11
金平区	4	15	120	134	52	18	10	7	26
濠江区	9	1	14	37	1	1	41		3
潮阳区	1	4	27	84	4	2			1
潮南区	1	1	49	42	4	2	18		20
澄海区		1	108	32	27	5	1	1	4
南澳县									
佛山市	**44**	**1496**	**9690**	**14910**	**1392**	**535**	**1483**	**123**	**9213**
禅城区		62	336	684	80	24	106	7	116
南海区	30	770	4692	8929	429	285	854	40	991
顺德区	7	337	4123	4791	818	192	420	68	7904
三水区	7	165	231	199	22	22	46	7	78
高明区		162	308	307	43	12	57	1	124
江门市	**9**	**166**	**1493**	**2405**	**222**	**71**	**267**	**380**	**1414**
蓬江区	2	71	584	988	63	17	73	225	377
江海区		26	341	396	57	17	106	95	827
新会区	1	17	172	309	37	13	9	43	63
台山市	4	28	204	280	39	6	60	1	70
开平市	2	6	45	186	7	6	10	1	16
鹤山市		14	94	167	15	6	8	14	49
恩平市		4	53	79	4	6	1	1	12
湛江市	**93**	**157**	**309**	**147**	**42**	**17**	**36**	**19**	**234**
赤坎区	8	15	31	19	9	5	21	2	9
霞山区	20	70	89	23	13	3	4	10	8
坡头区	53	43	30	5	3	1		3	
麻章区		16	24	14	5	2	7	1	4
遂溪县	2	1	1	2					
徐闻县									
廉江市	2	3	52	36	5	1	2		200
雷州市	4	8	40	17	3		1	3	7
吴川市	4	1	42	31	4	5	1		6

4−6a　续表 60　　　　　　　　　　　　　　　　　　　　　　　　　单位：人

地　区 性　别	生产制造及有关人员								
	采矿人员	金属冶炼和压延加工人员	机械制造基础加工人员	金属制品制造人员	通用设备制造人员	专用设备制造人员	汽车制造人员	铁路、船舶、航空设备制造人员	电气机械和器材制造人员
茂名市	**40**	**31**	**261**	**217**	**42**	**12**	**10**	**2**	**77**
茂南区	25	9	151	40	24	5	6	1	14
电白区	5	3	10	26	1	2	1		50
高州市	6	11	36	38	2	2	2		3
化州市		6	34	65	5	1			7
信宜市	4	2	30	48	10	2	1	1	3
肇庆市	**10**	**243**	**377**	**575**	**112**	**29**	**207**	**10**	**82**
端州区	5	13	78	128	42	9	54	5	25
鼎湖区	1	2	22	20	7		19	1	2
高要区		5	86	32	1		10	2	4
广宁县									
怀集县									
封开县									
德庆县									
四会市	4	223	191	395	62	20	124	2	51
惠州市	**74**	**54**	**1774**	**1299**	**223**	**99**	**1170**	**26**	**1441**
惠城区	13	23	567	672	107	66	259	10	768
惠阳区	58	31	1148	599	115	33	911	16	673
博罗县	3		59	28	1				
惠东县									
龙门县									
梅州市	**15**	**19**	**116**	**92**	**23**	**4**	**33**	**21**	**17**
梅江区	9	6	42	31	14	2	15	20	7
梅县区	6	6	29	38	2	1	14		2
大埔县									
丰顺县									
五华县			5	3	1				4
平远县									
蕉岭县									
兴宁市		7	40	20	6	1	4	1	4
汕尾市	**4**	**7**	**33**	**43**	**7**	**9**	**3**	**9**	**3**
城　区	4	2	21	14	7	8	3	9	2
海丰县									
陆河县									
陆丰市		5	12	29		1			1
河源市	**6**	**53**	**114**	**149**	**21**	**18**	**6**	**2**	**19**
源城区	6	53	114	149	21	18	6	2	19
紫金县									
龙川县									
连平县									
和平县									
东源县									
阳江市	**7**	**117**	**498**	**1545**	**51**	**4**	**10**	**2**	**31**
江城区	3	5	273	790	24	3	8	2	11
阳东区	1	5	171	704	8		1		4
阳西县									
阳春市	3	107	54	51	19	1	1		16
清远市	**15**	**73**	**166**	**237**	**30**	**13**	**48**	**3**	**67**
清城区	4	58	78	86	11	6	16	2	36
清新区		8	59	99	15	6	27	1	28
佛冈县									
阳山县									
连山壮族瑶族自治县									
连南瑶族自治县									
英德市	7	3	17	21	2	1	3		1
连州市	4	4	12	31	2		2		2

4-6a 续表 61 单位：人

地区 性别	生产制造及有关人员								
	采矿人员	金属冶炼和压延加工人员	机械制造基础加工人员	金属制品制造人员	通用设备制造人员	专用设备制造人员	汽车制造人员	铁路、船舶、航空设备制造人员	电气机械和器材制造人员
东莞市	**32**	**707**	**14203**	**21336**	**2234**	**1198**	**1182**	**353**	**5215**
市辖区	32	707	14203	21336	2234	1198	1182	353	5215
中山市	**9**	**143**	**3122**	**3879**	**403**	**165**	**249**	**23**	**3847**
市辖区	9	143	3122	3879	403	165	249	23	3847
潮州市	**7**	**17**	**566**	**983**	**49**	**15**	**1**	**2**	**140**
湘桥区	3	10	76	57	15	8	1		131
潮安区	4	7	490	926	34	7		2	9
饶平县									
揭阳市	**8**	**78**	**436**	**1294**	**63**	**8**	**7**	**1**	**174**
榕城区	8	29	296	608	32	2	1		134
揭东区		40	107	662	31	6	4		35
揭西县									
惠来县									
普宁市		9	33	24			2	1	5
云浮市	**25**	**2**	**54**	**78**	**12**	**4**	**26**		**19**
云城区	23		17	42	9	2	23		3
云安区	1			1	1				
新兴县									
郁南县									
罗定市	1	2	37	35	2	2	3		16
女	**116**	**1017**	**11700**	**26470**	**3383**	**3936**	**4912**	**918**	**24627**
广州市	**21**	**44**	**466**	**1044**	**206**	**243**	**1032**	**294**	**715**
荔湾区	1	2	6	31	3	2	3	1	10
越秀区			2	4	1	2	3	2	8
海珠区	2	6	12	26	6	13	10	3	4
天河区	5	2	10	21	19	11	14		11
白云区	3	8	73	158	16	23	51	1	129
黄埔区	5	9	82	87	40	85	299	71	99
番禺区		7	104	363	60	74	103	3	253
花都区		3	42	248	17	19	269	8	77
南沙区	5	6	117	65	31	13	164	184	87
从化区			1	2	6		6	5	22
增城区		1	17	39	7	1	110	16	15
韶关市	**11**	**66**	**47**	**37**	**20**	**6**	**8**	**1**	**26**
武江区		8	26	7	13	4	5		7
浈江区	6	15	12	20	4	1	2		3
曲江区	4	42	6	2	2				1
始兴县									
仁化县									
翁源县									
乳源瑶族自治县									
新丰县									
乐昌市	1	1	1	4	1				11
南雄市			2	4		1	1	1	4
深圳市	**10**	**177**	**3361**	**3729**	**1240**	**2095**	**1162**	**271**	**7885**
罗湖区		2	3	8	2	6	1		9
福田区	1		1	13	2	16	5		12
南山区	4	3	21	37	27	187	5	7	47
宝安区		73	1152	1727	608	833	404	63	3944
龙岗区	2	29	900	900	182	339	144	16	1501
盐田区		1	4	2	3	4			2
龙华区	1	15	445	395	204	424	95	24	761
坪山区	2	18	165	277	30	77	431	24	191
光明区		36	670	370	182	209	77	137	1418

4—6a　续表 62　　　　　　　　　　　　　　　　　　　　　　　　　　　　单位：人

地　区 性　别	生产制造及有关人员								
	采矿人员	金属冶炼和压延加工人员	机械制造基础加工人员	金属制品制造人员	通用设备制造人员	专用设备制造人员	汽车制造人员	铁路、船舶、航空设备制造人员	电气机械和器材制造人员
珠海市	**3**	**20**	**163**	**239**	**126**	**162**	**84**	**12**	**780**
香洲区	1	7	76	92	88	134	46	3	539
斗门区		2	22	23	9	13	8	2	151
金湾区	2	11	65	124	29	15	30	7	90
汕头市	**2**	**2**	**68**	**76**	**21**	**22**	**108**	**4**	**21**
龙湖区	1	1	9	11	1	4	8	1	3
金平区		1	11	39	8	9	15	2	11
濠江区	1			7		1	77		
潮阳区			2	5	1	4	2		2
潮南区			39	8	1	1	5		5
澄海区			7	6	10	3	1	1	
南澳县									
佛山市	**7**	**284**	**2046**	**6635**	**466**	**242**	**570**	**54**	**6058**
禅城区	1	12	78	167	36	10	34	3	90
南海区	4	135	925	3639	105	153	267	16	686
顺德区	2	81	951	2586	306	67	229	34	5148
三水区		18	18	136	8	7	14		54
高明区		38	74	107	11	5	26	1	80
江门市	**5**	**47**	**351**	**1324**	**67**	**44**	**152**	**131**	**1221**
蓬江区	1	33	175	550	18	11	48	83	369
江海区	1	3	78	221	16	18	71	37	697
新会区	1	1	28	185	15	9	8	5	59
台山市	1	4	37	152	14	1	16		49
开平市	1	3	7	79		2	4		4
鹤山市		3	16	108	2	2	3	6	37
恩平市			10	29	2	1	2		6
湛江市	**10**	**15**	**39**	**44**	**7**	**3**	**17**	**3**	**225**
赤坎区	5	1	5	12	1		9		5
霞山区	3	1	5	3	2	1	3	2	6
坡头区	1	3	1						
麻章区		10	1	2	3		2	1	1
遂溪县									
徐闻县									
廉江市	1		18	21		1	2		213
雷州市			3	2			1		
吴川市			6	4	1	1			
茂名市	**11**	**15**	**28**	**73**	**4**	**8**	**7**		**56**
茂南区	8		14	16	3	3	2		3
电白区	1	2		5		1			42
高州市	2	10	7	16		3			1
化州市		1	2	18	1		3		5
信宜市		2	5	18		1	2		5
肇庆市	**2**	**66**	**110**	**233**	**43**	**14**	**80**		**60**
端州区	1	9	22	61	14	6	23		22
鼎湖区	1		7	16	1		18		2
高要区		2	24	22			8		3
广宁县									
怀集县									
封开县									
德庆县									
四会市		55	57	134	28	8	31		33
惠州市	**13**	**15**	**461**	**478**	**72**	**53**	**783**	**12**	**731**
惠城区	6	3	140	257	36	30	185	5	515
惠阳区	2	12	300	212	36	23	598	7	216
博罗县	5		21	9					
惠东县									
龙门县									

4-6a　续表 63　　　　单位：人

地　区 性　别	生产制造及有关人员								
	采矿人员	金属冶炼和压延加工人员	机械制造基础加工人员	金属制品制造人员	通用设备制造人员	专用设备制造人员	汽车制造人员	铁路、船舶、航空设备制造人员	电气机械和器材制造人员
梅州市	**2**	**3**	**28**	**32**	**10**	**5**	**5**	**1**	**7**
梅江区		2	6	10	9	2	1	1	3
梅县区	1		4	14	1	2	3		
大埔县									
丰顺县									
五华县	1					1			3
平远县									
蕉岭县									
兴宁市		1	18	8			1		1
汕尾市		**1**	**2**	**5**	**1**	**1**	**1**	**1**	
城　区			1	1	1		1	1	
海丰县									
陆河县									
陆丰市		1	1	4		1			
河源市		**1**	**22**	**32**	**4**	**20**	**8**		**29**
源城区		1	22	32	4	20	8		29
紫金县									
龙川县									
连平县									
和平县									
东源县									
阳江市	**1**	**26**	**131**	**1013**	**22**	**2**	**2**		**21**
江城区	1	5	56	562	6	1			5
阳东区		3	67	433	6				5
阳西县									
阳春市		18	8	18	10	1	2		11
清远市	**2**	**9**	**12**	**64**	**2**	**11**	**9**	**2**	**22**
清城区		9	8	28		5	2	1	10
清新区			2	24	2	2	5	1	10
佛冈县									
阳山县									
连山壮族瑶族自治县									
连南瑶族自治县									
英德市	1		2	3		3	2		1
连州市	1			9		1			1
东莞市	**7**	**182**	**3446**	**8719**	**836**	**893**	**708**	**121**	**3697**
市辖区	7	182	3446	8719	836	893	708	121	3697
中山市	**2**	**36**	**715**	**2097**	**219**	**108**	**164**	**10**	**2700**
市辖区	2	36	715	2097	219	108	164	10	2700
潮州市	**1**	**5**	**126**	**304**	**11**	**2**			**156**
湘桥区	1	5	11	20	5	1			150
潮安区			115	284	6	1			6
饶平县									
揭阳市	**1**	**3**	**73**	**282**	**5**	**1**	**3**	**1**	**204**
榕城区	1		16	133	2		1	1	187
揭东区		2	10	147	3				14
揭西县									
惠来县									
普宁市		1	47	2		1	2		3
云浮市	**5**		**5**	**10**	**1**	**1**	**9**		**13**
云城区	5		1	4					
云安区									
新兴县									
郁南县									
罗定市			4	6	1	1	9		13

4-6a　续表 64　　　　单位：人

地　区 性　别	生产制造及有关人员								不便分类的其他从业人员
	计算机、通信和其他电子设备制造人员	仪器仪表制造人员	废弃资源综合利用人员	电力、热力、气体、水生产和输配人员	建筑施工人员	运输设备和通用工程机械操作人员及有关人员	生产辅助人员	其他生产制造及有关人员	
广　东	**250787**	**4104**	**1734**	**2220**	**206852**	**17288**	**240125**	**6892**	**4397**
广州市	**13489**	**322**	**232**	**304**	**28280**	**2787**	**23604**	**775**	**1042**
荔湾区	189	3	16	26	1305	108	808	18	49
越秀区	34	83	4	25	627	58	490	1	41
海珠区	209	6	63	22	2282	148	1185	16	144
天河区	1318	8	16	23	3765	277	1645	44	48
白云区	1013	64	42	34	5483	440	6569	20	86
黄埔区	5128	86	13	53	3255	586	3418	310	487
番禺区	2629	44	47	49	5752	364	4090	150	50
花都区	1279	17	8	16	1920	286	2956	103	117
南沙区	1388	7	13	20	2064	386	1640	45	3
从化区	30			9	362	21	169	2	11
增城区	272	4	10	27	1465	113	634	66	6
韶关市	**310**	**5**	**13**	**136**	**2981**	**335**	**1171**	**36**	**9**
武江区	75		2	28	1290	95	375	15	5
浈江区	95	1	4	32	688	83	242	9	1
曲江区	47	1	6	43	335	107	375	9	
始兴县									
仁化县									
翁源县									
乳源瑶族自治县									
新丰县									
乐昌市	25			18	379	22	91	2	
南雄市	68	3	1	15	289	28	88	1	3
深圳市	**87524**	**2093**	**212**	**515**	**51796**	**5103**	**85766**	**2118**	**980**
罗湖区	158	13	5	20	2905	121	883	7	23
福田区	906	2	5	38	3407	157	1254	103	97
南山区	2115	56	12	41	5184	520	2457	9	57
宝安区	36817	943	83	176	11624	1352	32111	1228	128
龙岗区	14638	369	59	93	12104	1091	17458	451	558
盐田区	338	3	5	10	744	195	360	8	6
龙华区	21788	356	13	53	7593	833	16284	168	43
坪山区	3593	81	10	31	2453	254	3407	29	68
光明区	7171	270	20	53	5782	580	11552	115	
珠海市	**5495**	**100**	**35**	**54**	**6755**	**480**	**4897**	**77**	**221**
香洲区	3149	85	20	33	4687	301	2724	40	158
斗门区	1257	7	10	13	972	83	839	2	3
金湾区	1089	8	5	8	1096	96	1334	35	60
汕头市	**1504**	**12**	**24**	**54**	**7497**	**235**	**4680**	**136**	**96**
龙湖区	481	1	9	6	2093	55	825	51	6
金平区	305	10	6	39	1316	98	1041	30	10
濠江区	173			2	1342	31	267	11	20
潮阳区	26			3	1944	8	187	5	
潮南区	429		5	3	463	34	1563	30	51
澄海区	90	1	4	1	339	9	797	9	9
南澳县									
佛山市	**12110**	**123**	**514**	**204**	**24257**	**2107**	**29352**	**450**	**919**
禅城区	1105	13	22	12	3133	96	1538	21	128
南海区	5208	89	411	86	7571	960	13354	220	679
顺德区	5250	20	72	63	10736	708	12047	183	86
三水区	188		6	17	1447	121	877	13	1
高明区	359	1	3	26	1370	222	1536	13	25

4－6a 续表 65 单位：人

地区 性别	生产制造及有关人员								不便分类的其他从业人员
	计算机、通信和其他电子设备制造人员	仪器仪表制造人员	废弃资源综合利用人员	电力、热力、气体、水生产和输配人员	建筑施工人员	运输设备和通用工程机械操作人员及有关人员	生产辅助人员	其他生产制造及有关人员	
江门市	**3862**	**25**	**40**	**128**	**8632**	**535**	**6345**	**247**	**52**
蓬江区	939	2	8	33	1949	107	2023	96	12
江海区	832	17	3	18	1471	106	1252	26	
新会区	301	3	8	28	1414	97	900	66	
台山市	402	3	2	21	1225	94	620	28	12
开平市	282		17	10	1259	48	366	27	16
鹤山市	125		2	13	707	59	877	2	9
恩平市	981			5	607	24	307	2	3
湛江市	**385**	**8**	**14**	**62**	**5344**	**564**	**1675**	**21**	**44**
赤坎区	71	1	4	17	760	86	294	9	12
霞山区	35	3	1	23	1284	268	651	8	14
坡头区	12	2		6	406	32	109		
麻章区	9			6	289	73	189	2	6
遂溪县	1	1	1		32	6	11	1	6
徐闻县									
廉江市	150		2	6	654	30	110	1	3
雷州市	88	1		1	753	42	93		2
吴川市	19		6	3	1166	27	218		1
茂名市	**818**	**13**	**15**	**102**	**7624**	**353**	**1112**	**29**	**51**
茂南区	113	7	4	80	2377	132	632	10	11
电白区	56	1		7	1295	45	149		9
高州市	159	2	2	2	940	42	127	3	9
化州市	107		9	5	1662	60	130	9	17
信宜市	383	3		8	1350	74	74	7	5
肇庆市	**1087**	**26**	**15**	**50**	**3610**	**236**	**1729**	**70**	**57**
端州区	608	4	4	24	1087	67	505	7	7
鼎湖区	42	1	2	1	773	41	179		1
高要区	41			1	219	10	117	1	3
广宁县									
怀集县									
封开县									
德庆县									
四会市	396	21	9	24	1531	118	928	62	46
惠州市	**18115**	**71**	**60**	**62**	**9363**	**671**	**10105**	**173**	**188**
惠城区	6495	21	45	43	5343	310	4923	97	162
惠阳区	11497	50	15	19	3978	356	5076	76	25
博罗县	123				42	5	106		1
惠东县									
龙门县									
梅州市	**1370**	**5**	**11**	**57**	**3936**	**188**	**545**	**25**	**44**
梅江区	813		11	25	1271	71	277	12	2
梅县区	283			27	1714	57	158	9	38
大埔县									
丰顺县									
五华县	13	2			84	19	3	1	1
平远县									
蕉岭县									
兴宁市	261	3		5	867	41	107	3	3
汕尾市	**1034**		**3**	**39**	**1712**	**40**	**146**	**9**	**6**
城区	998		1	36	929	33	110	6	3
海丰县									
陆河县									
陆丰市	36		2	3	783	7	36	3	3

4–6a　续表 66　　　　单位：人

地　区 性　别	生产制造及有关人员 计算机、通信和其他电子设备制造人　员	仪器仪表制造人员	废弃资源综合利用人　员	电力、热力、气体、水生产和输配人员	建筑施工人　员	运输设备和通用工程机械操作人员及有关人员	生产辅助人　员	其他生产制造及有关人员	不便分类的其他从业人员
河源市	**748**	**5**	**6**	**21**	**2474**	**186**	**605**	**25**	**23**
源城区	748	5	6	21	2474	186	605	25	23
紫金县									
龙川县									
连平县									
和平县									
东源县									
阳江市	**251**	**3**	**12**	**38**	**4186**	**200**	**3117**	**22**	**161**
江城区	101	2	7	15	2215	97	1571	7	120
阳东区	50		2	1	1001	34	1309	3	14
阳西县									
阳春市	100	1	3	22	970	69	237	12	27
清远市	**447**	**7**	**27**	**50**	**4780**	**243**	**1034**	**47**	**47**
清城区	234		20	18	2570	120	478	13	3
清新区	88	5	4	6	923	54	311	25	37
佛冈县									
阳山县									
连山壮族瑶族自治县									
连南瑶族自治县									
英德市	75			7	759	36	155	1	7
连州市	50	2	3	19	528	33	90	8	
东莞市	**92170**	**1193**	**340**	**226**	**18461**	**2161**	**48094**	**1879**	**244**
市辖区	92170	1193	340	226	18461	2161	48094	1879	244
中山市	**8679**	**85**	**67**	**54**	**6803**	**492**	**10331**	**500**	**26**
市辖区	8679	85	67	54	6803	492	10331	500	26
潮州市	**404**	**4**	**25**	**22**	**1802**	**100**	**2933**	**32**	**83**
湘桥区	323	4	4	12	1032	51	561	24	75
潮安区	81		21	10	770	49	2372	8	8
饶平县									
揭阳市	**507**	**2**	**58**	**10**	**4699**	**141**	**2299**	**206**	**96**
榕城区	388		45	5	2901	65	1189	152	5
揭东区	52	2	7	5	813	39	416	37	83
揭西县									
惠来县									
普宁市	67		6		985	37	694	17	8
云浮市	**478**	**2**	**11**	**32**	**1860**	**131**	**585**	**15**	**8**
云城区	35	1	8	23	1033	81	363	4	4
云安区			1	4	49	18	44		
新兴县									
郁南县									
罗定市	443	1	2	5	778	32	178	11	4
男	**152520**	**2327**	**1251**	**1937**	**183005**	**16101**	**138227**	**4227**	**2645**
广州市	**8098**	**174**	**162**	**259**	**25219**	**2619**	**14725**	**484**	**628**
荔湾区	109	2	12	20	1165	105	565	15	26
越秀区	28	55	2	21	574	54	404	1	25
海珠区	139	3	45	18	2106	135	826	13	83
天河区	830	7	13	19	3348	258	1168	39	29
白云区	618	32	31	30	4996	426	3618	10	47
黄埔区	3226	35	9	46	2907	534	2363	189	302
番禺区	1414	21	33	44	5123	346	2375	84	27
花都区	808	11	5	15	1643	278	1781	65	78
南沙区	743	4	6	16	1776	354	1053	29	1
从化区	14			6	327	21	116	1	6
增城区	169	4	6	24	1254	108	456	38	4

4-6a 续表 67

单位：人

地区 性别	生产制造及有关人员：计算机、通信和其他电子设备制造人员	仪器仪表制造人员	废弃资源综合利用人员	电力、热力、气体、水生产和输配人员	建筑施工人员	运输设备和通用工程机械操作人员及有关人员	生产辅助人员	其他生产制造及有关人员	不便分类的其他从业人员
韶关市	**133**	**5**	**10**	**107**	**2522**	**269**	**844**	**23**	**6**
武江区	33		1	22	1097	78	233	10	3
浈江区	41	1	3	23	580	71	180	7	1
曲江区	22	1	5	35	281	74	298	5	
始兴县									
仁化县									
翁源县									
乳源瑶族自治县									
新丰县									
乐昌市	3			12	326	19	70	1	
南雄市	34	3	1	15	238	27	63		2
深圳市	**53661**	**1116**	**173**	**473**	**48096**	**4780**	**47684**	**1224**	**587**
罗湖区	96	5	3	19	2647	111	690	7	16
福田区	509	1	3	34	3111	145	886	63	54
南山区	1279	34	7	37	4777	478	1698	7	28
宝安区	21803	529	69	166	10914	1269	16688	702	72
龙岗区	8731	188	49	86	11238	1023	9923	257	338
盐田区	244	3	4	9	687	190	240	5	5
龙华区	14920	196	10	45	7093	783	9700	87	26
坪山区	1976	33	9	26	2240	243	1872	17	48
光明区	4103	127	19	51	5389	538	5987	79	
珠海市	**3090**	**49**	**26**	**50**	**5940**	**447**	**3025**	**39**	**127**
香洲区	1743	44	14	31	4203	280	1706	15	88
斗门区	752	3	7	12	800	76	495	2	2
金湾区	595	2	5	7	937	91	824	22	37
汕头市	**977**	**5**	**19**	**51**	**6939**	**225**	**2892**	**79**	**64**
龙湖区	271	1	5	6	1882	52	455	34	6
金平区	201	3	5	37	1229	94	526	14	7
濠江区	104			2	1284	31	151	5	11
潮阳区	20			3	1878	6	134	2	
潮南区	331		5	2	365	34	1105	18	36
澄海区	50	1	4	1	301	8	521	6	4
南澳县									
佛山市	**7327**	**72**	**327**	**181**	**20701**	**1971**	**18036**	**299**	**549**
禅城区	590	9	17	10	2721	89	1110	13	79
南海区	3384	50	260	77	6478	904	7935	147	397
顺德区	3038	12	44	55	9159	654	7434	119	56
三水区	113		4	15	1193	114	585	8	1
高明区	202	1	2	24	1150	210	972	12	16
江门市	**2160**	**11**	**31**	**114**	**7386**	**497**	**3677**	**153**	**35**
蓬江区	546	2	8	29	1611	98	1164	64	8
江海区	481	8	1	17	1224	102	649	16	
新会区	141	1	6	24	1228	84	567	41	
台山市	238		2	19	1019	86	348	15	8
开平市	172		13	8	1159	46	229	15	7
鹤山市	91		1	12	598	57	533	1	9
恩平市	491			5	547	24	187	1	3
湛江市	**223**	**7**	**8**	**54**	**4651**	**529**	**1316**	**11**	**31**
赤坎区	41	1	2	15	637	81	225	5	8
霞山区	25	3	1	18	1135	255	545	5	11
坡头区	8	2		6	349	27	95		
麻章区	6			5	259	66	161	1	3
遂溪县	1				26	5	8		3
徐闻县									
廉江市	76		1	6	573	30	75		3
雷州市	54	1		1	627	38	76		2
吴川市	12		4	3	1045	27	131		1

4-6a 续表 68

单位：人

地 区 性 别	生产制造及有关人员								不便分类的其他从业人员
	计算机、通信和其他电子设备制造人员	仪器仪表制造人员	废弃资源综合利用人员	电力、热力、气体、水生产和输配人员	建筑施工人员	运输设备和通用工程机械操作人员及有关人员	生产辅助人员	其他生产制造及有关人员	
茂名市	**413**	**9**	**11**	**85**	**6408**	**328**	**778**	**16**	**26**
茂南区	73	6	4	68	2000	119	455	6	7
电白区	28			6	1084	39	95		2
高州市	106	2	2	2	755	41	85	3	4
化州市	62		5	4	1415	57	90	4	9
信宜市	144	1		5	1154	72	53	3	4
肇庆市	**592**	**13**	**8**	**39**	**3067**	**222**	**1107**	**48**	**32**
端州区	305	4	1	20	910	64	329	5	4
鼎湖区	22	1	1	1	652	38	127		1
高要区	23				187	9	72		
广宁县									
怀集县									
封开县									
德庆县									
四会市	242	8	6	18	1318	111	579	43	27
惠州市	**11812**	**49**	**43**	**54**	**8109**	**625**	**6020**	**110**	**113**
惠城区	3907	16	33	37	4644	286	2852	61	92
惠阳区	7837	33	10	17	3428	334	3114	49	20
博罗县	68				37	5	54		1
惠东县									
龙门县									
梅州市	**617**	**1**	**6**	**41**	**3148**	**164**	**362**	**13**	**32**
梅江区	403		6	17	1049	65	185	4	2
梅县区	131			22	1294	45	104	6	28
大埔县									
丰顺县									
五华县	6				63	17	2		
平远县									
蕉岭县									
兴宁市	77	1		2	742	37	71	3	2
汕尾市	**671**		**3**	**38**	**1519**	**39**	**106**	**8**	**5**
城 区	646		1	36	863	32	82	5	3
海丰县									
陆河县									
陆丰市	25		2	2	656	7	24	3	2
河源市	**342**	**1**	**5**	**19**	**2138**	**180**	**380**	**6**	**11**
源城区	342	1	5	19	2138	180	380	6	11
紫金县									
龙川县									
连平县									
和平县									
东源县									
阳江市	**152**	**3**	**9**	**31**	**3625**	**185**	**1287**	**11**	**80**
江城区	70	2	6	12	1947	90	624	4	59
阳东区	31		1	1	875	32	506	1	4
阳西县									
阳春市	51	1	2	18	803	63	157	6	17
清远市	**255**		**20**	**41**	**4126**	**228**	**715**	**29**	**30**
清城区	143		15	18	2215	112	354	8	2
清新区	50		3	3	814	50	194	17	24
佛冈县									
阳山县									
连山壮族瑶族自治县									
连南瑶族自治县									
英德市	39			5	621	35	105		4
连州市	23		2	15	476	31	62	4	

4-6a 续表 69 单位：人

地区 性别	生产制造及有关人员								不便分类的其他从业人员
	计算机、通信和其他电子设备制造人员	仪器仪表制造人员	废弃资源综合利用人员	电力、热力、气体、水生产和输配人员	建筑施工人员	运输设备和通用工程机械操作人员及有关人员	生产辅助人员	其他生产制造及有关人员	
东莞市	**56101**	**755**	**257**	**202**	**16309**	**1968**	**26152**	**1179**	**145**
市辖区	56101	755	257	202	16309	1968	26152	1179	145
中山市	**5149**	**54**	**49**	**46**	**5909**	**464**	**5809**	**323**	**16**
市辖区	5149	54	49	46	5909	464	5809	323	16
潮州市	**223**	**1**	**21**	**18**	**1622**	**95**	**1616**	**22**	**49**
湘桥区	168	1	4	11	919	48	332	18	46
潮安区	55		17	7	703	47	1284	4	3
饶平县									
揭阳市	**316**	**1**	**54**	**8**	**4000**	**139**	**1276**	**143**	**73**
榕城区	243		43	4	2433	65	596	104	3
揭东区	31	1	7	4	766	39	192	27	66
揭西县									
惠来县									
普宁市	42		4		801	35	488	12	4
云浮市	**208**	**1**	**9**	**26**	**1571**	**127**	**420**	**7**	**6**
云城区	23		6	20	869	79	276	3	3
云安区			1	3	38	16	26		
新兴县									
郁南县									
罗定市	185	1	2	3	664	32	118	4	3
女	**98267**	**1777**	**483**	**283**	**23847**	**1187**	**101898**	**2665**	**1752**
广州市	**5391**	**148**	**70**	**45**	**3061**	**168**	**8879**	**291**	**414**
荔湾区	80	1	4	6	140	3	243	3	23
越秀区	6	28	2	4	53	4	86		16
海珠区	70	3	18	4	176	13	359	3	61
天河区	488	1	3	4	417	19	477	5	19
白云区	395	32	11	4	487	14	2951	10	39
黄埔区	1902	51	4	7	348	52	1055	121	185
番禺区	1215	23	14	5	629	18	1715	66	23
花都区	471	6	3	1	277	8	1175	38	39
南沙区	645	3	7	4	288	32	587	16	2
从化区	16			3	35		53	1	5
增城区	103		4	3	211	5	178	28	2
韶关市	**177**		**3**	**29**	**459**	**66**	**327**	**13**	**3**
武江区	42		1	6	193	17	142	5	2
浈江区	54		1	9	108	12	62	2	
曲江区	25		1	8	54	33	77	4	
始兴县									
仁化县									
翁源县									
乳源瑶族自治县									
新丰县									
乐昌市	22			6	53	3	21	1	
南雄市	34				51	1	25	1	1
深圳市	**33863**	**977**	**39**	**42**	**3700**	**323**	**38082**	**894**	**393**
罗湖区	62	8	2	1	258	10	193		7
福田区	397	1	2	4	296	12	368	40	43
南山区	836	22	5	4	407	42	759	2	29
宝安区	15014	414	14	10	710	83	15423	526	56
龙岗区	5907	181	10	7	866	68	7535	194	220
盐田区	94		1	1	57	5	120	3	1
龙华区	6868	160	3	8	500	50	6584	81	17
坪山区	1617	48	1	5	213	11	1535	12	20
光明区	3068	143	1	2	393	42	5565	36	

4-6a 续表 70　　　　单位：人

地区 性别	生产制造及有关人员 计算机、通信和其他电子设备制造人员	仪器仪表制造人员	废弃资源综合利用人员	电力、热力、气体、水生产和输配人员	建筑施工人员	运输设备和通用工程机械操作人员及有关人员	生产辅助人员	其他生产制造及有关人员	不便分类的其他从业人员
珠海市	**2405**	**51**	**9**	**4**	**815**	**33**	**1872**	**38**	**94**
香洲区	1406	41	6	2	484	21	1018	25	70
斗门区	505	4	3	1	172	7	344		1
金湾区	494	6		1	159	5	510	13	23
汕头市	**527**	**7**	**5**	**3**	**558**	**10**	**1788**	**57**	**32**
龙湖区	210		4		211	3	370	17	
金平区	104	7	1	2	87	4	515	16	3
濠江区	69				58		116	6	9
潮阳区	6				66	2	53	3	
潮南区	98			1	98		458	12	15
澄海区	40				38	1	276	3	5
南澳县									
佛山市	**4783**	**51**	**187**	**23**	**3556**	**136**	**11316**	**151**	**370**
禅城区	515	4	5	2	412	7	428	8	49
南海区	1824	39	151	9	1093	56	5419	73	282
顺德区	2212	8	28	8	1577	54	4613	64	30
三水区	75		2	2	254	7	292	5	
高明区	157		1	2	220	12	564	1	9
江门市	**1702**	**14**	**9**	**14**	**1246**	**38**	**2668**	**94**	**17**
蓬江区	393			4	338	9	859	32	4
江海区	351	9	2	1	247	4	603	10	
新会区	160	2	2	4	186	13	333	25	
台山市	164	3		2	206	8	272	13	4
开平市	110		4	2	100	2	137	12	9
鹤山市	34		1	1	109	2	344	1	
恩平市	490				60		120	1	
湛江市	**162**	**1**	**6**	**8**	**693**	**35**	**359**	**10**	**13**
赤坎区	30		2	2	123	5	69	4	4
霞山区	10			5	149	13	106	3	3
坡头区	4				57	5	14		
麻章区	3			1	30	7	28	1	3
遂溪县		1	1		6	1	3	1	3
徐闻县									
廉江市	74		1		81		35	1	
雷州市	34				126	4	17		
吴川市	7		2		121		87		
茂名市	**405**	**4**	**4**	**17**	**1216**	**25**	**334**	**13**	**25**
茂南区	40	1		12	377	13	177	4	4
电白区	28	1		1	211	6	54		7
高州市	53				185	1	42		5
化州市	45		4	1	247	3	40	5	8
信宜市	239	2		3	196	2	21	4	1
肇庆市	**495**	**13**	**7**	**11**	**543**	**14**	**622**	**22**	**25**
端州区	303		3	4	177	3	176	2	3
鼎湖区	20		1		121	3	52		
高要区	18			1	32	1	45	1	3
广宁县									
怀集县									
封开县									
德庆县									
四会市	154	13	3	6	213	7	349	19	19
惠州市	**6303**	**22**	**17**	**8**	**1254**	**46**	**4085**	**63**	**75**
惠城区	2588	5	12	6	699	24	2071	36	70
惠阳区	3660	17	5	2	550	22	1962	27	5
博罗县	55				5		52		
惠东县									
龙门县									

4-6a 续表 71 单位：人

地区 性别	生产制造及有关人员 计算机、通信和其他电子设备制造人员	仪器仪表制造人员	废弃资源综合利用人员	电力、热力、气体、水生产和输配人员	建筑施工人员	运输设备和通用工程机械操作人员及有关人员	生产辅助人员	其他生产制造及有关人员	不便分类的其他从业人员
梅州市	**753**	**4**	**5**	**16**	**788**	**24**	**183**	**12**	**12**
梅江区	410		5	8	222	6	92	8	
梅县区	152			5	420	12	54	3	10
大埔县									
丰顺县									
五华县	7	2			21	2	1	1	1
平远县									
蕉岭县									
兴宁市	184	2		3	125	4	36		1
汕尾市	**363**			**1**	**193**	**1**	**40**	**1**	**1**
城　区	352				66	1	28	1	
海丰县									
陆河县									
陆丰市	11			1	127		12		1
河源市	**406**	**4**	**1**	**2**	**336**	**6**	**225**	**19**	**12**
源城区	406	4	1	2	336	6	225	19	12
紫金县									
龙川县									
连平县									
和平县									
东源县									
阳江市	**99**		**3**	**7**	**561**	**15**	**1830**	**11**	**81**
江城区	31		1	3	268	7	947	3	61
阳东区	19		1		126	2	803	2	10
阳西县									
阳春市	49		1	4	167	6	80	6	10
清远市	**192**	**7**	**7**	**9**	**654**	**15**	**319**	**18**	**17**
清城区	91		5		355	8	124	5	1
清新区	38	5	1	3	109	4	117	8	13
佛冈县									
阳山县									
连山壮族瑶族自治县									
连南瑶族自治县									
英德市	36			2	138	1	50	1	3
连州市	27	2	1	4	52	2	28	4	
东莞市	**36069**	**438**	**83**	**24**	**2152**	**193**	**21942**	**700**	**99**
市辖区	36069	438	83	24	2152	193	21942	700	99
中山市	**3530**	**31**	**18**	**8**	**894**	**28**	**4522**	**177**	**10**
市辖区	3530	31	18	8	894	28	4522	177	10
潮州市	**181**	**3**	**4**	**4**	**180**	**5**	**1317**	**10**	**34**
湘桥区	155	3		1	113	3	229	6	29
潮安区	26		4	3	67	2	1088	4	5
饶平县									
揭阳市	**191**	**1**	**4**	**2**	**699**	**2**	**1023**	**63**	**23**
榕城区	145		2	1	468		593	48	2
揭东区	21	1		1	47		224	10	17
揭西县									
惠来县									
普宁市	25		2		184	2	206	5	4
云浮市	**270**	**1**	**2**	**6**	**289**	**4**	**165**	**8**	**2**
云城区	12	1	2	3	164	2	87	1	1
云安区				1	11	2	18		
新兴县									
郁南县									
罗定市	258			2	114		60	7	1

4-6b　各地区分性别、职业中类的就业人口(镇)

单位：人

地区 性别	合计	党的机关、国家机关、群众团体和社会组织、企事业单位负责人						
		小计	中国共产党机关负责人	国家机关负责人	民主党派和工商联负责人	人民团体和群众团体、社会组织及其他成员组织负责人	基层群众自治组织负责人	企事业单位负责人
广　东	**710578**	**16181**	**38**	**754**	**3**	**860**	**380**	**14146**
广州市	**59888**	**2453**	**1**	**31**		**155**	**33**	**2233**
荔湾区								
越秀区								
海珠区								
天河区								
白云区	10980	398		2		8	2	386
黄埔区	1796	140		2		4		134
番禺区	4118	86		1		2	1	82
花都区	4767	230		5		5	3	217
南沙区	9554	100		4		1	6	89
从化区	3522	112		2		7		103
增城区	25151	1387	1	15		128	21	1222
韶关市	**24643**	**759**	**6**	**118**		**35**	**32**	**568**
武江区	100							
浈江区	725	16		1		3	1	11
曲江区	1170	34		4			1	29
始兴县	3040	125		20		4	2	99
仁化县	3247	92	1	18		4		69
翁源县	4183	168	1	24		4	2	137
乳源瑶族自治县	3464	131	2	17		4	2	106
新丰县	3246	105		22		4	13	66
乐昌市	3088	51	2	9		2	6	32
南雄市	2380	37		3		10	5	19
深圳市	**606**	**22**						**22**
罗湖区								
福田区								
南山区	496	3						3
宝安区								
龙岗区								
盐田区								
龙华区								
坪山区	110	19						19
光明区								
珠海市	**19852**	**342**	**1**	**7**		**8**	**1**	**325**
香洲区	4695	131		6			1	124
斗门区	7984	110	1					109
金湾区	7173	101		1		8		92
汕头市	**54007**	**1289**	**2**	**30**		**43**	**34**	**1180**
龙湖区								
金平区								
濠江区	204	6						6
潮阳区	21461	561		2		1	4	554
潮南区	14282	248				5		243
澄海区	16164	417		8		35	24	350
南澳县	1896	57	2	20		2	6	27
佛山市	**32133**	**972**		**2**		**31**	**8**	**931**
禅城区	13294	520				5	2	513
南海区	3885	94				1	2	91
顺德区								
三水区	13406	354		1		25	3	325
高明区	1548	4		1			1	2

4-6b 续表 1

单位：人

地区 性别	合计	党的机关、国家机关、群众团体和社会组织、企事业单位负责人						
		小计	中国共产党机关负责人	国家机关负责人	民主党派和工商联负责人	人民团体和群众团体、社会组织及其他成员组织负责人	基层群众自治组织负责人	企事业单位负责人
江门市	**19200**	**496**		**19**		**5**	**10**	**462**
蓬江区								
江海区								
新会区	5458	117		3		2	5	107
台山市	2881	55		10		1	1	43
开平市	4394	204		1		1		202
鹤山市	4283	63		1			1	61
恩平市	2184	57		4		1	3	49
湛江市	**37406**	**470**	**1**	**61**		**35**	**19**	**354**
赤坎区								
霞山区	187	1						1
坡头区	2798	27		1			1	25
麻章区	2477	26		1				25
遂溪县	9332	115	1	11		13	6	84
徐闻县	8127	97		12		2		83
廉江市	5400	66		5		2		59
雷州市	5318	87		31		8	11	37
吴川市	3767	51				10	1	40
茂名市	**29319**	**307**	**4**	**17**		**33**	**18**	**235**
茂南区	1625	7					1	6
电白区	11702	131	1	3		4	5	118
高州市	6340	85	1	4		3	1	76
化州市	6138	55	2	3		26	6	18
信宜市	3514	29		7			5	17
肇庆市	**36822**	**991**		**40**		**130**	**16**	**805**
端州区								
鼎湖区	2104	23		4		4		15
高要区	8030	158		1			5	152
广宁县	6037	167		14		18	3	132
怀集县	9022	445		6		87	4	348
封开县	5185	53		2		16	1	34
德庆县	4369	129		12		4	1	112
四会市	2075	16		1		1	2	12
惠州市	**82790**	**1246**	**6**	**68**		**43**	**33**	**1096**
惠城区	6038	219		3		2	7	207
惠阳区	7460	17				2	2	13
博罗县	33151	285	2	12		11	6	254
惠东县	31110	665		26		28	16	595
龙门县	5031	60	4	27			2	27
梅州市	**32563**	**699**	**2**	**85**	**1**	**78**	**40**	**493**
梅江区	172	1					1	
梅县区	1529	19				2	4	13
大埔县	4413	116	1	21		1	4	89
丰顺县	7792	79		16		2	6	55
五华县	9307	193		18		62	10	103
平远县	3654	126		22	1	9	6	88
蕉岭县	3800	103	1	7		1	6	88
兴宁市	1896	62		1		1	3	57
汕尾市	**31640**	**809**		**50**		**54**	**21**	**684**
城　区	1696	76		3			1	72
海丰县	19840	530		26		36	9	459
陆河县	3607	89		13		3	2	71
陆丰市	6497	114		8		15	9	82

4-6b 续表 2

单位：人

地区 性别	合计	党的机关、国家机关、群众团体和社会组织、企事业单位负责人						
		小计	中国共产党机关负责人	国家机关负责人	民主党派和工商联负责人	人民团体和群众团体、社会组织及其他成员组织负责人	基层群众自治组织负责人	企事业单位负责人
河源市	**27300**	**329**	**5**	**63**		**16**	**41**	**204**
源城区	2448	29		1		2		26
紫金县	6691	91	1	13		3	8	66
龙川县	6590	72	3	22		6	8	33
连平县	3653	38		6		1	11	20
和平县	3928	52	1	16		2	7	26
东源县	3990	47		5		2	7	33
阳江市	**15866**	**366**	**1**	**24**		**35**	**14**	**292**
江城区	2257	110		2		2	2	104
阳东区	2746	50		12		13	3	22
阳西县	7660	164		8		15	2	139
阳春市	3203	42	1	2		5	7	27
清远市	**37042**	**567**	**3**	**64**	**2**	**19**	**14**	**465**
清城区	13071	181				4	8	169
清新区	1655	31		1				30
佛冈县	5477	82		15		5	1	61
阳山县	4755	95		12	1	4	1	77
连山壮族瑶族自治县	1442	38		15	1	3		19
连南瑶族自治县	1951	67	1	16		1		49
英德市	7609	68	2	5		2	3	56
连州市	1082	5					1	4
东莞市	**6441**	**138**		**4**		**2**	**2**	**130**
市辖区	6441	138		4		2	2	130
中山市	**64586**	**2507**	**1**	**9**		**31**	**6**	**2460**
市辖区	64586	2507	1	9		31	6	2460
潮州市	**28569**	**520**	**2**	**25**		**57**	**18**	**418**
湘桥区	3323	26					1	25
潮安区	9974	220	1	10		3	8	198
饶平县	15272	274	1	15		54	9	195
揭阳市	**52454**	**600**	**1**	**16**		**45**	**7**	**531**
榕城区	4055	107		4		1		102
揭东区	8121	80				5	2	73
揭西县	6541	146		5		13	1	127
惠来县	13644	63		5		8	1	49
普宁市	20093	204	1	2		18	3	180
云浮市	**17451**	**299**	**2**	**21**		**5**	**13**	**258**
云城区								
云安区	1632	24		1				23
新兴县	7978	165	2	7		1	3	152
郁南县	5577	84		11		2	8	63
罗定市	2264	26		2		2	2	20
男	**437174**	**12337**	**31**	**656**	**3**	**583**	**320**	**10744**
广州市	**36460**	**1780**	**1**	**27**		**100**	**29**	**1623**
荔湾区								
越秀区								
海珠区								
天河区								
白云区	6610	293		1		6	2	284
黄埔区	991	107		1		3		103
番禺区	2645	66		1		1	1	63
花都区	2823	161		4		5	2	150
南沙区	5993	88		4			5	79
从化区	2171	82		2		3		77
增城区	15227	983	1	14		82	19	867

4-6b 续表 3 单位：人

地区 性别	合计	党的机关、国家机关、群众团体和社会组织、企事业单位负责人						
		小计	中国共产党机关负责人	国家机关负责人	民主党派和工商联负责人	人民团体和群众团体、社会组织及其他成员组织负责人	基层群众自治组织负责人	企事业单位负责人
韶关市	**13977**	**566**	**5**	**100**		**19**	**24**	**418**
武江区	51							
浈江区	435	10		1		1	1	7
曲江区	714	25		4			1	20
始兴县	1580	88		19		2	2	65
仁化县	1877	65		16		2		47
翁源县	2308	121	1	20		1	2	97
乳源瑶族自治县	1957	105	2	12		3	2	86
新丰县	1866	79		16		1	6	56
乐昌市	1811	43	2	9		2	6	24
南雄市	1378	30		3		7	4	16
深圳市	**510**	**14**						**14**
罗湖区								
福田区								
南山区	450	3						3
宝安区								
龙岗区								
盐田区								
龙华区								
坪山区	60	11						11
光明区								
珠海市	**13621**	**260**		**6**		**4**	**1**	**249**
香洲区	3653	93		5			1	87
斗门区	4986	85						85
金湾区	4982	82		1		4		77
汕头市	**34194**	**1083**	**1**	**25**		**39**	**32**	**986**
龙湖区								
金平区								
濠江区	140	4						4
潮阳区	13888	464		2		1	4	457
潮南区	8616	212				4		208
澄海区	10238	354		7		32	22	293
南澳县	1312	49	1	16		2	6	24
佛山市	**20468**	**719**		**2**		**17**	**5**	**695**
禅城区	8277	394				3	1	390
南海区	2425	62						62
顺德区								
三水区	8768	259		1		14	3	241
高明区	998	4		1			1	2
江门市	**11661**	**361**		**15**		**3**	**8**	**335**
蓬江区								
江海区								
新会区	3248	81		3		1	3	74
台山市	1791	36		8			1	27
开平市	2610	155		1		1		153
鹤山市	2630	49		1			1	47
恩平市	1382	40		2		1	3	34
湛江市	**23016**	**357**	**1**	**47**		**20**	**19**	**270**
赤坎区								
霞山区	128	1						1
坡头区	1817	20		1			1	18
麻章区	1759	17		1				16
遂溪县	5592	88	1	8		8	6	65
徐闻县	4678	75		11		1		63
廉江市	3238	52		4				48
雷州市	3356	69		22		3	11	33
吴川市	2448	35				8	1	26

4-6b　续表 4　　　　单位：人

地区 性别	合计	党的机关、国家机关、群众团体和社会组织、企事业单位负责人						
		小计	中国共产党机关负责人	国家机关负责人	民主党派和工商联负责人	人民团体和群众团体、社会组织及其他成员组织负责人	基层群众自治组织负责人	企事业单位负责人
茂名市	**18009**	**241**	**4**	**15**		**22**	**17**	**183**
茂南区	1009	5					1	4
电白区	7563	108	1	3		2	5	97
高州市	3837	62	1	4		2		55
化州市	3666	43	2	2		18	6	15
信宜市	1934	23		6			5	12
肇庆市	**21666**	**709**		**38**		**90**	**14**	**567**
端州区								
鼎湖区	1331	17		4		3		10
高要区	4853	125		1			4	120
广宁县	3443	124		12		12	2	98
怀集县	5198	301		6		61	4	230
封开县	2986	36		2		9	1	24
德庆县	2524	93		12		4	1	76
四会市	1331	13		1		1	2	9
惠州市	**49807**	**962**	**5**	**58**		**30**	**30**	**839**
惠城区	3763	175		3		2	7	163
惠阳区	4700	15				2	2	11
博罗县	20136	215	2	11		8	4	190
惠东县	18326	507		21		18	15	453
龙门县	2882	50	3	23			2	22
梅州市	**19493**	**524**	**1**	**74**	**1**	**51**	**32**	**365**
梅江区	118	1					1	
梅县区	944	15				2	2	11
大埔县	2636	85	1	16			1	67
丰顺县	4731	64		13		2	5	44
五华县	5565	146		17		41	10	78
平远县	2078	94		21	1	4	5	63
蕉岭县	2245	79		6		1	6	66
兴宁市	1176	40		1		1	2	36
汕尾市	**21803**	**645**		**47**		**44**	**14**	**540**
城　区	1124	54		3			1	50
海丰县	13236	413		25		27	5	356
陆河县	2490	77		11		3	1	62
陆丰市	4953	101		8		14	7	72
河源市	**15478**	**277**	**5**	**58**		**6**	**33**	**175**
源城区	1355	22		1		1		20
紫金县	3973	76	1	12		2	7	54
龙川县	3643	59	3	20		1	7	28
连平县	2078	31		5			6	20
和平县	2116	46	1	15		1	6	23
东源县	2313	43		5		1	7	30
阳江市	**9774**	**254**	**1**	**21**		**24**	**12**	**196**
江城区	1344	71		2		1	2	66
阳东区	1721	36		10		8	3	15
阳西县	4762	112		7		10	2	93
阳春市	1947	35	1	2		5	5	22
清远市	**22162**	**451**	**3**	**57**	**2**	**11**	**12**	**366**
清城区	8143	148				3	8	137
清新区	963	26		1				25
佛冈县	3171	66		13		3	1	49
阳山县	2823	74		12	1	2	1	58
连山壮族瑶族自治县	837	29		12	1	1		15
连南瑶族自治县	1091	53	1	15		1		36
英德市	4454	51	2	4		1	2	42
连州市	680	4						4

4-6b 续表 5 单位：人

地区 性别	合计	党的机关、国家机关、群众团体和社会组织、企事业单位负责人						
		小计	中国共产党机关负责人	国家机关负责人	民主党派和工商联负责人	人民团体和群众团体、社会组织及其他成员组织负责人	基层群众自治组织负责人	企事业单位负责人
东莞市	**3855**	**107**		**3**		**1**	**2**	**101**
市辖区	3855	107		3		1	2	101
中山市	**39140**	**1889**		**7**		**18**	**3**	**1861**
市辖区	39140	1889		7		18	3	1861
潮州市	**18128**	**426**	**1**	**23**		**47**	**14**	**341**
湘桥区	1948	24					1	23
潮安区	6509	173		8		2	7	156
饶平县	9671	229	1	15		45	6	162
揭阳市	**33782**	**497**	**1**	**15**		**34**	**7**	**440**
榕城区	2736	89		4		1		84
揭东区	5390	69				5	2	62
揭西县	4331	119		5		7	1	106
惠来县	8831	54		5		4	1	44
普宁市	12494	166	1	1		17	3	144
云浮市	**10170**	**215**	**2**	**18**		**3**	**12**	**180**
云城区								
云安区	1086	17		1				16
新兴县	4492	119	2	6		1	3	107
郁南县	3276	59		9		1	8	41
罗定市	1316	20		2		1	1	16
女	**273404**	**3844**	**7**	**98**		**277**	**60**	**3402**
广州市	**23428**	**673**		**4**		**55**	**4**	**610**
荔湾区								
越秀区								
海珠区								
天河区								
白云区	4370	105		1		2		102
黄埔区	805	33		1		1		31
番禺区	1473	20				1		19
花都区	1944	69		1			1	67
南沙区	3561	12				1	1	10
从化区	1351	30				4		26
增城区	9924	404		1		46	2	355
韶关市	**10666**	**193**	**1**	**18**		**16**	**8**	**150**
武江区	49							
浈江区	290	6				2		4
曲江区	456	9						9
始兴县	1460	37		1		2		34
仁化县	1370	27	1	2		2		22
翁源县	1875	47		4		3		40
乳源瑶族自治县	1507	26		5		1		20
新丰县	1380	26		6		3	7	10
乐昌市	1277	8						8
南雄市	1002	7				3	1	3
深圳市	**96**	**8**						**8**
罗湖区								
福田区								
南山区	46							
宝安区								
龙岗区								
盐田区								
龙华区								
坪山区	50	8						8
光明区								

4-6b　续表 6　　　　单位：人

地区 性别	合计	党的机关、国家机关、群众团体和社会组织、企事业单位负责人						
		小计	中国共产党机关负责人	国家机关负责人	民主党派和工商联负责人	人民团体和群众团体、社会组织及其他成员组织负责人	基层群众自治组织负责人	企事业单位负责人
珠海市	**6231**	**82**	**1**	**1**		**4**		**76**
香洲区	1042	38		1				37
斗门区	2998	25	1					24
金湾区	2191	19				4		15
汕头市	**19813**	**206**	**1**	**5**		**4**	**2**	**194**
龙湖区								
金平区								
濠江区	64	2						2
潮阳区	7573	97						97
潮南区	5666	36				1		35
澄海区	5926	63		1		3	2	57
南澳县	584	8	1	4				3
佛山市	**11665**	**253**				**14**	**3**	**236**
禅城区	5017	126				2	1	123
南海区	1460	32				1	2	29
顺德区								
三水区	4638	95				11		84
高明区	550							
江门市	**7539**	**135**		**4**		**2**	**2**	**127**
蓬江区								
江海区								
新会区	2210	36				1	2	33
台山市	1090	19		2		1		16
开平市	1784	49						49
鹤山市	1653	14						14
恩平市	802	17		2				15
湛江市	**14390**	**113**		**14**		**15**		**84**
赤坎区								
霞山区	59							
坡头区	981	7						7
麻章区	718	9						9
遂溪县	3740	27		3		5		19
徐闻县	3449	22		1		1		20
廉江市	2162	14		1		2		11
雷州市	1962	18		9		5		4
吴川市	1319	16				2		14
茂名市	**11310**	**66**		**2**		**11**	**1**	**52**
茂南区	616	2						2
电白区	4139	23				2		21
高州市	2503	23				1	1	21
化州市	2472	12		1		8		3
信宜市	1580	6		1				5
肇庆市	**15156**	**282**		**2**		**40**	**2**	**238**
端州区								
鼎湖区	773	6				1		5
高要区	3177	33					1	32
广宁县	2594	43		2		6	1	34
怀集县	3824	144				26		118
封开县	2199	17				7		10
德庆县	1845	36						36
四会市	744	3						3
惠州市	**32983**	**284**	**1**	**10**		**13**	**3**	**257**
惠城区	2275	44						44
惠阳区	2760	2						2
博罗县	13015	70		1		3	2	64
惠东县	12784	158		5		10	1	142
龙门县	2149	10	1	4				5

4-6b 续表 7

单位：人

地区 性别	合计	党的机关、国家机关、群众团体和社会组织、企事业单位负责人						
		小计	中国共产党机关负责人	国家机关负责人	民主党派和工商联负责人	人民团体和群众团体、社会组织及其他成员组织负责人	基层群众自治组织负责人	企事业单位负责人
梅州市	**13070**	**175**	**1**	**11**		**27**	**8**	**128**
梅江区	54							
梅县区	585	4					2	2
大埔县	1777	31		5		1	3	22
丰顺县	3061	15		3			1	11
五华县	3742	47		1		21		25
平远县	1576	32		1		5	1	25
蕉岭县	1555	24	1	1				22
兴宁市	720	22					1	21
汕尾市	**9837**	**164**		**3**		**10**	**7**	**144**
城　区	572	22						22
海丰县	6604	117		1		9	4	103
陆河县	1117	12		2			1	9
陆丰市	1544	13				1	2	10
河源市	**11822**	**52**		**5**		**10**	**8**	**29**
源城区	1093	7				1		6
紫金县	2718	15		1		1	1	12
龙川县	2947	13		2		5	1	5
连平县	1575	7		1		1	5	
和平县	1812	6		1		1	1	3
东源县	1677	4				1		3
阳江市	**6092**	**112**		**3**		**11**	**2**	**96**
江城区	913	39				1		38
阳东区	1025	14		2		5		7
阳西县	2898	52		1		5		46
阳春市	1256	7					2	5
清远市	**14880**	**116**		**7**		**8**	**2**	**99**
清城区	4928	33				1		32
清新区	692	5						5
佛冈县	2306	16		2		2		12
阳山县	1932	21				2		19
连山壮族瑶族自治县	605	9		3		2		4
连南瑶族自治县	860	14		1				13
英德市	3155	17		1		1	1	14
连州市	402	1					1	
东莞市	**2586**	**31**		**1**		**1**		**29**
市辖区	2586	31		1		1		29
中山市	**25446**	**618**	**1**	**2**		**13**	**3**	**599**
市辖区	25446	618	1	2		13	3	599
潮州市	**10441**	**94**	**1**	**2**		**10**	**4**	**77**
湘桥区	1375	2						2
潮安区	3465	47	1	2		1	1	42
饶平县	5601	45				9	3	33
揭阳市	**18672**	**103**		**1**		**11**		**91**
榕城区	1319	18						18
揭东区	2731	11						11
揭西县	2210	27				6		21
惠来县	4813	9				4		5
普宁市	7599	38		1		1		36
云浮市	**7281**	**84**		**3**		**2**	**1**	**78**
云城区								
云安区	546	7						7
新兴县	3486	46		1				45
郁南县	2301	25		2		1		22
罗定市	948	6				1	1	4

4-6b 续表 8

单位：人

地区 性别	专业技术人员 小计	科学研究人员	工程技术人员	农业技术人员	飞机和船舶技术人员	卫生专业技术人员	经济和金融专业人员	法律、社会和宗教专业人员	教学人员	文学艺术、体育专业人员
广　东	**68381**	**185**	**13533**	**429**	**72**	**9921**	**12492**	**852**	**28783**	**1078**
广州市	**7364**	**38**	**2254**	**22**	**21**	**707**	**1982**	**116**	**1958**	**136**
荔湾区										
越秀区										
海珠区										
天河区										
白云区	1233	2	338	2	13	142	337	16	333	25
黄埔区	534	13	153	2	1	36	182	7	129	7
番禺区	432	2	167	1		26	123	3	94	9
花都区	567	3	143	2	2	52	152	7	177	16
南沙区	814	4	287	2		77	200	15	209	7
从化区	391		119	3	1	57	79	7	120	3
增城区	3393	14	1047	10	4	317	909	61	896	69
韶关市	**3585**	**2**	**569**	**24**	**2**	**649**	**481**	**50**	**1693**	**50**
武江区	12					4	1		7	
浈江区	103	1	23		1	13	8	2	41	
曲江区	120		42	1		13	14		47	2
始兴县	555		82	2		87	77	9	283	7
仁化县	594		139		1	81	94	8	255	8
翁源县	671		59	8		146	98	8	333	6
乳源瑶族自治县	556		108	2		99	85	10	234	10
新丰县	469		63	3		101	66	7	211	11
乐昌市	326	1	36	4		72	22	5	181	4
南雄市	179		17	4		33	16	1	101	2
深圳市	**49**	**1**	**18**		**1**	**4**	**9**		**15**	
罗湖区										
福田区										
南山区	17		16		1					
宝安区										
龙岗区										
盐田区										
龙华区										
坪山区	32	1	2			4	9		15	
光明区										
珠海市	**1960**	**7**	**993**	**15**	**3**	**130**	**424**	**27**	**270**	**52**
香洲区	436	3	249	5		16	88	10	14	29
斗门区	977	1	474	5	1	69	224	5	176	15
金湾区	547	3	270	5	2	45	112	12	80	8
汕头市	**2089**	**2**	**323**	**3**	**5**	**230**	**469**	**40**	**918**	**66**
龙湖区										
金平区										
濠江区	28		12			1	7		6	1
潮阳区	674		100	1		55	190	8	291	19
潮南区	372	2	83	2		36	99	2	129	13
澄海区	854		106		1	120	153	19	409	31
南澳县	161		22		4	18	20	11	83	2
佛山市	**2501**	**16**	**765**	**12**	**2**	**176**	**874**	**28**	**539**	**40**
禅城区	1209	8	264	1		84	514	20	276	22
南海区	246	3	82	4		7	81	5	50	9
顺德区										
三水区	962	4	395	6	2	79	262	2	179	9
高明区	84	1	24	1		6	17	1	34	

4-6b 续表 9 单位：人

地区 性别	专业技术人员 小计	科学研究人员	工程技术人员	农业技术人员	飞机和船舶技术人员	卫生专业技术人员	经济和金融专业人员	法律、社会和宗教专业人员	教学人员	文学艺术、体育专业人员
江门市	**1480**	**3**	**403**	**22**	**5**	**205**	**313**	**18**	**473**	**16**
蓬江区										
江海区										
新会区	436		113	19	2	65	98	9	113	7
台山市	261	2	36		2	45	37	2	133	2
开平市	280	1	78	2	1	29	83	1	81	1
鹤山市	308		114			38	60	3	82	6
恩平市	195		62	1		28	35	3	64	
湛江市	**4346**	**9**	**504**	**36**	**3**	**805**	**383**	**48**	**2462**	**51**
赤坎区										
霞山区	14		1				4	4	5	
坡头区	314	1	40	3		32	40	2	188	6
麻章区	244	1	41	3		36	26	5	125	2
遂溪县	1087	5	139	6	1	211	117	18	555	17
徐闻县	961	1	84	14	2	204	75	10	551	5
廉江市	718		65	3		123	47	4	465	9
雷州市	642	1	43	4		146	42	2	393	9
吴川市	366		91	3		53	32	3	180	3
茂名市	**3606**	**5**	**321**	**76**	**4**	**606**	**353**	**25**	**2160**	**32**
茂南区	95		16			15	16	1	46	
电白区	1415	2	140	4	4	226	187	15	812	12
高州市	859		78	64		161	61	5	485	5
化州市	762	1	62	6		108	73	2	486	14
信宜市	475	2	25	2		96	16	2	331	1
肇庆市	**3651**	**3**	**509**	**26**	**3**	**626**	**553**	**26**	**1709**	**63**
端州区										
鼎湖区	122	1	43	1		13	22	1	24	1
高要区	499	1	84	2	1	54	106		182	6
广宁县	648	1	64	7		146	72	11	328	11
怀集县	1017		127	4	2	173	70	8	581	26
封开县	635		71	9		100	164	2	275	4
德庆县	572		94	3		112	76	4	264	11
四会市	158		26			28	43		55	4
惠州市	**8009**	**18**	**1688**	**25**	**2**	**1073**	**1560**	**140**	**3284**	**115**
惠城区	796	1	225			58	166	7	323	9
惠阳区	475	5	144	1		56	96	4	141	19
博罗县	3413	9	884	11	1	409	714	67	1217	48
惠东县	2599	2	346	7	1	423	463	54	1248	31
龙门县	726	1	89	6		127	121	8	355	8
梅州市	**4254**	**25**	**441**	**29**		**838**	**516**	**58**	**2240**	**51**
梅江区	11		2			2	1		4	
梅县区	101		11			15	12	1	59	1
大埔县	659	5	60	1		135	61	8	377	8
丰顺县	811	12	82	4		187	67	5	447	2
五华县	1462	5	141	13		307	164	18	778	28
平远县	526	2	63	8		84	100	9	238	9
蕉岭县	541	1	71	3		81	104	13	243	3
兴宁市	143		11			27	7	4	94	
汕尾市	**3035**	**5**	**424**	**5**	**1**	**505**	**369**	**43**	**1574**	**77**
城　区	184		30			27	35		91	1
海丰县	1754	4	281	2		291	226	20	840	66
陆河县	491		57	1		83	55	6	284	1
陆丰市	606	1	56	2	1	104	53	17	359	9

4-6b 续表 10

单位：人

地区 性别	专业技术人员 小计	科学研究人员	工程技术人员	农业技术人员	飞机和船舶技术人员	卫生专业技术人员	经济和金融专业人员	法律、社会和宗教专业人员	教学人员	文学艺术、体育专业人员
河源市	**4042**	**6**	**548**	**16**	**1**	**790**	**455**	**41**	**2114**	**42**
源城区	201		128	1		7	42		22	
紫金县	943	1	93	4	1	174	132	17	501	15
龙川县	1211	4	106	3		271	103	7	694	11
连平县	523		49	4		117	60	6	275	7
和平县	726		94	3		128	60	5	431	3
东源县	438	1	78	1		93	58	6	191	6
阳江市	**1653**	**4**	**283**	**23**	**7**	**293**	**199**	**13**	**789**	**23**
江城区	162		29	4		20	43	1	61	
阳东区	208		45	2	1	36	27		91	2
阳西县	866	3	140	9	6	143	103	7	427	19
阳春市	417	1	69	8		94	26	5	210	2
清远市	**4145**	**8**	**679**	**36**	**5**	**666**	**585**	**47**	**2002**	**57**
清城区	945	1	299	9	1	76	209	7	311	13
清新区	206		29	1	4	35	26	1	108	1
佛冈县	852	1	154	4		126	132	20	391	15
阳山县	747	5	59	9		147	81	8	412	14
连山壮族瑶族自治县	268		26	2		64	33	2	127	6
连南瑶族自治县	319	1	22	3		69	40	6	167	5
英德市	747		81	8		139	57	2	452	3
连州市	61		9			10	7	1	34	
东莞市	**348**		**170**			**14**	**74**	**5**	**76**	**5**
市辖区	348		170			14	74	5	76	5
中山市	**5621**	**13**	**1764**	**11**	**6**	**495**	**1843**	**58**	**1227**	**105**
市辖区	5621	13	1764	11	6	495	1843	58	1227	105
潮州市	**1845**	**6**	**256**	**9**		**302**	**318**	**15**	**875**	**31**
湘桥区	178	1	26			32	26	1	91	
潮安区	549	2	79	1		91	134	4	214	11
饶平县	1118	3	151	8		179	158	10	570	20
揭阳市	**2621**	**6**	**364**	**11**		**392**	**435**	**31**	**1293**	**49**
榕城区	233		44			31	40	1	112	3
揭东区	437		65	3		78	62	6	203	11
揭西县	477	1	55	2		80	91	6	231	5
惠来县	706	3	74	4		102	99	12	380	16
普宁市	768	2	126	2		101	143	6	367	14
云浮市	**2177**	**8**	**257**	**28**	**1**	**415**	**297**	**23**	**1112**	**17**
云城区										
云安区	145		13	2		24	20	2	84	
新兴县	1036	7	156	20		189	187	12	443	11
郁南县	650	1	70	3	1	128	80	9	347	4
罗定市	346		18	3		74	10		238	2
男	**31509**	**121**	**11792**	**299**	**69**	**3818**	**3533**	**470**	**10125**	**711**
广州市	**3547**	**20**	**1945**	**14**	**21**	**222**	**498**	**57**	**617**	**83**
荔湾区										
越秀区										
海珠区										
天河区										
白云区	603	1	306	2	13	48	92	9	108	15
黄埔区	245	5	127	1	1	6	56	2	42	3
番禺区	217	2	145	1		3	27	1	25	7
花都区	258	3	127	1	2	17	35	3	54	9
南沙区	403		254	1		26	49	4	63	1
从化区	185		98	3	1	21	14	4	41	2
增城区	1636	9	888	5	4	101	225	34	284	46

4-6b 续表 11 单位：人

地区 性别	专业技术人员 小计	科学研究人员	工程技术人员	农业技术人员	飞机和船舶技术人员	卫生专业技术人员	经济和金融专业人员	法律、社会和宗教专业人员	教学人员	文学艺术、体育专业人员
韶关市	**1569**		**493**	**21**	**2**	**202**	**121**	**23**	**644**	**31**
武江区	6					3			3	
浈江区	54		22		1	4	3		15	
曲江区	64		34	1		4	3		19	2
始兴县	252		74	1		28	24	4	113	4
仁化县	256		112		1	24	18	1	92	5
翁源县	246		49	7		39	27	5	111	4
乳源瑶族自治县	255		96	2		30	18	5	94	5
新丰县	197		56	2		33	17	5	74	7
乐昌市	155		34	4		31	7	2	74	3
南雄市	84		16	4		6	4	1	49	1
深圳市	**34**	**1**	**18**		**1**	**2**	**3**		**9**	
罗湖区										
福田区										
南山区	17		16		1					
宝安区										
龙岗区										
盐田区										
龙华区										
坪山区	17	1	2			2	3		9	
光明区										
珠海市	**1214**	**5**	**867**	**10**	**3**	**47**	**147**	**10**	**72**	**38**
香洲区	330	1	233	3		9	40	5	6	24
斗门区	543	1	382	4	1	26	70		47	8
金湾区	341	3	252	3	2	12	37	5	19	6
汕头市	**906**	**1**	**280**	**1**	**5**	**123**	**181**	**29**	**230**	**42**
龙湖区										
金平区										
濠江区	17		12				1		3	
潮阳区	301		88			34	97	7	58	12
潮南区	178	1	63	1		19	43	2	36	9
澄海区	329		96		1	63	35	11	100	20
南澳县	81		21		4	7	5	9	33	1
佛山市	**1097**	**10**	**680**	**9**	**2**	**54**	**134**	**14**	**148**	**19**
禅城区	424	4	237	1		25	64	10	69	6
南海区	117	3	67	3		1	12	2	22	5
顺德区										
三水区	515	3	353	5	2	27	54	1	45	8
高明区	41		23			1	4	1	12	
江门市	**732**	**2**	**355**	**13**	**4**	**78**	**83**	**4**	**168**	**11**
蓬江区										
江海区										
新会区	204		100	10	1	19	28	1	34	3
台山市	128	2	31		2	18	12		60	2
开平市	130		70	2	1	13	20	1	20	1
鹤山市	171		97			18	16		34	5
恩平市	99		57	1		10	7	2	20	
湛江市	**1968**	**5**	**445**	**28**	**3**	**306**	**131**	**24**	**965**	**40**
赤坎区										
霞山区	8		1				2	3	2	
坡头区	134		37	2		8	13	1	67	6
麻章区	123	1	36	2		19	9		54	1
遂溪县	466	2	118	5	1	66	38	6	208	10
徐闻县	406	1	73	11	2	66	29	9	204	5
廉江市	304		55	3		52	17	2	165	9
雷州市	343	1	38	3		71	14	1	208	6
吴川市	184		87	2		24	9	2	57	3

4-6b　续表 12　　　　　　　　　　　　　　　　　　　　　　　　　　　　单位：人

地　区 性　别	专业技术人员									
	小计	科学研究人员	工程技术人员	农业技术人员	飞机和船舶技术人员	卫生专业技术人员	经济和金融专业人员	法律、社会和宗教专业人员	教学人员	文学艺术、体育专业人员
茂名市	**1624**	**5**	**283**	**43**	**4**	**274**	**164**	**13**	**798**	**26**
茂南区	47		14			8	4		20	
电白区	625	2	126	4	4	109	87	6	271	10
高州市	416		70	33		69	29	4	207	4
化州市	318	1	53	4		40	39	1	162	11
信宜市	218	2	20	2		48	5	2	138	1
肇庆市	**1706**		**432**	**16**	**3**	**229**	**189**	**15**	**695**	**42**
端州区										
鼎湖区	60		40			3	4			
高要区	234		76	1	1	20	29		62	4
广宁县	272		61	4		49	17	4	126	5
怀集县	496		101	4	2	73	20	5	257	19
封开县	309		65	5		29	79	2	121	3
德庆县	274		71	2		43	30	4	112	8
四会市	61		18			12	10		17	3
惠州市	**3625**	**9**	**1475**	**19**	**2**	**393**	**454**	**74**	**1066**	**80**
惠城区	388	1	194			19	39	2	123	6
惠阳区	256	2	124	1		21	29	3	58	13
博罗县	1614	4	771	8	1	145	183	35	402	39
惠东县	1095	2	308	6	1	166	170	29	381	19
龙门县	272		78	4		42	33	5	102	3
梅州市	**1863**	**19**	**382**	**17**		**347**	**179**	**33**	**825**	**32**
梅江区	4		2			1			1	
梅县区	52		11			8	3	1	27	1
大埔县	291	3	52			59	18	3	150	4
丰顺县	333	9	71	4		75	22	5	144	2
五华县	652	5	121	8		137	66	15	277	17
平远县	243	2	55	3		31	37	2	96	6
蕉岭县	217		60	2		25	29	6	85	2
兴宁市	71		10			11	4	1	45	
汕尾市	**1464**	**4**	**375**	**4**	**1**	**243**	**147**	**29**	**586**	**53**
城　区	88		27			14	18		29	
海丰县	858	3	248	2		126	91	12	312	47
陆河县	193		50			41	16	4	81	
陆丰市	325	1	50	2	1	62	22	13	164	6
河源市	**1747**	**6**	**478**	**13**	**1**	**280**	**141**	**20**	**765**	**29**
源城区	132		112	1		2	13		4	
紫金县	402	1	82	2	1	61	43	5	194	10
龙川县	534	4	97	3		108	34	6	267	8
连平县	228		42	4		42	27	3	105	5
和平县	278		77	3		34	14	2	145	2
东源县	173	1	68			33	10	4	50	4
阳江市	**827**	**4**	**244**	**18**	**7**	**117**	**87**	**10**	**311**	**18**
江城区	67		26	2		6	15		15	
阳东区	118		44	2	1	14	14		41	2
阳西县	409	3	118	7	6	47	46	6	156	14
阳春市	233	1	56	7		50	12	4	99	2
清远市	**1786**	**6**	**594**	**31**	**4**	**224**	**149**	**29**	**677**	**38**
清城区	427	1	259	8	1	25	47	4	61	8
清新区	104		27	1	3	10	7		55	1
佛冈县	346	1	132	2		40	30	11	114	11
阳山县	346	4	54	8		56	25	6	177	9
连山壮族瑶族自治县	113		23	2		28	11	1	40	5
连南瑶族自治县	110		19	3		17	11	6	49	3
英德市	317		73	7		43	16		173	1
连州市	23		7			5	2	1	8	

4-6b 续表 13

单位：人

地区 性别	专业技术人员 小计	科学研究人员	工程技术人员	农业技术人员	飞机和船舶技术人员	卫生专业技术人员	经济和金融专业人员	法律、社会和宗教专业人员	教学人员	文学艺术、体育专业人员
东莞市	**199**		**152**			**4**	**15**	**4**	**20**	**3**
市辖区	199		152			4	15	4	20	3
中山市	**2548**	**9**	**1539**	**3**	**5**	**175**	**341**	**35**	**318**	**59**
市辖区	2548	9	1539	3	5	175	341	35	318	59
潮州市	**828**	**6**	**219**	**9**		**141**	**110**	**12**	**296**	**21**
湘桥区	75	1	21			14	8		31	
潮安区	217	2	67	1		38	37	3	58	6
饶平县	536	3	131	8		89	65	9	207	15
揭阳市	**1296**	**3**	**310**	**8**		**208**	**172**	**24**	**506**	**35**
榕城区	134		36			18	21	1	54	3
揭东区	204		56	2		35	28	4	64	9
揭西县	191		47	2		33	27	3	71	3
惠来县	396	2	66	2		65	49	11	178	11
普宁市	371	1	105	2		57	47	5	139	9
云浮市	**929**	**6**	**226**	**22**	**1**	**149**	**87**	**11**	**409**	**11**
云城区										
云安区	64		10	2		8	6	2	36	
新兴县	427	5	140	14		70	51	5	132	7
郁南县	287	1	59	3	1	45	24	4	144	3
罗定市	151		17	3		26	6		97	1
女	**36872**	**64**	**1741**	**130**	**3**	**6103**	**8959**	**382**	**18658**	**367**
广州市	**3817**	**18**	**309**	**8**		**485**	**1484**	**59**	**1341**	**53**
荔湾区										
越秀区										
海珠区										
天河区										
白云区	630	1	32			94	245	7	225	10
黄埔区	289	8	26	1		30	126	5	87	4
番禺区	215		22			23	96	2	69	2
花都区	309		16	1		35	117	4	123	7
南沙区	411	4	33	1		51	151	11	146	6
从化区	206		21			36	65	3	79	1
增城区	1757	5	159	5		216	684	27	612	23
韶关市	**2016**	**2**	**76**	**3**		**447**	**360**	**27**	**1049**	**19**
武江区	6					1	1		4	
浈江区	49	1	1			9	5	2	26	
曲江区	56		8			9	11		28	
始兴县	303		8	1		59	53	5	170	3
仁化县	338		27			57	76	7	163	3
翁源县	425		10	1		107	71	3	222	2
乳源瑶族自治县	301		12			69	67	5	140	5
新丰县	272		7	1		68	49	2	137	4
乐昌市	171	1	2			41	15	3	107	1
南雄市	95		1			27	12		52	1
深圳市	**15**					**2**	**6**		**6**	
罗湖区										
福田区										
南山区										
宝安区										
龙岗区										
盐田区										
龙华区										
坪山区	15					2	6		6	
光明区										

4-6b　续表 14　　　　单位：人

地区 性别	专业技术人员 小计	科学研究人员	工程技术人员	农业技术人员	飞机和船舶技术人员	卫生专业技术人员	经济和金融专业人员	法律、社会和宗教专业人员	教学人员	文学艺术、体育专业人员
珠海市	**746**	**2**	**126**	**5**		**83**	**277**	**17**	**198**	**14**
香洲区	106	2	16	2		7	48	5	8	5
斗门区	434		92	1		43	154	5	129	7
金湾区	206		18	2		33	75	7	61	2
汕头市	**1183**	**1**	**43**	**2**		**107**	**288**	**11**	**688**	**24**
龙湖区										
金平区										
濠江区	11					1	6		3	1
潮阳区	373		12	1		21	93	1	233	7
潮南区	194	1	20	1		17	56		93	4
澄海区	525		10			57	118	8	309	11
南澳县	80		1			11	15	2	50	1
佛山市	**1404**	**6**	**85**	**3**		**122**	**740**	**14**	**391**	**21**
禅城区	785	4	27			59	450	10	207	16
南海区	129		15	1		6	69	3	28	4
顺德区										
三水区	447	1	42	1		52	208	1	134	1
高明区	43	1	1	1		5	13		22	
江门市	**748**	**1**	**48**	**9**	**1**	**127**	**230**	**14**	**305**	**5**
蓬江区										
江海区										
新会区	232		13	9	1	46	70	8	79	4
台山市	133		5			27	25	2	73	
开平市	150	1	8			16	63		61	
鹤山市	137		17			20	44	3	48	1
恩平市	96		5			18	28	1	44	
湛江市	**2378**	**4**	**59**	**8**		**499**	**252**	**24**	**1497**	**11**
赤坎区										
霞山区	6						2	1	3	
坡头区	180	1	3	1		24	27	1	121	
麻章区	121		5	1		17	17	5	71	1
遂溪县	621	3	21	1		145	79	12	347	7
徐闻县	555		11	3		138	46	1	347	
廉江市	414		10			71	30	2	300	
雷州市	299		5	1		75	28	1	185	3
吴川市	182		4	1		29	23	1	123	
茂名市	**1982**		**38**	**33**		**332**	**189**	**12**	**1362**	**6**
茂南区	48		2			7	12	1	26	
电白区	790		14			117	100	9	541	2
高州市	443		8	31		92	32	1	278	1
化州市	444		9	2		68	34	1	324	3
信宜市	257		5			48	11		193	
肇庆市	**1945**	**3**	**77**	**10**		**397**	**364**	**11**	**1014**	**21**
端州区										
鼎湖区	62	1	3	1		10	18	1	24	1
高要区	265	1	8	1		34	77		120	2
广宁县	376	1	3	3		97	55	7	202	6
怀集县	521		26			100	50	3	324	7
封开县	326		6	4		71	85		154	1
德庆县	298		23	1		69	46		152	3
四会市	97		8			16	33		38	1
惠州市	**4384**	**9**	**213**	**6**		**680**	**1106**	**66**	**2218**	**35**
惠城区	408		31			39	127	5	200	3
惠阳区	219	3	20			35	67	1	83	6
博罗县	1799	5	113	3		264	531	32	815	9
惠东县	1504		38	1		257	293	25	867	12
龙门县	454	1	11	2		85	88	3	253	5

4-6b 续表 15

单位：人

地区 性别	专业技术人员 小计	科学研究人员	工程技术人员	农业技术人员	飞机和船舶技术人员	卫生专业技术人员	经济和金融专业人员	法律、社会和宗教专业人员	教学人员	文学艺术、体育专业人员
梅州市	**2391**	**6**	**59**	**12**		**491**	**337**	**25**	**1415**	**19**
梅江区	7					1	1		3	
梅县区	49					7	9		32	
大埔县	368	2	8	1		76	43	5	227	4
丰顺县	478	3	11			112	45		303	
五华县	810		20	5		170	98	3	501	11
平远县	283		8	5		53	63	7	142	3
蕉岭县	324	1	11	1		56	75	7	158	1
兴宁市	72		1			16	3	3	49	
汕尾市	**1571**	**1**	**49**	**1**		**262**	**222**	**14**	**988**	**24**
城　区	96		3			13	17		62	1
海丰县	896	1	33			165	135	8	528	19
陆河县	298		7	1		42	39	2	203	1
陆丰市	281		6			42	31	4	195	3
河源市	**2295**		**70**	**3**		**510**	**314**	**21**	**1349**	**13**
源城区	69		16			5	29		18	
紫金县	541		11	2		113	89	12	307	5
龙川县	677		9			163	69	1	427	3
连平县	295		7			75	33	3	170	2
和平县	448		17			94	46	3	286	1
东源县	265		10	1		60	48	2	141	2
阳江市	**826**		**39**	**5**		**176**	**112**	**3**	**478**	**5**
江城区	95		3	2		14	28	1	46	
阳东区	90		1			22	13		50	
阳西县	457		22	2		96	57	1	271	5
阳春市	184		13	1		44	14	1	111	
清远市	**2359**	**2**	**85**	**5**	**1**	**442**	**436**	**18**	**1325**	**19**
清城区	518		40	1		51	162	3	250	5
清新区	102		2		1	25	19	1	53	
佛冈县	506		22	2		86	102	9	277	4
阳山县	401	1	5	1		91	56	2	235	5
连山壮族瑶族自治县	155		3			36	22	1	87	1
连南瑶族自治县	209	1	3			52	29		118	2
英德市	430		8	1		96	41	2	279	2
连州市	38		2			5	5		26	
东莞市	**149**		**18**			**10**	**59**	**1**	**56**	**2**
市辖区	149		18			10	59	1	56	2
中山市	**3073**	**4**	**225**	**8**	**1**	**320**	**1502**	**23**	**909**	**46**
市辖区	3073	4	225	8	1	320	1502	23	909	46
潮州市	**1017**		**37**			**161**	**208**	**3**	**579**	**10**
湘桥区	103		5			18	18	1	60	
潮安区	332		12			53	97	1	156	5
饶平县	582		20			90	93	1	363	5
揭阳市	**1325**	**3**	**54**	**3**		**184**	**263**	**7**	**787**	**14**
榕城区	99		8			13	19		58	
揭东区	233		9	1		43	34	2	139	2
揭西县	286	1	8			47	64	3	160	2
惠来县	310	1	8	2		37	50	1	202	5
普宁市	397	1	21			44	96	1	228	5
云浮市	**1248**	**2**	**31**	**6**		**266**	**210**	**12**	**703**	**6**
云城区										
云安区	81		3			16	14		48	
新兴县	609	2	16	6		119	136	7	311	4
郁南县	363		11			83	56	5	203	1
罗定市	195		1			48	4		141	1

4-6b 续表 16

单位：人

地区 性别	专业技术人员		办事人员和有关人员				社会生产服务和生活服务人员		
	新闻出版、文化专业人员	其他专业技术人员	小计	办事人员	安全和消防人员	其他办事人员和有关人员	小计	批发与零售服务人员	交通运输、仓储和邮政业服务人员
广　东	**603**	**433**	**50153**	**41085**	**8289**	**779**	**270772**	**133313**	**44429**
广州市	**75**	**55**	**5282**	**4471**	**774**	**37**	**23280**	**9554**	**5134**
荔湾区									
越秀区									
海珠区									
天河区									
白云区	19	6	896	759	131	6	5458	2054	1459
黄埔区	2	2	287	257	27	3	642	290	59
番禺区	3	4	392	299	93		1795	577	451
花都区	7	6	395	322	68	5	1720	670	462
南沙区	12	1	721	565	149	7	2934	1026	737
从化区	2		301	257	42	2	947	354	207
增城区	30	36	2290	2012	264	14	9784	4583	1759
韶关市	**38**	**27**	**2607**	**2075**	**474**	**58**	**9394**	**4107**	**1514**
武江区			10	9	1		50	25	9
浈江区	2	12	116	56	57	3	320	134	51
曲江区		1	71	58	10	3	488	183	100
始兴县	6	2	349	275	66	8	994	459	124
仁化县	6	2	465	405	57	3	1177	513	160
翁源县	10	3	424	343	68	13	1815	820	301
乳源瑶族自治县	3	5	502	414	77	11	1155	433	209
新丰县	7		313	254	56	3	1511	654	243
乐昌市	1		247	171	67	9	1151	507	225
南雄市	3	2	110	90	15	5	733	379	92
深圳市	**1**		**25**	**22**	**3**		**77**	**23**	**12**
罗湖区									
福田区									
南山区			10	8	2		36		12
宝安区									
龙岗区									
盐田区									
龙华区									
坪山区	1		15	14	1		41	23	
光明区									
珠海市	**36**	**3**	**1022**	**763**	**250**	**9**	**6030**	**1572**	**1269**
香洲区	21	1	284	193	86	5	1304	174	130
斗门区	7		291	204	86	1	2651	901	552
金湾区	8	2	447	366	78	3	2075	497	587
汕头市	**28**	**5**	**2642**	**2253**	**375**	**14**	**20422**	**13601**	**2381**
龙湖区									
金平区									
濠江区	1		17	15	2		76	38	16
潮阳区	10		1039	880	157	2	9328	6336	1047
潮南区	6		391	298	87	6	5538	3996	559
澄海区	10	5	993	891	98	4	4701	2856	690
南澳县	1		202	169	31	2	779	375	69
佛山市	**23**	**26**	**2113**	**1626**	**465**	**22**	**12752**	**5705**	**3603**
禅城区	15	5	905	688	201	16	7043	3871	1494
南海区	4	1	301	232	69		1358	541	334
顺德区									
三水区	4	20	811	636	169	6	3940	1140	1646
高明区			96	70	26		411	153	129

4－6b 续表 17

单位：人

地区 性别	专业技术人员		办事人员和有关人员				社会生产服务和生活服务人员		
	新闻出版、文化专业人员	其他专业技术人员	小计	办事人员	安全和消防人员	其他办事人员和有关人员	小计	批发与零售服务人员	交通运输、仓储和邮政业服务人员
江门市	**12**	**10**	**1084**	**842**	**233**	**9**	**5852**	**2460**	**1040**
蓬江区									
江海区									
新会区	4	6	322	259	60	3	1603	634	325
台山市		2	180	143	34	3	1164	492	139
开平市	3		191	161	29	1	1206	608	213
鹤山市	5		267	179	88		1001	355	226
恩平市		2	124	100	22	2	878	371	137
湛江市	**27**	**18**	**1861**	**1482**	**354**	**25**	**14584**	**7018**	**2350**
赤坎区									
霞山区			6	2	4		114	48	25
坡头区	2		126	100	25	1	1005	421	191
麻章区	4	1	115	90	22	3	828	351	181
遂溪县	5	13	477	364	109	4	4020	1815	646
徐闻县	11	4	578	485	84	9	3287	1535	568
廉江市	2		251	200	49	2	2216	1120	289
雷州市	2		172	120	46	6	1663	891	254
吴川市	1		136	121	15		1451	837	196
茂名市	**19**	**5**	**1344**	**1090**	**218**	**36**	**11644**	**6135**	**1637**
茂南区	1		54	51	3		733	403	135
电白区	13		577	448	110	19	4649	2422	732
高州市			268	226	32	10	2492	1366	371
化州市	5	5	270	226	42	2	2839	1486	290
信宜市			175	139	31	5	931	458	109
肇庆市	**29**	**104**	**2533**	**1949**	**532**	**52**	**14244**	**6736**	**2280**
端州区									
鼎湖区	3	13	96	30	27	39	584	198	147
高要区		63	349	259	84	6	2296	985	524
广宁县	4	4	520	416	103	1	2584	1192	350
怀集县	10	16	635	485	146	4	3789	1881	518
封开县	3	7	405	323	80	2	2284	1149	347
德庆县	7	1	424	352	72		1895	965	238
四会市	2		104	84	20		812	366	156
惠州市	**74**	**30**	**7727**	**6450**	**1059**	**218**	**29831**	**13864**	**4186**
惠城区	4	3	443	359	78	6	1905	813	338
惠阳区	6	3	484	291	86	107	2197	1047	381
博罗县	35	18	3457	2857	502	98	11028	5004	1670
惠东县	19	5	2680	2388	288	4	12444	6106	1473
龙门县	10	1	663	555	105	3	2257	894	324
梅州市	**33**	**23**	**3119**	**2611**	**462**	**46**	**13419**	**6775**	**1973**
梅江区	1	1	15	11	4		87	23	27
梅县区	1	1	104	86	15	3	676	398	88
大埔县	4		450	392	53	5	1809	863	213
丰顺县	4	1	707	589	118		3006	1530	410
五华县	5	3	918	737	153	28	3948	2105	580
平远县	10	3	471	407	58	6	1383	649	207
蕉岭县	8	14	347	304	40	3	1630	704	321
兴宁市			107	85	21	1	880	503	127
汕尾市	**20**	**12**	**2700**	**2258**	**424**	**18**	**13128**	**7108**	**1547**
城　区			240	206	33	1	600	296	78
海丰县	14	10	1744	1474	258	12	7681	4007	919
陆河县	4		436	378	58		1268	652	164
陆丰市	2	2	280	200	75	5	3579	2153	386

4-6b 续表 18

单位：人

地区 性别	专业技术人员		办事人员和有关人员				社会生产服务和生活服务人员		
	新闻出版、文化专业人员	其他专业技术人员	小计	办事人员	安全和消防人员	其他办事人员和有关人员	小计	批发与零售服务人员	交通运输、仓储和邮政业服务人员
河源市	**25**	**4**	**2599**	**2330**	**246**	**23**	**11090**	**5134**	**1611**
源城区	1		111	109		2	433	101	108
紫金县	5		605	530	72	3	3101	1422	435
龙川县	11	1	597	523	68	6	2842	1364	437
连平县	5		382	353	28	1	1437	700	230
和平县	1	1	587	523	53	11	1645	810	189
东源县	2	2	317	292	25		1632	737	212
阳江市	**13**	**6**	**1093**	**895**	**185**	**13**	**5963**	**2782**	**877**
江城区	4		182	150	30	2	1125	443	178
阳东区	4		128	99	29		881	357	145
阳西县	5	4	635	532	96	7	2603	1297	341
阳春市		2	148	114	30	4	1354	685	213
清远市	**42**	**18**	**3243**	**2567**	**624**	**52**	**14096**	**5567**	**2892**
清城区	11	8	948	739	206	3	4893	1895	1101
清新区	1		79	67	12		575	253	117
佛冈县	7	2	649	525	117	7	2318	824	462
阳山县	7	5	566	463	85	18	1973	873	345
连山壮族瑶族自治县	7	1	271	235	34	2	465	201	75
连南瑶族自治县	5	1	239	177	58	4	670	238	92
英德市	4	1	453	339	96	18	2836	1112	638
连州市			38	22	16		366	171	62
东莞市	**4**		**466**	**372**	**91**	**3**	**1368**	**578**	**302**
市辖区	4		466	372	91	3	1368	578	302
中山市	**47**	**52**	**4011**	**3297**	**706**	**8**	**22121**	**9239**	**4728**
市辖区	47	52	4011	3297	706	8	22121	9239	4728
潮州市	**22**	**11**	**1277**	**1025**	**236**	**16**	**10772**	**6838**	**1194**
湘桥区	1		104	78	26		1032	624	98
潮安区	9	4	404	317	83	4	3374	2009	508
饶平县	12	7	769	630	127	12	6366	4205	588
揭阳市	**19**	**21**	**1928**	**1450**	**373**	**105**	**24277**	**15557**	**2943**
榕城区	1	1	185	152	31	2	1453	923	294
揭东区	4	5	244	186	52	6	3746	2221	612
揭西县	3	3	386	333	51	2	3382	2213	370
惠来县	8	8	536	390	145	1	6754	4326	671
普宁市	3	4	577	389	94	94	8942	5874	996
云浮市	**16**	**3**	**1477**	**1257**	**205**	**15**	**6428**	**2960**	**956**
云城区									
云安区			97	69	27	1	513	265	57
新兴县	10	1	828	709	115	4	2774	1239	428
郁南县	5	2	483	421	54	8	2228	958	362
罗定市	1		69	58	9	2	913	498	109
男	**246**	**325**	**30338**	**22138**	**7760**	**440**	**164884**	**74346**	**38971**
广州市	**30**	**40**	**2764**	**2027**	**720**	**17**	**14254**	**5129**	**4373**
荔湾区									
越秀区									
海珠区									
天河区									
白云区	5	4	465	339	123	3	3364	1066	1229
黄埔区	1	1	144	120	24		373	165	48
番禺区	2	4	207	118	89		1146	306	391
花都区	2	5	189	123	63	3	1062	355	387
南沙区	4	1	396	252	139	5	1804	553	625
从化区	1		147	110	36	1	551	183	168
增城区	15	25	1216	965	246	5	5954	2501	1525

4－6b 续表 19

单位：人

地区 性别	专业技术人员		办事人员和有关人员				社会生产服务和生活服务人员		
	新闻出版、文化专业人员	其他专业技术人员	小计	办事人员	安全和消防人员	其他办事人员和有关人员	小计	批发与零售服务人员	交通运输、仓储和邮政业服务人员
韶关市	**12**	**20**	**1603**	**1115**	**453**	**35**	**4940**	**1796**	**1336**
武江区			5	4	1		27	11	6
浈江区	1	8	81	30	50	1	171	63	41
曲江区		1	39	27	10	2	272	84	87
始兴县	2	2	206	140	64	2	499	194	112
仁化县	1	2	269	213	55	1	630	235	141
翁源县	2	2	269	191	67	11	954	359	275
乳源瑶族自治县	1	4	301	223	75	3	572	160	181
新丰县	3		197	142	52	3	829	294	217
乐昌市			163	91	64	8	598	221	193
南雄市	2	1	73	54	15	4	388	175	83
深圳市			**11**	**9**	**2**		**49**	**15**	**11**
罗湖区									
福田区									
南山区			5	3	2		25		11
宝安区									
龙岗区									
盐田区									
龙华区									
坪山区			6	6			24	15	
光明区									
珠海市	**12**	**3**	**581**	**347**	**227**	**7**	**3760**	**799**	**1121**
香洲区	8	1	187	101	81	5	836	92	119
斗门区	4		154	78	76		1595	447	476
金湾区		2	240	168	70	2	1329	260	526
汕头市	**11**	**3**	**1697**	**1323**	**363**	**11**	**14058**	**8855**	**2235**
龙湖区									
金平区									
濠江区	1		10	8	2		43	18	15
潮阳区	5		741	585	154	2	6598	4241	992
潮南区	4		244	152	87	5	3814	2648	523
澄海区		3	563	470	91	2	3182	1763	643
南澳县	1		139	108	29	2	421	185	62
佛山市	**8**	**19**	**1062**	**612**	**437**	**13**	**7839**	**3385**	**2833**
禅城区	6	2	443	243	191	9	4417	2427	1199
南海区	1	1	149	81	68		773	283	276
顺德区									
三水区	1	16	416	259	153	4	2408	592	1263
高明区			54	29	25		241	83	95
江门市	**7**	**7**	**587**	**357**	**224**	**6**	**3343**	**1235**	**870**
蓬江区									
江海区									
新会区	4	4	172	112	58	2	886	314	267
台山市		1	115	78	34	3	699	251	122
开平市	2		71	42	29		683	311	177
鹤山市	1		148	66	82		558	178	181
恩平市		2	81	59	21	1	517	181	123
湛江市	**8**	**13**	**1333**	**987**	**332**	**14**	**8559**	**3659**	**2041**
赤坎区									
霞山区			6	2	4		71	25	20
坡头区			74	51	23		549	196	162
麻章区		1	78	56	20	2	517	196	165
遂溪县	2	10	334	228	103	3	2358	914	565
徐闻县	4	2	417	336	77	4	1849	761	472
廉江市	1		195	148	46	1	1309	596	248
雷州市	1		139	91	44	4	1052	507	234
吴川市			90	75	15		854	464	175

4-6b　续表 20

单位：人

地区 性别	专业技术人员		办事人员和有关人员				社会生产服务和生活服务人员		
	新闻出版、文化专业人员	其他专业技术人员	小计	办事人员	安全和消防人员	其他办事人员和有关人员	小计	批发与零售服务人员	交通运输、仓储和邮政业服务人员
茂名市	**11**	**3**	**882**	**668**	**196**	**18**	**6861**	**3312**	**1476**
茂南区	1		35	32	3		448	207	124
电白区	6		373	264	100	9	2795	1356	649
高州市			167	133	28	6	1537	770	338
化州市	4	3	197	156	40	1	1552	757	259
信宜市			110	83	25	2	529	222	106
肇庆市	**13**	**72**	**1581**	**1076**	**477**	**28**	**8176**	**3511**	**1907**
端州区									
鼎湖区		13	61	14	26	21	335	113	106
高要区		41	185	103	79	3	1442	546	440
广宁县	2	4	323	232	90	1	1406	565	306
怀集县	4	11	401	276	123	2	2153	1001	433
封开县	2	3	295	221	73	1	1310	592	292
德庆县	4		252	185	67		1048	503	199
四会市	1		64	45	19		482	191	131
惠州市	**29**	**24**	**4697**	**3605**	**975**	**117**	**17475**	**7306**	**3804**
惠城区	1	3	257	185	68	4	1138	416	309
惠阳区	2	3	283	161	84	38	1362	598	346
博罗县	14	12	2097	1562	466	69	6652	2769	1498
惠东县	8	5	1646	1378	265	3	7099	3107	1351
龙门县	4	1	414	319	92	3	1224	416	300
梅州市	**16**	**13**	**2017**	**1551**	**436**	**30**	**7871**	**3476**	**1768**
梅江区			9	5	4		63	14	27
梅县区		1	56	38	15	3	427	227	79
大埔县	2		269	219	46	4	1016	418	197
丰顺县	1		468	359	109		1861	843	376
五华县	3	3	632	467	147	18	2310	1105	490
平远县	8	3	305	246	56	3	738	284	179
蕉岭县	2	6	205	166	38	1	907	300	301
兴宁市			73	51	21	1	549	285	119
汕尾市	**10**	**12**	**1848**	**1442**	**395**	**11**	**8947**	**4673**	**1426**
城　区			156	126	30		390	181	64
海丰县	7	10	1167	919	239	9	5129	2579	854
陆河县	1		291	237	54		776	365	151
陆丰市	2	2	234	160	72	2	2652	1548	357
河源市	**10**	**4**	**1585**	**1340**	**230**	**15**	**6291**	**2500**	**1395**
源城区			51	50		1	249	40	80
紫金县	3		383	313	69	1	1846	730	387
龙川县	6	1	389	319	65	5	1560	628	382
连平县			207	185	22		806	344	203
和平县		1	365	308	49	8	858	366	162
东源县	1	2	190	165	25		972	392	181
阳江市	**6**	**5**	**702**	**521**	**175**	**6**	**3324**	**1386**	**788**
江城区	3		105	77	27	1	606	222	158
阳东区			90	61	29		483	176	122
阳西县	3	3	398	305	89	4	1424	622	304
阳春市		2	109	78	30	1	811	366	204
清远市	**19**	**15**	**1986**	**1378**	**581**	**27**	**8094**	**2770**	**2572**
清城区	5	8	572	379	191	2	2886	1007	960
清新区			47	36	11		306	103	99
佛冈县	3	2	367	255	107	5	1340	394	425
阳山县	4	3	359	272	78	9	1071	421	312
连山壮族瑶族自治县	2	1	163	130	32	1	246	94	69
连南瑶族自治县	2		163	106	53	4	359	128	79
英德市	3	1	287	188	93	6	1664	531	569
连州市			28	12	16		222	92	59

4-6b 续表 21

单位：人

地区 性别	专业技术人员 新闻出版、文化专业人员	专业技术人员 其他专业技术人员	办事人员和有关人员 小计	办事人员和有关人员 办事人员	办事人员和有关人员 安全和消防人员	办事人员和有关人员 其他办事人员和有关人员	社会生产服务和生活服务人员 小计	社会生产服务和生活服务人员 批发与零售服务人员	社会生产服务和生活服务人员 交通运输、仓储和邮政业服务人员
东莞市	**1**		**283**	**193**	**90**		**874**	**320**	**274**
市辖区	1		283	193	90		874	320	274
中山市	**20**	**44**	**2113**	**1434**	**671**	**8**	**13275**	**4846**	**4080**
市辖区	20	44	2113	1434	671	8	13275	4846	4080
潮州市	**6**	**8**	**825**	**587**	**226**	**12**	**6946**	**4148**	**1102**
湘桥区			73	47	26		637	372	91
潮安区	1	4	218	133	82	3	2408	1349	478
饶平县	5	4	534	407	118	9	3901	2427	533
揭阳市	**11**	**19**	**1256**	**841**	**357**	**58**	**16355**	**9801**	**2720**
榕城区		1	123	93	28	2	1037	617	266
揭东区	2	4	142	86	52	4	2536	1396	560
揭西县	3	2	221	172	47	2	2245	1381	349
惠来县	4	8	428	286	141	1	4487	2703	606
普宁市	2	4	342	204	89	49	6050	3704	939
云浮市	**6**	**1**	**925**	**725**	**193**	**7**	**3593**	**1424**	**839**
云城区									
云安区			68	43	25		273	123	51
新兴县	3		524	411	112	1	1483	575	366
郁南县	2	1	286	234	48	4	1316	484	325
罗定市	1		47	37	8	2	521	242	97
女	**357**	**108**	**19815**	**18947**	**529**	**339**	**105888**	**58967**	**5458**
广州市	**45**	**15**	**2518**	**2444**	**54**	**20**	**9026**	**4425**	**761**
荔湾区									
越秀区									
海珠区									
天河区									
白云区	14	2	431	420	8	3	2094	988	230
黄埔区	1	1	143	137	3	3	269	125	11
番禺区	1		185	181	4		649	271	60
花都区	5	1	206	199	5	2	658	315	75
南沙区	8		325	313	10	2	1130	473	112
从化区	1		154	147	6	1	396	171	39
增城区	15	11	1074	1047	18	9	3830	2082	234
韶关市	**26**	**7**	**1004**	**960**	**21**	**23**	**4454**	**2311**	**178**
武江区			5	5			23	14	3
浈江区	1	4	35	26	7	2	149	71	10
曲江区			32	31		1	216	99	13
始兴县	4		143	135	2	6	495	265	12
仁化县	5		196	192	2	2	547	278	19
翁源县	8	1	155	152	1	2	861	461	26
乳源瑶族自治县	2	1	201	191	2	8	583	273	28
新丰县	4		116	112	4		682	360	26
乐昌市	1		84	80	3	1	553	286	32
南雄市	1	1	37	36		1	345	204	9
深圳市	**1**		**14**	**13**	**1**		**28**	**8**	**1**
罗湖区									
福田区									
南山区			5	5			11		1
宝安区									
龙岗区									
盐田区									
龙华区									
坪山区	1		9	8	1		17	8	
光明区									

4-6b　续表 22　　　　　　　　　　　　　　　　　　　　　　　　单位：人

地区 性别	专业技术人员		办事人员和有关人员				社会生产服务和生活服务人员		
	新闻出版、文化专业人员	其他专业技术人员	小计	办事人员	安全和消防人员	其他办事人员和有关人员	小计	批发与零售服务人员	交通运输、仓储和邮政业服务人员
珠海市	**24**		**441**	**416**	**23**	**2**	**2270**	**773**	**148**
香洲区	13		97	92	5		468	82	11
斗门区	3		137	126	10	1	1056	454	76
金湾区	8		207	198	8	1	746	237	61
汕头市	**17**	**2**	**945**	**930**	**12**	**3**	**6364**	**4746**	**146**
龙湖区									
金平区									
濠江区			7	7			33	20	1
潮阳区	5		298	295	3		2730	2095	55
潮南区	2		147	146		1	1724	1348	36
澄海区	10	2	430	421	7	2	1519	1093	47
南澳县			63	61	2		358	190	7
佛山市	**15**	**7**	**1051**	**1014**	**28**	**9**	**4913**	**2320**	**770**
禅城区	9	3	462	445	10	7	2626	1444	295
南海区	3		152	151	1		585	258	58
顺德区									
三水区	3	4	395	377	16	2	1532	548	383
高明区			42	41	1		170	70	34
江门市	**5**	**3**	**497**	**485**	**9**	**3**	**2509**	**1225**	**170**
蓬江区									
江海区									
新会区		2	150	147	2	1	717	320	58
台山市		1	65	65			465	241	17
开平市	1		120	119		1	523	297	36
鹤山市	4		119	113	6		443	177	45
恩平市			43	41	1	1	361	190	14
湛江市	**19**	**5**	**528**	**495**	**22**	**11**	**6025**	**3359**	**309**
赤坎区									
霞山区							43	23	5
坡头区	2		52	49	2	1	456	225	29
麻章区	4		37	34	2	1	311	155	16
遂溪县	3	3	143	136	6	1	1662	901	81
徐闻县	7	2	161	149	7	5	1438	774	96
廉江市	1		56	52	3	1	907	524	41
雷州市	1		33	29	2	2	611	384	20
吴川市	1		46	46			597	373	21
茂名市	**8**	**2**	**462**	**422**	**22**	**18**	**4783**	**2823**	**161**
茂南区			19	19			285	196	11
电白区	7		204	184	10	10	1854	1066	83
高州市			101	93	4	4	955	596	33
化州市	1	2	73	70	2	1	1287	729	31
信宜市			65	56	6	3	402	236	3
肇庆市	**16**	**32**	**952**	**873**	**55**	**24**	**6068**	**3225**	**373**
端州区									
鼎湖区	3		35	16	1	18	249	85	41
高要区		22	164	156	5	3	854	439	84
广宁县	2		197	184	13		1178	627	44
怀集县	6	5	234	209	23	2	1636	880	85
封开县	1	4	110	102	7	1	974	557	55
德庆县	3	1	172	167	5		847	462	39
四会市	1		40	39	1		330	175	25
惠州市	**45**	**6**	**3030**	**2845**	**84**	**101**	**12356**	**6558**	**382**
惠城区	3		186	174	10	2	767	397	29
惠阳区	4		201	130	2	69	835	449	35
博罗县	21	6	1360	1295	36	29	4376	2235	172
惠东县	11		1034	1010	23	1	5345	2999	122
龙门县	6		249	236	13		1033	478	24

4-6b 续表 23

单位：人

地区 性别	专业技术人员		办事人员和有关人员				社会生产服务和生活服务人员		
	新闻出版、文化专业人员	其他专业技术人员	小计	办事人员	安全和消防人员	其他办事人员和有关人员	小计	批发与零售服务人员	交通运输、仓储和邮政业服务人员
梅州市	**17**	**10**	**1102**	**1060**	**26**	**16**	**5548**	**3299**	**205**
梅江区	1	1	6	6			24	9	
梅县区	1		48	48			249	171	9
大埔县	2		181	173	7	1	793	445	16
丰顺县	3	1	239	230	9		1145	687	34
五华县	2		286	270	6	10	1638	1000	90
平远县	2		166	161	2	3	645	365	28
蕉岭县	6	8	142	138	2	2	723	404	20
兴宁市			34	34			331	218	8
汕尾市	**10**		**852**	**816**	**29**	**7**	**4181**	**2435**	**121**
城　区			84	80	3	1	210	115	14
海丰县	7		577	555	19	3	2552	1428	65
陆河县	3		145	141	4		492	287	13
陆丰市			46	40	3	3	927	605	29
河源市	**15**		**1014**	**990**	**16**	**8**	**4799**	**2634**	**216**
源城区	1		60	59		1	184	61	28
紫金县	2		222	217	3	2	1255	692	48
龙川县	5		208	204	3	1	1282	736	55
连平县	5		175	168	6	1	631	356	27
和平县	1		222	215	4	3	787	444	27
东源县	1		127	127			660	345	31
阳江市	**7**	**1**	**391**	**374**	**10**	**7**	**2639**	**1396**	**89**
江城区	1		77	73	3	1	519	221	20
阳东区	4		38	38			398	181	23
阳西县	2	1	237	227	7	3	1179	675	37
阳春市			39	36		3	543	319	9
清远市	**23**	**3**	**1257**	**1189**	**43**	**25**	**6002**	**2797**	**320**
清城区	6		376	360	15	1	2007	888	141
清新区	1		32	31	1		269	150	18
佛冈县	4		282	270	10	2	978	430	37
阳山县	3	2	207	191	7	9	902	452	33
连山壮族瑶族自治县	5		108	105	2	1	219	107	6
连南瑶族自治县	3	1	76	71	5		311	110	13
英德市	1		166	151	3	12	1172	581	69
连州市			10	10			144	79	3
东莞市	**3**		**183**	**179**	**1**	**3**	**494**	**258**	**28**
市辖区	3		183	179	1	3	494	258	28
中山市	**27**	**8**	**1898**	**1863**	**35**		**8846**	**4393**	**648**
市辖区	27	8	1898	1863	35		8846	4393	648
潮州市	**16**	**3**	**452**	**438**	**10**	**4**	**3826**	**2690**	**92**
湘桥区	1		31	31			395	252	7
潮安区	8		186	184	1	1	966	660	30
饶平县	7	3	235	223	9	3	2465	1778	55
揭阳市	**8**	**2**	**672**	**609**	**16**	**47**	**7922**	**5756**	**223**
榕城区	1		62	59	3		416	306	28
揭东区	2	1	102	100		2	1210	825	52
揭西县		1	165	161	4		1137	832	21
惠来县	4		108	104	4		2267	1623	65
普宁市	1		235	185	5	45	2892	2170	57
云浮市	**10**	**2**	**552**	**532**	**12**	**8**	**2835**	**1536**	**117**
云城区									
云安区			29	26	2	1	240	142	6
新兴县	7	1	304	298	3	3	1291	664	62
郁南县	3	1	197	187	6	4	912	474	37
罗定市			22	21	1		392	256	12

4−6b　续表 24　　　　单位：人

地　　区 性　　别	社会生产服务和生活服务人员								
	住宿和餐饮服务人　员	信息传输、软件和信息技术服务人　员	金融服务人　　员	房地产服务人员	租赁和商务服务人　员	技术辅助服务人员	水利、环境和公共设施管理服务人员	居民服务人　　员	电力、燃气及水供应服务人　员
广　东	**37036**	**3385**	**3688**	**3687**	**5789**	**5445**	**8445**	**12894**	**1880**
广州市	**2512**	**602**	**360**	**447**	**1161**	**650**	**965**	**1001**	**91**
荔湾区									
越秀区									
海珠区									
天河区									
白云区	656	105	82	88	359	128	152	202	23
黄埔区	42	86	21	12	42	24	24	27	4
番禺区	203	34	18	25	164	60	108	78	3
花都区	187	33	16	22	84	25	89	79	2
南沙区	359	47	49	47	106	88	197	142	16
从化区	136	12	17	18	51	21	41	50	7
增城区	929	285	157	235	355	304	354	423	36
韶关市	**1426**	**140**	**196**	**101**	**183**	**168**	**434**	**538**	**142**
武江区	8							2	
浈江区	68	6	4	4	5	7	14	15	2
曲江区	78	5	3	1	19	5	36	25	7
始兴县	119	17	33	9	14	25	47	77	22
仁化县	185	21	23	16	36	32	59	50	13
翁源县	245	27	39	30	45	18	73	92	36
乳源瑶族自治县	184	20	23	15	13	34	68	82	20
新丰县	278	19	41	14	22	22	35	98	21
乐昌市	154	16	19	9	26	18	60	55	14
南雄市	107	9	11	3	3	7	42	42	7
深圳市	**19**	**3**		**1**	**2**	**3**	**13**	**1**	
罗湖区									
福田区									
南山区	9			1	1		13		
宝安区									
龙岗区									
盐田区									
龙华区									
坪山区	10	3			1	3		1	
光明区									
珠海市	**1151**	**96**	**75**	**210**	**467**	**160**	**502**	**227**	**35**
香洲区	401	19	12	65	208	32	180	29	10
斗门区	371	58	46	119	106	65	130	140	15
金湾区	379	19	17	26	153	63	192	58	10
汕头市	**2072**	**181**	**121**	**70**	**211**	**399**	**162**	**508**	**84**
龙湖区									
金平区									
濠江区	3	2		2	1		6	5	1
潮阳区	960	92	17	27	91	166	44	204	21
潮南区	575	30	6	10	53	52	34	111	11
澄海区	420	43	74	17	57	164	49	132	26
南澳县	114	14	24	14	9	17	29	56	25
佛山市	**1211**	**106**	**101**	**142**	**186**	**309**	**676**	**378**	**41**
禅城区	531	47	71	79	79	191	296	209	25
南海区	163	21	9	36	43	24	97	51	2
顺德区									
三水区	477	35	21	24	57	85	249	101	13
高明区	40	3		3	7	9	34	17	1

4-6b 续表 25

单位：人

地 区 性 别	社会生产服务和生活服务人员 住宿和餐饮服务人员	信息传输、软件和信息技术服务人员	金融服务人员	房地产服务人员	租赁和商务服务人员	技术辅助服务人员	水利、环境和公共设施管理服务人员	居民服务人员	电力、燃气及水供应服务人员
江门市	**1135**	**72**	**65**	**61**	**96**	**138**	**272**	**247**	**41**
蓬江区									
江海区									
新会区	230	18	21	11	37	37	111	87	15
台山市	350	16	17	5	23	11	21	50	7
开平市	196	11	5	9	6	37	44	35	6
鹤山市	174	15	11	26	15	40	52	52	2
恩平市	185	12	11	10	15	13	44	23	11
湛江市	**2349**	**137**	**233**	**166**	**181**	**261**	**391**	**753**	**92**
赤坎区									
霞山区	18	2		1	3	4	6	5	
坡头区	160	11	15	25	22	22	37	53	6
麻章区	149	8	7	6	8	15	35	41	5
遂溪县	673	57	95	52	47	82	100	194	21
徐闻县	592	24	59	41	41	51	62	171	21
廉江市	369	17	16	17	29	36	73	130	19
雷州市	214	11	24	12	12	23	36	98	12
吴川市	174	7	17	12	19	28	42	61	8
茂名市	**1594**	**121**	**203**	**112**	**102**	**148**	**216**	**768**	**96**
茂南区	86	3	7	11	10	7	15	27	
电白区	563	61	74	62	45	65	105	299	27
高州市	320	33	31	18	18	33	42	137	26
化州市	496	16	25	18	22	29	39	234	34
信宜市	129	8	66	3	7	14	15	71	9
肇庆市	**2400**	**186**	**221**	**186**	**227**	**261**	**356**	**610**	**112**
端州区									
鼎湖区	76	8	6		8	58	34	15	4
高要区	380	24	31	17	18	35	61	57	17
广宁县	484	27	45	38	36	46	76	143	25
怀集县	637	68	51	79	38	56	73	180	33
封开县	414	21	34	24	14	28	51	78	17
德庆县	308	35	42	15	27	30	40	116	13
四会市	101	3	12	13	86	8	21	21	3
惠州市	**4780**	**310**	**540**	**701**	**628**	**638**	**1000**	**1838**	**202**
惠城区	261	34	46	40	63	42	68	86	16
惠阳区	339	10	17	44	25	34	95	106	27
博罗县	1738	111	181	246	193	356	407	581	79
惠东县	1991	120	251	336	317	178	307	911	46
龙门县	451	35	45	35	30	28	123	154	34
梅州市	**1694**	**168**	**217**	**125**	**195**	**200**	**358**	**777**	**179**
梅江区	8	1	1	3	7		3	7	4
梅县区	67	5	3	2	15	8	15	36	2
大埔县	264	19	31	35	49	22	54	98	47
丰顺县	450	46	44	25	31	29	76	154	25
五华县	448	42	56	21	25	78	113	191	52
平远县	187	28	31	16	21	30	21	108	14
蕉岭县	166	23	43	20	45	29	62	122	30
兴宁市	104	4	8	3	2	4	14	61	5
汕尾市	**1729**	**187**	**159**	**140**	**200**	**249**	**271**	**839**	**89**
城 区	58	14	28	16	12	22	35	9	1
海丰县	1075	100	79	97	123	149	149	590	59
陆河县	159	35	27	7	11	36	38	71	7
陆丰市	437	38	25	20	54	42	49	169	22

4-6b 续表 26

单位：人

地 区 性 别	社会生产服务和生活服务人员								
	住宿和餐饮服务人员	信息传输、软件和信息技术服务人员	金融服务人员	房地产服务人员	租赁和商务服务人员	技术辅助服务人员	水利、环境和公共设施管理服务人员	居民服务人员	电力、燃气及水供应服务人员
河源市	**1631**	**133**	**265**	**160**	**363**	**223**	**330**	**618**	**175**
源城区	76	12	1	8	48	19	27	19	1
紫金县	453	37	70	51	92	71	101	155	88
龙川县	423	29	78	40	55	47	70	144	31
连平县	208	20	32	11	42	17	36	71	12
和平县	212	17	51	19	50	38	46	139	17
东源县	259	18	33	31	76	31	50	90	26
阳江市	**1062**	**45**	**60**	**78**	**118**	**98**	**190**	**334**	**53**
江城区	268	5	6	15	41	10	42	70	11
阳东区	168	8	6	4	13	21	43	45	6
阳西县	427	25	40	52	39	47	81	137	15
阳春市	199	7	8	7	25	20	24	82	21
清远市	**2159**	**160**	**248**	**272**	**283**	**230**	**659**	**753**	**165**
清城区	732	49	59	95	133	79	295	219	50
清新区	108		6	10	11	6	13	23	10
佛冈县	335	42	76	105	53	42	71	152	25
阳山县	280	20	34	26	19	53	81	122	26
连山壮族瑶族自治县	70	6	16	2	3	9	19	32	5
连南瑶族自治县	120	17	23	4	10	11	33	48	25
英德市	455	24	31	28	44	27	136	138	23
连州市	59	2	3	2	10	3	11	19	1
东莞市	**147**	**22**	**16**	**20**	**43**	**30**	**93**	**36**	**9**
市辖区	147	22	16	20	43	30	93	36	9
中山市	**2598**	**267**	**262**	**483**	**649**	**806**	**988**	**1205**	**95**
市辖区	2598	267	262	483	649	806	988	1205	95
潮州市	**1154**	**152**	**95**	**34**	**162**	**157**	**161**	**355**	**55**
湘桥区	109	49	7		7	20	21	58	5
潮安区	381	29	25	5	54	58	47	118	21
饶平县	664	74	63	29	101	79	93	179	29
揭阳市	**3113**	**217**	**135**	**79**	**242**	**192**	**207**	**750**	**88**
榕城区	80	18	9	2	5	7	19	52	2
揭东区	414	38	37	15	34	30	40	146	27
揭西县	408	36	30	10	41	26	40	99	15
惠来县	999	51	26	28	33	59	69	212	16
普宁市	1212	74	33	24	129	70	39	241	28
云浮市	**1100**	**80**	**116**	**99**	**90**	**125**	**201**	**358**	**36**
云城区									
云安区	84	9	8	6	5	5	25	21	5
新兴县	500	34	69	38	34	62	98	145	17
郁南县	364	30	38	54	44	47	58	135	14
罗定市	152	7	1	1	7	11	20	57	
男	**19780**	**2511**	**1911**	**2299**	**4292**	**3640**	**2755**	**3990**	**1572**
广州市	**1254**	**477**	**178**	**261**	**829**	**418**	**339**	**295**	**82**
荔湾区									
越秀区									
海珠区									
天河区									
白云区	342	82	36	57	235	85	49	50	21
黄埔区	17	70	6	6	24	13	10	4	4
番禺区	86	26	7	16	151	38	34	23	3
花都区	101	27	8	13	65	18	22	26	2
南沙区	190	34	26	24	84	53	72	40	16
从化区	62	11	7	12	38	12	13	8	7
增城区	456	227	88	133	232	199	139	144	29

4-6b 续表 27

单位：人

地 区 性 别	社会生产服务和生活服务人员								
	住宿和餐饮服务人员	信息传输、软件和信息技术服务人员	金融服务人员	房地产服务人员	租赁和商务服务人员	技术辅助服务人员	水利、环境和公共设施管理服务人员	居民服务人员	电力、燃气及水供应服务人员
韶关市	**590**	**99**	**92**	**58**	**132**	**112**	**129**	**138**	**112**
武江区	4							1	
浈江区	29	5	2	3	5	5	3	4	2
曲江区	28	4	1	1	16	3	13	8	5
始兴县	44	13	19	6	11	17	9	21	19
仁化县	80	13	10	12	23	19	18	13	12
翁源县	93	20	15	9	36	11	19	22	29
乳源瑶族自治县	83	13	10	8	9	19	20	11	16
新丰县	133	15	22	11	12	20	11	32	13
乐昌市	57	10	6	5	17	14	10	13	12
南雄市	39	6	7	3	3	4	26	13	4
深圳市	**13**	**1**		**1**	**2**	**1**	**4**	**1**	
罗湖区									
福田区									
南山区	8			1	1		4		
宝安区									
龙岗区									
盐田区									
龙华区									
坪山区	5	1			1	1		1	
光明区									
珠海市	**632**	**71**	**26**	**128**	**360**	**98**	**212**	**71**	**33**
香洲区	236	15	3	37	160	23	92	13	10
斗门区	201	43	17	71	84	41	48	37	13
金湾区	195	13	6	20	116	34	72	21	10
汕头市	**1380**	**119**	**68**	**47**	**148**	**278**	**73**	**227**	**75**
龙湖区									
金平区									
濠江区	2	2		2				1	1
潮阳区	666	58	12	19	59	129	22	82	21
潮南区	379	21	4	6	38	25	14	62	11
澄海区	280	30	38	9	46	116	26	61	22
南澳县	53	8	14	11	5	8	11	21	20
佛山市	**531**	**79**	**40**	**91**	**116**	**216**	**175**	**96**	**37**
禅城区	236	36	27	54	49	125	76	45	24
南海区	74	14	2	22	13	18	30	16	2
顺德区									
三水区	203	27	11	13	47	66	60	31	10
高明区	18	2		2	7	7	9	4	1
江门市	**582**	**54**	**36**	**40**	**81**	**81**	**71**	**69**	**34**
蓬江区									
江海区									
新会区	98	12	11	7	34	16	28	23	13
台山市	210	12	11	4	23	9	5	17	7
开平市	98	8	2	6	5	24	7	7	4
鹤山市	82	13	6	15	7	20	16	13	1
恩平市	94	9	6	8	12	12	15	9	9
湛江市	**1186**	**96**	**130**	**106**	**142**	**200**	**135**	**242**	**83**
赤坎区									
霞山区	13	2			3	3	1	2	
坡头区	61	8	8	18	15	14	8	18	6
麻章区	79	7	5	2	8	12	9	15	1
遂溪县	355	40	55	34	32	60	32	51	21
徐闻县	276	15	26	22	35	42	25	61	19
廉江市	200	15	13	13	23	28	35	40	17
雷州市	126	5	16	9	11	16	14	38	11
吴川市	76	4	7	8	15	25	11	17	8

4-6b　续表 28　　　　单位：人

地　区 性　别	社会生产服务和生活服务人员								
	住宿和餐饮服务人　员	信息传输、软件和信息技术服务人　员	金融服务人　员	房地产服务人员	租赁和商务服务人　员	技术辅助服务人员	水利、环境和公共设施管理服务人员	居民服务人　员	电力、燃气及水供应服务人　员
茂名市	**800**	**96**	**136**	**79**	**73**	**96**	**69**	**226**	**88**
茂南区	43	2	5	8	10	6	4	11	
电白区	279	45	46	42	33	47	25	90	26
高州市	168	28	21	16	14	22	18	42	24
化州市	244	13	15	11	14	15	17	62	29
信宜市	66	8	49	2	2	6	5	21	9
肇庆市	**1220**	**133**	**110**	**100**	**149**	**157**	**92**	**185**	**89**
端州区									
鼎湖区	37	7	2		6	20	12	3	4
高要区	202	17	15	13	16	23	22	16	14
广宁县	246	20	14	18	18	36	18	43	19
怀集县	306	48	29	42	28	38	15	54	27
封开县	220	15	21	13	10	18	14	29	11
德庆县	156	23	22	7	19	16	7	33	11
四会市	53	3	7	7	52	6	4	7	3
惠州市	**2540**	**237**	**286**	**462**	**497**	**442**	**315**	**505**	**165**
惠城区	137	25	22	26	41	32	23	18	15
惠阳区	168	8	10	32	21	25	33	43	19
博罗县	901	88	90	163	152	237	139	195	65
惠东县	1120	89	144	220	256	131	91	208	39
龙门县	214	27	20	21	27	17	29	41	27
梅州市	**895**	**122**	**107**	**72**	**155**	**137**	**129**	**253**	**139**
梅江区	1	1	1	1	7			4	4
梅县区	36	4	1	2	13	7	8	17	2
大埔县	130	14	15	24	40	15	17	27	40
丰顺县	272	33	25	12	23	19	27	53	19
五华县	236	30	27	12	15	54	40	60	38
平远县	87	21	17	10	17	18	8	28	11
蕉岭县	81	16	17	10	38	21	25	33	20
兴宁市	52	3	4	1	2	3	4	31	5
汕尾市	**1085**	**146**	**87**	**95**	**153**	**190**	**124**	**357**	**83**
城　区	37	8	14	10	7	18	19	3	1
海丰县	644	80	44	65	92	117	64	252	55
陆河县	89	27	11	4	6	23	13	28	7
陆丰市	315	31	18	16	48	32	28	74	20
河源市	**819**	**95**	**144**	**97**	**318**	**150**	**91**	**198**	**127**
源城区	34	12		5	44	9	6	8	1
紫金县	235	25	42	33	79	51	51	51	57
龙川县	216	21	35	23	44	35	10	44	20
连平县	98	11	17	6	36	10	11	15	10
和平县	96	13	27	9	46	24	6	54	16
东源县	140	13	23	21	69	21	7	26	23
阳江市	**429**	**37**	**36**	**35**	**93**	**71**	**57**	**114**	**46**
江城区	90	3	2	6	33	9	16	27	10
阳东区	55	6	3	3	11	13	14	19	6
阳西县	199	22	23	23	29	34	21	42	13
阳春市	85	6	8	3	20	15	6	26	17
清远市	**949**	**114**	**125**	**147**	**222**	**148**	**203**	**167**	**121**
清城区	295	38	27	56	107	54	80	62	45
清新区	47		4	7	5	4	4	10	8
佛冈县	161	30	37	50	48	30	21	29	13
阳山县	127	11	19	13	12	25	22	18	16
连山壮族瑶族自治县	28	3	8		2	7	3	7	5
连南瑶族自治县	48	15	12	2	5	6	6	11	18
英德市	217	15	16	17	35	19	62	26	15
连州市	26	2	2	2	8	3	5	4	1

4-6b 续表 29

单位：人

地区 性别	社会生产服务和生活服务人员 住宿和餐饮服务人员	信息传输、软件和信息技术服务人员	金融服务人员	房地产服务人员	租赁和商务服务人员	技术辅助服务人员	水利、环境和公共设施管理服务人员	居民服务人员	电力、燃气及水供应服务人员
东莞市	**77**	**14**	**10**	**13**	**34**	**18**	**26**	**17**	**9**
市辖区	77	14	10	13	34	18	26	17	9
中山市	**1330**	**207**	**115**	**315**	**512**	**506**	**305**	**330**	**80**
市辖区	1330	207	115	315	512	506	305	330	80
潮州市	**724**	**103**	**49**	**23**	**86**	**102**	**69**	**129**	**49**
湘桥区	67	28			3	14	9	21	4
潮安区	276	23	14	3	24	33	31	43	21
饶平县	381	52	35	20	59	55	29	65	24
揭阳市	**2186**	**151**	**77**	**67**	**124**	**135**	**79**	**278**	**86**
榕城区	63	11	6	2	4	3	8	18	2
揭东区	288	22	19	12	16	19	16	44	27
揭西县	277	27	16	7	19	18	13	44	14
惠来县	672	37	18	25	28	46	26	86	16
普宁市	886	54	18	21	57	49	16	86	27
云浮市	**558**	**60**	**59**	**62**	**66**	**84**	**58**	**92**	**34**
云城区									
云安区	30	8	3	4	4	4	8	12	5
新兴县	243	24	34	25	20	40	23	30	15
郁南县	186	22	21	32	38	32	17	40	14
罗定市	99	6	1	1	4	8	10	10	
女	**17256**	**874**	**1777**	**1388**	**1497**	**1805**	**5690**	**8904**	**308**
广州市	**1258**	**125**	**182**	**186**	**332**	**232**	**626**	**706**	**9**
荔湾区									
越秀区									
海珠区									
天河区									
白云区	314	23	46	31	124	43	103	152	2
黄埔区	25	16	15	6	18	11	14	23	
番禺区	117	8	11	9	13	22	74	55	
花都区	86	6	8	9	19	7	67	53	
南沙区	169	13	23	23	22	35	125	102	
从化区	74	1	10	6	13	9	28	42	
增城区	473	58	69	102	123	105	215	279	7
韶关市	**836**	**41**	**104**	**43**	**51**	**56**	**305**	**400**	**30**
武江区	4							1	
浈江区	39	1	2	1		2	11	11	
曲江区	50	1	2		3	2	23	17	2
始兴县	75	4	14	3	3	8	38	56	3
仁化县	105	8	13	4	13	13	41	37	1
翁源县	152	7	24	21	9	7	54	70	7
乳源瑶族自治县	101	7	13	7	4	15	48	71	4
新丰县	145	4	19	3	10	2	24	66	8
乐昌市	97	6	13	4	9	4	50	42	2
南雄市	68	3	4			3	16	29	3
深圳市	**6**	**2**				**2**	**9**		
罗湖区									
福田区									
南山区	1						9		
宝安区									
龙岗区									
盐田区									
龙华区									
坪山区	5	2				2			
光明区									

4-6b　续表 30　　　　单位：人

地　区 性　别	社会生产服务和生活服务人员								
	住宿和餐饮服务人　员	信息传输、软件和信息技术服务人　员	金融服务人　员	房地产服务人员	租赁和商务服务人　员	技术辅助服务人员	水利、环境和公共设施管理服务人员	居民服务人　员	电力、燃气及水供应服务人　员
珠海市	**519**	**25**	**49**	**82**	**107**	**62**	**290**	**156**	**2**
香洲区	165	4	9	28	48	9	88	16	
斗门区	170	15	29	48	22	24	82	103	2
金湾区	184	6	11	6	37	29	120	37	
汕头市	**692**	**62**	**53**	**23**	**63**	**121**	**89**	**281**	**9**
龙湖区									
金平区									
濠江区	1				1		6	4	
潮阳区	294	34	5	8	32	37	22	122	
潮南区	196	9	2	4	15	27	20	49	
澄海区	140	13	36	8	11	48	23	71	4
南澳县	61	6	10	3	4	9	18	35	5
佛山市	**680**	**27**	**61**	**51**	**70**	**93**	**501**	**282**	**4**
禅城区	295	11	44	25	30	66	220	164	1
南海区	89	7	7	14	30	6	67	35	
顺德区									
三水区	274	8	10	11	10	19	189	70	3
高明区	22	1		1		2	25	13	
江门市	**553**	**18**	**29**	**21**	**15**	**57**	**201**	**178**	**7**
蓬江区									
江海区									
新会区	132	6	10	4	3	21	83	64	2
台山市	140	4	6	1		2	16	33	
开平市	98	3	3	3	1	13	37	28	2
鹤山市	92	2	5	11	8	20	36	39	1
恩平市	91	3	5	2	3	1	29	14	2
湛江市	**1163**	**41**	**103**	**60**	**39**	**61**	**256**	**511**	**9**
赤坎区									
霞山区	5			1		1	5	3	
坡头区	99	3	7	7	7	8	29	35	
麻章区	70	1	2	4		3	26	26	4
遂溪县	318	17	40	18	15	22	68	143	
徐闻县	316	9	33	19	6	9	37	110	2
廉江市	169	2	3	4	6	8	38	90	2
雷州市	88	6	8	3	1	7	22	60	1
吴川市	98	3	10	4	4	3	31	44	
茂名市	**794**	**25**	**67**	**33**	**29**	**52**	**147**	**542**	**8**
茂南区	43	1	2	3		1	11	16	
电白区	284	16	28	20	12	18	80	209	1
高州市	152	5	10	2	4	11	24	95	2
化州市	252	3	10	7	8	14	22	172	5
信宜市	63		17	1	5	8	10	50	
肇庆市	**1180**	**53**	**111**	**86**	**78**	**104**	**264**	**425**	**23**
端州区									
鼎湖区	39	1	4		2	38	22	12	
高要区	178	7	16	4	2	12	39	41	3
广宁县	238	7	31	20	18	10	58	100	6
怀集县	331	20	22	37	10	18	58	126	6
封开县	194	6	13	11	4	10	37	49	6
德庆县	152	12	20	8	8	14	33	83	2
四会市	48		5	6	34	2	17	14	
惠州市	**2240**	**73**	**254**	**239**	**131**	**196**	**685**	**1333**	**37**
惠城区	124	9	24	14	22	10	45	68	1
惠阳区	171	2	7	12	4	9	62	63	8
博罗县	837	23	91	83	41	119	268	386	14
惠东县	871	31	107	116	61	47	216	703	7
龙门县	237	8	25	14	3	11	94	113	7

4-6b 续表 31

单位：人

地 区 性 别	社会生产服务和生活服务人员								
	住宿和餐饮服务人员	信息传输、软件和信息技术服务人员	金融服务人员	房地产服务人员	租赁和商务服务人员	技术辅助服务人员	水利、环境和公共设施管理服务人员	居民服务人员	电力、燃气及水供应服务人员
梅州市	**799**	**46**	**110**	**53**	**40**	**63**	**229**	**524**	**40**
梅江区	7			2			3	3	
梅县区	31	1	2		2	1	7	19	
大埔县	134	5	16	11	9	7	37	71	7
丰顺县	178	13	19	13	8	10	49	101	6
五华县	212	12	29	9	10	24	73	131	14
平远县	100	7	14	6	4	12	13	80	3
蕉岭县	85	7	26	10	7	8	37	89	10
兴宁市	52	1	4	2		1	10	30	
汕尾市	**644**	**41**	**72**	**45**	**47**	**59**	**147**	**482**	**6**
城 区	21	6	14	6	5	4	16	6	
海丰县	431	20	35	32	31	32	85	338	4
陆河县	70	8	16	3	5	13	25	43	
陆丰市	122	7	7	4	6	10	21	95	2
河源市	**812**	**38**	**121**	**63**	**45**	**73**	**239**	**420**	**48**
源城区	42		1	3	4	10	21	11	
紫金县	218	12	28	18	13	20	50	104	31
龙川县	207	8	43	17	11	12	60	100	11
连平县	110	9	15	5	6	7	25	56	2
和平县	116	4	24	10	4	14	40	85	1
东源县	119	5	10	10	7	10	43	64	3
阳江市	**633**	**8**	**24**	**43**	**25**	**27**	**133**	**220**	**7**
江城区	178	2	4	9	8	1	26	43	1
阳东区	113	2	3	1	2	8	29	26	
阳西县	228	3	17	29	10	13	60	95	2
阳春市	114	1		4	5	5	18	56	4
清远市	**1210**	**46**	**123**	**125**	**61**	**82**	**456**	**586**	**44**
清城区	437	11	32	39	26	25	215	157	5
清新区	61		2	3	6	2	9	13	2
佛冈县	174	12	39	55	5	12	50	123	12
阳山县	153	9	15	13	7	28	59	104	10
连山壮族瑶族自治县	42	3	8	2	1	2	16	25	
连南瑶族自治县	72	2	11	2	5	5	27	37	7
英德市	238	9	15	11	9	8	74	112	8
连州市	33		1		2		6	15	
东莞市	**70**	**8**	**6**	**7**	**9**	**12**	**67**	**19**	
市辖区	70	8	6	7	9	12	67	19	
中山市	**1268**	**60**	**147**	**168**	**137**	**300**	**683**	**875**	**15**
市辖区	1268	60	147	168	137	300	683	875	15
潮州市	**430**	**49**	**46**	**11**	**76**	**55**	**92**	**226**	**6**
湘桥区	42	21	7		4	6	12	37	1
潮安区	105	6	11	2	30	25	16	75	
饶平县	283	22	28	9	42	24	64	114	5
揭阳市	**927**	**66**	**58**	**12**	**118**	**57**	**128**	**472**	**2**
榕城区	17	7	3		1	4	11	34	
揭东区	126	16	18	3	18	11	24	102	
揭西县	131	9	14	3	22	8	27	55	1
惠来县	327	14	8	3	5	13	43	126	
普宁市	326	20	15	3	72	21	23	155	1
云浮市	**542**	**20**	**57**	**37**	**24**	**41**	**143**	**266**	**2**
云城区									
云安区	54	1	5	2	1	1	17	9	
新兴县	257	10	35	13	14	22	75	115	2
郁南县	178	8	17	22	6	15	41	95	
罗定市	53	1			3	3	10	47	

4-6b　续表 32　　　　单位：人

地区 性别	社会生产服务和生活服务人员				农、林、牧、渔业生产及辅助人员				
	修理及制作服务人员	文化、体育和娱乐服务人员	健康服务人员	其他社会生产和生活服务人员	小计	农业生产人员	林业生产人员	畜牧业生产人员	渔业生产人员
广　东	**8882**	**1253**	**414**	**232**	**54540**	**40802**	**1729**	**3924**	**7404**
广州市	**609**	**110**	**68**	**16**	**1225**	**1043**	**41**	**38**	**84**
荔湾区									
越秀区									
海珠区									
天河区									
白云区	113	21	16		129	115		4	8
黄埔区	5	2	4		15	10	1	2	
番禺区	61	6	3	4	55	45	6		3
花都区	37	9	5		38	21	7		8
南沙区	81	21	10	8	591	536	5	6	43
从化区	27	3		3	48	39	4	4	
增城区	285	48	30	1	349	277	18	22	22
韶关市	**344**	**66**	**32**	**3**	**2333**	**1906**	**198**	**135**	**54**
武江区	5		1		7	4			3
浈江区	8		2		27	12	2	1	9
曲江区	19	1	3	3	68	37	17	6	4
始兴县	40	7	1		155	123	17	7	2
仁化县	52	10	7		246	200	27	9	7
翁源县	71	15	3		335	269	13	37	7
乳源瑶族自治县	39	10	5		161	89	59	6	1
新丰县	47	11	6		86	58	11	15	
乐昌市	38	6	4		533	469	29	22	10
南雄市	25	6			715	645	23	32	11
深圳市									
罗湖区									
福田区									
南山区									
宝安区									
龙岗区									
盐田区									
龙华区									
坪山区									
光明区									
珠海市	**173**	**81**	**10**	**2**	**597**	**155**	**13**	**40**	**381**
香洲区	20	22	1	1	119	16	1	28	72
斗门区	103	37	7	1	141	48	4	4	80
金湾区	50	22	2		337	91	8	8	229
汕头市	**574**	**29**	**18**	**11**	**5360**	**3967**	**7**	**329**	**1044**
龙湖区									
金平区									
濠江区	2				18		1		17
潮阳区	311	6	4	2	863	630	2	22	208
潮南区	95	4	1	1	1024	860	3	63	93
澄海区	142	10	13	8	2911	2394	1	235	275
南澳县	24	9			544	83		9	451
佛山市	**251**	**35**	**5**	**3**	**731**	**378**	**44**	**62**	**244**
禅城区	130	16	2	2	116	63	2	9	42
南海区	20	15	2		62	41	2	3	16
顺德区									
三水区	89	1	1	1	437	228	17	32	157
高明区	12	3			116	46	23	18	29

4-6b 续表 33　　　　单位：人

地区 性别	社会生产服务和生活服务人员				农、林、牧、渔业生产及辅助人员				
	修理及制作服务人员	文化、体育和娱乐服务人员	健康服务人员	其他社会生产和生活服务人员	小计	农业生产人员	林业生产人员	畜牧业生产人员	渔业生产人员
江门市	**194**	**21**	**5**	**5**	**1313**	**691**	**51**	**126**	**427**
蓬江区									
江海区									
新会区	69	5	2	1	532	294	14	28	190
台山市	28	3	1	1	430	206		23	194
开平市	33	3			131	72	17	28	13
鹤山市	25	5	2	1	127	51	8	42	24
恩平市	39	5		2	93	68	12	5	6
湛江市	**578**	**48**	**22**	**5**	**8497**	**7079**	**161**	**301**	**851**
赤坎区									
霞山区	2				26	25		1	
坡头区	38	3	1		225	152		17	51
麻章区	19	2	1		441	243	4	6	174
遂溪县	213	18	6	1	2155	1716	57	100	243
徐闻县	106	9	5	2	2289	2100	15	31	121
廉江市	88	6	7		1017	841	26	92	53
雷州市	67	5	2	2	1762	1499	56	31	162
吴川市	45	5			582	503	3	23	47
茂名市	**433**	**42**	**26**	**11**	**4860**	**3832**	**131**	**369**	**422**
茂南区	27	2			323	292		16	14
电白区	152	22	20		1737	1219	33	120	353
高州市	87	6	1	3	1013	838	57	66	40
化州市	133	9	4	4	660	448	15	124	10
信宜市	34	3	1	4	1127	1035	26	43	5
肇庆市	**578**	**67**	**18**	**6**	**3428**	**2812**	**73**	**191**	**232**
端州区									
鼎湖区	22	8			124	16	3	11	84
高要区	137	8	1	1	586	427	8	54	91
广宁县	105	13	2	2	386	340	12	25	2
怀集县	147	19	6	3	1055	888	20	53	14
封开县	91	11	5		802	748	12	34	5
德庆县	57	5	4		432	382	16	9	11
四会市	19	3			43	11	2	5	25
惠州市	**887**	**209**	**34**	**14**	**2089**	**1544**	**87**	**146**	**279**
惠城区	86	6	2	4	145	118	1	9	16
惠阳区	58	8	4	2	116	108		1	7
博罗县	348	90	18	6	712	550	31	59	54
惠东县	317	85	5	1	904	614	25	62	198
龙门县	78	20	5	1	212	154	30	15	4
梅州市	**615**	**62**	**38**	**43**	**1909**	**1548**	**66**	**232**	**45**
梅江区	3				13	9	1	2	1
梅县区	33	3	1		147	131	3	5	4
大埔县	67	10	4	33	296	242	19	23	8
丰顺县	163	11	5	7	494	363	11	102	17
五华县	207	13	17		391	344	12	28	3
平远县	55	10	4	2	271	237	11	20	2
蕉岭县	44	14	6	1	214	168	6	31	7
兴宁市	43	1	1		83	54	3	21	3
汕尾市	**509**	**72**	**14**	**15**	**1479**	**854**	**23**	**98**	**495**
城　区	28	2	1		39	10		1	27
海丰县	278	35	8	13	754	517	14	25	193
陆河县	51	6	3	1	144	109	5	28	2
陆丰市	152	29	2	1	542	218	4	44	273

4-6b　续表 34　　　　　　　　　　　　　　　　　　　　　　　　　　　　单位：人

地　区 性　别	社会生产服务和生活服务人员				农、林、牧、渔业生产及辅助人员				
	修理及制作服务人　员	文化、体育和娱乐服务人员	健康服务人　员	其他社会生产和生活服务人　员	小计	农业生产人　员	林业生产人　员	畜牧业生产人员	渔业生产人　员
河源市	**363**	**46**	**23**	**15**	**856**	**583**	**70**	**153**	**37**
源城区	9	4			4			1	3
紫金县	114	5	5	2	222	121	24	67	7
龙川县	99	16	6	3	126	78	6	26	11
连平县	44	10	4		303	258	10	32	2
和平县	39	5	4	9	91	60	12	14	1
东源县	58	6	4	1	110	66	18	13	13
阳江市	**222**	**27**	**13**	**4**	**1934**	**659**	**93**	**215**	**949**
江城区	28	6	1	1	259	19	6	6	227
阳东区	55	4	6		519	105	26	51	335
阳西县	84	12	4	2	729	256	30	75	357
阳春市	55	5	2	1	427	279	31	83	30
清远市	**552**	**89**	**20**	**47**	**3149**	**2272**	**265**	**442**	**125**
清城区	151	21	11	3	695	489	22	144	36
清新区	17	1			137	92	10	14	16
佛冈县	88	14	2	27	155	100	12	37	3
阳山县	74	18	1	1	217	140	12	50	6
连山壮族瑶族自治县	21	3	3		165	137	18	9	
连南瑶族自治县	26	11	1	11	169	144	11	11	
英德市	158	17	1	4	1268	852	177	161	60
连州市	17	4	1	1	343	318	3	16	4
东莞市	**56**	**8**	**8**		**52**	**50**			
市辖区	56	8	8		52	50			
中山市	**638**	**126**	**24**	**13**	**647**	**353**	**36**	**18**	**214**
市辖区	638	126	24	13	647	353	36	18	214
潮州市	**361**	**40**	**9**	**5**	**4566**	**3200**	**29**	**250**	**1067**
湘桥区	31	3			939	877	2	44	16
潮安区	110	5	4		921	866	11	20	20
饶平县	220	32	5	5	2706	1457	16	186	1031
揭阳市	**679**	**52**	**10**	**13**	**7696**	**6550**	**285**	**423**	**384**
榕城区	36	2	4		942	865		8	66
揭东区	118	6	2	6	1294	1055	10	137	74
揭西县	86	4	2	2	490	412	1	55	20
惠来县	232	31	1		2319	2018	3	102	191
普宁市	207	9	1	5	2651	2200	271	121	33
云浮市	**266**	**23**	**17**	**1**	**1819**	**1326**	**56**	**356**	**70**
云城区									
云安区	18	3	2		69	49	8	10	2
新兴县	98	6	6		673	350	10	261	45
郁南县	108	10	6		918	799	35	65	16
罗定市	42	4	3	1	159	128	3	20	7
男	**7875**	**628**	**178**	**136**	**34994**	**24329**	**1332**	**2758**	**6143**
广州市	**543**	**39**	**25**	**12**	**707**	**566**	**33**	**30**	**65**
荔湾区									
越秀区									
海珠区									
天河区									
白云区	100	8	4		66	56		3	6
黄埔区	4		2		10	7	1	2	
番禺区	56	4	1	4	40	32	4		3
花都区	32	3	3		24	11	6		6
南沙区	71	6	4	6	309	269	3	5	32
从化区	27	2		1	30	22	4	3	
增城区	253	16	11	1	228	169	15	17	18

4-6b 续表 35

单位：人

地区 性别	社会生产服务和生活服务人员				农、林、牧、渔业生产及辅助人员				
	修理及制作服务人员	文化、体育和娱乐服务人员	健康服务人员	其他社会生产和生活服务人员	小计	农业生产人员	林业生产人员	畜牧业生产人员	渔业生产人员
韶关市	**301**	**29**	**14**	**2**	**1360**	**1035**	**156**	**96**	**42**
武江区	4		1		4	2			2
浈江区	8		1		19	8	2	1	6
曲江区	16	1	3	2	44	21	12	4	3
始兴县	32	2			107	79	14	6	2
仁化县	47	4	3		149	117	21	6	4
翁源县	58	6	2		203	153	11	25	7
乳源瑶族自治县	36	5	1		100	44	47	4	1
新丰县	43	5	1		56	34	10	10	
乐昌市	34	4	2		287	239	21	16	9
南雄市	23	2			391	338	18	24	8
深圳市									
罗湖区									
福田区									
南山区									
宝安区									
龙岗区									
盐田区									
龙华区									
坪山区									
光明区									
珠海市	**155**	**49**	**3**	**2**	**438**	**96**	**11**	**29**	**295**
香洲区	19	16		1	83	10	1	18	53
斗门区	94	19	3	1	99	29	3	4	58
金湾区	42	14			256	57	7	7	184
汕头市	**522**	**19**	**5**	**7**	**4011**	**2814**	**5**	**245**	**939**
龙湖区									
金平区									
濠江区	2				14		1		13
潮阳区	287	6	2	2	704	488	2	16	197
潮南区	80	3			721	602	1	47	69
澄海区	132	8	3	5	2074	1672	1	176	221
南澳县	21	2			498	52		6	439
佛山市	**227**	**11**	**1**	**1**	**474**	**227**	**30**	**40**	**175**
禅城区	112	6		1	82	42	2	5	33
南海区	18	4	1		37	25		3	9
顺德区									
三水区	85				283	137	12	20	112
高明区	12	1			72	23	16	12	21
江门市	**171**	**11**	**3**	**5**	**869**	**406**	**40**	**88**	**321**
蓬江区									
江海区									
新会区	58	3	1	1	332	167	10	17	134
台山市	25	2		1	298	122		16	154
开平市	33	1			93	42	15	23	12
鹤山市	21	2	2	1	85	34	6	28	16
恩平市	34	3		2	61	41	9	4	5
湛江市	**499**	**27**	**10**	**3**	**4971**	**3924**	**105**	**204**	**681**
赤坎区									
霞山区	2				19	18		1	
坡头区	35				125	78		7	40
麻章区	16	1	1		331	165	4	5	156
遂溪县	183	12	3	1	1257	950	29	67	186
徐闻县	89	4	1	1	1278	1143	10	21	91
廉江市	74	3	4		606	477	19	61	45
雷州市	59	4	1	1	1036	832	40	26	129
吴川市	41	3			319	261	3	16	34

4−6b 续表 36

单位：人

地区 性别	社会生产服务和生活服务人员				农、林、牧、渔业生产及辅助人员				
	修理及制作服务人员	文化、体育和娱乐服务人员	健康服务人员	其他社会生产和生活服务人员	小计	农业生产人员	林业生产人员	畜牧业生产人员	渔业生产人员
茂名市	**369**	**24**	**12**	**5**	**2773**	**1999**	**83**	**254**	**373**
茂南区	26	2			147	129		9	8
电白区	137	10	10		1135	686	23	93	323
高州市	70	4	1	1	557	440	37	43	31
化州市	107	6	1	2	375	242	11	80	7
信宜市	29	2		2	559	502	12	29	4
肇庆市	**481**	**34**	**5**	**3**	**1776**	**1385**	**47**	**125**	**155**
端州区									
鼎湖区	20	5			77	9	2	8	56
高要区	112	5		1	314	210	6	32	61
广宁县	96	6	1		177	144	7	20	2
怀集县	120	9	1	2	497	403	11	33	10
封开县	68	4	3		425	388	8	22	4
德庆县	48	4			263	227	12	6	8
四会市	17	1			23	4	1	4	14
惠州市	**793**	**101**	**15**	**7**	**1354**	**919**	**68**	**104**	**237**
惠城区	68	3		3	93	70	1	8	13
惠阳区	52	4	2	1	68	61		1	6
博罗县	310	35	8	2	466	333	25	48	46
惠东县	289	52	2		589	361	18	37	168
龙门县	74	7	3	1	138	94	24	10	4
梅州市	**546**	**35**	**17**	**20**	**1017**	**761**	**57**	**150**	**38**
梅江区	3				7	3	1	2	1
梅县区	29	2			81	72	2	2	3
大埔县	59	5	2	13	176	131	18	18	6
丰顺县	144	8	1	6	284	194	11	64	14
五华县	184	8	11		191	159	9	17	2
平远县	49	6	2	1	133	107	9	15	2
蕉岭县	39	5	1		100	73	5	14	7
兴宁市	39	1			45	22	2	18	3
汕尾市	**469**	**40**	**7**	**12**	**1250**	**673**	**20**	**79**	**471**
城　区	26	2			32	8		1	22
海丰县	255	15	3	10	619	401	11	22	181
陆河县	46	3	2	1	111	82	5	22	2
陆丰市	142	20	2	1	488	182	4	34	266
河源市	**318**	**20**	**12**	**7**	**536**	**324**	**60**	**113**	**28**
源城区	8	2			3			1	2
紫金县	100	2	2	1	147	70	21	49	4
龙川县	91	6	4	1	87	50	5	19	8
连平县	39	4	2		163	125	10	26	2
和平县	31	2	2	4	59	37	10	9	
东源县	49	4	2	1	77	42	14	9	12
阳江市	**200**	**18**	**11**	**3**	**1373**	**397**	**60**	**142**	**761**
江城区	24	5	1		213	13	5	3	191
阳东区	49		6		350	62	16	31	239
阳西县	78	10	2	2	545	166	17	52	303
阳春市	49	3	2	1	265	156	22	56	28
清远市	**479**	**42**	**9**	**26**	**1908**	**1281**	**204**	**305**	**91**
清城区	138	9	6	2	388	234	19	105	27
清新区	15				93	59	9	12	10
佛冈县	78	9		15	105	64	11	25	2
阳山县	67	8			139	85	9	32	5
连山壮族瑶族自治县	17	1	2		109	87	16	6	
连南瑶族自治县	18	6		5	95	78	10	6	
英德市	130	8	1	3	770	487	127	106	43
连州市	16	1		1	209	187	3	13	4

4-6b 续表 37 单位：人

地区 性别	社会生产服务和生活服务人员				农、林、牧、渔业生产及辅助人员				
	修理及制作服务人员	文化、体育和娱乐服务人员	健康服务人员	其他社会生产和生活服务人员	小计	农业生产人员	林业生产人员	畜牧业生产人员	渔业生产人员
东莞市	**54**	**4**	**4**		**24**	**23**			
市辖区	54	4	4		24	23			
中山市	**562**	**65**	**13**	**9**	**443**	**217**	**27**	**14**	**167**
市辖区	562	65	13	9	443	217	27	14	167
潮州市	**335**	**21**	**2**	**4**	**3135**	**1986**	**24**	**195**	**919**
湘桥区	26	2			548	503	2	29	14
潮安区	108	4	1		625	581	10	16	15
饶平县	201	15	1	4	1962	902	12	150	890
揭阳市	**611**	**29**	**4**	**7**	**5568**	**4613**	**262**	**320**	**333**
榕城区	34	1	2		627	553		7	64
揭东区	109	4	1	3	970	790	7	100	63
揭西县	75	3		2	335	271	1	44	17
惠来县	207	17			1598	1347	3	83	161
普宁市	186	4	1	2	2038	1652	251	86	28
云浮市	**240**	**10**	**6**	**1**	**1007**	**683**	**40**	**225**	**52**
云城区									
云安区	18	1	2		33	20	5	7	1
新兴县	87	1			378	167	6	166	34
郁南县	97	6	2		505	427	27	38	12
罗定市	38	2	2	1	91	69	2	14	5
女	**1007**	**625**	**236**	**96**	**19546**	**16473**	**397**	**1166**	**1261**
广州市	**66**	**71**	**43**	**4**	**518**	**477**	**8**	**8**	**19**
荔湾区									
越秀区									
海珠区									
天河区									
白云区	13	13	12		63	59		1	2
黄埔区	1	2	2		5	3			
番禺区	5	2	2		15	13	2		
花都区	5	6	2		14	10	1		2
南沙区	10	15	6	2	282	267	2	1	11
从化区		1		2	18	17		1	
增城区	32	32	19		121	108	3	5	4
韶关市	**43**	**37**	**18**	**1**	**973**	**871**	**42**	**39**	**12**
武江区	1				3	2			1
浈江区			1		8	4			3
曲江区	3			1	24	16	5	2	1
始兴县	8	5	1		48	44	3	1	
仁化县	5	6	4		97	83	6	3	3
翁源县	13	9	1		132	116	2	12	
乳源瑶族自治县	3	5	4		61	45	12	2	
新丰县	4	6	5		30	24	1	5	
乐昌市	4	2	2		246	230	8	6	1
南雄市	2	4			324	307	5	8	3
深圳市									
罗湖区									
福田区									
南山区									
宝安区									
龙岗区									
盐田区									
龙华区									
坪山区									
光明区									

4-6b　续表 38

单位：人

地　区 性　别	社会生产服务和生活服务人员				农、林、牧、渔业生产及辅助人员				
	修理及制作服务人员	文化、体育和娱乐服务人员	健康服务人员	其他社会生产和生活服务人员	小计	农业生产人员	林业生产人员	畜牧业生产人员	渔业生产人员
珠海市	**18**	**32**	**7**		**159**	**59**	**2**	**11**	**86**
香洲区	1	6	1		36	6		10	19
斗门区	9	18	4		42	19	1		22
金湾区	8	8	2		81	34	1	1	45
汕头市	**52**	**10**	**13**	**4**	**1349**	**1153**	**2**	**84**	**105**
龙湖区									
金平区									
濠江区					4				4
潮阳区	24		2		159	142		6	11
潮南区	15	1	1	1	303	258	2	16	24
澄海区	10	2	10	3	837	722		59	54
南澳县	3	7			46	31		3	12
佛山市	**24**	**24**	**4**	**2**	**257**	**151**	**14**	**22**	**69**
禅城区	18	10	2	1	34	21		4	9
南海区	2	11	1		25	16	2		7
顺德区									
三水区	4	1	1	1	154	91	5	12	45
高明区		2			44	23	7	6	8
江门市	**23**	**10**	**2**		**444**	**285**	**11**	**38**	**106**
蓬江区									
江海区									
新会区	11	2	1		200	127	4	11	56
台山市	3	1	1		132	84		7	40
开平市		2			38	30	2	5	1
鹤山市	4	3			42	17	2	14	8
恩平市	5	2			32	27	3	1	1
湛江市	**79**	**21**	**12**	**2**	**3526**	**3155**	**56**	**97**	**170**
赤坎区									
霞山区					7	7			
坡头区	3	3	1		100	74		10	11
麻章区	3	1			110	78		1	18
遂溪县	30	6	3		898	766	28	33	57
徐闻县	17	5	4	1	1011	957	5	10	30
廉江市	14	3	3		411	364	7	31	8
雷州市	8	1	1	1	726	667	16	5	33
吴川市	4	2			263	242		7	13
茂名市	**64**	**18**	**14**	**6**	**2087**	**1833**	**48**	**115**	**49**
茂南区	1				176	163		7	6
电白区	15	12	10		602	533	10	27	30
高州市	17	2		2	456	398	20	23	9
化州市	26	3	3	2	285	206	4	44	3
信宜市	5	1	1	2	568	533	14	14	1
肇庆市	**97**	**33**	**13**	**3**	**1652**	**1427**	**26**	**66**	**77**
端州区									
鼎湖区	2	3			47	7	1	3	28
高要区	25	3	1		272	217	2	22	30
广宁县	9	7	1	2	209	196	5	5	
怀集县	27	10	5	1	558	485	9	20	4
封开县	23	7	2		377	360	4	12	1
德庆县	9	1	4		169	155	4	3	3
四会市	2	2			20	7	1	1	11
惠州市	**94**	**108**	**19**	**7**	**735**	**625**	**19**	**42**	**42**
惠城区	18	3	2	1	52	48		1	3
惠阳区	6	4	2	1	48	47			1
博罗县	38	55	10	4	246	217	6	11	8
惠东县	28	33	3	1	315	253	7	25	30
龙门县	4	13	2		74	60	6	5	

4－6b 续表 39

单位：人

地区 性别	社会生产服务和生活服务人员				农、林、牧、渔业生产及辅助人员				
	修理及制作服务人员	文化、体育和娱乐服务人员	健康服务人员	其他社会生产和生活服务人员	小计	农业生产人员	林业生产人员	畜牧业生产人员	渔业生产人员
梅州市	**69**	**27**	**21**	**23**	**892**	**787**	**9**	**82**	**7**
梅江区					6	6			
梅县区	4	1	1		66	59	1	3	1
大埔县	8	5	2	20	120	111	1	5	2
丰顺县	19	3	4	1	210	169		38	3
五华县	23	5	6		200	185	3	11	1
平远县	6	4	2	1	138	130	2	5	
蕉岭县	5	9	5	1	114	95	1	17	
兴宁市	4		1		38	32	1	3	
汕尾市	**40**	**32**	**7**	**3**	**229**	**181**	**3**	**19**	**24**
城　区	2		1		7	2			5
海丰县	23	20	5	3	135	116	3	3	12
陆河县	5	3	1		33	27		6	
陆丰市	10	9			54	36		10	7
河源市	**45**	**26**	**11**	**8**	**320**	**259**	**10**	**40**	**9**
源城区	1	2			1				1
紫金县	14	3	3	1	75	51	3	18	3
龙川县	8	10	2	2	39	28	1	7	3
连平县	5	6	2		140	133		6	
和平县	8	3	2	5	32	23	2	5	1
东源县	9	2	2		33	24	4	4	1
阳江市	**22**	**9**	**2**	**1**	**561**	**262**	**33**	**73**	**188**
江城区	4	1		1	46	6	1	3	36
阳东区	6	4			169	43	10	20	96
阳西县	6	2	2		184	90	13	23	54
阳春市	6	2			162	123	9	27	2
清远市	**73**	**47**	**11**	**21**	**1241**	**991**	**61**	**137**	**34**
清城区	13	12	5	1	307	255	3	39	9
清新区	2	1			44	33	1	2	6
佛冈县	10	5	2	12	50	36	1	12	1
阳山县	7	10	1	1	78	55	3	18	1
连山壮族瑶族自治县	4	2	1		56	50	2	3	
连南瑶族自治县	8	5	1	6	74	66	1	5	
英德市	28	9		1	498	365	50	55	17
连州市	1	3	1		134	131		3	
东莞市	**2**	**4**	**4**		**28**	**27**			
市辖区	2	4	4		28	27			
中山市	**76**	**61**	**11**	**4**	**204**	**136**	**9**	**4**	**47**
市辖区	76	61	11	4	204	136	9	4	47
潮州市	**26**	**19**	**7**	**1**	**1431**	**1214**	**5**	**55**	**148**
湘桥区	5	1			391	374		15	2
潮安区	2	1	3		296	285	1	4	5
饶平县	19	17	4	1	744	555	4	36	141
揭阳市	**68**	**23**	**6**	**6**	**2128**	**1937**	**23**	**103**	**51**
榕城区	2	1	2		315	312		1	2
揭东区	9	2	1	3	324	265	3	37	11
揭西县	11	1	2		155	141		11	3
惠来县	25	14	1		721	671		19	30
普宁市	21	5		3	613	548	20	35	5
云浮市	**26**	**13**	**11**		**812**	**643**	**16**	**131**	**18**
云城区									
云安区		2			36	29	3	3	1
新兴县	11	5	6		295	183	4	95	11
郁南县	11	4	4		413	372	8	27	4
罗定市	4	2	1		68	59	1	6	2

4—6b　续表 40

单位：人

地　　区 性　　别	农林牧渔生产辅助人员	其他农、林、牧、渔业生产加工人员	生产制造及有关人员 小计	农副产品加工人员	食品、饮料生产加工人员	烟草及其制品加工人员	纺织、针织、印染人员	纺织品、服装和皮革、毛皮制品加工制作人员	木材加工、家具与木制品制作人员
广　东	**590**	**91**	**249342**	**3162**	**2992**	**35**	**3272**	**41026**	**7032**
广州市	**17**	**2**	**20196**	**108**	**287**		**300**	**4535**	**747**
荔湾区									
越秀区									
海珠区									
天河区									
白云区	1	1	2822	22	38		6	333	77
黄埔区	1	1	154		1			6	
番禺区	1		1355	8	43		9	84	29
花都区	2		1813	10	15		6	316	27
南沙区	1		4390	21	48		148	296	387
从化区	1		1722	17	56		2	79	93
增城区	10		7940	30	86		129	3421	134
韶关市	**38**	**2**	**5947**	**94**	**153**	**5**	**60**	**305**	**206**
武江区			21		2				
浈江区	3		143	4	3			7	2
曲江区	4		389	12	31		31	17	8
始兴县	6		855	7	15		4	22	29
仁化县	3		673	7	15			15	43
翁源县	9		770	17	27		9	59	22
乳源瑶族自治县	5	1	954	8	35		2	16	9
新丰县	2		761	8	11		4	49	15
乐昌市	3		778	17	6	1	7	59	55
南雄市	3	1	603	14	8	4	3	61	23
深圳市			**433**						
罗湖区									
福田区									
南山区			430						
宝安区									
龙岗区									
盐田区									
龙华区									
坪山区			3						
光明区									
珠海市	**8**		**9885**	**43**	**42**	**1**	**52**	**271**	**186**
香洲区	2		2420		5				94
斗门区	5		3814	39	13		22	161	73
金湾区	1		3651	4	24	1	30	110	19
汕头市	**12**	**1**	**22127**	**118**	**131**	**2**	**775**	**8624**	**129**
龙湖区									
金平区									
濠江区			59		1			1	1
潮阳区	1		8995	35	42	1	158	4229	77
潮南区	5		6667	11	38	1	322	3899	23
澄海区	5	1	6255	61	41		292	493	25
南澳县	1		151	11	9		3	2	3
佛山市	**3**		**13017**	**42**	**75**	**2**	**427**	**868**	**731**
禅城区			3474	4	14	2	47	35	248
南海区			1804	8	7		9	656	69
顺德区									
三水区	3		6902	23	50		359	164	289
高明区			837	7	4		12	13	125

4-6b 续表 41

单位：人

地区 性别	农林牧渔生产辅助人员	其他农、林、牧、渔业生产加工人员	生产制造及有关人员 小计	农副产品加工人员	食品、饮料生产加工人员	烟草及其制品加工人员	纺织、针织、印染人员	纺织品、服装和皮革、毛皮制品加工制作人员	木材加工、家具与木制品制作人员
江门市	**13**	**5**	**8968**	**82**	**134**		**140**	**483**	**534**
蓬江区									
江海区									
新会区	5	1	2447	15	35		65	115	200
台山市	3	4	789	29	16		9	86	19
开平市	1		2382	21	52		11	54	125
鹤山市	2		2514	9	23		3	140	167
恩平市	2		836	8	8		52	88	23
湛江市	**92**	**13**	**7647**	**506**	**272**	**1**	**28**	**240**	**239**
赤坎区									
霞山区			26	2	2			2	3
坡头区	3	2	1101	29	13		4	17	17
麻章区	13	1	823	32	8		3	3	28
遂溪县	33	6	1478	160	73		7	78	50
徐闻县	22		915	72	28			19	32
廉江市	5		1132	34	33	1	9	61	30
雷州市	10	4	991	132	97		4	17	66
吴川市	6		1181	45	18		1	43	13
茂名市	**104**	**2**	**7533**	**208**	**133**	**1**	**40**	**481**	**202**
茂南区	1		413	6	9			6	9
电白区	12		3184	95	63	1	10	103	68
高州市	12		1614	38	25		19	235	28
化州市	62	1	1549	45	31		8	76	52
信宜市	17	1	773	24	5		3	61	45
肇庆市	**78**	**42**	**11791**	**121**	**185**	**1**	**184**	**851**	**275**
端州区									
鼎湖区	10		1154	13	5		122	77	7
高要区	6		4133	33	45		10	145	79
广宁县	6	1	1732	16	27	1	2	237	57
怀集县	40	40	1939	25	60		26	190	48
封开县	3		988	12	19		10	96	23
德庆县	13	1	903	7	16		5	68	34
四会市			942	15	13		9	38	27
惠州市	**31**	**2**	**33664**	**196**	**220**	**1**	**249**	**9034**	**1230**
惠城区	1		2505	24	23		8	75	106
惠阳区			4170	15	23		43	195	313
博罗县	17	1	14148	82	102		109	2053	541
惠东县	5		11728	48	57	1	84	6670	117
龙门县	8	1	1113	27	15		5	41	153
梅州市	**16**	**2**	**9141**	**193**	**171**	**4**	**13**	**250**	**243**
梅江区			45	1	2		2	3	1
梅县区	3	1	478	9	24		4	32	3
大埔县	4		1078	25	17	4	2	22	32
丰顺县	1		2686	33	46		1	22	55
五华县	4		2392	42	40		1	78	33
平远县	1		877	41	17		1	43	77
蕉岭县	2		964	15	12			11	39
兴宁市	1	1	621	27	13		2	39	3
汕尾市	**7**	**2**	**10479**	**164**	**138**	**3**	**80**	**2265**	**196**
城　区	1		557	5	14		8	11	8
海丰县	3	2	7369	67	76	2	69	2147	67
陆河县			1179	12	11		1	17	51
陆丰市	3		1374	80	37	1	2	90	70

4-6b 续表 42

单位：人

地区 性别	农林牧渔生产辅助人员	其他农、林、牧、渔业生产加工人员	生产制造及有关人员 小计	农副产品加工人员	食品、饮料生产加工人员	烟草及其制品加工人员	纺织、针织、印染人员	纺织品、服装和皮革、毛皮制品加工制作人员	木材加工、家具与木制品制作人员
河源市	**10**	**3**	**8349**	**129**	**104**		**41**	**921**	**164**
源城区			1670		3		8	228	14
紫金县	3		1714	22	29		15	145	38
龙川县	2	3	1732	29	35		7	316	37
连平县	1		969	20	13		3	46	31
和平县	4		820	38	12		4	90	23
东源县			1444	20	12		4	96	21
阳江市	**17**	**1**	**4610**	**131**	**137**		**70**	**394**	**133**
江城区	1		419	29	6		9	19	8
阳东区	2		946	12	16		5	37	66
阳西县	10	1	2446	64	99		28	228	35
阳春市	4		799	26	16		28	110	24
清远市	**43**	**2**	**11836**	**216**	**141**	**1**	**81**	**1001**	**405**
清城区	4		5407	46	30		34	277	232
清新区	5		626	8	9		5	136	24
佛冈县	3		1420	8	17		10	82	32
阳山县	9		1156	25	18	1	9	115	17
连山壮族瑶族自治县		1	235	8	3			6	15
连南瑶族自治县	3		486	6	5		5	71	7
英德市	17	1	2237	91	56		16	293	55
连州市	2		269	24	3		2	21	23
东莞市	**2**		**4068**	**5**	**11**		**72**	**800**	**107**
市辖区	2		4068	5	11		72	800	107
中山市	**24**	**2**	**29660**	**156**	**186**	**1**	**230**	**1559**	**815**
市辖区	24	2	29660	156	186	1	230	1559	815
潮州市	**14**	**6**	**9564**	**354**	**156**	**8**	**111**	**1198**	**177**
湘桥区			1029	6	6		14	297	18
潮安区	3	1	4504	42	72	1	62	724	74
饶平县	11	5	4031	306	78	7	35	177	85
揭阳市	**53**	**1**	**15178**	**182**	**230**	**3**	**283**	**6204**	**237**
榕城区	3		1132	10	8		16	199	29
揭东区	17	1	2311	43	63		84	433	65
揭西县	2		1659	18	23		1	124	19
惠来县	5		3264	74	69		50	1297	42
普宁市	26		6812	37	67	3	132	4151	82
云浮市	**8**	**3**	**5249**	**114**	**86**	**1**	**36**	**742**	**76**
云城区									
云安区			784	17	4		8	35	6
新兴县	4	3	2502	46	28		7	535	22
郁南县	3		1214	32	32	1	4	81	23
罗定市	1		749	19	22		17	91	25
男	**385**	**47**	**162425**	**1914**	**1779**	**21**	**1587**	**16629**	**5278**
广州市	**13**		**13363**	**70**	**166**		**185**	**2349**	**565**
荔湾区									
越秀区									
海珠区									
天河区									
白云区	1		1792	11	22		3	146	66
黄埔区			102					3	
番禺区	1		969	5	17		7	38	23
花都区	1		1129	8	11		4	113	21
南沙区			2989	12	32		98	99	297
从化区	1		1176	11	38		2	41	66
增城区	9		5206	23	46		71	1909	92

4-6b 续表 43

单位：人

地区 性别	农林牧渔生产辅助人员	其他农、林、牧、渔业生产加工人员	生产制造及有关人员 小计	农副产品加工人员	食品、饮料生产加工人员	烟草及其制品加工人员	纺织、针织、印染人员	纺织品、服装和皮革、毛皮制品加工制作人员	木材加工、家具与木制品制作人员
韶关市	**30**	**1**	**3930**	**50**	**78**	**1**	**23**	**82**	**137**
武江区			9		1				
浈江区	2		100	2	2			3	1
曲江区	4		270	7	7		11	12	5
始兴县	6		426	4	9			3	19
仁化县	1		508	4	10			7	30
翁源县	7		515	8	15		3	7	16
乳源瑶族自治县	4		621	4	19		1	7	8
新丰县	2		507	5	5		3	9	8
乐昌市	2		563	6	4		3	14	37
南雄市	2	1	411	10	6	1	2	20	13
深圳市			**402**						
罗湖区									
福田区									
南山区			400						
宝安区									
龙岗区									
盐田区									
龙华区									
坪山区			2						
光明区									
珠海市	**7**		**7359**	**33**	**34**	**1**	**33**	**87**	**162**
香洲区	1		2124		5				87
斗门区	5		2510	29	10		12	39	61
金湾区	1		2725	4	19	1	21	48	14
汕头市	**8**		**12391**	**85**	**93**	**2**	**314**	**2935**	**124**
龙湖区									
金平区									
濠江区			52		1				1
潮阳区	1		5079	31	28	1	64	1400	74
潮南区	2		3422	6	29	1	169	1382	21
澄海区	4		3716	43	31		81	153	25
南澳县	1		122	5	4				3
佛山市	**2**		**9247**	**28**	**39**	**1**	**281**	**538**	**522**
禅城区			2500	3	8	1	30	19	185
南海区			1274	4	4		7	418	47
顺德区									
三水区	2		4887	16	25		237	98	211
高明区			586	5	2		7	3	79
江门市	**9**	**5**	**5764**	**50**	**68**		**93**	**204**	**369**
蓬江区									
江海区									
新会区	3	1	1572	6	16		46	32	144
台山市	2	4	514	20	12		5	38	14
开平市	1		1478	10	18		7	19	89
鹤山市	1		1617	8	15		1	73	104
恩平市	2		583	6	7		34	42	18
湛江市	**51**	**6**	**5827**	**274**	**154**	**1**	**5**	**85**	**160**
赤坎区									
霞山区			23	1	2			1	3
坡头区			915	13	7			6	17
麻章区	1		693	6	4		1		6
遂溪县	21	4	1089	93	39			33	34
徐闻县	13		653	42	18			9	23
廉江市	4		772	24	23	1	3	16	19
雷州市	7	2	716	75	51			9	46
吴川市	5		966	20	10		1	11	12

4-6b　续表 44　　　　单位：人

地区 性别	农林牧渔生产辅助人员	其他农、林、牧、渔业生产加工人员	生产制造及有关人员 小计	农副产品加工人员	食品、饮料生产加工人员	烟草及其制品加工人员	纺织、针织、印染人员	纺织品、服装和皮革、毛皮制品加工制作人员	木材加工、家具与木制品制作人员
茂名市	**62**	**2**	**5618**	**123**	**81**	**1**	**18**	**151**	**157**
茂南区	1		327	4	7				7
电白区	10		2526	51	41	1	4	36	60
高州市	6		1093	20	15		9	72	20
化州市	34	1	1179	31	16		4	27	43
信宜市	11	1	493	17	2		1	16	27
肇庆市	**45**	**19**	**7608**	**75**	**117**	**1**	**94**	**243**	**180**
端州区									
鼎湖区	2		781	5	3		79	28	7
高要区	5		2548	21	20		2	18	57
广宁县	4		1141	11	19	1		44	35
怀集县	22	18	1265	17	44		7	54	30
封开县	3		596	7	11		2	41	14
德庆县	9	1	589	4	14		1	32	22
四会市			688	10	6		3	26	15
惠州市	**26**		**21581**	**118**	**120**		**137**	**4727**	**904**
惠城区	1		1701	15	18		4	32	78
惠阳区			2715	11	14		24	90	228
博罗县	14		9020	47	48		66	888	407
惠东县	5		7361	31	32		41	3710	90
龙门县	6		784	14	8		2	7	101
梅州市	**11**		**6188**	**116**	**91**	**3**	**9**	**79**	**175**
梅江区			34		2		2	1	1
梅县区	2		311	6	12		1	17	3
大埔县	3		798	16	6	3	2	10	28
丰顺县	1		1715	24	24		1	5	44
五华县	4		1631	22	22		1	19	24
平远县			565	24	10		1	16	45
蕉岭县	1		736	9	6			2	27
兴宁市			398	15	9		1	9	3
汕尾市	**6**	**1**	**7643**	**124**	**99**	**3**	**36**	**1214**	**184**
城　区	1		404	5	8		3	2	8
海丰县	3	1	5046	47	55	2	31	1156	66
陆河县			1042	6	8			8	48
陆丰市	2		1151	66	28	1	2	48	62
河源市	**8**	**3**	**5027**	**77**	**55**		**20**	**264**	**135**
源城区			898		2		4	78	10
紫金县	3		1114	13	18		5	50	29
龙川县	2	3	1011	22	16		4	65	33
连平县			642	12	8		1	10	27
和平县	3		506	18	6		3	24	19
东源县			856	12	5		3	37	17
阳江市	**12**	**1**	**3159**	**67**	**83**		**11**	**57**	**105**
江城区	1		282	8	2		1	4	8
阳东区	2		635	6	11		4	6	45
阳西县	6	1	1756	37	61		2	33	32
阳春市	3		486	16	9		4	14	20
清远市	**27**		**7935**	**120**	**75**	**1**	**43**	**300**	**287**
清城区	3		3722	19	15		20	112	161
清新区	3		386	5	6		3	38	17
佛冈县	3		947	6	11		6	28	25
阳山县	8		834	17	9	1	4	24	16
连山壮族瑶族自治县			177	4	2			1	9
连南瑶族自治县	1		310	4	2		1	7	5
英德市	7		1365	49	28		8	86	37
连州市	2		194	16	2		1	4	17

4-6b 续表 45　　单位：人

地区 性别	农林牧渔生产辅助人员	其他农、林、牧、渔业生产加工人员	生产制造及有关人员 小计	农副产品加工人员	食品、饮料生产加工人员	烟草及其制品加工人员	纺织、针织、印染人员	纺织品、服装和皮革、毛皮制品加工制作人员	木材加工、家具与木制品制作人员
东莞市	**1**		**2368**	**4**	**10**		**34**	**319**	**87**
市辖区	1		2368	4	10		34	319	87
中山市	**16**	**2**	**18861**	**96**	**109**	**1**	**115**	**566**	**638**
市辖区	16	2	18861	96	109	1	115	566	638
潮州市	**7**	**4**	**5953**	**193**	**100**	**4**	**48**	**344**	**142**
湘桥区			583	6	3		3	72	17
潮安区	2	1	2868	30	49		35	214	64
饶平县	5	3	2502	157	48	4	10	58	61
揭阳市	**39**	**1**	**8702**	**139**	**156**	**1**	**74**	**1850**	**186**
榕城区	3		723	8	7		5	34	28
揭东区	9	1	1463	36	43		11	86	54
揭西县	2		1219	13	14		1	27	15
惠来县	4		1867	56	47		6	293	39
普宁市	21		3430	26	45	1	51	1410	50
云浮市	**5**	**2**	**3499**	**72**	**51**		**14**	**235**	**59**
云城区									
云安区			631	14	3		3	8	6
新兴县	3	2	1561	29	12		2	182	20
郁南县	1		823	18	23		2	19	17
罗定市	1		484	11	13		7	26	16
女	**205**	**44**	**86917**	**1248**	**1213**	**14**	**1685**	**24397**	**1754**
广州市	**4**	**2**	**6833**	**38**	**121**		**115**	**2186**	**182**
荔湾区									
越秀区									
海珠区									
天河区									
白云区		1	1030	11	16		3	187	11
黄埔区	1	1	52		1			3	
番禺区			386	3	26		2	46	6
花都区	1		684	2	4		2	203	6
南沙区	1		1401	9	16		50	197	90
从化区			546	6	18			38	27
增城区	1		2734	7	40		58	1512	42
韶关市	**8**	**1**	**2017**	**44**	**75**	**4**	**37**	**223**	**69**
武江区			12		1				
浈江区	1		43	2	1			4	1
曲江区			119	5	24		20	5	3
始兴县			429	3	6		4	19	10
仁化县	2		165	3	5			8	13
翁源县	2		255	9	12		6	52	6
乳源瑶族自治县	1	1	333	4	16		1	9	1
新丰县			254	3	6		1	40	7
乐昌市	1		215	11	2	1	4	45	18
南雄市	1		192	4	2	3	1	41	10
深圳市			**31**						
罗湖区									
福田区									
南山区			30						
宝安区									
龙岗区									
盐田区									
龙华区									
坪山区			1						
光明区									

4-6b　续表 46　　　　　　　　　　　　　　　　　　　　　　　　　　　　单位：人

地区 性别	农林牧渔生产辅助人员	其他农、林、牧、渔业生产加工人员	生产制造及有关人员 小计	农副产品加工人员	食品、饮料生产加工人员	烟草及其制品加工人员	纺织、针织、印染人员	纺织品、服装和皮革、毛皮制品加工制作人员	木材加工、家具与木制品制作人员
珠海市	**1**		**2526**	**10**	**8**		**19**	**184**	**24**
香洲区	1		296						7
斗门区			1304	10	3		10	122	12
金湾区			926		5		9	62	5
汕头市	**4**	**1**	**9736**	**33**	**38**		**461**	**5689**	**5**
龙湖区									
金平区									
濠江区			7					1	
潮阳区			3916	4	14		94	2829	3
潮南区	3		3245	5	9		153	2517	2
澄海区	1	1	2539	18	10		211	340	
南澳县			29	6	5		3	2	
佛山市	**1**		**3770**	**14**	**36**	**1**	**146**	**330**	**209**
禅城区			974	1	6	1	17	16	63
南海区			530	4	3		2	238	22
顺德区									
三水区	1		2015	7	25		122	66	78
高明区			251	2	2		5	10	46
江门市	**4**		**3204**	**32**	**66**		**47**	**279**	**165**
蓬江区									
江海区									
新会区	2		875	9	19		19	83	56
台山市	1		275	9	4		4	48	5
开平市			904	11	34		4	35	36
鹤山市	1		897	1	8		2	67	63
恩平市			253	2	1		18	46	5
湛江市	**41**	**7**	**1820**	**232**	**118**		**23**	**155**	**79**
赤坎区									
霞山区			3	1				1	
坡头区	3	2	186	16	6		4	11	
麻章区	12	1	130	26	4		2	3	22
遂溪县	12	2	389	67	34		7	45	16
徐闻县	9		262	30	10			10	9
廉江市	1		360	10	10		6	45	11
雷州市	3	2	275	57	46		4	8	20
吴川市	1		215	25	8			32	1
茂名市	**42**		**1915**	**85**	**52**		**22**	**330**	**45**
茂南区			86	2	2			6	2
电白区	2		658	44	22		6	67	8
高州市	6		521	18	10		10	163	8
化州市	28		370	14	15		4	49	9
信宜市	6		280	7	3		2	45	18
肇庆市	**33**	**23**	**4183**	**46**	**68**		**90**	**608**	**95**
端州区									
鼎湖区	8		373	8	2		43	49	
高要区	1		1585	12	25		8	127	22
广宁县	2	1	591	5	8		2	193	22
怀集县	18	22	674	8	16		19	136	18
封开县			392	5	8		8	55	9
德庆县	4		314	3	2		4	36	12
四会市			254	5	7		6	12	12
惠州市	**5**	**2**	**12083**	**78**	**100**	**1**	**112**	**4307**	**326**
惠城区			804	9	5		4	43	28
惠阳区			1455	4	9		19	105	85
博罗县	3	1	5128	35	54		43	1165	134
惠东县			4367	17	25	1	43	2960	27
龙门县	2	1	329	13	7		3	34	52

4-6b 续表 47

单位：人

地区 性别	农林牧渔生产辅助人员	其他农、林、牧、渔业生产加工人员	生产制造及有关人员 小计	农副产品加工人员	食品、饮料生产加工人员	烟草及其制品加工人员	纺织、针织、印染人员	纺织品、服装和皮革、毛皮制品加工制作人员	木材加工、家具与木制品制作人员
梅州市	**5**	**2**	**2953**	**77**	**80**	**1**	**4**	**171**	**68**
梅江区			11	1				2	
梅县区	1	1	167	3	12		3	15	
大埔县	1		280	9	11	1		12	4
丰顺县			971	9	22			17	11
五华县			761	20	18			59	9
平远县	1		312	17	7			27	32
蕉岭县	1		228	6	6			9	12
兴宁市	1	1	223	12	4		1	30	
汕尾市	**1**	**1**	**2836**	**40**	**39**		**44**	**1051**	**12**
城区			153		6		5	9	
海丰县		1	2323	20	21		38	991	1
陆河县			137	6	3		1	9	3
陆丰市	1		223	14	9			42	8
河源市	**2**		**3322**	**52**	**49**		**21**	**657**	**29**
源城区			772		1		4	150	4
紫金县			600	9	11		10	95	9
龙川县			721	7	19		3	251	4
连平县	1		327	8	5		2	36	4
和平县	1		314	20	6		1	66	4
东源县			588	8	7		1	59	4
阳江市	**5**		**1451**	**64**	**54**		**59**	**337**	**28**
江城区			137	21	4		8	15	
阳东区			311	6	5		1	31	21
阳西县	4		690	27	38		26	195	3
阳春市	1		313	10	7		24	96	4
清远市	**16**	**2**	**3901**	**96**	**66**		**38**	**701**	**118**
清城区	1		1685	27	15		14	165	71
清新区	2		240	3	3		2	98	7
佛冈县			473	2	6		4	54	7
阳山县	1		322	8	9		5	91	1
连山壮族瑶族自治县		1	58	4	1			5	6
连南瑶族自治县	2		176	2	3		4	64	2
英德市	10	1	872	42	28		8	207	18
连州市			75	8	1		1	17	6
东莞市	**1**		**1700**	**1**	**1**		**38**	**481**	**20**
市辖区	1		1700	1	1		38	481	20
中山市	**8**		**10799**	**60**	**77**		**115**	**993**	**177**
市辖区	8		10799	60	77		115	993	177
潮州市	**7**	**2**	**3611**	**161**	**56**	**4**	**63**	**854**	**35**
湘桥区			446		3		11	225	1
潮安区	1		1636	12	23	1	27	510	10
饶平县	6	2	1529	149	30	3	25	119	24
揭阳市	**14**		**6476**	**43**	**74**	**2**	**209**	**4354**	**51**
榕城区			409	2	1		11	165	1
揭东区	8		848	7	20		73	347	11
揭西县			440	5	9			97	4
惠来县	1		1397	18	22		44	1004	3
普宁市	5		3382	11	22	2	81	2741	32
云浮市	**3**	**1**	**1750**	**42**	**35**	**1**	**22**	**507**	**17**
云城区									
云安区			153	3	1		5	27	
新兴县	1	1	941	17	16		5	353	2
郁南县	2		391	14	9	1	2	62	6
罗定市			265	8	9		10	65	9

4-6b 续表 48

单位：人

地 区 性 别	生产制造及有关人员								
	纸及纸制品生产加工人员	印刷和记录媒介复制人员	文教、工美、体育和娱乐用品制造人员	石油加工和炼焦、煤化工生产人员	化学原料和化学制品制造人员	医药制造人员	化学纤维制造人员	橡胶和塑料制品制造人员	非金属矿物制品制造人员
广 东	**2270**	**1679**	**11267**	**163**	**2467**	**587**	**127**	**6674**	**7569**
广州市	**203**	**184**	**420**	**11**	**698**	**92**	**11**	**558**	**254**
荔湾区									
越秀区									
海珠区									
天河区									
白云区	33	43	73	2	310	22		86	22
黄埔区			1	1	9	7		2	1
番禺区	43	43	13		69	9		48	63
花都区	18	12	22		46	13		51	48
南沙区	20	11	213		15	4	11	172	58
从化区	6	22	30		162	11		106	14
增城区	83	53	68	8	87	26		93	48
韶关市	**62**	**31**	**148**	**1**	**57**	**48**	**2**	**65**	**98**
武江区			2					3	
浈江区			7		3	1		5	8
曲江区	1	1	8			1		3	4
始兴县	9	2	54		7	1		21	1
仁化县	3	5	6		3	3			4
翁源县	6	5	32		15	11		12	12
乳源瑶族自治县	8	8	13		22	28	2	4	33
新丰县	9	4	11	1	3	2		8	11
乐昌市	3	2	4		1	1		5	10
南雄市	23	4	11		3			4	15
深圳市						**1**			
罗湖区									
福田区									
南山区									
宝安区									
龙岗区									
盐田区									
龙华区									
坪山区						1			
光明区									
珠海市	**64**	**25**	**167**	**97**	**238**	**67**	**12**	**206**	**187**
香洲区			4	2	5	13			26
斗门区	43	18	140	4	38	7	1	49	109
金湾区	21	7	23	91	195	47	11	157	52
汕头市	**274**	**178**	**3677**		**162**	**12**	**2**	**715**	**79**
龙湖区									
金平区									
濠江区	2				6			2	1
潮阳区	71	63	216		114	4	2	394	41
潮南区	24	20	90		23	2		36	9
澄海区	177	95	3364		19	4		283	28
南澳县			7			2			
佛山市	**99**	**99**	**118**	**9**	**200**	**13**	**4**	**477**	**1375**
禅城区	32	35	51	5	30	4		231	432
南海区	15	41	14		9	2		22	12
顺德区									
三水区	48	22	51	3	130	3	4	206	806
高明区	4	1	2	1	31	4		18	125

4-6b 续表 49　　　　单位：人

地　区 性　别	生产制造及有关人员 纸及纸制品生产加工人员	印刷和记录媒介复制人员	文教、工美、体育和娱乐用品制造人　员	石油加工和炼焦、煤化工生产人员	化学原料和化学制品制造人　员	医药制造人　　员	化学纤维制造人员	橡胶和塑料制品制造人员	非金属矿物制品制造人员
江门市	**361**	**146**	**73**	**4**	**67**	**9**	**7**	**322**	**200**
蓬江区									
江海区									
新会区	77	6	15	3	15	2	4	46	29
台山市	1	3	30		6			6	6
开平市	30	1	4	1	17	6	1	114	53
鹤山市	253	131	18		23	1	2	141	42
恩平市		5	6		6			15	70
湛江市	**49**	**32**	**73**	**18**	**15**	**24**	**1**	**73**	**103**
赤坎区									
霞山区									
坡头区		4	3	3				6	
麻章区	11	3	12	13	6	1		2	2
遂溪县	13	9	9	2		16		37	19
徐闻县	1	10	14		1	3	1	2	16
廉江市	14	3	5			2		16	46
雷州市	7	2	23		5	1		2	11
吴川市	3	1	7		3	1		8	9
茂名市	**49**	**20**	**174**	**9**	**43**	**32**		**148**	**110**
茂南区	6	1	7	3	6	1		4	4
电白区	7	5	40	3	29	7		58	33
高州市	25	9	38	1	1	3		66	24
化州市	10	3	24	2	2	20		10	33
信宜市	1	2	65		5	1		10	16
肇庆市	**78**	**39**	**244**	**1**	**65**	**17**	**3**	**143**	**865**
端州区									
鼎湖区	6	1	9	1	5	2		11	316
高要区	6	4	31		7	4	2	61	286
广宁县	52	7	59		15	4	1	13	26
怀集县	3	18	31		1	3		17	22
封开县	3	4	83		14	2		8	67
德庆县	1	4	16		11	1		20	17
四会市	7	1	15		12	1		13	131
惠州市	**199**	**256**	**1038**	**4**	**257**	**52**	**47**	**1071**	**461**
惠城区	19	13	101		5	1		132	43
惠阳区	39	38	336	1	62	2	20	285	141
博罗县	70	158	352	2	179	32	27	453	166
惠东县	67	39	224	1	8	16		172	78
龙门县	4	8	25		3	1		29	33
梅州市	**30**	**28**	**153**	**1**	**12**	**53**		**64**	**286**
梅江区								1	
梅县区	2	2	29	1		25		15	16
大埔县	3	6	23			1		2	70
丰顺县	3	2	26		1	2		7	55
五华县	3	5	24		2	14		15	33
平远县	1	4	11		1	5		9	23
蕉岭县	12	7	10		7	1		10	78
兴宁市	6	2	30		1	5		5	11
汕尾市	**40**	**16**	**2230**	**1**	**20**	**8**		**67**	**125**
城　区	2	1	39		3				7
海丰县	8	11	2149	1	6	7		18	60
陆河县		1	5		7			3	17
陆丰市	30	3	37		4	1		46	41

4-6b 续表 50

单位：人

地 区 性 别	生产制造及有关人员								
	纸及纸制品生产加工人员	印刷和记录媒介复制人员	文教、工美、体育和娱乐用品制造人员	石油加工和炼焦、煤化工生产人员	化学原料和化学制品制造人员	医药制造人员	化学纤维制造人员	橡胶和塑料制品制造人员	非金属矿物制品制造人员
河源市	**41**	**88**	**264**		**25**	**31**		**239**	**162**
源城区	18	51	58		6	1		68	2
紫金县	5	13	26		8	21		36	30
龙川县	2	5	20		2			7	25
连平县	5	3	69			2		10	21
和平县		6	25		1	4		11	9
东源县	11	10	66		8	3		107	75
阳江市	**8**	**23**	**41**		**12**	**5**		**55**	**84**
江城区			1					8	6
阳东区	2	2	2		1			14	8
阳西县	3	15	26		10	4		20	31
阳春市	3	6	12		1	1		13	39
清远市	**96**	**24**	**648**		**137**	**16**	**20**	**470**	**673**
清城区	34	12	81		76	9	19	370	435
清新区	3		26		3	1	1	3	97
佛冈县	10	3	160		16	1		26	25
阳山县	1	2	64		3	3		11	18
连山壮族瑶族自治县	1		1					1	4
连南瑶族自治县		2	18		9	1		5	11
英德市	47	4	294		29	1		50	62
连州市		1	4		1			4	21
东莞市	**53**	**64**	**176**		**14**	**2**	**1**	**305**	**48**
市辖区	53	64	176		14	2	1	305	48
中山市	**218**	**231**	**431**	**1**	**361**	**43**	**9**	**1282**	**525**
市辖区	218	231	431	1	361	43	9	1282	525
潮州市	**276**	**119**	**809**	**4**	**49**	**15**	**3**	**169**	**1524**
湘桥区	3	13	64		2			22	74
潮安区	240	83	101	1	31	10		80	1070
饶平县	33	23	644	3	16	5	3	67	380
揭阳市	**47**	**58**	**271**	**1**	**18**	**15**	**3**	**189**	**197**
榕城区	5		42		1	1		16	50
揭东区	11	7	100		6	4		34	78
揭西县	4	22	60		2	3		73	10
惠来县	11	11	20	1	4	1	3	14	29
普宁市	16	18	49		5	6		52	30
云浮市	**23**	**18**	**112**	**1**	**17**	**32**	**2**	**56**	**213**
云城区									
云安区	1		5	1	4	8		3	79
新兴县	7	8	7		2	11	1	20	77
郁南县	11	6	73		9	13	1	26	43
罗定市	4	4	27		2			7	14
男	**1468**	**1197**	**5573**	**139**	**1635**	**353**	**85**	**4195**	**5327**
广州市	**128**	**130**	**190**	**7**	**391**	**53**	**3**	**357**	**195**
荔湾区									
越秀区									
海珠区									
天河区									
白云区	19	35	36	1	157	9		54	10
黄埔区			1	1	2	4			
番禺区	27	29	4		40	4		32	58
花都区	13	6	15		27	10		30	32
南沙区	12	6	88		13	3	3	101	45
从化区	4	12	9		89	8		76	12
增城区	53	42	37	5	63	15		64	38

4-6b 续表 51 单位：人

地区 性别	生产制造及有关人员 纸及纸制品生产加工人员	印刷和记录媒介复制人员	文教、工美、体育和娱乐用品制造人员	石油加工和炼焦、煤化工生产人员	化学原料和化学制品制造人员	医药制造人员	化学纤维制造人员	橡胶和塑料制品制造人员	非金属矿物制品制造人员
韶关市	**28**	**21**	**35**	**1**	**39**	**20**		**29**	**75**
武江区									
浈江区			1		2			2	6
曲江区	1	1				1		1	3
始兴县	5	1	18		4	1		7	1
仁化县	2	3	2		2				4
翁源县	2	3	3		8	4		3	9
乳源瑶族自治县	3	6	3		17	14		4	22
新丰县	5	2	2	1	2			5	10
乐昌市	1	1	2		1			4	9
南雄市	9	4	4		3			3	11
深圳市						**1**			
罗湖区									
福田区									
南山区									
宝安区									
龙岗区									
盐田区									
龙华区									
坪山区						1			
光明区									
珠海市	**43**	**16**	**94**	**84**	**197**	**53**	**7**	**107**	**135**
香洲区			4	2	5	13			21
斗门区	27	12	69	2	31	4		21	73
金湾区	16	4	21	80	161	36	7	86	41
汕头市	**213**	**142**	**2013**		**102**	**8**	**2**	**580**	**62**
龙湖区									
金平区									
濠江区	2				5			2	1
潮阳区	49	50	107		75	1	2	358	29
潮南区	19	18	53		10	1		30	9
澄海区	143	74	1850		12	4		190	23
南澳县			3			2			
佛山市	**66**	**78**	**54**	**9**	**145**	**8**	**3**	**281**	**948**
禅城区	23	25	21	5	18	3		124	293
南海区	8	38	8		5	2		15	9
顺德区									
三水区	34	15	23	3	97	1	3	127	559
高明区	1		2	1	25	2		15	87
江门市	**182**	**99**	**28**	**3**	**47**	**4**	**5**	**187**	**136**
蓬江区									
江海区									
新会区	47	6	4	2	11	2	3	18	19
台山市		2	9		2			5	6
开平市	26		3	1	15	2		70	36
鹤山市	109	89	8		16		2	82	28
恩平市		2	4		3			12	47
湛江市	**30**	**16**	**25**	**15**	**14**	**14**	**1**	**46**	**79**
赤坎区									
霞山区									
坡头区		1	1	2				2	
麻章区	6	1	3	12	6			2	2
遂溪县	10	6	6	1		8		25	14
徐闻县	1	4	8		1	2	1	1	11
廉江市	8	2	1			2		8	36
雷州市	5	1	4		5	1		2	9
吴川市		1	2		2	1		6	7

4-6b　续表 52　　　　单位：人

地　区 性　别	生产制造及有关人员 纸及纸制品生产加工人员	印刷和记录媒介复制人员	文教、工美、体育和娱乐用品制造人　员	石油加工和炼焦、煤化工生产人员	化学原料和化学制品制造人　员	医药制造人　　员	化学纤维制造人员	橡胶和塑料制品制造人员	非金属矿物制品制造人员
茂名市	**35**	**15**	**74**	**8**	**30**	**16**		**79**	**86**
茂南区	5		3	2	6			2	3
电白区	4	5	26	3	19	3		25	24
高州市	19	6	19	1	1	1		39	17
化州市	6	2	10	2	2	11		8	28
信宜市	1	2	16		2	1		5	14
肇庆市	**49**	**27**	**85**		**46**	**11**	**2**	**81**	**590**
端州区									
鼎湖区	3	1	2		5	2		6	198
高要区	2	3	15		5	1	1	35	188
广宁县	32	6	15		10	3	1	7	16
怀集县	2	14	9		1	2		9	16
封开县	3	1	31		6	2		5	57
德庆县		2	6		7			9	10
四会市	7		7		12	1		10	105
惠州市	**135**	**184**	**512**	**4**	**182**	**29**	**37**	**639**	**357**
惠城区	12	8	50		3			82	35
惠阳区	25	29	195	1	48	1	13	157	103
博罗县	41	115	156	2	123	17	24	306	136
惠东县	54	27	103	1	5	11		79	58
龙门县	3	5	8		3			15	25
梅州市	**16**	**12**	**64**	**1**	**6**	**30**		**43**	**221**
梅江区									
梅县区			15	1		19		7	11
大埔县	2	3	5					2	49
丰顺县	3	1	8			2		4	35
五华县	1	1	16		1	6		11	26
平远县		2	7		1	2		8	17
蕉岭县	7	3	4		4			6	74
兴宁市	3	2	9			1		5	9
汕尾市	**24**	**13**	**1380**	**1**	**18**	**5**		**49**	**112**
城　区	2	1	25		2				5
海丰县	6	9	1333	1	5	5		13	55
陆河县		1	2		7			2	14
陆丰市	16	2	20		4			34	38
河源市	**26**	**60**	**79**		**11**	**21**		**129**	**118**
源城区	13	29	19		4			44	2
紫金县	1	11	10		3	18		26	24
龙川县	2	4	6		1			3	20
连平县	2	2	19			1		5	16
和平县		5	12			2		3	7
东源县	8	9	13		3			48	49
阳江市	**5**	**18**	**12**		**9**	**3**		**27**	**57**
江城区			1					3	3
阳东区	1	1	2		1			9	4
阳西县	2	11	7		7	2		8	23
阳春市	2	6	2		1	1		7	27
清远市	**49**	**18**	**211**		**86**	**12**	**12**	**287**	**448**
清城区	23	10	33		46	8	12	235	292
清新区	2		8		2	1		2	56
佛冈县	8	1	38		8	1		15	22
阳山县	1	2	25		2	1		3	15
连山壮族瑶族自治县	1		1					1	4
连南瑶族自治县		1	6		5			3	7
英德市	14	3	97		23	1		26	39
连州市		1	3					2	13

4-6b 续表 53 单位：人

地区 性别	生产制造及有关人员								
	纸及纸制品生产加工人员	印刷和记录媒介复制人员	文教、工美、体育和娱乐用品制造人员	石油加工和炼焦、煤化工生产人员	化学原料和化学制品制造人员	医药制造人员	化学纤维制造人员	橡胶和塑料制品制造人员	非金属矿物制品制造人员
东莞市	**38**	**41**	**105**		**12**	**2**	**1**	**217**	**29**
市辖区	38	41	105		12	2	1	217	29
中山市	**154**	**158**	**198**	**1**	**233**	**24**	**5**	**779**	**386**
市辖区	154	158	198	1	233	24	5	779	386
潮州市	**201**	**97**	**273**	**3**	**40**	**12**	**2**	**96**	**946**
湘桥区	2	12	15		2			10	37
潮安区	171	68	38	1	22	7		54	707
饶平县	28	17	220	2	16	5	2	32	202
揭阳市	**36**	**45**	**100**	**1**	**13**	**13**	**3**	**147**	**169**
榕城区	3		8			1		15	47
揭东区	10	4	39		4	4		27	58
揭西县	3	18	21		2	2		59	10
惠来县	5	8	9	1	3	1	3	5	25
普宁市	15	15	23		4	5		41	29
云浮市	**10**	**7**	**41**	**1**	**14**	**14**	**2**	**35**	**178**
云城区									
云安区			1	1	4	1			68
新兴县	2	2	4		1	6	1	16	62
郁南县	6	3	27		7	7	1	16	36
罗定市	2	2	9		2			3	12
女	**802**	**482**	**5694**	**24**	**832**	**234**	**42**	**2479**	**2242**
广州市	**75**	**54**	**230**	**4**	**307**	**39**	**8**	**201**	**59**
荔湾区									
越秀区									
海珠区									
天河区									
白云区	14	8	37	1	153	13		32	12
黄埔区					7	3		2	1
番禺区	16	14	9		29	5		16	5
花都区	5	6	7		19	3		21	16
南沙区	8	5	125		2	1	8	71	13
从化区	2	10	21		73	3		30	2
增城区	30	11	31	3	24	11		29	10
韶关市	**34**	**10**	**113**		**18**	**28**	**2**	**36**	**23**
武江区			2					3	
浈江区			6		1	1		3	2
曲江区			8					2	1
始兴县	4	1	36		3			14	
仁化县	1	2	4		1	3			
翁源县	4	2	29		7	7		9	3
乳源瑶族自治县	5	2	10		5	14	2		11
新丰县	4	2	9		1	2		3	1
乐昌市	2	1	2			1		1	1
南雄市	14		7					1	4
深圳市									
罗湖区									
福田区									
南山区									
宝安区									
龙岗区									
盐田区									
龙华区									
坪山区									
光明区									

4-6b 续表 54

单位：人

地 区 性 别	生产制造及有关人员								
	纸及纸制品生产加工人员	印刷和记录媒介复制人员	文教、工美、体育和娱乐用品制造人员	石油加工和炼焦、煤化工生产人员	化学原料和化学制品制造人员	医药制造人员	化学纤维制造人员	橡胶和塑料制品制造人员	非金属矿物制品制造人员
珠海市	**21**	**9**	**73**	**13**	**41**	**14**	**5**	**99**	**52**
香洲区									5
斗门区	16	6	71	2	7	3	1	28	36
金湾区	5	3	2	11	34	11	4	71	11
汕头市	**61**	**36**	**1664**		**60**	**4**		**135**	**17**
龙湖区									
金平区									
濠江区					1				
潮阳区	22	13	109		39	3		36	12
潮南区	5	2	37		13	1		6	
澄海区	34	21	1514		7			93	5
南澳县			4						
佛山市	**33**	**21**	**64**		**55**	**5**	**1**	**196**	**427**
禅城区	9	10	30		12	1		107	139
南海区	7	3	6		4			7	3
顺德区									
三水区	14	7	28		33	2	1	79	247
高明区	3	1			6	2		3	38
江门市	**179**	**47**	**45**	**1**	**20**	**5**	**2**	**135**	**64**
蓬江区									
江海区									
新会区	30		11	1	4		1	28	10
台山市	1	1	21		4			1	
开平市	4	1	1		2	4	1	44	17
鹤山市	144	42	10		7	1		59	14
恩平市		3	2		3			3	23
湛江市	**19**	**16**	**48**	**3**	**1**	**10**		**27**	**24**
赤坎区									
霞山区									
坡头区		3	2	1				4	
麻章区	5	2	9	1		1			
遂溪县	3	3	3	1		8		12	5
徐闻县		6	6			1		1	5
廉江市	6	1	4					8	10
雷州市	2	1	19						2
吴川市	3		5		1			2	2
茂名市	**14**	**5**	**100**	**1**	**13**	**16**		**69**	**24**
茂南区	1	1	4	1		1		2	1
电白区	3		14		10	4		33	9
高州市	6	3	19			2		27	7
化州市	4	1	14			9		2	5
信宜市			49		3			5	2
肇庆市	**29**	**12**	**159**	**1**	**19**	**6**	**1**	**62**	**275**
端州区									
鼎湖区	3		7	1				5	118
高要区	4	1	16		2	3	1	26	98
广宁县	20	1	44		5	1		6	10
怀集县	1	4	22			1		8	6
封开县		3	52		8			3	10
德庆县	1	2	10		4	1		11	7
四会市		1	8					3	26
惠州市	**64**	**72**	**526**		**75**	**23**	**10**	**432**	**104**
惠城区	7	5	51		2	1		50	8
惠阳区	14	9	141		14	1	7	128	38
博罗县	29	43	196		56	15	3	147	30
惠东县	13	12	121		3	5		93	20
龙门县	1	3	17			1		14	8

4－6b 续表 55 单位：人

地区 性别	生产制造及有关人员								
	纸及纸制品生产加工人员	印刷和记录媒介复制人员	文教、工美、体育和娱乐用品制造人员	石油加工和炼焦、煤化工生产人员	化学原料和化学制品制造人员	医药制造人员	化学纤维制造人员	橡胶和塑料制品制造人员	非金属矿物制品制造人员
梅州市	**14**	**16**	**89**		**6**	**23**		**21**	**65**
梅江区								1	
梅县区	2	2	14			6		8	5
大埔县	1	3	18			1			21
丰顺县		1	18		1			3	20
五华县	2	4	8		1	8		4	7
平远县	1	2	4			3		1	6
蕉岭县	5	4	6		3	1		4	4
兴宁市	3		21		1	4			2
汕尾市	**16**	**3**	**850**		**2**	**3**		**18**	**13**
城区			14		1				2
海丰县	2	2	816		1	2		5	5
陆河县			3					1	3
陆丰市	14	1	17			1		12	3
河源市	**15**	**28**	**185**		**14**	**10**		**110**	**44**
源城区	5	22	39		2	1		24	
紫金县	4	2	16		5	3		10	6
龙川县		1	14		1			4	5
连平县	3	1	50			1		5	5
和平县		1	13		1	2		8	2
东源县	3	1	53		5	3		59	26
阳江市	**3**	**5**	**29**		**3**	**2**		**28**	**27**
江城区								5	3
阳东区	1	1						5	4
阳西县	1	4	19		3	2		12	8
阳春市	1		10					6	12
清远市	**47**	**6**	**437**		**51**	**4**	**8**	**183**	**225**
清城区	11	2	48		30	1	7	135	143
清新区	1		18		1		1	1	41
佛冈县	2	2	122		8			11	3
阳山县			39		1	2		8	3
连山壮族瑶族自治县									
连南瑶族自治县		1	12		4	1		2	4
英德市	33	1	197		6			24	23
连州市			1		1			2	8
东莞市	**15**	**23**	**71**		**2**			**88**	**19**
市辖区	15	23	71		2			88	19
中山市	**64**	**73**	**233**		**128**	**19**	**4**	**503**	**139**
市辖区	64	73	233		128	19	4	503	139
潮州市	**75**	**22**	**536**	**1**	**9**	**3**	**1**	**73**	**578**
湘桥区	1	1	49					12	37
潮安区	69	15	63		9	3		26	363
饶平县	5	6	424	1			1	35	178
揭阳市	**11**	**13**	**171**		**5**	**2**		**42**	**28**
榕城区	2		34		1			1	3
揭东区	1	3	61		2			7	20
揭西县	1	4	39			1		14	
惠来县	6	3	11		1			9	4
普宁市	1	3	26		1	1		11	1
云浮市	**13**	**11**	**71**		**3**	**18**		**21**	**35**
云城区									
云安区	1		4			7		3	11
新兴县	5	6	3		1	5		4	15
郁南县	5	3	46		2	6		10	7
罗定市	2	2	18					4	2

4-6b　续表 56　　　　单位：人

地　区 性　别	生产制造及有关人员 采矿人员	金属冶炼和压延加工人员	机械制造基础加工人　员	金属制品制造人员	通用设备制造人员	专用设备制造人员	汽车制造人　员	铁路、船舶、航空设备制造人　员	电气机械和器材制造人员
广　东	**301**	**1963**	**9288**	**14511**	**1429**	**662**	**2387**	**627**	**9534**
广州市	**1**	**63**	**594**	**757**	**167**	**124**	**1155**	**159**	**516**
荔湾区									
越秀区									
海珠区									
天河区									
白云区		3	73	110	40	12	74	12	88
黄埔区			1	1	1	1	3		
番禺区			32	64	28	10	135	6	43
花都区		9	118	69	14	26	369	34	27
南沙区		15	142	180	21	40	96	26	215
从化区		13	61	94	25	2	20	11	100
增城区	1	23	167	239	38	33	458	70	43
韶关市	**100**	**103**	**174**	**171**	**23**	**35**	**34**	**14**	**95**
武江区		1		1					1
浈江区		3	11	2	2	2	4		1
曲江区	5	13	33	3	2	2		5	8
始兴县	4	2	12	20	2	2	4		29
仁化县	79	10	26	10	1	1			3
翁源县	2	7	18	23	1		3		15
乳源瑶族自治县	1	46	18	19	4	2	15	1	13
新丰县	6	8	19	38	1	25	3	1	7
乐昌市	3	10	28	34	6		3	6	10
南雄市		3	9	21	4	1	2	1	8
深圳市	**6**		**27**		**3**			**144**	
罗湖区									
福田区									
南山区	6		27		3			144	
宝安区									
龙岗区									
盐田区									
龙华区									
坪山区									
光明区									
珠海市	**1**	**127**	**534**	**364**	**224**	**53**	**183**	**120**	**386**
香洲区			34	5	9		3	21	
斗门区		16	227	184	199	31	45	45	252
金湾区	1	111	273	175	16	22	135	54	134
汕头市	**3**	**20**	**225**	**318**	**33**	**13**	**11**	**1**	**32**
龙湖区									
金平区									
濠江区									
潮阳区	1	10	53	92	1	3	7		16
潮南区	1	3	30	20	8	5			9
澄海区	1	6	141	200	11	4	4	1	7
南澳县		1	1	6	13	1			
佛山市	**1**	**303**	**899**	**1106**	**121**	**39**	**190**	**10**	**226**
禅城区		52	286	286	23	18	38	2	30
南海区		17	131	142	14	2	16		20
顺德区									
三水区	1	151	462	653	80	17	136	8	88
高明区		83	20	25	4	2			88

4－6b 续表 57 单位：人

地 区 性 别	生产制造及有关人员								
	采矿人员	金属冶炼和压延加工人员	机械制造基础加工人员	金属制品制造人员	通用设备制造人员	专用设备制造人员	汽车制造人员	铁路、船舶、航空设备制造人员	电气机械和器材制造人员
江门市	**2**	**52**	**979**	**1429**	**40**	**20**	**46**	**61**	**238**
蓬江区									
江海区									
新会区		18	305	327	10	8	2	41	35
台山市		8	41	141	4	1	5	1	20
开平市	1	8	472	736	8	1	14		9
鹤山市		13	132	187	10	8	23	17	166
恩平市	1	5	29	38	8	2	2	2	8
湛江市	**18**	**198**	**228**	**255**	**27**	**10**	**22**	**5**	**149**
赤坎区									
霞山区									1
坡头区	5	5	18	19	2	2	7	1	10
麻章区		168	53	22	5		2		
遂溪县	3	10	61	33	8		7	1	10
徐闻县	6	3	21	32	3	6	2		5
廉江市	1	9	36	114	4	2	1		110
雷州市	3		14	13	2		2	2	7
吴川市		3	25	22	3		1	1	6
茂名市	**9**	**25**	**107**	**246**	**22**	**7**	**11**	**2**	**81**
茂南区		1	4	8	2		2		4
电白区	5	6	28	79	9	4	1	1	29
高州市	3	7	47	64	5		3	1	29
化州市		7	16	65	6	1	2		17
信宜市	1	4	12	30		2	3		2
肇庆市	**40**	**335**	**575**	**1568**	**38**	**21**	**84**	**2**	**86**
端州区									
鼎湖区	1	30	35	42	4	1	5		3
高要区	8	45	428	1268	11	9	23		19
广宁县		21	28	52	12	2	6	1	7
怀集县	10	2	16	92	1	7	44		11
封开县	11	4	5	24	1	1	3	1	26
德庆县	9	1	20	37	7	1	2		8
四会市	1	232	43	53	2		1		12
惠州市	**17**	**63**	**1227**	**2240**	**141**	**83**	**264**	**32**	**637**
惠城区	1	2	143	175	54	12	28	17	75
惠阳区	1	2	164	682	16	5	10	1	130
博罗县	7	48	755	1200	54	40	146	4	358
惠东县	5	11	147	167	14	25	76	9	60
龙门县	3		18	16	3	1	4	1	14
梅州市	**25**	**49**	**130**	**189**	**35**	**8**	**41**	**3**	**123**
梅江区				1					
梅县区	1	10	11	6	1		21		25
大埔县	2		3	16	1	1			6
丰顺县	11	12	36	55	3	1	3		5
五华县	6	6	42	43	17	2	8	1	70
平远县	1	12	13	22	6	2	5	1	9
蕉岭县	3	4	14	28	7	1	1		3
兴宁市	1	5	11	18		1	3	1	5
汕尾市	**6**	**10**	**181**	**259**	**16**	**23**	**35**	**4**	**16**
城 区			8	4			1	1	4
海丰县	5	7	91	100	8	22	5	1	11
陆河县		1	44	20	4	1	28		1
陆丰市	1	2	38	135	4		1	2	

4-6b　续表 58

单位：人

地　区 性　别	生产制造及有关人员								
	采矿人员	金属冶炼和压延加工人员	机械制造基础加工人员	金属制品制造人员	通用设备制造人员	专用设备制造人员	汽车制造人员	铁路、船舶、航空设备制造人员	电气机械和器材制造人员
河源市	**22**	**31**	**180**	**283**	**18**	**100**	**15**	**4**	**96**
源城区		1	63	39	1	22	3		20
紫金县		9	37	40	7	68	6	2	14
龙川县	5	2	29	61	2	3	3	1	16
连平县	10	10	15	42	1		1		13
和平县	2	5	15	18	2	4	2		9
东源县	5	4	21	83	5	3		1	24
阳江市	**7**	**24**	**116**	**308**	**17**	**3**	**13**	**8**	**25**
江城区		3	21	15	1		1	1	
阳东区		1	53	139	6			5	6
阳西县	6		27	126	1	3	11	2	10
阳春市	1	20	15	28	9		1		9
清远市	**22**	**235**	**296**	**491**	**80**	**40**	**112**	**15**	**118**
清城区	5	185	160	286	30	24	60	6	59
清新区	1	15	8	15		1	5		
佛冈县	2	11	59	50	42	3	32	8	36
阳山县	5	6	13	41	2	3	4		4
连山壮族瑶族自治县	4		4	11	1	1	2		1
连南瑶族自治县	1	4	7	14		1	2		2
英德市	3	12	39	63	5	6	7	1	13
连州市	1	2	6	11		1			3
东莞市		**24**	**125**	**396**	**34**	**4**	**11**	**14**	**155**
市辖区		24	125	396	34	4	11	14	155
中山市	**4**	**122**	**2054**	**2984**	**279**	**67**	**67**	**19**	**6148**
市辖区	4	122	2054	2984	279	67	67	19	6148
潮州市	**4**	**125**	**213**	**345**	**29**	**1**	**27**	**4**	**135**
湘桥区		7	26	12	2				9
潮安区		81	109	276	8		3	1	13
饶平县	4	37	78	57	19	1	24	3	113
揭阳市	**9**	**32**	**205**	**406**	**59**	**8**	**21**	**3**	**206**
榕城区	3	13	29	27	3		3		7
揭东区	2	8	51	185	10	2	7		8
揭西县	1	7	30	50	28	1	5	3	149
惠来县	2	1	52	70	11				2
普宁市	1	3	43	74	7	5	6		40
云浮市	**4**	**22**	**219**	**396**	**23**	**3**	**45**	**3**	**66**
云城区									
云安区	3	6	22	20			41	1	1
新兴县		8	163	316	2		1		2
郁南县		6	21	45	19	1	2	2	54
罗定市	1	2	13	15	2	2	1		9
男	**253**	**1613**	**7627**	**9971**	**1078**	**375**	**1710**	**517**	**5455**
广州市	**1**	**54**	**503**	**527**	**133**	**65**	**851**	**117**	**296**
荔湾区									
越秀区									
海珠区									
天河区									
白云区		3	57	75	32	8	46	10	54
黄埔区			1	1	1		2		
番禺区			26	50	21	6	122	6	22
花都区		9	106	45	12	7	238	23	18
南沙区		13	120	122	17	22	59	22	111
从化区		13	48	65	19	1	17	5	54
增城区	1	16	145	169	31	21	367	51	37

4-6b 续表 59

单位：人

地区 性别	生产制造及有关人员								
	采矿人员	金属冶炼和压延加工人员	机械制造基础加工人员	金属制品制造人员	通用设备制造人员	专用设备制造人员	汽车制造人员	铁路、船舶、航空设备制造人员	电气机械和器材制造人员
韶关市	**76**	**82**	**146**	**112**	**19**	**24**	**24**	**14**	**46**
武江区									1
浈江区		3	8	2	2	2	3		1
曲江区	4	12	30	2	2	2		5	7
始兴县	3	2	9	15	2	2	3		7
仁化县	58	8	25	8	1	1			2
翁源县	2	6	15	17	1		1		9
乳源瑶族自治县	1	33	12	14	3	2	10	1	5
新丰县	6	8	15	24		14	2	1	5
乐昌市	2	9	24	16	4		3	6	3
南雄市		1	8	14	4	1	2	1	6
深圳市	**6**		**22**		**3**			**134**	
罗湖区									
福田区									
南山区	6		22		3			134	
宝安区									
龙岗区									
盐田区									
龙华区									
坪山区									
光明区									
珠海市	**1**	**113**	**483**	**253**	**171**	**27**	**117**	**104**	**238**
香洲区			34	4	9		2	19	
斗门区		12	192	118	149	7	36	40	159
金湾区	1	101	257	131	13	20	79	45	79
汕头市	**3**	**17**	**189**	**272**	**30**	**12**	**6**	**1**	**20**
龙湖区									
金平区									
濠江区									
潮阳区	1	9	45	85	1	3	5		11
潮南区	1	2	18	18	6	4			7
澄海区	1	5	125	163	11	4	1	1	2
南澳县		1	1	6	12	1			
佛山市	**1**	**244**	**752**	**805**	**99**	**30**	**152**	**7**	**139**
禅城区		44	240	203	22	13	27	2	16
南海区		14	110	106	9	2	13		17
顺德区									
三水区	1	117	382	476	66	13	112	5	52
高明区		69	20	20	2	2			54
江门市	**2**	**42**	**776**	**888**	**34**	**18**	**30**	**51**	**124**
蓬江区									
江海区									
新会区		16	242	219	8	8	2	36	21
台山市		6	31	80	4	1	4	1	11
开平市	1	5	370	417	6	1	9		4
鹤山市		10	106	141	8	7	13	13	80
恩平市	1	5	27	31	8	1	2	1	8
湛江市	**15**	**174**	**211**	**188**	**22**	**8**	**19**	**4**	**73**
赤坎区									
霞山区									1
坡头区	5	5	17	15	1	2	5	1	4
麻章区		149	52	20	4		2		
遂溪县	2	9	59	28	7		7		8
徐闻县	5	2	18	28	2	4	2		5
廉江市		6	28	67	3	2	1		47
雷州市	3		12	11	2		1	2	7
吴川市		3	25	19	3		1	1	1

4-6b 续表 60

单位：人

地区 性别	生产制造及有关人员								
	采矿人员	金属冶炼和压延加工人员	机械制造基础加工人员	金属制品制造人员	通用设备制造人员	专用设备制造人员	汽车制造人员	铁路、船舶、航空设备制造人员	电气机械和器材制造人员
茂名市	**8**	**20**	**94**	**179**	**18**	**5**	**9**	**2**	**42**
茂南区			2	8	2		1		3
电白区	5	6	25	57	9	3	1	1	13
高州市	2	6	42	49	3		3	1	17
化州市		4	14	44	4	1	1		9
信宜市	1	4	11	21		1	3		
肇庆市	**33**	**280**	**460**	**928**	**28**	**13**	**57**	**2**	**52**
端州区									
鼎湖区	1	30	29	26	3	1	5		2
高要区	7	41	338	725	10	5	18		11
广宁县		12	25	38	7	2	4	1	5
怀集县	10	2	11	67	1	4	25		8
封开县	10	3	2	15	1		3	1	15
德庆县	4	1	17	24	4	1	1		2
四会市	1	191	38	33	2		1		9
惠州市	**16**	**49**	**974**	**1557**	**116**	**52**	**179**	**22**	**373**
惠城区	1		124	135	45	7	15	8	35
惠阳区	1	2	137	440	14	4	4	1	64
博罗县	7	38	574	884	42	21	109	4	229
惠东县	5	9	121	87	12	19	49	8	34
龙门县	2		18	11	3	1	2	1	11
梅州市	**24**	**39**	**106**	**149**	**19**	**6**	**27**	**2**	**58**
梅江区				1					
梅县区	1	9	9	4	1		14		9
大埔县	2		3	13	1	1			3
丰顺县	11	9	27	37	3	1	3		4
五华县	6	6	37	37	4	1	4		39
平远县	1	9	9	15	3	2	3	1	
蕉岭县	2	3	12	25	7				1
兴宁市	1	3	9	17		1	3	1	2
汕尾市	**6**	**9**	**159**	**217**	**15**	**18**	**27**	**4**	**15**
城　区			8	4			1	1	4
海丰县	5	7	72	79	8	17	4	1	10
陆河县		1	41	19	4	1	21		1
陆丰市	1	1	38	115	3		1	2	
河源市	**16**	**24**	**146**	**219**	**14**	**33**	**10**	**4**	**40**
源城区		1	49	36	1	4	1		8
紫金县		6	31	31	5	23	5	2	6
龙川县	4	2	24	48	2	1	2	1	4
连平县	7	8	13	31	1		1		8
和平县	2	3	12	13	1	3	1		3
东源县	3	4	17	60	4	2		1	11
阳江市	**7**	**15**	**85**	**172**	**12**	**2**	**12**	**7**	**13**
江城区		2	16	9	1			1	
阳东区			36	79	4			4	4
阳西县	6		21	66		2	11	2	6
阳春市	1	13	12	18	7		1		3
清远市	**19**	**184**	**254**	**348**	**60**	**24**	**80**	**9**	**70**
清城区	5	141	139	193	20	15	40	6	37
清新区	1	14	6	14			3		
佛冈县	1	10	50	30	34	3	25	3	20
阳山县	5	6	9	30	2	2	3		3
连山壮族瑶族自治县	4		4	10		1	2		1
连南瑶族自治县		3	6	11			2		
英德市	3	9	35	51	4	3	5		6
连州市		1	5	9					3

4−6b 续表 61

单位：人

地区 性别	生产制造及有关人员								
	采矿人员	金属冶炼和压延加工人员	机械制造基础加工人员	金属制品制造人员	通用设备制造人员	专用设备制造人员	汽车制造人员	铁路、船舶、航空设备制造人员	电气机械和器材制造人员
东莞市		**17**	**104**	**300**	**26**	**1**	**7**	**11**	**73**
市辖区		17	104	300	26	1	7	11	73
中山市	**3**	**93**	**1617**	**1984**	**171**	**34**	**34**	**13**	**3487**
市辖区	3	93	1617	1984	171	34	34	13	3487
潮州市	**4**	**109**	**190**	**272**	**24**		**15**	**4**	**85**
湘桥区		7	26	7	2				4
潮安区		69	93	217	8		2	1	9
饶平县	4	33	71	48	14		13	3	72
揭阳市	**9**	**31**	**180**	**319**	**47**	**2**	**16**	**3**	**170**
榕城区	3	12	26	23	2		1		2
揭东区	2	8	43	143	8	1	6		6
揭西县	1	7	27	37	20		4	3	126
惠来县	2	1	50	56	10				2
普宁市	1	3	34	60	7	1	5		34
云浮市	**3**	**17**	**176**	**282**	**17**	**1**	**38**	**2**	**41**
云城区									
云安区	2	3	20	16			34	1	1
新兴县		7	127	218	1		1		2
郁南县		5	17	36	16		2	1	33
罗定市	1	2	12	12		1	1		5
女	**48**	**350**	**1661**	**4540**	**351**	**287**	**677**	**110**	**4079**
广州市		**9**	**91**	**230**	**34**	**59**	**304**	**42**	**220**
荔湾区									
越秀区									
海珠区									
天河区									
白云区			16	35	8	4	28	2	34
黄埔区						1	1		
番禺区			6	14	7	4	13		21
花都区			12	24	2	19	131	11	9
南沙区		2	22	58	4	18	37	4	104
从化区			13	29	6	1	3	6	46
增城区		7	22	70	7	12	91	19	6
韶关市	**24**	**21**	**28**	**59**	**4**	**11**	**10**		**49**
武江区		1		1					
浈江区			3				1		
曲江区	1	1	3	1					1
始兴县	1		3	5			1		22
仁化县	21	2	1	2					1
翁源县		1	3	6			2		6
乳源瑶族自治县		13	6	5	1		5		8
新丰县			4	14	1	11	1		2
乐昌市	1	1	4	18	2				7
南雄市		2	1	7					2
深圳市			**5**					**10**	
罗湖区									
福田区									
南山区			5					10	
宝安区									
龙岗区									
盐田区									
龙华区									
坪山区									
光明区									

4-6b 续表 62 单位：人

地区 性别	生产制造及有关人员								
	采矿人员	金属冶炼和压延加工人员	机械制造基础加工人员	金属制品制造人员	通用设备制造人员	专用设备制造人员	汽车制造人员	铁路、船舶、航空设备制造人员	电气机械和器材制造人员
珠海市		**14**	**51**	**111**	**53**	**26**	**66**	**16**	**148**
香洲区				1			1	2	
斗门区		4	35	66	50	24	9	5	93
金湾区		10	16	44	3	2	56	9	55
汕头市		**3**	**36**	**46**	**3**	**1**	**5**		**12**
龙湖区									
金平区									
濠江区									
潮阳区		1	8	7			2		5
潮南区		1	12	2	2	1			2
澄海区		1	16	37			3		5
南澳县					1				
佛山市		**59**	**147**	**301**	**22**	**9**	**38**	**3**	**87**
禅城区		8	46	83	1	5	11		14
南海区		3	21	36	5		3		3
顺德区									
三水区		34	80	177	14	4	24	3	36
高明区		14		5	2				34
江门市		**10**	**203**	**541**	**6**	**2**	**16**	**10**	**114**
蓬江区									
江海区									
新会区		2	63	108	2			5	14
台山市		2	10	61			1		9
开平市		3	102	319	2		5		5
鹤山市		3	26	46	2	1	10	4	86
恩平市			2	7		1		1	
湛江市	**3**	**24**	**17**	**67**	**5**	**2**	**3**	**1**	**76**
赤坎区									
霞山区									
坡头区			1	4	1		2		6
麻章区		19	1	2	1				
遂溪县	1	1	2	5	1			1	2
徐闻县	1	1	3	4	1	2			
廉江市	1	3	8	47	1				63
雷州市			2	2			1		
吴川市				3					5
茂名市	**1**	**5**	**13**	**67**	**4**	**2**	**2**		**39**
茂南区		1	2				1		1
电白区			3	22		1			16
高州市	1	1	5	15	2				12
化州市		3	2	21	2		1		8
信宜市			1	9		1			2
肇庆市	**7**	**55**	**115**	**640**	**10**	**8**	**27**		**34**
端州区									
鼎湖区			6	16	1				1
高要区	1	4	90	543	1	4	5		8
广宁县		9	3	14	5		2		2
怀集县			5	25		3	19		3
封开县	1	1	3	9		1			11
德庆县	5		3	13	3		1		6
四会市		41	5	20					3
惠州市	**1**	**14**	**253**	**683**	**25**	**31**	**85**	**10**	**264**
惠城区		2	19	40	9	5	13	9	40
惠阳区			27	242	2	1	6		66
博罗县		10	181	316	12	19	37		129
惠东县		2	26	80	2	6	27	1	26
龙门县	1			5			2		3

4−6b 续表 63

单位：人

地区 性别	生产制造及有关人员								
	采矿人员	金属冶炼和压延加工人员	机械制造基础加工人员	金属制品制造人员	通用设备制造人员	专用设备制造人员	汽车制造人员	铁路、船舶、航空设备制造人员	电气机械和器材制造人员
梅州市	**1**	**10**	**24**	**40**	**16**	**2**	**14**	**1**	**65**
梅江区									
梅县区		1	2	2			7		16
大埔县				3					3
丰顺县		3	9	18					1
五华县			5	6	13	1	4	1	31
平远县		3	4	7	3		2		9
蕉岭县	1	1	2	3		1	1		2
兴宁市		2	2	1					3
汕尾市		**1**	**22**	**42**	**1**	**5**	**8**		**1**
城　区									
海丰县			19	21		5	1		1
陆河县			3	1			7		
陆丰市		1		20	1				
河源市	**6**	**7**	**34**	**64**	**4**	**67**	**5**		**56**
源城区			14	3		18	2		12
紫金县		3	6	9	2	45	1		8
龙川县	1		5	13		2	1		12
连平县	3	2	2	11					5
和平县		2	3	5	1	1	1		6
东源县	2		4	23	1	1			13
阳江市		**9**	**31**	**136**	**5**	**1**	**1**	**1**	**12**
江城区		1	5	6			1		
阳东区		1	17	60	2			1	2
阳西县			6	60	1	1			4
阳春市		7	3	10	2				6
清远市	**3**	**51**	**42**	**143**	**20**	**16**	**32**	**6**	**48**
清城区		44	21	93	10	9	20		22
清新区		1	2	1		1	2		
佛冈县	1	1	9	20	8		7	5	16
阳山县			4	11		1	1		1
连山壮族瑶族自治县				1	1				
连南瑶族自治县	1	1	1	3		1			2
英德市		3	4	12	1	3	2	1	7
连州市	1	1	1	2		1			
东莞市		**7**	**21**	**96**	**8**	**3**	**4**	**3**	**82**
市辖区		7	21	96	8	3	4	3	82
中山市	**1**	**29**	**437**	**1000**	**108**	**33**	**33**	**6**	**2661**
市辖区	1	29	437	1000	108	33	33	6	2661
潮州市		**16**	**23**	**73**	**5**	**1**	**12**		**50**
湘桥区				5					5
潮安区		12	16	59			1		4
饶平县		4	7	9	5	1	11		41
揭阳市		**1**	**25**	**87**	**12**	**6**	**5**		**36**
榕城区		1	3	4	1		2		5
揭东区			8	42	2	1	1		2
揭西县			3	13	8	1	1		23
惠来县			2	14	1				
普宁市			9	14		4	1		6
云浮市	**1**	**5**	**43**	**114**	**6**	**2**	**7**	**1**	**25**
云城区									
云安区	1	3	2	4			7		
新兴县		1	36	98	1				
郁南县		1	4	9	3	1		1	21
罗定市			1	3	2	1			4

4-6b　续表 64

单位：人

地　区 性　别	生产制造及有关人员								不便分类的其他从业人员
	计算机、通信和其他电子设备制造人员	仪器仪表制造人员	废弃资源综合利用人员	电力、热力、气体、水生产和输配人员	建筑施工人员	运输设备和通用工程机械操作人员及有关人员	生产辅助人员	其他生产制造及有关人员	
广　东	**21760**	**281**	**694**	**760**	**57120**	**4166**	**32461**	**1076**	**1209**
广州市	**1244**	**33**	**23**	**28**	**3333**	**425**	**3082**	**84**	**88**
荔湾区									
越秀区									
海珠区									
天河区									
白云区	175	8	2	3	454	70	610	21	44
黄埔区	27				39	8	45		24
番禺区	106	3	1	1	260	33	164	8	3
花都区	138	2	2	3	99	53	262	4	4
南沙区	354	1	6	2	1176	128	575	9	4
从化区	137	3		2	287	28	332	9	1
增城区	307	16	12	17	1018	105	1094	33	8
韶关市	**624**	**14**	**11**	**141**	**2113**	**213**	**692**	**55**	**18**
武江区	2	1			5		3		
浈江区	6		3	1	33	8	11	16	
曲江区	29			11	59	18	71	13	
始兴县	259		1	9	204	23	103	9	7
仁化县	28		3	14	269	38	86	1	
翁源县	21	7	1	11	327	35	69	3	
乳源瑶族自治县	163	3	1	60	235	27	152	6	5
新丰县	47	2		13	338	14	101	2	1
乐昌市	30			16	367	29	63	2	2
南雄市	39	1	2	6	276	21	33	3	3
深圳市	**2**			**6**	**48**	**47**	**149**		
罗湖区									
福田区									
南山区	2			6	48	47	147		
宝安区									
龙岗区									
盐田区									
龙华区									
坪山区							2		
光明区									
珠海市	**1205**	**9**	**13**	**23**	**2769**	**333**	**1876**	**7**	**16**
香洲区	135	3		3	1775	110	173		1
斗门区	643	5	10	6	521	73	838	2	
金湾区	427	1	3	14	473	150	865	5	15
汕头市	**714**	**1**	**232**	**7**	**2639**	**83**	**2862**	**55**	**78**
龙湖区									
金平区									
濠江区	1				34	2	8		
潮阳区	397		221	2	1546	29	1169	1	1
潮南区	193	1	3	1	546	28	1281	40	42
澄海区	122		8	4	439	18	395	12	33
南澳县	1				74	6	9	2	2
佛山市	**715**	**17**	**30**	**53**	**1527**	**326**	**2881**	**34**	**47**
禅城区	124		1	3	701	91	637	12	27
南海区	92	15			134	31	316	10	20
顺德区									
三水区	483	2	28	46	601	184	1795	9	
高明区	16		1	4	91	20	133	3	

4-6b 续表 65　　　　单位：人

地区 性别	生产制造及有关人员								不便分类的其他从业人员
	计算机、通信和其他电子设备制造人员	仪器仪表制造人员	废弃资源综合利用人员	电力、热力、气体、水生产和输配人员	建筑施工人员	运输设备和通用工程机械操作人员及有关人员	生产辅助人员	其他生产制造及有关人员	
江门市	**669**	**7**	**7**	**23**	**1324**	**112**	**1379**	**18**	**7**
蓬江区									
江海区									
新会区	115	4	4	11	291	49	588	12	1
台山市	51			6	149	12	138	1	2
开平市	40				322	7	274		
鹤山市	366	3	2		334	27	271	2	3
恩平市	97		1	6	228	17	108	3	1
湛江市	**279**	**1**	**17**	**48**	**3784**	**260**	**654**	**18**	**1**
赤坎区									
霞山区					9	5	2		
坡头区	33				825	30	47	1	
麻章区	2		11	14	225	46	151		
遂溪县	43	1	1	8	618	65	126	10	
徐闻县	63			17	366	44	143	5	
廉江市	95		2	4	405	23	71	1	
雷州市	33			3	451	29	64	1	1
吴川市	10		3	2	885	18	50		
茂名市	**550**	**7**	**14**	**28**	**4288**	**149**	**311**	**26**	**25**
茂南区	12		2		291	6	12	7	
电白区	139	3	4	7	2088	90	165	4	9
高州市	182		3	10	660	18	64	6	9
化州市	92	2	1	1	949	26	45	3	3
信宜市	125	2	4	10	300	9	25	6	4
肇庆市	**833**	**2**	**12**	**63**	**3109**	**226**	**1670**	**55**	**184**
端州区									
鼎湖区	11			8	200	36	202	1	1
高要区	139			14	590	49	807	10	9
广宁县	46		2	8	878	20	108	24	
怀集县	225	1	6	8	907	34	118	13	142
封开县	182	1		8	230	21	125	4	18
德庆县	217		4	6	254	44	90	3	14
四会市	13			11	50	22	220		
惠州市	**4718**	**85**	**41**	**58**	**5289**	**301**	**4066**	**87**	**224**
惠城区	437	2	2	2	581	34	380	10	25
惠阳区	467	16	10	13	449	25	645	21	1
博罗县	3161	53	7	21	1968	126	1827	47	108
惠东县	588		17	12	1858	76	1075	6	90
龙门县	65	14	5	10	433	40	139	3	
梅州市	**1849**	**24**	**17**	**53**	**4109**	**241**	**717**	**27**	**22**
梅江区	6				20	4	4		
梅县区	56	2		8	128	7	38	2	4
大埔县	68	1		5	701	11	47	9	5
丰顺县	1155	1		9	953	33	154	2	9
五华县	287	18	10	5	1319	114	147	7	3
平远县	118	2	5	14	343	24	66	1	
蕉岭县	68			10	360	36	224	3	1
兴宁市	91		2	2	285	12	37	3	
汕尾市	**381**	**4**	**6**	**20**	**3204**	**252**	**683**	**26**	**10**
城　区	126				291	9	14	1	
海丰县	173	4	5	7	1501	196	524	21	8
陆河县	44			8	822	30	51		
陆丰市	38		1	5	590	17	94	4	2

4−6b　续表 66　　　　单位：人

地　区 性　别	生产制造及有关人员 计算机、通信和其他电子设备制造人员	仪器仪表制造人员	废弃资源综合利用人员	电力、热力、气体、水生产和输配人员	建筑施工人员	运输设备和通用工程机械操作人员及有关人员	生产辅助人员	其他生产制造及有关人员	不便分类的其他从业人员
河源市	**1834**	**22**	**5**	**35**	**2499**	**177**	**789**	**30**	**35**
源城区	591		1		129	8	333	2	
紫金县	250	2	2	5	738	36	106	4	15
龙川县	380	3	1	17	557	57	103	7	10
连平县	87	1		3	467	19	76	1	1
和平县	106	15		8	326	32	47	6	7
东源县	420	1	1	2	282	25	124	10	2
阳江市	**183**	**1**	**8**	**19**	**2095**	**107**	**565**	**18**	**247**
江城区	6		2	1	191	8	82	1	
阳东区	13		3	1	276	15	259	4	14
阳西县	110	1	1	9	1353	62	152	9	217
阳春市	54		2	8	275	22	72	4	16
清远市	**786**	**16**	**169**	**84**	**3570**	**384**	**1407**	**82**	**6**
清城区	426	2	161	4	1271	169	861	43	2
清新区	16			1	182	10	55	1	1
佛冈县	193		3	6	364	45	165	11	1
阳山县	44	14		19	580	53	72	9	1
连山壮族瑶族自治县	8		1	12	131	8	12		
连南瑶族自治县	23		1	28	220	13	24	6	1
英德市	69			14	730	73	195	9	
连州市	7		3		92	13	23	3	
东莞市	**859**	**14**		**10**	**114**	**10**	**635**	**5**	**1**
市辖区	859	14		10	114	10	635	5	1
中山市	**2883**	**15**	**64**	**24**	**3587**	**249**	**4847**	**199**	**19**
市辖区	2883	15	64	24	3587	249	4847	199	19
潮州市	**476**	**5**	**6**	**17**	**1853**	**55**	**1281**	**16**	**25**
湘桥区	81				281	4	88		15
潮安区	85	5	3	9	470	9	838	3	2
饶平县	310		3	8	1102	42	355	13	8
揭阳市	**584**	**1**	**18**	**13**	**3970**	**106**	**1387**	**212**	**154**
榕城区	27				283	17	164	179	3
揭东区	99	1	9	1	717	16	262	5	9
揭西县	137		1	8	728	16	128	8	1
惠来县	64			3	1267	29	131	6	2
普宁市	257		8	1	975	28	702	14	139
云浮市	**372**	**3**	**1**	**7**	**1896**	**110**	**528**	**22**	**2**
云城区									
云安区	19			1	417	18	64		
新兴县	111	1		4	714	46	355	8	
郁南县	112	2	1		474	35	85		
罗定市	130			2	291	11	24	14	2
男	**11809**	**134**	**463**	**631**	**49218**	**3953**	**19782**	**656**	**687**
广州市	**733**	**14**	**16**	**24**	**2925**	**382**	**1880**	**53**	**45**
荔湾区									
越秀区									
海珠区									
天河区									
白云区	99	3	1	2	410	68	344	11	27
黄埔区	18				29	7	32		10
番禺区	56	2	1	1	230	29	111	2	
花都区	72		2	2	86	45	172	2	
南沙区	188		4	2	1043	112	338	7	4
从化区	95	3		1	247	24	210	6	
增城区	205	6	8	16	880	97	673	25	4

4-6b 续表 67　　　　单位：人

地区 性别	生产制造及有关人员 计算机、通信和其他电子设备制造人员	仪器仪表制造人员	废弃资源综合利用人员	电力、热力、气体、水生产和输配人员	建筑施工人员	运输设备和通用工程机械操作人员及有关人员	生产辅助人员	其他生产制造及有关人员	不便分类的其他从业人员
韶关市	**202**	**3**	**7**	**111**	**1741**	**203**	**469**	**32**	**9**
武江区					4		3		
浈江区	1		2	1	29	8	11	8	
曲江区	15			9	52	17	54	10	
始兴县	56			7	164	22	58	4	2
仁化县	15		2	13	207	35	68	1	
翁源县	6	1	1	10	282	34	47	2	
乳源瑶族自治县	68	2	1	41	197	27	93	3	3
新丰县	12			11	272	13	66	1	1
乐昌市	9			13	318	27	47		2
南雄市	20		1	6	216	20	22	3	1
深圳市	**2**			**6**	**47**	**47**	**134**		
罗湖区									
福田区									
南山区	2			6	47	47	133		
宝安区									
龙岗区									
盐田区									
龙华区									
坪山区							1		
光明区									
珠海市	**746**	**6**	**10**	**23**	**2480**	**306**	**1192**	**3**	**9**
香洲区	88	1		3	1588	95	144		
斗门区	384	5	8	6	469	68	467		
金湾区	274		2	14	423	143	581	3	9
汕头市	**482**	**1**	**140**	**7**	**2481**	**81**	**1958**	**16**	**48**
龙湖区									
金平区									
濠江区					33	2	5		
潮阳区	259		130	2	1479	28	751	1	1
潮南区	147	1	3	1	497	28	933	8	25
澄海区	75		7	4	404	18	261	5	20
南澳县	1				68	5	8	2	2
佛山市	**460**	**12**	**20**	**49**	**1303**	**319**	**1831**	**23**	**30**
禅城区	71		1	2	587	91	415	8	17
南海区	66	11			121	31	202	7	13
顺德区									
三水区	316	1	19	43	516	180	1134	5	
高明区	7			4	79	17	80	3	
江门市	**385**	**4**	**7**	**22**	**1117**	**100**	**680**	**9**	**5**
蓬江区									
江海区									
新会区	64	1	4	11	251	42	286	5	1
台山市	22			5	133	12	90	1	1
开平市	21				256	7	85		
鹤山市	230	3	2		282	25	160	2	2
恩平市	48		1	6	195	14	59	1	1
湛江市	**160**	**1**	**15**	**38**	**3267**	**249**	**452**	**12**	**1**
赤坎区									
霞山区					8	5	2		
坡头区	18				730	29	33	1	
麻章区	2		10	13	211	44	137		
遂溪县	26	1		5	518	63	79	8	
徐闻县	44			12	290	41	76	3	
廉江市	38		2	3	363	22	47		
雷州市	26			3	363	27	51		1
吴川市	6		3	2	784	18	27		

4-6b 续表 68

单位：人

地区 性别	生产制造及有关人员								不便分类的其他从业人员
	计算机、通信和其他电子设备制造人员	仪器仪表制造人员	废弃资源综合利用人员	电力、热力、气体、水生产和输配人员	建筑施工人员	运输设备和通用工程机械操作人员及有关人员	生产辅助人员	其他生产制造及有关人员	
茂名市	**288**	**4**	**11**	**23**	**3671**	**146**	**212**	**12**	**10**
茂南区	8		1		246	5	7	5	
电白区	65	3	4	6	1822	88	115	1	1
高州市	121		2	8	541	18	38	3	5
化州市	43	1	1		806	26	34	1	2
信宜市	51		3	9	256	9	18	2	2
肇庆市	**454**		**7**	**49**	**2431**	**209**	**968**	**36**	**110**
端州区									
鼎湖区	5			6	163	32	138	1	
高要区	73			11	475	46	414	6	5
广宁县	31		1	6	696	20	77	16	
怀集县	125		4	7	685	31	72	8	85
封开县	93			5	179	20	67	2	15
德庆县	119		2	5	191	44	64	3	5
四会市	8			9	42	16	136		
惠州市	**2697**	**42**	**31**	**52**	**4625**	**291**	**2369**	**51**	**113**
惠城区	234	1	2	1	515	30	206	5	11
惠阳区	278	7	7	11	385	23	385	13	1
博罗县	1811	28	6	20	1736	124	983	28	72
惠东县	350		12	11	1615	74	709	4	29
龙门县	24	6	4	9	374	40	86	1	
梅州市	**754**	**9**	**12**	**37**	**3316**	**236**	**513**	**15**	**13**
梅江区	3				18	4	2		
梅县区	26	2		8	100	7	28	1	2
大埔县	30			4	573	9	27	6	1
丰顺县	506			5	834	32	91	1	6
五华县	115	6	8	4	992	112	108	2	3
平远县	31	1	3	8	271	24	50	1	
蕉岭县	20			7	295	36	184	2	1
兴宁市	23		1	1	233	12	23	2	
汕尾市	**220**	**2**	**5**	**18**	**2929**	**248**	**468**	**21**	**6**
城　区	56				253	8	7	1	
海丰县	120	2	4	6	1381	194	336	16	4
陆河县	23			7	754	30	44		
陆丰市	21		1	5	541	16	81	4	2
河源市	**852**	**5**	**4**	**26**	**2038**	**170**	**412**	**19**	**15**
源城区	331		1		109	6	144	2	
紫金县	93		2	4	596	36	65	1	5
龙川县	147	1		13	469	55	57	5	3
连平县	38	1		3	355	19	54		1
和平县	30	2		5	275	32	20	5	4
东源县	213	1	1	1	234	22	72	6	2
阳江市	**83**	**1**	**4**	**16**	**1839**	**95**	**332**	**10**	**135**
江城区	4		1	1	165	7	44	1	
阳东区	7		2	1	252	15	140	1	9
阳西县	50	1	1	8	1197	52	103	5	118
阳春市	22			6	225	21	45	3	8
清远市	**417**	**6**	**102**	**69**	**3019**	**365**	**907**	**53**	**2**
清城区	218	2	96	4	1094	155	545	26	
清新区	7			1	150	10	40		1
佛冈县	112		2	6	327	42	105	8	
阳山县	27	4		17	492	52	56	6	
连山壮族瑶族自治县	7			11	96	8	10		
连南瑶族自治县	15		1	18	178	13	17	5	1
英德市	28			12	597	73	121	7	
连州市	3		3		85	12	13	1	

4-6b 续表 69 单位：人

地区 性别	生产制造及有关人员								不便分类的其他从业人员
	计算机、通信和其他电子设备制造人员	仪器仪表制造人员	废弃资源综合利用人员	电力、热力、气体、水生产和输配人员	建筑施工人员	运输设备和通用工程机械操作人员及有关人员	生产辅助人员	其他生产制造及有关人员	
东莞市	**476**	**10**		**7**	**94**	**10**	**330**	**3**	
市辖区	476	10		7	94	10	330	3	
中山市	**1569**	**9**	**49**	**20**	**3166**	**229**	**2813**	**107**	**11**
市辖区	1569	9	49	20	3166	229	2813	107	11
潮州市	**258**	**2**	**6**	**16**	**1658**	**54**	**748**	**7**	**15**
湘桥区	40				272	4	42		8
潮安区	48	2	3	8	445	9	492	2	
饶平县	170		3	8	941	41	214	5	7
揭阳市	**395**	**1**	**16**	**12**	**3432**	**105**	**871**	**160**	**108**
榕城区	14				255	17	74	138	3
揭东区	65	1	8	1	635	16	140	4	6
揭西县	86		1	7	626	15	70	4	1
惠来县	50			3	1070	29	88	5	1
普宁市	180		7	1	846	28	499	9	97
云浮市	**176**	**2**	**1**	**6**	**1639**	**108**	**243**	**14**	**2**
云城区									
云安区	8			1	377	18	41		
新兴县	68	1		3	603	44	142	5	
郁南县	56	1	1		391	35	47		
罗定市	44			2	268	11	13	9	2
女	**9951**	**147**	**231**	**129**	**7902**	**213**	**12679**	**420**	**522**
广州市	**511**	**19**	**7**	**4**	**408**	**43**	**1202**	**31**	**43**
荔湾区									
越秀区									
海珠区									
天河区									
白云区	76	5	1	1	44	2	266	10	17
黄埔区	9				10	1	13		14
番禺区	50	1			30	4	53	6	3
花都区	66	2		1	13	8	90	2	4
南沙区	166	1	2		133	16	237	2	
从化区	42			1	40	4	122	3	1
增城区	102	10	4	1	138	8	421	8	4
韶关市	**422**	**11**	**4**	**30**	**372**	**10**	**223**	**23**	**9**
武江区	2	1			1				
浈江区	5		1		4			8	
曲江区	14			2	7	1	17	3	
始兴县	203		1	2	40	1	45	5	5
仁化县	13		1	1	62	3	18		
翁源县	15	6		1	45	1	22	1	
乳源瑶族自治县	95	1		19	38		59	3	2
新丰县	35	2		2	66	1	35	1	
乐昌市	21			3	49	2	16	2	
南雄市	19	1	1		60	1	11		2
深圳市					**1**		**15**		
罗湖区									
福田区									
南山区					1		14		
宝安区									
龙岗区									
盐田区									
龙华区									
坪山区							1		
光明区									

4-6b　续表 70　　　　　　　　　　　　　　　　　　　　　　　　单位：人

地　区 性　别	生产制造及有关人员								不便分类的其他从业人员
	计算机、通信和其他电子设备制造人员	仪器仪表制造人员	废弃资源综合利用人员	电力、热力、气体、水生产和输配人员	建筑施工人员	运输设备和通用工程机械操作人员及有关人员	生产辅助人员	其他生产制造及有关人员	
珠海市	**459**	**3**	**3**		**289**	**27**	**684**	**4**	**7**
香洲区	47	2			187	15	29		1
斗门区	259		2		52	5	371	2	
金湾区	153	1	1		50	7	284	2	6
汕头市	**232**		**92**		**158**	**2**	**904**	**39**	**30**
龙湖区									
金平区									
濠江区	1				1		3		
潮阳区	138		91		67	1	418		
潮南区	46				49		348	32	17
澄海区	47		1		35		134	7	13
南澳县					6	1	1		
佛山市	**255**	**5**	**10**	**4**	**224**	**7**	**1050**	**11**	**17**
禅城区	53			1	114		222	4	10
南海区	26	4			13		114	3	7
顺德区									
三水区	167	1	9	3	85	4	661	4	
高明区	9		1		12	3	53		
江门市	**284**	**3**		**1**	**207**	**12**	**699**	**9**	**2**
蓬江区									
江海区									
新会区	51	3			40	7	302	7	
台山市	29			1	16		48		1
开平市	19				66		189		
鹤山市	136				52	2	111		1
恩平市	49				33	3	49	2	
湛江市	**119**		**2**	**10**	**517**	**11**	**202**	**6**	
赤坎区									
霞山区					1				
坡头区	15				95	1	14		
麻章区			1	1	14	2	14		
遂溪县	17		1	3	100	2	47	2	
徐闻县	19			5	76	3	67	2	
廉江市	57			1	42	1	24	1	
雷州市	7				88	2	13	1	
吴川市	4				101		23		
茂名市	**262**	**3**	**3**	**5**	**617**	**3**	**99**	**14**	**15**
茂南区	4		1		45	1	5	2	
电白区	74			1	266	2	50	3	8
高州市	61		1	2	119		26	3	4
化州市	49	1		1	143		11	2	1
信宜市	74	2	1	1	44		7	4	2
肇庆市	**379**	**2**	**5**	**14**	**678**	**17**	**702**	**19**	**74**
端州区									
鼎湖区	6			2	37	4	64		1
高要区	66			3	115	3	393	4	4
广宁县	15		1	2	182		31	8	
怀集县	100	1	2	1	222	3	46	5	57
封开县	89	1		3	51	1	58	2	3
德庆县	98		2	1	63		26		9
四会市	5			2	8	6	84		
惠州市	**2021**	**43**	**10**	**6**	**664**	**10**	**1697**	**36**	**111**
惠城区	203	1		1	66	4	174	5	14
惠阳区	189	9	3	2	64	2	260	8	
博罗县	1350	25	1	1	232	2	844	19	36
惠东县	238		5	1	243	2	366	2	61
龙门县	41	8	1	1	59		53	2	

4-6b 续表 71

单位：人

地区 性别	生产制造及有关人员								不便分类的其他从业人员
	计算机、通信和其他电子设备制造人员	仪器仪表制造人员	废弃资源综合利用人员	电力、热力、气体、水生产和输配人员	建筑施工人员	运输设备和通用工程机械操作人员及有关人员	生产辅助人员	其他生产制造及有关人员	
梅州市	**1095**	**15**	**5**	**16**	**793**	**5**	**204**	**12**	**9**
梅江区	3				2		2		
梅县区	30				28		10	1	2
大埔县	38	1		1	128	2	20	3	4
丰顺县	649	1		4	119	1	63	1	3
五华县	172	12	2	1	327	2	39	5	
平远县	87	1	2	6	72		16		
蕉岭县	48			3	65		40	1	
兴宁市	68		1	1	52		14	1	
汕尾市	**161**	**2**	**1**	**2**	**275**	**4**	**215**	**5**	**4**
城　区	70				38	1	7		
海丰县	53	2	1	1	120	2	188	5	4
陆河县	21			1	68		7		
陆丰市	17				49	1	13		
河源市	**982**	**17**	**1**	**9**	**461**	**7**	**377**	**11**	**20**
源城区	260				20	2	189		
紫金县	157	2		1	142		41	3	10
龙川县	233	2	1	4	88	2	46	2	7
连平县	49				112		22	1	
和平县	76	13		3	51		27	1	3
东源县	207			1	48	3	52	4	
阳江市	**100**		**4**	**3**	**256**	**12**	**233**	**8**	**112**
江城区	2		1		26	1	38		
阳东区	6		1		24		119	3	5
阳西县	60			1	156	10	49	4	99
阳春市	32		2	2	50	1	27	1	8
清远市	**369**	**10**	**67**	**15**	**551**	**19**	**500**	**29**	**4**
清城区	208		65		177	14	316	17	2
清新区	9				32		15	1	
佛冈县	81		1		37	3	60	3	1
阳山县	17	10		2	88	1	16	3	1
连山壮族瑶族自治县	1		1	1	35		2		
连南瑶族自治县	8			10	42		7	1	
英德市	41			2	133		74	2	
连州市	4				7	1	10	2	
东莞市	**383**	**4**		**3**	**20**		**305**	**2**	**1**
市辖区	383	4		3	20		305	2	1
中山市	**1314**	**6**	**15**	**4**	**421**	**20**	**2034**	**92**	**8**
市辖区	1314	6	15	4	421	20	2034	92	8
潮州市	**218**	**3**		**1**	**195**	**1**	**533**	**9**	**10**
湘桥区	41				9		46		7
潮安区	37	3		1	25		346	1	2
饶平县	140				161	1	141	8	1
揭阳市	**189**		**2**	**1**	**538**	**1**	**516**	**52**	**46**
榕城区	13				28		90	41	
揭东区	34		1		82		122	1	3
揭西县	51			1	102	1	58	4	
惠来县	14				197		43	1	1
普宁市	77		1		129		203	5	42
云浮市	**196**	**1**		**1**	**257**	**2**	**285**	**8**	
云城区									
云安区	11				40		23		
新兴县	43			1	111	2	213	3	
郁南县	56	1			83		38		
罗定市	86				23		11	5	

4−6c　各地区分性别、职业中类的就业人口(乡村)

单位：人

地　区 性　别	合计	党的机关、国家机关、群众团体和社会组织、企事业单位负责人						
		小计	中国共产党机关负责人	国家机关负责人	民主党派和工商联负责人	人民团体和群众团体、社会组织及其他成员组织负责人	基层群众自治组织负责人	企事业单位负责人
广　东	**1229241**	**13903**	**23**	**228**		**918**	**1227**	**11507**
广州市	**124381**	**2467**	**4**	**25**		**142**	**132**	**2164**
荔湾区								
越秀区								
海珠区								
天河区								
白云区	35279	815	1	7		35	45	727
黄埔区	4545	101				4	4	93
番禺区	17350	338	1	6		9	6	316
花都区	24193	678	1	6		43	30	598
南沙区	13062	113		4		5	9	95
从化区	12722	180		2		36	6	136
增城区	17230	242	1			10	32	199
韶关市	**47233**	**507**	**1**	**17**		**22**	**79**	**388**
武江区	2164	13				2	3	8
浈江区	2115	54	1	2		2	5	44
曲江区	4484	81				1	8	72
始兴县	4703	56		2		1	11	42
仁化县	4429	36		7		2	3	24
翁源县	7722	53		1		2	3	47
乳源瑶族自治县	3987	23				1	7	15
新丰县	3144	36				1	13	22
乐昌市	6260	54		4		5	14	31
南雄市	8225	101		1		5	12	83
深圳市	**3851**	**64**				**1**		**63**
罗湖区								
福田区								
南山区								
宝安区								
龙岗区	3851	64				1		63
盐田区								
龙华区								
坪山区								
光明区								
珠海市	**11707**	**72**		**2**		**2**	**14**	**54**
香洲区	123	9		1			1	7
斗门区	10615	59		1		2	13	43
金湾区	969	4						4
汕头市	**68725**	**936**	**2**	**11**		**53**	**23**	**847**
龙湖区	4698	64	1			6	2	55
金平区	614	5						5
濠江区	2747	41						41
潮阳区	27216	321	1	2		13	10	295
潮南区	21017	330		4		12	1	313
澄海区	11887	169		5		22	7	135
南澳县	546	6					3	3
佛山市	**25918**	**496**		**3**		**2**	**18**	**473**
禅城区								
南海区	8657	242		2		1	5	234
顺德区	3124	90				1	1	88
三水区	12420	145		1			7	137
高明区	1717	19					5	14

4-6c 续表 1

单位：人

地区 性别	合计	党的机关、国家机关、群众团体和社会组织、企事业单位负责人						
		小计	中国共产党机关负责人	国家机关负责人	民主党派和工商联负责人	人民团体和群众团体、社会组织及其他成员组织负责人	基层群众自治组织负责人	企事业单位负责人
江门市	**62498**	**700**	**1**	**7**		**30**	**60**	**602**
蓬江区	1301	24				2	1	21
江海区								
新会区	13615	196		3		5	10	178
台山市	18325	206		3		14	20	169
开平市	11851	161		1		3	6	151
鹤山市	9538	61					9	52
恩平市	7868	52	1			6	14	31
湛江市	**122446**	**711**	**1**	**20**		**44**	**129**	**517**
赤坎区	385	3				1		2
霞山区	1182	10				1	3	6
坡头区	7635	38		2		2	1	33
麻章区	10602	74		1		2	14	57
遂溪县	20028	73	1	3		5	10	54
徐闻县	14332	82		2		5	8	67
廉江市	25656	115				5	5	105
雷州市	26082	211		11		14	76	110
吴川市	16544	105		1		9	12	83
茂名市	**120648**	**684**	**1**	**3**		**89**	**100**	**491**
茂南区	12387	45		1		1	13	30
电白区	28435	139				4	15	120
高州市	32896	183		1		8	27	147
化州市	26637	175	1	1		68	21	84
信宜市	20293	142				8	24	110
肇庆市	**73956**	**757**		**3**		**81**	**97**	**576**
端州区								
鼎湖区	2071	20				7	2	11
高要区	20553	227		1		7	50	169
广宁县	7479	111		2		9	2	98
怀集县	18361	203				42	17	144
封开县	8433	61				9	6	46
德庆县	9165	46				5	10	31
四会市	7894	89				2	10	77
惠州市	**78985**	**835**	**1**	**19**		**35**	**55**	**725**
惠城区	15933	353		8		8	19	318
惠阳区	14827	118	1	2		7	4	104
博罗县	20743	68		1		1	6	60
惠东县	21229	273		5		16	21	231
龙门县	6253	23		3		3	5	12
梅州市	**46251**	**505**	**3**	**15**		**41**	**121**	**325**
梅江区	1229	15				1		14
梅县区	8707	103		4		3	46	50
大埔县	4741	62	1	1		4	17	39
丰顺县	5440	41		2		2	10	27
五华县	10509	132	1	4		21	29	77
平远县	3405	32	1			2	3	26
蕉岭县	3449	41		3		1	10	27
兴宁市	8771	79		1		7	6	65
汕尾市	**28642**	**419**		**13**		**19**	**44**	**343**
城　区	3319	58		1			2	55
海丰县	8227	102		2		10	9	81
陆河县	2649	39		1		2	11	25
陆丰市	14447	220		9		7	22	182

4-6c 续表 2 单位：人

地区 性别	合计	党的机关、国家机关、群众团体和社会组织、企事业单位负责人						
		小计	中国共产党机关负责人	国家机关负责人	民主党派和工商联负责人	人民团体和群众团体、社会组织及其他成员组织负责人	基层群众自治组织负责人	企事业单位负责人
河源市	**39962**	**380**		**13**		**17**	**109**	**241**
源城区	2018	25		1		1	2	21
紫金县	9107	90		1		1	27	61
龙川县	10955	85		4		2	16	63
连平县	4578	30		2		5	11	12
和平县	5697	35		3			17	15
东源县	7607	115		2		8	36	69
阳江市	**40711**	**293**		**10**		**21**	**57**	**205**
江城区	7287	68		5		1	11	51
阳东区	9374	70		1		8	3	58
阳西县	8273	60		1		5	13	41
阳春市	15777	95		3		7	30	55
清远市	**59034**	**413**	**1**	**14**		**27**	**51**	**320**
清城区	7858	48					2	46
清新区	11734	108		2		5	17	84
佛冈县	6443	13		2			3	8
阳山县	4541	33		2		4	6	21
连山壮族瑶族自治县	1713	18		1		1	11	5
连南瑶族自治县	2300	33		1		2	1	29
英德市	18662	114	1	5		13	6	89
连州市	5783	46		1		2	5	38
东莞市	**59607**	**1434**	**2**	**8**		**39**	**13**	**1372**
市辖区	59607	1434	2	8		39	13	1372
中山市	**31476**	**627**	**1**	**12**		**23**	**5**	**586**
市辖区	31476	627	1	12		23	5	586
潮州市	**37280**	**383**		**15**		**36**	**48**	**284**
湘桥区	2872	32		2			6	24
潮安区	18098	209		5		2	19	183
饶平县	16310	142		8		34	23	77
揭阳市	**107670**	**1005**	**4**	**9**		**177**	**41**	**774**
榕城区	8441	163				5	2	156
揭东区	19590	196	2	2		46	10	136
揭西县	15571	191	1	2		3	12	173
惠来县	18912	54		1		1	2	50
普宁市	45156	401	1	4		122	15	259
云浮市	**38260**	**215**	**1**	**9**		**17**	**31**	**157**
云城区	3170	33					7	26
云安区	4605	23				1	3	19
新兴县	10194	55		3		6	3	43
郁南县	5738	47	1	1		7	11	27
罗定市	14553	57		5		3	7	42
男	**768184**	**10865**	**15**	**198**		**665**	**1057**	**8930**
广州市	**77160**	**1826**	**4**	**20**		**104**	**112**	**1586**
荔湾区								
越秀区								
海珠区								
天河区								
白云区	21819	598	1	6		22	36	533
黄埔区	2942	72				3	2	67
番禺区	10927	251	1	4		8	5	233
花都区	15101	499	1	5		35	27	431
南沙区	7932	95		3		3	9	80
从化区	7748	131		2		24	5	100
增城区	10691	180	1			9	28	142

4−6c 续表 3

单位：人

地区 性别	合计	党的机关、国家机关、群众团体和社会组织、企事业单位负责人						
		小计	中国共产党机关负责人	国家机关负责人	民主党派和工商联负责人	人民团体和群众团体、社会组织及其他成员组织负责人	基层群众自治组织负责人	企事业单位负责人
韶关市	**28099**	**397**	**1**	**15**		**17**	**71**	**293**
武江区	1330	8				2	3	3
浈江区	1294	38	1	1		2	5	29
曲江区	2779	63				1	7	55
始兴县	2583	45		2			8	35
仁化县	2664	29		6		2	3	18
翁源县	4611	42		1			3	38
乳源瑶族自治县	2324	20				1	7	12
新丰县	1982	28					11	17
乐昌市	3754	50		4		5	14	27
南雄市	4778	74		1		4	10	59
深圳市	**2648**	**52**						**52**
罗湖区								
福田区								
南山区								
宝安区								
龙岗区	2648	52						52
盐田区								
龙华区								
坪山区								
光明区								
珠海市	**7241**	**61**		**1**		**1**	**11**	**48**
香洲区	94	8		1				7
斗门区	6514	49				1	11	37
金湾区	633	4						4
汕头市	**43633**	**781**		**11**		**36**	**22**	**712**
龙湖区	2823	46				4	1	41
金平区	420	4						4
濠江区	1844	31						31
潮阳区	17970	271		2		5	10	254
潮南区	12981	285		4		9	1	271
澄海区	7234	138		5		18	7	108
南澳县	361	6					3	3
佛山市	**16675**	**392**		**3**		**2**	**15**	**372**
禅城区								
南海区	5535	195		2		1	2	190
顺德区	2049	63				1	1	61
三水区	8015	116		1			7	108
高明区	1076	18					5	13
江门市	**37958**	**537**	**1**	**7**		**19**	**53**	**457**
蓬江区	737	19				2	1	16
江海区								
新会区	8243	154		3		1	10	140
台山市	11101	148		3		9	17	119
开平市	7090	123		1		3	6	113
鹤山市	5749	52					8	44
恩平市	5038	41	1			4	11	25
湛江市	**77017**	**568**		**20**		**28**	**111**	**409**
赤坎区	222	3				1		2
霞山区	744	8					3	5
坡头区	5206	33		2		1	1	29
麻章区	6908	63		1		1	14	47
遂溪县	12106	49		3		2	7	37
徐闻县	8429	67		2		5	8	52
廉江市	16311	89				4	4	81
雷州市	15993	174		11		8	64	91
吴川市	11098	82		1		6	10	65

4-6c　续表 4　　　　　　　　　　　　　　　　　　　　　　　　　　　　单位：人

地　区 性　别	合计	党的机关、国家机关、群众团体和社会组织、企事业单位负责人						
		小计	中国共产党机关负责人	国家机关负责人	民主党派和工商联负责人	人民团体和群众团体、社会组织及其他成员组织负责人	基层群众自治组织负责人	企事业单位负责人
茂名市	**74147**	**556**	**1**	**3**		**66**	**90**	**396**
茂南区	8091	40		1		1	12	26
电白区	18909	116				3	14	99
高州市	18981	155		1		6	24	124
化州市	16521	138	1	1		51	20	65
信宜市	11645	107				5	20	82
肇庆市	**42820**	**547**		**2**		**52**	**79**	**414**
端州区								
鼎湖区	1206	10				3	1	6
高要区	11973	176				6	42	128
广宁县	4531	77		2		4	2	69
怀集县	10121	141				28	14	99
封开县	4834	42				6	3	33
德庆县	5180	30				4	7	19
四会市	4975	71				1	10	60
惠州市	**49474**	**653**	**1**	**19**		**29**	**49**	**555**
惠城区	10201	264		8		6	18	232
惠阳区	9599	98	1	2		5	3	87
博罗县	12866	57		1		1	6	49
惠东县	12875	212		5		14	17	176
龙门县	3933	22		3		3	5	11
梅州市	**29000**	**399**	**2**	**10**		**28**	**92**	**267**
梅江区	741	12				1		11
梅县区	5247	77		3		2	33	39
大埔县	3047	51	1			3	14	33
丰顺县	3453	30		1		2	7	20
五华县	6777	105		3		14	25	63
平远县	2055	28	1			2	3	22
蕉岭县	2098	33		2		1	6	24
兴宁市	5582	63		1		3	4	55
汕尾市	**21034**	**368**		**11**		**15**	**42**	**300**
城　区	2496	44					2	42
海丰县	5730	93		2		9	9	73
陆河县	1980	33		1		1	9	22
陆丰市	10828	198		8		5	22	163
河源市	**24833**	**336**		**12**		**12**	**102**	**210**
源城区	1248	16					2	14
紫金县	5769	80		1		1	24	54
龙川县	6736	76		4		2	15	55
连平县	2726	23		2		3	8	10
和平县	3571	33		3			17	13
东源县	4783	108		2		6	36	64
阳江市	**25645**	**218**		**9**		**11**	**47**	**151**
江城区	4657	52		4		1	10	37
阳东区	5810	51		1		4	2	44
阳西县	5677	45		1		3	12	29
阳春市	9501	70		3		3	23	41
清远市	**36613**	**317**	**1**	**10**		**14**	**41**	**251**
清城区	5059	38					2	36
清新区	7066	88		2		3	14	69
佛冈县	4113	11		2			3	6
阳山县	2921	24		1		2	5	16
连山壮族瑶族自治县	1093	13		1		1	7	4
连南瑶族自治县	1379	24		1		1	1	21
英德市	11284	83	1	3		5	5	69
连州市	3698	36				2	4	30

4-6c 续表 5 单位：人

地区 性别	合计	党的机关、国家机关、群众团体和社会组织、企事业单位负责人						
		小计	中国共产党机关负责人	国家机关负责人	民主党派和工商联负责人	人民团体和群众团体、社会组织及其他成员组织负责人	基层群众自治组织负责人	企事业单位负责人
东莞市	**38957**	**1112**	**1**	**7**		**23**	**10**	**1071**
市辖区	38957	1112	1	7		23	10	1071
中山市	**18971**	**466**		**10**		**18**	**4**	**434**
市辖区	18971	466		10		18	4	434
潮州市	**24019**	**317**		**14**		**29**	**39**	**235**
湘桥区	1847	27		2			5	20
潮安区	11864	178		5		2	16	155
饶平县	10308	112		7		27	18	60
揭阳市	**69346**	**788**	**2**	**6**		**152**	**40**	**588**
榕城区	6055	132				4	2	126
揭东区	12880	155	1	2		38	10	104
揭西县	9895	125		1		2	12	110
惠来县	11728	49		1		1	2	45
普宁市	28788	327	1	2		107	14	203
云浮市	**22894**	**174**	**1**	**8**		**9**	**27**	**129**
云城区	1985	30					7	23
云安区	2984	20				1	3	16
新兴县	5711	42		2		3	3	34
郁南县	3460	35	1	1		3	8	22
罗定市	8754	47		5		2	6	34
女	**461057**	**3038**	**8**	**30**		**253**	**170**	**2577**
广州市	**47221**	**641**		**5**		**38**	**20**	**578**
荔湾区								
越秀区								
海珠区								
天河区								
白云区	13460	217		1		13	9	194
黄埔区	1603	29				1	2	26
番禺区	6423	87		2		1	1	83
花都区	9092	179		1		8	3	167
南沙区	5130	18		1		2		15
从化区	4974	49				12	1	36
增城区	6539	62				1	4	57
韶关市	**19134**	**110**		**2**		**5**	**8**	**95**
武江区	834	5						5
浈江区	821	16		1				15
曲江区	1705	18					1	17
始兴县	2120	11				1	3	7
仁化县	1765	7		1				6
翁源县	3111	11				2		9
乳源瑶族自治县	1663	3						3
新丰县	1162	8				1	2	5
乐昌市	2506	4						4
南雄市	3447	27				1	2	24
深圳市	**1203**	**12**				**1**		**11**
罗湖区								
福田区								
南山区								
宝安区								
龙岗区	1203	12				1		11
盐田区								
龙华区								
坪山区								
光明区								

4-6c　续表 6　　　　　　　　　　　　　　　　　　　　　　　　　　单位：人

地　区 性　别	合计	党的机关、国家机关、群众团体和社会组织、企事业单位负责人						
		小计	中国共产党机关负责人	国家机关负责人	民主党派和工商联负责人	人民团体和群众团体、社会组织及其他成员组织负责人	基层群众自治组织负责人	企事业单位负责人
珠海市	**4466**	**11**		**1**		**1**	**3**	**6**
香洲区	29	1					1	
斗门区	4101	10		1		1	2	6
金湾区	336							
汕头市	**25092**	**155**	**2**			**17**	**1**	**135**
龙湖区	1875	18	1			2	1	14
金平区	194	1						1
濠江区	903	10						10
潮阳区	9246	50	1			8		41
潮南区	8036	45				3		42
澄海区	4653	31				4		27
南澳县	185							
佛山市	**9243**	**104**					**3**	**101**
禅城区								
南海区	3122	47					3	44
顺德区	1075	27						27
三水区	4405	29						29
高明区	641	1						1
江门市	**24540**	**163**				**11**	**7**	**145**
蓬江区	564	5						5
江海区								
新会区	5372	42				4		38
台山市	7224	58				5	3	50
开平市	4761	38						38
鹤山市	3789	9					1	8
恩平市	2830	11				2	3	6
湛江市	**45429**	**143**	**1**			**16**	**18**	**108**
赤坎区	163							
霞山区	438	2				1		1
坡头区	2429	5				1		4
麻章区	3694	11				1		10
遂溪县	7922	24	1			3	3	17
徐闻县	5903	15						15
廉江市	9345	26				1	1	24
雷州市	10089	37				6	12	19
吴川市	5446	23				3	2	18
茂名市	**46501**	**128**				**23**	**10**	**95**
茂南区	4296	5					1	4
电白区	9526	23				1	1	21
高州市	13915	28				2	3	23
化州市	10116	37				17	1	19
信宜市	8648	35				3	4	28
肇庆市	**31136**	**210**		**1**		**29**	**18**	**162**
端州区								
鼎湖区	865	10				4	1	5
高要区	8580	51		1		1	8	41
广宁县	2948	34				5		29
怀集县	8240	62				14	3	45
封开县	3599	19				3	3	13
德庆县	3985	16				1	3	12
四会市	2919	18				1		17
惠州市	**29511**	**182**				**6**	**6**	**170**
惠城区	5732	89				2	1	86
惠阳区	5228	20				2	1	17
博罗县	7877	11						11
惠东县	8354	61				2	4	55
龙门县	2320	1						1

4-6c 续表 7　　　　单位：人

地区 性别	合计	党的机关、国家机关、群众团体和社会组织、企事业单位负责人						
		小计	中国共产党机关负责人	国家机关负责人	民主党派和工商联负责人	人民团体和群众团体、社会组织及其他成员组织负责人	基层群众自治组织负责人	企事业单位负责人
梅州市	**17251**	**106**	**1**	**5**		**13**	**29**	**58**
梅江区	488	3						3
梅县区	3460	26		1		1	13	11
大埔县	1694	11		1		1	3	6
丰顺县	1987	11		1			3	7
五华县	3732	27	1	1		7	4	14
平远县	1350	4						4
蕉岭县	1351	8		1			4	3
兴宁市	3189	16				4	2	10
汕尾市	**7608**	**51**		**2**		**4**	**2**	**43**
城　区	823	14		1				13
海丰县	2497	9				1		8
陆河县	669	6				1	2	3
陆丰市	3619	22		1		2		19
河源市	**15129**	**44**		**1**		**5**	**7**	**31**
源城区	770	9		1		1		7
紫金县	3338	10					3	7
龙川县	4219	9					1	8
连平县	1852	7				2	3	2
和平县	2126	2						2
东源县	2824	7				2		5
阳江市	**15066**	**75**		**1**		**10**	**10**	**54**
江城区	2630	16		1			1	14
阳东区	3564	19				4	1	14
阳西县	2596	15				2	1	12
阳春市	6276	25				4	7	14
清远市	**22421**	**96**		**4**		**13**	**10**	**69**
清城区	2799	10						10
清新区	4668	20				2	3	15
佛冈县	2330	2						2
阳山县	1620	9		1		2	1	5
连山壮族瑶族自治县	620	5					4	1
连南瑶族自治县	921	9				1		8
英德市	7378	31		2		8	1	20
连州市	2085	10		1			1	8
东莞市	**20650**	**322**	**1**	**1**		**16**	**3**	**301**
市辖区	20650	322	1	1		16	3	301
中山市	**12505**	**161**	**1**	**2**		**5**	**1**	**152**
市辖区	12505	161	1	2		5	1	152
潮州市	**13261**	**66**		**1**		**7**	**9**	**49**
湘桥区	1025	5					1	4
潮安区	6234	31					3	28
饶平县	6002	30		1		7	5	17
揭阳市	**38324**	**217**	**2**	**3**		**25**	**1**	**186**
榕城区	2386	31				1		30
揭东区	6710	41	1			8		32
揭西县	5676	66	1	1		1		63
惠来县	7184	5						5
普宁市	16368	74		2		15	1	56
云浮市	**15366**	**41**		**1**		**8**	**4**	**28**
云城区	1185	3						3
云安区	1621	3						3
新兴县	4483	13		1		3		9
郁南县	2278	12				4	3	5
罗定市	5799	10				1	1	8

4-6c　续表 8　　　　单位：人

地区 性别	专业技术人员 小计	科学研究人员	工程技术人员	农业技术人员	飞机和船舶技术人员	卫生专业技术人员	经济和金融专业人员	法律、社会和宗教专业人员	教学人员	文学艺术、体育专业人员
广　东	**61915**	**127**	**17647**	**708**	**118**	**8108**	**11833**	**788**	**20173**	**1258**
广州市	**10142**	**36**	**3043**	**53**	**56**	**987**	**2780**	**135**	**2555**	**233**
荔湾区										
越秀区										
海珠区										
天河区										
白云区	3188	10	847	8	43	348	1071	29	661	104
黄埔区	486	2	154	1	2	56	122	5	122	3
番禺区	1583	8	633	5	5	86	389	28	292	39
花都区	1729	4	483	6	5	152	485	18	524	30
南沙区	1047	2	395	8	1	83	250	26	244	16
从化区	793	3	192	6		120	132	4	317	10
增城区	1316	7	339	19		142	331	25	395	31
韶关市	**1989**	**5**	**519**	**41**		**291**	**315**	**56**	**681**	**23**
武江区	111		25	1		21	21	1	40	1
浈江区	143		32	17		7	32		32	1
曲江区	213	1	88	8		17	36	17	42	
始兴县	166		45	1		25	22	1	68	
仁化县	208		82	2		21	24	5	71	2
翁源县	294		45	4		55	37	5	138	5
乳源瑶族自治县	154		54	2		17	20	17	31	6
新丰县	131		40			24	22	2	37	1
乐昌市	238	1	40	3		57	36	4	92	1
南雄市	331	3	68	3		47	65	4	130	6
深圳市	**324**	**7**	**185**			**13**	**70**	**1**	**26**	**7**
罗湖区										
福田区										
南山区										
宝安区										
龙岗区	324	7	185			13	70	1	26	7
盐田区										
龙华区										
坪山区										
光明区										
珠海市	**738**		**268**	**19**	**5**	**80**	**196**	**7**	**139**	**10**
香洲区	7		6				1			
斗门区	679		246	18	5	76	183	6	123	10
金湾区	52		16	1		4	12	1	16	
汕头市	**3277**	**6**	**1363**	**6**		**267**	**567**	**26**	**873**	**115**
龙湖区	266	2	54	2		33	49	2	89	28
金平区	35		3			8	8		14	2
濠江区	373	2	256	2		12	48	6	44	1
潮阳区	1118	1	366			82	222	8	364	40
潮南区	883	1	495	2		48	140	8	163	20
澄海区	575		189			80	89	2	188	24
南澳县	27					4	11		11	
佛山市	**1458**	**3**	**497**	**12**		**92**	**472**	**11**	**301**	**28**
禅城区										
南海区	522	1	120	1		31	211	6	107	14
顺德区	157		35	1		12	70		34	2
三水区	706	1	310	8		43	181	3	142	10
高明区	73	1	32	2		6	10	2	18	2

4-6c 续表 9

单位：人

地区 性别	专业技术人员 小计	科学研究人员	工程技术人员	农业技术人员	飞机和船舶技术人员	卫生专业技术人员	经济和金融专业人员	法律、社会和宗教专业人员	教学人员	文学艺术、体育专业人员
江门市	**2652**	**6**	**837**	**37**	**7**	**315**	**638**	**48**	**663**	**47**
蓬江区	84		21	1		10	31	1	17	1
江海区										
新会区	643	1	200	16	5	60	176	16	149	10
台山市	613	2	192	5	2	105	116	9	149	11
开平市	605	2	165	9		64	156	12	180	12
鹤山市	458	1	173	3		42	125	7	96	7
恩平市	249		86	3		34	34	3	72	6
湛江市	**4325**	**6**	**796**	**64**	**26**	**724**	**486**	**35**	**1957**	**162**
赤坎区	27		4	1		5	8		9	
霞山区	54		21	2	1	5	11		12	
坡头区	259	1	76	2		30	37	1	95	10
麻章区	359		63	7	15	37	54	3	167	6
遂溪县	554		105	13	1	101	56	3	242	20
徐闻县	402		41	3	6	90	49	4	195	4
廉江市	797		118	13		137	88	6	385	41
雷州市	1064	4	153	19	3	197	100	13	496	65
吴川市	809	1	215	4		122	83	5	356	16
茂名市	**5699**	**4**	**1141**	**144**	**3**	**852**	**625**	**55**	**2709**	**101**
茂南区	800		194	12		101	108	19	342	19
电白区	1323	1	227	9	3	192	152	16	674	30
高州市	1458		335	37		238	150	6	653	22
化州市	1235	3	254	76		158	132	9	566	20
信宜市	883		131	10		163	83	5	474	10
肇庆市	**2808**	**4**	**657**	**61**	**1**	**494**	**410**	**24**	**1054**	**39**
端州区										
鼎湖区	119		25	11		16	25		39	
高要区	711	1	181	10		129	125	8	228	15
广宁县	314	1	71	4		81	36	4	102	5
怀集县	735	2	126	3	1	149	32	7	405	6
封开县	306		69	4		51	40	1	126	5
德庆县	240		62	2		38	34	2	90	3
四会市	383		123	27		30	118	2	64	5
惠州市	**5005**	**2**	**1945**	**37**	**1**	**536**	**944**	**64**	**1334**	**74**
惠城区	1611	2	764	10		182	301	14	288	28
惠阳区	981		498	5		52	204	5	180	22
博罗县	1172		311	12		125	266	32	406	13
惠东县	928		273	3	1	136	128	12	345	9
龙门县	313		99	7		41	45	1	115	2
梅州市	**2509**	**11**	**509**	**29**	**1**	**512**	**308**	**41**	**1037**	**36**
梅江区	108	2	24	2		21	15	2	39	3
梅县区	363	2	72	2	1	60	61	7	148	6
大埔县	237		39			50	29	5	113	
丰顺县	232		55	4		37	23	2	106	1
五华县	833	6	148	12		208	84	10	346	13
平远县	147		45	2		23	15	2	57	1
蕉岭县	143	1	19	6		25	31	1	57	1
兴宁市	446		107	1		88	50	12	171	11
汕尾市	**1575**	**7**	**404**	**9**		**237**	**131**	**42**	**684**	**51**
城　区	221		108	1		22	25	4	55	5
海丰县	413	4	113	7		50	50	17	151	18
陆河县	200		29			42	15	7	105	1
陆丰市	741	3	154	1		123	41	14	373	27

4-6c 续表 10

单位：人

地区 性别	专业技术人员 小计	科学研究人员	工程技术人员	农业技术人员	飞机和船舶技术人员	卫生专业技术人员	经济和金融专业人员	法律、社会和宗教专业人员	教学人员	文学艺术、体育专业人员
河源市	**2845**	**2**	**634**	**29**		**465**	**378**	**35**	**1228**	**41**
源城区	165	1	64			18	26	1	50	4
紫金县	606		121	5		92	83	5	283	12
龙川县	890	1	207	1		146	103	5	405	12
连平县	336		69	6		57	40	19	133	3
和平县	282		47	4		55	36	1	130	5
东源县	566		126	13		97	90	4	227	5
阳江市	**1526**	**1**	**485**	**41**	**1**	**250**	**193**	**13**	**479**	**26**
江城区	292		91	7		46	59	1	78	4
阳东区	366		119	5	1	49	52	2	122	6
阳西县	305	1	138	2		37	24	5	80	7
阳春市	563		137	27		118	58	5	199	9
清远市	**2648**	**6**	**677**	**48**	**4**	**414**	**378**	**28**	**1024**	**21**
清城区	401	1	134	4		31	83	1	131	5
清新区	557	3	179	12		65	79	9	199	7
佛冈县	308	1	101	2		57	43	2	94	2
阳山县	193	1	30	9		49	18		79	2
连山壮族瑶族自治县	86		20	2		7	20	2	32	
连南瑶族自治县	86		11			18	5	4	45	1
英德市	841		168	18	3	150	111	9	365	2
连州市	176		34	1	1	37	19	1	79	2
东莞市	**4220**	**3**	**1804**	**8**	**5**	**396**	**1159**	**62**	**647**	**48**
市辖区	4220	3	1804	8	5	396	1159	62	647	48
中山市	**2259**	**10**	**761**	**18**	**2**	**172**	**688**	**37**	**487**	**40**
市辖区	2259	10	761	18	2	172	688	37	487	40
潮州市	**1433**	**3**	**252**	**18**	**4**	**230**	**314**	**20**	**512**	**46**
湘桥区	100		17		1	13	25	1	35	6
潮安区	745		136	7		105	193	14	245	27
饶平县	588	3	99	11	3	112	96	5	232	13
揭阳市	**3030**	**2**	**627**	**16**	**1**	**501**	**609**	**38**	**1091**	**90**
榕城区	406		125	1		58	76	3	112	17
揭东区	651		114	6		125	123	4	245	23
揭西县	508	2	59	2		97	114	8	200	14
惠来县	388		117	1		52	61	8	138	8
普宁市	1077		212	6	1	169	235	15	396	28
云浮市	**1453**	**3**	**243**	**18**	**1**	**280**	**172**	**10**	**692**	**20**
云城区	148	1	18	4		30	12	2	75	4
云安区	198		11	1	1	45	34		102	4
新兴县	295	1	67	9		42	56	7	111	
郁南县	179		38	3		34	26		71	1
罗定市	633	1	109	1		129	44	1	333	11
男	**30627**	**87**	**15571**	**500**	**112**	**3263**	**3099**	**415**	**6105**	**793**
广州市	**4663**	**25**	**2694**	**34**	**54**	**228**	**634**	**53**	**664**	**133**
荔湾区										
越秀区										
海珠区										
天河区										
白云区	1407	8	757	5	42	73	241	12	185	57
黄埔区	231	2	137	1	2	11	29	1	31	3
番禺区	846	4	562	4	4	27	72	12	70	26
花都区	731	2	414	4	5	37	113	6	122	19
南沙区	534	1	344	6	1	17	57	10	81	6
从化区	323	3	175	3		27	28	3	74	5
增城区	591	5	305	11		36	94	9	101	17

4－6c　续表 11　　　　单位：人

地区 性别	专业技术人员									
	小计	科学研究人员	工程技术人员	农业技术人员	飞机和船舶技术人员	卫生专业技术人员	经济和金融专业人员	法律、社会和宗教专业人员	教学人员	文学艺术、体育专业人员
韶关市	**1029**	**3**	**457**	**27**		**115**	**94**	**46**	**232**	**12**
武江区	47		22	1		6	5	1	11	1
浈江区	79		29	12		1	9		10	1
曲江区	129	1	80	4		7	10	15	10	
始兴县	83		38	1		10	5	1	24	
仁化县	116		70	1		8	5	5	26	
翁源县	136		42	2		24	15	2	46	3
乳源瑶族自治县	96		48	2		7	8	16	7	2
新丰县	75		37			8	9	1	14	1
乐昌市	112	1	38	1		25	12	2	30	
南雄市	156	1	53	3		19	16	3	54	4
深圳市	**222**	**4**	**169**			**5**	**22**		**9**	**4**
罗湖区										
福田区										
南山区										
宝安区										
龙岗区	222	4	169			5	22		9	4
盐田区										
龙华区										
坪山区										
光明区										
珠海市	**364**		**229**	**18**	**5**	**21**	**46**	**3**	**33**	**3**
香洲区	7		6				1			
斗门区	330		210	17	5	21	43	2	24	3
金湾区	27		13	1			2	1	9	
汕头市	**1916**	**3**	**1186**	**5**		**134**	**267**	**17**	**223**	**50**
龙湖区	103	1	49	2		12	16		11	7
金平区	12		3			4	3		2	
濠江区	250	1	209	1		7	16	5	11	
潮阳区	648	1	337			41	122	5	98	20
潮南区	616		440	2		31	72	6	54	9
澄海区	275		148			37	34	1	41	14
南澳县	12					2	4		6	
佛山市	**638**	**2**	**415**	**7**		**20**	**69**	**4**	**80**	**20**
禅城区										
南海区	196	1	103			9	31	1	22	10
顺德区	47		32	1		3	4		5	2
三水区	357	1	255	5		6	30	2	48	8
高明区	38		25	1		2	4	1	5	
江门市	**1227**	**6**	**748**	**28**	**6**	**97**	**124**	**16**	**145**	**25**
蓬江区	29		20	1		3	1		3	
江海区										
新会区	300	1	188	12	4	14	35	5	31	3
台山市	317	2	180	5	2	34	31	4	38	7
开平市	241	2	142	5		21	22	4	37	6
鹤山市	212	1	144	3		13	25	2	19	4
恩平市	128		74	2		12	10	1	17	5
湛江市	**2024**	**5**	**704**	**45**	**26**	**293**	**150**	**24**	**627**	**114**
赤坎区	10		4	1		1	2		2	
霞山区	25		20		1	2	1		1	
坡头区	129		66	2		7	16		26	8
麻章区	164		57	7	15	11	14	1	50	4
遂溪县	267		92	8	1	42	9	1	90	15
徐闻县	182		36	1	6	37	21	4	70	2
廉江市	325		108	8		59	15	3	102	26
雷州市	545	4	129	14	3	84	46	11	201	46
吴川市	377	1	192	4		50	26	4	85	13

4-6c　续表 12　　　　单位：人

地　区 性　别	专业技术人员 小计	科学研究人员	工程技术人员	农业技术人员	飞机和船舶技术人员	卫生专业技术人员	经济和金融专业人员	法律、社会和宗教专业人员	教学人员	文学艺术、体育专业人员
茂名市	**2655**	**3**	**1014**	**88**	**3**	**425**	**195**	**35**	**790**	**68**
茂南区	400		181	11		50	31	9	103	13
电白区	595		215	6	3	96	65	13	165	22
高州市	730		297	25		117	41	3	222	15
化州市	549	3	215	37		73	31	5	164	14
信宜市	381		106	9		89	27	5	136	4
肇庆市	**1421**	**2**	**579**	**40**	**1**	**222**	**110**	**16**	**385**	**25**
端州区										
鼎湖区	50		21	7		4	4		11	
高要区	320		155	6		47	27	5	60	13
广宁县	169	1	67	2		35	12	2	38	4
怀集县	380	1	115	2	1	84	4	5	161	4
封开县	174		59	2		28	11	1	65	1
德庆县	123		55	1		16	9	2	35	1
四会市	205		107	20		8	43	1	15	2
惠州市	**2657**	**2**	**1678**	**28**	**1**	**190**	**250**	**37**	**379**	**49**
惠城区	904	2	626	8		58	93	5	76	20
惠阳区	567		427	3		15	51	1	44	16
博罗县	558		281	8		48	55	25	128	8
惠东县	487		253	3	1	53	44	6	111	4
龙门县	141		91	6		16	7		20	1
梅州市	**1283**	**6**	**466**	**23**	**1**	**255**	**100**	**25**	**364**	**27**
梅江区	53	1	22	2		5	5	2	15	1
梅县区	191		69	2	1	26	25	6	54	5
大埔县	121		35			29	10	2	44	
丰顺县	115		51	2		18	8	1	32	1
五华县	406	4	131	10		101	27	5	113	10
平远县	78		39	2		9	2	2	22	
蕉岭县	69	1	17	4		13	7		26	1
兴宁市	250		102	1		54	16	7	58	9
汕尾市	**941**	**6**	**379**	**7**		**135**	**56**	**23**	**285**	**44**
城　区	147		97			10	10	2	23	4
海丰县	246	3	108	6		28	19	13	52	16
陆河县	95		28			24	6	5	30	1
陆丰市	453	3	146	1		73	21	3	180	23
河源市	**1421**		**570**	**22**		**210**	**109**	**20**	**440**	**28**
源城区	90		59			6	6	1	15	3
紫金县	292		106	5		44	21	3	101	8
龙川县	462		184	1		65	32	4	159	10
连平县	166		65	3		26	11	8	45	
和平县	122		37	1		25	12	1	43	2
东源县	289		119	12		44	27	3	77	5
阳江市	**818**	**1**	**441**	**29**		**109**	**46**	**6**	**144**	**17**
江城区	140		81	6		15	14	1	18	2
阳东区	178		108	3		15	6	1	36	5
阳西县	200	1	129	2		15	10	2	25	5
阳春市	300		123	18		64	16	2	65	5
清远市	**1301**	**6**	**605**	**41**	**4**	**168**	**109**	**17**	**308**	**11**
清城区	197	1	117	2		11	20		35	2
清新区	267	3	153	8		28	17	5	47	4
佛冈县	158	1	94	2		21	15	1	19	1
阳山县	108	1	27	8		24	7		36	1
连山壮族瑶族自治县	41		20	2		3	4	2	10	
连南瑶族自治县	33		11			2	2	2	13	1
英德市	424		150	18	3	68	35	6	132	2
连州市	73		33	1	1	11	9	1	16	

4—6c 续表 13

单位：人

地区 性别	专业技术人员 小计	科学研究人员	工程技术人员	农业技术人员	飞机和船舶技术人员	卫生专业技术人员	经济和金融专业人员	法律、社会和宗教专业人员	教学人员	文学艺术、体育专业人员
东莞市	**2262**	**1**	**1589**	**6**	**5**	**85**	**280**	**20**	**195**	**28**
市辖区	2262	1	1589	6	5	85	280	20	195	28
中山市	**1006**	**6**	**647**	**14**	**1**	**37**	**117**	**13**	**122**	**26**
市辖区	1006	6	647	14	1	37	117	13	122	26
潮州市	**707**	**3**	**221**	**14**	**3**	**123**	**91**	**10**	**183**	**34**
湘桥区	38		11			5	5		13	3
潮安区	330		122	5		45	44	7	76	20
饶平县	339	3	88	9	3	73	42	3	94	11
揭阳市	**1477**	**1**	**551**	**15**	**1**	**277**	**199**	**23**	**315**	**65**
榕城区	218		105	1		34	23	3	31	12
揭东区	284		103	6		57	37	3	58	16
揭西县	208	1	52	2		50	26	6	55	10
惠来县	233		102	1		32	34	6	47	8
普宁市	534		189	5	1	104	79	5	124	19
云浮市	**595**	**2**	**229**	**9**	**1**	**114**	**31**	**7**	**182**	**10**
云城区	45		16	2		7	1	1	15	2
云安区	66		10	1	1	24	6		22	2
新兴县	116	1	62	5		12	6	5	23	
郁南县	88		37	1		17	9		20	
罗定市	280	1	104			54	9	1	102	6
女	**31288**	**40**	**2076**	**208**	**6**	**4845**	**8734**	**373**	**14068**	**465**
广州市	**5479**	**11**	**349**	**19**	**2**	**759**	**2146**	**82**	**1891**	**100**
荔湾区										
越秀区										
海珠区										
天河区										
白云区	1781	2	90	3	1	275	830	17	476	47
黄埔区	255		17			45	93	4	91	
番禺区	737	4	71	1	1	59	317	16	222	13
花都区	998	2	69	2		115	372	12	402	11
南沙区	513	1	51	2		66	193	16	163	10
从化区	470		17	3		93	104	1	243	5
增城区	725	2	34	8		106	237	16	294	14
韶关市	**960**	**2**	**62**	**14**		**176**	**221**	**10**	**449**	**11**
武江区	64		3			15	16		29	
浈江区	64		3	5		6	23		22	
曲江区	84		8	4		10	26	2	32	
始兴县	83		7			15	17		44	
仁化县	92		12	1		13	19		45	2
翁源县	158		3	2		31	22	3	92	2
乳源瑶族自治县	58		6			10	12	1	24	4
新丰县	56		3			16	13	1	23	
乐昌市	126		2	2		32	24	2	62	1
南雄市	175	2	15			28	49	1	76	2
深圳市	**102**	**3**	**16**			**8**	**48**	**1**	**17**	**3**
罗湖区										
福田区										
南山区										
宝安区										
龙岗区	102	3	16			8	48	1	17	3
盐田区										
龙华区										
坪山区										
光明区										

4-6c　续表 14　　　　单位：人

地区 性别	专业技术人员 小计	科学研究人员	工程技术人员	农业技术人员	飞机和船舶技术人员	卫生专业技术人员	经济和金融专业人员	法律、社会和宗教专业人员	教学人员	文学艺术、体育专业人员
珠海市	**374**		**39**	**1**		**59**	**150**	**4**	**106**	**7**
香洲区										
斗门区	349		36	1		55	140	4	99	7
金湾区	25		3			4	10		7	
汕头市	**1361**	**3**	**177**	**1**		**133**	**300**	**9**	**650**	**65**
龙湖区	163	1	5			21	33	2	78	21
金平区	23					4	5		12	2
濠江区	123	1	47	1		5	32	1	33	1
潮阳区	470		29			41	100	3	266	20
潮南区	267	1	55			17	68	2	109	11
澄海区	300		41			43	55	1	147	10
南澳县	15					2	7		5	
佛山市	**820**	**1**	**82**	**5**		**72**	**403**	**7**	**221**	**8**
禅城区										
南海区	326		17	1		22	180	5	85	4
顺德区	110		3			9	66		29	
三水区	349		55	3		37	151	1	94	2
高明区	35	1	7	1		4	6	1	13	2
江门市	**1425**		**89**	**9**	**1**	**218**	**514**	**32**	**518**	**22**
蓬江区	55		1			7	30	1	14	1
江海区										
新会区	343		12	4	1	46	141	11	118	7
台山市	296		12			71	85	5	111	4
开平市	364		23	4		43	134	8	143	6
鹤山市	246		29			29	100	5	77	3
恩平市	121		12	1		22	24	2	55	1
湛江市	**2301**	**1**	**92**	**19**		**431**	**336**	**11**	**1330**	**48**
赤坎区	17					4	6		7	
霞山区	29		1	2		3	10		11	
坡头区	130	1	10			23	21	1	69	2
麻章区	195		6			26	40	2	117	2
遂溪县	287		13	5		59	47	2	152	5
徐闻县	220		5	2		53	28		125	2
廉江市	472		10	5		78	73	3	283	15
雷州市	519		24	5		113	54	2	295	19
吴川市	432		23			72	57	1	271	3
茂名市	**3044**	**1**	**127**	**56**		**427**	**430**	**20**	**1919**	**33**
茂南区	400		13	1		51	77	10	239	6
电白区	728	1	12	3		96	87	3	509	8
高州市	728		38	12		121	109	3	431	7
化州市	686		39	39		85	101	4	402	6
信宜市	502		25	1		74	56		338	6
肇庆市	**1387**	**2**	**78**	**21**		**272**	**300**	**8**	**669**	**14**
端州区										
鼎湖区	69		4	4		12	21		28	
高要区	391	1	26	4		82	98	3	168	2
广宁县	145		4	2		46	24	2	64	1
怀集县	355	1	11	1		65	28	2	244	2
封开县	132		10	2		23	29		61	4
德庆县	117		7	1		22	25		55	2
四会市	178		16	7		22	75	1	49	3
惠州市	**2348**		**267**	**9**		**346**	**694**	**27**	**955**	**25**
惠城区	707		138	2		124	208	9	212	8
惠阳区	414		71	2		37	153	4	136	6
博罗县	614		30	4		77	211	7	278	5
惠东县	441		20			83	84	6	234	5
龙门县	172		8	1		25	38	1	95	1

4-6c 续表 15

单位：人

地区 性别	专业技术人员 小计	科学研究人员	工程技术人员	农业技术人员	飞机和船舶技术人员	卫生专业技术人员	经济和金融专业人员	法律、社会和宗教专业人员	教学人员	文学艺术、体育专业人员
梅州市	**1226**	**5**	**43**	**6**		**257**	**208**	**16**	**673**	**9**
梅江区	55	1	2			16	10		24	2
梅县区	172	2	3			34	36	1	94	1
大埔县	116		4			21	19	3	69	
丰顺县	117		4	2		19	15	1	74	
五华县	427	2	17	2		107	57	5	233	3
平远县	69		6			14	13		35	1
蕉岭县	74		2	2		12	24	1	31	
兴宁市	196		5			34	34	5	113	2
汕尾市	**634**	**1**	**25**	**2**		**102**	**75**	**19**	**399**	**7**
城　区	74		11	1		12	15	2	32	1
海丰县	167	1	5	1		22	31	4	99	2
陆河县	105		1			18	9	2	75	
陆丰市	288		8			50	20	11	193	4
河源市	**1424**	**2**	**64**	**7**		**255**	**269**	**15**	**788**	**13**
源城区	75	1	5			12	20		35	1
紫金县	314		15			48	62	2	182	4
龙川县	428	1	23			81	71	1	246	2
连平县	170		4	3		31	29	11	88	3
和平县	160		10	3		30	24		87	3
东源县	277		7	1		53	63	1	150	
阳江市	**708**		**44**	**12**	**1**	**141**	**147**	**7**	**335**	**9**
江城区	152		10	1		31	45		60	2
阳东区	188		11	2	1	34	46	1	86	1
阳西县	105		9			22	14	3	55	2
阳春市	263		14	9		54	42	3	134	4
清远市	**1347**		**72**	**7**		**246**	**269**	**11**	**716**	**10**
清城区	204		17	2		20	63	1	96	3
清新区	290		26	4		37	62	4	152	3
佛冈县	150		7			36	28	1	75	1
阳山县	85		3	1		25	11		43	1
连山壮族瑶族自治县	45					4	16		22	
连南瑶族自治县	53					16	3	2	32	
英德市	417		18			82	76	3	233	
连州市	103		1			26	10		63	2
东莞市	**1958**	**2**	**215**	**2**		**311**	**879**	**42**	**452**	**20**
市辖区	1958	2	215	2		311	879	42	452	20
中山市	**1253**	**4**	**114**	**4**	**1**	**135**	**571**	**24**	**365**	**14**
市辖区	1253	4	114	4	1	135	571	24	365	14
潮州市	**726**		**31**	**4**	**1**	**107**	**223**	**10**	**329**	**12**
湘桥区	62		6		1	8	20	1	22	3
潮安区	415		14	2		60	149	7	169	7
饶平县	249		11	2		39	54	2	138	2
揭阳市	**1553**	**1**	**76**	**1**		**224**	**410**	**15**	**776**	**25**
榕城区	188		20			24	53		81	5
揭东区	367		11			68	86	1	187	7
揭西县	300	1	7			47	88	2	145	4
惠来县	155		15			20	27	2	91	
普宁市	543		23	1		65	156	10	272	9
云浮市	**858**	**1**	**14**	**9**		**166**	**141**	**3**	**510**	**10**
云城区	103	1	2	2		23	11	1	60	2
云安区	132		1			21	28		80	2
新兴县	179		5	4		30	50	2	88	
郁南县	91		1	2		17	17		51	1
罗定市	353		5	1		75	35		231	5

4−6c　续表 16

单位：人

地　区 性　别	专业技术人员		办事人员和有关人员				社会生产服务和生活服务人员		
	新闻出版、文化专业人员	其他专业技术人员	小计	办事人员	安全和消防人员	其他办事人员和有关人员	小计	批发与零售服务人员	交通运输、仓储和邮政业服务人员
广　东	**608**	**547**	**49899**	**38636**	**10496**	**767**	**348696**	**146983**	**73377**
广州市	**145**	**119**	**8909**	**6924**	**1931**	**54**	**48248**	**15699**	**13947**
荔湾区									
越秀区									
海珠区									
天河区									
白云区	55	12	2260	1818	430	12	14720	5248	4478
黄埔区	13	6	500	366	131	3	1747	479	459
番禺区	17	81	1378	1126	249	3	6319	1898	1818
花都区	11	11	1802	1391	401	10	9729	3313	3066
南沙区	18	4	1059	768	289	2	3862	1171	1273
从化区	8	1	763	593	157	13	4978	1373	1205
增城区	23	4	1147	862	274	11	6893	2217	1648
韶关市	**15**	**43**	**1807**	**1325**	**431**	**51**	**10483**	**3549**	**2383**
武江区	1		98	67	20	11	714	255	135
浈江区		22	106	79	25	2	633	184	153
曲江区	1	3	149	95	53	1	1140	295	320
始兴县	1	3	144	94	50		773	241	212
仁化县	1		181	145	35	1	914	282	187
翁源县	5		284	228	52	4	1713	704	355
乳源瑶族自治县		7	139	98	32	9	861	285	188
新丰县	2	3	141	106	27	8	802	222	196
乐昌市	1	3	265	177	76	12	1098	380	245
南雄市	3	2	300	236	61	3	1835	701	392
深圳市	**15**		**317**	**257**	**59**	**1**	**1429**	**232**	**316**
罗湖区									
福田区									
南山区									
宝安区									
龙岗区	15		317	257	59	1	1429	232	316
盐田区									
龙华区									
坪山区									
光明区									
珠海市	**12**	**2**	**513**	**345**	**163**	**5**	**3903**	**1127**	**862**
香洲区			5	3	2		52	5	4
斗门区	11	1	434	289	142	3	3528	1053	784
金湾区	1	1	74	53	19	2	323	69	74
汕头市	**44**	**10**	**2680**	**2200**	**458**	**22**	**21055**	**13026**	**3018**
龙湖区	2	5	244	197	39	8	1386	818	184
金平区			15	13	2		291	201	34
濠江区	1	1	198	167	28	3	736	354	100
潮阳区	35		1086	925	159	2	7958	5098	1001
潮南区	3	3	617	472	143	2	7771	4909	1261
澄海区	2	1	479	400	72	7	2692	1592	407
南澳县	1		41	26	15		221	54	31
佛山市	**16**	**26**	**1501**	**1089**	**401**	**11**	**6951**	**2172**	**2556**
禅城区									
南海区	9	22	574	439	132	3	2178	721	736
顺德区	2	1	155	115	40		1103	471	421
三水区	5	3	706	491	207	8	3249	875	1259
高明区			66	44	22		421	105	140

4－6c 续表 17

单位：人

地区 性别	专业技术人员		办事人员和有关人员				社会生产服务和生活服务人员		
	新闻出版、文化专业人员	其他专业技术人员	小计	办事人员	安全和消防人员	其他办事人员和有关人员	小计	批发与零售服务人员	交通运输、仓储和邮政业服务人员
江门市	**29**	**25**	**2839**	**2131**	**675**	**33**	**17568**	**5958**	**3177**
蓬江区	1	1	88	67	21		494	138	112
江海区									
新会区	4	6	717	522	181	14	3399	1162	842
台山市	9	13	649	478	156	15	5246	1598	560
开平市	5		583	446	136	1	3066	1173	586
鹤山市	3	1	524	410	112	2	2710	769	672
恩平市	7	4	278	208	69	1	2653	1118	405
湛江市	**43**	**26**	**2144**	**1652**	**479**	**13**	**27327**	**11935**	**4875**
赤坎区			10	8	2		190	78	21
霞山区	2		45	39	6		592	181	147
坡头区	7		164	135	29		2085	1065	291
麻章区	3	4	221	149	71	1	3070	1209	644
遂溪县	4	9	315	228	84	3	4309	1694	806
徐闻县	6	4	245	165	72	8	2172	965	401
廉江市	7	2	474	367	106	1	5348	2213	921
雷州市	10	4	307	234	73		5075	2192	1007
吴川市	4	3	363	327	36		4486	2338	637
茂名市	**48**	**17**	**2614**	**2118**	**435**	**61**	**30996**	**14520**	**5878**
茂南区	5		379	285	81	13	4358	1808	982
电白区	18	1	583	420	133	30	7850	3897	1397
高州市	13	4	726	621	98	7	7750	3931	1421
化州市	9	8	497	405	85	7	6793	3188	1130
信宜市	3	4	429	387	38	4	4245	1696	948
肇庆市	**23**	**41**	**2092**	**1598**	**400**	**94**	**18188**	**7200**	**3479**
端州区									
鼎湖区	2	1	154	74	25	55	706	252	189
高要区	9	5	647	509	126	12	5301	2236	1049
广宁县	2	8	221	159	59	3	2127	742	421
怀集县	2	2	423	340	78	5	3964	1684	595
封开县	3	7	235	182	47	6	1463	547	257
德庆县	2	7	206	173	22	11	2051	835	365
四会市	3	11	206	161	43	2	2576	904	603
惠州市	**31**	**37**	**4777**	**3602**	**975**	**200**	**21527**	**7596**	**4386**
惠城区	13	9	875	661	204	10	4193	1400	937
惠阳区	6	9	987	685	193	109	3426	1206	866
博罗县	1	6	1608	1214	323	71	5555	2052	1203
惠东县	8	13	939	752	177	10	6044	2249	914
龙门县	3		368	290	78		2309	689	466
梅州市	**16**	**9**	**1939**	**1500**	**409**	**30**	**13851**	**5575**	**3121**
梅江区			78	64	14		491	204	95
梅县区	4		285	213	57	15	2394	938	533
大埔县	1		150	130	20		1346	538	256
丰顺县	3	1	242	189	52	1	1591	683	302
五华县	2	4	455	349	98	8	3283	1385	707
平远县		2	157	120	35	2	783	308	176
蕉岭县	1	1	119	81	37	1	1017	337	297
兴宁市	5	1	453	354	96	3	2946	1182	755
汕尾市	**8**	**2**	**977**	**685**	**267**	**25**	**10131**	**5494**	**1418**
城　区	1		151	104	46	1	1088	466	165
海丰县	1	2	356	225	109	22	2152	1038	345
陆河县	1		117	95	22		865	423	99
陆丰市	5		353	261	90	2	6026	3567	809

4-6c　续表 18　　　　单位：人

地　区 性　别	专业技术人员		办事人员和有关人员				社会生产服务和生活服务人员		
	新闻出版、文化专业人员	其他专业技术人员	小计	办事人员	安全和消防人员	其他办事人员和有关人员	小计	批发与零售服务人员	交通运输、仓储和邮政业服务人员
河源市	**19**	**14**	**1980**	**1763**	**193**	**24**	**12437**	**4587**	**2456**
源城区	1		84	77	6	1	626	173	122
紫金县	2	3	423	385	37	1	3143	1094	668
龙川县	4	6	521	464	51	6	3363	1327	679
连平县	7	2	195	164	31		1252	499	244
和平县	3	1	254	219	30	5	1669	658	310
东源县	2	2	503	454	38	11	2384	836	433
阳江市	**18**	**19**	**1122**	**832**	**273**	**17**	**8197**	**3286**	**1667**
江城区	3	3	209	155	48	6	1816	679	359
阳东区	7	3	309	234	73	2	1690	651	346
阳西县	3	8	232	175	56	1	1761	855	289
阳春市	5	5	372	268	96	8	2930	1101	673
清远市	**21**	**27**	**2311**	**1694**	**585**	**32**	**14305**	**4725**	**3375**
清城区	2	9	435	313	118	4	2228	619	522
清新区	2	2	501	354	142	5	3272	1165	788
佛冈县	2	4	304	224	77	3	1831	500	524
阳山县	3	2	165	129	31	5	1219	453	276
连山壮族瑶族自治县	3		78	57	19	2	339	115	64
连南瑶族自治县		2	59	41	17	1	300	86	69
英德市	7	8	662	511	143	8	4081	1444	899
连州市	2		107	65	38	4	1035	343	233
东莞市	**35**	**53**	**4787**	**3741**	**1018**	**28**	**16439**	**5301**	**5734**
市辖区	35	53	4787	3741	1018	28	16439	5301	5734
中山市	**29**	**15**	**2110**	**1635**	**465**	**10**	**9844**	**3586**	**2515**
市辖区	29	15	2110	1635	465	10	9844	3586	2515
潮州市	**13**	**21**	**992**	**739**	**226**	**27**	**10020**	**5724**	**1485**
湘桥区	1	1	80	50	29	1	824	456	110
潮安区	10	8	525	392	122	11	5060	2829	860
饶平县	2	12	387	297	75	15	4136	2439	515
揭阳市	**22**	**33**	**2328**	**1864**	**444**	**20**	**36822**	**22333**	**4762**
榕城区	4	10	275	223	50	2	2486	1485	435
揭东区	4	7	527	425	98	4	7260	4063	1244
揭西县	7	5	426	336	88	2	6175	3865	923
惠来县		3	253	188	61	4	5160	3155	465
普宁市	7	8	847	692	147	8	15741	9765	1695
云浮市	**6**	**8**	**1160**	**942**	**209**	**9**	**8975**	**3358**	**1967**
云城区	1	1	111	83	28		1015	394	199
云安区			171	136	35		1118	408	223
新兴县		2	296	212	84		2257	867	415
郁南县	3	3	143	117	23	3	1082	322	291
罗定市	2	2	439	394	39	6	3503	1367	839
男	**250**	**432**	**29622**	**19176**	**10007**	**439**	**221305**	**82774**	**65444**
广州市	**53**	**91**	**4757**	**2907**	**1817**	**33**	**30459**	**8307**	**12061**
荔湾区									
越秀区									
海珠区									
天河区									
白云区	17	10	1132	748	378	6	9472	2771	3840
黄埔区	8	6	283	164	118	1	1057	243	397
番禺区	7	58	700	461	238	1	3849	1027	1465
花都区	1	8	994	607	381	6	6271	1800	2658
南沙区	7	4	578	291	286	1	2430	594	1110
从化区	4	1	438	278	153	7	3017	684	1106
增城区	9	4	632	358	263	11	4363	1188	1485

4－6c 续表 19

单位：人

地 区 性 别	专业技术人员		办事人员和有关人员				社会生产服务和生活服务人员		
	新闻出版、文化专业人员	其他专业技术人员	小计	办事人员	安全和消防人员	其他办事人员和有关人员	小计	批发与零售服务人员	交通运输、仓储和邮政业服务人员
韶关市	**8**	**35**	**1171**	**729**	**413**	**29**	**6213**	**1771**	**2133**
武江区			57	34	20	3	418	135	124
浈江区		17	67	40	25	2	353	80	138
曲江区		2	97	45	51	1	660	135	284
始兴县	1	3	95	48	47		480	122	181
仁化县	1		132	97	34	1	517	134	170
翁源县	2		169	119	47	3	1034	379	318
乳源瑶族自治县		6	84	48	32	4	499	127	173
新丰县	2	3	93	63	27	3	490	109	184
乐昌市		3	202	118	74	10	651	180	214
南雄市	2	1	175	117	56	2	1111	370	347
深圳市	**9**		**181**	**124**	**57**		**952**	**122**	**288**
罗湖区									
福田区									
南山区									
宝安区									
龙岗区	9		181	124	57		952	122	288
盐田区									
龙华区									
坪山区									
光明区									
珠海市	**4**	**2**	**296**	**143**	**149**	**4**	**2364**	**585**	**748**
香洲区			5	3	2		24	3	4
斗门区	4	1	243	112	128	3	2141	545	679
金湾区		1	48	28	19	1	199	37	65
汕头市	**26**	**5**	**1678**	**1220**	**449**	**9**	**14274**	**8063**	**2794**
龙湖区	1	4	126	86	37	3	923	501	164
金平区			6	4	2		191	121	33
濠江区			128	101	27		435	178	83
潮阳区	24		734	577	156	1	5469	3198	946
潮南区	1	1	393	251	140	2	5313	3061	1161
澄海区			257	182	72	3	1828	982	379
南澳县			34	19	15		115	22	28
佛山市	**5**	**16**	**786**	**396**	**383**	**7**	**4324**	**1145**	**2095**
禅城区									
南海区	5	14	285	157	127	1	1328	371	599
顺德区			86	46	40		720	265	352
三水区		2	378	178	194	6	2017	453	1026
高明区			37	15	22		259	56	118
江门市	**9**	**23**	**1554**	**876**	**651**	**27**	**10259**	**3010**	**2758**
蓬江区		1	48	27	21		270	62	89
江海区									
新会区	1	6	395	208	175	12	2038	602	731
台山市	2	12	388	223	153	12	3053	760	510
开平市	2		296	165	131		1711	600	503
鹤山市	1		259	149	108	2	1608	401	577
恩平市	3	4	168	104	63	1	1579	585	348
湛江市	**16**	**20**	**1501**	**1039**	**454**	**8**	**16923**	**6551**	**4424**
赤坎区			7	5	2		90	32	19
霞山区			26	20	6		343	85	133
坡头区	4		104	78	26		1164	510	270
麻章区	1	4	155	86	68	1	1886	655	576
遂溪县	3	6	215	136	77	2	2668	910	722
徐闻县	1	4	183	108	70	5	1332	511	369
廉江市	3	1	337	237	100		3357	1223	842
雷州市	3	4	230	160	70		3305	1230	915
吴川市	1	1	244	209	35		2778	1395	578

4-6c　续表 20

单位：人

地区 性别	专业技术人员		办事人员和有关人员				社会生产服务和生活服务人员		
	新闻出版、文化专业人员	其他专业技术人员	小计	办事人员	安全和消防人员	其他办事人员和有关人员	小计	批发与零售服务人员	交通运输、仓储和邮政业服务人员
茂名市	**23**	**11**	**1642**	**1207**	**400**	**35**	**19028**	**7908**	**5399**
茂南区	2		231	151	75	5	2747	971	898
电白区	9	1	399	260	119	20	4987	2263	1306
高州市	6	4	446	350	92	4	4742	2149	1291
化州市	4	3	321	240	78	3	3985	1651	1032
信宜市	2	3	245	206	36	3	2567	874	872
肇庆市	**9**	**32**	**1194**	**771**	**381**	**42**	**11165**	**3785**	**3065**
端州区									
鼎湖区	2	1	70	26	24	20	424	136	161
高要区	2	5	312	185	122	5	3219	1143	942
广宁县	2	6	143	83	58	2	1353	393	385
怀集县	2	1	285	211	71	3	2453	884	519
封开县	1	6	144	97	43	4	937	312	224
德庆县		4	106	78	22	6	1218	452	313
四会市		9	134	91	41	2	1561	465	521
惠州市	**12**	**31**	**2925**	**1889**	**931**	**105**	**13498**	**4123**	**3949**
惠城区	8	8	546	345	192	9	2670	764	824
惠阳区	2	8	571	350	181	40	2234	685	752
博罗县		5	980	618	311	51	3577	1146	1101
惠东县	2	10	602	428	169	5	3615	1167	841
龙门县			226	148	78		1402	361	431
梅州市	**9**	**7**	**1295**	**891**	**387**	**17**	**9043**	**3181**	**2838**
梅江区			40	26	14		301	104	91
梅县区	3		170	104	55	11	1509	516	479
大埔县	1		103	85	18		882	310	237
丰顺县	1	1	167	120	46	1	1037	390	260
五华县	1	4	308	211	92	5	2140	817	625
平远县		2	111	76	35		476	164	159
蕉岭县			87	52	35		641	165	268
兴宁市	3		309	217	92		2057	715	719
汕尾市	**5**	**1**	**778**	**509**	**252**	**17**	**6933**	**3590**	**1306**
城　区	1		112	74	38		761	326	154
海丰县		1	290	171	103	16	1454	649	304
陆河县	1		83	62	21		551	256	90
陆丰市	3		293	202	90	1	4167	2359	758
河源市	**10**	**12**	**1221**	**1021**	**185**	**15**	**7787**	**2417**	**2229**
源城区			46	39	6	1	385	84	111
紫金县	1	3	245	211	33	1	2099	620	606
龙川县	3	4	334	280	50	4	2074	674	608
连平县	6	2	119	89	30		745	252	220
和平县		1	157	125	29	3	1010	340	286
东源县		2	320	277	37	6	1474	447	398
阳江市	**7**	**18**	**730**	**468**	**254**	**8**	**4977**	**1707**	**1513**
江城区	1	2	131	87	42	2	1053	339	337
阳东区	1	3	198	126	71	1	1048	348	308
阳西县	3	8	152	99	52	1	1045	433	251
阳春市	2	5	249	156	89	4	1831	587	617
清远市	**6**	**26**	**1417**	**841**	**556**	**20**	**8653**	**2378**	**3055**
清城区		9	274	157	114	3	1308	310	456
清新区		2	293	154	135	4	1988	578	717
佛冈县		4	175	99	75	1	1136	250	479
阳山县	2	2	113	80	29	4	747	239	255
连山壮族瑶族自治县			51	31	19	1	201	61	59
连南瑶族自治县		2	36	19	16	1	186	45	61
英德市	3	7	402	266	132	4	2467	732	812
连州市	1		73	35	36	2	620	163	216

4－6c 续表 21　　　　单位：人

地区 性别	专业技术人员		办事人员和有关人员				社会生产服务和生活服务人员		
	新闻出版、文化专业人员	其他专业技术人员	小计	办事人员	安全和消防人员	其他办事人员和有关人员	小计	批发与零售服务人员	交通运输、仓储和邮政业服务人员
东莞市	**13**	**40**	**2660**	**1666**	**977**	**17**	**11036**	**3062**	**4996**
市辖区	13	40	2660	1666	977	17	11036	3062	4996
中山市	**10**	**13**	**1059**	**597**	**458**	**4**	**6081**	**1826**	**2197**
市辖区	10	13	1059	597	458	4	6081	1826	2197
潮州市	**5**	**20**	**650**	**413**	**217**	**20**	**6811**	**3522**	**1397**
湘桥区		1	60	31	29		554	283	103
潮安区	4	7	302	177	116	9	3567	1810	819
饶平县	1	12	288	205	72	11	2690	1429	475
揭阳市	**8**	**22**	**1409**	**958**	**438**	**13**	**24920**	**13869**	**4444**
榕城区	2	7	160	109	50	1	1685	925	382
揭东区	1	3	290	191	97	2	4987	2466	1166
揭西县	3	3	247	157	88	2	3949	2237	860
惠来县		3	204	140	61	3	3423	1939	435
普宁市	2	6	508	361	142	5	10876	6302	1601
云浮市	**3**	**7**	**718**	**511**	**198**	**9**	**5605**	**1852**	**1755**
云城区	1		65	39	26		610	207	179
云安区			95	62	33		621	208	202
新兴县		2	186	107	79		1298	433	357
郁南县	1	3	93	68	22	3	700	185	255
罗定市	1	2	279	235	38	6	2376	819	762
女	**358**	**115**	**20277**	**19460**	**489**	**328**	**127391**	**64209**	**7933**
广州市	**92**	**28**	**4152**	**4017**	**114**	**21**	**17789**	**7392**	**1886**
荔湾区									
越秀区									
海珠区									
天河区									
白云区	38	2	1128	1070	52	6	5248	2477	638
黄埔区	5		217	202	13	2	690	236	62
番禺区	10	23	678	665	11	2	2470	871	353
花都区	10	3	808	784	20	4	3458	1513	408
南沙区	11		481	477	3	1	1432	577	163
从化区	4		325	315	4	6	1961	689	99
增城区	14		515	504	11		2530	1029	163
韶关市	**7**	**8**	**636**	**596**	**18**	**22**	**4270**	**1778**	**250**
武江区	1		41	33		8	296	120	11
浈江区		5	39	39			280	104	15
曲江区	1	1	52	50	2		480	160	36
始兴县			49	46	3		293	119	31
仁化县			49	48	1		397	148	17
翁源县	3		115	109	5	1	679	325	37
乳源瑶族自治县		1	55	50		5	362	158	15
新丰县			48	43		5	312	113	12
乐昌市	1		63	59	2	2	447	200	31
南雄市	1	1	125	119	5	1	724	331	45
深圳市	**6**		**136**	**133**	**2**	**1**	**477**	**110**	**28**
罗湖区									
福田区									
南山区									
宝安区									
龙岗区	6		136	133	2	1	477	110	28
盐田区									
龙华区									
坪山区									
光明区									

4-6c　续表 22　　　　单位：人

地　区 性　别	专业技术人员		办事人员和有关人员				社会生产服务和生活服务人员		
	新闻出版、文化专业人员	其他专业技术人员	小计	办事人员	安全和消防人员	其他办事人员和有关人员	小计	批发与零售服务人员	交通运输、仓储和邮政业服务人员
珠海市	**8**		**217**	**202**	**14**	**1**	**1539**	**542**	**114**
香洲区							28	2	
斗门区	7		191	177	14		1387	508	105
金湾区	1		26	25		1	124	32	9
汕头市	**18**	**5**	**1002**	**980**	**9**	**13**	**6781**	**4963**	**224**
龙湖区	1	1	118	111	2	5	463	317	20
金平区			9	9			100	80	1
濠江区	1	1	70	66	1	3	301	176	17
潮阳区	11		352	348	3	1	2489	1900	55
潮南区	2	2	224	221	3		2458	1848	100
澄海区	2	1	222	218		4	864	610	28
南澳县	1		7	7			106	32	3
佛山市	**11**	**10**	**715**	**693**	**18**	**4**	**2627**	**1027**	**461**
禅城区									
南海区	4	8	289	282	5	2	850	350	137
顺德区	2	1	69	69			383	206	69
三水区	5	1	328	313	13	2	1232	422	233
高明区			29	29			162	49	22
江门市	**20**	**2**	**1285**	**1255**	**24**	**6**	**7309**	**2948**	**419**
蓬江区	1		40	40			224	76	23
江海区									
新会区	3		322	314	6	2	1361	560	111
台山市	7	1	261	255	3	3	2193	838	50
开平市	3		287	281	5	1	1355	573	83
鹤山市	2	1	265	261	4		1102	368	95
恩平市	4		110	104	6		1074	533	57
湛江市	**27**	**6**	**643**	**613**	**25**	**5**	**10404**	**5384**	**451**
赤坎区			3	3			100	46	2
霞山区	2		19	19			249	96	14
坡头区	3		60	57	3		921	555	21
麻章区	2		66	63	3		1184	554	68
遂溪县	1	3	100	92	7	1	1641	784	84
徐闻县	5		62	57	2	3	840	454	32
廉江市	4	1	137	130	6	1	1991	990	79
雷州市	7		77	74	3		1770	962	92
吴川市	3	2	119	118	1		1708	943	59
茂名市	**25**	**6**	**972**	**911**	**35**	**26**	**11968**	**6612**	**479**
茂南区	3		148	134	6	8	1611	837	84
电白区	9		184	160	14	10	2863	1634	91
高州市	7		280	271	6	3	3008	1782	130
化州市	5	5	176	165	7	4	2808	1537	98
信宜市	1	1	184	181	2	1	1678	822	76
肇庆市	**14**	**9**	**898**	**827**	**19**	**52**	**7023**	**3415**	**414**
端州区									
鼎湖区			84	48	1	35	282	116	28
高要区	7		335	324	4	7	2082	1093	107
广宁县		2	78	76	1	1	774	349	36
怀集县		1	138	129	7	2	1511	800	76
封开县	2	1	91	85	4	2	526	235	33
德庆县	2	3	100	95		5	833	383	52
四会市	3	2	72	70	2		1015	439	82
惠州市	**19**	**6**	**1852**	**1713**	**44**	**95**	**8029**	**3473**	**437**
惠城区	5	1	329	316	12	1	1523	636	113
惠阳区	4	1	416	335	12	69	1192	521	114
博罗县	1	1	628	596	12	20	1978	906	102
惠东县	6	3	337	324	8	5	2429	1082	73
龙门县	3		142	142			907	328	35

4-6c 续表 23 单位：人

地区 性别	专业技术人员 新闻出版、文化专业人员	专业技术人员 其他专业技术人员	办事人员和有关人员 小计	办事人员和有关人员 办事人员	办事人员和有关人员 安全和消防人员	办事人员和有关人员 其他办事人员和有关人员	社会生产服务和生活服务人员 小计	社会生产服务和生活服务人员 批发与零售服务人员	社会生产服务和生活服务人员 交通运输、仓储和邮政业服务人员
梅州市	**7**	**2**	**644**	**609**	**22**	**13**	**4808**	**2394**	**283**
梅江区			38	38			190	100	4
梅县区	1		115	109	2	4	885	422	54
大埔县			47	45	2		464	228	19
丰顺县	2		75	69	6		554	293	42
五华县	1		147	138	6	3	1143	568	82
平远县			46	44		2	307	144	17
蕉岭县	1	1	32	29	2	1	376	172	29
兴宁市	2	1	144	137	4	3	889	467	36
汕尾市	**3**	**1**	**199**	**176**	**15**	**8**	**3198**	**1904**	**112**
城　区			39	30	8	1	327	140	11
海丰县	1	1	66	54	6	6	698	389	41
陆河县			34	33	1		314	167	9
陆丰市	2		60	59		1	1859	1208	51
河源市	**9**	**2**	**759**	**742**	**8**	**9**	**4650**	**2170**	**227**
源城区	1		38	38			241	89	11
紫金县	1		178	174	4		1044	474	62
龙川县	1	2	187	184	1	2	1289	653	71
连平县	1		76	75	1		507	247	24
和平县	3		97	94	1	2	659	318	24
东源县	2		183	177	1	5	910	389	35
阳江市	**11**	**1**	**392**	**364**	**19**	**9**	**3220**	**1579**	**154**
江城区	2	1	78	68	6	4	763	340	22
阳东区	6		111	108	2	1	642	303	38
阳西县			80	76	4		716	422	38
阳春市	3		123	112	7	4	1099	514	56
清远市	**15**	**1**	**894**	**853**	**29**	**12**	**5652**	**2347**	**320**
清城区	2		161	156	4	1	920	309	66
清新区	2		208	200	7	1	1284	587	71
佛冈县	2		129	125	2	2	695	250	45
阳山县	1		52	49	2	1	472	214	21
连山壮族瑶族自治县	3		27	26		1	138	54	5
连南瑶族自治县			23	22	1		114	41	8
英德市	4	1	260	245	11	4	1614	712	87
连州市	1		34	30	2	2	415	180	17
东莞市	**22**	**13**	**2127**	**2075**	**41**	**11**	**5403**	**2239**	**738**
市辖区	22	13	2127	2075	41	11	5403	2239	738
中山市	**19**	**2**	**1051**	**1038**	**7**	**6**	**3763**	**1760**	**318**
市辖区	19	2	1051	1038	7	6	3763	1760	318
潮州市	**8**	**1**	**342**	**326**	**9**	**7**	**3209**	**2202**	**88**
湘桥区	1		20	19		1	270	173	7
潮安区	6	1	223	215	6	2	1493	1019	41
饶平县	1		99	92	3	4	1446	1010	40
揭阳市	**14**	**11**	**919**	**906**	**6**	**7**	**11902**	**8464**	**318**
榕城区	2	3	115	114		1	801	560	53
揭东区	3	4	237	234	1	2	2273	1597	78
揭西县	4	2	179	179			2226	1628	63
惠来县			49	48		1	1737	1216	30
普宁市	5	2	339	331	5	3	4865	3463	94
云浮市	**3**	**1**	**442**	**431**	**11**		**3370**	**1506**	**212**
云城区		1	46	44	2		405	187	20
云安区			76	74	2		497	200	21
新兴县			110	105	5		959	434	58
郁南县	2		50	49	1		382	137	36
罗定市	1		160	159	1		1127	548	77

4-6c　续表 24

单位：人

地　区 性　别	社会生产服务和生活服务人员								
	住宿和餐饮服务人　员	信息传输、软件和信息技术服务人　员	金融服务人　　员	房地产服务人员	租赁和商务服务人　员	技术辅助服务人员	水利、环境和公共设施管理服务人员	居民服务人　　员	电力、燃气及水供应服务人　员
广　东	**54254**	**3610**	**2828**	**3697**	**7905**	**6387**	**16175**	**15747**	**2801**
广州市	**6042**	**691**	**492**	**784**	**1941**	**1226**	**3462**	**1629**	**356**
荔湾区									
越秀区									
海珠区									
天河区									
白云区	1636	269	188	246	595	465	654	414	79
黄埔区	215	39	19	38	60	57	240	58	19
番禺区	767	101	46	88	288	221	599	225	58
花都区	1134	111	76	134	359	159	611	319	56
南沙区	389	53	34	38	136	144	337	129	43
从化区	901	44	48	103	216	50	509	219	47
增城区	1000	74	81	137	287	130	512	265	54
韶关市	**1918**	**128**	**81**	**104**	**233**	**167**	**705**	**536**	**122**
武江区	100	17	5	13	28	10	59	52	12
浈江区	90	12	7	10	11	13	66	45	3
曲江区	230	9	5	11	36	11	105	50	7
始兴县	108	8	6	1	17	19	51	34	23
仁化县	206	14	6	6	33	13	89	29	8
翁源县	298	14	14	9	26	21	63	96	10
乳源瑶族自治县	200	8	5	11	15	12	54	37	3
新丰县	208	8	7	4	11	18	48	34	7
乐昌市	192	11	9	6	24	15	75	62	30
南雄市	286	27	17	33	32	35	95	97	19
深圳市	**404**	**16**	**7**	**36**	**157**	**50**	**110**	**54**	**10**
罗湖区									
福田区									
南山区									
宝安区									
龙岗区	404	16	7	36	157	50	110	54	10
盐田区									
龙华区									
坪山区									
光明区									
珠海市	**676**	**59**	**42**	**97**	**198**	**54**	**379**	**153**	**28**
香洲区	29				1		4		2
斗门区	601	56	38	93	176	51	318	143	23
金湾区	46	3	4	4	21	3	57	10	3
汕头市	**1960**	**186**	**97**	**91**	**287**	**699**	**219**	**645**	**100**
龙湖区	112	19	25	19	29	38	23	51	11
金平区	16	8	2	4	7	5	1	5	
濠江区	115	10	2	22	6	35	34	28	11
潮阳区	642	69	28	17	82	428	54	250	15
潮南区	734	45	21	13	129	110	42	225	42
澄海区	274	30	19	8	21	82	47	67	18
南澳县	67	5		8	13	1	18	19	3
佛山市	**668**	**53**	**57**	**67**	**154**	**162**	**571**	**204**	**51**
禅城区									
南海区	213	14	28	26	65	58	164	62	13
顺德区	37	4	6	11	20	17	24	34	5
三水区	363	30	19	21	57	80	333	87	31
高明区	55	5	4	9	12	7	50	21	2

4-6c 续表 25

单位：人

地区 性别	社会生产服务和生活服务人员								
	住宿和餐饮服务人员	信息传输、软件和信息技术服务人员	金融服务人员	房地产服务人员	租赁和商务服务人员	技术辅助服务人员	水利、环境和公共设施管理服务人员	居民服务人员	电力、燃气及水供应服务人员
江门市	**4579**	**164**	**146**	**159**	**320**	**316**	**1126**	**708**	**108**
蓬江区	86	14	10	9	8	13	30	37	6
江海区									
新会区	518	42	22	14	84	63	313	138	24
台山市	2143	40	35	51	54	47	173	233	31
开平市	646	32	20	19	32	86	223	113	17
鹤山市	522	27	40	50	97	71	251	89	12
恩平市	664	9	19	16	45	36	136	98	18
湛江市	**4887**	**225**	**237**	**225**	**417**	**395**	**1214**	**1364**	**299**
赤坎区	35		2	4	15	2	23	6	
霞山区	103	4	5	11	23	7	54	27	9
坡头区	308	24	16	21	39	45	83	96	13
麻章区	545	23	26	37	74	51	214	131	13
遂溪县	1051	42	37	43	37	50	160	174	23
徐闻县	392	31	27	13	27	31	82	85	18
廉江市	1067	37	45	29	69	65	286	272	45
雷州市	843	34	53	35	75	89	162	277	42
吴川市	543	30	26	32	58	55	150	296	136
茂名市	**4413**	**335**	**271**	**233**	**393**	**498**	**751**	**2130**	**222**
茂南区	638	56	47	45	89	95	133	237	25
电白区	1198	72	55	55	102	104	184	430	50
高州市	862	85	74	47	74	149	166	541	62
化州市	1157	74	65	58	90	91	132	457	42
信宜市	558	48	30	28	38	59	136	465	43
肇庆市	**3790**	**152**	**173**	**190**	**390**	**235**	**779**	**819**	**139**
端州区									
鼎湖区	118	9	6	14	7	14	47	22	3
高要区	958	41	65	77	99	70	218	210	33
广宁县	475	26	23	15	40	30	113	118	28
怀集县	910	33	33	17	29	59	116	229	36
封开县	376	13	9	16	22	17	60	60	9
德庆县	526	12	19	19	27	13	57	71	18
四会市	427	18	18	32	166	32	168	109	12
惠州市	**4199**	**204**	**197**	**418**	**474**	**541**	**1411**	**931**	**199**
惠城区	682	57	54	78	115	124	335	166	38
惠阳区	546	34	17	78	63	132	224	86	26
博罗县	1013	43	51	70	106	148	361	192	58
惠东县	1435	55	52	151	138	102	288	359	59
龙门县	523	15	23	41	52	35	203	128	18
梅州市	**1792**	**177**	**114**	**113**	**233**	**152**	**611**	**1016**	**187**
梅江区	60	6	10	9	2	8	26	29	14
梅县区	368	30	22	16	75	33	104	143	28
大埔县	216	18	15	32	45	11	36	95	15
丰顺县	262	26	7	11	12	10	48	122	16
五华县	384	50	23	11	36	49	159	204	48
平远县	114	9	6	4	9	6	36	68	14
蕉岭县	88	10	10	7	23	16	69	85	11
兴宁市	300	28	21	23	31	19	133	270	41
汕尾市	**1384**	**93**	**52**	**66**	**126**	**105**	**257**	**536**	**66**
城　区	189	18	14	14	14	26	62	54	8
海丰县	327	41	10	17	49	31	69	100	10
陆河县	142	9	5	11	11	14	35	52	19
陆丰市	726	25	23	24	52	34	91	330	29

4-6c 续表 26 单位：人

地 区 性 别	社会生产服务和生活服务人员								
	住宿和餐饮服务人员	信息传输、软件和信息技术服务人员	金融服务人员	房地产服务人员	租赁和商务服务人员	技术辅助服务人员	水利、环境和公共设施管理服务人员	居民服务人员	电力、燃气及水供应服务人员
河源市	**2213**	**132**	**122**	**151**	**487**	**189**	**640**	**691**	**151**
源城区	110	9	9	7	50	24	60	34	3
紫金县	628	32	30	48	119	60	122	172	42
龙川县	510	31	41	39	100	49	162	154	44
连平县	219	22	9	10	58	17	60	53	6
和平县	272	12	8	16	50	13	86	156	21
东源县	474	26	25	31	110	26	150	122	35
阳江市	**1391**	**79**	**53**	**88**	**149**	**128**	**424**	**419**	**109**
江城区	329	12	7	19	52	37	162	61	12
阳东区	291	27	7	19	27	37	94	68	35
阳西县	263	16	14	20	19	23	72	91	20
阳春市	508	24	25	30	51	31	96	199	42
清远市	**2574**	**148**	**114**	**312**	**319**	**212**	**896**	**757**	**147**
清城区	405	36	26	57	64	42	206	116	22
清新区	516	46	29	103	62	44	189	156	27
佛冈县	333	17	18	37	45	34	96	123	15
阳山县	236	6	10	6	17	13	49	86	10
连山壮族瑶族自治县	67	3	1	4	10		27	26	6
连南瑶族自治县	41		1	6	12	4	27	16	11
英德市	792	28	26	85	82	64	231	156	48
连州市	184	12	3	14	27	11	71	78	8
东莞市	**1632**	**231**	**202**	**259**	**537**	**446**	**960**	**556**	**77**
市辖区	1632	231	202	259	537	446	960	556	77
中山市	**1221**	**155**	**102**	**112**	**465**	**246**	**710**	**305**	**81**
市辖区	1221	155	102	112	465	246	710	305	81
潮州市	**1284**	**89**	**68**	**29**	**111**	**160**	**154**	**413**	**79**
湘桥区	133	1	6	8	11	15	11	34	6
潮安区	606	56	43	8	71	103	63	178	30
饶平县	545	32	19	13	29	42	80	201	43
揭阳市	**5513**	**228**	**146**	**108**	**346**	**287**	**314**	**1404**	**157**
榕城区	197	37	12	5	25	62	54	87	14
揭东区	1126	51	36	27	79	53	48	262	40
揭西县	754	31	23	19	56	34	54	218	24
惠来县	891	21	26	15	20	39	30	236	14
普宁市	2545	88	49	42	166	99	128	601	65
云浮市	**1714**	**65**	**55**	**55**	**168**	**119**	**482**	**477**	**113**
云城区	185	7	12	2	15	11	58	75	13
云安区	205	11	5	10	20	25	89	72	8
新兴县	488	13	16	8	37	32	151	79	48
郁南县	209	14	5	12	22	13	49	87	6
罗定市	627	20	17	23	74	38	135	164	38
男	**29820**	**2687**	**1471**	**2334**	**6280**	**4447**	**5767**	**4847**	**2538**
广州市	**2962**	**552**	**236**	**476**	**1562**	**829**	**1085**	**408**	**330**
荔湾区									
越秀区									
海珠区									
天河区									
白云区	831	216	87	152	461	311	244	103	75
黄埔区	100	33	9	19	50	40	81	12	18
番禺区	364	83	21	53	221	162	176	48	54
花都区	570	92	43	76	284	106	191	82	50
南沙区	179	44	14	23	117	86	86	43	43
从化区	432	30	17	68	191	34	140	55	44
增城区	486	54	45	85	238	90	167	65	46

4－6c 续表 27

单位：人

地区 性别	社会生产服务和生活服务人员								
	住宿和餐饮服务人员	信息传输、软件和信息技术服务人员	金融服务人员	房地产服务人员	租赁和商务服务人员	技术辅助服务人员	水利、环境和公共设施管理服务人员	居民服务人员	电力、燃气及水供应服务人员
韶关市	**861**	**86**	**33**	**69**	**193**	**103**	**234**	**170**	**98**
武江区	44	7	3	10	22	8	16	14	11
浈江区	44	9	3	5	7	8	15	11	2
曲江区	85	8	2	7	34	7	28	14	7
始兴县	47	5	2	1	15	11	16	15	19
仁化县	86	7	1	4	29	6	35	4	7
翁源县	142	11	6	6	20	14	14	30	8
乳源瑶族自治县	90	6	1	9	12	5	23	12	3
新丰县	99	6	3	2	9	9	18	11	5
乐昌市	99	8	5	4	21	12	31	19	20
南雄市	125	19	7	21	24	23	38	40	16
深圳市	**221**	**10**	**2**	**27**	**138**	**38**	**53**	**11**	**9**
罗湖区									
福田区									
南山区									
宝安区									
龙岗区	221	10	2	27	138	38	53	11	9
盐田区									
龙华区									
坪山区									
光明区									
珠海市	**321**	**45**	**23**	**47**	**155**	**39**	**152**	**47**	**26**
香洲区	7						4		2
斗门区	296	43	22	45	138	37	121	44	22
金湾区	18	2	1	2	17	2	27	3	2
汕头市	**1328**	**134**	**68**	**66**	**175**	**531**	**97**	**273**	**92**
龙湖区	74	14	16	13	19	24	12	21	11
金平区	11	5	1	4	4	3		2	
濠江区	73	9	2	18	3	28	6	11	9
潮阳区	466	48	20	11	48	357	33	77	13
潮南区	494	35	16	10	82	58	18	134	38
澄海区	178	20	13	6	10	61	22	22	18
南澳县	32	3		4	9		6	6	3
佛山市	**261**	**44**	**27**	**37**	**123**	**122**	**184**	**52**	**47**
禅城区									
南海区	72	12	11	19	54	45	46	19	11
顺德区	19	4	1	5	16	15	9	2	5
三水区	147	23	14	9	45	56	111	24	29
高明区	23	5	1	4	8	6	18	7	2
江门市	**2435**	**119**	**68**	**95**	**264**	**199**	**331**	**189**	**100**
蓬江区	41	8	6	4	8	8	7	7	5
江海区									
新会区	217	33	8	11	72	37	114	42	21
台山市	1237	30	18	30	39	31	54	69	30
开平市	311	22	6	15	21	53	41	24	15
鹤山市	241	18	21	29	90	43	66	23	11
恩平市	388	8	9	6	34	27	49	24	18
湛江市	**2591**	**166**	**130**	**151**	**337**	**301**	**447**	**443**	**282**
赤坎区	14		2	2	14	2	1	2	
霞山区	34	2	3	9	22	5	18	6	8
坡头区	136	17	8	15	30	31	31	28	12
麻章区	268	15	16	24	57	39	88	46	13
遂溪县	588	29	16	29	27	35	68	61	21
徐闻县	192	26	11	8	22	23	33	34	18
廉江市	605	29	31	18	52	51	109	91	39
雷州市	490	25	31	26	64	76	63	111	37
吴川市	264	23	12	20	49	39	36	64	134

4-6c 续表 28 单位：人

地区 性别	社会生产服务和生活服务人员								
	住宿和餐饮服务人员	信息传输、软件和信息技术服务人员	金融服务人员	房地产服务人员	租赁和商务服务人员	技术辅助服务人员	水利、环境和公共设施管理服务人员	居民服务人员	电力、燃气及水供应服务人员
茂名市	**2222**	**255**	**164**	**159**	**288**	**369**	**308**	**592**	**197**
茂南区	320	41	28	26	67	72	37	75	21
电白区	589	53	31	40	73	78	74	172	46
高州市	433	75	47	30	53	108	74	131	55
化州市	595	48	36	39	69	71	51	108	37
信宜市	285	38	22	24	26	40	72	106	38
肇庆市	**2147**	**112**	**85**	**115**	**315**	**167**	**269**	**248**	**120**
端州区									
鼎湖区	52	9	4	7	6	7	14	3	3
高要区	536	26	25	48	80	49	64	53	30
广宁县	286	19	15	9	34	19	51	30	24
怀集县	562	26	20	12	21	49	45	92	32
封开县	217	9	7	11	18	11	31	19	9
德庆县	271	10	8	8	19	10	23	19	12
四会市	223	13	6	20	137	22	41	32	10
惠州市	**2363**	**158**	**100**	**261**	**388**	**379**	**500**	**262**	**178**
惠城区	396	43	27	45	89	87	137	51	37
惠阳区	306	27	11	60	51	90	74	23	25
博罗县	565	32	28	42	89	94	143	62	50
惠东县	807	45	23	83	115	79	101	92	52
龙门县	289	11	11	31	44	29	45	34	14
梅州市	**991**	**136**	**59**	**67**	**199**	**99**	**274**	**378**	**162**
梅江区	34	3	4	6	2	5	10	8	11
梅县区	200	24	9	7	63	21	43	38	23
大埔县	122	16	6	18	42	8	21	33	13
丰顺县	158	17	5	7	8	6	29	60	15
五华县	209	37	14	7	27	30	68	70	42
平远县	50	6	3	2	7	3	16	24	13
蕉岭县	35	10	6	5	22	11	24	28	8
兴宁市	183	23	12	15	28	15	63	117	37
汕尾市	**860**	**71**	**36**	**50**	**103**	**73**	**126**	**182**	**60**
城区	109	11	10	12	12	21	25	19	7
海丰县	200	33	8	14	41	18	38	45	9
陆河县	74	8	4	6	6	9	18	19	19
陆丰市	477	19	14	18	44	25	45	99	25
河源市	**1205**	**96**	**71**	**101**	**441**	**125**	**243**	**201**	**134**
源城区	60	7	3	5	46	13	22	10	3
紫金县	394	25	19	36	106	38	55	55	39
龙川县	263	25	27	20	91	34	55	39	35
连平县	95	12	4	8	54	14	24	12	4
和平县	141	10	5	12	45	8	37	48	20
东源县	252	17	13	20	99	18	50	37	33
阳江市	**640**	**54**	**27**	**56**	**116**	**100**	**158**	**137**	**104**
江城区	123	10	1	10	44	28	47	23	12
阳东区	130	19	4	15	22	29	39	22	34
阳西县	133	10	9	16	14	22	28	35	20
阳春市	254	15	13	15	36	21	44	57	38
清远市	**1255**	**103**	**43**	**183**	**252**	**148**	**329**	**177**	**133**
清城区	190	24	8	34	56	28	50	35	22
清新区	266	33	10	64	47	27	68	31	25
佛冈县	147	14	7	24	41	30	28	32	14
阳山县	132	2	7	3	12	7	17	13	10
连山壮族瑶族自治县	34	3		4	8		10	2	6
连南瑶族自治县	19			4	10	3	14	4	5
英德市	382	19	10	40	59	47	97	43	43
连州市	85	8	1	10	19	6	45	17	8

4－6c 续表 29

单位：人

地区 性别	社会生产服务和生活服务人员								
	住宿和餐饮服务人员	信息传输、软件和信息技术服务人员	金融服务人员	房地产服务人员	租赁和商务服务人员	技术辅助服务人员	水利、环境和公共设施管理服务人员	居民服务人员	电力、燃气及水供应服务人员
东莞市	**773**	**160**	**105**	**168**	**455**	**285**	**329**	**209**	**68**
市辖区	773	160	105	168	455	285	329	209	68
中山市	**624**	**121**	**42**	**74**	**392**	**146**	**198**	**90**	**73**
市辖区	624	121	42	74	392	146	198	90	73
潮州市	**881**	**61**	**41**	**26**	**63**	**109**	**82**	**167**	**76**
湘桥区	86		6	8	8	7	3	15	6
潮安区	423	38	23	7	39	76	42	68	30
饶平县	372	23	12	11	16	26	37	84	40
揭阳市	**3940**	**157**	**82**	**79**	**183**	**203**	**200**	**495**	**145**
榕城区	142	30	8	4	16	42	24	30	12
揭东区	831	37	17	22	32	35	31	104	36
揭西县	491	20	12	15	25	26	25	69	22
惠来县	625	18	17	10	17	32	16	72	14
普宁市	1851	52	28	28	93	68	104	220	61
云浮市	**939**	**47**	**29**	**27**	**138**	**82**	**168**	**116**	**104**
云城区	89	4	6	1	13	11	18	30	11
云安区	75	9	3	2	18	21	26	13	8
新兴县	256	11	4	5	28	17	45	18	41
郁南县	118	10	5	5	16	5	26	21	6
罗定市	401	13	11	14	63	28	53	34	38
女	**24434**	**923**	**1357**	**1363**	**1625**	**1940**	**10408**	**10900**	**263**
广州市	**3080**	**139**	**256**	**308**	**379**	**397**	**2377**	**1221**	**26**
荔湾区									
越秀区									
海珠区									
天河区									
白云区	805	53	101	94	134	154	410	311	4
黄埔区	115	6	10	19	10	17	159	46	1
番禺区	403	18	25	35	67	59	423	177	4
花都区	564	19	33	58	75	53	420	237	6
南沙区	210	9	20	15	19	58	251	86	
从化区	469	14	31	35	25	16	369	164	3
增城区	514	20	36	52	49	40	345	200	8
韶关市	**1057**	**42**	**48**	**35**	**40**	**64**	**471**	**366**	**24**
武江区	56	10	2	3	6	2	43	38	1
浈江区	46	3	4	5	4	5	51	34	1
曲江区	145	1	3	4	2	4	77	36	
始兴县	61	3	4		2	8	35	19	4
仁化县	120	7	5	2	4	7	54	25	1
翁源县	156	3	8	3	6	7	49	66	2
乳源瑶族自治县	110	2	4	2	3	7	31	25	
新丰县	109	2	4	2	2	9	30	23	2
乐昌市	93	3	4	2	3	3	44	43	10
南雄市	161	8	10	12	8	12	57	57	3
深圳市	**183**	**6**	**5**	**9**	**19**	**12**	**57**	**43**	**1**
罗湖区									
福田区									
南山区									
宝安区									
龙岗区	183	6	5	9	19	12	57	43	1
盐田区									
龙华区									
坪山区									
光明区									

4-6c 续表 30

单位：人

地 区 性 别	社会生产服务和生活服务人员								
	住宿和餐饮服务人员	信息传输、软件和信息技术服务人员	金融服务人员	房地产服务人员	租赁和商务服务人员	技术辅助服务人员	水利、环境和公共设施管理服务人员	居民服务人员	电力、燃气及水供应服务人员
珠海市	**355**	**14**	**19**	**50**	**43**	**15**	**227**	**106**	**2**
香洲区	22				1				
斗门区	305	13	16	48	38	14	197	99	1
金湾区	28	1	3	2	4	1	30	7	1
汕头市	**632**	**52**	**29**	**25**	**112**	**168**	**122**	**372**	**8**
龙湖区	38	5	9	6	10	14	11	30	
金平区	5	3	1		3	2	1	3	
濠江区	42	1		4	3	7	28	17	2
潮阳区	176	21	8	6	34	71	21	173	2
潮南区	240	10	5	3	47	52	24	91	4
澄海区	96	10	6	2	11	21	25	45	
南澳县	35	2		4	4	1	12	13	
佛山市	**407**	**9**	**30**	**30**	**31**	**40**	**387**	**152**	**4**
禅城区									
南海区	141	2	17	7	11	13	118	43	2
顺德区	18		5	6	4	2	15	32	
三水区	216	7	5	12	12	24	222	63	2
高明区	32		3	5	4	1	32	14	
江门市	**2144**	**45**	**78**	**64**	**56**	**117**	**795**	**519**	**8**
蓬江区	45	6	4	5		5	23	30	1
江海区									
新会区	301	9	14	3	12	26	199	96	3
台山市	906	10	17	21	15	16	119	164	1
开平市	335	10	14	4	11	33	182	89	2
鹤山市	281	9	19	21	7	28	185	66	1
恩平市	276	1	10	10	11	9	87	74	
湛江市	**2296**	**59**	**107**	**74**	**80**	**94**	**767**	**921**	**17**
赤坎区	21			2	1		22	4	
霞山区	69	2	2	2	1	2	36	21	1
坡头区	172	7	8	6	9	14	52	68	1
麻章区	277	8	10	13	17	12	126	85	
遂溪县	463	13	21	14	10	15	92	113	2
徐闻县	200	5	16	5	5	8	49	51	
廉江市	462	8	14	11	17	14	177	181	6
雷州市	353	9	22	9	11	13	99	166	5
吴川市	279	7	14	12	9	16	114	232	2
茂名市	**2191**	**80**	**107**	**74**	**105**	**129**	**443**	**1538**	**25**
茂南区	318	15	19	19	22	23	96	162	4
电白区	609	19	24	15	29	26	110	258	4
高州市	429	10	27	17	21	41	92	410	7
化州市	562	26	29	19	21	20	81	349	5
信宜市	273	10	8	4	12	19	64	359	5
肇庆市	**1643**	**40**	**88**	**75**	**75**	**68**	**510**	**571**	**19**
端州区									
鼎湖区	66		2	7	1	7	33	19	
高要区	422	15	40	29	19	21	154	157	3
广宁县	189	7	8	6	6	11	62	88	4
怀集县	348	7	13	5	8	10	71	137	4
封开县	159	4	2	5	4	6	29	41	
德庆县	255	2	11	11	8	3	34	52	6
四会市	204	5	12	12	29	10	127	77	2
惠州市	**1836**	**46**	**97**	**157**	**86**	**162**	**911**	**669**	**21**
惠城区	286	14	27	33	26	37	198	115	1
惠阳区	240	7	6	18	12	42	150	63	1
博罗县	448	11	23	28	17	54	218	130	8
惠东县	628	10	29	68	23	23	187	267	7
龙门县	234	4	12	10	8	6	158	94	4

4－6c 续表 31

单位：人

地 区 性 别	社会生产服务和生活服务人员								
	住宿和餐饮服务人员	信息传输、软件和信息技术服务人员	金融服务人员	房地产服务人员	租赁和商务服务人员	技术辅助服务人员	水利、环境和公共设施管理服务人员	居民服务人员	电力、燃气及水供应服务人员
梅州市	**801**	**41**	**55**	**46**	**34**	**53**	**337**	**638**	**25**
梅江区	26	3	6	3		3	16	21	3
梅县区	168	6	13	9	12	12	61	105	5
大埔县	94	2	9	14	3	3	15	62	2
丰顺县	104	9	2	4	4	4	19	62	1
五华县	175	13	9	4	9	19	91	134	6
平远县	64	3	3	2	2	3	20	44	1
蕉岭县	53		4	2	1	5	45	57	3
兴宁市	117	5	9	8	3	4	70	153	4
汕尾市	**524**	**22**	**16**	**16**	**23**	**32**	**131**	**354**	**6**
城 区	80	7	4	2	2	5	37	35	1
海丰县	127	8	2	3	8	13	31	55	1
陆河县	68	1	1	5	5	5	17	33	
陆丰市	249	6	9	6	8	9	46	231	4
河源市	**1008**	**36**	**51**	**50**	**46**	**64**	**397**	**490**	**17**
源城区	50	2	6	2	4	11	38	24	
紫金县	234	7	11	12	13	22	67	117	3
龙川县	247	6	14	19	9	15	107	115	9
连平县	124	10	5	2	4	3	36	41	2
和平县	131	2	3	4	5	5	49	108	1
东源县	222	9	12	11	11	8	100	85	2
阳江市	**751**	**25**	**26**	**32**	**33**	**28**	**266**	**282**	**5**
江城区	206	2	6	9	8	9	115	38	
阳东区	161	8	3	4	5	8	55	46	1
阳西县	130	6	5	4	5	1	44	56	
阳春市	254	9	12	15	15	10	52	142	4
清远市	**1319**	**45**	**71**	**129**	**67**	**64**	**567**	**580**	**14**
清城区	215	12	18	23	8	14	156	81	
清新区	250	13	19	39	15	17	121	125	2
佛冈县	186	3	11	13	4	4	68	91	1
阳山县	104	4	3	3	5	6	32	73	
连山壮族瑶族自治县	33		1		2		17	24	
连南瑶族自治县	22		1	2	2	1	13	12	6
英德市	410	9	16	45	23	17	134	113	5
连州市	99	4	2	4	8	5	26	61	
东莞市	**859**	**71**	**97**	**91**	**82**	**161**	**631**	**347**	**9**
市辖区	859	71	97	91	82	161	631	347	9
中山市	**597**	**34**	**60**	**38**	**73**	**100**	**512**	**215**	**8**
市辖区	597	34	60	38	73	100	512	215	8
潮州市	**403**	**28**	**27**	**3**	**48**	**51**	**72**	**246**	**3**
湘桥区	47	1			3	8	8	19	
潮安区	183	18	20	1	32	27	21	110	
饶平县	173	9	7	2	13	16	43	117	3
揭阳市	**1573**	**71**	**64**	**29**	**163**	**84**	**114**	**909**	**12**
榕城区	55	7	4	1	9	20	30	57	2
揭东区	295	14	19	5	47	18	17	158	4
揭西县	263	11	11	4	31	8	29	149	2
惠来县	266	3	9	5	3	7	14	164	
普宁市	694	36	21	14	73	31	24	381	4
云浮市	**775**	**18**	**26**	**28**	**30**	**37**	**314**	**361**	**9**
云城区	96	3	6	1	2		40	45	2
云安区	130	2	2	8	2	4	63	59	
新兴县	232	2	12	3	9	15	106	61	7
郁南县	91	4		7	6	8	23	66	
罗定市	226	7	6	9	11	10	82	130	

4-6c　续表 32　　　　单位：人

地区 性别	社会生产服务和生活服务人员				农、林、牧、渔业生产及辅助人员				
	修理及制作服务人员	文化、体育和娱乐服务人员	健康服务人员	其他社会生产和生活服务人员	小计	农业生产人员	林业生产人员	畜牧业生产人员	渔业生产人员
广　东	**13087**	**1179**	**315**	**351**	**319016**	**267612**	**5042**	**21976**	**22032**
广州市	**1687**	**175**	**66**	**51**	**11009**	**9743**	**229**	**384**	**579**
荔湾区									
越秀区									
海珠区									
天河区									
白云区	362	57	26	3	1671	1550	19	48	43
黄埔区	55	5	2	2	133	106	9	11	1
番禺区	180	22	6	2	858	635	25	42	144
花都区	338	32	11	10	1202	992	41	42	117
南沙区	102	5	7	1	1888	1696	14	17	145
从化区	210	33	3	17	2187	1959	83	126	12
增城区	440	21	11	16	3070	2805	38	98	117
韶关市	**491**	**51**	**5**	**10**	**21140**	**19020**	**501**	**1279**	**175**
武江区	27	1			521	414	10	68	15
浈江区	29	6		4	591	501	14	52	20
曲江区	54	6	1		1803	1602	33	123	27
始兴县	49	3		1	2325	2112	75	107	4
仁化县	35	6			2110	1895	93	63	25
翁源县	97	4	1	1	3741	3234	74	367	32
乳源瑶族自治县	41	2			1740	1570	23	128	7
新丰县	35	2	1	1	1111	932	22	127	17
乐昌市	41	6	1	1	3223	3041	82	91	5
南雄市	83	15	1	2	3975	3719	75	153	23
深圳市	**21**	**14**	**1**	**1**	**67**	**43**	**1**	**2**	**18**
罗湖区									
福田区									
南山区									
宝安区									
龙岗区	21	14	1	1	67	43	1	2	18
盐田区									
龙华区									
坪山区									
光明区									
珠海市	**157**	**48**	**8**	**15**	**1648**	**343**	**30**	**20**	**1142**
香洲区	2	5			8		1		7
斗门区	137	43	7	5	1418	278	27	20	980
金湾区	18		1	10	222	65	2		155
汕头市	**666**	**36**	**15**	**10**	**7693**	**6365**	**39**	**349**	**906**
龙湖区	49	7	1		460	398	1	26	28
金平区	6		1	1	113	70		9	34
濠江区	13	4	1	1	260	91		7	160
潮阳区	258	10	5	1	2443	2296	9	43	93
潮南区	223	11	3	3	1932	1544	20	142	218
澄海区	115	4	4	4	2301	1864	8	120	294
南澳县	2				184	102	1	2	79
佛山市	**184**	**10**	**5**	**37**	**3116**	**1575**	**109**	**368**	**1050**
禅城区									
南海区	73	3	2		626	408	13	21	181
顺德区	16		1	36	174	7			166
三水区	85	6	2	1	1681	798	51	266	559
高明区	10	1			635	362	45	81	144

4−6c　续表 33　　　　单位：人

地　区 性　别	社会生产服务和生活服务人员 修理及制作服务人　员	 文化、体育和娱乐服务人员	 健康服务人　　员	 其他社会生产和生活服务人　员	农、林、牧、渔业生产及辅助人员 小计	 农业生产人　　员	 林业生产人　　员	 畜牧业生产人员	 渔业生产人　　员
江门市	**682**	**85**	**14**	**26**	**15587**	**10884**	**226**	**1683**	**2527**
蓬江区	26	4		1	170	16	1	10	141
江海区									
新会区	153	11	2	11	2916	1668	47	169	969
台山市	232	39	4	6	7205	5589	47	479	931
开平市	96	16	2	5	2519	1675	55	627	138
鹤山市	95	8	5	2	1168	745	45	129	242
恩平市	80	7	1	1	1609	1191	31	269	106
湛江市	**1133**	**88**	**21**	**12**	**59011**	**50223**	**569**	**2444**	**5506**
赤坎区	3			1	65	61	2	2	
霞山区	18	3			254	192	1	3	58
坡头区	75	7	1	1	1803	1202	21	67	504
麻章区	95	5		3	4426	3345	32	107	929
遂溪县	167	20	5		11622	10169	111	427	826
徐闻县	90	8	1	1	10392	8756	53	265	1268
廉江市	275	16	8		11189	9559	96	1152	368
雷州市	242	18	5	1	14720	12889	239	211	1295
吴川市	168	11	1	5	4540	4050	14	210	258
茂名市	**1191**	**109**	**25**	**27**	**43115**	**37880**	**365**	**3051**	**1316**
茂南区	178	20	3	2	2417	2042	11	295	60
电白区	265	31	3	7	8727	7280	71	494	866
高州市	314	14	5	5	14961	14103	103	560	158
化州市	259	30	14	6	8604	6686	126	1190	192
信宜市	175	14		7	8406	7769	54	512	40
肇庆市	**768**	**48**	**10**	**16**	**26860**	**23413**	**483**	**1515**	**1281**
端州区									
鼎湖区	22	3			543	224	1	70	242
高要区	223	15	6	1	5986	4829	68	553	512
广宁县	88	3	1	4	2153	1855	145	115	23
怀集县	215	5		3	7370	6834	137	300	48
封开县	72	4		1	4338	4099	19	172	33
德庆县	76	6	3	4	4865	4657	53	76	28
四会市	72	12		3	1605	915	60	229	395
惠州市	**838**	**96**	**25**	**12**	**13355**	**11254**	**208**	**829**	**971**
惠城区	182	21	2	2	1482	1206	26	100	135
惠阳区	129	12	4	3	1082	907	15	61	92
博罗县	215	25	14	4	3124	2444	82	391	183
惠东县	210	26	5	1	6250	5445	41	214	526
龙门县	102	12		2	1417	1252	44	63	35
梅州市	**685**	**51**	**14**	**10**	**12840**	**11245**	**189**	**1200**	**156**
梅江区	18	6	1	3	206	180	6	16	3
梅县区	86	10	5	3	3365	3153	27	139	38
大埔县	62	3	2	2	1561	1412	10	119	14
丰顺县	81	10	1		1822	1442	72	274	31
五华县	213	11	3		1654	1385	30	209	13
平远县	29	4			1214	1124	6	75	4
蕉岭县	57	7			1102	963	16	98	22
兴宁市	139		2	2	1916	1586	22	270	31
汕尾市	**499**	**20**	**6**	**9**	**6003**	**4642**	**68**	**330**	**914**
城　区	52	4	1	1	555	248		33	257
海丰县	99	6	5	5	1461	1249	26	74	103
陆河县	43	1		1	263	184	30	47	1
陆丰市	305	9		2	3724	2961	12	176	553

4-6c　续表 34　　　　　　　　　　　　　　　　　　　　单位：人

地　区 性　别	社会生产服务和生活服务人员				农、林、牧、渔业生产及辅助人员				
	修理及制作服务人　员	文化、体育和娱乐服务人员	健康服务人　员	其他社会生产和生活服务人　员	小计	农业生产人　员	林业生产人　员	畜牧业生产人员	渔业生产人　员
河源市	**543**	**45**	**21**	**9**	**8212**	**6715**	**178**	**1156**	**104**
源城区	16	5	4		106	50	15	36	2
紫金县	115	11	2		1738	1292	41	361	21
龙川县	207	9	5	6	1958	1665	25	231	22
连平县	49	2	4		1407	1228	10	156	12
和平县	60	5		2	1441	1175	46	196	13
东源县	96	13	6	1	1562	1305	41	176	34
阳江市	**361**	**27**	**7**	**9**	**14178**	**10562**	**118**	**2036**	**1383**
江城区	79	8			1124	654	9	175	273
阳东区	77	7	3	1	2758	2113	20	404	204
阳西县	67	5	1	6	2681	1575	18	298	763
阳春市	138	7	3	2	7615	6220	71	1159	143
清远市	**597**	**74**	**17**	**38**	**18923**	**15400**	**683**	**2378**	**314**
清城区	92	15	3	3	1233	798	43	347	36
清新区	127	9	5	6	2348	1783	64	347	137
佛冈县	68	6	2	13	915	715	50	133	10
阳山县	44	7	3	3	1363	1087	16	243	7
连山壮族瑶族自治县	15			1	725	639	29	37	12
连南瑶族自治县	13	7	1	6	1113	1052	28	17	2
英德市	195	26	3	2	8092	6341	402	1181	100
连州市	43	4		4	3134	2985	51	73	10
东莞市	**414**	**68**	**15**	**7**	**680**	**579**	**24**	**34**	**32**
市辖区	414	68	15	7	680	579	24	34	32
中山市	**295**	**34**	**7**	**10**	**1959**	**953**	**85**	**54**	**838**
市辖区	295	34	7	10	1959	953	85	54	838
潮州市	**392**	**19**	**8**	**5**	**10685**	**8826**	**53**	**404**	**1350**
湘桥区	28	4		1	909	791	11	71	18
潮安区	200	5	5	3	3042	2894	18	68	55
饶平县	164	10	3	1	6734	5141	24	265	1277
揭阳市	**1117**	**57**	**17**	**33**	**29231**	**26306**	**780**	**866**	**1144**
榕城区	69	3	1		1892	1670	69	15	132
揭东区	194	16	4	17	5130	4695	26	248	135
揭西县	154	13	1	6	3441	3038	20	212	150
惠来县	231	8	4	5	7400	6480	9	199	682
普宁市	469	17	7	5	11368	10423	656	192	45
云浮市	**366**	**24**	**8**	**4**	**13704**	**11641**	**104**	**1594**	**326**
云城区	42			2	685	531	12	110	31
云安区	37	2	2	1	829	656	19	118	33
新兴县	89	12	2		3859	2811	32	830	177
郁南县	48	1	3		2976	2664	25	247	19
罗定市	150	9	1	1	5355	4979	16	289	66
男	**11892**	**693**	**124**	**187**	**182797**	**146164**	**3659**	**14529**	**17016**
广州市	**1515**	**91**	**22**	**23**	**6145**	**5259**	**148**	**280**	**411**
荔湾区									
越秀区									
海珠区									
天河区									
白云区	335	34	12		922	834	9	36	35
黄埔区	51	2	1	1	76	57	6	8	1
番禺区	162	11	2		500	353	13	30	96
花都区	297	14	3	5	693	547	27	29	84
南沙区	87	2	2		967	839	8	13	97
从化区	190	16		10	1255	1086	57	96	12
增城区	393	12	2	7	1732	1543	28	68	86

4-6c 续表 35 单位：人

地区 性别	社会生产服务和生活服务人员				农、林、牧、渔业生产及辅助人员				
	修理及制作服务人员	文化、体育和娱乐服务人员	健康服务人员	其他社会生产和生活服务人员	小计	农业生产人员	林业生产人员	畜牧业生产人员	渔业生产人员
韶关市	**435**	**22**	**1**	**4**	**11373**	**9873**	**378**	**871**	**138**
武江区	24				305	232	7	45	12
浈江区	28	2		1	321	249	13	41	15
曲江区	48	1			977	829	23	87	22
始兴县	45	1			1202	1047	63	71	3
仁化县	31	3			1129	997	64	36	16
翁源县	82	4			2107	1750	63	245	24
乳源瑶族自治县	37	1			889	771	18	86	5
新丰县	32	1	1	1	624	490	18	90	16
乐昌市	35	2		1	1733	1599	56	70	4
南雄市	73	7		1	2086	1909	53	100	21
深圳市	**20**	**11**	**1**	**1**	**45**	**23**	**1**	**2**	**17**
罗湖区									
福田区									
南山区									
宝安区									
龙岗区	20	11	1	1	45	23	1	2	17
盐田区									
龙华区									
坪山区									
光明区									
珠海市	**139**	**27**	**1**	**9**	**1092**	**185**	**23**	**13**	**784**
香洲区	2	2			8		1		7
斗门区	120	25	1	3	946	151	21	13	674
金湾区	17			6	138	34	1		103
汕头市	**619**	**19**	**8**	**7**	**5744**	**4625**	**26**	**233**	**832**
龙湖区	47	6	1		359	309		19	26
金平区	6		1		99	60		6	33
濠江区	13	1		1	204	46		4	152
潮阳区	242	7	2	1	1944	1822	8	32	81
潮南区	199	3	2	2	1390	1084	12	87	201
澄海区	110	2	2	3	1609	1243	5	83	264
南澳县	2				139	61	1	2	75
佛山市	**167**	**7**	**3**	**10**	**1924**	**859**	**71**	**222**	**765**
禅城区									
南海区	67	2			392	238	9	14	131
顺德区	16		1	10	129	4			124
三水区	74	4	2		1023	421	31	160	406
高明区	10	1			380	196	31	48	104
江门市	**621**	**55**	**4**	**11**	**9447**	**6182**	**151**	**1085**	**1873**
蓬江区	22	3			138	10		8	119
江海区									
新会区	138	8		4	1780	913	25	111	694
台山市	214	25	3	3	4356	3244	35	289	693
开平市	86	10	1	3	1477	924	38	405	98
鹤山市	83	5			713	399	32	84	192
恩平市	78	4		1	983	692	21	188	77
湛江市	**1028**	**58**	**6**	**8**	**33292**	**27040**	**361**	**1625**	**4114**
赤坎区	2				37	34	2	1	
霞山区	15	3			163	113		1	49
坡头区	70	4	1	1	1001	565	15	45	371
麻章区	85	3		1	2737	1891	26	86	724
遂溪县	147	14	1		6536	5537	55	295	614
徐闻县	79	5		1	5893	4759	35	165	908
廉江市	256	9	2		6218	5102	69	737	301
雷州市	220	14	2	1	8321	6963	148	159	992
吴川市	154	6		4	2386	2076	11	136	155

4-6c　续表 36　　　　　　　　　　　　　　　　　　　　　　单位：人

地　区 性　别	社会生产服务和生活服务人员				农、林、牧、渔业生产及辅助人员				
	修理及制作服务人员	文化、体育和娱乐服务人员	健康服务人员	其他社会生产和生活服务人员	小计	农业生产人员	林业生产人员	畜牧业生产人员	渔业生产人员
茂名市	**1066**	**69**	**12**	**20**	**22153**	**18609**	**245**	**1931**	**1097**
茂南区	174	14	1	2	1250	1007	7	183	46
电白区	235	19	1	7	5078	3878	52	355	786
高州市	279	9	3	5	7571	7031	60	353	99
化州市	219	19	7	3	4226	3081	89	704	136
信宜市	159	8		3	4028	3612	37	336	30
肇庆市	**694**	**30**	**5**	**8**	**13502**	**11256**	**303**	**975**	**875**
端州区									
鼎湖区	20	2			323	113	1	46	161
高要区	212	8	3		3182	2423	53	344	347
广宁县	84	2		2	1034	838	89	79	21
怀集县	184	4		3	3339	2994	80	204	36
封开县	66	3			2191	2038	13	109	22
德庆县	66	3	2	2	2552	2414	30	55	21
四会市	62	8		1	881	436	37	138	267
惠州市	**770**	**51**	**9**	**7**	**7835**	**6297**	**158**	**573**	**741**
惠城区	156	13		1	893	697	17	78	89
惠阳区	118	9	1	2	633	501	10	42	75
博罗县	202	14	6	3	1929	1428	63	270	149
惠东县	197	10	2	1	3522	2939	33	138	394
龙门县	97	5			858	732	35	45	34
梅州市	**622**	**25**	**6**	**6**	**6671**	**5573**	**140**	**809**	**119**
梅江区	18	3		2	105	90	3	9	2
梅县区	79	4	2	1	1788	1634	21	98	30
大埔县	55			1	813	709	10	79	10
丰顺县	75	7			1041	794	44	182	20
五华县	187	5	2		789	618	26	129	10
平远县	27	2			637	568	4	57	3
蕉岭县	55	4			498	399	14	63	20
兴宁市	126		2	2	1000	761	18	192	24
汕尾市	**452**	**16**	**4**	**4**	**4608**	**3402**	**59**	**270**	**844**
城　区	49	4	1	1	466	180		27	247
海丰县	88	3	3	1	1093	912	21	60	94
陆河县	40	1		1	185	120	27	37	1
陆丰市	275	8		1	2864	2190	11	146	502
河源市	**484**	**24**	**11**	**5**	**4544**	**3471**	**155**	**793**	**86**
源城区	16	2	3		66	29	11	21	2
紫金县	99	6	1		964	651	37	243	19
龙川县	192	5	2	4	1067	856	20	163	17
连平县	42	1	3		725	602	10	103	9
和平县	53	4		1	800	597	41	146	11
东源县	82	6	2		922	736	36	117	28
阳江市	**337**	**15**	**5**	**8**	**8235**	**5643**	**87**	**1362**	**1102**
江城区	73	6			683	330	7	123	219
阳东区	73	2	3		1615	1174	15	266	151
阳西县	64	3	1	6	1770	901	11	214	629
阳春市	127	4	1	2	4167	3238	54	759	103
清远市	**531**	**40**	**6**	**20**	**10812**	**8424**	**500**	**1557**	**241**
清城区	87	6		2	656	367	36	219	26
清新区	111	5	2	4	1278	885	47	235	103
佛冈县	60	3		7	548	396	43	93	9
阳山县	41	5	2	2	756	552	15	175	5
连山壮族瑶族自治县	14				433	371	21	27	8
连南瑶族自治县	13	4		4	618	578	17	11	2
英德市	165	15	2	1	4641	3503	282	746	79
连州市	40	2			1882	1772	39	51	9

4-6c 续表 37

单位：人

地区 性别	社会生产服务和生活服务人员				农、林、牧、渔业生产及辅助人员				
	修理及制作服务人员	文化、体育和娱乐服务人员	健康服务人员	其他社会生产和生活服务人员	小计	农业生产人员	林业生产人员	畜牧业生产人员	渔业生产人员
东莞市	**372**	**47**	**3**	**4**	**423**	**350**	**17**	**23**	**25**
市辖区	372	47	3	4	423	350	17	23	25
中山市	**266**	**23**	**2**	**7**	**1248**	**510**	**53**	**38**	**624**
市辖区	266	23	2	7	1248	510	53	38	624
潮州市	**367**	**12**	**3**	**4**	**6762**	**5341**	**38**	**293**	**1056**
湘桥区	26	2		1	587	507	8	44	17
潮安区	187	2	1	2	2010	1885	15	57	47
饶平县	154	8	2	1	4165	2949	15	192	992
揭阳市	**1054**	**39**	**11**	**19**	**20068**	**17659**	**671**	**610**	**1040**
榕城区	67	2	1		1510	1310	56	11	128
揭东区	182	13	3	12	3625	3298	22	170	114
揭西县	136	7	1	3	2194	1912	18	133	120
惠来县	218	6	3	1	4620	3819	8	139	637
普宁市	451	11	3	3	8119	7320	567	157	41
云浮市	**333**	**12**	**1**	**2**	**6874**	**5583**	**74**	**964**	**232**
云城区	40			1	341	237	8	73	22
云安区	35	1			406	297	15	68	25
新兴县	78	5			1879	1247	19	487	120
郁南县	46	1	1		1609	1415	18	150	16
罗定市	134	5		1	2639	2387	14	186	49
女	**1195**	**486**	**191**	**164**	**136219**	**121448**	**1383**	**7447**	**5016**
广州市	**172**	**84**	**44**	**28**	**4864**	**4484**	**81**	**104**	**168**
荔湾区									
越秀区									
海珠区									
天河区									
白云区	27	23	14	3	749	716	10	12	8
黄埔区	4	3	1	1	57	49	3	3	
番禺区	18	11	4	2	358	282	12	12	48
花都区	41	18	8	5	509	445	14	13	33
南沙区	15	3	5	1	921	857	6	4	48
从化区	20	17	3	7	932	873	26	30	
增城区	47	9	9	9	1338	1262	10	30	31
韶关市	**56**	**29**	**4**	**6**	**9767**	**9147**	**123**	**408**	**37**
武江区	3	1			216	182	3	23	3
浈江区	1	4		3	270	252	1	11	5
曲江区	6	5	1		826	773	10	36	5
始兴县	4	2		1	1123	1065	12	36	1
仁化县	4	3			981	898	29	27	9
翁源县	15		1	1	1634	1484	11	122	8
乳源瑶族自治县	4	1			851	799	5	42	2
新丰县	3	1			487	442	4	37	1
乐昌市	6	4	1		1490	1442	26	21	1
南雄市	10	8	1	1	1889	1810	22	53	2
深圳市	**1**	**3**			**22**	**20**			**1**
罗湖区									
福田区									
南山区									
宝安区									
龙岗区	1	3			22	20			1
盐田区									
龙华区									
坪山区									
光明区									

4-6c　续表 38　　　　单位：人

地　区 性　别	社会生产服务和生活服务人员				农、林、牧、渔业生产及辅助人员				
	修理及制作服务人　员	文化、体育和娱乐服务人员	健康服务人　员	其他社会生产和生活服务人　员	小计	农业生产人　员	林业生产人　员	畜牧业生产人员	渔业生产人　员
珠海市	**18**	**21**	**7**	**6**	**556**	**158**	**7**	**7**	**358**
香洲区		3							
斗门区	17	18	6	2	472	127	6	7	306
金湾区	1		1	4	84	31	1		52
汕头市	**47**	**17**	**7**	**3**	**1949**	**1740**	**13**	**116**	**74**
龙湖区	2	1			101	89	1	7	2
金平区				1	14	10		3	1
濠江区		3	1		56	45		3	8
潮阳区	16	3	3		499	474	1	11	12
潮南区	24	8	1	1	542	460	8	55	17
澄海区	5	2	2	1	692	621	3	37	30
南澳县					45	41			4
佛山市	**17**	**3**	**2**	**27**	**1192**	**716**	**38**	**146**	**285**
禅城区									
南海区	6	1	2		234	170	4	7	50
顺德区				26	45	3			42
三水区	11	2		1	658	377	20	106	153
高明区					255	166	14	33	40
江门市	**61**	**30**	**10**	**15**	**6140**	**4702**	**75**	**598**	**654**
蓬江区	4	1		1	32	6	1	2	22
江海区									
新会区	15	3	2	7	1136	755	22	58	275
台山市	18	14	1	3	2849	2345	12	190	238
开平市	10	6	1	2	1042	751	17	222	40
鹤山市	12	3	5	2	455	346	13	45	50
恩平市	2	3	1		626	499	10	81	29
湛江市	**105**	**30**	**15**	**4**	**25719**	**23183**	**208**	**819**	**1392**
赤坎区	1			1	28	27		1	
霞山区	3				91	79	1	2	9
坡头区	5	3			802	637	6	22	133
麻章区	10	2		2	1689	1454	6	21	205
遂溪县	20	6	4		5086	4632	56	132	212
徐闻县	11	3	1		4499	3997	18	100	360
廉江市	19	7	6		4971	4457	27	415	67
雷州市	22	4	3		6399	5926	91	52	303
吴川市	14	5	1	1	2154	1974	3	74	103
茂名市	**125**	**40**	**13**	**7**	**20962**	**19271**	**120**	**1120**	**219**
茂南区	4	6	2		1167	1035	4	112	14
电白区	30	12	2		3649	3402	19	139	80
高州市	35	5	2		7390	7072	43	207	59
化州市	40	11	7	3	4378	3605	37	486	56
信宜市	16	6		4	4378	4157	17	176	10
肇庆市	**74**	**18**	**5**	**8**	**13358**	**12157**	**180**	**540**	**406**
端州区									
鼎湖区	2	1			220	111		24	81
高要区	11	7	3	1	2804	2406	15	209	165
广宁县	4	1	1	2	1119	1017	56	36	2
怀集县	31	1			4031	3840	57	96	12
封开县	6	1		1	2147	2061	6	63	11
德庆县	10	3	1	2	2313	2243	23	21	7
四会市	10	4		2	724	479	23	91	128
惠州市	**68**	**45**	**16**	**5**	**5520**	**4957**	**50**	**256**	**230**
惠城区	26	8	2	1	589	509	9	22	46
惠阳区	11	3	3	1	449	406	5	19	17
博罗县	13	11	8	1	1195	1016	19	121	34
惠东县	13	16	3		2728	2506	8	76	132
龙门县	5	7		2	559	520	9	18	1

4-6c 续表 39

单位：人

地区 性别	社会生产服务和生活服务人员				农、林、牧、渔业生产及辅助人员				
	修理及制作服务人员	文化、体育和娱乐服务人员	健康服务人员	其他社会生产和生活服务人员	小计	农业生产人员	林业生产人员	畜牧业生产人员	渔业生产人员
梅州市	**63**	**26**	**8**	**4**	**6169**	**5672**	**49**	**391**	**37**
梅江区		3	1	1	101	90	3	7	1
梅县区	7	6	3	2	1577	1519	6	41	8
大埔县	7	3	2	1	748	703		40	4
丰顺县	6	3	1		781	648	28	92	11
五华县	26	6	1		865	767	4	80	3
平远县	2	2			577	556	2	18	1
蕉岭县	2	3			604	564	2	35	2
兴宁市	13				916	825	4	78	7
汕尾市	**47**	**4**	**2**	**5**	**1395**	**1240**	**9**	**60**	**70**
城区	3				89	68		6	10
海丰县	11	3	2	4	368	337	5	14	9
陆河县	3				78	64	3	10	
陆丰市	30	1		1	860	771	1	30	51
河源市	**59**	**21**	**10**	**4**	**3668**	**3244**	**23**	**363**	**18**
源城区		3	1		40	21	4	15	
紫金县	16	5	1		774	641	4	118	2
龙川县	15	4	3	2	891	809	5	68	5
连平县	7	1	1		682	626		53	3
和平县	7	1		1	641	578	5	50	2
东源县	14	7	4	1	640	569	5	59	6
阳江市	**24**	**12**	**2**	**1**	**5943**	**4919**	**31**	**674**	**281**
江城区	6	2			441	324	2	52	54
阳东区	4	5		1	1143	939	5	138	53
阳西县	3	2			911	674	7	84	134
阳春市	11	3	2		3448	2982	17	400	40
清远市	**66**	**34**	**11**	**18**	**8111**	**6976**	**183**	**821**	**73**
清城区	5	9	3	1	577	431	7	128	10
清新区	16	4	3	2	1070	898	17	112	34
佛冈县	8	3	2	6	367	319	7	40	1
阳山县	3	2	1	1	607	535	1	68	2
连山壮族瑶族自治县	1			1	292	268	8	10	4
连南瑶族自治县		3	1	2	495	474	11	6	
英德市	30	11	1	1	3451	2838	120	435	21
连州市	3	2		4	1252	1213	12	22	1
东莞市	**42**	**21**	**12**	**3**	**257**	**229**	**7**	**11**	**7**
市辖区	42	21	12	3	257	229	7	11	7
中山市	**29**	**11**	**5**	**3**	**711**	**443**	**32**	**16**	**214**
市辖区	29	11	5	3	711	443	32	16	214
潮州市	**25**	**7**	**5**	**1**	**3923**	**3485**	**15**	**111**	**294**
湘桥区	2	2			322	284	3	27	1
潮安区	13	3	4	1	1032	1009	3	11	8
饶平县	10	2	1		2569	2192	9	73	285
揭阳市	**63**	**18**	**6**	**14**	**9163**	**8647**	**109**	**256**	**104**
榕城区	2	1			382	360	13	4	4
揭东区	12	3	1	5	1505	1397	4	78	21
揭西县	18	6		3	1247	1126	2	79	30
惠来县	13	2	1	4	2780	2661	1	60	45
普宁市	18	6	4	2	3249	3103	89	35	4
云浮市	**33**	**12**	**7**	**2**	**6830**	**6058**	**30**	**630**	**94**
云城区	2			1	344	294	4	37	9
云安区	2	1	2	1	423	359	4	50	8
新兴县	11	7	2		1980	1564	13	343	57
郁南县	2		2		1367	1249	7	97	3
罗定市	16	4	1		2716	2592	2	103	17

4-6c　续表 40　　　　单位：人

地　区 性　别	农林牧渔生产辅助人员	其他农、林、牧、渔业生产加工人员	生产制造及有关人员						
			小计	农副产品加工人员	食品、饮料生产加工人员	烟草及其制品加工人员	纺织、针织、印染人员	纺织品、服装和皮革、毛皮制品加工制作人员	木材加工、家具与木制品制作人员
广　东	**2052**	**302**	**433213**	**5260**	**5783**	**42**	**6648**	**54143**	**14710**
广州市	**71**	**3**	**43464**	**358**	**956**	**1**	**481**	**4936**	**1925**
荔湾区									
越秀区									
海珠区									
天河区									
白云区	11		12590	123	210	1	70	1168	882
黄埔区	5	1	1564	8	31		2	32	56
番禺区	12		6867	17	119		37	895	204
花都区	9	1	9031	61	124		181	1861	230
南沙区	15	1	5091	69	176		137	364	200
从化区	7		3759	32	132		22	205	125
增城区	12		4562	48	164		32	411	228
韶关市	**159**	**6**	**11274**	**183**	**184**	**11**	**76**	**384**	**384**
武江区	13	1	707	19	15			19	20
浈江区	4		588	4	8			11	13
曲江区	18		1097	27	32	1	14	19	36
始兴县	26	1	1233	18	20		3	25	26
仁化县	34		980	12	17			12	75
翁源县	33	1	1637	36	30		15	38	66
乳源瑶族自治县	11	1	1061	20	11	1	5	33	25
新丰县	12	1	920	6	17			14	34
乐昌市	4		1381	9	13	3	26	95	50
南雄市	4	1	1670	32	21	6	13	118	39
深圳市	**3**		**1648**	**6**	**32**		**1**	**70**	**199**
罗湖区									
福田区									
南山区									
宝安区									
龙岗区	3		1648	6	32		1	70	199
盐田区									
龙华区									
坪山区									
光明区									
珠海市	**113**		**4832**	**61**	**44**		**48**	**166**	**72**
香洲区			42		1				2
斗门区	113		4497	60	41		47	156	67
金湾区			293	1	2		1	10	3
汕头市	**30**	**4**	**32963**	**194**	**180**	**1**	**2049**	**11293**	**210**
龙湖区	4	3	2278	45	52		458	620	38
金平区			155	26	3		2	15	2
濠江区	2		1131	14	10		3	84	13
潮阳区	2		14285	58	26		308	5684	103
潮南区	7	1	9392	25	48	1	923	4495	32
澄海区	15		5655	22	38		354	395	22
南澳县			67	4	3		1		
佛山市	**12**	**2**	**12375**	**85**	**79**	**1**	**521**	**329**	**1339**
禅城区									
南海区	3		4495	26	32		75	167	241
顺德区	1		1445	2	3	1	3	15	777
三水区	6	1	5932	48	41		426	98	233
高明区	2	1	503	9	3		17	49	88

4—6c 续表 41

单位：人

地区 性别	农林牧渔生产辅助人员	其他农、林、牧、渔业生产加工人员	生产制造及有关人员 小计	农副产品加工人员	食品、饮料生产加工人员	烟草及其制品加工人员	纺织、针织、印染人员	纺织品、服装和皮革、毛皮制品加工制作人员	木材加工、家具与木制品制作人员
江门市	**174**	**93**	**23116**	**279**	**434**	**3**	**372**	**1673**	**1480**
蓬江区	1	1	441	2	17	1	6	59	10
江海区									
新会区	54	9	5738	54	111		124	207	593
台山市	78	81	4387	102	93	1	58	509	197
开平市	24		4908	61	67		95	369	303
鹤山市	7		4615	51	106	1	42	367	351
恩平市	10	2	3027	9	40		47	162	26
湛江市	**243**	**26**	**28904**	**780**	**417**	**3**	**158**	**857**	**629**
赤坎区			90	3	2				3
霞山区			227	27	5		2	4	2
坡头区	8	1	3285	50	24	2	7	37	46
麻章区	11	2	2438	129	45	1	84	33	53
遂溪县	80	9	3152	121	80		14	84	54
徐闻县	50		1037	63	24		7	25	33
廉江市	12	2	7731	93	86		10	214	159
雷州市	74	12	4703	186	110		22	163	139
吴川市	8		6241	108	41		12	297	140
茂名市	**488**	**15**	**37386**	**719**	**310**	**12**	**147**	**1985**	**946**
茂南区	9		4373	53	38		4	104	66
电白区	15	1	9778	144	89	1	23	334	102
高州市	34	3	7736	110	74	8	46	756	176
化州市	401	9	9323	333	74	3	39	395	266
信宜市	29	2	6176	79	35		35	396	336
肇庆市	**135**	**33**	**22999**	**314**	**333**	**1**	**240**	**2149**	**755**
端州区									
鼎湖区	6		529	4	6		5	53	8
高要区	23	1	7648	68	85		40	608	173
广宁县	14	1	2552	54	35		2	159	116
怀集县	36	15	5493	89	79		49	962	227
封开县	14	1	1996	20	34	1	9	141	49
德庆县	37	14	1747	45	53		13	84	55
四会市	5	1	3034	34	41		122	142	127
惠州市	**89**	**4**	**32849**	**297**	**325**	**1**	**292**	**4414**	**1917**
惠城区	15		6887	43	52	1	32	250	153
惠阳区	7		8232	63	53		26	340	671
博罗县	24		9154	71	115		205	930	583
惠东县	23	1	6754	87	70		21	2840	209
龙门县	20	3	1822	33	35		8	54	301
梅州市	**47**	**3**	**14472**	**265**	**272**	**7**	**40**	**484**	**330**
梅江区	1		331	4	6		1	6	6
梅县区	7	1	2126	28	52	3	10	54	26
大埔县	5	1	1371	17	18		1	67	39
丰顺县	3		1507	36	67		1	27	28
五华县	17		4124	54	39		3	75	79
平远县	4	1	1072	15	11		8	57	57
蕉岭县	3		1027	26	27	4		14	61
兴宁市	7		2914	85	52		16	184	34
汕尾市	**47**	**2**	**9531**	**126**	**82**		**76**	**1316**	**192**
城　区	16	1	1245	21	17		26	79	17
海丰县	9		3740	42	22		31	1005	47
陆河县	1		1165	2	6		1	26	44
陆丰市	21	1	3381	61	37		18	206	84

4-6c 续表 42 单位：人

地区 性别	农林牧渔生产辅助人员	其他农、林、牧、渔业生产加工人员	生产制造及有关人员 小计	农副产品加工人员	食品、饮料生产加工人员	烟草及其制品加工人员	纺织、针织、印染人员	纺织品、服装和皮革、毛皮制品加工制作人员	木材加工、家具与木制品制作人员
河源市	**56**	**3**	**14061**	**268**	**179**		**80**	**943**	**442**
源城区	3		1011	13	18		4	68	24
紫金县	23		3086	20	53		15	199	101
龙川县	14	1	4124	78	33		16	339	116
连平县	1		1358	43	20		7	71	30
和平县	9	2	2006	47	24		28	137	62
东源县	6		2476	67	31		10	129	109
阳江市	**54**	**25**	**15007**	**159**	**126**		**129**	**865**	**361**
江城区	13		3729	63	13		14	171	52
阳东区	7	10	4149	22	20		21	124	192
阳西县	15	12	2998	37	47		25	166	28
阳春市	19	3	4131	37	46		69	404	89
清远市	**126**	**22**	**20320**	**296**	**242**		**319**	**1845**	**890**
清城区	9		3510	24	37		69	115	416
清新区	14	3	4857	84	57		34	992	123
佛冈县	6	1	3067	22	26		76	93	127
阳山县	9	1	1566	32	27		11	56	23
连山壮族瑶族自治县	1	7	467	4	2			17	60
连南瑶族自治县	14		709	9	8		2	67	9
英德市	61	7	4861	102	77		119	408	104
连州市	12	3	1283	19	8		8	97	28
东莞市	**11**		**32016**	**130**	**295**		**551**	**2701**	**1282**
市辖区	11		32016	130	295		551	2701	1282
中山市	**27**	**2**	**14671**	**49**	**112**		**500**	**1309**	**629**
市辖区	27	2	14671	49	112		500	1309	629
潮州市	**29**	**23**	**13749**	**157**	**518**	**1**	**63**	**1594**	**166**
湘桥区		18	923	5	13	1	14	169	7
潮安区	6	1	8508	66	336		23	1203	76
饶平县	23	4	4318	86	169		26	222	83
揭阳市	**103**	**32**	**34825**	**341**	**531**		**455**	**13635**	**385**
榕城区	5	1	3216	7	38		44	328	95
揭东区	21	5	5594	54	74		68	1266	85
揭西县	16	5	4817	45	224		16	788	53
惠来县	26	4	5643	102	33		97	2577	58
普宁市	35	17	15555	133	162		230	8676	94
云浮市	**35**	**4**	**12751**	**193**	**132**		**50**	**1195**	**177**
云城区	1		1178	10	15		9	50	22
云安区	3		2266	33	13			69	22
新兴县	6	3	3431	62	54		11	555	27
郁南县	21		1311	18	26		5	59	36
罗定市	4	1	4565	70	24		25	462	70
男	**1268**	**161**	**291563**	**3186**	**3432**	**26**	**3645**	**18316**	**10922**
广州市	**45**	**2**	**29210**	**250**	**544**	**1**	**251**	**2254**	**1503**
荔湾区									
越秀区									
海珠区									
天河区									
白云区	8		8266	90	119	1	32	563	697
黄埔区	3	1	1212	3	20		1	11	41
番禺区	8		4775	12	62		17	420	163
花都区	5	1	5897	44	76		97	897	189
南沙区	10		3326	48	89		83	135	148
从化区	4		2541	22	74		9	74	101
增城区	7		3193	31	104		12	154	164

4-6c 续表 43

单位：人

地区 性别	农林牧渔生产辅助人员	其他农、林、牧、渔业生产加工人员	生产制造及有关人员 小计	农副产品加工人员	食品、饮料生产加工人员	烟草及其制品加工人员	纺织、针织、印染人员	纺织品、服装和皮革、毛皮制品加工制作人员	木材加工、家具与木制品制作人员
韶关市	**108**	**5**	**7899**	**122**	**102**	**4**	**33**	**121**	**256**
武江区	8	1	495	11	9			4	18
浈江区	3		436	4	7			2	8
曲江区	16		852	15	11		4	9	28
始兴县	17	1	677	15	14		2	12	19
仁化县	16		741	10	9			6	46
翁源县	25		1123	24	16		5	13	40
乳源瑶族自治县	8	1	729	14	7	1	4	12	16
新丰县	9	1	672	3	11			5	22
乐昌市	4		1006	7	7	1	9	15	29
南雄市	2	1	1168	19	11	2	9	43	30
深圳市	**2**		**1195**	**5**	**24**		**1**	**32**	**154**
罗湖区									
福田区									
南山区									
宝安区									
龙岗区	2		1195	5	24		1	32	154
盐田区									
龙华区									
坪山区									
光明区									
珠海市	**87**		**3064**	**33**	**25**		**32**	**51**	**57**
香洲区			42		1				2
斗门区	87		2805	32	23		32	45	54
金湾区			217	1	1			6	1
汕头市	**26**	**2**	**19160**	**122**	**109**	**1**	**1120**	**3161**	**200**
龙湖区	4	1	1266	31	24		207	219	37
金平区			108	18	2		1	10	2
濠江区	2		792	6	4		2	6	13
潮阳区	1		8899	34	14		187	1495	97
潮南区	5	1	4921	16	38	1	613	1327	31
澄海区	14		3119	15	25		110	104	20
南澳县			55	2	2				
佛山市	**7**		**8597**	**55**	**46**		**296**	**136**	**988**
禅城区									
南海区			3126	18	20		34	67	176
顺德区	1		1004	1				8	566
三水区	5		4123	30	24		257	46	184
高明区	1		344	6	2		5	15	62
江门市	**104**	**52**	**14914**	**170**	**218**	**3**	**229**	**534**	**1007**
蓬江区	1		233	1	9	1		3	5
江海区									
新会区	33	4	3571	27	46		75	74	403
台山市	48	47	2829	75	64	1	40	168	132
开平市	12		3238	32	24		69	93	222
鹤山市	6		2904	29	50	1	22	140	225
恩平市	4	1	2139	6	25		23	56	20
湛江市	**143**	**9**	**22693**	**406**	**259**	**2**	**36**	**309**	**508**
赤坎区			75	1	1				3
霞山区			179	8	4		1	1	1
坡头区	5		2774	25	12	2		4	36
麻章区	10		1894	65	29		12	15	43
遂溪县	30	5	2368	67	50		4	36	43
徐闻县	26		772	37	15		4	12	27
廉江市	8	1	5984	67	60		5	81	125
雷州市	56	3	3416	101	68		7	61	100
吴川市	8		5231	35	20		3	99	130

4-6c　续表 44　　　　　　　　　　　　　　　　　　　　　单位：人

地　区 性　别	农林牧渔生产辅助人员	其他农、林、牧、渔业生产加工人员	生产制造及有关人员						
			小计	农副产品加工人员	食品、饮料生产加工人员	烟草及其制品加工人员	纺织、针织、印染人员	纺织品、服装和皮革、毛皮制品加工制作人员	木材加工、家具与木制品制作人员
茂名市	**260**	**11**	**28032**	**411**	**170**	**9**	**64**	**559**	**667**
茂南区	7		3413	38	22		1	36	60
电白区	7		7725	70	48		12	125	89
高州市	25	3	5286	68	41	6	17	192	117
化州市	209	7	7296	185	38	3	20	104	215
信宜市	12	1	4312	50	21		14	102	186
肇庆市	**75**	**18**	**14853**	**196**	**191**	**1**	**129**	**436**	**484**
端州区									
鼎湖区	2		329	2	3		1	16	6
高要区	15		4746	40	41		15	79	92
广宁县	6	1	1754	32	21		1	34	56
怀集县	19	6	3431	56	52		17	215	151
封开县	8	1	1327	16	21	1	3	37	39
德庆县	22	10	1143	26	31		10	27	43
四会市	3		2123	24	22		82	28	97
惠州市	**63**	**3**	**21663**	**187**	**200**		**189**	**2087**	**1364**
惠城区	12		4733	30	34		16	103	122
惠阳区	5		5496	40	32		14	160	501
博罗县	19		5727	50	73		148	305	413
惠东县	17	1	4424	47	41		7	1501	144
龙门县	10	2	1283	20	20		4	18	184
梅州市	**29**	**1**	**10237**	**160**	**179**	**5**	**17**	**163**	**246**
梅江区	1		230	3	1			1	5
梅县区	5		1464	17	31	3	2	23	20
大埔县	5		1073	11	15		1	41	34
丰顺县	1		1059	22	49		1	9	21
五华县	6		3016	33	26		3	19	66
平远县	4	1	725	10	5		3	26	37
蕉岭县	2		770	18	14	2		5	36
兴宁市	5		1900	46	38		7	39	27
汕尾市	**31**	**2**	**7403**	**88**	**57**		**28**	**633**	**177**
城　区	11	1	965	12	11		10	26	12
海丰县	6		2553	28	16		9	506	41
陆河县			1033	2	3			14	43
陆丰市	14	1	2852	46	27		9	87	81
河源市	**38**	**1**	**9496**	**178**	**108**		**53**	**289**	**326**
源城区	3		644	10	10		3	31	18
紫金县	14		2077	16	29		10	74	67
龙川县	11		2717	55	23		8	86	88
连平县	1		948	27	13		6	19	26
和平县	4	1	1441	26	16		20	40	56
东源县	5		1669	44	17		6	39	71
阳江市	**30**	**11**	**10434**	**79**	**87**		**36**	**206**	**264**
江城区	4		2574	30	8		1	46	43
阳东区	4	5	2703	9	16		12	25	129
阳西县	10	5	2309	20	36		2	34	23
阳春市	12	1	2848	20	27		21	101	69
清远市	**80**	**10**	**14054**	**184**	**145**		**183**	**598**	**644**
清城区	8		2585	16	29		51	22	312
清新区	7	1	3104	52	30		13	304	91
佛冈县	6	1	2082	13	19		44	25	90
阳山县	8	1	1172	22	11		6	18	18
连山壮族瑶族自治县	1	5	354	4	2			9	36
连南瑶族自治县	10		482	5	4		1	31	7
英德市	31		3262	59	46		65	171	69
连州市	9	2	1013	13	4		3	18	21

4-6c 续表 45 单位：人

地区 性别	农林牧渔生产辅助人员	其他农、林、牧、渔业生产加工人员	生产制造及有关人员 小计	农副产品加工人员	食品、饮料生产加工人员	烟草及其制品加工人员	纺织、针织、印染人员	纺织品、服装和皮革、毛皮制品加工制作人员	木材加工、家具与木制品制作人员
东莞市	**8**		**21447**	**92**	**164**		**356**	**1382**	**978**
市辖区	8		21447	92	164		356	1382	978
中山市	**22**	**1**	**9108**	**31**	**54**		**329**	**503**	**472**
市辖区	22	1	9108	31	54		329	503	472
潮州市	**22**	**12**	**8758**	**84**	**330**		**22**	**529**	**147**
湘桥区		11	579	1	8		5	50	6
潮安区	6		5470	42	222		12	407	71
饶平县	16	1	2709	41	100		5	72	70
揭阳市	**68**	**20**	**20419**	**213**	**348**		**217**	**4020**	**347**
榕城区	4	1	2347	7	30		16	83	89
揭东区	16	5	3412	36	43		18	257	74
揭西县	9	2	3165	37	150		6	124	47
惠来县	15	2	3195	33	23		46	814	53
普宁市	24	10	8300	100	102		131	2742	84
云浮市	**20**	**1**	**8927**	**120**	**72**		**24**	**313**	**133**
云城区	1		894	7	7		4	13	15
云安区	1		1776	21	6			3	16
新兴县	5	1	2190	29	26		6	171	27
郁南县	10		935	14	19		3	16	29
罗定市	3		3132	49	14		11	110	46
女	**784**	**141**	**141650**	**2074**	**2351**	**16**	**3003**	**35827**	**3788**
广州市	**26**	**1**	**14254**	**108**	**412**		**230**	**2682**	**422**
荔湾区									
越秀区									
海珠区									
天河区									
白云区	3		4324	33	91		38	605	185
黄埔区	2		352	5	11		1	21	15
番禺区	4		2092	5	57		20	475	41
花都区	4		3134	17	48		84	964	41
南沙区	5	1	1765	21	87		54	229	52
从化区	3		1218	10	58		13	131	24
增城区	5		1369	17	60		20	257	64
韶关市	**51**	**1**	**3375**	**61**	**82**	**7**	**43**	**263**	**128**
武江区	5		212	8	6			15	2
浈江区	1		152		1			9	5
曲江区	2		245	12	21	1	10	10	8
始兴县	9		556	3	6		1	13	7
仁化县	18		239	2	8			6	29
翁源县	8	1	514	12	14		10	25	26
乳源瑶族自治县	3		332	6	4		1	21	9
新丰县	3		248	3	6			9	12
乐昌市			375	2	6	2	17	80	21
南雄市	2		502	13	10	4	4	75	9
深圳市	**1**		**453**	**1**	**8**			**38**	**45**
罗湖区									
福田区									
南山区									
宝安区									
龙岗区	1		453	1	8			38	45
盐田区									
龙华区									
坪山区									
光明区									

4-6c　续表 46　　　　　　　　　　　　　　　　　　　　　　　　　　　　　　单位：人

地　区 性　别			生产制造及有关人员						
	农林牧渔生产辅助人员	其他农、林、牧、渔业生产加工人员	小计	农副产品加工人员	食品、饮料生产加工人员	烟草及其制品加工人员	纺织、针织、印染人员	纺织品、服装和皮革、毛皮制品加工制作人员	木材加工、家具与木制品制作人员
珠海市	**26**		**1768**	**28**	**19**		**16**	**115**	**15**
香洲区									
斗门区	26		1692	28	18		15	111	13
金湾区			76		1		1	4	2
汕头市	**4**	**2**	**13803**	**72**	**71**		**929**	**8132**	**10**
龙湖区		2	1012	14	28		251	401	1
金平区			47	8	1		1	5	
濠江区			339	8	6		1	78	
潮阳区	1		5386	24	12		121	4189	6
潮南区	2		4471	9	10		310	3168	1
澄海区	1		2536	7	13		244	291	2
南澳县			12	2	1		1		
佛山市	**5**	**2**	**3778**	**30**	**33**	**1**	**225**	**193**	**351**
禅城区									
南海区	3		1369	8	12		41	100	65
顺德区			441	1	3	1	3	7	211
三水区	1	1	1809	18	17		169	52	49
高明区	1	1	159	3	1		12	34	26
江门市	**70**	**41**	**8202**	**109**	**216**		**143**	**1139**	**473**
蓬江区		1	208	1	8		6	56	5
江海区									
新会区	21	5	2167	27	65		49	133	190
台山市	30	34	1558	27	29		18	341	65
开平市	12		1670	29	43		26	276	81
鹤山市	1		1711	22	56		20	227	126
恩平市	6	1	888	3	15		24	106	6
湛江市	**100**	**17**	**6211**	**374**	**158**	**1**	**122**	**548**	**121**
赤坎区			15	2	1				
霞山区			48	19	1		1	3	1
坡头区	3	1	511	25	12		7	33	10
麻章区	1	2	544	64	16	1	72	18	10
遂溪县	50	4	784	54	30		10	48	11
徐闻县	24		265	26	9		3	13	6
廉江市	4	1	1747	26	26		5	133	34
雷州市	18	9	1287	85	42		15	102	39
吴川市			1010	73	21		9	198	10
茂名市	**228**	**4**	**9354**	**308**	**140**	**3**	**83**	**1426**	**279**
茂南区	2		960	15	16		3	68	6
电白区	8	1	2053	74	41	1	11	209	13
高州市	9		2450	42	33	2	29	564	59
化州市	192	2	2027	148	36		19	291	51
信宜市	17	1	1864	29	14		21	294	150
肇庆市	**60**	**15**	**8146**	**118**	**142**		**111**	**1713**	**271**
端州区									
鼎湖区	4		200	2	3		4	37	2
高要区	8	1	2902	28	44		25	529	81
广宁县	8		798	22	14		1	125	60
怀集县	17	9	2062	33	27		32	747	76
封开县	6		669	4	13		6	104	10
德庆县	15	4	604	19	22		3	57	12
四会市	2	1	911	10	19		40	114	30
惠州市	**26**	**1**	**11186**	**110**	**125**	**1**	**103**	**2327**	**553**
惠城区	3		2154	13	18	1	16	147	31
惠阳区	2		2736	23	21		12	180	170
博罗县	5		3427	21	42		57	625	170
惠东县	6		2330	40	29		14	1339	65
龙门县	10	1	539	13	15		4	36	117

4-6c 续表 47　　单位：人

地区 性别	农林牧渔生产辅助人员	其他农、林、牧、渔业生产加工人员	生产制造及有关人员 小计	农副产品加工人员	食品、饮料生产加工人员	烟草及其制品加工人员	纺织、针织、印染人员	纺织品、服装和皮革、毛皮制品加工制作人员	木材加工、家具与木制品制作人员
梅州市	**18**	**2**	**4235**	**105**	**93**	**2**	**23**	**321**	**84**
梅江区			101	1	5		1	5	1
梅县区	2	1	662	11	21		8	31	6
大埔县		1	298	6	3			26	5
丰顺县	2		448	14	18			18	7
五华县	11		1108	21	13			56	13
平远县			347	5	6		5	31	20
蕉岭县	1		257	8	13	2		9	25
兴宁市	2		1014	39	14		9	145	7
汕尾市	**16**		**2128**	**38**	**25**		**48**	**683**	**15**
城　区	5		280	9	6		16	53	5
海丰县	3		1187	14	6		22	499	6
陆河县	1		132		3		1	12	1
陆丰市	7		529	15	10		9	119	3
河源市	**18**	**2**	**4565**	**90**	**71**		**27**	**654**	**116**
源城区			367	3	8		1	37	6
紫金县	9		1009	4	24		5	125	34
龙川县	3	1	1407	23	10		8	253	28
连平县			410	16	7		1	52	4
和平县	5	1	565	21	8		8	97	6
东源县	1		807	23	14		4	90	38
阳江市	**24**	**14**	**4573**	**80**	**39**		**93**	**659**	**97**
江城区	9		1155	33	5		13	125	9
阳东区	3	5	1446	13	4		9	99	63
阳西县	5	7	689	17	11		23	132	5
阳春市	7	2	1283	17	19		48	303	20
清远市	**46**	**12**	**6266**	**112**	**97**		**136**	**1247**	**246**
清城区	1		925	8	8		18	93	104
清新区	7	2	1753	32	27		21	688	32
佛冈县			985	9	7		32	68	37
阳山县	1		394	10	16		5	38	5
连山壮族瑶族自治县		2	113					8	24
连南瑶族自治县	4		227	4	4		1	36	2
英德市	30	7	1599	43	31		54	237	35
连州市	3	1	270	6	4		5	79	7
东莞市	**3**		**10569**	**38**	**131**		**195**	**1319**	**304**
市辖区	3		10569	38	131		195	1319	304
中山市	**5**	**1**	**5563**	**18**	**58**		**171**	**806**	**157**
市辖区	5	1	5563	18	58		171	806	157
潮州市	**7**	**11**	**4991**	**73**	**188**	**1**	**41**	**1065**	**19**
湘桥区		7	344	4	5	1	9	119	1
潮安区		1	3038	24	114		11	796	5
饶平县	7	3	1609	45	69		21	150	13
揭阳市	**35**	**12**	**14406**	**128**	**183**		**238**	**9615**	**38**
榕城区	1		869		8		28	245	6
揭东区	5		2182	18	31		50	1009	11
揭西县	7	3	1652	8	74		10	664	6
惠来县	11	2	2448	69	10		51	1763	5
普宁市	11	7	7255	33	60		99	5934	10
云浮市	**15**	**3**	**3824**	**73**	**60**		**26**	**882**	**44**
云城区			284	3	8		5	37	7
云安区	2		490	12	7			66	6
新兴县	1	2	1241	33	28		5	384	
郁南县	11		376	4	7		2	43	7
罗定市	1	1	1433	21	10		14	352	24

4-6c　续表 48　　　　单位：人

地　区 性　别	生产制造及有关人员								
	纸及纸制品生产加工人员	印刷和记录媒介复制人员	文教、工美、体育和娱乐用品制造人　员	石油加工和炼焦、煤化工生产人员	化学原料和化学制品制造人　员	医药制造人　　员	化学纤维制造人员	橡胶和塑料制品制造人员	非金属矿物制品制造人员
广　东	**4916**	**2737**	**14772**	**177**	**4479**	**760**	**75**	**10534**	**13213**
广州市	**590**	**556**	**839**	**24**	**2161**	**157**	**10**	**1828**	**628**
荔湾区									
越秀区									
海珠区									
天河区									
白云区	297	167	148	5	1422	46	1	696	130
黄埔区	4	7	7		23	32	2	17	16
番禺区	88	216	115	1	48	12		239	113
花都区	101	66	111	7	223	8	2	401	132
南沙区	37	27	175		42	7	4	146	84
从化区	14	21	191	5	346	34		180	72
增城区	49	52	92	6	57	18	1	149	81
韶关市	**108**	**39**	**527**	**7**	**180**	**26**	**2**	**169**	**342**
武江区		10	58		9	1		10	12
浈江区	4	2	29		2	1		4	10
曲江区		1	33	2	14			4	25
始兴县	10	2	218		6		2	30	4
仁化县	3		25	1	7			11	41
翁源县	9	5	68		50	2		46	40
乳源瑶族自治县	3	3	37		17	18		16	16
新丰县	24	1	11		24			1	83
乐昌市	11	5	14	1	19	1		22	26
南雄市	44	10	34	3	32	3		25	85
深圳市	**45**	**16**	**63**		**30**		**2**	**49**	**35**
罗湖区									
福田区									
南山区									
宝安区									
龙岗区	45	16	63		30		2	49	35
盐田区									
龙华区									
坪山区									
光明区									
珠海市	**32**	**20**	**95**	**6**	**31**	**13**	**3**	**107**	**117**
香洲区									3
斗门区	30	19	94		20	8	3	98	113
金湾区	2	1	1	6	11	5		9	1
汕头市	**414**	**116**	**3903**	**3**	**65**	**15**	**5**	**659**	**102**
龙湖区	11	11	270		4	1		53	8
金平区		4	19		1			3	1
濠江区	30	5	36	3	7	7	5	20	12
潮阳区	195	17	477		18			202	29
潮南区	36	30	274		15	2		168	42
澄海区	142	49	2827		19	5		213	10
南澳县					1				
佛山市	**110**	**66**	**116**	**6**	**124**	**12**	**7**	**468**	**736**
禅城区									
南海区	30	19	43		37	4	2	117	348
顺德区	7	2	4		1	1		24	5
三水区	72	41	69	6	78	2	5	302	350
高明区	1	4			8	5		25	33

4-6c 续表 49 单位：人

地区 性别	生产制造及有关人员								
	纸及纸制品生产加工人员	印刷和记录媒介复制人员	文教、工美、体育和娱乐用品制造人员	石油加工和炼焦、煤化工生产人员	化学原料和化学制品制造人员	医药制造人员	化学纤维制造人员	橡胶和塑料制品制造人员	非金属矿物制品制造人员
江门市	**393**	**313**	**281**	**15**	**222**	**29**	**14**	**542**	**1040**
蓬江区	9	9	3		7			6	6
江海区									
新会区	193	22	62	4	74	6	2	151	174
台山市	22	22	93	2	15	8		88	52
开平市	39	21	18		28	13	3	124	62
鹤山市	113	228	59		79		9	149	188
恩平市	17	11	46	9	19	2		24	558
湛江市	**160**	**72**	**247**	**19**	**45**	**40**	**7**	**226**	**412**
赤坎区	1	1	1						17
霞山区	1	1	1		2	4		2	2
坡头区	5	5	18	1	5		6	3	13
麻章区	78	5	35	13	3	7	1	12	16
遂溪县	16	8	19	1	5	11		21	58
徐闻县	3	2	4		1	3		11	30
廉江市	32	29	57		12	7		90	159
雷州市	22	15	75		11	4		12	76
吴川市	2	6	37	4	6	4		75	41
茂名市	**111**	**115**	**778**	**48**	**135**	**76**	**2**	**524**	**365**
茂南区	12	15	50	28	35	11		55	68
电白区	13	12	170	7	44	23		134	60
高州市	36	39	261	7	25	12	1	162	90
化州市	30	18	89	4	17	20		83	99
信宜市	20	31	208	2	14	10	1	90	48
肇庆市	**189**	**99**	**521**	**5**	**124**	**26**	**5**	**317**	**1330**
端州区									
鼎湖区	12		13		5	3		2	19
高要区	32	29	97	3	21	10	3	110	641
广宁县	46	10	37		15			60	182
怀集县	20	28	86		8	9		60	70
封开县	15	7	20		4	3		27	160
德庆县	7	10	19		8		1	19	116
四会市	57	15	249	2	63	1	1	39	142
惠州市	**234**	**210**	**952**	**13**	**351**	**43**	**3**	**1400**	**671**
惠城区	30	37	47	1	45	7		251	142
惠阳区	95	90	385		150	6	2	454	143
博罗县	39	49	397	9	141	19	1	493	164
惠东县	62	29	69	1	10	9		158	120
龙门县	8	5	54	2	5	2		44	102
梅州市	**32**	**36**	**250**	**1**	**45**	**23**		**161**	**545**
梅江区	2	3				1		2	3
梅县区	2	11	27		23	9		95	46
大埔县	1	2	56		4	2		2	168
丰顺县	2	4	25	1	2			7	79
五华县	4	7	31		3	4		14	80
平远县	1		1		1	1		15	44
蕉岭县	11	1	3		6	2		5	86
兴宁市	9	8	107		6	4		21	39
汕尾市	**23**	**9**	**1418**		**12**	**1**	**2**	**43**	**116**
城　区	4	4	26					5	17
海丰县	2	1	1337		7		2	18	8
陆河县	2	3	2		1	1		2	7
陆丰市	15	1	53		4			18	84

4-6c 续表 50 单位：人

地区 性别	生产制造及有关人员								
	纸及纸制品生产加工人员	印刷和记录媒介复制人员	文教、工美、体育和娱乐用品制造人员	石油加工和炼焦、煤化工生产人员	化学原料和化学制品制造人员	医药制造人员	化学纤维制造人员	橡胶和塑料制品制造人员	非金属矿物制品制造人员
河源市	**52**	**83**	**442**	**8**	**33**	**30**	**2**	**255**	**410**
源城区	11	16	109		1		1	46	14
紫金县	12	29	86		4	9		77	41
龙川县	8	12	42		3	2	1	38	100
连平县	9	9	54	8		9		23	37
和平县	4	12	37		1	6		16	30
东源县	8	5	114		24	4		55	188
阳江市	**52**	**45**	**88**	**3**	**53**	**10**	**2**	**170**	**310**
江城区	12	8	9		5			26	46
阳东区	15	10	4		9	1	1	68	33
阳西县	5	9	17		9	1		15	116
阳春市	20	18	58	3	30	8	1	61	115
清远市	**155**	**54**	**1071**	**3**	**285**	**137**	**2**	**344**	**1228**
清城区	13	8	91	1	41	125		67	341
清新区	5	6	172		22	5		87	496
佛冈县	7	15	434	1	15			45	68
阳山县	5	4	32		7	1		25	50
连山壮族瑶族自治县			8					3	5
连南瑶族自治县	7	4	42		23			12	20
英德市	116	14	258	1	173	5	1	101	178
连州市	2	3	34		4	1	1	4	70
东莞市	**1426**	**403**	**989**	**10**	**247**	**35**	**4**	**1669**	**507**
市辖区	1426	403	989	10	247	35	4	1669	507
中山市	**131**	**117**	**365**	**1**	**154**	**22**		**566**	**290**
市辖区	131	117	365	1	154	22		566	290
潮州市	**331**	**245**	**892**	**1**	**30**	**12**	**1**	**556**	**1860**
湘桥区	20	7	111	1	1			18	66
潮安区	268	211	203		10	6		404	1340
饶平县	43	27	578		19	6	1	134	454
揭阳市	**224**	**87**	**728**		**59**	**33**		**389**	**587**
榕城区	27	22	185		7	3		24	354
揭东区	135	12	237		15	8		72	108
揭西县	12	32	70		2	5		164	25
惠来县	21	6	118		15			27	53
普宁市	29	15	118		20	17		102	47
云浮市	**104**	**36**	**207**	**4**	**93**	**20**	**2**	**92**	**1582**
云城区	1	4	10		1	1		3	387
云安区	4	2	25	2	30	1	2	5	719
新兴县	74	8	9	2	3	8		23	278
郁南县	4	4	75		7	6		33	77
罗定市	21	18	88		52	4		28	121
男	**3343**	**1917**	**6637**	**138**	**2765**	**432**	**50**	**6417**	**9539**
广州市	**385**	**383**	**350**	**15**	**1169**	**88**	**6**	**1133**	**482**
荔湾区									
越秀区									
海珠区									
天河区									
白云区	202	123	79	5	758	24	1	444	102
黄埔区	2	7	1		15	18	1	13	11
番禺区	52	132	51	1	26	7		154	77
花都区	66	47	57	5	114	2	2	247	98
南沙区	20	18	71		36	3	2	86	69
从化区	10	17	44	2	186	23		108	61
增城区	33	39	47	2	34	11		81	64

4-6c 续表 51 单位：人

地区 性别	生产制造及有关人员 纸及纸制品生产加工人员	印刷和记录媒介复制人员	文教、工美、体育和娱乐用品制造人员	石油加工和炼焦、煤化工生产人员	化学原料和化学制品制造人员	医药制造人员	化学纤维制造人员	橡胶和塑料制品制造人员	非金属矿物制品制造人员
韶关市	**62**	**19**	**148**	**5**	**124**	**18**	**2**	**85**	**240**
武江区		2	15		5	1		3	10
浈江区	2		6		1	1		1	6
曲江区			7	2	9			2	22
始兴县	5	1	41		4		2	13	2
仁化县	1		8	1	3			8	31
翁源县	6	2	23		39	2		27	33
乳源瑶族自治县	1	3	15		10	13		9	12
新丰县	17	1	5		20			1	53
乐昌市	8	3	7		14			9	21
南雄市	22	7	21	2	19	1		12	50
深圳市	**34**	**11**	**28**		**18**		**2**	**28**	**29**
罗湖区									
福田区									
南山区									
宝安区									
龙岗区	34	11	28		18		2	28	29
盐田区									
龙华区									
坪山区									
光明区									
珠海市	**23**	**12**	**28**	**6**	**20**	**4**	**3**	**42**	**71**
香洲区									3
斗门区	22	11	28		12	3	3	38	67
金湾区	1	1		6	8	1		4	1
汕头市	**315**	**92**	**1826**	**3**	**39**	**9**	**3**	**404**	**88**
龙湖区	9	10	133		3	1		16	8
金平区		2	8		1			1	
濠江区	5	3	17	3	5	2	3	9	5
潮阳区	150	15	120		8			166	28
潮南区	27	23	139		12	2		99	38
澄海区	124	39	1409		9	4		113	9
南澳县					1				
佛山市	**65**	**47**	**59**	**6**	**101**	**5**	**5**	**315**	**513**
禅城区									
南海区	16	10	21		29	2	1	78	245
顺德区	5		1		1	1		15	4
三水区	44	34	37	6	66		4	200	246
高明区		3			5	2		22	18
江门市	**240**	**182**	**105**	**14**	**145**	**15**	**9**	**282**	**726**
蓬江区	6	2			5			2	3
江海区									
新会区	136	16	22	3	44	3	1	75	116
台山市	17	14	30	2	6	4		42	38
开平市	20	19	6		17	7		60	43
鹤山市	54	123	22		59		8	92	136
恩平市	7	8	25	9	14	1		11	390
湛江市	**115**	**46**	**90**	**11**	**31**	**22**	**4**	**104**	**315**
赤坎区	1	1	1						12
霞山区		1			2	2		2	2
坡头区	3	2	8	1	5		3	2	7
麻章区	66	3	7	6	2	5	1	9	14
遂溪县	12	5	11	1	4	6		10	39
徐闻县		1	3		1	2		7	21
廉江市	19	20	27		8			49	128
雷州市	13	10	20		6	3		7	60
吴川市	1	3	13	3	3	4		18	32

4-6c　续表 52　　　　单位：人

地　区 性　别	生产制造及有关人员								
	纸及纸制品生产加工人员	印刷和记录媒介复制人员	文教、工美、体育和娱乐用品制造人　员	石油加工和炼焦、煤化工生产人员	化学原料和化学制品制造人　员	医药制造人　　员	化学纤维制造人员	橡胶和塑料制品制造人员	非金属矿物制品制造人员
茂名市	**64**	**77**	**368**	**39**	**90**	**27**	**1**	**280**	**287**
茂南区	6	9	20	24	20	3		33	52
电白区	7	8	92	4	34	11		52	51
高州市	25	28	155	6	18	4		89	67
化州市	13	12	29	3	9	7		47	78
信宜市	13	20	72	2	9	2	1	59	39
肇庆市	**94**	**66**	**255**	**4**	**83**	**11**	**4**	**183**	**910**
端州区									
鼎湖区	4		5		4	2		1	12
高要区	16	19	44	3	14	6	2	56	460
广宁县	32	5	11		9			40	110
怀集县	10	20	38		4	3		36	50
封开县	8	5	5		3			16	123
德庆县	2	7	4		6		1	7	67
四会市	22	10	148	1	43		1	27	88
惠州市	**166**	**145**	**444**	**11**	**262**	**20**	**3**	**872**	**523**
惠城区	23	24	25	1	26	1		162	104
惠阳区	73	59	195		114	4	2	292	105
博罗县	20	35	163	8	111	9	1	295	132
惠东县	42	22	36	1	8	5		94	93
龙门县	8	5	25	1	3	1		29	89
梅州市	**17**	**30**	**101**	**1**	**26**	**11**		**108**	**393**
梅江区	1	3						1	3
梅县区	2	10	8		13	4		71	29
大埔县	1	1	33		3	1		2	116
丰顺县	1	4	9	1	1			5	47
五华县	2	6	11		1	1		8	59
平远县	1					1		10	38
蕉岭县	4	1	1		4	2		1	74
兴宁市	5	5	39		4	2		10	27
汕尾市	**17**	**7**	**961**		**7**	**1**		**26**	**107**
城　区	2	4	20					4	15
海丰县	2	1	922		4			10	7
陆河县	2	2	1		1	1		1	7
陆丰市	11		18		2			11	78
河源市	**34**	**62**	**176**	**8**	**14**	**16**		**136**	**303**
源城区	7	10	50		1			17	11
紫金县	8	22	39		2	5		46	33
龙川县	4	8	14			1		27	75
连平县	6	7	13	8		4		9	31
和平县	3	11	14		1	4		7	21
东源县	6	4	46		10	2		30	132
阳江市	**37**	**33**	**31**	**2**	**40**	**5**	**2**	**100**	**230**
江城区	10	5	3		3			17	34
阳东区	12	7	3		6		1	41	24
阳西县	2	7	5		6			11	88
阳春市	13	14	20	2	25	5	1	31	84
清远市	**61**	**40**	**306**	**3**	**188**	**115**	**2**	**182**	**855**
清城区	7	6	24	1	30	111		42	231
清新区	4	5	72		13	1		45	334
佛冈县	3	10	98	1	10			27	52
阳山县	3	3	7		3	1		7	36
连山壮族瑶族自治县			5					3	5
连南瑶族自治县	6	2	12		13			5	18
英德市	36	11	64	1	115	2	1	50	130
连州市	2	3	24		4		1	3	49

4-6c 续表 53　　　　单位：人

地区 性别	生产制造及有关人员								
	纸及纸制品生产加工人员	印刷和记录媒介复制人员	文教、工美、体育和娱乐用品制造人员	石油加工和炼焦、煤化工生产人员	化学原料和化学制品制造人员	医药制造人员	化学纤维制造人员	橡胶和塑料制品制造人员	非金属矿物制品制造人员
东莞市	**1079**	**276**	**565**	**7**	**189**	**23**	**3**	**1099**	**405**
市辖区	1079	276	565	7	189	23	3	1099	405
中山市	**86**	**80**	**123**	**1**	**105**	**8**		**345**	**207**
市辖区	86	80	123	1	105	8		345	207
潮州市	**231**	**208**	**284**		**18**	**6**	**1**	**361**	**1145**
湘桥区	14	5	28		1			9	45
潮安区	186	182	88		10	5		293	869
饶平县	31	21	168		7	1	1	59	231
揭阳市	**157**	**72**	**306**		**44**	**17**		**284**	**544**
榕城区	18	18	77		5	2		16	343
揭东区	95	10	94		15	4		45	83
揭西县	11	27	30		1	2		125	24
惠来县	10	5	34		9			12	50
普宁市	23	12	71		14	9		86	44
云浮市	**61**	**29**	**83**	**2**	**52**	**11**		**48**	**1166**
云城区		3	5			1		1	289
云安区	1	2	14		16	1		1	571
新兴县	49	5	6	2	3	6		14	159
郁南县	1	3	23		5	1		20	56
罗定市	10	16	35		28	2		12	91
女	**1573**	**820**	**8135**	**39**	**1714**	**328**	**25**	**4117**	**3674**
广州市	**205**	**173**	**489**	**9**	**992**	**69**	**4**	**695**	**146**
荔湾区									
越秀区									
海珠区									
天河区									
白云区	95	44	69		664	22		252	28
黄埔区	2		6		8	14	1	4	5
番禺区	36	84	64		22	5		85	36
花都区	35	19	54	2	109	6		154	34
南沙区	17	9	104		6	4	2	60	15
从化区	4	4	147	3	160	11		72	11
增城区	16	13	45	4	23	7	1	68	17
韶关市	**46**	**20**	**379**	**2**	**56**	**8**		**84**	**102**
武江区		8	43		4			7	2
浈江区	2	2	23		1			3	4
曲江区		1	26		5			2	3
始兴县	5	1	177		2			17	2
仁化县	2		17		4			3	10
翁源县	3	3	45		11			19	7
乳源瑶族自治县	2		22		7	5		7	4
新丰县	7		6		4				30
乐昌市	3	2	7	1	5	1		13	5
南雄市	22	3	13	1	13	2		13	35
深圳市	**11**	**5**	**35**		**12**			**21**	**6**
罗湖区									
福田区									
南山区									
宝安区									
龙岗区	11	5	35		12			21	6
盐田区									
龙华区									
坪山区									
光明区									

4-6c　续表 54　　　　单位：人

地　区 性　别	生产制造及有关人员 纸及纸制品生产加工人员	印刷和记录媒介复制人员	文教、工美、体育和娱乐用品制造人　员	石油加工和炼焦、煤化工生产人员	化学原料和化学制品制造人　员	医药制造人　　员	化学纤维制造人员	橡胶和塑料制品制造人员	非金属矿物制品制造人员
珠海市	**9**	**8**	**67**		**11**	**9**		**65**	**46**
香洲区									
斗门区	8	8	66		8	5		60	46
金湾区	1		1		3	4		5	
汕头市	**99**	**24**	**2077**		**26**	**6**	**2**	**255**	**14**
龙湖区	2	1	137		1			37	
金平区		2	11					2	1
濠江区	25	2	19		2	5	2	11	7
潮阳区	45	2	357		10			36	1
潮南区	9	7	135		3			69	4
澄海区	18	10	1418		10	1		100	1
南澳县									
佛山市	**45**	**19**	**57**		**23**	**7**	**2**	**153**	**223**
禅城区									
南海区	14	9	22		8	2	1	39	103
顺德区	2	2	3					9	1
三水区	28	7	32		12	2	1	102	104
高明区	1	1			3	3		3	15
江门市	**153**	**131**	**176**	**1**	**77**	**14**	**5**	**260**	**314**
蓬江区	3	7	3		2			4	3
江海区									
新会区	57	6	40	1	30	3	1	76	58
台山市	5	8	63		9	4		46	14
开平市	19	2	12		11	6	3	64	19
鹤山市	59	105	37		20		1	57	52
恩平市	10	3	21		5	1		13	168
湛江市	**45**	**26**	**157**	**8**	**14**	**18**	**3**	**122**	**97**
赤坎区									5
霞山区	1		1			2			
坡头区	2	3	10				3	1	6
麻章区	12	2	28	7	1	2		3	2
遂溪县	4	3	8		1	5		11	19
徐闻县	3	1	1			1		4	9
廉江市	13	9	30		4	7		41	31
雷州市	9	5	55		5	1		5	16
吴川市	1	3	24	1	3			57	9
茂名市	**47**	**38**	**410**	**9**	**45**	**49**	**1**	**244**	**78**
茂南区	6	6	30	4	15	8		22	16
电白区	6	4	78	3	10	12		82	9
高州市	11	11	106	1	7	8	1	73	23
化州市	17	6	60	1	8	13		36	21
信宜市	7	11	136		5	8		31	9
肇庆市	**95**	**33**	**266**	**1**	**41**	**15**	**1**	**134**	**420**
端州区									
鼎湖区	8		8		1	1		1	7
高要区	16	10	53		7	4	1	54	181
广宁县	14	5	26		6			20	72
怀集县	10	8	48		4	6		24	20
封开县	7	2	15		1	3		11	37
德庆县	5	3	15		2			12	49
四会市	35	5	101	1	20	1		12	54
惠州市	**68**	**65**	**508**	**2**	**89**	**23**		**528**	**148**
惠城区	7	13	22		19	6		89	38
惠阳区	22	31	190		36	2		162	38
博罗县	19	14	234	1	30	10		198	32
惠东县	20	7	33		2	4		64	27
龙门县			29	1	2	1		15	13

4-6c 续表 55

单位：人

地区 性别	生产制造及有关人员								
	纸及纸制品生产加工人员	印刷和记录媒介复制人员	文教、工美、体育和娱乐用品制造人员	石油加工和炼焦、煤化工生产人员	化学原料和化学制品制造人员	医药制造人员	化学纤维制造人员	橡胶和塑料制品制造人员	非金属矿物制品制造人员
梅州市	**15**	**6**	**149**		**19**	**12**		**53**	**152**
梅江区	1					1		1	
梅县区		1	19		10	5		24	17
大埔县		1	23		1	1			52
丰顺县	1		16		1			2	32
五华县	2	1	20		2	3		6	21
平远县			1		1			5	6
蕉岭县	7		2		2			4	12
兴宁市	4	3	68		2	2		11	12
汕尾市	**6**	**2**	**457**		**5**		**2**	**17**	**9**
城　区	2		6					1	2
海丰县			415		3		2	8	1
陆河县		1	1					1	
陆丰市	4	1	35		2			7	6
河源市	**18**	**21**	**266**		**19**	**14**	**2**	**119**	**107**
源城区	4	6	59				1	29	3
紫金县	4	7	47		2	4		31	8
龙川县	4	4	28		3	1	1	11	25
连平县	3	2	41			5		14	6
和平县	1	1	23			2		9	9
东源县	2	1	68		14	2		25	56
阳江市	**15**	**12**	**57**	**1**	**13**	**5**		**70**	**80**
江城区	2	3	6		2			9	12
阳东区	3	3	1		3	1		27	9
阳西县	3	2	12		3	1		4	28
阳春市	7	4	38	1	5	3		30	31
清远市	**94**	**14**	**765**		**97**	**22**		**162**	**373**
清城区	6	2	67		11	14		25	110
清新区	1	1	100		9	4		42	162
佛冈县	4	5	336		5			18	16
阳山县	2	1	25		4			18	14
连山壮族瑶族自治县			3						
连南瑶族自治县	1	2	30		10			7	2
英德市	80	3	194		58	3		51	48
连州市			10			1		1	21
东莞市	**347**	**127**	**424**	**3**	**58**	**12**	**1**	**570**	**102**
市辖区	347	127	424	3	58	12	1	570	102
中山市	**45**	**37**	**242**		**49**	**14**		**221**	**83**
市辖区	45	37	242		49	14		221	83
潮州市	**100**	**37**	**608**	**1**	**12**	**6**		**195**	**715**
湘桥区	6	2	83	1				9	21
潮安区	82	29	115			1		111	471
饶平县	12	6	410		12	5		75	223
揭阳市	**67**	**15**	**422**		**15**	**16**		**105**	**43**
榕城区	9	4	108		2	1		8	11
揭东区	40	2	143			4		27	25
揭西县	1	5	40		1	3		39	1
惠来县	11	1	84		6			15	3
普宁市	6	3	47		6	8		16	3
云浮市	**43**	**7**	**124**	**2**	**41**	**9**	**2**	**44**	**416**
云城区	1	1	5		1			2	98
云安区	3		11	2	14		2	4	148
新兴县	25	3	3			2		9	119
郁南县	3	1	52		2	5		13	21
罗定市	11	2	53		24	2		16	30

4-6c 续表 56

单位：人

地 区 性 别	生产制造及有关人员								
	采矿人员	金属冶炼和压延加工人员	机械制造基础加工人员	金属制品制造人员	通用设备制造人员	专用设备制造人员	汽车制造人员	铁路、船舶、航空设备制造人员	电气机械和器材制造人员
广 东	**855**	**3156**	**13537**	**25094**	**2632**	**1323**	**3417**	**649**	**9131**
广州市	**27**	**205**	**1720**	**2626**	**486**	**342**	**1902**	**210**	**1138**
荔湾区									
越秀区									
海珠区									
天河区									
白云区	4	20	437	518	118	76	327	57	362
黄埔区	2	2	62	49	11	17	75	6	22
番禺区	6	21	240	573	84	107	582	13	207
花都区	3	67	350	706	85	85	238	15	118
南沙区	4	62	430	287	72	29	119	33	143
从化区	4	21	61	147	68	17	171	65	247
增城区	4	12	140	346	48	11	390	21	39
韶关市	**114**	**171**	**361**	**402**	**83**	**40**	**82**	**17**	**330**
武江区	5	3	18	8	3	3	4	1	37
浈江区	2	7	58	10	39	5	27	2	1
曲江区	29	59	60	24	8	4	3	3	22
始兴县	8	3	26	37	5	4	2		45
仁化县	35	16	24	17	4	2	2		28
翁源县	8	19	46	52	3	2	3	1	140
乳源瑶族自治县	4	30	13	72	6	1	19	2	15
新丰县	6	7	8	47	3	15	1	1	
乐昌市	12	17	66	53	8	2	10	4	25
南雄市	5	10	42	82	4	2	11	3	17
深圳市	**1**	**10**	**91**	**59**	**8**	**3**	**3**		**118**
罗湖区									
福田区									
南山区									
宝安区									
龙岗区	1	10	91	59	8	3	3		118
盐田区									
龙华区									
坪山区									
光明区									
珠海市	**8**	**11**	**188**	**241**	**141**	**42**	**36**	**18**	**256**
香洲区					1				
斗门区	6	11	175	227	139	42	34	18	252
金湾区	2		13	14	1		2		4
汕头市	**1**	**9**	**271**	**326**	**26**	**9**	**83**	**2**	**54**
龙湖区			27	36	2	2	22		14
金平区			4	2	2		2		
濠江区		2	7	15	2		47		2
潮阳区			63	105	4				8
潮南区	1	4	63	74	3	4	3	2	20
澄海区		2	107	92	12	3	9		8
南澳县		1		2	1				2
佛山市	**2**	**241**	**812**	**2391**	**154**	**85**	**132**	**18**	**175**
禅城区									
南海区		77	343	1043	33	71	65	11	117
顺德区		9	46	88	1		5		5
三水区	2	142	408	1240	118	14	59	7	46
高明区		13	15	20	2		3		7

4-6c 续表 57

单位：人

地区 性别	生产制造及有关人员								
	采矿人员	金属冶炼和压延加工人员	机械制造基础加工人员	金属制品制造人员	通用设备制造人员	专用设备制造人员	汽车制造人员	铁路、船舶、航空设备制造人员	电气机械和器材制造人员
江门市	**40**	**325**	**1249**	**2470**	**132**	**40**	**115**	**105**	**457**
蓬江区	3		9	66	9	1	10	8	8
江海区									
新会区	15	128	354	655	21	6	16	58	129
台山市	3	90	151	330	18	8	23	7	70
开平市	10	19	343	692	29	7	34	1	48
鹤山市	7	78	315	645	47	12	27	28	179
恩平市	2	10	77	82	8	6	5	3	23
湛江市	**65**	**130**	**492**	**492**	**61**	**38**	**64**	**25**	**1081**
赤坎区		1	3	1					1
霞山区		2	5	3	3			1	
坡头区	7	4	30	37	4	5	6	2	44
麻章区	5	63	46	35	9	1	7	3	8
遂溪县	3	17	46	76	10	6	6	2	20
徐闻县	28		27	31	6	1	3	3	15
廉江市	4	23	140	172	15	15	10	2	943
雷州市	11	10	86	58	12	6	17	10	29
吴川市	7	10	109	79	2	4	15	2	21
茂名市	**99**	**70**	**640**	**967**	**100**	**53**	**43**	**16**	**331**
茂南区	4	6	99	79	23	6	2	4	29
电白区	56	15	89	145	16	22	8	8	140
高州市	18	17	215	305	27	9	11	3	52
化州市	3	26	101	237	19	9	14		59
信宜市	18	6	136	201	15	7	8	1	51
肇庆市	**60**	**180**	**621**	**2719**	**111**	**59**	**151**	**13**	**359**
端州区									
鼎湖区	1		5	43	6	1	11		2
高要区	10	38	302	1532	16	21	42	2	46
广宁县	1	20	65	101	11	1	4	2	27
怀集县	13	13	142	535	20	21	38	4	84
封开县	7	8	17	128	9	4	18	1	112
德庆县	16	2	32	120	41	3	8	2	60
四会市	12	99	58	260	8	8	30	2	28
惠州市	**68**	**85**	**1214**	**1933**	**297**	**68**	**130**	**64**	**972**
惠城区	5	32	288	220	60	25	44	6	319
惠阳区	27	23	372	755	62	23	14	22	182
博罗县	2	13	421	621	137	10	32	1	438
惠东县	23	12	102	309	36	8	18	35	25
龙门县	11	5	31	28	2	2	22		8
梅州市	**58**	**71**	**252**	**277**	**44**	**30**	**53**	**3**	**85**
梅江区		2	6	13		2	4		2
梅县区	13	24	51	45	10	5	30	1	22
大埔县	8	1	11	14	4		1		8
丰顺县	2	19	20	24	3	1	1		4
五华县	10	5	68	73	9	18	5	2	23
平远县	17	11	16	32	3	1	3		4
蕉岭县	5	6	12	22	9		2		4
兴宁市	3	3	68	54	6	3	7		18
汕尾市	**32**	**24**	**160**	**182**	**6**	**13**	**25**	**1**	**31**
城　区	2	4	13	10		3	13	1	3
海丰县	5	1	31	34	2	4	2		20
陆河县		1	23	14		3	6		5
陆丰市	25	18	93	124	4	3	4		3

4–6c　续表 58　　　　　　　　　　　　　　　　　　　　　　　　　　　　单位：人

地　区 性　别	生产制造及有关人员								
	采矿人员	金属冶炼和压延加工人员	机械制造基础加工人　员	金属制品制造人员	通用设备制造人员	专用设备制造人员	汽车制造人　员	铁路、船舶、航空设备制造人　员	电气机械和器材制造人员
河源市	**112**	**87**	**322**	**449**	**50**	**96**	**37**	**22**	**156**
源城区	2	7	50	26	17	3	4		17
紫金县	31	8	70	107	14	69	12	8	63
龙川县	18	3	73	144	7	15	9	9	31
连平县	32	38	43	16	4	2	5	2	13
和平县	3	12	48	40	4	4	6	2	15
东源县	26	19	38	116	4	3	1	1	17
阳江市	**15**	**437**	**623**	**1330**	**56**	**22**	**25**	**6**	**147**
江城区	2	311	208	354	20	1	4		63
阳东区	2	6	294	738	11	3		3	16
阳西县	3	3	23	71	1	3	12	2	31
阳春市	8	117	98	167	24	15	9	1	37
清远市	**81**	**426**	**472**	**708**	**87**	**90**	**214**	**61**	**274**
清城区	6	174	92	95	8	63	52	5	14
清新区	10	17	96	173	18	11	64	7	45
佛冈县	12	65	126	92	28	3	65	46	41
阳山县	15	3	27	77	11	1	3		26
连山壮族瑶族自治县	1	4	11	15	2	1			8
连南瑶族自治县	9	1	11	25	3	4	7	1	9
英德市	10	156	93	196	14	7	20	2	109
连州市	18	6	16	35	3		3		22
东莞市	**10**	**124**	**1902**	**3528**	**352**	**173**	**152**	**38**	**1282**
市辖区	10	124	1902	3528	352	173	152	38	1282
中山市	**3**	**59**	**1051**	**1523**	**258**	**48**	**85**	**20**	**1269**
市辖区	3	59	1051	1523	258	48	85	20	1269
潮州市	**7**	**237**	**353**	**932**	**33**	**14**	**14**	**3**	**75**
湘桥区	1	6	15	24	2				12
潮安区	3	210	277	839	12	7	3		30
饶平县	3	21	61	69	19	7	11	3	33
揭阳市	**22**	**113**	**491**	**996**	**96**	**47**	**30**	**4**	**422**
榕城区	8	83	193	121	13	2	7		7
揭东区	3	9	71	489	25	2	9	1	18
揭西县	1	7	55	116	17	3	2		294
惠来县	4	5	42	66	5	3	5		4
普宁市	6	9	130	204	36	37	7	3	99
云浮市	**30**	**141**	**252**	**543**	**51**	**11**	**41**	**3**	**119**
云城区	3	6	9	32	4	3	4		8
云安区	17	5	18	31	10		11		4
新兴县	2	120	105	304	3	1	3	2	12
郁南县	1	4	23	54	12	3	3	1	48
罗定市	7	6	97	122	22	4	20		47
男	**755**	**2548**	**11400**	**17061**	**1985**	**819**	**2581**	**478**	**5229**
广州市	**24**	**150**	**1482**	**1834**	**369**	**218**	**1575**	**136**	**695**
荔湾区									
越秀区									
海珠区									
天河区									
白云区	4	16	394	369	90	48	268	42	242
黄埔区	2	1	56	34	10	12	66	6	15
番禺区	6	13	220	418	65	70	501	12	118
花都区	1	52	296	500	62	55	179	11	71
南沙区	3	45	340	186	55	16	94	22	72
从化区	4	14	49	100	50	9	142	27	147
增城区	4	9	127	227	37	8	325	16	30

4－6c 续表 59

单位：人

地区 性别	生产制造及有关人员								
	采矿人员	金属冶炼和压延加工人员	机械制造基础加工人员	金属制品制造人员	通用设备制造人员	专用设备制造人员	汽车制造人员	铁路、船舶、航空设备制造人员	电气机械和器材制造人员
韶关市	**96**	**146**	**304**	**300**	**60**	**22**	**54**	**13**	**175**
武江区	5	2	16	5	3	1			17
浈江区	2	7	51	8	26	5	15	2	1
曲江区	23	53	57	20	7	3	2	2	14
始兴县	7	3	17	23	1	2	1		12
仁化县	31	13	19	12	3		2		18
翁源县	7	16	28	31	3	2	2	1	91
乳源瑶族自治县	2	21	9	59	5	1	14	1	3
新丰县	6	6	8	35	3	5		1	
乐昌市	8	16	62	41	6	2	9	3	8
南雄市	5	9	37	66	3	1	9	3	11
深圳市	**1**	**8**	**81**	**42**	**4**	**3**	**2**		**63**
罗湖区									
福田区									
南山区									
宝安区									
龙岗区	1	8	81	42	4	3	2		63
盐田区									
龙华区									
坪山区									
光明区									
珠海市	**8**	**7**	**166**	**170**	**91**	**20**	**21**	**13**	**147**
香洲区					1				
斗门区	6	7	153	160	90	20	20	13	146
金湾区	2		13	10			1		1
汕头市		**9**	**235**	**272**	**19**	**4**	**30**	**2**	**26**
龙湖区			27	31	2	1	3		1
金平区			3	2	1		1		
濠江区		2	7	14	1		21		1
潮阳区			55	93	4				5
潮南区		4	57	61	3	3	2	2	11
澄海区		2	86	69	7		3		6
南澳县		1		2	1				2
佛山市	**2**	**209**	**699**	**1649**	**115**	**57**	**87**	**11**	**105**
禅城区									
南海区		69	297	768	24	44	44	6	66
顺德区		9	37	61			5		4
三水区	2	118	350	805	89	13	35	5	31
高明区		13	15	15	2		3		4
江门市	**37**	**268**	**1006**	**1381**	**99**	**19**	**80**	**82**	**237**
蓬江区	3		9	44	7	1	5	4	5
江海区									
新会区	14	111	285	400	15	2	9	46	65
台山市	3	68	119	198	12	3	16	5	35
开平市	9	16	277	355	23	5	22	1	29
鹤山市	7	67	262	336	36	5	25	23	91
恩平市	1	6	54	48	6	3	3	3	12
湛江市	**55**	**112**	**448**	**383**	**53**	**24**	**52**	**20**	**466**
赤坎区		1	3	1					1
霞山区		2	5	3	3			1	
坡头区	7	4	27	33	3	4	6	1	11
麻章区	5	57	45	28	9	1	6	3	6
遂溪县	3	14	41	52	8	3	6	2	12
徐闻县	20		27	26	4	1	2	3	10
廉江市	4	15	121	123	12	8	9	2	399
雷州市	10	9	73	43	12	5	11	8	21
吴川市	6	10	106	74	2	2	12		6

4-6c　续表 60　　　　　　　　　　　　　　　　　　　　　　　单位：人

地　区 性　别	生产制造及有关人员								
	采矿人员	金属冶炼和压延加工人员	机械制造基础加工人员	金属制品制造人员	通用设备制造人员	专用设备制造人员	汽车制造人员	铁路、船舶、航空设备制造人员	电气机械和器材制造人员
茂名市	**92**	**54**	**563**	**713**	**87**	**33**	**34**	**12**	**202**
茂南区	3	5	88	62	19	4	1	3	22
电白区	53	12	81	112	16	12	7	6	93
高州市	16	13	186	227	21	7	8	2	33
化州市	3	18	91	175	17	5	12		31
信宜市	17	6	117	137	14	5	6	1	23
肇庆市	**53**	**139**	**536**	**1671**	**92**	**35**	**114**	**12**	**223**
端州区									
鼎湖区	1		4	26	4	1	6		2
高要区	10	30	251	801	14	8	34	2	26
广宁县	1	18	55	71	10	1	2	2	18
怀集县	8	10	129	411	17	13	25	3	53
封开县	7	7	14	100	8	4	13	1	64
德庆县	15	1	28	71	35	2	7	2	42
四会市	11	73	55	191	4	6	27	2	18
惠州市	**63**	**55**	**1001**	**1360**	**217**	**52**	**92**	**46**	**565**
惠城区	4	11	225	171	35	19	27	5	175
惠阳区	27	19	324	537	48	21	6	13	93
博罗县	1	10	335	433	101	5	25	1	276
惠东县	20	11	94	202	32	7	14	27	17
龙门县	11	4	23	17	1		20		4
梅州市	**56**	**55**	**215**	**224**	**31**	**18**	**36**	**2**	**39**
梅江区		1	6	9		2	4		1
梅县区	13	13	45	34	6	3	16	1	8
大埔县	8		11	13	4		1		5
丰顺县	1	17	14	19	2	1	1		1
五华县	10	5	61	61	5	10	4	1	12
平远县	17	10	12	26	3	1	2		3
蕉岭县	4	6	11	17	7		2		1
兴宁市	3	3	55	45	4	1	6		8
汕尾市	**29**	**20**	**154**	**166**	**4**	**8**	**14**	**1**	**17**
城　区	2	3	11	10		3	6	1	3
海丰县	3	1	28	30	2	2	2		11
陆河县		1	23	13		1	2		
陆丰市	24	15	92	113	2	2	4		3
河源市	**92**	**78**	**279**	**332**	**36**	**42**	**23**	**17**	**74**
源城区	2	7	46	15	16	2	2		11
紫金县	27	6	64	79	8	27	8	7	35
龙川县	15	2	62	124	5	8	5	6	10
连平县	29	36	38	11	3	1	3	2	6
和平县	3	11	38	28	3	2	5	1	6
东源县	16	16	31	75	1	2		1	6
阳江市	**12**	**356**	**481**	**794**	**49**	**12**	**20**	**5**	**91**
江城区	2	250	141	193	19		4		53
阳东区	1	4	231	445	8	2		2	8
阳西县	3	3	19	50	1	2	9	2	13
阳春市	6	99	90	106	21	8	7	1	17
清远市	**74**	**362**	**391**	**526**	**64**	**68**	**138**	**47**	**148**
清城区	6	149	76	69	7	52	39	4	7
清新区	8	15	74	132	12	6	43	5	29
佛冈县	11	56	107	66	18	2	33	35	25
阳山县	14	2	25	53	7	1	2		19
连山壮族瑶族自治县	1	2	9	13	2				4
连南瑶族自治县	9	1	10	18	2	3	6	1	5
英德市	9	132	75	144	13	4	13	2	51
连州市	16	5	15	31	3		2		8

4-6c 续表 61　　单位：人

地区 性别	生产制造及有关人员								
	采矿人员	金属冶炼和压延加工人员	机械制造基础加工人员	金属制品制造人员	通用设备制造人员	专用设备制造人员	汽车制造人员	铁路、船舶、航空设备制造人员	电气机械和器材制造人员
东莞市	**9**	**95**	**1592**	**2427**	**292**	**112**	**89**	**33**	**823**
市辖区	9	95	1592	2427	292	112	89	33	823
中山市	**1**	**45**	**804**	**1023**	**157**	**27**	**54**	**17**	**728**
市辖区	1	45	804	1023	157	27	54	17	728
潮州市	**7**	**178**	**312**	**720**	**29**	**11**	**7**	**3**	**44**
湘桥区	1	3	15	20	2				6
潮安区	3	156	244	641	9	7	1		18
饶平县	3	19	53	59	18	4	6	3	20
揭阳市	**19**	**102**	**441**	**728**	**81**	**25**	**27**	**4**	**296**
榕城区	8	74	176	97	12	1	7		4
揭东区	3	8	66	301	22	2	8	1	12
揭西县	1	7	48	91	16	2	2		189
惠来县	2	4	42	60	4	1	5		3
普宁市	5	9	109	179	27	19	5	3	88
云浮市	**25**	**100**	**210**	**346**	**36**	**9**	**32**	**2**	**65**
云城区	3	5	8	24	3	2	3		5
云安区	13	3	16	18	8		9		3
新兴县	2	83	84	168	2	1	2	1	7
郁南县	1	3	15	39	8	3	2	1	28
罗定市	6	6	87	97	15	3	16		22
女	**100**	**608**	**2137**	**8033**	**647**	**504**	**836**	**171**	**3902**
广州市	**3**	**55**	**238**	**792**	**117**	**124**	**327**	**74**	**443**
荔湾区									
越秀区									
海珠区									
天河区									
白云区		4	43	149	28	28	59	15	120
黄埔区		1	6	15	1	5	9		7
番禺区		8	20	155	19	37	81	1	89
花都区	2	15	54	206	23	30	59	4	47
南沙区	1	17	90	101	17	13	25	11	71
从化区		7	12	47	18	8	29	38	100
增城区		3	13	119	11	3	65	5	9
韶关市	**18**	**25**	**57**	**102**	**23**	**18**	**28**	**4**	**155**
武江区		1	2	3		2	4	1	20
浈江区			7	2	13		12		
曲江区	6	6	3	4	1	1	1	1	8
始兴县	1		9	14	4	2	1		33
仁化县	4	3	5	5	1	2			10
翁源县	1	3	18	21			1		49
乳源瑶族自治县	2	9	4	13	1		5	1	12
新丰县		1		12		10	1		
乐昌市	4	1	4	12	2		1	1	17
南雄市		1	5	16	1	1	2		6
深圳市		**2**	**10**	**17**	**4**		**1**		**55**
罗湖区									
福田区									
南山区									
宝安区									
龙岗区		2	10	17	4		1		55
盐田区									
龙华区									
坪山区									
光明区									

4-6c　续表 62　　　　　　　　　　　　　　　　　　　　单位：人

地　区 性　别	生产制造及有关人员								
	采矿人员	金属冶炼和压延加工人员	机械制造基础加工人员	金属制品制造人员	通用设备制造人员	专用设备制造人员	汽车制造人员	铁路、船舶、航空设备制造人员	电气机械和器材制造人员
珠海市		**4**	**22**	**71**	**50**	**22**	**15**	**5**	**109**
香洲区									
斗门区		4	22	67	49	22	14	5	106
金湾区				4	1		1		3
汕头市	**1**		**36**	**54**	**7**	**5**	**53**		**28**
龙湖区				5		1	19		13
金平区			1		1		1		
濠江区				1	1		26		1
潮阳区			8	12					3
潮南区	1		6	13		1	1		9
澄海区			21	23	5	3	6		2
南澳县									
佛山市		**32**	**113**	**742**	**39**	**28**	**45**	**7**	**70**
禅城区									
南海区		8	46	275	9	27	21	5	51
顺德区			9	27	1				1
三水区		24	58	435	29	1	24	2	15
高明区				5					3
江门市	**3**	**57**	**243**	**1089**	**33**	**21**	**35**	**23**	**220**
蓬江区				22	2		5	4	3
江海区									
新会区	1	17	69	255	6	4	7	12	64
台山市		22	32	132	6	5	7	2	35
开平市	1	3	66	337	6	2	12		19
鹤山市		11	53	309	11	7	2	5	88
恩平市	1	4	23	34	2	3	2		11
湛江市	**10**	**18**	**44**	**109**	**8**	**14**	**12**	**5**	**615**
赤坎区									
霞山区									
坡头区			3	4	1	1		1	33
麻章区		6	1	7			1		2
遂溪县		3	5	24	2	3			8
徐闻县	8			5	2		1		5
廉江市		8	19	49	3	7	1		544
雷州市	1	1	13	15		1	6	2	8
吴川市	1		3	5		2	3	2	15
茂名市	**7**	**16**	**77**	**254**	**13**	**20**	**9**	**4**	**129**
茂南区	1	1	11	17	4	2	1	1	7
电白区	3	3	8	33		10	1	2	47
高州市	2	4	29	78	6	2	3	1	19
化州市		8	10	62	2	4	2		28
信宜市	1		19	64	1	2	2		28
肇庆市	**7**	**41**	**85**	**1048**	**19**	**24**	**37**	**1**	**136**
端州区									
鼎湖区			1	17	2		5		
高要区		8	51	731	2	13	8		20
广宁县		2	10	30	1		2		9
怀集县	5	3	13	124	3	8	13	1	31
封开县		1	3	28	1		5		48
德庆县	1	1	4	49	6	1	1		18
四会市	1	26	3	69	4	2	3		10
惠州市	**5**	**30**	**213**	**573**	**80**	**16**	**38**	**18**	**407**
惠城区	1	21	63	49	25	6	17	1	144
惠阳区		4	48	218	14	2	8	9	89
博罗县	1	3	86	188	36	5	7		162
惠东县	3	1	8	107	4	1	4	8	8
龙门县		1	8	11	1	2	2		4

4-6c 续表 63 单位：人

地区 性别	生产制造及有关人员								
	采矿人员	金属冶炼和压延加工人员	机械制造基础加工人员	金属制品制造人员	通用设备制造人员	专用设备制造人员	汽车制造人员	铁路、船舶、航空设备制造人员	电气机械和器材制造人员
梅州市	**2**	**16**	**37**	**53**	**13**	**12**	**17**	**1**	**46**
梅江区		1		4					1
梅县区		11	6	11	4	2	14		14
大埔县		1		1					3
丰顺县	1	2	6	5	1				3
五华县			7	12	4	8	1	1	11
平远县		1	4	6			1		1
蕉岭县	1		1	5	2				3
兴宁市			13	9	2	2	1		10
汕尾市	**3**	**4**	**6**	**16**	**2**	**5**	**11**		**14**
城　区		1	2				7		
海丰县	2		3	4		2			9
陆河县				1		2	4		5
陆丰市	1	3	1	11	2	1			
河源市	**20**	**9**	**43**	**117**	**14**	**54**	**14**	**5**	**82**
源城区			4	11	1	1	2		6
紫金县	4	2	6	28	6	42	4	1	28
龙川县	3	1	11	20	2	7	4	3	21
连平县	3	2	5	5	1	1	2		7
和平县		1	10	12	1	2	1	1	9
东源县	10	3	7	41	3	1	1		11
阳江市	**3**	**81**	**142**	**536**	**7**	**10**	**5**	**1**	**56**
江城区		61	67	161	1	1			10
阳东区	1	2	63	293	3	1		1	8
阳西县			4	21		1	3		18
阳春市	2	18	8	61	3	7	2		20
清远市	**7**	**64**	**81**	**182**	**23**	**22**	**76**	**14**	**126**
清城区		25	16	26	1	11	13	1	7
清新区	2	2	22	41	6	5	21	2	16
佛冈县	1	9	19	26	10	1	32	11	16
阳山县	1	1	2	24	4		1		7
连山壮族瑶族自治县		2	2	2		1			4
连南瑶族自治县			1	7	1	1	1		4
英德市	1	24	18	52	1	3	7		58
连州市	2	1	1	4			1		14
东莞市	**1**	**29**	**310**	**1101**	**60**	**61**	**63**	**5**	**459**
市辖区	1	29	310	1101	60	61	63	5	459
中山市	**2**	**14**	**247**	**500**	**101**	**21**	**31**	**3**	**541**
市辖区	2	14	247	500	101	21	31	3	541
潮州市		**59**	**41**	**212**	**4**	**3**	**7**		**31**
湘桥区		3		4					6
潮安区		54	33	198	3		2		12
饶平县		2	8	10	1	3	5		13
揭阳市	**3**	**11**	**50**	**268**	**15**	**22**	**3**		**126**
榕城区		9	17	24	1	1			3
揭东区		1	5	188	3		1		6
揭西县			7	25	1	1			105
惠来县	2	1		6	1	2			1
普宁市	1		21	25	9	18	2		11
云浮市	**5**	**41**	**42**	**197**	**15**	**2**	**9**	**1**	**54**
云城区		1	1	8	1	1	1		3
云安区	4	2	2	13	2		2		1
新兴县		37	21	136	1		1	1	5
郁南县		1	8	15	4		1		20
罗定市	1		10	25	7	1	4		25

4−6c　续表 64　　　　单位：人

地　区 性　别	生产制造及有关人员								不便分类的其他从业人员
	计算机、通信和其他电子设备制造人员	仪器仪表制造人员	废弃资源综合利用人员	电力、热力、气体、水生产和输配人员	建筑施工人员	运输设备和通用工程机械操作人员及有关人员	生产辅助人员	其他生产制造及有关人员	
广　东	**35947**	**542**	**584**	**1413**	**136505**	**8748**	**49418**	**2013**	**2599**
广州市	**3395**	**36**	**93**	**102**	**7019**	**1091**	**7391**	**231**	**142**
荔湾区									
越秀区									
海珠区									
天河区									
白云区	543	10	19	42	1577	254	2840	20	35
黄埔区	138	4	5	10	542	72	306	4	14
番禺区	555	7	7	4	1121	148	973	115	7
花都区	892	5	38	13	1224	158	1471	55	22
南沙区	637	2	18	7	726	163	880	11	2
从化区	202	2	1	10	896	125	335	8	62
增城区	428	6	5	16	933	171	586	18	
韶关市	**890**	**50**	**25**	**278**	**4127**	**547**	**1089**	**46**	**33**
武江区	33		2	13	301	42	55	6	
浈江区	25		1	8	210	36	63	6	
曲江区	50		3	35	360	58	167	4	1
始兴县	198	1		28	362	45	99	6	6
仁化县	51		3	50	384	58	102		
翁源县	59	48	10	30	593	89	127	2	
乳源瑶族自治县	186	1	1	52	347	26	73	8	9
新丰县	19		1	22	408	37	128	2	3
乐昌市	83		3	30	590	62	116	5	1
南雄市	186		1	10	572	94	159	7	13
深圳市	**126**	**4**		**3**	**216**	**20**	**421**	**17**	**2**
罗湖区									
福田区									
南山区									
宝安区									
龙岗区	126	4		3	216	20	421	17	2
盐田区									
龙华区									
坪山区									
光明区									
珠海市	**1174**	**2**	**9**	**20**	**927**	**99**	**838**	**7**	**1**
香洲区				1	23	8	3		
斗门区	1140	1	9	15	789	83	793	7	
金湾区	34	1		4	115	8	42		1
汕头市	**821**	**3**	**18**	**11**	**8482**	**296**	**3286**	**56**	**121**
龙湖区	96	1		1	359	12	132	3	
金平区	5				47	3	13	1	
濠江区	69			2	576	24	131	5	8
潮阳区	284		15	1	5663	171	846	8	5
潮南区	291	1	1	5	1275	52	1476	26	92
澄海区	76	1	2	1	516	32	685	13	16
南澳县				1	46	2	3		
佛山市	**638**	**1**	**17**	**33**	**985**	**260**	**2376**	**56**	**21**
禅城区									
南海区	252		6	14	351	89	860	22	20
顺德区	129				70	22	219	6	
三水区	246	1	10	16	471	122	1231	28	1
高明区	11		1	3	93	27	66		

4-6c 续表 65 单位：人

地区 性别	生产制造及有关人员								不便分类的其他从业人员
	计算机、通信和其他电子设备制造人员	仪器仪表制造人员	废弃资源综合利用人员	电力、热力、气体、水生产和输配人员	建筑施工人员	运输设备和通用工程机械操作人员及有关人员	生产辅助人员	其他生产制造及有关人员	
江门市	**1596**	**8**	**13**	**87**	**5188**	**455**	**3419**	**327**	**36**
蓬江区	31		2		50	8	98	3	
江海区									
新会区	261	1	6	18	671	116	1260	246	6
台山市	517	2		22	1280	73	494	37	19
开平市	237	2	2	22	1631	69	550	9	9
鹤山市	114		3	11	551	102	741	12	2
恩平市	436	3		14	1005	87	276	20	
湛江市	**1290**	**8**	**17**	**83**	**18800**	**825**	**1298**	**63**	**24**
赤坎区	1				40	5	10		
霞山区	4			1	81	49	25		
坡头区	59			3	2738	39	84	1	1
麻章区	58	2		7	1282	215	181	1	14
遂溪县	136	1		9	2007	137	173	11	3
徐闻县	133			5	394	56	122	7	2
廉江市	473	4	2	7	4558	128	285	2	2
雷州市	350		8	50	2827	118	237	39	2
吴川市	76	1	7	1	4873	78	181	2	
茂名市	**3258**	**39**	**60**	**88**	**23179**	**770**	**1327**	**73**	**154**
茂南区	180	11	5	5	2997	148	227	9	15
电白区	554	8	9	7	6935	276	323	11	35
高州市	1042	3	20	33	3655	143	353	27	82
化州市	627	5	23	14	6348	105	247	16	10
信宜市	855	12	3	29	3244	98	177	10	12
肇庆市	**1639**	**7**	**59**	**49**	**8058**	**399**	**1965**	**142**	**252**
端州区									
鼎湖区	9	1	1	4	220	29	66		
高要区	342		1	10	2500	114	727	25	33
广宁县	59	1	1	9	1233	45	229	27	1
怀集县	501		9	10	2030	63	315	8	173
封开县	358	1		3	628	47	141	24	34
德庆县	286		1	5	551	26	130	34	10
四会市	84	4	46	8	896	75	357	24	1
惠州市	**6158**	**82**	**35**	**108**	**5127**	**735**	**4530**	**120**	**637**
惠城区	2415	13	8	3	1051	196	1084	27	532
惠阳区	1593	33	8	22	922	162	1495	39	1
博罗县	1668	13	8	13	1190	199	1133	39	62
惠东县	337	14	8	45	1384	118	584	11	41
龙门县	145	9	3	25	580	60	234	4	1
梅州市	**1648**	**6**	**22**	**58**	**8008**	**498**	**828**	**40**	**135**
梅江区	62	1	3	2	155	16	29		
梅县区	238		2	6	1046	72	168	7	71
大埔县	70	1	1	13	736	31	91	4	14
丰顺县	317			1	765	19	49	3	5
五华县	290	4	9	6	2853	198	153	5	28
平远县	167		3	11	501	36	53	3	
蕉岭县	64		1	8	433	50	161	4	
兴宁市	440		3	11	1519	76	124	14	17
汕尾市	**599**		**7**	**21**	**4406**	**151**	**443**	**14**	**6**
城　区	319		1	2	570	21	67		1
海丰县	85		1	13	711	47	249	13	3
陆河县	40		3	3	915	31	24		
陆丰市	155		2	3	2210	52	103	1	2

4-6c　续表 66　　　　单位：人

地　区 性　别	生产制造及有关人员								不便分类的其他从业人员
	计算机、通信和其他电子设备制造人　员	仪器仪表制造人员	废弃资源综合利用人　员	电力、热力、气体、水生产和输配人员	建筑施工人　员	运输设备和通用工程机械操作人员及有关人员	生产辅助人　员	其他生产制造及有关人员	
河源市	**2138**	**41**	**18**	**47**	**5694**	**518**	**996**	**51**	**47**
源城区	242	10			192	12	104		1
紫金县	388	13	4	10	1317	93	226	7	21
龙川县	883	7	12	16	1690	137	264	18	14
连平县	123	2		6	632	34	86		
和平县	187	9		9	1015	146	92	10	10
东源县	315		2	6	848	96	224	16	1
阳江市	**510**	**4**	**15**	**69**	**6866**	**294**	**2152**	**63**	**388**
江城区	74			6	1641	79	533	14	49
阳东区	37		6	28	1261	35	1185	4	32
阳西县	171	2	6	11	1957	72	130	25	236
阳春市	228	2	3	24	2007	108	304	20	71
清远市	**847**	**15**	**35**	**199**	**7499**	**574**	**1759**	**108**	**114**
清城区	80		15	9	945	90	497	17	3
清新区	173	1	5	8	1629	114	364	39	91
佛冈县	156	3	8	10	1174	84	217	8	5
阳山县	36	4	2	41	932	40	72	3	2
连山壮族瑶族自治县	30	2		21	243	8	22		
连南瑶族自治县	50	1	1	51	291	5	26	11	
英德市	265	4	4	27	1633	176	466	22	11
连州市	57			32	652	57	95	8	2
东莞市	**5173**	**145**	**39**	**64**	**2199**	**408**	**5901**	**277**	**31**
市辖区	5173	145	39	64	2199	408	5901	277	31
中山市	**1496**	**64**	**21**	**33**	**1430**	**187**	**2781**	**98**	**6**
市辖区	1496	64	21	33	1430	187	2781	98	6
潮州市	**284**	**6**	**16**	**28**	**2855**	**102**	**2295**	**68**	**18**
湘桥区	24	2		2	301	14	86	1	4
潮安区	93	1	12	16	939	27	1838	55	9
饶平县	167	3	4	10	1615	61	371	12	5
揭阳市	**1322**	**12**	**49**	**11**	**9946**	**280**	**3404**	**126**	**429**
榕城区	103	6	1		969	57	457	55	3
揭东区	225	1	15	2	1991	65	502	32	232
揭西县	268	1	9	4	1880	52	662	10	13
惠来县	143	1		3	1946	38	265	6	14
普宁市	583	3	24	2	3160	68	1518	23	167
云浮市	**945**	**9**	**16**	**21**	**5494**	**239**	**919**	**30**	**2**
云城区	14		2	5	462	17	94	2	
云安区	40		9	5	1042	48	98	1	
新兴县	89	3	1	4	1262	55	345	6	1
郁南县	89	4	2	1	568	38	110		
罗定市	713	2	2	6	2160	81	272	21	1
男	**19769**	**289**	**447**	**1223**	**117765**	**8460**	**28778**	**1211**	**1405**
广州市	**1992**	**14**	**65**	**96**	**6232**	**1053**	**4316**	**145**	**100**
荔湾区									
越秀区									
海珠区									
天河区									
白云区	325	4	18	42	1388	244	1523	9	22
黄埔区	91	2	5	10	492	68	196	2	11
番禺区	366	6	3	4	973	142	614	70	6
花都区	523	1	22	12	1086	154	896	35	16
南沙区	355		12	6	629	156	517	10	2
从化区	113	1	1	7	821	120	202	3	43
增城区	219		4	15	843	169	368	16	

4-6c 续表 67 单位：人

地区 性别	生产制造及有关人员								不便分类的其他从业人员
	计算机、通信和其他电子设备制造人员	仪器仪表制造人员	废弃资源综合利用人员	电力、热力、气体、水生产和输配人员	建筑施工人员	运输设备和通用工程机械操作人员及有关人员	生产辅助人员	其他生产制造及有关人员	
韶关市	**388**	**7**	**16**	**233**	**3469**	**536**	**706**	**33**	**17**
武江区	17			12	262	41	32	4	
浈江区	11		1	8	180	36	42	3	
曲江区	25		3	29	322	51	128	4	1
始兴县	60	1		24	296	45	49	6	1
仁化县	29		2	46	308	58	77		
翁源县	27	6	7	25	494	89	62	2	
乳源瑶族自治县	75		1	40	303	26	47	5	7
新丰县	5			16	329	36	82	2	
乐昌市	37		2	24	509	61	85	3	
南雄市	102			9	466	93	102	4	8
深圳市	**68**	**2**		**3**	**201**	**19**	**326**	**6**	**1**
罗湖区									
福田区									
南山区									
宝安区									
龙岗区	68	2		3	201	19	326	6	1
盐田区									
龙华区									
坪山区									
光明区									
珠海市	**671**	**2**	**8**	**18**	**778**	**94**	**440**	**3**	
香洲区				1	23	8	3		
斗门区	659	1	8	14	648	78	409	3	
金湾区	12	1		3	107	8	28		
汕头市	**503**	**3**	**14**	**11**	**8034**	**284**	**2191**	**31**	**80**
龙湖区	66	1		1	351	12	71	1	
金平区	2				47	3	3	1	
濠江区	29			2	539	24	67	2	4
潮阳区	132		12	1	5466	164	650	3	5
潮南区	236	1		5	1099	49	1008	14	63
澄海区	38	1	2	1	494	30	389	10	8
南澳县				1	38	2	3		
佛山市	**423**	**1**	**10**	**32**	**835**	**253**	**1434**	**38**	**14**
禅城区									
南海区	165		2	14	310	85	499	16	13
顺德区	79				62	22	122	1	
三水区	174	1	7	16	386	120	772	21	1
高明区	5		1	2	77	26	41		
江门市	**810**	**3**	**9**	**81**	**4631**	**443**	**1660**	**189**	**20**
蓬江区	15		1		46	8	46	2	
江海区									
新会区	134		5	18	581	110	593	142	5
台山市	246	1		20	1132	73	242	23	10
开平市	123	1	1	22	1467	69	201	5	4
鹤山市	71		2	11	507	99	395	6	1
恩平市	221	1		10	898	84	183	11	
湛江市	**724**	**7**	**10**	**70**	**16341**	**785**	**848**	**37**	**16**
赤坎区	1				36	5	7		
霞山区	3			1	70	47	20		
坡头区	30			3	2435	35	64	1	1
麻章区	34	2		4	1097	193	126	1	9
遂溪县	72	1		6	1628	134	93	5	3
徐闻县	90			4	313	55	81	6	
廉江市	250	3	2	6	4130	127	182	2	1
雷州市	209		4	45	2203	114	172	21	2
吴川市	35	1	4	1	4429	75	103	1	

4-6c　续表 68　　　　单位：人

地区 性别	生产制造及有关人员：计算机、通信和其他电子设备制造人员	生产制造及有关人员：仪器仪表制造人员	生产制造及有关人员：废弃资源综合利用人员	生产制造及有关人员：电力、热力、气体、水生产和输配人员	生产制造及有关人员：建筑施工人员	生产制造及有关人员：运输设备和通用工程机械操作人员及有关人员	生产制造及有关人员：生产辅助人员	生产制造及有关人员：其他生产制造及有关人员	不便分类的其他从业人员
茂名市	**1632**	**19**	**49**	**67**	**19774**	**741**	**798**	**49**	**81**
茂南区	110	8	4	4	2472	132	145	7	10
电白区	316	5	6	7	5923	267	200	6	9
高州市	547	2	14	23	2988	141	206	19	51
化州市	324	4	22	13	5560	103	145	10	6
信宜市	335		3	20	2831	98	102	7	5
肇庆市	**866**	**6**	**54**	**45**	**6414**	**395**	**1064**	**87**	**138**
端州区									
鼎湖区	5	1	1	3	149	29	41		
高要区	187			10	2037	114	318	17	18
广宁县	29	1		8	995	45	131	16	1
怀集县	265		9	8	1569	63	190	6	92
封开县	173	1		3	508	47	87	13	19
德庆县	160		1	5	414	24	85	20	8
四会市	47	3	43	8	742	73	212	15	
惠州市	**3651**	**48**	**24**	**98**	**4540**	**706**	**2593**	**79**	**243**
惠城区	1555	8	6	3	957	187	654	20	191
惠阳区	956	20	6	21	795	153	841	25	
博罗县	886	6	6	12	1060	193	589	25	38
惠东县	212	6	4	40	1209	117	365	6	13
龙门县	42	8	2	22	519	56	144	3	1
梅州市	**632**		**16**	**48**	**6334**	**489**	**561**	**24**	**72**
梅江区	20		2	2	131	15	19		
梅县区	131		1	4	784	70	99	3	48
大埔县	35		1	11	623	31	67	4	4
丰顺县	122			1	650	19	38	3	4
五华县	107		7	3	2185	196	110	4	13
平远县	50		1	10	389	36	33	1	
蕉岭县	18		1	8	367	46	119	1	
兴宁市	149		3	9	1205	76	76	8	3
汕尾市	**373**		**6**	**21**	**4008**	**148**	**314**	**11**	**3**
城　区	212		1	2	536	20	39		1
海丰县	47		1	13	636	45	175	11	1
陆河县	21		2	3	839	31	20		
陆丰市	93		2	3	1997	52	80		1
河源市	**959**	**25**	**14**	**45**	**4666**	**510**	**576**	**25**	**28**
源城区	133	10			175	12	45		1
紫金县	174	7	3	10	1045	90	134	2	12
龙川县	406	4	9	15	1373	136	140	8	6
连平县	51	1		6	508	33	51		
和平县	67	3		8	839	145	56	7	8
东源县	128		2	6	726	94	150	8	1
阳江市	**279**	**2**	**12**	**62**	**5855**	**277**	**934**	**41**	**233**
江城区	58			6	1405	71	162	10	24
阳东区	21		6	26	1119	34	509	2	17
阳西县	100	1	4	10	1702	68	71	17	156
阳春市	100	1	2	20	1629	104	192	12	36
清远市	**442**	**10**	**27**	**152**	**6311**	**553**	**1172**	**63**	**59**
清城区	48		12	9	783	81	351	10	1
清新区	89	1	3	6	1356	112	225	24	48
佛冈县	80	1	6	10	1012	81	142	5	3
阳山县	19	3	1	24	771	40	53	3	1
连山壮族瑶族自治县	20	1		17	198	8	15		
连南瑶族自治县	26	1	1	41	229	5	16	4	
英德市	125	3	4	23	1367	170	294	13	5
连州市	35			22	595	56	76	4	1

4-6c 续表 69 单位：人

地区 性别	生产制造及有关人员								不便分类的其他从业人员
	计算机、通信和其他电子设备制造人员	仪器仪表制造人员	废弃资源综合利用人员	电力、热力、气体、水生产和输配人员	建筑施工人员	运输设备和通用工程机械操作人员及有关人员	生产辅助人员	其他生产制造及有关人员	
东莞市	**3139**	**105**	**27**	**59**	**1954**	**383**	**3508**	**182**	**17**
市辖区	3139	105	27	59	1954	383	3508	182	17
中山市	**820**	**25**	**13**	**29**	**1233**	**177**	**1561**	**50**	**3**
市辖区	820	25	13	29	1233	177	1561	50	3
潮州市	**161**	**2**	**13**	**27**	**2528**	**100**	**1222**	**28**	**14**
湘桥区	15			2	279	14	49	1	2
潮安区	62	1	10	15	896	27	972	21	7
饶平县	84	1	3	10	1353	59	201	6	5
揭阳市	**881**	**4**	**44**	**9**	**8780**	**277**	**2058**	**74**	**265**
榕城区	64	2	1		848	56	268	25	3
揭东区	132		15	2	1780	64	203	19	127
揭西县	149		6	2	1721	51	289	7	7
惠来县	103			3	1661	38	175	5	4
普宁市	433	2	22	2	2770	68	1123	18	124
云浮市	**355**	**4**	**16**	**17**	**4847**	**237**	**496**	**16**	**1**
云城区	11		2	5	399	17	61	1	
云安区	9		9	3	922	47	63	1	
新兴县	42		1	3	1089	55	145	2	
郁南县	32	3	2	1	507	37	63		
罗定市	261	1	2	5	1930	81	164	12	1
女	**16178**	**253**	**137**	**190**	**18740**	**288**	**20640**	**802**	**1194**
广州市	**1403**	**22**	**28**	**6**	**787**	**38**	**3075**	**86**	**42**
荔湾区									
越秀区									
海珠区									
天河区									
白云区	218	6	1		189	10	1317	11	13
黄埔区	47	2			50	4	110	2	3
番禺区	189	1	4		148	6	359	45	1
花都区	369	4	16	1	138	4	575	20	6
南沙区	282	2	6	1	97	7	363	1	
从化区	89	1		3	75	5	133	5	19
增城区	209	6	1	1	90	2	218	2	
韶关市	**502**	**43**	**9**	**45**	**658**	**11**	**383**	**13**	**16**
武江区	16		2	1	39	1	23	2	
浈江区	14				30		21	3	
曲江区	25			6	38	7	39		
始兴县	138			4	66		50		5
仁化县	22		1	4	76		25		
翁源县	32	42	3	5	99		65		
乳源瑶族自治县	111	1		12	44		26	3	2
新丰县	14		1	6	79	1	46		3
乐昌市	46		1	6	81	1	31	2	1
南雄市	84		1	1	106	1	57	3	5
深圳市	**58**	**2**			**15**	**1**	**95**	**11**	**1**
罗湖区									
福田区									
南山区									
宝安区									
龙岗区	58	2			15	1	95	11	1
盐田区									
龙华区									
坪山区									
光明区									

4-6c 续表 70

单位：人

地区 性别	生产制造及有关人员								不便分类的其他从业人员
	计算机、通信和其他电子设备制造人员	仪器仪表制造人员	废弃资源综合利用人员	电力、热力、气体、水生产和输配人员	建筑施工人员	运输设备和通用工程机械操作人员及有关人员	生产辅助人员	其他生产制造及有关人员	
珠海市	**503**		**1**	**2**	**149**	**5**	**398**	**4**	**1**
香洲区									
斗门区	481		1	1	141	5	384	4	
金湾区	22			1	8		14		1
汕头市	**318**		**4**		**448**	**12**	**1095**	**25**	**41**
龙湖区	30				8		61	2	
金平区	3						10		
濠江区	40				37		64	3	4
潮阳区	152		3		197	7	196	5	
潮南区	55		1		176	3	468	12	29
澄海区	38				22	2	296	3	8
南澳县					8				
佛山市	**215**		**7**	**1**	**150**	**7**	**942**	**18**	**7**
禅城区									
南海区	87		4		41	4	361	6	7
顺德区	50				8		97	5	
三水区	72		3		85	2	459	7	
高明区	6			1	16	1	25		
江门市	**786**	**5**	**4**	**6**	**557**	**12**	**1759**	**138**	**16**
蓬江区	16		1		4		52	1	
江海区									
新会区	127	1	1		90	6	667	104	1
台山市	271	1		2	148		252	14	9
开平市	114	1	1		164		349	4	5
鹤山市	43		1		44	3	346	6	1
恩平市	215	2		4	107	3	93	9	
湛江市	**566**	**1**	**7**	**13**	**2459**	**40**	**450**	**26**	**8**
赤坎区					4		3		
霞山区	1				11	2	5		
坡头区	29				303	4	20		
麻章区	24			3	185	22	55		5
遂溪县	64			3	379	3	80	6	
徐闻县	43			1	81	1	41	1	2
廉江市	223	1		1	428	1	103		1
雷州市	141		4	5	624	4	65	18	
吴川市	41		3		444	3	78	1	
茂名市	**1626**	**20**	**11**	**21**	**3405**	**29**	**529**	**24**	**73**
茂南区	70	3	1	1	525	16	82	2	5
电白区	238	3	3		1012	9	123	5	26
高州市	495	1	6	10	667	2	147	8	31
化州市	303	1	1	1	788	2	102	6	4
信宜市	520	12		9	413		75	3	7
肇庆市	**773**	**1**	**5**	**4**	**1644**	**4**	**901**	**55**	**114**
端州区									
鼎湖区	4			1	71		25		
高要区	155		1		463		409	8	15
广宁县	30		1	1	238		98	11	
怀集县	236			2	461		125	2	81
封开县	185				120		54	11	15
德庆县	126				137	2	45	14	2
四会市	37	1	3		154	2	145	9	1
惠州市	**2507**	**34**	**11**	**10**	**587**	**29**	**1937**	**41**	**394**
惠城区	860	5	2		94	9	430	7	341
惠阳区	637	13	2	1	127	9	654	14	1
博罗县	782	7	2	1	130	6	544	14	24
惠东县	125	8	4	5	175	1	219	5	28
龙门县	103	1	1	3	61	4	90	1	

4－6c　续表 71　　　　单位：人

地　区 性　别	生产制造及有关人员								不便分类的其他从业人员
	计算机、通信和其他电子设备制造人　员	仪器仪表制造人员	废弃资源综合利用人　员	电力、热力、气体、水生产和输配人员	建筑施工人　员	运输设备和通用工程机械操作人员及有关人员	生产辅助人　员	其他生产制造及有关人员	
梅州市	**1016**	**6**	**6**	**10**	**1674**	**9**	**267**	**16**	**63**
梅江区	42	1	1		24	1	10		
梅县区	107		1	2	262	2	69	4	23
大埔县	35	1		2	113		24		10
丰顺县	195				115		11		1
五华县	183	4	2	3	668	2	43	1	15
平远县	117		2	1	112		20	2	
蕉岭县	46				66	4	42	3	
兴宁市	291			2	314		48	6	14
汕尾市	**226**		**1**		**398**	**3**	**129**	**3**	**3**
城　区	107				34	1	28		
海丰县	38				75	2	74	2	2
陆河县	19		1		76		4		
陆丰市	62				213		23	1	1
河源市	**1179**	**16**	**4**	**2**	**1028**	**8**	**420**	**26**	**19**
源城区	109				17		59		
紫金县	214	6	1		272	3	92	5	9
龙川县	477	3	3	1	317	1	124	10	8
连平县	72	1			124	1	35		
和平县	120	6		1	176	1	36	3	2
东源县	187				122	2	74	8	
阳江市	**231**	**2**	**3**	**7**	**1011**	**17**	**1218**	**22**	**155**
江城区	16				236	8	371	4	25
阳东区	16			2	142	1	676	2	15
阳西县	71	1	2	1	255	4	59	8	80
阳春市	128	1	1	4	378	4	112	8	35
清远市	**405**	**5**	**8**	**47**	**1188**	**21**	**587**	**45**	**55**
清城区	32		3		162	9	146	7	2
清新区	84		2	2	273	2	139	15	43
佛冈县	76	2	2		162	3	75	3	2
阳山县	17	1	1	17	161		19		1
连山壮族瑶族自治县	10	1		4	45		7		
连南瑶族自治县	24			10	62		10	7	
英德市	140	1		4	266	6	172	9	6
连州市	22			10	57	1	19	4	1
东莞市	**2034**	**40**	**12**	**5**	**245**	**25**	**2393**	**95**	**14**
市辖区	2034	40	12	5	245	25	2393	95	14
中山市	**676**	**39**	**8**	**4**	**197**	**10**	**1220**	**48**	**3**
市辖区	676	39	8	4	197	10	1220	48	3
潮州市	**123**	**4**	**3**	**1**	**327**	**2**	**1073**	**40**	**4**
湘桥区	9	2			22		37		2
潮安区	31		2	1	43		866	34	2
饶平县	83	2	1		262	2	170	6	
揭阳市	**441**	**8**	**5**	**2**	**1166**	**3**	**1346**	**52**	**164**
榕城区	39	4			121	1	189	30	
揭东区	93	1			211	1	299	13	105
揭西县	119	1	3	2	159	1	373	3	6
惠来县	40	1			285		90	1	10
普宁市	150	1	2		390		395	5	43
云浮市	**590**	**5**		**4**	**647**	**2**	**423**	**14**	**1**
云城区	3				63		33	1	
云安区	31			2	120	1	35		
新兴县	47	3		1	173		200	4	1
郁南县	57	1			61	1	47		
罗定市	452	1		1	230		108	9	

4-7 全省分年龄、性别、职业中类的就业人口

单位：人

年龄组 性别	合计	党的机关、国家机关、群众团体和社会组织、企事业单位负责人						
		小计	中国共产党机关负责人	国家机关负责人	民主党派和工商联负责人	人民团体和群众团体、社会组织及其他成员组织负责人	基层群众自治组织负责人	企事业单位负责人
总　计	**6203762**	**192090**	**182**	**3271**	**25**	**5813**	**2235**	**180564**
16-19岁	120222	347				17	1	329
20-24岁	605115	5380	5	15		174	16	5170
25-29岁	932469	17822	9	103	1	509	62	17138
30-34岁	1071787	34197	20	233	2	956	133	32853
35-39岁	901773	39299	20	381	2	1016	208	37672
40-44岁	726886	33554	32	566	4	922	306	31724
45-49岁	752761	29723	33	715	4	900	356	27715
50-54岁	568928	19105	34	686	8	691	431	17255
55-59岁	328709	9771	26	521	3	416	452	8353
60-64岁	108626	1808	2	34	1	101	179	1491
65-69岁	57301	768	1	10		71	69	617
70-74岁	19121	216		4		24	14	174
75岁及以上	10064	100		3		16	8	73
男	**3779739**	**142295**	**138**	**2656**	**17**	**3867**	**1882**	**133735**
16-19岁	75893	250				14	1	235
20-24岁	355969	3668	3	9		117	10	3529
25-29岁	556789	12453	4	54	1	325	45	12024
30-34岁	645283	24020	14	162		625	96	23123
35-39岁	538358	28048	14	285		623	165	26961
40-44岁	427046	24712	22	451	3	596	231	23409
45-49岁	439970	22495	26	587	3	571	297	21011
50-54岁	367421	15610	31	580	7	491	369	14132
55-59岁	236270	8543	22	485	3	331	406	7296
60-64岁	76566	1546	1	28		76	172	1269
65-69岁	39911	677	1	9		63	68	536
70-74岁	13452	188		3		21	14	150
75岁及以上	6811	85		3		14	8	60
女	**2424023**	**49795**	**44**	**615**	**8**	**1946**	**353**	**46829**
16-19岁	44329	97				3		94
20-24岁	249146	1712	2	6		57	6	1641
25-29岁	375680	5369	5	49		184	17	5114
30-34岁	426504	10177	6	71	2	331	37	9730
35-39岁	363415	11251	6	96	2	393	43	10711
40-44岁	299840	8842	10	115	1	326	75	8315
45-49岁	312791	7228	7	128	1	329	59	6704
50-54岁	201507	3495	3	106	1	200	62	3123
55-59岁	92439	1228	4	36		85	46	1057
60-64岁	32060	262	1	6	1	25	7	222
65-69岁	17390	91		1		8	1	81
70-74岁	5669	28		1		3		24
75岁及以上	3253	15				2		13

4—7 续表 1

单位：人

年龄组 性　别	专业技术人员									
	小计	科学研究人　员	工程技术人　员	农业技术人　员	飞机和船舶技术人　员	卫生专业技术人员	经济和金融专业人　员	法律、社会和宗教专业人员	教学人员	文学艺术、体育专业人员
总　计	**684578**	**3691**	**202198**	**2340**	**968**	**76196**	**182053**	**13367**	**175262**	**16089**
16—19岁	7467	8	2022	20	2	866	967	22	2936	470
20—24岁	81395	421	22406	182	79	9695	19974	1267	21491	3824
25—29岁	136605	790	41366	270	197	14763	38639	3081	30298	4293
30—34岁	138198	917	45450	310	191	13638	41059	2688	28406	3083
35—39岁	112816	596	34351	285	182	11496	31967	2093	28262	1851
40—44岁	81714	337	21625	246	95	9352	21672	1522	24694	1033
45—49岁	64478	251	17140	296	80	7483	16868	1246	19377	755
50—54岁	38079	182	10937	303	68	4463	7238	809	13019	439
55—59岁	18719	152	5727	256	56	2748	2900	504	5822	254
60—64岁	2906	22	813	81	12	790	464	73	569	42
65—69岁	1310	11	274	61	5	493	175	35	210	27
70—74岁	558	1	60	19	1	257	83	19	104	10
75岁及以上	333	3	27	11		152	47	8	74	8
男	**325328**	**2137**	**171021**	**1599**	**897**	**25010**	**49016**	**6503**	**53448**	**9572**
16—19岁	2953	2	1642	19	2	149	271	12	499	278
20—24岁	32409	188	18410	101	71	1617	4724	437	3950	1999
25—29岁	59622	415	34329	170	180	3231	9713	1171	6781	2379
30—34岁	64691	535	38423	218	174	4006	10194	1123	6921	1890
35—39岁	53200	351	29000	192	170	4203	8010	990	8212	1233
40—44岁	37865	209	18351	163	87	3388	5480	836	8074	690
45—49岁	31803	151	14609	190	76	3021	4733	782	7244	480
50—54岁	23480	126	9771	209	65	2246	3240	606	6460	335
55—59岁	15276	132	5413	205	56	1846	2104	436	4611	212
60—64岁	2316	17	763	61	10	578	327	65	432	35
65—69岁	1000	8	241	46	5	366	125	27	143	25
70—74岁	459	1	55	16	1	221	66	13	73	9
75岁及以上	254	2	14	9		138	29	5	48	7
女	**359250**	**1554**	**31177**	**741**	**71**	**51186**	**133037**	**6864**	**121814**	**6517**
16—19岁	4514	6	380	1		717	696	10	2437	192
20—24岁	48986	233	3996	81	8	8078	15250	830	17541	1825
25—29岁	76983	375	7037	100	17	11532	28926	1910	23517	1914
30—34岁	73507	382	7027	92	17	9632	30865	1565	21485	1193
35—39岁	59616	245	5351	93	12	7293	23957	1103	20050	618
40—44岁	43849	128	3274	83	8	5964	16192	686	16620	343
45—49岁	32675	100	2531	106	4	4462	12135	464	12133	275
50—54岁	14599	56	1166	94	3	2217	3998	203	6559	104
55—59岁	3443	20	314	51		902	796	68	1211	42
60—64岁	590	5	50	20	2	212	137	8	137	7
65—69岁	310	3	33	15		127	50	8	67	2
70—74岁	99		5	3		36	17	6	31	1
75岁及以上	79	1	13	2		14	18	3	26	1

4-7　续表 2　　　　　　　　　　　　　　　　　　　　　　　　　　　　　　单位：人

年龄组 性　别	专业技术人员		办事人员和有关人员				社会生产服务和生活服务人员		
	新闻出版、文化专业人员	其他专业技术人员	小计	办事人员	安全和消防人员	其他办事人员和有关人员	小计	批发与零售服务人员	交通运输、仓储和邮政业服务人员
总　计	**9057**	**3357**	**477921**	**398293**	**75482**	**4146**	**2356452**	**1042935**	**407179**
16−19岁	104	50	3756	3179	534	43	45923	17659	5547
20−24岁	1673	383	43906	38747	4739	420	263000	122765	34247
25−29岁	2331	577	78574	70016	7870	688	397284	191437	57177
30−34岁	1752	704	89069	79602	8723	744	422982	205118	72791
35−39岁	1213	520	74064	65508	7912	644	342347	166147	63457
40−44岁	777	361	57631	49178	7988	465	260739	116516	53127
45−49岁	616	366	55461	43997	10958	506	265158	101902	56598
50−54岁	367	254	39319	27348	11663	308	197412	66687	39621
55−59岁	190	110	26743	16821	9683	239	110126	35174	19676
60−64岁	20	20	5776	2504	3217	55	32110	11203	3456
65−69岁	10	9	2680	985	1670	25	14209	5688	1170
70−74岁	2	2	688	253	430	5	3583	1764	207
75岁及以上	2	1	254	155	95	4	1579	875	105
男	**3581**	**2544**	**264681**	**192344**	**69978**	**2359**	**1434732**	**567429**	**354160**
16−19岁	49	30	1644	1130	500	14	28662	8996	4560
20−24岁	626	286	17611	13071	4342	198	156407	61689	28589
25−29岁	812	441	33567	26078	7165	324	243304	101257	48759
30−34岁	670	537	40859	32656	7809	394	260179	109472	62581
35−39岁	458	381	38365	30871	7141	353	208613	88901	54811
40−44岁	308	279	33129	25692	7176	261	156246	62858	45840
45−49岁	258	259	35367	25088	9975	304	153377	55731	49377
50−54岁	215	207	31030	19713	11082	235	119760	40671	36377
55−59岁	159	102	24455	14759	9495	201	73222	24154	18667
60−64岁	14	14	5339	2136	3154	49	21518	7806	3238
65−69岁	8	6	2484	833	1632	19	9810	3986	1092
70−74岁	2	2	628	201	422	5	2567	1290	184
75岁及以上	2		203	116	85	2	1067	618	85
女	**5476**	**813**	**213240**	**205949**	**5504**	**1787**	**921720**	**475506**	**53019**
16−19岁	55	20	2112	2049	34	29	17261	8663	987
20−24岁	1047	97	26295	25676	397	222	106593	61076	5658
25−29岁	1519	136	45007	43938	705	364	153980	90180	8418
30−34岁	1082	167	48210	46946	914	350	162803	95646	10210
35−39岁	755	139	35699	34637	771	291	133734	77246	8646
40−44岁	469	82	24502	23486	812	204	104493	53658	7287
45−49岁	358	107	20094	18909	983	202	111781	46171	7221
50−54岁	152	47	8289	7635	581	73	77652	26016	3244
55−59岁	31	8	2288	2062	188	38	36904	11020	1009
60−64岁	6	6	437	368	63	6	10592	3397	218
65−69岁	2	3	196	152	38	6	4399	1702	78
70−74岁			60	52	8		1016	474	23
75岁及以上		1	51	39	10	2	512	257	20

4-7 续表 3 单位：人

年龄组 性　别	社会生产服务和生活服务人员								
	住宿和餐饮服务人员	信息传输、软件和信息技术服务人员	金融服务人员	房地产服务人员	租赁和商务服务人员	技术辅助服务人员	水利、环境和公共设施管理服务人员	居民服务人员	电力、燃气及水供应服务人员
总　计	**292983**	**71755**	**46816**	**52569**	**74420**	**70664**	**88726**	**109799**	**12619**
16-19岁	11819	659	187	542	1369	1210	187	3217	83
20-24岁	36244	12289	4096	5819	9258	12936	1141	10803	657
25-29岁	41997	22960	9748	9588	11924	19029	2048	14511	1372
30-34岁	43057	17152	11186	9637	11191	15499	3426	16732	1755
35-39岁	36421	9791	8332	7249	8600	9837	4836	13741	1754
40-44岁	31943	4686	4789	5666	6865	5530	8241	12407	1744
45-49岁	38160	2528	4898	5807	7975	3770	17610	15646	2174
50-54岁	30825	1100	2417	4320	7997	1782	22801	12734	1675
55-59岁	16202	508	1049	2739	6246	848	17270	6537	1087
60-64岁	4235	45	80	747	1901	151	7401	2018	211
65-69岁	1639	23	19	337	874	43	3070	955	76
70-74岁	315	4	8	86	188	20	552	310	24
75岁及以上	126	10	7	32	32	9	143	188	7
男	**161070**	**54723**	**22560**	**34298**	**52193**	**45989**	**32180**	**30306**	**10962**
16-19岁	8013	446	104	368	802	768	135	1406	67
20-24岁	23812	8879	2022	3579	4741	7844	803	3668	585
25-29岁	27050	17276	4780	6086	6558	11898	1310	4732	1201
30-34岁	25859	13335	5146	6099	6694	10313	1806	5138	1511
35-39岁	20070	7654	3593	4482	5577	6624	1802	3908	1479
40-44岁	15555	3702	2054	3467	5066	3741	2320	2909	1447
45-49岁	16187	1946	2320	3708	6498	2515	4132	2899	1801
50-54岁	13121	949	1589	3229	7372	1386	6581	2504	1545
55-59岁	7791	466	881	2251	6013	717	7116	1765	1034
60-64岁	2351	40	51	634	1825	124	3951	718	196
65-69岁	995	19	10	291	842	35	1784	417	69
70-74岁	191	3	6	74	176	17	356	158	21
75岁及以上	75	8	4	30	29	7	84	84	6
女	**131913**	**17032**	**24256**	**18271**	**22227**	**24675**	**56546**	**79493**	**1657**
16-19岁	3806	213	83	174	567	442	52	1811	16
20-24岁	12432	3410	2074	2240	4517	5092	338	7135	72
25-29岁	14947	5684	4968	3502	5366	7131	738	9779	171
30-34岁	17198	3817	6040	3538	4497	5186	1620	11594	244
35-39岁	16351	2137	4739	2767	3023	3213	3034	9833	275
40-44岁	16388	984	2735	2199	1799	1789	5921	9498	297
45-49岁	21973	582	2578	2099	1477	1255	13478	12747	373
50-54岁	17704	151	828	1091	625	396	16220	10230	130
55-59岁	8411	42	168	488	233	131	10154	4772	53
60-64岁	1884	5	29	113	76	27	3450	1300	15
65-69岁	644	4	9	46	32	8	1286	538	7
70-74岁	124	1	2	12	12	3	196	152	3
75岁及以上	51	2	3	2	3	2	59	104	1

4-7　续表 4

单位：人

年龄组 性别	社会生产服务和生活服务人员 修理及制作服务人员	文化、体育和娱乐服务人员	健康服务人员	其他社会生产和生活服务人员	农、林、牧、渔业生产及辅助人员 小计	农业生产人员	林业生产人员	畜牧业生产人员	渔业生产人员
总　计	**64187**	**14618**	**4402**	**2780**	**409701**	**332017**	**8131**	**28633**	**37131**
16-19岁	2485	860	54	45	2938	2583	42	156	131
20-24岁	8393	3468	633	251	13531	11110	214	970	1084
25-29岁	10722	3564	806	401	22502	17566	443	1899	2350
30-34岁	11552	2648	765	473	28465	21612	639	2603	3259
35-39岁	9620	1496	667	399	31557	23841	683	2976	3648
40-44岁	7402	933	540	350	34057	25805	812	3197	3877
45-49岁	6485	790	463	352	51729	40085	1300	4270	5565
50-54岁	4407	504	269	273	69760	55952	1692	4823	6654
55-59岁	2225	253	155	157	65463	54215	1294	3851	5586
60-64岁	523	61	30	48	41471	35860	577	1885	2846
65-69岁	253	29	12	21	29157	25902	303	1227	1560
70-74岁	87	6	6	6	12065	11026	84	454	433
75岁及以上	33	6	2	4	7006	6460	48	322	138
男	**57913**	**7859**	**1646**	**1444**	**241702**	**184787**	**5958**	**19241**	**29348**
16-19岁	2394	545	31	27	1921	1641	32	118	109
20-24岁	7873	1994	210	119	8920	6978	164	724	940
25-29岁	9873	2022	292	210	14701	10705	350	1417	2045
30-34岁	10400	1295	278	252	17745	12464	478	1844	2718
35-39岁	8581	688	237	206	18929	13243	503	1974	2957
40-44岁	6472	438	192	185	19193	13438	569	2002	2965
45-49岁	5573	354	166	170	27368	19455	899	2598	4139
50-54岁	3901	269	122	144	38128	28474	1216	3111	4964
55-59岁	2018	178	84	87	38054	29722	1000	2607	4394
60-64岁	490	48	20	26	25489	21143	439	1353	2355
65-69岁	231	20	7	12	18476	15965	216	905	1286
70-74岁	78	5	5	3	8105	7286	61	357	358
75岁及以上	29	3	2	3	4673	4273	31	231	118
女	**6274**	**6759**	**2756**	**1336**	**167999**	**147230**	**2173**	**9392**	**7783**
16-19岁	91	315	23	18	1017	942	10	38	22
20-24岁	520	1474	423	132	4611	4132	50	246	144
25-29岁	849	1542	514	191	7801	6861	93	482	305
30-34岁	1152	1353	487	221	10720	9148	161	759	541
35-39岁	1039	808	430	193	12628	10598	180	1002	691
40-44岁	930	495	348	165	14864	12367	243	1195	912
45-49岁	912	436	297	182	24361	20630	401	1672	1426
50-54岁	506	235	147	129	31632	27478	476	1712	1690
55-59岁	207	75	71	70	27409	24493	294	1244	1192
60-64岁	33	13	10	22	15982	14717	138	532	491
65-69岁	22	9	5	9	10681	9937	87	322	274
70-74岁	9	1	1	3	3960	3740	23	97	75
75岁及以上	4	3		1	2333	2187	17	91	20

4-7 续表 5

单位：人

年龄组 性 别			生产制造及有关人员						
	农林牧渔生产辅助人员	其他农、林、牧、渔业生产加工人员	小计	农副产品加工人员	食品、饮料生产加工人员	烟草及其制品加工人员	纺织、针织、印染人员	纺织品、服装和皮革、毛皮制品加工制作人员	木材加工、家具与木制品制作人员
总 计	**3311**	**478**	**2074815**	**13370**	**22329**	**564**	**24944**	**269624**	**60739**
16-19岁	22	4	58502	96	617	16	382	5244	708
20-24岁	137	16	196837	630	2453	60	1670	21674	3497
25-29岁	200	44	278747	1086	3243	87	2914	33500	5984
30-34岁	301	51	357837	1536	3478	96	4010	48711	8908
35-39岁	364	45	300830	1613	3123	67	3966	44667	8507
40-44岁	314	52	258421	1659	2691	50	3724	38286	8383
45-49岁	436	73	285390	2247	2923	53	4241	41881	10594
50-54岁	564	75	204585	2168	2122	65	2716	24486	8598
55-59岁	453	64	97495	1395	1062	56	984	8584	4178
60-64岁	272	31	24382	526	357	8	187	1653	925
65-69岁	148	17	9059	282	186	5	105	641	324
70-74岁	64	4	1969	95	53	1	32	192	86
75岁及以上	36	2	761	37	21		13	105	47
男	**2109**	**259**	**1366264**	**8224**	**13164**	**376**	**13100**	**116771**	**45812**
16-19岁	19	2	39811	79	406	11	237	2371	584
20-24岁	104	10	136339	473	1576	37	993	8741	2916
25-29岁	160	24	192599	765	2034	62	1688	15140	4786
30-34岁	211	30	237175	1007	2116	61	2205	23103	6802
35-39岁	231	21	190710	962	1819	44	2058	20111	6217
40-44岁	190	29	155455	921	1431	29	1769	15656	5910
45-49岁	239	38	169094	1168	1442	25	1934	15844	7416
50-54岁	324	39	139001	1286	1192	51	1429	10201	6530
55-59岁	291	40	76453	918	712	48	592	4238	3474
60-64岁	184	15	20241	343	244	4	117	889	807
65-69岁	94	10	7401	201	134	3	62	339	274
70-74岁	42	1	1477	72	41	1	9	94	60
75岁及以上	20		508	29	17		7	44	36
女	**1202**	**219**	**708551**	**5146**	**9165**	**188**	**11844**	**152853**	**14927**
16-19岁	3	2	18691	17	211	5	145	2873	124
20-24岁	33	6	60498	157	877	23	677	12933	581
25-29岁	40	20	86148	321	1209	25	1226	18360	1198
30-34岁	90	21	120662	529	1362	35	1805	25608	2106
35-39岁	133	24	110120	651	1304	23	1908	24556	2290
40-44岁	124	23	102966	738	1260	21	1955	22630	2473
45-49岁	197	35	116296	1079	1481	28	2307	26037	3178
50-54岁	240	36	65584	882	930	14	1287	14285	2068
55-59岁	162	24	21042	477	350	8	392	4346	704
60-64岁	88	16	4141	183	113	4	70	764	118
65-69岁	54	7	1658	81	52	2	43	302	50
70-74岁	22	3	492	23	12		23	98	26
75岁及以上	16	2	253	8	4		6	61	11

4–7　续表 6　　　　单位：人

年龄组 性　别	生产制造及有关人员								
	纸及纸制品生产加工人员	印刷和记录媒介复制人员	文教、工美、体育和娱乐用品制造人　员	石油加工和炼焦、煤化工生产人员	化学原料和化学制品制造人　员	医药制造人　　员	化学纤维制造人员	橡胶和塑料制品制造人员	非金属矿物制品制造人员
总　计	**21092**	**19250**	**66342**	**1374**	**15623**	**4371**	**541**	**64578**	**41628**
16–19岁	469	513	1749	5	476	64	9	2309	606
20–24岁	1700	1812	6027	95	1684	551	45	5979	2871
25–29岁	2346	2620	8795	180	2251	810	60	7670	4711
30–34岁	3322	3564	11550	220	2668	870	95	10610	6066
35–39岁	3152	3294	10657	163	2294	643	87	9772	5619
40–44岁	2889	2847	9060	172	2043	526	77	9076	5726
45–49岁	3466	2576	9508	252	2126	456	80	9839	7009
50–54岁	2375	1412	5590	200	1378	292	57	6308	5478
55–59岁	1048	508	2211	67	559	124	29	2356	2683
60–64岁	224	72	648	14	94	17	2	449	615
65–69岁	78	26	354	5	37	11		162	193
70–74岁	17	4	127	1	6	3		39	40
75岁及以上	6	2	66		7	4		9	11
男	**13838**	**13683**	**34221**	**1110**	**10065**	**2338**	**356**	**40423**	**29764**
16–19岁	349	399	1056	5	282	43	7	1673	484
20–24岁	1256	1387	3685	77	1042	293	37	4444	2307
25–29岁	1704	1997	5296	153	1426	440	42	5501	3631
30–34岁	2271	2635	6524	183	1762	465	54	7025	4446
35–39岁	2053	2380	5557	123	1487	325	59	6093	3913
40–44岁	1762	1907	4126	132	1259	259	49	5093	3696
45–49岁	1953	1583	3705	189	1305	202	44	5023	4499
50–54岁	1472	931	2513	165	947	191	42	3543	3864
55–59岁	769	385	1143	65	437	93	21	1583	2186
60–64岁	174	55	343	13	81	12	1	316	522
65–69岁	58	20	173	4	28	9		102	176
70–74岁	13	2	62	1	5	2		22	33
75岁及以上	4	2	38		4	4		5	7
女	**7254**	**5567**	**32121**	**264**	**5558**	**2033**	**185**	**24155**	**11864**
16–19岁	120	114	693		194	21	2	636	122
20–24岁	444	425	2342	18	642	258	8	1535	564
25–29岁	642	623	3499	27	825	370	18	2169	1080
30–34岁	1051	929	5026	37	906	405	41	3585	1620
35–39岁	1099	914	5100	40	807	318	28	3679	1706
40–44岁	1127	940	4934	40	784	267	28	3983	2030
45–49岁	1513	993	5803	63	821	254	36	4816	2510
50–54岁	903	481	3077	35	431	101	15	2765	1614
55–59岁	279	123	1068	2	122	31	8	773	497
60–64岁	50	17	305	1	13	5	1	133	93
65–69岁	20	6	181	1	9	2		60	17
70–74岁	4	2	65		1	1		17	7
75岁及以上	2		28		3			4	4

4—7 续表 7　　　　　　　　单位：人

年龄组 性别	生产制造及有关人员								
	采矿人员	金属冶炼和压延加工人员	机械制造基础加工人员	金属制品制造人员	通用设备制造人员	专用设备制造人员	汽车制造人员	铁路、船舶、航空设备制造人员	电气机械和器材制造人员
总　计	**1879**	**10858**	**88319**	**129353**	**16565**	**12124**	**22072**	**5725**	**78061**
16—19岁	10	164	2557	3375	699	486	1019	110	4074
20—24岁	98	752	8029	11120	1999	1733	3393	473	10415
25—29岁	170	1273	11424	15937	2608	2173	4385	733	12269
30—34岁	246	1771	16578	22029	3361	2712	5071	1060	14857
35—39岁	245	1624	14137	20234	2394	1939	3307	932	11597
40—44岁	234	1590	11810	17994	2015	1318	2139	794	9137
45—49岁	325	1731	12496	19422	1798	1021	1712	857	9088
50—54岁	304	1304	7700	12616	1099	527	707	546	4780
55—59岁	168	507	2941	5096	485	171	265	183	1467
60—64岁	47	96	471	1023	78	35	44	27	271
65—69岁	17	37	134	375	21	7	21	9	75
70—74岁	7	7	27	90	5	1	7		21
75岁及以上	8	2	15	42	3	1	2	1	10
男	**1615**	**8883**	**72821**	**90310**	**12184**	**7397**	**15647**	**4526**	**45453**
16—19岁	9	139	2192	2627	526	338	827	105	2828
20—24岁	92	652	7140	8864	1578	1152	2809	417	7229
25—29岁	150	1081	9980	12125	2011	1436	3345	626	8038
30—34岁	220	1512	14020	16075	2496	1688	3625	835	8876
35—39岁	210	1328	11542	13963	1697	1076	2111	702	6291
40—44岁	190	1233	9262	11664	1338	696	1220	577	4441
45—49岁	249	1311	9402	11869	1207	516	948	628	4032
50—54岁	269	1078	6169	8288	833	337	491	438	2520
55—59岁	151	433	2548	3701	409	127	213	165	954
60—64岁	46	80	415	780	66	25	37	23	177
65—69岁	16	27	120	269	16	4	16	9	48
70—74岁	6	7	21	59	4	1	5		15
75岁及以上	7	2	10	26	3	1		1	4
女	**264**	**1975**	**15498**	**39043**	**4381**	**4727**	**6425**	**1199**	**32608**
16—19岁	1	25	365	748	173	148	192	5	1246
20—24岁	6	100	889	2256	421	581	584	56	3186
25—29岁	20	192	1444	3812	597	737	1040	107	4231
30—34岁	26	259	2558	5954	865	1024	1446	225	5981
35—39岁	35	296	2595	6271	697	863	1196	230	5306
40—44岁	44	357	2548	6330	677	622	919	217	4696
45—49岁	76	420	3094	7553	591	505	764	229	5056
50—54岁	35	226	1531	4328	266	190	216	108	2260
55—59岁	17	74	393	1395	76	44	52	18	513
60—64岁	1	16	56	243	12	10	7	4	94
65—69岁	1	10	14	106	5	3	5		27
70—74岁	1		6	31	1		2		6
75岁及以上	1		5	16			2		6

4-7　续表 8　　　　单位：人

年龄组 性　别	生产制造及有关人员								不便分类的其他从业人员
	计算机、通信和其他电子设备制造人　员	仪器仪表制造人员	废弃资源综合利用人　员	电力、热力、气体、水生产和输配人员	建筑施工人　员	运输设备和通用工程机械操作人员及有关人员	生产辅助人　员	其他生产制造及有关人员	
总　计	**308494**	**4927**	**3012**	**4393**	**400477**	**30202**	**322004**	**9981**	**8205**
16-19岁	18718	190	53	20	3447	439	9590	288	1289
20-24岁	47934	481	173	258	21854	2611	33759	1007	1066
25-29岁	56749	738	242	447	39534	4644	47692	1472	935
30-34岁	64807	998	303	584	49589	5706	60639	1822	1039
35-39岁	44259	832	337	497	45558	4832	48951	1531	860
40-44岁	31358	698	335	515	46234	3840	40025	1176	770
45-49岁	26578	623	513	740	65516	3909	40560	1250	822
50-54岁	12607	259	512	721	67933	2710	26109	906	668
55-59岁	4321	83	327	473	42151	1283	11348	382	392
60-64岁	794	19	133	94	12955	166	2241	97	173
65-69岁	262	5	60	32	4676	54	830	35	118
70-74岁	63	1	17	11	799	6	201	10	42
75岁及以上	44		7	1	231	2	59	5	31
男	**184098**	**2750**	**2161**	**3791**	**349988**	**28514**	**186787**	**6094**	**4737**
16-19岁	12781	116	36	19	3033	420	5643	186	652
20-24岁	32681	309	128	236	19677	2501	20950	660	615
25-29岁	37479	432	182	399	35943	4478	29288	941	543
30-34岁	39372	567	221	496	44596	5434	35325	1158	614
35-39岁	24270	444	245	413	40040	4529	27747	901	493
40-44岁	15125	339	221	421	39158	3532	21386	653	446
45-49岁	11863	298	353	587	54264	3576	20976	683	466
50-54岁	6826	158	353	647	57919	2574	15203	541	412
55-59岁	2917	68	243	445	37984	1251	7913	267	267
60-64岁	560	13	108	88	12061	161	1609	71	117
65-69岁	172	5	50	29	4389	51	575	22	63
70-74岁	29	1	16	10	741	5	132	8	28
75岁及以上	23		5	1	183	2	40	3	21
女	**124396**	**2177**	**851**	**602**	**50489**	**1688**	**135217**	**3887**	**3468**
16-19岁	5937	74	17	1	414	19	3947	102	637
20-24岁	15253	172	45	22	2177	110	12809	347	451
25-29岁	19270	306	60	48	3591	166	18404	531	392
30-34岁	25435	431	82	88	4993	272	25314	664	425
35-39岁	19989	388	92	84	5518	303	21204	630	367
40-44岁	16233	359	114	94	7076	308	18639	523	324
45-49岁	14715	325	160	153	11252	333	19584	567	356
50-54岁	5781	101	159	74	10014	136	10906	365	256
55-59岁	1404	15	84	28	4167	32	3435	115	125
60-64岁	234	6	25	6	894	5	632	26	56
65-69岁	90		10	3	287	3	255	13	55
70-74岁	34		1	1	58	1	69	2	14
75岁及以上	21		2		48		19	2	10

4-7a　全省分年龄、性别、职业中类的就业人口(城市)

单位：人

年龄组 性　别	合计	党的机关、国家机关、群众团体和社会组织、企事业单位负责人						
		小计	中国共产党机关负责人	国家机关负责人	民主党派和工商联负责人	人民团体和群众团体、社会组织及其他成员组织负责人	基层群众自治组织负责人	企事业单位负责人
总　计	**4263943**	**162006**	**121**	**2289**	**22**	**4035**	**628**	**154911**
16-19岁	85574	269				12		257
20-24岁	436569	4443	4	11		118	9	4301
25-29岁	682690	14976	6	59	1	355	19	14536
30-34岁	801185	29345	14	164	2	715	51	28399
35-39岁	655377	34027	15	278	2	731	79	32922
40-44岁	518035	28976	22	399	4	701	105	27745
45-49岁	511284	25128	21	502	4	627	107	23867
50-54岁	343779	15506	22	482	5	446	112	14439
55-59岁	171647	7507	15	365	3	241	102	6781
60-64岁	37253	1167	2	20	1	46	24	1074
65-69岁	15188	472		7		31	12	422
70-74岁	3737	136		1		9	6	120
75岁及以上	1625	54		1		3	2	48
男	**2574381**	**119093**	**92**	**1802**	**14**	**2619**	**505**	**114061**
16-19岁	54350	188				10		178
20-24岁	254656	3024	2	6		81	6	2929
25-29岁	401659	10409	2	30	1	217	13	10146
30-34岁	476887	20474	12	108		451	34	19869
35-39岁	387333	24125	10	204		444	63	23404
40-44岁	302748	21196	14	306	3	446	73	20354
45-49岁	298793	18935	17	400	3	400	84	18031
50-54岁	226105	12629	20	389	4	311	93	11812
55-59岁	129298	6552	14	334	3	189	96	5916
60-64岁	27524	990	1	18		34	23	914
65-69岁	11252	413		6		27	12	368
70-74岁	2703	114				7	6	101
75岁及以上	1073	44		1		2	2	39
女	**1689562**	**42913**	**29**	**487**	**8**	**1416**	**123**	**40850**
16-19岁	31224	81				2		79
20-24岁	181913	1419	2	5		37	3	1372
25-29岁	281031	4567	4	29		138	6	4390
30-34岁	324298	8871	2	56	2	264	17	8530
35-39岁	268044	9902	5	74	2	287	16	9518
40-44岁	215287	7780	8	93	1	255	32	7391
45-49岁	212491	6193	4	102	1	227	23	5836
50-54岁	117674	2877	2	93	1	135	19	2627
55-59岁	42349	955	1	31		52	6	865
60-64岁	9729	177	1	2	1	12	1	160
65-69岁	3936	59		1		4		54
70-74岁	1034	22		1		2		19
75岁及以上	552	10				1		9

4-7a 续表 1 单位：人

年龄组 性 别	专业技术人员 小计	科学研究人员	工程技术人员	农业技术人员	飞机和船舶技术人员	卫生专业技术人员	经济和金融专业人员	法律、社会和宗教专业人员	教学人员	文学艺术、体育专业人员
总 计	**554282**	**3379**	**171018**	**1203**	**778**	**58167**	**157728**	**11727**	**126306**	**13753**
16-19岁	5406	7	1580	8	2	563	750	16	1982	371
20-24岁	64834	378	18525	115	57	7066	16760	1112	15885	3265
25-29岁	112348	729	35528	166	164	11145	33130	2707	22625	3734
30-34岁	114973	847	39183	196	172	11032	35542	2405	20872	2688
35-39岁	93386	552	29797	157	157	9354	28035	1883	20416	1595
40-44岁	66109	313	18377	126	80	7102	19360	1366	17534	877
45-49岁	51431	228	14159	152	60	5626	15126	1103	13552	624
50-54岁	29219	164	8726	130	44	3381	6241	673	9026	348
55-59岁	13668	134	4429	109	36	2021	2297	387	3834	195
60-64岁	1794	15	503	22	2	459	308	47	382	28
65-69岁	698	8	160	16	4	244	105	14	116	21
70-74岁	258	1	32	2		118	45	10	45	3
75岁及以上	158	3	19	4		56	29	4	37	4
男	**263192**	**1929**	**143658**	**800**	**716**	**17929**	**42384**	**5618**	**37218**	**8068**
16-19岁	2132	2	1279	8	2	82	199	9	269	220
20-24岁	26298	161	15094	59	50	1168	3964	373	3032	1672
25-29岁	50047	376	29195	90	147	2401	8485	1045	5267	2038
30-34岁	54592	492	32879	134	156	3149	8968	992	5224	1634
35-39岁	44268	319	25006	105	147	3244	7111	874	5744	1052
40-44岁	30419	193	15560	83	73	2360	4874	745	5458	582
45-49岁	24689	137	12019	98	56	2058	4123	677	4721	392
50-54岁	17612	114	7784	94	43	1574	2723	499	4189	266
55-59岁	10957	116	4194	94	36	1290	1621	342	2902	165
60-64岁	1367	10	469	16	2	303	197	41	288	22
65-69岁	509	6	138	14	4	162	69	11	78	19
70-74岁	202	1	32	1		92	35	7	30	2
75岁及以上	100	2	9	4		46	15	3	16	4
女	**291090**	**1450**	**27360**	**403**	**62**	**40238**	**115344**	**6109**	**89088**	**5685**
16-19岁	3274	5	301			481	551	7	1713	151
20-24岁	38536	217	3431	56	7	5898	12796	739	12853	1593
25-29岁	62301	353	6333	76	17	8744	24645	1662	17358	1696
30-34岁	60381	355	6304	62	16	7883	26574	1413	15648	1054
35-39岁	49118	233	4791	52	10	6110	20924	1009	14672	543
40-44岁	35690	120	2817	43	7	4742	14486	621	12076	295
45-49岁	26742	91	2140	54	4	3568	11003	426	8831	232
50-54岁	11607	50	942	36	1	1807	3518	174	4837	82
55-59岁	2711	18	235	15		731	676	45	932	30
60-64岁	427	5	34	6		156	111	6	94	6
65-69岁	189	2	22	2		82	36	3	38	2
70-74岁	56			1		26	10	3	15	1
75岁及以上	58	1	10			10	14	1	21	

4-7a 续表 2

单位：人

年龄组 性 别	专业技术人员		办事人员和有关人员				社会生产服务和生活服务人员		
	新闻出版、文化专业人员	其他专业技术人员	小计	办事人员	安全和消防人员	其他办事人员和有关人员	小计	批发与零售服务人 员	交通运输、仓储和邮政业服务人员
总 计	**7846**	**2377**	**377869**	**318572**	**56697**	**2600**	**1736984**	**762639**	**289373**
16－19岁	86	41	2871	2438	412	21	33600	12173	3974
20－24岁	1398	273	33885	30134	3506	245	196094	89130	24488
25－29岁	1996	424	61508	55251	5847	410	299201	142230	40876
30－34岁	1530	506	71840	64553	6812	475	323701	157122	53042
35－39岁	1066	374	61158	54445	6276	437	255312	125536	44637
40－44岁	716	258	47424	40623	6470	331	194367	88343	37978
45－49岁	553	248	44898	35936	8642	320	195257	74727	40799
50－54岁	316	170	30067	21054	8820	193	138355	44251	27570
55－59岁	160	66	19189	12160	6887	142	73413	20717	13361
60－64岁	15	13	3151	1272	1863	16	18267	5040	1902
65－69岁	7	3	1405	496	901	8	7281	2375	585
70－74岁	2		334	132	202		1513	671	97
75岁及以上	1	1	139	78	59	2	623	324	64
男	**3085**	**1787**	**204721**	**151030**	**52211**	**1480**	**1048543**	**410309**	**249745**
16－19岁	39	23	1249	861	384	4	20965	6113	3280
20－24岁	524	201	13379	10063	3201	115	115573	44324	20264
25－29岁	686	317	25929	20418	5309	202	181091	74155	34556
30－34岁	584	380	32534	26231	6058	245	196948	82881	45260
35－39岁	394	272	31168	25289	5636	243	153718	66548	38115
40－44岁	288	203	26707	20752	5775	180	115600	47520	32466
45－49岁	228	180	28096	20086	7821	189	112300	40849	35365
50－54岁	188	138	23510	15025	8331	154	84182	27363	25304
55－59岁	134	63	17582	10702	6751	129	49404	14694	12692
60－64岁	11	8	2873	1042	1818	13	12254	3535	1770
65－69岁	6	2	1295	409	880	6	5045	1659	538
70－74岁	2		295	99	196		1060	462	84
75岁及以上	1		104	53	51		403	206	51
女	**4761**	**590**	**173148**	**167542**	**4486**	**1120**	**688441**	**352330**	**39628**
16－19岁	47	18	1622	1577	28	17	12635	6060	694
20－24岁	874	72	20506	20071	305	130	80521	44806	4224
25－29岁	1310	107	35579	34833	538	208	118110	68075	6320
30－34岁	946	126	39306	38322	754	230	126753	74241	7782
35－39岁	672	102	29990	29156	640	194	101594	58988	6522
40－44岁	428	55	20717	19871	695	151	78767	40823	5512
45－49岁	325	68	16802	15850	821	131	82957	33878	5434
50－54岁	128	32	6557	6029	489	39	54173	16888	2266
55－59岁	26	3	1607	1458	136	13	24009	6023	669
60－64岁	4	5	278	230	45	3	6013	1505	132
65－69岁	1	1	110	87	21	2	2236	716	47
70－74岁			39	33	6		453	209	13
75岁及以上		1	35	25	8	2	220	118	13

4-7a　续表 3　　　　单位：人

年龄组 性　别	社会生产服务和生活服务人员								
	住宿和餐饮服务人　员	信息传输、软件和信息技术服务人　员	金融服务人　员	房地产服务人员	租赁和商务服务人　员	技术辅助服务人员	水利、环境和公共设施管理服务人员	居民服务人　员	电力、燃气及水供应服务人　员
总　计	**201693**	**64760**	**40300**	**45185**	**60726**	**58832**	**64106**	**81158**	**7938**
16–19岁	8998	551	149	438	1146	930	123	2517	42
20–24岁	26326	10914	3410	4768	7631	10628	815	8220	421
25–29岁	28828	20961	8305	7996	10042	15850	1441	10773	888
30–34岁	29798	15651	9740	8262	9645	13042	2357	12760	1158
35–39岁	24383	8823	7319	6242	7309	8296	3176	10051	1116
40–44岁	21710	4236	4214	5058	5783	4658	5850	9184	1111
45–49岁	26483	2219	4262	5155	6517	3166	13027	11929	1417
50–54岁	20847	928	1976	3842	6226	1459	17150	9430	1033
55–59岁	10733	419	837	2432	4607	668	12675	4531	618
60–64岁	2493	33	62	621	1189	92	5223	1164	104
65–69岁	887	18	14	272	509	29	1963	457	21
70–74岁	151	2	5	71	106	9	251	101	6
75岁及以上	56	5	7	28	16	5	55	41	3
男	**111470**	**49525**	**19178**	**29665**	**41621**	**37902**	**23658**	**21469**	**6852**
16–19岁	6137	384	82	297	672	583	87	1098	35
20–24岁	17268	7937	1657	2929	3909	6334	571	2756	369
25–29岁	18471	15817	4045	5138	5437	9726	929	3459	764
30–34岁	17963	12194	4453	5267	5674	8555	1260	3853	995
35–39岁	13485	6914	3153	3886	4614	5568	1213	2738	924
40–44岁	10591	3349	1802	3100	4189	3154	1654	2040	924
45–49岁	11196	1707	1979	3307	5241	2134	3071	2068	1175
50–54岁	9015	792	1258	2885	5718	1162	5095	1705	959
55–59岁	5299	383	695	2008	4436	575	5375	1128	587
60–64岁	1386	28	38	530	1133	77	2988	375	95
65–69岁	540	14	8	231	487	22	1221	183	18
70–74岁	85	2	4	60	98	8	166	51	5
75岁及以上	34	4	4	27	13	4	28	15	2
女	**90223**	**15235**	**21122**	**15520**	**19105**	**20930**	**40448**	**59689**	**1086**
16–19岁	2861	167	67	141	474	347	36	1419	7
20–24岁	9058	2977	1753	1839	3722	4294	244	5464	52
25–29岁	10357	5144	4260	2858	4605	6124	512	7314	124
30–34岁	11835	3457	5287	2995	3971	4487	1097	8907	163
35–39岁	10898	1909	4166	2356	2695	2728	1963	7313	192
40–44岁	11119	887	2412	1958	1594	1504	4196	7144	187
45–49岁	15287	512	2283	1848	1276	1032	9956	9861	242
50–54岁	11832	136	718	957	508	297	12055	7725	74
55–59岁	5434	36	142	424	171	93	7300	3403	31
60–64岁	1107	5	24	91	56	15	2235	789	9
65–69岁	347	4	6	41	22	7	742	274	3
70–74岁	66		1	11	8	1	85	50	1
75岁及以上	22	1	3	1	3	1	27	26	1

4-7a 续表 4

单位：人

年龄组 性别	社会生产服务和生活服务人员				农、林、牧、渔业生产及辅助人员				
	修理及制作服务人员	文化、体育和娱乐服务人员	健康服务人员	其他社会生产和生活服务人员	小计	农业生产人员	林业生产人员	畜牧业生产人员	渔业生产人员
总计	**42218**	**12186**	**3673**	**2197**	**36145**	**23603**	**1360**	**2733**	**7695**
16-19岁	1754	722	49	34	179	138	2	8	23
20-24岁	5598	3005	537	203	1069	731	27	104	170
25-29岁	7038	2990	675	308	2135	1353	93	194	438
30-34岁	7847	2245	643	389	3036	1833	121	302	672
35-39岁	6325	1238	542	319	3254	1955	134	328	746
40-44岁	4762	747	451	282	3685	2245	145	319	876
45-49岁	4249	631	396	280	5309	3274	250	445	1227
50-54岁	2833	377	228	205	6215	3977	278	468	1370
55-59岁	1395	178	115	127	5171	3407	202	349	1144
60-64岁	254	36	23	31	2914	2136	60	109	580
65-69岁	114	14	10	13	2007	1568	36	65	324
70-74岁	36	1	2	4	811	671	9	34	92
75岁及以上	13	2	2	2	360	315	3	8	33
男	**38146**	**6538**	**1344**	**1121**	**23911**	**14294**	**967**	**1954**	**6189**
16-19岁	1699	450	28	20	122	91	1	3	21
20-24岁	5265	1718	180	92	751	485	16	75	149
25-29岁	6494	1700	239	161	1510	872	63	153	381
30-34岁	7057	1100	230	206	2117	1166	84	226	564
35-39岁	5649	563	190	158	2187	1191	93	222	620
40-44岁	4147	354	159	151	2389	1302	103	214	703
45-49岁	3653	289	134	132	3291	1823	168	298	940
50-54岁	2521	201	104	100	3995	2302	199	342	1071
55-59岁	1282	125	53	72	3495	2131	157	248	908
60-64岁	238	27	16	18	1931	1307	51	86	467
65-69岁	101	9	7	7	1323	975	22	52	263
70-74岁	30	1	2	2	559	444	7	30	74
75岁及以上	10	1	2	2	241	205	3	5	28
女	**4072**	**5648**	**2329**	**1076**	**12234**	**9309**	**393**	**779**	**1506**
16-19岁	55	272	21	14	57	47	1	5	2
20-24岁	333	1287	357	111	318	246	11	29	21
25-29岁	544	1290	436	147	625	481	30	41	57
30-34岁	790	1145	413	183	919	667	37	76	108
35-39岁	676	675	352	161	1067	764	41	106	126
40-44岁	615	393	292	131	1296	943	42	105	173
45-49岁	596	342	262	148	2018	1451	82	147	287
50-54岁	312	176	124	105	2220	1675	79	126	299
55-59岁	113	53	62	55	1676	1276	45	101	236
60-64岁	16	9	7	13	983	829	9	23	113
65-69岁	13	5	3	6	684	593	14	13	61
70-74岁	6			2	252	227	2	4	18
75岁及以上	3	1			119	110		3	5

4-7a　续表 5　　　　单位：人

年龄组 性　别	农林牧渔生产辅助人员	其他农、林、牧、渔业生产加工人员	生产制造及有关人员 小计	农副产品加工人员	食品、饮料生产加工人员	烟草及其制品加工人员	纺织、针织、印染人员	纺织品、服装和皮革、毛皮制品加工制作人员	木材加工、家具与木制品制作人员
总　计	**669**	**85**	**1392260**	**4948**	**13554**	**487**	**15024**	**174455**	**38997**
16–19岁	8		42942	37	426	15	232	2609	453
20–24岁	35	2	135754	247	1634	57	862	9920	2266
25–29岁	52	5	191949	423	2066	84	1577	18835	3957
30–34岁	96	12	257623	594	2187	78	2482	33373	6146
35–39岁	87	4	207701	620	1906	58	2406	30123	5695
40–44岁	86	14	176951	675	1655	45	2420	26660	5615
45–49岁	100	13	188689	888	1801	45	2666	29097	6955
50–54岁	106	16	124017	845	1169	60	1657	16752	5172
55–59岁	58	11	52513	445	532	42	567	5664	2269
60–64岁	25	4	9893	103	116	3	101	988	343
65–69岁	11	3	3278	49	47		34	307	92
70–74岁	4	1	672	14	12		13	88	19
75岁及以上	1		278	8	3		7	39	15
男	**456**	**51**	**912276**	**3124**	**7953**	**329**	**7868**	**81826**	**29612**
16–19岁	6		29494	30	278	10	144	1424	374
20–24岁	24	2	95343	193	1032	36	542	4947	1863
25–29岁	39	2	132342	312	1273	59	923	9416	3133
30–34岁	70	7	169827	409	1323	49	1347	16788	4688
35–39岁	58	3	131560	384	1111	37	1260	14585	4211
40–44岁	57	10	106133	402	880	28	1138	11732	4020
45–49岁	55	7	111149	461	883	21	1219	11758	4929
50–54岁	74	7	83917	511	675	49	854	7394	4026
55–59岁	43	8	41173	306	366	38	350	2979	1951
60–64岁	18	2	8063	69	84	2	60	568	309
65–69岁	8	3	2638	32	37		22	179	83
70–74岁	4		466	10	8		6	42	12
75岁及以上			171	5	3		3	14	13
女	**213**	**34**	**479984**	**1824**	**5601**	**158**	**7156**	**92629**	**9385**
16–19岁	2		13448	7	148	5	88	1185	79
20–24岁	11		40411	54	602	21	320	4973	403
25–29岁	13	3	59607	111	793	25	654	9419	824
30–34岁	26	5	87796	185	864	29	1135	16585	1458
35–39岁	29	1	76141	236	795	21	1146	15538	1484
40–44岁	29	4	70818	273	775	17	1282	14928	1595
45–49岁	45	6	77540	427	918	24	1447	17339	2026
50–54岁	32	9	40100	334	494	11	803	9358	1146
55–59岁	15	3	11340	139	166	4	217	2685	318
60–64岁	7	2	1830	34	32	1	41	420	34
65–69岁	3		640	17	10		12	128	9
70–74岁		1	206	4	4		7	46	7
75岁及以上	1		107	3			4	25	2

4-7a 续表 6 单位：人

年龄组 性 别	生产制造及有关人员								
	纸及纸制品生产加工人员	印刷和记录媒介复制人员	文教、工美、体育和娱乐用品制造人员	石油加工和炼焦、煤化工生产人员	化学原料和化学制品制造人员	医药制造人员	化学纤维制造人员	橡胶和塑料制品制造人员	非金属矿物制品制造人员
总 计	**13906**	**14834**	**40303**	**1034**	**8677**	**3024**	**339**	**47370**	**20846**
16-19岁	348	417	1162	3	233	33	4	1708	376
20-24岁	1120	1378	3661	67	821	369	30	4483	1596
25-29岁	1541	1955	5175	129	1223	561	36	5728	2502
30-34岁	2281	2777	7281	158	1576	613	60	8047	3301
35-39岁	2144	2519	6556	120	1282	460	55	7249	2833
40-44岁	1909	2244	5705	126	1189	369	53	6707	2872
45-49岁	2274	2009	5933	209	1228	324	55	7135	3384
50-54岁	1498	1072	3249	157	752	200	31	4410	2469
55-59岁	631	385	1143	55	310	82	14	1532	1165
60-64岁	123	54	254	6	43	7	1	264	250
65-69岁	28	21	114	3	15	4		89	75
70-74岁	7	2	43	1	2	1		15	18
75岁及以上	2	1	27		3	1		3	5
男	**9027**	**10569**	**22011**	**833**	**5665**	**1553**	**221**	**29811**	**14898**
16-19岁	258	323	719	3	137	16	2	1240	291
20-24岁	813	1058	2373	55	520	179	23	3313	1267
25-29岁	1083	1482	3335	111	747	299	24	4094	1920
30-34岁	1550	2071	4358	131	1060	307	37	5343	2358
35-39岁	1404	1821	3595	88	855	230	35	4577	1992
40-44岁	1173	1493	2732	92	748	182	37	3760	1867
45-49岁	1258	1238	2434	162	764	139	30	3687	2205
50-54岁	912	725	1573	127	538	126	22	2492	1763
55-59岁	451	302	646	54	243	65	10	1035	943
60-64岁	97	38	155	6	37	6	1	194	204
65-69岁	21	17	65	3	12	3		64	69
70-74岁	6		16	1	1			11	15
75岁及以上	1	1	10		3	1		1	4
女	**4879**	**4265**	**18292**	**201**	**3012**	**1471**	**118**	**17559**	**5948**
16-19岁	90	94	443		96	17	2	468	85
20-24岁	307	320	1288	12	301	190	7	1170	329
25-29岁	458	473	1840	18	476	262	12	1634	582
30-34岁	731	706	2923	27	516	306	23	2704	943
35-39岁	740	698	2961	32	427	230	20	2672	841
40-44岁	736	751	2973	34	441	187	16	2947	1005
45-49岁	1016	771	3499	47	464	185	25	3448	1179
50-54岁	586	347	1676	30	214	74	9	1918	706
55-59岁	180	83	497	1	67	17	4	497	222
60-64岁	26	16	99		6	1		70	46
65-69岁	7	4	49		3	1		25	6
70-74岁	1	2	27		1	1		4	3
75岁及以上	1		17					2	1

4−7a　续表 7　　　　单位：人

年龄组 性　别	生产制造及有关人员								
	采矿人员	金属冶炼和压延加工人员	机械制造基础加工人　员	金属制品制造人员	通用设备制造人员	专用设备制造人员	汽车制造人　员	铁路、船舶、航空设备制造人　员	电气机械和器材制造人员
总　计	**723**	**5739**	**65494**	**89748**	**12504**	**10139**	**16268**	**4449**	**59396**
16−19岁	2	103	2042	2481	526	430	807	81	3034
20−24岁	43	421	6259	7814	1582	1486	2360	372	7941
25−29岁	80	691	8702	11042	2012	1862	3232	587	9541
30−34岁	112	976	12685	15807	2680	2328	3890	839	11540
35−39岁	102	874	10545	14110	1796	1619	2474	734	8833
40−44岁	97	855	8653	12600	1478	1100	1587	625	6973
45−49岁	127	889	8945	13319	1253	789	1235	679	6784
50−54岁	88	646	5318	8456	788	372	466	396	3470
55−59岁	47	233	1958	3280	326	127	178	118	1029
60−64岁	16	32	289	570	45	20	20	11	179
65−69岁	4	15	79	206	12	4	13	6	47
70−74岁	1	3	11	45	3	1	5		16
75岁及以上	4	1	8	18	3	1	1	1	9
男	**607**	**4722**	**53794**	**63278**	**9121**	**6203**	**11356**	**3531**	**34769**
16−19岁	2	90	1762	1922	392	297	646	77	2103
20−24岁	40	361	5558	6249	1228	990	1901	329	5490
25−29岁	71	586	7552	8420	1531	1238	2409	508	6255
30−34岁	98	836	10685	11596	1990	1448	2749	664	6911
35−39岁	89	726	8550	9839	1251	914	1590	553	4888
40−44岁	75	670	6730	8253	970	573	886	458	3433
45−49岁	95	687	6680	8283	841	395	673	493	3008
50−54岁	73	528	4250	5642	597	233	330	323	1833
55−59岁	41	200	1700	2425	273	97	143	108	691
60−64岁	15	25	248	448	34	14	16	11	116
65−69岁	3	9	68	156	9	2	10	6	27
70−74岁	1	3	7	32	2	1	3		11
75岁及以上	4	1	4	13	3	1		1	3
女	**116**	**1017**	**11700**	**26470**	**3383**	**3936**	**4912**	**918**	**24627**
16−19岁		13	280	559	134	133	161	4	931
20−24岁	3	60	701	1565	354	496	459	43	2451
25−29岁	9	105	1150	2622	481	624	823	79	3286
30−34岁	14	140	2000	4211	690	880	1141	175	4629
35−39岁	13	148	1995	4271	545	705	884	181	3945
40−44岁	22	185	1923	4347	508	527	701	167	3540
45−49岁	32	202	2265	5036	412	394	562	186	3776
50−54岁	15	118	1068	2814	191	139	136	73	1637
55−59岁	6	33	258	855	53	30	35	10	338
60−64岁	1	7	41	122	11	6	4		63
65−69岁	1	6	11	50	3	2	3		20
70−74岁			4	13	1		2		5
75岁及以上			4	5			1		6

4-7a 续表 8　　单位：人

年龄组 性别	生产制造及有关人员								不便分类的其他从业人员
	计算机、通信和其他电子设备制造人员	仪器仪表制造人员	废弃资源综合利用人员	电力、热力、气体、水生产和输配人员	建筑施工人员	运输设备和通用工程机械操作人员及有关人员	生产辅助人员	其他生产制造及有关人员	
总　计	**250787**	**4104**	**1734**	**2220**	**206852**	**17288**	**240125**	**6892**	**4397**
16-19岁	15481	142	24	14	1723	250	7536	210	307
20-24岁	39801	417	70	150	10777	1496	25506	748	490
25-29岁	47154	644	120	258	20565	2475	36141	1051	573
30-34岁	54357	829	169	359	28190	3253	47314	1341	667
35-39岁	35567	685	192	279	24930	2742	37117	1076	539
40-44岁	24729	576	189	287	25957	2298	29887	816	523
45-49岁	20550	511	310	376	36361	2336	29423	799	572
50-54岁	9286	215	315	309	34382	1561	17891	565	400
55-59岁	3122	69	218	162	18339	782	7466	223	186
60-64岁	507	13	68	19	4046	65	1291	46	67
65-69岁	165	3	45	6	1323	27	435	10	47
70-74岁	44		12	1	197	2	91	5	13
75岁及以上	24		2		62	1	27	2	13
男	**152520**	**2327**	**1251**	**1937**	**183005**	**16101**	**138227**	**4227**	**2645**
16-19岁	10575	90	21	13	1557	232	4332	134	200
20-24岁	27363	272	57	133	9761	1411	15509	477	288
25-29岁	31445	379	91	230	18659	2360	21744	653	331
30-34岁	33587	473	125	302	25466	3048	27178	852	395
35-39岁	20045	376	140	238	22052	2518	20965	641	307
40-44岁	12255	288	127	239	22365	2097	15961	469	304
45-49岁	9389	245	205	319	30841	2110	15255	442	333
50-54岁	5177	137	223	284	30103	1473	10574	350	260
55-59岁	2167	55	164	159	16933	762	5356	160	135
60-64岁	365	9	50	16	3801	63	966	36	46
65-69岁	117	3	36	3	1243	25	308	6	29
70-74岁	21		11	1	178	1	61	5	7
75岁及以上	14		1		46	1	18	2	10
女	**98267**	**1777**	**483**	**283**	**23847**	**1187**	**101898**	**2665**	**1752**
16-19岁	4906	52	3	1	166	18	3204	76	107
20-24岁	12438	145	13	17	1016	85	9997	271	202
25-29岁	15709	265	29	28	1906	115	14397	398	242
30-34岁	20770	356	44	57	2724	205	20136	489	272
35-39岁	15522	309	52	41	2878	224	16152	435	232
40-44岁	12474	288	62	48	3592	201	13926	347	219
45-49岁	11161	266	105	57	5520	226	14168	357	239
50-54岁	4109	78	92	25	4279	88	7317	215	140
55-59岁	955	14	54	3	1406	20	2110	63	51
60-64岁	142	4	18	3	245	2	325	10	21
65-69岁	48		9	3	80	2	127	4	18
70-74岁	23		1		19	1	30		6
75岁及以上	10		1		16		9		3

4-7b　全省分年龄、性别、职业中类的就业人口(镇)

单位：人

年龄组 性　别	合计	党的机关、国家机关、群众团体和社会组织、企事业单位负责人						
		小计	中国共产党机关负责人	国家机关负责人	民主党派和工商联负责人	人民团体和群众团体、社会组织及其他成员组织负责人	基层群众自治组织负责人	企事业单位负责人
总　计	**710578**	**16181**	**38**	**754**	**3**	**860**	**380**	**14146**
16-19岁	11043	29				2		27
20-24岁	60829	440		2		23	1	414
25-29岁	95531	1488	2	34		68	9	1375
30-34岁	110031	2635	3	53		110	24	2445
35-39岁	102651	2934	3	67		144	32	2688
40-44岁	86060	2583	7	140		129	57	2250
45-49岁	93878	2569	10	171		137	69	2182
50-54岁	76113	1950	8	164	3	123	70	1582
55-59岁	45814	1109	4	112		82	73	838
60-64岁	16048	260		5		24	30	201
65-69岁	8526	130	1	2		11	13	103
70-74岁	2772	33		2		2	2	27
75岁及以上	1282	21		2		5		14
男	**437174**	**12337**	**31**	**656**	**3**	**583**	**320**	**10744**
16-19岁	6791	22				2		20
20-24岁	35871	311		2		17		292
25-29岁	57674	1042	2	18		45	5	972
30-34岁	66356	1906	1	41		77	18	1769
35-39岁	61048	2143	2	53		83	25	1980
40-44岁	50592	1962	6	121		84	44	1707
45-49岁	55596	1982	8	149		83	58	1684
50-54岁	49569	1616	8	153	3	91	62	1299
55-59岁	33133	969	3	109		67	65	725
60-64岁	11525	221		4		19	29	169
65-69岁	6066	114	1	2		9	12	90
70-74岁	2045	31		2		2	2	25
75岁及以上	908	18		2		4		12
女	**273404**	**3844**	**7**	**98**		**277**	**60**	**3402**
16-19岁	4252	7						7
20-24岁	24958	129				6	1	122
25-29岁	37857	446		16		23	4	403
30-34岁	43675	729	2	12		33	6	676
35-39岁	41603	791	1	14		61	7	708
40-44岁	35468	621	1	19		45	13	543
45-49岁	38282	587	2	22		54	11	498
50-54岁	26544	334		11		32	8	283
55-59岁	12681	140	1	3		15	8	113
60-64岁	4523	39		1		5	1	32
65-69岁	2460	16				2	1	13
70-74岁	727	2						2
75岁及以上	374	3				1		2

4—7b 续表 1

单位：人

年龄组 性别	专业技术人员									
	小计	科学研究人员	工程技术人员	农业技术人员	飞机和船舶技术人员	卫生专业技术人员	经济和金融专业人员	法律、社会和宗教专业人员	教学人员	文学艺术、体育专业人员
总　计	**68381**	**185**	**13533**	**429**	**72**	**9921**	**12492**	**852**	**28783**	**1078**
16—19岁	723		126	2		112	66		369	38
20—24岁	7001	20	1471	27	2	1200	1302	66	2514	237
25—29岁	11028	32	2345	36	6	1845	2456	188	3687	229
30—34岁	11800	46	2751	41	9	1452	2930	156	4012	201
35—39岁	11017	32	2121	57	12	1278	2185	118	4921	143
40—44岁	9628	15	1614	45	4	1434	1355	85	4892	95
45—49岁	8127	15	1412	65	12	1194	1106	80	4083	65
50—54岁	5444	13	992	72	10	674	639	75	2847	44
55—59岁	2745	8	556	51	13	416	339	59	1247	18
60—64岁	431	3	95	13	3	138	59	11	105	3
65—69岁	232	1	35	10	1	89	26	9	54	2
70—74岁	133		13	9		54	19	5	29	3
75岁及以上	72		2	1		35	10		23	
男	**31509**	**121**	**11792**	**299**	**69**	**3818**	**3533**	**470**	**10125**	**711**
16—19岁	267		108	2		23	18		82	26
20—24岁	2501	13	1258	16	2	211	327	30	425	140
25—29岁	4209	19	2068	26	6	445	605	66	729	143
30—34岁	4826	29	2399	31	8	464	664	78	915	133
35—39岁	4808	23	1834	37	12	559	523	62	1567	102
40—44岁	4354	10	1377	28	3	585	366	47	1831	64
45—49岁	4144	7	1212	45	12	557	363	61	1784	44
50—54岁	3379	8	877	47	9	385	322	60	1586	37
55—59岁	2323	8	530	44	13	315	266	47	1054	14
60—64岁	352	3	86	8	3	116	43	10	79	3
65—69岁	177	1	32	7	1	75	17	6	33	2
70—74岁	110		10	7		52	13	3	21	3
75岁及以上	59		1	1		31	6		19	
女	**36872**	**64**	**1741**	**130**	**3**	**6103**	**8959**	**382**	**18658**	**367**
16—19岁	456		18			89	48		287	12
20—24岁	4500	7	213	11		989	975	36	2089	97
25—29岁	6819	13	277	10		1400	1851	122	2958	86
30—34岁	6974	17	352	10	1	988	2266	78	3097	68
35—39岁	6209	9	287	20		719	1662	56	3354	41
40—44岁	5274	5	237	17	1	849	989	38	3061	31
45—49岁	3983	8	200	20		637	743	19	2299	21
50—54岁	2065	5	115	25	1	289	317	15	1261	7
55—59岁	422		26	7		101	73	12	193	4
60—64岁	79		9	5		22	16	1	26	
65—69岁	55		3	3		14	9	3	21	
70—74岁	23		3	2		2	6	2	8	
75岁及以上	13		1			4	4		4	

4-7b　续表 2

单位：人

年龄组 性　别	专业技术人员		办事人员和有关人员				社会生产服务和生活服务人员		
	新闻出版、文化专业人员	其他专业技术人员	小计	办事人员	安全和消防人员	其他办事人员和有关人员	小计	批发与零售服务人　员	交通运输、仓储和邮政业服务人员
总　计	**603**	**433**	**50153**	**41085**	**8289**	**779**	**270772**	**133313**	**44429**
16-19岁	5	5	334	282	42	10	4483	2095	450
20-24岁	119	43	4240	3643	507	90	25914	13555	3313
25-29岁	146	58	7895	6854	898	143	40635	21611	5749
30-34岁	119	83	8671	7644	896	131	44376	23228	7322
35-39岁	75	75	6725	5918	696	111	40398	20685	7183
40-44岁	40	49	5838	5072	692	74	30991	14596	5897
45-49岁	40	55	6139	4907	1133	99	32663	14338	6464
50-54岁	36	42	5006	3619	1334	53	26162	11169	4825
55-59岁	20	18	3713	2460	1211	42	15770	7011	2442
60-64岁		1	950	426	510	14	5586	2867	529
65-69岁	2	3	461	173	280	8	2669	1460	197
70-74岁		1	122	42	78	2	785	471	40
75岁及以上	1		59	45	12	2	340	227	18
男	**246**	**325**	**30338**	**22138**	**7760**	**440**	**164884**	**74346**	**38971**
16-19岁	3	5	152	110	39	3	2757	1082	376
20-24岁	46	33	1885	1372	466	47	15742	7187	2855
25-29岁	52	50	3700	2821	811	68	25269	12011	4938
30-34岁	45	60	4272	3388	808	76	27157	12655	6324
35-39岁	34	55	3717	3028	630	59	24343	11220	6262
40-44岁	9	34	3606	2934	630	42	18383	7865	5137
45-49岁	21	38	4102	2997	1044	61	18880	7795	5655
50-54岁	18	30	4017	2704	1278	35	15749	6556	4404
55-59岁	16	16	3411	2198	1186	27	10300	4553	2297
60-64岁		1	890	373	504	13	3675	1905	493
65-69岁	1	2	426	146	275	5	1811	990	180
70-74岁		1	111	32	77	2	582	363	34
75岁及以上	1		49	35	12	2	236	164	16
女	**357**	**108**	**19815**	**18947**	**529**	**339**	**105888**	**58967**	**5458**
16-19岁	2		182	172	3	7	1726	1013	74
20-24岁	73	10	2355	2271	41	43	10172	6368	458
25-29岁	94	8	4195	4033	87	75	15366	9600	811
30-34岁	74	23	4399	4256	88	55	17219	10573	998
35-39岁	41	20	3008	2890	66	52	16055	9465	921
40-44岁	31	15	2232	2138	62	32	12608	6731	760
45-49岁	19	17	2037	1910	89	38	13783	6543	809
50-54岁	18	12	989	915	56	18	10413	4613	421
55-59岁	4	2	302	262	25	15	5470	2458	145
60-64岁			60	53	6	1	1911	962	36
65-69岁	1	1	35	27	5	3	858	470	17
70-74岁			11	10	1		203	108	6
75岁及以上			10	10			104	63	2

4－7b 续表 3

单位：人

年龄组 性　别	社会生产服务和生活服务人员								
	住宿和餐饮服务人　员	信息传输、软件和信息技术服务人　员	金融服务人　　员	房地产服务人员	租赁和商务服务人　员	技术辅助服务人员	水利、环境和公共设施管理服务人员	居民服务人　　员	电力、燃气及水供应服务人　员
总　计	**37036**	**3385**	**3688**	**3687**	**5789**	**5445**	**8445**	**12894**	**1880**
16－19岁	1003	42	16	42	86	102	19	288	18
20－24岁	3532	586	294	453	716	945	107	1044	84
25－29岁	4922	894	722	745	853	1373	221	1631	178
30－34岁	5490	732	776	694	676	1161	356	1918	224
35－39岁	5165	516	606	563	627	767	574	1865	222
40－44岁	4466	276	346	331	485	481	901	1570	315
45－49岁	5012	185	443	351	645	307	1668	1758	329
50－54岁	4150	95	316	263	687	160	1977	1412	270
55－59岁	2261	48	156	147	613	95	1569	803	188
60－64岁	658	7	10	60	252	35	682	319	29
65－69岁	286	1	2	32	126	9	293	172	19
70－74岁	62	2	1	6	21	8	62	80	3
75岁及以上	29	1			2	2	16	34	1
男	**19780**	**2511**	**1911**	**2299**	**4292**	**3640**	**2755**	**3990**	**1572**
16－19岁	676	28	11	32	48	71	13	128	14
20－24岁	2264	407	154	287	371	628	69	374	73
25－29岁	3160	660	350	440	511	918	137	573	151
30－34岁	3225	540	379	403	433	790	173	605	190
35－39岁	2697	390	249	319	441	508	198	560	183
40－44岁	2124	203	161	202	366	317	251	437	247
45－49岁	2189	142	225	215	530	187	346	423	249
50－54岁	1748	85	234	201	628	111	492	358	236
55－59岁	1098	46	138	118	582	71	577	261	184
60－64岁	360	7	8	48	241	24	305	138	25
65－69岁	181	1	1	29	119	8	144	75	17
70－74岁	40	1	1	5	20	6	40	44	2
75岁及以上	18	1			2	1	10	14	1
女	**17256**	**874**	**1777**	**1388**	**1497**	**1805**	**5690**	**8904**	**308**
16－19岁	327	14	5	10	38	31	6	160	4
20－24岁	1268	179	140	166	345	317	38	670	11
25－29岁	1762	234	372	305	342	455	84	1058	27
30－34岁	2265	192	397	291	243	371	183	1313	34
35－39岁	2468	126	357	244	186	259	376	1305	39
40－44岁	2342	73	185	129	119	164	650	1133	68
45－49岁	2823	43	218	136	115	120	1322	1335	80
50－54岁	2402	10	82	62	59	49	1485	1054	34
55－59岁	1163	2	18	29	31	24	992	542	4
60－64岁	298		2	12	11	11	377	181	4
65－69岁	105		1	3	7	1	149	97	2
70－74岁	22	1		1	1	2	22	36	1
75岁及以上	11					1	6	20	

4-7b　续表 4　　　　　　　　　　　　　　　　　　　　　　　　　　　　　单位：人

年龄组 性　别	社会生产服务和生活服务人员				农、林、牧、渔业生产及辅助人员				
	修理及制作服务人　员	文化、体育和娱乐服务人员	健康服务人　　员	其他社会生产和生活服务人　员	小计	农业生产人　　员	林业生产人　　员	畜牧业生产人员	渔业生产人　　员
总　计	**8882**	**1253**	**414**	**232**	**54540**	**40802**	**1729**	**3924**	**7404**
16-19岁	246	69	3	4	347	294	4	24	21
20-24岁	1003	212	50	20	1847	1461	38	133	189
25-29岁	1339	281	74	42	3197	2357	99	263	424
30-34岁	1482	218	67	32	4155	2937	129	391	629
35-39岁	1364	152	73	36	4766	3313	183	443	748
40-44岁	1148	97	56	26	4864	3359	174	462	806
45-49岁	997	92	43	31	7358	5226	277	564	1194
50-54岁	718	67	24	29	9207	6774	363	661	1314
55-59岁	369	45	19	4	8400	6419	279	497	1119
60-64岁	121	10	3	4	5028	4049	122	257	551
65-69岁	63	6		3	3426	2899	45	150	298
70-74岁	22	4	2	1	1323	1158	10	46	93
75岁及以上	10				622	556	6	33	18
男	**7875**	**628**	**178**	**136**	**34994**	**24329**	**1332**	**2758**	**6143**
16-19岁	233	41	1	3	228	193	3	13	16
20-24岁	917	121	23	12	1231	914	34	96	168
25-29岁	1216	147	31	26	2195	1500	83	194	379
30-34岁	1308	93	25	14	2795	1806	102	290	553
35-39岁	1201	64	30	21	3107	1990	134	314	621
40-44岁	998	41	23	11	3037	1924	125	306	646
45-49岁	855	36	16	17	4373	2818	198	356	941
50-54岁	623	39	11	23	5680	3804	282	468	1066
55-59岁	326	32	16	1	5350	3781	229	350	934
60-64岁	109	7	1	4	3333	2543	94	189	477
65-69岁	59	4		3	2298	1881	34	110	250
70-74岁	21	3	1	1	936	799	10	43	75
75岁及以上	9				431	376	4	29	17
女	**1007**	**625**	**236**	**96**	**19546**	**16473**	**397**	**1166**	**1261**
16-19岁	13	28	2	1	119	101	1	11	5
20-24岁	86	91	27	8	616	547	4	37	21
25-29岁	123	134	43	16	1002	857	16	69	45
30-34岁	174	125	42	18	1360	1131	27	101	76
35-39岁	163	88	43	15	1659	1323	49	129	127
40-44岁	150	56	33	15	1827	1435	49	156	160
45-49岁	142	56	27	14	2985	2408	79	208	253
50-54岁	95	28	13	6	3527	2970	81	193	248
55-59岁	43	13	3	3	3050	2638	50	147	185
60-64岁	12	3	2		1695	1506	28	68	74
65-69岁	4	2			1128	1018	11	40	48
70-74岁	1	1	1		387	359		3	18
75岁及以上	1				191	180	2	4	1

4-7b 续表 5 单位：人

年龄组 性 别	农林牧渔生产辅助人员	其他农、林、牧、渔业生产加工人员	生产制造及有关人员						
			小计	农副产品加工人员	食品、饮料生产加工人员	烟草及其制品加工人员	纺织、针织、印染人员	纺织品、服装和皮革、毛皮制品加工制作人员	木材加工、家具与木制品制作人员
总 计	**590**	**91**	**249342**	**3162**	**2992**	**35**	**3272**	**41026**	**7032**
16-19岁	4		4970	19	59		41	856	75
20-24岁	24	2	21254	107	280	1	249	4367	359
25-29岁	39	15	31150	220	405	2	448	6007	648
30-34岁	63	6	38254	372	473	8	495	6789	865
35-39岁	66	13	36676	434	431	4	524	6535	939
40-44岁	52	11	32029	385	361	2	459	5238	887
45-49岁	87	10	36908	480	397	4	505	5850	1244
50-54岁	81	14	28226	509	296	3	357	3502	1141
55-59岁	78	8	13993	352	172	4	136	1353	594
60-64岁	44	5	3763	163	70	2	27	296	182
65-69岁	28	6	1584	86	37	4	23	153	66
70-74岁	15	1	370	29	7	1	7	43	22
75岁及以上	9		165	6	4		1	37	10
男	**385**	**47**	**162425**	**1914**	**1779**	**21**	**1587**	**16629**	**5278**
16-19岁	3		3271	17	41		26	324	60
20-24岁	17	2	14120	80	183		120	1542	306
25-29岁	30	9	21183	157	262	2	223	2535	529
30-34岁	42	2	25324	238	295	5	254	3071	669
35-39岁	42	6	22854	244	242	4	249	2715	654
40-44岁	31	5	19179	202	204	1	214	1971	614
45-49岁	55	5	22052	256	207	2	225	2135	878
50-54岁	53	7	19062	305	147	1	175	1410	852
55-59岁	50	6	10735	231	119	3	72	641	488
60-64岁	28	2	3033	97	45		17	148	153
65-69岁	20	3	1228	55	24	2	11	91	52
70-74岁	9		271	26	6	1		27	16
75岁及以上	5		113	6	4		1	19	7
女	**205**	**44**	**86917**	**1248**	**1213**	**14**	**1685**	**24397**	**1754**
16-19岁	1		1699	2	18		15	532	15
20-24岁	7		7134	27	97	1	129	2825	53
25-29岁	9	6	9967	63	143		225	3472	119
30-34岁	21	4	12930	134	178	3	241	3718	196
35-39岁	24	7	13822	190	189		275	3820	285
40-44岁	21	6	12850	183	157	1	245	3267	273
45-49岁	32	5	14856	224	190	2	280	3715	366
50-54岁	28	7	9164	204	149	2	182	2092	289
55-59岁	28	2	3258	121	53	1	64	712	106
60-64岁	16	3	730	66	25	2	10	148	29
65-69岁	8	3	356	31	13	2	12	62	14
70-74岁	6	1	99	3	1		7	16	6
75岁及以上	4		52					18	3

4-7b　续表 6　　　　　　　　　　　　　　　　　　　　　　　　　　单位：人

年龄组 性　别	生产制造及有关人员								
	纸及纸制品生产加工人员	印刷和记录媒介复制人员	文教、工美、体育和娱乐用品制造人　员	石油加工和炼焦、煤化工生产人员	化学原料和化学制品制造人　员	医药制造人　　员	化学纤维制造人员	橡胶和塑料制品制造人员	非金属矿物制品制造人员
总　计	**2270**	**1679**	**11267**	**163**	**2467**	**587**	**127**	**6674**	**7569**
16−19岁	42	35	225	1	79	19	2	152	70
20−24岁	181	158	948	17	335	72	14	547	438
25−29岁	254	220	1541	28	364	95	15	718	825
30−34岁	315	301	1864	32	360	116	17	1012	1044
35−39岁	333	277	1925	21	394	87	18	968	1091
40−44岁	332	231	1394	21	300	71	14	939	1096
45−49岁	366	255	1549	15	322	59	17	1074	1288
50−54岁	278	138	1004	23	208	41	21	812	1050
55−59岁	105	51	498	2	81	18	8	352	516
60−64岁	35	8	158	3	12	5	1	62	109
65−69岁	21	3	110		6	3		29	32
70−74岁	6	1	37		3			7	7
75岁及以上	2	1	14		3	1		2	3
男	**1468**	**1197**	**5573**	**139**	**1635**	**353**	**85**	**4195**	**5327**
16−19岁	30	29	133	1	46	17	2	118	61
20−24岁	139	123	549	11	214	44	13	415	351
25−29岁	198	175	857	27	251	58	10	549	616
30−34岁	210	217	1009	28	237	74	9	683	778
35−39岁	191	210	963	19	268	44	13	588	747
40−44岁	183	160	606	17	178	37	6	529	687
45−49岁	216	149	615	10	213	28	8	543	805
50−54岁	176	84	432	22	146	29	17	454	730
55−59岁	75	38	241	2	61	15	7	251	421
60−64岁	28	8	85	2	11	3		42	97
65−69岁	16	2	53		6	3		16	29
70−74岁	4	1	20		3			5	4
75岁及以上	2	1	10		1	1		2	1
女	**802**	**482**	**5694**	**24**	**832**	**234**	**42**	**2479**	**2242**
16−19岁	12	6	92		33	2		34	9
20−24岁	42	35	399	6	121	28	1	132	87
25−29岁	56	45	684	1	113	37	5	169	209
30−34岁	105	84	855	4	123	42	8	329	266
35−39岁	142	67	962	2	126	43	5	380	344
40−44岁	149	71	788	4	122	34	8	410	409
45−49岁	150	106	934	5	109	31	9	531	483
50−54岁	102	54	572	1	62	12	4	358	320
55−59岁	30	13	257		20	3	1	101	95
60−64岁	7		73	1	1	2	1	20	12
65−69岁	5	1	57					13	3
70−74岁	2		17					2	3
75岁及以上			4		2				2

4－7b　续表 7　　　　单位：人

年龄组 性　别	生产制造及有关人员								
	采矿人员	金属冶炼和压延加工人员	机械制造基础加工人员	金属制品制造人员	通用设备制造人员	专用设备制造人员	汽车制造人员	铁路、船舶、航空设备制造人员	电气机械和器材制造人员
总　计	**301**	**1963**	**9288**	**14511**	**1429**	**662**	**2387**	**627**	**9534**
16－19岁	1	20	163	349	48	19	69	14	476
20－24岁	15	138	663	1141	134	56	393	42	1191
25－29岁	29	216	1044	1651	201	85	471	67	1360
30－34岁	40	315	1537	2244	242	137	486	105	1689
35－39岁	42	299	1506	2283	204	114	360	100	1432
40－44岁	36	289	1356	2076	218	83	248	91	1162
45－49岁	53	312	1544	2271	202	92	205	101	1240
50－54岁	60	254	964	1591	116	54	104	75	713
55－59岁	18	95	419	671	49	15	38	25	218
60－64岁	2	16	64	156	11	5	10	5	41
65－69岁	1	8	18	49	4	2	3	2	9
70－74岁	3	1	8	20					2
75岁及以上	1		2	9					1
男	**253**	**1613**	**7627**	**9971**	**1078**	**375**	**1710**	**517**	**5455**
16－19岁	1	17	135	282	40	15	55	14	323
20－24岁	14	126	580	914	111	41	337	39	816
25－29岁	25	197	914	1236	155	51	381	53	893
30－34岁	38	268	1304	1580	175	77	341	87	1012
35－39岁	32	237	1236	1518	155	53	221	83	734
40－44岁	29	221	1065	1345	153	40	147	70	559
45－49岁	35	235	1171	1360	145	46	112	80	566
50－54岁	56	211	777	1068	90	35	74	63	379
55－59岁	16	79	360	495	41	11	29	22	133
60－64岁	2	13	60	117	11	4	10	4	30
65－69岁	1	8	17	36	2	2	3	2	8
70－74岁	3	1	6	14					1
75岁及以上	1		2	6					1
女	**48**	**350**	**1661**	**4540**	**351**	**287**	**677**	**110**	**4079**
16－19岁		3	28	67	8	4	14		153
20－24岁	1	12	83	227	23	15	56	3	375
25－29岁	4	19	130	415	46	34	90	14	467
30－34岁	2	47	233	664	67	60	145	18	677
35－39岁	10	62	270	765	49	61	139	17	698
40－44岁	7	68	291	731	65	43	101	21	603
45－49岁	18	77	373	911	57	46	93	21	674
50－54岁	4	43	187	523	26	19	30	12	334
55－59岁	2	16	59	176	8	4	9	3	85
60－64岁		3	4	39		1		1	11
65－69岁			1	13	2				1
70－74岁			2	6					1
75岁及以上				3					

4-7b　续表 8　　　　　　　　　　　　　　　　　　　　　　　　　　单位：人

年龄组 性　别	生产制造及有关人员								不便分类的其他从业人员
	计算机、通信和其他电子设备制造人　员	仪器仪表制造人员	废弃资源综合利用人　　员	电力、热力、气体、水生产和输配人员	建筑施工人　　员	运输设备和通用工程机械操作人员及有关人员	生产辅助人　　员	其他生产制造及有关人员	
总　计	**21760**	**281**	**694**	**760**	**57120**	**4166**	**32461**	**1076**	**1209**
16–19岁	893	4	24	5	426	47	713	24	157
20–24岁	2762	17	77	40	2958	309	3151	94	133
25–29岁	3289	23	79	72	5516	621	4488	148	138
30–34岁	3879	51	66	90	6993	768	5360	189	140
35–39岁	3476	66	79	77	6870	701	4937	149	135
40–44岁	2762	45	83	86	6882	526	4229	127	127
45–49岁	2596	47	105	146	9347	579	4505	138	114
50–54岁	1378	17	98	126	9541	406	3219	127	118
55–59岁	521	8	47	99	5919	172	1379	58	84
60–64岁	142	2	26	11	1794	28	302	15	30
65–69岁	46	1	6	5	720	7	126	4	24
70–74岁	9		1	2	112	2	38	2	6
75岁及以上	7		3	1	42		14	1	3
男	**11809**	**134**	**463**	**631**	**49218**	**3953**	**19782**	**656**	**687**
16–19岁	580	2	11	5	363	47	460	16	94
20–24岁	1849	9	49	38	2622	298	2123	64	81
25–29岁	2080	11	56	64	4977	598	2946	97	76
30–34岁	2170	27	44	75	6169	741	3321	118	76
35–39岁	1672	28	53	67	5978	665	2884	87	76
40–44岁	1195	16	47	63	5724	479	2351	66	71
45–49岁	1094	21	78	97	7662	529	2459	72	63
50–54岁	713	10	65	112	8033	393	1930	73	66
55–59岁	329	8	30	92	5257	167	955	46	45
60–64岁	97	1	22	10	1652	27	225	12	21
65–69岁	23	1	5	5	656	7	88	4	12
70–74岁	4		1	2	95	2	29		4
75岁及以上	3		2	1	30		11	1	2
女	**9951**	**147**	**231**	**129**	**7902**	**213**	**12679**	**420**	**522**
16–19岁	313	2	13		63		253	8	63
20–24岁	913	8	28	2	336	11	1028	30	52
25–29岁	1209	12	23	8	539	23	1542	51	62
30–34岁	1709	24	22	15	824	27	2039	71	64
35–39岁	1804	38	26	10	892	36	2053	62	59
40–44岁	1567	29	36	23	1158	47	1878	61	56
45–49岁	1502	26	27	49	1685	50	2046	66	51
50–54岁	665	7	33	14	1508	13	1289	54	52
55–59岁	192		17	7	662	5	424	12	39
60–64岁	45	1	4	1	142	1	77	3	9
65–69岁	23		1		64		38		12
70–74岁	5				17		9	2	2
75岁及以上	4		1		12		3		1

4-7c 全省分年龄、性别、职业中类的就业人口(乡村)

单位：人

年龄组 性别	合计	党的机关、国家机关、群众团体和社会组织、企事业单位负责人						
		小计	中国共产党机关负责人	国家机关负责人	民主党派和工商联负责人	人民团体和群众团体、社会组织及其他成员组织负责人	基层群众自治组织负责人	企事业单位负责人
总　计	**1229241**	**13903**	**23**	**228**		**918**	**1227**	**11507**
16-19岁	23605	49				3	1	45
20-24岁	107717	497	1	2		33	6	455
25-29岁	154248	1358	1	10		86	34	1227
30-34岁	160571	2217	3	16		131	58	2009
35-39岁	143745	2338	2	36		141	97	2062
40-44岁	122791	1995	3	27		92	144	1729
45-49岁	147599	2026	2	42		136	180	1666
50-54岁	149036	1649	4	40		122	249	1234
55-59岁	111248	1155	7	44		93	277	734
60-64岁	55325	381		9		31	125	216
65-69岁	33587	166		1		29	44	92
70-74岁	12612	47		1		13	6	27
75岁及以上	7157	25				8	6	11
男	**768184**	**10865**	**15**	**198**		**665**	**1057**	**8930**
16-19岁	14752	40				2	1	37
20-24岁	65442	333	1	1		19	4	308
25-29岁	97456	1002		6		63	27	906
30-34岁	102040	1640	1	13		97	44	1485
35-39岁	89977	1780	2	28		96	77	1577
40-44岁	73706	1554	2	24		66	114	1348
45-49岁	85581	1578	1	38		88	155	1296
50-54岁	91747	1365	3	38		89	214	1021
55-59岁	73839	1022	5	42		75	245	655
60-64岁	37517	335		6		23	120	186
65-69岁	22593	150		1		27	44	78
70-74岁	8704	43		1		12	6	24
75岁及以上	4830	23				8	6	9
女	**461057**	**3038**	**8**	**30**		**253**	**170**	**2577**
16-19岁	8853	9				1		8
20-24岁	42275	164		1		14	2	147
25-29岁	56792	356	1	4		23	7	321
30-34岁	58531	577	2	3		34	14	524
35-39岁	53768	558		8		45	20	485
40-44岁	49085	441	1	3		26	30	381
45-49岁	62018	448	1	4		48	25	370
50-54岁	57289	284	1	2		33	35	213
55-59岁	37409	133	2	2		18	32	79
60-64岁	17808	46		3		8	5	30
65-69岁	10994	16				2		14
70-74岁	3908	4				1		3
75岁及以上	2327	2						2

4-7c　续表 1　　　　单位：人

年龄组 性　别	专业技术人员 小计	科学研究人员	工程技术人员	农业技术人员	飞机和船舶技术人员	卫生专业技术人员	经济和金融专业人员	法律、社会和宗教专业人员	教学人员	文学艺术、体育专业人员
总　计	**61915**	**127**	**17647**	**708**	**118**	**8108**	**11833**	**788**	**20173**	**1258**
16-19岁	1338	1	316	10		191	151	6	585	61
20-24岁	9560	23	2410	40	20	1429	1912	89	3092	322
25-29岁	13229	29	3493	68	27	1773	3053	186	3986	330
30-34岁	11425	24	3516	73	10	1154	2587	127	3522	194
35-39岁	8413	12	2433	71	13	864	1747	92	2925	113
40-44岁	5977	9	1634	75	11	816	957	71	2268	61
45-49岁	4920	8	1569	79	8	663	636	63	1742	66
50-54岁	3416	5	1219	101	14	408	358	61	1146	47
55-59岁	2306	10	742	96	7	311	264	58	741	41
60-64岁	681	4	215	46	7	193	97	15	82	11
65-69岁	380	2	79	35		160	44	12	40	4
70-74岁	167		15	8	1	85	19	4	30	4
75岁及以上	103		6	6		61	8	4	14	4
男	**30627**	**87**	**15571**	**500**	**112**	**3263**	**3099**	**415**	**6105**	**793**
16-19岁	554		255	9		44	54	3	148	32
20-24岁	3610	14	2058	26	19	238	433	34	493	187
25-29岁	5366	20	3066	54	27	385	623	60	785	198
30-34岁	5273	14	3145	53	10	393	562	53	782	123
35-39岁	4124	9	2160	50	11	400	376	54	901	79
40-44岁	3092	6	1414	52	11	443	240	44	785	44
45-49岁	2970	7	1378	47	8	406	247	44	739	44
50-54岁	2489	4	1110	68	13	287	195	47	685	32
55-59岁	1996	8	689	67	7	241	217	47	655	33
60-64岁	597	4	208	37	5	159	87	14	65	10
65-69岁	314	1	71	25		129	39	10	32	4
70-74岁	147		13	8	1	77	18	3	22	4
75岁及以上	95		4	4		61	8	2	13	3
女	**31288**	**40**	**2076**	**208**	**6**	**4845**	**8734**	**373**	**14068**	**465**
16-19岁	784	1	61	1		147	97	3	437	29
20-24岁	5950	9	352	14	1	1191	1479	55	2599	135
25-29岁	7863	9	427	14		1388	2430	126	3201	132
30-34岁	6152	10	371	20		761	2025	74	2740	71
35-39岁	4289	3	273	21	2	464	1371	38	2024	34
40-44岁	2885	3	220	23		373	717	27	1483	17
45-49岁	1950	1	191	32		257	389	19	1003	22
50-54岁	927	1	109	33	1	121	163	14	461	15
55-59岁	310	2	53	29		70	47	11	86	8
60-64岁	84		7	9	2	34	10	1	17	1
65-69岁	66	1	8	10		31	5	2	8	
70-74岁	20		2			8	1	1	8	
75岁及以上	8		2	2				2	1	1

4-7c 续表 2

单位：人

年龄组 性 别	专业技术人员		办事人员和有关人员				社会生产服务和生活服务人员		
	新闻出版、文化专业人员	其他专业技术人员	小计	办事人员	安全和消防人员	其他办事人员和有关人员	小计	批发与零售服务人员	交通运输、仓储和邮政业服务人员
总 计	**608**	**547**	**49899**	**38636**	**10496**	**767**	**348696**	**146983**	**73377**
16-19岁	13	4	551	459	80	12	7840	3391	1123
20-24岁	156	67	5781	4970	726	85	40992	20080	6446
25-29岁	189	95	9171	7911	1125	135	57448	27596	10552
30-34岁	103	115	8558	7405	1015	138	54905	24768	12427
35-39岁	72	71	6181	5145	940	96	46637	19926	11637
40-44岁	21	54	4369	3483	826	60	35381	13577	9252
45-49岁	23	63	4424	3154	1183	87	37238	12837	9335
50-54岁	15	42	4246	2675	1509	62	32895	11267	7226
55-59岁	10	26	3841	2201	1585	55	20943	7446	3873
60-64岁	5	6	1675	806	844	25	8257	3296	1025
65-69岁	1	3	814	316	489	9	4259	1853	388
70-74岁		1	232	79	150	3	1285	622	70
75岁及以上			56	32	24		616	324	23
男	**250**	**432**	**29622**	**19176**	**10007**	**439**	**221305**	**82774**	**65444**
16-19岁	7	2	243	159	77	7	4940	1801	904
20-24岁	56	52	2347	1636	675	36	25092	10178	5470
25-29岁	74	74	3938	2839	1045	54	36944	15091	9265
30-34岁	41	97	4053	3037	943	73	36074	13936	10997
35-39岁	30	54	3480	2554	875	51	30552	11133	10434
40-44岁	11	42	2816	2006	771	39	22263	7473	8237
45-49岁	9	41	3169	2005	1110	54	22197	7087	8357
50-54岁	9	39	3503	1984	1473	46	19829	6752	6669
55-59岁	9	23	3462	1859	1558	45	13518	4907	3678
60-64岁	3	5	1576	721	832	23	5589	2366	975
65-69岁	1	2	763	278	477	8	2954	1337	374
70-74岁		1	222	70	149	3	925	465	66
75岁及以上			50	28	22		428	248	18
女	**358**	**115**	**20277**	**19460**	**489**	**328**	**127391**	**64209**	**7933**
16-19岁	6	2	308	300	3	5	2900	1590	219
20-24岁	100	15	3434	3334	51	49	15900	9902	976
25-29岁	115	21	5233	5072	80	81	20504	12505	1287
30-34岁	62	18	4505	4368	72	65	18831	10832	1430
35-39岁	42	17	2701	2591	65	45	16085	8793	1203
40-44岁	10	12	1553	1477	55	21	13118	6104	1015
45-49岁	14	22	1255	1149	73	33	15041	5750	978
50-54岁	6	3	743	691	36	16	13066	4515	557
55-59岁	1	3	379	342	27	10	7425	2539	195
60-64岁	2	1	99	85	12	2	2668	930	50
65-69岁		1	51	38	12	1	1305	516	14
70-74岁			10	9	1		360	157	4
75岁及以上			6	4	2		188	76	5

4–7c　续表 3　　　　单位：人

年龄组 性　别	社会生产服务和生活服务人员								
	住宿和餐饮服务人员	信息传输、软件和信息技术服务人员	金融服务人员	房地产服务人员	租赁和商务服务人员	技术辅助服务人员	水利、环境和公共设施管理服务人员	居民服务人员	电力、燃气及水供应服务人员
总　计	**54254**	**3610**	**2828**	**3697**	**7905**	**6387**	**16175**	**15747**	**2801**
16–19岁	1818	66	22	62	137	178	45	412	23
20–24岁	6386	789	392	598	911	1363	219	1539	152
25–29岁	8247	1105	721	847	1029	1806	386	2107	306
30–34岁	7769	769	670	681	870	1296	713	2054	373
35–39岁	6873	452	407	444	664	774	1086	1825	416
40–44岁	5767	174	229	277	597	391	1490	1653	318
45–49岁	6665	124	193	301	813	297	2915	1959	428
50–54岁	5828	77	125	215	1084	163	3674	1892	372
55–59岁	3208	41	56	160	1026	85	3026	1203	281
60–64岁	1084	5	8	66	460	24	1496	535	78
65–69岁	466	4	3	33	239	5	814	326	36
70–74岁	102		2	9	61	3	239	129	15
75岁及以上	41	4		4	14	2	72	113	3
男	**29820**	**2687**	**1471**	**2334**	**6280**	**4447**	**5767**	**4847**	**2538**
16–19岁	1200	34	11	39	82	114	35	180	18
20–24岁	4280	535	211	363	461	882	163	538	143
25–29岁	5419	799	385	508	610	1254	244	700	286
30–34岁	4671	601	314	429	587	968	373	680	326
35–39岁	3888	350	191	277	522	548	391	610	372
40–44岁	2840	150	91	165	511	270	415	432	276
45–49岁	2802	97	116	186	727	194	715	408	377
50–54岁	2358	72	97	143	1026	113	994	441	350
55–59岁	1394	37	48	125	995	71	1164	376	263
60–64岁	605	5	5	56	451	23	658	205	76
65–69岁	274	4	1	31	236	5	419	159	34
70–74岁	66		1	9	58	3	150	63	14
75岁及以上	23	3		3	14	2	46	55	3
女	**24434**	**923**	**1357**	**1363**	**1625**	**1940**	**10408**	**10900**	**263**
16–19岁	618	32	11	23	55	64	10	232	5
20–24岁	2106	254	181	235	450	481	56	1001	9
25–29岁	2828	306	336	339	419	552	142	1407	20
30–34岁	3098	168	356	252	283	328	340	1374	47
35–39岁	2985	102	216	167	142	226	695	1215	44
40–44岁	2927	24	138	112	86	121	1075	1221	42
45–49岁	3863	27	77	115	86	103	2200	1551	51
50–54岁	3470	5	28	72	58	50	2680	1451	22
55–59岁	1814	4	8	35	31	14	1862	827	18
60–64岁	479		3	10	9	1	838	330	2
65–69岁	192		2	2	3		395	167	2
70–74岁	36		1		3		89	66	1
75岁及以上	18	1		1			26	58	

4－7c　续表 4　　　　单位：人

年龄组 性　别	社会生产服务和生活服务人员				农、林、牧、渔业生产及辅助人员				
	修理及制作服务人　员	文化、体育和娱乐服务人员	健康服务人　员	其他社会生产和生活服务人　员	小计	农业生产人　员	林业生产人　员	畜牧业生产人员	渔业生产人　员
总　计	**13087**	**1179**	**315**	**351**	**319016**	**267612**	**5042**	**21976**	**22032**
16－19岁	485	69	2	7	2412	2151	36	124	87
20－24岁	1792	251	46	28	10615	8918	149	733	725
25－29岁	2345	293	57	51	17170	13856	251	1442	1488
30－34岁	2223	185	55	52	21274	16842	389	1910	1958
35－39岁	1931	106	52	44	23537	18573	366	2205	2154
40－44岁	1492	89	33	42	25508	20201	493	2416	2195
45－49岁	1239	67	24	41	39062	31585	773	3261	3144
50－54岁	856	60	17	39	54338	45201	1051	3694	3970
55－59岁	461	30	21	26	51892	44389	813	3005	3323
60－64岁	148	15	4	13	33529	29675	395	1519	1715
65－69岁	76	9	2	5	23724	21435	222	1012	938
70－74岁	29	1	2	1	9931	9197	65	374	248
75岁及以上	10	4		2	6024	5589	39	281	87
男	**11892**	**693**	**124**	**187**	**182797**	**146164**	**3659**	**14529**	**17016**
16－19岁	462	54	2	4	1571	1357	28	102	72
20－24岁	1691	155	7	15	6938	5579	114	553	623
25－29岁	2163	175	22	23	10996	8333	204	1070	1285
30－34岁	2035	102	23	32	12833	9492	292	1328	1601
35－39岁	1731	61	17	27	13635	10062	276	1438	1716
40－44岁	1327	43	10	23	13767	10212	341	1482	1616
45－49岁	1065	29	16	21	19704	14814	533	1944	2258
50－54岁	757	29	7	21	28453	22368	735	2301	2827
55－59岁	410	21	15	14	29209	23810	614	2009	2552
60－64岁	143	14	3	4	20225	17293	294	1078	1411
65－69岁	71	7		2	14855	13109	160	743	773
70－74岁	27	1	2		6610	6043	44	284	209
75岁及以上	10	2		1	4001	3692	24	197	73
女	**1195**	**486**	**191**	**164**	**136219**	**121448**	**1383**	**7447**	**5016**
16－19岁	23	15		3	841	794	8	22	15
20－24岁	101	96	39	13	3677	3339	35	180	102
25－29岁	182	118	35	28	6174	5523	47	372	203
30－34岁	188	83	32	20	8441	7350	97	582	357
35－39岁	200	45	35	17	9902	8511	90	767	438
40－44岁	165	46	23	19	11741	9989	152	934	579
45－49岁	174	38	8	20	19358	16771	240	1317	886
50－54岁	99	31	10	18	25885	22833	316	1393	1143
55－59岁	51	9	6	12	22683	20579	199	996	771
60－64岁	5	1	1	9	13304	12382	101	441	304
65－69岁	5	2	2	3	8869	8326	62	269	165
70－74岁	2			1	3321	3154	21	90	39
75岁及以上		2		1	2023	1897	15	84	14

4-7c　续表 5　　　　单位：人

年龄组 性　别			生产制造及有关人员						
	农林牧渔生产辅助人员	其他农、林、牧、渔业生产加工人员	小计	农副产品加工人员	食品、饮料生产加工人员	烟草及其制品加工人员	纺织、针织、印染人员	纺织品、服装和皮革、毛皮制品加工制作人员	木材加工、家具与木制品制作人员
总　计	**2052**	**302**	**433213**	**5260**	**5783**	**42**	**6648**	**54143**	**14710**
16-19岁	10	4	10590	40	132	1	109	1779	180
20-24岁	78	12	39829	276	539	2	559	7387	872
25-29岁	109	24	55648	443	772	1	889	8658	1379
30-34岁	142	33	61960	570	818	10	1033	8549	1897
35-39岁	211	28	56453	559	786	5	1036	8009	1873
40-44岁	176	27	49441	599	675	3	845	6388	1881
45-49岁	249	50	59793	879	725	4	1070	6934	2395
50-54岁	377	45	52342	814	657	2	702	4232	2285
55-59岁	317	45	30989	598	358	10	281	1567	1315
60-64岁	203	22	10726	260	171	3	59	369	400
65-69岁	109	8	4197	147	102	1	48	181	166
70-74岁	45	2	927	52	34		12	61	45
75岁及以上	26	2	318	23	14		5	29	22
男	**1268**	**161**	**291563**	**3186**	**3432**	**26**	**3645**	**18316**	**10922**
16-19岁	10	2	7046	32	87	1	67	623	150
20-24岁	63	6	26876	200	361	1	331	2252	747
25-29岁	91	13	39074	296	499	1	542	3189	1124
30-34岁	99	21	42024	360	498	7	604	3244	1445
35-39岁	131	12	36296	334	466	3	549	2811	1352
40-44岁	102	14	30143	317	347		417	1953	1276
45-49岁	129	26	35893	451	352	2	490	1951	1609
50-54岁	197	25	36022	470	370	1	400	1397	1652
55-59岁	198	26	24545	381	227	7	170	618	1035
60-64岁	138	11	9145	177	115	2	40	173	345
65-69岁	66	4	3535	114	73	1	29	69	139
70-74岁	29	1	740	36	27		3	25	32
75岁及以上	15		224	18	10		3	11	16
女	**784**	**141**	**141650**	**2074**	**2351**	**16**	**3003**	**35827**	**3788**
16-19岁		2	3544	8	45		42	1156	30
20-24岁	15	6	12953	76	178	1	228	5135	125
25-29岁	18	11	16574	147	273		347	5469	255
30-34岁	43	12	19936	210	320	3	429	5305	452
35-39岁	80	16	20157	225	320	2	487	5198	521
40-44岁	74	13	19298	282	328	3	428	4435	605
45-49岁	120	24	23900	428	373	2	580	4983	786
50-54岁	180	20	16320	344	287	1	302	2835	633
55-59岁	119	19	6444	217	131	3	111	949	280
60-64岁	65	11	1581	83	56	1	19	196	55
65-69岁	43	4	662	33	29		19	112	27
70-74岁	16	1	187	16	7		9	36	13
75岁及以上	11	2	94	5	4		2	18	6

4—7c 续表 6　　　　单位：人

年龄组 性　别	生产制造及有关人员								
	纸及纸制品生产加工人员	印刷和记录媒介复制人员	文教、工美、体育和娱乐用品制造人　员	石油加工和炼焦、煤化工生产人员	化学原料和化学制品制造人　员	医药制造人　　员	化学纤维制造人员	橡胶和塑料制品制造人员	非金属矿物制品制造人员
总　计	**4916**	**2737**	**14772**	**177**	**4479**	**760**	**75**	**10534**	**13213**
16—19岁	79	61	362	1	164	12	3	449	160
20—24岁	399	276	1418	11	528	110	1	949	837
25—29岁	551	445	2079	23	664	154	9	1224	1384
30—34岁	726	486	2405	30	732	141	18	1551	1721
35—39岁	675	498	2176	22	618	96	14	1555	1695
40—44岁	648	372	1961	25	554	86	10	1430	1758
45—49岁	826	312	2026	28	576	73	8	1630	2337
50—54岁	599	202	1337	20	418	51	5	1086	1959
55—59岁	312	72	570	10	168	24	7	472	1002
60—64岁	66	10	236	5	39	5		123	256
65—69岁	29	2	130	2	16	4		44	86
70—74岁	4	1	47		1	2		17	15
75岁及以上	2		25		1	2		4	3
男	**3343**	**1917**	**6637**	**138**	**2765**	**432**	**50**	**6417**	**9539**
16—19岁	61	47	204	1	99	10	3	315	132
20—24岁	304	206	763	11	308	70	1	716	689
25—29岁	423	340	1104	15	428	83	8	858	1095
30—34岁	511	347	1157	24	465	84	8	999	1310
35—39岁	458	349	999	16	364	51	11	928	1174
40—44岁	406	254	788	23	333	40	6	804	1142
45—49岁	479	196	656	17	328	35	6	793	1489
50—54岁	384	122	508	16	263	36	3	597	1371
55—59岁	243	45	256	9	133	13	4	297	822
60—64岁	49	9	103	5	33	3		80	221
65—69岁	21	1	55	1	10	3		22	78
70—74岁	3	1	26		1	2		6	14
75岁及以上	1		18			2		2	2
女	**1573**	**820**	**8135**	**39**	**1714**	**328**	**25**	**4117**	**3674**
16—19岁	18	14	158		65	2		134	28
20—24岁	95	70	655		220	40		233	148
25—29岁	128	105	975	8	236	71	1	366	289
30—34岁	215	139	1248	6	267	57	10	552	411
35—39岁	217	149	1177	6	254	45	3	627	521
40—44岁	242	118	1173	2	221	46	4	626	616
45—49岁	347	116	1370	11	248	38	2	837	848
50—54岁	215	80	829	4	155	15	2	489	588
55—59岁	69	27	314	1	35	11	3	175	180
60—64岁	17	1	133		6	2		43	35
65—69岁	8	1	75	1	6	1		22	8
70—74岁	1		21					11	1
75岁及以上	1		7		1			2	1

4-7c 续表 7

单位：人

年龄组 性 别	生产制造及有关人员								
	采矿人员	金属冶炼和压延加工人员	机械制造基础加工人员	金属制品制造人员	通用设备制造人员	专用设备制造人员	汽车制造人员	铁路、船舶、航空设备制造人员	电气机械和器材制造人员
总 计	**855**	**3156**	**13537**	**25094**	**2632**	**1323**	**3417**	**649**	**9131**
16-19岁	7	41	352	545	125	37	143	15	564
20-24岁	40	193	1107	2165	283	191	640	59	1283
25-29岁	61	366	1678	3244	395	226	682	79	1368
30-34岁	94	480	2356	3978	439	247	695	116	1628
35-39岁	101	451	2086	3841	394	206	473	98	1332
40-44岁	101	446	1801	3318	319	135	304	78	1002
45-49岁	145	530	2007	3832	343	140	272	77	1064
50-54岁	156	404	1418	2569	195	101	137	75	597
55-59岁	103	179	564	1145	110	29	49	40	220
60-64岁	29	48	118	297	22	10	14	11	51
65-69岁	12	14	37	120	5	1	5	1	19
70-74岁	3	3	8	25	2		2		3
75岁及以上	3	1	5	15			1		
男	**755**	**2548**	**11400**	**17061**	**1985**	**819**	**2581**	**478**	**5229**
16-19岁	6	32	295	423	94	26	126	14	402
20-24岁	38	165	1002	1701	239	121	571	49	923
25-29岁	54	298	1514	2469	325	147	555	65	890
30-34岁	84	408	2031	2899	331	163	535	84	953
35-39岁	89	365	1756	2606	291	109	300	66	669
40-44岁	86	342	1467	2066	215	83	187	49	449
45-49岁	119	389	1551	2226	221	75	163	55	458
50-54岁	140	339	1142	1578	146	69	87	52	308
55-59岁	94	154	488	781	95	19	41	35	130
60-64岁	29	42	107	215	21	7	11	8	31
65-69岁	12	10	35	77	5		3	1	13
70-74岁	2	3	8	13	2		2		3
75岁及以上	2	1	4	7					
女	**100**	**608**	**2137**	**8033**	**647**	**504**	**836**	**171**	**3902**
16-19岁	1	9	57	122	31	11	17	1	162
20-24岁	2	28	105	464	44	70	69	10	360
25-29岁	7	68	164	775	70	79	127	14	478
30-34岁	10	72	325	1079	108	84	160	32	675
35-39岁	12	86	330	1235	103	97	173	32	663
40-44岁	15	104	334	1252	104	52	117	29	553
45-49岁	26	141	456	1606	122	65	109	22	606
50-54岁	16	65	276	991	49	32	50	23	289
55-59岁	9	25	76	364	15	10	8	5	90
60-64岁		6	11	82	1	3	3	3	20
65-69岁		4	2	43		1	2		6
70-74岁	1			12					
75岁及以上	1		1	8			1		

4－7c　续表 8　　　　单位：人

年龄组 性　别	生产制造及有关人员								不便分类的其他从业人员
	计算机、通信和其他电子设备制造人　员	仪器仪表制造人员	废弃资源综合利用人　员	电力、热力、气体、水生产和输配人员	建筑施工人　员	运输设备和通用工程机械操作人员及有关人员	生产辅助人　员	其他生产制造及有关人员	
总　计	**35947**	**542**	**584**	**1413**	**136505**	**8748**	**49418**	**2013**	**2599**
16－19岁	2344	44	5	1	1298	142	1341	54	825
20－24岁	5371	47	26	68	8119	806	5102	165	443
25－29岁	6306	71	43	117	13453	1548	7063	273	224
30－34岁	6571	118	68	135	14406	1685	7965	292	232
35－39岁	5216	81	66	141	13758	1389	6897	306	186
40－44岁	3867	77	63	142	13395	1016	5909	233	120
45－49岁	3432	65	98	218	19808	994	6632	313	136
50－54岁	1943	27	99	286	24010	743	4999	214	150
55－59岁	678	6	62	212	17893	329	2503	101	122
60－64岁	145	4	39	64	7115	73	648	36	76
65－69岁	51	1	9	21	2633	20	269	21	47
70－74岁	10	1	4	8	490	2	72	3	23
75岁及以上	13		2		127	1	18	2	15
男	**19769**	**289**	**447**	**1223**	**117765**	**8460**	**28778**	**1211**	**1405**
16－19岁	1626	24	4	1	1113	141	851	36	358
20－24岁	3469	28	22	65	7294	792	3318	119	246
25－29岁	3954	42	35	105	12307	1520	4598	191	136
30－34岁	3615	67	52	119	12961	1645	4826	188	143
35－39岁	2553	40	52	108	12010	1346	3898	173	110
40－44岁	1675	35	47	119	11069	956	3074	118	71
45－49岁	1380	32	70	171	15761	937	3262	169	70
50－54岁	936	11	65	251	19783	708	2699	118	86
55－59岁	421	5	49	194	15794	322	1602	61	87
60－64岁	98	3	36	62	6608	71	418	23	50
65－69岁	32	1	9	21	2490	19	179	12	22
70－74岁	4	1	4	7	468	2	42	3	17
75岁及以上	6		2		107	1	11		9
女	**16178**	**253**	**137**	**190**	**18740**	**288**	**20640**	**802**	**1194**
16－19岁	718	20	1		185	1	490	18	467
20－24岁	1902	19	4	3	825	14	1784	46	197
25－29岁	2352	29	8	12	1146	28	2465	82	88
30－34岁	2956	51	16	16	1445	40	3139	104	89
35－39岁	2663	41	14	33	1748	43	2999	133	76
40－44岁	2192	42	16	23	2326	60	2835	115	49
45－49岁	2052	33	28	47	4047	57	3370	144	66
50－54岁	1007	16	34	35	4227	35	2300	96	64
55－59岁	257	1	13	18	2099	7	901	40	35
60－64岁	47	1	3	2	507	2	230	13	26
65－69岁	19				143	1	90	9	25
70－74岁	6			1	22		30		6
75岁及以上	7				20		7	2	6